DICCIONARIO DE HISTORIA ECLESIASTICA DE ESPAÑA

DICCIONARIO DE HISTORIA ECLESIASTICA DE ESPAÑA

DIRIGIDO POR

QUINTIN ALDEA VAQUERO
TOMAS MARIN MARTINEZ
JOSE VIVES GATELL

IV

S - Z

INSTITUTO ENRIQUE FLOREZ
CONSEJO SUPERIOR DE INVESTIGACIONES CIENTIFICAS
MADRID 1975

© C. S. I. C.

Impreso en España
Printed in Spain
ISBN 84-00-3883-5 (obra completa)
ISBN 84-00-03887-8 (tomo IV)
Depósito legal: M. 29.193-1972 (IV)
Gráficas Reunidas, S. A. - Avda. de Aragón, 56 - Madrid-27

PROLOGO AL CUARTO VOLUMEN

Aquí tienes, lector benévolo, el cuarto y último volumen del Diccionario de Historia Eclesiástica de España. Por fin, tras una larga y difícil navegación hemos llegado felizmente a puerto. Pero no para desguazar la nave y sentarnos tranquilos al sol, sino para equiparla de nuevo y salir animosos a recorrer nuevas singladuras. Queremos decir que se ha terminado la obra, pero no se ha agotado el tema. Por eso advertíamos en anteriores volúmenes que, después del cuarto y último, todavía habríamos de recoger en Apéndices y Suplementos aquellas voces que, por una razón u otra, no han podido salir o no se ha querido que salieran en el lugar que alfabéticamente les correspondía. Claro que ni aun así, y con todas las adiciones que se quiera, podemos hacernos la ilusión de llegar, en ningún momento, a agotar la materia. El campo de la historiografía es inmenso y cada paso que da la historia ofrece nuevos materiales al historiador. No hemos sucumbido a la peligrosa tentación de dejar de hacer algo por miedo a no poder alcanzar todo. Nuestra misión ha sido la de ofrecer a los historiadores un nuevo punto de partida, de donde arrancasen ulteriores investigaciones. Si nuestro esfuerzo resulta útil para los estudiosos de nuestra historia, ése es nuestro mejor premio. Pensando en ellos hemos trabajado hasta agotar nuestras fuerzas. Si el resultado feliz de una obra hubiera de medirse por las energías empleadas en ella, nos atreveríamos a decir que el nuestro no puede, en modo alguno, resultar despreciable.

Queremos agradecer desde estas páginas las palabras de elogio y de estímulo que nos han llegado de tantas instituciones y personas. También queremos agradecer las críticas que con sincero espíritu constructivo se nos han hecho. Somos los primeros en reconocer las propias limitaciones, como ya lo advertíamos en el prólogo del primer volumen. Por cierto, que de haber leído detenidamente dicho prólogo, algún crítico se hubiera ahorrado el trabajo de repetir él mismo lo que allí decimos, o hubiera sabido entender lo que allí explicamos. Pero no todos los lectores tienen la paciencia necesaria para entrar por la única puerta que da acceso a un libro, que es el prólogo. Por eso remitimos de nuevo al lector a aquellas páginas liminares. Para nosotros, lo importante, y lo que de verdad nos satisface, es el haber ofrecido a nuestros lectores un valioso instrumento de consulta sobre una variadísima gama de voces, correspondientes a otros tantos asuntos históricos. Muchas de ellas constituyen una auténtica novedad y sólo al profano, como decía Horacio, le pueden parecer vulgaridades.

Es de justicia manifestar desde aquí con especial énfasis nuestro más profundo agradecimiento a los autores de los artículos, que se han prestado a redactarlos con gran espíritu de colaboración y sacrificio. Muchos de ellos son los mejores especialistas en la materia, conforme al criterio establecido de confiar la redacción de las «voces» a personas reconocidas por su indiscutible autoridad sobre el tema. Cuando ésta no ha existido o no ha sido posible dar con ella, se ha confiado el trabajo a quien pudiera cumplir su cometido con suficiente rigor científico. Lo cual supone la natural desigualdad entre los diferentes colaboradores, tanto por su estilo como por su idiosincrasia, que la dirección ha respetado y que a ningún lector sensato puede extrañarle.

No ha sido intención del Diccionario hacer apología de nada ni de nadie. Más bien el tono general es sobrio y, a veces, excesivamente esquemático, en aras de la brevedad. Y no se puede decir con justicia que, como norma, caiga en lo apologético. Otra cosa es el carácter «hagiográfico» connatural a una obra que trata de Historia de la Iglesia. Si alguien ha querido formar por ello escándalo pseudocientífico, es que no entiende el significado de la palabra hagiográfico. Sin duda ignora que la Hagiografía es uno de los campos más ricos de la Historia eclesiástica y que existe, entre otras muchas publicaciones hagiográficas, la monumental colección de Acta Sanctorum, compuesta de unos 70 gruesos volúmenes, admirada sin excepción por los grandes historiadores y críticos de todos los tiempos y de todas las tendencias. Quien subestime estos valores historiográficos por una equivocada y anacrónica interpretación de la historia, bastante castigo lleva con ello, cerrando sus ojos a la luz. Nosotros no escribimos para sectarios de ningún género, sino para aquellos científicos que buscan honradamente el conocimiento de la verdad. Y la verdad es patrimonio sólo de los hombres de buena voluntad. Así, pues, aceptamos gustosos el calificativo de «hagiográfico» y confesamos que el Diccionario se honra con incluir en sus páginas las biografías de una rica falange de hombres y mujeres que por sus virtudes heroicas han merecido ser incluidos por la Iglesia en la lista oficial de sus santos, beatos, venerables o siervos de Dios, y la de otros muchos que pueden tener méritos semejantes. Estas glorias de la Iglesia no las podía silenciar el Diccionario sin cometer una injusticia monstruosa. Si a algún increyente le molestan semejantes fenómenos sobrenaturales, no es culpa nuestra. Nosotros no podemos traicionar a la verdad histórica y religiosa, excluyendo de nuestras páginas ni siquiera a aquellas figuras que en una óptica civil o profana pudieran parecer irrelevantes.

La extensión de las «voces» se ha medido, como ya indicábamos en el mencionado prólogo, por el doble criterio de la novedad del tema o del especial valor historiográfico. No se ha procedido en ningún caso de manera arbitraria o injustificada. Y, si algo lamentamos, es no haber dispuesto de mayor espacio o de mayor colaboración para acomodar muchos artículos a nuestros deseos, especialmente en el número y extensión de las biografías.

En cuanto a la sistematización de la obra, tenemos que insistir reiteradamente en que se lean de nuevo las páginas preliminares del volumen primero. Para el lector vulgar, que sólo se atiene a las apariencias, no existe más sistematización que la del simple orden alfabético. Y en realidad eso basta. El sistema, o sea, la disposición y ordenamiento de una obra como ésta no puede regirse más que por un criterio alfabético. Existe, sin embargo, una estructura interna cuya arquitectura se levanta sobre veintidós secciones que comprenden prácticamente todas las dimensiones científicas. Y no solamente el conjunto, sino también cada voz tiene su propia estructura y metodología.

Si a veces ocurre que el contenido de una «voz» no se agota en el artículo propio, nada impide que se complete en otros artículos afines y que el lector sea remitido a ellos. Tal es el caso de la voz «Partidos católicos» en el volumen tercero, para completar la cual nos remitimos expresamente a la voz «Partidos políticos» en el próximo volumen suplementario, donde el lector encontrará una amplia y enjundiosa relación de dichos partidos. Calificar, por tanto, peyorativamente esas escasas y justificadas referencias con el nombre de «asistematización» y generalizar la nota haciéndola extensiva a toda la redacción del Diccionario, como alguien ha pretendido, es ignorar lo que el vocablo significa y querer tergiversar sin razón las cosas. Nada empequeñece tanto al propio entendimiento, como la propia mala voluntad. Y más funesto es a la larga para un crítico las injurias perpetradas a sabiendas que los mayores errores involuntariamente cometidos.

En cuanto al aparato bibliográfico, nunca deja de ser éste valioso, una vez bien redactado, aunque con el tiempo se haga perfectible y reformable. De lo contrario, todos los utilísimos repertorios bibliográficos carecerían de valor a los dos años de ser publicados, cosa que no ocurre. Los grandes instrumentos bio-bibliográficos de toda índole, aun los más antiguos, se reeditan en nuestros días sin modificación alguna y son consultados constantemente con gran provecho por quien quiera pisar firme en terreno científico. ¿Qué persona medianamente culta se atreve a decir que tales instrumentos son inservibles o que el tiempo los ha invalidado? Sólo algún principiante puede proferir semejantes desatinos. Esto, sin embargo, no es razón para que el investigador deje de tener en cuenta la fecha de redacción de dicho aparato bibliográfico y a partir de él trate de hacer el acopio de la nueva bibliografía aparecida.

Entre los artículos de este cuarto volumen, el más notable, así por su extensión como por su contenido puede ser el que corresponde a la voz «Santuarios». En él se ofrece una relación y noticia de éstos en número no igualado hasta ahora; y sobre el interés del tema baste subrayar la capital importancia que tiene desde el punto de vista del folklore religioso y de la antropología sociológica. Gustosos hubiéramos dedicado un volumen completo a las ermitas y santuarios españoles, si las limitaciones de la obra y el ingente trabajo que esto comportaba, no nos lo hubieran impedido. Aun así —e igual que dijimos con relación al artículo Monasterios— no renunciamos a hacerlo en su día. Aquí —en los Santuarios— hemos respetado, más que en cualquier otra parte del Diccionario, el estilo y el tono de cada autor para no quitar al tema cierto candor y colorido local.

Otro tema importante, ampliamente tratado en el presente volumen, es el de las Universidades, en cuya relación hemos incluido no solo las españolas sino también las del mundo hispánico, como ramas de un mismo tronco. Entendemos que la exposición conjunta y sistemática de todos estos Centros del saber ayudará al lector a comprender la importancia global de nuestros cuadros de pensamiento mejor que un tratamiento disperso de cada uno de ellos en el lugar que, dentro del orden general alfabético, les hubiera correspondido.

Para terminar, unas palabras sobre la proyectada continuación del Diccionario a base de Apéndices o Suplementos, en los que se recojan, de una parte, voces y artículos que debieron haber ido ya en estos volúmenes primeros y que, por distracción o por imposibilidad de redactarlos en el momento oportuno, no fueron; y de otra, las necesarias rectificaciones o posibles errores deslizados o los oportunos complementos a temas que, con el tiempo y por la razón que fuere, hayan podido sufrir cambios apreciables en su tratamiento histórico. Entre los primeros, por no citar sino algunos más relevantes, figurarán los artículos correspondientes a las desaparecidas diócesis de Alcalá, Albarracín, Armentia, Elche y Ecija, así como a los concilios V de Letrán y de Basilea. Entre los segundos, merecen notarse los artículos de «Indices de libros prohibidos», «Redención de cautivos», «Erasmismo», «Escuelas de Cristo», «Partidos políticos» con un estudio verdaderamente exhaustivo desde el punto de vista religioso y eclesiástico, y los «Episcopologios» o series episcopales españolas, dispuestas, respectivamente, por orden alfabético y por orden cronológico.

Al margen de estos proyectados volúmenes, supletorios o complementarios, el primero de los cuales ya está en la imprenta, tenemos en preparación muy avanzada otro, de índices y bibliografía, relativos a los cuatro volúmenes principales, que, sin duda, constituirá para investigadores y estudiosos un apreciable subsidio historiográfico. En él irá también una relación detallada de colaboradores, y hasta una sistemática fe de erratas que, si no abundan, tampoco faltan en absoluto; alguna tan imperdonable como la omisión del nombre de F. MATEU, autor del artículo «Sigilografía» en este cuarto volumen.

Y, sin más, dejamos en tus manos este instrumento de trabajo llamado Diccionario de Historia Eclesiástica de España. «Merezca, lector discreto, o porque lo eres o para que lo seas», tener él «vez... en tu gusto y tu provecho» (Gracián).

PRINCIPALES COLABORADORES

ABAD PÉREZ, ANTOLÍN
ABAD, CAMILO MARÍA
AGUILAR PIÑAL, FRANCISCO
ALBERTO DE LA VIRGEN DEL CARMEN
ALONSO RODRÍGUEZ, BERNARDO
ALTISENT, AGUSTÍN
ANDRÉS, GREGORIO DE
ANDRÉS, MELQUIADES
ANTÓN SOLÉ, PABLO
ARIAS, MAXIMINO
ARRIBAS, FILEMÓN
ARTEAGA, CRISTINA DE LA CRUZ
ASPURZ, LÁZARO DE
AZCONA, TARSICIO DE
BARAUT, CIPRIANO
BARTINA, SEBASTIÁN
BENÍTEZ, JOSÉ MARÍA
BENITO Y DURÁN, ANGEL
BISHKO, CHARLES J.
BOHIGAS, PEDRO
BONET, ALBERTO
BRANDMÜLLER, WALTER
CANELLAS, ANGEL
CANTERA, JESÚS
CANTERA, FRANCISCO
CÁRCEL ORTI, VICENTE
CARCELLER, MANUEL
CARRO, VENANCIO
CARROCERA, BUENAVENTURA DE
CASARES, MANUEL
CASES, JOSÉ MARÍA
CASTAÑEDA, PAULINO
CASTRO, MANUEL DE
COLOMBÁS, GARCÍA
COMELLAS, JOSÉ LUIS
CORREDERA, EDUARDO
CORTINA, JUAN LUIS
CUENCA, JOSÉ MANUEL
CHRISTIAN, WILLIAM
DALMASES, CÁNDIDO
DALMAU, JOSÉ MARÍA
DÍAZ DE CERIO, FRANCO
DÍAZ Y DÍAZ, MANUEL
DÍAZ MOZAZ, JOSÉ MARÍA
DIDIER, HUGUES
DIFERNAN, BONIFACIO
DOMÍNGUEZ DEL VAL, URSICINO
DOU, ALBERTO
DOUSSINAGUE, JOSÉ MARÍA
DURÁN GUDIOL, ANTONIO
DURÁN Y SAMPERE, AGUSTÍN
ECHEVERRÍA, LAMBERTO DE
EFRÉN DE LA MADRE DE DIOS
EGAÑA, ANTONIO DE
ELÍAS, ANTONIO

ELORDUY, ELEUTERIO
ESTAL, JUAN MANUEL DEL
FÁBREGA GRAU, ANGEL
FERNÁNDEZ ALONSO, JUSTO
FERNÁNDEZ ALVAREZ, MANUEL
FERNÁNDEZ CATÓN, JOSÉ MARÍA
FERNÁNDEZ MARTÍN, LUIS
FERNÁNDEZ-PRIETO, ENRIQUE
FERRER BENIMELI, JOSÉ A.
FORT COGUL, EUFEMIANO
FRADEJAS, JOSÉ
FRAILE, GUILLERMO
FRANQUESA, ADALBERTO
FRANSEN, GÉRARD
FUENMAYOR, AMADEO DE
GALMÉS, LORENZO
GARCÍA BARBERENA, TOMÁS
GARCÍA GALLO, ALFONSO
GARCÍA Y GARCÍA, ANTONIO
GARCÍA GÓMEZ, MATÍAS
GARCÍA HERNANDO, JULIÁN
GARCÍA LARRAGUETA, SANTOS
GARCÍA LOBO, VICENTE
GARCÍA MARTÍN, CONSTANTINO
GARCÍA ORO, JOSÉ
GARRIDO, PABLO
GIMÉNEZ FERNÁNDEZ, MANUEL
GÓMEZ DOMÍNGUEZ, ELÍAS
GÓMEZ Y GÓMEZ, GREGORIO
GÓMEZ Y GÓMEZ, ILDEFONSO MARÍA
GÓMEZ PIÑOL, EMILIO
GONZÁLEZ, JOSÉ MARÍA
GONZÁLEZ NOVALÍN, JOSÉ LUIS
GONZÁLEZ POLA, MANUEL
GONZÁLVEZ, RAMÓN
GOÑI GAZTAMBIDE, JOSÉ
GUERIN, PATRICIO
GUERRA CAMPOS, JOSÉ
GUTIÉRREZ, CONSTANCIO
GUTIÉRREZ GARCÍA, JOSÉ LUIS
GUTIÉRREZ RÍOS, ENRIQUE
GUZMÁN NOVOA, JOSÉ
HERA, ALBERTO DE LA
HERNÁNDEZ, PEDRO
HILLGARTH, J. N.
HORNEDO, RAFAEL MARÍA DE
HUERGA, ALVARO
JANINI CUESTA, JOSÉ
JIMÉNEZ DELGADO, JOSÉ
JIMÉNEZ DUQUE, BALDOMERO
JIMÉNEZ SALAS, MARÍA
JIMENO CORONADO, JOSÉ
JUNYENT, EDUARDO
LACARRA, JOSÉ MARÍA
LALUEZA, SANTOS

Lario, Dámaso de
Lejarza, Fidel de
Lomax, Derek W.
López Martínez, Nicolás
López Martínez, Vicente
López Ortiz, José
López Sánchez-Mora, Manuel
López Santos, Luis
López Yepes, José
Losada, Angel
Lladonosa, José
Llamas, Enrique
Llorca, Bernardino
Lloréns, José María
Lloréns, Pelegrín Luis
Macabich, Isidoro
Madrid, Ignacio de
Madurell, José María
Manrique, Andrés
Mañaricua, Andrés de
Marcos, Florencio
Marcos, Octavio
Marín Ocete, Antonio
Márquez, Antonio
Martí, Casimiro
Martín Hernández, Francisco
Martín Artajo, Alberto
Martín Martínez, Isidoro
Martín Tejedor, Jesús
Martínez de Marigorta, José
Martínez Pastor, Marcelo
Martínez Sierra, Alejandro
Mateu y Llopis, Felipe
Mestre, Antonio
Millares Carlo, Agustín
Montijano, Juan
Moral, Tomás
Mostaza, Antonio
Moxó, Salvador de
Muro Orejón, Antonio
Nicolau, Miguel
Novo de Vega, Justo
Odriozola, Antonio
Olaechea, Rafael
Orive, Aniceto
Pacheco, José M.
Palacio Atard, Vicente
Palol, Pedro de
Palomo, Crescencio
Penedo, Manuel
Pérez Martínez, Lorenzo

Pérez de Urbel, Justo
Pinell, Jorge
Placer, Gumersindo
Plazaola, Juan
Porres, Bonifacio
Quintana, Augusto
Recolons, Rafael
Reglá, Juan
Rey, Eusebio
Ricart, Domingo
Riesco, Angel
Rivera, Juan Francisco
Robles Lluch, Ramón
Rodríguez, Florencio María
Rodríguez G. de Ceballos, Alfonso
Rodríguez Valencia, Vicente
Romañá, Antonio
Romeu Figueras, José
Rosa, Leopoldo de la
Ruano de la Iglesia, Lucinio
Rubió, Jorge
Rubio Merino, Pedro
Ruiz Asencio, José Manuel
Ruiz Martín, Felipe
Salazar Abrisqueta, José
Sanabre, José
Sánchez Doncel, Gregorio
Sanlés, Ricardo
Santos Díez, José Luis
Serdá, Luis
Silva, Rafael
Simón Segura, Francisco
Sobrino, Tomás
Sola, Sabino
Steggink, Otger
Suárez Fernández, Luis
Tellechea, José Ignacio
Tormo, Leandro
Torres Fontes, Juan
Trashorras, Justo
Tusquets, Juan
Uría, Juan
Urriza, Juan
Valle, Florentino del
Vázquez, Isaac
Velasco, Balbino
Vilá Palá, Claudio
Vincke, Johannes
Yáñez, Damián
Zamora, Florentino
Zunzunegui, José

S

SAAVEDRA FAJARDO. Diego de, (Algezares [Murcia] c. 1-V-1584 † Madrid 24-VIII-1648) diplomático, literato y uno de los más típicos representantes de la segunda fase de la Contrarreforma. La vida de Saavedra después de sus estudios, se divide en dos etapas bien diferenciadas: la etapa romana, dedicada a la alta política eclesiástica, y la etapa centroeuropea, dedicada a la política internacional, durante la Guerra de los Treinta Años. Fue el quinto y último de los hijos de Pedro de Saavedra y de Fabiana Fajardo, nobles murcianos, que residían en Algezares pero que se consideraban vecinos de la ciudad de Murcia, como lo testifican varias escrituras públicas de la familia. De ahí que a veces se llame a Diego natural de Murcia. Fueron sus hermanos Pedro, el mayorazgo; Juan, regidor de Murcia y probablemente el Juan de Saavedra que acompañó hasta La Coruña al príncipe de Gales (León Pinelo, *Anales*, p. 254); Constanza Fajardo que casó con Alonso de Leiva; y Sebastián. Fue bautizado el día 6 de mayo en la parroquia de Santa María de Loreto, en Algezares, población situada a una legua de la capital. Esta fecha ha sido tomada por algunos como la de nacimiento, pero en realidad es la de su bautismo, según consta por el libro de partidas bautismales de dicha parroquia. Si coincidió con la de su nacimiento, no lo podemos comprobar documentalmente. Es coetáneo del que había de ser su «amo», el cardenal D. Gaspar de Borja y Velasco, nacido en 1580; de los dramaturgos Luis Vélez de Guevara, nacido en 1579, y Tirso de Molina, 1580; del polifacético Francisco de Quevedo, 1580; del gran valido y «atlante de la monarquía» de Felipe IV, el Conde Duque de Olivares, 1587; y del cardenal jesuita, Juan de Lugo, 1583.

En el curso 1601-1602 comenzó los estudios de Leyes y Cánones en la universidad de Salamanca, puesto que en el curso 1604-1605 figura ya en el libro de matrículas «Don Diego de Sahavedra, natural de Murcia», como estudiante de cuarto año de Cánones. También consta en el libro de matrículas del año 1605-1606 como estudiante de quinto curso, y el 20-IV-1606 «probó un curso en Decretales desde San Lucas hasta hoy, con Gaspar Antonio, natural de Avila, y Bernardino de Porras, natural de Murcia, y Cosme Antolínez, y... probó haber leído diez lecciones de Cánones, conforme a estatutos». Al día siguiente se graduó de bachiller por el doctor Juan de León, catedrático de Prima de Cánones. No consta en los libros académicos que recibiera los grados de licenciado o doctor. Pero en más de una ocasión figura como licenciado en documentos oficiales, como por ejemplo, al nombrarlo Felipe IV consejero supernumerario del Consejo de Indias en 1643. De donde se puede presumir que lo era por Salamanca, pues en un memorial suyo, que hemos editado, solo cita a esta Alma Mater como lugar de sus estudios universitarios: «sus estudios han sido en Cánones y Leyes, graduado por Salamanca». Y en una carta autobiográfica de 7-V-1644 dice que estudió «cinco años en Salamanca y dos de pasante». Con lo cual tenemos todos los datos para determinar los años académicos de Saavedra en Salamanca que fueron siete: del curso 1601-1602 al curso 1607-1608. Ingresó, pues, el mismo curso que el futuro Conde Duque de Olivares, sólo que Don Diego con tres años más de edad, pues Don Gaspar de Guzmán no contaba más que catorce años cuando inició, también como secundón, su carrera eclesiástica, y, en cambio, Saavedra diecisiete. Los años de pasantía que allí gastó, después de bachillerarse, le debieron de servir para conseguir el título de licenciado, a la vez que ejercía, como auxiliar, la enseñanza de los Cánones, como pasante.

Etapa romana. Así, pues, a los 24 años de edad, en 1608, Diego Saavedra Fajardo salía de las aulas salmantinas para inaugurar una nueva vida. Antes de estos estudios y simultaneándolo con ellos debió de cultivar las letras latinas y las patrias, afición que fomentó con gran éxito durante toda su vida. Estos fueron todos sus estudios oficiales. Y, aunque estudió para eclesiástico, no consta que recibiese las órdenes mayores por más que firme algunas cartas como «capellán». Pero tuvo que recibir, al menos, las órdenes menores para poder disfrutar de los beneficios eclesiásticos de que gozó. Prueba de ello es que vestía hábito eclesiástico como consta por el Consejo de Estado de 29-VIII-1631, en el que se discutió la conveniencia de enviarlo en misión diplomática ante el duque de Sajonia (AGSimancas, E. 2332).

A Roma pasa en 1610, como se deduce de una carta del cardenal Borja al Rey escrita el 16-XI-1623, según la cual Don Diego ya llevaba en esa fecha 14 años de asistencia en aquella Corte (AGS. E. 1869). Y me inclino a pensar que pasó a Italia con la fastuosa comitiva que en 1610 llevaba el nuevo virrey de Nápoles, Don Pedro Fernández de Castro, conde de Lemos, hermano del duque de Taurisano que era embajador en Roma. Y para ello me baso en la relación que Saavedra tenía con este mecenas de las letras españolas (al que le dedica un poema en 1612) y también en el desempeño de la Agencia del reino de Nápoles en Roma, cargo que presuponía un mutuo conocimiento. Esta vinculación con el Conde de Lemos es presumible que arrancara de antes del viaje a Italia y entonces se explica que el Conde lo llevara consigo en el viaje. De ser así, partió con la comitiva de Madrid el 17-V-1610 para irse a embarcar en Vinaroz en seis galeras de la escuadra de Nápoles. «Salieron, dice Cabrera de Córdoba, en sus *Relaciones*, con dos casas y cuatrocientas raciones, con mucha demostración de grandeza, como se requiere al cargo que llevan.» Viajaban allí los insignes poetas Antonio Mira de Amescua, Francisco de Ortigosa, los dos hermanos Leonardo de Argensola (Lupercio y Bartolomé) y otros. Y quedaron en tierra, a pesar de sus instancias, el poeta Cristóbal de Mesa y el novelista Cristóbal Suárez de Figueroa. Cervantes sintió nostalgia por aquel viaje, pero su edad y su familia le impidieron una segunda salida en busca de nuevas aventuras.

Conocemos los importantes cargos que Saavedra desempeñó en Roma desde su llegada hasta 1630, pero los detalles de esa actividad quedan muy en la penumbra y hasta hoy no hemos podido precisar en todos los casos cuándo comienza un cargo y cesa otro, ni en qué medida los simultaneaba. La mayor luz que sobre este período tenemos nos la ofrece él mismo en el memorial que antes hemos mencionado, visto en el Consejo de Estado de 6-XII-1630, en el que nos da los siguientes detalles: «Sus ocupaciones han sido diez años de Letrado de Cámara del Cardenal Borja, pasando por él los negocios que se ofrecieron del servicio de Vuestra Magestad en las Congregaciones del Concilio y de Obispos y en otras donde asistía el Cardenal. Fue cuatro años secretario de la embajada y cifra en Roma; y después, de Estado y Guerra en Nápoles. Ha servido tres años la Agencia del Reino de Nápoles, seis la del Reino de Sicilia y siete la de Vuestra Magestad en Roma, con que ha manejado casi todos los negocios que de veinte años a esta parte se han ofrecido del servicio de Vuestra Magestad en Italia, así en materias de Estado como de jurisdicciones y patronazgos, facilitando muchas gracias importantes al patrimonio real de Vuestra Magestad, de millones, servicios de Reinos, de las mesadas y otros, y sirviendo con satisfacción de los ministros de Vuestra Magestad, como ha hecho fe en sus cartas el Conde de Monterrey y la podrá hacer el Conde de Oñate y el de Umanes, del tiempo que asistieron en Roma» (AGS. E. 2.757).

El cardenal Don Gaspar de Borja y Velasco llegó a Roma el 18-XII-1612, cuando Don Diego llevaba ya dos años largos residiendo allí. Cómo entró al servicio del cardenal español como letrado de cámara, no lo sabemos. Es fácil que se llegaran a conocer a través del cargo de agente del reino de Nápoles o por recomendación del Conde de Lemos, que era pariente de Borja por ser ambos bisnietos de San Francisco de Borja. El cargo de agente del rey de España se lo pide Borja a Felipe IV en 1623. Resolvió favorablemente el Consejo de Estado de 6-XII-1623, y se expidió el nombramiento el 20-XII-1623. Pero por muy pronto que llegara el correo a Roma, no pudo Saavedra comenzar a ejercerlo hasta 1624. Y efectivamente desde entonces hasta mitad de 1630 pasaron los siete años que Don Diego enumera en su memorial como agente del rey en Roma. Este cargo se denomina en el documento real con el nombre de «procurador y solicitador en la Corte Romana de los negocios de estos mis reinos de Castilla, de las Indias, y Cruzada». Comprendía, pues, una triple agencia o procuraduría en nombre del rey. Por cuenta de este oficio corría la gestión de muchos despachos de la Curia Romana para España, como bulas o breves de hábitos, dispensas para cobrar rentas eclesiásticas por personas seglares, dispensas de matrimonios, nombramientos de beneficios eclesiásticos de Patronato Real, contribución de eclesiásticos al rey... Esta Agencia, según informa Don Diego, era «puesto de tanto manejo, que el duque de Sessa escribió al señor rey Felipe II que debía ser seminario de donde sacase Su Magestad sujetos para el capelo» (carta de 7-V-1644).

El 23-VII-1617 obtuvo un canonicato en la catedral de Santiago de Compostela, que estaba vacante por muerte de D. Antonio Patiño. Pero por no poder residir y a pesar de las dispensas conseguidas, tuvo que renunciarlo el 21-VI-1621. A efectos económicos se le computó el tiempo de canónigo en dos años y ocho meses. Durante ese tiempo consiguió que la Iglesia de Santiago pudiera tener oficio del Apóstol todos los lunes que no fuesen rito doble o semidoble, y que en España hubiese conmemoración obligatoria «del glorioso Patrón» en todas las conmemoraciones comunes. En aquellos momentos tenía esto su importancia a causa de la polémica entablada sobre quién había de ser Patrón de España, Santiago o Santa Teresa. Las Cortes de Castilla y León habían pedido en 1618 que se eligiera por Patrona a Santa Teresa de Jesús. En

concepto de atrasos, montaba lo que el cabildo le adeudaba, por los menos, dos mil ducados.

Al encargarse interinamente el cardenal D. Gaspar de Borja de la embajada de Roma desde marzo de 1616 hasta la mitad de 1619, Saavedra desempeñó, durante cuatro años, el cargo de secretario de la embajada y cifra en Roma, de que habla en su memorial; y luego, al ir Borja como virrey a Nápoles, lo acompañó como secretario de Estado y Guerra en Nápoles, del 6-VI-1620 al 14-XII-1620. Vuelto a Roma con el cardenal, entró como conclavista en los conclaves de Gregorio XV, 9-II-1621, y en el de Urbano VIII, 6-VIII-1623. De nuevo pretendió y obtuvo un canoninato, esta vez el de chantre en la catedral de Murcia, de que tomó posesión por poder el 7-IX-1627. Pero sólo pudo disfrutarlo por un año y eso con dispensa pontificia de residencia. Al fin del año renunció en su sobrino, Juan Saavedra, que vivía con él en Roma, por lo cual tuvieron también que dispensarle a éste un año de residencia.

A los 46 años, cuando sentía ya el peso de la edad y anhelaba un cargo en la Corte de Madrid, vino a España en misión secreta enviado por el conde de Monterrey, embajador español en Roma. Se embarcó en Civitavecchia en una galera de Nápoles, enviada por el Duque de Alba, y llegó a Madrid, según el Nuncio Monti, el 19-IX-1630, aunque en realidad debió de hacerlo unos días antes. El objeto de su misión fue, al parecer, el de formar parte de la famosa Junta que se constituyó en Madrid el 31-III-1631 y que el 20-IX-1632 había de emitir el extenso y documentado dictamen que hemos editado. Saavedra fue secretario de esta Junta, como él mismo lo recuerda: «Y ofreciéndose un negocio muy grave, me mandó V. M. jurar de su secretario y que interviniese en una Junta de los Consejos de Estado y Castilla» (carta de 7-V-1644). En la primera sesión, celebrada el 7-IX-1631, leyó Don Diego un memorial, compuesto por él con la colaboración de Juan López Carcastillo, en donde se relataban todos los excesos jurisdiccionales de la Curia Romana y de la Nunciatura de Madrid.

Poco antes, al dejar el Conde de Monterrey la embajada de Roma para marchar de virrey a Nápoles, había quedado el cardenal Borja encargado de la embajada hasta tanto que llegase el nuevo embajador. Era éste el marqués de Castel Rodrigo, que por entonces se encontraba en Madrid y recibía el 20-III-1631 la *Instrucción General* para su embajada en Roma. Coincidió, pues, el marqués con Saavedra aquí antes de su viaje y, deseando informarse de la situación de Roma, recabó del sagaz y experto murciano las sabrosísimas *Noticias de la Negociación de Roma*, código de prudencia diplomática de finísima observación psicológica, que también hemos editado.

Un año más había de permanecer Don Diego en Madrid. En Saavedra se pensó «para una plaza del Consejo de Italia, para una embajada a Sajonia, para asistir a la de Inglaterra y para ir con el duque de Terranova a componer los disgustos entre el rey de Francia y su madre», destinos que manifiestan el prestigio diplomático que Don Diego había conseguido. Pero, por fin, a requerimientos del marqués de Castel Rodrigo, «me mandó V. Magestad volver a Roma a hallarme en la protesta que se había de hacer al Papa». Esta última frase ha dado pie a algunos historiadores para pensar que Saavedra estuvo en la célebre protesta del 8-III-1632, el hecho más espectacular de aquellos años en Roma. Pero, en realidad, no llegó a tiempo, puesto que el marqués de Castel Rodrigo avisaba desde Génova el 30-IV-1632, viernes, que con las galeras de España había llegado allí, aquella semana, camino de Roma, Don Diego Saavedra Fajardo. No pudo, pues, estar en Roma el 8 de marzo. A él le cogió sólo la enorme resaca que produjo semejante acontecimiento, sobre todo en las negociaciones de tipo económico que tuvo que llevar adelante con ocasión de la súplica de los breves pontificios concediendo a Felipe IV la décima de 600.000 ducados y la participación de los eclesiásticos en el servicio de los millones. Don Diego, como agente del rey, tuvo que defender los intereses de la Corona frente a los procuradores de la Congregación del Clero de Castilla y León, en la reñida contienda que se trabó en la Curia romana en los meses de diciembre de 1632 y enero de 1633.

En cuanto a su intervención con el cardenal Borja para llegar a un arreglo con el papa después de la protesta, hay que reconocer que fue muy activa, aunque no nos ha sido posible determinar documentalmente hasta dónde llegó. Sin embargo, cuando en 1634 se planteó en el Consejo de Estado del 22 de agosto el problema de los méritos de Saavedra para un posible ascenso, el informe de Castel Rodrigo delata que Don Diego fue el protagonista en los hábiles escarceos que intentó Borja para salir de aquel atolladero diplomático. Se pidieron entonces todos los papeles que había sobre el caso y se recabaron informes del marqués de Castel Rodrigo y de los cardenales españoles residentes en Roma. El marqués (que, como embajador extraordinario, no miraba con buenos ojos al cardenal Borja por haberle quitado éste el carácter de embajador ordinario que por concesión real comenzó a ostentar Borja después de la protesta para abroquelarse con la inmunidad diplomática frente a posibles desafueros canónicos contra su persona) no pudo negar los méritos del murciano. Pero a la vez manifestó su desacuerdo sobre la estrecha coyunda que formaban el cardenal y el agente, y se mostró partidario de la separación de entrambos. Sin embargo, esta opinión del marqués no influyó para nada en la partida de Don Diego, puesto que ésta ya se había realizado un año antes. A pesar de ello, el juicio de Castel Rodrigo es muy interesante y, poniéndole nosotros algo de sordina en lo desfavorable, puede resumir, junto con los rasgos de su carácter, la valoración de la etapa romana de Saavedra: «Hame parecido siempre entendido y celoso del servicio de V. M., aunque le tengo por un poco altivo y arrojado, y la parte que pudo tener en lo de la satisfacción de la protesta y simulación con que creía que algunas veces se portaba conmigo, fue siguiendo los dictámenes de su amo, a quien deseaba complacer y tenía por superior, y la plática con el cardenal Antonio, si fue cierta, como el cardenal lo refirió (aunque él la niega), tuvo la parte de arrojado que yo juzgo de su condición, más mezclada con el deseo de traer amigos a V. M. Y siempre creeré que Don Diego sabrá dar buena cuenta de lo que se le encargare del servicio de V. M., sin que haya menester para ello otra cosa que estar apartado de su amo, a quien domina, da ánimo y encamina a lo que siente gusto, y estarse con advertencia de que es naturalmente fogoso.» El conde-duque, en el Consejo citado, da también un balance positivo de la actuación de Saavedra diciendo «que él merece ser honrado por lo bien que ha servido» (AGS. E. 2998).

Etapa centroeuropea. Esta segunda etapa de quince años se va a subdividir en dos tiempos: el primero, de siete años, como representante español ante el duque de Baviera; y el segundo, de activo diplomático en el Imperio, especialmente como plenipotenciario para la paz de Münster, para terminar con el colofón de consejero de Indias en Madrid. El 27-II-1633 expidió el rey orden a Saavedra de trasladarse a Alemania, conforme ya se había determinado en el Consejo de Estado de 6-V-1631, cuando se deliberó sobre ir él acompañando al duque de Terranova (AGS. E.2332). Pero ahora el objetivo no era Sajonia, como entonces, sino Baviera. Don Diego antes de partir fue a Nápoles, aprovechando la Semana Santa y Pascua, «a cumplir

con mi obligación y dar cuenta al conde [de Monterrey], mi señor, de mi viaje a España, no habiendo podido antes por mis ocupaciones» (carta de 22-III-1633).

A su vuelta a Roma, marchó a Castel Gandolfo a despedirse del papa, con quien sostuvo una larga audiencia, y también del cardenal nepote Francisco Barberini, a quien pidió facultad para que el rey de España pudiese cargar hasta 30.000 ducados de pensión sobre las encomiendas de las Ordenes militares. Dejó en su lugar para los asuntos de la Agencia a Don Bernardino Barberio, «persona muy inteligente en ellos y afecta al servicio de S. Magestad», cosa que, por no ser español, no aprobó ni el conde-duque ni el Consejo de Estado. Y, poco después, a principio de mayo salía en dirección de Milán, en donde el 24 de mayo hacía el Cardenal-Infante Don Fernando su entrada solemne en su viaje hacia los Países Bajos. Saavedra admiró aquel despliegue, por calles y plazas, de arcos triunfales y sugestivos emblemas, dedicados al Cardenal-Infante, que sin duda influyeron en la imaginación del que años después había de escribir las *Empresas*. No se detuvo Don Diego mucho tiempo en Milán, pues a fines de junio cogía el camino de la Valtelina, paso obligado entre Milán y el Imperio y, por ende, punto neurálgico de la geopolítica europea de entonces, en dirección al Tirol, con el ojo avizor al valor estratégico de la zona. «Me encaminé, dice él, por la Valtelina, notando siempre la disposición del sitio y de los pasos de aquel valle, bien importantes a la seguridad del Estado de Milán y a los socorros del Imperio y de Flandes» (carta de 8-VII-1633). El 5 de julio estaba ya en Innsbruck, después de haberse detenido en la ciudad de Imst donde discutió con un consejero del obispo de Augsburgo la posible reconquista de esta ciudad ocupada entonces por los suecos. Y el 8 de julio informaba ya desde Braunau, Corte del duque de Baviera, sobre la primera entrevista con Maximiliano de Baviera.

La misión de Saavedra a este duque formaba parte de un vasto plan de acción diplomática y militar de España, que perseguía asegurar el control de los dominios de la Casa de Austria y del Imperio frente a los ataques de los suecos, holandeses, franceses y de sus aliados protestantes en el Imperio. Esta unión de los protestantes hacía que la Guerra de los Treinta Años fuera de hecho una guerra religiosa, aunque España trató de evitar siempre que se convirtiera de derecho en una guerra de religión. Los enemigos capitales de los Habsburgos eran Francia, los holandeses y los suecos. Sin embargo, el peligro más grave no estaba en los enemigos exteriores, sino en la desunión que reinaba dentro del Imperio entre los principales rectores de la política imperial. A remediar este gravísimo mal se dirigía el plan propuesto en el Consejo de Estado de 9-I-1633: «En Alemania debemos desear la elección de rey de Romanos en el señor rey de Hungría; la reconciliación de Sajonia con medios que aseguren al Emperador de él para adelante, la humillación de Brandenburgo por no haber sido nunca afecto a la Casa de Austria; la reconciliación de la Casa de Baviera; establecer a Frietland por medio de casamiento, si se puede, en uno de los electorados de Sajonia, Brandenburgo o Palatino, o bien formarle un Estado poderoso y unido a costa de los rebeldes [holandeses] y con liga perpetua con la Casa de Austria y con nosotros ofensiva y defensiva, y con aprobación y obligación del Imperio para su mantenimiento; una liga defensiva y ofensiva recíproca, o perpetua o temporal, del Emperador y Imperio con esta Corona en Europa.» El programa, como se ve, era grandioso. Las dos fichas más difíciles de mover eran, por una parte, el Duque de Baviera y, por otra, Wallestein, duque de Friedland y generalísimo de los ejércitos del Emperador.

El duque Maximiliano de Baviera, católico sincero y campeón de la Contrarreforma, había deshecho el frente católico del Imperio al aliarse con Francia en el tratado de Fontainebleau de 30-V-1631. Y, arrepentido ahora, estaba purgando su pecado con la ocupación de sus Estados por el rey Gustavo Adolfo, amigo de Francia. Pero resultaba difícil reintegrarlo de nuevo dentro del sistema defensivo del Imperio. Por otra parte el invencible general Wallestein era prácticamente un segundo emperador en el Imperio y odiaba a muerte al duque de Baviera. Tenía además un temperamento irascible y puntilloso, difícil, por tanto, para mantener un diálogo amistoso con él. El emperador, en medio de los dos, tenía que contemporizar hábilmente para impedir una rotura definitiva y funesta entre ambos y con el Imperio.

En este contexto se eligieron los tres diplomáticos más aptos para llevar a cabo el plan: el regente milanés del Consejo de Italia en Madrid, Ottavio Villani, marcharía al cuartel general de Wallestein; el conde de Oñate, uno de los hombres más expertos del Consejo de Estado, a la Corte del emperador; y Don Diego Saavedra Fajardo, a la Corte del duque de Baviera. La papeleta, pues, de Don Diego, no era nada fácil. En la misma fecha de 11-IV-1633, en que Felipe IV comunicaba dicho plan al emperador, a la Infanta Isabel Clara Eugenia y, en su medida, a Wallestein, se expedía la *Instrucción* a «Don Diego de Saavedra Fajardo, mi secretario y de mi Consejo, en la jornada que os encargo a la Corte del duque de Baviera». La unión del duque de Baviera con el Emperador y con la Corona de España, era, a juicio del rey «necesario y uno de los negocios de mayor importancia que se pueden ofrecer en Alemania para poder esperar el acomodamiento de las cosas del Imperio y el buen suceso de todas las de la Casa de Austria». Hay que reconocer que Don Diego desempeñó esta misión con felicísimo resultado. El 17-IX-1633 escribía el nuncio de Viena, Rocci, a Francisco Barberini, Secretario de Estado, que el duque de Baviera se había hecho completamente español, aunque en el fondo Maximiliano buscaba sus propias conveniencias. El conde-duque confiesa los méritos del murciano repetidas veces. «Sin duda parece al conde-duque que hasta ahora este ministro procede con gran entendimiento, maña e inteligencia». Y en otra parte: «Sirve bien, a lo que parece, y el entendimiento y partes son aventajados.» Y más adelante: «Que se le avise el recibo y se le apruebe todo lo que dice en esta materia con mucho acierto.» Siguió Saavedra manteniéndose a gran altura y participando muy activamente en los graves acontecimientos que se fueron sucediendo: la colaboración del general imperial Aldringen con el Duque de Feria para la recuperación de Constanza, Brisach y otras ciudades asediadas por el enemigo; la decisión de Wallestein de unirse a los planes españoles antes de consumar su presunta traición; la preparación de la batalla de Nördlingen, 6-IX-1634, tan decisiva militarmente en aquellos años; la liga o confederación entre las dos ramas de la Casa de Austria; el viaje del Cardenal-Infante a Flandes; y la elección del rey de Romanos en la persona del futuro emperador Fernando III, 1636, hijo de Fernando II. Además de esto, ejerció otras misiones diplomáticas: ante la princesa de Mantua, marzo y abril de 1638, luego en el Franco Condado, julio 1638; y nueve veces en las Dietas de los cantones suizos. Dejándose llevar de su habilidad por esa gran arma que es la negociación, llegó a intentar, aunque sin resultado positivo, el ganarse al general sueco Bernardo Weimar, cosa que hizo exultar de gozo al conde-duque en el Consejo de Estado de 28-V-1639, cansado de luchar en todos los frentes de aquella inacabable guerra, y decir de él estas elogiosas palabras: «Recibo, aprobación y infinitas gracias, porque el ardor y celo y el acierto de sus procedimientos en mar turbada y tan turbada y en tan extremos aprietos y con una república bárbara y de diferentes religiones, no pudiendo dejar de decir que cualquier negocio que V. M. ponga en sus manos tendrá entero y aventajado cobro; y se le debe ordenar que prosiga en su tratado con Weimar, que V. M. le hará honras y mercedes, si lo consigue.» Desgraciadamente no se consiguió nada, pero quedó bien patente la valía de Don Diego. Para la Dieta imperial de Ratisbona que se abrió el 14-IX-1640, fue Saavedra nombrado plenipotenciario del Rey Católico por el Círculo de Borgoña, cargo que solo se había confiado antes a Grandes de España o a príncipes del Toisón. Y mientras en la Dieta se entretenía con los problemas políticos, militares y tributarios del Imperio, fuera de ella se dedicaba en las horas libres a la corrección de pruebas de imprenta de su obra maestra *Idea de un príncipe político cristiano, representada en cien empresas*. La había escrito «en la trabajosa ociosidad de mis continuos viajes por Alemania y por otras provincias» redactando «en las posadas lo que había discurrido entre mí por el camino». Por tanto, en estas *Empresas* tenemos lo que aquel caballero español iba meditando consigo mismo por los interminables caminos de aquella Europa lacerada por las divisiones políticas y religiosas, y lo que él diría o tal vez dijo a los príncipes, reyes o emperadores para sanarla. «Toda la obra está compuesta de sentencias y máximas de Estado, porque éstas son las piedras con que se levantan los edificios políticos. No están sueltas, sino atadas al discurso y aplicadas al caso por huir de los preceptos universales» (prólogo). Este florilegio de los principios de toda buena política cristiana, de la verdadera razón de Estado, va dedicado al príncipe Baltasar Carlos, que con su muerte, seis años más tarde, había de torcer aciagamente el destino de España. Su valor se basa más que en lo que dice, en la gracia y tersura con que lo dice. El que habla es un hombre nuevo, español y europeo, tradicional y renovador, humanista y moderno. Es la cabeza clarividente de un contrarreformista a punto de evadirse de un mundo que se esfuma. Don Diego Saavedra Fajardo queda total y adecuadamente definido en su *Idea de un príncipe cristiano*. Es sintomático que la corrección de pruebas de esta obra absorbiese su preocupación en aquellos momentos tan difíciles. «Suplico a V. S., escribía a su amigo Rambeck, de Munich, me envíe luego aquellas 750 hojas, o por lo menos luego treinta, porque las he menester mucho» (carta 1-X-1640). Europa necesitaba entonces ideas-fuerza que le diesen la constitución vertebral que le faltaba. Don Diego se las ofrecía en sus cien *Empresas*. Estando en la Dieta le llegó el título de caballero de la Orden de Santiago que le había concedido el rey por cédula de 12-X-1640. Pero era ya tarde para poderlo poner en la portada de esta primera edición. Figuraría en la segunda de 1640.

Pero donde la carrera política de Saavedra llegó a su culminación fue en su nombramiento como plenipotenciario de España para la Paz de Westfalia, el 11-VII-1643. Europa entera tenía puestos los ojos en aquellos hombres que podían darle el inalcanzable y precioso don de la paz universal. Un legado pontificio hacía de árbitro en aquel Congreso. Medio año antes del nombramiento había llegado Diego a Madrid, donde tomó posesión en el Consejo de Indias de una plaza, que le había concedido el rey a primeros de enero de 1635. Y, después de arreglar sus cosas, emprendió de nuevo el viaje hacia Alemania con los fuertes calores de julio. Con salvoconducto especial atravesó Francia y se detuvo en Bruselas varios meses, donde sufrió una grave enfermedad cuyo carácter ignoramos. Lo atendió su amigo y admirador, el médico y escritor borgoñón Juan Jacobo Chifflet. Sin reponerse del todo, reanudó el viaje. Y el 20-XI-1643 escribía ya desde Münster al duque de Baviera poniéndose a su disposición. Desde esta fecha hasta su vuelta a Madrid en 1646 corren los cuatro años más tristes de la vida de Don Diego, reflejo del lánguido crepúsculo de aquel atardecer de España. Si la vida de Saavedra fue siempre soldada a la existencia de aquella España contrarreformista, en ningún momento se identificó tanto con ella como en estos infaustos años del fin de su vida. Y hasta el mismo año de su muerte, 1648, coincidió, para mayor simbolismo, con el de la Paz de Westfalia, que fue el final de la hegemonía española en Europa y el cambio de rumbo de la Modernidad.

Su estancia en Münster untamente con la de los otros dos plenipotenciarios españoles, el conde Zapata y el borgoñón Brun, si no inútil, sí fue estéril en resultados decisivos, y esto a causa de las constantes trabas que a su negociación se ponían desde Madrid. «Hoy he recibido —escribía desahogándose con Castel Rodrigo el 25-III-1645— una carta de S. M. con la cantinela ordinaria de que no hagamos nada. Y si no somos buenos para obrar, menos seremos para ser consejeros de otros.» Y en una anterior carta al rey, el 7-V-1644, se expresaba con gran libertad dejando en evidencia la manera absurda de negociar que se les encomendaba. Les había mandado el rey, el 29-I-1644, «que ninguna cosa tratásemos, propusiésemos ni admitiésemos proposición ninguna sin comunicarlo todo con el marqués de Castel Rodrigo». Ahora bien, esta comunicación con Castel Rodrigo, lejos del teatro de las reuniones, retrasaba enormemente la negociación y hacía que cuando llegaba la respuesta, hubiese cambiado ya el estado de las cosas. Aparte de que, si no tenían los españoles facultad para negociar, teniéndola los plenipotenciarios de las otras naciones que contaban con «muchos menos años y no mayor opinión y crédito ni mayores noticias y experiencias del mundo», entonces era mejor retirarlos y sustituirlos por otros. De lo contrario no se avanzaba nada en las discusiones y se perdía el crédito haciendo pensar a los otros que era falta de voluntad de España para negociar. Pero, por desgracia para los españoles, no cambiaron las cosas. Desde la caída del conde-duque, con la que en un principio se creyó ingenuamente, como sucede, remediar la fortuna de España, la situación del murciano se fue deteriorando, como si una «fatalidad grande» se abatiese sobre todos. Una amarga melancolía le invadió su espíritu «al ver tan mal conocidos mis servicios», que le fue corroyendo la médula de su alma y le hizo temer la muerte, como le había acontecido a su mismo compañero, el conde Zapata (carta, 25-III-1645). Este ilógico proceder de la Corte de Madrid hizo que España fuese quedando sola y aislada en aquel palenque de plenipotenciarios.

Al fin con la llegada del conde de Peñaranda, sustituto de Castel Rodrigo, para firmar las Paces de Münster, Don Diego pudo emprender pronto el último viaje a su patria. Según nos informa el jesuita Sebastián González, a mitad de mayo de 1646 se encontraba ya Saavedra en Bruselas y poco tiempo después debió de llegar a la Corte. Estando en Madrid en agosto de aquel año parece que lo nombraron «conductor» o introductor de embajadores. También se le concedió una plaza vacante del Consejo de Cámara en el de Indias, el 31-I-1647, con 50.000 maravedís de sueldo. El resto de su vida en Madrid lo pasó dedicándose a su cargo de consejero y reclamando los atrasos que se le adeudaban por sus anteriores cargos. El 13-VIII-1648, «estando enfermo en la cama», otorgó testamento, que completó con un codicilo el 23-VIII-1648, víspera de su muerte. Falleció a los 64 años de edad en el Hospital de los Portugueses, de la parroquia de San Martín y fue sepultado en el convento de Agustinos Recoletos, situado a la derecha del Paseo de Recoletos,

hoy Calvo Sotelo. Profanada su tumba por los franceses en la Guerra de la Independencia, se lograron recobrar el cráneo y los dos fémures que en 1836 pasaron a la iglesia de San Isidro, de Madrid, y de allí a la catedral de Murcia el 6-V-1884.

La figura de Don Diego Saavedra Fajardo destaca hoy más por su pensamiento como escritor que por su acción como diplomático, pero hay que reconocer que fue tan grande en lo uno como en lo otro. Por ambos conceptos es Saavedra una de las figuras más representativas de su época. Sus escritos ilustran maravillosamente su acción. Y su acción es la clave para interpretar fielmente sus escritos. Tan fácilmente acuñaba un pensamiento político en forma acabada y plástica, como lo convertía en fecunda vividura de su difícil profesión. Mientras España luchaba en tantos campos de batalla de Europa, Don Diego guerreaba con las armas del ingenio y de la acción, conquistando aliados y desenmascarando enemigos. El manejó las armas del ingenio con incomparable maestría. El hombre de letras, soldado inconfundiblemente al hombre de acción, dio a Don Diego redoblado título para franquear merecidamente el pórtico de la inmortalidad y poder, como dice Pfandl, «figurar honrosamente al lado de Cervantes, Quevedo y Calderón». El hizo todo lo posible por el bien de su patria. Si, a pesar de sus esfuerzos, España no triunfó en el terreno de las armas, él le legó en el de las letras una herencia de valor imperecedero.

OBRAS: Las únicas obras en prosa que con nombre propio publicó en vida Diego de Saavedra fueron la *Idea de un Príncipe Político Christiano, representada en cien empresas* y *Corona Góthica, Castellana y Austríaca.* El resto quedó inédito. Mejor suerte cupo a su escasa producción poética, que se publicó toda durante su vida. Algunas de sus obras han sido traducidas a otras lenguas: las *Empresas*, al latín (1659), francés (1668), e italiano (1689); y la *República Literaria*, al inglés (1727), francés (1735) y alemán (1748). Damos a continuación una relación de sus obras por orden cronológico de composición, dejando aparte las poesías, porque para el proceso biográfico interesa aquél más que el orden de edición.

Introducciones a la política, opúsculo dedicado y entregado al conde-duque de Olivares el 1 febrero 1631 y editado en 1853 por primera vez en BAE 25, 423-33. *Razón de Estado del Rey Don Fernando el Católico*, opúsculo dedicado al rey Felipe IV en la misma fecha que el anterior y editado también en el mismo tomo de la BAE 25, 435-42. *Noticias de la negociación de Roma*, escritas en 1631 y ed. por Q. Aldea: R131, 29(1958)303-15. *Respuesta al manifiesto de Francia*, Ma. 1635, impreso como anónimo y atribuido a Saavedra por J. M. Jover en su magnífica obra *1635. Historia de una polémica y semblanza de una generación*, Ma. 1949, 392-99. *Discurso sobre el estado presente de Europa*, escrito en Ratisbona, a 20 enero 1637 y al que alude en carta al conde-duque de 1 abril 1637, ed. por Roche y Tejera, *Saavedra Fajardo. Sus Pensamientos, sus poesías, sus opúsculos*, Ma. 1884, 177-90. *Dispertador a los trece Cantones de esguízaros*, año 1638, ed. por Roche y Tejera, O. C., 221-28. *Proposta fatta dal Sig. Don Diego Sciavedra alla Dieta de Cantoni Catolici in Lucerna, 27 febrero 1639*, ed. por. Q. Aldea, *Don Diego Saavedra Fajardo y la Paz de Europa*: R119, 11(1959)111-14. *Idea de un príncipe político christiano, representada en cien Empresas*, Munich 1640, a la que siguió una segunda edición hecha en Milán en 1642; muerto el autor, se ha editado esta obra por separado hasta 27 veces, la última por Ediciones Anaya, Salamanca 1972, titulada *Empresas Políticas*, selección, introducción y notas de Manuel Fraga Iribarne, que es quien mejor conoce hoy a este insigne diplomático. *República literaria*, Ma. 1655, ed. por Melchor Fonseca atribuyéndola a un tal Claudio Antonio de Cabrera; siguiéronle otras ediciones defectuosas hasta que M. Serrano y Sanz, Madrid 1907, y más tarde Vicente García de Diego, Madrid 1922, reprodujeron el texto original; a juicio de Menéndez Pelayo es la mejor de las obras de Don Diego y, según él, es «uno de los desenfados más ingeniosos y apacibles de nuestra literatura del siglo XVII, una también de las últimas obras en que la lengua literaria está pura de toda afectación y contagio» (Historia de las Ideas Estéticas, II, San. 1947, 271-73); la pergeñó en 1612 y la dejó ultimada, después de muchos retoques, hacia 1642. *Suspiros de Francia*, compuestos durante su estancia en Madrid en la primera mitad de 1643, según nos lo cuenta él mismo; «y, estando en esa Corte, compuse los *Suspiros de Francia*, que agradaron a V. M. y se sirvió de dar intención que se publicarían, pero hasta ahora no han salido» (carta 6 mayo 1644); este opúsculo, que se daba por perdido, lo hemos editado en Humanidades, 11(1959) 115-24. *Locuras de Europa. Diálogo entre Mercurio y Luciano*, compuesto en Münster durante su estancia como plenipotenciario, no vio la luz pública hasta 1748, al parecer, en Alemania; el Semanario Erudito de Valladares lo editó en el vol. IV, 1-44, creyéndolo inédito. *Corona Góthica, Castellana y Austríaca políticamente ilustrada*, Münster 1646, que es la aplicación práctica de lo expuesto en teoría en la *Idea de un príncipe político-christiano*; firmó el 8-IX-1645 la dedicatoria al príncipe, al que quiso dar lecciones «señalando, en lo que fue, lo que agora es»; la imprimió en Münster mientras asistía como plenipotenciario al Congreso para la Paz de Westfalia. *Memoria de algunas cosas que los marqueses mis señores podrían mandar proveer tocantes al gobierno de su casa y estado*, ed. por Roche y Tejera, O. C., 191-98, opúsculo breve que hemos dejado para el final, por carecer de datos cronológicos para situarlo en el tiempo; creemos, sin embargo, que es de su primera época y que los marqueses a los que va dirigido son los marqueses del Carpio, Don Diego Méndez de Haro y Doña Francisca de Guzmán, hermana del conde-duque, con quienes debió de tener mucho trato Saavedra antes de marchar a Roma, tal vez en los dos años que siguieron a su estancia en Salamanca, 1608-1610. Algunas de las obras no conservadas y las a él atribuidas pueden verse en González Palencia, 140-41, y Fraga Iribarne, 676.

Capítulo aparte merece su rico *Epistolario*. A la docena de cartas que publicaron Roche y Tejera, añadió un centenar A. González Palencia y cerca de dos centenares Fraga Iribarne. Esperamos poder publicar muchas más en un nuevo *Epistolario* que preparamos.

Por fin, también compuso Don Diego algunas *Poesías* que se publicaron dispersas y en función de alguna circunstancia; unas en latín y otras en castellano. Ninguna de ellas sobrepasa la discreta mediocridad. Pero son un indicio de la facilidad de su ingenio y de su adiestramiento literario. Las dos primeras aparecieron en 1612 en el libro de Gutierre Marqués de Careaga, *Desengaños de Fortuna*, Ma. 1612. Ese mismo año apareció en Roma un libro titulado *Poesías diversas compuestas en diferentes lenguas en las honras que hizo en Roma la nación de los españoles a la Maxestad Católica de la Reina Doña Margarita de Austria, Nuestra Señora*. De Saavedra son once las composiciones. En 1614 publicó un epigrama latino en las *Tablas Poéticas*, Murcia 1614, de Francisco Cascales. A Felipe IV le dedicó dos décimas con ocasión de haber matado un toro, el 13-X-1631. Por último, con un soneto titulado *Ludibria mortis* cierra su libro de las *Empresas*.

Obras más o menos completas son: *Obras de Don Diego de Saavedra Fajardo*: BAE 25, 1-446. El Conde de Roche y J. Pío Tejera, *Saavedra Fajardo. Sus pensamientos, sus poesías, sus opúsculos*, Ma. 1884, obra benemérita, aunque incompleta dio un paso decisivo en los estudios saavedranos; publica sólo algunos opúsculos, las poesías y una antología de pensamientos políticos, religioso-políticos, y religiosos sacados de todas sus obras. Diego Saavedra Fajardo, *Obras completas*, recopilación, estudio preliminar, prólogos y notas de A. González Palencia, Ma. 1946, la más completa de todas hasta el presente. En la colección «Clásicos Castellanos», Vicente García de Diego hizo la edición con notas de *República Literaria*, vol. 46, Ma. 1622, y de *Idea de un Príncipe Político Cristiano*, vols. 76, 81, 87 y 102, Ma. 1927-1930.

BIBL.: M. Fraga Iribarne, *Don Diego de Saavedra y Fajardo y la diplomacia de su época*, Ma. 1955, biografía completa en la que se aporta y se utiliza por primera vez muchísima documentación inédita; A. Van der Essen, *Le Cardinal-Infant et la politique européenne de l'Espagne 1609-1641*, I, *1609-1634*, Bruselas 1944, trata muy bien los dos primeros años de estancia de Saavedra en Baviera; H. Günter, *Die Habsburger-Liga, 1625-1635*, Berlín 1908, publica documentación referente a Saavedra; J. M. Jover, *1635. Historia de una polémica y semblanza de una generación*, Ma. 1949, 389-414; W. González Oliveros y E. Bullón Fernández, *III Centenario de Don Diego*

Saavedra Fajardo conmemorado por el Instituto de España, Ma. 1950; F. Murillo Ferrol, *Saavedra Fajardo y la Política del Barroco*, Ma. 1957; D. de la Válgoma y Díaz-Varela, *Los Saavedra y los Fajardo en Murcia*, Vigo 1957; J. C. Dowling, *El pensamiento político-filosófico de Saavedra Fajardo. Posturas del siglo XVII ante la decadencia y la conservación de las Monarquías*, Murcia 1957; L. Quer Boule, *La embajada de Saavedra Fajardo en Suiza. Apuntes históricos*, Ma. 1931; J. de Entrambasaguas, *La crítica estética en la República Literaria de Saavedra y Fajardo*: R196, 3(1943)153-81; D. Albrecht, *Die auswärtige Poliuk Maximilians von Bayern 1618-1635*. Göttingen 1962; Q. Aldea, *Iglesia y Estado en la España del siglo XVII*, San. 1961, donde se edita el «Parecer de la Junta sobre abusos en Roma y Nunciatura», de la que Saavedra fue su primer secretario; J. M. Ibáñez García, *Saavedra Fajardo. Estudio sobre su vida y sus obras*, Murcia 1884; F. Corradi, *Juicio acerca de Saavedra Fajardo y de sus obras*, discurso leído en la Real Academia de la Historia, Ma. 1876; F. Sanmartí, *Tácito en España*, Ba. 1951, 145-49; B20, 263-64.   Q. Aldea

SABATINA, Felicitación. El 5-III-1859 fue fundada en el Seminario Conciliar de Valencia la devoción llamada Felicitación Sabatina como perenne monumento espiritual a María Inmaculada por la definición dogmática del misterio de su Purísima Concepción, proclamado por Pío IX el 8-XII-1854. Consistía en un acto devocional en el que se recitaban y cantaban algunas preces a la Virgen; preces que con el tiempo han ido variando de forma, aunque en el fondo han conservado siempre el mismo fin de honrar a la Virgen en el misterio de su Inmaculada Concepción. Autor de esta piadosa iniciativa fue el sacerdote valenciano Juan García, profesor de canto llano de dicho Seminario y beneficiado organista de la parroquia de los Santos Juanes de Valencia. Rector, superiores, profesores y alumnos del Seminario valentino acogieron la idea, mientras el arzobispo García Abella la aprobó y concedió indulgencias. Conocida por los fieles y unánimemente aceptada, se difundió rápidamente por los pueblos de la diócesis y por otros de España, especialmente por los Seminarios conciliares. Muchos obispos la aprobaron y bendijeron y la Santa Sede la reconoció y concedió indulgencias. El libro de la Felicitación, escrito por Juan García, traducido a varias lenguas se propagó por varias naciones de Europa y América. El incremento adquirido por la Felicitación Sabatina en pocos años obligó a establecerla como asociación pública en algunas parroquias e iglesias y con breve pontificio del 14-VIII-1863 quedó canónicamente erigida en la real parroquia de los Santos Juanes de Valencia. Intimamente vinculada a la piedad mariana del pueblo valenciano se ha venido practicando ininterrumpidamente en todas las parroquias los sábados por la tarde, durante todo el novenario de la Inmaculada y en las más señaladas festividades marianas. El Sínodo diocesano celebrado en Valencia, en 1951, por el arzobispo Olaechea prescribió a los sacerdotes que propagasen el ejercicio de la Felicitación Sabatina «nacido en nuestra diócesis, tan amada de los fieles y enriquecida con indulgencias» (art. 302, § 2). En nuestros días se ha perdido casi por completo esta devoción.

BIBL.: J. García, *Felicitación Sabatina a María Inmaculada*, Ba. 1922; J. M. Cánovas Pallarés, *D. Juan García, inspirador de la Congregación Sacerdotal: La Congregación Sacerdotal de Valencia en el quincuagésimo aniversario de su erección canónica, 1884-1934*, Val. 1934, 15-23; V. Cárcel Ortí, *Segunda época del Seminario Conciliar de Valencia (1845-1896)*, Castellón de la Plana 1969, 51-53; sobre los progresos de la Felicitación Sabatina véase BOE del Arz. de Valencia 2(1863)806-810, 819-822; 3(1864)12-16, 38-42, 482-483, 769-784; 4(1865)787-800; 6(1867)804-806; 7(1868) 170-176, y 9(1870)539-542.   V. Cárcel

SABINO, (siglo III) obispo de Astorga. Depuesto Basílides por libelático y blasfemo, durante la persecución de Decio, fue elegido canónicamente para sustituirle Sabino. Basílides acudió, más tarde, a Roma consiguiendo con falsas razones ser repuesto por el papa san Esteban I. Pero los fieles de Astorga y León, no conformes con aquella decisión pontificia, acudieron a san Cipriano, escribiéndole una carta con la verdadera exposición de los hechos. Sabino mismo fue a Cartago, donde informó a san Cipriano, reunido en concilio con otros 36 obispos africanos, quienes aprobaron la conducta de los fieles de Astorga y confirmaron la elección de Sabino. Se le considera como santo.

BIBL.: San Cipriano, *Epist.* 67, ed. de Hartel: CSEL, III, 735-743; ES 16, 70-71; P. Rodríguez López, *Episcopologio Asturicense*, I, Astorga 1906, 75-80; Z. García Villada, *Historia Eclesiástica de España*, I, 1.ª, Ma. 1929, 185-194.
A. Quintana

SABUNDE o SIBIUDA, Ramón, (Barcelona c. 1385 † Toulouse [Francia] 29-IV-1436) filósofo. Su verdadero nombre es Sibiuda, latinizado en *Sabundus*. No se sabe donde se educó. Era de familia modesta. Se graduó en Artes, Medicina y Teología. Profesor en la Universidad de Toulouse, durante mucho tiempo, de Filosofía y Medicina. Menéndez Pelayo dice de él que fue «el más grande filósofo español del siglo xv.» Hegel lo elogia con admiración. Es precursor del movimiento renacentista. Montaigne es el primero en darse cuenta de la importancia de Sabunde. Su pensamiento audaz intenta compaginar y armonizar el libro de las criaturas o de la naturaleza con el libro de la Biblia. Es decir, trata de conciliar razón y fe, teología y filosofía. Es innegable la filiación luliana de su pensamiento. Se jacta de haber descubierto una ciencia, una ciencia general que abarca las demás ciencias o artes. Afirma que esta ciencia ilumina las demás, pues constituye el origen y fundamento de todas las ciencias que son necesarias al hombre, hasta el punto de que quien la posee tiene en su mano el fundamento y la raíz de toda la verdad. También influyen sobre él san Anselmo, san Buenaventura y Ramón Martí. No se puede afirmar con certeza que Sibiuda influya en san Ignacio y en su libro de los *Ejercicios*. Fue ordenado de sacerdote siendo ya de edad madura.

OBRAS: *Theologia naturalis seu Liber creaturarum*, Deventer 1484, Lyon 1487, 1507, 1526, 1540 y 1551, Ve. 1581, To. 1500 y 1504, Va. 1549, Mi. 1517, y algunas otras; ed. crítica de Sighart y Sulzbach, 1852, y nueva ed. facsímil con introducción y notas de F. Stegmüller, Stu. 1966. Se creyó que *Viola animae* o *Dialogus de natura hominis* pertenecía a Sabunde, pero se ha comprobado por unos dísticos que figuran en la edición de Milán, que el autor es el cartujo Pedro Dorland. También se le han atribuido *Quaestiones disputatae* o *controversae* y un *Quodlibetum*.

BIBL.: G. Allain, *Los filósofos españoles de ayer y hoy*, Buenos Aires 1966, 41-46; I. S. Revah, *Une source de la spiritualité peninsulaire au XVIᵉ siècle: La theologie naturelle de Raymond Sebond*, Li. 1953; M. Menéndez Pelayo, *La Ciencia española*, II, San. 1953, 357-66; T. Carreras Artau, *Historia de la Filosofía española*, II, Ma. 1953, 101-75; J. Altés Escribá, *Raimundo Sibiuda y su sistema apologético*, Ba. 1939; M. Batllori, *De Raimundo Sabunde atque Ignatio de Loyola:* R17', 38(1969)454-63; L. Gómez Martínez, *Bosquejo de Historia de la Filosofía española:* J. Hirschberger, *Historia de la Filosofía*, I, Ba. 1961, 459-61.
A. Hospital

SACERDOTES DEL CORAZON DE JESUS (Padres Reparadores, SCJ). Congregación fundada por el siervo de Dios, padre Juan León Dehon, en San Quintín (Francia) el año 1878. Se establece en España a fines de la I Guerra Mundial por misioneros alemanes expulsados de la misión del Camerún por las tropas inglesas. La primera casa de la Congregación fundada en España fue la de Puente la Reina (Navarra), en 1919, seguida por la de Novelda (Alicante), en 1920. En la actualidad

cuenta con siete casas: tres colegios (Madrid, Valencia, Novelda), dos colegios apostólicos en Puente la Reina y Novelda, un colegio mayor filosófico-teológico en Salamanca, un noviciado en Alba de Tormes y la Curia Provincial en Madrid. La provincia atiende además una parroquia en Caracas.

BIBL.: M. Heimbucher, *Die Orden und Kongregationen der katholischen Kirche*, II, München 1965, 428-430.
J. L. Segura

SACERDOTES OPERARIOS DIOCESANOS. Instituto sacerdotal, fundado por el venerable Manuel Domingo y Sol, en Tortosa (Tarragona). Ante la precaria situación de las vocaciones sacerdotales, a fines del siglo xix español, Dios inspiró a Manuel Domingo y Sol, el 29-I-1883, la fundación de la Hermandad de Sacerdotes Operarios Diocesanos. El fundador quiso lograr una institución puramente sacerdotal, en la que convergieran la agilidad apostólica del sacerdote secular y la eficacia de vida y ministerios de la asociación.

El obispo de Tortosa firmó oficialmente la aprobación de la Hermandad el día 2-II-1884. En Roma se expidió el *decretum laudis* el día 1-VIII-1898; la aprobación definitiva de la Hermandad y la temporal de los Estatutos, el día 1-VIII-1927; aprobación definitiva de los Estatutos, el día 23-III-1935. El día 19-III-1952 fue constituida la Hermandad de Sacerdotes Operarios Diocesanos como Instituto Secular.

Los objetivos son: fomento, sostenimiento y cuidado de las vocaciones sacerdotales, religiosas y apostólicas; fomento de la vida cristiana y educación de la juventud; espíritu de amor y adoración a Cristo en la Eucaristía. Consecuente el fundador con su principio de establecer una institución puramente sacerdotal, señaló a la Hermandad una espiritualidad netamente sacerdotal.

La Hermandad de Sacerdotes Operarios Diocesanos, al principio, trabajó casi exclusivamente en los Colegios de San José para vocaciones sacerdotales, erigidos por su venerable fundador en Tortosa, Valencia, Murcia, Orihuela, Burgos, Lisboa y Toledo, y en los que le brindaron en Cuenca, Almería y Plasencia. También se dedicó de lleno a la formación de futuros sacerdotes en el Colegio Español de San José en Roma, fundado por el venerable Manuel Domingo y Sol en el año 1892. A partir del año 1887, ante las reiteradas insistencias de los prelados, la Hermandad aceptó la dirección de muchos seminarios diocesanos en España y Méjico. Después de la muerte de su fundador (1909), la Hermandad extendió su radio de acción a otros seminarios de España, Argentina, Uruguay y Perú.

En 1946 inició una apertura más señalada hacia los otros campos apostólicos, consignados por su fundador, con centros de orientación vocacional, Instituto Vocacional Maestro Avila en Salamanca, cursillos de cristiandad, parroquias, colegios mayores universitarios y colegios de segunda enseñanza.

Actualmente los Sacerdotes Operarios Diocesanos regentan el Colegio Español de San José en Roma y varios seminarios en España, Argentina, Uruguay, Perú... Tiene parroquias en España, Argentina, Venezuela, Méjico; y colegios en España, Alemania, Estados Unidos y Argentina. Atiende misiones vivas en Zambia y República Democrática del Congo. Posee casas propias de formación en España, Argentina, Perú, Méjico y Estados Unidos.
J. de Andrés

SACRAMENTINOS (Congregación del Santísimo Sacramento, SSS). Fundada en París, el año 1856, por san Pedro Julián Eymard, solemnemente canonizado el 9-XII-1962. El fundador, en 1855, presentó a Pío IX un proyecto de Constituciones. El papa aprobó el Instituto seis años después de fundado, y dio en 1863 la primera aprobación de las Constituciones, las cuales fueron definitivamente sancionadas por el papa León XIII en 1895. El fin específico de la Congregación es el culto solemne y la glorificación social de Jesús Sacramentado. Las mismas Constituciones lo dicen en su número 6. El apostolado exterior es muy vario: parroquias, confesonario, ejercicios espirituales al clero y fieles, dirección de obras eucarísticas como la adoración diurna y nocturna, congresos eucarísticos de toda clase. Entre las obras dirigidas por la Congregación, hay que señalar: 1.ª La Asociación de sacerdotes adoradores esparcida en todo el mundo y que cuenta unos 200.000 adheridos, y 2.ª La Guardia de Honor del Santísimo, que forma corte de unos dos millones de fieles a Jesús Sacramentado.

En España se estableció la primera casa en Tolosa (Guipúzcoa) el 1-I-1908, con carácter formativo o como seminario menor y noviciado. La segunda, en Madrid, en 1943. Unas 15.000 almas frecuentan su iglesia en Sainz de Baranda, 3. El año 1961 se administraron en ella 483.000 comuniones. La tercera casa fue la de Pamplona (1944), que acaba de levantar una elegante iglesia. El seminario mayor quedó establecido en el valle de Arratia (Vizcaya). Bilbao ha acogido a los Sacramentinos en el barrio de Zurbarán.

Al mismo tiempo, los padres salidos de Tolosa han formado otras casas: tres en Colombia (Popayán, Bogotá y Medellín); una en La Habana. La provincia española consta, pues, de nueve casas con más de 140 religiosos y 90 aspirantes. Además hay que tener en cuenta que son del mismo origen los que rigen la provincia sacramentina de la Inmaculada, con sede en Buenos Aires.

BIBL.: M. HEIMBUCHER, *Die Orden und Kongregationen der katholischen Kirche*, II, München 1965, 422, 668.

J. ARRATÍBEL

SACREST, Esteban, OP (Olot [Gerona] 24-V-1850 † Madrid 24-I-1914) moralista. Ingresó en la Orden de Predicadores en el convento de Corias (Asturias), donde tomó el hábito (1866) e hizo su profesión religiosa (22-XI-1870). En este mismo convento cursó los estudios eclesiásticos. Figura notable de la Orden, fue profesor en Vergara, maestro de novicios y rector en Corias, superior en Barcelona, prior por dos veces del convento de Padrón y provincial de España por tres veces (1896-1900, 1908-1912, 1912-1914). A él se debe la restauración de las dos provincias dominicanas de Aragón y de Bética, así como la fundación de la revista *La Ciencia Tomista*, dedicada a la publicación de altos estudios de Teología.

OBRAS: *Tratado novísimo para Religiosas*, Ma. 1902; *Teología Moral*, Ma. 1906; *Catecismo doctrinal y apologético sobre el estado religioso*, Ma. 1909; *Suplemento a la Teología Moral*, Ma. 1906; *Vidas de Santos y Beatos de la Orden*; *Regla de la Tercera Orden de Santo Domingo*, Vergara 1921 *El Angel del Señor; El Angel del Santuario...*, Vergara 1894.

BIBL: O25, 255.

L. GALMÉS

SADA, Juan de, OCist (Mallén [Zaragoza] siglo XVIII) escritor ascético. Monje del monasterio de Piedra, catedrático de Huesca. Su principal mérito consiste en el apoyo que prestó a los trapenses venidos a España y en sus traducciones de las obras del abad Rancé.

OBRAS: *Santidad y deberes de la vida monástica*, Pam. 1778; *Suplemento* a la misma, Ibid. 1785; *Suplemento segundo*, Ibid. 1786; *La Regla de San Benito nuevamente traducida y explicada*, Pam. 1793; 2.ª ed., Ibid. 1797.

BIBL.: M98, 294-96.

P. GUERIN

SADERRA Y MASO, Miguel, SI (Olot [Gerona] 13-XII-1865 †San Pedro Makati [Filipinas] 21-III-1939) sismólogo. Ingresó en SI el 1882. Destinado al Observatorio de Manila (Filipinas) en 1890, se dedicó al estudio de la sismología. Asistió a diversos congresos científicos. Durante treinta y tres años escribió en el Boletín del Obispado de Manila sobre los terremotos y volcanes de Filipinas.

OBRAS: *Historia del Observatorio de Manila*, Manila 1915.

BIBL.: D3, Ap. 9, 604.   IHSI

SAENZ DE AGUIRRE, José, OSB (Logroño 24-III-1630 † Roma 19-VIII-1699) cardenal, canonista, teólogo. A los quince años entró en la Orden e hizo su profesión en el monasterio de San Millán de la Cogolla. El Capítulo general celebrado en Valladolid en 1663 lo nombró predicador de la Orden y profesor de Retórica y Literatura. En la Universidad benedictina de Irache se graduó de bachiller en Artes y Teología, y allí fue maestro en ambas disciplinas, que continuó enseñando más tarde en el colegio de San Vicente en Salamanca. El continuo y sólido ejercicio en el profesorado le valió el acceso a la cátedra de Teología en la Universidad salmantina, en la que figuró también como catedrático de los cursos de Artes. Para opositar a la cátedra de Teología defendió una tesis bajo el título *Ludi Salmanticenses*. Más tarde la publicó y retocó doliéndose de no haber tratado ciertas materias con gravedad y hondura. Nombrado abad del monasterio de Espinareda (Galicia), renunció a él para desempeñar el de rector del colegio de San Vicente, del que luego fue abad. De 1676 a 1684 fue profesor de Teología Moral, de Teología de Santo Tomás, de Filosofía Moral y Sagrada Escritura. Son también los años de sus numerosas publicaciones sobre Teología.

Su carácter conciliador y benévolo sirvió de contrapeso a las luchas y celos estudiantiles de los Colegios Mayores y aun de los profesores de materias sagradas. No fue menor su acción en las controversias ideológicas destacadas en su época por Bayo, Jansenio y Molinos. Dentro del espíritu de su Congregación medió en la disputa entre el abad Rancè y Mabillon para defender la trayectoria monástica que tanta gloria proporcionó a la iglesia a través de los benedictinos. Su oposición al probabilismo y su neutralidad en la controversia *de auxiliis* fueron uno de los motivos que luego retardaron la concesión de tres cátedras que solicitó en Salamanca para su Congregación. Antes de ser creado cardenal desempeñó el cargo de censor de la Inquisición y miembro de su Gran Consejo. Su obra contra el Galicanismo francés mereció, de parte de Inocencio XI, alabanzas y el capello cardenalicio el 2-XI-1686. Sin embargo, le creó molestias con la censura que retrasó su publicación; fue difamado por plagio y refutado por su amigo Bossuet y Le Roy. Trasladado a Roma formó parte de varias Congregaciones Romanas entre ellas los del Indice, la del Concilio y la del Santo Oficio para la condenación del quietismo de Miguel de Molinos.

Desde Roma mantuvo frecuente correspondencia con Bossuet, que lo llamó «lumbrera de la Iglesia y ejemplo de virtudes», con el general de la Compañía de Jesús, Tirso González, y con el arzobispo de Reims, Le Tellier, sobre diversos asuntos. Asimismo, con el colegio de San Vicente y la Universidad salmantina de la que solicitó, por intermedio de Juan Bautista Lardito, la concesión de tres cátedras, una de ellas la de San Anselmo, que podía ser dotada por la Orden benedictina. Dentro de la misma Universidad la oposición tomaba como base que, de concederse las tres cátedras, la doctrina de Báñez y Molina quedaría suplantada por las doctrinas de los Santos Padres, de san Anselmo, santo Tomás y san Agustín que había defendido Aguirre en su declaración contra el clero galicano. Así lo confiesa él en la numerosa correspondencia a la

Universidad, al Consejo de Castilla y a la Corte real. Tras la intervención del Consejo de Castilla, el rey sancionó la concesión por cédula del 13-VIII-1692 que confirmó con otra del 2-X-1692. Al fin, las tres cátedras fueron dotadas por la Universidad y no por el cardenal Aguirre.

En sus obras, que abarcan el campo teológico, filosófico, canónico, histórico y ascético, muestra una erudición inmensa y entre los teólogos de su siglo ocupa un lugar destacado, aunque la redacción adolece de retórica. Su colección conciliar, que necesita una refundición, es un manantial de datos históricos de la Iglesia española, hasta ahora no superado. Murió de un ataque epiléptico y fue enterrado en Roma.

OBRAS: *Ludi Salmanticenses, sive theologia florentula,* Sa. 1667; *Sancti Anselmi archiepiscopi Cantuariensis theologia, commentariis et disputationibus tum dogmaticis tum scholasticis illustrata,* 3 vols., Sa. 1678, 1681 y Ro. 1688, 1690; *Auctoritas infallibilis et summa cathedrae Sancti Petri, extra et supra concilia quaelibet atque in totam Ecclesiam, denuo stabilita, sive defensio cathedrae adversus declarationem nomine illustrissimi Cleri Gallicani editam Parisiis,* Sa. 1683; *Philosophia novo-antiqua, rationalis, physica et metaphysica, quaecumque in scholis tractari solet ad mentem Aristotelis et D.Thomae adversus recentes utriusque impugnatores,* 3 vols., Sa. 1671, 1672, 1675; *Philosophia morums, sive Libri decem Ethicorum Aristotelis ad Nicomachum commentaris illustrati,* 4 vols., Sa. 1677, Ro. 1698; *De virtutibus et vitiis disputationes ethicae in quibus disseritur quidquid spectat ad philosophiam moralem ab Aristotele traditam,* Sa. 1677, Ro. 1697, 1717; *Collectio maxima conciliorum Hispaniae et Novi Orbis, epistolarum, decretalium celebriorum, necnon plurium monumentorum veterum ad illam spectantium, cum notis et dissertationibus, quibus sacri canones, historia ac disciplina ecclesiastica et chronologia accurate illustrantur,* 4 vols., Ro. 1693, 1694,1753, 1756; *Notitia conciliorum Hispaniae... sub auspiciis catholici monarchae Caroli Secundi...* (refundición de la anterior), Sa. 1686; *Synopsis collectionis maximae Conciliorum Hispaniae...,* Ro. 1694, 1695; *Viator christianus* (de A. de Kizesimowski), Ro. 1698; *Orationes S. Anselmi,* Sa. s. a.; *Bibliotheca Hispana Vetus* (de N. Antonio), Ro. 1696. Ms.: *Concilia Hispaniae et plurima alia monumenta sacra; Theologiae S. Anselmi tomus quartus; Ludi Salmanticenses, tomus secundus; Epistolae ad diversos principes et illustres aut eruditos viros; Contemptus mundi* (para probar que el benedictino Juan Gerson es el verdadero autor de la Imitación de Cristo).

BIBL.: A1, 817-818; A36, 525-528; D17, 1, 1071-1075; A. Pérez Goyena, *La literatura teológica entre los benedictinos españoles:* R154, 49(1917)174-79; ID., *Literatura teológica española: Los grandes teólogos benedictinos:* R154, 50(1918)51-54; ID., *La lección de despedida del card. Saenz de Aguirre:* R102, (1925)101; G. M. Colombás, *Aguirre, Mabillon y la Teología:* R175, 21(1961)153-66; ID., *Historia de la fundación de tres cátedras de Teología en la Universidad de Salamanca (1692):* R118, 13(1960)305-94; J. A. Pascual, *Una experiencia monástica. El Cardenal Aguirre y los estudios: Los monjes y los estudios,* Poblet 1963, 449-56; A. de Silva y Arteaga, *Oración fúnebre en las solemnísimas exequias que la Universidad de Salamanca celebró... Al eminentísimo Señor Cardenal Don Fray Joseph de Aguirre,* Sa. 1699; M. del Alamo, *Valladolid. Congregación de S. Benito de Valladolid:* D3, 66(1929)968-169; ID., *Historia General y literaria de la Congregación de San Benito de Valladolid* (ms. arch. Silos); E. Mangenot, *Aguirre, Joseph Sáenz:* D20, I, 639-41; A36, II, 521; Bayle, *Dict. hist. et critique,* Rotterdam 1697, 139-40; Dupini, *Biblioth. des auteurs eccl.* 21, Par. 1719, 273-176; E. Ziegelbauer, *Historia rei litterariae ordinis Sancti Benedicti,* II, Augsburgo 1754, 98; Ph. Schmitz, *Hist. de l'Ordre de Saint Benoît,* V, Maredsous 1949, 179-80; *Biografía ecl. completa* (varios autores), I, Ba. 1848,235-6; *Kirchen lexicon,* I, Frei. 1882, 366-7; E. Esperabé Arteaga, *Hist. Pragmática e interna de la Universidad de Salamanca,* II, Sa. 1917, 599-600; J. Ibarra, *Hist. del monasterio benedictino y Universidad literaria de Irache,* Pampl. 1939, 351-154; *Actas Capitulares de la Congregación de San Benito de Valladolid,* II, fols. 364-77, ms. arch. Silos; G. de Argaiz, *La perla de Cataluña. Historia de Ntra. Sra. de Montserrate,* Ma. 1677, 471; V. de la Fuente, *Hist. de las Universidades, Colegios y demás establecimientos de Enseñanza en España,* III, Ma. 1887, 216; Bossuet, *Oeuvres,* Pa. 1836, XI, 10, J. Mabillon, *Ouvrages postumes,* Pa. 1724, I, 398. A. Orive

SAENZ DE SANTA MARIA, José, (Veracruz [Méjico] 25-IV-1738 † Cádiz 26-IX-1804) fundador. De noble estirpe riojana, le correspondió el marquesado de Valde-Iñigo. Seminarista en Cádiz, se ordenó de sacerdote en 1761. Notable director de almas, generoso limosnero, capellán y apóstol de los ejercicios de piedad a hombres, labor a que se entregó durante 35 años y que instituye mediante una congregación propia y el original y artístico Oratorio de la Santa Cueva, de Cádiz, que fundó y dotó espléndidamente (1781); el edificio fue construido por los arquitectos Cayón y Benjumea; realizaron allí trabajos los escultores Cosme y Ezequiel Velázquez (decoradores de los palacios de Aranjuez) y el genovés Vaccaro; los pintores Goya (varias obras), Zacarías Velázquez, Camerón, Fernández Cruzado, Javier Urrutia, Cavallini, Gandulfo, el alemán Riedmayer, que pintó también el retrato del fundador. El músico Haydn compuso en 1785 el oratorio *Las siete Palabras* para los actos del Viernes Santo de esta congregación. Falleció con fama de santidad, tres años después que el beato Diego de Cádiz, con quien le ligó estrecha amistad. Los restos del venerable reposan hoy en el Oratorio que fundó.

OBRAS: *Año Sacro en la Santa Cueva. Compilación de las Meditaciones y Ejercicios que... se practican en el Oratorio de la Santa Cueva de esta ciudad, atribuidas al Venerable Sr. D. José Sáenz de Santa María, Marqués de Valde-Iñigo, insigne fundador de este Oratorio y hallándose manuscritas... un piadoso congregante las da a luz a sus expensas,* 2 vols., Cád. 1904.

BIBL.: J. Gandulfo, *Carta edificante o relación sumaria de la vida del ejemplar sacerdote y obrero apostólico infatigable, Sr. D. Josef Saenz de Santa María...,* Cád. 1807; J. M. León y Domínguez, *Recuerdos Gaditanos,* Cád. 1897, 261-280; N. M. Cambiaso y Verdes, *Memorias para las Biografía y Bibliografía de la Isla de Cádiz,* I, Ma. 1829, 171; A. de Castro, *Manual del Viajero en Cádiz,* Cád. 1859; M. Martínez del Cerro, *Un paseo por Cádiz,* Cád. 1966, 97-105. F. Toscano

SAETA, Francisco Javier, SI (Piacenza c. 1665 † por los Pimas 2-IV-1695) misionero. Ingresó en SI c. 1680 y acabó sus estudios en Méjico.

BIBL.: F. J. Alegre, *Historia de la Compañía de Jesús en Nueva España,* IV (continuada), Puebla de los Angeles 1888, 118, 124, 119; E. F. Kino, *Vida del P. Francisco J. Saeta,* ed. E. J. Burrus, México 1961 IHSI

SAEZ, Liciniano, OSB (Tosantos [Burgos] octubre de 1737 † Silos [Burgos] 23-IV-1809) historiador. Por julio de 1754 entra en Santo Domingo de Silos. Después de estudiar Teología en Salamanca y ordenado ya sacerdote, vuelve a su monasterio donde es nombrado archivero. Clasifica y descifra gran número de documentos. De ellos redactó un magnífico resumen en cinco infolios, de los cuales solo uno ha llegado hasta nosotros. Desde 1777 a 1786 ejerce el cargo de prior en el monasterio de San Frutos (Segovia), dependiente de Silos, sin que esto le impida vacar a sus actividades literarias. Los Estados de Navarra le confían en este tiempo el cuidado de ordenar los archivos del Reino.

OBRAS: Después de consagrar tres años a esta penosa tarea, la corona con un precioso compendio en 29 volúmenes en folio que actualmente conserva el Archivo General de Navarra en la sección de Comptos bajo el título de *Compedio del Archivo de la Cámara de Comptos de Navarra.* Comenzó también la confección de un índice alfabético de estos volúmenes, pero cuando había hecho las papeletas de los 21, abandonó la empresa por falta de salud. Se cree que Yanguas en su *Diccionario de Antigüedades de Navarra* utilizó estas papeletas y las hizo desaparecer después. Para su uso extractó los documentos más importantes que en

8 volúmenes guarda hoy el archivo de Silos. Desde 1790 hasta 1806 trabajó en el riquísimo archivo de los duques de Osuna y Béjar ordenando y extractando por Estados los innumerables documentos, llegando a transcribir 80 tomos en quince años. Aprovechaba las noches para componer obras sobre economía y monedas. Formó parte de la comisión de académicos que dio la nueva edición de *Las siete partidas*, de Alfonso el Sabio, y preparó la crónica de D. Fernando IV, que en 1860 daría a luz Antonio de Benavides. A su muerte dejaba reunido un buen material para la imprenta sobre las monedas en tiempo de Enrique III.

BIBL.: M. Férotin, *Histoire de l'Abbaye de Silos*, Par. 1897, 249-252; J. M. Lacarra, *Introducción al Catálogo del Archivo General de Navarra de J. R. Castro*, I, Pam. 1952, 17-18; M. Alamo, *Congregación de San Benito de Valladolid:* en D3, 66, 984; B. Díaz y D. Moreno, *Memoriae Silenses*, ms., fols. 197-207; M. L. Cadier, Mélanges d'archéologie et d'histoire publiés par l'Ecole Française de Rome, VII, 269; J. A. Brutails, *Documents des Archives de la Chambres des Comptes de Navarre (1196-1384):* Bibliothèque de l'Ecole des Hautes Etudes (1890) 84-87; J. R. Castro, *Yanguas y Miranda. Una vida fecunda al vaivén de la política*, Pam. 1963, 79 y 82; Archivo de Navarra, *Sección de la Cámara de Comptos*, I, 24, 2; Archivo de Navarra, *Actas de la Diputación. Sesión del 12 de julio de 1849.*

T. Moral

SAGRADA FAMILIA DE BURDEOS. Congregación fundada en Burdeos, el 28-V-1820, por el sacerdote Pedro Bienvenido Noailles (cuyo proceso apostólico de beatificación se incoó en 1947) y por su hermana Trinidad. El fin específico es la enseñanza y la asistencia a los enfermos. El fundador en 1858 firmó un contrato con monseñor Mazenod confiando la dirección de la Sagrada Familia a sus Oblatos de María Inmaculada. A la rama que se dedica al cuidado de los enfermos, se le llama también *Hermanas de la Esperanza;* la que se dedica a la enseñanza, *Religiosas de Nuestra Señora de Loreto* o *de la Inmaculada Concepción*, en España *Ursulinas*.

El 2-II-1844 se estableció en Madrid el primer colegio de España por la madre Rita Bonnat que había nacido en Madrid de padres franceses y era el brazo derecho del fundador. En otoño de 1845 se abrió el de Barcelona. Las fundaciones se fueron multiplicando, y en 1930 la Congregación contaba en España con 33 casas y un millar de religiosas. Durante la guerra de Liberación la mayor parte de las casas cayeron en zona roja y tuvieron que sufrir incendios, persecuciones, cárceles. En febrero de 1937 se abrió el noviciado de Oharriz (Navarra). El Capítulo general de 1957 suprimió las cuatro ramas y adoptó la división en provincias, pero conservando las diversas actividades. Hoy cuenta en España con tres provincias, dos noviciados, tres juniorados, dos casas para religiosas enfermas o ancianas, 22 colegios, 10 clínicas, una escuela de A. T. S., cuatro casas para asistencia domiciliaria de enfermos, nueve obras sociales, tres residencias para estudiantes y una residencia para Ejercicios espirituales, cursillos de Cristiandad, etc. En total 37 casas.

BIBL.: M. Heimbucher, *Die Orden und Kongregationen der katholischen Kirche*, II München 1965, 516-18.

Q. Aldea

SAGRADA FAMILIA, Hermanos de la, HSF. Congregación fundada en 1835 en Belmont (Francia) por el hermano Gabriel Zaborin, cuyo proceso de beatificación está en curso. El fin específico es la formación cristiana de la juventud y el cuidado de las sacristías. Obtuvo el decreto de alabanza el 28-VIII-1841 y la aprobación definitiva el 19-V-1936. Se estableció en España el 20-VI-1909, en La Horra (Burgos), donde tiene un juniorado, y en Valladolid otro. Tiene colegios en Burgos, Madrid y Barcelona; un noviciado en Sigüenza y un escolasticado en Salamanca.

BIBL.: M. Heimbucher, *Die Orden und Kongregationen der katholischen Kirche*, II, München 1965, 449.

Q. Aldea

SAGRADA FAMILIA, Manuel de la, OSH (Sotodosos [Guadalajara] 31-XII-1888 † Paracuellos del Jarama [Madrid] 1936) restaurador de la Orden Jerónima. Con otro nombre, Manuel Sanz Domínguez, desde muy niño mostró inclinación a la virtud y a la piedad y ciertos deseos de ser sacerdote, por lo que fue confiado al párroco de Coscurita, tio suyo, para que lo iniciara. Empleóse en ferrocarriles en distintos lugares y oficios hasta 1918 que ingresa en el Banco «London Cuntis Lda.». Luego ocupó el cargo de director en el Banco Rural de Madrid. Sus contemporáneos testifican que siempre fue de una conducta intachable, admirado por jefes y compañeros, y, entre todos un verdadero apóstol. En 1924 siente una llamada especial a consagrarse totalmente a la restauración de la Orden de San Jerónimo, lo que llevó a cabo en el monasterio de Santa María del Parral (Segovia) en medio de grandes dificultades e incomprensiones. Por fin, selló su edificante vida asesinado por los rojos. Las últimas palabras recogidas por sus familiares fueron: «Suceda lo que suceda, doy gracias a Dios, porque me ha concedido un destino grande y hermoso. Si vivo, creo que veré restaurada la Orden Jerónima, objeto de mis sueños; y si muero, seré mártir por Cristo, que es más de lo que podía soñar.»

I. de Madrid

SAGRADA FAMILIA DE VILLEFRANCHE. Congregación fundada en Villefranche de Rouergue (Aveyron-Francia) el 3-V-1816, por santa Emilia de Rodat. El fin específico principal es la enseñanza, y el secundario, la asistencia a los enfermos. En 1903, al ser expulsadas de Francia, se establecieron en España, en Les (Lérida) y Viella (Lérida), Cervera (Lérida), Córdoba y Miranda de Ebro (Burgos). En 1914, en Alcázar de San Juan; en 1939, en Madrid; en 1942, en Moral de Calatrava (Ciudad Real). Tienen siete casas en España y dos en Bolivia.

BIBL.: M. Heimbucher, *Die Orden und Kongregationen der katholischen Kirche*, II, München 1965, 516-18.

D. Marrero

SAGREDO, Jesús José, OP (Salinas de Léniz [Guipúzcoa] 25-XII-1874 † Sevilla 5-IV-1923) historiador y compositor. Hizo sus primeros estudios en el seminario de Vergara. Entró en la Orden de Predicadores en el convento de Padrón (28-IX-1890), donde hizo su profesión religiosa un año después (29-IX-1891). Terminado el estudio de la Filosofía, pasa a Salamanca para iniciar el de Teología, que terminó en el convento de Jerez de la Frontera. En su vida sacerdotal simultaneó el apostolado de la predicación directa en los conventos de Jerez, Cádiz, Córdoba y Sevilla (donde fue superior por un trienio) con su actividad de compositor y, sobre todo, con la investigación histórica. El Capítulo provincial lo nombró cronista oficial de la provincia dominicana de Andalucía (23-IV-1915).

OBRAS: *Salve Regina para tiple, tenor y bajo con acompañamiento de órgano*, Bi. 1897; *Catálogo de los MM. RR. PP. Priores que han regido el Real Convento de Santo Domingo de Jerez de la Frontera, desde su fundación hasta nuestros días*, Cád. 1905; *El rosal mariano: Colección de rosarios, letanías, salves, himnos, cánticos y despedidas a la Santísima Virgen, escogida de varios autores*, 2 vols., Ba. 1905; *Misa polifónica en honor del Bto. Francisco de Capillas*, ms; *Apuntes biográficos del V. P. Mtro. Fr. Andrés Ruiz de Santo Domingo, religioso del Real Convento de dominicos de Jerez de la Frontera*, Almagro 1912; *Bibliografía dominicana de la provincia Bética 1515-1921*, Almagro 1922; en esta misma obra se enumeran, —pgs. 140-141— otros trabajos suyos inéditos, de investigación histórica.

BIBL.: *Acta Capituli Provincialis Prov. Beticae anni 1923*, 26; D3, 52, 1252-1253.   A. MATELLANES

SAHAGUN, Bernardino de, OFM (Sahagún [León] 1499 † Méjico 28-X-1590) misionero, padre de la etnología americana. Es una de las más altas personalidades científicas y pastorales del siglo XVI indiano. De familia posiblemente noble procedente de Galicia, marchó a Salamanca y estudió Humanidades en su Universidad. Allí cambió su apellido Ribeira al entrar en religión. Pasó a Méjico en el delicado momento (1529) en que bautizadas grandes masas indígenas, rebrotaron algunas de sus viejas idolatrías. Los indios habían aceptado el Evangelio como una liberación de sus dioses terroríficos, pero al mismo tiempo habían fundido verdades cristianas con credos paganos. La tarea de Sahagún fue separar el grano de la paja para evitar que la adaptación misionera verificada con naturalidad por los primeros apóstoles de la Nueva España se convirtiese en un sincretismo aberrante. Para ello se propuso conocer a fondo el mundo indígena. Lo consiguió dominando la lengua nahuatl y derrochando cariño entre los antiguos jerarcas de los lugares donde administró los sacramentos, principalmente Tepepulco (hoy Ciudad Sahagún), Tlaltelolco y Méjico, cotejando las versiones que le dieron en cada uno de ellos. En la tamización de las noticias obtenidas le ayudaron eficazmente sus alumnos del célebre colegio de Santa Cruz, del que fue uno de sus fundadores. Hombre de singular inteligencia y preparación, desempeñó cargos importantes en su Orden siendo superior de los conventos de Tlalmanalco (1530) donde fue testigo del éxtasis de Fray Martín de Valencia, Xochimildo (1534) cuyo edificio conventual construyó; misionero en las regiones de Puebla, Tula y Tepepulco (1539-1558), definidor provincial y visitador de la Custodia de Michoacán (1558).

OBRAS: *Psalmodia cristiana y Sermonario de los Santos del año, en lengua mexicana, ordenado en cantares o psalmos para que canten los indios en los areytos que hacen en las Iglesias*, Méjico 1583, redactado en Tepepulco para sustituir los cánticos que utilizaban los indios en sus fiestas durante el paganismo; *Historia General de las Cosas de la Nueva España*, Méjico 1830, obra monumental en doce libros en que se abarcan todos los informes referentes a las ideas, costumbres, instituciones, religión e historia de los antiguos mejicanos y que según Garibay hoy la podríamos llamar más bien «Enciclopedia de la cultura de los mahuas de Tenochtitlan». Escribió además: *Incipiunt Epistola et Evangelia; Evangelario en lengua Mexicana; Evangeliarium, Epistolarium et Lectionarium Aztecum sive Mexicanum*, Mi. 1858; *Sermonario de dominicas y de santos en lengua mexicana; Postillas sobre las Epístolas y Evangelios de los Domingos de todo el año*, con la colaboración de los colegiales de Tlaltelolco; *Tratado de la Retórica y Teología de la gente mexicana*, también en lengua nahuatl; *Historia de la conquista de México*, Méjico 1823, redactada a base de la «versión de los vencidos»; *Coloquios y Doctrina Cristiana con que los doce frailes de san Francisco enviados por el papa Adriano VI y por el emperador Carlos V convirtieron a los indios de la Nueva España; Arte de la lengua mexicana, con su vocabulario apéndiz; Vida de San Bernardino de Siena*, en lengua mejicana; *Manual del Cristiano; Calendario; Arte adivinatoria y Vocabulario trilingüe*. Por la amplitud de su obra y el rigor científico de la misma el Consejo Superior de Investigaciones dio su nombre al Instituto de Antropología y Etnología.

BIBL.: I. ALCOCER, *Dos estudios sobre Sahagún*, Méjico 1938; M. BALLESTEROS GAIBROIS, *Vida y obra de fray Bernardino de Sahagún*, León 1973; ID., *Códices Matritenses de la Historia General de las Cosas de la Nueva España, de Fr. Bernardino de Sahagún*, Ma. 1964; H. BEYER, *El llamado «Calendario azteca» en la Historia del P. Sahagún*, en *Memorias de la Sociedad Científica «Antonio Alzate»*, XL, 1922; CHARENCEY, *L'historien Sahagún et les migrations mexicaines*, Lov. 1899; A. CHAVERO, *Sahagún*, Méjico 1877; J. GARCÍA ICAZBALCETA, *Bibliografía mexi-*

cana del siglo XVI, Méjico 1886; A. M. GARIBAY, *Historia de la literatura nahuatl*, Méjico 1954; ID., *Paralipómenos de Sahagún*, en *Tlalocan*, I, 1943; ID., *Relación breve de las fiestas de los dioses. Fray Bernardino de Sahagún*, en *Tlalocan*, II, 1948; W. JIMÉNEZ MORENO, *Fray Bernardino de Sahagún y su obra*, Méjico 1938; KINGSBOROUGH, *Antiquities of Mexico*, Lo. 1830; W. LEHMANN, *Einige Kapitel aus dem Geschichtwerk des P. Sahagún aus dem Aztekischen übersetzt von Eduard Seler*, Stu. 1927; ID., *Sterbende Götter und Christiche Heilbotschaft*, Be. 1949; M. LEÓN PORTILLA, *Fuentes indígenas de la Cultura Nahuatl*, Méjico 1958-62; ID., *Significado de la obra de Fray Bernardino de Sahagún*, Sa. 1966; J. MENDIETA, *Historia eclesiástica indiana*, Méjico 1870; L. NICOLAU D'OLWER, *Historiadores de América. Fray Bernardino de Sahagún*, Méjico 1952; L. OLIGER, *Bernardino de Sahagún, OFM. e una sua vita di san Bernardino in lingua háhuatl*, en *Bulletino di Studi Bernardiniani*, II, Siena 1936; J. F. RAMÍREZ, *Códices mexicanos de Fray Bernardino de Sahagún*: R54, VI, 85; R. RICARD, *La conquista espiritual de México*, Méjico 1947.
                                                          L. TORMO

SAHAGUN, Juan de, OSA (Sahagún [León] c. 1430 † Salamanca 11-VI-1479) santo y taumaturgo. La instrucción de sus primeros años estuvo a cargo de los benedictinos del célebre monasterio de su pueblo natal. Joven estudiante, se trasladó a Burgos al servicio del obispo Alfonso de Cartagena, quien lo ordenó de sacerdote. Fue alumno de la Universidad salmantina (1456), donde consiguió los grados de bachiller en Cánones y Teología. Hizo profesión religiosa en el convento de San Agustín de dicha ciudad (28-VIII-1464). Por dos veces fue elegido prior del mismo convento (1471 y 1477). Desempeñó también el cargo de definidor (1471-1473). Dotado de excelentes cualidades para la oratoria, fue nombrado predicador oficial de la ciudad. Actuó como pacificador de los bandos rivales, consiguiendo que celebraran entre sí un solemne pacto de perpetua concordia, razón por la que se le ha llamado «apóstol de Salamanca». Según el beato Alonso de Orozco fueron comprobados en los proceos de beatificación más de 130 milagros. Fue canonizado por Inocencio XII (16-X-1690). Sus reliquias se veneran en Salamanca, que le honra como a su patrón. Por su amor y devoción a la Eucaristía se le ha proclamado patrón del IX Congreso Eucarístico Nacional.

OBRAS: Entre sus obras figuran, según el padre Herrera, unas *Confesiones* de su vida, escritas a imitación de las de San Agustín, y unas *Notas marginales sobre la Biblia y sobre la Suma Bartolina*. Se ignora el paradero de estas últimas. Las notas sobre la Biblia fueron publicadas por el referido padre Herrera, *Historia...*, 74-78.
BIBL.: M30, I, 387-388; T. HERRERA, *Historia del convento de San Agustín de Salamanca*, Ma. 1652, 42, 56-78, 151; M55, VII, 7-24; J. DE ARMENDÁRIZ, *Patrón Salmantino*, Sa. 1603; T. CÁMARA, *Vida de San Juan de Sahagún*, Sa. 1891 (tuvo a la vista otras vidas del santo escritas por Sevilla, Orozco, Román, Antolínez, Armendáriz, etc.); A. GARCÍA-MACEIRA, *Leyendas Salmantinas: Fray Juan de Sahagún*: Revista Agustiniana, 12(1886) 244-248.   G. DÍAZ

SAINZ, Fernando, OP (Tarazona [Zaragoza] 30-V-1832 † Manila 21-X-1895) misionero. Ingresó en la Orden de Predicadores en el colegio de Santo Domingo de Ocaña, el 15-I-1854. Llegado a Manila por mayo de 1858, el 14 de diciembre siguiente fue electo para restaurar la antigua misión de Formosa, llegando al puerto de Takao el 18-V-1859. Es imposible referir en pocas palabras los trabajos, sufrimientos y persecuciones que padeció para restaurar la misión, ayudado por otros misioneros. Fundó cristiandades y edificó iglesias y casas para los misioneros, y fue varias veces superior de la misión. Tantos fueron sus trabajos y sufrimientos, que en breve tiempo perdió la salud y hubo de retirarse a Manila en 1869. Restablecida en parte su salud, ejerció el sagrado ministerio en las provincias de Cagayán y La Laguna, en Filipinas, y entre los chinos de Binondoc; fue procurador de misiones en Hong-Kong e, incluso, pudo volver a las misiones de Emuy y Fukien, en China, y de nuevo, desde 1886 hasta su muerte, consagró su celo apostólico a los chinos de Binondoc, de Manila.

OBRAS: *Introducción* al libro *Tao-tiek-king* de Lao Tse, Manila 1889; *Estudios sobre Confucio y la antigüedad china*, Manila 1890; *Estudio sobre Poan-ku, primer emperador de China*, ms.; Doce *Relaciones misionales*, publicadas en El Correo Sino-Annamita, 1-2 y 28: más otros diecinueve ms., en el Archivo OP, de Manila, 93, 616, 622, 647, 658, 660 y 664.

BIBL.: H. M. Ocio, *Compendio de la reseña biográfica de los religiosos de la Provincia del Santísimo Rosario de Filipinas*, Manila 1895, 898-901; O69, IV, 390-394; O41, III, 146-49, 350; P. Fernández, *One hundred Years of Dominican Apostolate in Formosa (1859-1958)*, Quezon City 1959; O2, 1878, III, 271-72; J. M. Alvarez, *Formosa geográfica e históricamente considerada*, II, Ba. 1930, 292-338.
J. M. González

SAINZ LOPEZ, Bonifacio, SchP (Santelices [Burgos] junio de 1868 † Santander abril de 1943) calígrafo. Ingresó en las Escuelas Pías en 1883. Enseñó en diversos colegios, sobresaliendo principalmente en la caligrafía y dibujo. Fue gran director espiritual. Maestro de novicios en Getafe (1919-1931). Su labor literaria se centra en los escritos recreativos y moralizantes. Su virtud es la facilidad de versificación.

OBRAS: *Ensayos poéticos*, San. 1905; *Teatro infantil*, San. 1908; *Documentos acerca de la oración mental entresacados de las obras de Sta. Teresa de Jesús*, San. 1908; *La llave falsa*, juguete dramático, Ma. 1909; *El señorito Aurelio*, juguete dramático en dos actos, Ma. s. f.; *La bondad divina según los grandes maestros*, Ma. s. f.; diversos artículos, en L. Picanyol, *La biblioteca scolapica di San Pantaleo di Roma*, II, Ro. 1955, 226.

BIBL.: *Supplementum III ad Ephemerides Calasanctianae*, Ro. 1949, 19-21.   C. Vilá

SALA, Tomás, OP (Barcelona 1775 † Kesen [China] 1-X-1829) misionero y obispo. Ingresó en la Orden de Predicadores en el convento de Barcelona, donde hizo su profesión religiosa (13-III-1792). Cursó los estudios de Filosofía en su propio convento, y los de Teología, en el colegio de San Vicente y San Raimundo de la misma ciudad, en el cual fue nombrado profesor de Filosofía, desempeñando la cátedra durante tres años (1779-1802). Fue nombrado maestro de estudiantes (1802) y en este tiempo solicitó su incorporación a la provincia de Filipinas. Enviado primeramente a Méjico, permaneció allí un año, al final del cual se dirigió a Manila en cuya Universidad enseñó Teología durante un curso (1805). Fue enviado luego a la misión de Ytuy y nombrado vicario de Banyombong (1806-1810). Destinado a la misión de Fo-Kien en 1810, este mismo año abandonó aquellas islas y llegó a Kesen en marzo de 1811, en donde varios años fue director del seminario, y consagrado obispo con el título de Isopolitano (1-X-1820).

OBRAS: *Summa moralis PP. FF. Fulgentii Cuniliati et Vicentii Patuzzi, Ordinis Praedicatorum, methodo brevi ac facili ad usum Seminarii Fokiensis in Sinis*, Kichien 1825. *Dictionarium Sinicum-Latinum* ms.; *Pláticas dominicales para todo el año*, en chino, convento de Santo Domingo de Manila, ms.

BIBL.: O25, 257.   L. Galmés

SALA BALUST, Luis, (Barcelona 1-V-1922 † Salamanca 12-VI-1965) teólogo, historiador. Realizó los estudios de Filosofía en el seminario Maestro Avila, de Burgos (1939). Cursó estudios de Teología en la Universidad de Salamanca (1945), donde obtuvo el grado de doctor (1948). En esta Universidad fue catedrático ordinario de Historia Moderna de la Iglesia, en la Facultad de Teología (1949-1965), de Historia de los Dogmas (1964-1965), de Teología española (1964-1965) y rector magnífico de dicha Universidad (1964-1965).

Miembro de la Hermandad de Sacerdotes Operarios Diocesanos (1945), alterna el gobierno con la investigación. Vicerrector del colegio mayor San Carlos de la Universidad de Salamanca (1945); vicerrector del Colegio Español de Roma (1948-1949; rector del colegio mayor Jaime Balmes de la Universidad de Salamanca (1950-1952); prefecto general de estudios de la Hermandad de Sacerdotes Operarios Diocesanos (1951-1957); diplomado en Biblioteconomía por la Scuola di Biblioteconomia de la Biblioteca Apostólica Vaticana (1951). Este mismo año finaliza los cursos de Paleografía y Archivística en la Scuola Paleographica Vaticana.

Estudioso nato, desde esta fecha, se centra en el estudio, la investigación y la cátedra de Salamanca. Presidente del Centro de Estudios de Espiritualidad, anejo a dicha Universidad (1952); colaborador del Instituto Enríquez Flórez, del Consejo Superior de Investigaciones Científicas (1953); miembro del Centro de Estudios Salmantinos (1956); doctor en Historia Eclesiástica por la Universidad Gregoriana de Roma (1957) y en Filosofía y Letras, sección Historia, por la Universidad de Valladolid (1957); académico correspondiente de la Academia de Bellas Artes e Historia, de Toledo (1959), y de la Real Academia de la Historia (1960); correspondiente de la *Hispanic Society of America* (1961); perito del concilio Vaticano II (1962).

OBRAS: Libros: *Obras completas del Bto. Mtro. Juan de Avila*, BAC, Ma. 1952; *Catálogo de fuentes para la historia de los antiguos Colegios Seculares de Salamanca*, Ma.-Ba. 1954; *Reales reformas de los antiguos Colegios de Salamanca anteriores a las del reinado de Carlos III*, Va. 1956; *Visitas y reforma de los Colegios Mayores de Salamanca en el reinado de Carlos III*, Va. 1958; *Constituciones, estatutos y ceremonias de los antiguos Colegios Seculares de la Universidad de Salamanca*, 3 vols., Sa. 1962-1963; *Avisos y reglas cristianas sobre aquel verso de David: Audi filia, del P. Mtro. Juan de Avila*, Ba. 1963; *Vidas del P. Mtro. Juan de Avila*, Ba. 1964. Artículos: *Los autores de la «Historia Compostelana»*: R116, 3(1943)16-19; *Un Convictorio Carolino en el recinto de nuestro Seminario-Universidad*: Salmantica, 1(1945)16-21; *Don Felipe Bertrán, fundador del Seminario de Salamanca*: Salmantica, 3(1947) 12-20; *Catálogo del Archivo del Real Seminario de San Carlos de Salamanca*: R118, 2(1949)433-457; *Tenaz empeño del obispo Bertrán por la fundación del Seminario de Salamanca*: R118, 9(1956)319-375; *Breve historia del Seminario de Salamanca*: R200, 7(1960)119-131; *Textos desconocidos de San Pedro de Alcántara y del Bto. Diego José de Cádiz*: R200, 2(1955)151-163; *La formación clerical*: R205, 22(1964)11-35; varias obras sobre San Juan de Avila: *Ediciones castellanas de las obras del Bto. Mtro. Juan de Avila*: Maestro Avila, 1(1946)49-80; *Más ediciones castellanas y traducciones portuguesas del Maestro Avila*: IB., 1(1946)181-187; *Ediciones francesas, griegas y alemanas de las obras del P. Mtro. Avila*: IB., 1(1946)297-312; *La «Doctrina cristiana» del Mtro. Avila*: IB., 2(1948)57-64; *Ediciones y manuscritos italianos de las obras del P. Mtro. Avila*: IB., 2(1948)131-150; *Aportación al «Epistolario» del P. Avila. Dos cartas inéditas del Bto. Juan de Avila a los P. P. Francisco Estrada y Diego de Santa Cruz, de la Compañía de Jesús*: R129, 18(1946)75-86; *Fragmentos eucarísticos inéditos del Bto. Mtro. Avila*: IB., 19(1947)364-360; *Hacia una edición crítica del «Epistolario» del Mtro. Avila*: R116, 7(1947)611-634; *El H. Sebastián de Escabias S I autor desconocido de los «Casos notables de la ciudad de Córdoba»*: IB., 10(1950)266-296; *Los tratados de Reforma del P. Mtro. Avila*: R73, 73(1947)185-233; *Vicisitudes del «Audi, filia», del Mtro. Avila y diferencias doctrinales de sus ediciones (1556-1574)*: R118, 3(1950)266-296; *Cartas inéditas del P. Mtro. Juan de Avila y documentos relativos a Fr. Domingo de Valtanás en la Hispanic Society of America*: IB., 14(1961)155-170; *La causa de canonización del*

Bto. Mtro. Juan de Avila. Bosquejo histórico: R171, 3(1948) 847-882; *Hacia la canonización del Mtro. Avila:* R88, 10 (1950)149-151; *Los antiguos colegios de Salamanca y la matrícula universitaria:* R118, 12(1959)131-164; *Sátira inédita de los viejos colegiales contra los colegiales nuevos de la reforma de Carlos III:* R200, 9(1962)627-630; *Los autores españoles contemporáneos de Feijóo y las violencias diabólicas:* R200, 5(1958)197-206; *La espiritualidad española en la primera del siglo XVI:* Cuadernos de Historia, Anexos de la revista Hispania, 1(1967)169-187. Véase además R210, (1959); Mutual del clero, (1952) y R200, (1953).
BIBL.: F. MARTÍN HERNÁNDEZ, *Ilmo. D. Luis Sala Balust, Rector Magnífico de la Universidad Pontificia de Salamanca:* R200, 2(1965)411-413.   J. M. ESCRIBANO

SALA Y BERART, Gaspar, OSA (Bujaraloz [Zaragoza] c. 1605 † San Cugat del Vallés [Barcelona] 7-I-1670) historiador. Hizo su profesión religiosa el 1-VI-1622 en Zaragoza. Rector del convento de San Guillermo, de Barcelona. Se graduó en Teología el 14-XI-1639. El año 1641 recibió el título de doctor laureado por la Universidad de Barcelona, de la que fue nombrado profesor *ad vitam.* El cabildo de Lérida lo nombró magistral en 1642 y este mismo año Luis XIII de Francia lo hizo su predicador y cronista, dándole al año siguiente la abadía de San Cugat del Vallés, perteneciente a los benedictinos.
OBRAS: *Govern politich de la ciutat de Barcelona para sustentar los pobres y evitar los vagamundos,* Ba. 1636; *Noticia universal de Cataluña,* Ba. 1639; *Proclamación católica... de Felipe el Grande,* Ba. 1640; *Compendio histórico de la guerra catalana,* Ba. 1641; *Armonía geográfica española,* Ba. 1641; *Lágrimas catalanas al entierro y exequias del ilustre Deputado Eclesiástico de Cataluña,* Ba. 1641.
BIBL.: M55, VII, 30-36.   A. ESPADA

SALA Y DE CARAMANY, Benito de, OSB (Gerona c. 1640 † Roma 2-VII-1715,) obispo de Barcelona, cardenal. Toma joven aún el hábito en Montserrat. El 24-XI-1698 es preconizado obispo de Barcelona. Desterrado primero a Burdeos en 1706 y después a Aviñón, por mostrarse favorable a la dinastía de los Austrias; fue creado cardenal el 4-III-1713
OBRAS: Se conservan de él numerosas e importantes cartas seleccionadas por Enrique Claudio Girbal en *Epistolario del Cardenal Gerundense D. Fray Benito de Sala y Caramany, obispo de Barcelona 1713,* Ge. 1889.
BIBL.: D3, 66(1929)970; *Historia general y literaria de la Congregación de San Benito, de Valladolid* (ms. en el archivo de Silos); F. CRUSELLAS, *Nueva historia del santuario y monasterio de Nuestra Señora de Montserrat,* Ba. 1896; A. ALBAREDA, *Historia de Montserrat,* Montserrat 1931; *Contribución a la biografía del Cardenal dom Benet Sala O. S. B. abat de Montserrat (la persecución de Felipe V):* R4, 6(1925)77-224; E. C. GIRBAL, *Biografía del cardenal gerundense fray Benito de Sala y de Caramany,* Ba. 1885.   J. MORAL

SALAMANCA, Diócesis de, *(Salmanticensis)* sufragánea de Valladolid,
1. Historia. La primera referencia que se hace de Salamanca en la literatura clásica es la del historiador griego Polibio, quien al hablar de la conquista por Aníbal de esta ciudad de los vacceos en el 220 a. C., la llama *Helmantiké.* Tito Livio la llama *Hermántica,* Plutarco, *Salmantika.* En Ptolomeo, Julio Frontino y las inscripciones romanas encontramos ya el nombre de *Salmantica.*
Esta misma forma es la que nos dan, de una manera constante, los documentos latinos hasta mediado el siglo XII, y es la más frecuente en los siglos posteriores; pero ya en la segunda mitad del XII, aun en los latinos, encontramos alguna vez la forma actual de Salamanca, que es la que constantemente nos dan los documentos castellanos del XIII.

Origen y vicisitudes. La primera noticia cierta del establecimiento de sede episcopal se remonta al año 589, comprobada por la asistencia del obispo Eleuterio al III Concilio de Toledo. La falta de documentación sobre el nombre de otro obispo anterior al 589, no quiere decir que la fundación de la diócesis salmantina sea precisamente de esta fecha. Los nombres de algunos obispos anteriores a Eleuterio, que nos dan varios historiadores, si no quedan demostrados, dejan al menos una mayor probabilidad de la existencia de la diócesis. Y la crónica de Sampiro cuando habla de las ciudades pobladas por Ramiro II (939) al hablar de la nuestra dice: *Salmantica, sedes antiqua.*
Durante la dominación visigoda la subsistencia de la sede salmantina queda demostrada por la asistencia de algunos de sus obispos a varios concilios toledanos, como se indica en el episcopologio. El concilio celebrado en Mérida en el 666, tiene especial importancia para nuestra historia porque a él asistió el obispo de Salamanca, Justo, lo cual demuestra que por aquella época era sufragánea de Mérida, y por los datos que nos suministra para la historia de los límites de la diócesis.
Durante la invasión árabe no varió la organización de la metrópoli y de sus sufragáneas. En esta época algunos obispos permanecieron al frente de sus iglesias, aunque no de modo continuado; otras quedaron desprovistas de sus pastores, que se vieron obligados a huir de las huestes sarracenas y refugiarse en Asturias. Y fue esto lo que ocurrió con los obispos de Salamanca. A raíz de la invasión y durante más de un siglo, se borra la memoria de sus prelados. De los años posteriores se conocen los nombres de algunos, que demuestran la existencia de la sede, pero o bien vivían en Asturias acompañando a la Corte, como el obispo Quindulfo que figura en una donación de Alfonso II en 830, y el obispo D. Sebastián (890), probable autor de la Crónica que lleva su nombre, o bien trabajando en las tareas de la reconquista, como el obispo Dulcidio que acompañó a los ejércitos cristianos y fue hecho prisionero en 921 en la batalla de Valdejunquera. Mientras estos obispos salmantinos vivían fuera de su diócesis, la corte de Oviedo preveía a su congrua sustentación asignándoles rentas de algunas iglesias, como consta que lo hizo Alfonso III con los obispos de Salamanca y Coria, a quienes les asignó las de San Julián, arrabal de Oviedo.
El largo silencio de casi un siglo que hace entre el episcopologio entre Gonzalo, obispo por 1022, y D. Jerónimo en 1102, es fácilmente explicable si tenemos en cuenta que el Duero fue durante bastante tiempo la línea fronteriza de ambos ejércitos y, como consecuencia, las ciudades de una y otra orilla, al cambiar varias veces de dueño, tuvieron que sufrir los funestos resultados que tales cambios traían consigo.
Ordoño I (850-866) tomó por la fuerza Coria y Salamanca; Ordoño II consolida la línea del Duero, pero Abderramán pone cerco a Zamora en 908, y Salamanca se convierte en campo de batalla. Más tarde Ramiro II derrota al moro en Alhándiga y manda repoblar Salamanca, Castro Ledesma y Baños. Se suceden varias expediciones de Almanzor sobre Salamanca, que, rescatada por Fernando I en 1055, vuelve a caer en poder de los árabes. Salamanca no es definitivamente conquistada hasta el reinado de Alfonso VI; pero la vida religiosa, cívica y social no comienza a normalizarse hasta principios del siglo XII con el conde D. Raimundo de Borgoña y su esposa D.ª Urraca, hija de Alfonso VI.
El triste panorama que ofrecía Salamanca a fines del XI, nos lo describe Alfonso VI con pincelada magistral en una confirmación que en 1107 hizo de la donación de sus hijos Raimundo y Urraca al obispo don Jerónimo en 1102: *...Salmanticam siquidem urbem diutino tempore paganorum feritate destructam, nulloque*

habitatore cultam, Raimundum bonae memoriae comitem, una cum coniuge Urra, sua filia, restaurasse... Y es entonces, a principios del XII, iniciada la repoblación con gran pujanza, alejada la línea de combate de un modo definitivo y renacida la calma, cuando podemos esperar que los archivos de Salamanca, sobre todo el de la catedral, nos suministren documentación, cada vez más abundante, para poder reconstruir la historia de la Iglesia salmantina.

Ese documento de 1102, prueba que el renacimiento religioso de la ciudad, fue una de las primeras preocupaciones de los regios donantes, que comienzan por asociar a su obra de repoblación al obispo D. Jerónimo, tan íntimamente relacionado con el Cid, a quien colman de mercedes y a quien conceden «el barrio que está a la parte izquierda de la Puerta del río» para que la pueble y para que en él restaure la Iglesia de Santa María, Por consiguiente, los preparativos para levantar la iglesia madre de la diócesis, la *fortis salmantina*, se hicieron por el obispo D. Jerónimo. Consta por privilegio de 23-III-1152, otorgado por Alfonso VII, que 25 obreros, excusados de todo pecho y tributo, trabajaban ya en la construcción de la catedral.

Por los años en que muere D. Jerónimo (1120), Salamanca deja de ser sufragánea de Mérida, para serlo de Santiago de Compostela, según bula de Calixto II de 24-II-1124, dirigida al obispo de Salamanca don Munio. Ya era sufragánea de Santiago en 1121, pues un concilio compostelano, celebrado en enero de este año, citó al obispo electo de Salamanca. Algunos historiadores, basados precisamente en que este obispo D. Munio fue consagrado por el arzobispo de Toledo, dicen que Salamanca fue sufragánea de Toledo en algunos períodos anteriores a 1124. El argumento carece de valor, pues esto se explica por las facultades que el XII Concilio Toledano concedió a dicho arzobispo, de poder consagrar a todos los obispos de España.

El renacimiento de la vida religiosa de la ciudad durante el siglo XII, queda demostrado por el avance que experimentaron las obras de la catedral, y por el gran número de parroquias que por entonces se levantaron. El fuero de Salamanca, que data de fines del XII, nos habla de 33 que se hallaban distribuidas en territorio de francos, serranos, portugaleses, breganecianos, toreses, castellanos y mozárabes. De este siglo XII se conservan en el archivo de la catedral 19 bulas de Alejandro III, algunas de gran interés para nuestra historia eclesiástica, así como el fuero que el cabildo dio a Palencia de Negrilla y a Sufraga, conflictos con los canónigos de León de quienes dependía la restauración de Nuestra Señora de la Vega de Salamanca, y pleitos con el hospital de Jerusalén y con los clérigos de Alba, que habían nombrado arciprestes por propia cuenta; privilegios de reyes dando al obispo de Salamanca las aldeas de Tejares, Zamayón, El Arco, Vitigudino, etc.

A comienzos del siglo XIII se produce en Salamanca un acontecimiento de trascendental importancia para su historia: la creación de la Universidad por Alfonso IX alrededor del año 1218, en la que intervinieron notarios y cancilleres reales que fueron obispos y prebendados de la catedral salmantina, como D. Fruela, Pedro Pérez y el maestro Martín. Si no puede afirmarse que la escuela catedralicia de Salamanca — de cierta nombradía a finales del XII — se convirtiera por la voluntad de Alfonso IX en Estudio General, tampoco puede negarse la ayuda que el obispo, cabildo y diócesis le prestaron en todo momento, facilitando casas para sus aulas cuando no tenía edificio propio, maestros para sus cátedras, el maestrescuela para su gobierno, la misma catedral y sus famosas capillas del claustro — tan cargadas de historia eclesiástica como universitaria —, en las que se celebran los actos estricta-

mente universitarios de mayor colorido, como la concesión de grados, la elección del rector y consiliarios, etcétera, y una ayuda económica tan eficaz en momentos críticos para el Estudio a comienzos del siglo XIV, como la concesión de las tercias sin las que éste no hubiera podido subsistir.

Siguen a buen ritmo durante el siglo XIII las obras de la catedral, como consta por bula de Inocencio IV de 1289, así como las de diversas iglesias de la ciudad. De interés para la historia diocesana es la formación en este siglo del arciprestazgo de la Valdobla, integrado por 40 pueblos del Valle del Huebra, en los documentos *Vallis de Opera*, en los que el cabildo tenía derecho de visita exclusivo en un principio, y compartido con el obispo posteriormente en años alternativos; ejercía además completa jurisdicción. Este régimen especial dio lugar a largos pleitos entre el obispo y cabildo. Además de este arciprestazgo de la Valdobla, la diócesis tenía desde muy antiguo los de Valdevilloria, Ledesma, Alba, Miranda del Castañar, Salvatierra, Armuña, Peña del Rey, Baños y Medina, así como varias vicarías.

En el siglo XIII el cabildo era el dueño y señor del Abadengo de Armuña, formado por los pueblos de Palencia de Negrilla, La Mata, La Vellés, Arcediano y Carbajosa. El obispo D. Gonzalo dio fuero a San Cristóbal de la Cuesta el 8-II-1220, y el cabildo firma en 1242 una concordia con los templarios sobre la forma de diezmar en San Muñoz, y otra en 1259 con la Clerecía de San Marcos, y con los beneficiados de Ledesma sobre el mismo asunto.

La documentación de este siglo XIII nos dice que la población judía era bastante numerosa en la ciudad. En ella se encontrarán noticias de sus sinagogas, carnicerías, osarios, alberguería y delimitación de su comunidad.

Para la historia de la catedral es especialmente importante la Constitución del cardenal de San Cosme y San Damián, Egidio (abril de 1245), sobre el número de prebendados, visita del arciprestazgo de la Valdobla y excesos de los arciprestes, así como la bula de Urbano IV de 5-IX-1261 por la que se concede al cabildo derecho de elección estando vacante la sede, no obstante la prohibición de Alejandro IV.

Las bulas de los papas Alejandro III, Gregorio IX, Inocencio IV, Nicolás IV, y los privilegios de Alfonso IX, Fernando III, Alfonso X, Sancho IV y Fernando IV, conservados en el archivo catedralicio, demuestran el amor que papas y reyes profesaron a la Iglesia salmantina en el siglo XIII. Durante el siglo XIV se llevan a efecto en la catedral obras de importancia, como se deduce del Estatuto que en 1301 dio el obispo D. Pedro «para llevar adelante la obra de la Iglesia», y de la fundación de una cofradía de Santa María en 1363, con el fin de evitar la inminente ruina de la catedral. En 1311 nacía en Salamanca el que más tarde sería Alfonso XI, quien por haber recibido el bautismo en la catedral, la favoreció con grandes privilegios.

En la época del Cisma, las consecuencias lamentables de la incertidumbre sobre el papa legítimo tienen su repercusión en la docta Salamanca. En 1380 sus teólogos y letrados tratan de tranquilizar las conciencias indicando cuál de los papas debe ser obedecido.

En las postrimerías del XIV la ciudad no disfrutaba de paz, alterada constantemente por las rivalidades entre los regidores y caballeros de los linajes de los Enríquez y Manzanos, que dieron lugar a la formación de los bandos, formado cada uno por 10 parroquias. Los bandos se conocían por los nombres de San Martín y San Benito, que eran las parroquias cabezas de cada uno de ellos. En estas parcialidades vemos envueltos a los deanes y otros prebendados. Su período álgido es el siglo XV (hacia 1464) con el episodio de D.ª María la Brava, cuando el escolar Juan de Sahagún, luego patrono de Salamanca, desplegó su encendido celo para apaciguar aquellos odios y enconos. Durante gran parte del XIV estuvo en entredicho la diócesis por haber negado al obispo D. Bernardo (1326) las procuraciones durante la visita. De finales del mismo siglo son los pleitos entre concejo y cabildo, debido a las quejas que aquél presentó por el gran número de monasterios y excusados que había en la ciudad.

Comienza el siglo XV con augurios poco favorables para la paz de la ciudad, porque a las perturbaciones producidas por la rivalidad de los bandos, hay que añadir las que ocasionó en 1422 el ruidoso pleito entre el cabildo y concejo sobre la jurisdicción temporal y señorío del Abadengo de Armuña, que hasta entonces había ejercido el cabildo. Este puso en entredicho a la ciudad y excomulgó a los alcaldes y regidores nombrados por el concejo y se retiró a Cantalapiedra para celebrar los divinos oficios. Bien puede decirse que fue un pleito que duró todo el siglo XV, pues hasta el año 1476 no se consiguió un acuerdo definitivo. A estos disturbios hay que añadir los causados por el arcediano Juan Gómez Anaya que, encastillado en la torre de la catedral en el 1440, se apoderó de los palacios episcopales y no consintió que el rey Juan II se aposentara en ellos. Y años más tarde, el obispo D. Gonzalo de Vivero se haría fuerte en la misma torre por mandato del mismo rey Juan II. Merece hacerse mención del obispo don Diego de Anaya, fundador del colegio de San Bartolomé y de la famosa capilla del claustro que lleva su nombre en 1422, ni podemos olvidar la predicación de san Vicente Ferrer en la ciudad a principios del siglo, ni al famoso maestrescuela D. Alfonso de Madrigal, el Tostado, como tampoco al catedrático de prima de Teología y racionero de la catedral, tristemente famoso, el maestro Pedro Martínez de Osma, que fue condenado por el tribunal eclesiástico de Alcalá en 1479, por haber enseñado en las aulas doctrina herética, contenida en su tratado *De confessione*, que por disposición de dicho tribunal fue quemado a las puertas de la Universidad. Termina el siglo XV con el pontificado de fray Diego de Deza, que tan activamente intervino en los preparativos del descubrimiento del Nuevo Mundo. Una de las bulas más interesantes es la de Martín V del año 1421, por la que sabemos que en la catedral había ocho dignidades, 26 canónigos y 20 racioneros. A finales del XV se inician las gestiones para construir la catedral nueva.

La vitalidad e importancia de la Salamanca del siglo XVI en todos los aspectos, es algo que hoy mismo puede comprobarse por una serie de edificios religiosos y civiles de categoría extraordinaria, muchos de los cuales aún se conservan. De principios de siglo es la fundación de los colegios mayores de Cuenca, San Salvador de Oviedo y del Arzobispo Fonseca. Los fundadores de éstos y de los 18 colegios menores, la mayor parte de la segunda mitad del siglo XVI, fueron prelados o prebendados de Salamanca. En ellos se formaron una pléyade de prelados, eclesiásticos y personajes, que ejercieron cargos de gran responsabilidad en España y América. La segunda mitad del siglo XVI tiene importancia en nuestra historia por la cantidad de sínodos que se celebraron, y porque en la vacante producida por la muerte del obispo D. Jerónimo Manrique, se crea en 1595, bajo el pontificado de Clemente VIII, la archidiócesis de Valladolid, dejando de ser Salamanca sufragánea de Santiago para comenzar a serlo de Valladolid, a la que pasó a pertenecer el arciprestazgo de Medina del Campo, hasta entonces parte integrante de la diócesis salmantina.

El siglo XVII se caracteriza por el gran número de prelados que desfilaron por la silla salmantina. Fueron en total 19 obispos, muchos de los cules no llegaron a los cinco años de pontificado. Hechos salientes de este siglo son: la fundación del Colegio de los padres Jesuitas en 1617, el juramento solemne que en 1618 hicieron la Universidad y el Concejo de defender la Concepción Inmaculada de María, y las solemnes fiestas, a finales de siglo, para celebrar la canonización de san Juan de Sahagún.

Lo más destacado del siglo XVIII es el pontificado de D. Felipe Bertrán (1763-1783) por la honda huella que dejó en la diócesis. En materia de predicación corrigió los excesos y mal gusto de la época, dignificando el púlpito sagrado; trabajó eficazmente en la reforma de los colegios universitarios, pero sobre todo, la diócesis no debe olvidar a este prelado por lo que trabajó en favor del seminario y en la formación de sus futuros sacerdotes. El consiguió que el colegio de la Compañía de Jesús fuera convertido en seminario e inaugurado en el año 1779, y él fue quien le dio sus constituciones, viendo puesta en marcha una obra tan fundamental en una diócesis.

El final del siglo XVIII y comienzos del XIX, son años aciagos para Salamanca y para toda la nación, que se vio invadida por el ejército francés, y no fue poco el tacto que demostraron los prelados Vázquez y Tavira para aminorar los males que tal invasión causó a la diócesis, entre otros la destrucción de varios edificios de venerable antigüedad y el despojo de gran parte del tesoro de plata de las iglesias. El obispo D. Gerardo Vázquez tuvo que ausentarse de la diócesis hasta 1814, porque se hacía imposible el ejercicio de su autoridad.

Tampoco fueron tranquilos los tiempos del pontificado de D. Agustín Lorenzo Varela (1824-1849) y de sus sucesores, en los que tanto sufrió la diócesis con las revueltas y leyes de exclaustración y desamortización. El pontificado del padre Cámara ocupa los últimos años del siglo XIX, y es profunda la huella que deja en las diócesis. Funda la revista *Basílica Teresiana*, celebra sínodo en 1889, hace un nuevo arreglo parroquial en 1887, y funda en el colegio de Calatrava un Centro de Estudios Eclesiásticos Superiores en 1894.

Del siglo XX las dos notas más salientes son la restauración de la Universidad Pontificia por el papa Pío XII en 1940, en el pontificado de D. Enrique Plá y Deniel, y los posteriores trabajos de consolidación y ampliación del número de Facultades, realizados por el obispo Francisco Barbado Viejo. Este mismo prelado hizo nueva división de arciprestazgos; y una nueva división y aumento de parroquias fue llevada a cabo por el actual prelado, D. Mauro Rubio Repollés.

Santos que figuran en el propio diocesano. De san Juan de Ribera se reza el 19 de enero; de san Juan de Sahagún, patrono principal de la ciudad y de la diócesis, el 12 de junio; de la Transverberación del corazón de santa Teresa, el 27 de agosto; de santa Teresa de Jesús, patrona principal de la provincia eclesiástica, el 15 de octubre; de san Arcadio y compañeros mártires, el 13 de noviembre. Es dudoso, al menos, que estos mártires a quienes Genserico mandó dar muerte en 439, fueran naturales de Salamanca. El único fundamento es el falso Cronicón de Dextro. La concesión del rezo de estos santos para la diócesis, conseguida en 1665 por el obispo D. Gabriel Esparza, no da mayor fuerza al argumento de su origen salmantino. No se reza de los mártires de Ledesma, Nicolás, Nicolasio y Leonardo; su existencia es dudosa, pues las noticias más antiguas son las que nos da Juan Gil de Zamora, autor del siglo XIII, a quien sigue el padre Flórez. Se cree que existieron al principio de la dominación sarracena.

Liturgia distinta de la romana. En el claustro de la catedral vieja hay una antiquísima capilla, conocida antiguamente con el nombre de San Salvador, que hizo las veces de sala capitular en la Edad Media, y actualmente con el nombre de *Talavera*. Es notabilísima por su original bóveda, pero más notable aún por el privilegio de poderse celebrar la santa misa según el rito mozárabe en determinados días. El nombre de *Talavera* que hoy lleva la capilla, se debe a que el que la dotó, y fundó en ella 12 capellanías para los oficios divinos según el antiguo rito mozárabe, fue el doctor Rodrigo Arias Maldonado, natural de Talavera de la Reina. Arias Maldonado quiso con la fundación secundar la iniciativa toledana del cardenal Cisneros. La fundación data de 1516, y las constituciones de la capilla fueron confirmadas por el provisor y vicario general del obispado D. Pedro Imperial el 11-IV-1517. A un lado del altar se conserva aún una inscripción con el calendario de los días en que está permitida la celebración de la misa según el rito mozárabe. De las 12 capellanías fundadas, se conservaba una en 1888. Actualmente no hay ningún capellán.

Sínodos y concilios. Casi todos los sínodos y los concilios compostelanos, se celebraron en la capilla de Santa Catalina del claustro de la catedral Vieja. Aún puede verse en ella un banco de madera de estilo gótico, siglo XV, que se cree que era el destinado a la presidencia de los concilios. En 1133 se celebró un concilio en presencia de Alfonso VII, en el que se trató de los límites de los obispados de Oviedo y Lugo.

En 1178, otro al que asistió Fernando II. En 1192 se celebró el primer Concilio Compostelano en el que se trató de la nulidad del matrimonio de Alfonso IX con la infanta D.ª Teresa de Portugal. El obispo de Salamanca D. Vidal, se negó a firmar las actas. En julio de 1201, otro al que asistió Alfonso IX, comprobado por un documento suyo de 20 de agosto.

En 1310, segundo Concilio Compostelano en Salamanca presidido por el arzobispo de Santiago. Trató de la conducta de los templarios y el concilio se declaró en favor suyo. En 1312, tercer Concilio Compostelano, congregado por disposición de Clemente V y convocado por el metropolitano de Santiago con asistencia de los sufragáneos, para tratar de la crítica situación de la Universidad y aplicar a ésta las tercias de las iglesias de la diócesis salmantina. En 1335, cuarto Concilio Compostelano, en el que se aprobaron 17 títulos.

En 1380 se celebra una Junta en Medina del Campo, perteneciente por entonces a la diócesis de Salamanca, para oír el parecer de teólogos y letrados sobre el Cisma. Asistió el cardenal Pedro de Luna, y continuada en 1381 se trasladó a Salamanca. La Junta se declaró a favor de Clemente VII.

1382-1385. El obispo Juan Castellanos celebró sínodo en Cantalapiedra. Se trató de la forma de reducir la influencia de los judíos en la ciudad; 1410, concilio en presencia de los legados de los reyes y de la Universidad para tratar del derecho de Benedicto XIII a seguir gobernando la Iglesia. También en 1410 un sínodo convocado por D. Gonzalo, revela gran preocupación por el ministerio parroquial (manuscrito 2.251 en la Bibliot. Universitaria Salamanca). Fray Diego de Deza celebra sínodo en 1497.

En 1565, quinto Concilio Compostelano en Salamanca para admitir en la provincia eclesiástica los decretos del Concilio de Trento. Se celebraron tres sesiones en la catedral.

En 1570, Pedro González de Mendoza convoca sínodo; tiene 131 constituciones; impreso en Salamanca 1573. En 1583, Jerónimo Manrique de Lara convoca sínodo; impreso en Salamanca 1584. En 1598, D. Pedro Junco Posada. En 1604, D. Luis Fernández de Córdoba; tiene cinco libros; impreso en Salamanca, 1606. El obispo Francisco Hurtado de Mendoza, en junio de 1619. En septiembre de 1626, D. Antonio Corrionera y Cristóbal de la Cámara y Murga, en mayo de 1638 convocaron sínodo. En 1654, D. Pedro Carrillo Acuña; impreso en Salamanca, 1656, tiene cinco libros. En

1889, Tomás Cámara y Castro; impreso en Salamanca, 1889, tiene cuatro libros.

MONUMENTOS ARTÍSTICOS MÁS IMPORTANTES. Agrupados pos estilos. *Románico*: catedral vieja, comenzada hacia 1130, con un magnífico retablo de 53 tablas anterior a 1445, e interesantísimas capillas en el claustro. San Juan Bautista, vulgo Barbalos, fundada por los caballeros de la Orden de Jerusalén, ya existía en 1150; San Cristóbal, comenzada hacia 1160. San Martín, de principios del siglo XII, dio nombre a uno de los bandos. Santo Tomás Cantuariense, fundada en 1175. San Marcos, fundada en 1178. Santiago, de estilo románico mudéjar, ya existía en 1179. San Juan, en Alba de Tormes, siglo XII, románico-mudéjar; y el monasterio de la Vega. Hay alguna iglesia más que conserva su portada o ábside románico, como la de San Julián.

Estilo gótico y plateresco. Agrupamos estos dos estilos porque la mayor parte de las iglesias góticas en su interior, tienen portada plateresca. La catedral nueva que comenzaba en 1512, se habilitó para el culto en 1560 al llegar al crucero; las últimas obras se terminaron en 1733 y fue consagrada en 1761. San Benito; su forma actual es de finales del XV, con graciosa portada plateresca; dio nombre a uno de los bandos. San Esteban, comenzada en 1524, tiene espléndida portada plateresca y hermosos claustros. Sancti Spiritus, del segundo tercio del XVI. Convento de las Dueñas, la iglesia es de 1533; tiene sencilla portada plateresca y hermoso claustro. Convento de las Ursulas, edificado hacia 1512, con figura yacente del arzobispo Fonseca. Convento de Bernardas, de mediado el XVI. Colegio del Arzobispo, llamado de Irlandeses, empezado a construir en el primer tercio del XVI, hermoso claustro plateresco. En Palencia de Negrilla, la parroquia es de diversos estilos sobrepuestos, y posee un retablo del XVI. Santiago de la Puebla tiene una capilla de gran mérito.

Estilo barroco. Tiene su mejor representación en la iglesia de los jesuitas, llamada de la Clerecía, ya que barrocas son sus torres y sus tres magníficos retablos. Se comenzó en 1617 y se terminó en 1755. Los interiores de una gran parte de las iglesias de la diócesis, tienen alguna muestra de este estilo, sobre todo sus retablos.

La iglesia, no barroca, de las Agustinas, se comenzó en 1636, y en ella se conserva el famoso cuadro de Juan de Ribera que representa a la Purísima.

2. Instituciones. *Cabildos.* El de la catedral se componía, según bula de Inocencio IV de 7-V-1245, de ocho dignidades, a las que en 1509 se añadió el priorato, y el arcedianato de Monleón en 1539; de 26 canonicatos, de los que cuatro eran de oficio; y de 29 raciones. En 1492 algunas de éstas se hicieron medias raciones, de las que 10 componían la capilla de música. Había, además, 25 capellanes y 24 mozos de coro. Actualmente hay 18 canónigos y 14 beneficiados. Se conservan manuscritos los estatutos de 1345-1549, y otro manuscrito de 1550.

Clerecía de San Marcos. Alfonso IX convirtió la iglesia de San Marcos en capilla real en el año 1202, y le dio el corral cercano a la iglesia, llamado «Corral de San Marcos», para que lo poblasen, eximiendo a sus vecinos de todo tributo y sometiéndolos a la jurisdicción de la Clerecía. Dispone de estatutos muy antiguos, según los cuales consta que estaba integrado por 45 capellanes presididos por el abad, quienes al ingresar tenían que hacer expediente de limpieza de sangre. Está dividido en dos coros, San Martín y San Benito, que eran las parroquias cabezas de los bandos. Actualmente están formados por los párrocos de la ciudad y el del Arrabal del Puente. Carlos III les concedió en 3-IX-1769 cierta dependencia en la iglesia de los padres jesuitas, que por esto se llama Clerecía, para que en ella celebraran los funerales por las personas reales prescritos por los estatutos.

Monasterios. El más antiguo fue el de San Vicente que, destruido en la invasión árabe, se reconstruyó en 1143. Su prior era el regidor nato de la ciudad. Fue reconstruido en 1639. Con la Desamortización pasó a dominio particular. El monasterio de Santa María de la Vega ya existía en 1150. Fue cedido a los canónigos regulares de León en 1166, de quienes dependía el de la Vega. Se restauró en 1570. En él se veneró durante muchos siglos la famosísima imagen de Nuestra Señora de la Vega, de finales del siglo XII. El monasterio de San Francisco ocupó en el XII la ermita de San Simón. En el siglo XVI se levantó el magnífico edificio, del que se conserva algo de su iglesia. San Andrés, de carmelitas, hacia 1306 estuvo frente al actual monasterio, que después de la famosa crecida de San Policarpo de 1626, se reedificó en 1628. Los Calzados de San Agustín, por 1330 se instalaron en el primitivo edificio y en 1516 reedificaron la iglesia de San Pedro que les cediera el obispo Barrasa en 1377; fue destruido en la invasión francesa. Los mercedarios estuvieron primero en el Arrabal, c. 1331, después les fue cedida la sinagoga menor, y en el XVI hicieron grandes reformas; también fue destruido por los franceses. Los carmelitas descalzos, en cuyo monasterio se escribieron las obras de los «Salmanticenses», se instalaron hacia el siglo XVI. Los trinitarios calzados estuvieron primero en el Arrabal en 1390. En 1408 se les cedió San Juan el Blanco. Los jerónimos edificaron el monasterio de Nuestra Señora de la Victoria en 1490. Las primeras noticias del monasterio de las clarisas son de 1220. El monasterio de Sancti Spiritus data de 1269, se reedificó en el XVI, y en 1786 deja de ser monasterio de monjas. El de la Anunciación, llamado de las Ursulas, lo fundó el arzobispo Fonseca en 1512. El de Corpus Christi, en 1544. El de las Madres de Dios, en 1543. El de las Bernardas, en 1552. Carmelitas descalzas de San José, lo fundó santa Teresa de Jesús en 1570, pero el actual se edificó en 1614. El actual monasterio de las agustinas, es fundación del conde de Monterrey, en 1636. El de las Franciscas descalzas, el de 1601.

Hospitales. Santa María la Blanca, para toda clase de pobres, ya existía en 1283. San Lázaro, para leprosos, de 1267. La Alberguería de Santa María de la Sede, para los peregrinos, fundada por el cabildo, es del XII. San Martín, fue fundado por los toreses en 1160. El de Santa María de Rocamador, para los peregrinos de Guadalupe y Santiago, es de fines del XII; Alfonso X en las Partidas dice que es uno de los famosos de la cristiandad; fue destruido en 1626. Santa Margarita y los mártires San Cosme y San Damián, es de principios del XIII; cuando en 1581 se hizo la reducción de hospitales, se refundieron en él los suprimidos, y tomó nombre de la Santísima Trinidad, que era uno de los extinguidos. Alberguería, de los judíos, en 1230, duró hasta su expulsión en 1492. Antiguo de Santa Ana, de mediados del XIII. En el siglo XIV se fundaron los de Nuestra Señora del Rosario, Santiago, Santa María, de la Pasión, Santa Susana, Santo Tomé de los Escuderos, San Bernardino, Nuestra Señora de la Misericordia. Todos fueron suprimidos en 1581. En el siglo XV se fundaron los de San Pedro y San Pablo, el de los Hortelanos y el de la Santísima Trinidad cerca de San Román. Siglo XVI: San Bernardo y Nuestra Señora de la Paz, La Cofradía de nobles caballeros veinticuatro para visitar los pobres de la cárcel, que aún subsiste.

El crecido número de hospitales y sus cortas rentas fue la causa de que por breve de Pío V de 9-IV-1567 quedaran reducidos. Aprobada la reducción por el Consejo en 1581, en Salamanca quedaron dos, el de la Santísima Trinidad y el de Santa María la Blanca, y además el de Roque Amador, por su especial finalidad.

Santuarios. Los más importantes son los del Cristo de Cabrera en la parroquia de Llen, Nuestra Señora de Valdejimena en Horcajo Medianero, Nuestra Señora de la Peña de Francia en Pereña, Nuestra Señora del Castillo, Nuestra Señora del Cueto en Vecinos, Nuestra Señora de los Reyes en Villaseco de los Reyes.

Universidades. Universidad Pontificia erigida canónicamente por Pío XII el 25-IX-1940 con el derecho de dar grados superiores en las Facultades de Teología y Derecho Canónico. Posteriormente se creó la Facultad de Filosofía, que a partir de 25-VII-1956 consta de tres secciones: Filosofía estrictamente dicha, Lenguas Clásicas y Pedagogía. Dependientes de la Universidad funcionan los siguientes Centros: Centro de Estudios Bíblicos Orientales, Escuela de Práctica Canónica, Escuela de Pastoral Canónica, Escuela Superior de Latinidad, Instituto Femenino Teológico de Santa Catalina, Instituto Social León XIII. Hay tres seminarios afiliados a la Facultad de Teología de la Universidad que pueden dar el grado de bachiller: los de Vitoria, León y Zaragoza. La Universidad Pontificia esta colocada bajo el patronato de todo el episcopado español.

El padre Cámara fundó en el año 1894 un Colegio de Estudios Eclesiásticos Superiores, que duró hasta el año 1911, el cual sin reunir todas las condiciones para que pudiera recibir el nombre de Universidad, puede señalarse como el precedente de ella.

Seminarios. Seminarios mayor y menor diocesanos instalados en el antiguo Colegio de Calatrava, que acaba de ser restaurado después del incendio de febrero de 1960; Seminario del Aspirantado Maestro de Avila, de la Hermandad de Operarios Diocesanos; padres agustinos (Orden de San Agustín), Humanidades y Filosofía; dominicos con la Facultad de Teología; carmelitas descalzos, franciscanos capuchinos para Filosofía; jesuitas, legionarios de Cristo, teologado de los misioneros Hijos del Inmaculado Corazón de María, paúles, reparadores y teologado de los salesianos.

Archivos. Catedralicio, de gran importancia, comienza su documentación con el siglo XII, con catálogo topográfico, cronológico, onomástico y toponímico. Episcopal antiguo, con 30 pergaminos. Archivo diocesano, instalado junto al de la catedral; la documentación comienza en el siglo XV, muy abundante a partir del XVI, en ordenación. El de la Clerecía de San Marcos, con documentación no muy abundante, pero alguna, del XII-XIV, instalado junto al catedralicio; Archivo del Seminario. Archivos parroquiales; en la mayor parte de ellos los libros sacramentales comienzan en el siglo XVII.

Bibliotecas. La de la Catedral, Universidad Pontificia con 60.000 volúmenes; la de los seminarios, padres dominicos con 20.000 volúmenes; del Aspirantado Maestro Avila 20.000 volúmenes.

Museos. Diocesano; se inauguró en el año 1953 y está instalado en el claustro de la catedral vieja. Consta de cuatro salas; muy importante por sus pinturas del XV. Museo Bíblico Padre Scio, de los padres escolapios.

Congregaciones religiosas establecidas antes de 1900. Hermanas de la Caridad en 1851, Adoratrices del Santísimo Sacramento en 1872, Hermanitas de los Pobres en 1872, Hijas de Jesús en 1879 y Siervas de San José en 1874.

Boletín Oficial Eclesiástico. Inició su publicación en el mes de enero de 1854, en el pontificado de D. Fernando de la Puente Primo de Rivera. Desde un principio se publicó mensualmente.

3. Geografía diocesana. La división de los obispados de la Lusitania, a la que perteneció Salamanca, fue hecha por Recesvinto (c. 650). Las primeras noticias sobre diferencias entre diócesis por razón de límites, nos las proporciona el Concilio de Mérida celebrado en el 666, en el que el obispo de Idaña, presenta una reclamación contra el de Salamanca, Justo, que se había apoderado de territorios pertenecientes a su diócesis. Este concilio puede dar alguna luz para fijar los límites de la diócesis por el oeste, durante la dominación visigoda.

Es explicable la falta de datos sobre la geografía diocesana hasta que no termina de una manera definitiva la reconquista de la provincia de Salamanca. Por esta razón es el siglo XII cuando, debido a los pleitos de la diócesis de Salamanca con las limítrofes, pueden determinarse sus límites. Estos pleitos se refieren a las diócesis de Zamora y Ciudad Rodrigo con Salamanca. Para los límites con Zamora hay que tener en cuenta la bula de Alejandro III (c. 1170), sobre la pertenencia de Fuentesaúco, Valleza, Santiz, etc., y sobre la devolución a Salamanca del lugar de Castronuño y otras 22 iglesias, de las que se había apoderado el obispo de Zamora antes de 1167. También una concordia de 3-II-1185 entre ambos obispos, de importancia extraordinaria, por la que se intercambian gran número de pueblos: Torresmenudas, Aldearrodrigo, etc. Para los límites con Valladolid hay que tener presente la creación de este arzobispado en 1595 por bula de Clemente VIII, que trajo como consecuencia el que Medina del Campo y buen número de pueblos de su tierra, hasta entonces pertenecientes a la diócesis salmantina, pasaran a la jurisdicción de la nueva archidiócesis; a ella pasaron también unos cuantos pueblos en los que los obispos de Salamanca y Avila ejercían jurisdicción en años alternos.

Los límites con la diócesis de Ciudad Rodrigo antes del privilegio de Fernando II, de 13-II-1161, en el que manifiesta sus deseos de hacerla sede episcopal, y de la bula de Alejandro III, 25-V-1175, por la que se erige el obispado de Ciudad Rodrigo, son muy oscuros y la cuestión no es de fácil solución, por las dudas que existen, respecto a la creación, anterior a esas fechas, del citado obispado, sobre el valor que debe darse al traslado de una sede episcopal a la de Calabria y posibles épocas de desaparición total de la diócesis civitatense. En este caso es natural que la diócesis de Salamanca incorporase parte, al menos, de los territorios de la diócesis desaparecida.

Que en algún tiempo debió de ocurrir esa desaparición, parecen indicarlo el pleito suscitado en el concilio de Mérida de 666, del que antes se ha hablado, la donación de Alfonso VII al obispo de Salamanca Berenguer, (1135-1150) de la misma Ciudad Rodrigo y otros ocho lugares más, y porque cuando en 1161 Fernando II pretende establecer sede episcopal en Ciudad Rodrigo, los salmantinos se levantaron en armas contra el rey por los perjuicios que les causaba la erección de una diócesis que había de formarse con territorio suyo, y derrotados en Salvatierra de Tormes, recurrieron a la Santa Sede exponiendo los perjuicios que la nueva sede les causaba.

Sea de esta cuestión lo que fuere, para los límites con Ciudad Rodrigo a partir del privilegio de 1161 de Fernando II, es muy importante la concordia celebrada el 14-I-1174 entre ambas diócesis, por la que pasaron a Ciudad Rodrigo, Cabrillas, Abusejo, Bohadillas y otros pueblos, y Fernando II dio a la de Salamanca, Baños y Juzbado, siendo el río Huebra la divisoria.

El 10-VI-1867 fue suprimida la diócesis de Ciudad Rodrigo y el obispo de Salamanca fue nombrado administrador apostólico. Por decreto de 25-IX-1884 se segregó de Salamanca, creándose para el obispado de Ciudad Rodrigo un administrador apostólico con carácter episcopal, con prerrogativas de obispo propio independiente.

Por decreto de la Sagrada Congregación Consistorial, de 20-VII-1958, ha habido un reajuste en los límites de la diócesis con el fin de hacer que coincidan los límites de la diócesis y de la provincia.

Por él han pasado a Salamanca 12 pueblos de Avila, algunos de Coria-Cáceres, y permutando Zamayón,

que era de Zamora, por Cañizal, que era de Salamanca. Por consiguiente, los límites actuales de la diócesis coinciden con los de la provincia con Zamora, Valladolid, Avila y Coria-Cáceres. La diócesis de Plasencia tiene de la provincia de Salamanca los arciprestazgos de Béjar y Fuentes de Béjar. A Ciudad Rodrigo pasan 11 pueblos que pertenecían a la diócesis de Salamanca.

4. **Situación actual.** Los datos se refieren al año 1962; la extensión es de 7.886 kilómetros cuadrados. El número de fieles es de 281.415. Hay 446 sacerdotes incardinados en la diócesis, de los que 97 residen fuera de ella con permiso del prelado. Hay 2.039 religiosos y 1.542 religiosas.

ORDENES Y CONGREGACIONES RELIGIOSAS. *Religiosos*: Agustinos, 318; Agustinos Recoletos: Colegio de San José y Convento de Santo Tomás de Villanueva, 123. Carmelitas Calzados, 20; Carmelitas Descalzos, 49. Escolapios: Colegio Calasanz, 35; Colegio Mayor padre Scio, 91; Seminario Calasanz, 7. Escuelas Cristianas (Tejares), 120. Franciscanos: Colegio residencia San Pedro Regalado, 14. Franciscanos Capuchinos: Colegio de la Inmaculada, 77; Convento de San Francisco, 18. Jesuitas: Colegio de San Estanislao, 170; Residencia, 15. Legionarios de Cristo, Colegio Hispano-Mexicano de Nuestra Señora de Guadalupe, 101. Marianistas, Residencia del Sagrado Corazón, 5. Maristas, Colegio Marista Champagnat, 46. Mercedarios, Convento Colegio de la Vera Cruz, 19. Misioneros Hijos del Inmaculado Corazón de María: Casa de Estudios, 19; Teologado, 49. Operarios Evangélicos: Dirección General, 4; Colegio Mayor San Juan Evangelista, 33; Residencia Universitaria Rodríguez Risueño, 2. Paúles, Seminario Misionero de San Vicente de Paúl, 214. Redentoristas, Colegio San Alfonso María de Ligorio, 6. Reparadores, Colegio Mayor, 50. Operarios Diocesanos, Aspirantado Maestro Avila, 28. Salesianos: Colegio de María Auxiliadora, 32; Escuelas Salesianas de Formación Profesional, 8; Seminario Teológico, 152. San Juan de Dios, Estudiantado interprovincial, 19. Congregación de San Pedro ad Víncula (Tejares), 3. Opus Dei, 1. Trinitarios, 15. En Alba de Tormes, Carmelitas Calzados, 17. En la Alberca, Santo Desierto de San José (Batuecas), 22. Actualmente ha disminuido considerablemente el número de religiosos.

Religiosas: a). En la ciudad. Agustinas Recoletas, 29; Bernardas, 26; Carmelitas Descalzas, 22; Dominicas, 37; Franciscanas (de la segunda Orden): Monasterio de la Purísima Concepción, 19; Corpus Christi, 29; Santa Clara, 27. Franciscanas (de la tercera Orden): de la Anunciación, 22; Madre de Dios, 16, Santa Isabel, 25. De la Visitación (Salesas), 44; Adoratrices, 25; Amantes de Jesús: Orfelinato de San José, 11; Sanatorio María Teresa, 6. Amor de Dios, Colegio, 25; Hogar Escuela de la Sagrada Familia, 7; Escuela Hogar del Niño Jesús, 6. Carmelitas Descalzas Misioneras, Residencia El Carmelo, 8; Compañía de Santa Teresa de Jesús, Colegio, 33; Sagrados Corazones y Adoración Perpetua del Santísimo Sacramento, 19; Cruzadas Evangélicas: Hogar de la Inmaculada, 4; Hogar del Ave María, 4. Discípulas de Jesús, Casa Sacerdotal, 6; Dominicas de la Anunciata, Residencia, 4; Dominicas de Santo Domingo: Residencia Santa Rosa de Lima, 10; Villa Santo Domingo (Tejares), 4. Dominicas de la Sagrada Familia, 12; Esclavas del Sagrado Corazón de Jesús: Casa Noviciado, 72; Residencia, Casa de Ejercicios, 29. Esclavas del Santísimo y de la Inmaculada, 15; Misioneras de la Providencia, 17; Oblatas de Cristo Sacerdote, 22; Hermanitas de los Pobres, 21; Hijas de Jesús: Noviciado, 56; Colegio de la Inmaculada, 42; Hijas de la Caridad: Asilo de Nuestra Señora de la Vega, 14; Hospital Provincial, 30; Hospital de la Santísima Trinidad, 17; Manicomio Provincial, 11; Residencia Universitaria María Milagrosa, 8; Residencia Provincial de

Niños, 26; Seminario Misionero Vicente Paúl, 8. Hijas de la Divina Pastora, Residencia, 13; Hijas de María Inmaculada para el Servicio Doméstico, 32; Instituto Reparador, 1; Institución Teresiana, Colegio Mayor Santa Teresa y Academia fray Luis de León, 31; Josefinas de la Santísima Trinidad: Colegio, 14; Colegio Apostólico de San José (Tejares), 9; Aspirantado Maestro de Avila, 8; Mercedarias de la Caridad: Prisión Provincial, 9; Sanatorio Martínez Anido, 35; Misioneras del Divino Maestro, Grupo Escolar, 11; Misioneras Seculares: Casa Diocesana de Ejercicios, 70; Casa-Residencia, 11; Salesianas, Colegio, 24; Siervas de María, 33; Siervas de San José: Colegio, 36; Casa de Santa Teresa, 5; Colegio Mayor San Carlos, 6.

b): En la provincia. En Alba de Tormes: Benedictinas, 43; Carmelitas Descalzas, 21; Franciscanas (de la tercera Orden), 41; Hijas de la Caridad, Hospital de Santiago y Colegio de la Milagrosa, 10; En Cantalapiedra: Franciscanas (de la segunda Orden), 46; En Guijuelo: Colegio del Amor de Dios, 9; En Ledesma: Carmelitas Descalzas, 21; En Macotera: Hijas de la Caridad, Escuela de la Milagrosa, 6; En Mancera de Abajo: Carmelitas Descalzas, 18; En Peñaranda de Bracamonte, Carmelitas Descalzas, 22; Hijas de la Caridad: Hospital, 7; Escuela de la Encarnación, 8; Veguillas: Carmelitas Descalzas (Cabrera), 18; En Villoruela: Trinitarias, 15; En Vitigudino: Agustinas, 24; Hijas de la Caridad en el Asilo y Colegio, 10.

Seminaristas. En la Universidad Pontificia estudiaron en el curso 1962-1963: en la Facultad de Teología, 448; en la de Cánones, 43; en la de Filosofía, 559, de los que 134 son de los Cursos comunes, 205 de la Sección estrictamente Filosófica, 89 de Humanidades y 83 de la Sección de Pedagogía. Los Colegios Mayores Universitarios de la Universidad Pontificia son: Colegio Mayor de San Carlos Borromeo, con 147 alumnos. Colegio Mayor de Santiago Apóstol, con 34. De Vocaciones Tardías, El Salvador, con 69. Sección de Santa María, con 52. Maronita de San Efrén, con 12. Hispano-Americano de San Vicente, 72. Sacerdotal de San Juan de Ribera, 39. Seminario Mayor diocesano: 149 seminaristas, de los que 65 estudiaron Teología, 84 Filosofía. Seminario Menor diocesano, 243.

El número de parroquias es de 306 dustribuidas en 28 arciprestazgos.

Colegios de Enseñanza Media de la Iglesia. Mariste Beato Champagnat, 676 alumnos. Salesianos, María Auxiliadora, 830. Aspirantado Maestro Avila, 289. Escolapios, 400. Colegios Femeninos: Del Sagrado Corazón (Esclavas), 143. De la Inmaculada (Jesuitinas), 377. San Juan Bosco (Salesianos), 222. Santa Teresa de Jesús, 287. Fray Luis de León (Institución Teresiana), 321. Amor de Dios, 149. Siervas de San José (Josefinas), 354. Josefinas de la Santísima Trinidad (Trinitarias), 190. Misioneras de la Providencia, 114. El total de los alumnos de estos colegios masculinos y femeninos suman 4.349, de los que 2.195 son alumnos y 2.154 alumnas.

5. **Episcopologio.** El de los siglos xii-xv lo hemos redactado a la vista de los documentos del archivo de la catedral, de sus Estatutos y de los documentos reales, en que aparecen los obispos como firmantes. Esto nos ha permitido rectificar las fechas de bastantes prelados dadas por los episcopologios. En estos casos especificamos el mes del principio o fin del pontificado que nos dan los documentos. *San Pío*, 83. *Cetulo*, 203. *Salutato*, 223. *Pedro I*, 245. *Pedro II*, 269. *Germano*, 298. *Saulo*, 305. *Juan*, 332. *Juvenco*, 337. *Eleuterio*, 589, asistió al III Toledano. *Teveristo*, 610. *Hicila*, 633, asistió al IV Toledano. *Egeredo*, 646-656, asistió al VII, VIII y X Toledanos. *Justo*, 666, asistió al de Mérida. *Providencio*, 681, asistió al XII Toledano. *Oremundo*, 683-693, asistió al XIII, XV y XVI Toledanos. *Quindulfo*, 830, en donación de Alfonso II. *Dulcidio*, 876. *Sebastián*, 880. *Fredesindo*, 898. *Dulcidio*, 921. *Teodomundo*, 960. *Salvato*, 973. *Sebastián*, 987. *Gonzalo*, 1022. *Jerónimo*, ob. de Valencia, 1102-1120. *Giraldo*, electo en 1121-1124. *Munio*, 1124-1133 lo era todavía en 21 de enero; asistió al Compostelano de 1124 y fue depuesto en el concilio de Carrión de 1130. Durante la deposición de Munio fue obispo *Alonso Pérez*, 1130-1131, y Navarro que en 1133 asistió a un concilio celebrado en Salamanca. *Berengario VII*, 1135-1150, tr. a Santiago. *Iñigo Navarro*, ob. de Coria, 1152-1159. *Ordoño*, 1159, † c. X-1164. *Gonzalo*, 1165-1166. *Pedro Suárez*, III-1166 a 29-VII-1173, tr. a Santiago. *Vidal*, c. VIII-1173 a 1194. *Gonzalo Fernández*, ya lo era el 25-IV-1195, † 1226. *Diego*, 1226. *Pelagio*, ob. de Sydda (Palestina), pr. 27-V-1227. *Martín*, VII-1229-1245; todavía lo era en abril. *Mateo*, pr. 15-XII-1246, 28-VIII-1247, tr. a Cuenca. *Pedro Pérez*, pr. 28-VIII-1247-1264, tiene sepulcro en la cat. vieja. *Domingo Martínez*, 1264-1267, hace testamento el 21-I-1267. *Gonzalo Rodríguez*, pr. 15-V-1273-1279. *Nuño*, pr. 5-IV-1278. *Pedro Suárez*, 1279-1286, no consta en Eubel. *Pedro Fechor* OFM, pr. 5-III-1286, † 1304. *Alfonso*, ob. Lamego, pr 3-XI-1306, † 29-I-1309. *Pedro*, pr. 11-II-1310, † 1324, sepulcro yacente en la cat. vieja. *Bernardo*, ob. Ciudad Rodrigo, pr. 16-VII-1324, † 1327. *Gonzalo*, pr. 2-III-1327, † 1329. (*Alonso* 1330, no consta en Eubel*). Lorenzo*, pr. 16-IV-1330, † 18-VI-1339. *Rodrigo Díaz*, pr. 22-II-1235, † 18-VI-1339, con sepulcro yacente en la capilla de San Martín. *Juan Lucero*, pos. XI-1339, 18-VI-1361 tr. a Segovia, fundó capilla en el claustro, en la que tiene sepulcro yacente. *Alfonso Barrasa*, pr. 18-VI-1361, 5-III-1375 tr. a León. *Alfonso*, pr. 13-VI-1375, c. 1382 tr. a Zamora. *Juan de Castellanos* OP, pr. 29-X-1382, convocó sínodo. *Pedro*, pr. 11-VII-1387 (tr. a Orense ?). *Carlos de Guevara*, pr. 22-XII-1389 a 1392. *Diego de Anaya*, ob. de Orense, pr. 16-X-1392, 13-IX-407 tr. a Cuenca; fundador del Colegio de San Bartolomé y de la capilla de su nombre en el claustro de la catedral vieja, con sepulcro yacente. *Alfonso*, card. diácono de San Eustaquio, pr. 4-X-1408, en administración. *Gonzalo de Alba* OP, ob. de Badajoz, pr. 26-XI-1408, convocó sínodo 1412. *Alfonso*, pr. 26-IX-1412 a 1422, todavía lo era en 4 de agosto. *Sancho López de Castilla*, pr. 2-VII-1423, † 1446, sepulcro yacente en el altar mayor de la catedral vieja. *Alfonso*, pr. 19-VIII-1446. *Gonzalo de Vivero*, pr. 15-XI-1447, † 1482, hizo testamento el 27 de enero; sepulcro yacente en el altar mayor de la catedral vieja. *Rafael Riario*, cardenal de San Jorge, pr. 8-VII-1482, 15-I-1483, tr. a Osma, en administración. *Diego Meléndez Valdés*, pr. 15-I-1483, no toma posesión por oposición real, finales de 1491 renunció. (*Hernando de Talavera*), 11-VIII-1483 como admin., 26-VIII-1485 tr. a Avila. (*Pedro de Toledo*), 26-VIII-1485, como admin. *Oliverio Caraffa*, cardenal, 16-XI-1491, como admin., 1492 cesa. *Diego de Deza* OP, ob. de Zamora, pr. 23-VI-1494, 14-II-1498 tr. a Jaén, convocó sínodo en 1497. *Juan de Castilla*, ob. de Astorga, pr. 14-II-1498, † 13-X-1510. *Francisco de Bobadilla*, ob. de Ciudad Rodrigo, pr. 18-XI-1510, † 29-VIII-1529, con sepulcro yacente en el crucero del evangelio de la catedral nueva, de cuyo edificio puso la primera piedra. *Luis Cabeza de Vaca*, ob. de Canarias, pr. 22-VI-1530, 14-IV-1537 tr. a Palencia. *Rodrigo de Mendoza*, ob. de Orense, pr. 11-VII-1537, † 4-XI-1545. *Pedro de Castro*, pr. 20-II-1545, 5-VI-1554 tr. a Cuenca. *Pedro Vázquez de Acuña*, ob. de Astorga, pr. 5-VI-1555, † 24-IX-1555 sin tomar posesión. *Francisco Manrique Lara*, ob. de Orense, pr. 24-IV-1556, 26-VI-1560 tr. a Sigüenza. *Pedro González de Mendoza*, pr. 26-VI-1560, † 10-IX-1574, asistió al Tridentino, convocó sínodo en 1570. *Francisco Soto Salazar*, ob. de Segorbe, pr. 15-II-1575, † 29-I-1578. *Fernando Tricio Arenzana*, ob. de Orense, pr. 13-VI

1578, † 9-X-1578. Había asistido al Tridentino. *Jerónimo Manrique de Lara*, pr. 9-I-1579, † 19-II-1593, convocó sínodo en 1583. *Pedro Junco Posada*, pr. 3-IV-1598, † 3-V-1602, había asistido al Tridentino, convocó sínodo en 1598. *Luis Fernández de Córdoba*, pr. 20-XI-1602, 11-V-1615 tr. a Málaga, convocó sínodo en 1604. *Diego Ordóñez*, ob. de Jaca, pr. 6-VII-1615, pos. 31-VIII-1615, † 22-XII-1615. *Francisco Hurtado de Mendoza*, 5-IX-1616, 17-III-1621 tr. a Pamplona, convocó sínodo en 1619. *Antonio Corrionero*, ob. de Canarias, pr. 17-V-1621, † 4-IV-1633, convocó sínodo 1626, dotó la capilla de la Verdad, en la catedral nueva, en la que tiene sepulcro yacente. *Cristóbal de la Cámara Murga*, ob. de Canarias, pr. 7-V-1635, † 29-IV-1641, convocó sínodo en 1638. *Juan Valenzuela Velázquez*, pr. 24-III-1642, † 2-II-1645. *Juan Ortiz Zárate*, pr. 21-VIII-1645, † 24-IV-1646. *Francisco Alarcón*, ob. de Ciudad Rodrigo, 18-X-1646, 10-II-1648 tr. a Pamplona. *Pedro Carrillo Acuña*, pr. 27-VII-1648, pos. 1-1649, 12-X-1655 tr. a Santiago, celebró sínodo en 1654. *Diego Pérez Delgado*, ob. de Ciudad Rodrigo, pr. 11-X-1655, 15-I-1657 tr. a Burgos. *Antonio Peña Hermosa*, pr. 18-VI-1657, 31-III-1659 tr. a Málaga. *Francisco Díaz de Cabrera*, pr. 5-IV-1660, † 22-VIII-1661. *Gabriel Esparza*, pr. 13-III-1662, 2-VI-1670 tr. a Calahorra. *Francisco Seijas Losada*, ob. de Valladolid, pr. 30-VI-1670, 28-IV-1681 tr. a Compostela. *Pedro de Salazar* OdeM, pr. 2-VI-1681, 16-IX-1686 tr. a Córdoba. *José Cosio Barreda*, pr. 3-III-1687, † 13-IV-1689. *Martín Ascargorta*, pr. 7-XI-1689, 18-V-1693 tr. a Granada. *Francisco Calderón de la Barca*, pr. 20-VII-1693, † 25-II-1712. *Silvestre García Escalona*, ob. de Tortosa, pr. 13-VI-1714, † 20-IV-1729. *José Sancho Granado*, pr. 23-XII-1729, † 30-IX-1748. *José Zorrilla San Martín*, pr. 20-I-1749, † 30-IX-1762. *Felipe Bertrán*, pr. 18-VII-1763, † 30-XI-1783, sepulcro en la antecapilla del Colegio de San Carlos, fundó seminario. *Andrés José del Barco y Espinosa*, pr. 27-VI-1785, † 7-IV-1794. *Felipe Fernández de Vallejo*, pr. 12-IX-1794, 18-XII-1797 tr. a Santiago. *Antonio Tavira Almazán*, pr. 14-VIII-1798, † 8-I-1805. *Gerardo Vázquez de Parga* OCist, pr. 3-VIII-1807, pos. 5-X-1807, † 16-IX-1821. *Agustín Lorenzo Varela*, pr. 12-VII-1824, † 21-III-1849, sepulcro en el crucero de la epístola, en la catedral nueva. *Salvador Sanz*, pr. 28-IV-1850, † 31-I-1851. *Antolín García Lozano*, pr. 5-IX-1851, † 15-V-1852. *Fernando de la Puente Primo de Rivera*, pr. 27-IX-1852, 27-IX-1857 tr. a Burgos, cardenal, fundó el Boletín Oficial Eclesiástico en 1854. *Anastasio Rodrigo Yusto*, pr. 25-IX-1858, 20-IX-1867 tr. a Burgos. *Joaquín Luch*, ob. de Canarias, pr. 23-III-1868, 16-I-1874 tr. a Barcelona. *Narciso Martínez Izquierdo*, pr. 2-I-1874, 27-III-1885 tr. a Madrid, donde fue asesinado 18-IV-1886. *Tomás Cámara Castro*, ob. tit. de Trajanópolis, pr. 27-III-1885, † 1904 con sepulcro en la capilla de Almansa, en la catedral nueva, celebró sínodo en la capilla en 1889, fundó Colegio de Estudios Superiores en el Colegio de Calatrava. *Francisco Javier Valdés Noriega*, ob. de Jaca, pr. 14-XI-1904, † 23-I-1913. *Julián de Diego García Alcolea*, ob. de Astorga, 18-VII-1913, 9-X-1925 tr. a Santiago, patriarca de las Indias desde 27-VII-1923. *Angel Regueras*, pr. 11-V-1924, † 27-XII-1924. *Francisco Frutos Valiente*, ob. de Jaca, pr. 14-XII-1925, pos. 18-III-1926, † 24-I-1933. *Enrique Pla y Deniel*, pr. 28-I-1935, pos. 25-V-1935, 31-X-1941 tr. a Toledo, restauró la Universidad Pontificia. *Francisco Barbado Viejo*, ob. de Coria, pr. 10-IV-1942, † 30-IV-1964. *Mauro Rubio Ripollés*, pr. 15-VIII-1964, actual obispo.

BIBL.: V. Bejarano, *Fuentes antiguas para la historia de Salamanca*: R218, 6(1955)89-119; Directorium, *Diócesis Salmantinae*, Salmanticae 1963; Constituciones *de la Capilla de Talavera*, dadas por Rodrigo Arias Maldonado, ms., Arch, Cat. caj. 2, leg. 1, n.º 17; M. Gómez Moreno y S. C. *El retablo de la Catedral Vieja de Salamanca*: R24, 10(1926)1-12; J. González y González, *La Catedral Vieja de Salamanca y el probable autor de la torre del Gallo*: R26, 16(1943)39-50; M. Gómez Moreno, *Catálogo Monumental de Salamanca*, Va. 1967; F. Chueca, *Historia de la Catedral de Salamanca*, Ma. 1951; E. Tormo y Monzó, *Salamanca. Las Catedrales*, Ma. s. a.; A. García Boiza, *Una fundación de Monterrey. La Iglesia de MM. Agustinas de Salamanca*, Sal. 1945; J. Camón Aznar, *Plateresco*, I, Ma. 1945, 233-263; J. Camón Aznar, *Salamanca, Guía artística*, Ma. 1953; *Salamanca*, prólogo y notas de R. Aguirre Ibáñez, Sa. 1954, notable por sus láminas; A. García Boiza, *Salamanca Monumental*, Ma. 1950; M. Falcón, *Salamanca Artística y Monumental*, Sa. 1867; A. Riesco Terrero, *Evolución histórica de las parroquias en Salamanca*, Sa. 1966; id., *Proyección histórico-social de la Universidad de Salamanca a través de sus colegios (siglos XV-XVI)*, Sa. 1970; J. Alvarez Villar y A. Riesco Terrero, *La iglesia románica y la Real Clerecía de San Marcos de Salamanca*, Sa. 1969; A. Rodríguez G. de Ceballos, *Estudios del Barroco Salmantino, El Colegio Real de la Compañía de Jesús*, Sa. 1969; G. M. Colombás, *Orígenes y primer desarrollo del colegio de San Vicente de Salamanca*: R200, 7(1960)257-330; V. Beltrán de Heredia, *El convento de San Esteban en sus relaciones con la Iglesia y la Universidad, durante los siglos XIII-XV*: R73, 84(1957)95-116; id., *Historiadores del Convento de San Esteban de Salamanca*, Sa. 1914; T. Herrera, *Historia del convento de San Agustín de Salamanca*, Ma. 1652; A. Díez del Sagrado Corazón, *Los agustinos recoletos de Salamanca*: «Joseph», 2(1960)99-114; J. Manzano, *Vida y portentosos milagros del glorioso San Isidoro arzobispo de Sevilla*, Sa. 1732, 435-447; A. Colunga, *Nuestra Señora de la Peña de Francia*, Sa. 1944; J. Sánchez Vaquero, *Nuestra Señora de Valdejimena*, Sa. 1958; J. Sánchez Vaquero, *El Cristo de Cabrera*, Sa.; A. García Boiza, *Inventario de los castillos... monasterios, ermitas... de la provincia de Salamanca*, Sa. 1944; *Universidad Eclesiástica de Salamanca. Su restauración en 1940*, Sa. 1940; *La Universidad Pontificia en su primer trienio*, Sa. 1943; A. Vázquez García. *El Colegio de Estudios Superiores de Calatrava (1894-1911)*, tesis doctoral inédita defendida en la U. P. de Salamanca (extracto en Hispania Sacra, 7(1954)327-358 con el título: *El P. Cámara figura preclara del episcopado Español, fundador de los Estudios de Calatrava*); L. Sala Balust, *Breve historia del Seminario de Salamanca*: R200, 7(1960)119-131; L. Sala Balust, *Don Felipe Bertrán fundador del Seminario de Salamanca*: R200, 3(1947)12-20; L. Sala Balust, *Tenaz empeño del obispo Bertrán para la fundación del Seminario de Salamanca*: R118, 9(1956)319-375; A. Pérez Goyena, *Bosquejo histórico del Seminario de Salamanca*: R154, 32(1912) 141-150, 227-289; L. Sala Balust, *Catálogo del Archivo del Real Colegio de San Carlos de Salamanca*: R154, 2(1949)433-448; F. Marcos Rodríguez, *Catálogo de documentos del Archivo Catedralicio de Salamanca. Siglos XII-XV*, Sa. 1962; F. Marcos Rodríguez, *La antigua biblioteca de la Catedral de Salamanca*: R118, 14(1961)281-319; *Estadística General del Clero de la Diócesis de Salamanca*. Sa. 1962; J. A. Vicente Bajo, *Episcopologio Salmantino*, Sa. 1901; P. B. Gams, *Series episcoporum Ecclesiae Catholicae*, Graz 1957, 66-68; R. Ruiz de Vergara, *Historia del Colegio de San Bartolomé. Vida del Ilustrísimo señor del Diego de Anaya Maldonado*, I, Ma. 1661, 81; A. Cotarelo Valledor, *Fr. Diego de Deza*, Ma. 1902; J. Durán, *Memoria biográfica de fray Diego de Deza*, Sa. 1902; J. M. Sánchez Gómez, *Pedro González de Mendoza, obispo de Salamanca, en el Concilio de Trento*: R200, 6(1959)107-130; T. Azcona, *La elección y reforma del episcopado español en tiempo de los Reyes Católicos*, Ma. 1960, 137-143; ES, 14, 267-306; V. de la Fuente, *Historia Eclesiástica de España*, Ma. 1873; Z. García Villada, *Historia Eclesiástica de España*, 5 vols. Ma. 1929-1936; M. Villar y Macías, *Historia de Salamanca*, Sa. 1887; G. González Dávila, *Theatro*, Sa. 1618; J. M. Quadrado, *Salamanca, Avila, Segovia*, Ba. 1884, 1-296; B. Dorado, *Compendio histórico de la Ciudad de Salamanca continuada por M. Barco López y R. Girón*, Sa. 1867; J. Tejada y Ramiro, *Colección de cánones de la Iglesia Española*, Ma. 1849-1855.

F. Marcos

SALAS, Juan de, SI (Gumiel de Hizán [Burgos] 3-XII-1553 † Salamanca 20-IX-1612) teólogo. Ingresó en SI en 1569. Enseñó Filosofía en Segovia, y

Teología, en Compostela, Barcelona, Salamanca y Roma.

OBRAS: *Disputationes in 1-2 divi Thomae*, Ba. 1607-609: *Commentarii in 2-2 Divi Thomae de Contractibus*, Lyon 1617

BIBL.: O189, VII, 448. IHSI

SALAZAR, Esteban de, OSA (Granada 1532 † Jerez de la Frontera [Cádiz] 18-I-1596) misionero y teólogo. Fue enviado por sus padres a Salamanca para hacer la carrera de jurisprudencia. Pero abandonó estos estudios y profesó en el convento de San Agustín (28-I-1548). En 1550 parte para Méjico con otros nueve estudiantes agustinos (9-VIII-1553), en cuya Universidad se matriculó en 1554. Discípulo del padre Veracruz, dedica a éste tres composiciones latinas, que aparecerán al principio de su obra *Recognitio summularum*. En 1562 se retira a un lugar solitario entre los indios chichimecas, para estudiar su idioma y comentar algunos libros sagrados. En 1565 vuelve a España, donde se matricula entre los teólogos agustinos en la Universidad de Salamanca (1567). El 23-VIII-1568 se gradúa de maestro en la Universidad de Bolonia, y el 16 de noviembre del mismo año entra al servicio del arzobispo de Valencia, san Juan de Ribera. Poco después entra en la Cartuja de Porta Caeli, donde profesa en 1570. Con repetidas instancias pidió al padre general de los agustinos volver a la Orden (14-XI-1577 y 6-III-1578), pero no lo logró. Posteriormente fue nombrado prior de la Cartuja de Jerez (1583-1585) donde muere.

OBRAS: *Veinte discursos sobre el Credo, en declaración de nuestra sancta fe católica*, Gra. 1577; *Elogium apologeticum, Epigramma, Apostrophe* en *Recognitio summularum*, México 1554; *Segunda Parte de los Discursos y Doctrina christiana, en que se declaran los diez mandamientos*, Sa. 1597; *Genealogia Jesu Christi... secundum Matheum, accuratissime explicata*, Lugduni 1584; *Concio... ad Capitulum generale... Ordinis Cartusiensis*, Lugduni 1584; *Commentarii in quinque libros Mosaicos*, ms.; *Comentarios sobre el libro de Job*, ms.; *Adversus Montanum*, ms.

BIBL.: M55, VII, 45-56; M38, I, 199-204; D20, col. 1033. A. MANRIQUE

SALAZAR, Gonzalo de, OSA (Méjico 1560 † Yucatán [Méjico] 3-VIII-1636) obispo y misionero. Profesó en el convento de su ciudad natal el 15-IX-1577. Después de un ministerio de copiosos frutos en las misiones, a ruegos de Felipe III, vino a España. De aquí pasó a Roma, donde Paulo V lo promovió al obispado de Yucatán (2-VI-1608). Sus trabajos entre los indios yucatecos, cuyo lenguaje dominaba perfectamente, así como la extinción de numerosos ídolos que existían en su diócesis, le valió un breve del Sumo Pontífice (18-VI-1613). Consignan sus biógrafos que, al tomar posesión de su diócesis, tenía unos 10.000 católicos, y llegaban a 150.000 a su muerte. Gams lo llama *sanctus et magnus pastor*. Gobernó su diócesis durante veintisiete años. Puso todo el esmero en la formación de jóvenes para el sacerdocio, insistiendo en la lengua latina, yucateca y en la Teología moral.

OBRAS: *Elogio fúnebre del joven eclesiástico D. Fernando de Córdoba*, México 1616.

BIBL.: E. GARCÍA, *Crónica de la Provincia Agustiniana del Santísimo Nombre de Jesús de México*, Ma. 1918, 355-375; M55, VII, 56-57. A. MANRIQUE

SALAZAR, Juan, OSB (Nájera [Logroño] c. 1575 † post. 1621) autor espiritual, historiador. En su juventud entra en Santa María, de Nájera. Procurador de la Congregación de Valladolid en Roma desde 1606 a 1613, interviene allí en el ruidoso pleito de la elección de general de la Congregación. De 1617 a 1621 es abad de Santa María de Obarenes (Burgos). Después es nombrado secretario del general, fray Plácido Pacheco. Se ignoran más datos de su vida.

OBRAS: *Arte de ayudar y disponer a bien morir todo género de personas*, Ro. 1607; *Política española*, Log. 1619, nueva ed. de M. Herrero, Ma. 1945.

BIBL.: *Actas de la Congregación de San Benito de Vall.* Arch. de Silos, II-1 y 52; *Archivo de la Congregación de Valladolid*, I, 156, V, 12, 39-41; G. DE ARGÁIZ, *La perla de Cataluña*, Ma. 1677, 455; M. ZIEGEL-BAUER, *Historia rei litterariae Ordinis S. Benedicti*, IV, Augsburg 1754, 468; A1, I, 774; J. BECKER, *La tradición política española*, Ma. 1896, 172-174; Archivo de Silos, *Obarenes*, Indice 19, 1; B15, VI, 300; D3, 66; *Historia general y literaria de la Congregación de San Benito de Valladolid*, ms. en el Archivo de Silos; A. ANDRÉS, *El monasterio de Santa María de Obarenes:* R51, 162(1964)23-24. T. MORAL

SALAZAR, Pedro de, OdeM (Málaga 11-IV-1630 † Córdoba 14-VIII-1706) obispo y cardenal. Hijo de familia ilustre, fue enviado por sus padres a estudiar a Salamanca. Allí tomó el hábito; profesó el 21-VII-1647. Se matricula en la Universidad (8-I-1648) para estudiar Teología. Concluidos los estudios, vuelve a Andalucía. Fue rector de Artes en Jaén, y de Teología en Málaga y Sevilla, regente de estudios, comendador de Sevilla (1665), secretario general, y general de la Orden (1670-1676). El 1676 fundó el convento de mercedarias de San Fernando, de Madrid.

Felipe IV lo nombró su predicador, cargo que desempeñó también con Carlos II. Asimismo, fue consultor de la Inquisición. En 1680 se le nombró obispo de Salamanca; en 1686 fue trasladado a la diócesis de Córdoba, y el día 2-IX-1686 es creado cardenal con el título de Santa Cruz de Jerusalén. En Roma residió algunos años e intervino en la elección de los papas Alejandro VIII e Inocencio XII.

OBRAS: *Edicto Espiritual; Pastoral sobre la observancia; Constituciones para las Religiosas Mercedarias de San Fernando de Madrid; Apología pro electione Innocentii XII*.

BIBL.: O207; O232. M. RODRÍGUEZ

SALCEDO, Luis de, OdeM (Madrid † Valladolid 14-VIII-1669) historiador. De noble familia, ingresó en los Descalzos, pasando luego a los Calzados de Castilla (1622). Presentado y maestro en Teología. De 1636 a 1660: comendador de Burceña, Toro y Toledo; rector del colegio de Alcalá y juez conservador; definidor provincial y elector general. De 1660 a 1663, provincial de Castilla. Pagó al pintor del anillo de la media naranja de la iglesia conventual de Madrid, Angel Michael Colonna, boloñés, 1.300 pesos (26-V-1662, AHN, Clero, Mercedarios de Madrid, legajo 4.403). Formó parte de la comisión (1642) para examinar los escritos de historia, que hubieren de imprimirse en adelante, excluyendo la crónica de fray Gabriel Téllez. A la muerte de éste (1648), probablemente fue designado cronista general, simultaneando este oficio con sus cargos. El general, fray Alonso de Sotomayor (1652-1657) mandó a los conventos enviarle relación de sus archivos. Se conservan algunas obras manuscritas en la Biblioteca Nacional. Se distinguió por su piedad y celo en la observancia.

OBRAS: *Noticias históricas de la Orden; Vidas de muchos antiguos Padres de la Orden, célebres en santidad y doctrina; Sagradas Misiones Mercedarias y sus Mártires en varias partes del mundo; Redenciones Mercedarias y sus Mártires; 1218-1519* (véase Hardá, 733); las cuatro inéditas, estuvieron en el archivo del convento de Madrid, pero hoy se desconoce su paradero. *Notas críticas a la Historia General de la Orden de la Merced de Fr. Gabriel Téllez* (1639), manuscritas al margen del texto original, probablemente, de 1642-45. No es suya sino del P. Felipe Colombo. *La vida del P. Andrés Vítores*, que se le atribuye indebidamente.

BIBL.: J. ALVAREZ Y BAENA, *Hijos ilustres de Madrid*, III Ma. 1790, 415-16, importante para la biografía; L. BALLESTEROS ROBLES, *Diccionario biográfico matritense*, Ma. 1912; O205; O212; O23, 551, e índices. M. PENEDO

SALESIANAS (Hijas de María Auxiliadora o Salesianas de Don Bosco, HMA). El Instituto, fundado por san Juan Bosco bajo el mismo lema de la Sociedad Salesiana «Dadme las almas y llevaos todo lo demás», tiene idéntica finalidad e idéntico programa que aquella: la perfección religiosa de cada uno de sus miembros, buscada a través de una misión apostólica y concreta y de la consagración a Dios vivida en comunidad y en la observancia de los votos religiosos. Fundamentada su espiritualidad en la piedad sacramental y mariana, en la actividad colectiva e individual y en el espíritu de familia, hermana la dimensión vertical de su consagración —unión con Dios—, con el horizontalismo de una misión apostólica, plena de trabajo y revestida de amable alegría. Esta misión apostólica, basada en la práctica del sistema preventivo y su trinomio pedagógico «razón, religión, amor», se compendia en la educación integral de las niñas y jóvenes, sobre todo «las más pobres y necesitadas», cuyas facetas características son: 1) Preservación y asistencia social: Ocupa lugar preeminente el Oratorio Festivo, para la enseñanza del catecismo, con las más variadas formas de la pastoral juvenil (A. C., Asociaciones de María Auxiliadora, de exalumnas, de cooperadores, de padres de familia; centros juveniles, tiempo libre) y de la promoción humana (Instituciones educativo-asistenciales, residencias para obreras y oficinistas, colonias, escuelas gratuitas diurnas y nocturnas). Todo ello vitalizado por la Escuela Internacional de Servicio Social, que funciona en Turín desde 1956. 2) Instrucción: Desde los Jardines de Infancia, pasando por las Escuelas de Enseñanza Básica y Media, hasta las de Magisterio, Secretariados y Universidades (Brasil, India, EE. UU.); Escuelas profesionales y técnicas; Talleres de todo tipo, conforme a las necesidades de los países. Su Instituto Internacional Superior de Pedagogía y Ciencias Religiosas (hoy, Universidad), que funciona en Turín desde 1956, proporciona personal y subsidios actualizados. 3) Misiones (América en 1880, Oriente en 1891, Africa en 1893) entre indígenas en estado primitivo, entre pueblos de antiguas civilizaciones, en países subdesarrollados y donde por medio de la catequesis y las obras sociales —escuelas, dispensarios, ambulatorios, hospitales, lazaretos, consultorios médicos y farmacéuticos—, se procura elevar el nivel de su vida humana y espiritual.

El Instituto tiene sus orígenes en Mornese, pueblo de la diócesis de Acqui en el Piamonte. Su celoso párroco Don Domingo Pestarino había fundado en 1855 la Pía Unión de las Hijas de la Inmaculada con un grupo de fervorosas jóvenes, al frente de las cuales estaba María Domenica Mazzarello. Atraído por la santidad de Don Bosco, Don Pestarino le pidió hacerse salesiano y le ofreció la dirección de las Hijas de la Inmaculada (1864). Contactos espirituales, largas reflexiones con Dios y los hombres, palabras de aliento del papa, lo decidieron a poner en marcha el Instituto, 5-VIII-1872, que se constituía en rama femenina de la gran Familia Salesiana. Se denominó Instituto de Hijas de María Auxiliadora por expresa voluntad del fundador, cuyo deseo fue, según confesó al salesiano Don Cerrutti, «consagrarle (a la Virgen) un monumento perenne e inmortal de nuestra gratitud...; ese monumento lo formarán las Hijas de María Auxiliadora». Aprobado por san Pío X el 7-IX-1911, su camino está marcado por las cuatro etapas de la casa generalicia: Mornese (1872-1880), Nizza Monferrato (1880-1929), Turín (1929-1969), Roma (1969...).

La joven María Domenica Mazzarello considerada cofundadora con Don Bosco fue la primera superiora general (1872-1881). Bajo la constante guía de Don Bosco vio multiplicarse las fundaciones: 21 en Italia; tres en Francia; y también en Uruguay (1877) y en Argentina (1878), donde se abren los primeros centros misionales (Tierra del Fuego). Con su sucesora Catalina Daghero (1881-1924), las 26 casas, existentes a la muerte de santa María Mazzarello, se transforman en 504, entre las que destacan las de casi todas las naciones suramericanas, que visitará. Hubo de superar el momento más grave del Instituto: el decreto de la Congregación de Obispos y Regulares, Normae secundum quas, según el cual toda Congregación femenina de votos simples no debía depender de ningún modo de una Congregación masculina de la misma naturaleza. El Instituto, por regla, hasta entonces estaba «bajo la alta e inmediata dependencia del Superior General de la Sociedad de San Francisco de Sales»... La total sumisión al decreto contribuyó a obtener la aprobación pontificia de las constituciones (1911), aunque el Rector Mayor era delegado apostólico de las HMA. El mandato de Luisa Vaschetti (1924-1943), sin omitir la expansión —393 nuevas fundaciones, bastantes de ellas en tierra de misiones (Congo, Japón, Siam, Alto Orinoco)— se caracteriza por la consolidación interna del Instituto: formación de las hermanas en el espíritu religioso, salesiano y misionero, con el envío de una carta-circular mensual y con encuentros frecuentes con las inspectoras, directoras y maestras de novicias. Su inmediata sucesora Linda Lucotti (1943-1957), mientras ha de ver la extinción de varios focos de vida salesiana (Europa-Este y China), llega al quinto continente con fundaciones en Australia (1954). En el campo de la formación, a ella se debe el Instituto Internacional del Sagrado Corazón en Turín, que es al mismo tiempo escuela superior de pedagogía, de ciencias religiosas y de ciencias sociales. La quinta superiora general, Angela Vespa (1958-1969) —con 135 nuevas casas—, atenta a discernir los signos de los tiempos que el Concilio Vaticano II ofrecía a la Iglesia de hoy, vive y hace vivir «la hora catequística»: Congresos Internacionales para Oratorios Festivos (1960), Catequístico (1963), de Medios de Comunicación Social (1964); «la instrucción catequística como base de toda formación humana, cristiana y religiosa», tema central del XIV Capítulo general (1964). Bajo la actual superiora general Ersilia Canta (1969...), celebrado el XV Capítulo general (1969), el Instituto, como ella asevera en la presentación de las Actas de dicho Capítulo, descubriendo «el espíritu que las ha inspirado y las impulsa», lo coloca en «la base de la renovación interior personal, sin la cual es inútil pensar en una renovación real y concreta de nuestra fisonomía y de nuestra misión en la Iglesia». En las 1.448 casas, que forman las 67 Inspectorías —asentadas hoy en 57 naciones—, las 18.840 Hijas de María Auxiliadora desarrollan las siguientes obras: 1.411 Oratorios Festivos, Centros Juveniles y Colonias; 798 Jardines de Infancia; 653 Centros de Enseñanza Básica; 524 de Enseñanza Media, y 65 de Enseñanza Superior; 159 Escuelas Profesionales y Técnicas; 524 Obras Asistenciales (Instituciones, Escuelas Nocturnas, Hospitales, Dispensarios Ambulatorios); 975 Centros de exalumnas; 163 Centros Misioneros; 48 Casas de Formación de las hermanas.

Tras las del santo fundador, Juan Bosco, y de la santa cofundadora, María D. Mazzarello, hay en curso cinco causas de beatificación y canonización: siervas de Dios sor Maddalena Morano, sor Teresa Valse-Pantellini, Laura Vicuña (alumna chilena de las HMA), y sor Carmen Moreno y sor Amparo Carbonell, ambas, asesinadas en Barcelona (6-IX-1936) durante la guerra española.

Las Hijas de María Auxiliadora en España. Llegan a Barcelona (21-X-1886), a los pocos meses de haberla visitado el mismo san Juan Bosco, y se instalan, el 1-V-1887, en una casa, que el propio Don Bosco había visto y señalado a Don Branda para tal fin. Comprada por la insigne cooperadora, hoy sierva de Dios, Doña

Dorotea de Chopitea, llevará el nombre de «Santa Dorotea». Durante los tres lustros siguientes —inspectorado salesiano de Don Felipe Rinaldi (1891-1912), «al que deben tan buenas vocaciones y casas las HMA»—, el Instituto conoce su primer momento de expansión: 10 casas (Barcelona 2; Valverde del Camino, Sevilla 2; Ecija, Jerez de la Frontera 2; Valencia y Salamanca) y la erección —después de varios titubeos— de una única Provincia-Inspectoría: Nuestra Señora del Pilar con sede en Barcelona (1908). Tras la etapa intermedia (1912-1940), con ocho fundaciones esporádicas —aunque algunas importantes (Madrid-Villamil, Alicante y Las Palmas de Gran Canaria)—, y los tres años de la guerra (1936-39), en los que sufrieron mucho las obras y fueron asesinadas las hoy siervas de Dios sor Carmen Moreno y sor Amparo Carbonell, los veinte años sucesivos marcan el período de máximo desarrollo con 53 nuevas casas, esparcidas por toda la geografía española (Burgos, Palencia, San Sebastián, Zamora, Valdepeñas, León, Santander, Santa Cruz de Tenerife, Arcos de la Frontera, Cádiz, Gunarteme y Telde (Canarias), Marbella, Churriana, Zaragoza, Tortosa, Sabadell, Pamplona, Valencia, etc.). Tal expansión hizo necesaria la creación (1942) de las tres actuales Provincias-Inspectorías: la inicial de Nuestra Señora del Pilar (Barcelona), la de Santa Teresa (Madrid) y la de María Auxiliadora (Sevilla).

La presencia de las Hijas de María Auxiliadora en España está caracterizada por: 1) El doble signo de la probreza (orígenes de sus casas, debidas en gran parte a bienhechores insignes o entidades particulares o en colaboración con corporaciones eclesiásticas y civiles), y de lo popular, es decir, en el pueblo y para el pueblo; aun cuando por la adaptabilidad a los tiempos, se han visto obligadas a centrar su labor en las grandes ciudades (11 en Madrid, ocho en Barcelona, cinco en Sevilla, tres en Santander...) y a colaborar con entidades dispares como Diputaciones, Cajas de Ahorros, Ayuntamientos, Patronatos, Ministerios, etc. 2) La misión catequística, llevada a cabo: a) En los Oratorios Festivos, centros y asociaciones juveniles, colonias estivales, etc. Exponente de la actualización de sus métodos apostólicos es el haber conseguido el premio nacional 1973 a la mejor revista juvenil, con su revista mensual Primavera. b) En la escuela, con la pastoral educativa, ejercida desde los jardines de infancia, colegios de enseñanza básica y media, pasando por las escuelas profesionales (técnicas, secretariados, talleres de todo tipo) hasta desembocar en las Escuelas de Magisterio (Madrid, Santa Cruz de Tenerife) e Industriales (Barcelona). c) En la catequesis propiamente dicha, campo en el que se percibe un constante afán de superación en la preparación de personal adecuado (cursos especializados a todos los niveles (Barcelona, Sevilla, Madrid) para las hermanas, escuelas —algunas diocesanas— para catequistas seglares), y en la búsqueda de «nuevas presencias» catequéticas (hermanas pertenecientes a organismo locales o diocesanos de pastoral y catequesis, sus casas como sede de congresos, reuniones; catecismo en parroquias, suburbios y zonas subdesarrolladas). 3) Desde los inicios —antes aún de establecerse en España, sor Isabel Mayo partía (1881) para el Perú— el ideal misionero, mantenido vivo en sus casas de formación y en los mismos centros de educación, ha ofrecido una cooperación ininterrumpida de personal a las misiones de los países hispanoamericanos, de Monzambique, Congo, India y China.

Toda esta misión apostólica ha sido mantenida por selectas hijas de María Auxiliadora, enviadas, sobre todo al principio, desde Italia (MM. Giustiniani, Catelli, Genghini, Figari, Valle, Zavattaro, Bonetto, Colombino...), y por la obra de las vocaciones que cuidada con esmero especial ha trocado en planteles vocacionales sus mismos centros educativos. Actualmente las 1.294 salesianas (1.276 profesas, 18 novicias) en las tres Provincias españolas, con un total de 75 casas, desarrollan las siguientes obras: 59 Oratorios Festivos (añadir: centros y asociaciones juveniles, colonias veraniegas...), 50 Jardines de Infancia, 106 Escuelas primarias y secundarias, siete Escuelas superiores, 46 Escuelas profesionales, 39 Obras sociales y cinco casas para formar su personal.

BIBL.: G. Bosco, Esposizione alla S. Sede dello stato morale e materiale della Pia Società di S. Francesco di Sales nel marzo del 1879, S. Pier d'Arena 1879; Deliberazioni del secondo Capitolo Generale delle Figlie di M.ª Ausiliatrice, Torino 1887; G. Lemoyne, A. Amadei y E. Ceria, Memorie Biografiche di S. Giovanni Bosco, 20 vols., S. Benigno e Torino 1898-1948; G. Costamagna, Conferenze alle Figlie di D. Bosco, Valparaíso 1900; G. B. Francesia, Suor M.ª Mazzarello. I primi due lustri delle Figlie di M.ª Ausiliatrice (Memorie raccolte e pubblicate), S. Benigno Canavese 1906; R. Fierro, El sistema educativo de D. Bosco, Barcelona 1911; Cenni biografici delle Figlie di M.ª Ausiliatrice defunte nel primo decenio dell'Istituto (1872-1882), Torino 1917 ss; M. Moretti y C. Genghini, Cronistoria dell'Istituto delle Figlie di M.ª Ausiliatrice, Nizza Monferrato-Torino 1922-1942; F. Maccono, L'apostolo di Mornese sac. Domenico Pestarino (1817-1874), Torino 1927; Notiziario delle Figlie di M.ª Ausiliatrice, Torino 1930; F. Maccono, Sour M.ª Mazzarello, prima Superiora generale delle Figlie di M.ª Ausiliatrice, 2.ª ed. Torino 1934; G. Mainetti, Una educatrice nella luce di S. Giovanni Bosco, Torino 1936; F. Maccono, Suor Petronilla Mazzarello, Pinerolo 1940; G. Mainetti, Madre Caterina Daghero, prima succesora della beata M.ª Mazzarello nel governo generale dell'Istituto Figlie di M.ª Ausiliatrice, Torino 1940; E. Ceria, Annali della Società Salesiana, 4 vols. Torino 1941-1951; G. Luzi, Parla la Madre, Torino 1944; R. A. Entraigas, Una flor entre hielos, Bahía Blanca 1947; F. Maccono, Lo spirito e le virtù della beata M.ª Mazzarello, confondatrice e prima superiora generale delle Figlie di Maria Ausiliatrice, Torino 1947; Tesoro di salesianità. Raccola di lettere di Madre Luisa Vaschetti, Torino 1949; F. Desramaut, Filles de Marie-Auxiliatrice et Salésiens, Lyon 1952; P. Ricaldone, Don Bosco educatore, Colle D. Bosco 1952; M. D. Grassiano, Vita d'oltremare. M. Angela Vallese, Torino 1954; R. Fierro, Biografía y escritos de S. Juan Bosco, Madrid 1955; C. Bruno, El Derecho de los Salesianos y las Hijas de M.ª Auxiliadora, Buenos Aires 1957; G. Lemoyne, y R. Fierro, Vida de S. Juan Bosco, Madrid 1957; A. Burdeus, Lauros y Palmas, Barcelona 1958 (2.ª ed.); Mons. G. V. Gremigni, Una Missionera salesiana. Suor Teresa Gedda, Torino 1958; A. Biedermann, Ricca più del mare. M. Maddalena C. Morano, Torino 1958; R. Fierro, Santa María D. Mazzarello, Barcelona 1959; Atti del Convegno Nazionale Italiano per Direttrici e Assistenti delle Case di educazione, Torino 1962; G. Capetti, M. Clelia Genghini, Torino 1962; P. Braido, Il Sistema Preventivo di D. Bosco, Zürich 1964; Ufficio Stampa della Direzione Opere Don Bosco, D. Bosco nel mondo, 3.ª ed. Torino 1965; R. Alberdi, Una ciudad para un Santo, Barcelona 1966; C. Bruno, La suora di attiva nello spirito di S. Giovanni Bosco, Roma 1966; L. Castano, Santità Salesiana, Torino 1966; G. Favini, Vita della serva di Dio M. Maddalena C. Morano, Torino 1966; M. Ossi, Suor Margherita Genta, Conegliano 1966; F. Desramaut, Don Bosco et le vie spirituelle, París 1967; F. Desramaut, Filles de Marie- Auxiliatrice, in Dictionnaire d'Histoire et Géographie ecclesiastiques, fac. 96, París 1968; P. Stella, Don Bosco nella Storia della Religiosità Cattolica, 3 vols., Zürich 1968 ss; J. L. Bastarrica, Tres años de Historia Salesiana (1936-1939), Madrid 1969; M. Wirth, Don Bosco et les Salésiens, Torino 1969; Atti del Capitolo Generale XVº Speciale (Roma 1969), Roma 1970; G. Capetti, Il cammino dell'Istituto «Figlie di M.ª Ausiliatrice» nel corso di un secolo, Roma 1971 (soltanto publicato I.º vol.); R. A. Entraigas, Los Salesianos en Argentina, 4 vols., Buenos Aires 1972; L. Dalcerri, Alma conducida por el Espíritu Santo: M. Luisa Vaschetti, B. 1973.   J. Borrego

SALESIANAS del Sagrado Corazón de Jesús. Congregación fundada en Alcantarilla (Murcia) el año 1888, por Tomasa Ortiz Real (sor Piedad de la Cruz). El fin específico es la educación de las niñas y la asistencia a pobres y enfermos. El 22-II-1889 funda el primer hospital en Villajoyosa (Alicante), al que siguieron otros en 1891, 1895, etc. En 1939 funda el Sanatorio español de la Asunción (Paraguay), y en 1958 y 1959, los hospitales de el Aaiún y Villa Cisneros en el Sahara español. En España tiene la Congregación 31 casas.

BIBL.: T. ARRIBAS, *Vida de la Rvda. M. Sor Piedad de la Cruz Ortiz Real*, El Escorial 1949.   D. MARRERO

SALESIANOS (Sociedad de San Francisco de Sales, SDB). La Sociedad Salesiana se cuenta hoy entre las mayores Congregaciones religiosas, entregadas primordialmente a la educación cristiana de la juventud «pobre, necesitada y popular», como ha ratificado el reciente XX Capítulo general (1971-72). Su fundador San Juan Bosco (I Becchi, 16-VIII-1815 † Turín 31-I-1888), inició su obra en Turín el 8-XII-1841, catequizando a un joven peón-albañil.

Inspirado en los Oratorios de San Carlos Borromeo, existentes en casi todas las parroquias de la archidiócesis milanesa, ideó con características y espíritu propios, primero, el Oratorio Festivo (1845) con los numerosos mozalbetes, emigrados a Turín en busca de trabajo, que «hambreaban» aún más en el alma que en el cuerpo por las calles y plazas. Esta «su obra maestra», como la definiera el cardenal Salotti, alienta los actuales Oratorios Festivos, Centros y Asociaciones Juveniles salesianas. Después, el Hogar-Hospicio y las Escuelas Profesionales (1853), cuyo fin indicó claramente: «Prepararles de modo que al salir de nuestras casas, cumplido un trienio, hayan aprendido un oficio con el cual puedan ganarse honestamente el pan en la vida, estén bien instruidos en la religión y tengan los conocimientos científicos propios de su estado», porque «en esto Don Bosco quiere estar siempre a la vanguardia del progreso» (M. B. XIX, 322). Semilla fructífera que fecunda hoy las Escuelas Profesionales, Industriales y Agrícolas (ratificada por la Iglesia con la entrega a los salesianos de la Políglota Vaticana y con la proclamación de San Juan Bosco [17-I-1958] como patrono de los Aprendices), así como las Editoriales y Centrales Catequísticas, —dirigidas y vitalizadas desde Turín por la Sociedad Editora Internacional (S. E. I.), la Central Catequística Salesiana y la Librería de la Doctrina Cristiana (L. D. C.)—, que con sus más de 800 publicaciones teológicas, catequéticas, pedagógicas, dramáticas, musicales, llevaron a Pío XII a proclamar a Don Bosco (24-V-1946) patrono de los Editores Católicos Italianos. Simultáneamente (1855-56), el primer Colegio de Bachillerato, improvisando el tercer curso en un rincón de la primitiva capilla, sustituida desde 1852 por la iglesia de San Francisco de Sales. Desde este momento coloca como base de su cada vez más múltiple y multiforme actividad educadora el «sistema preventivo», fundamentándolo en su expresivo trinomio pedagógico: razón (cuya expresión viva es «el espíritu de familia» y «el servir al Señor con alegría»), religión (piedad sacramental, mariana —Academia Mariana Salesiana (1951) en el PAS—, y eclesial), y amabilidad (caridad práctica: «hacerse amar para hacerse temer»). Esta actividad educativo-escolar sigue siendo uno de los exponentes-clave de la misión apostólica salesiana, alimentado en personal, doctrina y métodos por el Pontificio Ateneo Salesiano de Roma, elevado a Universidad desde 1973.

Su primera sede estable la constituyó un pobre «Refugio» en Valdocco, (barrio de Turín), donde actualmente se alza el complejo del Oratorio de San Francisco de Sales, Casa-Madre de la Sociedad Salesiana —trasladada a Roma en 1972—, con numerosos edificios, presididos por el Santuario de María Auxiliadora, construido por el mismo Don Bosco. Aquí, con 17 miembros

elegidos entre sus mismos alumnos Don Bosco *fundaba en 1859 la* Sociedad Salesiana. Por razones de oportunismo político la llamó «Sociedad» y no «Congregación», y las características de la espiritualidad, junto con la devoción personal, lo movieron a darle el nombre y ponerla bajo el patronazgo del santo obispo de Ginebra. Pío IX, que alentó incesantemente la obra, otorgó la definitiva aprobación apostólica de la Sociedad (1-III-1868) y de las Constituciones (3-IV-1874).

En vida del fundador (1878) se extendió por Europa (Italia, Francia, España, Inglaterra y Bélgica) y América (Argentina, Uruguay, Chile, Brasil, Ecuador, con fundaciones misioneras en la Pampa y Patagonia argentinas). Bajo el primer sucesor Miguel Rua (1880-1910), los 64 centros, existentes a la muerte de Don Bosco, se transforman en 314, establecidos ya en los cinco continentes. El mandato de Pablo Albera (1910-1922) ofrece 89 nuevas fundaciones, entre ellas cuatro importantes centros misioneros en el Congo Belga (1911), Shiu-Chow (1912), Río Negro —Brasil (1914) y Assam— India (1914). Durante el siguiente rectorado (1922-1931), Felipe Rinaldi —hoy siervo de Dios— imprimió un ritmo inusitado, tanto en extensión (superó las 190 fundaciones), como, sobre todo, en espíritu. El sucesor, Pedro Ricaldone (1932-1951), sin soslayar la expansión (210 nuevos Centros), se entregó a la fundamentación interna de la Sociedad en sus aspectos religioso-espiritual (sus «aguinaldos» anuales eran verdaderos tratados ascéticos), catequístico (fundación de editoriales con este fin) y educativo-pedagógico (Pontificio Ateneo Salesiano). Las brechas abiertas en todo el mundo por la guerra mundial movieron al quinto sucesor, Renato Ziggiotti (1951-1965) a procurar, en línea con lo anterior, la consolidación interna de la Sociedad con la cualificación religioso-cultural de sus miembros, la elevación del nivel general intelectual, la proyección pastoral en la actividad educativa, y la erección de nuevas Inspectorías, —desmembradas las excesivamente grandes—, en las que el menor número de casas y miembros permitiese una vida religiosa más genuina y un rendimiento apostólico más eficaz. Bajo el actual Rector Mayor, Luis Ricceri (1965...), celebrados dos importantes Capítulos generales, el XIX (1965), que, en expresión de Pablo VI, «cierra un período y abre otro de vuestra Sociedad», y, sobre todo, el XX (Roma 1971-72), cuyo leit motiv según expresión del mismo Rector Mayor en la presentación a los miembros de las Actas de dicho Capítulo, ha sido «Mirar a Don Bosco hoy», la Sociedad Salesiana está empeñada en la puesta al día de su misión apostólica y su consagración religiosa en lo referente a la formación, organización y métodos educativo-pastorales, aplicación concreta a su propio «ser» y «quehacer» de la doctrina emanada del Concilio Vaticano II en la perspectiva de la Iglesia y del mundo actual.

Tiene 19.264 miembros, presentes en 67 naciones. En 78 Inspectorías con 1.480 casas (Europa, 648; América, 581; Asia, 201; Africa, 28; Oceanía, 22) desarrollan en la actualidad las siguientes obras: Oratorios Festivos, Escuelas nocturnas, círculos y asociaciones juveniles (605), Escuelas Profesionales y Agrícolas (344), Centros de enseñanza básica y media, Residencias (1.337), Parroquias (665), Centros misioneros (319). Característica de la Sociedad —a más de la Confederación Mundial de los Antiguos Alumnos (1964) que cuenta con unos 400.000 afiliados— son los Salesianos Cooperadores (1876), cuyo «auténtico fin según Don Bosco, es expresamente el ayudar a la Iglesia, a los obispos, a los párrocos bajo la alta dirección de los salesianos». Su órgano es el Boletín Salesiano —instituido por Don Bosco (1877)—, que se publica en diez lenguas y 29 ediciones, superando el millón de ejemplares. La Sociedad Salesiana ha dado a la Iglesia cuatro cardenales y 90 arzobispos y obispos. Tras las del santo Fundador, Santa María D. Mazzarello, —cofundadora del Instituto de las Hijas de María Auxiliadora, Santo Domingo Savio, alumno de San Juan Bosco, y el beato Don Miguel Rúa, hay en curso otras 17 causa de beatificación y canonización, entre las que se hallan el grupo de 96 salesianos asesinados en España durante la Guerra de Liberación (1936-39).

La obra salesiana en España. Se inicia con dos fundaciones, vislumbradas misteriosamente y queridas por Don Bosco: El Colegio de Utrera (1881), puesto en marcha por el prócer sevillano, marqués de Casa Ulloa, deseoso de una escuela para niños pobres, y por don Juan Cagliero, futuro cardenal, que con su dinamismo, espíritu comunicativo y excepcionales cualidades preparó el camino a la comunidad (dos sacerdotes, dos clérigos-maestros y dos coadjutores), bajo la dirección de Don Juan Branda. Las Escuelas Profesionales de Sarriá-Barcelona (1884), primeras en su género del país, debidas a la generosidad de Doña Dorotea de Chopitea, hoy sierva de Dios, que anhelaba una obra para la educación de los jóvenes obreros en la Barcelona de fines del pasado siglo con sus atisbos de futura gran ciudad industrial. La visita de Don Bosco (1886), con su secuela de santidad, hechos milagrosos y la concesión al santo de terrenos para la erección de un templo nacional al Sagrado Corazón en la cumbre del monte Tibidabo, cimentó su Congregación en España. En 1890 fue nombrado director de la casa de Sarriá don Felipe Rinaldi, modelo de paternidad salesiana. Elegido al año siguiente Inspector-Provincial de la Península Ibérica salesiana, dio un impulso tan extraordinario a la Inspectoría (Casas en Gerona, Santander, Sevilla, Rialp, Málaga, San Vicente dels Horts [noviciado], Vigo, Ecija, Montilla, Carmona, Ciudadela, Baracaldo, Madrid, Lisboa) que, al ser llamado a Turín (1912) para ocupar el cargo de prefecto (vicario) general, se vio la necesidad de desmembrarla en cuatro: Tarraconense (Barcelona), Céltica (Madrid), Bética (Sevilla) y Lusitana (Lisboa).

Los primeros cincuenta años de la presencia salesiana en España están «marcados» por: Las Escuelas «populares», directamente encaminadas al pueblo, bien en los mismos pueblos o villas y barriadas periféricas de las ciudades, destacando como excepción, los colegios de bachillerato de Utrera y Salamanca. Las Escuelas Profesionales, en aumento (Madrid, Barcelona, Sevilla, Pamplona, Baracaldo-Bilbao), pero sin perder su impronta popular. La organización de la Federación Nacional de Antiguos Alumnos Salesianos con su revista mensual (Don Bosco en España), los Círculos «Domingo Savio», los Salesianos Cooperadores y la Archicofradía de María Auxiliadora (I Congreso Nacional, Sevilla 1973). Las Lecturas Católicas (1905), que han tenido como la publicación italiana del mismo nombre (1853), larga y fructífera vida. Toda esta actividad ha sido animada por el selecto grupo de salesianos, arribados de Italia (Cagliero, Rinaldi, Ricaldone, Candela, Aime, Oberti, Manfredini, Juan Alberto, Binelli, Zabalo, Battaini, Olivazzo, Giorgi, Crescenzi, Canavesio, Tognetti...); por el plantel de salesianos coadjutores, formados por Don Rinaldi en Barcelona, y por los salesianos españoles, cada vez más numerosos.

Pasados los tres años de la Guerra de Liberación española (1936-39), durante los cuales fueron incendiados en la zona roja bastantes edificios, destruidas muchas obras y asesinados 96 salesianos, el siguiente período (1945-1960) señala el momento culminante del desarrollo de la Sociedad Salesiana en España. Sin olvidar el matiz popular, signo tangible de su carisma (aumento de Escuelas de enseñanza básica), se hace realidad el mote de Don Pablo Albera «con Don Bosco y con los tiempos». Se desmembranan en 1954 las Inspectorías Bética (Sevilla y Córdoba) y Céltica (Madrid y Zamora), en 1958 la Tarraconense (Barcelona y Valencia) y en 1961 se forma la de Bilbao. Ello es expresión de la vitalidad, manifestada en el ritmo creciente de las vocaciones; en la nueva fisonomía de las Escuelas Profesionales a tono (Deusto, Cádiz, Tenerife, Campano, Oviedo,...) y en sintonía con la promoción profesional nacional (Instituciones Sindicales, Universidades Laborales, Hogares), al igual que los colegios de Enseñanza Media, que han culminado con la creación (1973) del Instituto de Pastoral Juvenil; en la aparición de nuevas o renovadas presencias (Residencias Universitarias y Colegios Mayores, Editoriales, Central Catequística), y en la proyección al exterior: aportación de personal a las misiones de Hispanoamérica, China, India, Assam, Filipinas, y asistencia espiritual a los emigrantes españoles, residentes en Francia y Alemania. Actualmente los 2.797 salesianos (1.927 sacerdotes, 647 clérigos-maestros, 538 coadjutores, 115 novicios) en las siete Provincias, con un total de 144 casas desarrollan esta misión apostólica: 265 Oratorios Festivos, Centros y Asociaciones Juveniles; 103 Colegios de Enseñanza Básica y Media; 14 de Enseñanza Superior; 48 Escuelas Profesionales; 24 Parroquias; 79 Centros de Cooperadores; 75 de Antiguos Alumnos; 27 casas donde se forma el personal propio. En la vida social española han adquirido un puesto destacado, reconocido al declarársele a Don Bosco patrono de la cinematografía española (1944) y, sobre todo, al hacer suyo el mundo juvenil obrero de España el patronazgo, otorgado por Pío XII (17-II-1958) a San Juan Bosco en favor de los aprendices italianos.

BIBL.: G. BOSCO, *Cenno storico sulla Congregazione di S. Francesco de Sales e relativi schiarimenti*, Roma 1874; M. SPÍNOLA, *D. Bosco y su Obra*, Barcelona 1884; G. LEMOYNE, A. AMADEI y E. CERIA, *Memorie Biografiche di S. Giovanni Bosco*, 20 vols., S. Benigno e Torino 1898-1948; R. FIERRO, *El sistema educativo de D. Bosco*, Barcelona 1911; *Atti del Capitolo Superiore della Societá Salesiana*, Torino 1920 y ss; desde 1966 se llaman *Atti del Consiglio Superiore*; A. CAVIGLIA, *D. Bosco*, Torino 1920; E. CERIA, *Annali della Societá Salesiana*, 4 vols., Torino 1941-51; G. BOSCO, *Memorie dell'Oratorio di S. Francesco di Sales dal 1815 al 1855*, ed. E. Ceria, Torino 1946; Mons. PASCHINI, C. TESTORE, y A. P. FRUTAZ, *Enciclopedia Cattolica*, 12 vols., Firenze 1948-1954; R. AUBERT, *Le pontificat de Pie IX (1846-1878)*, París 1952; E. CERIA, *I Cooperatori Salesiani. Un po'di storia*, Torino 1952; M. ESCOBAR, *Ordini e Congregazioni Religiose*, 2 vols., Torino 1952; P. RICALDONE, *Don Bosco educatore*, Colle D. Bosco 1952 (en esta obra se encuentra la reseña bibliográfica sobre D. Bosco más completa, publicada hasta hoy); A. AUFRAY, *Un gran éducateur, saint Jean Bosco*, Lyon-París 1953 (7.ª edic); V. CIMATTI, *Nell'Impero del Sol levante*, Torino 1953; R. FIERRO, *Biografía y escritos de S. Juan Bosco*, Madrid, 1955; G. LEMOYNE, y R. FIERRO, *Vida de S. Juan Bosco*, Madrid 1957; A. BURDEUS, *Lauros y Palmas*, Barcelona 1958 (2.ª edic.); D. ROPS, *L'Eglise des Révolutions. En face de nouveaux destins*, París 1960; F. VILLANUEVA, *Estampas de martirio*, Cádiz 1960; A. MONTERO, *Historia de la persecución religiosa en España (1936-39)*, Madrid 1961; G. FAVINI, *Il cammino di una grande idea. I Cooperatori Salesiani*, Torino 1962; H. BOSCO, *Don Bosco*, París 1964; P. BRAIDO, *Il Sistema Preventivo di Don Bosco*, Zürich 1964; P. G. GRASSO, *La Societá Salesiana tra il passato e l'avvenire*, Roma 1964; *Atti del Capitolo Generale XIX° (Roma 1965)*, Torino 1965; F. DE LA HOZ, *Resumen de historia salesiana*, Sevilla 1965; UFFICIO STAMPA DELLA DIREZIONE GENERALE OPERE D. BOSCO, *D. Bosco nel mondo*, 3.ª edic. Torino 1965; R. ALBERDI, *Una ciudad para un Santo*, Barcelona 1966; L. CASTANO, *Santitá Salesiana*, Torino 1966; F. DESRAMAUT, *Don Bosco et le vie spirituelle*, París 1967; R. FIERRO, *Memorias (1879-1968)*, Barcelona 1968; P. STELLA, *Don Bosco nella Storia della Religiositá Cattolica*, 3 vols. Zürich 1968; J. L. BASTARRICA, *Tres años de Historia Salesiana (1936-39)*, Madrid 1969; M. WIRTH, *Don Bosco et les Salésiens*, Torino 1969; *Atti del Capitolo Generale XX° (Roma 1971-72)*, Roma 1972; R. A. ENTRAIGAS, *Los Salesianos en Argentina*, 4 vols. Buenos Aires 1972.   J. BORREGO

SALGADO, Francisco, OSH (s. XVIII-XIX) historiador. Monje de San Jerónimo el Real, de Madrid, del que no se tienen más noticias, pero que merece mencionarse por los escritos que dejó, importantísimos para el conocimiento de la Orden Jerónima en los siglos XVIII-XIX, y de los cuales se puede deducir que fue un monje entero y celoso del bien de su Orden.

OBRAS: *Respuesta al Rvmo. P. General sobre la consulta que se hizo acerca del modo de restablecer los colegios*, ms. del Arch. del Parral, posterior a 1814; *Notas o reparos sobre las nuevas costumbres*, ms. del Arch. del Parral, posterior a 1825; *Quinta parte de la Historia de la Orden de S. Gerónimo*, Bibl. de El Escorial, ms. J. I. 3, año 1828. BIBL.: M103.   I. DE MADRID

SALGADO DOMINGUEZ, Augurio, SI (El Piñero [Zamora] 21-I-1893 † Santander 28-XII-1954) poeta y orador. Iniciado desde niño en el estudio del latín, en la preceptoría del benemérito sacerdote don Cristóbal, tío suyo, entró en septiembre de 1905 en el Seminario Pontificio de Comillas. Cursó aquí dos años de Gramática y otros dos de Humanidades. El 4-VIII-1909 dio comienzo a su vida religiosa en el Noviciado de la Compañía de Jesús en Carrión de los Condes. Terminado el bienio de novicio, hechos sus votos, siguió allí otro año repasando los estudios realizados en Comillas. Completó, en Burgos, durante dos años su formación clásica, con el estudio de los oradores y poetas latinos y griegos y el de la literatura española. Entre 1914 y 1925 realiza sus estudios de Filosofía y Teología, en el Colegio Máximo de Oña —graduándose de doctor en ambas disciplinas—, interrumpidos por cuatro años (1917-1921) de magisterio en el Colegio de Vigo, como profesor de Preceptiva Literaria y de Historia de la Literatura. Aquí el joven poeta publica su primer libro de versos, *De camino*, 1920. Se ordena de sacerdote el 30-VII-1924. Habiéndole impedido una enfermedad dar el examen en las convocatorias ordinarias, hizo sus pruebas del doctorado en Teología a fines de 1925. En 1926 se incorpora al profesorado del Seminario de Comillas. En Comillas fecha, a 7-III-1926, su *Canción del vuelo* (cantando la audacia de R. Franco, Durán, Ruiz de Alda y Rada), acogida por excepción —la revista no publicaba poesías—, en Razón y Fe 74(1926) 481-497. El curso 1927-1928, perfecciona en Laval (Francia) sus estudios de los poetas latinos y establece contactos con Paul Lejay comentarista insigne de Horacio. El 2-II-1928 hizo su profesión solemne de cuatro votos.

Con tan excelente preparación literaria comienza en octubre de 1928 su enseñanza en el Seminario de Comillas, dedicado principalmente a imponer a los seminaristas en el conocimiento literario de los poetas latinos, Virgilio y Horacio en particular. Durante veinte años (1928-1948) desarrolla su fecunda labor docente y pastoral, alternando, tempestivamente, la cátedra y el púlpito, sin otra interrupción que el año de dominio rojo en la Montaña, que lo pasó preso en el barco-prisión y en el penal del Dueso, desde el 12-VIII-1936 hasta finales de agosto de 1937. Los cinco últimos años de su vida, dejadas las clases, se dedica más a la predicación. El postrero, reside en Santander, donde desarrolla intensa labor periodística. Muere, inopinadamente, víctima de una afección bronquial, descuidada por atender al trabajo, que nunca rehusó.

De ingenio agudo y de potente talento especulativo, singularmente dotado para la composición alegórica, sus poemas —los breves en especial— se tiñen de un conceptismo muy español. Poeta cerebral más que sensitivo, alcanza, con todo, calor, profundidad y altura en la expresión poética del sentimiento patriótico y religioso, tema predominante de su poesía, reflejo de su vida. En su Trilogía «España»—la segunda parte,

La hija de sangre, no llegó a escribirla— resucita pujante el simbolismo sutil y luminoso de nuestros Autos Sacramentales. «Su "auto" es tan entrañadamente español, que es tradicional y actualísimo» (Pemán). Su poesía, de corte clásico, consecuencia de su formación, con un leve toque modernista, señalado por los PP. Eguía y Abad —muy leve, en verdad— demuestra en *De camino* su recatada interioridad. Mas, sin que pueda decirse que evoluciona, gana en hondura e intimismo en su obra póstuma *La cerca florida*. No obstante haber vivido tantos años junto al Cantábrico, el mar penetró poco en sus versos, en ellos predominan las imágenes nativas de las tierras labrantías castellano-leonesas. Fue el padre Salgado conversador amenísimo y elocuente orador. Si al tiempo de su muerte hubiera tenido la oratoria la vigencia que, heredada del XIX, conservó durante el primer tercio de nuestro siglo, sus sermones —de sólida doctrina y de cuidada y plástica dicción— hubieran sido impresos al igual que los de los mejores oradores de la generación anterior.

OBRAS: *De camino* (Poesías), Va. 1920; *Alma viajera* (Drama alegórico), Bi. 1922; *La canción del vuelo*, Ma, 1926; *Era un viejo monarca... Gesta pontificia*, San. 1929; *Llamas de ideal*, San. 1930; *Forja de héroes*, Gijón 1940; *España bien maridada*, Ma. 1940; *La esposa rescatada* (tercera obra dramática de la Trilogía «España»), San. 1944; *La cerca florida*, I, San. 1957, y II, Ib. 1958.

En prosa: desde 1936 a 1940 tuvo a su cargo, en «Sal Terrae», la sección de *Intereses católicos*, publicando numerosos artículos sobre temas del Comunismo y de la Iglesia. Tuvo, además, otras colaboraciones en «Sal Terrae» (1925 y 1926) y en «El Mensajero del Corazón de Jesús» (1919). Por último, durante 1953, escribió, con asiduidad todos los jueves, en El Diario Montañés una «Hoja literaria», con una serie de artículos sobre temas de literatura y estética, algunos con el seudónimo de *Filócalos*. Dejó manuscrita una colección de sermones, en particular panegíricos y novenas; y un Comentario a las Sátiras y Epístolas de Horacio, fruto de sus lecciones, que iba perfeccionando con miras a su publicación.

BIBL.: C. EGUÍA RUIZ, Prólogo a *De camino*, Va. 1920, 3-19; J. O., Prólogo de *La canción del vuelo*, Ma. 1926; ID., Recensión de *Era un viejo monarca...* R154, 88(1929) 298; C. ABAD, Recensión de *De camino*: R154, 61(1921) 375-76; J. M. PEMÁN, Carta prólogo a *España bien maridada*, Ma. 1940; S. CUESTA, Recensión a *España bien maridada*: R154, 125(1942)95; *In memoriam*: R119, 12 (1954)258-260; A. DE LA LAMA, Prólogo de *La cerca florida*, I San. 1957, 11-14.   R. M. DE HORNEDO

SALINAS, Lope de, OFM (Burgos 1393 † Medina de Pomar [Burgos] 24-II-1463) venerable. Emparentado con los condes de Haro, luego condestables de Castilla, obtuvo de ellos un eficaz apoyo para el desarrollo de la Orden franciscana en Castilla y Andalucía. Amigo y condiscípulo de san Pedro Regalado, cursó con él los estudios en el convento de La Aguilera, donde aparece ya en 1404, o sea, a los once años. Ambos tuvieron por maestro a Pedro de Villacreces, que era hermano del obispo de Burgos, Juan de Villacreces. Profesó a los quince años en la Orden de los Menores. Acompañó a fray Pedro de Villacreces al concilio de Constanza mendigando y peregrinando a pie. Su compañero fallecía en 1422 y entonces Pedro Regalado fue nombrado vicario de la Aguilera y del Abrojo, y Lope de Salinas se dedicó, por comisión de la Orden, a procurar el aumento de las casas de la misma. Los condes de Haro, D. Pedro Fernández de Velasco y D.ª Beatriz Manrique, secundaron su empeño y así funda en Briviesca los conventos de la Concepción (religiosos) y el de Nuestra Señora del Puerto de la Salud, de religiosas franciscanas, en un valle aledaño de la capital del señorío de dichos condes. Luego, sucesivamente, los de Poza de la Sal, Belorado, San Esteban de los Olmos, San Luis de Burgos, etc. Todos ellos alrededor de 1450.

Por su celo en la observancia fiel de la Regla y en

cortar las intromisiones de los condes de Haro en sus conventos, cayó en desgracia de estos prepotentes señores e incluso se le promovió una declaración de «sospecha en la fe», que lo relegó a segundo plano en la Orden. Sin embargo, al final brilló su virtud y su observancia y de nuevo los condes de Haro, ya ancianos, le llamaron a Medina de Pomar, donde falleció.

OBRAS: *Reglas y formas de vivir...*, ed. por Hernáez de la Torre y J. Sáenz de Arquíñigo en la *Crónica de la Provincia de Burgos de la Regular Observancia de N. P. S. Francisco*, Ma. 1722, 133-50. También por E. González Torres en *Chronica Serafica*, sexta parte, Ma. 1725, 156-76; *Satisfactiones et responsiones verae et sanae ad venerabiles Patres de Observantia* y *Defensorio o Satisfactorio de Linares*, ambas editadas por L. Carrión en *Historia documentada del Convento Domus Dei de La Aguilera*, Ma. 1930; *Testamento*, publicado por Wading en *Annales Ordinis Minorum*; *Espejo de Religión*; *Escuela de perfección regular, hasta subir al perfecto amor de Dios*; *Antídoto de los abusos y males que relajan la vida monástica*; *Conferencias espirituales sobre el Evangelio de la Transfiguración*; *Cartas doctrinales para la dirección del espíritu*, que se conservan manuscritas en la biblioteca del convento de San Esteban de los Olmos.

BIBL.: M. MARTÍNEZ AÑIBARRO, *Intento de un diccionario biográfico y bibliográfico de autores de la provincia de Burgos*, Ma. 1889; E. GARCÍA QUEVEDO, *De bibliografía (burgense)*: R48, 18(1939)178-80; D1, 25, 101-122.

F. SAGREDO

SALINAS, Miguel de, OSH (Zaragoza fin s. XV † 5-III-1567) gramático. De joven estuvo en la capilla real de Fernando el Católico. En este tiempo estudió Humanidades, Artes y Teología con gran aprovechamiento. A los veintiún años se hizo monje jerónimo en el monasterio de Santa Engracia (Zaragoza) donde se señaló por su espíritu de oración y ejercicio de virtudes. Fue treinta y cinco años maestro de novicios y, en 1557, vicario.

OBRAS: *Rhetórica en lengua castellana...* Alc. 1541; *Tratado para saber bien leer y escribir...*, Za. 1551; *Libro apologético, que defiende la buena y docta pronunciación...*, Alc. 1563; *Primera parte de la ortografía y origen de los lenguajes...*, Alc. 1567; *Libro de poesia y espirituales conceptos*, ms.

BIBL.: M108, II, 346; L. B. MARTÓN. *Origen... del... Santuario de las Santas Masas, hoy Real Monasterio de Santa Engracia de Zaragoza*, Za. 1737, 539-542.   I. DE MADRID

SALINAS Y CASTRO, Juan de, (Sevilla 24-XII-1559 † Sevilla 5-I-1642) poeta. Aunque algunos lo hacen natural de Nájera, por ser su padre, Pedro Fernández de Salinas, señor de Bobadilla de Río Tovia, a dos leguas de Nájera, y haberse trasladado aquí con su familia al quedarse viudo muy pronto, nació, sin embargo, en Sevilla, de donde era su madre, D.ª Mariana de Castro. Terminados sus estudios de Latín y Humanidades, pasó a Salamanca para cursar Cánones y Leyes, adquiriendo todos los grados hasta el de doctor. Quiso, al parecer, ejercer la carrera, pero no habiendo tenido éxito, decidió marchar a Roma en busca de alguna prebenda. Concedióle el papa Gregorio XIII, según los cálculos, aunque algún biógrafo dice Clemente VIII, una canonjía vacante en Segovia. Es probable que se ordenase en Roma, donde afirma dicho biógrafo que se quedó todavía dos años hasta que, habiendo caído enfermo, tornó a su tierra para reponerse, y de aquí a Segovia. Disfrutó la prebenda algunos años. Por datos personales que da en sus poesías, por los años 1586-1590 residía en Segovia. «Pero habiendo muerto su padre en 1594 y heredado hacienda con que pasar sin estar obligado a residencia, determinó venirse a Sevilla» (Padre Aranda). El motivo de dejar Segovia, renunciando al porvenir que podía esperar en el cabildo, dada su «floreciente edad», fue —escribe Ortiz de Zúñiga—

el verse combatido de emulaciones. En documento de 12-XII-1600 aparece el doctor Salinas en Sevilla haciendo partición con su hermano Alonso de la herencia paterna. El 19-IX-1602 gozaba de un beneficio en la parroquia de Villanueva del Río (Sevilla) —que partía con el sustituto— y era ya administrador del hospital de San Cosme y San Damián (vulgo, de las bubas). En Sevilla pasó largos años muy estimado de todos por sus dotes singulares de poeta y por su trato y virtudes. Fue «estrechísimo amigo» de los padres y abuelos de D. Diego Ortiz de Zúñiga, el autor de los *Annales*, a quien sacó de pila, y de toda la familia; también fue íntimo suyo el obispo de Bona (Hipona), D. Juan de la Sal; ambos favorecieron mucho a la Madre Francisca Dorotea en su fundación del convento de dominicas descalzas de Nuestra Señora de los Reyes. El arzobispo Niño de Guevara (1601-1609) lo hizo visitador del obispado. Continuó favorecido por su sucesor, D. Pedro de Castro. Sirvióse de su valimiento para conseguir de él que, no obstante ser opuesto a nuevas fundaciones, recibiese la de la madre Dorotea, cuya obediencia no juzgó conveniente admitir la Orden dominicana. Rehusó una canonjía que le ofreció el arzobispo Castro, pero no el cargo, mal remunerado, de visitador de monjas, repartiéndose (1620) los conventos con Rodrigo Caro. Administraba tan generosamente el hospital que los regidores acordaron que no se le visitase ni se le tomasen cuentas, puesto que Salinas gastaba la propia hacienda en subvenir a las necesidades del hospital en que vivió hasta su muerte. Los últimos años decía la misa y atendía espiritualmente a las dominicas, en cuya iglesia fue sepultado «sobre la grada del altar mayor al lado del evangelio».

OBRAS: El jesuita P. Gabriel de Aranda —su biógrafo accidental y fidedigno— escribe que «si sus obras como quedaron impresas en la memoria de los eruditos de aquel tiempo se hubieran dado a la estampa, no tuviera menos apasionados que los Góngoras, Quevedos y Garcilasos». Han sido publicadas en el siglo XIX por los Bibliófilos Andaluces, *Poesías del Doctor...* y publicadas según el original preparado para darlas a la imprenta en 1646, Se. 1869. Varias de ellas pueden verse en: BAE, 32, 417-21; 42, 253-56; 16, 471, 472, 602, 610 y 630. Edición reciente, *Poesías*, selección y prólogo de R. LAFFON, Val. 1942. Algunos de sus romances se incluyeron en el *Romancero General* de 1600. En las obras de Góngora, editadas por Hoces, 1633, se publicó como de Góngora el romance *De amor con intercadencias*, que es de Salinas. El Dr. Salinas a juicio de Menéndez Pelayo, «tenía verdadero genio satírico»; salpimenta con gracia y finura los temas jocosos y aun atrevidos. Y es este ingenio jovial y conceptuoso el que campea en sus abundantes poesías de circunstancias, que tanta fama le granjearon de ingenioso e improvisador entre sus contemporáneos. Como ejemplo de su prosa, pueden citarse el *Prólogo* a las *Meditaciones para cada día de la semana* de F. Luque Fajardo, impresas en su *Cristiana Policía de espirituales exercicios para todos los fieles*, Ma. 1602. Una *Carta* del 7-III-1628, que escribió Salinas a Quevedo felicitándole por su defensa del patronato único de Santiago. Quevedo, olvidadizo, le correspondió en la *Perinola* con un recuerdo satírico a unos versos de Salinas. Menéndez Pelayo encuentra plausible la conjetura de Groussac de que la *Carta de Don Diego de Astudillo, en que se da cuenta de la fiesta de San Juan de Alfarache el día de Sant Laureano*, que Fernández Guerra atribuyó a Cervantes —opinión rechazada por Menéndez Pelayo y Rodríguez Marín— haya sido escrita por Salinas.

BIBL.: G. DE ARANDA, *Vida de la Venerable Madre Sor Francisca Dorothea...* Se. 1685, LX y LXI; D. ORTIZ DE ZÚÑIGA, *Annales eclesiásticos y seculares de... Sevilla*, Ma. 1677, 610; B. J. GALLARDO, *Ensayo de una Biblioteca...* IV, Ma. 1889, 408-421; M. MENÉNDEZ PELAYO, *Estudios y discursos de crítica histórica y literaria*, I, San. 1941, 389, y II, Ib., 219.   R. M. DE HORNEDO

SALMANTICENSES DOGMATICOS. Con este título se designa un gran *Curso* de Teología dogmática, redactado con criterio escolástico — al estilo de la época — durante el siglo XVII y los primeros lustros del XVIII, en el Colegio de San Elías de los Carmelitas Descalzos de Salamanca (sobre la historia de este Colegio universitario, cf. Enrique del Sagrado Corazón, *El Colegio Salmanticense O. C. D. y La Universidad de Salamanca:* Ephem. Carmeliticae, Ro. 1960, 127-175). Este *Curso* consta, según su edición primitiva, de 12 tomos y 14 volúmenes.

Los autores de este *Curso* son principalmente cinco: Antonio de la Madre de Dios (1583-1637), natural de la ciudad de León, alumno de la Universidad de Salamanca (1606...) y profesor de Teología en el Colegio de San Elías durante los años 1616-1637. Es autor de los dos primeros tomos (el tomos segundo comprende dos volúmenes). Domingo de Santa Teresa (1604-1660), natural de La Alberca (Salamanca), alumno de la Universidad de Salamanca en la Facultad de Teología (1625... 1635 ss.), donde oyó las explicaciones de Angel Manrique, que regía la cátedra de Prima; del doctísimo Araujo; de Pedro de Godoy y de Francisco Aragón, entre otros. Es autor de los tomos III y IV. Juan de la Anunciación (1633-1701), natural de Oviedo, es el autor más importante de esta magna obra. Fue alumno de la Universidad de Salamanca, profesor de Filosofía y Teología en el Colegio Carmelitano, rector del Colegio de San Elías (1679-1682 y 1691-1694), definidor general (1688-1691) y general de la Orden (1694-1700). Sus amplias dotes de filósofo y teólogo profundo, a la vez que de escritor ascético, han quedado reflejadas en muchos escritos, dignos de una monografía. Hizo una *Resumpta* del *Curso Complutense*, preámbulo filosófico al *Curso Salmanticense* dogmático, y redactó siete tomos de este *Curso* y una parte de otro (tomos V-XI, y segunda parte del tomo XII). Antonio de San Juan Bautista (1641-1699) fue natural de Lloreda (Santander), profesor de Teología en Salamanca (1676-1688 y 1696-1699); ocupó diversos cargos de gobierno: definidor provincial (1691-1693) y general (1696-1699). Es autor de la parte primera del tomo XII. Ildefonso de los Angeles (1663-1737), natural de Ceclavín (Cáceres), alumno de la Universidad de Salamanca y profesor de Teología en el Colegio de San Elías (1704...) ocupó diversos cargos de gobierno. Es autor de las últimas cuestiones de la segunda parte del tomo XII (que comparte con Juan de la Anunciación).

Este *Curso* es, fundamentalmente, un amplio comentario, de signo especulativo, a la *Suma Teológica* de Santo Tomás. No se comentan una por una todas las cuestiones, sino aquellas que gozaban de importancia y de actualidad en la Teología de aquel tiempo. El carácter del *Curso* es expositivo y polémico. En esto pagaron los autores Salmanticenses tributo al gusto de la época. Objeto frecuente de sus impugnaciones son las teorías de los *iuniores*, teólogos molinistas, simpatizantes de Suárez, y las clásicas opiniones de los nominalistas y escotistas. Bajo el punto de vista especulativo, la profundidad y densidad de su pensamiento ha sido pocas veces igualada. En síntesis, esta obra puede calificarse, como lo ha hecho Deman, como una basta síntesis del tomismo.

La estructura del *Curso* sufrió modificaciones a medida que progresaba su redacción, si bien siempre dentro de una línea uniforme. Sobre todo se modificó su extensión. El primer autor, Antonio de la Madre de Dios, lo había delineado en seis tomos; Juan de la Anunciación, lo ampliaba a ocho. En definitiva, se publicó en 12.

Los tomos están divididos en tratados. En total el *Curso* comprende 24 tratados teológicos. Los títulos generales de los tomos y de los tratados nos dan a conocer el contenido de la obra en sus líneas generales. Estos títulos son los siguientes: I, *De Deo Uno* (trs. 1-5);

II (1.ª par.), *De Deo Trino* (tr. 6); II (2.ª par.), *De Angelis* (tr. 7); III, *De último fine, De Beatitudine, De vol. et involuntario, De actibus humanis, De virtutibus* (trs. 8-12); IV, *De vitiis et peccatis* (tr. 13); V, *De gratia Dei* (tr. 14); VI, *De iustificatione et merito* (trs. 15-16); VII, *De Fide et Spe* (trs. 17-18); VIII, *De caritate et Statu religioso* (trs. 19-20); IX-X, *De Incarnatione* (tr. 21); XI, *De Sacramentis in communi, De Eucharistia* (trs. 22-23); XII, *De Poenitentia* (tr. 24).

Los tratados, por lo general, están divididos en cuestiones, que suelen guardar correspondencia con las de la *Suma*. Las cuestiones a su vez se subdividen en *disputationes* y estas finalmente en *dubia*. El *dubium*, según su amplitud y contenido, comprende diversos párrafos, que guardan su división de manera casi invariable: explicación, sentencias, argumentos en contrario, resolución...

Las aportaciones de este gran *Curso* a la Historia de la Teología española son muchas. Bastaría tener en cuenta, que los Salmanticenses hacen escuela y sentencia propia en no pocas cuestiones de la Teología escolástica. Su obra no es una mera recopilación de explicaciones precedentes, sino una elaboración personalísima — aunque guiada por los principios de Santo Tomás — de toda la Teología. Su fuerte personalidad teológica se acusa en ciertas cuestiones, que gozan de mayor relieve y proyección en el marco de su Teología. Entre estas cuestiones podemos citar las que se refieren al constitutivo metafísico de la esencia divina; el constitutivo o esencia de la persona, aplicado al misterio de la Trinidad y también de la unión hipostática; la esencia de la bienaventuranza, ejemplo de equilibrio entre el intelectualismo y el voluntarismo, cuya explicación va enriquecida por aportaciones de la doctrina y de las experiencias de los grandes místicos; el problema sobre la resolución del acto de fe; y sobre todo, la debatida cuestión sobre el motivo adecuado de la Encarnación... El tratado acerca de la fe contiene muchas páginas que pertenecen a lo que hoy llamamos el tratado acerca del Romano Pontífice. Importante, bajo cualquier punto de vista que se le considere, es el criterio teológico que siguen los Salmanticenses: especulativo y positivo; por eso, su especulación nunca se hace fatigosa. Este dato es más digno de atenderse, por cuanto el *Curso* está redactado en una época un tanto tardía y decadente en la historia de nuestra Teología. Finalmente, merecería la pena hacer una detallada investigación sobre el concepto que estos grandes autores tienen de Teología escolástica, ya que este es el punto de partida de su exposición, que fija a la vez sus cánones y las leyes que presiden la redacción uniforme de tantas páginas.

El *Curso Salmanticense* tiene una significación muy peculiar en la Historia de la Teología española. Puede considerarse como la última gran obra de la Teología tomista, en la que se remansa el saber de dos siglos, cuajados de realizaciones: el XVI y el XVII. En conjunto, este comentario a la *Suma* puede considerarse también como único, por su amplitud. Si su estilo y su estructura se ajustan a los moldes de la época, la profundidad de pensamiento, el desarrollo de los argumentos, el análisis minucioso de las teorías contrarias llegan a una cima pocas veces igualada.

Las ediciones de esta obra han sido varias. Se han hecho repetidas ediciones de algunos tomos. La edición *princeps* se hizo en los años que a continuación detallamos. Tomo I, Sa. 1631; tomo II, Seg. 1637 (las dos partes); tomo III, Lugduni 1647; tomo IV, Lugduni 1658; tomos V-VIII, Lugduni 1679; tomo IX, Lugduni 1687; tomo X, Col. 1691; tomo XI, Ba. 1694; tomo XII, Lugduni 1704 (parte primera), Ma. 1712 (parte segunda). Reediciones notables son: Lugduni 1679, en que se reeditaron los cuatro primeros tomos, y se publicaron por primera vez los cuatro siguientes. La reedición más notable es la llevada a cabo en París, por V. PALMÉ, 1870-1883, en 20 volúmenes.

BIBL.: E. DEL SAGRADO CORAZÓN, *Los Salmanticenses, su vida y su obra...* Ma. 1955; O. MERL, *Theologia Salmanticensis,* Ratisbona 1947; E. DE LA NATIVITÉ, *Les Carmes de Salamanque:* Etudes Carmelitaines, (1935)122-135; M. DEL NIÑO JESÚS, *Los Salmanticenses:* R134, (1933)538-545; O. DEL NIÑO JESÚS, *Para una bibliografía de los Salmanticenses:* R134, (1938)145-152; TH. DEMAN, *Salamanque: Thèologiens de...* Dro, 14, 1, 1017-1031; T. A SANTA AGNETE ZIELINSKI, *De ultima resolutione actus fidei. Positionum theologorum in luce doctrinae generalis Salmanticensium examen...,* Ro. 1942; P. DULAU, *La pensée de Suarez et celle des Salmanticenses dans la q. de ultima fidei resolutione,* Revue Thomiste (1926)517-522; E. DEL SAGRADO CORAZÓN, *Los Salmanticenses y la Inmaculada, su tesis sobre la redención y el débito...;* R200, (1955)265-298; M. DE SANTA MARIE, *La volontarieté du péché originel selon les Salm. et Saint. Thomas d'A.:* R44, (1949)27-95. Bibliografía más amplia, en E. DEL SAGRADO CORAZÓN, *Los Salmanticenses...* XXXI-XXXVII.   E. LLAMAS

SALMANTICENSES MORALES. Con este nombre se designan tanto el *Cursus Theologicus Moralis Salmanticensis,* escrito por varios carmelitas descalzos, como los autores del mismo. Se llaman Salmanticenses porque el *Curso* se elaboró y compuso en el famoso Colegio de San Elías de Salamanca; se añade Morales para indicar la materia de que tratan y para diferenciarlos de los Salmanticenses Dogmáticos, redactados en el mismo Colegio y denominados simplemente Salmanticenses. Consta de seis gruesos tomos y un apéndice que realmente por la extensión y la materia debe ser considerado como otro tomo. Así lo hemos considerado porque, si se editó constituyendo un volumen con el tomo primero, lleva paginación distinta e incluso, en las mismas ediciones, se imprimió separado.

Autores: Francisco de Jesús María (1599 ó 1600-1677), Andrés de la Madre de Dios (1622 ó 1623-1674), Sebastián de San Joaquín (1672 ó 1673-1719), Ildefonso de los Angeles (1664-1737), José de Jesús María (1677 ó 1678-1736), Antonio del Santísimo Sacramento (1707 ó 1708-1731).

Contenido. El primer tomo contiene los tratados sobre los sacramentos en general y sobre los cinco primeros sacramentos en particular, sobre el sacrificio de la misa; agrega algunas cuestiones teológico-morales acerca de la obligación de oír misa, comulgar y confesarse sacramentalmente. El segundo trata sobre el sacramento del orden y matrimonio, las censuras, algunas penas vindicativas y las irregularidades. El tercero comprende las cuestiones de la ley, la justicia y el derecho, la restitución y los contratos. En el cuarto se explanan los problemas jurídico-morales sobre el estado religioso, el Oficio Divino, el voto y el juramento, los privilegios, la simonía. Se explican en el quinto los principios de moralidad, los tres primeros mandamientos del Decálogo y los preceptos de la Iglesia que no se estudiaron en el primero. En el sexto se desarrollan los temas relativos a los restantes mandamientos del Decálogo, a excepción de los del séptimo y décimo que se explanan en el tercero, a los beneficios eclesiásticos y a los oficios pertenecientes a los procesos judiciales. El séptimo es una extensa y profunda monografía sobre la bula de Santa Cruzada y sus privilegios.

Contextura. Por el simple enunciado de los tratados contenidos en el *Curso,* que hemos transcrito, fácilmente se advierte que los Salmanticenses Morales no observan un orden lógico en la disposición. Tratan antes de los sacramentos que de los principios de la moralidad, tema básico en la teología moral. Estudian separadamente los problemas de la simonía, *quae esť vitium religioni oppositum* y los de la virtud de la religión. No debe sorprendernos esta ilogicidad en la

disposición de los tratados del *Curso.* Un orden tan poco lógico lo hallamos en todas o casi todas las obras de moral del siglo XVII. En cuanto a la disposición interna de cada tratado en particular y al desarrollo de cada cuestión los Salmanticenses Morales siguen, por lo general, un orden rigurosamente lógico, regulado por las exigencias de la materia y del método de la moral casuística.

Aportaciones. El *Curso* ha sido y es reputado por la mayoría de los autores como uno de los ejemplares más notables del probabilismo. Algunos moralistas han querido ver en éi cierta proclividad al laxismo. Patrocina realmente un probabilismo muy moderado y circunscrito por el sistema equiprobabilista. Con insistencia defienden los Salmanticenses Morales que es lícito obrar en conformidad con una opinión sólida y prácticamente probable (t. II, tr. 9, c. 15, n. 51; t. III, tr. 13, c. 1, n. 319; t. IV, tr. 15, c. 6, n. 33-34, 61-63). Sin embargo, debe seguirse el parecer más seguro siempre que se trata del valor de los actos (t. I, tr. 2, c. 2, n. 11; t. II, tr. 8, c. 2, n. 24-25; t. IV, tr. 15, c. 6, n. 34) o de una duda práctica (t. II, tr. 10, c. 7, n. 47; t. V, tr. 20, c. 6, n. 1-2), cuando lo ordene el legítimo superior (t. II, tr. 10, c. 7, n. 45; t. V, tr. 20, c. 6, n. 6 y 8); deben proceder según la opinión más probable el juez al sentenciar (t. VI, tr. 29, c. 1, n. 37-40), el médico al aplicar un medicamento (t. VII, tr. 25, c. 1, n. 143-45) y la autoridad competente al declarar la guerra (t. V, tr. 21, c. 8, n. 20-26). En el modo de llegar a la certeza práctica en los casos especulativamente dudosos utilizan el principio fundamental del equiprobabilismo: *In dubio melior est conditio possidentis* y los aplican con rigurosa lógica (t. III, tr. 11, c. 2, n. 109-121; t. IV, tr. 16, c. 3, n. 12). Este probabilismo perfectamente delimitado e influido por el principio básico del sistema equiprobabilista es el canal que irriga la doctrina moral del *Curso.* Y es — nos parece — la gran aportación de los Salmanticenses Morales. Tienen también sentencias peculiares sobre algunos puntos, pero de menor importancia dentro de su sistema moral. Sirvan de ejemplo su modo particular de resolver la obligatoriedad de la ley penal (t. III, tr. 11, c. 2, n. 2-7), la manera de precisar la obligación del legislador de cumplir las leyes propias (t. III, tr. 11, c. 3, n. 34-45), la determinación del influjo de la ignorancia en la introducción de la costumbre (t. III, tr. 11, c. 6, n. 25).

Significación en la historia de la Teología moral. Grande ha sido y sigue siendo la significación de los Salmanticenses Morales en la historia de la Teología moral. San Alfonso María de Ligorio autoconfesó en el prólogo de la primera edición de su Teología moral.

Alia explicanda, alia addenda censui ex diversis probatorum doctorum auctoritatibus, nimirum S. Thomae, Lessii [...], praesertim Salmanticensium, qui communi aestimatione moralem hanc scientiam diffuse et egregie pertractant, quosque ipse inter ceteros frecuentius habui, ita ut fere omnia quae iidem tot libris latiore calamo in examen revocant, breviter concinnata hic invenias, et praecipue quae ad praxim faciunt» (Apud *Opera moralia. Theologia moralis,* ed. Gaudé, Romae, *1912, t. I, p. XXIV).*

Para Häring el *Curso* «es, seguramente, la obra más notable de la Teología moral del s. XVII» *(La ley de Cristo,* Barcelona 1961, t. I, p. 65). Lo mismo viene a decir el padre Miguel Angel Espinel OFMCap.: «Los Salmaticenses pueden considerarse como los más autorizados moralistas de su tiempo» (Rev. Esp. de Derecho Canónico, 13[1958]603). Y su tiempo fue la edad de oro de la Teología moral. Si tan gran prestigio han alcanzado, no debe extrañarnos que tanto directamente como por medio del *Compendium Salmanticense* del padre Antonio de San José, magnífico prontuario del *Curso*, que según testimonio de Balmes y Vicente de la Fuente estuvo de texto oficial en las Universidades españolas, hayan influido notablemente en los moralistas posteriores.

Ediciones: I, Sal. 1665, Amb. 1672, Lyon 1679, Ve. 1684, Ba. 1693, Ma. 1709, Ve. 1714, Ma. 1717, Ve. 1722, Ma. 1726, Ve. 1738, Ve. 1734, Ve. 1750, Ma. 1752, Ve. 1764; II, Ma. 1668, Amb. 1672, Lyon 1679, Ve. 1684, Ba. 1693, Ma. 1709, Ve. 1714, Ma. 1717, Ve. 1722, Ma. 1726, Ve. 1728, Ve. 1734, Ve. 1750, Ma. 1753, Ve. 1764; III, Lyon 1670, Lyon 1679, Ve. 1684, Ba. 1693, Ma. 1709, Ve. 1714, Ma. 1718, Ve. 1722, Ma. 1726, Ve. 1728, Ve. 1734, Ve. 1750, Ma. 1752, Ve. 1764; IV, Lyon 1679, Ve. 1684, Ba. 1695, Ma. 1710, Ve. 1714, Ma. 1718, Ve. 1722, Ma. 1726, Ve. 1728, Ve. 1734, Ve. 1750, Ma. 1753, Ve. 1764; V, Ma. 1714, Ve. 1715, Ma. 1720, Ve. 1721, Ma. 1727, Ve. 1728, Ve. 1734, Ve. 1750, Ma. 1751, Ve. 1764; VI, Ma. 1723, Ma. 1724, Ve. 1724, Ve. 1728, Ma. 1733, Ve. 1734, Ve. 1750, Ma. 1754, Ve. 1764; VII, Ma. 1753, Ve. 1755, Ve. 1764.

BIBL.: *Memoria de los religiosos que han muerto en este Colegio de Carmelitas Descalzos de N. P. S. Elías de Salamanca*, 85-86, 91-93, 133-34, 150-51, Arch. PP. Carmelitas Descalzos, Sa.; *Catálogo de los prelados que han sido deste Colegio de Carmelitas Descalzos de Salamanca*, III, IV, V, ib.; *Libro de becerro, en que se contienen los casos memorables de esta casa* [de La Bañeza] *y distinta noticia de los religiosos que han fallecido en ella desde el año 1658*, 59-60: Archivo Silveriano, PP. Carmelitas Descalzos, Bu.; *Libro de la fundación, 1568-1658 y libro de difuntos*, 1607-1836, 60-61: Archivo PP. Carmelitas Descalzos, Avila; *Libros de matrículas de la Universidad de Salamanca*, 1614-1617, 33, 26, 27: Archivo de la Universidad de Salamanca; *Colegio de los Angeles. Informaciones de alumnos*, 1587-1682, ms. 2457, 643 ss.: ib., N41; N63; N72; N69, IX,56-62; D. DE LA PRESENTACIÓN, *Monografía del Colegio Salmanticense...*, Sa. 1955, 82-84; D20, 14, 1030-31; M. DEL NIÑO JESÚS, *Los Salmanticenses:* R134, 34(1933)546-48; A14, 311-314; A23, II, 1 ss.; E. DEL SAGRADO CORAZÓN, *Los Salmanticenses: su vida y su obra*, Ma. 1955, 71-73. T. DEL STMO. SACRAMENTO, *El Curso Moral, Salmanticense. Estudio histórico y valoración crítica*. Sa. 1968.

T. DEL SANTÍSIMO SACRAMENTO

SALMERON, Alfonso, SI (Toledo 8-IX-1515 † Nápoles 13-II-1585) teólogo. El más joven de los nueve compañeros de san Ignacio de Loyola en la fundación de la Compañía. En Toledo, donde había nacido, estudió las primeras letras. Siendo todavía niño — tendría unos doce años — fue llevado a Alcalá para cursar Humanidades; se asegura, incluso, que ingresó allí de colegial en el Trilingüe. En Alcalá estudió también Artes, si bien no debió de completar allí los cursos; al menos, los ejercicios previos al grado de maestro los hizo en la Universidad de París, donde, por Pascua de 1536, recibió *laudabiliter et honorifice* ese mismo grado. Para entonces hacía ya un año que venía cursando allí mismo Teología. Desde 1534 se había adherido a san Ignacio y a algunos otros compañeros con los que fundó después el santo su Compañía. Con ellos se dirigió en noviembre de 1536 a Venecia con idea de embarcarse para Tierra Santa. Mientras esperaban oportunidad para ello se dedicaron en los hospitales al cuidado de los enfermos. Por abril de 1537 se dirigieron a Roma, fueron recibidos por el papa y tuvieron ante él solemnes disputas teológicas. Regresados a Venecia pocos días más tarde, por otoño de ese año, Salmerón se ordenó de sacerdote, ejerciendo luego en Sena sus primeros ministerios apostólicos.

Pasó después a Roma donde — frustrado, al fin, el voto de peregrinar a Tierra Santa (abril de 1538) — coadyuvó a la fundación y conformación de la Compañía. Hizo, en tanto, su profesión solemne (22-IV-1549), y medio año más tarde recibió del papa la misión de dirigirse como nuncio a Irlanda, juntamente con Broet, su compañero. Concluida, no con mucho éxito esa misión, y regresados los nuncios a Roma (verano de 1542), en la primavera de 1543 Salmerón hubo de ir a Módena para combatir los brotes de herejía que apuntaban por aquellas partes.

Para el Adviento de ese mismo año regresó a Roma. Allí continuó predicando los domingos y días festivos. En 1545 comenzó a explicar tres veces por semana, desde el púlpito, la epístola de san Pablo a los efesios, y en 1546 fue enviado a Trento como teólogo pontificio del Concilio (mayo de 1546 a marzo de 1547; abril de 1547 a abril de 1548 en Bolonia). Ese mismo cargo ostentó también en las dos etapas subsiguientes de aquel sínodo (julio de 1551 a abril de 1552; mayo de 1562 a diciembre de 1563), en cuyo tercer período representó, además, como procurador, al obispo-cardenal de Augsburgo. Fue quizá el momento cumbre en la carrera de este teólogo, destacándose entre sus intervenciones conciliares el discurso que pronunció en Trento el 16-X-1546 y sirvió de pauta a Laynez diez días más tarde para su célebre disertación contra la doble justicia; el que tuvo el 8-IX-1551 sobre la eucaristía, que mereció extraordinarios elogios de Foscarari; el voto del 10-VI-1562 sobre la comunión *sub utraque*, «*il meglio fin qui* — según Bandini — *nè si crede sentir che lo passi*»; y en general, su contribución a las tareas del tercer período, v. gr. al *Indice* de libros prohibidos, y otras cosas «*d'importantia, delle quali* — escribía Canisio — *fu consultato..., per trattarle però secretamente...*»

Pero la incansable actividad de Salmerón no se limitó a eso. En 1549, a ruegos del duque de Baviera, fue enviado junto con Canisio y Jayo a la Universidad de Ingolstadt, donde con no pequeño éxito explicó la epístola de san Pablo a los romanos. Para autorizar más su enseñanza, recibió en Bolonia el 2 de octubre de aquel año el grado de maestro en Teología. Al año siguiente fue llamado a Italia, para atender — en Verona, en Nápoles, en Augubio — a la predicación y otros ministerios apostólicos. En el trienio 1552 (octubre) al555 (mayo) desplegó su celo en Nápoles, esforzándose por contrarrestar con singular empeño el influjo que el pietismo de Valdés ejercía en selectos círculos napolitanos. Los años subsiguientes hubo de intervenir por encargo de Paulo IV, en diversas misiones diplomáticas: primero (julio de 1555 a enero de 1556) con el nuncio Lippomano, acompañándole a Polonia; luego (abril a septiembre de 1556) con el cardenal Rebiba a Bélgica; y nuevamente (octubre de 1557 a junio de 1558) a Bruselas con el cardenal Caraffa, al ratificarse allí la paz que había sido concluida en Cave.

Paralela a todo esto se desarrolló su actividad en pro de la Compañía, muy especialmente en Trento durante el concilio; en Nápoles donde la introdujo y vino a ser más tarde — dieciocho años seguidos (julio de 1558 a mayo de 1567) — primer provincial; en la corte de Bruselas; ayudando a san Ignacio en la formación de las *Constituciones*; como vicario-sustituto de Laynez (septiembre de 1561 a mayo de 1562), o consejero en multitud de asuntos de tres siguientes Generales.

Apenas se concibe, en medio de tan exuberante actividad, cómo pudo dedicarse tan de lleno durante casi medio siglo a las tareas de la predicación, que por sí solas hubieran absorbido a todo un hombre, y que Salmerón desempeñó con el éxito de que se hacen lenguas sus contemporáneos.

Por otra parte, tampoco daba paz a la pluma. Ahí están *si* no los 16 volúmenes infolio de sus obras, que él recopiló y puso a punto en los dos últimos lustros de su vida, cuando la caída de los dientes y la pérdida de fuerzas no le permitían hablar en público. Para facilitarle la tarea, le exoneraron de cargos de gobierno, y le asignaron como auxiliares al célebre controversista Bellarmino que, solo interrumpiendo con gran dificultad sus lecciones en el Colegio Romano, pudo pasar a su lado unos cuatro meses (mayo-septiembre de 1579) ayudándole afanosamente; al inteligente P. S. Páez, que continuó la labor de Bellarmino, y que al ser inesperadamente arrebatado por la muerte (15-22 de junio de 1582) dejó sumido a Salmerón en un profundo duelo; finalmente, al padre Pérez de Nueros, que terminó la revisión y, muerto ya Salmerón, comenzó a sacar a luz la edición de 1597 empezando por el tomo séptimo.

OBRAS: *Commentarii in evangelicam historiam...* 16 vols., Ma. 1597-1602; 2.ª ed., 16 vols., Col. 1602-1604, 3.ª ed., 16 vols., Col. 1612-1615; N. SOUTWELL, *Bibliotheca...* cita otra ed. de 1601, pero debe de ser alguna de las enumeradas, o ed. aparte de alguno de los escritos; *Votos* y *tratados* conciliares tridentinos; *Sermones y panegíricos* pronunciados en Trento o fuera del concilio; *Epistolae*, 2 vols., Ma. 1906-1907: O143, 30 y 31. Sobre estas y otras obras salmeronianas y sobre sus inéditos puede verse O189, VII, 478-83 y IX, 835; O192, II, 505-508; O143, 30, XIX-XXXV. Más recientemente en C. GUTIÉRREZ, *Españoles en Trento*, Va. 1951, 60-65, una descripción más detallada.

BIBL.: O153, I, 74-75, 503-566, y II, 164-206; O191, I y II, passim; C. GUTIÉRREZ, *Españoles en Trento*, Va. 1951, 54-67; O174, 1585; D17, 14, 1040-47; D22, IX, 123-24.
C. GUTIÉRREZ

SALMERON, Andrés de, OSH (Salmerón [Cuenca] s. XIV † Guadalupe [Cáceres] 1408) siervo de Dios. Fue de los primeros ermitaños que se retiraron a la ermita de San Bartolomé, en Lupiana (Guadalajara), antes de la confirmación de la Orden de San Jerónimo. Constituida esta ermita en primer monasterio de la Orden, salió de allí en 1389 para la fundación del monasterio de Guadalupe. Varón de grandes virtudes y alto don de oración. Habitualmente vivía enajenado del exterior y el prior tuvo que poner a su cuidado otro monje del monasterio para que le hiciera descansar y asistir a los actos de comunidad. Sobre contemplativo, fue gran obediente, y el Señor le regaló con algunas señales extraordinarias. Zurbarán lo inmortalizó en uno de sus más famosos cuadros de la sacristía de aquel monasterio.

BIBL.: D. DE ECIJA, *Libro del Monasterio de Guadalupe*, Ca. 1953, 186-187; M108, I, 205-208; M105, 395, 641; F. DE SAN JOSÉ, *Historia Universal... de Ntra. Sra. de Guadalupe*, Ma. 1743, 275-277.
I. DE MADRID

SALMERON, Marcos, OdeM (Buendía [Cuenca] 25-IV-1588 †Madrid 21-I-1648) predicador, maestro gen. de la Orden. Su primera formación la recibe en el colegio de la Compañía de Jesús, de Huete. En esta ciudad y a la edad de catorce años, ingresa Salmerón en el convento de la Orden de la Merced, emitiendo la primera profesión el 7-IX-1603. En Huete cursó Artes y Filosofía; pasando luego a la Universidad de Alcalá de Henares. Figura matriculado como estudiante de Teología en el curso de 1611 a 1612, y sigue de colegial hasta 1617. Sus críticos censores e historiadores coinciden en el perfecto aprovechamiento de sus estudios, sobre todo en Teología escolástica, Historia eclesiástica y profana, y disciplina política. La mejor prueba de tal juicio la encontramos en su vida y en sus obras. Ejerció la enseñanza en las casas de la Orden, y se le nombró superior de las encomiendas de Segovia y Guadalajara. En octubre de 1632 fue elegido provincial de Castilla, cargo que desempeñó hasta octubre de 1639. Alternaba el ejercicio del cargo con la predicación en Barcelona, Madrid, Toledo y Segovia. En Madrid, donde vivió desde el año 1630, gozó fama de orador, de gobernante y de literato. Estaba rodeado de insignes figuras, como el historiador Remón, el canonista Freitas, el dramaturgo Gabriel Téllez, el místico Falconi, y otros. En la Corte eran proverbiales su tiento, prudencia,

discreción y energía. La jerarquía eclesiástica le encargó delicadas misiones, y la visita de conventos de monjas. El rey Felipe IV le distinguía con su confianza, y le nombró su consejero y predicador. Habiéndose reunido Capítulo general de la Merced en Calatayud, el 7-VI-1642, para la elección de nuevo general, todas las miradas y voluntades se posaron en él, quedando elegido maestro general de la Orden. En 1645 asistió el maestro Salmeron a las Cortes del reino de Valencia, como barón que era de Algar y Escalés. Dentro de su generalato fomenta la formación religiosa, aumenta los conventos, abre cátedras, protege la publicación de libros, lleva a cabo en Africa cuatro redenciones de cautivos con 1.110 libertados y aumenta la presencia y presión misional de los mercedarios en América.

OBRAS: Mandó imprimir las *Actas y Estatutos del Capítulo General...*, 1642. Un año antes publicaba el *Tesoro escondido en el campo de la humanidad del Hijo de Dios...*, Ba. 1641, que es un libro a gloria de la Virgen María, saludado con aplauso por críticos tan autorizados como Daza (dominico), Ripalda (jesuita) y Adarzo de Santander (mercedario). Estaba escribiendo *El Príncipe escondido*, cuando le comunicaron que el rey Felipe IV le presentaba para el obispado de Trujillo, en el Perú. Pero no llegó a ocuparlo. Las ocupaciones de su gobierno no fueron óbice para que siguiese publicando, y así vemos que, en 1646, edita los *Recuerdos históricos y políticos...*, Val. 1646. Dos años más tarde, sale *El Príncipe escondido. Meditaciones de la vida oculta de Cristo...*, Ma. 1648. La formación, el estilo y la doctrina de Salmerón lo configuran como ilustre escritor, y el Diccionario de Autoridades lo consagra como buen hablista del Siglo de Oro español.

BIBL.: J. ABAD, *Sermón fúnebre en la muerte del Ilmo... Fr. Marcos Salmerón...*, Hu. 1648; P. GÓMEZ, *Oración fúnebre en las honras... del Ilmo... Fr. Marcos Salmerón...* Za. 1648; G. VÁZQUEZ, *La Universidad de Salamanca en los años 1548 a 1568...:* La Merced, enero (1929)16-20; G. PLACER, *Biografía del Ilmo. Fr. Marcos Salmerón...* Ma. 1948, 1-136; G. GONZÁLEZ DÁVILA, *Theatro Indico*, II, 81; A1, II, 85-86; O213, 500; J. J. AMOR CALZAS, *Consideraciones históricas sobre la ciudad de Huete*, Ma. 1904.
G. PLACER

SALOMON, obispo de Astorga (932-952). Antes había sido, juntamente con sus dos inmediatos predecesores en el obispado — san Genadio y san Fortis —, monje en el monasterio de Ageo y de San Pedro de Montes, pasando más tarde a ser abad del de Compludo, a raíz de su restauración. Desde el obispado trató de fomentar la vida monástica, al igual que los dos santos mencionados, convocando y presidiendo, con el monarca Ramiro II, las asambleas de Peñalba (940) y Monte Irago (946). El monarca leonés le encomendó misiones difíciles y delicadas. Se le considera comúnmente como santo.

BIBL.: ES 16, 150-155; P. RODRÍGUEZ LÓPEZ, *Episc. Astur.*, II, 56-60; A. QUINTANA PRIETO, *El obispado de Astorga en los siglos IX y X*, Ast. 1968.
A. QUINTANA PRIETO

SALOMON, († 1097) obispo de Roda (1068-1074). Había sido monje de Ripoll, monasterio al que se retira tras haber sido depuesto de su sede. Se conserva de él una *Carta* (ed. *Viage* 15, 190-191, 355-356), dirigida al rey Pedro de Aragón, sobre el desarrollo de su antigua diócesis.
M. DÍAZ Y DÍAZ

SALON, Miguel Bartolomé, OSA (Valencia 1539 † Valencia 25-I-1621) teólogo y moralista. Profesó en el convento del Socorro de Valencia (20-VI-1558). Estudió Gramática y Retórica en la Universidad de Valencia antes de ingresar en la Orden. Estudió Filosofía en Alcalá y siguió sus estudios en Valencia. Se graduó en esta capital de maestro en Artes (10-V-1566), de doctor en Teología (10-X-1566) y de maestro en Teología (1568). Catedrático de Dialéctica y Filosofía en la Universidad de Valencia (1566-1569). Después obtuvo la cátedra de Santo Tomás que rigió durante casi cuarenta años. Fue calificador del Santo Oficio y su *Censura* sobre las doctrinas de Molina, Báñez y Zumel tiene una profundidad y seriedad teológica digna de encomio. Biógrafo de santo Tomás de Villanueva y procurador de su causa de beatificación. Tuvo amistad con san Juan de Ribera y san Luis Beltrán. Fue provincial de Aragón (1599-1602), ocho veces prior de los conventos valencianos del Socorro y de San Agustín, y definidor en el Capítulo general de 1575. Trabajó en la comisión general para la reforma de las *Constituciones* juntamente con Pedro de Aragón.

OBRAS: *Commentarium in disputationem de Iustitia, quam habet Divus Thomas in secunda sectione suae Summae Theologiae* (II-II, 42-76), Val. 1591, 2.ª ed. Ve. 1592, 3.ª ed. Ve. 1608; *Comentaria in disputationem de Iustitia, quam habet Divus Thomas in secunda sectione secundae partis suae Summae Theologiae* (II-II, 77-78), Va. 1598, 2.ª ed. Ve. 1608; *Libros de los singularísimos exemplos que dexó de sí en todo genero de sanctidad y virtud el P. Don Thomas de Villanueva*, Val. 1620, 2.ª ed. Val. 1652, 3.ª ed. Ma. 1670, 4.ª ed. Sa. 1737, 5.ª ed. Ma. 1793, 6.ª ed. El Escorial 1925; trad. en italiano, Ro. 1619 y 1658; en portugués, Li. 1629; en holandés, Antwerpen 1660; en latín, Manila 1880, y Bolandistas, A, SS., Sept. V, 853-992; *Oración panegérica... con una breve relación de la muerte de doña Luysa de Carvajal*, Val. 1616; *Constitucions del Estudi General de la Insigne Civtat de Valencia*, Val. 1611, otras ed. 1629, 1642, 1652; *De censuris*, 1602-603, Bibl. Angelica, ms. 138; *De usu et utilitate Theologiae*, 1508, Bibl. Vaticana, ms. lat. 7183; *De scientia Dei*, Bibl. Angelica, ms. 1177; *Censura de las proposiciones y sentencias del padre Luis de Molina, Báñez y Zumel*, 1595, Bibl. Angelica, ms. 882, 198-265, autógrafo; *De aequalitate divinarum personarum*, Bibl. Angelica, ms. 232, 39-49; *Adnotationes aliquae Doctoris Rocafull, et Magistri Salón et aliorum doctorum*, 1619, Bibl. Nac. Madrid, ms. 157, 123-131.

BIBL.: F. PELSTER, *Eine Kontroverse über die Methode der Moraltheologie aus dem Ende des 16 Jahrhunderts. Michael Bartholomeus Salón und Dominicus Báñez:* Scholastik, 17 (1942)385-411; B. DÍEZ FERNÁNDEZ, *Miguel Bartolomé Salón, fundador del Derecho Internacional:* R172, 4(1953) 83-126; A. SERRANO VILLAFAÑE, *Un autor de la escuela española de Derecho natural: Fray Miguel Bartolomé Salón:* Anuario de Filosofía de Derecho, 4(1956)183-214; J. COELLO DE PORTUGAL, *El concepto de Ley en Fray Miguel Bartolomé Salón:* R75, 175(1962)304-311; M. VILLEGAS, *Miguel Bartolomé Salón, O. S. A., y su doctrina sobre el préstamo*, El Escorial 1962; M55, VII-72-89; J. ALIAGA GIRBES, *Moralidad de las exacciones tributarias del Reino de Valencia en el siglo XVI según Miguel Bartolomé Salón, OSA, (1539?-1621):* R13, 16(1968)103-173.

M. VILLEGAS

SALUCIO, Agustín, OP (Jerez de la Frontera [Cádiz] 1523 † Córdoba 29-XI-1601) humanista y predicador. Salucio fue un fino humanista, un religioso de virtudes señeras, un superior ejemplar, un infatigable predicador, un hombre de estudio; amigo de los primitivos jesuitas y de la reforma teresiana. Santa Teresa escribía el 4-VI-1578 a la madre María de San José, priora de Sevilla: «Lo que se ha de procurar es un año entero de sermones del padre Salucio (de la Orden de Santo Domingo es) que sean los mejores que se pudieren haber» *(Obras,* BAC, III, 443). Le apellidaban «predicador de reyes y rey de predicadores». En las honras fúnebres de Córdoba al gran monarca Felipe II, la ciudad encargó el sermón al padre Salucio; anciano ya, aún tuvo arrestos para predicar una conmovida evocación del «rey difunto», casi tan bella como la de fray Alonso de Cabrera en Madrid; Iñíguez Lequerica la recogió en su gavilla *(Sermones funerales...,* Madrid 1599, f. 200r-213v). No faltan hoy quienes desean una edición moderna de los sermones salucianos, que han permanecido inéditos en su mayoría; localizados re-

cientemente, es posible que vean pronto, todos o en parte, la luz. Dominaba el griego y el hebreo y poseía un estilo diáfano, a veces de fina ironía.

Salucio combatió apasionada e inteligentemente contra los «estatutos de limpieza de sangre»; su campaña enérgica, tesonera, provocó conflictos en el seno del Consejo Real, casi en vísperas de la expulsión de los moriscos. Américo Castro, que supone equivocadamente que he intentado eludir o paliar el «nudo gordiano» de la tesis de Salucio, subraya la conveniencia de editar críticamente el *Discurso* (cf. *De la edad conflictiva,* Ma. 1961, 268-269).

OBRAS: Aparte sus escritos sobre los «estatutos», compuso algunos tratados de varia lección y erudición, como el *De ponderibus et mensuris Sacrae Scripturae:* Bibl. Prov. de Córdoba, ms. 69; una apología de fray Luis de Granada (L. MUÑOZ, *Vida del... P. Granada,* Ma. 1639, 127r-128v); *Del origen de los villanos,* ed. F. LÓPEZ ESTRADA: R1, 16(1951)336-345. Y un precioso cuaderno de *Avisos para los predicadores del Santo Evangelio,* dado a conocer los años pasados en la colección Espirituales Españoles, Ba. 1959.

BIBL.: O55, II, 346-47; I, 178; O46, II P., lib. II, 295r-296v; D. FRANCO, *Memorias del convento de Santo Domingo de Jerez,* ms. convento S. Domingo, de Jerez, cap. 13, 90 ss; O44, 293-295; O16, II, 144-160; H. SANCHO, *El Maestro Fr. Agustín Salucio. Contribución a la historia literaria sevillana del siglo XVI:* R28, 16(1952)9-47; A. SALUCIO, *Avisos para los Predicadores del Santo Evangelio* (estudio preliminar, edición y apéndice por A. Huerga), Ba. 1959, 225-56: tres sermones de Salucio, incluído el predicado en las «honras fúnebres» de Felipe II; A. SALUCIO, *Discurso,* s.l. ni a. [hacia 1600], reed. en A. VALLADARES, *Semanario erudito,* XV, Ma. 1788, 128-214; J. DE LA CRUZ, *Defensa de los Estatutos...,* Za. 1637 (polemiza contra Salucio); A, DOMÍNGUEZ, *La clase social de los conversos...,* Ma. 1955, 87-101; A. SICROFF, *Les controverses des statuts de «pureté» de sang,* Par. 1960, 186-220; O185, 65v; V. DE JESÚS MARÍA, *Un conflicto de jurisdicción,* en «Sanjuanista», Ro. 1943, 431, 441.

A. HUERGA

SALUSTIO DE SEVILLA, (s. VI) obispo. Gobernó la Iglesia de Sevilla de 510 a 522. Por *carta* de Salustio al papa Hormisdas nos consta que observó con fidelidad las prescripciones que hacia 517 había dado el papa a los obispos de España. En la respuesta de Hormisdas (PL 63) alaba el Romano Pontífice la diligencia y solicitud de Salustio. Tal vez por esta fidelidad fue nombrado vicario apostólico de las provincias Bética y Lusitana, pudiendo en todo momento convocar concilios en las dos provincias y resolver cualquier disensión que pudiera sobrevenir. Una segunda *carta* de Hormisdas a la Bética recuerda con elogio a Salustio.

BIBL. ES, 9, 141-146.

U. D. DEL VAL

SALVADO, Rosendo, OSB (Tuy [Pontevedra] 1-III-1814 † San Pablo Extramuros [Roma] 29-XII-1900) misionero, obispo, fundador, historiador. El 24-VII-1828 ingresa en el noviciado de la abadía de San Martín Pinario en Santiago de Compostela. Al siguiente año emite la profesión religiosa. Cursaba los estudios de Filosofía cuando la exclaustración de 1835 le obliga a abandonar el monasterio. Prosigue, no obstante, la carrera eclesiástica en el Seminario de Tuy. En 1838, acompañado de otro monje de San Martín, el padre Serra, parte para Italia y tras una breve estancia en el colegio de San Ambrosio, donde completa sus estudios, se ordena sacerdote y se establece en la abadía de Cava (Salerno). Anhelando después emular las empresas de los antiguos misioneros benedictinos, se ofrece al secretario de la Congregación de Propaganda Fide, monseñor Brunelli, quien decide agregarle, al mismo tiempo que a su compañero Serra, a las misiones de Australia. En 1846 desembarca en Puerto Victoria. Después de inauditos trabajos y peripecias, logra establecer la abadía *nullius* de Nueva Nursia de la que fue alma por espacio de cincuenta y seis años. Nombrado obispo de Puerto Victoria en 1849, gobernó la diócesis hasta 1853 en que fue suprimida la colonia por el gobierno inglés. Con este motivo la Santa Sede le propuso varias diócesis, entre ellas Puerto Rico y Lugo, a las que renunció para volver al seno de su misión que en 1867, a instancias del mismo, fue declarada abadía *nullius*, dándosele por primer abad al propio fundador, monseñor Salvado. Realiza frecuentes viajes a Europa y procura en España nuevas levas de operarios con que llenar las bajas de sus monjes misioneros. En su patria procura restaurar la Orden Benedictina al mismo tiempo que aseguraría en el futuro la vida de su misión dotándola de un plantel de misioneros españoles. Con este fin y con el apoyo de san Antonio María Claret, obtiene de Isabel II el establecimiento en El Escorial de un colegio misionero benedictino. La revolución de septiembre de ese mismo año cierra El Escorial, pero un buen número de exclaustrados y jóvenes vasco-navarros que habían comenzado su formación benedictina misionera, le siguieron a las playas australianas. Con mejor fortuna logra veinte años después, cuando las antiguas abadías fueron restaurándose en nuestra Península, abrir un Colegio de Ultramar en Montserrat (cf. A. Ruiz, *El colegio de Ultramar:* R94, 1952). Merced a sus diligencias, obtiene del Gobierno de Su Majestad el privilegio de poder reclutar novicios en Montserrat, Valvanera, Samos y Silos. De este modo se hizo acreedor al glorioso título de restaurador de la Orden Benedictina en España dado por el abad de Silos Dom Ildefonso Guépin. Aún volvió por última vez a Europa — y esta para consumar su obra en este mundo — en enero de 1900. Unió su misión — hasta entonces independiente— a la Congregación Casinense de la Primitiva Observancia y asistió a la consagración de la basílica de San Anselmo de Roma. Su sucesor en el gobierno de la abadía, D. Fulgencio Torres, trasladó sus restos en 1903 a su abadía de Nueva Nursia.

OBRAS: Para dar a conocer el país y habitantes que evangelizó escribió *Memorie Storiche dell'Australia, particolarmente della Missione benedictina de Nuova Norcia e degli usi e costumi degli australiani*, Ro. 1851, que han sido traducidas a varias lenguas y son un monumento de la literatura misional, de primer orden. Son datos y noticias durante los repetidos viajes efectuados a través de España e Italia reunidos y publicados a petición de Fernando II de Nápoles, gran entusiasta de las misiones australianas y con solo idea de dar gloria a Dios y gusto a los bienhechores de las misiones y de servir al mismo tiempo de alguna utilidad a los pobres salvajes. Escritas en un italiano muy fluido y correcto, dedicó la obra al Cardenal Transoni, prefecto de la Congregación de Propaganda Fide.

BIBL.: S. RODRÍGUEZ, *El P. Salvado. Un gallego civilizador de Australia*, Ma. 1944, Consejo Superior de Misiones; F. CURIEL, *Monseñor Rosendo Salvado*, O. S. B., *apóstol de los aborígenes australianos*, 10 artículos: Revista Montserratina, (1914-1916); F. VAGGIOLI, *Monsignor D. Rudesindo Salvado. Orazione funebre, predicata nella Chiesa di S. Ambrogio della Massima di Roma*, Ro. 1901; I. GUÉPIN, *El Apóstol benedictino de los salvajes de Australia:* Boletín de Silos, febrero (1901); R. Ríos, *Las misiones australianas de los benedictinos españoles*, Barbastro 1930; *Diario del Abad-Fundador, Ilmo. Obispo Salvado;* G. SUÑOL, *Primeras figuras españolas del apostolado. Monseñor Rosendo Salvado*, O. S. B. *apóstol de la Australia Occidental y fundador de la abadía de Nueva Nursia;* M64, II-III; R. Ríos, *Salvado (Rosendo):* D3, 53, 415-416; S. FLOOD, *New Norcia. The remarkable Aborigenes Institution of the Australian Commonwealth, situated in the State of Western Australia: A monument of Benedictine Courage, Patience and Charity. The tribute of an Irish*, Lo. 1908; T. BERENGIER, *La Nouvelle Noursie: Histoire d'une Colonie Benedictine dans l'Australie Occidentale*, Pa. 1880; J. GONZÁLEZ, *Breve reseña histórica de las misiones católicas de Nueva Holanda*, Ma. 1849; J. MARTÍ, *Historia del origen, padecimientos, progresos y porvenir de las misiones de Nueva Holanda*,

Ba. 1850; D. URQUHART, *Correspondence and Statement of facts relatives to the Roman Catholic Mission in Western Australia*, Perth 1852; B. DANZER, *Neu Nursia*, Otilien 1916; N. BIRT, *The Benedictines in Western Australia:* Dublin Review, enero (1881); V. GARRIDO, *Praefectura Apostolica Missionis Benedictino-Cassinensis ad Cygni Fluvium (Swan River) in Australia Occidentali*, Catálogo I benedictino, Pensylvania 1869, 47-52; R. BAS, *Los principios de la Misión Benedictina del Drysdal River:* Revista Montserratina, (1909-1910). T. MORAL

SALVADOR, Pedro del, OdeM (Madrid † Madrid 17-IV-1770) historiador. Toma el hábito y profesa en el convento de Santa Bárbara de Madrid (15-XII-1712). Fue lector de Teología en Salamanca, rector del colegio de Alcalá de Henares, comendador del convento de Ciudad Real y de otros varios.

OBRAS: *La Azucena de Madrid, la Venerable Madre Sor Mariana de Jesús*, Ma. 1764; *Resolución a la consulta que se le hizo sobre si los moros párvulos que se cautivaron en Orán debían ser bautizados o no*, Ma. 1740; *Novena del glorioso san Julián, obispo de Cuenca*, 1771.

BIBL.: O207; E. GÓMEZ, *La Beata Mariana de Jesús*, Ma. 1965. M. RODRÍGUEZ

SALVADOR Y GILABERTE, Antonio, OdeM (Calatayud[Zaragoza] 1671 † Calatayud [Ibid.] 30-VI-1730) orador. Ingresó en la Orden de la Merced en Calatayud (13-XI-1680). En la Universidad de Zaragoza se doctoró en Teología y poco tiempo después oposító a la cátedra de Artes, la que ganó brillantemente. Fue maestro de número, rector del colegio de Zaragoza (1697), socio del maestro general, procurador general (1698) y vicario general de Italia y de Sicilia.

OBRAS: *Oración panegírica a la Inmaculada Concepción de María Santísima*, Ro. 1703; *Sermón panegírico-moral de desagravios del Santísimo Sacramento del Altar*, Za. 1711; *Oración fúnebre y panegírica en las reales exequias del rey Luis XIV de Francia, en Calatayud*, Calatayud 1716.

BIBL.: F. LATASSA-GÓMEZ URIEL, *Biblioteca de Escritores Aragoneses*, Za. 1886; O207; O204. R. SANLÉS

SALVANES DE SAN JACINTO, José, OP (Villarejo de Salvanés [Madrid] c. 1585 † Nagasaki [Japón] 10-IX-1622) beato. Misionero y mártir. Profesó de corta edad en el antiguo convento de Ocaña (Toledo), el año 1598, y después fue enviado a estudiar al convento de San Pedro Mártir de Toledo. Incorporóse a la misión que se estaba preparando para la apostólica provincia del Santísimo Rosario de Filipinas. No llegó, sin embargo, con ella a las Islas, pues habiéndose detenido, por motivos que ignoramos, en Méjico, lo mismo que el beato Orfanell, ni uno ni otro volvió a embarcarse en Acapulco hasta el 11-III-1607. Destinado a Japón inmediatamente, fue excelente misionero y elocuentísimo en la lengua de aquellas gentes. Desterrados nuestros religiosos del reino de Satzuma a principios de 1609, de orden del vicario provincial pasó a Meaco, donde levantó dos iglesitas; una, en la misma Corte, y otra, en Osaka, ciudad la más principal e importante de aquel reino después de la Corte. Preso, finalmente, en Nagasaki el 17-VIII-1621, dos días después era trasladado a la horrenda cárcel de Omura, donde continuó hasta su muerte, quemado a fuego lento. El 7-VII-1867 fue solemnemente beatificado por Pío IX.

BIBL.: H. OCIO, *Compendio de la Reseña Biográfica de los Religiosos de la Provincia del Santísimo Rosario*, Manila 1895, 68-69. J. M. GONZÁLEZ

SALVATIERRA, Juan María, SI (Milán [Italia] 15-XI-1649 † Guadalajara [Méjico] 18-VII-1717) misionero e historiador. Ingresó en SI (prov. Milán) en 1668. Llegó a Veracruz en 1675. Terminó sus estudios en la capital mejicana y trabajó con los indios de San Miguel y en las misiones de San Ignacio (Yaqui) y Santa Inés (Chínipas). En 1693 era rector de Guadalajara, y en 1696 de Tepotzotlán. En 1697 pasó a fundar la primera misión permanente de California. Provincial, 1704-1706.

OBRAS: *Misión de la Baja California*, ed. C. BAYLE, Ma. 1946.

BIBL.: F. J. ALEGRE, *Historia de la Compañía de Jesús en Nueva España*, IV (continuación), Puebla de los Angeles 1888, IV, 250 y passim; R. STREIT, *Bibliotheca missionum* II, 610-11, 670, 674, y III, passim; M. VENEGAS, *El apóstol mariano*, México 1757, ed. inglesa, Cleveland, Ohio, 1929.   IHSI

SALVO DE ALBELDA, († 10-II-962). Monje y luego abad de San Martín de Albelda (citado como abad desde 953). Organizador del escriptorio de Albelda, compuso una importante *Regla para Monjas* en que se combina fragmentos de la regla benedictina, de Esmaragdo y textos visigóticos. Representa el primer esfuerzo original por amalgamar las nuevas tendencias monásticas galas, de signo benedictino, con la tradición hispánica: ed. incompleta Ch. J. Bishko: Speculum 23, (1948)559-590.

OBRAS: Escribió numerosas piezas litúrgicas, y se le atribuyen conjeturalmente los *himnos* de San Martín y de Nunilo y Alodia en el *Oficio hispánico*.

BIBL.: Se conserva una sucinta vida suya como apéndice a los tratados *De viris illustribus* de Isidoro e Ildefonso en los códices Albeldense y Emilianense (Escorial d. I. 1 y d. I, 2); J. PÉREZ DE URBEL: R28', 28(1926)221-232.
                                          M. DÍAZ Y DÍAZ

SAMPIRO, (c. 960-1042), obispo, historiador. Notario de la Corte leonesa en la última década del siglo x y las primeras del XI. Debió nacer alrededor de 960, probablemente en el Bierzo, donde tenía posesiones y donde conoció al príncipe Bermudo Ordóñez, que será más tarde Bermudo II. La primera escritura en que aparece su nombre, que es el acta de fundación del monasterio de Carracedo en 990, nos da a conocer que Sampiro tenía una finca lindante con la que allí poseía el príncipe y que conocía los deseos que desde su adolescencia movían a Bermudo a establecer allí una casa religiosa. Hay también indicios para pensar que, como sospecharon los antiguos, Sampiro se formó en el monasterio de Sahagún, si es el *Sampirus* que escribió un documento de 977, que se encuentra en el becerro de la abadía. De Sahagún le arrojaría el ejército de Almanzor en la campaña de 988, que terminó con la conquista de León. «Yo pecador, nos dice él mismo, me vi bajo la amenaza de la espada, y aguijoneado por el miedo de la muerte, me di a la fuga, evitando de esta manera la cautividad en manos de los ismaelitas». Encontró primero un refugio en Zamora, y desde allí volvió al Bierzo, donde lo vemos formando parte de la Corte desde 990. En ella va a figurar durante muchos años, como *fidelis* de Bermudo II y de su hijo Alfonso V, como notario y como consejero. Grandes debieron ser sus servicios, pues tanto Bermudo como Alfonso le enriquecieron con villas y propiedades «a causa de su fiel comportamiento». En 1023 termina su actividad de notario, lo cual nos hace más difícil seguir sus pasos. Lo vemos, sin embargo, confirmando documentos y haciendo donaciones a las iglesias. Era ya más que septuagenario cuando al entrar Sancho el Mayor en León fue nombrado obispo de Astorga (1034). El 29 de septiembre de este año da una villa a su servidor Brandilano, llamándose ya obispo asturicense. Unos meses más tarde le vemos al lado del rey Sancho en la restauración de la sede palentina. Cuando en 1035 vuelve el rey Bermudo III, Sampiro está a su lado, y acompaña también a Fernando I cuando en junio de 1038 es coronado en la capital. Le vemos todavía en Astorga y en Sahagún, y en octubre de 1040 hay todavía una carta de Astorga, la última, que le considera como obispo. Debió de ser a fines de aquel año cuando Fernando I comenzó a «ordenar» obispos, «y uno de ellos, nos dice él mismo, fue Pedro, a quien escoge para la sede asturicense». Sampiro, cargado de años y casi ciego, hubo de dimitir. El 10 de noviembre dictaba su última escritura, que tiene algo de testamento y no poco de autobiografía. Y ya no volvemos a saber más de él.

OBRAS: Servidor de su rey, notario de sus diplomas, ejecutor de sus decisiones, y algún tiempo mayordomo de su casa, Sampiro fue también el cronista de la dinastía, que aprovechó el latín bíblico y patrístico aprendido en la escuela de Sahagún para trazar una galería de retratos, bastante insípidos, de los reyes leoneses del siglo x. No hay texto ninguno contemporáneo suyo que nos lo diga, pero existe una *crónica* escrita por aquellos días, y esa crónica lleva al frente el nombre de un obispo Sampiro, que solo puede ser él; y el obispo Pelayo de Oviedo nos dice que escribió plenísimamente de los reyes godos. Es un breve relato de los hechos de los reyes que habían reinado en León, hasta que él entró en el palacio, desde Alfonso III hasta Bermudo II, unas cuantas noticias descarnadas, torpemente hilvanadas y a veces inexactas, pero al mismo tiempo preciosas, de expediciones guerreras, de luchas civiles, de revueltas cortesanas; poca cosa ciertamente, pero lo mejor que tenemos sobre el reino de León en el siglo x. Se ha conservado en dos redacciones. A principios del siglo XII el escrito de Sampiro cayó en manos del Silense, que lo agregó a su crónica, al parecer sin cambio ninguno; pero unos años más tarde Pelayo de Oviedo lo agregó a su *corpus* histórico, con interpolaciones propias de sus simpatías y antipatías, de sus gustos genealógicos y de su obsesión por las grandezas de su sede. Es en el Silense donde debemos buscar el verdadero texto de Sampiro. Esta crónica fue publicada por vez primera por Prudencio de Sandoval (1615), que la reprodujo en los *Cinco obispos*, Pam. 1634. Reimprimiéronla luego Ferreras en el tomo XVI de su *Sinopsis*, Berganza en su *Ferreras convencido*, Flórez en el tomo XIII de *ES*, y Huici en *Las Crónicas latinas de la Reconquista* (1913, 280-305). Ultimamente fray Justo Pérez de Urbel ha publicado aparte las dos redacciones, precedidas de un estudio completo sobre Sampiro y su obra.

BIBL.: L. BARRAU-DIHIGO, *Notes et documents sur l'histoire du royaume de León*, 10(1903); 14(1907)349-54; 16(1909) 538-64; A. BLÁZQUEZ Y DELGADO, *El reinado de Bermudo II en los manuscritos de don Pelayo:* Cultura Española, 3 (1908)647-63; P. HOGBERG, *La redaction des chroniques de Sebastian, de Sampiro et de Pelayo:* R28; 39; J. PÉREZ DE URBEL, *Sampiro, su crónica y la monarquía leonesa en el siglo X*, Ma. 1952; F. BERGANZA, *Ferreras convencido... con los chronicones corregidos*, Ma. 1729; A. QUINTANA. *El obispado de Astorga en los siglos IX y X*, Astorga, 1968, 480-483, 505, 511, 527, 530.   J. PÉREZ DE URBEL

SAMUEL, (mitad del siglo x) obispo de Elvira. Fue nombrado seguramente por presión de la autoridad musulmana. Arabizante e indigno prelado que, según Sansón, fue depuesto por su comunidad cristiana y se refugió en la corte de Córdoba apostatando y fomentando allí la furiosa persecución contra los cristianos, que causó 50 víctimas en los llamados mártires de Córdoba. Fue tío del aún más funesto Hostegesis, obispo de Málaga, y murió seguramente antes del 964.

BIBL.: ES 53, 173-74; SAMSON, *Apologeticus*, II, en ES 11, 379-80; *Heterodoxos...*, II, Sant. 1947, 75.   J. VIVES

SAN AGUSTIN, Buenaventura de, OSH (siglos XVII-XVIII) teólogo. Monje del monasterio de Montecorbán (Santander). Después de leer doce años Teología en el colegio de Sigüenza fue elegido prior en marzo de 1687 y renunció en agosto por habérsele encomendado en el Capítulo general terminase de escribir el curso de Artes, que tenía comenzado; en sucesivas ediciones serviría de texto a los estudiantes de la Orden. Fue además prior en Sigüenza y Avila, varias veces definidor general, visitador de Castilla, predicador real de Carlos II y dos veces general (18-X-1700 a 8-V-1702 y 4-V-1705 a 30-IV-1708).

OBRAS: *Artium Cursus*, 5 vols., edic. 1715, 1725 y 1739; varios *Sermones*.

BIBL.: M104, cap. 30-31; M. ESCAGEDO SALMÓN, *Monte-Corban. Apuntes para la crónica del antiguo Monasterio de Jerónimos...*, Torrelavega 1916, 103, 110-111, 115.
I. DE MADRID

SAN AGUSTIN, Cándida de, OSA (Valdepeñas [Ciudad Real] 15-II-1804 † Toledo 30-III-1861) sierva de Dios. Ya de joven se hizo célebre al enfrentarse al revolucionario Riego en su pueblo natal, cuando arengaba a la muchedumbre en la plaza pública, con el consiguiente alboroto. La joven fue encarcelada. En contra de la opinión de su padres, que intentaron casarla por sorpresa, ingresó en el convento de agustinas de Alcalá de Henares, tomando el hábito en 1826. Después de muchos años de vida religiosa en el convento de Alcalá, pasó al de Toledo. Llevó una vida de intenso y arrebatado misticismo. No obstante, los relatos maravillosos de su vida aparecen un tanto confusos. Se hizo popular por su presencia corporal e intervención directa, aunque misteriosa, entre los soldados de la guerra de Africa (1859-1860).

BIBL.: P. A. DE ALARCÓN. *Diario de un testigo de la guerra de Africa*, Ma. 1859, 58; M. DE JESÚS, *Declaración sobre la vida de la Venerable Madre Candida de S. Agustín*, ms. de 1866; B. FERNÁNDEZ, *La «mujer piadosa» de la guerra de Africa*: R75, 107(1916)189-199 y 275-293; ID. *Vida admirable de la M. Cándida de S. Agustín*: R75, 109(1917)201-213 y 388-417; ID. *La Madre Cándida de S. Agustín y la guerra Europea*, Ma. 1918.
A. MANRIQUE

SAN AGUSTIN, Gaspar de, OSA (Madrid 1650 † Manila 8-VIII-1724) historiador. Profesa en la Orden agustiniana en Madrid en 1667 ó 1668. Un año más tarde parte para Filipinas. Misionero en Leyte, llamado «el políglota de las Islas Filipinas». Procurador general de la provincia (1677); secretario provincial (1689); visitador (1701), y procurador general (1702-1707). Ocupó también el cargo de comisario del Santo Oficio.

OBRAS: *Conquistas de las Islas Filipinas*, I, Ma. 1698, y II, Va. 1890 (publicado por el P. Casimiro Díaz, OSA); *Carta sobre el natural y genio de los filipinos*, Ma. 1720; *Descripción del templo de Guia*, Manila 1712; *Compendio de la Arte de la lengua tagala*, Manila 1703; *Adiciones al Arte panamayo del P. Méntrida*, Manila 1703; *Confesonario en lengua española y tagala*, Sampaloc 1713.

BIBL.: M55, 94-118; I. RODRÍGUEZ, *Historia de la Provincia agustiniana del Smo. Nombre de Jesús de Filipinas*, II, Manila 1966, 302-313, passim.
A. ESPADA

SAN AGUSTIN, Juan de, OSA (Pereña [Salamanca] † Madrid 1646) teólogo. Profesó en el convento de Salamanca el 30-IV-1592. Hizo la carrera de Teología en la Universidad, donde le encontramos matriculado en 1594. En 1599 sustituía al padre Márquez en la cátedra de Vísperas, y en 1601, al padre Antolínez. En 1604 obtuvo el grado de maestro en Sagrada Teología en dicha Universidad. Don Pedro de Zúñiga, marqués de Floresdávila y embajador de España en Inglaterra, lo llevó consigo a aquel país (1605-1610). En Londres fue confesor y protector de la vener. Luisa de Carvajal, heroína de la religión en Inglaterra. A su vuelta a España fue nombrado rector del colegio de Doña María de Aragón y del convento de San Felipe el Real, de Madrid, y definidor provincial (1618). Felipe IV lo hizo maestro de la infanta María, después emperatriz de Alemania, al ser pretendida por el príncipe de Gales, a fin de ser instruida en las cosas de Inglaterra. En 1625, el monarca lo nombró su predicador y lo envió a Portugal como legado extraordinario. Fue también el confesor del infante D. Fernando (1631), cardenal y arzobispo de Toledo, a quien acompañó a Milán y Flandes, perteneciendo a su Consejo de Estado (1637-1641). En 1645 residía de nuevo en Madrid. Por entonces, debió de ser propuesto para obispo de Barcelona, cargo que no sabemos por qué no aceptó. Fue calificador de la Suprema y teólogo de la Junta de la Inmaculada.

OBRAS: *Sermón sobre Santa Teresa, Patrona de España*, Ma. 1627; *Relación de las fiestas que el Rey D. Felipe IV hizo al Patronato de sus reinos de España que dio a Santa Teresa*, Ma. 1627; *Cartas*, ms. año 1636 en Arch, G. de Simancas; *Respuesta al Rey... sobre la Concepción de N. Señora*, ms. Bibl. Card. Zelada, Ro. 1643.

BIBL.: M. VIDAL, *Agustinos de Salamanca*, Sa. 1751, 369; L. MUÑOZ, *Vida y virtudes de la Venerable Luisa de Carvajal*, Ma. 1897, 298 y ss.; M55, VII, 118-124.
A. MANRIQUE

SAN ANDRES, Maximiliano de, OSH (Meco [Madrid] 1562 † Toledo 10-X-1631) siervo de Dios. Según otros, natural de Romanones; tomó el hábito en el Monasterio de la Sisla (Toledo), en opinión del padre Santos, en 1598 y, según otros, en 1578, que parece la fecha más probable. Monje de gran fama en toda la Orden por su virtud y letras. Fue célebre maestro de novicios, vicario y prior tres veces en su casa. Gobernó también las de Segovia, Sigüenza, Barrameda, Valdebusto, Murcia, Caravaca, Guadalupe (como presidente) y Granada, de donde salió para el generalato (1618-1621). Muy dado a las cosas espirituales, tuvo especial relación con la Madre María de Jesús, carmelita descalza en el Convento de San José de Toledo.

OBRAS: *Alivio de caminantes para la otra vida...; Tratado de la oración...; Declaración de las canciones que tratan del ejercicio de amor entre el alma y el esposo Christo...*, los tres, manuscritos.

BIBL.: M107, 100-103 y 363-365: J. CATALINA GARCÍA *Biblioteca de escritores de la provincia de Guadalajara...*, Ma. 1899, 459-460.
I. DE MADRID

SAN ANTONIO, Vicente de, ORSA (Lisboa, fines del s. XVI † Nagasaki [Japón] 3-IX-1632) beato. Ya sacerdote se trasladó a Méjico, donde ingresó como novicio agustino recoleto, y de allí pasó a Filipinas, en donde profesó el 22-X-1622. Por algún tiempo residió en Manila, y en 1623 pasó al Japón con Francisco de Jesús, ORSA. Misionó en Omura y Nagasaki; el 24-XI-1629 fue arrestado. En 1632 fue condenado a morir en la hoguera, después de haber sufrido en Ungen el tormento de las aguas hirvientes. Fue beatificado por Pío IX en 7-VII-1867.

OBRAS: Se conocen de él siete cartas escritas desde el Japón (ed. en *Bullarium Ordinis Recollectorum Sancti Augustini*, por J. FERNÁNDEZ, II, Ro. 1961, 648-716).

BIBL.: M55, VII, 145-147; G. OCHOA DEL CARMEN, *Dos héroes o admirable vida de los PP. Francisco de Jesús y Vicente de S. Antonio*, Za. 1934; J. M. ECHEVARRÍA DEL CARMEN, *Orígenes de las misiones de la Provincia de San Nicolás de Tolentino de Agustinos Recoletos en el Extremo Oriente*, Ma. 1953.
C. ALONSO

SAN BUENAVENTURA, Alonso de, OFM († San Francisco del Monte [Chile] 1594) misionero. Religioso en el convento recoleto de Loreto (Sevilla), en 1574 se alistó como misionero para el Paraguay donde ejerció el apostolado durante catorce años. A su regreso a España en solicitud de misioneros, se detuvo dos años en Lima desempeñando el cargo de maestro de novicios (1585-1586). En 1588-1589 volvió de nuevo al Paraguay con una expedición de franciscanos, y prosiguió su actividad apostólica, hasta que en 1592-1593 tuvo que venir otra vez a España para conducir una segunda expedición misionera en 1594, sorprendiéndole la muerte antes de llegar al Paraguay. Además de ser un activo y virtuoso misionero, fundó con el padre Luis de Bolaños once reducciones de indios, iniciando de esta manera el célebre sistema de cristianización del Paraguay-Argentina.

BIBL.: O108, 192-197 y 641-652; O106, 31-80.

P. BORGES

SAN CECILIO, Pedro de, OdeM (Granada 2-II-1596 † Rota [Cádiz] 19-I-1668) historiador. Tomó el hábito en el convento de Sevilla, donde profesó el 15-VII-1612. Fue definidor y cronista general de la provincia de Andalucía. Es considerado como el mejor historiador de los mercedarios descalzos.

OBRAS: *Anales del Orden de Descalzos de Nuestra Señora de la Merced, redención de cautivos,* 2 vols. Ba. 1669; *Tratado evangélico de la fiesta de San Ramón Nonat,* Gra. 1627; *Vida y martirio de san Pedro de Valencia, obispo de Jaén, de la Orden de la Merced,* Gra. 1629; *Vida y hechos admirables de san Gonzalo de Amarante...,* Se. 1654; *Vida de la prodigiosa niña sor Teresita de Jesús, mercedaria,* Gra. 1647.

BIBL.; O207; A. HARDA, *Biblioteca Mercedaria,* ms. original en la Academia de la Historia de Madrid; E. GÓMEZ, *La Beata Mariana de Jesús,* Ma. 1965, 291-292.

M. RODRÍGUEZ

SAN CLEMENTE TORQUEMADA, Juan de, (Córdoba 19-VIII-1534 † Santiago 20-IV-1602) arzobispo. Es pariente del beato Juan de Avila. Graduado, a los diecinueve años, de maestro en la Universidad de Alcalá, ejerció en los colegios de San Antonio, de Sigüenza, y de Santa Cruz, de Valladolid. Ocupaba la magistralía de Badajoz cuando fue presentado por Felipe II para obispo de Orense. Preconizado obispo de esta ciudad (5-IX-1578) y consagrado como tal (25-I-1579), celebró a lo largo de su mandato cinco sínodos. Fue trasladado a Santiago el 27-VII-1587, tomó posesión de su sede el 2 de octubre, e hizo su entrada solemne en la ciudad el 11-XII-1587.

Su principal preocupación fue el hacer frente a la invasión de los ingleses que pretendían destruir Santiago, núcleo, según ellos, de la superstición papal. Celoso en la conservación de la hacienda perteneciente a su mitra, mandó hacer un recuento minucioso de todas las propiedades, rentas y censos que pertenecían a su dignidad. Dotó en la Iglesia de Santiago la fiesta de San Clemente. Es obra suya el edificio llamado aún hoy de San Clemente. Sus restos descansan junto al púlpito de la catedral compostelana.

BIBL.: P. SANZ DEL CASTILLO, *Vida y maravillosa muerte del Sr. Sanclemente,* San. 1769; A. LÓPEZ FERREIRO, *Historia de la Iglesia de Santiago,* VIII, Sant. 1907, 301-330; R. PAZOS MARTEL, *Episcopado Gallego,* I, Ma. 1946, 100-117.

A. SÁEZ

SAN ILDEFONSO, Agustín de, OSA (Toboso [Toledo] 1585 † Toledo 16-VIII-1662) teólogo, escritor místico. Profesó en el convento de agustinos descalzos de Valencia el 22-VIII-1610. Fue rector del Colegio de Caudiel y uno de sus fundadores (1616). Desempeñó el cargo de predicador y de rector del colegio de Alcalá y definidor de la provincia de Castilla (1654). Aunque escribió varios tratados de Teología expositiva, moral y mística, tan solo uno llegó a ver la luz pública. Pero esta obra de Teología espiritual es tan completa que ha bastado para dar fama a su autor. El padre Ildefonso conoce la doctrina de san Agustín, mostrándose familiarizado con los escritos de santa Teresa y san Juan de la Cruz. Se sirve también de los tratados ascético-místicos del padre Alvarez Paz. Su libro es anterior a todas las *sumas* de Teología mística del siglo XVII.

OBRAS: *Teología mystica, scientia y sabiduría de Dios, misteriosa, oscura y levantada,* Alc. 1644.

BIBL.: M55, VII, 167-168; M38, II, 65-79; M29: *Sanctus Augustinus vitae spiritualis magister,* Ro. 1956, 215-216.

A. MANRIQUE

SAN JOSE, Francisco de, OFM (Mondéjar [Guadalajara] 1654 † Ocopa [Perú] 26-XI-1736) misionero. Había sido soldado en Flandes. Miembro del Colegio de Querétaro (Méjico) desde 1793, misionero en Verapaz (Guatemala) en 1694, desde este año en Talamanca (Costa Rica) y desde 1708 en el Perú. Durante los años 1709 a 1724 restauró las misiones del Cerro de la Sal, Pozuzo, Pangoa, Jauja, Tarma y Huánuco, atendiendo luego a su desarrollo y al del Colegio de Propaganda Fide de Ocopa que fundó en 1734 y en el que falleció con fama de santidad. Con las misiones y el colegio por él fundados, inició una nueva etapa de evangelización en el oriente del Perú, con posteriores repercusiones en Chile.

BIBL.: B. IZAGUIRRE, *Historia de las misiones franciscanas del Perú,* II, Lima 1923, 9-103; D. ORTIZ, *Reseña hist. de la Montaña del Pangoa, Gran Pajonal y Satipo,* Lima 1961, 28-36.

P. BORGES

SAN JOSE, Mariana de, ORSA (Alba de Tormes [Salamanca] 5-VIII-1568 † Madrid 15-IV-1630) fundadora de las recoletas. Su familia tuvo relaciones con santa Teresa de Jesús, quien la bendijo cuando tenía cuatro años. Poco después, sus padres se trasladaron a Ciudad Rodrigo, donde Mariana entró como educanda en el convento de Santa Cruz, de las Agustinas. El 9-II-1586 tomó el hábito de la Orden, profesando al año siguiente. Ocupó varios oficios en la comunidad, concluyendo por el de priora, para el que fue elegida cuando solo tenía treinta años. En 1603 el padre Antolínez, provincial de Castilla, la sacó de Ciudad Rodrigo para fundar el convento de recoletas de Eibar. El padre Antolínez les dió unas leyes y constituciones de observancia más estricta, que empezaron a practicar (23-V-1604). Desde entonces, comenzaron a llamarse agustinas recoletas. En años sucesivos fundó los conventos de Medina del Campo (12-VI-1604), Valladolid (16-VI-1606), Palencia (17-IX-1610). Mientras se hallaba en Palencia dando estabilidad a la nueva fundación, la madre Mariana fue llamada a Madrid por la reina, que la había conocido y tratado en Valladolid. Llegó a Madrid el 20-I-1611, y fundó en la capital otro convento, el de la Encarnación. Fue inaugurado en 1616. Aquí pasó el resto de sus días nuestra venerable.

OBRAS: Escribió su vida por mandato de su confesor, Padre Jerónimo Pérez, a quien entregaba los cuadernillos que iba redactando. A la muerte del confesor la religiosa quemó parte de los que cayeron en sus manos; con los restantes, el padre L. Muñoz escribió su vida. *Sobre el libro de los Cantares de Salomón;* L. Muñoz, *Vida de la V. M. Mariana de S. José, fundadora de la Recolección de las Monjas Agustinas,* Ma. 1945; *Ejercicios espirituales y repartimiento de todas las horas,* Ma. 1627; *Cartas,* ed. Arch. Agustiniano, vol. XVI.

BIBL.: B. S. CASTELLANOS, *Breve compendio de la Vida de la V. M. Mariana de S. José,* Ma. 1865; T. MINGUELLA *Compendio de la vida y virtudes de la M. Mariana de S. José, fundadora de las monjas agustinas recoletas,* Ma. 1916; M55, VII, 184-92; G. PURIFICACIÓN, *Datos para la historia del convento de agustinas recoletas de Palencia:* R23, 25(1926)363-371.

A. MANRIQUE

SAN JUAN DE LUZ, Juan de, OSB (siglo XV) general, reformador. Se ignoran muchos detalles de la vida de este hombre extraordinario, pero los que sabemos son suficientes para ver en él uno de los grandes hombres de la Orden Benedictina. El padre Argait lo hace natural de San Juan de Luz.

La primera noticia histórica sobre él nos lo presenta al frente del monasterio de San Isidro de Dueñas (1487-1489). No terminó el trienio porque fue elevado a la dignidad de prior general de la Congregación de San Benito el Real, de Valladolid. En aquella época estaba suprimida la dignidad abacial, restaurada poco después. Según Argáiz, fue electo general el 24-X-1488, reeligiéndosele por tres veces consecutivas hasta 1497. Puesto al frente de la reforma benedictina, por insinuación y apoyo de Isabel la Católica, infundió nueva vida a la Congregación, no sin grandes sufrimientos y sinsabores, pues el estado de decadencia que venían arrastrando los monasterios era de muchos años y no era tarea fácil volverlos al camino de la observancia. Henchido de fervor, puso Juan de San Juan manos a la obra. Pronto hubo elaborado su programa. Ya el 10-V-1489 juntaba Capítulo general. Estuvieron representados en él todos los monasterios de la Observancia: junto al prior y monjes vallisoletanos, tomaron asiento el abad y el procurador de Oña y los priores y procuradores de San Juan de Burgos, Zamora, Frómista, Sopetrán, el Bueso, Dueñas y Liébana; es decir, todos los prelados y procuradores de la dicha Orden. En este memorable Capítulo se promulgaron unas constituciones que servirían de base a la Observancia durante varios siglos. El alma de esta puesta al día de las reglas y observancias benedictinas fue el prior fray Juan de San Juan de Luz. Trabajó lo indecible por llevar la observancia a los monasterios de Galicia, principalmente a los de San Martín y San Payo de Santiago, pero donde más se destacó fue en la reforma de Nuestra Señora de Montserrat (Cataluña), obra dificultosa, porque estando los Reyes Católicos empeñados en su reforma y habiendo por medio un abad comendatario que no se avenía a dejar el puesto vacante para otro, se necesitaba paciencia y astucia para poder vencer este obstáculo. La manera fue bien sencilla: lo promovieron al obispado de Vich y así quedó el terreno expedito, aunque no del todo, pues los monjes sentían dejar una vida de comodidad y privilegio, haciéndoseles muy cuesta arriba la pobreza de la nueva reforma. Para facilitar la labor, echó mano de un gran monje que era su brazo derecho: fray García de Cisneros, suplente suyo en San Benito el Real, de Valladolid. A pesar de las dificultades, se consiguió la reforma de Montserrat.

BIBL.: D. M. YÁÑEZ, *Historia del Real Monasterio de San Isidro de Dueñas*, Pa. 1969; J. IBARRA, *Historia del Monasterio de Irache*, Pamplona 1940, 169; G. M. COLOMBÁS, *Estudios sobre el primer siglo de San Benito el Real, de Valladolid*, Montserrat 1954, 72-73. D. YÁÑEZ

SAN MARTIN, Juan de, SI (Yuncos [Toledo] c. 1550 † Islas Canarias 15-VI-1570) beato y mártir. Era estudiante en la Universidad de Alcalá cuando partió para Portugal con destino a la misión de Brasil. Parece que ingresó en SI en Evora el 8-II-1570. Fue herido y arrojado aún vivo al mar por los calvinistas holandeses que atacaron la expedición en que viajaba camino de su misión. Gregorio XV permitió su culto. Pío IX lo restituyó el 11-V-1854. Su fiesta se celebra el 15 de junio.

BIBL.: S. LEITE, *A grande expediçáo missionária dos mártires do Brasil:* Studia, 7(1961)26. F. J. RUIZ

SAN MARTIN, Juan de, OH (Escalona [Toledo] 1559 † Granada 7-XI-1633) médico y cirujano. General de los Hermanos Hospitalarios de San Juan de Dios, recibió el hábito en Granada (1580). En el hospital de Nuestra Señora del Amor de Dios estudió medicina y cirugía y adquirió el título de doctor. Fue en la Armada Invencible (1588) al frente de 20 religiosos hospitalarios para la asistencia de los soldados, y organizó en los puertos de La Coruña y Laredo hospitales provisionales a la arribada de los navíos. Prior de Granada y Madrid (1596-1614), vicario general (1623) y general (1626-1636). Obtuvo de Urbano VIII el breve de beatificación del venerable Juan de Dios, *In Sede principis apostolorum*, 21-IX-1630, y otras gracias y privilegios para la Orden.

BIBL.: N96; N79; N82; N86; N85. O. MARCOS

SAN MIGUEL, Antonio de, OFM (Salamanca † Ríobamba [Ecuador] 7-XII-1590) misionero. Perteneció a la noble familia de los Avendaño, ingresó en la Orden franciscana en Salamanca y pasó al Perú en 1550. Allí ejerció el cargo de superior de los conventos de Lima (1554) y Cuzco (1557), fundó el monasterio de clarisas (1558) y el hospital de indios (1559) de esa misma ciudad; fue elegido ministro de la provincia de los Doce Apóstoles (1562). Nombrado obispo de la Imperial (Chile 1564), asistió al tercer concilio limense (1583), fundó sendos hospitales de indios en la Imperial y Villarrica, visitó personalmente su extensísima diócesis, afirmándose que llegó a bautizar hasta 200.000 indios y, finalmente, fue trasladado a la sede de Quito (1588) de la que no llegó a tomar posesión. Representa una de las figuras más altas del episcopado chileno por su talento, celo pastoral, labor social e integridad de vida.

BIBL.: O108, 312-318; O133, 50-52; O120, 76-85; C. SILVA COTAPOS, *Historia Eclesiástica de Chile*, Santiago de Chile 1925, 13-17; O137, 46, 70, 76. P. BORGES

SAN MIGUEL, Bartolomé de, OFMCap († Río Guarichio [Venezuela] 1737) misionero y mártir. Perteneció a la provincia capuchina de Andalucía. En 1706 llegó a las misiones de Venezuela junto con otros misioneros. Fue su campo de apostolado el territorio de Los Llanos, de Caracas. Realizó numerosas entradas, con peligro de la vida, para reducir a los indios salvajes; fundó con ellos varios pueblos. En una excursión por la tribu de los Cucuaimas, fue atacado por éstos y muerto a lanzadas.

BIBL.: N1, 284-288; J. M. LENHART, *Father Bartolomeo, Capuchin Martyr:* Serafic Chronicle, (1934) 12-14 y 22-27; N24, 32; N2, 175. L. DE ASPURZ

SAN NICOLAS, Pablo de, OSH (1658 † 1-IX-1743) predicador real, historiador. A los quince años ingresó en el monasterio del Parral (Segovia). Fue prior en su casa de San Blas de Villaviciosa, y electo de San Miguel de los Reyes; procurador, definidor, visitador y cronista general de la Orden Jerónima. Religioso observantísimo, que toda su vida la gastó en estudiar, escribir y predicar. El mismo escribe de sí: «Después que dejé la carrera eclesiástica y me hallé en mi sagrada Religión con una jubilación tan no merecida como adelantada, me hice cargo de que no me la daba la Religión para que ocioso viviese, sino para de nuevo otro estudio empezase; apliquéme al púlpito con ocasión de nombrarme predicador suyo Carlos II... Desde entonces he seguido esta carrera hasta hoy —escribe en 1715— por más de 34 años... Esta hizo aplicarme a la Teología expositiva, y como esta facultad se estudia en los Santos Padres, y ellos no sólo dan sentido a la Sagrada Escritura, sino que orientan los sagrados dogmas, en ella, con los concilios, cánones, decretales... vine a gustar de la Historia...» En otro lugar dice: «En 78 años y más de 40 de estudio en la Historia, he leído cuanto he podido, antiguo y moderno.» Monje de una erudición pasmosa, dedicó todos sus esfuerzos a defender la antigüedad de su Orden.

OBRAS: *Ideas geronimianas* (sermones), Alc. 1716; *Siglos geronimianos*, Ma. 1723-1744; *Antigüedades eclesiásticas de España*, I, Ma. 1725, II-III, ms.; *Historia de la vida, traslación y milagros de San Nicolás de Bari*, Ma. 1734-1788 y 1945; *Verdad triunfante...*, Ma. 1737; *Aparato*

monástico, 2 vols., ms.; *Sermones*, 16 vols., ms.; Varios sermones publicados.
BIBL.: M102. I. DE MADRID

SAN PABLO, Hermenegildo de, OSH (s. XVII) historiador. Monje de San Jerónimo el Real de Madrid, prior dos veces en su casa (1653-1655 y 1665-1668), en San Isidoro del Campo y en San Jerónimo de Buenavista (1662-1664). Fue además visitador general de Castilla y definidor del Capítulo privado. En el Capítulo general de 1663 se le encarga escribir sobre la antigüedad de la Orden, llegando a ser un «fanático» defensor de la misma y émulo de otros religiosos de la época que hacían otro tanto por defender la antigüedad de sus respectivas Ordenes. En 1689 se publicó un edicto del Tribunal de la Inquisición en el que se prohiben cinco libros de fray Hermenegildo con censuras gravísimas.
OBRAS: *Origen y continuación de el Instituto y Religión Geronimiana...*, Ma. 1669; *Defensa por la Religión Gerónima de España...*, Za. 1672; *Instrucción previa a los lectores de la Instrucción histórica...*, Za. 1676; *Primacía del monacato evangélico...*, Val. 1685; *Desempeño...*, Ma. 1678.
BIBL.: J. P. GARCÍA Y PÉREZ, *Indicador de varias crónicas religiosas y militares en España:* R159, 3(1899)703-704; M102. I. DE MADRID

SAN PABLO, Nicolás de, OSA (Flandes? † Chilapa [Méjico] 21-X-1565) misionero y escritor ascético-místico. Aunque de origen flamenco, el padre Nicolás de Wite debe figurar aquí; porque en España se hizo religioso, escribió en español y en Nueva España fue misionero. Profesó en el convento de Burgos, en manos de santo Tomás de Villanueva (21-IV-1538). En 1542 era maestro de novicios en dicho convento. Pero el 28-I-1543 embarca para Nueva España al frente de una expedición de misioneros. Allí se entrega de lleno a adoctrinar a los naturales, que le dieron el nombre de «noco» (amigo, compañero). Por los datos que se apuntan en su biografía, era de ideas afines al padre Las Casas respecto a la protección de los indios. Intercedió no poco en su favor ante el Emperador Carlos V, con el que estaba algo emparentado. Murió siendo prior del convento de Burgos.
OBRAS: *Obras religiosas y místicas del P. Nicolás de S. Pablo:* B. N. de Madrid, ms. 5495; *Avisos para los frailes novicios que entran en Religión:* ib.; *Orden y manera que ha de tener un religioso en su vivir:* ib.; *Confesión breve:* ib., etc.; *Cartas* (al Emperador, al P. Las Casas entre 1552-1555).
BIBL.: M55, VII, 241-246; M38, I, 197-199.
A. MANRIQUE

SAN PEDRO, Antonio de, OCist (Valladolid † Cádiz s. XVII) teólogo y obispo. Monje del monasterio de la Santa Espina, catedrático de Salamanca, abad del colegio de la Orden, general de su Congregación (1671-1674), y obispo de Guamanga. Murió en Cádiz antes de embarcarse para América.
OBRAS: *Respuesta en que indica las razones de no asistir los abades españoles al Capítulo general de Cister; Tractatus Theologici,* (perecieron en un incendio de 1731); en la biblioteca de la Universidad de Salamanca se conservan los tratados *De actibus humanis* y *De Incarnatione.*
BIBL.: M98, 308-310. P. GUERIN

SAN PEDRO, Frutos de, OH (Segovia 1518 † Lucena [Córdoba] 2-X-1602) siervo de Dios. La fama de santidad de Juan de Dios, ya fallecido, le movió a ir a Granada, donde impulsado por los ejemplos de caridad de los Hermanos, pidió ser admitido y vistió el hábito. Destacando por su virtud y caridad, fue designado para la fundación del hospital de San Juan Bautista, de Lucena (1565), que rigió como Hermano Mayor hasta

su muerte, con grande reputación de santidad. Fue el amparo de los pobres y enfermos de la ciudad.
BIBL.: N96; N86. O. MARCOS

SAN SEBASTIAN, Diócesis de, *(Sancti Sebastiani in Hispania)* sufragánea de Pamplona.
1. Historia. Por la bula *Quo commodius,* fechada en Castelgandolfo el 2-XII-1949 y cumpiimentada por el nuncio apostólico en España el 1-VII-1950, se desmembraron de la diócesis de Vitoria los territorios que habían de integrar las dos nuevas diócesis de San Sebastián y Bilbao. La primera abarca el territorio de la provincia civil de Guipúzcoa, tiene como patrono a san Ignacio de Loyola y como catedral la iglesia del Buen Pastor. Desde su creación hasta el 11-VIII-1956, la diócesis ha estado sometida al derecho metropolitano de Burgos y desde esa fecha al de Pamplona. Históricamente, la provincia de Guipúzcoa estuvo dividida en tres obispados: Bayona (Francia), Pamplona y Calahorra. En 1567 los territorios pertenecientes a Bayona pasaron a la diócesis de Pamplona; el 8-IX-1861, por la bula *In celsissimo,* se erige la diócesis de Vitoria, y el 28-IV-1862 se publica el decreto de erección. Guipúzcoa pasa a pertenecer a la diócesis de Vitoria hasta la mencionada desmembración definitiva de ella.
Santos propios. Dos hijos de Guipúzcoa han sido canonizados: san Ignacio de Loyola (1491-1556), fundador de la Compañía de Jesús, y san Martín de la Ascensión, franciscano, martirizado en Nagasaki en 1597, cuyo origen se atribuyen las villas de Beasaín y Vergara.
Monumentos artísticos e históricos. Pocas manifestaciones del estilo prerrománico y románico quedan en pie. Detalles muy significativos se pueden apreciar en los templos de Astigarribia, San Juan de Abalcisqueta, San Miguel de Idiazábal y Arechavaleta. Muchos de los templos levantados en la Edad Media desaparecieron o se transformaron profundamente, bien por el empleo de la madera, en clima tan húmedo, o también por el dinero que vino de América; recuérdese que de estilo gótico es la iglesia parroquial de San Salvador de Guetaria, monumento nacional. Asimismo, las iglesias de Deva, Segura, Santa Marina de Vergara, Azpeitia, Azcoitia y Santa María de Tolosa, están construidas según el gótico vascongado. Son casos de arcaísmo, si se atiende a la fecha en que se construyeron, siglo XVI; llevan inequívocas señales del arte renacentista; conservan aún la marca indeleble de aquel gótico, que más que en otras regiones se mantenía en estas provincias. Se conserva el arte gótico de la última época en Rentería, Oyarzun, Pasajes de San Pedro, Lezo, Irún, Fuenterrabía, Hernani, Eíbar, Régil y Zumaya. San Telmo, en San Sebastián, hoy museo provincial, guarda un hermoso templo y claustro renacentista. De la época barroca: la basílica de San Ignacio de Loyola y la parroquia de Santa María en San Sebastián.
En cuanto a la escultura, es digna de mención la imaginería del pórtico de Deva, caso también de arcaísmo, completada en el siglo XVI. Este pórtico está influenciado por el de Laguardia (Alava), y lo imita con menos finura que el de San Bartolomé de Olaso, hoy puerta del cementerio de Elgóibar.
Es muy notable la fachada plateresca de la Universidad de Oñate, así como el patio de la misma, obras ambas atribuidas a Pierres Picart. El retablo de la capilla de la Universidad, así como el de la capilla de los «graduados» en la iglesia parroquial de San Miguel, son hermosos ejemplares del arte plateresco. En este último trabajó Gaspar de Tordesillas, ayudado por escultores vascos y alaveses. San Pedro de Vergara tiene también un hermoso retablo de la primera mitad del siglo XVI.
Guipúzcoa conserva, de Juan de Anchieta, el retablo

mayor de San Pedro de Zumaya. De Ambrosio de Bengoechea, los retablos de San Vicente, en San Sebastián, de San Francisco, en Tolosa, y el de la parroquia de Berástegui. También son de A. de Bengoechea los sagrarios de Alquiza y Rentería y otros retablos y sagrarios diseminados por la provincia. Joanes de Iriarte hizo el antiguo retablo de Fuenterrabía, cuyos restos se conservan en la sacristía y antesacristía de la parroquia de Fuenterrabía. Jerónimo de Larrea trabajó, entre otras cosas, el retablo del hospital de San Juan en Oyarzun y los relieves del archivo parroquial de Tolosa. Los retablos de Eibar y Zarauz son de Andrés de Araoz y de su hijo Juan, escultores inmediatamente anteriores al manierismo en el último tercio del siglo XVI. También la basílica de Nuestra Señora de Iciar guarda un hermoso retablo atribuido a Andrés de Araoz, atribución que no ha podido ser confirmada documentalmente, hasta la fecha.

En imaginería destacan el Cristo de Lezo, de estilo gótico; original, por tratarse de un cristo afeitado, y el Cristo de Vergara, de Juan de Mesa. La imaginería mariana es rica y abundante; merecen citarse por su antigüedad, la Virgen del Juncal, en Irún, y la de Iciar, ambas del siglo XII; por su devoción merecen un puesto especial las de Olaz, en Azpeitia; Arrate, en Eibar; Irascun, en Tolosa; Guadalupe, en Fuenterrabía, del Coro, en San Sebastián y, sobre todas, la de Aránzazu, patrona de Guipúzcoa desde 1918. Esta imagen de la Virgen, tallada en piedra, de cantera desconocida, apareció de un modo milagroso, allá por el año 1469 al zagal Rodrigo de Balzategui. Al amparo de esta imagen se construyó un santuario regido primeramente por los mercedarios, más tarde por los dominicos y, por fin, desde 1514, de un modo definitivo, por los franciscanos. El Santuario de Aránzazu, el de Guadalupe y el de Loyola son los más venerados de la provincia.

2. Instituciones. *Universidad de Oñate*: Llamada de Sancti Spiritus y fundada el año 1540 por el doctor Rodrigo Mercado de Zuazola, hijo de la villa, obispo de Mallorca y Avila, sucesivamente, comisario de la Santa Cruzada, del Consejo de Inquisición General del Reino de Aragón y consejero de los reyes. El papa Paulo III extendió en dicho año la bula de fundación de la Universidad que fue equiparada en privilegios y exenciones a las más célebres del mundo cristiano y comenzó a funcionar en 1542. En 1548 muere en Valladolid el fundador, legando al centro docente toda su fortuna. Los primeros colegiales se rigieron por un reglamento sumario, redactado por el propio obispo, inspirado en los estatutos de la Universidad de Salamanca. Las Constituciones definitivas las redactaron los testamentarios en 1551; sufrieron, sin embargo, algunas reformas, principalmente, en 1569, adquiriendo desde entonces la Universidad fisonomía propia. Contaba con las Facultades de Teología, Cánones, Leyes, Artes y Medicina. La enfermedad endémica que padeció fue la escasez de rentas. Tuvo sus tiempos de prosperidad, pero eran de corta duración por las continuas guerras en que se veía envuelta la comarca. Durante la segunda guerra carlista se tituló Real y Pontificia Universidad por concesión del papa Pío IX. Al acto de inauguración asistió Carlos VII. Al terminar la guerra se suprimió la Universidad y su edificio se convirtió en cuartel, hasta que en 1884 se instaló un seminario regido por los canónigos regulares de Letrán que lo regentaron hasta 1892. El último restablecimiento de la Universidad llamada Católica tuvo lugar en 1895 con Facultades de Filosofía y Letras, Derecho y los complementarios de la carrera de notario. Se suprimió definitivamente en 1901.

Otra institución, interesante desde el punto de vista eclesiástico, era la *Congregación del Clero de Guipúzcoa*. Sus orígenes son indeterminados; su vida jurídica estaba regida por usos y costumbre hasta 1675 en que se formaron las constituciones. La Congregación en la provincia se componía de diez corriedos y cuarto; y cada corriedo, de varias iglesias, unidas para cumplir una de sus misiones, a saber: el pago al obispo de la procuración o derecho de visita. Más tarde, cuando el Estado comenzó a percibir subsidios de los bienes de la Iglesia, esta institución se encargó de la recaudación de estos subsidios y es entonces cuando se relaciona con las instituciones del clero de Castilla y León por medio de la subdelegación de Calahorra. El clero así organizado celebra sus juntas y tiene sus autoridades en forma similar a la organización civil de la provincia.

Las peregrinaciones a Santiago ejercieron también su influencia social, cultural, económica y religiosa en esta provincia. Se levantaron hospitales y lazaretos y surgen diversas instituciones en diversos puntos de la provincia. Es de notar, sin embargo, que la afluencia de peregrinos comienza a ser más importante a raíz de la unión de Guipúzcoa a Castilla en 1200; desde ese hecho histórico, la ciudad fronteriza de Irún, se convierte en uno de los pasos principales para los peregrinos que se dirigen a Santiago, vía Bayona, constituyendo así un ramal importante en el camino de Santiago.

Ordenes y Congregaciones religiosas establecidas antes de 1900. En cuanto a los institutos de religiosos y religiosas establecidos en la provincia antes de 1900, hemos de advertir que las juntas de Motrico de 1612 y las de Hernani de 1699 expusieron al rey los inconvenientes que traía consigo el aumento de conventos que se venía observando en la provincia. En consecuencia se consiguió una Real Provisión el año 1708, que disponía que en adelante no se pudiese fundar ningún convento sin que, además de la real facultad, se obtuviese el consentimiento expreso de la provincia, en sus Juntas. Ponemos a continuación la población, el instituto y la fecha de fundación.

Casas de religiosos. En Azpeitia: Agustinos Ermitaños, 1581; Dominicos, 1600. En Deva: Franciscanos, 1517; En Elgóibar, Franciscanos. 1516. En Fuenterrabia: Capuchinos, 1663 y confirmado el mismo año, a pesar de que los franciscanos se opusieron a su creación apoyándose en el perjuicio que iba a ocasionar a los conventos ya existentes. En Lazcano: Carmelitas Descalzos, 1640. En Mondragón: Franciscanos, 1578. En Oñate: Franciscanos, 1514. En Orio: En las juntas de Zarauz de 1591 se acordó la erección de un convento de Trinitarios. Se estableció dicha Orden en las casas cedidas por el bienhechor, pero en 1597 tuvieron que abandonar por falta de limosnas. En Rentería: Esta villa acordó en 1612 la fundación de un convento de Capuchinos; después de muchas vicisitudes se pasó en 1613 a ejecutar el proyecto de fundación. En San Sebastián: Dominicos de San Telmo, la erección se acordó en 1519, pero la obra no se terminó hasta 1551; En Tolosa: Franciscanos, 1605. Zarauz: Franciscanos, 1608.

Conventos de religiosas. En Astigarraga: Canónigas Regulares, 1849. En Azcoitia: Franciscanas Clarisas, 1589; Brígidas, 1691. En Azpeitia: Concepcionistas, 1497. En Eibar: Agustinas Recoletas, 1603; Franciscanas Concepcionistas, 1618. En Elgóibar: Franciscanas Clarisas, 1533. En Escoriaza: Mercedarias, ?. En Hernani: Canónigas Regulares, 1544. En Lasarte: Brígidas, 1671. En Mendaro: Agustinas Ermitañas, 1561. En Mondragón: Franciscanas Concepcionistas, 1613; Agustinas Ermitañas, 1610. En Motrico: Clarisas, 1638. En Oñate: Clarisas (Santa Ana), 1613?; Clarisas (Bidaurreta), 1511. En Placencia: Agustinas Ermitañas, ?. En Rentería: Agustinas Ermitañas, 1543. En San Sebastián: Carmelitas Descalzas, 1661. Canónigas Regulares (San Bartolomé). Se trata probablemente del convento más antiguo de la provincia, pues se han hallado privilegios concedidos a este convento en el año 1250. Destruido completamente durante la guerra civil de 1833-1839 la comunidad se trasladó a la villa de Astigarraga. Dominicas, 1546. En Segura: Francisca nas Concepcionistas, 1638. En Tolosa: Clarisas, 1612. En Vergara: Clarisas, 1513; Compañía de María, 1797. En Zarauz: Clarisas, 1611. En Zumaya: Carmelitas Descalzas, 1609.

3 y 4. Geografía diocesana y situación actual La extensión territorial de la diócesis de San Sebastián es de 1.997 kilómetros cuadrados; su población, de 486.076 habitantes, los cuales profesan la religión católica a excepción de unos 200 acatólicos, en su mayoría protestantes. Está dividida en 176 parroquias, agrupadas en nueve arciprestazgos. Cuenta con 777 sacerdotes incardinados y 508 seminaristas.

Ordenes femeninas (con el número de sus miembros en 1965): Agustinas Ermitañas, 101; Benedictinas, 41; Brígidas, 51; Canónigas Regulares Lateranenses, 81; Carmelitas Descalzas, 100; Cistercienses, 33; Compañía de María, 198; Dominicas, 32; Clarisas 239; Franciscanas Concepcionistas, 145; Nuestra Señora de la Caridad del Refugio, 5; Salesas, 32.

Congregaciones: Adoratrices, 23; Agustinas Misiomeras de María (Recoletas), 5; Agustinas Misioneras de Ultramar, 8; Amor de Dios, 10; Angeles Custodios, 26; Apostolado del Sagrado Corazón de Jesús, 18; Asunción de Nuestra Señora, 35; Auxiliadores de las Almas del Purgatorio, 25; De la Bienaventurada Virgen María, 20; Capuchinas Terciarias, 9; Carmelitas de la Caridad, 30; Carmelitas Misioneras, 69; Tercera Orden de Carmelitas, 4; Carmelitas de San José (Asilo de Caridad), 8; Compañía de Santa Teresa, 18; Nuestra Señora de la Consolación, 18; Corazón de Jesús (Colegio de Miraconcha), 63; Damas de la Asunción (Mondragón), 7; Damas Catequistas, 40; Dominicas de la Anunciata, 14; Dominicas de Albi, 10; Dominicas de la Inmaculada, 12; Esclavas del Amor Misericordioso, 15; Esclavas de Cristo Rey, 17; Esclavas del Sagrado Corazón de Jesús, 118; Sagrada Familia, 159; Franciscanas de la Inmaculada, 15; Franciscanas de Montpellier, 13; Franciscanas de Nuestra Señora del Buen Consejo, 11; Franciscanas del Sagrado Corazón de Jesús, 6; Hermanas de la Caridad de Santa Ana, 42; Hermanas de la Providencia, 42; Hermanitas de la Asunción de Nuestra Señora, 8; Hermanitas de los Pobres, 14; Hijas de la Caridad, 361; Hijas de la Cruz, 68; Hijas de Jesús, 121; Hijas del Inmaculado Corazón de María, 22; Hijas del Santísimo e Inmaculado Corazón de María, 6; Hijas de San José, 19; Hijas de Santa María de la Providencia, 17; Hijas del Divino Celo, 5; Hospitalarias del Sagrado Corazón de Jesús, 99; Jesús María, 30; Madres de Desamparados (San José de la Montaña), 9; Marianistas, 19; Mercedarias de la Caridad, 172; Mercedarias del Santísimo Sacramento, 8; Misericordia de Lamourous, 4; Misioneras del Sagrado Corazón de Jesús y María, 23; Misioneras del Santísimo Sacramento y María Inmaculada, 5; Santo Niño Jesús, 22; Hermanas Pasionistas, 4; Oblatas del Santísimo Redentor, 24; Presentación de María, 38; Reparadoras, 56; Salesianas, 12; Servicio Doméstico, 33; Siervas de Jesús, 37; Siervas de María, 69; Siervas de María de Anglet, 16; Terciarias Trinitarias, 14; Carmelitas Misioneras (Irún), 6.

Institutos seculares: Alianza en Jesús por María, 39; Misioneras seculares, 5; Teresianas, 18.

Pías Uniones: Hijas de la Unión Apostólica, 37; Obra Misionera de Jesús y María, 6.

Institutos de religiosos: Canónigos Regulares, 52; Benedictinos, 40; Dominicos, 20; Franciscanos, 194; Capuchinos, 47; Agustinos Recoletos, 36; Carmelitas, 27; Mercedarios Descalzos, 15; Hospitalarios de San Juan de Dios, 51; Jesuitas, 235; Escolapios, 38; Paúles, 5; Pasionistas, 66; Oblatos de María Inmaculada, 5; Marianistas, 49; Sacramentinos, 13; Hijos del Corazón de María, 27; David Timón (Congregación del Sagrado Corazón de Jesús Niño), 3; Salesianos, 17; Betharramitas, 9; Combonianos, 3; Clérigos de San Viator, 47; Escuelas Cristianas (La Salle), 122; Maristas, 28; Hermanos del Sagrado Corazón de Jesús, 58.

Centros de Enseñanza Superior: Estudios Universitarios y Técnicos de Guipúzcoa, dirigido por los padres Jesuitas, donde se cursan los estudios de: Filosofía y Letras, Derecho, Ciencias Económicas, Curso Selectivo de Ciencias, Técnica Empresarial. Escuela Técnica Superior de Ingenieros Industriales, Facultad de la Universidad de Navarra, dirigido por el Opus Dei.

Centros de Enseñanza Media y Primaria: Franciscanos, Aránzazu. Capuchinos: Fuenterrabía y San Sebastián. Mercedarios: Azcoitia, Motrico y Zumaya. Jesuitas: Loyola y San Sebastián. Escolapios: Tolosa. Marianistas: San Sebastián. Hijos del Inmaculado Corazón de María: San Sebastián. Salesianos: Pasajes. Clérigos de San Viator: Elgóibar, Mondragón y Escoriaza. Escuelas Cristianas: Andoaín, Beasaín, Cestona, Fuenterrabía, Eibar, Herrera, Irún, Loyola, San Sebastián, Usúrbil, Villafranca, Zarauz, Zumárraga y Legazpia. Maristas: Anzuola, Azpeitia, Oñate, Placencia y San Sebastián. Santísimo Corazón de Jesús: Eibar, Rentería y San Sebastián. Religiosas Agustinas: Arechavaleta, Mendaro y Rentería. Benedictinas: Oñate. Compañía de María: Irún, San Sebastián y Vergara. Clarisas: Elgóibar. Concepcionistas: Mondragón, San Sebastián. Adoratrices: San Sebastián. Agustinas Misioneras: Astigarraga. Amor de Dios: Cegama. Angeles Custodios: San Sebastián. Apostolado del Sagrado Corazón de Jesús: San Sebastián. Asunción de Nuestra Señora: San Sebastián. Bienaventurada Virgen María: San Sebastián y Zumaya. Carmelitas de la Caridad: San Sebastián y Zumaya. Carmelitas Descalzas Misioneras: Beasaín, Deva, San Sebastián y Villafranca. Compañía de Santa Teresa: San Sebastián. Sagrado Corazón de Jesús: San Sebastián. Damas de la Asunción: Mondragón. Dominicas de la Anunciata: Pasajes. Esclavas del Amor Misericordioso: San Sebastián. Esclavas del Sagrado Corazón de Jesús: Azpeitia y San Sebastián. Sagrada Familia: Tolosa y Usurbil. Franciscanas de la Inmaculada Concepción B. V. M.: San Sebastián. Franciscanas de Montpellier: San Sebastián. Hermanas de Santa Ana: Lasao y Zarauz. Hijas de la Caridad: Andoaín, Azcoitia, Azpeitia, Beasaín, Elgóibar, Cestona, Fuenterrabía, Hernani, Motrico, Oñate, Pasajes San Pedro, Rentería, San Sebastián (donde tienen ocho casas), Segura, Tolosa, Vergara, Villafranca, Villarreal, Irún, Urrestilla y Zarauz. Hijas de la Cruz: Rentería, Villabona y Zumárraga. Hijas de Jesús: Andoaín, Azpeitia, San Sebastián, Tolosa. Salesianas: San Sebastián. Marianistas: San Sebastián. Hijas del Inmaculado Corazón de María: Berástegui y Lasarte. Hijas de San José: San Sebastián. Hijas de Santa María de la Providencia: Eibar. Hijas de la Unión Apostólica: Elgueta, Irún. Hijas del Divino Celo: Alzola. Jesús y María: Azpeitia. San José de la Montaña: San Sebastián. Mercedarias de la Caridad: Ataun, Eibar, Escoriaza, Mondragón, Oyarzun y Placencia. Mercedarias del Santísimo Sacramento: San Sebastián. De la Misericordia de Lamourous: San Sebastián. Misioneras del Sagrado Corazón de Jesús y María: San Sebastián. Misioneras del Santísimo Sacramento y María Inmaculada: Vidania. Niño Jesús: Fuenterrabía y San Sebastián. Presentación de María: San Sebastián y Urnieta. Siervas de María de Anglet: San Sebastián. Institución Teresiana: San Sebastián.

Centros o Escuelas Profesionales: Escuelas Cristianas (La Salle), Irún. Salesianos, Pasajes. Jesuitas, San Sebastián. Sacerdotes seculares, San Sebastián. Escuelas Cristianas: Andoaín, Villafranca y Zumárraga.

Franciscanos, Zarauz. Jesuitas, Azcoitia. San Viator, Mondragón.

5. Episcopologio. El primer obispo de esta diócesis fue *Jaime Font y Andreu*, pr. 13-V-1950, pos. el 3-IX-1950, † 13-II-1963. *Lorenzo Bereciartúa*, ob. de Sigüenza, pr. 6-VIII-1963, † 23-X-1968. *Jacinto Argaya Goicoechea*, ob. de Mondoñedo, pr. 20-XI-1968, actual obispo.

BIBL.: G. DE SORARRAIN, *Catálogo general cronológico de obras impresas referentes a las provincias de Alava, Guipúzcoa, Vizcaya y Navarra*, Ba. 1898; A. ALLENDE SALAZAR, *Biblioteca del bascófilo. Ensayo de un catálogo sistemático y crítico de las obras referentes a las provincias de Guipúzcoa, Vizcaya, Alava y Navarra*. Ma. 1887; L. DE ISASTI, *Compendio historial de Guipúzcoa*, Sa. 1850; P. DE GORASABEL, *Noticia de las cosas memorables de Guipúzcoa*, Tolosa 1899; *Diccionario histórico geográfico descriptivo... de Guipúzcoa*, Tolosa 1862; C. ECHEGARAY, *La tradición artística del pueblo vasco*, Bi. 1919; *Monumentos religiosos y civiles de Guipúzcoa*, Ba. 1921; G. WEISE, *Spanische Plastik*, Reutlingen 1927; J. A. LIZARRALDE, *Andra Mari*, Bi. 1926; *Historia de la Universidad Sancti Spiritus de Oñate*, Tolosa 1930; I. ZUMALDE, *Historia de Oñate*, SSe. 1957; L. VÁZQUEZ DE PARGA..., *Las peregrinaciones a Santiago*, II, Ma. 1949; R. INZAGARAY, *Historia Eclesiástica de San Sebastián*, SSe. 1951; M. A. ARRAZOLA, *El Renacimiento en Guipúzcoa*, SSe. 1968.   P. ALCORTA

SAN SEBASTIAN, José Antonio de, OFMCap (San Sebastián 10-I-1886 † Lecároz [Navarra] 30-VIII-1956) músico y escritor. Se le conoce comúnmente por su firma de compositor, *Donostia*. Era su nombre de pila José Gonzalo Zulaica Arregui. Al terminar sus estudios de bachillerato, vistió el hábito capuchino en el noviciado de Lecároz el 19-III-1902. Ordenado sacerdote en 1908, desempeñó durante nueve años el profesorado en Lecároz.

Ya de niño había estudiado solfeo y violín en San Sebastián. Más tarde recibió lecciones de armonía de Ismael Echezarra, de Gabiola sobre composición, de Esquerra sobre contrapunto, en Barcelona y, finalmente, en París, en los años 1920 y 1921, de Eugenio Cools sobre armonía, contrapunto, fuga e instrumentación. El estudio del gregoriano lo perfeccionó en Silos, Besalú y Solesmes. La carrera de compositor del padre Donostia comienza a los once años, cuando compuso una *Diana* para la orquesta del colegio. En 1908 vieron la luz pública sus primeras producciones. En 1913 sus *Preludios Vascos* eran ejecutados, orquestados, en el casino de San Sebastián y en su original texto para piano los daba a conocer en el Teatro Español, de Madrid, D. Joaquín Larregla en 1916. Es la obra que mayor renombre ha dado al compositor capuchino en España y en el extranjero.

Desde 1911 se reveló, además, como apasionado folklorista, ramo en el que alcanzaría gran autoridad. Fruto de sus búsquedas populares fue el *Cancionero Vasco*, aparecido en 1922, y multitud de trabajos en diversas publicaciones. Por el mismo tiempo su fina sensibilidad artística era atraída hacia el *Lied*, demostrando extraordinario buen gusto en la interpretación de letras de poetas catalanes y clásicos castellanos.

En 1920 trabó amistad con Henri Ghéon, el representante más caracterizado del moderno teatro católico francés; al año siguiente se estrenaba con gran éxito su poema dramático *Les trois Miracles de Ste. Cecile*, con ilustraciones musicales del padre Donostia, y en 1926, con ocasión del centenario de san Francisco de Asís, nuestro compositor tuvo un triunfo resonante con el drama religioso *La Vie Profonde de St. François*, del mismo H. Ghéon, en los Campos Elíseos. En 1936 una tercera obra del mismo autor de teatro, *Le Noel de Greccio*, era ilustrada musicalmente por su amigo capuchino.

En mayo de 1924 el padre José Antonio emprendió una gira artística por Argentina, que duró seis meses.

Desde 1936 hasta 1943 residió en Francia sin interrumpir sus trabajos artísticos. Al crearse en septiembre de 1943 el Instituto Español de Musicología con sede en Barcelona, fueron requeridos los servicios del padre Donostia como miembro del mismo; y en él trabajó hasta sl verano de 1953, tomando parte, en representación del mismo, en los Congresos Internacionales de Folklore de Londres (1947) y Basilea (1948).

Durante su última breve enfermedad fue asistido personalmente por el doctor Marañón, gran amigo suyo. Fallecía en el colegio de Lecároz víctima de un tumor cerebral. La agencia *United Press* difundió la noticia por todo el mundo. En junio de 1959 se le erigió un bello monumento en el monte Aguina, término de Lesaca.

OBRAS: La extensa obra del Padre Donostia puede agruparse así: 1) música religiosa (melodías gregorianas y populares armonizadas, motetes, la *Missa pro Defunctis); 2)* música para órgano (entre estas composiciones sobresale el *Itinerarium Mysticum); 3)* música para piano (muy abundante y valiosa: *Preludios Vascos, Tiento y canción, Infantiles*, etc.), violín y piano; 4) música de cámara; 5) canto y piano (sobre temas populares); 6) música vocal; 7) teatro. Hay que añadir la amplia producción literaria como musicólogo, folklorista y conferenciante.

Está en curso de publicación la edición completa de las *Obras musicales* del padre Donostia; vol. III, Lecároz 1969.

BIBL.: N4, 179-194; N16, 249-257.   L. DE ASPURZ

SAN SIMEON, Mariana de, ORSA (Denia [Alicante] noviembre de 1569 † Murcia 25-II-1631) venerable. Ingresó en el convento de agustinas de Denia, donde profesó el 15-II-1606. Tres años más tarde, en 1609, se la ordenó, con algunas otras religiosas pasar a la fundación del convento de Almansa. Elegida priora de este convento, desempeñó su cargo con tales muestras de virtud que el obispo de Murcia quiso fundase otro en esta ciudad (1616). Años después volvió a ser priora de Almansa, para venir a morir finalmente al convento de Murcia.

OBRAS: *Puntos de la Sagrada Pasión para meditar desde Septuagésima*, ms.; *Puntos del misterio de la Encarnación*, ms.; *Apuntamientos de varios sucesos de su vida*, ms. Estos tres documentos están utilizados en la edic. J. CARRASCO, *La Phenix de Murcia. Vida, virtudes y prodigios de la Venerable Madre Mariana de San Simeón*, Ma. 1746; en esta misma obra se encuentran también incluidos: *Avisos espirituales y Cartas espirituales*, ms.; *Espejo de una religiosa perfecta*, ms. en verso, del convento de Murcia.

BIBL.: E. ESTEBAN, *La sierva de Dios Sor Mariana de San Simeón, religiosa agustina fundadora de los conventos de Almansa y Murcia*, Mu. 1921; M55, VII, 267-269.   A. MANRIQUE

SAN VICENTE, Marcelino de, OFMCap (San Vicente de la Sonsierra [Logroño] 1657 † San Francisco Javier de Agua de Culebras [Venezuela] 8-XII-1745) misionero. Aunque perteneció a la provincia de Castilla, consiguió ir a la misión de Los Llanos de Caracas, encomendada a los Capuchinos andaluces, para la que se embarcó en 1698. Elegido superior o prefecto en 1700, la gobernó durante más de seis años, haciendo un viaje a España donde consiguió no menos de 30 cédulas de suma importancia para la buena marcha y progresos de la misión y favorables a los indios: sobre su tributación, para que tuviesen haciendas de cacao, café, etc., para poder establecer villas de españoles, etcétera. Fundó las poblaciones de Algaride, San Francisco Javier, San Juan Bautista del Pao, Nuestra Señora de la Caridad de Tinajas y San Felipe de Buría. Para eso, año tras año, hizo entradas a diversos ríos, que duraban varios meses, con objeto de sacar indios para aumentar dichas poblaciones o establecer otras nuevas: excursiones tan trabajosas las continuó hasta 1735, en que, ya viejo e impedido, tuvo que retirarse a la de San Francisco Javier donde falleció a los ochenta y ocho años de edad y cuarenta y seis de misionero. Además, defendió con valentía, aun contra las autoridades, los fueros de los indios y libertad para vender los frutos de las haciendas; asimismo, sostuvo por tal motivo pleitos con el cabildo de Barquisimeto, defendiendo el derecho de los misioneros a establecer poblaciones misionales donde creyesen conveniente.

BIBL.: N10, 217; B. DE LODARES, *Los franciscanos capuchinos en Venezuela*, I, Caracas 1929, 154 ss.; L. TRUJILLO, *Biografía de Albarico* (misión de Nuestra Señora de la Caridad de Tinajas), Caracas 1962, 27 ss.

B. DE CARROCERA

SAN VITORES, Alfonso, OSB (Bruselas [Bélgica] † Zamora 18-IV-1659) obispo, historiador. Toma el hábito en el monasterio de San Juan, de Burgos. Estudiante primero en Salamanca, ocupó después los cargos de abad de San Juan, Salamanca, Madrid, y el de general de la Congregación de Valladolid. El rey lo nombró su predicador y calificador de la Inquisición. En 1652 ocupa la sede episcopal de Almería y dos años después es promovido a la de Orense que cambia a los cinco años por la de Zamora, donde muere.

OBRAS: Dejó algunas obras — la mayoría manuscritas — figurando entre las más importantes los tres tomos de comentarios de la regla benedictina que llevan el ampuloso título de *El sol del Occidente. Nuestro glorioso Padre San Benito, Príncipe de todos los monjes, Patriarca de las religiones todas*, Ma. 1645-1648.

BIBL.: J. MUÑOZ DE LA CUEVA, *Noticias históricas de la santa iglesia y catedral de Orense*, Ma. 1726; G. PASCUAL Y ORBANEJA, *Vida de San Indalecio y Almería ilustrada en su antigüedad, origen y grandeza...*, Alm. 1699; ES 17, 192-193; M. ALAMO, *Historia General y Literaria de la Congregación de San Benito de Valladolid*, ms. en Silos, Congregación de San Benito. 66. 958; J. PÉREZ DE URBEL, *Historia de la Orden Benedictina*, Ma. 1941, 432; M. R. PAZOS, *El episcopado gallego a la luz de documentos romanos*, Ma. 1946; S. GINER, *Alonso Ruiz de Virués*: Analecta Calasantiana, 11(1964)124-137.

T. MORAL.

SANCTIS, Dionisio de, OP (Palma del Río [Córdoba] 1500-1510 † Cartagena [Colombia] 1577) obispo. Siendo todavía joven ingresa en el convento de Santo Domingo, de Jerez de la Frontera; emite sus votos religiosos el 1-XI-1523, circunstancia que motivó el cambio de su apellido Palma por De Sanctis. Ingresa en el colegio de San Gregorio, de Valladolid, para ampliar su formación intelectual (1535). Vuelto a su convento, enseñó algunos años Teología y Filosofía. Posteriormente obtiene los grados de presentado (1551) y de maestro en Teología (1551). Fue sucesivamente prior de los conventos de Murcia, Granada, Palma del Río y Sanlúcar de Barrameda hasta que fue elegido provincial de los dominicos de Andalucía. En este cargo le comisionan el papa y Felipe II para enviar visitadores y reformadores a los conventos de trinitarios, mercedarios y carmelitas calzados de toda Andalucía. A petición de Felipe II, Gregorio XIII lo nombró obispo de Cartagena de Indias (Colombia) en 1574. Durante su corto episcopado desplegó una gran labor pastoral y catequística.

OBRAS: *Cartilla para enseñar a leer a los indios; Doctrina Cristiana para los Indios* (Arch. de Indias, 2, 2, 10); *Exhortación a todos los prefectos de la doctrina de lo que deben hacer para que tenga efecto su trabajo*, 1577; *Breve y muy sumaria institución de gran utilidad para enseñar a los nuevos en la fe; Cartilla y catecismo cristiano, que compuso... para instrucción de los indios y demás fieles de su diócesis.*

BIBL.: P. QUIRÓS, *Reseña histórica de algunos varones ilustres de la Provincia de la Orden de Predicadores*, Almagro 1915, 274-277; H. SANCHO, *Historia del Real Convento de Sto. Domingo de Jerez de la Frontera*, Almagro 1929, 178-179; J. J. SAGREDO, *Bibliografía dominicana de la Provincia Bética*, Almagro 1922, 144-145.

V. CUDEIRO

SANCHA Y HERVAS, Ciriaco María. (Quintana del Pidio [Burgos] 18-VI-1833 † Toledo 25-II-1909) cardenal, escritor pastoral y polémico. Del párroco y maestro del lugar recibió las primeras lecciones. Entre 1849 y 1852 las amplió en el contiguo pueblo de Peñalva del Pidio, preparándose para ingresar en el seminario. A los diecinueve años entró en el de Burgo de Osma; se ordenó de sacerdote el 27-VI-1858. Durante dos años más continuó en Osma, de donde pasó a Salamanca para licenciarse en Teología. Recién licenciado, ocupó las cátedras de Teología Moral y Dogmática en el seminario de Osma. Fue también examinador sinodal; pero no tuvo éxito en sus oposiciones a la magistralía. En 1862, nombrado arzobispo de Cuba D. Primo Calvo López, se lo llevó como secretario de Cámara. Con breves intervalos, como el que realizó en 1869 para visitar al papa, permaneció en Santiago de Cuba por espacio de quince años. Allí se le conocía por el nombre de el Licenciado Sancha. En sede vacante ganó por oposición la plaza de canónigo penitenciario, cuyos emolumentos, con cargo a la Corona de España, empleaba en el socorro de los menesterosos. Del ejercicio de esta práctica caritativa nació la idea de una Congregación religiosa para atención de los pobres y ancianos. Tras muchas cavilaciones y tanteos, abrió el hospital de San José, al frente del cual puso cuatro jóvenes de la alta sociedad de Santiago. Así nació una Congregación de derecho diocesano bajo el nombre de Instituto de Hermanas de los Pobres Inválidos y Niños Pobres, llamadas más tarde Hermanas de la Caridad del Cardenal Sancha, agregada a la Orden Benedictina como si fueran terciarias benedictinas (5-VIII-1869). A los cuatro años de existencia tenían tres casas en Cuba y una en Santo Domingo. Hoy tienen casas en Colombia, Venezuela y España.

En 1872 el Gobierno español, por medio del entonces ministro de Gracia y Justicia, Ruiz Zorrilla, nombró para ocupar la sede de Santiago de Cuba al presbítero Pedro Llorente Miguel, pero sin ser confirmado por el papa. Tanto el vicario capitular como Sancha se opusieron a lo que creyeron era una violación de los derechos pontificios y se negaron a aceptarlo hasta que llegaran las bulas. Ruiz Zorrilla acusó a Sancha de desacato a la autoridad real y le formó proceso ante las autoridades civiles. Como consecuencia, fue encarcelado el 24-VIII-1872 en el seminario de San Basilio por espacio de veinte meses. De Santiago fue trasladado a la prisión del Morro en La Habana, junto con los presos comunes. Roma declaró a Llorente y Miguel incurso en excomunión e invalidó cualquier acto suyo de jurisdicción episcopal, hecho que provocó por algunos años un cisma conocido con el nombre de *Cisma de Cuba*. Fuera ya de la cárcel, nombrado auxiliar de Toledo, se trasladó a España. Residió en Madrid donde trabajó para que la capital tuviera sede propia; fue consejero de Instrucción Pública y confesor de la reina Mercedes. De Madrid pasó a Avila para regir aquella sede el 27-II-1885. Introdujo en aquella diócesis las monjas trapenses, primera Trapa femenina en España.

El ministro Alonso Martínez lo propuso, de acuerdo con la reina regente, doña María Cristina, para la archidiócesis de Santiago. Roma, sin embargo, lo preconizó para la sede de Madrid, el 10-IV-1886. En su nueva sede levantó el seminario de San Dámaso, en el Paseo del Cisne. Acudió a Roma para el jubileo sacerdotal de León XIII, de donde trajo la Rosa de Oro para la reina de España, y celebró el primer Congreso Católico Nacional (24-IV-1888). Con motivo de la publicación de la encíclica *Rerum Novarum* pronunció en el Centro Instructivo de Madrid un discurso de gran resonancia e instituyó la Acción Social. Colaboraron con él el jesuita padre Vicent, Rufino Blanco, el duque de Bailén y el marqués de Comillas, entre otros. El 12-VII-1892 fue elevado al arzobispado de Valencia. Al año siguiente organizó el primer Congreso Eucarístico Nacional. Los atropellos de que fueron objeto los 18.000 obreros españoles que debían embarcar en Valencia en peregrinación a Roma para asistir al jubileo episcopal de León XIII, le ocasionaron muchos sinsabores.

El 18-VII-1894 fue promovido a cardenal. Lanzó la excomunión contra el periódico *La Antorcha Valentina* por propalar errores masónicos y disolventes. Para conjurar tales errores antirreligiosos creó las Facultades Católicas de Teología, Filosofía y Derecho Canónico en la Universidad Pontificia de Valencia. Fue trasladado a Toledo el 24-III-1898 como cardenal primado y patriarca de las Indias. En Toledo subsanó los fallos existentes en el seminario, fundó el Círculo Católico y el Sindicato de Obreros. Con motivo del jubileo de fin de siglo promovió la renovación espiritual de la diócesis y organizó otra peregrinación a Roma. Instituyó el Montepío para sacerdotes ancianos, introdujo en su diócesis las religiosas del Servicio Doméstico y las Damas Catequistas, alentó de palabra y por escrito la beatificación del cardenal Cisneros y asistió a la elección de San Pío X. En Toledo recibió la visita de Alfonso XIII. Asistió al Congreso Eucarístico de Londres. Estuvo en posesión de la Gran Cruz de Isabel la Católica y la de Carlos III. Fue senador del Reino.

OBRAS: *El cisma de Cuba*, Santiago de Cuba 1873; *Consejos a un joven levita*, Brooklyn 1872; *Discurso leído en el Congreso Católico de Zaragoza sobre la exención de los seminaristas de servicio militar:* La Cruz, (1890)255-74; *Invitación a la peregrinación de obreros españoles a Roma:* La Cruz, (1894)1; *Contra la asistencia de sacerdotes a los centros políticos:* La Cruz, 2(1894), 603-05. Para el resto de sus pastorales y escritos hay que acudir a los Boletines eclesiásticos de Avila, Madrid, Valencia y Toledo en los respectivos años; *El Kulturkampf internacional*, To. 1901; *Observaciones pedagógicas*, Val. 1893; *Sobre la necesidad de poner la religión por base fundamental de la enseñanza*, Val. 1893; *Sobre el Congreso eucarístico*, Val. 1894; *El dinero de San Pedro*, Val. 1895; *Con motivo de la Encíclica «Adiutricem»*, Val. 1896; *Medios para efectuar la reforma social de la propiedad*, Val. 1897; *Necesidad de la verdadera piedad y de la verdadera ciencia*, Val. 1893; *Sobre la enseñanza e importancia del Catecismo*, To. 1905; *Régimen de terror en la Italia-Unitaria*, To. 1898; *Sobre el duelo del obispo de Madrid-Alcalá*, Ma. 1887; *La cuestión social. Discurso y opiniones*, Ma. 1891; *Sobre el hipnotismo*, Ma. 1910.

BIBL.: I. GARCÍA HERRERA, *El Cardenal Sancha*, Ma. 1969; J. M. SOLA, *El Mártir de Cuba*, Ma. 1914; E. OLMOS Y CANALDA, *Los Prelados Valentinos*, Ma. 1949; La Cruz (1909-1) 268-69; B. LLORCA, *Historia de la Iglesia Católica*, IV, Ma. 1951, 617; J. SALVADÓ, *Biografías del episcopado español* Ba. 1877, 355-359.   A. ORIVE

SANCHEZ, Alonso, SI (Mondéjar [Guadalajara] c. 1547 † Alcalá de Henares [Madrid] 27-V-1593) misionero. Entró en SI en 1565. Pasó a Méjico en 1579 y a Filipinas en 1581, fue secretario del llamado primer sínodo de Manila. Realizó dos viajes a China (1582 y 1583) por encargo del gobernador de Filipinas. Vino a España en 1585 para exponer el mal estado de las Filipinas, propuso a Felipe II la expansión espiritual a China con una protección armada y la fundación de un colegio en Manila. En Roma pidió eso último al padre general y al papa.

BIBL.: O189, VII, 520, y XII, 1212; O182, II-III passim; P. D'ELIA, *Fonti Ricciane*, III, Ro. 1942-49, 250; O161, 696.
IHSI

SANCHEZ, Fernando, SI († Islas Canarias 15-VI-1570) beato y mártir. Era estudiante y probablemente en Salamanca se unió a Azevedo con destino a Brasil. Estando malherido fue arrojado al mar por los calvinistas holandeses que atacaron la expedición en que viajaba. Gregorio XV permitió su culto. Pío IX lo restituyó el 11-V-1854. Su fiesta se celebra el 15 de junio.

BIBL.: S. LEITE, *A grande expedição missionária dos mártires do Brasil:* Studia, 7(1961)27.   F. J. RUIZ

SANCHEZ, Gabino, ORSA (Ibdes [Zaragoza] 18-II-1810 † Madrid 20-I-1891). Tomó el hábito agustino-recoleto el 12 de septiembre de 1827. Años después de la exclaustración, regía la parroquia madrileña de Chamberí cuando el prelado diocesano, cardenal-arzobispo de Toledo, Bonel y Orbe, en 1856 le encomendó el Instituto de las Siervas de María, cuya fundación y progreso llevó a cabo con la fundadora Santa María Soledad Torres Acosta. La Santa Sede lo nombró en 1862 comisario apostólico de la Recolección Agustiniana que gobernó con prudencia y acierto hasta su muerte. Fue muchos años capellán mayor del convento de agustinas recoletas de la Encarnación, de Madrid. Asimismo, fue confesor del primer obispo de la capital de España, señor Martínez Izquierdo, que murió asesinado.

BIBL.: T. MINGUELLA, *Necrología del Reverendísimo Padre Fr. Gabino Sánchez de la Purísima Concepción*, Ma. 1891; M. CARCELLER, *Historia General de los Agustinos Recoletos*, XI, Ma. 1967; SANTA MARÍA SOLEDAD, *Cartas*, colección preparada y anotada por E. Ayape, Ma. 1970; J. M. JAVIERRE, *Soledad de los enfermos*, Ma. 1970.
M. CARCELLER

SANCHEZ, Juan Bautista, SI (Arica [Perú] 23-VI-1714 † Ferrara [Italia] 24-I-1775) restaurador de la elocuencia sagrada en Perú. Profesor de Filosofía y Teología en Cuzco y Lima. Deportado a Italia en 1767.

BIBL.: O189, VII, 526-527, y XII, 1212; O194, 104-111.
IHSI

SANCHEZ, Manuel, SchP (Olobras [Teruel] 17-VI-1848 † Roma 3-XI-1910) orador sagrado. Prepósito general de las Escuelas Pías. Lector de Filosofía en Albarracín y Valencia. Rector de varios colegios y provincial de Valencia. Fundó el colegio de Castellón, restauró el seminario andresiano, elevó el nivel de la enseñanza primaria. En 1904 marchó a Roma como asistente general. En 1906 fue elevado al generalato de toda su Orden: su gestión fue altamente beneficiosa para las provincias escolapias de Centro-Europa. Era miembro del Pontificio Ateneo Valentino y socio de la Arcadia Romana. Estaba en posesión de la Medalla de Oro de los Sitios de Zaragoza.

BIBL.: O74, 26-31.   C. VILÁ

SANCHEZ, Pedro, SI (Tarancón [Cuenca] 1568 † Madrid 1633) arquitecto y proyectista. Desarrolló su actividad con gran fama por distintos puntos de España entre fines del siglo XVI y comienzos del XVII. Los primeros años de su vida los pasó en diversos colegios jesuíticos de Andalucía completando sus edificios en construcción. Con ello adquirió un sólido aprendizaje práctico, al que seguramente se añadió una cierta preparación teórica bajo la dirección del preceptista y matemático padre Juan Bautista Villalpando. Equipado con este bagaje, pronto pasó a diseñar y proyectar por propia cuenta. En 1610 diseñó la iglesia del colegio de San Hermenegildo de Sevilla, de planta oval, una de las primeras manifestaciones manieristas de este tipo que se pueden ver en España. También es ovalada la iglesia del colegio de Málaga, donde corrigió los planos de su maestro Villalpando según modelo del boloñés Serlio. Idéntico interés por la planta centrada muestra el proyecto para la iglesia del colegio de Osuna, no realizado, pero cuyo dibujo se conserva, junto con otros suyos, en la Biblioteca Nacional de París. En

Granada intervino en la colegiata del Sacromonte y completó el templo del colegio de San Pablo (hoy Santos Justos y Pastor), dotándolo de una cúpula que es fiel trasunto de la de El Escorial. Su fama hizo que el Conde-Duque de Olivares, protector de los jesuitas, lo llamara a Madrid para que construyese la iglesia del Colegio Imperial, recién dotada por la emperatriz Doña María de Austria, y hoy catedral de San Isidro. Sánchez falleció cuando la obra iba muy adelantada, de modo que podemos considerarla esencialmente suya. Lo mismo aconteció con el edificio e iglesia del Noviciado, fundación de la marquesa de Camarasa, y con la iglesia y casa profesa de Toledo. La grandiosidad de estos templos, levantados a escala monumental utilizando órdenes de columnas empotradas y pilastras gigantes, colocan a su autor en un grado de evolución hacia el barroco mucho más adelantado que el de los arquitectos cortesanos, epígonos de Juan de Herrera. De proporciones más reducidas y con materiales más sencillos fabricó la iglesia de la casa profesa de Madrid, fundación del duque de Lerma, radicada en la Plazuela de Herradores y hoy desaparecida. En cambio, volvió a emplear la planta oval en la iglesia de San Antonio de los Alemanes, cuyo primoroso dibujo, conservado en el museo de los Uffizi de Florencia, permite adivinar su estado original antes de las posteriores modificaciones.

BIBL.: J. BRAUN, *Spaniens alte Jesuitenkirchen*, Frei. 1913; G. KUBLER, *Arquitectura de los siglos XVII y XVIII*. Ma. 1957; A. RODRÍGUEZ CEBALLOS, *El arquitecto Hermano Pedro Sánchez*: R26, 43(1970)51-81. A. RODRÍGUEZ CEBALLOS

SANCHEZ, Tomás, SI (Cordoba 1550 † Granada 19-V-1610) moralista y canonista. Ingresó en SI en 1567. Maestro de novicios en Granada y profesor de Teología moral y Derecho Canónico. Espíritu penetrante y de vastos conocimientos.

OBRAS: *De Sancto Matrimonio*, Ma. 1602, incluida en el Indice, entre otras razones, por ciertas afirmaciones sobre la legitimidad de los hijos fuera del matrimonio; esto desagradó a la República de Venecia; se le acusó de laxo en materia de matrimonio, y fue atacado de casuísta por Pascal; sin embargo, su obra es de las más clásicas y consultadas en todos los tiempos; *Explicatio mandatorum Decalogi*, Ma. 1613.

BIBL.: O189, VII,530; F. TROSCH, *Das bonum prolis als Eheziel bei Thomas Sanchez, SI*: R88', 77(1955)1-38. IHSI

SANCHEZ, Tomás Antonio, (Ruiseñada [Santander] 14-III-1725 † Madrid 12-III-1802) literato, erudito. De padres «hijosdalgo notorios», Adrián Sánchez y María Antonia Fernández de la Cotera, estudió Latín en el pueblo de Novales con el *dómine* Rubín, con el cual vivía. Fue enviado, luego, a Sevilla bajo la protección de algún pariente o paisano. De 1742 a 1745 estudió tres años de Artes en el colegio de San Hermenegildo de la Compañía, incorporado a la Universidad sevillana; en ésta cursó Teología (en Biblia y Sentencias) de 1746 a 1750. El 29-IV-1750 admitió la Universidad de Salamanca su certificado de los cursos de Artes; en octubre ganó una beca de Hebreo en el colegio Trilingüe y el 30-IV-1751 se graduó de bachiller en Artes. De 1750 a 1754 siguió estudiando Teología y Hebreo. Habiéndose cumplido en 1755 los cinco años a que daba derecho la beca del Trilingüe, solicitó ampliación por otros tres, que le fue concedida. En septiembre de 1754 ganó la oposición (los tres años anteriores había opositado sin éxito) a una cátedra de regencia de Artes «de escuela jesuítica», que regentó de 1754 a 1757. En febrero de 1757 opositó con otros cuatro a la magistralía de la colegiata de Santillana del Mar. Realizados los ejercicios, quedó el segundo por votación de los capitulares, y no habiendo querido el obispo diocesano hacer el nombramiento de ninguno de

los propuestos, fue remitido al Rey, que designó a Sánchez; el 1-XII-1757 comenzó a residir. Es de advertir que para esta fecha no estaba todavía ordenado. Se ordenó de menores y de epístola en las témporas de diciembre de 1757. Las de diácono y sacerdote es de suponer que las recibiera a continuación, guardados los intersticios canónicos. Aunque en las actas del cabildo de Santillana figura como licenciado, en los libros de graduados de Salamanca no aparece su nombre, fuera del título de bachiller en Artes, según testimonio de C. Rodríguez Aniceto. Confirma que sea así el que Sánchez en sus opúsculos jocosos usa el pseudónimo de «Br. Fernández» y «Un bachiller en Artes.» Tuvo los cargos de secretario (1760) y juez de cuentas y administrador del hospital (1761). Se ocupó eficazmente en poner en orden el archivo de la colegiata; es posible que en este tiempo recogiese materiales y proyectase ya su *Catálogo de los abades de Santillana*, firmado treinta años después, a 9-II-1793. Entró de escribiente segundo de primera clase, de la Biblioteca Real el 17-XII-1762, y hasta el 28-III-1768 conservó la magistralía de Santillana. Grado por grado ascendió a bibliotecario primero en noviembre de 1792. Siendo bibliotecario, por encargo del director de la Biblioteca, D. Juan de Santander, su paisano, se ocupó, juntamente con sus compañeros, J. A. Pellicer y R. Casalbón, en corregir y añadir la edición de 1788 de la *Bibliotheca Hispana Nova* de N. Antonio. En 1796 recibió una cédula de preeminencia, «por la cual el día que no quisiera asistir a la Bibliotheca, nadie me puede preguntar por qué he faltado». Desde el 24-XI-1752 pertenecía Sánchez a la Real Academia Sevillana de Buenas Letras. El 24-VII-1757, cuando todavía no había publicado obra alguna, ingresó como numerario en la Academia de la Historia, de la que fue director interino desde el 16-V-1794 al 30-XI-1795; todavía el 4-I-1796 seguía ejerciendo el cargo, por no haber llegado aún a Madrid el elegido, duque de la Roca. La Academia le confió que examinase en Toledo, en 1795, la inscripción hebrea de la sinagoga del Tránsito, leída con falsificaciones por el judío converso J. J. Heydeck. El informe resultante apareció, como trabajo colectivo, en *Memorias de la Academia de la Historia*, tomo III. Perteneció, también, a la Academia Española, como supernumerario desde el 3-XI-1763 y de número desde el 7-IV-1767; desde 1772 hasta su muerte estuvo encargado de las correspondencias latinas del *Diccionario*. Permaneció Sánchez en contacto con la Montaña ocupándose, principalmente, como apoderado del arzobispo de Lima, D. Juan Domingo González de la Reguera, comillano ilustre, de las fundaciones de este prelado, entre ellas, del estudio de Gramática que fundó en Comillas.

OBRAS: «Su verdadera gloria consiste — escribe Menéndez Pelayo — en haber sido el primero que con espíritu crítico trató de las antigüedades poéticas de nuestra lengua... y él fue en Europa el primer editor de una *Canción de Gesta*, cuando todavía el primitivo texto de los innumerables poemas franceses de este género dormía en el polvo de las bibliotecas. Su edición del *Poema del Cid* se adelantó cincuenta y seis años a la de la *Chanson de Roland*.» Sobre estos textos de nuestra poesía primitiva publicó tres volúmenes, con prólogos e índices de las voces anticuadas y más oscuras, con el título *Colección de Poemas castellanos anteriores al siglo XV*. Contiene el I, Ma. 1779, el *Poema del Cid* y las poesías del marqués de Santillana; el II, Ma. 1780, las de G. de Berceo, y el III, Ma. 1782, el *Poema de Alexandre*. Sobre los epitafios hebreo, arábigo y latino del sepulcro de S. Fernando y la cuestión cronológica que suscitan, se escribieron varios opúsculos por el P. Flórez, por el trinitario San Martín Uribe, por A. de Gálvez, y por F. J. López de Cárdenas, pero anterior a todos ellos es la *Traducción y explicación del epitafio hebreo del Santo Rey Don Fernando*, Se. 1773, leída por Tomás Antonio en la Academia del 12-I-1753. En las *Memorias Literarias de la R. Ac. Sevillana de Buenas Letras*, II, Se. 1843, 195-210, publicó el *Elogio histórico de D. Vicente Gutiérrez de los Ríos*, 1779, que fue biógrafo de Cervantes y crítico del *Quijote*. En tono festivo y con pseudónimo, son sus escritos sobre temas literarios de actualidad: *Carta familiar al Dr. D. Joseph Berní y Catalá...*, Ma. 1778; *Carta publicada en el Correo de Madrid injuriosa a la buena memoria de Miguel de Cervantes. Reimprímese con notas apologéticas*, Ma. 1788, contra la precipitada opinión de Estala sobre el autor de *El curioso impertinente; Carta de Paracuellos escrita por Don Fernando Pérez a un sobrino que se hallaba en peligro de ser autor de un libro...*, Ma. 1789, impugnada por Forner con el pseudónimo del Lic. Paulo Ipnocausto, que provocó la respuesta de Sánchez, *Defensa de D. Fernando Pérez, autor de la Carta de Paracuellos*, Ma. 1790. Finalmente, el *Dictamen* colectivo sobre la inscripción hebrea de la sinagoga del Tránsito, publicado en el t. III de las *Memorias de la Ac. de la Historia*. Dejó manuscrito de su letra el *Catálogo de los abades de la insigne y Real iglesia Colegial de Santillana*, existente en la biblioteca de la Academia de la Historia. Asimismo las *Respuestas* que da Tomás Antonio a las advertencias que hizo R. Floranes al t. I de la *Colección de Poesías Castellanas anteriores al siglo XV*, publicadas en Revue Hispanique, 18(1908)343-431, precedidas del estudio de Menéndez Pelayo sobre Sánchez y Floranes.

BIBL.: A26, V, 94-102; M. MENÉNDEZ PELAYO, *Dos opúsculos inéditos de D. Rafael Floranes y D. Tomás Antonio Sánchez: Estudios y discursos de crítica histórica y literaria*, VI, San. 1941, 67-82; *Homenaje a don Tomás Antonio Sánchez en el II centenario de su nacimiento, organizado por la Sociedad de Menéndez y Pelayo*, San. 1926; J. MONTERO PADILLA, *Algunos datos para la biografía de don Tomás Antonio Sánchez*: R41, 35(1959)347-53.   R. M. DE HORNEDO

SANCHEZ DE AREVALO, Rodrigo, (Santa María de Nieva [Segovia] 1404 † Roma 1470) obispo y canonista. Cursó sus primeros estudios con los dominicos de su ciudad natal. Estudió Derecho en Salamanca por espacio de diez años, cursos 1418-1419 a 1428-1429. Más adelante aparecerá también como bachiller en Teología y Artes. En 1431 recibe un beneficio en Burgos. De 1433 a 1439 asiste al concilio de Basilea, formando parte de la embajada castellana al lado del obispo de Burgos, Alfonso de Cartagena. Su asistencia a este concilio fue decisiva para la formación de su mentalidad acerca del conciliarismo y del poder pontificio. En el concilio de Basilea desempeñó cargos de relativa importancia, como el de *baccalarius* del obispo de Burgos, *claviger* del concilio, miembro de la comisión llamada de «los doce». En 1438, durante una interrupción del concilio, va a Breslau, a la Corte del emperador Alberto II, formando parte de una embajada que representaba a la vez al rey de Castilla y al Concilio de Basilea. Viajes y embajadas semejantes le llevarán, entre 1440 y 1441, a varias Cortes europeas, como la de Francia, Nápoles, Ducado de Milán, etc. Después de cinco años de residencia en Burgos (1443-1447), se había ordenado ya de sacerdote y ostentaba la dignidad de deán de León. En el decenio siguiente acumulará una larga serie de beneficios, como el de deán de León, Sevilla y Oviedo, arcediano de Treviño, canónigo de Villadiego, etc. Al ser nombrado obispo, renunciará a una parte de estos beneficios pero continuará reteniendo otros. De 1448 a 1450 realiza otra serie de gestiones diplomáticas al servicio del Rey de Castilla, en la Corte pontificia y en la del duque de Borgoña. De 1450 a 1454 vuelve a Burgos, donde se dedica a los asuntos de la diócesis bajo la dirección del obispo Alfonso de Cartagena. En 1454 vuelve a ser enviado a Francia como embajador del rey de Castilla. Al año siguiente va a Roma, enviado por Enrique IV de Castilla para presentar sus respetos al nuevo papa, Calixto III. Este pontífice español le encargó de los asuntos de España, cuando en realidad Rodrigo Sánchez de Arévalo estaba en Roma representando los intereses del rey castellano. En 1457 vuelve a España y recibe de Calixto III el nombramiento de obispo de Oviedo. De

éste será trasladado, en 1465, al de Zamora. De Zamora pasará al de Calahorra en 1467. De este último fue todavía trasladado al de Palencia en 1470. No consta que residiera nunca en ninguna de las cuatro sedes. En 1460 aparece nuevamente en Roma, donde residirá hasta su muerte, salvo un viaje que realiza a España a fines de 1463 y principios de 1464. En Roma trabajó denodadamente como campeón de la autoridad y prerrogativas pontificias, frente a los conciliaristas y otros herejes. A esta finalidad van dedicados casi todos sus escritos. También desempeñó el cargo de guardián del castillo de Sant'Angelo, donde se custodiaban los tesoros pontificios, los prisioneros y otros presos corrientes. Este cargo le puso en contacto con varios humanistas de su tiempo que estuvieron allí recluidos. Esta circunstancia y el haber vivido tanto tiempo en Italia, despertaron en él sus aficiones humanísticas, faceta que se revela de modo especial en algunos de sus escritos. Rodrigo Sánchez de Arévalo ha sido llamado recientemente «campeón del papado». Y lo fue en un doble sentido: a esta causa dedicó su indiscutible pericia de diplomático y a ella consagró casi la también totalidad de su prolífera producción literaria. No es profundo ni original en sus escritos. Son las obras de un publicista y polemista que ayudaron al afianzamiento del pontificado romano en los difíciles años del cisma que siguió al concilio de Basilea. Para ello subraya fuertemente la supremacía del papa sobre el concilio y sobre la Iglesia en general. Sus ideas sobre las relaciones entre el papa y el poder civil son extraordinariamente rígidas, cayendo dentro del más extremado monismo. Fue importante su influjo en los pontífices Pío II, Calixto III y Paulo II, y con ellos en la historia de su tiempo.

OBRAS: *Dialogus de remediis schismatis* (1440, 1442); *De questionibus ortolanis* (1443-47); *Contra tres propositiones Concilii Basiliensis* (1447-48); *De arte, disciplina, et modo alendi et erudiendi filios, pueros et iuvenes*, 1453; ed. de H. Keniston, *A fifteenth-Century Treatise on Education...*: R28', 32(1930)204-17; *Suma de la política* (1454-55), ed. de J. Beneyto Pérez, Ma. 1944, y BAE 116, 249-309; *El vergel de los príncipes*, 1456-57, ed. de F. R. de Uhagón, Ma. 1900, y BAE 116, 311-341; *Tractatus de experientia, utilitate et congruentia concilii generalis*, (1460-61); *Epistola siue tractatus ad quemdam uenerandum religiosum Cartusiensem* (1461-64); *Breuis tractatus an mysterium Trinitatis probari possit naturali et humana ratione* (1462?); *Libellus de situ et descriptione Hipanie* (1463); *Tractatus de appellatione a sententia Romani Pontificis non informati ad seipsum bene informatum*, 1464?; *Libellus de libera et irrefragabili auctoritate Romani Pontificis* (1464-67), ed. en A. García y García: R200, 4(1957)474-502; *An sine peccato fideles licite fugiant a locis ubi seuit pestis*, 1465-66; *De castellanis et custodibus arcium*, 1465?; *Libellus de paupertate Christi et apostolorum*, 1466, ed. parcial de T. Toni, *La realeza de Cristo en un tratado inédito del s. XV*: R102, 13(1934)369-98; *Defensorium ecclesiae et status ecclesiastici*, 1466; *Libellus de origine et differentia principatus regalis et imperialis: De monarchia orbis* (1467), Ro. 1521; *Commentum et apparatus super bulla priuationis et depositionis Georgii regis Bohemie* (1467); *Speculum uite humane*, Ro. 1468; *Clypeus monarchie ecclesie* (1468); *De regno diuidendo et quando primogenitura sit licita* (1468); *De pace et bello* (1468,) ed. de T. A. Vairani, *Cremonensium monumenta Romae existentia*, I, Ro. 1778, 1 ss.; *Liber de sceleribus et infelicitate perfidi Turchi* (1468-69); *De remediis afflicte ecclesiae* (1469;) *Historia Hispanica*, (1469-70), Ro. 1470: *Scriptores rerum Hispanicarum*, I, Fra. 1579, reed. de A. Schott, Fra. 1608; *De septem questionibus circa conuocationem et congregationem generalis synodi* (1470); *Epistola lugubris et mesta simul et consolatoria de infelici expugnatione insule Euboye dicte Nigropontis* (1470), Ro. 1470, ed. de U. Zell, Col. 1470-71; *Sermones, cartas, discursos varios*, que pueden verse indicados en T. Toni: R19, 12(1935)349 ss.

BIBL.: A2, I, 297-304; G. G. BUTLER, *Studies in Statecraft. Bishop Roderick and Renaissance Pacifism*, Cam. 1920; H. JEDIN, *Sánchez de Arévalo und die Konzilsfrage unter Paul II*: R53', 73(1954) 95-119; J. LÓPEZ DE TORO, *El primer tra-*

tado de Pedagogía en España: R66, 5(1933)259-75, 6(1934) 153-71, y 7(1935)195-218; T. Toni, *Don Rodrigo Sánchez de Arévalo (1404-1470), su personalidad y actividades; el tratado «De pace et bello»:* R19, 12(1935)97-360; hay edición aparte de este trabajo, Ma. 1941; id, *Don Rodrigo Sánchez de Arévalo y uno de sus manuscritos inéditos:* R154, 105 (1934)356-73 y 507-18; id, *El tratado «De pace et bello» de Don Rodrigo Sánchez de Arévalo:* R154, 111(1936)37-50; V. Beltrán de Heredia, *Cartulario de la Universidad de Salamanca,* I, Sa. 1970, 331, 376-409, y 561, y II, Sa. 1970, 15, 20, y 203. Véanse también los autores citados al hablar de las ediciones de las obras de Rodrigo Sánchez de Arévalo. A. García y García

SANCHEZ ARTESERO, Fermín, OFMCap (Alcaraz [Albacete] 27-XI-1784 † Cuenca 4-XII-1855) obispo. Estudió Filosofía y Jurisprudencia en la Universidad de Toledo. En 1802 vistió el hábito capuchino en Alcalá con el nombre de Fermín de Alcaraz y en 1809 fue ordenado sacerdote. Se dedicó especialmente a la oratoria sagrada y a las misiones populares hasta que marchó a Roma en 1835 para asistir, como delegado de las provincias capuchinas de España, al Capítulo de su Orden que se celebró un año más tarde y como representante del superior general, fray Juan de Valencia. Al mismo tiempo, recibió de D. Carlos María Isidro de Borbón, hermano de Fernando VII, facultades extraordinarias para «tratar de importantes y delicados asuntos relativos a nuestra santa religión y al Estado», en momentos en que la guerra civil azotaba a España por la sublevación de los carlistas en las provincias del norte y la Santa Sede, que no había reconocido a Isabel II, estaba a punto de romper las relaciones diplomáticas con el Gobierno liberal de Madrid. El padre Alcaraz es una figura clave para comprender la actitud de Roma ante el problema sucesorio de España. Fue el más hábil y activo agente que D. Carlos tuvo en la corte pontificia y por tanto, uno de los mayores enemigos de la causa isabelina. Ejerció influjo directo sobre la persona del papa Gregorio XVI y su secretario de Estado, cardenal Lambruschini, así como sus más directos colaboradores, Capaccini, Brunelli y Vizzardelli. Parcial y tendencioso al enjuiciar la conducta del Gobierno de Madrid, hizo varios estudios sobre el estado de la Iglesia española, demostrando su asombrosa capacidad de trabajo no exenta de animosidad contra quienes defendían la causa de Isabel II. En 1842 Gregorio XVI le confió la fundación de misiones católicas en Mesopotamia y después en América del Sur. Pío IX lo preconizó obispo de Cuenca el 2-IV-1850 y le confirió personalmente la consagración en la catedral de Gaeta, adonde el papa había huido a causa de la revolución romana. Gobernó la sede conquense por espacio de cinco años.

OBRAS: Son todas inéditas y se conservan en los archivos de la Santa Sede. Particular interés encierran: *Notizia dello stato in cui trovansi le diocesi della Spagna nel presente tempo di rivoluzione; Addizioni sopra lo stato in cui trovansi le diocesi di Spagna, anteriormente già presentato y Stato dei prelati della Chiesa di Spagna e delle sue diocesi* (Archivo de la S. C. de Asuntos Eclesiásticos Extraordinarios, *S. II Spagna 238*). Hizo también unos extensos estudios sobre las relaciones que presentaron los obispos de Astorga, Torres Amat, y de Barcelona, Martínez de San Martín, relativas al estado de sus diócesis, entre 1837 y 1839 (ASV, S. C. Concilio, *Relat. Asturicen.* y *Relat. Barcinonen.*). Tiene muchos más votos, cartas, escritos y notas en otros fondos archivísticos vaticanos.

BIBL.: T. Muñoz y Soliva, *Noticias de todos los Ilmos. Señores obispos que han regido la diócesis de Cuenca,* Cu. 1860, 534-547; A. Baquero Almansa, *Hijos ilustres de Albacete,* Ma. 1884, 24-30; V. Cárcel Orti, *Política eclesiástica española (1830-1840),* tésis doctoral, Universidad Gregoriana de Roma (a. 1973). V. Cárcel

SANCHEZ DE BADAJOZ, Diego, (Badajoz 1479 † 1545-1552) dramaturgo. Hermano del trovador Garci Sánchez de Badajoz, se cree que fue párroco de Talavera; se sabe seguro que estuvo al servicio del obispo de Badajoz, Pedro Ruiz de la Mota. De la escuela de Gil Vicente, con reminiscencias estilísticas medievales.

OBRAS: (publicadas por un sobrino después de su muerte) *Recopilación en metro del Bachiller Diego Sánchez de Badajoz en la qual por gracioso, cortesano y pastoril estilo se cuentan y declaran muchas figuras y autoridades de la sagrada scriptura,* Se. 1554. Destacan las *Farsas del Santísimo Sacramento; Farsa de Santa Susana, Farsa del herrero; Farsa del Colmenero; Farsa del juego de cañas.*

BIBL.: J. E. Gillet, *Las ochavas en cadena: a Proverb in Rodrigo de Cota and Diego Sánchez de Badajoz:* Romance Philology, 6(1953)264-267; W. Wardropper, *The Search for a dramatic formula for the auto sacramental:* Publications of the Modern Language Association of America, 65(1950)6 ss. N. Riba.

SANCHEZ BAQUERO, Juan, SI (Puertollano [Ciudad Real] c. 1549 † Oaxaca [Méjico] 31-XII-1619) historiador. Ingresó en SI en 1586. Fue a Méjico en la primera expedición de jesuitas (1572). Ordenado sacerdote en 1573. Misiona en Guadalajara y Zacatecas. En 1595 era rector de Oaxaca. Procurador de la provincia durante muchos años.

OBRAS: *Relación breve del principio y progreso de la provincia de Nueva España de la C. de J.,* ed. F. Ayuso, México 1945.

BIBL.: F. J. Alegre, *Historia de la Compañía de Jesús en Nueva España,* II, México 1841, *passim.* IHSI

SANCHEZ CABEZON, Francisco, (Treguajantes [Logroño] † Astorga 26-I-1767) obispo. Estudió en Alcalá y en Valladolid, llegando a ser catedrático de Artes en esta Universidad. En 1723 fue elegido lectoral de Avila. El 27-IV-1750 fue preconizado obispo de Astorga. Durante su pontificado consagró en Astorga a los obispos de León, Ciudad Rodrigo, Gerona y La Paz (Bolivia), todos ellos miembros de su cabildo. Hizo el claustro de la catedral, reedificó el hospital de San Juan, que había sido destruido por un incendio y estableció el seminario conciliar, dándole sabias disposiciones.

BIBL.: ES 16, 313-314; P. Rodríguez López, *Episcopologio Asturicense,* IV, Ast. 1910, 39-46; J, M. de Contreras, *Historia de las Ermitas,* Sa. 1799. A. Quintana

SANCHEZ DE CASTELLAR, Manuel, OdeM (Zaragoza 3-V-1633 † Valencia 27-IX-1707) humanista. Vistió el hábito de la Merced en Zaragoza, donde estudió la carrera sacerdotal. El 22-I-1659 se pasó a la provincia mercedaria de Valencia. Fue maestro de número, doctor en Teología, comendador de Teruel y de Orihuela, elector y definidor general, procurador general de Algar. Fuera de su Orden desempeñó los cargos de examinador sinodal y juez sinodal del obispado de Valencia, predicador de número de los Reyes Carlos II y Felipe V. Sus biógrafos afirman que fue muy versado en Humanidades, Artes, Poesía, Astrología, Medicina y Literatura.

OBRAS: *Escuela muda de gramática latina en las aulas de ortografía y prosodia, con las reglas de ortografía castellana perfecta y acento de misal y breviario romano,* Orihuela 1672; *Metricum novissimun Consilium,* Za. 1676; *Certamen singulare inter Ilmum. D. Caramuel, qui logicam novam ingenuo adstruit,* Val. 1703; *Opusculum curiosum, devotum et utile de aqua benedicta non toleranda feria 5 et 6 Maioris Hebdomadae,* Val. 1705. Otras muchas obras y sermones véanse en O206.

BIBL.: O207; A13. R. Sanlés

SANCHEZ CIRUELO, Pedro, (Daroca [Zaragoza] c. 1468 † Salamanca 5-XI-1548), matemático, filósofo, teólogo y escritor ascético. Apenas cumplidos los quince años y con solo el *trivium*, que estudió en Daroca, se trasladó a la Universidad de Salamanca, donde durante unos diez años aprendió todas las artes liberales, especialmente las matemáticas, de maestros peritísimos. Por espacio de otros diez años cursó Teología en París, al mismo tiempo que enseñaba las matemáticas, llegando a ser en ellas un *professor nominatissimus* y comenzando ya entonces sus publicaciones sobre la materia, que continuó en Alcalá. El 1-III-1502 se le dio una canonjía y la cátedra de Artes en Sigüenza. El cardenal Cisneros lo llamó a su naciente Universidad de Alcalá, concediéndole la cátedra de prima de Santo Tomás, que regentó trece años (1508-1511, 1515-1524) con un éxito mediocre, y una canonjía. Debido a su competencia excepcional, desempeñó durante algún tiempo la cátedra de matemáticas. A la muerte de Cisneros pronunció su oración fúnebre. En 1533 se retiró a Segovia, donde obtuvo un canonicato. Los diez últimos años de su vida (1538-1548) los pasó en Salamanca, incorporado al cabildo catedralicio como canónigo, pero sin dar clase en la Universidad. Intervino en las Juntas de Valladolid (1527), tomando posición contra Erasmo. Combatió con pasión el lulismo. Como matemático, no hizo ninguna aportación personal, pero le cabe el mérito de haber divulgado las matemáticas con un estilo claro. Visto a través de sus obras, debe ser clasificado en el grupo tradicional de los antiguos aritméticos y geómetras, en contraposición al renacimiento que surge con la reaparición del álgebra en Italia. Fue el primer español que llevó a la imprenta obras de matemáticas. Envió al concilio V de Letrán (1515) una extensa memoria sobre la reforma del calendario.

OBRAS: *Uberrimum Sphere mundi commentum, intersertis etiam questionibus domini Petri de Aliaco*, Par. 1494, con el título algo cambiado se reeditó en Par. 1498 y 1508 y en Alc. 1526. *Arithmetica speculativa Thome Bravardini bene revisa et correcta*, Par. 1495, 1502, 1508; *Tractatus Arithmetice practice qui dicutur Algorismus*, Par. 1495, 1505 (2 ediciones dentro del mismo año), 1509, 1513, 1514; *Geometría speculativa Tome Bravardini bene revisa*, Par 1495, 1502, 1508; *In additiones immutationesque opusculi De Sphera mundi nuper editas disputatorius Dialogus*, este diálogo se imprimió en las ediciones de La Esfera de 1508 y 1526; *De vera luna Paschali et de correctione kalendarii ad Leonem X concilium celebrantem 1515*, alude a este escrito el propio Ciruelo en su opúsculo del mismo título, que publicó al final de *Expositio libri Missalis peregregia*, Alc. 1528, *CCLXXVIII*; *Cursus quatuor mathematicarum artium liberalium, hoc est, arithmeticae, geometriae, perspectivae ac musicae*, Alc. 1516, Za. 1516, Alc. 1526 y 1528; *De laudibus cardinalis Ximénez de Cisneros et de temporum insequentium deploratione*, Alc. 1517; *Hexameron theologal sobre el regimiento medicinal contra la pestilencia*, Alc. 1519; *Prima pars Logices ad veriores sensus textus aristotelis*, Alc. 1519; *Ignum planetarum secus decursus aquarum: fructum suum dabit in tempore suo et folium eius non defluet*, Alc. 1519; *In cathegorias paraphrasis*, Alc. 1520; *Apotelesmata Astrologie humane, hoc est, de mutationibus temporum*, Alc. 1521; *Introductio astrologica*, Alc. 1523; *Magistri Petri Ciruelo, hispani theologi et astrologi insignis, ad serenissimum principem Ferdinandum... in annum vicesimum quartum attentione digna Pronosticum*, s. l. n. a. (Alc. 1523); *Confesionario del maestro Pedro Ciruelo*, Alc. 1524, To. 1525, Alc. 1543, Se. 1544, Za. 1546, etc; *Penthateucus Moysi, hebraice pariter et latine; Libri septem Job, Psalterium, Proverbia, Ecclesiastes, Cantica Salomonis, Esther et Ruth*, dos vols., mss. 274 y 149 ff., en la Bibl. Univ. Sal, los caracteres hebreos de esta versión fueron escritos por Alfonso de Zamora; Otro ejemplar ms. en la Bibl. del Escorial; *In Posteriora Analytica commentarius*, Alc. 1528; *Expositio libri Missalis peregregia... Addita sunt et tria eiusdem auctoris opuscula: de arte predicandi, de arte memorandi et de correctione kalendarii*, Alc. 1528; *Novus et preclarissimus in posteriora Analytica Aristotelis commentarius*, Alc. 1529; *Reprouacion de supersticiones y hechizerías*, Alc. c. 1530 (14 ediciones); *Summule Petri Hispani nunc recenter correcte*, Sal. 1537; *Paradoxe questiones decem:* I, *De modis significandi dictionum, in Grammatica;* II, *De dicibilibus. transcentalibus et limitatis, in Logica;* III, *De veritate ac-*

tiva agentis naturalis, in Physica; IV, *De potentia motiva corporis naturalis;* V, *De rarefactione et condensatione corporum;* VI, *De arte Raymundi Lulli, in Metaphysica;* VII, *De loco Paradisi terrestris a Deo conditi, in Cosmographia;* VIII, *De tertia lege Spiritus Sancti circa finem mundi, in Theologia;* IX, *De multiplicatione sensus litteralis in Sacra Scriptura;* X, *De cabala et magia iudeorum in enarranda divina Biblia*, Sa. 1538; *Compendio de todos los libros de Aristóteles de re naturali*, Alc. 1538; *Contemplaciones muy devotas sobre los mysterios sacratissimos de la Pasión de nuestro Redemptor Jesu Christo, juntamente con un tratado de la Mystica Theologia para los devotos que se han retraydo a la vida solitaria contemplativa*, Alc. 1543, 1547; *Tres libros de sermones diversos*, inéditos. Diversas *epístolas* en latín y en español, y otros papeles; la tradición que compuso también en Alcalá *Tragedias;* en Salamanca, *una Biblia* traducida del hebreo, y en Segovia, *Hexaplon*, que no consta lo que es (cf. LATASA, I, 191).

BIBL.: F. DE LATASA, *Biblioteca nueva de los escritores aragoneses*, I, Pam. 1798, 182-191, 137; J. M. LORENTE Y PÉREZ, *Biografía y análisis de las obras de Matemática pura de Pedro Sánchez Ciruelo*, Ma. 1921 (Junta para la Ampliación de Estudios e Investigaciones Científicas, t. III, Memoria 5.ª pp. 260-349; A. V. EBERSOLE, *Pedro Ciruelo y su «Reprobación de hechicerías»*: Nueva Revista de Filología Hispánica, 16(1962)430-437; V. MUÑOZ, *La lógica como «scientia sermocinalis» en la obra de Pedro Sánchez Ciruelo*: R97, 22(1966)23-52; M. PÉREZ Y RODRÍGUEZ, *Cuádruple versión del Génesis*, publicada y anotada con disertaciones y comentarios en relación con los últimos estudios exegéticos, Ma. 1914, I, 638. M. ALAMO, *Ciruelo (Pierre Sánchez)*: D19, II, 909-910; V. BELTRÁN DE HEREDIA, *Cartulario de la universidad de Salamanca*, II, Sa. 1970, 273-277; B15, III, 498-99; F. PICATOSTE Y RODRÍGUEZ, *Apuntes para una Biblioteca Científica Española del siglo XVI*, Ma. 1891, 46-52; J. CATALINA GARCÍA, *Ensayo de una tipografía complutense*, Ma. 1889; C. PÉREZ PASTOR, *La imprenta en Toledo*, Ma. 1887; *Gesamtkatalog der Wiegendrucke*, VII, Stu. 1968, 689; *Catalogue général des Incunables des bibliothèques publiques de France*, Par. 1905, 550, n.º 3795; J. CH. BRUNET, *Manuel du libraire*, II, Par. 1861, 73; A. D04, *Ciencia Española, Polémica sobre la:* DHEE, I, Ma 1972, 405.   J. GOÑI

SANCHEZ LABRADOR, José, SI (La Guardia [Ciudad Real] 19-IX-1717 † Ravena [Italia] 10-X-1798) misionero y antropólogo. Entró en SI en 1732. Pasó a la provincia del Paraguay en 1734; ordenación sacerdotal en Córdoba (R. A.) en 1740. Enseñó en Buenos Aires y Asunción, y misionó a los guaraníes. Dedicado a la evangelización de los mbayá, 1760-1768. Desterrado a Italia en 1768, compuso allí sus principales obras, aún hoy día fundamentales.

OBRAS: *Paraguay católico*, partes 2-3, La Plata 1910; parte 4, Buenos Aires 1936; *Arte de la Lengua Mbayá*, ibid., 1917, entre muchas más mss. Colaborador de L. Hervás en la *Idea del universo.*

BIBL.: G. FURLONG, *José Sánchez Labrador SI, y su «Yerba Mate» (1774):* Escritores Coloniales Rioplatenses, X, Buenos Aires 1960; G. P. ROVARINO, *Contributi americanistici di P. Joseph Sánchez Labrador* (Universidad de Génova), en prensa; O189, VII, 539-540.   IHSI

SANCHEZ NAVARRO-NEUMANN, Manuel, SI (Málaga 23-I-1867 † Puerto de Santa María [Cádiz] 30-I-1941) sismólogo. Ingresó en SI en 1900, siendo ya doctor en Medicina (1893). Desde 1906, director de la Estación sismológica de Cartuja (Granada).

OBRAS: *Terremotos, sismógrafos y edificios*, Ma. 1916. BIBL.: D3, 37, 1291.   IHSI

SANCHEZ RANGEL Y FAYAS, Hipólito Antonio, OFM (Santos [Cáceres] 2-XII-1761 † Lugo 1839) obispo. Ingresó en los franciscanos de Sevilla el 20-V-1782. Hasta 1795 enseñó Filosofía en los conventos de su Orden y en 1796 pasó a Cuba para reformar la provincia de Santa Elena de la Florida, pero regresó a España por sus contrastes y desavenencias con el provincial Ulagar, que deseaba una disciplina más rígida. En 1802 marchó a las Antillas como reformador de las provincias de San Francisco de La Habana. El 26-VI-1805 fue preconizado primer obispo de la nueva diócesis de Maynas en Perú (hoy Chachapoyas), erigida el 28-V-1803, y fue consagrado en Quito por el obispo de aquella ciudad, Cuero y Caicedo, el 22-XII-1807. Las revueltas políticas en los territorios sudamericanos y su actitud en defensa de Fernando VII le crearon una posición incómoda; por ello, abandonó la diócesis, regresó a España y desde 1822 residió en el convento de San Francisco, de Madrid. El 28-IX-1824 fue nombrado administrador apostólico de Cartagena, diócesis de la que fue depuesto el obispo Posada, y el 21-III-1825 preconizado obispo de Lugo, con lo cual premióle Fernando VII su fidelidad a la Corona española. Su conducta durante la regencia cristina causó gran desorientación en la diócesis lucense, pues el obispo, más por ignorancia que por malicia, aceptó cargos políticos, como prócer del reino y miembro de la Junta eclesiástica para la reforma del clero secular y regular, en 1834, cuyos planes la Santa Sede nunca aceptó.

BIBL.: F. QUECEDO, *El Ilmo. Sr. Fr. Hipólito Sánchez Rangel, primer obispo de Maynas*, Buenos Aires 1942; M. R. PAZOS, *El episcopado gallego*, III, Ma. 1946, 269-283; A. DE EGAÑA, *Historia de la Iglesia en la América española. Hemisferio Sur*, Ma. 1966, 947-951; V. CARCEL ORTI, *Política eclesiástica española (1830-1840)* (tésis doctoral Univ. Gregoriana de Roma (a. 1973). V. CÁRCEL

SANCHEZ REQUEJO, Miguel, (Valladolid c. 1560 † Plasencia c. 1621) poeta, comediógrafo. De Miguel Sánchez, apellidado «el divino» — tan alabado por Rojas, Cervantes, Suárez de Figueroa, Herrera Maldonado y, repetidas veces, por Lope — son pocas las noticias ciertas que se tienen y muy escasos los restos seguros de sus obras. A tal resultado se llega gracias a las investigaciones de N. Alonso Cortés. Se equivocó Latassa haciéndole aragonés, por identificarle con otro Miguel Sánchez, autor de la comedia *La isla bárbara*, a quien en un códice, que fue de Salvá, se le añade el apellido Vidal (N. A. Cortés juzga, contra la opinión de Latassa, La Barrera y Rennert, quien la editó en 1896 junto con *La guarda cuidadosa*, que no es del «divino» la comedia *La isla bárbara*). También se ofuscó La Barrera, olvidándose de Lope — cuyos versos cita—, al hacerle natural de Piedrahita, opinando que un Juan Sánchez de dicha localidad, autor de dos comedias sobre la toma de Túnez y Barbarroja, no era otro que Miguel Sánchez, llamado — por errata, según él — Juan, en la colección de *Doce comedias*, Tortosa 1638.

Corregidas estas equivocaciones en torno a Miguel Sánchez y siguiendo a N. A. Cortés, decimos que «es posible y hasta, si se quiere, probable» que sea la suya una partida de bautismo del 28-I-1560 en la parroquia de San Miguel de Valladolid; que es «casi cierto» sea suya la concesión de bachiller en Cánones a un Miguel Sánchez, dada en la universidad vallisoletana a 17-XII-1584; y — entrando ya en terreno cierto — encontramos en la traducción del *Orlando* de Dolce, impresa en Valladolid, 1594, entre las poesías laudatorias, una de Miguel Sánchez Requejo, el cual, indudablemente, es el nombrado como su secretario por Bartolomé de la Plaza, primer obispo de Valladolid (1596), y que se distinguió, como su prelado, en la caridad con que atendieron a los apestados en 1599, según testimonio del Ayuntamiento, dado a petición de Sánchez a 11-VIII-1603. Preconizado (1603) obispo de Osma el agustino fray Enrique Enríquez, muy relacionado con Valladolid, nombró su secretario a Miguel Sánchez. Con él pasó a Plasencia en 1610, donde murió («Matóle el sol de la inclemente Vera» dice Lope) hacia 1621, según cálculos de N. A. Cortés.

OBRAS: Se han perdido en su mayoría o yacen anónimas.

Descartadas las falsamente atribuidas. señaladas arriba, es ciertamente suya la hermosa comedia, *La guarda cuidadosa* (publicada como de Lope de Vega en la *Parte quinta* de sus *Comedias)*, impresa en BAE 43, 1-30. Como lírico le pernece la famosa *Canción a Cristo crucificado*, atribuida por Mayans a Fr. Luis de León, y el romance *Oid, señor don Gaiferos*.

BIBL.: C. A. DE LA BARRERA, *Teatro Antiguo Español*, Ma. 1860, 362-64; N. ALONSO CORTÉS, *Miguel Sánchez «El divino»:* Miscelánea Vallisoletana, 3(1921)123-131. R. M. DE HORNEDO

SANCHEZ VARELA, Cipriano, (San Lorenzo del Escorial [Madrid] 16-IX-1776 † Cádiz 13-III-1848) obispo. Estudió Filosofía y Teología en su ciudad natal y se doctoró en Teología en la Universidad de Toledo, de la que fue algún tiempo profesor de Sagrada Escritura. Fue párroco de Valdecaballeros y de la parroquia mozárabe de San Lucas de Toledo. Fue preconizado obispo de Plasencia el 3-VII-1826 y consagrado en la iglesia de Santo Tomás, de Madrid, el 22-X-1826. Aunque su nombramiento fue motivado porque Fernando VII deseaba tener un buen obispo paisano suyo, el nuncio Giustiniani recomendó vivamente su candidatura porque a una admirable modestia y ejemplaridad de costumbres Sánchez Varela unía profunda doctrina y sanos principios; especialmente, porque aborrecía cuanto sabía a jansenismo y a novedades peligrosas, sobre todo, en estos «calamitosos tiempos —escribía el nuncio— en que cualquier innovación parece que solo pretende alterar y destruir en sus fundamentos tanto el orden religioso como el político». El obispo de Plasencia se opuso enérgicamente a todas las reformas promovidas por los gobiernos liberales durante la regencia de María Cristina (1833-1840) y declaró que no las aceptaría mientras no fuesen expresamente aprobadas por la Santa Sede. Esta conducta le ocasionó insultos, injurias, difamaciones, escritos calumniosos y, finalmente, el destierro en la dársena de Ceuta, si bien al llegar a Cádiz algunas personas respetables intervinieron a su favor y se le permitió residir en la ciudad gaditana hasta su muerte. Desde allí siguió escribiendo contra los planes del gobierno; una pastoral fue secuestrada por la policía. Se mantuvo en estrecho contacto con Roma enviando dos relaciones sobre el estado de su diócesis placentina, en 1839 y en 1845, y escribió una obra titulada *Católica infancia* con el fin de instruir a la juventud de ambos sexos en los elementos de la religión y moral, y dar normas a los padres y maestros sobre los principios de la educación cristiana. Cuando los moderados volvieron al poder tras la caída de Espartero, se le levantó el destierro pero él se negó a regresar a su diócesis.

BIBL.: *Boletín del clero español en 1848*, Ma. 1849, 44; P. B. GAMS, *Kirchengeschichte von Spanien*, Regensburg 1872, III, 2, 449; V. CÁRCEL ORTI, *Política eclesiástica española (1830-1840)*, tesis doctoral, Universidad Gregoriana de Roma (a. 1973). V. CÁRCEL

SANCHEZ DE VERCIAL, Clemente, (Vercial [León] 1370 † 1426) moralista. Pertenecía a una familia muy distinguida de Castilla la Vieja; fue bachiller y consultor del obispo de León, que le nombró arcediano de Valderas.

OBRAS: *Sacramental*, Se. 1477; *Libro de los enxemplos*: BAE 51, 443-542; otra ed. de J. E. Keller, Ma. CSIC,1961.

BIBL.: E. DÍAZ GIMÉNEZ Y MOLLEDA, *Clemente Sánchez de Vercial*: R180, 7(1920)358-68; ID. *Documentos para la bibliografía de Clemente Sánchez de Vercial*: R47, 10(1928) 205-24 A. MOREL-FATIO, *El Libro de los enxemplos de Clemente Sánchez de Vercial*: Romania, 7(1878)421-526; A. M. KRAPPE, *Les sources du Libro de enxemplos*: R28', 39(1937)5-54; F. VINDEL, *El arcediano Sánchez de Verdial y su libro el Sacramental*: Artículos Bibliográficos (1948) 113-30; A1, I, 225; B20, 188; B15, 362-65; M. MENÉNDEZ PELAYO, *Orígenes de la novela*, I, San. 1943, 163-65. N. RIBA

SANCHIS Y FERRANDIS, José, OdeM (Valencia 17-XII-1622 † Tarragona 26-III-1694), orador y arzobispo. Vistió el hábito en Valencia (1636), en donde profesó (21-XII-1638). Continuó estudios en la Universidad, en la que se doctoró. Enseñó Artes y Teología en Valencia, y dio conferencias doctorales en el Capítulo general de Huete (1642), en el de Murcia (1652), y conclusiones teológicas en el de Huesca (1658). Secretario de la provincia de Valencia (1652-1655). Le eligieron provincial de la misma (16-IV-1659), y ascendió al generalato de la Orden en el Capítulo general de Granada (18-X-1664). Con la misma fecha quedó nombrado diputado a Cortes por el reino de Valencia. Desde 1659 las imprentas de la ciudad del Turia imprimieron varias de sus obras oratorias. Gobernó la Orden seis años, y en su mandato se hicieron redenciones de cautivos los años 1666, 1667, 1668 y 1669. En 1672 lo consagraron obispo de Ampurias (Cerdeña), sede que no ocupó, por haber sido trasladado a la de Segorbe. En 1679 fue designado para el arzobispado de Tarragona, en cuya metrópoli reunió concilio provincial.

OBRAS: *Trofeos del sagrado mausoleo del insigne limosnero de la Iglesia Santo Tomás de Villanueva*, Val. 1659; *Sermón tercero a la nueva feliz de la canonización del Santo Padre don Tomás de Villanueva*, Val. 1659; *El Maestro y el Discípulo, San Agustín y Santo Tomás*, Val. 1662; *Fiestas que consagró a la villa de Xérica... al culto de la Concepción de María Santísima*, Se. 1662; *Ramillete de Sermones*, Val. 1672; editó las *«Obras Espirituales» del V. P. Fr. Juan Falconi*, Ma. 1780; *Constitutiones Sacri Concilii Provincialis Tarraconensis*, Ba. 1685.

BIBL.: V. JIMENO, *Biblioteca valenciana de los escritores que florecieron hasta nuestros días*, Val. 1824; O207, 278-79; A. SANCHO BLANCO, *Los Provinciales de la Merced de Valencia*, Ro. 1933, 17.   G. PLACER

SANCHIS SIVERA, José, (Valencia 5-I-1867 † Valencia 21-V-1937) historiador. Hace sus estudios en Valencia, cursando tres años de bachiller en el Instituto de Segunda Enseñanza (1878-1881); ingresa luego en el Seminario conciliar (1881); bachiller en Artes por el mencionado Instituto provincial (27-V-1889), colabora en el *Diccionario de Ciencias Eclesiásticas* de Niceto Alonso Perujo y Juan Pérez Angulo en los tomos 7 al 10; es decir, desde el año 1888-1890, con multitud de voces (las que firma). Sacerdote (17-XII-1890) y doctor en Teología (3-VII-1892), desempeña diversos ministerios sagrados, pasando luego a canónigo archivero y bibliotecario de Segorbe (5-III-1900) y posteriormente (1-II-1904) a canónigo de Valencia. Es nombrado redactor y administrador del Boletín Oficial del Arzobispado. Frecuenta la tertulia del bibliófilo José E. Serrano Morales, a la que concurrían distinguidos historiadores (Martínez Aloy, Martí Grajales, Llorente Falcó, Rodrigo Pertegás, el Barón de Alcahalí, F. Almarche, Roque Chabás y otros) y en este hogar se forja su decidida vocación histórica, aunque sus primeros ensayos fueron más bien de Teología, Filosofía y Literatura. Sentía especial vocación por el periodismo y los viajes. Fue profesor de Historia de la Iglesia, Arqueología y Arte en la Universidad Pontificia, y de Historia de Valencia en la Universidad Literaria. Perteneció a varias Academias. En 1923 la Academia de la Historia le otorgó el premio al talento.

OBRAS: *Biografía del doctor D. Niceto Alonso Perujo*, Val. 1890; *Apuntes crítico biográficos del doctor D. Niceto Alonso Perujo* (trabajo inserto en el tomo I, segunda edición del libro «Lecciones sobre el Syllabus», de dicho autor), Val. 1894; *Crónica del Primer Congreso Eucarístico*, Val. 1894; *Historia de San Vicente Ferrer*, Val. 1896; *Dios*, Val. 1896; *El alma*, Val. 1896; *El mundo*, Val. 1897; *La revelación*, Val. 1897; *Novena en honor de San Federico*, Val. 1897; *El hombre*, Val. 1901; *De Valencia a Cádiz, apuntes de mi cartera*, Val. 1901; *Dos meses en Italia, impresiones y re-*

cuerdos, Val. 1902; *El mejor veraneo, apuntes de un viaje a Suiza, dos días en Lourdes, una excursión a la Cueva Santa*, Val. 1903; *Una excursión a Mallorca*, Mallorca 1905; *De Alemania, notas de viaje*, Val. 1906; *El Miguelete y sus campanas*, Val. 1909; *La dramática en la catedral de Valencia durante la Edad Media*, Val. 1909; *La Catedral de Valencia*, Val. 1909; *Guía de la Catedral de Valencia*, ¿1909?; *Devociones josefinas*, Val. 1910; *Biografía del Excmo. Sr. D. Teodoro Llorente*, Val. 1912; *La iglesia parroquial de San Martín de Valencia*, Val. 1912; *Relojes públicos en Valencia durante la Edad Media*, Val. 1913; *La iglesia parroquial de Santo Tomás de Valencia*, Val. 1913; *Seo de Urgel y Valencia*, Val. 1913; *Pintores medievales en Valencia*, Ba. 1930; *El Cáliz de la Cena*, Val. 1914; *El país de los faraones*, Val. 1914; *El arte del bordado en Valencia en los siglos XIV y XV*, Ma. 1917; *Croquis valencians*, Ba. 1917; *Vidriera historiada medieval en la catedral de Valencia*, Val. 1918; *Apuntes de Arqueología e Historia del Arte*, Val. 1919; *Algunos documentos y cartas privadas que pertenecieron al segundo duque de Gandía, D. Juan de Borja*, Val. 1919; *La Diócesis Valentina*, 2 vols., Val. 1920-1921; *La esmaltería valenciana en la Edad Media*, Val. 1922; *Contribución al estudio de la ferretería valenciana en los siglos XIV y XV:* Archivo de Arte Valenciano, 8(1922)72-103; *Arqueología y Arte valencianos*, Ba. 1922; *Nomenclátor geográfico-eclesiástico de los pueblos de la diócesis de Valencia*, Val. 1922; *Crónica de las fiestas de la Coronación Pontificia de la imagen de Nra. Sra. de los Desamparados*, Val. 1923; *El obispo de Valencia Arnaldo de Peralta (1243-1248):* R59, 82(1923)40-64, y 104-121; *El cardenal Rodrigo de Borja en Valencia:* ib., 84(1924)120-164; *Organeros medievales en Valencia:* ib., 86(1925)467-473; *Un breve del papa Alejandro VI:* ib., 87(1925)261-273; *El obispo de Valencia Alfonso de Borja (Calixto III):* ib., 88(1926)241-313; *La cerámica valenciana:* ib., 88(1926)638-661; *Libre de Antiquitats, manuscrito existente en la catedral de Valencia, transcripción y estudio preliminar*, Val. 1926; *Compendio de Historia Eclesiástica General*, Val. 1926; *Quaresma del any 1413 predicada a Valencia per Sant Vicent Ferrer, introducció, notes i transcripció*, Ba. 1927; *La manufactura de guadamaciles en Valencia:* R7, 3(1930)165-177; *Bibliografía valenciana medieval:* ib., 3 (1930)33-81 y 5(1932)89-119; *Dietari del Capellá d'Anfós el Magnánim, introducció, notes i transcripció*, Val. 1932; *Para la historia del derecho eclesiástico valenciano:* R5, 9(1933)137-147 y 10(1934)123-149; *Sermons de Sant Vicent Ferrer, noticia preliminar, transcripció i notes*, 2 vols., Ba. 1932-1934; *Vida íntima de los valencianos en la época foral*, Val. 1935; *La escuela valenciana en la época foral:* R59, 108(1936)147-49 y 661-96, 109(1936)7-80.

BIBL.: *La copiosa producción histórica del canónigo Sr. Sanchis Sivera:* Almanaque de Las Provincias, 60(1940)363-368, donde se transcribe una nota hallada entre los papeles de este autor, redactada poco antes de su muerte; pero es incompleta, aunque abarca 105 títulos. Además se olvidó de reseñar las 115 voces por él firmadas en *Diccionario de Ciencias Eclesiásticas* de Perujo-Angulo, arriba citado; ensayos de juventud, ciertamente, pero que le obligaron a disciplinar su formación científica en Filosofía, Teología, Literatura y sobre todo en la *Historia de la Iglesia*, colaborando en esta obra con el cardenal Hergenröther, V. de la Fuente, el cardenal González, Masdeu, Menéndez Pelayo, el cardenal Monescillo y otros; *Don José Sanchis Sivera, historiador:* Almanaque del diario Las Provincias, 727-728; *M. I. Sr. D. José Sanchis Sivera, In memoriam:* R7, 13(1952) 154-162; R. ROBRES LLUCH, *Notas para la biografía de don José Sanchis Sivera:* Las Provincias, diario gráfico de Valencia, 17-I-1940.   R. ROBRES

SANCHO, († 5-VI-851) mártir de Córdoba. Joven laico, natural de Albi de la Galia, hecho prisionero por los musulmanes, se alistó en el ejército del emir, siendo su comensal en el palacio. Frecuentó la escuela de san Eulogio, que lo llama su discípulo. Fue martirizado clavado en un palo en la misma ciudad de Córdoba.

BIBL.: SAN EULOGIO, *Memoriale Sanctorum*, II, c. 33; ID., *Epistola ad Wil.*: PL 115, 851; *Acta SS., Prop. Dec.*, 225.   C. FERNÁNDEZ

SANCHO DE GUERRA, María del Corazón de Jesús, (Vitoria 7-IX-1842 † Bilbao 20-III-1912) sierva de Dios y fundadora de las Siervas de Jesús de la Caridad.

María Josefa fue la mayor de tres hermanas que nacieron del matrimonio Bernabé Sancho y Petra de Guerra, de la modesta artesanía de Vitoria. Siendo de dos o tres años se cayó de un banco y quedó tullida de ambas piernas. Sus padres la llevaron al santuario de *San Miguel in Excelsis*, donde curó en el acto, al parecer, milagrosamente. El 24-III-1850 quedó huérfana de padre y hacia los quince años se trasladó a Madrid a casa de unos parientes para completar su formación. Pero en 1860 está ya de vuelta en Vitoria, decidida a abrazar la vida religiosa. El padre Mariano de Estarta OFM (director de la famosa concepcionista sor Patrocinio) fue quien encauzó los anhelos de María Josefa hacia las concepcionistas. Pero, aunque fue admitida, no pudo ingresar por una grave enfermedad. Ingresó, en cambio, más tarde, el 3-XII-1864, en las Siervas de María Ministras de los enfermos, en Chamberí (Madrid) con el nombre de sor María de la Salud. Serias dudas sobre su vocación la obligaron a consultarlas con san Antonio María Claret, quien le aconsejó que profesase en dicho Instituto y, efectivamente, lo hizo el 1-I-1866. Pero, el 22-VII-1871, previos los debidos permisos y consultas, abandonó la Congregación junto con otras compañeras para establecerse y fundar a fines del mismo mes en Bilbao la de Siervas de Jesús de la Caridad. En agosto de 1871 obtuvieron aprobación verbal del obispo para trabajar allí, pero no como religiosas. Hasta el 9-VI-1874 no tuvo el nuevo Instituto la aprobación canónica diocesana. Luego, hecho el año de noviciado, las cinco primeras fundadoras pronunciaron sus votos temporales el 21-VI-1875.

La guerra carlista (abril de 1872 a febrero de 1876), concentrada principalmente en las provincias vascongadas, perturbó no poco su primera actividad.

María Josefa, llamada ahora sor María del Corazón de Jesús, fue, al pronunciar los votos, constituida superiora general y comenzó luego a organizar la obra más importante: el noviciado. Pronto se suscitaron vocaciones y la Congregación fue difundiéndose por toda la geografía española. La vida de la fundadora desde este momento se identifica con la de la Congregación. Por diez años, a partir de 1875, desempeñó también el cargo de maestra de novicias con gran influjo sobre ellas. Desde los veintinueve años de edad hasta su muerte, o sea, durante cuarenta y un años, fue superiora general de la Congregación, que dirigió con mano maestra atendiendo con especial cuidado a la formación de las religiosas y visitando personalmente las casas de España.

Las primeras 16 siervas de Jesús, reunidas en Vitoria, hicieron su profesión perpetua el 8-V-1887. Hacia el año 1898, comenzó la fundadora a resentirse de una afección cardíaca que la aquejó durante los últimos catorce años y puso de manifiesto su extraordinaria virtud. Por fin, el día siguiente a la fiesta de San José, de quien era muy devota, expiró santamente como había vivido. Fue enterrada en el cementerio de Vista Alegre de Bilbao. Pero, el 15-I-1926, sus restos fueron trasladados a la iglesia de la casa generalicia, en la calle de la Naja. Al hacerse el reconocimiento, su cuerpo se encontró incorrupto y se levantó acta notarial del hecho. El 26-III-1950 se abrió el proceso diocesano de beatificación, e introducido el proceso romano, se dio el decreto sobre los escritos el 13-V-1956.

BIBL.: E. NEBREDA, *Una heroina de caridad. La Madre María del Corazón de Jesús Sancho de Guerra*, Cor. 1951
Q. ALDEA

SANCHO HERRANDO, Basilio, SchP (Villanueva del Rebollar [Teruel] 17-IX-1728 † 12-XII-1787) arzobispo de Manila. Vistió el hábito el 15-XII-1743.

Lector de Filosofía y Teología en Valencia; procurador de las Escuelas Pías de Aragón en la Corte; calificador de la Inquisición, predicador de S. M. Carlos III; consultor de cámara del Infante don Felipe, duque de Parma. El 17-III-1767 embarcó para su sede de Manila, saqueada hacía poco por el general inglés Droper; desplegó gran actividad apostólica durante veinte años de episcopado; se preocupó de crear seminario para clero indígena y abundantes escuelas; injustamente denigrado por Menéndez Pelayo.

OBRAS: *Representación a S. M. respondiendo a varias calumnias*, Manila 1768; *Pastoral con motivo del terremoto de 1771*, Manila 1771; *Carta pastoral sobre las obligaciones de los curas*, Manila 1775; *Pastoral dividida en cinco doctrinas*, Manila 1775; *Cartas pastorales menores* (en diferentes años); *Carta pastoral a los Vicarios foráneos y curas de la diócesis*, Manila 1783; *Conclusiones theologicae y otras varias* (cf. LASALDE, *Historia Literaria y Bibliográfica de las Escuelas Pías de España*, 491-492).

BIBL.: O90, II, 171-202; O93, I, 68-71; O84, IV, 168-179; C. VILÁ PALÁ, *Un documento para la historia de la educación en Filipinas:* R162, 6(1960)565-581; C. VILÁ

SANDOVAL, Prudencio de, OSB (Valladolid c. 1551 † Pamplona 12-III-1620) obispo, historiador. Se le ha supuesto un origen bastardo, pero parece demostrado que fue hijo legítimo de Hernando de Tovar y María de Sandoval, que murieron prematuramente. Desde su niñez mostró un carácter débil y vacilante. Siendo obispo de Tuy, Gregorio de Castro, que lo conoció de cerca, lo caracterizó así: «Es santo, pero de poco valor y muy fácil de reducir a cualquier cosa que le digan». Su vida está llena de violencias a su voluntad y de contradicciones.

Sentíase atraído por las armas, pero sus tíos lo enviaron a la Universidad de Alcalá de Henares. Interrumpió sus estudios a los catorce años de edad para tomar el hábito benedictino en San Andrés de Espinareda, en el Bierzo. Allí, pocos meses después, fue seducido por un donado, que lo arrastró fuera del monasterio. El exnovicio no tardó en abandonar a aquel «rapaz liviano» y, bajo la férula de sus tíos, sobre todo de don Cristóbal de Rojas y Sandoval, obispo de Córdoba, volvió a las aulas universitarias, esta vez en Salamanca. Aún no habían transcurrido tres años completos, cuando, presionado por sus parientes, retornó al claustro en Santa María la Real, de Nájera, donde recibió por segunda vez el hábito benedictino el 28-IV-1569, cambiando su nombre de Rui Díaz de Tovar por el de Prudencio de Sandoval. Esta casa fue para él como una segunda madre. Ella cuidó ante todo de que el nuevo religioso, tras los votos, redondeara su formación filosófica y teológica en los colegios de la Orden. Concretamente sabemos que estudió Teología en el Colegio de San Vicente, de Salamanca. Después se graduó de maestro en Teología en la Universidad de Irache. Así lo declaró él en 1615. Concluyó sus estudios «con opinión y esperanza de buen predicador y así fue predicador y prior mayor en su casa, con que se acabaron los premios que tuvo en ella. Enviáronle a vivir al desierto de San Pedro de Montes y, hallándose desocupado, se dedicó a la Historia, donde no tuvo competidores y por ella le conoció Castilla» (Argaiz) y el mundo entero. Su primer trabajo de investigación histórica se ocupa de la historia del monasterio de Nájera, si bien ha sido el último en ser editado (1929). Sus innegables méritos no pasaron desapercibidos de sus superiores, que le confiaron varias misiones delicadas. El, sin embargo, veía un abismo entre los honores y cargos que le daban, y los que creía merecer, y no ocultaba su descontento, patente hasta la víspera de su muerte. No debía de ser un compañero cómodo. El convento comenzaba a pesarle.

Una circunstancia inesperada vino a torcer el rumbo de su existencia. En 1598 es nombrado procurador general de la Congregación de San Benito en la corte, en el momento en que su primo Francisco Gómez de Sandoval y Rojas, marqués de Denia, se convertía en omnipotente valido de Felipe III. El oscuro monje vio abrirse el mundo ante sus ojos y no descuidó sacar todo el partido posible de la nueva situación. En el mismo día en que el nuevo soberano hizo su entrada solemne en la capital de su monarquía (8-XI-1598), fray Prudencio presentó al valido, manuscrita, su *Crónica del ínclito emperador de España don Alonso VII*, obra de gran aliento que constituía, no sólo una exaltación del monarca, sino también del linaje de los Sandoval. Se comprende que fuese impresa sin dilación a costa del real tesoro. Desde entonces comenzaron a llover los favores sobre el hasta entonces ignorado monje. Primero, una pensión de 200 ducados anuales sobre el obispado de Cuenca para ayuda de sus gastos; enseguida, el cargo de cronista de Su Majestad, con 80.000 maravedís de sueldo al año (1599); luego, las dignidades de prior del Real Monasterio de San Juan de Naranco, en Liébana (1600), abad del monasterio de San Isidoro de Dueñas (1604) y obispo de Tuy (1608). El rey le dio más de 1.000 ducados de ayuda de costa para las impresiones, con las que ganó más de 6.000 ducados, según alegato del monasterio de Nájera.

Sandoval había solicitado de su amigo don Diego Sarmiento de Acuña, conde de Gondomar, la mitra leonesa, escribiéndole: «Dicen que está vaco el obispado de León; éste es bueno para un fraile. Sé que poniendo Vm. su cuidado en ello, se hará la proposición». No sucedió así. El titular de Tuy pasó a ocupar la sede de León y fray Prudencio tuvo que resignarse con la de Tuy. En este momento sus bienes ascendían a unos 12.000 ducados, casi todos en especie (oro, plata, preseas, libros, ajuar de casa, ornamentos, etc.); pero debía unos 2.000 ducados y tomó a censo otros 2.000 para los primeros gastos de su nueva dignidad. Una vez instalado en Tuy, su primer cuidado se centró en la recuperación de los bienes de la mitra, usurpados por descuido y absentismo de sus predecesores. Después emprendió la visita pastoral de su diócesis. En 1610 presidió el capítulo general de la Congregación de San Benito, de Valladolid, en la que se puso en ejecución la bula de Paulo V que quitaba a la casa-madre el monopolio del generalato. En adelante el cargo podría recaer en un monje de cualquier monasterio. Mediado el año 1610 inició en Lerma su malograda fundación benedictina para trasladar a las religiosas del monasterio de Tórtoles, sin duda presionado por el duque de Lerma, que consiguió «transformar la villa de Lerma en el conjunto conventual y cortesano más importante de España» (L. CERVERA VERA, *La imprenta ducal de Lerma. El duque de Lerma y las fundaciones en su villa antes del cardenalato*, R48, 48[1970] 76). Entretanto Sandoval, saqueando un manuscrito del padre Román de la Higuera, compuso un episcopologio de Tuy impreso en Braga en 1610, que es considerado como su obra más deficiente (P. GALINDO, *Tuy en la Baja Edad Media*, siglos XII-XV, Ma. 1950, 121).

En una época de escalafones episcopales, Tuy no podía ser su sede definitiva. A los tres años, en el curso de un mes, fue propuesto, una tras otra, para tres sedes distintas —Badajoz, Zamora y Pamplona—, viéndose obligado a aceptar la que menos le agradaba, la de Pamplona. En carta al secretario González de Heredia manifestó su conformidad con la voluntad de los reyes del cielo y de la tierra, que se servían de que él anduviese por los arrabales de España, de gallegos y portugueses a navarros y franceses. Frisaba entonces en los sesenta años. Preconizado el 27-II-1612, tomó posesión por procurador el 5 de junio del mismo año e hizo su entrada el 17 del mismo mes. El secretario de la cámara le dijo que el obispado de Pamplona valía en arriendo 26.000 ducados, «y nunca tuvo tal valor ni tendrá, sino mucho menos, como cada día vemos» (carta de Sandoval al cabildo de Pamplona, 20-VII-1618). Los años 1615, 1616 y 1617 sus rentas fueron arrendadas por 23.000 ducados anuales sin ninguna reserva, excepto el sello que valía un año con otro 800 ducados.

La nueva diócesis le proporcionó algunos consuelos y muchos sinsabores. Por encargo de Felipe III, presidió la delegación española encargada de negociar la paz con Francia, alterada por una guerra de fronteras. Sandoval se incorporó tarde y encontró a los franceses irritados con la espera y dispuestos a no ceder ni un milímetro. Los españoles abrigaban idénticos sentimientos de intransigencia. Por eso las conferencias de Arneguy (VIII-1612 a 19-III-1613) terminaron en un completo fracaso. Sandoval, según su propia confesión, padeció entonces «lo que a todos es notorio».

Enseguida emprendió la visita pastoral de su dilatada diócesis. En el otoño de 1614 tuvo que interrumpirla para acudir a la villa de Lerma, llamado por el poderoso valido de Felipe III. Allí firmó una escritura, forzado por el duque, comprometiéndose a fundar ciertas canonjías y raciones en la iglesia colegial de Lerma a cambio del honor de enterrarse en la capilla mayor de la misma, frente por frente de su tío el arzobispo don Cristóbal (4-XI-1614). Siempre consideró este acto como nulo y en su último testamento lo revocó expresamente. No estaba dispuesto a gastar dinero a beneficio de la vanidad ajena, aunque sí de la propia, ni quería ser satélite de nadie, sino brillar con luz propia.

Prosiguiendo la visita pastoral, llegó a la villa de Zumaya (Guipúzcoa), donde encontró una fervorosa comunidad de novicias en un monasterio nuevo de carmelitas descalzas, que no acababa de ponerse en marcha. El obispo, después de predicar y celebrar misa, dio el velo y la profesión a ocho de ellas —las otras tres eran menores de edad— y procedió a la elección de cargos (12-XII-1614). Más tarde les regaló algunos libros. El apoyo, ayuda y orientación que prestó a aquellas religiosas, le proporcionaron la mayor satisfacción que hasta entonces había experimentado en la diócesis de Pamplona (*Libro en que se hace relación de la fundación del Convento de Carmelitas de San Joseph*, s.l.n.a., 1660, 29-35, 66). «Llegado a la villa de Rentería, llamó al Dr. Ysasti y, por conocerle de antes y estar satisfecho de sus partes, le dio licencia especial para confesar las bruxas, diciendo que le habían informado había muchas en aquella comarca y él no podía remediarlas en tan breve tiempo, que estaba cansado de lo que trabajó con ellas en tierras de bascos de Navarra la Vieja, y encomendó al dicho doctor hiciese todas las diligencias que pudiese para su conversión, así como predicaciones de bascuence como confesando y exhortando para que se reduzgan a la fe católica. Esto fue en 28 de enero de 1615 años» (*Relación que hizo el Dr. D. Lope de Ysasti, presbítero y beneficiado de Lezo, que es en Guipúzcoa, acerca de las maléficas de Cantabria por mandado del señor inquisidor Campofrío, en Madrid:* Bibl. Nac. de Madrid, ms. 2031, ff.133-136). La Relación contiene noticias sobre algunas brujas famosas. El 9-X-1615 escribe una carta desde Pamplona. Un mes más tarde, «caballero en una mula con gualdrapa de terciopelo morado con pasamanos de oro», acompaña a Felipe III en la ceremonia de intercambio de las princesas Isabel de Francia, y Ana de España en el río Bidasoa junto a Irún (L. DE URANZU, *Lo que el río vio*. SSe. 1955, 166-170).

El 12 de diciembre del mismo año comienza la visita pastoral de Estella, donde encontró un monasterio de benedictinas, poblado por 30 religiosas de vida ejemplar, en pobreza extrema. «No tenían cerca ni casa ni iglesia ni capellán ni vicario, que se les pasaba la semana entera sin oir misa y nunca sermón, ni tenían el sustento necesario». Movido a compasión y llevado de su devoción a san Benito, a quien se reconoce deudor de todo lo que tenía y era, «y estando asimismo enfermo y pidiéndole como a padre me alcanzase la salud de Dios sin con ella le había de servir, y que le haría una capilla donde estuviese con decencia su sancta imagen, de tal manera encendió mi alma con vivos deseos de reedificar y engrandecer el dicho monasterio cuanto en mí fuese posible, y poner en él mi sangre, aunque la tierra remota, que es el reino de León [alude tal vez a dos sobrinas que llevó al monasterio], y de sepultar mi cuerpo en el dicho monesterio». El obispo se obligó a edificar la iglesia y el monasterio, y a dotarlo con 500 ducados de renta anual con ciertas condiciones (19-IV-1616). La comunidad se sometería en adelante a la obediencia del obispo de Pamplona. Las religiosas llevarían en su hábito una cruz roja, como la de Calatrava que, entre otras armas, el obispo traía en sus reposteros y ornamentos, «insignia del conde Fernán González que mis padres por ser de su sangre la trajeron en sus escudos... para que sea mi memoria perpetuada en el dicho monesterio. Item que las dichas mis armas e insignias con la dicha cruz sagrada se hayan de poner en la iglesia y demás edificios que yo hiciere en el dicho monesterio sin que se puedan poner otras insignias ni armas de otra persona alguna». El prelado se comprometió a pagar al constructor 5.878 ducados. Dos años después entregó otros ocho mil en dos censales. En su último testamento declaró que había comprado un solar muy costoso para alargar la iglesia «y se edificó la iglesia suntuosamente y tres cuartos de la casa». Según Argáiz, Sandoval «deseó unirlas a la congregación de Castilla, mas ellas no quisieron salir de su obediencia, pareciéndoles que su bienhechor había de vivir eternamente obispo de Pamplona, cosa que su señoría les advirtió muchas veces».

La enfermedad, a que alude el obispo, fue gravísima y le obligó a prolongar su estancia en Estella durante todo el año 1616. Cuando Sandoval se encontraba en el trance más peligroso de su vida, le visitó una representación del cabildo catedralicio de Pamplona. Aunque desde entonces mejoró poco a poco, ya no volvió a desarrollar la actividad anterior. En su carta de gratitud al cabildo, echando una mirada retrospectiva, se muestra excesivamente sombrío: «Han sido cuatro años de dolores y trabajos y pobreza los que ha que estoy en este reino» (4-VI-1616). Años de intensa actividad. En un edicto dirigido al clero secular y regular, afirma que la mayor parte del tiempo que lleva en el obispado, lo ha gastado, con mucho trabajo y quiebra de su salud, en visitarlo «desde la parte que tiene en Aragón hasta toda la Guipúzcoa, montañas deste reino y las mejores villas y lugares de la Ribera e iglesias de Pamplona» (6-X-1616). El edicto contiene seis disposiciones de matiz antifrailuno para combatir otros tantos abusos que ha descubierto en su recorrido apostólico: 1) que no se den misas a montón fuera de la iglesia donde está enterrado el difunto; 2) que en las demandas de agosto, vendimias, etc., no se empleen frailes mozos, porque con la libertad y el verdor de la edad suelen ser peligrosos; 3) que no se admitan confesores y predicadores sin licencia expresa del obispo; 4) que no se lleven a la curia de Pamplona los libros de cuentas de las primicias, de iglesias, testamentos, cofradías, etc., sin expreso mandato del prelado, aunque los pidan el fiscal y cura de almas; 5) que los predicadores de cuaresma nombrados por intrigas y maniobras de los propios interesados, pierdan las licencias y queden excluidos ipso facto; 6) que los novios no comiencen a cohabitar hasta que se casen

in facie Ecclesiae. Este edicto, por sus pasajes antifrailunos, hizo el regocijo de no pocas personas en Madrid, incluido el confesor del rey.

Un mes antes su salud era todavía precaria; sin embargo, estaba resuelto a ir a la Valdonsella por cumplir la palabra empeñada (1-IX-1616). De su actividad en 1617 conocemos pocas muestras. Anunció un jubileo concedido por Paulo V (Pamplona, 8-IX-1617). En las Cortes celebradas en Pamplona, se trató de pedir licencia al rey para establecer en la capital navarra «una universidad tan cumplida y honrada como la de Salamanca y Alcalá». El obispo redactaría las leyes y ordenanzas del centro docente. Llevado de un entusiasmo demasiado ingenuo, o tal vez presionado por el ambiente, el señor Sandoval prometió 6.000 ducados con destino a la Universidad; pero, al enterarse de que en la licencia del rey (19-XII-1619) se daba la jurisdicción eclesiástica a jueces seglares, retiró la oferta. En su último testamento (9-III-1620) se reafirmó en esta actitud: «Supuesto que el reino no tiene la hacienda para fundar la dicha universidad y que lo que yo diere, se ha de gastar sin lucimiento en ir y venir a Madrid y Roma sin haber la universidad que todos esperábamos, vuelvo a revocar la dicha manda y quiero que no se dé ningún dinero ni hacienda para obra que jamás ha de tener perfección».

El 1-IX-1617 protestó de que el Consejo Real de Navarra asistiese a la apertura y clausura de las Cortes sin tener que ver nada con ellas (M.ª P. HUICI, *Las Cortes de Navarra durante la Edad Moderna*, Ma. 1963, 190). En 1618 compró una partida de libros por valor de 2.209 reales. Entre sus 27 obras con sus 93 volúmenes figuraban las *Opera omnia*, del Tostado en 25 cuerpos, que costaron 490 reales; *Hugo Cardinalis*, 8 cuerpos, 240 reales; *Annales Baronii*, tomo trece, 20 reales; *De rebus hispanicis*, un volumen, 10 reales; *Bellarmini Controversiae*, dos volúmenes, 20 reales; *Bibliotheca Patrum*, 11 cuerpos, 200 reales; *Corologia* (!) *sanctorum*, dos volúmenes, 20 reales. Las demás son obras de los santos Padres, comentarios a la S. E., alguna de Derecho, decisiones de la Rota, etc. El 20-VII-1618 acusa recibo, desde Tolosa, de una carta del cabildo pamplonés, que le consoló, «que, según mis trabajos y vida peregrina, había bien menester este pan de Elías, si bien cocido en brasas y cenizas». Unos meses después se queja en Pamplona de su falta de salud (4-X-1618). En el mes de diciembre se constata su presencia en Estella, donde nuevamente estuvo a las puertas de la muerte. Sus familiares se alarmaron y le obligaron a hacer testamento (27-XII-1618), «tan apriesa y cercado de tantos, y fatigándome los dolores del mal, que puedo decir que no tuve libertad, ni lugar, ni tan libre y claro el entendimiento y voluntad, y que no acerté en todo». Por eso, en su segundo testamento, anuló el primero. Habitaba entonces la casa del condestable en Pamplona, junto a la iglesia de San Cernin (9-III-1620), donde tres días después le encontró la muerte.

Hay dos aspectos en su pontificado que merecen destacarse: el Seminario Conciliar y sus relaciones con el cabildo catedralicio de Pamplona. El proyecto de erección de un Seminario diocesano venía de atrás; había sido elaborado por su antecesor don Antonio Venegas y enviado a Madrid para su aprobación (28-III-1607). En la Corte tropezó con mil dificultades. Por fin, gracias a las gestiones del prior de la catedral, Felipe III lo dio por bueno (15-VI-1613) y mandó a fray Prudencio de Sandoval que lo llevara a la práctica con la mayor brevedad. El obispo no se dio ninguna prisa y, cuando trató de ponerlo en marcha, el clero se opuso so pretexto de que no se habían observado las formalidades tridentinas y de que el seminario no hacía ninguna falta, ya que la instrucción del clero estaba magníficamente atendida. No obstante, el prelado mandó se ejecutase la erección del mismo (31-III-1615). La inauguración parecía próxima. El cabildo había destinado una casa para el futuro seminario y el obispo anunció por medio de un edicto (9-X-1615), que en el plazo de quince días podían presentarse las solicitudes de ingreso. El 5-VIII-1616 decretó la cobranza de la vigésima con destino a las obras de adaptación del edificio y a la pensión de 12 colegiales. Cuando se terminaran las obras, se nombrarían otros 12 seminaristas, de suerte que siempre hubiera 24 colegiales costeados por la diócesis. Pero entonces el clero guipuzcoano decidió crear un seminario exclusivo para su arciprestazgo, empresa enteramente irrealizable; el clero navarro logró cinco inhibitorias contra el proyecto, y el hospitalero de la catedral, otra. La cosa se enredó de tal manera que el cabildo, propulsor del plan, cansado de pleitear, renunció a la erección del seminario a cambio de 15.000 ducados que el clero pondría a su disposición para remediar con sus réditos las necesidades de la catedral (19-IV-1619). El clero guipuzcoano y el aragonés fueron excluidos de este arreglo. El plan de seminario guipuzcoano, destinado a boicotear el seminario diocesano, fue olvidado. El obispo, que había exhortado a ambas partes a la concordia, se apresuró a ratificar el acuerdo que suponía la muerte del nonnato seminario.

Por lo que toca a sus relaciones con el cabildo, al principio discurrieron sin tropiezos. El 25-X-1613 la corporación decide aumentar el vestuario del prior y de los canónigos en 50 ducados anuales. El obispo aprueba el acuerdo «con mucha demostración de amor» (10-VI-1614). Un año después manda poner por obra la supresión de la tesorería, decretada por su antecesor Venegas para cuando muriese su titular y el coadjutor con derecho a sucesión (2-VI-1615). Pero, no se sabe por qué, a fines del mismo año desencadena una ofensiva general contra la corporación. Procesa al cabildo so pretexto de que se ha alzado con la hacienda del indiano Martín Abaurrea y no levanta las cargas anejas. Pretende visitar la capilla de San Juan de la catedral, proveer los sermones del primer templo diocesano y secularizar el cabildo, y escribe cartas al nuncio desacreditándolo. El proceso sobre el asunto Abaurrea fue iniciado por el vicario general (9-XII-1615) y continuado por el obispo (22-IV-1616), atropellando las normas más elementales del derecho, hasta culminar en la excomunión de varios canónigos, en la suspensión del culto en todas las iglesias de Pamplona y en el cierre de la catedral por el brazo seglar (24-IV-1616). El cabildo logró pronto la reapertura temporal de la catedral, el levantamiento del entredicho y la inhibición del obispo (10-V-1616). La batalla se libró en el tribunal de la Nunciatura. Para dirigirla se desplazaron a Madrid varios familiares del obispo, de una parte, y el licenciado Pedro de Itúrbide, canónigo y abad de Andía, de otra (18-V-1616). La aspiración del cabildo se cifraba en conseguir que se declarasen nulos el proceso, la excomunión y el entredicho, y se obligase al obispo a pagar los gastos, daños y perjuicios. En el momento en que se iniciaban en la corte las primeras diligencias, la corporación tuvo el gesto de enviar dos canónigos a Estella para que visitasen al obispo en su grave enfermedad. El prelado, conmovido, propuso un convenio. Sus agentes en Madrid esparcieron el rumor de que el arreglo estaba hecho. Los letrados del cabildo aconsejaron que de ninguna manera se tratase del convenio hasta que saliesen las nulidades y atentados, por temor de que fuese una treta para comenzar de nuevo el pleito sin nulidades (27-VIII-1616). El abad de Andía escribía el 8-IX-1616: «Hame dicho una persona religiosa, con quien he comunicado la carta que el obispo escribió al

Nuncio, y la del cabildo, sería bien tomar una información secreta de las cosas que él ha hecho, así en Estella como en otras partes, después que fue a ese reino, para dar un memorial con seguridad al padre confesor, que bien lo oirá con gusto. Que quien ha querido deshonrar una iglesia tan insigne y a prebendados tan señalados así en nobleza y letras como en virtud y tanta religión, bien sería darle el pago... El propio religioso... dice se sabe por indicios evidentes, que el sobrino que está en Huesca estudiando, que se llama Juan de Linares, y otro que está en casa del patrimonial, son hijos suyos, y cómo sacó las monjas de San Benito, de Estella, orilla al río a pasear, y la encamisada que hicieron los clérigos por su mandato, y otras cosas que no les parece bien a muchos que le desean morder». El cabildo no siguió este consejo.

El 5-X-1616 el abad de Andía escribió de nuevo: «Dos días ha que estuvo aquí el Dr. Azcona, colegial mayor de Alcalá, y me dixo había visitado al obispo en Estella y tratando de ese cabildo, le dijo había de venir muy presto a este lugar a tratar de secularizar esa iglesia y que las calonjías se proveyesen en naturales de ese reino (aunque esto dirá por dar contento a algunos, que otra cosa le queda en el buche), porque no hay en ella religión ni modo de comunidad, pues no hay superior ni pies ni cabeza, por donde Vmds. pueden juzgar sus buenas entrañas, aunque no es cosa nueva en él, así por lo que ha escrito otras veces acá, como por lo que a todos dice. Bien compadece esto con la paz y concordia que ha querido tratar, que sólo debe ser para lo que le estuviese bien y no más».

Para el 22-X-1616 la sentencia estaba firmada, aunque no publicada. En ella se declaraban nulos los actos del obispo y se le condenaba a pagar los gastos de la causa que era remitida al ordinario, pero esto se remediaría con una apelación a la Santa Sede, según comunicaba Itúrbide. Entretanto el doctor Valanza, en nombre del cabildo, le visitó nuevamente, le llevó un importante obsequio y le invitó a fijar su residencia en Pamplona, cuando regresase de Aragón. Sandoval agradeció las atenciones del cabildo, pero prefirió «volver a esta ciudad de Estella hasta que tengamos luz de cómo hemos de entender en las dificultades pasadas, que yo no traigo otro pleito, ni tengo encuentro que me pueda apartar de la buena gracia de V. S., en la cual querría estar siempre, más que otros intereses humanos» (31-X-1616). Al enterarse del obsequio, el licenciado Itúrbide comentó: «Podrá ser que sea el fundamento de la paz el regalo que el cabildo ha enviado al obispo, por ser amigo de tomar» (31-XII-1616). Un mes más tarde escribió: «no es cosa nueva haber mudanza en el Sr. Obispo y así no hay que espantar que haya hecho novedades en razón del Seminario». El auto no ha salido «tan cumplido como deseábamos, porque nuestro intento era que no se diese el auto de remisión hasta que se pagasen los gastos, intereses y daños, liquidados y por liquidar; pero, pagando los liquidados, se le manda dar el auto... Aunque don Juan Zabala, agente del obispo, se fue, quedan aquí don Fernando de Prado, su sobrino, que acude y ha acudido con mucho cuidado, y el licenciado Gaspar Vázquez, su visitador, y el licenciado Medrano, su capellán, que ha venido por mayordomo del Dr. González, secretario del duque» (29-I-1617).

La Rota Romana no tardó en despachar una inhibición contra el obispo, el nuncio y demás jueces inferiores, y en pedir toda la documentación relativa a la causa (22-III-1617). La causa quedó ahí. El cabildo y el obispo acabaron por entenderse. En 1618 el obispo pidió al rey que se aplicaran a la fábrica de la catedral, que era muy pobre, las vacantes de los beneficios y las ausencias de las dignidades seculares. Cuando vacó la tesorería, él la adjudicó a la fábrica, pero «un licenciado

Pedro Pérez en Roma nos la quitó». Peor todavía: las dignidades regulares se dan a seculares, que las gozan como beneficios simples, «ni he podido en siete años que ha resido en esta iglesia, compelerlos a que residan, y traen breves de Roma y el datario se las da en encomanda, no me dexando cosa que proveer, y los cargan de pensiones, de manera que en el coro no hay más que los canónigos reglares y unos pobres capellanes».

Su carta del 20-VII-1618 contiene una muestra más de sus buenas relaciones con el cabildo. Otra, el regalo de seis cetros de plata para el coro de la catedral, de mucho peso y de primorosas hechuras. Pero la prueba definitiva está en que, cambiando de parecer, escogió su sepultura en la catedral de Pamplona. El 26-XII-1619 mandó fabricar una capilla en el primer templo diocesano con su altar, retablo, reja y sepulcro «con mucha decencia y autoridad donde se pongan sus armas con su capelo para que haya perpetua memoria de esta fundación y dotación». En ella fundó seis capellanías menores para el servicio del coro con una renta anual de 100 ducados, y una mayor reservada a un canónigo profeso con doblada renta, que fuese superintendente de los capellanes menores. Según Lubián, destinó toda la renta de un año de su obispado para la construcción y dotación de la nueva capilla. En el pleito en torno a su herencia, el cabildo sostuvo que, para la dotación de las capellanías, se necesitaban 18.000 ducados, y para la obra de la capilla, otros 6.000 ó 7.000 ducados.

Hemos expuesto detalladamente sus actividades episcopales para comprender mejor la faceta más característica de su personalidad: la de historiador. Pfandl se sorprende de la rapidez y perfección con que compuso el Catálogo de los obispos de Pamplona. Le bastó un año para redactar una obra de 230 páginas, repleta de noticias sobre la historia de Navarra, de sus monasterios, su capital y sus obispos. Tal admiración carece de base. El Catálogo no es más que un plagio de un Catalogus episcoporum ecclesiae Pampilonensis, escrito poco después de 1573 por un canónigo de Pamplona, que Sandoval se cuida de no citar ni una sola vez. La aportación de Sandoval se limita en esta obra a las noticias sobre los reyes de Navarra, las biografías de los obispos posteriores a 1573 y varios documentos que reproduce literalmente. Pero aun en esto su labor debió de ser mínima, ya que el obispo tenía consigo un clérigo muy entendido en la lectura de letras antiguas. La traducción del Catalogus al castellano es muy deficiente.

En el breve espacio de un año Sandoval reeditó su Historia de Carlos V (1614) y publicó sus dos últimas grandes obras: Los cinco reyes y Los cinco obispos (1615), fruto de largos años de trabajo. En la revisión de los manuscritos y en la corrección de pruebas debió de ayudarle su equipo de colaboradores, ya que este período coincide con el de su máxima actividad ministerial y sus viajes a Lerma e Irún. Después no imprimió más que cinco documentos episcopales, tal vez con una imprenta que adquirió durante su episcopado pamplonés, valorada después de su muerte en 1.545 reales, aunque luego se rebajó la cuarta parte de esta cantidad por razón del desgaste. En dos ocasiones tomó posición contra los monjes de su misma orden de Irache y es conocido el malhumor que su último testamento destila contra su casa profesa de Nájera, a la que dejó toda su librería con sus estantes, con la impresión de Carlos V, los Cinco reyes y el Catálogo de los obispos de Pamplona. En el pleito de 3.000 folios, a que dio ocasión el referido testamento, estos libros fueron adjudicados a dicho monasterio.

Sandoval concibe la obra histórica como una cadena de documentos. No depura las fuentes. Si un testimonio contradice a otro, no pretende averiguar cuál de los dos dice la verdad. Los acepta igualmente. Se sirve de todas las crónicas anteriores, sin escrúpulo hacia la propiedad intelectual; pero, para él, lo esencial son los documentos. En este punto tuvo la fortuna de disponer de una ingente cantidad de fuentes inéditas de todas clases, que constituyen el valor principal de todas sus obras. Es ingenuo y crédulo en demasía, pero ecuánime en sus juicios y, cuando dice cosas que tiene en el alma, escribe con pintoresco desenfado. «Es Sandoval hombre de gran imaginación. Cuando se conoce la fuente sobre que opera, admira verle bordar su texto de curiosos detalles, muchos de ellos no apuntados siquiera en el original» (Sánchez Alonso). «Pudo tener como hombre Sandoval buenas cualidades; pero, historiador, carecía de dos de las más esenciales: el sentido crítico y la honradez» (Pfandl).

OBRAS: Chrónica del ínclito Emperador de España Don Alfonso VII deste nombre, Rey de Castilla y León, Ma. 1600; Primera parte de las fundaciones de los monesterios del glorioso Padre San Benito... desde los tiempos del Santo... hasta el año MCCXIIII, Ma. 1601; La Regla y instrucción que San Leandro, arzobispo de Sevilla, dió a su hermana Santa Florentina, de la vida y observancia de las monjas, Va. 1604, Maguncia, 1616; Historia de la vida y Hechos del Emperador Carlos V, Va. 1604-1606, reimpresa varias veces y publicada en inglés, Lo. 1713; Antigüedad de la cibdad y Iglesia cathedral de Tuy y de los obispos que se save aya auido de ella, Bra. 1610; Catálogo de los obispos que ha tenido la Santa Iglesia de Pamplona, Pam. 1614; Historia de los Reyes de Castilla y de León, Don Fernando el Magno, primero deste nombre, Infante de Navarra, Don Sancho, que murió sobre Zamora, Don Alonso sexto de este nombre, Doña Urraca, hija de Don Alonso sexto, Don Alonso séptimo, Emperador de las Españas, Pam. 1615 (esta obra se conoce vulgarmente por Los Cinco Reyes); Historias de Idacio obispo, que escrivió poco antes que España se perdiese. De Isidoro obispo de Badajoz, que escrivió en los tiempos que se perdió España, treynta y ocho años después. De Sebastiano, obispo de Salamanca, que escrivió desde el Rey Don Pelayo hasta Don Ordoño primero de este nombre. De Sampiro, obispo de Astorga, que escrivió desde el Rey Don Alonso el Magno, tercero de este nombre, hasta el Rey Don Vermudo el Gotoso De Pelagio, obispo de Oviedo, que escrivió desde el Rey Don Vermudo el Gotoso hasta Don Alonso séptimo deste nombre, Emperador de España, nunca hasta agora impresas, Pam. 1615; S. S. Leandri, Fulgentü et S. Florentinae sororis natales. Item S. Leandri regula et Institutio virginum, Maguncia 1616; Noticias históricas del Real monasterio de Nájera y biográficas de Don Diego López de Haro y su casa y familia, Señores de Vizcaya, Ma. 1929. Manuscrita: Historia de los tres santos hermanos San Leandro, San Isidoro y San Fulgencio, que tradujo Juan Idornín SJ.

BIBL.: C. SECO SERRANO, Vida y obra de fray Prudencio de Sandoval: BAE 80, VI-XLVIII; V. CASTAÑEDA, El cronista fray Prudencio de Sandoval. Nuevas noticias biográficas, Ma. 1929; L. PFANDL, Studien zu Prudencio de Sandoval: Zeitschrift f. romanische Philologie, Halle, 54 (1934)385-423; ID., Historia de la literatura nacional española en la Edad de Oro. Trad. del alemán de J. Rubio, 2.ª ed., Ba. 1952, 227-228; M60, II, 290v-91v; ES 23, 52-61; G. FERNÁNDEZ PÉREZ, Historia de la iglesia y obispos de Pamplona, III, Ma. 1820, 65-81; F. DE LUBIÁN, Relación de la Santa Iglesia de Pamplona de la provincia Burgense, ed. J. Goñi Gaztambide, Pam. 1955, 27-28, 103-104; M. R. PAZOS, El episcopado gallego a la luz de documentos romanos, Ma. 1946, II, 64-66; A. CANELLAS, Contribución a la historiografía de los obispos de Pamplona: Estudios dedicados a Menéndez Pidal, I, Ma. 1950, 435-464; A. PÉREZ GOYENA, Ensayo de bibliografía navarra, II, Bu. 1949, 96-97, 106-113, 124-128, 141-143, y 167-168; B16, 19, 381-384; EL MARQUÉS DEL SALTILLO, Cómo fue obispo de Pamplona (1611) fray Prudencio de Sandoval: R79, 4(1947)61-64; J. GOÑI GAZTAMBIDE, Los navarros en el concilio de Trento y la reforma tridentina en la diócesis de Pamplona, Pam. 1947, 201-208; S. INSAUSTI, Proyecto de Seminario Conciliar en Guipúzcoa: R202, 3(1956)222-237; J. CAMPOS, Fray Prudencio de Sandoval y San Benito el Real de Estella: R152, 7(1948) 515-536; M. DE FERDINANDY, Karl V. und sein Bild bei Sandoval: Archiv f. Kulturgeschichte 50(1968)64-81;

A1, II, 255-57; B18, II, 176-178, 196-197, 230, y 231; J. CEJADOR, *Historia de la lengua y literatura castellanas*, Ma. 1916, 193-94; G. VALLADOLID, *Datos para la historia biográfica de la ciudad de Valladolid*, II, Va. 1894, 413-414; BENITO MONTEJO, *Memorias históricas para la vida del Ilmo. Sr. D. Fray Prudencio de Sandoval: Historia de los reyes de Castilla y de León*, Ma. 1792, pp. (9)-(44). Hemos utilizado, además, numerosos documentos inéditos del Archivo Catedral de Pamplona.   J. GOÑI

SANDOVAL Y ZAPATA, Juan, OSA (Méjico † Guatemala 9-I-1630) obispo. Hijo de padres muy nobles, emparentados con los condes de Barajas. Profesó en el convento de Méjico el 13-VII-1590. Maestro por la Universidad de Méjico, regentó la cátedra de Teología en dicha Universidad (1600). En 1602 pasó a España, afiliándose a la provincia de Castilla. Desempeñó una cátedra de Teología en el Colegio de San Gabriel, de Valladolid, durante once años, siendo regente de estudios y rector de dicho centro. El 1-IX-1613 fue propuesto por Felipe III para el obispado de Chiapas. En 1614 vuelve a América, siendo consagrado en la catedral de la Puebla de los Angeles. Cuando se encontraba en Guatemala llevando a cabo una misión del rey, le llegó la noticia de su nombramiento para obispo de Guatemala (13-IX-1621). Durante su gobierno dio principio a un colegio para enseñar a leer y escribir a los indios. En su época se concedió el título de Universidad a Guatemala, y, según Juarros, fue el primer obispo que dio grados en el Colegio de Santo Tomás de aquella ciudad. Fue el gran limosnero y padre de los pobres de Guatemala.

OBRAS: *Curso de Filosofía* (ms.); *De iustitia distributiva et acceptione personarum ei opposita*, Vallisoleti 1609; *Commentaria in partem primam S. Thomae*, Pintiae 1611; *Disputatio... circa fidei professionem, et iuramentum fidelitatis ab episcopo traslato per procuratorem praestandum*, Mexici 1623; *Cartas al Presidente de Guatemala sobre los indios de Chiapa*, ms.; *Cartas al Rey*, ms.

BIBL.: E. GARCÍA, *Crónica de la Provincia agustiniana del Santísimo Nombre de Jesús de México*, Ma. 1918, 281-293; M55, VII, 287-292.   A. MANRIQUE

SANGUESA, Miguel de, OCist (siglo XVI) obispo de Ampurias (Cerdeña) y auxiliar de Tarazona. Según R. C. Fort fue uno de los obispos que recibieron a Adriano VI en Zaragoza en 1522. Dio la bendición abacial al abad de Veruela, don Lope Marco (1539-1560). Fue uno de los obispos consagrantes de don Fernando de Aragón en 1539. En 1547 se pidió para él al papa Paulo III y a Carlos V la abadía de Santa Fe.

BIBL.: ES 51, 246-247; P. BLANCO, *El Real Monasterio de Santa María de Veruela*, Palm. 1949, 152-155.   P. GUERIN

SANSON, (siglo IX) abad de la basílica de San Zoilo en Córdoba y, posteriormente, de Peña Melaria, también de Córdoba, sobre 858. Según su epitafio murió en 890. Compuso el *Apologético* (ed. ES 11, 300-516), escrito durante un destierro voluntario en Martos en 864. En esta obra se justifica doctrinal, histórica y moralmente su actuación contra Hostegesis obispo de Málaga y el conde Servando de Córdoba, ambos colaboracionistas con el poder califal. La oposición comenzó en 862 cuando un concilio episcopal condenó por instigación de Hostegesis la profesión de fe ortodoxa de Sansón, que fue luego, sin embargo, exonerado individualmente de su excomunión por los obispos asistentes. En Martos tuvo conocimiento de la profesión de fe propuesta por Hostegesis y cuyo análisis hace en el libro II de su obra, que es muy largo e interesante, y lleno de erudición; el número y calidad de autoridades citadas con bastante orden y precisión es grande. Sansón que escribe buen latín, fue en 863 elegido como traductor de las cartas que debía llevar una embajada de Mohammed a Carlos el Calvo.

BIBL.: E. P. COLBERT, *The Martyrs of Córdoba*, Wa. 1962, 357.   M. DÍAZ Y DÍAZ

SANTA COLOMA, Filomena de, OM (Mora de Ebro (Tarragona) 3-IV-1841 † Valls [Tarragona] 13-VIII-1868) venerable. Sus padres, Félix Ferrer y Josefa Galcerán. Vencidas algunas dificultades, entra en el monasterio de Valls, 1860, y hace la profesión el 4-IV-1861 con el nombre de Filomena. Dentro de la comunidad ejerce el oficio de cantora. El Señor se vale de ella para que las monjas vayan descalzas y se levanten a media noche para rezar el oficio divino. Era de una vida muy austera; su principal acción es la de apóstol del Sagrado Corazón; lo que Santa Margarita en el siglo XVII es la venerable Sor Filomena en el siglo XIX. El 10-III-1866, hace voto de hacer siempre lo más perfecto. Fallece en un arrebato de amor a los veintisiete años y es enterrada en el monasterio de Valls; en los diversos traslados que ha sufrido su cuerpo, siempre se le ha hallado incorrupto. En 10-VI-1891 se introduce la causa en la Sagrada Congregación de Ritos, y León XIII con fecha 9-III-1896, consagra oficialmente la fama de la santidad de sor Filomena de Santa Coloma, declarándola venerable.

Acusada de histerismo, es victoriosamente defendida por Tacchiventuri en 1920. Su director espiritual y confesor, el padre Narciso Dalmau, publicó en 1880 su biografía, con todas sus cartas y revelaciones, escritas por obediencia impuesta por el confesor.

BIBL.: *Almanaque de S. Francisco de Paula*, Ba. 1931-32; *L'Ordine dei Minimi nella luce dei Santi*, Ro. 1927; LONGOQUE, «*La Ven. Soeur...*», Par. 1893; C. M. ORTEU, «*Un corazón en holocausto*», Ba. 1925.   F. RODRÍGUEZ

SANTA CRUZ, Baltasar de, OP (Granada 1627 † Binondo [Filipinas] 1699) historiador y teólogo. Profesó en el convento de Santa Cruz la Real, de Granada en 1643. Cursó sus estudios de Teología en el convento de San Pablo, de Sevilla, dedicándose posteriormente a la enseñanza de las ciencias sagradas.

En 1666 pasó de Andalucía a las Islas Filipinas, donde fue regente de estudios, rector de la Universidad de Manila, predicador general, prior conventual, prior provincial, inquisidor del Santo Oficio y presidente del hospital de San Gabriel. Sus restos se conservan en la iglesia de Santo Domingo de la ciudad de Manila.

OBRAS: *Política religiosa. Historia Magistral de los gloriosos santos anacoretas Barlaán y Josaphat*, Manila 1692; *Tomo segundo de la Historia o Crónica de la Provincia del Santísimo Rosario de Filipinas*, Za. 1693; *Consultas, pareceres, sermones...* y otros opúsculos diferentes.

BIBL.: O30, 133, 134, 170, 181, 197, 213, y 263-269; O61, 149-150; O62, 708-727.   A. TURRADO

SANTA MARIA, Francisco, OSH († Guadalupe [Cáceres] 15-V-1560) obispo. Francisco de Benavides — éste era su nombre — fue hijo del mariscal de Castilla, Francisco de Benavides, marqués de Fromista, quien destinó a su hijo a la vida cortesana, formando parte del séquito de Carlos V y con él fue a Flandes. Allí se decidió a abrazar la vida monástica en el monasterio de Guadalupe. Apreciando sus excelentes cualidades fue enviado al Colegio de Sigüenza y, de vuelta a su casa, fue elegido prior (1539). En 20-VII-1541 fue presentado por Carlos V para la mitra de Cartagena, en América, desde donde fue trasladado a Mondoñedo en 27-VI-1550. Invitado por Carlos V para asistir a la segunda convocatoria del Concilio tridentino, escribió al Emperador y a Felipe II alegando su extrema pobreza para tan largo viaje. No obstante, asistió al concilio y consta que asistió a varias sesiones de 1552. El 28-X-1558 fue trasladado al obispado de Segovia y de aquí promovido al de Jaén, pero sin recibir las bulas le sorprendió la muerte en Guadalupe, a donde había ido para reponerse de sus achaques.

BIBL.: M108, II, 214-216; M105, 135-136; ES 18, 241; M. R. Pazos, *Episcopado Gallego*, III, Ma. 1946, 303-311; C. Gutiérrez, *Españoles en Trento*, Va. 1951, 379-381.

I. de Madrid

SANTA MARIA, Justo de, OH (Toledo 1589 † Caller [Cerdeña] 1659) defensor de Cerdeña. Su nombre era, duque de Estrada, de familia ilustre, emparentada con la mejor nobleza de España. A los tres años quedó huérfano, bajo la tutela de don Juan Gómez de Cisneros, caballero toledano. A los trece tomó parte en la expedición a la Mahoneta, costas de Túnez. Vuelto a España, pasó a la Corte en la que fue muy estimado del duque de Lerma y se hizo admirar como compositor poético, repentista y actor dramático. Un lance amoroso en el que dio muerte a dos personas, fue causa de que abandonara España y pasara a Italia, en donde sostuvo estrecha amistad con los más influyentes personajes de la época, conde Lemos, cardenales Borja y Zapata, príncipe Emmanuel Filiberto de Saboya, don Pedro de Médicis, marqués de Santa Cruz, duque de Feria, don Octavio de Aragón, don Francisco de Ribera, duque de Osuna, etc. Alistado como soldado, tomó parte en muchas acciones de guerra en tierra, y en las expediciones marítimas enviadas por el duque de Osuna al Adriático contra los venecianos y al Mediterráneo contra los moros y turcos, dando pruebas de gran valor y pericia, y alcanzó alta graduación. Su ánimo inquieto le llevó a Alba Sulia (Wissemburg), capital de Transilvania, corte de Betlen Gabor, que lo nombró su gentilhombre y le tuvo por privado y confidente. A la muerte de éste (15-XI-1629) pasó a Alemania y se alistó en las tropas españolas que peleaban contra la Liga protestante, siéndole confiado el mando de una compañía de caballería, al frente de la cual hizo tan grandes hazañas que fue nombrado castellano de la fortaleza de Freumberg, en Bohemia, y más tarde gobernador de la provincia de Budweis. Movido de interior inspiración, abandonó el servicio del emperador (1633) y se volvió a Roma. Enterado de la muerte de su esposa y con el fin de «borrar — dice en sus memorias — las travesas inquietudes y diabólicos disparates por mí hechos», tomó el hábito de Hermano de San Juan de Dios (2-II-1635) de manos de fray Nicolás Avagnele, general de la Orden. Hecha su profesión (18-II-1636) fue enviado a Cerdeña donde fundó los hospitales de Cáller (10-V-1636), Alguer, Sásser, Oristán y Boza, con los que se constituyó la provincia de San Antonio. En febrero de 1637 se presentó ante la isla una escuadra de 45 navíos, mandada por el arzobispo de Burdeos, Henry d'Escoubleau, que desembarcó 5.000 infantes y 800 caballos, tomó y saqueó la ciudad de Oristán (22-II-1637). Ante el peligro inminente, en un consejo general, fue nombrado consejero de guerra de su Majestad y sargento mayor de las tropas de la isla, diciendo al virrey: «mi opinión es que se defienda la ciudad. y para esto deme orden V. E. que yo me ofrezco a ir allí; que si el Rey de Francia envía un obispo, el Rey nuestro Señor basta que envíe un fraile», asegurando que al día siguiente, al mediodía, habría metido el socorro en la plaza «so pena de la vida». Alistó seguidamente 600 eclesiásticos, sacerdotes ordenados y de todas religiones, y nombró 12 capitanes canónigos, alféreces y sargentos en tres días, «en los cuales, dice, jamás dormí». Derrotados los franceses, obligóles a reembarcar, siendo recuperada Oristán y retiróse fray Justo a su convento. Fue nombrado prior de Sásser (1639) y vicario general de Cerdeña (1642). Asistió al capítulo general (Roma, 1645) y fue nombrado comisario general de los países germánicos, cargo que no ejerció por la peste y sus graves enfermedades. Pasó a Cerdeña, como vicario general. Hombre de vida sumamente irregular en el mundo, fue, como español, un gran soldado y patriota, y, como religioso, fiel imitador de san Juan de Dios.

OBRAS: *Comentarios del desengaño de sí mismo, prueba de todos los estados y elección del mejor de ellos*: Memorial Histórico Español, XII Ma. 1860.

BIBL.: S. Clavijo y Clavijo, *La Orden Hosp. de S. Juan de Dios en la Marina de Guerra*, Ma. 1950; S. Montserrat Figueras, *Activid. médico-castrenses de la Orden Hosp. de S. Juan de Dios*, Ma. 1950; G. Russotto, *I Fatebenefratelli in Sardegna*, Ro. 1956.

O. Marcos

SANTA MARIA, Lázaro, OH, (siglo XVI-XVII) explorador. Acompañó, con tres hermanos más, a don Pedro Fernández de Quirós en la exploración del mar Pacífico, descubrimiento de las Nuevas Hébridas y toma de posesión de Australia «en nombre de Juan de Dios y de todos los Hermanos profesos de su Orden, y, como presente, en nombre de Lázaro de Santa María que aquí vino...» mayo (1606).

BIBL.: C. Fernández Duro, *Armada Española*, III, Ma. 1895-1903; S. Clavijo y Clavijo, *La Orden Hosp. de S. Juan de Dios en la Marina de Guerra*, XIII, Ma. 1950; J. Zaragoza, *Historia del Descubrimiento de las regiones australes*, I, Ma. 1876.

O. Marcos

SANTA MARIA, Pablo de, (Burgos c. 1353 † Cuevas de San Clemente [Burgos] 30-VIII-1435) obispo, escriturista e historiador. Hijo de don Çag ha-Leví, judío ilustre, recibió el nombre de Selomó ha-Leví, fue esmeradamente educado en el judaísmo y cobró pronto fama de sabio por sus estudios de filosofía árabe y hebrea. Antes de su matrimonio (¿1378?) tenía en Burgos discípulos judíos de toda España y recibió el título de maestro general de los judíos españoles. A los treinta años era rabino mayor de las aljamas del obispado de Burgos y en calidad de tal fue comisionado para gestionar ante el Papa en Avignon asuntos relativos a los judíos castellanos. Convertido al catolicismo por motivos realmente religiosos, fue bautizado en la catedral burgalesa el 21-VII-1390 y recibió el nombre de Pablo de Santa María. Su conversión produjo enorme impresión entre los intelectuales judíos de la época, algunos de los cuales siguieron su ejemplo. Disuelto su matrimonio (su esposa tardaría en convertirse), marchó a la Universidad de París a perfeccionarse en Teología. Años después estuvo durante bastante tiempo en la Corte de Avignon, requerido por Benedicto XIII. Allí trabó amistad con san Vicente Ferrer. Vuelve a Castilla en 1399 nombrado capellán mayor de la Corte por Enrique III, canónigo de Sevilla y arcediano de Treviño (Burgos) por Benedicto XIII. Preconizado obispo de Cartagena el 30-VII-1403, vino a ser consejero real, nuncio apostólico y ayo-canciller de Juan II. Defendió constantemente a Benedicto XIII. Preconizado obispo de Burgos el 18-XII-1415, tomó parte en múltiples gestiones diplomáticas, fomentó la disciplina del clero, cuidó escrupulosamente la pureza de la fe en la enseñanza catequística, realizó activísima labor pastoral y fue munífico protector de santuarios y monasterios, singularmente del convento dominicano de San Pablo de Burgos y de la catedral.

OBRAS: *Additiones ad postillam magistri Nicolai Lyra*, s. l. 1429, y muchas ediciones a partir de la de Roma 1471; *Scrutinium Scripturarum*, s. l. 1432, Estrasburgo 1469 y otras eds., la más conocida la de Burgos 1591; *Las siete Edades del mundo* o *Edades trovadas* (antes de 1418), ms; *Suma de las crónicas de España*, ms.

BIBL.: L. Serrano, *Los conversos D. Pablo de Santa María y D. Alfonso de Cartagena*, Ma. 1942, 1-117; id., *Discurso leído en la Real Academia de la Historia*, Ma. 1940; F. Cantera, *Alvar García de Santa María. Historia de la judería de Burgos y de sus conversos más egregios*, Ma. 1952, 273-

351; N. López Martínez, *Sínodos burgaleses del siglo XV:* R67, 7(1966)305-316.   N. López Martínez

SANTANDER, Diócesis de, *(Santanderiensis)* sufragánea de Oviedo; antes, de Burgos.

1. Historia. Parte de su actual territorio perteneció a la antigua y verdadera Cantabria. El nombre de Santander, proviene, según los filólogos más eminentes, de san Emeterio. Desde la Edad Media existió en la villa, que luego llevó este nombre, una abadía titulada de San Emeterio y San Celedonio. Los documentos más antiguos llevaban la firma: «Abbas Sancti Emetherii et Celedoni». En el siglo XIV, cuando el castellano era ya una realidad, el abad don Nuño Pérez firmaba: «Abbad de Sanct Ander».

El origen del cristianismo en Cantabria es desconocido. Historiadores regionales afirman, gratuitamente, que ya en el siglo III estaba extendido por esta zona. No hemos encontrado un documento que garantice tal afirmación. Todo parece indicar que fue en los comienzos de la Reconquista, cuando la doctrina de Cristo fue conocida por la mayoría de los cántabros, siempre reacios a toda influencia extraña. La evangelización la llevaron a cabo gentes venidas de León y de Castilla. No podemos determinar a qué obispado perteneció en los primeros siglos medievales, la cristiandad cántabra. No convence la argumentación de Mateo Escagedo Salmón, para demostrar que Cantabria tuvo sede propia: Amaya o Velegia. El primer documento que esclarece este punto, es el aducido por el padre Risco en la España Sagrada. Se trata del pleito que sostuvieron, en 1100, los obispos de Burgos y Oviedo sobre los límites de sus respectivos obispados. De la literatura existente sobre este pleito y otras cuestiones, se deduce que la mayor parte de Cantabria pertenecía a Oviedo. Pocos años después (¿1167?), aparece como dependiente de Burgos. A este obispado perteneció hasta el año 1754. En este año se creó la diócesis de Santander como sufragánea de Burgos. El 27-X-1954 pasó a formar parte del arzobispado de Oviedo.

La historia de la erección del obispado de Santander, comienza en el siglo XVI. El rey Felipe II, preocupado por las posibles infiltraciones protestantes a través de los puertos del Cantábrico, escribió a Pacheco, entonces obispo de Burgos, que «las nobles montañas bajas de Castilla exigían prelado». Los monarcas siguientes insistieron en los mismo, pero todos murieron sin conocer el éxito. Una de las mayores dificultades la ofrecía Santillana del Mar, al querer ser cabeza del obispado por crear. Fue en el reinado de Fernando VI, y gracias a la actividad del canónigo de la colegiata de Santander, don Juan de Jove, y del eminente padre Rábago S. J. cuando se alcanzó el éxito de las seculares gestiones. El 12-XII-1754, Benedicto XIV firmó la bula *Romanus Pontifex* por la que se creaba la diócesis de Santander. don Francisco de Arriaza, abad entonces de la colegiata de San Emeterio, fue nombrado primer obispo. La colegiata quedó convertida en catedral. En 1755, se concedió a la villa de Santander el título de ciudad.

La importancia de la historia civil de Santander, comienza en la Edad Media. Las historias marineras de las villas de Castro Urdiales, Laredo, Santander y San Vicente de la Barquera, claramente lo testimonian. Sus marinos tomaron parte en la reconquista de Sevilla (1248). Más tarde conocieron otro gran triunfo en la Rochela (1371). El comercio marítimo con América engrandeció el puerto de la villa santanderina. Durante la guerra de la Independencia, Santander nombró a su obispo Menéndez de Luarca regente por Cantabria (1808). En 1868 tomó parte en el movimiento revolucionario contra Isabel II. La ciudad de Santander ha sido víctima de dos horrorosas catástrofes: La explosión del barco «Cabo Machichaco» (1893) y un incendio devastador (1941). Entre los edificios alcanzados por este último fuego, estaban la catedral, la parroquia de la Anunciación y el palacio episcopal. Todo ha sido reconstruido.

Santos propios de la diócesis. Nota característica de la religiosidad de los cántabros ha sido la devoción a la Santísima Virgen. En todos los rincones de la diócesis, se encuentran santuarios levantados en su honor. Destaca entre todos, el de la Bien Aparecida, patrona de la diócesis desde el 6-XII-1905. Su fiesta se celebra el 12 de septiembre. En la villa de Santander existió, desde la Edad Media, otra gran devoción: La devoción a los mártires Emeterio y Celedonio. Hay una tradición, mantenida con testimonios escritos desde el siglo XIV, que dice que las cabezas de los mártires, arrojadas al río Ebro en Calahorra, llegaron milagrosamente a la bahía santanderina. Lo más verosímil es que los fundadores de la abadía trajeran algunas reliquias de los mártires. El hecho es que estos santos entraron de lleno en la historia de la villa. En el escudo de la misma, figuran sus cabezas. Desde el 30-IX-1791, son patronos de la diócesis. Su fiesta se celebra el 30 de agosto.

Sínodos. Durante los días 9, 10 y 11-VI-1891, se celebró el único sínodo diocesano. Presidió el obispo Sánchez de Castro y asistieron 300 sacerdotes.

Monumentos artísticos. Muchos cristianos, durante la invasión árabe, se refugiaron en las montañas del Norte. Los rincones cántabro-astures fueron lugar propicio para la edificación de monasterios e iglesias. De muchas sólo nos quedan noticias documentales. Se conservan, no obstante, hermosos ejemplares: Santa María de Lebeña, notable monumento mozárabe (siglo X). Las colegiatas de Santillana del Mar, Castañeda, Cervatos y San Martín de Elines, son la representación más digna del románico (siglo XII). Del gótico se conservan las iglesias de Santoña, Laredo, Castro Urdiales y la cripta de la catedral de Santander (siglos XIII y XIV). Juan de Herrera nació en una aldea montañesa; de ahí que su estilo impusiera las normas en la arquitectura religiosa de la provincia de Santander durante los siglos XVII y XVIII.

2. Instituciones. *Cabildos.* El cabildo de la catedral tiene 18 canónigos y 14 beneficiados. Santillana del Mar tuvo su cabildo hasta el año 1755

Santuarios. Hay en la diócesis 65 santuarios dedicados a la Virgen. Los más populares son: Nuestra Señora de Montes Claros, Nuestra Señora de las Caldas, La Virgen del Mar (San Román de la Llanilla), Nuestra Señora del Carmen (Revilla de Camargo), La Virgen de Valvanuz (Selaya), Nuestra Señora de la Barquera y Nuestra Señora del Milagro (Fresnedo).

Existen dos seminarios: el diocesano de Monte Corbán (1852) y el de Comillas (1892).

Congregaciones religiosas. En 1801 existían en la diócesis 13 casas de religiosos: Regulares de las Escuelas Pías, Jerónimos, Observantes de San Francisco, Dominicos y Carmelitas Descalzos. Asimismo, existían casas de Clarisas, Dominicas, Agustinas, Concepcionistas y Mercedarias. Los centros más famosos a través de los siglos fueron: El monasterio de Jerónimos de Monte Corbán, fundado en el siglo XIV. Santa María de Piasca, monasterio mixto (¿siglo VIII?). Desde el siglo XII, solo para monjes. Santo Toribio de Liébana, célebre por la vida monástica en él desarrollada. El teólogo medieval Beato realizó allí su labor intelectual. En este monasterio se conserva el Lignum Crucis traído, según tradición, por santo Toribio desde Palestina.

3. Geografía diocesana. Los primeros límites, por el Este y Oeste, los constituían los ríos Nervión y Deva. Al Sur se estableció que el límite debía ser la vertiente que llevase las aguas al Cantábrico. Esto originó serios problemas, debido a lo accidentado que es la geografía por esta zona. En 1801 la diócesis estaba formada por los siguientes arciprestazgos: Ampuero, Arceniega, Buelna, Cabuérniga, Camargo, Carranza, Carriedo, Castro, Cesto y Voto, Comillas, Cudeyo, Güeñez, Iguña, Laredo, Mena, Muslera, Pas, Pesquera, Piélagos, Portugalete, Rivamontán, Ruesga, Santillana, Santoña, San Vicente. Siete Villas, Soba, Torrelavega, Toranzo y Valmaseda. Las regiones de Liébana, Reinosa y Valderredible, aunque eran de la provincia, no pertenecían a esta diócesis. Han pasado a formar parte de ella, después del arreglo último del año 1956. El valle de Mena, provincia de Burgos, sigue perteneciendo a Santander.

4. Situación actual. La diócesis santanderina tiene una extensión de 5.698 kilómetros cuadrados. El número de fieles es de 426.021, distribuidos en 583 parroquias y atendidos por *(599)* sacerdotes seculares. Presta también sus servicios apostólicos y docentes, un gran número de religiosos y religiosas. Los varones tienen 35 casas y las mujeres 121. Los colegios de enseñanza son 32. De éstos, 15 están regidos por religiosos y tienen 3.800 alumnos. Las religiosas tienen 22 centros, con 3.100 alumnas. Existen 27 instituciones benéficas, con 2.600 asistidos. En el seminario diocesano cursan los estudios eclesiásticos 467 seminaristas.

5. Episcopologio. *Francisco Javier de Arriaza,* pr. 24-IX-1755, † 18-X-1671. *Francisco Laso Santos de San Pedro,* pr. 29-III-1762, † 14-III-1783, estableció la Casa de expósitos. *Rafael Tomás Menéndez de Luarca,* pr. 25-VI-1784, † 20-VI-1819, organizó, como Regente de Cantabria, un ejército para luchar contra los franceses; derrotado, estuvo exilado en Inglaterra y Portugal; restablecida la monarquía borbónica, volvió a Santander (1814). *Juan Nepomuceno Gómez Durán,* pr. 21-II-1819, 27-VII-1829 tr. a Málaga. *Felipe González Abarca,* ob. de Ibiza, pr. 28-IX-1829, † 12-III-1842; inauguró el Instituto de Segunda Enseñanza en el exconvento de Santa Clara; después de su muerte estuvo la sede vacante durante seis años. *Manuel Arias de Tejeiro de Castro,* pr. 17-I-1848, ren. 1859 † 18-XII-1863, fundó el seminario diocesano (1852). *José López Crespo,* pr. 26-IX-1859, † 21-III-1875, asistió al concilio Vaticano I. *Vicente Calvo y Valero,* pr. 5-VII-1876, † 27-III-1882, comenzó la publicación del Boletín Eclesiástico (enero de 1876). *Santiago Sánchez de Castro,* 27-III-1884, † 19-IX-1920, inauguró el seminario de Comillas, de él son las únicas Constituciones Sinodales que existen en la diócesis. *Juan Plaza y García,* pr. 16-XII-1920, † 10-VII-1927. *José Eguino y Trecu,* pr. 2-X-1928, cons. 13-I-1929, † 6-V-61, *Doroteo Fernández y Fernández,* administrador Apostólico, 9-V-61-21-II-62. *Eugenio Beitia Aldazábal,* ob. coadjutor de Badajoz, pr. 27-I-1962, 23-I-1963 tr. a Verona (Numidia). *Vicente Puchol Montis,* 2-VII-1965, † 8-V-1967. *José M. Cirarda Lachiondo,* pr. 22-VII-1968, 5-XII-1971, tr. a Córdoba. *Juan Antonio del Val Gallo,* ob. tit. de Santa Justa, pr. 4-XII-1971, obispo actual.

BIBL.: M. ESCAGEDO SALMÓN, *Conferencias, Informes e Hidalguías,* Tor. 1931. En esta obra se encuentra la relación de todas las publicaciones de este autor. Su obra, en general, es confusa y con bastantes errores, pero gracias a él se puede realizar cualquier estudio relacionado con la historia religiosa de Santander; J. MARTÍNEZ MAZAS, *Memorias antiguas y modernas de la Iglesia y Obispado de Santander,* ms. 1777 de la Biblioteca Menéndez Pelayo. Es una obra incompleta y pobremente documentada; E. FLÓREZ, *La Cantabria,* Ma. 1768; *El escudo de la ciudad de Santander,* San. 1922, que recoge los principales testimonios relacionados con la devoción a san Emeterio y san Celedonio; *Sínodo Diocesano,* San. 1891; M. SAINZ DE LOS TERREROS, *Breve reseña de los Santuarios de la provincia de Santander,*

San. 1919, de escaso valor científico; S. CÓRDOBA Y OÑA, *Santander, su catedral y sus obispos,* San. 1929, poco científico; D. MENÉNDEZ DE LUARCA, *Biografía de Rafael Tomás Menéndez de Luarca,* Ov. 1897. E. ORTIZ DE LA TORRE, *Arquitectura religiosa,* Ma. 1926; BANCO DE SANTANDER, *Aportación al estudio de la Historia Económica de la Montaña,* San. 1957, 83-443. El Boletín de la Diócesis, desde 1945, viene publicando, bajo el título *Archivo,* una serie de datos muy valiosos para conocer la historia diocesana. La Oficina General de Información y Estadística de la Iglesia de España, *Guía de la Iglesia en España,* 1960, 535-537. aquí se puede ver las clases de religiosos que existen en la actualidad y donde tienen enclavadas sus casas; J. HOZ TEJA, *El clero montañés,* San. 1951; A. SHULTEN, *Los Cántabros y Astures, y sus guerras con Roma,* Ma. 1943; A. BALLESTEROS BERETTA, *La Marina Cántabra y Juan de la Cosa,* San. 1954; J. SIMÓN CABARGA, *Santander,* San. 1954, no tiene carácter científico; J. ANTONIO DEL RÍO Y SAINZ, *La provincia de Santander,* San. 1885, con abundantes documentos y datos, y muchos errores; A. DE ESCALANTE, *Costas y Montañas,* Ma. 1871 recoge poéticamente datos y tradiciones de la historia de la provincia y capital; F. SOJO LOMBA, *Ilustraciones de la historia de la M. N. y M. L. Merindad de Trasmiera,* Ma. 1930; M. DE ASÚA Y CAMPOS, *Hijos ilustres de Cantabria que vistieron hábitos religiosos,* Ma. 1945; J. BRAUN, *Civitates orbis terrarum,* Col. 1597, curiosa descripción de Santander en el siglo XVI.   S. DÍEZ

SANTANDER, Miguel de, OFMCap (Santander 23-II-1744 † Santa Cruz de Iguña [Santander] 2-III-1831) obispo, predicador y escritor. Su nombre de pila fue Joaquín Suárez Victorica, que, al vestir el hábito capuchino en Alcalá de Henares, el 2-XII-1764, cambiaría por el de Miguel de Santander. Aquí hizo sus primeros estudios, pasando más tarde a completarlos en Alcalá, prosiguiéndolos hasta los veinte años en que se hizo religioso. Su ordenación tuvo lugar en 1772, siendo poco después destinado por propia iniciativa a formar parte del famoso seminario de Misioneros de Toro, donde en la oración y retiro y con gran aplicación al estudio se preparó para ejercer dignamente el ministerio de la predicación. Hombre de sincera vida interior, de dotes oratorias insuperables y de una formación muy al día, abierto a las corrientes extranjeras, sobre todo francesas, puede considerarse como el máximo renovador de la predicación sagrada a fines del siglo XVIII. El Beato Diego Josó de Cádiz, amigo y admirador suyo, lo calificó de «sabio de primer orden, varón religiosísimo y ejemplar... una de las columnas que ha puesto Dios en nuestros días para que sostenga la verdadera piedad, virtud y religión» (carta al capuchino padre Jaime de Puigcerdá, 15-XI-1795). Solidez doctrinal, belleza en la forma y modernidad de pensamiento eran la base humana de aquella elocuencia cautivadora, que llegó a reunir en torno a su púlpito a más de 25.000 personas.

Consagrado por entero a la predicación y rehuyendo siempre las prelacías, recorrió incontables pueblos de Toledo, Zamora, Valladolid, León, Galicia, Asturias y Santander, buscando la conversión de los pecadores por medio de fervorosas misiones y edificando a todos con su vida penitente y la práctica de las virtudes. Su fama de excelente predicador y virtuoso religioso corrió por todas partes y llegó también a la Corte.

Era entonces arzobispo de Zaragoza don Ramón de Arce que al mismo tiempo desempeñaba el cargo de Inquisidor general. Ante la imposibilidad de permanecer en la diócesis, santanderino como era, puso los ojos en su paisano el padre Miguel de Santander y lo propuso a Carlos IV para su obispo auxiliar. Fue consagrado titular de Amizón el 20-III-1803 y a los pocos días marchó a Zaragoza para tomar la dirección pastoral de la archidiócesis como gobernador eclesiástico. Renunció muy pronto a ese cargo para dedicarse más de lleno a la predicación, dando ejercicios y misiones en la ciudad y en numerosos pueblos, haciendo la visita pastoral a toda la diócesis, atendiendo a las necesidades así espirituales como temporales del clero y feligreses. Incansable en el trabajo, llegó a confirmar más de 100.000 fieles, manteniendo en todo tiempo el mismo estilo de vida sencilla, pobre y austera de capuchino, pródigo en socorrer a los necesitados entre los cuales distribuía sus rentas.

En medio de ese trabajo intenso y agotador, le sorprendió la invasión francesa y también la rendición de Zaragoza, fuera de la ciudad; consideró un deber sagrado no huir sino estar al lado de su pueblo y ayudarle a llevar las calamidades de la guerra. Por eso mismo no vaciló en atenerse a los hechos consumados y entablar buena inteligencia con el invasor; creyó este proceder más viable y más práctico, y realmente con su influencia, con sus recomendaciones, con su autoridad pudo librar a muchos sacerdotes y religiosos e incluso paisanos de una muerte segura o de los horrores de la prisión y otros castigos. Fue designado por José Bonaparte gobernador general de las iglesias de Aragón, pero en su actuación hizo caso omiso de tal nombramiento. También fue elegido para ocupar la sede vacante de Huesca, pero no tomó posesión de ella hasta que el cabildo le entregó voluntariamente y tras un convenio la jurisdicción.

Por esa su actuación con los invasores se le consideró como traidor, intruso y afrancesado, y como tal fue blanco de la ira patriótica, viéndose obligado a retirarse a Francia con las tropas de Napoleón. Aun en el destierro le persiguió la difamación por escrito, y de ella, al igual que de todos los cargos que se le hicieron, tuvo que defenderse con una apología autobiográfica de gran interés histórico, publicada allende los Pirineos en 1817. Por otra parte, los sermones por él predicados en circunstancias bien comprometidas y que luego se publicaron, ponen bien de manifiesto la rectitud de su intención y conducta y, asimismo, la falsedad de las acusaciones contra él lanzadas, entre otras, la de abierta adhesión a la causa de los enemigos de la Patria.

Decretada la amnistía por Fernando VII en 1820, pudo volver a España ese mismo año, fijando su residencia en el pueblecito montañés de Santa Cruz de Iguña, donde pasó el resto de sus días dedicado a trabajos literarios, y en el que falleció el 2-III-1831, siendo ya nonagenario. Fue enterrado en la iglesia de los padres dominicos de Caldas de Besaya. No obstante lo sucedido, bajó al sepulcro estimado de todos los contemporáneos, venerado por sus virtudes y admirado por sus sermones impresos, que fueron a lo largo del siglo XIX y aun en nuestros días precioso arsenal de asuntos e ideas predicables.

OBRAS: Aparte de algunas *novenas, exhortaciones* y *sermones* sueltos, publicó las siguientes obras: *Doctrinas y sermones para misión*, 6 vols., I y II, Ma. 1800; III, Ma. 1801; IV y V, Ma. 1803, y VI, Ma. 1813; tuvieron en pocos años varias ediciones; *Sermones panegíricos*, 2 vols., Ma. 1801, 1803, fueron impresos igualmente varias veces en muy pocos años; *Retiro espiritual para los sacerdotes*, 2 vols. Ma. 1802; en 1804 se publicó esta misma obra con el título de *Ejercicios espirituales para sacerdotes*, y con este título se hicieron luego otras ediciones; *Ejercicios espirituales para las religiosas*, Ma. 1804, que alcanzaron varias ediciones; *Sermones dogmáticos*, Ma. 1805; *Cartas familiares y algunos otros opúsculos*, Ma. 1805; *Exhortaciones a la virtud*, ¿Hu. 1812?; *Apuntaciones para la apología formal*, Montpellier 1817; *Catecismo para los niños*, trad. del francés, Ma. 1839; *Instrucciones bajo la forma de catecismo*, 3 vols., trad. del francés, Ma. 1840.

BIBL.: ES 2, 17-20; N17, I, 269-275; N10, 58; N5, I, 488-511; M. DE ASÚA Y CAMPOS, *Hijos ilustres de Cantabria, que vistieron hábitos religiosos*, Ma, 1945, 369-398; L. G. CAMINO, *El montañesismo de Fray Miguel de Santander:* R2 5(1945)5-54.
L. DE ASPURZ

SANTANDER Y BARCENILLA, Bernardo de,

OdeM (Logroño 1613? † Madrid 1692) escritor espiritual. El padre Bernardo de Santander ingresó en el convento de la Merced de Logroño. Se matricula en la Universidad de Salamanca por los años de 1630. Fue maestro en Teología y enseñó esta disciplina en los conventos de Huete, Guadalajara y Toledo, donde estuvo de superior. Lo nombraron vicario provincial de Castilla y más tarde provincial (1675).

OBRAS: *Marial de la Virgen Nuestra Señora*, Ma. 1662; *Escuela de principiantes y aprovechados en el camino del cielo*, Ma. 1672; *Sermón en las exequias de la reina de España D.ª Isabel de Borbón*, Alc. 1644; *Pláticas para la Escuela de Christo de Madrid*, 3 vols., Ma. 1662.

BIBL.: O207; A1, 227; A. HARDA, *Biblioteca Mercedaria*, ms. en la Academia de la Historia; O231; R. DELGADO CAPEANS, *La Concepción en gloria:* La Inmaculada y La Merced, II, Ro. 1955, 128-133.
M. RODRÍGUEZ

SANTIAGO, († c. 44) uno de los doce Apóstoles, patrón de España.

I. Santiago en el Nuevo Testamento. Los hijos del Zebedeo, Santiago y Juan, fueron llamados por Jesús junto al mar de Galilea poco después de los hermanos Simón y Andrés, y le siguieron dejando la pesca (Mt. 4, 21-22; Mc. 1, 16-20; cf. Jn. 1, 35-42 y Lc. 5, 1-11). Jesús les dio el nombre de Boanerges o «hijos del trueno» (Mc. 3, 17). Fueron elegidos para el grupo de los doce Apóstoles (Mt. 10, 1-4; Mc. 3, 13-17; Lc. 6, 12-16); enviados como los demás a anunciar el Reino a su pueblo (Mt. 10, 3-16. 40; Lc. 9, 1-6). Con especial vehemencia (Lc. 9, 51-55) los Boanerges participaban en la imperfecta concepción del Reino temporal, de la que Jesús tuvo que purificar a sus discípulos (Mt. 18, 1-4, y 20, 25-28; Mc. 9, 33-34; Lc. 9, 46-48). Juntamente con su madre — que acompañaba también al Señor y parece ser la que Marcos (15, 40) llama Salomé, probablemente hermana de María, la Madre de Jesús (Jn. 19, 25; cf. M. REY MARTÍNEZ, *El Apóstol Santiago y la Virgen María:* R77, 3-4(1961)603-609) — piden los primeros puestos en el Reino de Cristo; mas, respondiendo a una pregunta de Jesús, que endereza su ambición, se comprometen a beber el mismo cáliz del Señor (Mt. 20, 20-23; Mc. 10, 35-40). Pedro, Santiago y Juan son admitidos a una mayor intimidad con Jesús: solo a ellos permite el Señor asistir a la resurrección de la hija de Jairo, estar presentes a su propia Transfiguración y estar cerca durante la angustia de Getsemaní. Después de la Resurrección reciben los Apóstoles el encargo de ser testigos en Jerusalén, Judea, Samaría y hasta los confines de la tierra (Act. 1, 8). Sin duda, Santiago participa en la predicación inicial de Jerusalén y en la vida de la primera comunidad. Pero el libro de los *Hechos de los Apóstoles*, que en los 12 primeros capítulos atiende principalmente a Pedro y en los restantes se ocupa casi únicamente de Pablo, nada dice de la acción misional de los demás Apóstoles. Cuando Saulo, convertido, fue a estar con Cefas (entre los años 36 y 39), parece que la mayoría de los Apóstoles estaba ausente de Jerusalén, pues solo menciona a Pedro y a Santiago el hermano del Señor, a cuyo cargo estaba ya la comunidad jerosolimitana (Gal. 1, 18-19). Y hasta cabe pensar que la ausencia se produjese antes, si interpretamos la mención genérica de Apóstoles en Act. 8,1 a la luz de Gal. 1, 18-19, y 2, 2-9, y de Act. 15, 2-13. Al referir la persecución de Herodes, se anota que éste hizo morir por la espada a Santiago hermano de Juan (Act. 12, 2). Por los datos que se tienen acerca de la muerte de Herodes, la muerte de Santiago se sitúa en la Pascua del año 44 o algo antes.

II. La «Passio». Clemente Alejandrino registra una tradición del siglo II sobre las circunstancias de la muerte de Santiago: su acusador se convierte y se asocia en el martirio al Apóstol, tras obtener de éste el beso de paz (cf. Eusebio, *Hist. Ecl.* 1, 9, 2-3). El tema es amplificado en la *Passio* latina, que entra en la compilación del pseudo-Abdías en el siglo VI. Contiene un discurso de Santiago a los judíos. El texto de la *Passio*, según Lipsius *(Die Apokryphen...*, II-2, 206-208), utiliza fuentes que hay que datar entre los siglos II y IV. E. Elorduy estima que son fuentes de origen hispanogalaico; cf. el estudio de M. C. Díaz. (Véase al final de este art. [BIBL. B]).

III. **Predicación en Occidente.** 1. Entre los siglos V y IX se desarrolla la veneración hacia todos los Apóstoles. Se generalizan progresivamente sus fiestas litúrgicas, que en principio eran locales. Durante ese tiempo, en libros litúrgicos de Oriente y Occidente (menologios, calendarios, martirologios), o por separado, se compilan los datos referentes a todos los Apóstoles en breves Indices (calendarios de sus fiestas, breviarios, *Notitia de locis, Nomina Apostolorum*, etcétera). Unos recogen datos biográficos (nacimiento, predicación, muerte, sepultura); otros se limitan a señalar la «passio» con el lugar de la muerte, que es lo que conmemora la fiesta correspondiente. [BIBL. C-1]. Por lo que toca a Santiago, algunos textos orientales, como también la *Passio* latina, evocan su predicación en Judea y Samaría. Otros —así, los Actos griegos, coptos, etiópicos— afirman la predicación a los judíos de la Diáspora (¿sugerida por el encabezado de la carta de Santiago, atribuida al Mayor?: cf. Lipsius, *Die Apohryphen*, II-2, 208-212).

2. Distintos textos latinos añaden la predicación en *Hispania* o en *Hispania et occidentalia loca*. El *Breviarium Apostolorum ex nomine ubi praedicaverunt, orti vel obiti sunt* — que circula por todo el Occidente (más documentado fuera de España) al menos desde fines del siglo VI o inicio del siglo VII, en códices del Martirologio Jeronimiano y de calendarios, de los que se conservan no pocos del siglo VIII y siguientes — dice de *Jacobus, filius Zebedei:* «hic Spaniae et occidentalia loca praedicat...» La lista *Nomina Apostolorum per singulos cibitates ubi predicaverunt evangelium*, consignada en un calendario de la biblioteca de Santa Catalina del Sinaí, que corresponde, al parecer, a una iglesia del Norte de Africa y refleja su culto en el siglo VIII y anteriores: «*Jacobus Zebedei in Spania*» (cf. J. Gribomont, en Anal. Bolland., 75 [1957] 105-134).

3. El opúsculo hispano de comienzos del siglo VII, *De ortu et obitu Patrum qui in Scriptura laudibus efferuntur*, muy difundido también por Occidente, como obra de san Isidoro de Sevilla, con numerosos manuscritos desde el siglo VIII, en la noticia biográfica dedicada particularmente a Santiago (cap. 71) dice: «...*Spaniae et occidentalium locorum Evangelium praedicavit et in occasum mundi lucem praedicationis infudit...*» (PL 83, 151). Ha habido, no obstante la erudición de Arévalo, oscilaciones en los autores acerca de la atribución de la obra a san Isidoro, y se supuso que el inciso que trata de la predicación de Santiago era una adición extrahispana de fines del siglo VII; mas los estudios textuales recientes (Díaz, Bischoff) reafirman tanto la autenticidad isidoriana de la obra, aunque Díaz cree interpolado el inciso, no es verdad en cuanto a Díaz que dice es interpolación, artículo en Jahrbuch 77(1958) que se cita en la Bibliografía C-2. [BIBL. C-2].

4. Una serie de textos que destacan la predicación de los Apóstoles por todo el mundo y su distribución según las «sortes proprias» que cada uno había recibido, asignan *Spania* (Hispania) a Santiago: san Isidoro de Sevilla, en la recapitulación de las noticias biográficas de los Apóstoles, cap. 81 *De ortu et obitu Patrum* (PL 83, 154): alude también a la división apostólica del orbe el tratado *De vana saeculi sapientia*, del Noroeste de España, fines del siglo VII. El venerable

Beda, de Inglaterra, siglo VIII, *Excerptiones Patrum* (PL 94, 545). San Beato de Liébana, Noroeste de España, siglo VIII, en el prólogo al libro 2 de su *Comentario al Apocalipsis*, que depende en parte del *De ortu* (ed. Sanders, Roma, p. 116). Un Comentario a la *Profecía de Nahum* (PL 96, 746), que algún manuscrito antiguo atribuye a san Julián de Toledo, siglo VIII, y A. Wilmart y Morin adscriben a autor medieval francés más tardío.

5. San Aldhelmo de Malmesbury, en Inglaterra, a fines del siglo VII, en el poema destinado al altar de Santiago dentro de una basílica que tenía altares para los 12 Apóstoles, señala la predicación en España: *primitus hispanas convertit dogmate gentes;* y agrega una noticia, que también recoge para Pedro y Juan, sobre la difusión contemporánea de narraciones de milagros: *Plurima hic praesul patravit signa stupendus | quae nunc in cartis scribuntur rite quadratis* (PL 89, 293; Mon. Germ. Hist. Auct. antiq. XV, 23). [BIBL. C-3]. El himno a Santiago *O Dei verbum*, de la Liturgia hispana, compuesto, al parecer, en el siglo VIII en el reino cristiano de Asturias, asigna también al Apóstol como tierra de misión España, donde preside, cumpliéndose la petición de que los Zebedeos estuviesen a derecha e izquierda en el Reino de Jesús: Juan en Asia, Santiago *potitus Hispaniam* (edit. C. Blume, *Hymnodia Gothica*, Leipzig 1897 y 1961, 187; Gilson, *The Mozarabic Psalter*, 1905; cf. M. C. Díaz). [BIBL. C-4]. Varios documentos jurídicos, de testamento o donación, de diversos lugares de Galicia, utilizan como protocolo o invocación una misma fórmula, a modo de himno o profesión de fe, que termina refiriéndose a la misión de los Apóstoles, *ex quibus unus, Zebedei filius, Hispaniae sortitus, Gallecie finibus est solio locatus* (López Ferreiro, *Historia...* [BIBL. C-5], I, 125, y III, Apénd., p. 56; ID. en Galicia Histórica, 1 [1901]79-80; ES 12, 362, y 40, 45; Manuscrito Bibl. Nac. París, Esp. 321, fol. 279). Esta composición es ciertamente anterior a los documentos que la transcriben, que son del siglo X y siguientes. López Ferreiro ha sugerido como fecha de origen en torno al siglo VI; habrá que estudiarlo, a la vista del *O Dei Verbum*. Para el testimonio atribuido a san Braulio, cf. E. Anspach, *Taionis et Isidori nova fragmenta et opera*, Madrid 1930, 57-64; T. Ayuso, en el vol. Isidoriana, León 1961, 144-153; M. C. Díaz, en Compostellanum, 10(1965)294-95.

6. El obispo Freculfo de Lisieux, siglo IX, reproduce el texto del *De Ortu (Chronicon*, 2, 2, 4). El abad Cesáreo de Montserrat, siglo X, apelando al hecho de la predicación de Santiago en *Spania et occidentalia* acude a la iglesia del Apóstol en Compostela para ser confirmado en un Concilio como metropolitano de Tarragona, al restablecerse esta sede, una vez liberada de los mahometanos (Carta de Cesáreo al papa, en E. Baluze, *Miscellanea*, ed. Mansi, 116-117; ES 19, 159-161; cf. F. Fita en Bol. Acad. Hist., 38 [1901]213-230). A comienzos del mismo siglo X, Notker, del monasterio de San Gall, registra en su *Martirologio* la predicación en España. Los *versos memoriales* copiados en el ms. lat. París 8069, siglo XI, dicen: *Jacobus Ispaniis, Asiae dat iura Ioannes.* En Oriente, donde es rara la mención de la misión occidental de Santiago, el códice georgiano 42 de Iviron (Monte Athos), copiado en el siglo X en un monasterio de Bitinia, contiene una lista de lugares a los que fueron enviados los Apóstoles: «Santiago, a Hispania y Jerusalén» (edit. en Anal. Bolland., 86[1968]146).

7. Por otro lado, los obispos de la provincia Tarraconense, siglo X, con su metropolitano de Narbona, al polemizar contra la pretensión de Cesáreo antes citada, afirman que el Apóstol Santiago vino a España muerto, no vivo. Ademar de Chabannes *(Epistola de*

apostolatu Martialis, Limoges, a. 1028: PL 141, 100) y Orderico Vital, siglos XI-XII *(Historia Ecclesiastica,* lib. 2: PL 188, 113) interpretan el apostolado de Santiago en España como la predicación de los discípulos que transportaron a Galicia el cuerpo del Apóstol. Los desconocidos autores de las *Passiones* de Santa Leocadia y los santos Vicente, Sabina y Cristeta (manuscritos de Cardeña y Silos, siglo X) y de la *Passio S. Saturnini* opinan que la evangelización de España fue lenta y tardía (BHL, 7497; ES 6, 320; cf. Anal. Bolland., 83[1965]332-341). El papa Gregorio VII, siglo XI, en su enérgica acción por imponer a todas las Iglesias occidentales la uniformidad de la Liturgia romana, aduce una carta del papa Inocencio I, siglo V (PL 20, 552), dirigida a Decencio, obispo de Gubbio (Italia), en la que trata de persuadirle a conformarse con los usos litúrgicos que la Iglesia Romana tiene recibidos de San Pedro. No se refiere a Santiago, pero expone este argumento general: *Praesertim cum sit manifestum, in omnem Italiam, Gallias, Hispanias, Africam atque Siciliam, et insulas interiacentes, nullum instituisse Ecclesias, nisi eos quos venerabilis apostolus Petrus aut ejus successores constituerint sacerdotes. Aut legant, si in his provinciis alius apostolorum invenitur, aut legitur docuisse.* Afirmación que acaso quiere referirse a la fundación «jurídica» de Iglesias; si se tomase con todo rigor, excluiría también la evidente acción occidental de san Pablo.

8. Después del siglo XI la creencia en la predicación de Santiago en España posee la universalidad en la Iglesia Occidental (la supuesta negación de un arzobispo toledano en el concilio de Letrán, siglo XIII, se contiene en un texto espúreo), y se extiende también por Oriente, donde entre los Armenios era ya una arraigada persuasión. Es un dato firme de la literatura hagiográfica y de la liturgia. Desde fines del siglo XVI se ha suscitado una controversia entre eruditos, que repercutió en los proyectos de reforma del *Breviario* en el siglo XVII, habiéndose sugerido por algunos que el texto sobre la predicación jacobea se redujese a afirmar una tradición española, si bien al final se mantuvo, con mejor sentido histórico, el carácter general de la tradición (cf. Erce Ximénez y García Villada). La controversia, prolija y secular, ha producido una gran mole de publicaciones (cf. los repertorios bibliográficos en [BIBL. A]). Entre centenares de autores (la inmensa mayoría, defensores de la tradición, algunos influidos por los falsos cronicones, otros inmunes de este contagio) señalemos por su relieve en este campo, además del vacilante Baronio: en contra de la predicación occidental, Natal Alexandre, Tillemont, Miguel de Santa María, L. Duchesne; a favor, Ambrosio de Morales, A. Caracciolo, Erce Ximénez, Tolrá, Flórez, los Bolandistas de *Acta Sanctorum,* López Ferreiro, F. Fita. En el siglo XX la controversia no se ha extinguido (por ejemplo, García Villada publica su minucioso estudio en 1929, y las detenidas exposiciones de C. Velasco, B. Llorca y T. Ayuso, salen a luz en 1948, 1949 y 1954). Pero algunos autores, quizá hastiados, tienden a eludir todo nuevo análisis y a dar la cuestión por resuelta con una descalificación histórica de la vieja opinión (cf. H. Delehaye, en Anal. Bolland. [1930] 404, y *Martyrologium Romanum,* Bruxellis 1940, 305; M. Torres, en *Hist. de España* de R. Menéndez Pidal, II, 1935, 448; J. Pérez de Urbel, en Hispania Sacra, V [1952] 1 ss.). La cuestión, sin embargo, sigue abierta. [BIBL. C-5].

9. Un aspecto de la cuestión, sí, debería ser cancelado. La polémica se ha detenido excesivamente en el intento de demostrar con argumentos positivos la imposibilidad o la inverosimilitud de la predicación occidental. A la luz de la ciencia histórica actual esos argumentos no son válidos. Si se admite la incierta opinión de que durante un buen número de años los Apóstoles no consideraban abierto el camino a los gentiles, solo puede entenderse de una prioridad en favor de los judíos, lo que no excluye a los judíos dispersos por el mundo. Deducir de los *Act. Ap.* que los Apóstoles no salieron de Jerusalén hasta después de la muerte de Santiago, supone violentar la verdadera estructura del libro, que no puede ser interpretado como una historia total de los Apóstoles, cuando es más bien una selección (con muchos huecos) de episodios relativos a Pedro y a Pablo; por lo demás, antes del año 40 no sólo hay misiones extrapalestinenses y con aceptación de gentiles sino que es probable una dispersión de la mayoría de los Apóstoles, bien de modo definitivo bien en excursiones de ida y vuelta (M. Rey Martínez: R 77, 6[1961]609-617). Cf. Gal. 1, 18-19, y 2, 2-9. El criterio paulino de predicar donde Cristo no había sido nombrado (Rom. 15, 20), además de no tener un sentido absolutamente excluyente (cf. García Villada), no sería aplicable, aunque lo tuviese, a España, que no es una ciudad, como Roma, sino un vasto territorio, donde cualquier otro predicador transitorio habría dejado grandes zonas intactas (cf. B. Llorca); y acaso el proyecto paulino de ir a España responde al programa de la última fase de su vida, de confortar cristiandades ya constituidas (cf. *Martirologio de San Gall,* siglo X, y T. Ayuso); si no es que el criterio, de donde se toma la objeción, se refiere no a España sino a la misma Roma, donde Pablo se limitaría a estar de paso, para respetar el deslinde (Gal. 2, 9) entre la Misión judía y la Misión gentil (cf. O. Cullmann, *Saint Pierre,* 1952, 69 et alibi). Por último, el máximo argumento, tan minuciosamente analizado por Duchesne, del silencio de los escritores españoles antiguos se destruye de una vez con advertir que el mismo silencio, y aun mayor, afecta a la predicación de san Pablo (cf. J. Vives, R 118, 8[1955]233-234), a pesar de que su propósito de ir a España se lee en la carta a los Romanos y de que el viaje es aludido o afirmado por escritores no hispanos desde el siglo I al IV. El mismo silencio cubre hechos muy importantes de la Iglesia española antigua (cf. T. Ayuso, *Standum est pro traditione,* Ma. 1954).

10. Donde tiene campo abierto la crítica histórica es en lo tocante a la génesis, propagación y valor, tradicional o no, de la convicción occidental de los siglos VI-VIII. La resonancia de la noticia sobre Santiago, según indica De Gaiffier (Anal. Bolland., 81 [1963]113), es un misterio no aclarado. Entre no pocos autores ha prevalecido la suposición infundada de Duchesne, quien hace derivar del *Breviarium* todos los demás textos, y atribuye la novedad de aquél a la manipulación personal de un traductor de Catálogos bizantinos. No consta la prioridad del *Breviarium* sobre el *De Ortu* (Gaiffier piensa en una fuente anterior, común a ambos), ni se puede afirmar una dependencia de Aldhelmo (cf. López Ferreiro, en Galicia Histórica I [1901]78; Anal. Bolland., 81[1963]110; tampoco es del *Breviarium* la fórmula de los documentos galaicos. Más que en la manipulación de un traductor, ¿no habría que pensar en una convicción extendida en Occidente? Lipsius imaginó que la idea de la predicación hispana fue promovida a propósito por la Iglesia española del siglo VII, con el fin de sustituir con otro Apóstol a san Pablo, cuya adscripción a España sería mal vista por Roma, que lo reclamaba en exclusiva para sí; el ascenso de Santiago en España coincidiría, pues, con el eclipse de san Pablo *(Die Apokryphen...,* II-2, 1884, 216-219). Pero la primera mención española de San Pablo aparece precisamente en san Isidoro, que habla también de Santiago; y no solo en *De Ortu* (PL 83, 150), sino también en las *Etimologías* (7, 9, 8), donde es san Pablo el único Apóstol de quien se señala

el campo de acción: «llevó el Evangelio de Cristo desde el Oriente al Océano». Y, como Lipsius mismo recuerda, Gregorio Magno supone el viaje de san Pablo. Por lo demás, Duchesne, y con él otros autores, sostienen que, mientras fuera de España se hablaba de la predicación hispana, la Iglesia visigótica la ignoró y aun la rechazó, siendo acogida la idea más tarde por Beato. Esto es inaceptable, a la vista de los textos, pero sí es verdad que la sobriedad de la Iglesia visigótica en este punto (léanse los Concilios) no ofrece el menor indicio para pensar en planes oficiales o en tácticas favorecidas ni en relación con Santiago ni aun con san Pablo. Gams supone que el hecho de la traslación del Cuerpo de Santiago muerto dio ocasión, en virtud de una modalidad lingüística española, para que se terminara hablando del viaje de Santiago vivo, confusión que ya habrían notado los obispos de la Tarraconense en su réplica a Cesáreo (Die Kirchengeschichte... II-1, Regensburg 1864, 297-299; II-2, 361-380). Digamos que una hipótesis basada, no en la confusión lingüística (!), sino en una interpretación histórica a partir de la sepultura, exigiría una localización notoria de ésta en España antes de que aparezcan las menciones de predicación: antes del siglo VII.

Es característica la expresión Hispania et occidentalia loca. Si «loca» hubiese de entenderse según la terminología de las Etimologías isidorianas (14, 5), serían territorios que comprenden varias provincias; por tanto, otros países occidentales, además de España, a no ser que se considerase sinónimo de Hispania (et-seu). Fuera de la acepción de las Etimologías, ¿«occidentalia loca» indica acaso la zona occidental dentro de España? De Ortu, añade: occasum mundi, que puede ser Galicia (en el Concilio I de Braga, a. 561, los obispos de la provincia de Galicia hablan de sus fieles establecidos in ipsa extremitate mundi; san Valerio, siglo VII, llama a Galicia extremitas occiduae plagae). San Aldhelmo de Inglaterra se refiere a España y no a su propio país. Elorduy rastrea en san Aldhelmo vestigios de fuentes galaicas del siglo VI: Boletín Acad. Hist., 135[1954]323 ss. Para comprender las expresiones de los textos, no estará de más tener en cuenta: a) que la relación «Galicia-otros países costeros occidentales» corresponde funcionalmente a un tráfico normal en torno al siglo I, en que los comerciantes del estaño navegaban desde el Mediterráneo a las costas de Galicia, a las islas Casitérides y a Britania; y que en la alta Edad Media sigue siendo una línea de viaje característica, por ejemplo, en las comunicaciones monásticas Oriente-Africa-Galicia-Irlanda-Bretaña... b) que en los siglos V-VII Spania y Gallia (la Narbonense) forman unidad política y religiosa (ver los preámbulos de los Concilios generales hispanos).

11. ¿La convicción occidental de la alta Edad Media es manifestación de una tradición más antigua? En los siglos IV-V abundan los textos que, refiriéndose de un modo genérico a la predicación personal de los Apóstoles por todo el mundo, mencionan expresamente a Hispania (Dídimo de Alejandría, siglo IV, De Trinitate 2, 4: PG 39, 488), Hispanias (S. Jerónimo, In Isaiam, 34, 16-17, y 42, 10: PL 24, 385-386, 440; los Apóstoles, como en los textos del siglo VII-VIII, se distribuyen según las sortes dadas por el Espíritu), Hispanos aut celtas (Teodoreto, siglo V, Sermo VIII de Martyribus: PG 83, 1010); in Oceani insulis (S. Hilario de Poitiers, Tract. in XIV Ps.: PL 9, 301); las islas llamadas Británicas (Eusebio, Demonstratio Evangelica 3, 5: PG 22, 204). Los textos, vistos aisladamente, podrían acaso entenderse como un modo de designar la universalidad de la predicación en el tiempo apostólico, sin ligar necesariamente a algún apóstol con cada país mencionado; o podrían aludir al viaje occidental de san Pablo. Pero, vistos a la luz de los textos del

siglo VII-VIII, ¿tendrán que entenderse como alusiones y vestigios de la misma corriente tradicional que aflora luego? Ya en el siglo IV san Efrén de Siria habla determinadamente de Santiago del Zebedeo en Galia (Evang. Concordant. Expositio, ed. Aucher et Moesinger, 1876, 286; cf. ed. Léloir, 1953, 248, y 1966, 409). La cuestión del valor tradicional de los textos no está, pues, sentenciada.

IV. Culto sepulcral y traslación [BIBL. D-1]. 1. La Passio y otros Actos e Indices, de acuerdo con Act. 12, 2, ponen la muerte de Santiago bajo Herodes y la sitúan casi siempre en Jerusalén. Algunos añaden lógicamente: ibique sepultus est. Es notable que no haya noticia de un culto sepulcral, al menos duradero, en Jerusalén ni en otro lugar de Palestina, a pesar de la abundancia de documentación, en especial de relatos de peregrinos, siempre tan ansiosos por localizar todos los recuerdos bíblicos, y siendo Santiago, con san Esteban, primer mártir atestiguado por los Hechos de los Apóstoles. (Documentación en J. Guerra, Notas críticas... [BIBL. D-2].

2. El De ortu et obitu Patrum, El Breviarium Apostolorum y otros índices biográficos latinos, del siglo VII y ss., dan como sepultura de Santiago un lugar designado por dos vocablos, con variantes en los manuscritos: 1. Acha o Achi (Aca, Aci) o Achaia (en copias tardías, Arca, Arce); 2. Marmarica (o Marmorica). Este lugar aparece también en varios ejemplares de las biografías griegas, en un catálogo siríaco y en los Actos etiópicos (en estos suena: «Batkê de Mâmrekê»). El modo como surge este topónimo en los textos parece implicar o una invención o una traslación del Cuerpo. (Otros índices apostólicos la omiten; por lo común prescinden de mencionar traslados, aun siendo muy conocidos, como los de santo Tomás y san Andrés). La localización en una ciudad de la Marmárica, en Libia o Cirenaica, propuesta por algunos (Tillemont, Lipsius, Duchesne), tropieza con la falta de toda tradición local o huella de culto en esa región norteafricana. A partir de este tiempo, en los siglos VII-VIII Santiago (que antes no se contaba entre los Apóstoles de culto extendido) comienza a tener iglesias dedicadas y veneración de reliquias, con una intensidad relativamente importante en Galicia, Francia e Inglaterra, es decir, a orillas del «mare britannicum». Esta difusión requiere un foco, un sepulcro, donde quiera que estuviese. [BIBL. D-1,3].

3. En la primera mitad del siglo IX se nos manifiesta en Galicia un culto intenso y creciente al Cuerpo de Santiago, cuya presencia allí presupone un traslado. Así lo expresa la segunda redacción del martirologio de Floro de Lyon (y la serie de martirologios históricos latinos que le siguen en los siglos IX y X): Huius beatissimi apostoli sacra ossa ad Hispanias translata, et in ultimis earum finibus, videlicet contra mare Britannicum, condita, celeberrima illarum gentium veneratione excoluntur (ed. Dom Quentin, p. 385). Atestiguan el hecho del culto sepulcral los documentos hispanos de los siglos IX al XI: continuas donaciones regias al santuario, que engrandecen por razón de la sepultura apostólica [BIBL. E-2]; construcción de una basílica a comienzos del siglo IX, y de otra, más amplia y rica, a fines del siglo (comprobadas ahora por exploración arqueológica); cuidado del sepulcro por una comunidad monástica; el lugar de Santiago se convierte en título de honor del obispo de Iria (Crónica Albeldense: Sisnandus Iriae Sancto Jacobo pollens) y en su residencia, antes del traslado canónico de la Sede, que se obtuvo en el siglo XI. Añádanse los relatos de traslación en lo que tienen de testimonio contemporáneo; la carta de Alfonso III a la iglesia de Tours; el poema de Flodoardo de Reims (siglo X).

¿Qué hay en el origen de esta veneratio celeberrima?

¿Un traslado contemporáneo? ¿Un descubrimiento inesperado del sepulcro? ¿Un lento proceso de identificación de un sepulcro ya conocido? ¿La simple exaltación de una devoción ya existente? Todas estas hipótesis tienen partidarios. Mas parece seguro el dato de la tradición compostelana, según el cual hubo un descubrimiento en tiempo del obispo de Iria, Teodomiro; porque, aunque prescindamos, por ser discutido, del diploma contemporáneo del rey Alfonso II, los relatos de los siglos XI-XII (*Cronicón Iriense*, crónica inicial de la *Historia Compostelana*, etc.; cf. M. R. García Alvarez, *El Cronicón Iriense* [BIBL. E-3] 167) manejan datos antiguos para cada obispo iriense; y las excavaciones han encontrado la lápida sepulcral de Teodomiro, enterrado junto al nuevo santuario. Pero, como es difícil precisar el valor de las circunstancias contenidas en otros relatos tardíos, cabe aún preguntar: ¿fue un descubrimiento total? ¿o fue sólo el hallazgo y exhumación de un cuerpo que ya era objeto de culto local, mas no era accesible por estar soterrado? Esta segunda forma de descubrimiento sería semejante, por ejemplo, al del cuerpo de san Francisco en Asís el año 1818, y al del mismo Santiago en Compostela el año 1879; y, como en los casos citados, suele dar ocasión a un incremento expansivo del culto.

El lugar de Galicia, en los confines de la Amaia, en que recibe culto el Cuerpo de Santiago, se denomina en la copiosa documentación local de los siglos IX al XI: *Arcis*, o *Archis* , *Marmoricis* (alguna vez *Marmaricis*); dentro de una región en cuya topografía eran muy frecuentes las arcas, en su acepción clásica de monumentos o edículos utilizados como señales de límites, y también como topónimos. El topónimo se registra no sólo en diplomas de los reyes (a cuya cancillería atribuyó Duchesne su empleo por copia erudita de los textos antiguos) sino en documentos episcopales, monasteriales y privados de distintas procedencias y de muy precisa finalidad jurídico-económica, y extraliteraria. Cf. *Notas críticas* [BIBL. D-1] 459-468.

4. Las excavaciones arqueológicas de 1879 y de 1946-1959, han devuelto a la luz, entre otros restos anteriores al siglo IX: bajo el altar de todas las basílicas que se han sucedido, un mausoleo romano de dos cuerpos — que todos los indicios llevan a datar en el siglo I o II, con adaptaciones posteriores — al que en el siglo XII se recortó el cuerpo superior, quedando el inferior bajo el pavimento de la catedral. Rebajado también este en obras más recientes, lo que subsiste de su recinto y de sus cimientos contiene ahora una cripta accesible al público desde 1886. Al oeste del mausoleo, un cementerio cristiano de tiempo hispanosuevo; y por debajo, otro de tiempo romano, con tumbas anteriores al siglo IV, encajadas en un terreno con fragmentos cerámicos del siglo I y II. El mausoleo, más arcaico que dichas necrópolis, está también contiguo por el Este a una zona en que desde antiguo se han visto inscripciones funerarias de estilo pagano. Todo junto a un camino romano, que ligaba los puertos de Iria y Brigantium, y era paso entre Braga y Lugo. [BIBL. D-4].

5. El hecho de la localización del Cuerpo de Santiago en Galicia, anterior a las leyendas explicativas, admitido con naturalidad por la Iglesia, sería inexplicable sin datos precedentes que permitiesen relacionar con Galicia una sepultura que los textos leidísimos de los *Hechos de los Apóstoles* y de la *Passio* inducirían necesariamente a situar en Palestina. La búsqueda de esos datos es un quehacer pendiente. Ante todo, los indicios de un culto anterior al siglo IX, interrumpido o no durante el siglo VIII: v. gr. el *altare parvum* tan venerado, por antiguo, en el siglos IX y ss.; E. Elorduy cree encontrar en los datos del siglo IX (posesión del lugar por Teodomiro, restauración de la Corticela...) el reflejo

de un culto previo datable en el siglo VI (en Hispania, 22 [1962]322-356), como también ve huellas documentales de tiempo galaico-suevo en los textos de Alfonso III, *la Translatio*, Floro de Lyon (ib.) y relaciona con el culto en Galicia el testimonio de Aldhelmo, siglo VII, y su mención de los milagros (Boletín Acad. Hist., 135 [1954]323 ss.; cf. Lipsius, *Die Apokryphen...*, II-2, 221). Acerca del tiempo y las circunstancias de la traslación, nuestros conocimientos nos obligan a contentarnos con unos interrogantes, pero también a no rehuirlos: ¿Traslación en el siglo I, como suponen las narraciones medievales? (es posible, aunque menos normal que después; no se opondría la edad del edificio sepulcral, ni el hecho de que su destinataria era una señora pagana). ¿Traslación del siglo IV en adelante; es decir, en tiempo próximo a la mención del «Acha Marmarica»? (Sería congruente con la abundancia de traslados de otros santos; con la cronología de las fiestas litúrgicas, puesto que la sepultura en Acha Marmarica, se conecta en varios textos con la fiesta del 25 de julio; con las adaptaciones del edificio sepulcral...). ¿Hay primero un traslado a Acha Marmarica, y un segundo traslado, más cerca del siglo IX, a Arcis Marmaricis o Compostela? (Tillemont, Gams, Hüffer juzgan históricamente muy verosímil un traslado desde Oriente — ¿costa africana?, ¿península del Sinaí? — huyendo de los Sarracenos). ¿El lugar que se lee en el siglo VII (Acha Marmarica...) y el que se lee en Galicia en el siglo IX (Arcis Marmoricis o marmaricis) son en realidad un mismo lugar? (cf. López Ferreiro, *Historia...*, I, 169-172; los textos latinos que dan esta localización sepulcral la unen con la predicación *in Spania et occidentalia loca;* indicios de culto anteriores al siglo IX). En este caso, los textos del siglo VI y ss. se referirían ya al lugar compostelano.

6. En 1879 fueron exhumados los restos venerados en el subsuelo del altar mayor de la catedral compostelana. Un proceso diocesano y otro pontificio se terminaron con decretos que afirman la identidad de las reliquias halladas. El papa León XIII confirmó solemnemente dichos decretos en la constitución *Deus Omnipotens* del 1-XI-1884: ASS, 17[1884]262-70. Cf. J. Guerra, *Excavaciones en la Catedral de Santiago* [cit. en BIBL. D-4] 120-130; ídem, *Roma y Santiago, la Bula Deus Omnipotens...* [cit. en BIBL. F-2].

V. **La historiografía, ulterior al siglo IX, acerca del origen del culto sepulcral en Compostela. 1.** En el siglo XI y XII aparecen dos relatos del Descubrimiento con circunstancias: la Concordia entre el obispo Diego y el abad Fagildo, y la *Historia Compostelana*. Sin referencia alguna al descubrimiento, circulan en el siglo X-XI unos relatos sobre la traslación: la *Carta del Papa León* y la *Translatio* amplia. [BIBL. E-1.3]. Estos relatos parecen remontarse, en su núcleo original, por lo menos, a fines del siglo IX (Elorduy: a la época sueva), y presentan su máximo desarrollo en la *Historia Compostelana* y en el *Liber Sancti Jacobi* (siglo XII). Los autores relacionan la traslación con los Varones Apostólicos. Es tarea difícil aislar los vestigios arcaicos que las narraciones pudieran incluir, y los textos a que alude la carta de Alfonso III a la Iglesia de Tours (a. 906). Duchesne, una vez criticada esta literatura, plantea bien el hecho compostelano, anterior e independiente, que hay que explicar y que él deja como un enigma; otros historiadores se entretienen en el análisis de sus antecesores medievales, descuidando aquel hecho. En todo caso, es esta literatura la que se divulga entre los fieles (cf. J. Beleth; Jacopo de Voragine, *Legenda Aurea*), la que alimenta la curiosidad devota y las expresiones artísticas.

El desconocido autor de la *Vita S. Heliodori Episcopi Altinensis et Confessoris (Acta SS.* Julii I, p. 650), que trata de explicar el origen de una reliquia de Santiago muy venerada en Torcelli y Venecia, cuenta que Heliodoro, persona familiar a san Jerónimo en Oriente, la obtuvo en el siglo IV de unos obispos de los confines de la Galia, quienes apelando a la predicación del Apóstol en Occidente, habrían ido a pedir su cuerpo al emperador Teodosio y habían conseguido su traslado.

2. Sobre la hipótesis de P. B. Gams: cf. BIBL. E-4.

3. J. Pérez de Urbel supone que lo que sucedió en el siglo IX no fue más que la expansión de un culto preexistente dedicado a una reliquia menor o representativa, quizá la misma que parece había en Mérida en el siglo VII; expansión provocada por la veneración esperanzada y estusiasta que la noticia de la Predicación suscitó en medio de los aprietos del Reino de Asturias, y que más tarde cuajará en la idea de la traslación [BIBL. E-5]. La hipótesis no concuerda con los datos acerca del Sepulcro. En cuanto a la fuerza creadora de la sola idea de la Predicación — aparte de que no se concibe por qué actúa sobre el rincón ahistórico de Compostela, habiendo reliquias en la capital del Reino — tropieza con la lectura obvia de Act. Ap. 12, 2 y sobre todo con el hecho decisivo de que las «Translationes» galaicas de los siglos IX-X no se refieren para nada a la Predicación, cosa increíble si ésta hubiese sido el factor determinante; cf. Notas críticas [BIBL. D-1] 427-436.

4. Las insinuaciones modernas que apuntan hacia Prisciliano o el Dioscurismo, resultan extravagantes, pues no corresponden a la cuestión esencial, a saber: por qué se atribuye un Cuerpo en Compostela al Apóstol Santiago; cf. Notas críticas [BIBL. D-1] 425-426.

VI. Culto, Devoción, Peregrinaciones, Año Santo. Sobre las distintas fiestas de Santiago, registradas en los libros litúrgicos de los siglos IV al XI — las de iglesias orientales en los días 12, 30 de abril, 7 de mayo, 7 de junio, 4, 12 de febrero, 8 de octubre, 15 de noviembre; las de iglesias orientales y occidentales el 27 ó 28 de diciembre (en España, 30 de diciembre); y la peculiar de Occidente, asumida al fin por la Liturgia Romana, el 25 de julio —, véase documentación y bibliografía en Notas críticas [BIBL. D-1] 565-572; 579-580.

En la España del tiempo visigótico, la mayoría de los autores suponen la existencia de culto a Santiago, más o menos ligado con el de san Juan; pero como su oficio falta en los libros de dos iglesias en el siglo VIII, se deduce que un culto generalizado no se da antes del siglo IX (Fábrega, P. de Urbel, C. García) [BIBL. F-1].

En el Noroeste de España se refleja un culto más intenso durante el siglo VIII (himno O Dei Verbum y otros; iglesias dedicadas; sin olvidar los indicios de culto sepulcral más antiguo arriba mencionados). La «celeberrima veneratio» allí señalada por Floro en el siglo IX se propaga rápidamente: incrementa el culto ya existente en otras partes, y despierta en toda la Iglesia, y de modo especialísimo en la naciente Cristiandad occidental, una viva devoción popular a Santiago. Hacia el siglo XI-XII este Apóstol — de escaso relieve en los tiempos antiguos — es uno de los santos más celebrados. Se le dedican en Europa, fuera de España, y solo en este período, más de mil iglesias. [BIBL. F-2].

El foco de esta expansión es el lugar del Sepulcro en Arcis (Galicia), por antonomasia locus Sancti Jacobi, que desde la mitad del siglo XI recibe oficialmente el nuevo nombre de «Compostella» (quizá en uso popular desde el siglo X), resultando por fin la denominación todavía vigente de Santiago de Compostela. Este es, en la historia del culto, el único locus Sancti Jacobi, y de los más gloriosos entre los loca Apostolorum. Santiago, Pedro y Pablo son los únicos Apóstoles que en nuestros días tienen un culto vivo en torno a sus sepulcros; y el primero con mayor intensidad popular.

El sepulcro de Santiago, además, no es solo ornamento de una gran ciudad, como Roma, sino el generador de una nueva urbe, hija del culto. La modesta iglesita del rey Alfonso II es sustituida antes de un siglo por la de Alfonso III (a. 899); destruida por Almanzor (a. 997), se reconstruye a comienzos del siglo XI; hacia 1075 inicia el obispo Diego Peláez la actual iglesia románica, terminada en el siglo XII por Diego Gelmírez. El desarrollo monumental de la basílica y de la ciudad, que alcanza una de sus cumbres en el período románico, vuelve a resplandecer durante los siglos XVI al XVIII.

El locus apostolicus, mencionado en los documentos del siglo IX y ss., alumbra al obispado de Iria con el prestigio — desusado en Occidente, fuera de Roma — de una «sede apostólica» (documentos de los siglos X-XI). El concilio de Reims (a. 1049) prohibió el uso de este título que, sin embargo, continúa. El recelo momentáneo que pudo suscitar en Roma (cf. Hist. Compost. 1, 16; ES 20, 46) no corresponde a ninguna actitud de desvío o de conflicto jurisdiccional de la iglesia iriense-compostelana; no hay el menor indicio de que jamás se haya alterado la fidelidad romana, que tanto brillara ya en los concilios de Toledo y Braga. Al contrario, entonces comienza por parte de los Sumos Pontífices la exaltación canónica de Compostela: Urbano II traslada la sede episcopal de Iria a Compostela en 1095 y concede a esta la exención de toda metrópoli; Calixto II, en 1120 y 1124, transfiere a la sede compostelana la dignidad metropolitana y todas las diócesis sufragáneas que había tenido Mérida. Estos traslados, a costa de dos sedes antiguas, una de ellas tan alejada como la metrópoli lusitana, constituyen un hecho excepcional, revelador de la importancia reconocida por Roma al santuario apostólico. Los papas otorgan esta y otras gracias extraordinarias (entre ellas, el Jubileo del Año Santo) «para mayor veneración del Bienaventurado Apóstol Santiago, con cuyo glorioso Cuerpo está enriquecida vuestra Iglesia» (Urbano II y Calixto II: ES 20, 21.292); porque «venera la Iglesia Occidental el Cuerpo del Apóstol Santiago trasladado a tierras de España, cuya veneración entre los hombres realmente ha ido creciendo con la sucesión de los tiempos» (Pascual II, a. 1104: ES 20, 48); para el bien espiritual de «la inmensa y cada vez más creciente multitud de peregrinos que concurrían de todas partes del mundo a visitar» la iglesia compostelana, la cual, por ello, posita est in orbis spectaculo (Alejandro III, a. 1178-1181: López Ferreiro, Hist., IV, Apénd., 136, 139). Documentación pontificia en relación con Santiago: en J. Guerra, Roma y Santiago... [cit. en BIBL. F-2].

La peregrinación europea a Santiago, ya existente en los siglos IX-X, llega en los siglos XI-XII a un apogeo, que se prolonga por toda la Edad Media. La revolución protestante trae un cierto declive en el siglo XVI; pero recobra el máximo vigor en los siglos XVII y XVIII. Hay una postración en el siglo XIX, a la que sigue un despertar después de 1879, cuando el papa León XIII anuncia solemnemente al mundo católico el hallazgo del Cuerpo de Apóstol, para que todos los fieles lo celebren «y de nuevo emprendan peregrinaciones a aquel sepulcro sagrado, según la costumbre de nuestros mayores» (Deus Omnipotens, 1884). En los años que ahora corren la peregrinación sigue siendo un fenómeno de importancia creciente, como lo han manifestado los Años Santos 1948, 1954, 1965 y 1971.

La peregrinación compostelana ha sido ante el Derecho Canónico una de las tres mayores, juntamente con la del Santo Sepulcro y la de los Santos Pedro y Pablo; la dispensa del voto de estas peregrinaciones fue reservada a la Santa Sede, y cuando ésta concedía facultades de dispensar o conmutar votos exceptuaba siempre el de peregrinar a Jerusalén, Roma o Santiago. (Cf. Corpus Juris, Extravag. Com. 5, 9, 5: Friedberg 2,

1309; *Deus Omnipotens* de León XIII; y la documentación sobre dispensas.

El Jubileo del Año Santo — que dura todo el año en que la fiesta del 25 de julio cae en domingo — se publica y celebra regularmente desde la Edad Media, de acuerdo con una bula del papa Alejandro III (a. 1181), que perpetúa concesiones anteriores de Calixto II, Eugenio III y Anastasio IV (cf. López Ferreiro, *Hist.* IV, 329-30 y Apénd. 138-42). El texto de la bula se conoce por una copia del siglo XIV y otra del XV. Como pasa con otros jubileos, es oscuro lo que se refiere a su alcance y modo de celebración en el siglo XII; (la cuestión de los orígenes se agitó, con ocasión de un *dubium* sobre la facultad de conmutar votos en 1707-1708: Riganti, *Commentaria in Regulas... Cancellariae Apostolicae,* Coloniae Allobr. 1751, t. IV, Reg. 54 p. 49-54). Pero consta que en aquella centuria las indulgencias que se ganaban en Santiago eran extraordinarias y equivalentes a las de Roma y Tierra Santa (Baronio, *Annales Eccl.* XI, a. 1092; XII, a. 1121; doc. de Inocencio III, etc.); y en la Crónica de Alfonso VI hay una mención del *beato jubilei anni tempore* (a. 1126, que corresponde a la clave cronológica de los Año Santos compostelanos (Flórez, ES 21, 316, 320). Sobre la aspiración de varias iglesias en la Edad Media obtener indulgencias *ad instar S. Jacobi,* cf. R. Foreville *Le jubilé de Saint Thomas Becket du XIIIe au XVe siècle,* París 1959. El Jubileo Plenario de Compostela se ha equiparado siempre al Romano. En las ocasiones en que ambos coincidían, los papas exceptuaron a Santiago de la suspensión general de indulgencias locales dictada por razón del Año Santo Romano (Sixto V, breve *Quod a nobis enixe,* 1589; Inocencio XII, *Cum Nos superioribus,* 1700; Benedicto XIII, *Cum Nos nuper,* 1724). Han concedido el mismo Jubileo en años extraordinarios León XIII en 1885 y Pío XI en 1938. Cf. *Roma y Santiago* [cit. en BIBL. F-2] 28-31.

, La universalidad y viveza de la peregrinación compostelana se refleja en el *Liber Sancti Jacobi* [BIBL. E-3], difundido a nombre del papa Calixto II en la primera mitad del siglo XII. La red de caminos a los innumerables santuarios de Europa se canaliza al fin por el Camino de Santiago, que aun ahora conserva, como ningún otro de Europa, su vigencia topográfica y monumental en Francia y en España. Peregrinar a Compostela es durante siglos una forma clásica de la *devotio* cristiana. El Camino aparece constantemente en el primer plano o en el trasfondo de la literatura y de las expresiones de la vida cotidiana. España es, en los textos nórdicos medievales (también en documentos españoles), la «Jakobsland» o «terra Sancti Jacobi». El viajero a Santiago será el tipo del peregrino por antonomasia: las imágenes de Cristo caminante hacia Emaús, de san Roque, de san Francisco Javier... llevarán la vestimenta e insignias de los jacobitas. Es imposible resumir aquí un fenómeno tan complejo y persistente. El que quiera conocer los múltiples aspectos históricos de la peregrinación (las motivaciones espirituales, canónicas y sociales de los peregrinos, las insignias, las gracias e inmunidades, las cofradías, los caminos y hospitales, las guías, itinerarios y memorias; el influjo de la peregrinación en la comunicación de España con los países de la Cristiandad occidental, su relación con la Cruzada, su acción propagadora de formas artísticas y literarias, del folklore, de devociones y leyendas, su aportación a la economía, a la repoblación de ciudades, etc.) tendrá que recurrir a la profusa bibliografía. [BIBL. F-3]. Síntesis reciente sobre la Iconografía jacobea, en *Giacomo* [cit. en BIBL. F-2] col. 381-86.

VII. Santiago Patrono de España. El himno litúrgico del siglo VIII canta a Santiago como «Cabeza refulgente y dorada de España — tutor y Patrono nuestro». Los reyes proclaman continuamente, desde el siglo IX, ese patronato nacional del Apóstol: «luz e Patrón de las Españas, espejo e guiador de los Reyes dellas» (Fernando e Isabel, diplomas de 1475 y 1482; López Ferreiro, *Hist.* VII, 406-408; «háselo dado Dios a España... por Patrón y amparo suyo, y así (los españoles) le llaman como a defensor suyo en todas las batallas que acometen» (Cervantes, *El Quijote,* II, cap. 58). La unicidad del Patronato sobre España y las provincias hispánicas de América y Oceanía se reafirma acaloradamente cuando a lo largo del siglo XVII se propuso el co-patronato de Santa Teresa (López Ferreiro, *Hist.* IX, p. 55-59), el de San Miguel (ib., p. 100-101), el de San José (ib., p. 178) y el de San Jenaro (ib., p. 252-253).

La invocación a Santiago suena en las luchas antimahometanas y después en otros combates: «¡Ayúdanos, Dios y Santiago!», «¡Santiago, y cierra España!» El pueblo español siente que Santiago le protege y aun que participa activamente en momentos difíciles. Desde el siglo XI, al menos, se extiende la persuasión de que el Apóstol interviene a caballo en favor de los combatientes cristianos (La *Historia Silense* y el *Liber S. Jacobi,* III, 19, cuentan la aparición del Santo Caballero a un peregrino griego en Compostela en ocasión de la toma de Coimbra). Se multiplican las imágenes del Santo, a caballo, blandiendo espada. San Fernando atribuye la toma de Sevilla, después de Dios y Santa María, a «los merescimientos de Santiago, cuyo alférez nos somos e cuya enseña traemos, e que nos ayuda siempre a vencer». En señal de gratitud por la protección del Apóstol, antes del siglo XI los territorios liberados de los moros, desde el Pisuerga al Océano, comenzaron a pagar al santuario de Compostela el llamado *Voto de Santiago.* Era un censo anual sobre el producto de la tierra, y obligaba además a reservar para Santiago una porción del botín de guerra. El Voto fue extendido por los Reyes Católicos al Reino de Granada tras su liberación (Real Carta de 15-V-1492; en López F., *Hist.* VII, Apénd. n. 43); y, a través de múltiples vicisitudes, siguió en vigor en algunas zonas hasta principios del siglo XIX. Numerosos documentos papales (desde Pascual II a Inocencio XII) ratifican su carácter nacional e imprescriptible (cf. *Roma y Santiago* [BIBL. F-2] p. XVII; López F., *Hist.* II, 95 ss.). Se ha discutido mucho respecto al origen del Voto: la versión medieval, recogida en un documento del siglo XII, objeto de acres polémicas modernas, lo relaciona con una aparición de Santiago a Ramiro I en Clavijo, siglo IX; la narración se hace clásica en las obras de Ximénez de Rada y de Alfonso el Sabio. Algún historiador contemporáneo, como Sánchez Albornoz, se inclina a ligar el Voto con Ramiro II y la bien documentada batalla de Simancas en el siglo X. [Cf. BIBL. F-4]. Felipe IV en 1643 instituye una Ofrenda anual de los Reinos de Castilla, y las Cortes, otra en 1646; ambas continúan presentándose como Ofrenda Nacional en nuestros días (cf. López F., *Hist.* IX, p. 101-102 y Apénd. n. 16).

La peculiar devoción hispana se trasplanta a América, donde la manifiestan los nombres de ciudades, la iconografía y la piedad popular.

Sin duda la devoción hispánica a Santiago y el vínculo de las peregrinaciones contribuyeron a preservar a España de la absorción mahometana durante la convivencia de ocho siglos, mientras otras cristiandades de África y Oriente se extinguían o se debilitaban mortalmente. Recientemente, en trabajos de interpretación histórica de España, Américo Castro exalta el influjo de la devoción a Santiago en la conformación del modo de ser de los españoles (*La realidad histórica de España,* México 1954. cap. IV). Sánchez Albornoz, que como todos los historiadores reconoce la importancia extraordinaria del culto jacobeo, polemiza con Castro acerca de su sentido; para él es «Santiago hechura de España y no España obra de Santiago» *(España, un enigma histórico,* Buenos Aires 1956, I, cap. V, 3). Un ingrediente característico de la tesis de Castro es su explicación dioscúrica del origen del culto hispano al Apóstol («equiparado con Jesucristo»), y la teoría consiguiente de que, por Santiago, se produjo en España el audaz intento de crear un duplicado de la correlación Pontificado-Imperio que había en Europa: la pretensión imperial de los reyes de León se habría apoyado en una supuesta primacía de Compostela, al margen del Romano Pontífice («los obispos de Santiago se creían Pontífices, y lo creían porque Santiago era más alto apóstol que San Pedro»). Sobre la polémica suscitada por afirmaciones tan aventuradas y equívocas, ver la bibliografía [BIBL. F-4]; en particular, Sánchez Albornoz, en Cuad. de Hist. de España, Buenos Aires 1958; De Gaiffier, en Anal. Bolland., 80(1962)404-5; A. K. Ziegler, en Speculum, Cambridge (Mass), 31 (1956)146 ss., trad. en Compostellanum, 3(1958) 163-64.

BIBL.: A). Repertorios bibliográficos: P. A. LÓPEZ, *Bibliografía del Apóstol Santiago* (79 notas bibliográficas sobre 96 obras de los siglos XVI al XIX), reeditada en *Nuevos estudios crítico-históricos acerca de Galicia,* Sant.-Ma. 1947, 3-130; L. VÁZQUEZ DE PARGA..., *Las peregrinaciones a Santiago de Compostela,* III, Ma. 1949, bibliografía, con 620 títulos; J. GUERRA CAMPOS, *Bibliografía Jacobea (1950-1969),* próx. ed.: R77 884 títulos de los últimos veinte años.
B) Passio Sancti Jacobi: *Bibliotheca Hagiographica Latina,* 4057 (otros «Actos» de Santiago: BHG, 767; BHOr., 415-422); R. A. LIPSIUS, *Die Apokryphen Apostelgeschichten und Apostellegenden,* II-2, 1884-201 ss.; L. VÁZQUEZ DE PARGA... *Las peregrinaciones a Santiago de Compostela,* I, Ma. 1948, 184-187; A. FÁBREGA, *Pasionario Hispánico (siglos VII-XI),* Ma. 1953, 198-201; M. C. DÍAZ, *La literatura jacobea anterior al Códice Calixtino:* R77, 10(1965)284-287 [cf. E. ELORDUY, R59, 135(1954)323 ss., y R116, 22(1962) 344, 350, 351].
C) Predicación en Occidente: 1. Indices Apostólicos: R. A. LIPSIUS, *Die Apokryphen...* (cit. en B.), 1883-1890; L. DUCHESNE, *Les anciens recuells de légendes apostoliques:* 3me. Congres Scient. des Catholiques Bru. 1895, 67-79; L. DUCHESNE Y ROSSI, Prólogo a la edición del *Martyrologium Hieronymianum* (Acta SS. Nov II,1), 1894; R. DE GAIFFIER, *Le Breviarium Apostolorum, Tradition manuscrite et oeuvres apparentées:* R3, 81(1963)89-116.
2. Sobre el *De Ortu et obitu Patrum:* F. ARÉVALO, *Notas* a la edición *Sancti Isidori Hispalensis opera omnia,* Ro. 1797 ss; M. C. DÍAZ, *Die spanische Jakobus-Legende bei Isidor von Sevilla:* R53', 77(1958)467-472; ID., *La literatura jacobea...* (cit. en B.), 287-290; B. BISCHOFF, *Die europäische Verbreitung der Werke Isidors von Sevilla,* en el vol. *Isidoriana,* León 1961, 323.
3. Sobre San Aldhelmo y Venancio Fortunato: E. ELORDUY, *De re jacobea:* R59', 135(1954)323-360 (cf. A. MORALEJO en R77, 3[1958]341-348); ID., *La cuestión jacobea en San Martín de Braga:* Publicações do XXIII Congresso Luso-Espanhol, VII, Coi. 1957, 5-54.
4. Sobre el himno «O Dei Verbum»: M. C. DÍAZ, *Los himnos en honor de Santiago de la Liturgia hispánica:* R77, 11(1966)457-488; [cf. Pérez de Urbel; R28', 28(1926) y R118, 9(1952)1 ss y E. ELORDUY; R116, 22(1962)339-345]; J. VELOZO, *Jacobus Zebedaei -Um desaparecido hino a Sao Tiago:* Revista de Portugal, 30(1965)293-324.
5. Estudios generales sobre la venida de Santiago a España: C. BARONIO, *Martyrologium Romanum,* Ro. 1586, ad 25 Julii; *Annales Ecclesiastici,* I, Ro. 1588, ad a. 44; IX, Ro. 1600, ad a. 816; A. DE MORALES, *De Festo Translationis S. Jacobi Apostoli,* Cór. 1590; A. CARACCIOLO, *Biga illustrium controversiarum. De S. Jacobi Apostoli accessu ad Hispaniam,* Na. 1618; M. ERCE XIMÉNEZ, *Prueba evidente de la predicación del Apóstol Santiago el Mayor en los Reinos de España,* Ma. 1648 acervo copioso de datos y argumentos; N. ALEXANDER, *Selecta historiae ecclesiasticae capita,* Pa. 1676 ss; S. LE NAIN DE TILLEMONI, *Mémoires pour servir à l'histoire eccl. des dix premiers siècles,* I, Par. 1693, nota VIII; M. DE SANTA MARÍA, *De primo, potius, unico Evangelii praedicatore in Hispania Lusitaniaque,*

scilicet, S. Paulo Apostolo, Lisboa; ES, 3 y 19; G. CUPER (Bolland)., *Acta Sanctorum Julii,* VI, Apénd. al día 25; J. TOLRÁ, *Justificación histórico-crítica de la venida del Apóstol Santiago el Mayor a España y de su sepulcro en Compostela,* Ma. 1797; LIPSIUS, ob. cit. en B., 216 ss; A. CHIAPPELLI, *La leggenda dell'apostolo Jacopo a Compostella e la critica storica: Studi di antica letteratura cristiana,* Torino, 1887. L. DUCHESNE, *Saint Jacques en Galice:* Annales du Midi, 12(1900)145-180; A. LÓPEZ FERREIRO, *Historia de la S. A. M. Iglesia de Santiago de Compostela,* I, Sant. 1898; ID., *Santiago y la crítica moderna:* Galicia Histórica, 1(1901) 11-32; 2, 65-82; 3, 129-146, y 4(1902)209-226; F. FITA, *Santiago en Galicia. Nuevas impugnaciones y nueva defensa:* R154, 1(1901)70-73, 200-205; 2(1902)35-45, 178-195; 3 (1902)49-61, 314-23, y 475-88; Z. GARCÍA VILLADA, *Historia Eclesiástica de España,* I, Ma. 1929, 27-104; C. VELASCO GÓMEZ, *Santiago y España,* Ma. 1948; P. DAVID, R27', 11(1947) 119-131; 13(1949)62-77; B. LLORCA, *Historia de la Iglesia Católica. Edad Antigua* (BAC), Ma. 1949 y 1955, 122-147; T. AYUSO, *Standum est pro Traditione,* en el vol. *Santiago en la Hist., la Literat., y el Arte,* I, Ma. 1954, 83-128 (cf. J. Vives: R118, 8[1955[233-234); M. DE OLIVEIRA, *Lendas apostolicas peninsulares:* R59', 4(1959)7-27; TH. KENDRICK, *St. James in Spain,* London 1960, cap. 1 y 13; M. REY MARTÍNEZ, *El Apóstol Santiago y la Virgen María:* R77, 6(1961) 603-23 (609-617: «El ministerio apostólico de Santiago»).
D) Culto sepulcral y Traslación: 1. Cf. obras citadas en C-5, en especial: Cuper, Duchesne, López Ferreiro, Fita, García Villada. Además: F. FITA y FERNÁNDEZ GUERRA, *Recuerdos de un viaje a Santiago de Galicia,* Ma. 1880; E. KIRSCHBAUM, *Das Grab des Apostels Jakobus in Santiago de Compostela:* Stimmen der Zeit, 176(1965)352-362. Revisión y síntesis: J. GUERRA, *Notas críticas sobre el origen del culto sepulcral a Santiago en Compostela:* R73, 88(1961)417-474, 559-590.
2. Culto en Palestina: VINCENT-ABEL, *Jérusalem,* II, 3me. ed., Par. 1922, 519-528; J. GUERRA, *Notas críticas...* 439-447.
3. Acta Marmarica: M. C. DÍAZ, *El lugar del enterramiento de Santiago el Mayor en Isidoro de Sevilla:* R77, 1(1956)365-369; J. GUERRA, *Notas críticas* [cit. en D-1] 449-451. Cf. la bibliografía cit. en C-1. Otros títulos en *Bibliografía Jacobea* [cit. en A], IV-3.
4. Exploraciones arqueológicas: M. CHAMOSO LAMAS, *Noticias de las excavaciones arqueológicas en la Catedral de Santiago:* R77, 1(1956)5-48, 275-328 y 2(1957)225-330; J. GUERRA, *Excavaciones en la Catedral de Santiago:* R73, 87(1960)97-168, 269-324. E. KIRSCHBAUM, *Die Grabungen unter der Kathedrale von Santiago de Compostela:* R81', 56(1961-1962)234-254.
E) Historiografía ulterior: 1. Repertorios de ediciones de la «Carta del Papa León» y de la «Traslatio»: BHL, núm. 4058 a 4068. De la «Carta»: J. GUERRA en R77, (1956)129-140 ediciones, manuscritos, estudios; M. R. GARCÍA ALVAREZ en R77, 6(1961)41-42. Ed. del *Cronicón Iriense:* ES 20 (y M. R. García en E-3). Ed. de la *Historia Compostellana:* ES 20 edición no bibliográfica. Ed. del *Liber Sancti Jacobi, Códice Calixtino,* por W. Muir Whitehill, Ins. P. Sarmiento Est. Gallegos, 3 tomos, 1944.
2. Documentación Real: A. LÓPEZ FERREIRO, Apéndices de los tomos II, III y ss de su *Historia;* M. R. GARCÍA ALVAREZ, *Catál. documentos reales de la alta Edad Media referentes a Galicia (754-1109):* R77, Sección Jacobea, 1963, 1964, 1965, 1966, 1967; L. Barrau-Dihigo estudia los documentos de los reyes asturianos y leoneses (718-1037) en R71bis', 10(1903)349-554, y 46(1919)1-192; A. C. FLORIANO, *Diplomática española del periodo astur (718-910),* 2 vols., Ov. 1949 y 1951 (textos y estudios).
3. Estudios sobre la historiografía medieval (además de las obras generales cit. en C-5): Z. GARCÍA VILLADA, *Hist. Ecl., de España,* I, 1, 1929, 85-91; L. VÁZQUEZ DE PARGA, «El Liber Sancti Jacobi y sus textos referentes a la leyenda de Santiago», en el t. I de *Las Peregrinaciones a Santiago,* Ma. 1948, 171-198; P. DAVID, *Etudes sur le Livre de St. Jacques atribué au Pape Calixte II:* Bull. des Etudes Portug. et de l'Inst. fr. au Portugal, 10(1945), 11(1947), 12(1948), 13(1949); ID., *La lettre du pseudo-León sur la Translation de Saint-Jacques:* ib., 15(1951)180-188; J. CAMPELO, *Historia Compostelana,* San. 1950 (traducción y notas históricas); M. R. GARCÍA ALVAREZ, *El Cronicón Iriense,* en el tomo 50 del *Memorial Histórico Español* (R. Acad. Hist.), Ma. 1963 (edición crítica, notas históricas); M. C. DÍAZ. *La literatura jacobea anterior al Códice Calixtino:* R 77, 10(1965)283-305;

Otras publicaciones recientes: J. GUERRA, *Bibliografía Jacobea* [cit. en A], VI.

4. P. B. GAMS, *Die Kirchengeschichte von Spanien*, II-1, Regensburg 1864, 297-299; II-2, 1874, 361-380; reedición en Graz, 1956. Cfr. *Notas críticas* [cit. en D-1] 562-564.

5. J. PÉREZ DE URBEL, *Orígenes del culto de Santiago en España*: R118, 5(1952)1-31; cf. ID., R22, 88(1953)501-525; R. GARCÍA VILLOSLADA, *Historia de la Iglesia Católica. Edad Media* (BAC), Ma. 1953, 503-505, y ed. 1958, 498-500; S. PORTELA PAZOS, *Orígenes del culto al Apóstol Santiago en España*: R22, 91-92(1953)5-36; J. GUERRA, *El descubrimiento del cuerpo de Santiago en Compostela según la «Historia de España» dirigida por M. Pidal*: R77, 1(1956)161-199; ID., *El problema de la traslación de Santiago... Notas sobre el método y una hipótesis del Dr. Vives*: R77, 2(1957)109-146. Sobre la hipótesis dioscúrica de A. Castro, ver *Bibliografía Jacobea* [cit. en A], IV, 4.

F). La devoción y el culto a Santiago: 1. Comienzos del culto en España: A. FÁBREGA [cit. en B]. J. GUERRA, *Notas críticas* [cit. en D-1], 579-583; J. PÉREZ DE URBEL, *El antifonario de León y el culto de Santiago el Mayor en la Liturgia mozárabe*: R196, 3(1954)fasc. 9. cf. B. DE GAIFFIER en R3', 80(1962)397-398 y 82(1964)5-36; C. GARCÍA RODRÍGUEZ, *El culto de los Santos en la España Romana y Visigoda*, Ma. 1966, 160-162 (coll. 50 y 103 ad finem); E. ELORDUY, *La tradición jacobea de Galicia en el siglo IX*: R116, 22(1962)322-356.

2. Culto y devoción universal después del siglo IX: Act. SS. Julii, VI; R. DE FLEURY, *Les Saints de la Messe*, Par. t. VIII; A. LÓPEZ FERREIRO, *Hist.* V, 75-116; C. DAUX *Sur les chemins de Compostelle...*, Tours 1909; J. S. STONE, *The cult of Santiago: traditions, myths and pilgrimages*, London 1927; G. SCHREIBER, *Deutschland und Spanien*, Dü. 1936; L. MÁIZ ELEICEGUI, *La devoción al Apóstol Santiago en España y el Arte Jacobeo Hispánico*, Ma. 1943, (2.ª ed., 1953); H. J. HÜFFER, *Sant' Jago...*, Mü. 1957; E. MÂLE, *Les Saints compagnons du Christ*, Par. 1958; J. GUERRA, *Roma y Santiago. Bula «Deus Omnipotens» de S. S. León XIII sobre el cuerpo del Apóstol Santiago*, San. 1953, documentación pontificia desde el siglo XI al XX; J. FERNÁNDEZ ALONSO, (S.) *Giacomo il Maggiore*: Bibliotheca Sanctorum, Roma, Inst. Giovanni XXIII, vol. VI, 1965, col. 363-386.

3. Peregrinaciones y sus múltiples influjos: A. LÓPEZ FERREIRO, *Historia...* [cit. en C-5] V, 75-116, 518; VI, 295-313; VII, 150-166, 402-428; VIII, 419-443; IX, 315-338 y Apénd. 156-167; X, 289-301 y Apénd. 127-137; L. VÁZQUEZ DE PARGA... *Las peregrinaciones a Santiago de Compostela*, 3 vols, Ma. 1948-1949, ver copiosa bibliografía en el t. III; J. CARRO GARCÍA, *A pelengrinaxe a o Xacobo de Galicia*, Vigo 1965, 18-41; J. GUERRA, *Bibliografía Jacobea* [cit. en A], IX, X, XI, XII.

4. Santiago y la Historia de España: Clavijo: R. XIMÉNEZ DE RADA, *De rebus Hispaniae*, IV, 13; ALFONSO EL SABIO, *Crónica General de España;* V. DE LA FUENTE, *Hist. Ecl. de España*, III, Ma. 1873, 461-465; A. LÓPEZ FERREIRO, *Hist.* II, 73-146; J. CANTERA ORIVE, *La batalla de Clavijo y aparición en ella de nuestro patrón Santiago*, Vitoria 1944; C. SÁNCHEZ ALBORNOZ, *La auténtica batalla de Clavijo*: R40', 9(1948)94-139; A. CASTRO, *La realidad histórica de España*, México 1954; C. SÁNCHEZ ALBORNOZ, *España un enigma histórico*, I, Buenos Aires 1956. Bibliografía sobre esta polémica en J. GUERRA, *Bibliografía Jacobea* [cit. en A], IV, 4.

J. GUERRA CAMPOS

SANTIAGO, Antonio de, OH († Manila 1715) mártir. Religioso de San Juan de Dios, administrador de la estancia de Bellavista, prov. de Bulacán (isla de Luzón-Filipinas). Fue asesinado por los indígenas.

BIBL.: N96, II; N88; N79. D. MARCOS

SANTIAGO, Hernando de, OdeM (Sevilla 1557 † Sevilla 13-V-1639) predicador. Estudió con los jesuitas. Entró de mercedario, y profesó el 28-VIII-1576. Pronto se le consideró como príncipe de los oradores de su tiempo. No le habían ordenado aún de sacerdote y ya lo llaman para predicar en la catedral de Sevilla. En 1588 predica en Madrid ante Felipe II, y éste le da el apelativo de «Pico de Oro». Dos años más tarde está en Roma; le oye Paulo V y lo apellida «Armonía de la Iglesia». Lo nombran comendador de Córdoba en 1590.

En 1593 fue secretario del Capítulo general, celebrado en Calatayud, y en el que salió electo general de la Orden el sapientísimo teólogo Francisco Zumel. Por estos años predica en diversas ciudades y catedrales. Los superiores de la Orden de la Merced lo llevan a predicar la Cuaresma a Salamanca, tal vez entre 1594-1595, y es tal el revuelo que origina entre los estudiantes, que éstos abandonan a sus profesores y dejan las clases desiertas por oirle; no hubo más remedio que mudar las horas de clase, para que alumnos y maestros acudiesen a la predicación del maestro Santiago. Precisamente en Salamanca, y en el año 1597, empieza a publicar los textos reformados de sus sermones, y aparecen las *Consideraciones sobre todos los Evangelios de los Domingos y Ferias de la cuaresma*, un volumen de más de mil páginas, que en 1598 se editará en Lisboa y en Barcelona; y en 1599 se publicará de nuevo en Barcelona y en Madrid. El triunfo de su predicación se basaba en la preparación teológica, en una erudición renacentista, en la fecundidad de su ingenio, y en un decir lleno de naturalidad y de frescura. En 1598 el cabildo de Málaga le encarga la oración fúnebre de Felipe II, que será impresa en Sevilla ese mismo año. En el verano de 1600 lo vemos en Valencia, asistiendo al Capítulo general de la Merced. Las intrigas que aquí derrochó contra el elegido padre Medina, fueron indignas. En esta ocasión el nuncio, monseñor Ginnasi, lo nombró comisario apostólico, y le designó para que tomase posesión en Madrid del generalato de la Orden, en nombre del padre Heredia. Tales amaños lo indispusieron con los frailes más graves, y pronto fue enviado a Italia, por segunda vez, en donde renovó el aplauso y simpatía de la primera. El 20-V-1606 se reunió en Roma el Capítulo provincial mercedario, y salió electo el maestro Hernando de Santiago. Simultaneó con este cargo el de procurador general de la Orden ante la Santa Sede, hasta el 16-XI-1607. La Curia Romana lo distinguió; el cardenal Cusano lo nombró su teólogo; viviendo en Palermo, la ciudad le designó legado suyo ante el embajador español. Pero fray Hernando de Santiago, que ve cómo sus obras y sermonarios ganan al mundo, siente también la tempestad encima de sí. El papa lo despide de Roma. Las cosas en España no le van mejor, e incluso el general Monroy llegó a quitarle el hábito. Los vientos del desengaño enderezan a fray Hernando. Ocupa la comendaduría de Granada (1619-1628); pero aún aquí su genio se enciende como el fuego, y tiene que retirarse al colegio de San Laureano de Sevilla (1631), en donde se dispone a bien morir. Sus obras siguen editándose, y se traducen al francés. La Real Academia de la Lengua le incluye en el Catálogo de Autoridades. Sus amigos artistas, Pacheco y Zurbarán, lo inmortalizan en sus cuadros.

BIBL.: O229, II, 453; O226, 408-12; J. LIÑÁS, *Bullarium Ordinis...*, Ba. 1796, 198; Q. PÉREZ, *Fr. Hernando de Santiago*: R102 (abril 1926 a abril 1927); ID., *Los grandes Maestros de la Predicación. Fr. Hernando de Santiago*, San. 1929; F. PACHECO, *Libro de Retratos*, Se. 1599; J. GUERRERO, *Vida de el Rdo. Padre maestro fray Fernando de Santiago*, ms. 8293 de la B. N., fols 162 a 169, escrita en 1650; O204, 37-38; G. PLACER, *Biografía del P. Isidro Valcácer...*, Ma. 1957, 103-105, 110; M. HERRERO GARCÍA, *Ensayo histórico sobre la Oratoria Sagrada Española de los siglos XVI y XVII*, Ma. 1942, XXVIII-XXIX. G. PLACER

SANTIAGO, Juan de, OFMCap († 1672) misionero e historiador. Tomó el hábito en 1623. Figuró en la expedición al Congo de 1645. Trabajó en la región de Soño durante año y medio, donde dirigió una escuela y un catecumenado muy numeroso. Volvió enfermo en 1648 y desempeñó en España diferentes cargos.

OBRAS: Escribió una interesante *Relación de la misión del Congo*, y la obra *Recuerdo de dormidos*, Ma. 1672.

BIBL.: F. LEITE DE FARIA, *Fr. João de Santiago e a sua re-*

lação sobre os Capuchinhos no Congo: Portugal em Africa, 10(1953)316-333; N9, I, 184-192; B. DE CARROCERA, *Dos relaciones inéditas sobre la misión capuchina del Congo:* R39', 16-17(1946-47) 102-111.   L. DE ASPURZ

SANTIAGO, Pedro de, ORSA (Jaca [Huesca] 5-III-1590 † Fonz [Huesca] mayo 1650) obispo. Apellidado Anglada y Sánchez, se le da la denominación anotada que tenía como religioso de la Recolección Agustiniana en la que profesó en 1606. Fue rector del colegio recoleto de Zaragoza, definidor general y vicario general, elegido en 1634. Asimismo, fue predicador de S. M., calificador del Santo Oficio, examinador sinodal de varias diócesis y cronista del reino de Aragón. En 1639 fue promovido a la sede episcopal de Solsona, y en 1644, a la de Lérida. Demostró celo por la honra de su clero, extremada caridad con los pobres. Visitaba su diócesis cada dos años; predicaba con frecuencia, acompañaba al Viático, consolaba a los enfermos y les dejaba cuantiosas limosnas si las necesitaban. En ambas diócesis celebró sínodos.

OBRAS: Se le atribuye *España restaurada en Aragón, por el valor de las mujeres de Jaca, y sangre de Santa Orosia,* que figura como del padre Martín de la Cruz, Za. 1627; *Relación del tránsito que hicieron a las Indias los Padres Agustinos Descalzos de España el año de 1605 y progresos que han tenido en entre ambas hasta el año de 1630,* probablemente impreso en Ma. 1630; cuando era vicario general publicó *Regla y constituciones de los frailes descalzos de nuestro Padre San Agustín de la Congregación de España e Indias,* Ma. 1637; y *Manuale ordinarium secundum usum Congregationis Fratrum Eremitarum Discalciatorum S. P. nostri Augustini Hispaniarum et Indiarum iuxta norman Ritualis Romani,* sin lugar ni fecha de impresión; *otros escritos* e *instrucciones* no especificados por los autores. Se imprimieron las *Constituciones sinodales del Obispado de Solsona,* en las que figuran los de los tres sínodos celebrados por el obispo de Santiago en Solsona, y las *Constituciones sinodales del Obispado de Lérida,* Le. 1645.

BIBL.: L. DE JESÚS, *Historia General de los Religiosos Descalzos del Orden de los Ermitaños del Gran Padre y Doctor de la Iglesia San Agustín, de la Congregación de España y de las Indias,* II, Ma. 1681; P. FABO, *Biografía del Sr. D. Fr. Pedro de Santiago Obispo de Lérida de la Orden de Agustinos Recoletos,* Ma. 1919, tomada de la *Historia General de la Orden,* VI, 2, del mismo autor; M55, VIII.
                                                    M. CARCELLER

SANTIAGO DE COMPOSTELA, Diócesis de, *(Compostellana)* sede metropolitana.

1. **Historia.** Debido a las conmociones político-sociales que afectaron a la región gallega, se había olvidado el lugar preciso del sepulcro del Apóstol. A principios del siglo IX (c. 813), bajo el obispo Teodomiro (†847), tiene lugar el descubrimiento del sepulcro y cuerpo del Apóstol en el *Libredón,* territorio de la Mahía, lugar preciso donde hoy se levanta el altar mayor de la catedral compostelana. Aunque la sede continúa en Iria, Teodomiro traslada su personal residencia al *Lugar Santo* (Compostela). Las últimas excavaciones han encontrado la lápida sepulcral de este obispo que quiso ser sepultado junto al Apóstol. A partir de este hecho Compostela sería centro de atracción universal. Sobre el sepulcro surgen sucesivamente dos iglesitas, la de Alfonso II y la de Alfonso III, identificadas también actualmente por la ciencia arqueológica, mientras dos comunidades religiosas, Antealtares y Pinario, guardan las reliquias y dan culto al Apóstol. Los citados templos jacobeos son destruidos por Almanzor (997) y reedificados por san Pedro de Mezonzo (985-1003?). La nueva sede efectiva fuerza a los obispos de Iria a llamarse desde el siglo x, si no antes, obispos de Compostela, *Loci Sancti, Loci Apostolici,* o por lo menos, usar el doble título *episcopus iriensis et Apostolicae Sedis.* Bajo el obispo Adulfo II (855?-877?) Compostela se convierte en sede episcopal primaria, quedando Iria como

sede secundaria. El papa Urbano II, a ruegos de don Dalmacio (1094-1095) suprime el título de la sede iriense trasladándolo definitiva y jurídicamente a Compostela. Iria queda reducida a colegiata. Compostela es declarada exenta como diócesis, sometida directamente a la Santa Sede (1095). A todo este cambio dio lugar el prodigioso e histórico hallazgo del Sepulcro Apostólico en el siglo IX. Apresurémonos a matizar que la documentación escrita, puesta en tela de juicio por algunos, ha quedado sólidamente garantizada, en cuanto a lo sustancial, por las últimas excavaciones arqueológicas.

A la universal devoción de los fieles, se suman la generosidad y el fervor de los reyes de Asturias, que colman al santuario jacobeo de donaciones y gracias. Alfonso II, Ordoño I, Alfonso III, Ordoño II, Fruela II, Sancho Ordóñez, Ramiro II, Alfonso V y otros, son nombres estrechamente vinculados al desarrollo de la iglesia y ciudad del Apóstol. En torno al sepulcro de Santiago surge, a partir del siglo IX, un espontáneo y fecundo movimiento de espiritualidad jacobea. Atraídos por la presencia del Apóstol corren a Compostela primero los fieles de la región gallega; pero la onda de la devoción se amplía más y más rebasando las fronteras de Galicia y de España hasta que toda la cristiandad medieval se hace presente en Santiago. Peregrinos de todas las capas sociales salen de Italia, Alemania, Francia, Países Bajos, Inglaterra, Oriente... unidos por el nombre de Santiago. Además de otras rutas, se construye el *Camino de Santiago,* con hospitales, hospederías, capillas, que facilitan el peregrinar de las gentes. Al lado de Jerusalén y Roma, figura Compostela. La peregrinación jacobea rebasa los límites de la historia compostelana, para merecer destacados epígrafes en la historia eclesiástica y cultural universal.

Entre tanto, por Compostela desfilan prelados ilustres, como Sisnando I († 920), estimado dentro y fuera de España; Sisnando II (952-968) a quien Ordoño III llama *Antistes totius Orbis;* san Rosendo y san Pedro de Mezonzo que enriquecen el santoral de la Iglesia, mientras salva a Galicia de los árabes y normandos el primero, y el segundo repara los daños de Almanzor legando a Compostela y a España un testimonio de fe, serenidad y celo apostólico. Consecuencia de guerras, anarquía, invasiones, la primera mitad del siglo XI presenta un nivel diocesano religioso-social un poco bajo. Pero en compensación, proliferan los *pactos* de vida monástica. El clero parece decaído en su ciencia y su virtud, pero los concilios de 1060 y 1063, celebrados por el reformador don Crescencio, testigo de Coyanza (1050), restauran la disciplina y sanean el ambiente, aparte de evidenciar que no era esta diócesis tan víctima del llamado nicolaismo. Bajo esta gran figura, comparable a Hildebrando o Pier Damiani, se procede a la creación de escuelas parroquiales y monásticas, mientras en la de Compostela se forman don García, futuro rey de Galicia, Pelayo, obispo de León, Gelmírez y otros personajes. La afluencia y calidad de peregrinos va en aumento y las exigencias del culto jacobeo son tales que Diego Peláez se lanza a la construcción de la nueva basílica (1075), a pesar de ingentes dificultades. En su breve pontificado D. Dalmacio (1094-1095) inyecta la savia reformadora de Cluny, tras haber logrado las aludidas conquistas jurídicas para su diócesis. Bajo Gelmírez (1100-1140) Compostela es declarada iglesia metropolitana. La polifacética personalidad de este personaje señala un hito en la evolución de la Iglesia Compostelana. Hombre de ideas grandes, de letras y de guerra, de política y de acción pastoral, eleva la situación del clero, prestigia el cabildo, impulsa la construcción de la catedral, palacio e iglesias parroquiales, interviene en la política nacional ganándose la amistad de Alfonso VI y de los condes de Galicia, educando y ungiendo a Alfonso VII. Se relaciona con Hugo el Grande de Cluny y se gana la admiración de prelados y pontífices (Pascual II, Calixto II...) que lo nombran legado permanente de la Santa Sede y le otorgan toda clase de gracias. Con Gelmírez se abren dos siglos de oro para la Iglesia de Compostela. don Pedro Helías (1143-1149), amigo de Enrique III y de Alfonso VII; don Pedro Gudesteiz (1168-1173), protector y protegido de Fernando II; don Pedro Suárez de Deza (1173-1206), la persona a quien más crédito daba en España el cardenal Jacinto (Celestino III), cuya autoridad pesaba ante todos los reyes de la Península y cuyo nombre era conocido y respetado en Europa; don Bernardo II (1224-1237) estrecho colaborador de Alfonso IX y Fernando III contra los moros; don Juan Arias (1238-1266), pastor celoso y reformador, que vive las empresas nacionales asistiendo personalmente a la conquista de Sevilla; don Rodrigo del Padrón (1307?-1316), primera figura del episcopado ibérico que interviene en todos los asuntos políticos y eclesiásticos de España. He ahí los artífices de la grandeza de la archidiócesis jacobea. Durante este áureo período la Iglesia Compostelana, salvo cortos intervalos de estancamiento debidos a intrigas políticas o sede vacante, promueve la renovación disciplinar y la elevación intelectual del clero parroquial y capitular (Pedro el Compostelano, los dos Bernardos... y otros que tuvieron parte en los cancioneros galaico-portugueses y en el gran movimiento cultural de la época) por medio de sínodos y escuelas; se distribuye en cinco distritos (un decanato y cuatro arcedianatos); se terminarse la majestuosa catedral; regulariza la cobranza de los votos de Santiago; recibe de Alejandro III el privilegio del Jubileo Jacobeo (1181); ve configurarse su provincia eclesiástica y se convierte en «espectáculo para todo el Orbe» (Alejandro III), acogiendo en su basílica las visitas de ilustres peregrinos extranjeros, como Francisco de Asís y Santo Domingo o el rey de Jerusalén y de Portugal y los príncipes Eduardo I de Gales, Hugo IV de Borgoña, Raimundo VII de Tolosa y otros, mientras los reyes de España le dispensan constantes favores, asisten a sus solemnes cultos (Fernando II, 1182; Alfonso IX, 1211...) y alguno se bautiza y educa bajo el directo influjo de sus insignes prelados (Alfonso VII, acaso Alfonso XI o se sepultan bajo la mirada acogedora del Apóstol (doña Berenguela, Fernando II, Alfonso IX...). Toda Europa se sentía espiritualmente vinculada a esta Iglesia, como lo demuestran las innumerables iglesias y santuarios dedicados a Santiago en Francia, Italia, Bélgica, Holanda, Alemania, Suecia, Inglaterra, hasta en Rusia y Oriente (p. 77-89).

El cisma producido en el cabildo a la muerte de don Rodrigo del Padrón (1316), es todo un símbolo. Señala un largo período de decadencia. La fe se mantiene pura, pero la indisciplina y la inmoralidad se extiende progresivamente, como resulta y a pesar de la legislación conciliar y sinodal de don Berenguel (1317-1330) y sus sucesores; situación en gran parte provocada por la anarquía interna y las pretensiones del Concejo y burgueses compostelanos sobre el señorío de la ciudad. Compañías de aventureros devastan los bienes de iglesias y monasterios. Durante el Cisma Occidental (1378), al igual que los demás prelados y reyes de España, Compostela profesa la obediencia a Clemente VII, hecho que repercute en la reorganización de la provincia eclesiástica, recibiendo los obispados gallegos a cambio de los portugueses. A pesar de su destacada personalidad y espíritu pastoral, ni don Berenguel ni don Juan García Manrique (1383-1398) lograron cambiar el rumbo de las cosas. Con todo, el siglo XIV ve salir de la Iglesia Compostelana un buen número de obispos e ilustres canónigos y ante el altar del Apóstol se siguen postrando riadas de peregrinos, algunos tan memorables como doña Isabel, reina de Portugal, santa Brígida, Raimundo Lulio, los duques de Borgoña, Ferrara, Lancáster... o

envían sus ofrendas, *comendas*, como Carlos V de Francia.

El siglo XV se abre con un arzobispo, don Lope de Mendoza (1339-1445), vinculado a la Corte durante la regencia y minoría de Juan II. Sus frecuentes y largas ausencias facilitan a nobles y hermandinos el desorden y el atropello. La pobreza de iglesias y monasterios es ocasión de libertad y aseglaramiento a monjes y clérigos: ignorancia, falta de residencia, dedicación a oficios mundanos, parroquias vacantes, ausentismo... son problemas que se repiten en los sínodos diocesanos de 1415, 1431, 1435, 1436, 1439, 1451 y 1452. A esto se suman las intrigas y desorden político-social, disputas por el señorío de la ciudad. Sin embargo, los prelados compostelanos siguen pesando en la vida nacional, como ocurre con don Alfonso II de Fonseca (1464-1506) llamado a la Corte por los Reyes Católicos y nombrado Presidente del Consejo y Gobernador del Reino (1491-1492). Estas ausencias dejan en manos del cabildo la obra de la restauración espiritual. De hecho y en contraste con cierta general decadencia, el siglo XV es glorioso para la institución capitular, que de sus filas vio salir, a parte otros muchos, hombres tan ilustres como Ruy Sánchez de Moscoso, don Alonso García Santa María, don Juan Arias de Villar, don Luis Osorio, los dos Diego de Muros, don Alonso III de Fonseca, don Pedro Sarmiento y otros. Por otra parte, la peregrinación al sepulcro del Apóstol no pierde su ritmo y fervor y en los once años jubilares del siglo XV los altares improvisados cubrían todos los rincones y galerías de la catedral, mientras Juan II prometía su protección a los peregrinos extranjeros (1434) y los Reyes Católicos venían a postrarse ante el Apóstol (1486) y otorgaban a la Iglesia Compostelana los Votos de las tierras reconquistadas (1492).

El siglo de la Reforma presenta una doble nota en la Iglesia Compostelana. De una parte, la ideología protestante repercute dañinamente en el movimiento de peregrinación, aunque no obsta para que Santiago guarde el grato recuerdo de la visita de multitud de peregrinos extranjeros y nacionales, particularmente en los trece Años Santos del siglo XVI. Felipe I, Carlos I, Felipe II, el Gran Capitán, Ambrosio de Morales, santo Toribio de Mogrovejo, Maximiliano de Bohemia, obispos, soldados, fieles, el gallardete de Lepanto, que se conserva en Santiago desde 1571, son testimonio de la universal devoción jacobea. Por otra parte, en el interior, la archidiócesis experimenta un proceso de renovación, que se manifiesta en las cofradías del Santísimo Sacramento establecidas en todas las parroquias, en la devoción mariana, en el Manual Compostelano para la administración de sacramentos, en la reimpresión del Breviario Compostelano (aunque en 1576 fue abolido el Oficio), en la caridad desplegada por el cabildo con ocasión de las pestes que afectaron a la región. Renovación provocada por una serie de prelados insignes, como don Alonso III de Fonseca, santiagués cultísimo, que se escribía con Erasmo y promo ió la formación intelectual fundando los colegios de Fonseca y San Jerónimo, mientras recibía al Gran Capitán (1512) y veía celebrar Cortes en Santiago a Carlos V (1520) y era llamado por el pueblo «padre de la patria»; el pastoral don Gaspar de Abalos (1542-1545) que visita personalmente la archidiócesis; el cardenal don Juan Alvarez de Toledo que, de acuerdo con san Ignacio, quería fundar un colegio de la Compañía; don Gaspar de Zúñiga y Avellaneda, que establece las cofradías del Santísimo Sacramento y promulga los decretos de Trento en el concilio provincial de Salamanca (1565); don Francisco Blanco, que urge el cumplimiento de los decretos tridentinos, crea nuevas constituciones capitulares, celebra sínodo de reforma (1576), funda un colegio de la Compañía (1579) y reorganiza la vida parroquial de la ciudad. Su prestigio era más que nacional y su personalidad y espíritu reaparece en don Juan de Sanclemente (1587-1602); el hambre y la peste impusieron cierto ritmo a su labor pastoral, que amplió imprimiendo un catecismo, celebrando sínodo en 1597, confirmando las medidas de don Francisco Blanco y fundando el colegio de las Huérfanas y el que lleva su nombre. Los prelados están asistidos por canónigos del rango de un don Pedro Gil, don Diego de Soto, don Alvaro Mendoza, don Pedro Pacheco, teólogo de Trento, y otros.

En torno a la obra de la catedral se había formado la Cofradía de Artistas de la Obra; pero, especialmente en esta época, había otros muchos maestros y oficiales, de modo que Santiago seguía siendo una de las ciudades más cultas y artísticas de la península.

El siglo XVII se abre para Compostela con un prelado de sangre imperial, don Maximiliano de Austria (1603-1614), cuya preocupación pastoral se refleja en los siete sínodos y las gestiones por el seminario.

Característico de este siglo es que la Iglesia Compostelana vivió muy de cerca las vicisitudes políticas de la nación. Aparte de la contribución económica repetida y generosamente ofrecida y de las compañías de soldados por ella formados para las campañas de Portugal, sus prelados actuaron al lado de los reyes como consejeros (don Agustín Spínola con Felipe IV) o como gobernadores y capitanes generales de Galicia (don Fernando de Andrade, don Pedro Carrillo, don Andrés Girón); todo lo cual suponía largas ausencias del prelado y regencias capitulares. Apuntemos, sin embargo, como va liosos síntomas de espiritualidad y pastoral, el juramento de defender la «Limpísima Concepción de la Virgen» pronunciado por la Iglesia Compostelana en sínodo de 1619, la celosa defensa del Patronato de Santiago, la generosa acogida dispensada a los católicos irlandeses emigrados de su patria, las misiones predicadas en la catedral (1672, 1675, 1680) y algunos decretos sinodales, sin olvidar los 22 obispos que salen del cabildo durante el siglo XVII. En esta centuria se celebran dieciséis Años Jubilares. En 1668 visita Santiago don Juan de Austria y en 1690 la reina doña Mariana, esposa de Carlos II. Personas privadas y pueblos enteros siguen enviando sus encomiendas al Apóstol y los reyes le invocan como protector. Empieza, sin embargo, a decaer un poco el fervor de la peregrinación. Un gran prelado, político y pastor, cierra el siglo XVII e inaugura el XVIII: fray Antonio Monroy OP (1685-1715), de origen mejicano. Su caridad y celo resplandecen particularmente con motivo del hambre y peste de 1694 y 1710. Cuando Luis XIV invade Flandes, la Iglesia Compostelana ofrece a Carlos II compañías de hombres. En la Guerra de Sucesión, apoya a Felipe V; pero cuando este rey corta la comunicación con Roma, Monroy protesta y escribe al marqués de Mejorada con la claridad, libertad y celo de un Gregorio VII. Sus dos sucesores, don Luis Salcedo y don Miguel Herrero, se consagran a la visita pastoral y en 1748 don Cayetano Gil Taboada celebra un sínodo cuyos decretos estuvieron en vigor hasta la segunda mitad del siglo XIX. En esta época, con el voto favorable del episcopado español se obtiene de Roma el Oficio de Santa María Salomé, san Pedro de Mezonzo y aparición del Apóstol en Clavijo (1750); igualmente que el Oficio de la Traslación se extendiera a todos los dominios de los Reyes Católicos. Merece ser destacada la personalidad del arzobispo Rajoy (1751-1772), nombrado por Felipe V Comisario General de la Santa Cruzada. Contó con la estima de Benedicto XIV y Fernando VI. En aquel ambiente de regalismo, fue acérrimo defensor de los derechos de la Iglesia compostelana y de la española. Santiago tuvo que sufrir la expulsión de los padres jesuitas (1767) y otras medidas de fiscalismo regalista, mientras Rajoy desplegaba una admirable caridad pastoral, especialmente con ocasión del hambre

y la peste (1768-1769). Estas calamidades despertaron el fervor religioso del pueblo que se organizaba en Rosarios procesionales. Rajoy tuvo el proyecto de crear una especie de Universidad laboral y a él se debe el Seminario de Confesores. El siglo XVIII compostelano fue ubérrimo en varones ilustres y dio un grupo de prelados a España, además de hombres eruditos, entre los que descuella don Antonio Riobóo y Seyxas Villar de Francos, autor de varias obras históricas sobre Galicia. Los últimos años del siglo XVIII sufren el impacto del Enciclopedismo y la Revolución Francesa. El prelado Sr. Bocanegra, en sermones y pastorales pone en guardia a sus diocesanos y trata de inmunizarlos mediante misiones predicadas en gran parte de la archidiócesis. Su adhesión a Carlos III, la contribución económica a la empresa contra los ingleses, hacen que el rey le conceda la Gran Cruz de su Orden (1780). Mérito del Sr. Bocanegra es su interés por la música sagrada y su afán de liberar la predicación sagrada de aquel estilo enrevesado.

Santiago acogió a muchos sacerdotes expulsados de Francia en 1791 y en la catedral se celebraron dos actos fúnebres por Luis XVI y María Antonieta (1793). Lo mismo en la guerra con Francia que cuando Godoy se enfrenta con los ingleses, la Iglesia Compostelana contribuye generosamente a los gastos mereciendo la gratitud del Gobierno.

Los primeros años del siglo XIX son de gran turbación en Santiago por la invasión francesa, cuyos jefes llegan a instalarse en el palacio arzobispal cometiendo toda clase de vejámenes y provocando la huida del prelado Múzquiz (febrero de 1809), que solo pudo regresar en diciembre cuando la ciudad fue liberada. Durante el primer período del régimen liberal, la Iglesia Compostelana hubo de ver con dolor la supresión del Voto de Santiago (1812) y la persecución contra su prelado por oponerse a los decretos de las Cortes y a las exigencias de la Constitución. Tras el paréntesis de Fernando VII, en que Santiago vio con júbilo el regreso de su pastor, el restablecimiento del Voto y de la Inquisición y recobró la paz, de nuevo fue víctima del liberalismo; es suprimido el Voto y la Ofrenda, oprimido el cabildo, coaccionados los párrocos a explicar la Constitución, abolidos los monasterios, deportados muchos eclesiásticos y seglares, mientras el prelado en una pastoral exhortaba al perdón de las injurias.

Una serie de insignes prelados rigen la Iglesia Compostelana a partir de 1825. Los cuatro años de sede vacante sumados a las ideas y política liberales, hacían muy urgente una amplia labor pastoral. Para la formación del clero, fray Rafael de Vélez escribe circulares, manda Ejercicios y conferencias morales y litúrgicas en los arciprestazgos; esta labor la completa con la visita pastoral y las misiones comarcales que despiertan el fervor religioso del pueblo. Su gran obra fue, sin embargo, la fundación del Seminario Conciliar, inaugurado el 14-X-1829, a la que se añade la casa de venerables y ejercitandos. La dolorosa situación que sigue a la muerte de Fernando VII (septiembre de 1833) trae consigo el destierro del prelado (1835-1844) y de su obispo auxiliar *Sanlúcar de Barrameda*. En su ausencia se produce la exclaustración, la incautación de bienes eclesiásticos y la supresión de la Ofrenda nacional al Apóstol. Pobreza, relajación, escasez de clero es lo que halla el prelado a su regreso (1844). Pero la personalidad de Rafael de Vélez adquiere un relieve nacional y supranacional por las obras histórico-eclesiásticas en defensa de la Iglesia contra el liberalismo reinante: *Preservativos contra la irreligión*, *Apología del Altar y del Trono* y otros escritos contra el *Liberal Africano*. Otra figura continuará la obra de Vélez. Tras el prelado santo, el prelado sabio. El cardenal García Cuesta, de privilegiada inteligencia, profundidad y claridad de ideas, de estilo ágil e incisivo, erudición y espíritu pastoral, como otro san Cipriano, no velará solo por su archidiócesis sino que en todo momento vibrará ante los problemas de la Iglesia universal y los hará sentir y vivir a su clero y pueblo. Baste recordar sus hermosas pastorales, sus cartas a Isabel II y al director de *Iberia* protestando contra la usurpación de los Estados Pontificios y exponiendo con contundente lógica la doctrina sobre este tema; sus repetidas protestas ante el Gobierno y las Cortes, como prelado y senador, por los proyectos de ley relativos a bienes eclesiásticos, matrimonio civil y libertad de cultos. Su voz se hace oír en todos los momentos más delicados de la vida de la Iglesia mereciendo la felicitación y gratitud de Pío IX. En 1854 asiste a la Definición de la Inmaculada; no, en cambio, al Concilio Vaticano I, pero era infalibilista. Bajo su pontificado el cabildo y el clero en general aparece muy unido al prelado, que vela constantemente por la pureza de la fe y la reforma de las costumbres. En 1862 son de nuevo recibidos los padres franciscanos con gran júbilo del pueblo santiagués. En 1865 se establece en la archidiócesis la Obra de la Santa Infancia. En 1867 se celebran misiones populares y se publican los aranceles parroquiales para toda la archidiócesis. Dos años antes había trasladado el seminario del edificio de San Clemente al de San Martín que hoy ocupa. En esta época no había Ofrenda nacional al Apóstol; pero la realizaba el Ayuntamiento con la aportación del pueblo. Las circunstancias políticas eran muy propicias para la relajación y de hecho ocurrían robos en iglesias en ciertas zonas de la archidiócesis. El mismo clero parece haber sido afectado por el desorden, como se desprende de las circulares que insisten en el vestido eclesiástico y las ceremonias litúrgicas. Siguiendo la línea de sus predecesores, el cardenal Payá y Rico con su clero protesta más de una vez ante las Cortes en favor de la amenazada unidad religiosa. En 1877 el Apóstol recibe de nuevo la Ofrenda nacional de manos del rey Alfonso XII. En este pontificado se realizan las primeras excavaciones arqueológicas en la catedral (1878), cuyos resultados fueron suficientes para que el cardenal y el papa León XIII declararan la autenticidad de las reliquias y sepulcro del Apóstol. Este hecho despertó el movimiento un tanto decaído, de la peregrinación a Santiago; a partir de entonces irá siempre en aumento. En la labor pastoral intradiocesana, además de sus circulares y visita pastoral, el cardenal se apoya mucho en los arciprestes para mover al clero. Es ahora cuando se organiza también el Apostolado de la Oración. Asimismo, y tras un paréntesis de 560 años, se celebra en julio de 1887 un concilio provincial, presidido por el arzobispo Guisasola con asistencia de los obispos de Orense, Tuy, Mondoñedo, Oviedo y Lugo. La finalidad era: 1) promulgar solemnemente los Decretos del Vaticano I; 2) instaurar la unidad disciplinar eclesiástica; 3) unificar criterios ante los graves problemas del momento. En 1890, Martín de Herrera promulga los Decretos y Actas del Concilio; se insistía en la pureza de la fe, los sacramentos, el culto, la vida del clero, los bienes eclesiásticos, la abstinencia y ayuno, la educación de los hijos, los espectáculos, etc. El sínodo de 1891 aplica y adapta estas mismas disposiciones. Por estas fechas la archidiócesis es consagrada al Corazón de Jesús y las constantes cartas pastorales, las misiones populares, las catequesis, los Ejercicios Espirituales... van provocando una general renovación espiritual impulsada de modo especial con ocasión de los Años Jubilares. Los 36 arciprestazgos, en que se dividía la archidiócesis, con sus 768 parroquias y 252 filiales, peregrinaban sucesivamente al sepulcro del Apóstol. En abril de 1897, Martín de Herrera es creado cardenal. En 1902, Santiago es sede del Congreso Nacional Católico, del 19 al 23 de julio. En 1904 hace la Ofrenda el rey Alfonso XIII personal-

mente, y de nuevo, en 1909. Este año se dieron 23 misiones, se celebró sínodo diocesano, pero fue sobre todo conmovedor, según el cardenal, el hecho de las peregrinaciones arciprestales sumando un total de 139.846 peregrinos diocesanos. En julio se celebró la IV Semana Social de España dedicada a temas agrarios. En unión de los obispos sufragáneos y sus auxiliares Valbuena (1911-1922) y Rivas Fernández (desde 1922), el cardenal elevó repetidas protestas a las Cortes contra las escuelas laicas, contra los proyectos de Ley perjudiciales a Ordenes religiosas y a la unidad religiosa. En 1922 se establece en Santiago la Unión Misional del Clero.

En los primeros años del siglo xx, los datos estadísticos de la archidiócesis eran: 8.546 kilómetros cuadrados, 827.052 habitantes, 1.600 clérigos, de 559 a 444 seminaristas entre 1902 y 1905, 45 comunidades religiosas y asociaciones; 148 sacerdotes se ordenaron en el citado cuadrienio. La archidiócesis estaba ya dividida en 36 arciprestazgos y en 1902 tenía 768 parroquias, 252 anejos y 825 capillas y santuarios. En 1918 hay una ligera oscilación: 763 parroquias, 252 anejos, 837 capillas y santuarios. Los mismos datos aparecen en 1923. Los breves pontificados de Lago González y Alcolea responden al conocido marchamo pastoral, con la marcada y vieja nota de estrechísima fidelidad a la Santa Sede y defensa del papa *prisionero*. La sede vacante que precede a fray Zacarías Martínez (1927) tiene como vicario capitular al ilustre filósofo y canonista compostelano don Angel Amor Ruibal. En los años siguientes se organiza en la archidiócesis el Apostolado Seglar, especialmente la Acción Católica, siendo Santiago en 1929 sede de la Magna Asamblea Gallega de Acción Católica Femenina y en 1933 de la Gran Asamblea de Consiliarios de Juventudes Católicas, así como en 1948 centro de peregrinación de la Juventud Católica Española. Entre fray Zacarías (m. 1933) y don Tomás Muñiz Pablos (1935) rige la archidiócesis como administrador apostólico el obispo de Tuy, don Antonio García y García. Tras la crisis de la República, las profanaciones y vejámenes de 1936, el Generalísimo Franco daba un Decreto (21-VII-1937) reconociendo el Patronato del Apóstol Santiago y declarando Fiesta Nacional el 25 de julio, con Ofrenda Oficial al Apóstol. En 1948, siendo vicario capitular don José Souto Vizoso, hizo la Ofrenda el propio Jefe del Estado siéndole contestada por el cardenal primado Plá y Deniel. El 11-X-1949 un nuevo prelado entraba en Santiago, don Fernando Quiroga Palacios. Desde entonces y en la actualidad la archidiócesis Compostelana escribe una de las páginas más brillantes de su larga historia. Mientras en su interior ve surgir un espléndido seminario menor con capacidad para 560 alumnos (inaugurado en 1957), se terminan e inauguran dos Casas de Ejercicios, se ultima una Casa Sacerdotal, se realizan obras de adaptación en el Seminario Mayor, se incrementan los Movimientos de Apostolado Seglar, se fomentan y celebran ininterrumpidamente Ejercicios Espirituales, se organizan misiones parroquiales en toda la archidiócesis de 1955 a 1960, se celebran Congresos Marianos en La Coruña, Pontevedra y Santiago, se crea un amplio movimiento sacerdotal con asambleas arciprestales, jornadas y asambleas diocesanas, se intensifica la instrucción de los fieles con campañas de catecismo y liturgia; mientras toda esta labor renovadora se realiza, en el interior de la archidiócesis bajo el constante impulso y dirección del prelado.

MONUMENTOS ARTÍSTICOS. Histórica y artísticamente el monumento cumbre de la archidiócesis compostelana es la *catedral metropolitana*. Creación suprema del arte románico, aunque enriquecida con elementos ojivales, platerescos y barrocos. Se yergue sobre el sepulcro del Apóstol y encierra las dos basílicas de Alfonso II y Alfonso III, presentando un imponente aspecto de madre de la Ciudad Santa y de templo de un culto durante siglos ecuménico. Era el tercer santuario de la cristiandad medieval. La comenzó D. Diego Peláez en 1075, la continuó celosamente Gelmírez y fue definitivamente consagrada en 1211 por el arzobispo Muñiz. A su construcción van ligados los nombres del maestro Roberto, los dos Bernardos, Esteban, el maestro de las Platerías, y el inmortal y popular maestro Mateo, autor del inigualable Pórtico de la Gloria; posteriormente figuran otros, como el maestro Juan de Alava, Gil Hontañón y los genios barrocos Domingo de Andrade y Fernando de Casas y Novoa. Cerca de la catedral se levanta el *Monasterio de Antealtares*, ligado a los orígenes de Compostela, que en su forma actual es del siglo XVII-XVIII y cuya iglesia de grandiosa cruz granítica fue panteón de ozispos y abades. *San Martín Pinario*, cuya solemne fachada fue comenzada en el siglo XVII y cuya iglesia, segundo templo de la ciudad, presenta en sus altares riquísima decoración barroca y el coro más bello de Compostela. *San Francisco de Valdediós* y *Santo Domingo*, construidos por los frailes mendicantes en estilo ojival (siglo XIII), aunque con mezclas románicas. Entre las iglesias de la capital de la archidiócesis, *Santa Susana*, bella creación románica de Gelmírez, modificada en el siglo XVII-XVIII. *Santa María Salomé*, del siglo XII, con hermosa portada románica, pórtico y capillas ojivales dentro de un conjunto moderno. *Santa María del Camino*, cuya fachada presenta decoración rococó y óculo. *Santa María la Real de Sar*, uno de los más bellos monumentos románicos de Santiago. Menos inspirada, aunque semejante, fue *Santa María de Conjo*. Antes de enumerar algunos monumentos hoy civiles, recordemos el llamado *Palacio de Gelmírez*, desescombrado en tiempos de Martín de Herrera, cuyo comedor está cubierto de hermosa bóveda de crucería y enorme riqueza iconográfica, mientras el otro plano tiene bóveda de cañón y preciosa ventana geminada, única en la arqueología medieval, salón de bóveda de arista y otros detalles que revelan el genio de Gelmírez. Entre los monumentos hoy civiles, citemos la *Universidad* (siglo XVIII), *Fonseca* (siglo XVI) uno de los más bellos edificios de Compostela «en el que domina la fina alegría plateresca», el *Colegio de San Jerónimo*, de tipo clásico, con elementos románicos, *San Clemente* (siglo XVII), el *Gran Hospital Real* (Hostal de los Reyes Católicos) con su fastuosa portada plateresca y toda su interior riqueza, *Palacio de Rajoy* (siglo XVIII) que cierra la Plaza del Hospital y da al conjunto un sobrio sentido de equilibrio. Fuera de la capital, abundan los monumentos artísticos en la archidiócesis; citemos en La Coruña la *Iglesia de Santiago*, románica con influencias ojivales; la *Colegiata*, de fines del siglo XIII; los templos ojivales de *San Francisco* y *Santa Bárbara*; *San Agustín* (hoy San Jorge) de estilo barroco, y otros. En Pontevedra, *Santa María la Mayor*, del siglo XVI; *San Francisco*, de principios del siglo XIV; *Santa Clara* y *Santo Domingo*, ojivales; *San Bartolomé*, que fue de los jesuitas; la *Peregrina*, gracioso y célebre santuario (siglo XVIII) y otros. Muchas otras iglesias, templos y monasterios de valor artístico, preferentemente románicos, cubren y engalanan la geografía de la archidiócesis.

2. Instituciones. CABILDOS. Hasta el siglo IX, el único cabildo era *el de Iria*. Cuando Teodomiro establece su sede en el Lugar Santo, parte de los canónigos irienses le acompañan y surge así el cabildo compostelano (siglo IX-X). A pesar de esto, el cabildo de Iria seguía conservando su categoría de cabildo catedral, con los mismos honores y suficiente dotación, pero en número decreciente. A mediados del siglo XI eran solo siete. En 1095 Iria queda reducida a colegiata y su cabildo decae. En 1134 Gelmírez restaura la canónica de Iria elevando el número de canónigos a doce, dándoles autonomía en el régimen interior, en la administración de sus rentas y admisión de nuevos canónigos sin sujeción a otras personas que el arzobispo y el deán. En el siglo XVI el cabildo de Iria constaba de diez canonjías, de las cuales una pasó al Santo Oficio de la Inquisición, y al frente tenía un vicario. Como cabildo colegial continuó hasta 1811 en que el concordato redujo la colegiata a simple parroquia.

El cabildo compostelano nace en el siglo IX con la sede del Lugar Sagrado. En un principio vivía vida común en la canónica, según la regla del Concilio de Aquisgrán (a. 816). A pesar de los esfuerzos del obispo Cresconio y de Gelmírez, la vida común decayó, siendo definitivamente suprimida en 1256. En cuanto a subsidios económicos, aparte los de título patrimonial, procedían de fundaciones, donaciones, ofrendas, desempeño de ministerio o cargo eclesiástico, etc. La situación económica osciló mucho según los tiempos y tal oscilación influyó sin duda en el número de prebendados. Mientras llegan a 30 bajo don Sisnando I (877?-920), bajan a siete con don Cresconio (1037-1066); Diego Peláez los eleva a 24 y Gelmírez a 72. Todavía en 1240 don Juan Arias fijó el número de prebendados en 85: 50 canónigos mayores hebdomadarios; 20 porcioneros mayores, 12 porcioneros menores y los dobleros de arzobispo, deán, cantor y maestrescuela. En el siglo XV se suprimen los 20 porcioneros mayores. En el siglo XVI se dan notables modificaciones. Aparece la lectoralía de decretos; luego la magistralía, doctoralía, maestro de ceremonias, prior de Santiago, penitenciaría y lectoralía de Sagrada Escritura. En 1578 el personal catedralicio era: 20 dignidades (11 con canonjía aneja), 34 canónigos, 9 racioneros menores, los dobleros del arzobispo y del deán, maestro de capilla, 2 racioneros cantores, 20 capellanes y 6 acólitos. Existían por este tiempo coadjutores de los ausentes, con derecho a sucesión, que fueron suprimidos por Felipe IV en 1645.

El presidente del cabildo se llamó sucesivamente arcipreste, abad y prior hasta que en 1121, bajo Gelmírez y tal vez por influjo cluniacense, se llama deán. Hasta 1851 el deán regía uno de los cinco distritos en que se dividía la archidiócesis. Merecen ser destacados los canónigos-cardenales, creados por Gelmírez, que podían ser presbíteros y diáconos. Los siete cardenales presbíteros tenían asignado, como los romanos, un título (parroquia o capilla) en la ciudad y podían usar mitra dentro de la catedral en ciertos días. Esta práctica se conserva hoy en las dignidades mitradas. Siguen en importancia los cuatro arcedianos, dignidad tan antigua como la corporación misma. Según Portela Pazos ya existían en Iria. Otros prebendados notables eran el primicerius (primiclerus), que desaparece en el siglo XII; el cantor o chantre, desde el siglo XII; los dos jueces eclesiásticos, desde antes de Gelmírez, se convirtieron en arcedianos hasta 1851; el tesorero, primero oficio y luego dignidad, desde el siglo XI; el maestrescuela, desde Gelmírez; los priores de Sar y Santiago, creados en el siglo XII y XVI respectivamente. Por el concordato de 1851 las 20 dignidades quedaron reducidas a seis: deán, arcipreste (reaparece), chantre, maestrescuela, tesorero y arcediano (uno solo). Las demás prebendas se redujeron a cuatro de oficio y 16 canónigos simples. Del ilustre cabildo compostelano salieron numerosos obispos y hombres de personalidad en Letras y Derecho.

El cabildo colegial de La Coruña existe desde casi mediado el siglo XIV. En atención a los muchos extranjeros que llegaban a La Coruña y deseaban cumplir sus deberes espirituales, el arzobispo don Lope de Mendoza erigió la antigua iglesia parroquial de Santa María en colegiata con cabildo propio. Este decreto, dado en Santiago el 29-XI-1441, fue confirmado por Eugenio IV en 1447. A principios del siglo XVII tenía los siguientes prebendados: abad, prior, chantre, maestrescuela, tesorero y 10 canónigos. Esta real colegiata consta actualmente de un abad-presidente, magistral, doctoral, ocho canónigos y seis beneficiados.

Aparte de estos tres cabildos, en épocas recientes existieron algunas otras iglesias colegiales. Así, en la Villa de Muros *Santa María de Campo*; era iglesia rectoral, pero don Diego de Muros, deán de Santiago y obispo de Oviedo, logró de Alejandro VI una bula erigiéndola en colegiata. Todavía a principios del siglo XVII contaba con un prior y 10 canónigos. Igualmente en Cangas, *Santiago de Cangas* fue iglesia colegial, fundada por don Andrés Ortega, canónigo y chantre de Burgos, en 1542 y confirmada por el papa en 1545. Tenía a principios del siglo XVII un prior y seis racioneros.

MONASTERIOS Y CONGREGACIONES RELIGIOSAS. A partir del siglo IX la archidiócesis aparece cubierta de monasterios. Unos bajo la *Regula Communis* de san Fructuoso, otros bajo una *consuetudo* u obediencia a un superior hasta que los siglos X y XI difunden la Regla de San Benito simultaneada con canónigos regulares de san Agustín y luego con el Císter y Ordenes más recientes.

Siguiendo un criterio cronológico, descubrimos esta red de monasterios: *Antealtares* (llamado desde el siglo XII, de San Payo o Pelayo) y *Pinario* (luego de San Martín), ambos benedictinos, fundados en el siglo IX por Alfonso II cerca de la tumba apostólica para cuidar el culto de Santiago. Pinario llegó a presidir 32 monasterios y prioratos a él anexionados. *San Sebastián y San Lorenzo de Picosacro* (fundados en el siglo IX-X), anexionados a Pinario. *Ameixenda* y *San Vicente de Vilouchada* (siglo IX), *San Verísimo de Donas* (siglo IX), de benedictinas, anexionado luego a Antealtares. *San Juan da Coba* (siglo IX), de canónigos regulares de San Agustín. *Santa María de Mezonzo* (antes del siglo IX), anexionado a Sobrado en el siglo X; a principios del siglo XVII era priorato anejo a San Martín. *San Vicente de Almerezo* (siglo IX). *San Salvador de Cinis* (siglos IX-X), anexionado a Pinario. *Santa María de Cambre* (siglo IX), anexionado a Antealtares y luego a Pinario. *San Martín de Jubia* (pasó a Mondoñedo en 1122 con el arciprestazgo de Trasancos). *Cores* (siglo IX). *San Verísimo de Arcos* (siglo IX). *San Salvador de Lérez* (a. 886), benedictino. *San Juan de Poyo y San Ciprián de Calogo* (se dicen fundados por San Fructuoso; Poyo desde el siglo XIX es convento de mercedarios; Calogo fue anexionado a Pinario). *San Julián de Arosa* (siglo X), anexionado a Pinario más tarde. *San Juan de Pravío. Santa Marina de Tosto*, anexionado a Pinario. *Sobrado* (fundado en 952 por el prelado Sisnando II y sus padres); en 1142 pasó a los cistercienses y llegó a presidir 51 prioratos; abandonado en el siglo XIX, es hoy restaurado y habitado de nuevo por cistercienses. *Caneda. San Juan de Caaveiro* (fundado en el siglo X por San Rosendo), primero fue benedictino y luego de canónigos regulares; a principios del siglo XVII tenía seis canónigos y el prior era el doctor Roa de Avila. *Curtis. San Esteban de Boiro, Cosenza, San Martín de Ozón, Portor* (los cuatro anexionados a Antealtares en el siglo X y luego a Pinario). *Piloño. Santo Tomé de Nemeño. San Julián de Moraine*, benedictino, con bastantes anejos; en el siglo XVI está ya muy decaído; a principios del siglo XVII no hay monjes, sino solo un prior y un compañero. *San Andrés de Trobe. Santa María de Conjo*, fundado por Gelmírez en 1129 para benedictinas; éstas se pasaron a San Pelayo en el siglo XV y Conjo fue entonces ocupado por mercedarios hasta que en el siglo XIX se fueron éstos a Poyo; hoy Conjo es manicomio. *Tijosoutos. Monfero* (c. 1135), cisterciense. *Santa María de Sar* (1136) era monasterio-colegiata de canónigos de San Agustín; en el siglo XVI decayó y el concordato de

1851 lo redujo a parroquia. *Colegiata de San Lázaro* (1149), de canónigos regulares de San Agustín. Una bula de Anastasio IV, de 1154, atestigua la existencia de otros monasterios a mediados del siglo XII. Tales son: *Acibeiro o Aceveiro*, cisterciense, que todavía subsiste a principios del siglo XVII, siendo además parroquia. *Codeseda*, después de haber sido monasterio de monjas, a principios del siglo XVII quedaba solo como feligresía aneja al cabildo de Santiago. *San Pedro de Afora*, anexionado más tarde a Pinario. *Bugondo*, anexionado a Pinario. *Soandres*, benedictino, anexionado a Pinario. *Seaya*, anexionado a San Payo de Antealtares; en el siglo XVI ya abandonado. *Riomalo. Nogueira*, monasterio de templarios; luego fue de la encomienda del Santo Sepulcro. *Sobardes*, anexionado a San Payo. *San Ciprián de Brives*, anexionado a San Martín Pinario; a principios del siglo XVII era, a la vez, parroquia. Santiago de *Mens*, priorato benedictino anexionado a San Martín; a principios del siglo XVII estaba anexionado a la colegiata de La Coruña. *Dorneá*, benedictinas, luego las llevaron a Antealtares y desde el siglo XV quedó anexionado a San Martín, como feligresía. *Armenteira* (a. 1150), cisterciense. *San Jorge. Santiago de Ermelo o Hermelo*, benedictino, a fines del siglo XVI estaba unido a San Juan de Poyo. Aparte de estos monasterios, citados en la bula de Anastasio IV, el cardenal Hoyo, visitador de la archidiócesis en los primeros años del siglo XVII, alude a algunos otros, calificándolos de «antiquísimos». Así, *San Salvador de Camanzo*, benedictino, anexionado posteriormente a San Payo y al cual solían retirarse las monjas en tiempo de peste. San Miguel de *Couselo* (Moraña), benedictino, del cual se dice salieron los primeros monjes para fundar San Martín. San Pedro de *Tenorio*, benedictino, luego parroquia. San Julián de *Arnois* que «dicen fue monasterio de monjas». *San Justo y Pastor*, monasterio cisterciense anexionado a Sobrado. San Miguel de *Breamo*. Santo Tomé de *Monteagudo*, benedictino, anexionado a San Martín; en tiempo de Hoyo aparece anexionado a la colegiata de La Coruña. *Santa María del Temple*, junto al puente del Burgo en La Coruña; a principios del siglo XVII estaba abandonado y casi destruido. San Juan de *Bardaos*, priorato anejo a San Martín. *San Minio de Candoas*, monasterio de monjas. *San Vicente de Graña*, priorato anejo a Sobrado. *San Antonio de Baíñas*, había sido monasterio de monjas y a principios del siglo XVII aparece como priorato anejo a San Martín. En el siglo XIII *San Francisco de Val de Dios*, fundado, según la tradición por el Santo en su visita a Santiago, en 1214; fue el principal de los conventos de franciscanos de Galicia; en 1520 allí celebró Cortes Carlos V. En el mismo siglo XIII la Orden franciscana se extiende por la geografía de la archidiócesis: *La Coruña*, c. 1214, se dice que san Francisco envió desde Santiago a fray Benincasa de Tosli, consta históricamente su existencia en 1262; *Pontevedra*, antes de 1274; *Betanzos*, 1289; los franciscanos, expulsados de Santiago en 1835, regresaron con gran júbilo del pueblo en 1862. Colegiata de *San Lorenzo* (1216) por D. Martín Arias, santiagués, obispo luego de Zamora; eran canónigos regulares de san Agustín. *Santa María de Bonabal*, fundado, según parece, por santo Domingo en su visita a Santiago, en 1219; fue el primero y más importante de los trece conventos masculinos de la Orden dominicana en Galicia; cesó con la exclaustración de 1835; se conserva la primitiva iglesia de estilo ojival. Pocos años más tarde se fundaba *Santo Domingo de La Coruña*, 1273-1280; estaba fuera de la ciudad; destruido por los ingleses en 1589, el nuevo convento se hizo dentro de la ciudad; exclaustrados en 1835, regresaron en 1899; hoy tiene colegio de Enseñanza Media. En 1283 el de Santiago (Santa María de Bonaval) fundaba en Pontevedra. *Santa Clara*, en Santiago, 1260, por D.ª Violante, esposa de Alfonso X el Sabio; el primer convento estaba fuera, cerca del crucero de La Coruña (lugar de Earais); se trasladó al actual edificio en 1297. En el mismo siglo XIII (no hay fecha exacta) se funda *Santa Clara* de Pontevedra. Las clarisas de Santiago, exclaustradas en 1836, fueron recogidas en La Enseñanza (Compañía de María) y regresaron a su convento en 1843. Las de Pontevedra sufrieron varias exclaustraciones: 1719-20, por invasión de los ingleses; 1808-1809, por invasión de los franceses y también en 1868-1875; se dice había sido antes convento de templarios. En el siglo XIV, *Dominicas de Belvis* en Santiago, 1313, con tres religiosas venidas de Zamora; guardan la *Virgen del Portal*, devoción muy querida del pueblo compostelano; fue muy protegida esta comunidad por el arzobispo Monroy (1685-1715); la actual iglesia conventual es del siglo XVIII. *Monasterio de la Magdalena*, en Arzúa, de agustinos, fundado bajo D. Pedro V (1344-1351); *Franciscanos de Noya*, 1356, en Sueiro; trasladado en 1522 al actual lugar. *Santa Cristina de Pena* en 1333 para hospital y convento de franciscanos desde 1386. *Santa María a Nova*, en Santiago, 1390 y anexionado a Santa Clara en 1577. *Santa Catalina de Faro*, franciscanos, del siglo XIV. Franciscanos de *Herbón* (Padrón) en 1396 por fray Gonzalo Mariño, restaurador de la observancia franciscana en Galicia; igual que el de Santiago, es colegio de misioneros; tras la exclaustración, los franciscanos recuperaron Herbón en 1890.

El siglo XV ofrece a la archidiócesis compostelana nuevas fundaciones. *Clarisas*, bajo la denominación de *Santa Bárbara* (La Coruña) a principios del siglo XV; desde 1411 a 1912 las religiosas vivían según la Regla Tercera de San Francisco; a partir de esta fecha profesan la de Santa Clara, siendo abadesa la reverenda madre Mercedes del Santísimo Sacramento Salgado Araújo, tía del Generalísimo Franco; fueron exclaustradas en 1809 (enero-agosto), 1823, 1835 y 1842; en esta última vez se recogieron en San Pelayo de Santiago, regresando en 1846 a La Coruña; de nuevo sufrieron exclaustración de 1931 a 1933. *Franciscanos de Louro* (Muros); aunque parece existía como eremitorio en 1223, como convento consta su fundación desde 1432; tuvo al principio el título de *Santa María del Rial*. En los últimos años del siglo XIX fue seminario menor de la Orden y centro de Estudios Filosóficos (1890-1897). *Mercedarios de Conjo-Poyo*; se establecieron en la archidiócesis el 22-III-1483 en el convento de Conjo (Santiago); fueron exclaustrados en 1835, pero regresaron pronto; en 1890 hubieron de dejar Conjo para manicomio y pasaron a Poyo (Pontevedra). *Benedictinas de San Pelayo* (Santiago); este monasterio, ligado a los orígenes de Compostela, fue cedido por los monjes benitos a las religiosas de diversos conventos de Galicia que, en 23-VII-1499, formaron una nueva comunidad de benedictinas; tal unión fue aprobada por el papa Julio II en 1502.

En el siglo XVI tenemos: *Agustinos de Cayón*, fundado por D. Fernando Bermúdez c. 1537; tenía varias iglesias anejas; en 1765 se trasladaron a La Coruña. En 1557 fundan en Betanzos los *Dominicos de la Asunción*; su comunidad fue siempre muy numerosa. En 1577 se establecen en Santiago los *jesuitas* con la fundación del colegio de la Compañía (11 de febrero); con gran conmoción y dolor del pueblo son expulsados en 1767; la nueva Compañía de Jesús crea su residencia en Santiago el 29-IX-1868.

En el siglo XVII, *San Agustín de Santiago*, fundado en 1617 por los agustinos de Arzúa; exclaustrados en 1835, su convento es actualmente residencia de los jesuitas. Convento de *Agustinas Recoletas* de Villagarcía, fundado en 1652 por el arzobispo D. Fernando de Andrade. A mediados del mismo siglo (no consta la fecha exacta), las *Agustinas Recoletas de Betanzos*. *Mercedarias Descalzas* de Santiago (Las Madres), fundado en 1673 por el

arzobispo Andrés de Girón en el solar del colegio del Salvador. En 1683 se fundan las *Capuchinas de La Coruña*; no fueron exclaustradas en 1835, pero sí de 1931 a 1933.

El siglo XVIII registra las siguientes fundaciones: *Convento del Carmen*, Santiago; las carmelitas llegaron a Santiago en 1748, pero el convento se fundó en 1753. *Compañía de María*, fundado por la casa de Tudela en 1760; las madres entran en Santiago el 2-XI-1759 y se hospedan en la plaza de San Benito; en 1766 ocupan el nuevo convento; tienen colegio de Enseñanza Media, en cuya fundación interviene el arzobispo Rajoy.

Muchos de los monasterios más antiguos sucumbieron ya con la invasión normanda de 968. Otros, especialmente prioratos, decayeron más tarde, pasando sus monjes al monasterio principal. El golpe más duro lo recibieron en el siglo XIX con la Desamortización (1835), que dio lugar a que muchos desaparecieran y buena parte de ellos se convirtieran en parroquias. Sin embargo, el mismo siglo XIX presencia la llegada de nuevas Congregaciones Religiosas. Las *hijas de la Caridad* se encargan del *hospicio de La Coruña* en 1854; del *hospicio de Santiago* en 1856 y en años sucesivos se extienden a muchos otros hospitales y colegios de la archidiócesis (1874 San Pedro de Nos, 1878 colegio de Huérfanas de Santiago, 1880 Hospital Real, 1895 San Lázaro, 1899 Meirás, etc.), hasta contar en la actualidad con 31 casas. *Dominicos* de *San José de Padrón*, fundado en 1866 en un edificio que parece había sido ya de carmelitas hasta 1835. *Trinitarias de Noya* se establecen en 1872. *Benedictinas de Cuntis*, fundado el 5-XII-1876 por la madre Carmen Baliñas, monja de Corella, natural de Cuntis. *Hermanitas de los Ancianos*, se establecen en la archidiócesis de Santiago (concretamente en los asilos de Carretas y Camino Nuevo), el 16-IV-1878. *Oblatas*, en 1883. *Siervas de María*, en 1884. *Esclavas del Sagrado Corazón* (La Coruña), fundan en 1888; en 1899 se van a Salamanca y de nuevo en 1939 abren colegio en La Coruña.

HOSPITALES. Era norma en la Edad Media, aunque no se cumpla con rigor en Galicia, el que cada monasterio e incluso cada iglesia llevara consigo un hospital anejo. Junto a los puentes, por ser paso de viajeros y peregrinos, solía haber capilla y hospital. Tal es el caso, por ejemplo, del *Hospital de Puentedeume*, fundado en 1393.

Pero consta expresamente de la existencia de una red de hospitales en la geografía de la archidiócesis de Compostela. En Santiago ya antes de 920 Sisnando I había fundado en una torre próxima a la iglesia del Apóstol un hospital para personas de la servidumbre del templo. El mismo prelado fundó otro hospital junto a la iglesia de San Félix para clérigos inferiores, pobres y peregrinos. En el siglo X o, al menos, en el XI, se funda el *Hospital de Santiago*, frente a la basílica, para peregrinos, restaurado por Gelmírez en 1101; en poco tiempo alcanzó gran prosperidad por las donaciones recibidas. En el siglo XII existían otros muchos hospitales, más de los que hoy conocemos. Así consta el *Hospital de Jerusalén* que, al menos al principio, era solo para armenios o peregrinos de Oriente; en el siglo XVI todavía se mantenía como tal hospital de Jerusalén y fue restaurado por el cabildo (1521-1528); pero en el siglo XVII ya no tenía carácter de hospital. Otro había anejo a San Payo de Antealtares, fundado en el siglo XII o ya antes. Junto a *Fuente Sequelo*, existía un hospital, fundado por los monjes de Celanova, ya en el siglo XI, para su hospedaje. Hay dos hospitales de leprosos, el de *San Lázaro*, para hombres, a 2 kilómetros al este de la ciudad, y *Santa Marta*, para mujeres, a 2 kilómetros al oeste, camino de Padrón. El primero fundado en 1149 por Alfonso de Anaya y su esposa, junto con Pedro Pardo, canónigo, y Pedro Gudesteiz, prior de Sar. El segundo fundado también en el siglo XII. Hubo otros hospitales, de origen e historia poco conocidos y de fecha no tan antigua. Así el de *Santa María Salomé* y *Nuestra Señora del Camino*, para peregrinos. Probablemente el *de las Angustias*, cerca del monasterio de San Pedro de Afora. Bien conocida es la fundación del *Hospital de San Miguel*, a fines del siglo XIV en Rúa del Camino o Casas Reales (actuales números 23-26), por Ruy Sánchez de Moscoso, canónigo de Santiago y arcediano de Deza, para peregrinos pobres y otros pobres de la ciudad, a todos los cuales contituyó herederos. El *Hospital de Santiago*, que desde el siglo XVI se llamó Hospital Viejo, es el más importante de todos, sufrió un incendio en el siglo XV, coexistió con el *Gran Hospital Real* hasta 1555, en que fue incorporado al Estudio Viejo de Santiago, conmutándose la hospitalidad por lecciones de cirugía gratuitas. El *Gran Hospital Real* fue fundado por los Reyes Católicos el 15-V-1492, en que expidieron en Granada la carta concediendo los *votos* del reino reconquistado a Santiago y destinando una tercera parte para «*facer y edificar en la ciudad de Santiago un hospital*». Pero la fecha de erección debe considerarse el 3-V-1499, en que desde Madrid otorgaron la Real Cédula, dando poderes a D. Diego de Muros para proceder a la edificación. Hoy es Hostal de los Reyes Católicos. Todavía en Santiago tenemos el *Asilo*, fundado en 1554 y el *Hospicio*, fundado por el arzobispo Rajoy, 1770. Puede añadirse la *Casa de Venerables*, fundada por fray Rafael de Vélez para sacerdotes ancianos.

Fuera de la capital, encontramos también algunos hospitales: en La Coruña, *Hospital de Nuestra Señora de la Angustia*, del siglo XVI y el *Hospital de Guerra*, fundado también en el siglo XVI, por el Gobernador D. Diego de las Mariñas, junto al de la Angustia. Del mismo siglo, en Betanzos, el *Hospital de Nuestra Señora de la Anunciata*. A principios del siglo XVII, el cardenal Hoyo hace referencia a varios hospitales sin dar fechas de erección: *Hospital de Corpus Christi* y *San Sebastián* en Pontevedra, con aposento aparte para mujeres, servido por hermanas de San Juan de Dios. *Hospital de Nuestra Señora* en Cangas. *Hospital de San Bautista* en Villagarcía. Dos hospitales en *San Ciprián de Calogo* y *Villanueva de Arosa*. El de *San Adrián de Vilariño* (arciprestazgo de Salnés). Dos en Noya, uno dentro y otro fuera de los muros.

COLEGIOS, SEMINARIOS, UNIVERSIDAD. *Colegio de la Compañía* (fundado por el arzobispo Blanco; suprimido en 1767); *Colegio de Acólitos y niños de coro* (fundado en 1589); *Colegio de Huérfanas* (fundado por el arzobispo Sanclemente en 1600; el a. 1910 se transformó en colegio de señoritas regido por las hijas de la Caridad); *Colegio Sanclemente* (fundado por el arzobispo Sanclemente en 1602 para formación de jóvenes según el espíritu de Trento; fue siempre rival de Fonseca y no llegó a ser Colegio Mayor; era regido por el cabildo; suprimido en el siglo XIX); *Colegio de San Salvador* (fundado en 1615; decayó pronto y en su solar se levantó el convento de Mercedarias Descalzas en 1673); *Palacio de Rajoy o Seminario de Confesores* (fundado por el arzobispo Rajoy, 1690-1772); *Colegio Mayor de Fonseca* (fundado por D. Alfonso III de Fonseca para estudiantes de Teología, 1506-1524; suprimido en 1841; tenía el título de Santiago Alfeo); *Colegio de San Jerónimo* (fundado por el mismo D. Alfonso III de Fonseca; era Colegio Menor para 24 estudiantes pobres, de Artes; suprimido en el siglo XIX); *Universidad Literaria*, fundada realmente por D. Alfonso III con su Colegio Mayor para Artes, Teología y Derecho; Felipe II la hizo Patronato Real y la reorganizó en 1566; el rector era un canónigo de Santiago; al ser expulsados los jesuitas en 1769, se instaló en el Colegio de la Compañía y se establecieron las Facultades de Teología, Cánones, Leyes, Medicina y Filosofía; en 1789 se empezó la en-

señanza de Física; en 1807 se supeditó la Universidad al Real Consejo con el plan de la de Salamanca. En 1845 el Estado absorbió la vida universitaria, desapareciendo los colegios, la Facultad de Teología en 1867, y creándose luego las diversas Facultades que hoy existen. *Colegio de la Enseñanza*, regido por la Compañía de María, fundado en 1766 por el arzobispo Rajoy. *Seminario Conciliar*, fundado por fray Rafael de Vélez, arzobispo; se inauguró el 14-X-1829 en el edificio de San Clemente; el cardenal García Cuesta lo trasladó a San Martín en 1866; en 1897 es erigido seminario central y Universidad pontificia; como tal cesa en 1932. Actualmente existe también el *Seminario Menor de la Asunción*, construido por el cardenal Quiroga Palacios, con capacidad para 560 seminaristas; inaugurado en 1957.

ARCHIVOS, BIBLIOTECAS, MUSEOS, PUBLICACIONES. Existen los siguientes archivos: *Archivo Catedral*, instalado en el siglo XVII, rico en diplomas y manuscritos, 14 códices y 21 tumbos, el documento original más antiguo es de 1136; *Archivo Arzobispal*; *Archivo de Provisorato*; *Archivo de Notarios*, instalado en 1490, el documento más antiguo es de 1482, comprende el de notarios diocesanos y el metropolitano de apelaciones, más el viejo de notarios; *Archivo viejo de Notarios*, fines del siglo XIX, instalado en la catedral; *Archivo de Secretaría de Cámara*, de documentos, el más antiguo es de 1134, instalado en el siglo XIX; *Archivo de padres franciscanos*; *Archivo de benedictinas de San Pelayo*, el documento más antiguo es del siglo X. Las Bibliotecas eclesiásticas son: *Biblioteca Capitular*, con fondos de Historia, Derecho, Letras, Ciencias Eclesiásticas, siglos XVI-XIX; *Biblioteca Seminario Conciliar*, fondos del monasterio de San Martín y otros, rica en obras francesas, formada especialmente a base de donaciones de prelados y párrocos; *Biblioteca de franciscanos de Santiago y Herbón*, instalada ésta en 1892; *Biblioteca Mercedarios de Poyo*, con museo anejo, obras eclesiásticas, historia y literatura; *Biblioteca padres jesuitas de Santiago*. Museos: *El de la catedral*, arqueológico y artístico, valiosa colección de tapices; *Museo de Poyo*; *Museo de música de la catedral*.

Como publicaciones diocesanas existen: *Boletín Oficial del Arzobispado* que comenzó en 1862, saliendo tres números mensuales, actualmente es un sólo número al mes; *Compostellanum*, revista científica, creada en 1956 por iniciativa del cardenal Quiroga Palacios; es trimestral y tiene una sola sección de Ciencias Eclesiásticas y Estudios Jacobeos; es órgano de publicidad del Instituto de Estudios Jacobeos integrado en el Consejo Superior de Investigaciones Científicas. Los padres franciscanos editan *El Eco Franciscano*, comenzó en 1884; era quincenal, ahora mensual. La Archicofradía del Apóstol Santiago tiene un Boletín informativo *Compostela*, comenzó en 1948 (Año Santo) saliendo mensualmente, luego se redujo a tres números anuales con motivo de las tres Fiestas del Apóstol. Se pretendió que adquiriera nuevamente su carácter mensual a partir del Año Santo de 1965. El monasterio de Poyo (Pontevedra) edita *Sal-Lux*, revista sobre temas de Filosofía, Teología, Liturgia y afines, sostenida por los mercedarios coristas (estudiantes); normalmente salen dos números por año, sin fecha fija, a partir de 1950. A su vez, los profesores de dicho monasterio publican una serie de libros, formando colección numerada, preferentemente de carácter filosófico-teológico.

3. Geografía diocesana. No es fácil señalar con precisión qué pueblos que en los primeros siglos formaron parte de la diócesis Iriense. Según el Concilio Lucense de 569, celebrado a instancias del rey suevo Teodomiro, Iria aparece integrada en la segunda mitad del siglo VI por los siguientes distritos: *Iria* con sus alrededores; *Morrazo*, península comprendida entre los ríos Lérez y Verdugo; *Salnés*, territorio costero entre el

Ulla y el Lérez; *Cuntis*; *Celenos* o *Caldas de Reyes*; *Metacios*; *Merza*; *Postmarcos*. Recientes estudios afirman ser de época posterior los distritos de *Cóporos*, tribu muy antigua asentada quizá entre Santiago y Noya; *Céltigos*, zona de Negreira, Mazaricos, Santa Comba y Zas; *Berganiños*, en Carballo; *Prutenos*; *Pruzos*, entre los ríos Mandeo y Eume; *Bezoucos*, entre los ríos Eume y Jubia; *Trasancos*, entre Ferrol y Cedeira; *Labacencos*, partido judicial de Ferrol; *Arros*, al norte de Labacencos. Según el Cronicón Iriense el rey suevo Miró, en el Concilio Bracarense II de 572 y en presencia del obispo Andrés de Iria, asignó a esta sede 31 distritos. De ellos, 13 coinciden con los del «Parochiale Theodemiri»; *Prutenos* y *Cuntis* se omiten y se añaden otros nuevos: *Moraña*; *Montes*; *Tabeirós*; *Vea*; *Louro*; *Cornado*; *Dormeá*; *Entines*; *Barcala*; *Nemancos*; *Vimianzo*; *Seaya*; *Faro*; *Sentarios*; *Dubra*; *Montaos*, y *Nendos*.

Por otra parte, hacia el a. 830, por orden de Alfonso II, el cortesano Tructino lleva a cabo un cierto reajuste asignando a Iria varias iglesias en los territorios de *Trasancos, Labacencos, Bezoucos, Pruzos, Nendos, Faro, Bergañiños, Soneira, Nemancos, Carnota* (Entines), *Postmarcos, Céltigos, Montaos, Marzoa, Bembejo, Picosacro* y *Montenegro*.

En la célebre *Hitación de Wamba* se sintetizan los límites de la diócesis, comprendiendo los citados territorios, con estas palabras: «*Iriensis teneat ipsam Iriam: de Issum usque Cusancro* (Cusanca) *et de Caldas de Regeusque in oram maris oceani.*»

Por estos límites se pone de manifiesto la extraordinaria extensión de la diócesis Iriense, sin duda más amplia que la actual Compostelana. Además del territorio actual compostelano, incluía por el norte desde el río Jubia hasta el mar Cantábrico y por el este gran parte de la comarca que va desde el río Iso (cerca de Arzúa) hasta más allá del Deza.

Sin duda la demarcación de Teodomiro en el siglo VI significó una nueva ordenación del mapa eclesiástico de Galicia, de la que Iria resultó notablemente favorecida. En efecto, rodeando la antigua Iria, existían otras pequeñas sedes episcopales, como *Aquis Celenis* (Caldas), *Aquas Cálidas* (Caldas de Cuntis) y otras como la que presidía en el siglo V el obispo Consencio *en las islas* (Sálvora-Arosa-Ons?). Todas ellas y acaso otras desaparecieron al paso de los bárbaros y en la reorganización del siglo VI sus territorios aparecen incorporados a la Iglesia Iriense. Además, la diócesis Iria-Compostela poseía fuera de su territorio ciertas iglesias o parroquias enclavadas en territorio de otras sedes.

Con el definitivo traslado de la sede a Compostela, ésta rige los mismos territorios. Con motivo del pleito con Mondoñedo sobre arciprestazgos, Gelmírez obtiene de Pascual II la bula *Sicut iniusta* (21-IV-1110) en la que se confirman los territorios de la diócesis, notándose solo la adición de *Sobrado* y *San Pedro de Circitello* (Sabugueira) y que el arciprestazgo de Montes se extendía *usque ad Avium*. Se omite Moraña, pero se cita la tierra de *Termas* y *Arcos*, que están en dicho arciprestazgo. Posteriormente apenas hubo modificaciones notables. Gelmírez se esforzó en conservar los confines que de antiguo tenía la diócesis. Tras ruidoso pleito, en 1122, Gelmírez y D. Munio, obispo de Mondoñedo, llegaron a un acuerdo, en virtud del cual los territorios de *Trasancos, Labacengos* y *Arcos*, que se extendían desde el río Jubia hasta el mar Cantábrico, pasaron definitivamente a la diócesis mindoniense. Tampoco el territorio de Merza (Mercienses) es hoy de Santiago sino de Lugo.

Por lo demás, casi todos estos nombres se conservan hoy en los arciprestazgos. *Montaos* equivale a Berreo de Arriba y Berreo de Abajo. *Vimianzo* probablemente corresponde al actual Soneira.

Disposiciones muy recientes (1954) afectaron a esta archidiócesis en cuanto recibió de Mondoñedo las parroquias-enclaves de *Camariñas, Jornes* y *Miño*; mientras cedió a Orense las de *Beariz, Girazga* y *Lebozán* allí enclavadas.

Los grandes límites de la archidiócesis compostelana son: Norte, el Atlántico y la diócesis de Mondoñedo; Este, la diócesis de Mondoñedo y Lugo; Sur, las diócesis de Orense y Tuy; Oeste, el Atlántico.

Como provincia eclesiástica, Santiago obtuvo categoría de metrópoli en 1120 y halló su definitiva constitución bajo el pontificado de D. Pedro Suárez de Deza (1173-1206). Sucedía a la antigua metrópoli de Mérida en un territorio que abarcaba desde el Duero al Guadiana y comprendía las diócesis castellano-leonesas de Avila, Salamanca, Ciudad Rodrigo, Zamora y Coria; más las portuguesas de Coimbra, Lisboa, Evora, Lamego, Viseo e Idaña. Las diócesis gallegas pertenecían a Braga. El Cisma Occidental de 1378 dio lugar a una más normal demarcación de la provincia eclesiástica compostelana. Las iglesias de Portugal, fieles a Urbano VI abandonaron al metropolitano compostelano haciéndose sufragáneas de Braga; mientras las iglesias de Galicia, fieles a Clemente VII, se pasaron a Compostela por considerar cismático al bracarense.

En tiempo del cardenal Jerónimo del Hoyo, Santiago tenía 12 diócesis sufragáneas: Tuy, Orense, Mondoñedo, Salamanca, Avila, Coria, Plasencia, Astorga, Zamora, Badajoz, Ciudad Rodrigo. Estas mismas conservaba todavía en tiempo de fray Rafael de Vélez. Por el concordato de 1851 entre la Iglesia y el Estado, a la metrópoli compostelana se le asignaron únicamente las sufragáneas de Tuy, Orense, Lugo, Mondoñedo y Oviedo. En 1954 Oviedo fue elevado a arzobispado, quedando limitadas a las cuatro diócesis gallegas la jurisdicción metropolitana de Santiago.

4. Situación actual. *Superficie* de la archidiócesis: 8.522 kilómetros cuadrados. Número de *fieles*: 1.205.000. Número de *sacerdotes*: 1.117. Número de *seminaristas*: 932; 507 en Humanidades; 175 en Filosofía; 177 en Teología; 73 en Universidades. Número de *parroquias*: 1.024, 784 parroquias, 240 filiales.

ORDENES Y CONGREGACIONES RELIGIOSAS. *Masculinas*: Cistercienses (1 casa, 3 miembros, 2 sacerdotes); Franciscanos (8 casas, 133 miembros, 75 sacerdotes); Capuchinos (1 casa, 10 miembros, 8 sacerdotes); Dominicos (2 casas, 21 miembros, 17 sacerdotes); Mercedarios (1 casa, 126 miembros, 13 sacerdotes); Compañía de Jesús (2 casas, 37 miembros, 24 sacerdotes); Congregación de la Misión o Paúles (2 casas, 20 miembros, 17 sacerdotes); Pasionistas (2 casas, 10 miembros, 7 sacerdotes); Redentoristas (1 casa, 10 miembros, 8 sacerdotes); Misioneros del Sagrado Corazón de Jesús (1 casa, 6 miembros, 6 sacerdotes); Salesianos (2 casas, 30 miembros, 16 sacerdotes); Somascos (1 casa, 5 miembros, 3 sacerdotes); Misioneros Hijos del Inmaculado Corazón de María (1 casa, 8 miembros, 6 sacerdotes); Hermanos de las Escuelas Cristianas (2 casas, 34 miembros); Hermanos Maristas de Cristo Rey (2 casas, 30 miembros). Operarios Evangélicos, instituto secular, (2 casas, 2 miembros, 2 sacerdotes); Opus Dei (1 casa con 3 miembros).

Femeninas de clausura: Agustinas Recoletas (2 casas, 35 miembros); Benedictinas (2 casas, 59 miembros); Clarisas (3 casas, 102 miembros); Capuchinas (1 casa, 23 miembros); Dominicas (1 casa, 30 miembros); Carmelitas Descalzas (2 casas, 42 miembros); Compañía de María (4 casas, 127 miembros); Mercedarias (1 casa, 22 miembros); Trinitarias (1 casa, 6 miembros). *Congregaciones de votos simples*: Adoratrices Esclavas del Santísimo Sacramento y de la Caridad (1 casa, 18 miembros); Calasancias (1 casa, 11 miembros); Carmelitas de la Caridad (1 casa, 6 miembros); Carmelitas

Descalzas Misioneras (1 casa, 5 miembros); Damas Catequísticas (1 casa, 8 miembros); Discípulas de Jesús (1 casa, 6 miembros); Dominicas Misioneras de María Mediadora Universal (1 casa, 10 miembros); Esclavas del Sagrado Corazón (1 casa, 48 miembros); Filipenses (1 casa, 14 miembros); Hermanas de la Caridad del Sagrado Corazón (1 casa, 6 miembros); Hermanas de la Congregación de la Sagrada Familia de Burdeos (1 casa, 32 miembros); Hermanas del Amor de Dios (1 casa, 7 miembros); Hermanas Hospitalarias del Sagrado Corazón (1 casa, 14 miembros); Hermanas de la Doctrina Cristiana (1 casa, 9 miembros); Hermanas de los Ancianos Desamparados (11 casas, 205 miembros); Hijas de la Caridad (31 casas, 338 miembros); Hermanas Hospitalarias de Jesús Nazareno (1 casa, 14 miembros); Hijas de Cristo Rey (4 casas, 38 miembros); Hijas de Jesús (1 casa, 15 miembros); Hijas de María Auxiliadora (1 casa, 9 miembros); Hijas de María Inmaculada para el Servicio Doméstico (3 casas, 67 miembros); Madres del Corazón de Jesús (1 casa, 48 miembros); Madres Concepcionistas de la Enseñanza (1 casa, 8 miembros); Madres Mercedarias de la Caridad (2 casas, 14 miembros); Misioneras de Cristo Sacerdote (1 casa, 6 miembros); Misioneras del Divino Maestro (1 casa, 9 miembros); Oblatas del Santísimo Redentor (2 casas, 34 miembros); Celadoras del Culto Eucarístico (1 casa); Religiosas de María Inmaculada-Claretianas (1 casa, 8 miembros); Religiosas Misioneras de San José de Cluny (1 casa, 9 miembros); Religiosas de la Congregación de Santa Dorotea (3 casas, 59 miembros); Religiosas del Santo Angel (1 casa, 7 miembros); Servidoras de Jesús en los enfermos pobres (1 casa, 6 miembros); Siervas de María Ministras de los Enfermos (4 casas, 111 miembros); Siervas de San José (2 casas, 40 miembros); Terciarias Franciscanas Misioneras de la Divina Pastora (7 casas, 75 miembros). *Institutos seculares femeninos*: Auxiliadoras de María Inmaculada (1 casa, 7 miembros); Hijas de la Natividad de María (9 casas, 126 miembros); Institución Teresiana (1 casa, 6 miembros).

CENTROS DE ENSEÑANZA: Existen en la archidiócesis un total de 97 Centros de Enseñanza de la Iglesia. De ellos, 11 regidos por religiosos con 1.830 niños en primera enseñanza y 2.626 en segunda enseñanza, más 192 alumnos de Escuelas Profesionales y Técnicas; 6 regidos por religiosas de clausura con 218 niños y 1.189 niñas de primera enseñanza, más 924 niñas de segunda enseñanza; 43 regidos por Congregaciones de religiosas con 2.001 niños y 4.386 niñas de primera enseñanza, más 2.154 niñas de segunda enseñanza y 165 alumnas de Profesional y Técnica; 5 regidos por Institutos Seculares Femeninos con 757 niños y 1.085 niñas de primera enseñanza, más 175 niñas de segunda enseñanza; 1 regido por clero diocesano con 300 niños y 185 niñas de primera enseñanza, más 39 niños de segunda enseñanza; 31 Escuelas Parroquiales con 515 niños y 360 niñas de primera enseñanza, 5 niños de segunda enseñanza y 150 alumnos de Profesional y Técnica. Para mayores, las Damas Catequistas en enseñanza de adultos tienen 95 alumnos de primera enseñanza y 981 de iniciación profesional.

5. **Episcopologio.** OBISPOS DE IRIA-COMPOSTELA. Poco sabemos con seguridad de los obispos de Iria antes del siglo IX. Se habla de 28 obispos irienses y sepultados en Iria anteriores a la dominación goda. A partir del rey Miro (siglo VI), conocemos los nombres que siguen: *Andrés, Domingo, Samuel, Gotomaro, Vincibil, Indulfo, Selva, Teodosindo, Bemila, Román, Agustín, Honorato, Quendulfo, Quendulfo II. Teodomiro*, 847, ob. de Iria, descubre el sepulcro y fija residencia en Compostela. *Adulfo I*, 847-855? *Adulfo II*, 855?-877?, Compostela sede primaria, Iria sede secundaria. *Sisnando I*, 877 ?-920. *Gudesindo*, 920-924. *Hermenegildo*,

924-951. *Sisnando II*, 952-968, convoca concilio c. 966. *San Rosendo*, 968-977, asiste conc. León, expulsa normandos y árabes de Galicia. *Pelayo Rodríguez*, 977-985. *San Pedro de Mezonzo*, 985-1003 ?. *Pelayo Díaz*, 1003 ?-1011. *Vimara Díaz*, 1011-1013. *Vistruario*, 1014-1036. *Cresconio*, 1037-1066, asiste conc. Coyanza 1050 y convoca conc. 1060 y 1063. *Gudesteo*, 1066-1070. *Diego Peláez*, 1071- ?, comenzó construcción basílica actual c. 1075. *Pedro I*, 1088-1090. *Dalmacio*, 1094-1095, asiste conc. Clermont 1095; obtiene de Urbano II traslado definitivo sede a Compostela; Iria mera colegiata; Compostela exenta a. 1095.

ARZOBISPOS DE COMPOSTELA: *Diego Gelmírez*, 1100-1140, arz. desde 1120, convoca conc. prov. en 1121, 1122, 1123, 1124, 1125. *Berenguel I*, 1140-1143. *Pedro Helías*, 1143-1149, asiste conc. Palencia 1148. *Bernardo I*, 1151-1152. *Pelayo Camundo*, 1153-1156, asiste conc. Salamanca 1154 y Valladolid 1155. *Martín Martínez*, 1156-1167. *Pedro Gudesteiz*, 1168-1173. *Pedro Suárez de Deza*, 1173-1206, preside conc. Salamanca 1178 y asiste conc. III de Letrán 1179. *Pedro Muñiz*, ob. de León, 1207, † 29-I-1224. *Bernardo II*, pos. 1231, 1237 ren. *Juan Arias*, pr. 15-XI-1238 † 4-V-1266, celebró conc. prov. post 1245 (1261?) y asistió conquista Sevilla. *Egas Fafez*, ob. de Coimbra, pr. 18-XII-1267, † 8-III-1268, no llegó a tomar posesión. *Juan Fernández de Temez*, c. 1268. *Gonzalo Gómez*, pr. 26-XII-1272, † 1281 en Viterbo, parece asistió conc. II de Lyon 1274. *Rodrigo González*, pr. 25-V-1286, † 1304. *Rodrigo del Padrón*, pr. 2-V-1307, † 3-XI-1316, asiste conc. de Vienne 1311, preside concilios provinciales en Toro, Salamanca, Zamora, Valladolid, 1310, 1311, 1312, 1314, y celebra sínodo 1309 y 1313. *Berenguel de Landore* OP, pr. 15-VII-1317, † 1325, celebra sínodo 1319, 1320, 1322 y reúne conc. prov. 1324 y 1327. *Juan Fernández de Lima*, ob. de Palencia, pr. 26-X-1330, † 1338, preside conc. prov. 1335 y sínodo 1337. *Martín Fernández*, pr. 27-I-1339, † 1343. *Pedro V*, ob. de Palencia, pr. 12-IX-1343, † 1348?, celebra sínodo 1346. *Gonzalo*, ob. de Sigüenza, pr. 14-VIII-1348, 4-I-1351 tr. a Toledo. *Gómez Manrique*, ob. de Tuy, pr. 8-VI-1351, 2-V-1362 tr. a Toledo, celebra sínodo 1352. *Suero Gómez de Toledo*, pr. 2-V-1362, † 29-VI-1366. *Alonso Sánchez de Moscoso*, ob. de Mondoñedo, pr. 13-XI-1366, † 1367. *Rodrigo de Moscoso*, pr. 16-XII-1367, † 1382. *Juan García Manrique*, ob. de Burgos, pr. 11-VIII-1382, † 1398, asistió conc. nac. Palencia 1388 y celebró sínodo 1390. *Lope de Mendoza*, ob. de Mondoñedo, post 18-I-1399, † 3-II-1445, parece celebró sínodo todos los años, conocemos los de 1415, 1416, 1431, 1435, 1436, 1439. *Alvaro Núñez de Isorna*, ob. de Cuenca, pr. 7-IV-1445, † 9-II-1449, asistió conc. de Basilea. *Rodrigo de Luna*, pr. 7-IV-1449, 1460. *Alonso I de Fonseca*, ob. de Sevilla, pr. 3-XII-1460, 20-III-1464, tr. a Sevilla. *Alonso II de Fonseca*, en Santiago 1464, 1506. *Alonso III de Fonseca*, pr. 4-VIII-1507, 31-XII-1523 tr. a Toledo, celebró sínodo 1511. *Juan Tabera*, ob. de Osma, pr. 8-VI-1524, 27-IV-1534 tr. a Toledo. *Pedro Sarmiento*, ob. de Palencia, pr. 8-VI-1534, † 13-X-1541. *Gaspar de Abalos*, ob. de Granada, pr. 29-III-1542, † 2-XI-1545; en 19-XII-1544 Paulo III le concede el capelo cardenalicio. *Pedro Manuel*, ob. de Zamora, pr. 9-IV-1546, † 1-I-1550. *Juan Alvarez de Toledo*, ob. de Burgos, pr. 27-VI-1550, † 15-IX-1557, cardenal desde 20-XII-1538. *Alonso de Castro* OFM, no llegó a tomar posesión. *Gaspar Zúñiga y Avellaneda*, ob. de Segovia, pr. 21-X-1558, 22-VI-1561 tr. a Sevilla, celebró sínodo 1559 y conc. prov. Salamanca 1565. *Cristóbal Fernández de Valtodano*, ob. de Palencia, pr. 20-II-1570, † 14-XI-1572. *Francisco Blanco*, ob. de Málaga, pr. 4-VI-1574, † 26-IV-1581, celebró sínodo 1576. *Juan de Liermo de Hermosa*, ob. de Mondoñedo, pr. 8-I-1582, † 26-VII-1582. *Alonso Velázquez*, ob. de Osma, pr. 9-III-1583, † 1587. *Juan de Sanclemente Torquemada*, ob. de

Orense, pr. 27-VII-1587, † 20-IV-1602, celebró sínodo 1594 y fundó el Colegio Sanclemente. *Maximiliano de Austria*, ob. de Segovia, pr. 21-IV-1603, † 1-VII-1614, celebró sínodos 1604, 1605, 1607, 1609, 1610, 1611 y 1613, trató de fundar Seminario. *Juan Beltrán de Guevara*, ob. de Badajoz, pr. 12-I-1615, † 22-V-1622, celebró sínodos 1619? y 1621. *Luis Fernández de Córdoba*, ob. de Málaga, pr. 26-X-1622, 11-III-1624 tr. a Sevilla. *Agustín Antolínez* OSB, ob. de Ciudad Rodrigo, pr. 1-VII-1624, † 19-VI-1626. *José González Villalobos* OP, ob. de Pamplona, pr. 17-V-1627, 12-VIII-1630 tr. a Burgos, celebró un sínodo. *Agustín Spínola*, ob. de Granada, pr. 23-X-1630, 16-I-1645 tr. a Sevilla, cardenal 11-I-1621. *Fernando de Andrade y Sotomayor*, pr. 20-III-1645, † I-1655, celebró sínodo 1648. *Pedro Carrillo y Acuña*, ob. de Salamanca, pr. 30-VIII-1655, 6-I-1664 tr. a Burgos. *Ambrosio Spínola y Guzmán*, ob. de Valencia, pr. 9-VI-1668, 7-X-1669 tr. a Sevilla. *Andrés Girón*, ob. de Pamplona, pr. 2-VI-1670, † VIII-1680. *Francisco Seijas y Losada*, ob. de Salamanca, pr. 28-IV-1681 † X-1684. *Antonio de Monroy* OP, pr. 4-VI-1685, † 7-XI-1715. *Luis Salcedo y Azcona*, ob. de Coria, pr. 1-VII-1716, 7-X-1722 tr. a Sevilla. *Miguel Herrero y Esgueva*, ob. de Osma, pr. 20-I-1723, † 17-VII-1727. *José del Yermo Santibáñez*, ob. de Avila, pr. 8-III-1728, † XI-1737, fundó Casa Ejercicios para el clero. *Manuel Isidro Orozco*, ob. de Jaén, pr. 5-III-1738, † 10-I-1745. *Cayetano Gil Taboada*, ob. de Lugo, pr. 23-VIII-1745, † 10-III-1751, celebró importante sínodo 1746. *Bartolomé Rajoy y Losada*, pr. 19-VII-1751, † 17-VII-1772. *Francisco Alejandro Bocanegra*, ob. de Guadix, pr. 8-III-1773, † 1782. *Sebastián Malvar y Pinto* OFM, ob. Santísima Trinidad (Buenos Aires), pr. 15-XII-1783, † 25-IX-1795. *Felipe Antonio Fernández Vallejo*, ob. de Salamanca, pr. 18-XII-1797, † 8-XII-1800. *Rafael Múzquiz Aldunate*, ob. de Avila, pr. 20-VII-1801, † 12-V-1821, gestionó fundación Seminario. *Juan García Benito*, ob. de Tuy, 17-IX-1822 no obtuvo el regium exequatur y renunció 18-VII-1824. *Simón Antonio de Rentería y Reyes*, ob. de Lérida, 12-VII-1824, † 4-X-1824 antes de llegar a la archidiócesis. *Rafael Vélez* OFMCap, ob. de Burgos, pr. 20-XII-1824, † 3-VIII-1850, fundó Seminario. *Miguel García Cuesta*, ob. de Jaca, pr. 5-X-1851, card. 27-IX-1861, † 14-IV-1873, asistió definición Inmaculada. *Miguel Payá y Rico*, ob. de Cuenca, pr. 16-I-1874, card. 12-III-1877, realizó excavaciones catedral. *Victoriano Guisasola y Rodríguez*, 1886-1888, celebra conc. prov. 1887. *José Martín de Herrera y de la Iglesia*, obispo de Santiago de Cuba, pr. 14-II-1889, † 8-XII-1922, cardenal en 19-IV-1897, celebra sínodo 1891 y 1909. *Manuel Lago González*, 1924, † 18-III-1925. *Julián de Diego y García de Alcolea*, pr. 8-X-1925, † 16-I-1927. *Zacarías Martínez Núñez* OSA, ob. de Vitoria, pr. 19-XII-1927, † 7-IX-1933. *Tomás Muñiz Pablos*, ob. de Pamplona, pr. 13-VIII-1935, † 15-III-1948. *Carmelo Ballester Nieto* CM, pr. 9-X-1948, † 1-II-1949 antes de tomar posesión. *Fernando Quiroga Palacios*, pr. 4-VI-1949, cardenal desde 1953, asistió definición Asunción de María, y al Concilio Vaticano II.

BIBL.; ES, 19, Ma. 1792; R. GARCÍA VILLOSLADA, *Historia de la Iglesia Católica*, II (B. A. C.), Ma. 1953, 501; M. VIDAL RODRÍGUEZ, *La Tumba del Apóstol Santiago*, San. 1924; S. PORTELA PAZOS, *Origen del topónimo Compostela*: R77, 4(1957)231-45; M. RUBÉN GARCÍA ALVAREZ, *Sobre la etimología de Compostela*: R77, 4(1960)415-29; S. F. ARNÁEZ, *Compostella,* = *Compos (i) ta Sella*: R77,4(1959)342-43; A. LÓPEZ FERREIRO, *Historia de la Santa A. M. Iglesia de Santiago de Compostela*, I, Sant. 1898; II, 1899; III, 1900; IV, 1901; V, 1902; VI, 1903; VII, 1905; VIII, 1906; IX, 1907; X, 1908 y XI, 1911 (llega hasta el a. 1823, necesaria, apéndices útiles); J. GUERRA, *La Tumba Apostólica de Santiago de Compostela a la luz de las excavaciones recientes*, crónica de una conferencia del P. Kirschbaum SI en Roma: R77, 4(1956)370-80; M. CHAMOSO LAMAS, *Noticia de las excavaciones arqueológicas que se realizan en la Catedral de Santiago*: R77, 2(1956)5-48, 4(1956)275-328, 4(1957)225-74; J. GUERRA, *El Descubrimiento del Cuerpo de Santiago en Compostela según la Historia de España dirigida por M. Pidal*: R77, 2(1956)161-99; A. LÓPEZ FERREIRO y F. FITA, *Monumentos antiguos de la Iglesia Compostelana*, Sant. 1885; F. FITA y A. FERNÁNDEZ GUERRA, *Recuerdos de un viaje a Santiago de Galicia*, Ma. 1880; *Historia Compostelana* trad. Fr. M. Suárez, con notas e intr. de Fr. J. Campelo, Sant. 1950; P. GALINDO, *La Diplomática en la «Historia Compostelana»*, Ma. 1945; ES 20, Ma. 1765; A. LÓPEZ FERREIRO, *Biografía de San Rosendo*, Mondoñedo 1907; J. CARRO GARCÍA, *La escritura de concordia entre Diego Peláez, obispo de Santiago, y San Fagildo, Abad del Monasterio de Antealtares*: R84, 4(1949)111-22; A. GORDON BIGGS, *Diego Gelmírez First Archbishof of Compostela*, Wa. 1949; L. VÁZQUEZ DE PARGA, M.ª LACARRA J. URIA, *Las Peregrinaciones a Santiago*, 3 vols., Ma. 1948-49; A. LÓPEZ FERREIRO, *D. Rodrigo de Luna*, Sant. 1884; ID., *Galicia en el último tercio del siglo XV*, 2.ª ed., Cor. 1896-97; A. RODRÍGUEZ GONZÁLEZ, *La Iglesia de Iria en el siglo XVI*: R77, 2(1963)229-300; Card. JERÓNIMO DEL HOYO, *Memorias del Arzobispado de Santiago*, ed. A. Rodríguez G.-B. Varela Jácome, Sant. s.a.; P. SANZ DEL CASTILLO, *Vida y maravillosa muerte del Sr. Sanclemente*, Sant. 1769; J. COUSELO BOUZAS, *Fray Rafael de Vélez y el Seminario de Santiago*, Sant. 1928; *Boletín Oficial del Arzobispado de Santiago*, desde 1862; *Guía Eclesiástica de la Archidiócesis de Santiago*, 1902, 1918, 1923, 1958; M. CHAMOSO LAMAS, *Guías artísticas de España. Santiago de Compostela*, Ba. 1961; S. ALCOLEA, *La catedral de Santiago*, Ma. 1948; MARQUÉS DE LOZOYA, *Santiago Patrón de España*, Ma. 1940; L. MAIX ELEIZEGUI, *La devoción al Apóstol Santiago en España y el Arte jacobeo*, Ma. 1944; S. PORTELA PAZOS, *Decanologio de la S. A. M. Iglesia Catedral de Santiago de Compostela*, Sant. 1944; A. LÓPEZ FERREIRO, *Fueros Municipales de Santiago y su tierra*, 2 vols., Sant. 1895; ID., *Ojeada sobre el estado de los monasterios de Galicia a fines del siglo XI y principios del siguiente*: Galicia Histórica, 1(1901-3)45-58; M. LOSADA, *Historia y guía del Monasterio de Sobrado*, s.l., 1925; AURELIANO PARDO OP, *Los dominicos en Galicia*, Sant. 1939; GREGORIO ARGAIZ, *La Soledad Laureada por San Benito y sus hijos en las iglesias de España*, III, Ma. 1675; *Teatro monástico de la provincia bracarense*, Alc. 1675; F. FITA y A. LÓPEZ FERREIRO, *Restauración de la Canónica de Iria por el Arzobispo D. Diego Gelmírez*: Bol. Of. Arzob. 853-855, agosto 1882; S. CABEZA DE LEÓN y E. FERNÁNDEZ VILLAMIL, *Historia de la Universidad de Santiago de Compostela*, 3 vols., Sant. 1945-47; A. FRAGUAS, *Historia del Colegio de Fonseca*, 2 vols., Sa. 1956; J. VILLAAMIL Y CASTRO, *Reseña histórica de los establecimientos de beneficencia en Galicia durante la Edad Media y de la erección del Gran Hospital Real de Santiago, fundado por los Reyes Católicos*: Galicia Hist., 1(1901)227-50, 289-312, 353-97, 449-80, 513-46, 577-606, 625-37, 775-83; PIERRE DAVID, *Etudes historiques sur la Galice et le Portugal du VIe au XIIe siècle*, Coi. 1947; L. VÁZQUEZ DE PARGA, *La División de Wamba*, contribución al estudio de la historia y geografía eclesiásticas de la Edad Media avanzada, Ma. 1943; A. LÓPEZ FERREIRO, *Iglesias que pertenecían a la antigua iglesia iriense antes del a. 831*: Bol. Of. del Arzob. 856-857 (1882) agosto; M. PAZOS, *Episcopado Gallego, Arzobispos de Santiago 1550-1850*, I, Ma. 1946; Varios autores, *Santiago en la Historia, la Literatura y el Arte*, 2 vols., Ma. 1954-55. R. OTERO PEDRAYO, *Guía de Galicia*, Vigo 1951; V. RISCO, *Manual de Historia de Galicia*, Vigo 1952; J. VILLAAMIL Y CASTRO, *Iglesias Gallegas*, Ma. 1904; V. DE LA FUENTE, *Historia Eclesiástica de España*, 2.ª ed., 6 vols., Ma. 1873-75; Z. GARCÍA VILLADA, *Historia Eclesiástica de España*, I-1, Ma. 1929; I-2, Ma. 1929; TETTAMANCY GASTÓN, *Historia Comercial de La Coruña*, Cor. 1900; M. GÓMEZ MORENO, *El arte románico español*, Ma. 1934; JUSTO PÉREZ DE URBEL: M4, Ma. s.a.; ID., *Las grandes abadías benedictinas*, Ma. 1928; C. SÁNCHEZ ALBORNOZ, *Fuentes para el estudio de las divisiones eclesiásticas visigodas:* Bol. de la Univ. de S. de Compostela, 2(1929-1930)29-83; J. A. LLORENTE, *Disertación sobre el poder que los reyes españoles ejercieron en la división de los obispados*, 2.ª ed., Ma. 1922.   M. Ríos

SANTIAGO VELA, Gregorio de, OSA (Saldaña [Palencia] 28-XI-1865 † Madrid 9-V-1924) polígrafo, bibliógrafo e historiador. Hijo de Juan de Santiago y

Victoria Vela, vistió el hábito agustiniano (11-XI-1881) en el colegio de Valladolid, donde cursó los estudios de Humanidades y Filosofía. Estudió Teología en los monasterios de La Vid y El Escorial (1885). Todavía diácono, fue destinado a Filipinas (1889) en condición de misionero, siendo ordenado sacerdote en Manila algo después (1-II-1890). Desplegó una actividad apostólica ejemplar por aquellas islas, alternando la catequesis y docencia escolar con la cura pastoral, en circunstancias muy poco favorables a consecuencia de la revolución independista tagala del 1898. Pasó a Macao (China) donde permaneció hasta marzo del 1901, fecha en que pudo regresar a Filipinas, ampliando así el campo de su actividad misional. Vuelto a España (1910), residió en Valladolid y Madrid (1913) sucesivamente. Consagrado a la investigación de la historia de la Orden en la geografía ibero-americana, se entregó al estudio de los archivos históricos de Simancas, Nacional de Madrid, el de la Universidad de Salamanca, etc; logró así recoger un importante caudal de información de primera mano. Fruto de esta laboriosidad incansable fue su colaboración asidua e ingente en el recién fundado (1914) *Archivo Histórico Hispano-Agustiniano*, como redactor primero y director después. Pero la obra monumental histórico-literaria a la que dejó de forma imperecedera ligado su nombre de investigador de cepa y buen historiador es su *Ensayo de una Biblioteca Iberoamericana de la Orden de San Agustín*, en ocho volúmenes, que podríamos llamar Enciclopedia Agustiniana Iberoamericana. La Real Academia de la Historia, para recompensar de alguna forma sus méritos, lo nombró (26-II-1924) académico correspondiente.

OBRAS: *Informe acerca del estado de la cuestión religiosa en la Diócesis de Cebú*, junio de 1902, ms.; *Ang Acong Mga Panulay* (Mis tentaciones o cuestiones respetuosas a Mns. Fisch, pastor evangélico de Lyon en dialecto bisayo), Cebú 1905; *Mga Paquigpulong sa iningles ug binisaya* (Manual de conversación en inglés y bisaya), Manila 1905; *Bato-Balani sa Calag* (Texto bisaya cebuano y Devocionario), Ba. 1907; *Ensayo de una Biblioteca Iberoamericana de la Orden de San Agustín*, 8 vols., Ma. 1913-1931, obra basada en el *Catálogo bio-bibliográfico agustiniano* de B. MORAL, ex provincial de la Matritense; Vol. I, letras A-Ce, 1913; Vol. II, Ci-F, 1915; Vol. III, G-I, 1917; Vol. IV, sin publicar aún, por querer el autor presentar un estudio bien logrado sobre Fr. Luis de León. Corresponde a las letras J-L y se halla actualmente en reelaboración; Vol. V, M, 1920; Vol. VI, N-R, 1922; Vol. VII, S-T, 1925 (llegaban las pruebas de imprenta a la p. 148 cuando falleció el autor, corrigiendo las siguientes y dirigiendo la edición P. ABELLA; Vol. VIII, U-Z, 1931 (edición preparada a base de los papeles del autor por J. ZARCO CUEVAS); *Crónica de la Provincia agustiniana del SSmo. Nombre de Jesús de México* Libro quinto compuesto por E. GARCÍA, *Cronistas del siglo XVI y XVII*, Ma. 1922; Sigue un sinfín de artículos, monografías y noticias históricas, más de 200, publicadas en numerosas revistas científicas, particularmente en Archivo Histórico Hispano-Agustiniano, años 1914-1924; España y América y La Ciudad de Dios, durante las mismas fechas.

BIBL.: P. ABELLA, *Biografía del R. P. Gregorio de Santiago Vela*: Archivo Histórico Hispano-Agustiniano, 22(1924)5-11; ID., *El P. Gregorio de Santiago Vela y su labor histórica en el Archivo*: ib., 22(1924)12-18, 157-163; V. CAPANAGA, *El R. P. Gregorio de Santiago Vela*: ib., 217-221; J. ZARCO CUEVAS, *Biblioteca Iberoamericana de la Orden de San Agustín*: R75, 95(1913)440-444, y 304-308; *Ensayo de una biblioteca iberoamericana de la Orden de San Agustín*: R93, 88(1925)291-293; P. ABELLA, *El P. Gregorio de Santiago Vela*: Archivo Histórico Hispano-Agustiniano, 21(1924) 380-382; *El R. P. Gregorio de Santiago*, OSA: R75, 137 (1924)306; B. IBEAS, *Una pérdida irreparable*: R93, 82(1924) 321-325; J. REVUELTA BLANCO, *El R. P. Gregorio de Santiago Vela. Un bosquejo de semblanza*: Archivo Hist. Hisp. Agust., 26(1926)129-145; P. ABELLA, *Santiago Vela (Fr. Gregorio de)*, *biografía y obra literaria*: M55, VII, 370-393; D. GUTIÉRREZ, *Ermites de Saint-Augustin*: D19, IV, col. 1018; M. MERINO, *Agustinos evangelizadores de Filipinas*, Ma. 1965, 207-208. J. M. DEL ESTAL

SANTIESTEBAN, Juan de, o Juan Antonio Muñoz y Salcedo, OSH (Santiesteban del Puerto [Jaén] septiembre de 1650 † Mondoñedo [Lugo] 5-V-1728) obispo. Ingresó como monje en el monasterio de El Escorial en 1670; allí cursó los ocho años de estudios. En 1676 fue ordenado de sacerdote. Regentó diversas cátedras en el mismo colegio y monasterio. Prior dos trienios en Santa Catalina de Talavera y dos veces definidor general. Felipe V lo nombró prior de El Escorial (1699-1705), predicador real y, por fin, a principios de 1705, lo presentó para la mitra de Mondoñedo de la que se posesionó en diciembre. Tuvo un largo pontificado de veintitrés años, en los que trabajó con incansable celo y destacó por su amor a los pobres.

OBRAS: *Epistola pastoralis*, 1718.

BIBL.: ES 18, 274-76; M. R. PAZOS, *Episcopado gallego*, III, Ma. 1946, 426-33; P. DE SAN NICOLÁS, *Siglos geronimianos*, IV, dedicatoria; M104, fols. 1495-1498.
I. DE MADRID

SANTISIMO SACRAMENTO, Juan Bautista del, OdeM (Huete [Cuenca] 28-II-1553 † Madrid 5-X-1616) venerable y fundador de los Descalzos. Estudió Gramática en Madrid (1571); ingresó en la Orden Mercedaria en Olmedo (7-VI-1573), donde estudió Artes y Filosofía; en Toledo hizo los cursos de Teología. Pasó a América con intención de fundar los Mercedarios descalzos, pero tuvo que regresar a su patria sin haber conseguido su objetivo. Después de haber superado las dificultades que se le presentaron por parte del maestro general de la Orden, obtuvo permiso para fundar la descalcez (8-V-1603). A su muerte dejó fundadas 23 casas.

OBRAS: *Vida interior de la V. Mariana de Jesús, mercedaria*; está incorporada al proceso de beatificación de dicho Padre.

BIBL.: O207; O218; J. J. AMOR CALZAS, *Curiosidades históricas de la ciudad de Huete*, Ma. 1904; P. SAN CECILIO, *Anales del Orden de Descalzos de Nuestra Señora de la Merced*, Ba. 1669.
M. RODRÍGUEZ

SANTO DOMINGO, Juan de, OP (Manzanal de los Infantes [Zamora] † Omura [Japón] 19-III-1619) misionero y mártir. Profesó en el convento de San Esteban de Salamanca el 4-VI-1594. Pasó a Filipinas y trabajó con celo en el ministerio de Bataan, primero, y luego en Pangasinán hasta 1618 en que, escogido para fundador de la misión de Corea, salió de aquella provincia. Imposibilitado para hacer el viaje directamente a Corea, dirigióse primero a Japón, esperando poder hacerlo desde aquel imperio; pero frustráronse sus esperanzas. En este desconsuelo, obedeció los consejos del vicario provincial de Japón, y resolvió quedarse allí para socorrer aquella afligida cristiandad; enseguida fue preso por la fe de Jesucristo (13 XII-1618). Conducido poco después a la horrible cárcel de Omura, moría víctima de las penalidades de la prisión, junto con los temores y congojas que le ocasionaban el temor de negar la santa fe, que predicaba. Trataron los tiranos de quemar el cadáver del venerable siervo de Dios, pero viendo que no podían conseguirlo, después de gastar 30 cargas de leña, arrojáronlo al mar hecho pedazos envueltos en sacos de paja. Pío IX lo beatificó solemnemente el 7-VII-1867.

BIBL.: H. OCIO, *Compendio de la Reseña Biográfica de los Religiosos de la Provincia del Santísimo Rosario*, Manila 1895, 42-43.
J. M. GONZÁLEZ

SANTO GRIAL. Supuesto cáliz de la última Cena del Señor. La palabra *Grial* parece provenir de *gradalis* (plato), de donde se derivan también las otras formas *Graal, Gral*.

El primer documento ciertamente auténtico que menciona la existencia de este cáliz, es una donación del rey Martín I de Aragón (1395-1410) en la que se da un cáliz de oro al monasterio de San Juan de la Peña, a cambio del cáliz de la Cena que deseaba tener él y que, según decía, se conservaba en dicho monasterio. Esa donación se hizo el viernes 26-IX-1399 (Arch. Corona Aragón, pergamino 136). El supuesto cáliz, pues, de la Cena pasó de San Juan de la Peña a la capilla real de Zaragoza.

¿Cuál es el origen y cómo vino a parar este cáliz al monasterio de San Juan de la Peña? Según el citado pergamino, fue enviado allí por san Lorenzo, mártir, juntamente con una carta suya. Pero esto tiene carácter legendario. En realidad se ignora el origen y el modo de la trasmisión. Y todos los documentos que se aducen carecen de garantías críticas. Más clara es la historia posterior. En septiembre de 1410 se encuentra en Barcelona y el 18-III-1437 pasa de manos de los reyes de Aragón a la catedral de Valencia, según escritura pública conservada en el volumen 3.532 del archivo de dicha catedral. Desde 1437 ha salido de la catedral solo tres veces. La primera, en la guerra napoleónica, durante la cual marchó a Alicante y Palma de Mallorca, y regresó en 1813. La segunda, en la ocupación roja de 1936-1939. Y la tercera, en 1959, en un viaje triunfal por tierras de Aragón.

Descripción del cáliz. Su conjunto está formado por tres partes distintas de diversas épocas: la copa, el nudo y el pie. La copa, según el magnífico estudio de A. Beltrán, es probablemente de calcedonia, mineral de cuarzo, en una variedad llamada cornalina, de color rojo cereza. Pudiera también ser de ágata. Su forma es casi semiesférica de 9,5 centímetros de diámetro medio en la boca y 5,5 centímetros de profundidad. Tiene una rotura ostensible que la divide casi por la mitad, efecto de haberse caído el Viernes Santo, 3-IV-1744, durante los actos litúrgicos, de manos del arcediano mayor Vicente Frígola. Verosímilmente procede, según el referido autor, de un taller oriental helenístico-romano y es fechable entre los siglos IV a. C. y I p. C., y más concretamente en los siglos II-I a. C. Pudo ser, pues, utilizado en la última Cena. El pie y el nudo son de época muy posterior y parece que el conjunto estaba ya montado en 1399. El pie es del siglo X al XII. Y el nudo y asas, de finales del XIII y primera mitad del XIV.

Existe otro cáliz, el llamado cáliz de Antioquía, al que se le ha atribuido la misma prerrogativa. Fue hallado por los árabes (1910) en Antioquía, en el fondo de un pozo derruido. Es de plata, y su copa, de forma semiovoidea. Algunos lo datan del siglo V. Se vendió en Nueva York en 1913 y se presentó en la Exposición de Arte Bizantino de 1931. Wilpert lo cree una falsificación.

BIBL.: J. A. OÑATE, *El Santo Grial... venerado en la Catedral de Valencia. Su historia, su culto y sus destinos*, Val. 1952. J. SANCHÍS SIVERA, *La Catedral de Valencia*, Val. 1909, 243-48; A. BELTRÁN, *Estudio sobre el Santo Cáliz de la Catedral de Valencia*, Val. 1960; A. A. BARB, *Mensa sacra. The Round Table and the Holy Grail*: Journal Warburg and Courtauld Institutes, 19(1956)40-67; S. BROTO APARICIO, *Ciclo de Conferencias preparatorias de la venida a Huesca del Santo Grial*: R35, 10(1959)175-77. Q. ALDEA

SANTOS, Francisco de los, OSH (Los Santos de la Humosa [Madrid] 1617 † El Escorial 11-VI-1699) historiador. De niño fue enviado al monasterio de Lupiana para aprender Música y Gramática, que perfeccionó luego en Alcalá. En 1635 ingresó en el monasterio de El Escorial. Terminados sus estudios, regentó algunas cátedras y después, sucesivamente, fue nombrado maestro de capilla, rector del colegio prior de Bornos y Benavente, visitador general e historiador general de la Orden, con la misión de continuar la historia del padre Sigüenza (Capítulo general de 1663). Fue nombrado

prior de su monasterio durante dos trienios seguidos, con gran provecho para aquella Real casa. Renunció al obispado de Cotrón (Nápoles) para el que le propuso Carlos II. En 1697 fue designado por tercera vez prior de San Lorenzo, pero no acabó el trienio porque le sorprendió la muerte. Claudio Coello lo inmortalizó en el cuadro de la *Sagrada Forma* (1690).

OBRAS: *Descripción del Real Sitio de San Lorenzo...* Ma. 1657, 1667, 1681 y 1698; *Quarta parte de la H. de la O. de S. Gerónimo*, Ma. 1680; *Función católica y real, celebrada en... San Lorenzo en 1690*, Ma. 1690; *Descripción de las... pinturas... Lucas Jordán*, Ma.; *Autos alegóricos al nacimiento del Hijo de Dios*, ms.; *Historia de la Sagrada Forma de El Escorial*, ms.; *Villancicos*, ms.

BIBL.: *Memorias sepulcrales*, I, fol. 70-72, ms. Arch. Palacio Real de Madrid; I. DE MADRID, *La quarta parte de la Historia de la Orden de San Gerónimo...*: Yermo, 1(1963) 83-89. I. DE MADRID

SANTOS, Juan, OH (Madrid 1650 † Sevilla 28-X-1726) historiador. Profesó en el hospital de Nuestra Señora del Amor de Dios (1670). Fue secretario provincial de Castilla (1680-1686) y se ordenó sacerdote en 1690; ejerció los ministerios de capellán en dicho hospital. Nombrado cronista de la Orden acompañó a los generales en las visitas a los conventos-hospitales, como capellán y confesor; este hecho le fue muy útil para tomar interesantes datos para la Historia de la Orden.

OBRAS: *Lauros Panegíricos en la solemne canonización de San Juan de Dios*, Ma. 1693; *Bulario o Colección de documentos pontificios desde S. Pío V*, Ma. 1702; *La Chronología Hospitalaria*, 2 vols., Ma. 1715 y 1716.

BIBL.: N84, N86. O. MARCOS

SANTOS OLIVERA, Balbino, (Hospital de Orbigo [León] 27-3-1887 † Granada 14-II-1953) escriturista. Ingresó en el seminario de Astorga, donde estudió Latín, Humanidades y dos cursos de Filosofía. En 1905 fue enviado a Roma como alumno becario de la diócesis, obteniendo el doctorado en Filosofía por la Academia de Santo Tomás, en Teología por la Gregoriana, y la licencia en Sagrada Escritura por el Instituto Bíblico, del que fue uno de sus primeros alumnos. Presbítero en 10-VII-1911. A su regreso a España en 1913, fue nombrado mayordomo del Dr. Alcolea, obispo de Astorga, al que siguió al pasar a Salamanca, de cuya Universidad Pontificia fue profesor. En 1919, tras reñidas oposiciones, ganó la canonjía lectoral de Córdoba y, dos años después, la de la Metropolitana de Sevilla, donde desempeñó por espacio de catorce años las cátedras de Sagrada Escritura, Lógica y Cuestiones Selectas de Teología. Fue director de la Adoración Nocturna, consiliario de la Federación de Sindicatos Católicos Femeninos, de la Hermandad de San Cosme y San Damián, delegado de la Junta diocesana de Catecismo, y académico de la Sevillana de Buenas Letras, y de la de Nobles Artes, de Córdoba. Sus estudios preferentes se orientaron hacia las Sagradas Escrituras, siendo asiduo colaborador de la revista del Instituto Bíblico, *Verbum Dei*, así como de la revista española *Estudios Bíblicos*. Colaboró en la versión del primer libro de la obra de Filion, *La Sagrada Biblia*. Fue nombrado obispo de Málaga en 5-VIII-1935, y arzobispo de Granada, en 4-XI-1946. Gran orador y apóstol celoso, dio gran impulso a la Acción Católica. Los domingos pronunciaba sermones y conferencias doctrinales en la catedral, durante la misa de doce.

OBRAS: *Hipercrítica de la Biblia. Guía ilustrada de la catedral de Sevilla*, Madrid, 1930. *El Tesoro de las Indulgencias y el Libro nupcial*, Málaga, 1943, del que se han hecho dos ediciones. Cartas Pastorales: *Sobre el seminario diocesano*, 1938; *El Precepto de comulgar*, 1938; *Santificación de las Fiestas*, 1939. *La Muerte Cristiana*, 1940; *La Santa Misa*, 1942; *Centenario del Beato Diego de Cádiz*, 1943; *Ordenación de la Enseñanza Religiosa*, 1943; *Secretariados de Caridad*, 1944; *Modestia femenina*, 1945; *Nuestros deberes para con la Iglesia*, 1946; *Propaganda Católica de la Biblia*, 1946; y *Carta pastoral de despedida de Málaga* en 1947. Siendo arzobispo de Granada, escribió pastorales sobre *La Cruzada pro decencia*; *El Patronato de Nuestra Señora de las Angustias*; y redactó el *Reglamento del Pontificio y Real Seminario Conciliar de San Cecilio de Granada*, 1948.

BIBL.: Anuario Eclesiástico Subirana, 1935-1936; Anuario Religioso Español, 1947; Mater Clementissima, Septiembre 1935, Mayo-Diciembre 1947, Julio-Diciembre 1948 y Mayo 1953. A. CÁRCEL

SANTOTIS, Cristóbal de, OSA (Burgos c. 1515 † Burgos c. 1612) teólogo. Profesó en su misma ciudad natal (1-IV-1543). Cursó estudios superiores filosófico-teológicos en la Universidad de Lovaina donde obtuvo la láurea en Teología (1559). Intervino como teólogo en el Concilio de Trento (1562-1563), con cuyo motivo pronunció algunos discursos y colaboró en la redacción del *Catecismo*. Fue nombrado definidor provincial y tomó parte en los Capítulos Generales de 1564 y 1568. Por orden expresa del papa san Pío V se trasladó a Bélgica donde desempeñó el cargo de vicario general en aquella provincia y en la de Colonia (1567-1578). En el campo de la Teología positiva es considerado como uno de los más célebres precursores de la Patrología en la época moderna.

OBRAS: *Concio R. P. Mag. Christophori Sanctotisii...habita ad Sacrosanctam oec. Synodum Tridentinam* Ve. 1563; *Scrutinium Scripturarum*, Bu. 1591; *Expositio in Sacrosanctum Iesuchristi Evangelium secundum Matthaeum*, Bu. 1598; *Theatrum Sanctorum Patrum*, Bu. 1607.

BIBL.: M30, I, 151; T. HERRERA, *Historia del convento de San Agustín de Salamanca*, Ma. 1652, 167-169; M55, VII, 426-237; D. GUTIÉRREZ, *Patres ac theologi augustiniani qui Concilio Tridentino interfuerunt*: Analecta Augustiniana, 21(1948-1949)126-132; G. DÍAZ, *La escuela agustiniana desde 1520 hasta 1650*: R75, 176(1963)202. G. DÍAZ

SANTUARIO. Templo en que se venera con especial devoción la imagen del Señor, de la Virgen o de un santo. A veces son también objeto de culto las reliquias de los santos. Cuando el templo es de reducidas proporciones y se halla situado en despoblado, se denomina ermita, nombre que suele mantenerse, aunque el despoblado deje de serlo. Cuando la imagen o la cruz se hallan a la entrada o salida de los pueblos, junto al camino, y tienen una construcción típica por lo exiguo de sus proporciones o por carecer, incluso, de edificio propiamente dicho, se llama humilladero. El origen de estos centros de culto se debe muchas veces a un hecho histórico importante, individual o colectivo, que con el curso del tiempo y el olvido de las causas que lo motivaron se ha ido revistiendo de elementos legendarios difíciles de separar del hecho primitivo. Tales elementos legendarios suelen reducirse a unos cuantos lugares comunes, como apariciones, revelaciones, sueños, que obedecen a un mismo esquema narrativo, muy tipificado en hagiografía crítica. Por ejemplo, la imagen de la Virgen de los Reyes, que se venera en la catedral de Sevilla, fue mandada tallar por san Fernando; pero, al transformarse la historia en leyenda, esa imagen resulta fabricada por las manos maravillosas de unos ángeles. Esto no obsta para que el culto sea recto y bueno.

La idea fundamental de santuario presupone la unión de una imagen o reliquia con un lugar determinado. En la mayoría de los santuarios españoles el lugar del santuario tiene una cierta prioridad sobre la imagen, objeto de devoción. Las imágenes, cambian; el lugar no. Por lo tanto, los santuarios forman una serie de puntos sagrados dentro del paisaje: altozanos, cuevas, fuentes, grutas, embarcaderos; sitios pintorescos, a la par que impresionantes y un poco dramáticos, donde parece que el contacto entre el hombre y lo sobrenatural puede ser más profundo e íntimo.

La importancia del sitio con relación a los santuarios españoles puede advertirse en sus leyendas de origen, donde suele manifestarse la voluntad divina de que tal o cual imagen sea venerada en un lugar específico. A menudo se prescinde de la iglesia parroquial. Hay un ceremonial fijo para sacar las imágenes de sus santuarios. El momento de la salida del recinto, sobre todo en el sur de España, suele ser muy emocionante. La comunicación entre el individuo o el grupo (familia, pueblo, barrio, comarca) y la imagen, sea a base de súplicas, promesas o dones, puede hacerse personalmente, sin intervención directa del clero o de los sacerdotes. En el santuario lo importante es ir al sitio y verse y comunicarse con el santo.

La unión entre la imagen o reliquia y el lugar donde están emplazadas presupone la misión protectora de aquéllas sobre una población o grupo determinado de poblaciones, que a veces se mencionan en las historias de los santuarios. El pueblo o la comarca suele visitar el santuario con regularidad durante el año agrícola, pesquero o pastoril con motivo de acción de gracias y de rogativas, y en momentos críticos de epidemia, sequía, plaga o guerra. En los sitios donde hay mucha devoción a los titulares de los santuarios, es como si la imagen, o mejor, el santo que representa, fuera vecino del pueblo, comarca o región de su patronazgo.

Por parte del devoto se le considera también como si fuera miembro de su familia. En la imagen o santo venerado en el santuario los individuos encuentran la personificación del amor perfecto: un ser sensible, comprensivo, paciente y poderoso, como si fuera (según el caso) la madre, el padre, el vecino ideal. Estas relaciones afectivas se dan más en personas aisladas de la familia o de la sociedad y, en muchas partes de España, más en mujeres que en hombres.

La mayoría de los pueblos de España tienen una o varias ermitas, alguna de las cuales puede tener categoría de santuario. Pero ciertos santuarios han llegado, por la fama de sus milagros, o por lo estratégico de su emplazamiento, o por la propaganda de sus santeros y custodios, o por especiales circunstancias políticas, civiles o eclesiásticas, a tener una zona de devoción más amplia: comarcal, provincial, regional o nacional. Estas zonas de devoción a menudo coinciden con comarcas naturales y áreas culturales. La tercera parte de los santuarios que abarcan las zonas más extensas de devoción, están regidos por comunidades religiosas.

En España ha sido frecuente la evolución de los santuarios dedicados a santos locales, hasta convertirse en santuarios marianos. He aquí una visión cronológica y geográfica de los santuarios españoles en relación con las personas sagradas que son allí objeto de devoción y culto:

1) Santuarios ligados a sedes episcopales en ciudades, dedicados a santos mártires (siglos VI-IX) y a santos obispos (siglos X-XII). A la era de las persecuciones sucede en el tiempo (siglos VIII-IX) la invención de cuerpos de santos, que satisfacían más plenamente el afán popular de tener un santo propio. Esta veneración a los santos locales propios se renueva y continúa en cierto modo hasta hoy con la veneración de los cuerpos de personas que han muerto en olor de santidad.

2) Santuarios marianos que, con la introducción y culto de imágenes de la Virgen a partir del siglo XI, rompen el predominio urbano de los santuarios dedicados a los mártires y sacralizan un paisaje aún «pagano». Es un movimiento europeo.

3) Introducción de más santos «internacionales» con la romanización de la liturgia y con la penetración masiva de peregrinos europeos a Santiago (siglos XI-

XIII). Esta introducción fue facilitada también por la difusión del culto a las imágenes.

4) Santos y crucifijos protectores contra epidemias y plagas a partir de la mitad del siglo XIV. A veces se fomenta su devoción con la creación de hermandades que luego se extienden a pueblos enteros.

5) Culto a la Pasión de Cristo, a partir del siglo XV, acentuado más tarde por la Contrarreforma en España: devoción a crucifijos que hacen milagros y gestos o movimientos de los ojos, etc.; culto a María en sus advocaciones dolorosas; hermandades de la Vera Cruz; ejercicios del Vía Crucis (siglos XVI-XVII especialmente).

6) La adaptación a santuarios locales y comarcales de devociones propagadas por las Ordenes religiosas (siglos XVI-XVIII). Se trata sobre todo de advocaciones marianas, como Nuestra Señora del Carmen o Nuestra Señora de los Remedios o de los Angeles.

7) Todos estos «estratos» se continúan y se renuevan en los siglos XVII-XVIII. Pero en los siglos XIX y XX languidecen bastante los santuarios dedicados a los santos, y la devoción se encauza más bien hacia los santuarios de María y de Cristo.

8) De 1870 en adelante surgen algunos santuarios nuevos para honrar a imágenes de Cristo y de María, fruto de «apariciones» como las de la Milagrosa, Lourdes o Fátima. Tales devociones nuevas parece que sirven para confirmar la fe en épocas de crisis religiosa o ideológica, al igual de lo que sucedía con los crucifijos que hacían gestos o sudaban sangre en el siglo XVI.

Los santuarios nacen y mueren, o se sustituyen unos santos y advocaciones por otros. En ciertos casos los santuarios caen en abandono por falta de la protección esperada del santo en momentos críticos. Pero más que nada el auge y el ocaso de los santuarios depende de las personas encargadas de ellos. En los dos últimos siglos, sin embargo, ha habido dos épocas de decadencia general en toda España: los año 30 del siglo pasado, debido a la desamortización, que afectó a muchos santuarios; y la última guerra civil, cuando muchos santuarios en territorio republicano fueron desvalijados y sus imágenes quemadas. A pesar del carácter popular de estas devociones, hubo en muchos pueblos españoles amplios sectores que veían en los santuarios e iglesias símbolos de todo un orden social e ideológico, y, por consiguiente, toleraron su profanación. Hoy, como antes de la guerra civil, algunos santuarios han llegado a tener, además del carácter religioso, cierto carácter patriótico. Actualmente la devoción en la mayoría de los santuarios comarcales y regionales es más floreciente que nunca, debido a la facilidad de acceso en coche propio. Cada región tiene sus costumbres características en cuanto a santuarios y devociones:

Cataluña: Muchos santuarios comarcales se caracterizan por tener zonas devocionales bien delimitadas (a los cuales siempre hay que agregar Barcelona) y «aplecs» de pueblos en días fijos. Abundan las leyendas sobre hallazgos de imágenes. Santuarios más importantes: Montserrat, Nuria, Sant Magí de la Brufaganya, Els Angels (Gerona).

Aragón: En el Alto Aragón (como en Cataluña y en toda la España montañosa), santuarios comarcales de valles. Pervivencia de santuarios dedicados a santos. En el Bajo Aragón, en cambio, predominio del Pilar.

Navarra: Hay más vinculación entre la parroquia y el santuario que en otras regiones, por razón del clero. Devociones austeras y penitenciales. Quizá la región de España donde más se valora, en todos los niveles de la población, el santuario. Santuarios más importantes: Nuestra Señora del Puy (Estella), San Miguel de Aralar, San Francisco Javier.

País Vasco: Diferencia de devociones entre la costa y la montaña. Los santuarios más pequeños han estado tradicionalmente al cuidado de mujeres y han sido utilizados muchos como centros de devoción para pedir la curación de niños. Santuarios más importantes: Nuestra Señora de Aránzazu, Santa Casa de Loyola, los Santos Antonios de Urquiola, Nuestra Señora de Begoña, Nuestra Señora de Estíbaliz.

Santander: Se da la misma diferencia radical entre la costa y la montaña. Importancia de los santuarios dedicados a Nuestra Señora del Carmen. Santuarios íntimos, familiares. Los más importantes: La Bien Aparecida y Nuestra Señora de Montesclaros.

Asturias: Santuarios marineros y vaqueros. Oviedo (ciudad) desde su principio es centro devocional. Los santuarios más importantes: Nuestra Señora de Covadonga, Nuestra Señora del Acebo, Santo Cristo de Candás.

Galicia: Es la región más rica en santuarios y más tradicional en costumbres devocionales. Existe multitud de santuarios regionales y comarcales, a menudo caracterizados por ritos en relación con piedras o con agua. Como en el País Vasco, sobreviven santuarios para exorcismos. Romerías alegres. Hay exvotos de ataúdes y mortajas, en acción de gracias, por haber salvado la vida. Algunos de los muchos regionales: San Andrés de Teixido, Nuestra Señora de la Franqueira, Santo Cristo de la Agonía en Gende, Santa Minia, Nuestra Señora de los Milagros de Maceda, El Corpiño en Lalín. Es de notar que Santiago de Compostela es más santuario nacional que regional.

Reino de León: Santuarios más importantes: La Virgen del Camino, Santa Teresa de Jesús (Alba de Tormes), La Peña de Francia, Nuestra Señora del Brezo, El Cristo de Morales.

Castilla la Vieja: Como todas las regiones del Norte, está sembrada de santuarios a lo largo de los caminos a Compostela. Santuarios más importantes: Santa Casilda, El Henar.

Rioja: Fuertes tradiciones devocionales en la parte sur de la provincia. Santuario más importante: Nuestra Señora de Valvanera. Otro santuario importante: La Virgen de Lomos de Orios.

Guadalajara: En Guadalajara (como en Soria) hay muchos santuarios utilizados por un número fijo de pueblos para rogativas colectivas en tiempo de sequía. Santuario más importante: Nuestra Señora de la Salud (Barbatona).

Levante: Santuarios bien cuidados, con hermandades vigorosas. Los más importantes: Nuestra Señora de los Desamparados, Nuestra Señora de la Cueva Santa, San Miguel de Liria, San Pascual Bailón. Los santuarios sirven como lugares de descanso.

Murcia: Santuarios más importantes: Nuestra Señora de la Fuesannta, Nuestra Señora de la Esperanza (Calasparra), Santa Eulalia de Totana, Santa Cruz de Caravaca.

La Mancha: Como en los santuarios de Andalucía, se pone especial énfasis en las procesiones. Como en Cataluña, los santuarios suelen tener casas o cortijos que se utilizan como lugares de vacaciones en verano. Santuarios más principales: Nuestra Señora de Cortes, El Cristo de Urda. Hay en ellos una rica tradición de exvotos artísticos y literarios.

Extremadura: Predominio de Guadalupe. Como en todas las regiones vecinas con el norte de Portugal, perviven muchos actos de mortificación —promesas de ir descalzos, o de rodillas, etc., etc.—. Otro santuario importante: Nuestra Señora de la Montaña.

Andalucía: Santuarios bien cuidados y dirigidos por hermandades. Los santuarios regionales tienen hermandades filiales. Compenetración de ciudad y campo en cuanto a devociones. Como en todas las regiones desde Levante y Madrid hacia el sur, se pone especial énfasis en las leyendas relacionadas con la reconquista.

Principales santuarios: Nuestra Señora de la Cabeza, Nuestro Señor del Gran Poder, El Río, El Cristo de Moclín, Nuestra Señora de las Angustias.

BIBL.: I. General: C. GARCÍA RODRÍGUEZ, *El culto de los Santos en la España romana y visigoda*, Ma. 1966; L. VÁZQUEZ DE PARGA, *Las Peregrinaciones a Santiago de Compostela*, 3 vols., Ma. 1948-1949; T. D. KENDRICK, *Saint James in Spanin*, Lo. 1960; *España eremítica* (Actas de la VI Semana de Estudios Monásticos); Analecta Legerencia, I, Pam. 1970; J. DE VILLAFANE, *Compendio histórico en que se da noticia de... los más célebres santuarios de España*, Ma. 1740; E. MORENO CEBADA, *Glorias religiosas de España*, 2 vols., Ba-Ma. 1866-1867; N. PÉREZ, *Historia Mariana de España*, Va. 1949; ID., *La Inmaculada y España*, San. 1954; G. LÓPEZ DE GUERENU, *Devoción popular en España a la Virgen Blanca y a Nuestra Señora de las Nieves*, Vi. 1967; B. PORRES ALONSO, *Advocación y culto de la Virgen del Remedio en España*: R118, 23(1970) 1-77; C. M. STAEHLIN, *Apariciones*, Ma. 1954; N. EPTON, *Spanish Fiestas*, Lo. 1968; W. CHRISTIAN, *Panorama de las devociones a santuarios españoles desde el principio de la Edad Media hasta nuestros días*: Temas de Antropología española, Ma. 1975.

II. Regional y provincial: 1) Aragón: R. A. FACÍ, *Aragón Reyno de Christo y Dote de María Santísima*, Za. 1739; R. DE HUESCA, *Teatro Histórico de las Iglesias del Reyno de Aragón*, Pam. 1780-1800; B. TORRELLAS BARCELONA, *La Santísima Virgen en la provincia de Huesca*, Hu. 1956; R. LEANTE, *Culto de María en la Diócesis de Jaca*, Le. 1869; R. ARCO Y GARAY, *Notas de Folklore Alto Aragonés*, Ma. 1943; A. SANZ, *Santuarios y ermitas marianas de la diócesis de Barbastro*, Barbastro 1954.

2) Asturias: A. VIÑAYO GONZÁLEZ, *La devoción mariana en Asturias durante los cinco primeros siglos de la Reconquista*: R33, 34(1963)31-108; C. CABAL, *Diccionario Folklórico de Asturias*, Ov. 1951.

3) Castilla la Nueva: N. DE HOYOS, *Fiestas patronales y principales devociones de la Mancha*: Revista de Tradiciones Populares, 3(1947)113-144; *Crónica de una coronación* Ma. 1957; J. ZARCO CUEVAS, *Relaciones de pueblos de la diócesis de Cuenca hechas por orden de Felipe II*, 2 vols., Cu. 1927; C. VIÑAS y R. PAZ, *Relaciones de los pueblos de España ordenadas por Felipe II (provincias de Madrid, Toledo y Ciudad Real)*, Ma. 1949, 1951, 1963 y 1971; J. GARCÍA PERDICES, *Cual Aurora Naciente (Advocaciones marianas de la provincia de Guadalajara)*, Gua. 1974; J. CATALINA GARCÍA, *Relaciones topográficas de España. Provincia de Guadalajara*: Memorial Histórico Español, 41-46, Ma. 1903-1905.

4) Castilla la Vieja: I. GARCÍA RAMILA, *Fiestas y Romerías tradicionales y famosas en tierras burgalesas*: R48, 30(1951)461-76; L. SERRANO, *Obispado de Burgos y Castilla primitiva*, 3 vols., Ma. 1935; E. DEL BARRIO MARINAS, *La Santísima Virgen en Segovia*, Seg. 1954.

5) Cataluña: N. CAMÓS, *Jardín de María plantado en el Principado de Cataluña*, Ba. 1657; A. FÁBREGA, *Santuarios Marianos de Barcelona*, Ba. 1954; LL. G. CONSTANS, *Girona Bisbat Mariá*, Ba. 1954; J. PLA CARGOL, *Tradiciones, santuarios y tipismo de las comarcas gerundenses*, Ge.-Ma. 1946; J. AMADES, *Els Ex-vots*, Ba. 1952; F. CARRERAS CANDI, *Geografia General de Catalunya*, Ba. 1913-1918.

6) Galicia: C. GIL ATRIO, *Orense Mariano*, Or. 1954; J. N. ALVAREZ BLÁZQUEZ, *Romerías Gallegas*, Buenos Aires, 1951; A. RODRÍGUEZ FRÁIZ, *Costumbres populares litúrgico-mariales en làs iglesias y santuarios de Galicia*: R136, 14(1960); M. CAPÓN FERNÁNDEZ, *María y Galicia*, Sant. 1947.

7) León: T. DOMÍNGUEZ Y VALDEÓN, *El culto de María en la región leonesa*, León 1924.

8) Levante: C. SARTHOU CARRERAS, *Iconografía mariana y Patronatos de la Virgen*, Val. 1957; J. SANCHIS SIVERA, *Nomenclátor geográfico-eclesiástico de los pueblos de la diócesis de Valencia*, Val. 1922; E. BAYERRI BERTOMEU, *Viaje literario-bibliográfico Mariano por las diócesis de España*, Comillas 1968; I. ALBERT BERENGUER, *Bibliografía de la diócesis de Orihuela*, Al. 1957.

9) Murcia: J. VILLALBA Y CORCOLES, *Pensil del Ave María; Historia sagrada de las imágenes de María que se veneran en el reino de Murcia*, s. 1. 1730.

10) Navarra: J. CLAVERÍA, *Iconografía y Santuarios de la Virgen en Navarra*, 2 vols., Ma. 1942-1944; D. BALEZTENA y M. A. AZTIZ, *Romerías Navarras*, Pam. 1944; J. M. IRI-

BARREN, *De Pascua a Ramos, Galería religioso-popular-pintoresco*, Pam. 1946.

11) Rioja: M. DE ANGUIANO, *Compendio historial de la provincia de La Rioja, de sus santos y milagrosos santuarios*, Ma. 1704.

12) Santander: M. SÁINZ DE TERREROS, *Breve reseña de los Santuarios Marianos en la provincia de Santander*, Ma. 1906; J. DE LA HOZ TEJA, *Cantabria por María*, San. 1949; W. CHRISTIAN, *Person and God in a Spanish Valley*, New York 1972.

13) Vascongadas: J. A. LIZARRALDE, *Andra Mari (Guipúzcoa)*, Bi. 1926; ID., *Andra Mari. Reseña histórica del culto de la Virgen Santísima en Vizcaya*, Bi. 1934; A. E. DE MAÑARICUA, *Santa María de Begoña en la historia espiritual de Vizcaya*, Bi. 1950; L. P. PEÑA SANTIAGO, *Fiestas tradicionales y romerías de Guipúzcoa*, SSe. 1973.

W. CHRISTIAN

SANTUARIOS. El *Diccionario Geográfico, Estadístico e Histórico de España*, publicado bajo la dirección de Pascual Madoz en 1864, reseña en sus 16 volúmenes 12.300 ermitas y santuarios españoles que, clasificados por advocaciones, dan esta proporción: 1.200 dedicados al Señor; 4.300, a la Virgen, y 6.800, a los santos. Monografías recientes y trabajos de conjunto por regiones, realizados sobre el tema, desde la España visigoda hasta hoy, permiten elevar considerablemente la cifra reseñada por Madoz. La cual, por contrapartida, parece debe ser rebajada en discreta proporción, pues no hay duda de que, después de 1864, se han ido produciendo una serie de fenómenos, entre cuyas consecuencias está la pérdida y desaparición de muchos de esos edificios religiosos que llamamos ermitas o santuarios. Por ejemplo, los destruidos con ocasión de revoluciones o guerras; los arruinados por abandono, primero, de los monjes y religiosos que eran sus moradores y custodios; luego, por las gentes de los pueblos donde estaban situados y que se alejaron de allí por fuerza de la emigración.

Por lo que respecta a la devoción a la Virgen, la Pontificia y Real Academia Bibliográfico-Mariana de Lérida, fundada por D. José Escolá y Cugat en 1863 para propagar las glorias y devoción de la Virgen en sus privilegios, misterios y santuarios, cuenta ya con un amplio catálogo de libros, trabajos científicos y folletos de alta divulgación sobre estos temas marianos. El número de advocaciones marianas fijado por la citada Academia leridana, a las que se tributa culto en nuestra patria, sobrepasa las 20.000; bien que el mero hecho de la advocación no supone necesariamente la existencia de un santuario propio. Muchas de esas imágenes a que corresponden tales advocaciones, reciben culto en iglesias que no están dedicadas a ellas ni en exclusiva ni en primer lugar.

Desde el punto de vista cronológico, tenemos noticia cierta de bastantes ermitas y santuarios cuyos orígenes alcanzan sin dificultad al período visigodo y hasta el paleocristiano. Buena parte de estos monumentos históricos nacieron durante la Edad Media, sin que falten otros surgidos durante los siglos XVI al XX.

El presente artículo aspira a ser solo una muestra de lo que podría hacerse en cuestión de santuarios desde el punto de vista de la historia eclesiástica. Aproximadamente, se da noticia aquí de unos 500, que podría ser el embrión de otro diccionario dedicado exclusivamente al tema. En cuanto a su contenido, cada una de estas noticias aspira a exponer, aunque sea muy brevemente, estos cuatro aspectos: el histórico, el artístico, el devocional y el folklórico. Externamente, las noticias, dispuestas por orden alfabético, van sistematizadas así: primero, el título o advocación del santuario (Angustias, Consuelo, Rosario) que frecuentemente coinciden con un topónimo (Covadonga, Limpias, Calatorao), en negrita minúscula; a continuación, en cursiva, se especifica si se trata del Señor o de la Virgen, mediante las fórmulas «Virgen de», «Nuestra Señora de», «Cristo de», etc. Sigue entre paréntesis el nombre de la provincia donde está ubicado el santuario; cerrándose, a veces, este encabezamiento con la aclaración de «parroquia-santuario», «santuario-monasterio», «patrón» o «patrona de», etc. Inmediatamente empieza la noticia propiamente dicha, cuyo texto va acompañado, al fin, de la correspondiente bibliografía.

Acebo, *Nuestra Señora del*, (Asturias). En la cumbre del monte Acebo, parroquia de Santiago de Linares, concejo de Cangas de Narcea, a unos 1.000 metros de altitud. Desde lo alto del Acebo se contempla un grandioso panorama que abarca casi todo el Occidente de Asturias y parte de la provincia de Lugo. La leyenda cuenta que la Virgen se apareció sobre un acebo a unos pastores de la región; pero la historia no confirma esta leyenda popular. Se ignora cuándo y quién o quiénes fundaron la primitiva ermita ni la razón que motivó su fundación. Sobre este particular no existen documentos históricos. La historia comienza el 8-IX-1575 con el milagro de María de Noceda, que quedó repentinamente curada de una pierna que tenía seca, según atestigua el padre Carballo. A partir de esta fecha la ermita comenzó a recibir numerosos peregrinos de todo el Occidente de Asturias. En 1575 existía una pobre ermita dedicada a Nuestra Señora, sin memoria de su primera fundación, tan olvidada que se ignoraba de qué parroquia dependía. El padre Carballo dice que «era tan pobre y baja, que era necesario inclinar la cabeza al entrar por la puerta: estaba cubierta de tablilla y céspedes, tan pobre que sólo en el altar estaba la imagen de Ntra. Señora y una cruz de palo, sin otro adorno alguno.»

El actual santuario carece de interés arquitectónico; data de fines del siglo XVI. La iglesia consta de una sola nave con su correspondiente crucero latino y con ábside cuadrangular, separado del resto de la iglesia por un arco de medio punto y una verja de hierro que ocupa todo el arco. La torre esbelta se levanta sobre cuatro arcos de medio punto, uno de los cuales sirve de entrada principal, con otras tres puertas de entrada, rectangulares las de los lados del crucero, y una de arco de medio punto en el costado derecho de la nave. La sacristía, angosta y con magnífica cajonería. El retablo antiguo del altar mayor, pintado por Juan Menéndez que recibió del obispo, en 1601, la cantidad de 4.000 reales por su trabajo, fue vendido a la iglesia de Linares por 550 reales. El actual, de estilo churrigueresco, es obra de Manuel de Ron, terminado en 1691 y valorado en 10.410 reales. El tiempo, y sobre todo la humedad, han deteriorado gravemente esta obra artística que, con la reja de Juan Orejo, son las únicas que existen en todas las construcciones del santuario.

El edificio sufrió varias restauraciones, siendo la más notable la de 1787, ordenada por el visitador D. Agustín García de Atocha, arcediano de Tineo, y ejecutada por el párroco de Linares, D. José María Ordieres, que terminó la restauración en 1790, y costó la obra 27.906 reales, sufragados con el importe de las alhajas de la Virgen y con las limosnas de los peregrinos. En 1883 D. Fulgencio Fernández Bada, párroco de Linares, cambió el pavimento de la iglesia, con lo que desaparecieron las losas sepulcrales de numerosos devotos de la Virgen allí enterrados. En 1898 se colocó con muy mal gusto artístico el frontal de mármol del altar mayor, y se acabó de pavimentar el presbiterio y la capilla del Santo Cristo, siendo colocados más tarde los púlpitos que existen al lado del altar.

La imagen de la Virgen lleva el Niño sobre el brazo izquierdo y en la mano derecha un lirio. Su valor artístico es casi nulo. En 1684 se hallan mencionados «los nuevos vestidos y joyas que algunos devotos regalan a Ntra. Señora», y en el inventario de 1694 figuran «seis vestidos blancos, colorados, etc., de diversos colores de brocados y sedas».

En 1873 se pintaron todas las imágenes, y de nuevo en 1900 se volvió a pintar la imagen principal de la Virgen. Hay otra imagen de la Virgen, que se saca siempre en las procesiones, y fue comprada por la cofradía por 30 reales, 15 por hacerla y 15 por pintarla. En 1816 recibió un retoque y en 1898 se le puso brazos y el Niño.

El 10-IV-1592 Clemente VIII aprobó la cofradía de Ntra. Señora del Acebo, concediendo a los cofrades las acostumbradas gracias, indulgencias y privilegios. Los libros y estatutos de esta cofradía se han perdido, y sólo se conserva en el archivo del santuario el breve de Clemente VIII. En 1670 tenía 750 cofrades; en 1674 sólo quedaban 110, y en 1680 la cofradía se había extinguido. Se restauró de nuevo en 1704; en 1713 contaba con 20.000 cofrades; en 1783 eran sólo 600, y en 1814 se inscribieron en ella las dos últimas personas: D.ª Manuela Romano y D.ª Ramona Suárez. La falta de estatutos de la cofradía, el centralismo total en manos del capellán del santuario y el individualismo de los propios cofrades explican bien la total desaparición de esta cofradía que contribuyó durante todo el siglo XVIII a fomentar el culto y la solemnidad de la fiesta de la Virgen del Acebo; aumentó el número de fiestas y estimuló el culto y la devoción al Santísimo Sacramento.

El culto era sostenido por las limosnas de los peregrinos y por las rentas y fincas del santuario. Todo era administrado por mayordomos nombrados por el obispo de Oviedo, y bajo las órdenes de un capellán. La Desamortización se incautó de todas las propiedades del santuario, excepto del prado situado en su entorno y las llamadas «Casas de las Novenas», donde se hospedaban los peregrinos. Los que más contribuyeron en los últimos tiempos al sostenimiento del santuario fueron los vaqueiros de alzada de Cangas, Luarca, Tineo y Allande, que donaban parejas de ganado, vacas con sus crías y novillas. Los labradores donaban carneros, mantecas y otras especies del campo o de la matanza. Actualmente el santuario solo cuenta con las generosas y frecuentes limosnas que los peregrinos depositan en las arcas o cofres de la iglesia o del camarín de la Virgen, y de los estipendios de misas que entregan al párroco de Linares del Acebo, capellán y rector del santuario.

Desde tiempo inmemorial suben numerosos peregrinos al santuario del Acebo. Particularmente las parroquias suben cada año, presididas por sus curas párrocos, enarbolando sus estandartes y entonando alegres himnos a la Virgen del Acebo. Las peregrinaciones generales de los años 1884, 1886, 1898 y 1908 fueron una clamorosa manifestación de fe y de piedad mariana. Dice el padre Carballo que han sido «tantos los cojos que por intercesión de esta milagrosa imagen han cobrado sanidad, y era tan ordinario ver estos milagros, que no se cuidaba de escribirlos, y sólo para testimonio se dejaban colgadas las muletas en la iglesia, de las que hay gran número». Y añade el mismo Carballo: «dejo otros muchos y muy maravillosos milagros por no ser largo, de que tienen testimonio en la misma ermita».

Actualmente el santuario del Acebo, regido por D. Herminio Rodríguez Roces, cura párroco de Linares, es uno de los polos más fuertes de atracción de los peregrinos asturianos que desde mayo hasta octubre suben a la cumbre del Acebo, muchos de ellos de rodillas durante varios kilómetros, a venerar a la Madre de Dios, pedirle gracias y ayuda y a ofrecerle sus donativos y sus votos por los favores conseguidos. El 8 de septiembre se celebra con gran solemnidad la misa, procesión y la fiesta con asistencia de millares de romeros y peregrinos que llenan todo el contorno del Santuario y los prados vecinos y pasan el día alegrando el ambiente con fuegos de artificio, canciones regionales y vaqueiradas que entonan los vaqueiros de la alzada del Occidente de Asturias. La Virgen del Acebo, hoy como ayer, es una cita sagrada para las gentes de Cangas de Narcea, Allande, Tineo, Luarca, Ibias y Degaña y para cuantos con fe y amor la veneran como la Reina de las montañas de Asturias.

BIBL.: *Relación de los milagros obrados por la Virgen del Acebo, santuario de la parroquia de Linares (Cangas de Tineo)*, ms. del año 1580: Archivo del Santuario; L. CARBALLO, *Antigüedades y cosas memorables del Principado de Asturias*, ms. del año 1695; [ANÓNIMO], *La Virgen del Acebo: descripción histórica de aquel Santuario y Novena en obsequio de la Virgen que allí se venera*, Luarca 1894; A. COLUNGA, *Historia del Santuario de Nuestra Señora del Acebo y novena en honor de la Excelsa Patrona*, Ma. 1909; [ANÓNIMO], *Santuario de Nuestra Señora del Acebo (Cangas de Narcea)*, El Acebo 1962; E. MARTÍNEZ, *Acebo, Nuestra Señora del:* Gran Enciclopedia Asturiana, I, Gijón 1970, 18-19.   R. GARCÍA

Adrio, *Nuestra Señora de,* (Orense). En la aldea de Lamagrande, parroquia de San Miguel de Espinoso, ayuntamiento de Villanueva de los Infantes. Desconocemos sus orígenes. Se venera la Asunción de María; su fiesta, el 15 de agosto, previa la celebración de una novena, para la cual se traslada la imagen desde la ermita a la parroquial. Las gentes la invocan como abogada contra el raquitismo y enanismo; por ello es muy frecuente encontrarse con mujeres, y aún con hombres, que llevan a sus hijos «a correrlle o enganido», que consiste en pasar a la criatura una serie de veces por debajo de la fuente de la Virgen. El edificio está rodeado de un pequeño atrio que lo hace más acogedor.

BIBL.: D7, X, 48; C. GIL ATRIO, *Orense Mariano*, Or. 1954, 155.   IEF

Adyutorio, *Nuestra Señora del,* (Castellón de la Plana). En el municipio de Benlloch o Bell-Lloch, diócesis de Tortosa, partido judicial de Albocácer, al Oeste del Desierto de las Palmas y a unos 16 kilómetros del mar. El santuario está emplazado en una altura a media hora de distancia del pueblo, cuyo nombre viene del latín *Bello Loco;* como consta de un documento de 13-VIII-1362, conservado en la curia diocesana.

La iglesia parroquial tiene por titular a la Virgen de la Asunción y por patronos principales a los santos Abdón y Senén. Fruto de la devoción que el pueblo sentía por estos santos fue una ermita levantada en el campo; previa autorización del obispo de Tortosa, Otón de Moncada, que lleva la fecha de 12-VIII-1445. Su fiesta, con concurrida romería, se celebra el 30 de julio. Entre 1445 y 1578 re introdujo la fiesta de Nuestra Señora del Adyutorio que se celebra el 8 de septiembre. El *Libro racional de la iglesia de Belloch* dice: «La fiesta de Nuestra Señora de septiembre y la última fiesta de Pascua florida y granada y el día de los santos mártires usan ir con procesión a Nuestra Señora del Adyutorio». Luego ya era habitual dicha procesión. Cuándo y con qué ocasión se introdujo la advocación, no se sabe. Según una leyenda, la imagen procedía de una expedición de un rey de Portugal al Norte de Africa, que debido a los vientos contrarios se vio obligado a ganar las playas cercanas. El dominico José Tort, dando alas a su fantasía, compuso a fines del siglo XVII un auto sacramental titulado *Nuestra Señora del Adyutorio*. En él introduce personajes y fecha concreta. De ahí pasó a los escritos posteriores.

BIBL.: D7, IV, 228; D3, VIII, 138; E. MORENO CEBADA, *Glorias Religiosas de España*, II, Ba.-Ma. 1867, 309-328.   A. DÍEZ

Africa, *Virgen de,* (Ceuta) patrona de la ciudad. Como tantas imágenes de la Virgen en España, la de Africa, de Ceuta, posee también su leyenda de aparecida, en este caso en el Otero, lugar cercano a la ciudad, oculta largo tiempo desde la invasión musulmana hasta la reconquista cristiana de la plaza por los portugueses. Sin fundamento aparece relacionada con la basílica que mandó construir Justiniano en ella en honor de Santa María, después de la conquista conseguida por Belisario, como relata Procopio en su *De bello Gothorum*, l. III.

La Virgen de Africa es venerada en Ceuta desde mediados del siglo XV como protectora de la ciudad, siempre expuesta al asalto de la morisma. Esta protección tiene un símbolo en el viejo bastón de nudos que ostenta la imagen en su mano izquierda y es objeto de una ceremonia tradicional, que se repite cada vez que toma el mando de la plaza un gobernador nuevo, la toma del bastón, que éste devuelve a la Señora. En 1651, con motivo de la peste bubónica, la ciudad de Ceuta la eligió como patrona y votó una fiesta anual el 9 de febrero de cada año «en rendimiento y reconocimiento de gracias y beneficios que nos ha hecho, como por el presente que nos conserva en buena salud». El día 1-VII-1743 fue ratificado el voto y se concedió una pensión para el culto por el Ayuntamiento con motivo de la epidemia que padecía el vecindario. En el camarín de la imagen se custodian muchas tablillas con la descripción gráfica de los numerosos milagros atribuidos a la Virgen a través de los siglos. La fidelísima Ceuta volvió a ratificar sus votos el 5-VIII-1937 como agradecimiento por la feliz arribada y éxito del denominado «Convoy de la Victoria», colocado bajo la protección de la Virgen de Africa por el Generalísimo Franco la víspera de su partida de esta ciudad hacia la Península, el 5-VIII-1936. Ceuta solicitó la coronación canónica para su patrona el 12-IV-1946 y el 10 de octubre del mismo año se efectuó el solemnísimo acto presidido por el Nuncio de Su Santidad en España.

La imagen de la Virgen de Africa es de talla de madera policromada. Representa el grupo de la Piedad: la Virgen sentada con su Hijo muerto sobre las rodillas. Es de estilo gótico. La rudeza, rigidez y arcaísmo de estas figuras hacen remontar su origen a mediados del siglo XV, poco después de la conquista de Ceuta. La iglesia fue en principio una capilla modesta. En la actualidad es el mejor edificio religioso de la ciudad. La portada es sencilla. La estructura del santuario se compone de dos cuerpos: uno, cubierto por una bóveda hecha a prueba de bombas por el obispo D. Vidal Marín en 1697; otro, formado por seis grandes columnas de mampostería, que sostienen una segunda bóveda de cañón. El obispo D. José Barcia consagró la iglesia el 5-VIII-1753 después de embellecerla con el retablo mayor y camarín de la Virgen, y los frescos de la Vida del Señor que cubren las bóvedas y muros. Se conserva un códice miniado, escrito en portugués, con la confirmación de los Estatutos de la Cofradía de la Virgen de Africa por el obispo D. Agustín Riveiro y fechado en 1605.

BIBL.: J. GUERRA LÁZARO, *Tradiciones y Milagros de Ntra. Sra. de Africa, Patrona de Ceuta*, Ceuta 1946; F. SUREDA BLANES, *Abyla Herculana*, Ma. 1925, 149 y 204; E. ROMERO DE TORRES, *Catálogo Monumental de España: Provincia de Cádiz* (texto y láminas), Ma. 1934, 359-60; *La Santísima Virgen de Africa:* Anuario Católico Español, II, Ma. 1956, 506-507.   P. ANTÓN

Aguila, *Nuestra Señora del,* (Sevilla). En Alcalá de Guadaira o de los Panaderos, partido judicial de Utrera. La torre y la capilla mayor del edificio son de estilo gótico. Se celebra su fiesta el 15 de agosto, con asistencia del clero, ayuntamiento y vecinos. La imagen es llevada en procesión por las ruinas del antiguo castillo que rodean el templo.

BIBL.: D7, I, 359 y 362; D. A. I., «San Bartolomé», de escuela sevillana de fines del siglo XV, expuesto temporalmente en el Museo de Cádiz: R 26, 18(1946) 243; Tesoros Artisticos de España, Ma. 1973, 64.   IEF

Aguila, *Nuestra Señora del*, (Toledo). A 1 km. de Las Ventas con Peña Aguilera, antiguo poblado de Peña Aguilera. La primera noticia escrita que se conoce sobre esta advocación se consigna en la relación dada el 20-II-1576 por orden de Felipe II. Con el paso de los años la tradición fue modificándose y hasta enriqueciéndose. Estaba un pastorcillo apacentando un rebaño en la altura en que hoy se encuentra el actual santuario. Vio sobre una peña un águila con una pequeña imagen de la Virgen en el pico. Bajó a notificarlo al pueblo y no le creyeron. Subió de nuevo y como la Virgen le ordenara repetir el aviso subieron con el pastor las justicias secular y eclesiástica y encontraron ser cierto cuanto el pastor anunciaba. La misma tradición engarza con éste, otros prodigios como el que, trasladada la pequeña efigie a Toledo dentro de una caja, al abrirla, había desaparecido y se la volvió a hallar sobre la peña en que primeramente apareció. Allí mismo se levantó una ermita varias veces reconstruida y renovada, donde, desde entonces, recibe culto. No se conocen noticias en los archivos sobre la época en que ocurrió la aparición, se supone entre los siglos XII y XIV. Los papas Clemente VIII, 30-VIII-1596; Inocencio X, 21-X-1651 y Clemente XIV, 10-XI-1772, concedieron indulgencias plenarias a quienes confesados y comulgados visitaran este santuario en el día de la Asunción de María. La imagen primitiva, en metal fundido, probable aleación de plata y estaño, fue destruida en 1936, afirmándose que fue fundida en una sartén. La actual se modeló al final de la guerra civil, lo más similar posible a la desaparecida. Imagen sedente con el Niño, desnudo, en sus brazos. Por detrás se aprecia una oquedad en la que debió guardarse alguna reliquia.

Se conservan asimismo entre sus joyas un relicario de estilo renacentista, en plata dorada y grabada, en forma de cuerpo arquitectónico con pilastras y frontón partido que remata en un águila, obra fechada en 1577 y firmada por Pedro Angel; un viril procesional de plata blanca, grabada y cincelada, en forma de templete, estilo renacimiento, restaurado en el siglo XIX.

BIBL.: F. CALLEJA Y PUERTAS, Novena a la Emperatriz de los cielos... que con el título del Aguila se venera en su ermita extramuros del lugar de las Ventas con Peña Aguilera y juicio crítico de la milagrosa aparición de su imagen, To. 1878, 63, 66-67, y 86-88; J. LÓPEZ DE AYALA-ALVAREZ DE TOLEDO, Catálogo Monumental de la Provincia de Toledo, To. 1959, 382-86; L. MORENO NIETO, La Provincia de Toledo, To. 1960, 652-53; C. VIÑAS Y R. PAZ, Relaciones de los Pueblos de España ordenados por Felipe II. Reino de Toledo, II, Ma. 1963, 213 y 218; Tesoros Artísticos de España, Mad. 1973, 367.   J. M. DE MORA

Alarcos, *Santa María de*, (Ciudad Real). En la cima del cerro de su nombre, a cuatro kilómetros de la capital —a cuyo término pertenece— y a 15 del castillo de Calatrava la Vieja. El edificio es de estilo gótico del siglo XV, construido sobre unas ruinas del XIII, pero se encuentra un tanto desfigurado por reparaciones posteriores, sobre todo a principios del siglo XIX, y después de la Guerra de la Independencia. La primera de ellas la llevó a cabo un celoso administrador con que contaba el santuario, quien habilitó unas habitaciones y un aljibe y consignó una solemne fiesta que se celebra el segundo día de Pentecostés, y a la que asistió el ayuntamiento de la ciudad y el clero de la parroquia de San Pedro a la cual pertenece. Con la Guerra de la Independencia todo el complejo de edificios quedó reducido al santuario y una casita para el guarda,

que cultiva a la vez el cerro de Alarcos y goza de su usufructo.

BIBL.: D3, IV, 32; D7, I, 199; J. JIMENO, Ciudad Real, diócesis de: DHEE, I, Ma. 1972, 417; N. DE HOYOS, Fiestas Patronales y principales devociones de la Mancha: R168, 3(1947)123-24.   J. M. DE MORA

Alba, *Nuestra Señora de*, (Asturias). En uno de los montes del Aramo, a 1.600 metros de altitud, en la parroquia de Salcedo, concejo de Quirós. La leyenda pone el origen de este santuario en las vejaciones y sufrimientos de una niña por parte de su madrastra, ligada a otra leyenda en que, cuanto labran unos canteros en el llano para erigir un santuario a la Virgen, aparece rehecho al día siguiente en el monte. Atrae este santuario la devoción de los habitantes de los concejos de Riosa, Lena, Teverga, Morcín y Proaza, que concurren al lugar fielmente los 15 de agosto de cada año.

BIBL.: E. MARTÍNEZ, Alba, Nuestra Señora del: Gran Enciclopedia Asturiana, I, Gijón 1970, 75.

V. GARCÍA LOBO

Aldea, *Nuestra Señora de la*, (Tarragona) santuario y parroquia rural. En el término de la ciudad de Tortosa, a 11 kms. de la misma, margen izquierda del río Ebro, en terreno llano y pantanoso. El santuario es un amplio templo con altar mayor de buen gusto y cuatro colaterales, coro en alto y órgano, bonita sacristía y sobre la misma el camarín donde se venera la milagrosa imagen de la Virgen, que la tradición supone haber sido hallada por un pastor en el tronco de un olivo poco distante del santuario, a la que profesan gran devoción los habitantes de la ciudad, quienes en tiempo de sequía suelen trasladarla a Tortosa en rogativa y celebran un novenario en su honor. La fiesta tiene lugar el día del Dulce nombre de María. Su antigüedad podemos datarla en la segunda mitad del siglo XIII, pues estaba ya fundada antes de la muerte de Ludovico Junior, en cuyo tiempo se concedió edificar casa para el clérigo de dicha iglesia.

BIBL.: N. CAMÓS, Jardín de María, Ge, 1772, 155-157; E. MORENO CEBADA, Glorias religiosas de España, II, Ba.-Ma. 1867, 479-87; D7, I, 491.; J. A. SÁNCHEZ PÉREZ, El culto mariano en España, Ma. 1943, 29-30.   IEF

Alegría, *Nuestra Señora de la*, (Huesca). En las cercanías de la población de Monzón se encuentra este santuario dedicado a honrar a la Virgen Madre de Dios bajo la advocación de Nuestra Señora de la Alegría. Una de las estrofas de los gozos cantados en este santuario, dice así: «Tú, que, en las Cellas hallada, / fuiste gozo de pastores...; / fuiste torrente de amores / que se deshizo en cascada... / Tú, que en tu trono enclavada / —y en afán de lejanía— / te haces divina vigía / de toda pena humanada... / Muestra ser, Madre adorada / causa de nuestra Alegría». Estrofa que es todo un compendio de la historia del santuario, que ha tenido un nombre inicial y, otro, que iniciado, también, en los albores de su existencia, ha terminado por suplantar, y casi eliminar por completo al primitivo. Refiere la narración popular que unos pastores se hallaban apacentando sus ganados por tierras que se ubican al sur de Monzón, a orillas del río Cinca. Mientras andaban calmosamente por aquellas colinas de carácter estepario tuvo lugar el acontecimiento que revolucionó el lugar. No era un sitio que no hubiese sido hollado por el hombre. Excavaciones efectuadas en dicha loma han puesto al descubierto numerosos restos de poblado antiguo. Precisamente su pasado nombre de «Cellas» ya alude a esta presencia humana. Es así como se llama a una parte del término municipal de Monzón, situada a unos tres kilómetros hacia el sur, aguas abajo del Cinca, denominación que evoca la existencia de unos silos subterráneos en la colina del hallazgo. Impresionados los pastores ante el inesperado hallazgo de tan bella imagen, no pudieron ocultar su alegría del encuentro; de ahí la advocación de «Virgen de la Alegría». Aun cuando no falta la versión de quien afirma que tal calificativo le viene de la expresión emanada de la primitiva imagen venerada en el Santuario. Los documentos que hacían referencia al origen de la imagen, en el primitivo poblado romano de Tolux, cuyos trullos para granos y líquidos le prestaron el nombre de *Cellae vinariae*, desaparecieron hace largo tiempo. Los tumultos provocados en esta parte de Aragón por la llamada «Guerra dels segadors», fueron la causa del saqueo y del incendio. Era el año 1640. Contaban que el hallazgo tuvo lugar en tiempos difíciles para el Reino. Jaime I, rey niño, se hallaba recluido en el castillo de Monzón —más prisionero que guardado—, y hasta su celda llegó la elegría de aquella buena nueva. El rey Jaime (1213-1276), ya asegurado en su trono, mandó reconstruir el santuario en cumplimiento de un voto por el que se obligaba a realizarlo en el caso de verse libre de aquel encierro, en el castillo-fortaleza. Desde entonces, la villa de Monzón, provincia de Huesca y diócesis de Lérida, se ha preciado de este gran tesoro mariano. Pero las vicisitudes padecidas por el santuario no se han limitado a 1640. Al hondo impacto dejado por los soldados napoleónicos hay que añadir el que comenzó el 18-VII-1936. Junto a la imagen había un basamento de retablo del siglo XIV. En uno de los libros parroquiales modernos se lee el siguiente informe: «Existe en esta Parroquia la Ermita de Ntra. Sra. de la Alegría. Quedó completamente saqueada y robada en sus objetos de arte y de culto y notablemente destruida en su fábrica. Calculo en unas 150.000 pesetas. Entre burlas y escarnios, la imagen de la Virgen de la Alegría que allí se veneraba, fue atada a un camión y arrastrada durante largo rato». Hoy todo ha renacido. Nueva imagen, nuevo santuario y perenne devoción a la Virgen.

BIBL.: *Certamen mariano de la Academia Mariana*, Le. 1955; B. TORRELLAS, *La Santísima Virgen en la Provincia de Huesca*, Hu. 1956; D7, XI, 574.			R. VIOLA

Almudena, *Nuestra Señora de la*, (Madrid). En la capital, iglesia de San Isidro, actual catedral.

Leyenda. Cuando Santiago Boamenerges —el hijo del trueno— vino a predicar a España el año 38, y la recorrió ampliamente, le acompañaban algunos discípulos, entre ellos, san Calócero o Calógero, y al pasar por el humilde villorrio que era Madrid, dejó a éste para que adoctrinara a los neófitos y conservar la fe entre los ya convertidos. Quedó en él una imagen de la Virgen Santísima que había sido tallada —en vida de Nuestra Señora— por san Nicodemus y pintada por san Lucas, que es la que se venera con el nombre de Nuestra Señora la Real de la Almudena.

La imagen. Está en pie, firme sobre una peana de dos dedos de alta; su aspecto es majestuoso y de profunda gravedad. El rostro es, más que redondo, prolongado; su color es trigueño, aunque con la antigüedad parece algo amortiguado... Tiene los ojos grandes y rasgados. Son sus pobladas cejas en arco, y de singular proporción. La nariz no es pequeña, aguileña con moderación. La frente es espaciosa y descubierta. La boca es pequeña y los labios de purísimo carmín. Las mejillas son una mezcla de color cándido y rubicundo (aunque hoy aparece algo moreno). El cuello es levantado y algo torneado. Las manos son largas y llanas, y los dedos de la misma proporción. Los cabellos son rubios, aunque muestran alguna oscuridad, y los tiene caídos sobre el cuello, a lo Nazareno. El manto es recalzado de oro y azul, imitando varias flores. Ciñe su honesto talle con una cinta dorada. El Niño, graciosamente desnudo, pende descolgado de su brazo izquierdo, teniendo la mano derecha en el cándido pecho de la Madre; y la izquierda caída. Con la mano derecha le coge la Virgen Santísima de una piernecita y con la izquierda del medio cuerpo. El Divino rostro es tan llano, agradable y regocijado como grave, siendo perfectísimo en todas sus facciones. Los atractivos ojos, son semejantes a los de la Madre. Se hallan los dos tan unidos en la sólida materia de que están formados, que parecen una misma pieza.

Material. Varias afirmaciones se han hecho sobre el particular. Vera Tassis, en el siglo XVII afirma que es un ignorado árbol oloroso y que se mantiene incorrupto; pero da algunas opiniones: enebro, cedro; Mullé de la Cerda afirma que la cabeza es de pino de Soria y el resto del cuerpo, de pino.

Fecha. Es indudable que no es una imagen primitiva y que tiene todos los caracteres de las composiciones artísticas de primeros o mediados del siglo XVI. La imagen que actualmente se venera no parece ser la primitiva, porque habiéndole serrado la parte de la espalda en 1652, no aparece en la figura actual vestigio alguno de ello. Por otro lado, si la comparamos con la imagen pintada juntamente con la Virgen de Atocha en el arca que contiene los restos de san Isidro, observamos que no se parecen en nada. Y si la Virgen de Atocha es reproducción fiel, no tiene porque no serlo la de la Almudena. Hay una fotografía publicada por el señor Díaz Vicario en 1935, que coincide con la del arca y que, además, está serrada en la espalda, pero que nada tiene que ver con la actual. Además, mientras unos grabados cubren la cabeza de la imagen actual con un velo (Maella), otros no (Ríos y Rada).

El nombre de la Almudena. Almudena viene del árabe Almudayna, con el significado de «ciudadela», indiscutible diminutivo de medina, «ciudad», tovadía vigente en nuestros días como propio de la futura catedral, de su Virgen, y hasta del lugar en torno al edificio. Todo ello, dentro de lo que fue llamado «primer recinto», nos dice a voz en grito que hubo en un tiempo una alcazaba en el mismo sitio donde el nombre sigue vivo. La patrona de Madrid lleva un nombre arábigo, muestra del sincretismo hispano-musulmán que se forjó a través de siete siglos de luchas y treguas, de contactos mutuos y de guerras.

Ocultación e invención. Cuenta la leyenda, que durante la invasión árabe, la imagen fue ocultada haciéndose un hueco en un muro. Se pusieron dos cirios encendidos a su lado, fue adorada la Reina y Señora y se tapó el lugar, que, en el transcurso de los siglos, quedó totalmente olvidado, hasta que Alfonso VI, rey guerrero y ambicioso, decidió la conquista de Toledo y tuvo que reconquistar por tercera y definitiva vez Madrid (1083). Reconquistada Toledo, Alfonso VI regresa a Madrid. Según unos, intenta destruir la ciudad para hallar el tesoro divino. Según otros, se organiza solemne y popular novenario y procesión que al compás de religiosos himnos, devotas oraciones y sones militares, marcha rodeando las murallas hasta que, cual nuevo episodio de Josué, un trozo de cubo se desploma, apareciendo entre el polvo la sagrada imagen flanqueada por los dos cirios que durante cuatro siglos la habían alumbrado.

El cubo de la Almudena. Por el norte, las murallas de Madrid, al parecer, no tenían otra puerta que la de la Vega, a la que comúnmente llamaban de «Alvega» (López de Hoyos), pues la de Segovia pertenece al siglo XVI. Junto a aquella o, como quiere Vera Tassis, en lugar próximo que se llamaba arco de la Almudena, se halló la imagen.

La iglesia de Santa María. La iglesia de Santa María, la primera y más antigua de la Villa, ya desaparecida, nos es totalmente desconocida. Conspicuos historiadores suponen que sería antiquísima y de sus palabras parece desprenderse que fue anterior a la invasión árabe.

Vera Tassis cree que databa de la época romana. Pero es todo tan incierto que sería más justo pensar que fue construída en los siglos XI o XII. Tal y como existía en los siglos XVII al XIX, era «pequeñita» (Vera), «de mezquina arquitectura» (Mesonero) y «de pobre arquitectura en su exterior» (Madoz), tenía tres naves, presbiterio, camarín de la Virgen y seis capillas, sacristía, despacho parroquial y dos pórticos.

Posesiones. Según Alvarez y Baena, poseía la parroquia de Santa María, como suyos y para el culto de la Almudena, el lugar de Chamartín de la Rosa y gran parte del territorio del Pardo, sirviéndole de anejo la ermita de Nuestra Señora del Torneo. Enrique IV de Castilla, para aumentar el bosque del Pardo en 1470, tomó una buena parte de aquel terreno, renunció de allí en adelante a las tercias que le correspondían de la colación de Santa María. También pertenecían a la Almudena los hoy despoblados y desconocidos lugares de Valnegral o Broñigal, y Alcubillo.

La catedral. Habiendo desaparecido la iglesia de Santa María, surgió la idea de construir un nuevo templo dedicado a la Virgen de la Almudena. Tras haber recaudado dinero durante varios años para la erección, la reina Mercedes hizo que el Real Patrimonio concediera para la construcción del templo un solar, junto a la Plaza de la Armería, que era el lugar aproximado donde estuvo el cubo de la aparición derruido en 1707. Los planos de D. Francisco de Cubas iban por buen camino y el 4-IV-1883 se puso la primera piedra del templo, cuya construcción hubo de sufrir pronto una interrupción, ya que por entonces se creó la sede episcopal de Madrid-Alcalá y, consecuentemente, el primitivo templo de la Almudena habría de tomar mayores vuelos. Efectivamente, el mismo D. Francisco de Cubas trazó nuevos planos de un estilo neogótico, muy francés, de dimensiones extraordinarias: 74 metros de longitud de la nave central, 66 metros de crucero, 12 metros de anchura de la nave mayor, torres laterales de 78 metros de altura y un cimborrio sobre el crucero, de 98 metros de altura. Pero al morir el señor Cubas sus sucesores, señores de Olovarría, Repullés y Vargas, y D. Juan Moya, hicieron algunas rectificaciones con el fin de eliminar algunas torres de las proyectadas, trazaron el triforio y construyeron una puerta de la sacristía. La cripta se abrió al culto el 21-V-1911 y está construida con piedra blanquecina, quebradiza y con vetas rojas de Chao de Maças (Portugal). Consta de varias capillas pertenecientes a diversas familias madrileñas. El año 1944 se propuso como tema del Congreso Nacional de Arquitectos, hallar una solución que permitiera finalizar la obra. Los arquitectos Chueca y Sidro dieron una solución extraordinaria: modificaron la silueta de la catedral procurando conservar el máximo de obra realizado, trasladaron la fachada haciendo conjunto con las de Palacio y, para que el ingreso nuevo tuviera efectividad, llevaron al altar de la Virgen a uno de los brazos cruceros, haciendo, como dice Lafuente Ferrari, dos iglesias en una, acierto de fecundidad y de ingenio.

El voto de la villa. «Que esta villa VOTA la asistencia a la festividad de Nuestra Señora de la Almudena, día de Nuestra Señora de Septiembre como es dicho día perpetuamente para siempre jamás, esperando que este servicio le será muy agradable a la Virgen Santísima y puede esperarse muy buen suceso a su intervención para las armas de su Majestad y bien público de esta Villa» (8-XI-1646).

Patrona. Se duda del patronazgo de la Almudena, pero parece confirmado con la concesión, de hecho, de la primera medalla de oro de Madrid, impuesta a la Virgen el 8-IX-1945 por el conde de Santa Marta de Babío, D. José Moreno Torres, alcalde de la ciudad en aquellas fechas.

Cofradías. La Real Esclavitud. Reinando sus Sacras, Católicas y Reales Majestades Felipe IV e Isabel de Borbón, en el año 1640 (19 de agosto) se fundó la Congregación de Esclavos de Nuestra Señora la Real de la Almudena, con el fin de dedicarse al servicio, culto y veneración de María Santísima y defender su Purísima Concepción.

Coronación de la Virgen. El día 10-XI-1948, coincidiendo con las bodas de plata del señor obispo Eijo y Garay, se efectuó la coronación de Nuestra Señora la Real de la Almudena.

BIBL.: J. DE VERA TASSIS Y VILLARROEL, *Historia del origen, invenciones y milagros de Nuestra Señora de la Almudena, antigüedades y excelencias de Madrid,* Ma. 1692; T. DO-MINGO PALACIO, *Ensayo histórico-crítico sobre la Santa Imagen de Nuestra Señora de la Almudena,* Ma. 1881; G. MULLÉ DE LA CERDA, *Reseña crítico-histórica de la imagen de Nuestra Señora de la Almudena, patrona de Madrid:* La Ilustración Española y Americana, XXXIV, 28, 29 y 30 de julio y agosto, 1890; V. DÍEZ VICARIO, *La Virgen de la Almudena patrona de Madrid:* Blanco y Negro, 2312 (1935); J. FRADEJAS, *La Virgen de la Almudena,* Ma. 1959; más bibliografía puede hallarse en J. L. OLIVA ESCRIBANO, *Bibliografía de Madrid y su provincia,* Ma. 1967.

J. FRADEJAS

Altagracia, *Nuestra Señora de,* (Cáceres). A 10 kms. de Garrovillas de Alconetar, de donde es patrona, partido judicial de Cáceres, diócesis de Coria. Esta villa está situada en la margen izquierda del río Tajo. La fiesta se celebra el 8 de septiembre, comenzando con una misa solemne; a cotinuación, romería con almuerzo. La ermita es de construcción sobria, de piedra labrada con ventanas enrejadas que corresponden a la línea del edificio. Tiene un precioso camarín donde se venera la imagen, vestida de manto blanco y con cabellera hasta los hombros. Es importante la capilla dedicada al Santísimo Cristo de la Expiración o Agonía, escultura famosa por su expresión. Documentos existentes en el Ayuntamiento de Garrovillas afirman la antigüedad del santuario.

BIBL.: *Santuario de Nuestra Señora de Altagracia:* R17, 15(1929)187; D7, VIII, 327; *Tesoros Artísticos de España,* Ma. 1973, 291.
A. DIEZ

Allende, *Nuestra Señora de,* (Logroño). En el pueblo de Ezcaray, partido judicial de Santo Domingo de la Calzada, diócesis de Calahorra, próximo a la villa. Se encontraron varias monedas romanas y sepulcros. Estuvo dotada con renta para dos capellanes. El edificio, así como el altar conservado en ella, son de estilo barroco. Guarda una colección de 10 lienzos, dedicados al arcángel San Miguel, de los siglos XVII y XVIII. BIBL.: D7, VII, 631, *Tesoros Artísticos de España,* Ma. 1973, 278; J. J. B. MERINO URRUTIA, *Los ángeles de la ermita de Allende, en Ezcaray:* R26, 31(1958)247-251. IEF

Ambas Aguas, *Santo Cristo de,* (Logroño). En el lugar de su nombre, en la Rioja Baja, partido de Arnedo y diócesis de Calahorra. Dedicado al Santo Cristo bajo la advocación de Cristo de la Columna. Imagen muy venerada, a la que concurren con fervor los fieles durante los meses de junio y septiembre a cumplir sus votos y promesas. Tanto la ermita como la casa contigua y sus propiedades inmediatas ofrecían comodidades a los transeúntes y personas que la visitaban. Fue fundada en 1650 por el presbítero D. Antonio Ramo, con carácter institucional de capellanía eclesiástica. BIBL.: D7, II, 238, y XI, 764-765. IEF

Amparo, *Nuestra Señora del,* (Orense). A 2 kms. de la parroquia de Santiago de Carracedo, a cuyo término pertenece, ayuntamiento de Peroja. Si bien el edificio es modesto, su fiesta, el 11 y 12 de septiembre, es muy solemne y participan en ella numerosos romeros de las parroquias y términos comarcanos. La imagen se

venera en la iglesia parroquial. Se traslada al santuario solamente durante la novena y los dos días de los festejos.
BIBL.: D7, V, 604; C. GIL ATRIO, *Orense Mariano*, Or. 1954, 162; J. A. SÁNCHEZ PÉREZ; *El culto mariano en España*, Ma. 1943, 31 lám. 84. IEF

Amparo, *Nuestra Señora del,* (Segovia). En Valleruela de la Pedraza, partido judicial de Sepúlveda, A las afueras del pueblo, en un pequeño montículo, existe la ermita dedicada a Nuestra Señora bajo la advocación del Amparo. Con la Desamortización desaparecieron libros y papeles sobre la historia del santuario, del que se hablaba ya en el año 1600. La fiesta mayor se celebra en septiembre y a ella acuden romeros de toda la comarca e, incluso, de Madrid. La procesión tiene un signo especial por la participación en ella de la popular «danza». En tiempos pasados había «soldadescas» con insignias para guardar el orden. La imagen se coloca en la plaza para hacerle las ofrendas y desfilar besando el manto. Pascual Madoz dice: «Al siguiente día del Dulce nombre de María, se celebra una romería y mercado de gente con quincalla». A todo ello hay que añadir las típicas meriendas familiares. El templo es de pequeñas proporciones y el camarín está repleto de exvotos. La imagen es de madera policromada, posición estante, con un brazo sostiene al Niño y con el otro muestra la manzana.
BIBL.: D7, XV, 601; E. DEL BARRIO MARINAS, *La Santísima Virgen en Segovia*, Seg. 1954, 142-143. A. DIEZ

Andicona, *Nuestra Señora de,* (Vizcaya). En el barrio del mismo nombre del pueblo de Bérriz, diócesis de Bilbao. Su origen se remonta a los siglos XII o XIII. De estilo gótico; de una sola nave con coro y retablo barroco. En el centro de éste se encuentra la talla románica de la Virgen con el Niño y una bandeja con palomas en la mano izquierda. Se la invoca con el título de la Purificación aunque su fiesta se celebra el día de la Ascensión. Anteriormente fue parroquia de Bérriz. Restaurado en 1949.
BIBL.: S. AGUIRREBEITIA, *Nuestra Señora de Andicona en Bérriz (Vizcaya). Su imagen, su santuario, su culto,* Vi. 1955; *Ermita de Nuestra Señora de Andicona (Bérriz):* R17, 15(1929)525. A. RUIZ DE VILLARÍAS

Angeles, *Nuestra Señora de los,* (Gerona). En el monte Pujols, término de San Martín el Viejo (San Martí Vell). La pequeña capilla que fue el principio de este santuario está relacionada con la leyenda de los tres hermanos Lázaro, Marta y María Magdalena, así como un sacerdote llamado Esteban, desterrados de Jerusalén por los judíos, quienes moraron en las inmediaciones de Marsella, desde donde Esteban vino a habitar en Cataluña, edificando la referida capilla, que con el transcurso de los años se arruinó. Posteriormente, no sabemos cuándo, un hecho prodigioso, con motivo de una espantosa tempestad, vino a descubrir entre las ruinas de la antigua capilla un lienzo en el que estaba pintada una imagen de la Virgen con el Niño Jesús en los brazos y un ángel a cada lado, y juntamente otra de relieve con otros dos ángeles, por cuya razón la llamaron Nuestra Señora de los Angeles. Acrecentada la fe de los vecinos por el hallazgo, edificaron una nueva capilla sobre las ruinas de la antigua. En su altar mayor fue colocada la imagen de relieve, de 65 centímetros de altura; es de madera, sedente, con manto azul y el Niño en el brazo izquierdo. Este lleva un vestido verde, un librito hacia el pecho y figura dar la bendición con la mano derecha. La iglesia actual es de fines del siglo XVII o principios del XVIII, de 10 varas catalanas de longitud, y ocho de anchura contando las capillas. A la entrada, un hermoso cancel o pórtico de madera dorada. Las puertas del templo están a la

parte de Levante y el altar mayor a la de Poniente. A los lados tiene cuatro capillas con sus respectivos altares, en uno de los cuales se venera el santo lienzo hallado con la imagen principal y que es conocido en la región con el nombre del «Sant Drap». El presbiterio está cerrado por una verja de hierro que costó 140 libras catalanas. El altar mayor es de madera y dorado, de buena factura y en el centro del mismo se encuentra la imagen de la Virgen de los Angeles, con dos escalinatas para besar la mano como es costumbre en Cataluña. Contenía este santuario algunas estimables reliquias, engastadas todas ellas en un precioso relicario en cuyo centro encerraba el «Lignum Crucis». La imagen del siglo XVIII fue destruida y profanado el santuario en 1936. La actual es obra de Espelta. Existía una hospedería gratuita, aneja al templo, para los devotos visitantes, y era atendida por cuatro sacerdotes.
BIBL.: N. CAMÓS, *Jardín de María*, Ge. 1772, 94-100; E. MORENO CEBADA, *Glorias Religiosas de España*, II, Ba.-Ma. 1867, 547-54; D7, XIII, 725; L. G. CONSTANS, *Girona Bisbat Marià*, Ba. 1954, 114-116; J. A. SÁNCHEZ PÉREZ, *El culto mariano en España*, Ma. 1943, 40-41. A. DIEZ

Angeles, *Nuestra Señora de los,* (Granada) patrona de la barriada de Las Vistillas, una de las más pródigas en bellezas naturales e históricas. A pesar de su casi total renovación, aún hoy, no ha perdido su viejo y tradicional sabor. En el segundo tercio del siglo XV, D. Rodrigo de Ocampo, comendador de la Orden de Santiago y gran devoto de la Virgen se fijó en esta típica barriada de Las Vistillas para construir en ella la iglesia y convento dedicado a Nuestra Señora de los Angeles. El monasterio de los Angeles construido entonces en despoblado, fue, sin duda, uno de los más antiguos de Granada. En el viaje de regreso, que D. Rodrigo de Ocampo realizaba desde el «Nuevo Mundo» a España, sobrevino una terible tempestad que puso en peligro su vida. Cuenta el propio D. Rodrigo que en tal situación invocó a la Virgen, bajo el título de Reina de los Angeles, apareciéndosele ésta rodeada de ángeles y con el Niño en brazos. Ante tan grandioso prodigio prometió D. Rodrigo edificar un templo bajo la advocación de Reina de los Angeles. Libre ya del peligro y sumergido en las empresas militares, este insigne prócer olvidó su promesa. Finalizados sus servicios y establecido en Granada, a D. Rodrigo le gustaba pasear y asomarse al gran ventanal de Las Vistillas. En el libro de la fundación y crónicas del convento de los Angeles, se narra la aparición misteriosa que tuvo D. Rodrigo mientras paseaba por esta barriada solitaria, recordando sus expediciones y el favor singular recibido de Nuestra Señora de los Angeles. De acuerdo con su esposa D.ª Leonor de Cáceres, decide en 1538, la edificación de la iglesia y convento prometidos. La muerte de ambos vino a truncar aquella obra comenzada, que en 1540 se vería concluida gracias a la aportación de dos piadosas señoras, D.ª Leonor Saavedra y D.ª Inés de Jesús, primeras religiosas profesas de la nueva casa, bajo la tercera regla de San Francisco. La historia y la tradición granadina recogen tan singulares hechos, revestidos de historicidad y valores religiosos. Desde mediados del siglo XVI y durante todo el año, la barriada de Las Vistillas se prepara para honrar a su excelsa patrona la Virgen, Reina de los Angeles. La fiesta principal es una bonita romería por su carácter, por su gracia y tipismo.
BIBL.: *Libro de la fundación y crónicas del Convento de Nuestra Señora de los Angeles,* ms.: Archivo del Convento de madres franciscanas de Granada; F. BERMÚDEZ, *Historia eclesiástica, principios y progresos de la ciudad y religión católica de Granada...,* Gra. 1638; J. VELÁZQUEZ DE ECHEVARRÍA, *Paseos por Granada:* Colección histórica de antigüedades y noticias curiosas..., 12 vols., Gra. s.a.; M. LAFUENTE ALCÁNTARA, *Historia de Granada*, 4 vols., 1843-

1848; A. DE TORRES, *Crónica de la santa provincia de Granada, de la regular observancia de N. P. San Francisco,* Ma. 1683. J. L. PALMA

Angeles, *Nuestra Señora de los,* (Huelva). En la Peña de Arias Montano, en Sierra Morena y a unos 20 kms. de Aracena, en las inmediaciones de Alájar. El edificio es antiguo. Tiene tres altares dedicados a la Virgen. Cada uno de ellos con imagen de invocación diferente: de la Cabeza, de Belén y, el principal, de Nuestra Señora de los Angeles. Se desconoce la antigüedad de esta imagen aunque en la comarca suele afirmarse que data de tiempos de los godos. Su fiesta principal, muy concurrida, se celebra el 8 de septiembre. En ricas andas de plata es llevada en procesión la imagen por las colinas cercanas. La devoción a esta imagen se extiende a los pueblos de la cercana región extremeña. Las visitas a la misma suelen hacerse durante todo el año y de una manera especial los sábados. A este lugar se retiró Arias Montano después del Concilio de Trento y allí escribió sus famosos *Comentarios.* Aquí le visitó Felipe II, que llegó desde Badajoz de incógnito, y admiró la belleza del paisaje. La ermita fue saqueada y la imagen quemada en el lugar denominado «El Cachón» por hijos del pueblo de Alájar en 1936. BIBL.: E. MORENO CEBADA, *Glorias Religiosas de España,* II, Ma.-Ba. 1867, 641-44; J. ORDÓÑEZ MÁRQUEZ, *La apostasía de las masas y la persecución religiosa en la provincia de Huelva,* 1931-1936, Ma. 1968, 185-186. IEF

Angeles, *Nuestra Señora de los,* (Madrid), patrona de Getafe. En el mismo Cerro de los Angeles, a 3 kms. de Getafe, partido judicial y arciprestazgo de la actual vicaría episcopal de Legazpi. Una tradición remonta su origen y devoción al siglo XIII. El santuario es de planta de cruz latina, de una sola nave y del llamado estilo madrileño; de ladrillo y piedra caliza. El día de la Ascensión se traslada la imagen de la Virgen a la parroquia de Santa María Magdalena, de Getafe, donde permanece hasta el domingo de la Santísima Trinidad, celebrándose un solemne novenario. Otra fiesta patronal se celebra el 2 de agosto en el santuario. Junto a éste había a mediados del siglo pasado una hospedería con casa para el ermitaño. BIBL.: D7, VIII, 393 y 397; E. VALVERDE Y ALVAREZ, *Guía del antiguo reino de Toledo,* Ma. 1885-86; C. ROSELL, *Crónica General de España, provincia de Madrid,* 3.ª ed., Ma. 1866, 52; *Tesoros Artísticos de España,* Ma. 1973, 298. V. GARCÍA LOBO

Angeles, *Nuestra Señora de los,* (Tarragona). Conocido también por Virgen de la Petjá, por estar enclavado en el distrito rural de este nombre, en el término de la ciudad de Tortosa. Fue fundado en 1378 por el arcediano de la catedral de Tortosa, D. Gerardo de Monte Bueno, en una propiedad suya y le dotó a la vez con un beneficio. Sufrió desperfectos y reparaciones, de forma que del primitivo edificio apenas si quedan vestigios. La imagen, labrada en piedra, pertenecía a la catedral, donde se veneraba, y fue trasladada en 1700 a la ermita, donde recibe culto en la actualidad. BIBL.: D7, XV, 52; L. DEL ARCO, *Guía artística y monumental de Tarragona y su provincia,* Ta. 1906, 209. IEF

Angeles de la Hoz, *Nuestra Señora de los,* (Segovia). En la villa de Sepúlveda en la margen izquierda del río Duratón. Los orígenes de esta advocación parece que deben buscarse en un antiguo monasterio, probablemente de San Benito, que se conocía con el nombre de «Nuestra Señora de los Angeles». Por los avatares de la invasión sarracena, la imagen fue ocultada en las intrincadas peñas. Después de cuatrocientos años, en 1125, cierto labrador por medio de una revelación descubrió la imagen, que fue expuesta al culto. Es de unos 50 centímetros de alta, de posición estante con las manos extendidas y el rostro rígido, de aspecto juvenil. Fray Felipe Vázquez declara ser testigo de ello y cita a otros. En 1231 toman posesión de este monasterio los franciscanos y a partir de esta fecha ya hay datos abundantes. La iglesia era de tres naves con camarín y coro y dos claustros, alto y bajo. El historiador citado publica la censura del fiscal y la aprobación de D. Marcelo López, obispo de Valladolid. Los vendavales de los tiempos terminaron con el monasterio y sólo la imagen de la Virgen aguantó esta opresión y tras recorrer varias iglesias de la comarca, se asentó definitivamente en Sepúlveda, en la iglesia de los Santos Justo y Pastor, donde diariamente recibe culto, con novenas. La fiesta se celebra el 2 de agosto. El templo que guarda dicha imagen es de estilo románico con tres naves y con cripta subterránea, donde se encuentran los enterramientos de los «próceres» y de un hermano de Enrique IV. BIBL.: E. DEL BARRIO MARINAS, *La Santísima Virgen en Segovia,* Seg. 1954, 131-133; *Tesoros artísticos de España,* Ma. 1973, 590. A. DIEZ

Angosto, *Nuestra Señora de,* (Alava). En Villanañe, partido de Amurrio, diócesis de Vitoria. Aunque la crónica que narra la aparición de la Virgen de Angosto se perdió y no se sabe con exactitud la fecha, sin embargo, se conserva un manuscrito del año 1715 que se guarda en la casa-palacio de Varona, en Villanañe, en el cual se refieren los orígenes del santuario.
El 25-IV-1089 a raíz de una tempestad, la crecida del río fue tan elevada, que un pastor tuvo que refugiarse al abrigo de una peña que hay en la margen izquierda del río, en el paraje de San Pedro. El pastor llamado Hernando Martínez, hombre de gran virtud, permaneció en el refugio mientras duró la tormenta, desde allí contemplaba una imagen de la Virgen que era defendida por una muralla para no ser dañada por el torrente de agua. Asombrado de tal acontecimiento, dio noticia a Villanañe, y acudió el vecindario. Sacaron la imagen y aquella muralla de agua al instante se deshizo. De momento, la imagen se colocó en la antigua ermita de San Pedro, hasta que la piedad de los fieles le edificaron una ermita en el mismo sitio de la aparición en 1097 y en la que hoy se llama Nuestra Señora de Angosto. Al lado se construyó una casa para los peregrinos que acudían a implorar su auxilio. Posteriormente, en 1300, D. Rodrigo Varona, señor de la Casa-Fuerte, construyó un templo con capacidad suficiente para albergar a todos los devotos. En 1885 el beneficiado de la catedral de Vitoria, D. Dionisio Díaz, con la ayuda de los fieles de las villas colindantes, consiguió edificar un convento que encomendó a los padres Pasionistas, para que estos cuidasen del santuario; al año siguiente el convento fue pasto de las llamas. En 1889 se volvió a reconstruir. La fiesta se celebra el 8 de septiembre con romería y gran concurrencia de fieles. BIBL.: *Nuestra Señora de Angosto:* R17, 15(1929)522-523; *Santuario de Nuestra Señora de Angosto:* Anuario Católico Español, II, Ma. 1956, 403; E. DE LA INMACULADA, *Historia del Santuario de Nuestra Señora de Angosto,* SSe. 1943. A. DIEZ

Angustias, *Nuestra Señora de las,* (Avila) patrona de Arévalo. En el antiguo convento de la Santísima Trinidad Calzada, próximo al río Arevalillo, en el término de Arévalo. Se venera a la Virgen bajo esta advocación en una magnífica capilla profusamente adornada, cuya efigie de talla es de singular mérito artístico. A mediados del siglo pasado se trasladó y fue venerada en el convento de monjas de San Bernardo el Real de la misma villa. Se cree, sin que exista documentación, que esta imagen fue elaborada en Antioquía. Este santuario dio origen a su homónimo de Granada. BIBL.: D7, II, 538. IEF

Angustias, *Nuestra Señora de las*, (Cáceres). En Moraleja del Real, partido y diócesis de Coria. Está situada en la carretera de Puente de Guadauchil de Garrovillas a Puerta de Acebo, en la falda de la sierra de Gata. En 1503 obtuvo la categoría de villa. Al sur de la misma está la ermita dedicada a Nuestra Señora de las Angustias. Fue edificada en 1721 por D. Rafael Carrasco y su esposa D.ª Bárbara Hernández, vecinos de esta villa, quienes dejan en su testamento los frutos de un olivar, destinados al sostenimiento de la ermita. Dicho mandato sigue cumpliéndose con exactitud.
BIBL.: *Ermita de Nuestra Señora de las Angustias:* R17, 15(1929)186-187; D7, II, 583. A. DIEZ

Angustias, *Nuestra Señora de las*, (Granada) patrona de la ciudad. Cuenta la tradición que cuando Granada fue reconquistada por los Reyes Católicos (2-I-1492), entró con las tropas victoriosas la imagen, procedente de Arévalo, de la Virgen de las Angustias, a la que durante tan largo asedio se encomendaron los monarcas y el ejército. En torno a esta imagen, para la que los Reyes mandaron edificar una modesta capilla en las afueras de la ciudad, nace el culto y devoción a Nuestra Señora de las Angustias. El ayuntamiento de Arévalo reclamó a la reina su imagen, con lo que fue sustituida en Granada por un cuadro. Con el tiempo la devoción fue en aumento y los cofrades y devotos de Nuestra Señora, aparte del cuadro, pronto echaron de menos la falta de una imagen de la Virgen que la representaran en el misterio de su dolor, bajo el título de Las Angustias. Consta que ya a mediados del siglo XVI (c. 1545-53) la actual imagen de Nuestra Señora de las Angustias, aparecida misteriosamente, ocupaba lugar preferente en la capilla construida por los Reyes.

El académico de la Real de San Fernando, D. Diego Sánchez de Saravia, describía en 1777 la imagen con estas palabras: «Es de estatura cuasi de tamaño natural, está en pie y viste una túnica formada en la misma talla, airosa y bien ejecutada en lo preceptivo del arte, formando sus trazos o rugas, buscando los contornos del cuerpo. El color de esta túnica es un azulado bajo que degenera algo en morado; los brazos unidos al cuerpo y las manos extendidas y comprimidas sobre el pecho cruzadas».

Desde el punto de vista artístico, la imagen ha sufrido notables transformaciones y retoques. En un principio, parece fue una Dolorosa de pie y con las manos juntas en el pecho. Para resaltar más su expresión de profundo dolor y excitar la devoción popular, a la talla original se le añadieron una serie de adornos y atributos relativos a la pasión, v. gr. la cruz, la mesa con el Señor, ángeles, media luna, etc. Las actas de la Hermandad, cuyos orígenes se remontan al 1581 —fuente principal para conocer la vida, culto, devoción, etc., de esta cofradía—, nada dicen acerca de estas transformaciones, que bien pudieran ser de la misma época de la imagen o poco posteriores. Las reformas y ampliación realizadas en la capilla en tiempos del arzobispo D. Pedro de Castro y Quiñones (1589-1609) no fueron suficientes Con las limosnas ofrecidas a la Virgen por sus numerosos devotos, se planeó la construcción de un bello templo con dos esbeltas torres y anejo a él un hospital para pobres. Concluida la iglesia en 1664, se procedió al traslado oficial de la imagen de Nuestra Señora de las Angustias, a la que el papa Clemente X concedía oficio litúrgico propio y Benedicto XIII numerosas indulgencias a cuantos habiendo confesado y comulgado visitasen devotamente su santuario. El 20-IX-1913, la imagen ante la que el invicto D. Juan de Austria había orado en 1570 —tras la solemne coronación canónica— era declarada oficialmente Patrona de Granada. Todos los años el último domingo de septiembre, Nuestra Señora de las Angustias, escoltada por multitud de granadinos, sale triunfante de su basílica para recorrer en auténtica atmósfera de plegaria procesional las calles de Granada. Reproducciones y cuadros —más o menos artísticos— de la santa Patrona presiden insdistintamente las viviendas de multitud de familias acomodadas y humildes.
BIBL.: D. SÁNCHEZ SARAVIA, *Compendio histórico del origen y culto en Granada de Nuestra Señora de las Angustias...*, Gra, 1777; A. SÁNCHEZ ARCE Y PEÑUELA, *Memoria sobre la aparición de María Santísima de las Angustias en la ciudad de Granada*, Gra. 1849; M. GÓMEZ MORENO, *Guía de Granada*, Gra. 1892; F. BERMÚDEZ DE PEDRAZA, *Historia eclesiástica de Granada*, s.l., 1637; M. LAFUENTE ALCÁNTARA, *Historia de Granada, comprendida las de sus cuatro provincias...*, Gra. 1846; F. A. GARCÍA DE RÚJULA, *Carta historial de la milagrosa aparición de la sagrada imagen de Nuestra Señora de las Angustias que se adora en su magnífico templo de la gran ciudad de Granada*, s.l.n.a.; *Libro de cabildos de la Hermandad de Nuestra Señora de las Angustias y diversos legajos y papeles sueltos relativos a la Hermandad y culto desde el siglo XVI*, ms.: Archivo de la iglesia-santuario; F. A. HITOS, *Páginas históricas de Nuestra Señora de las Angustias, Patrona de Granada...*, Gra. 1913; E. MORENO CEBADA, *Glorias religiosas de España*, I, Ba.-Ma. 1866, 407-16; R17, 15(1929) 206-107; M. ANTEQUERA, *La Virgen de las Angustias*, Gra. 1973; J. DE LA CUEVA Y PACHECO, *Epítome historial de la aparición, colocación y culto de la milagrosa imagen de María Santísima de las Angustias... patrona de la ciudad de Granada*, Gra. s. a. A. RIESCO

Angustias, *Nuestra Señora de las*, (Guadalajara). En las inmediaciones de la villa de Durón, partido de Cifuentes. Tiene una hermosa propiedad donada por el obispo de Sigüenza, D. Pedro Inocencio Vejarano (1801-1818), quien se retiraba allí en el verano. En la época de Madoz estaba atendido por un sacerdote en calidad de mayordomo y varios criados para atender a la labranza.
BIBL.: D7, VII, 428. S. LORRIO

Angustias, *Nuestra Señora de las*, (Jaén). En Alcalá la Real. Edificio construido a principios del siglo pasado; todo de piedra de cantería labrada. Es de planta ovalada, con un friso arquitrabe y cornisa de orden dórico a la altura proporcionada. Sobre el mismo arranca el cerramiento, también de piedra. En la capilla mayor octogonal y del mismo orden arquitectónico, se venera la imagen titular. La portada de la iglesia que imita el orden toscano, es desproporcionada al resto del edificio, como también su campanario. En el coro se colocaron los restos de un magnífico órgano, procedente de la derruida iglesia que existió en el cercano cerro de la Mota. Posee la iglesia muchos ornamentos y alhajas donados por sus devotos.
BIBL.: D7, I, 390. IEF

Angustias, *Nuestra Señora de las*, (León). En el barrio de la Garandilla, de la villa de Valdesamario, partido de Murias de Paredes, diócesis de León. No hay documento alguno escrito que testifique los orígenes de esta advocación. Por testimonio de las personas ancianas de la comarca se puede afirmar que sus orígenes son anteriores al siglo XIX. El santuario está situado entre los interfluvios del Omaña, afluente del Orbigo, en la confluencia del arroyo de Murias de Ponjos. El edificio es sobrio y robusto, sin un estilo concreto, aunque su sobriedad nos recuerda las construcciones de tipo herreriano. Es de planta de cruz latina, de una sola nave y con dos capillas en los brazos. Detrás del altar mayor se encuentra el camarín de la Virgen con dos puertas laterales. Dicho camarín pudo ser en otros tiempos la sala de reuniones de la cofradía. A los pies de la nave se encuentra la puerta de acceso de originales características. Tres entradas en forma de soportal dan paso al templo. Constan de cuatro arcos de medio punto y bóveda de crucería o lunetes que descansan sobre cuatro fuertes pilastras. Corona la entrada una torre muy elevada, de forma cuadrada, con acceso desde el coro. Una escalera de caracol sube por el interior de la misma hasta las campanas. Remata este cuerpo del edificio una espadaña. La imagen de unos 50 centímetros de altura, es sedente, con rostro muy expresivo y el Cristo yacente en sus brazos, similar a la Virgen del Camino. Está revestida de un manto que se cambia en las distintas fiestas. La fiesta principal se celebra el 8 de septiembre con misa solemne y procesión alrededor del santuario. Los peregrinos que cumplen alguna promesa visten un hábito característico que alquilan en el santuario. Los exvotos de cera que se encuentran en el santuario dan fe de la devoción de los fieles. La fiesta es también ocasión de reuniones familiares con almuerzo al aire libre. Finaliza la fiesta religiosa con el rezo del rosario y el canto de la salve. La romería continúa hasta entrada la noche. El santuario se sustenta con los donativos de los fieles que hasta hace algunos años consistía en productos agrícolas, principalmente cereales. Actualmente se hacen en metálico. A raíz del cambio de circunscripción eclesiástica del año 1955 —pertenecía a la diócesis de Oviedo—, pasó el santuario por un momento crítico. Su imponente fábrica llegó casi a amenazar ruina. Restaurado, desempeña casi las funciones de iglesia parroquial por el crecimiento demográfico del barrio.

BIBL.: D7, XV, 294.   A. Díez

Angustias de Abajo, *Nuestra Señora de las*, (Cuenca) patrona de la diócesis. Al oeste, extramuros de la ciudad, es venerada esta advocación de la Dolorosa, con su Hijo en brazos descendido de la Cruz. Originariamente el templo fue un reducido edificio del siglo XIV. Al extenderse la devoción resultó necesario ampliarlo, de lo que se encargó José Martín de Aldehuela; las obras se concluyeron en 1576. De estilo barroco y de una sola nave cubierta por una bóveda. El altar mayor es igualmente barroco. En las pechinas de la bóveda hay pinturas de Palomino. Desde tiempo inmemorial se estableció la Real e Ilustre Congregación de Esclavos de la Virgen de las Angustias con el objeto de sostener el culto contando con la protección de los reyes de España. Se conoce una Real Cédula de Fernando VII, que dice literalmente: «Yo, Don Fernando VII, rey de España y de las Indias, por mi particular devoción a María Santísima, contemplándola en sus aflicciones, he determinado declararme hermano mayor de la Congregación de Esclavos de Nuestra Señora de las Angustias, establecida en la ciudad de Cuenca. Y lo firmo en mi Real Palacio de Madrid, a 29 de mayo de 1825». Estuvo atendida por un capellán y un santero, que vivían de las limosnas recogidas. Fue coronada canónicamente el 31-V-1957.

BIBL.: D7, VII, 233; *Nuestra Señora de las Angustias:* Anuario Católico Español, II, Ma. 1956, 433; *Tesoros Artísticos de España*, Ma. 1973, 249; *Crónica de una coronación*, Ma. 1957; M. Alvarez Chirveches, *Breves rasgos históricos sobre la imagen de las Angustias...*, Cu. 1960.
IEF

Animas, *Santo Cristo de las*, (Valencia). En la masía de Vilanova, del término de Alboraya, partido de Valencia. Sólo sabemos que en la actualidad tiene culto, y que pertenece a la cofradía de la Purísima Sangre. Cuenta con muchos devotos y dicen que es muy antigua. La imagen, impresionante, está custodiada por dos ángeles arrodillados; se guarda en un nicho en el altar mayor.

BIBL.: L. B. Lluch Garín, *Ermitas de Valencia*, Val. 1968, 51-61.   IEF

Antigua, *Nuestra Señora de la*, (Badajoz), A 7 kms.

de la villa de La Haba, partido judicial de Villanueva de la Serena, en la finca denominada «La Pared» que perteneció a la Orden de Alcántara. Posteriormente se llamó de «Paredejas» por alusión a un antiguo edificio arruinado. La administración de las propiedades que pertenecieron a la ermita de Nuestra Señora de la Antigua, dignas de ser tenidas en cuenta, fueron anexionados a la dignidad prioral de Magacela, por decisión del capítulo general de la Orden de Alcántara celebrado en Madrid en 1573. Fueron valorados entonces en unos 20.300 maravedís, sin tener en cuenta los tributos en ganado y productos agrícolas. Las reclamaciones de los vecinos de La Haba que alegaron derechos de arriendo a las propiedades, como medio de subsistencia, fueron desoídas. El consejo de la Orden mandó a D. Luis de Osorio, gobernador del partido de La Serena, para que indagase sobre el asunto. Los resultados fueron desfavorables a los vecinos de La Haba. El rey con su Consejo ratificó la validez del acuerdo capitular. En adelante el prior de la Orden tenía obligación de mandar celebrar las misas todos los domingos y fiestas de la Virgen, así como atender a los gastos de conservación y reparación del edificio y culto. También tenía que dar preferencia a los vecinos de La Haba en el arriendo de tierras y pastos de las propiedades de la ermita. Aunque el primer edificio había surgido por los años 1573-75, la devoción de Nuestra Señora de la Antigua era anterior. Por el año 1400, D.ª Blanca Rodríguez de Villalobos, sobrina del gran Maestre de Alcántara, D. Fernando Rodríguez de Villalobos, y dueña de la finca «La Vega», junto al pueblo de Guadiana, de la jurisdicción de Don Benito, impuso a sus herederos la obligación de llevar cada año a la Virgen de la Antigua un cirio de 30 libras. La ermita, destruida casi totalmente durante la contienda nacional, fue una construcción de amplias dimensiones. Su arco toral y cruceros eran de cantería. Amplios espacios estaban pintados en rojo liso o con motivos de flora y fauna. Casi toda la capilla estaba abovedada y el coro lucido en cantería falsa. En sus paredes aparecían escudos nobiliarios con torres sobrevoladas por aves de color negro, en campo dorado. A la derecha de la entrada existió una pintura en tabla que representaba la Salutación de la Virgen. Junto al altar mayor, un san Antonio pintado en la pared. Este altar revestido de azulejos y dotado de un retablo con columnas y frisos dorados, servía de trono a la imagen de la Virgen y otros santos. Aquella era un busto de piedra sobredorada, con el Niño, y respectivas coronas, colocada en unas andas de madera con cuatro columnas doradas y pintadas de azul. Dos puertas de cantería daban acceso al edificio, rematado con torre de espadaña de la segunda mitad del siglo XVI. Completaban el conjunto la casa del santero, la hospedería y otras dependencias. Los vecinos de La Haba mandaron hacer una imagen de madera semejante a la de piedra y reconstruyeron el edificio, respondiendo de este modo a las iniciativas del que había sido párroco de La Haba, D. José María Horrillo Lozano. Se renovaron los antiguos festejos fijando la fiesta para el 15 de agosto. Unos días antes se traslada la imagen en solemne procesión a la parroquial de La Haba con asistencia de numerosos fieles que de este modo honran a su patrona. Se continúa así la tradicional ofrenda iniciada en el siglo XV.

BIBL.: D7, IX, 149-50; D3, 27, 426-27; J. Solano de Figueroa, *Historia eclesiástica de la ciudad y obispado de Badajoz*, 8 vols., Bad. 1929-1935.   J. A. Muñoz.

Antigua, *Nuestra Señora de la*, (Guadalajara), patrona de la ciudad. Situado en la plaza de la Antigua, número 5, de la capital, dentro de la jurisdicción de la parroquia de Santiago. La tradición remonta el origen de este santuario al año 1085 tras la reconquista de

Guadalajara por Alvar Fáñez. Apareció la imagen en el muro de un templo donde había sido escondida al caer Guadalajara en poder de los musulmanes. Se veneraba en la iglesia parroquial de Santo Tomé, la más antigua de la ciudad, ya suprimida. El templo lleva ahora el nombre de «Santuario de Nuestra Señora de la An igua». En 1610 el papa Paulo V concedió a la Cofradía de Nuestra Señora de la Antigua jubileo a perpetuidad para todos aquellos miembros que el día de la Natividad de Nuestra Señora visitasen su imagen. En casos de sequía se sacaba la imagen de la Virgen en procesión de rogativas: hay constancia de ello en los años 1589, 1593, 1609 y otros más; también se la invocó en el caso de la fuerte peste de 1676. En el saqueo que sufrió Guadalajara por las tropas napoleónicas parece que salió incólume. El edificio es de una sola nave con varias capillas; se conserva una verja del siglo xv. La festividad se celebra en el mes de septiembre. El santuario está regido por una cofradía con unos 1.600 hermanos, al frente de los cuales esta el Hermano Mayor. Se sostiene principalmente de las cuotas de los miembros de la cofradía. Desde el 10-V-1974 se celebra diariamente la santa misa ante la imagen de la Virgen; también hay culto los sábados, domingos y festivos. En la actualidad lleva esta imagen el título de Alcaldesa honoraria de la ciudad.

BIBL.: J. J. LOZANO, *Novena a la Emperatriz soberana del universo... Nuestra Señora de la Antigua*, Gua. 1954, 30-32; D3, 26, 1489; D. CARDERO PRIETO, *Se adecuará convenientemente el santuario de la Virgen de la Antigua:* Diario Nueva Alcarria, 11-V-1974; J. GARCÍA PERDICES, *Cual aurora naciente (Advocaciones marianas de la provincia de Guadalajara)*, Gua. 1974, 62-64.   S. LORRIO

Antigua, *Nuestra Señora de la,* (Guipúzcoa). En Zumárraga, partido de Vergara, diócesis de San Sebastián. El edificio está situado en la margen derecha del río Urola, en un terreno elevado. La imagen es de mediados del siglo xiv y se la invoca como abogada de los niños que tienen dificultades para hablar. Ante ella oraron san Ignacio de Loyola y san Francisco de Borja. Su fiesta se celebra el 2 de julio. Después de los cultos religiosos hay una romería en la que destacan los «espatantzaris» que bailan en honor de la Virgen. La iglesia, de las más representativas de la provincia, es del siglo xiv, de estilo de transición.

BIBL.: *Santuario de Nuestra Señora de la Antigua:* R17, 15(1929)519; D7, XVI, 679; *Tesoros Artísticos de España,* Ma. 1973, 720.   A. DIEZ

Antigua, *Nuestra Señora de la,* (Salamanca). En Lavallés, del partido judicial y diócesis de Salamanca; al norte de la capital y a 14 kms. de la mencionada villa. La iglesia fue construida por el cardenal Enrique Almaraz. Ya antes había existido otra edificación más modesta dedicada a la Virgen. La primitiva imagen del siglo xv, fue destruída por las tropas napoleónicas. La actual es una copia moderna.

BIBL.: *Nuestra Señora de la Antigua:* Anuario Católico Español, II, Ma. 1956, 463.   IEF

Antigua, *Nuestra Señora de la,* (Toledo). En una colina, a 5 kms. de Mora, partido judicial de Orgaz. Originariamente fue una ermita dedicada a San Cristóbal. Cuenta una tradición que se apareció a unos pastores en este lugar cuando guardaban sus ganados y les manifestó su deseo de ser venerada allí. Se desconoce la fecha, aunque puede pensarse en el siglo xvi, puesto que las guerras —de las Comunidades, de la Independencia y la última civil— hicieron desaparecer documentos valiosos del archivo parroquial. El 29-III-1618 el cardenal de Toledo D. B. Sandoval y Rojas aprobó y confirmó los curiosos estatutos y ordenanzas de la Hermandad de la Antigua a petición de D. L. Días y

Suetto. Se conocen por una copia manuscrita de 1827 en el «Libro de la cuenta y razón de la Hermandad de Nuestra Señora de la Antigua». En las mismas se establece que la fiesta en su honor sea el domingo infraoctava de la Natividad de la Virgen. Las tropas invasoras de Napoleón, destruyeron la ermita, saquearon su tesoro y quemaron la imagen, dando también muerte al santero que allí habitaba. Se salvó intacta la cabeza de la talla, que colocaron como reliquia debajo de la nueva imagen que los devotos mandaron hacer. Desde entonces el tesoro de exvotos fue enriqueciéndose nuevamente.

BIBL.: L. MORENO NIETO, *La provincia de Toledo,* To. 1960, 395-96; F. JIMÉNEZ DE GREGORIO, *Los pueblos de la provincia de Toledo hasta finalizar el siglo XVIII, población-sociedad-economía-historia,* I, To. 1962, 489.
     J. M. DE MORA

Antigua, *Nuestra Señora de la,* (Vizcaya). En Orduña, partido de Valmaseda, diócesis de Vitoria. Situada al norte de la sierra Salvada, en terreno llano, en la vertiente de la Peña de Orduña, en la carretera de Pancorbo a Bilbao. La primera ermita se remonta al siglo xii y se llamaba la «Vieja»; sin conocer las causas de su destrucción; en el siglo xiii se habla de otra edificación. De la ermita anterior al siglo xiii se conserva una portada en el edificio adyacente al santuario donde reside el capellán. Siendo de pequeñas dimensiones este santuario, se levantó el actual con las limosnas de la ciudad y pueblos limítrofes. La fachada, que consta de tres cuerpos, predomina el estilo dórico y con tres arcos de medio punto forman el pequeño, aunque espléndido pórtico de planta rectangular, que da paso a la iglesia. La nueva reedificación se efectuó entre 1750 y 1782 en estilo barroco. Su obra exterior está dividida en tres zonas por los arcos de la parte baja y por las pilastras que recorren lo alto de la fachada. De la importancia artística del templo da buena cuenta la Real Academia de San Fernando, que aprobó el proyecto del intercolumnio del altar donde hay un esbelto arco que forma el trono de la imagen, comunicado con el camarín y adornado de preciosa talla dorada con bastidor de cristales. Este camarín recientemente fue restaurado por el arquitecto madrileño D. Teodoro de Anasagasti de la Real Academia de Bellas Artes. Los romanos pontífices concedieron multitud de indulgencias al santuario, figurando en los documentos Inocencio X, Benedicto XIV, Clemente XIV y Pío IX. Estas indulgencias fueron extensivas a la floreciente cofradía. También varios prelados, entre ellos el de Calahorra, al cual perteneció el santuario y el colindante de Vitoria al cual pertenece hoy. La tradición atribuye su origen a la aparición de la Virgen sobre una morera de la que hoy se conserva junto a la imagen un vástago convertido ya en árbol. Nuestra Señora de la Antigua es la patrona de la ciudad y es muy venerada en toda Vizcaya. La fiesta se celebra el 8 de mayo. La primitiva imagen era anterior al siglo xii y la que hoy se venera corresponde al estilo gótico y es del siglo xiv; está erigida sobre el árbol, postura estante, vestida con manto y corona, así como su Hijo que sostiene en su brazo derecho. Además de esta talla gótica existe en la sacristía un crucifijo de marfil y un tríptico de estilo flamenco. También se conservan unas cadenas de hierro con las que estuvo sujeto un cristiano en berbería, cuya libertad se atribuye a un milagro de la Virgen.

BIBL.: D7, XII, 301; D3, 40, 235-236; E. URIARTE, *Historia de Nuestra Señora de la Antigua,* Bi. 1883; *Santuario de Nuestra Señora de la Antigua:* R17, 15(1929)524-525; *Tesoros Artísticos de España,* Ma. 1973, 484.
     A. DIEZ

Antolines, *Nuestra Señora de los,* (Cáceres). En Guijo de Galisteo, partido y diócesis de Coria. En las afueras del pueblo, a tres kilómetros de la parroquia, en un lugar rodeado de colinas, se encuentra enclavado el santuario. Sus orígenes permanecen oscuros. La tradición lo supone del siglo XIII, pero no existe fuente alguna que lo atestigüe. La fiesta se celebra con solemnidad y animada romería el lunes segundo de Pascua.

BIBL.: *Santuario de Nuestra Señora de los Antolines*: R17, 15(1929)187; D7, IX, 78.   IEF

Aparecida, *Nuestra Señora de la,* (Segovia). En Valverde de Majano, partido y diócesis de Segovia. El origen de esta advocación aparece un tanto oscuro, por la penuria de fuentes. En los primeros documentos encontramos otras advocaciones. Parece que, donde hoy se levanta la ermita existió en otros tiempos una aldea destruída con la invasión musulmana. Reconquistado el territorio, los cristianos edificaron algunas viviendas, así como la ermita dedicada a Santa María Magdalena. En el siglo XIV consta que todavía vivían algunos vecinos en el lugar. A principios del siglo XVII el cabildo de la catedral de Segovia y el párroco de Valverde discutían sobre el alcance de sus derechos. Pasado un tiempo, la ermita perdió importancia y los pocos moradores abandonaron el lugar. Ante tal situación el párroco D. Antonio García Veda, de acuerdo con el cabildo, ante el dilema que planteaba la soledad del lugar y el peligro de profanación del recinto sagrado, ordenó construir un albergue para los pastores. Al efectuar dichas obras, hallaron en los cimientos una losa y debajo un sepulcro con dos compartimentos, en uno había un esqueleto y en el contiguo una imagen de la Virgen con el Niño en los brazos, de madera de pino y de rostro moreno sentada en una silla de madera. Tomaron la imagen y la depositaron en la ermita de Nuestra Señora de la Magdalena. En un principio se llamó «Nuestra Señora del Sepulcro». Por un expediente del obispo de la diócesis se autoriza celebrar la primera romería en su honor (27-V-1624). A partir de 1632, se cambió el título de «Nuestra Señora del Sepulcro» por el de «La Aparecida».

BIBL.: E. DEL BARRIO MARINAS, *La Santísima Virgen en Segovia*, Seg. 1954, 18-21.   A. DIEZ

Araceli, *Nuestra Señora de,* (Córdoba) patrona de Lucena. En la sierra de Aras, a unos dos kilómetros de la ciudad y en el mismo sitio donde estaba la atalaya para vigilar los ataques de los moros granadinos. Desde su altura la vista es pintoresca y se divisan tierras de varias provincias andaluzas. A mediados del siglo XIX tenía un hermoso edificio de unos 50 metros de largo por 25 de ancho. Es una iglesia de tres naves, divididas por seis magníficos arcos que descansan sobre otras tantas columnas de jaspe, sacado de la misma sierra. Su altura no es muy grande. En el cielo raso de la nave principal están representados varios misterios de la vida de la Virgen. En los lados, sobre la cornisa, algunos doctores de la Iglesia. Separa el presbiterio del otro cuerpo del edificio una hermosa verja de bronce de piezas desmontables, colocada en el crucero. Su media naranja es singular por la talla y molduras doradas. Llaman la atención el retablo del altar mayor y los colaterales de San José y Santa Bárbara. El camarín de la Virgen es amplio; dorado y enlosado en jaspe de la sierra, admirable por lo original de su veteado. Aparecen pintados en el mismo jeroglíficos semejantes a los de la imagen que fue traida de Roma en el año 1566. Esta es de cuerpo entero y está sobre una nube rodeada de querubines. Su fiesta y romería se celebra el primer domingo de mayo.

BIBL.: D7, II, 369-70 y X, 413, 415 y 417; *Tesoros Artísticos de España*, Ma. 1973, 390.   M. I. GONZÁLEZ

Aránzazu, *Nuestra Señora de,* (Guipúzcoa) patrona de la provincia. Situado en la parte sur de Guipúzcoa, en los últimos repliegues montañosos que separan a ésta de la de Alava. Dista 84 kms. de San Sebastián, y nueve de la villa de Oñate, a cuyo término municipal pertenece. El lugar se halla a 700 metros de altitud sobre el nivel del mar. La ruta por carretera de Oñate a Aránzazu es de alto valor emotivo y turístico, debido a los paisajes abruptos que constantemente se ofrecen al viajero: roquerones, breñas y quebradas, desfiladeros, etc., todo recubierto por la más frondosa y salvaje vegetación. El santuario mismo se encuentra emplazado literalmente al borde de un abismo o barranco, en la falda del monte Aloña. Custodios tradicionales del mismo y de la imagen en él venerada son los franciscanos, que tienen en Aránzazu uno de los más importantes conventos de la Orden, con teologado, escuela apostólica, casa de Ejercicios Espirituales, imprenta en que se edita una revista titulada también *Aránzazu*, etc.

Según Esteban de Garibay, (que en su monumental *Compendio Historial* dedica un capítulo íntegro a historiar los orígenes de este santuario: cap. 25 del libro 17), el hecho del que arranca la celebridad de Aránzazu fue el hallazgo por un pastor —Rodrigo de Balzátegui— de una pequeña imagen de la Virgen, posada sobre un espino majuelo (Aránzazu en vasco significa espinal o lugar abundante en espinos), y con una campana a modo de cencerro grande y tosco, que pendía asimismo del espino. Esto ocurrió el año 1469. Los tres atributos con que siempre se ha venerado a la Virgen de Aránzazu son, pues, el espino, la campana y la imagen de *Andra Maria* (Santa María) con su divino Hijo en brazos. Trátase de una imagen gótica, tallada en piedra, en que la Virgen sentada y con atuendos de reina presenta a su Hijo. La imagen sólo mide 36 centímetros de alto. Aunque por su estilo y traza general pudiera ser del siglo XIII, ciertos rasgos humanizantes hacen pensar en influencias renacentistas posteriores. No hay duda que el pueblo fiel vio en las circunstancias misteriosas de la manifestación de la Virgen una señal del cielo. Pronto se convirtió Aránzazu en lugar de peregrinación. Los pueblos de Oñate y Mondragón, coadunados en Cofradía, abrieron camino hasta aquel inhóspito y desierto lugar. Custodias de la Virgen y de su primera ermita fueron, en un principio, unas piadosas mujeres (seroras). Vinieron luego los mercedarios; al marcharse éstos, se formó en el lugar una comunidad de inspiración franciscana, la cual se pasó luego a los dominicos; y tras un largo pleito por la posesión de la casa, que se sustanció en la Rota Romana, entraron por fin los franciscanos observantes, que desde 1514 (con el paréntesis de la exclaustración de Mendizábal), custodian ininterrumpidamente el célebre santuario, que es lugar de peregrinaciones, sobre todo del País Vasco. Documentos recién descubiertos, de la época de Juana la Loca, prueban que hubo también jerónimos en Aránzazu, si bien por poco tiempo. El más egregio peregrino de Aránzazu fue san Ignacio de Loyola, que, como él mismo recuerda en una carta escrita desde Roma en 1554, estuvo velando una noche en el cuerpo de esta iglesia y recibió en ella «alguna gracia». Esta visita de san Ignacio tuvo lugar el año 1522, cuando, a raíz de su conversión, salió de su casa y de su tierra para dirigirse a Montserrat y Manresa. También Felipe III visitó el santuario en 1615. Finalmente, diversos hombres ilustres de Guipúzcoa —tales como Oquendo, Legazpi, Elcano, etc.— estuvieron vinculados con el santuario de la Virgen de Aránzazu. La literatura popular vasca ha conocido una abundante floración de romances, *bertso-berrias*, etc., en torno al santuario. Los peregrinos, los frailes misioneros y los emigrantes vascos han difundido el nombre y la devoción de la Virgen de Aránzazu por otras regiones, especialmente de Ultramar. El santuario ha conocido tres incendios (los dos primeros casuales: 1553, 1622); el tercero, provocado por las tropas liberales en la primera guerra carlista (1834). Pero los reveses de Aránzazu sólo servían de acicate a los fieles empeñados siempre en reedificar de nuevo su amado y costoso santuario. La iglesia edificada después del segundo incendio poseía hermosas imágenes de Gregorio Hernández, hechas ex profeso para ella. La Virgen de Aránzazu fue coronada canónicamente en 1886 y proclamada Patrona de Guipúzcoa en 1918.

La nueva basílica. El padre provincial de los franciscanos de Cantabria, fray Pablo de Lete, acometió en 1950 la construcción de una basílica más amplia y digna para acoger a los numerosos peregrinos. Tras un concurso nacional de arquitectura, se aprobó el proyecto de los señores Sáiz Oiza y Laorga, que fue llevado inmediatamente a ejecución. Para responder a los gastos, los frailes recurrieron a la cuestación popular por el país. Era la primera iglesia de estilo tímidamente nuevo que se ensayaba en España, por lo que fue blanco de contradicciones. Lucio Muñoz realizó en 1962 las pinturas del ábside, que abarcan una superficie de 600 metros cuadrados. En 1969 Jorge de Oteiza realiza el friso de Apóstoles y la Piedad, que figuran en la fachada.

En la actualidad Aránzazu, como siempre, sigue siendo un lugar de peregrinación, adonde los fieles acuden a renovarse espiritualmente mediante la recepción de los sacramentos y la participación en las solemnes funciones litúrgicas. Radio San Sebastián transmite la misa mayor dominical. Además de la Hospedería del Santuario, el lugar cuenta con varias casas de huéspedes. Aránzazu es también punto de partida para excursiones montañeras de alpinistas y esquiadores. La festividad de la Virgen de Aránzazu se celebra el 9 de septiembre. En la época actual se ha generalizado María Aránzazu como nombre de mujer (en forma hipocorística, Arancha).

BIBL.: L. VILLASANTE, Santa María de Aránzazu, Patrona de la provincia: Enciclopedia Guipuzcoana, SSe. 1964; A. LIZARRALDE, Historia de la Virgen y del Santuario de Aránzazu, Aránzazu 1950; P. ANASAGASTI, Aránzazu. Historia, paisaje, tradición, Bi. 1955; [ANÓNIMO], La más antigua Historia de Aránzazu (1648), editada ahora por primera vez, Vi. 1966; J. DE LUZURIAGA, Paraninfo celeste. Historia de la... milagrosa imagen y prodigioso santuario de Aránzazu... en Guipúzcoa, Ma. 1690.　　L. VILLASANTE

Arbas, *Nuestra Señora de,* (León) colegiata, parroquia y santuario. En lo alto del Puerto de Pajares, vertiente leonesa, a 1 km. del límite con Asturias por la carretera N 630. Su origen hay que ponerlo en el antiguo monasterio de canónigos regulares desaparecido en la época de la Desamortización y, constituido en parroquia. La formación del santuario a partir de esta época es un típico caso sociológico, en el que influyeron las condiciones económicas y humanas de las gentes que viven en el lugar o que están vinculadas a él de alguna forma. Es también un caso en que influyó otra circunstancia eclesiástica de tipo administrativo como es el haber pertenecido este lugar a la diócesis ovetense, para la cual el día 8 de septiembre es fiesta de precepto.

Como efecto de las leyes desamortizadoras las cuantiosas propiedades de la colegiata pasaron a poder de un grupo de gentes, unas oriundas del lugar, y otras de los valles vecinos de la vertiente asturiana. Estas propiedades se explotaron —y explotan— en régimen comunitario, y sirven, sobre todo para los asturianos, de pastos de verano para sus ganados. Estas personas que guardan allí sus ganados recibieron el nombre de vaqueros, cuya presencia en el lugar, habitando en sus cabañas —antiguos edificios de los canónigos— se extendía desde principios del mes de mayo hasta los del mes de octubre. A estos vaqueros se debe en gran parte el carácter del santuario que fue tomando la parroquia —que no siempre estuvo abierta a los fieles— a través del tiempo. En efecto, para las gentes del lugar se trataba de la iglesia parroquial; en cambio, los vaqueros, al volver a sus valles, llevaban consigo el recuerdo de la iglesia, y de la imagen de la Virgen, que les sirvió de refugio espiritual durante su ausencia de los hogares. Esto, junto con la influencia que los vaqueros ejercieron en sus familiares y amigos formó un núcleo de devoción en torno a la Virgen de Arbas. A esta circunstancia debe añadirse el hecho de que hasta 1954 el lugar de Arbas pertenecía a la diócesis de Oviedo para la que era fiesta de guardar el día 8 de septiembre, Natividad de la Virgen, titular de la iglesia. Al incorporarse a la diócesis de León en el último reajuste de límites diocesanos, los fieles siguieron celebrando la fiesta como lo venían haciendo anteriormente.

Hoy día, después de las obras de restauración de la colegiata, y después de haberse encargado del culto y dirección de la iglesia los canónigos de San Isidoro, de León, se encauzó la devoción popular y el santuario cobró nuevo esplendor. Polariza Nuestra Señora de Arbas la devoción de las gentes comarcanas de ambas vertientes del Pajares, geográfica y vitalmente vinculadas al santuario, a las que hay que añadir los numerosos viajeros y excursionistas que el día de la fiesta visitan el santuario. Allí se hermanan por el vínculo de la devoción mariana asturianos y leoneses que ese día olvidan sus diferencias regionales para celebrar una jornada alegre y piadosa. Las solemnidades religiosas se celebran el día 8 de septiembre con misa solemne y procesión de la imagen, todo ello precedido de un concurrido novenario. El santuario, por su proximidad a la carretera —vía principal de comunicación entre Asturias y la Meseta— es igualmente visitado por los fieles durante todo el año atraídos por su devoción y también por el valor artístico e histórico del templo. Uno de los pioneros de esta devoción a Nuestra Señora de Arbas fue el sabio investigador don Ramón Menéndez Pidal quien quiso disponer de un nicho cerca de la Virgen, donde reposaran sus restos. Por su parte el arquitecto restaurador don Luis Menéndez Pidal, sobrino de don Ramón, también dispuso ser enterrado allí, como en efecto lo fue recientemente, a raíz de su fallecimiento.

La iglesia, de estilo románico tardío, ha sido restaurada recientemente, y goza de la categoría de Monumento Nacional; tiene anejo una casa habitada por los sacerdotes que atienden al culto propio y de las parroquias vecinas. La imagen, fiel réplica de la primitiva que era del siglo XII, presenta la particularidad de haber sido copiada de la del monasterio de Gradefes, que a su vez lo fue de la antigua de Arbas. Véase la voz MONASTERIOS: **Arvás,** *Santa María:* DHEE, III, Ma. 1973, 1519.

V. GARCÍA LOBO

Arconada, *Virgen de,* (Palencia). En la falda del monte Torozos y cerca de la villa de Ampudia. El edificio es de estilo gótico, amplias dimensiones y de una sola nave. Tiene un espacioso patio y casa contigua para el ermitaño. En el testero de la nave y sobre hermoso tabernáculo se encuentra la imagen de la Virgen. Mide unos 40 centímetros y es de rostro moreno y rubia cabellera. Tallado de un mismo tronco, lleva en su brazo izquierdo al Niño que parece brotar del corazón de la Madre. Una leyenda sostiene que había sido traída a España por los varones apostólicos que evangelizaron Andalucía y que desde esta región la trasladaron dos jóvenes que huían de la invasión sarracena. Temiendo una profanación la escondieron en una zanja en las inmediaciones de Arconada. En el año 1113 la

encuentra un anciano labrador. Trasladada a una de las iglesias parroquiales de Arconada, permaneció allí más de cien años. En 1219 un nuevo acontecimiento milagroso viene a cambiar las cosas. La Virgen se aparece a un pastor en Ampudia en el lugar que ocupa el actual santuario. Inmediatamente los vecinos de Ampudia deciden edificar un templo y mientras tanto colocan la imagen de la Virgen en la parroquial de su villa. Se originan las habituales protestas entre los vecinos de Arconada y Ampudia. Se recurre incluso a los tribunales eclesiásticos que fallan en favor de los vecinos de Arconada. Pero la devolución de la imagen no llegó a efectuarse. La imagen de la Virgen de Arconada se quedó para siempre en la villa de Ampudia. Edificado el templo empezó a celebrarse su fiesta el 8 de septiembre día de la Natividad de la Virgen. Las pinturas que se conservan en las paredes del edificio narran los acontecimientos relativos a la aparición y litigios por la posesión de la imagen. El 7-X-1956 los cistercienses se hicieron cargo del monasterio y santuario de la Virgen. Asistieron a la ceremonia las autoridades religiosas y civiles de la provincia.
BIBL.: D7, II, 255; T. MORAL, *Arconada de Ampudia, Nuestra Señora de...*: DHEE, III, Ma. 1973, 1517; J. DE VILLAFAÑE, *Compendio histórico en que se da noticia de... los más célebres santuarios de España*, Ma. 1740, 1-13; *Nuestra Señora de Arconada*: Anuario Católico Español, II, Ma. 1956, 457-59; *Nuestra Señora de Arconada*: R74, 8(1956)270-72; R. NAVARRO GARCÍA, *Catálogo Monumentul de la Provincia de Palencia*, IV, Pa. 1946, 11; J. A. SÁNCHEZ PÉREZ, *El culto mariano en España*, Ma. 1943, 27-29.
J. M. DE MORA

Arcos (o Arcs), *Nuestra Señora de los*, (Gerona). A 2 kms. de la villa de Santa Pau, en el lugar conocido con el nombre de la Plana del Vall, del partido judicial de Olot. Fue tan interesante como curioso el origen de esta advocación. Protagonista del mismo fue una pastorcita y es Moreno Cebada quien nos narra el hecho. La primera imagen era de madera, sedente, con vasquiña encarnada y manto azul, que arrancaba desde la cabeza. Representaba a la Virgen al pie de la cruz, con las manos juntas, inclinada la cabeza con veneración hacia el hijo que estaba en el sepulcro. Mide 57 centímetros de altura y la yacente de Cristo unos 52. Para emplazamiento del santuario se había escogido inicialmente el llamado Llano de los Arcos, por su proximidad al camino real de Olot a Vich. Apenas iniciadas las obras se cambió por el que ocupa la actual iglesia. Fue ésta de pequeñas proporciones, ampliada posteriormente hizo de parroquial de Santa Pau hasta su total destrucción por un terremoto el 15-V-1427. El año siguiente, el obispo de Gerona, Anchós, concedió a Galcerán de Santa Pau, señor del castillo de la parroquial, licencia para una reedificación. Con esta finalidad había dejado su padre, Hugo de Santa Pau, mil sueldos. El prelado de la diócesis concedió cuarenta días de indulgencia a quienes trabajasen en las obras del edificio y costeó los salarios. A mediados del siglo pasado se conservaba en el arca de los Jurados un pergamino, curioso por su antigüedad y contenido. Llevaba el sello del obispo y narraba todo lo anteriormente expuesto. Desde la última reedificación, los sacerdotes quedaron obligados a celebrar en el santuario la misa mayor el día de las festividades de la Virgen, excepto el 15 de agosto, fiesta de la patrona. Por ello se trasladó esta celebración al domingo siguiente. Por concesión especial la iglesia fue lugar de enterramiento de quienes así lo dejaban dispuesto, hasta que se prohibió por motivos de sanidad. Las riquezas en alhajas y donativos, fueron cuantiosas. Con la desamortización de 1836 perdió todas las propiedades. En el 1936 fue incendiado todo el santuario. Solo se salvaron unos fragmentos del valioso retablo. En 1940, Joan Aubert

Solanich, hizo donación al santuario de una nueva imagen de la Virgen, policromada, obra del escultor J. Costa.
BIBL.: N. CAMÓS, *Jardín de María*, Ge. 1772, 104-108; E. MORENO CEBADA, *Glorias Religiosas de España*, II, Ba.-Ma. 1867, 555-61; L. G. CONSTANS, *Girona, Bisbat Marià*, Ba. 1954, 143-46; J. A. SÁNCHEZ PÉREZ, *El culto mariano en España*, Ma. 1943, 55-56; M. JUANOLA, *Historia y tradición del Santuario de Nuestra Señora dels Arcs*, Santa Pau 1950; D7, XIII, 756.
J. M. DE MORA

Argeme, *Nuestra Señora de*, (Cáceres). Sobre un montículo a orillas del río Alagón y a unos 5 kms. de Coria. La iglesia es sencilla en su arquitectura, pero vistosa. No se sabe cuándo empezó a venerarse allí la imagen de la Virgen. Una tradición, que no cuenta con fuentes documentales, remonta el origen de esta advocación y veneración al siglo VIII, antes de la invasión musulmana. Escondida la imagen durante esta invasión, fue hallada el año 1124 en una cueva cercana al mencionado río y en las inmediaciones del lugar que ocupa el actual santuario. A partir de esta fecha se reanuda la veneración interrumpida al ser escondida la imagen. Es la devoción predilecta de los vecinos de Coria y pueblos comarcanos. La fiesta principal se celebra el 8 de septiembre. El mismo día se celebra en los alrededores del santuario una feria muy concurrida. Los tenderos exponen sus mercancías en unos pórticos construidos cerca del santuario, previo el pago de un alquiler. El importe de los mismos se destina a los fondos de la Hermandad del templo.
BIBL.: *Santuario dedicado a la Virgen de Argeme*: R17, 15(1929)185-86; F. RONCERO, *Coria-Cáceres, diócesis de*: DHEE, I, Ma. 1970, 626; D7, 374, y VII, 18.
M. ANTA

Armada, *Nuestra Señora de*, (Orense). En el lugar de su nombre, aldea situada en la carretera vieja de Celanova, a 17 kilómetros de Orense, perteneciente a la parroquia de San Salvador de Rabal y ayuntamiento de Celanova. Se celebran grandes fiestas los días 8, 9 y 10 de septiembre. Se le tiene «mucha fe» en Allariz, Bande, Celanova y Orense. Lo típico de esta Virgen es que veranea con los de Rabal. Las procesiones de ida (domingo después de la Ascensión) y vuelta (8 de septiembre) son muy concurridas. Hubo novena publicada. Hay «posturas das chavellas» del carro de la Virgen.
BIBL.: D7, II, 570; D. GIL ATRIO, *Orense Mariano*, Or. 1954, 153-54.
IEF

Arritokieta, *Nuestra Señora de*, (Guipúzcoa). En la villa de Zumaya, partido de Azpeitia, diócesis de San Sebastián. Patrona de la villa. Se asienta en una península, a la falda del monte Santa Clara, junto a la desembocadura y al oeste del río Urola. Este santuario con los de Guadalupe e Iciar, son los tres titulados «de mareantes» en la costa cantábrica guipuzcoana. Desde la parroquia se dirigen todos los años las procesiones y rogativas. La tradición afirma que este santuario fue visitado por san Francisco de Borja. La imagen es del siglo XVI. Afirma el señor Martínez Kleiser que en el santuario, construido en 1292, hubo una congregación de monjes que lo habitaron, durante un tiempo no conocido. Luego, al desaparecer los monjes, pasó un intermedio de tiempo y a continuación lo ocuparon unas monjas, que más tarde fundaron el actual convento de carmelitas descalzas de San José, de Zumaya, obra de la venerable madre Francisca de Jesús en 1602 ó 1622. La fiesta se celebra el 8 de diciembre con gran solemnidad y romería.
BIBL.: *Santuario de Nuestra Señora de Arritokieta*: R17, 15(1929)19; D7, XVI, 678; D3, 70, 1513-1514.
A. DIEZ

Ascensión del Señor, (Orense). En la parroquia de San Andrés de Prada, municipio de La Vega del Bollo, partido de Valdeorras y diócesis de Astorga. Era una capilla pobre, en la que desde tiempo inmemorial se celebraba la festividad de la Ascensión, aunque no había altar alguno que la representase. Pero este templo se atrajo la veneración de los fieles, por haberse observado en él, según tradición, la cura de algunas enfermedades crónicas, en aquellas personas que con devoción le visitaban el día de la Ascensión. Esta devoción se extendió a los pueblos comarcanos y a los limítrofes de Portugal, lo que motivó que un sinnúmero de enfermos visitasen el lugar llevando pingües ofrendas. Con ellos, en 1810, el párroco de San Andrés tuvo lo suficiente para mandar construir una iglesia de bóveda sobre arcos de granito, de orden toscano, con una nave de 16 metros de largo, 14 de ancho y 10 de altura. El altar mayor, de madera, representa en relieve bellamente ejecutado el paso de la Ascensión. Los vasos sagrados así como la lámpara son de plata. Junto al santuario hay algunas casas de su propiedad.

BIBL.: D7, III, 36. IEF

Asunción, *Nuestra Señora de la,* (Alicante) patrona de Elche. Basílica situada en la misma villa. Dice la tradición medieval que un guardia de la costa de la playa del Tamarit de Elche vio que las aguas del mar arrojaban hacia tierra firme un gran objeto. Al acercarse pudo ver que era un arcón. Estimó fueran restos de algún naufragio. Y sobre la cubierta leyó «SOC PERA ELIG». La abrió y contempló una hermosa imagen de María bajo la advocación de la Asunción de los Cielos. Fue llevada a la ciudad y desde entonces la aclaman por patrona, entronizándola en el templo principal al que Clemente XIV (a. 1772) dio el título de «insigne iglesia parroquial». A consecuencia de las continuadas lluvias de 1672, la fábrica de la primitiva iglesia (a. 1492) se resintió, levantándose la actual con los planos del arquitecto Verde y luego Quintana; la terminó Marcos Evangelio. Es de orden compuesto y sus portadas —Mayor, San Agatángelo, Resurrección, Organo, Sol y Chica— son barrocas, siendo la primera del estrasburgués Nicolás de Bussi. El altar mayor es de Bort. A principios del siglo actual, efectuó obras de consolidación el arquitecto Coquillat. Incendiado en 1936, su restauración la efectuó el arquitecto Antonio Serrano Peral. La imagen de la titular es de después de la guerra, estando de pie, con las manos juntas y con corona. La devoción del pueblo ilicitano gira en torno a la «Mare de Deu d'elx», de cuya tradición y peregrino hallazgo levantó acta Guillén Gómez, escribano real, dos notarios de Elche y los contestadores de la sala de la villa. Y en su iglesia se viene celebrando desde tiempo inmemorial un «misterio» medieval en dos actos, todo cantado, representando la Dormición de Nuestra Señora a base del evangelio apócrifo siro de su feliz tránsito, que culmina con la Coronación por el Padre, que baja del Cielo (cúpula) en el *ara coeli,* cuyos actos tienen lugar el 14 y 15 de agosto. La gente del campo, la víspera, celebra la alborada con cantos acompañados de guitarras, siguiendo el itinerario de la procesión-entierro. El 29 de diciembre de cada año, la sociedad «Venida de la Virgen» conmemora la llegada ocurrida en 1370. Con motivo del VI Centenario fue coronada canónicamente.

BIBL.: *Nuestra Señora de la Asunción:* Anuario Católico Español, II, Ma. 1956, 404 y ss.; P. IBARRA RUIZ, *Historia de Elche, escrita a la vista de los más fidedignos testimonios y contemporáneos estudios, y dispuesta para que pueda servir de libro de lectura en las escuelas de dicha Ciudad,* Al. 1895; J. FONTES PONTE, *Memoria histórico-descriptiva del Santuario de Nuestra Señora de la Asunción de la Ciudad de Elche,* Le. 1887; C. F. PERPIGNAN, *Tratado de la Fiesta de Nuestra Señora de la Asunción de esta villa de Elche, reina de Valencia,* Al. 1929; A. HERRERA, *Auto lírico religioso en dos actos, representado todos los años en la Parroquia de Santa María los días 14 y 15 de agosto,* Ma. 1896; F. PEDRELL, *La Fiesta de Elche o el drama sacro lírico de la Muerte y Asunción de la Virgen (1789),* Elche 1951; *Traducción de la misteriosa fiesta que la Ciudad de Elche celebra y consagra a su Patrona Santísima en el simulacro angelical de su Asunción gloriosa a los cielos en los días 14 y 15 de agosto,* Elche (varias ediciones); P. IBARRA RUIZ, *Lo Misteri d'Elig,* Al. 1929; J. DE VILLAFAÑE, *Compendio histórico en que se da noticias de... los más célebres santuarios de España,* Ma. 1740, 72-79.
V. MARTÍNEZ MORELLA

Atienza, *Santo Cristo de,* (Guadalajara). En la villa de su nombre. No son conocidas las circunstancias concretas referentes al origen de esta singular efigie, si bien su estilo nos permite situarla en el último tercio del siglo XVI. Represéntase en ella a Cristo en la Cruz, con el brazo derecho desclavado en actitud casi declamatoria, mientras un personaje parece abrazado a su cintura. Los flancos nos muestran las esculturas de la Virgen y san Juan evangelista. Es dudoso el significado del grupo central. El padre Minguella afirma que, sin duda, representa el abrazo de san Francisco. Layna Serrano opina que se trata de un alto en la piadosa y dramática tarea de desclavar a Cristo de la cruz. Juzgan otros que con esta forma se ha querido expresar algún milagro parecido al del Santo Cristo de la Vega, en Toledo. Sea de ello lo que fuere, lo verdaderamente histórico es la gran devoción popular a tan peregrina imagen.

Ya en los principios de la segunda década del siglo XVII se escribía un *Libro de milagros,* por orden del obispo D. Antonio Venegas y Figueroa (1612-1614), donde se relata una serie de curaciones prodigiosas que las gentes de la comarca de Atienza atribuían a intervención especialísima de su Santísimo Cristo. Desde 1615 se habilitaba para hospedería de los devotos la casa que, junto al ábside de la iglesia de San Bartolomé, templo donde se hallaba tan original grupo escultórico, había edificado para sí el párroco de la misma. En 1616 se inauguró una capilla para albergar a dicha imagen, pues con fecha 26 de septiembre del mismo año el cabildo catedral de Sigüenza, «a petición de Juan Escolano, cura de San Bartolomé, de Atienza, dio licencia a los ministriles y cantores para que puedan ir a la dicha villa a la translación del Santísimo Crucifijo, que está en dicha iglesia, a la capilla que se le ha hecho con que no falten el día de San Miguel». A principios del siglo XVII era ya tal la abundancia de ofrendas, que en 1624 el visitador general D. Pedro Salazar ordenó que semanalmente o dos veces en semana, se midiera el trigo llevado por los peregrinos, y que todos los días, por la mañana y por la tarde, se hiciese arqueo de los donativos en metálico. También a principios del siglo XVII, y debido al copioso número de fieles devotos, hubo necesidad de nombrar confesores exprofeso para este fin. Tanto fue aumentando la cantidad de fieles y de ofrendas que procedía construir otra capilla más suntuosa y amplia; y así, comenzada en 1693, dióse cima a la obra de fábrica en 1694; siendo el maestro constructor Jerónimo del Peredo. Como resultase un poco ahogada, por estar cubierta de cielo raso, se pensó añadirle una cúpula, obra que terminó en 1703 Pedro de Villa Montalbán. El retablo se hizo entre 1703 y 1708 y se doró con «oro puro» (1713-1721). La reja de hierro forjado debe datarse hacia 1725. Pero el más alto valor artístico de esta capilla lo constituye el exornado interior de sus muros. Para sustituir a las colgaduras de seda carmesí que, en un principio, los recubrían, y que a los administradores les debió parecer de exigua categoría ornamental, determinaron enriquecer los muros con aplicaciones de madera tallada y dorada, de fino estilo rococó. Actuó de maestro principal en dichas labores decorativas José Navarro, quien las realizó de

1754 a 1755, en sólo siete meses. Poco después fue dorada la cúpula; y así se logró un bellísimo conjunto que causa la admiración de todos los visitantes, y que puede parangonarse, muy dignamente, con la célebre capilla de la Purísima, en la iglesia, asimismo atencina, de la Trinidad. Para ennoblecer más el sagrado recinto, D. Francisco Javier Montero regaló en 1759 una hermosa araña de cristal que pende de lo alto de la bóveda. Dicho señor Montero, que era natural de Atienza, fue quien, según hemos y consignado, aprobó los estatutos de la cofradía de la Virgen de la Salud, y fue, más tarde, su cuarto abad. Realizadas todas estas obras y algunas otras de menor importancia, inaugurose el 5-X-1755.

Las solemnidades celebradas con motivo de dicho acto, y la traslación del Santísimo Cristo desde su antigua capilla a la nueva, resultaron solemnísimos. A ellas asistieron Francisco Santos Bullón, obispo de Sigüenza, su auxiliar D. Andrés Cano Junquera y numerosos eclesiásticos y seglares. Hubo también banquetes para el clero y gente distinguida; comidas para los pobres que, en gran número, acudieron a estas fiestas; dos comedias «representadas con mucho acierto»; fuegos de artificio, «de que quedó su Ilma. muy gustoso»; y hasta corridas de «toros y toretes», los días 8 y 9, mañana y tarde, incluida la suerte de espada, «con tanta felicidad que, no obstante la fiereza de los toros, no hubo la más leve desgracia, queriéndolo así el Stmo Cristo de Atienza.» Un índice más de la gran devoción de este Cristo del brazo desclavado es el muy favorable balance habido en las cuentas de ofrendas pertenecientes a los ochenta y cinco años comprendidos entre 1692 y 1777; ya que arrojó un total de 13.324 fanegas de trigo, de las que vendidas 12.028 a 18 reales fanega, y sumada esta cantidad con la proveniente de otras limosnas en especie o en metálico, dieron la considerable cifra de 448.384 reales y 23 maravedíes, con lo que pudo erigirse la nueva capilla; quedando todavía 1.296 fanegas de trigo para el pago, en especie, a los que ejercieron el cargo de sacristanes. Por último, lo que mejor patentiza la fe, devoción y gratitud de los habitantes de Atienza y su comarca hacia la venerada efigie, es la numerosa colección de exvotos pendientes en el muro de la iglesia, junto a la entrada de la capilla, y el llamado *Libro de milagros*, ya antes mencionado. En ambos curiosos elencos proliferan las ingenuidades e imperfecciones literarias, y cuando se añaden ilustraciones pictóricas hace sonreír su desmaño artístico; pero no puede negarse que estos relatos sencillos, rudos y aun torpes entrañan una creencia profunda y, en ocasiones, nos refieren gracias especiales del Altísimo.
BIBL.: T. MINGUELLA Y ARNEDO, *Historia de la diócesis de Sigüenza y de sus obispos*, 3 vols., Ma. 1910-1913; F. LAYNA SERRANO, *La capilla del Cristo en la iglesia de San Bartolomé, de Atienza:* R63, 41(1934); T. NAVALPOTRO, *Monografía del Santísimo Cristo de Atienza*, ms.: Archivo parroquial de San Bartolomé y San Juan del Mercado, de Atienza; *Libros de cuentas de la antigua parroquia de San Bartolomé y de San Juan del Mercado:* Archivo parroquial de la misma.
A. DE FEDERICO

Atocha, *Virgen de*, (Madrid) venerada durante los siglos pasados como «patrona más antigua de la Villa y Corte». Está situado en la avenida de la Ciudad de Barcelona, números 1 y 3. Antiguos historiadores de Madrid y de la Virgen de Atocha, nos sitúan el primitivo santuario en la vega madrileña, cerca del río Manzanares, en el lugar denominado Santiago el Verde, siendo luego trasladado, siglos más tarde, al lugar que actualmente ocupa, en lo que fue extramuros de Madrid, en el camino de Vallecas, por el caballero Gracián Ramírez, tan ligado a la historia de Atocha. Consta la situación exacta del santuario en una carta en la cual san Ildefonso, gran devoto de la Virgen de Atocha, in-

dicaba a un canónigo de Zaragoza, que cuando pasara por Madrid «se acordara de que en su Vega había una devota imagen de Nuestra Señora, con un Niño en el brazo izquierdo y una manzana en la mano derecha, llamada la Virgen del Atochar», lo que nos demuestra que en el siglo VII era muy conocida la devoción a esta imagen, de la que más tarde, en el siglo XI, vuelven las crónicas a recordar la existencia del santuario que se reducía a una capillita de 15 pies de larga y 12 de ancha, porque «no permitían más grandiosidades los moros que vivían en sus cercanías», dice el historiador dominico padre Cepeda. La importancia de Atocha se incrementa mediado el citado siglo, cuando entra en Madrid Alfonso VI y nombra varios capellanes que atiendan al servicio y culto del santuario, hasta llegar al siglo XVI, fecha en la que se confían dichas misiones a los dominicos, por obra de fray Juan Hurtado de Mendoza, confesor del emperador Carlos I, al cual pidió, así como al papa Adriano VI, el santuario de la Virgen de Atocha para los dominicos, bajo cuyo amoroso cuidado han permanecido desde entonces, salvo un pequeño período del siglo pasado, la Virgen de Atocha.

La imagen de la Virgen de Atocha pertenece al grupo de imágenes marianas españolas a las que la leyenda atribuye origen apostólico. Aparece sentada en un trono, símbolo de realeza y cátedra de sabiduría y su altura no llega a los 60 centímetros desde lo alto de la corona hasta el plano donde asienta los pies. Es de madera, muy dura e incorruptible y al lado izquierdo, formando parte de la misma talla, tiene un Niño pequeño al que ofrece una manzana con la mano derecha. El Niño parece no mirar la manzana y tiene levantada su diestra en actitud de bendecir al pueblo, extendidos los dedos índice y anular y doblados los restantes sobre la palma de la mano. El rostro de la Virgen, debido a su antigüedad es moreno oscuro, casi negro y alargado más de lo que pedía la proporción aceptada por la escultura griega, lo que nos revela que la estatua de la Virgen de Atocha es fruto de un arte decadente. La colocación de vestidos y alhajas, de uso tan frecuente en siglos pasados, obligó a los fieles que la vistieron a una importante mutilación de la imagen, a la que fueron cortadas parcialmente las rodillas, pero este notable deterioro ha sido reparado en la actualidad por el notable restaurador José de Lapayse.

Muchos son los milagros atribuidos a lo largo de la historia a la Virgen de Atocha y en los cuales se han inspirado gran número de escritores de nuestra literatura, destacando entre estos hechos prodigiosos la leyenda de Gracián Ramírez, caballero cristiano que al parecer vivió en Madrid en el siglo VIII y en un ataque de los moros ante el temor de que éstos deshonrasen y mataran a su esposa y a sus dos hijas, atendiendo el ruego de las mismas, determinó quitarles la vida degollándolas al pie del altar de la Virgen. La morisma fue derrotada por las tropas cristianas y cuando Gracián apesadumbrado llegó al santuario junto con los soldados que iban a dar gracias a la Virgen por la victoria obtenida, se obró el portentoso milagro de encontrar de rodillas al pie del altar de la Virgen de Atocha a su esposa y a las dos hijas sanas y salvas, con unos hilos encarnados al cuello en el lugar donde estuvo la señal de la mortal herida. Este hecho prodigioso, debió ocurrir el año 720, siendo papa Gregorio II. Salas Barbadillo, Lope de Vega, Lanini y Sagredo, Rojas Zorrilla, Hartzenbusch y Gil de Santisteban, entre otros, han tratado en sus producciones dramáticas sobre el referido hecho. Otros dos milagros famosos figuran recogidos en las Cantigas 289 y 315, de Alfonso X el Sabio. San Isidro Labrador, el humilde patrón de Madrid, tuvo una gran devoción a esta imagen y la historia de la Virgen de Atocha se entrelaza y casi confunde con la historia de España y la de la monarquía española, a partir, sobre todo, de Carlos I, ya que aparece siempre en primer plano el recuerdo y devoción constante de todos los miembros reinantes de las Casas de Austria y de Borbón, con sus continuadas visitas de acción de gracias por victorias obtenidas por las armas españolas, presentación de herederos de la Corona, bodas reales, tradicional visita de los sábados, etc., culminando en nuestros días la presencia de la Virgen de Atocha en las páginas de la historia patria, cuando el 20-V-1939, en la iglesia madrileña de Santa Bárbara, el Caudillo Franco entregaba su espada victoriosa, ante el Cristo de Lepanto y la Virgen de Atocha, al cardenal Gomá, primado de España, que se guarda en el famoso tesoro de la catedral de Toledo.

Reconstruido en estos últimos años el santuario de Atocha y el convento de dominicos, ambos incendiados y asaltados el día 20-VII-1936 y creada por decreto de 27-VIII-1965 del arzobispo de Madrid-Alcalá, la parroquia de Nuestra Señora de Atocha, allí sigue recibiendo la veneración de los madrileños la Virgen «de los cuatro entorchados» de acuerdo con lo que reza en la última estampa mandada imprimir por Isabel II: «patrona la más antigua de Madrid», «patrona de todo el Nuevo Mundo, de sus flotas y galeones», «patrona de las armas de esta monarquía» y «patrona de España y de sus católicos monarcas». Relicario de las glorias patrias y centro señaladísimo de la devoción mariana de los madrileños.

BIBL.: L. ALONSO GETINO, Recuerdo del Monasterio y Real Basílica de Atocha, Ma. 1926; F. ARQUERO SORIA, La Virgen de Atocha, Ma. 1954; G. CEPEDA, Historia de la milagrosa y venerada imagen de Nuestra Señora de Atocha, patrona de Madrid, Ma. 1670; J. JIMÉNEZ, Atocha. Ensayos históricos, 2 vols., Ma. 1891; J. DE MARIETA, Historia de la imagen de Nuestra Señora de Atocha... con la vida del padre maestro fray Juan Hurtado de Mendoza, Ma. 1604; T. PERANCHO, Historia del Real Convento de Nuestra Señora de Atocha, Ma. 1929; F. DE PEREDA, Libro intitulado la patrona de Madrid y venida de Nuestra Señora a España, Va, 1604; J. DE LA QUINTANA, Historia del origen y antigüedad de la venerable y milagrosa imagen de Nuestra Señora de Atocha, Ma. 1637; A. CANO Y OLMEDILLA, La Verdad triunfante. Tratado apologético en defensa de la antigüedad, propiedad y patronato de Nuestra Señora de Atocha en Madrid, Ma. 1694.

F. ARQUERO

Balaguer, *Santo Cristo de*, (Lérida) real santuario. La tradición atribuye esta estatua de Jesús Crucificado a Nicodemus, y supone que vino desde Beirut (Berito) atravesando el Mediterráneo y subiendo por el Ebro y Segre, hasta pararse en Balaguer junto a una roca en la orilla del río. Como venía acompañada de luz y muchos ángeles, pronto fue vista, y acudió toda la ciudad en procesión para recogerla. Al pretender hacerlo las autoridades, se apartó la imagen hacia el centro del río. También habían bajado las clarisas de Almatá; y su abadesa, movida por impulso interior, recogió la estatua y la subió al convento. Almatá era la iglesia —antes mezquita— del monasterio. El conde Jaime de Urgel († 15-XI-1347) dispuso en su testamento la fundación de un convento de clarisas en Balaguer, en cuya iglesia habían de construirle el mausoleo. Su esposa Cecilia de Comenge hizo efectiva la fundación en 1351 junto a la iglesia de Almatá. Como luego resultara muy pequeña, fue derribada en 1610, y reconstruida con mayores dimensiones; fue abierta al culto en 1626. En este año trasladose el Santo Cristo al altar mayor, y desde entonces la antigua iglesia de Santa María de Almatá se llamó del Santo Cristo. Felipe III había dado licencia para ese traslado en 1617, pero no se realizó hasta el 1626, con asistencia de Felipe IV. En 1787 realizáronse nuevas obras de ampliación y embellecimiento; de modo especial se trabajó en el camarín que guardaba la imagen, quedando un recinto amplio, cuadrangular, cubierto de cúpula y adornado con doce cuadros en relieve, que resumían la tradición consiguiente.

Este santuario gozó de notables privilegios, entre los que cabe destacar: Felipe II otorgó permiso para recoger limosnas destinadas a él, luego concedió salvaguardia para cuantos sirvieran en el santuario y para los que vayan o vengan de él. Felipe III permite haya en el reino de Aragón personas nombradas especialmente para colectar por el santuario; Carlos II concede que cuantos sirven aquí no se vean obligados a los servicios públicos; Fernando VI confirma el derecho de recoger limosnas en el Reino aragonés, lo que repite Carlos IV; y Alfonso XIII le concede el título de Real.

Esta imagen ha sido siempre muy honrada por los balaguerienses y aun por todos los habitantes de los Llanos de Urgel y de lejanas tierras. Don Carlos Viola mandó construir un altar que le estuvo dedicado en la iglesia de San Cayetano, de Madrid, en 1801; y en la iglesia de San Raimundo de Peñafort, en Barcelona, radicó la cofradía del Santo Cristo de Balaguer. Se le invocaba en todas las necesidades, pero singularmente cuando la sequía azotaba estos Llanos de Urgel. Se cita como famoso el prodigio de haber salvado en una borrasca marítima a don Pedro de Cardona, gobernador de Cataluña; a una hija de Felipe IV, según lo escribe al mismo rey el conde-duque de Olivares, con fecha de 17-IV-1626, etc. En los casos de prolongada sequía sacábase la sagrada imagen de su santuario en largas procesiones, y según relatos que se conservan de diversas «salidas» fue solicitado hasta por Lérida. La imagen es de tamaño casi natural (1,5 m.), de madera, con cabellos postizos, de estilo gótico, muy dolorido. La primitiva fue destrozada en 1936. La actual, reproducción exacta de la anterior, es obra de Joaquín Ros, que ha conservado en ella un pie de la anterior. Data de 1945. Los clavos y las espinas quedan muy salientes. La letra del himno de este devoto y célebre Cristo se debe a J. Verdaguer. Actualmente está en la iglesia llamada del Santo Cristo.

BIBL.: Hablan de este santuario casi todos los historiadores generales de Cataluña. Archivo del Santuario: letras A, B, C, D, F, G, H; Archivo Municipal de Lérida: Consejos Generales, reg. 434, fol. 26v, y Privilegios, letra O; A. V. DOMÉNECH, Historia general de los Santos de Cataluña, Ba. 1602; J. SABAT ANGUERA, Apuntes para la historia de Balaguer, Le. 1886; F. BORRÁS, Historia o noticies concernents a la molt prodigiosa Imatge de Crist Crucificat que es venera en sa iglesia de la molt antiga y molt lleal ciutat de Balaguer, ms. Archivo Municipal de Balaguer; J. POU, Historia de Balaguer, Manresa 1913; P. SANAHUJA, L'antiga ciutat de Balaguer, Ba. 1965, 162-64 y 175-80; Monografía de Santa Maria, ms.: Archivo Municipal de Balaguer; F. SOLÁ, El Sant Crist de Balaguer: Missatger del Sagrat Cor, 36(1928)252-61; F. ROCA, Historia del Convento de Santa Clara de Balaguer, ms.; Esglesia de Sant Crist de Balaguer: Album Historic de Lleyda i sa província, Le. 1880; D. MONFAR, Historia de los Condes de Urgel, I, Ba. 1853, 551-54; D3, VII, 277.

E. CORREDERA

Bandera, *Virgen de la*, (Zamora). En Fermoselle, de donde es patrona; a 63 kms. de Zamora, en la frontera con Portugal y entre los ríos Duero y Tormes. Hacia el 1770 un grupo de padres franciscanos, de Baltanás (Palencia), invitados a misionar la margen derecha del Duero y pueblos limítrofes de Portugal, y ante el éxito de su predicación —atribuido a la Madre de las Misericordias— deciden construir un templo sobre un viejo convento junto a la iglesia románica de San Juan, futuro santuario de la Virgen de la Bandera. Aquel grupo de misioneros franciscanos eligieron como estandarte y distintivo de la misión un sencillo lienzo con la imagen de la Virgen pintada en la villa de Guimarães, antigua corte del reino de Portugal. Cuenta la leyenda que cuando los portugueses divisaban este estandarte enarbolado por los misioneros, exclamaban: ¡Ya vienen los frailes de la Bandeira!, nombre popular con que se designaría después a esta Virgen y santuario. Este estandarte-bandera, terminada la misión, se convirtió en cuadro y se conserva en una especie de hornacina en el retablo de la iglesia de San Juan. A estas dos circunstancias: la predicación misional de 1770 y la tranformación de la vieja iglesia-convento de San Juan en casa religiosa y santuario mariano, hay que atribuir el origen y culto de Nuestra Señora de la Bandera.

A principios de siglo, los talleres de imaginería de Olot fabricaron una imagen en pasta-madera a imitación del sencillo cuadro-estandarte misional y es la que en la actualidad se venera. Durante el siglo XVIII el entusiasmo y fervor de los femosellanos y comarcas limítrofes portuguesas hacia su patrona, alcanza el máximo esplendor. Su fiesta principal, el 8 de septiembre de cada año, aparte de profunda religiosidad reviste el tipismo propio de las romerías castellanas con su procesión, sus danzas y charradas. Dos veces al año sale oficialmente de su santuario la Virgen de la Bandera: el día de la fiesta mayor o fiesta de los toros (último domingo de agosto) y en la fiesta de los jóvenes reclutas, «quintos fermosellanos», que antes de incorporarse a filas se despiden públicamente de su patrona.

El santuario de la Virgen de la Bandera, antigua iglesia-convento de San Juan, de muros románicos y bóvedas renacentistas del siglo XVIII, magníficamente conservado, sigue siendo centro mariano de primer rango en toda la comarca fermosellana. De los 1.300 hogares de Fermoselle, no habrá uno solo que no tenga una estampa, un cuadro o una pequeña imagen de su milagrosa patrona.

BIBL.: Archivo Parroquial de Fermoselle, documentos mss.; *Novena en honor de la Virgen de la Bandera*, Sa.-Zam. 1825 y 1949; D 7, VIII, 35 ss.　　　A. PELÁEZ

Baños, *Virgen de los,* (Ciudad Real) santuario y parroquia. En la villa de Fuencaliente, partido de Almadén. Según la tradición, dos soldados que se bañaban en unas charcas, descubrieron, junto con una imagen de la Virgen María, el carácter medicinal de las aguas. De ahí que se la llamase Virgen de los Baños. En su honor se erigió una ermita; en 1369 pertenecía ya a la Orden de Calatrava, siendo maestre de la Orden Pedro Muñiz de Godoy, que favoreció la repoblación de aquel lugar. A principios del siglo XVIII se construyó una iglesia en sustitución de la ermita, de la cual salían las aguas termales. A mediados del siglo XIX esta iglesia-santuario constituía un curato de primer ascenso, de provisión del tribunal de las Ordenes militares. En la actualidad es iglesia parroquial.

BIBL.: D3, 24, 1456; D7, VIII, 200-201; C. VIÑAS y R. PAZ, *Relaciones de los Pueblos de España ordenados por Felipe ll. Ciudad Real*, Ma. 1971, 252-57.

J. M. DE MORA

Barca, *Nuestra Señora de la,* (Asturias). En el aledaño llamado Vigo, del concejo de Puerto de Vega-Navia, se da culto a esta imagen de la Virgen, cuya aparición, según la tradición, se debe a haber sido arrojada a aquellos parajes por las aguas de la mar. Es curiosa, y así lo hace constar en un manuscrito del pasado siglo don Vicente Avelló Valdés (Arch. del Palacio de Tox, fols. 26-27), la coincidencia de bastantes santuarios por el litoral cantábrico debidos a imágenes de la Virgen con ciertos rasgos extraños al estilo de la región, cuyo origen, según la tradición, se debe al hallazgo de la misma sobre las aguas del mar, lo cual le hace pensar que bien pudieran ser las que destruyeron y arrojaron al mar los puritanos ingleses, que al flotar, los vientos llevaron a aquellas costas. Su festividad se celebra el 15 de agosto. Este mismo día celebra, asimismo, su fiesta la villa de Navia, cuya patrona tiene igual advocación y de la que existen dos imágenes, una del siglo XIII, sedente, que fue venerada en una iglesia de la plaza y que fue retirada al derruirse la edificación en 1897, y otra del siglo XVI, regalada por un navegante que la llevaba en su barco y que, mediante su intercesión, logró salvarse de una gran tempestad. Esta última fue entronizada en su iglesia parroquial y es la que hoy veneran los navienses.

BIBL.: J. MARTÍNEZ FERNÁNDEZ, *Barca, Nuestra Señora de la:* Gran Enciclopedia Asturiana, II, Gijón 1970, 274; J. A. CABEZAS, *Asturias. Biografía de una región,* Ma. 1956.　　　J. M. GAYO

Barca, *Nuestra Señora de la,* (La Coruña). En el pueblecito de Mugía, que cuenta en la actualidad con menos de dos mil habitantes y está situado en una comarca de las de mayor ascendencia céltica y notable tradición monástica. El mismo nombre de la feligresía nos lleva por asonancia a Monxía, o tierra de monjes. Así, en las *Memorias del Arzobispado de Santiago*, del cardenal Jerónimo del Hoyo, leemos: «era de los frailes de Moraime, que son benitos, y dellos se llamaba esta villa Monxía y corruto el bocablo se llama Muxía». Dos monasterios famosos de las cercanías, fueron el mencionado de San Julián de Moraime y el de San Martín de Ozón.

En Mugía existe una capilla dedicada a Nuestra Señora de la Barca. Su existencia se quiere entroncar con el ministerio de Santiago el Mayor en España, al que la Virgen, viniendo en barca de piedra con dos ángeles como remeros, habría infundido ánimos para proseguir en la difícil tarea de la evangelización. El sello oficial de la villa de Mugía muestra una barca flotando, con dos estrellas superpuestas y las letras S y M, que hacen referencia a Santiago y a María. Ya en el siglo XIV aparece atestiguada la existencia de una ermita y de un hospital para peregrinos. La visita de esta capilla y del Santo Cristo de Finisterre era paso obligado para los peregrinos que habían estado en Compostela, aunque, como es lógico, no todos tenían tiempo de acercarse a esta avanzadilla atlántica. El arzobispo Monroy, en su visita pastoral, en 1694, deja memoria de la tradición en el *Libro primero* de la Capilla. Dos nombres famosos de peregrinos son el del barón bohemio Lev de Rozmithal de Blatna, que en 1466 llegara a Compostela, deseoso de unir a la romería el conocimiento de las artes militares de los pueblos por donde pasaba, y en julio de 1884 Nicolás von Popplau, o Popielovo, de Breslau, que llegó procedente de Inglaterra.

La imagen de la Virgen, de unos 48 cms. de altura, aparece en una composición alegórica que recuerda la tradición sobre la venida de María. Está dentro de un camarín, de factura andaluza, que quizá no tenga en Galicia otro parecido que no sea el del santuario de Pastoriza, cercano a La Coruña. El conde de Maceda, que tiene enterramiento en esta capilla, costeó el retablo, iniciado en 1717 por Miguel de Romay, autor también de notables obras en los órganos, en los tornavoces de los púlpitos en el altar mayor y en la capilla del Pilar de la Catedral compostelana.

La romería de la Virgen de la Barca, que se celebra en los días 7 al 10 de septiembre, suele ser concurridísima. Las paredes de la capilla atestiguan con sus exvotos el reconocimiento de los romeros a María. El padre Sarmiento escribió en su tiempo estas significativas palabras: «adan en competencia en hacer milagros y prodigios la Gracia y la Naturaleza».

Tres piedras célebres son visitadas en las cercanías del santuario. El licenciado Molina hace memoria de ellas en estos versos: «Está en aquel Puerto que dixe Mongía/ Vna gran barca de piedra, que es tal,/ con

mástil y velas del mismo metal./ Y aunque en esta barca de peso y contía,/ Do quiso mostrarse la Virgen María,/ Tocando la mano sin más otra prueba,/ Un niño pequeño hace que se mueva». Es una masa granítica, en la que se señalan unos vestigios que se dicen ser las huellas de los pies de la Virgen, y tiene un movimiento balanceante, que puede producir una sola persona si se coloca en lugar adecuado, hacia el sur. Le llama la gente «A pedra de abalar» y el pueblo canta sobre su movimiento una canción que reza así: «Veño da Virxen da Barca,/ da Virxen de Barca veño;/ veño de abalar a pedra,/ d'abalar a pedra veño». Hay otras dos piedras, como indica el licenciado Molina. A una, a la que se tiene por la vela del milagroso navío que trajera a la Virgen, la llaman «A pedra dos cadrís», y hay la convicción de que quien pase por debajo de ella queda curado del reuma y del lumbago. La tercera es considerada como el timón de la barca. Como última nota curiosa, copiemos del citado relato del cardenal Jerónimo del Hoyo, visitador de la diócesis a principios del siglo XVII en nombre del arzobispo D. Maximiliano de Austria, la que transcribimos: «junto a esta hermita, hazen las olas del mar unas cruzes en las peñas, unas mayores y otras menores».
BIBL.: A. RIOBÓO Y SEIXAS VILLAR DE FRANCOS, *La Barca más prodigiosa*, Sant. 1728; L. ROA, *Opúsculo histórico del Santuario de Nuestra Señora de la barca*, Sant. 1864; M. CAPÓN FERNÁNDEZ, *María y Galicia*, Sant. 1947; E. MORENO CEBADA, *Glorias Religiosas de España*, II, Ba.-Ma. 1867, 5-32; J. DE VILLAFAÑE, *Compendio histórico, en que se da noticia de... los más célebres santuarios de España*, Ma. 1740, 113-20. J. PRECEDO

Barquera, *Nuestra Señora de la*, (Santander). En la villa de San Vicente de la Barquera, a la entrada del puerto. El antiguo nombre de dicha villa, como puede verse en dos diplomas de 1068 y de 1085, era *Apleca*. En el fuero de Alfonso VIII del año 1210 ya se la conoce con el nombre de San Vicente, siendo la Barquera un barrio de la misma. Es indudable, como ya se afirmaba en el siglo XVII, que del santuario de la Virgen tomó el nombre que ahora tiene la villa: San Vicente de la Barquera. Los numerosos peregrinos que acudían a postrarse ante la imagen de la Virgen María, para cruzar la bahía —antes de construirse los actuales puentes— habían de utilizar una barca. La leyenda cuenta que la imgen de la Virgen apareció en la ribera de la villa sobre una barca sin remos, timón, velas ni tripulación. La existencia de esta imagen con su capilla consta documentalmente desde 1132. Asimismo, en un diploma de Juan II, fechado el 22-II-1429, se alude a esta capilla y se dice que estaba en el término de la villa de San Vicente. También se la nombra en una bula de Nicolás V del 17-I-1454. Sabemos también que en 1517 fue visitado este santuario por el nuevo rey de España, Carlos I. La concurrencia de peregrinos al santuario era muy numerosa, no sólo del lugar sino de todos los contornos. Su fiesta se celebraba el 8 de septiembre y Madoz la califica como la mejor de la región.
Hay testimonios de 1725 en que se afirma que por aquellas fechas el cabildo de Mareantes de la villa era patrono del santuario con poderes para quitar y poner ermitaño. Este, según Madoz, disponía junto al santuario de una casa, y debía por su parte atender al culto divino y administrar los bienes y rentas de la capilla. Por un inventario de ese año de 1725 sabemos que contaba el santuario con unos ocho vestidos para la virgen con sus respectivos mantos, algunos bordados en oro y plata; unas 43 alhajas, además de varios cálices y otros vasos, lámparas y demás útiles del culto. También contaba con varios cuadros en las paredes y el mobiliario.
Ligada a este santuarió está también la fiesta de la *Folía*, conmemoración de la aparición de la imagen de la Virgen sobre la barca; se celebra el martes de Pascua de Resurrección. Para ella se traslada la imagen a la iglesia parroquial, donde tienen lugar las solemnidades litúrgicas. En la tarde hay procesión con la Virgen por la bahía. Del mencionado traslado a la iglesia parroquial hay testimonios ya desde el siglo XVII. En 1788 don Juan Domingo González de la Reguera, arzobispo de Lima, fundó una novena anual en el santuario, costeando la cera del templo y dando además un estipendio al organista y al sacristán.
BIBL.: D7, XVI, 18; D3, 53, 1126 y 1127; V. SÁIZ DÍAZ, *Notas históricas sobre la villa de San Vicente de la Barquera*, San. 1973, 9-11, 217, 365-72, y 424-27. V. GARCÍA LOBO

Barrio, *Nuestra Señora del*, (Segovia). En Navares de las Cuevas, partido de Sepúlveda y diócesis de Segovia. Probablemente el primitivo nombre de esta advocación fue «del Triunfo», venerándose la imagen en la iglesia de un barrio del pueblo. Al desaparecer este barrio quedó en pie la iglesia que se convirtió en ermita de la Virgen y a ésta se le comenzó a dar desde entonces la advocación de Nuestra Señora del Barrio en recuerdo de este núcleo de población desaparecido. La ermita cuenta con ocho siglos de antigüedad y su estructura responde al estilo románico primitivo. Algunos críticos de arte han querido ver un prerrománico con matices asturianos; el templo conserva la admirable arquivolta de la fachada y el ábside románico. La talla de la imagen es también románica; tiene al Niño en la mano izquierda y en la derecha una manzana. La tradición nos relata una serie de milagros ocurridos en la larga historia del santuario.
BIBL.: E. DEL BARRIO MARINAS, *La Santísima Virgen en Segovia*, Seg. 1954, 128-129. A. DIEZ

Bedramón, *Nuestra Señora de*, (Asturias). En el monte de su nombre, parroquia de San Martín de Valledor, concejo de Allande. Está situado en un lugar solitario a 940 m. de altitud, cuyo acceso describe con excelente exactitud la Enciclopedia Asturiana: «Para llegar al lugar de su emplazamiento es preciso tomar la carretera comarcal de Pola de Allande a Grandas de Salime, hasta llegar al lugar de Berducedo, y desde allí, por una pista forestal de 5 kms. se encontrará este antiguo santuario, que tanto fervor popular tuvo y tiene en la zona occidental del concejo de Allande y sus comarcas inmediatas de Salime, Grandas, Pesoz, Ibias y Oscos.» Según conjeturas quizá haya que poner su origen en alguna acrópoli dolménica, cristianizada por medio de la ermita. La historia documental del santuario coincide con la fundación de su cofradía el 7-VI-1653. Un año más tarde (6-VI-1654) se aprueban las constituciones y se alcanza del papa Inocencio X un jubileo para los días de San Bernabé, Pentecostés, Asunción y San Francisco. Poco después se inician las obras de construcción del templo y Casa de Novenas que terminan en 1689. Durante la guerra civil de 1936 fueron incendiadas su fábrica e imagen. Su festividad se celebra el 15 de agosto con gran concurrencia de los devotos de los pueblos comarcanos.
BIBL.: A. GARCÍA LINARES, *Bedramón, Santuario de*: Gran Enciclopedia Asturiana, II, Gijón 1970, 303. V. GARCÍA LOBO

Begoña, *Nuestra Señora de*, (Asturias). En la ciudad de Gijón, paseo del mismo nombre, está situado éste, que fue pequeño templo, construido a mediados del sigo XVIII por don Gregorio Valdés Gendín. Tuvo acomodo en él, después de un litigio con el gremio de zapateros que intentaban el mismo propósito, el de carpinteros de la ciudad, cuya patrona, la Asunción de Nuestra Señora, fue venerada y titular de esta capilla. Sus romerías y ferias llegaron a ser muy concurridas en la primera mitad del siglo pasado. Con el tiempo

Nuestra Señora de Begoña se consideró como patrona de la ciudad con festividad el día 15 de agosto y grandes romerías de renombre nacional. Hubo proyectos para su traslado a otro lugar, sin llegar a conseguirse; pero sí se logró la reforma de los alrededores con el bello paseo y pequeño parque que lo adornan. Estuvo alojada en esta capilla desde finales del siglo pasado la parroquia de San Lorenzo, y en 1970, ya ampliado y reformado también su interior, y bajo la tutela de los padres carmelitas, fue consagrada como parroquia de Nuestra Señora de Begoña.

BIBL.: S. ALVAREZ GENDÍN, *La capilla de Ntra. Sra. de Begoña*, Ov. 1949; D7, VIII, 409; J. A. BONET, *Begoña, Nuestra Señora de:* Gran Enciclopedia Asturiana, II, Gijón 1970, 310-11; J. A. CABEZAS, *Asturias. Biografía de una región*, Ma. 1956, 183-186. R. GARCÍA

Begoña, *Nuestra Señora de*, (Vizcaya). En la villa de Bilbao, sobre una colina, a la derecha del río Nervión, aunque separada de éste por apretado caserío.

Dice una tradición popular que la imagen fue hallada sobre una encina, en el mismo lugar donde hoy se encuentra colocado el altar mayor de su iglesia. Su nombre, Begoña, viene de Bego-oña, palabra que según dicha tradición pronunció la Virgen, cuando comenzaron a edificar el templo, en lugar distinto al de la aparición. La primera vez que encontramos en la historia el nombre de Virgen de Begoña es en el siglo XIV y en el mismo documento, en que, por primera vez también, encontramos mencionado el nombre de Bilbao: en la carta-puebla que da el ser de villa a Bilbao y al monasterio de Santa María de Begoña. Actualmente no se conservan restos visibles del santuario antiguo. Sólo nos encontramos unos datos sobre el edificio y su adorno consignados en el detallado inventario que el 13-X-1503 se hizo ante el juez eclesiástico D. Juan Carrillo, mandado por los Reyes Católicos. Según este inventario, el templo estaba rodeado por un pórtico cubierto de madera. Dos puertas daban acceso a su única nave, abovedada y cubierta también de madera, con una capilla y un coro. En el altar mayor había un retablo donde se encontraba la imagen de la Virgen.

El nuevo templo. A lo largo de los siglos XV y XVI hay un florecimiento extraordinario en la edificación religiosa de Vizcaya. En este movimiento entra Begoña, teniendo lugar la edificación del nuevo templo, cuya construcción se llevó a cabo con la aportación de las limosnas que daban los fieles. Comenzaron las obras el 1501. Las características de la nueva iglesia las expone así el padre Félix López del Vallado, en sus notas para una historia del arte religioso del país Vasco: «Planta rectangular, 49 metros de longitud por 25 de anchura, con tres naves. Toda ella está construida con aparejo regular de sillería, medianamente labrado, de color ocre oscuro. Al exterior las ojivas de la nave central están sostenidas por arbotantes...» El 13-XII-1603 volvía la imagen de la Virgen al altar mayor. El proyecto del retablo es obra de La Torre, y su ejecución, de Antonio de Alloytiz. Alrededor del templo se construyeron varios altares, ante los cuales ardía de noche una lámpara de azófar. La del altar mayor era de tamaño más grande, lucía día y noche, y la llamaban «el ardiente». A partir del siglo XVI fueron multiplicándose las lámparas votivas que pendían ante la Virgen. En el siglo XVIII eran veinticuatro, doce a cada lado. Una tradición que nos lleva hasta el siglo XVIII nos dice que el escultor Juan de Mena trabajó también para el santuario. Actualmente no se conserva ninguna de sus obras, a excepción de la cabeza de Juan Bautista, que está colocada en el camarín.

En el primer tercio del siglo XIX se llevó a término la reparación del templo, deteriorado a causa de la primera guerra carlista. Con ocasión de la segunda, y para evitar destrozos y profanaciones, el cabildo retiró los objetos sagrados y la imagen al monasterio de Nuestra Señora de la Caridad del Refugio. Al terminar la guerra volvía la imagen al santuario. De nuevo se impuso una labor de reconstrucción que comenzó en 1876 y terminaba ocho meses más tarde. El 8-IX-1880 tuvo lugar la gran peregrinación al santuario, que reunió a gran multitud de vizcaínos ante el altar de la Señora.

El año 1538 se le concedía el privilegio de ser santuario agregado a la basílica romana de San Juan de Letrán, por el cual participaba de todas las indulgencias y gracias espirituales otorgadas por los sumos pontífices a dicha basílica. Imponíase la condición de renovar la concesión cada quince años. Además, en señal de sumisión había de pagarse cada año, en la fiesta de San Juan Bautista, un canon de una libra de cera blanca elaborada. Benedicto XIV suspendió todos los privilegios de agregación a Letrán. Posteriormente en 1796 Pío VI concedía nuevas gracias al santuario de Begoña, entre ellas, que el altar de la Virgen fuera privilegiado, y autorizaba al cabildo lateranense para comunicar al santuario todas las gracias y privilegios de que gozaba. El año 1900 se solicitó de Roma la coronación canónica. El 3 de mayo del mismo año se expedían en Roma las letras apostólicas, y el 8 de septiembre fue coronada solemnemente por el obispo de Vitoria y delegado apostólico para la coronación, don Ramón Fernández de Piérola. Al acto precedió un solemne novenario predicado en vascuence y castellano. A él iban asistiendo durante los nueve días los distintos pueblos de la provincia.

BIBL.: A. E. DE MAÑARICÚA, *Santa María de Begoña en la historia espiritual de Vizcaya*, Bi. 1950; E. DE OLEA, *Nuestra Señora de Begoña, patrona de Vizcaya*, Bi. 1904; T. DE GRANDA, *Historia y Milagros de Nuestra Señora de Begoña*, B. 1699; E. MORENO CEBADA, *Glorias religiosas de España*, II, Ba.-Ma. 1866, 497-504; J. DE VILLAFAÑE, *Compendio histórico en que se da noticia de... los más célebres santuarios de España*, Ma. 1740, 120-129. R. RODRIGO

Belén, *Nuestra Señora de*, (Alicante). En Jacarilla, diócesis de Orihuela-Alicante, perteneciente a la jurisdicción de Bigastro o Lugar Nuevo, de cuya parroquia son feligreses los vecinos de Jacarilla. Estuvo atendido por un capellán y sostenido el culto merced al vecindario y al señor del territorio, don Francisco Sandoval y Togores. Su fiesta es el 8 de septiembre, celebrada con solemnidad, se hace procesión por las calles del pueblo entre entusiastas aclamaciones.

BIBL.: D7, IV, 316, y IX, 492; E. MORENO CEBADA, *Glorias religiosas de España*, II, Ba.-Ma. 1867, 633-40. M. J. GONZÁLEZ

Bella, *Nuestra Señora de la*, (Huelva). En Lepe, partido judicial de Ayamonte. A extramuros de la población y próximo al río se encuentra la iglesia del antiguo convento de franciscanos de la observancia, donde se venera la imagen de María, llamada Nuestra Señora de la Bella. En otros tiempos, el pecho de la imagen servía de sagrario al Santísimo. Aún conserva en el pecho la puerta y, dentro, un precioso tabernáculo azul con estrellas. Es patrona de Lepe y su fiesta es motivo de romería para la comarca. Parece ser que esta imagen recibió culto ya en 1498 en el convento de franciscanos de Santa María de los Remedios, fundado en 1498. En 1835, después de la exclaustración, fue trasladada con su camarín y retablo a la capilla del Santísimo de la iglesia parroquial, donde recibe culto actualmente. En 1907 se restauró la imagen y en 1911 el Congreso Eucarístico celebrado en Madrid se ocupó de ella. La leyenda cuenta que esta imagen fue entregada a la comunidad de religiosos cuando paseaban por la orilla del río: una barca se aproximó a ellos y les entregó una caja cerrada. Una revelación les ordenó que la abriesen; tal era la belleza, que de ahí proviene su nombre de *Bella*.

BIBL.: E. Moreno Cebada, *Glorias religiosas de España*, I Ba.-Ma. 1866, 417-434; D3, 30, 64; J. Ordóñez Márquez, *La apostasía de las masas y la persecución religiosa en la provincia de Huelva, 1931-1936*, Ma. 1968, 103-106.
A. Diez

Bendueños, *Santa María de*, (Asturias). En la aldea de su nombre, de la parroquia de Herías, concejo y partido de Lena. El origen de la aldea, así como el del santuario, sin duda posterior, hay que ponerlo en una de las rutas jacobeas que pasaban por el puerto de Pinos hacia San Salvador de Oviedo. La fama y devoción de este santuario, persistente hoy día, se canta en una copla del folklore asturiano que lo da como el más famoso santuario de todo el concejo de Lena.

BIBL.: *Bendueños*: Gran Enciclopedia Asturiana, III, Gijón 1970, 19.
IEF

Bien Aparecida, *Virgen la*, (Santander) patrona de la diócesis y provincia. A 4 kms. de Ampuero y 12 de la carretera de Irún a Santander. Se levanta sobre la cima de una colina a la que se llega por una excelente carretera, mirador de admirables panoramas: montañas, valles, bosques de eucaliptus, campos siempre verdes, caseríos dispersos y el río Asón.

En 1605 unos niños pastores encontraron de modo prodigioso, en las inmediaciones de una ermita allí situada, una imagen de la Virgen María. El hecho conmovió a toda la comarca y pronto se inició una afluencia de visitantes a la montaña de Somahoz, naciendo así este importante santuario mariano. Setenta años después se fundó una cofradía, extendida por diversas ciudades de España. En 1752 los montañeses residentes en Madrid eligen por su patrona a Nuestra Señora Bien Aparecida y forman la Congregación de Nacionales de la Montaña, que llevará a Hispanoamérica y a todo núcleo de santanderinos el nombre de la Virgen Bien Aparecida. El patronazgo se proclamó oficialmente por S. Pío X en 1905. En la guerra española de 1936 la imagen, envuelta en algodón e introducida en un bidón de carburo, fue enterrada en una finca próxima al santuario, donde pudo librarse de todo peligro.

El templo actual se construyó a principio del siglo XVIII, perteneciendo al estilo churrigueresco. Deben destacarse los tres retablos, verdadera filigrana de labrado, con sus tallas policromadas de ángeles y santos, llenas de expresión y belleza. El retablo mayor, de 14 ms. de alto por 10 de ancho, está considerado como pieza valiosísima del barroco español: representa la Asunción de la Virgen que es recibida en lo alto por el Padre Eterno, para ser coronada. La imagen auténtica de la Virgen, del siglo XV, de la escuela hispano-flamenca, constituye la talla más pequeña de todas las patronas de provincia de España: mide tan sólo 21 cms.

Hoy el santuario es lugar de solaz y de calma para el espíritu, de estímulo para la fe y punto de cita de peregrinaciones y de visitas de millares de montañeses, y de otros que acuden de todas partes para arrodillarse ante la pequeña y venerada imagen de Nuestra Señora Bien Aparecida. Una comunidad de religiosos trinitarios atiende el santuario desde 1908, y 70 seminaristas de la Orden, formando la escolanía, solemnizan los cultos litúrgicos. En la fiesta principal del mes de septiembre, el día 15, como la provincia de Santander se da cita en torno a su Patrona, una concurrencia que en los últimos años sobrepasa las 50.000 personas llena los alrededores del santuario.

BIBL.: J. de León, *Historia de Nuestra Señora Bien Aparecida*, 3.ª ed., Rennes-Par. 1890; F. de Escajadillo Serna, *Libro de inventario y limosnas del magnífico milagroso templo de N. S. La Aparecida*, s. l. 1738; *Constituciones de la Congregación de Nacionales... baxo la protección de María Santísima que con el título de Bien Aparecida se venera...*; *Libro de cuentas del Santuario Bien Aparecida que da principio en el año 1842*; mss.: archivo del santuario; A. Nistal Alonso, *La Virgen Bien Aparecida*, Sa. 1965; *La Virgen Bien Aparecida*: Anuario Católico Español, II, Ma. 1956, 471.
J. L. Ocejo

Bienvenida, *Virgen de*, (Toledo). A media legua escasa de Puente del Arzobispo, en término municipal de Alcolea de Tajo. No consta la fecha exacta de la aparición de la imagen que parece fue a fines de la Edad Media o comienzos de la Moderna. La tradición dice que se apareció a un labrador de Puente que cultivaba sus tierras en el mismo lugar donde se levantó luego el santuario. Se le apareció repetidas veces y siempre sobre un moral, manifestándole que comunicara a sus convecinos la voluntad de que allí se le erigiera una capilla donde recibir el culto de sus devotos hijos. El labrador, recobrado de su asombro, dijo: «Sed, Señora, a este pueblo, Bienvenida.» Y «Bienvenida aquí seáis», repetía el pueblo al llegar al lugar de las apariciones. Los favores y prodigios con que la Virgen favorecía a sus devotos iban en aumento y rápidamente se extendió por toda la región la devoción a esta imagen milagrosa, que quedó ya con el nombre de «Bienvenida». Actualmente es venerada y conocida no sólo en la comarca, sino en toda la diócesis toledana y aun fuera de ella. Es la patrona del pueblo, celebrándose su fiesta principal el lunes de Pascua.

El edificio por su tamaño parece más bien una iglesia de tipo rural; las tres naves están cubiertas por sencillos artesonados con pares de tirantas y la capilla mayor por bóveda de crucería ojival del último período, cuyos arcos cruceros descansan en ménsulas. Tiene ésta al exterior forma rectangular, de buena sillería y reforzada por contrafuertes. Separan las tres naves columnas de piedra del Renacimiento en su primera fase regional y arcos formeros rebajados. El ingreso está al oeste y consiste en un arco de medio punto sobre columnillas, todo de contextura gótica, de principios del siglo XVI. Sin duda alguna, el templo actual no es el primitivo, existente ya en 1576; así lo acredita también la pequeña efigie que se venera, ya que es bastante más antigua que el mismo. Habiendo desatendido los vecinos de Alcolea el culto del santuario, tomáronlo a cargo los de Puente. En el siglo XVII agregaron al ábside un camarín de inferior fábrica.

BIBL.: L. Moreno Nieto, *La Provincia de Toledo*, To. 1960, 512: *Puente del Arzobispo, una villa toledana con seis siglos de historia*: Provincia 52(1965)sin pag.; A. Jiménez de Gregorio, *Los pueblos de la Provincia de Toledo hasta finalizar el siglo XVIII. Población, sociedad, economía, historia*, I, To. 1962, 72-73, y II, To. 1966, 270; J. López de Ayala-Alvarez de Toledo, *Catálogo Monumental de la Provincia de Toledo*, To. 1959, 6-7.
J. M. de Mora

Blanca, *Nuestra Señora de la*, (Alava) patrona de Vitoria. Conocida también por Nuestra Señora de las Nieves. En el fuero dado a Vitoria en 1181 por Sancho el Sabio de Navarra se menciona una modesta capilla románica que existió fuera de las murallas de la antigua *Villasuso*. Al ensancharse la ciudad durante los siglos XIV y XV por su lado occidental, la capilla se convirtió en templo. Por lo elevado de su emplazamiento hubo que hacer desmontes y terraplenar parte de la vieja muralla. A pesar de todo, quedó a bastante altura sobre las calles circundantes. Actualmente es la parroquia de San Miguel Arcángel. Consta de tres naves y crucero de estilo ojival y sólida construcción. Del mismo estilo es su elegante pórtico que consta de dos arcos y alberga en su machón central, dentro de una hermosa hornacina de jaspe, la imagen de la Virgen Blanca. Digno de mención es el retablo mayor, de tres cuerpos con esculturas, de Gregorio Hernández. Fue contratado en 1624 y concluido en 1632. Según algunos autores, Gregorio Hernández fue el director de la obra y Juan de Velázquez su ejecutor material.

Se desconoce al autor de la bella imagen, como también cuándo y dónde empezó a rendírsele culto. Por sus características se la puede suponer del siglo xv. La primera cofradía que existió data del 17-VI-1613. Sus estatutos tuvieron vigencia hasta 1814, fecha en que fueron aprobados los nuevos. También se sabe que la imagen fue trasladada al lugar que actualmente ocupa en la parroquial de San Miguel, el año 1787. En 1854 el ayuntamiento la nombró su patrona con el título de Nuestra Señora de la Blanca. La imagen de la Virgen descansa sobre un pedestal de nubes, al frente de las cuales campea un grupo de cuatro querubines. Lleva en su mano derecha un cetro de extremidades redondeadas y en la izquierda sostiene a Jesús infante, también de graciosas formas y vestido con una corta túnica que deja al descubierto sus pies desnudos. El 17-X-1954 fue solemnemente coronada por el nuncio de S. S. siendo obispo el doctor Bueno Monreal.

BIBL.: D3, 69, 614; D7, XVI, 344; *Nuestra Señora de la Blanca en Vitoria:* Anuario Católico Español, II, Ma. 1956, 402; *Diócesis de Vitoria:* R17, 15(1929)524; *Tesoros artísticos de España*, Ma 1973, 702; A. DE APRAIZ Y BUESA, *El origen de la advocación y las imágenes de la Virgen Blanca*, Va. 1947; ID., *De nuevo sobre el origen de la Virgen Blanca. ¿En Navarra o en Burgos?*, Va. 1948; J. COLA Y GOITI, *La Virgen Blanca Patrona de Vitoria*, Vi. 1901; E. ENCISO Y VIANA, *Tu Parroquia San Miguel Arcángel de Vitoria*, Vi. 1934, 78-85; ID., *Parroquia de San Miguel Arcángel:* Catálogo Monumental Diócesis de Vitoria, III, Vi. 1871, 185-86, y 204-205; *Fulgens Corona* (Boletín de la Coronación de la Virgen Blanca), Vi. 1954; J. DE IZARRA, *La Patrona de Vitoria y su primera Cofradía*, Vi. 1924; J. MARTÍNEZ DE MARIGORTA, *La Patrona de Vitoria*, Vi. 1949; M. NÚÑEZ DE CEPEDA, *Monografía histórica sobre las imágenes de Ntra. Señora de la Virgen Blanca*, Vi. 1955, 37-44; I. M. SAGARNO, *Documentos y Bibliografía sobre templos vitorianos:* Catálogo Monumental..., III, Vi. 1971, 360-61; V. DEL VAL SOSA, *La Virgen Blanca en la literatura alavesa*, Vi. 1954. M. ANTA

Blanca, *Nuestra Señora la*, (Cáceres). En Pasarón, partido de Jarandilla, diócesis de Plasencia, al norte del valle de la Vera , al sur de la sierra de Tormaretos. A 2 kms. del pueblo se encuentra la ermita de Nuestra Señora la Blanca, fundada por don Luis Prieto en 1588. Al lado del santuario se levantó por la misma fecha una casa para el ermitaño y una plaza de toros. Este santuario se sostiene con unas posesiones de olivos. La fiesta se celebra el segundo domingo de Pascua de Pentecostés, con romería de los pueblos colindantes. Esta ermita y hacienda pertenecieron al señorío del duque de Arco.

BIBL.: D7, XII, 712; D3, 42, 468. A. DIEZ

Blanca, *La Virgen*, (Toledo) santuario y antiguo convento franciscano. En la finca de El Castañar, sierra del mismo nombre, estribaciones de los Montes de Toledo, término municipal de Sonseca, partido judicial de Orgaz. La imagen bajo este título recibía culto y homenaje de los pueblos del contorno desde el siglo XIV. Entonces fue el convento de religiosas de Santa Ana, sobre los acantilados del Tajo, custodio de la venerada imagen, hasta que, pasados los años y la finca a propiedad del matrimonio don Guillermo Escrivá de Romaní y doña Ramona de la Quintana, consiguieron éstos recobrarla, con pacto solemne a la comunidad de restaurar su culto, que realizaron el 30-IV-1883. Se levantó el nuevo templo, de estilo gótico, más al centro de la dehesa, inmediato a la casa principal de la misma, llamada «de los Rojas». Es una nave de veinte metros de larga por siete de ancha y trece de altura, no escatimándose nada para hacerla digna de la Patrona del lugar. Bendijo la nueva iglesia, representando al arzobispo de Toledo, el obispo prior de las Ordenes Militares, que con el tiempo fue cardenal Cascajares. Revistieron singular esplendor los actos inaugurales y desde entonces data la romería anual del Castañar. Se guardan como recuerdo el que ante esta imagen celebró varias veces la santa misa el cardenal don Francisco Jiménez de Cisneros, siendo arzobispo de Toledo, quien mandó edificar la primitiva capilla. La imagen tiene al Niño en los brazos y posa sus plantas sobre el capitel afiligranado de una columna trabajada a lo arabesco, de factura admirable. Actualmente la finca, santuario e imagen son propiedad de los duques de Pastrana y condes de Mayalde.

BIBL.: *La Virgen Blanca:* Anuario Católico Español, II, Ma. 1956, 493; L. MORENO NIETO, *La Provincia de Toledo*, To. 1960, 575-76; ID., *Diccionario Enciclopédico de Toledo y su provincia*, To. 1974, 86. J. M. DE MORA

Bonrepós, *Nuestra Señora de*, (Lérida) santuario y monasterio. En el término municipal de San Salvador de Toló, de cuya población dista dos horas, situación mediodía, partido judicial de Tremp, diócesis de Seo de Urgel. Fue granja de los premostratenses de Bellpuig de las Avellanas. Dos autores clásicos recogen el hecho y la leyenda del hallazgo de esta sagrada imagen, Narciso Camós y Caresmar. El primero dice: «Ejercitábase cazando un príncipe de Francia y otros señores por aquel lugar, que entonces era, sin duda, más yermo que ahora. Sucedió, pues, que divirtiéndose unos por una parte y otros por otra, quedó tan ausente de los otros el dicho príncipe, que, como perdido, le fue forzoso hacer mucho camino antes de hallarse con los demás, que estaban también por aquel bosque. Hallándose, en fin, cansado de todo esto, le fue forzoso descansar un ratito, y con esto se puso a dormir, hallándose en el lugar donde hoy está la capilla. Estúvose de esta suerte algún rato y sucedióle que, despertándose, descubrió bajo el lugar donde tenía la cabeza, esta santa imagen, que, sin duda, le causó tan dulce sueño como se puede pensar, y a más de eso, tan bella caza, que con ella excedió a los demás que habían venido con él. Por esto se intitula la dicha imagen de Bon Repós, pues tan dulce fue para dicho señor el rato de su descanso. Hallada, pues, con esta maravilla, edificósele en aquel lugar una capilla en cuya fábrica seguramente ayudaron dicho señor y el conde de Urgel bajo la protección del cual y sus sucesores quedó.» Y prosigue describiendo: «La imagen es de madera, muy antigua y está sentada; tiene la basquiña colorada y el manto azul, lleva toca blanca en la cabeza, que le llega hasta medio brazo y se ajusta en el pecho... De alto tres palmos y medio. Al Jesús tiene sentado en la rodilla izquierda, vestido con sayo colorado y descalzo. El pie derecho tiene sobre la rodilla derecha de su Madre y el otro tiene echado. Da la bendición con la mano derecha, y la otra tiene larga y llana.» Caresmar dice lo mismo sobre el hallazgo de la imagen. En cuanto a la fecha y persona no hay unanimidad, pues se señalan el año 1032 y 1168. Hay quien cree que fue un principe de Francia, otros que el conde de Urgel, Ermengol VII, y unos terceros el conde de Pallars. Este santuario no sólo fue favorecido por los condes de Urgel, o la familia Anglesola de Bellpuig, sino también por muchos y piadosos señores, así como por el pueblo, siendo frecuentes las donaciones. Desde tiempo inmemorial se honraba a Nuestra Señora de Bonrepós. Los pueblos vecinos acudían a su santuario, especialmente el segundo día de Pascua de Pentecostés.

BIBL.: D7, XIII, 710; N. CAMÓS, *Jardín de María plantado en el principado de Cataluña*, Ba. 1949, 286-87; E. CORRE-

DFRA, *Santuario de Nuestra Señora de Bonrepós (un priorato premonstratense)*: R5, 38(1965)231-77; J. CARESMAR, *Anales del monasterio de Santa María de Bellpuig de las Avellanas:* ms. en el archivo del monasterio.

J. M. DE MORA

Bonrepós, *Nuestra Señora de,* (Tarragona) santuario y monasterio. En el término de la Morera, al pie del Montsant, partido judicial de Falset. Fue fundado por Pedro Balb, caballero de la ciudad de Lérida y Guillerma, su esposa, juntamente con don Pedro, hijo de ambos, el 22-XI-1215.
BIBL.: D7, VII, 507-509, y XI, 605; E. FORT, *Bonrepós, Santa María:* DHEE, III, Ma. 1973, 1532; E. CORREDERA, *Santuario de Nuestra Señora de Bonrepós. Apéndice:* R5, 38(1965)277-80.   IEF

Bótoa, *Nuestra Señora de,* (Badajoz). En la capital. Pocas son las noticias acerca de Nuestra Señora de Bótoa. Copiamos del periódico *Hoy* de Badajoz de 29-IV-1955. «No puede uno reprimir cierta emoción al pasar hoja a hoja este viejo libro de actas de la Hermandad de Nuestra Señora la Virgen Santísima de Bótoa fundada hace un siglo.» La fecha de la primera acta es de 1860 y la firma el mayordomo Manuel Macías y el secretario interino, José Jiménez Martínez; pero esta fecha parece que es el principio de una reorganización, por lo que su fundación pertenece a una fecha anterior, ya que el culto a dicha virgen es más antiguo. Esto lo confirma el hecho de que ya en el siglo XVI era venerada. Parece lógico pensar que las guerras sufridas en aquella época afectaron al culto y al desenvolvimiento normal de la cofradía y hermandad. Pero lo que sí es cierto, afirma el periódico *Hoy*, es «que ya se hallaba establecido el culto». El periódico transcribe íntegramente la primera acta y dice: «La Hermandad estaba constituida por un número muy reducido de hermanos y fue organizada por D. Diego Moreno Aguacil, Obispo de la diócesis de Badajoz». Luego la Hermandad amplió su número. La fiesta se celebra el domingo *in Albis*.
BIBL.: *Nuestra Señora de Bótoa:* R17, 15(1929)112; *Nuestra Señora de Bótoa:* Anuario Católico Español, II, Ma. 1956, 414-415.   A. DIEZ

Buen Pastor, (Asturias). En las inmediaciones del lago Enol, concejo de Cangas de Onís, a 12 kms. del santuario de Covadonga. Un altar de piedra al aire libre cubierto por un techo a dos aguas constituye lo que pudiéramos llamar la capilla. En él se dice la misa cada año el día de la tradicional *Fiesta del Pastor*, señalada para el 25 de julio; al acto religioso acuden todos los pastores de las cabañas diseminadas en la montaña de Covadonga, al que se la fiesta de homenaje al pastor asturiano. Es el único día del año que pueden y se sienten obligados a la asistencia a misa, acto religioso que congrega a todos ellos. A continuación de la misa celebran el «concejo abierto» en el que se adoptan las medidas que regirán en la montaña de Covadonga y donde se vota al Regidor de los Pastos, que será el representante de la alcaldía. El resto del festejo que completado con la escalada a la cresta denominada Porra del Enol, actuación de grupos folklóricos, carreras de caballos montados a pelo por los pastores y concurso de tracción de cuerda. La fiesta atrae a multitud de turistas.
BIBL.: *Pastor, fiesta del:* Gran Enciclopedia Asturiana, XI, 147.   M. GUTIÉRREZ

Buen Suceso, *Nuestra Señora del,* (Salamanca). En Linares de Río Frío, partido judicial y diócesis de Salamanca. Fue constituido por la villa de Linares de la Sierra junto con unas casas diseminadas al lado de Río Frío, al sureste de la Peña de Francia, en un terreno fracturado. La belleza del paisaje, unido al silencio humano, da vida a una humilde ermita mariana en la que se venera la imagen de Nuestra Señora del Buen Suceso: una imagen de cara infantil y tierna, de factura antigua. Los documentos sobre su origen histórico no han llegado hasta nuestros días, por lo que nada se puede afirmar del hecho concreto de la fundación o edificación de la ermita; pero la tradición se ha seguido transmitiendo de generación en generación con una acendrada devoción del lugar y su comarca. El Ayuntamiento de Linares es mayordomo de la Cofradía. El domingo de Resurrección, a la caída de la tarde, se sube hasta la ermita el Santísimo; a continuación la imagen es bajada en procesión hasta la parroquia, cantando el rosario, y al término de éste comienza la romería. El regreso se repite en idénticas condiciones y se efectúa el domingo *In Albis*. Al día siguiente se celebra la fiesta religiosa.
BIBL.: *Nuestra Señora del Buen Suceso:* Anuario Católico Español, II, Ma. 1956, 467.   A. DIEZ

Buen Suceso, *Nuestra Señora del,* (Vizcaya) patrona del Valle de Carranza. En la más extrema de las Encartaciones de Vizcaya, dentro del Valle de Carranza, término y jurisdicción parroquial de San Andrés de Biáñez, se levanta una iglesia modesta en cuanto a dimensiones y ornamentación, pero de digna mampostería y sólidos contrafuertes, vulgarmente conocida con el calificativo de Santuario de Ntra. Señora del Buen Suceso. En el archivo del santuario sólo se conserva un documento de carácter privado correspondiente al año 1855 en el que D. Francisco de Ranero beneficiado de San Miguel de Aedo y de San Andrés de Biáñez en Carranza, nos narra la aparición de esta venerada imagen y el comienzo de la devoción popular. El autor de este documento hace constar que esta descripción y notas las sacó de otros libros y documentos más antiguos existentes en diversos archivos y facilitados por otros compañeros sacerdotes, 185 años después de la aparición y hallazgo de la imagen de Nuestra Señora del Buen Suceso a la jovencita de Campillos, María de Rozas en el sitio de «Llana de Pando» (El Pantarrón). Vecinos y moradores del citado Valle acogen con prontitud el deseo e indicación de la Virgen. Reunido el Consejo y Justicias del Valle de Carranza deciden la construcción de un templo para aquella pequeña imagen. Se trata de una talla policromada de 0,67 cms. y representa a la Virgen en pie sosteniendo al Niño en su brazo izquierdo. Escultura de principios del siglo XVII con características semejantes a las tallas de Gregorio Fernández y Juan de Juni, procedente tal vez de la escuela vallisoletana. A lo largo de los años esta imagen ha sido mutilada y —no menos de tres veces— retocada. Con la construcción del santuario de Carranza se inicia —o mejor— se arraiga en el sencillo pueblo norteño la devoción a Ntra. Señora del Buen Suceso. Pronto surgen procesiones, exvotos, donaciones y las clásicas romerías en las que se conjuga lo religioso con lo folklórico y popular, para terminar con la célebre corrida.

Otra imagen de la Virgen, Ntra. Señora de los Milagros, mucho más antigua que la del Buen Consejo —hoy venerada en la iglesia de Soscaño— tuvo su ermita y célebre santuario en el propio Valle de Carranza. Consta históricamente que al menos desde el siglo XIV numerosos peregrinos forasteros y los habitantes del Valle acudían a implorar su valimiento. Tal vez no sea excesivo suponer que el origen remoto de la devoción mariana del valle carranzano y aun la misma aparición y santuario de Ntra. Señora del Buen Suceso tengan mucho que ver con la desaparecida ermita de Ntra. Señora de los Milagros. Lo cierto es que a partir de la mitad del siglo XVII la devoción mariana de todo el Valle gira fundamentalmente en torno al santuario de Carranza. Hacia el año 1914, los 15 párrocos de Carranza con los respectivos alcaldes del Valle, solicitan de la Santa Sede el título canónico de patrona de Carranza p a r a la V i r g e n del B u e n Suceso. El 12-VIII-1926 la S. C. de Ritos expedía la solicitada declaración y título y desde esa fecha el Valle de Carranza venera y tiene por patrona oficial a Ntra. Señora del Buen Consejo, con sede en el santuario del mismo nombre.

BIBL.: L. E. PINEDO, *Historia de la venerada imagen de N.ª Señora del Buen Suceso... y del Santuario de su nombre*, Bi. 1954; A. E. MAÑARICÚA, *Santa María de Begoña en la historia espiritual de Vizcaya*, Bi. 1950; N. PÉREZ, *Historia mariana de España*, San. 1950; C. ECHEGARAY, *Geografía general del País Vasco-Navarro*, IV, Ba. 1920, 927; Archivos del Santuario del Buen Suceso y parroquial de San Andrés de Biáñez.   A. RIESCO

Burgo, *Nuestra Señora del*, (Logroño). En la ciudad de Alfaro, donde se la venera como Patrona desde tiempo inmemorial. Era una sencilla iglesia parroquial situada en las afueras del recinto amurallado junto al camino de Calahorra. De los autos de un pleito suscitado por el cabildo de San Miguel, parroquia asimismo de Alfaro, sobre la construcción de la nueva iglesia de Los Angeles deducimos que el templo del Burgo, hoy llamado Viejo, existía en el siglo XIII, quizá en el XII. Se fecha este auto en 1469 y se dice en él que la iglesia del Burgo contaba doscientos o trescientos años a la sazón. Un documento del Rey Alfonso XI, fechado en Soria en 1260, eximía de tributos al cabildo de Santa María y al de San Miguel, de Alfaro, a condición de que oren por la Reina.

El cabildo del Burgo componíase de un párroco-abad, cuya provisión correspondía a la mitra episcopal de Tarazona, y cinco beneficiados de presentación real. En 1466 el conde Gastón de Foix intentó conquistar la plaza de Alfaro. Gastón estaba casado con Leonor de Aragón, reina de Navarra; las luchas fronterizas eran continuas, y Alfaro, plaza fuerte perteneciente a Castilla, ocupaba los límites con Aragón y Navarra. No pudo el Conde someterla. En compensación se llevó de la iglesia del Burgo Viejo, sita fuera del recinto amurallado, la imagen de la Virgen, tan venerada de los alfareños, y la colocó para que allí fuera venerada en la iglesia de San Cernin (San Saturnino) de Pamplona. Alfaro entabló pleito contra la iglesia de San Cernin y después de diez años, transcurridos en la tramitación de un ruidoso litigio, el Consejo Real de Navarra dictó sentencia fallando que la efigie de Nuestra Señora del Burgo pertenecía a la ciudad de Alfaro, y que por tanto declaraba que en méritos de justicia debía serle devuelta. Para evitar la repetición de futuras sustracciones el cabildo del Burgo acordó construir dentro de las murallas una nueva iglesia para la imagen. En 1469 comenzaron las obras. Estas se fueron efectuando lentamente debido a las dificultades y pleitos promovidos por los capitulares de la Colegial de San Miguel quienes se creyeron perjudicados con la erección de la nueva parroquia. En 1697 pudo trasladarse la imagen de la Virgen.

El templo consta de una sola nave, con capillas laterales y otras dos más reducidas en los extremos del crucero. Una de éstas, la de la derecha, aloja a la imagen de Nuestra Señora del Burgo. El altar mayor está dedicado a su antigua titular, Nuestra Señora de los Angeles, cuyo título y devoción ha cedido sus honores a la advocación de Nuestra Señora del Burgo, siempre más popular y venerada. Ocupa ésta un retablo de estilo churrigueresco del siglo XVII de escaso gusto. La imagen es una talla del siglo XIV, sentada la Virgen en un sencillo escabel a modo de arqueta, con los pies separados y calzados; tiene al Niño sentado en la rodilla izquierda. Su fiesta se celebra el 8 de septiembre; culmina la novena en un Rosario de aurora al que acude masivamente el pueblo alfareño a pesar de celebrarse

a las cuatro de la mañana. Hay fundada en su honor una Asociación de esclavos de la Virgen, con estatutos aprobados por el obispo de Tarazona, don Gil Esteve. Tradicionalmente eran sólo doce esclavos en memoria de los doce apóstoles. En 1933 se facilitó la entrada a cuantos la piden. Otra asociación de señoras, Corte de María, con estatutos desde 1903, atiende el ornato de la imagen y capilla.

BIBL.: Á. DE BLAS. *Historia de la muy Noble y Leal Ciudad de Alfaro*, Za. 1915; D7, I, 540 ss.   E. SÁINZ

Caballeros, *Virgen de los*, (Salamanca). En Villavieja de Yeltes de donde es patrona, proclamada canónicamente en 30-IV-1949. Acerca de su origen no existe ninguna prueba documental. Solamente nos queda el hecho de la existencia de la imagen y la devoción que se le tributa en la tierra charra, con la siguiente tradición sobre su origen de la misma: Unos caballeros salmantinos cazaban por los términos de Villavieja. Inesperadamente se ven sorprendidos por el desplome de unas piedras. Se acercan con curiosidad y al no explicarse las causas, deciden remover las piedras caídas, encontrándose con gran sorpresa una imagen de la Virgen. La trasladan inmediatamente al vecino pueblo de Villavieja, cuyos vecinos la reciben con alegría proclamándola espontáneamente patrona. La tradición resalta este fervor popular y algunos hechos milagrosos que se suceden. Surge entonces una disputa sobre el derecho de propiedad. Los habitantes de Villavieja invocan el hecho de haber sido encontrada en terrenos pertenecientes al pueblo. La cuestión se dirime en Salamanca a donde la imagen fue trasladada. Por fin, se decidió encargar una igual a la encontrada, que sería la patrona de Villavieja. Se cree que la auténtica se veneró desde entonces en la iglesia de Santa María de los Caballeros de la ciudad de Salamanca. Data esta iglesia del siglo XII. Fue reconstruida en casi su totalidad en el XVI y modificada en el XVII. Pertenece a las religiosas Adoratrices. Conserva dos buenos sepulcros del XV y un retablo mayor del XVI. La fiesta se celebra en Villavieja en el mes de agosto.

BIBL.: *La Virgen de los Caballeros:* Anuario Católico Español. II. Ma. 1956. 464; *Tesoros artísticos de España*, Ma. 1973, 541; D7, XVI, 304.   IEF

Cabeza, *Nuestra Señora de la*, (Granada). En el pueblo de Zújar, diócesis de Guadix-Baza. Se apareció milagrosamente hacia 1620 en casa del cirujano Miguel de Martos. Se fundó una cofradía encargada del culto, la cual celebra la fiesta principal, a imitación de la de Andújar del mismo título, el último domingo de abril. Fue coronada canónicamente por el obispo Angel Marquina Corrales el 24-IV-1926.

BIBL.: *Nuestra Señora de la Cabeza, Patrona de Zújar:* R17, 15(1929)214.   IEF

Cabeza, *Nuestra Señora de la*, (Jaén) patrona de Andújar y de la diócesis de Jaén. A 19 kms. al norte de Andújar. Pocos años después de la Reconquista de Andújar por Fernando III el Santo, tiene lugar en el Cerro del Cabezo de Sierra Morena un hecho extraordinario: En la noche del 11 al 12-VIII-1227, previo anuncio prodigioso de luces y volteo de campanas, se aparece la imagen de Santa María a un pobre pastor granadino que apacentaba su ganado por las solanas y umbrías del dilatado valle del Jándula. Le restablece su brazo manco y le intima la orden de comunicar a los iliturgitanos su deseo de que levanten un templo en el cerro de la aparición. Fiel a este mandato, el pastor Juan de Rivas, según la tradición, habla a los ciudadanos de Andújar y ante el testimonio de su brazo curado, se forma la Hermandad de Caballeros Hijosdalgo —actual cofradía de la Virgen de la Cabeza—, que se encargará de cumplir el deseo de la Señora. Estos trasladan la imagen a la iglesia de Santa María la Mayor de Andújar y comienzan a recabar fondos para la construcción del templo. Las obras del mismo se inician en 1287 y se terminan, en su parte más primitiva, en 1304. El templo, edificado en sillería de granito, sigue en líneas generales el estilo románico; consta de una sola nave y vistosa espadaña. En el mismo año de la terminación del templo es trasladada la imagen a su santuario, y al siguiente comienzan las típicas romerías a la Virgen de la Cabeza, que toma este nombre del cerro donde se apareció.

La imagen de la Virgen de la Cabeza, según el autorizado escritor Carlos de Torres Laguna, pertenece a los primeros siglos de la Edad Media, «debido, sobre todo, al estilo y características, sensiblemente bizantinas». Parece ser que recibió culto hasta la época de la invasión árabe en la ciudad de Andújar y que para evitar su profanación y destrucción por los musulmanes, los cristianos la escondieron en la parte Norte del Cerro del Cabezo. Allí permaneció oculta y olvidada entre los peñascos hasta la fecha de la aparición. La talla policromada actual, copia exacta de la que se extravió al final del asedio de 1937, es obra del imaginero granadino José Navas Parejo. La Virgen, de facciones morenas y de 90 cms. de altura, está sentada en un trono sosteniendo en su brazo izquierdo al Niño y en su mano derecha un madroño.

Los favores concedidos por la Virgen, el encontrarse su santuario próximo a uno de los caminos —antigua calzada romana que unía el Betis con las minas de Almadén— que debían seguir los ejércitos castellanos en sus luchas por la Reconquista, unidos al fervor desplegado por la Cofradía, hicieron que la devoción a esta imagen se extendiera con rapidez por todos los reinos cristianos de la Península. La celebridad de este santuario queda reflejada en la literatura a partir de Alfonso X el Sabio. Alfonso XI en su libro *De la Montería* dice hablando de Sierra Morena: «en la Sierra de allende la foz del Xándula, es la Sierra de Santa María», donde se encuentra «el solemne templo de la Sacratísima Virgen María». En nuestro Siglo de Oro cobra gran esplendor la devoción hacia la Virgen de la Cabeza. Los escritores de esta época tienen a gala el hacer referencia a su santuario y romería. Miguel de Cervantes Saavedra nos describe así la romería: «... hasta hacer tiempo de que llegue el último domingo de abril, en cuyo día se celebra en las entrañas de Sierra Morena, tres leguas de la ciudad de Andújar, la fiesta de Nuestra Señora de la Cabeza, que es una de las fiestas que en todo lo descubierto de la tierra se celebra tal... Bien quisiera yo, si fuera posible, sacarla de la imaginación donde la tengo fija y pintarosla con palabras y ponerla delante de la vista, para que comprendiéndola viérades la mucha razón que tengo de alabárosla; pero ésta es carga de otro ingenio no estrecho como el mío». Sigue después: «El lugar, la peña, la imagen, los milagros, la infinita gente que acude de cerca y lejos, el solemne día que he dicho, la hacen famosa en el mundo y célebre en España sobre cuantos lugares las más extendidas memorias se conservan» (*Persiles y Segismunda*, libro III, cap. VI).

A partir de esta época, y a medida que el imperio español se extienda por el mundo, se levantarán magníficos santuarios a la Virgen de la Cabeza en las tierras descubiertas, sobre todo en Méjico, Perú y Chile. Por este tiempo, las cofradías de la Virgen de la Cabeza, filiales de la de Andújar, se elevan a más de setenta, diseminadas por toda la geografía de España. La Hermandad matriz de Andújar se ve respaldada con la aprobación de sus estatutos por el obispo de Jaén, D. Alonso Suárez de la Fuente del Sauce, el 13-II-1505. Poco después, en 1518, el papa León X extiende una bula en que confirma a esta Cofradía en la posesión del santuario construido siglos atrás en el Cerro del Cabezo. Por este tiempo se construye en la parte Norte del Santuario la casa rectoral. Posteriormente, en el siglo XVII, se inician las obras para la construcción de una hospedería, destinada a los peregrinos, que finalizan en 1707. La conversión del príncipe marroquí Muley Xeque, acaecida en este santuario (siglo XVII) universaliza más la devoción a la Virgen de la Cabeza, debido a la resonancia que este hecho tuvo en el mundo cristiano. Reyes, príncipes, nobles, prelados y altos personajes del mundo entero, mezclados con el pueblo humilde, visitan su templo. Como peregrinos van a las plantas de la madre: San Juan de Rivera, quien extenderá su devoción por Burjasot y su comarca; el beato Juan Bautista de la Concepción encontrará allí luz y consuelo en la tarea de la reforma de la Orden Trinitaria; el beato Marcos Criado, nacido en Andújar y trinitario, templará ante sus plantas su espíritu de mártir.

A partir de estas fechas, el santuario de la Virgen de la Cabeza, patrimonio de la España católica, sigue una trayectoria histórica parecida a la de nuestra Patria. Luces y sombras se suceden como constante a través de los siglos XVIII-XX. En tiempos de Carlos III, influenciado por las corrientes ideológicas de la Ilustración, se trata de mermar este fervor mariano en España hacia la Virgen de la Cabeza. Por decreto de 16-III-1773, el Real y Supremo Consejo de Castilla disuelve todas las Cofradías y prohíbe las romerías al Cerro del Cabezo. La devoción a esta Virgen late fuerte en el pecho de los españoles y el propio Carlos III tiene que acceder a que quede sin efecto el decreto anterior y a que le sean devueltos a la Cofradía sus estatutos, bulas y libros de actas. No conforme con esto, aprueba por Real Pragmática de 1-VII-1782 los estatutos de esta Hermandad.

El santuario sigue idéntico destino a los otros bienes de la iglesia en la desamortización de Mendizábal. El Liberalismo, las luchas fratricidas y la decadencia española del siglo XIX menguan considerablemente la devoción a la Virgen de la Cabeza. Resultan estériles los conatos que el Apoderado de la Cofradía efectúa ante el Gobierno el 14-VII-1845 para que sean entregados a la Hermandad la imagen y su santuario. Sólo en 1870, el 16 de octubre, y después del Concordato con la Santa Sede en tiempos de Narváez, se establece una concordia entre D. Antolín Monescillo, obispo de Jaén, y la cofradía sobre la administración del santuario. Una vez más la venerada imagen es llevada a su templo y éste comienza de nuevo a ser foco de fervor mariano. El anterior esplendor renace y las gracias que la Virgen reparte son innumerables.

Los iliturgitanos de principios de siglo se enardecen cuando consiguen en 1909 un decreto de San Pío X por el cual Nuestra Señora de la Cabeza es declarada patrona de Andújar y coronada solemnemente. En 1930 los padres Trinitarios toman posesión del santuario de manos del obispo de Jaén, don Manuel Basulto Jiménez.

El período de nuestra Cruzada fue heroico para el santuario de la Cabeza. A los pies de la Virgen aprendió el Capitán Cortés lecciones de heroísmo, de sacrificio y de amor patrio. El terrible asedio duró desde septiembre de 1936 hasta mayo del siguiente año. Allí resistió un puñado de hombres, miembros de la Guardia Civil, los embates del ejército republicano. Todo el santuario quedó completamente destruido y arrasado. La imagen primitiva desapareció un tanto misteriosamente. El santuario, lo mismo que sus defensores, «muere, pero no se rinde». La fe y la devoción en la Virgen de la Cabeza, martirizadas a causa de la persecución y propaganda marxista en nuestra contienda civil, no sufrieron el rudo golpe que arruinó el templo. Llegada la paz, esta fe y devoción se agigantan al considerar el Cerro del Cabezo como monumento a los eternos valores cristianos, vencedores en la lucha. Así, por suscripción popular, bajo la tutela de la Dirección General de Regiones Devastadas, el arquitecto don Francisco Prieto Moreno emprende la reconstrucción de todo lo destruido, respetando las líneas generales del edificio anterior. En 1966 se finaliza la obra con la puesta en marcha del pabellón norte, dedicado a seminario, obra del arquitecto don Ramón Pajares, de la Dirección General de Arquitectura. Ese mismo fervor popular alcanza para la «Morenita» los honores de Capitán General y le ofrenda la Laureada de San Fernando en 1950.

Por bula de Juan XXIII de 27-XI-1959, la Virgen de la Cabeza es declarada Patrona de la diócesis de Jaén y al año siguiente es coronada canónicamente la nueva imagen.

La atracción que esta imagen ejerce sobre el pueblo fiel es incalculable. En la romería de 1970, más de ocho mil vehículos transportaron a los pies del Cerro una multitud incontable de peregrinos y devotos. Un río incontenible de personas busca consuelo y amparo a las plantas de la Virgen de la Cabeza, y ella sigue atendiendo a sus hijos desde la casa que éstos le levantaron en el paisaje más impresionante y bravío de Sierra Morena.

BIBL.: C. DE TORRES LAGUNA, *La Morenita y su santuario: Historia de la ciudad de Andújar y de su Patrona la Virgen de la Cabeza de Sierra Morena, III,* Andújar 1961; F. CALZADO GÓMEZ, *Año Santo en Sierra Morena,* Jaén 1960; J. DE URRUTIA ECHANIZ, *El Cerro de los héroes,* Ma. 1965; J. RODRÍGUEZ DE CUETO, *Epopeya del Santuario de la Cabeza,* SSe. 1939; F. AGUADO SÁNCHEZ, *El Santuario y su gesta,* Ma. 1965; B. PÉREZ GUZMÁN, *Tratado del aparecimiento de Nuestra Señora de la Cabeza de Sierra Morena,* Ma. s. a. (c. 1745); *Nuestra Señora de la Cabeza de Sierra Morena:* Anuario Católico Español, II, Ma. 1956, 444-45; *Tesoros Artísticos de España,* Ma. 1973, 94; M. DE SALCEDO OLID, *Panegírico historial de N. S. de la Cabeza de Sierra Morena...,* Ma. 1677. B. REJADO

Cabrera, *Santo Cristo de,* (Salamanca). A unos 33 kms. de la ciudad del Tormes, en el término de Las Veguillas. Santuario solitario, que fue en sus principios parroquia del lugar llamado Cabrera. Impresiona al entrar el soberano dominio de la gigantesca imagen del Santo Cristo, cuyo hieratismo va acorde con la sobriedad del templo. A través de un portal, que sostienen cuatro columnas de granito, el visitante entra en una nave central, con piso de mosaico y techumbre de madera, de unos quince metros de larga, que enlaza con la capilla mayor, en cuyo fondo preside el Santísimo Cristo de Cabrera. Mide la imagen dos metros de los pies a la cabeza y otros dos desde un extremo a otro de las manos. Rígida y grave; rostro hierático, con barba y cabellera en bucles, brazos tensos y nervudos, manos amplísimas, abiertas, tronco descarnado, ceñidor entablillado, rodillas muy marcadas y piernas toscamente modeladas. Los expertos opinan que es de época medieval. La primera noticia escrita sobre Cabrera, dada por su propio archivo, data del año 1551. La ofrece el libro más antiguo llamado *Libro de Bautizados de Llén,* que se abre en dicha fecha. En él aparecen como anejos de Llén: Veguillas, Cabrera, Mora de la Sierra y Casillas de Mora. Los cuatro son llamados «lugares». Cabrera y Veguillas tienen iglesia parroquial; Mora y Casillas no. Con Llén, forman el más antiguo e inmediato círculo devocional del Santo Cristo de Cabrera. En 1772 escribía el beneficiado de Llén: «En este anejo de Cabrera, su población no fue como hoy que no tiene casi vecinos. Tuvo en lo antiguo más de veinte vecinos; dícenlo los vestigios de casas que se encuentran» (Libro *Llén y Anejos, Tazmías 1712-1722,* fol. 22r).

Culto. No sabemos cuándo empezó a venerarse esta imagen, pero hemos de tener en cuenta la época en que fue tallada. Parece que estuvo primero en la iglesia parroquial de Cabrera. Con el tiempo comenzó a extenderse su devoción, y en 1714 sobrepasa los límites del lugar. Algunos fieles forasteros ordenan en sus testamentos la celebración de misas en el santuario del Santo Cristo. Dicha noticia se ratifica en 1771, por la nota del Libro de fábrica de Llén, que dice: «Cabrera. Anejo. Santa María de la Cabeza es la Parroquia y donde se venera el Santísimo Cristo que llaman de Cabrera, al que tienen mucha devoción los fieles circunvecinos y aun los bastante distantes» (cf. Libro *Llén y Anejos. Fábrica 1772-1829,* fols. 8-9). De 1794 hay noticias de crecimiento. En dicho año se restauró la Cofradía, subiendo el número de cofrades a 53 hombres y 42 mujeres; mientras que en 1763 eran sólo 13 hombres y 11 mujeres. El siglo XIX dejó sentir también en Cabrera la crisis religiosa. A veces se lamenta «la fatalidad de los tiempos» que influye en los varios aspectos de la vida del Santuario: cofradía fluctuante, administración descuidada, devotos desorientados. Pero, con la entrada del siglo XX la devoción al Santo Cristo de Cabrera se acerca a su momento de máximo apogeo al extenderse a toda la provincia. El mejor exponente son las misas encargadas en el santuario en sus fiestas principales del 3 de mayo y 18 de junio. El año 1919 se recibían de encargo un total de 255 misas, de lugares distantes. En 1933, en plena furia antirreligiosa, el número de misas encargadas subía a 349, procediendo de pueblos salmantinos más alejados. En 1955 acusan mayor crecimiento las 441 resgistradas en los libros del archivo.

Cabrera conoce una fiesta principal: la del Santísimo Cristo. Durante el siglo XVIII, se celebró hacia el 18 de junio, que por fin quedó como fecha definitiva. La razón última de la inestabilidad era que los mayordomos no siempre encontraban oportuna la fecha concreta del 18 de junio. No constan, sin embargo, los motivos.

La fiesta religiosa consistía en misa solemne con sermón y procesión, con asistencia de numerosos sacerdotes que atendían al ministerio de la confesión, dado el carácter penitencial de esta devoción. Además de esta misa principal, se celebraban otras durante toda la mañana. Esta práctica se sigue todavía actualmente. El festejo taurino, vigente durante todo el siglo XVIII y primera mitad del XIX, tenía su origen no en festejos organizados, sino en la oferta de un toro hecha por el mayordomo. Toro que antes de morir servía de solaz a los que concurrían al santuario.

La Cofradía. Ha sido de gran importancia para la vida religiosa del santuario. Le fecha concreta de su nacimiento no se conoce. En 1763 escribía el beneficiado de Llén: «Muchos años hace fue fundada por la devoción de muchos fieles en el Santuario de Cabrera una congregación o cofradía, intitulada de la Santa Cruz. Pero, guerreó tanto contra ella el común enemigo... que no cesó su envidia hasta que dio con ella en tierra, destruyéndola del todo sin dejar reliquia» *(Libro de Cofradía,* 1763, fol. 3).

A esta posible destrucción se referiría lo que encontramos escrito en la visita pastoral de 1735: «Visitó su Merced los libros de Cabrera, del Santísimo Cristo y Cofradía de la Cruz, que queda por ahora extinguida.» Un segundo nacimiento tuvo lugar el año 1763, fecha en que el capellán D. Joaquín Esteban González le dio nuevas Constituciones y consiguió del papa Clemente XIII varias indulgencias para los cofrades de Cabrera. Hasta el año 1788 siguió un desarrollo normal. Pero ese mismo año, no sabemos por qué, se dejan de dar cuentas y se deja de hablar de mayordomos. Tal vez, al morir el nuevo fundador, los cofrades quedaron desorientados y desarticulados. El año 1794 fue de nuevo restablecida. En los difíciles días de la «francesada» debió decaer notablemente, porque el año 1818 aparece escrito: «Día 18 de junio, día de su nuevo y tercer restablecimiento.» El siglo XIX resulta de vida oscura para la Cofradía, como para la vida religiosa del santuario. El año 1917 ofrece nuevo esplendor: los cofrades eran 511. De ellos 11 eran sacerdotes. El régimen de la misma fue establecido en las Constituciones del año 1763. Según ellas la directiva estaba formada por director, dos mayordomos, dos diputados y secretario. Las obligaciones de los cofrades eran: rezar una vez al año tres Credos... con dos Padrenuestros y dos Avemarías, extendidos los brazos en cruz; rezar el Rosario por cada hermano que muriera dentro del año; dar dos reales de cuota anual para misas en favor de los cofrades vivos y difuntos; asistir a misa y cabildo el Jueves Santo o el Día de la Cruz (3 de mayo).

La invención de la Santa Cruz, del día 3 de mayo, fue la principal fiesta de la cofradía. Se celebra con misa de cofradía, sermón y procesión. En esta fiesta se reúne la asamblea de cofrades, se dan y toman cuentas, se nombran los nuevos cofrades y se entregan las cuotas anuales.

BIBL.: Archivo de Cabrera: *Libros de Fábrica, Libro de Misas, Libro del Santísimo Cristo, Libro de Cofradía, Libro de Inventarios,* y Documentos varios; J. SÁNCHEZ VAQUERO, *El Santo Cristo de Cabrera. Historia y Novena,* Sa. 1963.   J. SÁNCHEZ VAQUERO

Calvario, *Santo Cristo del,* (Guadalajara). En la villa de Pastrana, diócesis de Sigüenza-Guadalajara. La ermita del Santísimo Cristo del Calvario se encuentra próxima a la villa en un montículo, desde donde se domina una gran panorámica. Fue edificado por Francisco Hernández en 1643 y por causas desconocidas, fue destruida. En 1698 Diego Fernández la reedificó. Antonio del Castillo, canónigo de la iglesia, regaló la mesa del altar en 1787. Se reparó en 1836. El culto se reduce a las fiestas de Jueves Santo y Viernes Santo.
BIBL.: M. PÉREZ Y CUENCA, *Historia de Pastrana y Sucinta noticia de los pueblos de su partido,* Ma. 1879, 131.   A. DIEZ

Calle, *Virgen de la,* (Palencia) patrona de la ciudad por breve pontificio del 2-IV-1947. Coronada canónicamente en 1952 por el nuncio Cicognani. Una leyenda explica el origen de esta invocación. Un panadero calienta el horno en una noche de invierno. Al ver que un gran leño no arde lo agarra con las tenazas y lo lanza con furia a la calle al mismo tiempo que pronuncia una blasfemia. Al mismo tiempo que el leño cae en la calle se oye un trueno acompañado de un relámpago, a la vez que se oye una voz dulce que percibe claramente el blasfemo «A la calle me echan, de la calle me llamaré.» En realidad la historia es más sencilla y cuenta con fuentes documentales. La Virgen era venerada en el misterio de su Purificación o de las Candelas. Este era el nombre de la ermita y cofradía que había en su honor y que se remonta al siglo XV. Pero en la ermita había dos imágenes: una en el altar mayor que pertenecía al cabildo y otra en el arco de la puerta de entrada, en la calle. Allí oraban los palentinos cuando no podían entrar en la ermita. Acabó por imponerse la advocación de Virgen de la Calle. Junto a esta ermita sita en la calle de San Bernardo, se levantó el primer convento que tuvieron en Palencia las carmelitas descalzas. Por esta razón nadie mejor que Santa Teresa puede decirnos lo que la Virgen de la Calle representaba para los palentinos. Escribe: «Está en el pueblo una casa de mucha devoción de Nuestra Señora de la Calle, como ermita, llamada Nuestra Señora de la Calle. En toda la comarca y ciudad es grande la devoción que se tiene y la gente acude allí. Parecióle a Su Señoría y a todos, que estaríamos bien cerca de aquella

iglesia; ella no tiene casa, mas estaban dos juntas, que, comprándolas ,eran bastante para nosotras, junto con la iglesia. Esta nos había de dar el cabildo y unos cofrades de ella, y así se comenzó a procurar. El cabildo luego nos hizo merced de ella y, aunque hubo harto en que entender con los cofrades, también lo hicieron bien; que como he dicho es gente virtuosa la de aquel lugar, si yo la he visto en mi vida.»

Se complicaron las cosas cuando los dueños de las casas subieron el precio al notar el interés de la santa en la adquisición de las mismas. Ya Santa Teresa estaba decidida a adquirir otra cuando un día, después de la comunión oyó una voz interior que le decía: «Esta te conviene. No entienden ellos lo mucho que soy ofendido allí y esto será gran remedio.» ¿Qué pasaba en la ermita? Dice Santa Teresa «que eran muchas las velas de noche y como no era sino una simple ermita podían hacerse muchas cosas inconvenientes y no todos los que pasaban allí la noche lo hacían por pura devoción». Estos episodios narrados con tanta naturalidad y gracia por la santa doctora manifiestan la gran devoción que los palentinos de la ciudad y provincia sentían por su patrona. Las Actas Capitulares del Cabildo vienen a ser el testimonio más contundente de esta devoción. Con frecuencia le dan el título de «Patrona de la ciudad». Otras lo omiten. No hay necesidad pública, ni peste o sequía en que no sea sacada en procesión de rogativas o llevada a la catedral para solemnes novenarios. Según Santa Teresa, el obispo don Alvaro de Mendoza, adecentó la capilla que sucesivamente se fue remozando hasta que en el siglo XVIII se levantó la actual iglesia que en nuestros días sirve de capilla del colegio de la Salle. Allí estuvo la venerada imagen hasta que a raíz de la expulsión de los jesuitas por Carlos III, fue trasladada por el cabildo a la iglesia que fue de los citados padres y es hoy la parroquial de San Antolín y Nuestra Señora de la Calle. Fue edificado éste en el siglo XVI a expensas del influyente y gran limosnero don Francisco de Reinoso, abad de Husillos y obispo de Córdoba. La imagen es de madera, del siglo XV y de unos 45 cms. de altura. La peana y andas, son barrocas del siglo XVII. La corona que luce durante el novenario es de los talleres de Maese Calvo, de Burgos. En los primeros decenios de la presente centuria la devoción a la« Morenilla» había llegado casi al total olvido. Aunque sea paradójico hay que constatar que la restauración arranca del ayuntamiento de la segunda República, que decretó fiesta local el 2 de febrero, festividad de la Virgen de la Calle. El celoso párroco de entonces valiéndose de esta circunstancia organizó solemnes novenarios y pontificales. Don Félix Núñez, siguió sus pasos. Varias veces leyó desde el púlpito, con emoción, los detalles de la secular devoción de los palentinos. Sobre ello he encontrado documentos en los fondos documentales del Archivo Catedralicio. Así se pudo llegar a las imperecederas jornadas de los obispos Lauzurica y Torralba y Souto y Vizoso.

BIBL.: Archivo, Catedral Palencia :*Actas Capitulares del Cabildo de Palencia;* SANTA TERESA DE JESÚS, *Libro de las Fundaciones,* cap. XXIX; P. FERNÁNDEZ DE PULGAR, *Historia secular... de la Ciudad de Palencia.* Ma. 1860, lib. III, cap. XXX; R. BECERRO DE BENGOA, *El libro de Palencia.* Pa. 1879; A. GARRACHÓN BENGOA, *Palencia, guía del turista,* Pa. 1930; T. GARCÍA CUESTA, *El Santuario de Nuestra Señora de la Calle, Patrona de Palencia,* Pa. 1951; R. GARCÍA NAVARRO, *Catálogo monumental de la Provincia de Palencia,* IV, Pa. 1946, 152-53; V. BLEYE, *Guía turística de Palencia y su provincia,* Pa. 1958; *Tesoros Artísticos de España,* Ma. 1973, 497; *Nuestra Señora de la Calle, Patrona de Palencia,* R17, 15(1929)342.   J. SAN MARTÍN

Camí, *Santa María del,* (Lérida). Santuario en el lugar de Granyena, partido judicial de Cervera, diócesis de Solsona. La portada es de la segunda mitad del siglo XII, cuya escultura presenta analogías con la del monasterio de Santa María del Estany.

BIBL.: N. CAMÓS, *Jardín de María*, Ge. 1772, 382-383; D7, VIII, 585; *Tesoros Artísticos de España*, Ma. 1973, 353.
IEF

Camino, *Virgen del,* (León). A 3 kms. de la capital. Durante más de cinco siglos los peregrinos del Camino de Santiago no lo conocieron, pero quienes realizaron el recorrido a principios del siglo XVI pudieron marcar en su itinerario, alejados ya 6 kms. de León, un nuevo crucero: La Virgen del Camino. De vuelta a sus tierras, los ancianos preguntaban al hijo que regresaba el significado de la nueva cruz. Esta vez era el mozo quien contaba a los abuelos una historia que había recogido al pasar. El sitio era yermo y despoblado. El pastor se llamaba Alvar Simón Fernández. Aquella mañana de verano no olvidó ni su honda ni sus cantos redondos. Perdiendo de vista su pueblecito de Velilla de la Reina, guió sus ovejas hasta lo alto. Se detuvo cuando en la lejanía apuntaban las agujas de la catedral. Centró su pensamiento en la iglesia de Santa María del Mercado y con fe profunda comenzó su oración. Pero en aquella mañana solemne todo parecía rezar con nuestro pastor. El viento se recogió y permanecieron mudos los árboles. Le pareció a Alvar Simón que aquellas dos ovejas que se habían separado del rebaño se habían puesto de rodillas. Y, cuando se internó en la maleza una imagen de la Virgen le sonreía. «Ve a la ciudad. Avisa al Obispo que venga y coloque dignamente esta mi imagen donde cayere esta piedra que yo arrojaré con tu honda. Y como prueba de que esta es mi voluntad, hallarás esta piedra tan grande que no la podrás mover.» Fue creída la palabra del pastor y comenzó la historia de un nuevo santuario. La tradición señala la fecha del 2-VII-1505. El primer documento escrito referente a la Virgen del Camino data del año 1513. En él dice: «agora apareció». Ciertos hechos históricos nos obligan a colocar la fecha de la aparición dos siglos después de la señalada por la leyenda y por su primer cronista, el padre Villafañe. Alvar Simón abandonó el pastoreo, y al parecer dedicó el resto de su vida al servicio de Nuestra Señora. Primeramente logró que se levantara una capilla en el sitio donde se había realizado el milagro del crecimiento de la piedra. Era una ermita pequeña y sencilla. Derribada en nuestros días para la edificación de la nueva iglesia parroquial, todavía se la conoce con el nombre de «El Humilladero». Nuevas gestiones de Alvar Simón logran que el Cabildo de León se decida a hacer una obra nueva, más amplia y lujosa, pero escogiendo un lugar a la vera del Camino de Santiago, a unos 200 ms. del «Humilladero». Fueron encargados de su realización los canteros Saiz, siguiendo probablemente planos de Juan de Badajoz. Se hizo tallar una imagen de la Virgen según los datos que el pastor proporcionaba de la que se le había aparecido «ya en sueños, ya hablando»; expresión que tomamos de una bula de León X expedida en Roma el 22-V-1517. En las pocas descripciones que de este nuevo edificio nos quedan se dice que la nueva ermita tenía «portada de piedra y dos retablos» y que fue terminada a principios de 1516. Fue precisamente entonces cuando comenzó a llamarse Nuestra Señora del Camino, por estar edificada la ermita junto al Camino de Santiago. A la sombra de ésta se fueron agrupando las casas dando origen al pueblo de la Virgen del Camino. No sabemos cuándo murió el pastor. Pasó toda su vida junto a la Virgen y fue enterrado en la capilla mayor, a la entrada del camarín. La segunda mitad del siglo XVII fue la de mayor esplendor del santuario. Las gracias obtenidas se multiplicaron. La devoción se extendió hasta la América Hispana y las peregrinaciones fueron en aumento. El obispo de León

don Bartolomé Santos de Risoba pudo comprobar en sus recorridos por toda la diócesis cómo era venerada la Virgen del Camino. Secundando los deseos de los fieles y del Cabildo, abrió una suscripción encabezada por un donativo hecho por él mismo, para la edificación de un santuario digno. Los donativos fueron numerosos y en 1644 pudo colocar la primera piedra del nuevo edificio según los planos de don Baltasar Gutiérrez. Fue inaugurado solemnemente el año 1654. Los Reyes lo declararon bajo su patronazgo y Carlos II mandó colocar el escudo de España, con sus águilas imperiales y armas reales, encima de la hornacina de la estatua de San Miguel. El nuevo edificio era de sillería y ladrillo; de tres naves y un crucero corto, con bóvedas sostenidas por gruesas columnas de forma cuadrada. Su traza era renacentista. En 1715 se estrenaron las lujosas andas de plata en que hoy se venera la santa imagen. Son pequeñas y tienen la forma de silla gestatoria. A partir de la Guerra de la Independencia cambia la suerte del santuario. Los robos se sucedieron, disminuyen los donativos y peregrinaciones. La devoción se cobija en los corazones de los fieles. Conscientes de este hecho, los obispos de la diócesis se esfuerzan en poner remedio. Fue el obispo don José Alvarez Miranda quien logró que el 15-IX-1914 Nuestra Señora del Camino fuera declarada «Patrona de la región leonesa». También consiguió, el 7-VI-1917 la autorización para la coronación canónica de la imagen. No se pudo llevar a cabo hasta el 1930. Fue delegado el Cardenal Segura y tuvo lugar con toda solemnidad el 19 de octubre del mismo año con asistencia del infante don Jaime. Se reavivó tanto la devoción que pronto pudo escribir el prelado de la diócesis doctor Almarcha: «Nuestra Reina, la Virgen del Camino, tiene ya una corona regalada por sus hijos; tiene su manto regalado por hijas suyas, pero le falta su alcázar, como una ciudad santa.» En efecto, el templo era demasiado pequeño y por tercera vez hubo que pensar en la ampliación y renovación. Pronto se unieron a las pequeñas ofrendas el donativo cuantioso. Este se debió al leonés y gran devoto de la Virgen don Pablo Díez Fernández y su esposa doña Rosario Guerrero. El proyecto de la nueva obra se debe al arquitecto dominico fray Francisco Coello de Portugal. «La geometría y el cálculo han puesto a su servicio los más nuevos materiales. El hierro, el hormigón y la piedra se conjugan armoniosamente creando el cuerpo de una nueva arquitectura. Las formas son claras, sencillas, perfectamente delimitadas. El volumen rectangular de la iglesia contrasta con la verticalidad de la cruz-campanario de 52 ms., fundido en hormigón, que es señal y símbolo. El santuario es como un sepulcro, recuerdo de un continuado Viernes Santo de Dolores. La cruz es señal y signo de una esperanzadora resurrección.» El 5-IX-1961 tuvo lugar la inauguración del modernísimo templo en una ceremonia oficiada por el prelado de la diócesis doctor Almarcha y presidida por las autoridades de León, con asistencia de unos 80.000 fieles. El cuidado del nuevo santuario ha sido encomendado a los padres dominicos de la provincia de España. Junto a la Virgen han instalado su seminario con una numerosa comunidad de religiosos que atienden a los peregrinos y a los actos de culto en una liturgia cuidada y esplendorosa. En los últimos años, el culto a Nuestra Señora del Camino ha ido en aumento. De ello dan testimonio las constantes visitas durante todo el año y de manera especial el 15 de septiembre y 5 de octubre, día de la gran romería y festividad de S. Froilán, patrono de la diócesis. Se calcula que en este día pasan por el santuario unas cien mil personas que vienen a besar el manto de la Virgen. La actual imagen es de finales del siglo XVII (1683) o principios del XVIII (1731). La «Fundación Virgen del Camino» comprende, además del santuario: la residencia para la comunidad de dominicos, colegio apostólico para aspirantes al sacerdocio, casa de la Virgen para ejercicios espirituales, residencia para la comunidad femenina de dominicas que atienden a todo el complejo de la «Fundación» y escuelas primarias gratuitas que también atienden estas religiosas.

BIBL.: J. GONZÁLEZ, *La Virgen del Camino de León*, León 1925; A. ÁLVAREZ, *La Virgen del Camino en León*, Ma. 1968; M. RISCO, *Iglesia de León y monasterios antiguos y modernos de la misma ciudad*, Ma. 1792; R. RODRÍGUEZ, *La Virgen del Camino de León*: R33, 1(1947)93-99; J. DE VILLAFAÑE, *Compendio histórico en que se da noticia de... los más célebres santuarios de España*, Ma. 1740, 143-51; *Nuestra Señora del Camino*: Anuario Católico Español, II, Ma. 1956, 445; *Tesoros Artísticos de España*, Ma. 1973, 376-77. P. SÁNCHEZ MANCEBO

Campo, *Virgen del,* (Cáceres). En la villa de Aliseda, diócesis de Coria-Cáceres. Situada en la falda de la sierra de Algibe a 28 kms. de la capital, en un paisaje áspero y accidentado, rodeado de los cerros de Cuco al este y el del Muelle al sur. A 3 kms. de la villa se encuentra esta famosa ermita de arquitectura sobria, de piedra, y abovedada, bajo la advocación de la Virgen del Campo. Parece ser que el nombre se debe al bello paisaje que rodea la ermita. Es muy visitada diariamente por los fieles de Aliseda y sobre todo los martes de Pascua, Resurrección y primer domingo de octubre. Próxima al santuario se levanta una casa para albergar a los visitantes. No existe tradición alguna.
BIBL.: *Santuario de la Virgen del Campo*: R17, 15(1929)188; D7, 11, 12. A. DÍEZ

Campo, *Virgen del,* (Santander). En Cabezón de la Sal, partido judicial de Cabuérniga; patrona de la villa. La bella imagen, del siglo XVIII, es estante, vestida de reina. Lleva al Niño en su brazo izquierdo y un cetro en la mano derecha. Ciñe sus sienes una hermosa corona. Su fiesta principal se celebra el 15 de agosto. Es muy conocida la procesión que se celebra el día 12 del mismo mes. A ella concurren numerosos fieles.
BIBL.: D7, V, 35; *La Virgen del Campo*: Anuario Católico Español, II, Ma. 1956, 471. IEF

Campo Sagrado, *Nuestra Señora de,* (León). En el partido judicial de León, situado a 21 kms. al norte de la capital, en la carretera de León a Caboalles. En un paraje solitario, ocupa la parte norte de la penillanura meseteña en un páramo entre rañas entre los interfluvios de los ríos de la Cordillera Cantábrica. En tiempos pasados, este páramo tenía una vegetación de monte bajo. Hoy circunda el santuario una extensa zona de repoblación de pinos, que le dan un aspecto más acogedor. Su plano está ubicado en la línea divisoria de dos municipios: Benllera perteneciente a Carrocera y Rioseco de Tapia; y a pocos metros el de Cuadros. La línea oeste para Benllera y la este para Rioseco de Tapia. La divisoria pasa por el ara del altar mayor, dividiendo la ermita casi en dos partes iguales. Esta divisoria coincide también con las dos diócesis, León y Oviedo, lo que da lugar a un enriquecimiento del fervor religioso a dicho santuario. Esta situación terminó con el reajuste de las diócesis en 1954, por lo que coincide con el territorio provincial, quedando definitivamente para la diócesis de León. El único autor que ha escrito un libro exclusivo sobre Campo Sagrado dice: «El año de nuestra salvación de 715, como lo trae Mariana (*Historia de España*, L. G., cap. 24), estando España en medio de las mayores aflicciones y trabajos por la venida de los moros, el arzobispo de Toledo, Urbano, se retiró a las Asturias, y llevó consigo las sagradas reliquias e imágenes más devotas, libros sagrados, etc., para que no fuesen arrasados por el fuego del invasor. En compañía de Urbano iba don Pelayo. Durmieron

una noche (según cuenta el irlandés Got Villa, asistente en la corte del rey Don Ramiro, el primero que escribe su vida allá por los años 850) en el lugar que está asentada hoy la ermita. Hicieron alto sus componentes, ocultos en la espesura de la vegetación, depositando la sagrada imagen de la Virgen María y rezaron sus oraciones. Divididos en grupos, continuaron rumbo a las intrincadas peñas cántabras, tomando el camino Cuesta del Caballo de Benllera, la Magdalena, siguiendo la ruta que marcaba la ribera izquierda del río Luna hasta el monte Sacro, hoy Monsacro, cerca de Oviedo.

La Batalla de Campo Sagrado. Antes de subir el ejército de don Pelayo a la llanura del páramo, en las sendas estratégicas del camino carretal, descansó aquí una noche poniéndose todos en oración. Llevaba la imagen en el arzón de su alazán el arzobispo Urbano. Pero avisado don Pelayo del cielo por una revelación que tuvo en sueños, apareciéndose el Apóstol Santiago, le mandó prosiguiera hasta el lugar donde había descansado cuando llevaron las sagradas reliquias a Asturias. Acamparon donde hoy se encuentra el santuario. El capitán Colinas, hombre valeroso, en una noche labró trece pozos, que sirvieron de emboscada y refugio para los cristianos. El arzobispo Urbano y prelados acompañantes de don Pelayo y don Alfonso, y gentes de guerra, pusieron la imagen de la Santísima Virgen en el mismo lugar donde acamparon en la ida a Asturias, y se encomendaron a la protección divina, para luego descansar. Aquella noche tuvieron lugar ciertos prodigios que presagiaron el feliz resultado de la batalla. De aquí el nombre de Campo Sagrado.

Fundación del Santuario. Don Pelayo, antes de partir para León, dejó en aquel lugar un testimonio piadoso de su fe, depositando la imagen santísima que había traído de Toledo. La ermita, como obra improvisada, era modesta. Según los vestigios que quedan de la primitiva, era rectangular, de una sola nave de cañón, con un arco toral que dividía el pequeño presbiterio del resto del templo, una puerta lateral a la calle, una espadaña rematada por una cruz y dos estancias, una que comunicaba con la iglesia a la parte izquierda del presbiterio o sacristía, y la otra, que comunicaba con la primera, para vivienda del ermitaño. Nada de adornos artísticos, todo humilde. No hay ningún documento de esta primitiva ermita. Las vicisitudes del tiempo y la negligencia de cronistas, junto con la acción de los malhechores, explica esa carencia de documentos de la primera época de su existencia. Las campañas devastadoras siguientes afectaron al santuario de Campo Sagrado, con la imposibilidad de restaurarlo en bastante tiempo Lo sucedido en dicha ermita, ocurrió como en todas las ermitas, cenobios y monasterios. Del siglo VIII no quedó ni un solo templo. El actual es del siglo XVI, reformado ampliamente en el XVII. Parejo al santuario existieron dos instituciones: la Hospedería o Casa de Novenas y el Hospital. La Hospedería parece ser que se construyó poco después de reedificar la segunda iglesia, para cuidado de peregrinos y devotos. En los libros del archivo del santuario, hay algunas referencias a esta Casa de Novenas u Hospedería. Lo que prueba que se fundó antes del siglo XVII, y en los documentos, actas y cuentas del siglo XVIII ya no se menciona esta institución; lo cual demuestra su vida efímera, y lo mismo sucedió con el Hospital.

Jurisdicción del Santuario. Como se indicó anteriormente, el santuario queda dividido casi en la mitad por la línea divisoria de Benllera al norte y Rioseco al sur, y por consiguiente en las demarcaciones eclesiásticas respectivas de Oviedo y León. Esta situación trajo problemas. La ermita primitiva, así como la segunda iglesia no tenían más que una puerta, por lo que la tradición afirma que la designación de rector para el santuario siempre se hizo entre los dos curas regentes de

Benllera y Rioseco; esto ocasionaba conflictos, escenas violentas y colisiones entre las juventudes de ambas localidades. Hubo pleitos ante dichos obispados. Lo mismo ocurría con el cura que debía celebrar la misa el día de la fiesta mayor. Para evitar esto, se abrió otra puerta y la fiesta se haría por turno rotativo; este acuerdo se conserva en el Libro de Actas del archivo. en 1702, tanto el obispado de León como el de Oviedo, conceden sus licencias respectivas a ambos sacerdotes para confesar ambas comunidades. En cuanto a la visita pastoral del santuario, según Díez Monar, siempre la efectuó el Obispo de León y no se menciona para nada al de Oviedo; pero o bien el autor no estaba bien informado, o de lo contrario la visita del Obispo de Oviedo sucedió posterior a la publicación del libro. Lo cierto es que don Benjamín, obispo de Oviedo, realizó por lo menos una visita pastoral a dicho santuario.

Existe una cofradía desde tiempos pasados. Ella ha sido y es el sostén y la animadora del fervor mariano. Según la tradición, se fundó algunos años después del santuario. En la actualidad continúa su existencia, con un número fijo de seglares e ilimitado de sacerdotes. Se rige por un estatuto muy riguroso, bajo la dirección de un abad. Celebra sus reuniones los últimos martes de cada mes. A ella se debe la reciente restauración del santuario. El templo actual es del siglo XVII. Consta de altar mayor y laterales, camarín, aula capitular, naves anterior y posterior, coro, pórtico de Benllera (León), pórtico de Rioseco de Tapia (Oviedo), antigua sacristía y capilla, trastera, verja, etc. El interior de la iglesia es una sola nave dividida con el arco toral el centro del templo por una verja de hierro. Toda la iglesia está abovedada en sus cuatro tramos: uno el del coro, otro del coro hasta la verja y el otro hasta el presbiterio. Dicha última bóveda tiene una moldura corrida, nervios estriados sobre pechinas. El camarín, situado detrás del altar mayor, tiene bóvedas con cimborrio en relieves geométricos, de yeso. Es circular sobre pechinas. El altar es sencillo, del siglo XVII. En cuanto a obras de arte se refiere, se conservan pocas cosas, unas por expoliación de los malhechores, otras porque han sido vendidas por la Cofradía en circunstancias de penuria económica del santuario... Las imágenes, de las que se conservan tres, son las denominadas Antigua o románica, la del Camarín y la Moderna. De no ser la románica la primitiva, a ésta se le llamaría bizantina. Por corresponderse entre sí esas imágenes en su actitud y presentación de pie, con el Divino Infante en el lado izquierdo, nos da prueba fehaciente de la representación primitiva. No se sabe con certeza si la primitiva o la bizantina es la que trajeron Urbano y Pelayo, o si desapareció con la primera ermita; o es la que denominamos románica y que por su deterioro está retirada del culto. Sabido es que a principios del siglo VIII la furia iconoclasta estaba en su apogeo. El Marqués de Lozoya, en su *Historia del arte hispánico*, hace la observación de bellas leyendas a innumerables imágenes españolas en una fecha anterior a la invasión musulmana. La imagen románica mide 0,70 m. de altura por 0,18 de anchura; de cara alargada, con 12 cms. sobrepasando el canon griego, vestida con túnica y manto con pliegues naturales; con pintura de tres épocas sobre finas capas de yeso; túnica blanca y manto azul; el Niño, pintura sobre lienzo. La del camarín tiene referencias en los libros del archivo, es mayor que la anterior; del siglo XVI, recoge la estructura de las anteriores. Está de pie con el Niño en el brazo izquierdo; es de madera pintada. El obispo de León, Trujillo, en acta pastoral de 1585 prohibió severamente vestir esta imagen. La moderna desplaza a la anterior por ser la moda vestida, y conserva la actitud de las anteriores; es de tipo odogétrico, con el Niño en el brazo izquierdo. Desde tiempo inmemorial se celebra, el 8 de septiembre, la fiesta conmemorativa; concurren a ella gentes asturianas y leonesas, en son de romería, a las misas que sin interrupción celebran los sacerdotes de la comarca, y sobre todo la misa mayor, con sermón y procesión solemne alrededor de la iglesia, así como el rosario y la salve cantados.

BIBL.: D7, II, 228; J. Díez Monar, *Historia de Campo Sagrado*, León 1951, 27-224; F. Agustín Díez, *La noble Tierra de Ordás (Monografía histórica y concejil)*, Ma. 1950, 46-48; F. Alvarez de Miranda, *Tratado de antigüedad de la milagrosa imagen de Nuestra Señora de Campo Sagrado de las Montañas de León*, León 1653. A. Díez

Candás, *Cristo de*, (Asturias). En la iglesia parroquial de San Félix de la villa de su nombre. Según la leyenda, fue encontrada la imagen del Santo Cristo en aguas de la costa irlandesa, hacia el año 1530, por unos pescadores candasinos. Fue trasladada a la villa y colocada en una ermita dedicada al apóstol Santiago, pero un siglo más tarde pasó a la citada iglesia parroquial y fue instalada en un camerino construido a tales efectos entre 1660 y 1670. Se accede al mismo por una moderna escalera de mármol, además de las dos antiguas de caracol construidas en el primer tercio del siglo XVIII, época a la que también pertenece el retablo barroco en que está entronizada la imagen. Esta, réplica de la primitiva que fue destruida en la guerra civil de 1936, es obra moderna.

La devoción popular, sobre todo entre las gentes de la mar, data del siglo XVI, y está plasmada en una cofradía fundada en 1636, en los numerosos exvotos que cuelgan de las paredes del templo, y en la gran cantidad de canciones del folklore candasino que aluden a la imagen, su fiesta, o a sus favores. Testimonian asimismo esta devoción las oraciones y rogativas que se celebraban con ocasión de calamidades públicas: una fuerte sequía en 1699, la invasión napoleónica, etc. Durante la citada sequía se sacó la imagen en procesión. Desde 1966 sale todos los años. El 19-II-1967, por acuerdo de los pescadores asturianos, es nombrado el Cristo de Candás cofrade mayor honorario de las Cofradías de Pescadores de Asturias. Su festividad se celebra el 14 de septiembre.

BIBL.: J. A. Alonso Jesús, *Candás, Cristo de:* Gran Enciclopedia Asturiana, III, Gijón 1970, 281; J. A. Cabezas, *Asturias. Biografía de una región*, Ma. 1956, 250-255. V. García Lobo

Candela, *Nuestra Señora de la*, (Tarragona). Se venera en la iglesia parroquial de San Juan Bautista de la villa de Valls, en una capilla adecentada. Son escasas las noticias que se conocen sobre el origen de esta advocación. Parece ser que en el siglo XIV se presentó una epidemia en este pueblo y en toda Cataluña. Entonces la villa de Valls acudió a buscar remedio en la Virgen; hombres, mujeres y niños, unieron sus voces a las de los sacerdotes para pedir a Nuestra Señora de la Candela que purificase el aire y que la villa quedase libre del contagio, siendo escuchadas sus súplicas. En el año 1677, una plaga de langosta amenazaba el término de Valls, en tal situación recordaron el prodigio anterior y acudiendo de nuevo a la santa imagen se remedió la necesidad. Por último en 1783 se vieron afligidos por nuevas enfermedades que les sumían en consternación y pena. Acudieron al patrocinio de la Virgen de la Candela y tras una devota procesión de rogativas por las calles del pueblo, se recobró la deseada salud. La imagen, de 85 cm. de altura, es de mármol blanco, policromada, del s. XIV.

BIBL.: E. Moreno Cebada, *Glorias Religiosas de España*, II, Ba.-Ma. 1867, 589-95; F. Blasi, *Santuarios marians de la diocesi de Tarragona*, Reus 1933, 208. IEF

Candelaria, *Nuestra Señora de la*, (Santa Cruz de Tenerife). En Candelaria, partido judicial y diócesis de Santa Cruz de Tenerife, situada a orillas del mar. La aparición y culto de Nuestra Señora de la Candelaria, está íntimamente ligada con la historia y vida de los nativos indígenas, los «guanches», dueños de Tenerife hasta el momento de la conquista (1464-1495). Fray Alonso de Espinosa, primer historiador de la Virgen de la Candelaria, fijándose en algunas pinturas murales, rótulos, inscripciones y escrituras antiguas existentes en su tiempo en el convento e iglesia dedicados a esta imagen, fija la fecha de su aparición unos 150 años antes de que la isla fuese conquistada por los cristianos (1390-1400). Crónicas y leyendas revestidas de imaginación y fantasía relatan detalladamente su aparición y hallazgo. Los reyes comarcanos de Güimar, Taoro, Abona, Adeje, etc., y los propios nativos acuden desde tiempo inmemorial a «Achbinico» —más tarde se llamará «Cueva de San Blas»— a rendir culto a una especie de «divinidad protectora» encarnada en aquella reliquia sagrada transformada por los cristianos en objeto de culto y a la que dedicarían una pequeña capilla bajo la advocación de la Candelaria. En escritura pública notarial de 25-VI-1497, con motivo de la visita canónica del obispo de Canarias, Diego de Muros, a este lugar, se hace referencia a uno de los milagros más célebres de esta ermita con estas palabras: «en la villa de *San Cristóbal*, en el lugar de Goymar de la isla de Tenerife... se tiene por público y notorio el milagro de aparecer cada año unos días antes de la Purificación cierta cantidad de cera hecha en panales (candelas) para la celebración de la candelaria». La imagen primitiva, era una talla de madera pintada, de más de un metro incluida la peana. Bien proporcionada, vestida a la antigua, de rostro bondadoso a la vez que grave y mayestático. Sobre su brazo derecho y apoyado en su mano aparecía el Niño y en la mano izquierda un pedazo de vela.

Desde la pacificación y conquista de la isla (1495) la cueva y ermita de San Blas pasó a ser santuario de Nuestra Señora. En 1526 fue trasladada la imagen de la Virgen al nuevo santuario construido bajo los auspicios del segundo Adelantado de Tenerife, Pedro de Lugo. En 1530, Luis Cabeza de Vaca, obispo de Canarias, al visitar las iglesias de Tenerife, provee acerca del «servicio y buena administración de Ntra. Señora de la Candelaria, que es de gran devoción». Con el fin de aumentar la devoción popular y evitar ciertos abusos, el obispo encomienda el cuidado espiritual y temporal del santuario al padre Diego de la Fuente, viceprovincial de la Orden de Santo Domingo en las islas Canarias. Desde entonces hasta hoy —salvo en momentos excepcionales y durante el período de la exclaustración— los Dominicos han permanecido al frente del santuario de la Candelaria. No faltaron dificultades de carácter económico-jurídico entre el obispo, clero nativo de Tenerife y la Orden de Santo Domingo. El Cabildo de San Cristóbal de la Laguna (1534), «atento a lo que convenía a la honra del servicio y culto divino y a la mucha devoción que en Ntra. Señora de la Candelaria este pueblo tiene y todos los pueblos de las islas comarcanas y mareantes, ofrece y dona a los PP. de Santo Domingo la dicha casa y ermita e imagen de Ntra. Señora con todas sus posesiones, edificios y ermitas destinados a morada de frailes y romeros». Esta escritura de donación fue aceptada por el Provincial de la Orden, fray Jerónimo de Vizcarra (9-I-1535) y al año siguiente confirmada por la reina doña Juana y por el papa Paulo III. Poco después (1539) un grupo de clérigos conspiró contra los encargados del santuario, consiguiendo por la fuerza su expulsión. Durante más de un año el santuario y convento de la Candelaria se convirtió en auténtica fortaleza medieval. Sólo con la intervención real y bajo las amenazas pontificias, se logró que en 1543 toda la casa de Nuestra

Señora pasara pacíficamente a los Dominicos. Durante el siglo XVI surgieron nuevos conflictos jurídicos entre los visitadores de la Orden y los obispos de Canarias. Clemente VIII, en bula de 26-III-1599, hace alusión al patronazgo de la Virgen de la Candelaria; más tarde la Congregación de Ritos, por expresa voluntad de Pío IX, nombra a esta Virgen, Patrona del Archipiélago Canario. Por su parte el rey Felipe III eleva a rango de real, el convento y santuario de la Candelaria. Fray Alonso de Espinosa dedica todo el Libro IV de la «Historia de Ntra. Señora de la Candelaria» a narrar —con fines puramente piadosos— más de cincuenta milagros atribuidos a esta imagen, unos comprobados jurídicamente ante notario, otros transmitidos por la tradición o bien recogidos de «un borrador antiguo» redactado por fray Gil de Santa Cruz, devoto y fiel servidor de Nuestra Señora. En 1672 —dada la popularidad y devoción a la Candelaria— se inauguró un gran templo que un siglo más tarde sería pasto de las llamas. La imagen, salvada del incendio, se coloca de nuevo en la cueva de San Blas. Del 1804 al 1826 se la instala en una capilla provisional, de donde desaparece a causa de un fuerte temporal. Los padres dominicos reconstruyen la capilla y encargan otra imagen al escultor canario Fernando Estévez del Sacramento. Esta imagen —que se venera hoy— fue coronada canónicamente por D. Ramón Torrijanos Gómez el 13-X-1889. La corona, de tipo imperial, la diseñó Ernesto Meléndez de Santa Cruz. Su orfebrería se debe a Rafael Fernández, de La Laguna. La basílica actual se inauguró el 1-II-1959. Fue bendecida y consagrada por el nuncio pontificio en España, Mons. Antoniutti. Está situada al sur de la isla de Tenerife, en la villa de Candelaria a 16 kms. de la capital. Arquitectónicamente es una combinación del arte isleño y renacentista. Su altar mayor es un fresco de encendida policromía y estilo grandioso. Representa la apoteosis de la Virgen y al pueblo canario orando a sus pies. Numerosos conquistadores españoles —entre otros Hernán Cortés— llevaron sobre sus pechos la medalla de esta milagrosa imagen. Durante los últimos diez años, la devoción a la Patrona del Archipiélago canario ha experimentado notable aumento. Son miles de peregrinos, los que pasan semanalmente por el santuario, cada vez con más arraigada y consciente devoción. La víspera de la fiesta principal (14 de agosto) —tal vez reminiscencias del folklore guanche— se celebra la representación de la «*ceremonia de la aparición*» en la que interviene un grupo de hombres vestidos con pieles de ovejas. El santuario de la Virgen de la Candelaria es centro mariano de devoción no sólo de la isla de Tenerife, sino de todo el Archipiélago canario. Sus fiestas principales son el 15 de agosto (fiesta solemnísima), 2 de febrero (titular) y 13 de octubre (aniversario de la coronación canónica).

BIBL.: A. DE ESPINOSA, *Historia de Nuestra Señora de la Candelaria*, Tenerife 1967; ID., *Del origen y milagros de la Santa imagen de Ntra. Señora de la Candelaria*, Se. 1594; J. DE VIERA Y CLAVIJO, *Noticias de la historia general de las Islas Canarias*, 6.ª ed., Tenerife 1967, 277-80; C. MARKHAM, *The Guanches of Tenerife. The Holy Image of Our Lady of Candelaria and the Spanish conquest and settlement*, Lo. 1907; J. NÚÑEZ DE LA PEÑA, *Conquista y antigüedades de las islas de Gran Canaria y su descripción*, Ma. 1676, reimpreso en Tenerife 1847; A. DE VIANA, *Antigüedades de las islas fortunadas de la gran Canaria, conquista de Tenerife y aparecimiento de la imagen de la Candelaria*, Se. 1604; *Nuestra Señora de la Candelaria:* Anuario Católico Español, II, Ma. 1956, 468-69; *Tesoros Artísticos de España*, Ma. 1973, 567. A. RIESCO

Cañas, *Santa María del Salvador* (Logroño). En la villa del mismo nombre, en la iglesia del monasterio de monjas bernardas (véase el art. Monasterios, en la voz Cañas.)

Capilla, *Nuestra Señora de la,* (Jaén). Patrona de la ciudad. Don Gonzalo de Zuñiga (Estuñiga), obispo de Jaén (1423-1456) y esforzado caudillo durante la Reconquista, para conmemorar el glorioso «descenso» de la Santísima Virgen, con su corte de ángeles, guerreros y santos a Jaén, en la noche del 10 al 11-VI-1430, mandó construir una pequeña capilla a espaldas de la iglesia gótica de San Ildefonso y en ella colocó una imagen de la Virgen que desde entonces se venera bajo la advocación de Nuestra Señora de la Capilla. La información testifical de este hecho y aparición milagrosa realizada ante el provisor y vicario general de Jaén, señor Villalpando, fue recogida más tarde por el licenciado Antonio Becerra en su «Memorial del Descenso» 1639. El documento en el que se contiene esta «Información testifical» está fechado en Jaén el 13-VI-1430 y en él se dice que «esta aparición milagrosa tuvo lugar tres días antes, el 10 de junio del mismo año. De la autenticidad diplomática de este documento original en pergamino, conservado en el archivo del santuario, nadie ha dudado; se discute, en cambio, la objetividad y realidad histórica del hecho. Lo cierto es que el «descenso de la Virgen a Jaén», como vulgarmente se le denomina, es un acontecimiento con repercusiones trascendentales de orden político, militar y religioso en toda la región giennense, conservándose intacto a través de la tradición popular y plasmado más tarde, con mayor o menor fidelidad y extensión, en todas las historias de Jaén escritas durante los siglos XVI y XVII. La tradición, atestigua que el obispo don Gonzalo, fundador de la pequeña capilla construida para conmemorar el «descendimiento de la Virgen», colocó en ella una imagen antigua de Nuestra Señora, escultura gótica de finales del XIV o principios del XV, que estaba en la iglesia de San Ildefonso (siglo XIV) y que desde entonces se la llama de Nuestra Señora de la Capilla. Hacia el 1480, cuando la devoción popular estaba ya bien arraigada, se construyó una nave o cuerpo de iglesia adosada a la antigua, quedando dentro aquella capilla primitiva «pequeña y con rejas de madera». De principios del siglo XVI es la gran portada gótica, reemplazada más tarde (1545-54) por otra platéresca hasta el cornisamento y grecorromano en su segundo cuerpo. Hacia el 1600, bajo el pontificado de don Sancho Dávila y Toledo, se construye la torre principal y la nueva capilla de la Virgen para completar el cuerpo de iglesia edificado a fines del siglo XV. Inaugurada esta capilla-santuario en junio de 1600, pronto se ve enriquecida con innumerables muestras de devoción popular: ricas lámparas, preciosos ornamentos, vasos sagrados, exvotos, etc. En la segunda mitad del siglo XVIII se concluía el grandioso retablo mayor del «Descenso» (1750-1770) representación escultórica en relieve de la celestial aparición, atribuido a J. Marcelino Roldán. Desde el siglo XVI tenemos datos fehacientes de la existencia de una cofradía «muy antigua, muy noble y rica» con sede en la iglesia de San Ildefonso, cuyos miembros a modo de guardia de honor, se denominan «cofrades de Nuestra Señora de la Capilla». Ya en esa fecha, aparte de la fiesta principal con su novenario, misas, sermones y otras solemnidades y rogativas periódicas, el pueblo y autoridades giennenses rodeaban a su querida patrona con otras muchas y elocuentes manifestaciones de veneración. En el archivo del santuario se conservan rescriptos, breves y diplomas pontificios desde 1540 en privilegios, indulgencias, etc. Entre las regias visitas que Nuestra Señora de la Capilla ha recibido merecen especial mención, la de Felipe II en su viaje a Granada con ocasión de la rebelión de los «moriscos», el 20-V-1570, y ya en el siglo XIX la de Isabel II (1864) al aceptar el cargo de «gobernadora y protectora» de la cofradía. A partir del siglo XIX se acentúa la decadencia de la cofradía y disminuye en parte el culto y devoción popular. Entre los años 1854-1860 con motivo del cólera y gran sequía padecidos en Jaén, se reorganiza la archicofradía o congregación de Nuestra Señora de la Capilla, revitalizándose su culto y devoción popular. Para conmemorar el quinto centenario del «Descenso de la Virgen a Jaén» el entonces obispo don Manuel Basulto y Jiménez, a petición de la cofradía, de la corporación municipal, del gobernador civil, cabildos catedral y parroquial y numerosos fieles, solicita de la Santa Sede la coronación canónica de esta sagrada imagen. El 11-VI-1930, tras un solemnísimo triduo y el traslado oficial de la imagen a la catedral, don Pedro Segura Sáenz, arzobispo de Toledo y cardenal primado de España, acompañado de numerosos prelados y en presencia del ministro de Justicia Sr. Estrada, autoridades civiles, militares y numerosísimo público de toda la región, procedía a la coronación de Nuestra Señora de la Capilla proclamándola «reina, madre y soberana señora de Jaén». Avivada la devoción mariana de Jaén hacia su patrona en las fiestas de su coronación canónica, el pueblo giennense demostró gran confianza en ella durante los trágicos días de la revolución española (1936-39) y continúa en la actualidad acudiendo a su Virgen de la Capilla en las necesidades públicas y particulares.

BIBL.: V. MONTUNO MORENTE, *Nuestra Señora de la Capilla, madre, patrona y reina de Jaén,* Ma. 1950, 41-55, 107-126, y ss.; ID., *Nuestra Señora de la Capilla, patrona de Jaén, en las letras y en las artes españolas de los siglos XV al XX:* Paisaje, 7(1950)6-13; G. ARGOTE DE MOLINA, *Nobleza de Andaluzia,* I, Se. 1588, 317-318; G. SALZEDO DE AGUIRRE, *Relación de algunas cosas insignes que tiene el Reyno y obispado de Jaén,* Baeza 1614, 1-5v.; A. DE BECERRA, *Memorial en que se hace relación del Descenso de la Virgen... y de la visita que hizo a la iglesia de San Ildefonso de la ciudad de Jaén el año 1430,* 3.ª ed., Jaén 1864, 4-5; M. DE XIMENA IURADO, *Catálogo de los obispos de las iglesias catedrales de la diócesis de Jaén y annales eclesiásticos deste obispado,* Ma. 1654, 389-391; B. XIMÉNEZ PATÓN, *Historia de la antigua y continuada nobleza de la ciudad de Jaén...,* Jaén 1928, 51-53; J. MONTIJANO CHICA, *Los prelados giennenses y la Virgen de la Capilla:* Boletín del Instituto de estudios giennenses 9(1963)65-27; *Nuestra Señora de la Capilla:* Anuario Católico Español, II, Ma. 1956, 442-444.   A. RIESCO

Caravaca, *Santísima Cruz de,* (Murcia) castillo-santuario. En la ciudad de Caravaca, recientemente restaurado por la Dirección General de Arquitectura. Aún continúan las obras de la fachada principal, habiendo sido reconstruida la parte almenada, en gran parte, por la Dirección General de Bellas Artes. En el santuario se veneraba una reliquia de la Cruz de Cristo aparecida al sacerdote cautivo Ginés Pérez Quirinos cuando celebraba la santa misa en presencia de Zayd ben é Abu Zayd y su corte, que la crítica admite como rey de Valencia, el cual ante el prodigio que presencia se convierte, bautizándose, con los musulmanes que le acompañan, el día 3-V-1232. Esta reliquia de la vera Cruz de Cristo fue robada, profanada y llevada a París en 1936, donde desaparece. Estaba engastada en rico relicario de abundantes piedras preciosas de gran valor, que pudo salvarse. La Santa Sede concedió una nueva reliquia de la Cruz de Cristo, portada desde Roma y entregada a la ciudad de Caravaca por el actual Prefecto de la Congregación de Religiosos, cardenal Tabera Araoz. El castillo de Caravaca, que era de la Orden del Temple, a la supresión de ésta, pasó a la Orden de Santiago, estableciendo una vicaría, que fue de jurisdicción exenta, «vere nullius», hasta 1868. En el recinto del castillo, cuya muralla es de catorce torres o torreones, con restos de construcción árabe, del siglo XV, consolidada y restaurada por el comendador don Juan Chacón de los Faxardo, señor de Cartagena y Caravaca, se halla el grandioso santuario de la Santísima Cruz, templo de arquitectura herreriana, cuyo autor o tracista sigue desconocido, pero que bien puede atribuirse a la casa Gómez de Mora y a Damián Pla como continuador de la obra.

La portada principal se ha atribuido a José Valdés, aunque en nada se parece a las obras de este artista, que se conservan en Lorca. Fue labrada en 1720 y construida con mármoles negros y rojos de un barroquismo impresionante, con columnas mixtas y estípites, que recuerdan las portadas y retablos mejicanos. El recinto del templo es de tres naves con crucero y media naranja. La capilla mayor está formada por dos capillas superpuestas en arcos abocinados, ocupando el lugar donde se apareció la Santa Cruz. Seis tablas de un retablo del siglo XVI, alusivas al prodigioso hecho de la aparición de la Santa Cruz pertenecen a la escuela de Fernando de Llanos. Una pintura napolitana representando a San Francisco en la zarza, que con muy poco fundamento se ha atribuido a Ribera, desconociéndose el verdadero autor. El apostolado, de Antonio Arias, copias en cobre de Rubens, lienzos de Conchillos, representando el milagro y la curación de Tobías del caravaqueño Tejeo.

Hay dos cosas intocables para todos los caravaqueños: la Santa Cruz y las aguas. El fervor popular a la Santa Cruz no se limita a Caravaca y sus pueblos cercanos, es devoción extendida por toda la provincia murciana y muy apreciada en muchas regiones de España. Todos los años tiene lugar la fiesta de moros y cristianos, con lucha entre ambos bandos y triunfo final del rey cristiano. Reviste especial relieve el llamado baño del vino, festejo popular con el desfile de los llamados «caballos del vino», mientras se sumerge la Santa Cruz en un cáliz de vino en el interior del santuario.

BIBL.: J. C. LÓPEZ JIMÉNEZ, *Influencia de la escultura italiana en el Levante y Sur de España*: R56, 85(1965); ID., *Noticias protocolarias sobre retablos en Caravaca y Alhama de Murcia (1575)*: Archivo de Arte Valenciano, (1966); ID., *La estela de Andrés de Valdelvira en Levante:* Archivo de Arte Valenciano (1970); Q. BAS Y MARTÍNEZ, *Historia de Caravaca*, Caravaca 1910; J. ESPÍN REAL, *Artistas y artífices levantinos*, Lorca 1921; A. PÉREZ SÁNCHEZ, *Guía artística de Murcia y Albacete*, Ba. 1962, 126-31; J. DE ROBLES CORBALÁN, *Historia del mysterioso aparecimiento de la santísima cruz de Caravaca...*, Ma. 1614; D. M. M. Y., *Caravaca. Historia de esta villa y de la aparición gloriosa de la santa Vera Cruz...*, Mu. 1847; D7, V, 520-521; R. AMADOR DE LOS RÍOS, *Riquezas perdidas. La Santa Vera Cruz de Caravaca y su capilla en los últimos años del siglo XV*: R159, 28(1913)226-240.   A. ROLDÁN

Caridad, *Nuestra Señora de la,* (Orense). En la parroquia de Flariz, municipio de Monterrey. Edificio amplio y artístico. Celebran las fiestas con dos grandes romerías el lunes de Pentecostés y 24 de septiembre. Gran asistencia del Valle de Verín y Cualedro, incluso desde Villar de Bario.
BIBL.: C. GIL ATRIO, *Orense Mariano*, Or. 1954, 162. IEF

Caridad, *Nuestra Señora de la,* (Toledo). En Illescas, a 35 kms. de Toledo. Es población cuyo origen se remonta a época pre-romana. En el siglo XI, al ser conquistada por Alfonso VI, parece contaba con una numerosa comunidad mozárabe. Al menos a partir de ese siglo tuvo una iglesia dedicada a Santa María, elevada en fecha incierta al rango de arciprestal. Alfonso VIII hizo donación de su villa de Illescas a la Iglesia de Toledo en julio de 1176. El templo arciprestal de Santa María es un notable edificio de estilo gótico y mudéjar, que encierra valiosas obras de arte.

Hubo también en esta villa, desde fecha ignorada, una ermita con un pequeño hospital anejo, que el concejo de Illescas ofreció hacia el año 1500 al cardenal don Francisco Jiménez de Cisneros para que erigiese en su solar un convento de religiosas franciscanas, construyendo el arzobispo, en compensación, un nuevo santuario y un hospital mejor acondicionado.

En la *Relación* dada por la villa de Illescas a requerimiento de Felipe II, 1576, puede leerse: «Ay en Illescas un ospital señaladísimo, que se dice de nuestra Señora de la Caridad, donde cada día se hacen y an hecho grandes milagros, que sería larga la ystoria referirlos. Es un santuario el más visitado y frecuentado de toda España: an venido a visitarle y a tener novenas la magestad del Rey nuestro Señor y la magestad de la Reyna nuestra Señora, la Serenísima Princesa de Portugal doña Juana (que sea en gloria), muchos prelados, duques, condes y otros grandes príncipes, oydores de los Consejos de Su Magestad, y otras infinitas gentes que jamás cesan de venir a visitar esta benditísima Señora». Más adelante se añade que en dicho hospital «se curan muchos enfermos forasteros que a él vienen, de donde se dan las medicinas y todo lo demás que han menester los pobres enfermos que son naturales, de donde se socorren todas las viudas pobres y todos los viejos que por su manera de vivir o por no poder trabajar an venido a pobreza...»

Acerca del origen del santuario y de su imagen, también aquí, como en otros casos, fantaseó el padre La Higuera leyendas difundidas por los falsos cronicones, relacionándolo con un san Elpidio supuesto primer obispo de Toledo, con el arzobispo san Ildefonso y con el monasterio llamado Dubiense o Deibiense, caprichosamente localizado en las proximidades de Illescas. Dice el conde de Cedillo: «De los caracteres arqueológicos de la efigie no puede en realidad juzgarse, oculta como está por los ropajes con que la devoción tradicional la ha engalanado.»

Lo cierto es que esta imagen fue trasladada hacia el 1500 al nuevo hospital y ermita erigidos por Cisneros. Incrementada la devoción, dotado el hospital de pingües rentas y multiplicándose los donativos, el edificio fue completamente renovado un siglo después, entre los años 1593-1600, según planos de Nicolás de Vergara el mozo, maestro mayor de las obras de la Catedral Primada, y enriquecido con tres retablos y diversa ornamentación debidos al arte genial de Domenico Theotocópuli.

El retablo mayor fue encargado al Greco por el Prioste y Seises del Hospital de la Caridad poco antes de 1600. Fue tasado por el célebre Pompeyo Leoni, dando lugar a un ruidoso pleito. En el ático de este retablo, sobre la hornacina de la Virgen, figuraba el lienzo de *La Caridad, amparo de los devotos de la Virgen,* hoy colocado en uno de los dos retablitos laterales. Ocupa el otro una de las obras maestras del Greco, la famosa pintura de *San Ildefonso escribiendo en defensa de la virginidad de María.* Otras tres pinturas del Cretense: el *Nacimiento de Jesús,* la *Anunciación* y la *Coronación de la Virgen,* adornaban sendos espacios laterales en lo alto de la capilla mayor y en la parte central de la bóveda de cañón que cubre la cabecera de la iglesia: hoy se encuentran colocados en el valioso Relicario. Son piezas muy notables de orfebrería del siglo XVII: el trono de la Virgen, de plata blanca dorada, en relieve y cincelada; un frontal y dos lámparas, todo ello de plata, con adornos en relieve y otras labores de época.

A principios de este siglo se conservaban dieciocho mantos, en su mayoría de gran valor material y artístico. Sobresale entre ellos el de brocado de plata con repetidos monogramas de María e iniciales (A coronada) de doña Ana de Austria, cuarta esposa de Felipe II. En 1925 se restauró la Real Hermandad de los Infanzones de Nuestra Señora de la Caridad de Illescas gracias a los desvelos de un ilustre prócer toledano, don Jerónimo López de Ayala-Alvarez de Toledo, conde de Cedillo († 1934), benemérito historiador. Este brazo noble de la hermandad de la Virgen tiene por fines propios: fomentar la devoción a esta sagrada imagen, repartir limosnas entre los conventos y los pobres de la villa, velar por la conservación del santuario y de las joyas que atesora, y cultivar el sentimiento de la hidalguía, que tiene en Illescas vieja tradición. En efecto, ya en la Edad Media son mencionados los caballeros de Illescas, y en la citada *Relación* a Felipe II se expresan los linajes de caballeros que existían en la localidad (Araoz, Avalos, Avellaneda, Bustamante, Carranza, Díaz del Castillo, Garcés, Gaytán, Guzmán, León, Loarte, Montoya, Noreña, Ordóñez, Páramo, Piñán, Ramírez, Reynoso, Salto, Suárez y Tavira). La fama que conservan los hidalgos de Illescas a principios del siglo XVII se manifiesta en dos obras muy notables de nuestra literatura: *El caballero de Illescas*, de Lope de Vega (1620), y *El infanzón de Illescas*, atribuida a Tirso de Molina, cuyo permiso de impresión es de 1623.

El hospital sigue funcionando en la actualidad. La coronación canónica de esta sagrada imagen se celebró bajo el pontificado del cardenal don Enrique Pla y Deniel, arzobispo de Toledo.

BIBL.: C. VIÑAS y R. PAZ, *Relaciones de los pueblos de España ordenados por Felipe II, reino de Toledo*, I, Ma. 1963, 492 y ss.; J. LÓPEZ DE AYALA-ALVAREZ DE TOLEDO, *Catálogo monumental de la provincia de Toledo*, To. 1959, 116 y ss.; G. DE JESÚS MARÍA, *Manifiesto de la columna protectora de Israel en la Carpetania y Sacro Paladio del antiguo Lacio en Castilla la Nueva...*, Ma. 1709; J. DE CONTRERAS Y LÓPEZ DE AYALA, *Real Hermandaz de Infanzones de Nuestra Señora de la Caridad de la Imperial Villa de Illescas*, Seg. 1960; E. MORENO CEBADA, *Glorias religiosas de España*, II, Ba.-Ma. 1867, 571-80; *Nuestra Señora de la Caridad:* Anuario Católico Español, II, Ma. 1956, 493; *Tesoros Artísticos de España*, Ma. 1973, 335-36.   J. GÓMEZ MENOR

Carmen, *Nuestra Señora del*, (Cádiz). En la capital, en la Alameda de Apodaca. El templo tiene forma de cruz latina, con tres naves. Los altares son de estilo churrigueresco. Es famoso un cuadro de la Virgen del Carmen, perteneciente a la escuela sevillana. La iglesia perteneció a la orden de Carmelitas Descalzas y fue construida con los donativos enviados por los devotos de ultramar. Nuestra Señora del Carmen es la patrona de los marineros, cuya devoción se transluce en la famosa salve marinera. La imagen es de tamaño natural. Su antigüedad no se encuentra consignada en ningún documento; pero se cree que es del siglo XVI o XVII. Recibe un culto continuo; los sábados de cada semana se canta una misa solemne.

BIBL.: E. MORENO CEBADA, *Glorias religiosas de España*, I, Ba.-Ma. 1866, 165-76; D7, VI, 173; D3, X, 322-24.   A. DIEZ

Carmen, *Nuestra Señora del*, (Salamanca). En la villa de Ledesma, diócesis de Salamanca. Situado en la margen izquierda del río Tormes, al NO y a 35 kms. de Salamanca. Próximo al puente romano sobre el Tormes existe una ermita dedicada a la advocación de Nuestra Señora del Carmen. En el siglo XVII ya era venerada; pero no sabemos si era en alguna iglesia del pueblo o se hizo esta ermita expresamente para este fin. Lo cierto es que en dicho siglo fue nombrada patrona de Ledesma y la devoción mariana continúa patente.

BIBL.: *Nuestra Señora del Carmen:* Anuario Católico Español, II, Ma. 1956, 467; D7, X, 120.   A. DIEZ

Carrasca, *Nuestra Señora de la*, (Ciudad Real). Entre los términos de Carrizosa, Alhambra y Villahermosa. Cada uno de los tres municipios tiene su entrada en la parte del territorio que le corresponde para no depender el uno del otro. El nombre de esta advocación proviene de la carrasca o encina, en la que se dice haber aparecido la Virgen.

BIBL.: *Nuestra Señora de la Carrasca:* Anuario Católico Español, II, Ma. 1956, 429; D7, V, 608.   P. GARCÍA FIDALGO

Carrascal, *Nuestra Señora del*, (Segovia). A las afueras de Villacastín, partido judicial de Santa María de Nieva, diócesis de Segovia. Esta advocación tiene su reflejo tradicional en la aparición de la Santísima Virgen sobre una carrasca, arbusto similar a la encina brava y que hoy está en paso de extinción, de aquí el nombre de la advocación. La cofradía, está representada por los ganaderos de la comarca y con este motivo la han nombrado patrona, a la cual ofrecen en el día de la fiesta corderos y el más grande es ofrecido por el capitán de la cofradía; luego estos animales se subastan en beneficio del santuario. Este es visitado diariamente, finalizando el día con la salve cantada. El edificio es del siglo XVII y consta de dos partes bien definidas, la que forma el presbiterio de fines del XVII y el resto del santuario del XVIII, donde está colocada la imagen con una bóveda de medio cañón con el camarín.

BIBL.: D7, XVI, 108; E. DEL BARRIO MARINAS, *La Santísima Virgen en Segovia*, Seg. 1954, 47-49.   A. DIEZ

Carrasconte, *Nuestra Señora de*, (León). En Piedrafita de Babia, municipio de Cabrillanes, partido de Murias de Paredes, diócesis de León. El santuario está situado a 90 kms. de León en la parte nordeste y a 10 kms. de la provincia de Oviedo. Está en la línea divisoria de dos comarcas, Babia y Laciana, a 1.280 ms. de altitud. Por falta de documentos, no se puede precisar el origen del santuario. En 1639, tenemos noticias de un visitador eclesiástico en el que nos da noticia de la imagen que había colocada sobre la puerta de la ermita. Esto nos da pie para formular una hipótesis, aunque sin bases documentales sobre la construcción del templo, pues se cree que se construiría para albergar dicha imagen y luego el fervor cristiano promovería la construcción del caserío circundante. En 1578 aparece la documentación más antigua que poseemos. A partir de esta fecha ya hay documentación abundante para la reconstrucción histórica del santuario. En 1634 se rinden las primeras cuentas de los haberes del santuario y aparecen por separado las de Laciana y Babia. En 1656 aparece en el libro de cuentas los pagos del nuevo retablo. En 1701 se advierte cierta preocupación por el incumplimiento de los caseros. La relación de visitadores y Mayordomos al santuario, nos pone de relieve la importancia que el santuario ha tenido a lo largo de su existencia. Otra hipótesis que parece más abalada por notas consignadas en los libros de cuentas, podemos afirmar que el santuario fue erigido para la atención espiritual de los peregrinos que iban a Santiago ya que se halla a la vera de un camino real secundario al general de Compostela. Esto lo corroboraba un retablo que existió hasta la Guerra Civil, adornado con conchas, calabazas y mochilas. También consta en el archivo que había hospital para el albergue de peregrinos. En la fecha citada ya del visitador de Oviedo nos habla de la imagen de la portada, que parece ser la que se apareció. Alfonso X el Sabio en una carta-puebla menciona el santuario. La labor social del santuario: En 1640 y sucesivos cumple una labor magnífica con los necesitados. Los donativos son para los pobres y jóvenes recogidas, a las que se les da una vaca al contraer matrimonio, también para la reconstrucción de casas quemadas, para crianzas de niños abandonados y para ciegos. Esta labor se suspendió para reconstruir el santuario y más tarde se alteró con la desamortización de los bienes eclesiásticos. Vida espiritual: en el libro de cuentas de 1650 se dice: en algunos festivales, fue tan grande el número de fieles que algunos pernoctaron en el santuario, esto fue reprobado por el visitador. Pío IX declara el altar privilegiado y aún hoy se usa de este privilegio. Cultos actuales, casi se celebra misa diariamente. Siendo los días fijos los 8, 18 y 28 a las diez de la mañana y las vísperas de fiestas a las cinco y siete de la tarde. El último domingo de mayo se celebran las rogativas y a continuación la típica merienda. La fiesta principal se celebra el 15 de agosto. La víspera, desde hace ocho años se viene celebrando la peregrinación nocturna, organizada por la juventud de Laciana y Babia, portadores de coronas, recorren 20 kms. a pie. Una vez realizada la ofrenda por la reina de las fiestas, a las doce de la noche se celebra la misa de comunión y a continuación se reparten las típicas sopas de ajo. La concurrencia del 15, es bien significativa al celebrarse sin interrupción misas desde las ocho hasta las dos de la tarde. El templo es de cruz latina, con camarín, al cual se tiene acceso por la sacristía.

BIBL.: D7, XIII, 18; F. Mayán Fernández, *Santuario de Nuestra Señora de Carrasconte:* R33, 3(1949)39-94. A. Diez

Carrión, *Nuestra Señora de,* (Badajoz). En Alburquerque, a unos 4 kms. de la población, dirección sur. Es patrona de la villa. Además del templo tiene unos arcos para guarecerse y servir de tiendas a los que vienen a la feria; la hospedería se llama de los «Novenos».

BIBL.: D7, I, 352, y V, 627. M. I. González

Castañar, *Nuestra Señora del,* (Salamanca). En Béjar. El año 1446 sufre Béjar la doble calamidad de la guerra entre Juan II de Castilla y Juan II de Aragón, y una terrible peste. En esta época había en Béjar seis iglesias con sus respectivos cementerios. Cada día se oían en la villa los sonidos de las campanas anunciando a qué parroquia pertenecía el finado. Apenas había familia que no llorara la pérdida de alguno de los suyos. La única esperanza estaba en pedir al Señor la ayuda de lo alto. De este tiempo data la tradicional aparición de la milagrosa imagen de la Virgen del Castañar, según unos manuscritos que poseía el capellán del duque de Béjar, don Francisco.

La primera historia de la imagen del Castañar es la escrita por el ilustre bejarano fray Francisco Yagüe, OFM. En ella se nos narra cómo en un atardecer de marzo, precisamente el día 25, la imagen de la Virgen es descubierta por dos pastores del cercano pueblo de La Garganta, Joaquín López e Isabel Sánchez. De hecho, el escrito más antiguo que se conserva es una de las Actas del Cabildo eclesiástico bejarano, en la que se dice que ya «el 26 de Marzo de 1447 se subió en procesión a Santa María del Castañar».

El 8 de septiembre del año de su aparición ya queda expuesta a la veneración del pueblo y se organizan los cultos. Es por esas fechas cuando nos encontramos con la pequeña ermita, que sería ampliada hacia 1650 a expensas del duque de Béjar don Alfonso I. Es a partir de este mecenas cuando empiezan a ponerse en movimiento las obras del templo actual. La devoción es grande. Tanto es así que el papa Alejandro VII, en fecha 6-VII-1655, manda una bula en la que concede indulgencias a todos los cofrades de Nuestra Señora del Castañar. Esto demuestra cómo el santuario va cobrando esplendor. Numerosos motivos artísticos llegados hasta nosotros parten de ese tiempo. Fuera del santuario se adecentaron los alrededores y se construyeron cosas tan interesantes como la primera plaza de toros de España —1706—, donde todavía se celebran algunas corridas por las fiestas septembrinas de la Virgen.

El actual santuario de la Virgen comenzado por el duque don Alfonso I, muerto en 1619, lo concluyó su hijo don Francisco IV. En sus tiempos se escribe la historia del santuario, del padre Yagüe, a la que ya hemos aludido.

En 1711 se fijan definitivamente las normas que deben regir los cultos de la Virgen en el día de su fiesta. En 1720 estaba terminada la fachada de poniente y poco tiempo después se pondría punto final a las obras con la culminación del camarín de la Virgen.

Tanta es la fama que va tomando, que ya en 1780 se veneraba una imagen de Nuestra Señora del Castañar en la capital de España, en una capilla del convento de los Dominicos —Santo Tomás—, sobre cuyo solar se levanta hoy la iglesia parroquial de Santa Cruz.

Durante la invasión francesa de 1809 a 1813, permanece escondida la imagen por miedo a posibles profanaciones. Se ignora dónde estuvo, pero se sabe que al volver a aparecer en público fue llevada a la iglesia de El Salvador (Béjar), donde se celebraron solemnes cultos y desde donde se volvió a subir procesionalmente a su santuario.

En 1832 se construye la carretera que enlazaría Salamanca con Cáceres. Años más tarde —en 1908— se hace el enlace de Béjar al Castañar por la carretera existente en la actualidad.

Tanta era la afluencia de fieles que subían a visitar a la Virgen que fue preciso que una comunidad religiosa franciscana se hiciera cargo del santuario en 1899. Aquí desempeñaron su cometido perfectamente hasta que en 1932 —a causa de los acontecimientos políticos de este tiempo— hubieron de abandonar el sagrado lugar.

Se acercaba el V centenario de la aparición de la Virgen y se estaban llevando a cabo las gestiones necesarias para que otra comunidad religiosa —esta vez los teatinos, actuales custodios del santuario— cuidara del culto y de la Virgen. Y el 14-VIII-1946 llega la nueva comunidad, poco antes de que fuera solemnemente coronada la Virgen por el obispo de Plasencia, doctor don Juan Pedro Zarranz y Pueyo, el 8 de septiembre de ese mismo año.

Tiene un bonito y cuidado retablo barroco, obra del artista Lucas Barragán —de la escuela salmantina e inspirado en Churriguera— de la primera mitad del 1700. Este mismo autor sería poco después el artífice de los altares laterales. La talla del Crucificado que preside uno de esos altares es obra del hermano Domingo y fue retocada en 1720 por don Ventura Lirios. Por eso parte del retablo del altar mayor y laterales han sido ya restaurados por el bejarano Gil-Laso. El enrejado del balcón del camarín que mira al atrio, y que en distintas ocasiones ha servido de púlpito, es de gran mérito; se debe al maestro cerrajero Nicolás Vidal y es del año 1775. Dentro del mismo camarín, aunque con menor valor artístico, pueden contemplarse las tallas de los cuatro evangelistas, de fecha más reciente, pero de finísimo estilo. En medio del retablo, la imagen de la Virgen, que se ignora cuándo fue labrada. Lo cierto es que —con el tiempo— se fue ennegreciendo su faz y en 1806 el visitador eclesiástico de Plasencia manda que sean retocadas con pintura fina su cara y sus manos. Está vestida con vestidos finos y ricos mantos. En el aspecto pictórico llama la atención la cúpula del altar mayor. La devoción a la Virgen y el buen gusto se conjugan magníficamente en el interior del templo. Tanto la cúpula como las pechinas que la sostienen y el arco frontal están adornados con pinturas marianas muy expresivas. Los duques de Béjar habían traído pintores italianos para decorar su palacio; esos mismos artistas fueron los que adornaron el santuario. Ignoramos si fueron los hermanos Dumont quienes ejecutaron las pinturas a las que aludimos o si, por el contrario, se deben al italiano Ventura Lirios. Lo que sí está claro es que el verdadero valor pictórico hay que buscarlo en el camarín de la Virgen, donde los hermanos

Dumont, en el verano de 1895, colocaron unos lienzos logradísimos en los que representan a las ocho mujeres célebres de la biblia. Allí se encuentran también cuatro láminas de algún discípulo de Juan de Juanes, traídas de Italia por un duque de Béjar.

Como fiestas importantes y tradicionales hemos de citar la «romería» del pueblo de La Garganta que, con el ayuntamiento al frente, vienen cada año en la segunda fiesta de Pentecostés para dar gracias a la Virgen aparecida a unos paisanos suyos. Llegados al santuario se celebra una misa solemne, presidida por el párroco del pueblo, y en la que no faltan nunca unas palabras para glosar las excelencias de la Madre. Terminada la misa se reúnen todos los romeros bajo los castaños en comida de hermandad, después de la cual se organizan bailes regionales, carreras de caballos, etc. Ya de regreso, y cuando están en la cumbre de la montaña desde la que divisan su pueblo, el ayuntamiento paga a todos una merienda-cena.

El pueblo de Béjar celebra dos novenas a la Virgen: la de la Aparición, en marzo, que concluye el día 25 con el cambio de «varas de los Abades», y la más solemne, viva y emotiva, que concluye con la fiesta de la Virgen —el 8 de septiembre— y que es una demostración del cariño y de la devoción que los hijos de Béjar y su comarca tienen a su Madre y Patrona.

BIBL.: Archivo del Cabildo de Salamanca: Béjar, *Libros de actas* (siglos XV-XVII); P. YAGÜE, *Historia de la imagen del Castañar que se venera en la villa de Béjar*, Sa. 1795; G. RODRÍGUEZ LÓPEZ y V. AGERO TEIXIDOR, *Colección de Estudios y Documentos publicados por «La Victoria»*, Béjar 1919; *Reglamento, indulgencias y novena a Nuestra Señora del Castañar*, I, Béjar 1954, 127-351; ID., *Las más antiguas efigies marianas que tiene Béjar:* Ofrenda a la Sma. Virgen del Castañar, II, Béjar 1963; V. C. L., *Historia de la Imagen del Castañar*, Ma. 1916; *Nuestra Señora del Castañar:* Anuario Católico Español, II, Ma. 1955, 462-63. F. GIL

Castellar, *Nuestra Señora del,* (Toledo). En Villarrubia de Santiago, partido judicial de Ocaña, a orillas del Tajo, sobre el cerro que domina una fértil vega. Es el antiguo castillo de Tormón, que dieron a la Orden de Santiago los comendadores de ésta, fundadores de la villa. El culto a esta imagen data probablemente de 1207. Debe su origen a haber sido encontrada dicha imagen en una de las habitaciones del castillo, formidable atalaya sobre el Tajo, edificado en 1173 por Lope de Varea y su esposa Sancha de Azagra. La versión popular afirma que la Virgen se apareció a un pastorcillo que subió a la roca atraído por hermosas atochas de esparto; dio cuenta a familiares y vecinos que comprobaron la veracidad del hecho y en solemne procesión trasladaron la imagen a la iglesia parroquial colocándola en lugar preferente y nombrándola patrona del pueblo. Al día siguiente desapareció misteriosamente la imagen, y ante el asombro del vecindario fue encontrada de nuevo en la cima rocosa. Tres veces se repitió el hecho y en vista de ello construyeron el santuario que hoy existe, empresa nada fácil por lo agreste del lugar. Entre los prodigios más recientes que se narran de esta advocación están: la lluvia, beneficiosa para el campo casi perdido, que se produjo en 1868, después de unas rogativas. Otro hecho similar se repitió en el mes de mayo de 1920. En 1936 las hordas marxistas desmantelaron el santuario y profanaron la sagrada imagen partiéndola en trozos y quemándolos. Al día siguiente del hecho un vecino que pasaba a sus trabajos agrícolas se acercó al sitio donde estaban los restos calcinados y al removerlos encontró intacta la cara de la imagen. Se la entregó a su madre, devota de la Virgen, quien la escondió en su casa y una vez liberado el pueblo la entregó, haciendo posible la reconstrucción

casi perfecta de la imagen. Se celebra su fiesta con romería el día 8 de septiembre.
BIBL.: D7, XVI, 279; L. MORENO NIETO, *La Provincia de Toledo*, To. 1960, 682-83. J. M. DE MORA

Castilviejo, *Nuestra Señora de,* (Valladolid). A 5 kms. del casco urbano de Medina de Rioseco. El santuario es un edificio barroco del siglo XVII, de una sola nave cubierta con bóveda de cañón y lunetos. El retablo mayor fue trazado por Joaquín Benito de Churriguera a fines del siglo XVII. La imagen, patrona de Medina, es una talla del siglo XIII, de 71 cms. de altura, en madera de peral, policromada, que hace dos años aproximadamente se restauró. Es efigie sedente, con el Niño en el regazo y en la mano derecha la simbólica manzana. La imagen de la Virgen tiene una corona de plata, Fue hallada entre las ruinas del viejo castillo en el mismo lugar que hoy se venera, y que perteneció a los Almirantes de Castilla, duques de Medina de Río Seco y señores de la Villa, con cuya ayuda se levantó el santuario. Tenía en el siglo XVIII Cofradía, cuyo «Obrero mayor», elegido por los cofrades, cuidaba del aseo y conservación del edificio. El papa Paulo V concedió indulgencias a sus cofrades por bula del 1-VII-1617 a instancias de don Francisco de Peñalosa, beneficiado del cabildo de la ciudad. En uno de los altares laterales hay una imagen de San Isidro Labrador, de 40 cms. de altura, de la escuela castellana. Esta y la de la Patrona han sido robadas en la última decena de junio de 1974, noticia que ha recogido la prensa española.
BIBL.: D7, XI, 335; J. DE VILLAFAÑE, *Compendio histórico, en que se da noticia de... los más célebres santuarios de España*, Ma. 1740, 160-66; *Nuestra Señora de Castilviejo, Patrona de la ciudad de Medina de Rioseco:* R17, 15(1929)345; *Tesoros Artísticos de España*, Ma. 1973, 448. J. M. DE MORA

Castillo, *Nuestra Señora del,* (Ciudad Real). En el término municipal de Chillón, partido judicial de Almadén. A unos 3 kms. del núcleo urbano, en un altozano de la sierra de Almadén y sobre un fuerte de tiempos remotos, se encuentra este templo con una casa contigua. De la suntuosidad de estas edificaciones se puede deducir que tuvo una época de gran esplendor. El domingo siguiente a la Epifanía y el 8 de septiembre se celebran sus festividades, a las que asisten devotos de Almadén, Chillón y otros pueblos cercanos.
BIBL.: D7, VII, 326-27; J. JIMENO, *Ciudad Real*, Dióc. de,: DHEE, I, Ma. 1972, 418. J. M. GAYO

Castillo, *Nuestra Señora del,* (Salamanca). A unos 3 kms. de Pereña, partido judicial de Ledesma. Debe su denominación al hallazgo por un pastor en uno de los cubos del castillo que se levanta sobre uno de los acantilados ribereños del Duero. La tradición histórica transmite que al retirarse los cristianos de la fortaleza por la proximidad de los árabes, ocultaron la imagen en una cueva. A mitad del siglo XVI, un pastor sediento recorría la montaña, y pidió agua invocando a la Virgen, que la hizo brotar de la peña en el mismo lugar donde hay una fuente conocida por «Fuente Santa», cercana al santuario. Mientras el pastorcillo daba gracias a la Virgen, ésta se le apareció, por lo cual se edificó el recinto sagrado y en él se colocó la imagen hallada en la cueva. Goza de extraordinaria devoción en toda la comarca, con romería en el mes de mayo.
BIBL.: D7, XII, 814; *Nuestra Señora del Castillo:* Anuario Católico Español, II, Ma. 1956, 466. V. GARCÍA LOBO

Castroboda, *Nuestra Señora de,* (Segovia). En Maderuelo, partido judicial de Riaza y diócesis de Segovia. A las afueras del pueblo, existió una ermita dedicada a la advocación de Nuestra Señora de Castroboda. Pascual Madoz afirma que la ermita era «propiedad del pueblo». El nombre de esta advocación, según apunta el padre Mariano de Lama, sufrió modificaciones y parece que en un principio se llamó «Castrobona y Castronova». Este cambio se atribuye a la celebración en la ermita de las bodas del lugar. Poco a poco, modificó el nombre hasta quedar con el actual. Un cronista describe la primitiva imagen diciendo, es de «Extremada perfección, de posición estante, con el Niño en el brazo izquierdo y cetro en el derecho». El padre Felipe Lama ordenó y publicó los documentos referentes a dicha advocación e imagen; por ellos sabemos que a 11 kms. de Maderuelo, en un cerro, en la margen izquierda del río Riaza existía desde tiempos inmemoriales una ermita. En ella recibió culto una imagen de María y el lugar se llamaba «Campamentos Buenos —Castrobona—» y de estos toponimos se llamaría la Virgen así. Con la invasión, se trastocó todo este proceso y la imagen fue ocultada en una cueva y tapiada con piedras. Transcurrió 300 años en el anonimato; pero aún se conservaba en la tradición aquel fiel reflejo de la advocación. Una vez descubierta, se restauró el culto y se extendió la devoción de Nuestra Señora de Castrobona por todos los pueblos de la comarca. El Papa Paulo V concedió indulgencia a la cofradía. Esta decayó por el desacuerdo de los pueblos colindantes y en 1726 desapareció la cofradía y el Santuario fue abandonado. Ante este problema el prelado autorizó el traslado de la imagen a la ermita de San Roque. Entre los documentos transcritos por el padre Felipe, figura el acta de traslación de dicha imagen el 22-VI-1754. En 1770 se restauró la imagen. En 1790 se reedificó la fábrica y en 1807 se inauguró la ermita.

BIBL.: E. DEL BARRIO MARINAS, *La Santísima Virgen en Segovia.* Seg. 1954, 117-119.   A. DIEZ

Cataláin, *Santo Cristo de*, (Navarra). En el lugar de su nombre, arciprestazgo de Orba, término de Garinoaín partido de Tafalla, dióc. de Pamplona. Anualmente acuden a él los habitantes de los pueblos inmediatos para celebrar cada cual una función religiosa y rogativas en tiempo de escasez de aguas o en las calamidades que aflijen al valle. Se cree que dicho santuario fue antiguo convento de caballeros templarios. Tiene una bella portada románica flanqueada por dos columnas con capiteles decorados con esculturas.

BIBL.: D7, VI, 255, y VIII, 317; *Tesoros Artísticos de España*, Ma. 1973, 291.   IEF

Cebrero, *Santo Milagro del*, (Lugo). Entrando en Galicia por la carretera general de Madrid (trazada sobre el medieval «Camino francés»), se encuentra este santuario casi en el límite con León, en lo más alto de las montañas del Cebrero. Sobre los 1.300 ms. de altitud, en el extremo sureste de la provincia de Lugo, frontera de Galicia sumamente accidentada, de monte raso, cimas suaves y un clima de invierno duro. Allí abunda la nieve y la ventisca. Pero en los días claros se convierte en mirador privilegiado hacia Galicia y León.

El santuario es una iglesia de extraordinario interés desde distintos puntos de vista, con una espaciosa edificación aneja y la proximidad de un grupo de casas, que constituye el pueblo del Cebrero. Todo este conjunto ha sido recientemente restaurado, acondicionado y urbanizado con gran acierto. En el curso de los trabajos se ha descubierto, casi fortuitamente, bajo cales y retablos, toda una iglesia prerrománica de excepcional interés arqueológico e histórico.

La iglesia es de aspecto macizo pero armónico, de regulares dimensiones, con tres naves, y al exterior una pesada torre lateral. Todo en pizarra, mordida por el tiempo, pero primorosamente restaurada, tanto en su exterior como en el interior. La casa aneja a la iglesia, un día hospital de peregrinos, mesón y convento de los benitos, ha sido ahora convertida en típica y tranquila «posada de camino». Las casas del pueblo remozadas todas, conservan algunos rasgos propios de las originales «pallozas», cuyo origen tiene entronque prehistórico. Fueron antiguamente vivienda peculiar y única de la zona. En la actualidad se trabaja en la construcción de un museo etnológico, montado en el prehistórico poblado (celta) del Cebrero.

El origen de la iglesia y del mesón están ciertamente vinculados a los comienzos del Camino de Santiago; su existencia se remonta a las últimas décadas del siglo IX. Alfonso VI hace un llamamiento e invitación a los monjes cluniacenses. Los de Aurillac se encargan de ésta y otras estaciones del «Itinerario Jacobeo». Después de cuatro siglos de permanencia de los Cluny en el Cebrero, éste pasa a depender de Valladolid, dentro de la política de los Reyes Católicos de independizar España de todo influjo extranjero. A Valladolid pertenece hasta 1854, como consecuencia de la desamortización de Mendizábal. Desde entonces es diocesano. Tiene carácter eucarístico. En efecto, se trata de un suceso al que aluden algunos documentos y tradiciones: «Hacia el año de mil y trescientos —escribe el padre Yepes— había un vecino y vasallo de la casa del Cebrero... el cual tenía tanta devoción al Santo Sacrificio de la Misa que... Un día, muy recio y tempestuoso..., rompió por las nieves, y, como pudo, llegó a la iglesia. Estaba un clérigo de los capellanes diciendo misa, bien descuidado de que en aquel tiempo trabajoso pudiese nadie subir a oír las misas. Había ya consagrado la hostia y el cáliz, cuando el hombre llegó, y espantándose cuando le vio, menospreciole entre sí mismo diciendo: cual viene este otro con una tan grande tempestad y fatigado a ver un poco de pan y de vino... luego la hostia se convirtió en carne y el vino en sangre, queriendo Su Majestad abrir los ojos de aquel miserable ministro y pagar tan gran devoción.» Parte de estas especies milagrosas se conservan en un relicario consistente en dos ampollas de plata, al parecer, regalo de los Reyes Católicos a su paso por el Cebrero, en 1486; y son en realidad el centro de veneración del santuario.

La personalidad de Juan Santín, el paisano devoto de la Santa Misa, cuyos restos reposan en una de las naves del templo, se destaca como modelo de cristiano. Los pormenores de su vida de honrado labrador así como su gran espíritu son familiares en boca de los habitantes de la comarca.

El Cebrero recibe en peregrinación a toda la comarca, tanto de Galicia como de León, y un importante contingente de forasteros. Pero esta afluencia se convierte en romería y fiesta mayor los días ocho y nueve de septiembre. Más que nunca, aparece entonces como auténtico centro espiritual. No faltan, por otra parte, manifestaciones populares y típicas.

Asociada al culto de la Eucaristía, razón de ser del santuario, destaca allí también la devoción a la Virgen bajo la advocación de «Nuestra Señora del Santo Milagro». En la iglesia se encuentra una hermosa y antigua talla en madera, de origen bizantino, que en el siglo pasado fue revestida con ropas de tela (adaptándosele manos y cabeza). Semeja estar ligeramente inclinada hacia adelante; actitud que la piedad popular atribuye a un milagroso gesto de reverencia en el momento del suceso.

Se ha planteado la cuestión de posibles influencias del «Santo Milagro del Cebrero» en la génesis del tema caballeresco del Santo Grial. Entre las reliquias del santuario se muestra un cáliz y una patena (donde habría tenido lugar el milagro), valiosas joyas románicas, actualmente inscritas en el Catálogo de Arte Románico Europeo.

En el permanente fluir de peregrinos y turistas a

Santiago de Compostela, el Cebrero sigue siendo jalón privilegiado, con cuidados encuadres arqueológicos, litúrgicos y musicales, predisponen espiritualmente a la entrada en el Lugo eucarístico y en la Galicia jacobea.

BIBL.: J. ALVILARES, *El Cebrero*, Sant. 1956; E. VALIÑA SAMPEDRO, *El Camino de Santiago. Estudio histórico-jurídico* (tesis doctoral presentada en Ma. 1971); M71 II, 218; Lic. MOLINA, *Descripción del Reino de Galicia*, Po. 1940; A. MORALES, *Viaje a León y Galicia*, Ma. 1765.

A. LÓPEZ

Cerro de los Angeles, (Madrid). Santuario-Monumento Nacional dedicado al Sagrado Corazón en el montículo de este nombre, centro geodésico de España, a 3 kilómetros del pueblo de Getafe arciprestazgo de la actual vicaría episcopal de Legazpi, n.º 2 de Madrid. Dista del centro de Madrid 13 kms. Por esta razón y porque desde el siglo XIII existe allí una ermita dedicada a Nuestra Señora de los Angeles, se construyó en este lugar, por suscripción nacional, en la que participaron las Naciones de Hispano-América, un monumento nacional al Sagrado Corazón de Jesús, con la finalidad de ser centro espiritual de la vida religiosa de España. Fue inaugurado el 30-V-1919, obra del arquitecto Carlos Manso y del escultor don Aniceto Marinas. Dos hechos de muy distinta naturaleza han contribuido a dar la importancia que tiene este santuario nacional. El primero, el acto de la consagración oficial de España al Sagrado Corazón de Jesús, hecha por S. M. el rey don Alfonso XIII, en presencia del Gobierno en pleno de la Nación y de representantes oficiales de la Iglesia y de todas las entidades y organizaciones representativas de la vida nacional. Fue calificado por S. S. Pío XI como «gesto inmortal de verdadera y soberana caballerosidad, digno en todo de la historia y de la hidalguía del pueblo caballeresco por excelencia». Y el padre García Villada dijo que era «una de las páginas más trascendentales de la historia contemporánea de España». A los pocos meses de la proclamación de la Segunda República española se inició una solapada y sistemática persecución contra todas aquellas personas que particularmente o en peregrinación acudían al Cerro de los Angeles, haciéndoles objeto de insultos y apedreando los vehículos que los transportaban.

El segundo tuvo lugar apenas iniciada la Guerra de Liberación Nacional. El Gobierno de la República, que consideraba el monumento del Cerro de los Angeles como un altar cara al cielo y un trono cara a la Patria, ordenó su total destrucción, que fue precedida del sacrilegio del fusilamiento de la imagen de Cristo que culminaba el monumento. En el mismo Cerro de los Angeles se conservan las reliquias de este acto, que el cardenal Gomá calificó de «sacrilegio sintético»: la piedra de la cabeza de la imagen totalmente desfigurada y la piedra donde estaba esculpido el Corazón con veintiún impactos de balas que testimonian el fusilamiento.

Finalizada la contienda nacional, tres fechas conmemorativas han tenido lugar en él: el 30-V-1944, se celebró el 25 aniversario o bodas de plata, con asistencia del cardenal de Toledo, Pla y Deniel; el 25-VI-1965, inauguración del nuevo santuario-monumento y el 31-V-1969, el cincuentenario. Del actual es autor del proyecto general el arquitecto don Pedro Muguruza, reformado por don Luis Quijada Martínez. El santuario propiamente dicho mide 42 × 42 mts.; constituido por tres naves de 11 mts. de ancha, más dos laterales de 5 mts.; sobre estas dos un triforio rodea el templo. El altar central queda debajo de la cúpula a eje vertical con la imagen exterior, que remata el monumento. La nave central termina en ábside, cuya embocadura es un arco de medio punto bajo el cual se aloja una reja artística sobre la que van tres imágenes; en el centro del Sagrado Corazón de Jesús, a su derecha, María Madre de la Iglesia, y a su izquierda San José Obrero, obra de don Fernando Cruz Solís. Al fondo del ábside el sagrario-tabernáculo. La fachada exterior llevará tres imágenes de 3 mts. de altura; estas tres imágenes explican la característica de monumento nacional porque en el centro irá la de San Isidro representando al pueblo, a su derecha e izquierda San Isidoro de Sevilla y San Fernando Rey de España que representan a la Iglesia y al Estado que están al servicio del pueblo. La pirámide y la imagen del Corazón de Jesús son obra de don A. Marinas; los cuatro grupos escultóricos colocados en las cuatro diagonales de la base del pedestal son de don Fernando Cruz Solís; representan respectivamente a la Iglesia militante, triunfante, a España defensora de la fe y a España misionera.

Además del culto ordinario que en este santuario se da al Sagrado Corazón de Jesús, se celebran cultos extraordinarios para las numerosas peregrinaciones que se organizan a lo largo de todo el año. Entre estas peregrinaciones merecen especial mención las que tienen lugar los primeros viernes de mes en las que participan por turno las parroquias de la capital y pueblos limítrofes. Existe asimismo en el Cerro de los Angeles una asociación piadosa, cuyo lema es «oración y penitencia», compuesta por obreros y obreras de las más humildes profesiones, conocidas vulgarmente por «obreros y obreras del Cerro de los Angeles», bajo el nombre de «Compañías del Sagrado Corazón de Jesús del Cerro de los Angeles»; tienen por finalidad desagraviar al Sagrado Corazón mediante la oración y penitencia; acuden por turnos todos los sábados por la noche a las doce, donde permanecen ante el Santísimo solemnemente expuesto, hasta las seis de la mañana siguiente y todos los viernes haciendo un via-crucis de penitencia que termina con la celebración eucarística.

El Rvdmo. Ordinario de la diócesis de Madrid-Alcalá dirige personalmente el Santuario del Cerro de los Angeles, a través de la «Obra Nacional del Cerro de los Angeles», cuya dirección de este organismo y culto están encomendadas a sacerdotes del clero diocesano.

BIBL.: Archivo de la Dirección de la Obra Nacional del Cerro de los Angeles: *Documentación del 25 aniversario*, Ma. 1944; *Documentación del 50 aniversario de la Consagración de España al Corazón de Jesús*, 2 vols., Ma. 1969; *Prensa del 50 aniversario*, 2 vols., Ma. 1969; *Documentación de la 2.ª inauguración del Monumento*, Ma. 1965; E. ANÍBARRO, *Estampas del Cerro de los Angeles* (en prensa); *Tesoros Artísticos de España*, Ma. 1973, 298.

E. ANÍBARRO

Ciérvoles, *Nuestra Señora de,* (Lérida). En el término municipal de Os de Balaguer. Está ubicado en un apacible y escondido rincón, entre montañas de escasa altitud, al margen del turismo, debido a las deficiencias de las vías de comunicación y al alejamiento de las más importantes carreteras provinciales.

Narra la leyenda que, en aquel pequeño valle inclinado hacia la orilla izquierda del río Noguera Ribagorzana, cuando eran tierras apenas conocidas por nadie más que por pastores y cazadores, que iban tras los pastos y la caza, muy abundante por aquellos contornos, allá por los años 1298-1299, ocurrió un hecho que lo transformaría por completo. Cumpliendo el pastor de aquella zona con su monótona tarea, observó que, junto a una corpulenta encina, entre las muchas que por allí proliferaban, se producía un sorprendente fenómeno: rodeada de un vivísimo resplandor aparecía ante sus ojos una imagen de la Virgen María. Absorto el pastor en aquella contemplación, un azorado ciervo vino a refugiarse bajo aquella encina, cuando era perseguido por un cazador, que no pudo disparar su ballesta por haberse quedado instantáneamente ciego. Sólo más tarde, tras fervorosa oración, recuperaría la vista.

Al llegar la noche regresó el pastor a sus lares. Sin poderse contener pregonó lo que sus ojos habían contemplado. Prometió traer la imagen hallada para confirmar ante sus vecinos y oyentes la verdad de su relato, que con dificultad aceptaban su narración.

Tres días consecutivos acudió al lugar de la aparición para recoger la imagen —de corta talla—, colocarla en su alforja y poder mostrarla a sus escépticos paisanos. En las tres ocasiones fracasó en su intento; cuando llegaba a su domicilio, la imagen no se encontraba en el interior del zurrón. En todo el pueblo no se hablaba de otra cosa sin que el pobre pastor pudiese salir de su asombro. Sus amos, que le conocían bien le dieron crédito. Avisaron al párroco que se informó del caso prodigioso. Tras haber hablado con el pastor, acompañado de un nutrido grupo de fieles de la parroquia, se dirigió al lugar de la aparición, donde la realidad les confirmó el relato del pastor. Las reiteradas tentativas de trasladar la pequeña imagen a la parroquia fueron inútiles. Comprendiendo que la voluntad de la Virgen era la de quedarse en aquel sitio, allí le erigieron una diminuta capilla. Con este hecho, se inició el culto a la «Mare de Déu», en aquel lugar habitado por numerosos ciervos y a los que alude el nombre del santuario.

Lo cierto es que hacia el 1300 ya se rendía culto a la Virgen en aquel estrecho valle. Sin que conste ni el día ni el mes, pero sí en el año citado, acudió allí la comunidad de Canónigos Premonstratenses del monasterio de Nuestra Señora de las Avellanas, presidido por su abad, Bernardo III. A ellos se unió el conde de Urgell, Armengol X, con su séquito de nobles y caballeros y de fieles de las poblaciones del contorno. Una vez en el lugar de Ciérvoles trasladaron la menuda imagen a la iglesia gótica, recién terminada. En este templo permaneció hasta el año 1802. La devoción a la imagen había ido creciendo. Por diversas donaciones pasaron a su propiedad unas fincas de los alrededores. Pronto se construyó al lado de la ermita una pequeña residencia. Todo resultaba insuficiente y fue preciso ensancharla hasta llegar al gran «casal» que hoy puede verse. Igualmente hubo que transformar la iglesia. Su inauguración tuvo lugar el día de San Jorge —23-IV-1802—, con asistencia de fieles de las parroquias de Os de Balaguer, Algerri, Ibars de Noguera, Tartareu, Tragó de Noguera (hoy sepultado bajo las aguas del embalse de Santa Ana) y otras, celebrando la misa solemne el padre Jaime Pascual, prior del monasterio de Nuestra Señora de Bellpuig de las Avellanas. En 1873 a causa de la guerra civil, la familia que lo custodiaba debió abandonarlo.

En 1897, «fueron maliciosamente denunciados como bienes amortizables y en el ''B. O. de la Provincia'' se anunció su venta en pública subasta por la cantidad de 3.000 ptas.» «El hecho provocó una movilización del párroco don Ramón Vidal y de unos cuantos fieles: José Goixart Palomes, Martín Figuerol Boldú, Miguel Fontova Cirera, Hermenegildo Cirera Salse y algún otro.» Ellos salvaron el Santuario.

Así llegó hasta la tormenta revolucionaria del 18 de julio de 1936, cuyos efectos fueron el incendio y la demolición del edificio. Nada quedó de los objetos religiosos y, por supuesto, tampoco la imagen.

Con la paz vino la restauración. Y hoy vive la devoción a la Virgen de Ciérvoles, con imagen nueva, una época de gran esplendor.

BIBL.: Trabajos presentados al Certamen Mariano de La Academia Mariana de Lérida, 1927; J. BENSENY, Notícies Històriques del Santuari de Cérvoles, Lleida, 1903; A. PERALBA, Arrullos de mi tierra, Ba. 1931; Archivo Parroquial de Os de Balaguer (Lérida): Documentos y libros ms. relativos al santuario. R. VIOLA

Cinta, *Nuestra Señora de la*, (Tarragona). En la catedral de Tortosa, se venera una reliquia insigne: la santa cinta o cíngulo con que se ceñía la Virgen. Según una tradición muy antigua, la santísima Virgen la noche del 24-25 de marzo de 1178 se habría aparecido en dicha catedral rodeada de ángeles y de los apóstoles Pedro y Pablo a un pío sacerdote, muy devoto suyo, y le habría entregado la cinta-ceñidor para que fuera venerada. También un monje que allí rezaba maitines fue testigo del suceso. La Virgen al entrar en la iglesia se habría servido de la pila de agua bendita aún hoy conservada.

El documento más antiguo que hace referencia a esta reliquia es uno del notario Pujol del año 1354. Se guardaba entonces en una «caxeta de fusta», cajita de madera. Una constitución de 1363 permite que la cinta «corrigia» se lleve a las parturientas en trance de dar a luz «portare in capsa ad parterias». Otro documento de 1370 habla de dos cajitas con la cinta, que ya estaría partida en dos trozos, el mayor de 12 palmos y uno menor, que es el que se llevaba a las parturientas y enfermos.

La fiesta litúrgica en honor de la Virgen de la Cinta se estableció en 1509 con oficio propio de 9 lecciones que narran la historia de la aparición, escrito por Francisco Vicent y que se rezaba en Tortosa antes de la reforma litúrgica de san Pío V. En 1617 se instituye y aprueba por Paulo V la cofradía de la Cinta. En 1642, liberada la ciudad por intercesión de la Virgen, el municipio acuerda la construcción de una rica capilla en la catedral, pero hasta el 17-III-1672 no se pone la primera piedra y no se termina hasta 1725 (fiesta el segundo domingo de octubre).

Espléndida capilla decorada con mármoles, esculturas, pinturas. La cinta guardada en una preciosa urnaostensorio de plata, obra de los hermanos Tranullas, de Barcelona, está colocada en lugar preferente del gran retablo, en un tabernáculo sobre la predela. Encima del tabernáculo la imagen de la Virgen, en plata, que sostiene con los brazos abiertos una cinta y, a los lados, las figuras en mármol de san Pedro y san Pablo en recuerdo de que la acompañaban en la aparición al pío sacerdote. Hay otra representación de la Virgen de la Cinta con los apóstoles Pedro y Pablo en la puerta de la Olivera de la catedral, construida en 1705. La costumbre antigua de llevar la cinta a las parturientas se extendió desde 1619 al llevarla a las reinas de España embarazadas. Se cuentan varios prodigios obrados a su paso por las poblaciones en el tránsito de Tortosa a Madrid. Un breve pontificio de 1920, declara patrona de la ciudad a Nuestra Señora de la Cinta.

BIBL.: F. MARTORELL Y DE LUNA, Historia de la Santa Cinta, Tor. 1626; N. CAMÓS, Jardín de María, Ba. 1657, 148-52; J. BELTRÁN Y RÍUS, Poema heroicum de sancto cingulo, Tor. 1784 (existe otra edición con traducción castellana de 1863); L. ARÉVALO, El cíngulo de María, Tor. 1865; R. O'CALLAGHAN, La catedral de Tortosa, Tor. 1890, 13-18 y 87-90; ID., Una visita a la catedral de Tortosa, Tor. 1911, 65-67 y 88-90; ID., Resumen de la historia de la Santa Cinta, Tor. 1903; J. MATAMOROS, La catedral de Tortosa, Tor. 1932, 190-217; D7, XV, 49-50; J. DE VILLAFAÑE, Compendio histórico en que se da noticia de... los más célebres santuarios de España, Ma. 1740, 169-72; E. MORENO CEBADA, Glorias religiosas de España, II, Ba.-Ma. 1867, 375-83; Tesoros Artísticos de España, Ma. 1973, 648. J. VIVES

Clamores o **Clamadoira**, *Nuestra Señora de*, (Orense). En el ayuntamiento y parroquia de San Pedro de Muiños, en la cumbre del monte Clamadoiro. Le viene el nombre del término portugués «clamadoiro», lugar donde se organizan las rogativas. Es tradición que era en la «Clamadoira» donde se convocaba a la lucha contra los moros y se concretaban los detalles para las batallas. La imagen es muy venerada y visitada principalmente en el día de su fiesta.

BIBL.: D7, V, 232, y XI, 675; C. GIL ATRIO, Orense mariano, Or. 1954, 156. IEF

Claustro, *Nuestra Señora del*, (Lérida). En la catedral de Solsona se halla esta preciosa imagen escultórica de caliza blanca muy fina, de 105 cms. de altura, conocida como *Mare de Déu del Claustre*. Aparece sentada en un conopeo y trono sin respaldo, sostiene el Niño Jesús sobre la rodilla izquierda; tiene espesa cabellera trenzada que le baja hasta la cintura, manto, túnica, cetro y dos monstruos bajo los pies. El Niño en actitud de bendecir y con la mirada fija en los pajarillos que coronan el cetro.

Una leyenda del siglo xv la supone encontrada en el pozo del claustro donde fue escondida durante la invasión musulmana y encontrada en ocasión de haber caído en él un niño, a quien la Virgen sostuvo milagrosamente para que no se ahogara, hasta que oyó sus gritos la desolada madre.

Críticos de Arte, como L. Folch, la han considerado obra del siglo xiii por su estilo, importada según W. S. Cook; lo que vendría a confirmar el primer documento que la cita, una donación de 1248 hecha al presbítero Berenguer de Font «qui dictam imaginem edificare et construere fecistis» según dice el donante. Pero Kingsley Porter parece haber probado que es obra del famoso escultor de Toulouse Guilabertus (Gilbert), quien la modelaría a mediados del siglo xii en Solsona, con piedra del país. Recientemente el canónigo archivero A. Llorens ha reforzado esta afirmación por un informe técnico de laboratorio. Considerada «obra capital de la escultura románica europea», la más bella imagen de la Virgen del medievo en Occidente. Fue restaurada parcialmente el siglo pasado, añadidas la cabeza y brazo derecho del Niño y parte de una mano de la Virgen.

Originariamente no fue creada para ser objeto del culto sino como pieza decorativa adosada a una columna, o mejor, según Porter, parte central del gran relieve de un tímpano: la Adoración de los Magos, como la conservada en el convento de franciscanos de Salzburgo. Formaría parte del tímpano de alguna puerta de la catedral, consagrada en 1163. Por su belleza despertaría la devoción de los fieles y pudo ser colocada en un nicho u hornacina detrás del altar, que se le dedicaría junto al claustro, probablemente el año 1248, ya que el texto «edificare et construere» del documento habría de referirse, parece natural, no a la imagen, como cree Serra Vilaró sino al oratorio o capilla en donde se instalaría. El doctor Llorens sospecha que la imagen por temor al furor iconoclasta de los Albigenses, que se apoderaron de Solsona a fines del siglo xii, pudo ser escondida en el pozo del claustro, lo que dio lugar a la leyenda, e instalada de nuevo *(de novo* dice el doc.) en la capilla.

Desde entonces va siempre en aumento la devoción a esta imagen. Según los documentos, se suceden las donaciones de predios, fundaciones de misas, aniversarios, alumbrado. En 1409 se inaugura otra capilla. En el siglo xvi se funda una cofradía. Una tercera capilla, ya en comunicación directa con la catedral, se inaugura en la Navidad de 1606, y en 1653 la Virgen es declarada patrona de la ciudad.

La tercera y última capilla, la actual, se abre en 1727, junto al presbiterio de la catedral. Es obra de fray Mateu, O. P. Planta de cruz latina, nave de 6 ms. de ancho y 24,5 de largo, con cimborrio en el crucero y presbiterio, y camarín al fondo. Riquísima y deslumbrante decoración en paredes y bóvedas con iconografía en relieves de la historia de la imagen, de figuras del Antiguo y Nuevo testamento, todo dorado. Incendiada la capilla por los napoleónicos en 1810, sigue una época de decadencia y pobreza para la ciudad a causa de las guerras carlistas, desamortización y supresión del obispado (1851).

La gran devoción a la patrona de la ciudad se manifiesta en la contribución popular para sufragar los gastos de las sucesivas construcciones y también en las solemnes procesiones de rogativas presididas por la imagen se celebraron más de cuarenta veces a partir del siglo xvi, principalmente para implorar el beneficio de la lluvia, contra la plaga de langosta (1687 y 1688), contra fiebres malignas (1783), contra el cólera (1854), o para interceder por la paz (1677).

A fines del siglo xix se recupera la ciudad. En 1895 se restaura el obispado y en 1900, desde Roma, la Virgen es proclamada patrona principal, confirmando canónicamente lo hecho en 1653. La restauración de la capilla, incendiada en 1810, se lleva a cabo con gran lentitud, rematándose en 1902 con la construcción de un nuevo camarín. Desgraciadamente en 1936 la furia revolucionaria destruye toda la decoración. La nueva restauración (después de 1939) se celebró con grandes fiestas populares en 1957 al ser coronada por el cardenal arzobispo de Tarragona, doctor Arriba y Castro. La rica corona, en la que lucen joyas donadas por los devotos, va colocada en alto como en un ciborio, no sobre la escultura.

BIBL.: A. Camós, *Jardín de María*, Ge. 1657, 365-69; D. Costa y Bafarull († en 1806), *Memorias de la ciudad de Solsona y su obispado*, Ba 1959, 470-75; R. Riu y Cabanas, *Memoria histórica de la imagen de Nuestra Señora del Claustro:* Le. 1891; Ll. Folch, *La Verge del Claustre:* R114, 4(1910)26-31; J. Serra Vilaró, *Nostra Dona de la Claustre*, R114, 4(1910)483-495; A. Kingsley Porter, *Spain or Toulouse?*, Art Bulletin 7(1924)8-12; W. S. Cook y J. Gudiol, en *Ars Hispaniae*, VI, Ma. 1950, p. 306; A. Llorens Solé, *La Mare de Déu del Claustre*, Solsona 1966; E. Moreno Cebada, *Glorias Religiosas de España*, II, Ba.-Ma. 1867, 505-513; J. Pensi Bartrina, *La troballa de la Verge del Claustre, patrona de Solsona*, Ba. 1948.   J. Vives

Codés, *Nuetra Señora de*, (Navarra). En el ángulo sudoeste de Navarra, al pie del monte Yoar (1.400 ms.) se levanta el santuario de Nuestra Señora de Codés. El paraje es pintoresco por su situación entre la montaña, que surge casi vertical desde las cercanías, y el valle llamado también de Codés que se divisa desde la terraza donde se asienta el santuario rodeado de grandes encinas. La carretera de acceso más rápida y cómoda es la que parte de la nacional Logroño-Pamplona a la altura de Torres del Río.

Historia. A juzgar por algunos documentos y los escasos restos arqueológicos incidentalmente descubiertos Codés fue en la Edad Media una aldea, cuya parroquia dedicada a San Miguel, tenía en sus aledaños una ermita de Nuestra Señora.

Como antecedente de esta ermita puede pensarse en un monasterio de Codés, cuyos abades Dídico y Fortuño firman documentos reales en el siglo x y de cuya existencia quizá sean testimonio «los muchos y grandes sillares de una antigua edificación» más noble.

La imagen actual es del siglo xiii. En esta centuria desapareció el monasterio, constituyéndose la aldea de Codés en depositaria de la imagen y de su culto. De la existencia de este reducido poblado quedan pruebas en las escrituras de repartimiento de frutos eclesiásticos en 1227; asimismo en 1283 en otra escritura. Se silencia como aldea independiente desde 1310. Su población fue absorbida lentamente, como ocurrió a otras aldeas vecinas, por las villas de Aguilar de Codés y Torralba del Río, fortificadas por Teobaldo I de Navarra frente a Castilla y amparadas por fueros en 1219 y 1236, respectivamente. En la visita episcopal de 1554, Codés y San Miguel, titular de la parroquia medieval de la aldea desaparecida, figuran como ermitas pertenecientes a la villa de Torralba.

De la custodia de la ermita y de las cuestaciones que se hacían en su favor por los valles cercanos se encargaron, una vez desaparecida la parroquia de Codés, una serie continua de ermitaños que firman documentos ya en 1309 y 1375 con el apelativo de «freyre de Codés». Vivían protegidos por la creciente villa de Torralba que se consideraba ya patrona de la ermita. Uno de estos freyres consiguió una bula de Inocencio III, fechada en Aviñón en 1358. Se recomendaba en ella la devoción a Nuestra Señora de Codés y se concedían indulgencias por favorecer a su fábrica. En los siglos XIV y XV los «freyres» se integraron en una Cofradía o Hermandad de Ballesteros nacida en Torralba con el fin de procurar la seguridad de los pueblos y defender los frutos del campo de malhechores y bandidos, muchas veces refugiados en las fragosidades de Yoar.

En 1510 un freyre, Juan de Codés, restauró la ermita y la casa aneja. Admitió en su compañía a un pastorcillo, Antonio de Vidaña, que fue su sucesor. Ambos promovieron intensamente la decadente devoción a Nuestra Señora de Codés y difundieron la piadosa costumbre de aplicar a los enfermos los paños bendecidos sobre el altar de la Virgen. Varias curaciones milagrosas se atribuyeron a esta devoción. De todos los valles cercanos, de la comarca navarra próxima al Ebro, de buena parte de Navarra, Alava, Guipúzcoa, Castilla y Aragón, acudían en el siglo XVI al santuario. Esta afluencia motivó la apertura de una hospedería y la ampliación sucesiva de la humilde capilla, a lo largo de los siglos XVI, XVII y XVIII. En el XVI, consta de un retablo mayor con hornacina para la imagen y otros dos colaterales. Se renuevan los tres en 1642. Por estas fechas se cierra el presbiterio con una magnífica reja de hierro forjado en Elgoíbar. En el XVIII se levantó la torre, se amplió la sacristía y la hospedería. El siglo XIX significó para Codés una época decadente, debido a las luchas napoleónicas y más tarde a las civiles. A principios de la centuria presente, gracias al celo mariano de don Valentín Fernández Ciordia, párroco del cercano pueblo de Desojo, resurgió en toda la comarca la devoción a Codés mediante la erección de la cofradía de Nuestra Señora de Codés con miembros distribuidos por la región y que mantienen la afluencia de los pueblos hacia este santuario. Dos veces al año la concurrencia se hace masiva. En la Pascua de Pentecostés, cuando comienzan a madurar los cereales, y en septiembre, cuando la recolección está ya asegurada. Entonces suben los pueblos en piadosas caravanas y se concentran ante la Madre de Dios de Codés en la espaciosa meseta del atrio.

El templo y la imagen. El templo, de una sola nave de mediana amplitud queda dividido en dos partes por una ancha verja que cierra el presbiterio. En éste se levantan tres retablos de poco valor artístico. En el central la imagen de la Virgen ocupa un pequeño camarín.

Es una talla sedente, del siglo XIII. La Virgen sostiene al Niño con la mano izquierda y en la derecha exhibe una fruta simbólica. El Niño se asienta en el regazo materno; lleva en la izquierda el globo del mundo y y bendice con la derecha. Mide la talla 85 cms. de altura.

Juan de Amiax recogía en 1608 en su «Ramillete de Nuestra Señora de Codés» varias tradiciones sobre el origen de la Virgen de Codés. Según unos, los habitantes de Cantabria, sita junto a la actual ciudad de Logroño, veneraban una primera imagen de María. Destruida la ciudad en 575 por Leovigildo algunos cristianos ocultaron la imagen y otras reliquias en las montañas de Yoar. Según otros fue descubierta en una estrecha capilla cercada y cubierta de grandes espinos.

BIBL.: J. DE AMIAX, *Ramillete de flores de Nuestra Señora de Codés de la villa de Viana*, Pam. 1608; F. BUJANDA, *Historia de Codés*, Lo. 1967; E. MORENO CEBADA, *Glorias Religiosas de España*, II, Ba.-Ma. 1867, 247-259; J. DE VILLAFAÑE, *Compendio histórico en que se da noticia de... los más célebres santuarios de España*, Ma. 1740, 179-188.
E. SÁINZ

Collell, *Santa María del,* (Gerona). En Torn, partido judicial de Besalú. Una tradición sostiene que en el lugar del actual santuario existió una ermita construida como agradecimiento por la curación milagrosa operada en el hijo de uno de los caballeros de la ilustre casa de Cartellá. Sucedía esto por el año 800. La imagen es una talla policromada, ejemplar del arte popular pirenaico de la segunda mitad del siglo XII. Tiene unos 80 cms. de altura. En la segunda mitad del siglo XV fue casi totalmente olvidada hasta que el 25-X-1483 se aparece la Virgen a un devoto llamado M. Noguer. Desde entonces se convierte el Collell en uno de los principales centros marianos de la región catalana. Se celebran varias fiestas. En la del 8 de diciembre se eligen los administradores. La fiesta principal se celebraba el 25 de marzo y fue trasladada al 8 de septiembre. Se celebra también con gran solemnidad la fiesta del 1 de enero. Desde Inocencio VIII varios papas han concedido indulgencias. En 1806 fueron vendidos sus bienes en pública subasta y desde el 16-X-1852 el prelado de la diócesis, F. Lorente y Montón, instaló en el edificio un seminario. En 1936 fue profanado el santuario. El nuevo santuario fue consagrado en 1952 y Pío XII proclamó a la Virgen del Collell patrona del clero gerundense. El 25-X-1953, aniversario de la aparición de la Virgen, fue coronada canónicamente por el obispo de la diócesis J. Cartañá. Con ocasión de la Semana Mariológica celebrada en Gerona del 16 al 23-V-1954 la Diputación provincial solicitó de la autoridad eclesiástica que el Collell fuera declarado santuario oficial de la diócesis.

BIBL.: M. RASET, *Santa María del Collell*, Ba. 1913; L. G. CONSTANS, *Historia de Santa María del Collell*, Malgrat, 1954; ID., *Girona, Bisbat Marià*, Ba. 1954, 57-60; D7, VI, 544.
J. M. DE MORA

Concepción, *Nuestra Señora de la,* (Madrid). A las afueras de Getafe. Según las *Relaciones topográficas*, de las cinco ermitas que había en el término de la villa, era ésta la más visitada por los fieles. Contaba con buenas dependencias para los capellanes, y en el camino que conducía hasta el santuario desde la población se encontraba un «Calvario», que recorrían los devotos haciendo el *Via-Crucis.* El día de la festividad —8 de diciembre— se organizaba una procesión desde la parroquia hasta la ermita, donde se celebraba la Santa Misa. También había culto las vísperas de fiesta, y siempre que algún devoto lo requería. No contaba con patrimonio alguno, y se sostenía únicamente de limosnas. A mediados del siglo XIX, aunque seguía con fiesta propia, la atención y devoción de los fieles se había centrado ya en el vecino santuario, mariano también, del Cerro de los Angeles.

BIBL.: D7, VII, 397; C. VIÑAS y R. PAZ, *Relaciones topográficas ordenadas por Felipe II, provincia de Madrid*, Ma. 1949, 298.
V. GARCÍA LOBO

Concepción, *Nuestra Señora de la,* (Murcia). En Mazarrón, diócesis de Murcia-Cartagena, partido judicial de Totana. A 4 kms. del Mediterráneo y en terreno accidentado, coronado por un castillo que sirve de centro a la población. Divide la villa en cuatro barrios que se distribuyen en dos parroquias. La fundación de esta villa, cuya etimología viene de Almazarrón, data del siglo XV. El culto está a cargo de dos parroquias, un convento de religiosos franciscanos descalzos y las ermitas de San Sebastián, de la Encarnación, Santa Lucía y San Miguel. Antes de ser una población grande, se fundó una ermita de muy cortas

dimensiones ubicada en la espesura de un matorral con el objeto de que estuviese lo más oculta posible y retirada de la costa, para evitar el peligro constante y los asaltos de los moros de Berbería. En esta ermita se colocó la imagen de la Santísima Virgen bajo la advocación de la Purísima Concepción. La devoción se extendió rápidamente y se fundó una cofradía en el año 1549. A expensas de dicha cofradía, se edificó un templo amplio. Entre 1565 y 1573 se mandó esculpir una nueva imagen. Es de rostro expresivo, postura vuelta hacia el lado izquierdo, las manos juntas ante el pecho y ahuecadas. Los vestidos están bordados en azul celeste. Para consuelo y alivio de estos ciudadanos de Mazarrón la imagen fue dedicada a esta villa. Son innumerables los milagros que se le atribuyen. En 1686 se fundó el convento de padres Franciscanos de la Reforma de S. Pedro de Alcántara en la ermita de la Concepción y se estableció el hospicio para que en él habitasen cuatro sacerdotes religiosos de la mencionada orden. Ultimamente quisieron los religiosos que el hospicio pasara a la categoría de convento. El marqués de Vélez concedió en 1690 a los citados religiosos la posesión de la ermita y el hospital de la Concepción. Comenzó entonces la construcción de nueva Iglesia de estilo renacentista. Es de construcción sencilla, planta de cruz latina, con dos capillas y bóveda, coronada por una elegante linterna, sostenida por cuatro arcos torales, cuyos pilares son de orden corintio con estrías y sencillos capiteles. Tiene un magnífico retablo en el altar mayor. El camarín es de cruz griega con pilastras jónicas cerrado por una espaciosa media naranja y sostenido por 8 arcos entrelazados. Pared y bóveda están estucadas.
BIBL.: E. MORENO CEBADA, *Glorias Religiosas de España*, II, Ba.-Ma. 1867, 177-208. A. DIEZ

Concepción, *Nuestra Señora de la*, (Sevilla). Venerada en la iglesia de San Antonio Abad. La imagen es obra del escultor Cristóbal Ramos. Representa a la Dolorosa y pertenece a la Hermandad de Nuestro Padre Jesús Nazareno, Santa Cruz en Jerusalén y María Santísima de la Concepción. Debido a la devoción de los cofrades al privilegio mariano de la Concepción Inmaculada, tomó dicho nombre. En el año 1615 y siendo hermano mayor de la cofradía don Tomás Pérez, hacen voto y juramento de sangre en defensa de la Inmaculada Concepción de María. Aún habían de transcurrir muchos años hasta que el papa Pío IX en su bula *Inefabilis Deus* definiera como dogma de fe lo que hasta entonces era una piadosa, aunque universal devoción. Aún hoy, dicha imagen es objeto de especial culto por parte del pueblo sevillano.
BIBL.: *Nuestra Señora de la Concepción*: Anuario Católico Español, II, Ma. 1956, 483. P. GARCÍA FIDALGO

Consolación, *Nuestra Señora de la*, (Cádiz). En Jerez de la Frontera, diócesis de Sevilla. Desde hace cerca de seis siglos se venera en esta ciudad una imagen de la Virgen que ha sido desde entonces y viene siendo objeto de la más entusiasta devoción. A ella acuden diariamente, no sólo los moradores de Jerez, sino de toda la comarca. Esta devoción ha dado origen a innumerables milagros.
Leyenda. En la segunda mitad del siglo XIII, navegando por el Mediterráneo con su escuadra, el marinero Mercer Domingo Adorno, caballero genovés que se dirigía a España con sus navíos, se encontró con problemas imprevistos. La tranquilidad y sosiego del mar habían augurado un viaje feliz; pero un cambio brusco y el embravecimiento del mar, hacía presagiar lo peor. La tempestad era terrible, la noche oscura, la nave capitana de Adorno parecía naufragar por momentos. Agotados todos los remedios humanos imploraron la misericordia de Dios. Adorno, hombre piadoso y de-

voto de María, pidió intercesión a su Hijo y vertiendo lágrimas la invocó con más fe. Divisan una luz y piensan que están cerca de tierra firme. En medio de tanta oscuridad intentan acercarse a ella. La sorpresa fue emocionante al ver que la luz estaba en el mar y no en tierra firme como habían pensado. Logran acercarse a ella y con gran sorpresa vieron que era una pequeña barca dentro de la cual se encontraba una imagen de la Virgen con el Niño en sus brazos, en medio de dos candelabros. Ante este hecho amaina el temporal. No había duda, el milagro se había producido. En prueba de ello, el Señor les deparaba aquella preciosa imagen, para que jamás se olvidaran del beneficio recibido. Adorno la instaló en su camarote, erigiéndole un pequeño altar. Ordenó descanso a la tripulación, quedando él solo con la imagen. Rendido por el cansancio se durmió. En el sueño la imagen le dirigió la palabra, manifestándole la voluntad de ser instalada en Jerez de la Frontera, en el convento de los padres dominicos. Despertó Adorno de su sueño feliz y comprendiendo que aquello era una revelación, prometió cumplir el mandato con todo rigor. El clero quiso obligar a Adorno a instalar la imagen en la iglesia principal de la ciudad; pero él manifestó que no era esa la voluntad de la Señora.
Jerez proclamó por patrona a la Virgen de la Consolación, celebrando cada año con la mayor solemnidad su fiesta el día 8 de septiembre. El Colegio de Abogados de la ciudad ostenta en su emblema un bote o lancha en recuerdo de la aparición de la imagen.
Sería imposible narrar los numerosos milagros de los cuales se sonserva testimonio escrito en el archivo de la ciudad.
La imagen. Mide unos cuarenta centímetros, de piedra, color perla sin tinte ni barniz de ninguna clase. Los mejores escultores no han podido catalogar la clase de piedra. Lleva una corona dorada. Fija su mirada en el Niño al que estrecha maternalmente. Este apoya su mano en la diestra de la Madre. Se desconoce la época y el autor de la escultura. La fundación del convento de Santo Domingo data del tiempo de la conquista de la ciudad por Alfonso X; pero la construcción actual, es obra de distintas épocas. En la iglesia se aprecian distintos rasgos arquitectónicos: mudéjar, ojival y renacentista. La nave llamada del Rosario, tiene un arco de regulares proporciones con lancería mudéjar. El claustro es de arcada ojival del tercer período.
BIBL.: E. MORENO CEBADA, *Glorias Religiosas de España*, II, Ba.-Ma. 1867, 451-57: D3, 28, 2660; A. DE CASTRO, *Historia de Cádiz y su Provincia desde los remotos tiempos hasta 1814*, Cád. 1858, 241-44. A. DIEZ

Consuelo, *Nuestra Señora del*, (Cáceres). En el término y partido judicial de Logrosán, de la diócesis de Plasencia. Al sur de la villa, sobre un cerro de las estribaciones de la sierra de san Cristóbal se veneraba la imagen de este título, patrona de Logrosán. La fiesta principal se celebraba a mediados del siglo pasado el último domingo de septiembre. A ella concurrían todos los pastores de la comarca por creer que la Virgen se había aparecido a un pastor. La víspera de la fiesta solía correrse un toro. Armados los pastores con sus picas y formados en medio de la plaza invocaban a voces a la Virgen del Consuelo. Al acometerles el toro le atravesaban con sus picas. Durante toda la noche y al día siguiente recorrían juntos el pueblo vitoreando a su patrona. El edificio era antiguo y de pequeñas proporciones. Tenía dos naves y ya entonces amenazaba ruinas. Había sido reconstruido en el siglo XVII. En los restos que hoy se conservan todavía, se pueden encontrar vestigios góticos y mudéjares de los siglos XV y XVI.
BIBL.: D7, VI, 570 y X, 358; *Tesoros Artísticos de España*, Ma. 1973, 386. M. I. GONZÁLEZ

Consuelo, *Nuestra Señora del*, (Guipúzcoa). En Lasarte, iglesia del monasterio de monjas brígidas.

Corona, *Nuestra Señora de la*, (Orense). En la aldea de Barra, del ayuntamiento de Coles y partido de Orense. Llamada Corona porque el primitivo edificio del siglo XV estaba en el monte Corona. Una tradición cuenta que fue edificado con ocasión de una victoria del conde de Lemos contra el de Maceda. Al emparentar un Lemos con la familia real leonesa pasó a ser feudo leonés. Sobre los restos de la antigua capilla se erigió la iglesia de Barra en 1709. En ella se venera la imagen de la Virgen. La fiesta se celebra el 15 de agosto con novena (impresa) a la que asisten numerosos devotos.
BIBL.: C. Gil Atrio, *Orense mariano*, Or. 1954, 160; D7, IV, 36-37. IEF

Corpiño, *Nuestra Señora del*, (Pontevedra). A pocos kilómetros de Silleda (Lalín), sobre los montes del Carrio, se alza el santuario, edificación relativamente moderna, con traza de colegiata. Sin especiales características arquitectónicas, es sobrio y de buen gusto, alternando en sus muros la piedra de sillería, el mampuesto y la cal. La iglesia tiene en uno de sus frentes dos torres iniciadas, así como dos pequeñas columnatas y amplios ventanales en todos los frentes. En conjunto ofrece un aspecto recio y hasta solemne. Interiormente presenta sus tres naves enmarcadas con tres esbeltos arcos, semejantes al que inicia el presbiterio, alzándose en el crucero una graciosa cúpula. Preside la nave central un gran retablo de madera de castaño y en su parte central destaca el camarín de la Virgen, sostenido por cuatro columnitas. La imagen, vestida, es moderna, pero muy devota y dulce en su gesto, con rasgos en la cara que evidencian su parecido a las mozas de la comarca.
Sobre los orígenes de esta advocación y del santuario corre entre el pueblo un largo relato, que ha dado pie a abundante literatura. Al parecer, a mediados del siglo VIII, vivió en la falda de los montes del Carrio, al este del desierto de Carboeiro, un ermitaño que predicaba en la comarca la devoción a la Virgen. Históricamente cabe suponer que tal ermitaño fue algún monje de los precursores del famoso monasterio de Carboeiro. Al morir este devoto ermitaño se le dio sepultura en su propia choza («celda»), conservándose por mucho tiempo su cuerpo incorrupto. Allí fundaron luego una capilla, a la que se llamó del corpiño, aludiendo a la menudez del cuerpo incorrupto. Salgado Toimil aduce algunos paralelismos con otros topónimos gallegos, en orden a una posible derivación del latín «corvinus», que aplicado a la montaña significaría «monte de los cuervos»; pero tal teoría, ciertamente muy forzada, desde el punto de vista histórico y aplicada al origen del santuario carece de fundamento.
La segunda parte del relato sitúa ya los sucesos en el siglo XII. Cierto día, dice, una tormenta hizo que los niños que guardaban sus rebaños se refugiasen en la ruinosa capilla del Corpiño. Allí se encontraron repentinamente bañados por un resplandor misterioso, viendo al mismo tiempo ante sí una deslumbrante imagen de la Virgen, con el Niño en el brazo izquierdo y un ramillete de flores en la mano derecha. Guardaron secreto de lo sucedido; pero la visión se repitió en nuevas visitas a la capilla. Extrañados los padres de la tensión espiritual observada en sus niños, les siguieron secretamente y observaron desde lejos (desde un altozano que actualmente se señala aún), y también ellos advirtieron el resplandor. Tras repetir la observación, informaron al párroco, el cual procedió a reunir a los vecinos más pobres, como más estimados del Señor, para requerir su opinión en relación con tales visiones. Más tarde, todo el pueblo, presidido por el cura, fue en rogativa a aquel lugar un 24 de junio produciéndose,

ante todos, la última aparición. Decidieron entonces transformar la pequeña capilla en otra mucho mayor y hacer una imagen semejante a la que se había manifestado en las diversas ocasiones.
El relato tiene un fondo común con otras muchas leyendas relativas a apariciones milagrosas y, en consecuencia, no ofrece datos firmes en relación con las fechas y demás circunstancias del origen del santuario y advocación. Sin embargo, frente a la ermita, a menos de un kilómetro, se encuentra la iglesia parroquial de santa Eulalia de Loson, de hermosa traza románica, construida en 1166, y en ella una inscripción de la fecha en que se da ya por existente nuestra ermita del Corpiño.
El santuario ha sido y es aún centro de intensa devoción y culto mariano. Allí acuden gran número de fieles, desde lugares muy lejanos, de manera especial en todas las fiestas de la Virgen y durante el mes de mayo; pero sobre todo los días 23 y 24 de junio, en que tiene lugar la romería, sin que falten entonces incluso festejos profanos y típicos.
Las manifestaciones devocionales son similares a otros templos marianos de la región: desplazamiento, a veces a pie, desde el lugar de residencia, e incluso descalzos en los últimos tramos, ingreso a la iglesia de rodillas, ofrenda de productos, etc. Pero la nota peculiar y propia de este santuario es la gran afluencia de enfermos nerviosos «que están o creen estar posesos —dice García Conde—, y lo cierto es que muchos vuelven curados por milagro, sugestión o lo que sea». Hasta tal punto que, en razón de tan importante afluencia de enfermos de este tipo, procedentes de las cuatro provincias gallegas, el santuario goza, con carácter permanente, de especiales licencias diocesanas en lo que se refiere a exorcismos.
Goza de tal popularidad y arraigo la devoción a la Virgen del Corpiño en una tan amplia geografía que en la provincia de Lugo, cerca de Guntín de Pallares, su imagen se ha convertido en especial centro de devoción, dando lugar en toda la comarca a que se denomine a su iglesia el «Corpiño de cerca» con referencia al de Lalín al que llaman «Corpiño de lonxe».
El santuario del Corpiño no abunda en bulas y diplomas que documenten y acrediten su vinculación con personajes o hechos relevantes; pero las múltiples manifestaciones devocionales y el intenso fervor religioso evidencian hasta qué punto ha sido y es lugar privilegiado y centro espiritual de excepción.
BIBL.: R. Salgado Toimil, *Santuarios Gallegos: El Corpiño*, Lugo 1929; G. Rodríguez Cortizo, *Crónica sobre el Corpiño*, Vigo 1925; R. Otero Pedrayo, *Guía de Galicia*, Vigo 1954; *Portfolio de Galicia*, cuaderno n.º 15, Cor. 1904; M. Arias, *La vida eremítica en Galicia*: España Eremítica, Pam. 1970, 345-75. A. López

Cortes, *Nuestra Señora de*, (Albacete). En Alcaraz. Dos meses de asedio y más de 2.000 soldados de lo más aguerrido de sus tropas, entre las que figuraba el gran Maestre de Santiago, don Pedro González de Aragón, costaron a Alfonso VIII los castillos y lugares de Eznavejor, La Ossa, Montiel, Cotilla, Munera..., y la fuerte plaza de Alcaraz. El 25-V-1213, víspera de la Ascensión, las banderas de Castilla ondeaban sobre las torres del alcázar y a los gritos de ¡Castilla, Castilla, Alcaraz por D. Alonso! esta plaza, joya inestimable por su situación y posición geográfica «clavis Hispaniae», pasaba definitivamente de Aben Hamed al rey castellano. Transformadas las mezquitas en iglesias, tras un reparto generoso de franquezas y privilegios, la villa de Alcaraz con su fuero, cabildo eclesiástico y dos ferias por año, pronto se convirtió en centro comercial y guarnición principal de la zona. A ella llegaron a ruego del rey caballeros y familias de la más alta nobleza castellana; los Bustamante, Claramonte, López de Aro, Sotomayor, Rodríguez de Molina, duques de Híjar y Alba, marqueses del Carpio, Jódar, Biedma, etc., etc. Fernando III, Alfonso X el Sabio, y Jaime I de Aragón, miman a Alcaraz «pueblo leal y fiel al trono» con ricas mercedes y privilegios, incorporando a su jurisdicción las villas de Munera y Borraga. Sancho IV el Bravo acuerda «hacer en ella Cortes para darle el premio que merece». Doña María de Molina, el infante don Pedro, Alfonso XI y Pedro I confirman los privilegios anteriores congratulándose por sus servicios en la causa contra don Enrique de Trastamara. En 1428 Juan II le concede el título de «ciudad». Más tarde, los Reyes Católicos la honran con nuevos títulos por haber arrojado del alcázar al rebelde marqués de Villena y a su alcaide don Martín de Guzmán. En esta misma línea de favores y otorgamientos se muestran Felipe II y Carlos V haciendo de Alcaraz una ciudad próspera, noble y rica, con jurisdicción y amplio señorío, procurador en Cortes, magníficas iglesias, conventos y palacios. De todo este pasado glorioso, apenas quedan en la actualidad escasos restos y ruinas de su monumental arquitectura. Algo sin embargo, continúa aún en pie: el santuario y devoción a Nuestra Señora de Cortes.

Cuenta la tradición cómo estando todavía Alcaraz en fiestas y regocijo, solemnizando el noveno aniversario de su transformación cristiana (1222) un pastor de Solanilla, llamado Francisco Alvarez recibía la celestial visita de la Virgen que desde una secular y corpulenta encina, colocada al pie de las murallas del célebre castillo de Ataly —donde más tarde se reunirían en cortes Alfonso X y Jaime I de Aragón— manifestó al pastor su voluntad y deseo de que se la venerase en este lugar. Convencido el Justicia, Concejo y pueblo alcacereño de tal prodigio, muy pronto se erige allí un pequeño oratorio de madera colocando la imagen sobre el tronco de la encina. Divulgada la noticia por villas y lugares circunvecinos, el pequeño oratorio resulta ya insuficiente para los numerosos romeros y peregrinos. El 8-IX-1222 con el apoyo del arzobispo de Toledo, don Rodrigo (1209-1247) y la colaboración personal de los alcacereños se inauguraba una nueva ermita de piedra. No faltaron los festejos religiosos y los populares juegos de cañas a usanza mora. Con este motivo se declaró día festivo en Alcaraz el 8 de septiembre de cada año, dando origen a la célebre romería que aún hoy se denomina «Feria de Cortes». Construida esta ermita de Nuestra Señora de Cortes en terrenos jurisdiccionales de la Orden de San Juan y sin el permiso del gran Maestre, no se hicieron esperar las contiendas y pleitos entre la citada Orden y el Consejo de Alcaraz. La sabia intervención del ilustre don Rodrigo Ximénez de Rada ante don Pelayo de Correa, maestre de Santiago, resolvió felizmente esta situación de tirantez y acritud. La Virgen que por voluntad expresa había elegido aquel lugar quedaría como propiedad de Alcaraz. Pero en reconocimiento de dominio y jurisdicción de los «sanjuanistas» sobre la dehesa de Cortes se grabarían en las paredes y puertas de la ermita las armas de éstos: una cruz blanca, y no en las de la ciudad.

El feliz acontecimiento y reunión de las cortes generales de Castilla y Aragón en Alcaraz a fines del año 1265 contribuye al engrandecimiento de este templo. Reunidos, de una parte Alfonso X, su esposa doña Violante y la infanta doña Berenguela con toda su corte y de la otra el rey de Aragón, Jaime I el Conquistador con sus hijos y alta nobleza; afirma la tradición que durante los nueve días de estancia en Alcaraz, para organizar la campaña contra los musulmanes y reducir a obediencia y vasallaje a los díscolos reyezuelos de Granada y Murcia, no faltaron las visitas de reyes y magnates al santuario de la Virgen. Merced a las es-

pléndidas donaciones reales, se levantó de nueva planta con muros de mampostería un cuerpo de iglesia ancho y hermoso con capillas laterales adosadas a ambos lados, ubicándose el acceso y puerta principal en la parte noreste, al extremo de la lonja de piedra —aún existente— y sobre la que se construyeron varias habitaciones y salones para hospedería. Tres siglos más tarde, los Justicias y municipio de Alcaraz, ante la concurrencia y constantes visitas de romeros y peregrinos al santuario de Cortes y con el permiso de don Juan Zufre de Loaisa, comendador de San Juan, deciden la ampliación de la hospedería, reconstruyendo la capilla mayor con bóveda de media naranja, lucero y camarín, la lonja de Regatería, dependencias para el cabildo eclesiástico y concejo municipal, etc., y el grandioso convento de San Francisco. En 1698 con fondos del propio santuario y limosnas recogidas en los términos jurisdiccionales de Alcaraz, se dotó con bóveda de cañón toda la nave de la iglesia, abovedándose también las cuatro capillas laterales en perfecta consonancia con la capilla mayor. Otras reparaciones y trabajos realizados durante los siglos XVIII-XX en la iglesia, dependencias, vías de acceso, murallas, etc., han contribuido al engrandecimiento y conservación de este noble santuario de Cortes.

En 1808 el riquísimo tesoro de la Virgen, que en testimonio de fray Fermín Sánchez Artesero, obispo de Cuenca (1849-1855), «llegó a conocer más de 570 perlas, un crecido número de ricas lámparas, alhajas, vestidos primorosos, delicados paños y ternos...» fue saqueado por las tropas francesas y enajenado después por la legislación desamortizadora emanada en la Constitución de 1812.

Hacia el 1894 se constituye la real e ilustre archicofradía de Nuestra Señora de Cortes de la que formaron parte la reina regente doña María Cristina y siendo su hijo Alfonso XIII, Hermano mayor de la misma. El 1-V-1922 para conmemorar el séptimo centenario de su aparición y ante una multitud de cerca de 30.000 personas fue coronada solemnemente la imagen de Nuestra Señora de Cortes. En julio de 1936 ante el furor de la persecución un grupo de fieles trasladó la venerada imagen a la iglesia de la Trinidad, ocultándola después en el asilo de San Francisco, bajo la custodia de las Hermanitas de Ancianos Desamparados. Despojada de su corona y atributos, los alcaraceños, en prueba de amor para desagraviar a su patrona, organizan solemnes fiestas (27-IV - 1-V-1943). El 30-V-1943 el arzobispo de Toledo, con la asistencia de destacadas personalidades y numeroso público, procedía a una nueva coronación de la Virgen de Cortes. Desde entonces, la imagen de Nuestra Señora de Alcaraz luce rica corona de plata repujada, con detalles de oro y abundante pedrería, mientras mira complacida a sus devotos y romeros llegados a Cortes de los más diminutos lugares de la serranía, de las llanuras de La Mancha o de las cercanas comarcas de la alta Andalucía.

BIBL.: J. CARRASCOSA GONZÁLEZ, *Nuestra Señora de Cortes*, To. 1943; F. SÁNCHEZ ARTESERO, *Novena a la Virgen de Cortes*, s. l. n. a.; D7, I, 430-432; J. GONZÁLEZ, *El reino de Castilla en la época de Alfonso VIII*, I, Ma. 1960, 1065; JIMÉNEZ DE RADA, *Crónica latina de Castilla*, c. 26; E. MORENO CEBADA, *Glorias Religiosas de España*, II, Ba.-Ma. 1867, 489-496; *Crónica latina de los reyes de Castilla*, ed. crítica de M.ª D. Cabanes, Val. 1964, 53-54.

A. RIESCO

Cos, *Nuestra Señora del*, (Gerona). En el monte del mismo nombre, de la región de la Garrotxa, próximo al núcleo urbano de Montagut, partido judicial de Olot. El actual edificio fue construido sobre las ruinas de un castillo que existía en el año 1119. La imagen primitiva era de estilo románico tardío del siglo XII. Era sedente y sostenía en su rodilla izquierda al Niño que bendecía con la derecha. También en su mano derecha sostenía la Virgen el globo terrestre. Fue quemada en el 1936 y se restauró posteriormente. El 25 de abril, festividad de San Marcos, se celebra allí una función religiosa y desde el santuario se bendicen los campos del término. El 24 de agosto tiene lugar otra festividad con romería y asistencia de numerosos fieles de la comarca.

BIBL.: D7, XI, 517; L. G. Constans, *Girona, Bisbat Marià*, Ba. 1954, 63.   IEF

Covadonga, *Nuestra Señora de*, (Asturias). Es muy difícil poder establecer con criterio cierto el origen de santuario. La crónica del Silense, escrita en la segunda mitad del siglo XII, nos habla de la existencia de un valle llamado Cangas, en el que sobresale el monte Auseva, cuyo pie está constituido por una roca que forma una fortaleza natural a modo de cueva. Aquí en esta *Cova domnica* (Covadonga) y en sus alrededores, tendría lugar el encuentro de los hombres de D. Pelayo y el ejército de Alkama. La leyenda prefiere sostener la existencia de un santuario mariano antes de la batalla. Pelayo llegó hasta la cueva persiguiendo a un malhechor, a quien luego perdonó por intercesión de un ermitaño que custodiaba la imagen de la Virgen. La tradición, sin embargo, tiene a Pelayo como el fundador del santuario.

Documentos apócrifos atribuyen la fundación de la iglesia y del monasterio de Santa María al rey D. Alfonso I el Católico. En el archivo de la Colegiata se conservaba un documento, legajo primero, número 6, como testimonio de una compulsa del Libro Becerro del Patronato Real, sacado a instancias del abad don Pedro González Toraño el 26-V-1708. El documento está fechado el 31-X-740. Lleva la firma del rey y asegura que edificó la iglesia de «Santa María de Covadonga» e «hizo trasladar a ella la imagen de la Virgen de Monsacro...; en la iglesia puso el rey doce monjes benitos y un abad». «La noticia parece ser verdadera, pero el documento es falso», dice C. Cabal en su libro de Covadonga. Las construcciones realizadas por el rey Alfonso I el Católico ocuparían el lugar de la actual colegiata de San Fernando. La tradición atribuye a la piedad de Alfonso II el Casto la fundación de la primitiva iglesia, cuya singular construcción causó el asombro de Ambrosio Morales, quien por encargo de Felipe II realiza en 1572 una visita al santuario. Como el espacio de la cueva fuese pequeño, colocaron sobre las rocas unas vigas que salían al exterior y sobre ellas se edificó la pared que cerraba totalmente la cavidad, dejando solamente unos huecos a manera de ventanas para que por ellos entrase la luz. No solo era tenido por milagroso el que la construcción se mantuviera firme a pesar del paso de los siglos, sino también el mismo origen del edificio, para cuya construcción los ángeles habían transportado los troncos de roble. Pero Morales anota en su libro: «Y que así dura desde entonces la madera. Dios más que esto puede hacer, mas yo no veo manifestarse señales en todo el obra nueva y no del tiempo de aquel Rey.»

Morales describe también la tumba de D. Pelayo situada en el mismo lugar: «En lo postrero de la iglesia, frontero del altar mayor está una cobacha ancha hasta la cinta y que entra como 12 pies, y lo más es cueva natural con solo tener un arco liso de cantería a la entrada. En esta capilla o pequeña cueva, está una gran tumba de piedra, más angosta a los pies que a la cabeza, el arca de una pieza, y la cubierta de otra, todo liso sin ninguna labor ni letra. Esta dicen todos que es la sepultura del Rey Don Pelayo.» La descripción del santuario hecha por Ambrosio Morales es bastante precisa si se considera un grabado firmado por A. G., que a su vez tiene como modelo un dibujo realizado por A. Miranda en 1759 y que se conserva en la iglesia de San Isidoro el Real, de Oviedo.

En la primera mitad del siglo XVII fue creado el Colegio Secular de Canónigos Agustinos. La vida del colegio era tan precaria, que los canónigos se veían obligados a servir otros beneficios tan distantes del monasterio, que ninguno de los canónigos residía en él. Para remediar esta situación Felipe IV agrega a Covadonga varios beneficios simples y le concede dos rentas de 500 ducados cada una sobre los obispados de Sevilla y Oviedo. Crea dos canonjías más y ordena construir 11 casas, seis para los canónigos y cinco para los dependientes de la iglesia, y un mesón para los peregrinos.

El 17-X-1777 el santuario fue destruido por un incendio. La causa del siniestro fue atribuida a un rayo. Sin embargo, todo parece indicar que el hecho fue debido a un descuido de las lámparas que ardían constantemente en la iglesia. Posteriormente se sacaron del pozo de la iglesia seis arrobas de oro y plata fundidas.

Una vez conocido el suceso, el ayuntamiento de Oviedo en sesión del día 20 del mismo mes y año designó al corregidor Omaña para que fuera a Covadonga y ofreciera al Cabildo todo cuanto pudiese. Asimismo, la Junta del principado celebró una sesión extraordinaria y nombró a D. Alvaro José Inclán para que en nombre de la Junta realizase toda clase de gestiones. Comunicada la noticia a Carlos III, éste envió una cuantiosa ayuda y la autorización necesaria para pedir limosna en todo el reino en beneficio de Covadonga. El rey, aconsejado por Campomanes y Jovellanos, encarga en 1779 el proyecto del nuevo edificio al arquitecto de cámara D. Ventura Rodríguez, cuya construcción había de ser dirigida por él mismo y ejecutada por el maestro Manuel Reguera González. Desgraciadamente el proyecto trazado por el insigne arquitecto no sería llevado a feliz término. Iniciadas las obras en 1781, hubieron de ser suspendidas diez años más tarde, cuando apenas estaba construida la terraza de lo que sería panteón y serviría de base a la nueva iglesia. Las obras cesaron el 20-X-1792. En 1820 se construyó una pequeña ermita cuadrada en el extremo de la cueva. P. Madoz la describe de esta manera: «el piso se halla formado en parte por la peña, y cerca de la mitad por un tablado sostenido a 90 pies sobre el río por vigas, que solo por su extremo encajan en la roca. Con tal frágil apoyo se sostiene un balconage de 40 pies de largo que ocupa todo el frente de la cueva, y a cuyo extremo se encuentra la ermita, ...que es muy reducida, pues no pasa de tres varas cuadradas y otro tanto de altura; a primera vista se conoce que fue construida después del incendio mencionado, pero esta ermita y la imagen que en ella hay, aunque de malísima escultura, son las que suscitan mayor veneración y en donde los peregrinos y devotos depositan sus ofrendas».

En 1857 los duques de Montpensier visitaron el santuario y queriendo perpetuar el recuerdo de su visita a Covadonga erigieron un obelisco en el campo del Repelao (Re-Pelao), considerado por la tradición como escenario donde D. Pelayo fue proclamado rey. Por esta misma época se anuncia la visita de la reina Isabel II, de su esposo D. Francisco de Asís y de los príncipes Alfonso y María Isabel. Para que los carruajes de la comitiva regia pudieran llegar hasta el santuario, fue construida la carretera llamada de la Reina, que va desde Llames por Villanueva y Parres hasta Cangas. En esta visita acompañaba a sus altezas el padre Antonio María Claret, entonces confesor de la reina, que celebró una misa en la cueva, y según algunos, era la primera que se decía después del incendio. El 20-I-1868 una parte de la colegiata fue destruida por un desprendimiento del monte Orandi. Debido a los difíciles tiempos por los que atraviesa España, nada tiene de extraño que Covadonga quede relegada al olvido. Pero en 1872 el obispo D. Benito Sanz y Forés realiza su primera visita pastoral y queda impresionado por el doloroso espectáculo que produce el abandono del sacro recinto. Hombre de gran iniciativa, cuenta con la valiosa colaboración de Máximo de la Vega, canónigo de la colegiata, y de Roberto Frassinelli. En 1874 se inicia la construcción del camarín de la Cueva y de la capilla del Campo. Concibe el proyecto de erección de una basílica y encarga los planos de la obra a Frassinelli. Como lugar de su emplazamiento se eligió la misma cumbre del monte Cueto, cuya cúspide hubo de ser aplanada. El rey Alfonso XII dio comienzo a la obra el 22-VII-1877 encendiendo la mecha del primer barreno. El prelado ovetense coloca la primera piedra el 11-IX-1877. Obtiene del papa Pío IX la misa y oficio propio de Nuestra Señora de Covadonga para la diócesis, fijando el 8 de septiembre como día de la festividad, con la concesión de indulgencia plenaria para los fieles que en ese día o en los ocho siguientes visiten el santuario. Trasladado Sanz y Forés a Valladolid cuando apenas había sido terminada la cripta, le sucede fray Ramón Martínez Vigil, quien conseguiría terminar el templo en 1901. Ese mismo año León XIII la erigió en basílica. La imagen fue coronada canónicamente por el cardenal primado D. Victoriano Guisasola el 8-IX-1918. El recuerdo de estos dos prelados está perpetuado en sendos bustos de bronce, obra de Benlliure, colocados en el pórtico. El plano original de Frassinelli fue modificado por Federico Aparici. La basílica, construida con piedra rosada, extraída del mismo monte Cueto, es de estilo románico con tres ábsides. El interior forma un conjunto armonioso y en él se conservan valiosas obras de arte: un cuadro de Madrazo que representa la proclamación del rey D. Pelayo, una Anunciación de Vicente Camacho, una imagen de la Virgen, de Sansó, y la puerta del sagrario con la Cruz de la Victoria, de Miranda. En el altar de la puerta de la Cueva, sobre un pedestal de piedra, vestida de seda y oro, está la imagen de la Virgen. La que actualmente se venera fue donada por el Cabildo de Oviedo el 17-VII-1778 para sustituir a la desaparecida en el incendio de 1777. Esta última tampoco debía ser muy antigua, pues Ambrosio de Morales dice: «En el altar está una imagen de Nuestra Señora, es obra nueva, bien hecha.» Según L. Menéndez Pidal, existían en el antiguo templo de los Milagros dos imágenes, una regalada por la iglesia ovetense a cambio de la Cruz de la Victoria; y la otra, la primitiva, llamada desde siempre María Santísima de las Batallas. La primera era de piedra y estaba situada en un altar inferior al santuario, donde se decía la misa cuando la asistencia de fieles era tan numerosa que no cabía en la capilla donde estaba la primitiva imagen. La de los Milagros era de talla, pero se hallaba vestida de ricas telas, siendo la original y verdadera imagen de Covadonga que, colocada en el altar mayor del santuario, recibía el culto de los fieles desde tiempo inmemorial; esta imagen es la conocida vulgarmente con el nombre de la «Santina». Fue secuestrada y llevada a París en 1939, no con fines de profanación, sino como dicen algunos, para ser canjeada por algún personaje político. Fue hallada por D. Pedro Abadal, entonces embajador de España en la capital francesa. Su Excelencia el Jefe del Estado comunica la feliz noticia al obispo y gobernador civil de Oviedo, quienes inmediatamente proceden a la formación de juntas y comisiones para realizar el traslado de la «Santina». El paso de la Virgen desde Irún a Valgrande (Pajares) constituyó una prodigiosa manifestación de fervor mariano. Desde esta última localidad, ya tierra asturiana, fue llevada a hombros por las principales poblaciones del Principado.

En el lado este del estanque que recoge las aguas de los torrentes que caen junto a la roca de la Cueva, está situada la llamada Fuente del Matrimonio. El chorro nace de la misma roca, y después de pasar por el centro de una imitación de la Cruz de la Victoria, viene a caer en una fuente en forma de copa con siete pequeños orificios que ofrecen a las jóvenes el agua cristalina. La fuente recibe este nombre por una copla asturiana que dice así: «La Virxen de Covadonga/tien una fuente muy clara/la neña que de ella bebe/dentro del añu se casa.»

La santa Cueva y la parte superior del santuario están unidos por un túnel, adornado de manera sencilla, pero muy adecuada, por L. Menéndez Pidal. En el otro extremo del túnel está la Colegiata, en el lugar donde estuvo enclavado el primitivo santuario. El edificio actual, construido sobre otro anterior de estilo románico, fue reconstruido en el siglo XVI por el obispo don Diego Aponte de Quiñones. L. Menéndez Pidal restauró toda la colegiata y construyó un nuevo pabellón para la Casa de Ejercicios. Terminadas hace pocos años las obras del santuario, hoy ofrece un conjunto acabado como centro religioso y turístico. No podía ser menos, pues como dijo Alfonso XIII el día de la coronación, en Covadonga se ha unido «el arte de la naturaleza a la Religión y a la Historia, en el lugar del nacimiento de una nación».

BIBL.: J. GELDOLFO A RIKEL, *Historia speluncae B. Mariae de Covadonga in asturicis Hispaniarum montibus publica religione olim a Pelagio cantabro cultae*, Bru. 1525; A. DE SANCHA, *Noticia de la antigüedad y situación del santuario de Nuestra Señora de Covadonga en el principado de Asturias*, Ma. 1778; F. DE ARAMBURU, *Asturias* (v. Covadonga), Gijón 1894; E. MORENO CEBADA, *Glorias religiosas de España*, II, Ba.-Ma. 1866, 113-128; Anuario Católico Español, II, Ma. 1956, 413; L. MENÉNDEZ PIDAL, *La Cueva de Covadonga. Santuario de Nuestra Señora la Virgen María*, Ma. 1956; C. CABAL, *Covadonga*, Ma. s.a.; *Covadonga, Santa María la Real de:* Gran Enciclopedia Asturiana, V, Gijón 1970, 172-76; A. MORALES, *Viaje de...*, Ma. 1765; E. DE LA HUERGA, *Covadonga*, León 1974. A. VIÑAYO GONZÁLEZ, *La devoción mariana en Asturias durante los cinco primeros siglos de la Reconquista:* R33, 17(1963) 31-108.
P. GARCÍA FIDALGO

Criptana, *Nuestra Señora de*, (Ciudad Real). En la villa de su nombre, de la que es patrona, a unos 2 kms. del centro urbano, sobre un altozano. El edificio es de estilo bizantino puro, construido en el primer tercio del siglo XVI sobre las ruinas de un antiguo castillo. La imagen puede datarse como de finales del siglo XIV o de principios del XV. Su fiesta se celebra el lunes de Pascua de Resurrección.

BIBL.: D3, 10, 1301; D7, V, 371; C. VIÑAS y R. PAZ, *Relaciones de los pueblos de España, ordenadas por Felipe II*, Ma. 1971, 166 y 171; *Tesoros artísticos de España*, Ma. 1973, 197.
IEF

Cristal, *Virgen del*, (Orense). Cerca de la parroquia de Vilanova dos Infantes a la cual pertenece, en el partido judicial de Celanova. Su nombre le viene del material con que ha sido confeccionada la diminuta y extraña imagen. Tiene 5 cms. de altura y está encerrada en un cilindro de cristal. Luce túnica encarnada y manto azul y se encuentra sobre un rico templete. El origen de la imagen ha sido tema escogido por escritores regionales y nacionales. A veces se ha desbordado la fantasía legendaria. La imagen ha sido examinada varias veces sin que nunca se haya dado una explicación totalmente convincente de su rara factura. Dentro del cilindro de cristal, achatado en sus extremos, se ve la imagen de la Virgen. El santuario es de estilo moderno y de buena construcción. De características muy corrientes en la región. Tiene portada de frontón partido, encima de la cual aparece una ventana rectangular. El imafronte está rematado por una torre barrominesca con un balconcillo y dos torrecillas a ambos lados ochavadas que rematan en forma de cúpula. Hay dos versiones principales acerca del origen de la imagen. Según una de ellas, por el año 1650 la encuentra un labriego que araba sus tierras. Sin dar gran importancia al pequeño cristal lo guarda en el bolsillo y continúa su trabajo. Al poco tiempo siente un peso molesto en el bolsillo. Sin más arroja lejos el cristal. Al día siguiente se lo encuentra un pastorcillo que apacenta su ganado por aquella región. Entrega el hallazgo al párroco de Vilanova dos Infantes, quien se lo notifica al obispo de la diócesis. De este modo se comenzó a venerar a la Virgen del Cristal y se piensa en construir un templo adecuado. La otra versión es del escritor celanovés Curros Enríquez que en lenguaje gallego poetiza una leyenda que en su juventud había escuchado de labios de su madre. El escritor es más rico en detalles. Intervienen personajes que tienen nombres concretos y ficha familiar. Para suscitar más interés hay un lance amoroso y los celos de dos jóvenes que aman a la misma pastora. Cuando la Virgen entra en escena habla en gallego. Es Martín, el joven amado por la pastora, quien encuentra la imagen en ocasión de una tormenta. Ambos relatos tienen diferencias sustanciales y puntos de coincidencia. Nada se ha podido concluir hasta el momento acerca del origen de esta imagen. La devoción popular es grande en la provincia y de manera especial en la comarca de Celanova. Su festividad se celebra el 15 de septiembre. La romería, en torno al santuario, es una de las más concurridas en la provincia y en toda Galicia.

BIBL.: C. GIL ATRIO, *Orense mariano*, Or. 1954, 103-119; J. DE VILLAFAÑE, *Compendio histórico en que se da noticia de... los más célebres santuarios de España*, Ma. 1740, 167-69; M. CURROS ENRÍQUEZ, *Aires d'a miña terra*, Or. 1886, 7-49; V. RISCO, *Geografía General del Reino de Galicia (Provincia de Orense)*, Ba. 1926, 499-500; P. GONZÁLEZ DE ULLOA, *Descripción de los Estados de la Casa de Monterrey en Galicia*, 1777 (Publicado en R84, anejo IV), Sant. 1950, 225; *Nuestra Señora del Cristal:* Anuario Católico Español, II, Ma. 1956, 457. M. ANTA

Cruz, *Nuestra Señora de la*, (Madrid). A 1 km. dirección sudoeste de Cubas de la Sagra, partido judicial de Getafe. Fue antiguo convento de terciarias franciscanas conocido con el nombre de Santa Juana, obra del siglo XV, destruido casi en su totalidad en el 1936. Fue reconstruido con seriedad arquitectónica. Una leyenda dice que se apareció allí la Virgen nueve veces a una pastorcita de corta edad y que como signo para que fuese creída le colocó en cruz los dedos de la mano, ordenándola que visitara el monasterio de Guadalupe, donde la vería y se le despegarían los dedos. La festividad con procesión se celebra desde el siglo XVI el 9 de marzo.

BIBL.: C. VIÑAS y R. PAZ, *Relaciones de los pueblos de España ordenadas por Felipe II, provincia de Madrid*, Ma. 1949, 212-13; F. C. SÁINZ DE ROBLES, *Crónica y guía de la Provincia de Madrid (sin Madrid)*, Ma. 1966, 475; *Tesoros Artísticos de España*, Ma. 1973, 244. J. M. DE MORA

Cruz del Milagro, *La*, (Toledo). En medio de los Montes de Toledo y en el lugar donde se cruzan los caminos que dividen los términos municipales de Navahermosa y Hontanares, partido judicial de Navahermosa, se levanta desde el siglo XIII, el santuario de esta advocación, venerada por ambos pueblos en recuerdo del favor recibido del Altísimo en tiempos que por falta de agua los campos se agostaban. Por este motivo y sin mutuo acuerdo, cada pueblo invocó la protección de su respectiva patrona: la virgen del Rosario (Navahermosa) y la virgen de Malamoneda (Hontanar), llevándolas procesionalmente por los campos hasta coincidir en el sitio indicado, en cuyo momento comenzó a llover copiosamente salvándose las cosechas. No pudieron olvidar tal favor. Para comemorarlo levantaron una cruz que sirviera de recuerdo a los vecinos beneficiados. Desde entonces el tercer domingo de mayo de cada año —día en que tuvo lugar el «Milagro»— acu-

den en romería ambos pueblos, juntándose las imágenes de las patronas en la ermita, donde se celebra la santa misa. Al caer la tarde se hace la despedida de las imágenes, cantándose unas coplillas compuestas a tal fin desde aquella fecha lejana. Cada pueblo regresa acompañando a su patrona.

BIBL.: L. MORENO NIETO, *La Provincia de Toledo*, To. 1960, 260 y 401; J. LÓPEZ DE AYALA-ALVAREZ DE TOLEDO, *Catálogo Monumental de la Provincia de Toledo*, To. 1959, 111. J. M. DE MORA

Cuesta, *Virgen de la*, (Salamanca). En Miranda de Castañar, partido judicial de Sequeros, diócesis de Salamanca. Situada en la parte nordeste del Sistema Central, en la Sierra de Francia, y en una topografía abrupta del pie del monte. Esta villa la conquistó Alfonso I y Enrique IV de Castilla la erigió en condado en favor de Diego López de Zúñiga. Próxima a la misma, en la cúspide de un cerro se eleva la ermita dedicada a la advocación de la Virgen de la Cuesta, santuario de gran devoción. La tradición afirma que en el año 1554 la hallaron unos niños en el hueco de un olivo, donde se cree fue escondida por algún cristiano en el momento de la invasión sarracena. Para que la devoción acompañara a la tradición, en el mismo lugar de la aparición, se levantó el santuario en 1570. La imagen, según algunos autores es una talla del siglo X pero el cronista de Béjar Juan Muñoz García afirma que es talla del siglo XIII. La cofradía siempre se ha preocupado de la devoción mariana y del sostenimiento de la fábrica. La fiesta se celebra el 8 de septiembre; pero existen otras fiestas menores dedicadas al culto de María Santísima durante el resto del año.

BIBL.: *La Virgen de la Cuesta:* Anuario Católico Español, II, Ma. 1956, 466-467; D7, II, 436; D3, 35, 806. A. DIEZ

Cueto, *Nuestra Señora del*, (Salamanca). Imagen venerada en una ermita de la finca de Canillas de Torneros, a 27 kms. de la ciudad. La romería se celebra anualmente el día de Pentecostés. Nada se sabe con certeza del origen de esta imagen. La iglesia tiene un bello retablo barroco y una reja de hierro, cuyo autor es La Sierpe. Fue reconstruida el año 1673.

BIBL.: *Nuestra Señora del Cueto:* Anuario Católico Español, II, Ma. 1956, 465. P. GARCÍA FIDALGO

Cueva, *Virgen de la*, (Asturias). En el término de la parroquia de Santa Eulalia de Ques, a orillas del río Mon, concejo de Piloña, a 1 km. de Infiesto. Según la leyenda, se apareció la Virgen a un caballero de la comarca diciéndole era su deseo que recibiera culto una imagen que ella misma había dado a cierto ermitaño, al que encontró en una cueva. Otra leyenda entronca el origen de este santuario con un caballero desdeñado de su dama que se retiró a esta cueva a orar. Las primeras noticias históricas datan de 1534, año en que se estaba construyendo allí una capilla bajo la advocación de la Concepción. Cuenta además con otras dos capillas: una dedicada a San José, erigida ya en 1577, y, otra, a la Virgen del Carmen, del año 1706, que sirvió de morada durante largo tiempo al ermitaño francés Antonio de Barsillón († 20-XI-1878). Contó también el santuario con una hospedería construida en 1577 que servía de alojamiento a los peregrinos a San Salvador de Oviedo y a Santiago de Compostela. La imagen de la Virgen, que la tradición hace hermana gemela de la «Santina», de Covadonga, es una reproducción de ésta, colocada allí hacia el 1777 por la familia Peláez del Reguero, quienes decidieron hacerlo tras el incendio que sufrió el santuario de Covadonga el 17-X-1777. Concurrido por numerosos devotos y peregrinos, cuenta entre sus visitantes a los duques de Montpensier, Isabel II, Alfonso XII y la infanta Isabel de Borbón. Los edificios fueron restaurados modernamente, con estilo sobrio y funcional. Su festividad se celebra el 8 de septiembre.

BIBL.: J. DE D. DE LA RADA Y DELGADO, *Viaje de SS. MM. y AA. por Castilla, León, Asturias y Galicia, verificad en el verano de 1858*, Ma. 1860; M. RODRÍGUEZ SALA *El caballero ermita o la Virgen del santuario de la Cueva (Leyenda Medieval)*, Cor. 1969; J. SANTANA, *Santuarios de Asturias. El de la Virgen de la Cueva*: Diario Región (Oviedo), 1969; J. A. CABEZAS, *Asturias. Biografía de una región*, Ma. 1956, 405; E. MARTÍNEZ, *Noticias de un peregrino de Oviedo a Covadonga (1759)*, Ma. 1965; ID., *Cueva, Virgen de la*: Gran Enciclopedia Asturiana, V, Gijón 1970, 232-234.   V. GARCÍA LOBO

Cueva Santa, *Nuestra Señora de la*, (Castellón). En el término de Altura, diócesis de Segorbe, a 12 kms. por la carretera que conduce a Alcublas y Casinos, se encuentra una espaciosa cueva denominada entonces del Latonero (almez) por encontrarse en su entrada un corpulento árbol de esta especie. Los pastores que apacentaban los rebaños del monasterio de cartujos de Valdecristo aprovechaban esta cueva para su refugio y de sus ganados. Cuenta una tradición del referido monasterio, que a estos pastores les entregó el prior, fray Bonifacio Ferrer, hermano en sangre y virtud del apóstol de Valencia, san Vicente, una imagen de la Virgen, que ellos se llevaron a dicha cueva del Latonero para venerarla y pedirle protección. Por algún tiempo fue olvidada en alguna de las hendiduras de la cueva. Entre los años 1500 a 1508 un pastor que frecuentaba aquellos parajes recibió de la Virgen un aviso que le advertía de la existencia de una imagen suya en la cueva y le manifestaba su deseo de ser venerada. Encontró en la cueva la imagen y comenzó a venerarla. A ejemplo e indicación suya también otros pastores comenzaron a visitar la cueva para venerar a la Virgen. La noticia no tardó en extenderse por toda Valencia. El número de visitantes fue en aumento y pronto la cueva del Latonero cambió su nombre por el de Cueva Santa. Las visitas disminuyeron considerablemente durante las guerras de las Germanías. La presencia de los moriscos también influyó en ello. Pasaron los años. En 1574, los Jurados de Jérica desterraron de su pueblo natal a Juan Moserrate Escario, enfermo de lepra mandándole al lazareto de Valencia. Su esposa Isabel, conocida por la Monserrada, enterada de que en la Cueva Santa seguía la Virgen obrando milagros, propuso a su esposo que se quedase en la Cueva Santa en lugar de ir a Valencia. Aceptó Juan la propuesta de su esposa. Pidió con fervor a la Virgen su curación y se lavó cada día con el agua que manaba de las paredes de la cueva. Pronto se curó totalmente. Este acontecimiento atrajo de nuevo la afluencia de visitantes a la Cueva Santa. Pronto hubo santeros y capellanes que se encargaron del cuidado del lugar y culto. En 1592 los cartujos de Valdecristo tomaron posesión de la Cueva Santa. El hecho motivó un pleito entre ellos y el obispado. En 1608 tuvieron que hacer devolución del lugar al obispado. A partir de este año se encargaron del cuidado y actos de culto los vicarios de Altura. En 1922 el prelado de la diócesis de Segorbe confió la custodia del santuario a los carmelitas de la provincia Arago-valentina, quienes la abandonaron en 1972. El 20-I-1955 el Breve apostólico *Doctrinarum* proclama «a la Bienaventurada Virgen María de la Cueva Santa principal patrona celeste de los espeleólogos españoles». Este Breve se recibió en Segorbe el 3 de marzo del mismo año. Con ocasión del reajuste de los límites territoriales de algunas de las diócesis españolas en 1960, a petición del obispo de la diócesis don José Pont y Gol, por el Breve Apostólico de Juan XXIII, *Valde expedit*, fechado en Roma el 12 de mayo del mismo año, la Virgen de la Cueva Santa y San Pascual Bailón fueron declarados

patronos principales de la diócesis de Segorbe-Castellón.

BIBL.: G. ESCOLANO, *Décadas de la Historia de la Insigne y Coronada Ciudad y Reino de Valencia*, 2 vols. Val. 1610-1611; J. DE LA JUSTICIA, *Historia de Nuestra Señora de la Cueva Santa*, Val. 1655; J. M. ALFAURA, *Historia o anales de la Real Cartuja de Valdecristo*, ms. (año 1658) (hay copia del 1743); P. AGRAMUNT y D. CHIVA, *Compendio de la Historia de la Virgen Nuestra Señora de la Cueva Santa con su novena*, Val. 1754; E. SIMÓN, *Historia de Nuestra Señora de la Cueva Santa*, Segorbe 1869; F. DE AGUILAR, *Documentos sobre el origen del culto a la Virgen de la Cueva Santa*: Cueva Santa 1887-1888; ID., *Noticias de Segorbe y su Obispado*, Segorbe 1890; C. SARTHOU CARRERAS, *Los Santuarios de la Provincia de Castellón de la Plana*, Castellón 1909; ID., *Impresiones de mi tierra (Notas de turismo por la provincia de Castellón)*, Burriana 1910; ID., *La Cueva Santa*: Blanco y Negro, 1035 (12-III-1911); P. MORRO, *Memoria histórico-descriptiva de la Imagen y Santuario de Nuestra Señora de la Cueva Santa*, Le. 1904; J. M. USO, *Resumen Histórico de la Imagen y Santuario de Nuestra Señora de la Cueva Santa*, Segorbe 1946 y 1952; E. BONET, *Algo sobre Nuestra Señora La Virgen de la Cueva Santa*, Segorbe 1962; V. BOIX, *Historia de la Ciudad y Reino de Valencia*, Val. 1845; ID., *Relación circunstanciada de las fiestas de la antigua ciudad de Segorbe en obsequio de la Virgen de la Cueva Santa*, Segorbe 1850; E. CORREDERA, *El libro de la Cueva Santa*, Segorbe 1970; J. FAUS Y FAUS, *La Virgen de la Cueva Santa y su traslación a Segorbe, Altura y Monasterio de Valdecristo el año 1726*, Segorbe 1959; R. M. LÓPEZ-MELUS, *Cincuenta años del Carmelo en la Cueva Santa*, Ro. 1971 (a ciclostil); D7, VII, 266.   IEF

Cueva Santa, *Nuestra Señora de la*, (Cuenca). En Mira, partido de Cañete. De notable interés por encontrarse en una galería de hermosa columnata de estalactitas formadas *in situ*. En las quebradas del río Cabriel, a unos 7 kms. del pueblo se encuentra la edificación dedicada a Nuestra Señora, con dependencia para romeros y estancia para ermitaño. Al pie de un cerro cubierto de pinos y matorrales se encuentra una piedra de color rojizo. Al lado de la misma arranca una escalerilla que lleva a un agujero natural de forma triangular y que da cabida a una sola persona. Es el acceso a la cueva. A unos 12 ms. de la entrada y siguiendo una estrecha galería se desemboca en una estancia de proporciones regulares. El techo está sostenido por columnas de diferente grosor, todas ellas producto del fenómeno geológico. Numerosas agujas penden del techo. En el centro de un espacio circular y en medio de dos de las mencionadas columnas se encuentra un altar de piedra calcárea sobre el cual descansa la imagen de la Virgen. A la izquierda de éste se encuentra otro de similares características y menor tamaño dedicado a San Marcos. Al lado de esta estancia hay otra más pequeña a la que, según cuenta una tradición, nadie ha entrado. A mediados del siglo pasado un ermitaño llamado Alejandro Martínez moldeó algunas de las mencionadas columnas.

BIBL.: D7, VII, 266, y XI, 427.   M. L. PALACIO

Chalamera, *Nuestra Señora de*, (Huesca). En el pueblo de este nombre, partido de Fraga, diócesis de Lérida. El edificio data de la primera mitad del siglo XIII. La fachada, románica, está compuesta por una portada con seis arquivoltas de capiteles labrados, sobre la que se abre una ventana abocinada. La imagen, sedente, es también románica, del siglo XIII. Su fiesta se celebra el 25 de abril.

BIBL.: D7, VII, 296; J. GALIAY, *La ermita de Chalamera*: Arte Aragonés, 1(1913)27 y ss.; R. DEL ARCO Y GARAY, *Catálogo Monumental de España, Huesca*, Ma. 1942, 286; *Tesoros Artísticos de España*, Ma. 1973, 250.   IEF

Chamorro, *Virgen de*, (La Coruña). En el monte de su nombre, término de la villa de Serantes, partido judicial de El Ferrol, diócesis de Mondoñedo. Conocido igualmente con el título de Nuestra Señora del Nordest de los Navegantes. La devoción se remonta a principios del siglo XVII. En 1666 se fundó la cofradía de esta advocación. En 1789 se terminó la reedificación del nuevo santuario. La fiesta principal se celebra el lunes de Pascua de Resurrección. Son también días de fiesta el 25 de marzo y el lunes de Pentecostés. Es frecuente ver a los devotos subir descalzos o de rodillas el pedregoso camino de un kilómetro desde la carretera de Serantes al santuario. Los marineros y navegantes la invocan con singular devoción A mediados de la centuria pasada la parroquia de San Salvador de Serantes se encontraba derruida y la nueva en vías de construcción, por lo que servía de parroquial este santuario.

BIBL.: D3, 55, 430; D7, XIV, 194; *Santuario de Nuestra Señora del Nordest de los Navegantes, de Chamorro-Serantes*: R17, 15(1929)307; *Santuario de Nuestra Señora del Nordeste de los Navegantes*: Anuario Católico Español, I, Ma. 1953, 268. M. R. GILES

China, *Virgen de la*, (Asturias). En la aldea de Lamuño, parroquia de San Martín de Luiña, concejo de Cudillero. Recibe este nombre de los rasgos orientales que se observan en las facciones de la imagen de la Virgen. La leyenda atribuye el origen del santuario al hallazgo de esta imagen, junto con un Cristo de marfil, flotando en un arca en las proximidades de la Concha de Artero. Más verosímil parece que el santuario tenga su origen en la donación que en 1712 hace al convento de Santo Domingo el *indiano* Domingo Fernández de Cuenca, en cuya donación podrían estar incluidos el Cristo y la imagen mencionados, y cuyos rasgos orientales se deberían a la artesanía filipina. En la obra de Canella y Bellmunt se afirma que el santuario fue fundado en el siglo XIX por Domingo Fernández de la Cantera. Su festividad se celebra el tercer domingo de agosto con gran afluencia de romeros y devotos.

BIBL.: F. CANELLA y O. BELLMUNT, *Asturias, su historia y monumentos...*, III, Ov. 1900; *China, Virgen de la*: Gran Enciclopedia Asturiana, V, Gijón 1970, 261. R. GARCÍA

Dehesa Brava, *Nuestra Señora de*, (Palencia). También conocida por Virgen de Husillos. Este nombre proviene del lugar en que existió el monasterio de *Fusellis*, en el cual se veneró la imagen. Del antiguo monasterio de Santa María de Husillos quedaba en el siglo XVI un claustro románico de la época de transición, que fue derruido para edificar en el mismo emplazamiento la actual iglesia parroquial, de una sola nave, con arcos apuntados y ábside. Se desconoce el origen de tan venerada imagen, sedente, de unos 23 cms. de altura: va colocada sobre un basamento circular de unos 17 cms. de diámetro y tres de altura. Lleva una corona enriquecida con piedras preciosas y manto plegado sobre las rodillas. Sobre las mismas, sentado, descansa el Niño, también coronado. La silla lleva ornamentación de esmalte que representa la Anunciación. En su parte posterior hay una portezuela que gira sobre dos charnelitas. En la misma y también en esmalte se representa la mano de Dios dentro de un nimbo crucífero, que significa la especial predilección de Dios sobre la Virgen. En el basamento de la estatua aparece la inscripción «Ave María, gratia plena» en caracteres esmaltados.

BIBL.: *Nuestra Señora de Dehesa Brava (La Virgen de Husillos)*: R17, 15(1929)343; *Santuario de Nuestra Señora de la Dehesa Brava*: Anuario Católico Español, II, Ma. 1956, 459; T. MORAL, *Husillos, Santa María*: DHEE, III, Ma. 1973, 1578; *Tesoros Artísticos de España*, Ma. 1973, 333; R. NAVARRO GARCÍA, *Catálogo Monumental de la Provincia de Palencia*, IV, Pa. 1946, 63-69. J. M. DE MORA

Desamparados, *Nuestra Señora de los*, (Almería). En Albox, partido judicial de Huércal-Overa. También conocida como Nuestra Señora del Buen Retiro o del Saliente. Es la imagen de la Virgen más venerada en la localidad y alrededores, a pesar de no ser la patrona oficial del pueblo. Cuenta una tradición que, hallándose Lázaro de Martos, hijo de honrados labradores de Albox, cuidando el ganado, oyó entonar a medianoche cánticos sagrados. Seguidamente se le aparece la Virgen. Abandona sus habituales ocupaciones y estudia la carrera eclesiástica. Finalizada ésta, fue párroco y beneficiado de Albox. Puso especial interés en mandar hacer una imagen de la Virgen lo más parecida posible a la misma que había visto en la aparición. Una comisión de vecinos del pueblo se encaminó a Granada para realizar el encargo. Pasan la noche en una hospedería de Guadix, donde un sacerdote desconocido, que siguió con atención el tema de sus conversaciones, se les acerca para ofrecerles en venta una imagen que él poseía y que se ajustaba a las características que ellos exigían. La ven, conciertan el precio y deciden comprarla. En el momento de hacer el pago el mencionado sacerdote se niega a recibir importe alguno, prometiendo que se entrevistaría con ellos a la mañana del día siguiente. No volvieron a verle. Todas las indagaciones fueron inútiles. Los piadosos vecinos de Albox consideraron estos acontecimientos como una especial intervención del cielo. Apenas vio Lázaro de Martos la imagen, se llenó de alegría. Le recordaba a la misma que se le apareció. Nace entonces el proyecto de erigir una ermita en el mismo lugar de la aparición. El prelado de la diócesis dio las oportunas licencias el 11-III-1711. Cuatro años tardaron en realizarlo. A mitad del siglo [XVIII] la ermita fue construida de nueva planta y mucho mayor. De ello resultó un suntuoso edificio de orden compuesto y con cinco altares. En el mayor está el camarín de la Virgen. Un pleito entablado por el municipio de Oria que pretendía la propiedad del templo (por estar éste edificado en terrenos de Oria), y de la imagen, fue fallado en favor de los vecinos de Albox. Del historial del proceso consta la total prohibición de que Oria vuelva a suscitar demanda alguna. La imagen representa a la Virgen en su Asunción a los cielos. Se celebra su fiesta el 8 de septiembre y hay novena impresa y publicada.

BIBL.: D7, I, 341; E. MORENO CEBADA, *Glorias Religiosas de España*, I, Ba.-Ma. 1866, 113-144; *Santuario de Nuestra Señora del Saliente*: R17, 15(1929)98; *Tesoros Artísticos de España*, Ma. 1973, 62; B. MARTÍN DEL REY, *La Virgen del Saliente. Tradición, milagro y belleza...*, Alm. 1947. J. M. DE MORA

Desamparados, *Nuestra Señora de los*, (Cuenca). En Buendía, partido judicial de Huete. En la sierra de Eumedio, ribera del Guadiela, se encuentra este santuario edificado hacia 1600. Se ha hecho famoso por la numerosa asistencia de fieles de la comarca a la fiesta que se celebra en el mes de septiembre. Según la tradición, la Virgen de Buendía se apareció a un soldado en el mismo lugar que ocupa el santuario hoy.

BIBL.: D7, IV, 475; *Crónica de una coronación*, Ma. 1957, 84. IEF.

Desamparados, *Nuestra Señora de los*, (Valencia) patrona de la ciudad de Valencia. El título o advocación tiene su origen en una entrañable institución: el Hospital «dels Innocents, folls e orats». Fray Juan Gilabert Jofré, religioso mercedario, mientras se dirigía a la catedral para predicar en la mañana del 24-II-1409, sorprende a un grupo de mozalbetes, que maltrata cruelmente a un loco. Profundamente impresionado por el hecho, al final de su sermón pide que se construya un hospital para atender a los dementes. Su llamada pronto encuentra apoyo en el pueblo valenciano, de forma que Martín I el Humano aprueba la fundación del hospital a 15-III-1410. Por su parte, Benedicto XIII da por titulares y patronos del nuevo hospital a los Santos Inocentes. El pueblo quiere que sea la Virgen María la especial abogada y titular del mismo y así comienza a llamarlo «Hospital de Sancta Maria dels Innocens».

Pero era necesario rodear a la institución de mayor asistencia moral y material. Por ello mosén Juan de Rodella manifiesta desde el púlpito de la iglesia del Hospital (1413) la urgencia de constituir una cofradía que agrupara a cuantas personas quisieran ejercer las obras de misericordia que practicaba el Hospital. El rey Fernando de Antequera aprueba las constituciones de esta hermandad el 24-VIII-1414. En ellas no sólo se establece apoyar al Hospital en su benemérita labor, sino que se autoriza para poder recoger los restos de los ajusticiados, auxiliar a sus cofrades en sus enfermedades y en la viudedad, contribuir a los cultos y actos de caridad y cubrir los cuerpos de los cofrades difuntos con paños de seda bordados sobre los que se pudiese colocar «la imagen o figura de la Virgen María con algunos inocentes», así como «la vera Cruz con el misterio de la Pasión». La nueva hermandad toma por título el del Hospital: «Lloable Confraria de la Verge Maria dels Innocents». En el privilegio de fundación de la Cofradía, el pontífice Benedicto XIII —al que entonces prestaba obediencia la Corona de Aragón—, acepta el nuevo título mariano y lo da a la Corporación.

En 1416, el rey Alfonso V el Magnánimo concede que la Cofradía «pueda tener la representación o imagen de la gloriosa Virgen María, de plata sobredorada o madera», que pueda ser llevada «sobre las cajas de los cofrades que mueran» y que puedan acompañarla «alguna otra representación de los inocentes muertos por el Rey Herodes». De ahí que la imagen sea una talla de tamaño natural, con el dorso plano, la cabeza inclinada en actitud de descansar en un almohadón. Desde 1425 esta imagen ocupa el lugar preferente en los inventarios de la cofradía. Sus antiguas representaciones pictóricas presentan al descubierto su talla gótica, en la que se aprecian los pliegues del ropaje en disposición horizontal, los pies simétricos, el almohadón con las ricas borlas de pasamanería y un asa en la peana. Lleva en su mano derecha un ramo de azucenas y en su brazo izquierdo al Niño Jesús con una cruz. Tras el decreto del rey Fernando el Católico del 3-VI-1493, se añade al título de «Nuestra Señora de los Inocentes» la expresión «y de los Desamparados».

En la casa del calvario recibe veneración la imagen principal de la Cofradía. Esta permanencia de la Virgen en las casas valencianas perdura durante casi doscientos años, contribuyendo a la identificación del pueblo con esta valencianísima advocación. Pero muchas razones aconsejan habilitar una capilla donde la imagen permanezca y pueda ser venerada. Después de ciertos ensayos pasajeros, recibe culto en una capilla cedida por el cabildo catedralicio, en la anteriormente llamada plaza de la Seo (1603). A pesar de varias ampliaciones, la capilla resulta insuficiente, pues, como afirma Garfís, «la afluencia de fieles era tan grande y tan continua que jamás se vaciaba». Por ello la Cofradía, reunida el 10 de abril de 1644, acuerda construir una nueva capilla en la misma plaza de la Seo. Fray Pedro de Urbina, arzobispo de Valencia, bendice la primera piedra del templo actual el 15-VI-1652. El edificio, obra del requenense Diego Martínez Ponce de Urrana, es de planta oval, con fábrica de ladrillos y algunas partes de piedra. Se distingue en los exteriores por sus líneas regulares, su amplia bóveda, sus cuatro sencillas puertas de orden dórico y las lápidas romanas de sus muros, descubiertas al socavar sus cimientos. En el interior, están los cuatro arcos que alternan con las cuatro puertas, de los cuales el del altar mayor excede en un tercio a los otros. El templo es inaugura-

do el 15-V-1667. El rico retablo mayor, que existe en la actualidad, tercero de los que allí se han levantado, es obra del arquitecto Vicente Gascó. El altar mayor es un bloque de mármol blanco de Carrara sostenido por las figuras alegóricas de los cuatro evangelistas que, como los Santos Vicente, Martín y Ferrer, son obra de José Esteve Bonet (1802). El camarín inaugurado en 1694 fue renovado en su acceso en 1912. En la bóveda de la capilla aparece pintada al fresco la «Gloria», del pintor Antonio Palomino (1701). Desde su altar, la santa imagen ha presidido toda la vida ciudadana y no ha habido ocasión gloriosa ni calamidad pública en la que el pueblo y sus autoridades no se hayan congregado junto a ella. Desde los mismos orígenes, la devoción y las obras asistenciales patrocinadas por Santa María de los Inocentes y Desamparados, se divulgaron en distintas poblaciones del reino de Valencia y en muchas otras españolas, llegando a tener amplia difusión en América y Filipinas, durante la época colonial y en Africa y en la India, recientemente. Algunas Congregaciones religiosas femeninas la tienen como patrona y difunden su devoción. El siglo XX marca el cenit de la devoción a la Madre de los Desamparados. Fue primero la peregrinación regional de 1909. Más tarde, el 12-V-1923, la coronación pontificia de la imagen con la asistencia de SS. MM. los reyes de España, de los cardenales valencianos Reig y Benlloch, y del Nuncio Apostólico, Mons. Tedeschini. En 1948 se celebraron las bodas de plata de la coronación con gran solemnidad y el papa Pío XII eleva la real capilla a la dignidad de basílica menor. En 1960 se celebra el año santo mariano valentino. Finalmente, S. S. Juan XXIII declara a la Virgen María de los Desamparados patrona principal de toda la región valenciana, a petición de las Diputaciones provinciales y Ayuntamientos de Alicante, Castellón y Valencia en compañía de sus prelados (13-V-1961). La basílica de la Virgen de los Desamparados sigue siendo actualmente el centro espiritual de devoción mariana de la región valenciana. Todo el amor y veneración del pueblo valenciano hacia su Patrona tiene su vibrante expresión en el segundo domingo de mayo con la solemne salve del atardecer del sábado, el concierto de música valenciana, «les albaes», la «missa de descuberta», la «missa d'infants», el tapiz de flores en la fachada de la basílica, el emocionado traslado de la imagen a la catedral y la solemne procesión vespertina.

BIBL.: Rodrigo Pertegas, *Historia de la Antigua y Real Cofradía de Nuestra Señora de los Inocentes Mártires y Desamparados, de la venerada Imagen y de su Capilla,* Val. 1922; F. Domingo Simo y J. Calatayud Baya, *El primer Hospital Psiquiátrico del mundo,* Val. 1959; J. Sempere Corbi, *Cómo nació, cómo era, cómo funcionaba el Hospital dels Fills de Sancta María dels Ignoscens,* Val. 1959; F. Almarche Vázquez, *Nuestra Señora de los Desamparados, Patrona de Valencia. Su Cofradía, Capilla y Culto,* Val. 1909; T. Fajarnes Castells, *Recuerdos históricos de la Real Capilla de N.ª S.ª de los Desamparados. Fiestas de inauguración y del primer centenario. Antiquísima devoción de los valencianos a la Madre de Dios,* Val. 1867; E. M. Aparicio Olmos, *Santa María de los Inocentes y Desamparados, en su iconografía original y sus precedentes históricos,* Val. 1968; ID., *Nuestra Señora de los Desamparados, Patrona de la Región Valenciana,* Val. 1962; ID., *Antología de la Virgen de los Desamparados y de su Templo,* (en prensa); ID., *La imagen original de Nuestra Señora de los Desamparados,* Val. 1955; F. García Sanchiz, *Madre Nuestra. Sanctissima Verge Maria dels Innocents e dels Desamparats,* Val. 1945; E. Moreno Cebada, *Glorias religiosas de España,* I, Ba.-Ma. 1866, 169-192; J. V. Ortí y Mayor, *Historia de la sagrada imagen de María Santísima de los Inocentes y Desamparados, Patrona... de Valencia,* Val. 1767. E. M. Aparicio

Doctrinos, *Santo Cristo de los,* (Madrid). En Alcalá de Henares. El edificio fue construido en 1584, y re-

construido, en 1702. Es de una sola nave sencilla y portada de ladrillo. La imagen es invocada como Cristo de la Misericordia. Es obra de Domingo Beltrán, del siglo XVI.

BIBL.: D7, I, 371; *Tesoros Artísticos de España*, Ma. 1973, 67.　　　　　　　　　　　　　　　　IEF

Dolores, *Cristo de los*, (Tenerife). En la villa de Tacoronte, partido judicial de La Laguna. Santuario erigido en el solar de la antigua ermita de San Sebastián, convertida posteriormente en convento de Agustinos por don Tomás de Castro y Ayala, quien había solicitado primero para sí el patronato del mismo (1-XI-1661) y compartido con su tío y suegro don Diego Pereyra de Castro, regidor de Tenerife. Ambos patronos, a cambio de las acostumbradas prerrogativas, se comprometieron a edificar el templo y el convento y hasta colocar en la capilla mayor un retablo sin dorar para la escultura del Cristo que el primero había traído de Madrid. Por los tratados concertados en los días 30, 31-I-1662 y 1-II-1662, entre los patronos y la comunidad agustina de Tacoronte se instituía la fiesta anual al Cristo de los Dolores el domingo inmediato a la exaltación de la Santa Cruz, fecha elegida, sin duda, para emular las fiestas del Cristo de la Laguna, que se celebraban el día 14 de septiembre. No contento solo con haber edificado la nave central (una de las laterales fue obra de la Cofradía de la Cinta) y la capilla mayor, techada con artesonado mudéjar, policromado, y dorado y costeado una de las fachadas talladas en piedra más interesantes de toda la arquitectura canaria del barroco, instituía en el año 1674 Castro y Ayala en el mismo convento una procesión del Miércoles Santo, para la que aportaba no sólo la cera y el gasto litúrgico anual sino hasta cinco imágenes más, no todas conservadas hoy. La versión común de que la imagen fue traída de Génova al mismo tiempo que la del convento de San Francisco de La Laguna, no tiene hoy consistencia. El historiador tinerfeño Núñez de la Peña, sostiene que el Cristo de los Dolores, llevado a Tacoronte era reproducción de la imagen del Redentor que en la capilla Real de Madrid había obrado muchos milagros. El investigador Buenaventura Bonnet pone como el antecedente más inmediato del Cristo de Tacoronte y su inspiración, el llamado Cristo de la Victoria que hoy se venera en Serradilla (Cáceres). En cuanto al valor artístico del mismo, concluye Hernández Perera: si no es ciertamente una obra maestra, supera a las versiones madrileñas (los de la Orden Tercera, San Jerónimo el Real, marqueses de Monesterio) por su realismo profundamente conmovedor. La iconografía causó sensación en el ambiente religioso, pues rompía con los moldes representativos de Jesucristo conocidos en el archipiélago, y preocupó grandemente a los comisarios del Santo Oficio como «irregular», cuya censura remitió informe a la Suprema en fecha 24-IV-1662. El mármol del piso, traído de Italia, se colocó siendo mayordomos Miguel de Sara y Jacinto Rodríguez. En él se conservan las estatuas orantes de los fundadores del convento, así como valiosas piezas de orfebrería.

BIBL.: D3, 58, 1478-1479; J. NÚÑEZ DE LA PEÑA, *Conquista y antigüedades de las islas de la Gran Canaria y su descripción. Con muchas advertencias de sus privilegios, conquistadores, Pobladores y otras particularidades en la muy poderosa isla de Tenerife*, Ma. 1676; E. GUTIÉRREZ ALBELO, *Cristo de Tacoronte. Poemas*, La Laguna 1947; B. BONNET REVERON, *El Cristo de Tacoronte. Su origen y filiación artística*: Diario «Amanecer», 26-IX-1937; ID., *El Cristo de Tacoronte deriva de un grabado de Durero*: Diario «El Día», 23-IX-1940; J. HERNÁNDEZ PERERA, *Domingo de la Rioja. El Cristo de Felipe IV en Serradilla*: R26, 25(1952)269-272 y 284; ID., *Iconografía española. El Cristo de los Dolores*: R26, 27(1954)47-62; D. MARTÍNEZ DE LA PEÑA Y GONZÁLEZ, *Las cubiertas de estilo portugués en Tenerife*: R26, 28(1955)315; *Tesoros Artísticos de España*, Ma. 1973, 609. A. RUIZ ALVAREZ, *La Inquisición de Canarias y el Cristo de Tacoronte, 1662-1665*: R184, 19(1953)174-180.　　　　　　　J. M. DE MORA

Dolores, *Nuestra Señora de los*, (Canarias) patrona de la isla de Lanzarote. Conocida igualmente por Nuestra Señora del Volcán, desde el año 1885, cuando se detuvo el río de lava a pocos metros del santuario.

BIBL.: *Advocaciones, Capillas y Santuarios marianos*: R17, 15(1929)159.　　　　　　　　　　　　IEF

Dorleta, *Virgen de la*, (Guipúzcoa). En el barrio de su nombre, término de la villa de Salinas de Léniz, partido de Vergara, diócesis de San Sebastián. Su origen hay que ponerlo en una antigua parroquia que desde 1331 pasó a ser filial de la de San Millán. La leyenda y la conjetura quieren retrotraerlo a los principios de la evangelización de Guipúzcoa; fue muy frecuentado por las peregrinaciones a Santiago. El primer dato histórico de que disponemos acerca de su fama y notoriedad es que en 1367 los vascos franceses que vinieron a España con el príncipe de Gales tenían noticia de su existencia como centro de los favores de muchos devotos; por ello lo saquearon, robaron sus bienes, e intentaron llevarse su preciosa imagen, que fue recuperada por los vecinos. Esta imagen puede fecharse como de finales del siglo XIII o principios del XIV, y su origen está ligado, según la leyenda, a una aparición de la misma en el actual lugar o barrio de Dorleta. Había sido escondida por los vecinos ante el temor de que fuera robada por los musulmanes. Se sabe que en 1539 estaba este santuario bajo el cuidado de una comunidad de *beatas* que se dedicaban a pedir limosnas para el mismo por todo el País Vasco y parte de Navarra, y a las que se deben buena parte de sus obras. Estas *beatas* estaban organizadas con constituciones propias, y tenían un edificio anejo al santuario que les servía de casa. Como administradores y responsables del santuario estaba la cofradía con su mayordomo al frente. En 1611 *beatas* y mayordomo construyen una hospedería para alojamiento de los devotos que acudían a hacer sus novenas. En 1647 se funda una capilla dedicada a la Purísima Concepción con dos capellanías dotadas. A finales del XVII y en el XVIII, al cual pertenece el retablo con sus preciosos relieves, se realizan nuevas obras; del primitivo edificio, de factura románica, apenas si queda un muro.

En los siglos XVI, XVII, y XVIII —de los que hay noticias— llegó a poseer una respetable hacienda, compuesta, además de las casas y edificios del santuario, por una serie de granjas y heredades con sus casas de labranza. Todo ello proveniente de donaciones de los fieles devotos. Con la Desamortización lo perdió todo, quedando desde entonces a merced de las limosnas de los fieles y visitantes. En alhajas, libros y demás útiles del culto, según inventario de 1632, reunía una considerable riqueza. Madoz, en su época, lo califica de «muy buena basílica y bastante concurrida de devotos»; dice que estaba a un tiro de bala de la población. Se venera en ella —dice— además de la imagen que la tradición supone aparecida, una reliquia de la espina del Señor. Esta se guarda hoy día en un hermoso relicario de plata.

Entre las gracias espirituales posee 1.200 días de indulgencias, concedidas por doce cardenales de Roma el 6-VI-1494, a todos los que visitando este lugar los días de la Natividad, Concepción, Anunciación, Purificación y Asunción de la Virgen, den alguna limosna para el santuario. Asimismo posee indulgencia plenaria para todos los cofrades en el día de su ingreso, concedida por Clemente VIII por bula del 1-VII-1592. El 26-XI-1871, Pío IX agregó esta iglesia a la basílica de Santa María la Mayor de Roma, pudiendo ganarse en ella las mismas gracias espirituales que en la de Roma. Con motivo del Congreso Eucarístico de Mondragón de 1945 fue llevada por todo el valle de Léniz, en procesión, desde el día 17 al 28 de junio. La fiesta se celebra el día de la Asunción, bajo cuya advocación está el santuario. Los festejos profanos son de gran renombre y tradicionales en toda la comarca desde el siglo XVI.

BIBL.: D7, XIII, 697-98; D. BERGARECHE, *Apuntes históricos de Salinas de Léniz y del santuario de la Virgen de Dorleta*, SSe. 1954; *Santuario de la Virgen de Dorleta*: R17, 15(1929)518.   V. GARCÍA LOBO

Encarnación, *Nuestra Señora de la*, (Ciudad Real). Cerca del Castillo de Calatrava la Vieja, término de Carrión de Calatrava, en la extensa llanura denominada Campo de Calatrava. Se celebra su fiesta trasladando la imagen a Carrión donde permanece por espacio de cuarenta días. Al arruinarse el castillo quedó en pie la iglesia de Santa María de los Mártires, en memoria de los que perecieron después de la derrota de Alarcos, que posteriormente se llamó santuario de Nuestra Señora de la Encarnación. A raíz de la invasión napoleónica y de la guerra carlista se sustituyó la antigua techumbre de madera por otra abovedada. La imagen titular, de mármol, es del siglo XIII. En el mismo templo hay otra imagen de esta advocación del siglo XVII.

BIBL.: D3, 11, 1382; D7, V, 270; J. JIMENO, *Ciudad Real, diócesis de:* DHEE, I, Ma. 1972, 417; *Tesoros Artísticos de España*, Ma. 1973, 207-208; C. VIÑAS Y R. PAZ, *Relaciones de los pueblos de España ordenadas por Felipe II. Ciudad Real*, Ma. 1971, 188.   M. J. CRUZ

Encarnación, *Nuestra Señora de la*, (Salamanca). A corta distancia del pueblo de la Orbada, uno de los últimos de la Armuña Alta, situado en dirección a Cantalapiedra. El templo es de construcción morisca. Los muros noroeste y sudoeste son curvos y se conservan en su primitivo estado. Llevan dos filas de arcos simples y en su mayoría apuntados. En su lienzo más largo, el del sudoeste y, hacia la mitad, quedan señales de una portada y algunas dovelas de piedra con rosetas esculpidas, que prueban fue de obra románica y del siglo XII. El resto data del XVI, con otra sencilla portada. En dos ocasiones se quemó el edificio y por ello no se conocen datos históricos, al desaparecer el archivo. Actualmente se celebra la fiesta principal el lunes de Pascua, con numerosa asistencia de los habitantes de la comarca armuñesa.

BIBL.: M. GÓMEZ MORENO, *Catálogo Monumental de España, Provincia de Salamanca (texto)*, Ma. 1967, 396-397; *Nuestra Señora de la Encarnación:* Anuario Católico Español, II, Ma. 1956, 463.   M. L. PALACIO

Encarnación de Celanova, *Nuestra Señora de la*, (Orense). En la villa de Celanova y en el barrio llamado «La Ermida», a poca distancia de la bifurcación de la carretera que lleva a Bande y Entrimo. Desde muy antiguo existió una cofradía floreciente que levantó la actual ermita al derrumbarse, a causa de un temporal, la que había existido anteriormente. Las fiestas se celebraron antiguamente el 25 de marzo. Actualmente se celebran el primer domingo de agosto. La víspera de las mismas sale una procesión compuesta por niños principalmente, que llevan ramos, de donde le viene el nombre de «A ramallosa». Es también típica la participación de los gaiteros. Existe un folleto impreso con noticias del derrumbamiento de la primera ermita y con una lista de los que contribuyeron al levantamiento de la actual.

BIBL.: C. GIL ATRIO, *Orense mariano*, Or. 1954, 153.
M. ANTA

Encina, *Nuestra Señora de la*, (Alava). Situado en las afueras de la villa de Arceniega, partido de Amurrio,

a unos 35 kms. de Vitoria. A doscientos pasos de la citada villa, en la cumbre de una colina poblada de arbustos, destaca un hermoso ejemplar de una centenaria encina, cuyo tronco mide unos 4 ms. de circunferencia. A las puertas del santuario existe una columna que indica el sitio donde, según la tradición, posó sus benditas plantas la Virgen, aparecida allí en el siglo XV. La construcción es grandiosa. Se compone de sillares labrados de piedra caliza, con dos puertas ojivales al norte y sur. En ésta hay un espacioso pórtico con cuatro grandes arcos en que aparecen escudos con las armas reales y los blasones de la villa. El interior del templo se compone de tres grandes naves, sostenidas por ocho pilares. Su bóveda, de crucería, esta profusamente adornada con pinturas y las armas de Carlos V, que visitó el santuario. Cuenta con ocho altares laterales de estilo churrigueresco. El retablo mayor es de principios del siglo XVI y en él se pueden contemplar movidas escenas, que representan la pasión, bajo unos doseletes calados de estilo gótico, obra probable de algún taller burgalés con fuertes influencias flamencas. Junto al altar y en un templete de la misma época que el retablo, se venera una imagen gótica de la Virgen, que pudiera ser del siglo XIII. Al lado del evangelio descansan en suntuoso panteón, los restos de don Cristóbal de la Cámara y Murga, célebre canonista, obispo de Canarias y Salamanca, trasladados en 1614. A su vez en el lado de la epístola destaca un interesante retablo que representa un grupo debajo de una encina, con las justicias de Arceniega y Ayala y un escribano que se queda ciego al extender un acta falsa. Significa según la tradición la disputa entre Mendieta y Arceniega sobre el derecho de posesión y propiedad del santuario. No faltó un escribano que certificara falsamente tal derecho en favor de Mendieta y quedó instantáneamente ciego. Detrás del altar mayor está el camarín de la Virgen decorado con escenas de su vida. Se restauró el edificio en 1883. La fiesta principal se celebra el día 8 de septiembre. Fue coronada canónicamente el 8-IX-1954 por el arzobispo de Burgos, con asistencia de los obispos de Vitoria, Bilbao y Santander.

BIBL.: D7, II, 471; *Santuario de Nuestra Señora de la Encina:* R17, 15(1929)521-22; E. DE ESCÁRZAGA, *La villa de Arceniega*, Bi. 1931; *La Virgen de la Encina:* Anuario Católico Español, II, Ma. 1956, 403; I. DE IBARRA Y BERGE, *La coronación de la Virgen de la Encina:* R64, 10(1954)221-29; *Tesoros Artísticos de España*, Ma. 1973, 103; *Coronación Virgen de la Encina*, Vi. 1954 (folleto conmemorativo); J. MARTÍNEZ DE MARIGORTA, *Nuestra Señora de la Encina que se venera en la villa de Arceniega*, Vi. 1950.   J. M. DE MORA

Encina, *Nuestra Señora de la*, (Salamanca). En Macotera, partido de Peñaranda de Bracamonte, diócesis de Salamanca. En la periferia del pueblo existe una ermita dedicada a la advocación de Nuestra Señora de la Encina, a la cual los macoteranos profesan especial devoción. La tradición cuenta cómo fue encontrada la imagen por un pastorcillo en una encina; de ahí su nombre. Parece que estuvo oculta todo el período de la dominación sarracena. Permanece siempre vestida y cuando le cambian las ropas en las solemnidades, se encargan de ello las mayordomas, haciéndolo con reverencia y rezando el rosario. Dos fiestas se dedican anualmente a Nuestra Señora de la Encina: la primera, el día de la Asunción: rezado el rosario, se lleva en procesión a la iglesia parroquial; la fiesta mayor se celebra el 8 de septiembre.

BIBL.: *Nuestra Señora de la Encina:* Anuario Católico Español, II, Ma. 1956, 463; D7, X, 516.   A. DIEZ

Encina, *Nuestra Señora de la*, (Toledo). En el municipio de Carriches, antiguo señorío condal de Orgaz, partido judicial de Santa Olalla; patrona del pueblo.

El edificio es del siglo XVII. Su fiesta se celebra con gran devoción y solemnidad el 8 de septiembre.

BIBL.: L. MORENO NIETO, *La provincia de Toledo*, To. 1960, 114-115; F. JIMÉNEZ DE GREGORIO, *Los pueblos de la Provincia de Toledo hasta finalizar el siglo XVIII, población-sociedad-economía-historia*, I, To. 1962, 185.

IEF

Enebrales, *Nuestra Señora de los*, (Guadalajara). A 2 kms. de la villa de Tamajón, junto a la carretera de Campillo de Ranas. Lugar pintoresco en un monte de enebros; de ahí, su nombre. La tradición dice que se apareció la Virgen sobre el tronco de un enebro sin que se conozca la época. No existe documentación alguna sobre este santuario. Las antiguas reproducciones muestran a la Virgen con el Niño en brazos sobre un enebro y un caballero de rodillas delante de ella; al fondo un santuario. La tradición oral afirma hoy día que la actual imagen —muy distinta de la de reproducciones más antiguas— es una reproducción de nuestra postguerra. La verdadera imagen, dicen, se encuentra en alguna de las muchas cuevas que abundan en los contornos, donde la escondieron dos personas que murieron durante la guerra civil sin que nadie pueda conocer el lugar exacto para su localización.

BIBL.: J. GARCÍA PERDICES, *Cual Aurora naciente (Advocaciones Marianas de la Provincia de Guadalajara*, Gua. 1974, 112-113; D7, XIV, 579. S. LORRIO

Ermitana, *Nuetra Señora de la*, (Castellón de la Plana). En Peñíscola, partido de Vinaroz, diócesis de Tortosa. Al noroeste del castillo. Santuario que mandó construir Don Sancho de Echevarría, entre 1711-1716, sobre las ruinas de otra pequeña ermita. Destruidos por el fuego en dos ocasiones los archivos, nada se sabe acerca del origen de esta imagen y devoción a la misma. La tradición la supone traída de Jerusalén por el apóstol Santiago. También se han remontado su título y advocación a los tiempos en que los moros ocuparon esta ciudad. Se cuenta que entonces fue escondida en una pequeña ermita que existió en el barrio del Olivo. De aquí el nombre de «Ermitana». La imagen data de la época medieval. El edificio conserva en su cabecera una rica decoración barroca de azulejos de Alcora. Sufrió muchos desperfectos en la guerra de la Independencia que fueron reparados en el año 1820. Se conserva el tabernáculo de piedra y jaspe, también deteriorado, del siglo XVIII.

BIBL.: D7, XII, 792; E. MORENO CEBADA, *Glorias Religiosas de España*, I, Ba.-Ma. 1866, 281-95; *Tesoros Artísticos de España*, Ma. 1973, 509. IEF

Ermitas, *Nuestra Señora de las*, (Orense). En la aldea del mismo nombre, partido de Viana del Bollo, diócesis de Astorga. Tiene por marco geográfico la agreste región del Bollo y el río Bibey, afluente del Sil. Una tradición remonta los orígenes de esta advocación a los tiempos anteriores a las invasiones musulmanas. Algunos autores han hablado de la existencia de numerosas ermitas en la comarca del Bollo. Puede ser que en realidad se trate de un fenómeno de eremitismo al cual se han referido algunos autores al tratar el tema del monacato gallego. El origen del santuario está directamente relacionado con el hallazgo de la imagen que pudo haber sido escondida en la época de la invasión sarracena. Como en otros muchos casos son unos pastores de la región los que la encuentran escondida en una cueva. La imagen puede datarse en los siglos XII o XIII. Poco después del hallazgo se construyó una capilla de reducidas proporciones. De ella no queda actualmente nada. El templo actual es fruto de unos planos que datan del año 1624. Es amplio y de sólida construcción. De estilo barroco con dos torres con balconadas y estatuas de las Virtudes y escudos en los ángulos. Tiene además varias dependencias anejas para asistencia de los peregrinos. En otros tiempos atendían el culto del mismo los párrocos de la región del Bollo. Con el tiempo fue declarado de patronato episcopal y estuvo mejor atendido. Con ello la afluencia de peregrinos de todas las provincias gallegas y comarcas cercanas de Portugal fue en aumento. Con el tiempo el templo resultó pequeño. En 1711 fueron presentados al obispo de la diócesis nuevos planos para la ampliación del mismo. Surgió así el camarín, las torres anteriormente descritas, la ampliación de las casas anejas al santuario y la construcción de una hospedería. La fiesta principal se celebra el 8 de septiembre con concurrencia de numerosos peregrinos, la gran mayoría para el cumplimiento de sus promesas. Pero no dejan de acudir devotos durante todo el año.

BIBL.: C. GIL ATRIO, *Orense Mariano*, Or. 1954, 37-50; J. M. DE CONTRERAS, *Historia de Nuestra Señora de las Ermitas*, 2.ª ed., Sa. 1798; E. MORENO CEBADA, *Glorias Religiosas de España*, II, Ba.-Ma. 1867, 533-39; J. DE VILLAFAÑE, *Compendio Histórico en que se da noticia de... los más célebres santuarios de España*, Ma. 1740, 215-24; V. RISCO, *Geografía General del Reino de Galicia (Provincia de Orense)*, Ba. 1926, 785-805; *Nuestra Señora de las Ermitas*: R17, 15(1929)103-104; D7, IX, 176; *Tesoros Artísticos de España*, Ma. 1973, 365. M. ANTA

Esperanza, *Nuestra Señora de la*, (Guadalajara). En el término de la villa de Durón, a unos 2 kms. de ésta. Madoz lo califica de «bonito santuario»; dice que en su época contaba con una casa de campo habitada por un ermitaño. El templo, a que se refiere Madoz, con una hermosa cúpula de yeserías, databa del siglo XVIII, dentro del más retorcido estilo barroco. Pero todo esto ha quedado anegado por las aguas del pantano de Entrepeñas, en el río Tajo. La Confederación Hidrográfica del Tajo ha levantado nueva ermita situada en un altozano junto a la carretera dominando un hermoso panorama. Está a punto de ser inaugurada. No se conoce documentación sobre este santuario aunque sí una novena, en honor de la advocación, impresa.

BIBL.: D7, VII, 428; *Tesoros Artísticos de España*, Ma. 1973, 256; I. GARCÍA PERDICES, *Cual Aurora naciente (Advocaciones Marianas de la Provincia de Guadalajara)*, Gua. 1974, 58-60. S. LORRIO

Esperanza, *Nuestra Señora de la*, (Logroño) patrona de la ciudad, en la iglesia parroquial de Santiago.

Santuario e imagen. La parroquia de Santiago, el Real, según declara el Ayuntamiento en 1625, es «a más antigua. En ella se hicieron los ayuntamientos y están sus archivos». La tradición remonta dicha antigüedad a los primeros siglos cristianos. Históricamente se prueba su existencia desde el siglo XII junto con un claustro anejo y un cementerio ya entonces «antiguo». Continúa abundantemente documentada en los siglos XIII, XIV y XV. Las características de algunos arcos y otros elementos descubiertos dan pie para fechar la construcción del claustro en el siglo XI o principios del XII. En este claustro se reunían durante la Edad Media los «hijosdalgo y ricoshomes» logroñeses. La iglesia también guardaba el archivo de la ciudad. El templo actual se levantó en la primera mitad del siglo XVI. Es de planta de salón con amplísima nave de 42 ms. de largo, 16 de ancho y 24 de altura, Correspondiendo a los tres tramos se abren otras tantas capillas en cada lateral, alojadas en los contrafuertes terminados en pilares de sección rectangular. Domina la tendencia ojival, con algunas concesiones al modo renacentista, como la cornisa moldurada que corona todo el templo. En esta parroquia se veneraba desde tiempo inmemorial una imagen de la Virgen, llamada primeramente «la Toledana». Los peregrinos jacobeos, que por el «camino francés», cercano aquí a los muros de la parroquia, atravesaban la ciudad, desfilaban por la capilla de Nuestra Señora la Toledana. Se llamó más tarde Nuestra Señora de la Esperanza. Ya en 1530 un canónigo de Calahorra manda que se le entierre «junto al altar de Nuestra Señora de la Esperanza». Al principio ocupó una capilla lateral, después presidió desde el muro del presbiterio. Actualmente se aloja en lugar conspicuo en la calle central del gran retablo absidal.

Es una talla sedente del siglo XIII o XIV sometida a diversos retoques posteriores. Presenta al Niño de frente.

La gesta de 1521. Venerada particularmente por los logroñeses, pasó a primer plano en su afecto en 1521. Las tropas de Francisco I, rey de Francia, habían invadido Navarra y se dirigían a Castilla. El 25 de mayo la vanguardia del general francés Asparrot puso cerco a Logroño. Presidido por su corregidor, Pedro Vélez de Guevara, y el regidor, Juan de Enciso, el pueblo de Logroño acordó la heroica defensa e imploró el favor divino por medio de María de la Esperanza. La tradición relaciona el triunfo con la ayuda de la Virgen. En tan apretado asedio, al escasear los alimentos, el gremio de pescadores descendía cada noche sigilosa y valientemente al Ebro cercano batido por los franceses, para abastecer con el fruto de sus redes a los defensores. Este capítulo de la gesta tendrá su recuerdo histórico en la fiesta mayor. El 11 de junio, fiesta de San Bernabé, el enemigo levantó asedio con la llegada del Duque de Nájera, Manrique de Lara, que acudía en auxilio de la plaza. Por ello surgió la incorporación de San Bernabé a los festejos históricos logroñeses A requerimiento de la ciudad fue proclamada canónicamente Patrona de Logroño por el Papa Pío XII el 14-V-1948.

Conmemoración religioso folklórica. Dos cofradías nacieron al calor de esta advocación. La de Nuestra Señora de la Esperanza, fundada en 1641 para culto de María y bien de los cofrades. La más notable manifestación de este culto se centra en la fiesta del 18 de diciembre solemnizada con previa novena en las vísperas y misa con procesión por el Logroño antiguo, con asistencia de las autoridades religiosas y civiles. La segunda Cofradía llamada «Cofradía del Pez», rememora la hazaña repetida cada noche del asedio por los pescadores logroñeses. El 11 de junio de cada año, después de la Misa solemne en la Catedral presidida por las imágenes de la Virgen de la Esperanza y de San Bernabé, se celebra una procesión cívico-religiosa con las dos, uno de cuyos momentos más típicos es la bendición junto a la Puerta del Revellín, resto de la antigua muralla, de los peces con que los cofrades obsequian jubilosos a los logroñeses acompañando el yantar con una jarrita de vino del país.

BIBL.: R. DE SEYA, *Las parroquias de Logroño,* Lo. 1958; N. N., *Apuntes históricos de Logroño,* Lo. 1943; A. GÓMEZ, *Logroño y sus alrededores. Descripción de los edificios principales...,* Lo. 1857.   E. SÁINZ

Esperanza, *Nuestra Señora de la,* (Málaga) ermita y antiguo hospital de Lazarinos en Vélez-Málaga. Fue fundada el año 1508 por doña Beatriz de Arellano, quien la dotó con varios censos y algunas fincas que pertenecen al mayorazgo del vizconde de Sancho Miranda. Situada al este de la plaza de su nombre, es de una sola nave de unos 16 ms. de longitud, 7 de ancho y 7 de altura. Disponía a mediados del siglo XIX de un capellán para el servicio.

BIBL.: D7, XV, 647.   IEF

Espino, *Nuestra Señora del,* (Burgos). En Santa Gadea del Cid, partido de Miranda de Ebro y en el monasterio benedictino del mismo nombre. El principal documento público referente a las apariciones de la Virgen, que describe con profusión de detalles, data del año 1399 y está escrito en pergamino por el notario del reino Juan Martínez. Del hecho de aparecerse la Virgen en un espino le viene el nombre con el cual es venerada. Junto a la imagen de la Virgen fueron halladas otras dos de san Andrés Apóstol y de san Ildefonso. Cuenta una tradición que todas fueron escondidas con ocasión de la invasión sarracena. El santuario erigido en el mismo lugar fue con el tiempo monasterio de benedictinos. La iglesia es de planta de cruz latina, con ábside poligonal y bóveda de crucería. El retablo mayor es del siglo XVI y está dedicado a la Virgen. La imagen es una talla sedente del siglo XV, trabajada en nogal y espino. Mide 1,30 ms. de altura, policromada y estofada. A su derecha se ve un espino. Al mismo lado lleva al Niño sentado que con su mano izquierda intenta pasar las hojas del libro que la Virgen lleva abierto. Madre e Hijo tienen coronas de plata, donación del abad del mismo monasterio, Fray José de Velarde.

BIBL.: L. HUIDOBRO, *Nuestra Señora del Espino en Santa Gadea del Cid,* Lé. 1922; *Nuestra Señora del Espino:* Anuario Católico Español, II, Ma. 1956, 421-23; T. MORAL, *Espino, El, Santa María:* DHEE, III, Ma. 1973, 1563-64; E. MORENO CEBADA, *Glorias Religiosas de España,* II, Ba.-Ma. 1867, 581-87; *Tesoros Artísticos de España,* Ma. 1973, 568; D7, VIII, 262.   J. M. DE MORA

Espino, *Nuestra Señora del,* (Ciudad Real). En el término municipal de Membrilla, partido de Manzanares. Conocida igualmente por Nuestra Señora del Castillo, por encontrarse situada donde estuvo el castillo de Tocón. Se llamó del Espino por disposición del rey Alfonso VIII, a la vuelta de las Navas de Tolosa, ya que en el lugar donde se ocultaba la imagen había un espino. Su fiesta se celebraba el día de los «Desposorios de la Virgen» y posteriormente el segundo domingo de septiembre.

BIBL.: D7, VII, 573; C. VIÑAS y R. PAZ, *Relaciones de los pueblos de España ordenadas por Felipe II, Ciudad Real,* Ma. 1971, 309-310.   M. L. PALACIO

Espino, *Nuestra Señora del,* (Granada). En plena vega granadina, a 18 kms. de la capital y formando parte del monasterio de religiosas Franciscanas-Capuchinas de Chauchina, existe una capilla-santuario de gran devoción popular dedicado a Nuestra Señora del Espino (vulgo el Pincho). Este centro de devoción mariana, relativamente reciente, se remonta a 1906, fecha en que la anciana Rosario Granados Martín gravemente enferma, recupera de modo milagroso la salud y —según sus propias manifestaciones— recibe el consuelo y visita de la Virgen junto a un espino, en las proximidades del cementerio de Chauchina. El hecho cundió enseguida por el pueblo y la prensa local se encargó de divulgarlo por toda la comarca. El desfile ininterrumpido de gentes venidas de Chauchina y pueblos vecinos al lugar de la aparición, obligó a la autoridad a proteger con un seto la improvisada capilla (hornacina) levantada junto al espino del cementerio. Con limosnas de devotos y romeros, a instancias de la vidente y agraciada anciana, se construirá más tarde una ermita-santuario para adoración perpetua de Cristo Eucaristía y en honor de su Madre la Virgen del Espino. Anejo a él, una casa de oración y penitencia, el monasterio de clausura de las MM. Capuchinas. En poco más de diez años el sencillo cuadro de la Virgen del Espino fue sustituido por una bella escultura, obra del Sr. Navas Parejo. La pequeña capilla, bajo la dirección de D. Francisco Lopera, se transformó en amplia ermita (1919) y se agrandó en 1925 con la construcción del monasterio de las capuchinas. Encomendada a esta comunidad la custodia espiritual y material del santuario y devoción eucarístico-mariana, Chauchina ha venido a convertirse en uno de los principales centros de espiritualidad y renovación cristiana de la archidiócesis de Granada. La «espiritualidad del dolor en el misterio del sufrimiento» —característica principal de la devoción a la Virgen del Espino— ha atraído a numerosos peregrinos no solo de la provincia de Granada sino de toda España, que en grupos o privadamente van y vienen durante todo el año a Chauchina con profunda fe cristiana y sinceros deseos de renovación. Nuestra Señora del Espino ha sido testigo del excepcional entusiasmo y amor mariano en la conmemoración del XXV Aniversario de la fundación del convento (10-IV-1950), en el Año Santo Mariano (1954) y, sobre todo, con motivo del cincuentenario de las apariciones (7-9-IV-1956). En la actualidad revisten especial esplendor los cultos del día 9 de abril de cada año (Aniversario de las apariciones) y el novenario del mes de septiembre.

BIBL.: Archivo diocesano de Granada y conventual de Chauchina, *Docs. ms. relativos a la aparición de la Virgen en Chauchina, (desde 1906) fundación del convento, obras, etc.*; Diversos artículos sobre la aparición y milagros en «Boletín liga de oraciones y sacrificios» (abril-mayo), Chauchina 1927; R. M. DE ANTEQUERA, *Historia de la aparición de Nuestra Señora del Espino, Chauchina,* Gra. 1971; *Novena en honor de la milagrosa imagen de Nuestra Señora de los Dolores (vulgo del Espino) que se venera en la iglesia de las RR. MM. Capuchinas de Chauchina,* Gra. 1962.
A. RIESCO

Espino, *Santa María del,* (Soria) patrona de la ciudad. Parroquia y santuario, Nuestra Señora del Espino, «es casa de mucha devoción e muy principal de la ciudad», decían los Corregidores de ella, en sesión celebrada el día 13-II-1547, y a finales del mismo siglo (hacia 1590), escribía Miguel Martel en su manuscrito: *De la Fundación de Soria y de los Doce Linajes,* lo siguiente: «Pasando al medio día de la ciudad de Soria se ve la iglesia de Nuestra Señora del Espino, Santuario donde es el mayor concurso de los Cristianos y donde se hacen muchos servicios a la Virgen y al Santísimo Sacramento». Fray Gregorio Argaiz, que dejó inédita la Historia de la diócesis de Osma, decía que «la iglesia de N.ª Sra. del Espino es la más frecuentada que hay en Soria, por la Santa Imagen que en ella se venera». Era, por tanto, y sigue siendo, la iglesia de más categoría e importancia después de la Colegiata de San Pedro, y actualmente la primera de todas las parroquias de la diócesis. El templo es tan suntuoso, que resulta de los mejores de la ciudad.

Remóntase el origen de la parroquia al último tercio del siglo XIII, pues figura ya en el *Padrón de vecinos,* que mandó hacer el rey don Alfonso X a Diego Gil de Ayllón, en 1270, pero no con el título de El Espino, sino con el topónimo de «Cobalieda» (solamente), puesto que, al siglo siguiente, en 1352, en lugar de Covalieda, encontramos ya: *Santa María del Espino,* en la *Concordia* celebrada en el atrio de la Catedral de Burgo de Osma, entre los curas de las parroquias de Soria y las aldeas, señalando la sentencia dictada el número de sus parroquianos de villa y de aldea, para sus tributos. Tres siglos más tarde, pertenecían y tributaban a esta parroquia treinta y tres aldeas y tenía ya anejas las parroquias vecinas de San Sadornil, Santiago y San Martín de la Cuesta. Mediado el siglo XVII (hacia 1659) el citado G. Argaiz preparaba la historia de la diócesis de Osma, a ruego del venerable Palafox, su prelado entonces, y aunque bastante crédulo Argaiz en sus escritos, recogía la tradición popular sobre el origen de la Virgen del Espino.

He aquí sus palabras: «Es imagen milagrosa esta de N.ª Sra. del Espino; y, según papeles del Archivo, su primer asiento fue en Covaleda, lugar de los Pelendones, donde nace el río Duero, y cuando se perdió España, los cristianos la escondieron entre unas peñas, porque los moros no la topasen. Pasados muchos años quiso Dios que se apareciese a un pastor de Soria en un espino, por lo cual la tienen puesta en un árbol de esta especie. La llevaron a Soria, que está seis leguas, llamándola N.ª Sra. de Covaleda.» (Esta es la tan repetida leyenda, común a otras muchas.)

No hay pruebas, ni documentos confirmatorios, ni «papeles del Archivo», a que alude G. Argaiz, para afirmar que se titulase por entonces N.ª Sra. de Covaleda. En cambio, sí las hay de que aquel pueblecito Soriano, en el año de 1095, fue donado, junto con el de Duruelo, al Monasterio de San Millán de la Cogolla. Nada se dice de la Virgen del Espino, ni de N.ª Sra. de Covaleda. Tampoco se recuerdan tales títulos por los citados pueblos de Soria.

Patrona de la ciudad. Hasta comienzos del siglo XVII no se despierta en España el fervor mariano para acogerse al patronazgo de la Santm.ª Virgen. Durante la Edad Media, en casi toda la cristiandad era venerada e invocada únicamente con el nombre de Santa María. A partir del siglo XVII comienzan los pueblos y devotos a nombrarla con apítetos y topónimos (a veces pueriles y legendarios), con el fin de poderla distinguir y diferenciar las devociones de cada pueblo.

Por el año de 1659, el citado G. Argaiz, en su obra *Memorias ilustres de la Santa Iglesia y obispado de Osma,* decía que «por los muchos milagros que ha obrado, los ciudadanos de Soria la tienen por su Patrona».

No obstante ello, no hemos hallado acuerdo ninguno en los libros de Actas del Concejo de Soria, sobre el patronazgo de la Virgen del Espino, pero sí una alusión, consignada en la sesión de 2-V-1690, acordando la asistencia a la función de la traslación de la imagen al nuevo retablo, «siendo tan conocida la devoción en todos los capitulares de esta ciudad a *esta imagen como su Patrona*».

En los libros parroquiales de Nuestra Señora del Espino aparece por primera vez citada como Patrona de la ciudad, en una partida de bautismo, de 14-V-1726, de Manuela Sanz Carbonera y, años adelante (siglos XVIII y XIX) es frecuente leer su nombre como Patrona de la ciudad dado por corregidores y cabildos de Soria en oficios y comunicaciones sobre rogativas y procesiones de la Virgen.

La imagen. Es pequeña, de un codo de alta, muy morena (según palabras del P. Argaiz, que la describe de vista). Tiene al Niño Jesús en el brazo izquierdo y una manzana en la mano derecha.

▼Los que han visto de la Peña de Francia aseguran que les es muy parecida. Está en medio del retablo del altar mayor, sobre una peana, que dicen se talló de un tronco de espino...

Arden continuamente seis lámparas, tres de plata y tres de azófar. A este santuario acude la ciudad en las necesidades públicas. Está ya tan extendida la devoción de esta imagen que ha llegado a las Indias y de ellas le han enviado coronas de oro, lámparas de plata, vestidos de pluma y han fundado capellanías... La antigua imagen era sedente, posiblemente del siglo XIV, con su silla de brazos como la vimos muchos hasta el año de 1952 en que un voraz incendio abrasó el valioso retablo barroco y la imagen tan querida y venerada. La actual —de hace pocos años— es reproducción exacta de la antigua. Fue costeada por el Iltre. Ayuntamiento de la Ciudad.

BIBL.: M. MARTEL, *Tratado de la fundación de la ciudad de Soria, del origen de los doce linajes y de las antigüedades de esta ciudad.* ms. existente en la biblioteca del marqués de Mondéjar; G. ARGAIZ, *Memorias ilustres de la Santa iglesia y obispado de Osma,* ms. 1661; A11, Sa. 1618, IV; J. A. PÉREZ-RIOJA, *Soria y su provincia,* Soria 1970; J. LOPERRÁEZ CORVALÁN, *Descripción histórica del obispado de Osma,* Ma. 1788.
F. ZAMORA

Estany, *Santa María del*, (Barcelona). En la localidad de Estany, partido de Manresa, diócesis de Vich. El nombre de Estany (estanque), proviene de las aguas estancadas que había en este pequeño valle y a las que se les dio salida el año 1737 conduciéndolas a una mina, quedando saneado de esta manera el lugar. Aquí fue construido un monasterio que desde el siglo XI perteneció a los canónigos regulares de San Agustín. Estos religiosos construyeron la iglesia, consagrada el año 1131, y el claustro. El monasterio fue secularizado mediante una bula de Clemente VIII que lo convirtió en colegiata. La iglesia, de una sola nave, tenía cimborrio, que servía de base al campanario. El edificio fue seriamente afectado por un terremoto el año 1400 que derrumbó la torre y la bóveda. Probablemente entonces fue cubierta con arcos góticos apuntados. El templo actual ha sufrido numerosas modificaciones. La Virgen, bella estatua de mármol, está dando el pecho al Niño. Lo más destacado de todo el conjunto es el claustro del monasterio, de planta cuadrada, con nueve grupos de dos columnas a cada lado. La iconografía, abundante y variada, es obra de diversos autores que se suceden desde el siglo XII al XIV. En el lado adosado a la iglesia están representadas escenas del Génesis y de los Evangelios. En el lado occidental, los capiteles presentan motivos decorativos. En los dos restantes, aparecen escenas de juglares y otros temas relativos a la vida social del siglo XIV.

BIBL.: D7, VII, 589; *Tesoros Artísticos de España*, Ma. 1973, 274.   P. GARCÍA FIDALGO

Estíbaliz, *Nuestra Señora de*, (Alava). Santuario atendido por una comunidad de benedictinos, a 10 kms. de Vitoria, sobre una colina de 600 ms. de altitud y en el centro de la mitad oriental de la «llanada alavesa». Desde la cumbre se contempla un espléndido panorama. Se divisa un centenar de pueblos diseminados en todo lo ancho de la «llanada». Cierran el horizonte, en forma de anfiteatro, los populares montes alaveses: Gorbea, Altube, Itxogana, Iturrieta, Zaldiaran, Badaya, etc., y los de las provincias vecinas: Amboto, Aitzgorri, San Donato y Urbasa. En este estratégico lugar se elevó un santuario en honor de la Virgen y se la veneró con el título de Santa María de Estíbaliz. Este nombre, aunque claramente vasco, no resulta fácil esclarecer su verdadero significado. Algunos etimologistas dicen que proviene de las palabras euskaras *ezti* (miel) y *balitz* (como si fuera). Entonces, el nombre de Estíbaliz vendría a significar: «como si fuera miel». Se desconoce la fecha de la fundación. Sin embargo, en un documento descubierto hace unos años, aparece Aurivita Diego, nieto de Fernán González, como poseedor del santuario, allá por el año 962. Por esta época se fundó la Cofradía de Arriaga, que era el cuerpo de gobierno de la provincia y compendiaba el espíritu democrático de sus habitantes. Dice la tradición que todos los años, antes de reunirse para dictar leyes y erigir nuevo gobernador se subía en procesión a Estíbaliz y se bajaba la imagen a Arriaga. Después de presidir las asambleas la acompañaban hasta el santuario despidiéndose hasta el año siguiente. Esto se repitió año tras año hasta que Alava se unió a Castilla. Otra tradición interesante es la de los «Juicios de Dios» o «Desagravios». Consistían, en la prohibición, durante todo el año, de vengar las injurias tomando cada uno la justicia por su mano. Los litigantes se reunían en Estíbaliz el 1 de mayo y ante las autoridades religiosas y civiles dirimían sus contiendas luchando con armas reglamentadas hasta que uno de los querellantes era herido. Pero, rara vez se llegaba a echar mano de las armas porque la influencia maternal de la Virgen los hermanaba en un abrazo de paz. ¡Sabia medida para suavizar aquellas bárbaras costumbres

medievales! En 1138, se donó la iglesia y pertenencias de Estíbaliz al monasterio benedictino de Santa María de Nájera. A raíz de este hecho, el culto y devoción a la Virgen de Estíbaliz conoció un período de gran esplendor. La abundancia de recursos materiales hizo posible el derribo del templo prerrománico y la construcción de otro más amplio. En líneas generales es el actual, aunque reformado posteriormente en algunos aspectos accesorios. De la primitiva iglesia queda un frontal de piedra, sobrio pero muy bello, y una anunciación en bajorrelieve, actualmente en el flanco izquierdo de la puerta «Speciosa». Del templo románico del siglo XII, hay que destacar la cabecera con sus tres ábsides. Los capiteles del arco del ábside central desarrollan todo el misterio de la Virgen, «Nueva Eva», en el plan salvador de Dios. En la construcción y ornamentación escultórica de la pila bautismal, joya de fines del siglo XII, aparecen símbolos cargados de un rico sentido teológico referente al bautismo. Además de la puerta central, también románica, hay otra al oriente, llamada «Speciosa» por la abundante y rica filigrana de su románico tardío. La imagen de la Virgen es igualmente románica, del siglo XII. Resulta una talla, en madera del país, proporcionada y armoniosa. Todo este conjunto artístico e histórico estuvo a punto de perecer a raíz de la voluntaria entrega de Alava a Castilla, en 1332. El desenfoque de los intereses genuinamente provinciales que sufrió el país con este hecho, se dejó sentir en lo religioso y trajo como consecuencia la decadencia del santuario de Estíbaliz. Ante esta situación, en 1431, los benedictinos venden el santuario a la Casa de Ayala y abandonan el lugar. Desde esta fecha Estíbaliz perteneció sucesivamente a varias familias e instituciones alavesas, pasando al mismo tiempo por grandes vicisitudes de todo género. A principios de este siglo el pueblo alavés se dio cuenta de la importancia histórica y religiosa de Estíbaliz, y en 1906, después de restaurar la iglesia y la imagen de la Virgen, se inició un nuevo período de esplendor en el culto y devoción a Santa María de Estíbaliz. Al aumentar la concurrencia de fieles se vio la necesidad de que una comunidad de religiosos atendiera al culto permanentemente y fueron los benedictinos los que llegaron otra vez, en 1923. Este mismo año fue coronada canónicamente la imagen. En 1941, Pío XII, a petición de Alava, la declaró Patrona de la Provincia. Hoy Estíbaliz es el santuario mariano más importante de la provincia y uno de los más concurridos de la región. Su excelente situación favorece las comunicaciones tanto por tren como por carretera.

BIBL.: M. DÍAZ DE ARCAYA, *La basílica de Nuestra Señora de Estíbaliz*, Vi. 1904; J. DE ESNAOLA, *Monografía histórica del culto a Santa María de Estíbaliz*, Vi. 1918; J. DE IZARRA, *Crónica de Estíbaliz*, Vi. 1918; M. NÚÑEZ DE CEPEDA, *Hospitales vitorianos. El Santuario de la Santísima Virgen de Estíbaliz*, El Escorial 1931; R. DE PINO, *El Santuario de Santa María de Estíbaliz*, Ma. 1940; T. MORAL, *Estíbaliz, Santa María:* DHEE, III, Ma. 1973, 1565; *Tesoros Artísticos de España*, Ma. 1973, 277.
                                    J. ARRÓNIZ

Eunate, *Nuestra Señora de*, (Navarra). En Muruzábal. Su nombre procede del vascuence *eun* = ciento y *ate* = puerta. El edificio es de planta poligonal de ocho lados, y se supone que fue iglesia de carácter funerario de la Orden del Temple. Un ábside semidecagonal, situado hacia levante, rompe la uniformidad del polígono. En su interior una verja de escaso valor artístico, probablemente del siglo XVII, separa el espacio absidal del resto del edificio. Tiene éste tres retablos de distintas épocas y posteriores todos al siglo XV. En el exterior de la iglesia hay gruesas columnas a modo de contrafuertes entre las que se alojan arcos apuntados ciegos. Los capiteles de la parte norte tienen rica decoración escultórica. En torno a la iglesia y sin enlace con ella, se alza un pórtico a modo de claustro también octogonal, con arcos de medio punto sobre columnas dobles y capiteles géminos, vegetales y figurados. La imagen de la Virgen, probable obra del siglo XI es sedente y lleva al Niño en su regazo. La expresión de su rostro, aunque un poco rígida, no carece de expresividad. Pintada y decorada a principios de siglo, deja ver en su fisonomía el tipo de Vírgenes navarras de estilo románico-bizantino. La iglesia ha sido restaurada.

BIBL.: D7, XI, 772-73; D3, 65, 960-61; J. E. CIRLOT, *Guías artísticas de España (Navarra)*, Ba., s. a., 17 y 114-15; *Tesoros artísticos de España*, Ma. 1973, 278.

M. ANTA

Excelsis o de Aralar, *San Miguel de*, (Navarra). En la falda del monte Alchueta. En los siglos XI y XII se alude a la montaña con los nombres «Mons Excelsus» y «Excelsitas», y al santuario con el de «San Miguel de Excelso en Araquil».

Durante la romanización se generaliza en Navarra la práctica de erigir altares votivos en las cumbres más estratégicas de los montes. Tal realidad viene a dar consistencia a la tesis que sostiene la existencia en la cima del Monte Excelso (todavía sigue denominándose «in Excelsis»), de un altar votivo a la divinidad guardiana del camino en los primeros siglos de nuestra era, que sería el «Ara coeli». Al extenderse el cristianismo por el país durante el siglo XI, los primitivos lugares cúlticos fueron sustituidos por santuarios y ermitas, naciendo así el dedicado a San Miguel de Excelsis. Desde el siglo XVIII venía sosteniéndose que su templo había sido consagrado en 1098. Recientemente Goñi Gaztambide retrasó el hecho hasta 1141. En un estudio publicado en 1970 rectificamos ambas fechas, ya que el año 1074 los reyes navarros Sancho de Peñalén y su esposa Placencia dotaron con diversos bienes a San Miguel, con motivo de la consagración de su iglesia. De este primer templo queda el aparejo de menudos sillares en la base del testero.

Al pie de la montaña existe una iglesia románica del siglo XII, dedicada a Santa María de Zamarce, decanía mencionada ya a finales del siglo XI. Durante el reinado de Sancho el Mayor la devoción a San Miguel se extiende por el valle, dedicándosele iglesias y monasterios rurales, sin que se mencione todavía el santuario de la altura, cuyo nacimiento está vinculado a Zamarce en el siglo XI, lo mismo que la comunidad monástica asentada en él.

Favorecido por donaciones reales y particulares, crecen las rentas y la importancia del monasterio a lo largo del siglo XII, siendo el más frecuentado de Navarra. El año 1141 tiene lugar una nueva consagración del templo a raíz de su reconstrucción. Al crearse el cargo de chantre en la catedral de Pamplona, a principios del siglo XIII, las rentas del largo patrimonio de San Miguel de Excelsis pasaron a constituir la dotación del nuevo y pingüe beneficio canonical, desapareciendo la comunidad monástica. Durante esta centuria se escribió el «Liber Miraculorum» de San Miguel, donde se recogen curiosas leyendas sobre los orígenes del santuario. Entre las curaciones milagrosas se cuenta la del rey Pedro I de Aragón y Navarra, enfermo en sus órganos genitales. No habiendo obtenido la curación en Roma ni Salerno, subió a la cima de Aralar portando unas alforjas llenas de arena, logrando la curación. Aunque el profesor Ubieto Arteta, biógrafo del monarca, admite la posibilidad del suceso, situándolo hacia 1090, el hecho de que no aluda a su curación en sus diplomas en favor del santuario, y el carácter apócrifo del «Liber», hacen sospechosa la historicidad del episodio.

En la actualidad, sobre todo desde que se construyó la carretera de acceso desde Lecumberri, es muy visitado por navarros y guipuzcoanos, principalmente. La pequeña imagen del titular guarda dentro del estuche barroco de plata la primitiva efigie de madera, muy maltratada. Continúa saliendo cada año del santuario para visitar la capital y muchos pueblos.

El templo de Aralar, singular dentro de la arquitectura románica, consta de tres naves, más alta la central, de cuatro tramos, terminadas en ábsides semicirculares. Tres pares de pilares, cinco de sección cruciforme y circular el sexto, sostienen los arcos y la bóveda de semicañón. La sobriedad decorativa es total. Precede al templo un amplio nártex formado por una nave perpendicular al eje del templo. La decoración se limita a la lacería y flora de los capiteles que coronan sendas columnas acodilladas en la portada principal del templo. Llama la atención la existencia de un pequeño templo interior, de planta rectangular y bellas proporciones, con techumbre a dos vertientes, emplazado bajo la bóveda del tercer tramo de la nave central. Considerado durante mucho tiempo como el templo primitivo, no cabe duda que se creó en el segundo cuarto del XII, a modo de coro, donde los clérigos pudieran cantar sus horas, aislados de la multitud de visitantes.

En la capilla mayor se conserva una joya extraordinaria de cobre esmaltado, de fines del XII o principios del XIII, mundialmente célebre. El llamado «Retablo de Aralar» mide dos metros de largo por 1,40 de alto. El tratamiento del vermiculado lemosino, las suaves gradaciones cromáticas de los esmaltes campeados, la estilización y movimiento de las figuras y su indumentaria, sin concesiones a un arte industrializado, hacen pensar en los talleres de Limoges más que en los peninsulares que produjeron el célebre de Santo Domingo de Silos, con el que se le ha comparado.

Al margen de los datos históricos, la presencia del Angel ha sido explicada por una leyenda inmortalizada por Navarro Villoslada en su novela «Amaya». Según ella un caballero navarro, Teodosio de Goñi, cometido el parricidio por instigación del demonio, hizo penitencia en Aralar cargado de cadenas, hasta que se le apareció el Angel cuando estaba en peligro de ser devorado por un dragón. La leyenda es una yuxtaposición de elementos, algunos indígenas y muy primitivos, como la existencia del monstruo y de García Arnaut, tomados otros de la mitología griega, como el del parricidio, incorporado al relato a través de la «Vida de San Julián». De hecho en el siglo XVI, edad de oro del noble linaje de los Goñi, Teodosio de Goñi viene a suplantar a los anteriores García Arnaut y Arnalt de Ezpeleta, tomando poco a poco consistencia el actual relato.

BIBL.: M. ARIGITA Y LASA, *Historia de la imagen y Santuario de San Miguel de Excelsis*, Pam. 1904; S. T. DE BURGUI, *San Miguel de Excelsis*, Pam. 1774; J. CARO BAROJA, *La Leyenda de don Teodosio de Goñi*: Cuadernos de Etnología y Etnografía de Navarra, (1969)293-342; S. HUICI y V. JUARISTI, *El santuario de San Miguel de Excelsis y su retablo esmaltado*, Ma. 1929; J. M. JIMENO JURIO, *San Miguel de Aralar*: Navarra, Temas de Cultura popular, 78; J. M. LACARRA, *Milagros de San Miguel de Excelsis*: Cuadernos de Etnología y Etnografía de Navarra, (1969)347-361; J. DE URQUIJO, *San Miguel de Excelsis y el mayorazgo de Goñi*: Revista internacional de estudios vascos, (1924)635-641; *Guía Turística de Navarra*, Pam. 1927, 73-77.

J. M. JIMENO

Far, *Nuestra Señora del*, (Gerona). En San Martín de Sacalm, partido de Santa Coloma de Farnés, diócesis de Vich, a 1.050 ms. de altura sobre la cima del monte de su mismo nombre. La imagen es muy conocida y venerada. Su origen se debe a la gratitud de unos marinos que en grave peligro de naufragio prometieron colocar una imagen de la Virgen en la cima del primer monte que avistaran. La primera edificación fue un

oratorio de reducidas proporciones, ampliado más tarde a expensas principalmente de los vecinos de San Cristóbal de Planas. Tuvo aneja una casa para el capellán. El 11-IX-1534 se hizo una fundación. La imagen es estante, de mármol, de unos 90 cms. de altura. Viste basquiña azul y manto blanco, con labores de oro En su brazo izquierdo sostiene al Niño, desnudo hasta la cintura. En la mano derecha tiene un ramillete de rosas. Su festividad principal se celebra el día de la Anunciación; otra secundaria el martes de Pentecostés. También fue muy concurrida la festividad que se celebraba el día de San Mateo. El Papa Inocencio X aprobó el 8-XI-1647 las constituciones de la cofradía y concedió varias indulgencias.
BIBL.: D7, XIII, 607; E. Moreno Cebada, *Glorias Religiosas de España*, I, Ba.-Ma. 1866, 305-12; J. Rius Serra, *L'ermita del Far*, Vich 1926, reed. en Miscelánea J. Rius Serra, I, Abadía de San Cugat del Vallés 1964, 33-37.
IEF

Farnés, *Nuestra Señora de*, (Gerona). En Santa Coloma de Farnés. Su origen está directamente relacionado con el castillo de Farnés, del siglo XI. En el castillo hubo una capilla que con el tiempo se transformó en la ermita de Nuestra Señora de Farnés. El año 1200, después de una reedificación ordenada por el caballero Ramón de Farnés, señor del castillo, fue consagrada la capilla por el obispo de Gerona, Arnaldo de Creixell. El actual edificio conserva la parte inferior del ábside y nave de la antigua capilla; lo demás es construcción de finales del siglo XVIII. La imagen es una talla románica salvada del fuego por dos valerosos jóvenes en el año 1936. Su fiesta principal con romería se celebra el domingo después de la Ascensión. En ocasiones de calamidades públicas la imagen se traslada a la parroquial con gran solemnidad.
BIBL.: F. Monsalvatge, *Noticias históricas*, 18, Olot 1910, 201-204; L. G. Constans, *Girona, Bisbat Marià*, Ba. 1954, 171-72.
IEF

Faro, *Nuestra Señora del*, (Lugo). En la cima de la montaña de su nombre, el Faro, a unos 15 kms. de la ciudad de Chantada y cercano a los límites de otras provincias gallegas. Se cree que su origen se remonta a los tiempos de la Reconquista. El edificio, espaciosa iglesia, aparece aislado en lo alto del cerro. Parece que ya en tiempos de Alfonso VIII existió allí una ermita que fue donada a la casa señorial de Camba, junto con otros territorios exentos. Esta familia amplió la capilla y promovió la devoción a la Virgen, a quien estaba dedicada. Durante el siglo XIII la romería llegó a alcanzar una notable importancia. A ella dedica el trovador gallego Xan de Requeixo sus famosas trovas recogidas en el Cancionero de la Vaticana y posteriormente incluidas en los cancioneros galaico-portugueses. En el siglo XVIII se iniciaron las obras de reforma de la capilla, siendo ésta muy ampliada. En los años de las contiendas carlistas atraviesa circunstancias muy especiales. Los partidarios de don Carlos se refugiaron allí y por necesidad quemaron todo cuanto encontraron a mano a excepción de la imagen. Es ésta una talla del siglo XVIII, en madera policromada, sin el Niño y con tres cabezas de ángeles a sus pies. Su gesto es sereno y dulce y sus facciones acusan un parecido con los rasgos femeninos de la comarca. La devoción se ha extendido mucho por diversas comarcas cercanas. Las visitas al santuario se limitan a unos determinados días del año. El 8 de septiembre es el día de la gran romería. Acuden los romeros desde diversos lugares distantes. Tienen lugar las manifestaciones devocionales comunes y algunas peculiares, como es la de subir revestido de una mortaja que se deja ante la imagen como exvoto. Muestra de la devoción en el pasado es un estribillo muy popular, que con el nombre de «gozos» se sigue cantando

hoy y cuya primera edición conocida está fechada en Santiago en el año 1774. Del santuario y organización de los festejos se encarga una cofradía local erigida canónicamente. A ella hace alusión una bula pontificia antigua, de dudosa autenticidad, que se conserva en el archivo parroquial de Santiago de Requeijo, en cuya demarcación se halla el santuario. Existen cerca otros dos santuarios marianos: el de la Sariña, a menos de 30 kms. del Faro y el de Fátima más cercano aún y recientemente erigido con un gran templo y una obra social aneja.
BIBL.: M. Formoso Lamas, *Apuntes para la Historia de Chantada*, Ma. 1905; M. García Blanco, *Estudio geográfico y topónimo de Galicia*, Ma. 1940; R. Otero Pedrayo, *Guía de Galicia*, Vigo 1954.　　A. López Rivas

Florida, *San Antonio de la*, (Madrid) ermita y parroquia. En la Glorieta de San Antonio, orilla izquierda del Manzanares, en la capital. Su fundación, en calidad de ermita tiene lugar en 1720 por el Resguardo de las Rentas Reales. En 1768 queda totalmente arrasada con ocasión de construirse por allí el camino de El Pardo; en 1770 se levanta otra, que también es destruida. El actual edificio es de 1792. De reducidas dimensiones, planta cruciforme y cúpula neoclásica, se atribuye a alguno de los mejores arquitectos de la época. En su interior cuenta con un retablo de estuco y una imagen del santo titular en la hornacina del centro. Imagen y estucos son obras del escultor de cámara honorario de Carlos IV, J. Ginés. En los laterales cuenta con dos cuadros de Jacinto Gómez, pintor de cámara del rey Sin embargo, lo más notable son los frescos de la cúpula, obra de Goya, de fama mundial, que representan las predicaciones de San Antonio. La fiesta se celebra el 13 de junio, con una concurrida romería, tradicional en Madrid y que, aún hoy día, si bien perdió parte de su antiguo esplendor y tipismo, tiene un gran atractivo para los habitantes y turistas de la capital.
BIBL.: D7, X, 922; D3, 31, 1416.　　V. García Lobo

Font-Calda, *Nuestra Señora de la*, (Tarragona). En la villa de Gandesa, diócesis de Tortosa. A 10 kms. de la villa se alza el famoso santuario de *Font-Calda* o *Font-calda*, construido en 1756 sobre la geología de un volcán apagado. Junto al santuario brota una fuente de aguas termales. La leyenda cuenta, que en este lugar se apareció la Virgen a un pastor que apacentaba sus ovejas. Al acercarse para beber agua, vio en la fuente una imagen de Nuestra Señora. La tradición cree que fue escondida para liberarla de la persecución. La fecha no se conoce. El pastor recogió la imagen en el zurrón y la llevó a Pradecompte para mostrarla y contar lo sucedido; pero cuando llegó la imagen había desaparecido. Desconsolado al ver que no traía nada, lo comunicó a las autoridades eclesiásticas y yendo al lugar del hecho se encontraron con la preciosa imagen. Entusiasmados los vecinos de Gandesa, edificaron un templo en el lugar de la aparición. Este era de escasas proporciones y pronto se erigió otro, con una casa para albergar a los peregrinos. Algunos documentos conocidos en Gandesa afirman que en esta casa residieron algún tiempo los padres trinitarios. En 1541 se volvió a edificar nueva iglesia, según consta en la licencia de la curia de Tortosa; pero todavía hay otra edificación en 1573, bendecida por don Tomás Casanovas. En el documento despachado en la curia de Tortosa para el tercer templo, la imagen se llamaba con el nombre de Gracia; debió de ser una originalidad del escribano, pues siempre se conoció con el nombre de Font-Calda, por la fuente milagrosa que le circunda. La imagen es de mármol, estante con el Niño Jesús sentado en su brazo izquierdo. Numerosos exvotos cubren las paredes que prueban los innumerables milagros hechos bajo la advocación de esta imagen. La fiesta mayor se celebra el 21 de enero con una concurrida romería, y se concede indulgencia plenaria a aquellos fieles que hayan cumplido con los requisitos mandados. La cofradía asiste a la celebración de una misa, todos los viernes del año, por los hermanos difuntos. En los meses de julio, agosto y septiembre con ocasión de los baños hay gran concurrencia al santuario.

BIBL.: N. CAMÓS, *Jardín de María*, Ge. 1772, 164-166; D7, VIII, 294; E. MORENO CEBADA, *Glorias Religiosas de España*, II, Ba.-Ma. 1867, 285-294; D3, 25, 697; *Tesoros Artísticos de España*, Ma. 1973, 290.   A. DIEZ,

Fres-del-Val o **Fresdeval**, *Nuestra Señora de*, (Burgos). Cerca de Villatoro, distante de Burgos unos 6 kms. Santuario y monasterio. Una tradición cuenta que desde la época visigótica, durante el reinado de Recaredo, ya existía una imagen de la Virgen muy venerada en la comarca. En el siglo XIV, cuando ya el santuario estaba en ruinas, se apareció la Virgen a un labriego y le pidió la reconstrucción del templo. Los vecinos de los pueblos colindantes empezaron con gran entusiasmo los trabajos. Por falta de recursos tuvieron que conformarse con una modesta ermita. Más tarde Pedro Manrique fundó una cofradía y su hijo bastardo, Gómez Manrique, adelantado de Castilla, al heredar el señorío de su padre e impresionado por algunos milagros de la Virgen mandó construir un palacio en 1400 al lado de la ermita. En 1404 funda en el mismo lugar un monasterio de la orden jerónima. Sus monjes fueron exclaustrados en 1835. Actualmente se conservan del mismo la iglesia y el claustro.

BIBL.: D7, IV, 568-69; I. DE MADRID, *Fresdeval, Santa María:* DHEE, III, Ma. 1973, 1568; P. DÍEZ PÉREZ, *Nueva Guía de Burgos y su Provincia*, Bu. 1930, 145-46; *Monasterio de Fresdeval:* Anuario Católico Español, II, Ma. 1956, 420-21; *Tesoros Artísticos de España*, Ma. 1973, 282.   J. M. DE MORA

Fuencisla, *Nuestra Señora de la*, (Segovia) patrona de la ciudad y tierra de Segovia. Si diéramos crédito a una tradición fundada en cronicones, desprovistos de toda consistencia histórica y refutados ya en 1666 por el marqués de Mondéjar en su célebre discurso sobre la cátedra de San Geroteo en Segovia, la imagen de Nuestra Señora de la Fuencisla habría sido construida en Antioquía y traída a nuestra ciudad por su primer obispo San Geroteo, discípulo de san Pablo. En cambio sí que debemos afirmar que la devoción de Segovia y su tierra a la Virgen, primero con el título de la Peña y después bajo la sugestiva advocación de la Fuencisla, se remonta, por lo menos, al siglo V de nuestra era, sin que descartemos la posibilidad de su existencia antes de esa centuria. Probablemente, los primeros cristianos hispano-romanos, coetáneos del famosísimo acueducto, y los de la época goda, con sus piadosos obispos, testigos presenciales de los concilios toledanos, honraron ya y tributaron culto a una imagen de la Virgen que pudo ser la misma que piadosamente fue escondida durante la invasión musulmana.

Lo que sí parece cierto es que casi en el mismo lugar en que se levanta el actual santuario, en la ribera del río Eresma y al abrigo de las peñas llamadas «grajeras», existía una pequeña ermita, donde recibió culto dicha imagen, hasta que el año 714 —según testimonio del cronista Colmenares— «Don Sácaro, beneficiado, como él se nombra, de la iglesia, escondió en las bóvedas de San Gil una imagen de la Virgen Madre de Dios, que estaba a la entrada occidental de nuestra ciudad en las peñas nombradas entonces grajeras y hoy de la Fuencisla, por las fuentes que destilan. Con ella escondió un libro, que se perdió por descuido, conservándose hasta nuestros tiempos una hoja por guarda o aforro de un libro de canto, muy antigua, de dicha iglesia. Era la hoja de pergamino tosco en que se leía en letra propia de los godos: "Dominus Sacarus beneficiatus hujus almae Eclesiae Segoviensis hanc tulit imaginem beatae Mariae de rupe supra fontes, ubi erat in via, et cum aliis abscondit in ista Ecclesia. Era DCCLII..."». Allí permaneció oculta y olvidada hasta que fue descubierta en el primer tercio del siglo XII, rigiendo la sede segoviana su primer obispo, después de la restauración, D. Pedro de Aagén. Eran los años en que extensas regiones, incorporadas a la Corona de Castilla por los avances victoriosos de Alfonso VI y de su nieto el emperador, comienzan a poblarse de nuevos moradores, se restauran las antiguas sedes episcopales y se levantan templos y catedrales. En aquel momento histórico, también Segovia da los primeros pasos para la restauración del obispado y para construir su catedral románica. Solemnemente y con gran regocijo de todo el pueblo la imagen fue trasladada a la catedral recién construida y no del todo acabada y colocada sobre su puerta principal. Allí permaneció la imagen alrededor de un siglo.

Durante el tiempo de su estancia en la catedral, tuvo lugar, por el año de 1240, el célebre milagro de la judía despeñada, del que tenemos constancia histórica en uno de los más notables manuscritos de nuestro archivo catedralicio: «El Cerratense», así llamado por haber sido escrito por Rodrigo de Cerrato, fraile dominico. Es un códice interesantísimo del siglo XIII y en él se nos cuenta con todo detalle el milagro, de cuya veracidad es testigo fehaciente el autor, quien, como él mismo declara, al poco tiempo del suceso «veni ego Segobiam, audivi hujus miraculi faman, vidi praedictam feminam, vidi de hoc multos testimonium perhibentes» (pág. 199-200). Ester, que así se llamaba la judía, fue acusada falsamente de adulterio y condenada por los suyos a ser arrojada desde lo alto de las llamadas *peñas grajeras*. Se encomendó a la Virgen de la Fuencisla, cuya imagen se alcanzaba a ver desde el lugar del suplicio, diciéndole: *Virgen Santísima, pues amparas a los cristianos, ampara también a una judía*. Protegida prodigiosamente y favorecida con celestial visión, llegó totalmente incólume al suelo, sin el menor daño y en medio del general asombro de judíos y cristianos, que habían acudido a presenciar el horrible espectáculo. Ester pidió el Bautismo, que le administró el obispo D. Bernardo, recibiendo el nombre de María del Salto. Después de haber llevado una vida edificante, murió con fama de santidad. Su cuerpo fue sepultado en la catedral antigua y trasladado más tarde al claustro de la actual, donde reposan sus restos con una inscripción que recuerda el milagro. El rey Sabio dedicó una de sus cantigas al milagro de la hebrea despeñada: «Guardou de morte una iudea —que esperaron en Segobia— et porque se encomendou a Ella— nou moreu niu se feriu.»

A raíz de este milagro debió de tener lugar la traslación de la imagen desde la catedral a una pequeña ermita, construida casi en el mismo sitio en que estuviera antes de ser escondida en la iglesia de San Gil. En aquella pobre y modesta ermita siguió recibiendo culto hasta que fue construido el actual santuario, cuya primera piedra fue bendecida por el entonces obispo D. Andrés Pacheco el día 13-X-1598. El mismo rey Felipe II, devotísimo de la Virgen de la Fuencisla, dirigió los planos y trazas del nuevo templo, cuyo coste total excedió de 40.000 ducados. Ciudad y tierra, caballeros y nobles linajes, gremios y corporaciones, parroquias y vicarías del obispado, todos los segovianos, desde el obispo hasta el último y más humilde menestral, contribuyeron generosamente con sus limosnas para terminar la obra, cuya inauguración solemne se hizo en septiembre de 1613, a los quince años de haber sido colocada la primera piedra. No pudo el rey prudente ver concluidas las obras y fue su hijo y sucesor, Felipe III, quien desde El Escorial, donde a la sazón se encontraba, vino a nuestra ciudad, toda ella en fiestas «llena de aparato y alegría, escribe Colmenares, con el mayor concurso de gente que se ha visto en España, pues desde los Pirineos a Lisboa y de Cartagena a Laredo, no hubo ciudad ni villa de donde no concurriesen y de la Corte, la mayor parte». El 18-IX-1613 entraba el rey en Segovia en carroza descubierta con cuatro de sus hijos y el duque de Lerma. Durante su estancia en la ciudad asistió con ejemplar devoción a los cultos que venían celebrándose en la catedral, donde estaba la Virgen, a la que acompañó en medio del fervor y entusiasmo popular hasta su nuevo templo (lunes, 23-IX-1613). Los festejos públicos, organizados con este motivo en la ciudad; arcos, iluminaciones, mascaradas, fuegos artificiales, corridas de toros, etc., fueron vistosísimos y brillantes, como pocas veces se habían conocido en Segovia.

Este suntuoso Santuario ha ido enriqueciéndose con nuevas instalaciones y mejoras, a expensas siempre de la generosidad de los segovianos. Entre otras, cabe señalar, como más importantes, las siguientes: El retablo mayor, magnífico ejemplar de madera dorada, de grandes proporciones, que ocupa todo el testero de la capilla mayor. Es obra del maestro Pedro de la Torre y empezó a construirse en 1615. Se terminó en 1659, aunque su dorado y decorado no quedaron concluidos hasta el año de 1662. Sacristía; se hizo esta magnífica pieza bajo la dirección del religioso carmelita fray Pedro de la Visitación. Se concluyó en 1709 y costó 50.964 reales. Organo, construido el año 1701, seguramente, como el de la catedral, por el maestro Chavarria. Verja de la capilla mayor; se hizo por los años de 1755 a 1758. Toda ella de hierro sobre un zócalo de piedra berroqueña, pesó 1.500 arrobas y tuvo un coste de 110.162 reales. Fue dorada a expensas del gremio de cardar y apartar, en el año de 1764.

Merecen también destacarse las obras de desmonte de peñascos, que amenazaban caer sobre el santuario, y las de explanación de terreno para desviar el cauce del río Eresma, cuyas aguas, al discurrir a pocos metros de distancia, ponían en grave peligro la seguridad y solidez de sus muros. Estas obras, complicadas y costosas, dieron comienzo en marzo de 1845 y no quedaron terminadas hasta el año de 1857. Durante el año de 1970 se llevaron a feliz término importantes obras de reparación y consolidación de bóvedas y tejados y se han construido las dos torretas, que figuraban ya en los primitivos planos.

Entre los actos solemnes de culto y devoción figura la reciente coronación canónica de la imagen, llevada a cabo el día 24-IX-1916 por el ilustre e inolvidable prelado D. Remigio Gandásegui, con asistencia de la infanta de España y condesa de Segovia, D.ª Isabel de Borbón, que ostentaba la representación del rey D. Alfonso XIII, en presencia de varios obispos y altas autoridades nacionales y locales y ante una multitud de segovianos, venidos de todos los rincones de la provincia, que llenaban la Plaza Mayor. Otros acontecimientos también destacables fueron la concesión de honores de capitán general hecha a la Virgen de la Fuencisla por el Jefe del Estado con fecha 22-IX-1941 y la imposición de las insignias correspondientes en un acto solemnísimo celebrado el 31-V-1942 con asistencia del nuncio de Su Santidad, prelados y altas autoridades de la Iglesia y de la nación en la Plaza Mayor, espléndidamente adornada.

La historia de la Virgen y santuario de la Fuencisla cuenta con un sinnúmero de demostraciones de cariño de los segovianos, expresadas en las procesionales bajadas y subidas de la imagen desde el santuario a la catedral, que tienen lugar solamente con autorización del prelado y a petición del Ayuntamiento de la ciudad en circunstancias difíciles o en graves y urgentes necesidades, como sequías, hambres, pestes, guerras, etc. En las subidas a la catedral, la Virgen aparece vestida con manto morado, sin alhajas, como de luto, puesto que viene a compartir con sus hijos horas de dolor y de angustia. En cambio, en la procesión jubilosa del regreso al santuario, la Virgen viste sus mejores galas; rico manto blanco de tisú y ceñida su cabeza con la valiosísima corona de oro y brillantes que le regalaron los segovianos en la ocasión memorable de la coronación. Jornadas de fe y de devoción son estas bajadas y subidas de la Reina y Señora de Segovia. Forman el cortejo las cruces parroquiales de todos los pueblos que constituyen la comunidad y tierra de Segovia, asociaciones, clero parroquial, cabildos de La Granja y de Segovia, autoridades y representaciones y el pueblo entero. Desde 1598, fecha de la primera subida, de la que tenemos noticia histórica, hasta septiembre de 1970 en que, después de un año de permanencia en la catedral, la Virgen regresaba a su santuario recientemente restaurado, pueden contarse alrededor de cuarenta bajadas y subidas procesionales, realizadas siempre con los mismos sentimientos de fe y con idénticas expresiones de entusiasmo y gratitud.

BIBL.: C. DE ANDRÉS, El Santuario de la Virgen de la Fuencisla, Le. 1883; T. BAEZA, Historia de la milagrosa Imagen de la Virgen de la Fuencisla, patrona de Segovia, y descripción de su célebre santuario, Seg. 1864; E. DEL BARRIO MARINAS, La Santísima Virgen en Segovia, Seg. 1954; F. CABELLO DE CASTRO, El Santuario de la Fuencisla, Seg. 1949, 312-18; D. DE COLMENARES, Historia de la Insigne Ciudad de Segovia y Compendio de las Historias de Castilla, Seg. 1637; G. IBÁÑEZ DE SEGOVIA (marqués de Mondéjar), Discurso histórico por el patronato de San Frutos contra la supuesta cátedra de san Hieroteo en Segovia y pretendida autoridad del Dextro, Za. 1666; C. LECEA Y GARCÍA, Crónica de la coronación de la Santísima Virgen de la Fuencisla el día 24 de septiembre de 1916, Seg. 1916; F. LÓPEZ VELICIA, Las solemnes fiestas con motivo de la entrega de insignias de Capitán General del Ejército Español a Ntr.ª Sr.ª de la Fuencisla, patrona de la ciudad de Segovia y su tierra: Boletín Oficial del Obispado de Segovia, 87(1942)203-246; J. DE PANTIGOSO, Relación de la traslación de las reliquias de san Frutos del Alcázar a la iglesia de santa Clara en 1522: Archivo catedral de Segovia, ms.; I. RODRÍGUEZ Y FERNÁNDEZ, Historia de Nuestra Señora de la Fuencisla, Ma. 1915; F. DE SAN MARCOS, Historia del origen y milagros de Nuestra Señora de la Fuencisla, Ma. 1692; P. E. MULLER, El retablo mayor del santuario de la Fuencisla: sus autores según una relación de 1622: R26, 42(1969)245-254; R. DE CERRATO (El Cerratense), Vitae Sanctorum: Archivo Catedral de Segovia, cód. del siglo XIII.
H. SANZ Y SANZ

Fuensanta, *Nuestra Señora de la*, (Murcia). Al mediodía de la ciudad de Murcia y sobre una colina perteneciente a la pequeña cordillera que separa el campo de la huerta murciana, se halla la Fuensanta. Su nombre alude a la fuente que nace bajo la roca en la que se asienta el célebre santuario mariano. La imagen de la Virgen, patrona de la ciudad, es una escultura del siglo XV, de madera estofada. Es la antigua efigie de la Virgen de las Fiebres, que hasta el siglo XVII permaneció en la catedral y desde entonces en el santuario de la Fuensanta. El santuario está situado en Algezares, a seis kilómetros de la ciudad y en una zona que entonces fue de eremitismo. El santuario sustituyó a la ermita donde la comedianta Francisca de la Gracia y su esposo Juan Bautista Gómez, se retiraron, viniendo desde Madrid, para dedicarse a la vida de penitencia, el año 1610. Se alojaron en una cueva próxima a la ermita, haciendo vida de penitencia hasta su muerte. Fue a finales del siglo XVII cuando comenzó a designarse con el título de la Fuensanta a la imagen de la Virgen de las Fiebres. En el patronazgo de la ciudad sustituyó a la de Arrixaca a la cual se refiere el Rey Sabio en sus *Cantigas*. La pintura en tabla de la imagen de la Fuensanta con la cual comenzó a ser venerada, era semejante a la representación de la Virgen del Popolo y a la de Belén, custodiada hace años en la casa de la familia Bolarín de la calle de San Antonio. La imagen fue retocada escultóricamente por D. Roque López, que le aplicó corona y rostrillo. Fue coronada canónicamente en 1927. Las coronas de la Virgen y del Niño, obra del orfebre madrileño Antonio Heranz Matey, fueron costeadas con los donativos de los murcianos. Las cantidades aportadas oscilaron entre los 10 céntimos y las 1.000 pesetas. También el oro y piedras de las coronas son donativo de los murcianos. El santuario, construido en 1694, es de planta de cruz latina con tres pilastras a cada lado y con arcos entre las tres capillas a derecha e izquierda. En ellas había imágenes barrocas del Calvario, san Cayetano, san José, san Blas y santa Bárbara. También había algunos lienzos en los retablos barrocos. El retablo mayor, churrigueresco, tiene columnas y estípites con imágenes a los lados. En los intercolumnios hay lienzos que representan a san Joaquín, san José y san Fulgencio, obras de Joaquín Laguna y Antonio Gras, discípulos de Antonio Dupar. Son del estilo de las esculturas del retablo mayor. Obras de este estilo se encontraban, hasta el 1936, con relativa frecuencia en las iglesias de la provincia. Eran exponente de la escuela de los discípulos de Dupar. El antiguo camarín, en el retablo, con su ingreso cubierto por un lienzo con la efigie de la Virgen, estaba firmado por el escultor Antonio Dupar, autor de los relieves. Este artista era marsellés y había llegado a Murcia poco antes del 1719. Su obra escultórica influyó decisivamente en el arte de Salzillo. El hecho explica el acusado berninismo de éste. La fachada del edificio es del 1705, obra de Toribio Martínez de la Vega. Tiene imágenes toscas, parecidas a las de la portada de la Merced. Por este motivo algunos las han considerado obras del mismo autor, hasta que recientemente se ha descubierto que esta última es obra de José Balaguer. En la fachada de la Fuensanta un grupo de ángeles de piedra cierra la hornacina de la Virgen. Aparecen además las imágenes de los santos Fulgencio y Florentina. Dos torres recientemente restauradas en su barroquismo y media naranja coronan el edificio. Las seis vidrieras antiguas eran del maestro Antonio Rodríguez, quien las entregó en 1705 al precio de 1.400 reales de vellón. En 1936 solamente se salvó la imagen de la patrona de Murcia, que fue cuidadosamente escondida. Se procedió más tarde a la restauración de los accesos al santuario bajo la dirección del murciano insigne y notable bibliófilo don José Alegría. A él se debe, entre otras muchas cosas, el Viacrucis que conduce al santuario. Una junta entusiasmada con la restauración del santuario acometió la ingente obra, convirtiendo el antiguo edificio en templo lleno de esplendor, arte y riqueza. Destaca el nuevo retablo al estilo barroco, tallado en Granada, las arcadas laterales y los primorosos relieves del escultor murciano Juan González Moreno, y las pinturas de Pedro Flores. Merecen especial mención Bartolomé Bernal Gallego, ya fallecido, y el representante del cabildo catedral, Juan de Dios Balibrea Matés, que construyeron un hotel al lado del santuario en perfecta consonancia con éste y con la geografía. Siguiendo una tradición secular, el pueblo murciano honra a su Patrona con típicas romerías, procesiones y rogativas. Dos veces al año se traslada la imagen a la catedral. En la primera semana de cuaresma, con procesión por las calles de Murcia y solemne novenario. El primero de mayo se la devuelve al santuario y se celebra una romería. La segunda bajada tiene lugar el primer jueves del mes de septiembre. Quince días permanece la imagen en la ciudad. El regreso al santuario culmina de nuevo con festejos y romerías. Especialmente durante el mes de mayo las parroquias de la capital así como las de las provincias de Alicante y Albacete organizan frecuentes peregrinaciones al santuario de la Fuensanta.

BIBL.: J. FUENTES Y PONTE, *España Mariana... Provincia de Murcia*, Le. 1881; E. MORENO CEBADA, *Glorias religiosas de España*, I, Ma.-Ba. 1866, 337-56; *La Virgen de la Fuensanta:* Anuario Católico Español, II, Ma. 1956, 454; *Nuestra Señora de la Fuensanta, Patrona de Murcia:* R17, 15(1929)164; *Breve Antología iconográfica de la Virgen de la Fuensanta*, Mu. 1952; C. GARCÍA IZQUIERDO, *La Virgen de la Fuensanta es oficialmente Patrona de Murcia desde el año 1731:* Idealidad, Alicante, 5(1956)27-28; D7, VIII, 206-207. A. ROLDÁN

Fuente, *Nuestra Señora de la*, (Soria). En la villa de Gómara. Sus orígenes se desconocen, aunque su antigüedad está probada por el hecho de que ya se le cita en las *Constituciones sinodales* de la diócesis de Osma de 1583, dada la devoción y concurrencia de fieles. En 1728 el concejo y clero de la villa acordaron donar el santuario con sus dependencias y fincas a la Orden de Clérigos Menores para que fundasen un convento, con la obligación de mantener dos cátedras —Gramática y Filosofía— y de atender al culto y decoro de la iglesia. Firmó la escritura de donación el padre Juan Mateo, natural de Agreda (Soria), general por dos veces de la orden, y más tarde obispo de Murcia. Disuelta la orden en 1821, volvieron sus bienes al concejo. Hoy día existe un patronato del santuario, y continúa la concordia de sus 63 pueblos, por la que se establecía el orden de prelación de los mismos en los desfiles procesionales. Eran éstos los siguientes:

Gómara, Torralba, Paredesroyas, Alíud, Ledesma, Villaseca de Arciel, Buberos, Abión, Castil de Tierra, Villanueva, Zamajón, Almazul, Portillo de Soria, Cabrejas del Campo, Aldealafuente, Tapiela, Ojuel, Cardejón, Jaray, Castejón, Esteras del Campo, Mazalbete, Peroniel, Candilichera, Carazuelo, Zárabes, Ribarroya, Sauquillo Boñices, Alparrache, Sauquillo Alazar, Tordesalas, Torrubia, Nomparedes, Bliecos, Boñices, Pinilla del Campo, Omeñaca, Tozalmoro, Tajahuerce, Martialay, Ontalvilla, Fuentetecha, Duáñez, Hinojosa del Campo, Pozalmuro, El Villar y Castellanos, Aldealpozo, Valdegeña, Almarail, Riotuerto, Ituero, Miranda, El Cubo de la Solana, Tardajos, Alconaba, El Cubillo, Miñana, Mazaterón, Albocabe, Tejado, Rabanera del Campo, Serón de Nágima, Almenar.

BIBL.: *Archivo parroquial de Gómara:* libro ms.; D7, VIII, 437. F. ZAMORA

Fuente del Avellá, *Nuestra Señora de la*, (Castellón). En el término de Catí, partido de Albocácer y diócesis de Tortosa. El modesto edificio de los primeros tiempos fue ampliado por los vecinos de Catí. La Virgen es invocada bajo la advocación de la Inmaculada. Se desconoce cuando empezó a ser venerada. También se ignoran los detalles de una supuesta aparición de la Virgen a unos pastores. Lo que sí recoge una tradición es el origen milagroso de una fuente medicinal que dio origen a los baños de Catí. Cuenta esta tradición que en el año 1543 una anciana de Catí, ciega, acompañada de un muchacho, se dirigía a la iglesia de santa Lucía para pedirle que le restituyese la vista. Al pasar junto a la capilla de la Virgen, ésta se le aparece y le dice que se lave en la fuente. Al momento recuperó la anciana la vista. En acción de gracias se organizó una procesión y se determinó la construcción de un alojamiento para peregrinos. La imagen es de pequeñas dimensiones, gótica, de ciprés, y lleva en brazos al Niño, que bendice con la izquierda y lleva en la derecha el globo.

BIBL.: *Santuario de Nuestra Señora de la Fuente del Avellá:* R17, 15(1929)463; D7, VI, 260; E. MORENO CEBADA, *Glorias Religiosas de España,* II, Ba.-Ma. 1867, 625-32; *Tesoros Artísticos de España,* Ma. 1973, 217.

J. M. DE MORA

Fuente de la Salud, *Nuestra Señora de la,* (Castellón). En la villa de Traiguera, partido de San Mateo, diócesis de Tortosa. Al ser reconquistado este territorio en 1232 a los árabes, su nombre era Vall Traiguera. En 1235 Jaime I la donó a los hospitalarios. Más tarde, con la expulsión de los moriscos, la villa se despobló. Hugo de Folcalquier la repobló con cristianos y más tarde pasó a la orden de Montesa. Dentro del territorio de esta villa y a dos kilómetros en un terreno despoblado se halla el santuario de la Virgen de la Fuente de la Salud; rodean el santuario siete cruces de estilo renacimiento. De todas, la más importante, es la que está frente a la ermita formada por un baldaquino, apoyado en cuatro columnas jónicas. La leyenda nos cuenta los pormenores de esta imagen de pequeñas proporciones, unos 50 centímetros. Fue encontrada por un pastor de la localidad de Cervera llamado Jaime Sorlí en una fuente de aguas cristalinas llamada de la Salud, con un candelabro y una vela que la iluminaba; también cuenta la leyenda que muy cerca de ésta apareció la imagen del Buen Suceso venerada en Madrid. En un principio hubo problema sobre la jurisdicción de la imagen entre Cervera y Traiguera; pero la Real Audiencia de Valencia dictó sentencia favorable a Traiguera. A pesar de lo dispuesto, Cervera celebra con jurisdicción propia su fiesta anual presidida por las autoridades. La fiesta mayor la celebra Traiguera el 8 de septiembre, muy concurrida por los fieles de la región para darle culto y beber el agua de la fuente milagrosa. La imagen gótica, en posición estante con el Niño Jesús en el brazo izquierdo, es de madera hueca. La cofradía fue instituida por el cardenal Salviati. Varios son los privilegios concedidos al santuario por los pontífices y por los reyes de la casa de Austria. El templo se comenzó en 1439 y lo inauguró el maestre Romeu de Corlera. Tanto el templo como el claustro son góticos de elegantes proporciones y rica ornamentación en pinturas murales. Ante la puerta hay un gran atrio de esbeltas arcadas renacentistas con bóvedas de crucería ojival. Debajo de los cimientos nace la fuente del milagro que da origen a la advocación. La capilla principal está cerrada por una elegante reja del siglo XVI. El camarín de la Virgen situado detrás del altar mayor, tiene acceso por la sacristía. Se conserva el candelabro del milagro, cuya vela llevó el cardenal Spínola en la visita que realizó acompañando a Felipe II, quien regaló un cáliz. Hay un altar dedicado a Pío V recordando la visita que en nombre de este pontífice hizo al santuario su sobrino el cardenal Alejandrino, nuncio de Su Santidad, acompañado de san Francisco de Borja. Carlos V regaló tierras a dicho santuario.

BIBL.: E. MORENO CEBADA, *Glorias religiosas de España,* II, Ba.-Ma. 1867, 385-393; D7, XV, 127; D3, 63, 573-574; *Tesoros artísticos de España,* Ma. 1973, 649; M. MILLÁN, *Real santuario de Nuestra Señora de la Fuente de la Salud,* Castellón 1956, 49-55.

A. DIEZ

Fuente de la Salud, *Nuestra Señora de la,* (Gerona). En el término de Sant Feliu de Pallerols, sobre la cima del monte de su nombre. El edificio fue construido en el mes de septiembre de 1644 y con ocasión de las continuas tempestades que asolaban la villa los vecinos recurrían a la Virgen invocándola con el título de Madre de Dios de la Fuente de la Salud. Por su fervor sobresalió el vecino de Las Planas, Juan Carbonés, dueño de una modesta hacienda. Este se hizo con una pequeña imagen de la Virgen con el Niño en brazos y la colocó en un hueco bajo una gran roca, en el paraje conocido por el bosque de Claparol, cruce del antiguo camino real que va de Amer a Vich y de San Feliu a Rupit. Deseoso Juan Carbonés de fomentar la devoción a esta imagen erigió una especie de capilla y con licencia del prelado se hizo ermitaño. Esto ocurría en el mes de febrero de 1646. Poco después ensanchó la capilla primitiva y obtuvo del párroco de San Feliu que cada año el día 3 de mayo fuese a cantar el oficio y bendecir los campos; e igualmente el día de Santa Tecla. Se ignora la causa de celebrarse la fiesta de Nuestra Señora de la Fuente de la Salud el día de San Mateo, aunque se relaciona con el día de la bendición de la capilla. Juan Carbonés hizo testamento ante el escribano de Torelló el 23-X-1663, disponiendo que todos los sábados se celebrara la santa misa en la capilla, para lo que legó bienes suficientes. Un hijo del mismo llamado también Juan amplió el santuario, levantando un campanario y habitación para el ermitaño. En un documento del 9-VII-1668 consta que el santuario es ya de patronato particular. La devoción a esta advocación se extendió por las diócesis de Gerona y Vich. Muchos devotos legaron en testamento importantes mandas para su culto. En 1777 cayó en desuso la tradición de hacer las procesiones en los días de la Cruz y Santa Tecla. El 2-IX-1782 el obispo de Gerona D. Tomás de Lorenzana y Butrón concedió el poder ir al santuario en procesión de rogativas y cantando el salmo «miserere». En el siglo XVIII se amplió de nuevo el edificio del santuario, construyéndose cómoda habitación para el sacerdote, que residía en ella a temporadas por los rigores del clima. La noche del 24 al 25-IV-1809 las tropas francesas daban muerte al ermitaño que huía de ella y cometían profanaciones y destrozos. Sin embargo, respetaron la imagen de la Virgen, que fue trasladada a la parroquial. Semejante providencia se repitió en los disturbios de 1821 y 1835, tras de los cuales se restituyó la imagen a su santuario. En 1832 se amplió el edificio con aposentos para los devotos y en 1847 el templo por su parte de poniente. El año 1853 se comenzó un espacioso camarín, pero observando que la imagen se había deteriorado notablemente y que era desproporcionada al nuevo camarín, se decidió en 1856 hacer una nueva imagen, realizada en Barcelona y aprobada por la Academia de Bellas Artes de la misma ciudad. Su entronización y bendición tuvo lugar el 21-V-1857, día de la Ascensión. La antigua imagen se colocó en su altar dentro del mismo camarín. Los obispos que han visitado este santuario concedieron numerosas indulgencias.

BIBL.: D7, XII, 628; E. MORENO CEBADA, *Glorias religiosas de España,* II, Ba.-Ma. 1867, 597-602; L. G. CONSTANS, *Girona, Bisbat Marià,* Ba. 1954, 140-141.

J. M. DE MORA

Fuentes, *Nuestra Señora de las,* (Palencia). A corta distancia de Amusco, partido de Astudillo. Edificio de tres naves de estilo gótico. En el testero de la nave central se encuentra el altar dedicado a la Virgen titular del templo. Cuenta también con cinco retablos más en las naves laterales. Sirvió de parroquial hasta la construcción de la actual parroquia de San Pedro Apóstol en el centro de la villa. Es devoción predilecta de los pastores de la región que celebran con solemnidad su fiesta el domingo siguiente a la Natividad de la Virgen. El edificio ha sido recientemente restaurado y declarado monumento nacional. Se ha puesto esmerado cuidado en la restauración de sus pórticos de estilo románico de época de transición. Conserva un púlpito de estilo gótico-mudéjar y un grupo escultórico del siglo xv con imágenes de Santa Ana y la Virgen con el Niño.

BIBL.: *Nuestra Señora de las Fuentes:* R17, 15(1929)345; J. San Martín, *Palencia, Diócesis de:* DHEE, III, Ma. 1973, 1867; D7, II, 265; *Ermita de Nuestra Señora de las Fuentes, en Amusco (Palencia):* R55, 19(1964)50-51; *Tesoros Artísticos de España,* Ma. 1973, 92; R. Revilla Vielva, *Catálogo Monumental de la Provincia de Palencia; revisión encomendada a la Institución Tello Téllez de Meneses,* I, Pa. 1951, 3-4. J. M. de Mora

Gleva, *Nuestra Señora de la,* (Barcelona). En San Hipólito de Voltregá, de la diócesis de Vich. Cuenta la tradición que una pastorcilla, apellidada Pujol, y conocida desde entonces como «la pastorcilla de la gleva», al mirar en un hoyo escarbado por un buey que se había alejado de la vacada, ve entre dos columnas y un terrón (gleva), que le servía de arco, una imagen de la Virgen. La niña pide a su padre que le edifique una capillita y parece ser que así lo hizo. Los vecinos de San Hipólito de Voltregá la llevan a su iglesia. Tres veces consecutivas fue llevada y desaparece para ser encontrada siempre en el lugar de la aparición, donde se le edificó una capilla y más tarde un grandioso templo. La imagen es de madera. Sostiene al Niño que lleva un libro en su mano izquierda, mientras con la derecha parece bendecir. En una urna debajo del altar se encuentra el cadáver de una niña de unos diez años, hallado durante una excavación el 17-XII-1660. Aunque no fue identificado, se afirma que es el de la niña a quien la Virgen se apareció. El 2-X-1759 una gran parte de la iglesia fue destruida por un rayo, quedando intacto el camarín de la Virgen. Reedificado, fue consagrado el nuevo templo el 6-IX-1767. Aunque la fecha de la aparición es incierta, la existencia de esta advocación está comprobada desde el año 1074.

BIBL.: N. Camós, *Jardín de María,* Ge. 1943, 286-290; *Sagrat Septenari de Nuestra Señora de la Gleva,* Vich s.a. (s. xviii); E. Moreno Cebada, *Glorias religiosas de España,* II, Ba.-Ma. 1867, 129-52; D7, XVI, 415-16.
P. García Fidalgo

Gozos, *Nuestra Señora de los,* (Orense). Pertenece a la cercana parroquia de Santa Marta de Moreiras, del partido y diócesis de Orense, de cuya ciudad dista 8 kilómetros. El valor artístico del edificio apenas si tiene importancia alguna. La imagen de la Virgen es, sin embargo, muy conocida y venerada en los alrededores y principalmente en la ciudad. La fiesta principal se celebra el segundo domingo después de Pascua. Es costumbre que con ocasión de la misma se reúnan las familias en las cercanías de la ermita para una comida campestre. La celebración de la fiesta va precedida de una novena.

BIBL.: D7, XI, 596; C. Gil Atrio, *Orense mariano,* Or. 1954, 159-60. IEF

Gracia, *Nuestra Señora de,* (Albacete). En el lugar de Caudete, partido de Almansa. Una tradición afirma que la imagen de la Virgen perteneció a un monasterio benedictino ubicado en el emplazamiento del actual santuario. Estuvo servido por tres capellanes. Las fiestas se celebraban del 8 al 10 de septiembre. Para ello se trasladaba la imagen a la parroquial de la villa. Destruido el santuario en 1936, fué reedificado poco después de la contienda nacional.

BIBL.: D7, VI, 262; *Tesoros artísticos de España,* Ma. 1973, 217. IEF

Gracia, *Nuestra Señora de,* (Castellón) patrona de Villarreal de los Infantes. En uno de los últimos recodos del río Mijares, a 3 kilómetros de la ciudad, se encuentra el santuario. El bello paraje, hoy rodeado de naranjos, fue en tiempos lejanos lugar abrupto y solitario escogido por anacoretas que en él acampaban en busca de paz y de silencio. Así lo demuestra la copiosa documentación existente en el archivo municipal de la ciudad. Citaremos solamente uno que es un mandamiento de pago fechado el 13-V-1375. Dice: «Item paga a manament dels dits jurats al frare Bernat Fabra, hermita, los quals los dits jurats ab acort de prohomes consellers de la dita vila graciosament li manaren donar per amor de Jhesu Xrist en ajuda de una CETLLA que fa en lo terme de dita vila... deu sols.» Doñate, archivero municipal y autor de un opúsculo que citamos en la bibliografía, dice en el mismo: «Hemos de dar fe en primer lugar de que en la documentación anterior al año 1375 no hay cita alguna, ni referencia más o menos concreta, que nos permita siquiera suponer la existencia de ermita ni lugar alguno en el término municipal dedicado a la devoción que nos ocupa, y tenemos de la aludida época material abundante y caracterizado.» No podríamos decir igual a partir del año 1485 en que ya figura un acuerdo de fecha 13 de febrero en el que se lee: «Que sia donat hun arch dels de pedra piquada de la esglesia, a mestre Pere Compte, per pugar lo respalle prop la capella de verge Maria de GRACIA.» La imagen de Nuestra Señora de Gracia, cuya característica principal es su graciosa sonrisa quedó así descrita en la *Historia de Villarreal* de Benito Traver: «Esta devota imagen es de madera... está sentada sobre una silla... en su mano derecha sostiene una bolita con pequeña cruz en la parte superior; en su izquierda tiene a su Santísimo Hijo, que también sostiene con su mano otra esfera... El rostro de la santa imagen, aunque algo moreno, es gracioso; y tiene tal expresión, que la agradable sonrisa que manifiesta al mirarla con verdadera devoción, roba los corazones de todos los de Villarreal y pueblos comarcanos... Esta imagen de María, que mide 74 centímetros de altura... demuestra ser antiquísima, puesto que la vemos sentada en silla de la misma talla.» Esta imagen así descrita y de la que el padre Inza nos contó su aparición en su obra *La Ribera del Mijares habitada de la Divina Gracia,* desapareció para siempre en la revolución del 1936. La devoción del pueblo villarrealense tan pronto pudo restablecer su culto, junio de 1938, se apresuró a encargar la nueva imagen. Fue el escultor villarrealense Pascual Amorós quien talló la nueva imagen, valiéndose de fotografías y del recuerdo vivo. La imagen que debía bendecirse en septiembre del mismo año, para presidir las primeras fiestas después del quebranto bélico, no se ajustaba plenamente a la desaparecida, aunque sí la recordaba. El padre Inza en su obra anteriormente citada narra así la tradición que recoge la aparición de Nuestra Señora de Gracia: «Pastoreaba su rebaño junto a las corrientes del río Mijares uno de aquellos pastores antiguos, cándidos por la inocencia de sus costumbres. Quando he ahí, que en uno de aquellos felices días se le apareció una Señora agraciada, que es muy posible mandase al pastor diese parte a la ilustre villa, de lo que acababan de ver sus ojos.» Don Benito Traver completa el relato del padre Inza con las siguientes palabras, en su obra citada. Dice: «Sin dilación de tiempo, porque el amor, devoción y celo no consiente tardanza, saldrían de Villarreal el estado eclesiástico y secular y un buen número de vecinos, que, guiados de la piadosa novedad y guiados por el sencillo pastor, llegarían al sitio que había sido teatro de su mayor dicha. Con sumo cuidado quitarían de la cueva indicada por el pastor las piedras y tierra que en parte estaría cubierta, y en su concavidad deberían hallar la imagen de la Santísima

Virgen, que por tantos siglos había permanecido encerrada en aquella lóbrega estancia.» Es posible que nadie pueda probar nunca la veracidad de los hechos relatados, pero la sinceridad de la devoción de los habitantes de Villarreal a la Virgen de Gracia es hecho documentado desde antiguo. El concejo de la villa en acuerdo del 24-V-1603 (ms. 67) votó la fiesta anual en el eremitorio de la Virgen de Gracia. El voto fue renovado a perpetuidad por el concejo, a raíz de una epidemia que asoló la villa, el 13-VI-1757, según acuerdo en el que entre otras cosas puede leerse lo siguiente: «Otro sí, y por último, fue resuelto por dicho Ayuntamiento el que se funde una fiesta para siempre jamás perpetua a la Virgen de Gracia... y que se haga a más un novenario a dicha Virgen... y que se celebre dicha fiesta todos los años el primer domingo de septiembre..., se traiga la Virgen desde la hermita a la dicha parroquial antes de celebrar dicha fiesta y, concluido el novenario, se buelva a su hermita la dicha Virgen, cuya fundación se haga atento a los muchos consuelos y favores que esta villa y sus moradores han experimentado de dicha Virgen en diferentes ocasiones...» (Acuerdos de 1757, fols. 16vº, 17vº y 18rº, según comprobación del mismo Sr. Doñate). El voto sigue en pie. Todos los años, el viernes anterior al primer domingo de septiembre, es trasladada la imagen desde su santuario a la iglesia arciprestal. A los ocho días, terminada la novena, acompañada del fervor de sus devotos, vuelve a su habitual lugar. Es este uno de los actos más emotivos de la villa.

BIBL.: J. M. DOÑATE SEBASTIÁ, *Verge Maria de Gracia*, Villarreal 1968; B. TRAVER GARCÍA, *Historia de Villarreal*, Villarreal 1909; D. INZA, *La Ribera del Mijares habitada por la Divina Gracia*, s. l. 1860; J. B. CANDAU, *Memoria histórico-descriptiva de la Imagen, Santuario y culto de N.ª S.ª de Gracia de Villarreal*, Tor. 1766; *Nuestra Señora la Virgen de Gracia*: R17, 15(1929)464.   V. PASCUAL

Gracia, *Nuestra Señora de*, (Cuenca). En la villa de Belmonte. Su fundación es atribuida por algunos autores a Alonso Téllez Girón, padre de los grandes maestres de Santiago y Alcántara del mismo apellido, en virtud del permiso concedido por el obispo de Cuenca, Alvaro Núñez de Isorna, el 22-V-1428, con una capellanía que fue vendida en tiempos de Carlos IV. Sin embargo, según documentos existentes en el archivo parroquial, la ermita de Nuestra Señora de Gracia fue restaurada por la casa de Villena y D. Juan Fernández Pacheco hacia el 1399. Los datos sobre la edificación del santuario así como algunos milagros se encuentran en una relación de Pedro Vázquez, natural de Belmonte, a Felipe II en 1579.

BIBL.: D7, IV, 139; *Crónica de una coronación*, Ma. 1957, **81.**   IEF

Gracia, *Nuestra Señora de*, (Salamanca). En la villa de Pedrosillo el Ralo, partido de Salamanca. A un kilómetro de este pueblo se encuentra la ermita de Nuestra Señora de Gracia, de la que se sabe que a mediados del siglo XV, ya recibía culto de todos los pueblos colindantes. La leyenda cuenta que para librarla de la ira musulmana, fue enterrada y descubierta fortuitamente cuando un rebaño de ovejas cruzaba por el lugar. Poco después de este hecho se ordenó la construcción de la ermita en el mismo lugar de su aparición. La imagen tiene las características del arte del siglo XIII o XIV. Tiene el Niño en el regazo.

BIBL.: *Nuestra Señora de Gracia*: Anuario Católico Español, II, Ma. 1956, 465-466.   A. DÍEZ

Gracia, *Nuestra Señora de*, (Toledo). En Ajofrín, partido judicial de Orgaz. El origen de su devoción, según la tradición, data de 1262, en que se apareció a un humilde pastor llamado Magdaleno, en la Sierra de la Morra de San Pablo (Montes de Toledo). Los vecinos de Menasalbas y Cuerva, según el relato de la aparición, no creyeron al citado pastor, quien se dirigió entonces a Ajofrín, por indicación de la Virgen, y allí fue escuchado su mensaje. Inmediatamente edificaron allí una capillita, que más tarde fue iglesia y posteriormente convento de agustinos calzados, donde la imagen de Nuestra Señora de Gracia se veneraba en toda la comarca. Los vecinos de Ajofrín, cada año, el sábado inmediato al primer domingo de mayo recorrían en procesión los 38 kilómetros que separan el santuario del pueblo para celebrar al día siguiente la solemnidad de su Patrona. Era costumbre en Ajofrín, con ocasión de alguna calamidad pública, traer procesionalmente la imagen a la iglesia parroquial para celebrar rogativas. En 1834, con motivo del cólera en España, los de Ajofrín repitieron las rogativas y se vieron libres de tal azote. La imagen ya no volvió a su santuario y se quedó en una capilla dentro de la parroquia. En la actualidad las fiestas se celebran el domingo siguiente a la fiesta de San Agustín (28 de agosto) y el primer domingo de mayo. La primera, que es conocida como «fiesta o función grande», tiene lugar la tradicional puja del «Vítor», que es el cuadro de la Patrona venerado todo el año en la hornacina de la torre de su iglesia, en la fachada principal. La segunda o «función chica», es en recuerdo de la aparición de la Virgen, y tiene lugar en ella el «paseo de la Virgen» o bendición de los campos. La imagen es una preciosa escultura de marfil, tipo bizantino del siglo XIV. Durante el período revolucionario 1936-1939, la imagen, con sus cuantiosas joyas, desapareció. La actual es una reproducción exacta de la primitiva. Años más tarde se recuperó parte del tesoro artístico.

BIBL.: D7, I, 178; E. MORENO CEBADA, *Glorias Religiosas de España*, II, Ba.-Ma. 1867, 469-77; L. MORENO NIETO, *La Provincia de Toledo*, To. 1960, 52 y 547-48; F. JIMÉNEZ DE GREGORIO, *Los pueblos de la Provincia de Toledo hasta finalizar el siglo XVIII, población-sociedad-economía-historia*, I, To. 1962, 50 y II, To. 1966, 344, M. MANZANO Y MARTÍN, *Historia de María Santísima de Gracia aparecida en el monte de la Morra de los de Toledo, especial protectora de la villa de Ajofrín (Toledo)*, To. s.a. [1913].   J. M. DE MORA

Gracia, *Santa María de*, (Sevilla).En los aledaños de la ciudad de Carmona, de cuya población es patrona, al borde de la carretera nacional Madrid-Cádiz.

Cuenta la tradición que la invención de esta imagen tuvo lugar en una gruta, por un pastor que apacentaba el ganado. Avisada la gente de la villa, la llevaron procesionalmente a la iglesia mayor de donde desapareció aquella noche para ser hallada de nuevo en la cueva. Para venerarla los devotos carmonenses decidieron construir un templo en la parte más llana de aquel lugar. Es un edificio de una nave, que tiene adherida una dependencia en el lado del evangelio de la capilla mayor. El presbiterio se cubre con bóveda de crucería y los dos tramos de la nave con bóvedas vaídas. Su estilo es de transición de gótico al renacimiento. En sus orígenes dependió del prior de las ermitas, estuvo luego al cuidado de los franciscanos hasta 1477 y, desde entonces, al de los cistercienses del monasterio de San Isidoro del Campo, próximo a la capital. En 1504 se arruinó su fábrica a causa de un fuerte terremoto; las obras de reconstrucción se demoraron por espacio de cincuenta años, y en 1568 se hicieron cargo de ella los jerónimos. El aspecto actual del edificio deja aún traslucir la estructura renacentista, a pesar de la importante obra de restauración llevada a cabo en 1911.

Hoy la Virgen se halla en la iglesia de Santa María de la Asunción, que se levanta en el centro del recinto amurallado de la ciudadela y constituye, por su fábrica y por la calidad de obras de arte, uno de los templos más importantes de la diócesis. Se construyó en el solar de una mezquita almohade, demolida en 1424, y se finalizaron las obras en 1518. De la fábrica primitiva se conserva una serie de edificaciones en torno al Patio de los Naranjos, junto al muro del evangelio de la iglesia, constituidas por arquerías de herradura y dependencias mudéjares. El templo cristiano es de estructura gótica, con planta de salón y tres naves. Son renacentistas algunas capillas de la nave de la epístola, más la de Nuestra Señora de Gracia y la sacristía. Entre los nombres de sus arquitectos figura el de Alonso Rodríguez, uno de los que intervinieron en la catedral hispalense. La capilla colateral de la nave del evangelio es la que está dedicada a la patrona cuya imagen, con el Niño entre sus manos se venera en un tabernáculo neoclásico. Mide 1,40 ms. Originariamente, parece, debió de ser de talla; hoy, su armazón se encuentra revestido con una complicada envoltura de telas que cubre la rica vestimenta. El grupo es de formas muy hieráticas y de acusada frontalidad. La cabeza de la Virgen tiene frente despejada y corto mentón. Su cabellera sólo está tallada en los bordes más próximos al rostro. El resto está desbastado. El Niño es de talla completa; bendice con la mano derecha y porta la bola del mundo en la izquierda. Tiene muy destacadas las comisuras de los labios y muy cuidado el estudio de la cabellera. Adelanta ligeramente la pierna derecha, cuyo muslo es excesivamente voluminoso. La talla es gótica, de finales del XIII o principios del siguiente siglo. El Niño es de formas más naturalistas. Su rostro refleja el estilo de fines del goticismo —segunda mitad del siglo XV— mientras que su cuerpo es renacentista.

BIBL.: Archivo de protocolos de Carmona, *Escribanía de Diego Farfán*, leg. 1521-1591, fol. 218; M. FERNÁNDEZ LÓPEZ, *Historia de la ciudad de Carmona, desde los tiempos más remotos hasta el reinado de Carlos I*, Se. 1886, 338; J. HERNÁNDEZ DÍAZ, *Catálogo Arqueológico y Artístico de la provincia de Sevilla*, II, Se. 1943, 121 y ss.; Archivo Municipal de Carmona: *Libro de Actas Capitulares 1585-1587*, y *Privilegios y Cartas*, 1291-1499 (leg. 26)

T. FALCÓN

Gracia, *Santísima Virgen de*, (Cáceres). En el término de Villa del Campo, a 2 km. del pueblo. No se conoce su antigüedad, aunque se cree superior a dos siglos. Tampoco se conocen documentos sobre su construcción. El culto que se le dedica es reducido y sólo una pequeña romería acude a la fiesta religiosa el lunes siguiente al domingo segundo de Pascua. La imagen se saca en procesión a la parroquia cuando ocurre alguna calamidad colectiva.

BIBL.: *Santuario de la Santísima Virgen de Gracia:* R17, 15(1929)187.

A. DIEZ

Granja, *Nuestra Señora de la*, (Guadalajara). A unos 2 km. de la villa de Yunquera de Henares, partido judicial de Guadalajara. Su origen se relaciona, según la tradición, con la aparición de la Virgen a un piadoso pastor de nombre Bermudo. Sin indicar el año, se ha dado como fecha el 15 de septiembre, que es cuando se celebran las solemnidades. La imagen, afirma la misma tradición, data de principios del cristianismo y fue escondida con ocasión de la invasión musulmana. En el siglo XVI se conservaba en la capilla un cuadro, hoy desaparecido, que representaba un milagro atribuido a la Virgen: un hombre, contaban las gentes de la villa todavía en el año 1580, arrojó de noche a su esposa a una «arrozía»; ésta se encomendó a la Virgen y con su ayuda logró salvarse. A la mañana siguiente los vecinos la sacaron. El 24-VI-1599 el pueblo de Yunquera hizo voto de celebrar como festivo el día de la aparición de la imagen, 15 de septiembre. Esta fecha se respeta todavía en la actualidad. El voto fue renovado en 1776 con la aprobación del cardenal Lorenzana,

arzobispo de Toledo. La actual iglesia que sustituyó a la primitiva es del siglo XVII; es de tapial y ladrillo. Aunque de dimensiones grandes, su valor artístico es escaso.

BIBL.: D7, XVI, 438; J. CATALINA GARCÍA, *Relaciones topográficas. Provincia de Guadalajara:* Memorial Histórico Español, 42, Ma. 1903, 490 y 497; E. MORENO CEBADA, *Glorias religiosas de España*, II, Ma.-Ba. 1867, 33-44; B. TARACENA, *Tanto de el Aparecimiento de Nuestra Señora de la Granja*, ms.: Arch. parroquial de Yunquera de Henares; J. GARCÍA PERDICES, *Cual aurora naciente (Adoraciones Marianas de la Provincia de Guadalajara)*, Gua. 1974, 131-138.

V. GARCÍA LOBO

Griñón, *Santo Cristo de*, (Madrid). A las afueras de la villa de su nombre, partido de Getafe. Según una información que se abrió en su día, y cuya documentación consta que se guardaba en 1737 en la iglesia parroquial, se apareció la imagen del Crucificado el 17-VI-1579 al matrimonio Pedro Gómez y Bárbara Sánchez, gentes piadosas, quienes la recogieron y llevaron a su casa. También consta que vieron los resplandores de la aparición desde el vecino lugar de Humanes. Todo ello estuvo envuelto en grandes prodigios. Asistió a la información, entre otros, don Iñigo López de Mendoza. El santuario tuvo su origen en una Cruz que se colocó en el lugar de la aparición, aunque la imagen se veneró hasta tiempos recientes en la iglesia parroquial. En la época de Madoz había una ermita que en la actualidad fue sustituida por otra, pequeña y de construcción sencilla, de cuya devoción son testimonio la limpieza y ornamentación que en ella se aprecian. Está levantada sobre una pradera, y cerrado todo el recinto por una alambrada; en un ángulo de la pradera aún puede verse plantada la cruz que dio origen al santuario. Su festividad se celebra el 14 de septiembre, aunque durante el año recibe las visitas de los devotos.

BIBL.: A. B. CAMPÓ, *Historia y explicación de la información que se hizo del aparecimiento del Santísimo Cristo... de Griñón*, Ma. 1737; D7, VIII, 595-596; D3, 26, 1347.

V. GARCÍA LOBO

Guadalupe, *Nuestra Señora de*, (Cáceres). En la villa de su nombre, situado en la falda meridional del cerro Altamira. La tradición que se encuentra recogida en el pequeño códice del Archivo Histórico Nacional, escrito a fines del siglo XIV, nos describe cómo la imagen, que se venera en el santuario de Guadalupe, fue traída desde Roma a Sevilla por el arzobispo san Leandro. Durante la invasión sarracena fue sacada de allí por unos clérigos, juntamente con otras varias reliquias de santos, y, después de varios días de camino, la enterraron en unas montañas junto al río Guadalupe. Años más tarde se apareció la Virgen a un vaquero llamado Gil, indicándole que en aquel lugar había una imagen suya, y manifestándole su deseo de que se construyese una casa al servicio de todos los hombres. Su origen lo fijan, unos, en tiempos de Alfonso XI (1312-1313) por hallarse expresado éste en la antigua leyenda del santuario; otros, lo hacen remontar al reinado de Alfonso X el Sabio, a mediados del siglo XII y se apoyan en las tres razones siguientes: 1. Las raspaduras y correcciones marginales que hay en el citado documento, para salvar ciertos anacronismos cometidos por el amanuense. 2. Alfonso XI en carta dada en Cadahalso, el 25-XII-1340, nos dice que la ermita de Guadalupe era muy pequeña, hallándose además en estado tan ruinoso que estaba como derruida, y 3. El primer encargado de la tenencia del santuario de quien hay noticias es frey Pero García. El 25-XII-1330 el rey Alfonso XI encomendaba dicha tenencia al cardenal D. Pedro Gómez Barroso. Es de suponer que lo hiciera después de muerto el citado fray Pero, a quien todavía encontramos en una escritura de compra-venta de 1329. Mas, como su tenencia parece haber durado mucho tiempo, según se desprende de lo que en 1340 decía el rey, escribiendo a los de Talavera, síguese la necesidad de adelantar bastantes años antes de esta fecha la fundación de la ermita.

Ya en tiempos de Alfonso XI nos encontramos que había gran devoción a Nuestra Señora de Guadalupe y que concurrían a la ermita gran número de gente de todas partes. Más tarde, con ocasión de la victoria del Salado, el rey pidió a D. Gil de Albornoz, arzobispo de Toledo, otorgase para sí y sus descendientes el *jus patronatus* sobre el santuario; que elevase su iglesia a priorato, y aceptase para aquel puesto la persona del cardenal Barroso, que hasta aquel momento lo había tenido. El 6-I-1341 confirmaba D. Gil de Albornoz los deseos del rey, otorgándole el patronato e instituyendo a D. Pedro primer prior de Guadalupe. A partir de esta fecha quedó constituida la ermita en santuario nacional. Por privilegio dado en Illescas, el 25-XII-1366, Alfonso XI dotó al santuario de abundantes bienes. Así, transcurrió el primer período de este santuario.

El 15-VIII-1389 a petición de D. Juan Serrano, prior de santuario, el rey D. Juan I expedía una solemne provisión real por la que, en virtud de su patronato, mandaba que se constituyese la iglesia de Nuestra Señora de Guadalupe en monasterio de ermitaños del glorioso doctor San Jerónimo. Se entregó a fray Fernando Yáñez, prior de San Bartolomé de Lupiana, quien con 31 frailes más se dirigió a la santa casa de Guadalupe, el 22-X-1389. Muy pronto el padre Yáñez concibió la idea de reedificar y engrandecer el templo, empujado además por la necesidad de un nuevo coro, más capaz. Desmontó las armaduras de madera que cubrían la iglesia, alzó sus muros y columnas, dando así mayor esbeltez a las naves; prolongó un poco el último tramo de la nave central para el aumento del coro. Durante el priorato de fray Diego de París tuvo lugar la profanación del santuario, con motivo de las luchas entre los partidarios de la Beltraneja y de D.ª Isabel. Al de fray Juan de Azpeitia corresponde la gran verja del santuario: en 1512 quedaba colocada la parte central. Posteriormente, en el año 1514, se pusieron los otros dos cuerpos. Esta verja se debe a la iniciativa del capitán García de Toledo, quien, visitando este santuario, dio 300 ducados para su fabricación.

El altar mayor es obra del famoso Giraldo de Merlo natural de Toledo quien, con los mejores artistas de su tiempo, comenzaron su trabajo en 1615 y lo concluyeron en 1618. Está hecho en su mayor parte con madera de borne traida de Suecia. La obra del camarín se terminó el año 1696 y su principal bienhechora fue D.ª María de Lancáster, duquesa de Aveiro. Las pinturas de la bóveda son del Flandesco; y las esculturas, del gran entallador guadalupense Montenegro. En cuanto al arte en general del santuario podemos decir que como construcción del siglo XIV encontramos mezclados el estilo gótico y árabe. El estilo mudéjar en Guadalupe no modela a su antojo las dos formas, sino que, respetándolas en su ser primitivo, las mezcla y entreteje de tal modo que parece haber nacido la una para la otra.

En 1395 obtienen de la Santa Sede, los monjes de Guadalupe, jurisdicción para absolver toda clase de pecados y administrar todos los sacramentos. El papa Eugenio IV concede el privilegio de poder absolver a los peregrinos de todo cuanto el Derecho reservaba a los obispos o éstos se hubieran reservado en sus respectivas iglesias. Nicolás V, en 1445, otorgaba nuevo privilegio por el cual podían se absueltos de todos los casos reservados con censura, cualesquiera que fuesen, aun de los impuestos por los mismos legados pontificios, exceptuados los que estaban reservados de un modo especial al Sumo Pontífice. En 1535 se concede jubileo plenísimo, en cuyas fiestas de septiembre se podían lucrar indulgencias. Posteriormente Paulo V concedía indulgencias en las fiestas principales y Urbano VIII enriquecía de muchas gracias y favores a los cofrades de la Hermandad de Nuestra Señora de Guadalupe.

BIBL.: N. PÉREZ, *Historia Mariana de España*, IV, San. s.a., 4 y ss.; J. DE VILLAFAÑE, *Compendio histórico en que se da noticia... de los más célebres santuarios en España*, Ma. 1740, 260-281; G. RUBIO, *Historia de Nuestra Señora de Guadalupe...*, Ba. 1926; D. DE MONTALVO, *Venida de la soberana Virgen de Guadalupe a España, su invención y milagros...*, Ma. 1636; F. DE SAN JOSÉ, *Historia universal de la primitiva y milagrosa imagen de Ntra. Sra. de Guadalupe*, Ma. 1743; D. DE ECIJA, *Libro de la invención de esta santa imagen de Guadalupe y de la erección y fundación de este monasterio...* Ca. 1953; F. J. FERNÁNDEZ GAYTAN, *Santa María de Guadalupe y la mar:* Revista General de Marina (1966) 171 y 668-673; E. MORENO CEBADA, *Glorias Religiosas de España*, II, Ba.-Ma. 1867, 395-418; *La Virgen de Guadalupe:* Anuario Católico Español, II, Ma. 1956, 424-425; G. DE TALAVERA, *Historia de Nuestra Señora de Guadalupe...*, To. 1597. R. RODRIGO

Guadalupe, *Nuestra Señora de,* (Guipúzcoa). Junto al fuerte del monte Jaizkibel, término de Fuenterrabía, partido de San Sebastián. El edificio, de piedra de sillería, del siglo XVI, tiene coro alto y altar mayor con otros dos colaterales. Está decorado con maquetas de barcos y exvotos marineros. La imagen venerada, del siglo XV, es patrona y protectora de la ciudad, cuya fiesta religiosa se celebra el 8 de septiembre, y acuden al santuario gran número de romeros para celebrar el «alarde» conmemorativo del triunfo sobre Napoleón.

BIBL.: D7, VIII, 236; *Santuario de Nuestra Señora de Guadalupe (Fuenterrabía):* R17, 15(1929)518; *Tesoros Artísticos de España*, Ma. 1973, 286. J. M. DE MORA

Guía, *Nuestra Señora de la,* (Orense). Nada sabemos acerca de los orígenes de la veneración de la Virgen de la Guía, en la parroquia de Pao, del ayuntamiento de Gomesendo. En 1777 fue publicada una novena en Santiago, indulgenciada por un cardenal, tres arzobispos y ocho obispos. Por ello podemos concluir que ya entonces la devoción estaba muy arraigada. De la primera capilla no nos queda dato alguno. Conocemos su emplazamiento, cerca de la aldea de Pao y en una finca que hoy llaman «O Sagrado». Tampoco conocemos la fecha de construcción del actual santuario consagrado a la Virgen y a «San Payo» (San Pelayo). La fiesta, precedida de una novena, se celebra el 15 de agosto. En otros tiempos se trasladaba la imagen para dicha novena procesionalmente y con la participación de danzantes y cantores, a la parroquial de Pao. En 1918 fue suprimida toda esta manifestación externa y se organiza una procesión de rogativas desde la parroquial a la ermita de la Virgen. Hasta hace poco tiempo el santuario tuvo celebración de cultos los domingos y festivos.

BIBL.: C. GIL ATRIO, *Orense mariano*, Or. 1954, 151-52. IEF

Guía, *Nuestra Señora de la,* (Salamanca). En Carbajosa de Armuña, partido de Salamanca, a 12 km. de la capital. En la zona norte de las afueras del pueblo está la ermita dedicada a Nuestra Señora de la Guía. No hay documentos que nos aseguren la fecha de fundación ni tampoco la leyenda del hecho. La imagen es de factura hermosa, aunque de estilo no definido. Está en actitud de amamantar a su Hijo a quien sostiene en sus brazos.

BIBL.: *Nuestra Señora de la Guía:* Anuario Católico Español, II, Ma. 1956, 463; D7, V, 528. A. DIEZ

Guía, *Virgen de la,* (Asturias). En el montículo llamado La Atalaya, a las afueras de la villa de Llanes. Fue fundado por don Fernando de Salas, quien el 2-IX-1515 presentó ante el obispo de Oviedo, don Diego de

Muros un breve de León X conseguido a tales efectos. Fue de patronato de la familia Salas. El edificio, modesto en sus orígenes, fue reformado y ampliado en el siglo XVII por el licenciado Fernando Peláez, y en el siglo XIX por José Sánchez Ramos, canónigo de Toledo, cuyos parientes ejercen el patronato en la actualidad. Suponemos que a este santuario se refiere Madoz al decir que «hay varias ermitas de propiedad particular... entre las cuales sobresalen por su buena arquitectura y adornos la de la Virgen de la Concepción... unidas ambas a ciertas casas cuyos dueños son patronos». Su festividad se celebra el 8 de septiembre, precedida de una novena. La víspera tiene lugar una procesión nocturna en que se traslada la imagen desde el santuario a la iglesia parroquial donde se oficia al día siguiente una misa solemne. A continuación se traslada de nuevo la imagen en procesión al santuario, en cuyas afueras, sobre un altar, preside los festejos folklóricos, con danzas, ofrendas y plegarias tradicionales.

BIBL.: M. L. CASTELLANOS, *La leyenda de la Guía*, Llanes 1913; V. PEDREGAL, *Siluetas llaniscas*, Llanes 1972; J. SANTANA, *Santuarios de Asturias. La Virgen de la Guía*: Diario Región (Oviedo) 28-XII-1969; E. MARTÍNEZ, *Guía, Virgen de la*: Gran Enciclopedia Asturiana, VIII, Gijón 1970, 74; D7, X. 483; D3, 31, 1002.

V. GARCÍA LOBO

Henar, *Nuestra Señora del*, (Segovia). En la villa de Cuéllar, de la que dista 5 kms. Está enclavado en una zona de gran belleza: prados con chopos gigantescos y grandes manchas de pinares le rodean y envuelven como un mar de salud y le confieren un especial encanto. El nombre de «El Henar» es un topónimo que, como en otros muchos casos, se ha aplicado al santuario y a la imagen románica de María, venerada en el mismo. En nuestros días continúa siendo un «lugar poblado de heno». La tradición legendaria afirma que la imagen del Henar fue traída de Tierra Santa el año 71 de nuestra era por san Jeroteo, primer obispo de Segovia, y venerada en un pueblecito situado en el hermoso valle, llamado san Cristóbal del Henar, del que no queda el menor vestigio histórico ni arqueológico. En dicho pueblo fue venerada hasta el año 714 en que para sustraerla a las sacrílegas manos de los sarracenos, fue enterrada en un lugar indicado por los santos hermanos segovianos Frutos, Valentín y Engracia, junto con un cirio encendido. Ocho siglos después, en 1580, se apareció a un pastor del cercano pueblo de Vioria, que apacentaba su rebaño en el valle. La Virgen curó su brazo manco como prueba del cielo ante sus gentes y, al descubrir la imagen, pudo verse un cirio encendido y el súbito manar de una fuente que se conoce con el nombre de Fuente del Cirio.

La arqueología indica claramente que la imagen del Henar es del más puro estilo románico de principios del siglo XII. Se presenta sentada en una rudimentaria silla o arqueta mostrando al pueblo el misterio de su Maternidad Divina. Es del tipo llamado hierático. Su porte es grave, rígido, pero lleno de serena belleza: los rasgos elementales, los vestidos caen en pliegues rectos, apenas insinuados; la policromía es azul y roja; su calzado puntiagudo. El Niño, de sorprendente parecido con la Madre, posa sobre el halda de Ella y está también de frente en ademán de bendecir, mientras con su mano izquierda sostiene un libro.

El primer documento histórico escrito conocido, es del año 1430, en el que se nos dice cómo Gómez González, arcediano de Cuéllar, compró los libros litúrgicos de la ermita ruinosa de Santa María del Henar para el hospital de la Magdalena, de Cuéllar, fundado por él mismo. Estos datos hacen pensar que, en tiempos de la repoblación de Cuéllar por Alfonso VI, algún piadoso ermitaño construiría una pequeña ermita en el bello paraje del vallecito, quizá al borde de algún camino que uniría Cuéllar con los pueblos cercanos. Precisamente en esos tiempos nacía la Comunidad de Villa y Tierra de Cuéllar, aún vigente. Allí recibiría el culto de pastores, labriegos y transeúntes hasta el año 1642 en que fue edificada la primera parte del actual santuario. El punto de arranque de la fama y expansión del culto que conoció en los siguientes siglos, probablemente se deba a que en los años de la construcción del templo fue nombrado administrador del mismo el párroco de Cogeces del Monte, Juan Rodrigo, hombre tan fervoroso como fantaseador y dado a las leyendas. Con el fin de ensalzar a María y de construir el santuario, aplicó a la imagen las leyendas de los antiguos cronicones en cuanto a su origen, y aparición milagrosa. El caso es que su fervor y fantasía tuvieron suerte y prendieron hondamente en el pueblo fiel y sencillo. El año 1621, el papa Gregorio XV concedía la celebración de la fiesta anual de la Virgen, el domingo anterior cercano a San Mateo. El año 1697, Gregorio Baza de Haro escribió la *Historia de la milagroza imagen de Vuestra Señora del Henar*, publicada en Madrid. El siglo XVIII marca el apogeo de la devoción. Al santuario acudían gentes de las partes más remotas de España, llegando a reunirse el día de la romería de 1743 hasta 30.000 fieles y en la de 1789 encargaron 7.099 misas. También la nobleza hacía presencia en el mismo: baste recordar los nombres de Alburquerque, Orgaz, Pastrana e Infantado, Montijo, Lozoya. La misma reina viuda, Isabel de Farnesio, peregrinó hasta él en 1759 con su hijo Carlos, luego Carlos III. El culto lo atendían los capellanes-administradores que residían en el santuario y, a veces, monjes basilios o frailes trinitarios de Cuéllar.

Durante este siglo fue construida casi la totalidad del santuario: la segunda parte del templo, y la más noble, es de estilo neoclásico con excelentes retablos del mismo estilo y del rococó; el camarín, de sugestiva belleza dieciochesca, en el que se conserva una buena colección de cobres de Antón Wolfaert y de Willem Van Herp. Las cúpulas de templo y camarín fueron pintadas por José Micot. En la sacristía puede verse una cajonería rococó, verdadera joya labrada en nogal por los Moratinos, maestros tallistas de Sepúlveda. Al final del mismo siglo XVIII, fue edificado el convento, también neoclásico, con claustro de doble arquería. A mediados del pasado siglo, conoció el santuario una lamentable y progresiva decadencia. Permaneció cerrado casi todo el año de 1808 y sufrió las consecuencias del abandono, y la rapiña de las tropas francesas. De este siglo solamente conocemos una noticia digna: la concesión de 200 pasos de terreno en circunferencia al santuario por el rey Fernando VII, en 1831. En las primeras décadas del presente siglo parecía que iba a agonizar. Providencial fue la intervención de una cuellarana: sor Martina Vázquez, hija de la Caridad. Era superiora del hospital de Segorbe (Castellón), cuando en 1922 los carmelitas de la Antigua Observancia se hicieron cargo del santuario de la Cueva Santa (Castellón). Propuso al padre Elías Ortiz, vicario provincial, que se hicieran cargo también del santuario de El Henar. Con el beneplácito del obispo de Segovia, D. Manuel de Castro se llegó fácilmente a un acuerdo. El día 13-IX-1924, un grupo de carmelitas tomó posesión del venerado santuario. Soportando situaciones de angustiosa penuria en los primeros años y venciendo dificultades inmensas, cuidaron de la conservación y embellecimiento del santuario, reconstruyéndolo material y espiritualmente.

Entre los hechos más salientes durante la estancia de los carmelitas, merecen destacarse: la fundación del boletín *La Virgen del Henar* que desde 1933 viene editándose mensualmente con unos 10.000 ejemplares; la creación del Seminario Menor Carmelita, que desde

1942 ha acogido a más de un millar de muchachos de toda la comarca; el reconocimiento, en 1939, del patronazgo inmemorial de la Virgen sobre los 36 pueblos de la Comunidad de Villa y Tierra de Cuéllar; el patronazgo canónico de los Resineros Españoles, proclamado por Pío XII en 1958 con el breve «*Augusta Virgo*», la coronación canónica de la imagen por decreto pontificio, ceremonia que realizó el arzobispo de Valladolid, D. Félix Romero Menjíbar, el 25-VI-1972, acompañado entre otros del de Segovia, D. Antonio Palenzuela y de unos 100 sacerdotes concelebrantes y ante más de 50.000 fieles de toda Castilla. Como preparación a esta fiesta, la venerada imagen recorrió, por primera vez en su historia, los 36 pueblos del patronazgo, después de haber sido misionados por 15 grupos de sacerdotes carmelitas y diocesanos. Tanto las misiones como la peregrinación constituyeron una sacudida espiritual que difícilmente podrá olvidarse. El santuario del Henar es hoy, sin duda alguna, uno de los santuarios marianos más populares de la altiplanicie castellano-leonesa. Ante la imagen de María acuden multitudes de fieles para tonificar sus vidas cristianas al amparo de la Virgen y bajo la dirección de los carmelitas, que atienden al culto cada vez más creciente. Son cerca de 300.000 las personas que anualmente acuden al santuario, tanto en las grandes romerías, como en las numerosas peregrinaciones estivales, en los concurridos días festivos o en el simple detenerse en ruta a rezar una salve y besar a la Virgen. El Henar es, además, uno de los lugares más atractivos de la comarca para disfrutar del ambiente campestre con las comodidades del moderno turismo. Así lo hacen, cada día festivo de verano, cerca de 5.000 personas, número que irá en aumento cuando se realice el proyecto de la Casa de Retiro y el restaurante-cafetería.

Terminamos enumerando algunas de las principales fiestas o romerías que se celebran en el santuario: romería del Henar, el domingo anterior a San Mateo (21 de septiembre), que reúne a más de 30.000 personas y constituye una de las concentraciones religiosas más fervorosas· y típicas de Castilla. Precede una novena solemne. La fiesta de los Resineros, el último domingo de mayo; las fiestas de Cuéllar, el último domingo de agosto; la fiesta infantil en el domingo de la novena solemne, El Carmen; San Cristóbal.

BIBL.: G. BAZA DE HARO, *Historia de la milagrosa imagen de Nuestra Señora del Henar*, Ma. 1697; J. DE VILLAFAÑE, *Compendio histórico de las milagrosas y devotas imágenes de la Reyna María Santísima...*, Ma. 1740, 286-300; M. M. IBÁÑEZ, *Historia de la Virgen del Henar y su Santuario*, Seg. 1955; J. GARCÍA HERNANDO, *Apuntes para la historia mariana de Segovia*: Estudios Segovianos, 12(1960)289-396; *Santuario de Nuestra Señora del Henar*: Anuario Católico Español, II, Ma. 1956, 473; M. M. ARRIBAS, *Santuario de El Henar*, Va. 1971; ID., *Santuario del Henar*: Estudios Segovianos, 25(1973), en prensa; B. VELASCO BAYÓN, *Historia de Cuéllar*, Seg. 1974; E. VALDIVIESO, *Cuadros de Willen Van Herp en El Henar*: R60, 39(1973) 483-484. Existen además dos pequeñas revistas dedicadas al santuario: «La Madre del Amor Hermoso» (1933-1936) y «La Virgen del Henar» a partir de 1936, en curso de publicación, actualmente bimensual.   M. ARRIBAS

Hiniesta, *Nuestra Señora de la,* (Zamora) patrona de la Tierra del Pan. En la villa de su nombre, partido de Zamora, a unos 5 km. de la capital. La imagen, una estatua sedente, es de madera, con el Niño en su regazo. Está colocada en un templete de plata cerrado con viriles y protegida por una reja de hierro adornada de azul y oro. La reja sólo se abre en dos ocasiones: cuando algún rey visita el santuario, o en tiempos de prolongada sequía, en que se saca la imagen en solemne procesión con la esperanza de alcanzar por intercesión de la Virgen el beneficio de la lluvia. Fue descubierta el año 1290 cuando un halcón del rey Sancho IV el

Bravo perseguía una perdiz que se refugió junto a una rama (Iniesta o Hiniesta) que sobresalía de un matorral. Vuelven a Zamora con la imagen, a la que dan el nombre del lugar de su hallazgo. La colocan en la iglesia de San Antolín mientras se construye un nuevo templo en el lugar donde fue encontrada. Para proteger el lugar desierto, el rey concede en Valladolid el 1-VII-1290 un privilegio en favor del clérido Juan Bartolomé, «para que tenga 12 pobladores libres de todo pecho que pueblen aquel lugar de la Hiniesta y que sean vasallos de la iglesia». Su hijo Fernando IV expide otro privilegio en León el 7-I-1307 en el que confirma el anterior y añade ocho vasallos más, incluido el maestro de la obra, Pedro Vázquez. El retablo primitivo de la iglesia era una primorosa talla en el que sobresalían, de tamaño casi natural, de rodillas, las figuras del rey D. Sancho y de su esposa D.ª María de Molina, en actitud de ofrecer a la Virgen el edificio que para ella ordenaron edificar. Terminada la iglesia (se ignora el año), fue trasladada la imagen el segundo día de Pascua en solemne procesión presidida por el rey, acompañada de la Patrona de la ciudad de Zamora y con asistencia masiva del vecindario de la ciudad y de las poblaciones vecinas. Al llegar al lugar donde fue asesinado el rey D. Sancho II (hay una cruz) el rey se detuvo, y el clero entonó por primera vez un *Memento* por el alma del monarca asesinado. Desde entonces data la procesión de la Virgen de la Concha y la alegre romería de la Hiniesta al lugar donde se encuentra el bosque de Valorio. La población de la Hiniesta fue una de las primeras que proclamaron a Isabel y Fernando, cuando la victoria de la guerra civil aún no estaba decidida. Los reyes de la Casa de Austria continuaron dispensando favores y privilegios al santuario. Felipe V los confirmó en Madrid el 13-II-1710. La fiesta principal se celebra el 15 de agosto.

BIBL.: D7, IX, 206; T. M. GARNACHO, *Breves noticias de algunas antigüedades de la ciudad y provincia de Zamora*, Zam. 1878, 159-76; J. DE VILLAFAÑE, *Compendio histórico en que se da noticia de... los más célebres santuarios de España*, Ma. 1740; A. ROJAS VILLALDRANDO, *El Buen Repúblico*, Ma. 1611; *Novena a la Reina de los Ángeles*, Sal, s.a.; *Nuestra Señora de la Hiniesta*: Anuario Católico Español, II, Ma. 1956, 500-501; C. FERNÁNDEZ DURO, *Memorias históricas de la ciudad de Zamora, su provincia y obispado*, I, Ma. 1882, 476-88.   P. GARCÍA FIDALGO

Hinojal, *Virgen del,* (Salamanca). En Paradinas de San Juan, partido de Peñaranda de Bracamonte. A poco más de un km. del pueblo se encuentra la ermita dedicada a la Virgen. Derruida a fines del siglo pasado fue restaurada por sus devotos. La imagen es del siglo XII o principios del XIII, esculpida en piedra, de acusado estilo románico, aunque el Niño aparezca a su lado. En la ermita se conserva un lienzo, obra del sacerdote Baldomero Ramos, que representa la aparición de la Virgen a un pastor a la hora del crepúsculo.

BIBL.: *La Virgen del Hinojal*: Anuario Católico Español, II, Ma. 1956, 463.   IEF

Hontanares, *Nuestra Señora de,* (Segovia). En la villa de Riaza. La Virgen fue hallada en una cueva que existe debajo de uno de los picos de la sierra, el de la «fuente de las tres gotas», denominado así porque en una cavidad natural se encuentra una fuente que destila el agua gota a gota desde el techo. La advocación se debe al nombre de *Fontanar*, antingua aldea que según una piadosa tradición custodiaba la imagen de la Virgen. La primitiva imagen es probablemente visigótica. Escondida por los fieles, fue descubierta siglos más tarde y se le dedicó una ermita. El santuario «está situado en una suave pendiente, a la mitad poco más o menos del ascenso a la alta sierra cuya falda principia a unos 300 pasos de la villa por el este».

Desde el año 1560 existen en Riaza documentos referentes al culto de la Virgen bajo esta advocación. La imagen es una estatua sedente, estofada sobre fondo dorado, y con los dedos pulgar e índice de su mano derecha sostiene una fruta. Parece, según algunos, obra del siglo XIII. El santuario fue construido el año 1606, según una inscripción que se conserva en la cornisa del presbiterio, pero el edificio actual no se terminó hasta el siglo XVIII. El papa Gregorio XIII concedió jubileo y diversos privilegios a los cofrades. Entre los numerosos milagros atribuidos a la Virgen, es digno de mención la liberación de la villa de Riaza del cólera de 1885, a pesar de que uno de los vecinos se vio afectado por dicho mal.

BIBL.: E. DEL BARRIO MARINAS, *La Santísima Virgen, en Segocia*, Seg. 1954, 107-110; M7, XIII, 446-450; *Tesoros Artísticos de España*, Ma. 1973, 526.

P. GARCÍA FIDALGO

Hornuez, *Virgen de*, (Segovia). En la villa de Moral, partido de Riaza, a 2 kms. de la villa en la parte norte. La iglesia es de cruz latina. La leyenda nos cuenta que en 1246, unos pastores que cruzaban el término de Hornuez por la margen izquierda del Duero, en el municipio de El Moral, camino de Extremadura, en época de trashumancia, contemplaron un fenómeno que ellos no acertaban a explicar. Intentaron hacer fuego debajo de un enebro y agotados todos los medios no fue posible encenderlo. Miraron hacia arriba y quedaron deslumbrados por la preciosa imagen que desprendía rayos de luz. Dieron cuenta a los vecinos de El Moral y la trasladaron a la iglesia parroquial; pero como en otros casos de apariciones la imagen volvió al lugar de su aparición. En vista de ello los fieles acordaron edificar en el lugar una ermita. En el acta judicial que se conserva en el archivo parroquial de Segovia, de fecha 19-VI-1697, se reconoce como cierta la tradición antiquísima de la Virgen de Hornuez en la que 10 testigos afirman que es una tradición antiquísima. La primitiva imagen desapareció en un incendio el 3-V-1913; y la actual se esculpió ese mismo año. Es estante con su Hijo en el brazo izquierdo y en el derecho el cetro de su soberanía.

BIBL.: E. DEL BARRIO MARINAS, *La Santísima Virgen, en Segovia*, Seg. 1954, 122-126; *Nuestra Señora de Hornuez*: Anuario Católico Español, II, Ma. 1956, 472-473; D7, II, 582.

A. DIEZ

Hoz, *Nuestra Señora de la*, (Guadalajara). A 2 kms. de La Ventosa, partido de Molina de Aragón. Una antigua tradición afirma que esta imagen recibía culto ya en la época visigoda, y que se hallaba en el retablo mayor de la catedral de Escávica, hoy Molina de Aragón, iglesia que se identifica con la actual de San Martín. Al ser invadida España por los árabes, el obispo ercavicense Gabino, o su sucesor, tomó la sagrada efigie del dicho retablo y la ocultó en el barranco de la Hoz, para librarla así de la destrucción o profanación de los sarracenos. Según el cronista Elgueta, que recoge el relato de los antepasados, aniquilado el reino moro de Molina por Alfonso el Batallador, en 1129, la imagen de Nuestra Señora se apareció milagrosamente a un vaquero del lugar de Ventosa, y antes, a un pastorcillo «de buena vida», que fue el primero en divulgar aquel maravilloso suceso entre los pueblos cercanos. El hecho, si bien llenó de júbilo a todos los habitantes de la comarca, suscitó empero una serie de litigios; pues los pueblos de Corduente y Ventosa y la ciudad de Molina se disputaban la posesión de tan preciada joya, alegando cada uno las razones de su pretendido derecho. Vencedora en estas lides la capital del señorío, la imagen aparecida fue trasladada a la ciudad, entronizándola en la mencionada iglesia de San Martín, aunque el licenciado Elgueta sostiene que

fue «en la iglesia parroquial de Santa María la Mayor». Pero esta Virgen quería ser venerada en la agreste serranía y así, desaparecida del templo, vióse de nuevo en las peñas de la Hoz, adonde volvió, por segunda vez, tras el reiterado empeño de los molineses de albergarla en su ciudad. Hízose, pues, necesaria la erección de un santuario en tan bravío paraje, y de entonces arranca la gran devoción popular a Nuestra Señora de la Hoz.

Consta documentalmente que en 1172 existía en aquel lugar un santuario dedicado a Nuestra Señora y un pequeño monasterio adjunto ocupado por ermitaños de San Agustín, pues el obispo de Sigüenza D. Joscelmo (1168-1178) que visitó el pintoresco lugar, quedó tan prendado de su belleza y sobre todo de la imagen que allí recibía culto que, de acuerdo con su cabildo, decidió adquirir la propiedad del monasterio y santuario. Para ello, dio al entonces dueño de aquel territorio, el conde Pedro Manrique, segundo señor de Molina, la mitad de la villa de Beteta con su castillo; villa que recibiera su antecesor, Cerebruno, como donativo de Alfonso VIII. La carta de cambio lleva como lugar de promulgación y fecha los siguientes datos: *Facta carta in Aguilera, era M.ª DD.ª X.ª tertio Idus Februarii*, equivalentes a 11 de febrero de 1172, en el lugar de Aguilera. Más tarde, fue confirmada en 16-I-1178 y 12-VI-1195. El objetivo que impulsaba a D. Pedro en esta permuta sería, desde luego, el mejor funcionamiento espiritual del monasterio; y la forma del trueque o cambio obedeció más que a necesidades del señor de Molina, al hecho de que en aquellos tiempos ofrecían más seguridad los contratos bilaterales que las gratuitas donaciones. En octubre de 1176, el conde Pedro Manrique otorgó nueva escritura cediendo al mismo prelado dos molinos que él poseía en la capital de su señorío, y que, según el citado documento, estaban «subtus pontem qui est super palacium meum». Aunque en el texto se dice que «por la salud de mi alma y redención de las almas de mis padres», sin embargo, es muy probable que el conde hiciese esta donación para ayudar materialmente al prelado beneficiario a sostener el recién comprado monasterio de Santa María de Molina, según se le llama en la carta de compra-venta. Antes de partir para la infortunada batalla de Alarcos (1195), ratificó de nuevo al obispo de Sigüenza (a la sazón el célebre D. Rodrigo) las anteriores donaciones, añadiendo otras, con el fin de que el monasterio y santuario poseyeran lo suficiente para su conservación y desenvolvimiento. Quedaban éstos, pues, bajo la alta dirección del prelado seguntino, quien, con el asenso de su cabildo catedralicio y por carta fechada a 10-IV-1197, nombraba capellanes vitalicios del monasterio a los sacerdotes Bernardo y Guillermo, imponiéndoles determinadas condiciones en el desempeño de su cargo. Resulta curioso este diploma porque es el primero en el que aparece el nombre de Nuestra Señora de la Hoz: «concedimus vobis Bernardo et Wilelmo sacerdotibus ecclesiam sancte Marie de la Foz in Molina». Gonzalo Pérez, tercer señor de Molina, siguió el ejemplo de su padre D. Pedro donando al santuario los molinos de Entrambasaguas, diciembre de 1220, y prometiendo defender todos sus bienes en 1230. El 28-III-1231, el obispo de Sigüenza, Lope, de acuerdo con su cabildo, fundó en la iglesia de Santa María de la Hoz un convento de canónigos reglares de San Agustín. Este hecho notable tuvo realidad a petición del señor de Molina, D. Gonzalo, del ayuntamiento de aquella ciudad, y del canónigo de San Agustín maestro Ricardo, a quien el prelado anterior D. Rodrigo había encomendado el gobierno del santuario y monasterio. No obstante, la propiedad y jurisdicción continuaban siendo del obispo seguntino; de tal forma que los cambios en personas y cosas no podrían efectuarse sin su previa licencia. El documento, que aparece expedido en Sigüenza en la fecha arriba consignada, lleva la firma autógrafa de D. Lope, la del prior Regino y la de 14 confirmantes más, entre dignidades y canónigos. Muerto D. Gonzalo, le sucede en el señorío el infante D. Alfonso, hermano de san Fernando, quien, en unión de su esposa, Mofalda, hija de Gonzalo Pérez, visitó el convento de la Hoz. Sin duda, comprendieron los ilustres visitantes la necesidad de prestar ayuda y aliento a los solitarios monjes, y así por una carta-privilegio, fechada en Molina a 15-IX-1245, les otorgan su protección y amparo con estas palabras: «...recibo en mía guarda et en mío defendimiento a la ecclesia de la Foz que dicen Santa María et a Maestre Rechart et a todas sus cosas...». Sin embargo, la buena voluntad del cuarto señor de Molina tropezó con el inconveniente de la guerra de la reconquista española, en la que él se hallaba muy envuelto, y sus buenos propósitos no pudieron tener la debida eficacia.

Aquel involuntario desamparo originó la salida de los religiosos, y que en 1274 el prior del cabildo seguntino arrendara al sacerdote Gil Garcés la casa de la Hoz con las posesiones que tenía en Molina, Ventosa y Terraza. Como ya indica López Moreno, este arrendamiento y la ausencia de noticias referentes al monasterio de la Hoz a partir de 1245, hacen pensar que los frailes abandonaron dicho cenobio en ese tiempo, y, por consiguiente, que su estancia se redujo a catorce años. La precaria situación económica que, sin duda, motivara el éxodo de los canónigos reglares, afectó también al presbítero Gil Garcés y sus sucesores, aumentada ahora por la creciente anarquía política que imperaba en el territorio castellano. Respecto a si los caballeros templarios tuvieron o no a su encomienda el monasterio de Nuestra Señora de la Hoz, si bien es cierto que algunos cronistas molineses lo afirman, sin embargo no hay constancia documental de ello ni en el archivo de la catedral de Sigüenza ni en los de Molina (Archivo del Cabildo de clérigos, Casa-Comunidad del señorío, y Archivo del Ayuntamiento). En 1461 el santuario fue agregado, por bula de Pío II, al monasterio cisterciense de Ovila, en el mismo obispado; pero, debido a las difíciles circunstancias que atravesaba Castilla en aquella época, los monjes de Ovila desatendieron aquella casa de tal modo que acabó por arruinarse. Testigos los molineses del estado deplorable en que se hallaba el culto a su Virgen, solicitaron de la Santa Sede por mediación de Bernardino López Carvajal, obispo de Sigüenza y cardenal de Santa Cruz, la fundación de un instituto de frailes; a lo que contestó dicho purpurado anexionando el santuario de la Hoz al cabildo eclesiástico de Molina y disponiendo que su arcipreste y beneficiados pusieran en él, nombrados, personas suficientes que lo sirviesen. El solicitante del patronato y primer patrono fue Fernando de Burgos, quien obtuvo la citada gracia por bula de Julio II, expedida en Roma a 26-XI-1503, en la que recogía y confirmaba las disposiciones de su predecesor Alejandro VI, en 1497, relativas a la misma concesión, si bien no llegaron entonces a publicarse debido a la muerte de este último pontífice. Dichas disposiciones establecen el procedimiento a seguir en el uso del derecho de patronato, mereciendo destacarse la que se refiere a la suprema autoridad y supervisión del obispo de Sigüenza. Ciertamente, el privilegio pontificio a favor de Fernando de Burgos se basaba en los notables méritos del regidor de Molina, pues no solo erigió el templo de las ruinas, reformando y decorando la capilla principal, e incluso trayendo un retablo de Flandes, sino que también dispuso construir casa para el ermitaño y hospedería destinada a los peregrinos. A él se debe la fundación de una capellanía y la adquisición de ornamentos para el culto.

Prueba evidente de la devoción popular a esta imagen son las escrituras fundacionales de misas y capellanías, algunas de mediados del siglo XVI.

Entre las manifestaciones de culto a Nuestra Señora en el enriscado paisaje surcado por las aguas del Gallo, hay que destacar las riadas de peregrinos que, en distintas ocasiones del año, se dirigen fervorosos a rendir su homenaje y presentar sus plegarias a la Virgen «del Barranco». Ante todo, lleva la palma la procesional rogativa molinesa conocida vulgarmente con el nombre de El Butrón, que ya en el siglo XV se decía ser «de muy antiguo tiempo acá», y que, tradicionalmente se celebra el día 1 de mayo. Responde a un sentimiento de gratitud de la noble ciudad de Molina, obligada con «voto perpetuo» ante las misericordias de su patrona en tiempos de una peste o calamidad pública, cuya fecha inmemorial no se precisa. Peregrinan también anualmente en rogativa varios pueblos, entre los que se distinguen por su asiduidad, Canales, Corduente, Herrería, Lebrancón, Rillo, Rueda, Tierzo y Ventosa. La peregrinación de Tierzo es llamada de los capirotes, porque muchos de sus componentes visten trajes y capuchones blancos, en actitud penitencial. Obedece, igualmente, a voto de sus antepasados, hecho al cesar una grave epidemia que les afligía. Los de Odón, en la provincia de Teruel, acudían también a visitar el santuario. Realizaban esto el segundo día de Pascua de Pentecostés, y se acompañaban de música y danzantes. Al desaparecer, inexplicablemente tan simpática y religiosa costumbre, les han sucedido en la misma fecha, los miembros de la hermandad de la Hoz, de Molina, que interpretan una loa ante su Virgen con intervención de músicos, danzantes y cómicos. El patronato celebra su función religiosa el día 8 de septiembre.

Consta que visitaron este sagrado lugar los siguientes personajes de la realeza: El infante D. Alfonso (hermano de San Fernando), cuarto señor de Molina; D.ª Blanca Alfonso, quinta señora de Molina, hija de D. Alfonso e infanta de Castilla; D. Sancho IV, rey de Castilla; D.ª María de Molina, hermana de D.ª Blanca y esposa del anterior; D. Pedro I, rey de Castilla; D. Pedro IV, rey de Aragón; D.ª Isabel, esposa de D. Carlos I de España y V de Alemania; D. Felipe II, rey de España; D. Felipe IV, que residió accidentalmente en Molina; y D. Alfonso XIII, con ocasión de inaugurarse el monumento al capitán Arenas. Sabemos, igualmente, que alí rezaron a la Virgen la venerable María de Jesús (ésta muchas veces), y los mártires Suárez Coronel, Bechio, y Martínez Izquierdo. Por lo que se refiere a los prelados seguntinos, ya desde el siglo XII, según hemos consignado, todos o casi todos sintieron especial deleite en acercarse a este singular templo de María, y muchos de ellos trataron de favorecerlo con sus disposiciones. Por otra parte, no es raro ver a obispos de otras diócesis orando ante la mariana efigie.

Los diversos hechos prodigiosos que se atribuyen a Nuestra Señora de la Hoz, hállanse registrados en los escritos del licenciado Diego Elgueta, Antonio Moreno, Mariano Perruca, Timoteo López, y Claro Abanades. El santuario guardaba hasta el año 1523, en que pereció, un libro de milagros y los exvotos que actualmente penden de los muros del templo nos hablan de múltiples y variadas maravillas. En 1928 un grupo de entusiastas molineses, entre los cuales figuran el arcipreste y el cronista de la localidad, C. Abanades. dan los primeros pasos en orden al proyecto de la coronación canónica de la Virgen de la Hoz. Sin embargo, el advenimiento de la segunda república española, en 1931, y la revolución de 1936-1939, retardaron el éxito de los esfuerzos que se venían realizando. Finalmente, el 31-VIII-1953 llegó el acontecimiento deseado. Cumplidos los trámites necesarios, el obispo seguntino, doctor Pablo Gúrpide Beope, después de un solemnísimo novenario, celebrado en la iglesia parroquial de San Gil, de la ciudad de Molina, coronó canónicamente a Nuestra Señora de la Hoz, rodeado de las autoridades provinciales y locales y de una inmensa multitud de gentes del señorío que, con todo fervor, aclamaban a su dueña.

BIBL.: T. MINGUELLA Y ARNEDO, *Historia de la diócesis de Sigüenza y de sus obispos*, Ma. 1910-1913; C. ABANADES LÓPEZ, *La Reina del señorío. Historia documentada del santuario de Nuestra Señora de la Hoz*, Sigüenza 1929; ID., *Nuestra Señora de la Hoz. Brevísima historia entresacada del libro del mismo autor: La Reina del señorío*, Ma. 1953; T. LÓPEZ MORENO, *Breve historia del santuario de Nuestra Señora de la Hoz*, Sigüenza 1920; J. GARCÍA PERDICES, *Cual Aurora Naciente (Advocaciones Marianas de la provincia de Guadalajara)*, Gua. 1974, 124-131.

A. DE FEDERICO

Huerta, *Nuestra Señora de la*, (Valencia). En el término municipal de Ademuz, partido de Chelva. El templo fue mandado edificar por el rey Jaime I. Es de estilo románico, de una sola nave con su media naranja y alberga cinco altares. Ocupa el lugar de una antigua edificación árabe de la cual se conserva todavía una inscripción con un texto del Corán. Un bello cuadro pintado en tabla, representa a la Virgen de la Leche y al donante. Es la imagen titular del templo. Pertenece a la escuela valenciana del siglo xv, y se atribuye a Reixach.

BIBL.: D7, I, 82; *Tesoros Artísticos de España*, Ma. 1973, 51.

IEF

Ibernalo, *Nuestra Señora de*, (Alava). En Santa Cruz de Campezo, partido de Laguardia, diócesis de Vitoria. Próximo a la provincia de Navarra, en la margen izquierda del río Eya. Desde antiguo se venera en este santuario la devota imagen de Nuestra Señora de Ibernalo, patrona de la comarca. La fiesta se celebra el día del «Dulce Nombre de María». Por restos de tres canes, incrustados en el muro noroeste del moderno edificio, podemos saber que existió otro anterior y nos permite fecharlo dentro del románico avanzado. La imagen es sedente sobre un escabel, recubierta con un manto hasta la punta de los pies. En el regazo sostiene a su Hijo. La Virgen tiene mascarilla y ha sido varias veces restaurada. Actualmente permanece descubierta. Es de grandes proporciones (1,28 × 0,45 × 0,40) y pertenece al tipo llamado «Andra Mari», presenta un cierto hieratismo, aunque el Niño se vuelve ligeramente hacia la derecha. Se puede fechar entre los siglos XIII y XIV. En el mismo retablo hay una imagen de Cristo Resucitado del siglo XVII. Los retablos laterales son neoclásicos con columnas jónicas. Tiene una imagen de San Cristóbal, probablemente de una ermita derruida.

BIBL.: *Santuario de Nuestra Señora de Ibernalo*: R17, 15 (1929)523; G. MARTÍNEZ DE ANTOÑANA, *El Libro de Ibernalo*, Ma. 1960; M. J. PORTILLA y J. EGUÍA, *Santuario de Ibernalo*: Catálogo Monumental de la diócesis de Vitoria, II, Vi. 1968, 327.

A. DÍEZ

Iborra, *Nuestra Señora de*, (Lérida). Sobre un pequeño altozano, a poco más de 1 km. de la villa de su nombre, que perteneció primeramente a la diócesis de Solsona y pasó luego a la de Vich a partir del concordato de 1861, se encuentra el santuario. No consta con certeza documental su origen y antigüedad, si bien la fama y devoción de que goza se extiende por las cuatro provincias catalanas merced a un prodigio, un tanto legendario, que Madoz data del siglo IX, sobre el altar que ocupaba la imagen. Existe la relación del hecho que podemos resumir así: El sacerdote Bernardo Oliver, rector de las Iborra, dudó (de aquí el nombre: Sant

Dupte: la Santa Duda) en el acto de la consagración si con sus palabras convertiría las especies de pan y vino en el Cuerpo y Sangre del Señor. No obstante la duda, quiso pasar adelante en la celebración de la misa y al poner la mano en el cáliz para sumir brotó del mismo gran cantidad de sangre, tiñendo todo el altar, que parecía una fuente. Unas mujeres que hilaban sus labores, conocedoras del portento entraron en el templo y empaparon en ellas las estopas y cáñamo. Advertido por un ángel el glorioso obispo de Urgel, san Armengol, que se hallaba en el vecino Guisona, acudió inmediatamente al lugar donde encontró al sacerdote sumido en llanto y escuchó de boca del mismo el relato del suceso. El santo obispo recogió el cáliz, corporales y estopas con que había sido enjugada la sangre, mientras tocaban en aquel instante por sí solas las campanas de la iglesia. Emprendió san Armengol viaje a Roma para dar cuenta del caso al papa Sergio IV, quien se maravilló de la singularidad del hecho, quedándose con el cáliz y la mitad de los corporales y estopas, devolviendo al obispo la otra mitad para la iglesia de las Iborra, entregándole a la vez varias y estimables reliquias, una espina de la Corona del Señor y un cabello de la Santísima Virgen, que fueron guardadas en la parroquial, motivo por el cual se denomina de las Santas Reliquias. En el retablo de la Virgen de Iborra se halla pintado el milagro en dos cuadros, en uno de los cuales se representa tal y como sucedió y en el segundo se ve al obispo Armengol en el momento de recibir las dichas reliquias. El papa Sergio IV enriqueció la iglesia e imagen de Nuestra Señora de Iborra con gran número de indulgencias. El edificio del santuario es amplio y el altar de notable valor escultórico. Por la breve relación que hemos presentado se colige que es una síntesis de elementos legendarios. La documentación segura es del siglo XV según Villanueva.

BIBL.: *Viaje*, 9, 32-39: D7, IX, 379-380: E. MORENO CEBADA, *Glorias religiosas de España*, II, Ba.-Ma. 1867, 459-468; J. SARRI, *El Sant Dupte de la parroquia de Iborra, Notes historiques*, Ba. 1955.

J. M. DE MORA

Iciar, *Nuestra Señora de*, (Guipúzcoa). En el lugar de su nombre, antiguo anejo de la villa de Deva, partido de Azpeitia, diócesis de Vitoria, hoy de San Sebastián. Es conocida también por «Virgen de la Sonrisa». De singular devoción para navegantes y marinos, que antiguamente tenían una «Cofradía de mareantes». El edificio es del románico de transición al gótico, reformado en el siglo XVI. De una sola y amplísima nave cubierta con bóvedas de crucería, tuvo un retablo plateresco, atribuido a Araoz, que se quemó a principios del siglo actual y del que solo se salvó la talla románica de la imagen titular.

BIBL.: D7, VII, 385; *Santuario de Nuestra Señora de Iciar*: R17, 15(1929)518; *Tesoros Artísticos de España*, Ma. 1973, 334.

IEF

Irache, *Santa María de*, (Navarra) santuario y monasterio. En el término de Ayegui, a 3 kms. de Estella, su partido. Según algunos autores, en este santuario se dio culto, antes que en ningún otro de España, a la Inmaculada Concepción de la Virgen. La imagen, románica, se conserva actualmente en Dicastillo, donde fue depositada por los monjes al abandonar Irache. Es de madera, forrada de plata, sedente, con su Hijo que apoya los pies sobre las rodillas de la Madre. Obra de los últimos años del siglo XII, aunque la corona fue realizada a fines del XVII. Es tradición que ante esta imagen oró Sancho Garcés (908) antes de la batalla de Monjardín y de la conquista del castillo a los moros.

BIBL.: D7, IX, 439; *Santuario de Santa María de Irache*: R17, 15(1929)354; J. GOÑI, *Irache, Santa María la Real*: DHEE, III, Ma. 1973, 1580-81; *Tesoros Artísticos de España*, Ma. 1973, 255 y 337.

IEF

Izascun, *Nuestra Señora de,* (Guipúzcoa). En una pequeña colina al Este de la villa de Tolosa. Gracias a un cuaderno escrito hacia el año 1691 por el sacerdote Antonio de Aldabalde y que aún se conserva, son conocidos los orígenes y primeras vicisitudes de esta ermita. Lanceloto de Navarra, administrador apostólico de Pamplona, publica el 5-X-1418 un decreto agregando el santuario de Izascun a la parroquia de Santa María, de Tolosa. Tratábase de liberar la iglesia de la opresión a la que era sometida por parte del señor de Echazarreta, casa solar radicante en la vecina villa de Ibarra, quien cobraba los diezmos de los caseríos del barrio de Izascun y no cuidaba de enviar sacerdote para el servicio espiritual de los labradores. Anterior a este abuso que bien pudiera situarse a mediados del siglo xiv, época en que comienza la hegemonía de los Parientes Mayores, es la situación del santuario de Izascun, como parroquia rural de un núcleo de población establecido en el barrio que para principios del siglo xv aparecía del «todo desolado». Teniendo en cuenta que Alfonso X el Sabio concede a Tolosa la carta-puebla en 1256 y que, en consecuencia, otras tres parroquias rurales del contorno se agregan a la parroquia de Santa María (en 1333, 1382 y 1416) se puede colegir que en la basílica de Izascun ejercía la jurisdicción parroquial un abad con plena cura de almas desde principios del siglo xiii por lo menos. Esta característica del santuario, que no ha sido tenida en cuenta desde finales del siglo xviii, disipa la leyenda forjada acerca de la aparición de la imagen a un pastor. El mismo Aldabalde declara en su manuscrito no haber descubierto, en los ancianos a quienes preguntó, detalle alguno milagroso acerca de la imagen y su basílica. El templo actual no encierra ningún resto arquitectónico de interés. Hay que tener en cuenta que ha sufrido incendios y destrozos por las guerras civiles y otros casos fortuitos. La obra de fábrica que hoy, en parte, se conserva, es de mediados del siglo xvii y consta de una nave alargada sin ábside aunque dos contrafuertes, que todavía perduran, autorizan a suponer sus existencia. El altar de mármol en cuyo camarín se venera la imagen, está construido en 1918 y fue donado por la familia Bodi-Damborenea. Cubriendo el testero hay un notable cuadro representando la devoción de los diversos estamentos sociales a María, obra de Federico Guevara. La imagen fue restaurada a principios de este siglo y perdió una de las particularidades más llamativas. «Tiene a sus plantas —dice Aldabalde en su escrito de 1691— una peana de nogal a forma de florón antiguo, sobredorada.» Con base en esta circunstancia el pintor Guevara estableció la hipótesis de trabajo de que esta virgen pudo haber sido llevada en el arzón de los señores de Yurreamendi a las batallas de la Reconquista. Dejando aparte imaginaciones y siguiendo el juicio de los entendidos, puede ser catalogada la imagen en el gótico medio, entre las vírgenes sedentes con el divino Niño sentado sobre la rodilla izquierda, que bendice con la derecha y sostiene en la mano izquierda la bola del mundo. «En la mano derecha tiene la Virgen al parejo del Niño un floroncito como festejándole», se dice en 1691. El acta de la visita pastoral efectuada en 1540 por Pedro Pacheco, obispo de Pamplona, da cuenta de la existencia de «sororas o mujeres cuasi religiosas o monjas» para el cuidado del santuario. Poco más tarde aparecen también capellanes que celebran misas y oficios divinos para los vecinos del barrio y los devotos de Tolosa y sus contornos. A mediados del siglo xvii uno de los capellanes, Martín de Eleyzalde, gastó una cantidad aproximada a 1.000 ducados en adecentar la ermita, rodear las propiedades con un muro y destinar la antigua casa rectoral a caserío de labranza. De esta manera fijó en rentas seguras los ingresos de la antigua capellanía. Data de 1522 la fundación y primeras orde-

nanzas de la Cofradía de Izascun, recientemente restaurada. Tiene bastantes características de las cofradías llamadas de la Misericordia, y probablemente por su influencia estuvo de antiguo la devoción de Izascun unida al culto de la Inmaculada Concepción. En el santuario existía un altar dedicado a santa Ana y se celebraba con cierta solemnidad su fiesta. Por decreto de la Sagrada Congregación de Ritos se declaró Patrona de Tolosa a Nuestra Señora de Izascun el 6-XII-1939, y diez años después se extendía el patronato a las parroquias del arciprestazgo con igual formalidad. El mes de septiembre del mismo año 1949 tuvo lugar la coronación canónica de la imagen, promovida por el entusiasta párroco-arcipreste Wenceslao Mayora Tellería.

BIBL.: P. GOROSÁBEL, *Bosquejo de las antiguedades, gobierno, administración... de Tolosa,* Tolosa 1853; D. E. URROZ ERRO, *Compendio historial de la villa de Tolosa,* Tolosa 1913; ID., *Novenario e Historial de la Venerada Imagen de Nuestra Señora de Izascun,* Tolosa 1916; F. GUEVARA, *De Yurre a Izascun,* Tolosa 1949; W. MAYORA Y TELLERÍA, *Historia de Nuestra Señora de Izaskun,* Tolosa 1949; A. ALDABALDE, *Libro del maravilloso santuario de la basílica de N.ª S.ª de la Concepción de María Santísima de Izascun:* ms. archivo del santuario.

J. M. IRULEGUI

Javier, (Navarra). En el municipio de su nombre, partido de Aoiz. Castillo donde nació el patrono de las misiones, san Francisco Javier, visitado cada año por millares de personas. San Francisco es además patrono del turismo español, de los deportistas navarros, y comparte desde hace siglos el patronazgo de Navarra con el popular san Fermín. Cada año se celebran peregrinaciones más o menos multitudinarias. Las «Javieradas», mote popular cuyo sufijo revela desbordamiento, llevan en el primer domingo de marzo a millares de hombres hasta el solar de Javier, a través de muchos kilómetros de andadura penitencial. El domingo siguiente caminan las mujeres, emulando en el esfuerzo a los hombres. Centenares de enfermos oran ante Francisco en la «Javierada del dolor» cada Pentecostés. El universalismo de la tarea misionera de la Iglesia ha convertido la cuna del santo en santuario del mundo. Muchísimos religiosos acuden a postrarse ante el «misionero» para recibir sus crucifijos, al regresar de sus tareas apostólicas o en visita de veneración.

Los orígenes del castillo se pierden en la prehistoria. En el monte más alto de Javier, a poca distancia del pueblo, existió un poblado primitivo habitado después durante la romanización. En la Alta Edad Media se alzó aquí un torreón rodeado de fosos, denominado «Castellar de Xabierr». Cumpliendo misión defensiva, integraba una tupida red castramental con los castillos de Petilla, Roita, Sos, Navardún y otros más de Aragón, y los navarros de Peña, Aibar, Gallipienzo y Ujué. En el siglo x se construyó más abajo un torreón exento, conocido antiguamente como «la Torraza de Xabierr», embrión prismático del futuro castillo, y que pasó a ser su Torre del Homenaje, dedicada a San Miguel. A esta torre de señales se adosó más tarde una primera construcción, abrigando la capilla de San Miguel y el «Cuarto del Santo», desde el que se aprecia la parte baja a gran tizón del aparejo ciclópeo.

A comienzos del xiii, cuando D. Ladrón de Xabier empeñó su castillo a Sancho el Fuerte, su configuración había cambiado. Cerrando el patio de armas se alzaba la muralla oriental de planta poligonal, coronada por un paseo de ronda almenado, sobre el barranco del Arco. En su interior albergaba graneros, establos y otras dependencias. El acceso del patio a la torre del Santo Cristo, por el ángulo noroeste, conserva la primitiva escalera de piedra que conduce a la misteriosa y venerable capillita del *Cristo de Javier,* talla de tamaño natural en nogal, del siglo XIII. De esta devota escultura se dice haber sudado sangre los viernes del último año de vida de San Francisco, singularmente el 3-XII-1552, día de su muerte en Sancián (China). Los peregrinos del siglo XVII besaban el esmalte de la llaga del costado, llevándose reliquias del Crucifijo, por lo que hubo de ser protegido con una vidriera. Contigua a la torre está la estancia principal, «la sala grande», con su chimenea. Sus muros podrían hablarnos de las hazañas de Juan de Jaso y de sus hijos, de la infancia de Francisco y de las cuitas de su madre D.ª María de Azpilcueta. Entre la sala y la torre de Undués se emplaza la puerta principal, de arco apuntado de grandes dovelas, coronado por las armas familiares de los Jaso, Atondo, Azpilcueta y Aznárez, sostenidas por dos ángeles. La entrada está defendida por un almenado sobre matacanes, a plomo sobre el portalón, permitiendo arrojar desde arriba armas o aceite hirviendo. El «Palacio nuevo» fue construido en los días del padre de San Francisco, avanzando hacia el noroeste. En él estaba el aposento donde nació el futuro misionero, convertido en el siglo XVII en capilla y lugar de peregrinación. Desapareció al construirse la moderna basílica.

A raíz de la anexión de Navarra a Castilla, el cardenal Cisneros mandó demoler totalmente el castillo, si bien los ejecutores de la orden se limitaron a derruir sus elementos militares, quedando reducido a una gran casa de labranza. Durante siglos permaneció en esta situación, hasta que los marqueses de Javier procedieron a su restauración, con mejor voluntad que fortuna. Recientemente el tesón del investigador José María Recondo, SJ, ha hecho renacer la fisonomía del viejo castillo, con el apoyo de la Diputación Foral y de los navarros. Al sureste de la plaza se alza la humilde parroquia del lugar, dedicada a Santa María, restaurada por los padres de Francisco. Conserva la efigie gótica de la Virgen y la pila bautismal, de copa octogonal, donde fue bautizado el largo bautizador. Durante los meses de verano, en las primeras horas de la noche, tiene lugar en la plaza el espectáculo «Luz y sonido», escenificación sonora de los orígenes del castillo y de la vida de nuestro santo ante los viejos muros de piedra.

BIBL.: V. ARTETA, El castillo y la villa de Javier, Za. 1952; A. ARTOLA, Rapport sur l'etat actuel du Château de Xavier: Histoire de Saint François Xavier de Durignac, II, Par. 1870; L. M. CROS, Saint François de Xavier. Son pays, sa famille, sa vie. Documents nouveaux, Tou. 1894; F. ESCALADA, Guía histórico-artística del castillo de Javier y sus contornos, Pam. s.a.; ID., Documentos históricos del castillo de Javier y sus mayorazgos, Pam. 1943; P. DE MADRAZO, Navarra y Logroño, Ba. 1886; J. R. MELIDA, Album de Javier, Ma. 1901; J. M. RECONDO, Nuevos documentos sobre el castillo de Xavier: R152, 12(1951)273-285; ID., El castillo de Xavier: R152, 18(1957)261-417; ID., El castillo de Javier, Pam. 1963; J. SCHURHAMMER, Franziskus Xaverius. Ein Xaveriusleben in Bildern. Volksausgabe, Aachen 1922, traducido a varias lenguas.
J. M. JIMENO

Jerusalén, Nuestra Señora de, (Navarra). En el municipio de Artajona, partido de Tafalla, diócesis de Pamplona. Según la leyenda en el siglo XII existía un pequeño poblado, Elizaldea, en el lugar que hoy ocupa el santuario. La iglesia, del siglo XII, continuaba en 1503 dedicada a Santa María, entonces con dos altares, y atendida por un ermitaño. En la segunda mitad del siglo XVI y primera del XVII se la denomina con el nombre de «Nuestra Señora de la Oliva». La razón de tal nombre deriva del objeto que tiene entre los dedos pulgar e índice de la mano derecha, semejante, por su tamaño, a una oliva, en contra de la opinión de Madoz «por hallarse el referido santuario en un olivar de Saturnino Lasterra». En 1608 se acordó la reparación del edificio, trabajo que se realizó algunos años más tarde por Juan de Ezpeleta. Desde el año 1614, en que fue visitada por el obispo benedictino Prudencio de Sandoval, se titula Nuestra Señora de Jerusalén. La ruina del templo fue acentuándose con el transcurso de los años y en 1628, previa comunicación a la autoridad diocesana, se cerró y se trasladó la imagen a la parroquial de San Saturnino, donde permaneció cerca de treinta años. De allí volvió a la primitiva capilla mayor probablemente en 1656. Entre 1709 y 1714 se construyó el actual santuario en el solar del anterior. El actual retablo barroco se inauguró el año 1717. Se celebra la fiesta el 8 de septiembre. La imagen de la Virgen de Jerusalén es obra hecha en cobre dorado y esmaltado, de fines del siglo XIII, sedente en silla de brazos con el Niño en la rodilla y ambos con coronas reales. Tanto la imagen de la Virgen, de 265 milímetros, y del Niño de 146 milímetros, se hicieron independientemente utilizando idéntico sistema: vaciado en moldes. La silla en que se asienta consta de varias piezas cuyo conjunto de esmaltes, crestería y balbos, hacen de ella una joya admirable. Mide la imagen con su silla 319 milímetos de altura. La leyenda supone que fue traída por el capitán Artajonés Saturnino Lasterra, que asistió en 1099 a la conquista de Jerusalén, como obsequio de Godofredo de Bouillon, rey de la ciudad, en agradecimiento a sus servicios y que había sido hecha por Nicodemus con tierra del Santo Sepulcro. A este núcleo legendario primitivo de fines del XV-XVI, hay que añadir nuevos elementos (fines del XVII y principios de XVIII: que la imagen fue pintada por San Lucas, la ruina misteriosa de la iglesia, apariciones frecuentes de la Virgen en el olivar de Lasterra y la procedencia de Jerusalén de un Lignum Crucis. Entre las adiciones recientes (siglos XVIII-XIX) se mencionan los prodigios del viaje de regreso, milagros al pie del olivo y la leyenda de la serpiente.

BIBL.: D3, 6, 467; D7, II, 597; J. EDUARDO CIRLOT, Guías Artísticas de España, Navarra, Ba. s.a., 150; J. M. JIMENO JURRIO, Historia y leyenda en torno a la Virgen de Jerusalén de Artajona: R152, 27(1966) 65-108; Tesoros Artísticos de España, Ma. 1973, 110.
J. M. DE MORA

Jesús, (Toledo). En La Guardia. Está vinculado igualmente al Santo Niño y erigido en «la Villeta», la parte más antigua del pueblo de La Guardia. El edificio de planta rectangular se levantó por devoción popular poco después del martirio del santo. Lo más digno desde el punto de vista artístico era el artesonado, que se modificó en 1950 al hacerse reparaciones en la fábrica y perdió su primitivo valor artístico. Era la casa del judío Juan Franco que fue el que robó al niño en Toledo el día 15-VIII-1488 y lo mantuvo oculto hasta el 31-III-1489, en que fue martirizado. Existe una cueva subterránea, lugar donde estuvo escondido el santo durante este tiempo, y, como recuerdo del hecho, había en ella en el siglo XVIII sobre el altar una valiosa escultura de piedra de jaspe. De gran devoción es la visita a este recinto por los vecinos, y en las fiestas religiosas del 25 y 26 de septiembre, las procesiones matinales hacen estación en ella para cantar el himno al patrón, en recuerdo de los días en que allí estuvo encerrado. Hoy día se halla bastante abandonado y en peligro de hundimiento. Se guardan en ella los pasos religiosos de Semana Santa.

BIBL.: D7, IX, 51; M. MARTÍNEZ MORENO, Historia del martirio del Santo Niño de La Guardia, Ma. 1926, 10 y 76; F. JIMÉNEZ DE GREGORIO, Los pueblos de la provincia de Toledo hasta finalizar el siglo XVIII. Población, Sociedad, Economía, Historia, I, To. 1962, 335.
J. M. DE MORA

Jesús del Gran Poder, (Sevilla). En la capital. La imagen de Jesús del Gran Poder, titular de la cofradía sevillana de Nuestro Padre Jesús del Gran Poder y

María Santísima del Mayor Dolor y Traspaso es, sin duda alguna, la más popular y la de mayor devoción de toda la Semana Santa de Sevilla. Atribuida tradicionalmente a Juan Martínez Montañés, el investigador D. Heliodoro Sancho Corbacho reveló, tras feliz hallazgo en el Archivo de Protocolos Notariales hispalense, ser obra del escultor Juan de Mesa y Velasco (1583-1627), quien la ejecutó, conforme al concierto efectuado con la cofradía, el año 1620. En ella Mesa, representante en la Escuela sevillana de escultura del naturalista realista del barroco frente al clasicismo un tanto manierista de su maestro Montañés, nos ha dejado una de las más felices creaciones de todo el arte español. Concebida como escultura procesional, es algo mayor que el tamaño natural y está tallada solamente en su cabeza, manos y pies, teniendo el resto del cuerpo desbastado, por lo que requiere ser vestida con túnica que unas veces es de terciopelo bordado en oro y, otras, como en el día de su salida procesional, de sencilla tela de merino morado. Su cabeza, un tanto hinchada por los suplicios padecidos, es un prodigio de realismo, sin que éste llegue al paroxismo dramático común a la escuela castellana, ni acuse tampoco el patetismo exacerbado de la granadina, sino que nos muestra a la perfección esa mesura un tanto clásica, en medio de su barroquismo, típica en la sevillana como preciada herencia recibida de Montañés. El rostro muestra una angustia lacerante, que la hace ser auténtico portavoz del profético «desecho de los hombres y abyección de la plebe» de Isaías y sus manos y sus pies son una lección, verdaderamente magistral, de anatomía artística. Todas estas circunstancias y, sobre todo, su dolor recio y violento que sabiamente su autor unió a una fuerza divina que irradia de tanta tragedia, la ha hecho objeto de la devoción sevillana de todos los tiempos y admiración de cuantos la contemplan, tanto en el camarín donde se venera como, especialmente, en su paso procesional de la madrugada del Viernes Santo en que recorre, acompañada de gran número de nazarenos y penitentes, las calles de la ciudad en devota estación de penitencia a la catedral. Comparada con el Jesús de la Pasión de la parroquia del Salvador, la única procesional de Montañés, aparece como genuína expresión del realismo barroco, tan felizmente protagonizado por Mesa, frente al idealismo clásico que la otra encarna. «Lirio y Cardo» ha dicho de ambas un poeta cantor de la Semana Santa sevillana, correspondiendo al Gran Poder la fuerte dureza de la planta punzante, pues punzante es, para quien lo contempla con espíritu cristiano, su dolor en lo más recóndito de la conciencia. Titular de una Hermandad cuya fundación arranca del año 1431, se veneró primero en la iglesia del extinguido convento del Valle. Pasó en 1703 a la parroquia de San Lorenzo, en la que adquirió capilla propia, donde ha permanecido hasta el año 1964, en que ha sido trasladada a un templo anejo a la citada parroquia, que la piedad de sus devotos le ha levantado. Templo que en su arquitectura, obra de los sevillanos Alberto Balbontín de Orta y Antonio Delgado Roig, pretende combinar el funcionalismo típico del arte contemporáneo con las movidas formas del barroco sevillano del siglo XVIII. La cofradía, la más numerosa de todas, ha gozado siempre del fervor popular, lo que no ha sido nunca óbice para la severidad con que realiza su estación penitencial, fervor debido principalmente a la devoción a su Nazareno; devoción que fue propagada en el siglo XVIII por el beato fray Diego José de Cádiz y muy renovada, a comienzos del presente, por el arzobispo de Sevilla cardenal D. Marcelo Spínola y Maeste, cuyo proceso de beatificación también está incoado en Roma.

Por último mencionaré, cómo ese fervor popular, unido a la fama que siempre ha tenido la imagen considerada desde el punto de vista artístico, ha sido fuente de inspiración de preciosas páginas literarias, entre las cuales destaca, por su sabor folklórico la vieja saeta que, aludiendo a su antigua residencia, decía:

Parroquia de San Lorenzo — orgullo debes tener pues tienes en tu capilla — al Señor del Gran Poder — gloria y honra de Sevilla.

BIBL.: J. BERMEJO Y CARBALLO, Glorias Religiosas de Sevilla, Se. 1882; J. HERNÁNDEZ DÍAZ, Comentarios en torno a la figura del escultor Juan de Mesa (1583-1627), Se. 1933; C. LÓPEZ MARTÍNEZ, Elogio del escultor Juan de Mesa y Velasco, Se. 1939; H. SANCHO CORBACHO, Imágenes de Jesús Nazareno y San Juan Evangelista de la Cofradía del Gran Poder, Se. 1930.	A. DE LA BANDA

Jesús Nazareno, (Salamanca). Conocido popularmente por el «Cordero», hoy a unos 50 ms. de distancia del casco urbano de la villa de San Felices de los Gallegos y muy cercano al cementerio de la misma, partido de Vitigudino, diócesis de Ciudad Rodrigo. Tiene su origen en la cofradía de la Santa Vera Cruz. A la salida de la villa, por la puerta de Baldasfontes, había una primera cruz de piedra, de basa románica y rematada en capitel adornado con collarino de orden dórico. Continuando el camino jalonado por cruces se llegaba a un montículo y en la explanada del mismo existían un monumento al Calvario y la ermita de la Vera Cruz. La cofradía conserva documentos que atestiguan su existencia, así como las ceremonias de su ritual. El documento más antiguo conocido es un testamento del año 1451 a favor de la Santa Vera Cruz. Un siglo más tarde Francisco Romo cede todos sus bienes raíces a la misma. Del 1621 se conoce una escritura sobre el modo de repartir las varas en la procesión de «las disciplinas de la Santa Vera Cruz». En 1779 existía, entre los documentos, la bula papal, en pergamino de cuero, de su institución. La imagen procesional era entonces una Santa Cruz, de donde tomaba el nombre la cofradía. No se puede establecer con certeza la fecha en que fue sustituida por la imagen de Jesús Nazareno. Esta por la perfección de su hechura hace pensar en los talleres de Gregorio Fernández. En los inventarios de los libros de la cofradía aparece antes la túnica que la imagen. La túnica antigua se inventarió por primera vez en el año 1770; y en 1779 tenemos la primera noticia sobre la «imagen de Jesús Nazareno con su Cruz a cuestas.» La imagen ha soportado retoques, a veces poco afortunados, uno de ellos en 1801. Durante mucho tiempo después de la adquisición del Nazareno, la ermita y cofradía siguieron llamándose de la Santa Vera Cruz y hasta principios del siglo XIX no se cambiaron los nombres. El santuario actual de Jesús se levantó sobre la antigua ermita y por su estilo es de la primera mitad del siglo XVII. En 1802 y 1803 se amplió el edificio con las dimensiones que hoy tiene. Su fiesta religiosa se celebra el día de la Santa Cruz, y en los anales de su historia se recuerda singularmente la celebrada en el año 1930.

BIBL.: G. TORIBIO DE DIOS, Historia de la villa de San Felices de los Gallegos, Va. 1940, 231-238.	D. MANZANERA

Jesús Nazareno, (Soria). En Almazán, diócesis de Sigüenza. Capilla a la entrada del pueblo por el camino de Soria, pasado el puente. Domina por su situación el llano del Duero, pues se eleva unos 10 metros sobre un terraplén sostenido por una gran pared que circunda todo el edificio dejando un pretil o barbacana de vara y media, un patio a la entrada y un callejón por la parte de atrás que permite rodear la capilla. Es un octógono en piedra, fuerte construcción de elevada altura con cimborrio o linterna y en él ocho arcos estrechos y altos que dan luz al santuario. El tejado es todo de pizarra bellamente elaborado y, como el edificio está

aislado, forma un conjunto agradable. Fue parroquia de Santiago y, una vez arruinada, se edificó sobre sus ruinas este santuario, quedando la antigua parroquia agregada a la de Santa María del Campanario. Es asilo y cobijo de enfermos y afligidos y cuando acontece alguna calamidad pública se saca solemnemente en procesión. Está bajo el cuidado y protección del ayuntamiento que se esmera en su decoro. Existen en ella siete altares correspondientes a los siete lienzos del octógono, ocupando la puerta el otro lienzo de pared.
BIBL.: D7, II, 78; *Tesoros artísticos de España*, Ma. 1973, 82. IEF

Jubencos o Xubencos, *Santa María de*, (Orense) santuario e iglesia parroquial de la feligresía del mismo nombre, del ayuntamiento de Boborás, partido judicial de Senorín, en Carballino. Es una de las imágenes más veneradas en toda la comarca de Carballino. La edificación del santuario conserva ligerísimos vestigios románicos. La fiesta principal conocida por «festa das mudaciòs» se celebra el segundo domingo de mayo. La imagen de la Virgen es llevada procesionalmente a la capilla de Santa Isabel de Boborás. A su vez la imagen de santa Isabel es llevada a la parroquial de Jubencos. Aunque de carácter religioso ambas procesiones, no faltan las manifestaciones folklóricas.
BIBL.: D7, 9, 650; C. GIL ATRIO, *Orense mariano*, Or. 1954, 158. IEF

Juncal, *Nuestra Señora del*, (Guipúzcoa). Santuario famoso en Irún, dedicado a la patrona de la ciudad. El edificio es un magnífico ejemplar del gótico tardío característico de las Vascongadas. Es de piedra sillar arenisca. Consta de tres naves separadas por columnas de las que arrancan los nervios de las bóvedas estrelladas. Fue reedificado y ampliado en 1508 y reformado en el año 1912. Destaca el retablo mayor proyectado por Bernabé Cordero en 1647, de estilo barroco con reminiscencias renacentistas y esculpido por Juan Bascardo. De gran devoción para los navegantes y tullidos que acudían a venerar esta imagen hasta del extranjero. A mitad del siglo pasado era ya parroquia de la que dependía el barrio de Jaizubía, de la jurisdicción de Fuenterrabía. El día 30-V-1954 fue coronada canónicamente por el primer obispo de la diócesis de San Sebastián, doctor J. Font Andreu.
BIBL.: D3, 28, 2.002; D3, Suplemento 1953-1954, 1.214; D7, IX, 447; *Santuario de Nuestra Señora de Juncal:* R17, 15(1929)518; S. INSAUSTI, *Artistas en Tolosa. Bernabé Cordero y Juan de Bazcardo:* R64, 15(1959)315-331; *Tesoros Artísticos de España*, Ma. 1973, 337.
J. M. DE MORA

La Laguna, *Santísimo Cristo de*, (Tenerife). Real santuario en el extinguido convento de San Francisco (del siglo XVI). Según una versión popular y bastante común la imagen fue importada de Génova. Pero en realidad se trata de una talla estofada de fines del siglo XV o principios del XVI, de la escuela sevillana y de autor anónimo. Para su culto se creó una corporación, con el nombre de «Esclavitud», a la que pertenecían las personas más distinguidas de la isla y que con el tiempo fue decayendo. La fiesta religiosa se celebra el día 14 de septiembre.
BIBL.: D3, 29, 299; D7, X, 34; L. DE QUIRÓS, *Milagros del Santísimo Cristo de La Laguna*, La Laguna, 1907; *Tesoros Artísticos de España*, Ma. 1973, 359. J. M. DE MORA

Latas, *Santa María de*, (Santander). En el límite de los pueblos de Somo y Laredo, al Este de la bahía de Santander. Un documento atribuido a Sancho II de Castilla, de 18-III-1608 nos dice que el monasterio de Santa María de Latas, con sus montes, pasa por donación de Sancho II al obispo de Burgos. En 1412 el obispo de Burgos, Juan Cabeza de Vaca, hace donación de este santuario a la reciente fundación de jerónimos en la isla de Santa Marina, obra de D. Pedro de Hoznayo, canónigo de Santander y arcipreste de Latas. El 11-X-1430 ocurrió un huracán tan furioso que según fray Diego de la Concepción parecía que el mar iba a tragarse la tierra. La arena del Sable, que se dice Puntal, fuertemente agitada por el ciclón vino a caer sobre las casas cercanas al santuario hasta sumirlas totalmente, de manera que los vecinos fueron a edificar nuevas viviendas en los barrios de Somo, Laredo y Zuñeda. La misma iglesia quedó sepultada en la arena por cuya razón los feligreses de Latas trataron con los monjes de Santa Catalina de edificar otra nueva sin que llegaran a entenderse ni señalar lugar, como si la Virgen no quisiera cambiar de casa. Al cabo de muchos años, cuando ya se acercaba el día de comenzar la obra, se verificó otra maravilla. Otra tempestad de viento la dejó totalmente libre de arena. Este acontecimiento se creyó milagroso, porque solamente afectó a la iglesia y no a las casas contiguas que continúan sepultadas. Atribuyóse el hecho a la voluntad de Santa María, aumentó la devoción del pueblo y los monjes resolvieron ampliar la antigua ermita.
De 1544 a 1547, siendo fray Juan de Hinojedo prior de Santa Catalina se reconstruyó la iglesia de Latas. Francisco de la Concepción, prior de Santa Catalina y capellán posteriormente de la iglesia de Latas se expresa así: «De antiguas escrituras he recogido el relato y a ellas me remito» (resumiendo, nosotros leemos): «Aparecióse esta sagrada imagen el año 1264 a una pastorcita de ovejas, manca de un brazo, quien la vio en la cima de un árbol frondoso en el monte de Latas. A la sombra del árbol brotaba una fuente cristalina. La pastorcita escuchó estas palabras: "Anuncia al pueblo que se halla aquí su patrona y abogada; pronto será creída, pues quedarás completamente sana del brazo". Y sucedió así. Lo dijo al pueblo, recogieron la imagen y la colocaron en una ermita cercana. En tan humilde santuario la veneraron los fieles y los que se lavaban con el agua de aquella fuente, sanaban de sus dolencias. El agua era llevada por medicina a los pueblos de la comarca y en especial a la villa de Santander, cuyos vecinos visitaron con veneración este santuario.» En el archivo parroquial de Nuestra Señora de Latas se conserva un estimable manuscrito, que no se debe a un solo autor ni a una sola época y que viene a ser una colección de milagros atribuidos a Santa María, acreditados por personas fidedignas, por prelados y vicarios del monasterio de Santa Catalina de Monte Corbán, patronos y vicarios de aquel monasterio. Acerca del valor histórico de los milagros que se atribuyen a dicha advocación dice Jerónimo de la Hoz Teja estas palabras: «La crítica imparcial no puede rechazar los hechos, autorizados por manos de notario y escribanos públicos y tornados a examinar con todo rigor por fray Francisco de Villanueva, que los suscribe por verdaderos en la referida compilación; los testigos que los acreditan no pueden llamarse falsarios porque declaran la creencia popular acerca de hechos prodigiosos que sacerdotes y seglares atribuyen a la protección de María.» El ya citado prior fray Francisco de Villanueva dio comisión a García Gutiérrez de Arce capellán del santuario, para que investigara los prodigios que en esta iglesia se atribuían a Nuestra Señora.
BIBL.: Archivo de Latas: *libro manuscrito*; M. ESCAJEDO SALMÓN, *Apuntes de la historia montañesa. Conferencias e informes*, Tor. 1931, 84-85. A. EPELDE

Lepanto, *Santo Cristo de*, (Barcelona). En la capilla del Santísimo, de la catedral de Barcelona. Según una tradición ya bien explícita el año 1762, esta imagen sería la que el 7-X-1571 estaba en la galera capitana de Juan de Austria al darse la famosa batalla de Lepanto. Es una escultura ciertamente del siglo XVI, de tamaño natural, con la cabeza en expresión de suave sueño, abundante cabello, corona de espinas y un nimbo radiado metálico, pendiente el Cristo de tres clavos; el tórax, inclinado hacia la derecha violentando la posición del pie izquierdo, contorsión que, según la tradición, sería debida al movimiento milagroso que hizo para esquivar un balazo en la mencionada batalla. Un lienzo postizo de tela cubre la cintura ocultando el que había señalado el escultor en relieve.

No existe documentación contemporánea sobre este hecho milagroso. Ya en 1647 en un sermón de fray Antonio Alós, trinitario, impreso en Valencia se alude a la intercesión del crucifijo en la victoria de Lepanto. Y en las Actas de la Congregación del Santo Cristo de Barcelona en 1762 se atribuye claramente dicha intercesión al Santo Cristo de Barcelona. Documento negativo que se opone a esta creencia es el que falte toda referencia a ella en el *Dietarii del antich Consell barceloní*, que se ocupa de los preparativos de la batalla, de la estancia de Juan de Austria en la ciudad y del anuncio de la victoria (tomo V, 122). Aún más significativo es el silencio del historiador Serra Postius quien en su *Epitome hist. del portentoso Santuario y real mon. Monserrate* (Ba. 1747) dedica larga reseña a las jornadas de Lepanto y a los trofeos procedentes de ellas llevados a Montserrat y a Barcelona. Cita la imagen de la Virgen que figuraba en la nave capitana, una flámola ofrecida por D. Juan de Austria al convento barcelonés de Montesión y varios bordados donados a la catedral (330-331).

La imagen del gran Crucifijo estuvo hasta el año 1932 en la capilla central del ábside o deambulatorio catedralicio, hoy capilla de Santa Elena, que había recibido varios nombres: de San Salvador en 1382; de la Santa Espina, en 1390; y después, desde el siglo XVIII, del Santo Cristo de Lepanto. Dada la grandísima devoción del pueblo a esta imagen especialmente a partir de los últimos años del siglo XIX, con las aglomeraciones de gente en el espacio limitado del deambulatorio, en 1932 el obispo doctor Irurita la hizo trasladar a la grandiosa capilla del Santísimo, en donde hoy se encuentra en lo alto del monumental retablo, como en un camarín. Esta capilla, notable pieza arquitectónica, sala rectangular (de unos 11 metros), que se hace ochavada en la bóveda de crucería, fue construida durante los años 1405-1407 por el arquitecto Arnau Burgués y destinada en su origen a sala capitular con entrada por el claustro. Al canonizarse en 1675 a san Olegario fue transformada en capilla-mausoleo de este santo obispo y, a la vez, en capilla del Santísimo, y se puso en comunicación directa con la nave de la catedral por medio de un atrio, antes ocupado por dos capillas de ésta. En esta capilla se tienen regularmente los actos de culto en la catedral, excepto los de asistencia del cabildo o de las grandes solemnidades. Es extraordinario el número de devotos que acuden todos los días al santuario del Santo Cristo, particularmente los días de Semana Santa. El Viernes Santo se forman largas colas para poder adorarlo, y a las tres de la tarde de este día es levantado en un estrado en la plaza de la catedral para satisfacer la devoción de una multitud inmensa de fieles que acuden a esta hora, en la que, según la creencia popular, se obtiene una de las gracias, que se pidan, al sonar las tres campanadas.

BIBL.: J. MAS, *Guía itinerario de la catedral de Barcelona*, Ba. 1916, 52-53, 116-118; F. SOLÁ, *El Sant Crist de Lepant:* Missatger del Sagrat Cor, 35(1927)16-20, 59-67; J. BOADA CAMPS, *Novena en honor del Santo Cristo de Lepanto*, Ba. 1940; Catálogo monumental de España: *Barcelona*, Ba. 1950, 58-60 y figs. 247-251; A. FÁBREGA GRAU, *La catedral de Barcelona*, Ba. 1968, 10-12.   J. VIVES

Lidón, *Nuestra Señora del*, (Castellón de la Plana). En la capital, fuera del perímetro, en el «alfoz» de la ciudad. En 1366, coincidiendo con la vuelta de la villa al reino de Aragón tuvo lugar el hallazgo de la preciosa imagen por un labrador, que a la sazón, roturaba una parcela; la encontró entre las raíces de un almez. Este árbol, en valenciano se llamaba «Lledonar» y parece que de aquí proviene el nombre de Nuestra Señora del Lidón. La leyenda cuenta que fue escondida por los cristianos visigodos para preservarla de la profanación durante la invasión sarracena. En un principio, la ermita que se levantó en el lugar de la aparición, era un edificio humilde. Allí estuvo expuesta la imagen hasta la Guerra de Sucesión, en la que quedó totalmente destruido el santuario. Los vecinos de Castellón, fieles a la devoción mariana y como desagravio al acto, acordaron levantar un espléndido santuario a su patrona, del cual dice Madoz: «Es suntuoso y puede valer de parroquia para un pueblo de más de 1.000 vecinos.» Esta construcción se comenzó el 14-IX-1724, según consta en el archivo municipal. Es muy frecuentado y la celebración de sus fiestas convoca a los devotos de las villas colindantes.

BIBL.: *Nuestra Señora del Lidón:* Anuario Católico Español, II, Ma. 1956, 427; D7, VI, 116-117; D3, XII, 286.   A. DIEZ

Liernia, *Nuestra Señora de*, (Guipúzcoa). En la villa de Mutiloa, partido de Azpeitia, diócesis de San Sebastián. De gran importancia es el santuario dedicado a dicha advocación; edificio amplio al que acuden los fieles de la región vasco-navarra. Es abogada «de los sueños y de las mujeres estériles y madres que no traen leche»; de ahí, que se le conozca en la zona con el nombre de «Ama Birgiña Lecherakoa». La fiesta se celebra el 8 de septiembre con gran romería.

BIBL.: *Santuario de Nuestra Señora de Liernia:* R17, 15 (1929)518; D7, II, 785.   A. DIEZ

Limpias, *Santo Cristo de*, (Santander). En la villa de su nombre, partido de Laredo, a 48 kilómetros de la capital. Al santuario de Limpias, le han hecho famoso, unos acontecimientos que tuvieron lugar en la primera veintena de nuestro siglo, y que conmovió a muchas almas de nuestra España. Estos hechos fueron las maravillas y prodigios realizados por la imagen del Cristo de la Agonía que en él se venera. El santuario como tal, poco daría que hablar si no fuera por la hermosísima joya que custodia, puesto que ni siquiera pertenece a un estilo definido. Elementos románicos, góticos y renacentistas se dan cita en él. Su exterior, un tanto románico por las montañas que le rodean, da cabida a un interior oscuro y misterioso que anonada y donde parece que la única lámpara que alumbra es el hermoso e impresionante Crucificado.

Es aquí, en este pequeño pueblo de Limpias, de 1.500 habitantes, donde finalizando una santa misión el día 30-III-1919 y después de la primera comunión de los niños, se levantó un rumor sordo en la iglesia, y una niña se adelantó hacia el presbiterio, para llamar la atención de uno de los padres predicadores y decirle que el Santo Cristo estaba moviendo los ojos. Muchos, entre aquellas gentes simples, contemplaron estupefactos y contritos la maravilla y con lágrimas y sollozos una vez repuestos de su santo temor y dirigidos por los tres sacerdotes presentes, comenzaron a rezar una estación al Señor sacramentado. Pronto la noticia se difundió por toda la comarca y días más tarde lo anunciaba a los cuatro vientos la prensa de la capital santanderina y la de Madrid, llegando la novedad hasta los más escondidos rincones de España. Inmediatamente comenzaron a sucederse las peregrinaciones de todo el suelo español, y durante el mes de abril, fueron también numerosísimos los que, de nuevo pudieron contemplar tan extraordinarios fenómenos, aunque fueron disminuyendo progresivamente los agraciados videntes. Hasta aquí, lo que relatan los ancianos venerables del pueblo, testigos fidedignos de los hechos y testigos también de numerosas conversiones de almas, que cambiaron sus caminos por los caminos de Dios. También parece que hubo milagros no probados ni estudiados, pero sí atestiguados por varios doctores. En la sacristía del templo parroquial, se guarda un libro en el que constan más de 1.200 testimonios firmados, sobre los fenómenos observados en el Santo Cristo. La mayor parte de ellos, como queda dicho, coinciden en que el Señor movía los ojos y la boca y algunos vieron sudor y palidez en el divino rostro. Esto último hasta se llegó a comprobar pública y comparativamente con las imágenes de la Santísima Virgen y de San Juan, que están al pie de la cruz.

Las autoridades eclesiásticas, observadoras de los hechos desde el primer momento, nunca llegaron a pronunciarse ni en pro ni en contra, sino que dejaron simplemente que el Santo Cristo obrara sus maravillas en las almas, que no pocas veces habían sido incrédulas. Los teóricos doctrinales, siempre trataron de quitar importancia e incluso de rebatir los hechos, explicándolos como alucinaciones populares o ilusiones ópticas, pero es cierto que estos teóricos tuvieron poco crédito, aumentando así la devoción y el fervor popular que aún perdura hasta nuestros días. A lo largo de más de cincuenta años, muchas han sido las gentes que han desfilado bajo los pies de la divina imagen. España, Europa e Hispanoamérica, han enviado no pocas y nutridas peregrinaciones a visitar este santuario y a hacer ante el Santo Cristo su profesión de fe.

Nada se sabe de cierto sobre la historia de esta imagen, pero sí se cuenta con una casi segura tradición, que se remonta a la segunda mitad del siglo XVIII y que nos lleva al sur a la bella ciudad de Cádiz y a la casa de un ilustre santanderino de la Real y Militar Orden de Santiago, llamado D. Diego de la Piedra y Secadura, amante del arte y que guardaba en su palacio notables joyas artísticas, entre las que se encontraba nuestro Cristo de la Agonía, primor de escultura y de indudable mérito. No sabemos por qué camino vino a parar allí la imagen, aunque se supone fue por medio de los padres franciscanos en agradecimiento al magnate, quienes la encargaron y donaron para su capilla privada. Lo cierto es que allí la tenemos en ese tiempo y allí se la veneraba privadamente por solo la familia de D. Diego, hasta que un hecho, también muy singular, dio al Cristo un verdadero renombre haciéndole salir a público culto.

En el año 1755 la ciudad de Cádiz estuvo a punto de ser arrasada por las aguas que salieron de sus cauces marinos y comenzaron a inundarla. Sobrecogidos de temor sus habitantes, clamaron al cielo e invocaron a los santos de su mayor devoción y como ni siquiera eso les diese resultado, comenzaron a sacar a la calle sus veneradas imágenes, sin que faltase a ello nuestro D. Diego de la Piedra, quien también sacó su Santo Cristo y acometiendo con El a las aguas, éstas comenzaron a retirarse mansamente. Pronto corrió la noticia y más en aquellas circunstancias que habían sido tan penosas teniendo que tomar cartas en el asunto el cabildo gaditano, aconsejando al ilustre dueño de la milagrosa imagen, ofreciera su tesoro a la veneración y culto público de los fieles. No llegando a un acuerdo sobre el templo en el que se realizara la idea, D. Diego vino a pensar en su querido pueblo natal de Limpias, por el que sentía gran afecto y burlando un poco la vigilancia, envió en barco a su tierra este precioso recuerdo.

Fue instalado en el altar mayor de la iglesia parroquial y en el mismo templo se instalaron también otras obras de arte que al Cristo acompañaron y se puso el enlosado de la sacristía del que consta en documento, todo a expensas del donante. Entre las obras de arte donadas en 1768, figura un cuadro enorme pintado por Pedro del Pozo que está sostenido por clavos de cabeza de concha en todo iguales a los que sostienen el Cristo, lo que nos hace pensar en que ambas obras fueron instaladas en el mismo tiempo, si bien en el crucifijo no hay inscripción alguna. En todo este relato es muy difícil separar lo que haya de histórico de lo que es simplemente legendario. Todos esos años, pues, es de suponer que el Santo Cristo de la Agonía, ha venido teniendo la veneración de las gentes sencillas, campesinas y ganaderas de la tierra santanderina.

BIBL.: A. DE PALAZUELO, *Santísimo Cristo de la Agonía*, Ma. 1920; G. GEIJO, *El Cristo milagroso*, Bi. 1961.

J. HERRERO

Linarejos, *Virgen de*, (Jaén). En las cercanías de Linares, tal vez donde estuvo enclavada una antigua ciudad romana, situada en el camino que conducía a la famosa «Castulum prope Betula», existió —al menos desde el siglo XVI— una pequeña ermita dedicada a la Virgen, cuyo título oficial primitivo fue Nuestra Señora de las Nieves, a la que más tarde el pueblo llamaría Nuestra Señora de Linarejos. La leyenda y orígenes de la aparición se remontan al siglo XIII, si bien la documentación comienza en el siglo XVII. En 1600 el obispo de Jaén, Sancho Dávila y Toledo, autoriza al prior, beneficiados, cura y capellanes de la villa de Linares para que lleven procesionalmente la imagen de la patrona, Nuestra Señora de las Nieves, desde su ermita, en las afueras de la villa a la iglesia parroquial de la localidad. Desde 1613, aun en la documentación oficial, prevalece el título popular de Nuestra Señora de Linarejos. La carencia casi absoluta de documentación de la época fundacional (siglos XV-XVI) de la ermita y devoción a esta imagen, nos hace recurrir a la tradición y leyenda popular, idéntica por otra parte a la de cualquier santuario contemporáneo. Los «libros de actas y cabildos» del Ayuntamiento de Linares (siglo XVII) y algunos documentos privados, en su mayoría copias del siglo XVIII, con datos referentes a siglos anteriores, son las únicas fuentes para historiar la ermita y devoción de Nuestra Señora de Linarejos. De la lectura de éstos se infiere que en el siglo XVII el pueblo de Linares profesaba ardiente devoción e invocaba ya como patrona a esta imagen, venerada en vieja y ruinosa ermita. El Ayuntamiento junto con los regidores y justicias, cabildo secular y eclesiástico acuerdan la erección de un templo nuevo para su patrona, designando —en 1638— a dos sacerdotes comisarios para pedir limosna con destino al santuario El agustino Bartolomé Delgado, arquitecto, dirigió las obras. La fiesta de la dedicación de este sencillo pero vistoso templo tuvo lugar el 18-X-1666, previa la traslación de la imagen que había permanecido durante largos años en la iglesia parroquial. Desde finales del siglo XVII y, sobre todo, durante el siglo XVIII se realizaron reformas y mejoras importantes tanto en la iglesia, camarín, retablos, etc. como en las dependencias contiguas. No faltaron donativos, regalos y ofrendas del pueblo linarense a su patrona, máxime en momentos de necesidad y aflicción, en fiestas, procesiones y novenas. El 19-IV-1708, ante la asoladora plaga de langosta que arrasaba los campos de Linares, el cabildo acordó en sesión pública celebrar por cuenta propia una fiesta anual (15 de agosto) en la ermita de Nuestra Señora. Ante esta decisión y acuerdo, el cabildo y pueblo de Linares se consideraron ligados con una especie de compromiso de honor perpetuado para celebrar la «fiesta del voto». Por las *Actas Capitulares* conservadas en el ayuntamiento de la villa sabemos que, al menos hasta el año 1785, los dos cabildos y el pueblo entero de Linares venía cumpliendo con regularidad el célebre voto de 1708. Más tarde, y por causas diversas, la fiesta del voto se trasladó, primeramente al segundo domingo de noviembre y, después, al domingo de Pentecostés, fecha en que se llevaba procesionalmente la imagen desde su santuario a las iglesias parroquiales de Santa María y San Francisco. En 1757 las autoridades eclesiásticas y civiles de Linares solicitaban de fray Benito Marín, obispo de Jaén, la declaración oficial del patronazgo de la Santísima Virgen de Linarejos, extramuros de la villa, con todos los privilegios y obligaciones inherentes, constituyendo fiesta de precepto, con obligación de oír misa y no trabajar, el 5 de agosto. Esta fiesta, típicamente religiosa, a la que acudía el pueblo en masa, no tardó en perder su primitivo fervor. La corrida de novillos, los fuegos de artificio y otras diversiones populares fomentadas por la propia cofradía ahogaron, en parte, el fervor y religiosidad de la romería. Con el enorme desarrollo de la minería e industrialización de Linares, se inicia un constante trasiego de familias enteras desarraigadas de sus ambientes y a las que —como era natural— poco o nada decía la devoción a la Patrona. Liberada Jaén (marzo de 1939) por las tropas nacionales, fue preciso reconstruir y reparar los graves destrozos producidos en este santuario. En el *Libro de Actas* de la cofradía de 1940 se leen estas palabras correspondientes a la reunión del 25 de julio: «Lamentable era el aspecto que presentaba el santuario. Con la desaparición de la imagen, todos los altares, ornamentos y demás enseres habían sido también destrozados y desaparecidos. Muros ennegrecidos, suciedad y desorden fueron la triste herencia que nos dejaron aquelllos desgraciados sin Dios y sin patria.» Las obras de restauración y ampliación del santuario, costeadas con aportaciones personales han durado hasta 1953. El granadino M. Navas Parejo talló (1939-1940) la nueva imagen de la Virgen a imitación de un cuadro del siglo xvii, propiedad de la cofradía; y el señor Lucas Cuyaubé, la rica corona de oro y plata (1942). El entusiasmo y fervor mariano de numerosos cofrades linarenses se ha incrementado con la creación del Cuerpo (Hermandad) de Horquilleros de la Virgen (1940-1941). La incorporación de los franciscanos al santuario (1942), la misión general de Linares (1948) y la celebración del II Centenario de la proclamación de Nuestra Señora de Linarejos como patrona de la ciudad (1957), son la mejor prueba de que este santuario e imagen representan algo muy apreciado por los buenos linarenses.

BIBL.: M. COBO, *Historia de la milagrosísima imagen de María Santísima de Linarejos*, Linares 1799; F. DEL BILCHES, *Santos y santuarios del obispado de Jaén y Baeza*, Ma. 1653; F. DE RUS PUERTA, *Historia eclesiástica del reino y obispado de Jaén*, primera parte, Jaén 1634; segunda parte, inédita: BN. Madrid, ms. Q-58; F. MARTÍNEZ BAEZA, *La Patrona de Linares. Apuntes para la historia del culto y devoción de los linarenses a su excelsa Patrona*, s.l. (Linares?) 1920; A. SÁNCHEZ CABALLERO, *Historia de Nuestra Señora de Linarejos. Siete siglos de mariología linarense*, Linares 1955.   A. RIESCO

Lirio, *Nuestra Señora del*, (Segovia). En la villa de Honrubia de la Cuesta, partido de Riaza, situado en la carretera de Madrid a Irún. Próxima al pueblo, en un cerro de escasa elevación, existe la ermita dedicada a la advocación de Nuestra Señora del Lirio. La tradición nos ha transmitido de viva voz que la Virgen se apareció con un lirio en la mano en el Pozo de la Virgen del Lirio. Los datos históricos que existían en el archivo parroquial fueron destruidos por los soldados franceses. Por eso la tradición solo se hace eco de la aparición y de que la excelsa Madre manifestó quedarse en aquel lugar para siempre. Prestos los vecinos

al mandato, levantaron una ermita de proporciones reducidas, lo que hoy es la actual sacristía. En 1719 se edificó el templo actual, de amplia factura con tres naves. El papa Inocencio XII, concedió la gracia de jubileo, que los cofrades podían ganar tres veces al año. El 15 de mayo se celebra una rogativa, a la que concurren todos los pueblos colindantes con gran fervor. Termina la ceremonia con la tradicional procesión y la Salve cantada.

BIBL.: E. DEL BARRIO MARINAS, *La Santísima Virgen en Segovia*, Seg. 1954, 121-122.   A. DIEZ

Loreto, *Nuestra Señora de*, (Huesca) santuario y convento de agustinos calzados. A unos 3 kilómetros de la capital, que según tradición se levantó sobre la casa donde nació el mártir san Lorenzo. El edificio es grande y espacioso, con fachada clásica que remata en frontón y reducido campanario en el ángulo izquierdo. Fue construido según diseños de Juan de Herrera, pero no se terminó hasta 1777. Está formado por tres naves separadas por pilastras y en el centro del crucero destaca la airosa cúpula. Las capillas tienen imágenes y pinturas de buen gusto, siendo digna de mención la que está a la cabeza de la nave de la epístola, dedicada a san Orencio y Paciencia, padres de san Lorenzo, patrón del templo. El altar mayor de estilo barroco, dorado, y en su centro se guardan en una hornacina las reliquias de los mismos. Otra capilla está dedicada a Nuestra Señora de Loreto, bajo cuyo título y advocación se fundó el convento de los padres agustinos que habitaban las estancias contiguas al santuario. La devoción que el rey Felipe II tenía a san Lorenzo motivó la construcción de este templo, cuyo diseño mandó hacer estando en las Cortes de Monzón, año 1585.

BIBL.: D3, 28, 576; D7, IX, 304; *Tesoros artísticos de España*, Ma. 1973, 332.   M. L. PALACIO

Losar, *Nuestra Señora del*, (Castellón de la Plana). En el municipio de Villafranca del Cid, sito a poca distancia de la población y cuya imagen se dice fue encontrada bajo una losa antes del 1400. Frente al templo y hospedería, se levanta una cruz terminal de esbelta columna rematada en capitel historiado y efigie gótica. Templo magnífico, con nueve altares. El primitivo santuario del siglo xv era de modestas proporciones. El actual es de fines del xvi y del xvii. A principios de nuestro siglo decoró el recinto el artista tortosino Cerveto por, 6.000 pesetas, a expensas de Artemio Colom, hijo de la localidad y después jesuita. La torre mide 20 metros de altura con tres campanas en sus ventanales, El frontispicio es de estilo grecorromano y de piedra labrada. El retablo muestra en la hornacina principal la imagen de la patrona que igualmente se puede venerar desde el camarín. La imagen es de mármol blanco, de unos 60 centímetros de altura, vestida con túnica talar y manto desde la cabeza; la corona es de la misma piedra así como el ramo de flores y frutas de su mano derecha; sostiene al Niño en la izquierda, que a su vez tiene en su mano un pajarito. Es de estilo gótico primitivo y fue desenterrada por un labrador con la reja de su arado. Ante ella arden continuamente lámparas de plata.

BIBL.: D3, 68, 1355-56; D7, XVI, 130; J. PUIG, *Historia del santuario de Nuestra Señora del Losar, venerada en el término de Villafranca del Cid, comarca de Morella, reino de Valencia*, Castellón 1956; *Tesoros artísticos de España*, Ma. 1973, 692.   IEF

Loyola, *San Ignacio de*, (Guipúzcoa). Este santuario se halla enclavado en el centro de la provincia, en el bellísimo valle de Iraurgui, a la margen derecha del río Urola. Conduce a él desde Azpeitia una larga y rectísima avenida que —aunque menos ciudadana, más campestre— recuerda la romana Via della Conciliazione; en el fondo, entre la fronda de un parque, la gran cúpula, rodeada de torres y obeliscos, y rematada por airosa linterna.

Todo el conjunto consiste en un monumental edificio —basílica, escalinatas imperiales, patios, claustros, amplias estancias— que con su ala derecha engasta una joya: la Santa Casa en que nació (1491) y en que, durante la convalecencia de la herida sufrida en Pamplona, se entregó a Dios (1521-1522) Íñigo López de Loyola.

Unidas en matrimonio en el siglo XIII las dos familias de Oñaz y de Loyola, la Casa-Torre de Loyola se construyó a fines del siglo XIV, toda ella de gruesos muros de piedra, con raras ventanas, y con troneras para ocho cañones —dos por cada fachada— en su planta baja. Posteriormente, mediado ya el siglo XV, y como consecuencia de las lamentables luchas entre los Parientes Mayores y las Villas, sufrió el duro castigo de la demolición en su mitad superior. Enrique IV agravó el castigo relegando a los Señores a tierras de Andalucía a luchar contra los moros; solo al cabo de cuatro años permitió al abuelo de san Ignacio regresar de su destierro y reconstruir la parte demolida de su casa, no ya en piedra de fortaleza como antes, sino en ladrillo de elegante palacio mudéjar. Junto a la puerta ojival de la entrada, un expresivo grupo escultórico en bronce, del catalán Flotats, perpetúa el momento en que san Ignacio, herido, llegó a su casa transportado en una camilla. En su interior, después de los tiempos de san Ignacio, la Casa-Torre ha experimentado grandes transformaciones, principalmente desde que en 1552 vino por casamiento a ser señor de ella D. Juan de Borja, hijo de san Francisco de Borja, y más tarde, desde que, por mediación de D.ª Mariana de Austria, en 1682 tomaron posesión de ella los jesuitas.

Actualmente sus cuatro plantas —llenas de recuerdos ignacianos y jesuíticos, y recargadas de valiosos elementos ornamentales de cuadros, tapices, estucos, vidrieras, rejas, maderas y mármoles— están convertidas en capillas. En particular hay que llamar la atención —en la tercera planta— sobre el lugar del nacimiento de san Ignacio; y también sobre el oratorio antiguo, que se hizo, cuando san Ignacio era niño, en torno a un cuadrito flamenco de la Anunciación —preciado regalo de boda de la reina Isabel la Católica a su dama de honor D.ª Magdalena de Araoz, cuñada de san Ignacio—, y que más tarde en 1551 había de santificar san Francisco de Borja celebrando en él su primera misa.

La cuarta planta —antiguas habitaciones de los hijos y huéspedes— está casi toda ella transformada en la llamada capilla de la Conversión. El hecho está consignado literariamente en una frase lapidaria clavada en una viga del techo encima del altar: «Aquí se entregó a Dios Íñigo de Loyola» y plásticamente en una impresionante talla de tamaño natural del santo convaleciente, obra del sevillano Collaut Valera. En una vitrina lateral se exhiben diversos libros y objetos relacionados con san Ignacio, y al fondo un rico joyel de ónix y ágata contiene preciosas reliquias del santo traídas de Roma.

La Casa-Torre se la pidió doña Mariana de Austria a los Loyola, marqueses de Oropesa (Perú) y Alcañizas y, desincorporándola del mayorazgo, se la entregó a los jesuitas a fin de que éstos edificasen en torno a ella un gran colegio de Patronato Real.

A los seis años de establecidos los padres en la santa casa, y siguiendo la traza de Carlos Fontana, discípulo del gran Bernini —con lo cual queda dicho que el nuevo edificio es del más grandioso y noble estilo barroco italiano, aunque no exento de influencias españolizantes churriguerescas y locales—, en 1688 comenzaron a abrirse las zanjas para los cimientos. En 1738 se inauguraban el cuerpo central con la basílica, y el ala derecha. Continuó la construcción del ala izquierda durante veintinueve años más, hasta la expulsión de los jesuitas de España en 1767 y su posterior extinción en toda la Iglesia, Y aunque de 1814 a 1816 tuvieron lugar la restauración de la Compañía en la Iglesia, su readmisión en España y la vuelta de los jesuitas a Loyola, las constantes revoluciones del siglo XIX —con las consiguientes nuevas disoluciones de la Compañía de Jesús— no dieron tiempo ni tranquilidad para terminar la obra hasta los años 1885-1888: exactamente a los dos siglos de comenzada, pero después de una interrupción de ciento dieciocho años. En el centro del edificio, precedida de una majestuosa escalinata y de un amplio atrio curvilíneo, se alza la grandiosa, bien proporcionada y bellísima rotonda de la basílica. Su primer cuerpo —bordeado todo él por una graciosa y original nave anular que, añadida al grueso de las pilastras y a los 20 metros del círculo central, lo amplía hasta los 33,50 metros de diámetro— lo forman ocho soberbios arcos de mármol negro —cuatro más altos y anchos, y otros cuatro más bajos y estrechos— coronados por un elegante friso clásico modernizado. Hay que advertir que, para el difícil problema de los arcos y bóvedas de la rotonda y de su atrio, fue llamado a consulta desde Salamanca Joaquín Churriguera, que aportó su genial solución y en general influyó mucho en toda la ornamentación de la basílica. Sigue el segundo cuerpo, amplio y alargado tambor de mármol más claro, iluminado por ocho grandes ventanales y primorosamente labrado en su zócalo con motivos guerreros alusivos a la milicia temporal y espiritual de san Ignacio. Después la media naranja de la cúpula, que comienza con ocho imponentes estatuas blanquísimas de Virtudes con sus emblemas característicos, y que en todo su interior está ornamentada con ocho enormes escudos de España en variada combinación de elementos heráldicos de los Austrias y Borbones. Y por fin la esbelta y luminosa linterna, cuya aguja exterior alcanza la altura de los 65 metros.

Varias leyendas, esparcidas como elementos ornamentales secundarios entre los más principales elementos arquitectónicos, van expresando el sentido espiritual e ignaciano del monumento: sobre los arcos más altos unos escudos con las letras A M D G (A Mayor Gloria de Dios), y —entreveradas, sobre los arcos más bajos— las sílabas VI VA JE SUS; y en lo más alto de la linterna, dominándolo todo, el anagrama IHS (Jesús). Desde la altura de las balconadas es curioso contemplar el ingenioso dibujo geométrico del piso, cuyos baldosines blancos y negros, más grandes y cuadrados en los círculos más extremos, y progresivamente más pequeños y romboides según se acercan al centro, parecen querer ser un reflejo de la reducción de la cúpula en proyección sobre el espejo del suelo.

Prescindiendo de los seis buenos altares de la nave anular, lo más exageradamente barroco de toda la basílica es el altar mayor con su sobrada profusión de columnas salomónicas, de capiteles superpuestos, de arcos complicados y rotos, de incontables figuras. Pero es innegable la armoniosa sobriedad clásica del ostensorio. Y, sobre todo, es admirable el detallado y exactísimo trabajo de incrustación de los mármoles en un riquísimo juego de dibujos y colores. Todo ello para expresión, encuadramiento y realce de una grandiosa concepción teológica que, sobre un abigarrado fondo de toda la milicia angélica, comienza en las alturas con un bellísimo grupo de la Santísima Trinidad, se resume en un magnífico y brillante anagrama del Santísimo Nombre de Jesús, y viene a terminar y centrarse —entre las dos estatuas laterales de san José y san Joaquín— en la valiente estatua de plata de san Ignacio, exvoto de la Real Compañía Gipuzcoana de Caracas y obra del escultor valenciano Francisco Vergara. Todo en este monumento —hasta los nobles dorados de los capiteles y de los escudos; los hierros forjados de las tribunas, púlpitos y balconadas; los brillos de las arañas; el grandioso cancel de caoba de la entrada, y encima de él la sonoridad de su gran órgano Cavaillé-Coll—, todo canta, con exuberante pero nobilísima solemnidad, la gloria de san Ignacio, fundador de la Compañía de Jesús.

A este venerable santuario han acudido, desde hace ya varios siglos, innumerables peregrinaciones y personas particulares, sobre todo en las fiestas habituales de San Ignacio, en otras más circunstanciales de carácter popular, y en las más solemnes de sus centenarios, como el de su herida en 1921 y el de su muerte en 1956.

Actualmente, con la facilidad de medios de transporte, la asistencia a las misas de los días festivos es numerosísima, y en el verano ha aumentado la afluencia de visitantes regionales y de turistas nacionales y extranjeros. Hay quienes, con mayor interés y piedad, además de visitar la serie de Dioramas de la vida de san Ignacio y de los comienzos de la Compañía de Jesús, hacen el recorrido de los recuerdos ignacianos del valle: su pila bautismal en la parroquia; el caserío Eguíbar donde se crió; la ermita de la Virgen de Olatz y el lugar junto al río desde el que en sus paseos de convaleciente le rezaba la Salve; la ermita y hospital de la Magdalena donde en 1535, volviendo desde París para recuperar su salud, vivió tres meses con los pobres mientras —con su ejemplo, predicaciones y originales iniciativas— operaba una profunda renovación espiritual y social del valle. Un provecho aún más profundo buscan quienes, siguiendo una antigua tradición, se recogen a Loyola más despacio para hacer los ejercicios espirituales. Con este fin, la antigua Casa de Ejercicios, fundada en el siglo XVIII por el santo padre Agustín de Cardaveraz, ha evolucionado convirtiéndose en un adjunto y modernísimo edificio y centro de espiritualidad. Y junto a éste, enriqueciendo aún más el ya riquísimo complejo espiritual de Loyola, se levanta —humilde pero glorioso— el caserío natal del santo portero de la Universidad de Deusto, el Siervo de Dios, hermano Francisco Gárate.
BIBL.: Archivo Histórico de Loyola: múltiples documentos, unos utilizados ya por diversos autores en sus historias, como Astrain, Ramón García, J. I. de Arana, Rafael Pérez, Malaxechevarría, Pérez Arregui, etc. y otros aún inéditos; F. J. DE ECHEVARRÍA y F. DE ABASOLO, *Descripción artística, religiosa e histórica del grandioso edificio de San Ignacio de Loyola*, Tolosa 1851; R. M. DE HORNEDO, *La basílica de Loyola:* R131, 25(1956)383-430; H. HAGER, *Carlo Fontana and the jesuit Sanctuary at Loyola:* Journal of the Warburg and Courtauld Institutes, 37(1974).
J. R. EGUILLOR

Luciana, *Nuestra Señora de,* (Ciudad Real). En Terrinches, a 1 km. del pueblo, partido judicial de Infantes, del que es patrona. En el siglo XVI en «las letanías de mayo» acudían en procesión los pueblos de la comarca, saliendo a recibirlos el cura, capellanes, alcaldes y regidores de la villa. Celebraban la misa y a continuación empezaba una animada romería. Se le atribuyen varios prodigios. Sobresale entre ellos el que recogemos: cuando murió «la reina francesa», Isabel de Valois († 13-X-1568) durante todo el octavario de san Francisco se oía una música misteriosa que causaba admiración. Gozó de rentas que se redujeron al aplicarse dos terceras partes del beneficio curato de la villa.
BIBL.: D7, XIV, 750; *Anuario Católico Español*, II, Ma. 1956, 429; C. VIÑAS y R. PAZ, *Relaciones de los Pueblos de España ordenadas por Felipe II*, Ciudad Real, Ma. 1971, 500-501.
J. M. DE MORA

Luz, *Nuestra Señora de la,* (Cuenca) patrona de la ciudad. En la Edad Media, Cuenca cambiaba de dueño alternativamente: de manos árabes pasaba a manos cristianas, y viceversa, hasta la definitiva conquista de Alfonso VIII. Según la leyenda, estando el rey Alfonso VIII cerca de la ciudad, decidió detener sus huestes hasta que hubiese luz suficiente para coronar con éxito la operación. Pero un suceso inesperado resolvió la dificultad. Una imagen de la Virgen Santísima iluminaba las orillas del río Júcar. Una vez conquistada la ciudad recibió el nombre de Nuestra Señora de la Luz y fue proclamada patrona de la misma. Fue coronada canónicamente por el Nuncio de Su Santidad monseñor Cicogniani el 1-VI-1950.
BIBL.: *Nuestra Señora de la Luz:* Anuario Católico Español, II, Ma. 1956, 433; *Crónica de una coronación*, Ma. 1957, 97-98.
M. J. CRUZ

Luz, *Nuestra Señora de la,* (Murcia). En Algezares, partido judicial de Murcia, diócesis de Murcia-Cartagena. Sus orígenes se asientan sobre una comunidad de ermitaños. Se conoce el nombre del primer ermitaño, Higinio, que vino desde Lisboa buscando un lugar solitario para satisfacer sus apetencias de recogimiento. Su vida ejemplar fue motivo de que se le unieran otros ermitaños, en el paraje «rambla del sordo». Vivían en cuevas y no tenían reglas ni constitución ni tampoco vivían en comunidad. Esta se constituyó pasado un tiempo, bajo la protección del obispo de Cartagena. Edificaron una capilla comunitaria llamada ermita del Espíritu Santo, donde colocaron una imagen de María Santísima. En 1648 una desoladora peste afectó a los ermitaños, terminando así la Congregación de San Pablo de Vall-ondillo o Valle-ondillo. Los jesuitas adquirieron la propiedad, que denominaron «Santa María del Monte».

Otra nueva congregación de ermitaños vino a sustituir a la desaparecida, en un intervalo de tiempo no conocido. En 26-XI-1701 el obispo mandó bendecir la iglesia y celebrar la primera misa. Hubo gran fiesta con fuegos artificiales. Por entonces, D.ª Francisca Robles, natural de Murcia, regaló con especial afecto una imagen de Nuestra Señora, de gran valor, con el título de la Luz, según se apareció en Sicilia. Los ermitaños para mejor conformidad sobre el título echaron suertes repetidas veces entre varios nombres y salió el de la Luz. Siguieron viviendo diseminados en sus ermitas o celdas, y en la casa central el superior, hermano Pedro, auxiliado por un novicio. Importancia relevante tiene la visita del cardenal Belluga, que les ofreció su protección, reformó la constitución y les reunió en vida común.

El santuario tiene imágenes de gran valor salidas de las manos del famoso Salcillo; entre las más famosas se encuentran la imagen de san Pablo, primer ermitaño, san Antonio Abad y el Niño que la Virgen lleva en la mano derecha, así como una Dolorosa. Hasta 1808 no tuvieron capellán fijo. En 1810 se les concedió tener expuesto el Santísimo. La resistencia contra la invasión francesa se acuarteló en el monasterio. En 1835 cuando se produjo la exclaustración obligaron a los hermanos a dejar el hábito. Sin embargo el ayuntamiento les permitió seguir trabajando sus tierras con el nombre de «labradores de la Luz».
BIBL.: E. MORENO CEBADA, *Glorias religiosas de España*, I, Ba.-Ma. 1866, 485-516; D7, I, 578.
A. DIEZ

Lladó, *Nuestra Señora de,* (Tarragona). En la villa de Valls, de la que es patrona. Dentro de la iglesia del convento de capuchinos, uno de los más antiguos del principado de Cataluña, que data de 1579, se venera la imagen de la Virgen bajo tal denominación. Se cree que la Virgen de Nuestra Señora de Lladó estuvo en el hueco de un árbol, (cat. lledó=almeza), de donde fue sacada y colocada en la iglesia parroquial, de la que desapareció y volvió a encontrarse en el árbol: hecho que los devotos entendieron como clara manifestación de que aquel era el lugar elegido para recibir culto. Se tomó la resolución de cortar el árbol por la copa dejando tan sólo el tronco, y se edificó otra nueva capilla, cuyo altar tuvo asiento en medio del citado tronco. Hay varios documentos referentes al Santuario de Lladó del siglo XIV, al que pertenece la imagen. En 1371 la iglesia fué cedida a los Caballeros del Santo Sepulcro. En el siglo XVI la encomendaron a los capuchinos, que vinieron de San Jerónimo del Bosque en 1572 formando una comunidad de vida ejemplar que edificó a la villa de Valls hasta la supresión en España de las Órdenes religiosas. La imagen ocupó el altar mayor de la iglesia del convento. Es de alabastro, estante, de una altura de 1,05 m., y el vestido adornado con ramos dorados. En el brazo izquierdo tiene al Niño, cuyo vestido es semejante al de la Virgen, y sostiene con ambas manos un ave dorada. La fiesta se celebra cada año el día de la Anunciación, cuyo misterio reproduce el retablo del altar.

BIBL.: D7, XV, 608; N. CAMÓS, *Jardín de María*, Ge. 1772, 29-32; E. MORENO CEBADA, *Glorias Religiosas de España*, II, Ba.-Ma. 1867, 441-448; *Tesoros Artísticos de España*, Ma. 1973, 684; F. BLASI, *Santuaris marians ...*, Reus 1933, 158-175; lámina con fotos del santuario, del altar y de la imagen.
J. M. DE MORA

Llanos, *Nuestra Señora de los*, (Albacete). En la capital. La leyenda cuenta el hallazgo de esta imagen de la Virgen. Parece que fue descubierta en el momento de abandonar los moros la comarca, coincidiendo con el establecimiento de los franciscanos descalzos en el año de 1672 en «Los Llanos». Los religiosos recogieron una tradición que se venía transmitiendo de padre a hijos. Un labrador, arando la tierra encontró esta imagen de María y al intentar envolverla en su manta, no lo consiguió, sino que volvió al sitio de su aparición. Ante este hecho, acudió a la ciudad para contarlo al clero; éstes la llevó en procesión a Albacete. El origen de la imagen nos es desconocido y la tradición cuenta que el Apóstol Santiago cuando vino a España trajo esta talla y la entregó a un cristiano; también se cree que fue una de las labradas por san Lucas. Al ocupar la zona Abulkat, algún cristiano escondió la imagen, pues consta documentalmente que la devoción de dicha imagen de la Virgen es muy antigua. Esta imagen tiene hoy una capilla en la actual catedral (antigua iglesia de San Juan). Se comenzó a construir en el siglo XVI siguiendo los planos de Diego de Siloé. Más tarde se continuó con estilo renacentista. La portada es moderna y los retablos corresponden a varias épocas. La capilla de la Virgen de los Llanos es del siglo XVI y se atribuye al maestro de Albacete. La talla de la imagen es gótica.

BIBL.: *Nuestra Señora de los Llanos*: Anuario Católico Español, II, Ma. 1956, 403-404; *Tesoros Artísticos de España*, Ma. 1973, 57.
A. DIEZ

Lledó, *Virgen de*, (Castellón) patrona de la ciudad. A 1 km. de la misma, al final de una amplia avenida que se prolonga por arbolado paseo, se levanta el ermitorio de la Virgen del Lledó. El conjunto formado por la monumental ermita —hermosa fábrica neoclásica con dimensiones y dignidad de templo— y el anexo casalicio se hallan rodeados de huerta con frondosos naranjales, y al borde de un antiquísimo camino por el que resonaron las pisadas de Roma.

Esta devoción con antigüedad de más de seis siglos tiene su origen, según tradición, en el hallazgo de una imagen de Nuestra Señora realizado en aquel mismo lugar, al pie de un almez, por un labrador castellonense llamado Perot de Granyana que araba aquella su tierra con una yunta de bueyes. Una narración muy posterior del hecho lo situaba en el año 1366 y aducía

como testimonio el relato contenido en un supuesto *Llibre del Be i del Mal (Libro del Bien y del Mal)*, del Archivo Municipal de Valencia, que nunca existió según competentes investigadores. Valga decir, por otra parte, que tanto el análisis estilístico como lingüístico del texto del relato dan a éste una cronología tres o cuatro siglos más tardía. Las noticias indudables sobre el culto y la devoción rendida a la Virgen en una primitiva ermita erigida en aquel lugar comienzan en 1379, año en que el municipio considera la conveniencia de construir una ermita mayor que pueda acoger al elevado número de devotos de la propia villa y de otras de la comarca que allí acuden a venerar la pequeña imagen. El hondo arraigo de la devoción a la corta distancia de trece años desde el hallazgo induce a pensar que éste debió de ocurrir bastante antes de 1366. El actual conocimiento documental no permite entrar más a fondo en la cuestión. Pero una consideración de las circunstancias históricas del Castellón del siglo XIV (modesto núcleo de labradores nacido en el actual solar en el año 1252), empeñado en una dura lucha de colonización del suelo y castigado por el implacable azote de las pestes medievales, permite apreciar el valor providencial de un hallazgo que fue capaz de encender y polarizar el fervor religioso de aquellas sencillas gentes, tan necesitadas de un sobrenatural consuelo.

Del nombre del almez (valenciano *lledoner*) y de su diminuto y endulzado fruto *(lledó)* deriva el nombre de esta devoción mariana: *Madona Santa María del Lledó* en la antigua y consecuente forma medieval, hoy nuevamente viva; *del Lidón*, en impropia castellanización. La imagen venerada es en realidad el relicario de la pequeña figura pétrea del hallazgo, felizmente salvada en el período de la guerra civil. La primitiva ermita gótica, insuficiente ya en 1379, fue experimentando ampliaciones, reformas y nuevas construcciones de forma que la actual viene a ser la tercera en el orden del tiempo. La amplia nave de cuatro tramos con capillas laterales fue proyectada en 1724 por el arquitecto Pedro Juan Labiesca. En 1752, Juan de Rojas completó el proyecto en lo que se refiere al crucero, presbiterio y camarín. Pasado el vendaval de 1936, que se hizo notar especialmente en los altares y retablos, el templo fue dignamente reparado y enriquecido en pavimento, altar mayor, púlpito y una airosa espadaña para tres campanas, que, junto con la cúpula de tejas azules vidriadas, pone en el paisaje de la huerta una nota de amor a la Madre.

Fechas destacadas en la historia del ermitorio son las de 1599, en que fue fundada la Cofradía, y 1924, año de la solemne coronación canónica de la imagen por el entonces obispo de Tortosa D. Félix Bilbao. Vino celebrándose la fiesta anual a la Patrona de Castellón en el mes de septiembre hasta 1912; desde entonces se trasladó al primer domingo de mayo, fecha en que continúa en la actualidad. Parte entrañable del acervo espiritual del pueblo de Castellón son los gozos compuestos por D. Luis Revest, en lo que se refiere a la letra, y el maestro mosén Vicente Ripollés en cuanto a la música. Ha celebrado Castellón todos los centenarios del hallazgo de la imagen. El de 1966 —VI centenario— fue una vez más, en sus manifestaciones brillantes, prueba del amor de Castellón a su Patrona la Virgen de Lledó.

BIBL.: A. SÁNCHEZ GOZALBO, *Rentas de la casa y ermita de Santa María del Lledó*: R62, 83(1957)336-345; ID., *Ermitaños del Lledó*: R62, 34(1958)81-87; L. REVEST Y CORZO, *Madona Sancta María del Lledó. Notas trecentistas (1379-1384)*, Castellón 1924; B. MUNDINA MIDALLAVE, *Historia, geografía y estadística de la provincia de Castellón*, Castellón 1833.
A. RIESCO

Lluch, *Nuestra Señora de*, (Palma de Mallorca).

En la villa de Lluch, llamada también Escorca, partido de Inca, enclavado en el corazón de la cordillera norte, que encierra los valles más encantadores y los barrancos y desfiladeros más salvajes y maravillosos de la isla. Durante la dominación musulmana toda aquella zona, distribuida en rafales y alquerías, era llamada *el término de las montañas*, y después de la conquista, llevada a cabo en 1229, fue asignada a los caballeros templarios y a otros barones porcioneros del rey.

La primera iglesia que se levantó en aquellos parajes y que todavía se conserva, fue la de San Pedro, en la alquería de Escorca, citada en la bula de Inocencio IV de 1248. Pero no tardaría mucho en surgir otra capilla, distante de aquélla unos 6 kms. hacia el este, dedicada a Santa María, que tomó la denominación de Lluc de la alquería mora, en que se había edificado. ¿Cuál sería la razón de la construcción de este templo en un lugar tan apartado?

La leyenda supone que aquella nueva iglesia fue edificada en fuerza del milagroso hallazgo de una Virgen morena, acaecido en el valle de Lluc, entre cantares angélicos y luces de alborada, siendo los protagonistas del feliz descubrimiento un monje y un pastor. Esta leyenda ha sido 100 veces cantada por los poetas mallorquines y reproducida en multitud de lienzos y estampas, y está tan metida en el corazón del pueblo mallorquín, que los mismos historiadores la miran con respeto y le dan un cierto crédito, suponiendo que aquello sucedería por el año 1239. La historia crítica, sin negar la posibilidad del hecho milagroso, cree poder explicar la construcción de aquel oratorio por la sencilla razón de la larga distancia a que se hallaban de la parroquia de San Pedro las alquerías de la banda este, lo cual dificultaba el cumplimiento de sus deberes religiosos. Sin embargo, algo extraordinario debió de suceder, desde aquellos remotos tiempos, en la iglesia de Lluc, de tan difícil acceso, cuando allí confluía gran número de peregrinos, para honrar la imagen. El hecho nos consta por un documento de 1273, según el cual el propietario de la alquería Lluc, Guillermo Sa Coma, quería devolverla a sus antiguos señores, «a causa de los graves perjuicios que le irrogaban los hombres que iban a velar juntos a santa María de Lluc, cuya iglesia estaba junto a su alquería». Estas palabras son muy significativas. Suponen que con frecuencia subían a la capilla de Lluc gentes de lejos, y como allí no encontraban alojamiento ni podían hacer el viaje en un solo día, tenían que quedarse junto al santuario, causando los desperfectos de que se lamenta el propietario. Lo que atraía a tantos peregrinos a aquel lugar no podía ser otra cosa que los múltiples favores, que allí dispensaba la celestial Señora a sus devotos.

Por esta razón la devoción a la Virgen de Lluc, a fines del siglo XIII, había ya desbordado el término de las montañas y se iba extendiendo cada vez más por las nacientes villas del llano. En el siglo XIV se afianzó más y más y empezó el engrandecimiento del humilde santuario.

En 1322 Bernardo Sa Coma cedió a los de Escorca todo el terreno necesario, junto a la iglesia de Lluc, para edificar un albergue con un pórtico de 100 palmos de largo por 20 de ancho, donde pudieran albergarse los peregrinos. En 1340 Francisco Sa Coma hizo donación de otra extensión de tierra frente a la iglesia, que fue después la plaza de los peregrinos. Faltaba un local para el donado o custodio del santuario y para el capellán. Para conseguirlo, los obreros apelaron al rey Pedro IV de Aragón, el cual, deseoso del mayor esplendor del santuario, obligó al propietario a ceder las antiguas casas de Lluc, previa una justa tasación. El siglo XIV se cerró con la reparación del largo y áspero camino que desde Caimari lleva hasta el santuario, trepando por altos montes y peligrosos barrancos, y a

la vez su trayecto quedó santificado con la instalación de siete artísticos monumentos, en que estaban esculpidos los Siete Gozos de Nuestra Señora, la devoción entonces más en boga entre el pueblo cristiano. La afluencia de peregrinos iba siempre en aumento; pero no estaban bien atendidos en lo espiritual por falta de sacerdotes, que residieran de continuo en el santuario. A remediar esta necesidad se encaminaron los esfuerzos del celoso obrero Tomás Thomas, ilustre militar, muy distinguido en el servicio del rey Alfonso V y gran devoto de Nuestra Señora. Ante todo, de acuerdo con el párroco de Escorca D. Bernardo Durán, logró de la autoridad eclesiástica que la parroquia de San Pedro se trasladara desde la alquería de Escorca al santuario de Lluc, lo cual se realizó en 1456. Mas no contento con esto, se propuso establecer allí una colegiata de clérigos seculares. Para ello compró la alquería Lluc, cuyos terrenos rodeaban el santuario, y la dio en dote para aquella fundación, que fue aprobada por el ordinario de Mallorca. Mas para dar a la misma mayor estabilidad, acudió al papa Calixto III con letras comendaticias del rey Alfonso V, y en el mismo año de 1456 consiguió la bula de aprobación de la nueva colegiata. Según sus estatutos los clérigos a ella pertenecientes deberían vivir en el santuario, a manera de religiosos bajo la obediencia de un prior, y serían llamados canónigos de la Regla de San Pedro. Con el establecimiento de dicha colegiata empezó una nueva era de esplendor para el santuario, aunque tampoco faltaron contratiempos. Uno de los priores que más promovió el engrandecimiento del santuario fue Gabriel Vaquer (1516-1531). El saneó y aumentó el patrimonio del colegio, dio al mismo unos nuevos estatutos, que fueron aprobados por el papa Clemente VII. Según ellos los colegiales debían rezar cada día el oficio divino en el coro y asistir a la misa matinal, que cantaba un coro de seis niños escogidos, que se educaban e instruían en el colegio y a expensas del mismo. En el mismo siglo XVI se erigió la cofradía de Nuestra Señora de Lluc, establecida primero en la ciudad y después extendida por las demás villas y aún por las islas de Menorca e Ibiza. Uno de los colegiales salía cada año a predicar las glorias y milagros de la Virgen de Lluc y a recoger de paso las limosnas de los cofrades. Mientras tanto en el Santuario empezaron a escribirse el *Libro de Presentallas* y el de los *Milagros*, obrados por intercesión de la Virgen, que hoy resultan interesantísimos. En 1684 Rafael Busquets publicó *Llibre de l'Invenció y Miracles de la Prodigiosa Figura de Ntra. Senyora de Lluc*, que en 1783 se reeditó en castellano. También aumentaba constantemente el catálogo de los bienhechores del santuario, destacándose el noble Balatasar Thomás, hijo del fundador del colegio, quien en su testamento de 1491 dejó a la Virgen de Lluc toda su hacienda. Más tarde, en 1631, el capitán Pedro Antonio Ferragut hizo donación a la misma de dos predios suyos colindantes con las tierras del santuario. Los jurados del reino miraron siempre la santa casa de Lluc como algo propio. El rey Felipe IV dio, en 1625, a los cuestores de Lluc los mismos privilegios concedidos a los de Montserrat y Carlos III, ennobleció la iglesia de Lluc con el título de capilla real.

La devoción a la Virgen de Lluc, acumulada en el corazón de los mallorquines a través de tantas generaciones, tuvo una manifestación apoteósica en 1884, cuando su imagen fue coronada pontificalmente por el obispo D. Mateo Jaume en nombre y autoridad del papa León XIII. En aquel día fue aclamada como Reina de Mallorca por 10.000 peregrinos, que allí se habían congregado, subiendo a pie por el áspero camino, pues aún no estaba hecha la actual carretera. En 1891 hubo un cambio notable en el régimen del santuario. El antiguo colegio de clérigos seculares estaba medio deshecho y el obispo D. Jacinto María Cervera dispuso que se hiciera cargo del mismo la Congregación recién fundada de misioneros de los Sagrados Corazones. Durante esta última etapa de la historia del santuario ha sido de lamentar la incautación del patrimonio material de la Virgen, realizada, en 1897, por el Gobierno español. Esto no obstante, la devoción a la Patrona de Mallorca no ha decrecido en lo más mínimo; antes al contrario, el santuario ha ido floreciendo más y más. Su hospedería se ha renovado y ampliado. El templo y el camarín de la Virgen se han hermoseado, mereciendo el título de basílica menor, que le fue concedido por el papa Juan XXIII en 1962. Ultimamente se ha enriquecido con un notable museo, gracias a la munificiencia del patricio Antonio Mulet. Lluc sigue siendo, hoy como ayer, el corazón espiritual de Mallorca.

BIBL.: R. Busquets, *Llibre de la invención y miracles de la prodigiosa figura de Nostra Señora de Lluch*, Palm. 1684; ID., *Breve compendio del origen y milagros de la prodigiosa imagen de Nuestra Señora de Lluch*, Palm. 1783; M. Rotger, *Historia del santuario y colegio de Nuestra Señora de Lluch*, Palm. 1914: J. Obrador. *Santa María de Lluch. Historia de su colegiata*, Palm. 1952; G. Munar Oliver, *Breve historia del santuario y colegiata de Nuestra Señora de Lluch*, Palm. s.a.; D3, 20, 865 y 31, 1.076.

G. Munar

Madroñal, *Nuestra Señora del*, (Guadalajara). A unos 5 kms. de Auñón, en el monte llamado La Veguilla, mirando al pantano de Entrepeñas en el río Tajo, en un paraje poblado de pinos. Existe carretera hasta un kilómetro antes de llegar, pero con el inmediato proyecto de acabarla. Los edificios constan de una iglesia muy amplia, con grandes salas y una casa para el santero, que vive allí. Sobre su origen recogemos el relato de los declarantes de las *Relaciones Topográficas* según los cuales la Virgen se apareció sobre el tronco de una madroñera a un pastor, quien dio aviso a las autoridades religiosas y civiles de la villa. En solemne procesión la trasladaron a un cercano humilladero; tras una serie de prodigios deciden edificar allí una ermita. Su imagen, dicen, «está sentada en el mismo tronco de madroñera» y tenía un retablo alrededor con muchos misterios de santas y vírgenes. Este retablo se sustituyó en el siglo XVII por otro de escaso valor. En el siglo XVI cabrían en la ermita unas 400 personas. Llegó a tener, además del santero, cuatro capellanes «de misa» que hacían allí vida santa. Cuando no había capellanes, los patronos proveían que un sacerdote dijera allí misa todos los domingos y fiestas de la Virgen. Se le atribuían en esta época algunos hechos prodigiosos. Su recuerdo estuvo presente incluso en la batalla de Lepanto por obra de soldados naturales del lugar. Consignan estos declarantes que había por aquellas fechas otras cuatro ermitas más, dedicadas a San Bartolomé, San Miguel, San Sebastián y otra a Nuestra Señora del Rosario. Madoz la califica como «de buena y sólida construcción» y dice que se debía, según la tradición. a los caballeros de Calatrava a quienes pertenecía. Dice que en su tiempo se celebraban dos funciones religiosas: una el martes de Pentecostés y otra, el día del Dulce Nombre de María, esto es, el primer domingo después de la Natividad de María. Esta era la gran fiesta a la que acudían muchas gentes de los pueblos comarcanos. Tiene cofradía y se conservan varios libros de cuentas. En el archivo parroquial hay muchos datos sobre este santuario.

BIBL.: J. Catalina, *Relaciones topográficas de España. Provincia de Guadalajara:* Memorial Histórico Español, 41, Ma. 1903, 415-420; D7, III, 109; F. Vaquerizo Moreno, *Historia, romances y leyendas del Madroñal*, Torrejón de Ardoz 1970; J. García Perdices, *Cual aurora Naciente (Advocaciones Marianas de la Provincia de Guadalajara)*, Gua. 1964, 23-25. V. García Lobo

Majadas Viejas, *La Virgen de*, (Salamanca). A unos 3 kms. dirección Este del pueblo de la Alberca, partido judicial de Sequeros; título, debido sin duda, a que antiguamente fue «majadas de pastores». La tradición mantiene como cierto que una noche de tormenta un pastor de Monforte, por nombre Froilán, se guareció en las rocas y halló una imagen de la Virgen, que es una talla del siglo X u XI; por consiguiente, posterior a la invasión árabe. Conocido el hallazgo por las autoridades locales, procedieron a la erección de una ermita-santuario y en 1533 bulas papales concedían indulgencia plenaria a los visitantes. Una antigua leyenda cuenta que, por voto, las mujeres piadosas de la comarca alimentaban la lámpara que ardía ante la imagen, acto que realizaban a la hora de la puesta del sol.

BIBL.: D7, I, 316: *Santuario dedicado a Nuestra Señora de Majadas Viejas:* R17, 15(1929)186: *La Virgen de Majadas Viejas*, Anuario Católico Español, II, Ma. 1956, 466.

J. M. de Mora

Manzaneda, *Santa María de*, (León). Se levanta a un kilómetro de Manzaneda de Torío y a 17 de León. Viejo por su historia y moderno por las líneas de su arquitectura renovada. Es un oasis de espiritualidad para los creyentes de la ribera del Torío, que lo visitan con devoción y rezan ante su Patrona con religiosa afectuosidad. Tiene mucha historia guardada en sus muros. Los pergaminos de la catedral de León nos traen noticias milenarias de sus primeros tiempos, y los libros parroquiales de Manzaneda nos ayudan a reproducir el ambiente de las peregrinaciones y romerías que llenaban estos contornos.

Fue, antaño, desde el siglo IX, monasterio de monjes, a quienes fue encomendada la repoblación y el cultivo de estas vegas del Torío. Le gustaba al rey Alfonso III (866-910) esta ribera, que con la ayuda de los monjes se transformó en huerta y en granja agrícola para el abastecimiento de la ciudad de León, en aquellos duros tiempos de la Reconquista. Mas tarde, siendo rey Alfonso V, en el siglo XI, en etapa posterior a la invasión devastadora de Almanzor, se adaptó el monasterio a las necesidades sociales de la Iglesia. Por orden del obispo Froilán II, en 1002, quedó adscrito a la sede episcopal de León, destinando el fruto de las posesiones de los monjes para el sustentamiento de los canónigos de la catedral, que hacían vida comunitaria en el claustro de Santa María de Regla. En el siglo XII el obispo de León D. Diego, viendo que era muy difícil sostener en su rigor primitivo la vida de comunidad de los canónigos, determinó que cada uno tuviera una prebenda fija y vitalicia, aneja a su cargo. En consecuencia, asignó a cada canónigo su prebenda y sus rentas. A una de las primeras dignidades catedralicias le asignó el monasterio de Santa María de Manzaneda con todas sus posesiones. Esto ocurría el año 1120. Desde esa asignación ya no se vuelve a hablar, en los documentos, del monasterio ni de los monjes de Manzaneda. Es posible que la excesiva intervención del canónigo prebendado, en estas posesiones, fuera ocasión para que los monjes se ausentasen definitivamente. Existió, pues, la vida monacal en este rincón de la ribera, por espacio de unos doscientos años. Desde el siglo XIV solamente se menciona el santuario de Santa María de Manzaneda, dirigido por un canónigo de la catedral, que era rector y cura del mismo.

En favor del santuario existe un extenso *Memorial de gracias y perdones*, concedidos por varios papas y obispos, a través de los siglos XIV y XV. Es la época de las indulgencias, dadas con una finalidad espiritual, pero también pensando en reunir donativos para la obra, la fábrica, ornamentos, reparos y lumbre del santuario. Con estos donativos se pudo llevar a cabo la gran reconstrucción del templo, cuyas líneas principales llegan hasta nuestros días. La Virgen venerada presenta unas características, entre románicas y góticas, que hacen pensar que fue tallada bajo la inspiración de los imagineros de la catedral. Es de piedra calcárea roja, como las de aquel gran templo gótico. Está en posición estante, con una altura de 55 cms. Lleva el Niño en el brazo izquierdo, presentando ella un pomo en su mano derecha. Los pliegues de su manto y de su vestido tienen una cierta gracia expresiva que la hacen parecerse a las imágenes góticas. Puestos a asignarle un lugar en la cronología, la encajaríamos entre los siglos XIII y XIV. El año 1603, el papa Clemente VIII concedió un jubileo plenísimo a los cofrades de Santa María de Manzaneda, con gracias extraordinarias parecidas a las de los años santos de Roma.

En el siglo XVIII encontramos un santuario enriquecido con los donativos de los fieles, en forma de diezmos y primicias. Las fincas que le pertenecían en esa época tenían una extensión superficial de 116 fanegas. Con el fruto de estas riquezas se realizó una gran restauración en el santuario, que afectó al retablo barroco del altar mayor, a la imagen del Cristo del perdón. a la Virgen del Rosario, a los altares laterales y a otros elementos arquitectónicos del templo.

Y siguiendo el correr de los tiempos, le llegó al santuario la hora de la pobreza. En el año 1863 se llevó a efecto el plan de la desamortización, vendiendo en pública subasta, a favor del Estado, todas las posesiones territoriales del santuario, juntamente con las de la parroquia y de la catedral. Desde finales del siglo XIX empieza a venerarse la Virgen bajo el título o advocación de Nuestra Señora de los Dolores. No hay ninguna Dolorosa en el santuario que justifique esta tendencia. Debió de ser como un fenómeno del mimetismo, bajo la influencia de la gran devoción que imperaba entonces a la Dolorosa del Camino, patrona de la región leonesa. El santuario se convirtió en centro misional. Allí empezaban y allí terminaban todas las misiones predicadas en los pueblos de la ribera central. Allí se enfervorizaban las gentes, bajo la cálida oratoria de los misioneros. Y allí se hacían las promesas de intimidad religiosa.

Desde 1940 se nota un gran resurgimiento de devoción mariana en los pueblos de la ribera. Se organizan peregrinaciones, en acción de gracias, después de importantes acontecimientos. Se fomentan las visitas en los momentos más señalados de la vida familiar.

La fiesta religiosa principal se celebra el 14 de septiembre, en honor de los Dolores de la Santísima Virgen. Y el domingo siguiente tiene lugar la gran romería popular, con actos litúrgicos y folklóricos, que atraen miles de romeros.

BIBL.: M4, II, 284; ES, 35, 417 y apds. IV y VII; A. C. León, perg. 1.384; AHP León: *Catastro de Ensenada*, Manzaneda, y *Desamortización*, Manzaneda; Arch. parroquial de Manzaneda, *Memorial de Bulas*, núm. 1 y copia de la bula de Clemente VIII (pergamino); *Misiones en el Arciprestazgo de Torío*: Boletín del obispado de León, 15 (1878)437, 453-56, y 463-64.   M. González Flórez

Mar, *Santísima Virgen del*, (Almería). Patrona de la ciudad. Se venera en la iglesia del convento de los padres dominicos que los Reyes Católicos mandaron edificar después de la reconquista de la ciudad. La imagen se venera en el altar mayor.

La Virgen del Mar arribó a Almería de una forma milagrosa. En el mes de diciembre de 1502, Andrés de Jaén, vigía de la «Torre García» situada al oriente de la ciudad, en la playa que llega hasta el Cabo de Gata, muy cerca de Alquian, se vio sorprendido por algo que fulguraba flotando sobre las olas del mar y que el empuje de la marea dejaba depositado muy cerca de dicha torre. Se acercó a reconocer aquello que tanto brillaba

y quedó admirado cuando vio una pequeña imagen de la Virgen con el Niño Jesús en los brazos. Después de adorarla y besar sus pies la trasladó a la capital siendo instalada definitivamente en la iglesia de Santo Domingo, no sin antes mediar graves discrepancias entre el prior de la Orden dominicana y el cabildo de la catedral que el arzobispo de Granada decidió a favor de que la imagen permaneciera bajo la custodia de los citados religiosos. El hecho de que durante la II República quedase destruida la biblioteca y el archivo conventual nos priva de poder conocer a fondo las notables incidencias que en la vida de la ciudad ha tenido, a través de los siglos, la ferviente devoción a su patrona. Su fiesta se celebra el sábado anterior al último domingo de agosto.

BIBL.: *La Virgen del Mar:* Anuario Católico Español, II, Ma. 1956, 412; *La Voz de Almería*, núm. extr. (inaugural) s.a., 1-2.   M. Gutiérrez

Maravillas, *Nuestra Señora de las*, (Orense). En el término de Espinoso, ayuntamiento de Villanueva de los Infantes y partido judicial de Celanova. Se construyó este santuario entre los años 1646 y 1651, durante el episcopado de D. Antonio Paíno Osorio. La devoción a la Virgen fue en aumento como clave de renovación espiritual de la parroquia y con el natural menoscabo del culto parroquial. En febrero de 1702 se fundó una capellanía celativa y perpetua. El culto de la erm a absorbió poco a poco a la parroquia y así contini ó hasta 1802, año en que D. Miguel Abancéns se hizo cargo de San Miguel de Espinoso. Trasladó la imagen a la parroquial y cerró la ermita. Pasaron dos lustros y en este lapso de tiempo la ermita se había derruido. En 1813, tras no pocas deliberaciones, se empezaron las obras, determinando el sitio de la nueva ermita por sorteo en el actual emplazamiento y, a los tres años, el día de Pentecostés, 2-VI-1816, tuvo lugar la traslación solemne desde la iglesia de San Miguel. El edificio es una nave amplia en cruz latina con cúpula y esbelta torre. Preside el altar mayor la famosa imagen, cuya época y autor se desconocen.

BIBL.: D7, VII, 576; C. Gil Atrio, *Orense Mariano*, Or. 1954, 63-79.   IEF

Mártires, Los, (Asturias). Este santuario está situado en la aldea del municipio de Mieres, parroquia de Santa María de Valdecuna. El nombre de Mártires se atribuye al santuario dedicado a los mártires Cosme y Damián, cuyo culto se remonta según la tradición, al momento del traslado de las reliquias desde Toledo a Oviedo, cuando la invasión sarracena arreciaba en la Península. Algunas tradiciones sugieren que Pelayo acompañó a algunos clérigos en este tránsito. En 1960 una reforma en el altar mayor del santuario, puso al descubierto un altar de piedra de toscas formas, con una columna cuadrada, en la que encerraba un relicario en un hueco de su parte superior y recubierto con una lápida rectangular. Este altar, según Magín Berenguer, «lo encuadra cronológicamente entre los siglos VII y VIII». Con esta fecha, nos insinúa la antigüedad del santuario y su devoción, así como el conocimiento de estos santos en la España visigoda. Salvo este documento arqueológico, el templo no conserva ningún otro resto de su primitiva edificación. La fiesta de los santos mártires se celebra el 27 de septiembre con una ingente masa de peregrinos que acuden desde distintos lugares de la comarca a que acompañan abundantes manifestaciones populares y folklóricas. Tal es su resonancia que en 1970 fue declarada fiesta de «interés turístico». Una Hermandad de médicos y farmacéuticos, da cohesión a esta devoción y celebra su fiesta y reunión el lunes de Pascua.

BIBL.: L. S. Cerra, *Los mártires:* Gran Enciclopedia Asturiana, X, Gijón 1970, 254; D7, VII, 285.   A. Díez

Martirio, *Virgen del,* (Granada) patrona de Ugijar y las Alpujarras. Ugijar está enclavado en el corazón de las Alpujarras. Lugar encantador por su tierra fecunda y fértil, por su clima casi mediterráneo, por su hermosísima huerta rebosante de belleza y de contrastes. La antigüedad de sus escudos y casas solariegas nos hablan muy alto de la estirpe y nobleza de sus habitantes. En la iglesia parroquial de Ugijar se venera una preciosa imagen de la Virgen a la que los hijos de esta tierra llaman su «Morenica», Nuestra Señora del Martirio, patrona de las Alpujarras. La carencia de documentación anterior al siglo v no nos permite fijar con precisión la antigüedad y devoción de esta bella imagen, ni el lugar o santuario en que antes se la veneró. Los orígenes históricos de Nuestra Señora del Martirio se remontan a la época de la reconquista de Granada en tiempos de los Reyes Católicos. El título de Virgen del Martirio está íntimamente ligado con el martirio de tantos cristianos, hijos de las Alpujarras, muertos durante la sublevación de los moriscos (año 1568-1571) y a los que según la tradición, la soberana Señora vino a dar aliento y fortaleza. En el archivo del arzobispado de Granada (Secretaría de Cámara) existió un manuscrito del siglo XVII —hoy desaparecido— con las célebres «Actas de Ugijar». Se trata de un traslado notarial sacado en 1668 por D. Juan Leiva, canónigo doctoral y visitador general del arzobispado —más tarde obispo de Almería— a instancias de D. Diego Escolano, arzobispo de Granada, en el que se recogen informaciones y se justifican los sufrimientos, martirios, etcétera, padecidos por numerosos «cristianos viejos» del partido de las Alpujarras, durante la rebelión de los moriscos «por el año de mil quinientos sesenta e ocho». Estos mismos hechos, revestidos de imaginación y detalle, aparecen en el «Memorial del arzobispo Escolano», dirigido a la segunda esposa de Felipe IV, D.ª Mariana de Austria, en 1671. Durante esta terrible persecución, numerosas iglesias, santuarios, imágenes, etcétera, fueron incendiados o profanados. La antigua iglesia parroquial de Ugijar con su venerada imagen fue objeto del mismo furor. Sometida la imagen a profanación, dicen las crónicas, que veintisiete años después de haber sido acuchillado su rostro, apareció de nuevo en un pozo donde tal vez vino a parar arrojada por los musulmanes o —como aseguran otros— encubierta y oculta por algún cristiano devoto. Trasladada a la antigua iglesia parroquial (fines del siglo XVI) bajo la advocación de Virgen del Martirio, su culto y devoción popular se extiende a toda la serranía de las Alpujarras. A principios del siglo XVII el ayuntamiento de Ugijar actúa ya como mayordomo y promotor del culto y fiestas de Nuestra Señora del Martirio y desde entonces siguen acudiendo a invocarla todos los vecinos de Ugijar y numerosos devotos de la comarca alpujarreña.

BIBL.: *Actas de Ugijar* (1671): Archivo diocesano de Granada y parroquial de Ugijar; D. ESCOLANO, *Memorial a la Reina N.ª S.ª cerca de las muertes que en odio de la fe y religión cristiana dieron los moriscos rebelados a los cristianos viejos... en el levantamiento del año 1568.* Gra. 1671; J. ANTOLÍNEZ, *Historia eclesiástica de Granada,* Arch. Sacro Monte; J. DE CÁRDENAS Y ZÚÑIGA, *Historia de la rebelión y castigo de los moriscos del reino de Granada,* Ma. 1907; M. LAFUENTE ALCÁNTARA, *Historia de Granada,* Gra. 1843. comprendiendo las de sus cuatro provincias, Gra. 1843.
J. L. PALMA

Mayor, *Santa María la,* (Pontevedra). En la capital, diócesis de Tuy. Situada en la ría de su nombre.
La construcción de la colosal iglesia de Santa María la Mayor es de 1555 por el gremio de mareantes. El culto a María se pierde en el pasado. Actualmente recibe el privilegio de basílica. Se levantó en el siglo XVI sobre un templo románico con tres naves de pilares funiculados, cubiertas con bóveda de crucería, con capillas laterales y ábside poligonal. La fachada principal es obra de Cornielis de Holanda. En el centro hay un rosetón en el que se representa la coronación de la Virgen y La Trinidad. El templo conserva retablos barrocos.

BIBL.: *Santa María la Mayor:* Anuario Católico Español, II, Ma. 1956, 460; D7, XIII, 150; *Tesoros Artísticos de España,* Ma. 1973, 517.
A. DIEZ

Medinaceli, *Cristo de,* (Madrid). El templo del vulgarmente llamado «Cristo de Medinaceli» es, sin duda alguna, uno de los más conocidos y frecuentados de los habitantes de Madrid. Por otra parte su fama ha trascendido a toda España y traspuesto incluso las fronteras de nuestra patria. Tal popularidad se debe más que nada a la imagen de Jesús Nazareno, que en dicho templo se venera.
Iglesia. La actual, de la que es también titular Jesús Nazareno, tiene solo cuarenta y cinco años de existencia. Se levanta en la plaza de Jesús, así llamada porque la calle de Cervantes, antes de su prolongación hasta el paseo del Prado, hacía un recodo, a modo de plaza, justamente delante de la antigua capilla de Jesús. La nueva iglesia, de estilo renacimiento modernizado, se construyó bajo la dirección del arquitecto madrileño Jesús Carrasco. Consta de tres naves que miden 21 metros de ancho sin contar las capillas laterales; la nave central tiene 21 metros de alto, 12 de ancho y 43 de largo, sin incluir el camarín de Jesús, que forma cuerpo aparte. A la izquierda van cuatro capillas, siendo la más espaciosa la sacramental dedicada a la Inmaculada. Vino a sustituir a la antigua capilla, de reducidas proporciones, construida asimismo en honor de Jesús Nazareno, que iba pared por medio con la iglesia de trinitarios descalzos; aquélla hacía esquina y ésta, junto con el convento, ocuparon el solar en el que se levantaron los actuales convento e iglesia de capuchinos. Dicha capilla primitiva de Jesús, inaugurada en 1689, se amplió en 1716, y en su altar mayor nuevo y de mármol jaspeado, fue colocada la imagen del Nazareno en 1736. Este altar pasó a ocupar el crucero de la iglesia en 1930 y está dedicado a san Francisco de Asís.
Del culto de la mencionada primitiva capilla cuidaron los trinitarios descalzos hasta 1836, en que se cerró al culto permaneciendo así hasta 1846. Un sacerdote secular se hizo cargo de ella bajo los auspicios y patronazgo del duque de Medinaceli, quien la cedió a los capuchinos el 7-VII-1895, al igual que cuanto en la misma había. De escaso mérito artístico y arquitectónico, fue derribada en agosto de 1922 para solar de la nueva iglesia. Esta se inauguró el 21-X-1930, siendo consagrada por el entonces obispo de Madrid-Alcalá, D. Leopoldo Eijo y Garay. De ella se incautaron las milicias rojas la tarde del 21-VII-1936, destinándola a garaje y capilla ardiente. No fueron grandes los desperfectos causados, aunque destrozaron los altares y casi todas las imágenes, algunas de mérito. El 28-III-1939 regresaron los capuchinos a su convento e iglesia. Fueron reparándola, completándola y embelleciéndola paulatinamente, dotándola asimismo de un grandioso órgano en 1952. El culto fue aumentando notablemente, por lo que el arzobispo de Madrid-Alcalá D. Casimiro Morcillo creyó oportuno elevarla a la categoría de parroquia, lo que efectuó en agosto de 1965. Finalmente, Pablo VI, por su Breve del 1-IX-1973, le otorgó el título y honor de basílica menor con todos los derechos y privilegios. La proclamación del mismo fue hecha por el cardenal-arzobispo D. Vicente Enrique y Tarancón, en solemnísima función religiosa, la tarde del 16-XI-1973, primer día de la novena en honor de Jesús Nazareno.

Imagen de Jesús. Su origen e historia ofrecen pormenores interesantes y que llaman la atención. La realidad de los hechos, comprobados por abundantes documentos fidedignos, puede resumirse así. Procede de la iglesia capuchina extramuros de la ciudad de Sevilla. Para ser venerada allí fue tallada por Juan de Mena o uno de sus más aventajados discípulos en la primera mitad del siglo XVII. En dicha iglesia continuó hasta 1665-1668, poco más o menos. En esos años Bartolomé Murillo pintó con destino a la misma los famosos lienzos que hoy se admiran en el Museo de la capital del Betis. Tales cuadros sustituyeron bien pronto a las imágenes de talla, que en los altares de aquella se veneraban, las que se distribuyeron por otros conventos capuchinos. Entre ellas, la de Jesús Nazareno, que los religiosos destinaron a la capilla de la plaza africana de Mamora. Esta plaza está situada en una colina próxima a la desembocadura del río Sebú, que servía de refugio a numerosos piratas. Por eso Felipe III decidió su conquista, lo que se logró el 7-VIII-1614. Una vez fortificada, se puso en ella guarnición de 300 soldados, cuyo cuidado espiritual fue encomendado a los franciscanos, hasta 1645, en que fueron relevados por los capuchinos. Para entonces y desde 1643 Mamora era llamada también San Miguel de Ultramar. A poco de arribar estos religiosos un voraz incendio se declaró en la capilla contigua al hospital de la plaza. Cuanto en ella había fue pasto de las llamas, menos el sagrario. Los capuchinos se apresuraron a proveerla de ornamentos, vasos sagrados e imágenes que, en número no inferior a 17, fueron transportados allí, entre otras ésta de Jesús, por los expresados años 1665-1668. Pero Mamora fue siempre apetencia del rey moro Muley Ismael, quien desde Fez desencadenó contra ella frecuentes ataques. Decidido a conquistarla a toda costa, la cercó con un numeroso ejército en la tarde del 26-IV-1681. Impotente la guarnición para defenderla, decidió rendirse, como lo hizo el 30 del mismo mes. Cuanto en la plaza había fue transportado como botín de guerra a Mequinez, residencia de Muley Ismael. La misma suerte corrieron las imágenes que fueron luego arrastradas ignominiosamente por las calles. La Corte española se preocupó, más que de recuperar la plaza, de rescatar tanto el personal allí existente, como las imágenes sagradas. Los trinitarios descalzos se encargaron oficialmente de todo. En sucesivas etapas fueron llevando a cabo ese delicado cometido. Las imágenes, entre ellas la de Jesús Nazareno, fueron rescatadas a fines de enero de 1682. Una vez en su poder, las llevaron a Tetuán, luego a Ceuta, Gibraltar y Sevilla, y, por fin, a Madrid. Se quería hacer en la capital de España público desagravio. Llegadas a la Corte en la segunda quincena de agosto de aquel año, se fijó el primer domingo de septiembre, día 6, como más a propósito para lo que se intentaba. Ese desagravio consistió en una solemnísima procesión, presidida por las autoridades madrileñas, en la que todas las imágenes rescatadas, en número de 17, eran portadas en suntuosas andas, recorriendo las calles en medio de las plegarias y aclamaciones de la gente, que devotamente se arrodillaba a su paso. Finalizada la procesión, la imagen de Jesús se colocó en lugar destacado de la iglesia de trinitarios, hasta 1689, en que pasó a la capilla levantada en su honor. Allí continuó hasta 1836, en que la capilla se cerró al culto y la imagen se llevó primero a la iglesia de Montserrat, sita en la plaza de Antón Martín, y luego a la parroquia de San Sebastián. De aquí fue devuelta a su capilla en 1846. Derribada ésta en 1922, mientras se construía la nueva iglesia estuvo en la provisional constituida por dos pisos del convento de capuchinos. En la tarde del 21-X-1930 en solemnísima procesión se la trasladó al camarín, amplio y cómodo, expresamente construido para la imagen y al que dan acceso dos escalinatas laterales para facilitar la subida y adoración que tiene lugar todos los viernes. A lo dicho, hay que añadir estos hechos. La imagen de Jesús, al tener lugar el Alzamiento nacional, fue escondida el mismo día 18-VII-1936 en la cripta de la iglesia y en sitio convenientemente preparado. Los milicianos que se incautaron de convento e iglesia el día 21, la buscaron ansiosamente. No fue encontrada hasta mediados de febrero de 1937 y además casualmente. Identificada previamente, una orden superior mandó llevarla a la iglesia del Patriarca, de Valencia; más tarde pasó al castillo de Figueras y de aquí a Ginebra para que formase parte de la Exposición Internacional de Arte, que allí se proyectaba. Finalizada la guerra de liberación y hechas las gestiones para devolverla a su iglesia, llegaba a Madrid en la tarde del 13-V-1939, quedando depositada en el convento de la Encarnación. De la iglesia de religiosas agustinas partió la tarde del siguiente día, domingo, la nutridísima procesión, presidida por las autoridades, en la que la imagen de Jesús, en medio de incesantes aclamaciones de incontable muchedumbre, recorrió las calles del trayecto hasta la propia iglesia, siendo de nuevo colocada en el camarín que por fortuna ni fue destruido ni tampoco había experimentado grandes desperfectos.

Devoción a Jesús Nazareno. En la tarde de aquel domingo de septiembre de 1682, en que por vez primera recorrió triunfalmente las calles y plazas de Madrid, se inició ya la devoción a esta imagen de Jesús Nazareno, llamado en un principio el Rescatado, más tarde, Nuestro Padre Jesús Nazareno y, desde mediados del siglo XIX, el «Cristo de Medinaceli». Prueba singular es la capilla que se le dedicó en 1689, en la que, como afirma Ponz a mediados del siglo XVIII, «lo más notable es la veneración que se da a esta santa imagen de Jesús Nazareno». Pero mucho antes, en 1705, un trinitario, entusiasta y panegirista de esta devoción, el padre Eusebio del Santísimo Sacramento, constataba ya el hecho y daba la razón del incremento de esta devoción: «El haber crecido tanto ha sido por los innumerables milagros que ha obrado Cristo, Redentor nuestro, en esta santa imagen, cautiva y rescatada. Baste decir que no se hallará especie de trabajo de que muchas veces no haya librado a sus devotos, tribulación en que no haya dado consuelo, ni enfermedad que con su invocación no haya cesado. Resplandece con especialidad en trocar corazones obstinados y convertir con su vista a los pecadores más endurecidos». Estas palabras resumen de modo admirable la historia de esta devoción que muy pronto se propagó por toda España, Polonia, Austria, Italia, Hungría y se hizo popular incluso en América. Antes de 1836 no había iglesia trinitaria en nuestra patria, en la que no fuese venerada una imagen de Jesús Nazareno, reproducción mejor o peor de esta de Madrid. Para fomentar dicha devoción se organizaron desde los primeros años y continúan celebrándose cultos especiales todos los viernes, sobre todo los de cuaresma, con asistencia de fieles verdaderamente multitudinaria. Con ese mismo objeto se tiene la novena que anualmente se dedica a Jesús por el mes de noviembre y, asimismo, el triduo preparatorio del primer viernes de marzo. Finalmente, hay que destacar la grandiosa procesión con la imagen, portada en magnífica carroza por las calles de la capital, con asistencia incalculable, que viene repitiéndose el Viernes Santo desde comienzos del siglo XVIII. Y con idéntica finalidad se estableció la Congregación o Esclavitud de Nuestro Padre Jesús Nazareno, que ha contado siempre con varios miles de cofrades, teniendo agregadas otras filiales en toda España. Y como prueba y fomento de la misma devoción con las incontables imágenes, reproducción más o menos fiel de ésta de Madrid, la verdadera y auténtica rescatada de los moros, que reciben culto en iglesias o en casas particulares de España y del extranjero. Los cuadros, estampas o medallas de la misma, repartidas cada año, se cuentan por cientos de miles. Por otra parte, expresión de la popularidad de tal devoción son las continuas visitas a su iglesia para orar, pedir una gracia, cumplir una promesa o practicar un acto de penitencia, y testigos de lo mismo son los miles de personas que todos los viernes vienen a ella para confesar, comulgar, oír misa o asistir a un acto de culto, y que la llenan materialmente desde primera hora de la mañana hasta las doce de la noche en que se cierra; número que aumenta considerablemente en los de cuaresma y de modo particular el primer viernes de marzo, en que, aparte del medio millón de fieles que ese día entra en el templo para rezar, se cuentan las 45.000 que pasan a besar la imagen, después de esperar no poco tiempo en las «colas», famosa en España y fuera de ella. Esa misma adoración se tiene igualmente todos los viernes.

Por último la floración más saliente de esta devoción son los frutos espirituales: los miles de confesiones y comuniones, repartiéndose más de 5.000 todos los viernes y pasando de 20.000 el primer viernes de marzo, con un total anual de más de medio millón. A lo que hay que agregar las frecuentes conversiones. Porque en la historia de la devoción a esta imagen no se refieren grandes milagros ni tampoco favores extraordinarios, pero sí otras muchas gracias sobre todo de conversión, trocando corazones obstinados o volviendo pecadores endurecidos al recto camino. Es una realidad consoladora que la experiencia de más de tres siglos ha enseñado y que se repite en nuestros días. Basta una mirada para sentirse impresionado, subyugado, sobrecogido ante esta singular talla del Nazareno, que mide 1,73 mts. en actitud de reo presentado a Pilato, con los brazos cruzados y sujetos con cordeles, y la mirada, sumisa y recatada, dirigida al suelo. Nos habla de dolor pero también, en su porte sereno y majestuoso, de realeza... Se impone al bueno y al pecador; invita al primero al amor, y convida al segundo al retorno, a la conversión, ofreciéndole generosamente el perdón.

BIBL.: *Constituciones de la Muy Ilustre, Noble y Piadosa Congregación de Esclavos de Jesús Nazareno, sita en su convento de Trinitarios Descalzos de Madrid*, Ma. 1723, 1752; S. DE SANTIBÁÑEZ, *Nuevos estudios acerca de la sagrada imagen de Jesús Nazareno, venerada en la iglesia de su nombre en la coronada Villa*, Ma. 1910; M. O. NOGUERA, *El Cristo de Medinaceli*, Col. Geografía Mística de España, II, Ma. (s.a., ¿1945?); B. DE CARROCERA, *La imagen de Jesús Nazareno o el Cristo de Medinaceli. Su origen. Su historia. Su devoción*, 3.ª ed., Ma. 1951, 1968, 1974.

B. DE CARROCERA

Mensegal, *Nuestra Señora del*, (Salamanca). Cerca de Endrinal de la Sierra, partido judicial de Sequeros, existió un pueblo llamado Mensegal. De él fue patrona la imagen de Nuestra Señora bajo la advocación del mismo nombre del pueblo. La ermita es el único edificio que actualmente se conserva del supuesto pueblo. La imagen es una hermosa talla con las manos en actitud de súplica y que recuerda las Concepciones de Murillo. La romería se celebra el lunes de Pascua, con asistencia de numerosos fieles. Las fiestas principales se celebran el 24 de junio y 27 de agosto de cada año.

BIBL.: *Nuestra Señora del Mensegal:* Anuario Católico Español, II, Ma. 1956, 463-464; D7, VII, 481.   IEF

Merced, *Nuestra Señora de la*, o Mare de Déu de la Mercé, (Barcelona) patrona de la ciudad de Barcelona, en la plazuela del mismo nombre y calle Ancha; iglesia construida por los mercedarios que la conservaron hasta 1835; desde 1868 iglesia parroquial. Según una tradición, que arranca del siglo XIII y bien desarrollada

en el XV la noche del 1 al 2 de agosto de 1218, la Santísima Virgen, rodeada de ángeles, se apareció a Pedro Nolasco, ordenándole fundara una Orden para la redención de cautivos, a la que ya se dedicaba él como apóstol seglar desde algunos años (desde 1203). Habiendo Nolasco manifestado esta revelación a su confesor, el canónigo Raimundo de Peñafort y al rey Jaime I, entonces un niño de trece años, ambos dijeron que aquella misma noche habían recibido la misma sugerencia celestial de que ayudaran a dicha fundación.

Tradición más o menos combatida como historia, parece cierto que Pedro de Nolasco tuvo una revelación sobrenatural por parte de la Santísima Virgen. Es seguro que el día 10 de agosto del mismo año se celebró solemnemente en la catedral barcelonesa el acto de la fundación de la Orden equestre de los mercedarios en presencia del obispo, y que el rey cedió como residencia inicial a Nolasco el hospital de Santa Eulalia, contiguo al palacio real y a la catedral. Pocos años después (1232) se trasladaron a un predio junto a la muralla de mar, cedido por E. de Plegamans, quien construyó además otro hospital de Santa Eulalia, lugar donde debía establecerse la casa matriz de los mercedarios y en donde aún hoy está la iglesia basílica de la Merced. En 1249 se construyó allí una iglesia gótica que, con ampliaciones, fue terminada a principios del siglo XV y que perduró hasta el 25-IV-1765 en que se inició la moderna, bendecida el 9-IX-1775. Arquitecto fue J. Mas. La planta es de cruz latina de 44,50 × 22 metros, estilo neoclásico con elementos del barroco, nave central y dos secundarias de paso a los altares laterales. Cúpula cimborio en el crucero, construida en 1888, coronada en la cúspide al exterior por una imagen de la Merced en bronce. Toda la iglesia sufrió violaciones en la guerra napoleónica y fue incendiada en 1936 con destrucción de altares, tribunas y sus celosías. Se reconstruyó el camarín en 1939-1943 con restauración de la iglesia, que se ha terminado muy recientemente.

La imagen de la Merced, colocada en el amplio camarín es una bellísima talla en madera, de 1,40 metros de altura, policromada. Figura de la Virgen sentada en un trono o cátedra muy similar a la famosa silla de plata del rey Martín, ahora peana de la custodia de la catedral, ambas obras seguramente de fines del siglo XIV. Lleva corona de estilo gótico y el cetro en la mano derecha y, sentado en su regazo, el niño Jesús, de talla muy posterior. Se atribuye al escultor-orfebre Pedro Moragues. Desde el siglo XVII hasta 1940 llevó vestidos postizos encima de un cono de cartón. En un inventario de 1829 se anotan 53 vestidos, dos de tisú; 23 blancos y varios de colores litúrgicos hasta un total de 53.

Procedentes de la iglesia antigua se conservan en el museo diocesano de Barcelona una imagen pequeña de 0,60 metros en mármol, de la Virgen y el Niño, y un gran relieve de la Virgen, de 2,20 × 1,40 metros, que estaría en algún portal, con el manto extendido acogiendo a los fieles. Representación parecida se ve en el pináculo de un retablo de san Vicente, pintura de Bernat Martorell (1452). Quizá esté relacionada con esta misma representación la de una clave en la crucería del presbiterio de la catedral de Barcelona, descubierta en enero de 1971. Podría ser la Virgen de la Misericordia o de la Merced, como era llamada en los primeros tiempos la Virgen mercedaria. Aún se halló otra imagen de esta Virgen en barro cocido policromado y del siglo XVI entre los escombros de la derruida anterior iglesia (1942).

Como manifestaciones bien documentadas de la devoción barcelonesa a esta imagen, fomentada naturalmente por la Orden mercedaria, cabe destacar la continua aportación de donaciones y limosnas para las obras del templo en sus diversas fases; las procesiones de rogativas en las necesidades públicas: peste en 1651, sequía en 1680, langosta en 1687, que dio ocasión a que la ciudad la declarara patrona; tifus en 1914. El padre Ribera recoge los muchos prodigios obrados por su intercesión. A partir del siglo XVIII se establecieron varias asociaciones piadosas bajo su advocación: Cofradía de la Esclavitud en 1739; la Salutación sabatina, que contaba con 3.000 asociadas en 1892; la *Laus perennis* en 1904; Corte de Honor, con 1.300 socios; Ropero de la Merced en 1903. La fiesta se celebraba desde el siglo XIII el día 2 de agosto, conmemoración del descenso o aparición a san Pedro Nolasco. Por mediación del emperador Leopoldo de Austria se extendió en 1696 su oficio a toda la Iglesia; en 1696 se trasladó la fiesta al 24 de septiembre. Desde 1888 es doble de segunda clase para toda España. Es la Patrona de la diócesis. Ultimamente, en 1968 (días 24 a 26 de septiembre se tuvo un Congreso mariológico mercedario y grandes fiestas populares para conmemorar el 750 aniversario del descenso y el centenario de la Coronación canónica (1868).

La devoción a la Virgen bajo la advocación de la Merced se extendió por todo el mundo, al mismo tiempo que lo hacía la Orden mercedaria. Son innumerables las iglesias y capillas e imágenes con esta advocación mariana y particularmente en la América hispana.

BIBL.: M. RIBERA, *Prodigios y excelencias de la perla de Barcelona la milagrosísima imagen de N.ª Sra. de la Merced*, Ba. 1738; A. A. PI Y ARIMÓN, *Barcelona antigua y moderna*, Ba. 1854, 491-97; M. SALÓ, *La imagen de Nra. Sra. de la Merced*, Ba. 1881 y 1892; C. BARRAQUER, *Las casas de religiosos en Cataluña*, II, Ba. 1906, 105-130; F. GAZULLA. *La reina de Barcelona y su trono*, Ba. 1910; ID., *La patrona de Barcelona y su santuario*, Ba. 1918; MIGUEL D'ESPLUGUES, *Nostra Senyora de la Mercé*, Ba. 1916; F. SOLÁ, *La Mare de Déu de la Mercé:* La Veu del Angel de la Guarda, 17(1925)210-17, 242-47, 270-78, 310-16; F. GAZULLA, *La Orden de la Merced. Estudios históricos*, I, Ba. 1934; J. FERRANDO ROIG, *La basílica de la Merced*, Ba. 1941; *Catálogo monumental de España, Barcelona*, Ba. 1950, 191-95, figs. 959-977; A. FÁBREGA GRAU, *Santuarios marianos de Barcelona*, Ba. 1954, 15-25; LL. CASTELLS, *L'advocació mariana de la Mercé*, en Mensaje Mercedario (Congreso mariológico mercedario), vol. III, Ba. 1969, 85-96; A. SECO, *Nra. Sra. de la Merced. Su mensaje y su devoción primadas en las Américas:* ibiden, 99-112.
J. VIVES

Merced, *La Virgen de la,* (Cádiz). En Jerez de la Frontera. Cuatro años después de la conquista de Jerez, se fundó el convento de la Merced en la ciudad por el obispo mercedario san Pedro Pascual. En los comienzos de la obra, al efectuar los cimientos, encontraron un horno de cerámica, donde cocían tejas y ladrillos. Uno de los religiosos que trabajaba en dichas excavaciones, encontró dentro del horno la imagen de Nuestra Señora de la Merced, bien conservada en talla de madera. Todo parece indicar que la imagen fue escondida al terminar la monarquía goda con el desastre de Guadalete por fervientes cristianos, temerosos de los ultrajes que prodría recibir de los invasores. Para testimonio de la fe mariana del pueblo jerezano, se sabe que en 1272 fue aclamada por el pueblo como patrona y abogada. En 1600 el Ayuntamiento se obligó bajo voto a acudir todos los años el 15 de agosto a dicho santuario. La iglesia es de estilo gótico, el coro descansa sobre un arco rebajado y el claustro fue construido en 1605; el retablo data de 1654, obra de Felipe de Ribas, estilo barroco. En una urna central se halla la talla gótica de Nuestra Señora de la Merced. En el pontificado de Pío XII recibió la confirmación oficial como patrona de la ciudad por un «Rescripto» del Vaticano. Con esto se cumplió un deseo manifestado durante muchos siglos por los jerezanos.

BIBL.: *La Virgen de la Merced:* Anuario Católico Español, II, Ma. 1956, 427; *Tesoros Artísticos de España*, Ma. 1973, 345.
A. DIEZ

Mérida, *Santa Eulalia de,* (Badajoz). Las primeras noticias sobre el templo-basílica levantado en Mérida a la memoria de su mártir Eulalia proceden del poeta hispano-latino Aurelio Prudencio Clemente (348-405?). En el himno III del *Peristephanon*, vv. 191-200, describe el conjunto: revestido de mármol, de rico artesonado y pavimento de mosaico, admiración de peregrinos y nativos, es el mejor relicario para albergar las cenizas de la joven heroína. Es posible que el culto sepulcral a la santa arranque de los tiempos del obispo Liberio (295-314), bajo cuyo pontificado ocurrió su martirio. Por los años de la caída del Imperio, la fama de sus riquezas despierta la apetencia de los invasores: en la *Chronica* de Idacio se nos dice que el rey vándalo Hermingario murió ahogado en el Guadiana en castigo por haber injuriado a Santa Eulalia; y que Theudorico tuvo que desistir de sus intentos de saquear Mérida, como antes había hecho en Braga, aterrorizado por ciertas visiones (cfr. PL 51, 879 y 886; MGH, Auct. Antiq. XI, 21, núm. 90). La época visigoda le depara su momento de mayor esplendor. Hasta él llega como peregrino san Gregorio de Tours (539-593), quien nos refiere la historia de dos árboles plantados en su atrio, que florecen repentinamente el día de la fiesta de la mártir (10 de diciembre), efecto de las plegarias de sus devotos y señal de ubérrima cosecha (cfr. *De gloria martyrum*, cap. 91; PL 71, 785; MGH, Scrip. R. Mer., I, 548-549). Otro visitante ilustre es san Fructuoso de Braga, según refiere el autor de su famosa *Vita* (cfr. XI, 4-7; edic. Nock, p. 106-107; edic. Fernández Pousa, p. 76-77). Profusión de datos encontramos en la única obrita que nos ha legado la antigua cristiandad emeritense, la *Vitas sanctorum patrum emeretensium*, de autor anónimo que vive hacia el 636. Así sabemos que junto al templo existe por entonces el también llamado «monasterio de Santa Eulalia», adonde se retiran sus obispos ancianos; que en el mismo templo, junto a las cenizas de su titular, reciben sepultura y son venerados los protagonistas del relato anónimo citado; que el obispo Fidel (560-571?) enriquece la fábrica con dos torres gemelas; y que en tan sagrado recinto tiene lugar la donación de una túnica o casulla que hace la mártir al obispo Masona; y éste habría de ocultar a la rapiña del arriano Leovigildo. Con la invasión árabe el templo se arruina, hasta el punto de que al ser reconquistada la ciudad hubo de hacerse rápidamente la más importante de sus reconstrucciones: se labra la portada lateral sur, cercana al presbiterio («de arco abocinado de medio punto, con tres baquetones apeados sobre otros tantos pares de columnas y cobijado por un cornisón que se apoya en una fila de canecillos», según describe Monsalud); y se elevan los muros de todo el edificio, apreciándose aún hoy la línea de unión de la antigua sillería con la parte restaurada. De esta misma fecha es parte de la techumbre de alfarje, con la que se cubrió la nave meridional. Por un privilegio del Gran Maestre de la Orden de Santiago, D. Lorenzo Suárez de Figueroa (año 1400), sabemos que hubo de hacerse otra reparación a principios del siglo XV. Del siglo XVI es la segunda portada de la misma fachada meridional, de arco trilobulado, apoyado sobre impostas y cubierto por un sencillo entablamento. Es por entonces (año 1500), con motivo de las obras para la apertura de una puerta de acceso a la actual sacristía, cuando tiene lugar el descubrimiento de las reliquias «de hasta doce o catorce santos» según Ambrosio de Morales, cuya solemne traslación al altar mayor, en 1556, describe minuciosamente Bernabé Moreno de Vargas (cfr. *Historia de la ciudad de Mérida*, Mérida 1892,

289-291). Poco después, los cofrades de la santa ven premiada su devoción por la concesión de gracias y privilegios especiales, en un Breve de Clemente X (24-VIII-1674); llévanse a término nuevos retoques ornamentales por D. Pedro de la Hoya en 1734.

A principios del siglo XX, el templo presentaba el lamentable estado del resto de los monumentos emeritenses: abandono e incuria que denuncia Ae. Hübner refiriéndose a otros campos (cfr. *Nouvelles inscriptions latines d'Emerita Augusta en Espagne*: Revue des Etudes Anciennes, 2(1900)145-146), con palabras que bien podían aplicarse al recinto eulaliense. Al marqués de Monsalud se debe la iniciativa de una campaña que llevaría a la declaración del templo como monumento nacional (22-VII-1910); y la Subcomisión de Monumentos de la ciudad presionaría sobre la urgencia de una última reparación general que lleva a cabo con tanto empeño el recordado párroco de esta iglesia, D. César Lozano Cambero († 1949).

BIBL.: B. MORENO DE VARGAS, *Historia de la ciudad de Mérida*, Mérida 1892, 208-211; A. F. FORNER Y SEGARRA, *Antigüedades de Mérida*, Mérida 1893, 175-181; MARQUÉS DE MONSALUD, *El templo de Santa Eulalia de Mérida*: R59, 50(1907)442-456; J. N. GARVIN, *The Vitas Sanctorum Patrum Emeretensium*, Wa. 1946, 307-308; J. R. MELIDA Y ALINARI, *Catálogo Monumental de España. Provincia de Badajoz*, II, Ma. 1925-1927, 11-13. A. CAMACHO

Merteira, *Nuestra Señora de la,* (Orense). Pertenece a la parroquia de Santa María de Lamela, situado a 5 kms. de Orense por la carretera de Trives. Su fiesta se celebra el domingo de mayo posterior y más próximo a «Los Gozos».

BIBL.: D7, X, 55; C. GIL ATRIO, *Orense Mariano*, Or. 1954, 160-61. IEF

Mezonzo, *Santa María de,* (La Coruña). En el partido judicial de Arzua del ayuntamiento de Vilasantar, diócesis de Santiago de Compostela. En una antigua iglesia se instala en el año 871, en virtud de un solemne pacto, una comunidad religiosa mixta que se compromete a seguir la regla trazada por los Santos Padres. Fue fundado este monasterio como «monasterio de herederos». En el vivió san Pedro de Mezonzo. En el siglo VXI figuraba entre los prioratos de San Martín Pinario. De todo el edificio queda actualmente la iglesia que se ha transformado en la parroquial del lugar. Consta de tres naves con sus correspondientes ábsides. El central tiene tres ventanales de medio punto y alero con decoración de friso de arquillos. El testero de la nave central tiene un rosetón con arquillos lobulados. La portada se abre entre contrafuertes y es de archivoltas sobre columnas, con una ventana abocinada.

BIBL.: M. LOSADA, *La iglesia de Santa María de Mezonzo*: R58, 8(1914-15)12-15; M71, II, 67, 403; A. LÓPEZ FERREIRO, *Historia de la Iglesia de Santiago de Compostela*, II, Sant. 1899, 259-61; H. DE SÁ, *El monacato en Galicia*, I, Cor. 1972, 343; M. ARIAS, *Los monasterios benedictinos de Galicia*: R206 bis, 8(1966)35-69; *Tesoros Artísticos de España*, Ma. 1973, 452; *Mezonzo, Santa María (La Coruña)*: DHEE, III, Ma. 1973, 1598. IEF.

Milagro, *Nuestra Señora del,* (Lérida). En Balaguer, partido judicial, diócesis de Seo de Urgel. Situado en la calle de su mismo nombre, sobre cuyo origen es conveniente recoger los datos que nos ofrece una antigua tradición. Ocupada Balaguer en el año 950 por los árabes, donde habitaban con los cristianos en paz, una mora bajó al huerto de su casa y, cavando, tropezó su azada con un bulto; pensando que sería una piedra procuró sacarla de su sitio, pero al momento reparó que era una estatua o imagen de una señora con un niño en el brazo derecho; se la llevó y a fin de limpiarla de la mucha tierra que tenía la puso en la vasija de la colada. Hecha esta operación, subió por fuego una cristiana vecina y habiendo observado ésta que en vez de salir lejía del cuenco brotaba sangre, lo advirtió a la dueña de la casa que, asombrada, contestó que sólo había entre la ropa una figura de piedra encontrada en el huerto y, sacándola, vieron que de la imagen salía sangre; las mujeres extrañadas exclamaron ¡milagro, milagro! Conocida la novedad por la comunidad cristiana, se trasladó dicha imagen a la iglesia de San Salvador y en el huerto donde fue hallada se edificó un pequeño templo. En 1600, con motivo de los muchos prodigios que obraba la Virgen, determinaron los vecinos construir otro mayor y más suntuoso en donde se depositó la imagen; para tal fin demolieron la antigua capilla convirtiendo en santuario todo lo que antes era huerto y en 1699 Balaguer, en votación pública, la reconoció y proclamó por Patrona.

BIBL.: D7, III, 315; E. MORENO CEBADA, *Glorias Religiosas de España*, II, Ba.-Ma. 1867, 563-570. J. M. DE MORA

Milagros, *Nuestra Señora de los,* (Cádiz). En el Puerto de Santa María. El antiguo Puerto de Muesteo, hoy ciudad y Puerto de Santa María debe su nombre a su patrona Santa María, cuya imagen —según la tradición— descubrió milagrosamente el Rey Sabio hacia el 1264 cuando volvía triunfante de la conquista de Sanlúcar. Son distintas las opiniones a la hora de explicar el hecho milagroso. Quieren unos que sea la Santísima Virgen quien se apareciera al Rey y, otros, que su imagen se halló conservada intacta —por un milagro de la Señora— entre los escombros de la antigua ciudad de Muesteo desde la pérdida general de España tras la invasión musulmana. Una tradición bastante fundada asegura que esta imagen, por la que Alfonso X sintió verdadera devoción y a la que dedicó hermosas loas en sus célebres Cantigas— había permanecido enterrada intencionadamente en los fosos de un castillo, sin duda, para preservarla de la profanación. El Rey Sabio cuenta en la Cantiga 356 cómo, faltando maderas para terminar el templo que había prometido a Nuestra Señora, el río Guadalete tuvo una gran crecida y sus aguas arrastraron la madera necesaria para las obras. El rey de Castilla amplió generosamente su promesa y después de reedificar la mayor parte de la población con su hermoso templo, colocó en lugar preeminente la sagrada imagen de Santa María del Puerto a la que más tarde el pueblo denominaría Nuestra Señora de los Milagros. El pueblo portuense atribuye a esta imagen y Virgen protectora numerosos milagros y prodigios, y a ella acude en todos sus momentos de angustia celebrando solemnes rogativas y procesiones.

BIBL.: E. MORENO CEBADA, *Glorias Religiosas de España*, I, Ba.-Ma., 1866, 257-266; *Nuestra Señora de los Milagros*: Anuario Católico Español, II, Ma. 1956, 425-426. A. RIESCO

Milagros, *Nuestra Señora de los,* (Orense). En Monte Medo. No es una exageración decir que este santuario es el más conocido y concurrido de toda Galicia. Está situado en la cima de una pequeña colina, conocida por el nombre de Monte Medo, al abrigo de la alta cumbre del Sanmamed, que es como un pequeño Everest en medio de la región gallega. Rodeado de verdes y añejos robles y altos eucaliptos, sus torres se divisan desde muy lejos. Son como el faro en torno al cual giran los pueblos de la comarca de Maceda, Baños de Molgas y Villar de Barrio.

Le hacen escolta una serie de pequeñas capillas, con diversas escenas de la Pasión, colocadas en forma de círculo, a lo que la gente suele llamar «el calvario». El clima y la temperatura es muy agradable durante los meses de verano, época en que más visitas recibe. Está bien comunicado por carretera y dista de Orense 30 kilómetros, cuyo recorrido, y aun desde más distancia suelen hacer a pie y descalzos muchos peregrinos que hacen voto de realizarlo de esta manera para obtener alguna gracia del cielo.

El ilustre escritor orensano D. Vicente Risco lo describe así: «El templo es de estilo barroco con dos grandes torres campanarios y dos más pequeñas a los lados. La iglesia tiene tres naves con tribunas y bóvedas de media naranja. Dos sacristías laterales y ábside semicircular, adornado al exterior con nichos y estatuas. Decoran la fachada varias estatuas de santos y las del Salvador y la Virgen. Tiene tres puertas adinteladas, habiendo sobre la central un hermoso balcón volado con un altar.»

Circula una piadosa tradición popular según la cual una pastorcita de un pueblo cercano encontró la imagen en el hueco de un añoso roble, que pertenecía a la antigua ermita de la «Defensa», y este hallazgo fue motivo para la construcción de otra nueva que fue el origen al santuario actual. Su fama se debe a varias curaciones milagrosas que a principios del siglo XVIII acontecieron en este lugar. Esto mismo ha sido la causa que desde entonces se venere a esta imagen con el nombre de «La Virgen de los Milagros». La fiesta principal se celebra durante los días 7 y 8 de septiembre, a la que precede una novena muy concurrida por habitantes del contorno, que acuden de madrugada entre cantos y plegarias a los pies de la «santiña», como dicen ellos. Es impresionante contemplar estas peregrinaciones cada mañana, bajo la luz de la aurora y la brisa del río Arnoya, famoso por sus truchas, que entre bellos remansos corre por estas tierras.

Junto a lo religioso, hay que destacar el aire humano, y por eso también cristiano, que rodea al recinto sagrado. Los alrededores están poblados de pequeños toldos y tiendas que ofrecen al visitante los mejores platos que le apetezca degustar bajo la fresca y tupida sombra que guarda y defiende al verde césped que cubre la tierra. Calderas de cobre, llenas del sabroso «pulpo da feira», perfuman el ambiente con el agradable olor de este pescado, que se considera como el marisco de los pueblos gallegos. Como música de fondo, que los altavoces transmiten constantemente y el pueblo repite casi con cierta «morriña», de regreso para sus hogares, suena el himno de Los Milagros: —¡Oh, Virgen de Los Milagros-De Orense joya preciosa-Intercede por nosotros-Virgen Madre milagrosa!...

BIBL.: C. GIL ATRIO, *Orense Mariano*, Or. 1954; J. M. MARTÍNEZ DE PAZOS, *Historia del célebre Santuario de Nuestra Señora de los Milagros*, Sant. 1891; B. PARADELA, *El santuario de Nuestra Señora de los Milagros*, Ma. 1929; F. CARBALLO, *El santuario del Monte Medo*, Or. 1963.
A. DIÉGUEZ AÑEL

Milagros, *Virgen de los*, (Soria). En Agreda que es hoy una de las más importantes y florecientes poblaciones de Soria. Y, sin duda, lo ha sido desde muy antiguo, a juzgar por el valioso acervo artístico que conserva, especialmente en escultura y pintura religiosas; pero sin olvidar importantes restos arquitectónicos, incluso, de la dominación romana. La vida religiosa de esta ilustre villa y de su extensa y fértil comarca polariza, desde hace siglos, en una devoción tierna y profunda a la Madre del Cielo bajo la dulce advocación de *La Virgen de los Milagros*. Su imagen es una bella talla de madera policromada, del siglo XIV. La Virgen lleva sobre el brazo izquierdo al Niño que mira a su Madre, en actitud de bendecir, y mostrando un globo, también en la mano izquierda. Reconocemos las dificultades para depurar lo histórico de cuanto la leyenda y el fervor popular hayan podido imaginar o crear en torno al origen de la imagen. Alabamos los esfuerzos de los estudiosos que han pretendido iluminar y esclarecer su misterioso nacimiento. Preferimos, sobre

otros, el sencillo relato que los señores marqueses de Velamazán, de la familia de los Castejones, y propietarios de la escultura, que en tiempos, quisieron presentar para su aprobación, a la Sagrada Congregación de Ritos, y que dice así:

«Según nos ha sido transmitido por la tradición de nuestros padres, estando un pastor apacentando los rebaños de la nobilísima familia de los Castejones en un campo del término de Yanguas, vio de improviso y con gran asombro las aguas de un río que riega aquel campo una estatua de la B. Virgen María. Sacándola del río, y habiéndola llevado a casa de su amo, éste la colocó en la Parroquia de San Martín que está en el Castejón y es de patronato de los Castejones, por lo que la Iglesia empezó a llamarse de Ntra. Sra. de Yanguas.»

La sobriedad de este documento, respetuoso para la tradición de los mayores, tímido a una sana crítica histórica, pero, animado de un amor entrañable hacia su virgencita, nos ofrece suficiente material para determinar los principales jalones de la vida de esta imagen de la «Virgen de los Milagros», centro de la ferviente piedad mariana de la villa y comarca de Agreda.

A través de los tiempos fue bautizada con distintos nombres: Nuestra Señora de los Ríos, primeramente; aludiendo a la circunstancia local donde se supone que fue hallada. Virgen de Yanguas, después, debido al patronazgo que ejercía sobre esta villa la ilustre... y piadosa familia de los Castejones. Y, desde el año 1527 se la invoca con el esperanzador título de La Virgen de los Milagros; por el hecho prodigioso realizado en la persona del zapatero morisco, Juan de Medrano. Al publicar en 1643 Urbano VIII un rescripto de supresión de fiestas, concedió a los pueblos facultad para que pudieran votar una fiesta a su devoción, eligiéndose patrono. Fue esta una oportunidad, diríamos, para tratar de canalizar la piedad popular, propensa a la dispersión. Agreda se sirvió de esta ocasión para manifestar la sinceridad y reciedumbre de su fe en La Virgen de los Milagros, proclamándola patrona de la villa y de su comarca. El año 1644, el ayuntamiento, cabildo y cofradías de la villa con los 17 pueblos que forman la Comunidad, en el momento de cantar la Salve a la Virgen, en memoria del acontecimiento del zapatero, hicieron votos de celebrar perpetuamente la festividad de los Milagros, el sábado siguiente a la solemne fiesta del Corpus Christi, dentro de su octava, como ya venían celebrando. Y en ese indeleble instante la Comunidad de los 17 pueblos la proclamaron patrona de todos ellos. Los nombres son como siguen: Agreda, Olvega, Castilruiz, Muro de Agreda, Beratón, Trévago, Valdelagua del Cerro, Fuentestrún, San Felices, Fuentes de Agreda, Cueva de Agreda, Dévanos, Montenegro de Agreda, Vozmediano, Añavieja, Aldehuela de Agreda y Matalebreras. Así consta de la escritura de proclamación que se conserva en el archivo de la actual iglesia parroquial de los Milagros. En el templo de San Martín recibió esta Virgen el culto emocionado de sus hijos y devotos hasta que trasladaron su imagen a la recién reparada y suntuosa iglesia del convento de padres agustinos recoletos, el 19-IV-1857. En esta misma fecha fue convertida en parroquia; y, desde entonces, puede y debe ser considerada como uno de los santuarios marianos más populares que irradia amor a la Virgen por Castilla, Aragón y Navarra. El día 7-VI-1890 tuvo lugar la primera romería de todos los pueblos de la comunidad al santuario de la Virgen de los Milagros, saliendo procesionalmente la imagen. En 1944, la villa de Agreda con los 17 pueblos reafirma el patronazgo de la Virgen de los Milagros. Y el 7-VI-1947 fue coronada canónicamente la imagen de la Virgen de los Milagros por el Nuncio de Su Santidad en España monseñor Gaetano Cicognani.

Si estas fechas son jalones gloriosos de la piedad

religiosa de unos pueblos, no lo son menos esas otras efemérides, ruidosas unas, muy en silencio otras, de almas sangrantes que acuden allí, donde está su Madre para que les conceda lo que nadie en el mundo puede otorgarles. Porque su virgen es la Virgen de los Milagros.

BIBL.: Archivo de la Parroquia de los Milagros: Fajo VI, 2. (Libro Cabreo, fol. 102.) Fajo VI, 4. (Cabreo fol. 104). Fajo VII. (Cabreo fol. 107). Fajo VI. 9; N. RABAL, *Soria,* Ba. 1889; J. HERNÁNDEZ, *La cultura intelectual,* Tarazona 1914; J. LOPERRAEZ, *Historia del Obispado de Osma,* Ma. 1788; S. ALCOLEA, *Soria y su provincia,* Ba. 1964; J. A. PÉREZ-RIOJA, *Soria y su provincia,* Ma. 1970; B. TARACENA, J. TUDELA, *Guía artística de Soria y su provincia,* Ma. 1968. J. ARRANZ

Milagros de Amil, *Virgen de los,* (Pontevedra). Es uno de los más importantes de la provincia; cada año en el mes de septiembre es meta de peregrinaciones numerosas y muy nutridas. Radica en la parroquia de San Mamed de Amil, del municipio de Moraña, que confina, entre otros, con los de Pontevedra, Caldas de Reyes y Cuntis. Es tierra con abundante historia de dólmenes y castros. De estos últimos hay tres en la parroquia de Amil. Son el Castelo, la Xesteira y el Castriño. No menor es su tradición cristiana, pues Caldas de Reyes, que se llamó Aquis Celenis, fue sede episcopal unida luego a Iria Flavia y escenario de un concilio.

El santuario de Amil, que forma parte de los casi 1.500 dedicados a la Virgen en Galicia, nació de un hecho que se creyó debido a un favor de la Virgen y, por eso, se erigió un santuario en honor de la Virgen de los Milagros. Su referencia puede leerse en el libro primero de Fábrica de la parroquia de Amil. Un arriero llamado Sebastián de Castro que, como otros muchos de su tierra, se dedicaba al transporte de vino desde Ribadavia y a su venta por las casas de la comarca, pidió a Dios por medio de María el éxito en la búsqueda de una mina de agua junto a su domicilio para poder atender a las necesidades de la familia y de las yeguas que le permitían el ejercicio de su oficio, antaño muy extendido en la región gallega. A poco de excavar, «apareció un caño de agua —dice la relación escrita por el párroco contemporáneo del suceso— con tanta abundancia, que no solo era capaz de abundar para su surtido y el de la recua, sino que también alcanzaba para moler un molino que allí formó». Sucedía esto el segundo domingo de septiembre de 1778. Después, con el correr del tiempo, a aquél se irían sucediendo otros favores en la misma familia y en otras muchas que siguieron el ejemplo de invocación de Sebastián. Este quiso perpetuar su agradecimiento haciendo una fuente para servicio público y colocando sobre ella una imagen, en piedra, de la Virgen. Los primeros favorecidos comenzaron a entregar sus limosnas a Sebastián de Castro para la construcción de una capilla que fuese testimonio perenne del hecho. En 1780, obtenida la aprobación del arzobispo compostelano D. Francisco Alejandro Bocanegra y Salido, dieron comienzo las obras de un pequeño edificio rectangular, al que a mediados del siglo XIX había de suceder el actual.

Hechos los planos en 1842, la obra se llevó con mucha lentitud y no quedó concluida hasta 1892, en que bendijo el nuevo templo el cura D. José Benito Ferro. Ocupa unos 220 metros cuadrados, es de forma poligonal y estilo neoclásico, y a él se accede por una solemne escalinata mandada hacer por uno de los últimos curas de la parroquia, el señor Lado Formoso, entre los años 1948 y 1952. La imagen primitiva, que pudo ser hecha por un maestro cantero de la localidad, Juan Covas, tiene al Niño en el brazo izquierdo y le toma el pie izquierdo con su derecha. Los grabados que se conocen varían frecuentemente de motivos ornamentales en las figuras de la Virgen y del Niño. A éste le ponen una manzana o la bola del mundo en la mano; a la Madre, una flor o un ramo de flores, rematado por una que sobresale, y encima de ella un pájaro, con evidente alusión a noticias de los evangelios apócrifos. La musa popular se hace eco de la flor con estos versos en lengua gallega:

«Miña Virxen dos Milagros/ten unha rosa na man./ ¿Quén lla dou? ¿Quén lla daría?/ Quen lla dou, póidolla dar.»

Las romerías más concurridas son las del sábado y del domingo siguientes al 8 de septiembre. Puede decirse que atraen gentes de toda Galicia. Los romeros empiezan a llegar a Amil en el penúltimo día de la novena en honor de la Virgen. En la procesión hay pugna por poder ir cerca de la imagen, que aparece adornada con billetes y objetos regalados por los devotos, e incluso por tener el honor de ayudar a llevar la peana. Las paredes de la capilla están cubiertas de exvotos curiosísimos, que reproducen las cosas más extrañas. En los libros parroquiales abundan noticias de donativos y fundaciones piadosas. Por los exvotos se pueden conocer algunos de los favores: la mujer curada cuando estaba ya en la agonía, la recuperada de la gangrena que la estaba invadiendo, el marinero que se salva tras el hundimiento de su embarcación, el enfermo repuesto de la locura... Todos ellos son testimonio, cuando menos, de una tierna y arraigada devoción a María, que lleva a reconocer su protección en los más diversos avatares de la vida.

BIBL.: A. RODRÍGUEZ FRAIZ, *El Santuario de Nuestra Señora de los Milagros de Amil,* Vigo 1962. J. PRECEDO

Milagros de Couso de Salas, *Nuestra Señora de los,* (Orense). En el lugar de Muiños, partido judicial de Bande. Situada en lo más elevado de la cordillera que desde la Limia corre hasta el valle de Salas. La ermita se empezó en 1760, con los mismos planos que Santa Eufemia del Centro; según otros, con los del santuario del monte Medo y por iniciativa del párroco de Couso, D. Julián Seguín. La obra quedó incompleta por la muerte del maestro de obras. Su fiesta se celebra el 8 de septiembre.

BIBL.: D7, VII, 158; C. GIL ATRIO, *Orense Mariano,* Or. 1954, 156. IEF

Milagros de Saavedra, *Nuestra Señora de los* (Lugo). Diócesis de Mondoñedo, cuya devoción era general ya en el siglo XVII en la comarca de Begonte, Saavedra, Trobo y Rábade. Los documentos que existían en el archivo parroquial de Saavedra, dentro de cuya iglesia es venerada la Virgen con este título, fueron quemados por los franceses que invadieron la comarca en 1809, perdiéndose así las noticias referentes al santuario desde sus orígenes. Las fiestas principales se celebran los días 24 y 25 de mayo.

BIBL.: *Santuario de Nuestra Señora de los Milagros de Saavedra:* R17, 15(1929)307-308. IEF

Mirabueno, *Nuestra Señora de,* (Guadalajara) parroquia y santuario. En la villa de su nombre, partido de Sigüenza. La tradición conmemora una serie de apariciones, sin que tengamos más datos al respecto. En la actualidad existe una cofradía compuesta por sacerdotes y laicos que se rige por un reglamento. Tiene novena impresa.

BIBL.: J. GARCÍA PERDICES, *Cual aurora naciente. (Advocaciones marianas de la provincia de Guadalajara),* Gua. 1974, 80-81. IEF

Miracle, *Nuestra Señora del,* (Lérida). A 5 kms. de Riner, partido y diócesis de Solsona. Su origen podemos remontarlo a una aparición de la Virgen a dos niños el 3-VIII-1458. Se inició un proceso del que resultó sentencia afirmativa por parte de la autoridad eclesiástica, según consta en un manuscrito conservado en el archivo capitular de Seo de Urgel. Un año posterior a la aparición contaba con una suntuosa capilla y D. José Trías, natural de Barcelona, la cedió su señorío de Suria, dedicándola el grandioso templo actual, que ha sufrido sucesivos retoques. Entre los años 1747-1760 es construido el altar barroco por Carlos Morató, dorado y policromado por Antonio Bordons de 1760 a 1774. Desde 1899-1901 es monasterio benedictino.

BIBL.: D3, 51, 625-626; D7. XIII, 477; *Nuestra Señora de El Miracle:* Anuario Católico Español, II, Ma. 1956, 446; C. BARAUT, *Santa María del Miracle*, Ba. 1972; ID., *Santa María del Miracle*, Abadía de Monserrat, 1962.   IEF

Miracle, *Nuestra Señora del* (Tarragona). Hoy en ruinas. Estuvo situado en el centro de la arena del anfiteatro romano. Estas ruinas corresponden a un templo románico, edificado quizá sobre las ruinas de una basílica paleocristiana o visigótica, levantada en el lugar donde el año 259 fueron martirizados Fructuoso, Augurio y Eulogio. Aunque hoy desaparecido, tuvo gran importancia en los primeros siglos de la restauración de Tarragona, a cuya catedral pertenecía desde el año 1192, por concesión del arzobispo Berengario de Vilademuls. El cabildo celebraba con gran solemnidad la fiesta de la Purificación. Entre sus devotos contó este santuario a Jaime I el Conquistador, que encomendó a la Virgen, el año 1229, la empresa de Mallorca. En 1330 el arzobispo de Tarragona, D. Juan de Aragón reunido en este templo con los obispos de Lérida, Tortosa, Urgel, Valencia y Vich, y con los abades de Poblet, Santas Creus, Ager y Valldigna, y en presencia del rey y otros magnates, declaró solemnemente excomulgado al emperador Luis el Bávaro y a Pedro de Corbaria. En 1576, por cesión del cabildo, pasó a poder de los padres trinitarios, quienes se establecieron allí :lo regentaron hasta 1780, fecha en que el santuario se incorpora al patrimonio real. De 1800 a 1906 sirvió de presidio nacional. Por estas fechas, ya en estado de ruina, fue adquirido por el ayuntamiento, que nada hizo por evitar su destrucción, a pesar de que por R. O. del 5-VIII-1924 fue declarado monumento nacional. Contó con dos prestigiosas cofradías, la de la Purísima Sangre y la de la Santísima Trinidad. En caso de calamidad pública, acudían allí las procesiones de rogativas. La imagen de piedra de 1,50 m. de altura, muy deteriorada, fué depositada en el Museo provincial.

BIBL.: *Nuestra Señora del Miracle:* R17, 14(1928)458; *Tesoros Artísticos de España*, Ma. 1973, 613; J. FONT Y RÍUS, *Santa María del Miracle*, Ba. 1956.   M. J. GONZÁLEZ

Misericordia, *Nuestra Señora de la*, (Salamanca). Sobre un altozano que domina el pueblo de Cantalapiedra y formando sus cimientos parte de las viejas murallas, se encuentra el santuario, edificado por la cofradía de la Virgen del Castillo en el siglo XVI. Es de estilo románico, con tres naves y ábside. El altar mayor es barroco y en su hornacina está colocada la imagen, talla en madera policromada. En la semana de Pentecostés tiene lugar una gran romería a la ermita con manifestaciones de piedad mariana.

BIBL.: D7, V, 471; *Nuestra Señora de la Misericordia:* Anuario Católico Español, II, Ma. 1956, 467.
                                        J. M. DE MORA

Misericordia, *Nuestra Señora de la*, (Tarragona). En Reus. La primera iglesia parroquial de Reus fue construida en el siglo XIII y estuvo dedicada a la Virgen de los Siete Gozos. Con el tiempo esta iglesia resultó demasiado pequeña. El concejo municipal acordó, en abril de 1501. la construcción de un nuevo templo de proporciones mayores, actual iglesia parroquial de san

Pedro. La antigua imagen de la Virgen de los Siete Gozos fue trasladada a un oratorio, construido con el producto de un legado testamentario. Comenzó a venerarse entonces con el nombre de Virgen de Belén. En este oratorio recibió culto hasta que en diciembre de 1592 el concejo de la villa acordó construirle un templo de mayores proporciones. Hubo para ello un motivo especial. Cuenta una tradición que azotada la villa por una epidemia se apareció la Virgen a una pastora llamada Isabel Besora, manifestándole que cesaría la epidemia tan pronto como se encendiese una vela que debía de arder constantemente en la parroquia. Cunde la noticia y el concejo manda inmediatamente encender la vela y acuerda además la construcción de una capilla en el lugar donde la Virgen se había aparecido. Fue construida la capilla en febrero de 1603 y en medio del entusiasmo del pueblo fue trasladada a la misma la imagen de la Virgen de Belén, que desde entonces recibe el nombre de Virgen de la Misericordia.

El nuevo templo emplazado a 1 km. de la población fue transformado sucesivamente hasta que a finales del XVII queda concluido. Es de estilo renacentista, de planta de cruz latina y de una sola nave. El altar principal está consagrado a la Virgen. Es también renacentista con adornos churriguerescos.

Lo mejor del templo es el camarín de la Virgen que fue construido en el 1748. Es de forma octogonal y a él se sube por dos cómodas escalinatas con artística barandilla de hierro colocadas a ambos lados del presbiterio. Adornan el mismo varios cuadros y estatuas.

En una de las tres salitas del antecamarín se encuentran, custodiadas en armarios, las joyas regaladas a la Virgen. Entre las varias coronas de oro y plata se encuentra una que fue regalada por el rey Alfonso XIII. Sirvió para la coronación de la Virgen que tuvo lugar el 9-X-1904. También los vestidos son ricos y numerosos. Dos de los actualmente existentes son regalo de los monarcas Carlos IV y Fernando VII.

BIBL.: J. PASTOR RODRÍGUEZ, *Historia del santuario de Nuestra Señora de la Misericordia de Reus*, Le. 1887; L. DEL ARCO, *Guía artística y monumental de Tarragona y su provincia*, Ta. 1906, 221-223; F. BLASI *Santuaris marians...*, Reus 1933, 115-120, lámina con la imagen e interior del templo.   M. ANTA

Misericordia, *Virgen de la*, (Valencia). En las cercanías del lugar de Meliana, partido de Valencia. Fue fundada para conmemorar la batalla del Puig en el siglo XIII. El actual edificio es de 1906, de cuya época es una azulejería que hay en el tímpano de la puerta y que tiene una leyenda en que se dice que en 1237 el rey moro de Valencia salió a atacar Puig de Enesa y fue derrotado por las tropas cristianas bajo la invocación de Santa María. La azulejería representa la batalla con apariciones de Virgen. En el altar mayor hay una hornacina que guarda la imagen de la Virgen. Todo el edificio está rodeado por una verja de hierro que lo cierra y protege.

BIBL.: D7, XI, 360; D3, 34, 436; L. B. LLUCH GARÍN, *Ermitas de Valencia*, Val. 1968, 17-24.
                                        V. GARCÍA LOBO

Misericordia, *Santísimo Cristo de la*, (Valencia). En el barrio de los Isidros, del término de Albuixech, partido de Valencia. El actual edificio data de 1951, y aunque la inscripción es equívoca, ésta parece ser la fecha de su fundación. La imagen se venera en la iglesia parroquial donde debió de estar siempre, pues, según la inscripción, los fundadores eran «devotos de esta iglesia de Albuixech».

BIBL.: L. B. LLUCH GARÍN, *Ermitas de Valencia*, Val. 1968, 65-71.   IEF

Misericordia, *Nuestra Señora de la*, (Zaragoza). En

Borja, diócesis de Tarazona. Así nombrada por llevar la imagen a sus pies la invocación «Mater misericordiae». Por los años de 1540, siendo obispo de la diócesis el cardenal H. Gonzaga, fue frasladada la imagen de la Virgen desde la villa al nuevo templo erigido expresamente para su veneración en la montaña de Muela, que había sido escenario de luchas entre los reyes Pedro IV de Aragón y Pedro I de Castilla, a unos 4 kms. de la villa. Desde 1543 existió una cofradía que organizaba culto y festejos. Se ha atribuido a la imagen una antigüedad que se remonta a época anterior a la invasión sarracena. Durante ésta, según narra una tradición, fue escondida y hallada más tarde en época incierta. De la villa en una de cuyas iglesias fue venerada en un principio, se trasladó al nuevo templo donde se encuentra actualmente.
BIBL.: J. DE VILLAFAÑE, *Compendio histórico en que se da noticia de... los más célebres santuarios de España*, Ma. 1740, 333-34; D7, IV, 407.   IEF

Mondejar, *Santísimo Cristo de*, (Guadalajara). En la villa de su nombre, partido de Pastrana. Conocida también como ermita del Calvario, tiene su templo un subterráneo donde está representada en figuras de estuco la Pasión del Señor. Esta ermita, de la que también nos habla Madoz, es sin duda, la que en siglo XVI se llamaba de San Sebastián, según las *Relaciones topográficas*, en las que se lee: «Hay muchas ermitas en los pueblos de la dicha villa, entre las cuales hay una de San Sebastián con muchas cosas de mirar en ella de obra curiosa y devoción; hay en ella unas cuevas con pasos de la Pasión muy contemplativos.»
BIBL.: J. CATALINA GARCÍA, *Relaciones topográficas. Provincia de Guadalajara:* Memorial Histórico Español, 42, Ma. 1903, 317; D7, XI, 486; D3, 36, 75.
V. GARCÍA LOBO

Monsacro, *La Magdalena de*, (Asturias). En la cumbre del monte de su nombre, concejo de Morcín. Historia curiosa y confusa la del carácter sagrado de esta montaña. La arqueología remonta su origen sagrado a la época prehistórica (período del bronce o antes) en que fecha los vestigios de una necrópolis tumular. En la época romana, de la cual data probablemente el nombre de Monsacro, fue tenido el lugar por los astures como morada de Júpiter. Con estos antecedentes, debemos enjuiciar el origen de éste —estos— santuarios, como cristianización de un lugar sagrado pagano. Hay en el lugar dos ermitas: una, dedicada a santa María Magdalena, y otra, que los autores no nos especifican, pero que nosotros, si hemos de hacer caso a Madoz que la califica de basílica, suponemos dedicada a santa Catalina. El mejor conocedor del tema, J. M. González, nos habla de dos ermitas, conocidas entre los lugareños como «capilla de abajo» y «capilla de arriba». La primera —la de la Magdalena— de estilo románico tardío, es de una sola nave rectangular, con ábside en la cabecera. La segunda, cuya advocación no nos da, está próxima a la anterior, en la majada de Les Capilles; es de planta octogonal y ábside semicircular con vestigios de pinturas. La versión que nos da J. A. Cabezas difiere un tanto de la anterior: hablando de la ermita de la Magdalena, nos dice que fue fundada, según la tradición, en el siglo X en la misma cueva en que permaneció oculta el Arca Santa de las reliquias de Oviedo hasta que Alfonso el Casto la trasladó a San Salvador; era, dice, de planta octogonal, de estilo prerrománico, construida para santificar el lugar. Se reedificó, continúa Cabezas, en el siglo XIX y se dedicó a la Magdalena; su fiesta se celebra con una curiosa y popular romería a la que asisten gentes de Oviedo y otros concejos. Dice J. M. González que «dos romeros, impulsados por una antigua devoción popular —hoy han sido olvidadas estas costumbres

piadoso-folklóricas— acudían al lugar el día 2 de julio (Visitación de Nuestra Señora); el 23 de julio (Santa María Magdalena), y el 8 de septiembre (Natividad de la Virgen María». En el siglo XVIII alcanzaron estas romerías su mayor esplendor, quedando ello plasmado en infinidad de coplas folklóricas alusivas a los festejos de «la Magdalena».
BIBL.: J. A. CABEZAS, *Asturias. Biografía de una región*, Ma. 1956, 327; J. M. GONZÁLEZ, *Monsacro y sus tradiciones:* R34, 8(1958); *Monsacro:* Gran Enciclopedia Asturiana, X, Gijón 1970, 78-80; D7, XI, 592.
V. GARCÍA LOBO

Monsalud, *Nuestra Señora de*, (Guadalajara). En la villa de Córcoles, partido de Sacedón. La historia de este santuario está muy ligada a la vecina abadía del mismo nombre; su origen y veneración es anterior a la fundación del monasterio —siglo XII— siendo trasladada la imagen a dicho convento. La tradición remonta su erección a la época visigoda, por obra de la princesa merovingia Clotilde, repudiada por su esposo, el rey Amalarico. Abandonada por éste en la Alcarria, levantó una capilla en honor de la Virgen como agradecimiento a su protección. Es abogada contra la enfermedad de la rabia. Al acudir a aquel lugar —monte— los peregrinos a recobrar la salud, se le empezó a llamar «Monte de la Salud». En 1580 los declarantes de las *Relaciones Topográficas* dicen del monasterio, convertido ya en santuario, que «es casa de mucha devoción, y abogada contra la rabia». Se contaban entonces varios milagros. En el siglo XIX, con la Desamortización, pasó a ser de propiedad particular junto con el monasterio. Hoy es una ermita.
BIBL.: J. GARCÍA PERDICES, *Cual Aurora Naciente (Advocaciones Marianas de la provincia de Guadalajara)*, Gua. 1974, 54-56; *Nuestra Señora de Monsalud:* Anuario Católico Español, II, Ma. 1956, 439-440; J. CATALINA GARCÍA, *Relaciones topográficas. Provincia de Guadalajara:* Memorial Histórico Español, 42, Ma. 1903, 226-227 y 230-240; B. DE CARTES, *Historia de la milagrosa imagen de Nuestra Señora de Monsalud, venerada en su Real Monasterio de Monjes Cistercienses*, Alc. 1721; D3, 36, 294-295; D7, VI, 577.
S. LORRIO

Monserrate, *Nuestra Señora de*, (Alicante). En la ciudad de Orihuela. Tiene su origen en el siglo XIV; el templo actual reedificado en 1509 y 1748, es de estilo neoclásico. Sin duda, es el santuario de más importancia de la ciudad, tanto por su antigüedad como por la grandiosidad del edificio. Según Madoz, su imagen se veneraba en tiempos de los árabes, por los cristianos reunidos en el arrabal Roig e iglesia de san Julián, bajo el título de Nuestra Señora de la Puerta, y por temor a una profanación fue escondida debajo de una campana y encontrada el año 1306. Los catalanes que poblaron la ciudad después de la conquista, la titularon de Monserrat, y aunque los monjes de Cataluña de su Orden se opusieron a ello, lo decidió en favor de Orihuela el papa Sixto IV 12-VIII-1483. Le edificaron una ermita en el mismo sitio en que fue hallada, que es el antiguo y propio que ocupó la parroquia de San Julián. El nuevo santuario con puerta y fachada principal a la plaza del mismo nombre, es una inmensa nave con seis capillas laterales a cada costado. Existe una numerosa cofradía. Es la patrona de la ciudad y cada año se celebra su fiesta y novenario en la catedral que se inicia el 8 de septiembre. La imagen de estilo gótico, sedente, es obra del siglo XIII.
BIBL.: D7, XII, 357 y 359-360; V. LÓPEZ, *Orihuela-Alicante:* DHEE, III, 1837; *Tesoros Artísticos de España*, Ma. 1973, 486.
J. M. DE MORA

Mont, *Nuestra Señora del*, (Gerona). Santuario de estilo románico situado en la cima de la montaña del mismo nombre, diócesis de Gerona, a 1.225 mts. sobre

el nivel del mar. Fue construido a principios del siglo XIV por D. Bernardo de Vilamari, abad del monasterio de San Lorenzo del Mont. Está formado por una sola nave, con bóveda de medio cañón y coronado por un ábside semicircular en su extremo oriental. El altar mayor y los laterales son barrocos, si bien el altar primitivo era gótico, según puede colegirse por dos tablas que de él se conservan. La imagen de Nuestra Señora del Mont, venerada por todas las gentes de la comarca, es de mármol procedente de las canteras de Beuda. Está sentada sobre una roca, con el Niño Jesús en pie sobre la rodilla izquierda, el cual tiene en la mano un libro y da con la diestra la bendición. Aneja al templo está la hospedería, edificada sobre la rampa que determina la cresta de la montaña. La iglesia se construyó sobre el vértice del monte y antes de llegar a ella se pasa por la hospedería, a la que se entra por una rampa a modo de galería con vista a poniente y aposentos al lado opuesto. Toda la fábrica es de mampostería. No todo el santuario es obra de la misma época; la iglesia es más antigua que el resto de las construcciones, algunas de ellas del siglo pasado. Mosén Jacinto Verdaguer dedicó uno de sus admirables poemas a esta singular advocación. No escapó la imagen al furor iconoclasta de 1936. Fue despeñada, pero unas manos piadosas recogieron los trozos y los reajustaron y así fue triunfalmente devuelta al santuario el 6-VII-1941. El 8-IX-1949 tomaron posesión del santuario los padres capuchinos de Cataluña para custodia del mismo por encargo del obispo J. Cartañá.
BIBL.: D3, 36, 312-313; *Santuario de la Mare de Déu del Mont:* Anuario Católico Español, II, Ma. 1956, 434; *Santuario de la Mare de Déu del Mont:* R17, 15(1929)200-201; J. PUMAROLA, *El santuario de «La Mare de Déu del Mont»:* R183, 10(1964)17-23; E. CONILL ROSELL, *Santamaría del Mont:* R149, 6(1954)1345-1352; L. G. CONSTANS, *Girona, Bisbat Marià,* Ba. 1954, 53-56; P. VAYREDA, *Santa María del Mont. Noticia histórica d'aquest santuari,* Figueras 1931.
J. M. DE MORA

Montagut del Camino, *Nuestra Señora de,* (Navarra). En la villa de Monteagudo, al norte del Moncayo, partido de Tudela y diócesis de Tarazona. El santuario es iglesia-basílica de los agustinos recoletos donde recibe culto la imagen de esta advocación, cuyo título probable originario fue «socia belli» por haber acompañado en sus excursiones y empresas a los ejércitos cristianos en la época de la Reconquista. Es creencia popular general que se apareció en el monte Itura en tiempos antiquísimos, desde donde la llevaron a la parroquial y misteriosamente se trasladó por la noche al sitio en que desde entonces ha sido venerada. El santuario primitivo se erigió a expensas de los fieles bajo la jurisdicción del obispo de Tarazona e inicialmente fue una reducida capilla en el antiguo cementerio de la villa, al lado del camino real de Navarra, desde Tudela a Tarazona. Se conoce documentación que acredita su existencia y culto antes del año 1272. El edificio o capilla fue pequeña hasta 1530, año en que se inicia su ampliación que duró aproximadamente una veintena de años. Entonces quedó constituido por una capilla mayor con rejado, que custodiaba la imagen, más otras seis capillas, coro y sacristía, y en 1600 se erigió la capilla del Cristo de la Sangre. Existió un pleito famosísimo que duró más de dos siglos (desde mediados del XVI a fines del XVIII) sobre el patronato de Nuestra Señora del Camino. Buscando remedio al decaimiento de su santuario y devoción, el día 27-XII-1826 la «Villa y Veintena de Monteagudo» mediante poder otorgado a José Martínez y Tomás Martínez invitaban a la comunidad de agustinos recoletos de Alfaro a trasladarse al santuario para su cuidado y conservación. El obispo de Tarazona, Jerónimo Castillón y Salas, con fecha 21-V-1828 aprobó el convenio

entre los de Monteagudo y el rector de Alfaro del 25-VIII-1827, concediendo su anuencia y autorización para el traslado. El día 23-V-1828 el padre Vicente Guillén en nombre de la mencionada comunidad tomó posesión del santuario y casa de Nuestra Señora del Camino. La primera medida fue reparar la ruinosa fábrica del edificio prestando singular atención a la iglesia. Cuando en 1837 las Cortes decretaron la supresión de todas las casas de religiosos, una de las exceptuadas fue ésta. Desde entonces van íntimamente ligados el nombre de Monteagudo, la Virgen del Camino en él venerada y los agustinos recoletos.
El año 1914 se celebró el octavo centenario de la aparición de santa María de Montagut del Camino. La escultura, de 49 cms. de altura, es sedente, sobre pedestal. Lleva túnica sobredorada, sobreveste de anchas mangas y manto. La sobreveste se adorna con gemas góticas, y el manto con gemas bizantinas en la zona del pecho. La imagen del Niño, de 23,5 cms. de altura, se viste, asimismo, con túnica y sobreveste con gemas bizantinas en el escote; en la mano izquierda ostenta el libro de los Evangelios.
En el escabel de la escultura se aprecia el escudo de la casa de Beaumont a cada lado. Ambas imágenes sufrieron lamentables modificaciones en el siglo XVIII. Sus fiestas religiosas se celebran los días 8 y 9 de septiembre. Es imagen coronada canónicamente.
BIBL.: D3, 36, 522; D7, XI, 534; J. CLAVERÍA, *Iconografía y santuarios de la Virgen en Navarra,* II, Ma. 1944, 514-515; J. MARTÍNEZ MONJE, *Historia de la villa de Monteagudo (Navarra) y de la imagen de la Virgen del Camino y de su santuario (en la misma villa),* Pam. 1947.
J. M. DE MORA

Montaña, *Nuestra Señora de la,* (Cáceres). A 2 kilómetros de la ciudad. Hacia el sur, sobre el antiguo cerro Mosca, hoy la Montaña, y a unos 200 mts. de altitud, se encuentra el santuario de Nuestra Señora de la Montaña. Los orígenes del santuario que cuenta con documentación abundante en el archivo de la actual cofradía de la Virgen son los siguientes: En la segunda mitad del siglo XVI nace en Casas de Millán (Cáceres) Francisco Paniagua. Nada se sabe de su origen. Viene a Cáceres en 1621 y se retira a hacer vida anacorética en la montaña cercana a Cáceres. Piensa en fundar allí un oratorio bajo la advocación de Nuestra Señora de Montserrat. Con el tiempo conoce a D. Sancho de Figueroa Ocano, párroco de la iglesia de Santa María, de la ciudad de Cáceres. Fue su director espiritual y por mediación del mismo fue colocada la primera imagen de la Virgen en el oratorio que Paniagua había construido. Con el tiempo el oratorio se transforma en capilla que fue bendecida en 1626. La afluencia de fieles es cada vez mayor. Aumentan los donativos y queda consagrada la advocación de Nuestra Señora de la Montaña. Paniagua continúa su vida de eremita consagrada al servicio de la Virgen. El 29-III-1626 el vicario de la diócesis bendice solemnemente el humilde templo. Al día siguiente D. Sancho de Figueroa Ocano celebra en el mismo la primera misa. El obispo de la diócesis, don Jerónimo Ruiz de Camargo (1622-1632) autoriza oficialmente los cultos en el santuario.
El 28-VIII-1636 fallece Paniagua en casa de su amigo, el mencionado párroco de Santa María. Sus restos fueron depositados en el santuario por él fundado. La actual imagen es una escultura correcta, estofada y revestida, del siglo XVII. Hoy no la comprendería de otro modo la devoción cacereña. Tiene tres cuartas de altura y está de pie sobre una peana sostenida por ángeles. Su rostro risueño se inclina suavemente hacia el Niño que sostiene en la mano izquierda. En la derecha lleva un cetro. Recuerda en líneas generales las clásicas imágenes de Montserrat, Guadalupe y Atocha. El 12-X-1924 fue coronada por el cardenal Reig, arzobispo

de Toledo, cuando era obispo de la diócesis Segura
y Sáez. El actual santuario es factura del siglo XVIII.
De una sola nave, paredes de brillante estuco, y bóvedas con pinturas al fresco y medallones también pintados. El altar mayor de recargado churriguerismo tiene
al fondo la imagen de la Virgen. Existe en la ciudad de
Cáceres la cofradía de la Virgen de la Montaña que
cuenta con muchos miembros. Es patrona de Cáceres
y devoción predilecta de los cacereños. La celebración
de la fiesta en honor de la patrona va precedida de un
novenario que comienza con el traslado de la imagen
en procesión solemne a la parroquia de Santa María
de la ciudad, actual concatedral.

BIBL.: A. ORTEGA, *Historia documentada del santuario de
Nuestra Señora de la Montaña*, Ca. 1924; DHE, I, 626;
D7, V, 85; *Nuestra Señora de la Montaña*, Anuario Católico Español, II, Ma. 1956, 425; *Tesoros Artísticos de España*, Ma. 1973, 189.   M. ANTA

Montserrat, *Nuestra Señora de*, (Barcelona) patrona
de Cataluña. La leyenda atribuye la imagen de Nuestra
Señora de Montserrat al evangelista san Lucas y supone
que su milagroso hallazgo, tras haber sido escondida en
una gruta de la montaña durante la invasión sarracena
tuvo lugar en el año 888. Posiblemente esta fecha se
relacione con la donación que el conde de Barcelona,
Wifredo I el Velloso hizo aquel mismo año al monasterio de Ripoll de las primitivas ermitas montserratinas,
entre las cuales había una dedicada a Santa María.
Sin embargo, hasta el siglo XIII no aparecen las primeras
alusiones explícitas a la presencia de una imagen titular
de la vieja iglesia románica erigida por el abad Oliba
(† 1046), seguramente la misma que desde 1599 preside
el altar mayor de la actual basílica. Bellísimo ejemplar
del arte románico en madera tallada (siglos XII-XIII),
mide, sentada, unos 90 cms. de altura. Una elegante
diadema corona su cabeza, un almohadón sirve de
escabel a sus pies, ricamente calzados. La indumentaria
se compone de túnica, manto y toca en forma de red,
que por debajo de la corona desciende hasta media
espalda. La túnica y el manto son dorados; la toca es
policromada. En la mano derecha sostiene una bola;
apoya suavemente la izquierda en el hombro del Niño,
que tiene sentado en su regazo, vestido, excepto la toca,
y coronado como la Madre. Tiene la mano derecha levantada en actitud de bendecir y sostiene en la izquierda
una piña. Como otras imágenes antiguas y muy veneradas, la Virgen de Montserrat y su Niño son de color
negro, circunstancia que justifica el nombre de *Moreneta*
con que la designan cariñosamente, aún hoy día, sus
fieles devotos catalanes. Ella ha sido indiscutiblemente
el principio y el eje central de la historia de Montserrat
y, durante ocho centurias, el objeto primordial del
culto espléndido que en él se ha tributado a Nuestra
Señora. Convertida desde la Edad Media en una de las
más importantes metas de peregrinación del occidente
cristiano, la lista de los visitantes ilustres del santuario
resultaría interminable. Entre los santos baste mencionar
a san Ignacio de Loyola, san Luis Gonzaga, san Francisco de Borja, san Juan de Mata, san Pedro Nolasco, san
José de Calasanz, san Benito Labre, san José Oriol,
el beato Diego de Cádiz y san Antonio María Claret.
La devoción a la Virgen de Montserrat adquiere, sobre
todo a partir del siglo XVI, un alcance universal. Las
conquistas de la corona catalano-aragonesa en el
Mediterráneo la habían extendido por las tierras de
Levante: sólo en la península italiana se construyeron
en su honor más de 150 iglesias y capillas. Durante la
época imperial española se introduce en Francia, en los
Países Bajos y en la Europa central —en Austria y
Bohemia especialmente— y el descubrimiento y conquista de América abren nuevos horizontes a su expansión. En Cuba, Perú, Chile, Colombia, Argentina y

Brasil le son dedicados templos e incluso abadías, y se
da el nombre de Montserrat a islas, montañas y poblaciones del Continente americano. Los milagros atribuidos a la Virgen Morena, de los que se hace ya eco
Alfonso el Sabio en seis de sus famosas *Cantigas*, y la
cofradía, fundada en 1223, que tuvo amplias ramificaciones en Europa y en el Nuevo Mundo, cuentan
entre los factores decisivos de esta extraordinaria
popularidad. El santuario montserratino, lejos de haber
perdido su atractivo y su influencia de antaño, sigue
siendo en nuestros días una de las advocaciones marianas más importantes y conocidas por doquier. Nuestra
Señora de Montserrat posee iglesias, capillas o altares
en ciudades tan dispares como Madrid, Lisboa, París,
Roma, Nueva York, Bombay, Jerusalén, Viena, La
Habana, Buenos Aires, Manila y Tokio. Siete monasterios llevan hoy su nombre: tres en Europa, tres en
América y uno en Extremo Oriente. Cerca de un millón
de visitantes de todo el mundo suben anualmente a la
montaña, utilizando las excelentes comunicaciones que
la unen a Barcelona y a las demás poblaciones vecinas.
Los peregrinos que desean permanecer algunos días
en el santuario disponen de varias hospederías, con aposentos individuales o familiares, modernos y conforta-
blemente amueblados. La actual iglesia, de una sola
y espaciosa nave de 68,32 mts. de largo, 21,50 de ancho
y 33,32 de altura, fue comenzada en 1560 y consagrada
el 2-II-1592. A lo largo de las verjas que separan las
capillas laterales de la nave central penden numerosas
lámparas votivas, ofrecidas por distintas comarcas,
ciudades y entidades culturales y religiosas. La liturgia
montserratina en sus formas tradicionales sería inconcebible sin la nota blanca de las voces infantiles de la
Escolanía, cuyos orígenes como institución musical se
remontan por lo menos al siglo XV. Aparte de su participación en el culto solemne los domingos y fiestas
principales, estos niños, 50 en la actualidad, cantan
todos los días la misa matinal, una Salve polifónica
al mediodía, oída siempre por gran concurso de fieles,
y unos motetes o gozos populares después de vísperas,
a continuación de la famosa Salve montserratina al-
ternada con los monjes. Fuera del recinto del monasterio, una capilla de reducidas proporciones, señala el
lugar donde, según la tradición, fue hallada la santa
imagen, construida, en el siglo XVII, a expensas de la
noble dama D.ª Gertrudis de Camporrell y Montserrat,
marquesa de Tamarit, quien sufragó también el camino que a ella conduce. Jalonan este camino, insuperable mirador del paisaje que rodea la montaña, 15 monumentos alusivos a los misterios del rosario, levantados entre 1896 y 1916. Nuestra Señora de Montserrat
fue coronada canónicamente en 1881, proclamándola
en esa misma fecha el papa León XIII patrona de
Cataluña. En 1947 la santa imagen fue colocada en su
nuevo trono, costeado por suscripción popular, y
expuesta a la veneración de los fieles, suprimidos
definitivamente los vestidos postizos, en su forma original.

BIBL.: P. DE BURGOS, *Libro de la historia y milagros
hechos a invocación de Nuestra Señora de Montserrat*,
Ba. 1550; N. CAMÓS, *Jardín de María, plantado en el principado de Cataluña*, Ba. 1657, 279-85; M. OLIVIER, *Abrégé
de l'histoire de l'abbaye et des miracles de Nostre-Dame
de Montserrat*, Par. 1660; G. DE ARGAIZ, *La perla de Cataluña. Historia de Nuestra Señora de Montserrate*, Ma.
1677; P. DE MARCA, *Disertatio de origine et progressu
cultus beatae Mariae Virginis de Monteserrato*, Par. 1681;
E. PERRICONE, *Storia del culto prestato in Palermo alla
Madonna di Montserrato*, Palermo 1913; W. WITTKE,
*Unsere Liebe Frau von Montserrat und deren Verehrung in
Oesterreich*, Praga 1904; A. M.ª ALBAREDA, *Historia de
Montserrat*, Montserrat 1931; *La congregació benedictina
de Montserrat a l'Austria i a la Bohèmia (segles XVIII-
XIX)*, R4, 5(1922)11-173; G. SCHREIBER, *Der Montserrat
in deutschen Erinnerungsbild*, R82, 7(1938)258-92; C.

BARAUT, *Les Cantiges d'Alfons el Savi i el primitiu «Liber miraculorum» de Nostra Dona de Montserrat*, R113, 2(1943-50)79-83; A. FRANQUESA, *75 anys de patronatge de la Mare de Déu de Montserrat*, Montserrat, 1956; *Corona literària oferta a la Mare de Déu de Montserrat*, Montserrat 1957; S. VERDAGUER, *Montserrat*, Ba. 1898; E. MORENO CEBADA, *Glorias Religiosas de España*, I, Ba.-Ma. 1866, 9-47; L. MONTAGUT, *Histoire de Notre-Dame du Montserrat avec la description de l'abbaye, de la montagne et des ermitages*, Par. 1697.   C. BARAUT

Monte-Toro, *Nuestra Señora de*, (Baleares) patrona principal de la diócesis de Menorca. La imagen de Nuestra Señora de Monte-Toro mide 65 cms. de altura, es de madera policromada con la faz y las manos de color moreno, túnica encarnada y manto azul; tiene la cabeza levemente inclinada hacia la derecha; sobre el brazo izquierdo sostiene al Niño Jesús, desnudo y con la diestra levantada en actitud de bendecir. La estatua es gótica, pero reformada en el siglo XVI. En el ambiente de fervor religioso que siguió a la Reconquista cristiana de Menorca (1287) nació la leyenda del hallazgo de la imagen por los frailes mercedarios que habitaban en la cercana colina de Llináritx. Impresionados por una columna de luz que bajaba del cielo, subieron procesionalmente al áspero monte, guiados por un toro que les habría camino entre los peñascos. En la cumbre y dentro de una cuevecita encontraron la imagen de la Virgen, depositada allí por los antiguos fieles que quisieron preservarla de la profanación de los musulmanes. Rechazando ciertos pormenores legendarios, ha de tenerse por históricamente cierto que, ya en los tiempos inmediatos a la Reconquista, se veneró a la Virgen en la cumbre del Monte-Toro. Así lo demuestran el «Pariatge», ordenación de las iglesias de Menorca hecha por Jaime II de Mallorca a principios del siglo XIV (1301 ó 1303), y otros documentos de 1363, 1413 y 1424. En lo sucesivo la documentación es clara y abundante. El detalle fabuloso del toro deriva indudablemente de la ignorancia de la etimología «Tor», en árabe «montaña», «elevación principal» de una región: tal es el caso del monte menorquín, en el mismo centro de la isla. El prefijo «al-Toro» que encontramos en el «Pariatge» es un indicio del nombre árabe latinizado; el documento de 1413 traduce exactamente su significación: «monte alto». Ya tardíamente se inventó el detalle del toro fabuloso, por influencia de la lengua castellana (ya que, si hubiese existido tal animal, se hubiese llamado monte del «bou» o del «brau», según el catalán hablado en Menorca. Se sucedieron en el culto de la Virgen de Monte-Toro los frailes mercedarios —que construyeron una capilla gótica, de la que se hallaron vestigios—; una comunidad de beneficiados del clero diocesano; los religiosos agustinos (1595-1835), que dieron gran impulso al culto de la Virgen y edificaron la actual iglesia renacentista; los franciscanos (1880-1881), de nuevo el clero diocesano y los ermitaños de san Pablo y san Antonio (1941-1969). Ahora tienen en la cumbre su residencia las franciscanas Hijas de la Misericordia.

Que el santuario de Monte-Toro fue importante foco de devoción mariana puede probarse desde principios del siglo XIV, cuando el mentado «Pariatge» impone al párroco de San Lorenzo de Binixems la obligación de celebrar misa en la montaña precisamente cada sábado, día consagrado a Nuestra Señora. Más explícitos son los documentos posteriores; en 1413 hallamos constancia de las frecuentes peregrinaciones que allí subían, por la gran devoción de los fieles, especialmente de los moradores de Menorca. Donaciones de predios, creación de una «Obrería» encargada de recoger limosnas para el santuario en todas las poblaciones de Menorca, encargos de misas desde los diversos pueblos de la isla, hospedería para atender a los frecuentes peregrinos,

testimonios explícitos de las autoridades que consideran a la Virgen de Monte-Toro como patrona principal de Menorca y en los peligros y tribulaciones acuden a Ella, son otras tantas pruebas de una devoción popular de varios siglos, siempre creciente hasta nuestros días. Actualmente la bendición pontifical de los campos de la isla el primer domingo de mayo, reúne cada año a multitud de fieles que acuden desde todos los lugares de Menorca.

El 7-VIII-1936 un grupo de milicianos rojos saquearon la iglesia de Monte-Toro y arrojaron la imagen, después de intentar decapitarla, en una hoguera formada en medio del patio por los fragmentos de retablos e imágenes. El torrero guardián logró salvarla de las llamas. Debidamente restaurada, fue devuelta a su santuario en magnífica peregrinación el 29-V-1939. El 12-VIII-1943 el obispo, doctor Bartolomé Pascual, impuso canónicamente sobre las cabezas de la Virgen y del divino Infante las coronas de oro y pedrería formadas con las generosas aportaciones de los fieles menorquines. El 12-X-1944 se bendice la monumental imagen de bronce del Sagrado Corazón que domina la isla desde la cumbre del monte. Ampliada y restaurada la iglesia, es litúrgicamente consagrada el 12-IX-1946. El 6-XI-1961 el papa Juan XXIII declara a Nuestra Señora de Monte-Toro patrona principal de Menorca y señala su festividad, con oficio y misa propios, para el 8 de mayo de cada año.

BIBL.: P. MOLL. *Historia de la imagen y santuario de Ntra. Sra. del Monte Toro*, Ciudadela 1878; ID., *Memoria hist. y descriptiva de la imagen y santuario de N. S. de M. T.* en certamen público celebrado por la Academia Bibl. Mariana de Lérida, 1902-1903; J. TUDURÍ MOLL, *Novena a N. Sra. de M. T.*, Ba. 1917 y 1923; R. BOSCH FERRER, *Santuario de M. T.*, Ciudadela 1929; B. PASCUAL, *Carta Pastoral* (sobre la coronación) 1943 y otra sobre la consagración de la iglesia, Ciudadela 1943 y 1949; R. BOSCH, *Historia y novena de la Virgen de M. T.* Datos históricos, continuados por F. MARTÍ, Ciudadela 1949; G. PONS, *Nuestra Señora de «El Toro», patrona de Menorca. Notas históricas sobre su santuario*, Ciudadela 1967.   F. MARTÍ

Mundil, *Nuestra Señora del*, (Orense). Titular de la parroquia de la aldea denominada Santa María del Mundil, del ayuntamiento de Castelle y partido de Celanova. Existe una cofradía anterior al siglo XV que se sostenía con donativos en especie, ofrecidos por los feligreses. En 1788 el párroco planea la reconstrucción de la antigua ermita para lo cual pidió aportaciones voluntarias. Dada la cuantía de las limosnas se cambiaron los planos y se construyó una iglesia nueva que se terminó en abril de 1791. La imagen venerada en la vieja ermita fue trasladada a la nueva. A partir de 1804 las limosnas de los devotos se anotan en un libro especial. Por decreto emanado el 30-I-1831 el capellán quedaba obligado a celebrar misa y explicar el evangelio todos los domingos y festivos. En 1894 dejó de ser anejo de Santa Eulalia de Anfeor y quedó constituida en parroquia. Actualmente las fiestas se celebran el 21 y 22 de agosto. En el archivo parroquial se conservan muchos datos referentes a la historia de la ermita.
BIBL.: G. GIL ATRIO, *Orense mariano*, Or. 1954, 152-53; D7, XI, 685.   IEF

Murta, *Nuestra Señora de la*, (Valencia). Cerca de Alcira, partido y diócesis de Valencia. En la ladera de una colina se elevan las ruinas del monasterio de Nuestra Señora de la Murta, uno de los más famosos de la Orden de san Jerónimo, fundado por Arnau de Serra en 1357. Según la tradición, los primeros que veneraron la imagen, fueron los ermitaños de san Donato, establecidos en el valle próximo a Alcira. La imagen fue hecha en barro cocido y se atribuye a alfareros ermitaños del siglo VI. Con la invasión árabe, los ermitaños se dispersaron y la imagen fue escondida. Una vez conquistada Alcira se establecen ermitaños en el Valle de los Milagros, y entonces fue cuando dos de los ermitaños la encontraron en una cueva recubierta de murta (mirta o arrayán), de ahí el nombre de Nuestra Señora de Murta con el que será conocida en adelante. En 1357, Arnau de Serra dona a los ermitaños el «Valle de los Milagros». Fray José de Sigüenza en su *Historia de la Orden de san Jerónimo*, ya hace constar que de las 11 ermitas del Valle, la principal en extensión está dedicada a Nuestra Señora. En 1376 los ermitaños solicitan y consiguen vestir el hábito de san Jerónimo y comienzan la construcción del monasterio, con el nombre de Nuestra Señora de la Murta. Pero una nueva oleada de invasores berberiscos hace que los ermitaños se refugien en el monasterio de Cotalva. En 1401 seis frailes vuelven a continuar las obras del monasterio de Murta. En 1404 se terminó, y, en su altar dedican un espacio central para Nuestra Señora de la Murta. En 1409 san Vicente Ferrer, dice en una homilía: «Si no fuera fraile predicador quisiera ser fraile de la Virgen de la Murta.» Como anécdota curiosa hay que anotar la huída de la familia del embajador Vich al escapar de Valencia por la peste y refugiarse en este monasterio. Allí nació un hijo, bautizado con el nombre de Juan. De esta manera la familia se vinculó al monasterio hasta el extremo de tener capilla propia para el enterramiento. Este niño desempeñaría cargos relevantes: fue arcediano de Barcelona, rector de Salamanca, obispo de Mallorca, arzobispo de Tarragona y embajador de Felipe II ante la Santa Sede. En 1586 visitó este monasterio Felipe II. En 1820 los frailes abandonaron el monasterio por la ley de exclaustración y de la imagen de Nuestra Señora de la Murta se hizo cargo el ayuntamiento de Alcira que la trasladó a la iglesia de Santa Catalina en 1821 donde se veneró hasta la guerra de 1936 en que fue quemada. En 1954, año mariano, se reconstruyó la imagen y en dicha parroquia se sigue venerando por la población de Alcira.

BIBL.: *Nuestra Señora de la Murta:* Anuario Católico Español, II, Ma. 1956, 496-497; D3, 4, 276-277.

A. Díez

Natividad, *Virgen de la,* (Toledo). En el pueblo de Méntrida, partido judicial de Escalona, en la dehesa de La Berciana, jurisdicción de la villa. Dice la tradición (que hay que tomar con cautela) que la Virgen, muy venerada en la comarca, se apareció el día 24-IV-1270 sobre el tronco de una encina a un humilde pastor llamado Pablo Tardío. Ya se cita este santuario en el siglo XVI, así como su famosa romería a Berciana el 25 de abril de cada año. Las fiestas de la aparición de la Virgen se celebran de la misma manera desde hace cinco siglos. En el siglo XVIII eran dos mayordomos de San Juan Bautista los encargados de organizar las fiestas. Reclutaban una soldadesca lucida, con escopetas y lanzas, para acompañar a la Virgen. El origen de esta guardia hay que datarlo en el tiempo en que hubo un intento de robo por diferencias entre Segovia y Méntrida, sobre la jurisdicción de Berciana que motivó un largo pleito (1568-1615) fallado a favor de Méntrida en la Chancillería de Valladolid. El 22-V-1631 la villa de Méntrida compró el monte de Berciana al marqués de Montes Claros, por 20.000 ducados, venta aprobada por cédula de Felipe IV del 15-II-1632. Hoy la fiesta se celebra sustancialmente igual, pero con simplificación de procesiones. Dura tres días: 25 de abril (san Marcos), 26 (san Marquitos) y 27 (san Marcazos). Desde el punto de vista artístico cabe señalar el trono de la Virgen, de plata blanca, cincelada, con un arco bajo el cual está la efigie y en lo más alto, por su cara delantera, un monograma de María y la Paloma, simbolizando el Espíritu Santo. Mide 2,20 de altura por 1,26 de ancho. Es del siglo XVIII.

BIBL.: J. López de Ayala-Alvarez de Toledo, *Catálogo Monumental de la Provincia de Toledo,* To. 1959, 180-181; L. Moreno Nieto, *La Provincia de Toledo,* To. 1960, 370-373; F. Jiménez de Gregorio, *Los pueblos de la Provincia de Toledo hasta finalizar el siglo XVIII, población-sociedad-economía-historia,* I, To. 1962, 461; *Tesoros Artísticos de España,* Ma. 1973, 450.

J. M. de Mora

Nieves, *Santísima Virgen de las,* (Ciudad Real). Carecemos de noticias seguras sobre este santuario, sito a 7 kms. de Almagro, junto a la carretera de Bolaños a Daimiel, y sobre el culto a la Santísima Virgen de las Nieves, en Almagro, por lo que se refiere al tiempo anterior al siglo XVI, aunque se ha pretendido fechar la primitiva ermita en el siglo XI y aún antes. Cierto que la abundancia de documentos del siglo XVI, en que aparece la ermita ya edificada, y erigida la cofradía a la que pertenecen personas de las principales familias, supone un culto mucho más antiguo. Hérvás, apoyándose en documentos del archivo municipal de Bolaños, quiere identificar el culto a la Virgen de las Nieves con el tributado a la imagen de Santa María de Torrova, antiguo poblado desaparecido, encomienda de Calatrava, a la que el maestre García López de Padilla dio fuero en Bolaños en 1313.

La cofradía. Aunque no se conservan las primitivas constituciones, sabemos por las actas que se nombraba anualmente para su gobierno a dos alcaldes, dos diputados, un mayordomo y dos cofrades, más un secretario. Conocemos también que en 1594 se unió a la cofradía de Almagro la que ya existía de tiempos remotos en Moral de Calatrava, concediéndosele el derecho de edificar habitación próxima a la ermita; y que en 1599 se creó otra cofradía en Bolaños, incorporándose igualmente a la de Almagro. A la cofradía pertenecieron personajes tan ilustres como D. Alvaro de Bazán y Guzmán, primer marqués de Santa Cruz, y su hijo don Alvaro de Bazán y Benavides, que fue mayordomo en 1602 y alcalde en 1604, delegando desde Nápoles el ejercicio del cargo al doctor Garnica, siendo nuevamente mayordomo por elección de la cofradía a petición del interesado en 1619. En 1676, quizás viéndose en apuros económicos, acordó la cofradía que los bienes de la Virgen pasasen al concejo de Almagro, con consentimiento de éste, que se comprometió al sostenimiento del culto, aunque la cofradía siguió nombrando diputados hasta 1688, pero desapareció después. Por otra parte, los administradores de los bienes puestos por el concejo no debieron obrar con gran diligencia, y por ello, y quizás por deseo espontáneo de los fieles, en 1764 se pidió al rey, administrador perpetuo del Maestrazgo de Calatrava, licencia para crear una nueva cofradía y redactar nuevas constituciones, siendo otorgada la autorización en 1768, a pesar de la oposición del concejo de Almagro, y devueltos los bienes por el ayuntamiento a la cofradía. Los últimos estatutos, desaparecidos todos los precedentes, datan de 1966.

El santuario. Nada sabemos de la primitiva ermita, sino que encontrándose en estado ruinoso, fue sustituida por la actual iglesia, costeada por el segundo marqués de Santa Cruz, y terminada en 1641. Es ésta un templo de cruz latina, con bóveda de cañón y cúpula, en cuyas pechinas campean los escudos de la familia del marqués (Bazanes, Benavides, Guzmanes y Manriques). El santuario cuenta desde antiguo con su hospedería y con plaza de toros. El camarín de la Virgen se construyó por acuerdo de la cofradía en 1652, mediante venta de objetos del tesoro del santuario y por suscripción popular, siendo terminado en 1682. Hundido en 1854, se terminó su reedificación en 1857.

Los marqueses de Santa Cruz. Hemos dicho que el templo actual fue costeado por el segundo marqués, y de la familia Bazán procedía gran parte del tesoro de la Virgen, así como las fundaciones que reseñaremos.

Todo ello dio origen a cierto patronato de la familia sobre el santuario, que nadie le disputó, sino el ayuntamiento de Almagro. Parece que el primer marqués atribuyó a la intercesión de la Virgen de las Nieves, cuyo santuario visitó antes de partir para la guerra, el haber salido ileso de la batalla de Lepanto, habiendo quedado sin explotar a sus pies unas balas del enemigo, cuando él invocó la ayuda de la Virgen. No pudiendo, por sus muchos trabajos y cargos, cumplir la promesa que había hecho de reedificar el santuario, dejó el encargo a su hijo, que lo cumplió como hemos visto. Nombró éste dos capellanes y les edificó casa en el santuario, para que celebrasen diariamente en la ermita. El mismo marqués D. Alvaro de Bazán y Benavides, por encargo de D.ª Aldonza Manrique de Lara, tía de su esposa, constituyó en 1628 una fundación con un capellán mayor y ocho menores, con la obligación de celebrar cada uno 52 misas rezadas anuales y una mayor en las fiestas de la Virgen, rezar el oficio parvo y confesar a los fieles en la ermita. Estas capellanías fueron aumentadas hasta 13 con dotación de dicho marqués. En 1778 se legalizó la reducción de estas trece capellanías a tres (pocos años antes solo quedaban dos), imponiendo a los capellanes la obligación de explicar la doctrina cristiana a los fieles antes de la misa. Hoy han desaparecido totalmente estas capellanías.

Cultos y fiestas. El ayuntamiento de Almagro cumple todos los años el primero de noviembre el voto hecho en nombre del pueblo por la ayuda recibida en el terremoto de 1755, y sufraga el Te Deum en agradecimiento por la desaparición de la plaga de langosta de 1843. Un nuevo resurgimiento de la devoción a la Virgen de las Nieves constituyó su coronación canónica el 20-X-1929, realizada por el nuncio monseñor Tedeschini y el obispo prior doctor Estenaga, en presencia del infante D. Jaime, en representación del rey, y del ministro del culto, Sr. Galo Pontes. Desde entonces, la imagen se traslada a la parroquia de Madre de Dios, de Almagro, desde finales de octubre hasta el primero de marzo, y sigue celebrándose la tradicional romería al santuario el 5 de agosto, siendo muy visitado dicho santuario durante todo el tiempo que permanece en él la sagrada imagen.

La imagen. La antigua, según diseño que se conserva del año 1710, estaba vestida, y llevaba rostrillo, cetro y corona, con aureola de 13 estrellas. Fue destruida en la devastación de 1936, siendo la actual imitación de aquélla.

BIBL.: F. GALIANA Y ORTEGA, *Historia del culto tributado a la imagen de María Santísima de las Nieves...*, Almagro, 1906. J. JIMENO

Nieves, *Nuestra Señora de las,* (Gran Canaria). En la isla de La Palma, a unos 3 kms. de Santa Cruz. Ya a principios del siglo XVI, diecinueve años después de la conquista, recibía culto la imagen de esta advocación. En 1676 fue propuesto por el obispo bajar la imagen cada cinco años a la ciudad. Se crearon unos bienes con destino a sufragar los gastos, y por medio de pujas se subastaban en público dichos bienes. Con ellos se sufragaban todos los gastos de la fiesta de la Purificación. Estos bienes se limitaron en virtud de la ley sobre mayorazgos y vinculaciones, por lo que quedó limitado el gasto de la fiesta del 5 de agosto. Ya en la víspera de la fiesta se nota gran animación. Gentes de todas las condiciones sociales, sobre todo las humildes, hacen su último recorrido de rodillas, implorando su petición, y al mismo tiempo llevan la ofrenda que luego depositarán a las plantas de la Virgen. Los actos culminan con el traslado de la imagen. El clero, y ayuntamiento, las hermandades sacramentales de toda la isla y el batallón que la guarnece, así como la gran afluencia de devotos, despliegan en un cuadro maravilloso. En 1656 intenta-

ron los dominicos hacer de la iglesia de Nuestra Señora de las Nieves convento de su Orden. Contrariado el clero y el ayuntamiento, los dominicos retiraron su petición y una real orden prohibió para siempre toda serie de fundaciones en aquel santuario.

BIBL.: E. MORENO CEBADA, *Glorias Religiosas de España*, II, Ba.-Ma. 1866, 269-280; A. J. FERNÁNDEZ GARCÍA, *Historia de las Nieves*. Diario de Avisos, Santa Cruz de la Palma, junio 1970 (número extraordinario en honor de Nuestra Señora de las Nieves). A. DIEZ

Nieves, *Nuestra Señora de las,* (Granada) patrona de Dilar. El pintoresco pueblo de Dilar, situado en una de las estribaciones, al pie mismo de la majestuosa Sierra Nevada, es también célebre por su santuario y devoción a Nuestra Señora de las Nieves, patrona de Dilar y de los montañeros. A un kilómetro de distancia del pueblo está la ermita o santuario, trono habitual de la milagrosa imagen de Nuestra Señora de las Nieves. Su fiesta principal se celebra el 15 de agosto. Ese día, muy al amanecer, se baja procesionalmente la bellísima y artística imagen desde el santuario a la iglesia parroquial, en un ambiente de emoción y profunda fe cristiana. La milagrosa aparición de la Virgen y el origen de esta devoción se hallan escritos en el archivo de Válor. El 5-VIII-1717 cuando Martín de Mérida, beneficiado del histórico pueblo de Válor (en la Alpujarra), se dirigía con su fiel criado M. de Soto a Granada, en plena cumbre de Sierra Nevada fue sorprendido por una impresionante tormenta. En situación tan comprometida acude el beneficiado a la Virgen de las Nieves y ésta se le aparece, lo consuela y lo libra de tan terrible tormenta. Convencido D. Martín de que aquello no había sido engañosa visión sino realidad y que sus ojos habían visto el rostro de la Virgen, con cuya presencia el cielo recobró la calma, después de agradecer aquel generoso favor, promete construir en lo alto de la Sierra Nevada junto al «Collado del Veleta» un pequeño santuario, donde devotos y montañeros pudieran honrar a su divina protectora, Nuestra Señora de las Nieves. Así surgió esta pequeña ermita, en la que no ha faltado el culto y la devoción mariana, fomentados por la autoridad eclesiástica diocesana e indulgenciados por el papa Clemente XIII (a. 1761). Hoy el pequeño santuario de Nuestra Señora de las Nieves sigue siendo a lo largo del año centro de peregrinación de todos los pueblos colindantes con Dilar y Válor y descanso obligado para los montañeros de Sierra Nevada.

BIBL.: Archivo parroquial de Dilar: *Documentos manuscritos;* Archivo parroquial de Válor: *Documentos manuscritos; Novena en honor de Nuestra Señora de las Nieves*, Gra. 1881-1884; D7, VIII, 388. J. L. PALMA

Niño Perdido, *Nuestra Señora del,* (Castellón de la Plana). En Caudiel, que perteneció al duque de Calabria, del partido judicial de Viver. La imagen de estilo gótico se venera en un camarín o capilla del antiguo convento de agustinos descalzos, fundación de Pedro Miralles. Comenzó a venerarse esta imagen en el año 1627.

BIBL.: D7, VI, 268; J. ORBAY, *Nuestra Señora del Niño Perdido:* Penyagolosa, 5(1959)47-55. IEF

Novena, *Nuestra Señora de la,* (Madrid). En la capital. La devoción a esta imagen se conoce desde 1646. El cuadro primitivo en lienzo, ocupó un lugar exterior fuera de un recinto sagrado, y tuvo por altar el muro de la pared de la calle de León, esquina a la de Cantarrana (hoy Lope de Vega). Según la tradición de los devotos de la época, esta fecha se puede anteponer, puesto que éstos afirmaron haberla visto allí desde la infancia e igualmente nos dan a conocer el fundador o donante, un «indiano» que al regreso de tierras americanas con buena fortuna, quiso agradecer la protección de la Reina de los Angeles, como apareció representada en la pintura: estaba descubierta, sin manto, con cabellera rubia y el Niño Jesús en sus brazos. Del cuidado se ocupó éste y luego su descendencia hasta su extinción; siempre le hizo guardia una lámpara de aceite. Luego fueron los vecinos de ambas calles; pero las vicisitudes históricas aconsejaron el cambio de lugar. La leyenda cuenta cómo la imagen fue profanada por el holandés Van Burger domiciliado en dicha calle. Parece que el lienzo no se pudo reconstruir y se hizo una copia lo más exacta posible. Este hecho produjo honda emoción en el pueblo de Madrid, con ello acrecentó la devoción y se estableció la novena (de ahí el nombre de Nuestra Señora de la Novena) y la imagen desde entonces se cuidó con más celo. Con este motivo se fundó la hermandad de «Cómicos» de Madrid, cuyos estatutos fueron aprobados por la autoridad eclesiástica. Para mayor protección y devoción, se trasladó la imagen a la parroquia de San Sebastián donde tuvo capilla propia en la calle de Huertas, con salida a la de San Sebastián. La hermandad obtuvo por bula pontificia el privilegio de celebrar misa en la capilla a las doce del Sábado Santo después de los oficios divinos. Esto ya no existe y las fechas del culto se cambiaron. La cofradía continúa cumpliendo su cometido y los cofrades de «Autores» celebran la fiesta mayor el 17 de mayo con misa solemne. Además, cada año, el 18 de noviembre, los cofrades asisten a la misa aplicada por los hermanos muertos en el año. En la guerra civil la parroquia fue quemada con la capilla y la imagen. Reconstruido el templo, renace la devoción con más fuerza. Pero la nueva copia ya no tiene capilla, sino un pequeño altar situado a los pies de la nave y a la derecha. El altar es sencillo, mezcla de barroco y renacentista; y la nueva pintura sufrió modificaciones en su composición. Es un cuadro de pequeñas proporciones de unos 60 por 40 cms.; en él aparecen tres planos. En el primero, el Niño Jesús duerme en su lecho cubierto con un velo en tonos de fuerte luz blanca. En segundo plano, la Virgen, está vestida con túnica roja y manto azul, un velo blanco la cubre, con los brazos cruzados contempla el sueño de su Hijo. El último cierra el cuadro un niño y un personaje desconocido, posiblemente el donante.

BIBL.: *Nuestra Señora de la Novena:* Anuario Católico Español, II, Ma. 1956, 451.　　　　　　A. Diez

Nuria, *Virgen de,* (Gerona). En la villa de Caralps, valle de Ribas de Freser, diócesis de Seo de Urgel, al pie del Puigmal. Probablemente debe su origen a alguna ermita construida con el fin de ayudar a los caminantes que iban del Rosellón, Ripollés, Conflent a la Cerdaña por este camino corto que es el Valle de Ribas por las estribaciones del Puigmal. La leyenda habla de san Gil, auténtico anacoreta y predicador del pueblo sencillo y de los pastores de estos escabrosos terrenos. Huyó de su patria, Atenas. Llegó a Provenza donde fue reconocido como santo por Carlos Martel y su corte, y su humildad lo trae a estas montañas donde predica, y esculpe una estatua de la Virgen, hacia el año 700. Pero tiene que huir de la persecución de Witiza, y antes esconde la santa imagen. Luego aparece otro personaje, Amadeo, nacido en Dalmacia. Llevaba una vida santa, cuando en sueños se le aparece un ángel que le invita a salir de su patria y encaminarse a una región lejana, en los confines de España y Francia, y le describe tal y como es el Valle de Nuria: era el año 1072. Emprende el viaje y por fin llega a estas tierras. Se hace amigo de los pastores y con su ayuda construye una capillita muy reducida en la que debió poner un lienzo de la Virgen. Pocos años después se volvió a su patria, y en 1079 un toro misterioso descubre a los pastores la estatua de la Virgen. Junto a ella hay una campana (que debió de usar el santo para llamar a los pastores a

su catequesis), una olla (en la que debía prepararles la comida) y una cruz: serán los símbolos de Nuria. Descubierta la imagen se quiere transportarla a la parroquia, pero se hizo tan pesada que resultó imposible el traslado. Allí, pues, se la construyó una ermita que con el tiempo ha llegado a ser la gran iglesia actual. Primeramente cuidó de todo uno o varios ermitaños con algunos «donados»; surgieron luego gentes que hicieron colectas por el reino de Aragón, permiso concedido ya en 1449 por María, esposa de Alfonso V, Urbano VIII concedió muchas indulgencias por visitar este santuario (1638), y en 1642 construyóse nueva capilla muy amplia, y con buen retablo que duró hasta 1936. Con el tiempo no cesó de crecer esta devoción y de recibir visitas cada vez más numerosas. El poner al alcance de todos la subida a estas imponentes montañas por medio de una cremallera que parte de la estación del ferrocarril ha hecho que el número de visitas aumente más y más a este singular santuario mariano. En 1883 inicióse la construcción de la iglesia actual; desde 1916 está abierto al santuario durante todo el año; en 1931 terminóse el cremallera, y hoy (rodeado de hoteles, con buenas comunicaciones, con todos los elementos necesarios a los deportes de invierno, y campo excelente para excursiones) es centro de atracción turística. Hay, además, un lago, pistas de esquí y patinaje, hermoso Vía Crucis por los alrededores. La talla de la imagen tiene 56 cms. de alto; 14 de ancho en lo inferior, y 15,50 de espesor en esta misma parte. La Virgen aparece sentada en trono o sillón de dignidad con respaldo en semicírculo. El Niño tiene 21 cms. de altura, y aparece sentado en la rodilla izquierda de la Virgen; se halla en actitud de bendecir con su derecha, y la izquierda tiene apoyada sobre un libro cerrado. Una moderna limpieza ha hecho que se viera que por construcción no era ni negra ni aun morena, como parecía. Es de un románico de transición. Incomprensiblemente fue robada en 1967 y aún no ha aparecido. Fue coronada canónicamente por el nuncio monseñor Riberi. La que recibe culto es reproducción exacta de la auténtica. Su fiesta se celebra el 8 de septiembre; pero también son muy solemnes los días de san Pedro, Santiago, la Asunción y san Gil o fiesta de los pastores.

BIBL.: F. Marés, *Història i miracles de la Sda. Image de N.ª Sra. de Núria,* Ba. 1966; J. Pastor, *Historia de Nuria,* Le. 1886; P. Pujol, *Inventari dels béns del Santuari de Núria fet l'any 1460:* R114, 7(1913)380-386; J. Roca, *Història de Núria,* Ba. 1923; F. Solá, *Història de Núria,* Ba. 1952; M. Talens A., *Nuria,* Ba. 1944; C. A. Torras, *Itinerari de la Vall de Ribes.* Ba. 1932, 130-33; Antón del Duque, *Itinerario y devocionario del que desea visitar a Ntra. Sra. de Nuria,* Vich 1772; P. Hilario de A., *La Vall Sagrada de Núria.* Ba. 1960; *La Mare de Déu que Núria copatrona de la diòcesi de Urgell* (carta pastoral de agosto de 1956); E. Corredera, *El Libro de Nuria,* Ba. 1966; E. Moreno Cebada, *Glorias Religiosas de España,* I, Ba. 1866, 81-112.　　　　　　E. Corredera

O de Vilarello, *Nuestra Señora de la,* (Orense). Venerada en la aldea de Vilarello da Cota, ayuntamiento de Vilar de Vos y partido judicial de Verín. Aldea y santuario se encuentran cerca de la frontera con Portugal. Es la ermita orensana más frecuentada por los portugueses. Devoción popular en la comarca y con asistencia de muchos romeros en la fiesta principal, que se celebra en diciembre. El santuario es punto de referencia para los caminantes que se adentran por aquella montaña.

BIBL.: C. Gil Atrio, *Orense mariano,* Or. 1954, 156-57.　　　　　　IEF

Ocón, *Nuestra Señora de,* (Alava). En el término municipal de Bernedo, partido judicial de Laguardia, diócesis de Vitoria; situado en las estribaciones de la cordillera que separa esta provincia de la de Navarra.

En una pequeña colina, al lado de la fuente del Soto, se encuentra la ermita dedicada a Nuestra Señora de Ocón. Varios de los pueblos colindantes aportaron una cuota en especie para el sostenimiento de la capellanía. En 1732 extinguida la capellanía, se encargó al cura párroco de Bernedo. La fiesta mayor se celebra con gran solemnidad el 15 de agosto.

BIBL.: *Santuario de Nuestra Señora de Ocón*: R17, 15(1929) 523; D7, IV, 278.

A. DIEZ

Ojos Grandes, *Nuestra Señora de los,* (Lugo). Ninguna plegaria cristiana sugiere tantas relaciones con esta advocación de la Virgen como la Salve. Existe una tradición según la cual la Salve fue compuesta por el obispo compostelano san Pedro de Mezonzo a la vista de la imagen de la Virgen de los Ojos Grandes. La tradición no está probada; pero no faltan documentos en su favor. Más problemático es precisar el origen de la imagen misma. Se discute su antigüedad; pero no su valor artístico ni su estrecha vinculación con la historia local. Testigo de esto, es la colección diplomática del archivo capitular de Lugo, a la que Vázquez Saco no dudó en calificar de verdadero oasis de poesía y delicada piedad mariana en medio de las rígidas fórmulas cancillerescas. La imagen, de tamaño bastante grande, toda en piedra policromada, representa a la Virgen con el Niño reposando sobre su brazo izquierdo. La mano derecha del Niño aparece sobre el pecho descubierto de la Madre. Los ojos vivos, alegres y grandes, con la mirada dulce y perdida de la imagen, encajan perfectamente con tal advocación y título. A lo largo de los siglos ha sido invocada con diversos nombres: Nuestra Señora la Madre, Virgen de la Leche, Santa María la Grande, la Mayor, Nuestra Señora de las Victorias, Santa María de Lugo, y el actual, Nuestra Señora de los Ojos Grandes, que ha prevalecido. Su devoción está, pues, en la historia y en el alma de Lugo; y la construcción de su capilla actual ocupa un capítulo destacado en la historia de la catedral lucense. Rodeando la capilla mayor de ésta, daban a la girola cinco capillas góticas, casi parejas en sus dimensiones. En la primera mitad del siglo XVIII fue sustituida la capilla central por la gran capilla actual, santuario mariano y trono de la patrona de la diócesis. Obra de Fernando de las Casas, el inmortal artífice de la fachada del Obradoiro de Santiago, es también uno de los monumentos más espléndidos del barroco gallego.

Tiene planta de cruz recruceteada. A cada uno de los brazos de la cruz da acceso un airoso arco, asentándose sobre ellos el anillo de la cornisa para soportar la esbelta cúpula de media naranja, que ilumina y hace resaltar la belleza del interior. En el centro de la capilla se yergue el retablo. Un camarín, en forma de baldaquino, abierto a los cuatro lados con arcos de medio punto y todo él magistralmente trabajado, se asienta sobre un pedestal ochavado, el cual tiene dos mesas de altar, una al frente y otra en la parte posterior, así como un rico sagrario al frente y un conjunto de figuras sobre el altar posterior, dedicado a la Santísima Trinidad. Un florón rodeado de ángeles, hermosas columnas, volutas, cabezas aladas y gran variedad de elementos decorativos, en lograda armonía, hacen que se lo considere como una destacada muestra del churriguerismo.

En el pasado y en el presente, la cofradía y el cabildo han cuidado con piadoso celo de todo lo necesario y conveniente al santuario y al culto. La imagen fue coronada canónicamente el 15-VIII-1904, y se convocó con ocasión de tal solemnidad un interesante certamen literario. En el pasado rivalizaron en la invocación y ofrendas a María bajo esta advocación reyes, obispos y nobles. Pero cabe destacar la infatigable y fervorosa actividad del obispo Odoario en la segunda mitad del siglo VIII. Notable, igualmente, la generosa donación de bienes por parte de la reina D.ª Urraca, en calidad —según una tradición sin confirmación documental alguna— de restitución por haber robado anteriormente al tesoro de Santa María de Lugo 100 marcos de plata para pagar a sus soldados. Es asimismo un tanto misterioso el origen y alcance del llamado «voto de los cornados». Se trataba de un tributo que pagaba todo el pueblo a la Virgen de Lugo, sin que sepamos poco más que su cese en los últimos años del siglo XVII y que el «cornado» era una unidad monetaria vigente entre el siglo XIII y la época de los Reyes Católicos. La mayoría de los santuarios tienen fechas excepcionales y señaladas en que acuden sus devotos, a veces procedentes de lugares geográficamente muy distantes, mientras permanecen silenciosos e incluso cerrados durante el resto del año. El caso de la capilla de los Ojos Grandes es diametralmente opuesto. Por una parte puede advertirse que pertenecen a la ciudad de Lugo la casi totalidad de los que por ella pasan; por otra, el culto es sobremanera regular y contínuo. El 15 de agosto y los días precedentes las solemnidades y festejos alcanzan cierto relieve. A lo largo de todos los días del año y durante toda la jornada una riada de lucenses desfila ante su patrona. Hombres y mujeres de todas las edades y estamentos hacen a diario su visita a la catedral: primeramente un rato ante el altar mayor o del Santísimo (en permanente exposición, por especial privilegio de la ciudad, por ello llamada ciudad del Sacramento); luego, invariablemente, el paso por la capilla de los Ojos Grandes. La cual, además, viene a ser como la «iglesia de la catedral», pues allí se celebran la gran mayoría de los cultos.

Abundan los relatos escritos de milagros y favores atribuidos a esta advocación. Así el Rey Sabio titula su cantiga LXXVII: «Cómo Santa María sanó en su iglesia de Santa María de Lugo a una mujer tullida de pies y manos», haciendo luego en el estribillo de los versos una clara alusión a la Virgen de la Leche. Y así otros, literariamente menos notables, pero igualmente entusiastas, como los referidos por Pallarés en su clásica *Argos divina.*

BIBL.: J. DE VILLAFAÑE, *Compendio histórico en que se da noticia de los más célebres santuarios de España*, Ma. 1740, 373-378; F. VÁZQUEZ SACO, *Nuestra Señora de los Ojos Grandes, patrona de Lugo. Notas históricas*, Lugo 1954; J. PALLARÉS Y GAYOSO, *Argos divina. Nuestra Señora de los Ojos Grandes, patrona de Lugo*, Sant. 1700; J. PALLARÉS, *Monografía sobre la Virgen de Lugo*, Le. 1883; F. BOUZA REY, *El grabado de Nuestra Señora de los Ojos Grandes en la obra de Pallarés y Gayoso*: R49, 5(1953)136-143.

A. LÓPEZ RIVAS

Olaz, *Nuestra Señora de,* (Guipúzcoa). En la villa de Azpeitia, diócesis de San Sebastián, patria de san Ignacio de Loyola, especialmente vinculado a esta ermita, a cuya devoción y popularidad contribuyó mucho. Situada en el pie del monte Itzarraiz y a la izquierda del río Urola. La imagen data del siglo XII y el santuario, aunque no se da una fecha concreta, se puede afirmar que existía como tal en la época de san Ignacio, el cual tenía por costumbre cuando pasaba al lado del santuario, rezar una Salve, costumbre que arraigó en el pueblo, que continúa esta tradición. Desde 1929 las madres de la región consagran sus hijos a la Virgen de Olaz. Antiguamente se postraban ante ella los delegados de las juntas particulares de Guipúzcoa. La fiesta mayor se celebra el 18 de diciembre.

BIBL.: *Santuario de Nuestra Señora de Olaz*: R17, 15 (1929)519.

A. DIEZ

Oliva, *Nuestra Señora de la,* (Toledo). Santuario ubicado en Almonacid, partido judicial de Orgaz. Dista de la capital 20 kms. Recogemos esquemáticamente las noticias sobre su origen un tanto legendario.

Refiere la tradición que la imagen era obra de época visigoda, posterior al tercer concilio de Toledo y escondida por miedo a posibles profanaciones en la época musulmana, en la concavidad de una roca, donde pasó oculta más de seis siglos. Tuvo lugar el hallazgo de la misma, según nos refiere fray M. Pérez, catedrático de la universidad de Salamanca, durante el pontificado de Juan XXII y siendo arzobispo de Toledo Jimeno de Luna († 1337). Vivía en Almonacid un hombre de buena fama y costumbres, de nombre Celedonio. Un día, mientras pastoreaba el ganado, se le apareció la Virgen ordenándole notificara a sus convecinos la voluntad de que le dedicaran un santuario o ermita donde recibiera culto su imagen allí escondida. Así lo hizo, pero no le dieron crédito. Desanimado, volvió a dar cuenta a la Reina del cielo, quien tomando el cayado del pastor lo clavó en el suelo y al momento brotó en el mismo lugar una frondosa oliva. Nuevamente le ordenó la Virgen que volviera a Almonacid y comunicara al pueblo lo mismo que la primera vez; como confirmación hallarían la oliva, y al pie de ella, cavando, descubrirían la efigie, que al regresar al pueblo encontrarían a un niño que llevaban a enterrar, que le aplicase el cayado en presencia del pueblo y le preguntara si era verdad lo que anunciaba. El pastor ejecutó fielmente el mandato. El niño vuelto a la vida testificó la misiva de Celedonio. Así fue creído, y, llegados al lugar, cavaron junto a la oliva y descubrieron la imagen. Posteriormente fue erigido el suntuoso templo de tres naves, con capilla mayor, retablo y camarín, así como una casa para los peregrinos. Mientras tanto la imagen permaneció en la parroquial desde donde fue llevada procesionalmente al nuevo santuario, el 26-IV-1620. Celebraban la fiesta el 25 de marzo, trasladándola después al domingo de «Quasimodo». Por no satisfacer esta fecha a los devotos, se pasó al segundo domingo de mayo ya en el siglo XVIII. Actualmente se celebra en la segunda quincena de septiembre. Entre los milagros que se narran destacan dos ocurridos en 1656 y 1694.

BIBL.: M. PÉREZ, *La Virgen de la Oliva. Discursos históricos de la milagrosa imagen... que con este título se venera en Almonacid de Toledo*, Sa. 1717; J. DE VILLAFAÑE, *Compendio histórico en que se da noticia de los más célebres santuarios de España*, Ma. 1740, 378-384; L. MORENO NIETO, *La Provincia de Toledo*, To. 1960, 66; F. JIMÉNEZ DE GREGORIO, *Los pueblos de la provincia de Toledo hasta finalizar el siglo XVIII, población, sociedad, economía e historia*, I, Tol. 1962, 87; *Nuestra Señora de la Oliva*: Anuario Católico Español, II, Ma. 1956, 492-493.

J. M. DE MORA

Olmos, *Nuestra Señora de los*, (Guadalajara). Situado en las afueras —unos 300 mts.— de la villa de Maranchón, partido de Molina, entre una arboleda de olmos, a la que se accede por una carretera asfaltada. La tradición remonta su origen al año 1114 en que se apareció la Virgen con un ramo de olmo en la mano a un ganadero de Maranchón. Allí se construyó una pequeña ermita. La historia documentada de este santuario comienza el año 1700 en que se amplió el edificio. Tiene éste colgado a lo largo de las paredes una serie de cuadros que representan los milagros atribuidos a la Virgen. Madoz hace constancia de este santuario, pero sin darnos más datos al respecto. La festividad se celebra el 8 de septiembre precedida de una novena cuyas oraciones y lecturas no son propias, pues están tomadas de la cercana localidad de Campillo de Dueñas.

BIBL.: D7. XI, 209; J. GARCÍA PERDICES, *Cual aurora naciente (advocaciones marianas de la provincia de Guadalajara)*, Gua. 1974, 74-75.

S. LORRIO

Oñez, *Nuestra Señora de*, (Segovia). En la villa de Anaya, partido y diócesis de Segovia, a 13 kms. al oeste de la capital y a orillas del río Moros. Próx. al pueblo, existe una ermita dedicada a Nuestra Señora de Oñez, entre Arévalo y Segovia. El origen de Oñez, está relacionado, según una tradición, con un general que venció a los árabes y se apellidaba (Uñez o Núñez). Anualmente el día de Pascua de Pentecostés se celebra la gran procesión desde la ermita hasta la parroquia, acompañada de todos los fieles del pueblo, con las insignias parroquiales y cantando las letanías de rogativa. Esta permanece en la parroquia mientras dura el novenario, a continuación retorna a su ermita. Urbano VIII en 1633, concedió gracias a la cofradía de Oñez que actualmente continúa su devoción mariana. Es patrona de los caminantes.

BIBL.: D7, II, 270; E. DEL BARRIO MARINAS, *La Santísima Virgen en Segovia*, Seg. 1954, 25-27.

A. DIEZ

Oro, *Nuestra Señora de*, (Alava). Al norte de Alava, a solo 25 kms. de Vitoria y 50 de Bilbao, dentro de la jurisdicción del Valle de Zuya, emplazado en la cumbre del monte de Oro (841 m.) del que toma su nombre y que en vasco significa «altura», se alza el santuario de Nuestra Señora de Oro. La noticia más antigua que poseemos acerca de la existencia de este santuario, nos la ofrece la escritura de donación del mismo, hecha por D.ª María López, al real monasterio de Nájera el año 1138. En este documento —de gran interés para la historia de Alava— se hace también donación (al citado monasterio de Nájera) del santuario de Nuestra Señora de Estíbaliz y de dos monasterios más situados en el Valle de Zuya: Santa María de Urrecha y Magnarrieta. Parece casi seguro que Santa María de Oro pertenecía y fue habitado por los benedictinos al menos hasta el siglo XIII; más tarde pasó a ser propiedad del Valle de Zuya. En una de las actas del ayuntamiento de Zuya (a. 1562) se dice: «ser el Valle de Zuya los patronos del santuario, entendiéndose por patronos los vecinos del Valle». Hacia el 1583 se impone a todos los vecinos del Valle «en calidad de patronos», la obligación de acudir a las funciones y rogativas que celebra el Valle, según voto que tiene hecho». La justicia y Regimiento del Valle de Zuya en nombre de los vecinos actúa —desde el siglo XVI hasta el 1931 (época de la República)— como único patrono y propietario del santuario, tanto en las reparaciones de éste como en la fijación del culto, rogativas, fundaciones, administración de todos sus bienes, nombramiento de mayordomos, etc. Entre los personajes más destacados de la vieja cofradía de Nuestra Señora de Oro, aparte de los patronos, figuran ya desde el siglo XVI, los mayordomos, el capellán y el ermitaño. El estudio arquitectónico del santuario, no es nada fácil, dadas las transformaciones sufridas a través de los tiempos. De la primitiva iglesia románica apenas queda nada. El templo actual es una edificación de grandes dimensiones, dividida en dos cuerpos: nave central y dos capillas, rodeada por grandes salones de la cofradía y sala de ayuntamiento. Las bóvedas de la iglesia con sus terceletes y ligaduras, demuestran ser del siglo XIV o principios del XV. En la sacristía, en cambio, se aprecian bóvedas de yeso del siglo XVIII. Aparte de la denominada «fiesta de la cofradía» de carácter netamente religioso y que se celebra el primer domingo de septiembre de cada año, existen otras tres festividades en las que este santuario se ve muy concurrido por devotos y visitantes: el día de la Ascensión, Pentecostés y el 13 de junio dedicado a san Antonio. A la pujante cofradía de Nuestra Señora de Oro pertenecen todos los párrocos y vecinos de los distintos lugares del Valle y gran parte de las hermandades vecinas de Alava y Vizcaya. En todos ellos se halla profundamente arraigada la devoción a la Virgen en esta imagen de Nuestra Señora de Oro, talla de finales del siglo XII o comienzos del XIII.

Las concentraciones periódicas de asociaciones y entidades infantiles, juveniles, deportivas, etc., en torno a este santuario mariano, dan un colorido especial al culto y romerías de la Patrona de Zuya.

BIBL.: *Documento original de la donación del monasterio de Santa María de Oro al Real Monasterio de Nájera:* Arch. de Nájera; *Actas y documentos* (mss. siglo XVI); Arch. Ayuntamiento del Valle de Zuya (Murguía); J. DE LANDAZURI Y ROMARATE, *Historia eclesiástica de la provincia de Alava*, Pam. 1797; J. OLABARRÍA Y SAUTU, *Monografía del santuario de N.ª Señora de Oro*, segunda ed., Munguía, 1968; D7, XVI, 680-81. A. RIESCO

Osera, *Nuestra Señora de,* (Orense). En el lugar de Osera, del ayuntamiento de Cea. Imagen venerada en la iglesia parroquial que perteneció al famoso monasterio fundado por Alfonso VII en 1135. El grupo escultórico representa a la Virgen acompañada de san Bernardo arrodillado. Cuando en 1137 Alfonso VII confió el cuidado del monasterio a los monjes del Císter, ya se veneraba en el lugar una imagen de la Virgen. La devoción a Nuestra Señora de Osera siguió un camino paralelo a la suerte del cenobio. Conoció momentos de esplendor, decadencia y casi olvido total. Por iniciativa del obispo de Orense, D. Florencio Cerviño González, fue restaurada la vida monástica en el antiguo monasterio. Abandonado en 1835, fue habitado de nuevo a partir de 1930, previas unas indispensables restauraciones que continuaron más tarde. A partir de esta fecha comenzaron a renovarse las antiguas peregrinaciones y tradicionales festejos conocidos en toda la comarca orensana.

BIBL.: M. FERNÁNDEZ, *Osera, Santa María la Real de:* DHEE, III, Ma. 1973, 1.613-14; *Nuestra Señora de Osera:* Anuario Católico Español, II, Ma. 1956, 457; C. GIL ATRIO, *Orense mariano*, Or. 1954, 181-184. IEF

Otero, *Nuestra Señora del,* (Palencia). Cerca de la ciudad, en un cerro de forma cónica, se levanta la ermita dedicada a Nuestra Señora del Otero, a la que los palentinos profesan gran devoción. Desde fechas no conocidas el ayuntamiento y el cabildo catedralicio se dirigen, en procesión desde la catedral, para conmemorar en dicha ermita, la predicación y fiesta en la ciudad por santo Toribio el 16 de abril. Este santo es el segundo patrono de la ciudad. La segunda fiesta se celebra a mediados de septiembre. Con el dinero que el devoto Miguel Cadagua mandó de las Indias en 1572, dispuso, que el rédito se emplease en la celebración de varias misas cantadas y otras rezadas. Aunque no se conoce la fecha de la fundación de la ermita, por una inscripción que hay en uno de sus muros, se puede dar una datación aproximada: «Juan de Tordesillas, canónigo, cercó esta iglesia de pared a su costa; falleció el 8-VI-1514.»

BIBL.: *Nuestra Señora del Otero:* R17, 15(1929)342; R. NAVARRO GARCÍA, *Catálogo Monumental de la Provincia de Palencia*, IV, Pa. 1946, 124-125. A. DIEZ

Otero, *Virgen del,* (Toledo). En la villa de Maqueda, partido judicial de Escalona. Santuario enclavado al sur del caserío, núcleo principal de la población en el siglo XVI, que albergaba en el siglo XVIII la milagrosa imagen conocida igualmente por «Virgen de los Dados», nombre debido a que «se hallan dados blancos y colorados», que son mosaicos romanos. Las diversas descripciones del siglo XVIII, la suponen muy antigua. Así, una detalla: «era toda de piedrecitas de diversos colores, que la mayor parte no excedía su tamaño de un dado»; y otra afirma: «la capilla era antiquísima y de fortaleza, ahora ya arruinada; allí se conservan unas piedrecitas como dados de diversos colores que adornaban el suelo». Posiblemente la imagen se veneró en época romano-cristiana en un santuario con pavimento de mosaico. La Virgen de los Dados a principios del siglo XIV contaba con una antiquísima cofradía, cuyas constituciones confirmó el nuncio Domenico Gennasio en 1604. La denominación de Virgen del Otero es anterior y se refiere al lugar en donde primitivamente hay que localizar el santuario. La imagen de talla está vestida y sobre el brazo izquierdo sostiene al Niño. Su altura es de un metro aproximadamente. Fue llevada a la parroquia de Santa María en el año 1625; y en 1629 se fundaba el convento de agustinos recoletos al que se le encomendaba la ermita y su venerada imagen. Sus fiestas se celebran el 28, 29 y 30 de abril. Dentro de éstas hay que destacar la tradicional representación de «moros y cristianos» en una explanada ante el castillo de Maqueda el día 29 en honor de la Patrona. Acabada la representación prosigue la procesión, escoltada la Virgen por moros y cristianos.

BIBL.: L. MORENO NIETO, *La Provincia de Toledo*, To. 1960, 342-344; F. JIMÉNEZ DE GREGORIO, *Los pueblos de la provincia de Toledo hasta finalizar el siglo XVIII, población, sociedad, economía, historia*, I, To. 1962, 424 y 428. J. M. DE MORA

Palma, *Nuestra Señora de la,* (Cádiz). En la misma ciudad, fundada en 1692 por el venerable fray Pablo de Cádiz, lego capuchino, que murió con fama de santidad. Se encuentra en el viejo barrio llamado de La Viña, después de la Palma, extremo de la población. La imagen que da nombre al barrio y a la capilla, es objeto de gran devoción entre los gaditanos, no por su antigüedad y origen, que no constan, sino por un milagro que ocurrió el día 1-XI-1755: el espantoso terremoto que sufrieron numerosos puntos de Europa, entre ellos Lisboa, afectando igualmente a Cádiz. Cuenta la tradición que al acometer el mar a la ciudad por el ístmo que la une con la de San Fernando, muchos trataron de huir por aquel estrecho camino, pereciendo ahogados. Dos jóvenes —se piensa en san Servando y san Germán— mártires y patronos de Cádiz, cerraron las puertas. Serían las nueve de la mañana, cuando el mar, salvando facilmente las murallas que rodeaban la ciudad, empezó a inundarla, y en la parte llamada de La Caleta, donde más fuerte fue la furia, alcanzó el agua la altura de «cuatro varas». En los mismos momentos en que el mar inundó la ciudad, un religioso capuchino celebraba misa en la capilla de Nuestra Señora de la Palma, donde la inundación no había llegado. La calle, a cuyo frente se halla situada la capilla, desemboca en el mar por la parte de La Caleta. Una multitud aterrada penetró en el santuario pidiendo a grandes voces misericordia. El venerable sacerdote, acabada la misa, lleno de fe, tomó en sus manos el estandarte sobre el que se hallaba la imagen de la Virgen de la Palma y seguido por aquella multitud salió al encuentro de las olas. Enseguida se vio sorprendido por una verdadera montaña de agua. Sin retroceder, clavando el estandarte en tierra, exclamó: «¡Hasta aquí, Madre mía!». La Virgen escuchó el angustioso grito, se compadeció de los gaditanos y cesó el empuje de las olas. Las aguas empezaron a retroceder, a medida que el sacerdote con el estandarte en la mano iba adelantando, las olas se retiraban fuera de las murallas. Aquel mismo día, la hermandad de la titular hizo votos de salir todos los años el día 1 de noviembre, a la hora misma en que se verificó el prodigio, en rogativa por La Caleta y por la tarde en procesión. En el año 1837 no se verificó la procesión y desde principio de febrero de 1838, especialmente los días 12, 13 y 14 de este mes, un temporal espantoso amenazó con una catástrofe similar a la del 1-XI-1755. Sacada la imagen en rogativa, cesó la tempestad. A mediados del siglo pasado se cerró el santuario al culto por su lamentable estado ruinoso. Existe una novena publicada en su honor.

BIBL.: D7, V, 174; E. MORENO CEBADA, *Glorias Religiosas de España, I*, Ba.-Ma. 1866, 145-168; *Nuestra Señora de la Palma*, Anuario Católico Español, II, Ma. 1956, 425.
J. M. DE MORA

Pandorado, *Nuestra Señora de*, (León). En Omañuela, ayuntamiento de Riello, partido judicial de Murias de Paredes, diócesis de León, situado en el camino de Leitariegos, entre Lariego de Abajo y Omañuela, hoy arretera de León a Caboalles. Al lado del santuario, existen dos ventas que en otro tiempo sirvieron de posada a peregrinos y caminantes. Este santuario perteneció hasta 1955 a la diócesis de Astorga y el pueblo lindante, Lariego de Abajo, a la de Oviedo. Esta confluencia de dos diócesis en el santuario sirvió para alimentar el fervor mariano. El reajuste de diócesis de 1955 produjo una crisis en la asistencia de fieles que se fue recuperando lentamente. La fiesta se celebra el martes de Pentecostés con extraordinaria romería, acompañada de una feria muy importante para la zona. Pero esta feria ha ido desapareciendo a partir de la industrialización con la consiguiente crisis en la concurrencia al santuario. La cofradía del santuario se extendía por una comarca que abarcaba parte de las dos diócesis.

BIBL.: D7, X, 83, y XIII, 278.
A. DIEZ

Pardo, *Santísimo Cristo del*, (Madrid). A las puertas de Madrid, en un coto de caza de abundantes encinas, hizo levantar Enrique III, El Doliente, en 1405, un sencillo palacete para su morada, casi en el mismo centro de la finca, que entonces medía más de 20.000 hectáreas. Carlos V agrandó y embelleció aquella primitiva construcción, lo que continuó con sumo interés Felipe II y sus sucesores. Alrededor de aquella mansión real se fueron levantando casas más o menos elegantes y cómodas con destino a los guardas y servidumbre. Así comenzó a fundarse el futuro pueblo de El Pardo, sito a la izquierda del Manzanares. A la parte contraria, a menos de 1 km. del río, se levanta en una dominante colina el convento de capuchinos. En su iglesia se venera la bellísima imagen de Cristo yacente, obra de Gregorio Hernández. Felipe III que ofreció a los religiosos aquel sitio para construir convento, les donó posteriormente tan artística como expresiva escultura, que en el correr de los siglos convertiría aquella iglesia en auténtico santuario, meta de romeros, peregrinos y devotos, como igualmente de curiosos y turistas. Resumimos a continuación su historia.

Convento capuchino de El Pardo. En 1609 lograban los capuchinos establecerse en la Corte con la fundación del convento que llevaría el título de San Antonio del Prado, contiguo a la actual plaza de las Cortes. A ese seguirían bien pronto otros en tierras castellanas, como el de Alcalá de Henares, el de Toledo y el de El Pardo. El propio Felipe III les ofreció aquí sitio para la fundación a mediados de 1612, pero no llegaron a establecerse hasta el 12 de noviembre del mismo año. Aquella primera construcción fue sobradamente pobre y provisional, por lo que en 1614 se hizo necesario realizar otra más formal y sólida y en terreno más elevado de la huerta. En la adjunta iglesia o más bien capilla fue colocada en 1615 la imagen de Cristo yacente, regalo también del propio Felipe III. Por varios motivos e inconvenientes, hubo precisión de dejar asimismo esa segunda morada y buscar lugar más a propósito para construir otro convento de mejores y más saludables condiciones. No fue ni más ni menos que el que subsistió hasta hace unos años, sustituido por otro de líneas y estructura modernas. Las obras de este llamado tercer convento dieron comienzo el 30-XI-1638 y finalizaron doce años más tarde. Adjunta al convento se levantó la iglesia, sencilla, de reducidas proporciones y líneas clásicas que es la actualmente existente. Para retablo

del altar mayor pintó Francisco Rizzi, en ese mismo año 1650, el grandioso cuadro que tiene por motivo al titular de la iglesia, Nuestra Señora de los Angeles en el misterio de la Asunción, y que tiene a su derecha al apóstol san Felipe y a su izquierda a san Francisco de Asís. La traslación del Santísimo a esta iglesia se verificó el 9-X-1650.

Así como el convento y construcciones adjuntas han experimentado en el correr de los años profundas transformaciones, la iglesia en cambio no ha tenido ninguna de importancia en su cuerpo central. Fuera del mismo se han realizado obras y cambios un tanto notables, precisamente en relación con la imagen del santísimo Cristo. Esta fue colocada en un principio en una reducida capilla al lado del presbiterio, que ampliada es hoy capilla del Seminario Seráfico. Por deseo de Carlos II se abrió un arco en el muro derecho de la iglesia, formando luego una capilla que aún subsiste. En el arco del fondo se levantó un altar a propósito y en él se colocó la urna con la imagen de Cristo yacente. En los paños laterales se pusieron dos bellos cuadros: el de la Virgen del Consuelo y el de san Fernando, éste de Lucas Jordán, que se han ido salvando de la rapiña. Finalmente, Fernando VII hizo derribar dicho arco y proyectó la actual capilla de planta octogonal, construida bajo los planes y dirección del arquitecto Isidro Gómez Velázquez, siendo inaugurada el 25-V-1833. Veinticinco años antes de esa fecha los franceses se adueñaron del convento e iglesia en 1808. Allí permanecieron hasta que salieron definitivamente de Madrid. En ese tiempo se apoderaron de numerosas obras y objetos de arte allí existentes. La imagen del Cristo, oportunamente escondida, no cayó en sus manos. Una vez más, al tener lugar la exclaustración de 1836 y faltar de allí los religiosos, nuevos robos y despojos se fueron sucediendo. En completo abandono estuvieron ambos inmuebles hasta el regreso de los capuchinos en 1896, en que fueron cedidos por la generosidad de la reina regente María Cristina. Un nuevo y más terrible despojo se llevó a cabo por los milicianos después del 21-VII-1936, en que se incautaron del convento e iglesia. Desaparecieron entonces, aparte de otros incontables destrozos hechos, todos los altares de la iglesia, las imágenes, entre ellas la de la Virgen de la Paz, talla del siglo XVII y, asimismo, varios cuadros de valor, como el de San Antonio de Padua, atribuido a Goya. El altar y la urna del Cristo corrieron idéntica suerte, pero la imagen pudo salvarse afortunadamente. Terminada la guerra de liberación y, después de ofrecer a Dios la vida seis religiosos sacrificados por los rojos, volvían los capuchinos a su antigua morada para continuar en ella su vida conventual de oración, apostolado y trabajo.

La imagen del Cristo. Fue donada a los religiosos de El Pardo por Felipe III, llamado con justicia «El Piadoso». Este, en agradecimiento y para perpetuo recuerdo de que en el Viernes Santo de 1605, Dios le había dado un sucesor en el que se llamaría luego Felipe IV, encargó a Gregorio Hernáncez, célebre imaginero residente entonces en Valladolid, la hechura de un Cristo yacente en el sepulcro. Ni que decir tiene que Hernández, como dice A. Ferrer del Río, labró magistralmente «con místico buril la efigie de Jesucristo en el sepulcro, interpretando la piedad de Felipe III que así quiso perpetuar la memoria de haber nacido en Viernes Santo el que llevó después su Corona». Y con tan subido interés y tan a maravilla consumó el encargo, que bien puede y debe considerarse como su obra maestra. Y como obra culminante es tenida por artistas y escultores, entre ellos Mariano Benlliure, sobre todo por la cabeza que es realidad de la muerte, que es dolor y a la vez amor, que emociona, subyuga e invita a caer de rodillas en humilde adoración. Felipe III tuvo esta imagen en la capilla de su palacio todo el tiempo que estuvo en Valladolid. Al trasladarse con la Corte a Madrid, en 1606, la trajo consigo para colocarla en la capilla del palacio de Oriente. Llevado de su amor a los capuchinos de El Pardo, les donó tan estimado tesoro. Llevada procesionalmente al convento en un viernes de marzo de 1615, se la colocó en la capilla que tenía destinada. De aquella segunda iglesia pasó a la definitiva y actual. Sin otras incidencias, fuera de los cambios de sitio arriba indicados, llegó la exclaustración de 1836. Años más tarde la imagen del Cristo se bajó a la iglesia del pueblo, de la que pasó a la parroquia del Buen Retiro, permaneciendo en ella hasta 1850, en que se la reintegró a su iglesia. Aquí estaba al regreso de los capuchinos a aquel convento de El Pardo en 1896. Cuarenta años después, el 21-VII-1936, los milicianos se incautaban de ambos inmuebles, convento e iglesia, que siguieron ocupando hasta el final de la guerra de liberación. La imagen de Jesús yacente que por fortuna no sufrió desperfecto alguno, fue bajada a la iglesia de palacio. De aquí se pasó a San Francisco el Grande y, posteriormente a los sótanos del Museo del Prado. Entregada en junio de 1939 a los capuchinos, se depositó en la iglesia madrileña de Jesús de Medinaceli mientras se llevaban a cabo en su iglesia de El Pardo las obras más precisas de reparación. A ella se trasladó procesionalmente en octubre de dicho año. Su grandioso altar y urna de madera dorada habían desaparecido. El Generalísimo Franco ordenó labrar nuevo altar y nueva urna a su costa, encomendando la obra al orfebre madrileño Félix Granda que supo realizarla con exquisito gusto y acostumbrada maestría. Tanto uno como otro son de mármol y bronce dorado. Se han adjuntado también unas gradas de mármol para facilitar la adoración de la imagen.

Devoción al Cristo. Es un hecho fácilmente comprobable, que hoy en día esta iglesia conventual de El Pardo se ha convertido en auténtico santuario y a la vez en centro de turismo. El motivo de esto es la bellísima imagen de Cristo yacente en el sepulcro que allí se venera, la devoción que se le profesa y, por otra parte, la envidiable situación junto con las vistas panorámicas que desde allí se ofrecen. Pero todo ello no es nuevo ni de nuestros días sino continuación de lo que venía repitiéndose a lo largo de años y también de siglos, sobre todo por lo que se refiere a la devoción a la imagen. Felipe III inició ya aquella y la dejó en cierto modo en herencia a sus sucesores. De tal manera que puede afirmarse en verdad y justicia que todos los reyes españoles que sucedieron a aquél así como las reinas, infantes y restantes miembros de las familias reales, no se contentaban con hacer una visita anual, sino que la repetían varias veces durante su estancia en el palacio de El Pardo, por los meses de primavera u otoño. No contentos con eso, hicieron al convento, en admirable competencia, valiosos donativos, consistentes en cuadros, ornamentos y otras obras artísticas. Ese ejemplo fue imitado por numerosos grandes y nobles de España, varios de los cuales por tal motivo escogieron sepultura en el enterramiento de la capilla del Cristo. Ni que decir tiene que ese mismo ejemplo lo imitaron en todo tiempo numerosos fieles, sobre todo de Madrid y pueblos circunvecinos, que en devota romería han acudido a rezar ante el Cristo, formando grupos o particularmente, en cumplimiento de una promesa, a dar gracias por un favor recibido o pedirle otros, incluso milagrosos. Porque no ha sido uno, sino muchos los conseguidos por los devotos del santísimo Cristo de El Pardo, de que hay constancia en libros y documentos, como igualmente constan otros múltiples y extraordinarios favores, gracias, curaciones... Testimonio de todo ello lo ofrecían los cientos de exvotos que antes de 1936 pendían de las paredes de su capilla. Esos milagros y favores sirvieron

para aumentar y propagar esta devoción. Fueron también medio de aumentarla los miles de estampas de todos tamaños que profusamente eran repartidas a cuantos se acercaban a este santuario, lo mismo que sucede, tal vez con mayor abundancia, en nuestros días, ya que si las visitas fueron repetidas y frecuentes en tiempos pasados, no lo son menos en la actualidad. Por eso hay que hacer constar que la devoción al Cristo de El Pardo, lejos de disminuir, ha aumentado considerablemente, debido al menos en parte a la facilidad de los medios de locomoción. De tal modo que todos los domingos y días de fiesta sobre todo, se convierte este santuario en centro de una auténtica y numerosísima romería, en la que llegan a reunirse bastantes miles de personas. Si es verdad que muchos llegan allí por motivos de turismo, de distracción, aprovechan la ocasión para cumplir sus deberes religiosos y efectuar asimismo una visita a la imagen, mientras otros muchos realizan el viaje expresamente para postrarse ante la imagen del Cristo, rezar y pedir con fervor y recogimiento. Parece estar invitando a eso mismo a cuantos entran en su capilla. En ella se leía antes un epitafio latino que así lo indicaba en estos versos traducidos al castellano: «Detente, peregrino, aquí, y postrado— contempla y rinde humilde adoración— a ese divino cuerpo desangrado.»

BIBL.: M. DE ANGUIANO, *Paraíso en el desierto...constituido en el devotísimo santuario del Real Bosque de El Pardo, donde se venera la imagen sagrada de Cristo Señor nuestro en el sepulcro, en el Convento Real de Capuchinos*, Ma. 1713; *Compendio de la historia del Stmo. Cristo del Pardo, que se venera en el convento de Capuchinos*, Ma. 1807; F. DE MENDOZA, *Novena dedicada a la milagrosa y preciosísima imagen del Stmo. Cristo de El Pardo*, El Pardo 1914, y Ma. 1929; J. A. POZO DE MIENGO, *El Pardo y el Santo Cristo de El Pardo*, tercera ed., Ma. 1972; B. DE CARROCERA, *La Provincia de Frailes Menores Capuchinos de Castilla*, I, Ma. 1949, 60-65, 158-160; II, Ma. 1973, 390 y ss.

B. DE CARROCERA

Pastores, *Nuestra Señora de los,* (Toledo). En Huerta de Valdecarábanos, partido de Ocaña. Es uno de los edificios que embellecen la panorámica del pueblo por su situación en una colina que domina la carretera que le circunda. Necesariamente llama la atención de los pasajeros por sus armoniosas líneas de excelente gusto arquitectónico. Se mandó construir en el año 1910 por los hijos de este pueblo, D. Vicente y Acisclo de Mora Mortero, que deseaban que la patrona del pueblo, Nuestra Señora del Rosario, llamada de los Pastores, tuviera un lugar sagrado digno de la devoción a la misma. Su edificación costó la suma de medio millón de pesetas. Tiene zócalo de mármol, suntuoso púlpito del mismo material y fue dotado de otras imágenes y ornamentos. A mediados del siglo XVII tenía la Virgen del Rosario ermita al pie del cerro del castillo que perteneció a la Orden de Calatrava. En el santuario se labró un rico mausoleo, de mármol, donde reposaban los restos de los fundadores. A su muerte dejaron una fundación con carga de misas por sus almas. En 1936 no se respetó este santuario: la imagen de la Virgen fue destrozada y se profanaron los sepulcros de los fundadores. La devoción de los vecinos en el primer año después de la liberación, adquirió otra en sustitución de la anterior, así como una nueva carroza y restauró los desperfectos del edificio.

BIBL.: L. MORENO NIETO, *La Provincia de Toledo*, To. 1960, 267-268; F. JIMÉNEZ DE GREGORIO, *Los pueblos de la provincia de Toledo hasta finalizar el siglo XVIII, población, sociedad, economía, historia*, I, To. 1962, 363.

J. M. DE MORA

Pastoriza, *Virgen de la,* (Coruña). En una plataforma elevada desde donde se divisa el mar, a unos 6 kms. de La Coruña se encuentra el santuario de la Pastoriza, diócesis de Santiago. Según la tradición perteneció esta imagen de María a Rekiario, rey de los suevos. Con la invasión árabe y las razzias de Almanzor por tierras gallegas en 997, los gallegos escondieron esta imagen para que no fuera profanada. Tanto la escondieron, que a la muerte de los autores no quedó ninguna señal y permaneció en el escondrijo de una peña hasta la aparición a una pastorcilla que apacentaba su rebaño y vio cómo una estrella brillaba donde estaba la imagen. Transmitidas las noticias del hecho al vecindario de La Coruña y a las aldeas próximas, acudieron al lugar y en compañía de la niña descubrieron la imagen. La proclamaron patrona de La Coruña. Este santuario es uno de los más venerados por el pueblo coruñés. Se levanta en el Monte Suevos, donde hubo un antiguo castro con restos de un dolmen. Parece ser que existió una ermita que fue destruida en el siglo X. Posteriormente se edificó otra y fue asaltada por Francis Drake en 1589. El santuario fue reedificado por Domingo Mareiras en el siglo XVIII. Está cercado por un gran atrio con crucero. Tiene una nave, con capilla mayor, camarín de la Virgen y una sacristía. La fachada tiene los cuerpos encuadrados por pilastras. Obra de Domingo Pérez y Blas de Pereiro, el interior con decoración barroca está lleno de exvotos.

BIBL.: *La Virgen de la Pastoriza:* Anuario Católico Español, II, Ma. 1955, 432: *Tesoros Artísticos de España*, Ma. 1973, 506. A. DIEZ

Pastur, *Nuestra Señora de,* (Asturias). En la feligresía de su nombre, parroquia de Santa Leocadia, concejo de Illano. Según la leyenda, se apareció la Virgen a una pastora con la promesa de que quienes la visitasen en su santuario no sufrirían daño en sus personas ni bienes. En 1665 se levantó el templo, reformado en 1868 y en 1967, pero conservando siempre los rasgos de la arquitectura típica regional: una sola nave con bóveda de cañón separada del ábside por un arco de herradura, y un atrio exterior. Tiene anejos unos edificios llamados «casas de las novenas» que servían de alojamiento a los devotos y que hoy están ya en ruinas. Se celebra su festividad el día 28 de agosto con gran afluencia de romeros cuya devoción atestiguaban los numerosos exvotos que colgaban de sus paredes, hoy retirados de las mismas.

BIBL.: J. L. PÉREZ DE CASTRO, *Pastur, Santuario de:* Gran Enciclopedia Asturiana, XI, Gijón 1970, 149-150. R. GARCÍA

Paz, *Nuestra Señora de la,* (Cáceres). En la ciudad, dentro del casco urbano, en la Plaza Mayor, al lado de la torre de Bujaco, junto al escudo de armas de la capital. Fue mandado edificar por un vecino de Cáceres llamado Lázaro Laso para terminar con los desmanes, ofensas y escándalos que continuamente se producían en aquel lugar. En el año de 1712 se terminó la edificación y el ayuntamiento y pueblo comenzaron a prestar culto público a la imagen de la Virgen. La fiesta se celebra el 24 de enero y aún sigue en la actualidad. Cuenta con una hermandad cuyas ordenanzas fueron aprobadas por el obispo de Coria en 1720.

El edificio es de sillería; sus arcos son de estilo románico y tiene tres naves de pequeñas dimensiones con cúpula decorada con yeserías. Hay varios retablos barrocos, uno de los cuales procede del convento de San Francisco. La imagen fue modelada en 1736 en Salamanca.

BIBL.: *Nuestra Señora de la Paz:* R17, 15(1929)185; D7, V, 83; *Tesoros Artísticos de España*, Ma. 1973, 189. A. DIEZ

Pedra, *Nuestra Señora de,* (Lérida). En la villa de Ager, partido de Balaguer, diócesis de Urgel. Los comienzos de esta advocación hay que colocarles bastante lejos del lugar donde se encuentra enclavado hoy el santuario mariano, conocido bajo el nombre de «La Mare de Déu de Pedra». Hablan las primeras noticias de un acontecimiento ocurrido en las tierras llanas de la provincia de Lérida, en el «Pla d'Urgell». Y los protagonistas fueron además de la imagen de la Virgen, un par de pastores de distintas localidades, aunque vecinas, pues ellos, durante el pastoreo de sus ganados tenían frecuentes ocasiones de entablar conversación. En una de estas charlas observaron que, junto al mojón divisorio de los términos municipales de Tarrós y Bullidó, se veía un sorprendente objeto. Al acercarse se dieron cuenta de que era una imagen de la Virgen. Tras los momentos de sorpresa vino la discusión sobre el derecho de propiedad de la imagen. Su título era: «yo la he visto primero». Y no hubo manera de ponerse de acuerdo. Parece que tenía más derechos el pastor de Bullidó. Pero la imagen fue a parar a la parroquia de Tarrós, hecho que solo significaba el poderle dar un mejor y provisional albergue. Intervinieron las respectivas autoridades civiles y religiosas, pretendiendo cada una que aquel precioso tesoro se quedara en su parroquia. Las razones no fueron convincentes. Y tras los argumentos aducidos se pasó a usar de una costumbre de la época. Se sometería el pleito a una especie de juicio de Dios. Para ello escogieron una mula ciega, sobre ella cargaron la discutida imagen, que partiendo del pueblo de Anglesola, libremente y sin guía, iniciara la marcha. Siguió la ruta hacia el Segre, pasó por el puente de Balaguer, dirigiéndose hacia el norte, llegó al Valle de Ager y ascendió por la falda del Montsec. Allí, junto a una fuente abundante, se detuvo y cayó muerta. La interpretación fue de que allí, y no en otro lugar debía ser venerada la imagen hallada. Y los litigantes aceptaron el fallo en aquel juicio sin jueces.

Y hoy se encuentra el santuario o ermita de Nuestra Señora de Pedra. Está situado en la falda de la montaña del Montsec. Mirando hacia el sur, hacia el Valle de Ager, de cuyo valle y villa es patrona. En un lugar conocido por el nombre de «Pedra» se encontraba una población ya en los tiempos de la Reconquista. Se ha discutido mucho el grado de dominio que ejercieron los musulmanes sobre el valle. Se han hallado restos de una capilla mozárabe entre las ruinas de la ex-colegiata de San Pedro de Ager. En el siglo XI (26-VIII-1041) hay noticias del castillo de Pedra y de la población de Santa María de Pedra, que fue lentamente abandonada por sus moradores hasta quedar tan solo la ermita de la Virgen. Como recuerdo de los tiempos más antiguos queda la capilla de estilo románico, al igual que tantas como aparecen en el Pirineo leridano. A su lado, en el siglo XVIII, se edificó la nueva iglesia y casa adjunta.

La imagen que allí se veneraba era de piedra policromada, de marcado color ceniza, y estaba de pie. Llevaba un manto recogido en diversos pliegues. La cabeza inclinada hacia el Niño, sedente en el brazo izquierdo de la Madre y sostenido por el derecho. El Niño, con ambas manos, sostenía una avecilla semejante a una paloma, símbolo de la paz. La altura de la imagen era de 1,20 m. Todo esto perduró hasta la fecha del 18-VII-1936. La devastadora furia iconoclasta se extendió también a este santuario. La imagen de la Virgen, venerada desde varios siglos, fue quemada y destrozada. En el año 1929, los sacerdotes hijos de Ager, llevados de su devoción a la Virgen, habían costeado y ofrecido una corona de plata a la Madre y al Niño, joya que pudo salvarse del saqueo destructivo. Pasada la tormenta revolucionaria vino la restauración. Alma de ella fue el reverendo Enrique Mogues, hijo de Ager. El 20-VIII-1944 se entronizaba la nueva imagen, obra del escultor barcelonés José Miret Llopart. El valor de la nueva imagen se tasó en 5.430 pesetas. Con ella se renovó la tradicional piedad mariana de los hijos del valle. Cada año, el lunes de Pentecostés, suben los fieles a venerar a su patrona «La Mare de Déu».

BIBL.: P. SANAHUJA, *Historia de la villa de Ager*, Ba. 1961; *Certamen de la Academia Mariana de Lérida*, Lé. 1951.
R. VIOLA

Pena da Sela, *Virgen de*, (Orense). En el lugar de su nombre y dentro de la jurisdicción de la parroquia de San Pedro de Dadín, partido de Señorín de Carballino, ayuntamiento de Irijo. Dedicada a Nuestra Señora del Carmen, de gran devoción en la comarca. La imagen es trasladada procesionalmente a la parroquial a fines de junio para celebrar un novenario que culmina con la fiesta el primer domingo de julio.

BIBL.: D7, VII, 349; C. GIL ATRIO, *Orense mariano*, Or. 1954, 159.
IEF

Peña, *Nuestra Señora de la*, (Canarias) patrona de Fuerteventura. En Vega de Río Palmas, próximo a la villa de Betancuria, partido de Arrecife, en la isla de Fuerteventura. Su origen está ligado a una tradición (cuya crítica histórica resume espléndidamente J. de Viera) sobre ciertos acontecimientos milagrosos habidos en torno a San Diego y su compañero el padre Santorcaz en el siglo XV. Se apareció la imagen a estos religiosos que la colocaron en una cueva donde solía retirarse a orar el santo. Dos siglos después se construyó la capilla en que hoy se venera, de elegantes líneas clásicas. La citada crítica histórica ve la posibilidad de que esta tradición haya surgido por influencia de la Peña de Francia, en Salamanca. La festividad se celebraba el día 18 de diciembre, pero en 1716 fue trasladada al 5 de agosto por el obispo de la diócesis, Lucas Conejero y Molina, quien dispuso fuera costeada, por turno, por todos los pueblos de la isla. Hoy día se celebra el 18 d septiembre. La imagen, sedente y con el Niño en bra zos, está tallada en fina piedra blanca.

BIBL.: D7, IV, 296-297; J. DE VIERA Y CLAVIJO, *Noticias de la Historia General de las Islas Canarias*, I, Tenerife 1967, 412-419; E. MORENO CEBADA, *Glorias religiosas de España*, II, Ba.-Ma. 1867, 281-284; S. JIMÉNEZ SÁNCHEZ, *La Virgen de la Peña y su santuario de Vega de Río Palmas, en la isla de Fuerteventura*, Las Palmas 1953.
V. GARCÍA LOBO

Peña, *Nuestra Señora de la*, (Guadalajara). En la villa de Brihuega, diócesis de Sigüenza-Guadalajara. Dentro del recinto del antiguo castillo, existe la iglesia de Santa María en la que se venera la Virgen de la Peña. La leyenda nos cuenta la aparición de la Virgen a la hija del emir de Toledo, Elima, a quien un anciano cautivo y cristiano, llamado «el Cimbre», la inició en el cristianismo, dándole a conocer el gran misterio de la Encarnación del Verbo. Elima pudo comprender la fuerza del Evangelio y con riesgo de su vida, pidió bautismo. Una noche serena de estío, la princesa se encontraba contemplando la hermosura de la creación, y una luz radiante dejó a la doncella perpleja ante la aparición de «la Señora». Esta le participaba que en una sima oculta había una imagen suya. Elima lo comunicó a un sacerdote mozárabe y la trasladaron a un lugar más digno. Pero «La Señora» quiso que su recuerdo perviviera en el lugar del hallazgo. Los musulmanes reprobaron la conversión de Elima y el valí Alhaken montó en cólera. Pero murió en la lucha contra los cristianos. Las antiguas crónicas cuentan que Alhaken resucitó por un milagro de la Virgen y después fue un cristiano virtuoso y devoto de Nuestra Señora de la Peña. Elima al recibir el bautismo se llamó María y mandó edificar una ermita en honor de la Virgen de la Peña a la que sirvió el resto de su vida. En el siglo XI o XII se amplió la iglesia convirtiéndola en parroquia con el nombre de Santa María. En el siglo XVI el cardenal

Tavera la reedificó. El arzobispo Bernardo de Sandoval y Rojas mandó publicar los milagros más significativos de este santuario desde 1558 a 1609. Es patrona de la villa y la devoción a la misma se conoce desde 1445 cuando fue sitiada por las tropas del rey de Navarra. Es edificio de la época de transición del románico. Fue restaurado varias veces, aunque el interior conserva su primitiva distribución: tres naves, ábside poligonal en la capilla mayor y bóvedas de aristas.

BIBL.: *Nuestra Señora de la Peña*: Anuario Católico Español, II, Ma. 1956, 438-439; D3, IX, 853-854; *Tesoros Artísticos de España*, Ma. 1973, 171; J. GARCÍA PERDICES, *Cual aurora naciente (advocaciones Marianas de la provincia de Guadalajara)*, Gua. 1974, 33-36.
A. DIEZ

Peña, *Nuestra Señora de la*, (Salamanca). A 1 km. de la villa de Calvarrasa de Arriba, diócesis de Salamanca. Llamada así por la situación en que está ubicada. Cada año, el lunes de Pentecostés, con fiesta solemne se traslada la imagen desde la ermita a la parroquia en procesión. La batalla de Arapiles hizo famoso el santuario, que quedó totalmente destruido. Después se volvió a reconstruir y la devoción mariana continúa.

BIBL.: *Nuestra Señora de la Peña*: Anuario Católico Español, II, 1956, 465; D3, X, 936.
A. DIEZ

Peña, *Nuestra Señora de la*, (Segovia). En la villa de Sepúlveda. El culto a la Santísima Virgen en Sepúlveda data ya de los siglos VI o VII. Entre los años 1098-1108 tuvo lugar la aparición de una extraña luz sobre unas rocas, en cuyo interior existía una cueva con la entrada tapada con tierra. Al ser removida la tierra, encontraron la imagen de la Virgen. La iglesia, de estilo románico, fue construida el año 1144 por el maestro Domingo Julián. Después ha sufrido numerosas modificaciones. En el exterior tiene un ábside con semicolumnas adosadas, ventanas y arcos de medio punto y cornisa sostenida por canecillos. Posee asimismo, bella galería, buena portada y torre de tres pisos. En el interior presenta bóveda de cañón reforzada por arcos fajones que descansan sobre columnas adosadas. La imagen, casi de tamaño natural, mide 1,50 cms. de altura. Es de madera, está sentada sobre una silla y sostiene al Niño en su brazo izquierdo. La fiesta se celebra el 29 de septiembre, fecha en que fue trasladada la imagen de la iglesia de los Santos Justo y Pastor a su santuario. Es la patrona de la villa.

BIBL.: E. DEL BARRIO MARINAS, *La Santísima Virgen, en Segovia*, Seg. 1954, 133-137; *Tesoros Artísticos de España*, Ma. 1972, 590; D7, XIV, 183-184; E. HORCAJO MONTE DE ORIA, *Historia y piadosas tradiciones de la Sagrada Imagen... que con el título de la Peña se venera en la villa de Sepúlveda y su tierra y de su santuario*, Ma. 1910.
P. GARCÍA FIDALGO

Peña, *Virgen de la*, (Huesca). En las proximidades de la villa de Graus, diócesis de Barbastro. El historiador Saturnino López Novoa nos informa sobre esta advocación de la Virgen. Situada en la ladera oriental de la estéril y escarpada «peña», que defiende la villa de los vientos del este, elévase una suntuosa iglesia bajo cuyas bóvedas se admira la imagen de la Virgen, de talla graciosa, que oculta por los cristianos de Graus en el cóncavo de una peña, para librarla de la profanación durante la dominación árabe, fue milagrosamente hallada en el mismo sitio a principios del siglo XIII. Llenos de fe y de entusiasmo los fieles con tan precioso hallazgo, levantaron en breve una capilla. El cóncavo, donde se dice apareció, queda hoy cubierto por debajo del pavimento de su magnífico santuario. El doctor González-Simancas y Lacasa opinan que la sagrada efigie puede ser una «muestra del período de formación de la escuela de imagineros de Ribagorza». Su novenario la describe así. «Es muy agraciada, aunque de color trigueño, y el Niño, que tiene a su diestra, de semblante risueño y gracioso». La fama de la Virgen de la Peña se extendió pronto por los más remotos países y atrajo un sin número de peregrinos que llegaban a demandar favores, consuelos y perdones. El concejo de Graus después de obtener del cabildo de San Juan de Letrán, de Roma, en 1538 el permiso para construir una suntuosa basílica incorporada a aquella iglesia de la capital del Orbe cristiano, la vio en su día concluida. El ritmo de sus arcadas, la horizontalidad de sus líneas y cornisas en armonía con los estratos de sus rocas, la sugestión de la torre, la profundidad y belleza de sus horizontes, la cercanía de los hogares, el encanto de la frondosidad de la vegetación que funde y engasta en una sola estampa elementos tan heterogéneos, «hacen del santuario de la Peña de Graus uno de los más hermosos y tal vez el primero de todos los diocesanos». La primitiva capilla fue visitada por san Vicente Ferrer dos siglos después de su erección. La tradición señala el sitio ocupado por el santo para predicar, ⌐mándola «predicadera de San Vicente», quien dejó n Graus como recuerdo el famoso Santo Cristo, vene-rado en la iglesia parroquial y estimado desde siempre como uno de los mejores tesoros de la villa. La diócesis de Barbastro sufrió, como pocas, la furia persecutoria y desoladora del dominio rojo y los destrozos ocasionados por la guerra civil. En todos los santuarios quedaron señales de los disparos del cañón unas veces, y otras del fuego o del saqueo o del ansia de destrucción. La Virgen de la Peña fue presa de las llamas. El año 1936 fueron incendiadas su iglesia-basílica y su imagen. Pero, contra el odio y la impiedad, surgió la obra del buen corazón, de la fe y del amor. La imagen fue reconstruida por el genial escultor de Graus D. Felipe Coscolla. El santuario no tardó en reconstruirse y se abrió nuevamente al culto el 15-IX-1945. Todo fue posible «gracias a la calderilla del pobre, a la plata del rico» y al oro preciosísimo del fervor y de las oraciones de los hijos de Graus.

BIBL.: R. A. FACI, *Aragón, reino de Cristo*, Za. 1739; S. LÓPEZ NOVOA, *Historia de Barbastro...*, Ba. 1861; A. SANZ LAVILLA, *Santuarios y ermitas de la diócesis de Barbastro* Barbastro 1953; ES 48,115-116. M. ORÚS

Peña, *Nuestra Señora de la*, (Zaragoza). En Calatayud, diócesis de Tarazona. Situado al oeste sobre una colina yesosa y escarpada. Fue castillo árabe y se ignora el origen de su fundación. Según Madoz, algunos autores opinan que esta imagen de la Virgen debió de ser escondida durante la persecución de Diocleciano. Pero esto es un anacronismo. Su descubrimiento se debió, según tradición, a una luz misteriosa en forma de estrella sobre el lugar, acompañada de ruido en el suelo en que se halló, al excavar la tierra. Pasados sesenta años del descubrimiento y derruida su ermita con el transcurso de los años, los bilbilitanos la reedificaron el año 1343 a sus expensas. En 1367 ordenó Pedro el Cruel derribar la bóveda, y en 1410 el rey Martín de Aragón y doña Blanca de Luna, su esposa, ordenaron la reedificación y la eligieron como colegiata real, dotándola con bienes, rentas y posesiones, concediéndole como anejos los pueblos de Alhama, Jaraba y San Martín, además de Calmarza y Jaulín. Su cabildo constaba de una dignidad de prior, un tesorero, un chantre, un limosnero, seis canónigos y cuatro racioneros sin voto ni entrada, estos últimos en el cabildo que, posteriormente en 1632, se incorporó con indulto del papa al de Santa María la Mayor, de Calatayud. Desde ese año el edificio fue dirigido por clérigos menores. Durante la guerra de la independencia fue ocupado por los franceses que lo derribaron en parte, quedando de su extensa nave sólo el crucero, en el que está el altar mayor, dos

capillas laterales de estilo gótico y otros cuatro altares, aparte de la sacristía detrás del altar mayor, y el panteón de los Pujadas, formado en la roca, que conserva en buen estado los cadáveres de D. Pedro Gómez, lector del mismo convento y de Francisco Rodríguez, clérigo menor que había sido anteriormente canónigo de Santa María y vicario general del arcedianato de la ciudad. En 1834, abandonado y ruinoso el templo, varios celosos devotos de Nuestra Señora de la Peña lo compraron para librar de su total destrucción el último resto de tan gloriosos recuerdos.

BIBL.: D7, V, 262 y 265; *Tesoros Artísticos de España*, Ma. 1973, 194. IEF

Peña, *Virgen de la*, (Zaragoza). En Alfajarín, levantado junto a las ruinas de castillo de Alfat. De estilo gótico tardío, encierra dos retablos del siglo XVI con pinturas sobre tabla.

BIBL.: D7, I, 535; *Tesoros Artísticos de España*, Ma. 1973, 77. IEF

Peña del Castillo, *Nuestra Señora de la*, (Salamanca). En el término municipal de Encina de San Silvestre, sobre la peña que, según la tradición, se apareció a un pastorcillo, oculta en una gruta de la dehesa de Torneros. Sus fiestas los días 5, 6 y 7 de septiembre de cada año. Es muy venerada en la región de Ledesma.

BIBL.: *La Virgen de la Peña del Castillo:* Anuario Católico Español, II, Ma. 1956, 464. IEF

Peña de Francia, *Virgen de la*, (Salamanca). La Sierra de Francia está situada en la provincia de Salamanca y es una estribación de la Cordillera Carpetovetónica o Sistema Central. Está separada de este sistema por dos vertientes, bañada la del este por el río Francia, afluente del Alagón, que lo es a su vez del Tajo, y la del oeste por el río Palero, afluente del Agueda que desemboca en el Duero. La Sierra de Francia está compuesta por dos montes principales: La Peña de Francia, al oriente, y la Hastiala, al occidente. La Peña de Francia se distingue a lo lejos por su corte destacadísimo en vertical, que asombra a los viajeros. Toda ella es pura roca, cuarzosa, o pizarrosa, o granítica, según la altura, con grandes canchales, producidos por los bruscos cambios de temperatura. Sobre su nombre se han ofrecido explicaciones varias, algunas demasiado legendarias para ser creídas. La más probable es que, al ser ocupadas estas regiones por repobladores franceses en el siglo XI, éstos legaran sus nombres a aquellos lugares: Peña de Francia, Río Francia, Meseta del Francés... El primer documento con el nombre de Peña de Francia está fechado el 8-I-1289. La historia del santuario comienza en el segundo cuarto del siglo XV. La tradición nos habla de una santa doncella de Sequeros, llamada Juana, conocida vulgarmente por «La moza santa», que profetizó el hallazgo de una imagen de la Santísima Virgen María en la Peña de Francia. El afortunado en dar con ese tesoro fue un peregrino francés de nombre Simón, que recibió aviso del cielo de encaminarse a la Peña de Francia, donde encontraría dicha imagen. Debido a las constantes amonestaciones del cielo, con las palabras: «¡Simón, vela, Simón, vela y no duermas!», su nombre será siempre Simón Vela. La imagen de la Virgen fue hallada el 19-V-1434. Era una escultura románica del siglo XII, de talla de madera, de 67 cms. de alta, de pie, con las dos manos sosteniendo al Niño. Poco tiempo más tarde aparecieron otras tres excelentes imágenes del mismo estilo del Santo Cristo, de Santiago y de san Andrés. La razón de hallarse allí escondidas aquellas imágenes está en las incursiones frecuentes de los infieles en aquel tiempo de reconquista, que obligaba a los cristianos indefensos a huir y ocultar sus tesoros y preservar las cosas santas de toda profanación. Simón Vela levantó con la ayuda de los pueblos vecinos una ermita, adonde acudían en avalancha creciente los devotos de la Virgen. El 19-IX-1436 el obispo de Ciudad Rodrigo entregaba a los dominicos la ermita a perpetuidad junto con los terrenos a ella circundantes, para que hicieran allí un monasterio y velaran por el culto de la sagrada imagen. Del 19-XI-1436 data la donación de Juan II, rey de Castilla y León, a favor de los dominicos con licencia para fundar un convento junto al santuario y otro al pie de la Sierra de Francia para el culto de invierno, totalmente imposible en la montaña. Hacía de intermediario el famoso Lope de Barrientos, OP, preceptor del príncie D. Enrique, y confesor y consejero del monarca. La iglesia actual comenzó a edificarse a partir de la visita hecha por Juan II al santuario en 1445. Fue aprovechada la construcción primitiva de Simón Vela, actual presbiterio y capillas laterales inmediatas. Gótica, de tres naves, tiene 25,66 ms. de larga y 18 ms. de ancha; el coro es del siglo XVIII, lo mismo que la torre, que lleva la fecha de 1767. Sobre la gruta, en que fue hallada la imagen, se levanta una hermosa capilla cúbica con bóveda de crucería del siglo XVI y altares del XVIII. El convento ha sufrido varias ampliaciones y transformaciones con el tiempo. La portada es la primitiva, de mediados del siglo XV; el claustro data de la segunda mitad del XVII; el refectorio es de principios del XVIII, y las demás construcciones se sitúan entre estas dos últimas fechas. Muy pronto se convirtió la Peña de Francia en el santuario más famoso de la provincia de Salamanca. La devoción que inspiraba la venerada imagen, su poder taumatúrgico, enseguida legendario, atraía incesantemente mayor número de peregrinos. Los pueblos vecinos rivalizaban de continuo por su jurisdicción. Por eso, ya Juan II, el 13-I-1445 concedió a aquellos terrenos la exención civil, que hubieron de confirmar el emperador Carlos V y su madre D.ª Juana la Loca el 15-VIII-1521. De este tiempo data el rollo de exención, colocado en medio de la plaza y que todavía contemplamos. La fama de la Virgen de la Peña de Francia corrió con los españoles por todo su antiguo imperio y encontramos santuarios de la misma advocación hasta en naciones no tan ligadas con nuestra historia, como Brasil. La literatura del Siglo de Oro se hizo eco de nuestra Virgen en sus obras inmortales. Cervantes habla de ella en *El Quijote* y en *La Gitanilla*; Lope de Vega en la obra de teatro *El Casamiento en la Muerte*; Tirso de Molina en el drama religioso *La Peña de Francia*. Pese a su gran ascendiente ante el pueblo, el santuario, la imagen y el culto sufrieron las inclemencias y la incuria de las malas épocas. Con la desamortización de Mendizábal y la exclaustración de los religiosos en 1835 las autoridades de Sequeros se apoderaron de la imagen y de los instrumentos de culto, y quedó abandonado por más de veinte años el santuario. En 1856 se nombró una junta interdiocesana de los obispados de Salamanca, Ciudad Rodrigo y Coria, que tomó a su cargo la dirección del culto. El cuidado del santuario durante este tiempo no igualó nunca la época gloriosa precedente. El abandono en que había caído favoreció el sacrilegio. El 17-VIII-1872 era robada la imagen con sus joyas. Desprendida de éstas, la imagen fue abandonada entre las rocas, deteriorándose con la intemperie, hasta que en 1889 en confesión fue revelado el lugar en que fuera dejada. Una vez reconocida la imagen, fue necesario pensar en otra nueva, que llevara incrustada la antigua. Realizó la nueva escultura José Alcoberro en 1890.

Esta imagen fue entronizada el 6-IX-1890. El obispo de Salamanca, Tomás Cámara y Castro, hacía entrega del santuario, edificios, terrenos y demás posesiones a sus antiguos capellanes, los dominicos, el 16-VII-1900, por seis años en usufructo. El 29-XII-1905, su sucesor en el episcopado, Francisco J. Valdés, lo cedió a los mismos religiosos de modo definitivo. Una nueva era de esplendor comenzó inmediatamente para la imagen y su santuario. Una buena carretera alquitranada conduce los vehículos hasta las mismas puertas del templo; una óptima hospedería, bien acondicionada, se abre para quienes desean pasar una temporada en aquellas alturas de 1.723 ms.; el convento, la iglesia y las otras dependencias están dignamente restauradas; se ha logrado luz eléctrica y agua corriente. Alma de este movimiento de restauración ha sido el padre Constantino Martínez, OP, que soñó también con llevar a cabo la coronación canónica de la imagen. Para ello se lanzó primeramente con la imagen a recorrer los pueblos de las tres diócesis, Coria, Ciudad Rodrigo y Salamanca, despertando y suscitando la devoción popular. La coronación canónica de la imagen fue efectuada con una solemnidad insólita en la Plaza Mayor de Salamanca ante una multitud ingente por el legado pontificio, cardenal Federico Tedeschini, siendo obispo de Salamanca Francisco Barbado Viejo, OP, el día 4-VI-1952. Accediendo a las peticiones de las autoridades y del pueblo salmantino, Pablo VI extendió un documento, fechado el 14-V-1966, por el que declaraba a la Virgen de la Peña de Francia patrona de toda la provincia civil de Salamanca.

BIBL.: AHN: Clero, *Salamanca*, legs. 91-97; Biblioteca de San Esteban de Salamanca, *Libro de Privilegios* (copia del siglo XVIII); *Relación del exclaustrado P. José Gómez y de un sacerdote albercano, entre 1808 y 1892*; Archivum Generale Ordinis Fratrum Praedicatorum de Roma: ms. Q. 570, 668 y 677 (sobre la imagen de la Virgen de La Peña, de Francia); Q. 660 y 688 (sobre los varones ilustres del convento de La Peña de Francia; V. BELTRÁN DE HEREDIA, *Bulario de la Universidad de Salamanca (1219-1549)*, II, Sa. 1966, 420-21 y 478; M. M. DE LOS HOYOS, *Registro Documental*, I, Ma. 1961, 173-298, en que se edita también el *Libro de Profesiones*; A. TETILLA, *Historia de la Virgen de La Peña de Francia*, Sa. 1544; 2.ª ed., Sa. 1567; G. GODOY, *Compendio de la Historia de la Virgen de La Peña de Francia*, Sa. 1685; D. CAVALLERO, *Historia y Milagros de Nuestra Señora de la Peña de Francia*, Sa. 1728; J. DE VILLAFAÑE, *Compendio histórico en que se da noticia de... los más célebres santuarios de España*, Ma. 1740, 385-405; M. VASCO PARRA, *Historia de la invención y milagros de Nuestra Señora de La Peña de Francia*, ms. de finales del siglo XVIII: T. BAEZA GONZÁLEZ, *Historia de la prodigiosa imagen de María Santísima, descubierta y venerada en La Peña de Francia*, Ciudad Rodrigo, 1865; F. JARRÍN, *Compendio histórico de la prodigiosa imagen de María Santísima, descubierta y venerada en La Peña de Francia*, Sa. 1892; M. HERRERO, *Historia de la Provincia de España de la Orden de Predicadores*, edic. de J. CUERVO, en Historiadores del Convento de San Esteban de Salamanca, III, Sa. 1915, 731-733; A. COLUNGA, *Historia del Santuario de Nuestra Señora de La Peña de Francia*, Sa. 1944; C. MARTÍNEZ, *Santuario de La Peña de Francia. Historia*, Sa. 1968; M. M. DE LOS HOYOS, *La Alberca. Monumento Nacional. Historia y fisonomía, vida y folklore*, Ma. 1946, 207-301; J. L. ESPINEL, *Santuario de La Peña de Francia. Historia, peregrinos, paisajes*, Sa.-Ma. 1958; E. MORENO CEBADA, *Glorias religiosas de España*, II, Ba.-Ma. 1867, 295-307.
R. HERNÁNDEZ

Peñahora, *Virgen de*, (Guadalajara) patrona de Humanes de Mohernando, partido de Cogolludo, a 2 kms. de esta villa, junto al río Sorbe. La tradición pone su origen en ciertos sucesos milagrosos ocurridos al trasladarse los habitantes de Peñahora a Humanes y querer llevar consigo la imagen de la Virgen que allí se veneraba. Al intentarlo, la imagen volvía a su sitio de Peñahora. De esta tradición se desprende que éste, como otros muchos santuarios, tuvo su origen en el despoblamiento de ciertas aldeas absorbidas por la población vecina, más pujante, y cuya iglesia parroquial quedó convertida en ermita, que recibía culto una vez al año. Parece ser que primeramente se veneró un cuadro pintado sobre tabla, que representaba a la Virgen con el

Niño en brazos, y, posteriormente, fue sustituido por una talla de los siglos xiv-xv. Esta fue destruida en la guerra civil de 1936 y reemplazada por una réplica, obra del escultor Federico Cullat y Valera, en 1945. Contó Peñahora entre sus devotos a la esposa de san Isidro Labrador, de cuyas visitas al santuario recoge la tradición una serie de prodigios. Su festividad se celebra el primer domingo de octubre, a la que precede una novena. El sábado por la tarde se traslada en solemne procesión la imagen desde su ermita a la iglesia parroquial, a cuyo encuentro sale la corporación municipal; este mismo día por la noche se canta una Salve con la que dan comienzo los festejos. Cuenta con una hermandad a cuyo cargo corren todos los actos de culto.

BIBL.: Archivo Parroquial de Humanes: *Libros de cuentas; Vida del glorioso San Isidro Labrador y de su esposa Santa María de la Cabeza*, Ma. 1856; J. GARCÍA PERDICES, *Cual aurora naciente (advocaciones marianas de la provincia de Guadalajara)*, Gua. 1974, 71-73.
V. GARCÍA LOBO

Peñarroya, *Nuestra Señora de*, (Ciudad Real). En el despoblado de este nombre, término municipal de Argamasilla de Alba, partido de Alcázar de San Juan, perteneciente al antiguo priorato de San Juan. En las márgenes del Guadiana y cerca de los montes de San Juan existen las ruinas del antiguo castillo, tomado a los moros por el capitán Pérez de Sanabria el día 8-IX-1198. A su vera se veneraba en un pequeño santuario la imagen de la Virgen de este nombre, que, según la tradición, fue descubierta por un moro cautivo llamado Allen-Yecle, al ser tomada la fortaleza. Originariamente se celebraba su fiesta el 25 de abril, que se trasladó al primer domingo de septiembre, y desde 1824 se celebraba en el mismo Argamasilla para cuya finalidad era trasladada la imagen, que al fin terminó por permanecer en éste. El gran prior de San Juan gozaba del derecho de nombramiento de un capellán para su culto permanente con las cargas de su sostenimiento.

BIBL.: D3, 43, 447; D7, XII, 788-89.
J. M. DE MORA

Peñitas, *Virgen de las*, (Toledo). En el término municipal de Oropesa, partido de Puente del Arzobispo. Se edificó en el siglo xviii, alojando a la imagen de este título. El día 8 de septiembre de cada año se celebran las fiestas de la patrona. Se traslada la imagen procesionalmente a la parroquial, donde permanece hasta el primer domingo de octubre, día en que se lleva a su santuario. Se hacen «pujas» en los cuatro brazos de las andas para introducirla en el mismo, así como para colocarla en su trono, siendo éstas cuantiosas. Cuenta con una cofradía de 500 varones, ya que solo éstos pueden ser componentes de la misma. Con los ingresos de recaudación se atiende a la conservación del santuario y sostenimiento de las fiestas religiosas.

BIBL.: L. MORENO NIETO, *La provincia de Toledo*, To. 1960, 478-480; F. JIMÉNEZ DE GREGORIO, *Los Pueblos de la provincia de Toledo hasta finalizar el siglo XVIII, población, sociedad, economía, historia*, II, To. 1966, 178.
J. M. DE MORA

Pera, *La Virgen de*, (Toledo). En el antiguo Pera, término de La Guardia, que pobló Alfonso VIII, otorgando el correspondiente fuero (11-XI-1208), y que estaba a mano derecha de la actual carretera de Madrid-Cádiz, en el valle fronterizo a la cueva-ermita del Santo Niño, a kilómetro y medio de la población, se encontraba este santuario que, probablemente, fue la parroquia primitiva del poblado. La ermita o iglesia de Santa María, donde se veneró la imagen de la Virgen de Pera, se incendió en el último cuarto del siglo pasado y quedó arruinada y sin culto, aunque se mantuvo en

pie parte de la fábrica y antiguo ábside, de planta semicircular. La Virgen se trasladó primero al santuario próximo del Sepulcro, y pocos años después a la parroquial de La Guardia donde continuó venerándose en la primera capilla lateral izquierda hasta que fue quemada en la guerra civil de 1936. La imagen es una talla pintada y estofada, de 1,23 m. de altura, escultura cristiana del siglo xiv, y vestía túnica, manto y toca; estaba sentada sin corona y con una pera en la mano derecha. Con la izquierda sujetaba al Niño, sentado en su rodilla, igualmente vestido, con manto y sin corona, que con su diestra bendice y con la izquierda sostiene un globo. Al pasar a propiedad particular se mandó derribar los restos del edificio.

BIBL.: D7, IX, 51; J. LÓPEZ DE AYALA-ALVAREZ DE TOLEDO, *Catálogo Monumental de la provincia de Toledo*, To. 1959, 140; F. FITA, *Carta Puebla de Pera, hoy despoblado en término de la Guardia, villa del partido de Lillo, provincia de Toledo*: R59, 11(1887)336-337; J. GONZÁLEZ, *El reino de Castilla en la época de Alfonso VIII*, I, Ma. 1960, 105 y III, 448-449; L. MORENO NIETO, *La provincia de Toledo*, To. 1960, 252; F. JIMÉNEZ DE GREGORIO, *Los pueblos de la provincia de Toledo hasta finales del siglo XVIII, población, sociedad, economía, historia*, I, To. 1962, 333-335; *Tesoros Artísticos de España*, Ma. 1973, 357; M. MARTÍNEZ MORENO, *Historia del martirio del Santo Niño de la Guardia*, Ma. 1926, 75.
J. M. DE MORA

Peral de Dulzura, *Nuestra Señora del*, (Guadalajara). En el término de la villa de Budia, partido de Brihuega. El origen de este santuario hay que ponerlo en el despoblamiento de una serie de aldeas próximas a Budia, una de las cuales era El Peral. En las *Relaciones topográficas* se menciona este santuario, pero no se dan más noticias de él. Con motivo de un robo ocurrido en 1686 en dicha ermita, el pueblo de Budia, como acto de desagravio quiso ampliar el templo, conservando el estilo románico de la anterior; la linterna que cierra el crucero está terminada en 1863. Durante la guerra civil de 1936 fue saqueada la ermita, desapareciendo de la misma importantes obras de arte. Sin embargo, se salvaron dos tallas, una de La Dolorosa y otra del Ecce Homo atribuidas a Pedro de Mena. La imagen original, destruida, fue sustituida por otra, obra del maestro valenciano Enrique Bellido. Entre los muchos milagros atribuidos a esta imagen destaca uno del 7-II-1672 en el que se salvó milagrosamente de un accidente Juan de Mayor, vecino de Budia. Se celebran dos funciones religiosas en honor de Nuestra Señora; una, en la iglesia parroquial de Budia el 8 de septiembre, y otra, la principal, al día siguiente en la ermita de la Virgen.

BIBL.: J. CATALINA GARCÍA, *Relaciones topográficas. Provincia de Guadalajara*: Memorial Histórico Español, 41, Ma. 1903, 381; J. GARCÍA PERDICES, *Cual aurora naciente (advocaciones marianas de la provincia de Guadalajara)*, Gua. 1974, 36-38; D7, IV, 471.
V. GARCÍA LOBO

Piedad, *Nuestra Señora de la*, (Badajoz) patrona de Almendralejo, en cuyo término está situado. En los albores del siglo xvi cavando unos labriegos en el lugar que hoy ocupa el santuario oyeron una voz clamando «piedad», repetidas veces. Asombrados, continuaron hasta encontrar una imagen de la Virgen, de piedra tosca y sin pulimentar. Parecía del siglo xii y allí mismo se le erigió provisionalmente una modesta capilla, que un siglo después se convertiría en el moderno y suntuoso templo actual, con tres retablos del más puro estilo barroco, camarín, crucero y elevada cúpula; pinturas murales de la escuela sevillana, frisos de azulejos y fastuosos candelabros votivos, así como casa para capellán. La historia de esta advocación es rica en prodigios, algunos de ellos reproducidos en modestos lienzos que decoran la sacristía. En el siglo xvii los hijos de Almendralejo, deseosos de prestar una mayor atención al santuario de su patrona, trataron con Fe-

lipe IV de entregar su cuidado a los carmelitas, proyecto que no se realizó. La imagen primitiva fue sustituida por otra más moderna, quedando la auténtica en la hornacina del atrio. Su fiesta se celebra el 15 de agosto. BIBL.: D7, II, 98; *Santuarios marianos: Nuestra Señora de la Piedad, patrona de Almendralejo:* R17, 15(1929)112-113.
J. M. DE MORA

Piedad, *Nuestra Señora de la,* (Segovia). En la villa de Garcillán a orillas del río Eresma. En el alfoz del pueblo existe una ermita dedicada a la advocación de Nuestra Señora de la Piedad. El origen de la ermita está relacionado con el suceso ocurrido a un hombre que montaba a caballo; al desbocarse el caballo, cayó al suelo y siendo arrastrado, imploró a la Virgen de la Piedad prometiendo levantar una ermita en honor de la Virgen, en el lugar donde quedara sano y salvo. Tal como lo había prometido, lo cumplió. La cronología de la imagen, nos es desconocida; pero la tradición afirma que es muy antigua. La fiesta se celebra el domingo siguiente de la Exaltación de la Cruz que coincide con la terminación de la novena, y al finalizar ésta se saca procesionalmente en magnífica carroza, terminando con el «tradicional remate de cordones».
BIBL.: D7, VIII, 310; E. DEL BARRIO MARINAS, *La Santísima Virgen en Segovia,* Seg. 1954, 23-24.
A. DIEZ

Pilar, *Nuestra Señora del,* (Alicante). En Orihuela, llamada también de la Santa Cruz, situada en el centro de la población, calle del Barrio Nuevo, donde estaba establecida su congregación en el siglo pasado. Gozó de privilegios reales y pontificios. Se fundó en el siglo XVI, de pequeñas proporciones y con cinco altares.
BIBL.: D7, XII, 360.
IEF

Pilar, *Virgen del,* (Zaragoza) patrona de la ciudad y de España. En la basílica de su nombre, a orillas del río Ebro. Según una tradición piadosa, la Virgen se apareció, cuando aún vivía en carne mortal, al apóstol Santiago el Mayor, que se hallaba predicando la fe en esta ciudad.
Se carece de testimonios claros que comprueben la verdad histórica de esta tradición. Todos los testimonios aducidos por el padre Fita demostrando la existencia del templo del Pilar en tiempos de la dominación sarracena y musulmana (855) han sido criticados posteriormente por el padre García Villada, en su *Historia Eclesiástica de España,* I, Madrid 1929, 67-79, el cual, basándose en fuentes seguras, demuestra con esos mismos testimonios la existencia de un templo dedicado a Nuestra Señora, cuya advocación del Pilar data solamente del siglo XIII. La tradición histórica de la existencia de un templo dedicado a Nuestra Señora data del siglo IX. Aimón, monje de San Germán, de París, escribe hacia el año 855 que la iglesia de la Virgen María de Zaragoza es la Madre de todas las iglesias de la ciudad (PL 126, 1.016). El 26-VI-987, Moción, hijo de Fruya, deja 100 soldadas en su testamento a Santa María intramuros de Zaragoza. El 10-XII-1118 el papa Gelasio II expide una bula concediendo indulgencias a los que ayudaren con limosnas a la restauración del templo destruido (Jaffé I, 6665). Bula publicada un año más tarde (1119) con una circular del obispo de Zaragoza, Pedro de Librana, recomendando el asunto (PL 163, 508). La relación del año 1272 que narra la revelación y hallazgo del sepulcro de San Braulio (siglo XII), atestigua que todo esto tuvo lugar en la iglesia de Santa María la Mayor.
El primer documento conocido en que se menciona el nombre de Santa María del Pilar data solamente del 27-V-1299, expedido en Zaragoza a favor de los peregrinos que acudían a postrarse ante la Virgen. El documento base que narra la aparición de la Virgen a San-

tiago, es un códice del archivo del Pilar que algunos lo hacen contemporáneo de Tajón, obispo de Zaragoza (651), si bien el padre Risco lo sitúa entre finales del siglo XIII y principio del XIV (ES 30, 81). Este documento ha sido la fuente en la que han bebido los posteriores, incluso los documentos pontificios, sin execptuar el famoso diploma de Calixto III, donde narra la tradición histórica del Pilar (23-IX-1456). Cuantos lo han estudiado reconocen su carácter legendario. La devoción a la Virgen del Pilar es y ha sido extraordinaria y está constituye su mayor valor en la Historia de la Iglesia. Algunos ejemplos: El 26-X-1459, Juan II de Aragón y Navarra concede nuevos privilegios al templo y toma a la Virgen como protectora y salvaguardia de sus personas y bienes. En 1492 Fernando el Católico se honra de ser cofrade de la Virgen del Pilar y dedica en Granada una capilla a esta advocación.
Los sumos pontífices aprobaron esta devoción, entre ellos Clemente VII (1529), Paulo VI (1558) y Sixto V (1588) que admitieron en sus bulas la piadosa tradición.
En 1573 se formaron los estatutos de la cofradía de Santa María del Pilar que existía ya muchos años antes, incluso en Sevilla y Manresa, donde se fundó en 1504. El 12-V-1619 la ciudad de Zaragoza hizo el voto de la Inmaculada a los pies de la Virgen del Pilar. En la noche del 29-III-1640 obró la Virgen del Pilar el gran milagro de restituir la pierna a Juan Pellicer, natural de Calanda, uno de los milagros más grandes de la hagiografía moderna.
El 13-X-1640 Zaragoza hace voto de guardar el día 12 de octubre en memoria de la aparición, y el 27-V-1642 la nombran patrona de la ciudad. Las Cortes del reino de Aragón de 1680 resolvieron pedir a Roma oficio propio de la Virgen con la historia de la aparición. Después de varias negativas y reformas en la redacción de las lecciones, fue concedido el 7-VIII-1723.
Dada la gran devoción de Carlos II y su hermano Juan de Austria, virrey y capitán general de Aragón, decidieron renovar el antiguo templo y capilla. Fue encargada la obra al arquitecto Herrera, que dio comienzo a las obras el 25-VII-1681. Después de varias mejoras en el proyecto por el arquitecto Rodríguez, y dirigida la obra de pintura por Montañés, se dio fin a las mismas en el año 1872. El 10-X-1872 fue consagrado el templo por el cardenal García Cuesta, arzobispo de Santiago y el 22-VI-1904 declarado monumento nacional. La imagen que por su material y estilo es del siglo XIV, reposa sobre una columna de mármol cubierta de plata y bronce, situada en la capilla angélica de la basílica.
En el siglo XVIII el papa Benedicto XIV concedió el privilegio de celebrar misa el Sábado Santo, después de los oficios, en la capilla angélica (1754). Clemente XIII (1763) concedió a los canónigos el celebrar con rito doble de primera clase la fiesta de la Virgen del Pilar.
El 21-XI-1902 se fundo allí la corte de honor, nacida como protesta por los atropellos de 1901, y que tanto ha contribuido a la propagación de la devoción a la Virgen. En 1908 se concedió a la Virgen los honores de capitán general y se le regaló un precioso manto con el fajín de capitán general. Gran incremento de la devoción y culto a la Virgen del Pilar se debe a la coronación y peregrinación nacional de 20-V-1905. Estas se debieron a los deseos de Pío X que recomendaba la organización de peregrinaciones a los santuarios marianos. El alma de todos los preparativos fue la condesa viuda de Gondomar que encontró apoyo entusiata en el cardenal Sancha, primado de España, y en todo el episcopado. Pío X prorrogó el tiempo del jubileo mariano con sus gracias y prerrogativas por todo el año 1905, para cuantos tomaran parte en la peregrinación del Pilar. El 16-IV-1905 se expusieron en el palacio arzobispal de Madrid las coronas que fueron bendecidas en Roma

por Pío X el 29-IV-1905. El 20-V-1905 tuvo lugar la coronación: en presencia de dos representantes del papa y de los reyes, de 12 prelados y de una gran multitud de fieles, el arzobispo de Zaragoza colocó las coronas en las imágenes de la Virgen y del Niño. A partir del día 22 dieron comienzo las peregrinaciones. El 22-XI-1908 los obispos de las repúblicas hispano-americanas regalaron 19 banderas para que fueran suspendidas y conservadas en Zaragoza delante de la antigua y venerada imagen. El 15-XI-1915 Benedicto XV concedió celebrar una misa en la media noche del 1 de enero perpetuamente para conmemorar la venida de Nuestra Señora en carne mortal a Zaragoza. Se celebró esta fiesta por primera vez en 1916. En este mismo año se fundo en Madrid, para los nobles, la Congregación de Nuestra Señora del Pilar y San Francisco de Borja.

El 13-X-1916 el Cuerpo de Empleados de Correos proclamó el patrocinio de la Virgen y regaló a su patrona un precioso estandarte bordado en sedas y metales finos y dos hermosos faroles. Actualmente la fiesta principal se celebra el 12 de octubre con inusitado esplendor y festejos religiosos y profanos a los que asiste multitud de fieles, dando testimonio de su constante devoción a la Virgen.

BIBL.: Z. GARCÍA VILLADA, *Historia eclesiástica*, I, Ma. 1929, 67-79; F. FITA, *El templo del Pilar y San Braulio de Zaragoza. Documentos anteriores al siglo XVI*: R59, 44(1904)425-437; P. VILLADA, *Santiago de Galicia*: R154, 2(1902)35-178; D3, 44, 871-80; N. PÉREZ, *Apuntes históricos de la devoción de Nuestra Señora la Santísima Virgen del Pilar de Zaragoza*, Za. 1930; ID., *Historia mariana de España*, III, 1, Va. 1949, 166, 183 y 188; A. DE FUERTES Y BIOTA, *Historia de Nuestra Señora del Pilar de Zaragoza*, Bru. 1656; P. DE OSERA, *Base de la tradición de Nuestra Señora del Pilar de Zaragoza*, Ma. 1720; L. LÓPEZ, *Pilar de Zaragoza, columna firmísima de la fe de España*, Alc. 1649; D. MURILLO, *Fundación milagrosa de la capilla angélica y apostólica de la Madre de Dios del Pilar...*, Ba. 1616; R. DEL ARCO, *El templo de Nuestra Señora del Pilar en la Edad Media (contribución a la Historia Eclesiástica de Aragón)*: Estudios de la Edad Media de la Corona de Aragón, I, Za. 1945, 9-145; E. MORENO CEBADA, *Glorias Religiosas de España*, I, Ba.-Ma. 1866, 49-80; L. AINANA-VAL, *La Virgen del Pilar. Historia breve de su culto y de su tiempo*. Za. 1969; T. ROS BALAGUER, *Venida de la Santísima Virgen a España y vicisitudes por las que ha pasado el templo del Pilar hasta nuestros días*: Homenaje a José Manuel Pardo de Santayana y Suárez, Za. 1963, 143-152; A. MARBEL, *El Pilar y España*, Co. 1940; J. FÉLIX DE AMADA, *Compendio de los milagros de Nuestra Señora del Pilar de Zaragoza*, Za. 1796.   M. C. GÓMEZ

Pinar, *Nuestra Señora del*, (Segovia). En Cantalejo, partido de Sepúlveda, a 1 km y medio del pueblo, en la parte oeste. La advocación tiene su origen en un pinar ofrecido a los templarios, donde éstos edificaron un monasterio junto al santuario. La edificación de los templarios dio vida al lugar, naciendo una aldea a 2 kilómetros y con ello la presencia del fervor mariano. Suprimidos los templarios en 1311, quedó el santuario en una situación crítica. Es entonces cuando el pueblo adquiere las tierras de los templarios y al mismo tiempo aumenta la demografía. Ante tal hecho el pueblo se hizo cargo de la imagen de Nuestra Señora del Pino y revive el culto y la romería. Tanto la imagen como la romería cambiaron con el rumbo de los tiempos. La imagen se adaptó para ser vestida. El santuario es de estilo románico, de una sola nave que ha sido varias veces restaurada. El ábside románico con tres aspilleras, así como la portada, son los únicos restos del templo primitivo. La fiesta se celebra el lunes de Pentecostés.

BIBL.: D7, V, 471; E. DEL BARRIO MARINAS, *La Santísima Virgen en Segovia*, Seg. 1954, 144-146; Tesoros Artísticos de España, Ma. 1973, 200.   A. DIEZ

Pineda, *Nuestra Señora de*, (Tarragona). También conocida por el nombre de Nuestra Señora del Fora-

det, por haberla encontrado entre las ramas de un pino, según cuenta la leyenda, un pastor que por allí apacentaba sus rebaños. El santuario está situado a unos 2 kms. del cabo Salou, en dirección a Tarragona. Ya desde el siglo XIV existió un pequeño santuario donde se veneró la imagen de la Virgen. A principios del siglo XVIII el municipio de Vilaseca lo mandó ensanchar por uno de sus lados. Como resultado aparece anejo a la iglesia un cuerpo de edificio de tres pórticos y algunas estancias bastante espaciosas. La parte más antigua de este edificio es el camarín y el presbiterio. Se considera este santuario como uno de los más importantes de los varios que se edificaron en la comarca.

BIBL.: L. DEL ARCO, *Guía artística y monumental de Tarragona y su provincia*, Ta. 1906, 224-225.   M. ANTA

Pino, *Nuestra Señora del*, (Canarias) patrona de la diócesis. Está situado en el valle y pueblo de Teror, centro de la isla de Gran Canaria, a 22 kms. de Las Palmas.

Los datos más antiguos relativos al hallazgo de la imagen y orígenes del primer templo dedicado a Nuestra Señora del Pino en Teror, se remontan a los últimos años del siglo XV. Fernando Hernández Zumbado, prebendado del siglo XVIII, nos transmite esta leyenda: «Nuestros padres nos han dicho que, dirigidos por un resplandor maravilloso, la encontraron en la eminencia de un pino, rodeada de tres hermosos dragos, de cuyas ramas se formaba una especie de nicho; que una lápida tersa le servía de peana y que del tronco de aquel árbol nacía una fuente perenne de aguas medicinales.» Otros autores, como el obispo Cristóbal de la Cámara y Murga (*Apéndice* de sus *Constituciones Sinodales*, 1634), el historiador Núñez de la Pena (1676), fray José de Sosa (1678), escriben también sobre la aparición de la Virgen del Pino siguiendo esta leyenda sustancialmente. Lo fundamental es la aparición sobre un pino, circunstancia que dio lugar a la advocación bajo la cual se venera a la Virgen en Teror. De nuevo en abril de 1684 se hace una investigación sobre el suceso de la aparición por el cura de Teror, Juan Rodríguez Quintana, en la cual se aceptó la tradición. Posteriormente, en 1693, se investigan otra vez los hechos a instancias del citado Bartolomé Sánchez Ortega y, ante el escribano Lucas de Bethencourt Cabrera, varios testigos declaran que la imagen fue traida de España por el capitán Juan Pérez de Villanueva y su mujer María Sánchez de Ortega. Aún se volverá sobre el tema, pero sin añadir nada nuevo. Como en la mayoría de casos semejantes, no se puede ni probablemente se podrá dar un juicio definitivo de los hechos, por estar tan íntimamente mezclados leyenda e historia. El primer cobijo de la Virgen del Pino fue una pequeña ermita, construida en el siglo XVI, a raíz de la aparición. El actual santuario es del siglo XVIII, barroco, con una torre gótica del siglo XVII. Es basílica menor, con tres naves espaciosas, ricamente decorada y suntuosa. La imagen, de madera y poco más de un metro de altura, es de finales del siglo XV, aunque conserva acentuadas características góticas. Está la Virgen en pie con el Niño Jesús en su brazo izquierdo. Existen varias réplicas en todas las Canarias, prueba de la gran devoción que los isleños le profesan.

La imagen fue coronada canónicamente en 1905. Por rescripto de Pío X, de 16-VIII-1914 fue nombrada patrona de la diócesis de Canarias. Su fiesta se celebra con gran solemnidad el 8 de septiembre.

BIBL.: *Nuestra Señora del Pino, patrona de la diócesis de Canarias*: R17, 15(1929)159; M. SUÁREZ MIRANDA, *El árbol de la Virgen*, Las Palmas 1948; J. GARCÍA ORTEGA, *Nuestra Señora del Pino*, Tenerife 1936; S. JIMÉNEZ SÁNCHEZ, *Sucinta historia de la devoción del pueblo canario a Nuestra Señora del Pino, patrona de Gran Canaria*, Las Palmas 1955; J. M. ALZOLA, *Iconografía de la Virgen del Pino*: R135, 21(1960)51-78; E. MORENO CEBADA, *Glorias*

Religiosas de España, II, Ba.-Ma. 1867, 261-268; N. ALAMO, *Sobre la iconografía de la Virgen del Pino:* R182, 27 (1961)339-345.   F. J. RUIZ

Pinós, *Nuestra Señora de*, (Lérida). En la sierra de su nombre, diócesis de Solsona. No se conoce con exactitud su origen y antigüedad, aunque en el archivo de la iglesia, que fue colegiata de San Vicente de Cardona, se conservaba un auto (en el que se expone una aparición a Bernardo Casas), extendido y firmado por Juan Nogués, notario público de Cardona y escribano de dicha colegiata, que tuvo lugar el jueves 5-IX-1507, en la parroquia de Matamargó. La aparición que consta en el relato avivó la devoción a la Virgen, por entonces olvidada, y motivó la asistencia no sólo de Pinós, sino de toda la comarca. Es la imagen de Nuestra Señora de la Sierra de Pinós, de madera, estante, y en su mano derecha tiene una piña; su altura de 73 cms. Tiene en su brazo izquierdo al Niño que está vestido y en actitud de bendecir con la mano derecha, teniendo en la izquierda un pomo dorado, y su mirada fija en la piña que tiene la Virgen. En este santuario eran frecuentes las funciones religiosas. Celébrase la fiesta principal el 1 de septiembre, día de la aparición. Van en procesión el primer viernes de cuaresma las parroquias de Santa María de Ardévol, San Pedro de Valmaña, San Pedro de Matamargó, San Pedro y San Félix de Saló, San Martín de Lanera, San Justo de Ardévol, Nuestra Señora de Su, San Martín de Riner, San Miguel de Castelltallat y Santa María de Molsosa. El lunes anterior a la Ascensión va también en procesión la parroquia de Pinós y la de Santa María de Ardévol. En todas las calamidades y necesidades públicas se hacían igualmente procesiones. La asistencia de devotos a este santuario es extraordinaria en determinadas festividades: Asunción, el lunes de Resurrección, el día de san Juan Bautista y san Juan Evangelista, en las que por pertenecer el santuario a la orden de san Juan adquieren singular relieve.
BIBL.: D7, XIII, 40; E. MORENO CEBADA, *Glorias Religiosas de España*, II, Ba.-Ma. 1867, 603-609.
                                                J. M DE MORA

Porta Coeli, *Nuestra Señora de*, (Salamanca) santuario y convento de franciscanas, situado en el Zarzoso, antigua alquería del término municipal de Cabaco, partido de Sequeros. Junto al convento, cuya fundación se remonta a los años 1444-1455, está el santuario en que es venerada una imagen de la Virgen, traída, si hemos de creer a la tradición, de Jerusalén, unida a la igualmente venerada y milagrosa imagen del Santo Cristo de la Luz. El convento se rehizo en el siglo XVIII, así como los retablos de piedra de la iglesia. Pero quedó ésta que era obra de principios del siglo XVI, con dos bóvedas alargadas de terceletes y combados.
BIBL.: D7, XVI, 663; *Nuestra Señora de Porta Coeli:* Anuario Católico Español, II, Ma. 1956, 466; M. GÓMEZ-MORENO, *Catálogo Monumental de España, provincia de Salamanca* (texto), Ma. 1967, 436.   J. M. DE MORA

Portal, *Nuestra Señora del*, (Orense). En Ribadavia, ayuntamiento y partido del mismo nombre, diócesis de Tuy. En el ángulo del valle que forman las cuencas del Avia y del Miño, Valle del Paraíso o Valparaíso. En este rincón construyó García I, rey de Galicia, su palacio en el siglo XI. Posteriormente edificaron los dominicos un convento en el siglo XIII, a su vera; y anterior a él, existía una ermita dedicada a la Virgen, conocida con el nombre de Santa María de Valparaíso. En el año 1291 fue visitada por el rey Sancho IV el Bravo, en compañía de su esposa D.ª María de Molina, prueba de que había trascendido la fama de su devoción. La imagen de Nuestra Señora de Valparaíso era muy distinta de la actual del Portal. La Virgen aparecía como Reina y Madre, sentada en una silla, con el Niño sobre las rodillas y corona real en la cabeza. El convento de dominicos de Ribadavia floreció hasta mediados del siglo XVII, y en 1621 la Virgen del Portal había suplantado a la del Valparaíso por iniciativa de los jóvenes estudiantes. Advocación que debió prevalecer, pues el ayuntamiento se decidió a construir de nueva planta una ermita para la nueva imagen. El nuevo edificio resultó armónico y elegante, de estilo neoclásico. La fachada tiene puerta adintelada, coronada de frontón triangular con pináculos decorativos en las acroteras, y una ventana formada de dos arcos de círculo que se cortan y rematando en un campanario de dos cuerpos. El interior está cubierto por bóveda artesonada y cúpula en el presbiterio. El camarín de la Virgen, churrigueresco con columnas decorativas en forma de balaustre y doble arcada adornada con medallones que representa escenas de la vida de María, y rematado en elegante cúpula tallada, cobija la imagen estante, vestida, y con un Cristo yacente en los brazos que no guarda proporciones con la imagen de la Virgen. El santuario estuvo al cuidado de los dominicos hasta la exclaustración de Mendizábal. En 1850 la Administración de Fincas del Estado lo cedió al obispado de Tuy y actualmente se encargan de él los franciscanos. La devoción y culto a la Virgen del Portal arraigaron profundamente entre los hijos de Ribadavia y celebran las fiestas religiosas en septiembre.
BIBL.: D7, XIII, 505; L. MERUÉNDANO, *Origen y vicisitudes de las antiguas cuatro parroquias de la villa de Ribadavia, de sus dos conventos y de los hospitales de la misma*, Or. 1914; V. RISCO, *Geografía del reino de Galicia*, Ba. 1926, 642; C. GIL ATRIO, *Orense mariano*, Or. 1954, 51-61; P. GONZÁLEZ DE ULLOA, *Descripción de los estados de la Casa de Monterrey en Galicia*, Sant. 1950, 235, 238; *Tesoros Artísticos de España*, Ma. 1973, 527.   J. M. DE MORA

Poveda, *Nuestra Señora de la*, (Madrid). Al sur de la finca del Rincón, muy cerca del río Alberche y a 5 kms. del pueblo de Villa del Prado, partido judicial de San Martín de Valdeiglesias. Edificio en piedra y ladrillo, obra barroca del siglo XVIII. Tiene forma de T latina y alta cúpula. Conserva un Cristo de marfil, siglo XVI, en el altar mayor y excelentes pinturas de tema religioso en el camarín.
BIBL.: F. C. SAINZ DE ROBLES, *Crónica y guía de la provincia de Madrid, (sin Madrid)* Ma. 1966, 281 y 618-619; *Tesoros Artísticos de España*, Ma. 1973, 690.
                                                J. M. DE MORA

Prado, *Nuestra Señora del*, (Toledo). En Talavera de la Reina. La advocación de la Virgen del Prado, patrona de Talavera, es una de las más notables del antiguo reino de Toledo, tanto por su antigüedad como por ser centro de la devoción mariana de una comarca dilatada y rica, y por la grandiosidad de su santuario, enriquecido con valiosas obras de arte desde el siglo XVI.
El talaverano Juan de Mariana SI, resume acertadamente: «al salir de la ciudad de Talavera, entre el N. y O., en un amplio campo de olivares y alamedas atravesados por el camino real que conduce a Madrid y Toledo, se admira un hermoso templo en el que se venera una preciosa imagen de Santa María, que es conocida con el nombre de Nuestra Señora del Prado, sin duda, por el sitio en que se encuentra».
La comarca de Talavera tuvo importancia desde la época romana. Sabemos que constituyó el *municipium caesarobrigense*. Tal vez por ello los historiadores locales sitúan en el solar de la actual ermita un templo dedicado a la diosa Pallas, destruido por el rey godo Liuva II el año 602. Pero no existen pruebas de la existencia de tal templo romano. En todo caso, la noticia de su destrucción y el pretendido origen de la imagen —regalo enviado por el arzobispo San Ilde-

fonso— fue una más entre las patrañas inventadas por el padre Jerónimo Román de la Higuera y difundida por sus falsos cronicones. La versión popular es que la imagen de la Virgen se apareció milagrosamente a una pastorcilla en un prado próximo a los muros de la villa, entre el río Tajo y el camino real a Toledo. Es una imagen de pequeñas dimensiones (medio metro), de madera, nunca estudiada desde el punto de vista artístico. Hoy está muy modificada para adaptarla a su trono de plata. Recubierta de tela, sólo permite verse el moreno rostro de la imagen, revestida toda ella por un manto. En las ordenanzas de la hermandad se indica como fecha de la construcción de la primitiva ermita el año 1272, dato probablemente exacto, pues en el siglo XIII experimentó Talavera un gran desarrollo urbano. El arzobispo Jiménez de Rada erigió la célebre colegiata. La imagen no parece que deba de ser anterior. La hermandad se fundó en 1508, a raíz de la grave epidemia de peste del año anterior. Entre los vecinos que suscribieron las primeras *Ordenanzas* figura el hidalgo Juan de Salcedo, compañero de Hernán Cortés. En 1516 el capitán Bernardino de Meneses, natural de Talavera, ocupó la puerta llamada de *Canistel* en Orán, y envió sus llaves como ex-voto a la ermita de la Virgen del Prado, donde se conservaron durante siglos. La ermita actual es un sólido edificio, muy espacioso, del siglo XVI, mejorado y reparado posteriormente. Fue bendecido por el obispo titular de Dragonaria, Luis Suárez, el 15-III-1570. Tiene tres naves separadas por columnas, las laterales cubiertas de artesonados. Más moderna es la parte del crucero y la amplia cúpula central. La ermita poseyó un buen retablo del siglo XVII, sustituido por otro neoclásico a comienzos del siglo XIX. El templo atesora hoy valiosas obras de arte, allí trasladadas de otros templos y conventos ya desaparecidos. Pieza notabilísima es la lápida sepulcral de Litorio, fallecido el 23-VI-510. Se halló en un lugar extramuros de la ciudad, en 1512, y, enterado del hallazgo, el cardenal Cisneros dispuso el traslado de los restos óseos y de la lápida a la ermita del Prado. La inscripción ha sido modernamente estudiada y copiada por Ponz, Quedrado, Hübner y, de modo exhaustivo, por F. Fita. Una magnífica escultura de la Virgen, datada en 1494, fecha de la renovación de la antigua puerta de San Pedro para la cual se hizo, se colocó en una de las naves de la ermita en 1896, dos años después de demolida la mencionada puerta. En el interior y exterior del santuario pueden verse admirables muestras de la cerámica local, famosa en toda España, de la mejor época (siglos XVI y XVII). Las piezas más importantes son: el púlpito exagonal revestido de azulejos con santos de la Orden dominicana (siglo XVI); dos buenos cuadros de azulejos que representan a Jesús con la cruz a cuestas y el calvario (siglo XVI), en la sacristía vieja; un gran retablo de azulejos en el testero o fondo del brazo derecho del crucero, de 1571; los frisos de azulejos que decoran los muros laterales de la nave, con escenas de la vida de Cristo y de la Virgen (siglo XVII).

Este santuario ha sido desde siglos centro de peregrinaciones y romerías, y solemnizadas sus fiestas con ferias y festejos populares. El año 1515, a propuesta de Garci-Fernández de Talavera, se adicionó a los estatutos de la cofradía un capítulo estableciendo normas para las corridas de toros y cañas, que pronto se hicieron célebres en toda la región eminentemente ganadera. Tales festejos —se dice— fueron reglamentados por bula pontificia de Clemente VII (20-VIII-1533). Costumbre notabilísima y de muy remoto origen son las ofrendas llamadas «mondas» que se celebran el lunes de Pascua Florida, con asistencia de los devotos y las autoridades de los pueblos comarcanos (Gamonal, Mejorada, Segurilla, Pepino, Cervera y otros). Las ofrendas consisten en cirios y cera, portadas en mangas procesionales muy adornadas. La ofrenda más importante la hace el pueblo de Gamonal, y se transporta en un carrito revestido de romero y otras plantas aromáticas y arrastrado por dos carneros.

La ermita fue visitada en diversas ocasiones por los Reyes Católicos a su paso camino de Guadalupe, y por Felipe II y su sucesor, en sus viajes a Portugal. Consta de otras visitas regias (Felipe IV y Alfonso XII). A la imagen se ofrecieron numerosos ex-votos, según las posibilidades de sus favorecidos. Antes de la Desamortización del siglo pasado, por ejemplo, lucían ante la imagen 22 lámparas de plata. Se conservan más de 70 mantos. Son notables dos, fechados en 1730 y 1774. La imagen de la Virgen del Prado ha dado lugar a una variada iconografía. Fue coronada canónicamente por el cardenal Pla el 30-V-1957.

BIBL.: C. GÓMEZ TEJADA DE LOS REYES, *Historia de Talavera...* BN, Ma. ms. 6.947; I. FERNÁNDEZ SÁNCHEZ, *Historia de la ciudad de Talavera*, Talavera 1896 (estas dos obras admiten los datos de los falsos cronicones); J. M. QUADRADO, *Recuerdos y bellezas de España, Castilla la Nueva*, Ba. 1853; F. FITA, *Inscripciones romanas de la ciudad y partido de Talavera*, R59, 30(1897)427; CONDE DE CEDILLO, *Catálogo monumental de la provincia de Toledo*, To. 1959, 328-335; E. MORENO CEBADA, *Glorias religiosas de España*, II, Ba.-Ma. 1867, 527-532. J. GÓMEZ-MENOR

Prado, *Virgen del,* (Ciudad Real). En la capital. *La tradición.* Los cronistas antiguos colocan el origen de la veneración de la imagen de la Santísima Virgen del Prado en este lugar el 25-V-1088, festividad de san Urbano, fecha en que la Virgen manifestó su deseo de recibir culto en un prado de la aldea de Pozuelo Seco (luego Pozuelo de Don Gil y hoy Ciudad Real), en el lugar donde se levanta el santuario, ahora catedral de la diócesis. Encontrándose el rey Alfonso VI en Andalucía, en guerra contra el rey moro de Sevilla y habiendo sido derrotado en Zalaca, como los suyos atribuyeran el desastre a la ausencia de la imagen de María, el monarca mandó llevársela desde Toledo, y cuando el capellán Marcelo Colino cumplía este mandato y, a su paso por Pozuelo Seco, se detenía a descansar en un prado en la fecha indicada, la Virgen manisfestó milagrosamente su voluntad de que quedara allí su imagen, originándose así la advocación «del Prado». Otra tradición añade además que esta imagen había permanecido escondida durante tres siglos, con motivo de la invasión musulmana, y que fue milagrosamente descubierta en 1013 en Velilla de Jiloca (Aragón), por Ramón Floraz, que la entregó al rey D. Sancho el Mayor, de Navarra, de quien la heredó su hijo D. Fernando I de Castilla y sus sucesores, hasta llegar a Alfonso VI, que se hizo acompañar de ella en el sitio y toma de Toledo, proclamándola por ello «Restauradora de las dos Castillas». Es cierto que en Velilla de Jiloca se venera una antigua imagen bajo la advocación del Prado.

El santuario. El templo en que se venera la imagen de la Santísima Virgen del Prado fue iglesia parroquial, bajo la misma advocación, hasta ser elevado a fines del siglo pasado a iglesia catedral, o mejor dicho prioral; y fue construido en los siglos XV y XVI principalmente, aunque no es sino una ampliación de otro templo anterior, levantado en los siglos XIII o XIV, del que restan la fachada principal con su puerta y tres rosetones, y los muros laterales con una ventana. Era aquel templo primitivo, a juzgar por estos restos, de estilo gótico, de tres naves, similar al cercano santuario de Alarcos. Para hacer el actual se unificaron las naves, suprimiendo los pilares y arcadas de la nave central, se elevaron los muros de la fachada principal y los laterales a más de doble altura, y se amplió el templo por la cabecera, añadiéndole un nuevo ábside de formas góticas con cinco grandes ventanales, y cubriendo la esbelta nave resultante con bóvedas de crucería, sostenidas sobre medias columnas adosadas. Mide esta nave 50,70 m. de largo por 17 m. de ancho y 24,50 m. de altura. Esta modificación exigió la construcción de gruesos pilares exteriores de refuerzo, que ocultaron los rosetones correspondientes a las naves laterales primitivas. Del siglo XVI son también dos capillas (la del Santo Cristo y la actual sala capitular), debidas a Antonio Fernández de Ecija, y la llamada sacristía vieja, que tal vez sea el resto de una torre incompleta. La sacristía nueva, los contrafuertes antes mencionados y el hermoso camarín de la Virgen, hecho a expensas de Felipe Muñiz, son del siglo XVII, y a principios del XX se añadieron las capillas de Santo Tomás y del Sagrado Corazón, por munificencia del canónigo Montes de Oca y del obispo Piñera, respectivamente. La obra artística de mayor valor es el retablo del siglo XVII, obra del escultor toledano Giraldo de Merlo, construido a expensas de Juan de Villaseca, secretario del virrey de Méjico. Sin duda alguna, por sus magníficos altorrelieves, puede contarse entre las mejores obras de su género. Tiene además, dos tablas tal vez de Berruguete, y otras obras de los pintores Juan Vicente de Ribera, Carduccio, Gilarte, García Salmerón, Diego Rodríguez y otros. Recientemente ha sido restaurado el templo bajo la guía de la Dirección General de Bellas Artes, y se ha instalado un magnífico coro, obra de los hermanos Cruz Solís, que sirve de pedestal al retablo de Giraldo de Merlo.

El santuario fue declarado basílica menor el 25-II-1967 y consagrado el 26 de mayo del mismo año.

La imagen. Era la antigua, destruida en 1936, una talla sedente, gótica, del siglo XIV probablemente, de gran mérito artístico, pero fue mutilada en el siglo XVII para vestirla según costumbre de la época y por mayor devoción de los fieles, convirtiéndola en imagen estante. Para satisfacer los deseos de los fieles, que no podían estar sin la imagen de su Patrona, se construyó precipitadamente una nueva imagen (solo el busto de la Virgen y el Niño) en 1940, que hubo de ser sustituida por la talla actual, más parecida a la antigua, en 1950. El amor de sus devotos le proporcionó una carroza procesional de plata y una corona de emperatriz, como era la antigua, y la ornó con numerosas joyas. La imagen fue coronada canónicamente el día 28-V-1967, en la plaza principal de Ciudad Real, en presencia de más de 25.000 fieles, por el obispo de la diócesis, doctor Hervás, estando acompañado de varios otros obispos, uno de ellos hispanoamericano. La corona que se le impuso es obra de Puigdollers, y contiene, artísticamente incorporadas, la mayoría de las joyas que poseía la imagen.

Devoción. La cofradía de la Virgen del Prado es muy antigua, y su libro primero de actas data de 1600. En él se contiene la aprobación por el cardenal de Toledo Bernardo de Rojas y Sandoval.

Se celebran dos fiestas principales: una en mayo, en conmemoración de la aparición en la fiesta de san Urbano, por acuerdo del ayuntamiento en 1763, y otra en agosto, en la fiesta de la Asunción. En la última tienen lugar dos grandiosas procesiones, con la participación de varios millares de fieles, que acompañan a la imagen con cirios, una el mismo día 15 y otra el 22. Suelen acudir ciudadrealeños que viven fuera y numerosos fieles de la comarca. Coinciden con las ferias de la ciudad. Hay, además, otra fiesta popular llamada de la «Pandorga» (tal vez debería decirse Pandora), que se celebra en la noche del último de julio al primero de agosto, con cantos y bailes tradicionales ante el templo de la Virgen. La devoción a la Virgen del Prado llegó hasta la misma casa real. Refiere la tradición que fue visitado su santuario por los reyes Alfonso VI, Alfonso VIII, San Fernando III acompañado de su madre y de su esposa, Alfonso X el Sabio, fundador de la ciudad y Juan II. Son totalmente históricas las visitas de Isabel II, Alfonso XII y Alfonso XIII. Los hijos de Ciudad Real que emigraron al nuevo mundo, dejaron en varias naciones muestras de su devoción.

BIBL.: I. HERVÁS; *Diccionario histórico, geográfico... de la provincia de Ciudad Real,* Ciudad Real 1914, 339 ss; L. DELGADO MERCHÁN, *Historia documentada de Ciudad Real,* Ciudad Real 1907 (contiene en su primer capítulo un juicio bibliográfico de interés): R. RAMÍREZ DE ARELLANO, *Alrededor de la Virgen del Prado, Patrona de Ciudad Real,* Ciudad Real 1914 (interesante para el aspecto artístico del santuario); J. BALCÁRZAR Y SABARIEGOS, *La Virgen del Prado a través de la historia,* Ciudad Real 1940; H. GÓMEZ MORENO, *Notas históricas alrededor de la imagen de la Santísima Virgen del Prado,* Ciudad Real 1969. M. DIEGO DE JESÚS, *Historia de la imagen de Nuestra Señora del Prado de Ciudad Real,* Ma. 1650; *Santuarios marianos. Nuestra Señora del Prado:* R17, 15(1929) 171-172.
J. JIMENO

Prado, *Virgen de,* (Valladolid). Esta ermita dio origen al famoso monasterio de Nuestra Señora del Prado, en la ciudad de Valladolid, del que había de ser prior fray Hernando de Talavera. La historia de la ermita anterior a la fundación monástica, nos la cuenta el historiador de la Orden de San Jerónimo, José de Sigüenza, cuyo texto por el encanto de su estilo vamos a copiar: «El primero de estos dos conventos que es el de Nuestra Señora de Prado, tuvo principio de una ermita asentada junto a la ribera del río Pisuerga, distante de la villa de Valladolid como media legua, a la parte de Oriente, declinando algún tanto al medio día. Estaba en esta ermita una imagen de Nuestra Señora, en que la gente de la villa y toda la comarca tenía gran devoción; y nuestro Señor por la fe del pueblo y por la gloria de su Madre hacía muchas maravillas, sanando los enfermos que venían a visitar la santa imagen, socorriéndolos en sus necesidades. Cuando no llovía, venían allí a pedirle agua, y abría Dios sus manos y sus nubes, y dábales lluvias abundantes y a sazón. Cuando había pestes y otros castigos del cielo, que por nuestros pecados Dios nos envía, acogíanse con lágrimas y con oraciones devotas a la Madre de piedad, y era cierta luego por sus méritos e intercesión la salud y la bonanza. Juntábanse también allí a hacer sus cofradías o hermandades, decían misas, hacían otros sufragios, daban limosna a los pobres, y a la misma ermita no sólo aceite para la lámpara, vestidos y ornamentos para la imagen y para el altar, sino cosas de más tomo. Con esto creció en renta, bienes raíces y muebles. El abad de Valladolid, Roberto de Moya, a cuyo gobierno estaba todo lo espiritual (hasta estos nuestros tiempos que ha subido la villa a título de ciudad, y el abadía a Obispado) tenía mucho deseo de ver aquella ermita mejor acomodada y en manos de gente que fuese la Reina del cielo servida con otra decencia. Andaba en manos de mayordomos, que se aprovechaban a veces más de lo que sería bueno de los bienes que se ofrecen para el culto divino o se descuidan en conservarlos. Tenía caudal para mejorarse de como estaba y ocasión para venir a ser mucho. Como hombre prudente y devoto puso los ojos en la religión de San Jerónimo, que a doquiera se hablaba bien de ella, entendiendo que la principal ocupación era el oficio divino, y en esto se remiraban, y su ejercicio era el de los ángeles. Creciole el deseo de las mejoras de su ermita, y pensó que si estos religiosos se quisiesen encargar de ella, que salía con sus deseos y quedaba bien parada. Escribió sobre ello una carta al general de la Orden, que era a la sazón el padre Fr. Esteban de León, dándole cuenta de su intento y razón de lo que era la ermita, el estado que tenía entonces y el aparejo que había para que en adelante fuese creciendo, por la devoción grande de los fieles de la villa y comarca. Rogóle que si le parecía ser cosa que venía a cuento, se encargase de ella, y diese el orden que a él le pareciese para que la Virgen fuese servida con mayor decencia, pues nuestro Señor se señalaba con tantas maravillas en aquella imagen de su santa Madre. Era esto el año mil cuatrocientos y cuarenta, al tiempo que se iba acabando el trienio de su oficio en lo poco que le quedaba. Como vio el deseo y celo santo del buen abad Don Roberto, envió a llamar los padres que estaban señalados para estas juntas. Dioles parte del negocio y pareciéndoles a todos que no había en ello inconveniente, y se ofrecía ocasión de servir a la Virgen, a quien esta religión debía tanto y de quien era tan a las claras favorecida, acordaron que se recibiese la ermita y se uniese a la Orden con título de monasterio, como el abad lo pedía. Envióle luego esta respuesta el general, y estimólo en mucho concibiendo larga esperanza, que entrando esta casa en poder de religión tan concertada, había de ser perpetuo templo de divinos loores, como se ha visto por el efecto. Dio luego al general autoridad bastante para que fray Sancho de Burgos, prior de Nuestra Señora del Almedilla fuese con otros tres frailes a tomar la posesión de la ermita, y de los bienes que en ella hubiese. Púsolos el abad en ella con grande contento suyo y de los de la villa, a treinta días del mes de enero del mismo año. Comenzaron los cuatro siervos de Dios a residir en su ermita harto desacomodados, en una casilla pobre del santero. Decían cada día misa, rezaban las horas canónicas con la solemnidad que podían, hallábanlos casi siempre de rodillas delante de la Reina soberana, de noche y de día, de suerte que se maravillaban cuantos los veían de su devoción y asistencia.»

BIBL.: M108, I, 341-342; I. DE MADRID, *Valladolid, Nuestra Señora de Prado:* DHEE, III, Ma. 1973, 1695. IEF

Providencia, *Cristo de la,* (Valencia). En el lugar de Meliana, partido de Valencia. Su edificio, sencillo, de planta cuadrada, está rodeado por un espeso bosquecillo. Son notables sus cristaleras que confieren al interior un carácter alegre, donde se guarda la imagen del Cristo adorado por dos ángeles, uno de los cuales porta un cáliz y el otro el escudo de Meliana. Nada sabemos de su historia o leyenda, aunque su devoción se manifiesta en la gran cantidad de exvotos que posee.

BIBL.: D7, XI, 360; L. B. LLUCH GARÍN, *Ermitas de Valencia,* Va. 1968, 17-24. IEF

Providencia, *Nuestra Señora de la,* (Tarragona). En la ciudad de Tortosa se encuentra la actual ermita dedicada a la Virgen de la Providencia, más conocida entre los tortosanos por *mitx camí.* Data del año 1696, fecha en que fue concluida su reedificación. Se encontraba entonces la imagen en la ermita de Nuestra Señora del Coll del Alba. Por razones que no se conocen con exactitud fue trasladada a la ermita en 1699 recientemente concluida por aquel entonces. Era a la sazón obispo de Tortosa, Severo Antea que concedió las licencias para dicho traslado y bendición de la nueva capilla. En todos estos trámites se distinguió Félix Cabrera, sacerdote de la diócesis. Los orígenes de la imagen y devoción del pueblo de Tortosa son como en otros muchos casos, oscuros. Se fueron transmitiendo noticias orales que el pueblo conservó y enriqueció con otras nuevas. Según las mismas, la primitiva ermita que ocupó el lugar de la actual, se remonta a los tiempos anteriores a la invasión de los árabes. Imagen y ermita fueron entonces destruidas. Los trozos de la imagen que era de yeso fueron esparcidos entre la maleza del lugar. Más tarde y sin que dispongamos de noticias de una fecha determinada, dos mujeres que conocían la tradición oral de la existencia de la ermita e imagen la buscaron con afán. Consiguieron encontrar dos trozos, los

más importantes, de la antigua imagen. Se los entregaron a un sacerdote que rehizo la imagen de medio cuerpo y de la misma materia que la anterior. Se suceden entonces los milagros y aumentan los visitantes de la ermita. La imagen es de yeso y de medio cuerpo, revestida con los ornamentos que la devoción de los fieles ha ido donando en cuantía. Reposa sobre una columna redonda de madera. Lleva en su brazo derecho al Niño que se reclina sobre su pecho, mientras le ampara con su mano izquierda por los pies. Sus cabezas están adornadas con ricas coronas de plata.

BIBL.: E. MORENO CEBADA, *Glorias Religiosas de España,* II, Ba.-Ma. 1867, 361-366. IEF

Puerto, *Virgen del,* (Cáceres). En Plasencia, a unos 2 kms. de la ciudad, en una sierra erizada de peñascos. Poco tiempo después que el rey Alfonso VIII fundara Plasencia (1189), fue erigida una modesta ermita en el mismo sitio donde hoy se levanta el santuario de la Virgen del Puerto, denominada popular y cariñosamente «La Canchalera». Recoge y transmite la tradición que la sagrada imagen se apareció a un pastor entre los riscos de la dehesa de Valcorchero y que éste, cumpliendo el encargo de la Señora, se presentó a las autoridades de la ciudad para comunicarles que era voluntad suya se le dedicara un templo en las alturas del Puerto, donde recibiría el culto de sus devotos. Pasados los siglos XIII, XIV y XV, el humilde albergue de la Virgen se ve transformado en templo de traza gótica, pero igualmente de pequeñas dimensiones, si bien con el aditamento de un refugio para los caminantes y devotos. Las obras del nuevo templo se atribuyen a D. Diego de Lobera (chantre), como arquitecto y colaborador en las devotas empresas del obispo D. Gutierre de Toledo. En 1521 se levantó nueva fábrica decorándose con todo cuidado el interior, siendo obispo D. Diego de Arce Reinoso (1640-1652). El actual santuario se edificó durante el episcopado del obispo Laso, y se terminó en 1723. Dos años después surgía en Madrid una iglesia dedicada a la Santísima Virgen del Puerto, por voluntad de D. Francisco Antonio de Salcedo y Aguirre, marqués de Vadillo, para conmemorar la persecución y captura de los sacrílegos ladrones, que, habiendo robado las alhajas del santuario placentino, fueron presos por dicho señor, corregidor entonces de la ciudad del Jerte. Se celebra su fiesta la dominica in Albis.

BIBL.: *La Santísima Virgen del Puerto, patrona de Plasencia:* R17, 15(1929)367; D7, XIII, 80; J. DÍEZ CORONADO, *Plasencia. Guía histórico-Artística-Turística,* Plasencia 1949, 57-59. J. M. DE MORA

Puerto, *La Virgen del,* (Santander). En la villa de Santoña. La villa tiene su entronque inseparable con la advocación de la Virgen del Puerto, tan representativa para la villa marinera. Este puerto se llamó también de San Emeterio, topónimo del monasterio allí existente, señalado por primera vez en 1068 en un privilegio del Rey Sancho II. «El Puerto» fue el nombre que recibió en sentido vulgar esta villa. Con este nombre aparecerá el santuario famoso de la Virgen, hoy convertido en parroquia. La tradición afirma que la imagen fue traída de Antioquía y colocada en la primitiva iglesia por san Arcadio, conociéndose desde entonces por la Virgen del Puerto. La escultura es de pequeñas proporciones, como todas las imágenes de la época antigua: rostro moreno, semblante agraciado y con el Niño Jesús en los brazos. Las sucesivas reedificaciones del santuario, nos ponen de relieve el caminar de una advocación que ha salvado los baches críticos de los distintos períodos. Esto aparece en los vestigios del santuario. La tradición afirma que la primitiva iglesia corresponde a la misma cronología de la de Zaragoza y Segovia, allá por el año 37 de nuestra era. En el 562 se constituyó la orden de san Benito, edificando junto a la ermita el monasterio. En 976 se extinguieron los monjes por el ataque de los normandos. En 1038, se instaló en él un sacerdote peregrino y por escritura otorgada por D. García el de Nájera, lo nombra abad. En 1120 en el folio 25 del Libro Becerro de Nájera se habla de que la iglesia «Conserva el título de catedral». Los Reyes Católicos, por real cédula de 1482 dispone que: «la abadía de Santa María del Puerto quedase unida a la de Santamaría del Real de Nájera». Felipe II la separó. En 1579 vino la secularización del clero. En 1639 la armada francesa destruyó el santuario. Características artísticas del edificio: es de tres naves con bóveda de crucería y un crucero con bóveda estrellada. La cabecera consta de un ábside central y dos capillas laterales. El retablo mayor es neogótico y agrupa tablas flamencas del siglo XVI. El retablo lateral es arte plateresco, ofrece cuatro relieves en madera y seis tablas flamencas de finales del siglo XVI.

BIBL.: *La Virgen del Puerto:* Anuario Católico Español, II, Ma. 1956, 459-469; D7, XIII, 842-43; D3, 57, 413-418; *Tesoros Artísticos de España*, Ma. 1973, 580.

A. DIEZ

Pueyo, *Nuestra Señora del,* (Huesca) patrona de la ciudad y diócesis de Barbastro. Situado a unos 6 kms. de Barbastro, en la cima de un collado. Con anterioridad al santuario hubo allí un castillo, arrebatado por Pedro I a los moros en la toma de Barbastro. Posteriormente pasó a ser albergue de caminantes y pastores. Según la leyenda, cierta noche de primavera de 1101 se apareció la Virgen al pastor Balandrán, despertándole de su sueño. Acudió éste a las llamadas de la Señora y entre las ramas de un almendro vio su figura y oyó que le mandaba decir a sus convecinos lo que había visto, al tiempo que le entregaba una imagen suya para que fuese venerada en aquel lugar. Expuso Balandrán su temor de no ser creído por las autoridades y vecinos de Barbastro. Ella, entonces, imprimió la huella de sus dedos en la cara del pastor mediante una caricia. Impresionados por esta prueba, los habitantes y autoridades de Barbastro subieron al lugar donde Balandrán presenció la aparición. Hallaron allí la imagen de la Virgen, de la que ya les hablara el pastor, y decidieron construir un templo y darle culto conforme a su deseo. El primer templo fue una ermita, administrada por Balandrán, que llegó a ordenarse de sacerdote y gozaba en la comarca de fama de santo. El actual santuario es obra del siglo XIII, de una sola nave, estilo gótico. En la capilla de la Virgen pueden observarse estilos más modernos. El rey Jaime I fundó en este santuario una capellanía en 1251. De igual forma los obispos de Barbastro han puesto siempre especial interés en enriquecer y favorecer el santuario, que después fue colegiata y, según se afirma en la obra *Aragón ilustrado y monumental*, I, 80, se le concedió el título de basílica en 1871 con motivo de una peregrinación organizada en honor de Pío IX. Algunos aseguran la existencia del diploma de concesión del título, pero no se ha logrado dar con su paradero. El Pueyo y su patrimonio pertenecía a la mitra de Barbastro, pero a raíz de la desamortización de Mendizábal fue subastado el 13-II-1843. La ciudad de Barbastro lo compró. Se formó una comisión para la administración del patrimonio y mantenimiento del culto, llamada «Sociedad del Patrimonio de El Pueyo de Barbastro» que, mediante reglamento redactado el 17-III-1843, quedó formada por 115 socios. Esta sociedad encargó del culto a un sacerdote con el título de prior. Pero ante la imposibilidad de ser atendido por una sola persona, la sociedad encargó su administración a los monjes benedictinos en 1890. El santuario de El Pueyo es lugar de frecuentes romerías a lo largo de todo el año organizadas por los diversos pueblos comarcanos. La más importante es la que sale de Barbastro, el segundo día de Pascua. En todas ellas se mezcla el elemento profano.

BIBL.: MÉRIDA CRUELLS, *Historia de Nuestra Señora del Pueyo*, Barbastro 1901; A. SANZ LAVILLA, *Santuarios y ermitas de la diócesis de Barbastro*, Barbastro 1953; *Santuarios marianos: Nuestra Señora del Pueyo:* R17, 15(1929) 117-119; *Tesoros Artísticos de España*, Ma. 1973, 131.

F. J. RUIZ

Puig, *Nuestra Señora del,* (Baleares). En la villa de Pollensa, diócesis de Mallorca. En la cima de un abrupto monte, conocido desde época remotísima con el nombre de *Puig de María* existe un vetusto edificio que semeja una fortaleza. Aquel recinto es un santuario mariano muy notable, que, durante siglos, fue a la vez famoso monasterio de monjas. El prólogo de su historia está aureolado con una leyenda milagrosa característica de casi todos los santuarios antiguos. Cuéntase que a mediados del siglo XIV una piadosa viuda pollensina, por nombre Floreta Ricomana, se retiró con su hija y una compañera de ésta a un rafal de su propiedad, llamado Son Salas, para hacer allí vida eremítica. Y sucedió que todos los sábados, a la hora del crepúsculo vespertino, las piadosas ermitañas veían sobre el Puig de María unas luces maravillosas, que no eran de la tierra. Divulgada la noticia, los pollensines, movidos por una santa inquietud, una mañana de mayo, se dirigieron, presididos por el clero, al monte de los resplandores. Nada descubrieron de momento en aquella altura sino rocas y matorrales. Mas, de pronto, un niño inocente lanzó un grito de admiración que atrajo a toda la multitud. En una hendidura, cubierta por una carrasca, había aparecido una bella imagen de la Virgen con el Niño. Los pollensines comprendieron que era voluntad de la celestial Señora ser honrada en aquel lugar, y por esto le levantaron un pequeño oratorio. Una relación verídica cuenta que el año 1348 el obispo de Mallorca Berenguer Balle, autorizó la construcción o terminación en la cima de aquel monte de una capilla en honra de María Santísima. Lo que dio ocasión a ello fue seguramente el azote de la peste negra, que aquel año se cebó terriblemente sobre toda la isla, causando más de 15.000 víctimas. En todos los pueblos se hacían rogativas y procesiones de perdón a los montes vecinos, implorando la divina clemencia. Consta también con certeza que en 1362 las ermitañas de Son Salas habían trasladado su residencia junto al nuevo oratorio. Poco después se les juntaron nuevas compañeras y formaron un pequeño cenobio a la sombra de la Virgen. En 1370 las ermitañas eran ya 10. Entonces el obispo Antonio de Galiana creyó oportuno formar con ellas un verdadero monasterio, dándoles en 1371 la Regla de San Pedro, que años después cambiaron por la de San Agustín y quedaron constituidas canonesas de San Agustín. Bien pronto fue necesario ampliar el primitivo monasterio. Para ello el rey Pedro IV les cedió tres cuarteradas en la cima del monte, imponiéndoles la obligación de orar, un día cada semana, por su salud mientras viviera, y por el eterno descanso de su alma, después de muerto. La construcción se llevó a cabo muy lentamente y ya no pudo verla terminada la venerable fundadora, que murió en 1388. En 1413 fue designada priora sor Isabel Cendra, la cual dio un gran impulso al monasterio y al santuario. Acabó el dormitorio de las monjas al otro lado de la iglesia; y en la parte opuesta hizo edificar una robusta torre de defensa, que subsiste todavía; mejoró la economía de la casa; enriqueció la iglesia con buenos ornamentos y alhajas y hasta formó una notable biblioteca, de la que formaban parte 37 códices, entre los cuales figuraban una Biblia completa y varias obras del beato Raimundo Lulio. Al final del siglo XV había llegado el monasterio del Puig a su apogeo. Todo su recinto estaba cercado de muralla, como si fuera un castillo. Dentro de él, además de las piezas comunes, había 44 casitas con su jardín, una para cada monja, un molino de viento, otro de sangre, siete cisternas y un aljibe. Por su situación era el más alegre de la isla y por sus rentas el más rico. En el santuario ardían constantemente nueve lámparas, había misa fundada cada día, y 50 de ellas eran cantadas. Aquella opulencia fue ocasión de que se introdujera poco a poco la relajación entre las monjas. La pobreza casi era puramente nominal; la clausura apenas se observaba. Así las cosas, llegó el Concilio Tridentino con sus decretos de reforma y al mismo tiempo fue nombrado obispo de Mallorca Diego de Arnedo, hombre partidario de la estricta observancia. En la primera visita, hecha al monasterio en 1562, urgió la perfecta clausura, haciendo tapiar varios portales y ventanas, contra la cual protestó un grupo de monjas, alegando antiguos privilegios pontificios; mas el obispo no dio su brazo a torcer. Hubo destituciones e impuso una priora extraña; mas con ello empeoró la situación, sobre todo cuando los jurados de la villa se pusieron de parte de las protestatarias. El obispo acabó por ordenar la traslación del monasterio en 1564, desde Pollensa a la Ciudad de Mallorca. Las que no estaban conformes apelaron contra esta disposición a la Santa Sede, entablándose un pleito que duró unos diez años, hasta que sosegados ya los ánimos, las monjas se resignaron a fundar nuevo convento en la ciudad, llamándole Monjas de la Concepción, olim del Puig de Pollensa.

Al bajar las monjas del Puig sufrió ciertamente un rudo golpe el culto de Nuestra Señora, pues ellas se llevaron las rentas del monasterio y los mejores ornamentos de la iglesia, y además, como durante años pretendieron que el santuario les pertenecía, nadie cuidaba del mismo. Los edificios empezaban a desmoronarse, hasta que el obispo Santander, en 1638, confió el cuidado del mismo a los jurados de la villa. Según nuevas ordenaciones aprobadas, empezó a residir de continuo en el santuario un «donado». Se eligieron tres obreros que tenían la administración del mismo. Pronto se hicieron las necesarias reparaciones y se habilitaron algunas celdas para peregrinos en el antiguo convento. A fines del siglo XVII empezó a celebrarse en el santuario la fiesta anual de Nuestra Señora del Puig, el martes después de Pascua. Esta fiesta llegó a ser una de las más populares de la comarca. Allí se juntaban cerca de 2.000 personas, entre ellas muchos pobres porque aquel día la Virgen daba de comer a todos gratuitamente. Más tarde aquella fiesta de caridad se convirtió en jolgorio y despilfarro, que trató de cortar el obispo Cepeda. Pero en vano, hasta que, a fines del siglo XIX, la fiesta del Puig quedó limitada a la parte religiosa. A pesar de todas estas vicisitudes la devoción a Nuestra Señora del Puig se ha mantenido siempre viva no solo en Pollensa sino en los pueblos de la comarca. Buen exponente de ello fue la gran peregrinación, que allí se juntó de varios pueblos de la isla el año 1886, y la *Corona de Amor*, que con tal motivo le dedicaron los poetas mallorquines. En 1917 se confió la custodia del santuario a la Congregación diocesana de Ermitaños de San Pablo y San Antonio, que han permanecido allí hasta en 1968, en que lo dejaron por falta de personal y ahora lo cuidan provisionalmente las misioneras de los Sagrados Corazones. El santuario del Puig continúa siendo el centro de atracción espiritual no sólo de los pollensines sino también de muchos otros devotos, que allí acuden constantemente para pedir o agradecer favores a la clementísima Señora.

BIBL.: M. ROTGER, *Historia de Pollensa*, II, Palm., cap VI-X, se halla toda la historia del monasterio y santuario D. ZAFORTEZA, *Del Puig de Pollensa al Puig del Sitjar* Palm. 1945; *El santuario de Nuestra Señora del Puig de Pollensa*, Felanitx 1919, es un resumen de lo publicado por Rotger en la Historia de Pollensa; *Corona d'amor. Homenatge que dediquen a la Verge del Puig los poetes mallorquins amb motiude de peregrinació del anny* 1886, Palm. 1887.
G. MUNAR

Puig, *Nuestra Señora del*, (Valencia). En la villa de su nombre, partido de Sagunto, diócesis de Valencia. Coronada canónicamente el 9-X-1954; al día siguiente el diario «Arriba» publicó un extracto de su historia y tradición. La coronación canónica se efectuó en Valencia por el nuncio de Su Santidad el 9-X-1954 y a la ceremonia asistió el Jefe del Estado y señora y varios ministros y personalidades. El acto fue realzado con la presencia de 38 imágenes de la archidiócesis. El origen de esta devoción se remonta al siglo VI. La tradición afirma que esta imagen procede del huerto de los Olivos y que perteneció a la piedra al sepulcro de María, y un cantero de la época, con vocación de soldado y monje, labró esta escultura en alto relieve. En el mismo siglo VI, san Eutropio, primer obispo de Valencia, colocó la imagen en la Real Cámara del Puig. Otra piadosa tradición dice que fue trasladada por los ángeles desde Getsemaní a la villa de Puig. En el 712, con la invasión sarracena se produjo una inquietud tremenda entre los religiosos basilios por el futuro de la imagen. Estos religiosos habitaban a la sazón el primer monasterio de Nuestra Señora del Puig. Ante esta situación optaron por esconder la imagen dentro de una campana de bronce y debajo de tierra y en este lugar permaneció la imagen quinientos veinticinco años. La leyenda cuenta que san Pedro Nolasco influyó ante el rey D. Jaime I para que conquistara la villa de Puig, ésta cayó en poder de los cristianos en 1237. La aparición de esta imagen tuvo una serie de señales prodigiosas, las cuales observaban los centinelas del castillo, no sin temor por lo ocurrido, ya que cada sábado por la noche descendían del cielo unas luces en forma de estrellas y se posaban en el montículo situado frente al castillo. Los centinelas, al repetirse todos los sábados el mismo suceso, lo comunicaron al gobernador del castillo D. Bernardo Guillén. Este ordenó se efectuara la excavación en el lugar donde desaparecían las luces y pronto encontraron un objeto duro, resultó ser una campana de bronce, la levantaron y hallaron la imagen de María Santísima. Fue trasladada en solemne procesión al castillo. Bajo esta protección tomó Jaime I la ciudad de Valencia a los moros. Las llaves de la ciudad las mandó al Puig para que fuesen colocadas en las manos de la Virgen María y desde este momento quedó proclamada patrona de Valencia, capital y reino. El monasterio de Nuestra Señora de Puig, pasó a la orden de religiosos mercedarios por donación de fray Andrés de Albalat, obispo de Valencia y del cual se hicieron cargo el 17-X-1245. Las características actuales del monasterio son las siguientes: magnífico edificio gótico, con cuatro torres, reedificado en el siglo XVII. La parte más importante corresponde a la iglesia que en la actualidad sirve de parroquia, también de estilo gótico del siglo XIV y modernizada en la época barroca. Las capillas cerradas con rejas góticas se enriquecen con retablos del mismo estilo. El retablo mayor se atribuye a Juan Muñoz y fue ejecutado en 1608, tiene una imagen florentina del siglo XV de la Virgen del Puig colocada en el camarín.

BIBL.: F. MARTÍNEZ, *Historia de la imagen sagrada de la Virgen Santísima del Puig*, Val. 1760; *La Virgen del Puig*: Anuario Católico Español. II, Ma. 1956, 495-496; *Tesoros Artísticos de España*, Ma. 1973, 523: D7, XIII, 290; D3, 48, 427; D3, Suplemento 1953-1954, 1214-1215.
A. DIEZ

Puigcerver, *Virgen de*, (Tarragona). En el término municipal de Alforja, partido judicial de Reus, situado a 790 ms. de altura a siete kilómetros del municipio. La imagen de Puigcerver se remonta al s. XIV-XV. El santuario, que era una pequeña capilla a fines del siglo XII, ha pasado por distintas vicisitudes a lo largo de la historia. Tiene una valiosa joya, la corona, ofrenda de los devotos del pueblo, en plata dorada, con incrustaciones de diamantes, esmeraldas, topacios y rubíes. Es obra del artista barcelonés Claveras Brunet. La imagen fue coronada en el mes de agosto de 1953 por el cardenal Arriba y Castro.

BIBL.: D3, Suplemento, 1953-54, 1.212; D7, I, 547; *La Virgen de Puigcerver:* Anuario Católico Español, II, Ma. 1956, 486; F. BLASI VALLESPINSA, *Santuarios marians de la diócesi de Tarragona*, Reus 1933, 26-29 lámina.

J. M. DE MORA

Puiglagulla, *Nuestra Señora de,* (Barcelona). En el término de Santa María de Vilalleons, partido y diócesis de Vich. Imagen aparecida, según la tradición, milagrosamente al sacerdote ermitaño Ramón Ferrer en la montaña de Montagut. El sacerdote Ramón comunicó al obispo el milagroso suceso. El obispo visitó el lugar de la aparición y ordenó trasladar la imagen a la ermita del Salvador, situada en la montaña de Montagut, donde el piadoso sacerdote celebraba la misa e impartía la comunión a los demás ermitaños. El prelado al ver que la ermita era muy humilde, mandó trasladar la imagen a la catedral, pero desapareció misteriosamente para reaparecer en la ermita. Construida una nueva ermita por decisión del obispo, una vez terminada, la constituyó en parroquia, siendo el primer párroco el sacerdote ermitaño Ramón Ferrer. Destruida varias veces la ermita, el 7-X-1774, el obispo de Vich, Sarmentero, colocó la primera piedra de una nueva iglesia y el 16-IX-1775 se celebró el traslado de la imagen de la antigua ermita a la nueva. Esta se encuentra situada casi en la cúspide de la montaña de Montagut, desde donde se divisa Vich y el Montseny.

BIBL.: E. MORENO CEBADA, *Glorias religiosas de España*, II, Ba.-Ma. 1867, 97-112; M7, XVI, 67.

P. GARCÍA FIDALGO

Puy, *Nuestra Señora del,* (Navarra). En una colina al norte de Estella. La tradición recoge que se apareció el 25-V-1085 a un joven pastor que, emocionado, se dirigió a Abárzuza donde dio cuenta al clero y pueblo. Enterado el cabildo catedralicio lo puso en conocimiento del obispo D. Pedro de Roda, quien dispuso que la imagen fuera trasladada a la iglesia del pueblo inmediato como sitio más conveniente para su culto, dando a entender que aquella escultura procedía del destruido templo de Santa María. Al poco tiempo se erigió una capilla denominada de la Virgen del Camino. La antigua leyenda que se conservaba en un cuadro del templo decía: «Don Carlos II de Navarra erigió y dotó esta real iglesia y dejó su corazón en ella.» La imagen es sedente, y sobre sus rodillas tiene al Niño Jesús, en madera, cubierta de plata y alhajas que manifiestan la piedad de sus devotos. De origen bizantino, según unos autores; y según otros es obra de artistas franceses del siglo XII o XIII. De la antigua construcción nada queda. Gozó de título de basílica. Algunos autores confunden la advocación de la Virgen del Puy con la de Santa María de Ujué.

BIBL.: D7, VII, 604; *Santuario del Puy de Estella:* R17, 15(1929)353-354; *Nuestra Señora del Puy:* Anuario Católico Español, II, Ma. 1956, 456; *Tesoros Artísticos de España*, Ma. 1973, 276.

J. M. DE MORA

Queralt, *Nuestra Señora de,* (Barcelona). A una hora de distancia de Berga, partido y diócesis de Solsona. La imagen pertenece al grupo de las llamadas «trovades»; su hallazgo ocurrió en una grieta de la montaña de su nombre por un pastor de la alquería de Vilaformín. en la primera mitad del siglo XIV, donde se veneró

hasta el último cuarto de dicho siglo, en que se trasladó al templo edificado por el mercader Francisco Garreta en parte más accesible del monte. Este la dotó con rentas para mantener un capellán al servicio del santuario. En 1725 el pueblo, agradecido a los muchos favores recibidos, levantó un nuevo templo y hospedería. De una nave y dos cuerpos paralelos con cuatro capillas cada uno y el retablo principal de estilo barroco. Con el correr de los tiempos la sacristía se convirtió en un rico museo de objetos pertenecientes a pasadas épocas del santuario. Sufrió las consecuencias de las guerras civiles del siglo pasado. Fue canónicamente coronada en la iglesia parroquial de Berga el 3-IX-1916, siendo obispo de Solsona el que después sería cardenal de Tarragona, doctor Vidal y Barraquer, en presencia de los obispos de Cataluña, por el nuncio monseñor Ragonesi, acto al que asistieron la infanta Isabel de Borbón y autoridades de la región.

BIBL.: D3, 8, 229; J. SANTAMARÍA ROVIRA, *La Mare de Deu de Queralt. Resum històric i novena*, Ba. 1928; *Santuario de Nuestra Señora de Queralt:* R17, 15(1929) 417-418; *La Virgen de Queralt:* Anuario Católico Español, II, Ma. 1956, 446; J. ARMENGOU Y FELÍU, *El santuari de la Mare de Deu de Queralt, notícia històrica*, Granollers 1971.

J. M. DE MORA

Quinta Angustia, *Cristo de la,* (Badajoz). En Zalamea de la Serena. La primitiva imagen fue traída por el presbítero D. Lázaro de Villanueva, de Sevilla, el año 1586, siendo prior de Zalamea de la Serena frey Antonio Barrantes Pereco, al que sustituyó por enfermedad frey Francisco Barrantes Maldonado. Este prior mandó construir la capilla, como consta por una lápida en el exterior de la misma. El plano o traza de la misma lo hizo el arquitecto mayor del rey D. Francisco de Mora, discípulo de Juan de Herrera: la dirigió hasta su muerte ocurrida en Madrid el 19-VIII-1610. Se hizo cargo de la obra, para continuarla, su sobrino Juan Gómez de Mora que la dio por terminada el 13-IX-1611. Antes de todo esto ya se veneraba en el Hospital de la Quinta Angustia, nombre que fue adjudicado al Santo Cristo de Zalamea de la Serena. Vemos en lo existente de esta capilla, que se reduce al ábside, iniciación del crucero, y una tercera parte de lo que hubiera sido la construcción de una nave única, como indican las «adarajas» salientes. No he podido encontrar explicación para que no completara esta capilla herreriana: tal vez, la incertidumbre que debió existir durante los últimos reinados a partir de Felipe III (1598-1621) que fue lo construido existente. Desde 1617 se venera en su Real Capilla el Santo Cristo de la Quinta Angustia. Durante la guerra civil de 1936, la capilla sufrió grandes desperfectos: destrucción de imágenes, cuadros, órganos, libros corales, ornamentos, etc. En medio de aquel caos la imagen del Santo Cristo se salvó aunque mutilada y restaurada magníficamente en Sevilla. La salvó Vicente López Rodríguez, carpintero de profesión y ebanista, que a su vez ejercía el empleo de cartero, el 24-XI-1936. Recogió, burlando la vigilancia de los milicianos, el tronco del cuerpo del Santo Cristo; una hija suya recogió algunas reliquias, trozos que después sirvieron para completar su restauración. Un miliciano se llevó un brazo sin la mano; un joven recogió un pie del Señor y todo fue entregado al liberarse Zalamea de la Serena. Se restauró en Sevilla y volvió a Zalamea donde fue recibido en masa, como cuando la primitiva imagen, en el sitio conocido por la «Cruz de Quintana», trasladado procesionalmente a su capilla igualmente restaurada, siendo párroco-arcipreste D. Jesús Aponte Ponce.

BIBL.: A. DE SAN PHELIPE, *Origen y milagros de la Sagrada Imagen de Cristo de Zalamea*, Ma. 1745; J. M. GIRALDO, *Vida y hechos del excelentísimo señor D. Diego de Arce Reinoso*, Ma. 1695; J. TAMAYO SALAZAR, *Antigüedad de*

Ilipa y milagros del Santo Cristo de Zalamea, s. l. 1646; A. TORRES Y TAPIA, *Crónica de la Orden de Alcántara*, 2 vols., Ma. 1763.

J. A. MUÑOZ

Rabanillo, *Nuestra Señora de,* (Palencia). Advocación muy venerada en la zona norte de la comarca de Valdavia, principalmente en los pueblos de Ayuela, Valderrábano y Tabanera. Aunque enclavado territorialmente en el término municipal de este último, pertenece conjuntamente a todos ellos y es administrado por la junta de párrocos de esos tres pueblos. De creer a un diploma que publica Escalona, la circunscripción —bastante extensa— de Rabanillo fue objeto de una donación de Alfonso VII a los benedictinos de Sahagún en pleno siglo XII. Pero o está mal transcrita la fecha, o es apócrifo el documento, ya que dicha fecha no concuerda con otros datos históricos del diploma. En todo caso, la existencia de este santuario en los siglos medios de la Reconquista no parece pueda ponerse en duda, dada la inscripción romance en caracteres pregóticos que se ve esculpida en el capitel románico de una de las actuales columnas del templo. La misma imagen titular allí venerada lo confirma, pues se trata de una preciosa talla policromada de la Virgen, que puede hacerse remontar a aquella época. Si había o no al lado un monasterio, no puede asegurarse. Solamente algunos restos de cimientos atestiguan en las inmediaciones un solar que la tradición de aquellas gentes asigna a un monasterio femenino que dicen «Las degolladas», por haber sido asesinadas sus moradoras. Es notable, ciertamente, que la inscripción pregótica a que antes aludíamos nos hable de un «abat», lo mismo que otra muy moderna, copia de un texto originario del siglo XVI, que se halla en el presbiterio. La alusión a una comunidad encargada de atender al culto, no parece dudoso. Pero esa comunidad pudiera ser la que, sin vivir allí, tuviera la propiedad del santuario. Todo ello, además, en tiempos muy remotos, porque ya en esa inscripción quinientista, el mismo que se dice abad del santuario, se denomina «arcipreste de Valdavia»; y en la documentación que se conserva de principios del siglo XVII aparece radicada en Rabanillo una cofradía con dependencia exclusiva del párroco de Tabanera, que se intitula juntamente «abad... de la dicha casa y cofradía y ermita».

La cofradía —hoy inexistente— se extendía por unos 40 pueblos de toda aquella comarca. Un reflejo de ello es todavía hoy la afluencia de romeros de muy distintas procedencias en el día de la fiesta. Esta se celebra el primer domingo después del 8 de septiembre. Es muy típico de la fiesta la «subasta de los brazos». Tras un laborioso forcejeo, el mejor postor —es decir, el que ha pujado más alto, con oferta a veces de miles de pesetas— consigue reservarse el privilegio de llevar durante la procesión en torno al templo uno de los «brazos» o varales de las andas de la Virgen.

BIBL.: R. ESCALONA, *Historia del R. Monasterio de Sahagún*, Ma. 1782, 113 y 531-32.

C. GUTIÉRREZ

Rábida, *Santa María de la,* (Huelva). En Palos de la Frontera, partido de Moguer, diócesis de Huelva. Afirma una leyenda que en vida de san Francisco llegaron los franciscanos a este monasterio. Hay pruebas documentales de que en el año 1400 atendían a la capilla de una fortaleza cristiana que mantenía el duque de Medina Sidonia. Durante el pontificado de Benedicto XIII se dictaron las normas canónicas para la definitiva instalación de los franciscanos en aquel monasterio. Se rendía allí culto a Nuestra Señora de la Cinta o de los Milagros. La imagen era una pequeña y singular talla de alabastro y se decía que había sido traída a España por los primeros varones apostólicos. Los cristianos visigodos la ocultaron con ocasión de las invasiones musulmanas, y fue hallada siglos después por un marino onubense. Ante esta imagen oraron Colón, los Pinzones y otros muchos que tomaron parte en la gesta de los descubrimientos. De las inmediaciones del monasterio salieron las carabelas del descubrimiento el 3-VIII-1492. En líneas generales presenta actualmente el monasterio las siguientes características: una portada del siglo XVI, con arco de ladrillo, que da paso a una sala decorada en 1929 con frescos de Daniel Vázquez Díaz. Contiguo a esta sala hay un patio barroco del siglo XVII. Lo más antiguo de todo el edificio es la iglesia, de estilo gótico-mudéjar, de una sola nave con ábsides y con restos de pinturas del siglo XV en los paramentos. Se la considera del siglo XIV. Del mismo siglo se considera un antiguo claustro restaurado más tarde en estilo mudéjar. En todo el conjunto se aprecian restos de la antigua escuela morisca sevillana y del gótico castellano. La fiesta mayor se celebra el 2 de agosto con concurrencia de numerosos fieles.

BIBL.: D7, XII, 626; *Monasterio de Santa María de la Rábida:* Anuario Católico Español, II, Ma. 1926, 441; P. AGUADO BLEYE, *Historia de España*, II, Ma. 1954, 297-306; *Tesoros Art. de España*, Ma. 1973, 502.

A. DIEZ

Regalina, *Virgen de la,* (Asturias). En la ermita llamada La Garita, de la parroquia de Santa María de Regla, de Cadavedo, concejo de Luarca. Los orígenes de este santuario, desconocidos hasta ahora, parece hay que buscarlos en las peregrinaciones jacobeas y en los devotos balleneros de la comarca. Desconocemos también en qué época se perdió la devoción y veneración de esta advocación mariana. Madoz no menciona este santuario al hablar del lugar. Solo sabemos que en 1931 el padre Galo Fernández Corominas restauró su culto. La festividad se celebra el último domingo de agosto dando lugar a una de las más famosas romerías de la región.

BIBL.: E. MARTÍNEZ, *Regalina, Virgen de la:* Gran Enciclopedia Asturiana, XII, Gijón 1970, 64.

V. GARCÍA LOBO

Regina Pacis o **Paz,** *Nuestra Señora de la,* (Ciudad Real) santuario y convento en Daimiel. La devoción a la Virgen bajo el título de *Regina Pacis* es anterior a la fundación del convento de carmelitas (siglo XVII), pues existía ya en 1507, antes de su llegada, la imagen y la devoción en un modesto santuario del que se encargó la Orden reformada. La fundación se debe a una aparición de la Virgen a la niña Ana Hernández en el día de san Bernabé, requiriéndola para la creación de una capilla donde fuera venerada. El lugar de la aparición fue en unas eras y allí prometió a la vidente la concesión de innumerables favores por su mediación. Como credenciales de su mensaje le ordenó que cavaran en un pozo cercano donde encontrarían un ladrillo rojo, que indicaba el sitio exacto donde se levantaría el pequeño templo. Creyó Daimiel el mensaje y así comenzó la devoción que se acrecentó con motivo de una peste declarada en la región. Entonces el concejo municipal en pleno hizo voto público y perpetuo de conmemorar todos los años con una función religiosa en honor de la Virgen de la Paz, si desaparecía de la región tan pertinaz epidemia. La imagen primitiva estaba grabada y pintada en tabla, sedente sobre trono real, con manto azul. En su mano izquierda mostraba el simbólico ramo de oliva. Más tarde fue sustituida por otra en talla y vestida. Una y otra fueron destruidas en el triste trienio 1936-1939. La actual es reproducción inspirada en la tabla primitiva. Enrique IV y Felipe II fueron devotos de esta imagen de la Virgen, a la que donaron como votos joyas que desaparecieron igualmente durante el período citado. Cuenta desde antiguo con una nutrida hermandad o cofradía que corre con todos los gastos al no contar con renta alguna. Precede a la fiesta un solemne novenario.

BIBL.: C. Viñas y R. Paz, *Relaciones de los pueblos de España ordenadas por Felipe II, Ciudad Real*, Ma. 1971, 237; *Regina Pacis:* Anuario Católico Español, II, 1956, 428-29; *Tesoros Artísticos de España*, Ma. 1973, 253.

J. M. de Mora

Regla, *Nuestra Señora de*, (Cádiz) monasterio y santuario. En Chipiona, muy cerca de donde tuvieron su templo Hércules y Venus. Sobre las ruinas sepultadas de la antiquísima Tartesos, allí donde el Betis rinde al Océano el tributo de sus aguas, cerrando el arco de una playa limpia, dilatada, excepcionalmente luminosa, se levanta el monasterio-santuario que lleva su advocación hace casi seis centurias. A él convergen dos amplias avenidas, orilladas de modernos edificios, hoteles, «villas» y palacetes, que desbordan el perímetro urbano de la vecina Chipiona y llegan hasta las mismas plantas de la Virgen Morena. Sin tachar de fabulosa y mal coordinada la leyenda y tradición que trata de vincular el origen de esta imagen con san Agustín y que nos parece sospechosa, tanto por su aparición demasiado tardía, como por los testimonios aducidos en su confirmación, puede admitirse como muy probable la existencia de una cristiandad en este lugar del *conventus gaditanus* y hasta de un monasterio por los últimos años del siglo iv. Nos queda, pues, la muy vieja y común tradición local, recogida por Pedro Salazar y Mendoza, padre Carmona Bohorques, morador y cronista de este monasterio, padre Nicolás de Santamaría, padre Jacobo Willemart y por otros varios documentos coincidentes que pudiera resumirse así: La Virgen de Regla es una de las imágenes escondidas por los cristianos a raíz de la invasión árabe. Pasados seiscientos años la Señora se aparece a un devoto canónigo reglar de San Agustín en la ciudad de León, y le encomienda la misión de darla a conocer. A este fin emprende viaje hacia el extremo suroeste de España. Una luz misteriosa precisa el lugar donde, a unos cinco pies bajo la arena, en un subterráneo, halla una lámpara encendida, un altar, y sobre él un cofre de cedro. Abierto, encuentra lo necesario para celebrar y, en el fondo, la sagrada imagen. El varón de Dios acude al dueño de la tierra, residente en Rota, D. Pedro Ponce de León, segundo señor de Márchena, quien accede gustosamente a su ruego, y le entrega un castillo que, a unos 30 pasos al sur del lugar de la aparición, poseía, edificado por los moros tal vez sobre las ruinas de las antiguas ermitas, refugio ahora de los vecinos en las frecuentes incursiones mahometanas. De este modo, la fortaleza queda convertida en monasterio y santuario. Allí permanecieron los canónigos regulares de León por espacio de sesenta y nueve años (1330-1399), y al fin regresaron a León, añorando su casa de origen, o tal vez diezmados por la peste negra que en 1348 invadió toda Europa. Este mismo año, el 22-IV-1399, D. Pedro Ponce de León, cuarto señor de Marchena, entregó definitivamente esta casa al doctor D. Gonzalo de Córdoba, ermitaño de la Orden de San Agustín. Así, la antiquísima tradición desemboca en la historia verídica y bien documentada. Nuestra Señora de Regla, según las distintas etapas de la tradición, recibió nombres diversos: Virgen Líbica, Bella Africana, Virgen del Sagrario y, finalmente, Virgen de Regla, denominación sin duda topográfica, que le vino al iniciarse su culto en este rincón gaditano. De hecho los antiguos historiadores eclesiásticos conocen este sitio, centro de una notable cristiandad, con el título de Regla; y abundando en este sentido, la población que luego se llamaría Chipiona, originariamente fue bautizada con el nombre de Regla de Santa María al ser fundada en 1482 por D. Rodrigo Ponce de León. Comúnmente se admite como fecha de su aparición la señalada por el canónigo legionense (a. 1330), aunque el padre Carmona Bohorques, citando a Pedro de Salazar y Mendoza señala el de 1329. Otros autores quisieran anticiparla al año 1300, o tal vez antes, fundados en la mucha riqueza del monasterio y en la extensa celebridad y devoción, aun fuera de esta comarca; pocos años después de la fecha tradicionalmente admitida. Basados en la autoridad de fray Pedro Molina según el cual «D. Alonso Pérez de Guzmán fundó un castillo en la parte que los moros llamaron Chepiona, que le puso por nombre Regla, por un monasterio de canónigos regulares que en él fundó», aventuramos una versión más sencilla y bastante razonable del posible origen de la sagrada imagen de Regla. Sabemos que D. Alonso Pérez de Guzmán trajo de León, su lugar de nacimiento, monjes cistercienses para poblar el monasterio de San Isidoro del Campo de Sevilla: ¿No traería también, acompañando a la venerable imagen de Regla algunos reglares legionenses para dar culto en la capilla del castillo recién edificado o conquistado? Todo lo demás se explica fácilmente. El año 1303 su hija D.ª Isabel de Guzmán al contraer matrimonio con el «rico home» Hernán Pérez Ponce de León, cuarto señor de Marchena, recibe en dote la villa de Rota, y con ella el castillo de Regla, monasterio ya de la comunidad agustina. Del estudio iconográfico, realizado en dos ocasiones: la primera en 1935 por D. Carlos Serra y Pickman, Académico de Bellas Artes de Sevilla, y la segunda en 1944 por el acreditado escultor D. José Rivera y García, apuntamos algunos datos relativos a la antigüedad, materia, característica, etc. de esta venerable imagen: se descarta la supuesta procedencia egipcia, sostenida a la ligera por Gestoso a fines del siglo pasado; es una escultura, cuya talla corresponde a la primera mitad del siglo xiv (Serra), o mejor del siglo xii al xiii (Rivera), transición del románico al gótico, atendidos su estilo, forma, plegado del manto y decorado: la talla es de una sola pieza, de madera fibrosa, oscura, de color parecido al cedro; bien pudiera ser de raulí, árbol procedente de Africa, o tal vez de cedro del Atlas. Sin contar la doble peana que la sustenta, mide la imagen 62 cms. de alto; la Virgen está sentada con corona mural de cuatro almenas y sostiene al Niño, de pie, sobre el muslo izquierdo. La estatua original presenta sensibles mutilaciones, restauraciones y aditamentos; excepto el rostro y la cabeza, se halla toda protegida por una coraza de plata; es obra de los años 1570, según el padre Carmona Bohorques, para obviar la indiscreta devoción de quienes se llevaban trozos de la escultura como preciosas reliquias. Desde entonces se muestra vestida con túnica, correa agustiniana, manto, velo, diadema real y rostrillo, enmarcada su figura en una ráfaga formando rayos. Hubieron de añadirle además un Niño Jesús de color dorado y unas manos morenas que sostienen el Niño sobre el pecho de la Madre. El rostro de la Virgen parece muy tosco, posiblemente desfigurado; lo mismo que el color rojizo, ya que el verdadero parece fue el trigueño, o moreno. Hace una minuciosa descripción de la imagen el tantas veces citado padre Carmona Bohorques. En resumen, la Virgen de Regla y su Niño es una talla del siglo xii, y una de las más antiguas de España de esta época: verdadera joya artística de mérito extraordinario y de incalculable valor. *Monasterio-santuario.* Queda insinuado el posible origen del monasterio-santuario en el alborear del siglo xiv, y cómo al retirarse los canónigos reglares de León, D. Pedro Ponce de León y el arzobispo de Sevilla D. Gonzalo de Mena, en 22-IV-1399, donaron al prior agustino, fray Gonzalo de Córdoba, vivienda e iglesia, facultándole para tener en ella el Santísimo Sacramento y construir cementerio y campanario. Bajo los auspicios de los señores Ponce de León, los multiplicados portentos de la Virgen de Regla, la retirada soledad, mucha religión y prestigio de los frailes reglenses multiplicaron de tal suerte las vocaciones, que a los pocos años solían vivir aquí 30 religiosos. De ahí, que los ilustres patronos ensancharan el monasterio por la parte norte y agrandaran la iglesia, ya desde comienzos del siglo xv, añadiéndole hospederías, establos y otras dependencias. Se construyó también el actual claustro mudéjar, de sencillas ojivas, aunque con ornamentación barroca: rosetones, florones, molduras de estuco y alto zócalo de azulejos con las armas de la ilustre casa de Arcos del año 1640. Siete años antes se terminó, por el prior fray Francisco Nuño, la capilla del Humilladero, restaurada en 1852 y en 1948. Aunque Nuestra Señora de Regla, de Chipiona, es primera en su advocación y culto, no es la única existente: tiene altar en Sevilla, Cádiz, Madrid y en casi todos los pueblos de la comarca. Rebasa las fronteras y llega a Brujas (Bélgica), Canarias, Santo Domingo, Cuba y Filipinas. En La Habana logra particular nombre; su primera capilla data de 1687, y desde el 1708 es patrona de toda la Bahía. A partir del descubrimiento colombino siendo Cádiz y Sevilla centros comerciales donde acudían los navegantes de todos los mares, nuestro santuario fue punto de referencia, faro y estrella de navegantes, primero y último pedazo de la tierra patria a quien se saludaba en el arribo y la partida. No faltó en el transcurso de los siglos xv al xvii, en la Marina española, un buque con el título de «Nuestra Señora de Regla». Numerosa fue siempre la afluencia, de peregrinos, no solo de los pueblos de la comarca sino de toda España y aún del extranjero. Los cronistas nos hablan de 30.000, o más, que en los días de su fiesta mayor —15 de agosto y 8 de septiembre—, o en ocasiones muy señaladas, como la jornada de la Armada Invencible, acudían a Regla en demanda de favores o para agradecer los muchos recibidos. En reconocimiento dejaban a sus pies multitud de exvotos, y enriquecían espléndidamente el santuario con ornamentos, utensilios, vasos sagrados y legados piadosos. Tampoco le han faltado las visitas y mercedes de monarcas españoles y extranjeros. Citemos a los Reyes Católicos (7-X-1477), D.ª Isabel II, Alfonso XIII, varias infantas españolas y algunos reyes europeos, acompañados casi siempre de sus altezas reales los infantes-duques de Montpensier, residentes en Sanlúcar de Barrameda. Desgraciadamente, la fama, riquezas y esplendor del santuario de Regla tuvo su ocaso. Comenzó a raíz de la Guerra de la Independencia con la expulsión de los religiosos, y se consumó con la exclaustración de 1835. Documentación y ajuar del monasterio, ornamentos, vasos sagrados, joyas y objetos de valor desaparecieron. Hasta las campanas, solería de mármol y alicatado de la iglesia y del claustro mudéjar, fueron arrancados. La imagen fue llevada a la parroquia de Chipiona, donde permaneció por espacio de diecisiete años. Las reparaciones hechas por los infantes-duques de Montpensier, con la generosa aportación de los pueblos de la comarca, la vuelta de la venerable imagen a su santuario el 7-IX-1852, la erección canónica de la Hermandad de Nuestra Señora de Regla en 1867 y el celo de los señores capellanes, sólo pudieron retardar los estragos del abandono en muros, bóvedas y cubiertas del vetusto edificio. Su estado era tal, que los padres agustinos, destinados a las misiones de Filipinas, abandonaron el proyecto de abrir un colegio misionero con ocasión de una visita a su antiguo monasterio. *Colegio de misioneros franciscanos.* La pequeña ermita de los canónigos reglares de León (1330-1339), servida luego por sus hermanos ermitaños del San Agustín (1399-1835), va a transformarse ahora en plantel de misioneros franciscanos (1882). Las crecientes necesidades espirituales y demanda de personal misionero para Tierra Santa y Marruecos determinaron al padre fray José Lerchundi, pro-prefecto apostólico de Marruecos, a buscar un

lugar apropiado en que fundar un colegio misional. Vencidas no pocas dificultades, y con los debidos permisos, el colegio queda fundado en enero de 1882, y se inaugura oficialmente el 8 de septiembre de ese mismo año, con 23 religiosos, procedentes de otro colegio misionero, el de Santiago de Compostela. A los dos años de fundado, contaba el colegio con 60 religiosos, y llegaban a 87 el año 1888. Cada año partían del colegio sendas expediciones misioneras para Africa y Palestina, respectivamente. A fines del siglo, pasaban del centenar los hijos de este colegio en aquellas misiones y en las de América. El mal estado de la antigua edificación y las sucesivas necesidades del colegio, motivaron una serie de reformas, adaptaciones y nuevas construcciones, tales, que conservando únicamente el patio mudéjar en su primitiva forma, cambiaron por completo la fisonomía del vetusto monasterio. La nueva iglesia, de estilo neogótico se inauguró en enero de 1906 y fue consagrada en septiembre del 1957. Tres años antes, después de un exorno general del santuario, había tenido lugar la coronación canónica de la Santísima Virgen de Regla. Con fervorosa e incesante dedicación los hijos de este colegio han logrado convertir el santuario de Regla en el primer centro de piedad mariana de la región, en fragua de auténticos misioneros y en foco de irradiación religiosa, cultural y benéfica sobre Chipiona, su comarca y las misiones a ellos confiadas.

BIBL.: D. CARMONA BOHORQUES, *Historia de Nuestra Señora de Regla y de sus maravillosas obras:* Archivo del santuario, ms. de 1639, 1, I, cap. XIX, fols. 52, 62 ss.; F. GUILLAMAS Y GALIANO, *Historia de Sanlúcar de Barrameda,* Ma. 1868, 150 ss.; M. P. CASTELLANOS, *Relato histórico de Nuestra Señora de Regla,* Sant. 1887, 16-24; P. DE SALAZAR Y MENDOZA, *Crónica de la familia de los Ponce de León,* ms. fol. 166; N. DE SANTA MARÍA, *Relación del origen y antigüedad de la Sma. Imagen de Ntra. Sra. de Regla,* Se. 1645, 1-3; J. WILLEMART, *Historia Sacra Religiossimi Sacrarii B. V. Mariae de Regula... prope Gades,* pars. II, col. 1683, cap. 4-5; P. ARACIL-MARTÍNEZ, *Reseña histórico-descriptiva del santuario y convento de Ntra. Sra. de Regla,* Ba. 1909, 102-113; P. DE MOLINA, *Crónica de la Casa de Medina Sidonia* 1561, ms., lib. 2.º, cap. 28, fol. 64; C. SERRA PICKMAN, *Estudio iconográfico histórico de la Virgen de Regla... en su Santuario de Chipiona,* Se. 1935; J. RIVERA GARCÍA, *Informe Dictamen sobre el estado actual, estudio artístico y parcial restauración de la reverenciada Imagen de María Sma. de Regla:* Archivo del santuario; J. GESTOSO Y PÉREZ, *Recuerdos del Monasterio de Ntra. Sra. de Regla,* Se. 1894, 10-11; J. M. BLANCA CARLIER, *También la Virgen de Regla era marinera:* Revista general de Marina (nov. 1968), 482; P. CASTELLÓ, *Resumen histórico del antiguo Santuario de Ntra. Sra. de Regla con motivo de la restauración de su templo,* Cad. 1852; J. MARTÍN, *Nuestra Señora de la Regla,* Jerez de la Frontera 1953.
B. TAJADURA

Reja, *Santísimo Cristo de la,* (Badajoz). En la villa de Segura de León. El año 1447 solicitó fray Juan de Villadiego al maestre de Santiago D. Alonso de Cárdenas le concediera una antigua ermita dedicada a san Benito existente en el término municipal de Segura de León (Badajoz) para hacer de ella convento para la Orden franciscana. Tres años después quedó instalada la comunidad e inmediatamente se inició el culto a una imagen del Cristo bajo la advocación de la Reja. Parece ser que tal advocación responde al hecho de que la imagen se encuentra sostenida en una gran reja que divide en dos mitades el templo, no faltando quienes aseguran que tal advocación se debe a la aparición misteriosa de la imagen en la reja del arado de un labrador del lugar.

El 5-X-1811 entraron los franceses en Segura de León y declararon bienes nacionales los pertenecientes al convento. El 27-VIII-1813 se dispuso la devolución del convento y bienes a la comunidad, continuando ésta su vida normal hasta el año 1836 en el que, como consecuencia de la Desamortización, fueron vendidos estos bienes en pública subasta.

El convento ha desaparecido prácticamente y sólo el templo continúa abierto al culto. En todos los pueblos limítrofes existe una gran devoción a la imagen del Cristo que allí se conserva, celebrándose su festividad el día 14 de septiembre.

BIBL.: A. CASQUETE, *Noticias de la villa de Segura de León*, Se. 1951.   A. ARADILLAS

Remedio, *La Virgen del*, (Alicante). En la capital. La devoción de Alicante a dicha imagen, comienza con el origen de la advocación, oriunda de tierras valencianas y desconocida en esta ciudad. Aparece por primera vez en el siglo XIV con motivo de un hecho bien significativo para los ciudadanos de la región. Extramuros de la ciudad de Valencia había una ermita, dedicada a la Virgen de la Piedad. En 1348, una epidemia afecta al reino. El pueblo la aclamó como intercesora, con el título del Remedio. Dicha ermita fue donada a los padres trinitarios para que fundaran un convento y la Orden la veneró como patrona propagando su culto. El convento desapareció en el siglo pasado. Como los padres trinitarios estuvieron dedicados a la redención de cautivos y con este pretexto visitaron con frecuencia la ciudad y el puerto de Alicante, propagaron la devoción de la Virgen del Remedio, entre los hombres del mar. Alicante adoptó este título como patrona de la ciudad. El culto a dicha advocación data del 1535 en que ya se organizaban procesiones a la Virgen del Remedio. Se la veneró en el claustro de San Nicolás. En 1600 ya se habla de una cofradía y en 1603 se envía un legado a Roma para que sea reconocida por la Santa Sede. En este mismo año la aprobó el papa Clemente VIII. La cofradía fomentó la devoción mariana. A ella pertenecieron diversas clases sociales así como todos los gremios. Su cometido abarcó todos los campos: religioso, social y cultural. Entre sus obras sociales destaca el colegio-asilo del Remedio, fruto del esfuerzo de la cofradía. Pasados ochenta y cinco años de la fundación de tan magna obra, sigue atendiendo a las necesidades actuales y en él se imparte toda la enseñanza general básica a más de 500 niñas. La dirección del colegio se confió desde el principio a las Hermanas de la Caridad. En 1880 se fundó en San Nicolás la conferencia de señoras para visitar a los necesitados, así como ayuda económica a las vocaciones sacerdotales en los seminarios diocesanos. Se encarga además de las fiestas dedicadas al culto de María. Sus estatutos fueron actualizados, para atender a los momentos actuales. El reglamento tuvo varias etapas de renovación: comenzó en 1919; en 1954 se volvió retocar y a partir del Concilio Vaticano II, se ha adaptado a las normas y directrices que orientan el culto mariano. La fiesta mayor se celebra el 5 de agosto y de ella dice el cronista Deán Bendicho: «El 5 de agosto, solemniza ésta la fiesta y procesión de la Virgen Santísima del Remedio, cuya imagen sustituyó a la Virgen del Rosario que se la llevaron los Dominicos a su convento, por privilegio de la Santa Sede...» Las crónicas de las visitas pastorales desde 1616 hasta 1825 afirman que esta imagen se veneró en una capilla del claustro de la antigua colegial y posteriormente en el trascoro. En 1648, con motivo de una epidemia, el cabildo municipal y eclesiástico acuerdan que el día 5 de agosto recorra procesionalmente las calles de la ciudad, la Santa Faz y la imagen del Remedio. En 1768 se terminaron las obras de la entonces colegial, hoy concatedral. Ambos cabildos acordaron dedicar una hornacina a la Virgen del Remedio en el segundo cuerpo sobre el muro de san Nicolás de Bari y allí sigue recibiendo el culto de los devotos de la ciudad y región.

BIBL.: N. NÁJERA LÓPEZ DE TEJADA, *La perla de Alicante*

o la *Stma. Virgen del Remedio... Ensayo histórico, crítico y apologético...*, Al. 1927.   A. DIEZ

Remedios, *Nuestra Señora de los*, (Badajoz). En el partido de Fregenal de la Sierra, situado en un cerro, a 6 kms. dirección norte de la villa, a cuya bajada corre el arroyo de la Parrilla. Edificio magnífico, con su camarín (siglo XVIII), hospederías, atrios y casa de ermitaño. La fiesta que allí se celebra como patronal de la villa es la más notable de la comarca, no sólo por el lujo y magnificencia que en ella se despliega, sino por la numerosa concurrencia que asiste de todos los pueblos vecinos. El día de la fiesta es el lunes siguiente a la Dominica in Albis, cuya devoción comenzó el día 28-IV-1506, al lograr el remedio de una beneficiosa lluvia después de una pertinaz sequía. Fue coronada canónicamente el año 1906.

BIBL.: D7, XIII, 410; B. PORRES ALONSO, *Advocación y culto de la Virgen del Remedio en España*: R118, 23 (1970)8-10; *Tesoros Artísticos de España*, Ma. 1973, 281-282; J. RAMÓN MÉLIDA, *Catálogo Monumental de España*, *Provincia de Badajoz*, II, Ma. 1926, 236-239.

J. M. DE MORA

Remedios, *Nuestra Señora de los*, (Lugo). En la parte más alta de la ciudad de Mondoñedo, a la vera misma de la carretera de Lugo a Ribadeo, se alza el Santuario de Nuestra Señora de los Remedios, frente a la amplia alameda del mismo nombre. La denominación antigua del lugar, cuando la ciudad no se había extendido aún hasta aquí, era «Pena do Outeiro»; y constituye un mirador privilegiado hacia todo el valle, rodeado por un imponente coro de montañas y monumentos megalíticos. Del origen y traza primitiva del santuario se sabe poco. Consta de su fundación por el obispo fray Francisco de Santa María Benavides, en el siglo XVI y de varias reedificaciones, destacando la llevada a cabo por el entusiasta y piadoso fray Alejandro Sarmiento de Sotomayor, obispo de la diócesis (1728 y 1751). El edificio actual, con porte de gran iglesia está rodeado de un espacioso atrio, al que se llega por una escalinata. El templo, de regulares dimensiones (38 × 23 ms.), es amplio y vistoso, con iluminación natural casi perfecta, gracias a 12 ventanales colocados a diversa altura y ángulos diferentes de visión. La fachada, con evocaciones renacentistas, es una buena muestra del «barroco gallego». Completan el conjunto dos pequeñas pero graciosas torres gemelas, entre las cuales se inscribe el elemento arquitectónico mejor logrado del templo; la portada, sobre la cual va un óculo, convertido en rosetón. Son notables muchos herrajes de toda la fábrica, pero de manera particular los de la puerta principal. Los retablos —en número de siete—, las imágenes, la ornamentación e incluso el menaje de la iglesia siguen el arte barroco con ese acento peculiar que permite hablar de un «barroco mindoniense». Destaca el retablo del altar mayor, que adopta una esplendorosa forma curvilínea, en cuyo centro se encuentra el camarín de la Virgen. En este retablo y en toda la decoración del templo sorprenden los felices contrastes logrados desde el punto de vista de la policromía. Panes de oro, ropajes, escudos, etc. se influyen y resaltan con indudable armonía y acierto. Un enterramiento o mausoleo de formas sobrias y bellas, el de Sarmiento, sobre la pared lateral derecha; y otro muy simple, en forma de lápida, en la parte central del piso.

La imagen de la patrona de Mondoñedo es sencilla y vestida, sin especiales caracteres artísticos. Actualmente existen dos imágenes similares: la que se venera en el camarín y la llamada «Virxen vella», aludiendo a su mayor antigüedad. Tal vez ésta del siglo XVII, y la más reciente del siglo XIX. Ambas con el Niño, vestido, sobre el brazo izquierdo y ramo de flores en el derecho, ciñendo sus cabezas, tanto la Virgen como el Niño, sendas coronas de pedrería, que resaltan el gesto dulce y atrayente de ambos. Cultos muy fervorosos y frecuentes evidencian la devoción del pueblo, que celebra con gran esplendor su fiesta principal el 8 de septiembre. En esta fecha y siguientes tienen lugar certámenes y espectáculos de gran tradición e interés folklórico, como la festiva corrida de «O Tangueiro». El ayuntamiento asiste a los cultos en corporación, y mantiene la ofrenda que inició en 1938, consistente en la entrega al santuario de 380 pesetas (una por cada año desde la supuesta edificación de la ermita) en aquel entonces, cantidad que anualmente se repite incrementada. Otras muchas manifestaciones devocionales, son: el toque de sus campanas cuando truena (al igual que en otras iglesias de Galicia), las «ofertas» y «votos», en virtud de los cuales no pocas personas peregrinan a pie e incluso descalzas desde sus lejanas residencias portando un farolillo de aceite encendido, que luego depositan en el templo hasta consumirse. La gente del mar y numerosos mindonienses en el extranjero profesan asimismo especial devoción a la Virgen de los Remedios. La imagen fue coronada canónicamente del 13-IX-1954. Su cofradía, fundada en 1740, por el insigne Sarmiento, es pujante, y da esplendor y piedad a todas las celebraciones. Los obispos de Mondoñedo mantienen la tradición de celebrar en este santuario mariano la primera misa después de su entrada en la diócesis. Uno de ellos, Fernández de Castro, asignó una pequeña zona de la parte alta de la ciudad al cuidado parroquial del santuario, convirtiéndolo así en parroquia. Mondoñedo ha sido y es pródigo en hombres de letras, muchos de los cuales han cantado, en prosa y en verso, a María, bajo esta entrañable advocación. Lence-Santar, Lafuente y Bermúdez, Noriega Varela y Trapero Pardo son solo los más esclarecidos. Sus voces inspiradas, al igual que las expresiones populares y los nobles gestos de sus autoridades son clara demostración del gran arraigo de esta invocación y patronazgo.

BIBL.: R. SANJURJO Y PARDO, Los obispos de Mondoñedo, Lugo 1854; Nuestra Señora de los Remedios, de Mondoñedo: R17, 15(1929)306; E. LENCE-SANTAR, Mondoñedo: El santuario de los Remedios, Mondoñedo 1909; ID., Del obispado de Mondoñedo, Mondoñedo 1911; J. TRAPERO PARDO, Santuario de los Remedios, Lugo 1946; B. PORRES ALONSO, Advocación y culto de la Virgen del Remedio en España: R118, 23(1970)8.   A. LÓPEZ RIVAS

Remedios, Nuestra Señora de los, (Málaga). En Vélez-Málaga, donde se veneraba esta Virgen como patrona. Situado extramuros, en lo alto de un cerro en la parte oriental, a unos 250 ms. de la población. Fue mezquita en tiempos de los árabes. El edificio es de una sola nave, de estilo barroco y proporcionado. Se fundó en el año 1649, con limosnas de los fieles que sostenían el culto y el capellán para su servicio. Su fiesta tiene lugar el 8 de septiembre. Actualmente se venera una reproducción de esta imagen en la parroquia del Sagrario de la ciudad de Málaga.

BIBL.: D7, XV, 647; B. PORRES ALONSO, Advocación y culto de la Virgen del Remedio en España: R118, 23(1970)10; Tesoros Artísticos de España, Ma. 1973, 685.   IEF

Remedios, Nuestra Señora de los, (Murcia). En la capital. La imagen de los Remedios tiene su origen en el convento de los mercedarios. Debido al cambio que sufrió el convento, forzosamente tenemos que hacer una alusión. La orden de mercedarios fue la más antigua que se estableció en Murcia, fundando el convento próximo a lo que hoy es la parroquia de Santa Eulalia, cerca de la margen izquierda del Segura; más tarde se trasladó al lugar donde existe hoy, al lado de la puerta Nueva. La iglesia era de estilo churrigueresco. El convento en el siglo XIX ya estaba semiderruido.

Leyenda. Cuando los padres mercedarios tenían el convento en su primer emplazamiento, junto a la puerta de Orihuela que más tarde en 1760 trasladarían a orillas del Segura, en una crecida vieron venir por las aguas un arca y encima de ella una campana que con su sonido llamaba a los espectadores para que fuesen testigos del hecho. Muchos se arrojaron al agua y sacaron la campana; pero el arca no fueron capaces de acercarla a la orilla. Entonces la abrieron y vieron que contenía una preciosa imagen de María con un Niño en sus brazos. Aquí empezó el problema de cuál sería el lugar para la imagen. Un nuevo prodigio dio a entender que su destino era el convento de mercedarios, pues no hubo fuerza humana que detuviera la imagen hasta llegar a la puerta del convento. Esto ocurría el 20-VII-1374. Por el auxilio y los remedios que prestó a dicha población el nombre de la imagen se conocerá en el futuro con el de Nuestra Señora de los Remedios.

Imagen. Tiene una altura de 60 cms., de bello rostro moreno con una corona imperial y la cabeza inclinada hacia el lado izquierdo, atribuido a un milagro en el que una dama requirió a la Virgen como testigo y para dar fe de ello reclinó la cabeza; la mano derecha la tiene ocupada con el cetro real y en la izquierda sostiene a su Hijo. La imagen está vestida con ricos mantos. Colocada en el camarín del altar mayor de la iglesia desde donde los padres mercedarios le tributaban veneración, cada sábado se le cantaba una misa solemne. Todo el conjunto escultórico es de mármol. La fiesta se conmemora el 8 de septiembre con gran concurrencia de fieles. Los milagros realizados bajo dicha advocación son numerosos. Actualmente el convento está dedicado a universidad, la fachada es moderna imitando al barroco local con un claustro renacentista. El templo es también barroco y aparece por vez primera la decoración del rococó a base de «rocallas». Se conservan unos lienzos del siglo XVII con algunas historias de la vida de los mercedarios, realizados por los pintores locales Suárez y Acevedo.

BIBL.: E. MORENO CEBADA, Glorias Religiosas de España, II, Ba.-Ma. 1867, 55-65; Tesoros Artísticos de España, Ma. 1973, 471; D7, II, 741.   A. DÍEZ

Remedios, Nuestra Señora de los, (Orense). En Castro Caldelas, camino de Trives, se divisa a la derecha el santuario, de aspecto monumental, de orden toscano, con dos torres y cúpula en el transepto. De arquitectura fría, pero bien cuidada y alhajada por dentro. Se acabó de edificar en 1840. La imagen de la Virgen es una talla, ricamente vestida y engalanada. Sus fiestas no tienen mayor relieve por coincidir con las de la Ermitas, los Milagros y los Remedios.

BIBL.: C. GIL ATRIO, Orense mariano, Or. 1954, 157; V. RISCO, Geografía General del Reino de Galicia, Ba. 1926.   IEF

Remedios, Nuestra Señora de los, (Orense). En la ciudad, a orillas del Miño. Capilla de escaso valor artístico pero visitadísima, especialmente durante la novena que termina con la fiesta el 8 de septiembre. Los obispos de Orense fomentaron su culto logrando de la Santa Sede para este santuario privilegios y exenciones. Respecto a la historia de la ermita de los Remedios, se conservan en el Archivo Histórico Provincial documentos de trámite para un nombramiento de administrador y a través de ellos se puede llegar hasta su origen. Fue el santuario originariamente de Patronato Real, por ser fundado en su propio suelo y con dinero de un ladrón ajusticiado; patronazgo que pasó en 1522 a D. Francisco Méndez, juez ordinario de Orense y uno de los hidalgos más preclaros de la ciudad, por haber sido reconstruido a sus expensas, por lo que S. M. no tenía ningún derecho a ella. Fue consagrada en 1523. A D. Francisco le sucedió en el Patronato su hijo Alonso Méndez Montoto que reconstruyó nuevamente la ermita por la mucha devoción que tenía a esta advocación de la Virgen, encargando las obras al cantero Gregorio Fatón, natural de Barbadanes. Se terminaron en 1574 y empleó en ellas 5.000 ducados. Desde entonces heredaron los Méndez el patronato de la capilla, la devoción a la Virgen que la preside y el natural interés por su conservación. Actualmente se les ha confiado a los padres salesianos el culto. Conserva el sepulcro del fundador.

BIBL.: V. Risco, *Geografía General del Reino de Galicia,* Ba. 1926, 275; R. Otero Pedrayo, *Guía de Galicia,* Ma. 1926, 244; C. Gil Atrio, *Orense mariano,* Or. 1954, 93-101; B. Porres Alonso, *Advocación y culto de la Virgen del Remedio en España:* R118, 23(1970)9; *Tesoros Artísticos de España,* Ma. 1973, 486.   J. M. de Mora

Remedios, *Nuestra Señora de los,* (Orense). A las afueras del pueblo de Villamayor del Valle, a 3 kms. de Verín por la carretera de Laza. Uno de los más famosos de la provincia. Situado entre viñas, huertas y praderas, que sirven de cuna a este santuario, solitario, en medio de un campo cubierto de pinos, que parece no quieren crecer para no obstaculizar la mirada de los pueblos que le circundan, salpicados en los declives de las montañas, que como gigantescos centinelas le hacen guardia, desde los altos picos de Meda y Peña Nofre, hasta el sinuoso puerto de las Estivadas. Cesáreo Gil en su libro *Orense Mariano,* nos hace esta descripción del mismo: «hay que catalogarle entre las iglesias de ese renacimiento gallego que nadie ha definido aún.» La fachada, de sillería en su totalidad, es austera, con el clásico balcón de balaustrada, y en la torre el típicamente gallego corredorcito de las campanas. Una sola nave sostenida por arcos de medio punto y un presbiterio cubierto con una bóveda formada por cuatro nervios de arco que se entrecruzan para dibujar un rombo. En el retablo, del mismo estilo, destacan las esculturas que representan la coronación de la Virgen, por encima de un camarín que está en medio.

Tal vez el grupo escultórico «o altar dos gaiteiriños dos Remedios» sea lo más admirado de todo el recinto. Representa en un tríptico de mucho valor artístico, el Nacimiento, cargado de folklore regional, pastores con traje del país y con gaita gallega. La fiesta, que se celebra el día 7 de septiembre es una auténtica romería gallega. Un paraje desierto en los otros días, en éste se llena de bullicio y alegría. Caravanas de gente que viene a pie e incluso descalza, caminando toda la noche, desde los pueblos que ven nacer al Támega, hasta su desembocadura en Portugal. Como en otros países están de actualidad las marchas para pedir o protestar algún derecho humano, en esta tierra ya hace tiempo que estas peregrinaciones a los santuarios, quieren hacer lo mismo. Con la diferencia de que éstos acuden a la Madre de aquel que lo puede todo, cuando los hombres responsables de su bienestar no pueden o no quieren ayudarles más, conducidos por la confianza y el amor, y aquellos llevados por el odio que la injusticia ha provocado. El tipismo de Los Remedios, está en ser fiesta profana y religiosa. No se puede separar una de la otra. Los romeros caminan agrupados, en pequeños clanes de familia y vecindad. Hay armonía y reina un ambiente cargado de hermandad y buen humor. Se reza, se participa en las misas, pero también se canta, baila y come bien. Resulta agradable ver los campos que rodean al santuario —que sirven de mantel— de las buenas meriendas en las que no falta el «lacón», la empanada y el vino de Monterrey, que crece por estos lares.

También hay que mencionar la procesión de las ofrendas que se hace en torno al santuario, con la imagen transportada en un carro-altar cargado con los donativos que sus devotos le han traído. Como cada uno da de lo que tiene, esta buena gente campesina, se desprende generosamente de una parte, a veces abundante, de sus cosechas y ganados, en agradecimiento a los «remedios» que por medio de Ella han alcanzado. Nadie mejor que el hombre del campo que vive siempre colgado del tiempo, reconoce la intervención de Dios a través de la naturaleza, que con frecuencia se le vuelve adversa. Aunque se dan casos de un falso proteccionismo, en el fondo late una creencia en la Providencia. La letrilla del himno de los Remedios, tal vez sea la que mejor explique el sentido de esta advocación: «Sois con toda plenitud/salud;/de todos en este suelo/consuelo;/Contra el demonio y error/Favor,/ Si sois el centro del amor,/Hija y Madre de Dios,/ ¿cómo no ha de haber en Vos/salud, consuelo y favor?.»

BIBL.: C. Gil Atrio, *Orense mariano,* Or. 1954, 121-38; P. Blanco Rivera, *Elucidario de memorias antiguas de los Remedios,* ms. del siglo xvi: Archivo parroquial de Villamayor del Valle (Or.).   A. Diéguez

Remedios, *Nuestra Señora de los,* (Salamanca). En la dehesa de Villanueva de Cañedo, término municipal de Topas. Su historia es antiquísima y el origen de esta devoción se debe a la casa de los Fonseca, a la vera de cuyo castillo señorial se encuentra el recinto sagrado.

BIBL.: *Nuestra Señora de los Remedios:* Anuario Católico Español, II, Ma. 1956, 464.   IEF

Remedios, *Nuestra Señora de los,* (Segovia). En el lugar de Abades, partido y diócesis de Segovia. A 2 kms. del pueblo en el pago de Perocojo, aldea hoy desaparecida, se encuentra la ermita dedicada a la advocación de Nuestra Señora de los Remedios. La tradición afirma que la escultura fue mandada desde ultramar por unos emigrantes de la villa. Parece que la imagen había sido llevada a América por Hernán Cortés. La escultura es de finales del siglo xv o de primeros del xvi. De posición sedente con el Niño en su regazo, de semblante alegre, con cabello rubio y cubierta con manto. A partir de 1870 se viene celebrando el 4 de junio fiesta con importante romería en conmemoración del suceso ocurrido con el pedrisco que arrasó la cosecha. La fiesta mayor se celebra el último domingo de septiembre, seguida de una novena en la parroquia, donde se encuentra la imagen, hasta el día de San Frutos, en este día se lleva la imagen a la ermita en solemne procesión.

BIBL.: E. del Barrio Marinas, *La Santísima Virgen en Segovia,* Seg. 1954, 22-23.   A. Diez

Remedios, *Nuestra Señora de los,* (Toledo). En una capilla al lado izquierdo de la hoy iglesia filial de San Juan, de Ocaña, que se alzó sobre una antigua sinagoga en el siglo xiii. Dicha capilla se edificó entre 1610 y 1623, de estilo renacentista, a expensas del ayuntamiento y vecindario, inaugurándose el 7-IX-1624 con grandes fiestas religiosas y profanas. La versión más común sobre el origen de la devoción a la Virgen de los Remedios, de Ocaña, data según la tradición de tiempos de Alfonso VI el Conquistador, año 1092. Este había logrado, en sus incursiones, poner cerco a Cuenca, pero siendo sus fuerzas insuficientes para mantenerlo, llamó urgentemente en su ayuda a los guerreros de la comarca de Ocaña (antigua Olcadia), que acudieron; mas por razones que se desconocen no llegaron a tiempo de prestar el auxilio solicitado y la batalla fue ganada por los moros, librándose del peligro inminente con que les amenazaba dicho cerco. Fue grande la contrariedad que esta derrota supuso para el monarca castellano, de tal manera, que a la llegada de los de Ocaña, no pudo ocultar su enojo, pues, al pedir las raciones para las tropas recién llegadas, contestó secamente: «Las raciones se hallan en poder del enemigo y las encontraréis en la plaza de Cuenca.» Un silencio respetuoso

acogió la respuesta. Pero en el deseo de lavar su honor y desagraviar a su rey por la involuntaria ofensa, se lanzaron al ataque contra los moros, con tal ímpetu y coraje, que, después de sembrar el pánico, el terror y la destrucción en el campo enemigo, hicieron tremolar el estandarte cristiano sobre las murallas de Cuenca, con el natural asombro del rey. Si grande fue la contrariedad anterior mayor fue la sorpresa que causaron los guerreros de Ocaña, trocando el enojo real en contento y satisfacción. Y fue entonces cuando los cristianos de Cuenca, agradecidos a los olcadenses, les donaron una imagen de talla que ellos veneraban bajo el título de Los Remedios y para su traslado seguro a Ocaña era preciso, en prevención de posibles ataques de los enemigos, fuera custodiada por 50 hombres armados. Desde entonces existe en Ocaña la Hermandad de Soldados de la Virgen cuya vestimenta: espada a la cadera izquierda, relicario antiquísimo con la imagen de la Virgen en el pecho, así como una banda azul y blanca y la nominación que reciben sus componentes como pertenecientes a una milicia, son sin duda vestigios de su procedencia militar. Dicha hermandad tiene constituciones del 5-VI-1635, aprobadas por el cardenal infante D. Fernando y el papa Inocencio X concedió privilegio de ser caballero cubierto en la iglesia al capitán de la misma por bula expedida en el año 1645. Sus fiestas religiosas se celebran el 8 de septiembre. Aún continúa la costumbre típica de «cantar los mayos». A las doce en punto de la noche una enorme multitud llena la plaza de San Juan. La graciosa imagen de la Virgen de los Remedios, colocada en una hornacina sobre la puerta de la iglesia aparece adornada bellamente con arcos de ramaje, flores y banderas. La alegre rondalla juvenil sale por la calle de Cisneros abriéndose paso hasta el pie de la hornacina. Una gentil muchacha desgrana los «mayos»: «Virgen del Remedio:/te vengo a decir/que ha venido mayo/y ha pasado abril./Retratarte quiero,/que es difícil cosa/con pinceles toscos/el pintarte hermosa.» Es imagen coronada canónicamente en 1961 bajo el pontificado del cardenal D. Enrique Plá y Deniel.
BIBL.: M. Díaz Ballesteros y García Suelto, *Historia de la villa de Ocaña*, 2 vols., Ocaña 1868 y 1873; J. López de Ayala-Alvarez de Toledo, *Catálogo Monumental de la Provincia de Toledo*, To. 1959, 211-212; L. Moreno Nieto, *La Provincia de Toledo*, To. 1960, 448 y 450; F. Jiménez de Gregorio, *Los pueblos de la Provincia de Toledo hasta finalizar el siglo XVIII. Población, sociedad, economía, historia*, II, To. 1966, 127; B. Porres Alonso, *Advocación y culto de la Virgen del Remedio en España*: R118, 23(1970)12.   G. Gómez Gómez

Remedios, *Santo Cristo de los*, (Avila). En la ciudad de Arévalo, a la entrada de la población por la parte norte. Célebre en el siglo pasado por la devoción que se tenía a su imagen en toda la comarca. Su fiesta se celebraba el día de la Exaltación de la Santa Cruz.
BIBL.: D7, II, 531.   IEF

Remedios, *Virgen de los*, (Cáceres). En la villa de Valencia de Alcántara, partido y diócesis de Coria-Cáceres. A 1 km. de distancia se levanta una ermita, dedicada a la advocación de la Virgen de los Remedios. No existe ningún documento que testifique su antigüedad.
BIBL.: *Santuario de la Virgen de los Remedios*: R17, 15 (1929)187.   A. Diez

Remedios de Leirado, *Nuestra Señora de los*, (Orense). Fue hasta principio del siglo XVIII dependiente del arziprestazgo de Pao, del ayuntamiento de Quintela de Leirado y partido de Celanova. Todavía se conservan los libros parroquiales, su cementerio y pila bautismal. La imagen antigua es de valor artístico; por ello desde hace tiempo no la sacan de su hornacina. En las procesiones se lleva una moderna que en algo se le parece.

La fiesta se celebra el 8 de septiembre y reviste el carácter de jalón agrícola para los labradores de la comarca, ya que se supone que para entonces han de tener concluidas determinadas faenas agrícolas. Todavía se encuentran gentes que conocen de memoria la novena que es bastante antigua.
BIBL.: C. Gil Atrio, *Orense mariano*, Or. 1954, 155; D7, X, 126; B. Porres Alonso, *Advocación y culto de la Virgen del Remedio en España*: R118, 23(1970)8.   M. Anta

Reyes, *Virgen de los*, (Salamanca). A 1 km. del pueblo de Villaseco de los Reyes, partido de Ledesma. Se desconocen los datos sobre la historia de esta advocación, debido a que el archivo parroquial desapareció durante la guerra de la independencia. Su fiesta principal tiene lugar el día 8 de septiembre y desde antiguo asistían a la misma representaciones de 18 ayuntamientos con sus respectivas ofrendas. En el mismo existe la cofradía de San Pedro Ad-víncula fundada en 1547, que enriqueció el papa Paulo V con nuevos privilegios e indulgencias en 1606. El edificio fue levantado, con bastante probabilidad, a finales del siglo XIII, aunque hay una ampliación posterior del XV y el pórtico que circunda tres lados del templo, es asimismo del XVI.
BIBL.: D7, XVI, 285; *La Virgen de los Reyes*: Anuario Católico Español, II, Ma. 1956, 467; *Tesoros Artísticos de España*, Ma. 1973; 699; M. Gómez-Moreno, *Catálogo Monumental de España. Provincia de Salamanca* (texto), Ma. 1967, 364-366.   J. M. de Mora

Reyes, *Virgen de los*, (Sevilla) patrona de la ciudad y de la archidiócesis. Fue proclamado su patronazgo en 1947 por Pío XII. Se venera en la Capilla Real de la catedral, procedente del palacio de Alfonso X, según refiere, entre otras, la *Cantiga* 324. Los orígenes de esta advocación surgen principalmente vinculados a los tiempos de la reconquista de Sevilla.
Tradiciones. La nutrida bibliografía tradicional la relaciona con dos momentos del asedio. Uno con ocasión de una pertinaz sequía, cuando la Virgen con su Hijo se apareció a San Fernando prometiéndole el beneficio de la lluvia. Otra aparición es con motivo de un viaje del rey castellano a la vecina localidad de Alcalá de Guadaira, en el que la Virgen ofreció su mediación en la lucha contra los musulmanes. Siguen refiriendo estas fuentes que deseoso el rey de que se representara plásticamente la celestial visión, encargó hacer unas tallas que no le satisficieron. Algunos autores creen identificar estas imágenes con la titulada de las Aguas, que se venera en la iglesia del Salvador, o con las de los Reyes, que se encuentran en el convento de San Clemente y parroquia de San Ildefonso; todas ellas en Sevilla, y contemporáneas de la que tratamos. Los autores de la Virgen de los Reyes fueron considerados como ángeles y su ejecución quedó envuelta en circunstancias misteriosas, muy acorde con la ideología de la Edad Media. Opiniones más eruditas señalan, que la imagen fue realizada en Francia y donada al rey castellano por su primo Luis IX; o que procede de Alemania, enviada por el emperador Federico II. Lo que sí es más probable que se trate de la que acompañó a Fernando III en la Reconquista, y que presidiera en la procesión de la toma de la ciudad en 1248.
Capilla Real. Esta capilla se halla situada en la cabecera de la catedral, acusada al exterior por tres ábsides decorados por grandes escudos imperiales. Su acceso es a través de una monumental reja costeada por Carlos III y diseñada por el ingeniero Van der Borcht en 1770. La planta es cuadrada sobre la que se eleva una cúpula decorada con casetones y relieves con cabezas de reyes. Fue realizada según las trazas de Martín de Gaínza y Hernán Ruiz el Joven, entre otros. Franqueada la verja, hay dos nichos laterales, en los que se han depositado los restos de Alfonso X el Sabio (lado del

evangelio) y los de Beatriz de Suabia (epístola). En el centro de la escalinata de acceso al altar mayor, está la urna con el cuerpo incorrupto de San Fernando. Preside el retablo mayor —realizado por Luis Ortiz en el siglo XVII— la Virgen de los Reyes.

Iconografía. Es un grupo sedente de la Virgen con el Niño, realizado en madera —tal vez de alerce— que mide 1,76 mts. Son en realidad maniquíes articulados, forrados por una piel de cabritilla. Unicamente fueron modelados la cabeza y extremidades. El rostro redondeado de la Virgen tiene las facciones muy simplificadas. Sin embargo, su artífice puso especial interés en los pabellones auriculares, en donde los rasgos están pormenorizados. Muy interesante es la larga cabellera, con peinado de raya central caída en dos aladares, realizado con hilos de seda, que conservan restos de oro. Como rasgo original hay que subrayar que la cabeza tiene un dispositivo especial para moverla —hoy inutilizado— consistente en una rueda dentada de madera, con una correa. Idéntico mecanismo posee la talla del Niño, de facciones más naturalistas y cabellera ensortijada.

Cronología. La talla de la Virgen ha debido realizarse a mediados del siglo XIII, por algún artífice francés o español influenciado por aquel país. Su fiesta principal se celebra el 15 de agosto, día en que sale procesionalmente en un «paso» llevado por ruedas, a través del perímetro exterior del templo catedralicio.

BIBL.: J. GESTOSO Y PÉREZ, *Esculturas antiguas sevillanas. La Virgen de los Reyes:* Curiosidades antiguas sevillanas, Se. 1885, 125; ID., *Sevilla monumental y artística,* II, Se. 1890, 324; J. HERNÁNDEZ DÍAZ, *La Virgen de los Reyes, patrona de Sevilla y de la Archidiócesis (Estudio iconográfico),* Se. 1947; ID., *Estudio de la iconografía mariana hispalense de la época fernandina:* R28, 9(1948)273-74; J. DE LEDESMA, *Imágenes de María Santísima Nuestra Señora en esta Ciudad de Seuilla, y su reynado, y distrito de Andaluzia y Estremadura donde estan estos sanctuarios, y algunas noticias de Seuilla y de su Santa Iglesia. Año de 1633,* ms.: Archivo Colombino; J. MALDONADO DE SAAVEDRA, *Discurso histórico de la insigne capilla real que está en la muy Santa Iglesia Patriarcal y Metropolitana de la Muy Noble Ciudad de Sevilla,* ms.: Archivo Colombino, el capítulo IV trata del origen de la Virgen de los Reyes y primera erección de su capilla; A. SÁNCHEZ GORDILLO, *Religiosas estaciones que frecuenta la devoción sevillana,* ms.: Archivo Colombino, fol. 168; E. MORENO CEBADA, *Glorias Religiosas de España,* I, Ba.-Ma. 1866, 313-336; *La Coronación de la Virgen de los Reyes, (exhortación que con motivo de solemnidad tan fausta... dirige el Excmo. Sr. Arzobispo de Sevilla a sus amados diocesanos),* Se. 1904.

T. FALCÓN

Reza, *Nuestra Señora de,* (Orense). En el lugar de su nombre, parroquia y ayuntamiento de Orense. Es de origen inglés. La imagen fue importada por un hebreo en tiempos de la persecución de Enrique VIII. Se la compró en Vigo en 1550 el arcediano de Varonceli, quien la trasladó a Orense. Los orensanos, con motivo de la peste declarada aquel mismo año, la invocaron cesando por su intercesión. Así comenzó esta devoción. El arcediano, por motivos no conocidos, la colocó en Reza el mismo año 1550. En 1551 se repite la peste y tanto el ayuntamiento como el cabildo decidieron bajarla a la catedral y celebrar un novenario. Igualmente se repitió la desaparición milagrosa de la peste. Y desde entonces es la Virgen que invocan en las necesidades públicas los dos cabildos, el de la catedral y el de la ciudad. Es abogada contra las prolongadas sequías. Se celebra su fiesta el 15 de agosto. Existió hermandad desde el siglo XVI.

BIBL.: D7, XIII, 439-440; C. GIL ATRIO, *Orense mariano,* Or. 1954, 149-150.	IEF

Riánsares, *Nuestra Señora de,* (Cuenca). En el término de la villa de Tarancón, junto al pueblo.

Situación. «Hay una ermita fuera del lugar, media legua al oriente» de Tarancón, como dicen las Relaciones enviadas a Felipe II en 1575, «que se dice de Nuestra Señora de Riánsares». Se eleva esta ermita sobre un pequeño montículo desde el que se domina la vega del exiguo río que le presta su nombre, a la derecha de la carretera que va hacia Cuenca. Riánsares significa «río de los ánsares». Y ciertamente en la Edad Media debieron abundar en las márgenes de este riachuelo, afluente del Gigüela, en la cuenca del Guadiana, los ánsares o gansos salvajes y otras palmípedas. Así lo consigna el infante D. Juan Manuel en su libro de la Caza. No cabe duda de que nombre tan poético de río vino muy bien para una advocación medieval de la Virgen María, aunque en realidad haya sido simplemente la toponimia o localización del santuario la razón que ha influido más en este título.

Leyenda. Opino que las leyendas sobre títulos de vírgenes han seguido la misma inspiración de muchos árboles genealógicos. Estos han procurado remontarse hasta los reyes: «Si él es de reyes primo, primo de reyes soy yo...». Las leyendas sobre imágenes tratan siempre de darles un origen poco menos que celestial. La de María de Riánsares se narra así en Tarancón: El rey visigodo Recaredo pasaba en cierta ocasión junto al lugar que hoy llamamos Riánsares, donde ya existía una pequeña ermita dedicada a Nuestra Señora. De repente se sintió enfermo, invocó a la Madre de Dios y enseguida obtuvo la curación de su mal. En agradecimiento dejó en aquel lugar la imagen de la Virgen, que, sujeta al arzón de su caballo, le acompañaba a todas partes. Era la misma imagen que le había regalado el papa san Gregorio Magno con motivo de su conversión al catolicismo. Para custodiarla mandó venir monjas benedictinas, fundando allí mismo un monasterio. En el correr de los tiempos, alarmadas las monjas por el peligro que les amenazaba con el reflujo de la invasión árabe, huyeron con la santa imagen a tierras de Valladolid. Reconquistado el centro de España y pasado algún tiempo, la Virgen se apareció «sobre una higuera sita al lado del antiguo monasterio», a un pastor que guardaba su rebaño. Entendió éste que Nuestra Señora deseaba se le diese culto de nuevo en aquel lugar, lo comunicó al pueblo de Tarancón y se volvió a edificar una ermita sobre las ruinas del monasterio. Hasta se dice que el fervor popular recuperó la antigua imagen que las monjas se habían llevado en otros tiempos. La leyenda parece estar influenciada por la otra que existe en Guadalupe sobre el origen de su imagen. O al menos ambas tienen o parecen tener una fuente común.

Historia. Un poco enlaza la leyenda con la historia, siendo cierto, una vez más, que en toda leyenda hay un fondo, aunque sea lejano, de verdad.

Tarancón, aldea de Alharilla (cerca de Fuentidueña de Tajo) y después aldea de Uclés hacia finales del siglo XII, comenzó por aquella época a ser un poblado cristiano, edificado sobre los restos del que fue primero, poblado romano y, luego, árabe. Riánsares, situado a unos kilómetros de Tarancón, probablemente era también aldea, en cuya iglesita se veneraba una imagen de la Virgen María, por lo menos desde el siglo XIII. O quizás fuese sencillamente un monasterio, del cual no quedase luego sino el santuario. Parece ser que, al abrir cimientos en las obras de ensanche, fueron halladas momias de monjas, que volvieron a ser enterradas.

La antigua imagen de Nuestra Señora de Riánsares que fue destruida, juntamente con otras muchas imágenes y cuadros de las distintas iglesias de Tarancón, la noche del 8-IX-1936, era una talla de madera de 75 cms. de alto, cuyas características, descritas por el padre Vicente Gómez en su librito «La verdadera devoción a la Virgen», desmuestran que había sido ejecutada hacia mediados del siglo XIII. Así lo podemos comprobar también por las fotografías que conservamos. Era una imagen gótica: «Sentada en un sillón, sosteniendo con su brazo izquierdo al Hijo, que está pegado a su pecho, hecho de la misma madera de la imagen de la Virgen, formando una sola pieza. La Madre preséntase de frente, como dirigiéndose al pueblo, y su rostro aparece grave y su cabeza recta.» Esto nos demuestra que, sea lo que sea de la leyenda, es cierto que, desde la Edad Media, Riánsares es un lugar de devoción a la Madre de Dios, muy visitado por fieles de la comarca y hasta de lejanos lugares de España. En el siglo XVI se dice: «Hay gran devoción de la dicha villa y su comarca y de fuera lexos y de Burgos y otras partes han venido en romería, y en enfermedades de quebrados ha habido muchos milagros notables.» En el siglo XVII se ensanchó el templo. Es el que ha perdurado hasta nuestros días. Era una iglesia de una sola nave cubierta con bóveda de arista, con su crucero y ábside rectangular. En aquel mismo siglo se construyó el retablo, barroco, de madera tallada, para enmarcar la imagen de la Virgen. La puerta principal, obsequio de un devoto, se terminaba en 1690. El curioso visitador del obispado de Cuenca, Baltasar Porreño, hacia 1622 dice lo siguiente: «Aquí hay una célebre ermita de Nuestra Señora de Riánsares, donde se han obrado grandes milagros en niños quebrados y en otras muchas enfermedades y aflicciones.» Otro libro de visitas, en 1655, afirma: «Está la ermita decente y tiene buena plata y ornamentos.»

Riánsares ducado. En el siglo XIX conoció este santuario su máximo esplendor. Un hijo de Tarancón, don Fernando Muñoz, de guardia de corps de Palacio pasó a ser esposo morganático de la Reina D.ª María Cristina de Borbón, viuda de Fernando VII. El matrimonio, realizado en secreto en 1833, se dio a conocer en 1844. Es entonces cuando la Reina obtiene de su hija Isabel II que Fernando sea creado duque de Riánsares, formándose alrededor del santuario un pequeño patrimonio de tierras y heredades que fundamentan el título. Se repasa entonces toda la fábrica de la ermita, se construye, pegado a la misma, un palacete para la Reina y el duque, se enriquece la imagen de alhajas, se mejoran los terrenos circundantes plantándose innumerables árboles, que embellezcan y den sombra, se funda una capellanía para que un sacerdote atienda constantemente al culto de la Virgen, y hasta se proyecta la fundación de un colegio para niños pobres de Tarancón, lo cual no se llevó a cabo por diversas dificultades. Debajo del ala derecha del crucero se construyó un sencillo mausoleo, con dos tumbas, donde deberían enterrarse la Reina y el duque. Por razones políticas y avatares de la accidentada historia española del XIX, D. Fernando hubo de morir en El Havre, cerca de París, en 1873. Sus restos fueron después trasladados a Riánsares. No así los restos de María Cristina, que reposan en el panteón de El Escorial. Sobre la tumba del duque mandó poner la Reina el siguiente epitafio: «Al Excmo. Señor D. Agustín Fernando Muñoz y Sánchez, Duque de Riánsares, Marqués de San Agustín, Grande de España de 1.ª clase... Su Majestad la Reina D.ª María Cristina de Borbón y Borbón, Regente y Gobernadora que fue del Reino, su inconsolable viuda, mandó erigir este monumento al lado del suyo, para que a la unión de los esposos en la vida terrena, suceda y reemplace su unión en el sepulcro, mientras llega la mejor y suprema en una vida inmortal.» Además de los restos de Fernando Muñoz, descansaban en este panteón otros miembros de su familia, que por cierto había sido toda ella condecorada con títulos nobiliarios creados al efecto. Todavía se conservan de esa época esplendorosa algunos restos: En el balcón central del edificio, reconstruido después de 1939, aún se puede ver el anagrama del duque de Riánsares; uno de los mejores

mantos que conserva la imagen, de terciopelo rojo, bordado en oro y piedras, procede de un manto de la misma María Cristina; algunas alhajas, como un precioso cáliz, estilo neoclásico, con figuras de plata en realce en el pie y esmaltes en la copa, unas vinajeras de plata sobredorada, etc., son regalo de la Reina al santuario. En 1925, precisamente el año en que Tarancón alcanzaba el título de ciudad, fue adquirido el santuario con el palacio y con los terrenos y alamedas que lo rodeaban, por suscripción popular, y se formó un patronato que administrase todo en nombre del pueblo, el cual, desde el siglo XVII al menos, considera a Nuestra Señora de Riánsares como su patrona principal, juntamente con los santos mártires Víctor y Corona, cuya fiesta se celebra el 14 de mayo.

Desgracia y restauración. Como hemos dicho, el 8-IX-1936 fue destruida la imagen. Al año siguiente, en diciembre, habiendo sido saqueado el santuario y convertido en polvorín del ejército republicano, un bombardeo de la aviación nacional lo dejó casi en ruinas. Unicamente quedaron en pie algunos paredones y parte del palacio ducal. Pasada la contienda, comenzó la reconstrucción. El notable escultor conquense Marco Pérez, a base de las medidas conservadas en los libros y tomadas además del vestuario de la imagen, el cual sí que se ha salvado casi íntegro, y teniendo en cuenta también las fotografías de la antigua, talló nueva imagen de Nuestra Señora de Riánsares y se volvió a restablecer el culto público interrumpido durante los tres años de la guerra civil. Al mismo tiempo, se fue reconstruyendo el santuario, con las mismas líneas y medidas del antiguo, gracias principalmente a la ayuda generosa del que fue ministro de Justicia, D. Francisco Ruiz-Jarabo, el cual había comenzado el ejercicio de su profesión con el cargo de juez de primera instancia en Tarancón. Al lado izquierdo del crucero de la iglesia tiene ya el señor Jarabo preparado su enterramiento para esperar la resurrección a los pies de Nuestra Señora. El palacete contiguo, también reconstruido con línea sencilla, sirve de Colegio Apostólico a los padres somascos, los cuales atienden ahora al culto de la Virgen. El 8-IX-1962, por concesión del papa Juan XXIII, fue coronada canónicamente la imagen de la Virgen de Riánsares, por el vicario general castrense, monseñor Alonso Muñoyerro, asistido del obispo de Cuenca, monseñor Rodríguez Díez. Acompañaron al acto las imágenes patronas de los pueblos del arciprestazgo de Tarancón.

Costumbres populares. Suele estar la imagen de Nuestra Señora de Riánsares medio año en el pueblo y otro medio en el santuario. Son populares y llenas de colorido las dos romerías que se organizan con motivo de la «traída» y la «llevada» de la Virgen. Se traslada al templo parroquial el día 15 de agosto, festividad de la Asunción, a la caída de la tarde; un grupo numeroso de personas acompañan a la imagen cantando el rosario; durante el trayecto se van quemando las rastrojeras y las hierbas secas de junto a la carretera, lo cual, unido a los farolillos de cristales de colores, que portan con varas largas algunos devotos, produce un impresionante aspecto al ser contemplado a distancia el paso de la procesión por estos campos manchegos: la población en masa, presidida por clero y autoridades, espera la llegada de la imagen a la entrada del pueblo; el cura párroco dice unas palabras de bienvenida, los fieles rompen en vítores; se quema un castillo de fuegos artificiales, y se organiza de nuevo la procesión hasta la parroquia en donde se canta una salve. La vuelta al santuario tiene lugar el día 28 de enero, festividad de san Julián obispo, patrón de la diócesis de Cuenca. Sale del pueblo a primera hora de la tarde y es despedida con la misma solemnidad y en el mismo lugar en que se recibe en agosto. Se acompaña también con el canto del rosario, con su música popular, y se deposita en el santuario, donde será visitada constantemente por devotos y caminantes a lo largo de los meses que allí permanece. En el mes de septiembre se celebra la fiesta principal en honor de esta imagen. Es el día 8. Precede un solemne novenario. El día de la fiesta sale en procesión en artística carroza, rodeada de flores y luces, que recorre sobre todo los barrios más antiguos de la población. Los siguientes días, hasta el 13, el pueblo se entrega a los regocijos propios de todas las fiestas populares españolas.

BIBL.: D3, 59, 576; D7, XIII, 442 y XIV, 591; *Novena a Nuestra Señora de Riánsares, patrona de la villa de Tarancón*, Ma. 1831; Marqués de Villaurrutia, *La reina Gobernadora, doña María Cristina de Borbón*, Ma. 1925, cap. 6; J. Zarco Cuevas, *Relaciones de los pueblos de la diócesis de Cuenca, hechas por orden de Felipe II*, II, Cu. 1927, 51-60; V. Gómez, *La verdadera devoción a la Virgen*, Ma. 1927, passim; M. O., *Tarancón; Apuntes para su historia*, Tarancón 1945; *Crónica de una coronación*, Ma. 1957, 146-147.   D. Pérez Ramírez

Robledo, *Nuestra Señora del*, (Salamanca). En la villa de Sequeros, situada al sureste de la Peña de Francia y al oeste del río Alagón. En la iglesia parroquial recibe culto Nuestra Señora del Robledo. Según la leyenda, la imagen se apareció antes del año 1400 en un roble y una aldeana de Sequeros la encontró cuando talaba leña para el hogar. La tradición dice que fue ocultada entre la maleza para librarla de la profanación. La imagen se encuentra ubicada en el altar mayor, es de pequeñas dimensiones, posición sedente, con su Hijo sobre el brazo izquierdo y con una manzana en el derecho. La fiesta mayor se celebra el 15 de agosto, festividad de la Asunción de Nuestra Señora. La iglesia fue edificada en el siglo XVI y su capilla mayor se cubre con armaduras mudéjares. Se conservan retablos del siglo XVII con imágenes de la escuela de Gregorio Fernández.

BIBL.: *Nuestra Señora del Robledo:* Anuario Católico Español, II, Ma. 1956, 462, D7, XIV, 189.   A. Díez

Rocacorba, *Nuestra Señora de*, (Gerona). En el monte de su nombre, centro orográfico de la provincia, municipio de Canet d'Adri, arciprestazgo de Bañolas. El origen de la primitiva capilla hay que identificarlo con el del castillo que poco después de la Reconquista formaba parte del cinturón defensivo del condado de Gerona. Según la tradición, la antigua imagen, que se conserva en el Museo Diocesano, fue encontrada en la «Cueva de la Madre de Dios», abierta en la roca a unos 400 metros del santuario. Es de estilo gótico del siglo XIV, tallada en alabastro y policromada. La imagen, sedente, lleva una pera o fruta similar en la mano derecha y sostiene en la izquierda al Niño Jesús que a su vez, en la izquierda muestra una flor, mientras apoya la derecha en el pecho de la madre. En el siglo XVIII, al levantar el actual edificio, arrinconaron la imagen gótica y la sustituyeron por una de vestir, muy conforme al gusto de la época. En 1936 destruyeron ésta y fue sustituida por una copia de la gótica. La fiesta se celebraba ya en el siglo XVIII el 8 de septiembre.

BIBL.: D3, 51, 1094; L. G. Constans, *Girona, Bisbat Marià*, Ba. 1954, 46-47; N. Camós, *Jardín de María*, Ba. 1657, 103-104.   IEF

Rocamador, *Nuestra Señora de*, (Navarra). Santuario en Estella, «célebre en los Fueros de Navarra porque impedía ser molestado judicialmente por deudas por el mero hecho de emprenderse esta romería hasta cumplirla, como si fuese la de Santiago, Roma o Tierra Santa». Es el templo más antiguo de Estella y privilegiado de reyes y pontífices. De estilo románico-transición, se construyó por D. Sancho el Sabio a fines del siglo XII. El rey Sancho el Fuerte en su donación —2-III-1201— la titula «monasterio» y gozó del título de basílica. Fue capilla del albergue en que se hospedaban los peregrinos que iban a Santiago de Compostela. De su primitiva construcción sólo se conserva el ábside semicircular. La imagen medieval, que se conserva en el altar mayor, es de notable belleza. Estuvo a cargo de los templarios y, últimamente, los capuchinos cuidan de su culto.

BIBL.: *Santuario de Nuestra Señora de Rocamador en Estella:* R17, 15(1929)353; *Tesoros Artísticos de España*, Ma. 1973, 276; D7, VII, 604.   J. M. de Mora

Rocío, *Nuestra Señora del*, (Huelva). A 15 kms. de Almonte, diócesis de Huelva. En lugar pintoresco y delicioso, en una dilatada llanura, camino de Sanlúcar de Barrameda. Como casi todas las imágenes antiguas de la Virgen, la del Rocío tiene también su leyenda de prodigiosa aparición, pero la verdad histórica es más real que la ingenua tradición popular. Reconquistada Sevilla en 1248, el reino de Niebla no lo fue hasta 1262 por el rey Alfonso X el Sabio. Parte de este pequeño reino de Niebla eran las extensas tierras llamadas Las Rocinas, tierras de marisma, boscosas, abundantes en toda clase de caza. El rey Sabio se reservó estas tierras para sí y la Real Corona y se llamó Coto Real de Caza de Las Rocinas. En sitio escogido, al borde las marismas y al borde la corriente de aguas que se denomina Madre de las Marismas, mandó Alfonso X edificar una pequeña ermita y poner en ella una imagen de la Virgen Santa María, que fue venerada desde sus principios con nombre tomado del lugar: Santa María de Las Rocinas. A finales del siglo XVI, la imagen de la Virgen fue vestida con traje de gran dama de la época, que aún conserva con ligeras alteraciones. A mediados del siglo XVII, le fue cambiado su nombre y advocación, titulándose desde entonces Nuestra Señora del Rocío, por alusión bíblico-mística al Espíritu Santo, a cuya fiesta de Pentecostés fue trasladada la celebración de la romería en 1654. La imagen llevaba una inscripción latina a la espalda que decía: Nuestra Señora de los Remedios. Desde muy antiguo cuenta con la Pontificia y Real Hermandad de Nuestra Señora del Rocío de la villa de Almonte, de la que actualmente hay 45 filiales por toda Andalucía que se estimulan a lo largo de su romería de Pentecostés por ver quién gana en honor a la Virgen. El sábado, víspera de Pentecostés, a primera hora de la tarde, comienza la romería, con la presentación de las hermandades filiales ante la puerta de la iglesia y al fondo, en el presbiterio, la Virgen, en su trono de plata, ante la que desfilan por orden de antigüedad. Es como la presentación y ofrenda de toda la Baja Andalucía a la Virgen. Cada hermandad lleva su «simpecado», una bandera más o menos rica y adornada, cuyo nombre procede de la inscripción «sin pecado concebida» usada en todas las banderas marianas de Sevilla en el siglo XVII.

BIBL.: D7, II, 171-172; J. Infante-Galán, *El Rocío: la romería de la Gracia:* Diario ABC, suplemento dominical, 2-VI-1974, 50-55; B. Porres Alonso, *Advocación y culto de la Virgen del Remedio en España:* R118, 23(1970) 8 y 11; *La Virgen del Rocío:* Anuario Católico Español, II, Ma. 1956, 442; J. Ordóñez Márquez, *La apostasía de las masas y la persecución religiosa en la provincia de Huelva, 1931-1936*, Ma. 1968, 126-129.   J. M. de Mora

Rodelga, *Nuestra Señora de*, (Segovia). En Mozoncillo, partido de Segovia. La tradición popular no ha resuelto todavía si la imagen fue hallada o «aparecida», pero es unánime en señalar «El Pocillo» como lugar del suceso. Algunos opinan que la imagen actual sustituyó a la primitiva, la cual, por haber sido soterrada, estaba muy deteriorada. La imagen primitiva era una estatua sedente, y luego fue adaptada para ser vestida. Existe una imagen pequeña que sirve para sustituir a la «auténtica» en casos especiales. La ermita, cuya historia comienza a partir del siglo XIII, contiene elementos románicos, aunque posteriormente haya sufrido múltiples modificaciones. Está situada a 2 kms. del pueblo. En su entrada principal tiene un pórtico con arco románico y otro del mismo estilo se conserva en la entrada lateral. «El interior, de una nave, con coro y un solo altar, debió tener artesonado de madera, después se levantó un arco ojival en medio del templo como punto de apoyo para la cubierta, hoy de cielo raso pintado.» La fiesta principal se celebra el segundo día de pascua de Pentecostés.

BIBL.: E. DEL BARRIO MARINAS, *La santísima Virgen en Segovia*, Seg. 1954, 64-68; M7, XI, 667-668.

P. GARCÍA FIDALGO

Roncesvalles, *Santa María de,* (Navarra). La fama que en la Europa medieval adquirió el Hospital de Roncesvalles se debió a estar emplazado en uno de los más transitados accesos del Pirineo occidental, donde el año 778 aconteció la célebre rota de la retaguardia carolingia, inmortalizada por la Chanson de Roland. La real colegiata se alza en pleno Pirineo, sobre la carretera de Pamplona a Valcarlos, antiguo camino Jacobeo, al que debe su origen y su poderío económico. Desde la prehistoria y los primeros siglos de nuestra era el puerto de Ibañeta era paso obligado de la cordillera, como lo atestiguan dólmenes y menhires de la zona y el hallazgo de un ara romana en el mismo collado. Antes del siglo XII el topónimo Roncesvalles abarcaba la altiplanicie donde hoy se asienta la colegiata y los lugares de Burguete, antigua «Villa de Roncesvalles», y Espinal. El territorio perteneció a la comunidad del Valle de Erro, de donde parece provenir el nombre «Erro zabal» (sin nasal en la primera mención conocida de la *Nota Emilianense,* del siglo XI), término vasco equivalente a «llanura de Erro». El día 15-VIII-778 tuvo lugar la «batalla de Roncesvalles». Derruidas las murallas de Pamplona al regresar de Zaragoza, Carlomagno intentaba caminar a marchas forzadas para domeñar a los insurrectos sajones. Cuando la retaguardia hubo traspuesto el paso de Ibañeta y el ejército caminaba alargado por las angosturas de Valcarlos *(Vallis Caroli),* los vascones se precipitaron sobre la impedimenta y las tropas de la rezaga, ocasionando terrible matanza y saqueo, según los relatos de Eginhardo y otros analistas carolingios. El recuerdo del histórico desastre, al que se unió en 824 el de los condes Eblo y Aznar, conmovió a Europa. Al cabo de dos siglos, al configurarse una sociedad caballeresca y nacer los cantares de gesta, el escenario real de la batalla se trasladó al llano de Roncesvalles, donde la literatura épica podía concebir enfrentados a miles de caballeros cristianos contra formidables ejércitos agarenos. Las leyendas carolingias y rolandianas se asociaron a estos pasos. A pesar de las afirmaciones de los historiadores franceses Dubarat y Daranatz, para quienes Ibañeta fue un lugar deshabitado hasta el siglo XIII, ocupado solamente por las cruces puestas por los peregrinos junto a la *Crux Karoli,* como relata el *Codex Calixtinus,* la iglesia de San Salvador *Summi Portus Ciserei* o de Ibañeta, aureolada con los títulos de Capilla de Roldán o de Carlomagno, se menciona desde 1071 y 1110 como posesión de Leyre. La historiografía navarra ha sostenido su fundación por san Saturnino en el siglo I. Otros la atribuyeron a Carlomagno. En 1112 ocupó la sede episcopal de Pamplona el aragonés Sancho de Larrosa. Conocedor del auge logrado por el hospital de Santa Cristina en el paso romero del Somport, e instigado por su mecenas el rey Alfonso el Batallador, el prelado comenzó en 1127 la construcción de un hospital «en la cumbre del monte que se llama Roncesvalles, junto a la capilla de Carlo-

magno», poniendo allí una comunidad de canónigos regulares de san Agustín e instituyendo una cofradía soñada con carácter internacional. Debido, sin duda, a los rigores del invierno, el fundador decidió trasladar el hospital al lugar donde se alza la colegiata, iniciando las obras en 1132. Inocencio II lo tomó bajo la protección de San Pedro en 1137. Favorecido por reyes, prelados y fieles de toda Europa, su patrimonio territorial se extendió por todo el Occidente. Hacia 1209 Sancho el Fuerte de Navarra mandó construir la iglesia actual, templo de tres naves y cabecera poligonal en la central con cripta, con columnas sosteniendo los arcos de la techumbre, airoso triforio sobre las naves laterales, remontado por rosetones. Su arquitectura es exótica en el país y fue ideada por un maestro de la Isla de Francia. Excesivamente restaurada hacia 1945, se venera en ella la imagen de Santa María de Roncesvalles bajo baldaquino de plata, copia del de la catedral de Gerona. La deliciosa talla fue ejecutada en Toulouse a fines del siglo XIII o principios del XIV. Es una de las más bellas esculturas marianas de Navarra. Desaparecido el primitivo claustro gótico, arruinado bajo el peso de la nieve en 1600, fue sustituido por el actual. Lo más notable es su sala capitular, de 21 ms. de altura, de mediados del XIV. En su centro está el sepulcro de Sancho el Fuerte, con escultura yacente de 2,25 ms., altura aproximada del monarca, según estudios antropométricos de sus restos.

Entre las piezas más notables del rico museo figura un evangeliario del siglo XII, un cofre gótico-mudéjar del siglo XIII, el relicario de cobre esmaltado conocido con el nombre de «Ajedres de Carlomagno», hecho en Montpellier en la segunda mitad del siglo XIV, y el cuadro de la Sagrada Familia, de Morales. Al sur de la colegiata se alza la iglesia de Santiago, del XIII y la capilla-cementerio de Sancti Spiritus, sobre una cripta-osario de 72 metros cuadrados, a la que alude un célebre poema del siglo XIII que la llama «carnario». Cuando la visitó el peregrino Domenico Laffi en el siglo XVIII, sus muros estaban decorados con pinturas alusivas a la batalla de Roncesvalles. La leyenda sitúa aquí el enterramiento de los héroes francos muertos en 777 y la peña partida por Roldán. Roncesvalles ha dado origen a multitud de leyendas, propagadas por los peregrinos por toda Europa. Junto a los innumerables relatos legendarios está la realidad devocional de los montañeses a su Virgen, visitada cada año, al menos desde el siglo XIII, por las gentes de los valles de Arce, Aezcoa, Erro, Esteríbar, Valcarlos y los franceses de la Baja Navarra, Desde hace unos años los mozos de Pamplona, las conocidas «Peñas», peregrinan a pie desde la capital hasta el santuario mariano en mayo.

BIBL.: J. IBARRA, *Historia de Roncesvalles,* Pam. 1935; J. M. JIMENO JURIO, *Roncesvalles:* Navarra, Temas de Cultura popular, vol. 57; J. M. LACARRA, *Las más antiguas fundaciones monásticas en el paso de Roncesvalles:* Homenaje a don Julio Urquijo e Ibarra, SSe. 1965; L. VÁZQUEZ DE PARGA..., *Las peregrinaciones a Santiago,* II, Ma. 1948; E. LAMBERT, *Textes relatives a Roncevaux et aux Ports de Cize:* Coloquios de Roncesvalles, Za. 1958; A. MARTÍNEZ ALEGRÍA, *Roncesvalles,* Pam. 1956; H. SARASA, *Roncesvalles. Reseña histórica de su real casa y descripción de sus contornos,* Pam. 1898.

J. M. JIMENO

Ronte, *La Virgen de,* (Palencia). A 2 kms. de Osorno, partido judicial de Carrión de los Condes. El templo, envejecido por el correr del tiempo, fue necesario demolerlo y reedificarlo para no interrumpir el culto a esta advocación. El nuevo edificio, de piedra, de líneas sencillas, se levantó a expensas de los vecinos y se bendijo por el obispo de la diócesis D. Agustín Parrado García, el lunes de Pentecostés de 1926. Igualmente los osornenses, con limosnas en metálico y valiosas alhajas ofrecidas, mandaron fabricar en los talleres Granda dos coronas de oro y pedrería para las imágenes de la patrona y su Hijo. Fue coronada canónicamente el 28-V-1928. Es la primera imagen de la Virgen que fué coronada en la diócesis palentina.

BIBL.: *La Virgen de Ronte:* R17, 15(1929)345; *Santuario de la Virgen de Ronte:* Anuario Católico Español, II, Ma. 1956, 459; *Tesoros Artísticos de España,* Ma. 1973, 489.
J. M. DE MORA

Rosa, *Virgen de la,* (Cuenca). En Beteta, situada a unos 800 ms. de la villa, en terreno llano, rodeada de huertos e inmediata a un manantial denominado Baños del Rosal; por donde pasa el agua de estos baños se torna la tierra color de hierro enrojecido y produce resultados satisfactorios en ciertos tipos de enfermedades. Según la tradición fue encontrada por un vecino de Valtablado, de nombre Ruperto, al regresar de un viaje de tierras andaluzas, donde trashumaba con sus ganados.

BIBL.: D7, IV, 303; *Crónica de una coronación,* Ma. 1957, 82.   IEF

Rosario, *Nuestra Señora del,* (Gerona). En Peralada, partido de Figueras, diócesis de Gerona. Situada sobre una colina, en la margen izquierda del Llobregat, a 8 kms. de Figueras. En la iglesia de Nuestra Señora del Rosario se venera la imagen de su nombre. Fue cedida en 1578 a la orden dominicana por Francisco Dalmao de Rocabertí. La leyenda nos trasmite los apuros que le ocurrieron a D. Francisco Dalmacio de Rocabertí y a su esposa momentos después de su enlace matrimonial, corriendo peligro de sus vidas al cruzar el río Torroella. En este momento invocaron a la Santísima Virgen del Rosario, haciendo un voto por el cual se obligaban a donar el convento que había sido de frailes agustinos y que en ese momento carecía de comunidad, a los padres dominicos, que son los encargados de propagar la devoción del Rosario. Fiel al voto, se presentó al obispo de Gerona a mediados del siglo XVI y le pidió le concediera a los padres predicadores los derechos que habían pertenecido a aquel convento. En el altar mayor de la iglesia colocaron los religiosos dominicos la imagen de la Santísima Virgen del Rosario, de la que no tenemos noticias de su antigüedad y origen. El claustro románico se remonta al siglo XI, de planta rectangular y capiteles de rica iconografía.

BIBL.: E. MORENO CEBADA, *Glorias Religiosas de España,* II, Ba.-Ma. 1867, 209-226; L. G. CONSTANS, *Girona, Bisbat Marià,* Ba. 1954, 152-153; D3, 43, 508: N. CAMÓS, *Jardín de María,* Ge. 1772, 129-130.   A. DIEZ

Rosario, *Virgen del,* (Cádiz) patrona de la ciudad. La más antigua referencia de la devoción del Rosario en Cádiz se encuentra en la primera redacción de la *Historia de Cádiz,* de A. Horozco: la del Rosario era una de las nueve cofradías existentes antes del saqueo inglés de 1596; agrupaba a los «morenos» y tenía su sede en el Hospital de la Misericordia. Su imagen fue ultrajada por los ingleses en la mencionada fecha. Luego se colocó restaurada en la ermita que más tarde pasó a ser iglesia del Hospicio de padres dominicos. En 1639, fray Blas del Día, maestro y prior, solicitó permiso de la ciudad para elevar un convento definitivo aduciendo la creciente devoción a la milagrosa imagen de Nuestra Señora del Rosario. En 1730, cuando la fiebre amarilla diezmaba la ciudad, el regidor D. Simón Villalta propuso a la ciudad se acordase la asistencia de la misma todos los años a la función que en la iglesia de Santo Domingo se celebraba sacando la imagen del Rosario en la tarde del primer domingo de octubre, procesión que se venía celebrando de antiguo en recuerdo de la Batalla de Lepanto. Aducía el devoto regidor que el título del Rosario era uno de los que más encendían la devoción de los gaditanos, y que apenas se

daba una casa en donde se dejase de practicar el rezo a coro desde el dueño hasta el más inferior. Se acordó la propuesta. La devoción pública del rosario era fomentada de manera singular por las 15 compañías espirituales fundadas por fray Pablo de Cádiz, en 1691 con este fin.

El maremoto de 1755, reflejo en Cádiz del célebre terremoto de Lisboa, sirvió para dar mayor esplendor a esta devoción mariana. Los padres dominicos y el pueblo sacaron la imagen ante las encrespadas olas, que retrocedieron calmándose el mar. La ciudad acordó agradecida elevar una columna con la efigie en mármol de la Virgen del Rosario y honrarla como su patrona con una función solemne anual en santo Domingo el día de Todos los Santos. El triunfo del Rosario se colocó al final del Paseo de las Delicias, frente a la puerta del Hospicio: era todo de mármol de Carrara y estaba rodeado de una balaustrada traída de Génova. Desmontado en 1873 y trasladado al interior del Hospicio ha sido colocado hace unos años en la Avenida de Ramón de Carranza. Pío IX confirmó el patronato de la Virgen del Rosario de Cádiz por rescripto de 25-VI-1867 accediendo a la petición del obispo Arriete y Llanos en nombre de la ciudad y el pueblo gaditanos.

La imagen del Rosario del siglo XVI, cuyo autor se desconoce, fue quemada con la iglesia en 1931, salvándose las manos y el Niño. El escultor J. R. Fernández Andes talló un rostro nuevo y restauró el resto, procediéndose a la bendición de la imagen nueva el día 25-IX-1943. La patrona de Cádiz fue coronada solemnemente el 4-V-1947 con gran fervor popular por el cardenal Segura en virtud del breve de Pío XII de 20-VIII-1946. El santuario se inauguró el día de la Purificación de 1667. Su estructura es al estilo de las denominadas iglesias jesuíticas. Está ricamente ornamentada con yesos que cubren bóvedas, repisas y, en parte, los muros al gusto churrigueresco. El retablo de la capilla mayor, donde se venera la imagen del Rosario, se montó en 1694 aproximadamente: es de ricos mármoles italianos del mismo gusto y estilo de la iglesia, destacando las cuatro columnas salomónicas que sostienen la estructura.

Los historiadores gaditanos más recientes, al escribir sobre la patrona de Cádiz, destacan también el patrocinio sobre los galeones de tierra firme y la flota de Nueva España con las curiosas procesiones y embarques de las esculturas denominadas «Galeonas», que acompañaban la carrera de las Indias. Pruebas de esta costumbre y patronato son los testimonios de un padre jesuita que escribía en 1637 (R. Academia de la Historia, *Papeles de Jesuitas,* vol. 146, núm. 22) y el del padre Labat en su famoso *Voyage en Italia et en Espagne,* de los años 1705-1706, y la escritura del patronato de la Virgen del Rosario sobre la flota de Nueva España de 1715 ante el escribano público Juan A. de Tovar.

BIBL.: A. ORTEGA, *Historia Documentada de la Imagen y Santuario de Nra. Sra. del Rosario, Patrona de Cádiz,* Lér. 1917; H. SANCHO, *Nuestra Señora del Rosario, Patrona de Cádiz y de la Carrera de Indias y la Casa de Sopranis,* Almagro 1921; ID., *Nuestra Señora del Rosario, Patrona de Cádiz y de la Carrera de Indias, y su Convento de Predicadores,* Cád. 1927; ID., *El Patronato de Nra. Sra. del Rosario sobre la Flota de Nueva España,* Larache 1939; *Santas Misiones Preparatorias de la Coronación Canónica de la Stma. Virgen del Rosario, Patrona de Cádiz,* Cád. 1947; H. SANCHO DE SOPRANIS, *Las Cofradías de Morenos en Cádiz,* Ma. 1958; R. BARRIS MUÑOZ, *La verdadera Patrona de la Marina Española,* Cád. 1925.   P. ANTÓN

Rus, *Nuestra Señora de,* (Cuenca). A 9 kms. de la villa de San Clemente adonde por costumbre inmemorial —así lo atestigua un documento de 1617— es conducida en procesión la imagen todos los años el primer domingo después de Resurrección; allí permanece oculta hasta el miércoles de Pentecostés, en que debe regresar a su ermita. De traerla y llevarla se encarga una cuadrilla de 16 jóvenes, previa puja, que pasean a la Virgen por calles de la población al ritmo de un paso-doble. Si aunamos historia y tradición, Rus (campo, en latín) fue el nombre que los romanos dejaron a los pocos hogares que poblaban un altozano de la llanura del término de San Clemente, en el sitio del nacimiento del río Rus. Con la penetración del cristianismo en España se levantó allí una pequeña ermita donde se comenzó a dar culto al Crucificado y a una imagen de la Virgen. Desde entonces, esta imagen acompañó a las gentes del lugar en los diversos avatares de su vida. Hacia el año 800 se la llevaron a la fortaleza que se vieron obligados a construir en lo alto del cerro para defenderse de la primera invasión árabe. Metida en un arca, enterrada en los sótanos del torreón, quedará cuando se vean precisados a abandonar la fortaleza ante el definitivo empuje sarraceno. Ignorada, permanecerá así por espacio de casi cuatro siglos (alrededor de 1100), hasta que de manera milagrosa se dé a conocer a unos pastores. La Virgen les revela dónde se encuentra enterrada la imagen y cómo deben ponerla en una ermita para rendirla culto. Por el nombre del paraje se la denominó Nuestra Señora de Rus. Mas, por aquellas fechas, Clemente Pérez de Rus funda una nueva aldea a una jornada de camino, más abajo, siguiendo el curso del río dándole por nombre el de su santo, Clemente, y por Señora a la Virgen de Rus. La aldea de San Clemente irá incrementando el número de sus habitantes —en 1445 recibirá el título de villa de D. Juan Pacheco, marqués de Villena; los Reyes Católicos la visitarán oficialmente confirmándole sus fueros y Felipe V le concederá los títulos de Muy Noble, Muy Leal y Fide-lísima Villa— mientras que el lugar de Rus (incorporado a San Clemente en 1387 por decreto del infante don Alfonso quedará totalmente despoblado, con sólo la imagen en su ermita a quien los habitantes de San Clemente no olvidarán, peregrinando constantemente hacia allí, hasta que determinaron llevarla anualmente en procesión a la parroquia de la villa para rendirle solemnes cultos.

BIBL.: D. TORRENTE PÉREZ, Documentos para la historia de San Clemente, II, Ma. 1975; Crónica de una coronación, Ma. 1957, 142-143; D3, 53, 620-622.

M. GUTIÉRREZ

Sacramonte, Santos Mártires del, (Granada) abadía y santuario. Hecho el reconocimiento de las reliquias de los mártires Sacromontanos (20-IV-1600), el arzobispo D. Pedro de Castro y Quiñones funda para el culto de las mismas una iglesia colegial, con abad y 20 prebendados del clero secular, obligaciones propias de un cabildo y las especiales de adoración al Santísimo en común y de pernoctar en la misma. Dependiendo de la propia abadía fundó el Seminario de Teólogos y Juristas con aprobación de Paulo V (20-XI-1609), confirmado por Gregorio XIV (15-IV-1623), Urbano VIII (6-VIII-1623) y Benedicto XIV (21-VIII-1752). Fue distinguida con el título de Insigne (20-XI-1609), y de Magistral (4-VII-1886), y sus canónigos con el de misioneros apostólicos. El rey Felipe IV la declaró Patronato de Protección Real (10-V-1621) siendo posteriormente distinguida por la reina María Cristina con el tratamiento de Excelencia (9-IV-1894), nombrando a sus prebendados Capellanes de Honor (6-VIII-1894). Se le concede asimismo franquicia postal (28-IV-1894) posteriormente suprimida (1896), así como la exención de tributos (17-X-1851), igualmente suprimida (6-IX-1878). El Gobierno de S. M., de acuerdo con el Nuncio de S. S., concede a sus miembros categoría de Metropolitanos en orden a solicitar

cargos eclesiásticos (7-XII-1896 y 4-III-1904). En dicha abadía y Seminario de Teólogos y Juristas se han formado más de 20 obispos, juristas, grandes cancilleres y rectores de Universidad, historiadores, etc. De ella fueron miembros D. Andrés Manjón, y D. José Gras y Granollers; Diego Ventaja y Manuel Medina, cuyos procesos de beatificación se han introducido.

BIBL.: Z. ROYO CAMPOS, El insigne Colegio del Sacromonte y la Universidad de Granada, Gra. 1952; ID., D. Pedro de Castro, caudillo insigne del Concepcionismo en España, Gra. 1954; ID., Devoción eucarística del Sacromonte, Gra. 1957; ID., Albores del Sacromonte, Gra. 1958; ID., Abades del Sacromonte, Gra. 1962. Z. ROYO

Sagrario, Virgen del, (Toledo). En la catedral. La llamada en las Cantigas de Alfonso el Sabio Santa María de Toledo —a quien atribuye varios milagros— y, posteriormente, con el nombre completo de Nuestra Señora del Sagrario de la Santa Yglesia de Toledo, es la más venerada de las tres imágenes antiguas que se conservan en dicha iglesia catedral, cuyo título es el de Santa María, el mismo de la basílica metropolitana consagrada in catolico el domingo 13-IV-587. Piadosas leyendas populares han querido hacer de esta imagen fruto y testigo de la piedad mariana de San Ildefonso. Ello era creencia generalizada a fines del siglo XVI. En realidad se trata de una imagen tallada en madera, de estilo gótico, del siglo XIII. La Virgen aparece sedente en un trono o escaño, con un gran Niño Jesús en su regazo, regiamente vestida de manto sobre doble túnica y con un velo sobre su cabeza, vestiduras todas ellas delicadamente plegadas.

Nos complace citar una descripción de la imagen hecha (c. 1925) por Francisco de B. San Román, docto y erudito director del Museo provincial de Bellas Artes de Toledo: «Como todas las imágenes de esta época, concebidas en los albores del goticismo, el plegado de los paños tiene bastante rigidez y el rostro muestra cierta expresión hierática, tradicional, derivada del tipo bizantino, llena de apacible dulzura... Lo que da aspecto de gran riqueza a la escultura de la Virgen del Sagrario es el chapeado de plata que la cubre enteramente y sobre todo la magnífica fimbria de oro, con engastes de piedras preciosas, que bordea las distintas piezas del ropaje, y el broche de la misma clase que simula sujetar el manto. Iguales caracteres ofrece la efigie del Niño Jesús, en cuanto a su arte y riqueza...». Tal vez la imagen se hizo para ser entronizada en el nuevo templo catedralilicio iniciado en 1226, e instalada poco después en la primera capilla absidal construida, precisamente la convertida en sagrario, sacrarium, sacrum aerarium, es decir, la dependencia donde se reservaba la Eucaristía y se guardaban las reliquias de los santos y los objetos de culto más valiosos.

En el siglo XVI la imagen es descrita por el canónigo Blas Ortiz como colocada en un nicho sobre el dintel de la puerta de ingreso al sagrario: «Cuius super limen supernum cernitur Virginis imago, honestissime induta ornatu... quae in magna veneratione habetur inter nostrates.» Fue veneradísima desde la Edad Media. Un ejemplo de ello es que recibió (19-X-1384) en feudo el señorío de Ajofrín, próximo a la ciudad, por donación de D.ª Inés Barroso, madre de Juan Alfón, último señor de la villa de Ajofrín, muerto en la batalla de Aljubarrota. Isabel la Católica se unió de corazón al fervor del pueblo, siendo muy devota de ella. Al menos desde entonces, todos los reyes de España la han visitado y venerado. Felipe III presidió en 1616 la inauguración de la nueva capilla de la Virgen, y acompañó a pie la impresionante procesión. Devoción particular le profesó la reina viuda D.ª Mariana de Austria, y su hijo Carlos II. También los arzobispos toledanos rivalizaron con su clero y pueblo en el fervor sentido hacia la sagrada imagen, especialmente los cardenales

González de Mendoza (†30-XII-1495), Sandoval y Rojas († 7-XII-1618), Portocarrero († 14-IX-1709) y Alameda († 1-VII-1872) sepultados ante la imagen del Sagrario, como también los dos últimos prelados de la sede toledana, cardenales Gomá y Pla.

Merecedor del título de *Cardenal de la Virgen* fue el arzobispo D. Bernardo de Sandoval (pont.: 1599-1618), mecenas ilustre, entre cuyas obras se cuenta la nueva capilla del Sagrario, acabada prácticamente en 1614, si bien iniciada por el cardenal Quiroga, quien puso la primera piedra (23-V-1595) y encargó los planos al arquitecto Nicolás de Vergara. La primitiva traza fue, por encargo de Sandoval, completada y enriquecida por Juan Bautista Monegro y Jorge Manuel Theotocópuli y otros, con ideas arquitectónicas debidas al Greco, que asesoraba siempre a su hijo; participación especialmente clara en la portada exterior de la capilla. La decoración renacentista es de una riqueza deslumbradora, revestida de mármoles y bronces. La bóveda, arcos y techumbres llevan pinturas al fresco de Vicente Carducci y Eugenio Caxes; en las zonas murales no revestidas de mármol, tanto de la capilla como de los cuatro oratorios adosados a sus muros, pinturas sobre lienzo de los mismos artistas, representando diversos santos. Las fiestas de la inauguración, en 1616, fueron solemnísimas, dignas de la llamada por embajadores venecianos del siglo XVI «la chiesa più ricca della christianità». La crónica de esta efemérides ocupa buena parte del libro del licenciado Pedro de Herrera, *Descripción de la Capilla de N.ª S.ª del Sagrario...*

Del tesoro de la Virgen del Sagrario fueron joyas dignas de notarse una corona imperial hecha por el platero Gregorio de Baroja (robada en el siglo pasado) y el *manto rico*, que con otras seis prendas, componían el vestido de gala de la imagen. Fue bordado en el año 1762 con joyas anteriormente donadas: estaba cuajado de perlas y aljófar, calculadas en ochenta mil, más «16 onzas de piezas de ojuela de oro, 110 onzas de canutillo y 70 de hilo de oro». El broche del cardenal Cisneros, regalo del arzobispo para un terno de brocado anterior, «llevaba en el centro un gran topacio, a través del que se transparentaba el escudo cisneriano. A los lados, dos cisnes de oro, recubiertos de perlas menudas, apoyados en campos de oro matizado, picotean los cordones del capelo con sus picos esmaltados. Amplia cenefa, enjoyada con dibujos formados con aljófar, rodea el grupo central» (J. F. Rivera Recio). Este manto fue robado en 1936. Se conservan otras dos coronas: una, hecha por el orfebre Alejo de Montoya sobre la corona real de Isabel la Católica; otra, moderna, obra del orfebre F. Granda para la coronación canónica, realizada por el nuncio apostólico monseñor Tedeschini durante el pontificado del cardenal Reig, ante el Príncipe de Asturias (30-V-1926) y coincidiendo con el VII Centenario de la catedral primada. El trono de plata sobredorada es obra suntuosa, realizada entre los años 1655-1674, en colaboración, por los artífices V. Fancelli y Salinas.

BIBL.: B. ORTIZ, *Summi Templi Toletani perquam graphica descriptio*, To. 1549; P. DE HERRERA, *Descripción de la capilla de Nuestra Señora del Sagrario...*, Ma. 1617; M. I. VALDIVIELSO, *Sagrario de Toledo (poema heroico)*, Ba. 1618; R. MOLINA, *Toledo y su Reina*, To. 1926; J. F. RIVERA RECIO, *La Cathédrale de Tolède*, Ba. 1957; E. MORENO CEBADA, *Glorias religiosas de España*, I, Ba.-Ma. 1866, 363-75; *La Virgen del Sagrario*: Anuario Católico Español, II, Ma. 1956, 490-91.   J. GÓMEZ-MENOR

Sainza, *Nuestra Señora de la*, (Orense). En la aldea del mismo nombre del ayuntamiento y parroquia de Rairiz de Veiga. Por la fecha de la festividad y otras características lo que en realidad se celebra es la festividad de la Virgen de la Merced. A pesar de ello es conocida en toda la comarca por Nuestra Señora o Virgen de la Sainza. Parece ser que introdujo la fiesta un canónigo natural de Rairiz de Veiga como cumplimiento de una promesa hecha al encontrarse en una ocasión en grave peligro. La promesa fue hecha a la Virgen de la Merced cuya invocación él conocía de tierras catalanas o levantinas. Sin embargo hay quien opina que la festividad de Nuestra Señora de la Sainza está en relación directa con algún religioso mercedario. Sobre el tema se ha escrito con frecuencia. A veces los argumentos aducidos no son de gran consistencia. La lucha entre moros y cristianos, que forma parte de la festividad y romería, también ha sido tema muy discutido. La representación de estas luchas se celebra en otros lugares de la provincia con características similares. Indudable es la relación que ha querido establecerse entre esta festividad y la de la Virgen de la Merced y redención de cautivos. La festividad de Nuestra Señora de la Sainza se celebra el 24 de septiembre. La víspera por la tarde se traslada la imagen desde su iglesia a la parroquial de Rairiz de Veiga, con concurrencia de numerosos fieles. El día de la fiesta acuden romeros de toda la provincia para honrar a la Virgen y atraídos por la representación de la lucha entre moros y cristianos.

BIBL.: C. GIL ATRIO, *Orense mariano*, Or. 1954, 81-92; V. RISCO, *Geografía del Reino de Galicia (provincia de Orense)*, Ba. 1926, 556; R. TOUCEDA, *La fiesta de moros y cristianos de la Sainza*, Tetuán 1952; P. GONZÁLEZ DE ULLOA, *Descripción de los Estados de la Casa de Monterrey en Galicia*, 1777, (publicado en R84, anejo IV), Sant. 1950, 212.   M. ANTA

Salas, *Santa María de*, (Huesca). A las afueras de la ciudad. Su historia comienza con la reedificación que a finales del siglo XII y principios del XIII promovió doña Sancha, esposa de Alfonso II de Aragón. Sin embargo, sus orígenes parecen ser anteriores, según la leyenda que recoge Madoz. En efecto, anteriormente a esta época, dice la leyenda, existía en aquel lugar una ermita dedicada a la Virgen de Huerta, la cual por haberse trasladado milagrosamente a ella la imagen de la Virgen desde el cercano pueblo de Salas, fue objeto de la susodicha reedificación, con el consiguiente cambio de advocación. doña Sancha, pues, reedificó y dotó espléndidamente el santuario, con la colaboración y ayuda del obispo de la diócesis, García de Gudal (1201-1236), gran promotor de las posteriores donaciones al santuario. La primera de ellas, interesante pues tendía a colaborar en la realización de las obras, es la de Pedro Férriz, hecha «*ad opus de illa opera*», y «*ad perfectum iam dicte operis*». En 1200, Inocencio III (1198-1216), cuando tuvo noticia de la obra, concedió indulgencias a los que visitaran el templo en las cuatro fiestas de la Virgen y en la de San Juan Bautista; indulgencias que fueron confirmadas posteriormente por los papas Inocencio IV (1243-1254), Nicolás III (1277-1280) y Clemente IX (1667-1669). Durante este período aumentan las donaciones, en las que siempre se alude a los milagros realizados por la Virgen. El mismo Pedro II (1196-1213), hijo de la fundadora, llevado de estos milagros, contribuye al enriquecimiento del santuario. Nombres tan ligados a la historia de Jaime I, como Pedro y Guillermo de Alcalá, Sancho de Arrascal, Blasco Maza, etc., aparecen entre los benefactores del santuario. El obispo Vidal Canellas (1238-1252) también favoreció el templo. Muchos fieles, al igual que se hacía con los monasterios, escogieron al santuario como lugar de sepultura; en el siglo XVII aún se conservaban dos epitafios, uno del año 1227 y otro de 1269. La fama de los milagros pronto atrajo la devoción de los aragoneses, entre los que destaca Jaime I, quien menciona al santuario varias veces en su *Crónica*. Allí se reunió con sus adictos cuando tuvo que huír del castillo de Monzón. El 12-VIII-1250 concede un privilegio por el que pone bajo su directa protección a todos los peregrinos del santuario. Estuvo siempre ligado el santuario a la iglesia catedral, unas veces en la persona del obispo, y otras en la del cabildo, aunque hubo varias disputas de la posesión del mismo por parte del prior del monasterio de San Pedro el Viejo, de Huesca. En 1240, por sentencia arbitral, se le adjudica definitivamente al obispo. Desde entonces los obispos de Huesca se intitularán priores de Salas; como recuerdo del hecho todavía hoy, en la entrada de los prelados en la diócesis, se forma la comitiva en el santuario. No obstante, durante el pontificado de Pedro del Frago (1577-1584) hubo un período de cuatro años en que perteneció, por donación del obispo, a la iglesia de *Sancti Spiritus in Saxa*, pero a su muerte el cabildo impugnó la donación y el santuario volvió a la mitra oscense.

Fervientes devotos y destacados favorecedores del santuario fueron también Pedro IV el Ceremonioso y su mujer doña Leonor, quien mandó abrir en la iglesia una capilla en honor de Santa Ana, y dotó su capellanía. A pesar de su devoción, en la guerra con Pedro I de Castilla, hubo de incautarse de todas las alhajas del santuario para acuñar moneda y pagar a las tropas. Como compensación por la incautación mandó construir un valioso retablo historiado terminado en 1367. Constaba de varias piezas pentagonales, de plata, de las cuales siete se conservan en el Museo de la catedral. Las restantes fueron utilizadas probablemente para las obras que en el siglo XVI realizaron en el edificio los obispos Juan de Aragón (1484-1526) y Martín de Gurrea (1534-1544). Por inventarios del siglo XV sabemos que en esta época ya había recuperado su tesoro en cruces, cálices, lámparas, telas y otras alhajas. En el siglo XVI, con motivo de las mencionadas obras, que debieron afectar únicamente al interior, fue sustituido el retablo de Pedro IV por otro; éste, a su vez, fue reemplazado en 1722 durante las obras que realizó el obispo Gregorio de Padilla que reconstruyó el edificio encargando las obras a José Sofí, arquitecto del rey. Durante las mismas se trasladó la imagen al templo catedral. Del primitivo templo de doña Sancha solo se conserva la cabecera, la fachada principal, románica, con puerta abocinada, compuesta de siete arquivoltas, y la torre. La imagen, románica también, es de tamaño natural, y tiene al Niño sobre la rodilla izquierda, fue donada por doña Sancha. Existe, además, otra imagen de la Virgen de Huerta —dato éste muy interesante para confirmar la leyenda— de madera y cubierta de plata repujada, que perteneció probablemente al retablo de Pedro IV.

Es importante consignar aquí que, de las 402 *Cantigas* de Alfonso X, 17 están dedicadas a Nuestra Señora de Salas. Son ellas las número 43, 44, 109, 114, 118, 129, 161, 163, 164, 166, 167, 168, 171, 172, 173, 189 y 247. Todas celebran milagros de la Virgen de Salas, referidos en su mayoría, según se cree, por el rey Jaime I a su yerno el rey de Castilla. El milagro más notable, por su exactitud histórica, es el de la *Cantiga 164*: un capellán del santuario es acusado por el infante don Fernando, abad de Montearagón, de falsificación de moneda. El capellán se acoge al asilo del cementerio del santuario, asilo que es violado por el abad. La Virgen, milagrosamente, muestra su desaprobación: «foi d'aquesto tan yrada,/que deu una voz tan grande/ que cuantos estaban y/so oyron.../et perdeu sa fremosura/et tornou descoorada».

BIBL.: F. D. DE AYNSA, *Fundación, excelencias, grandezas, y cosas memorables de la antiquísima ciudad de Huesca*, Hu. 1619, 594; P. AGUADO BLEYE, *Santa María de Salas en el siglo XIII*, Bi. 1915; R. DEL ARCO, *El famoso jurisperito del siglo XIII, Vidal de Canellas, obispo de Huesca. Notas y documentos inéditos*, Ba. 1917, 20; ID., *El santuario de Nuestra Señora de Salas*: R26, 18(1946)110-130; ID., *Sepulcros de la casa real de Aragón*, Ma. 1945, 195-97; F. BALAGUER, *Santa María de Salas. Los problemas histó-

ricos:* R35, 8(1957) 203-231; *Tesoros Artísticos de España*, Ma. 1973, 332-33; D3, 28/1, 576-77; D7, IX, 308.
V. GARCÍA LOBO

Saleta, *Nuestra Señora de*, (Orense). En la parroquia de San Julián de Astureses, ayuntamiento de Boborás, partido judicial de Carballino. El origen de este santuario data del siglo XIX. Por ello su historia es exigua. La fiesta religiosa y romería se celebran el 19 de septiembre.

BIBL.: D7, III, 83; C. GIL ATRIO, *Orense Mariano*, Or. 1954, 158-59; V. RISCO, *Geografía General del reino de Galicia*, Ba. 1926, 442. IEF

Salgar, *Nuestra Señora de*, (Lérida) santuario y convento de padres carmelitas calzados. En el término municipal de Montsonís, partido de Balaguer, diócesis de Seo de Urgel. Está edificado en uno de los escarpados peñascos que rodean el río Segre, margen izquierda. Sin duda era conocido a finales del siglo XIII, con un capellán dependiente jurídica y económicamente del rector de Montsonís. Gran parte de las crónicas de la orden carmelitana en Cataluña insisten en el origen caballeresco y hasta legendario de Salgar: entre estos peñascos en donde había una ermita bajo la advocación del Carmen, vivía un caballero del mismo nombre de Salgar, que tenía un castillo para defenderse de los moros que ocupaban la comarca y por esta razón ha conservado el nombre. Otra versión afirma la presencia en dicho lugar de capellanes y ermitaños al servicio de la Señora, así como la de haber sido originariamente hospital con el título de San Jorge, sostenido por limosnas de caballeros y gente caritativa de la región. Es interesante la topografía del mismo: los puntos de acceso eran dos, este y sur, pues, estaba cerrado por un muro que circundaba dos plazas y en la más próxima al convento el templo donde se venera la imagen de la Virgen. Este era una capilla cuadrada de pequeñas dimensiones con ábside semicircular y orientada hacia el este conforme a la tradición medieval; tenía la entrada por el lado que da al río. Según un grabado del año 1581 su estructura arquitectónica era similar a la actual. Hubo dos imágenes, una primera románica, de unos 75 cms. de altura, anterior a la llegada de los carmelitas, de época y estilo de la primitiva iglesia. La otra, gótica, que se ha conocido hasta el año 1936 en que fue destruida, construida a principios del siglo XV antes del 1410, adquirida por los religiosos en el taller y escuela de San Pedro, de Lérida, después de su establecimiento 1404-1408. En una descripción del siglo XVII se nos dice que ésta medía tres palmos; era de mármol y policromada. Con motivo de la ley que en 1835 promulgara Mendizábal se creó la «Junta de enajenación de edificios y efectos de los conventos suprimidos», que en Lérida comenzó vendiendo las dos campanas de la espadaña del santuario el 24-I-1837. El 29-I-1840 comenzaron las primeras ventas de terrenos de cultivo. El 29 de diciembre del mismo año se enajenaron todas las demás tierras propiedad del monasterio por el precio de 67.510 reales. El convento y la iglesia con las explanadas anejas se vendieron el 28-VII-1841 en 6.000 reales; adquiridas por la familia Girona-Agrafel pasaron en herencia a su hija Antonia Girona y Agrafel, que al morir se las transmitía a su sobrina Remedios Anzizu y Girona, restauradora del culto en el santuario, la cual destinó a granja el edificio conventual. Después pasó a Montserrat Maluquer, que en la posguerra del 36 la donó al obispado de Lérida para seminario de verano, si bien esta idea no llegó a realizarse, y el señor obispo lo cedió a la parroquia de Artesa de Segre. Desde el siglo XVII se celebran las fiestas el lunes de Pascua con romería y asistencia de Montsonís, Foradada, Artesa, Montclar y Oliola.

BIBL.: D7, XI, 516, y XIII, 695; P. BERTRÁN ROIGÉ,

El santuari de Santa Maria de Salgar, Lé. 1973; ID., *Notas en torno al origen del monasterio de Nuestra Señora del Salgar en la provincia de Lérida:* R150, 29, n.º 109(1973) 79-85, 2 láms.   J. M. DE MORA

Salud, *Nuestra Señora de la*, (Cáceres). En la ciudad de Plasencia, obra del maestro Vicioso de Herrera. Fue reconstruida en el siglo XVIII. Guarda obras pictóricas dignas de estudio.
BIBL.: D7, XIII, 80; J. DÍAZ CORONADO, *Plasencia. Guía histórico-artística-turística*, Plasencia 1949-50, 60.   IEF

Salud, *Nuestra Señora de la*, (Gerona). En Terradas, arciprestazgo de Figueras. Famoso santuario ampurdanés, obra de F. Olivet, en la masía de Cadira, cedida por el ayuntamiento el año 1678. A finales de este año se comenzaron las obras y el 8-IX-1681 era bendecido solemnemente. El retablo, que se colocó este mismo año, se doró y estofó el siguiente. En 1689 se levantó la capilla lateral en honor de san Francisco Javier.
BIBL.: L. G. CONSTANS, *Girona, Bisbat Marià*, Ba. 1954, 101-102.   IEF

Salud, *Nuestra Señora de la*, (Guadalajara). En Barbatona, aldea situada a 5 kms. de Sigüenza a cuyo partido judicial pertenece. El testimonio escrito más antiguo que poseemos, hasta la fecha, referente a Nuestra Señora de la Salud, es de 1734, cuando se instituyó la cofradía. En agosto del dicho año se reunieron algunos vecinos de Sigüenza, devotos de Nuestra Señora de la Salud, y acordaron fundar una cofradía para la conservación y aumento de su culto, así como para el fomento de la devoción a tan venerable imagen, a la que calificaban constantemente de *milagrosa*. Redactadas las constituciones por los mencionados piadosos seguntinos, merecieron la aprobación del entonces provisor y vicario general del obispado, doctor D. Francisco Javier Montero, quien, según auto de 16-IX-1734, les dio fuerza y validez, nombrando, como primer abad, al canónigo D. Diego Peñaranda, a la vez que disponía que habiendo, entre los cofrades, eclesiásticos, dignidades, canónigos y otros prebendados de la iglesia catedral, se eligiese por abad uno de ellos. La imagen, revestida más o menos lujosamente desde el siglo XVIII, como otras tantas efigies marianas, es románica: aparece sentada con el Niño en brazos y con un hueco en la silla, destinado a guardar reliquias de santos o el Santísimo Sacramento, al estilo de las representaciones de la Santísima Virgen en el dicho período artístico. Por otra parte, consta históricamente que la iglesia de Barbatona ya existía en el siglo XII, como filial de la única parroquia que entonces era la catedral de Sigüenza, y que en ese mismo templo se hallaba la imagen de Nuestra Señora de la Salud al fundarse la cofradía. Todo ello induce a pensar que la advocación que nos ocupa se retrotrae a los tiempos en que Sigüenza fue liberada de la invasión musulmana por el obispo don Bernardo de Agén y sus huestes (1124), admitiendo un ritmo ascendente en la popularidad de su devoción. Por lo que se refiere a la historia devocional de Nuestra Señora de la Salud de Barbatona, se advierten dos aspectos fundamentales; uno de carácter oficial, cuyo exponente principal sería la cofradía y otro, más bien particular, constituido por el pueblo fiel y sencillo. Las reducidas dimensiones de la iglesia de Barbatona impedían celebrar con la debida dignidad y esplendor los cultos en honor de la Virgen de la Salud. Realizadas algunas reformas y ampliaciones provisionales en la iglesia (1739), la cofradía pensó en una solución definitiva. De acuerdo con el cabildo seguntino, propietario de la primitiva ermita, se procede a la construcción de la nueva planta del santuario actual, terminándose su parte central, de cruz latina, hacia el 1755, fecha en que tiene lugar la traslación de la imagen. Mas tarde la

propia cofradía adquirió un órgano (1821), alargó la nueva iglesia (1825) y la completó con dos naves laterales (1865), sacristía, verjas, púlpito, marquesinas, etc. Junto al santuario se levantaron en el siglo XVIII distintas dependencias: casa de la Virgen para las juntas reglamentarias, albergues para peregrinos y romeros, caballerizas, etc. Desde 1734 hasta 1971 han ocupado el cargo de abad en dicha cofradía 15 canónigos de Sigüenza, casi todos dignidades de la catedral, figurando entre sus miembros relevantes personalidades eclesiásticas y seglares. En distintas ocasiones, v. gr. con motivo del cólera de 1833, la pertinaz sequía de 1879 y en otras circunstancias de agobio o peligro, el pueblo hizo rogativas públicas con procesiones y solemnes cultos ante la venerada imagen. Prueba de esta confianza y amor son las numerosas lápidas marmóreas que recubren el interior de los muros del santuario, las inscripciones, exvotos y cuadros gráficos, a veces de torpe dibujo y lamentable ortografía, pero de hondo y emocionante contenido. A instancias del doctor Gúrpide, la Santa Sede autorizó la coronación canónica de esta imagen el 26-VIII-1954, realizándose el merecido homenaje en la catedral de Sigüenza un año más tarde (1955). En esta solemnísima ceremonia en la que intervino Mr. Hildebrando Antoniutti, nuncio de Su Santidad en España, con la asistencia de varios prelados, autoridades civiles y militares, dieron corte de honor a Nuestra Señora de la Salud un grupo de imágenes, sin duda las más veneradas en la diócesis: la de Quintanares, Horna, del Robusto, Aguilar de Anguita, Mayor de Medinaceli, Mirabueno, Valbuena, Cendejas, Zarza del Valdelcubo, Dolorosa de Atienza y la de Santa Cruz de Conquezuela. La fiesta principal de Nuestra Señora de la Salud, establecida desde el origen de la cofradía con carácter de romería popular, se celebra el domingo siguiente a la Natividad de Nuestra Señora, en septiembre.
BIBL.: Archivo Catedral de Sigüenza: *Actas Capitulares; Libros de cuentas de la Cofradía de Nuestra Señora de la salud (siglo XVIII); Memoria de la coronación de la Santísima Virgen de la Salud de Barbatona*, Sigüenza 1955; *La Virgen de Barbatona:* Anuario Católico Español, II, Ma. 1956, 437; J. GARCÍA PERDICES, *Cual Aurora Naciente, (Advocaciones marianas de la provincia de Guadalajara)*, Gua. 1974, 26-28; D7, III, 398.   A. DE FEDERICO

Salud, *Nuestra Señora de la*, (Orense). En el pueblo de San Nicolás, parroquia de Mirallos, arciprestazgo de la Peroja, cuya festividad se celebra el penúltimo domingo de septiembre con procesión y romería muy concurridas. Existe un folleto publicado, sobre su origen e historia.
BIBL.: C. GIL ATRIO, *Orense Mariano*, Or. 1954, 160.   IEF

Salud, *Nuestra Señora de la*, (Salamanca). En Tejares, partido judicial y diócesis de Salamanca, en las orillas del Tormes. Una leyenda relaciona el origen de esta advocación con unas termas romanas dedicadas a la diosa Salux. Del edificio romano se han encontrado restos. En el mismo lugar levantaron los cristianos una ermita dedicada a la Virgen bajo la advocación de «salus infirmorum». Una tradición cuenta que la imagen primitiva fue encontrada en el siglo XII en el cercano cerro de la Salud, donde la habían ocultado los cristianos visigodos en tiempos de las invasiones musulmanas. Con el tiempo fue sustituida por la actual. Durante las invasiones francesas tuvo lugar en las inmediaciones de la ermita una escaramuza entre coraceros franceses y españoles. Un soldado español se puso a salvo refugiándose en la ermita. Conocedores los franceses del hecho montaron en cólera destruyendo el edificio y arrojando fuera la imagen. Recogida por una devota fue trasladada a la villa donde actualmente se le rinde culto.

BIBL.: *La Virgen de la Salud:* Anuario Católico Español, II, Ma. 1956, 461-62.   A. Díez

Salutación, *Nuestra Señora de la*, (Madrid). Más conocida con el nombre de Virgen de Constantinopla; fue monasterio de monjas clarisas con el título de la Salutación de Nuestra Señora, fundado por Pedro Zapata, comendador de Medina de las Torres, y su mujer D.ª Catalina de Landó, primeramente en el lugar de Rejas, despoblado, del partido de Alcalá de Henares, término jurisdiccional de Barajas y feligresía de Coslada, donde después de algunas dificultades quedó establecido en el año 1479. Resintiéndose mucho en aquel lugar la salud de las religiosas se trasladaron a Madrid en el año 1551, a la calle de la Almudena, que gozó de una gran celebridad a causa de una antiquísima imagen de la Virgen bajo el título de Nuestra Señora de Constantinopla, con cuyo nombre eran conocidas igualmente las religiosas, a quienes se les llamaba las «monjas franciscas de Constantinopla». La iglesia era espaciosa y se concluyó en 1628. Iglesia y convento fueron derribados después de la exclaustración. Las monjas de Constantinopla encontraron albergue por caridad en el de la Concepción Jerónima, de la calle de Toledo. Al abandonar su antigua morada llevaron consigo la imagen de Nuestra Señora. En la clausura del convento de la Concepción Jerónima existía en la segunda mitad del siglo pasado la sagrada imagen. Su historia es un tanto peregrina. Había en las inmediaciones de Constantinopla un anacoreta de nombre Juan Marín que durante la dominación griega era admirado por sus virtudes y penitencias. Cuando los turcos se apoderaron de la ciudad le toleraron que continuara en su ermita. Dentro de su cueva tenía un cuadro que representaba a la Virgen María, de pequeño tamaño (28 cms). Algunos fanáticos musulmanes le acusaron ante Mahomet II de enseñar extrañas doctrinas contrarias al Corán ya que había convertido al cristianismo a algunos de ellos. Mahomet II les escuchó y envió a unos soldados que le quitaran la vida en su mismo retiro. Juan, conocedor del peligro que le amenazaba, acudió a la santa imagen. Tras una feliz inspiración se levantó, cogió el cuadro de la Virgen y lo colocó en un poste de piedra a la entrada de la cueva. Cuando llegan los soldados el rostro de la imagen empezó a despedir tales destellos que, llenos de pasmo y admiración, no se atrevieron a entrar. Todas las tentativas y esfuerzos que hicieron los turcos por destruir la cueva y asesinar al ermitaño resultaron infructuosos: el fuego perdió su acción devoradora y los dardos no pudieron traspasar el cuadro. Huyó el ermitaño de aquel lugar, marchando a Nápoles y llevándose el cuadro de la Virgen, haciéndole colocar en una iglesia para que recibiera culto. Pertenecía la iglesia a un convento de canónigos regulares, quienes al tener que abandonar el convento y la ciudad de Nápoles, no sabemos cuando, enterraron envuelta en un lienzo alquitranado la imagen de la Virgen, que ya había adquirido popularidad por sus milagros. Más tarde, el convento de canónigos fue monasterio de jerónimos. Descubierta la imagen, la noticia le fue comunicada a D. Rodrigo de Luján, presidente del Consejo de Nápoles. Tras la disputa entre los canónigos regulares y jerónimos —cuatro años duró el litigio— consiguió aquél que ambas comunidades le cedieran el derecho que sobre la imagen creían tener. Su hija, D.ª Jerónima de Luján, determinó entrar en religión vistiendo el sayal de Santa Clara en el convento de Rejas, fundación del piadoso D. Pedro Zapata, donde tenía dos tías paternas. Llegada de Nápoles entregó la Virgen de Constantinopla a las religiosas, en cuya iglesia quedó depositada. Se celebraba su fiesta el 29 de julio.

BIBL.: D7, X, 730, y XIII, 408; E. Moreno Cebada, *Glorias Religiosas de España*, II, Ba.-Ma. 1867, 427-439; J. de Villafañe, *Compendio Histórico en que se da noticia de... los más célebres santuarios de España*, Ma. 1740, 189-192; A. Ponz, *Viaje de España*, V (edic. 1972), 143-144; C. Viñas y R. Paz, *Relaciones de los pueblos de España ordenadas por Felipe II, provincia de Madrid*, Ma. 1949, 514 y 518.   J. M. de Mora

San Antonio Abad, (Alicante). En Orihuela. Fue hospicio de la Orden de hospitalarios de dicho santo. Suprimido en 1788, sus bienes quedaron confiados a la administración del cabildo eclesiástico. Estaba situado en la falda de la Peña del Castillo y monte Oriolet, a un cuarto de hora de la población. La fachada principal mira al este. Se celebra su festividad anual el 17 de enero con gran concurrencia de devotos.
BIBL.: D7, XII, 360.   IEF

San Antonio de Padua, (Ciudad Real). En Campo de Criptana, partido de Alcázar de San Juan. Capilla dentro de la iglesia parroquial de Nuestra Señora de la Asunción. En el altar derecho de esta capilla, dedicado a las 11.000 vírgenes, se conservan preciosas reliquias de ellas, guarnecidas de perlas y aljófar, que fueron regaladas en 1612 por el arzobispo de Colonia a D. Juan Ramírez de Arellano, gobernador del Sajo en Gante, general de artillería en Flandes y natural de esta villa.
BIBL.: D7, V, 371.   IEF

San Cristóbal, (Valencia). Ermita a las afueras del lugar de Alboraya, partido de Valencia. Según reza una inscripción que hay en el interior del templo, su origen se debe a algún favor que recibió el pueblo de Alboraya de su patrón san Cristóbal. En 1881 el ayuntamiento toma la determinación de levantar esta ermita con limosnas de los fieles; se acabó en 1883. La imagen parece que fue destruida durante la guerra cilvil de 1936 y repuesta en 1939. Cuenta una tradición oral que en el lugar que ocupa la ermita había una casa de labranza donde «en tiempos de los moros» unos cristianos habían enterrado la imagen del santo, olvidándose después de ella; ante ciertas actitudes de los animales, deciden excavar en el establo y aparece la imagen. Allí levantan la ermita. La fiesta se celebra el primer domingo de mayo.
BIBL.: L. B. Lluch Garín, *Ermitas de Valencia*, Val. 1968, 29-33.   V. García Lobo

San Eufrasio, (Lugo). En Valle de Mao, ayuntamiento de Incio. Eufrasio, uno de los siete llamados «Varones Apostólicos», según la tradición fue discípulo de Santiago el Mayor en España. San Eufrasio habría sido el primer obispo de Andújar (Illiturgi), en la provincia de Jaén; y de allí traídos sus restos en el siglo VIII (a raíz de la invasión árabe) hasta el lugar del actual santuario en Incio. Se llama Valle del Mao o Val do Mao (Mao es el pequeño río que discurre por este hermoso valle). Pertenece al ayuntamiento de Incio, de cuya villa dista 10 kms. Y otros tantos, pero en dirección contraria, del monasterio benedictino de Samos. Zona sur de la provincia de Lugo, a 45 kms de la capital. El sepulcro, centro del santuario, se encuentra en la iglesia parroquial de Santa María del Mao, ocupando la parte central de la misma. Un camarín de hierro forjado, con un altar en la parte delantera, delimitando una lápida que alude al traslado de algunas reliquias del santo a Andújar y al monasterio de El Escorial en el año 1596. Y encima un nicho con la imagen venerable. El 15 de mayo de cada año se celebra la fiesta. Congrega a gran cantidad de romeros, en casi su totalidad de zonas próximas, aunque no faltan los forasteros. Existen testimonios de que ya en el siglo XIV era centro de atracción de muchos fieles, y que en la segunda mitad del siglo XVI le veneraban los peregrinos que venían no solo de Galicia sino también de la región leonesa y de su capital. Su historia está ligada a la del monasterio benedictino de San Julián de Samos. La iglesia de Santa María del Mao, en la que se encuentra el santuario, perteneció a la jurisdicción del monasterio, habiendo sido el actual conjunto parroquial priorato del mismo. La tradición popular abunda en relatos maravillosos y prodigios sobrenaturales atribuidos a la intercesión del santo. Estos últimos abundan más referidos a Andújar; sin que falten algunos acaecidos en la comarca. Entre los acontecimientos más destacados refieren la llegada al Valle del Mao de los restos del santo en un pollino que reiteradamente eligió para detenerse el lugar del actual santuario; asimismo, la ferviente oposición de los vecinos de la comarca y los religiosos del priorato a que se llevasen de allí algunas reliquias para el monasterio de El Escorial y para Andújar, cediendo en su intransigencia solo ante la mediación de una carta de Felipe II al Abad del Monasterio de Samos. Según las tradiciones aludidas, el martirio de san Eufrasio había sido por decapitación y los restos que llegaron a Galicia pertenecían solamente al cuerpo. En torno a la cabeza del santo surgieron en fecha relativamente reciente pretendidas reliquias de la misma; en cuanto a las otras reliquias, a las que alude la lápida como llevadas a Andújar en 1596, parece se guardaban en el ayuntamiento de la ciudad, protegidas con tres llaves; pero después de 1936, tanto éstas como las de Santa Potenciana —que se sacaban juntas en procesión y a las que el pueblo llamaba de «la mano blanca y la mano negra» (por la forma de ambas reliquias) desaparecieron por completo.

BIBL.: P. LÓPEZ RUBÍN, *San Eufrasio Varón Apostólico*, Lugo, 1955; A. TERRONES DE ROBRES, *Vida, martirio, traslación y milagros de san Eufrasio, obispo y patrón de Andújar*, Gra. 1657.   A. LÓPEZ RIVAS

San Frutos, (Segovia) patrono de la diócesis. La iglesia está situada en lo alto de un gran meandro del Duratón, a 22 kms. de Sepúlveda. Del eremitismo en aquella zona en la época visigótica e incluso mozárabe los testimonios más valiosos son la Cueva de Siete Altares y la ermita en donde se conservaron los restos de san Frutos, que según la tradición vivió entre los siglos VIII-IX. Otros testimonios, las cuevas de San Valentín y Santa Engracia, hermanos según la misma tradición de san Frutos, y los nombres de diversas ermitas conservados en documentos posteriores.

Alfonso VI el 17-VIII-1706, al reconquistar definitivamente la zona de Sepúlveda, concedió al monasterio de Santo Domingo de Silos este lugar abrupto, de impresionante belleza, en torno al sepulcro de San Frutos: «*locus, quod ab antiquitate Sanctus Fructus uocatur, in quo requiescit sanctissimum corpus illius*». Los términos fueron señalados por 26 de los «*primis populatoribus in Septempublica*».

Inmediatamente se comenzó la construcción de una iglesia aprovechando materiales de la antigua e incluso del castro romano que allí hubo. De una sola nave, interesantísimo modelo del románico, se hermana con la de San Salvador de Sepúlveda. Fue consagrada por el arzobispo de Toledo D. Bernardo el año 1100, según consta en bellísima inscripción.

Alfonso VII (18-VI-1126) concedió facultad para poner colonos y otorgó el llamado *Fuero de San Frutos* que concedía la jurisdicción civil y criminal. Entonces se amplió la iglesia con otra nave donde hoy se conservan las reliquias de san Frutos, y con un pórtico. Se pobló dentro del término —dicha población siempre fue muy pequeña— el lugar llamado «el Burgo», después Burgomillodo; hoy termina allí el pantano de este nombre. Junto a la iglesia se construyó el monasterio

o vivienda para los monjes de lo que era ya «priorato» de Silos. La comunidad fue generalmente de solo dos monjes: el prior y el «compañero», lo que ya obligaba al rezo coral. Se conserva un inventario del siglo XV.

En el siglo XIV (?) tuvo lugar allí el «milagro de la Despeñada», la tradición lo hace semejante al de «María del Salto», de Segovia, narrado por Alfonso X en las Cantigas. El hecho indudablemente ocurrió y «la Despeñada» se donó con sus bienes al monasterio en donde vivió y fue sepultada.

Nombrado primer obispo de Segovia D. Pedro de Agen en 1120 y señalados los límites de la diócesis por bula de Calixto II (1-IV-1123) se consagraba la catedral en el año 1128 en lo que hoy es Plaza del Alcázar. Por la tradición litúrgica, sistematizada luego en el *Breviario* segoviano, consta que San Frutos fue declarado patrono de la iglesia catedral (y de la diócesis), señalándose como su festividad el 25 de octubre. Las reliquias del santo se repartieron entre el priorato, la catedral y la abadía de Silos. Al monasterio de El Escorial se donó después una por mediación de Carlos II. En el códice del siglo XIII *Vitae Sanctorum* escrito para la iglesia de Segovia por Domingo de Cerrato (El Cerratense), no se incluye a San Frutos; sin embargo, en el *Breviario*, el *Misal* y el *Martirologio* de dicha iglesia usados en los siglos XII, XIII y XIV figura su nombre. El primer *Breviario* segoviano impreso de que tenemos referencia es de 1484.

Paulo II, Sixto IV y algunos cardenales concedieron en el siglo XV indulgencias a los que visitaran San Frutos en los días de la Natividad de Nuestra Señora, la Ascensión, el martes de Pentecostés, la fiesta de la Santísima Trinidad y el día de san Frutos. Estas dos últimas fechas fueron las de mayor concentración de fieles. La vida en San Frutos como priorato se extinguió con la desamortización de Mendizábal, en 1835, pasando el «coto» a propiedad privada pero quedando la iglesia para el obispado, desde la llamada «Cuchillada de San Frutos» en recuerdo de un milagro atribuido al santo. La diócesis de Segovia tuvo la suerte de que pasara a regentarla como obispo el último abad de Silos antes de la desamortización, el padre Rodrigo de Echevarría y Briones, desde 1857 al 21-XII-1875, fecha de su muerte; él convirtió la iglesia de San Frutos en parroquia de término. Allí hubo habitación sacerdotal junto al santuario hasta hace muchos años en que un incendio la destruyó. Allí fue prior durante ocho años (1777-1785) el sabio benedictino fray Liciniano Sáez.

El 25 de octubre se siguió celebrando todos los años en San Frutos la festividad del santo, además de en la catedral de Segovia, con gran concentración de fieles, pues en toda la diócesis la devoción es grande. En 1900 tuvo lugar una magna peregrinación por iniciativa del entonces obispo de Segovia doctor Quesada y Gascón. Como recuerdo de la misma se colocó allí una gran cruz de hierro.

Hoy el estado de la iglesia exige una seria restauración que actualmente se trata de realizar impulsada por el actual obispo monseñor Antonio Palenzuela. El proyecto consiste en construir, además, en lo que fue antiguo monasterio, las habitaciones necesarias para convertir el santuario en el centro espiritual de la diócesis, pudiendo de esa forma atender a peregrinaciones, reuniones, conferencias, retiros, etc.

BIBL.: L. CALVETE, *Historia de la vida del glorioso San Frutos patrón de la ciudad de Segovia, y de sus hermanos San Valentín y Santa Engracia*, Va. 1610; D. DE COLMENARES, *Historia de Segovia*, ed. de 1969-70, I, cap. XIV; G. IBÁÑEZ DE SEGOVIA, *Discurso histórico del patronato de San Frutos contra la supuesta cátedra de San Hierotheo en Segovia y pretendida autoridad de Dextro*, Za. 1666; ID., *Disertaciones históricas por el honor de los antiguos titulares contra las ficciones modernas*, primera parte, Za. 1671; segunda parte, Li. 1747; *El rezo de San Frutos* con extensión a toda España, Seg. 1716; M. Ferotin, *Histoire de l'abbaye de Silos*, Par. 1897, 217-23; id., *Recueil de chartes de l'abbaye de Silos*, Par. 1897, 514-515; M71, III, 195-98; ES8, 89-96; F. Solana, *El Priorato de San Frutos en el valle del Duratón (una iglesia del siglo XI)*: Arquitectura, 11-12(1932)313-328; A. Ruiz, *Echevarría, Rodrigue*: D17, 1964; H. Sanz y Sanz, *El Cerratense*: Estudios Segovianos 10(1958); M. S. Martín Postigo, *San Frutos del Duratón. Historia de un priorato benedictino*, Seg. 1970; id., *Donación del «lugar de San Frutos» por Alfonso VI a Silos (1076)*: Estudios Segovianos 22(1970) 333-396; id., *Un códice y una inscripción: El Beatus silense (s. XI-XII). La inscripción de San Frutos (a. 1100)*: R118, 15(1972)209-223. M. S. Martín Postigo

San Jorge, (Huesca). Se alza en un montículo a la vista de la capital, lugar donde se situó la batalla de Alcoraz, librada en 1096 entre Pedro I y los árabes. El edificio de tres naves iguales, con vistosa crucería, data de 1554 y es obra de Domingo de Almazor. Alrededor del templo existe una cornisa con arquitrabe y friso en el que hay una inscripción alusiva a la aparición del santo en este lugar. Guarda un retablo de Juan Miguel de Urliéns, de 1595. En el exterior, gruesos contrafuertes; un atrio precede al templo

BIBL.: D3, 28, 576; D7, IX, 309; *Tesoros Artísticos de España*, Ma. 1973, 332; F. Balaguer, *El santuario y la cofradía oscense de San Jorge*: R35, 12(1961)223-248; R. del Arco y Garay, *Catálogo Monumental de España: Huesca*, Ma. 1942, 138. J. M. de Mora

San Lázaro, (Cáceres). En Plasencia, a la salida del puente del mismo nombre, cabecera del nuevo barrio de la misma denominación; es modesta construcción del siglo XVI, posteriormente reformada. Son conocidos el retablo de san Crispín y san Cipriano, en azulejos de Talavera y otro de tablas con pinturas de notable mérito, reformado y desfigurado, que existen en su interior.

BIBL.: D7, XIII, 80; J. Díaz Coronado, *Plasencia. Guía histórico-artística-turística*, Plasencia 1949, 59; *Tesoros Artísticos de España*, Ma. 1973, 513. IEF

San Lorenzo, *Nuestra Señora de*, (Valladolid). La historia documentada sobre el origen de la imagen de san Lorenzo, hasta ahora, sigue siendo desconocida. La tradición, sin embargo, sitúa en Consuegra (Toledo), el lugar donde con otra advocación se veneraba a la Virgen antes de la invasión árabe. Para evitar la profanación de esta imagen, un sacerdote de la región la trasladó a Valladolid, ocultándola en una cueva existente en la margen izquierda del río Pisuerga, posiblemente junto al actual Paseo de las Moreras. Murió aquel sacerdote sin revelar el lugar y, pasado algún tiempo, fue descubierta la imagen por un pastor que guardaba su rebaño por aquellos parajes. La liberación y rescate definitivo de Consuegra del poder musulmán llevados a cabo por Alfonso VI entre los años 1085 y 1091 nos obligaría a situar este traslado de la imagen a Valladolid a fines del siglo XI o principios del XII. Tampoco existe documentación referente al tiempo de su invención. Sabemos, no obstante, la devoción profesada por el conde Ansúrez, muerto en el primer cuarto del siglo XII, a las imágenes marianas, y dado que nunca hace mención de la Virgen de San Lorenzo, parece lógico suponer que su hallazgo sería posterior al tiempo citado. Además, como su primitiva colocación estuvo en la Puerta de los Aguadores de la antigua muralla de Valladolid —cuya representación se conserva grabada en una plancha de cobre en el archivo parroquial de San Lorenzo— y ésta (muralla) fue derribada con motivo del ensanchamiento de la ciudad en tiempos de D.ª María de Molina (finales del siglo XIII), la invención de la imagen debió ser con anterioridad a este suceso.
Es una talla de madera policromada, de unos 93 cms.

de altura. Representa a la Virgen sentada en un trono, con pedestal, adelantando el pie izquierdo; lleva una corona compuesta de un arco y cuatro florones, manteniendo su mano derecha elevada y sujetando con ella un pomo. Sobre su brazo izquierdo se apoya el Niño, sin corona y descalzo, que sostiene un libro en su mano derecha y apoya la izquierda sobre el pecho materno. Por la sonrisa, movimiento, expresión, plegados y otros detalles, hay que considerarla dentro de un románico muy avanzado, lindando ya con el gótico. En esto difieren tradición y arte, aunque bien pudo haber existido otra imagen anterior a la actual. Primeramente se llamó Virgen de los Aguadores debido al ya aludido lugar de su colocación que hoy podría localizarse en la abandonada iglesia de San Agustín (convertida en pajar) o en sus inmediaciones. A finales del siglo XIII la imagen fue trasladada a una pequeña ermita situada fuera de la ciudad y dedicada a «Sant Llorent» (San Lorenzo), denominándose desde entonces Virgen de San Lorenzo por razón de la ermita en que se le daba culto. Hacia el 1485, D. Pedro Niño, regidor mayor de Valladolid, hizo derruir el viejo templo de Sant Llorent y levantar otro más esbelto. En la actualidad apenas se conserva nada de la fábrica primitiva. A principios del siglo XVII fue necesaria una profunda restauración; a ella pertenece la fachada principal de estilo herreriano en la que destacan cuatro hermosas columnas corintias del año 1613. La imagen de san Lorenzo, al principio, estuvo colocada en una capilla lateral, efectuándose su traslado al altar mayor hacia el año 1685. Así se deduce de las narraciones histórico-literarias de un romance del siglo XVII conservado en la Biblioteca Nacional con el título: «Descripción de las solemnes fiestas que ha hecho la insigne ciudad de Valladolid a la soberana reina de los ángeles, María, Señora Nuestra de San Lorenzo, en la traslación de esta soberana Señora de su santa casa al altar mayor.» En él se relatan festejos religiosos y profanos, consistentes estos últimos, en danzantes, gigantones, fuegos y una corrida «con caballeros en plaza». Todo el templo de San Lorenzo fue decorado con monumentales cuadros de escenas marianas, pintados por Matías Blasco hacia 1621. De sus 10 altares, seis estaban dedicados a otras tantas advocaciones de la Virgen, siendo éstas: Nuestra Señora del Pozo, llamada antes de la Cabeza, probablemente de comienzos del siglo XII, tallada en madera y cuya tradición historió Antolínez Burgos; Nuestra Señora del Sagrado Corazón; Inmaculada Concepción; Nuestra Señora del Carmen, procedente del Museo de Escultura de Valladolid y atribuida a G. Fernández; La Virgen de las Candelas, talla de madera policromada, de G. Fernández, titular de la cofradía de Acuñadores de Madera, a quienes Sixto V concedió abundantes privilegios (Bula 15-X-1587; archivo parroquial de San Lorenzo) y Nuestra Señora de los Dolores. En el siglo XVI, la ciudad de Valladolid reconocía ya como patrona a la Virgen de San Lorenzo; el 12-IV-1916 Benedicto XV declaraba oficialmente este patronazgo. La devoción popular le ha atribuido no pocos milagros y favores; testimonio de ello son las numerosas donaciones y obsequios ofrecidos a la imagen por fieles de distintos rangos. El rey Felipe IV, por documento fechado en Madrid el 3-VI-1641 —y que se conserva en el Archivo General de Simancas— dona a la iglesia de San Lorenzo 2.000 ducados para acabar de pagar el trono de plata ofrecido por su padre. La coronación canónica se efectuó el 21-X-1917, en la terraza de la Casa Consistorial, siendo arzobispo de Valladolid el cardenal Cos. En 1936, con motivo del alzamiento nacional fue trasladada la imagen a la catedral, donde permaneció hasta el 12-X-1939; desde esta fecha se halla en su lugar de origen: la iglesia de San Lorenzo. Célébrase su festividad el 8 de septiembre, con diversas solemnidades religiosas, entre las que sobresale, por su tipismo, el llamado Rosario de las farolas. Al caer la tarde y en la fecha señalada, 265 faroles, todos dintintos, llenan de luz, colorido y fervor, las calles de Valladolid. El 8-IX-1950, el ayuntamiento, presidido por su alcalde, imponía a la imagen la insignia de oro y brillantes de la ciudad.

BIBL.: M. ANTOLÍNEZ DE BURGOS, *Historia de Valladolid*, Va. 1887; J. MARTÍ MONSO, *Estudios histórico-artísticos*, Va. 1901; A. MACHUCA, *Novena a la Virgen de San Lorenzo*, Va. 1893; J. ZORRILLA, *El sacristán Juan del Pozo*: El Liberal, 15-I-1892; C. GONZÁLEZ GARCÍA, *Reseña histórica de la milagrosa imagen...*, Va. 1899; D. SÁNCHEZ DEL CANO, *Historia de la Virgen Santísima de San Lorenzo*, Va. 1954.
M. PALACIO

San Mateo, (Sevilla). En Carmona, fuera del recinto amurallado, cuya construcción data del siglo XIII. Aún hoy se observan en él arcos de herradura apuntados que separan las naves, signo de intervención en la obra de alarifes moros. La parte superior de la fachada es barroca. En los muros interiores hay pinturas al fresco de principios del siglo XV.

BIBL.: *Tesoros Artísticos de España*, Ma. 1973, 206.
IEF

San Pablo Apóstol, (Castellón). En la villa de Albocácer. La devoción popular ha sembrado de ermitas esta comarca. Si levantamos los ojos vemos muy pronto en la cima de aquél o del otro monte las blancas ermitas, lugares santos de oración y penitencia para las gentes de la comarca, desde tiempos remotos. Lo ordinario es que estos santuarios estén dedicados a la Santísima Virgen, a san Miguel, a san Cristóbal o santa Bárbara. Eran santos de una devoción muy arraigada en el pueblo. Por eso, cuando en Albocácer vemos una ermita dedicada al apóstol san Pablo nos pasamos a pensar la causa que motivó la erección del famoso y singular santuario. Autores del siglo XVI y posteriores, como el ilustre albocacense Agustín Sales, cronista de la ciudad de Valencia, suponen que la ermita de San Pablo se edificó en memoria de una aparición del santo apóstol a unos pastores cojos a quienes prometió la curación si se lavaban en el agua de la balsa o pozo que el santo purificó echando agua de una calabaza de peregrino que llevaba; y hasta señalan el año de este suceso, 1562, unos, 1590, otros. También hay quien atribuye la devoción de Albocácer al apóstol, al hecho de que el día de la Conversión de san Pablo, 25-I-1239, D. Blasco de Alagón otorgó a Juan de Brusca la carta-puebla por la que se autorizó la fundación de Albocácer. Desde antiguo se ha guardado dicho día como fiesta.

Aparte de estos testimonios existen otros —tal vez más valiosos— que como dotación de la ermita, la antigua capillita de estilo gótico, actualmente sacristía, en fecha no posterior al siglo XV. El decreto del obispo de Tortosa, D. Martín de Córdoba, el 21-I-1568 permitiendo misas cantadas y prohibiendo abusos, suponen una iglesia mucho mayor que la antigua capillita, por lo que podemos suponer que entonces se habría construido ya la actual iglesia, excepto lo que ahora es presbiterio, que corresponde al año 1690. Parece que a partir de 1590 la fama y renombre de San Pablo, de Albocácer, creció rápidamente por la fe que tenían de obtener la curación los enfermos que se lavaban en dichas aguas. Transcribimos la inscripción del exvoto más antiguo, de 1596, que dice: «Baixà al puo del gloriós Sant Pau i es llavà d'aquella aigua.» (Bajó al pozo del glorioso san Pablo y se lavó con aquella agua.) Para que los enfermos pudiesen bañarse sin necesidad de bajar al pozo se construyeron en 1670 unas bañeras de piedra y sala de cantería, todo ello bajo la dirección de D. Baltasar Pastor. En 1690 se amplió la iglesia

añadiéndole la cúpula y presbiterio, embelleciéndolo con pinturas y frescos de Vicente Gilló y azulejos de la fábrica de Alcora. De aquí procede el famoso cuadro de Nuestra Señora de las Cerezas o Virgen de Albocácer, del Maestro de la Porciúncula, siglo XV, que se encuentra actualmente en el Museo de Arte de Cataluña. Junto a la iglesia se construyó la hospedería en cuyo comedor se conservan pinturas del 1600, de autor desconocido, con escenas de la vida de San Pablo. Fue ampliada en el siglo XVIII por resultar insuficiente para albergar a los numerosos peregrinos. Frente a la ermita, en la gran explanada, se celebra el 29 de junio la feria que en otros tiempos tuvo mucha importancia para toda la comarca; a ella acudían a mediados del siglo XVIII (1752) cerca de 15.000 personas.

El santuario cobró tanto renombre que el brazo militar del reino de Valencia suplicó a Felipe IV en las Cortes de Monzón de 1626 concediera «derecho de amortización» y sello a dicho santuario. También se le concedió poder recoger limosnas por todo el territorio de Montesa, tanto en especie como en metálico, porque «la santa Casa es muy antigua y sirve de hospital para pobres necesitados, se dan curas y baños, se celebra misa los días de fiesta, cuya obra pía se ha mantenido con toda decencia con las limosnas que se pedían en dicho Obispado y Reino y dispensaba la piedad de la comarca.» Actualmente, de acuerdo con la Delegación Diocesana de Arte Sacro, se está procediendo a su restauración.

BIBL.: A. SALES ALCALÁ. *Historia de la aparición de San Pablo en el término de la villa de Albocácer*, 2.ª ed., Tor. 1855; J. DE VALLES, *Vida maravillosa del venerable Juan Fort*, 2.ª ed., Ta. 1956; SARTHOU CARRERES, *Geografía del Reino de Valencia*, IV, Ba. 1925, 500 y ss.; J. MIRALLES SALES, *La muy leal y noble villa de Albocácer*, Castellón 1967; *Documentos y Crónicas*: Archivo parroquial de Albocácer.
A. RIESCO

San Pascual Baylón, (Alicante). El humilde lego franciscano, perteneciente a la reforma de san Pedro de Alcántara, moró en el convento de los descalzos, fundado junto a una ermita en donde se veneraba la pequeña imagen de Nuestra Señora de Orito, en marfil, desde 1532. En esta ermita hubo un ermitaño que a la vez era capellán, hasta la venida de los frailes en 1591. La iglesia-convento se edificó en 1596, y nuevamente en el siglo XVIII. Desde 1898 está a cargo de los padres capuchinos. Este santuario une la devoción de Nuestra Señora de Orito (Loreto) con la de San Pascual y es muy visitado el día de san Pascual y durante toda su octava. Los enfermos beben del agua del manantial sito a espaldas del santuario, o lavan sus herpes. Luego ascienden a la peña en la que se conserva la cueva donde el santo se retiraba a hacer oración y allí contemplaba al Santísimo Sacramento, en sus apariciones. Desde el balcón se divisa una bella panorámica. El santo es saludado por las mozas con el cantar «San Pascual Baylón, tres cosas te pido: Salvación, dinero y un buen marido». Y el santo hace conocer con ruidos, la próxima muerte de sus devotos.

BIBL.: F. FIGUERAS PACHECO, *Geografía General del Reino de Valencia. Provincia de Alicante*, Ba. 1927; I. GUTIÉRREZ, *Historia de la Virgen de Orito*, Al. 1714; A. PANES, *Crónica de la Provincia de San Juan Bautista de religiosos menores descalzos de la regular observancia de San Francisco*, Val. 1665.
V. MARTÍNEZ

San Pedro de Alcántara, (Avila). En Arenas de San Pedro. Al pie de las estribaciones de Gredos, a 3 kms. del pueblo que lleva su nombre y entre un bosque de pinos nos hallamos con la grata sorpresa del santuario y noviciado de la provincia castellana de san Gregorio. San Pedro de Alcántara llegó a este lugar a mediados de 1561; habíanle ofrecido la ermita de San Andrés del

Monte para hacer una fundación. Tropezó con la oposición del cabildo local pero el santo logró vencerla con su humildad y así el 3 de agosto del mismo año el padre Cristóbal Bravo, provincial, pudo tomar posesión de la misma, como aptísimo lugar para sus fines de oración, retiro y penitencia. Pequeño e incómodo, fue no obstante el retiro, el lugar donde se gestó la gran epopeya misional de Filipinas, Japón y China, pues en él se formaron bajo la dirección de fray Gaspar de San José, discípulo predilecto de san Pedro, los grandes misioneros como san Pedro Bautista y Francisco Montilla, entre otros muchos. Cerca de Avila y en la encrucijada de caminos entre tierras extremeñas y castellanas, Arenas, se convierte en centro irradiador de su apostolado último, como también su lugar de reposo. La modesta ermita, preferida por el santo, continuó pobre y simple, ofreciendo a todos su lección de pobreza, vida de contemplación y ascetismo, hasta los días de Carlos III, quien muy devoto del santo se volcó sobre este santuario. A instancia y con su dinero Sabatini trazó el nuevo templo 1786-1789, de majestad no reñida con la pobreza. La iglesita, antigua ermita de San Andrés, ofrece un aspecto humildísimo. Dividida en dos compartimientos, separados por una verja, en el interior hallamos el altar mayor, al cual hacían juego, antes de la última reforma litúrgica, otros dos laterales: el de la Purísima Concepción y el de San Francisco de Asís. En la parte exterior, entre la verja y la puerta, se halla el sepulcro primitivo del santo, cercado hoy por obra de fray José Trinidad, restaurador del santuario, de azulejos y una inscripción que nos recuerda su descanso temporal. De ahí fue trasladado el 18-V-1591 a un nicho abierto en la pared del lado del Evangelio, de donde fueron sacados para colocarlos en la capilla, que para este fin se levantó, el 10-XII-1618, en una urna de ciprés, barreteada de oro, regalo del duque de Toscana. No satisfecha la piedad de los fieles y devotos del santo, suscitóse la idea de levantar artística capilla, que fuera obra digna del mejor tiempo de Carlos III, como efectivamente se hizo. Los planos y estudios fueron hechos por Ventura Rodríguez, señalando ésta el arranque de la restauración del renacimiento y siendo, además, copia fiel de la capilla del palacio Real de Madrid. Las obras fueron llevadas a buen ritmo; en 1764 fue derruida la antigua y en diez años quedaba concluida y tan espléndida, como la soñaron sus realizadores. Es obra rica y expresión de fe y de voluntad diamantina de unos frailes que buscaron la ayuda entre la nobleza española y devotos de Hispanoamérica. Su forma es circular, revestida toda ella de mármoles. 18 soberbias pilastras, también de mármol, de orden corintio, con basas de bronce y capiteles de yeso, sostienen una bien ejecutada cornisa, sobre la que se levanta, con gallarda proporción, airoso cupulino, por cuyas ventanas penetra abundante claridad. Cuenta con solo tres altares; el mayor, dedicado al santo, con un bajorrelieve que lo representa subiendo a la gloria sobre un trono de nubes y de ángeles. Al nivel de la mesa de altar y adosada a la pared vemos la urna donde se guardan sus reliquias, toda ella de variados y ricos mármoles, que descansa sobre cuatro pies de bronce. A ambos lados se ven las estatuas de alabastro de la Fe y la Caridad, encargadas por fray José Trinidad para suplir las desaparecidas en la guerra de independencia —1808-1814— y realizadas por el artista madrileño José Font, quien asimismo nos ha dejado huellas y recuerdo de su arte en la de San Pedro Bautista, de Avila, y estatua yacente de San Pedro de Alcántara, en la Enfermería de Arenas, donde murió el santo. Los altares laterales están dedicados a san Pedro Bautista, el de la derecha; y a san Pascual Baylón, el de la izquierda. Colocados en las pilastras y a conveniente altura se ven ocho ángeles de bronce, de los que penden lámparas donadas por los devotos. En la parte interior del arco de entrada existe la placa de bronce, sobre la que vemos grabada la inscripción: «Divo Petro de Alcantara sacellum atque aram Carolus III Hispan. Rex et Christianus populus piis subsidiis collatis anno MDCCLXXV posuere.»

BIBL.: I. ALMAZÁN, *Apuntes históricos del santuario de San Pedro de Alcántara de Arenas de San Pedro*, Ma. 1930, 5-13; V. DE ESTREMERA, *Sucesos ocurridos durante la obra de la capilla de San Pedro de Alcántara*, ms. de 1755-56, fol. 424: Archivo diocesano de Avila, *Convento de Pastrana*.
A. ABAD

San Pelayo, (Palencia). En Perazancas de Ojeda partido judicial de Cervera de Pisuerga, al sur de una pequeña vega y próxima a la de las Animas se encuentra esta ermita. De reducidas dimensiones, a ella da acceso una pequeña puerta bajo arco semicircular apoyado en dos columnas cilíndricas, con capiteles primitivos y rudos de claro corte visigótico. El interior, pobre y sencillo tiene el ábside recubierto de magníficas pinturas murales de principio del siglo XI. Existe una lápida que indudablemente ratifica la consagración de este templo por el abad Pelayo en honor del santo de su nombre, en el siglo XI: «In nomine domini Iesu Christi sub honore sancte Pelago Abas fecit in era MCXIIII regnante rex Elefonsi in Legione.» Esta ermita es una manifestación lejana del prerrománico aragonés, con influencia lombarda teñida de mozarabismo.

BIBL.: D7, XII, 806; A. GRANADOS GARCÍA, *El rito mozárabe en Palencia*, Pa. 1973, 46; *Tesoros Artísticos de España*, Ma. 1973, 510; J. GUDIOL, *Las pinturas románicas de San Pelayo de Perazancas:* R153, 17(1958)13-15; R. NAVARRO GARCÍA, *Catálogo Monumental de la Provincia de Palencia*, III, Pa. 1939, 154-57.
J. M. DE MORA

San Roque, (Guadalajara). En el lugar de Peñalver, partido de Pastrana. Su origen, según era ya tradición en el siglo XVI, se remonta a los tiempos de una peste, posiblemente la famosa Peste Negra, que asoló la villa; al sentir sus estragos se hizo promesa de erigir una capilla al santo. Concluída ésta, cesó la peste. Aún se conserva hoy día.

BIBL.: D7, XII, 784; J. CATALINA GARCÍA, *Relaciones topográficas. Provincia de Guadalajara:* Memorial Histórico Español, 41, Ma. 1903, 255.
V. GARCÍA LOBO

San Salvador, *Nuestra Señora de*, (Mallorca). En Felanitx. Hacia el sureste de esta ciudad se levanta una pequeña cordillera que, describiendo un arco muy abierto va a morir en el término de Santanyí. En el pico más alto (509 ms.) y más extremo de la misma, que mira hacia Felanitx, se asienta el santuario de Nuestra Señora de San Salvador. Aunque no falta la leyenda popular, que trata de explicar su origen milagroso, en este caso la verdadera historia nos ofrece datos bien precisos acerca de sus comienzos. Consta que el año 1348, el año de la peste, registrado en los anales de Mallorca con el fatídico nombre de *l'any de la mortandat*, el rey Pedro IV de Aragón concedió a los jurados de Felanitx y al alcaide del Castillo de Santueri que pudieran construir en la cima del Puig de San Salvador, del cual era señor alodial, una capilla bajo la invocación de San Salvador y también una casa y una cisterna para servicio del que hubiera de custodiarla. Se acabaría muy pronto la construcción solicitada, pues el 27-III-1349, el obispo D. Berenguer Balle confería el cargo de Donado, previa presentación de los jurados y del rector de Felanitx, a Pedro Bosch, quien prometió fidelidad al obispo y al párroco de la villa. El primitivo oratorio no estuvo dedicado a la Virgen sino al Salvador, devoción muy arraigada entonces en Mallorca y que se identificaba con la devoción a la Pasión de Cristo y aun más concretamente a la Pasión de la Imagen del Santo Cristo de Berito o Beirut. La historia de esta milagrosa imagen se halla consignada en las actas del

VII Concilio Ecuménico, II de Nicea, celebrado el año 787, en que fue vindicado el culto de las sagradas imágenes.

No sabemos cómo fue la primera imagen del Salvador, que presidió aquel santuario. Eso, sí, nos consta que el 12-X-1453 el heredero del pintor mallorquín Pedro Marsol puso una demanda contra los jurados de Felanitx para que le pagaran 15 libras, moneda mallorquina, que debían a aquél por razón del retablo de piedra de *Passio Imaginis* pintado para la capilla de San Salvador de la parroquia de Felanitx. El mencionado retablo esculturado en piedra arenisca muy fina de 2,70 ms. de alto por 2,40 de ancho, se conserva todavía en la iglesia actual de San Salvador y en él se halla reproducida en bajorrelieve la Pasión del santo Cristo de Berito. Es el único monumento que se conserva en Mallorca de aquella devoción que antes tenía capilla propia en casi todas las parroquias de la Isla, y cuya fiesta figuraba en el calendario litúrgico, el día 9 de noviembre, hasta que, en 1572, el Breviario Mayoricense fue sustituido por el Breviario Romano. Junto con el Salvador empezó a ser honrada en el santuario de Felanitx la imagen de Nuestra Señora, sin que podamos precisar la fecha. En un inventario de 1496, consta que en aquella iglesita había a la sazón, además del altar mayor dedicado al Salvador, dos imágenes de María Santísima, una que tenía altar propio, a un lado del oratorio, y otra que estaba junto a la puerta del mismo, ambas muy veneradas por el pueblo fiel, principalmente la que estaba en el altar. A medida que la devoción a la imagen del Salvador fue decayendo, la devoción a la Virgen de San Salvador fue en aumento. Lo vemos claramente reflejado en las actas de las visitas episcopales de la segunda mitad del siglo XVI. En la visita de 1564 se dice que *el obispo visitó la iglesia del Puig de S. Salvador, que está construida bajo la invocación de la Pasión de la Imagen.* En la visita de 1569 ya vemos cambiado el título, pues se dice que *fue a la iglesia de la Bienaventurada María de S. Salvador.* Y en la de 1572 se dice que subió a la iglesia de la Virgen María llamada del Puig de San Salvador.

Era mucha la gente que allí acudía desde aquellos tiempos, para honrar a la Virgen, sobre todo en verano. Como la hospedería era muy reducida, los peregrinos buscaban cobijo durante la noche en la misma iglesia, lo cual era expuesto a abusos. Por eso el obispo, en la visita de 1569, dispuso que el «Donado» viviera allí de continuo, al menos desde abril hasta septiembre, y que cerrara cada día la iglesia a la hora del crepúsculo. A principios del siglo XVIII los jurados de Felanitx, como patronos del santuario, determinaron construir un nuevo templo mucho más bello y espacioso que el primitivo. Las obras empezaron en 1707 y terminaron en 1716. También se hizo un nuevo retablo y en su nicho principal se colocó la imagen de la Virgen de San Salvador, que hasta entonces había ocupado el altar lateral, pasando el antiguo retablo de piedra de la Pasión a una capilla lateral. En aquel mismo siglo fue también ampliada la hospedería para mejor alojamiento de los peregrinos. En 1786 se estrenó el camarín de la Virgen, construido detrás del retablo mayor. En 1885 el Gobierno español vendió en pública subasta el Puig de San Salvador; lo compró el entonces obispo de Puerto Rico, D. Juan Antonio Puig, natural de Felanitx, que lo cedió después a la mitra de Mallorca. En julio de 1891 el ayuntamiento de Felanitx cedió todos sus derechos sobre el santuario al obispo diocesano y aquel mismo año los ermitaños de la Congregación de San Pablo y San Antonio se hicieron cargo del mismo, cuidándolo con gran celo hasta nuestros días. En lo que llevamos de siglo, las mejoras se han ido sucediendo constantemente. En 1927 se inauguró una nueva carretera, por la cual pueden circular toda clase de vehículos,

hasta llegar al empinado santuario. En julio de 1934, en la gran explanada del mismo, se bendijo un grandioso monumento a Cristo Rey, de 37 ms. de alto, costeado por el canónigo D. Mateo Alzamora, ante el cual se consagró toda Mallorca al Sagrado Corazón de Jesús. Poco después, el 8 de septiembre del mismo año, gracias al celo desplegado por el párroco de Felanitx, D. Antonio J. Mora, fue coronada pontificalmente la imagen de Nuestra Señora de San Salvador y se le erigió un nuevo trono de jaspes y alabastro. Ultimamente los ermitaños han levantado una nueva y espaciosa hospedería de tres plantas con espléndidas vistas sobre el contorno. Todas estas ampliaciones y mejoras realizadas por el amor que los felanigenses sienten a su celestial patrona han hecho que su santuario venga a ser el más importante de Mallorca, después del de Nuestra Señora de Lluc.

BIBL.: J. VENY Y MAIMÓ, *Historia del Santuario de Nuestra Señora de San Salvador*, s. l., 1884; M. BORDOY OLIVER, *Historia del santuario de Nuestra Señora de San Salvador de Felanitx*, Felanitx 1934; ID., *San Salvador de Felanitx por un Ermitaño*, Mall. 1964; C. BAUZA, *Historia de Felanitx*, II, Mall. 1921; G. TERRASA, *Historia de los hermitaños y hermitorios de Mallorca*, ms.

G. MUNAR

San Sebastián, (Toledo). En el pueblo de El Romeral, antiguo partido de Lillo, dentro del casco de la población, al poniente y en la calle que lleva el nombre del santo se encuentra este espacioso santuario. El edificio es una larga planta rectangular de 231 metros cuadrados, cuya primera construcción data del siglo XVI. Originariamente debió tener proporciones más reducidas con base cuadrada. Posteriormente (siglo XVII) se amplió con la nave actual rectangular. Además con esta ampliación se levantó adjunta otra capilla de las mismas características que la primitiva, dedicada a la Virgen de la Soledad. Aún puede admirarse el artístico artesonado de madera, del primitivo santuario, bastante bien conservado. Se mantiene agregado al hospital que fundara el clérigo Antón García († 1546) en las casas en que vivió, con las cargas de reparar el edificio y curar enfermos. Las *Relaciones Topográficas* no dicen nada sobre este santuario; nos transmiten, sin embargo, que debido a una peste, en el año 1576 hicieron los vecinos voto de celebrar la fiesta de San Sebastián, cuya devoción goza de gran tradición en la comarca. Durante la contienda de 1936 fueron destruidos el primer altar e imagen; los actuales son de factura moderna y en talla de madera. Sirvió de cárcel, desde donde fueron sacados, para ser ajusticiados, varios hijos del pueblo. En el último lustro se ha mejorado el recinto sagrado con obras de solidez y adecentamiento. Cuida de él la Hermandad de la Vera Cruz.

BIBL.: D7, XIII, 552; C. VIÑAS y R. PAZ, *Relaciones de los pueblos de España ordenadas por Felipe II, Reino de Toledo*, II, Ma. 1963, 362; F. JIMÉNEZ DE GREGORIO, *Los pueblos de la provinvia de Toledo hasta finalizar el siglo XVIII. Población, sociedad, economía, historia*, II, To. 1966, 321-322.

A. CARLAVILLA

San Urbez, (Huesca). En el lugar de Albella y Planillo, partido de Boltaña y diócesis de Jaca. El edificio data de 1783 y conserva la techumbre y muros decorados al fresco. Su retablo mayor, de estilo barroco, ostenta la imagen del santo titular y una talla románica de la Virgen, sedente, del siglo XII. En capillas laterales se encuentran los retablos dedicados a san Quílez, san Isidro (siglo XVIII), san Sebastián y san Miguel.

BIBL.: R. DEL ARCO Y GARAY, *Catálogo monumental de España: Huesca*, Ma. 1942, 265.
IEF

Santa Ana, (Toledo). En la meseta del cerro de este nombre, término municipal de Val de Santo Domingo, partido de Torrijos. Su origen se fecha a principios del

siglo XIII como obra de los templarios, quienes edificaron el castillo con una capilla, eligieron por titular a santa Ana y adquirieron la imagen de la misma que hoy se venera como patrona del pueblo. Extinguida la orden de los templarios y unos treinta años después de derruido el castillo, los vecinos del pueblo convirtieron la capilla en ermita que ha sido renovada recientemente. Sobre el campanario se ha instalado una efigie del Sagrado Corazón de Jesús. La imagen, de pequeñas proporciones, es de estilo gótico del primer período, talla policromada del siglo XIII. Hay varias leyendas. La más curiosa y conocida dice que en la guerra contra los árabes, cautivados éstos por la serena belleza de la imagen, la trasladaron a su campamento, pero llegada la noche se volvió a su pequeño santuario, donde la encontraron al día siguiente y sospechando que alguien la había robado y devuelto, se la volvieron a llevar montando guardia para evitar se repitiera el robo y colocaron una campanita sobre la corona, que aún conserva. Con asombro pudieron contemplar que era la imagen misma la que se trasladaba por el aire sonando la campanilla de plata. Al tomar las tropas nacionales esta zona en el período 1936-1939, encontraron que había sido respetada y se envió al museo de Sevilla, donde permaneció hasta el año 1946, en que reconocida e identificada por un joven de la localidad que prestaba el servicio militar, se trasladó a su lugar de origen. Se celebra la fiesta principal el 26 de julio con actos religiosos y profanos, patrocinada por el ayuntamiento. La Hermandad de Santa Ana celebra un triduo del 7 al 9 de septiembre.
BIBL.: L. MORENO NIETO, *La provincia de Toledo*, To. 1960, 639-40.   J. M. DE MORA

Santa Bárbara, (Valencia). En el barrio de Santa Bárbara, término de Alboraya, partido de Valencia. No conocemos su historia, si bien parece que sus orígenes son anteriores al año 1879 en que se terminó el actual edificio según rezan varias inscripciones. De planta rectangular y alzado sencillo, se venera en él, además de la santa titular, a san José, a la Inmaculada y a san Isidro. Su fiesta es el 4 de diciembre. Además de ésta, se celebran las de los otros tres santos. Hay cultos todos los domingos y festivos.
BIBL.: L. B. LLUCH GARÍN, *Ermitas de Valencia*, Val. 1968, 41-48.   V. GARCÍA LOBO

Santa Casilda, (Burgos). En la sierra de su nombre y término de la villa de Briviesca. Sus orígenes históricos se remontan al siglo XI. Almamún, rey moro de Toledo, tributario de Castilla, sostenía buenas relaciones con Fernando I. Su hija Casilda auxiliaba a los cristianos cautivos, recibiendo de ellos enseñanza cristiana. Los nobles, extrañados de su conducta, la delataron al padre, quien la sorprendió en una de sus visitas a los cristianos, verificándose ante sus ojos el hecho sorprendente de los panes convertidos en flores. Enfermó gravemente y por indicación de los cristianos, sus protegidos, y de los médicos, tomó las aguas salutíferas que había cerca de la ciudad de Burgos, en el pozo de san Vicente (Briviesca). Allí fue enviada merced a la amistad de su padre con el rey. Casilda aprovechó esta peregrinación para bautizarse. Una vez repuesta de la enfermedad no regresó a Toledo y estableció su vivienda en un cerro inmediato a los baños, donde vivió y murió como cristiana. En este mismo lugar se erigió una ermita donde se hallaba enterrada Casilda. Venerada en los altares, su fiesta se celebra el 9 de abril. El edificio consta de dos naves ojivales y una renacentista. Sus bóvedas están decoradas. En los muros hay estatuas y retablos con abundantes exvotos. Había ermitaño y capellán.
BIBL.: D7, IV, 452; J. VIVES, *Casilda, santa:* DHEE, I, Ma. 1972, 377; I. GARCÍA RAMILLA, *Del Burgos de antaño:* R51, 39(1960)1-16; P. DÍEZ PÉREZ, *Nueva Guía de Burgos*

y su provincia, Bu. 1930, 143; J. PÉREZ DE URBEL, *Año Cristiano*, II, Ma. 1940, 74-78; *Tesoros Artísticos de España*, Ma. 1973, 171; L. MORENO NIETO, *Diccionario Enciclopédico de Toledo y su provincia*, To. 1974, 357-58.
J. M. DE MORA

Santa Cecilia, (Palencia). En Vallespinoso de Aguilar, municipio de Barrio de San Pedro, partido judicial de Cervera de Pisuerga. La ermita, antigua parroquia, es de principios del siglo XII. Junto a ella aún se ven restos de un torreón románico y parece que allí hubo un castro o torre vigía ibérico. El pórtico está formado por ocho arquivoltas que se apoyan en un friso corrido de capiteles. Este representa escenas bíblicas y mitológicas con ornamentación vegetal y figurada. El ábside es igualmente rico en adornos.
BIBL.: D3, 66, 1105; D7, IV, 54; A. GRANADOS GARCÍA, *El rito mozárabe en Palencia*, Pa. 1973, 47-48; R. NAVARRO GARCÍA, *Catálogo Monumental de la provincia de Palencia*, III, Pa. 1939, 66-68.   J. M. DE MORA

Santa Columba, (Guipúzcoa). En el barrio de Las Dorlas, de la villa de Salinas de Léniz, partido de Vergara. Está situada junto al llamado puente de Las Dorlas, habiendo estado anteriormente detrás de las mismas, en la orilla del riachuelo que baja de Olaun. En ella tuvo asiento la antigua cofradía de los salineros y era sede de sus reuniones. En 1665 el arquitecto Domingo de Orbe construyó el retablo que aún subsiste. En 1780 sufrió unas reparaciones y ampliaciones que le dieron el aspecto que ahora presenta, de gran capacidad. Tiene tres altares, dedicado el central a la santa titular y los otros dos, uno al Santo Angel de la Guarda y el otro a san Antonio Abad y san Antonio de Padua.
BIBL.: D. BERGARECHE, *Apuntes históricos de Salinas de Léniz y del santuario de la Virgen de Dorleta*, SSe. 1954, 121-22; D7, XIII, 697-98.   V. GARCÍA LOBO

Santa Elena, (Huesca), santuario. En el desfiladero del valle de Tena, término de Biescas, partido y diócesis de Jaca. Data de tiempos de Jaime I el Conquistador, año 1253, quien ordenó su edificación y dotó con rentas y una capellanía, privilegio confirmado en 1484 por Fernando el Católico y Carlos V en 1529. A pocos pasos del templo hay una fuente de donde brota el agua con intermitencias irregulares.
BIBL.: D3, 8, 807; D7, IV, 314-15; R. DEL ARCO Y GARAY, *Catálogo monumental de España: Huesca*, Ma. 1942, 309-10.
IEF

Santa Gema, (Madrid). En la Colonia del Viso. Su popularidad no corre pareja con su antigüedad, puesto que sus orígenes no van más allá del año 1941. Fue primero una capilla provisional dedicada a la santa, a raíz de su canonización por Pío XII. La bendición e inauguración del actual santuario se hizo el 17-X-1953, siendo obispo de Madrid el patriarca D. Leopoldo Eijo Garay. La llegada a Madrid de la reliquia del corazón de santa Gema ese mismo año de 1953, en una apoteósica jornada de devoción popular, y la instalación definitiva en el santuario de un trozo del costado de la santa, que se venera en precioso relicario y que mensualmente los días 14 se expone y ofrece a la veneración del público, ha hecho de este santuario una de las iglesias más frecuentadas y populares de la capital de España. Su arquitectura es obra de D. Joaquín Núñez Mera. La talla de la imagen de la santa, de más de 2 ms. de altura, que figura en el centro del ábside, se debe al escultor, discípulo de Benlliure, D. Mariano Rubio. Del mismo son el imponente Santo Cristo de la Buena Muerte y la Dolorosa que están a la entrada del templo, por el lateral izquierdo. Como índice de lo frecuentado que es el santuario, baste decir que los días 14 pasan por el mismo de 40 a 45.000 personas, y que mensualmente se distribuyen unas 20.000 comuniones.

BIBL.: B. DE SAN JOSÉ, *Historia de la provincia Pasionista de la Preciosísima Sangre (Castilla y León)*, San. 1952; ID., *Historial del convento pasionista de Madrid*, ms., 1923-1974.
B. MONSEGÚ

Santa Teresa, (Salamanca). En Alba de Tormes. El santuario teresiano de Alba de Tormes, ostenta el título de basílica no por la grandiosidad de su fábrica, sino por haber vivido y, sobre todo, por haber muerto dentro de sus muros la gran mística castellana. En este centro de atracción universal se conservan el sepulcro y principales reliquias de la reformadora del Carmelo. Con el apoyo de los duques de Alba y gracias a la generosidad de D.ª Teresa Laíz y de su esposo don Francisco Velázquez, que pusieron a disposición de Teresa de Jesús, su propia casa con jardín y pozo, pudo llevarse a cabo esta fundación, a principios del 1571. Así nació el convento de Nuestra Señora de la Asunción, misterio representado en bello relieve plateresco de piedra salmantina, a cuyos lados van adosados medallones con los bustos de san Pedro y san Pablo, los escudos de los Alba y de los fundadores. El actual santuario, en forma de cruz latina, consta de dos partes: el cuerpo de la cruz, de estilo ojival, que constituye la totalidad de la iglesia primitiva y se conserva en su integridad y el crucero, presbiterio, sacristía y camarines, añadidos entre los años 1670 y 1680. De esta época data también el hermoso atrio de dobles columnas de granito y reja de hierro forjado, todo ello denominado «obra real» por haber sido hecha a iniciativa del rey Felipe IV y de su esposa D.ª María de Austria, grandes devotos y bienhechores del convento carmelitano. Dentro de la iglesia, de hermosa bóveda de crucería en el presbiterio y sencilla hasta la puerta de entrada, merecen destacarse las celdas de la enfermedad y muerte de santa Teresa, acaecida el 4-X-1582, el «pozo de la visión de san Andrés», y delante de la celda de la muerte, el sepulcro de la familia de la santa, en el que aparecen las figuras yacentes de Juana de Ahumada y Juan de Ovalle con su hijo Gonzalo. Los dos primeros sepulcros en piedra del lateral derecho, contienen los restos de los fundadores y primeros patronos del convento. Un poco más adelante y en el lateral izquierdo del templo, se encuentra la pequeña y emotiva capilla del primer sepulcro teresiano, transformado en diversas fechas. En las cartelas que lo decoran pueden leerse: la data de su transformación última, alabanzas a la santa y los nombres de las autoridades que entonces gobernaban. Las rejas de hierro que cierran este sepulcro fueron hechas con los trofeos y cañones arrebatados por el duque de Alba a los protestantes holandeses y alemanes. El 13-VII-1760 fue trasladado el santo cuerpo al altar mayor, ocupando desde entonces la parte central del camarín que Fernando VI había mandado construir para situar en él la arqueta sepulcral de precioso mármol de san Pablo de los Montes, en cuyo interior y en artística caja de madera, revestida de plata, se halla el cuerpo incorrupto de santa Teresa, sin una mano y sin el corazón. Las llaves de las nueve cerraduras que protegen las rejas, arqueta y caja de plata están en manos de las altas autoridades de la orden carmelitana y de España. La primera exhumación de su cuerpo la realizó el padre Gracián en 1583 a ruego de las propias religiosas. En esta ocasión y para consuelo de las carmelitas de Lisboa, el propio padre Gracián, provincial de la orden, amputó la mano izquierda de la santa. Esta preciosa reliquia vuelve a España a raíz de la expulsión de las religiosas de Lisboa, pasando al convento de madres carmelitas de Ronda. Saqueado este convento en 1936, cae en manos de los marxistas hasta que las tropas nacionales la recuperan en Málaga, ofreciéndosela al Jefe del Estado, quien desde entonces la conserva y venera en su capilla privada. Con ocasión del tercer centenario de la beatificación de santa Teresa (a. 1914) se abrió su sepulcro por última vez, siendo numerosos los devotos y peregrinos que pudieron ver y venerar los restos sagrados. A ambos lados del altar mayor y en su parte baja, se conservan las reliquias más preciosas, el corazón, extraído en 1591 con motivo del proceso de información sobre la incorrupción del cuerpo, y el brazo izquierdo cortado el 23-XII-1585 por el padre Gregorio Nacianceno, delegado especial del entonces provincial de la Orden, padre Nicolás Doria, para trasladar el cuerpo de la santa a Avila. Informada la duquesa de Alba de este traslado —que consideraba fraudulento— consigue del papa Sixto V (18-VIII-1586) a través del Nuncio en Madrid, D. César Especiano, la devolución del cuerpo de la santa al convento que ella fundara en Alba de Tormes. El decreto del Nuncio dejaba la puerta abierta para acudir a los tribunales y zanjar las cuestiones surgidas entre la ciudad de Avila y la villa de Alba. Por fin el 1-XII-1588 —tras un largo pleito— el Nuncio declaraba nulas las razones y derechos alegados por parte de Avila, ordenando que en lo sucesivo, el cuerpo de la Santa quedase para siempre en Alba. Esta sentencia fue confirmada por Sixto V el 15-IV-1589. A lo largo de cuatro siglos de existencia y a pesar de las vicisitudes acaecidas en Alba con motivo de la francesada y de la guerra de liberación del 36, el convento de Santa Teresa, su sepulcro y celda donde murió se conservan intactos. Teresa de Jesús con fama de santidad ya en vida, fue venerada como verdadera santa desde el momento de su muerte. Las principales fiestas religiosas teresianas han girado en torno a su beatificación (a. 1614) y canonización (a. 1622) así como en las fechas de los respectivos centenarios y declaración solemne de su patronazgo. En 1922, con ocasión del tercer centenario de la canonización y declaración de doctora «honoris causa» por la Universidad de Salamanca, los reyes de España, D. Alfonso XIII y D.ª Victoria Eugenia, visitaron la villa de Alba, colocando a la imagen de la santa el birrete y la pluma, regalo de la nación. En 1962-1963, centenario de la primera fundación de santa Teresa, este templo y santuario teresiano fue honrado con un Año santo, circunstancia que atrajo numerosas visitas de las autoridades máximas de la Iglesia, del Estado y de la orden carmelitana, así como peregrinaciones de todas las latitudes. Durante este Año santo, la reliquia de su brazo recorrió —en medio del fervor inenarrable— toda la geografía española. El 27-IX-1970, Pablo VI le confería oficialmente el título de Doctora de la Iglesia universal, título que el mundo entero venía reconociéndole por su doctrina sublime y originalísima. Los *libros de visitas* del santuario con firmas de reyes, papas, cardenales y de gentes de diversas razas y religiones, el *tesoro artístico*, formado con las ofrendas de la casa ducal de Alba y obsequios de nobles y humildes y, sobre todo, la inacabada obra de la «*basílica teresiana*», fruto del celo apostólico del padre Cámara y del entusiasmo del pueblo salmantino, que quisieran para santa Teresa un templo nacional, son el mejor testimonio de la devoción que el mundo entero profesa a esta gran mujer y santa española. Los numerosos patronatos de la «Santa andariega» han traído hasta su templo a los grandes escritores y poetas nacionales para celebrar ante sus reliquias juntas poéticas y bellos juegos florales. Por motivos puramente religiosos acuden anualmente a venerar la memoria de la copatrona de España, el Cuerpo de Intendencia Militar, los Corredores de la propiedad inmobiliaria y los muchos institutos religiosos que militan bajo su patronazgo. Entre las efemérides religiosas y populares que la villa de Alba celebra en su honor, destacan: el 20 de septiembre, fecha de la última llegada de la santa tras la fundación de Burgos en 1582; el 4 de octubre, día de su muerte; la fiesta de la Transverberación del 25 al 27 de agosto y las grandes ferias y fiestas titulares del 14 al 22 de octubre, fechas en que el clero y pueblo de Alba y numeroso público venido de toda la provincia de Salamanca se unen para honrar a su patrona con solemnes pontificales, procesiones y distintos festejos de tipo folklórico y taurino. El santuario teresiano de Alba, nacido como tantos otros, «sin una blanca», se convierte desde la muerte de su fundadora (a. 1582) en centro nacional de peregrinación y, sin perder su primitivo sabor de humildad y sencillez, bajo la atrayente figura de la gran santa y mística española continúa irradiando en torno a sí, cual potente faro luminoso, la llama de su vitalidad humana, el tesoro de su eminente doctrina y, sobre todo, el mensaje de su encantadora santidad.

BIBL.: E. EGIDO NÚÑEZ, *Alba de Tormes*, Ma. 1968; D7, I, 235-36; *Tesoros Artísticos de España*, Ma. 1972, 58-59; EFRÉN DE LA MADRE DE DIOS y OTGER STEGGINH, *Tiempo y vida de Santa Teresa*, Ma. 1968, 424-446 y 742-772. Véase en esta obra la abundante bibliografía.

A. RIESCO

Santa Verónica, (Alicante). En el barranco de Lloxa, término de la ciudad. La tradición que recoge el hecho de la Verónica es suficientemente conocida. En Jerusalén se conserva una casa que se cree perteneció a esta piadosa dama; es la sede de la sexta estación del Vía Crucis, y está bajo la custodia de los católicos melkitas. Recogido el hecho en los evangelios apócrifos, la devoción al Santo Rostro está muy extendida en Oriente y Occidente, principalmente desde el año 1350, primer Año Santo romano. Los fieles adquirían un velo con el grabado de la Santa Faz; lo pasaban por el *Lienzo Verónico* y lo llevaban como preciosa reliquia. La devoción fue traída a Alicante por mosén Pedro Meno, sacerdote del vecino pueblo de San Juan. Una tradición cuenta que el año 1489 predicaron los padres franciscanos una misión en la parroquia del mencionado pueblo. Por ser año de gran sequía, cosa corriente por aquellas tierras, fue sacado en procesión el lienzo de la Santa Faz. Durante las rogativas tuvieron lugar tres prodigios. Al pasar la comitiva por el barranco de Lloxa, término de Alicante, el padre Villafranca, portador del Lienzo, notó un gran peso y se vio obligado a pedir ayuda. Se interpretó el hecho como voluntad divina de que allí se levantase un santuario. Así se hizo, siendo encomendada su custodia a los jerónimos. En 1518 pasó al cuidado de las clarisas que, en la actualidad, lo ocupan. El segundo prodigio fue que se vio una lágrima en la mejilla de la Santa Faz; hecho interpretado como presagio de beneficiosa lluvia. El tercer prodigio tuvo lugar cuando durante un sermón de fray Benito se vio éste de repente elevado en el aire y aparecieron tres Santas Faces. Cuando en el siglo XVIII amenazaba ruinas el primitivo monasterio, fue construido el nuevo según planos de fray Francisco de Cabezas, arquitecto de San Francisco el Grande, de Madrid. La portada, barroca, es de José Toral. En el camarín se conservan lienzos de Conchillos, con representaciones historiadas de los hechos que recogen las leyendas. En el techo están representados los instrumentos de la Pasión del Señor. En el altar mayor se conservan restos del primitivo retablo de madera del siglo XVI, destruido durante la contienda nacional. El actual, en mármol y piedra del país, fue proyectado por el arquitecto Vidal y realizado por Ripoll e Ibáñez. El relicario de plata, dorado, es obra del platero alicantino Américo y de principios del siglo XIX; encerrado en un sagrario con puerta de cristal, solo se saca en ocasión de solemnes rogativas. El jueves siguiente al segundo domingo de Pascua, el cabildo catedralicio y corporación municipal, acompañados de numerosos fieles peregrinan a pie al santuario para agradecer los beneficios recibidos durante el año. La devoción alicantina se centra en la veneración de la Santa Faz. Todos los viernes hay una hora santa.

BIBL.: M. PH. MALLOUK, *Sainte Véronique. Son Voile ou la Sainte-Face. Sa maison et son Sanctuaire. VIe Station de la Voie Douloureuse a Jesuralem*, Par. 1893; J. FABIANI, *Disertación histórico-dogmática sobre la sagrada reliquia de la Santísima Faz de Nuestro Señor Jesucristo venerada en la ciudad de Alicante*, Mu. 1763; M. MINGOT VALLS, *El romancero de la Santa Faz*, Al. 1879; G. VIDAL TUR, *Estampas verónico-levantinas*, Al. 1945; V. MARTÍNEZ MORELLA, *Información ad perpetuam rei memoriam de los milagros ocurridos en la epifanía de la Santa Faz;* Al. 1960; F. SALA SEVA, *Cateciamo de la Santa Faz*, Al. 1966.

V. MARTÍNEZ MORELLA

Santiago de Compostela, (Coruña), santuario y catedral. La diócesis de Santiago de Compostela tiene su primer santuario en su propia catedral, dedicada a Santiago el Mayor, el apóstol del Señor y hermano del evangelista Juan. Santiago de Compostela, como depositaria de las veneradas reliquias del apóstol, goza de fama mundial desde que en el siglo IX comenzó el gran flujo de las peregrinaciones, y la romería a Compostela llegó a hacerse tan importante, que Dante Alighieri pudo escribir que no se puede dar el nombre de peregrino sino al que va al sepulcro del señor Santiago. El papa Pío XII en alocución del 24-VII-1940, reiteraba este significado: «Después del tabernáculo —dice—, donde vive realmente presente, aunque invisible, Nuestro Señor Jesucristo; después de la Palestina, que conserva además del Santo Sepulcro los vestigios de su paso por aquí abajo; después de Roma, que guarda las tumbas gloriosas de los apóstoles, no hay acaso lugar al que haya acudido, a través de los siglos, un número tan grande de devotos peregrinos, como la capital histórica de Galicia, Santiago de Compostela, donde, según una tradición antigua, reposan las reliquias del apóstol Santiago el Mayor». Pablo VI en 1965 titulaba a Compostela, por lo que fue en el pasado y por lo que debe ser en el futuro, «Faro de Unidad». La base de esta fama de Compostela es la presencia en ella de los restos sagrados de Santiago. Una antigua tradición dice también que Santiago el Mayor predicó en España y concretamente en estas tierras, donde ahora se venera su sepulcro. Las referencias sobre la predicación en España comienzan en el siglo IV. Primero de una manera genérica, como es el caso de Dídimo el Ciego, que escribe: «El Espíritu Santo infundió su innegable e incontaminada sabiduría a los Apóstoles, ya al que predicó en la India, ya al que en España.» Su discípulo san Jerónimo hablaría en los mismos términos. En el siglo VII se sale de esta indeterminación y se comienza a decir claramente que el apóstol que predicó en España fue Santiago el Mayor. Así escriben, por citar a algunos, Isidoro de Sevilla, Aldhelmo de Malmesbury y los Catálogos apostólicos latinos.

La tesis de la predicación española de Santiago el Mayor se hizo universal y constante. Solo en el siglo XVI comenzaron a asomar algunas dudas, aunque sus propulsores no adujeron argumentos convincentes. Se pretendió ver en el apóstol anónimo de los escritores alejandrinos a san Pablo, cuya venida a España no parece encerrar duda alguna. Se quiso hacer ver la imposibilidad de que viniera san Pablo si antes había estado otro apóstol, porque era principio del Apóstol de las Gentes no edificar sobre fundamento ajeno. Pero, si tal decisión fuera válida de por vida, ¿cómo es que san Pablo fue a Roma, ya evangelizada, antes de venir a España, y nadie ve contradicción entre esta estancia romana y la frase paulina mencionada? Igualmente se trató de resucitar la vieja leyenda de que Cristo ordenó a los apóstoles permanecer doce años en Jerusalén antes de salir a predicar. Si esto fue verdad, Santiago no podría venir a España y morir luego en Jerusalén entre el 41 y 44. Todavía esta posibilidad tendría explicación; pero es mucho más fácil pedir que se demuestre que Cristo dio de verdad esa orden y mostrar cómo tal mandato puede compaginarse con el de ir por todo el mundo a predicar el evangelio a todos los hombres. Problema distinto del de la predicación —aunque no se explicaría bien el enterramiento, si no predicó en España— es el de la conservación de sus restos mortales en Compostela. El padre Pérez de Urbel quiso reducir todo a una pequeña reliquia traída de Mérida con ocasión de la invasión musulmana. La hipótesis fue suficientemente confutada por autorizados conocedores del tema. El apogeo de la historia del cuerpo de Santiago el Mayor comienza en el siglo IX, en los primeros años del siglo, cuando se dice que milagrosamente se le encontró. Hay quien opina, y parece que con mucha razón, que este descubrimiento de los tiempos del obispo Teodomiro y del rey Alfonso II no es sino un redescubrimiento o, hablando de modo más concreto, un descubrimiento fingido de lo que no se había olvidado o perdido nunca, con el fin de excitar la curiosidad de Europa y poner en movimiento el río peregrinal. ¿Cómo pudo llegar a Compostela el cuerpo de Santiago? La razón lógica es el deseo de enterrar a Santiago en las tierras que fueran escenario de su apostolado, sustrayendo, al mismo tiempo, su cadáver a la posible profanación de los enemigos de la Iglesia naciente. El medio, cualquiera de las naves que desde la expansión fenicia venían con frecuencia hasta las costas del Finisterre por causa de los metales de las islas Casitérides. Argumentos en favor de la verdadera autenticidad de estas reliquias: la existencia de una necrópolis cristiana en el subsuelo de la basílica, lo que prueba que, como en San Pedro y en San Pablo, de Roma, también aquí los cristianos querían enterrarse cerca de la tumba apostólica; el descubrimiento en 1879 de una cripta de factura romana; la ausencia de otros centros cristiano que se atribuyan la posesión de las reliquias; la vieja creencia de los armenios de la iglesia de Santiago, de Jerusalén de que los restos están en Compostela; y la coincidencia de la apófisis mastoidea que falta en las reliquias compostelanas con la guardada en Pistoya y que se dice ser de Santiago el Mayor. León XIII, tras minuciosos estudios de técnicos españoles e italianos, publicó en 1-XI-1884 la bula *Deus Omnipotens*, autentificadora de los sagrados restos. La Santa Sede ha venido, a través de los siglos, recomendando e indulgenciando la peregrinación compostelana. Más de 70 papas escribieron cerca de 300 documentos, muchos de los cuales se conservan en sus propios originales. Calixto II y Alejandro III concedieron el Año santo perpetuo, que tiene lugar siempre que la fiesta mayor de Santiago, 25 de julio coincide con un domingo. Con motivo del último Año santo (1971) la Santa Sede ha actualizado los privilegios e indulgencias jacobeas. La peregrinación conoce nombres famosísimos de hombres de toda condición, entre los que abundan los santos. Su fama llegó a inventar la peregrinación para Carlomagno, a vestir de peregrinos jacobitas a Cristo y a la Virgen —la Peregrina—, y a introducirse en la leyenda del «judío errante».

BIBL.: A. López Ferreiro, *Historia de la Santa A. M. Iglesia de Santiago de Compostela*, I, Sant. 1898; Z. García Villada, *Historia Eclesiástica de España*, I, 1, Ma. 1929, 27-104 y apéndices documentales, 355-79; B. Llorca, *Historia de la Iglesia Católica*, I, Ma. 1950, 121-35; F. Íñiguez, *Santiago en la Historia, la Literatura y el Arte*, I y II, Ma. 1954 (en colaboración con otros autores); M. Ríos, *Santiago de Compostela, Diócesis de:* DHEE, IV (abundante bibliografía sobre el tema). J. Precedo

Santo Niño, (Toledo) cueva-ermita. En la villa de La Guardia, partido de Ocaña, km. 81 de la carretera nacional Madrid-Cádiz, antiguo camino real de Ma-

drid, a mano izquierda de la misma y distante del pueblo algo más de 1 km., se encuentra la cueva-ermita. En ella sufrió el martirio un niño de pocos años robado en la Puerta del Perdón de la catedral toledana, llamado Juan, hijo de Alonso Pasamontes y Juana la Guindera, vecinos de Toledo. Desde la misma carretera se llega al santuario tras unos 500 ms. de empinada cuesta, en la que hay tres humilladeros o capillas, que señalan el sitio donde el santo Niño dio las tres caídas con la cruz a cuestas. El recinto sagrado es una cueva excavada en un cerro calizo y consta de una nave central y cuatro capillas laterales más reducidas. Originariamente debió ser cueva de pastores o refugio de transeúntes. Exteriormente hay una gran hospedería que primeramente fue convento de los padres trinitarios fundado por el conde de Campo Rey, D. Juan Cristóbal de Guardiola y Aragón, el 10-IX-1588 hasta que su piadoso patrono los trasladó a otro convento en medio del pueblo (1592) para una atención pastoral más amplia dejando al cuidado de la hospedería-santuario tres religiosos sacerdotes.

Aún se conserva en la primera capilla de la derecha una gran inscripción conmemorativa e interesante para la historia del santuario:

«Jvan Christoval de Gvardiola, y A/ragon, señor del estado de la Guardia. Del consejo Real/camara, y estado del Señor Rey D. Phelippe IIº. quinto nieto de D./Geraldo de Guardiola y Aragon y de Doña Aldonza de Aragon, prima de/D. Alfonso de Aragon Duque de villa hermosa, y quarto nieto de Andrés/Mateo de Guardiola y Aragón, mayordomo mayor del señor Infante de Ara-/gón D. Enrique, Capitan General (en las fronteras del Reyno de Murcia/por los Señores Reyes catholicos D. Fernando y Doña Isabel) descen-/diente por varón, de los Condes de Barcelona y Emperadores de Alema/nia y de Doña Isabel de Requesens, naturales de la Ciudad de Barce-/lona, Patrón de este Conuento y Sanctuario de la Sanctissima Trinidad/ de su villa de la Guardia, fué quien trujo los frayles de la dicha/orden a este sanctuario, por la gran deuoción que tenía con este/sanctissimo Innocente Martyr, y milagros que hizo con él. Por cuia/deuoción, fundó y edificó éste dicho sanctuario, y Conuento y dotó/ a entrambos de Rentas y Posessiones.»

Fue saqueado durante la guerra civil española (1936-1939) y destruidos el retablo, la imagen del santo así como toda la gran riqueza artística que encerraba. Unicamente se salvaron una de las ocho tablas, actualmente en el tesoro parroquial, que componían el primer retablo del altar mayor, estucada, de la escuela castellana del siglo XVI. Este retablo se mandó labrar por el arzobispo de Toledo, D. Alonso de Fonseca (1523-1534) después de visitar la cueva en 1523. Por su fecha y buena factura era de gran interés e importancia para la historia del Santo Niño. Igualmente solo se conserva una tabla del segundo retablo mayor que sustituyó en el siglo XVIII al anterior, de estilo neoclásico. Es la escena que representa la crucifixión y extracción del corazón al santo. Su culto comenzó muy pronto, pues en 1501 el pueblo lo tomó por patrono, celebrando la fiesta solemne tanto el día de los Santos Inocentes, como el 25 de marzo, hasta que en 1580, por deseo del clero y pueblo se trasladó al 25 de septiembre. En 1613 se pedía a la Congregación de Ritos, por mediación del Cabildo Catedralicio de Toledo, «licencia para rezar al inocente mártir, por lo menos en todo el arzobispado». Su culto oficial fue confirmado por el papa Pío VII en 1805. El día 8 del mes de septiembre tiene lugar el traslado procesional desde el santuario a la iglesia parroquial para la celebración de la doble fiesta, días 25 y 26, precedidas de un solemne novenario, y el 27 en romería es trasladado de nuevo a su cueva, con gran asistencia de devotos. Gran propagador de la devoción al Santo Niño fue el beato Simón de Rojas, OSST, (1552-1624). Tiene una numerosa cofradía (no se conocen estatutos) organizada y presidida por un hermano mayor. Es único, por lo típico, el «ofertorio» que tiene lugar en la plaza los dos días de la fiesta por la tarde, con reparto entre los oferentes de insignias, medallas, novenas y estampas. La imagen que se venera hoy día, así como el retablo mayor del santuario son posteriores a la contienda nacional (1948) sin mérito artístico.

BIBL.: D7, IX, 51; F. FITA, Memoria del Santo Niño de La Guardia: R59, 11(1887)135; A. PONZ, Viaje de España, 16, Ma. 1791 (ed. 1972) 23-24; M. MARTÍNEZ MORENO, Historia del martirio del Santo Niño de la Guardia, Ma. 1926, 11, 30, y 74-75; J. LÓPEZ DE AYALA-ALVAREZ DE TOLEDO, Catálogo Monumental de la provincia de Toledo, To. 1959, 145; F. CANTERA BURGOS, Año Cristiano: III, El Santo Niño de La Guardia († 1489), Ma. 1959, 780; L. MORENO NIETO, La provincia de Toledo, To. 1960, 252; F. JIMÉNEZ DE GREGORIO, Los pueblos de la provincia de Toledo hasta finalizar el siglo XVIII. Población, sociedad, economia, historia, To. 1962, I, 335; C. GUTIÉRREZ, Guardia, Niño de la: DHEE, II, Ma. 1972, 1.059-1.060; S. DE MOXÓ, Los antiguos señoríos de Toledo, To. 1973, 200; Tesoros Artísticos de España, Ma. 1973, 358.   J. M. DE MORA

Santo Toribio de Liébana, (Santander) santuario y monasterio. En el lugar de su nombre; allí se venera el *Lignum Crucis,* pero se le conoce comúnmente por Santo Toribio de Liébana. Está enclavado en uno de los profundos repliegues del monte Biorna, a 3 kms. de Potes, situado en el centro de la región lebaniega. Hoy monumento histórico artístico, es un conglomerado de estilos, testimonio de una historia multisecular. El templo es un acabado modelo de la época de transición del estilo románico al gótico, con restos de edificaciones anteriores de estilo románico. Aneja al templo hay una capilla —del siglo XVII al XVIII— en la que se venera el Lignum Crucis. El monasterio —de construcción reciente— es a la vez residencia de la Comunidad franciscana, casa de ejercicios y hospedería.

El monasterio. La fundación del primer monasterio parece remontarse a la época visigoda, bajo la advocación de san Martín. Pérez de Urbel da como cierta su existencia en el siglo VII. No obstante el primer documento histórico conservado actualmente es del año 828. Alcanzó su mayor apogeo en los siglos medievales, al ser trasladado a él el mayor trozo de cuantos existen en el mundo del Lignum Crucis. Con esta venerada reliquia llegó el cuerpo de santo Toribio de Astorga, quien había traído desde Jerusalén la santa reliquia. Por este motivo fue formado este monasterio: «la pequeña Jerusalén». En el centro de la región lebaniega, dirigiendo la vida espiritual de un gran número de cenobios que fueron surgiendo, brillaba el monasterio de San Martín, que después recibió el nombre de Santo Toribio. Fue uno de los centros monásticos y científicos más importantes de su época, conservándose en él la vida monástica hasta ser aniquilada por la «Desamortización». Desde su escritorio monacal de «Santo Toribio», defendió el beato de Liébana la ortodoxia católica, frente a la herejía adopcionista, que hacía a Cristo hijo adoptivo de Dios. Aquí puede decirse que nació la pintura española con las ilustraciones de los «Beatos»; o sea, los manuscritos del famoso «Comentario al Apocalipsis». Los dichos «Comentarios» se contaron entre los textos más apasionadamente leídos de su tiempo. Por otra parte el régimen de vida de los monjes y las ruinas que se conservan de antiguas ermitas, donde solían recogerse aquellos venerables hombres para dedicarse a la penitencia y oración, dan testimonio de austeridad y santidad de vida.

La venerable reliquia fue traída por santo Toribio durante la dominación musulmana, para colocarla en lugar seguro. Fray Prudencio Sandoval, cronista de la Orden benedictina, nos dice textualmente: «Siendo Rey de Asturias don Alonso el Católico primero de este nombre, yerno del Rey don Pelayo, se traxeron y pusieron en este monasterio las arcas santas, llenas de reliquias, con el precioso madero de la Cruz de Christo, y con ellas el cuerpo de Santo Toribio obispo de Astorga, que las traxo como dixe de Jerusalén; que esto quieren dezir las historias de Castilla, que dizen que en tiempo del Rey don Alonso se pusieron en este monasterio...» En el siglo XVI la reliquia fue serrada y colocada en forma de cruz en un relicario precioso de plata sobredorada.

Culto al Lignum Crucis. Desde el momento que llegan al monasterio de San Martín las santas reliquias y el cuerpo de santo Toribio, empieza una afluencia constante de fieles y a centrarse allí la piedad de la comarca, siendo el «Santo Madero» fuente de prodigios y milagros. La devoción a la Cruz y a santo Toribio parecen vivir estrechamente unidas. Los papas y los reyes rivalizan en conceder privilegios a «Santo Toribio». Don Eduardo Jusué, historiador concienzudo, encuentra ya indicios del culto a la Santísima Cruz en el siglo X. Sin embargo, hasta el siglo XIV no se puede comprobar documentalmente. La devoción al «Santo Madero» ha vivido siempre en la entraña misma del pueblo lebaniego y las regiones circunvecinas. Bastaría, para demostrarlo, que nos detuviéramos en la exposición de la «Vez de Santo Toribio», del «Año Santo Lebaniego» —ambos de inicio inmemorial—, de las solemnidades de Semana Santa, con la adoración de la Santa Reliquia, y de otras venerables costumbres. Y como el fervor, la afluencia y la fe de los fieles era grande, Dios no dejó de ser generoso con sus hijos. Fray A. de Yepes, en su Crónica General de la Orden de San Benito, nos decía en 1609: «Porque así como hay allí la mayor quantidad de este Santo Madero... Así son los mayores milagros los que allí se ven... Si se hubiesen de contar por menudo todos los sucesos milagrosos, era menester hacer un tratado entero...». En resumen, que «Santo Toribio de Liébana» ha sido y sigue siendo centro vivo de espiritualidad auténtica, porque en él todo habla de Dios, de Cristo y de su sangrienta Pasión.

BIBL.: P. DE SANDOVAL, Primera parte de las fundaciones de los monasterios de nuestro Padre San Benito, hechas en España, desde los tiempos del Santo... Ma. 1601; E. JUSUÉ, Monasterio de Santo Toribio de Liébana, Va. 1921; J. PÉREZ DE URBEL, Historia de la Orden Benedictina, Ma. 1941; L. SÁNCHEZ BELDA, Cartulario de Santo Toribio de Liébana, Ma. 1948; J. M. QUEIMADELOS, Ecce Lignum Crucis del Monasterio de Santo Toribio de Liébana, San. 1959; P. DE ANASAGASTI, Liébana. Reliquia y Paraíso, Bi. 1962.   A. EPELDE

Santos Cosme y Damián, (Huesca). Erigido en la concavidad de la sierra de Guara, término municipal de Panzano, partido y diócesis de Huesca. En una cueva de grandes dimensiones se veneran los santos titulares. Es propiedad de la casa de Luna y Villahermosa. Fue saqueado en el trienio 1936-1939, y despojado de sus más valiosos joyas.

BIBL.: D3, 41, 905; D7, XII, 675; R. DEL ARCO Y GARAY, Catálogo monumental de España: Huesca, Ma. 1942, 179.   IEF

Santos Mártires, Los, (Asturias). En la parroquia de Santa María de El Monte, concejo de Tapia de Casariego, partido de Luarca. Se le conoce también por *Santa María de El Monte,* nombre con que ya aparece en el siglo X, y por *Los Mártires.* El cambio de denominación arranca de 1781 cuando, por donación del obispo Agustín González Pisador, fueron llevadas al santuario las reliquias de los santos mártires Amandi Feliciano, Gaudencio y Victoria. Tres años antes la primitiva iglesia medieval había sido sustituida por un nuevo templo cuya fábrica llegó hasta nuestros días. Para la exposición de las santas reliquias se construyeron un relicario (1782) y un retablo con camarín (1785). En 1920 se adquirió un nuevo relicario en forma de custodia colocándose en él, a modo de cruz, las cuatro reliquias. A partir de la donación de estas reliquias, el santuario fue objeto de concurridas y frecuentes peregrinaciones procedentes del occidente asturiano y del oriente gallego, al extenderse la fama de curaciones milagrosas por intercesión de los santos Mártires; numerosos exvotos fueron depositándose en el templo. Al mismo tiempo continuaba profesándose en la iglesia gran devoción a la Virgen María. El día más señalado del año era el segundo domingo después del 15 de agosto, en el que, tras los actos religiosos de la mañana, se celebraba una concurrida y muy popular romería. Pretextando dificultades de acceso al lugar, que por entonces eran relativamente ciertas por carecer de la actual carretera, en 1959 se desmanteló el templo y el culto se trasladó a una capilla que se había construido en 1929 en La Roda y en la que está actualmente instalada la parroquia, que, de Santa María del Monte, ha pasado a llamarse de Santa María de la Roda. El antiguo templo perdura, pero la devoción a Los Mártires prácticamente se perdió, aun cuando todavía se celebra la tradicional fiesta y romería anual.

BIBL.: D, 7, XI, 530-33; Alvarez Amandi, *Tapia:* Asturias, III, Gijón 1900, 223; ES 37, 350; J. L. Pérez de Castro, *El santuario de El Monte y las reliquias de los Santos Mártires:* R52, 27(1972)547-588; id., *Monte, Santa María del:* Gran Enciclopedia Asturiana, X, Gijón 1972, 84. B. Arce

Santuario Nacional de la Gran Promesa, (Valladolid). Es la misma iglesia, ornamentada y consagrada en 1941, del antiguo Colegio de San Ambrosio que la Compañía de Jesús, provincia de Castilla, tenía en Valladolid para los estudios superiores de sus miembros, en los siglos XVII y XVIII. En este colegio enseñó el padre Francisco Suárez.

La razón histórica de este alto destino de la iglesia de San Ambrosio, «el Paray le Monial español», está en haber sido elegida por el Señor para la manifestación sobrenatural de sus designios sobre el culto y devoción a su Corazón, en España. Como allí a santa Margarita, aquí a dos escolares jesuitas, estudiantes de Teología: al padre Agustín de Cardaveraz, de 1726 a 1729, y al padre Bernardo Francisco de Hoyos, de 1730 a 1735; especialmente el 1733, que puede decirse «el del Sagrado Corazón en España» (Uriarte, 149), centrado en el padre Hoyos, ausente ya, en Bilbao, el padre Cardaveraz. Estos dos fueron los confidentes del Señor en San Ambrosio, de Valladolid. Hoyos, además, elegido del Señor para difundir la nueva devoción en España, respaldado por otros graves varones que en aquel colegio tenía la Compañía de Jesús: el padre Loyola, el padre Rávago (confesor del rey Fernando VI), Manuel de Prado, Fernando de Morales, Pedro de Calatayud...

La Gran Promesa. Muchas fueron las apariciones, visiones y confidencias de Cristo a Bernardo de Hoyos en la iglesia del Colegio de San Ambrosio. La que hoy da nombre al santuario es la que tuvo lugar el 14-V-1733, fiesta de la Ascensión del Señor, «después de comulgar». «Dióseme a entender que no se me daban a gustar las riquezas de este Corazón para mí solo, sino que, por mí, las gustasen otros.» «Y pidiendo [yo] esta fiesta en especialidad para España, en que ni aun memoria hay de ella, me dijo Jesús: Reinaré en España y con más veneración que en otras muchas partes.» El texto del padre Hoyos tiene como transmisor para nosotros al padre Juan de Loyola, su director espiritual y confidente según la *Vida* manuscrita. En

ediciones posteriores de *El tesoro escondido,* el transmisor del texto redacta así: «...y con más veneración que en *otras* partes», suprimiendo la palabra *muchas.* En uno u otro texto, el sentido es de gran expresión para España, y solo obliga a cuidar cualquier interpretación de universalidad exclusiva que llegase a decir «que en *todas* partes». Hoy se ha admitido usualmente, «con más veneración que en *otras* partes». (Uriarte, *Vida,* III, I, 251, nota). No hay en el texto expresión directa que signifique promesa, sino una afirmación de futuro (o profecía), que la expresa indirecta e implícitamente. En una u otra significación, el efecto de las palabras del Señor a Bernardo de Hoyos, es el mismo: la seguridad que el Señor da a Bernardo de la extensión de la devoción nueva a toda España, con más veneración que en otras partes.

El santuario nacional. En San Ambrosio (capilla de las Congregaciones marianas, aneja a la iglesia) se había celebrado el primer acto de culto público al Corazón de Cristo en esta modalidad de devoción, con la novena pública, aprobada por el obispo de Valladolid D. Julián Domínguez de Toledo, del 9 al 17-VI-1735. El padre Hoyos da la razón de haberse elegido esta iglesia: «fue ésta, según el buen Jesús me la declaró: haber sido en este colegio donde había descubierto la primera vez en estos tiempos a España este tesoro escondido, así a mí como al padre Agustín» [de Cardaveraz] (J. de Loyola, *Vida,* 354).

El arzobispo Gandásegui. El 24-VI-1923, había colocado y bendecido una estatua del Sagrado Corazón de Jesús sobre la torre única del inacabado edificio de la catedral. El 30-I-1931 firmaba el cardenal primado, D. Pedro Segura, su carta al arzobispo de Valladolid D. Remigio Gandásegui y Gorrochátegui, comunicándole la elección de esta ciudad para el IV Congreso eucarístico nacional, en la que apuntaba, como motivo, al ser ésta la «ciudad de la gran promesa del Sagrado Corazón de Jesús a nuestra amadísima España», y la que «guarda el preciadísimo tesoro de la iglesia de San Ambrosio». Congreso aplazado por las circunstancias creadas a la Iglesia en España, en ese mismo año.

La ocasión para ocuparse el arzobispo Gandásegui del templo de San Ambrosio, entonces parroquia de San Esteban, de propiedad de la diócesis, fue el centenario de la Gran Promesa, 1733-1933. El 15-V-1932, una exhortación pastoral planteaba la celebración centenaria, con alusiones a «la Gran Promesa», denominación ya irreversible de las palabras de Cristo a Bernardo de Hoyos: «Reinaré en España»... El 26-XII-1932, nueva exhortación pastoral para organizar los cultos y peregrinaciones del centenario el año siguiente, 1933, que coincide con el centenario de la Redención. El arzobispo hace un llamamiento a los prelados de las diócesis y a todos los fieles de España, en orden a convertir el antiguo templo de San Ambrosio en «Santuario Nacional del Sagrado Corazón de Jesús» en España. No aparece aún la denominación de Santuario Nacional de la Gran Promesa. Esa iglesia parroquial de San Esteban, dice, «en su ornato actual, es completamente inadaptada para el grandioso acontecimiento que conmemora y para la profunda significación que encierra»; debe responder «al hecho sobrenatural que allí palpita». Pide para ello la colaboración de España. Por lo mismo, el 24 de junio del año centenario, organiza las Juntas para allegar fondos y fomentar las peregrinaciones, ...haciendo del templo de San Ambrosio, hoy San Esteban..., un Santuario Nacional, correlativo a la promesa «Reinaré en España», el «Santuario Nacional del Sagrado Corazón de Jesús». Se funda la revista del centenario «La Gran Promesa», que cesará con el año, para dar lugar a la revista «Reinaré en España» con carácter permanente.

La aprobación del papa. El 4-VIII-1933, se dirige el

arzobispo al papa Pío XI, informándole del proyecto de convertir la iglesia de San Ambrosio en templo nacional expiatorio. Le expone la adhesión prestada por todos los prelados españoles, y la «honda sacudida en toda España» que produjo el centenario de la Gran Promesa; y pide al papa «con toda el ansia de mi corazón», una especial bendición para la obra comenzada. Ocho días después, el 12 de agosto, el cardenal Pacelli, secretario de Estado, escribe al arzobispo, enviando la anhelada bendición pontificia, para que «no tan solo la grey confiada a tus cuidados, sino también España entera te ayude...» El 15 de septiembre el arzobispo comunica a los fieles el texto de la bendición pontificia, y señala el día 17 de octubre, fiesta de santa Margarita María de Alacoque, para dar comienzo a los trabajos del templo de San Ambrosio; «el Paray le Monial español», dice el prelado. El día 1 de marzo, formaliza el encargo de la nueva ornamentación del templo al sacerdote escultor y orfebre, D. Félix Granda, quien tiene casi a punto sus obras como para poderse inaugurar el Santuario, según los deseos e impaciencias del ardiente prelado, en marzo de 1936. Fechas estas que justifican el parón violento de todo el proyecto, en Valladolid y en Madrid (talleres Granda), durante tres años. El 16-V-1937, moría el arzobispo Gandásegui, dejando terminadas las obras en el edificio del templo, y con noticias ciertas de que toda la obra de los talleres Granda, en Madrid, se había salvado de los peligros de la guerra.

El arzobispo D. Antonio García. En esos años, 1933-1937, los prelados, las instituciones, el clero, los católicos españoles, habían ido respondiendo con inusitado fervor religioso y alto desprendimiento a las llamadas del prelado Gandásegui. Especial complacencia le produjo la generosa colaboración que le prestaron las provincias vascongadas, de donde él era oriundo, nacido en Galdácano (Vizcaya). De las mismas provincias procedía el primer confidente del Señor en San Ambrosio, de Valladolid, el padre Cardaveraz, nacido en Hernani (Guipúzcoa) el 28-XII-1703.

Como sucesor del arzobispo Gandásegui llegaba a Valladolid trasladado de Túy, D. Antonio García y García, nacido en Bullas (Murcia). Inmediatamente asumió con decisión el proyecto de su antecesor. El 18-VII-1939, conseguida ya la paz en España, hacía su primer llamamiento a los católicos españoles para continuar y dar remate a la obra comenzada, fijando ya la denominación de «Santuario Nacional de la Gran Promesa». De los años 1939 al 1941 se completaba la ornamentación de la antigua iglesia de San Ambrosio, entonces aún parroquia de San Esteban. El prelado se decide a dar los pasos previos para el remate final de la obra e inauguración del Santuario Nacional. Al efecto, dirige un segundo llamamiento a los católicos españoles el 6-VI-1941, en cuyo texto cita una carta del Nuncio Apostólico, monseñor Cicognani en la que éste le dice: «el momento es oportunísimo»; y traza ya los objetivos del culto litúrgico en el templo y de propaganda de la devoción al Sagrado Corazón de Cristo con la creación de una biblioteca especializada y un museo. En este llamamiento anuncia ya la inauguración del Santuario.

El día 13-VI-1941 firmaba el decreto de supresión de la parroquia de San Esteban. El día 15 consagraba el templo, como Santuario Nacional de la Gran Promesa, dedicado al Sagrado Corazón de Jesús. El día 20, viernes, festividad del Sagrado Corazón, tenía lugar la solemne inauguración del santuario. En la misa ofició el Nuncio Apostólico, monseñor Gaetano Cicognani; representó al Jefe del Estado, el ministro de Justicia; asistieron los arzobispos de Burgos y Granada; los obispos sufragáneos de Valladolid (Astorga, Salamanca, Segovia, Avila y Ciudad Rodrigo), los de Burgos

de Osma, León y Málaga; y los abades mitrados de Dueñas y Cóbreces.

El papa Pío XII. El 11-VI-1941, el arzobispo había elevado un mensaje al papa, al que contestó Su Santidad el día 17 en radiograma del secretario de Estado, cardenal Maglione: «gozoso de ver la inauguración del Templo Nacional Expiatorio que España entera ha erigido para culto del Rey Divino, el Santo Padre unido espiritualmente al católico pueblo español, implora del Sagrado Corazón dilate en España su amoroso reinado...» (Bol. Ecles., Valladolid, [1941] 166).

Las palabras «que España entera ha erigido» eran un hecho. El entusiasmo religioso nacional que suscitó el proyecto en sus dos etapas tuvo también su manifestación en las aportaciones a la ornamentación litúrgica del templo. Contribuyeron los prelados y sacerdotes españoles, los seminaristas, las parroquias de España, las asociaciones eucarísticas y fieles en general. Asimismo, los organismos civiles de la administración del Estado, nacionales, provinciales y locales. Todos quedan documentados en sus aportaciones a la obra, así de la capilla mayor, como de las dos laterales del crucero: el altar a Jesucristo Rey de los Mártires y el de la Virgen del Pilar.

Proyección al mundo hispánico. El arzobispo D. Antonio García y García hace un tercer llamamiento a los católicos españoles e hispano-americanos por Radio Nacional de España *(Reinaré*, 1948, 169 ss.). En él hace una interpretación de la Gran Promesa extensiva a lo que era «la España de 1733» en el texto del padre Hoyos: el mundo hispánico de Occidente, Hispanoamérica y el de Oriente, Filipinas. Entendida así la Gran Promesa, el Santuario Nacional de Valladolid se proyecta, asimismo, hacia esos países, que son, o fueron, de habla española. Para ellos habían pedido también los reyes de España, al papa, el oficio y misa del Sagrado Corazón. Así Fernando VII al papa Pío VII, «extendi ad omnia regna et ditiones... Maiestatis suae» (Bula, 7 dic. 1815: Uriarte, 416), palabras regias aludidas por el arzobispo D. Antonio García; y antes ya, a 10-III-1727, reciente la muerte del padre Hoyos (29-XI-1735), el rey Felipe V, lo había suplicado al papa Benedicto XIII «para todos mis Reynos y Dominios» (Texto en *Tesoro escondido*, edic. 1727).

En consecuencia, el arzobispo de Valladolid se dirige a los de Méjico y Filipinas en orden a incorporar al Santuario Nacional la devoción mejicana a la Virgen de Guadalupe y la filipina a la Virgen de Antipolo. La respuesta inmediata de los dos prelados de Ultramar, tuvo por resultado que el de Manila enviaba a su obispo auxiliar a Valladolid, portador de una imagen de la Virgen de la Paz y Buen Viaje de Antipolo, que fue colocada en una capilla lateral del Santuario el 27-V-1951. El de Méjico pudo trasladarse en persona a Valladolid, portador, asimismo, de una imagen de Guadalupe, colocada en otra capilla lateral el 24 de octubre del mismo año.

El monumento del mundo hispánico. Sin embargo, seguía adelante desde 1941 el grandioso proyecto de construir, en unidad arquitectónica, el monumento del Mundo Hispánico a los Sagrados Corazones de Jesús y de María, con un centro de estudios y de propaganda. Lo anunciaba el arzobispo de Valladolid en octubre de 1941. Se gestionaba y conseguía del municipio y del Ministerio de Hacienda, la cesión al Santuario Nacional de todos los solares que, propiedad del Estado en esas fechas, habían pertenecido al Colegio de San Ambrosio de la Compañía de Jesús. Se había encargado el proyecto al arquitecto D. Antonio Palacios, que lo tenía a punto en 1944, y lo entregó a su discípulo y continuador D. Pascual Bravo. Se encargó la maqueta, de grandes proporciones al técnico austriaco, de Salzburgo, residente en España, D. Rodolfo Etzelsdorfer Schadmayer, que fue expuesta en Madrid al público. El 25-I-1945 el arzobispo hacía presentación y descripción del proyecto al Jefe del Estado. Simultáneamente el arzobispo (8-VI-1945) firmaba el decreto por el que constituía en Tordesillas el convento de carmelitas descalzas de Santa Teresa, vinculado al Santuario Nacional como retiro de oración para los fines espirituales de tan alta empresa: el Carmelo de Cristo Rey. En una parte de los solares de San Ambrosio se ha construido un amplio edificio destinado a una obra benéfica, «La Obra Social del Santuario Nacional» para sordomudos y minusválidos, tarea de gran empeño del actual rector del Santuario Nacional.

BIBL.: Boletín Eclesiástico de Arzobispado de Valladolid, años 1931-1951; Revista la Gran Promesa, año 1933; Revista Reinaré en España, años 1934-1951; *El Santuario Nacional de la Gran Promesa*, Ma. 1963; J. DE LOYOLA, *Vida del P. Bernardo F. de Hoyos*, Bi. 1913; J. E. URIARTE, *Principios del reinado del Corazón de Jesús en España*, Ma. 1880; *Vallisoletana beatificatio et canonizatio servi Dei P. Bernardi F. de Hoyos. Positio Super introductione cause*, Ro. 1913.　　V. RODRÍGUEZ VALENCIA

Saz o Sauce, *Nuestra Señora del*, (Guadalajara). A unos 4 kms. de Alhóndiga, entre los términos del mismo y de Fuentelencina, partido de Sacedón, dentro de un gran circo de pinos y encinas que también forman parte del santuario. Parece que la Virgen se apareció sobre el tronco de un sauce, el cual todavía se conserva debajo del trono de la imagen. En las *Relaciones topográficas* se habla de la ermita, y se dice que era mantenida con las limosnas de los fieles. Hubo un pleito entre los vecinos de Alhóndiga y los de Fuentelencina, por la posesión de la imagen debido al emplazamiento del santuario; este hecho se perpetuó en un cuadro que se conocía con el nombre de *Los jueces*. Se le atribuyen muchos milagros, entre los que destaca uno ocurrido el 9-IX-1855 y del que se hizo eco la prensa local: en unas inundaciones de Alcocer se salvaron de forma prodigiosa una anciana y su nieta, cosa que se atribuyó a la Virgen del Saz. El templo es de mediados del siglo XVI y cuenta con casa para el santero y dependencias para animales. Consta, por la documentación, que ya en el siglo XVII se reunían en el santuario las justicias de Auñón y de Alhóndiga cuando dirimían alguna cuestión de límites. La devoción popular está plasmada en una gran cantidad de canciones del folklore regional que aluden al santuario o impetran ayuda de la Virgen. Tiene novena publicada. Celebra dos festividades: una, el día 8 de septiembre, como fiesta patronal y, otra, el segundo día de Pentecostés, instituida en 1833 como agradecimiento por haberse librado Alhóndiga de la epidemia de cólera que asoló la región.

BIBL.: Archivo parroquial de Alhóndiga: *Libros de cuentas*; J. CATALINA GARCÍA, *Relaciones topográficas. Provincia de Guadalajara*: Memorial histórico español, 41, Ma. 1903, 240; J. GARCÍA PERDICES, *Cual aurora naciente (Advocaciones marianas de Guadalajara)*, Gua. 1974, 13-15.　　V. GARCÍA LOBO

Sepulcro, El, (Toledo). En la Guardia donde se le conoce también por el nombre de *San Isidro*. Es el tercer santuario vinculado a la historia del Santo Niño de la Guardia. De dimensiones reducidas, debe su nombre al hecho de que en su recinto fue sepultado el pequeño mártir. Por este motivo fue erigido en su memoria. A 500 ms. de éste se encontraba otro santuario, Santa María de Pera, desaparecido. Actualmente abandonado y a punto de desaparecer, todavía se divisa su silueta desde la carretera Madrid-Cádiz. Saqueado en el 1936 los labradores del pueblo lo adecentaron y colocaron en el altar una imagen de san Isidro (1940). Todos los años se celebraba romería el 15 de mayo.

BIBL.: D7, IX, 51; M. MARTÍNEZ MORENO, *Historia del Martirio del Santo Niño de la Guardia*, Ma. 1926: 10-11, 51 y 75; L. MORENO NIETO, *La provincia de Toledo*, To. 1960, 251; F. JIMÉNEZ DE GREGORIO, *Los pueblos de la provincia de Toledo hasta finalizar el siglo XVIII. Población, sociedad, economía, historia*, I, To. 1962, 335.　　J. M. DE MORA

Sequeros, *Virgen de los*, (Cáceres). En la villa de Zarzosa, partido de Alcántara y diócesis de Coria-Cáceres. Al este de la villa y a 1.500 ms. de la parroquia, existe este santuario que corresponde a otro anterior de fecha desconocida, y al que la tradición atribuye una antigüedad considerable. El actual fue construido en 1633; esta fecha está grabada en una inscripción en el dintel de la puerta principal. La imagen parece que perteneció al antiguo templo por lo que se considera muy antigua.

BIBL.: *Santuario de la Virgen de los Sequeros*: R17, 15 (1929)187.　　A. DIEZ

Sierra, *Santa María de la*, (Segovia). En Sotosalbos, partido de Segovia. A 3 kms. del pueblo, en la falda occidental de la montaña de Guadarrama, existió la ermita bajo esta advocación, de la que apenas quedan restos. Su estructura era románica y debió levantarse en el primer cuarto del siglo XIII. De 40 ms. de longitud y 19 de anchura total interior. Constaba de tres naves, con cinco tramos cada una de ellas, sin crucero y terminadas a Oriente en otros tantos ábsides semicirculares. Cubrían las naves y los tramos rectos bóvedas de medio cañón agudo sobre arcos fajones y los ábsides con otras de cuarto de esfera. La imagen, talla del siglo XII, trasladada a la parroquial de San Miguel Arcángel, es igualmente de estilo románico. Perteneció a la Orden de san Benito.

BIBL.: D7, XIV, 521; L. TORRES BALBÁS, *La iglesia del monasterio de Nuestra Señora de la Sierra (Segovia)*: R26, 18(1945)73-83; E. DEL BARRIO MARINAS, *La Santísima Virgen en Segovia*, Seg. 1954, 95-97; *Tesoros Artísticos de España*, Ma. 1973, 569.　　J. M. DE MORA

Socorro, *Nuestra Señora del*, (León). En Valderas, partido de Valencia de Don Juan, diócesis de León. En el convento de carmelitas descalzos, se venera la imagen de Nuestra Señora del Socorro. Antiguamente fue palacio del marqués de Astorga, que lo cedió a los religiosos. La iglesia es de una sola nave y la capilla de Nuestra Señora del Socorro es de estilo bizantino, con camarín y una magnífica sillería de nogal.

BIBL.: D7, XV, 290; D3, 66, 489.　　A. DIEZ

Soledad, *Nuestra Señora de la*, (Toledo). En las inmediaciones de La Puebla de Montalbán, partido de Torrijos, arciprestazgo de Torrijos-Escalona, levantado junto a la antigua ermita de San Sebastián, hoy desaparecida, entre los años 1733-1743. Edificio de excelente fábrica y proporciones majestuosas, de ladrillo y sillería, está rematado por un capitel en impresionante aguja. En 1825 reparó parte de la bóveda con el chapitel el arquitecto toledano Eugenio Antonio Alemán y en 1879 Enrique Repullés Vargas, arquitecto de Madrid, intervino en el arreglo de una peligrosa grieta en la fachada. Representativo del mejor barroco toledano, mide 80 varas de altura y en las pechinas, decoradas según el gusto de la época, están representadas, al fresco, las mujeres fuertes de Judea: Ester, Judit, Abigail y Raquel, obra de los hermanos Luis y Alejandro González Velázquez, académicos de la de San Fernando y pintores de cámara de Fernando VI y Carlos III, en 1741 y 1742 según puede leerse en una inscripción sobre la cornisa. Igualmente es obra suya la pintura del altar mayor que ostenta la titular de la advocación. Importó la obra de fábrica 300.000 ducados, ejecución del maestro Tomás de Talavera, vecino de Toledo. Custodia además un óleo, san Pedro apóstol, firmado por José de Ribera el año 1635; un apostolado, regalo del obispo Cepeda, quien costeó la mayor parte de las pinturas, y su hermano Francisco corrió con los demás gastos al fundar una capellanía. Existe además un Cristo yacente, conocido por el «Santo Sepulcro», talla pintada del siglo XVIII. La imagen de Nuestra Señora de la Soledad se veneraba en la ermita de Benzejena, de la que pasó, al destruírse ésta, a la de Ronda, si hemos de fiarnos de una nota de D. Cristóbal Valera Barroso, notario del Santo Oficio y capellán en 1623. Gozaba fama de milagrosa y se la denominaba del «Buen Suceso».

BIBL.: J. LÓPEZ DE AYALA-ÁLVAREZ DE TOLEDO, *Catálogo Monumental de la provincia de Toledo*, To. 1959, 247-248; L. MORENO NIETO, *La provincia de Toledo*, To. 1960, 502; F. JIMÉNEZ DE GREGORIO, *Los pueblos de la provincia de Toledo hasta finalizar el siglo XVIII. Población, sociedad, economía, historia*, II, To. 1966, 252; A. Y M. FLAMENT, *Provincia de Toledo*, León 1969, 147-148, lám. 139; *Tesoros Artísticos de España*, Ma. 1973, 362; R. LÓPEZ GARCÍA, *La ermita de Nuestra Señora de la Soledad en Puebla de Montalbán*: R26, 25(1952)290-291. J. M. DE MORA

Sonsoles, *Nuestra Señora de*, (Avila) A 4 kms. de la ciudad. Emplazado en las estribaciones de La Paramera, domina el Valle de Amblés, que le separa de la ciudad. En un amplio recinto de piedra se encuentran la ermita y varias dependencias. Como entrada al circuito existe un alto cuerpo de albañilería, a modo de frontón, construido en 1612. Escudos de dos soles por doquier. Todo el conjunto de la ermita es de estilo renacentista, aunque existan algunas reminiscencias del arte ojiva en las bóvedas. Fue construido el actual santuario a finales del siglo XV.

Culto a Nuestra Señora de Sonsoles. No existen fehacientes documentos antiguos acerca del culto a la Virgen de Sonsoles. Los accidentados tiempos de la Reconquista, quizá expliquen la ausencia de documentación. Avila fue durante largo tiempo «zona de nadie» entre cristianos y musulmanes. Sometida, por tanto, a frecuentes y devastadoras razzias por uno y otro bando. El licenciado Bartolomé Fernández de Valencia, en su «Historia sagrada sobre la imagen de Sonsoles», escrita en 1686, se lamenta de esta falta de sólida documentación «debido a los adversos accidentes del tiempo». Será, pues, en el campo de la tradición en el que nos tendremos que mover, al referirnos a lejanos tiempos. En la Memoria escrita en 1908 para el Congreso mariano de Zaragoza, afirmaba D. Valentín Picatoste que es inútil buscar antecedentes relativos a la imagen en los primeros tiempos. Es necesario salvar todo el período de tres siglos que dura la monarquía visigótica y llegar al de la reconquista para recoger la tradición de la Virgen de Sonsoles. Con Alfonso V el Noble (999-1028) fue liberada esta zona abulense. A la muerte de Almanzor empieza a ser repoblada. Cuando Alfonso VI conquista Toledo en 1085, bajo la dirección de su yerno el conde Raimundo de Borgoña, la ciudad de Avila conoce años de constructiva actividad. Reparación de algunos templos, construcción de los más, fundación de monasterios, reorganización de la vida cristiana, entusiasmo religioso en la ciudad. Quizá en esta época fuera encontrada la imagen de la Virgen de Sonsoles, aunque con nombre diverso.

En el siglo XVII el cronista abulense Gil González Dávila afirma que la imagen de la Virgen de Sonsoles es de remota antigüedad. Varios son los autores de ese siglo que dicen que «es en todo parecida a la de Atocha, Valvanera y del Sagrario en Toledo, estando sentada en cátedra o silla». Es tradición que la Virgen se apareció en el montículo, donde hoy se encuentra el santuario, a unos pastores, quienes, asombrados por los resplandores que circundaban a la Virgen y al Niño, exclamaron: ¡Son soles! Tal expresión sería el origen de la advocación: Nuestra Señora de Sonsoles. Refieren

otros que el sitio en que estaba oculta la talla de la Virgen fue revelado a un monje, con encargo de comunicárselo al rey a fin de que viniese a reconquistar la ciudad en poder de los musulmanes. Lograda la victoria y realizadas las excavaciones, apareció la imagen con el Niño en los brazos y entre dos soles. Debió crecer rápidamente la devoción. Aumentaron las donaciones. Al siglo XVII pertenecen estas frases: «De esta manera iba creciendo la devoción; las limosnas y dádivas eran mayores; la asistencia continua y el fervor de cuantos venían a ver y visitar a esta Soberana Señora más encendido... Volaba la fama de tanta numerosidad de milagros por diversas partes; y de todas ellas acudían innumerables personas a venerar la sagrada imagen y a presentar humildes sus peticiones y súplicas.» Entre los muchos «milagros» atribuidos a su intercesión figura uno correspondiente al año 1396. Clemente VII, en Bula de 1526, afirma que son muchos los milagros que Dios ha hecho y hace cada día en este santuario. En las Actas capitulares del Archivo Catedralicio hay frecuentes referencias a solemnes rogativas para pedir la lluvia, trasladada a la catedral la venerada imagen de la Virgen de Sonsoles. Desde antiguo se viene observando un minucioso ritual por el cabildo, patronato y ayuntamiento. Algunas de estas solemnes rogativas se hacían a petición de organismos extradiocesanos. Por ejemplo, en 1635 a petición del cabildo y del corregidor de Toledo. Muchos fueron sus devotos, de toda edad, rango y condición. Nada queda de las múltiples y valiosas donaciones, tan solo referencia. Las tropas napoleónicas nos han privado de tan fehaciente testimonio de piedad y devoción a Nuestra Señora de Sonsoles.

Patronato y cofradías. Según afirma el cronista del siglo XVII Fernández de Valencia, el día 3-V-1480 Andrés Díaz comunicó al prelado abulense Alfonso de Fonseca que «los días pasados, él y otros fueron a la Santa María de Sonsoles... e que movidos del servicio de Dios y de la bienaventurada Virgen... fablaron de hacer en ella una Hermandad y Cofradía... e que los cofrades administrarían e repararían la dicha Iglesia..., que el fundarla sería muy grato a la Majestad Divina y muy del gusto de los Señores Reyes Católicos, del Señor Obispo y de todo el cristiano pueblo...».

Admitida esta petición, es instituida la cofradía. Rápidamente ingresan en ella «no solo familias de nobleza sino cuanto significaba fuerza viva o autoridad en la población y pudo recoger gran cantidad de limosnas en especie».

Muy pronto se desarrolló pujante el aspecto caritativo y de ayuda al necesitado. «Determinaron los cofrades que se levantase una hospedería muy capaz.» Surgió así el Hospital de Peregrinos de Nuestra Señora de Sonsoles en 1500. La bula de Clemente VII unía el 22-V-1626 dicho Hospital de Peregrinos y la Cofradía de Nuestra Señora de Sonsoles. Su caritativa y social actividad ha sido muy notable en siglos pasados. Ya en nuestro tiempo, Pío XI concedió la coronación canónica a la sagrada imagen de la Virgen de Sonsoles. Tan solemne ceremonia fue llevada a cabo por el prelado diocesano doctor Plá y Deniel en la catedral el 15-VIII-1934. Veinte años más tarde, 15-VIII-1954, el obispo doctor Moro Briz, a petición del pueblo abulense, elevó a la categoría de diocesano el santuario de Nuestra Señora de Sonsoles. Reformado ya varias veces el Reglamento del Patronato, lo ha sido nuevamente el año 1969, en conformidad con las orientaciones del momento postconciliar.

En él se determina que la fiesta principal sea celebrada el primer domingo de julio, señalándose también como especial fiesta el 15 de agosto, aniversario de la coronación. Durante el mes de octubre tienen lugar populares y concurridas fiestas en honor de la Virgen de Sonsoles.

La Cofradía de la Sierrecilla, que agrupa a varios pueblos, celebra su fiesta con el nombre de Ofrenda Chica, el primer domingo de octubre. Al domingo siguiente lo hace la Cofradía del Valle de Amblés, con la denominación de Ofrenda Grande. Es la más famosa y concurrida. El pueblo de La Colilla honra a la Virgen de Sonsoles el tercer domingo de octubre. Desde el año 1969 la nueva parroquia de Madrid, dedicada a Nuestra Señora de Sonsoles, celebra en este santuario abulense devotos actos religiosos en honor de la Divina Serrana durante el último domingo de mayo. De esta manera la advocación de Nuestra Señora de Sonsoles tiene fieles devotos fuera de los límites de la provincia. Es la advocación mariana más popular y extendida en la diócesis. La visita a su santuario es cada vez más frecuente y numerosa.

BIBL.: *Historia de Nuestra Señora de Sonsoles*, Av. 1930; *Crónica de la coronación canónica:* Boletín Oficial Eclesiástico de la diócesis de Avila, 45(1934)427-34; *Nuestra Señora de Sonsoles:* Anuario Católico Español, II, Ma. 1956, 414.　　　　　　　　　　　A. SÁNCHEZ

Sopetrán, *Nuestra Señora de*, (Cáceres). En la villa de Almoharín, partido de Montánchez, diócesis de Plasencia. Moreno Cebada dice que nada se puede asegurar históricamente ya que no se conocen documentos. Madoz, sin embargo, da como fecha de edificación de la ermita el año 1732. La tradición la sitúa unos siglos antes, relacionándola con la batalla que sostuvo el príncipe Hali-Maimón, hijo tercero de Almenón de Toledo contra los cristianos hacia el año 1050 en los campos de Baraona; tradición similar a la de su homónimo de Guadalajara. Desde tiempos remotos el ayuntamiento celebraba su festividad el segundo día de pascua de Resurrección, llamada «función de la candela» por la vela que cada cofrade llevaba en la procesión. También se celebraba otra fiesta con romería el jueves anterior a la Ascensión del Señor. Se conoce una bula de León IX concediendo jubileo a los fieles que visitaban el santuario. Los domingos y viernes de cuaresma es visitada por peregrinos penitentes. Los favores atribuidos a la Virgen de esta advocación son innumerables. El templo es de forma rectangular y de una sola nave con cúpula de media naranja. En los cuatro ángulos de ésta hay pintados cuatro doctores. El retablo central es de estilo churrigueresco, así como los dos laterales dedicados a santa Ana y a san Bartolomé apóstol.

BIBL.: D7, IX, 594; D3, 28, 2.542; J. J. GONZÁLEZ Y GÓMEZ, *Estudio histórico-descriptivo de la Santísima Virgen María que con el título de Sopetrán se venera en su ermita de la villa de Almoharín (provincia de Cáceres) y monografía de dicha villa*, Se. 1898; E. MORENO CEBADA, *Glorias Religiosas de España*, II, Ba.-Ma. 1867, 65-72; *Tesoros Artísticos de España*, Ma. 1973, 85.　　　　　　A. DIEZ

Sopetrán, *Nuestra Señora de*, (Guadalajara) santuario y monasterio. En el valle de Solanillos, junto al pueblo de Torre del Burgo, partido de Brihuega. Las primeras noticias datan del año 461. Chindasvinto lo reformó, siendo destruido por los árabes en el año 728. Fue monasterio mozárabe desde el año 847 hasta el 1035. Según una leyenda y con ocasión de un hecho prodigioso fue construida una nueva ermita que desaparece en el año 1102. Según dicha leyenda, Hali-Maymón, hijo del rey moro de Toledo, hizo prisioneros a muchos cristiano que con valentía soportaron las torturas. Encadenados los conducía a Toledo para presentarlos a su padre como botín. Se detuvieron en el valle de Solanillos para descansar. Aquí se les apareció la Virgen en la copa de una higuera, rodeada de ángeles. Ante su hermosura quedaron los moros deslumbrados y libres de sus sufrimientos los cristianos. Impresionado Halí se convierte al cristianismo y la Virgen le indica lo que

debe hacer. Añade la leyenda que la misma Virgen le bautiza imponiéndole el nombre de Pedro y ordenándole que visite al Romano Pontífice. Para perpetuar este hecho se edificó una ermita con la advocación de Nuestra Señora Santa María y el nombre de su siervo «Petrán», de donde viene el actual nombre de Santa María de Sopetrán. Está patente en documentos la devoción de prelados, monarcas y nobles españoles a la imagen venerada en dicha ermita. La primitiva imagen era gótica, estante, con una higuera por trono, y tallada hacia 1434 en Flandes. Fue destruida en 1936. En el siglo XV, la familia de los Mendoza mandó construir el monasterio de Sopetrán, sobre las ruinas de una antigua abadía benedictina. La iglesia del mismo era de una sola nave, muy alargada, con capillas laterales y ancho crucero cubierto por una cúpula de tracería gótica. Actualmente se conservan la cabecera de la iglesia, de finales del siglo XV, en estado ruinoso, y un claustro renacentista, de influencia herreriana.

BIBL.: D7, XIV, 446; A. VERGÉS, *Sopetrán, Nuestra Señora (Guadalajara):* DHEE, III, Ma. 1973, 1677; A. DE HEREDIA, *Historia del Ilustrísimo monasterio de Nuestra Señora de Sopetrán*, Ma. 1676; B. DE ARCE, *Historia del origen, fundación, progreso y milagros de la casa y monasterio de Nuestra Señora de Sopetrán del Orden de San Benito*, Ma. 1615; J. CATALINA GARCÍA, *Biblioteca de escritores de Guadalajara...* Ma. 1899, 733; J. DE VILLAFAÑE, *Compendio Histórico en que se da noticias de... los más célebres santuarios de España*, Ma. 1740, 539-559; F. LAYNA SERRANO, *Historia de Guadalajara y sus Mendozas en los siglos XV y XVI*, I, Ma. 1942, 329; *Nuestra Señora de Sopetrán:* Anuario Católico Español, II, Ma. 1956, 438; *Tesoros Artísticos de España*, Ma. 1973, 328; A. HERRERO CASADO, *Monasterios y conventos en la provincia de Guadalajara*, Gua. 1974, 41-49.　　　　　A. DIEZ

Soterraña, *Nuestra Señora de*, (Segovia). En Santa María la Real de Nieva, a unos 30 kms. de Segovia. También conocida por Santa María de Nieva. No todos los autores coinciden en la narración de las circunstancias y personajes que de alguna manera están vinculados con el hallazgo de la imagen. Mientras unos hablan de la aparición de la Virgen a un pastor a quien indica el lugar donde la imagen se halla enterrada, otros lo silencian. Por haber sido encontrada bajo tierra se le llama Soterraña. La otra invocación, de Nieva, recuerda el lugar donde fue encontrada. Protagonista del hallazgo fue el pastor Pedro Amador. Apacentando los ganados del conde de Espinar encuentra la imagen enterrada entre unos pizarrales, o según otra versión, se le aparece la Virgen que le indica el lugar donde su imagen se encuentra. Sucedió esto en el año 1392. Cuestionable es la suposición de que la imagen había sido venerada en Nieva por el año 714 y que la habían escondido en ocasión de la invasión sarracena. El rey D. Enrique III el Doliente, y sobre todo su esposa D.ª Catalina de Loncaster se interesaron por la veneración de la imagen. Con intervención del obispo de la diócesis nace una primera capilla que pronto resultó pequeña. Doña Catalina de Lencaster ordena entonces la construcción de un santuario donde se diese culto a la imagen, conforme a una bula del papa Clemente VII de 20-II1393. Con este motivo creció la villa que se llamó de Santa María de Nieva. En el año 1395 los reyes le dieron el título de Real Villa. Una ampliación de la iglesia se termina en 1399. Se celebró la fiesta principal el 7 de septiembre, fecha de su descubrimiento, y su culto se confió a los padres dominicos, conforme a las bulas de Clemente VII y Benedicto XIII. Nace con ello el convento de dominicos del cual formó parte la iglesia. De todo ello se conserva en la actualidad el claustro de estilo de transición del siglo XIV al XV que, a pesar de la avanzada época de su construcción presenta un marcado arcaísmo. Los capiteles representan escenas de la vida castellana de la época. Se conservan todavía varias esculturas

ras, entre ellas una pequeña talla de san Jerónimo de esmerada ejecución. La iglesia que formó parte del convento es la actual parroquial donde se venera la imagen de la Virgen. Muchas de sus imágenes y estatuas han desaparecido. Su arquitectura revela claramente las diversas etapas de la construcción. Como casi todos los santuarios marianos también este sufrió los vaivenes del tiempo. La fiesta principal se celebra actualmente con solemnidad sin faltar en la procesión escenas folklórico-religiosas.

BIBL.: *Nuestra Señora de Soterraña de Nieva:* Anuario Católico Español, II, Ma. 1956, 472; J. DE VILLAFAÑE, *Compendio histórico, en que se da noticia... de los más célebres santuarios de España*, Ma. 1740, 364-73; *Historia de la aparición milagrosa de Nuestra Señora de la Soterraña de Nieva*, Pam. 1733; *Tesoros artísticos de España*, Ma. 1973, 569, D7, XI, 229; D3, 54, 138-39.　　　　M. ANTA

Soterraño, *Nuestra Señora del,* (Guadalajara). También llamada de la Concepción, es venerada actualmente en la iglesia del convento de las religiosas franciscanas concepcionistas de Pastrana. Perteneció este convento a las carmelitas para las cuales fue fundado. La imagen lleva sobre el hombro derecho una estrella de plata sobredorada como recuerdo de una tradición según la cual una estrella la acompañaba cada vez que era trasladada a la gruta del castillo donde había sido encontrada. Cuando por tercera vez fue traída a la iglesia donde actualmente se venera, la estrella se paró en los muros de la misma. Pocas y oscuras son las noticias que tenemos acerca de esta imagen tan venerada en Pastrana. Cuenta una tradición que cuando los moros estaban a punto de tomar el castillo de Zorita, los defensores del mismo, temiendo la profanación de la imagen, la ocultaron en una gruta del castillo. La misma tradición cuenta que en el siglo XI fue encontrada, acompañada de una lámpara que todavía ardía desde el día en que la imagen había sido escondida. En 1174 fue entregado el castillo a la Orden de Calatrava. Parece ser que ya entonces tuvo la imagen un lugar decoroso en la iglesia del mismo. En el año de 1570 fue trasladada a Pastrana, al ser encontrada entre los escombros de lo que en tiempos había sido castillo de la Orden de Calatrava. Actualmente se encuentra en el altar mayor. Cuenta con una cofradía muy nutrida y sus fiestas se celebran a primeros de agosto.

BIBL.: M. PÉREZ Y CUENCA, *Historia de Pastrana y sucinta noticia de los pueblos de su partido*, Ma. 1871, 256-282.　　　　IEF

Soto, *Nuestra Señora del,* (Santander) patrona del valle de Toranzo. En la localidad de Iruz, municipio de Santiurde. Esta advocación se debe a su situación topográfica, muy próximo a las márgenes del río Pas, antiguamente rodeado de un bosque de alisos. Las características iconográficas de esta imagen nos permiten reconocer en ella un auténtico ejemplar de arte románico de mediados del siglo XII. La diminuta imagen de 48 cms. en posición sedente sobre taburete de tipo asimétrico, sus arcaicas e hieráticas formas, su color moreno del rostro y la colocación del Niño sobre su rodilla izquierda, manifiestan claramente su antigüedad. Según algunos pertenece a la escuela de los monjes de la abadía de Cluny, contemporánea de la de Montserrat. Se ignora su procedencia, por lo que su aparición en este lugar no se halla revestida de los encantos de visiones, ni de esplendores como en otras, si bien se sabe que fue venerada desde tiempo inmemorial en una antigua ermita fundada por un capitán cántabro llamado Ovecho Port en la época de la reconquista dedicada en honor de la Santa Cruz. Junto a ella mandó construir una hospedería u hospicio para atender a fatigados peregrinos o cristianos fugitivos, en cuyo emplazamiento siglos más tarde el vetusto templo fue convertido en otro

templo más capaz y suntuoso. Y empezaron las obras que avanzaban con excesiva lentitud. Comenzóse por la construcción de la gallarda torre actual, que no se remató hasta el año 1573. Como avergonzada yació a sus pies durante algunos años todavía la primitiva capilla hasta que tirando nuevas trazas se levantó adosada a la torre la amplia y magnífica iglesia actual debido a la llegada de los padres franciscanos, quienes con la ayuda de grandes benefactores, de familias del valle y algunas de ultramar llegaron a terminarla en el año 1687. La Orden franciscana tomó posesión de este santuario en 1608 y en él estuvo hasta 1835, en que hubieron de abandonarlo a causa de la exclaustración general decretada en España; después volvió a ocuparlo hasta 1892 en que fue abandonado definitivamente. Desde 1898 la Orden del Carmen descalzo se hizo cargo de este santuario y desde esta fecha ha cumplido fielmente sus compromisos con el obispado de mantener el culto hacia la sagrada imagen y la prestación personal al servicio de las parroquias de los pueblos circunvecinos en orden al ministerio, solamente interrumpido durante los años de la guerra de liberación. Como colofón y testimonio de lo anteriormente expuesto cabe anotar el hecho de la coronación canónica de la sagrada imagen el 9-IX-1959, que consiguió la orden, proclamándola patrona singular de todo el valle de Toranzo. En distintas reseñas históricas y memorias antiguas de este santuario del Soto, publicadas en España e Hispanoamérica, por Martínez Mazas, Bernabé González y Angel María de Canals se narran los portentos y milagros obrados por mediación de la Virgen del Soto. Las Actas del Cabildo colonial de Guayaquil y posteriormente Angel María Canals en su «Novena en honor de la Virgen del Soto» hacen referencia al milagro obrado por esta Señora en la persona del capitán español Toribio de Castro Grijuela, «que sirvió en esta ciudad de Guayaquil cuando Tomás Candí, pirata inglés, infestaba las costas preparando la entrada por el río». El afortunado capitán atribuyó la recuperación de su mano a la Virgen y en agradecimiento mandó construir en Guayaquil un convento, anexo al de San Agustín, bajo la advocación de Nuestra Señora del Soto en donde se veneró una copia de la milagrosa imagen. Destruida esta iglesia por un incendio, D. Pedro Robles Chambers y familia, descendientes lejanos del heroico capitán, pusieron en 1960 a disposición de los padres claretianos un lote de terreno cerca de la ciudadela del Santísimo Cristo del Consuelo para la construcción de una capilla y centro parroquial dedicado a la Virgen del Soto. Las gentes sencillas del valle de Toranzo en España, como las de la provincia de Guayaquil, aún hoy acuden con cariño y veneración a su madre y abogada, la Virgen del Soto.

BIBL.: J. MARTÍNEZ DE MAZAS, *Memorias antiguas y modernas de la Santa Iglesia y Obispado de Santander*, San. 1777; P. B. GONZÁLEZ, *Reseña histórica del santuario de Nuestra Señora del Soto*, s.l. ni a.; Archivo Cabildo Guayaquil: *Actas*, t. 20, fol. 167; A. DE M. CANALS, *Novena en honor de la Virgen del Soto*, Guayaquil 1962.

　　　　E. EPELDE

Tallat, *Nuestra Señora del,* (Lérida). En la sierra de su nombre, término de San Andrés de Montblanquet, diócesis de Tarragona, que se cree erigido en el siglo XI. La imagen fue hallada por un pastor que cuidaba el ganado de Berenguer de Llorach, señor de Solivella, en tiempos de Juan II de Aragón. Durante el reinado de los Reyes Católicos se amplía y enriquece el santuario trasladando la imagen al renovado templo en la festividad de la Natividad de Nuestra Señora, 8-IX-1493, y en el año 1509 por donación real se convirtió en un priorato del monasterio de Poblet. En 1725 se hicieron obras de reparación y se ignora el motivo del traslado de la imagen desde el histórico lugar a la parroquia de San Lorenzo de Rocallaura el día 22-V-1822. Es imagen en mármol, estante, altura de palmo y medio aproximadamente, obra del s. XIII-XIV. La celebración de su fiesta tiene lugar el 8 de septiembre con gran afluencia de devotos de toda la comarca. Camós narra varios milagros obrados en la advocación de esta imagen.

BIBL.: N. CAMÓS, *Jardín de María*, Ge. 1772, 27; E. MORENO CEBADA, *Glorias Religiosas de España*, II, Ba.-Ma. 1867, 227-235; M. ESQUE, *La Mare de Deu del Tallat*, Le. 1971; *Nuestra Señora del Tallat*: Anuario Católico Español, II, Ma. 1956, 486; *Santuario de Nuestra Señora del Tallat*: R17, 15(1929)431-433; A. PUJIULA, *Noticia dels origens del Santuari-priorat del Tallat i un inventari del 1546*: Scriptorium Populeti 3, (1970)415-440; R. BERGADÁ, *Solemmissim romiatge dels pobles de la Segarra, de la Conca y del Urgell, a Ntra. Sra. del Tallat que venera en la Esglesia Parroquial de Rocallaura*, Ta. 1900.　　　　　　　　　J. M. DE MORA

Teixido, *San Andrés de,* (Coruña). Al pie de la sierra de la Capelada, muy cerca del cabo Ortegal, a unos 400 ms. del mar, en la provincia de La Coruña, se halla situado uno de los centros de peregrinación más antiguos y concurridos de Galicia: el santuario de San Andrés de Teixido. Unos 14 kms. separan el santuario de la sonriente villa de Cedeira. Gracias a una pista recientemente abierta por el patrimonio forestal, pueden salvarse en coche, con dificultad, excepto los dos últimos que han de recorrerse a pie por falta de carretera. No es esto óbice para que concurran anualmente durante los meses de verano entre 25 y 30.000 romeros, que encuentran, sin duda, especial devoción en las dificultades de este recorrido. Se encuentra el peregrino al acercarse a la ermita en un marco de belleza incomparable: el pequeño y pintoresco valle y el mar salpicado por las poéticas islas Gabeiras, muy cerca del litoral; a sus espaldas, la sierra de la Capelada, cuyas estribaciones se adentran en el mar, dejándole como aislado del resto del mundo. A poca distancia se alza casi en vertical el monte Herbeira, a unos 613 ms. sobre el nivel del mar. Todo ello contribuye a evocar en el peregrino el eco inefable de lo trascendente.

Se desconocen los orígenes de este santuario, pero un conjunto de ritos y tradiciones del todo peculiares, hace pensar a los autores en un lugar de culto pagano primitivo posteriormente cristianizado. Los «amilladoiros», grandes montones rituales de piedras depositadas por otros tantos peregrinos al lado del camino, llaman poderosamente la atención al visitante. Este rito, observado todavía hoy por el romero con fidelidad, conecta sin duda en el pasado, con unas motivaciones para él hoy totalmente desconocidas. La secular tradición y creencia relacionando esta romería con los difuntos —quien no la hizo en vida habrá de hacerla de muerto— hace pensar en posibles conexiones con ciertas leyendas y prácticas antiguas existentes en Bretaña y Holanda en torno al culto de San Andrés y el viaje de los muertos a ultratumba (R. Otero Pedrayo, *Guía de Galicia*). Sabemos que en este lugar hubo un convento, del que no queda resto alguno, anterior al siglo XII, porque en la escritura otorgada en el año 1196 por los condes de Traba, D. Fernando Arias y D.ª Teresa Bermúdez, donan a la Orden de San Juan de Jerusalén todas las posesiones pertenecientes al monasterio de San Andrés de Teixido. Desde entonces el santuario depende de la Encomienda de Puertomarín (Lugo) de la Orden de Malta, cuyo comendador ejerce jurisdicción en él a todos los efectos. Los Andrade de la casa de san Saturnino adquirieron luego el derecho de patronato, percibiendo los diezmos de la parroquia de Régoa, a la que estuvo siempre ligado el santuario, a cambio de la conservación y reparación de las iglesias. No siempre fueron cordiales las relaciones entre la Encomienda de Puertomarín y la Casa de san Satur-

nino, pues en el año 1624 tuvieron un pleito porque los patronos intentaban apropiarse de todas las ofrendas del santuario, del que salió vencedora la Encomienda de Puertomarín.

En el siglo XVI los Andrade de san Saturnino reconstruyeron el santuario de Teixido. De esta obra se conservan todavía hoy tres capiteles adornados con la cruz de Malta y una palmera —dos detrás del actual retablo con sus respectivas columnas y el otro en la pared izquierda del presbiterio—, el escudo de los Andrade y una puerta de estilo gótico flamígero en la pared lateral izquierda. Acaban de descubrirse unas pinturas de san Andrés y san Pedro bastante deterioradas detrás del retablo, que son posteriores. La afluencia de peregrinos durante esta época fue muy numerosa y el santuario alcanzó gran renombre. D. Gonzalo Gutiérrez Mantilla, obispo de Mondoñedo (1595-1599) peregrinó a Teixido y el mismo papa Urbano VIII concedió un jubileo a los cofrades de San Andrés. En el año 1871 tanto la parroquia de Régoa como el santuario de San Andrés de Teixido pasaron a la jurisdicción del obispo de Mondoñedo-El Ferrol. En la actualidad, el templo presenta un aspecto airoso gracias, sobre todo, a su torre barroca, adosada a la facha por la parte izquierda. La restauración de la nave rectangular y la construcción de la torre se deben al prior fray Miguel López de la Peña, hombre activo, que terminó las obras el año 1785. El retablo, de estilo churrigueresco, parece ser de la primera mitad del siglo XVIII y es de mérito artístico. La imagen de san Andrés que se venera en el santuario es una talla policromada, renacimiento italiano, traída seguramente por algún miembro de la Orden, conocida con el nombre de «Relicario de San Andrés», por tener una reliquia del santo en el pecho.

BIBL.: F. MACIÑEIRA, *El santuario de San Andrés de Teixido*, Cor. 1921; R. OTERO PEDRAYO, *Guía de Galicia*, 4.ª ed., Vigo 1965, 336-337; E. CARRÉ ALDAO, *Geografía General del Reino de Galicia*, II (provincia de La Coruña), Ba. 1926, 727-729.　　　　　　　　　　　　　A. PAZ

Tejeda, *Nuestra Señora de,* (Cuenca) santuario famoso y convento de trinitarios. A unos 3 kms. de Garaballa, antigua jurisdicción del marquesado de Moya, partido de Cañete. Sobre el tronco de un tejo, de aquí su nombre, se apareció la Virgen a un pastor llamado Juan. El prodigio se repitió durante ocho noches consecutivas. Ocurrió en el año 1205, siendo romano pontífice Inocencio III, rey de Castilla Alfonso VIII y obispo de Cuenca san Julián, según las crónicas de la época. Ordenó la Santísima Virgen a Juan que se presentara al obispo para que se erigiera una capilla en su honor y cuidaran de la misma los religiosos que tenían por distintivo la cruz de la Santísima Trinidad. San Julián pidió con insistencia a san Juan de Mata, general de la reciente Orden trinitaria, la erección de un convento junto a la cueva de la Virgen de Tejeda la Vieja. En 1207 llegaron a Tejeda, procedentes del real convento de Burgos, algunos religiosos trinitarios, presididos por san Guillermo Escoto. En 1516 una crecida del río Moya arruinó la iglesia y el convento. Un año después, 1517, se inició la construcción del nuevo y magnífico santuario en el lugar que hoy ocupa. La fábrica es obra de Domingo Lazcano. En 1634 los maestros Pedro Correoso y Pedro de Haro, de San Clemente, tallaron el retablo del altar mayor por 400 ducados. La imagen de la Virgen de Tejeda mide 30 cms. de altura, y en 1928 a causa de un incendio declarado en el santuario tuvo que ser restaurada. Los pueblos circunvecinos: Aliaguilla, Talayuelas, Landete, Henarejos, Graja de Campalvo, Manzaneruela, Sinarcas y Moya acuden al santuario en rogativas los días 12, 19, 21 y 25 de marzo, así como el lunes y martes de Pascua de Resurrección y letanías menores o vísperas de la Ascensión. Las fiestas patronales se celebran el 7 y 8 de septiembre. Fue una de las imágenes que integró la corte de honor en la magna concentración mariana de Cuenca que, con motivo de la coronación canónica de la Virgen de las Angustias tuvo lugar los días 30 y 31 de mayo de 1957. En la actualidad el santuario cuenta con un capellán para el servicio religioso.

BIBL.: *Santuario de Nuestra Señora de Tejeda*: R17, 15 (1929)192-194; J. DE VILLAFAÑE, *Compendio Histórico en que se da noticia de... los más célebres santuarios de España*, Ma. 1740, 560-574; *Crónica de una coronación*, Ma. 1957, 105-106.   J. M. DE MORA

Tentudía, *Nuestra Señora de*, (Badajoz) monasterio y santuario. En Calera de León, a 6 kms. de la carretera de Mérida a Sevilla, en el partido de Fuente de Cantos. Conocido también por los nombres de Tudía y Zudia. Una constante tradición atribuye la fundación del santuario de Tudía al catorceno gran maestre de la Orden de Santiago, D. Pelay Pérez Correa, uno de los más famosos paladines del rey san Fernando en las campañas de Andalucía y muy especialmente en la de la conquista de Sevilla. Cercada por el santo rey esta ciudad, quedaba atrás un pequeño enclave moro que se hacía fuerte en las sierras de San Miguel y Tudía. Contra el mismo envió a su fiel D. Pelay con su hueste de caballeros. El maestre los derrota en varios encuentros. El último y decisivo en la sierra de Tudía, donde la morisma derrotada comienza a desbandarse. El maestre inicia la persecución, pero al presentir que la noche la va a hacer imposible, echa pie a tierra, se postra de hinojos en el sitio denominado hoy *El Humilladero* y mirando al cielo exclama con acento en que vibra y palpita la fe de la que dijo Cristo que traslada las montañas: «*Santa María... ten tu día...*». Y el sol, reza la venerable tradición, clavóse en el horizonte, exaltando a la hueste cristiana, al par que pone pavor y espanto en los rostros enemigos. Tal fue el origen del santuario que Pelay Pérez Correa mandara edificar, y cuya arquitectura, sin los retoques posteriores, acusa efectivamente los finales del XIII o comienzos del XIV constando desde entonces que la Santísima Virgen es venerada allí en la advocación de Tudía o Tentudía, donde sigue muy venerada en la Extremadura baja y provincias limítrofes (en Sevilla tiene dedicada una calle). Calera de León, en cuyo término está enclavado el Santuario, la reconoce como principal y celeste patrona, celebrando su fiesta el 8 de septiembre con solemnes cultos y muchedumbre de romeros.

El punto débil del relato tradicional sobre la iteración del milagro de Josué está en que el cronista Rades de Andrada, el primero que lo incorpora a su Crónica de las tres Ordenes, no le presta más apoyo documental que un socorrido «Se dice en papeles y documentos viejos de la Orden». En cambio, su contemporáneo el padre Mariana escribe en su Historia: «Vulgarmente se dijo y entendió que el sol se paró... A la verdad, alterados los sentidos con el peligro de la batalla... ¿quién puede medir el tiempo? Una hora parece muchas, muchas cosas se crecen fácilmente en el tiempo del peligro». Eso permite concordar la realidad de la plegaria del maestre y la persuasión suya y de la hueste santiaguista de que el día se había alargado. Como quiera que sea, Tentudía, que durante gran lapso de tiempo permaneció ruinoso por la injuria del tiempo y el olvido de los hombres (hoy está en trance de completa restauración), merece visitarse con fervor, no ya solo por su interés religioso y mariano (sus vicarios eran notarios natos de la Orden de Santiago, ejercían jurisdicción casi ordinaria en 10 parroquias del extinguido priorato de San Marcos, de León) sino también por su enorme interés artístico, como preciado monumento de nuestro glorioso pasado.

El visitante, en la capilla mayor de la iglesia de Tudía (a la que da acceso una florida artística verja de la primera mitad del XVII) podrá admirar en primer término el magnífico retablo de azulejos polícromos, obra del famoso Niculoso Pisano, cuyo nombre y fecha (1518) ostenta en la parte inferior. Llena todo el ábside y puede considerarse formado por tres partes; la del centro es la hornacina en cuyo interior campea el nombre prestigioso del autor; la lateral izquierda presenta en logradísimas figuras la Anunciación de la Virgen y debajo otro recuadro con el maestre Pérez Correa, rodilla en tierra en el momento férvido de la plegaria; en el lateral derecho, arriba bellas figuras representativas de sendas escenas de la vida de la Santísima Virgen, terminada con la de su arribada al cielo, luego un esbozo de torres y río en el que se adivina la Torre del Oro, la Giralda y el Guadalquivir y tres figuras de freyres en actitud orante. De la primera sale una cartela ondulante en la que se lee: «El Vicario». Luego la cartela cambia de dirección y se hace horizontal, leyéndose en ella «Juan Riero», la que evidentemente hay que interpretarla unida a la anterior. Solo una defectuosa lectura explicable por la pésima visualidad del retablo en la visita que hicieron al mismo muy acreditados arqueólogos del pasado siglo, explica el despiste de éstos, al divulgar que Juan Riero era un azulejero discípulo de Pisano, que le ayudó en la obra del retablo, versión que pasó al Espasa y a la Guía Turística de la Provincia. No hay la menor duda de que se refiere dicha inscripción a la primera figura de los «freyres orantes», por haberse posteriormente encontrado el concierto de Juan Riero, como vicario de Tudía con Niculoso Pisano para la plasmación del retablo de azulejos de Tudía, firmado por ambos y dos testigos con el refrendo del escribano, en Sevilla, a 17-III-1518. Juan Riero era natural del pueblo extremeño de quien estas líneas escribe, donde residió los postreros años de su avanzada vejez, donde existe una calle a él dedicada y donde, en fin, yacen sus restos en la capilla que él mismo mandara edificar, disponiendo en su testamento que sus herederos concertaran para dicha capilla un retablo de azulejos con la imagen del apóstol Santiago, de azulejos, similar al que él concertara para la iglesia de Tudía.

A la izquierda del retablo del Pisano está revestido también de bellos azulejos en forma de arcón el sepulcro del maestre Pérez Correa cuyos restos fueron trasladados a Tudía por orden del rey Católico en 1511, y dos años más tarde revistióse el sepulcro. Azulejos similares cubren las seis gradas que dan acceso al altar mayor, sendos retablos de lo mismo, pero de la segunda mitad del XVI pueden admirarse en la capilla que se abre a la izquierda de la mayor, llamada de San Agustino de los Maestres, porque allí hay un sepulcro con las estatuas yacentes de D. Gonzalo Mejía y D. Fernando Ossores, maestres que fueron de la Orden de Santiago en la segunda mitad del XIV, y en la capilla que se abre a la derecha del altar mayor el retablo de azulejos llamado de Santiago, por enmarcarse en él la imagen de este apóstol. Lo hasta aquí descrito constituye la edificación primitiva de Tudía. En los comienzos del XVI y por acuerdo del rey Fernando el Católico en Capítulos se le agregó el monasterio de cuyas obras hay completa constancia en las cuentas que rinden los vicarios a los visitadores, y en la bula de León X de 1514, en la que consta que estando notablemente ampliada la casa del vicario y capellanes de dicha iglesia, y dotada la nueva obra de los elementos precisos para la vida en comunidad, se erigía un convento presidido por el vicario, al que se agregarían hasta ocho capellanes, freires de la orden. Tal es el origen del notable claustro allí existente, hoy restaurado o en vías de restauración. Tentudía tuvo su época de esplendor que abarca los siglos XIV, XV y la primera mitad del XVI;

se inicia la decadencia en el XVII y se consuma en la primera del XIX. En la presente centuria ha comenzado y continúa la artística reparación. Interés turístico tiene también el grandioso paisaje que desde la altísima cima artificialmente allanada se extiende a los ojos del contemplador. Si el día es claro, sin celajes, la mirada se pierde en lejanías inverosímiles, montes y sierras, viñedos y olivares, alcornocales y encinas con todas las gamas del verde agreste, y en medio la nota blanca de la cal, la de más de una docena de pueblos, al final por el lado de Andalucía, con anteojos... como una promesa, como una sonrisa, Sevilla, la atalaya de su Giralda.

BIBL.: AHN: Ordenes Militares, *Santiago;* D7, V, 288, y XV, 179; D3, 10, 746-747   IEF

Tiedra, *Virgen de,* (Valladolid). En el lugar de su nombre, partido de Mota del Marqués, situado sobre una colina. Tiedra fue priorato del antiguo monasterio cisterciense de Santa María de la Espina. Próximo al pueblo existe una ermita dedicada a la advocación de la Virgen de Tiedra, patrona de la villa, a la que se le profesa especial devoción. El santuario, es de estilo barroco, consta de una nave adornada con yeserías y pinturas al fresco donde se representan varios pasajes de la vida de la Virgen. En el altar mayor se pueden celebrar cuatro misas a la vez. El retablo es igualmente barroco. Ante la ermita se levanta un patio con arquerías mudéjares.

BIBL.: D7, XIV, 755; *Tesoros Artísticos de España,* Ma. 1973, 622.   A. DíEZ

Tiermes, *Nuestra Señora de,* (Ciudad Real). En el término de Manzanares. El «Tiermes» de hoy, reconocido con todos los honores como conjunto monumental histórico, es elocuente vestigio espiritual del «Termes» o «Tiermes» de ayer; también llamado «Termancia». Y aunque su renombre, como santuario de una virgen, sea menor, sin embargo es muy grande el amor filial que los termestinos, dispersos por la geografía hispana, profesan a su «Virgen de Tiermes».

Pocos templos, dedicados a María, tan estratégicamente ubicados. Sobre una plataforma rocosa, alargada en forma de nave y recortada por bruscos acantilados, el santuario parece un vigía; guardián de los que duermen a sus pies, cansados de luchar; y luz para los que hasta allí llegan para rezar. Dentro, en silencio casi perpetuo, la Madre espera y también reza. De forma casi irresistible la mente del visitante, simple turista o fervoroso peregrino, se ve constreñida a relacionar acontecimientos y gestas pasados; devociones pretéritas con el resurgir pujante de una devoción sincera y profunda, curtida por el recio tempero de siglos. Y, si hubiera alguien tan distraído por los encantos del agreste paisaje que no parase mientes en ello, no le sorprenda que una vieja o anciano, de estilo típicamente castellano, se le acerque, como quien no quiere la cosa, para decirle: «...esta Ermita de la Virgen de Tiermes... de estilo románico... se encuentra sobre un templo romano dedicado a...». Puede caber. Aquí todo es verosímil. Estamos en un lugar más propicio para imaginar y soñar que para interpretar a tenor de los rígidos cánones de la Historia; aunque tengamos la dulce obligación de reconstruirla. Montes y poblados que la coronan y rodean, y ríos que respetuosamente besan sus pies, fueron bautizados con el nombre de la muy ilustre ciudad. Era, pues, lógico y obligado que la Virgen recibiera también las mismas aguas. Y desde ese entonces, todavía velado a nuestros ojos, existe la Virgen, llamada Santa María de Tiermes.

La vida de esta iglesia, hoy ermita de la Virgen de Tiermes y Monasterio de Santa María en tiempos muy lejanos, aparece perfectamente definida en la primera mitad del siglo XII.

La bula *Suscepti regíminis* del papa Inocencio II, fechada en Roma, a 6-III-1137, confirma las concordias entre los obispos de Sigüenza, Tarazona y Osma, sobre los límites de sus respectivas diócesis, llevada a faliz término el año anterior por la delicada discreción del cardenal Guido, legado a estos efectos. La bula mencionada que se conserva en el Archivo catedralicio de Burgo de Osma, reza así: «*Inocentius Servus Servorum Dei: Venerabili Fratri Bernardo Saguntino Episcopo, ejusque sucessoribus canonice instituendis in perpetuum. Suscepti regíminis cura compellimur quae ad pacem Ecclesiarum pertinent constituere, ...ut unicuique Ecclesiae sua jura serventur... Tibi vero, venerabilis in Domino frater Bernarde Episcop. de jure Oxomensis Ecclesiae habere concessum est, Ailonem, ...Caracenam, cum omnibus Aldeis suis, cum duobus monasteriis Sancti Salvatoris, et Sanctae Mariae de Tiermes...*». Alguien ha pensado que la fundación de este monasterio pudo ocurrir en la época visigoda. Sin embargo, hasta la fecha, carecemos de pruebas para compartir esta no inverosímil suposición. Solamente se conservan fragmentos de una imposta decorativa visigoda, empotrada en una pared de la actual casa del santero. Años después, en el 1207, se cita a Santa María de Tiermes en una carta escrita por el arzobispo de Toledo para pacificar a los clérigos de Pedro, Sotillos de Caracena y Tiermes.

La arquitectura de la espléndida porticada románica de la ermita confirma las fechas anteriormente mencionadas. Una hornacina, labrada en el interior de la galería, guarda cuidadosamente tres esculturas en altorrelieve, del mayor interés. La figura central nos ofrece la siguiente inscripción: *D(ome) nic(us) Martin me feci(t). Era MCCXX).* Aunque debemos advertir que esta porticada está reconstruida con materiales de otra galería anterior, correspondiente al antiguo monasterio, citado en la bula del papa Inocencio II, la cual se encuentra en línea más baja que la galería actual. Pasados varios siglos, son los libros parroquiales de la parroquia de Manzanares los que nos hablan de la «ermita de Santa María de Tiermes», con su cura vicario. Testigos fidedignos de la arraigada devoción de toda la comarca termestina a Nuestra Señora de Tiermes son las pingües fundaciones y capellanías erigidas desde el siglo XVI. Alguna de ellas estipula el número de misas cantadas cada mes. Sin duda que la conservación de parte de la fábrica de esta interesante iglesia se debe a la instauración secular de cofradías y concordias para dar solemne culto a la Virgen de Tiermes.

El 13-VIII-1875 D. Benigno de Santiago Fuentes López, notario mayor de asiento del tribunal eclesiástico, del obispado de Sigüenza, da fe de que se ha proveído un auto por don Calisto Rico y Gil, canónigo de la santa iglesia catedral de Sigüenza, provisor y vicario general del obispado, por el que se aprueban las «Constituciones de la Cofradía que bajo el título de Nuestra Señora de Tiermes, ha de fundarse en el Santuario de dicha Sagrada Imagen, feligresía de Manzanares, que por parte del Cura Ecónomo D. Francisco Gómez, se han presentado...». Estas Constituciones fueron aprobadas, tales como se hallan en los folios 8 y 9 del expediente; añadiendo a las mismas un artículo en el que se expresa que «la Cofradía queda sujeta a la jurisdicción del Obispo de entonces y de sus sucesores». En estos folios se determinan el fin de la congregación, el personal que la compondrá, la distribución religiosa, los medios de subsistencia, superiores de la misma, y ventajas y distintivos de los congregantes. Para pertenecer a la congregación se requiere «una certificación» de su respectivo párroco, «que acredite su buena vida y costumbres». Y para continuar en ella es «requisito indispensable la observancia en todas sus partes de los estatutos de la Congregación y la presentación en todos los años de la cédula que pruebe el haber cumplido con los preceptos de confesión y de comunión pascual». En el año 1949 se reformaron los estatutos, que fueron aprobados por el entonces vicario general de Sigüenza D. Angel Hidalgo, el 3-V-1950. Son los que están vigentes en la actualidad, a pesar de ciertos conatos recientes de reforma de los mismos. Hoy la devoción a la Virgen de Tiermes no reviste solamente carácter comarcal, ni provincial. Bien puede afirmarse que la Madre del Cielo es venerada bajo la advocación de Nuestra Señora de Tiermes «a mare usque ad mare»; en todo territorio español. De manera especial la fiesta mayor, que se celebra el domingo anterior a la festividad de la Ascensión del Señor, convierte a la ciudad de Tiermes o Termancia en «Ciudad de María». A ella llegan peregrinos de todas partes de la Península, sin que puedan detenerlos en su penosa peregrinación las distancias a recorrer, lo inhóspito del lugar, ni, hasta hace dos años, las escabrosas sendas que, a campo traviesa tenían que recorrer, con los pies sangrantes. Todavía los bautizados de estas recias tierras creen, esperan, aman y rezan a la Virgen, que goza llamándose Nuestra Señora de Tiermes.

BIBL.: Archivo del santuario: *Libro de Cuenta y Razón de la Santa Congregación de Nuestra Señora de Tiermes;* Archivo de Manzanares: *Libro de la fábrica de este lugar de Manzanares que da comienzo... año 1770;* T. ORTEGO Y FRÍAS, *Guía de Tiermes,* Soria 1967; J. A. GAYA NUÑO, *El románico de la provincia de Soria,* Ma. 1946, J. A. PÉREZ RIOJA, *Soria y su provincia,* Soria 1970. J. ARRANZ

Tíscar, *Nuestra Señora de,* (Jaén). En la antigua aldea de su nombre, municipio de Quesada, partido de Cazorla. En cuanto al origen de la imagen y de su advocación hay una larga tradición, de que san Hisicio, discípulo de Santiago y obispo de la antigua Carcesa, hoy Cazorla, puso en este adelantamiento dos sagradas imágenes: Nuestra Señora de la Fuensanta y la Virgen de Tíscar. Ambas imágenes se salvaron de la profanación musulmana. Luitprando, antepone cronológicamente estas imágenes a las del Pilar de Zaragoza y de Atocha en Madrid: «Hubo algunas célebres en España, como la de Tíscar y de Iznatorafe...». Alfonso VIII puso sitio a Quesada en el año 1157, y en este mismo año se vuelve a perder. De nuevo la conquista D. Rodrigo Giménez. Desde aquí D. Fernando conquistó Tíscar. El infante y el arzobispo determinaron llevarse la imagen a Toledo, para que tuviera mayor culto, pero al tiempo de su partida la imagen se volvió a su lugar, por lo que se acordó levantar una capilla de crucería de unos 8 ms. de largo y 6,50 de ancho. La fiesta principal se celebraba antiguamente el 25 de marzo, día en que se conmemoraba junto con la victoria de Tíscar el haber venido esta imagen a poder de los cristianos. Por lo desapacible del tiempo en esa fecha, determinaron los cofrades en 1570 celebrar otra el 8 de septiembre con festejo, danzas y toros bravos. La imagen, modelada en madera de cedro, mide 83 cms.; está vestida con bordados de oro. Sedente, rodeada de ángeles con instrumentos musicales. Imposible enumerar los milagros que la tradición y algunos documentos nos han legado. Fue coronada canónicamente en la iglesia parroquial de Quesada por el cardenal Pla y Deniel.

BIBL.: D3, 62, 91; D3, Suplemento 1953-54, 1.212; D7, XIV, 765; E. MORENO CEBADA, *Glorias Religiosas de España,* II, Ba.-Ma. 1867, 83-95. A. DIEZ

Tormejón, *Nuestra Señora de,* (Segovia). En Armuña, partido de Santa María de Nieva, diócesis de Segovia, a orillas del río Eresma. Fuera del perímetro del pueblo, a 2 kms., existe la ermita dedicada a la advocación de Nuestra Señora de Tormejón. Su origen nos es desconocido. Los primeros datos aparecen en 1600; a consecuencia de una peste fue sacada en procesión la imagen; otros datos aparecen en el libro «Becerro» de 1620, en él se dice: «había en la Villa de Armuña un préstamo de un tercio entero, el cual es de Nuestra Señora de Tormejón». La otra fecha más próxima la encontramos en 1760 en la que D. Manuel del Pozo escribe una historia con el título «Nuestra Señora la Mayor de Tormejón» y que se conserva en el archivo parroquial. La imagen está tallada en madera y sostiene al Niño en sus brazos. Sin conocerse el motivo, desde finales del siglo pasado la imagen recibe culto en la iglesia parroquial y en la ermita sólo existe un cuadro en representación de la imagen. El origen de la fiesta actual se remonta a 1620 en que la peste diezmaba al pueblo; éste hizo voto de que se celebrara dicha fiesta anualmente. Aun hoy siguen aquellos cultos ancestrales en que el «Capitán y la Capitana», con sus bandas, el sargento y la sargenta con los bastones dirigen la fiesta de Armuña. Todavía se sigue celebrando la «Fiesta de la Votiva» en julio. En mayo se celebran los cultos con el dinero de la «Capitana de la Virgen». La cofradía continúa con los cargos rotativos de capitán, ayudante, abanderado, sargento y cabo. El relevo se hace cada año en la Fiesta por los directivos de la Cofradía. La ermita pertenece al románico sencillo, con archivoltas en la portada de una sola nave y con bóveda en el presbiterio, con artesonado de madera en el resto de la iglesia.

BIBL.: D7, II, 579; E. DEL BARRIO MARINAS, *La Santísima Virgen en Segovia,* Seg. 1954, 34-37. A. DIEZ

Torre, *Nuestra Señora de la,* (Guadalajara). En el término de la villa de Riofrío del Llano —antes Riofrío de Jadraque— de la que dista unos 500 ms., en el partido de Atienza. La tradición atribuye el origen de este santuario a la aparición de la Virgen en un monte cercano, llamado (¿desde entonces?) *Alto de la Virgen,* y en el que aún pueden verse las ruinas de la primitiva ermita. Más tarde, según la misma tradición, se apareció de nuevo sobre el tronco de un árbol que existió hasta hace unos cincuenta años en los alrededores de la actual ermita. Los primeros datos documentales se los debemos a las *Relaciones* de Felipe II en las que ya se menciona este santuario. En 1751 el concejo del lugar gastaba 30 reales en pólvora por Nuestra Señora de Septiembre, día en que se celebraba la festividad. En el siglo XIX aún estaba abierta al culto, lo mismo que en nuestros días. Se celebran dos festividades: la primera, tiene lugar el día de la Ascensión, precedida de una novena; para ella se traslada la imagen desde la ermita a la iglesia parroquial donde tiene lugar la misa solemne de la festividad y a la que asisten los vecinos de Cercadillo, Olmela de Jadraque, Santamera, El Atance, Santiuste, Rebollosa de Jadraque y Cardeñosa, presididos por las autoridades municipales respectivas. Terminada la misa, se organiza una procesión en que se reintegra la imagen a su ermita. La otra festividad, la patronal, tiene lugar el día 8 de septiembre, Natividad de Nuestra Señora, que se prolonga hasta el día siguiente en que los hermanos de la Cofradía rinden cuentas al abad y autoridades, y se nombran nuevos cofrades y mayordomos.

BIBL.: J. CATALINA GARCÍA, *Relaciones topográficas. Provincia de Guadalajara:* Memorial Histórico Español, 47, Ma. 1915, 236 y 240; J. GARCÍA PERDICES, *Cual aurora naciente (Advocaciones marianas de la provincia de Guadalajara),* Gua. 1974, 97-101; D7, XIII, 484. V. GARCÍA LOBO

Torre Alba, *Nuestra Señora de,* (Cáceres). A 2 kms. de Torremocha, en la carretera de Cáceres a Medellín. La portada del santuario atestigua su antigüedad aunque no se conocen documentos relativos a su construcción. La fiesta con romería se celebra el martes de Pascua. BIBL.: *Santuario de Nuestra Señora de Torre-Alba:* R17, 15(1929)187. IEF

Torreciudad, *Nuestra Señora de*, (Huesca). En el lugar de Bolturina, término municipal de Secastilla, diócesis de Barbastro. Se conservan muy pocas noticias de este santuario, e históricamente tal vez no sea de los más representativos de la diócesis. Si se valora, en cambio, la devoción popular a la Virgen de Torreciudad, ha sido ciertamente y promete ser uno de los más famosos y visitados. Primeramente se rindió culto a la imagen, según la tradición, en el pueblo de Bolturina. Y, escondida durante la Reconquista para librarla de la profanación de manos sacrílegas, fue hallada después en el lugar donde actualmente se venera. Se cree que fue encontrada el 15 de agosto y por esta razón se celebra el mismo día su fiesta principal.

El obispo de Barbastro, Abad y Lasierra (1790-1815), debido a la gran devoción que siempre le han tributado los naturales del país y los de tierras lejanas, refiere en una relación de su *Visita ad límina* que a Torreciudad acudían personas «de todo el reino», atraídas, sin duda, por los muchos prodigios y milagros que se le atribuían. «Su patrocinio ha sido experimentado singularmente en las enfermedades de alferecía». La sagrada efigie es una talla románica «en boj», hecha posiblemente «en pleno siglo XI», según la opinión del doctor arquitecto D. Manuel González-Simancas y Lacasa. Mide unos 90 cms. de altura. Aparece sentada en un sillón que descansa sobre un taburete rotatorio. La Virgen sostiene al Niño entre los brazos y ambos llevan corona de plata. Su tipismo estilístico, a juicio del citado doctor, puede pertenecer al «período de formación» de la «escuela de imagineros de Ribagorza». Es una imagen de reconocido valor artístico por el estilo, por la época y por la escuela a que pertenece. Escondida en la revolución de 1936, por encargo del ejemplar sacerdote D. José Sesa, se recuperó a su tiempo y ahora está siendo cuidadosamente restaurada con el debido respeto a los aspectos artísticos, histórico y litúrgico. El pasado histórico de este santuario no fue de lo más representativo. Pero puede pronosticarse hoy que la historia del porvenir le reservará algunas de sus mejores páginas. Y la verdad es que se habla ya de Torreciudad en todo el mundo, porque, mediante los oportunos instrumentos jurídicos de fecha 24-IX-1962, se encargó de su administración y del culto de la imagen la Sociedad Sacerdotal de Santa Cruz y Opus Dei que le da prestancia y le está preparando un futuro de esplendor y de fama incalculables. A tal efecto, verificadas las pertinentes formalidades jurídicas, a 200 ó 300 ms. del santuario, se comenzó a construir un conjunto de edificios de puro estilo aragonés, en los cuales funcionará bajo la protección de la Virgen de Torreciudad, un centro de formación con tres ramificaciones específicamente distintas. Una espiritual, dotada de iglesia con cripta de confesionarios, más una galería de altares y una casa de retiros y convivencias adheridas a ella en forma de saliente. Otra social, que constará de escuela agrícola para la enseñanza de los trabajadores del campo y de escuela hogar para la formación de la mujer. Y la tercera cultural, dedicada preferentemente a la investigación sobre la antigua Corona de Aragón. Se dispondrá también de biblioteca, salón de actos y sala de reuniones. Este centro es uno más que agregar al conjunto de centros que funcionan en todo el mundo, creados bajo la dirección e impulso del fundador de la Sociedad Sacerdotal de Santa Cruz y Opus Dei, D. José María Escrivá de Balaguer y Albás, para el desarrollo de la dignidad humana y de los valores espirituales del trabajo del hombre. Ha nacido con el inconfundible distintivo de dos características perfectamente definidas: la de fomentar el culto y la devoción a la Madre de Dios; la segunda, de estricto contenido social, encaminada a sugerir al hombre un concepto cristiano del trabajo mientras se capacita para el ejercicio de su profesión. En definitiva, lo que se desea conseguir con este nuevo centro es contribuir a que los hombres y las mujeres amen y sirvan a Dios y a los demás hombres a través de su trabajo ordinario.

Torreciudad no es más que la expresión material de este deseo y del amor a Nuestra Señora de monseñor Escrivá de Balaguer y Albás, quien el día 7-IV-1970, después de pasar de incógnito por Barbastro donde nació, peregrinó descalzo la distancia de 1 km. hacia el santuario de la Virgen. Penetró en él y terminó las tres partes del rosario que comenzó a rezar al iniciar su penitente peregrinación. Después de ver complacido la esmerada restauración de la iglesia y de la casa circundante, bendijo las obras en construcción del centro de formación, cuya estructura se levanta a buen ritmo, esperando cubrir aguas dentro de poco tiempo. Con esta fundación comienza para Torreciudad una nueva, fecunda y brillante época histórico-religiosa.

BIBL.: R. A. FACI, *Imágenes aparecidas. Aragón, Reino...*, I, Za. 1739; S. LÓPEZ NOVOA, *Historia de Barbastro*, Ba. 1861; A. SANZ LAVILLA, *Santuarios y ermitas de la diócesis de Barbastro*, Barbastro 1953; Archivo Dioc. de Barbastro: *Escrituras de fincas*, letra T.   M. ORÚS

Tránsito, *Virgen del*, (Zamora) patrona de la ciudad. El día 2-V-1971 se cumplieron los trescientos cincuenta y dos años del singular patronazgo con que la Virgen María, en su feliz tránsito al cielo, obsequió a sus hijos los zamoranos, quienes la llaman La Virgen Dormida, y tienen, en favor de su entusiasta devoción, lo que el pueblo llama «hechos milagrosos». La historia y tradición de la imagen de la Virgen Dormida forma parte de la historia y vida del convento zamorano de clarisas del Corpus. A fines del siglo XVI —leemos en las crónicas del convento— D.ª Ana Osorio, esposa de D. Juan Carbajal —Caballero del Hábito de Santiago— legó en su testamento las casas y hacienda que poseía en Zamora para que se fundase un monasterio de la primera regla de Santa Clara. Con este fin, la referida D.ª Ana acudió al valimiento de los condes de Alba y Aliste, D. Diego Enríquez de Toledo y D.ª María de Urrea, quienes lograron de fray Buenaventura Catalagirona, general de la orden seráfica de San Francisco, enviara a Zamora cuatro religiosas del monasterio de Santa Clara de Gandía. Vino como abadesa sor Ana de la Cruz hija del duque de Gandía y nieta de san Francisco de Borja, hasta entonces vicaria en Gandía e ilustre por su santidad y linaje. Llegadas a Zamora las cuatro religiosas (17-I-1597) se establecen en un oratorio provisional, pues la iglesia que se estaba construyendo en las casas de D.ª Ana Osorio aún tardaría muchos años en concluirse. Sor Ana, muy devota de la Virgen en su advocación de Nuestra Señora del Tránsito, cuya imagen presidía el monasterio de las Descalsas de Gandía añoraba con nostálgica devoción aquella imagen, y tenía vehementes deseos de hacerse con otra imagen semejante para el nuevo convento de Zamora. La escasez de medios económicos no le permitía este consuelo; de ahí que ella lo confiara todo a la oración. Solo la piadosa abadesa y las religiosas conocían esta ardiente aspiración. Y un día y otro, y todos los días, se acogían a la intercesión de su Virgen del Tránsito, de Gandía.

En la mañana del 2-V-1619, dos jóvenes artistas ataviados de romeros, se acercan al convento de clarisas dispuestos a tallar gratuitamente la deseada imagen de Nuestra Señora del Tránsito. Al atardecer de aquel día —se lee en las crónicas— las buenas religiosas se encontraron con esta realidad sorprendente: una hermosa y celestial imagen de la Virgen fabricada por dos ángeles con aspecto de romeros. Tres días fueron suficientes para que el hecho milagroso se divulgase por toda Zamora y el pueblo en masa acudiera al convento a admirar la milagrosa imagen de la Virgen Dormida, vulgarmente denominada Nuestra Señora del Tránsito. La imagen de la Virgen Dormida es una de las joyas escultóricas más preciosas del arte zamorano del siglo XVII. La devoción y fervor mariano arraigado en el pueblo sencillo, hace ya más de tres siglos, aún se conserva y los zamoranos de hoy siguen acudiendo al santuario de la madre y patrona, Nuestra Señora del Tránsito.

BIBL.: Archivo del convento de clarisas del Corpus, de Zamora: *Crónicas y documentos*; N. PÉREZ, *Historia Mariana de España*, Va. 1947, lib. V.; D7, XVI, 455 y ss.; *Nuestra Señora del Tránsito (Patrona de Zamora)*: R17, 15(1929)533-34; *Nuestra Señora del Tránsito*: Anuario Católico Español, II, Ma. 1955, 499-500.   S. GARCÍA

Tremedal, *Nuestra Señora del,* (Teruel). En la villa de Orihuela de Albarracín. Su imagen se apareció en un risco de los montes de Orihuela del Tremedal, provincia de Teruel. Cálculos bien estudiados dicen que fue hacia 1169, poco después de la reconquista de la ciudad de Albarracín.

Cuenta la tradición popular que mientras un jovencito de Tronchón (Teruel) pastoreaba su rebaño en el cerro que doselaba el antiguo castillo de Orihuela, de improviso se alzó sobre el pedestal de un peñazco una señora, radiante de luz y de gracia. Acercóse a ella el pastor y, por iniciativa de aquélla, se entabló el siguiente diálogo:

—«Dame, hijo mío, de la torta que llevas en el zurrón». El pastorcico —que era manco— metió en su morral la mano sana y ofreció a la Señora toda la provisión de torta que en él guardaba:

—«Tomadla, mujer, quienquiera que seáis». —«Pero has de dármela con la otra mano». —«Soy manco, Señora, y por eso sólo valgo para cuidar ganado». —«No importa. Prueba a meter la mano en el zurrón». Obedeció el pastor y al intentar ofrecer su pan vió con asombro reaparecer sano su brazo amputado. En adelante la historia de la advocación mariana que ahora nace se reducirá a esto mismo: ofrendas de los fieles en testimonio de amor y correspondencia de prodigios por parte de la Virgen. Luego la Señora, sirviéndose del pastorcico vidente, pidió a los hijos de Orihuela que le edificaran un santuario entre aquellos riscos. Por tres veces, y de modo sorprendente, desapareció la imagen de la iglesia parroquial. Interpretando los deseos de la Virgen los orihuelanos deciden edificar un templo en el lugar por ella elegido.

La imagen actual es una talla del siglo XIII, cuyas características fueron descritas magistralmente por D. Francisco Lorente: «Es escultura nada imperfecta, aunque no de las más valientes y primorosas. La materia es de pino, que se conserva incorrupta a pesar de la jurisdicción de los siglos. Tiene tres palmos de alta, como el arca del Antiguo Testamento... En la mano derecha muestra una manzana, y ocupa la siniestra la imagen del Niño Dios, que, teniendo en la suya un libro cerrado, levanta la diestra como en ademán de quien bendice al pueblo...» Esta imagen asentada sobre trono silíceo en las alturas de un cerro que limita Aragón y Castilla, desde el cual, en días serenos se descubre un horizonte que cierran los puertos del Guadarrama, el macizo de los Pirineos, las sierras de Gudar y Jabalambre, tiene empaque de reina con anhelos de pacíficas conquistas y sueños de dominio ecuménico.

La devoción a la Virgen del Tremedal tuvo desde antiguo muchos apóstoles. Fueron primero los hijos de Orihuela, de cuya cantera salieron en todo tiempo ilustres sacerdotes del clero secular y regular. Fueron también los sacerdotes de la diócesis de Albarracín, a la que Orihuela pertenece. Todos consideraron siempre como una de las más vivas ilusiones de su celo propagar la devoción a su Virgen. Desde mediados del siglo XVIII

hasta finales del XIX, tuvo esta devota imagen y santuario dos capellanes misioneros, que recorrían la geografía de España, fomentando en todas partes la devoción a la Virgen del Tremedal. Existió desde tiempo inmemorial la cofradía de Nuestra Señora de la Vija, advocación con que se veneró a la Virgen del Tremedal en sus primeros tiempos. Su finalidad era exclusivamente fomentar el culto a la Santísima Virgen del Tremedal. Esta hermandad sirvió de base a otra organización más amplia, fundada en 1743 por el obispo de Albarracín, D. Juan Francisco Navarro: la «Esclavitud Mariana de Nuestra Señora del Tremedal». De la pujanza que con esta nueva congregación adquirió el culto y devoción a la Virgen del Tremedal, nos da cuenta el doctor Francisco Lorente en la dedicatoria que hace a los miembros de esta esclavitud en su obra *Historia panegírica de la aparición y milagros de la Virgen del Tremedal*, publicada veintitrés años después de su fundación. Poco a poco se amplió la hospedería del santuario, enriqueciéndose el templo con valiosos objetos de culto y, sobre todo, se extendió por todas las regiones de España y aun de fuera, gracias al trabajo de los capellanes misioneros, el número de los esclavos de la Virgen del Tremedal. En el *Libro Padrón* de la esclavitud, junto a nombres de las diversas regiones de España, aparecen otros de los Países Bajos y de Italia. Hace unos cinco años en San Ramón de Costa Rica se edificó un gran templo dedicado a la Virgen del Tremedal, para el que los vecinos de Orihuela regalaron una talla, copia exacta de la imagen auténtica. Esta imagen de Nuestra Señora del Tremedal ha pasado por diversas vicisitudes y transformaciones a lo largo de los siglos. En la guerra de la Independencia el general francés Herriot, en lucha contra el valiente guerrillero Villacampa, que se hizo fuerte en los Montes Universales con una partida de 300 patriotas, saqueó y prendió fuego al santuario y a la hospedería, salvándose la sagrada imagen de las llamas por una providente diligencia del clero parroquial de Orihuela. En 1872 los vecinos de Orihuela constituyeron una Junta para recaudar fondos y reconstruir de nuevo el santuario, que a fines de siglo estaba ya inaugurado. En este obligado paréntesis, motivado por la guerra, la destrucción y reconstrucción del santuario, decayó, como es natural, la devoción y culto a la Virgen del Tremedal y desapareció la «Esclavitud», pero se organizó la «Hermandad de la Virgen del Tremedal» una vez reconstruido el santuario, y esta Hermandad viene trabajando desde entonces con laudable y entusiasta celo por el fomento del culto y devoción a su Virgen. En la guerra civil de 1936, como el pueblo de Orihuela quedó en un principio entre los bandos contendientes, ante el peligro de una incursión de las tropas marxistas que pudieran destruir la imagen, un grupo de falangistas de Teruel penetró en dicho pueblo y la trajo a la ciudad depositándola en los sótanos del Seminario. Allí se encontraba cuando el día 15-XII-1937 fue cercada la «ciudad de los amantes». Una de las minas, preparada con lujo de carga por unos mineros asturianos y hecha explotar por el cabecilla Belarmino Tomás, destruyó dichos sótanos, apareciendo la sagrada imagen, al cesar los efectos de la explosión, encima de los escombros. Unos soldados defensores del seminario la recogieron y la llevaron al convento de Santa Clara, donde se refugiaba el entonces obispo, padre Anselmo Polanco, y allí se le erigió un modesto altar, ante el cual oraba incesantemente este santo y mártir prelado. Al caer la plaza en poder rojo, antes de salir prisioneros los defensores del sector del Seminario, se ocultó la imagen en una maleta y se enterró bajo las ruinas del convento de Santa Clara.

Las tropas nacionales reconquistaron más tarde la plaza y en las referidas ruinas encontraron la imagen partida longitudinalmente en dos trozos y con una pequeña mutilación en la cara del Niño. Terminada la guerra, después de restaurados imagen y santuario, la Virgen del Tremedal volvió a ocupar su antigua sede y allí continúa su patronazgo con un espléndido historial cargado de prodigios. Recientemente (1970) se ha construido una carretera que facilita el acceso desde el pueblo de Orihuela al santuario, asentado desde un principio en la cumbre de un monte de 1.800 ms. sobre el nivel del mar.

BIBL.: F. LORENTE, *Historia panegírica de la Aparición y Milagros de María Sma. del Tremedal*, Val. 1786; J. SORIANO, *Compendio de la historia de la aparición de Ntra. Señora del Tremedal*, Val. 1793; R. ALBERTO FACI, *Aragón, Reyno de Christo y Dote de María Santísima*, I, Za. 1739, 184; T. MUÑOZ Y ROMERO, *Diccionario bibliográfico-histórico de los antiguos reinos, provincias, ciudades... de España*, Ma. 1858, 207-208; S. SEBASTIÁN, *Guía artística de Orihuela y su comarca. Homenaje a la Virgen del Tremedal*, Orihuela del Tremedal 1970.   V. PAMPLONA

Trepa, *Nuestra Señora de la,* (Orense). A poca distancia de la villa de Verín a cuyo partido pertenece y del ayuntamiento del Riós, se encuentra la aldea de La Trepa, donde se venera la imagen de la Virgen de los Dolores. La construcción de la iglesia parroquial cuya titular es la mencionada Virgen de los Dolores fue llevada a cabo en el segundo tercio del siglo XVIII a expensas de Bernabé de Limia. La fiesta se celebra en septiembre con gran concurrencia de gentes que llegan de los contornos e incluso de la frontera portuguesa. Además de lo estrictamente religioso y relacionado con ello hay manifestaciones folklóricas. Por la tarde la fiesta es profana. No faltaron incluso altercados entre los mozos asistentes. En los últimos años los festejos profanos han ido decayendo. No por ello ha dejado de celebrarse la fiesta religiosa a la cual continúa asistiendo bastante gente.

BIBL.: C. GIL ATRIO, *Orense mariano*, Or. 1954, 161; P. GONZÁLEZ DE ULLOA, *Descripción de los Estados de la Casa de Monterrey en Galicia*, Sant. 1950, 98-100.   M. ANTA

Treviño, *Nuestra Señora de,* (Huesca). En la villa de Adahuesca, partido de Barbastro y diócesis de Lérida. El santuario es de estilo románico, triabsidal y planta de cruz latina, con modificaciones posteriores. La imagen de la Virgen es igualmente románica. Su fiesta se celebra el domingo infra octava de la Navidad.

BIBL.: R. DEL ARCO Y GARAY, *Catálogo monumental de España: Huesca*, Ma. 1942, 187.   IEF

Tuiza, La, *Nuestra Señora de,* (Zamora). En el valle de su nombre, municipio de Lubián, diócesis de Orense. El edificio es amplio, armónico y artístico, en la confluencia de los ríos Padornelo, Tuela y Tuiza. La fiesta tiene lugar el último domingo de septiembre, con gran afluencia de devotos de Galicia, León y Portugal.

BIBL.: C. GIL ATRIO, *Orense mariano*, Or. 1954, 162-163.   IEF

Tura, *Nuestra Señora del,* (Gerona) patrona de la ciudad de Olot, donde está emplazado. Es uno de los más antiguos de Cataluña, pues sus orígenes se confunden con los de la villa. La tradición refiere que la imagen fue encontrada por un «tura» de la alquería existente entonces en el mismo lugar donde se alza el templo actual. El edificio ha experimentado importantes transformaciones. Al abrir los cimientos del templo actual se encontraron restos de tres más, el primero, de características visigóticas, el segundo románico, de finales del siglo XI o principios del XII, que con los terremotos del 15-V-1427 quedó tan maltrecho que hubo que reconstruirlo; el tercero, fue inaugurado el 7-IX-1636, de estilo ojival decadente. El actual se construyó entre 1737 y 1748. El maestro Panyó proyectó el altar mayor en 1786 y decoró la nave al fresco en 1802. En 1936 soportó profanaciones iconoclastas. La imagen es de estilo románico del siglo XII, sedente, en madera tallada, de unos tres palmos de altura, similar por su tez morena a la Virgen de Montserrat. Patrona de la ciudad, su fiesta se celebra el 8 de septiembre.

BIBL.: N. CAMÓS, *Jardín de María*, Ge. 1772, 108-114; L. G. CONSTANS, *Girona, Bisbat Marià*, Ba. 1954, 135-137.   E. GUTIÉRREZ

Ujué, *Santa María de,* (Navarra) parroquia y santuario. En el lugar de su nombre, partido de Tafalla. La Ribera de Navarra tiene por patrona a la Virgen de Ujué, adonde peregrinan cada año muchísimos pueblos. La localidad se asienta en la loma meridional de una montaña de la zona media de Navarra, dominando estratégicamente los valles de Aibar, del Cidacos y la Ribera. Es un lugar típico, donde la Edad Media está presente en sus empedradas calles abarrancadas, en su caserío de piedra, en sus iglesias y, sobre todo, en el templo-fortaleza que corona el monte. La zona estuvo poblada durante la época romana, conservándose dos aras dedicadas a los dioses Júpiter y Lacubegis. La iglesia románica parece se emplazó en el mismo lugar, siglos antes dedicado al culto pagano. Al norte del santuario se alzó, hasta su demolición en 1623, un primitivo castillazo cuyos orígenes deben guardar relación con la red de torres de señales alzadas en la región navarro-aragonesa durante la alta Edad Media. Se menciona ya en el año 1011. Al ser asesinado el rey Sancho el de Peñalén (4-VI-1076), los navarros prefirieron seguir la obediencia del aragonés Sancho Ramírez. Los de Ujué fueron los primeros en rendir su castillo al nuevo monarca, jurándole obediencia. Así lo reconoce el propio Sancho Ramírez en documento suscrito en Ujué el mismo año. Poco después edificó aquí un templo, dotándolo con los diezmos del dilatado término municipal, según leemos en la carta de dotación de la iglesia de Santiago de Funes (13-I-1089). Cuatro años más tarde la donó al monasterio de Montearagón, cuyos abades nombraron prior de esta iglesia hasta el último cuarto del siglo XIV. El punto de partida de la devoción popular a la actual patrona de la Ribera está vinculado al advenimiento al trono de los Evreux y a la residencia de los monarcas navarros en el próximo palacio de Olite. Las romerías de personajes de la casa real se inician en 1364. Carlos II y su esposa D.ª Juana lo visitaron en diversas ocasiones, siendo los promotores de la gran ampliación gótica del templo y creadores del palacio real, hoy convertido en casa parroquial, en este lugar. En el presbiterio del templo se conserva a la vista el corazón del rey Carlos II, llevado allí a raíz de su muerte, por expreso deseo del monarca. Su hijo y sucesor, Carlos III el Noble, realizó varias romerías a Ujué. En la que hizo a pie en 1395 con su esposa D.ª Leonor de Trastamara y sus hijos, regaló un precioso cáliz decorado con las armas de Navarra en esmalte. Sus sucesores continuaron la tradición. El pueblo secundó a los reyes, y las peregrinaciones se han venido sucediendo hasta nuestros días, teniendo lugar a partir de la fiesta de san Marcos y a todo lo largo del mes de mayo. Entre todas es célebre la que realizan los de Tafalla, Olite y otros lugares de la Ribera. Los devotos penitentes marchan entunicados, portando cruces de distintos tamaños, y a veces cadenas sujetas a los tobillos. El clima que se respira en estas jornadas en la iglesia y en las calles del pueblo es de un sorprendente tradicionalismo, adquiriendo en algunos momentos un patetismo indescriptible. La devoción creó las fiestas del «Milenario de las apariciones» (1885), y el 8-IX-1952 la imagen fue coronada canónicamente.

Ujué conserva por fortuna la cabecera y un primer cuerpo de tres naves de la iglesia construida por Sancho Ramírez en el penúltimo decenio del siglo XI, uno de los ejemplares más primitivos del románico en Navarra.

Con notables diferencias con respecto a la de Leyre, el testero está formado por tres ábsides sobriamente decorados en las impostas y capiteles. El ábside central presenta una arquería flanqueando el ventanal del centro. La escultura de los capiteles es interesantísima, de gran primitivismo. Durante el reinado de Carlos II, en la segunda mitad del siglo XIV, se construyó la amplia nave gótica de 15 ms. de ancho, sustituyendo a las naves románicas. La altísima bóveda es contrarrestada al exterior por poderosos contrafuertes y por dos torres almenadas que prestan al templo carácter de fortaleza medieval. La escultura, abundante en capiteles, claves de las bóvedas, portadas y mirador o claustro occidental y sus accesos, ha sido ejecutada por distintos mazoneros. La del tímpano y dintel de la puerta sur está animada de notable dinamismo y elegancia, siendo más sobria y ruda la del norte. En el muro del cuerpo septentrional se conservan vestigios de pintura mural gótica, oculta tras la caja del órgano.

La imagen sedente de la Virgen con el Niño es de madera de aliso, chapeada en plata en el siglo XIV. Hierática y sobria, estilísticamente pertenece al círculo del Pirineo oriental, y puede fecharse sin ninguna duda en la segunda mitad del siglo XII. En 1952 fue sometida a restauración, recargándola de adornos modernos que desfiguran su belleza original. Como todos los santuarios importantes, el de Ujué está cuajado de leyendas en torno a la aparición de la Virgen y a los milagros. El topónimo, similar a «Uxoa» (paloma, en vascuence), dio lugar a la leyenda que cuenta haberse aparecido a un pastor que perseguía a una paloma. Entre los milagros legendarios está el de la curación de D. Gonzalo de Gustios, quien recobró la vista perdida de tanto llorar a sus hijos, «los siete Infantes de Lara», al visitar nuestro santuario.

BIBL.: E. JASO, *Los triunfos de Ujué, o sea, el primer milenario de la aparición de la Santísima Virgen*, Pam. 1886; J. CLAVERÍA, *Historia documentada de la Virgen, del santuario y villa de Ujué*, Pam. 1953; J. M. JIMENO JURIO, *Ujué*: Colección Navarra. Temas de cultura popular, 63; J. M. LACARRA y J. GUDIOL, *El primer románico en Navarra*: R152, 5(1944)240-241 y 263-264; J. DE VILLAFAÑE, *Compendio histórico en que se da noticia de los más célebres santuarios de España*, Ma. 1740, 624-627; D3, 65, 842-844.
J. M. JIMENO

Urda, *Santo Cristo de*, (Toledo). Hoy dentro del casco urbano de la población, perteneció al priorato de San Juan de Jerusalén, partido de Madridejos, cuya edificación se terminó poco después del año 1769. Es conocido también por la iconografía como «Cristo de la Cruz a cuestas». Fue levantado el santuario sobre la planta de una ermita existente anteriormente, de época visigoda, cuyos testigos están en una hilada de piedras con dibujos visigóticos, colocada en la fachada delantera del actual edificio. Su estilo arquitectónico es el peculiar, austero e inconfundible, de los sanjuanistas. La imagen es una valiosa talla, obra atribuida por unos a Salcillo y, por otros, a Montañés. Queda bien patente su barroquismo, así como el del retablo. Las fiestas religiosas se celebran del 27 al 30 de septiembre de cada año y una antigua carroza en forma de nave, tallada y dorada, del tercer cuarto del siglo XVIII, lleva al patrono de la villa en las procesiones que tienen lugar durante los días de la fiesta. Goza de gran devoción y fama de «milagrero» no sólo en la comarca de La Mancha, sino en toda la región centro. Las vísperas de las fiestas pasan por las vías de comunicación que conducen a Urda gran número de personas devotas que acuden a dar gracias por los favores obtenidos. Sirva como dato de referencia que el 29-IX-1974 la afluencia se calculó en unas 500.000 personas. Existe la Hermandad del Santísimo Cristo de la Vera Cruz, presidida por su «mayordomo» y de la que es presidente nato el párroco de la villa. Es intere-

sante para su historia el escrito fechado en palacio el 20-IV-1864 y dirigido a D. José García del Pozo, presidente de la Real Cofradía del Santísimo Cristo de Urda, remitida por el duque de Sexto y marqués de Alcañices, mayordomo mayor de S. A. R. el Príncipe de Asturias (después Alfonso XII) en el que éste acepta el cargo de hermano mayor de la misma. En la guerra civil (1936-1939) la imagen del Santo Cristo fue destrozada y, recogidos los fragmentos, se escondieron. Terminada la contienda fue restaurada perfectamente, quedando como saliera de las manos del escultor en las últimas décadas del XVIII.

BIBL.: D7, XV, 222; D. AGUIRRE, *El gran priorato de San Juan de Jerusalén en Consuegra en 1769*, To. 1973, 109; L. MORENO NIETO, *La provincia de Toledo*, To. 1960, 637.
P. LÓPEZ OLIVEROS

Val, *Nuestra Señora del*, (Madrid) patrona de Alcalá de Henares. La imagen fue encontrada a fines del siglo XII por un labrador que araba una tierra al pie del cerro de Alcalá la Vieja, en el valle del río Henares. Al notar que se le encallaba la reja del arado, suspendió la tarea y cavando en el sitio encontró una imagen de la Virgen de 35 cms. de altura, de alabastro y con el Niño Jesús en sus brazos. El labriego la llevó a casa de su amo, donde quedó en poder del mismo. Desapareció de allí misteriosamente y de nuevo la encontró el labriego en un olmo del mismo valle donde la hallara el día anterior. Entonces fue conducida a la parroquia. La imagen desapareció otra vez y fue hallada asimismo en el hueco del olmo. Estos hechos determinaron la erección de una ermita y con el tiempo se la declaró patrona de la villa de Alcalá. Tal ermita se levantó a expensas de los fieles en el año 1184. El arzobispo D. Pedro Tenorio en 1376 reedificó el templo primitivo con tres capillas y elegante cúpula, que después de cuatro siglos se derrumbó. En 1842 volvió a reedificarse, pero pronto comenzaron a cuartearse sus muros; por tal motivo tuvieron que acometer la empresa de una nueva y sólida edificación que no se llevó a cabo hasta 1927. El edificio actual es de estilo ojival, amplia nave con un zócalo de mosaico en las paredes laterales y de madera labrada en el presbiterio. Su fiesta se celebra el tercer domingo de septiembre, con solemne novena en la iglesia magistral.

BIBL.: *Nuestra Señora del Val*: R17, 15(1929)280-81; *Nuestra Señora del Val*: Anuario Católico Español, II, Ma. 1956, 452.
J. M. DE MORA

Val, *Nuestra Señora del*, (Orense). A dos kms. de Poulo, arciprestazgo de Pao, ayuntamiento de Gomesende, y partido de Celanova. Los proyectos de la ermita fueron ambiciosos, pero únicamente se realizaron en parte: el presbiterio. Digna de ser visitada por lo artístico. La advocación de la Virgen es del Rosario y su fiesta se celebra el 25 de marzo, con existencia de una antigua cofradía denominada igual que la titular. Posee una reliquia de la Vera Cruz y con este motivo se celebra solemne procesión el 3 de mayo.

BIBL.: D7, XIII, 179; C. GIL ATRIO, *Orense mariano*, Or. 1954, 154-155.
IEF

Val de Onsera, *San Martín de la*, (Huesca). Situado en una gruta al comienzo de la sierra de Guara, cerca del salto de Roldán, término municipal de Santa Eulalia la Mayor, partido y diócesis de Huesca. Era depósito de numerosas y ricas joyas artísticas destruidas en la última guerra civil. Entre ellas una tabla pintada que servía de frontal del altar y que debió ser el retablo primitivo: representaba a san Martín de Tours, su titular, revestido de pontifical y episodios de su vida; obra francogótica del siglo XIV. El retablo, que databa del año 1596. Una Virgen románica de principios del siglo XIII, sedente, en escabel y con el Niño en el regazo.

Jaime II, rey de Aragón, fundó en Huesca una cofradía bajo la advocación de san Martín de la Val de Onsera, siendo él y su hijo los primeros cofrades. Pedro IV la restauró y en el año 1635 se renovaron sus estatutos siendo obispo de Huesca D. Francisco Navarro de Enguí.

BIBL.: R. DEL ARCO Y GARAY, *Catálogo monumental de España: Huesca*, Ma. 1942, 149-150 y 181-183.   IEF

Valbuena, *Nuestra Señora de*, (Guadalajara). En el lugar de Cendejas de Padrastro, municipio de Cendejas de Enmedio, partido y diócesis de Sigüenza. El nombre de la advocación parece que proviene de la localización topográfica del santuario: en un hermoso valle con arbolado. Respecto al origen del mismo hay dos tradiciones: una afirma que se apareció la Virgen a un pastor al que ordenó levantara allí una ermita en su honor; la otra dice que, yendo los reyes —no precisa cuáles— camino de Atienza, perseguidos por enemigos, se extraviaron en el bosque, e implorando a la Virgen, prometieron levantar una ermita en el lugar si llegaban salvos a Atienza. En las *Relaciones topográficas* ya se habla de la ermita y se dice que «es muy devota». En efecto, concurren al lugar el día de la festividad —último domingo de mayo— devotos de muchos pueblos comarcanos, e incluso de Guadalajara; llegaron a juntarse en alguna ocasión vecinos de 24 pueblos. Los festejos se celebran dentro de unos rituales tradicionales que son observados fielmente por todos los asistentes. Cada pueblo sale en procesión hacia el santuario con la cruz alzada hasta los límites del propio término; después pueden bajarla para volver a levantarla al llegar al santuario y saludar con ella, tocando un extremo de la otra, a la de Cendejas de Padrastro. Con este ceremonial entran los romeros en el templo y tienen lugar los cultos religiosos y la santa misa; acabados los cuales las gentes se desparraman por los alrededores formando grupos, según los lugares, a los que ha de abastecer de vino el ayuntamiento propio. Terminada la comida, se reza el rosario y otras devociones. Al final se despiden igualmente las cruces, y los romeros retornan a sus pueblos. Hay publicado un pequeño y sencillo poema dedicado al santuario y su patrona.

BIBL.: D7, VI, 307; J. CATALINA GARCÍA, *Relaciones topográficas. Provincia de Guadalajara*: Memorial Histórico Español, 47, Ma. 1915, 310; J. GARCÍA PERDICES, *Cual aurora naciente (Advocaciones marianas de la provincia de Guadalajara)*, Gua. 1974, 43-46.   V. GARCÍA LOBO

Valdejimena, *Nuestra Señora de*, (Salamanca). En el término del pueblo de Horcajo Mediano, su advocación no deja de ser sugestiva. En efecto, a la luz de la conjetura histórica debe ser tenido este nombre como nacido de la relación existente entre el hallazgo milagroso de la primera imagen de la Virgen en el lugar concreto del santuario actual y la egregia D.ª Jimena, mujer del Cid Campeador. De hecho, los orígenes de la advocación arrancan históricamente de los días en que D. Jerome, capellán que fuera del Cid, era obispo de Salamanca, a raíz de su reconquista de los moros. La tradición oral primero, y también la escrita después, nos habla de un vaquero llamado Juan Zaleos, que, pastoreando un puñado de reses bravas entre los encinares de Horcajo Medianero, halló milagrosamente una imagen de María, colocada en el hueco de una encina, bajo la cual había caído arrodillado un toro «rabioso» de su vacada llamado «Romo». Notificado el hecho milagroso por el vaquero Juan a las autoridades del pueblo citado, surge una primera ermita con el esfuerzo y generosidad de las gentes del lugar. Juan Zaleos hace de primer ermitaño y el Concejo y beneficio de Horcajo Medianero inician y desarrollan un ferviente patronazgo bajo la autoridad episcopal de Salamanca.

Curado de la «rabia» el toro «Romo», por intervención de la Virgen, la imagen de Nuestra Señora de Valdejimena ha recibido la advocación secular de «Abogada de la rabia» y durante largos siglos, sin interrupción que se conozca, ha estado derramando beneficios sobre miles y miles de peregrinos que acudieron a su santuario, cargados o amenazados de la terrible enfermedad de la hidrofobia, o en busca de protección para cualquier necesidad material o espiritual. Los pueblos de la región acudieron y acuden a Valdejimena continuamente en demanda de beneficios y en ejercicio de su propia vida religiosa.

El área devocional de Nuestra Señora de Valdejimena fue, durante largos siglos (especialmente a través de los siglos XVI, XVII y XVIII), toda la extensión de León, Castilla, Extremadura y el inmediato Portugal.

El Santuario. El santuario actual es el tercero que existe bajo la misma advocación en Valdejimena. Del año 1627 es un documento que lleva por título «*Memoria de las condiciones que debe llevar la obra de Nuestra Señora de Valdejimena*»; documento que supone la existencia de otro santuario de menor volumen, en el cual había sido ya construida una «Capilla Nueva». El año 1682 el santuario de Valdejimena se vio reducido a un montón de ruinas por la acción pavorosa de un incendio, dando con ello ocasión a que el obispado de Salamanca trazara y construyera un nuevo santuario, de mayores dimensiones y según las estrictas reglas del arte arquitectónico que presidían los monumentos salmantinos. El documento del archivo de Valdejimena que detalla el proyecto, dice explícitamente: «El Sr. obispo de Salamanca, Fr. Pedro de Salazar, habiendo sabido que la ermita de Nuestra Señora de Valdejimena se había arruinado con cierto incendio... y que se necesitaba considerable reparo.. para que no se perdiese tan gran devoción como los fieles tienen a esta esclarecida imagen... hizo venir de Madrid a Juan de Setién Gumes, maestro arquitecto y maestro mayor de las obras de la ciudad de Salamanca y su obispado, le hizo revisar personalmente las ruinas y le pidió que trazara por sí mismo los planos de planta y alzada que fueran del caso». El santuario fue construido, según plano de Juan de Setién, por el arquitecto y constructor Mateo de Avila, que lo levantó por el costo de 35.000 reales. La visita pastoral del año 1698 supone la obra ya acabada. La casa-hospedería adjunta estaba terminada hacia 1720. Y enseguida quedó montada la hermosa placita de toros que sirve como de atrio anterior. El interior del templo presenta elementos de gran valor artístico. En primer lugar, la imagen de Nuestra Señora de Valdejimena, talla de 1,50 ms. de alta, sentada en una silla muy preciosa. Es una imagen llena de ternura maternal y de rostro blanco, anterior, sin duda, a todo lo que contiene actualmente la iglesia. Podría datarse del siglo XV-XVI. El camarín es una pieza de valor excepcional tanto por su realización artística como por su contenido teológico y literario. Destaca muy por encima de lo que suelen ser los «camarines» de santuarios marianos. La teología mariana, que ostenta, la convierten en dignísimo «oratorio mariano». En su bóveda campea el *Himno de Valdejimena*, piadosa pieza popular religiosa, que entusiasma a todos los devotos por su letra y por su música de sabor mariano. Los cinco altares se llaman: altar de Nuestra Señora (altar mayor), de san Francisco Javier, de san Juan Bautista, de san Francisco de Asís y de santa Teresa. Todos muy refulgentes por su rico dorado.

La Familia de Valdejimena. En los libros manuscritos del archivo de Valdejimena se habla frecuentemente de la Familia de Nuestra Señora. Los miembros más íntimos de ella eran: el capellán, los ermitaños y la sevidumbre de la casa. El «capellán» tuvo siempre por misión la asistencia espiritual del santuario. Los ermitaños estaban a sus órdenes y bajo la influencia espiritual de su sacerdocio. Y la misma servidumbre, como los arrendatarios de las fincas de Nuestra Señora, con él se entenderán directamente. Los «ermitaños» de Valdejimena aparecen en los documentos con los nombres de «hermanos limosneros», «hermanos de Nuestra Señora», «hermanos seculares». Sus tareas se centraban en el culto del santuario, la recogida de limosnas y el cuidado de los enfermos y peregrinos. En número de tres, cuatro, cinco y hasta seis, desarrollaban una vida comunitaria reglamentada, que revisaba el obispo de Salamanca, cada vez que pasaba de visita pastoral por Valdejimena. Por los contornos solían ser famosos estos hombres que hacían vida célibe en la casa de Valdejimena; sobre todo porque ellos eran los mejores propagadores de la devoción a Nuestra Señora de Valdejimena, en sus largos recorridos por las llamadas «veredas». Las veredas principales eran tres: la de los corderos, la del grano y la del aguinaldo. Algún tiempo hubo que los ermitaños dirigieron una «escuela» de Valdejimena, de la cual salió el eminente cardenal de Santiago de Compostela, García Cuesta. La «servidumbre» de Valdejimena apareció por necesidad histórica. La casa de Valdejimena se convirtió en «casa de labranza», desde que los devotos comenzaron a regalar predios a la Virgen. Estas posesiones, si bien abundaban en Horcajo y Chagarcía Medianero, no faltaban en otros lugares más distantes (Ventosa del Río Amar, Alconada, etc.). Uno de los criados con más personalidad era el «criado de labor», que dirigía todo lo referente a la agricultura. Otro de los criados habituales de Valdejimena era el llamado «pastor de la Virgen», que entendía de la famosa «piara» de ovejas, tan variada en colores y edades. Ayudado por un muchachuelo, conocido por el nombre de «pigorro de Nuestra Señora», sacaba adelante los ganados (cerdos, ovejas, novillos, etc.) de la casa.

Milagros e indulgencias. Los milagros e indulgencias son como el tesoro espiritual de Valdejimena.

La historia de Valdejimena refiere siempre como milagroso el caso del toro «Romo», que cayó furioso ante la imagen de la Virgen y se levantó de allí manso. La tradición afirmó que se trataba de un toro «rabioso».

El año 1785 escribía D. Manuel Terradillos, capellán «Con el mayor respeto hace presente a V. I. que los frecuentes beneficios que la Divina Majestad dispensa a todos los dolientes y particularmente a los contagiados de rabia»... Sobre curaciones milagrosas, bendición de la lluvia, implorada y conseguida constantemente por intercesión de Nuestra Señora, los libros de Valdejimena testimonian frecuentemente. Los papas Urbano VIII (1643), Inocencio X (1649), Benedicto XIII (1725) y Pío IX (1854) concedieron diversas indulgencias a cuantos visitasen el santuario e invocasen a la Virgen en días señalados. Entre las indulgencias episcopales, abundan las concedidas por el obispo de Salamanca reiteradamente. Un extracto completo, ordenado y exacto, se encuentra actualmente colgado en los muros interiores de la ermita, sacado hacia 1860 por el capellán D. Martín Alonso. Entre los obispos figuran: los de Avila, Almería, Teruel, Jaca, Badajoz, Zamora, Mallorca, Valladolid, Osma, Santiago de Compostela, Puerto Vitoria, etc.

Fiestas y festejos. La historia de Valdejimena conoce como romerías o fiestas habituales las siguientes: la Natividad de Nuestra Señora, la Pascua de Pentecostés, la Fiesta de San José y la Misa de Saludo.

La Natividad de Nuestra Señora era fiesta de varios días. Fiesta, además, de mayordomos. Y en realidad se la podría llamar «Fiestas y ferias de Valdejimena en septiembre». Porque esa es la verdad histórica: son las «fiestas de los toros de Valdejimena». Aunque parezca exagerado, el año 1714 se corrieron y mataron en Valdejimena 14 toros. (Cf. *Libro de Cuentas*, año 1729,

ss. fol. 138 v.). La Pascua de Pentecostés es llamada en los libros «fiesta del Espíritu Santo». Se celebraba a cargo del santuario y por los bienhechores del mismo. En ella resplandecía sobre todo el aspecto religioso. Es la festividad de misa mayor, sermón, procesión y devoción ferviente. La fiesta de San José es de menor categoría, pero su celebración se constata firme ya en 1730, sin que podamos saber de sus primeros días. Cambió de fecha varias veces: San José de Marzo, el Patrocinio de San José, San José Obrero. De celebración religiosa parecida al día de Pascua de Pentecostés (lunes).

La «misa de salud», finalmente, ha sido siempre lo que diríamos «fiesta de vecindario». Celebrada por muchos pueblos vecinos conjunta o separadamente. Con carácter muy familiar. En fechas cercanas, aunque posteriores a la de la Pascua de Pentecostés.

Patrimonio de Valdejimena. Patrimonio de Valdejimena decimos al conjunto de propiedades rústicas y urbanas que el santuario poseyó a lo largo de su existencia. La base fueron diversos testamentos que declaran «única heredera a Nuestra Señora de Valdejimena». Procedían de devotos reconocidos o de ermitaños y criados que habían sido del santuario. Donaban sus propiedades «para mayor culto de su Imagen... para que siempre haya y goce». Como si dijeran: para los múltiples fines del santuario. Los diversos fundos estaban localizados en los siguientes lugares: Ventosa del Río Almar (con casa de labor y ermitaño permanente), Alconada (anejo de Ventosa), Horcajo Medianero (patrimonio considerable, gobernado desde Valdejimena), Chagarcía Medianero (como anejo de Horcajo), Valdecarros, Peñarandilla, Cantalpino, Peñaranda, Alba de Tormes, etc. y el propio lugar de Valdejimena (dos huertas importantes). Estas posesiones apoyaban con sus frutos anuales la vida del santuario de Valdejimena. A ellas está dedicada buena parte del archivo.

Patronato de la ermita. Patronato, patronos, compatronos, son sin duda los vocablos más repetidos del archivo de Valdejimena. Están salpicados de ellos los libros de cuentas, las escrituras de compra-venta, y los legajos de pleitos del santuario. En los años 1627-1630, campea a plena luz el Patronato exclusivo del Concejo de Horcajo Medianero sobre la ermita. En 1659 surgió contienda: el Concejo de Horcajo, ante el provisor de Salamanca, presentaba una petición para que «se declarara y mantuviera el derecho de patronato a su favor, adquirido y ejercido desde tiempo inmemorial». El Tribunal diocesano atribuyó judicialmente dicho Patronato a Horcajo el año 1660. Por documentos de entonces sabemos que «desde todos los tiempos, sin haber memoria de hombres en contrario... todas las obras que se han ofrecido hacer en dicha ermita se han rematado ante la autoridad y asistencia del Concejo». Hasta aquí habría sido la primera época. La segunda época —patronato compartido entre Concejo y beneficiado de Horcajo— comenzó en 1683, año en que se decide la construcción del santuario actual. Finalmente, en 1759, teniendo que hacerse cargo la dignidad episcopal de las responsabilidades totales del santuario, se inicia la tercera y última época de «patronazgo único episcopal».

Cancionero de Valdejimena. Valdejimena creó su propio cancionero. A él pertenece, en primer lugar, una «Salve de Valdejimena», tradicional y bizarra, que canta las glorias de la Virgen con verdadera riqueza teológica y literaria. En segundo lugar existe un verdadero «romancero», enriquecido con letrillas piadosas, nacidas a lo largo de los siglos y cantadas con propia música como la Salve anteriormente citada.

BIBL.: Archivo de Valdejimena: *Libros y documentos* (libros de fábrica, correspondencia, testamentos, bulas, declaraciones, etc.); *Romancero de Nuestra Señora de Valdejimena*, ms. que corre de tiempo inmemorial por entre los pueblos comarcanos; J. Sánchez Vaquero, *Nuestra Señora de Valdejimena*, Sa. 1958; ID., *Valdejimena. Historia y Novena*, Sa. 1962; M. Domínguez Berrueta, *Valdejimena. Cuento novelesco de gentes y costumbres*, Sa. 1908.　　　　　　　　　　J. Sánchez Vaquero

Valverde, *Nuestra Señora de*, (Madrid). En Fuencarral. Cuenta una leyenda que la imagen fue traída por los varones apostólicos. La veneración de la misma tomó gran auge durante el período visigodo y se pierde casi por completo cuando la imagen fue escondida durante las invasiones musulmanas, hacia el 715. Cinco siglos estuvo escondida la imagen hasta que en el año 1242 se aparece a unos pastores en el lugar llamado Valle Verde, a 2 kms. al norte de Fuencarral, emplazamiento de la actual ermita, construida en 1720, según consta en la portada de la misma. Consta ésta de una nave con ocho altares. La imagen, aunque de menores proporciones que la de Nuestra Señora de Atocha, acusa un gran parecido con ésta, siendo probable que proceda del mismo escultor o al menos del mismo taller. Felipe II fue muy devoto de esta imagen y convirtió su humilde ermita en santuario. Sus sucesores en el trono siguieron su ejemplo. En el año 1936 fue incendiado el santuario y quemada la imagen. Liberada la ciudad de Madrid se intentó, con ayuda de fotografías existentes, una reproducción lo más exacta posible de la antigua imagen. Bendecida en la iglesia de Santa María de la Almudena de Madrid, fue trasladada triunfalmente a Fuencarral el 23-IV-1940. El 5-IV-1942 se conmemoró con solemnes festejos la aparición de la Virgen, siete siglos antes, en el retamar de Valverde. El actual santuario es de ladrillo, con verjas y puertas de hierro y un atrio en su ala izquierda. Hay una portada barroca del 1720. Su interior, algo deteriorado, consta de una sola nave con altar mayor de mármol y cuatro laterales. Existieron pinturas de valor que actualmente se encuentran en El Escorial. Parece ser que en el monasterio anejo al templo se sucedieron varias órdenes religiosas.
BIBL.: J. de Villafañe, *Compendio histórico en que se da noticia de... los más célebres Santuarios de España*, Ma. 1740, 587-90; E. Moreno Cebada, *Glorias Religiosas de España*, I, Ba.-Ma. 1866, 217-25; F. Fita, *Nuestra Señora de Valverde y la Armada Invencible*: R59, 35(1899)526-43; D7, VIII, 202; J. Ortega Rubio, *Relaciones topográficas de los pueblos de España, los más interesantes de ellos*, Ma. 1918, 277; E. C. Sáinz de Robles, *Crónica y guía de la provincia de Madrid (sin Madrid)*, Ma. 1966, 113 y 483.
　　　　　　　　　　　　　　　　　　A. Díez

Valle, *Virgen del*, (Palencia). En Saldaña, a kilómetro y medio de la villa, y a 15 ms. de la carretera de Palencia a Tinamayor. El bellísimo valle que le da nombre y cuyas cumbres y laderas están coronadas de encinares y olorosos pinos parece escogido de propósito para que, como en tantos otros santuarios, historia y leyenda vayan de la mano y se pierdan en la noche de los siglos. Fue a mediados del siglo VIII, según la tradición, cuando el monarca Alfonso I el Católico, en la noble tarea de la Reconquista, llegó a las puertas de Saldaña, acampando con su ejército en el sitio que hoy ocupa el santuario. La morisma oponía una gran resistencia y, al prolongarse el asedio, cundía el desaliento entre las huestes cristianas. Por la noche, tuvo el rey una visión en la que se apareció la Virgen y le dijo: «toma 50 soldados de los más valientes y sorprenderás a los moros dormidos; penetra por el subterráneo que hay a la falda del castillo —camino hasta hoy ignorado— y conseguirás una gran victoria». En efecto, el rey, al frente de la flor de los suyos, penetrando por el revelado camino, causó el mayor desconcierto entre los moros, huyendo despavoridos los que pudieron escapar de una muerte segura. Y así, Saldaña y su alcázar fueron libertados por la misteriosa intervención de la Reina de los Cielos.

La moderna crítica histórica confirma lo sustancial de este bello relato. Como ha ocurrido en la restauración de Palencia, en la que, después de los magistrales estudios de Menéndez Pidal y Pérez de Urbel, hay que admitir la realidad de la cacería del rey D. Sancho el Mayor, así, en lo referente a Saldaña, hay que admitir como hecho histórico que en el año 754 fue reconquistada por Alfonso I y, para la pequeña ermita románica que mandó construir, dejó la imagen pequeñita de la Virgen (25 cms. de altura) que llevaba colocado en el arzón de la silla de su caballo. Aunque el nombre de Saldaña no aparece en la *Crónica Albendense*, que cita las ciudades de León y Astorga entre las reconquistadas por el monarca, claramente aparece el nombre de Saldaña en la Crónica de Alfonso III, ya que, hablando de Alfonso I, dice que tomó muchas ciudades, a saber: Lugo, Tuy, Oporto..., Salamanca, Zamora, Avila, Astorga, León, Simancas, *Saldaña*... Quede, pues, claro que la reconquista de Saldaña, en estos días, es un hecho histórico.

Al cundir la devoción a la Virgen, la ermita románica fue sustituida, a finales del siglo XVI por el actual santuario, de tres naves con sólidas pilastras de piedra y camarín ya barroco, con bello baldaquino. Fue del patrimonio real hasta el año 1148, en que, por donación de Alfonso VII el Emperador, pasó a ser propiedad del poderoso monasterio de Sahagún. Pocos años más tarde, el 26-IV-1172, una saldañesa insigne, D.ª Mayor, abadesa de San Pedro de las Dueñas, consiguió de los monjes de Sahagún, mediante la cesión de sus propiedades, facultad para hacer junto al santuario un monasterio de monjas benedictinas, siendo ella la primera abadesa; sus restos descansan en el valle. Ni el erudito padre Escalona supo cómo desapareció este monasterio, pasando desde esta fecha el santuario al patrimonio del duque del Infantado. Ha desaparecido la antigua cofradía del siglo XIV, integrada por más de 100 pueblos de la Loma, la Vega, la Peña y varios de Campos, hasta Carrión, existiendo en su lugar una cofradía local de más de 100 cofrades, fundada en el año 1926 por el capellán señor Fernández. Mucho más antigua que la desaparecida cofradía es la llamada «Comunidad de Villa y Tierra» de los 25 lugares, fundada y dotada por el duque del Infantado y que, con más o menos brillantez, ha llegado a nuestros días. Era, sin duda, la estampa más bella y típica de Castilla poder presenciar la procesión, en que tomaban parte 25 imágenes antiguas de la Virgen, 25 cruces parroquiales de plata, 25 pendones de tremenda altura, con el clero y fieles de los respectivos lugares que, con los de Saldaña, formaban una innumerable multitud. El santuario llegó a poseer muchas tierras y rebaños de vacas y ovejas; todo desapareció con la desamortización, anotando, como detalle curioso, que en el año 1810 los franceses se llevaron 12 lámparas de plata que circundaban el camarín, dos pavos reales de oro y 300 reses lanares. Fue coronada canónicamente el 8-IX-1930 por el nuncio Tedeschini.
BIBL.: G. de Balparda, *Historia crítica de Vizcaya*, Ma. 1924; R. de Escalona, *Historia del Real monasterio de Sahagún*, Ma. 1782; V. Vignau, *Indice de los documentos del monasterio de Sahagún*, Ma. 1874; *Novena dedicada a Nuestra Señora del Valle*, León 1930, introducción histórica; A. Moro Gallego, *Música popular saldañesa*: R153, 9(1953)217-362.　　　　　J. San Martín

Valle, *Nuestra Señora del*, (Sevilla). En Ecija, diócesis de Sevilla. Una tradición señala como escultor de la imagen al evangelista san Lucas y remonta el origen de la advocación a los tiempos apostólicos. Según esta misma tradición, la imagen fue enviada a San Fulgencio por San Gregorio el Grande. Aquél la dona a su hermana santa Florentina que la coloca en la iglesia de un monasterio por ella fundado. En el mismo lugar existió más tarde un monasterio de jerónimos, actualmente en ruinas. Sostuvieron esta tradición incluso autores extranjeros. Desde que santa Florentina colocó la imagen en el monasterio del Valle por ella fundado, comenzó a venerársela bajo la advocación de Nuestra Señora del Valle. Destruido el monasterio durante las invasiones sarracenas, quedó reducido el santuario a una pequeña ermita que casi siempre estuvo al cuidado de familias principales. En 1486, Inocencio VIII autorizó la construcción de un monasterio de jerónimos en el lugar de la ermita. Desde entonces estuvo la imagen al cuidado de dichos religiosos. Felipe II visitó este monasterio. La imagen es de madera, estante y de unos 84 cms. de altura. Por sus características parece antiquísima; una abundante cabellera, a modo de Nazareno, cae sobre sus hombros y cuello desnudo. Está revestida de túnica dorada y lleva al Niño en su brazo izquierdo. Al retirarse los jerónimos en el 1850, se hizo cargo de la imagen el ayuntamiento de la ciudad, trasladándola a la iglesia parroquial de Santa Cruz de Ecija, donde actualmente es venerada. Fue reconstruida esta iglesia, casi totalmente, en el siglo XVII. En el actual edificio de estilo neoclásico se aprecian restos de la primitiva construcción mudéjar. En su altar mayor se alberga la imagen de Nuestra Señora del Valle.

BIBL.: D7, VII, 435-39; D3, 18, 464-66; E. MORENO CEBADA, *Glorias Religiosas de España*, II, Ba.-Ma. 1867, 73-81; *Tesoros Artísticos de España*, Ma. 1973, 257.

A. DIEZ

Valle, *Virgen del*, (Toledo). A kilómetro y medio, dirección oeste, hacia Torrecilla de la Jara, en el valle del arroyo Fresnedoso. La tradición supone que esta imagen apareció a un porquerillo en el citado lugar, donde se levantó un sencillo santuario, varias veces renovado y, hoy, sin carácter artístico alguno. Es efigie en talla, pintada, de gran armonía. Viste sencilla túnica de ceñidas mangas, velo que rodea el cuello y cubre su cabeza, calzado puntiagudo. Carece de corona o diadema. Sedente en una especie de banco que simula ser de piedra y en actitud de ofrecer el pecho al Niño; la imagen de éste presenta caracteres de rigidez y va envuelto extrañamente a modo de momia egipcia. Altura: 0,64 cms. Escultura medieval cristiana del siglo XIV. La cofradía celebra el último domingo de agosto la fiesta principal con romería. A finales del siglo pasado la imagen sufrió una lamentable restauración.

BIBL.: J. LÓPEZ DE AYALA-ALVAREZ DE TOLEDO, *Catálogo monumental de la provincia de Toledo*, To. 1959, 361; L. MORENO NIETO, *La provincia de Toledo*, To. 1960, 616.

J. M. DE MORA

Valle, *Santo Cristo del*, (Toledo). Situado en término de Tembleque (Toledo), a unas dos leguas y media al suroeste del pueblo, colindante con los de Consuegra, Turleque y Villanueva de Bogas, en el valle del Algodor, paraje que llaman «Cañada de Urda», se le conoce también por el nombre de Cristo de la Palma. Seguramente el cambio de su primitiva denominación Cristo de la Palma, por Cristo del Valle, sea debido a su ubicación, en el centro del valle y a medio kilómetro de la margen derecha del río Algodor. El edificio es un espacioso templo del mejor barroco toledano, de finales del siglo XVII. Planta de cruz griega, obra exterior de mampostería y ladrillo. La portada, de piedra berroqueña y de dos cuerpos superpuestos, con el principesco escudo de armas de D. Carlos de Lorena, gran prior de la Orden de san Juan. Bajo dicho escudo se lee la siguiente inscripción:

«SERᴹⱽˢ· PRINCEPˢ· CAROLVS/A LOTHARINGA MAGNVS/CASTELLE ET LEGIONIS PRIOR Aº DNI 1698».

Es notable el herraje de las puertas de entrada, trabajo digno y propio de la época del edificio. Está orientado mirando al saliente, donde tiene la puerta principal, y el altar mayor en el poniente. Resulta tan interesante como curiosa la tradición legendaria que acerca del origen de este santuario corre entre los vecinos de Tembleque. Pero a la vez se conocen dos relaciones escritas que nos transmiten y amplían detalles, si bien difieren notablemente entre sí en numerosos puntos. El primer relato escrito se debe a Domingo de Aguirre en su descripción histórica del priorato de San Juan Bautista de Jerusalén (recientemente publicada), del año 1769, unos setenta años después de los hechos referidos. Dice así: «Su principio y erección fue un caso raro. El día de san Juan Bautista del año 1688 llegaron al parage de esta hermita y en un silo que servía de quintería a las labores de un vecino de Tembleque, llamado Francisco Rodríguez Palmero, dos hombres en traje de peregrinos que el uno parecía de edad de cuarenta años y el otro de treinta y tres, poco más o menos, los cuales en el poste que hay en medio del silo con polvos y pinceles que traían prevenidos, pintaron la imagen de Nuestro Señor Jesu-Cristo Crucificado y al pie de la Cruz su Santísima Madre: hecho esto se ausentaron sin que persona alguna de los que estaban en el silo lo advirtiera. Por más diligencias que se practicaron para saber de ellos jamás se pudo averiguar su paradero: Estendida la noticia de este hecho acudieron de todas las Ciudades, Villas y lugares cercanos infinitas personas a visitar estas Santas Imágenes, esperimentando piadosos beneficios en sus dolencias. Reconociendo el dueño del Silo que era necesario edificar hermita para custodia de tan apreciable alhaja y singular y ser sus medios limitados, lo cedió juntamente con una fanega de tierra en contorno a la dignidad Prioral de San Juan, como sitio dentro del Gran Priorato, perpetuamente, con derecho irrebocable.»

La segunda versión consta en la relación que a finales del siglo XVIII dio Tembleque, por orden del cardenal Lorenzana, por consiguiente, algunos años posterior al primero: «A dos leguas de esta villa, y dentro de su término se venera al Santísimo Cristo baxo el título de la Palma, y Santiago, vulgo de Tembleque, el qual fué pintado, según se dice en veinte y cinco de junio de mil seiscientos ochenta y ocho por dos peregrinos que dijeron llamarse Juan Bautista y Manuel Terrin, quienes llegando a dicho sitio se hospedaron en la quintería que en él tenía Juan Montoro, y en agradecimiento le dijeron, si gustaba que le pintasen un Santísimo Cristo, y respondiendo que sí, lo pusieron en obra y con el pincel de un tosco carbón y de cinco distintos colores de ingredientes, que consigo traían amasándolos con saliba (no obstante haber abundancia de agua) gravaron el tosco lienzo de la pered la Ymagen de Christo Crucificado la que desde el mismo instante principió a hacer portentos»...

El gran prior de San Juan, D. Fernando Francisco de Escobedo tomó posesión el día 29-VIII-1688, de la cesión, de manos del alcalde mayor del priorato D. Antonio de Madrid Mostacero, con las formalidades requeridas, y en atención a la donación de Palmero, se le concedió a éste, así como a sus sucesores el patronato de nombramiento y presentación de capellanes al servicio de la fundación. Se erigió en tiempos del gran prior, príncipe Carlos de Lorena, sucesor de Escobedo, encerrando dentro del recinto sagrado el silo, sobre el que se alza el testero del mismo. Las dependencias anejas al santuario (sin carácter artístico alguno) sirvieron de hospital para «pobres pasajeros». Se celebró la fiesta religiosa desde un principio, el día 29 de septiembre, con romería y notable asistencia de devotos de los pueblos circunvecinos. Hoy se ha desdoblado: una primera el segundo domingo de mayo y la segunda el último domingo de septiembre. La imagen primera en talla fue destruida en la última contienda civil española siendo la presente una imitación en escayola.

BIBL.: D7, XIV, 690; J. LÓPEZ DE AYALA-ALVAREZ DE TOLEDO, *Catálogo monumental de la provincia de Toledo* To. 1959, 350-352; D. AGUIRRE, *El gran priorato de San Juan de Jerusalén en Consuegra, en 1769*, To. 1973, 118-119; A. y M. FLAMENT, *Provincia de Toledo*, León 1969, 144-148; *Tesoros Artísticos de España*, Ma. 1973, 619.

J. M. DE MORA

Valme, *Nuestra Señora de*, (Sevilla). En la capilla sacramental de la parroquia de la Magdalena, de Dos Hermanas.

Leyenda. Según la tradición —recogida por cronistas e historiadores— los orígenes de esta advocación se remontan a los tiempos de la reconquista de Sevilla. Durante el asedio a la ciudad, acampadas las tropas en Bellavista —en el lugar de Cuarto— el rey Fernando III, hizo un voto ante una imagen que le acompañaba, de levantar una ermita en aquel lugar, y depositar también en ella el pendón que arrebatase al enemigo, si salía victorioso en la contienda. Las fuentes antiguas recogen que el nombre de Valme proviene de la invocación «Váleme Señora», atribuida al rey Santo en su promesa. Lograda la conquista de Ixbilia, san Fernando mandó erigir una ermita, en el lugar donde se hallaba la tienda real durante el asedio. En ella estuvo la Virgen de Valme hasta primeros de siglo, en que con ocasión de una procesión de rogativas por una epidemia, permaneció en la iglesia parroquial de Dos Hermanas.

Ermita. Era de estilo mudéjar. Hoy carece de interés artístico alguno por varias obras de reforma que la han transformado sustancialmente. Las más importantes fueron las llevadas a cabo en 1667 y 1859. Esta última a expensas de los duques de Montpensier.

Iconografía. Se trata de una talla en madera, de 67 cms. La Virgen está en actitud sedente, con el Niño en su regazo, colocado en el lado izquierdo. Como imágenes similares de la época, la Virgen tiene muy acusada la ley de la frontalidad, de la que se evade su Hijo con un ligero escorzo. Ella, de volúmenes redondeados y mentón muy corto, tiene la mano derecha elevada en actitud de mostrar un símbolo. El Niño bendice con el índice y pulgar unidos, según la forma tradicional latina; con la mano izquierda retiene por las patas a un pájaro, cuya simbología —dice Trens— puede hacer referencia a la liberación del alma de los lazos del cuerpo, que halla refugio en Jesús y María. La advocación, según Hernández Díaz, es sinónimo de Amparo o Patrocinio.

Cronología. Es un grupo escultórico de mediados del XIII, de estilo gótico, que ha sufrido algunas restauraciones. La principal fue llevada a cabo en 1894 por el escultor y académico Adolfo López, quien hizo tal vez una nueva imagen del Niño. La policromía corrió a cargo del pintor Virgilio Mattoni. Su festividad se celebra el tercer domingo de octubre, en el que sale procesionalmente en romería hasta su ermita.

BIBL.: FERNÁN CABALLERO, *Noticia del origen de la capilla real de la Virgen de Valme, labrada por el rey Fernando el Santo en 1249 y de su restauración hecha por los señores infantes-duques de Montpensier 1859*, Se. 1859; J. GUICHOT, *Estudio histórico de la Virgen de Valme*: Diario El Porvenir, 9-X-1859; J. A. MORGADO, *Nuestra Señora de Valme. Reseña histórico-descriptiva de esta sagrada imagen venerada antes en su primitivo santuario, exvoto del Santo Rey Fernando III de Castilla...*, Se. 1897; J. HERNÁNDEZ DÍAZ, *Estudio de la iconografía mariana hispalense de la época fernandina*: R28, 9(1948)273-74; ID., *Catálogo arqueológico y artístico de la provincia de Sevilla*, III, Se. 1951, 14ss.

F. FALCÓN

Valvanera, *Virgen de*, (Logroño) patrona de La Rioja. En la iglesia del monasterio de su nombre. Sobre el origen de la imagen, la tradición ofrece una doble versión. La erudita, apoyada en los cronicones de Flavio Dextro, Luitprando, Marco Máximo y Julián Pérez la supone obra de san Lucas, consagrada por san Pedro y traída desde Roma a Valvanera por cuatro santos, Onésimo, Hieroteo, Polixena y Sara Xantipa. Desacreditados los cronicones corrió esta tradición la misma suerte. Parece nacida en el siglo XVII. La versión popular afirma que esta imagen fue traída del cielo milagrosamente y escondida en el hueco de un roble. No hay testimonio escrito de esta tradición más allá del siglo XVI. La antigüedad de la imagen y del monasterio son considerables. Un privilegio de Alfonso VI de Castilla en favor de Valvanera, fechado en 1-V-1092 alude claramente a la antigüedad y venerabilidad del monasterio; ello supone su existencia ya a principios del siglo X o finales del siglo IX. La imagen resulta un enigma arqueológico. Casi todos los arqueólogos convienen en considerarla del siglo XI; otros, la catalogan entre las del XIII. Tal vez fue venerada en algún pueblo de la serranía, límite primero de berones y vascones y más tarde de navarros y castellanos. Escondida en alguna persecución, probablemente en tiempos de la invasión árabe quedó olvidada hasta que libre la región de incursiones y algaradas volvió a ser descubierta, probablemente en el siglo IX. Hay un desajuste claro entre las conjeturas sobre la antigüedad del monasterio y de la devoción mariana apoyadas en una sana probabilidad histórica y la antigüedad de la imagen actual.

La leyenda cuenta su aparición milagrosa en el siglo XI. Nuño, anacoreta que lloraba un homicidio que había perpetrado, encontró la imagen orientado milagrosamente, en el hueco de un roble, envuelta en panales de miel. A los pies del árbol nacía una fuente. Tal como el cielo le inspirara, junto con Domingo, su compañero, Nuño levantó un sencillo oratorio. En torno a éste surgió pronto el cenobio valvaneriano. Situando la invención de la imagen en el siglo IX, la transformación de aquellos eremitas o cenobitas en verdaderos monjes sometidos a la regla benedictina es probable que no se verificara hasta la primera mitad del siglo X. La regla de san Benito era ya en este siglo comúnmente recibida en los monasterios de España. Desde entonces se sucede una serie de abades en el monasterio y un culto continuado a la Virgen de Valvanera. En 1073 se levantó una nueva iglesia con capilla mayor y dos laterales. En 1183 se verificó una ampliación y desde esta misma centuria del XII se profesaba culto a la Inmaculada Concepción.

El actual santuario data del siglo XV. En 1413 un incendio destruyó iglesia y monasterio a excepción del camarín de la Virgen. En 1464 se estaba restaurando el templo con sus capillas. Contribuían los nobles caballeros riojanos, cuyas armas quedaron esculpidas en las claves de los arcos. Y anónimamente los devotos y la Orden benedictina. Menciónase en cabeza de todos a D. Pedro Manrique de Lara. Se terminaron las obras en 1468. Nunca llegó Valvanera ni a la vitalidad pujante ni a la fama que alcanzaron otras abadías españolas, ni igualó a las vecinas de Nájera o San Millán de la Cogolla. No obstante por la afluencia de peregrinos y laboriosidad de sus monjes vivió siglos de cierto esplendor. Una bula de Inocencio III declaró exento al monasterio e inmediatamente sujeto a la Santa Sede. Se atribuyen al scriptorium de Valvanera una «Regla de san Benito», comentada por Esmaragdo y una «Biblia» del siglo XI, que Ambrosio de Morales pondera por su contenido y antigüedad y que él vio en el monasterio de San Lorenzo del Escorial.

Pueden dar idea de la importancia mantenida durante las centurias XVI a XVIII la lista de filiales dependientes de Valvanera: La Granja de Villanueva con su jurisdicción eclesiástica y civil; San Cristóbal de Tobía, con su jurisdicción civil y eclesiástica; Nuestra Señora de Hubaga en Ezcaray; Nuestra Señora de la Antigua, en Avila; San Miguel de Fuentetoba (La Monjía); Nuestra Señora del Mercado o de la Blanca, y Santa María de las Llamas (Las Calongías) todas en Soria; San Saturnino de Occón; San Quirce de Nájera; San Martín de Cañas; Santa María de Pinos; San Mamés; Santa María de Libatorre; Santa María de Hibrillos; San Pedro de Torrecilla de Cameros; Santa Marta de Canicosa; San Juan de Salduero; San Martín de Soto; iglesia de Sonsoto; iglesia de Anguiano (señoríos de Anguiano y Majarrés). La riqueza del monasterio se sustanciaba durante estas centurias principalmente en su pujante cabaña. Hasta 14.000 cabezas se le reconocían. De 35 a 40 pastores declaró el monasterio en el siglo XVIII. En los primeros días de noviembre partía el rebaño para Extremadura y volvía en mayo. Pastaba algún tiempo en torno a las dependencias conventuales y después del esquileo se repartía por los montes.

Las romerías han sido las más bellas manifestaciones de culto a la Virgen valvaneriana. Se apoyaban frecuentemente en cofradías repartidas en las parroquias. Unas y otras son antiguas. Hay cofradías con estatutos de 1529; la de Madrid data de 1723. Atendía tan variadas actividades una numerosa comunidad. En 1752 contaba con 26 religiosos sacerdotes, 12 hermanos, un postulante, tres monaguillos, nueve estudiantes en colegios y universidades y 10 religiosos repartidos en prioratos y filiaciones. Las bulas papales y mercedes reales que favorecieron a Valvanera son numerosas: entre las primeras las de Inocencio III (1213), Paulo III (1536), Gregorio XIII (1572). León III; las segundas, abundan desde García, el de Nájera y Alfonso VI de Castilla hasta Fernando VI y Fernando VII pasando por Isabel la Católica, que visitó el monasterio y Felipe II, que estando cerca no pudo hacerlo por sus achaques.

En la última centuria Valvanera asistió a la decadencia y ruinas de toda su vida y aun de sus edificios. En 1809 los franceses incendiaron el monasterio donde se refugiaba una partida de patriotas. En este mismo año se disolvió la comunidad para volver en 1814. De nuevo hubo de disolverse en 1820 para reunirse nuevamente en 1823. Nuevo abandono, obligados por la ley de exclaustración de 1835, hasta que tras penosos esfuerzos de restauración llegaron cuatro benedictinos de Montserrat en octubre de 1883. Estas ausencias de los monjes condicionaron un régimen de rapiñas y desatenciones que despojaron y arruinaron la fábrica del edificio. Júntese a esto un incendio ocurrido en 1832. En 1839 la imagen fue llevada a Brieva. Lentamente Valvanera comenzó a revivir con la vuelta de la imagen en 1885. La afluencia de romeros y devotos adquirió un ritmo creciente gracias a la carretera que se abrió en 1889, y al funcionamiento satisfactorio de la hospedería dotada de modernas comodidades. Hay un capítulo de Caballeros de Santa María de Valvanera cuyo hábito consta de manto blanco y cordones del mismo color, cuello azul y cruz del capítulo al lado izquierdo; bonete blanco con pluma azul y venera capitular pendiente de una cadena dorada. El 15 de octubre fue coronada canónicamente en la más amplia y vistosa plaza de Logroño. Mas tarde ha sido declarada patrona de la diócesis.

Arquitectura e iconografía. El templo es una buena construcción gótica del siglo XV de una amplia nave acrecentada con dos espaciosas capillas laterales. El camarín de la Virgen, ricamente restaurado, alberga la venerada imagen. Esta talla sedente, con el Niño sentado en su rodilla derecha, constituye un enigma arqueológico tanto por la posición violenta del Niño que se vuelve de cintura para arriba hacia la derecha y exhibe un libro en actitud de enseñar, como por los primorosos adornos de pedrería que orlan su túnica y toca. Todo ello apenas permite incluirla en grupo alguno. Quizá sea lo mejor encuadrarla en el románico del siglo XII.

Devoción y folklore. El fervor manso y apacible, por ser de cada día, con que la Rioja venera a su patrona se hace clamoroso cada mes de septiembre. Aparte la fiesta en el santuario a la que asiste el pueblo presidido por el Capítulo de Valvanera, el día 21 culminan las fiestas de la vendimia en una misa de acción de gracias a Nuestra Señora de Valvanera con la ofrenda del primer mosto extraído de las uvas riojanas en una celebración cívico-religiosa en que pisan los racimos generosos los labriegos viñadores y un grupo de jóvenes riojanas ataviadas con trajes de la región deposita a los pies de la Señora las primicias del vino riojano. La misa se celebra en la catedral logroñesa de la Redonda y la ofrenda tiene por marco la plaza del Espolón.

BIBL.: AHN, *Clero*, carp. 1.064; J. M. RUIZ GALARRETA, *Logroño y su provincia*, Ba. 1962; A. URCEY PRADO, *Historia de Valvanera*, 1932; T. MINGUELLA, *Valvanera. Imagen y santuario. Estudio histórico*, Ma. 1919; M. LUCAS ALVAREZ, *Libro becerro del monasterio de Valvanera:* R104, 4(1951)451 y s.; D. DE SILVELA Y PACHECO, *Historia de la imagen de Nuestra Señora de Valvanera*, Ma. 1665.

E. SÁINZ RIPA

Valvanuz, *La Virgen de*, (Santander). A 3 kms. de Selaya, partido judicial de Villacarriego; es muy visitado a lo largo del año por los muchos devotos que acuden a cumplir sus votos y promesas. Una vieja leyenda afirma que Selaya edificó a sus expensas una capilla, junto a una fuente en que la devoción popular señaló unas huellas como de las plantas benditas de la Virgen, donde, desde entonces, se celebran cultos durante los meses de agosto y septiembre de cada año. El templo es grandioso y en su fachada principal aparecen esculpidas en piedra las armas reales de Castilla y de León, encuadradas en el escudo de Carlos V. La imagen mide 60 cms. de altura; es sedente, sosteniendo al Niño sobre las rodillas. Muy antigua y, al parecer, estuvo escondida, siendo hallada posteriormente a la expulsión de los árabes de la península. Su fiesta principal se celebra el 15 de agosto.

BIBL.: D7, XIV, 163; *La Virgen de Valvanuz:* Anuario Católico Español, II, Ma. 1956, 471.

J. M. DE MORA

Vega, *Nuestra Señora de la*, (Cáceres). En Moraleja, partido judicial y diócesis de Coria. A unos 4 kms. dirección sur, próxima a la confluencia del Arrago y Gata. Imagen y santuario son muy antiguos pues los libros de su archivo parroquial que alcanzan al año 1599 hablan de ambos.

BIBL.: D7, XI, 583; *Ermita de Nuestra Señora de la Vega:* R17, 15(1929)186.

IEF

Vega, *Nuestra Señora de la*, (Logroño). En las inmediaciones de la ciudad de Haro.

Origen e historia. Cuenta la tradición que unos caballeros cristianos naturales de la Rioja importaron después de la batalla de Guadalete una imagen de la Virgen desde la vega de Granada hasta las orillas del Ebro, cercanas a la actual ciudad de Haro. De aquí el nombre de Virgen de la Vega.

Más verosímil parece la versión que se apoya en la existencia de un poblado anterior a la invasión árabe, bien se llamara Villabona bien Abeka —¿de dónde de La Vega?— y que supone un culto tributado por dicho lugar a la Madre de Dios. Junto a ese poblado se desarrolló más tarde la población de Haro. Invadida la región por los árabes, la imagen de María, o fue escondida y olvidada para aparecer más tarde en una huerta, o bien recibió en un clima adverso un culto precario y casi clandestino. Con la reconquista de la Rioja alta, asegurada ya en el siglo X, el núcleo urbano, atestiguado documental y arqueológicamente, exteriorizó su culto mariano. En 1063 D. Sancho, el de Peñalén, donó al obispo de Alava, Munio, la iglesia de Santa María de la Vega «illam ecclesiam quae dicitur Sancta María de

SANTUARIOS

Abeka cum suo cimenterio». Este D. Munio fue abad de San Millán de la Cogolla, el famoso monasterio riojano. La donación de la Vega pasó a la muerte de Munio al monasterio emilianense del que dependió varios siglos, a pesar de la oposición de los obispos de Calahorra que en repetidas ocasiones pretendieron hacer válidos sus derechos. Varios documentos del siglo XII atestiguan esta dependencia: en 1184 consta la obligación de la Vega de proveer a San Millán los miércoles santos, de cada año, de pan, pesca y pimienta; el 5-V-1199 Inocencio III confirmó a favor del cenobio emilianense, entre otras, la donación de Santa María de la Vega. La misma dependencia en el siglo XIII, según documento de 1246, donde se llama ya al santuario con el nombre de Santa María de la Vega de Haro. Haro fue creciendo a costa de los lugares vecinos. Anotamos el de Bilibio que fue morada de san Felices confesor, cuyo cuerpo guardaba el monasterio de San Millán. Los favores reales fomentaron su incremento; así el de exenciones tributarias a su feria, concedido en 1343. Con la prosperidad de Haro mejoró el santuario de la Vega. En 1388 Alvar López de Puelles, vecino de Haro, fundó una capellanía para la Vega. En 1435 y 1468 el Concejo harense intervenía en las obras de restauración de su fábrica. En 1468 acordaba nombrar una «frayla» para la iglesia de la Vega. Todo el siglo XVI y el XVII, el cuidado de la imagen y santuario corrió a cargo de estas mujeres, llamadas «fraylas», que unas veces vivían solas y otras acompañadas de un ermitaño. Desde el siglo XVII el nombramiento recayó en ermitaños varones y, posteriormente, en un sacerdote que cuidara también el culto y devoción. A lo largo del siglo XVII se dieron varios ofrecimientos de comunidades para la custodia del santuario, como las monjas de Santa Brígida, las de la Merced o los frailes capuchinos. Ninguno de ellos prosperó. La vida religiosa de Haro giró en torno a dos polos durante siglos: la iglesia de Santo Tomás, antes y ahora parroquia única, y el santuario de Nuestra Señora de la Vega. El cabildo parroquial se obligaba a la atención religiosa de éste. En las grandes necesidades, en las notables efemérides religiosas y en toda conmoción popular la imagen era llevada al templo parroquial. En tiempos de epidemias, como la de julio de 1566, o, cuando las reliquias de San Felices —una de las grandes devociones de Haro y la comarca— son trasladadas desde San Millán a la parroquia harense, primero, temporalmente en el siglo XVII y, más tarde (siglo XVIII), de forma definitiva, el santuario de la Vega sirve de escala previa durante meses. De los acontecimientos marianos de 1659, cuando Haro juró profesar el misterio de la Inmaculada Concepción hay una entrañable referencia a la devoción del pueblo al título de la Vega. La novena anual, reglamentada en los siglos XVII y XVIII y a la que «los beneficiados parroquiales tienen obligación de asistir», corre a cuenta del Concejo, según los libros de cuentas (siglos XVII-XVIII); el ayuntamiento sufraga además del traslado de la imagen, «los músicos, fuegos, toros, banderilleros...» y todo un conjunto de festejos populares que daban brillantez a las fiestas. La Cofradía de Nuestra Señora de la Vega existía ya en 1641 según consta por un testamento de Bartolomé de Vitoriano fechado en 1661. En 1803 se aprobaban nuevos estatutos y era nuevamente remozada en 1853. En los últimos siglos el culto no ha decaído. Lo atestiguan la ampliación y embellecimiento crecientes del santuario a pesar de las contrariedades y expolios sufridos en su tesoro durante las guerras napoleónica y civiles del siglo pasado.

Arquitectura e iconografía. Se han encontrado restos de un poblado y de un cementerio. Quizá constituyeran la vivienda y necrópolis de aquella parroquia aludida por los documentos medievales en torno a la Vega. Hay constancia de reparaciones en 1388 y en siglo XVI. A mitad del siglo XVII en vista del gran concurso de devotos se amplió la antigua ermita y se erigieron altares a San Pedro, Santa Ana, San José y San Antonio. Se levantó la hospedería aneja. En 1703 se realizó un nuevo ensanche de la capilla mayor y camarín bajo cúpula semiesférica sobre pechinas y pinturas al fresco, según traza de Bernardo Munilla, vecino de Viana. La terminación de esta obra se festejó con la lidia de tres novillos. En 1754 nueva ampliación de la capilla mayor. Con este motivo se vistió la imagen con manto permanente, costumbre que aún perdura. Este mismo año se adornan los exteriores con jardines y con el paseo de la Florida. En 1806 se montó un órgano de no escasa calidad. Estas reformas y ampliaciones dieron como resultado un hermoso edificio de sillería cuya portada, abierta en un cuerpo lateral saliente remata en una espadaña. Puede leerse la fecha de construcción 1891 al pie de las esculturas de San Pedro y de San Pablo. En el interior una amplia nave central con otras laterales alojadas en los contrafuertes que penetran ampliamente en aquélla y se perforan por arcos de comunicación entre las capillas; coro alto a los pies y balconaje corrido a la altura de los arranques de la cubierta. Crucero cubierto con una cúpula con ornamentación profusa. Retablos y altares churriguerescos. En el mayor la hornacina central está ocupada por la imagen titular, interesante escultura de los siglos XIII-XIV, cuyas bellezas no se pueden apreciar por el amplio manto que la cubre. El aspecto folklórico y devocional de la procesión de «Faroles del Rosario» en que la imagen de la Virgen aparece con un ramo de espigas, alude a una piadosa leyenda: «una buena mujer de esta tierra, viuda y cargada de obligaciones sembró unas tierras que tenía a renta. Sucedió ser corto de trigo el año y no cogió para pagar la renta; con todo la cebada le acudió con abundancia. No sabía cómo remediarse y pagar en trigo el arrendamiento. Era devota de Nuestra Señora y oró de rodillas hacia su santa casa de la Vega. Fue caso notable que apenas acabó su humilde súplica cuando la cebada se convirtió en trigo. Con eso pagó la renta de trigo y quedó para sembrar al año siguiente. Sucede desde entonces que donde quiera que se siembra dicho trigo produce fruto, con la particularidad de que siendo trigo su espiga y hechura exteriormente parece de cebada; en Haro y su comarca le conservan y usan de él en sus enfermedades y sienten muy favorables efectos».

El 8 de septiembre celebra Haro la fiesta de Nuestra Señora de la Vega con solemne novena y vistosa procesión de «Faroles del Rosario» en este día. Data esta costumbre de 1918. Consta de 135 faroles; o sea, de una parte completa del rosario, letanía, salve y ángelus, cerrando la procesión el farol de la Virgen en su carroza e iniciándola el artístico farol de la Cruz. Unos 200 hombres son portadores de esta simbología.

BIBL.: D. HERGUETA, *Noticias históricas de la muy noble y muy leal ciudad de Haro*, Haro 1906; J. RUIZ DE GALARRETA, *Logroño y su provincia*, Ba. 1962.   E. SÁINZ RIPA

Vega, *Nuestra Señora de la*, (Salamanca) patrona de la ciudad. Extramuros de la vieja Salamanca y en el distrito de los «mozárabes», junto al Tormes, existía ya en 1150 una iglesia con su «canónica», a la que más tarde se le incorporará un colegio menor, dedicada a Santa María la «Antigua», vulgarmente conocida por Nuestra Señora de la Vega. En 1166 el caballero leonés D. Velasco Iñigo y su esposa D.ª Dominga, ceden la citada iglesia y «canónica» por juro de heredad con todas sus propiedades al abad y monasterio de San Isidoro, de León, para que un grupo de canónigos regulares de la Orden de San Agustín restaure allí su vida, dedicándose al estudio y al culto divino. La ocupación violenta de la iglesia de la Vega por parte de los canónigos de San Agustín y ciertas diferencias surgidas entre ellos y el obispo de Salamanca, D. Pedro Suárez, exigieron la intervención directa del papa Alejandro III y el beneplácito del propio rey de León, Fernando II (a. 1178). El Fuero de Salamanca (siglo XIII) menciona la «iura que fó fecha en Sancta María de la Vega» cuando los moros se amotinaron contra este monarca con ánimo de tomar la plaza fuerte de Ciudad Rodrigo. Al amparo de esta iglesia e imagen se acogió el príncipe D. Juan en momentos de revueltas y peligros y a ella acudían en piadosas rogativas las gentes sencillas, los estudiantes y maestros de la Universidad, en días de triunfo para las huestes salmantinas, en años estériles o cuando la asoladora peste azotaba la ciudad. Los documentos existentes en el archivo de San Isidoro, de León, archivos catedral y diocesano de Salamanca y «Libro becerro» de este ayuntamiento, aluden a «una imagen y cofradía de hortelanos» denominada hasta el siglo XVII Nuestra Señora de la Antigua, patrona de Salamanca, cuyo trono se alzaba en la iglesia de la Vega y ante la que oró repetidas veces Fernando II. Aún se conservan numerosas escrituras de donación y testamentos de los siglos XIV al XVII en favor de esta imagen y monasterio de la Vega. La primitiva iglesia románica (siglos XII-XIII) con sus arcadas, claustro, galerías, etc. construida para trono de su imagen titular ha desaparecido por completo. Reconstruidos en su totalidad —durante los siglos XVI-XVII— iglesia, colegio y claustro, apenas subsisten hoy parte de sus basamentos, restos de las arcadas románicas, capiteles, molduras, pilastras y trozos de columnas de una de las portadas del templo (a. 1570) y, sobre todo, del claustro moderno (a. 1757) obra de D. Andrés García de Quiñones. La devoción y culto a Nuestra Señora de la Vega traspasó los muros de la ciudad llegando a construirse otras ermitas e imágenes con el mismo título en distintos pueblos de la provincia, v. gr. en Villoruela. El papa Clemente VIII en bula del 6-VII-1602 concedía abundantes gracias e indulgencias al «mayordomo y hermanos de la cofradía de Nuestra Señora la Antigua». Más tarde —en 1618— el Concejo salmantino en nombre de la ciudad y en la iglesia de la Vega, hacía el voto «ante su patrona y soberana protectora» de defender el misterio de su Concepción Inmaculada. En 1954 en un solemne acto mariano, en el que participó un nutrido cortejo de imágenes —las más populares y devotas de la provincia— todas ellas presididas por Nuestra Señora de la Vega, el alcalde de Salamanca, señor G. de Ceballos renovaba el voto y consagración del pueblo salmantino a la Inmaculada Concepción de María. Desde el punto de vista iconográfico la imagen de Nuestra Señora de la Vega es una de los más ricos y originales ejemplares de la orfebrería medieval. Se trata de una talla de madera —tal vez policromada— guarnecida de láminas de bronce fundido, color oro con pedrería y esmaltes conforme al uso bizantino. Su alto es de 0,72 cms. y representa a la Virgen sentada en su trono, con túnica, capa echada sobre la falda, velo, corona y zapatos puntiagudos; en la mano derecha tendría un cetro y con la otra sujeta al Niño sentado sobre sus rodillas, también con túnica y manto, en actitud de bendecir y con el libro de la ley asido. «El rostro de esta Virgen —escribe Gómez Moreno— es de bronce fundido, sin pulir ni dorar y las niñas de sus ojos parecen de azabache; la cabeza del Niño está hecha de igual suerte, en dos piezas unidas entre sí y sus ojos son cabujones azules.» Al ver esta imagen —de marcado bizantinismo y tendencia gótica— con esmaltes yuxtapuestos y encajados en chapas de bronce, se representan a la memoria las manufacturas de Limoges tan esparcidas en la España del siglo XIII. Saqueados y demolidos casi por completo la iglesia y colegio de la

Vega durante las guerras de Sucesión e Independencia (aa. 1707, 1808-1810) a raíz de la desamortización pasó todo el conjunto al dominio particular. Entre tanto la venerada imagen recorre un largo itinerario. Primeramente ocupa la casa particular del último canónigo y colegial de la Vega, D. Francisco Lucas; de allí pasó a la iglesia parroquial de San Pablo y al suprimirse ésta a la de San Esteban (a. 1838). Decaído el culto y veneración popular a la Virgen de la Vega, dos ilustres prelados salmantinos del siglo XIX, D. Anastasio Rodrigo Yusto (1858-68) y D. Narciso Martínez Izquierdo (1875-85), primer obispo de Madrid, intentan reavivar el antiguo culto y devoción mariana. Para dar mayor impulso y solemnidad al culto de la «patrona de Salamanca», la autoridad eclesiástica de acuerdo con la municipal dispuso en 1884, que su fiesta principal —precedida de solemne triduo o novenario— se celebrase el 8 de septiembre, fecha en que comienzan las tradicionales ferias y mercados salmantinos. Un nuevo traslado a la catedral nueva (capilla lateral), vino a mejorar su trono y a reforzar la renaciente devoción. En 1949 por voluntad del entonces obispo de Salamanca, Doctor Barbado Viejo, gran devoto de la Virgen, se constituye la catedral vieja en santuario de Nuestra Señora de la Vega, ocupando ésta en la actualidad el trono dedicacional de Santa María la Mayor y fulgiendo prodigiosamente en el riquísimo políptico de Nicolás de Florentino entre las tablas que narra encantadoramente toda la vida de Jesús y de María, y bajo el fresco rotundo y sonoro del Juicio final, recientemente restaurado por la Dirección General de Bellas Artes. Entronizada definitivamente en el templo salmantino más augusto (Catedral Vieja, siglo XII) la imagen de Nuestra Señora de la Vega, patrona de Salamanca y de su tierra, sigue recibiendo privada y públicamente manifestaciones de amor de numerosos salmantinos, cofrades y devotos, del Cabildo Catedral y de la Corporación municipal.

BIBL.: M. VILLAR Y MACÍAS, *Historia de Salamanca*, I, Sa. 1887, 205-207; M. GÓMEZ MORENO, *Catálogo monumental de España. Provincia de Salamanca*, Val. 1967, 97-117 y 161-164; A. M. SOLLÁ GARCÍA, *Resumen histórico del santuario y novena de Nuestra Señora de la Vega, patrona de Salamanca y su tierra*, Sa. 1885; P. MANZANO, *Vida y milagros de S. Isidoro, arzobispo de Sevilla... e historia de su magnífico templo y real casa de Canónigos regulares de León*, Sa. 1732; F. MARCOS RODRÍGUEZ, *Catálogo de documentos del archivo catedralicio de Salamanca*, Sa. 1962; ID., *Lo que nos recuerda el novenario de la Virgen de la Vega. Juramento que hace el Concejo de Salamanca el 6 de mayo 1618..*: La Gaceta Regional de Salamanca, 7-IX-1954, 3; F. G. OLMEDO, *Devoción de los antiguos salmantinos a la Virgen de la Vega*: La Gaceta Regional de Salamanca, 8-IX-1946, 8; J. ARTERO, *La Virgen de la Vega*, La Gaceta Regional de Salamanca, 8-IX-1954.
A. RIESCO

Vega, *Nuestra Señora de la,* (Teruel). Llamada igualmente del Espino, está situada en Alcalá de la Selva, partido de Mora, a media hora de distancia del pueblo y en el extremo de una vega regada por el río Valbona y rodeada de casas de campo. El edificio es espacioso con habitaciones para hospedar a los peregrinos. La iglesia, arquitectónicamente de orden corintio, fue construida en 1751; consta de tres naves con varios altares. En 1828 los vecinos, con el mejor deseo de adornar el templo, no acertaron en la elección del pintor que decoró el crucero con pinturas murales de tema mariano, torpemente ejecutadas. La veneración de los alcalaínos, así como la de los habitantes de los pueblos circunvecinos, es grande. Celebran su fiesta mayor el 8 de septiembre. En el mes de mayo los vecinos de Gadur, Linares y Valdelinares hacen una romería al santuario. Cuando alguna calamidad pública aflige la zona, trasladan la imagen a la parroquia (de San Simón y Judas) en solemne procesión.

BIBL.: D7, I, 376; *Tesoros Artísticos de España*, Ma. 1973, 68. IEF

Velilla, *Nuestra Señora de la,* (León). En La Mata de Monteagudo, partido de Riaño. Entre las riberas del Esla y Cea se esconde un hermoso valle regado por el río Tuéjar. En el nacimiento de este río existía desde tiempos muy antiguos una ermita llamada Santa María de Vallulis, de donde proviene el actual nombre de Velilla. Allí se reunían anacoretas y monjes que habían huido de las tierras llanas durante la invasión árabe. Después de la destrucción de Sahagún por el caudillo árabe Almanzor, un ermitaño que había logrado escapar, vivía en la gruta conocida de Peñacorada. Junto a él fueron llegando otros que rezaban fervorosos a la Virgen de Vallulis. San Guillermo logra reunir a todos los anacoretas y establecer la vida monástica. Construye un monasterio con su iglesia de estilo románico a la que llaman Santa María de los Valles. A partir del siglo XII, el monasterio empezó a llamarse de San Guillermo, y ya en el siglo XIV, fue anexionada a la catedral. También la ermita de Santa María había caído en el olvido. Pero cuenta la tradición, que alrededor del año 1450, vivía en La Mata de Monteagudo un tal Diego de Prado y su mujer María Díez. Esta familia poseía una finca en un altozano, cerca del arroyo, y en ella un muro de piedras con las que Diego pensaba cercar su finca. Cuando comenzó a remover las primeras piedras, notó que el azadón se mellaba. Acuciado por la curiosidad redobló sus esfuerzos, escarbó con cuidado, y cuando repitió el golpe, un extraño resplandor nubló sus ojos. Repuesto y sereno siguió cavando y al momento vio entre las piedras una imagen de la Virgen. Tomándola en sus brazos, la llevó a su casa, y de acuerdo con su mujer, decidieron ocultarla en el hórreo donde guardaban los enseres de la casa y los granos de la cosecha. Allí permaneció olvidada hasta que la enfermedad y la desgracia alteraron la paz y el bienestar de este hogar. Enferma de gravedad María Díez, se encomienda a la Virgen, y con el consentimiento de su marido, promete edificar una pequeña capilla sobre los muros de aquella ermita donde ellos encontraron su imagen. A este voto y decisión alude la copla-romance que hasta el siglo XVII cantaban los devotos de la Velilla: «Acordaos mi marido/acordaos Diego Prado/de aquella Santa Imagen/ que en el monte havis hallado/la tenemos en el horrio/ sin la decencia y cuidado/con que se debe tener/tan precioso relicario». Pronto el rumor de prodigios llenó toda la comarca; comenzaron las visitas canónicas y las peregrinaciones; la autoridad eclesiástica ordenó los cultos y aquella ermita pobre hubo de ser ampliada y cubierta con mayor lujo.

El Santuario. En el siglo XVI era ya famosa por sus milagros y devociones la Virgen de Velilla. Por aquella época llovían en la Velilla los donativos y las limosnas, y esto, hasta tal punto que el cabildo catedralicio consiguió de su santidad el papa Paulo V, una Bula, en la que se dice que eran tantas las limosnas que acudían a una ermita de unos montes de León, en el lugar de la Velilla, que no había en que emplearlas, y que estando muy pobre el hospital de San Antonio, de León, se aplicaran a este hospital la mayor parte de las limosnas. Contra esta medida protestaron los patronos de la parroquia de la Mata y promovieron pleito en la Cancillería de Valladolid, sentenciándose: Que el santuario diese, por una vez, la cantidad de 600 ducados al hospital. Así consta en un memorial impreso elevado al rey Felipe III, por D. Fernando de Prado. A principios del siglo XVII se pensó ya en construir un templo amplio y decente. De los planos de la obra y de la ejecución de la misma se encargó el arquitecto D. Domingo de la Lastra. La obra completa duró todo el siglo. El templo es de una sola nave, elegante y airosa, con crucero cubierto por media naranja. A los pies se alza, esbelta, la torre octogonal, con las estatuas de san Miguel y san Cipriano, entonces titular de la parroquia. Detrás del altar mayor, como cabeza del edificio, se construyó un lujoso camarín con tres altares, media naranja y embaldosado de jaspe. En su parte exterior, en bellas hornacinas, están las estatuas de Santiago apóstol y de santo Toribio de Mogrovejo. Delante de la portada de mediodía se extiende una explanada, sostenida por fuerte muro, rematado por un pretil, y en medio de la explanada se levanta una cruz con gradería de piedra de Boñar. Este santuario, además de su riqueza artística, luce como ninguno el lujo de los dorados de sus altares, tan fresco y tan vivo como si los paneles empleados acabaran de ser reducidos a polvo. El camarín es de una riqueza enorme. En él se conservan las imágenes de san Juan de Sahagún y de san Antonio Abad, de gran prosapia leonesa. Este último, regalado por los canónigos de la catedral en agradecimiento por las cuantiosas limosnas que el santuario daba al hospital de León. Los tres retablos de la iglesia ostentan tallas hermosas de san Froilán, santo Domingo, la Asunción, alguna antigua como la de la patrona en su trono con pedestal de plata. Los imagineros del siglo XVIII habían perdido ya los moldes de aquella escuela castellana que empezó con Berruguete y culminó con la genial inspiración de Hernández, Juni, Jordán, etc... Estas imágenes de la Velilla conservan los rasgos de una inspiración que no había caído en las formas convulsivas de la imaginería barroca. La patrona se destaca seria y atrayente con una belleza exquisita, sin atavíos ni pliegues superfluos. Son todas imágenes propias de la grandiosidad del segundo templo mariano de la diócesis de León, en el que los artistas y fieles pusieron a cual más devoción.

Fiestas y cultos principales. Anualmente se celebran dos fiestas que se podían llamar «mayores», en el santuario; la primera, en la Pascua de Pentecostés y, la segunda, en octubre, día 5, fiesta de san Froilán. Al mismo tiempo que son las más frecuentadas por los devotos de la región, son fiestas de voto del ayuntamiento de Renedo de Valdetuéjar, en cuya circunscripción está enclavado el santuario y el pueblo de la Mata de Monteagudo, a cuya parroquia pertenece el santuario. Los actos religiosos están constituidos por la misa solemne de la mañana y por una devota y típica procesión de la tarde por las laderas de la montaña, entre los robledales, cantándose el santo rosario. El pueblo de la Mata de Monteagudo y el ayuntamiento de Renedo de Valdetuéjar organizan también algunos festejos profanos, principalmente de deporte y folklore regionales. En el mes de mayo acuden también, comunitariamente y por obligación vecinal, el ayuntamiento de Prado de la Guzpeña, y los pueblos de Santa Olaja de la Varga, Fuentes de Peñacorada, Ocejo de la Peña y Quintana de la Peña; y el 24 de junio la parroquia y pueblo de Prioro. Entres las fechas de las dos fiestas mayores son numerosos los peregrinos que visitan el santuario por grupos, parroquias, familias y visitas privadas. La faceta turística del santuario y sus romerías, están sin promocionar, aunque tiene grandes posibilidades.

BIBL.: D7, XI. 291; J. DE VILLAFAÑE, *Compendio histórico en que se da noticia de los más célebres santuarios de España*, Ma. 1740, 592-595; *La Virgen de la Velilla. V Centenario de su aparición*, León 1970. F. ALVARADO

Vera Cruz, (Salamanca). Situado dentro de la ciudad, en el campo de san Francisco, muy cerca de la plaza de toros. Construido en la segunda mitad del siglo XVI y reformado en 1714. De estilo barroco, de una sola nave con cúpula sobre el crucero. El retablo mayor, atribuido a Joaquín de Churriguera, conserva una Inmaculada del 1620, obra de Gregorio Fernández.

Encierra otras esculturas, varios pasos de Semana Santa, ejecutados por Alejandro Carnicero. La portada es lo único que se conserva de la primitiva construcción.

BIBL.: D7, XIII, 661; *Tesoros Artísticos de España*, Ma. 1973, 541.　　　　　　　　　　　　　　　　IEF

Vera Cruz, *Santo Cristo de la*, (Toledo). En Consuegra, antigua cabeza del priorato de san Juan de Jerusalén; ubicado en el casco urbano de la población, calle del mismo nombre, perteneciente hoy al partido de Madridejos. La edificación del santuario se terminó poco después del año 1769. La imagen, impresionante talla de buena factura, ocupa el retablo principal. En una capilla lateral aneja, rejada, a mano izquierda de la nave principal, se custodian algunas imágenes o pasos de Semana Santa. Se conoce novena publicada en su honor. La fiesta religiosa principal tiene lugar el día 21 de septiembre, precedida de solemne novenario. El día 20 se traslada procesionalmente a la iglesia de San Juan, anterior parroquia y, hoy, filial de la de Santa María. Es santuario con frecuente culto a lo largo de todo el año.

BIBL.: D3, 15, 83; D7, VI, 569; D. AGUIRRE, *El Gran Priorato de San Juan de Jerusalén en Consuegra en 1769*, To. 1973, 78.　　　　　　　　　J. M. DE MORA

Veruela, *Santa María de*, (Zaragoza) santuario y monasterio. En el término municipal de Vera de Moncayo. El monasterio irradió desde sus orígenes la devoción a Nuestra Señora, titular en su misterio de la Asunción, del gran templo que vino a sustituir a la pequeña y provisional iglesia de San Nicolás. El hecho, en completo acuerdo con la piedad mariana de los hijos de san Bernardo, se halla además confirmado por múltiples testimonios. Ya el rey Alfonso II hacía en 1176 una donación: «*Domino Deo et monasterio Beatae Mariae de Berola*», casi en los mismos términos en que lo hace en 1193 de su villa y castillo, el señor de Litago. En 1512, D. Alfonso Felipe de Aragón sale de su lugar de Pedrola a pelear contra el señor de Trasmoz, en favor de los monjes, llevando en una de las caras de su estandarte, «de famosa bordadura la imagen de Nuestra Señora de Veruela».

Pero la devoción de Santa María, se relaciona en Veruela, por título especial, con una tradición, unida también al origen de la pequeña imagen que hoy se venera. La más lacónica relación de estos hechos nos la da una inscripción latina, a la derecha del altar de la ermita llamada «La Aparecida», levantada precisamente para conmemorarlos. Dice así, traducida al español: «El mes de junio de 1141 hallándose el señor de Borja, D. Pedro de Atarés, sobrecogido de una tempestad en este lugar, mientras cazaba, apareciósele la Madre de Dios, para librarle del peligro, dejándole sobre una encina una imagen suya, para que se erigiera en su honor y alabanza un monasterio cisterciense, etc.». El primer relato impreso que poseemos sobre el particular se halla en la obra de fray Juan Alvaro Zapata, abad de Veruela y obispo de Solsona (1602-XII-23) traducida del latín e impresa en Zaragoza (1595) y en Valencia (1597) sobre la «Vida, penitencia y milagros de San Bernardo». Desde entonces se repite la narración en múltiples obras, hasta alcanzar su máxima exuberancia en la novena de las cartas de Bécquer, «Desde mi celda»; la cual tiene el indudable interés de haber sido escrita en 1864, recogida de la tradición viva del pueblo, ya que por aquél entonces no había religiosos en el monasterio.

¿Cuándo y cómo se formó esa tradición? El padre Solá defiende con entusiasmo la continuidad de los testimonios hasta los orígenes del monasterio. El padre Blanco, con mayor ponderación, cree que los testimonios más antiguos pueden en rigor interpretarse rec-

tamente sin necesidad de suponer la aparición y mucho menos la entrega de la imagen que actualmente se venera. La dificultad del silencio tiene también mucho valor en esta tradición, ya que el propio D. Pedro se limita a consignar que «libenti animo et spontanea voluntate pro amore Dei et parentum meorum» funda el monasterio, sin alusión alguna al encargo de la Santísima Virgen. Mayor dificultad ofrece todavía lo relativo a la imagen. Es ésta una pequeña talla de madera, de 24 cms. de altura por 9 de latitud. Sostiene la Virgen al Divino Niño en el brazo derecho (contra lo acostumbrado) mientras sustenta en la palma de la mano izquierda una pequeña bola, de dudosa significación (¿el orbe, alguna fruta?). Debajo del manto, recogido en los brazos, se reconoce una doble túnica. El rostro de la Virgen, lleno y como pensativo, no carece de gracia, mientras el del Niño es poco afortunado. La diminuta imagen está fija sobre una especie de pedestal, también de madera, en forma de cono truncado que se ensancha en la base hasta 55 cms., mientras mide 65 de altura. Suele estar revestido el pedestal por un «manto» de tela bordada, a semejanza de otras imágenes, como la tan venerada de Nuestra Señora del Pilar (38 cms.) con la que la confunden (como si fuera una copia reducida) no pocos visitantes. A juicio de los doctos, se trata de una imagen borgoñona del siglo XV. Traída tal vez directamente de la patria de san Bernardo, no hay duda que fue objeto de respetuosa estima desde el principio, como lo indica el hecho de quedar custodiada en el armario de las reliquias.

Consta, sin embargo, que esta imagen no estuvo habitualmente en la iglesia hasta el 15-XI-1661, en que el abad Jorge del Oro mandó colocarla solemnemente en un lugar previamente dispuesto del rico trasagrario, detrás del gran retablo mayor quemado en 1835. La amable Virgencita pasó entonces a la iglesia parroquial de Vera, donde se hizo más entrañable y popular su culto, hasta que en 1849 pudo regresar en devota procesión a su templo; pero ahora para presidirlo desde el lugar de máximo honor, primero desde el pobrísimo altar que emocionó a Bécquer; después, a partir de 1877, en otros dos más dignos que sucesivamente hicieron construir los padres jesuitas; y, actualmente, desde la airosa columna de piedra sencillamente colocada bajo el esbelto arco ojival del fondo del presbiterio.

Del esplendor del culto mariano, ya referido a la pequeña imagen, en los dos últimos siglos del Císter, quedan elocuentes testimonios, entre ellos el personal e inmediato de dos ancianos monjes que pudieron presenciar la llegada de los jesuitas. Pero en algunos aspectos puede decirse que los nuevos moradores de Veruela sobrepasaron la tradicional devoción. Insigne es a este propósito la fecha del 31-VII-1881, en la festividad de san Ignacio. Tuvo lugar en este día la inauguración de la mentada ermita «La Aparecida», edificada en torno a un viejo pilar de ladrillo que, situado a 1.201 ms. del monasterio veníase teniendo como señal conmemorativa de la aparición. A la inauguración de la decorosa ermita de piedra (de 6,70 × 4 ms.) siguió la triunfal coronación de la imagen, autorizada por «Breve» pontificio. Unas 2.500 personas se congregaron para el solemne acto, y más de 800 recibieron la sagrada comunión en el templo. Concurso de fieles que se ha repetido en bastantes ocasiones, entre las que descuella el cincuentenario de la llegada de los jesuitas (1927) y el séptimo centenario de la fundación (1946). Se considera a Nuestra Señora de Veruela especial protectora de la comarca, en particular contra las tempestades y contra las sequías. Se la invoca con oraciones propias y se la canta en «gozos» versificados, antiguos y modernos, que narran su aparición y sus favores. Su fiesta se celebra el 15 de noviembre, con rito de segunda clase. Su rezo es del común de Nuestra Señora, sin lecciones históricas; y en la oración se invoca sencillamente al Señor, que nos dio por nuestra a su propia Madre «cuius insignem venerámur imaginem».

Veruela es en su conjunto uno de los antiguos monasterios-santuarios más insignes y mejor conservados de España, con el valor de un documento escepcional, que nos ofrece intuitivamente, en caracteres de piedra y ladrillo, la sucesión y los cambios de ocho siglos de historia. Véase monasterios, **Veruela**.

BIBL.: P. BLANCO TRÍAS, *El real monasterio de Santa María de Veruela*, Palm. 1949; J. M. SOLÁ, *El monasterio de Veruela y la Compañía de Jesús (a. 1877-1927)*, Ba. 1929; M. LÓPEZ LANDA, *Estudio arquitectónico del monasterio de Veruela*, Le. 1918; D3, 6, 864.   J. MARINA

Vico, *Nuestra Señora de*, (Logroño) monasterio y santuario. A 3 kms. de Arnedo, junto al río Cidacos, afluente del Ebro, se levanta sobre una pequeña meseta respaldada por el monte Isasa, el monasterio de Nuestra Señora de Vico.

Historia y leyenda. El nombre de Vico da pie a pensar en una aldea anterior a la invasión árabe. Hasta el año 1045 en que García Sánchez II, rey de Nájera y de Navarra conquistó Calahorra, toda la comarca de Arnedo estuvo con frecuencia en poder de los musulmanes. Después de este hecho parece que hubo núcleos de moros que permanecieron en esta región viviendo en algunos barrios o aldeas. Dice la tradición que uno de ellos, considerado como Can o Gobernador de Vico, cuando caminaba un día hacia dicha aldea vio en medio de resplandores una singular imagen de María con el Niño en brazos sobre un trono de romero. El Can de Vico se convirtió al cristianismo y levantó una capilla donde colocó la imagen y promovió un culto que ganó pronto a toda la comarca del Cidacos. Junto a este lugar y en función del próspero culto mariano construyeron los franciscanos en el siglo xv un convento. En 1456 el franciscano fray Lope de Salinas, reformador de la Orden en Castilla junto con san Pedro Regalado, fundó con una comunidad de observantes el monasterio de Vico. A fray Lope, que murió promoviendo la reforma en Medina de Pomar, el martirologio franciscano lo tiene por beato. Impulsados por su ejemplo y recuerdo los frailes vivieron los rigores más extremados y todas las virtudes. Al principio del siglo xvi se unieron a la llamada Regular Observancia Común de disciplina más benigna. Con ello el templo se enriqueció con varias capillas erigidas por familias nobles que buscaban en Vico su enterramiento: la de San Miguel, la del Cristo, la de San Sebastián. En el siglo xvii consta que había una hospedería. Dos incendios sufrió toda la fábrica de templo y convento, en 1635 y en 1766; en ambos la imagen fue trasladada a la parroquia de San Cosme y San Damián de Arnedo; con la ayuda de los fieles se repararon los daños del fuego. En el siglo xviii la comunidad constaba de unos 30 frailes. En el siglo xix se vio saqueado por los franceses y en 1835 los frailes se dispersaron obligados por la exclaustración. De esta fecha hasta 1850 dos de ellos sacerdotes y otros dos legos, cuidaron del templo sostenidos por las limosnas de los devotos. De los bienes, decomisados con motivo de la Desamortización y más tarde venidos a manos de Olózaga, se cedió en 1850 a estos cuatro clérigos una parte del monasterio. Vivieron allí hasta que robados y maltratados hubieron de salir. Los descendientes de Olózaga cuidaron a fin de siglo de sostener un capellán permanente, pero la imagen de la Virgen y otras ya habían sido trasladadas a Arnedo.

Desde 1953 una comunidad de padres franciscanos de la Tercera Orden Regular de san Francisco cuidan de la iglesia y su culto; les fueron cedidos por la baronesa de Benasque el convento y su templo, el palacio y su huerta.

El templo y la imagen. El templo es de una sola nave y cinco capillas separadas de la misma por sendas rejas. La capilla mayor de más amplitud bajo cúpula de imitación bizantina aloja el camarín de la Virgen. Las capillas laterales son de estilo neoclásico menos la del lado del Evangelio que es gótica. La imagen es sedente con el Niño asentado en la rodilla izquierda y sostenido por la mano izquierda de la Madre. Ambos en posición muy frontal y actitud muy hierática. La túnica de escasos pliegues va ornamentada con una orla que recorre el cuello y parte delantera, salpicada de motivos imitando pedrería. Un velo liso cubre la cabeza y cae por los hombros de la Madre. El Niño aparece también cubierto con túnica y manto parecidos bendice con la derecha y sostiene un libro con la izquierda. Se la considera como del siglo xii.

Devoción popular. Le rinde culto y a ella acude en romerías en el mes de septiembre toda la comarca del Cidacos medio: Quel, Herce, Préjano, Santa Eulalia, Arnedillo. Destaca sobre todas estas localidades la ciudad de Arnedo. Su fiesta es el día 8 de septiembre.

BIBL.: [Anónimo], *Vico, mil años de Historia*, Arnedo 1954; F. ABAD, *A la sombra de las tres Torres*, Arnedo 1971.   E. SÁINZ RIPA

Victoria, *Nuestra Señora de la*, (Málaga) patrona de la ciudad. La historia y devoción de la Virgen y santuario de Nuestra Señora de la Victoria se remonta al período de su reconquista por los Reyes Católicos. Cuentan las crónicas cómo el rey D. Fernando decidió en mayo de 1478 sitiar Málaga, desde hacía más de setecientos años en poder de los musulmanes. Duro y pesado debió resultar el cerco a juzgar por los tres meses y once días de su duración. Al cansancio y desaliento de los soldados se unía la división de pareceres de los consejeros reales; el propio rey dudaba qué partido tomar. Si hemos de creer la tradición, estando ya en el cerco de la ciudad malagueña, D. Fernando recibió del emperador Maximiliano (Austria) dos naves cargadas de instrumentos bélicos y valiosos obsequios, entre los que destacaba una preciosa imagen de la Virgen, talla del siglo xv; obra de artistas alemanes a juzgar por lo acentuado de sus facciones y el rubio (dorado) de sus cabellos, característico de la raza teutónica. Grato debió parecer este regalo al rey, pues un lugar inmediato a su aposento real fue el primer oratorio de aquella Virgen. La tradición añade, que fatigado el rey y entre mortales angustias ante la dificultad del asedio, recibió el consuelo y promesa de próxima victoria de aquella imagencita, objeto de su ferviente devoción. El 18-VIII-1487 tras oportunas negociaciones, el alcaide Amet el Zegri hacía entrega de la ciudad a los reyes de España en las personas del comendador mayor de León y de D. Pedro de Toledo, capellán real. Desde aquel día la imagen de la Virgen venerada por el rey en su tienda se llamó Nuestra Señora de la Victoria. Otra imagen de la Virgen denominada de los Reyes, esta vez de D.ª Isabel, que ella traía en su capilla cuando vino al sitio de Málaga fue colocada tras solemne procesión por los reyes y soldados en el altar mayor de la gran mezquita convertida en catedral para conmemorar tan fausto acontecimiento y allí permaneció hasta que la nueva catedral (capilla) se abrió al culto. No olvidaron los piadosos monarcas el gran favor alcanzado por la protección de su querida imagen de la Victoria y antes de marcharse de Málaga, cuando los hijos de san Francisco de Paula intentaban fundar en los reinos de España, mandaron construir una preciosa capilla en el mismo lugar en que estuvo el campamento y tienda real, para que al menos provisionalmente, se diera culto y veneración a tan soberana Señora. Aparte de abundantes terrenos y heredades, sus majestades enviaron para esta capilla e imagen, ricos paños franceses, ternos bordados en oro y pedrería, lámparas de plata, alhajas y preciosos mantos de seda para la Virgen, reservándose el dominio y patronato.

La creciente devoción del pueblo hacia su amada patrona la Virgen de la Victoria, expuesta con brillantez en el Ordenamiento y Estatutos dados al clero por D. Pedro de Toledo (primer obispo de Málaga, 1488-1499) y reiterados por su sucesor fray Bernardo Manrique (1541-1564) pronto exigieron la ampliación de la primitiva ermita.

Entre los años 1493-1495, conforme a las cédulas reales expedidas en Zaragoza (22-VIII-1492; 30-VIII-1493) y Barcelona (25-V-1493) se verificaba la fundación del real convento de mínimos y la entrega a ellos mismos de Nuestra Señora de la Victoria, que desde el 22-IV-1518 tuvo su trono en la nueva iglesia conventual. Por falta de solidez e inseguridad, esta iglesia fue demolida a fines del siglo XVII (a. 1693) construyéndose el actual santuario en un extremo de la ciudad a imitación de la antigua iglesia en cuanto a dimensiones y aspecto interior.

La iglesia actual, de gran valor artístico, histórico y religioso, es de cruz latina, con tres naves, crucero y amplios arcos torales; los extremos de sus brazos (cruz) son redondeados o semicirculares. La longitud total del templo es de unos 40 ms. Sencillas pilastras con recuadros y capiteles, grandes hojas de cardo y acanto en forma de ménsulas decoran todo el entablamento de la cornisa, sobre la cual corre un zócalo que sirve de basamento a la bóveda semicircular que cubre la nave central. Merecen especial mención el pórtico, campanario, panteón y camarín de la Virgen, éste de forma octogonal y elevada altura, decorado interiormente con pilastras, hojarascas y relieves de gusto churrigueresco. En el centro del camarín y sobre pedestal, sumamente adornado con columnas, relieves, ángeles, etc., y del que parten cuatro altos arbotantes que sostienen una gran corona, está la imagen de Nuestra Señora de la Victoria. Con motivo de la exclaustración (a. 1836) la comunidad de san Francisco de Paula se vio forzada a abandonar el convento que pasó a ser hospital militar bajo la jurisdicción castrense en lo religioso. El 1860 y a instancia del pueblo malagueño se recabó una Real Orden gubernativa en virtud de la cual la iglesia de la Virgen de la Victoria —declarada patrona de Málaga por Pío IX (12-XII-1867)— pasaba a depender de la jurisdicción diocesana.

En 1654 la ciudad de Málaga y en su nombre las autoridades principales, D. Diego Fernández de Córdoba, corregidor, y D. Alonso de Cueva Carrillo, obispo, ante la imagen de su patrona hacía el voto «de creer, enseñar y defender pública y privadamente el misterio de su Inmaculada Concepción». El 10-XII-1939 el cabildo municipal de Málaga en solemnísimo acto litúrgico se consagraba a la Virgen de la Victoria solicitando de la Santa Sede autorización para su coronación canónica (Breve 1940). Las páginas de la *Crónica de san Francisco de Paula y su Orden*, están llenas de demostraciones de amor y gratitud por parte de la autoridad eclesiástica y civil de Málaga y, sobre todo, del sencillo pueblo malagueño que rinde constante testimonio público de veneración hacia su patrona. La fiesta principal se celebra el 8 de septiembre.

BIBL.: N102; N104; J. DÍAZ DE ESCOBAR, *Imagen de Nuestra Señora de la Victoria, patrona de Málaga*, Mal. 1898; *Nuestra Señora de la Victoria:* R17, 15(1929)288; *Málaga por la Virgen de la Victoria*, Mal. 1943; R. CONTRERAS, *Santa María de la Victoria*, Mal. 1942. A. RIESCO

Victoria, *Santo Cristo de la,* (Cáceres). En la calle de su nombre dentro del casco urbano de Serradilla, partido y diócesis de Plasencia. De estilo renacentista. Está a cargo de las religiosas agustinas recoletas y su fiesta principal se celebra el 14 de septiembre. Es difícil de constatar la versión que da el padre E. Cantera: «Hacia 1650 se trasladó a Madrid desde esta localidad la beata Francisca de Oviedo, con el fin de recaudar limosnas en la Corte para un hospital que pretendía fundar en la villa. Por aquellos días se celebraba en Madrid una función religiosa en desagravio al Cristo de la Paciencia al que unos judíos habían profanado. En la procesión reparadora pudo ver Francisca en el convento dominico de Atocha la imagen de un Santo Cristo, pintada o esculpida por un religioso, conforme a cierta visión que tuvo, en la que se le apareció Jesucristo de pie, con la cruz en las manos, la muerte y la serpiente a los pies, enteramente llagado y escarnecido, derramando sangre por todas las heridas y diciéndole estas palabras: «¿Qué más pude Yo hacer por los hombres?». Aquella representación dolorida debió de herir la mística sensibilidad de la beata de Serradilla que la juzgó adecuadísima para presidir el dolor del hospital que pretendía fundar. Sin deternerse un instante encargó a un escultor de fama una talla de Cristo tal como se apareció al fraile de Atocha. Sin embargo, no parece haber habido expuesto al culto en el convento de Atocha ningún Cristo de estas características, ya que nada dicen de él los historiadores (Ponz, Madoz, Cepeda, J. de Quintana, Jiménez Benítez...) que de la primera casa dominicana en Madrid se han ocupado. La imagen del Redentor que allí llamaba la atención era el «Cristo de Luca», vulgarmente llamado «Cristo del Zapato». Ni el «Cristo de Luca», vestido y clavado en la cruz, ni el «Cristo de la Paciencia», desnudo pero sentado, pueden coincidir con la efigie del fraile visionario. Seguramente no recibiría culto en la iglesia y estuviera en otro lugar. Es más posible que fuera el «Ecce Homo», que estaba en la escalera principal del convento dominico, la fuente de inspiración del actual de Serradilla. Acudió Francisca de Oviedo al taller de uno de los imagineros madrileños de la época. Domingo de la Rioja († hacia 1656) que no correspondió inmediatamente al interés y encargo de la beata, pensando en las dificultades que ésta tendría para sufragar los gastos de la obra. Lo comprendió la interesada así, y prometió el pago puntual del trabajo y hasta se cuenta que pidió le indicara el madero en que había de tallar su Cristo, del que no se separó hasta verlo acabado. Inpresionado el artífice por la constancia y devoción de ésta, puso en la obra toda su maestría e inspiración, cuyo resultado fue la imagen de este título: Jesús está de pie, reclinado el peso del cuerpo sobre el lado derecho, mientras con el izquierdo pisa una calavera; con su brazo izquierdo atrae la cruz de su suplicio, mientras su mano derecha palpa el corazón, oprimiéndolo suavemente; en torno a sus pies se arrolla la serpiente, cuyo cuello oprime el pie de la cruz; la sangre redentora mana abundantemente del costado, manos, pies, rodillas y espalda; la cabeza coronada de espinas e igualmente sangrante. Es, ciertamente, una obra «serena y emotiva lograda y su mirada incita a la vez al temor y al arrepentimiento».

Fue expuesta algunos días en la iglesia de San Ginés, al pueblo de Madrid, que acudió entusiasmado a contemplarla. Tal fue la fama prontamente adquirida que llegó a oídos de Felipe IV, quien deseando admirarla, ordenó su traslado a la capilla real, donde permaneció y recibió culto desde 1635 a 1637, año en que la piadosa Francisca logró recuperar (no sin dificultades) su imagen y la trasladó a Serradilla. Como recuerdo de su estancia en la capilla de palacio, el Cristo de la Victoria, de Serradilla, ostenta en su cruz, entre los diversos exvotos, el escudo real.

BIBL.: D3, 55, 587; D7, XIV, 101; B. BONNET REVERÓN, *De nuestro tesoro artístico: Tres imágenes de fe y de piedad:* Diario Amanecer de Santa Cruz de Tenerife, 14-IV-1938; J. ROSA ROQUE, *Guía de Cáceres y su provincia*, Ca. 1951,

446-448; J. Hernández Perera, *Domingo de la Rioja. El Cristo de Felipe IV en Serradilla*, R26, 25(1952)272-279; *Tesoros Artísticos de España*, Ma. 1973, 590.

J. M. de Mora

Victoria de Lepanto, *Nuestra Señora de la*, (Madrid). En el lugar de Villarejo de Salvanés. La historia del santuario e imagen de Nuestra Señora de la Victoria, de Lepanto, se remonta a los años más gloriosos de la Historia de España. Los orígenes e historia de este santuario están íntimamente unidos a un personaje famoso español del siglo XVI: D. Luis de Requesens y Zúñiga. Este pertenecía a la Orden militar de Santiago y fue nombrado comendador mayor de Castilla, posteriormente fue capitán de los tercios españoles y gobernador de Flandes. Tuvo su residencia en Villarejo de Salvanés, capital de su encomienda, cuyo castillo pertenecía a la Orden de Santiago. Siendo Luis de Requesens un hombre muy piadoso, quiso edificar un convento en esta villa y ofreció aquella fundación a la Orden de san Francisco por la que sentía gran admiración; cedió los terrenos para convento e iglesia y ofreció 4.000 ducados para los primeros gastos. Acudió D. Luis de Requesens al rey Felipe II pidiendo licencia para su construcción en el año 1571 y prometió a la Virgen que si la armada cristiana, formada por naves del papa, España y Venecia vencía a los turcos, la proyectada iglesia sería dedicada con el título de Nuestra Señora de la Victoria. Los ejércitos cristianos se cubrían de gloria al vencer a los turcos en Lepanto en 7-X-1571, y el año 1573 se comenzaron las obras del santuario.

¿Presidió esta imagen la victoria de Lepanto? Así lo afirman algunos historiadores. Según éstos, colocó D. Luis de Requesens esta imagen en su nave y la nombró su patrona y defensora. Llegado el momento del combate, el buque presidido por la Virgen, hizo prodigios de valor y siempre se mantuvo incólume atribuyéndolo a la protección de la Virgen. Al volver Requesens a España, trajo la sagrada imagen y la depositó en la casa de la tercia mientras se terminaban las obras del santuario.

En la bula *Quam praeclara meritorum* dictada por san Pío V, por la que se autoriza la construcción del santuario de la Santísima Virgen de la Victoria de Lepanto, en Villarejo de Salvanés, se lee: «Concedemos indulgencias por las presentes, a todos y a cada uno de los fieles cristianos que verdaderamente arrepentidos y confesados, visitaren devotamente la dicha iglesia de la Virgen María, una vez construida, en el día de la festividad del rosario, es decir, el 7 de octubre, en memoria de esta Victoria, que ha de ser conmemorada en tiempos futuros, desde las primeras vísperas de la vigilia hasta la puesta del sol de la festividad, y allí rogaren piadosamente a Dios por la conservación de la paz entre los príncipes cristianos, por la extirpación de las herejías y por la exaltación de la fe católica». Desde el siglo XVI se han venido celebrando el 7 de octubre grandes y solemnes cultos a la Virgen de la Victoria entre los habitantes de Villarejo y toda su comarca; son muchas las personas que todos los años desde puntos muy lejanos acuden a venerar a la Virgen de la Victoria el 7 de octubre. Sin embargo, en los últimos años de la guerra civil de 1936 esta santa imagen fue sacrílegamente mutilada y deshecha. Solamente pudo salvarse el Niño Jesús que tenía en sus manos. La imagen hoy venerada es una copia exacta de la desaparecida.

El santuario que mandó construir D. Luis de Requesens, es de gran sobriedad exterior, pero de gran belleza arquitectónica en su interior. Está construido con piedra de mampostería, consta de una nave con crucero y tiene una majestuosa cúpula; en el piso, todo de piedra, se conservan varios escudos de familias nobles.

BIBL.: D. Parrondo, *Historia de los Colegios-seminario de misiones de la Regular Observancia...*, Ma. 1818; *Reglamento y estatutos de la Congregación de Nuestra Señora de la Victoria de Villarejo de Salvanés*, Ma. 1897; Archivo parroquial de Villarejo: *Actas y Libros;* T. Muñoz y Romero, *Diccionario bibliográfico-histórico...*, Ma. 1858, 290.

E. Arauz

Villar o **Vilar,** *Nuestra Señora del*, (Gerona). En la villa de Blanes, a 4 kms. del núcleo urbano. La imagen fue encontrada, como otras muchas, por un humilde rabadán en agosto de 1012 cuando pastoreaba la grey junto al caserío de la alquería del Villar. Es de madera policromada y mide unos 53 cms. de altura; de estilo románico-catalán de la primera mitad del siglo XIII. Imagen sedente sobre una de las clásicas sillas episcopales y lleva en el regazo al Niño, a la vez que en la mano derecha muestra una fruta. De gran devoción ya a principios del siglo XIV. Demolida la primera capilla, una segunda se alzó sufragada por suscripción popular y bendecida solemnemente en 1612. El bello retablo barroco del siglo XVIII y el camarín del año 1787 fueron quemados en 1936 y la imagen, escondida bajo tierra, volvió a su lugar apoteósico el 13-V-1940. Dos fiestas votivas celebran su honor; una, el día de santa Catalina, mártir, cuyo origen tiene lugar en 1650, día en que cesó una epidemia; otra, el 24 de octubre, fiesta de san Rafael, data de 1795 por haber sido librada la villa de la invasión francesa.

BIBL.: N. Camós, *Jardín de María*, Ge. 1772, 100-101; J. Maurí Serra, *Historia del Santuario de la Mare de Deu del Vilar de Blanes*, Ba. 1952; L. G. Constans, *Girona, Bisbat Marià*, Ba. 1954, 71-73.

IEF

Villar de Flores, *Nuestra Señora de*, (Orense). En el lugar de su nombre, parroquia de Espiñeiros, ayuntamiento y partido de Allariz, del que dista 3 kilómetros. No consta el origen y fecha de esta advocación. La tradición, un tanto legendaria, dice que se apareció entre flores a un pastorcillo del antiguo Villar de Pocos, a unos 800 ms. del actual Villar de Flores, y que le pidió la erección de una capilla en aquel lugar. La fiesta en el siglo XVII era grande por la concurrencia de fieles. En 1742 se fundó la Cofradía de la Madre de Dios de Villar de Flores, por iniciativa de D. Carlos Ventura González Santana. El edificio es amplio y sólido, aunque de exiguo valor artístico. La imagen actual es de reciente factura (1922). Las fiestas se celebran en el triduo 14, 15 y 16 de agosto. Existe novena impresa, con breve introducción histórica.

BIBL.: D7, VII, 577; C. Gil Atrio, *Orense mariano*, Or. 1954, 150-151.

E. Gutiérrez

Viñas, *Virgen de las*, (Burgos). En Aranda de Duero, diócesis de Osma, situada a kilómetro y medio al norte de la población, cercana a la carretera de Francia. El edificio es amplio y su posición pintoresca por la perspectiva que ofrece desde la elevación en que se encuentra. Su fiesta se celebra el domingo siguiente al 8 de septiembre de cada año con función solemne en la ermita, romería, bailes de tamboril y dulzaina.

BIBL.: D7, II, 424-425; A. de la Cruz González, *Historia de la milagrosa imagen de Nuestra Señora de las Viñas, patrona de la villa de Aranda de Duero*, Ma. 1795.

IEF

Viñas, *Nuestra Señora de las*, (Cáceres). En la villa de Moraleja, de la diócesis de Coria, y en las inmediaciones de la carretera de Puente Guadoucil, en Garrovillas, al puerto de Acebo. La ermita dedicada a la Virgen es modesta, situada en el «alfoz» de la villa, y constituye la devoción predilecta de los habitantes de Moraleja y contornos. El origen de la misma se remonta, según una tradición, a los tiempos en que la región se vio libre de la dominación musulmana. El pueblo se reúne para celebrar tan fausto acontecimiento y deciden, en acción de gracias, fundar una ermita en el centro de una parcela dedicada al cultivo de la vid; de aquí el nombre de la imagen allí venerada.

BIBL.: *Ermita de Nuestra Señora de las Viñas:* R17, 15 (1929)186. A. DIEZ

Viñet, *Nuestra Señora de,* (Barcelona). En Sitges, a muy poca distancia de la población. La imagen, a la que se profesa gran devoción y que se ha hecho célebre por sus milagros, es de madera antigua, de estilo románico de transición, data incierta. Es sedente y vestida con un manto. Tiene toca en la cabeza y le falta el brazo derecho, perdido en el hallazgo. En la rodilla izquierda tiene sentado al Niño Jesús que con la mano derecha parece dar la bendición y en la izquierda tiene un pomo. Escondida y deteriorada bajo tierra en 1936, se restauró cuidadosamente en 1939. Su descubrimiento fue tan maravilloso como legendario: El señor de la villa de Sitges tenía a su servicio un moro, con la obligación de cultivar una viña. Un día cavaba en ella y en el preciso lugar donde está situada la capilla de la Virgen. Al pie de un sarmiento tropezó su azadón en un cuerpo duro que creyó sería alguna piedra, pero al pretender levantarla descubrió una imagen que guardó en una cesta. Cuando llegó a casa de sus amos refirió el hecho y quiso enseñarla, pero su admiración aumentó al ver que había desaparecido. La imagen fue hallada nuevamente en el sitio donde fue encontrada la primera vez. Entonces decidieron erigir en el mismo lugar una capilla donde poder venerarla. Quienes más trabajaron en su edificación y contribuyeron más generosamente con sus limosnas fueron los marineros que la escogieron por patrona. La fiesta principal se celebra el 5 de agosto, fiesta de Nuestra Señora de las Nieves, por voto de la villa. Antiguamente se celebraba el 8 de septiembre. Se festeja también con solemnidad el día 26 de diciembre y por Pascua de Resurrección.

BIBL.: N. CAMÓS, *Jardín de María,* Ge. 1772, 60-64. D7, XIV, 409; E. MORENO CEBADA, *Glorias Religiosas de España,* II, Ba.-Ma. 1867, 541-546; A. FÁBREGA GRAU, *Santuarios marianos de Barcelona,* Ba. 1954, 261-270. IEF

Virtudes, *Nuestra Señora de las,* (Alicante). A unos 5 kms. de Villena. Su origen data del siglo XVI. Hasta la Desamortización se hicieron cargo del santuario los agustinos calzados. La Virgen, bajo esta advocación, es la patrona de la ciudad.

BIBL.: V. LÓPEZ, *Orihuela-Alicante, diócesis de:* DHEE, III, 1837; D7, XVI, 312. IEF

Virtudes, *Nuestra Señora de las,* (Ciudad Real). A unos 6 kms. de Santa Cruz de Mudela. Imagen de gran y tradicional veneración en la comarca; ya en el siglo XVI contaba con una cofradía. Fue una de las muchas efigies de la Virgen llamadas «encontradas» debajo de tierra, en el lugar que hoy ocupa el santuario. De pequeñas proporciones y de rostro moreno, se le atribuyen numerosas curaciones.

BIBL.: C. VIÑAS Y R. PAZ, *Relaciones de los pueblos de España ordenadas por Felipe II. Ciudad Real,* Ma. 1971, 460-461 y 463. IEF

Viso, *Nuestra Señora del,* (Orense). En el partido de Bande, parroquia y ayuntamiento de San Vicente de Lobera. Enclavado en el Viso, monte que pertenece a tres parroquias: San Vicente de Lobera, Santa Cruz de Grou y Santa Cristina de Montelongo. En la confluencia de las tres se erigió la ermita y ello fue motivo, en el siglo XVIII, de un juicio que duró seis años, sin sentencia definitiva al parecer, entre la Hermandad de Nuestra Señora del Viso y el párroco de San Vicente. La Hermandad vino a menos; tanto, que dejó de existir a mediados del siglo XVIII. Entonces, sin oposición, el párroco de Lobera se hizo cargo del culto de la Virgen. Desde estos años el santuario perteneció a esta parro-

quia. La devoción a la Virgen del Viso es, sin duda, anterior al siglo XIV, en cuya primera decena se concluyó la erección de la primitiva ermita, según consta en una inscripción fechada en 1308 y conservada en la parte románica que aún queda en pie. La Hermandad se remonta más allá del siglo XVI y conoció su período de esplendor en el XVII. La existencia en el atrio del santuario de unas antiguas sepulturas de personas habitantes de otras regiones apoya la hipótesis de una devoción temprana que sobrepasó no solo el ámbito local sino hasta el regional. El santuario conserva restos de dos épocas diferentes. El edificio es de planta rectangular, con ábside cuadrado y puerta principal orientada al poniente. La parte más antigua la forman un arco triunfal sostenido por gruesas columnas con toscos capiteles y un recio arco de medio punto. El resto es muy posterior. La fachada tiene puerta adintelada sobre la que destaca una imagen en piedra de la Virgen; por la inscripción que ostenta es de mediados del siglo XVIII, en que fue rehecha la anterior iglesia. Las fiestas se celebran en dos épocas diferentes del año. En mayo, el «Viso Grande» y en septiembre el «Viso Pequeño». Durante el verano el culto en el santuario es frecuente, teniendo lugar misas, rosarios y novenas así como gran número de donativos y exvotos. La imagen que hoy se venera es relativamente moderna. De las anteriores nada se sabe con exactitud, pues desaparecieron, y la escasa documentación existente nada relata. La actual, de gran valor artístico, fue tallada en el siglo XIX por un vecino de la parroquia de Santiago de Cadós, cuyo nombre se ignora.

BIBL.: D7, X, 318; C. GIL ATRIO, *Orense mariano,* Or. 1954, 139-147; J. LORENZO FERNÁNDEZ, *Nosa Señora do Viso:* Boletín de la Comisión Provincial de Monumentos Históricos y Artísticos de Orense 18(1956)201-247. M. ANTA

Viso, *Virgen del,* (Zamora) patrona de la Tierra del Vino. Recibe este nombre porque antiguamente fue venerada en una ermita situada en el cerro del Viso o Aviso, término de Bamba, localidad agregada al municipio de Madridanos, del que dista unos 2 kms. La ermita del Viso, hoy desaparecida, fue una de las primeras que existieron en la diócesis de Zamora. La imagen actualmente se encuentra en la iglesia de Bamba, a la que está dedicado un altar con retablo. Es una estatua de tamaño natural y labrada en piedra. Como testimonio histórico de la gran devoción que los fieles de esta comarca profesaban a su patrona, están las procesiones llamadas de las «Imágenes», que tenían lugar en los tiempos de sequía, y en las que eran conducidas solemnemente la Virgen del Viso y la de la Hiniesta desde sus respectivas iglesias a la ciudad de Zamora. La frecuencia de estas procesiones, los gastos que ocasionaban a la ciudad y a los pueblos y las competencias surgidas entre el Ayuntamiento y el cabildo, dio pretexto al conde de Aranda para que por orden del Supremo Consejo de Castilla, de 8-V-1773 se negase licencia de hacer las procesiones y se celebrasen las rogativas y las preces en las mismas iglesias donde se veneran las imágenes.

BIBL.: D7, V, 340-41; T. M. GARNACHO, *Breve noticia de algunas antigüedades de la ciudad y provincia de Zamora,* Zam. 1878; A. ROJAS VILLALDRANDO, *El Buen Repúblico,* Ma. 1611; C. FERNÁNDEZ DURO, *Memorias históricas de la ciudad de Zamora, su provincia y obispado,* IV, Ma. 1883, 263-265. P. GARCÍA FIDALGO

Viso, *La Virgen del,* (Salamanca). En Monterrubio de Armuña de la diócesis y partido de Salamanca; en una sierra cercana al Tormes, y a medio kilómetro de Monterrubio. Nada se conoce acerca del origen de esta advocación. La primera noticia documentada se encuentra en una Bula de Urbano VIII de la primera mitad del siglo XVIII. Por la misma concede indulgencias y hace referencia a la cofradía de Nuestra Señora del Viso. Una tradición cuenta que existió en el lugar de la actual ermita un convento de religiosos y que ya entonces se celebraba la misa de la Virgen bajo esta invocación. Actualmente se celebra su fiesta principal el día 15 de agosto con nutrida asistencia de devotos y alegre romería.

BIBL.: *La Virgen del Viso:* Anuario Católico Español, II, Ma. 1956, 464-65.   A. DIEZ

Xurés, *Nuestra Señora de,* (Orense). Enclavada en el monte de su nombre, pertenece a la parroquia de Ríocaldo. Disputa la prioridad regional en cuanto a fama y popularidad a la Calamadoira y Nuestra Señora del Viso.
BIBL.: P. GONZÁLEZ DE ULLOA, *Descripción de los estados de la Casa de Monterrey en Galicia,* Sant. 1950, 202; C. GIL ATRIO, *Orense mariano,* Or. 1954, 157.   IEF

Zalamea, *Santo Cristo de,* (Badajoz). En la villa de Zalamea de la Serena. Pocos pueblos de la provincia de Badajoz pueden alardear de un historial tan rico como el que posee Zalamea de la Serena. De Yulipa, pequeño municipio romano situado no lejos de la célebre *Arsa,* en cuyas cercanías P. Cornelio Escipión ganó la batalla a los Lusitanos (primera guerra púnica) apenas quedan noticias de la fundación (a. 560 *ab Urbe condita).* Su vieja torre parroquial, resto del grandioso monumento erigido en honor del emperador Trajano (a. 103) y su célebre alcalde D. Pedro Crespo —símbolo de la autoridad, inmortalizado por Calderón— son el mejor índice de la antigüedad e importancia de Zalamea. En la tradición e historia documental de este pueblo extremeño ocupa lugar preferente su *Hospital de la Quinta Angustia* donde se veneró largos años la popular y devota imagen del Cristo de Zalamea.

Refiriéndose a este hospital fray Francisco Barrantes Maldonado, subprior de Zalamea e historiador de los milagros del Cristo escribe: «Estaba edificado dentro del pueblo, en la parte oriental; era de pared tosca, de paredes de tierra cubiertas por dentro y por fuera de cal, tenía 52 pies de ancho y alto 15; el maderamiento de encina y cañizo; a la pared un Crucifixo pequeño sobre un altar, adonde se dice misa los viernes, oyéndola desde la calle por una ventana baxa de rexa; la puerta principal al norte y encima de pincel pintado un descendimiento de la Cruz, tomando dél el nombre de «Quinta Angustia.» Desde antiguo (siglos XV-XVI) esta pequeña imagen era sacada en procesión penitencial la noche del Jueves Santo, por los hermanos de la cofradía de la Vera-Cruz; pareciéndoles demasiado pequeña, los cofrades deciden recoger limosna con el fin de adquirir otra de mayor talla. Hacia mediados del siglo XVI (ca. 1561) la cofradía encomienda este asunto al piadoso clérigo D. Lázaro Villanueva, quien por indicación de un venerable anciano y sin necesidad de contrato encuentra este Santo Cristo entre las ruinas de un templo sevillano. El pueblo de Zalamea recibe con muestras de devoción y agradecimiento tal hallazgo mientras el prior, cabildo y clerecía deciden, como el mejor trono y casa para el Cristo, la capilla del hospital. En este lugar y sobre el mismo altar que ocupara el «pequeño Crucifixo», permanecerá el famoso Cristo sevillano de Zalamea hasta que la devoción y culto pudo ofrecerle un santuario más digno en 1617. La primera piedra de esta capilla-santuario se puso en abril de 1606, concluyéndose (parcialmente) el 13-IX-1611. Lleva el título de «Quinta Angustia» por haber sido edificada sobre terrenos del antiguo hospital. El trazado de esta capilla de estilo herreriano se debe a D. Francisco de Mora, arquitecto mayor del rey: su sobrino Juan Gómez de Mora, se hizo cargo de la obra en 1610, dándose por terminado lo principal de su fábrica en la fecha antes

citada. Sin embargo, hasta 1617 no se pudo realizar el traslado del Santo Cristo a su real e inacabada capilla. Durante la cruzada —1936-1939— la real capilla e imagen del Santo Cristo sufrieron el devastador impacto del marxismo. Mutilada parcialmente la imagen, D. Vicente López Rodríguez y su esposa D.ª Cándida Delgado recogieron del suelo una buena parte del tronco (cuerpo) de esta talla, materialmente deshecha, guardándola cuidadosamente en lugar seguro hasta mejores tiempos. El 24-VII-1938 al liberarse Zalamea, se hizo entrega oficial de la mutilada imagen, al señor arcipreste, D. Jesús Aponte. Una vez restaurado en Sevilla, el célebre y milagroso Cristo de Zalamea, vuelve procesionalmente a su antiguo trono y capilla, donde el pueblo sencillo, fiel a las tradiciones de sus mayores sigue acudiendo a testimoniar su fe y gratitud. Las tradicionales y concurridas ferias de septiembre giran en torno a la fiesta principal del Santo Cristo de Zalamea.
BIBL.: F. BARRANTES MALDONADO, *Relación de la calificación y milagros del Santo Crucifixo de Zalamea desde trece de setiembre del año seyscientos cuatro hasta el de seyscientos diez y seys...,* Ma. 1617; A. DE SAN FELIPE, *Origen y Milagros de la sagrada imagen del Cristo de Zalamea,* Ma. 1745; J. TAMAYO SALAZAR, *Antigüedad de Ilipa y milagros del Santo Cristo de Zalamea,* s.l., 1646; J. M. GIRALDO, *Vida y hechos del Excmo. Sr. D. Diego de Arce Reinoso,* s.l., 1695; A. TORRES TAPIA, *Crónica de la Orden de Alcántara,* I, Ma. 1763, 253.   J. A. MUÑOZ

Zuqueca, *Santísima Virgen de,* (Ciudad Real). Se encuentra este vetusto santuario a las orillas del río Jabalón, a unos 4 kms. de Granátula de Calatrava, en el lugar donde estuvo la antigua ciudad romana de *Oretum,* que dio nombre a la Oretania, y fue obispado en la época visigoda. No es por ello extraño que, fascinado por estos datos, Hervás pretendiera derivar del culto a María en este lugar de la época romana, constantiniana lo más tarde, y que el santuario de Zuqueca fuera un templo pagano cristianizado, dedicado a la Virgen y convertido en catedral, que, devastado durante el dominio musulmán y denominado por ello «Zuqueca» es decir, lugar de ruinas, fue reconstruido una vez reconquistado por la Orden de Calatrava, que fundó allí el priorato de Zuqueca en el siglo XIV por medio del maestre D. Gonzalo Núñez de Guzmán. Extinguido el priorato de Zuqueca, pasaron sus rentas a la Encomienda de Moral y quedó abandonado el santuario, que fue salvado del olvido por los habitantes de la vecina Granátula de Calatrava, herederos de los oretanos y que hoy veneran a la Virgen de Zuqueca por su patrona. Años más tarde el mismo Hervás modificó su opinión, desligando el culto a la Virgen de Zuqueca de su supuesta antigüedad romana, y afirmando que los cristianos, agradecidos por la victoria de las Navas de Tolosa, levantaron una modesta capilla a la Santísima Virgen, sobre una antigua fortaleza árabe, que había sido levantada a su vez sobre las ruinas de la antigua catedral de Oretum, para custodiar el camino de Córdoba a Toledo. Poblado de nuevo este lugar, pasaría la ermita a iglesia parroquial, que fue concedida por Honorio III a D. Rodrigo Jiménez de Rada. Después fue creado allí en el siglo XIV por la Orden de Calatrava el priorato de Zuqueca, pero la población duró muy poco, ya que el prior reside ya en Almagro durante el siglo XV. No creo, sin embargo, que desapareciera tan pronto la población de Zuqueca, pues entonces se explicaría con dificultad la concesión del papa León X en 1519, de que hablamos a continuación. El comendador de Villarrubia D. Diego Cabrera había traído de Jerusalén un poco de tierra del sepulcro de la Virgen y la había depositado en la capilla de los mártires del convento-castillo de Calatrava, y el papa concedió a los que visitaran esta reliquia las indulgencias que hubieran ganado de visitar el sepulcro mismo de la Virgen Santísima en Jerusalén. Pero como el acceso al sacro convento resultaba dificultoso a los fieles, Carlos I (el futuro emperador), como administrador perpetuo de la Orden de Calatrava, pidió al papa y obtuvo del mismo por medio del cardenal de Santa Cruz, Bernardino Carvajal, patriarca de Jerusalén, que dichas indulgencias se pudieran ganar en la iglesia de Santa María, del priorato de Zuqueca (es decir, en el santuario que reseñamos) asistiendo a los maitines y misa en las fiestas de san Bernardo y de la Santísima Virgen, debiendo depositarse para ello en esta iglesia parte de la tierra traída del sepulcro de la Virgen y conservada en Calatrava.

La iglesia que hoy tenemos, tosca y de poca altura, conserva señales de ser arreglo de otra antigua de estilo gótico, con tres naves, de las que hoy quedan varios arcos y pilares que separaban la nave lateral izquierda de la central, habiendo desaparecido la lateral derecha y rebajada la central. Así resulta una extraña iglesia de dos naves, con el presbiterio o capilla mayor bajo la arcada que divide las dos naves. El estilo guarda semejanza con otras construcciones de las cercanías pertenecientes a los siglos XIII y XIV.

La imagen es una hermosa talla sedente, gótica, pero desfigurada por retoques posteriores y vestida. El Niño extiende su brazo hacia la Madre, cruzándose las miradas de ambos. Celebran en su honor los fieles de Granátula de Calatrava dos fiestas anuales, la primera el día 1 de marzo, con romería al santuario, y la segunda, el día 8 de septiembre, en la iglesia parroquial de Granátula, para la que se traslada la sagrada imagen al pueblo. No sabemos cómo, ni cuándo llegó el culto a la Virgen de Zuqueca a Italia, pero, según noticias personales recientes, se venera en el pueblo de Altavilla Milicia, junto a Palermo, donde hay un cuadro de la Virgen con la advocación de Nuestra Señora de la Milicia y de Oreto, lo que pone de manifiesto su vinculación, tal vez, con la Orden de Calatrava y, cierto, con la Virgen de Oreto, nombre con que también aquí se designa a la Virgen de Zuqueca.

BIBL.: I. HERVÁS, *Oreto y Nuestra Señora de Zuqueca*, Ma. 1882; ID., *Diccionario histórico, geográfico... de la provincia de Ciudad Real*, Ciudad Real 1914, 507; D7, VIII, 569.   J. JIMENO

Zurtitza, San Martín de, (Guipúzcoa). En el barrio de Goyerri de la villa de Salinas de Léniz, partido de Vergara. Su origen parece haber estado en una antiquísima parroquia que en 1331 pasó a depender de la matriz de San Millán. En 1629 se funda la cofradía de Nobles Hijosdalgos de Salinas, con sede en esta ermita y que cuenta con unas Constituciones aprobadas por el obispo de Calahorra. El papa Urbano VIII concedió indulgencia plenaria a los cofrades el día de su fiesta por una bula cuyo pergamino se conserva. Además de la imagen del santo titular, cuenta la ermita con las de san Roque y san Sebastián, que también salen en procesión el día de la fiesta. En un altar lateral hay un retablo de la Virgen de notable valor artístico.

BIBL.: D. BERGARECHE, *Apuntes históricos de Salinas de Léniz y del santuario de la Virgen de Dorleta*, SSe. 1954, 118; D7, XIII, 697-698.   V. GARCÍA LOBO

SANVITORES, Diego Luis de, SI (Burgos 12-IX-1627 † Guam [Marianas] 2-IV-1672) misionero. Entró en SI en 1640. Pasó a Filipinas en 1662, y a las Marianas en 1668. Allí murió asesinado por los indígenas. Se le atribuyen muchos hechos prodigiosos.

BIBL.: O179, 314b-318d; A. RISCO, *En las islas de los Ladrones*, Bi. 1935; E. J. BURRUS, *Sanvitores' Grammar and Catechism in the Mariana (or Chamorro) Language:* Anthropos, 49(1954)934-960; O161, 697.   IHSI

SANZ, Juan, OCarm (Onteniente [Valencia] 31-I-1557 † Valencia 28-VI-1608) escritor espiritual. Con-

temporáneo, en parte, de Santa Teresa y de San Juan de la Cruz, aunque sin sufrir influjo alguno directo de los mismos, es uno de los mejores representantes de la espiritualidad postridentina del Carmelo español. Hizo sus primeros estudios en su pueblo natal y en Valencia, y profesó en el convento de Játiva, recién fundado por Miguel de Carranza, bajo cuya dirección había hecho el noviciado en el de la Ciudad del Turia. Cursó Artes y Teología en Onda (Castellón) y Valencia, en cuya Universidad se doctoró en Teología (1586) y se perfeccionó en el estudio del hebreo, después de haberse ordenado de sacerdote en 1581. Enseñó Artes en el convento de Calatayud de 1579 a 1582, así como en el de Onda de 1584 a 1586, y posteriormente Teología y Escritura en el de Valencia. Asistió, como socio de su Provincia, al Capítulo general de Cremona, de 1593, en el que tuvo lugar la separación de los descalzos del antiguo tronco de la Orden. Prior del convento de Valencia de 1597 a 1600, en el que ejerció también el oficio de maestro de novicios durante cinco años, probablemente los que precedieron a su elección como prior. Provincial de Aragón de 1603 a 1606. A él se debe fundamentalmente el florecimiento intelectual y religioso de la Provincia, que alcanzaría su máximo esplendor en el siglo XVII. Fue además, celosísimo predicador y director espiritual de almas selectas tanto religiosas como seglares, entre las que promovió eficazmente el ejercicio de la oración metódica y aspirativa. Colaborador del Santo Patriarca Juan de Ribera, con el que mantuvo estrecha amistad, en la obra de reforma postridentina, murió en olor de santidad, instruyéndose enseguida el proceso de beatificación que se concluyó en su etapa diocesana, pero que, al parecer, no pasó a la Curia Romana.

OBRAS: Publicó en Valencia, sin indicación de año, aunque debió de ser uno de los últimos de su vida, *Abecedarios espirituales y el exercicio dellos*, pequeño, pero interesante opúsculo que contiene seis abecedarios precedidos de una breve introducción y ocho advertencias para el uso de las aspiraciones. Pinto de Vitoria, discípulo y biógrafo de Juan Sanz, hizo una segunda edición de esta obrita, probablemente ampliada con otros nueve abecedarios que su maestro había dejado mss., también en Valencia, en 1610; publicándolos de nuevo en la *Vida del Venerable Siervo de Dios N. P. M. F. Juan Sanz*, que imprimió dos años más tarde (1612) en la misma ciudad, y que se reimprimiría de nuevo en Zaragoza (1679) en *Corona ilustre del... convento del Carmen de Valencia*. Existe edición reciente por Rafael M. López Melús, hecha con ocasión del IV Centenario del nacimiento de su autor: *P. Juan Sanz, O. Carm., Abecedarios espirituales*, Ma. 1957, además de otras ediciones parciales, entre las cuales una en holandés por Cosmas Peters: *Sanz Juan, O. Carm. (1557-1608), Wenken over het aspiratief gebed*, en *Tijdschrift voor Geestelijk Leven*, 17(1961)352-357. Juan Sanz escribió además bastantes *cartas* de dirección espiritual, de las que sólo se han conservado siete que publicó el padre Pinto en su biografía, recogidas también por el padre Melús en su edición citada, y otra dirigida a la Venerable Mariana de San Simeón, agustina descalza del convento de Denia, impresa en la vida de la misma, publicada por José Carrasco con el título de *La Fénix de Murcia*, Ma. 1746. Dejó, asimismo, ms. un manual de formación para religiosas titulado *Ramillete de la esposa de Dios* y otras diversas obras escolásticas y varios sermones, que debieron de desaparecer con ocasión de la exclaustración.

BIBL.: Además de la biografía del padre Pinto y de las introducciones del padre Melús en su edición de los escritos del Venerable, ya citadas, pueden verse: A1, I, 777; A10, I, 204-205; A30, I, 242-245; N72, II, 93-95; A. M. ALEGRE DE CASANATE, *Paradisus carmelitici decoris*, Lión 1639, 459, 461; C. CATENA, *La meditazione in comune nell Ordine Carmelitano: Origine e sviluppo*: R'33, 2(1955)326-328; y especialmente P. M. GARRIDO, *El carmelita Juan Sanz (1557-1608), promotor de la oración metódica y aspirativa*: R'33, 17(1970)3-70.   P. M. GARRIDO

SANZ, Pedro Mártir, OP (Ascó [Tarragona] 3-IX-1680 † Foochow [China] 26-V-1747) misionero, mártir y beato. Ingresó en la Orden Dominicana el 6-VII-1698 en el convento de Santo Domingo de Lérida, donde cursó sus estudios de Filosofía y Teología. Ordenado sacerdote el 20-IX-1704, ejerció el sagrado ministerio en Lérida y Zaragoza hasta que en 1712 se incorporó a la provincia de Filipinas; salió de Cádiz el 16-IX-1712 y llegó a Manila a fines de agosto de 1713. Dedicado al ministerio entre los chinos de Manila e iniciado en la lengua, literatura, usos y costumbres chinos, el 12-VI-1715 partía para las misiones de China. Por escasez de operarios en la misión, hubo de duplicar sus esfuerzos en su restauración, trabajando con gran celo y ahinco en la conversión de las almas y en defenderlas de los virus de superstición que implicaban ciertas prácticas rituales chinas. Superior de la misión muchos años, fue finalmente preconizado y consagrado obispo y vicario apostólico de la misión en Cantón el 24-II-1730. Durante toda su vida de misionero y obispo sufrió destierros y persecuciones hasta su prisión, que ocurrió el 30-VI-1746 en el pueblo de Moyang. Con una soga al cuello y en medio de groseros insultos y malos tratos, fue llevado a la cárcel de la villa de Fogán, juntamente con los beatos Serrano, Díaz, Alcober y Royo. Allí sufrieron largos y pesados interrogatorios y molestias de mil clases. El beato Sanz tuvo una visión en la que se le reveló su martirio. Con cadenas y esposas en las manos fueron trasladados a las cárceles de Foochow. Imposible describir lo que sufrieron en aquellas hediondas cárceles, cargados de cadenas, grillos y cepos, en compañía de rufianes de la más baja laya moral, con continuos interrogatorios, azotes, bofetadas y escarnios; 90 bofetadas dieron al beato Sanz en diversas ocasiones «quedando la cara tan hinchada que no se le veían los ojos, y la sangre salía de la boca en abundancia». Por último fue degollado por la fe. Fue beatificado por León XIII el 14-V-1893, y su fiesta se celebra el 3 de junio.

OBRAS: *Catecismo*, en caracteres chinos; *Apología de la religión*, 1732; *Circular sobre los ritos chinos* (22-7-1745), y numerosas *cartas* y *relaciones misionales*, editadas en O41, II, 11-95.

BIBL.: E. FERNÁNDEZ ARIAS, *El Beato Sanz y sus compañeros mártires OP*, Manila 1893; C. GARCÍA CIENFUEGOS, *Reseña histórica de la vida y martirio de los VV. Sres. Sanz y Serrano, y PP. Alcober Royo y Díaz, OP*, Ma. 1893; *Vita dei beati Pietro Martire, F. Serrano, G. Royo, G. Alcober e F. Díaz, OP*, Ro. 1893; J. M. GONZÁLEZ, *Misiones Dominicanas en China (1700-1750)*, 2 vols., Ma. 1952 y 1958; F. SERRANO, *Diario de la prisión*, ed. de J. M. González; J. FONSECA, *Historia de los Padres Dominicos en las Islas Filipinas*, IV, Ma. 1870-72, 466-503; R. COULÓN, A. PAPILLÓN, y J. QUÉTIF-ECHARD, *Scriptores Ordinis Praedicatorum*, III, Ro.-Par. 1909, 837-838; H. OCIO, *Compendio de la reseña biográfica de los religiosos de la Provincia del Santísimo Rosario de Filipinas*, Manila 1895, 317-318; O69, III, 1-26; O41, II, 209-361; O25, 261-62.
J. M. GONZÁLEZ

SANZ Y FORES, Benito, (Gandía [Valencia] 21-III-1828 † Sevilla 1-XI-1895) arzobispo, cardenal. Terminados sus estudios de bachillerato, en la Universidad de Valencia cursó Filosofía y Derecho. Consiguió el título de bachiller en esta última disciplina, en 1848. Sin acabar totalmente su carrera civil abrazó el estado eclesiástico y en el seminario conciliar estudió Teología y Derecho canónico; en 1853 se doctoró en Derecho canónico, y en 1857, en Teología. Se ordenó de sacerdote en 1852; fue adscrito a la parroquia de San Pedro Mártir de Valencia, de la que fue vicearcipreste en 1855.

Su preparación en las ciencias sagradas y su facilidad de palabra lo convirtieron en predicador de gran fama, solicitado por numerosos púlpitos de España. Por oposición obtuvo el cargo de canónigo lectoral de Tortosa, que conservó hasta 1866. De 1851 a 1857 ocupó la cátedra de Derecho canónico en el seminario de

Valencia, y la plaza de magistral y vicario de la diócesis, alternándolas con la docencia de Sagrada Escritura en el seminario de Tortosa. A estas ocupaciones se sumó su nombramiento de predicador de la Corte en 1864. Pío IX lo escogió en 1866 para auditor del Tribunal de la Rota de Madrid. El 15-V-1868, Isabel II lo propuso para el obispado de Oviedo y fue preconizado el 22-VI-1868. Tanto en Valencia como en Tortosa y luego en Oviedo promovió innumerables obras de caridad, catequesis y de asistencia social. En Oviedo contribuyó especialmente a la conservación del santuario de Covadonga. En 1869 asistió al Concilio Vaticano I y actuó de secretario del episcopado español. En 18-XI-1881 fue preconizado arzobispo de Valladolid. Allí construyó la torre de la catedral y edificó el seminario. El 30-XI-1889 fue trasladado a Sevilla, como sucesor del cardenal Zeferino González, y el 16-I-1893 fue elevado a cardenal. En 1894 presidió la peregrinación de obreros españoles a Roma. Dejó escrito un volumen de sermones sobre la Eucaristía, y otro sobre la Virgen, más un sermón que predicó en Madrid en 1863 sobre el dominio temporal del papa.

OBRAS: *Oración fúnebre en las solemnes honras por el alma de S. M. Alfonso XII*, Ma. 1895; *Mensaje a Su Santidad con motivo del Congreso Católico:* La Cruz, (1892-2)38-42; *Convocatoria para el Concilio Provincial de Valladolid:* ib.(1877-2)257-68; *Pastoral colectiva de los obispos españ. que han ido a Roma acompañando la peregrinación nacional obrera:* ib. (1894-1)592-602.

BIBL.: J. SALVADÓ, *El episcopado español*, Ba. 1877, 277-86; H. FISQUET, *Biographies du pères du Concile premier du Vatican*, Par. 1871, 147-48; D3, 54, 445; La Cruz, (1893-2) 141.
A. ORIVE

SAONA, Jerónimo, OSA (La Mota [Cuenca] † Valencia 1629) escritor espiritual. Profesó en el convento de San Agustín de Valencia el 14-X-1573. Se graduó de maestro, con el fin de obtener una cátedra en la Universidad de Barcelona (1585). El 18-VI-1586 aparece ya como catedrático de Teología en dicha Universidad. En el Capítulo de 1589 fue nombrado prior del convento de San Agustín; en 1595 fue reelegido. En 1599 se pasa a los agustinos descalzos, fundando los conventos del Toboso (21-XI-1600), Zaragoza (1602) y Valencia (1603). A partir de esta fecha, el nombre del padre Saona se eclipsa, aunque se sabe que vuelve de nuevo a los agustinos calzados. El padre Jerónimo está relacionado con el nombre literario del autor del *Libro de la conversión de la Magdalena*, enigma que aún no ha sido descifrado.

OBRAS: *Discursos predicables literales y morales de la S. Escritura*, Ba. 1598; *Hyerarchía celestial y terrena, y symbolo de los nueve estados de la Iglesia militante*, Ba. 1598.

BIBL.: M55, VII, 447-51; M38, I, 248-51.
A. MANRIQUE

SARABIA, José María, SI (Carrión de los Condes [Palencia] 27-V-1906 † Santander 13-IX-1943). En el Seminario menor que tenía la Compañía de Jesús en su villa natal empezó los estudios eclesiásticos, que continuaría con gran brillantez en la Universidad de Comillas, donde obtuvo el grado de Doctor en Filosofía y en Teología. Poco después de ordenado de sacerdote ingresó en la Compañía de Jesús, el 20-XII-1929. Cursó en Roma el bienio de Teología y fue profesor de Teología Fundamental en la Universidad de Comillas. Adornado de extraordinarias dotes de profesor, escritor y orador sagrado, desarrolló una incansable actividad no sólo en la cátedra, sino también en la predicación y en la dirección de ejercicios (sacerdotes, caballeros, jóvenes de A. C.). Muy estimados eran sus artículos publicados en la revista Sal Terrae, y fueron recogidos en un volumen. Un cáncer llevado con resignación heroica segó prematuramente aquella vida de talentudo intelectual y edificante religioso. Murió en el Sanatorio de Valdecilla.

OBRAS: *El Evangelio y el mundo de hoy*, San. 1942; *El Evangelio y el mundo de hoy. Luces dominicales*, San. 1943.

BIBL.: S. DEL PÁRAMO, *Necrología del P. José María Sarabia*: Sal terrae, 31(1943)576.   D. MAYOR

SARACHA, Isidoro, OSB (Casalarreina [Logroño] 2-X-1723 † Silos [Burgos] 18-VIII-1803) botánico y farmacéutico. Toma el hábito en el monasterio de Santo Domingo de Silos el 17-I-1745. Fue uno de los más sabios botánicos de su tiempo. Peregrino incansable de la ciencia, viajó por Europa y América buscando plantas nuevas y flores desconocidas. Mereció que la flora española conservase su memoria dando el nombre de Saracha a una planta de bellísima flor que los comisionados regios H. Ruiz y J. Pavón descubrieron (1777), en Perú y Chile.

BIBL.: S. GUER, *Flora Española*, V, Ma. 1784; H. RUIZ y J. PAVÓN, *Florae Perubiannae et Chilensis*, I, Ma. 1794, 31, 53-55; C. GÓMEZ ORTEGA, *Novarum aut variorum plantarum Hort. Botani. Matri. Descriptionum Decadas*, Ma. 1797-1800, 68 y 71; A. PALAU, *Parte práctica de botánica*, Ma. 1784, 6 y 461; M. COLMEIRO, *La Botánica y los botánicos en la Península Hispano-Lusitana*, Ma. 1858; *Ensayo histórico sobre los progresos de la Botánica*, Ba. 1842; D. DE SILOS MORENO, *Memoriae silenses*, ms. I, fol. 155-58; M. FÉROTIN, *Histoire de l'Abbaye de Silos*, Par. 1897, 247, n. 5; M64, III, 494; *Valladolid (Congregación de S. Benito de)*: D3, 66, 984; M. DEL ALAMO, *Historia general y literaria de la Congregación de San Benito de Valladolid*, inédita en el arch. de Silos; P. D. JIMENO y JIMENO, *Bosquejo histórico de la farmacia monasterial de Santo Domingo de Silos*: Anales Real Acad. Farmacia, junio 1936, passim; R. LIZÁRRAGA LECUE, *La botica del real monasterio de Santo Domingo de Silos*, Bu. 1958, passim.   T. MORAL

SARASOLA, Sabas, OP (Arizaleta [Navarra] 2-IV-1881 † Madrid 29-II-1944) obispo y misionero. Después de estudiar Humanidades en el Seminario diocesano de Pamplona, ingresó en la Orden de Predicadores en el convento de Padrón (La Coruña) en 1898; profesó el 30-X-1899. Fue profesor en el colegio de Santo Domingo de Oviedo (1908-1912); prior del convento de Corias de 3-X-1912 a 3-X-1915; superior y síndico del convento de San Pablo de Valladolid (1916-1917), y superior de la casa de Pamplona (1-X-1917 a 1923). Siendo superior de Pamplona, monseñor Zubieta le encargó la organización de las Misioneras Dominicas del Santísimo Rosario, de reciente fundación. El 6-IX-1923 es consagrado obispo en Pamplona y nombrado vicario apostólico de Urubamba y Madre de Dios (Perú).

OBRAS: *Alma de Apóstol. Confidente del Corazón de Jesús e instrumento de grandes obras misioneras, Madre Sor María Pilar de San José Zabalegui, Misionera Dominica; su vida, revelaciones y obras*, Ma. 1944; artículos de tema misional en la revista Misiones Dominicanas, del Perú.

BIBL.: *Acta Capituli Provincialis Provinciae Hispaniae... anni 1946*, Vergara 1947, 35-36; A. MENÉNDEZ RÚA, *Paso a la civilización*, Quillabamba (Perú) 1948, 240-248   C. PALOMO

SARASOLA Y AREIZAGA, Simón. SI (Baliarrain [Guipúzcoa] 13-VII-1871 † Medellín [Colombia] 24-I-1948) meteorólogo. Ingresó en SI en 1887. Estudió en Woodstock (USA). Se dedicó a investigaciones científicas sobre los huracanes de las Antillas. En 1919 el Gobierno de Colombia le encargó la dirección del servicio metereológico nacional; a él se debe también el Observatorio Nacional de San Bartolomé (Colombia).

OBRAS: *Los huracanes en las Antillas*, Ma. 1928.

BIBL.: D3, Apéndice 9, 1.100.   IHSI

SARDA Y SALVANY, Félix, (Sabadell [Barcelona]

21-V-1844 † Ib. 2-I-1916) publicista, apologista popular. Sus primeros estudios los realizó en el colegio de escolapios de su ciudad natal. De 1855 a 1865 cursó los estudios eclesiásticos en el Seminario conciliar de Barcelona, regido por los padres de la Compañía de Jesús; lee su tesis de licenciatura en Teología en la Universidad Pontificia de Valencia el 24-II-1864; fue ordenado de sacerdote el 10-VI-1865. De 1866 a 1868 es profesor de Humanidades en el Seminario de Barcelona, en cuya biblioteca, como ayudante, devoró los tomos de la Biblioteca Rivadeneira, particularmente las obras de ascéticos y místicos. Simultáneamente seguía cursos en la Universidad estatal, en la que se licenció en Filosofía y Letras y trabó relaciones con los profesores Milá y Fontanals y Coll y Vehí. En 1869 comienza su labor de publicista, pero debido a su delicado estado de salud hubo de trasladarse a su casa de Sabadell. Aquí promueve varias obras de apostolado sacerdotal: en 1870 la Academia de la Juventud Católica, que será el soporte de otras instituciones; en 1872 las escuelas catequísticas dominicales (tres escuelas con 40 catequistas y 600 alumnos y, ya en 1902, cinco escuelas y 800 alumnos); el mismo año la Casa de socorro para enfermos; en 1895 la obra de la Sagrada Familia para regularizar matrimonios; en 1897 el Bazar del pobre, especie de Montepío, que recogía vestidos ya usados para repartirlos entre los pobres; y, por fin, en 1903 ofrece su casa señorial a las Hermanitas de los Pobres para que establecieran en ella la Casa Asil dels Avis Desemparats, que funciona desde 1905 con capilla levantada en el jardín y en la que vive como capellán hasta su muerte.

Pero su gran renombre lo alcanza como escritor, el más grande apologista popular de su tiempo, llamado en vida el Balmes popular. Con la Revolución de 1868 se había desarrollado en España una furibunda y soez campaña anticlerical y anticatólica, que se prepara él a combatir con todo ahinco.

Sus primeros escritos aparecen con el pseudónimo «Un obscurantista de buena fe» en La Convicción (1869), periódico precursor de El Correo Catalán. Con D. Primitivo Sanmartí, editor, inicia en 1870 una Biblioteca popular de hojitas y folletos, empezando con la colección de Teología popular, cuyos primeros folletos son *La Biblia y el pueblo, Ayunos y abstinencias, El matrimonio cristiano*. La colección obtiene enseguida un éxito extraordinario y sugiere la publicación de una Revista popular, semanario desde el 1-I-1871 y de la cual fue director hasta su fallecimiento. La idea central de todos los escritos de Sardá y Salvany fue, como dice su panegirista doctor Carreras, «el sobrenaturalismo en soberana amplitud y real dominio de la vida humana». Esta idea motriz se desarrolla en tres direcciones: 1.ª Fundamentos de la religión, y así empezó con la colección de Teología popular. 2.ª Defensa de la fe contra los errores (Protestantismo, Espiritismo, Anarquismo, Liberalismo, Socialismo, Naturalismo). Así, su obra más conocida y divulgada, *El Liberalismo es pecado*, de la cual hay numerosas ediciones, una de ellas monumental, ilustrada con la traducción simultánea al catalán, vascuence, portugués, latín, francés, italiano y alemán. 3.ª Defensa de las instituciones eclesiásticas: jerárquicas, de cultura, de beneficencia, de liturgia, de piedad. Obras más notables de este apartado, su *Año sacro* (tres ediciones), cuyo tercer volumen estaba redactando al morir; y sus libros *Mes de marzo* (San José), *de mayo* (María), *de junio* (Sagrado Corazón), *de octubre* (Rosario), *de noviembre* (ánimas), así como para los primeros viernes, devoción al Espíritu Santo, etc. De la notable influencia de sus escritos se dijo en el Diario de Barcelona (4-I-1916): «Cuantas obras religiosas de todos los órdenes se han realizado en Cataluña y fuera de Cataluña, en España y fuera de España, especialmente en América, han recibido la influencia positiva de la propaganda de las mismas hecha por el doctor Sardá».

Devotísimo de la Santa Sede, abrió permanentemente en la Revista Popular una colecta para el papa. En 1876 compuso el vibrante himno *Firme la voz* para la peregrinación nacional a Roma. Los papas Pío IX y León XIII le dirigieron sendas felicitaciones y aprobaciones de sus campañas. El 11-IV-1881 fue nombrado camarero de honor en hábito morado.

OBRAS: Las obras completas, en 12 vols., comprenden más de 300 libros y opúsculos. Destacamos: *Propaganda Católica*, 8 vols., Ba. 1883-94. Esta obra comprende: I, cien opúsculos de la Biblioteca ligera; II, otros sobre espiritismo y protestantismo; III, el *Año Sacro;* IV, *Noticias de Montserrat;* V, Artículos: VI, *El liberalismo es pecado, El Apostolado de la Oración;* VII, Opúsculos; VIII, Artículos; IX, Conversaciones sobre materias de siempre; X, *El buen combate* y otros temas; XI, Artículos; XII, Conferencias. Libros más importantes: *Montserrat,* 1881; *Año Sacro,* 5.ª ed., 1932; *El Liberalismo es pecado,* 20.ª ed., 1960; *El Apostolado seglar,* 1885; *San Juan de la Cruz,* 1908; *Luz y espejo de los jóvenes cristianos,* 1895; *Mater admirabilis,* 1906; *Luz del alma,* 1908; *Vara florida de San José,* 1909.

BIBL.: Datos biográficos en R195, 46(1916)1-10; L. CARRERAS, *Félix Sardá y Salvany:* R156, 8(1916)86-93, 258-70; Z. GARCÍA VILLADA, *El Dr. Sardà y Salvany:* R154, 44(1916) 236-41; J. UGAS, *Ideari del Dr. Sardà i Salvany,* Sabadell 1927; LL. BERENGUER, *El Dr. Sardà i Salvany i la fundació de la Casa-Asil,* Sabadell 1931; ID., *El Dr. Sardà i Salvany. Memòries i records,* Sabadell 1927 (Miscelánea de 14 estudios biográficos); serie de breves artículos laudatorios en prosa y verso en el número extraordinario de la Revista Popular (febrero de 1916) 82pp.; D11, IV, 424; D3, 54, 565; D25, IV, 243.

J. VIVES

SARMIENTO, Diego, OCart (Burgos último tercio del siglo XV † Las Cuevas [Sevilla] 30-V-1547) obispo de Cuba e inquisidor general. Su padre fue con toda probabilidad D. Diego Pérez Sarmiento, pues la tesis del cartujano padre José Luis de Urebal, que le hace hijo natural del cardenal Pedro Sarmiento de Castilla, arzobispo de Santiago de Compostela, cae por tierra con solo cotejar las fechas biográficas de ambos personajes. Nada sabemos tampoco de su formación cultural antes de ingresar en la cartuja. Urebal afirma que era ya clérigo cuando, en 1505, ingresó en Las Cuevas. En 1506 hace su profesión en manos de D. Miguel de Villarreal, prior de Las Cuevas. En años sucesivos desempeñó el cargo de vicario y, al morir D. Diego de Luxan, prior de Las Cuevas (5-VII-1525), es nombrado Sarmiento interinamente rector de la casa, hasta que el Capítulo general de 1526 lo nombró prior, cargo que desempeñó hasta 1530 en que fue depuesto y encarcelado por los visitadores, Diego de Villandrando, pariente de Sarmiento, y Bruno Ariza. Es difícil averiguar las causas reales que motivaron esta deposición y encarcelación. Los monjes de Las Cuevas conjeturan como único motivo del rigor contra Sarmiento el haber éste correspondido, sin proponerlo a la comunidad, con una importante suma a la petición que, por medio del cardenal Manrique, arzobispo de Sevilla, le hizo Carlos V para poder proseguir las guerras. Se basan para ello en la petición que efectivamente hizo el Emperador y en la prontitud con que exaltó al prior encarcelado. Pero el padre José Rincón opina que este hecho «no fue el potísimo» y sí tal vez el que realmente se alegó para encubrir otros cargos de mayor envergadura a que alude el Capítulo General de 1532: *...D. Didacum Sarmiento... per visitatores... insigniter lessum, et false «de quibusdam criminibus» incarceratum...* La rehabilitación de Sarmiento es completa y su inocencia oficialmente reconocida, en prueba de lo cual el mismo Capítulo lo nombra procurador de Las Cuevas, cargo que no llegó a desempeñar, pues cuando los acuerdos capitulares llegaron a Sevilla, Sarmiento ya había sido pro-

movido a la sede de Cuba. Sánchez Gordillo afirma, que el nombramiento episcopal le fue comunicado a Sarmiento por el asistente de Sevilla, D. Jerónimo Briceño, cuando todavía estaba en prisión, y el ms. 92 (f. 32) de la *Colección de don Juan Bautista Muñoz,* actualmente en la Academia de la Historia, recoge el acuerdo tomado por los capitulares de la santa iglesia catedral de Sevilla el 18-I-1532, según el cual los sacristanes debían dar lo necesario para la consagración del *obispo de Cuba* y asistir dos dignidades a la consagración. Por tanto, la fecha del nombramiento debió de tener lugar en los primeros días del año 1532. Del cácter del nuevo electo, Sánchez Gordillo nos suministra algunos rasgos al narrar un episodio que tuvo lugar cuando Sarmiento era simple monje, y en consecuencia, pefectamente diferenciable del encarcelamiento que, según hemos visto, tuvo lugar siendo prior. Dice así: «Había en la cartuja un monje, llamado D. Diego Sarmiento, que se inquietó de manera que con ser persona grave, letrado y tal religioso, una noche de día de esparcimiento se huyó de la huerta... a Sevilla. Pasando la ronda y hallándolo allí, lo recogió el juez en su casa, y a la mañana lo envió al convento, donde por la fuga, luego le pusieron en la cárcel». Persona grave, letrado y buen religioso aunque asustado: tal era el nuevo obispo de Cuba. Sobre la cronología del episcopologio cubano, hoy estamos mejor informados que años atrás y podemos sopesar el valor relativo de la expresión «primer obispo de Cuba» que dan a Sarmiento las fuentes cartujanas. El inca Garcilaso de la Vega comienza ya a matizar la rotundidez de tal expresión, precisando que Sarmiento «fue el primer prelado que a ella [a Cuba] pasó». Dentro de su inexactitud, la frase de Garcilaso es más exacta que la absoluta afirmación cartujana. En realidad, Sarmiento fue el quinto obispo de Cuba y el tercero de la ciudad de Santiago, localidad a la que, en 1522, Adriano VI trasladó la sede episcopal desde su emplazamiento primitivo de Baracoa (11-II-1517). Para suceder al dominico fray Miguel Ramírez de Salam, es nombrado Sarmiento en 1532. Una cédula de Carlos V (Madrid 30-VI-1928) nos da algunas noticias sobre la pobreza de las construcciones (la catedral era de paja) y la escasez de las rentas (1.200 pesos anuales de diezmos), razón por la cual a fines del siglo XVI en Santiago de Cuba solo había dos canonjías. No era más satisfactoria la situación moral: clero escaso y mal retribuido, despotismo y avaricia de los representantes del rey, crasa ignorancia de los nativos y profundo malestar social provocado, entre otras causas, por el monopolio ejercido por D.ª Guiomar de Guzmán, apoderada de las minas y de las voluntades de todos, por su vida desenvuelta y licenciosa. Más tarde Sarmiento deberá responder ante el príncipe D. Felipe de las acusaciones formuladas por dicha dama contra él. Esta es la situación religiosa, económica y social con que tuvo Sarmiento que enfrentarse a su llegada a Cuba. Del resultado obtenido poco sabemos y sí sólo que debió regresar reiteradamente a España para recabar fondos y solucionar problemas inherentes a la organización de una diócesis prácticamente virgen en el terreno pastoral. Probablemente estas visitas a la Patria se repetirían cada bienio, como parece insinuarlo el caso de su antecesor. Este hecho bien establecido, solucionaría una buena cantidad de dificultades que presenta la cronología sarmientana. De acuerdo con ella y utilizando los datos que poseemos, he aquí cómo debieron sucederse los acontecimientos: Después de su consagración episcopal en la catedral de Sevilla y arreglados los asuntos relativos a su viaje, Sarmiento pasa a su obispado el año 1533. Dos años más tarde lo vemos nuevamente en España y esta vez obtiene (1-X-1535) licencia del general, Juan V. Guilhard, para elegir y llevarse a Cuba dos monjes y un converso, profesos de

Las Cuevas o de otra cartuja de la provincia de Castilla, para que le ayudasen en las cosas espirituales y temporales. Hecho a la mar a finales del año 1535, llegó a Cuba a principios de 1536; pero en 1538 de nuevo lo vemos en España, pues el 6 de abril parte de Sanlúcar de Barrameda acompañando los restos de Colón a Santo Domingo. El 7-VI-1538 está de regreso en su diócesis y, al desembarcar, estuvo a punto de perecer ahogado debido a sus amplias vestiduras, que le impidieron los movimientos de traslado del bajel a la lancha de desembarco. Habiendo enfermado, el 31-V-1541 obtuvo licencia para regresar a España por año y medio. Pero plenamente recuperado, otra vez regresa a Cuba y el 16-VI-1543 recibe orden del príncipe regente, D. Felipe, de visitar su diócesis. Gira efectivamente la visita durante la primavera de 1544, de la que nos ha dejado una relación que describe bien la situación de la diócesis en mayo de 1544 (pág. 221-232 y 281-283). Terminada la visita, presenta su renuncia y el 22-VIII-1544, estando para embarcarse en el puerto de La Habana, otorgó su primer testamento. El 5-II-1545, ya establecido en Sevilla próximo a la cartuja, otorgaba escritura de donación a favor de Las Cuevas, de 100 marcos de plata labrada, un esclavo negro y otro blanco y todos los bienes de su recámara y la ropa de su persona y del servicio de su casa. El padre general, D. Pedro V. Marnef, *sedente capitulo*, le revalidó en 1545 el permiso de tener consigo dos monjes y un converso cartujos. También escribió por este tiempo al príncipe D. Felipe una respuesta a ciertos cargos que contra él hiciera D.ª Guiomar de Zúñiga quien renunció a la mitra.

BIBL.: L. LE VASSEUR, *Didacus Sarmiento, episcopus cubensis. Ephemerides Ordinis cartusiensis*, II, Monstrolii 1890-1893, 276-277; A. SÁNCHEZ GORDILLO, *Sumaria relación del insigne monasterio de santa María de las Cuevas de Sevilla del Orden de la Cartuja*, ms. propiedad del Sr. duque de T'Serclaes; J. MARTÍN RINCÓN, *Protocolo de el monasterio de Ntra. S.ª Santa María de las Cuevas*, I, 398 (ms. 11-3-563 de la Academia de la Historia); J. L. DE UREBAL, *Varios apuntamientos*, ms. que se conservaba en Las Cuevas; *Libro de profesiones de la cartuja de N. S. de las Cuevas* (ms. cuya copia se conserva en Aula Dei); *Memoria de los religiosos ... del convento de Las Cuevas* (ms. copias en Miraflores y Aula Dei); M 74, II, 2.ª parte, 76; C. J. MOROTIUS, *Theatrum chronologicum sacri cartusiensis Ordinis*, Turín 1681, 58; C. SERRA Y PICKMAN, *Discursos*, Se. 1934, 26-28; ID., *Los cartujos covitanos*, Se. 1941, 23; G. DE LA VEGA, *La Florida del Inca: Historia del Adelantado Hernando de Soto*, Ma. 1723, lib. I, cap. II; B. CUARTERO HUERTA, *Historia de la cartuja de santa María de Las Cuevas...*, I, Ma. 1950-1954, caps. XV-XVI; A. YBOT, *La Iglesia y los eclesiásticos españoles en la empresa de Indias*, 2 vols., Ba. 1954-1963; *Colección de inéditos relativos al descubrimiento, conquista y organización de las antiguas posesiones españolas de Ultramar*, segunda serie, publicada por la Real Academia de la Historia, 25 vols., Ma. 1885-1932; L. LOPETEGUI y F. ZUBILLAGA, *Historia de la Iglesia en la América española desde el Descubrimiento hasta comienzos del siglo XIX. México, América Central, Antillas*, Ma. 1965, 281-284.

I. M. GÓMEZ

SARMIENTO, Justo, OH (siglo XVIII † siglo XIX) cirujano. Religioso hospitalario de San Juan de Dios. Aparece en la batalla de La Florida (Argentina), como encargado de la sanidad de la división patriota de Cochabamba (25-V-1814), prestando asistencia como cirujano al general Alvarez Arenales, gravemente herido por las tropas del general Blanco.

BIBL.: B. FRÍAS, *Historia del General Güemes y de la Prov. de Salta (Argentina), de 1811 a 1832*, 3 vols., salta 1902-1911; *Partes Oficiales y docum. relat. a la guerra de la Indep.*, 4 vols., Buenos Aires 1900-1903; S. MONTSERRAT FIGUERAS, *Actividades médico-castrenses de la Orden de S. Juan de Dios*, Ma. 1950; N86; La Caridad, 2(1942) 119-24.

O. MARCOS

SARMIENTO, Martín, OSB (Villafranca del Bierzo [León] 6-II-1695 † Madrid 7-XII-1772) polígrafo. Una de las más grandes figuras del pensamiento español del siglo XVIII. Entra en el monasterio de San Martín de Madrid. Aquí muda su nombre de José García Balboa por el de Martín Sarmiento. Frecuenta después los colegios de la Congregación: Hirache, donde estudia Artes, y San Vicente, de Salamanca. En 1718 figura como pasante en el colegio de Eslonza, pasando más tarde al de San Vicente de Oviedo hasta 1725 en que regresa a Madrid, después de un breve viaje científico por tierras de Pontevedra. Es nombrado cronista de la Orden, posteriormente de Indias y, finalmente, abad de Santa María de Ripoll, cargo al que renuncia al poco tiempo, dedicando todo el resto de su vida (1750-1772) al trabajo científico en el retiro de su celda de San Martín. De carácter brusco y humor cambiante, mostró odio desde la juventud a la convivencia social, a las reuniones y a las academias, las cuales, según él, «se habían fundado en el tiempo de barbarie y en el de charlatanería». Su aislamiento, su osquedad y la defensa que hace de ésta, denuncian a un psicópata depresivo, que concuerda con su arquitectura corporal rechoncha o pícnica. Todos sus biógrafos achacan a humildad su manía de escribir y no publicar. Ferrer del Río (*Hist. del Reinado de Carlos III...*, Ma. 1856, cap. 4), que lo trata muy duramente, lo atribuye a egoísmo. Sin embargo, como observa Marañón, la explicación justa es la patológica. Fue Sarmiento un prodigio de erudición, un observador finísimo y un trabajador casi monstruo. Pero hombre oscuro y sin fachada al exterior, había nacido, como tantos otros de su contextura moral y mental, para reunir los materiales y dárselos preparados al hombre constructor. Su correspondencia con el padre Feijóo nos ofrece una prueba fehaciente de la enorme participación material que tuvo en la elaboración del *Teatro Crítico* y de las *Cartas Eruditas*. El borraba, mudaba o añadía cuanto le parecía conveniente en los manuscritos. Concertaba con el autor la distribución de los discursos en los distintos tomos y le pedía el envío de los libros que necesitaba. En ocasiones, muy numerosas seguramente, él era quien proveía a Feijóo del material necesario para sus disertaciones eruditas. Era, en definitiva el «doble» que maquinaba en la sombra el éxito de su otro «yo» eficaz, el monje de Oviedo.

OBRAS: Escribió mucho, pero solo publicó los dos tomos de la *Demostración Crítico-Apologética en defensa del Teatro Crítico Universal*, apoyando con nuevos y exactos datos los argumentos de Feijóo y limando con nobleza y tino sus equivocaciones, pero sin la gracia que sobraba a su maestro. Sin su firma, colaboró en muchas publicaciones de su época como la *España Sagrada*, *El Diccionario de la Academia*, *La Biblioteca Escurialense*, etc... Después de su muerte, aparecieron impresos algunos opúsculos suyos, como el de la *Corqueixa*. Buena parte de su obra inédita se refiere a genealogía, antropología, geografía e historia española. Sus datos de observación personal tienen mayor interés que sus fuentes de erudición que, a pesar de su fama, son, a veces, muy elementales. Son muy típicos — y de los más interesantes — de su modo de trabajar, los discursos sobre los «maragatos» y sobre los «villanos». Los originales o copias de sus observaciones se hallan hoy en la Biblioteca Nacional, en el Archivo del Monasterio de Silos y en la Universidad de Santiago. Los monjes de San Martín se propusieron editarlas, pero sólo salieron a la luz pública *Memorias para la historia de la poesía y poetas españoles*, Ma. 1775. En el Semanario Erudito, de Valladares, se publicaron diversos discursos y monografías (1787-1789); otros, en folletos sueltos. También el Boletín de la Comisión de Monumentos de Orense (1924) y La Integridad, de Tuy, dieron a luz algunas disertaciones. Más recientemente Estudios Gallegos ha dado a conocer cartas interesantes. Marañón extractó parcialmente algunas de las conservadas hasta 1951, en el monasterio de Samos. Desgraciadamente la muerte sorprendió al autor sin haber dado cima a un trabajo sobre las observaciones biológicas del polígrafo benedictino.

Del inmenso acervo de material inédito del P. Sarmiento,

cabe mencionar las siguientes obras: *Conjeturas para establecer algunas etimologías de voces castellanas; Pauta curiosa para estudios en la Congregación Benedictina; Reflexiones literarias para formar una biblioteca Real; Apuntamientos para una botánica española; Publicación de códices de El Escorial; Blasón y emblemas; Lugares del Reino de Galicia; Lugares del principado de Asturias; Calidades de un archivero; Sobre la Biblioteca de códices arábigos del Escorial; Plano para formar una descripción de España y América; Origen de la lengua gallega; Origen de la voz Lontega; Arbol Acedarach; Arbol Teja; Vegetales Kali, Sosa y Barrillo; Almadra y atunes; Arbol Mostajo; Planta coscara; Caminos de España; Vías militares romanas de Braga a Astorga; Inscripción de un «Lignum crucis»; Planta Bardana; Patria de Cervantes; Antigüedad de las Bulas; San Julián de Samos; Antigüedad del papel; Origen de la voz «Escurial»; Antigüedades de Pontevedra; Monedas halladas en Vizcaya; Educación de la juventud; Reliquia de Santiago; Onomástico etimológico; Formación de un cuerpo diplomático en la Congregación Benedictina; Apología de las Etimologías; Noticias y extractos de códices...*

Aunque irreductible a la correspondencia o lo que él llamaba «entrar en cofradías literarias», contó entre sus amigos a los hombres más insignes de su tiempo como Quer, director del jardín botánico de Madrid, Campomanes, Aranda y Flórez, entre los españoles; entre los extranjeros, Jussien, Collobrack, Soeffiling, Alstraemer, Linneo y Muratori, que le llamaba el «sapientísimo». Su nombre figuró en el catálogo de autoridades de la lengua publicado por la Academia Española. Se le ha llamado el primer regionalista gallego. Al morir, su biblioteca contaba con unos 8.000 volúmenes y era famosa en todo Madrid, y después de su muerte se enseñaba con veneración. «En la iglesia de San Martín de Madrid — escribía Peyron en su *Viaje a España* — está la tumba del célebre Padre Sarmiento, benedictino y la biblioteca de este monasterio es una de las mejores que se pueden encontrar en los conventos de Madrid, sobre todo desde que se han podido reunir en ella las del Padre Sarmiento y de Quevedo...».

BIBL.: DUQUE DE MEDINA SIDONIA, *Indice de las obras manuscritas del P. F. Martín Sarmiento, recogidas en 17 tomos*, 6 y 7: BNMadrid, ms. 20381; A. LÓPEZ PELÁEZ, *Los escritos del P. Sarmiento y el siglo de Feijóo*, Cor. 1901; ID., *Elogio de Fray Martín Sarmiento* (Discurso leído en la Real Academia Gallega), Cor. 1910; J. DOMÍNGUEZ FONTELA, *Fray Martín Sarmiento. Su autobiografía*: Bol. Comis. Prov. Monum. Hist. y Art. de Orense, 7(1925)153; J. PÉREZ DE URBEL, *Semblanzas benedictinas: Hombres ilustres*, 2(1926)309-19; V. TORRES, *Galería de gallegos ilustres*, VI, Lugo 1879, apéndice; A. JIMÉNEZ, *Biografía del R. P. Fray Martín Sarmiento y notas de sus obras impresas y manuscritas*, Po. 1884; M. GESTA, *Indice de una colección manuscrita de obras del R. P. Fray Martín Sarmiento, seguido de varias noticias bibliográficas*, Ma. 1888; *Historia razonada de la vida y escritos del P. Mtro. Martín Sarmiento*, ms. de las Descalzas Reales de Madrid; C. GARCÍA, *Dissertation historique et politique sur l'antipathie qui se trouve entre les françois et les espagnols*, Par. 1688; A. LÓPEZ PELÁEZ, *Un predecesor de Beccaria*: Rev. Contemporánea, (1898); ID., *Un sociólogo español del siglo XVIII*: ib. (1899); ID., *Un economista digno de estudio*: ib. (1900); J. LÓPEZ DE LA VEGA, *Gallegos ilustres. El sabio benedictino Fray Martín Sarmiento*, Lugo 1878; *Sarmiento (Fray Martín)*: Dic. Encicl. Hispano-Americano, 18, Ba. 1896, 759-60; D1, 26, 414-22; D3, 54, 607-9, y 66, 973-74; G. MARAÑÓN, *Ideas biológicas del P. Feijóo*, Ma. 1934, 138-48; G. DELPHY, *L'Espagne et l'esprit européen: l'oeuvre de Feijóo*, Par. 1936, 179-86; J. SIMÓN DÍAZ, *Cartas del P. Martín Sarmiento al librero Mena*: R84, (1948)301-12; ID., *Cartas del P. Martín Sarmiento a su hermano Javier*: ib., 400-21; B20; H. SERIS, *Manual de bibliografía de la literatura española*, New York 1948; M. MENÉNDEZ PELAYO, *La ciencia española*, ed. de E. Sánchez Reyes, I, San. 1954, 46, y III, 77, 189, 205, 258, y 272.

T. MORAL

SARMIENTO, Pedro, (Ribadeo [Lugo] c. 1478 † Lucca [Italia] 13-X-1541) arzobispo y cardenal. Hijo de Diego Gómez Sarmiento y María de Villandrado, condes de Ribadeo y Salinas. Estudió Derecho civil y canónico en Salamanca y Valladolid. Parece que es el mismo que en 1496 tomó posesión de una canonjía en Santiago. Fue canónigo de Tuy y abad del mo-

nasterio de Santa Marta, diócesis de Astorga, el último abad de la serie. Después se anexionó a la mesa episcopal. Llegó a ser también diácono, beneficiado perpetuo de la iglesia parroquial de Fuentes de Duero, diócesis de Palencia, capellán de los Reyes Católicos y de Carlos V, limosnero del Emperador y sacristán mayor de su capilla.

El 25-I-1521 el condestable de Castilla, en carta a Carlos V, lo recomendó para un obispado y, a ser posible, para el de Pamplona. Fue nombrado obispo de Tuy (4-III-1523). Gobernó por medio de oficiales; él no pisó la diócesis. Al cabo de poco más de un año, el embajador Salinas escribía al infante Fernando: «El obispado de Badajoz se cree darán a D. Pedro Sarmiento, obispo de Tuy; pero créese que, si se lo dan, que luego le mandarán ir a residir» (16-VII-1524). Se lo dieron en efecto, pero no le obligaron a la residencia personal. La bula de nombramiento (26-X-1524) lo llama «electo de Tuy», lo que significa que aún no había recibido la consagración episcopal. Tomó posesión de la diócesis pacense por procurador (2-VI-1525), pero ya dos meses antes (3-IV-1525) Martín de Salinas comunicaba al conde de Hurtenburg una nueva combinación episcopal: «Su Majestad ha proveído el obispado de Burgos al patriarca obispo de Palencia, y el de Palencia al obispo de Badajoz D. Pedro Sarmiento, y el de Badajoz a Manso, obispo de Tuy, presidente de Valladolid; pensiones hay hartas en ellos.»

En aquel sistema de patronato no quedaba al papa más que extender el nombramiento, como lo hizo el 3-VII-1525. D. Pedro Sarmiento, que en tres años había sobrevolado por otros tantos obispados, se posó nueve años en Palencia, de cuya iglesia tomó posesión el 1-XI-1525. Aquí habría realizado una fecunda labor, si hubiera tenido una auténtica vocación pastoral. Era de conversación dulce y amigable, y se hacía querer de todos. Fue testigo del tratado de Madrid (14-I-1526), que puso en libertad a Francisco I. Donó a los dominicos la iglesia parroquial de San Pedro y San Pablo, de Carrión de los Condes, y les concedió licencia para que fundasen en ella el convento de Santo Domingo (23-VI-1527). Hizo su entrada solemne en la iglesia de Palencia el 18-VIII-1527. Poco después, en virtud de un breve pontificio, absolvió de las censuras al alcalde Ronquillo que había condenado a garrote a D. Antonio de Acuña, obispo de Zamora, comunero; absolvió también al escribano de la causa y a los subalternos que ejecutaron la sentencia. La ceremonia se desarrolló con toda solemnidad en la catedral palentina el domingo, 8-IX-1527, a las once de la mañana, en presencia de una gran multitud de gente.

Como obispo cortesano, sirvió al Emperador con su persona y hacienda en las jornadas a Flandes, Italia y Alemania, y en la empresa contra el turco. Asistió en Bolonia a la coronación de Carlos V (24-II-1530). Pedro Girón, cronista del Emperador, escribe: «Miércoles de la Semana Santa deste año [1534], que fue primero de abril, en la noche, proveyó su Majestad el arzobispo de Toledo y hizo merced dél a don Juan Tavera, cardenal de San Juan y arzobispo de Santiago, con pensión de veinte y dos mil y tantos ducados. El arzobispado de Santiago dio a D. Pedro Sarmiento, obispo que era de Palencia». Las bulas fueron despachadas el 8-VI-1534. Tomó posesión por poderes dos meses más tarde (9-VIII-1534). Hizo su entrada solemne en Santiago el 10-VI-1536. Su episcopado fue breve y vacío. En las actas capitulares sólo se registran algunas noticias suyas referentes a obras. No obstante, visitó por sí mismo gran parte de la diócesis, si hemos de creer a López Ferreiro.

El Emperador le avisó que se trasladase a Barcelona en el mes de enero de 1538 y que le acompañase en su proyectada entrevista con Francisco I en Italia. El arzobispo se encontraba en Valladolid y a grandes jornadas llegó a Barcelona el día de Pascua de Resurrección, pasando con el Emperador a Italia. Así lo afirma Pedro Girón. Otra redacción de esta parte de su crónica presenta el hecho de diferente manera: «Don Fernando Sarmiento, arzobispo de Santiago, estaba en Valladolid y envió a ofrecer su persona a S. M. para esta jornada y S. M. lo recibió graciosamente y le respondió remitiéndolo a su voluntad. El se partió luego y llegó a Barcelona la Pascua de Resurrección, que fue el 21 de abril.» Según Sandoval, todavía conservaba el cargo de capellán mayor del Emperador.

No perdió el tiempo. A instancias de Carlos V, Paulo III le concedió el capelo rojo (18-X-1538), asignándole el título de la basílica de los Doce Apóstoles. «En el documento de nombramiento... se dice expresamente, que éste se ha hecho por recomendación de Carlos V... Pero influyó también el casamiento de Octavio Farnese con Margarita, hija del Emperador» (Pastor), concertado formalmente el 12-X-1538. Octavio sólo contaba trece años, y Margarita, dieciséis. Presidió su gobierno D. Pedro Sarmiento. Así se explica que la muerte le sorprendiera en Lucca (Italia). Contaba sesenta y tres años. Unos meses antes había recibido en encomienda el obispado de Anagni. Su cuerpo fue depositado en el convento dominicano de aquella ciudad «y después de algún tiempo don Juan Sarmiento deudo muy cercano suyo, abad de Benevivere [Palencia], que fue presidente de Granada y de Indias, le trasladó a este convento, donde yace en un sepulcro honorífico» (González Dávila).

BIBL.: ES 23, 17-20; G. González, *Theatro eclesiástico de las ciudades e iglesias catedrales de España, Iglesia de Badajoz*, I, Sa. 1618, 51; ID., *Teatro eclesiástico de las iglesias metropolitanas y catedrales de los reynos de las dos Castillas*, Ma. 1645, 89-90; *El emperador Carlos V y su corte según las cartas de don Martín de Salinas, embajador del infante don Fernando (1522-1539)*, ed. A. Rodríguez Villa, Ma. 1903-05, 201-202, 272; P. Girón, *Crónica del emperador Carlos V*, ed. J. Sánchez Montes, Ma. 1964, 38, 129, 259; P. de Sandoval, *Historia de la vida y hechos del emperador Carlos V*, ed. C. Seco, Ma. 1955, 80, 358; A. Fernández de Madrid, *Silva palentina*, ed. M. Vielva y R. Revilla, III, Pa. 1942, 125-128; A. López Ferreiro, *Historia de la Santa A. M. Iglesia de Santiago de Compostela*, VIII, Sant. 1905, 95-98; J. Solano de Figueroa, *Historia eclesiástica de la ciudad y obispado de Badajoz*, segunda parte, I, Bad. 1933, 170-175; M. Danvila, *Historia crítica y documentada de las Comunidades de Castilla:* Memorial Histórico Español, 37, Ma. 1898, 151; L. Pastor, *Historia de los papas*, XI, 174; A. Chacón, *Vitae et res gestae pontificum romanorum et S. R. E. cardinalium*, Ro. 1630, 1527. J. Goñi

SARMIENTO DE MENDOZA, Francisco, (Burgos † Jaén 1595) obispo y canonista. Estudió y enseñó en Salamanca; fue juez en Valladolid, auditor de la Rota Romana, obispo de Astorga (1574-1580) y de Jaén (1580-1595).

OBRAS: *Selectarum interpretationum libri VIII*, Ro. 1571, Bu. 1573, Amb. 1616; *De redditibus ecclesiae*, Ro. 1569, Bu. 1573 y 1575; *Diálogo en que se trata de los concilios y guarda de ellos; Diálogo de la doctrina cristiana*, 1591.

BIBL.: A1, I, 476-77; A37, 729; E. Esperabé y Arteaga, *Historia pragmática e interna de la Universidad de Salamanca*, II, Sa. 1917, 399. A. García y García

SARRACINO, Domingo, (siglo x) mártir. Los testimonios de su existencia son, por una parte, el culto que le tributaban en el siglo xvi en una ermita de las afueras de Zamora (hoy Nuestra Señora de la Peña de Francia) y, por otra, un documento (16-II-986) de Vermudo II concediendo al apóstol Santiago heredades de Sarracino Ibáñez — personaje que vivió realmente en el siglo x —. Según dicho documento, Sarracino fue cautivado en Simancas por Almanzor (983) y martirizado en Córdoba (985), recibiendo el nombre de Domingo Sarracino. Pero el documento carece de autoridad por haber sido rehecho en el siglo xii. Si en esta época un Domingo Sarracino recibía culto en Zamora, la labor del que rehizo el diploma consistió en identificar al Sarracino Ibáñez histórico con el santo local.

BIBL.: ES, 14, 397-401, y 19, 179, ed. y estudio del diploma; P. David, *Sur un faux diplôme de Bermude II:* R68', 6(1955) XLI-XLII; J. M. Ruiz Asencio, *Campañas de Almanzor contra el Reino de León (981-986):* Anuario de Est. Medievales, 5(1968)3164. J. M. Ruiz Asencio

SASAMON *(Samonensis),* diócesis desaparecida. La creación de la sede de Sasamón tuvo lugar hacia el año 1067 o tal vez antes. Sabemos ciertamente que el 23-XI-1071 estaba ya fundada, a juzgar por la donación que la condesa Mamadona hace al obispo Muño *spontanea voluntate in episcopali ecclesia que dicitur Sancta Maria in Samonensi fundata»* (L. Serrano, *El obispado de Burgos*, III, n. 11, 35). La mencionada donación fue hecha al obispo D. Muño consagrado por el obispo de Oca, D. Simeón (1060-1078); más tarde fue depuesto, como simoniaco, por los legados pontificios Giraldo de Ostia y Raimbaldo. Esta decisión fue confirmada por Gregorio VII (cf. D. Mansilla, *La documentación pontificia hasta Inocencio III*, ns. 8, 15-16), pero lo rehabilitó después al mandar a Alfonso VI de Castilla que *«huic episcopo antiquam sui episcopatus sedem reparare ac stabilire cum Dei adiutorio modis omnibus insistas»* (ib. ns. 10, 18). Parece haber continuado ejerciendo sus funciones episcopales durante su vida († 1087). Restaurada definitivamente la sede de Oca (1068) y dada la tendencia a centrar en ella todos los territorios castellanos, la sede de Sasamón estaba llamada a desaparecer. De hecho no vuelve a hablarse de ella después de muerto el obispo D. Muño.

BIBL.: ES, 26, 157-165; F55, I, 288-95, y III, 34-35; D. Mansilla, *La documentación pontificia hasta Inocencio III*, Ma.-Ro. 1955, ns. 8 y 10, 15-18; S. Ruiz, *Burgos (diócese):* D17, X, 1324; L. Huidobro, *La sede transitoria de Sasamón y su obispo don Pedro Paramón:* R51, 8(1949)264; ID., *Privilegios reales concedidos a Sasamón:* R51, 12(1956)101 ss. D. Mansilla

SASAVE, *(Sasavensis),* diócesis desaparecida. Las conquistas realizadas por Sancho Garcés (905-925) produjeron un engrandecimiento territorial de la diócesis de Pamplona hacia la Rioja y Aragón. Era necesario atender a la reorganización eclesiástica de estos territorios y particularmente del condado aragonés, que alcanzaba precisamente por este tiempo su independencia política. Para ello se pensó en crear un obispado en Sasave (Huesca) con el fin de atender y reorganizar la vida religiosa de la monarquía pirenaica. El nuevo obispado que se tituló *in Aragonia in Soprarbe et in Sasabe* no se consideró, al principio, como continuación de Jaca-Huesca, según Ubieto Arteta [*Las diócesis navarro-aragonesas durante los siglos IX-X:* R150, 10(1954)192], aunque más tarde terminó por fundirse en el de Jaca y consta que a partir de la primera mitad del siglo x se añade ya el título de *Iaccensis* o *in Iaca*.

BIBL.: A. Ubieto Arteta, *Las diócesis navarro-aragonesas durante los siglos IX-X:* R150, 10(1954)179-199; A. Durán y Gudiol, *La Iglesia de Aragón durante los reinados de Sancho Ramírez y Pedro I (1062-1104)*, Ro. 1962, 15 ss; D. Mansilla, *La organización eclesiástica española del siglo XVI:* R13, 4(1956)166-168. D. Mansilla

SATORRE, Juan Gregorio, OSA (Valencia † Ib. 1611) teólogo. Profesó en el convento de dicha ciudad. Se ignora el año. Estudió Filosofía con el célebre maestro Vicente Montañés. El Capítulo general de

Padua le concedió el título de lector (1568). Con el fin de perfeccionar sus estudios, los superiores le envían a la Universidad de Salamanca (1575). Se gradúa de maestro en la Universidad de Valencia (1577). En 1579 gana la cátedra del Maestro de las Sentencias en dicha Universidad. Dos veces prior del convento de San Agustín de Valencia (1578 y 1599), provincial en 1583, dotó al convento de una magnífica biblioteca y de numerosas y escogidas obras de arte. Se distinguió como gran teólogo y elocuente orador sagrado. A su muerte el claustro universitario honró su memoria con solemnes funerales.

OBRAS: *Libro de las alabanzas y excelencias del Santísimo nombre de Jesús*, Ta, 1583; *Sermón de la canonización de S. Raimundo de Peñafort*, ed. por C. GÁRRIZ, *Relación de las fiestas... a la canonización de San Raymundo...*, Val. 1602; *Commentaria in primam partem Sancti Thomae Aquinatis*, Val. 1601, ms. Bibl. Angelica; *Tractatus de Excommunicatione* (perdida); *Commentaria in tertium librum Sententiarum*, ms. Arch. Corona de Aragón.

BIBL.: M55, VIII, 455-457.   M. VILLEGAS

SAULO (siglo IX), obispo de Córdoba 850-861. Sucesor de Recafredo gracias a una hábil gestión simoniaca. Acérrimo partidario de los martirios voluntarios, obtuvo del concilio de 862, destinado a evitarlos, un decreto ambiguo. De excesivo celo, produjo dificultades en su iglesia al negarse a comunicar con tibios y disidentes. Sobre el 855 chocó con Albaro de Córdoba, al que escribió la carta XII del epistolario de éste. Posteriormente ablandó su postura por lo que fue alabado por Eulogio. Quizá es también autor de una carta conservada en el epistolario de Albaro, la X, rebuscada y llena de citas, en que un obispo, que desde Flórez se piensa que será este Saulo, ataca a un obispo competidor que ejercía en Córdoba su acción pastoral entre los fieles de Saulo con los que éste no quería tratar.

BIBL.: J. MADOZ, *Epistolario de Alvaro de Córdoba*, Ma. 1947, 191-210; E. P. COLBERT, *The Martyrs of Córdoba*, Wa. 1962.   M. DÍAZ Y DÍAZ

SAUTU, Cándido Julián, SI (Murguía [Alava] 4-IX-1858 † Roma 1-III-1935) misionero popular. Ingresó en SI en Poyanne, 1875. Se dedicó a las misiones rurales y a los Ejercicios hasta 1925, en que pasó a la Curia generalicia.

BIBL.: F. OGARA, *Un insigne misionero popular. Vida admirable del R. P. Cándido Julián Sautu de la C. de J.*, Buenos Aires 1950.   IHSI

SCIO RIAZA, Felipe, SchP (Balsaín [Segovia] 28-IX-1738 † Valencia 9-IV-1796) humanista y pedagogo. Vistió el hábito calasancio (1-X-1752). Profesó de solemnes (6-X-1754). Se ordenó sacerdote (19-XII-1761). Completó estudios teológicos y humanísticos en Roma (1765-1768). Enseña en el colegio de San Fernando de Madrid (1768-1772). Acude como vocal de Castilla al Capítulo general de la Orden celebrado en Roma (1772). Viaja por Italia, Austria, etc. Rector del colegio escolapio de Getafe (1772-1775). Secretario del provincial de Castilla (1775-1778). Provincial de Castilla (1778-1780). Carlos III lo nombra preceptor de sus nietos (1780-1785) con residencia en palacio. Pasa a Portugal como maestro y confesor de la infanta Carlota Joaquina (1785-1793). Autor de la primera versión íntegra de la Biblia al castellano (1780-1793), de la que se han hecho más de 70 ediciones. Regresa a Madrid (1793). Preceptor de Religión del príncipe de Asturias, D. Fernando (1793-1795). Preconizado obispo de Segovia (1795), no llegó a ser consagrado.

OBRAS: *Método Uniforme para las escuelas de cartilla, deletrear, etc.* Ma. 1780; *La Biblia Vulgata latina traducida al español y anotada conforme al sentido de los SS. Padres y espositores católicos. A. Testamento*, I-VIII, Val. 1791-1793; *Nuevo Testamento*, I, Val., 1790, y II, 1790; *Libros de Gramática*, Ma. 1764; *Palestra literaria*, Ma, 1764; *Academia literaria*, Ma. 1765; *El rapto de Elena de Coluto, traducido del griego al latín*, Ma. 1770; *Poesías latinas y castellanas*, Ma. 1771; *Los seis libros de S. Juan Crisóstomo sobre el sacerdocio, traducidos del griego*, Ma. 1773; *Prueba y ejercicios literarios que de los elementos de las ciencias acomodados a la instrucción de una tierna edad ofrece al público la infanta Dña. Carlota Joaquina*, Ma. 1784; y otras más (cf. T. VIÑAS, *Index biobibliographicus*, III, 324-326).

BIBL.: *Extraordinario dedicado al Excmo. P. Felipe Scío, escolapio:* Analecta Calasanctiana, 1(1961)461; se le estudia como pedagogo (C. Vilá Palá, 9-189); como Maestro de la Infanta Carlota en Madrid (J. López Navío, 191-304); como obispo de Segovia (J. Poch, 305-323); como filólogo y humanista clásico (J. Campos, 325-364); su primera edición de la Biblia (J. Blay, 365-392); se le reivindica contra García Blanco y Menéndez Pelayo (M. Balagué, 393-461); C. VILÁ PALÁ, *El P. Felipe Scío, Maestro y Confesor de la Infanta Carlota Joaquina en Portugal:* Analecta Calasanctiana, 2(1964)5-116; ID., *El «Plan de Reforma» del R. P. Felipe Scío en su aspecto pedagógico:* Analecta Calasanctiana, 17(1967)5-60; O85, IV, 192; O93, I, 322-326; O84, IV, 221-234; O86; *Diccionario enciclopédico hispano-americano*, 18, Ba. 1896, 821-822; B15, II, 213-216. C. VILÁ

SCIO RIAZA, Fernando, SchP (Madrid 3-X-1739 † El Escorial 3-XI-1806) educador, calígrafo, matemático. Vistió el hábito de la Orden (29-XII-1754). Profesó en la misma (29-VIII-1756). Sacerdote (18-IX-1762). Preceptor, con su hermano, el también escolapio padre Felipe, de los nietos de Carlos III (1780-1806). Confesor de Carlos IV. Buen pendolista. Propulsor del estudio de las matemáticas y ciencias físico-naturales en las Escuelas Pías. Construía para sus alumnos del colegio de San Antón de Madrid toda suerte de instrumentos para el estudio de la física y de la electricidad. Director del Seminario Antoniano de Nobles (Madrid).

OBRAS: *Instituciones aritméticas del P. Paulino Chelucci*, Ma. 1772, traducidas del italiano; *Compendio de los libros historiales de la Santa Biblia*, Ma. 1780; *Breve Compendio de Historia Sagrada*, 2.ª ed., Ma. 1858; *Lecciones de esfera armilar*, ms.

BIBL.: O90, II, 168-171 y 304-305; O93, I, 165-68; M. IZQUIERDO HERNÁNDEZ, *Antecedentes y comienzos del reinado de Fernando VII*, Ma. 1963, 182-183.   C. VILÁ

SEBASTIAN DE LA PARRA, Juan, SI (Daroca [Teruel] c. 1548 † Lima 25-V-1622) superior y escritor ascético. Entró en SI (prov. Toledo) en 1566. Pasó al Perú en 1581 como rector de Ocaña. Rector de Potosí y Lima. Provincial 1592-1599 y 1609-1616. Introdujo la Compañía en Chile. Promotor de las Congregaciones marianas.

OBRAS: *De el bien, excelencias y obligaciones de el estado clerical y sacerdotal*, 2 vols., Se. 1615-1620.

BIBL.: O189, VII, 284; O149, II; O193, I, 432, y II, 243-244; O164, I.   IHSI

SEBASTIAN DE SAN JOAQUIN, OCD (Mota del Marqués [Valladolid] 1673 † Salamanca 1719) teólogo, moralista y exegeta. Hizo sus estudios humanísticos en el colegio de padres jesuitas de Villagarcía de Campos (Valladolid) y en el colegio de los mismos religiosos en la ciudad del Pisuerga, Filosofía y Teología. A los diecisiete años ingresó en el noviciado carmelitano de Valladolid, donde profesó. En la Reforma Teresiana ocupó las cátedras de Teología y Escritura, en las que brilló extraordinariamente, no obstante su salud quebradiza. Por esta causa renunció a diversos cargos y solo pudo desempeñar el de prior de Avila (1715-1718).

OBRAS: Del *Curso Salmanticense Moral* compuso el tomo V y casi todo el VI. Dejó seis infolios inéditos de diversas materias.

BIBL.: *Memoria de los religiosos que han muerto en este*

Colegio de Carmelitas Descalzos de N. P. S. Elías de Salamanca, Archiv. Carm. Desc. Salamanca, ms., flols. 85-151; N41, II, 133. A. DE LA V. DEL CARMEN

SEDELMAYER o (**SEDLMAYR** o **SOTOMAYOR**), **Jacobo, SI** (Freising [Alemania] 12-I-1703 † Aldeadávila [Salamanca] 12-II-1779) misionero y explorador. Ingresó en SI en 1722; pasó a Méjico en 1735. Ejerció su apostolado en Tubunama y en 1737 llevó a cabo exploraciones al N. de Méjico, llegando hasta las tribus del Colorado. En 1745 fue enviado a las misiones de Califorina y Sonora.
BIBL.: O170, 115; F. J. ALEGRE, *Historia de la Compañía de Jesús en Nueva España*, México 1841, 42 passim; P. M. DUNNE, *Jacobo Sedelmayr...* Tucson (USA) 1955. IHSI,

SEDELLA, Antonio de, OFMCap (Sedella [Málaga] 1748 † Nueva Orleans [USA.] 19-I-1829) misionero. Ingresó en la Orden Capuchina en 1763. En 1781 llegó a la misión de la Luisiana, territorio que acababa de pasar bajo soberanía española. Su dominio de las lenguas francesa e inglesa y su gran poder de adaptación lo convirtieron en el verdadero apóstol de la región durante más de cuarenta años. Gozó de considerable prestigio en la Corte de Madrid y en el ambiente colonial. Falleció en 1829. Todavía hoy perdura su fama de santidad en los habitantes de la Luisiana,
BIBL.: A. DE CASTILLO, *La Luisiana española y el P. Sedella*, San Juan de Puerto Rico 1929; N24, 18. L. DE ASPUR

SEDEÑO, Antonio, SI (San Clemente [Cuenca] 1535 † Cebú [Filipinas] 1-IX-1595) misionero. Entró en SI (provincia Romana) 1559. Misionero en Florida (1565), en Nueva España (1575); primer superior de la misión de Filipinas y viceprovincial (1581-1595).
BIBL.: O189, VII,1041; F. COLÍN, *Labor evangélica... de la Compañía de Jesús en las Islas Filipinas*, II, Ba. 1901, 14-22; O182, II y III, passim; F. J. ALEGRE, *Historia de la Compañía de Jesús en Nueva España*, I, México 1841, 631; O161, 698. IHSI

SEGESSER VON BRUNEGG, Philipp, SI (Lucerna [Suiza] 1-IX-1689 † San Miguel de los Ures [Sonora] 28-IX-1762) misionero en Nueva España. Ingresado en la Compañía el 14-X-1708, en la provincia de Germania Superior, en donde hizo la profesión en 1726; cuatro años más tarde pasó a Nueva España, misión de Pimería. Fundó la misión de San Javier del Bac (Pimería Alta) y fue visitador de toda aquella región. En 1762 era superior de Ures.
BIBL.: F. J. ALEGRE, *Historia de la Compañía de Jesús de Nueva España*, IV, Ro. 1960, 353-54; O189, VII, 1049-50; O170, 115, 225; E. J. BURRUS y P. M. DUNNE, *Four unpublished Letters of A. M. Benz*: R17; 24(1955)336-78. IHSI

SEGIA o **SEGEDA**, supuesta sede episcopal que figura en los *Nomina sedium episcopalium* (familia Oreto), como Alesanco, y que, como ésta, habría ya desaparecido en el siglo VI, según Sánchez Albornoz.
BIBL.: C. SÁNCHEZ ALBORNOZ, *Fuentes para el estudio de las divisiones eclesiásticas visigodas*, Sant. 1930, 180; L. VÁZQUEZ DE PARGA, *La división de Wamba*. Ma. 1943, 15 y 20. J. VIVES

SEGORBE-CASTELLON, Diócesis de, *(Segobricensis)* sufragánea de Valencia. El nombre tradicional de esta diócesis corresponde al antiguo latino *Segobriga*. Por bula de Su Santidad Juan XXIII, *Illas in Ecclesia catholica urbes*, de 31-V-1960, a la sede Segobricense se le ha añadido el título de Castellonense.
1. Historia. Su origen se remonta a los primeros siglos de la Iglesia. Aunque no hay testimonios escritos ni monumentos epigráficos que lo confirmen, sin embargo, la circunstancia de ser *Segobriga* capital de la

Celtiberia confederada, lo avala suficientemente. Así lo atestigua Flórez. Su existencia queda definida a partir del Concilio III de Toledo (a. 589) en cuyas actas aparece la firma del obispo de *Segobriga*, Próculo. Hasta principios del siglo IV perteneció a la provincia eclesiástica de Tarragona. A partir de esta época — con la nueva división del Imperio por Constantino y elevada a metropolitana la Iglesia de Cartagena —, empezó a ser sufragánea de ésta. Más adelante pasó a depender de la metropolitana de Toledo. Y en 1319 es hecha sufragánea de Zaragoza.

Durante la dominación musulmana queda esta diócesis eclipsada. A principios de la Reconquista se reorganiza con el título de *Ercavica* o *Arcavica*, estableciéndose la sede en Santa María de Albarracín (1172). El 1-III-1176 don Cerebruno, arzobispo de Toledo, cambió el título de *arcavicensis* por el de *segobricensis*, creyendo que *Segobriga* era Segorbe, quedando unidas posteriormente las Iglesias de Segorbe y Santa María de Albarracín bajo el mismo título de diócesis segobricense, en virtud de la bula del papa Alejandro IV *Petitio vestra*, del 18-III-1259. Tres siglos después y mediante bula de Gregorio XIII *Regimini Universalis Ecclesiae* de 21-VII-1577, quedan ambas Iglesias definitivamente desmembradas, continuando la de Segorbe con el título de segobricense. Y en esta misma fecha esta diócesis es integrada en la provincia eclesiástica de Valencia de la que todavía es sufragánea.

Santos propios de la diócesis. Los santos que figuran en el propio diocesano son: San Vicente, mártir, 22 de enero; San Vicente Ferrer, lunes después de la Dominica in Albis; Nuestra Señora de los Desamparados, 12 de mayo; San Cirino, mártir, 26 de mayo; San Félix, mártir, 17 de junio; beato Francisco Pinazo, 10 de julio; Dedicación de la iglesia catedral, 9 de agosto; San Roque, confesor, 16 de agosto; San Pascual Bailón, patrón principal de la diócesis, 17 de mayo; Nuestra Señora de la Cueva Santa, patrona principal de la diócesis, 11 de septiembre; Expectación del Parto de Nuestra Señora, 18 de diciembre; San Juan de Ribera, 7 de enero; Nuestra Señora del Lledó (patrona principal de Castellón), 3 de mayo; San Antimo, 11 de mayo; Santos obispos de la diócesis, 21 de mayo, y San Cristóbal, 27 de julio.

Sínodos. En el transcurso de los siglos se han celebrado en la diócesis 16 sínodos; el primero en 1320 y el último en 1668.

2. Instituciones. CABILDO. Supuesta la primitiva creación del cabildo catedral segobricense desde los primeros siglos de la Iglesia en torno a la histórica sede episcopal, la más antigua referencia documental de su reorganización es de principios del siglo XII, a raíz de la reinstauración de la antigua sede visigótica en 1172, como más arriba queda apuntado. Y posiblemente, dentro del ámbito de la vida canónica comunitaria. Leyendo detenidamente las Constituciones de época inmediatamente posterior, no nos es difícil encontrar citas, verdadera reminiscencia de la mencionada «canónica». Así, cuando se registran las reuniones capitulares, aparece con relativa frecuencia la expresión *domus nostrae*. Y muy sintomática es la creación por aquella época en la capilla de El Salvador del claustro catedralicio, de un beneficio con el título de «priorato», cargo que iba siempre vinculado a la vida canónica comunitaria.

La más antigua referencia documental sobre la composición del cabildo catedral segobricense es del año 1232. En la Constitución dada en Brihuega por el entonces arzobispo de Toledo don Rodrigo sobre división de diezmos entre obispo y cabildo, aparecen firmantes en la misma el obispo Domingo y los componentes del cabildo en número de nueve, incluidos el «decanus» y el «thesaurarius».

Liberada en 1245 la ciudad de Segorbe del yugo sarraceno en virtud del convenio entre el conquistador Jaime I de Aragón y el exiliado rey moro de Valencia Zeyt-Ab-Zeyt, dio comienzo seguidamente la construcción del templo catedralicio a base de la mezquita mayor y dedicándolo a Santa María, reestructurándose por tanto el cabildo; y mediante nuevas Constituciones, créase el arcedianato de Alpuente y se dispone que el número de canónigos sea en principio de 12 hasta el posible incremento de las rentas capitulares.

En el acta de elección del obispo Pedro Ximenez de Segura (a. 1273) figuran las firmas de todos los capitulares en la forma y número que siguen: deán, arcediano, arcediano de Alpuente, precentor, tesorero y cuatro canónigos. En 1358 vemos ampliado el cabildo con la creación de cuatro oficios canonicales: escolastre, obrero, enfermero y limosnero, siendo de 16 el número de canónigos, estableciéndose la «masa común» canonical. En 1380 créase una nueva prebenda con el título de «Prepositura», estableciéndose en ese mismo año la Constitución *De divisione Prebendarum*, quedando automáticamente abolida la masa común. Esta Constitución fue causa del incumplimiento residencial por la mayor parte de los capitulares; en 1404 creábanse dos canonicatos más, titulados «curados» o con cura de almas. A raíz del Concordato de 1851 el número de capitulares fijado para la catedral de Segorbe fue de 16, más 12 beneficiados.

De extraordinaria y trascendental concesión puede calificarse la otorgada a este cabildo por el Papa Clemente VIII en virtud de la bula *In eminenti* de 9 de abril de 1596, por la que se concedía a los capitulares la percepción de los frutos de su prebenda con solo noventa días de residencia al año, *amissis distributionibus*, no obstante la disposición tridentina de nueve meses de residencia. Como derecho privilegiado —quizás único en España— se ha tenido siempre por el cabildo segobricense esta singular concesión. Aunque en puridad no podamos reconocerla jurídicamente como tal privilegio, puesto que la finalidad de la misma no fue otra sino facilitar la residencia que casi habíase abandonado.

MONASTERIOS Y CONVENTOS. Cartuja del Valle de Cristo, más conocida por Valdecristo; fundada en término de Altura por Pedro II de Aragón en 1387 a instancias del infante Martín. Monasterio de Nuestra Señora de la Esperanza en Segorbe; fundado en 1495 por el infante Enrique Fortuna. Monasterio de San Blas en Segorbe, de la Orden franciscana observante, con aulas de Sagrada Escritura; fundado en 1415. Monasterio de Agustinas (clausura) en Segorbe, fundado en el antiguo beaterio de San Martín por el arzobispo San Juan de Ribera en 1613. Monasterio de Carmelitas Descalzas (clausura) en Caudiel, fundado por Pedro Miralles en 1671. Convento de la Orden de Nuestra Señora de la Merced, fundado en Arguines en 1251; trasladado a Segorbe en 1672. Convento de Agustinos en Jérica, fundado en 1300. Convento de Franciscanos en Chelva, fundado en 1385, el primero después de la reforma franciscana en España. Convento de Agustinos en Castielfabib, bajo la advocación de San Guillermo, fundado en 1395. Convento de Franciscanos en Castielfabib, fundado en 1530. Convento de Mínimos en Viver, fundado en 1532. Convento de Capuchinos (franciscanos reformados) en Segorbe, fundado por el arzobispo Ribera en 1607. Convento de Dominicos en Segorbe bajo la advocación de San Pablo y Santo Tomás de Aquino, fundado en 1612. Convento de Agustinos Descalzos en Caudiel, fundado por Pedro Miralles en 1616. Convento de Siervos de María en Montán, establecido en 1617. Convento de Capuchinos en Jérica, fundado en 1619. Algunas de estas fundaciones sufrieron los efectos de la desamortización. Colegio-Universidad de San Pedro en Segorbe, regentado por los Jesuitas, con aulas de Humanidades, Filosofía y Teología, fundado por Pedro Miralles. Cuando la expulsión de la Compañía de Jesús, fue habilitado este centro para Seminario diocesano.

HOSPITALES. *Hospital Mayor de la Seo de Segorbe.* Con este título fue fundado en Segorbe por el obispo Iñigo de Vallterra en 1378. Posteriormente, en 1466, durante el pontificado del obispo Fr. Pedro Baldó, con las rentas de la primitiva fundación, creóse un Hospital general con edificio de nueva planta bajo la advocación de San Miguel y Nuestra Señora de los Desamparados, siendo ampliado en el siglo XVIII y siempre bajo el patrocinio del obispado. Como consecuencia de los decretos desamortizadores, pasó el Hospital en 1837 a depender de una Junta de Beneficencia nombrada por el Municipio. Para servicio de los enfermos quedó establecida desde 1877 una comunidad de Hijas de la Caridad. *Casa de Misericordia.* Independientemente del Hospital General, el obispo Lorenzo Gómez de Haedo fundó en Segorbe la Casa de Misericordia para asistencia de ancianos y desvalidos. Púsose la primera piedra en enero de 1786. A fines del siglo XIX las autoridades municipales dispusieron la fusión del Hospital con dicha Casa de Misericordia. Así subsiste actualmente. *Hospital de Nuestra Señora de Arguines.* Fundado en 1251 por Ramón Morelló en su señorío de Algar. Servido y administrado por la Orden de Mercedarios hasta mediados del siglo XVII. *Asilo de Nuestra Señora de la Resurrección.* Doble fundación para niñas huérfanas, hecha en Segorbe y en Altura por el obispo Fr. Luis Amigó en 1918 bajo la dirección y gobierno de las religiosas Terciarias Capuchinas. *Hospital Provincial.* Fundado en Castellón de la Plana en 1391 y ampliado en 1805. Servido por Hijas de la Caridad. Depende de la Diputación Provincial. *Asilo-Beneficencia.* Fundado en Castellón en 1832, siendo instalado en lo que fue convento de padres Dominicos. Regido por Hijas de la Caridad y subvencionado por la Diputación. *Asilo de Huérfanos de San Vicente Ferrer.* Fundado en Castellón por el obispo de Barcelona e insigne castellonense José Climent en 1789.

SANTUARIOS. Entre la profusión de santuarios enclavados en la diócesis, citamos los principales: *Nuestra Señora de la Cueva Santa.* Situado este santuario a unos catorce kilómetros de la ciudad de Segorbe y muy cerca de la confluencia de los tres reinos de Valencia, Castilla y Aragón. Antiguamente se denominaba «Cueva del Latonero», refugio de pastores y ganados trashumantes. La imagen de la Virgen (medio-relieve de yeso de unos veinte centímetros) aparecióse, según la tradición a cierto pastor a principios del siglo XVI. Con la prodigiosa e instantánea curación de un leproso vecino de Jérica en 1574 por intercesión de la Señora y después de haberse lavado con el agua que destilaban los peñascos de la Cueva, la devoción a la Virgen fue incrementándose día a día, siendo millares los peregrinos que afluyen a la Cueva Santa en demanda de protección. Alguien ha dicho de este Santuario que es «el Lourdes español». Su Santidad Pío XII, por Breve de 28 de enero de 1955, declaró a la Virgen María de la Cueva Santa «celestial patrona de las sociedades espeleólogas españolas». Su fiesta se celebra el segundo domingo de septiembre. *Nuestra Señora de Lidón.* Visitadísimo santuario en la ciudad de Castellón de la Plana, donde se venera una pequeña imagen de la Virgen María en yeso, hallada, según la tradición, en 1366 por un agricultor, Pedro de Granyana, arando en su campo. En el mismo lugar del hallazgo erigióse un modesto remitorio, que fue ampliado en 1572. Siendo incapaz para contener la multitud de fieles devotos de la Virgen, edificóse de nueva planta un magnífico santuario, cuya primera piedra fue colocada en 1724. La veneradísima imagen de la Patrona solamente se saca del Santuario en las grandes calamidades públicas. Su fiesta se celebra el primer domingo de septiembre. *Santuario de San Pascual Bailón*. Desde el tránsito del santo religioso franciscano, ocurrida en el antiguo convento de la Orden de Villarreal de los Infantes (Castellón) en 17 de mayo de 1592, su cuerpo incorrupto fue objeto de gran veneración, siendo su sepulcro visitadísimo por sus fieles devotos. Con motivo de su canonización en 1674, sus reliquias fueron depositadas en suntuoso sepulcro, cuya capilla incorporó Clemente XII en 1731 a la basílica de Santa María la Mayor de Roma. Este santuario ha sido visitadísimo por no pocos monarcas y célebres personajes. Como más próximos a nuestros tiempos, citamos la visita efectuada en 1861 por Isabel II, acompañada del príncipe Alfonso, y la de Alfonso XIII en 1905. El sepulcro del santo enamorado de la Eucaristía fue brutalmente violado por las hordas revolucionarias en 1936.

SEMINARIOS. *Seminario diocesano de la Santísima Trinidad*. Creado en la ciudad de Segorbe según las disposiciones tridentinas. Aunque las gestiones preparatorias para su erección debiéronse a los obispos Fr. Juan de Muñatones y Fr. Blas de Arganda, sin embargo, la inauguración del nuevo Seminario tuvo lugar en 15 de septiembre de 1771, ocupando la sede segobricense Fr. Alonso Cano, siendo instalado en el edificio que ocupaba el Colegio de Jesuitas, expulsados en 1767. Púsose el primer centro eclesiástico diocesano bajo la advocación de la Santísima Trinidad y San Pedro. A raíz de la nueva estructuración de la diócesis en 1960 y atendidas las exigencias diocesanas, el Seminario quedó desdoblado, continuando en Segorbe el Menor y creándose el Mayor en Castellón. *Seminario Mayor «Mater Dei»*. Creado por decreto episcopal, púsose la primera piedra del nuevo Seminario Mayor en la ciudad de Castellón el 25 de marzo de 1962, domingo tercero de Cuaresma, festividad de la Anunciación de la Virgen, ocupando la sede Segobricense-Castellonense monseñor José Pont y Gol. La solemne ceremonia de su inauguración, terminadas virtualmente las obras, tuvo lugar el 7 de mayo de 1966. *Casa de Espiritualidad «Regina Apostolorum»*. Establecida en Bechí (Castellón) para Retiros y Ejercicios Espirituales. Bendíjose la primera piedra por el prelado de la diócesis, monseñor Pont y Gol, en el primer domingo de abril de 1962.

ARCHIVOS. *Archivo Catedral de Segorbe*. Su existencia es tan antigua como la del cabildo catedralicio a comienzos del siglo XII. A través de los siglos ha venido incrementándose con fondos documentales valiosísimos: diplomas pontificios y reales, despachos de la curia romana, privilegios, actas capitulares, visitas pastorales, libros de constituciones, de fábrica, sinodales, protocolos notariales, etc. En su visita a este archivo a fines del siglo XVIII, el historiador P. Villanueva no dudó en afirmar que era «uno de los más importantes entre los de España y aún del extranjero». Esta riqueza documental fue devastada durante el período revolucionario de 1936. Solo pudo recuperarse al final de la tragedia una tercera parte de sus antiguos fondos. Se conservan códices valiosísimos, entre ellos, el llamado «Códice del Compromiso de Caspe», ejemplar único conocido. El documento más antiguo (pergamino) es de 1232. Parte integrante del Archivo es la Sección Musical, riquísimo en fondos y calidad, abundando las obras de los más prestigiosos maestros de la polifonía clásica. *Archivo Diocesano*. Instalado en la curia episcopal. Fue totalmente destruido en 1936. Reorganizado en 1940, sus fondos documentales, de carácter burocrático y sacramental, van incrementándose al ritmo de los años. *Archivos Parroquiales*. En cada parroquia de la diócesis, con las características de esta clase de archivos.

BIBLIOTECAS. *Biblioteca Capitular*. Cuanto queda dicho del Archivo catedralicio puede aplicarse a la Biblioteca, como anexo del mismo. La adquisición de fondos bibliográficos obedeció a dos factores fundamentales: el peculio del cabildo y los legados de los prebendados fallecidos. Así fue aumentando a través de los tiempos el rico acervo de la Biblioteca Capitular con fondos, especialmente de Derecho Eclesiástico y Civil, Teología, Patrística, Historia, etc. Después del desmantelamiento por distintas vicisitudes, ha sido reorganizada desde 1954. *Biblioteca Diocesana*. Creada en 1772 por el obispo fray Alonso Cano e instalada en el nuevo Seminario tridentino con los fondos bibliográficos procedentes del Colegio de padres Jesuitas extinguido, de la Biblioteca episcopal y parte de la Capitular. Posteriormente, a principios del siglo XIX, el obispo Lorenzo Gómez de Haedo incorporó a la misma todos los de la Biblioteca Capitular, y en 1836, con los procedentes de la Cartuja de Valdecristo, ocurrida la exclaustración. Aunque diezmada en 1936, la integran hoy unos 15.000 volúmenes, entre los que figuran valiosos incunables.

MUSEOS DIOCESANOS. *Museo Catedral*. Fuec reado en 1924 por el obispo fray Luis Amigó. Aventado y disperso en 1936, pudo recuperarse en su mayor parte después de la Liberación, siendo instalado en los claustros altos con la ayuda estatal de «Regiones Devastadas». Del Museo Catedralicio de Segorbe se ha dicho que guarda la colección pictórica más rica e interesante de toda la región valenciana, especialmente en «primitivos» y del Renacimiento. En el Aula Capitular se conservan los lienzos-retrato de la mayor parte de obispos segobricenses.

Fecha inicial del Boletín Eclesiástico: 8 de abril de 1881.

3. **Geografía diocesana.** Hasta 1960 la geografía de a diócesis segobricense era estrecha e irregular, dejando por un lado todos los pueblos ribereños del río Mijares — los que un día se anexionara la sede valentina — y contando por otra parte con los del enclave de Rincón de Ademuz y comarcas de Alpuente y Chelva. Pero en virtud del reajuste hecho en 31-V-1960, todos los pueblos pertenecientes a la provincia civil de Valencia quedan segregados de Segorbe, y los antedichos pueblos del río Mijares, pertenecientes a la provincia civil de Castellón, se le incorporan. Al mismo tiempo se amplían los límites territoriales por el Sureste hasta Almenara inclusive y por el Norte hasta una línea imaginaria que corta dicha provincia de Castellón desde el Mediterráneo por el Alcosebre, y tomando — a través de la Plana — todo el partido judicial de Albocácer (excepto Catí), corta subiendo, dirección Oeste, por la Muela de Ares, y llegando hasta la ría de Ballumbres que es límite natural de la provincia; quedando todos los pueblos restantes integrados en la diócesis de Tortosa.

La división eclesiástica ha quedado fijada en los nueve arciprestazgos siguientes: Segorbe, Castellón, Albocácer, Jérica, Lucena del Cid, Montán-Cirat, Nules, Villahermosa del Río y Villarreal de los Infantes.

4. **Situación actual.** La extensión territorial es de 4.643,08 kilómetros cuadrados. El número de fieles, 285.000. El de sacerdotes, 160. Religiosos, 126. Religiosas, 618. Seminaristas, 228. Parroquias, 131. Centros de enseñanza católica, siete de niños y 13 de niñas.

ORDENES RELIGIOSAS. *Masculinas*: Carmelitas, santuario de la Cueva Santa (Altura); Escolapios, aspirantado (Morella); Escuelas Cristianas, colegio (Benicarló); Franciscanos, Alcalá de Chisvert, Chelva y Segorbe (La Caridad).

Femeninas en conventos de clausura: *Castellón de la Plana*, capuchinas y carmelitas descalzas. *Almazora*, clarisas. *Benicarló*, concepcionistas franciscanas. *Bu-*

rriana, carmelitas descalzas y dominicas. *Cálig*, trinitarias. *Caudiel*, carmelitas descalzas. *Forcall*, *Nules*, clarisas. *Onda*, clarisas. *San Mateo*, agustinas ermitañas. *Segorbe*, agustinas descalzas. *Vall de Uxó*, clarisas. *Villarreal de los Infantes*, clarisas y dominicas. *Vinaroz*, clarisas.

CONGREGACIONES, SOCIEDADES E INSTITUTOS RELIGIOSOS. *Castellón de la Plana:* angélicas; carmelitas de la Caridad, colegio y escuela de magisterio; Consolación, colegio asilo, hospital, casa de Ejercicios; hermanitas de los ancianos desamparados, asilo; hijas de la Caridad, guardería infantil; hermanas de San José, clínica; siervas de Jesús, asistencia de enfermos. *Adzaneta:* operarias del Divino Maestro, colegio, escuela hogar. *Alcalá de Chisvert:* carmelitas terciarias descalzas, colegio. *Alcora:* Consolación, colegio. *Almazora:* Consolación, colegio. *Altura:* capuchinas de la Sagrada Familia, colegio correccional. *Benasal:* Consolación, colegio. *Benicarló:* Consolación, asilo de ancianos, colegio. *Benicasim:* oblatas del Santísimo Redentor, reeducación y colegio. *Burriana:* Consolación, colegio; dominicas del Santísimo Rosario, colegio; siervas de Jesús Sacerdote, residencia; siervas de Jesús, asistencia de enfermos. *Forcal:* Caridad de Santa Ana, colegio. *Morella:* Consolación, asilo, colegio. *Nules:* Consolación, colegio. *Onda:* Consolación, colegio, hospital. *San Mateo:* Consolación, colegio. *Segorbe:* capuchinas de la Sagrada Familia, colegio correccional; hijas de la Caridad, colegio. *Vall de Uxó:* Consolación, clínica. *Villafranca:* Consolación, colegio. *Villarreal:* carmelitas del Sagrado Corazón, seminario padres carmelitas; Consolación, colegio. *Vinaroz:* Consolación, colegio, hospital; hermanitas de los ancianos desamparados, asilo; siervas de Jesús, asistencia de enfermos. Por decreto de 1-VI-1973 se reestructuran los antedichos . arciprestazgos de la diócesis, que quedan fijados en número de 14, integrados en las cuatro Vicarías Episcopales Territoriales siguientes: de *Palancia-Alto Mijares,* arciprestazgo de Segorbe, con 15 parroquias; arciprestazgo de Jérica, con cuatro parroquias; arciprestazgo del Alto Mijares, con 17 parroquias; de la *Zona Plana Norte,* arciprestazgo de Castellón, con nueve parroquias; arciprestazgo de Almazora, con cuatro parroquias, y arciprestazgo de la Costa, con cinco parroquias; de la *Zona Plana Sur,* arciprestazgo de Burriana, con siete parroquias; arciprestazgo de Nules, con seis parroquias; arciprestazgo de Onda, con 12 parroquias; arciprestazgo de Vall de Uxó, con 10 parroquias, y arciprestazgo de Villarreal, con cinco parroquias; de la *Zona Bajo Maestrazgo,* arciprestazgo de Albocacer, con 13 parroquias; arciprestazgo de Pla del Arc, con 13 parroquias, y arciprestazgo de Lucena, con nueve parroquias.

5. Episcopologio. *Próculo,* 589, asiste conc. III Toledo. *Porcario,* 610, asiste conc. Toledo de este año. *Antonio,* 633, 646, en conc. Toledo IV, V y VI. *Floridio,* 647, 654, en conc. Toledo VIII. *Euscio o Lucisio,* 654, 673, en conc. Toledo IX y X. *Memorio,* 674, 682, en conc. Toledo XI y XII. *Olipa,* 683, 687, en conc. Toledo XIII y XIV. *Anterio* 687 y post. 693, en conc. Toledo XV, XVI, XVII. *Martín,* 1173? † c. 1213, es el primero después de la Reconquista. *Hispano,* 1213, † 11-XII-1215, asistió al conc. Lateranense IV. *Juan Gil* (Egidio), 1216, 1222. *Domingo,* 1223, † 1234. *Guillermo,* 1235, 1238, bautiza a Zeit Abu Zeit, rey moro de Valencia. *Ximeno* OCist, 1237, entra en Segorbe reconquistada 1245, 1246. *Pedro,* 1246, 1259, erige la catedral y une su iglesia a la de Albarracín en 1259. *Martín Alvarez,* 1259, 1265. *Pedro Garcés,* 1265, 1272. *Pedro Ximénez de Segura,* 26-II-1272, 21-X-1277, asiste al conc. León 1275. *Miguel Sánchez,* 1278, exilado en 1284, † 1288. *Aparicio,* 1288, 1301. *Antonio Muñoz,* 1302, † 1-IX-1318. *Sancho Dull,* 1319-1356, celebra sí-

nodos en 1320 y 1323, asiste conc. prov. de Zaragoza. *Elías,* pr. 5-XII-1356, † 1362, celebró sínodo 1358 y es nuncio en Toulouse. *Juan Martínez de Barcelona,* pr. 26-VIII-1362, 3-III-1369 tr. a Huesca, sínodo en 1367. *Iñigo de Valterra,* ob. de Gerona, pr. 3-III-1369, 28-V-1380 tr. a Tarragona, † 30-I-1387. *Diego de Heredia,* pr. 23-XII-1387, 4-VI-1400 tr. a Vich. *Francisco Riquer de Bastero* OFM, ob. de Vich, 1400, † 1409, asiste conc. Perpiñán. *Juan de Taust* OFM, pr. 5-V-1410, † 1427, sínodo 1417, construye aula capitular. *Francisco de Aguiló,* pr. 14-IV-1428, † 1437, sínodo de 1428. *Jaime Gerart,* pos. 10-XI-1438, 18-XII-1445 tr. a Barcelona, nombrado por el conc. de Basilea, cismático. *Gisberto Pardo de la Casta,* pr. 16-X-1437, † en Roma 1454. *Luis del Milá y Borja,* pr. 29-I-1455, 7-X-1459 tr. a Lérida, cardenal, legado apost. en Bolonia, gobierna la diócesis Julián, ob. de Doglia. *Pedro Baldó,* pr. 9-IV-1461, pos. 15-VI-1461, † 9-VII-1473, sede vacante. *Bartolomé Martí,* pr. 27-IX-1473, renunció en 1498, celebra sínodos 1479 y 1485. *Juan Marrades,* pr. 21-XI-1498, † IV-1499. *Gilberto Martí,* pr. 1-XI-1500, † 12-I-1530. *Gaspar Jofre de Borja,* pr. 2-IX-1530 pos. 6-II-1531, † 18-II-1556, sínodo 1531, asiste conc. Tridentino. *Juan de Muñatones,* pr. 12-VI-1556, † 15-IV-1571, sínodo 1566, asiste conc. Trento. *Francisco de Soto Salazar,* pr. 27-VIII-1571, 15-II-1576 tr. a Salamanca. *Francisco Sancho,* pr. 21-VI-1577, † 23-VI-1578. *Gil Ruiz de Liori* OSA, pr. 27-IV-1579, † 16-VIII-1582. *Martín de Salvatierra,* ob. de Albarracín, pr. 23-III-1583, 15-V-1591 tr. a Ciudad Rodrigo. *Juan Bta. Pérez,* pr. 20-XI-1591, † 8-XI-1597. *Feliciano de Figueroa,* pr. 1-II-1599, † 25-VII-1609. *Pedro Ginés de Casanova,* pr. 1-II-1610, † 27-III-1635. *Juan Bta. Pellicer,* pr. 18-II-1636, † IX-1638. *Diego Serrano* OMerc, ob. de Solsona, pr. 30-V-1639, 29-IV-1652 tr. a Guadix. *Francisco Gavaldá* OSHier, pr. 14-X-1652, † 19-I-1660. *Anastasio Vives de Rocamora* OCarm, pr. 20-V-1661, 12-IV-1668 renunció, † 22-IV-1672. *José Sanchis,* ob. de Ampurias (Cerdeña), pr. 17-VII-1673, 27-XI-1679 tr. a Tarragona. *Crisóstomo Royo de Castellví,* pr. 22-I-1680, † 2-VII-1691. *Antonio Ferrer y Milán,* ob. tit. Heliópolis, pr. 19-XII-1691, † 29-X-1707, pacificador en la guerra de Sucesión. *Rodrigo Marín Rubio,* pr. 24-IX-1708, 28-V-1714 tr. a Jaén. *Diego Muñoz de Baquerizo,* pr. 9-VII-1714, † 19-XI-1730. *Francisco de Cepeda y Guerrero,* pr. 19-XI-1731, † 24-IX-1748. *Francisco Cuartero,* pr. 20-I-1749, † 20-II-1751. *Pedro Fernández Velarde,* pr. 5-VII-1751, † 9-X-1757. *Blas de Arganda* OSHier, pr. 13-III-1758, † 6-IV-1770. *Alonso Cano* OTrin. pr. 10-IX-1770, † 7-IV-1780, erige el Seminario Conc. 1771. *Lorenzo Lay Anzano,* ob. de Albarracín, pr. 11-XII-1780, † 14-VII-1781. *Lorenzo Gómez de Haedo,* pr. 15-XII-1783, † 1808, renueva y consagra catedral, funda hospital 1786. *Lorenzo Alagüero* OSHier, ob. de Jaca, pr. 19-XII-1814, † 30-III-1816. *Francisco de la Dueña Cisneros,* ob. de Urgel, pr, 23-IX-1816, † 8-XI-1821. *Vicente Ramos García,* pr. 27-IX-1822, 9-VI-1824 renunció sin tomar posesión ni ser consagrado. *Juan Sanz Palanco,* pr. 21-III-1825, † 1-IV-1837. *Domingo Canubio y Alberto,* pr. 17-XII-1847, † 5-XII-1864, restaura palacio episcopal. *Joaquín Hernández y Herrero,* ob. de Badajoz, pr. 25-IX-1865, † II-1868, ordena las parroquias según el Concordato. *José Luis Montagut,* ob. de Oviedo, pr. 22-VI-1868, † 1875. *Mariano Miguel Gómez,* pr. 3-IV-1876, 13-XII-1880 tr. a Vitoria. *Francisco Aguilar,* pr. 13-XII-1880, † 1899 funda Bol. Eclesiástico. *Manuel María Cerero y Soler,* pr. 19-IV-1900, † 1907. *Antonio María Massenet,* pr. 19-XII-1907, † 6-X-1911. *Luis Amigó y Ferrer* OFMCap, ob. Solsona, pr. 18-VII-1913, † 1-X-1934; fundador de los Terciarios capuchinos; iniciado proceso beatificación. *Miguel Serra Sucarrats,* ob. de Canarias, pr. 21-I-1936, † 9-VIII-1936 víctima de la revolución marxista. *Ramón*

Sanahuja Marcé, pr. 21-VII-1944, 11-XII-1950 tr. a Cartagena-Murcia, organizó Acción Católica, celebró concurso a parroquias y restauró la catedral. *José Pont y Gol*, pr. 4-VIII-1951, reajuste de límites de Segorbe a la que se añade Castellón, intitulándose Segorbe-Castellón, 23-XI-1970 tr. a Tarragona. *José María Cases Deordal*, pr. 18-XII-1971, pos. 13-II-1972, obispo actual.

BIBL.: ES 8, 97-117; J. BAUTISTA PÉREZ, *Episcopologium Segobricense* (ms. del siglo XVI), ed. Segorbe 1883; F. VILLAGRASA, *Antigüedad de la Iglesia Catedral de Segorbe y catálogo de sus obispos*, Val. 1664; J. VILLANUEVA, *Viage*, III y IV, Ma. 1902; A. RODRÍGUEZ, *Vida del admirable obispo de Segorbe Excmo. Don Fray Domingo Canubio y Alberto*, Ma. 1888; P. MORRO, *Vida del Ilmo. Sr. D. Francisco de Asís Aguilar, obispo de Segorbe*, Segorbe 1902; J. LA JUSTICIA, *Historia de la Virgen de la Cueva Santa*, Val. 1655; P. COMBES, *La Margarita en su concha*, Val. 1728; D. CHIVA, *Compendio de la Historia de la Virgen de la Cueva Santa*, Val. 1754; P. L. LLORÉNS, *La Sede de Segorbe en el Reino de Valencia*, Segorbe 1959; J. F. RIVERA RECIO, *La erección del obispado de Albarracín*: R116, 14(1954)27-52.
P. L. LLORÉNS

SEGORBE, Jerónimo de, OFMCap (Segorbe [Castellón] † Lérida 1615) escritor místico. Vistió el hábito capuchino en Valls el año 1581. Ocupó diversos cargos en la primera expansión de la Orden en España, entre ellos el de maestro de novicios.

OBRAS: Escribió la excelente obra mística *Navegación segura para el cielo*, Val. 1611, basada en la Sagrada Escritura como fuente principal y en el Areopagita, san Agustín, san Buenaventura y Ruysbroeck.

BIBL.: N27, 368-370; N21, 204-207.
L. DE ASPURZ

SEGOVIA, Diócesis de, *(Segobiensis)* sufragánea de Valladolid. Antes *Secuvia* y *Segubia*.
1. Historia. Es desconocido el origen de la diócesis. Venera como primer obispo a san Jeroteo, discípulo de san Pablo, y de él se reza en la diócesis, pero su episcopado no pasa de ser una mera conjetura. Hay documentación fehaciente de obispos desde el siglo VI, que firman por primera vez en el tercer concilio de Toledo (589). De antes hay un documento en que Montano, arzobispo de Toledo, se interfiere en la elección de un sujeto como obispo de Palencia, a cuyo obispado pertenecía entonces Segovia, por no haber tenido el metropolitano intervención en tal designación y nombramiento. No obstante, Montano reconoce su carácter episcopal y le asigna, como jurisdicción, los términos de Segovia, Coca y Buitrago, sin que esto supusiera en la mente de Montano, desmembración de una diócesis nueva, pues le concede esa jurisdicción solamente de por vida. Sin embargo, es muy probable que este desconocido obispo, que comenzó siendo coepíscopo, tuviera luego sucesor en Segovia y que su cadena no se interrumpiese ya, pues el obispo Pedro, que firma en el III de Toledo, lo hace en un lugar destacado, lo que supone cierta antigüedad en la diócesis a la que representaba.

La documentación de la diócesis durante el último período de la época visigoda consta en el Episcopologio. Durante la invasión musulmana debió de quedar vacante el obispado, ya que no hay constancia de ningún obispo hasta Ilderedo que, en 940, hace una donación al obispo de León. Se conservan restos de influencia mozárabe en la provincia, como la pila bautismal de Santa María de Riaza, la Cueva de los Siete Altares cerca de Supúlveda y la iglesia de Santa María del Barrio de Navares de las Cuevas. Sin embargo, es posible que se sucedieran los obispos y estuvieran ausentes de las diócesis en tierras de cristianos.

Se cree que los mozárabes segovianos conservaron el culto como los de otras regiones. A esta época y gobernando Gonzalo Téliz, hermano del conde Fernán González, parece que se debe la edificación primera de las iglesias de San Millán, Santa Columba, San Mamés y San Juan. En los primeros días de la invasión musulmana se sitúa la vida de los tres santos hermanos, Frutos, Engracia y Valentín. Mártires los dos últimos, confesor el primero. En su honor se levantó un templo en 1100, que aún se conserva.

En 1071 el rey moro, de Toledo, Almamún, entró en Segovia y destruyó las iglesias, parte de las murallas y 36 arcos del acueducto, sin que se pueda fijar cuáles fueron aquellas iglesias. Parece que son anteriores al siglo XI la planta del primer templo de San Martín, la torre de la iglesia de San Millán, y la portada de los pies de la nave de San Lorenzo.

Reconquistada Segovia por Alfonso VI (1079) y repoblada por el conde D. Raimundo de Borgoña, empezó también la restauración de la vida religiosa y la reconstrucción de sus templos. Era la época del influjo de la Orden de Cluny, favorecido y alentado por papas y reyes. Ocupó la sede de Segovia el gran prelado D. Pedro, llamado de Agén, por la ciudad de su procedencia en la Gascuña. Era cluniacense y con laudable celo se dedicó a la restauración religiosa de la diócesis. En 1109 se hallaba en Sahagún al entierro de Alfonso VI. Comenzó la erección de la catedral vieja de Santa María junto al Alcázar y en sus proximidades fue surgiendo el barrio de los canónigos llamado la Claustra. A esta época hay que atribuir la restauración o construcción de muchos de los templos románicos de la ciudad y de la diócesis. Hay memoria de San Martín, San Miguel, San Andrés, San Esteban, San Quirce.

En 1116 el Concejo de Segovia hace donación a la iglesia de Santa María, en la persona de su obispo, de gran parte de la ciudad y extensas zonas de la provincia. Dentro de esta zona el obispo funda el convento cisterciense de Santa María de la Sierra. Esta donación la confirmó Alfonso I de Aragón, como rey consorte de Castilla en diciembre de 1122. La ratificó en 1123 doña Urraca, separada de su marido. El papa Calixto II confirma la restauración de la diócesis en 1123 con sus límites y posesiones. Traslación de los restos de los santos segovianos a la catedral en 1125.

Célebre pleito entre el obispo de Segovia y su sobrino, el de Palencia, que había sido arcediano de la catedral segoviana, sobre los límites de la diócesis, pues que en la antedicha bula de Calixto II se adjudican a Segovia Peñafiel y Portillo; asunto que no se resolvió hasta que en 16-III-1190, reunidos por delegación del papa Clemente III, el obispo de Sigüenza, los arcedianos de Briviesca y de Avila, concordaron que los dichos pueblos quedaran por Palencia, con la obligación de que ésta hiciese algunas concesiones a Segovia, 100 escudos de oro por año o la villa de Ribas sobre el río Henares.

Al concluir el siglo XII el balance es altamente positivo: restauración de la diócesis y construcción o reparación de numerosas iglesias en la ciudad, además de la catedral; y en la diócesis, las de Sepúlveda, San Frutos, Cuéllar, Fuentidueña, Coca, Ayllón, etc.

También el siglo XIII es pródigo en realizaciones en el orden eclesiástico. El 16-VII-1228 se consagra la catedral por el legado pontificio, Juan, cardenal de Santa Sabina. El obispo D. Fernando Blázquez, fue comisionado a Alemania para apoyar la candidatura del Rey Sabio a la Corona Imperial. Al obispo Gutierre Girón algunos le hacen morir en la batalla de Alarcos (1195). Gerardo, obispo electo de Segovia, marchó a Roma para tratar de conseguir del pontífice la gracia de cruzada para la batalla que se preparaba contra los almohades, batalla que se dio en las Navas de Tolosa (1212). Muchas fueron las fundaciones de conventos y monasterios, como se verá al tratar de este asunto.

Las revueltas del siglo XIV repercuten en la Iglesia segoviana. Los obispos toman parte en la política, asistiendo a los reyes e interviniendo en las Cortes, y también en las guerras. D. Juan Lucero estuvo presente en la conquista de Algeciras (1344). Hay fundaciones importantes como la de los mercedarios (1367). En 1390 el rey D. Juan I funda la Orden del Espíritu Santo en la catedral. Al fin del siglo (1399) los dominicos se hacen cargo del santuario de Santa María de Nieva.

El siglo XV es el siglo de oro de Segovia. Durante largas temporadas es asiento de la Corte y esto marca a la ciudad en todos los órdenes. Se levantan los monasterios del Parral (1447) y de San Antonio el Real. Se emprenden las obras del de Santa Cruz (1491). En esta época (1410) se fija el suceso de la iglesia del Corpus y se establece la *catorcena*. Predica san Vicente Ferrer (3-V-1411) y se levanta en recuerdo la ermita del Cristo. Tiene lugar el pontificado turbulento del obispo don Juan Arias Dávila, espíritu prócer de reflejos renacentistas, que termina su vida en Roma, requerido por el Pontífice para dar cuenta de los cargos que se le hacían. Se termina la catedral vieja y se remata su bello claustro (1470). En la iglesia nueva de San Miguel es coronada reina de Castilla Isabel la Católica (1474). El primer inquisidor general de España, fray Tomás de Torquemada, era al momento de su nombramiento (1480) prior de Santa Cruz.

La guerra de las Comunidades arruinó casi totalmente la catedral por haberse atrincherado en ella los comuneros para luchar contra las tropas imperiales que se hallaban en el Alcázar. En 1525 se ponía la primera piedra de la nueva catedral por el obispo D. Diego de Ribera. El 15-VIII-1558 se trasladaba el Santísimo a la catedral aún sin terminar. Son varios los segovianos que intervienen brillantemente en el Concilio de Trento (Soto, Vega, Fuentidueña, Vellosillo, Orantes, Cardillo de Villalpando, etc.).

Se suceden las fundaciones en este siglo: agustinos (1556); jesuitas (1559); niños de la Doctrina Cristiana (1564); convento nuevo de trinitarios (1566); franciscanos de Coca (1574); franciscanos descalzos (1579); mínimos (1592); carmelitas calzados (1593); santa Teresa fundada en 1574, y san Juan de la Cruz, en 1586. El convento del Corpus se abría en 1572.

Terminaba el siglo con la terrible peste del 1598 que asoló la ciudad y arruinó su industria. Hubo 12.000 muertos y muchos otros emigraron. La iglesia, con su obispo, clero y religiosos dio un maravilloso ejemplo de abnegación y caridad cristiana. La corporación municipal hizo en la capilla mayor de la catedral un voto a san Roque que se renueva todos los años a 16 de agosto.

Los siglos XVII y XVIII son de franca decadencia para Segovia. De 6.000 vecinos desciende a 4.000 en el siglo XVII y al finalizar el XVIII no contaba más que con 14.000 habitantes incluyendo los de los arrabales. En 1603 se trasladan los carmelitas calzados a su nuevo convento. Un incendio destruía casi totalmente el monasterio de Párraces (1604). Inauguración del Santuario de la Fuencisla (1613). Empezaron por entonces las subidas de la Virgen a la catedral con ocasión de acontecimientos adversos como pestes, guerras, siendo un motivo de conmoción religiosa de la ciudad. Fundación de los capuchinos (1637). En 1727 conmemoración de la canonización de san Juan de la Cruz. Fiestas con ocasión de la declaración de virtudes heroicas del santo segoviano san Alonso Rodríguez (1759). Apertura del Seminario Conciliar de San Frutos y San Ildefonso (1781). Construcción del palacio y capilla colegiata de San Ildefonso (La Granja), bendecida en 1723. La instalación de la Corte en La Granja, al menos durante el estío, convertía a esta villa en centro de la vida política de España. El 17-VII-1746 el rey fundador, Felipe V, era enterrado en la capilla de la colegiata. Y el 17-VII-1766 lo era su regia consorte Isabel Farnesio.

Los franceses ocuparon Segovia en 1808. Evacuada y vuelta a ocupar varias veces, el general Tilly estableció su estado mayor en el Palacio episcopal. Tristes recuerdos de su paso por tierras segovianas dejaron los franceses en Santa Cruz de Segovia, Cuéllar y Coca. A mediados del siglo XVIII tenía la ciudad 23 parroquias, 14 conventos de frailes, 10 de monjas y cinco hospitales. Las guerras carlistas y la alternancia en el gobierno de la nación entre liberales y conservadores, sumieron a Segovia en el mismo caos político y religioso que al resto de España, siendo pocas las noticias, dentro del campo religioso, que merezcan ser consignadas. En 1825 se celebraban fiestas por la beatificación de san Alonso Rodríguez a algunas de las cuales asistió el rey que se hallaba por aquel entonces (mes de julio) en San Ildefonso. El 1835 puede señalarse como el año del cierre de los conventos de agustinos, trinitarios, mercedarios, franciscanos, carmelitas calzados, mínimos y de San Juan de Dios. Años más tarde caían bajo la piqueta demoledora las viejas iglesias románicas de San Facundo, San Román, San Pablo y las ermitas de San Lázaro, San Mamés y San Matías. Los habitantes de la ciudad quedaban reducidos a 10.000.

Hay nuevas fundaciones: Misioneros Hijos del Inmaculado Corazón de María (1861), Hijas de la Caridad (1861), Siervas de María (1882), Hermanitas de los Pobres (1882), Religiosas de San Juan de Dios (1888), Hijas de Jesús (1889), Concepcionistas de Enseñanza (1894). El siglo finaliza con la destrucción de parte de la torre y atrio de San Esteban (1894) y el incendio de la iglesia del Corpus (1899), joya de la arquitectura morisca.

Al comenzar el siglo XX Segovia contaba con 13.500 habitantes. En la actualidad son 38.000. En 24-IX-1916 tiene lugar en la catedral la coronación de la Virgen de la Fuencisla. En octubre de 1927 hay grandes fiestas literarias y religiosas con ocasión del bicentenario de la canonización de san Juan de la Cruz e inauguración del sepulcro en los carmelitas. En 1918 se establecen los Hermanos Maristas en Segovia, los Marianistas en 1929, las Oblatas en 1916, las Reparadoras en 1933. En 1924 se hicieron cargo del santuario del Henar los carmelitas calzados. En 1906 se entregó a los Operarios Diocesanos la dirección del Seminario Conciliar. En 1956 las Cruzadas Evangélicas empezaban a trabajar en la prisión de mujeres, Y en lo que va de siglo dos fundaciones de almas consagradas han nacido en Segovia: las Misioneras de Acción Parroquial (1942) fundadas por el obispo de la diócesis D. Luciano Pérez Platero, y las Misioneras de la Unidad (1962), por D. Julián García Hernando, entonces rector del Seminario Conciliar.

Segovia se desmembró de Palencia probablemente en 527. Ciertamente es independiente al menos desde el 589. Dependía del metropolitano de Toledo. El 4-VII-1857 se publicaba en la catedral la bula de Su Santidad, por la cual el obispado de Segovia dejaba de ser sufragáneo de Toledo para pasar a serlo de Valladolid.

Santos propios de la diócesis: Nuestra Señora de a Fuencisla (25 de septiembre); San Jeroteo (4 de octubre); San Frutos (25 de octubre); Santa Engracia y San Valentín (26 de octubre); San Alonso Rodríguez (30 de octubre).

La liturgia hispana fue sustituida por la romana hacia el 1085. No hay liturgia propia en la diócesis, había Breviario segoviano, impreso en 1493 y otro en 1527 con la fiesta de la traslación de las reliquias de San Frutos. El 24-X-1610 comenzó el rezo de este santo con octava, conforme lo había ordenado el canónigo D. Pedro Arias de Virués, y aprobándolo el papa Paulo V. Había un Ceremonial segoviano, acomodado al romano, mandado imprimir por el obispo D. Antonio

Ramírez de Haro e impreso en Segovia en 1548 por el impresor ambulante Juan Brocario.

Sínodos y Concilios. El 13-III-1166, domingo primero de cuaresma, se abrió en Segovia el concilio provincial que la provincia eclesiástica de Toledo se dispuso a celebrar con asistencia de los obispos sufragáneos. En él se trató de arreglar las diferencias existentes entre Palencia y Segovia por asuntos de límites. Otro concilio provincial volvió a tener lugar en Segovia bajo la presidencia del arzobispo de Toledo, D. Martín López, sin que se pueda precisar la fecha exacta del mismo. En él se trató de la reforma de los eclesiásticos, imponiendo penas a los clérigos que se negaran a aceptar las decisiones del concilio. El rigor con que el obispo de Segovia, D. Gonzalo Miguel, quiso aplicar en su diócesis lo estatuido por el concilio provincial, provocó serios alborotos en las clerecías de Sepúlveda, Pedraza, Fuentidueña Cuéllar, Coca y Alcazarén. El asunto fue a Roma en pleito de apelación al papa Inocencio III, quien delegó para su solución al obispo de Sigüenza y arcedianos de Almazán y Molina.

El obispo D. Gerardo celebró sínodo en su iglesia de Segovia, sin que haya constancia de la fecha, Sí la hay, en cambio, del revuelo que el tal sínodo produjo entre el clero y el pueblo, hasta el punto de que el cabildo y el concejo de Pedraza levantaron pleito en Roma contra el prelado. El asunto impresionó de tal modo que el obispo cayó enfermo, motivo por el que el papa Honorio III encomendó la sede de Segovia al famoso arzobispo de Toledo, D. Rodrigo Jiménez, el cual tuvo que recorrer gran parte de la diócesis para sosegar los ánimos de los diocesanos con levantamiento de las censuras que sobre ellos había lanzado su prelado.

En 1303 D. Fernando Serracín, que había asistido al concilio de Peñafiel de 1302, celebró sínodo en la catedral de Segovia a 5 de noviembre. En él se decretó que el año hábil para la entrega de las rentas eclesiásticas comenzara el 1 de noviembre, así como otras disposiciones sobre cuantía de las rentas y percepciones de los frutos de las vacantes. Sínodo en Cuéllar (8-III-1305), de donde era oriundo el obispo D. Pedro, en la iglesia de Santa María. Se trató del modo de combatir y remediar la incultura de los clérigos. Se preparó un docto memorial para instrucción de los ministros del Señor. También se habló de los usurpadores de los bienes eclesiásticos. Antes de 1374, fecha en que falleció, celebró sínodo en Segovia D. Juan Sierra, sin que se sepa la data exacta ni la temática del mismo. En tiempos de D. Juan Vázquez de Cepeda o de Tordesillas hubo otros sínodos, a los que hacen alusión sus sucesores, sin que haya constancia documental de los mismos por otras fuentes.

El 3-V-1440 se celebró otro en Turégano, villa de la jurisdicción episcopal, en la iglesia de San Miguel sita en el castillo de la villa, gobernando la sede Lope de Barrientos, dominico. Se tocó el tema de cómo remediar la ignorancia de los clérigos, debida a las circunstancias difíciles por que atravesaban los reinos de Castilla. El obispo había compuesto una Instrucción sinodal, que era como un *vademécum* de dogma, liturgia y moral, para uso de sus sacerdotes, que fue muy alabado por sus contemporáneos. Tres son los sínodos de que hay memoria durante el pontificado de D. Juan Arias Dávila. El primero en Aguilafuente (1 a 10-VI-1472) siendo importante, no solo por los asuntos tratados, como la prohibición de que los clérigos se metieran en asuntos de política y de guerra, puesto que eran ministros de paz, sino por ser una de las primeras obras que se imprimieron en España. El segundo tuvo lugar en el palacio episcopal (3-VI-1478). En él se suprimieron algunas fiestas ya que eran excesivas con perjuicio de la productividad y fomento de la ociosidad. El tercero, en Turégano (3-VI-1483) y fue como una recapitulación

de las constituciones sinodales anteriores, tanto de la diócesis de Segovia como de otros obispados.

En la autobiografía de D. Martín Pérez de Ayala consta que celebró un sínodo en Segovia antes de salir para Valencia, a cuya silla fue promovido en 1564, sin que se sepa lo tratado en el mismo. Probablemente se intentara la aplicación a Segovia de lo estatuido en Trento, en cuyo concilio tomó parte tan activa el ilustre prelado. En los libros del Ayuntamiento hay constancia de la asistencia a dicho sínodo de dos comisionados por la ciudad. Su sucesor D. Diego de Covarrubias, insigne canonista, celebró dos sínodos. Uno en 1566 sin que se sepa nada de sus decretos. Otro en el palacio episcopal (1-IX-1569). Don Andrés Cabrera y Bobadilla convocó sínodo en la capilla de su palacio (24-IX-1586). En él se estipula la cuantía de los estipendios de las misas y servicios eclesiásticos; fue impreso.

La observancia de los días festivos y ratificación de la supresión de varias fiestas, decretada ya en sínodos anteriores, fue uno de los temas que se trataron en el de 1596 (26 de mayo) en el palacio episcopal bajo la presidencia del obispo D. Andrés Pacheco. Otros asuntos referentes al gobierno de la diócesis y reforma de costumbres fueron en él dilucidados. No se volvió a tener sínodo hasta el 13-XI-1605, en que lo convocó y celebró en la sala capitular de la catedral el obispo D. Pedro Castro y Nero (13 de noviembre) y vino a completar lo decretado en los anteriores de D. Andrés Cabrera y D. Andrés Pacheco.

Posteriormente D. Andrés Araújo celebró otro, a 21-X-1648. En él se indica que, conforme a lo establecido en Trento, referente al examen de la vida y costumbres de los candidatos a las Ordenes, «para que esta averiguación se haga con más cuidado mandamos a los que hayan de ordenarse, vengan a presentarse un mes antes de las Ordenes». El último sínodo fue el celebrado bajo el gobierno de D. Julián Miranda y Bistuer (12 a 14-IX-1911) para la aplicación en Segovia de lo decretado en el concilio provincial de Valladolid para toda la provincia eclesiástica: reforma de costumbres, esplendor del culto, promoción de la frecuencia de sacramentos y nueva demarcación de arciprestazgos.

Monumentos artísticos más notables. Abunda el románico en lo civil; pero mucho más en las iglesias, las cuales presentan características especiales: pórtico exterior a veces circundante, con una sola torre, y ésta alta, que se levanta junto al crucero y no a los pies de la iglesia; bastantes pertenecen al románico de ladrillo. En la ciudad las principales iglesias son éstas: San *Martín* (siglo XIII) con grandioso pórtico, de bellos calados en sus capiteles geométricos e historiados, con magníficas pinturas de escuela alemana, e interesantes capillas, como las de los Herrera y los Bravo. Esta iglesia se edificó sobre restos de otra de tipo probablemente mozárabe del siglo X. *San Juan de los Caballeros* (siglo XIII), actualmente convertida en museo de Zuloaga, y levantada sobre restos de otra iglesia de tipo asturiano del siglo IX. *San Millán*, construida por Alfonso I de Aragón, rey de Castilla, entre el 1112 y 1113, de planta rectangular y cuatro ábsides, con alternancia de columnas y pilastras. La *Vera Cruz*, de planta dodecagonal a imitación del Temple de París; perteneció a los caballeros Templarios; la dedicación de la iglesia está fechada en 1208. *San Esteban* (siglo XIII) con airosa y esbelta torre. *San Lorenzo*, con su bello campanario perteneciente al románico de ladrillo.

En los pueblos: ermita de *Nuestra Señora del Barrio*, en *Navares de las Cuevas* (siglo XI) con muchos elementos de estilo ramirense, con hermosa bóveda de crucería árabe. Impresiona el conjunto artístico de *Sepúlveda* con sus iglesias de *El Salvador* (1093), de una sola nave y bóveda de medio cañón y valioso atrio; *Nuestra Señora de la Peña* (1144) con magnífica portada en la que campean los ancianos del Apocalipsis. *San Frutos*, que fue priorato dependiente de Silos (1100). *Duratón*, con bella parroquia románica dedicada a Santa María (siglo XII). *Sacramenia*, cabecera de una importante comunidad de Villa y Tierra, con su iglesia de *San Miguel* (siglo XII), con arcos sobre pareadas columnas, e interesantes capiteles en las ventanas del ábside. *Turégano* con una iglesia románica del siglo XIII, de tres naves, capiteles románicos y arcos ojivales; está materialmente forrada de castillo, ya que ocupa el lugar que hubiera de haber sido patio de armas de su medieval fortaleza; del señorío del obispo aún en la actualidad. *Cuéllar* con varias iglesias pertenecientes al románico de ladrillo: *San Miguel, San Esteban, San Andrés, Santo Tomé,* todas ellas con influencias mudéjares. *Santa María* de Riaza, con templo románico y pila bautismal de origen visigótico. Tienen también claros influjos mudéjares las iglesias de *Tolocirio*, con ábside semicircular y de mampostería que recuerda las iglesias de Sahagún. *Samboal*, con su iglesia dedicada a San Baudilio, de espléndida torre y ábside románico. *Santa María de Nieva*, con un hermoso claustro románico perteneciente al antiguo monasterio dominico, ya del período de transición.

Dentro del estilo gótico, *Santa Cruz* (1491), levantada por los Reyes Católicos sobre otra anterior, como recuerdo de las penitencias que allí hiciera santo Domingo de Guzmán. *San Antonio el Real* (siglo XV) de claro estilo isabelino, con magnífico artesonado de traza octógona prolongada. *El Parral* (siglo XV), de monjes jerónimos, que pertenece al inconfundible estilo de la Orden, con retablo plateresco e interesantes sepulturas góticas entre las que descuellan las de los fundadores, Marqués de Villena y su esposa D.ª María Portocarrero. Dentro del gótico hay que destacar la catedral, llamada la «dama de las catedrales góticas», sobria en la ornamentación y extraordinariamente armónica en sus proporciones. Comenzada en 1525 y consagrada en julio de 1768. El claustro pertenecía a la catedral vieja, deteriorada y casi destruida en la guerra de las Comunidades. Es de grandes arcos ojivales subdivididos en arquitos trevolados. El retablo mayor es de Sabatini en el que destaca la Virgen de la Paz (siglo XIII) donación de Enrique IV a la catedral segoviana. En sus capillas hay un Cristo yacente de G. Hernández, retablo de Juan de Juni (1571) con la Piedad por motivo principal, Cristo crucificado de Pereira, sobre un retablo hecho de cerámica de Zuloaga.

Esbeltas iglesias góticas en *Carbonero el Mayor* (siglo XVI); *Coca*, fundada por el arzobispo de Sevilla, D. Alonso de Fonseca, con hermosos sepulcros del renacimiento; la iglesia de Martín Muñoz de las Posadas, mandada construir por el cardenal Espinosa, hijo de la localidad, cuyo enterramiento está en la misma iglesia en magnífico sepulcro de Pompeyo Leoni. Cuenta además con una valiosa Crucifixión del Greco; *Santa María de Nieva*, con iglesia gótica del siglo XV. La iglesia parroquial de *Villacastín* es gótica (1529) y su traza posiblemente sea obra de Juan Gil de Hontañón, maestro de obras de la catedral. Tiene muchos elementos renacentistas debidos a la mano de fray Antonio de Villacastín, hijo del lugar, aparejador que fue de las obras de El Escorial, con buenas pinturas del segoviano Alonso de Herrera. *El Espinar*, con magnífica iglesia (siglo XVI) de rasgos herrerianos, por Juan de Mijares y soberbio retablo de Francisco de Giralte y pinturas de Sánchez Coello. De estilo típicamente jesuítico a imitación del Gesú de Roma es la iglesia del Seminario (traslado del Santísimo en 1606) *San Ildefonso* cuenta con hermosa colegiata, del estilo de la época, mandada construir por Felipe V en el Real Sitio que él escogió para residencia veraniega. La fábrica estaba terminada en 1723. Planta de cruz latina, bóvedas de cañón, ornamentada por Bayeu, Maella y otros.

2. Instituciones. *Cabildos.* El de Segovia debió de ser desde el principio secular. Cumple normalmente su cometido sin notas de relieve dignas de ser destacadas. Hay canónigos fervorosos, como Giraldo Gutiérrez quien en 1360 dota convenientemente la Fiesta de la Inmaculada para que con permiso del obispo y cabildo se celebre solemnemente todos los años en la catedral. Los hay que promueven disturbios hasta el punto de que el prelado, entonces D. Gaspar de Zúñiga, se ve obligado a meter en prisión al deán y cuatro canónigos en 1554. El 2-XII-1564 se recibía en el cabildo cédula real para que el maestrescuela, D. Pedro Arias Osorio y el canónigo D. Pedro González, saliesen expulsados del reino por haber ido al Concilio de Trento a reivindicar los derechos de los canónigos frente a las exigencias de los obispos. En la actualidad son 16 canónigos y 12 beneficiados, según el Concordato de 1851. Los últimos estatutos capitulares aprobados lo fueron en 1923 por el obispo D. Manuel de Castro.

En San Ildefonso hay una colegiata con su cabildo, que en la actualidad cuenta con ocho canónigos y dos beneficiados. Enrique IV levantó en 1450 una casa y una ermita a san Ildefonso en aquel lugar. Los Reyes Católicos donaron (28-VII-1477) la casa a los jerónimos del Parral. En (22-XII-1723) el cardenal Borja consagraba la capilla del palacio real mandado construir por Felipe V. El 6-VII-1725, se publicaba en la capilla del palacio la bula *Dum infatigabilem* de erección de la iglesia en Real e insigne iglesia colegial parroquial. La bula es de Benedicto XIII (20-XII-1724). Los estatutos y ceremonial del cabildo y colegiata fueron aprobados en 13-X-1780. La casa que se construyó para los canónigos era el mejor edificio de la localidad fuera del palacio real. Se incendió varias veces. La primera en 1754. La colegiata deteriorada con ocasión de la guerra de 1936-1939, sometida a largas obras de reparación, fue abierta nuevamente al culto en 1966.

Hospitales. El obispo D. Juan Arias Dávila dejó en su testamento dotación para un hospital. Empezó a construirse junto a la iglesia de San Esteban, pero se pararon las obras por pleitos de sus herederos. En 1563 se pasó la renta al *Hospital de la Misericordia*, del que quedaron como patronos los obispos de la diócesis que lo son en la actualidad. En 1518 D. Pedro López de Medina dejaba dotación para un hospital, con nombre de *La Concepción* en la parroquia de San Martín. Por pleitos tampoco se pudieron realizar las obras de inmediato. Empezó a funcionar como hospital y asilo para ancianos en 1588. El obispo D. Diego de Ribera, con permiso de la Santa Sede, unía en 1536 la renta del hospital del cabildo catedral al hospital de los niños abandonados. Existió un hospital llamado de *Sancti Spiritus* bajo la encomienda de esta Orden. No se sabe cuándo se fundó; la primera documentación que hay es un privilegio de Alfonso el Sabio a favor del mismo en 12-X-1257. Por desidia y malversación de fondos en 1573 pasó a depender de la ciudad, que lo convirtió en hospital de bubas y resfriados. También hubo un hospital para los convalecientes que no tuviesen acomodo al salir del hospital de la Misericordia. Lo fundó junto al antedicho hospital el médico D. Juan Núñez de Riaza. Se bendijo su templo en 1-II-1608 por el obispo D. Pedro Castro y Nero. La Orden de San Antón cuidó del hospital que llevaba su nombre. Colmenares nada dice de él. Probablemente se abrió en el siglo XVII en la parroquia de Santa Eulalia. La Orden desapareció en el siglo XVIII, al ser suprimida en España y en toda la cristiandad. El hospital de *San Juan de Dios* se abrió en 1594 en la calle de los Desamparados. Lo dirigieron los Hermanos de San Juan de Dios. Hoy es convento de religiosas.

Don Francisco de Fonseca fundaba un hospital en Coca el 1574; hay un hospital en la actualidad dirigido por las Misioneras de Acción Parroquial para atender a enfermos de la Villa y Tierra. También los hubo en Ayllón, Sepúlveda, Villacastín que contaba con dos, el de San Sebastián y el de la Concepción. Informando a la Corte en 1768 el obispo D. Juan José Martínez Escalzo, con ocasión de las gestiones que estaba llevando a cabo para la apertura de un Seminario diocesano, habla de los hospitales existentes en la diócesis: de la Misericordia, de convalecientes, de los viejos, la inclusa, de Sancti Spiritus para los uncionados, de San Antonio de los peregrinos del que es patrono el conde de Puñonrostro, para los pasajeros y maleantes. Otro en Sepúlveda con inclusa y algunos pequeños en los pueblos.

En la actualidad: el de la Misericordia, cuyo patrono es el obispo; el asilo de ancianos desamparados de las Hermanitas de los pobres desde 1882. El Retiro sacerdotal fundado por D. Daniel Llorente y adosado al Seminario diocesano.

Santuarios. Los más notables son el de la *Virgen de la Fuencisla*, cuya veneración se remonta a los tiempos de la restauración de la diócesis (siglo XII). El santuario se terminó en 1613 con grandes solemnidades a las que asistió el rey Felipe III. *Santuario del Henar* (siglo XVI), cuya custodia está encomendada a los Carmelitas calzados desde el 1924; la devoción empieza en 1580. *Santuario de San Frutos;* la devoción al santo se extendió mucho los siglos XVII y XVIII. *Santa María de Nieva, La Virgen de Hornuez,* la de *Hontanares,* etc.

Universidades y Colegios. El convento de dominicos de Santa Cruz, por orden del maestro general dada en Nápoles en 1599, se convirtió en Universidad que confirió grados de maestro y doctor, con la aprobación del papa Clemente VIII. El primer graduado lo fue, en 1602, fray Gabriel Rodríguez. Los Estudios estuvieron florecientes durante todo el siglo XVII y gran parte del siglo XVIII.

Ya el rey Enrique IV en 30-V-1466 extendió un privilegio de 38.000 maravedíes anuales sobre la alcabala de algunos pueblos de Segovia para la erección de unas cátedras de Gramática, Lógica y Filosofía Moral y otras ciencias. Se trataba de unos Estudios eclesiásticos patrocinados y subvencionados por el rey y que estaban en activo durante la época tridentina.

Los carmelitas tuvieron Colegio y Estudio de Artes en su convento, donde explicó san Juan de la Cruz. También los franciscanos sostenían un Colegio en San Antonio el Real. Don Gómez González, arcediano de Cuéllar de donde era oriundo, fundó (18-VII-1429) con aprobación del obispo y capitulares, un Estudio de Gramática latina en su pueblo natal y cada mañana repartía en el mismo Estudio ración de comida a los estudiantes pobres. También por entonces dotó una cátedra de Gramática en Coca D.ª María Marcos, de la familia de los Fonseca. El 6-II-1952 el racionero de la catedral, D. Damián Alonso de Berrocal, dejó en su testamento lo suficiente para la creación de un Colegio de teólogos en su casa, frente a la iglesia de San Sebastián. Para los alumnos que hubieren terminado Artes y empiecen la Teología se abrió un Colegio en la calle de San Agustín con los bienes que para este fin dejó D.ª Antonia Dávila y Villafañe en 4-XII-1636. Los colegiales tenían la obligación de asistir a las clases de Teología del Colegio de la Compañía de Jesús.

Los padres jesuitas llegaban a Segovia en 20-II-1559. Apoyaba su fundación con su consejo y dinero el canónigo Dolier y su sobrina, Antonia Dávila y Villafañe. Levantaron un buen Colegio con magnífica iglesia de estilo jesuítico, que debía estar terminada en 1606, ya que en esa fecha se hizo el traslado del Santísimo. Los padres debían enseñar Gramática, Filosofía y Moral. Hubo maestros notables entre los que descuellan los padres Suárez, Isla y Acosta. Las clases continuaron normalmente hasta la expulsión de la Compañía en 1767.

Seminario. En 30-IV-1610 se abrió por primera vez un Seminario diocesano gracias al tesón del obispo D. Pedro de Castro y Nero; pero llevó una vida lánguida a causa de la escasez de recursos, y desapareció a la muerte del insigne prelado. En marzo de 1751 D. Diego de Ochoa Ondátegui hacía testamento y en él consignaba fuertes sumas para el establecimiento de Estudios completos de la carrera eclesiástica, de Gramática, Súmulas, Lógica y Metafísica, más Teología y Moral que habrían de cursarse en el convento de padres franciscanos, cuyos profesores quedaban obligados a explicar y seguir a Escoto. El 18-VII-1781 se trasladaban procesionalmente los 13 alumnos y directivos del Colegio de San Ildefonso para ocupar en calidad de Seminario diocesano el edificio de la Compañía de Jesús que había quedado vacante a la expulsión de los jesuitas. Así comenzó la existencia del Seminario diocesano durante el episcopado de D. Alonso Marcos de Llanes. Su vida espiritual y académica se ha continuado ininterrumpidamente, excepto los años de la guerra del 1936 al 1939, en que sus clases, por estar ocupado como hospital de guerra, se trasladaron a otro local. Desde 1906 su dirección se encomendó a la Hermandad de Sacerdotes Operarios diocesanos. En los años 1962-1963 se construyó un nuevo pabellón con capacidad para 150 alumnos, donde quedó instalado el Seminario Mayor, durante el episcopado de D. Daniel Llorente, habiendo llegado a contar con 525 internos. En la actualidad son 340.

Archivos y Bibliotecas. Hay dos archivos importantes: catedral y diocesano. El primero comienza en la alta Edad Media y es importante para la historia religiosa de la diócesis. El segundo quedó maltratado con la ocupación francesa, pero hay fondos interesantes de pleitos, cuentas y fundaciones. La biblioteca de la catedral cuenta con numerosos manuscritos y 515 incunables. La del Seminario diocesano tiene 20.000 volúmenes. La del Parral, 10.000 volúmenes. Archivos importantes para el estudio de la historia de la diócesis son, además, el Histórico Nacional, donde hay gran parte de los fondos de los conventos llevados a raíz de la Desamortización; el de Protocolos de Segovia, el de Hacienda con documentos del siglo XV, más los de Sepúlveda, Coca y Cuéllar. El museo diocesano comenzó en tiempo de D. Manuel Castro (1920-1928).

El *Boletín Oficial de la Diócesis* empezó a publicarse en 1856. Las revistas Universidad y Tierra (1934-1936) y Estudios Segovianos (desde 1949) han publicado numerosos trabajos de historia civil y eclesiástica. Algunas revistas religiosas que han aparecido: San Juan de la Cruz (1890-1892); El Iris de paz de los misioneros del Corazón de María (1936-1939); La Semana Católica (1899-1900); Fomento de vocaciones (1939-1965); Cultura Bíblica (1944-1969).

Ordenes y Congregaciones antes de 1900. Las monásticas van unidas a los siguientes monasterios: *San Frutos,* priorato dependiente de Silos, a cuya abadía cedió aquellas tierras Alfonso I en 1076, con iglesia románica consagrada el 1100 por el arzobispo de Toledo, D. Bernardo; después de la exclaustración pasó a ser parroquia de término. En 116 el obispo D. Pedro de Agen permitía y apoyaba la fundación del monasterio cisterciense de *Santa María de la Sierra,* en la falda del Guadarrama; la imagen titular (siglo XII) se conserva en la iglesia parroquial de Sotosalbos. El monasterio de *San Boal* fue de benedictinos y parece que la fundación fue hecha o quizá apuntalada, si existía ya anteriormente, por la donación que hizo al convento el conde Pedro Ansúrez y su esposa D.ª Eylo en 1112. De aquel tiempo es la fundación de *San Vicente el Real,* más tarde de monjas bernardas. El emperador Alfonso VII fundó el monasterio cisterciense de *Sacramenia* (30-I-1141), cuyos primeros monjes vinieron del monasterio francés de Scala Dei, siendo fray Raimundo su primer abad. A

Sacramenia perteneció el priorato de *Contodo*, cerca de Cuéllar; primero perteneció a monjas cistercienses, y se anejó a Sacramenia en 1509. Existió un convento de monjas benedictinas llamado de *Cárdaba*, entre Pecharromán y Sacramenia, que el conde Fernán González anejó al monasterio de San Pedro de Arlanza y éste le permutó con autoridad apostólica hacia el 1486 al de Sacramenia. Monasterio cisterciense había en *Palazuelos* en 1629. El convento de *Párraces* fue de canónigos regulares fundado por el maestro Navarrón, con la donación que de su casa y granja tenía allí el obispo D. Pedro de Agén en 1148. Llevó vida independiente hasta que Felipe II con bula pontificia anejó Párraces al monasterio de El Escorial en 1567. En las riberas del río Moros estuvo el monasterio de *San Pedro de las Dueñas* que fue de benedictinas y el obispo D. Juan de Tordesillas incorporó a la abadía de Párraces, y su sucesor, D. Lope Barrientos, traspasó a los dominicos (18-VIII-1442). Canónigos regulares hubo en *Santo Tomé, del Puerto*, en convento levantado en las estribaciones de Somosierra por D. Raimundo de Losana en 1288, anejado luego por Gregorio XIII en 1573, a instancias de Felipe II, a El Escorial. Hubo otro monasterio de *San Juan*, de la Orden de Malta en Santo Tomé del Puerto. El monasterio del *Parral*, de monjes jerónimos, fue fundado en 10-XII-1447, aunque la construcción empezó algo más tarde. Se debe al marqués de Villena y al cariño que Enrique IV tenía por Segovia. Estuvieron los monjes hasta la exclaustración. Fue restaurada la vida monástica en 1927 bajo el episcopado de D. Manuel de Castro, y profesaron los nuevos monjes ante el nuncio en España monseñor Tedeschini.

Los *premostratenses* se instalan en las riberas del Eresma en 1176 siendo obispo de Segovia D. Gonzalo. Más tarde se trasladaron al interior de la ciudad en la actual plaza de los Huertos. En (20-IX-1207) llegaban los *trinitarios* enviados por san Juan de Mata. Se instalaron cerca de la Fuencisla, donde estuvieron 358 años hasta que se trasladaron intramuros de la ciudad en 1566. En 1208 tuvo lugar la dedicación del templo de la Vera Cruz de la *Orden del Temple*. Abolida la Orden por el papa Clemente V en el Congreso Ecuménico de Vienne (1311) pasó la iglesia y convento a los caballeros de San Juan, que la tienen en posesión. *Dominicos*. Santo Domingo de Guzmán se hallaba predicando en Segovia por el 1218. El entusiasmo que despertó su predicación dio como resultado la construcción de un pequeño convento, del que fue primer prior fray Corbalán; fue muníficamente dotado por los Reyes Católicos y actualmente sirve de residencia provincial. La reina D.ª Catalina de Lancáster, patrona de las iglesias de Santa María y Santa Ana en la villa de Santa María de Nieva, hizo donación de dichos templos a los dominicos en 1399, quienes levantaron un hermoso convento donde estuvieron hasta la exclaustración. Posteriormente fue ocupado por religiosas dominicas, y actualmente se halla abandonado. Los primeros franciscanos es posible que llegaran de Ayllón, donde san Francisco había levantado un convento en 1214 que se instalaron en una casa muy humilde de la parroquia de San Benito.

Hubo franciscanos en Cuéllar, veintiséis años después de la fundación de la Orden. Su residencia fue ampliada con el magnífico convento levantado por el duque de Alburquerque, favorito de Enrique IV. Todavía se conserva la iglesia y restos de la grandiosidad de aquel convento, devastado por las tropas de Napoleón, algunas de cuyas reliquias, como sepulcros de fina labra equiparables al del Tostado de la catedral de Avila, se hallan en el museo de Nueva York donde fueron trasladados en 1906. En Cuéllar hubo también trinitarios calzados y monjes basilios.

En Martín Muñoz de las Posadas hubo convento de franciscanos descalzos, que se reedificaba en 1673. Los franciscanos poseyeron el convento de Fuentidueña, por traslación que hizo a favor de ellos el cardenal Cisneros en 1496. También en Coca había convento de franciscanos, levantado en 1574 a expensas de D. Francisco de Fonseca. También en Villacastín. En las cercanías de Sepúlveda había convento de franciscanos, anteriormente de benedictinos, que llevaba el nombre de *Nuestra Señora de los Angeles* y luego de *la Hoz* por la que hace el río Duratón en aquel mismo lugar.

Enrique IV cedió una casa de campo que tenía en los arrabales de la ciudad a los *franciscanos observantes* y les construyó el convento que hoy lleva el nombre de San Antonio el Real, donde viven religiosas franciscanas desde el 1488, al que se trasladaron por haber sido demolido su convento intramuros de la ciudad para la construcción de la catedral nueva, yéndose los observantes a su convento principal de San Francisco. A las clarisas de Cuéllar recomendaba el papa Inocencio IV en 1244 en escrito dirigido al rey de Castilla. El convento actual fue levantado a expensas del duque de Alburquerque, señor de la villa. Doña Elvira Martínez, madre del fundador en España de la Orden jerónima, Pedro Fernández Pecha, construía casa en 1367 a los *mercedarios*. Se conservó hasta 1837. Los *mínimos*, fundados por san Franciso de Paula, llegaron el 7-IV-1592. Se trasladaron más tarde a la parte sur de la ciudad, donde compraron la casa-convento, que luego de la exclaustración pasó a ser cuartel militar. Desde 1844 se convirtió en teatro y actualmente es el cine Victoria. La *Orden hospitalaria* ocupó el convento de San Antón. Los *agustinos* entraban en Segovia en 1556 pleiteando con los dominicos por querer establecerse en la jurisdicción de éstos. El obispo bendijo la iglesia el 16-XI-1597, actualmente convertida en monumento a los caídos. Monjas agustinas ocuparon la fundación que les hizo en sus casas, el 20-VII-1531, D.ª Francisca Daza. El bullicio del lugar, pues se hallaban en plena plaza, les obligó a trasladarse a otro sitio más apartado, junto al actual matadero, en 1552. Posteriormente se trasladaron al monasterio donde vivían otras religiosas de la misma Orden, en el convento de la Encarnación.

En 1559 se establecía en Segovia la *Compañía de Jesús* abriendo un Colegio que se haría famoso por la calidad de los maestros que en él enseñaron. Más tarde sería el Seminario Conciliar, al abandonarlo la Compañía cuando la expulsión. Santa Teresa de Jesús y san Juan de la Cruz llegaban a Segovia en marzo de 1574 para fundar convento de monjas *carmelitas descalzas*. Así se hizo en la parroquia de San Andrés con dificultades por parte de los mercedarios que las consideraban demasiado próximas a su convento. En 1579 llegaban los *franciscanos descalzos*, en el hospital de San Lázaro primero; pasaron luego al sitio anteriormente ocupado por los trinitarios, de donde salieron luego para la parroquia del Salvador donde construyeron el convento de San Gabriel, que pasaría más tarde a los misioneros del Corazón de María en tiempos de san Antonio María Claret. San Juan de la Cruz fundó el convento de *carmelitas descalzos* en (3-V-1586) en una casita de la plazuela de la Merced, hasta que el mismo año se trasladó al convento que habían abandonado los trinitarios en las márgenes del Eresma. San Juan santificó aquellos muros, al escribir algunos de sus libros. Estuvo de prior desde 1588 al 1591 y enseñó Filosofía y Teología. Los *carmelitas calzados* llegaron en 1593. Compraron la llamada Casa del Sol donde antes habían estado las agustinas de la Humildad. Se trasladaron al grandioso edificio que construyeron cerca del acueducto (20-V-1603), donde estuvieron hasta la exclaustración. El convento de la *Concepción francisca* ha recorrido Segovia en todas direcciones. En 1601 está en la calle de San Román. En 1619 edifican uno nuevo frente al acueducto en la calle Los Gremios. Allí estuvieron hasta la revolución de 1868. En noviembre de ese año fueron expulsadas y trasladadas al convento de Santa Isabel, donde estuvieron siete años. El 12-XI-1875 ocupan el Parral que estaba abandonado. El 10-VI-1879 se trasladan a San Antonio el Real. A primeros del siglo XX compraron el palacio de los Villares, donde están actualmente, en la calle del Licenciado Peralta. Las franciscanas del Corpus empiezan en 1572. Los capuchinos, en 1637. Actualmente ocupan su convento las religiosas Oblatas. Las dominicas se trasladaron el 13-VI-1513 desde el antiguo convento que tenían extramuros de la ciudad a la llamada Casa de Hércules que compraron a Diego Peralta.

San Antonio María Claret, que repetidas veces visitó e hizo objeto de sus afanes apostólicos a Segovia desde La Granja donde pasaba temporadas por ser confesor de la reina Isabel II, fundó en esta ciudad sus Misioneros Hijos del Inmaculado Corazón de María el 22-XI-1861, primero en la calle Daoíz y luego en el convento de San Gabriel (marzo de 1862), antigua morada de los alcantarinos. Las Hijas de la Caridad firmaban contrato en 1861 con la Junta Provincial de beneficencia y se hicieron cargo de la Residencia de niños expósitos e Inclusa. Se encargaban del Hospital de la Misericordia en septiembre de 1819 a instancias de su patrono Isidoro Pérez de Celis. Actualmente tienen el Hospital Militar. Desde 1940, el Manicomio de Quitapesares, y la Policlínica 18 de Julio, desde 1948. Las Hijas de Jesús se establecieron en Segovia (8-V-1889), en Bernardos (septiembre de 1887-1955), en El Espinar (18-I-1891 hasta septiembre de 1968), en Coca (23-I-1893-1936). Las Concepcionistas de la enseñanza se establecieron en la Casa de los Lozoya (8-IV-1894). Se trasladaron a la actual de la plaza Conde de Cheste en 1952. Las Misioneras de Acción Parroquial fueron fundadas (1942) en la antigua casa de Niños de la Doctrina cristiana que levantó el obispo Martín Pérez de Ayala en 1564.

3. **Geografía diocesana.** Se desconocen los primitivos límites de la diócesis. El documento en que Montano, arzobispo de Toledo, en 527 reconoce ante los hechos consumados la dignidad episcopal de un coepíscopo palentino, le asigna como jurisdicción de por vida Segovia, Coca y Buitrago. Al desgajarse oficialmente de Palencia la diócesis de Segovia, no se sabe la extensión que tenía. Los límites de la diócesis debieron establecerse en tiempos del rey Wamba. La bula de restauración de la diócesis dada por Calixto II en 9-IV-1123, a petición del obispo D. Pedro de Agén que había asistido al II Concilio Lateranense (1112) y apoyada por el rey Alfonso VI, sobrino del Pontífice, habla de las posesiones y términos antiguos, dentro de los cuales incluye nominalmente a Coca, Iscar, Cuéllar, Portillo, Peñafiel, Castro de Fuentidueña, Cuevas de Provanco, Sacramenia, Membibre, Bernuy, Maderuelo, Fresno, Archite, Sepúlveda y Pedraza. Los límites antiguos hablan de Balsaín y Tablada y Mambella, que está en los términos de Palencia, a Montejo y a Val de Soto, en las cercanías de Juarros de Voltoya, por el lado del obispado de Avila.

Palencia pleiteó largamente por no quererse aquietar con esta limitación establecida por el papa Calixto II y confirmada después por Inocencio II en bula plomada del 18-III-1139. Estando la princesa D.ª Sancha en Valladolid, el 30-I-1140, quiso concordar a los dos prelados, tío y sobrino, que litigaban sobre los límites de sus diócesis respectivas. Para ello dio de sus deudos al obispo de Segovia la villa de Alcazarén. En 1144 continuaban las cosas lo mismo hasta el punto de que el rey Alfonso VII fue a Segovia aquel mismo año para poner fin a las disensiones. En el documento el rey se conduele de las largas y duras discordias existentes entre ambos

prelados por motivos de límites de jurisdicción y para acabar con ellos como muestra de su buena voluntad hace de su propio patrimonio nuevas donaciones, correspondiendo al de Segovia ciertas posesiones junto al río Milanos y los pueblos de Cogeces y Mejeces. No habiéndose aquietado los ánimos el asunto llegó a Roma y el papa Clemente III, que dirimió el pleito como queda dicho.

Por decreto de la Congregación Consistorial (17-X-1954 y 22-XI-1955) para poner en práctica el art. IX del Concordato entre la Santa Sede y el Gobierno español de 27-VIII-1953, Segovia sufre las modificaciones en los límites de su diócesis. La nueva demarcación se ajusta totalmente a los límites de la provincia. Con ello Segovia tiene que ceder 16 parroquias a Valladolid, cuatro a Burgos y tres a Avila. Recibe en cambio 11 de Avila, una de Burgos y 15 de Sigüenza. En total gana cuatro parroquias y pierde 15.000 habitantes.

4. **Situación actual.** La diócesis de Segovia en 1970 tiene una extensión territorial de 6.949 kilómetros cuadrados, 185.000 habitantes, 23 arciprestazgos con 296 parroquias; 282 sacerdotes, 123 religiosos, 547 religiosas. En la capital hay Franciscanos, Carmelitas descalzos, Jerónimos, Misioneros del Corazón de María, Maristas, Marianistas, Cruzadas de la Iglesia, Aliadas, Carmelitas descalzas, Concepcionistas franciscanas, Franciscanas de San Juan de Dios, Clarisas del Corpus, Agustinas, Franciscanas de San Antonio, Franciscanas de Santa Isabel, Bernardas de San Vicente, Dominicas, Siervas de María, Hijas de Jesús, Reparadoras, Concepcionistas de la enseñanza, Hermanitas de los Pobres, religiosas de la Sagrada Familia, Hijas de la Caridad, Oblatas del Santísimo Redentor, Misioneras de Acción parroquial. En Cuéllar hay Clarisas, Concepcionistas, de la Divina Pastora en el colegio y en el hospital. En el Henar hay Carmelitas calzados. En Bernardos, Hermanas Apostólicas de Cristo Crucificado. En Sepúlveda, religiosas de la Divina Pastora, con colegio y hospital. En Coca, Misioneras de Acción parroquial. También las hay en Carbonero Mayor. Villacastín tiene convento de Clarisas. Ayllón, Concepcionistas con colegio de enseñanza. Santa María de Nieva, Dominicas de la Anunciata. San Ildefonso, Carmelitas descalzas y Misioneras seculares. En El Espinar tienen dos casas las Hermandades de Trabajo. En Navas de Riofrío, casa de Ejercicios de los jesuitas, religiosas del Servicio Doméstico, Asuncionistas. En Ortigosa, casa de retiro del Opus Dei en Molino Viejo. En Navafría, casa de retiro de las Hijas de Jesús. En Rapariegos, Clarisas. En Santa María, Religiosos de La Salette que atienden un colegio de segunda enseñanza. Colegios de primera enseñanza, 14 con 1.726 alumnos. Colegios de segunda enseñanza, siete con 2.757 alumnos. Escuelas del Magisterio, dos con 81 alumnas.

5. **Episcopologio:** *San Jeroteo,* supuesto discípulo de San Pablo; se le venera como primer obispo de Segovia, pero su episcopado segoviano pertenece a la leyenda. *Pedro,* firma el III conc. de Toledo (589). *Miniciano,* firma conc. de Toledo (610). *Anserico,* asistió concilios de Toledo (633, 636, 639, 646, 653). *Sinduito,* envía como procurador al conc. de Toledo (675) al diácono Liberato. *Deodato,* asistió conc. de Toledo (681, 683, 684), donde se admitió el conc. III de Constantinopla, y al de 688. *Decencio,* asistió conc. XVI de Toledo (693). *Ilderedo,* que en 940 hace donación de una heredad al ob. de León. *Pedro de Angén,* restauró la dióc. de Segovia, asistió al II conc. Lateranense (1112), al de Oviedo (1115); comenzó la edificación de la catedral antigua (1116). *Juan I,* 1149, 1151 tr. a Toledo, firma una escritura de donación de varias heredades que el rey Alfonso VII hizo en 1151 al monasterio de Santa María de Nájera. *Vicente,* 1154, 1156, interviene en 1155 en escritura de donación del rey D. Sancho.

Guillermo, 1158, 1170, recibe donaciones (1158) del rey D. Sancho; se celebró conc. prov. en Segovia (1166) convocado por el arz. de Toledo, D. Juan, que era segoviano. *Gonzalo*, 1177, † 1192, fundó el monasterio de Santa María de los Huertos, pleitea con el de Palencia por razones de límites de diócesis; recibió el episcopado de Clemente III. *Gutierre Girón*, 1195, al que algunos hacen morir en la batalla de Alarcos. *Gonzalo Miguel* OP, 1196, † 1211, segoviano, anuló la elección del abad de Párraces por haberse hecho sin su consentimiento; permite a San Juan de Mata la fundación de un convento. *Gerardo* OP, 1214, † c. 1224, en cuyo tiempo Santo Domingo de Guzmán funda su primer convento; celebró sínodo en la ciudad, sin que se sepa la fecha; las decisiones sinodales alborotaron al clero, lo que hizo enfermar al prelado, y esto dio motivo a que Honorio III encomendara al arz. de Toledo D. Rodrigo Jiménez el gobierno de la diócesis, gobierno que duró hasta 1221, en que fue nombrado Lope de Haro coadjutor. *Bernardo*, pr. 10-X-1224, cuya elección no debió de ser universalmente admitida hasta que se aquietaron los ánimos con bula de Honorio III, el 16-III-1227; el legado pontificio *Juan*, monje cluniacense, consagró la catedral de Segovia a instancias del ob. Bernardo, el 16-VII-1227, † 1248. *Rodrigo*, pr. 1248, † 19-XII-1249. *Raimundo Losanna* OP, pr. 1249, 1259 tr. a Sevilla; confesor y secretario de San Fernando, a quien ayudó en los últimos instantes el 30-V-1252, † c. 1259. *Martín* OFM, pr. 1260, † 12-XII-1264. *Fernando Velázquez*, 26-I-1265, † 20-I-1277; fue comisionado a Alemania para agenciar la candidatura del Rey Sabio a la corona imperial de Alemania. *Rodrigo Tello*, pr. 5-I-1279, 6-X-1288 tr. a Tarragona; tuvo que andar ausente de su diócesis por seguir la facción de los Infantes de la Cerda. *Blas*, pr. 13-XII-1289, † 21-I-1300. *Fernando Sarracín*, pr. 17-IV-1301, † 17-X-1318, asistió al conc. prov. de Peñafiel (1302), celebró sínodo en Segovia (5-IX-1303) sobre los bienes eclesiásticos. *Benito Pérez*, pos. 1318, † 27-X-1319. *Amado*, pos. 1320, † 16-VIII-1321. *Pedro de Cuéllar*, pos. 20-III-1324, † 1350, celebró sínodo en la iglesia de Santa María de Cuéllar, su pueblo (8-III-1325), sobre la enseñanza e instrucción de los clérigos. *Blasco de Portugal*, pr. 30-V-1351, † 1353. *Pedro Gómez Gudiel*, pr. 13-II-1352, pos. 1353. *Gonzalo* OFM, pr. 27-XI-1355, † 1358. *Juan Lucero*, ob. de Salamanca, pr. 18-VI-1361, confirmó la fundación de la fiesta de la Inmaculada en la catedral (1362). *Martín de Cande*, pr. 10-VI-1364, aprobó la fundación de los Mercedarios en 1368. *Juan Sierra*, ob. de Orense, pr. 3-X-1370, † 16-II-1374, celebró sínodo, pero no se sabe fecha. *Gonzalo*, pr. 26-IV-1374, † en Zaragoza. *Hugo de Alemania*, pr. 21-VII-1374, 15-X-1388 tr. a Cavaillón, asistió a las Cortes de Burgos de 1379. *Juan Serrano*, pr. 15-X-1388, 22-X-1389 tr. a Sigüenza, prior seglar de Guadalupe, que entregó a los Jerónimos aquel monasterio (1389). *Gonzalo González de Bustamante*, pr. 22-XII-1389, † VII-1392, consejero del rey, escribió un libro de Derecho titulado «Peregrina». *Alfonso de Frías*, pr. 16-X-1392, † 1394, intervino en el asunto de las apariciones de Santa María de Nieva. *Alfonso Correa*, ob. de Idanha (Portugal), pr. 4-XI-1394, † 15-V-1398, canciller de D.ª Beatriz de Portugal y D. Juan de Castilla. *Juan Vázquez de Cepeda* o *de Tordesillas*, pr. 17-VI-1398, † 14-XI-1437, fundó la Cartuja de Aniago, asistió a la coronación de D. Juan II en la catedral de su diócesis, visitó al papa Benedicto XIII en Morella; celebró sínodos, de los que no hay constancia. *Lope de Barrientos* OP, pr. 21-II-1438, 9-VII-1441 tr. a Avila, primer catedrático de Prima que hubo en la Univ. de Salamanca, celebró sínodo en Aguilafuente (3-V-1440); escribió una *Instrucción Sinodal* para aprovechamiento de los clérigos. *Juan Cervantes* (card.), ob. de Avila, pr. 19-VII-1441, 7-IV-1449 tr. a Sevilla. *Luis de Acuña*

y Osorio, pr. 7-IV-1449, 12-XI-1456 tr. a Burgos. *Fernando López de Villaescusa*, pr. 18-III-1457, pos. 3-VI-1457, † 13-VI-1460. *Juan Arias de Avila*, pr. 20-II-1461, pos. 22-IV-1461, † 28-X-1497; interviene en los sucesos del reinado de Enrique IV; celebró sínodos en Aguilafuente (1-VI-1472), Segovia (3-VI-1478) y Turégano (2-VI-1483); fundó el Hospital de la Misericordia. *Juan Arias del Villar*, ob. de Oviedo, pr. 14-II-1498, pos. 13-IX-1498, † IX-1501, enviado por España para tratar, con Carlos III de Francia, de la restitución del Rosellón; presidente de la Audiencia de Valladolid. *Juan Ruiz de Medina*, ob. de Cartagena, pr. 16-III-1502, † 30-I-1507. *Federico de Portugal*, ob. de Calahorra, pr. 22-XII-1508, 20-VI-1519 tr. a Sigüenza, firmó como testigo en el Testamento de Isabel la Católica; determina construir la catedral nueva. *Diego de Ribera*, ob. de Mallorca, pr. 29-X-1511, pos. 15-III-1512, † 6-II-1543; puso la primera piedra de la nueva catedral. *Antonio Ramírez de Haro*, ob. de Calahorra, pr. 6-VIII-1543, pos. 15-XII-1543, † 16-IX-1549, imprimió un ceremonial segoviano ajustado al romano, que se usó hasta 1568. *Gaspar de Zúñiga y Avellaneda*, pr. 27-VI-1550, pos. 24-IX-1550, 21-X-1558 tr. a Compostela, asistió a la 2.ª convoc. del C. de Trento. *Francisco de Benavides* OSH, ob. de Mondoñedo, pr. 21-X-1558, pos. 28-I-1559, † 15-V-1560 sin tomar pos. del ob. de Jaén, a donde había sido trasladado. *Martín Pérez de Ayala*, ob. de Guadix, pr. 17-VII-1560, pos. 31-X-1560, 6-IX-1564 tr. a Valencia, asistió a la 3.ª convoc. de Trento; abrió un pre-Seminario. *Diego de Covarrubias y Leyva*, ob. de Ciudad Rodrigo, pr. 25-X-1564, pos. 1-I-1565, 6-IX-1577 tr. a Cuenca, celebró sínodos en 1566 y 1569; presidente del Consejo de Castilla. *Gregorio Gallo*, ob. de Orihuela, pr. 11-IX-1577, † 25-IX-1579. *Luis Tello Maldonado*, pr. 27-V-1580, † 11-VI-1581, *Andrés Cabrera y Bobadilla*, pr. 8-XI-1582, 13-X-1586 tr. a Zaragoza, aprobó la fundación del convento de Carmelitas por San Juan de la Cruz; celebró sínodo 24-IX-1586. *Francisco de Ribera y Obando*, pr. 17-XII-1586, † 15-IX-1587. *Andrés Pacheco*, pr. 2-XII-1587, pos. 27-II-1588, 13-VIII-1601 tr. a Cuenca; ejemplo de caridad con ocasión de la epidemia de 1598. *Maximiliano de Austria*, ob. de Cádiz, pr. 27-VIII-1601, pos. 8-II-1602, 21-IV-1603 tr. a Compostela. *Pedro de Castro y Nero*, ob. de Lugo, pr. 13-VIII-1603, pos. 28-IX-1603, 12-IX-1611 tr. a Valencia; celebró sínodo el 13-XI-1605; hizo el trasl. del Santísimo a la nueva iglesia del Colegio de la Compañía el 1-I-1606. *Antonio Idiáquez Manrique*, ob. de Ciudad Rodrigo, pr. 4-II-1613 pos. 27-V-1613, † 17-XI-1615; presidió las fiestas del traslado de la Virgen de la Fuencisla desde la catedral al Santuario recién terminado. *Juan Vigil de Quiñones*, ob. de Valladolid, pr. 18-VII-1616, † 1-IX-1617. *Alonso Márquez de Prado*, ob. de Cartagena, pr. 9-VII-1618, pos. 25-IX-1618, † 7-XI-1621. *Iñigo de Brizuela* OP, pr. 6-V-1622, 1624, renunció † 1629, no llegó a tomar posesión por disensiones con el Cabildo sobre aceptación del voto inmaculista. *Melchor de Moscoso y Sandoval*, pr. 29-V-1624, 1632 renunció para tomar el hábito en la Cartuja de El Paular. *Mendo de Benavides*, pr. 18-VII-1633, 19-XI-1640 tr. a Cartagena. *Pedro Tapia* OP, pr. 7-I-1641, 24-IV-1645 tr. a Sigüenza. *Pedro Neila*, pr. 12-VI-1645, † 1648. *Francisco de Araújo* OP, pr. 13-I-1648, 1656 renuncia; celebró sínodo en 21-X-1648. *Juan del Pozo* OP, ob. de León, pr. 28-VIII-1656, † 16-VIII-1660. *Francisco de Zárate y Terán*, pr. 21-II-1661, 28-I-1664 tr. a Cuenca. *Diego Escolano y Ledesma*, ob. de Tarazona, pr. 17-III-1664, 27-II-1668 tr. a Granada. *Jerónimo Mascareñas*, pr. 9-IV-1668, † 25-X-1671; consejero real de Portugal, capellán y limosnero mayor de la reina de España. *Matías de Moratines y Santos*, ob. de Astorga, pr. 3-X-1672, † IX-1682. *Francisco Antonio Caballero*, pr. 8-III-1683, † 1683; fue presidente de la Cancillería de Valladolid. *Andrés de Angulo*, pr. 9-IV-1685, pos. 30-V-1685, † 1687; fue inquisidor de Valencia y Sevilla, rector de la Universidad de Salamanca y presidente de la Cancillería Real de Granada. *Fernando de Guzmán* OFM pr. 29-XI-1688, pos. 14-II-1689, † 15-VIII-1694. *Bartolomé de Ocampo y Mata*, pr. 8-XI-1694, 1-VI-1699 tr. a Plasencia; inquisidor apostólico. *Baltasar Mendoza y Sandoval*, pr. 5-X-1699, pos. 30-XI-1699, † 4-XI-1727; caballero de la Orden de Calatrava; el 31-X-1699 fue nombrado Inquisidor General, por lo que estuvo dispensado algún tiempo de su residencia; influyó en los tristes sucesos de Fr. Froilán Díaz, confesor de Carlos II; desterrado a Francia, no regresó hasta 1713, y residió siempre en su palacio de Mojados. *Domingo Valentín Guerra*, arz. de Amida, pr. 8-III-1728, † 31-V-1742; abad de La Granja y confesor de la reina, por lo que tuvo un gobernador del obispado en la persona de José Magdaleno, ob. tit. de Theos. *Diego García de Medrano*, pr. 24-IX-1742, † III-1752. *Manuel Murillo y Argáiz*, pr. 17-VII-1752, pos. 30-X-1752, 1-VI-1765 renunció; comenzó las obras del actual palacio episc. a 29-I-1756. *Juan José Martínez Escalzo*, pr. 5-VI-1765, † 6-XII-1773; consagró la catedral el 16-VII-1768. *Alfonso Marcos de Llanes*, pr. 6-VI-1774, pos. 23-VII-1774, 15-XII-1783 tr. a Sevilla; abrió el Seminario en 1780. *Juan Francisco Jiménez*, pr. 14-II-1785, 18-XII-1795 tr. a Valencia. *Felipe Scío* SchP, pr. 18-XII-1795, pos. 11-III-1796, † IV-1796 antes de ser consagrado y sin entrar en Segovia. *José Sáenz de Santa María*, pr. 24-VII-1797, pos. 18-IX-1797, † 14-I-1813. *Isidoro Pérez de Celis*, pr. 26-IX-1814, pos. 30-XII-1814, † 20-I-1827. *Isidoro Bonifacio Pulido* OSB, ob. de Urgel, pr. 21-III-1827, pos. 14-VIII-1827, † 3-XII-1827. *Juan Nepomuceno Lera y Cano*, ob. de Barbastro, pr. 23-VI-1828, pos. 20-VIII-1828, † 22-I-1831. *Joaquín Briz* OP, pr. 24-II-1832, pos. 20-VI-1832, † 23-I-1837. Vacante la sede hasta 1848. *Francisco de la Puente* OP, arz. de Puerto Rico, pr. 3-VII-1848, pos. 5-X-1848, † 15-XI-1854. Vacante la sede otros tres años. *Rodrigo Echevarría y Briones* OSB, pr. 25-IX-1857, pos. 27-XII-1857, † 25-XII-1875; no pudo asistir al conc. Vaticano I por enfermedad. *Antonio García y Fernández*, pr. 3-IV-1876, pos. 12-X-1876, † 5-II-1890. *José Pozuelo y Herrera*, ob. de Canarias, pr. 22-VI-1890, pos. 10-XI-1890, 24-III-1898 tr. a Córdoba. *José Ramón Quesada y Gascón*, pos. 11-VI-1898, † 13-IX-1900. *José Cadena y Eleta*, pr. 18-V-1901, 12-I-1905 tr. a Vitoria. *Julián Miranda y Bistuer*, ob. de Astorga, sin entrar en Astorga fue pr. 19-II-1905, † 24-VI-1913. *Remigio Gandásegui y Gorrochátegui*, ob. de Ciudad Real, pr. 29-V-1914, pos. 10-VI-1914, 22-IV-1920 tr. a Valladolid. *Manuel de Castro y Alonso*, ob. de Jaca, pr. 9-VII-1920, pos. 17-X-1920, 21-V-1928 tr. a Burgos. *Luciano Pérez Platero*, pr. 5-II-1929, entr. 9-VI-1929, 14-XII-1944 tr. a Burgos; fundó la Congr. de Misioneras de Acción Parroquial. *Daniel Llorente y Federico*, ob. auxiliar de Burgos, pr. 9-XII-1944, pos. 8-IV-1945, 14-XII-1969 ren,; insigne catequista y publicista, asistió al conc. Vaticano II. *Antonio Palenzuela Velázquez*, pr. 14-XII-1969, obispo actual.

BIBL.: D. DE COLMENARES, *Historia de Segovia*, 3 vols., Seg. 1846-7; A. URBIETO ARIETA, *Colección Diplomática de Cuéllar*, Seg. 1961; M. VILLALPANDO, *Orígenes y construcción de la Catedral de Segovia*: Estudios Segovianos, 14(1962)391-408; M. GARCÍA HERNANDO, *Apuntes para la historia mariana de Segovia*: ib., 12(1960)289-396; ID., *El Seminario Conciliar de Segovia. Antecedentes históricos*: ib., 11(1959)5-239; J. AMADOR DE LOS RÍOS, *Iglesias de Segovia*: ib., 535-56; M. GONZÁLEZ BARTOLOMÉ, *Riaza, datos históricos y documentos*: ib., 9(1957)385-691; MARQUÉS DE LOZOYA, *Segovia*, Ba. 1957; M. M. IBÁÑEZ, *Historia de la Virgen del Henar*, Seg. 1955; R. NÚÑEZ, *Historia de la villa de Santa María de Nieva*: Estudios Segovianos, 4(1954)5-226; D. CABANELAS RODRÍGUEZ, *Juan de Segovia y el problema islámico*, Ma. 1942; *Sínodo diocesano*

que celebró en Segovia el Ilmo. y Rvdmo. D. Fr. Francisco de Araújo, año 1648, Seg. 1847; G. M. VERGARA MARTÍN, *Ensayo de una colección bibliográfico-biográfica de noticias referentes a la provincia de Segovia*, Gua. 1903; L. F. DE PEÑALOSA, *La iglesia de San Juan de los Caballeros*: Estudios Segovianos, 2(1950)93-121; J. AMADOR DE LOS RÍOS, *Estudio artístico de las iglesias de Segovia*: El Siglo Pintoresco, III, Ma. 1847; C. DE LECES, *Los templos antiguos de Segovia*, Seg. 1912; E. COLORADO Y LACA, *Segovia, ensayo de una crítica artística de sus monumentos*, Seg. 1908; F. J. CABELLO Y DODERO, *La arquitectura románica en Segovia*: Estudios Segovianos, 10(1952)5-37; J. DE VERA, *Piedras de Segovia*: ib., 2(1950)261-628; F. J. CABELLO Y DODERO, *La parroquia de la Vera Cruz de Segovia*: ib., 3(1951)425-88; ID., *La parroquia de San Millán de Segovia*: ib., 1(1949)413-36; J. M. CASTELLARNAU, *Guía de San Ildefonso*, Seg. 1884; M. GRAU, *Síntesis histórica de Segovia*: Monogr. de la Prov. de Segovia, Ma. 1952, 67-151; M. LAÍNEZ, *Apuntes históricos de Segovia*: Estudios Segovianos, 16(1964)5-432; M. VILLALPANDO, *Orígenes y construcción de la Catedral de Segovia*: ib., 14(1962)391-408; G. IBÁÑEZ DE SEGOVIA, (MARQUÉS DE MONDÉJAR), *Disertaciones eclesiásticas por el honor de los antiguos Tutelares contra las ficciones modernas*, Li. 1747; D. DE COLMENARES, *Aparato para la historia de Segovia*, ms. en el Arch. Cat.; A. HERNÁNDEZ, *Juan Guas, maestro de obras de la Catedral de Segovia*, Va. 1947; *Descripción de la ciudad de Segovia en el año 1822*, ms. en el Arch. Cat.; *Noticias de la fundación del Colegio Seminario titulado de San Frutos de Segovia*, ms. en el Arch. Episc.; C. DE LECES, *La cueva de Santo Domingo*, Seg. 1895; J. MIRANDA Y BISTUER, *Synodus Diocesana Segobiensis*, Seg. 1911; *Monografía de la provincia de Segovia*, ed. del Centro Segoviano de Madrid, Ma. 1952; *Reseña estadística de la provincia de Segovia* (del Inst. Nac. de Estadística), Ma. 1951; T. DE ANTONIO, *Monografía de Pedraza de la Sierra*, Seg. 1951; MARQUÉS DE LOZOYA, *Historia del arte hispánico*, I, Ba. 1931; *Ars Hispaniae*, V-XVIII, Ma. 1948-62; G. BLEIBERG, *Diccionario Geográfico de España*, Ma. 1958; D7, VII; ES 8; C. DE LECES, *Los templos antiguos de Segovia*, Seg. 1912; J. GARCÍA HERNANDO, *Apuntes para la historia de la Diócesis de Segovia*: Estudios Segovianos, 22(1970)119-144.

J. GARCÍA HERNANDO

SEGOVIA, Juan de, OSH († Guadalupe [Cáceres] 1487) platero. Monje de Guadalupe, llamado el Platero, por ser célebre artista; con él quedó firmemente establecida la escuela guadalupense de orfebrería. Los historiadores del monasterio no se cansan de ponderar su valía en el arte, llegando a decir que cuanto había de bueno labrado en plata y oro dentro de la santa casa, eran obras suyas. Su actividad se extendió a toda la Orden y aun fuera de la misma El catálogo de sus obras puede verse en el padre Ecija.

BIBL.: D3, 54, 1482; M105, 695; D. DE ECIJA, *Libro del Monasterio de Guadalupe*, Ca. 1953, 325-36.

I. DE MADRID

SEGOVIA, Juan Alfonso de, (Segovia c. 1395 † Aitón [Saboya] 24-V-1458) teólogo y obispo. Su nacimiento puede fijarse en Segovia hacia 1395. Allí transcurren sus diez primeros años. Hacia 1407 comienza sus estudios de Gramática en la Universidad de Salamanca, donde consigue los grados de bachiller en Artes (hacia 1413), en Teología (hacia 1418) y, finalmente, hacia principios de 1422, de maestro en Teología. Por propia confesión sabemos que su actividad docente en la Facultad teológica salmantina dura *annis fere XV*. El mismo Segovia durante su posterior estancia en Basilea comunica por carta a la Universidad su renuncia a la cátedra. Esa ruptura con el *Alma Mater* se prolonga hasta meses antes de su muerte, cuando en su testamento espiritual lega a la Universidad su valiosa biblioteca. Aquélla le confía dos importantes misiones: en 1421-1422, junto con el jurista Ibo Moro, gestiona en la Curia Romana la ratificación de las nuevas Constituciones de la Universidad. Fruto de esta gestión son las Constituciones de Martín V, del 21-II-1422. De nuevo, a finales de 1431, es enviado Segovia a Roma, esta vez con el doctor

Pedro Martínez de Covarrubias, para recabar de Eugenio IV el apoyo a las Constituciones de 1422 contra las impugnaciones del arzobispo. En estos viajes a Roma consigue para sí algunos beneficios eclesiásticos.

Su última estancia en la Ciudad Eterna debió prolongarse desde diciembre de 1431 hasta marzo de 1433. Y desde Roma sale hacia Basilea en la primavera de 1433 para representar en el concilio a la Universidad salmantina como su *unicus orator* acreditado. El mismo narra con indisimulada satisfacción cómo el concilio le otorga el puesto inmediato a los enviados de la Universidad de París.

Los primeros pasos en el concilio los da Segovia amparado por la recia personalidad del cardenal Cervantes, como uno de sus familiares. Espiguemos algunos puntos salientes de su desbordante actividad en los años de Basilea: el 16-VI-1433 interviene por primera vez en el pleno para defender a Cervantes, con el que colabora durante cierto tiempo en la importante tarea de *iudex fidei* del concilio. Se incorpora a la *Deputatio Fidei*, de la que fue uno de los miembros más activos durante todo el concilio, y de la que, al parecer, alguna vez fue presidente. Fue también diputado del concilio para estudiar el vidrioso tema de la admisión de los presidentes de Eugenio IV (17-II-1434). De su pluma nos queda la *Relatio* de estas discusiones que presentó ante la *Deputatio Fidei* (3-III-1434). Deputado del Concilio para el estudio del tema de la simonía (mayo-junio de 1434). Desde septiembre de 1434 hasta marzo de 1436, acompaña al cardenal Cervantes para negociar con Eugenio IV. A su vuelta, fue comisionado por el concilio para defender la Inmaculada Concepción contra los dominicos Montenegro y Torquemada (1436 y 1438), y también para el estudio del tema de la *processio Spiritus Sancti*, que habría de discutirse con los griegos (enero de 1437). En julio de ese mismo año da clases al concilio sobre dicho tema para preparar a los conciliares a las futuras discusiones. También se le encarga el estudio del tema de la *communio sub utraque specie* y tratar con los husitas sobre el mismo asunto (otoño de 1437).

En el proceso contra Eugenio IV desempeña Segovia un papel muy relevante, sobre todo, a partir de la suspensión del papa por el concilio (24-I-1438). Segovia es nombrado entre los miembros de la comisión a la que el concilio encomienda la delicada tarea de ser, durante la suspensión papal, órgano administrador *totius temporalitatis Romanae Ecclesiae* (31-I-1438). Radical en sus pretensiones conciliaristas se muestra Segovia, sobre todo en las discusiones de los meses siguientes que concluyen con la declaración de herejía del papa y, finalmente, con la deposición del mismo. Segovia propugna siempre con calor que el proceso debe continuarse hasta el fin. Como uno de los conocedores más profundos de las distintas etapas del proceso es incluido en junio de 1439 en la comisión que debía relatar al pleno sobre los pasos dados en el proceso y proponer el camino a seguir en adelante: los trabajos de esta comisión desembocan ese mismo mes (25 de junio) en la deposición papal. Segovia es uno de los que colabora en la redacción del decreto de deposición.

En la elección del antipapa, consecuencia inevitable de la deposición de Eugenio IV, desempeña Segovia, si cabe, un papel más preponderante aún: es uno de los tres comisionados por el concilio en octubre de 1439 para la delicada tarea de nombrar electores del nuevo papa y preparar el cónclave. En él sale elegido, como es sabido, el duque Amadeo de Saboya (Félix V). Nos consta que Segovia obtuvo varios votos de los electores.

Del concilio, y después del nuevo papa, recibe Segovia importantes comisiones; se le nombra embajador conciliar en la mayor parte de las dietas del Imperio para intentar llegar a un acuerdo con el emperador,

con los príncipes alemanes y con el papa: Nuremberg (julio de 1438); Nuremberg (octubre-noviembre de 1438); Maguncia (marzo-abril de 1439); Maguncia (agosto de 1439); (Nuremberg)-Maguncia (noviembre de 1440 a marzo de 1441); Frankfurt-M (mayo-agosto de 1442). También representa al concilio en la dieta de Bourges (febrero-septiembre de 1440) y en la convención de Ginebra (noviembre-diciembre de 1447).

Félix V, que lo nombra pronto cardenal (12-X-1440), le encarga más tarde de las finanzas pontificias en el concilio. Igualmente se encarga de las finanzas del concilio al serle encomendada en noviembre de 1442 la Cámara Apostólica, cargo que regenta durante casi cuatro años. Desde finales de 1440 hasta febrero de 1442 trabaja en la revisión (en orden a una edición avalada por la autoridad del concilio de Basilea) de las actas y decretos del concilio de Constanza.

De sobra es conocido el final del concilio de Basilea. Después de su disolución, Segovia no ve, como otros cardenales nombrados por Félix V, confirmada su dignidad cardenalicia por Nicolás V. Promovido el 21-VII-1449 al obispado de St. Paul-Trois-Châteaux, se revoca su nombramiento el 11-V-1450. El 13-X-1451 se le concede el obispado de St. Jean de Maurienne, del que se le remueve más tarde y se le hace arzobispo titular de Cesarea el 26-VI-1453.

Los últimos años de su vida, hasta su muerte, los pasa retirado en el priorato de Aitón, cerca de Aiguebelle (Saboya), dedicado a una intensa labor de escritor.

OBRAS: Entre sus muchos escritos, en buena parte inéditos, son de resaltar los siguientes: [Temas eclesiales y conciliares] *Repetitio de superioritate...potestatis ecclesiasticae... ad temporalem*, Bibl. Santa Cruz de Valladolid, ms. 89, fols. 130r-165v, en vías de publicación, datado el 6-VII-1426; *Relatio... super materia bullarum de praesidentia*: R90' 62 (1968)1-113 (post 26-VI-1434); *Tractatus decem avisamentorum... de sanctitate ecclesiae et generalis concilii auctoritate*, numerosos mss., p. e., Basilea, E I 11, fols. 72r-151v (hacia 1436); *Justificatio sacri Basiliensis Concilii et sententiae ipsius...*: Deutsche Reichstagsakten, XIV, 346-367, (23-VIII-1439); *Allegationes contra neutralitatem principum*: ib., 367-390, (23-VIII-1439); *Explanatio de tribus veritatibus...* Codex latinus monacensis, 6606, fols 220r-292r; Bibl. Vat., Pal. lat. 601, fols. 81r-141r, (julio-septiembre 1439); *Liber de magna auctoritate episcoporum in concilio generali:* Basilea, B V 15, fols. 1r-207v y Bibl. Santa Cruz de Valladolid, ms. 289, fols. 1r-175v; en París una transcripción tardía del de Basilea (probablemente de 1449 a 1453); *Liber de substantia ecclesiae:* Bibl. Univ. Salamanca, ms. 55, fols. 1r-91r, incompleto (probablemente de los mismos años 1449-1453); *Historia gestorum generalis synodi Basiliensis*, Viena 1873-1935, incompleto. [Temas marianos]: *Septem allegationes et totidem avisamenta... circa sacratissimae Virginis Mariae immaculatam conceptionem...* Bruxelles, 1664, reimpresión anastática en 1965 (de 1436 y 1438): [Temas islámicos]. *Corán trilingüe*, árabe, latín, castellano, obra desaparecida, a excepción del prólogo, cf. CABANELAS, 279-302; *De mittendo gladio spiritus in corda sarracenorum*, obra desaparecida, a excepción de un resumen del contenido: A2, II, 229-233 y CABANELAS, 265-272.

BIBL.: P. DE ALCÁNTARA, *La redención y el débito de María según Juan de Segovia y Juan de Torquemada:* R175, 16 (1956)3-51; R. BEER, *Urkundliche Beiträge zu Johannes de Segovias Geschichte des Basler Konzils*, Viena 1897; O. BONMANN, *De testamento librorum Johannis de Segovia:* R8', 29(1954)209-16; D. CABANELAS RODRÍGUEZ, *Juan de Segovia y el problema islámico*, Ma. 1952; ID., *Juan de Segovia y el primer Alcorán trilingüe*: R1, 14(1949)149-73; H. DIENER, *Zur Persönlichkeit des Johannes de Segovia:* Quellen und Forsch. aus italien. Arch. und Bibliotheken, 44 (1964)289-365; U. FROMHERZ, *Johannes von Segovia als Geschichtsschreiber des Konzils von Basel*, Basilea y Stuttgart 1960; J. GONZÁLEZ, *El maestro Juan de Segovia y su biblioteca*, Ma. 1944; J. HALLER, *Johannes von Segovia:* Conc. Basiliense, I, 20-56, Basilea 1896; ID., *Beiträge zur Geschichte des Basteer Konzils:* Zeitschrift für die Geschichte des Oberrheins (Neue Folge) 16(1901) 9-27 y 207-45; R. HAUBST, *Johannes von Segovia in Gesprach mit Nikolaus von Kues und Jean Germain...*: Münch. Theol. Ztschr., 2(1951)115-29; A2, II, 225-34; D20, VIII, 816-19; S. LATOR, *Giovanni di Segovia e la prima versione bilingue del Corano*: R38', 96(1945)37-44; D22, V, 1081; V. BELTRÁN DE HEREDIA, *Cartulario de la universidad de Salamanca*, I, Sa. 1970, 362-376; A. ZIMMERMANN, *Juan de Segovia*, Breslau 1882, (tesis doctoral); G. VERA-FAJARDO, *La eclesiología de Juan de Segovia en la crisis conciliar (1435-1447)*, Vi. 1968; J. M. MARCH, *Sobre el concilio de Basilea y Juan de Segovia*: R102, 7(1928)116-121; H. SANTIAGO OTERO, *Juan de Segovia. Manuscritos de sus obras en la Biblioteca Nacional de Viena y en la Staatsbibliothek de Munich*: R175, 29(1968)167-179; ID., *Juan de Segovia. Manuscritos de sus obras en la Biblioteca Vaticana*, ib., 30(1970)93-106; A. GARCÍA Y GARCÍA, *La canonística ibérica medieval posterior al Decreto de Graciano*: Repertorio de historia de las ciencias eclesiásticas en España, II, Sa. 1971, 195-198.

B. HERNÁNDEZ

SEGOVIA MORON, María Josefa, (Jaén 10-X-1891 † Madrid 29-III-1957) cofundadora de la Institución Teresiana, sierva de Dios. En mayo de 1905, y después de haber realizado en Jaén los estudios primarios, ingresó en la Escuela del Magisterio de Granada. Con un expediente impecable de sobresalientes y matrículas, en 1911 se trasladó a Madrid para comenzar los estudios en la Escuela Superior del Magisterio que tenía categoría universitaria. Allí se dejó contagiar por la avidez intelectual del medio y los aires de renovación técnica, no sin diferenciar, con gran cautela, el aspecto científico de las cuestiones del pensamiento político o del exclusivismo sectario, aires que también se respiraban en aquellas aulas. Poseía ya entonces un sano criterio y una exquisita feminidad, que no pasó desapercibida en el ambiente de emancipación de la época (1911-1913).

Durante el curso de prácticas 1913-1914 conoció en Jaén a D. Pedro Poveda Castroverde, sacerdote que habría de ser el fundador de la Institución Teresiana. El encuentro con este hombre de Dios estaba destinado a cambiar el rumbo de su vida. Tenía entonces María Josefa Segovia veintiún años y la colaboración, pedida por el padre Poveda, fue la de asumir la dirección de la Academia que, para residencia de las estudiantes normalistas, trataba de fundar en Jaén. Desempeñó el cargo haciéndolo compatible con su carrera. En 1915 fue profesora de Pedagogía en la Escuela Normal de Orense y desde 1916 inspectora de Primera Enseñanza de la provincia de Jaén. El ejercicio de su profesión de inspectora, así como el celo inteligente desarrollado en la Junta provincial contra el analfabetismo y la eficaz colaboración en cuantas tareas culturales solicitaron su presencia, dejaron honda huella en la tierra jienense. Al mismo tiempo, María Josefa Segovia iba vislumbrando que su labor, en la entonces incipiente Institución Teresiana, no se le ofrecía como un deber que cumplir, sino que la reclamaba a ella misma con la absoluta exigencia de un apostolado. Cuando en 1917 recibe la Obra la aprobación diocesana y se crea el primer directorio, María Josefa figura como uno de los tres miembros. En 1919 al instituirse el cargo de directora general, el padre Poveda la nombra para él, cargo que habría de desempeñar hasta su muerte. La aportación de María Josefa Segovia en la encarnación concreta del teresianismo es decisiva. Las cualidades naturales y sobrenaturales de su personalidad le hicieron, en expresión del fundador, «el instrumento de Dios para la realización de su Obra».

El hecho de que los atractivos humanos tuvieran en ella elevación y calidades sobrenaturales, y de que todas las manifestaciones sobrenaturales revistieran sabor de humanidad, la convertía en prototipo de este nuevo modo de apostolado que, desde una actuación profesional, se comprometía a llevar el acento cristiano al mundo de la cultura.

En 1923 pide la excedencia en su cargo de inspectora de Primera Enseñanza, para, con D. Pedro Poveda, entregarse de lleno a las responsabilidades y al gobierno de la Institución. Ella es la encargada de presentar en Roma la obra Teresiana y pedir su aprobación. El 11-I-1924, su santidad Pío XI la aprobaba a perpetuidad como Pía Unión Primaria, mediante el breve *Inter frugiferas*. María Josefa Segovia, instalada en Madrid, resultó la colaboradora insustituible y la confidente fidelísima de D. Pedro Poveda, en la que el fundador admiró, sobre el fundamento de sus virtudes personales, aquella su singular prudencia, con la que — copiamos una de sus frases — «tendría bastante aun el hombre que hubiera de gobernar una nación».

Desde la fecha del martirio del padre Poveda, 28-VII-1936, asume íntegro el gobierno de la Institución. Rehace, miembro a miembro y casa a casa, la unidad material de la Institución, quebrantada durante los duros años de 1936 a 1939. En 1937 inicia en Salamanca la reorganización sistemática de la formación de los miembros de la Institución Teresiana, tarea que después continuaría en Madrid con mano experta y apostólica.

La Institución Teresiana no solo consolidó su crecimiento interior durante los años de gobierno de la Srta. Segovia, sino que vivió una época de gran expansión externa, que la hizo llegar a todos los Continentes. Se multiplicaron los centros y se fue a las misiones vivas. Casi todos ellos recibieron la visita de María Josefa Segovia, quien recorrió América, Inglaterra, Francia, Portugal, Italia y peregrinó a Jerusalén en un viaje que rebasaba, con mucho, las exigencias de su cargo, ya que fue más que nada una necesidad de su fe y una gracia para su espíritu.

Realizó también una importante tarea legislativa después de la muerte del fundador. El padre Poveda había establecido las líneas generales por las que la Institución Teresiana tenía que regirse como sociedad, pero faltaba la redacción completa de un cuerpo legislativo. Esta empresa le tocó realizarla a la cofundadora. Ella elaboró el anteproyecto de estatutos que presentó a la asamblea extraordinaria de 1946. Es obra suya el que asentara definitivamente las notas esenciales de la Obra, así como los rasgos inconfundibles de su fisonomía, cuidando al mismo tiempo no restar a la Institución su gran flexibilidad que la hace tan apta para adaptarse a las nuevas necesidades de un mundo en evolución continua.

El último cometido de María Josefa Segovia fue el de postular la introducción de la causa de beatificación y canonización de D. Pedro Poveda. Sus declaraciones en el proceso constituyeron verdaderamente un servicio de fidelidad al fundador. Murió a consecuencia de una inesperada complicación postoperatoria. El día 25, fiesta de la Encarnación, fecha señalada para la intervención quirúrgica, había dejado escrito sobre el calendario de su mesa de trabajo un *ecce ancilla Domini* que resumía sus sentimientos de entonces y que había sido la actitud espiritual durante su vida.

Rasgos destacados de su perfil interior son los de su amor a la Iglesia, de donde brotó la entrega en favor del sacerdocio; la nota inconfundible de su marianismo que le hizo acuñar frases definitivas como aquella, hoy tan difundida, de «Madre mía, que quien me mire, te vea»; un espíritu de oración de temple teresiano. Se abrió el proceso de beatificación en Madrid el 10-X-1966.

OBRAS: Son numerosos los escritos de María Josefa Segovia; versan fundamentalmente sobre temas doctrinales y ascéticos. Publicó: *Influencia del elemento sobrenatural en la obra educativa*, Bu. 1925; *Aspiraciones para comulgar*, Ma. 1926; *Comentarios a la Encíclica «Divini illius Magistri.»* Ma. 1930; *Ars ya no es Ars*, Ma. 1936; *En pos del Maestro*, Ma. 1939; *Spes nostra*, Ma. 1952; *Cartas*, Ma. 1956.

BIBL.: F. P. VELÁZQUEZ, *Vida de María Josefa Segovia*,

Ma. 1964; A. Serrano de Haro, *Una mujer para una Obra. María Josefa Segovia Morón*, Ma. 1962; M. A. Galido, *María Josefa Segovia, una vida al servicio de Dios:* R89, 7(1957)5-38; *María Josefa Segovia:* Revista, 45(1957)1-40; D. Mondrone, *María Josefa Segovia, una vita per la Chiesa e per la cultura:* R38', 109(1958)151-66; E. Beitia, *El sentir con la Iglesia, ideal de María Josefa Segovia:* R88, 17(1957)645-46; *Desaparición de una insigne Directora General:* L'Osservatore Romano, 3-IV-1957; *Historia y ejemplo:* R88, 17(1957)420.	M. D. de Asis

SEGRERA, Agustín, OSST (Barcelona † 13-XII-1604) Tomó el hábito en Valencia en 1686, probablemente en edad madura y hechos sus estudios de Filosofía y Teología, profesando allí el 22-XII-1587. En 1592 fue nombrado predicador del convento de Orihuela. Lector de Filosofía en Valencia, alcanzó el grado de presentado. En 1603 lo eligieron ministro de Avingaña (Serós, Lérida), y como tal murió. Fue hombre de muchas virtudes y alta contemplación, afirmando de él Miguel de los Santos, que debió conocerlo en Barcelona en 1603, haber llegado a una suma tranquilidad de alma con olvido de las criaturas, sentidos y potencias *(Breve tratado de la tranquilidad*, al principio). El padre Gabriel Manzano, provincial de Aragón en 1603-606, mandó tomar informaciones de su vida y virtudes, que se archivaron en el convento de Valencia.

BIBL.: A. de la Asunción, *Historia documentada del convento de Avingaña*, Ro. 1915, 24-27.	B. Porres

SEGUI, José, OSA (Camprodón [Gerona] 3-X-1773 † Manila 4-VII-1845) obispo y misionero. Profesó en el convento de Seo de Urgel el 4-X-1789. Pasó a Filipinas en la misión de 1795; destinado inmediatamente a las misiones de China, permanece allí por espacio de veinte años consecutivos. Desde 1818 ocupó el cargo de procurador de provincia por doce años, y al mismo tiempo el de definidor en 1825-1829. Fue nombrado obispo auxiliar de Manila el 27-VII-1829. Fallecido el arzobispo de Manila, Hilarión Díez OSA, fue presentado para sucederle el padre Seguí y preconizado por Pío VIII el 5-VII-1830. Su entrada solemne en Manila fue el 29-IX-1831. El rey lo condecoró con la Gran Cruz de Isabel la Católica el 31-II-1832 y, posteriormente, con la de Carlos III. Como obispo brilló por su celo en el esplendor del culto divino y por su ardiente caridad.

OBRAS: *Pastorales y circulares*, 2 vols., Manila 1830-1845; *Manual de párrocos*, Manila 1842.

BIBL.: M55, VII, 461-63; M46, III, 418.	A. Espada

SEGURA, Juan Bautista, SI (Toledo c. 1529 † 4-II-1571) misionero. Ingresó en SI en Alcalá (1556) siendo maestro de Artes. Rector de los colegios de Villimar (Burgos) 1560-1563, Monterrey (Orense) 1563-1565 y Valladolid 1566-1567; viceprovincial de Florida 1567, fundó la misión de Ajacán (en la actual Virginia). Fue martirizado por los indios.

BIBL.: O197; O143; O177.	IHSI

SEMANA SANTA. La Semana Santa es la culminación litúrgica del ciclo temporal del culto cristiano. Se ha llamado *Major hebdomada, Hebdomada sancta, Habdomada authentica*. Comprende los días que van desde el domingo de Ramos hasta el de Resurrección. Dentro de esta Semana destaca el llamado «Triduo Sacro» o sea, el jueves, viernes y sábado santos. En estos días se conmemora la Pasión, Muerte y Resurrección de Jesucristo y, por tanto, la salvación del género humano. No hay en la historia de la humanidad ningún otro hecho que supere a éste en grandeza, patetismo y transcendencia histórica. Por eso la Iglesia, desde los tiempos antiguos, celebra con singular fervor y énfasis estas efemérides sagradas no solo en el silencio de la meditación, sino también en la manifesta-

ción externa de sus sentimientos dolorosos y en la participación compasiva de la Pasión y Muerte del Señor.

Todos los actos litúrgicos de esta Semana, especialmente los del Triduo Sacro, se revestían de una solemnidad característica. El oficio divino se celebraba con el llamado «Oficio de las Tinieblas», porque terminaba éste apagándose en fases sucesivas las velas del candelabro o «tenebrario» con un rito especial. En él se daban cita los grandes maestros de la música que quisieron poner al servicio de la emoción religiosa las mejores creaciones de su genio y dieron extraordinaria virtualidad a los responsorios de los Nocturnos, al *Miserere* y al *Benedictus*. La Cena del Señor o Jueves Santo era una festividad en que el pueblo acudía a celebrar la institución de la Eucaristía y a visitar después los diversos «monumentos» de las iglesias, donde quedaba expuesto el Santísimo. El Viernes Santo, llamado también de *Parasceve* o preparación, era el día de luto mayor por la Muerte del Señor y, además de la acción litúrgica, se pronunciaba el sermón de las «Siete Palabras». Las campanas enmudecían desde la misa del Jueves Santo hasta la del Sábado.

Pero esto no bastaba para satisfacer la devoción popular. El pueblo necesitaba participar más activa y físicamente en actos religiosos tan señalados. De ahí que ya desde antiguo y a lo largo de la Cuaresma se organizasen en Roma las famosas «estaciones cuaresmales» o procesiones de oración y penitencia, que poco a poco se fueron propagando a otras ciudades. En España se condensó esta práctica especialmente en torno a la Semana Santa. Las calles de la ciudad se convertían en templo y las cofradías organizaban y organizan el desfile de los cuadros plásticos de la Pasión o «pasos», que recorren las calles de la población.

Los cofrades, vestidos con traje de penitente o con una cruz a cuestas o con cadenas en los pies, escoltaban respetuosamente los pasos de sus respectivas cofradías. Estas velan por la continuidad de la institución y el orden de los actos, así como por la adscripción y enfervorización de sus miembros.

La teología de estas manifestaciones religiosas hay que buscarla en la naturaleza dual del hombre y en la necesidad de adaptar a un nivel popular la meditación de los misterios pascuales. La naturaleza del hombre es cuerpo y alma, materia y espíritu, sensibilidad y emoción. La gracia perfecciona la naturaleza, pero no la destruye. El hombre necesita exteriorizar sus sentimientos. Por eso se arrodilla, coloca sus manos en cruz o en actitud orante, inclina su cabeza, se cubre con ceniza, se entrega a ayunos y abstinencias, se disciplina, canta, ora en alta voz. Todos son actos externos que fluyen de una moción espiritual interior.

Y no solo como persona individual necesita el hombre de esta exteriorización. También lo necesita como ser colectivo. La vida religiosa se ritualiza a nivel de comunidad. La Iglesia, en cuanto tal, es esencialmente visible y comunitaria, es el pueblo de Dios, es la nave de Pedro, es el rebaño del Pastor eterno. Por eso la acción litúrgica debe ser compartida por todo el pueblo cristiano formando parte de ella como actores de un drama real.

En este sentido la Semana Santa es a la vez recuerdo histórico y reiteración mística. No solo se rememoran los hechos dolorosos de la Pasión y Muerte del Señor, sino también se vive interiormente de una manera real el drama de nuestra incorporación mística en Cristo. El Cristo histórico y el Cristo místico es uno e indivisible. Cristo, alfa y omega de la creación, lucero de la mañana, primogénito de los muertos, no es una realidad pasada de la Historia, que nos permitimos recordar con amor en estos días. El vive perennemente en su Iglesia y en sus miembros. Está inagotablemente en el tiempo y sobre el tiempo. El tiempo y la eternidad se alían en El de una manera misteriosa. Por eso la participación activa en los misterios de la Redención no se puede reducir solo a una mera representación escénica. A lo externo y espectacular se debe añadir una afectiva adhesión interior. La medida de nuestra futura participación gloriosa con Cristo glorioso nos la da nuestra actual participación dolorosa con Cristo doloroso, según las palabras de san Pablo: «si tamen compatimur, ut et conglorificemur» (Rom. 8, 17).

En esta ideología hay que inscribir la razón de ser de esos majestuosos desfiles procesionales de Semana Santa, que son expresión castiza de la fe y de la piedad religiosa de nuestro pueblo. El espacio de que aquí disponemos no nos permite hacer una relación completa de los actos procesionales de todos nuestros pueblos y ciudades, como sería de desear. Por eso tenemos que limitarnos a reseñar los de aquellas ciudades de nuestra geografía que son más típicas y representativas de la religiosidad española. Hemos escogido cuatro ciudades, dos castellanas y dos andaluzas, que destacan por su singular carácter local: Granada y Sevilla, Valladolid y Zamora.

Procuraremos despojar nuestra exposición de todo comentario y aportar sólo aquellos datos escuetos que el vendaval del olvido puede borrar un día de la memoria de los hombres.   Q. ALDEA

1. Granada. Pocas ciudades españolas tendrán, como Granada, unas festividades de Semana Santa que acusen en todas sus manifestaciones un sello tan particular y una personalidad tan extraordinariamente destacada. Quien haya conocido el desarrollo y esplendor de estas fiestas religiosas en otros lugares de España, de fijo quedará admirado cuando asista, siquiera una vez, a la maravillosa conmemoración que las cofradías granadinas hacen del divino drama de la Pasión y Muerte de Nuestro Señor.

TRADICION Y PERSONALIDAD. He aquí las dos características de las hermandades de Granada. Tiene tradición, porque son viejas. Nacieron en la vida de la ciudad, apenas fue conquistada Granada por los Reyes Católicos. Inmediatamente comienza la erección de templos y conventos, indispensables para cristianizar la ciudad, que en poco más de un siglo contaba con un centenar. Pero ello no basta para acabar de prender en los musulmanes convertidos la llama de la fe católica. Ya el arzobispo fray Hernando de Talavera dispone el inicio de las procesiones, desfilando él mismo en la solemnísima del Corpus Cristi, descalzo y portando con sus brazos en alto a Jesús Sacramentado. Más tarde surgen con igual fe y con mayor eficacia las procesiones de penitencia, que, a partir de la segunda mitad del siglo XVI, se multiplicaron de modo extraordinario, cuyos brillantes desfiles procesionales eran costeados no solo por sus cofrades sino también por fuertes donativos que les hacía toda la ciudad, hasta que el arzobispo De Castro y Quiñones en el año 1604 ordenó la supresión de todas las cofradías de penitencia, y a principios de 1610 el arzobispo González de Mendoza permitió que las suprimidas cofradías renacieran con todo vigor, como algo que correspondía a la esencia íntima del pueblo.

Así siguen durante los siglos XVII y XVIII, en que rivalizan en esplendor con las cofradías sevillanas. Con la desamortización y las persecuciones liberales del XIX sufren también el golpe de la impiedad sectaria. Granada, más filosófica y más espiritual que Sevilla, no se apresura como en ésta a procesionar en la primera bonanza sus queridos *pasos* penitenciales, sino que queda contemplando la belleza de sus imágenes pasionales en el silencio de sus templos hasta que vuelve a brillar el sol de la nueva reconquista española. En esta

hora de paz torna Granada a devolver a sus cofradías la emoción lírica de toda la ciudad. Es el momento de la resurrección cofradiera.

PROCESIONES. Veinte hermandades de penitencia organizan 21 desfiles procesionales por las calles granadinas.

Domingo de Ramos

a) Real Cofradía de la Entrada de Jesús en Jerusalén. Establecida en la iglesia parroquial de San Andrés. Tiene su salida a las seis de la tarde. Fue fundada en 1947 y consta de dos *pasos* que representan la entrada de Nuestro Redentor en la ciudad santa montado sobre un asno y la imagen de Nuestra Señora de la Paz. La imagen del Señor es original del escultor granadino Eduardo Espinosa y la de la Virgen del sevillano Antonio Duarte. Los penitentes visten túnica celeste y capirote blanco. Las secciones de niños, vestidos a la usanza hebrea portan palmas y ramos de olivo.

b) Muy ilustre y real Cofradía de la Santa Cena Sacramental y María Santísima de la Victoria. Establecida en la iglesia de Santo Domingo, de donde sale a las ocho de la tarde. Fue fundada en 1928 y consta de dos *pasos*. El de la Santa Cena, grupo escultórico de tamaño natural, y el de la Virgen de la Victoria bajo palio de damasco blanco bordado, manto y faldones del mismo color, con escena de los misterios dolorosos de la Virgen y manto con emblemas del arma de Infantería. Tanto las imágenes como los tronos son obra del escultor Espinosa Cuadros. Los penitentes visten hábito de seda blanca y capirote rojo con escudo bordado en oro.

c) Ilustre Cofradía de Nuestro Padre Jesús de la Sentencia y María Santísima de las Maravillas. Establecida en la iglesia parroquial de San Pedro y San Pablo de donde sale a las siete y treinta de la tarde. Fue fundada en 1944 y consta de dos *pasos*. En el primero Nuestro Señor Jesucristo en el momento de ser declarado reo de muerte. En el segundo, la Virgen de las Maravillas bajo palio con manto rojo bordado en oro. La imagen del Señor, antiguo Ecce-Homo, es atribuida a José de Mora. La de la Virgen es una Dolorosa de la escuela de Pedro de Mena. Los penitentes visten túnicas moradas, capirotes morados las de la sección del Señor y crema las de la Virgen.

Lunes Santo.

a) Cofradía de la Oración de Nuestro Señor en el Huerto de los Olivos y María Santísima de la Amargura. Establecida en la iglesia del convento de las Comendadoras de Santiago, de donde sale a las siete de la tarde. Fue fundada en 1944 y consta de dos *pasos* En el primero, el Señor arrodillado ora con la mirada en alto mientras un ángel se le aparece mostrando el cáliz de la Pasión. Detrás duermen los apóstoles Pedro, Juan y Santiago. En el segundo, la Virgen de la Amargura bajo palio azul y manto del mismo color. Las esculturas del primer *paso* son del escultor Domingo Sánchez Mesa. La Virgen es de la escuela de los Mora. Los penitentes visten túnica blanca y capirote azul.

b) Cofradía de Nuestro Padre Jesús del Rescate. Establecida canónicamente en la iglesia parroquial de Santa María Magdalena, de donde sale a las nueve de la noche. Esta cofradía fue fundada en el convento de los trinitarios en el siglo XVII para dar culto a la imagen titular de Jesús Nazareno. Después de su desaparición en el siglo XIX, fue restablecido el culto a la imagen en 1925. Consta de un solo *paso* representando el prendimiento del Señor en una impresionante imagen atribuida a José de Mora. Sobre peana de plata cincelada y repujada, rodeada por 20 candelabros cortos y 12 largos del mismo metal que sustentan cirios de un kilo de peso, va la imagen del Señor en trono cubierto de claveles rojos. Los penitentes visten hábitos de terciopelo rojo cardenal y capirote de raso de igual color, con cinturón color oro viejo de moaré.

c) Cofradía de Nuestra Señora de los Dolores. Establecida hoy en el monasterio de San Bernardo, de donde sale a las ocho de la tarde. Fue fundada en la iglesia de Santa María Magdalena en 1940 como cofradía votiva del requeté. Consta de un solo *paso* con la Virgen de los Dolores, obra del escultor Aurelio López Azaustre. Los penitentes visten hábito blanco y capirote de lana blanca con la cruz de San Andrés y los tres clavos.

Martes Santo.

a) Cofradía del Santísimo Cristo de la Humildad y Soledad de Nuestra Señora. Establecida en la iglesia de Santo Domingo de donde sale a las ocho y treinta de la tarde. Fue fundada en 1925 y consta de dos *pasos*. En el primero la imagen sedente del Señor en el momento de la coronación de espinas rodeado de dos sayones. En el segundo, la Virgen, también sedente, al pie de la Cruz, y un ángel con los atributos de la Pasión. La imagen del Señor procede del destruido convento de Belén de mercedarios calzados. La Virgen es obra de Manuel González. Los tronos barrocos y los sayones son de Espinosa Cuadros. Los penitentes visten hábitos negros y capirotes blancos.

b) Real Cofradía de Nuestro Padre Jesús de la Amargura y Nuestra Señora de las Lágrimas, conocida por la del Santo Vía Crucis. Establecida en la iglesia parroquial de Nuestro Salvador en el Albaicín, sale de la catedral a las ocho y treinta. Es la cofradía decana de las granadinas, aunque fue restablecida en 1927 y lleva dos *pasos*. El primero, un Nazareno. El segundo, la Dolorosa bajo palio rojo. Los tronos son barrocos. La imagen del Señor Nuestro Padre Jesús de la Amargura es moderna. La de la Virgen se venera en el convento de la Piedad y Sancti Spiritus, Madres dominicas. En el itinerario se instalan 14 altares en los que la cofradía hace estación de penitencia. Los penitentes visten túnica de terciopelo morado bordada y capirotes del mismo color; los cargos, capas de tisú blanco.

c) Real y muy ilustre Cofradía del Santísimo Cristo de la Expiración y María Santísima del Mayor Dolor. Establecida en la iglesia de los escolapios de la ribera del río Genil, de donde sale a las nueve y treinta. Fundada en 1940, lleva dos *pasos*. En el primero, Cristo Crucificado, en el momento de expirar. En el segundo, la Virgen bajo palio bordado en oro. La imagen del Señor, obra de Sánchez Mesa. La de la Virgen es de la escuela de Mena. Los penitentes visten hábito blanco y capirote negro.

Miércoles Santo.

a) Cofradía de Nuestro Padre Jesús de la Paciencia y María Santísima de las Penas. Establecida en la iglesia parroquial de San Matías, de donde sale a las ocho de la tarde. Fue fundada en 1960 y consta de dos *pasos*. El primero, una imagen del Señor atado a la columna, atribuida a Pablo de Rojas. El segundo, una Dolorosa, obra del escultor granadino José Jiménez Mesa. Los penitentes visten túnica y capirote color oro viejo.

b) Real Cofradía de Nuestra Señora de la Esperanza. Establecida en la iglesia parroquial de Santa Ana. Sale a las ocho de la tarde. Por formar esta cofradía casi todos los empleados de la Banca es llamada popularmente «La Cofradía de los Banqueros». Fundada en 1928, consta de dos *pasos*. En el primero se muestra a Jesús con la Cruz a cuestas; y en el segundo, a la Santísima Virgen de la Esperanza con manto verde bordado en oro, bajo palio riquísimo en terciopelo del mismo color. La imagen de Jesús es atribuida a José de Mora y se venera en al convento del Angel Custodio (clarisas). La de la Virgen es atribuida a José Risueño. Los penitentes del Señor visten túnica

morada. Los de la Virgen, verde; ambas secciones con capirotes blancos.

c) Cofradía del Santísimo Cristo del Consuelo, conocida por la de Los Gitanos. Establecida canónicamente en la abadía del Sacro Monte, sale de la iglesia de San Matías a las nueve y treinta de la noche para regresar a su iglesia del Sacro Monte en la madrugada. Fue fundada en 1940 y consta de un solo *paso* en el que va Cristo Crucificado con cuatro clavos, obra de José Risueño. La característica principal de esta hermandad, en su desfile camino del Sacro Monte, lo constituye la multitud de hogueras que son encendidas a su paso, siendo una constante oración las innumerables saetas que cantan los gitanos granadinos por amor a su Cristo Los penitentes visten túnicas de color morado y capirote rojo, y en su desfile abre la procesión el escudo de la abadía del Sacro Monte.

d) Hermandad de Semana Santa de la muy antigua, real e ilustre Archicofradía de Nuestra Señora del Rosario en sus Misterios Dolorosos. Establecida en la iglesia de Santo Domingo. Sale a las nueve de la noche. Fue fundada en 1928. Consta de tres *pasos*. El de la Virgen en réplica moderna, obra del escultor Aurelio López Azaustre, se corresponde con la original que es tradición acompañó a don Alvado de Bazán en la batalla de Lepanto, y está recubierta de plata sobre un trono dorado de estilo barroco. La segunda imagen es un Cristo Crucificado de estilo renacentista, y la tercera es la del Señor caído con la Cruz a cuestas, obra anónima del siglo XVI que se guarda en el monasterio de la Concepción, en el Albaicín. Sus penitentes visten hábito verde y capirote blanco.

Jueves Santo.

a) Cofradía de Santa María de la Alhambra. Fue fundada en 1928 en la iglesia de Santa María de la Alhambra, de donde sale para bajar a la ciudad a las siete y media. Es una de las cofradías granadinas que más llama la atención. Consta de un solo *paso* representando a la Santísima Virgen con su divino Hijo muerto en sus brazos, obra insigne de Torcuato Ruiz del Peral. El trono está totalmente cincelado en plata, recordando el Patio de los Leones y galerías que lo circundan en la Alhambra. En su desfile por ésta y al aparecer por la Puerta de la Justicia se encienden bengalas con multitud de colores, lo que hace que esta procesión sea una de las más espectaculares de la Semana Santa granadina. A su regreso, en la madrugada, la imagen es asomada al Cubo de la Alhambra sobre el río Darro, mientras miles de bengalas se queman enfrente en los cármenes del Alcaicín y del Sacro Monte. Los penitentes visten hábitos de damasco crema y capillo azul. Los mayordomos llevan capas del mismo tejido y las vueltas de tisú de plata.

b) Real, Venerable e Ilustre Cofradía de Nuestro Padre Jesús del Perdón y María Santísima de la Aurora. Fundada en 1948, sale de la iglesia de San Miguel Bajo (Albaicín) a las diez de la noche. Consta de dos *pasos*. El primero representa la flagelación de Nuestro Señor, desnudo y amarrado por las muñecas a una columna, obra maravillosa de Diego de Silóe. El segundo, la Virgen de la Aurora, de escuela granadina, bajo palio de terciopelo blanco del mismo tejido de su manto. La mayor vistosidad de esta Hermandad la alcanza en el recorrido por las tortuosas calles del barrio alcaicinero, en donde entre cantos de saetas y fuego de bengalas, desfila a su vuelta a la iglesia. Los penitentes visten túnica crema y capirote blanco.

c) Pontificia y Real Cofradía del Santísimo Cristo de la Misericordia, conocida por la del Silencio. Establecida en la iglesia de San Pedro en el año 1921. A las doce y un minuto de la noche se abren las puertas de la iglesia parroquial para dar paso a la gran obra del maravilloso escultor José de Mora, Cristo muerto.

Granada recibe esta cofradía con las luces de sus calles totalmente apagadas y el silencio de hermanos y pueblo hace que el desfile sea un poema de sobrecogedora religiosidad. Consta de un solo *paso*, Cristo Crucificado sobre severísimo trono de caoba, recubierto totalmente por claveles rojos, y portado por soldados de Artillería de la guarnición de Granada en cumplimiento de una promesa. Si es emocionante su desfile en cualquier momento, el máximo lo alcanza al pasar por la Carrera del Darro, Calderería y la entrada en la iglesia de San José en el Albaicín, lugar donde recibe el culto. Sus penitentes usan túnica con cola y capirote negro, sandalias franciscanas y cíngulo de pleita de esparto.

Viernes Santo.

a) Cofradía de Nuestro Padre Jesús de la Humildad en la procesión de la Soledad de la Virgen, en su tránsito de las Siete Palabras. Sale de la iglesia de Santo Domingo a las dos de la tarde y es una sección de la cofradía de igual nombre que desfila el Martes Santo. Saca solamente la imagen de la Virgen.

b) Cofradía de Nuestra Señora del Amor y del Trabajo y del Santísimo Cristo de la Buena Muerte. Fue erigida canónicamente en la iglesia de San Juan de Letrán (trinitarias) en 1953. Cofradía formada por los ferroviarios granadinos. Consta de dos *pasos*. El Cristo de la buena muerte, obra del insigne Diego de Siloé, que se venera en el convento de la Encarnación, y el de la Santísima Virgen del Amor y del Trabajo, que se venera en el convento de las trinitarias. Sus penitentes visten hábito blanco y capirote verde.

c) Pontificia Real e Ilustre Hermandad del Santo Sepulcro y Nuestra Señora de la Soledad del Calvario. Fue fundada en el año 1924 en la iglesia parroquial de Santa Ana. Esta hermandad es la más solemne de las de la Semana Santa, por ser la procesión oficial. Consta de dos *pasos*. El primero representa el Monte Calvario con la Cruz, de donde penden las sábanas que han servido para descender al Señor; y ante la Cruz está arrodillada la Santísima Virgen. Es obra del escultor José de Mora. La riquísima urna de concha y carey guarda el cuerpo de Cristo que va sobre suntuoso paso de caoba y plata de ley. Tras éste marcha una centuria romana con vistosos trajes. Los penitentes visten hábito negro y capirote y capa rojos.

d) Venerable y muy antigua Hermandad Sacramental de Nuestra Señora de la Paz e ilustre Cofradía de Penitencia del Santísimo Cristo de los Favores y María Santísima de la Misericordia. Establecida en la iglesia parroquial de San Cecilio en el año 1928. Primera hermandad sacramental de penitencia de las de Granada, es una de las cofradías más populares y consta de dos *pasos*. El primero con Cristo Crucificado, obra de Pablo de Rojas, sobre trono barroco dorado; en sus esquinas se alzan sendos candelabros que iluminan la figura del Redentor; en el segundo, bajo palio de malla de oro bordado con el mismo metal, va la Santísima Virgen de la Misericordia, obra atribuida a José de Mora, que lleva lujoso manto de terciopelo granate, bordado profusamente en oro y luciendo en el pecho y corona ricas alhajas. Son dignos de admirar el juego de jarras y los respiraderos de este *paso*. Por ser hermandad sacramental, la sección del Cristo lleva cirios rojos. Momento culminante de esta cofradía lo constituye la bajada hacia el Campo del Príncipe y Cuesta del Realejo. Los penitentes visten túnica negra y capirote rojo.

e) Real Cofradía y Hermandad de Nuestra Señora de la Soledad y Descendimiento del Señor. Establecida desde el año 1925, en que fue fundada, en la iglesia de Santa Paula (jerónimas). Consta de dos *pasos*. El primero representa el momento del traslado del Señor al Santo Sepulcro conducido por los santos varones y rodeado por las Marías y la Virgen, con figuras en vivo. El segundo, a la Santísima Virgen de la Soledad con rico manto de terciopelo negro, bordado en oro, obra confeccionada en el siglo XVIII. En el desfile aparecen las «Chías» que, con el sonido destemplado de sus trompetas, causan verdadera emoción y recogimiento. La imagen del Señor es obra del gran José de Mora; y la de la Virgen, de Pedro de Mena: ambas se veneran en el convento de Santa Paula. Los penitentes visten hábitos negros de terciopelo y capirote con escapulario amarillo.

Estas hermandades para el mejor desarrollo de sus actividades, que además de sus desfiles procesionales, celebran los cultos, sufragios y penitencias que les marcan sus estatutos, están agrupadas en una federación de cofradías de Semana Santa, que se rige por un severo reglamento, aprobado por el arzobispo de Granada el 30-XII-1953.

Todas las cofradías existentes y las que se fundaron después han de pertenecer obligatoriamente a la federación, cuyos fines son: 1) procurar el mayor esplendor de la Semana Santa en sus procesiones; 2) armonizar los intereses de todas ellas, resolviendo las cuestiones que puedan presentarse, 3) y velar por la devoción, piedad y espíritu de religiosidad que han de mostrar en sus desfiles por las calles. Está regida por una Junta central presidida por el arzobispo o por el sacerdote en quien delegue, como prelado y consiliario de la Junta. Dentro de ella los cargos directivos son: presidente, vicepresidente, secretario, tesorero y vicetesorero y tantos vocales como sean los hermanos mayores de las cofradías restantes. La Junta de Gobierno preside en la tribuna oficial todos los desfiles procesionales, y las cofradías están obligadas a solicitar la correspondiente venia para iniciar su paso, una vez comprobada la hora de llegada, si es la prevista en el programa oficial que edita la federación, a cuyo cargo corre la instalación de la tribuna y colocación de sillas en las calles del itinerario oficial por el centro de la ciudad.

E. LAPRESA

2. Sevilla. Las cofradías de Sevilla son el origen y razón de su Semana Santa, una de sus mayores grandezas, como ya a mediados del siglo XVII afirmó el analista Ortiz de Zúñiga al referirse a estas corporaciones piadosas, secularmente arraigadas en la religiosidad de la ciudad y, al propio tiempo, núcleos primarios de intercambios sociales y de actividades caritativas y asistenciales. Es sabido que el origen de esta clase de corporaciones, formadas por personas vinculadas por estatutos particulares, autorizadas por las autoridades competentes y dedicadas a ejercicios piadosos, se remonta a los comienzos mismos de la Iglesia. Las cofradías propiamente de Semana Santa, llamadas también de sangre o penitencia, surgieron en Sevilla en fecha muy temprana e, incluso, algunos autores (González de León, por ejemplo), sin precisar debidamente la época en que adquirieron específico carácter penitencial, remontan el origen de aquéllas a los siglos XIV-XV. El citado Ortiz de Zúñiga alude incluso a un origen concreto, recogido ampliamente en la bibliografía y tradición sevillanas posteriores, señalando en sus *Anales de Sevilla* (publicados por vez primera en 1677) el incremento de estas hermandades, «después del año de 1408, predicando en esta ciudad el glorioso San Vicente Ferrer». No resulta a este respecto defendible que fuese precisamente el santo valenciano el introductor en Sevilla de la mortificación por disciplinas. Y es lo más seguro suponer que, si bien existieron hermandades en el siglo XV, no llegaron a convertirse en cofradías de penitencia y a regularizar sus estaciones a templos, primero y, posteriormente, a la catedral, sino hasta mediados del siglo XVI, al calor, además, de los postulados de la Reforma católica y la reacción anti-protestante, que propiciaron unos modos de sensibilidad emocional y extrovertida que hallaron efectivo acuerdo y expresión en la procesión pública como acto de devoción.

El nacimiento de las cofradías sevillanas ha sido tema ampliamente controvertido en la bibliografía local, más a nivel de las pertinaces polémicas cofradieras sobre precedencias y honores que a tenor de planteamientos documentales y rigurosos. Son muy escasos, en efecto, los datos históricos fehacientes conservados que se remontan más allá del siglo XVII, resultando, sin embargo, claro que las propias imágenes pasionarias y testimonios directos e indirectos de varios tipos revelan la existencia de cofradías de Semana Santa desde mediados del siglo XVI. Así, pues, las reglas de las propias corporaciones en algunos casos, y documentos como las relaciones del provisor del arzobispado y nóminas de comparecencias a la fiesta del Corpus, atestiguan la fundación y antigüedad de gran número de ellas. En 1602, el provisor Felipe de Haro con motivo de la fiesta citada recoge una lista de 39 cofradías entre las que figura la Vera Cruz como más antigua, seguida de la del Santo Crucifijo, radicada en el convento de San Agustín, siendo la más moderna por entonces la llamada de las Caídas de Cristo, en Triana. Las cofradías y hermandades han experimentado siempre una vida llena de altibajos y peripecias en cuanto a su permanencia y peso específico en la vida social de la ciudad. Arraigadas originariamente en oficios y gremios (las de Panaderos, Cigarreras, etc.) y, a veces, en grupos étnicos (negros y gitanos, por ejemplo) como verdaderos núcleos integradores, han ido sufriendo las vicisitudes de aquéllos, produciéndose frecuentes fusiones y desapariciones. Entre 1675 y 1683 se llevó a cabo una revisión de reglas que nos ha dejado constancia de fechas explícitas entre 1554 (cofradía de los Angeles, denominada de los Negros) y 1666 (Entrada en Jerusalén, en el Barrio de Triana). De nuevo en 1688 se revisaron prelaciones, reglas y privilegios, y ya en 1704 se redactó una nómina que obligaba a todas en punto a las siempre cuestionadas precedencias y se ratificaron como de mayor antigüedad la Vera Cruz, la del Santo Crucifijo, de San Agustín, y la de los Angeles.

A partir del siglo XVIII, y sobre todo en el primer tercio del siglo XIX, la creciente desintegración de los gremios y las transformaciones producidas en el sentimiento religioso trajeron como consecuencia la desaparición de numerosas cofradías. Los avatares que acompañaron a tales circunstancias históricas no llegaron a anular, y cabe afirmar incluso que ni a disminuir apreciablemente, el sentimiento religioso y social que late en la base de este fenómeno. En las postrimerías del siglo XIX se reorganizaron gran parte de las antiguas y, acomodando su composición, actividad y estructuras a las nuevas realidades religiosas y sociales de nuestro siglo, ha persistido el impulso creador de hermandades de penitencia hasta nuestros días, en los cuales, en 1956, se registra la fundación más reciente, la de Jesús en el abandono de sus discípulos, de la parroquia de Santa Genoveva.

LAS IMÁGENES. La estación penitencial se lleva a efecto mediante el traslado público a la catedral de las imágenes titulares, situadas en pasos. Tales imágenes constituyen los primordiales elementos simbólicos visibles de la esencial faceta espiritual de las cofradías. La memoria de la Pasión de Cristo, según Sevilla, se expresa en numerosas tallas que, en su conjunto, constituyen una de las cimas en las que se revela el peculiar sentimiento plástico español, gustoso desde la Edad Media de la madera policromada como ideal vehículo expresivo de las emociones religiosas. Los imagineros son artistas de profundo aliento popular, en permanente

situación de asimilación e intercambio con los tipos y procedimientos de la que podría denominarse escultura de impregnación culta o académica, y que en lo referente a Sevilla y a su Semana Santa han creado algunas de las obras de más rica espiritualidad en el panorama de la iconografía sagrada universal.

La Semana Santa hispalense remite la autoría de sus grandes tallas a la escuela de escultura e imaginaria de la ciudad, uno de los grandes centros de este género en el arte español a partir de fines del XVI. La actividad plástica alcanza una brillante floración en la primera mitad del siglo XVII, gravitando en torno a la figura de Martínez Montañés —llamado «dios de la madera» por sus coetáneos—, y se producen nuevas obras importantes en el siglo XVIII con autores como Pedro Roldán y su hija Luisa, «la Roldana». El siglo XIX mantuvo asimismo en la ciudad su tradición imaginera, por ejemplo, con la familia Astorga, y ya en nuestro siglo deben reseñarse Castillo Lastrucci, Illanes, Fernández Andes, Sebastián Santos, Paz Vélez, Ortega Bru, Buiza y Alvarez Duarte, todos los cuales han esculpido tallas en las que se conservan tradiciones tipológicas y artesanas ancestrales, enriquecidas a veces con acentos personales de calidades técnicas indudables —caso de Ortega Bru, por ejemplo— pero sin desmentir en ningún modo la pertenencia a un mundo formal y a un horizonte estético vuelto fundamentalmente a las grandes creaciones del siglo XVII.

El grupo iconográfico más valioso de la imaginería procesional sevillana es el de Crucificados. Una serie de grandes tallas jalonan una evolución tipológica y expresiva que cuenta incluso con ejemplares envueltos en orígenes legendarios, como el famoso Cristo crucificado del convento de San Agustín, citado por Cervantes, destruido en 1936 y, como se ha indicado, titular de una de las más antiguas cofradías hispalenses. Entre las tallas de este género conservadas, la cofradía de la Vera Cruz cuenta con un crucifijo de tamaño menor del natural, fechable hacia 1540, de sabor arcaico y resabios góticos en la composición y el tratamiento de la anatomía. De 1574, y del gran escultor Juan Bautista Vázquez «el viejo» —uno de los iniciadores de la escuela escultórica sevillana— es el llamado Cristo de Burgos. El Cristo de la Expiración, de la cofradía radicada en la capilla aneja al Museo de Bellas Artes, es de 1575, obra de Marcos Cabrera. Se trata en este caso de un crucificado dispuesto en violenta contorsión, revelador por lo demás de una tendencia de la escultura del Bajo Renacimiento español, vivamente inclinada hacia efectos dramáticos e intensos, de honda raigambre medieval, y que, contra lo que pudiera pensarse a tenor del tópico expresivo atribuido al Barroco, precede a las creaciones más movidas y patéticas de éste.

La corriente principal de la escultura barroca hispalense, la representada por la obra de Montañés, en lo referente a la iconografía del Crucificado depuró ostensiblemente los atributos más externos del sufrimiento humano y acuñó un arquetipo formal de sereno equilibrio y armónica belleza. El famoso Cristo de la Clemencia (1605) de la Sacristía de los Cálices, en la catedral, aun cuando no es imagen que salga en procesión penitencial, constituye la referencia inexcusable de los ejemplares cofradieros del siglo XVII. Así, en relación con su profundo concepto teológico de expresión del Dios-hombre, impregnado de una solemne dignidad y resuelta la talla con delicado y admirable virtuosismo técnico, es preciso situar al Cristo del Calvario (1612) de Francisco de Ocampo e incluso, en gran medida, el crucificado llamado de la Buena Muerte (1620) de la cofradía de los Estudiantes, obra de Juan de Mesa, discípulo y seguidor de Montañés —por ejemplo, en el Crucificado de la Conversión del Buen Ladrón, 1619 a 1620— aun cuando aparece temperamentalmente inclinado a una definición psicológica más patética de la imagen sacra, tal como puede observarse en el Cristo del Amor (1618) y en el del Buen Fin, de 1624.

En este sentido de acentuación de la expresividad dramática, el contraste entre Montañés y Mesa puede apreciarse en dos ejemplares de otro gran tipo iconográfico de la Semana Santa hispalense, el de Cristo con la cruz a cuestas. El Jesús de la Pasión, de Martínez Montañés, encarna otra gran efigie plena de armonía en los rasgos del rostro y de dulzura en la manifestación de un color que se intuye más intenso y psicológico que exterior y sensible. Por el contrario, el Cristo del Gran Poder, de Juan de Mesa (1620), sobrecoge por su faz atormentada y sanguinolenta, reveladora de un sufrimiento directamente preceptible en la desgarrada amplitud de los pormenores de la talla y en la cruda policromía que define las facciones del rostro. En esta línea que resalta los elementos formales de mayor fuerza expresiva y dramática es preciso situar al famoso Cristo de la Expiración (1682), de la cofradía del Patrocinio, en Triana, denominado popularmente «El Cachorro», obra de Francisco Antonio Gijón. El concepto del dolor y sufrimiento de Jesucristo agonizante ha dejado atrás la predominante atención hacia la compostura formal de tiempos anteriores, y ha captado con valor de instantánea barroca el último espasmo de un ajusticiado en la Cruz. Por último, los más recientes jalones de una secuencia iconográfica que llega a nuestros días están constituidos por los crucifijos de San Bartolomé y la Lanzada del escultor Illanes, Buena Muerte —cofradía de la Hiniesta— de Castillo Lastrucci, y de las Almas, del portugués J. Pires, en todos los cuales en mayor o menor grado está presente la atracción que determinan los ejemplos de Montañés o Mesa como perpetuos modelos magistrales.

Este conservadurismo artístico que priva por lo general en la acuñación y mantenimiento de tipos expresivos de la Semana Santa sevillana es particularmente ostensible en la serie iconográfica que constituyen sus Vírgenes. Son imágenes de vestir y, por tanto, la hechura del escultor se limita al rostro y a las manos. Su registro expresivo es constantemente el de la Virgen Dolorosa, y dentro de él, y pese a la evidente limitación plástica de estas efigies, puede advertirse una insospechada variedad de gestos y caracteres subrayados y potenciados además por el deslumbrante conjunto ornamental y cromático (palio y manto bordados, varales y candelabros en plata labrada, flores, velas) que acompañan en sus pasos a las Dolorosas sevillanas. Entre ellas algunas son objetivamente obras de gran calidad plástica y sutil definición expresiva: Virgen de la Estrella, atribuida a Martínez Montañés; Virgen del Valle, de Juan de Mesa; la Esperanza Macarena, de Luisa Roldán. En todo caso, las Vírgenes de la Semana Santa de Sevilla por la admirable disposición de su exorno en la estación de penitencia participan con plenitud de la genuina emoción popular que está en el impulso más hondo y original de la Semana Santa. Su contemplación ha de abandonar los criterios y condiciones de enjuiciamiento del arte culto y ha de discurrir, por el contrario, con preferente atención hacia la observación de detalles insospechados de ternura, ingenuidad y refinamiento que por circunstancias excepcionales se dan cita en esta singular creación del arte procesional sevillano.

LAS COFRADÍAS Y SU AMBIENTE. Para las cofradías, al llegar Semana Santa, culmina una lenta preparación litúrgica (ceremonias de quinarios y septenarios), organizativa, apostólica y social que viene a confluir en la solemne estación a la catedral. La cofradía en la calle es una asombrosa mezcla de ingredientes de elevada calidad estética —las imágenes heredadas del gran pasado escultórico— y una peculiar y espectacular exhibición de valores sensibles y plásticos de signo diverso: ornamentales, cromáticos, cinéticos y fonéticos, todos ellos aglutinados en un espacio y tiempo vivos en los cuales no cabe sino una actitud participativa emocional y dinámica.

No es fácil deslindar primacías entre aquellas sensaciones y desglosar analíticamente el valor preciso que cabe atribuir a los abundantes modelos ornamentales ejecutados en materiales diversos (preferentemente bordados en telas ricas y tallados en maderas diversas y labrados en plata. Se hace preciso asimismo contar el acento cromático que se deriva de tales materiales y que, además, provienen de las flores y del propio ambiente ciudadano. Es fundamental advertir, por último, el valor de los ritmos en la percepción visual determinado por el movimiento y balanceo acompasado que los costaleros (personas que llevan a hombro los pasos) imprimen al desfile de las imágenes. Unase a todo ello el rumor de sonidos musicales propiamente dichos (cornetas y tambores, bandas e instrumentos de música antigua), las saetas cantadas por el público al paso de las imágenes, así como el silencio especialmente cortante de algunos desfiles sobrios y severos. Podrá obtenerse con todo ello una imagen aproximada de la variedad de matices de un fenómeno contemplativo que hacia el espectador tiene un carácter eminentemente abarcador y envolvente.

En él, por otra parte, se dan cita un cúmulo de tradiciones artesanales ya citadas (talla, orfebrería, bordado) en los que por lo general se han reducido los factores propiamente creativos del arte de inspiración académica y culta a esquemas ornamentales repetitivos que no alcanzan sentido sino en función del conjunto. Hay en la Semana Santa de Sevilla de todos los tiempos un núcleo persistente de modalidades estéticas y significativas, idéntico a sí mismo, esencialmente activo en cuanto permanente impulsor de las actitudes básicas que laten en lo recóndito de los desfiles procesionales. A este respecto, pueden citarse unos párrafos de Ortiz de Zúñiga, escritos a mediados del siglo XVII, en los que están patentes los mismos objetos, criterios y sentimientos que constituyen los móviles, el aparato artístico y grandeza de las cofradías actuales: «Desprecian las cofradías en las insignias, cruces, candelabros, varas, campanillas y otras alhajas cuanto no es preciosa plata; desdeñan en faldones de los pasos, palios, estandartes, guiones y banderolas cuanto no es costosos bordados (sic), subidas telas o terciopelos. En sus pasos, la mejor talla y la más perfecta escultura sólo se miran sin ceño, y la emulación (loable en éstos) adelanta siempre sus demostraciones».

El marco físico de la ciudad, especialmente en sus sectores y barrios antiguos, se aviene, por su parte, admirablemente a resaltar los factores de proporción, cromatismo y ritmos ya señalados como ingredientes decisivos en la contemplación externa de las cofradías. Los pasos de palio de las Vírgenes ajustan milagrosamente su volumen cúbico a las calles estrechas de los barrios históricos. El desfile por calles, plazas, jardines y la visión de los pasos en sus barrios, en el ambiente que configuran actualmente los grupos humanos, heredero de los gremios y corporaciones tradicionales, proporcionan un perfil siempre dinámico y cambiante de la relación entre la ciudad y la cofradía. La contemplación de éstas exige, pues, una atención múltiple, rara vez polarizada en dirección única, sino por el contrario, abierta a percepciones diversas, simultáneas y complementarias que integran propiamente un espectáculo en el más profundo y noble sentido del término; aquel que define un acto público con capacidad de mover y excitar los ánimos de los contempladores. En virtud de todo ello, no resulta extraño que el modo peculiar de religiosidad que incorpora este ciclo vivísimo de efectos artísticos y de hondos latidos de todo un cuerpo social que en Semana Santa transforma su ritmo aceleradamente, haya sido a veces mal comprendido por comentaristas indígenas o foráneos. En algunos casos las cofradías y su desfile procesional han sido tildados significativamente de «vano goce de los sentidos y alimento para la imaginación», en frase de A. Latour, francés exiliado en Sevilla en 1848. No pueden desconocerse, en efecto, algunos excesos frívolos en torno a las cofradías, desde luego tópicamente opuestos a sentimientos de recogimiento e incluso tristeza, que suelen —o más exactamente, por desgracia, solían— asociarse en la mayoría del orbe católico a las celebraciones de Semana Santa. No es desde luego fácil captar apropiadamente y de improviso el complejo juego de facetas que se imbrican en la Semana Santa de Sevilla y en los estratos recónditos de la religiosidad popular. La penetración en el núcleo de este mundo no puede ejercerse en exclusiva a partir de razonamientos extrínsecos y a menudo triviales acerca de las apariencias a veces menos significativas. El hecho mismo de la persistencia plurisecular de las cofradías y de su espíritu, la vitalidad religiosa y social de éstas, incluso en circunstancias azarosas y adversas para la vida de la Iglesia y de nuestra propia patria, atestiguan sobradamente la raigambre verdaderamente histórica y genuinamente popular de todo este amplio ciclo de valores litúrgicos y plásticos a los cuales, por otra parte, aparecen entrañablemente vinculados en su destino personal, familiar y social innumerables sevillanos.

A continuación reseñaremos las cofradías que hicieron estación en la catedral de Sevilla en la Semana Santa de 1975.

Domingo de Ramos: a) «La Paz». Hermandad Sacramental de Nuestro Padre Jesús de la Victoria y María Santísima de la Paz. Dos pasos. Parroquia de San Sebastián. Barrio del Porvenir. Sector del Parque de María Luisa.

b) «La Cena». Hermandad Sacramental de la Sagrada Cena, Santísimo Cristo de la Humildad y Paciencia y Nuestra Señora del Subterráneo. Tres pasos. Inglesia de Nuestra Señora de la Consolación. Plaza de los Terceros.

c) «La Hiniesta». Hermandad Sacramental del Santísimo Cristo de la Buena Muerte y María Santísima de la Hiniesta en sus Misterios Gloriosos y Dolorosos. Dos pasos. Parroquia de San Julián. Sector de la Puerta de Córdoba.

d) «San Roque». Hermandad Sacramental de Nuestro Padre Jesús de las Penas y María Santísima de Gracia y Esperanza. Dos pasos. Parroquia de San Roque. Plaza de Carmen Benítez. Puerta Osario.

e) «La Estrella». Hermandad Sacramental del Santísimo Cristo de las Penas y Nuestra Señora de la Estrella. Dos pasos. Convento parroquial de San Jacinto. Barrio de Triana.

f) «La Amargura». Hermandad Sacramental de Nuestro Padre Jesús del Silencio en el Desprecio de Herodes y María Santísima de la Amargura-Coronada. Dos pasos. Iglesia de San Juan Bautista. Barrio de San Juan de la Palma.

g) «El Amor». Hermandad de la Sagrada Entrada de Jesús en Jerusalén, Santísimo Cristo del Amor, Nuestra Señora del Socorro y Santiago Apóstol. Tres pasos. Parroquia del Divino Salvador. Sector del Centro Urbano.

Lunes Santo: a) «El Rocío». Hermandad de Nuestro Padre Jesús de la Redención en el Beso de Judas y María Santísima del Rocío. Dos pasos. Iglesia de Santiago. Plaza de López Pintado. Sector del Centro.

b) «Santa Genoveva». Hermandad de Nuestro Padre Jesús en el abandono de sus discípulos y María Santísima.

c) «Santa Marta». Hermandad del Santo Cristo de la Caridad en su traslado al Sepulcro, María Santísima de las Penas y Santa Marta. Un paso. Parroquia de San Andrés. Sector de Villasís. Centro urbano.

d) «San Gonzalo». Hermandad Sacramental de Nuestro Padre Jesús ante Caifás y Nuestra Señora de la Salud. Dos pasos. Parroquia de San Gonzalo. Barrio de Triana. Sector del Tardón.

e) «Vera Cruz». Hermandad del Santísimo Cristo de la Vera Cruz y Nuestra Señora de las Tristezas. Dos pasos. Convento de Santa Rosalía. Cardenal Spínola. Barrio de San Lorenzo.

f) «Las Penas de San Vicente». Hermandad de Nuestro Padre Jesús de las Penas y María Santísima de los Dolores. Dos pasos. Parroquia de San Vicente. Calle Cardenal Cisneros.

g) «Las Aguas». Hermandad del Santísimo Cristo de las Aguas, Nuestra Señora del Mayor Dolor y María Santísima de Guadalupe. Dos pasos. Parroquia de San Bartolomé. Barrio de la Judería.

h) «El Museo». Hermandad del Santísimo Cristo de la Expiración y Nuestra Señora de las Aguas. Dos pasos. Capilla de la Sagrada Expiración. Plaza del Museo. Sector de la Puerta Real.

Martes Santo: a) «Los Javieres». Hermandad del Santísimo Cristo de las Almas y Nuestra Señora de Gracia y Amparo. Un paso. Iglesia del Sagrado Corazón de Jesús. Calle de Jesús del Gran Poder.

b) «San Esteban». Hermandad de Nuestro Padre Jesús de la Salud y del Buen Viaje, y Nuestra Señora de los Desamparados. Dos pasos. Iglesia de San Esteban. Sector de la Puerta de Carmona.

c) «La Universidad». Hermandad del Santísimo Cristo de la Buena Muerte y María Santísima de la Angustia. Dos pasos. Templo universitario. Calle San Fernando. Sector de la Pasarela.

d) «San Benito». Hermandad Sacramental de la Sagrada Presentación de Jesús al Pueblo, Santísimo Cristo de la Sangre y Nuestra Señora de la Encarnación. Tres pasos. Parroquia de San Benito. Barrio de la Calzada.

e) «La Candelaria». Hermandad de Nuestro Padre Jesús de la Salud y María Santísima de la Candelaria. Dos pasos. Parroquia de San Nicolás de Bari. Calle Muñoz y Pabón.

f) «Jesús ante Anás» («La Bofetada»). Hermandad de Nuestro Padre Jesús ante Anas y María Santísima del Dulce Nombre. Dos pasos. Parroquia de San Lorenzo. Sita en el barrio del mismo nombre.

g) «Santa Cruz». Hermandad Sacramental del Santísimo Cristo de las Misericordias y Nuestra Señora de los Dolores. Dos pasos. Parroquia de Santa Cruz. Calle Mateo Gago. Sector Santa Cruz.

Miércoles Santo: a) «Las Siete Palabras». Hermandad Sacramental del Santo Rosario y Cofradía de las Siete Palabras, Sagrado Corazón y Clavos de Jesús, Nuestra Señora de los Remedios y María Santísima de la Cabeza. Dos pasos. Parroquia de San Vicente. Calle Cardenal Cisneros.

b) «San Bernardo». Hermandad Sacramental del Santísimo Cristo de la Salud y Nuestra Señora del Refugio. Dos pasos. Parroquia de San Bernardo. Calle Almonacid.

c) «El Buen Fin». Hermandad Sacramental del Santísimo Cristo del Buen Fin y Nuestra Señora de la Palma. Dos pasos. Convento de San Antonio de Padua. Calle San Vicente.

d) «Los Panaderos». Hermandad de Nuestro Padre Jesús del Soberano Poder en su Prendimiento y María Santísima de Regla. Dos pasos. Capilla de San Andrés. Calle Orfila.

e) «El Baratillo». Hermandad del Santo Cristo de la Misericordia, Virgen de la Piedad y María Santísima de la Caridad en su Soledad. Dos pasos. Capilla de la Piedad. Calle Adriano. Barrio del Baratillo.

f) «San Pedro». Hermandad de las Negaciones y Lágrimas de San Pedro, Santo Cristo de Burgos y Madre de Dios de la Palma. Dos pasos. Parroquia de San Pedro. Sector de la Encarnación.

g) «La Lanzada». Hermandad de la Sagrada Lanzada, María Santísima de Guía y Nuestra Señora del Buen Fin. Dos pasos. Iglesia de San Martín. Sector de la Europa.

Jueves Santo: a) «Los Negritos». Hermandad de Santo Cristo de la Fundación y Nuestra Señora de los Angeles. Dos pasos. Capilla de los Angeles. Calle Recaredo, en el barrio de Osario.

b) «La Exaltación». Hermandad Sacramental del Santísimo Cristo de la Exaltación y Nuestra Señora de las Lágrimas. Dos pasos. Iglesia de Santa Catalina. Calle Alhóndiga.

c) «Las Cigarreras». Hermandad de la Sagrada Columna y Azotes y María Santísima de la Victoria. Dos pasos. Capilla de la Fábrica de Tabacos. Barrio de los Remedios.

d) «Montesión». Hermandad de la Sagrada Oración de Jesucristo en el Huerto y María Santísima del Rosario en sus Misterios Dolorosos. Dos pasos. Capilla de Montesión. Calle Feria.

e) «La Quinta Angustia». Hermandad del Dulce Nombre de Jesús, Sagrado Descendimiento y Quinta Angustia de María Santísima. Un paso. Parroquia de la Magdalena. Calle San Pablo.

f) «El Valle». Hermandad de la Sagrada Coronación de Espinas, Nuestro Padre Jesús con la Cruz al Hombro, María Santísima del Valle y Santa Mujer Verónica. Tres pasos. Parroquia de la Anunciación. Sector de la Encarnación.

g) «Pasión». Hermandad Sacramental de Nuestro Padre Jesús de la Pasión y Nuestra Madre y Señora de la Merced. Dos pasos. Parroquia del Divino Salvador. Centro Urbano.

Viernes Santo (madrugada): a) «El Silencio». Primitiva Hermandad de los Nazarenos de Sevilla y Archicofradía de la Santa Cruz en Jerusalén, Nuestro Padre Jesús Nazareno y María Santísima de la Concepción. Dos pasos. Iglesia de San Antonio Abad. Calle General Moscardó y Alfonso XIII.

b) «El Gran Poder». Hermandad de Nuestro Padre Jesús del Gran Poder y María Santísima del Mayor Dolor y Traspaso. Dos pasos. Templo del Gran Poder. Plaza de San Lorenzo.

c) «La Macarena». Hermandad del Santo Rosario, Nuestro Padre Jesús de la Sentencia y María Santísima de la Esperanza (Macarena). Dos pasos. Basílica Menor de Santa María de la Esperanza. Calle Bécquer, en el barrio de la Macarena.

d) «El Calvario». Hermandad del Santísimo Cristo del Calvario y Nuestra Señora de la Presentación. Dos pasos. Parroquia de la Magdalena. Calle San Pablo.

e) «Esperanza de Triana». Hermandad Sacramental de Nuestro Padre Jesús de las Tres Caídas, María Santísima de la Esperanza y San Juan Evangelista. Dos pasos. Capilla de los Marineros. Barrio de Triana.

f) «Los Gitanos». Hermandad Sacramental de Nuestro Padre Jesús de la Salud y María Santísima de las Angustias. Dos pasos. Parroquia de San Román. Sector de la Puerta Osario.

Viernes Santo (tarde): a) «La Carretería». Hermandad del Santísimo Cristo de la Salud, Tres Necesidades de María Santísima, Virgen de la Luz y Nuestra Señora del Mayor Dolor en su Soledad. Dos pasos. Capilla de valle Varflora. Barrio de la Carretería.

b) «Soledad de San Buenaventura». Hermandad de la Santa Cruz en el Monte Calvario, Santísimo Cristo de la Salvación y Nuestra Señora de la Soledad. Un paso. Convento de San Buenaventura. Calle Carlos Cañal.

c) «El Cachorro». Hermandad del Santísimo Cristo de la Expiración y Nuestra Señora del Patrocinio. Dos pasos. Capilla del Patrocinio. Barrio de Triana.

d) «La O». Hermandad de Nuestro Padre Jesús Nazareno y María Santísima de la O. Dos pasos. Parroquia de la O. Barrio de Triana.

e) «Las Tres Caídas» (San Isidoro). Hermandad de Nuestro Padre Jesús de las Tres Caídas y María Santísima de Loreto. Dos pasos. Parroquia de San Isidoro. Calle Luchana.

f) «Montserrat». Hermandad del Santo Cristo de la Conversión del Buen Ladrón y Nuestra Señora de Montserrat. Dos pasos. Capilla de Montserrat. Calle San Pablo.

g) «Santa Marina» (La Mortaja). Hermandad de Nuestro Padre Jesús Descendido de la Cruz en el Misterio de su Sagrada Mortaja y María Santísima de la Piedad. Un paso. Iglesia de la Paz. Calle Bustos Tavera.

Sábado Santo: a) Hermandad de Nuestro Padre Jesús despojado de sus Vestimentas y María Santísima. de los Dolores y Misericordia y San Juan Evangelista Un paso. Parroquia de San Bartolomé. Antigua Judería.

b) «Los Servitas». Hermandad de la Virgen de los Dolores, Santísimo Cristo de la Providencia y Nuestra Señora de la Soledad. Un paso. Capilla de los Dolores. Calle Santa Paula, junto a San Marcos.

c) «La Trinidad». Hermandad Sacramental del Sagrado Decreto de la Santísima Trinidad, Santísimo Cristo de las Cinco Llagas y Nuestra Señora de la Esperanza. Dos pasos. Iglesia de la Trinidad. Calle María Auxiliadora.

d) «Santo Entierro». Real Hermandad Sacramental del Santo Entierro de Nuestro Señor Jesucristo y María Santísima de Villaviciosa. Tres pasos. Convento de San Gregorio. Calle Alfonso XII.

BIBL.: D. ORTIZ DE ZÚÑIGA, *Anales eclesiásticos de la muy noble y muy leal ciudad de Sevilla*, 5 vols., Ma. 1795-1796; F. ALMELA VINET, *Historia y descripción de las cofradías*, Se. 1889; J. BERMEJO Y CARBALLO, *Glorias religiosas de Sevilla o Historia de las Cofradías*, Se. 1882; A. COLLANTES DE TERÁN, *Sevilla*, II, Ma. 1932; J. L. DE LA ROSA, *Sevilla entre lo divino y lo humano*, Se. 1966; E. GÓMEZ MILLÁN, *Sevilla y la Semana Santa*, Se. 1923; L. ORTIZ y L. ARENAS, *Semana Santa en Sevilla*, 2.ª ed. Ma. 1948; F. GONZÁLEZ DE LEÓN, *Historia crítica y descriptiva de las cofradías de Penitencia, Sangre y Luz*, 1852; L. C. PÉREZ PORTO, *Cofradías sevillanas*, Se. 1908; M. SÁNCHEZ DEL ARCO, *Cruz de guía*, Ma. 1943; A. DE LA BANDA Y VARGAS, *El Crucificado en la Semana Santa sevillana*: R28, 22(1964)126-127; J. BERNALES BALLESTEROS, *Pedro Roldán*, Se. 1973; J. HERNÁNDEZ DÍAZ, *Juan de Mesa*, Se. 1972; ID., *Juan Martínez Montañés*, Ma. 1949; ID., *Aportaciones al estudio de la imaginería barroca andaluza*: R28, 18-19(1953); B. G. PROSKE, *Martínez Montañés sevillian sculptor*, New York 1967; J. DELGADO ROIG, *Signos de la muerte en los crucificados sevillanos*, Se. 1951; F. MORALES PADRÓN, *Visión de Sevilla*, Se. 1975; *Semana Santa en Sevilla*, Se. 1927; *Semana Mayor en Sevilla*, Se. 1944-1946; *Sevilla: Fiestas de primavera*, Se. s.a.; *Sevilla y la Semana Santa*, Se. 1922; *Programa de Semana Santa*, Se. 1975.   E. GÓMEZ PIÑOL

3. Valladolid. Una veintena de cofradías penitenciales, con sus 27 pasos de la más selecta imaginería castellana de los siglos XVI y XVII, polarizan la religiosidad de los habitantes de Valladolid y la atención de millares de forasteros. El pueblo siente la Semana Santa. Con ocasión de los Oficios litúrgicos llena las iglesias; en las procesiones, las calles y las plazas. Durante la cuaresma, las cofradías, que son de varones, con «hermanas de devoción» han celebrado cada una de ellas por separado en sus respectivas iglesias actos de preparación espiritual para la Semana Santa, de nueve, cinco o tres días. Estos actos, con predicación, terminan en el sacramento de la penitencia y en la comunión eucarística. Ninguna procesión está en la calle menos de tres horas. No hay margen al cansancio ni a otras derivaciones que el descanso pudiera exigir. Una junta de Semana Santa, creada en 1946, compuesta de eclesiásticos y seglares, con sede en el Ayuntamiento, organiza, coordina y consigue el control de todos los actos, hasta los mínimos detalles que puedan influir en el orden, en la corrección y en la nobleza del rito procesional; nobleza y decoro que es la gala religiosa del devoto desfile.

1. DATOS HISTORICOS. Del siglo XV solo se documenta la cofradía penitencial de la Vera Cruz, la que en la actualidad cuenta con el mayor y más selecto conjunto de pasos de Gregorio Fernández, del siglo XVII.

Del siglo XVI son las cinco clásicas cofradías de Valladolid: la de «Las Angustias» (entonces «La Quinta Angustia»), la primera que desfiló con un paso procesional de escultura policromada, como lo es la Dolorosa, de Juan de Juni; el mismo paso que hoy cierra la procesión general del Viernes. «La Pasión», «La Vera Cruz», «La Piedad» (la de los españoles, distinta de la otra «Piedad de los Genoveses», vinculada, al parecer, a la Corte, puesto que se va con ella cuando Felipe II traslada la capitalidad a Madrid; ésta es una sexta cofradía). Y al finalizar el siglo, la de «Jesús Nazareno». Estas cofradías del XVI se configuran en las bulas de Paulo III, de 7-III-1536 y 3-X-1545 (hay un traslado de ellas, en el archivo de «Las Angustias»), con gracias y privilegios a los *disciplinantes* y otros asociados (los «hermanos de luz»). Sus fines, en las bulas, se definen como de caridad y asistencia y se concretan en los hospitales, que aparecen inmediatamente; el de «Las Angustias» estaba en la calle de Angustias Viejas, hoy Torrecillas; el de «La Pasión», en el pasadizo de Alonso Niño, hoy calle de La Pasión; el de «La Piedad», en la calle de La Parra, hoy del Duque de Lerma. Naturalmente, en sus fines entra la obligación de celebrar las procesiones de Semana Santa; son cofradías penitenciales, que pronto van a edificar sus iglesias propias: la de la Vera Cruz, de fines del XVI con portada y pórtico de Diego de Praves; la de las Angustias se edifica de 1604 a 1612, «frente a las casas principales del Almirante de Castilla», donde hoy está el Teatro Calderón, y es obra de Juan de Nates, discípulo de Juan de Herrera, como el anterior. Ambas iglesias son parte esencial de la impronta herreriana dominante en la ciudad, como filiales arquitectónicas de la catedral. La penitencial de Jesús Nazareno llega en 1675 junto a la Rinconada y a un costado del Ayuntamiento. Finalmente, la de La Pasión, de Felipe Berrojo, notablemente barroca. Todas ellas están hoy en pie. La de La Pasión, restaurada y convertida en Museo de Pintura es filial del Nacional de Escultura. (Pueden verse documentos sobre las penitenciales y sus hospitales, en Martí y Monsó, *Estudios*, 495-511). El siglo XVII es el apogeo de la imaginería castellana y de las procesiones de Semana Santa. De nuevo la Corte está en Valladolid. La culminación del arte escultórico castellano, con Gregorio Fernández, coincide con el apogeo de las procesiones de Semana Santa. Una descripción de estas procesiones de Valladolid en 1605, antes de la aparición de los pasos de G. Fernández, nos la ofrece el portugués Tomé Pinheiro da Veiga en la *Fastiginia*, editada por Pascual Gayangos y traducida al castellano y editada por Narciso Alonso Cortés.

Entre los años 1605, fecha del primer Cristo yacente de Gregorio Fernández (el de El Pardo), y 1636, la producción de este escultor llevaba la Semana Santa a un empinamiento de arte y devoción inusitados, que

atraía a forasteros, aun de tierras lejanas. Una descripción de las procesiones, con toda esta imaginería de Fernández y de sus discípulos, puede verse en Antolínez de Burgos, *Historia de la ciudad de Valladolid*. En cuanto a lo que es exponente del arte castellano, véase Madrazo, *Viaje Artístico*, Ba. 1884, 37 y 93-98.

Ya en el XVII fueron desapareciendo los *disciplinantes*, espectáculo cada día menos grato, que acabó, ya entonces, siendo eliminado de los desfiles procesionales.

2. EL DESTROZO DE LA DESAMORTIZACION DE 1836. Todavía la primera mitad del siglo XVIII conoció el esplendor de las procesiones de Semana Santa. La segunda mitad del siglo fue viendo su decadencia, en gran parte por presiones de los Gobiernos. El siglo XIX iba a contemplar el destrozo de 1836. «Los desamortizadores no se pararon en barras». Desmontaron todas las piezas secundarias de los pasos, dejando en las iglesias penitenciales las figuras del Señor y algunas de la Virgen; y lanzaron, sin sentido y sin piedad, a los sótanos del Museo Provincial de Bellas Artes (entonces en el edificio del Colegio de Santa Cruz, donde las vio su nuevo director D. Francisco de Cossío, «desparramadas y maltrechas, todas las figuras secundarias de la composición de los pasos». «En el suelo, continúa Cossío, estas figuras... me dieron a mí la impresión de un conjunto de actores muertos en un teatro por la violencia de un terremoto». (J. D. Val y F. Cantalapiedra, *Semana Santa en Valladolid*, prólogo).

Solo se salvó el «Descendimiento», de Gregorio Fernández, monumental paso de siete figuras, en la penitencial de la Vera Cruz, quizá por su peso y por el riesgo personal de despiezarlo. También apareció entero, quizá por no haber figurado en las procesiones, el «Sepulcro», de Juan de Juni, también de siete figuras, en el convento de San Francisco; soberbio alarde escultórico, que posteriormente salió en las procesiones de 1929 a 1932, hoy en el Museo Nacional de Escultura, llenando, deslumbrante, una amplia sala restaurada, como solo para él.

3. LA RESTAURACION DE LOS PASOS. El arzobispo Gandásegui, 1920. Francisco de Cossío había sido nombrado director del Museo. «De una conversación que tuve, dice él mismo (ibid.), con el ilustre y dinámico arzobispo Gandásegui [1919], nacieron las procesiones de Semana Santa que hoy se admiran como únicas». En efecto, la decisión del prelado, Remigio Gandásegui, fue reconstruir y recomponer los pasos y restaurar las antiguas procesiones. Delicada labor la primera. Aquellas composiciones armónicas de los pasos originales del siglo XVII, faltando en la documentación una enumeración o descriptiva elemental de las figuras de cada paso, planteaba no solo el problema de identificación, sino también el más delicado aún de las atribuciones a sus autores. Con criterio histórico-artístico había que lograr una reconstrucción «aproximativa», partiendo de las *Instrucciones* de 1661. (J. A. Revilla, *infra*).

Tres personas fueron destinadas para ello: el propio Francisco de Cossío, el canónigo José Zurita y el anterior director del Museo, arquitecto e investigador local Juan Agapito y Revilla. Este último fue el realizador técnico de la obra; y a él habrá que acudir siempre que se trate de estudiar la nueva etapa histórica de los pasos y procesiones. Porque «él fue, nos dice Cossío, quien ordenó los pasos que hoy se exhiben», «con una sólida erudición», y devolvió las figuras secundarias a sus propias figuras principales que en sus iglesias o en el Museo esperaron durante casi un siglo este reencuentro...

Fallecido Revilla en 1944, nos deja la obra explicativa y científica sobre las atribuciones de pasos y autores: *Las cofradías, las procesiones y los pasos de Semana Santa en Valladolid*, Va. 1925. De los pasos, unos están en sus iglesias; otros, en el Museo.

En 1920 estaban ya preparadas dos procesiones. En 1921 salieron cinco. Entre ellas, la general de la Pasión del Señor, que ya entonces se concibió así, sacrificando un criterio meramente artístico de concentrar en procesiones reducidas los conjuntos artísticos más valiosos y de atribución cierta a sus grandes autores, al criterio religioso de desarrollar entero el drama de la Pasión con piezas y algún paso entero de discípulos de ellos. En ese año de 1921, la primera procesión general de la Pasión salió ya con 14 pasos. Hoy sale con 25. Posteriormente la obra de A. Revilla, por él mismo y por otros continuadores, ha ido teniendo ligeros retoques. No en vano sucede todo en esta ciudad a los ojos de la Universidad, la Escuela de Artes y Oficios Artísticos, la Academia de Bellas Artes y el propio Museo, hoy Nacional de Escultura. Los pasos que han quedado, así montados, en el Museo, están expuestos en una sala especial, ya entonces construida para ellos, hoy notablemente mejorada.

Nuevas cofradías. A las cinco clásicas del XVI y XVII se añade la del Cristo del Perdón, en 1700, y otras 15 fundadas a raíz de la restauración de 1920. Tres en 1929: La Preciosa Sangre, Jesús atado a la columna (Luises-Kostkas) y la nueva de las Siete Palabras. Una, en 1931: el Santo Entierro. Interrupción explicable de los años 1932 a 1939. Dos en este año 1939, la Oración del Huerto y el Descendimiento, encargada ésta del paso monumental de Gregorio Fernández, el único respetado íntegro por los «liquidadores» de 1836. Tiene como presidente de honor al Jefe del Estado. En 1940, la de la Sagrada Cena; y se restaura la del Santo Sepulcro, de 1897. En 1941, la de Jesús atado a la columna, para el maravilloso paso de figura única, de Gregorio Fernández. En 1943, el Santo Cristo del Despojo. Dos en 1944: la Exaltación de la Santa Cruz y la del Cristo de los Astilleros. Todavía en 1960, la de Jesús Resucitado, para coronar la Pasión con la Resurrección del Señor en el Domingo de Pascua.

4. LAS PROCESIONES EN LA ACTUALIDAD. Ocupan los ocho días, de Ramos a Resurrección. Por su importancia y por ser recapitulación de la mayor parte de las otras, sacamos del orden cronológico, aquí en primer término, la general de la Pasión del Señor, en la tarde del Viernes Santo.

Con 25 pasos y 18 cofradías, se presenta entera la plástica de la Pasión del Señor, desde la sagrada Cena hasta la Soledad de María en el paso de Juan de Juni. Es una preciada colección de atribuciones ciertas a Gregorio Fernández, con algunas aproximadas o de discípulos suyos; un ejemplar de su maestro Francisco del Rincón y otro de Francisco de la Maza. Hay dos representaciones modernas: la Cena, de Juan Guraya Urrutia (1942) y Cristo en la Cruz, de Lázaro Gumiel (1953). Las figuras son de tamaño aproximadamente natural. No hay imágenes vestidas; todas son esculturas talladas. No hay pasos a hombros. Todos desfilan montados sobre carrozas. He aquí una relación y breve descripción de los pasos por orden procesional.

1. «La Sagrada Cena»: Trece figuras, del escultor bilbaíno Juan Guraya Urrutia (1942); cofradía de su nombre. En la parroquia de San Pedro. 2. «Oración del Huerto»: Dos figuras: Cristo y el ángel, atribución dudosa a Gregorio Fernández, «La cabeza de *Cristo* vale por todo el paso» (J. J. Martín González). Penitencial de la Vera Cruz. 3. «La flagelación del Señor»: Cuatro figuras; Cristo y tres sayones, atribuible a Gregorio Fernández. De atribución cierta a éste, solo el sayón de la izquierda, «el chato». Procede de la penitencial de la Pasión; hoy en el Museo. (A. Revilla, ib., p. 36). 4. «El Señor atado a la columna»: figura única. Así la dejó Revilla en su ordenación de los pasos. Maravilla de Gregorio Fernández, de

eterna gratitud por solo esta obra. La procesión necesitaría un remanso aquí para la emoción estética y religiosa de este paso. En la penitencial de la Vera Cruz. Este y el anterior paso, con la cofradía de Nuestro Padre Jesús atado a la Columna. 5. «Las lágrimas de San Pedro»: composición novísima de estas dos figuras, Cristo y San Pedro, que se hizo en 1965. El «Jesús», de un anónimo del XVII, en el Museo; el «San Pedro», de un anónimo del XVI, en la parroquia de San Miguel. Cofradía de Nuestro Padre Jesús Resucitado. 6. «Ecce homo»: «Cristo de los Artilleros»: figura única, de Gregorio Fernández. Antiguamente acompañada de sayones. Revilla no localizó las demás figuras. Cofradía del Santísimo Cristo de los Artilleros. En la penitencial de la Vera Cruz. 7. «Jesús Nazareno con la Cruz a cuestas»: figura única, de Pedro de la Cuadra (E. García Chico, en edic. de la Escuela de Artes y Oficios, 1960); de Juan Antonio de la Peña, año 1675 (J. J. Martín G., *Escultura*). Cofradía de Nuestro Padre Jesús Nazareno (F. Arribas). En la penitencial de su nombre. 8. «Camino del calvario»: cuatro figuras (Revilla); hoy añadidas otras dos. «Un paso documentado de Gregorio Fernández» (Revilla, ib. 44). De atribución cierta a Fernández, las dos mejores figuras: la del Cirineo y la de la Verónica. Procede de la antigua penitencial de la Pasión. Hoy en el Museo. Cofradía Santo Cristo del Despojo. 9. «Preparativos para la crucifixión»: cuatro figuras. «El paso más flojo de todos los reconstruidos» en 1920 (Revilla, 46), de atribución a discípulos de Gregorio Fernández; de Juan de Avila, el sayón que tira de la cuerda (Val, 66). Procede de la penitencial de Jesús Nazareno. Hoy en el Museo. Cofradía, la misma del anterior. 10. «Santo Cristo del despojo»: figura única, de Claudio Cortijo, (1801) para sustituir al primitivo del siglo XVII que desapareció en un incendio y que pertenecía al paso anterior. En la penitencial de Jesús Nazareno. Cofradía, la de su nombre. 11. «Cristo del Perdón»: figura única, «con mucho de Gregorio Fernández» (Revilla, 79) es de uno de sus avantajados discípulos, de los que reprodujeron sus modelos, Francisco Díaz de Tudanca. En la parroquia de La Magdalena. Cofradía del Santísimo Cristo del Perdón. También va en la procesión de caridad, el Jueves Santo, hasta las puertas de la cárcel para soltar un preso. 12. «La elevación de la cruz»: seis figuras, «obra próxima a Fernández, si no es del mismo». Es de su maestro Francisco del Rincón, si a él se refería el pago de 1.200 reales que se hizo en 1604 a este escultor en la cofradía de la Pasión, de donde procede (Revilla, 47). Hoy en el Museo. Cofradía, Exaltación de la Santa Cruz. 13. «Señor, perdónales...»: Cristo en la Cruz. Figura única atribuible a Gregorio Fernández. (¿De Pompeo Leoni?). La imagen está en la parroquia de Laguna de Duero, a siete kilómetros de Valladolid. De pocos años atrás comenzó a hacerse el Via Crucis procesional con la escultura a hombros, de Laguna a Valladolid, carretera de Madrid. Desde 1970 es transportada en un camión escoltado por la guardia de tráfico. Este y los cuatro siguientes van acompañados por la cofradía de las Siete Palabras. 14. «Mujer, ahí tienes a tu hijo». Tres figuras: Cristo en la cruz, la Virgen y san Juan. El Cristo, de Francisco del Rincón. La Virgen, «inconfundible» y «auténtica», de Gregorio Fernández (Revilla, 50-51). Salió este paso por primera vez en 1954. Procede de la penitencial de la Pasión. Hoy, el Cristo, en la parroquia de La Magdalena; la Virgen y San Juan, en el Museo. 15. «Sed tengo». Seis figuras: Cristo crucificado y cinco sayones, año 1674. Es de discípulos de Gregorio Fernández. Al montarle en 1920 «se ha sustituido el Cristo por el del Museo» (Revilla, ib. 49; y Catálogo del Museo, 1916, n.º 146). Los sayones, «figuras extrañas, vigorosas», «sólidamente dispuestas», «la más bella colección de rufianes, ayudantes de verdugo y malhechores que se puede soñar» (Dieulafoy, *Le Statuaire polychromée en Espagne*, Par. 1908, 137; en Revilla, 49). Procede de la penitencial de Jesús Nazareno: descrito en el *Inventario* de la cofradía, de 1763. Hoy en el Museo. 16. «En tus manos encomiendo mi espíritu». Seis figuras: Jesús, San Juan, la Virgen, María Magdalena y dos sayones, 1660-1664. De discípulos de Gregorio Fernández. Uno de ellos, Francisco Díaz de Tudanca, es el autor del Cristo. Procede de la cofradía del Nazareno. Hoy, en el Museo. 17. «El Señor entre los dos ladrones». Tres figuras: La de Jesús, de Francisco de la Maza. Los dos ladrones, «de las obras buenas de Gregorio Fernández». Rechazada en absoluto la atribución de éstas a Pompeo Leoni. De los ladrones se hicieron vaciados en yeso para la Academia de Bellas Artes, en 1803 y sirvieron para la enseñanza. Y, ¡atención!, los dos ladrones que hoy salen en el paso, no son los originales: ante el peligro de deterioro, el Museo urgió la sustitución; se hicieron réplicas en el Instituto de Restauración de Madrid, con cargo a la cofradía, en 1965; y éstas son las que salen en el paso procesional desde 1966. Los originales, en el Museo, sala de Gregorio Fernández. Este es el paso que preside el sermón de las Siete Palabras en la plaza Mayor el Viernes Santo. 18. «Cristo muerto en la cruz»: figura única, obra moderna, de Lázaro Gumiel, 1953. Sustituye, con desventaja, al llamado «Cristo de los carboneros», de Francisco del Rincón, en la penitencial de las Angustias, que, a su vez, había sido sustituido por el Crucificado de Juan de Juni del convento de Santa Catalina, de tamaño menor que el natural. La cofradía de la Preciosa Sangre quiso tener paso propio, y es el de Gumiel. Paso y cofradía en la parroquia de La Antigua. 19. «El Descendimiento»: siete figuras, de Gregorio Fernández; documentado en el testamento de su esposa, que «declaró que el dicho Gregorio Fernández, su marido, hizo para la cofradía de la Cruz de esta ciudad el paso del descendimiento» (editado por Martí y Monsó, *Estudios Histórico-Artísticos*, 408-409). Las dos grupos, son: arriba, Jesús, José de Arimatea y Nicodemo; al pie, la Virgen, San Juan y María Magdalena; con otro personaje, sin identificar. Todas son de Gregorio Fernández (1623). Cofradía de su nombre. En la penitencial de la Vera Cruz. Entre los pasos de la procesión «no tiene igual en importancia artística y en fuerza de composición» (Revilla, 72). Fue el único que dejaron sin despiezar los desamortizadores. 20. «La Quinta Angustia o Piedad»: dos figuras de Gregorio Fernández (1816). Se había perdido en la desamortización. Había estado en el convento de San Francisco, capilla de la Soledad. Lo encontró e identificó Juan Agapito y Revilla en la parroquia de San Martín, donde está. Sale desde 1929. Cofradía de Nuestra Señora de La Piedad. 21. «Nuestra Señora de la Vera Cruz»: figura única, de Gregorio Fernández (1623). Es la que el escultor talló para el Descendimiento. Preside el altar mayor de su penitencial. Para algunos la mejor imagen de la Virgen, entre las del autor. «Quizá la obra maestra de la estatuaria policromada» (Dieulafoy, 39). 22. «La Santa Cruz»: sola y lisa; de madera. Se dejó la primitiva cruz desnuda que permanece en las franciscanas descalzas reales y se prefirió, pocos años ha, esta cruz esbelta, de 5,75 metros, en cuyos brazos flota el sudario. De tiempo inmemorial la Orden Tercera de San Francisco tenía esta procesión de la cruz en su convento. En 1929, se incorporó a la procesión general de la Pasión del Señor. 23. «Cristo yacente»: figura única, de Gregorio Fernández. Uno de los tres yacentes del mismo autor que posee la ciudad: éste, que es el del monasterio de Santa Ana; el del convento de dominicas de Santa Catalina y el del Museo.

(Otros cuatro en Madrid: El Pardo, San Plácido, La Encarnación y El Buen Suceso).

Antes salía, en este lugar, el soberbio conjunto de El Sepulcro, de Juan de Juni, de siete figuras de tamaño natural, procedente del convento de San Francisco en la capilla del obispo de Mondoñedo. Acompaña a este yacente, de Fernández, la cofradía del Santo Entierro. 24. «Santo Sepulcro». Siete figuras: Cristo yacente en la preciosa urna, de orden dórico, sobre pedestal más moderno, del mismo estilo; dos ángeles y cuatro «durmientes». Procede de la penitencial de las Angustias, donde fue despiezado en 1836; y enviadas sus piezas al Museo. En 1920 «me sirvió de guía, para formarle, el *Catálogo* del museo de 1843», y el *Inventario* de la Academia, de 1803 (Revilla), con atribución, allí, de las siete figuras, a Gregorio Fernández. Pero son de discípulos suyos contemporáneos; los durmientes quizá de José de Rozas. Los dos ángeles originales han sido sustituidos, en 1953, por otros dos, de mejor calidad y más probable atribución a Gregorio Fernández, que están en la parroquia de San Miguel. Acompaña al paso la Asociación Josefina de los padres carmelitas. 25. «Nuestra Señora de las Angustias». De Juan de Juni. La más antigua de las que formaron en las procesiones de Valladolid, con la cofradía de su nombre, de la que Juni era hermano, a mediados del XVI: «La estatua de más fuerza expresiva y de mayor energía técnica que existe en Castilla la Vieja». «No ha venido a Castilla otro mejor oficial extranjero que Juan de Juni», ha dicho en su castizo castellano de Paredes de Nava el mejor escultor que hubo en la Corte de Valladolid, Alonso Berruguete, no representado en los pasos. No es tan religiosa como las de Gregorio Fernández; pero «no se puede mirar de cerca sin una fuerte emoción interior» (Bosarte); «su actitud y expresión mueven a ternura y compasión» (Conde de la Viñaza); y sin embargo de ello, mujer derrumbada por el dolor irremediable, «con esa fiereza que tienen sus ojos, con ese dolor bravío de alma de madre» (R. Orueta). El pueblo la siente y la adora. En una delicada y cumplida restauración, en 1971, se le ha liberado de las siete espadas de plata, que habían sustituido a los pequeños cuchillos que le puso Juan de Juni; y aunque siga siendo por algún tiempo aún, «la Virgen de los cuchillos», la imagen ha ganado escultóricamente; y, religiosamente, se nos acerca más, sin necesidad del acre simbolismo popular. «La espada de dolor», única, que lleva al costado izquierdo la Piedad de Gregorio Fernández en la Vera Cruz, es de simbolismo bíblico en la profecía del anciano Simeón, y no complica en absoluto a la escultura. Frente a su iglesia penitencial de las Angustias se organiza esta procesión general de la Pasión, y frente a ella se disuelve. El pueblo canta la *Salve*, y la imagen entra en su iglesia, de espaldas, y de cara al pueblo, que apura, sin disolverse, estos últimos minutos de presencia de la Virgen, después de las tres horas largas de procesión.

5. RECORRIDO. Desde las Angustias, frente al teatro Calderón, el desfile habrá de buscar la Plaza Mayor, ya perfectamente organizado, subiendo o por la catedral y Regalado, o por Queipo de Llano, a Fuente Dorada. Sigue por la calle de Santiago, rodea la plaza de Zorrilla y continúa por la gran avenida que flanquea los jardines del Campo Grande y el monumento a Colón, para descender por Miguel Iscar y Duque de la Victoria, de nuevo a Regalado, catedral y Angustias.

6. ORDEN DE LAS PROCESIONES EN LOS DIAS DE LA SEMANA. *Domingo de Palmas*. A las doce de la mañana sale de la catedral. El paso de Jesús en su entrada triunfal en Jerusalén, o «de la borriquilla» es el único paso malo de la Semana Santa de Valladolid; pero es el encanto de los niños, integrantes únicos de esta pro-

cesión. Anónimo de fines del xvii, de algún imaginero mediocre o aficionado. Termina el desfile en la Vera Cruz, con unas palabras del arzobispo. *Lunes Santo:* a las ocho y media de la noche. Procesión del Rosario del Dolor. Sala de la Vera Cruz. *Martes Santo:* dos procesiones. A las ocho y media, la del *Encuentro* de la Virgen con el Señor. Parte el Señor de la parroquia de San Andrés: La Virgen, de Juni, de su penitencial de las Angustias; el encuentro, ante la fachada de la Universidad. A las once de la noche, de la Vera Cruz, la Peregrinación de la Promesa. *Miércoles:* Via Crucis penitencial en la Plaza de España, señaladas las 14 estaciones con tapices. Asisten todas las cofradías, a las ocho y media de la noche. A las once y media de la noche, procesión de La Piedad, de la parroquia de San Martín, con su paso de la Quinta Angustia. *Jueves Santo:* Cinco procesiones. La primera a las seis de la tarde, procesión de penitencia y caridad, sale de la parroquia de la Magdalena, a la cárcel, con acto emotivo ante el edificio de la prisión con el Cristo del Perdón. La segunda, a las ocho y media, procesión de Nuestra Señora de la Amargura, sale de la parroquia del Carmen en el barrio extremo de las Delicias. La tercera a las nueve y media: la Sagrada Cena, con el paso de Guraya Urrutia, el de las lágrinas de San Pedro y El Cristo de la Espiga (del siglo xiv). La cuarta: a las once de la noche sale de la penitencial del Nazareno la procesión de Peregrinación y Silencio. La quinta: a las doce de la noche, del monasterio de Santa Ana sale la procesión Penitencia del Santo Entierro. *Viernes Santo:* Cinco actos. El primero, a las cuatro y media de la mañana, sale de la penitencial de las Angustias la procesión de Sacrificio y Penitencia con el paso de «El Cristo de los Carboneros». El segundo, a las nueve de la mañana: Pregón de las Siete Palabras; el pregonero recorre a caballo (caballo blanco enjaezado) las calles de la ciudad, convocando al sermón de las Siete Palabras. El tercero, sermón de las Siete Palabras, a las doce de la mañana, de una hora de duración, en la Plaza Mayor, con asistencia de todas las cofradías y una gran masa de público. Preside el paso de Cristo Crucificado, en medio de los dos ladrones, ya descrito. El cuarto, a las ocho de la noche, procesión general de la Sagrada Pasión, como queda descrita en las páginas anteriores. El quinto, a las doce de la noche, la procesión de la Soledad, sale de la penitencial de las Angustias, con el paso de la Dolorosa, de Juan de Juni. *Sábado Santo:* El «Cristo de la Luz», de Gregorio Fernández salía a hombros en una procesión de la Hermandad de Docentes, a las tres de la tarde, desde la capilla universitaria de Santa Cruz, a la catedral, donde se hacía el Via Crucis, con regreso a la misma capilla, parándose ante la fachada principal de la Universidad. Esta procesión pasó al Sábado Santo, cuando la reforma litúrgica de la Semana Santa trasladó al domingo las alegrías de la resurrección. *El Cristo de la Luz* es un crucificado de Gregorio Fernández, que en 1836, la fecha fatídica, quedó en la iglesia de San Benito, pasó al Museo Provincial (hoy Nacional) y estuvo en la capilla de San Gregorio, que forma parte integral del actual Museo. El Rector de la Universidad, Mergelina, lo consiguió del Museo para la capilla universitaria donde está. *Domingo de Resurrección:* Procesión de la Resurrección; reinstaurada en 1960 con la renovación de la antigua cofradía de la Resurrección, de la que existe noticia en el siglo xvi. El paso de Jesús resucitado es una escultura de tamaño medio, olvidada en la parroquia de Santiago. Nuestra Señora de la Alegría, es una escultura, asimismo de tamaño medio, procedente de la parroquia de San Lorenzo. El Señor sale de Santiago. La Virgen sale de San Benito. El encuentro es en la Plaza Mayor.

7. CONCIERTOS SACROS. Durante la Semana Santa y en diferentes locales sagrados se celebran «Conciertos Sacros». En 1974 fueron cinco los conciertos; uno, de coro solamente; dos, de coro y orquesta; uno, de música de cámara; y un recital de órgano.

Como epílogo de las fiestas pascuales la ciudad tiene un besamanos a su patrona la Virgen de San Lorenzo, en su santuario, el domingo de Resurrección a la caída de la tarde.

BIBL.: J. AGAPITO Y REVILlA, *Las cofradías, las procesiones y los pasos de Semana Santa en Valladolid*, Va. 1925; *Nota histórica del Museo Provincial de Bellas Artes de Valladolid*: Catálogo de la Sección de escultura de 1916, Va. 1916; J. ANTOLÍNEZ DE BURGOS, *Historia de Valladolid*, ms. editado por Juan Ortega Rubio, Va. 1895; F. ANTÓN, *Obras de arte que atesoraba el monasterio de San Francisco de Valladolid* (del ms. de Matías de Sobremonte, infra): R60, 11(1935), y 12(1936); F. ARRIBAS, *La cofradía penitencial de N. P. Jesús Nazareno de Valladolid*, Va. 1946; M. DIEULAFOY, *La Statuaire polychromée in Espagne*, Par. 1908; E. GARCÍA CHICO, *Juan de Juni*: Publicaciones de la Escuela de Artes y Oficios, Va. 1949; ID., *Gregorio Fernández*: Ib., Va. 1952; ID., *Pedro de la Cuadra*: Ib., Va. 1960; ID., *Documentos para el estudio del arte en Castilla*, II, Va. 1941; ID., *Nuevos documentos... Escultores del siglo XVI*, Va. 1959; J. MARTÍ Y MONSÓ, *Estudios histórico-artísticos relativos principalmente a Valladolid*, Va. 1901; J. J. MARTÍN GONZÁLEZ, *Escultura barroca castellana*, Ma. 1959; ID., *Juan de Juni*, Ma. 1974; R. ORUETA Y DUARTE, *Gregorio Fernández*, Ma. 1920; ID., *La expresión del dolor en la escultura castellana* (discurso de recepción en la Real Academia de Bellas Artes de San Fernando), Ma. 1924; T. PINHEIRO DA VEIGA, *La Fastiginia o Fastos geniales* (vers. española del portugués, y notas de Narciso Alonso Cortés), Va. 1916; M. DE SOBREMONTE, *Noticias chronográphicas y topográphicas del real y religiosísimo convento de los frailes menores observantes de San Francisco de Valladolid, año MDCLX*, ms. inédito del Museo Arqueológico de Valladolid, estudiado por F. Antón en 1935 y desaparecido posteriormente en un incendio (queda hoy de él en el citado Museo una copia mandada sacar en 1953 por Rivera Manescau, de otra copia anterior); J. D. VAL y F. CANTALAPIEDRA, *Semana Santa en Valladolid. Pasos, cofradías, imagineros*, Va. 1974.

V. RODRÍGUEZ VALENCIA

4. Zamora. Son ya clásicos el espíritu penitencial y la noble y callada austeridad de la Semana Santa de Zamora. No se conocen los orígenes de las primitivas procesiones. Ciertamente son anteriores al siglo xv. Su actual organización arranca de 1897, en que, bajo la presidencia del entonces alcalde de Zamora, D. Ursicino Alvarez, se creó la Junta de Fomento de Semana Santa. Desgraciadamente no queda constancia documental de la primera constitución de esta Junta. Sin embargo, a los componentes de ella y a sus celosos sucesores se debe el esplendor que ha ido cobrando la celebración de estas fiestas religiosas. Como incidente curioso hay que reseñar que el 11-V-1935, por razón de las difíciles circunstancias por las que atravesaba entonces España, se denominó «Junta Pro-Semana Santa y Ferias Tradicionales». Pero el 7-IV-1940 volvió a transformar su nombre en el actual de «Junta Pro-Semana Santa». Es también de justicia advertir que casi todos los mantos de las Vírgenes y de los Nazarenos de los pasos se bordaron en el hospicio provincial bajo la dirección del bordador José Mirelles. El manto más lujoso y de más valor era el de San Vicente Ferrer, en la actual iglesia de este santo, cuya imagen dejó de llevarse en procesión, como antes se hacía, por resultar impropio de la liturgia del tiempo.

Como se verá por la escueta relación que vamos a dar a continuación, el auge y vitalidad de las 14 actuales cofradías se deben al celo abnegado y al espíritu ferviente de un grupo egregio de zamoranos que son conscientes del valor educativo de la liturgia y de la belleza folklórica de semejantes manifestaciones religiosas.

Domingo de Ramos. La cofradía de Jesús en su entrada triunfal en Jerusalén, de muy remota antigüedad, fue reorganizada en 1948 por D. Dionisio Alba Marcos, D. Gerardo Prieto Madrigal y otros. Tiene por paso «La borriquita», grupo escultórico, obra de Florentino Trapero, que representa la entrada de Jesús en Jerusalén. Sus cofrades llevan túnica blanca, con capa y caperuz morado de seda. Juntamente con los cofrades van también niños y niñas vestidos con túnica, llevando en la procesión palmas y ramos de laurel. La procesión salía antiguamente de la iglesia de los franciscanos, que estaba situada al margen izquierdo del río Duero, *extra pontem.* La imagen era llevada a hombros por miembros de la Orden tercera, atravesaba el puente hacia la ciudad, en donde permanecía hasta el anochecer, y volvía de nuevo a su procedencia. En 1816 la antigua imagen fue sustituida por otra que ha durado hasta la actual obra de Trapero. El paso «La borriquita» se custodia desde el 19-VIII-1964 en el Museo de Semana Santa.

Itinerario: A las cinco de la tarde comienza el desfile de «La borriquita». Sale del Museo de Semana Santa para ir por la plaza de Cánovas, Ramos Carrión, plaza Mayor, Ramón y Cajal, plaza Sagasta, San Torcuato, avenida José Antonio, Santa Clara, Ramón y Cajal, plaza Mayor, Reina, Ruiz del Arbol para entrar en el Museo. Pertenecen a esta hermandad 26 hermanos adultos y multitud de niños y niñas.

Lunes Santo. La Hermandad de Nuestro Padre Jesús en su Tercera Caída, fue fundada en 1942 y cuenta con tres pasos: «Cristo en la Tercera Caída», obra de Quintín de la Torre; «La Despedida», de Enrique Pérez Comendador; y la «Virgen de la Amargura», de Ramón Obrantes. Se fundó esta hermandad con el fin de agrupar a los excombatientes de la guerra española. Por eso se llama de excombatientes. Los hermanos visten túnica negra, con capa y caperuz blancos de raso. Sobre la capa, al lado izquierdo, la laureada de San Fernando en rojo. Se estableció en el arrabal de San Lázaro, al amparo de la Virgen del Yermo, y lleva por emblema la cruz de San Fernando (por ser zamorano de nacimiento este rey santo), orlada con las espinas de la pasión del Señor. Según sus constituciones, el fin de esta hermandad, que recoge el ambiente de su nacimiento, es dar culto a Dios, orar por los caídos y contribuir al esplendor de la Semana Santa de Zamora.

Itinerario: A las ocho y media de la noche y de la iglesia de Santa María la Nueva comienza la procesión, que sigue por la calle del Hospital, Damas, San Martín, se reza una oración ante la Cruz de los Caídos, continúa por Sor Dositea, Ramos Carrión, plaza Mayor, Ramón y Cajal, Sagasta, Santa Clara, Pelayo, San Torcuato, Sagasta, plaza Mayor, Doña Candelaria, para finalizar en el Museo. El número de hermanos asciende a 264.

Martes Santo. a) La Cofradía de Jesús del Vía Crucis, fundada en 1942 por el sacerdote D. Manuel Boizas, vicerrector que era del seminario de Zamora, tiene dos pasos: «Jesús del Vía Crucis», de autor desconocido; y «La Virgen de la Esperanza», de Víctor de los Ríos. Sus cofrades visten túnica blanca, con capa y caperuz morados de tela pobre de algodón. Sobre la capa, al lado derecho, una silueta de Jesús con la Cruz, en blanco.

Itinerario: La procesión sale de la iglesia de San Andrés a las nueva de la noche y camina hacia la iglesia de San Frontis, atravesando el río por el puente de piedra, que es el camino del cementerio, donde termina la vida humana, o sea el Vía Crucis de los zamoranos, pasando por las calles de San Atilano, Santa Clara, José Antonio, San Torcuato, Sagasta, Ramón y Cajal,

plaza Mayor, Ramos Carrión, Alfonso XII, Santa Lucía, puente de piedra, Cabañales, en cuya iglesia queda la Virgen; sigue el desfile por la carretera de Fermoselle hasta la parroquial de San Frontis, donde entra la imagen de Jesús. Forman en esta cofradía 307 hermanos.

b) La Hermandad Penitencial de las Siete Palabras fue fundada en 1968 por un grupo de estudiantes. Su paso es un Cristo del siglo XVI, de autor anónimo, que se guarda en la iglesia de Santa Lucía. Sus cofrades visten túnica blanca con capa y caperuz verde musgo.

Itinerario: A las doce de la noche comienza la procesión que parte de la iglesia de Santa María de la Horta, sigue por San Juan de las Monjas, Puerta Nueva, Buscarruidos, Santo Tomé, Tenerías, Zumacal, plaza de la Horta, donde hace estación, para continuar por San Juan de las Monjas, Cuesta del Piñedo, Santa Eulalia, Santa Olaya, plaza Mayor, Castelar, Alfonso XII, Santa Lucía, Zapatería, Caldereros y retornar al templo de partida. Forman en la procesión unos 112 cofrades.

Miércoles Santo. Existen dos cofradías: la del Silencio y la del Cristo del Amparo.

a) La cofradía del Silencio o del Cristo de las Injurias, fue fundada en 1924 y su paso es el Cristo de las Injurias (de gran perfección anatómica, según el doctor Almendral Alonso), atribuido a Gaspar Becerra, que se custodia en la catedral. Procedente de una talla de los jerónimos de Zamora (próximo al cementerio, en el barrio de San Frontis), la cruz del Cristo hubo de ser construida de nuevo en dicho año, porque la anterior estaba carcomida por el coronjo. Se hizo la cruz de madera de roble, que donó el cofrade fundador D. Julio Funcia. En un hueco que se hizo en la cruz, a la altura de la cintura de la imagen, se colocó el acta de fundación de la cofradía, en pergamino, firmada por los cofrades fundadores. Fueron éstos: D. Manuel Boiza, D. Pedro Almendral Vega, D. Ramiro de Horna, D. Bernardo Amigo, D. Julián de la Orden, D. Julio de Hoyos, D. Julio Funcia y D. Alvaro García de Castro. Los cofrades visten túnica blanca y caperuz rojo y llevan hachones encendidos.

Itinerario: A las ocho y media de la noche el alcalde de la ciudad ofrece el silencio, que los hermanos prometen bajo juramento ante el obispo en solemne acto que tiene lugar en el atrio de la catedral. El cortejo procesional desfila a continuación por plaza de Pío XII, Rua de los Notarios, Ramos Carrión, plaza Mayor, Ramón y Cajal, Sagasta, San Torcuato, avenida José Antonio, Santa Clara, Ramón y Cajal, Ramos Carrión, Cánovas y Barandales, para concluir en el Museo de Semana Santa. Tiene unos 295 cofrades.

b) La Hermandad del Cristo del Amparo fue fundada en 1956. Su paso es el Cristo del Amparo, anónimo que se guarda en la iglesia de San Claudio, del barrio de Olivares. Los hermanos visten la típica capa alistada con capucha y llevan un rústico farol.

Itinerario: A las doce de la noche sale la procesión de la iglesia de San Claudio de Olivares para continuar por Rodrigo Arias, Trascastillo, Sillón de Doña Urraca, San Martín, San Ildefonso, donde al pasar se reza el Vía Crucis, Arias Gonzalo, Obispo Manso, Cuesta del Obispo y Trascastillo, para volver a su templo. El número de cofrades está limitado hoy a 100, aunque al comienzo lo estuvo a solo 72.

Jueves Santo. Hay tres cofradías: la del Vía Crucis, la de la Vera Cruz y la Penitente Hermandad de Jesús Yacente.

a) La Cofradía del Vía Crucis, sección de Damas de la Esperanza, fue fundada en 1959 para acompañar a La Virgen de la Esperanza, que el Martes Santo, por la noche, se lleva a la iglesia de las Dominicas (Dueñas), en el barrio de Cabañales, por los cofrades de Jesús del

Vía Crucis. Los cofrades visten túnica blanca y caperuz verde, mientras que las damas visten mantilla española las de la Junta, y el resto de las damas de negro y llevan velas.

Itinerario: Sale a las diez de la mañana de la iglesia de Cabañales, recorre las calles del Sepulcro, puente sobre el Duero, Santa Lucía, Alfonso XII, Ramos Carrión, plaza Mayor, Ramón y Cajal, Sagasta, San Torcuato, José Antonio, Santa Clara, plaza Sanjurjo y San Atilano, para concluir en la iglesia de San Andrés. Consta de 200 damas y 80 hermanos.

b) La Cofradía de la Vera Cruz fue fundada en el siglo XV. Su procesión se compone de ocho pasos: La Cruz, de José Fernández Labajo; La Santa Cena, de Ricardo Segundo; La Oración del Huerto: la imagen de Jesús es de Ramón Alvarez, y anónima la del Angel, que es del siglo XVIII; El Prendimiento, de Alejandro Torrija; La Flagelación: la imagen de Jesús es de Ramón Alvarez, las figuras de los tres judíos son de autor desconocido; La Sentencia, de Ramón Núñez; Jesús Nazareno, de autor desconocido; y La Dolorosa, de Ricardo Segundo. Los cofrades visten túnica morada y caperuz de terciopelo morado, cordón amarillo y rosario. Componían esta cofradía antiguamente los gremios de artesanos y menestrales. Hoy no hay distinción de personas. Abre la marcha de esta procesión el típico Barandales, vestido de túnica y gorra de terciopelo morado. De sus manos penden sendas campanas de no pequeño tamaño, que las toca durante toda la procesión sin intervalo. Sigue la Guardia Civil montada a caballo y después encabeza la serie de pasos el de La Cruz, de tamaño más que natural, hecha por el tallista zamorano Labajo, en 1920.

Itinerario: Comienza la procesión a las cinco y media de la tarde, saliendo de Santa María la Nueva, para seguir por Barandales, Cánovas, Ramos Carrión, plaza Mayor, San Andrés, San Atilano, Santa Clara, Sagasta, Ramón y Cajal, plaza Mayor, Ramos Carrión, Rua de los Notarios y catedral. El regreso es un cuarto de hora después, por Rua de los Notarios, Ramos Carrión, plaza Mayor, calle de la Reina y la de Doña Candelaria, para regresar al Museo. Consta la cofradía de 314 miembros.

c) La Hermandad de Jesús Yacente, fundada en 1941, tiene por paso al Jesús Yacente, maravillosa talla de Gregorio Hernández, que procede de la iglesia de la Concepción, hoy cerrada al culto, y se guarda en la iglesia de Santa María la Nueva. Sus cofrades visten túnica y caperuz blancos, con faja morada. Llevan hachones.

Itinerario: Tiene tres itinerarios distintos, que van rotando cada año. Pero los tres terminan siempre en la plaza de Cánovas, donde se canta el «Miserere», para concluir en el punto de partida, la iglesia de Santa María la Nueva, de donde sale a las once de la noche. El Jesús Yacente estuvo hasta 1965 en la antes citada iglesia de la Concepción y pertenecía, juntamente con los edificios que la circundan, a la familia Gómez, razón por la cual ha estado en litigio la propiedad de la imagen, ya que por testamento pasaron todos los muebles a los herederos de la familia propietaria. Los mayordomos son anualmente dos y tienen que llevar en la procesión una cruz de madera maciza de tamaño natural. Hay una cruz más para el hermano que por ofrecimiento, previa una solicitud, desee cargar con la cruz. Hay ya solicitudes hasta el año 2015, lo que demuestra el espíritu religioso del pueblo zamorano. En la actualidad cuenta la hermandad con 573 hermanos.

Viernes Santo. Hay también tres cofradías: *a)* La Cofradía de Jesús Nazareno (vulgo Congregación), fue fundada en tiempo desconocido y reorganizada en 1651 por Andrés Rueda, notario, José Flores y Claudio Gómez, y su procesión se compone de los siguientes 10 pasos. Camino del Calvario: el Nazareno es anónimo y los sayones son obra de Justo Fernández; La Redención, de Mariano Benlliure; La Verónica, La Caída, La Soledad y La Crucifixión, los cuatro de Ramón Alvarez; Las cuatro mujeres, de Hipólito Pérez Calvo; La Desnudez, de José María Garrós; La Elevación, de Aurelio de la Iglesia; La Agonía, que es un calvario de autor desconocido de finales del siglo XVI, y La Caída, que es copia, hecha en 1866, del famoso cuadro de Rafael «El Pasmo de Sicilia». Visten sus cofrades túnica negra, de percal, y llevan todos una sencilla cruz de un metro sobre el hombro, negra también, y caperuz romo sin armazón alguno.

Itinerario: Sale a las cinco de la mañana de la iglesia de San Juan de Puerta Nueva, va por Ramón y Cajal, Sagasta, San Torcuato, plaza Alemania, Tres Cruces, donde hace estación durante media hora. Al comenzar de nuevo la procesión, se procede a la ceremonia llamada «La reverencia», que consiste en el desfile de todos los pasos ante la Virgen, haciéndole cada paso tres veces una inclinación. Hace años, cuando aquel paraje era todavía pleno campo entre trigales, resultaba una ceremonia más emotiva y se consideraba el momento cumbre de la Semana Santa. El retorno se hace por Héroes de Toledo, avenida de Italia, avenida Requejo, Santa Clara, Sagasta, Ramón y Cajal, plaza Mayor y Candelaria, para terminar en el Museo. En 1932, con ocasión de la República, hubo que lamentar la actitud de los hermanos del paso que, al llegar a las Tres Cruces, donde se realiza la ceremonia llamada «La reverencia», se negaron a continuar con los pasos. Entonces los hermanos de túnica cubrieron los puestos de los costaleros y prosiguieron la procesión hasta su destino. Pertenecen a esta cofradía 1.214 miembros.

b) La Real Cofradía del Santo Entierro. Fue fundada lo más tarde en el siglo XVI, aunque los primeros datos documentales son de 1615. Procesiona los nueve siguientes pasos: La Magdalena, de Angel Marce; Longinos, El Descendimiento y Virgen de los Clavos, los tres de Ramón Alvarez; El Cristo de las Injurias, atribuido a Becerra; El Descendido, de Mariano Benlliure; Conducción al Sepulcro, de José María Garrós; El Retorno del Sepulcro, de Ramón Núñez, y Santo Sepulcro, de Aurelio de la Iglesia.

Visten sus cofrades túnica y caperuz de terciopelo negro, y llevan varas de metal, de plata los mayordomos. Estas varas tienen en la parte superior un sepulcro de cristal y de plata, semejante al del paso del Sepulcro. En esta cofradía desfilan todas las autoridades de la ciudad y una compañía del regimiento de Infantería con su bandera.

Itinerario: Sale a las cuatro y media de la tarde del Museo de Semana Santa. Recorre las calles de Barandales, Cánovas, Ramos Carrión, Ramón y Cajal, Sagasta, San Torcuato, Benavente, Santa Clara, Sagasta, Ramón y Cajal, Ramos Carrión, Rua de los Notarios y plaza de Pío XII. Hace estación en la catedral durante quince minutos, para regresar por Rua de los Notarios, Ramos Carrión, plaza Mayor, Candelaria y Museo. En esta procesión desfila una compañía de la Guardia Civil montada a caballo y el clásico Barandales con túnica de terciopelo negro y sombrero de lo mismo a la antigua usanza, con sus campanas pendientes de los brazos tocándolas sin cesar durante todo el itinerario. Forman en esta procesión 180 cofrades.

c) La Cofradía de la Santísima Virgen de las Angustias, Nuestra Madre, fundada el año 1412, da culto a Nuestra Madre de las Angustias, de Ramón Alvarez, que se guarda en la capilla de los vizcondes de Garci-Grande de la iglesia parroquial de San Vicente. En 1928 reorganizó esta cofradía D. Manuel Boizas, vicerrector del Seminario y la hizo mixta de hombres y mujeres. El fundador fue san Vicente Ferrer, por cuya razón salía un paso con la imagen de este santo. Pero hace unos años se suprimió este paso por resultar anacrónico e inadecuado dentro de los demás pasos de la Pasión del Señor. Visten sus cofrades túnica blanca y caperuz negro de terciopelo. Las damas de la cofradía asisten unas con mantilla y otras sin mantilla, pero con traje negro y llevando velas.

Itinerario: Sale la procesión a las once de la noche de la iglesia de San Vicente, recorriendo la plaza Mayor, Ramón y Cajal, Sagasta, Santa Clara, José Antonio, San Torcuato, Sagasta, plaza Mayor y Mariano Benllieure, para concluir en la iglesia, donde se canta la *Salve.* Forman 1.300 hermanas y 224 hermanos.

Sábado Santo. La Cofradía de Damas de la Soledad, fue fundada en 1948. Consta de 1.512 hermanas, que desfilan con el paso de la Virgen de la Soledad que desfiló en la procesión del Viernes Santos y ante la cual hacen los demás pasos la reverencia. Pero en esta procesión del Sábado la Virgen está vestida de riguroso luto con un manto negro de tela pobre en vez del rico manto de terciopelo bordado en oro que llevaba en la madrugada del Viernes Santo. También desfila en esta cofradía la Directiva de la Cofradía de Jesús Nazareno.

Itinerario: Sale a las ocho y media de la noche de la iglesia de San Juan, yendo por Ramón y Cajal, Sagasta, San Torcuato, José Antonio, Santa Clara, Ramón y Cajal y plaza Mayor, y da la vuelta, para retornar a la iglesia de San Juan.

Domingo de Resurrección. La Cofradía de la Santísima Resurrección, fundada en el siglo XVIII, tiene dos pasos: Jesús Resucitado, de Ramón Alvarez, y La Virgen de la Resurrección, de Florentino Trapero. Visten sus cofrades traje de calle y llevan varas de metal rematadas con la imagen de Jesús Resucitado y flores naturales.

Itinerario: A las nueve y media de la mañana comienza el desfile de Jesús Resucitado saliendo de la iglesia de la Horta para seguir por Milicias, Plaza, Zapatería, Santa Lucía, Alfonso XII y Ramos Carrión. A la misma hora sube la Virgen por la Cuesta del Piñedo, San Atilano, Santa Clara y Sagasta. En la plaza Mayor tiene lugar la ceremonia de «El Encuentro». Una vez efectuada, se fusionan ambas procesiones, y se trasladan a la catedral por Ramos Carrión y Rúa de los Notarios. Se compone esta cofradía de 400 hermanos. Es pintoresco y de sabor muy zamorano este desfile, pues acompañan a la procesión los tamborileros zamoranos con su melodiosa gaita. Terminada la procesión, se reúnen los hermanos para gustar el clásico «dos y pingada y una tajada» en fraternal comida. Consiste este plato culinario en dos huevos fritos sobre lonchas de jamón y salsa de tomate. Se decía que, tras el ayuno cuaresmal, esta comida era un medio adecuado de reponer fuerzas para emprender el trabajo que Dios premia a los zamoranos por la piadosa costumbre de celebrar la Semana Santa.

BIBL.: C. FERNÁNDEZ DURO, *Memorias históricas de la ciudad de Zamora,* IV, Ma. 1883, 265-274. Parte de estas noticias las debo al eminente ginecólogo zamorano D. Pedro Almendral Alonso y a D. Enrique Fernández Prieto, notables conocedores de muchos detalles de historia local.   Q. ALDEA

SEMANAS BIBLICAS ESPAÑOLAS. Su origen hay que buscarlo en los estatutos de la Asociación para el fomento de los estudios bíblicos en España. Dicha Asociación tuvo un bienio constituyente (1923-1925), durante el cual se fijaron cuidadosamente sus fines concretos y los medios que habían de emplearse para fomentar con eficacia los estudios bíblicos de nuestra patria. Entre ellos se establecía una reunión periódica, a ser posible anual, de los miembros de la sociedad.

El año 1930 se celebró en Roma, en el Instituto Pontificio Bíblico, la primera Semana Bíblica Italiana. En la audiencia pontificia que el papa Pío XI concedió a los asistentes a la Semana, indicó su deseo de que dichas Semanas Bíblicas se multiplicasen. Esta noticia sugirió en muchos de los miembros de la Asociación la idea de convertir su reunión periódica anual en una verdadera Semana Bíblica a imitación de la italiana. Efectivamente quedó proyectada la primera para el año 1931. Pero sobrevino la República, con sus trastornos políticos y sociales que impidieron llevar a cabo el plan premeditado.

Todavía el año 1936 se intentó celebrar en Segovia la primera Semana Bíblica Española; se mandaron circulares a todos los biblistas españoles, se esbozó el programa que se había de desarrollar y se concretaban las normas que habían de regir la Semana. Todo esto se proyectaba con cierto optimismo entre los miembros más jóvenes de la Asociación, en los últimos meses del año 1935 y el comienzo del año 1936. Pero sobrevinieron las elecciones del 16-II-1936 y, aunque algunos esperaban aún poder celebrar en Segovia la proyectada Semana, entre la mayor parte de los socios cundió el pesimismo y el desaliento ante los acontecimientos políticos, que habían de desembocar en la guerra civil en el mes de julio. Todo el plan vino a frustrarse de nuevo.

Con el fin de la Guerra de Liberación, el año 1939, comienza una nueva época de rápido resurgimiento de los Estudios Bíblicos, que ha seguido ininterrumpidamente hasta nuestros días. El año 1940 se puede, por fin, organizar la primera Semana Bíblica en Zaragoza. Aquella memorable asamblea, en la que tomaron parte numerosos y entusiastas profesores de Sagrada Escritura de toda España, del clero secular y regular, fue como el pregón de la nueva era que se inauguraba para los estudios bíblicos. Fueron muchos los asistentes a aquel primer recuento de las fuerzas vivas con que contaba España para impulsar el movimiento bíblico. Podemos afirmar que el entusiasmo y optimismo de aquella primera Semana Bíblica, fue el origen de los progresos que en este terreno se han hecho después.

En ayuda de la Asociación vino el Consejo Superior de Investigaciones Científicas por medio del Instituto Francisco Suárez de Teología, en el que figura una sección bíblica. Desde el año 1941, el Instituto publica la revista, de carácter científico, Estudios Bíblicos y organiza las Semanas Bíblicas anuales, que sin interrupción vienen celebrándose desde 1940. Desde el año 1951 el mismo Instituto publica un volumen anual con los estudios presentados en la Semana Bíblica, lo que ha contribuido a que las investigaciones científicas en el terreno escriturístico hechas por biblistas españoles, tengan su repercusión en el extranjero.

Las Semanas se han celebrado en Madrid en locales del Consejo Superior de Investigaciones Científicas, a excepción de la primera y de la 15 el año 1954, celebrados respectivamente en Zaragoza y Santiago con motivo del año jubilar jacobeo. En cada Semana se estudia un tema central, al que se añaden otros temas libres. Las sesiones se celebran mañana y tarde. Hasta hace pocos años ambas se tenían en el salón de conferencias del Consejo, pero se vio que la discusión de ciertos problemas bíblicos delicados convenía restringirla a los técnicos en la materia. Por esta razón en las últimas Semanas Bíblicas la mañana se dedicaba a la lectura de las ponencias, que se discutían por la tarde únicamente por los profesores de Sagrada Escritura y de Teología en la biblioteca del Consejo.

Las Semanas Bíblicas españolas se van desarrollando cada año con mayor interés y entusiasmo. A ello contribuye el número cada vez mayor de nuevos profesores de Sagrada Escritura, formados casi todos en el Instituto Bíblico de Roma, que vienen a encargarse de las cátedras de Escritura en las Universidades Pontificias, en los Seminarios o en los Colegios de estudios superiores de los religiosos. También se advierte el aumento de concurrentes seglares, a quienes interesan cada vez más los estudios bíblicos.

Enumerar los temas que se han desarrollado en estas Semanas, sería tarea larga. El lector que tenga interés en esto puede acudir a la revista Estudio Biblicos, donde encontrará la reseña detallada de cada Semana. Solo recordaré algunos temas, que por su actualidad e importancia, han tenido resonancia en el extranjero. Uno de los problemas bíblicos más debatidos estos últimos años ha sido el del sentido literal pleno en la Sagrada Escritura. En la Semana Bíblica XII del año 1951, se comenzó a discutir entre nosotros este problema. Siguió su discusión en la Semana XIII, año 1952, y como la diversidad de opiniones fue muy grande, se convino en estudiar el problema más a fondo en la Semana siguiente. Así se hizo en efecto el año 1953, presentándose trabajos en uno y otro sentido, de extraordinario mérito. Las revistas extranjeras bíblicas han reconocido que en ninguna asamblea bíblica se ha discutido este problema con tanta erudición y profundidad como en las Semanas Bíblicas españolas.

En la Semana XVIII, año 1957, se desarrolló el tema *Teología Bíblica sobre el pecado*. Las ponencias presentadas forman un conjunto muy completo sobre el material. Cosa parecida podíamos decir del tema *La escatología individual en el Antiguo Testamento*, estudiado en la Semana XV, 1954, y *La escatología individual neotestamentaria a la luz de las ideas de los tiempos apostólicos*, Semana XVI, 1955. Ofrecen las ponencias de estas dos Semanas un tratado completo sobre este interesante problema.

Mención muy particular merece la XXVI Semana Bíblica, celebrada en 1965, como Coloquio Bíblico internacional. El tema señalado fue *Jalones de la Historia de la salud en el Antiguo y Nuevo Testamento*. El número de trabajos presentados fue muy grande. Algunas de las ponencias fueron desarrolladas por biblistas extranjeros, tales como el padre Benoit OP, director de *Revue Biblique*; el padre North SI, antiguo profesor del Instituto Bíblico de Roma; el doctor Cazelles, del Instituto Católico de París; el doctor Coppens, profesor en la Universidad Católica de Lovaina, y otros. Este coloquio internacional, con ocasión de las bodas de plata de las Semanas Bíblicas Españolas, ha servido para dar nuevo impulso, entre nosotros, a la ciencia bíblica y, sobre todo, para estrechar los lazos de unión con renombrados biblistas extranjeros.

S. DEL PARAMO

SEMANAS DE DERECHO CANONICO. *Origen y características*. Por Decreto del 29-IV-1944 (B. O. de E. de 7 de mayo) se creó en Salamanca el Instituto San Raimundo de Peñafort, dentro del Consejo Superior de Investigaciones Científicas. A diferencia de otros organismos del Consejo, éste carecía de antecedentes en la Junta de ampliación de estudios y, por consiguiente, hubo de comenzar a base de sus propias iniciativas. La primera de ellas consistió en agrupar a los investigadores españoles para el estudio de determinados temas durante una semana, en forma similar a como venía haciéndolo el Instituto «Francisco Suárez» con sus «Semanas» de Teología y Bíblica. En atención al menor número de especialistas, se estimó excesivo el ritmo anual, y las «Semanas» se vienen celebrando cada dos años, inicialmente en los años impares, y en la actualidad en los años pares, después del cambio que introdujo el deseo de participar con una «Semana» en la celebración internacional del VII Centenario de la Universidad de Salamanca.

Las Semanas son siempre de carácter estrictamente monográfico, sin que se admitan comunicaciones que no se refieran al tema central. El número de ponencias oscila entre 12 y 16, y son encargadas por la dirección del Instituto buscando que los ponentes, además de su competencia científica, tengan un cierto carácter representativo de todos los centros de enseñanza e investigación del Derecho canónico que existen en España. Ordinariamente los ponentes y el público se reclutan entre los canonistas españoles, pero algunas Semanas, tres en concreto, han tenido carácter internacional, según veremos en el punto siguiente. El tema monográfico elegido para la Semana se anuncia oficialmente el día 23 de enero, fecha tradicional de la fiesta de San Raimundo de Peñafort, titular del Instituto, y es fijado tras un cambio de impresiones con los decanos de las Facultades de Derecho canónico y los catedráticos de esta materia en las Universidades civiles de España.

Tras una doble experiencia de celebración de las Semanas en Salamanca y Madrid, se optó por un sistema itinerante, en virtud del cual las Semanas han sido recibidas por diversas Universidades y centros de alta cultura de España, y en dos ocasiones se han celebrado en el extranjero, correspondiendo a invitaciones recibidas en este sentido.

Normalmente los trabajos de la Semana son publicados en volumen independiente y constituyen hoy una colección sumamente apreciada. La edición se hace unas veces por el mismo Consejo de Investigaciones y otras por entidades que brindan esta colaboración. Las Semanas se celebran en la tercera de septiembre de los años pares.

Semanas celebradas. Con esta orientación y características se han celebrado ya las siguientes Semanas:

1. «Situación actual de la investigación jurídico-canónica en España» (Salamanca, Universidad Pontificia, 1 al 6-X-1945). Constituyó una inicial toma de contacto, ya que era la primera vez que los canonistas españoles se reunían con carácter nacional. No se publicaron las actas.

2. «La recepción mutua del Derecho canónico y civil según el sistema jurídico moderno» (Madrid, sede del Consejo de Investigaciones, 12 al 17-V-1947). El tema se eligió con el deseo de provocar un contacto entre los cultivadores del Derecho canónico y del Derecho secular. No se publicó volumen de actas. Algunos de los trabajos aparecieron en diferentes revistas.

3. «El patrimonio eclesiástico» (Comillas, Universidad Pontificia, 2 al 9-VIII-1949). Por tratarse de un tema que apenas había sido estudiado anteriormente, la Semana despertó un gran interés. Sus trabajos aparecieron en el número monográfico de la «Revista Española de Derecho Canónico» a base del cual se preparó un volumen independiente: *El patrimonio eclesiástico*, Salamanca, Instituto San Raimundo de Peñafort, 1950, 474 páginas.

4. «Las causas matrimoniales» (Montserrat, Abadía, 17 al 22-IX-1951). La Semana tuvo un carácter extraordinario por el número de ponencias (fueron 22) y por el gran número de asistentes. Los trabajos se recogieron en un volumen independiente: *Las causas matrimoniales*, Salamanca, Instituto San Raimundo de Peñafort, 1952, 570 páginas.

5. «Investigación y elaboración del Derecho canónico» (Salamanca, Universidad Pontificia, 30 de abril al 6-V-1954). La Semana tuvo carácter internacional, y se integró en el Congreso Internacional de Ciencias Eclesiásticas, celebrado en la Universidad Pontificia con ocasión del VII Centenario de la Universidad de Salamanca. Su edición constituyó el tercer volumen de los cinco editados recogiendo los trabajos de dicho Congreso Internacional y fue hecha por el editor Juan

Flors: *Investigación y elaboración del Derecho canónico*, Barcelona, Juan Flors, 1956; VIII + 336 páginas.

6. «El procedimiento punitivo en el Derecho eclesiástico», Vitoria, Seminario Diocesano, 18 a 25-IX-1956. Su celebración se vio estorbada por la inmediata del primer Congreso de Perfección y Apostolado lo que motivó algún retraimiento en el número de semanistas. La mayor parte de sus ponencias se publicaron en la «Revista Española de Derecho Canónico» sin constituir número monográfico.

7. «La potestad de la Iglesia» (Granada, Facultad de Derecho, 15 al 22-IX-1958). Las actas fueron también editadas por Juan Flors, *La potestad de la Iglesia*, Barcelona, Juan Flors, 1960, 526 páginas.

8. «Teoría general de la adaptación del Código de Derecho Canónico» (Deusto, Centro de Estudios Superiores, 19 al 25-IX-1960). La elección de tema fue provocada por la decisión del papa Juan XXIII de revisar el Código de Derecho Canónico. Las actas fueron publicadas en un número monográfico de la revista «Estudios de Deusto», pero se hizo a base de ella un volumen independiente, *Teoría General de la adaptación del Código de Derecho Canónico*, Salamanca, Instituto San Raimundo de Peñafort, 1961, 421 páginas.

9. «Aspectos del Derecho administrativo canónico» (El Escorial, Universidad «María Cristina», 17 a 22-IX-1962). Las actas fueron editadas por el Isntituto mismo: *Aspectos del Derecho Administrativo Canónico*, Salamanca, Instituto San Raimundo de Peñafort, 1964, 272 páginas.

10. «Iglesia y Derecho» (Pamplona, Facultad de Derecho Canónico de la Universidad de Navarra, 14 al 20-IX-1964). Las actas constituyeron un número especial (el 57) de la «Revista Española de Derecho Canónico» del que se ofrecieron al público ejemplares independientes con portada y paginación propia: *Iglesia y Derecho*, Salamanca, Instituto San Raimundo de Peñafort, 1965, 370 páginas.

11. «La función pastoral de los obispos» (Valencia, Facultad de Derecho, 19 a 24-IX-1966). La elección de tema fue motivada por la promulgación de los Decretos del Concilio Vaticano II. Las actas están recogidas en un volumen: *La función pastoral de los obispos*, Salamanca, Instituto San Raimundo de Peñafort, 1967, 371 páginas.

12. «Dinámica jurídica postconciliar» (Santiago de Compostela, Facultad de Derecho, 16 al 21-IX-1968). Se trató de recoger las características que la época inmediatamente posterior al Concilio estaba ofreciendo en el aspecto jurídico. Las actas fueron objeto de volumen independiente: *Dinámica jurídica postconciliar*, Salamanca, Instituto San Raimundo de Peñafort, 1969, 335 páginas.

13. «La institución concordataria en la actualidad» (Zaragoza, Facultad de Derecho, 21 al 26-IX-1970). Tuvo carácter internacional y extraordinario, como conmemoración de los veinticinco años del Instituto San Raimundo de Peñafort. El número de ponencias alcanzó 20. Las actas están editadas: *La institución concordataria en la actualidad*, Salamanca, Instituto San Raimundo de Peñafort, 1971, 576 páginas.

14. «El Concilio de Braga y la función de la legislación particular en la Iglesia» (Braga, Portugal, Arzobispado, 18 al 24-IX-1972). Con ocasión del XIV Centenario de la celebración del Concilio Bracarense II, y en el marco de las festividades que con este motivo tuvieron lugar, el Arzobispado de Braga, se ofreció a acoger la XIV Semana, que tuvo carácter internacional, y fue subvencionada por el Instituto de Alta Cultura de Portugal. Sus actas se encuentran en prensa en el momento de redactar este artículo.

15. «El consentimiento matrimonial. Problemas que plantea actualmente». (Andorra, Príncipe Eclesiástico

y Consejo de los Valles, 16 a 21-IX-1974). También con carácter internacional y bajo el patrocinio de las autoridades andorranas se celebró esta Semana. Sus actas se encuentran en prensa en el momento de redactar este artículo.

L. DE ECHEVERRÍA

SEMANAS SOCIALES. El origen de los llamados Cursos Sociales hay que buscarlo en Alemania. La Unión Popular (Volksverein) fundada en 1890, en lucha contra los errores en el campo social, organizó el primer curso Social en München-Gladbach.

En Francia se llamaron Semanas Sociales. La primera se celebró en Lyon, en 1904. Eran, más que cursos monográficos, estudio en conjunto de los problemas sociales de más actualidad. A los dos años de vida en el país vecino, España se lanzó con aire modesto, a juzgar por el título, con su *Curso breve de Cuestiones Sociales*, que recuerda la nomenclatura alemana. Fue en mayo de 1906.

«Alguien — dice sinceramente Severino Aznar — me ha atribuido la iniciativa; y me apresuro a hacer constar que no ha sido así. No quiero que se me concedan honores que no he merecido, ni es justo escatimárselos a los auténticos organizadores de esta obra.» El inspirador fue el caballero abulense Francisco González de Rojas; la Junta directiva del Centro de Defensa Social y el Consejo Nacional de Corporaciones, acogiendo fervorosamente la idea, planearon y organizaron el Curso Social. Se celebró en Madrid. Se inscribieron unos 200 semanistas. Costó arrancar; no se veía con claridad la necesidad; por muchos, ni la conveniencia. El mismo Aznar, entusiasta colaborador y secretario de las Semanas Sociales desde la primera, dice que él, como otros, aun de vanguardia social, comprendía el por qué de los Cursos en Alemania: la lucha con los socialistas era perenne, y los socialistas eran de cuidado; algo por el estilo veían que ocurría en Francia. Y en las dos naciones, hombres de valer en el campo social, formando unión, hicieron ambiente y ganaron adeptos con su palabra y con su pluma. Pero en España, se pregunta no sin cierta ironía, ¿dónde está la corporación que inspire confianza a los católicos y que la haya merecido con su desinterés, con su celo, con sus éxitos? ¿dónde la persecución, o la necesidad de defenderse de un socialismo intelectual, aquí donde los jefes socialistas — a excepción de Pablo Iglesias, excelente organizador — son pobres patanes, poco menos que analfabetos?

Con todo, un grupo de sociólogos decididos salvó la situación: González Rojas, el padre Vicent, Aznar, el Marqués de Comillas, I. Jiménez, L. Leal... Su presencia y brillante actuación, su prestación económica, cada cual según sus posibilidades y su posición social, cultural, económica, fueron garantía de seriedad doctrinal e inspiradoras de confianza. El crecimiento del socialismo moderado, con su organización; y del anarquismo extremista de la Semana Trágica, y La Mano Negra, con sus métodos directos, hicieron reflexionar ante el peligro.

De este modo, se consolidaron las Semanas Sociales en España por unos años. Se debió en gran parte al padre Vicent, Rodríguez Cepeda y a La Paz Social, revista de empuje que nacía entonces. Se nombró una comisión permanente que, en principio, la constituyeron el obispo de Madrid-Alcalá, como presidente, y el padre Vicent y R. Cepeda, como vicepresidentes; el Marqués de Comillas y Vázquez Mella, como vocales, y Severino Aznar, como secretario. Aquel mismo año fue ampliada la comisión con nuevos prestigiosos nombres en el campo social. La comisión nombrada organizó inmediatamente la II Semana o, si se quiere con más rigor, la primera como tal, en Valencia. Un manifiesto llamaba con urgencia a la conciencia dormida de los católicos ante los conflictos sociales: «Debe darse a conocer la doctrina social católica; con ella debe crearse ambiente, para modificar la mentalidad de muchos; para crear ese ambiente, un procedimiento magnífico, rápido, casi providencial es el de las Semanas Sociales.»

Se anunciaban como Semanas y se explicaba su alcance: «son como unas Universidades ambulantes que, en diversas regiones, hacen la siembra de las ideas sociales del catolicismo, suscitando, además, el sentido social, haciendo clara e imperativa la realidad de la hermandad humana... Y aún más deben ser para nosotros: deben ser como un retiro espiritual donde ahondemos sobre nuestros deberes sociales y recojamos ideas claras y energías morales para cumplirlos...»

Las tres primeras Semanas Españolas se dedicaron a los problemas del campo, aun cuando no absolutamente monográficas. El significado agrario de nuestra nación, la voraz usura que, en labios de León XIII, hacía labor tan destructora en el campo, el estar menos atendidos en sus derechos los campesinos, movieron a los dirigentes de las Semanas a tomar esa determinación. Las Semanas de 1907, 1908 y 1909 se celebraron en Valencia, Sevilla y Santiago, respectivamente. El tema fue el siguiente: *Cuestiones agrarias, obreras y asuntos diversos* (las dos primeras); y la tercera: *Cuestiones agrarias, pecuarias y forestales*. En la de Valencia se inscribieron hasta 1.087 semanistas; unos quinientos de fuera de Valencia; 213 obreros a quienes se les dispensó de la cuota de inscripción.

Pero empezaba una idea a ensombrecer el horizonte organizador de las Semanas: «Reconocemos que ha sido un éxito — decía uno de los cronistas —, pero no sabemos si es de los éxitos que se deben desear. No se puede perder de vista que se trata de una Universidad, no de un Congreso, y en ella hay profesores que explican, no oradores que solivianten.» Esta, entre otra, sin duda fue la razón de que, al cabo de media docena de Semanas celebradas, se cortaran tajantemente, cuando parecía que estaban consolidadas.

Pero volvamos a la de Valencia. Fue un éxito. Llovieron felicitaciones de los católicos sociales del extranjero: Enrique Lorin, presidente de las Semanas Sociales de Francia, con carta afectuosísima: Pottier, profesor de la Universidad Gregoriana de Roma, esperanzado por las reservas del catolicismo en España: Toniolo, en nombre de los católicos sociales de Italia, quien, incluso, propone formar una liga de pensamientos y de voluntades bajo la guía de la ciencia y de la fe cristiana, entre naciones latinas, especialmente Francia, Italia y España, para la reivindicación teórica y práctica del programa social católico.

Numerosa fue la asistencia, incluso de obispos, a la de Sevilla, al año siguiente, que «semejaba un Concilio», en expresión de uno de los cronistas. Al terminar la de Sevilla fueron varias las ciudades que se disputaron el honor de llevar a su seno la siguiente Semana. Se celebró en Santiago, en 1909, año jubilar en la capital compostelana. La gran necesidad que tenía la región gallega de cortar abusos en el campo, marcó el tema. Era la última a que había de asitir el padre Vicent; glosó las parábolas sociales del Evangelio.

Barcelona recibió a los semanistas en 1910. El ambiente movió a variar el tema: *Cuestiones laborales, industriales y sindicales*. Buen número de asistentes y nombres nuevos entre los profesores: Sangro y Ros de Olano, Torras y Bages, padre Palau SI, fundador y director de la Acción Social Popular, el *Volksverein* español. Se facilitó la asistencia de los obreros con bolsas de viaje, reducciones en trenes, etc. La Memoria dice de esta Semana: «Se caracterizó por un avance considerable hacia el perfeccionamiento de nuestras Semanas Sociales, Los organizadores, con excelente criterio,

la han orientado hacia el tipo francés o alemán, más técnico, más inclinado a facilitar los conocimientos necesarios para la organización y legislación social, y a dar carácter esencialmente práctico a las lecciones y conferencias, que no a discusiones políticas o filosóficas. Y una Semana así... en Barcelona, ciudad tan perturbada por las agitaciones revolucionarias, donde la masa obrera tan falta está de saludable organización social y de la actuación católica, viene como la lluvia sobre la tierra abrasada por la sequía.»

La Semana siguiente, 1912, se celebró en Pamplona. El tema: *Cuestiones gremiales y laborales femeninas*. La preparación bien estudiada y el público numeroso. Sin embargo, un fracaso por no haber sabido superar las dificultades surgidas entre los organizadores. Allí se cerró el ciclo y no volvió a abrirse hasta 1933. ¿Qué pasó en Pamplona? A juzgar por el resultado inmediato, sin duda, contra el parecer de los que habían definido a las Semanas como cátedras ambulantes, alguno de los oradores actuó en ella casi «como tribuno del pueblo». Fue aplaudido frenéticamente por el pueblo, pero duramente criticado por cierta clase de Prensa. El orador fue el padre Gerard OP, que por entonces defendía el sindicalismo libre de los obreros católicos, y había fundado en Jerez la Casa del Trabajo, con completa independencia de elementos patronales y sin obligación reglamentaria, para los asociados, de practicar actos religiosos.

Otro nuevo ciclo, muy corto, comenzó en 1933. En este año se celebró en Madrid la VII Semana con el tema, muy del día, dado el ambiente general de la nación: *La crisis moral, social y económica del mundo*. Nombres nuevos entre los conferenciantes y en la comisión permanente, junto a veteranos como Severino Aznar, en la presidencia, y Sangro Ros de Olano, como secretario. La II Semana de este ciclo se tuvo en Zaragoza. De nuevo volvieron los organizadores a fijarse en nuestro mundo rural: *Problemas agrarios de España*. Se anunció una más en Madrid para 1936, pero no llegó a celebrarse por los acontecimientos trascendentales de aquel año.

En 1949 renacieron las Semanas en su tercera etapa, con nuevo vigor a juzgar por la constancia con que se han celebrado, hasta nuestros días. Han sido las siguientes:

Madrid, 1949: *Hacia una más justa distribución de la riqueza*. Bilbao, 1950: *Problemas actuales de la Empresa*. Barcelona, 1951: *Problemas de la clase media*. Zaragoza, 1942: *El trabajo*. Córdoba, 1953: *Problemas sociales del campo andaluz*. Burgos, 1954: *La crisis de la vivienda*. Salamanca, 1955: *La moral profesional*. Sevilla, 1956: *El sentido social*. Pamplona, 1957: *Por una comunidad internacional*. Vigo-Santiago, 1958: *Los problemas de la emigración española*. Madrid, 1959: *Caridad, beneficencia y asistencia social*. Granada, 1961: *Aspectos sociales del desarrollo económico, a la luz de la Mater et Magistra*. Valencia, 1962: *Una tarea común: La elevación del campo español*. Oviedo, 1963: *La educación social y cívica en una sociedad de masas*. Barcelona, 1964: *Socialización y libertad*. Madrid, 1965: *Problemas de concentración urbana*. Zaragoza, 1966: *Exigencias sociales de la política de rentas y salarios*. Málaga, 1967: *Democracia y responsabilidad*. Valladolid, 1968: *Juventud y mundo actual*. Murcia, 1969: *La bula «Populorum progressio» y su aplicación en España* (retrasada a 1970 por el estado de excepción).

BIBL.: F. DEL VALLE, *El P. Antonio Vicent y la Acción Social Católica Española*, Ma. 1947; S. AZNAR, *El Catolicismo en España. Nuestro primer Curso Social*, Za. 1907; ID., *Las ocho primeras Semanas Sociales de España*, Ma. 1949.
F. DEL VALLE

SEMANAS DE TEOLOGIA (1941-1965). Fueron

constituidas por el entonces obispo de Madrid-Alcalá, D. Leopoldo Eijo y Garay, como director del Instituto Francisco Suárez de Teología del Consejo Superior de Investigaciones Científicas. Desde 1941 se vienen celebrando todos los años, a fines de septiembre, en la sede que el Instituto Francisco Suárez tiene en Madrid (Medinaceli, 4). Solo excepcionalmente se reunió en otras ciudades, como la del año 1954, que se tuvo en Santiago de Compostela, por invitación del cardenal Quiroga y Palacios, y la de 1963 celebrada en Tarragona, a petición del cardenal arzobispo de la ciudad, para conmemorar el vigésimo centenario de la llegada de san Pablo a Tarragona. Son, pues, 30 las Semanas celebradas hasta ahora, y la 26 (19 a 25 de septiembre de 1966), se celebró en forma de Coloquio Teológico Internacional, para conmemorar las bodas de plata de las Semanas Teológicas Españolas en diálogo y colaboración con teólogos de otros países.

La labor de las Semanas ha sido fecunda y provechosa. Sobre todo, han contribuido notablemente a promover entre los teólogos españoles la investigación y divulgación teológica. Las ponencias, el diálogo y las discusiones de los profesionales han puesto de manifiesto que las concepciones doctrinales de las distintas escuelas, dentro de la Teología católica, son bastante menos antagónicas de lo que pudiera parecer a base de los manuales. El diálogo, que en las primeras Semanas llegaba en ocasiones a los ardores de la polémica, fue perdiendo paulatinamente sus aristas, llegando a ser en las últimas un amigable intercambio de pareceres y resultados, más propio de investigadores.

La dirección distinguió desde el principio dos clases de temas: uno principal, elegido por ella y distribuido en sus partes a autores que invitaba a desarrollarlo; otros, de libre elección; o sea, los que a su propio arbitrio los teólogos se ofrecían a presentar en las Semanas. Unos y otros se leían y discutían por el orden del programa. Las sesiones fueron también de dos clases. Las matutinas, dedicadas a la lectura de las ponencias, con un limitado margen para ruegos y preguntas; y las vespertinas, consagradas a la discusión dialogal de los temas más controvertidos. Esta discusión era dirigida por un teólogo, con el título de moderador: función que hasta 1954 desempeñó el padre Joaquín Salaverri SI, profesor de Eclesiología e Historia de los Dogmas en la Universidad Pontificia de Comillas. Desde 1955 este cargo de moderador fue encomendado a D. Ramiro López Gallego, profesor de Dogma en el Seminario diocesano de Madrid, y desde 1968 lo es D. Joaquín Blázquez, director del Instituto Francisco Suárez desde 1940.

Los temas tratados en las primeras 10 Semanas, de un total de 180, se publicaron solo la mitad en 13 revistas teológicas españolas. Principalmente en la revista del Instituto Francisco Suárez, Revista Española de Teología, que publicó 50, y en Estudios Eclesiásticos, donde aparecieron otros 17. En vista de la aceptación de los trabajos publicados, la dirección decidió publicar anualmente un volumen con las ponencias de cada Semana. Van publicados ya 15 volúmenes, de unas 600 páginas cada uno, que contienen los trabajos de las 15 últimas Semanas, de la XI a la XXV.

Los temas y los autores de las 10 primeras Semanas se hallan en el apéndice I del tomo XI Semana Española de Teología 1951, Ma. 1952. En ese temario se anotan los lugares de las revistas, en que la mitad de todos ellos fueron publicados. Por otra parte, reseñas detalladas y críticas de todas las 25 Semanas Teológicas pueden verse en las dos revistas anteriormente citadas en los años respectivos.

Para dar una idea de conjunto, los temas desarrollados por encargo de la dirección fueron 282, los de libre elección de los semanistas, 140. En total, en las 25 Se-

manas se presentaron 422 ponencias, de las cuales 331 pueden verse publicadas en los lugares que acabamos de mencionar. Se refieren a todos los campos de la Teología, no solo las ponencias de libre elección, sino también las encargadas por los dirigentes. La dirección procuraba elegir temas de interés y ponentes de competencia, con lo cual se garantizaba una creciente afluencia de oyentes. Así en la primera (1941), cuando se acababa de plantear el llamado *Problema teológico*, se trató de la *Metodología teológica;* en la segunda, sabiendo que Pío XII preparaba su encíclica *Mystici Corporis*, se estudió el tema del *Cuerpo místico de Cristo*. La novena fue dedicada al problema, entonces candente, de la llamada *Teología nueva*. La undécima se consagró a comentar la encíclica *Humani generis*, publicada el año anterior. La XII y la XIII se ocuparon respectivamente de temas de tanta actualidad como el *Ecumenismo* y la *Teología del laicado*. La XVI estudió el problema, decisivo en el cristianismo, sobre la *Sucesión apostólica*. Finalmente, las cinco últimas Semanas se ocuparon de los temas sometidos a estudio para el Concilio Vaticano II: *La divina Tradición* (XXI); *El episcopado y sus relaciones con el primado* (XXII); *El misterio de la Iglesia según San Pablo* (XXIII); *Las fuentes de la Revelación; La metodología ecuménica; La Teología de la palabra; La pertenencia a la verdadera Iglesia y la libertad religiosa* (XXIV); *Puntos selectos de Eclesiología*, 11 temas, y de *Moral matrimonial*, nueve temas (XXV).

Las aportaciones no son todas del mismo valor, como ocurre con frecuencia en obras de colaboración. Sin embargo, en conjunto, las Semanas Españolas de Teología se puede decir que representan una valiosa aportación a la investigación teológica de los últimos veinticinco años.

En particular, merece destacarse la universalidad de colaboración de ambos cleros. Del clero secular concurrieron 47 ponentes con 99 ponencias; y del regular, 122 ponentes de 13 distintos Institutos religiosos, con 323 ponencias. Los Institutos de religiosos que más colaboraron, fueron: la Compañía de Jesús con 38 ponentes y 98 ponencias; la Orden de Predicadores con 26 y 62; los Claretianos, con 16 y 35, y los Franciscanos, con 12 y, 22, respectivamente. Aunque menor en cantidad, fue también valiosa la aportación de agustinos, carmelitas, capuchinos, pasionistas, benedictinos, Opus Dei, mercedarios, salesianos y redentoristas. D. Joaquín Blázquez facilitó el trabajo en todos los órdenes a los participantes en las Semanas Teológicas, primero, como secretario y desde 1963 como director del citado Instituto.
J. SALAVERRI

SEMINARIOS. *Seminario* viene a ser lo mismo que semillero, vergel, criadero o lugar de aclimatación. De aquí que se le haya relacionado siempre, en su sentido más amplio, con los colegios o centros dedicados a la educación de niños o jóvenes. En la terminología eclesiástica, viene a significar una casa o lugar donde se educan los jóvenes dedicados asimismo al estado sacerdotal. Con este sentido lo tomamos ahora, en nuestra referencia a los seminarios españoles.

Partiendo, pues, de la primitiva Iglesia española y llegando hasta nuestros días, dividiremos el presente artículo en los siguientes apartados: *1) Principios del seminario en España. 2) La idea de seminario en los colegios universitarios. 3) Fundación de los primeros seminarios conciliares. 4) Primeros indicios de decadencia. 5) La época de las grades reformas. 6) La prueba del siglo XIX. 7) Los seminarios actuales.*

1. Principios del seminario en España. El seminario español, a la vez que los demás seminarios de la Iglesia, trae su origen del decreto *Pro Seminariis* del Concilio de Trento, dado a conocer en el canon 18 de la sesión XXIII, *De reformatione supra abusibus Sacramenti Ordinis*, del 15-VII-1563. Siglos antes, sin embargo, la idea de seminario se había venido perfilando en nuestra patria a modo de escuelas de formación y de preparación de clérigos.

El Concilio Tridentino no hizo sino recoger, dándole legislación canónica y haciéndola extensiva a la Iglesia universal, una serie de experiencias que se habían venido realizando hasta entonces en diversos países y de manera especial en España, desde los momentos en que nuestra Iglesia se organiza y llega a tener carácter nacional.

Antes de la conversión de los visigodos, pululaban entre nosotros no pocas escuelas —episcopales o monacales— que, siguiendo de cerca lo establecido en el Concilio de Nicea (a. 325) a las experiencias de formación clerical que tanto san Eusebio como san Agustín habían realizado en Vercelli y en Hipona, recogían a un buen número de jóvenes para iniciarlos en la disciplina y en las ciencias eclesiásticas. Tenemos noticia de una primera escuela que abre el abad Victoriano († 557) en las montañas de Huesca, «donde los jóvenes se alimentaban con toda clase de enseñanza». Luego las hubo en Dumio, Mérida, Toledo, Zaragoza y Sevilla. Los que a ellas se acogían no habían de ser necesariamente sacerdotes: unos eran monjes, otros militares, comerciantes, etc., aunque siempre predominara el estilo y las formas clericales.

La Iglesia visigoda, con todo, busca un centro más especializado, estrictamente sacerdotal y de carácter diocesano. Y lo logra realizarlo con la creación de las llamadas escuelas episcopales, de que tenemos noticia tanto por los concilios de la época como por otros escritos, sobre todo, de san Isidoro de Sevilla.

a) *La escuela sacerdotal visigoda.* La primera noticia nos la da el concilio II de Toledo del año 527, donde se decreta que «respecto de aquellos que la voluntad paterna destina desde los primeros años de su infancia al clericato... que, después de tonsurados y puestos en la clase de los escogidos, sean enseñados por el prepósito, en la casa de la iglesia y a los ojos del obispo». En estas disposiciones encontramos la primera base del seminario, a la que se añaden una serie de normas que luego se harían tradicionales: la tonsura como medio de iniciación, plena dedicación al servicio de la Iglesia, recogimiento en un local eclesiástico bajo la mirada del obispo y una educación y vigilancia continuas que se han de tener sobre los educandos, por medio de un delegado episcopal que es a la vez director y maestro.

La idea aparece todavía más clara y perfeccionada en el más grande de los concilios toledanos, el IV, que preside san Isidoro en el año 633, y del que Trento, más tarde, no hará sino recoger casi a la letra la célebre prescripción que sigue: «Toda edad es inclinada a lo malo desde la adolescencia, pues nada hay más inconstante que la vida de los jóvenes. Por eso, fue preciso determinar que todos los niños o adolescentes que deseen ser admitidos en el clero, habiten juntos en una casa contigua a la iglesia, a fin de que pasen los años de la edad licenciosa no en la lujuria, sino en las disciplinas eclesiásticas bajo la dirección de un honorable anciano, a quien tengan por maestro de las ciencias y por testigo de sus acciones...».

Algo sabemos de la organización y de la vida que se llevaba en tales escuelas. San Isidoro desea que el prepósito o rector «sea santo, sabio y entrado en años; cuyo oficio consistirá en formar a los pequeñuelos, no solo en letras, sino también en la práctica de las virtudes». Asimismo la liturgia visigótica, cuando le daba posesión de su cargo, imploraba sobre él «el espíritu de toda discreción, la luz inefable de la sabiduría divina y la abundancia de la medicina celestial para que, viviendo rectamente, instruyera al mismo tiempo con su palabra y corrigiera en las costumbres a la grey de los clérigos».

La carrera sacerdotal quedaba perfectamente señalada: precede primero la tonsura «para que según costumbre apostólica —apunta también san Isidoro— al propio tiempo que se consagra al servicio de Dios, con esta señal se corten los vicios y se despoje [el candidato] de sus pecados, como de cabellos..., ostentando en su cabeza la renovación que se obra en su alma»; cuando éste llega a los dieciocho años se le pregunta en presencia del clero y del pueblo si se inclina o no al matrimonio y en el caso de que quiera guardar castidad, «será puesto bajo el yugo suavísimo del Señor, como aspirante a una vida más estrecha»; siguen luego otros años de prueba, y de esta manera a los veinte puede ordenarse de subdiácono, a los veinticuatro de diácono y a los treinta de presbítero.

b) *Elementos de educación.* En el concilio IV de Toledo se manda, simplemente, que sean instruidos los jóvenes clérigos en las disciplinas eclesiásticas; a la vez, se niegan las órdenes sagradas a los que no saben de letras: *qui inscii litterarum sunt*, en cuanto la ignorancia, a su juicio, es la «madre de todos los errores». Por su cuenta, san Isidoro nos ha dejado una especie de esquema de lo que se enseñaba en aquellas escuelas: «primero, en cuanto empieza a despertarse el conocimiento en el niño, debe entregarse al estudio de las letras, hasta llegar a conocer el acento de las sílabas, distinguir el valor de las palabras y brillar en las disciplinas liberales...». De este modo aprendía de memoria el *Salterio* y los himnos litúrgicos, ensayándose al mismo tiempo en las melodías del *Antifonario*. Luego de estos ejercicios elementales, venía el estudio de las Artes liberales, conocidas también como *Trivio* y *Cuatrivio*.

Con la enseñanza de la lengua y literatura latinas estaba íntimamente relacionada la lectura de los libros paganos, sobre los que san Isidoro muestra, sin embargo, no pocas reservas. El candidato empieza a recibir las órdenes a los dieciocho años: «de ostiario, salmista, lector, exorcista, acólito, subdiácono, diácono y presbítero», y se entrega a un estudio más profundo de las ciencias sagradas: el dogma, la interpretación de las Escrituras, Moral, Ascética, Liturgia y Cánones. En las obras isidorianas *De ordine creaturarum*, *De natura rerum* y las *Etimologías* tenían a mano los alumnos una cultura general vastísima; en su *Chronicon* y en su *Historia de regibus Gothorum, Wandalorum et Suevorum*, aprendían lo más elemental de la historia, sobre todo patria; en *De ecclesiasticis officiis*, comentados más tarde por san Ildefonso de Toledo, y en *De differentiis*, podían conocer los principios elementales de Filosofía y de la Moral dogmática y sacramentaria. Esta, sobre todo, la tenían maravillosamente expuesta en sus famosas *Sentencias*, que luego explanaría Tajón de Zaragoza y serían llevadas a su perfección en el s. XII por Pedro Lombardo. La teología de ultratumba, en fin, quedaba recogida en uno de los mejores libros de san Julián de Toledo, *Pronosticon futuri saeculi*.

Para el estudio de la Sagrada Escritura, podían echar mano de la famosa colección conocida más tarde como *Hispana*. Igualmente, el *ritual litúrgico* visigótico les enseñaría la recta administración de los sacramentos; y hasta la preparación pastoral quedaba en parte asegurada con los tratados isidorianos *De fide catholica contra iudeos* y el *Liber de variis quaestionibus*, con el de san Ildefonso, *De perpetua virginitate beatae Mariae* y el *De comprobatione sextae aetatis* de san Julián.

El sistema pedagógico era el usual de la época: menudean los castigos corporales, aunque, en frase de san Isidoro, no se debían exceder en ellos los justos límites. San Braulio nos recuerda la férula de su hermano Juan; y ocasiones había en que los niños, por librarse de los castigos del maestro, se refugiaban en lugar sagrado quedando al resguardo de toda pena. No olvidemos, con todo, que a veces un abad y aun los mismos obispos eran los maestros y directores de sus propias escuelas, como lo fuera antes san Agustín: san Leandro y san Isidoro estuvieron al frente de la de Sevilla; Juan, de la de Zaragoza; san Eugenio, Masona y san Fructuoso, de las de Toledo, Mérida y Braga, respectivamente.

c) *En la Edad Media.* Con la invasión árabe estas escuelas pierden buena parte de su prestigio; sin embargo, se sigue conservando la disciplina tradicional aun en el territorio ocupado por los musulmanes. Todavía hay escuelas en Sevilla, Granada y Mérida, sobresaliendo pronto la de Córdoba bajo el abad Esperaindeo y san Eulogio de Córdoba, mártir mozárabe del siglo IX, quien visita el norte de España y vuelve cargado de códices clásicos y cristianos. En una carta que dirige a Welesindo, obispo de Córdoba, hace mención a su vez de la floreciente escuela de Pamplona.

En 1055 el concilio de Coyanza manda a los obispos que cada uno tenga en su propia residencia un monasterio o seminario de clérigos, y seis años más tarde otro de Compostela aconseja a los abades que conserven en sus iglesias las escuelas de disciplina tradicional, que permitieran presentar a los obispos para su ordenación a clérigos bien preparados.

Las nuevas necesidades, pasada una época de decadencia, van exigiendo nuevos remedios. En los Concilios III y IV de Letrán (1179, 1215) se restaura, tanto en las catedrales como en los monasterios, el oficio de maestro, quien ha de ser lo suficientemente idóneo para enseñar a los clérigos la gramática y las otras ciencias eclesiásticas. En las iglesias metropolitanas un nuevo profesor de Teología enseñaría asimismo, a más de la Moral y la Sagrada Escritura, «lo referente a la cura de almas». Por el año 1228 viene a España, como legado de Gregorio IX, el cardenal y obispo sabiniense, Juan Halgrin de Abbeville, quien preside el concilio provincial de Valladolid, celebrado el mismo año. En él se urgen los capítulos lateranenses, se habla del Estudio de Palencia y se determina «que todos aquellos que oyeren Teología, tengan sus beneficios correspondientes» para mejor dedicarse a los estudios. Menguado remedio, sin embargo, para solucionar el problema, entonces tan extendido, de la ignorancia y de la impreparación de los clérigos. Durante el siglo XIV alguna que otra vez se habla de escuelas y maestros, como en los concilios de Valladolid y de Toledo de 1322 y 1339; sabemos que había «estudio de letras» en Santiago y algún que otro *scriptoria* en otras ciudades, pero es poco lo que se adelanta cuando en Universidades como las de Salamanca o Lérida ni siquiera se cursaba la Teología. Al clero ordinario solo le quedaban los cuatro conocimientos que pudieran prestarle dómines o simples curas de pueblo, fuera de aquellos afortunados que recibían alguna que otra lección en los monasterios.

2. La idea de seminario en los colegios universitarios. De alguna manera el remedio viene entonces de una institución, nacida en Europa alrededor de las Universidades, y que arraiga muy pronto en España. Hablamos de los colegios universitarios, muchos de ellos de tipo sacerdotal, que se fueron creando entre nosotros desde finales del siglo XIV hasta la primera mitad del XVI. Como hemos hablado ya de ellos en su apartado correspondiente, nos limitaremos a decir ahora las notas más relevantes en lo que toca a su trayectoria sacerdotal y seminarística.

Siguiendo el modelo de París y el del Colegio de San Clemente de Bolonia, se establecen en España desde 1371 hasta 1563, en que aparece el decreto citado sobre los seminarios, 45 colegios universitarios, de los que 17 llevan como primera idea fundacional la formación de clérigos. El primero es el de la Asunta, de Lérida, y el último, en 1554, el de Santa Catalina de Osma, que establece en esta ciudad para 13 colegiales diocesanos su obispo D. Pedro Alvarez de Acosta. De los que sobresalen, por la trayectoria sacerdotal de sus estatutos y su línea pedagógica eminentemente eclesiástica, podemos señalar los siguientes: el de Santa Catalina, de Toledo, fundado en esta ciudad por el canónigo y protonotario apostólico D. Francisco Alvarez de Toledo en 1485; el de San Cecilio, de Granada, obra del primer arzobispo de la ciudad, fray Hernando de Talavera, en 1492; el de Santa María de Jesús, de Sevilla, del piadoso arcediano Rodrigo de Santaella, en 1506; el de la Presentación, de Valencia, establecido por santo Tomás de Villanueva en 1550, y las fundaciones que lleva a cabo en Andalucía el santo maestro Juan de Avila, sobre todo en la Universidad de Baeza. En todos ellos el régimen interno, la clausura, la vida de piedad, los estudios a que se dedican y ese sistema de pedagogía en que se desarrollan nos van mostrando el futuro seminario tridentino. Si en los padres de Trento influyen otras experiencias afines, como las que iban realizando san Ignacio en el Colegio Germánico, o el cardenal Oto von Truchses en Dillinga, y las que propone Reginaldo Pole para la Iglesia de Inglaterra, no menos influirían las que venían llevando a cabo los españoles, bien conocidas por nuestros obispos que asisten al Concilio y sobre todo por el arzobispo de Granada, D. Pedro Guerrero, amigo y confidente de san Juan de Avila y reformador él mismo de su Colegio Eclesiástico, de Granada, al que había dado nuevas Constituciones en 1557. Por citar ejemplos foráneos, recordemos que el patriarca de Aquileya, Daniel Barbaro, no tiene reparos en decir, cuando en el Concilio se trata de imponer los nuevos seminarios a toda la Iglesia: *Et quod dicitur de Collegiis erigendis, advertendum quod idem in omnibus regnis statuere non oportet, cum iam satis provisum in aliquo regno sit, ut in Hispania.*

De esta manera se expresaba el Maestro Avila cuando, soñando reformas, hablaba de tales colegios-seminarios: «En cada obispado haya un Colegio o más, según la calidad de los pueblos principales que en él hubiere, en los cuales sean educados, primero que ordenados, los que hubieren de ser sacerdotes. Provéase cómo se haga un colegio cerca de la iglesia catedral, en el cual sean criados debajo de muy regular disciplina... Sean criados con mayor cuidado en toda disciplina y santidad que los sacerdotes de los otros Colegios... Sean traídos con mayor recogimiento los que fueren menester y allí sean entregados a sus rectores para que, debajo de clausura y obediencia, se ejerciten en ayunos y oraciones y regla de honesto vivir... Ordénese la vida eclesiástica como no la puedan llevar sino los virtuosos o los que trabajen en serlo; y desta manera habrá pocos clérigos, porque son pocos los virtuosos...; y la vida reglar y espiritual, ella misma despedirá a los malos... Conviene aquí poner mayor cuidado y darles vida tan estrecha que los malos la tengan por pensión tan dura que, por no sujetarse a ella, no tomen renta... Ninguno sea ordenado, si no fuere criado en los dichos Colegios... El remedio de los Colegios consiste en tener un buen rector y buenos colegiales... Se les pongan rectores espirituales o que tengan algo de ello... Los que han de ser conviene que sean los más de ellos de 18 años en adelante... Yendo a las horas divinas, diurnas y nocturnas... Estudien gramática, casos de conciencia y algo de Sacra Scriptura... Y teniendo algún estudio, según les fuere posible.»

El entronque con nuestra tradición visigoda se ve

claramente en estas líneas. Y no menos la paridad que ellas mismas ofrecen con las que a pocos años de distancia se iban a dictar en el Tridentino. No es, pues, de extrañar que cuando se inicie en nuestra Patria el nuevo seminario conciliar, a más de las prescripciones generales de la Iglesia, se sigan manteniendo en él por largo tiempo las viejas normas, costumbres y directrices pedagógicas de los Colegios universitarios.

3. Fundación de los primeros seminarios conciliares. En el decreto tridentino *Pro Seminariis*, como dejamos indicado, se imponía la erección de los nuevos seminarios en todas las diócesis del mundo católico. De esperar era que los prelados españoles, que con tanto empeño lo habían defendido en el Concilio, no se mostraran remisos en este aspecto. Sin embargo, y por razones que iremos exponiendo, no siempre mostraron el esperado entusiasmo, por lo que la historia del establecimiento de los seminarios en España ha ido alargándose, preciso es confesarlo, casi hasta el siglo XX. No es que faltara interés en un primer momento y de ello dan prueba las fundaciones que se fueron realizando a seguido mismo de Trento: los concilios provinciales, los monarcas y los mismos prelados promocionan la idea y buscan los medios para llevarla a cabo. Luego obrarían intereses creados y más que todo épocas de incuria y de decadencia. Sigamos, primeramente, la estadística.

En un primer momento, hasta finales del siglo XVI, o sea, durante solo treinta y cinco años, son 20 los seminarios que se fundan en España: los de Avila (1591-1594), Barcelona (1593), Burgos (1565), Cádiz (1589), Córdoba (1583), Cuenca (1584), Gerona (1589), Granada (1564-1565), Guadix (1595), Huesca (1580), Lugo (1593-1599), Málaga (1597), Mondoñedo (1565-1573), Murcia (1592), Osma (1594), Palencia (1584), Tarazona (1593), Tarragona (1568-1572), Urgel (1592) y Valladolid (1588-1598).

En el siglo XVII, cuando se inicia la primera decadencia, se establecen solamente ocho: los de Almería (1610), Badajoz (1664), Coria (1603), Jaén (1660), León (1606), Plasencia (1670), Sigüenza (1670) y Vich (1635).

Con las reformas del siglo siguiente llegan a 17 los nuevos seminarios: de Astorga (1766), Barbastro (1759), Calahorra-Logroño (1776), Canarias (1777), Ciudad Rodrigo (1769), Ibiza (1794), Jaca (1747), Lérida (1722), Mallorca (1700), Orihuela (1742), Pamplona (1777), Salamanca (1779), Segorbe (1771), Segovia (1781), Teruel (1777), Zamora (1797) y Zaragoza (1788).

Ya en el siglo XIX el seminario se extiende a todas las diócesis españolas, estableciéndose los 16 que todavía faltaban: en Ciudad Real (1887), Madrid (1885), Menorca (1858), Orense (1804), Oviedo (1854), Santander (1852), Santiago (1829), Sevilla (1831-1848), Solsona (1846), Tenerife (1832-1877), Toledo (1847), Tortosa (1824), Tudela (1826), Tuy (1850), Valencia (1831) y Vitoria (1880).

Finalmente, en nuestro siglo, se han inaugurado otros tres nuevos para las tres diócesis de reciente creación: los de Albacete (1953), Bilbao (1949) y San Sebastián (1953).

a) *El seminario, obra de interés nacional.* Para entender las primeras dificultades, es preciso ahondar un poco en el ambiente en que se movía la Iglesia española a finales del siglo XVI y durante todo el siglo XVII. La abundancia de los Colegios universitarios, en primer lugar, y de los que solían salir la mayoría de nuestros obispos, hace que éstos los sigan considerando como centros todavía adecuados para la formación de sus eclesiásticos. Ocurría, sobre todo, en las diócesis de más importancia, tales como las de Toledo, Sevilla,

Zaragoza, Santiago y Salamanca. En otros casos, como en Segovia, Pamplona, Zamora y Segorbe, sus obispos se escudaban con la vecindad y facilidad que tenían sus alumnos para acudir a las Universidades más próximas.

Por otra parte, y en esto influyeron tanto autoridades locales como canónigos, en Avila, Burgo de Osma, Sigüenza o Salamanca, se nota una fuerte oposición por pensar que el nuevo seminario iba a perjudicar a los Colegios y Universidades que existían en tales ciudades. A finales del siglo XVIII, todavía, algunos prelados se acogen a este subterfugio para ir dilatando más y más las nuevas fundaciones.

Añádase a ello la pobreza de medios en que se debatían no pocas diócesis, argumento que suelen blandir ante Roma nuestros obispos para disculparse de no haber cumplido aún las disposiciones tridentinas. A veces son los cabildos quienes se oponen, por aquello de que los seminarios habían de depender económicamente de ellos. En la historia de los seminarios, vgr., de Vich, Tarazona, Huesca, Badajoz, Málaga, Segovia, Oviedo, Sevilla y Mallorca, es curioso, y a la vez lamentable, el cúmulo de disensiones, pleitos y memoriales que cada vez iban presentando los cabildos, cuando sus prelados intentaban de alguna manera fundar el seminario. Casos hubo en que algunos de ellos se confabularon entre sí para mejor mantener sus pretensions, como ocurre con los de Zamora y León. Otros llevan sus protestas a los mismos concilios provinciales, vgr., los de Sigüenza y Segovia en 1565 y 1582. Los obispos se quejan ante Roma, pero nada o muy poco pueden sacar ante los privilegios e intransigencia de los capitulares.

Con todo ello y con el difícil problema de la anexión de beneficios a las nuevas fundaciones, el problema del seminario se fue haciendo cada vez más crónico, en modo de no poderse establecer en algunas iglesias metropolitanas hasta bien entrado el siglo XIX.

Sin embargo, la obra interesa y ante las insinuaciones de Roma, va a ser durante largo tiempo una de las preocupaciones de nuestros monarcas. Primeramente, de Felipe II. «El Rey nuestro Señor tiene tanto celo y cuidado de que se hagan los Seminarios, según ordenó el Concilio Tridentino, que siempre nos pide cuenta a los obispos de lo que en esto hacemos», decía en una carta al obispo de Jaén a nuestro embajador en Roma en 8-III-1588. El mismo lo repetía a los obispos reunidos en el concilio de Granada de 1565: «En lo de los Seminarios, entendemos bien cuánto en ese reino y provincia más que en otra parte sean necesarios...» «Nos muy de veras deseamos ayudar y favorecer esta santa obra...»

Es verdad que a veces se mostró un tanto receloso en lo que se refería a la concesión de beneficios, pero ello entraba en la política un tanto meticulosa del rey Prudente; lo que no quita que siguiera apremiando a su Consejo para llevar adelante la obra. Igualmente, Felipe III y Felipe IV, como también los Borbones y aún los Gobiernos progresistas del siglo XIX. Es un hecho que nuestros obispos, cuando tratan de tales fundaciones, acuden siempre a la Corona en busca de ayuda; y que los reyes procuran que se les den terrenos o edificios, nuevas dotaciones y privilegios.

Aclaremos, como final de este apartado, la cuestión, a veces debatida, de cuál fuera de hecho el primer seminario conciliar español. Se ha hablado de los de Tarragona, Burgos y Granada. El primero queda descartado desde el momento en que su fundador, el que sería más tarde cardenal, D. Gaspar de Cervantes, no es nombrado arzobispo de la ciudad, ni toma posesión de su sede, hasta 1568, cuando ya funcionaban los otros dos seminarios. Del de Burgos sabemos que se estableció en 1565. Y en cuanto al de Granada, donde ya existía el famoso Colegio Eclesiástico de San Cecilio, si el arzobispo Guerrero llega a considerar a éste como seminario conciliar a su vuelta del Concilio de Trento en 1563, habría de ser considerado como el primero de esta clase en España. De atenernos, sin embargo, a un momento y a su acta fundacional, hemos de considerar al de Burgos como el primero de todos.

b) *Idea del primer seminario.* Se llaman conciliares los seminarios, precisamente, porque fueron instituidos según la mente del Concilio Tridentino, o sea, con un internado y enseñanza propios y con un régimen especial de disciplina y de piedad bajo la dirección inmediata del prelado, cuyo representante es el rector, a quien ayudan los otros superiores. En un principio se presentaron más como centros de educación que de propia formación literaria y científica. Lo que entonces importaba, sobre todo, era recoger y preservar a la juventud clerical de los peligros del mundo. Por otro lado, se copian entre nosotros las reglas de los colegios universitarios. Pero, a diferencia de ellos y como no tuvieran suficientes valedores, la apariencia de los primeros seminarios es pobre, casi sin medios económicos, organizados de improviso, demasiado caseros y donde se hace lo meramente posible para llevar a cabo las prescripciones del Concilio.

Faltan superiores y profesores. A veces es solo el rector quien se encarga de todo, ayudado por algún pasante. Si acaso, los cursos superiores acuden a alguno de los centros de la ciudad, sin que se resolviera con ello el problema de la atención y cuidado de los seminaristas. En cuanto a los estudios, no era gran cosa lo que exigía el Tridentino: unos años de Gramática, dos o tres de Moral y de Teología, algo de canto, ceremonias y cómputo y un tanto de Sagrada Escritura. Más que seminario, aquello semejaba un Colegio de gramáticos donde recibían instrucción religiosa un contado número de estudiantes.

Las becas es cierto que a veces se instituyen para 30 ó 40 alumnos, pero lo ordinario es que hubiera de 15 a 20 seminaristas y no bien alojados del todo. El número baja progresivamente y algunos seminarios han de cerrar sus puertas durante algún tiempo, vgr., los de León, Mondoñedo, Sigüenza, Barcelona, etc. Había pasado la época del primer entusiasmo fundacional.

4. Primeros indicios de decadencia. El hecho de la decadencia de nuestros seminarios a mediados del siglo XVII y en buena parte del siguiente, hemos de buscarlo tanto en el ambiente de la España de entonces como en la estructura interna de los mismos centros. No era mucho lo que llegaba de Roma, por lo que todo quedaba a merced del individualismo diocesano, sin una dirección común que aunara esfuerzos o advirtiera de las deficiencias. Por otra parte, las dotaciones seguían siendo precarias; la comida, pobre; muy pobres los estudios por falta de buen profesorado; pobres y destartalados los edificios, y finalmente, pobre también la mentalidad que se tenía por este tiempo de la formación y preparación del seminarista.

Unase a ello la «cuestión del coro». Los seminarios, siguiendo al Tridentino, se fueron construyendo en los aledaños de las catedrales y a veces en sus mismos claustros, como ocurre en Málaga, Cádiz, León, etc. Y los seminaristas estaban obligados «al servicio» del coro, no pasando a veces de simples acólitos o monaguillos de la catedral. Ello produjo una serie de tumultos y de alborotos —en Granada, Málaga, Córdoba y Cádiz— que solo sirvieron para mayor relajación e indisciplina, a más de aumentar la ignorancia de los seminaristas en un momento en que el estudio de las ciencias sagradas estaba bastante desprestigiado. Todo

se revolvía en luchas de escuelas con una tremenda cargazón de silogismos y teorías de probabilistas, probabilioristas, tucioristas, predeterminacionistas, defensores de la ciencia media, escotistas, nominalistas, etc. De la ciencia positiva, casi ni idea, y menos de algo nuevo que sonara a pastoral o a una preparación directa para el apostolado.

Las normas que habían servido en otros tiempos quedaban ahora envejecidas. Y si algo se conserva, al estilo de los ya decadentes Colegios universitarios, es un exceso de etiquetas y de ceremonias, que hicieron desaparecer la naturalidad y el sano humanismo de las primeras fundaciones. No quedaba otro remedio, para mantener la disciplina del seminario, que la represión y el castigo. Urgía, pues, una revisión a fondo y serias medidas de reforma.

5. La época de las grandes reformas. De los 45 seminarios que se fundan en España desde los días de Trento hasta que finaliza la primera etapa de los Borbones con la guerra de la Independencia, vemos que cuatro de ellos sirven como de cabeza de puente entre las viejas estructuras decadentes de finales del siglo XVII y las nuevas promociones, con aires de verdadera reforma, de los reinados de Carlos III y de Carlos IV. Nos referimos al de Mallorca, Lérida, Orihuela y Barbastro, establecidos de 1700 a 1749. Dejando atrás la vieja idea de los Colegios universitarios, se les quiere presentar ahora como auténticos seminarios conciliares en su forma y dirección. Unos y otros se benefician de una institución que surge entonces en España, la de los Píos Operarios Evangélicos, que, a más de las misiones populares, se dedica de manera directa a la formación de clérigos. Siguiendo de cerca la escuela sacerdotal francesa de fines del siglo anterior, buscan esos Operarios un mayor rendimiento espiritual y pedagógico en la formación seminarística, con un estudio serio de la vocación, un clima más familiar, prácticas piadosas adecuadas, dirección espiritual y una vida de disciplina, aunque seria y conservadora, con signos de más comprensión y humanismo.

a) *Iniciativas y realidades.* Si la Iglesia española ha conocido momentos de auténtica renovación —que los ha tenido, y muchos—, tal vez sea el del siglo XVIII uno de los más señalados, y decididamente en lo que a seminarios se refiere. Cuando hablamos de ellos en este siglo, no podemos quedarnos en una de tantas cuestiones religiosas españolas. Es el momento en que, a medio hacer la Universidad moderna y casi derrumbados los Colegios universitarios, el seminario llega a un primer plano en la vida educativa de la nación. Por él pasan muchos jóvenes españoles, y las mentes ilustradas de la época —eclesiásticos o seglares— lo utilizan como campo de experiencias de su fervor pedagógico. También interesa a los monarcas. De ahí que busquen y logren al fin interferirse en sus asuntos internos, con el consentimiento y complacencia de nuestros obispos. En fin de cuentas, los reyes «católicos» españoles se sentían obligados a intervenir como «patronos» del Concilio de Trento y árbitros, por el patronato regio, de no pocas decisiones eclesiales en España.

Los seminarios ganan y a la vez pierden con este sistema proteccionista. Se les abre una era de sano humanismo y de nueva valoración del sacerdocio, aunque a veces se vean envueltos en una oleada de galicanismo o, si se quiere, de ese regalismo español con entreveraciones jansenistas, que no dejan de oscurecer sus mejores propósitos.

De esta manera se unifican ambas acciones: la de la Iglesia y la del Estado. Si Felipe V se interesa por la reforma de los estudios eclesiásticos, su confidente, el cardenal Belluga, alcanza de Roma la bula *Apostolici Ministerii* de 1723, por la que, entre otras cosas, quedaban libres los seminaristas de la asistencia diaria al coro. Si de los seminarios se habla en el Concordato de 1753, de su reforma tratan también las Sinodales de los obispos y las nuevas Constituciones que a aquellos se les va dando, desde las redactadas por el mismo Belluga para su seminario de Murcia en 1707, hasta las que da a conocer D. Manuel Muñoz para el suyo de Vich en 1748.

Sin embargo, el paso definitivo viene durante el reinado de Carlos III (1759-1788), cuando el Gobierno, de acuerdo siempre con los obispos, entra de lleno a reformar y a dirigir los seminarios. Y lo hace, porque ahora le interesa el seminarista no solo como clérigo, sino también como ciudadano. Repasemos, por vía de ejemplo, lo que se dice en la famosa *Instrucción reservada* que manda el rey a su Junta de Estado: «Debe promoverse, así en la Universidad como en los seminarios y en las Ordenes religiosas, el estudio de la Santa Escritura y de los padres más célebres de la Iglesia; el de sus Concilios generales primitivos en sus fuentes, y el de la sana moral. Igualmente conviene que el clero secular y regular no se abstenga de estudiar y cultivar el derecho público y de gentes, al que llaman político y económico, y las ciencias exactas, las matemáticas, la astronomía, geometría, física experimental, historia natural, botánica y otras semejantes.»

Corrigiendo abusos, en lo tocante a honestidad y buenas costumbres, de la Cámara de Castilla salen numerosas ordenanzas y pragmáticas, que exigen como único y definitivo remedio «la erección de los seminarios conciliares al cargo de clérigos ancianos y doctos», por razones «que el espíritu de la Iglesia, el bien del Estado y el mismo decoro del clero piden, para que no se envilezcan con la demasía los ministros del altar».

Carlos tiene tras de sí a obispos como D. José Climent, de Barcelona; D. Felipe Bertrán, de Salamanca; D. Manuel Rubín de Celis, de Murcia; D. Manuel Quadrillero y Mota, de León y Ciudad Rodrigo; D. Agustín de Lezo y Palomeque, de Pamplona; fray Alonso, de Sigüenza, etc., preocupados seriamente por la situación de estos centros eclesiales: su dotación; aquellos edificios que se van cayendo por ruinosos y antiguos, henchidos de largos corredores y de celdas destartaladas; su régimen, disciplina y educación. Y sobre todo, en busca de nuevos horizontes para el estudio de la Filosofía, de la Teología y de las Ciencias. En lo que puede, el monarca no deja buenamente de ayudarles.

En 1767, cuando la famosa y tan discutida pragmática de expulsión de los jesuitas de España, empieza una actuación definitiva de Carlos III en materia de seminarios. Buena parte de los edificios y de los bienes de aquellos habían de dedicarse para ayuda de parroquias pobres, casas de misericordia, seminarios, etc. Y, medida importante: «en los pueblos en que hubiese casas de seminarios de educación, se proverá a el mismo instante a substituir los directores o maestros jesuitas con eclesiásticos seculares que no sean de su doctrina, en tanto que con más conocimiento se providencia su régimen». Al siguiente año se hace llegar a los obispos una Real Cédula, titulada *Erección de Seminarios conciliares para la educación del clero en las capitales y pueblos numerosos*, que podemos reducir a los siguientes apartados: *a)*, los seminarios han de ser exclusivamente conciliares; *b)*, que sirvan a la vez de casas sacerdotales; *c)*, con superiores de la diócesis y nunca religiosos; *d)*, se prohibe la asistencia diaria de los seminaristas al coro de la catedral; *e)*, propone un nuevo método de estudios, sin escuelas ni partidismos; *f)*, con la obligación, por parte de los obispos, de dar cuenta de todo al Consejo de Castilla; *g)*, y, finalmente, que sean unos seminarios donde brille aquella ilustración clerical de que tanto necesitan la Iglesia y el Estado.

b) Balance de una experiencia. A juzgar por esta Real Cédula, reconocida en seguida como ley de Estado, no es fácil salvar de un fuerte regalismo a la buena voluntad del rey. Los obispos, sin embargo, no protestaron y solo consiguen más adelante, en 1779, poder elegir a sus propios rectores, sin tener que acudir para ello a la Corona. Otras ventajas se fueron también manifestando. El estudio de la Teología se reglamenta y se extiende a los siete años; se vuelve al conocimiento directo de los Lugares Teológicos de Melchor Cano, de la Sagrada Escritura, Padres, Concilios de la Iglesia y particulares de España, Historia Eclesiástica, la sana Teología Moral, etc. El número de seminarios aumenta y se reforman la mayoría de los antiguos. Se redactan Constituciones más amplias, humanas y comprensivas, y embebidas, sobre todo, de un fino espíritu sacerdotal y pastoralista.

De estas Constituciones, que dependen unas de otras, podemos distinguir dos grupos diferenciados: unas siguen el modelo de las de Pamplona, Zaragoza o Teruel; otras, el de Salamanca, Ciudad Rodrigo o Segovia. De todas ellas, sobresalen las que da al seminario salmantino su obispo D. Felipe Bertrán, que irán copiando la mayoría de las que se redacten a través del siglo XIX. En ellas aparece el seminario tal como ha llegado a nuestros días: superiores, padre espiritual, horarios, disciplina, vida de piedad, devociones, estudios y pedagogía. Desgraciadamente, el Estado no dejaría de inmiscuirse en algo que consideraba como suyo —célebres fueron sus intervenciones en los seminarios de Granada, Cádiz, Málaga y Segovia—, lo que unido a las perturbaciones de finales de siglo, dejaría a los seminarios en una angustiosa y difícil coyuntura.

6. La prueba del siglo XIX. Durante los primeros años del siglo, en que ya se presiente la tragedia, solo un nuevo seminario se logra establecer en España, el de Orense de 1804. Aún siguen vientos de reforma —la del ministro Caballero de 1807 en relación a los estudios— y hasta se alarga a ocho años el estudio de la Teología. Pero la guerra de la Independencia y luego las carlistas van a señalar el momento de decadencia más impresionante de nuestros centros. Los edificios son abandonados o a veces convertidos en cuartel o en fortalezas defensivas; los seminaristas se alistan en las milicias, y si alguno queda es para llevar una vida más o menos rutinaria, con penuria de medios y de profesores, y lo que era más sensible, abocados al ambiente de tumulto y de rebelión que les rodea.

De su parte, el Estado sigue en la manía de arreglar por su cuenta la marcha de los seminarios. En 1824 da a conocer un nuevo Plan de Estudios, por el que se pretende hacerlos depender de las Universidades. Otros le siguen en 1835-1836, 1845, 1847 y 1850.

a) Organización de estudios. El Estado vuelve a reconocer los seminarios con el Concordato de 1851, a la vez que organiza sus estudios cuando al año siguiente extiende para ellos un nuevo Plan general, que es aceptado satisfactoriamente. Igualmente son elevados a la categoría de Universidades interinas los de Toledo, Granada, Valencia y Salamanca. A los que se une, con gran ventaja, el deseo que cunde por doquier de renovar las antiguas fundaciones, modernizando edificios, abriendo gabinetes, bibliotecas y patios de recreo, y haciéndose algunos con Constituciones nuevas, si bien se conserve mucho de lo antiguo y tradicional.

Como la Facultad de Teología es suprimida de las Universidades y se han cerrado los Colegios universitarios, el seminario se convierte casi en el único medio de formación clerical que existe en algunas regiones, por lo que el número de alumnos crece en pocos años, llegando a veces a sobrepasar el millar en Astorga, Valencia, Vich, Toledo, etc. Lo que podría suponer una ventaja, se convierte, sin embargo, en un serio inconveniente para la disciplina y hasta para las clases, dado que el cuadro de profesores y superiores es casi siempre incompleto, por lo que el seminario, más que un centro especializado, viene a convertirse en una especie de liceo o de instituto provincial. Como los edificios son a la vez insuficientes, los alumnos se han de repartir por hospederías y pensiones, con la inevitable secuencia de una vida más libre, de escándalos e indisciplina.

Con la instauración de las Universidades Pontificias españolas por el Papa León XIII en 1896-1897, además de los cuatro seminarios citados, adquieren la misma categoría los de Sevilla, Tarragona, Zaragoza, Santiago, Valladolid y Burgos. Otros nuevos se crean en las diócesis de Madrid, Ciudad Real, Oviedo, Menorca, Santander y Vitoria. Parece adelantarse algo en los estudios y hasta se intenta una reforma de las costumbres y de la disciplina.

b) *Movimientos de formación sacerdotal.* A este movimiento de reforma, ayudan considerablemente algunas figuras de recio temple sacerdotal, que dedican sus mejores esfuerzos a la preparación y educación de los seminaristas. Citemos primeramente a san Antonio María Claret, quien, volviendo a las ideas del Maestro Avila, busca una mejor selección de los candidatos, a los que, dice, se les ha de educar desde niños en una profunda vida de espiritualidad y de perfección. Para los seminaristas escribe *El colegial o seminarista teórica y prácticamente instruido* (2 vols., Barcelona, 1894), y de los seminarios habla, con recogida de documentos, en su *Miscelánea interesante* (Barcelona, 1865). Le preocupan los seminarios menores, sobre los que entonces estaba llamando la atención el Papa León XIII, y tanto a éstos como a los mayores dedica sus mejores consejos. En *El colegial...* pide que cada niño tenga su director espiritual. Y habla de la pobreza, castidad, obediencia, liturgia, espíritu de sacrificio, etc., de los seminaristas.

En esa línea sacerdotal nace y se desarrolla por este tiempo una institución, la Hermandad de Sacerdotes Operarios Diocesanos, fundada por el sacerdote tortosino D. Manuel Domingo y Sol en 1883, y dedicada primordialmente al fomento de vocaciones sacerdotales y religiosas y a la labor de la formación disciplinar y espiritual de los seminaristas. Ante el problema que presentaban entonces los seminarios, se dedica en un principio a establecer Colegios de vocaciones —en Tortosa, Valencia, Murcia, Orihuela y Plasencia—, pasando luego, por invitación de diferentes prelados, a regir numerosos seminarios de España, Portugal y América. Su metodología característica, a más de la selección delicada de los candidatos, ha sido siempre promover un ambiente de familia y de comprensión entre educando y superior y una vida de piedad sincera y profunda, donde se ponen de relieve las máximas cualidades del sacerdocio, con una ferviente adhesión a la Jerarquía y al Vicario de Cristo.

También se debe a D. Manuel, siguiendo los deseos de León XIII, la idea y la realización de un Colegio sacerdotal en Roma para seminaristas españoles (1892), que tanta gloria ha dado y sigue dando a la Iglesia de España. En todas estas fundaciones, mosén Sol, como así se le llamaba, introduce la devoción al Sagrado Corazón de Jesús, el espíritu de reparación eucarística, la devoción filial a la Virgen, la imitación de modelos sacerdotales y, con la afición a la liturgia, el cumplimiento fiel del Reglamento. Igualmente, y coincidiendo con las normas que ya iban llegando de Roma, da gran importancia a la dirección espiritual y a la frecuencia de los Sacramentos.

7. Los seminarios actuales. Desde principios de siglo hasta el nuevo Concordato de 1953 los seminarios españoles se vinieron rigiendo, más o menos, conforme a las bases del anterior Concordato de 1851 y a la reglamentación de estudios de 1852. El Gobierno se había venido comprometiendo en la implantación y buena marcha de los mismos, dejaba en libertad a los jóvenes españoles para acogerse a sus aulas, y daba a aquéllos alguna dotación, entre las 22.500 y las 30.000 pesetas anuales. En cuanto a los estudios, se cursaba en todos ellos Latín y Humanidades, Filosofía, Teología y Derecho Canónico. No es que hubiera un plan igualitario de los mismos, pero éste se fue regulando poco a poco según iban llegando las nuevas disposiciones de la Santa Sede.

Hasta 1931 siguieron funcionando las 10 Universidades Pontificias citadas, que se atenían a la instrucción y a las normas dadas por la Sagrada Congregación de Estudios en 1896 y 1898, donde se señalaban tres años para la Filosofía, los mismos para el Derecho Canónico y cinco para la Teología. Sin embargo, no se logró en un principio dar forma definida y con resultados completamente satisfactorios a estas primeras Universidades. No pasaban, a veces, de ser unos meros estudios de seminario, donde abundaban en demasía los grados académicos y, debido a la pobreza de medios pedagógicos, poco podía hacerse para el desenvolvimiento de las ciencias y de la investigación. Fueron suprimidas como consecuencia de la reforma de los estudios eclesiásticos, llevada a cabo por el Papa Pío XI en la Constitución Apostólica *Deus Scientiarum Dominus*, de 24-V-1931.

Tal decadencia de estudios se hace sentir asimismo en los demás centros. Y algo parecido puede decirse respecto a la disciplina. Los seminarios, regidos por sacerdotes diocesanos, por jesuitas, paúles, cordimarianos o sacerdotes operarios diocesanos, quedan un poco atrasados ante las nuevas exigencias que iba planteando la sociedad. No faltaron a veces serios tumultos entre los seminaristas, como los acaecidos en Toledo, Cuenca o Segovia a principios de siglo.

Afortunadamente, a partir, sobre todo, del pontificado de san Pío X, llegan de Roma una serie de ordenaciones, dirigidas unas veces a los seminarios italianos y otras a los de toda la Iglesia, que sirvieron de pauta para una auténtica renovación de los nuestros. Citemos, vgr., el *Programa general de Estudios* y las *Norme per l'ordinamento educativo e disciplinare dei Seminari d'Italia* de 1907 y 1908. Igualmente, les dio nueva fuerza la Sagrada Congregación de Seminarios y Universidades de Estudios, creada por el Papa Benedicto XV en 1915, y en cuanto a los estudios, sería definitiva la citada Constitución *Deus Scientiarum Dominus*.

Por el 1930 se realizan unas visitas apostólicas a todos los seminarios españoles. Los visitadores dan cuenta del buen espíritu que observan y, fuera de pequeñas excepciones, de la vida regular de disciplina que se lleva. Lamentan, eso sí, alguna deficiencia en los estudios y acusan la necesidad, que ya se va sintiendo por entonces, de equiparar los programas humanísticos a los del Estado.

De esta manera se presentan nuestros seminarios ante el conflicto bélico de 1936. La prueba de sangre y de inmolación a que son sometidos varios de ellos —recordemos los de Oviedo, Teruel o Sigüenza— y toda la persecución religiosa llevada a cabo, servirían de punto de partida para una inmediata etapa de renovación. Se rehacen los edificios, otros se construyen de nueva planta, aumenta el alumnado y se busca el cambio de sistemas y de estructuras. Una oleada vocacionista se extiende por doquier y se propende a un sacerdocio más espiritual, más responsable y en contacto más directo con el pueblo. Los seminarios menores acomodan sus programas a los estatales; y los mayores, en la nueva visión de los estudios sagrados, se abren a nuevas perspectivas y a una mayor investigación.

De unos años a esta parte, sin embargo, se ha abierto para nuestros seminarios una nueva crisis, que coincide con la que está afectando a buena parte de los seminarios de la Iglesia. A raíz del Concilio Vaticano II, se han ensayado no pocas experiencias de formación sacerdotal fuera del clásico seminario tridentino, sobre cuyos resultados es difícil que podamos pronunciarnos hoy.

BIBL.: Obras generales: M. THOMASII, *Disputationes quaedam ecclesiasticae*, Ro. 1565; L. THOMASSINUS, *Vetus et nova Ecclesiae disciplina circa beneficia et beneficiarios*, 3 vols., Venetiis 1730; L. CECCONI, *Istituzioni dei Seminari vescovili decretata dal Concilio di Trento*, Ro. 1766; G. DE GIOVANNI, *Historia de los Seminarios clericales*, Sa. 1778; A. THEINER, *Histoire des institutions d'éducation ecclésiastiques*, Par. 1841; B. T. POUAN, *De Seminariis Clericorum*, Lov. 1874; L. THEMISTOR, *L'instruction et l'éducation du clergé*, Tréveris 1884; V. DE LA FUENTE, *Historia de las Universidades, Colegios y demás establecimientos de enseñanza en España*, 4 vols., Ma. 1884-89; A. LANGASCO, *De institutione clericorum in disciplinis inferioribus*, Ro. 1936. Preseminario español: C. BOURRAT, *L'Ecole chrétienne de Séville sous la monarchie des Wisigoths*, Par. 1855; C. JOLY, *Traité historique des écoles episcopales et ecclésiastiques*, Par. 1678; O. MARCAULT, *Essai historique sur l'éducation des clercs*, Par. 1904; V. BELTRÁN DE HEREDIA, *La formación intelectual del clero según nuestra antigua legislación canónica (siglos XI-XV)*: Escorial, (1941)289-298; *La formación intelectual del clero en España durante los siglos XII, XIII y XIV*: R175, 6(1946)313-357; U. DO-MÍNGUEZ DEL VAL, *El candidato al sacerdocio en los Concilios de Toledo*: R75, 155(1943)261-290; S. GONZÁLEZ, *La formación del clero en la España visigoda*: R131, 1(1943); L. SALA BALUST, *En torno al Mtro. Avila y su escuela sacerdotal*: R210, 8(1950)195-199; J. FERNÁNDEZ ALONSO, *La cura pastoral en la España visigoda*, Ma. 1955; H. J. MARROU, *Histoire de l'éducation dans l'antiquité*, tercera edic., Par. 1955; L. SALA, F. MARTÍN, *La formación sacerdotal en la Iglesia*, Ba. 1966; F. MARTÍN HERNÁNDEZ, *Un Seminario español pretridentino: el Real Colegio Eclesiástico de Granada*, Va. 1960; ID., *Origen de los Seminarios españoles*: R205, 6(1960)75-89; ID., *La formación clerical en los Colegios Universitarios españoles, 1371-1560*, Vi. 1961; ID. *Precedentes históricos del canon 18 sobre la fundación de los Seminarios*: Seminarium, 3(1963)376-395; ID., *Escuelas de formación del Clero en la España visigoda*: Actas de la XVIII Semana Esp. de Teología, Ma. 1970, 65-98. Sobre los Seminarios tridentinos: R. FERNÁNDEZ DE LAS CUEVAS, *La voz del siglo*, Ma. 1853; S. ANTONIO M.ª CLARET, *Miscelánea interesante*, Ba. 1865; M. DE CASTRO, *Enseñanza religiosa en España*, Va. 1898; F. TIRAPU, *La Iglesia de España y los Seminarios clericales*, Pam. 1891; T. LARUMBE Y LANDER, *El seminarista*, Vergara 1905; A. DEGERT, *La question des Séminaires au Concile de Trente*: Etudes, 127(1911)617-637; N. DÍAZ, *San Ignacio de Loyola y los Seminarios*, Montevideo 1939; M. BARBERÁ, *L'origine dei Seminari a norma del Concilio di Trento*: R38', 91 (1940)215-221; C. SÁNCHEZ ALISEDA, *La doctrina de la Iglesia sobre Seminarios desde Trento hasta nuestros días*, Gra. 1942; ID., *Los Seminarios tridentinos*: R154, 131(1945) 189-201; L. GARCÍA, *El aspirante al sacerdocio y su formación*, Sa. 1947; M. FERNÁNDEZ CONDE, *España y los Seminarios tridentinos*, Ma. 1948; J. M. AMENOS, *El fomento de vocaciones eclesiásticas en España en el siglo XIX*: R205, 1(1955)58-93; G. MARTIL, *Los Seminarios hoy*, Sa. 1955; L. SALA BALUST, *Formación en los Seminarios*: R205, 12(1960)190ss.; F. MARTÍN HERNÁNDEZ, *Los Seminarios españoles en la época de los primeros Borbones*: R118, 12(1959)357-420; ID., *Los Sacerdotes Píos Operarios, formadores del Clero español en el siglo XVIII*: R205, 11 (1960)91-126; ID., *Lo que el Decreto «Pro Seminariis» supuso en la formación clerical española*: Lumen, 12(1963) 318-347 y Ro. 1963; ID., *Seminaria Ecclesiae Catholicae*, edic. S. Congregación de Seminarios, introd. «Historia Institutionis Clericorum», 106-172; ID., *Pedagogía de los Seminarios españoles*: R162, 38(1964)183-210; ID., *Los Seminarios españoles. Historia y Pedagogía, 1563-1700*, Sa. 1964; ID., *El Decreto sobre la formación sacerdotal en el Concilio Vaticano II*: R162, 46-47(1966)249-262; ID., *La Iglesia y la formación sacerdotal*. (Comentarios al Decreto «Optatam Totius»), Ma. 1970. 73-121; ID., *Los Seminarios españoles en la época de la Ilustración. Ensayo de una pedagogía eclesiástica en el siglo XVIII*, Ma. 1973; J. M. CUENCA TORIBIO, *Notas para el estudio de los Seminarios Españoles en el Pontificado de Pío IX*: Saitabi, 23 (1973).   F. MARTÍN HERNÁNDEZ

SENECA, Lucio Anneo, (Córdoba c. año 4 † Roma año 65) filósofo y presunto corresponsal de San Pablo. Su padre fue el retórico Marco Séneca Anneo. Muy pequeño fue trasladado a Roma con su familia. Después de la formación elemental y la Gramática oyó al pitagórico Sotión, a los Sextios Fabiniano y Attalo, y más tarde al cínico Demetrio. Su padre trató de orientarle a la abogacía, pero su madre Helvia favoreció sus inclinaciones filosóficas. Terminados los estudios pasó varios años en Egipto, en casa del prefecto, casado con una hermana de Helvia. Tal vez viajó por Palestina y, según algunos por la India, que describió en libros no conservados. Ridiculizó los mitos egipcios lo mismo que los romanos, siguiendo las tradiciones religiosas más comunes de España, donde se adoraba a un Dios anónimo. Vuelto a Roma, hacia el 38 fue condenado a muerte por Calígula con ocasión de la brillantez de un discurso de Séneca, considerado ya como el mejor orador romano después de Cicerón. Fue indultado por considerársele enfermo próximo a morir. Hacia esta época parecen escritos los diálogos a Marcia, *De consolatione*, y el anticolaboracionista a Paulino, y los libros *De ira*. Messalina, mujer de Claudio, le acusó el 41 de adulterio con Julia Livila, hermana de Calígula, y se les condenó sin oirles. Livila murió en el destierro. A Séneca, Claudio le conmutó la muerte por el destierro en Córcega, donde compuso sus epigramas a Córdoba y a sus familiares inspirado en la teoría de la convivencia y compartición del dolor. Séneca aparece como poeta de Córdoba, representada como sacerdotisa celtíbera. Dedicó asimismo a Helvia, su madre, el diálogo *De consolatione*, único en su género, de gran valor para la historia de la familia celtíbera. Con ánimo de solicitar justicia o indulto de Claudio, dirigió al jefe de la sección de cartas de recomendación, el liberto Polibio, traductor de Homero al latín y de Virgilio al griego, el diálogo *De consolatione ad Polybium*. Muerta Messalina, Agripina, mujer de Claudio, nombró a Séneca preceptor de Nerón. Al ser divinizado Claudio por sus asesinos, escribió la *Apocolokyntosis*, sátira contra el culto oficial romano. Para influir en la conducta de Nerón escribió *De clementia*, que dejó sin terminar al envenenar Nerón a Británico el 5-II-55. Con el mismo fin escribió entonces las tragedias de tema clásico adaptadas a refrenar las pasiones de Nerón. En ellas hace intervenir a Yolé (Claudia Acté) con sentimientos cristianos. Valiéndose de Acté corta la vida incestuosa de Nerón con su madre, pero no logra que Nerón no mate el 59 a su madre Agripina. Séneca se aleja progresivamente de Nerón. Escribe los diálogos a Sereno *De constantia sapientis*, *De tranquilitate animi*, *De otio*. A Galión, *De vita beata*. Nerón se divorcia de Octavia y la mata el 62. Séneca se retira, escribe *De beneficiis*, *De providentia*, *Naturales Quaestiones* y las 124 *epístolas morales a Lucilio*, además de otros tratados perdidos. El 65 evita la complicidad en la conjuración de Pisón, pero Nerón lo sentencia a muerte, sin darle lugar a escribir un testamento. Su viuda Paulina, natural de Arlés, le guarda fidelidad.

Séneca es fundador del estoicismo occidental, creador de una teoría no clásica del estilo, iniciador del lenguaje que rechaza el valor de la palabra como expresionismo externo artificioso, cultivador de la palabra interna. Como teólogo y moralista introduce los valores inteligibles vistos mediante el pensamiento, base de la filosofía occidental. Es muy probable su contacto personal con San Pablo, tal vez por medio de Claudia Acté. Es apócrifa la correspondencia epistolar con el Apóstol. Tertuliano le llama *saepe noster*. San Jerónimo lo coloca entre los escritores de la Iglesia. San Agustín reconoce que acertó en el conocimiento de Dios, pero no fue consecuente. La tradición ha estimado en mucho sus escritos e influjo. Ultimamente se han establecido comparaciones entre él y san Pablo con criterios desfavorables para Séneca.

OBRAS: Son las arriba consignadas. Ediciones principales: F. HAASSE, 3 tomos, Leipzig 1852-53; F. PRECHAC y otros en Les Belles Lettres, hasta ahora 15 tomos, Par. 1921; L. RIBER, Ediciones Aguilar, 5.ª edic., Ma. 1966.

BIBL.:C. MARCHESI, *Séneca*, Messina 1920; L. HERMANN, *Le theatre de Sénèque*, Par. 1924; J. M. LAGRANGE, *La religión de Sénèque*: Revue Thomiste, 11(1928)324-46; M. GENTILE, *I fondamenti metafisici della Morale di Seneca*, Mi. 1932; H. KNOCHE, *Der Philosoph Seneca*, Fra. 1933; H. DORGENS, *Seneca in Gegensatz zu Paulus*; R88, 64(1940)14-26; J. N. SEVENSTER, *Paul and Seneca*, Lei. 1961; W. TRILLITZSCH, *Senecas Beweisführung*, Be. 1962; J. GARCÍA-BORRÓN, *Séneca y los estoicos*, Ba. 1956; A. DE BOVIS, *La sagesse de Sénèque*, Par. 1948; E. ELORDUY, *Séneca. Vida y Escritos*, CISC, Ma. 1965; A. BONILLA SAN MARTÍN, *Historia de la Filosofía Española*, I, Ma.1908, 91-164; M. SCHANZ y C. HOSIUS, *Geschichte der römischen Literatur*, II/2, Mü. 1955, 456-473, 679-722; J. STELZENBERGER, *Die Beziehungen der frühchristlichen Sittenlehre zur Ethic der Stoa*, Mü. 1933; H. V. ARNIM y M. ADLER, *Stoicorum veterum fragmenta*, 3 vols., Leipzig 1903-24; E. ELORDUY, *Die Sozialphilosophie der Stoa*, Leipzig 1936; M. POHLENZ, *Die Stoa*, Göttingen 1949; M. SPANNEUT, *Les Stoiciens et les Pères de l'Eglise*, Par. 1957; G. FRAILE, *Historia de la Filosofía*, I, Ma. 1956, 643-53.   E. ELORDUY

SEO DE URGEL, Diócesis de, *(Urgellensis)* sufragánea de Tarragona. Se ha pretendido, entre otras hipótesis, que *Urgell* procede de *Orgia*, capital de los ceretanos augustales. De ahí nacerían *Orgella* y *Orgellis*, hasta llegar a *Urgellum*. Modernamente, se admite que *Urgell* es distinto de *Urtg* de Cerdeña: el topónimo prerromano *Ur* aparece con frecuencia, significando lugar de corrientes de agua. Desde el siglo IX, aparece en los documentos *Vicus Urgelli* y, a partir del siglo XI, desaparece rápidamente la palabra *Vicus*, mientras *Sedes Urgelli* se lee ya en escrituras del siglo X, siendo después la prevalente.

1. **Historia.** La diócesis trae su origen de los tiempos visigóticos. Su primer obispo cierto es san Justo, que firma en el Concilio II de Toledo, 527. No obstante haber sido destruida la catedral en los días de la invasión musulmana (siglo VIII), parece que no se interrumpió la serie de los obispos, ni sufrió notablemente la vida religiosa, ya que poca cosa pudieron hacer los agarenos en las asperezas del Pirineo. La controversia en torno a la herejía adopcionista, cuyo propugnador fue el obispo Félix (783-799), manifiesta notable vitalidad. Alrededor del año 785 quedó, gracias a los francos, reconquistada la parte Norte del obispado, quedando sufragánea de Narbona, en la Septimania, hasta la liberación de Tarragona y restauración de la metropolitana catalana (1118). La parte occidental de Pallars y Ribagorza, liberada antes del año 806, fue agregada a Urgel. El renacimiento carolingio penetró tempranamente en la diócesis. Urgel, no obstante, presentó más resistencia a las nuevas formas que los otros obispados de la Marca Hispánica: prueba de eso es la vinculación del citado obispo Félix a la causa adopcionista, en frente de Alcuino y de la nueva cultura carolingia. La unión doctrinal entre Félix y Elipando de Toledo no fue casual: fue la resistencia de las formas hispánicas, latentes en Urgel, frente a las francas. Litúrgicamente, se nota en el siglo IX una persistencia de *manuales* toledanos. La nueva liturgia, procedente de Francia, se impondrá, no obstante, por evolución. El 1-XI-839, fue dedicada, en honor de santa María, la catedral reconstruida en los tiempos del emperador Carlomagno († 814), la cual fue solemnemente consagrada por el obispo Sisebuto II. En la escritura, extendida en esta ocasión, van anotados casi todos los pueblos, libres ya de la morisma, que en aquel entonces formaban parte de la diócesis. Se conserva, expuesto en el Museo Diocesano de Seo de Urgel, el original en pergamino de este precioso documento, que ha sido calificado *la primera carta geográfica del Pirineo*. No se puede precisar el lugar exacto de la catedral. Entre 885 y 886 un sacerdote del país, por nombre Sclua, consagrado obispo por prelados gascones, arrebató al enfermo obispo Ingoberto la sede de Urgel. Por otra parte, el año 888 encontramos a Adulfo constituido obispo de la ya citada parte occidental de Pallars y Ribagorza. Sin duda, el nombramiento de Adulfo como obispo de Pallars, fue obra de Sclua, quien encontraba así apoyo para sus pretensiones, y del conde Ramón Pallars, originario de Gascuña, el cual perseguiría sintonizar la unidad político-feudal con la religiosa. En 890 fue depuesto el intruso Sclua, quedando, no obstante, a salvo Adulfo con su porción occidental. En junio de 950, Pallars retorna a la sede de Urgel, mientras la parte de Ribagorza formará la base del vecino obispado de Roda. Los conflictos entre los obispados de Ribagorza y Urgel no versarán ya sobre la región de Pallars, sino sobre derechos de preeminencia y de consagración de los obispos rotenses, que Urgel pretendía; derechos que, paulatinamente, irán desapareciendo, sobre todo a partir de la política occidentalista de Sancho el Mayor y de su hijo Ramiro, en el siglo XI. Una nueva consagración de la catedral la tenemos en tiempos del obispo Eribaldo (1040), hasta llegar a la construcción de la actual catedral, que data de 1175. La diócesis y condado de Urgel continuaron progresando en la lucha contra los agarenos, quedando completamente liberada (1105) con la toma de la ciudad de Balaguer. Los siglos XI y XII son de gran esplendor y de reconstrucción espiritual y material del obispado. La mitra fue reuniendo, desde el siglo XII, varios derechos de carácter feudal en los Valles de Andorra, hasta llegar a constituir su propio principado o señorío que, por haberlo cedido en feudo a la familia de Caboet, que entroncó con la de Castellbó y ésta con la francesa de los condes de Foix, compartió con éstos, desde fines del siglo XIII, los derechos sobre Andorra. Los derechos de la Casa de Foix pasaron a la Corona de Francia y, por esas razones, el obispo de Urgel, príncipe de Andorra, comparte el principado con el Presidente de la República de la vecina nación.

Desde finales del siglo XII, Urgel entra en decadencia y la historia del obispado toma un carácter muy violento por las luchas con las citadas casas de Castellbó y Foix, que debilitan notablemente la vida religiosa. El vizconde Arnaldo de Castellbó simpatizaba, por razones más políticas y familiares que religiosas, con los albigenses, protegidos descaradamente en el condado de Foix. Los ejércitos del vizconde Arnaldo de Castellbó y del conde de Foix, Ramón Roger, invadieron la diócesis de Urgel, en otoño de 1195. Asaltaron la capital, incendiaron parte de la población y saquearon la catedral. Cerdaña, sus iglesias y sacerdotes, sufrieron también los efectos de la guerra. Aunque Arnaldo de Castellbó dio asilo en sus tierras, al Oeste de Seo de Urgel, a los albigenses, impidiendo a la autoridad eclesiástica ejercer su acción, no fue, sin embargo, un albigense convencido. En 1279, moría mártir de los albigenses, en Seo de Urgel, el beato Pedro de la Cadireta, OP, inquisidor, enemigo, por consiguiente, de las casas de Castellbó y Foix. La historia es, desde el siglo XIII, un continuo tejer y destejer de concordias y guerras. Urgel, incomunicado por lo accidentado del terreno, quedará muchísimas veces a merced de sus vecinos. La casa de Foix soñó con la creación de un estado pirenaico, con territorio en las dos vertientes de la cordillera. La muerte inesperada del rey de Aragón, Juan I († 1396), la ausencia de sucesor, la regencia de una mujer, el apoyo de Francia y de importantes señores, como los de Gascuña, hacía presagiar una realización de los sueños de la casa de Foix. Mateo, conde de Foix, casado con D.ª Juana, hija de Juan I, invadió nuevamente el obispado en 1396, aspirando a la Corona de Aragón. Las comarcas de Urgellet, Pallars, Conca de Tremp y Ribagorza sufrieron los efectos de la invasión. Con el nuevo rey, Martín el Humano, hermano de Juan I, después de alguna resistencia, fue ocupado el vizcondado de Castellbó y dictada sentencia general de confiscación de los dominios de Foix en Cataluña. Mateo, retirado en Bearn, moría a la edad de 24 años, en 1398. Es, pues, una constante histórica que la relación con los pueblos ultra pirenaicos da al obispado un carácter de agitación por varios motivos feudales, políticos y religiosos, no faltando tampoco causas internas como, por ejemplo, la guerra de los *remensas* en tiempos de Juan II († 1479). Con las guerras de religión en Francia, Urgel volverá a sufrir nuevas sacudidas: herejes luteranos y hugonotes, muchos de éstos herederos de los albigenses, que ya habían invadido la diócesis, pasan los Pirineos, dedicándose al bandolerismo. Hay, a finales del siglo XVI, alarmantes penetraciones de hugonotes en la Cerdaña. Andorra y Urgellet, y actos criminales incluso hacia el S., como en Alós de Balaguer. Es una época en que los obispos se dedican, a pesar de tantas calamidades, a rehacer el obispado, según las normas del Concilio de Trento, celebrando sínodos, mientras actúa en el cabildo, como oficial, el ejemplar sacerdote diocesano, san José de Calassanç (1587-1589). En 1592, el obispo fray Andrés Capilla fundaba el Seminario Conciliar. Inspirador decisivo de la política catalana, en el llamado *Corpus de sang* de Barcelona, fue el canónigo urgelense Claris (1640-1641). En las guerras con Luis XIV, en 1691, el duque de Noailles ocupaba la sede de la diócesis. En la guerra de Sucesión (1701-1714), Urgel estuvo al lado del Archiduque Carlos, mientras el obispo Julián Cano, partidario de Felipe V, era trasladado a Avila. El sacerdote diocesano, D. Lorenzo de Tomás y Costa era protegido constantemente por el Archiduque, del que llegó a ser su embajador. Con la revolución francesa y guerras napoleónicas, hay nuevas oleadas francesas. En 1811, se instalaba una Junta Superior de Resistencia en las montañas entre Berga y Seo de Urgel. Cuando el obispo Caixal (1853-1879) luchaba tenazmente por una mayor elevación espiritual de la diócesis, ésta, siguiendo su constante línea histórica, tendrá que sufrir nuevamente la causa de las guerras carlistas. Seo de Urgel quedará ocupada por el carlista Rafael de Tristany hasta el asalto a la ciudad por el general liberal, Martínez Campos, en 1875. En el período 1936-1939, la diócesis quedará, por largo tiempo, dividida por las trincheras. El 5-II-1939, los nacionales entraban en Seo de Urgel. El martirologio cuenta con 111 sacerdotes asesinados. El 15-IV-1943, tomó posesión de la diócesis, el obispo, doctor Ramón Iglesias Navarri. Urgel ha podido vivir una larga época de paz. La vitalidad de las obras de apostolado se manifiesta constantemente en asambleas y cursillos, celebrados en Peramola, lugar retirado, pero muy céntrico, en la diócesis. Aceptada, por la Santa Sede, la dimisión del Dr. Ramón Iglesias, el 30-I-1971 tomó posesión monseñor Juan Martí Alanis.

Santos propios de la diócesis. Existen tradiciones pías sobre san Tesifonte, primer obispo y varón apostólico, y sobre san Urbicio. Han recibido, por breve tiempo, culto, o consta el nombre de santo, por varios testimonios, los obispos Félix († c. 816) y Eribaldo († 1040). Figuran en el propio diocesano: san Justo († 546), 28 de mayo; san Odón († 1122), 7 de julio, y san Ermengol († 1035), 3 de noviembre.

Monumentos artísticos. Los monumentos corresponden sobre todo a la época de esplendor del obispado, siglos XI-XII. Diócesis muy rica en iglesias prerrománicas y románicas. Citamos algunos ejemplos representativos: *Prerrománicas*: Santa Coloma y San Román del Vilar, en Andorra y San Martín de Adrahent, en la sierra del Cadí. *Románicas*: Tavérnoles (antes de 1040), Coll de Nargó (siglo XI) con campanario prerrománico, Mur (1069), Organyá (1090), Estamariu (siglo XII), San Clemente de Tahull (1123) y Santa María de Tahull (1123). La catedral de Seo de Urgel es de 1175, a tres naves, con crucero notablemente alargado y cinco ábsides, de tipo lombardo muy similar a San Nicolás de Bari y a otras iglesias italianas, con claustro (siglos XII-XIII) y, junto al claustro, la iglesia de San Miguel (1035), anteriormente dedicada a san Pedro. Santuarios notables: Santo Cristo de Balaguer (1787) y Virgen de Nuria, junto al pico Puigmal, iglesia imitación gótico, cuya primera piedra se colocó en 1883, faltando por terminar el campanario.

2. Instituciones. ORDENES RELIGIOSAS. ANTES DE TRENTO. *Canónicas*: Balaguer, Santa María (1279-1845). Bellera, San Ginés (840-1273), fue también monasterio. Castellbó, Santa María (1279-siglo XVIII). Cellers, San Miguel (1174-1418). Ger, San Pedro (965-1268). Guissona, Santa María (1095-siglo XVI). Meyá, Santa María (siglos XII-XIX). Montmagastre, San Miguel (siglo XI-1592), fue también priorato. Mur, Santa María (1056-1851). Organyá, Santa María (siglo XI-1574). Ponts, San Pedro (1143-siglo XIII). Sanahuja, Santa María (siglo XI); Santa Lucía (1100-1592), fue también priorato. Senterada, Santa María (era canónica en 1042). Seo de Urgel, San Miguel (1035-siglo XIII), Santa María, catedral (826-1622), compuesta desde el siglo XII, de prelados y canónigos; el cabildo es desde el siglo XVIII, de canónigos prelados. Talló, Santa María (831-1280 ?). Tremp, Santa María de Valldeflors (831-siglo XVI). *Clarisas*: Balaguer, Santa María de Almata (1347-hasta hoy). Conques, Santa María (siglo XIV-1624). Puigcerdá, Santa Clara (1351-1627). *Dominicos*: Balaguer, Santo Domingo (1304-siglo XIX); Puigcerdá, Santo Domingo (1220-1603); Seo de Urgel, Santo Domingo (siglos XIII-XV). Tremp, San Jaime (1496-1837). *Eremitorios*: Herm, San Juan (siglos IX-X), probable eremitorio. *Franciscanos*: Balaguer, Santa María de Jesús (1372-1835), restablecido modernamente en el antiguo convento de dominicos. Puigcerdá, San Francisco (1333-1567). Seo de Urgel, Santa Magdalena (siglo XIV-1569). *Monasterios benedictinos*: Balastuy, San Fructuoso (814-siglo X), de origen visigodo. Elins, Santa Cecilia (881-1436), femenino. Gualter, Santa María (1079-1593). Maleses, San Pedro (868-1592). Meyá, Santa María (siglo XI), femenino. Oveix, San Vicente (834-1100). Pinsent, San Vicente (967-1008), de origen precarolingio. Senterada (siglo VIII-1042), de origen visigodo, femenino; Tavérnoles, San Saturnino (803-1592). Tresponts, San Andrés (839-1680). *Cistercienses*: Franqueses, Santa María (1171-1470), femenino; Poblet lo retuvo hasta 1700. *Monasterios varios*: Aneu (San Pedro) y Santa María (siglos X-XII), origen visigodo. Bernuy, San Felíu (839-1592), posible origen visigodo. Burgai, San Pedro (859-siglo XVIII). Codinet, San Clemente (803-1004). Gerri (San Vicente) y Santa María (807-1631), origen visigodo. Isil, San Juan (siglo XI-XII). Isona, San Vicente (última fecha 971), visigodo. Salinovas, San Cristóbal (937-1090). Sauri, San Vicente y San Esteban (979), posiblemente precarolingio. Pallars, San Pedro (consta en 849).

Perabella, San Esteban (845-966), origen visigodo o precarolingio. Santa Magdalena (siglo XII), donados. Umfret, San Esteban y San Hilario (815-1268). Vellanega, San Pedro (969-1592). *Premostratenses*: Bellpuig de las Avellanas, Santa María (1167-1608). Bonrepós, Santa María (siglo XIII-XIX). *Prioratos de San Juan de Jerusalén*: Barbens, Santa María (siglos XII-XIX). Costoya, Santa María (1220-1772). Palau de Noguera, Santa María (1180-1831), inicialmente templario. Pedrís, San Pedro (1194-1769). Puigcerdá, San Bartolomé (siglo XIII). *Trinitarios*: Parrelles, Santa María (siglos XIII-XIX).

DESPUES DE TRENTO (1563). Agustinos en Seo de Urgel y Puigcerdá; Carmelitas descalzas en Puigcerdá (hasta la fecha); Franciscanos y mercedarios en Agramunt; Padres de la Compañía de Jesús en Seo de Urgel; Prioratos en San Juan de Jerusalén en Erbul, Puigvert, Rialp y Villamur; Trapenses en Albesa. Desde últimos del siglo XVIII hasta la fecha, se han establecido las siguientes Ordenes o Congregaciones, que casi todas permanecen: Benedictinos en Los Escaldas, Engordany (Andorra), residencia; Carmelitas de la Caridad en Balaguer, Pons (suprimido), Puigcerdá y Ribas (supr.); Dominicas de la Anunciata en Artesa de Segre, Camarasa (supr.), Castell del Remey, Cubells (supr.), Guissona, Pardinas (supr.) y Sanahuja; Escolapios en Balaguer y Puigcerdá; Hermanas de San José en Ribas (veladoras de enfermos); Hermanitas de los Pobres en Seo de Urgel; Hermanos de las Escuelas Cristianas en Les, noviciado, Llivia, residencia, Oliana, Seo de Urgel y Viella, colegios; Hermanos Maristas en Bellpuig de las Avellanas, noviciado, y Guissona, colegio; Hijas de los Sagrados Corazones en Andorra la Vella, clínica; Misioneras Cordimarianas en Balaguer, Pobla de Segur, Tremp, hospitales, y Seo de Urgel, clínica y seminario; Misioneros de la Inmaculada y San Ermengol en Seo de Urgel (supr.), casa misión; Padres de la Sagrada Familia en La Molina, colegio; Religiosas de la Orden de Nuestra Señora en Seo de Urgel, colegio; Religiosas de la Sagrada Familia en Andorra la Vella, Canillo (supr.), Bellver, Bellvís, Encamp (supr.), Les, Las Escaldas, Liñola, Llivia (supr.), Martinet (supr.), Oliana, Pobla de Segur, Pons, San Julián de Loria (supr.), Talarn (supr.), Viella, y Seo de Urgel; Religiosas de María Inmaculada y de la Enseñanza en Tremp, colegio; Misioneras de la Inmaculada Concepción en Agramunt, colegio; Religiosas del Santo Angel Custodio en Puigcerdá, hospital; Salesianos en Tremp, colegio.

SEMINARIO. Cuenta con 275 seminaristas en 1965. El edificio del año 1860 se está modernizando en la actualidad.

ARCHIVOS, BIBLIOTECAS Y MUSEOS. Seo de Urgel, *Archivo Capitular*: Riquísimo en códices (total 160) y documentación en pergamino y papel; en catalogación, los códices. *Biblioteca del Seminario*: Se ha formado a base de varios fondos: episcopal, dominicos, Casa Misión, jesuitas y donaciones testamentarias. Hay ya una tercera parte catalogada. *Museo Diocesano*: Situado cabe los claustros. Tiene quince años de existencia.

PUBLICACIONES: *Boletín Oficial del Obispado*, fundado en 1853. *Divino Afán*, órgano del Fomento de Vocaciones Eclesiásticas, fundado en 1951.

3. **Geografía diocesana.** Diócesis sufragánea de Tarragona, está enclavada en las provincias de Lérida y Gerona, más el Principado de Andorra. Límites: N., diócesis de Toulouse, Pamiers y Perpignan; E., diócesis de Vich y Solsona; S., diócesis de Solsona y Lérida; O., diócesis de Lérida y Barbastro. Extensión superficial: 7.630 kilómetros cuadrados. La creación de los obispados de Roda-Barbastro le fue amputando amplios territorios en los inicios de la reconquista. Igualmente, la restauración del obispado de Lérida en el siglo XII, una vez liberada la capital. La amputación mayor fue a raíz de la erección del obispado de Solsona

(1593). En 1803, fueron anexionadas al obispado de Perpignan las parroquias de Cerdaña y Valle de Querol, en Francia. En compensación, Urgel recibió las 29 parroquias del Valle de Arán, cuyo territorio español pertenecía al obispado de Comenge. Con el nuevo arreglo de límites (1956), perdió 300 kilómetros cuadrados. Pérdida de tres enclaves en las provincias de Huesca, arciprestazgo de Arén. Compensación: arciprestazgo de Artesa de Segre (provincia de Lérida).

4. **Situación actual.** Actualmente está integrada por 407 parroquias, distribuidas en 21 arciprestazgos, con 298 sacerdotes, 93 religiosos y 325 religiosas. Total habitantes: 140.765. Habitantes de la sede de la diócesis: 10.000. Acatólicos: 40.

5. **Episcopologio:** *San Justo*, ante 527, † post 546. *Simplicio*, en conc. Toledo 589, 599. *Ranario*, 633. *Maurello*, 653, 655. *Jacinto. Leuberico*, 683, 693. *Urbicio*, 700-704?. *Marcelo*, 705-721?. *Justo*, 722-733?. *Leuderico*, 735-754?. *Esteban*, 755-765?. *Dotila*, 773?. *Félix*, 783, † desterrado en Lyon. *Landulfo* ?, 796. *Leireado* ?, 799, † 806. *Posidonio* I, 28-VII-815. *Sisebuto* I, 1-XI-819, 10-III-823. *Posidonio* II, 21-VI-823. *Sisebuto* II, 17-XI-833, 13-VI-840 consagró la catedral en 839. *Beato*, 4-VII-850. *Wisado* I, 851, 17-III-872. *Ingoberto*, 855, 12-X-893. *Sclua*, depuesto en 892 como intruso. *Golderico*?. *Nantigiso*, 900, 21-III-914, reivindica regiones de Pallars y Ribagorza. *Radulfo*, 914, 940. *Wisado* II, 942, 30-VII-978, dedicó muchas iglesias. *Salla*, 12-V-981, † 29-IX-1010, tío de san Ermengol, reúne conc. 991, bula en papiro en 1001. *San Ermengol*, 6-XI-1010, 3-XI-1035. *Eribaldo*, 22-IV-1036, 19-XII-1040, consagra la catedral en 1040. *Guillermo Guifredo*, 1041, † 24-I-1075, asesinado. *Bernardo Guillem*, 15-I-1076, † 1-VII-1092, dedicó muchas iglesias. *Fulco*, 1092, IV-1096 tr. a Barcelona, provoca un cisma, reside en Cardona. *San Odón*, 26-III-1096, † 7-VII-1122. *Pedro Berenguer*, 1123, † 18-III-1141, muchas dedicaciones de iglesias. *Bernardo Sanz*, 1142, † 22-I-1163. *Bernardo Roger*, 30-III-1163, † 25-I-1167, consagró la iglesia de Solsona. *Arnaldo de Perexens*, 15-V-1167, 1195, renuncia, asiste al conc. III de Letrán (1179), construye la actual catedral. *Bernardo de Castelló*, 21-VI-1195, 8-XII-1198. *Bernardo de Villamur*, 25-V-1195, 8-XII-1198. *Pedro de Puigvert*, 1204, 3-IV-1230 renuncia, † 1-VI-1250. *Ponce de Villamur*, 14-V-1230, c. 1257. *Abril*, pr. 11-VIII-1257, † 21-X-1269, celebró sínodos. *Pedro de Urg*, 3-XI-1269, † post 12-I-1293. *Guillermo de Moncada* OP, pr. 19-XII-1295, † 3-XI-1308. *Ramón de Trebaylla* OSB, pr. 29-VII-1309, † 12-V-1326. *Arnoldo de Lordato*, pr. 27-VI-1326, 3-X-1341 tr. a Tortosa. *Pedro de Narbona*, 17-XII-1341, † a. 13-VI-1348. *Nicolás Capoci*, pr. 13-VI-1348. *Hugo Desbach* OSB, pr. 25-X-1351, † 20-II-1361. *Guillermo Arnaldo de Patau*, pr. 12-I-1362, † post 29-VI-1364. *Pedro de Luna*, pr. 10-II-1365, † 1370. *Berenguer de Eril*, ob. de Barcelona, pr. 20-IX-1370, † post 3-V-1378. *Galcerán de Vilanova*, pr. 11-III-1388, † 15-IV-1415. *Francisco de Tovía*, pr. 15-XI-1415. *Arnaldo Roger de Pallás*, pr. 19-VII-1437, † 16-VIII-1461. *Jaime de Cardona*, ob. de Gerona, pr. 23-IX-1461, † 1-XII-1646. *Rodrigo de Borja*, pr. 27-XI-1467, 11-XII-1472 tr. a Barcelona. *Pedro de Cardona*, pr. 11-XII-1472, 8-I-1515 tr. a Tarragona. *Juan Despés*, ob. de Gerona, pr. 18-IV-1515, † 24-X-1530. *Pedro Jordán de Urríes* OSB, pr. 15-V-1532, † 20-I-1533. *Francisco de Urríes*, ob. de Pati (Sicilia), pr. 8-VI-1534, † 26-X-1551. (Baltasar de Heredia, ob. auxiliar. Juan Punyet, ob. auxiliar). *Miguel Despuig*, ob. de Elna, pr. 22-X-1552, 13-IV-1556 tr. a Lérida. *Juan Pérez García de Oliván*, pr. 24-IV-1556, † 23-IX-1560. *Pedro de Castellet*, pr. 8-VIII-1561, † 1-II-1571. *Juan Dimas Loris*, pr. 9-VI-1572, 4-VII-1576 tr. a Barcelona. *Miguel Jerónimo Morell*, pr. 21-II-1378, † 23-VIII-1379. *Hugo Ambrosio de Moncada* OCamald pr. 9-V-1580, † 8-XII-1586. *Andrés Capilla* OCart, pr.

29-I-1588. *Bernardo de Salvá* OFM, pr. 26-V-1620, † 16-II-1620. *Luis Díaz Aux de Armendáriz*, ob. de Jaca, pr. 8-VIII-1622, celebró sínodo en 1622. *Antonio Pérez* OSB, pr. 17-V-1627, 21-II-1633 tr. a Lérida. *Pablo Durán*, 9-I-1634, † 18-II-1651. *Juan Manuel de Espinosa* OSB, pr. 25-X-1655, 26-XI-1663 tr. a Tarragona. *Melchor Palau*, 23-VI-1664, † 29-IV-1670, celebró sínodo en 1665 y 1670. *Pedro Copóns*, pr. 22-XII-1670, † 16-III-1681. *Juan Bautista Desbach*, pr. 16-II-1682, † 16-VIII-1688, celebró sínodo en 1683. *Olegario de Montserrat*, pr. 23-V-1689, † 19-X-1694. *Julián Cano* OCarm, pr. 4-VII-1695, 17-I-1714 tr. a Avila. *Simeón de Guinda Apéztegui* OSA, 17-IX-1714, † 27-VIII-1737 *Jorge Casado Torreblanca*, pr. 5-V-1738, 1745 renuncia, † 5-VII-1749. *Sebastián de Victoria Emparán y Loyola* OSHier, pr. 15-V-1747, † 2-X-1756. *Francisco José Catalán de Ocón*, pr. 28-III-1757, † 8-IX-1762. *Francisco Fernández de Játiva*, pr. 21-III-1763, † 22-IV-1771. *Joaquín de Santiyán Valdivieso*, pr. 11-XI-1771, 15-V-1779 tr. a Tarragona. *Juan García Montenegro*, pr. 18-IX-1780, † 23-V-1783. *José de Boltas* OFM, pr. 14-II-1785, † 8-XII-1795. *Antonio de la Dueña Cisneros*, pr. 24-VII-1797, pos. 29-X-1797, 23-IX-1816 tr. a Segorbe; recibe y protege a gran número de sacerdotes franceses huidos. *Bernardo Francés Caballero*, pr. 28-VII-1817, 27-IX-1824 tr. a Zaragoza. *Bonifacio López Pulido* OP, pr. 20-XII-1824, 22-V-1827 tr. a Segovia. *Simón Guardiola* OSB, pr. 25-VI-1827 † 22-VIII-1851. *José Caixal Estradé*, pr. 30-III-1853, † 26-VIII-1879 en Roma, construye el Seminario y con la Madre Janer funda las religiosas de la Sagrada Familia, asiste al Conc. Vaticano I. *Salvador Casañas*, ob. de Gerona, pr. 22-IX-1879, 16-IV-1901 tr. a Barcelona. *Ramón Riu Cabanes*, ob. tit. Tamasensis, pr. 16-IV-1901. *José Laguarda Fenollera*, ob. aux. de Toledo, pr. 9-VI-1902, 6-XII-1906 tr. a Jaén. *Juan Benlloch Vivó*, ob. de Solsona, pr. 6-XII-1906, 7-I-1919 tr. a Burgos, restaura la catedral. *Justino Guitart Vilardebó*, pr. 9-I-1920, † 31-I-1940. *Ramón Iglesias Navarri*, pr. 30-XII-1942, 29-IV-1969 ren. y es nombrado obispo titular de Satria. *Juan Martí Alanis*, pr. 25-XI-1970, pos. 30-I-1971, obispo actual.

BIBL.: R. D. ABADAL Y DE VINYALS, *Els comtats de Pallars i Ribagorça: Catalunya Carolíngia*, III, 1 y 2, Ba. 1955; ID., *La batalla del adopcionismo en la desintegración de la Iglesia visigoda*, Ba. 1949; ID., *Origen y proceso de consolidación de la sede ribagorzana de Roda:* R104, 5(1952)7-82; CH. BAUDON DE MONY, *Relations politiques des Comtes de Foix avec la Catalogne jusqu'au commencement du XIVe siècle*, 2 vols., Par. 1896; A. COY Y COTONAT, *Sort y comarca Noguera Pallaresa*, Ba. 1906; L. DE CUENCA Y DE PESSINO, *Historia de la baronía y pabordato de Mur y cronología de los condes de Pallars*, Ba. 1906; A. GRIERA, *Atlas lingüístic d'Andorra*, Ba. 1960; ID., *Las parroquias de la Seu de Urgell: Boletín de Dialectología Española* 38(1962)5-65; S. LLOBET, *El medio y la vida en Andorra. Estudio geográfico*, Ma. 1947; J. M. MADURELL MARIMÓN, *El arte en la comarca alta de Urgel*, Ba. 1946; J. MARTÍ SANJAUME, *Las Vírgenes de Cerdeña*, Lé. 1927; M. MELENDRES, *Una monja y un siglo. Madre Ana María Janer Anglarill, siglo XIX*, Ba. s. a.; J. M. MILLÁS VALLICROSA, *La conquista musulmana de la región pirenaica:* R150, 4(1946)55-68; J. MIRET Y SANS, *Investigación histórica sobre el vizcondado de Castellbó con datos inéditos de los condes de Urgell y de los vizcondes de Ager*, Ba. 1900; L. NICOLAU D'OLWER, *Félix, bisbe d'Urgell*, Ba. 1910; J. M. POU Y MARTÍ, *Historia de la ciutat de Balaguer*, Manresa 1913; M. RÍU RÍU, *Las comunidades religiosas del antiguo obispado de Urgel (s. VIII al XVI)*, 1961; A. ROVIRA Y VIRGILI, *Pau Claris. Estudi biogràfic i historic*, Ba. 1922; V. SERRA Y BOLDÚ, *Calendari folklóric d' Uregll*, Ba. 1914; FORTIÁ SOLÁ, *Historia de Nuria*, Ba. 1952; E. CORREDERA, *El libro de María*, Ba. 1968; V. PORTA Y VILLALTA, *Biografía del Exc. e Ilmo. Sr. D. José Caixal y Estradé, obispo de Urgel*, Ba. 1898; J. PUIG Y CADAFALCH, *Santa María de la Seu d'Urgell. Estudi mográfic*, Ba. 1918; P. PUJOL Y TUBAU, *De la cultura catalana mig-eval. Una biblioteca dels temps romànics:* R113 (1913)1-8; P. PUJOL, *L'acte de consagració i dotació de la catedral d'Urgell de l'any 819 ó 839:* R112, 2(1917)2-28; P. PUJOL Y TUBAU, *Sant Josep de Calassanc, oficial del Capítol d'Urgell*, Ba. 1921; F. VALLS TABERNER, *Valls d'Andorra. Privilegis i ordinacions de les Valls Pirenenques*, III, Ba. 1920; J. M. VIDAL Y GUITART, *Instituciones políticas y sociales de Andorra*, Ma. 1949; *Viage*, IX-X, 3-198, 31-180; y XI-XII, 44-145, 31-69, respectivamente; R. D'ABADAL Y DE VINYALS, *Els primers comtes catalans*, Ba. 1958; J. BALARI Y JOVANY, *Orígenes históricos de Cataluña*, Ba. 1899; J. CALMETTE, *La question des Pyrénée et la Marche d'Espagne au moyen âge*, Par. 1947; F. CARRERAS Y CANDI, *Provincia de Gerona. Provincia de Lleida. Geografía General de Catalunya*, 2 t., Ba., s. a.; J. FOLCH Y TORRES, *L'art catalá*, 2 vols., Ba. 1955-1958; A. MONTERO MORENO, *Historia de la persecución religiosa en España, 1936-1939*, Ma. 1961; J. SANABRE, *La acción de España en Cataluña en la pugna por la hegemonía de Europa, 1640-1659*, Ba. 1956; A. ROVIRA I VIRGILI, *Historia nacional de Catalunya*, 7 vols., Ba. 1922-1936; E. CORREDERA, *Noticia de los Condes de Urgell*, Se. 1973; P. BERTRAN ROIGÉ, *Gregori IX i la canónica de Sta. María de Mur:* R5, 46(1973)37-42.   L. SERDÁ

SEPP o **SEPPENBURG, Antón**, SI (Kaltern [Brixen] 22-XI-1655 † Reducción de San José 13-I-1733) misionero y antropólogo. Entró en SI (prov. de Austria) 1674. Pasó a la provincia del Paraguay 1691, misionó a los guaraníes charrúas del Yapeyú. Fundó la reducción de San Juan.

OBRAS: *Reisebeschreibung*, Nu. 1696. Ingoldstadt 1712 (en colaboración con A. BOHM).

BIBL. G. FURLONG, *Antonio Sepp S. I. y su «Gobierno Temporal» (1732)*, Buenos Aires 1962: Escritores colon. rioplat. XII; O170, 145; O189, VII, 1129-31.   IHSI

SEPULVEDA, Juan Ginés de, (Pozoblanco [Córdoba] 1489 † ibid. 17-XI-1573) humanista y polígrafo (teólogo, filósofo —especialmente traductor y comentarista de Aristóteles y Alejandro de Afrodisia— jurista e historiador). Procedía de una familia humilde y honrada de «cristianos limpios y viejos», de oficio relacionado con el *curtido de pieles*, según se deduce de una actuación de sus pruebas de limpieza de sangre en que la mayoría de los testigos eran *correeros* o *silleros*; ni nobleza ni riquezas le acompañaban. Comenzó sus estudios de Gramática y Humanidades en la ciudad de Córdoba donde, ya desde su tierna edad, como él mismo confiesa, aprendió a fondo el griego y el latín, lo que constituyó una magnífica preparación para su ingreso futuro en la Universidad. Sepúlveda reconocerá más tarde con alegría que estos primeros estudios le brindaron el arma que le abrió el paso a través de la filosofía helénica y el Nuevo Testamento. Con tan buen bagaje cultural ingresó en la Universidad de Alcalá (1510-1513) cuando ésta florecía todavía bajo la mirada vigilante de Cisneros, y con todo el impulso de la juventud mantenía una santa rivalidad, con la Universidad de Salamanca. Debe, pues, excluirse como erróneo que estudiase en Salamanca, según apuntara algún historiador. «Soy hijo de esta Universidad (Alcalá) y muy aficionado a su honra», confesó más tarde con orgullo el propio Sepúlveda en una carta al doctor Muñoz, rector de la Universidad Complutense. Fue alumno de Sancho Carranza de Miranda que enseñaba allí Dialéctica y Física, a quien Sepúlveda profesó gran cariño y agradecimiento y a quien calificó de «doctor eruditísimo en Artes y Teología».

Con todo detalle se han podido situar en el tiempo los años pasados en la Universidad de Alcalá por Sepúlveda. De 1510 a 1511 Carranza de Miranda explica Súmulas; de 1511 a 1512, Lógica; de 1512 a 1513, Física, y de 1513 a 1514, Metafísica. Dado que Sepúlveda nos dice que le tuvo por maestro durante tres años y no se refiere en nada a la Metafísica, es evidente que asistió a la cátedra de Miranda entre 1511 y 1513 (Sepúlveda tenía entonces veintiún-veinticuatro años de edad). El 13-XI-1512 fue admitido en el Colegio de Pobres de la Universidad donde siguió bajo la dirección del propio Miranda. Desde el 15 noviembre hasta el 15-XII-1512 aparecen en los libros de la Universidad Complutense las cuentas del «colegial Sepúlveda», firmadas de su puño y letra. La primera firma es del 20-XI-1512 y, a juzgar por ella, era ya por entonces «Bachiller» en Artes. Una vez cursados los tres años de Artes, en Alcalá, Sepúlveda ingresa en el Colegio de San Antonio o «Portaceli», de Sigüenza para el que es escogido como miembro de un selectísimo grupo de 30 estudiantes de Teología. El propio Sepúlveda, refiriéndose a la fundación de dicho Colegio por Juan López de Medina nos dice: «Yo no solo no me arrepiento sino que me enorgullezco de haber estudiado en él». El Colegio estaba situado en los arrabales de la ciudad. Allí «lejos del bullicio del mundo», como Sepúlveda recordará más tarde, se dedicó plenamente al estudio de la Teología, desde fines de diciembre de 1513 hasta 14-II-1515. Mérito grande fue el suyo, pues ocupó la única plaza reservada á un estudiante de la diócesis de Córdoba.

Su aspiración a una plaza semejante en el Colegio Español de San Clemente, de Bolonia, data del año 1511, segundo de su estancia en Alcalá, año en que incoó, con tal fin, un expediente de «pruebas de limpieza de sangre» en Córdoba y en Pozoblanco.

Sepúlveda ve colmadas sus aspiraciones y el 14-II-1515 recibe de manos del propio cardenal Cisneros la carta de presentación para éste firmada que le abre las puertas del Colegio de Bolonia. En esta carta se alaba su virtud y espíritu de trabajo, su vida morigerada e intachable y sus ansias de recibir las enseñanzas teológicas. La plaza vacante pertenecía al cabildo de Toledo (lo que agranda aun más el mérito del estudiante cordobés que la ganó), por lo que el propio cabildo añadió a la carta del cardenal su propia recomendación. Sepúlveda partió para Bolonia a fines de febrero de 1515 y llegó a finales de mayo. Su entrada oficial como colegial no tuvo lugar hasta el 27-IX-1515. Cuando se presentó en Bolonia era ya «clérigo» (probablemente ordenado únicamente de tonsura) y bachiller en Artes (por Alcalá) y muy probablemente también en Teología (por Sigüenza).

Su programa de estudios en Bolonia consistía en obtener el doctorado en Artes y en Teología. Allí continuó su formación filosófico-teológica bajo el magisterio principal de Pedro Pomponazzi, profesor estimulante quien despertó en él su afición por Aristóteles. El profundo conocimiento del griego que Sepúlveda tenía y su buen sentido innato le permitían ser sanamente crítico y no aceptar irreflexivamente las tendencias peligrosamente agnósticas de su maestro (era éste un auténtico panteísta según el cual el alma no es inmortal individualmente; indirectamente sería condenado más tarde por el Concilio de Letrán de 1517. Sepúlveda lo recuerda siempre con cariño y lo llama «praeceptor meus»).

Al mismo tiempo que la Teología, a Sepúlveda atrajo, como a tantos teólogos de la época, el estudio del Derecho. Lo pone de manifiesto en una carta que escribe a Jacobo Arteaga en la que lamenta que hubiera marchado de Bolonia el famoso jurista Fortunio García; éste incluyó la carta de Sepúlveda muy elogiosa para él en sus comentarios «Ad Legem Gallus» que vieron la luz en 1517, año, por tanto, en que aparece por vez primera en letra de imprenta un trabajo de nuestro joven estudiante. El 13-V-1523 era ya doctor en Artes y Teología. En Bolonia tuvo como compañeros de estudios una pléyade de futuras personalidades (Antonio Berrio, Lorenzo Alderete, Pedro Sousa «portugués», Martín Pérez de Oliva...); su fama de eminente helenista y latinista le brinda naturalmente la

amistad de lo más florido de la intelectualidad italiana que busca la ayuda del joven estudioso cordobés para sus trabajos humanísticos de traducción e interpretación de los filósofos griegos. Así se relaciona con Julio de Médicis (más tarde Clemente VII), Alberto Pío (Príncipe de Carpi), Hércules Gonzaga, Adriano (después papa Adriano VI)..., amistades todas ellas que tanto influyeron en su vocación literaria.

Julio de Médicis, le encarga la traducción al latín de las obras completas de Aristóteles, como continuador de Marsilio Ficino y Argirópulo. A este encargo se une el de Alberto Pío quien le pide especialmente una traducción de la *Metereología* del citado filósofo griego. Este papel de traductor y comentarista latino de Aristóteles, el menos conocido, es sin duda el más valioso en el orden literario de Sepúlveda. Se trataba pura y simplemente de restituir para el futuro al *verdadero y auténtico* Aristóteles tan adulterado en las escuelas del Medievo hasta el Renacimiento. Una gigantesca obra de este tipo había sido ya proyectada en Alcalá por el cardenal Cisneros después de terminarse la Biblia Políglota; y el malogrado Juan de Vergara lo había iniciado con la Metafísica de Aristóteles. Cupo la honra al Colegio de Bolonia de dar un paso de gigante en tal sentido a través de nuestro joven estudioso cordobés: inmenso servicio este rendido por Sepúlveda a la cultura de la Humanidad. Hasta nuestros días su traducción y comentario de la *Politica* del Estagirita (que dedicó al príncipe Felipe) se sigue citando como obra maestra. Fue una verdadera pena que su paso al servicio del Emperador como cronista truncase esta vocación y la magna obra iniciada quedase sin terminar. Pero ésta en tan poco tiempo producida quedará como monumento imperecedero de la filosofía universal.

Al propio Colegio de Bolonia dedicó también un trabajo que le otorga un lugar de honor como «historiador académico»: la *Historia del cardenal Albornoz*, fundador del Colegio, publicada en Bolonia en 1521, mientras era todavía colegial. La obra contenía, además de la historia apasionante del cardenal, liberador de Italia, una descripción minuciosa del Colegio (más tarde, en una ulterior edición, en 1566, se añadió el testamento del Fundador).

El 23-VI-1523 abandona el Colegio y el 1-VIII-1523 lo encontramos en Roma donde escribe su carta al príncipe mantuano Hércules Gonzaga que servirá de prólogo a su traducción de la obra *De mundo*, de Aristóteles, publicada en Roma el 20-VIII-1523. Por la citada carta nos enteramos que «se da prisa en llevar a término la traducción del Comentario de Alejandro de Afrodisia a la Metafísica de Aristóteles», trabajo, dice, «encargado por el cardenal Julio de Médicis, nacido para patrocinar los estudios literarios». Sepúlveda añade que lleva a cabo este encargo «studiose et libenter». Esta obra capital en el mundo de la filosofía, desgraciadamente tan poco utilizada hasta ahora, vio la luz en Roma en 1527 (antes, además de la citada obra *De mundo*, aparecieron los *Parvi naturales*, Bolonia 1522; *De ortu et interitu*, Bolonia 1523; posteriormente verá la luz la *Metereología*, París 1532 y la citada *Politica*, París 1548. Las *Eticas*, también preparadas para la imprenta y que fueron objeto de una intervención de la Inquisición, que no prosperó, desgraciadamente se han perdido).

La elección de Julio de Médicis a la Silla de San Pedro (bajo el nombre de Clemente VII), amigo y protector de Sepúlveda, significó para éste su entrada natural en la Curia romana con el cargo oficial de traductor y comentarista de Aristóteles (1526-1536).

La tensión entre Carlos V y el papa Clemente VII y sobre todo el saqueo de Roma por las tropas imperiales hacen su situación difícil en la Corte pontificia. Sepúlveda se queja del trato inhumano de que fue objeto cuando quiso refugiarse en el Castillo de Sant Angelo. El cardenal Orsini, defensor del Castillo, solo por el hecho de ser español lo expulsó de la fortaleza y, ya avanzado el día, lo puso en la calle, en las hirvientes calles de Roma. Después de la toma de Roma por las tropas imperiales, Sepúlveda, como miembro de la Corte pontificia busca refugio en las ciudades del Sur de Italia, pero la guerra le iba mordiendo los talones. Y así, al detenerse en Nápoles (mayo-septiembre de 1528) fue testigo del sitio de la ciudad que estuvo a punto de perecer de hambre. Por suerte para él, el cardenal Tomás Vío, «Cayetano», le llamó a Gaeta para que colaborase con él en sus trabajos exegéticos de la Sagrada Escritura. Vuelve Sepúlveda a Roma llamado por el cardenal Francisco de Quiñones con quien colabora en la reforma del Breviario y continúa sus traducciones filosóficas al mismo tiempo que sienta cátedra de Filosofía Moral. Sabemos por una pieza documental del archivo del cabildo de la catedral de Córdoba que para el 5-V-1529 era ya sacerdote y propuesto por el propio Clemente VII para el canonicato («racionero») de la citada catedral. El 22 -VI-1533 tomó posesión de la «ración» su sobrino Pedro de Sepúlveda por resignación que de ella le hiciera su tío. Varias obras originales (además de las traducciones de Aristóteles) salen de su pluma durante esta época: *Dialogus Gonsalus de appetenda gloria*, Roma 1523; *Ad Carolum V ut bellum suscipiat in Turcas*, Bolonia 1529, vibrante arenga en pro de la unión de los príncipes cristianos en contra del enemigo sarraceno que amenaza a Europa desde el Este (uno de los primeros tratados de los tiempos modernos en pro de la unidad europea); *De fato et libero arbitrio*, Roma 1526, obra teológica contra la herejía luterana naciente; *Antapología*, en favor de Alberto Pío contra Erasmo, París 1532; *De ritu nuptiarum*, Roma 1531, contra el divorcio de Enrique VIII de Inglaterra y la naciente herejía anglicana (una de las obras fundamentales del Derecho matrimonial de los modernos tiempos); *Demócrates Primero*, Roma 1535; *Sobre la compatibilidad entre la milicia y la religión cristiana*, obra esta que merece especialmente un breve comentario:

Sepúlveda preocupado, como vemos, esencialmente por los asuntos de Europa, en uno de sus viajes de Roma a Bolonia visita a su antiguo Colegio y es testigo en él de una «protesta estudiantil», una auténtica «contestación» de nuestros tiempos. Lo curioso es que ésta provenía de la minoría selecta de la juventud española que allí se educaba. La protesta era grave: en plena guerra contra el enemigo turco, los estudiantes pretendían nada menos que *toda guerra, incluso la defensiva, era contraria a la religión cristiana*. Se trataba, sin duda, de los primeros brotes de la *objeción de conciencia* y de la contestación estudiantil, sobre tal tema centrada, de los modernos tiempos. Detrás de todo ello estaba sin duda el pacifismo de Erasmo. Sepúlveda, con la publicación de su *Demócrates*, se opone con éxito al naciente movimiento «irenista» que amenazaba peligrosamente a la Cristiandad, defendiendo la justicia de la guerra defensiva y su compatibilidad con los principios del cristianismo, dentro de la línea ortodoxa cristiana, desde San Agustín, pasando por Santo Tomás hasta la Escuela de Teólogos y Juristas españoles del siglo XVI, de la que, con esta obra, Sepúlveda comienza a formar parte como miembro distinguido.

Esta fecundísima producción literaria coincide con el tiempo en que Sepúlveda está al servicio del cardenal Francisco de Quiñones a partir de 1529, cardenal encargado de las negociaciones de paz entre el papa y el emperador. Esta circunstancia fue la ocasión de que Carlos V conociera personalmente a Sepúlveda, famoso ya como uno de los más eminentes helenistas y latinistas de aquellos tiempos. El emperador, deseoso de que la historia de sus hazañas se plasmase en la lengua del Lacio, vehículo por excelencia de las ideas y civilización durante el Renacimiento, llamó, naturalmente a su servicio a Sepúlveda, en calidad de su cronista y confesor, puesto que éste se apresuró a aceptar con alegría. El 15-IV-1536 toma posesión de su nuevo cargo por cédula firmada en Roma por el propio emperador. Desde entonces, acompaña a Carlos V en sus correrías bélicas contra el Turco por Europa y en su séquito lo encontramos después en España, corrientemente en Valladolid, residencia de la Corte, entregado a su nueva tarea que tendrá como resultado la Crónica en latín del reinado de Carlos V (pieza histórica esencial de la época imperial española), la Crónica de los primeros años del reinado de Felipe II y la obra *De Orbe Novo* sobre el Descubrimiento de América y especialmente sobre las campañas mejicanas de Hernán Cortés (las tres publicadas en 1780 en Madrid bajo los auspicios de la Real Academia de la Historia).

En el Archivo de Simancas encontramos el preciosísimo documento de su «hoja de servicios», año tras años (estancias, permisos, etc.) desde la fecha indicada de su nombramiento de cronista hasta su muerte. Esta su nueva actividad le lleva naturalmente a relacionarse con las personas más ilustres e influyentes de la política, milicia y cultura de la época y a intervenir como consejero del emperador en cuestiones de alta política. No es pues nada extraño que en 1542 sea elegido en unión de Honorato Juan para ayudar a Silíceo en la educación del príncipe Felipe (después Felipe II). En su sede de Valladolid se traza un halagüeño programa: los veranos en la ciudad castellana, sede de la Corte y los inviernos en su finca enclavada en la Sierra Morena, «La Huerta del Gallo», a un paso de su ciudad natal Pozoblanco, por él con tanto amor descrita en su *Epistolario*. Su nueva profesión y el contar entre sus amistades a Hernán Cortés, conquistador de Méjico, lo lleva naturalmente a interesarse por la problemática de los fundamentos jurídicos de la conquista y colonización del Nuevo Mundo, sobre todo ante el violentísimo ataque lanzado por fray Bartolomé de las Casas contra la «encomienda» indiana y las «guerras de conquista». Sepúlveda se considera obligado a intervenir para defender estos métodos de intervención de la Corona española en América y, con tal fin escribe su *Demócrates Segundo* (o *De las Justas causas de la guerra contra los indios*), en el que defiende la intervención armada de España en Indias, si bien solamente como recurso último, para liberar a los inocentes indios de ser sacrificados a los ídolos, de acuerdo con los abominables ritos religiosos de los pueblos indígenas del Nuevo Mundo. El *Demócrates Segundo* viene, pues, a ser la aplicación a un caso concreto de la doctrina defendida anteriormente en el *Demócrates Primero*.

Bien analizada, la posición de Sepúlveda venía a coincidir con la de Francisco de Vitoria, quien propone y defiende una serie de *títulos legítimos*, como el citado de Sepúlveda, de intervención armada de España en Indias. Ahora bien, el hecho de que nuestro autor matizase aun más su pensamiento y añadiese que «era lícito ometer por las armas, siendo imposible por otro camino, a aquellos cuya *condición natural* es que deban obedecer a otros, si es que rehusan su imperio», ha llevado a más de un autor a considerar a Sepúlveda como el favtor de los modernos nacionalismos y defensor de la condición «subhumana» del indio y de la esclavitud natural en la línea aristotélica, lo cual no corresponde en modo alguno a la realidad. Bien analizada y cotejada con otros escritos suyos, su expresión *condición natural* no significa una cualidad esencial a la naturaleza, de suerte que pudiera decirse, aplicándola a nuestros indios que eran seres compuestos de animalidad, racionalidad y sujeción o sometimiento, como si los tres elementos del mismo modo y con igual categoría constituyeran su *humanitas*. Significa por el contrario un desarrollo mental y volitivo del pueblo indio un tanto escaso en los tiempos de la colonización, que venía a constituir como una segunda naturaleza, si bien mutable y mejorable con la cultura. En su carta a Francisco de Argote recogida en su *Epistolario*, Sepúlveda defiende que los indios son tan hombres como los demás, que son propietarios de sus bienes, que no debe hacérseles mal alguno y que solamente en último extremo puede hacérseles la guerra para liberarlos de sus costumbres bárbaras, salvar a los inocentes de ser sacrificados a los ídolos y vencer la oposición armada a la predicación del Evangelio.

Bartolomé de las Casas, defensor a ultranza de los indios, a quienes consideraba aun más perfectos, como hombres, que los españoles, y exclusivamente partidario de la conquista pacífica de las Indias, se opuso por todos los medios a la publicación del *Demócrates Segundo*, logrando que las Universidades de Salamanca y Alcalá no la autorizasen. España quedó dividida en dos bandos: uno a favor de las tesis de Sepúlveda y otro a favor de las tesis de Las Casas. Con miras a dirimir la contienda, Carlos V convocó una Junta de teólogos y juristas en Valladolid (1550-1551) encargados de escuchar las declaraciones de ambas partes (Sepúlveda y Las Casas) y decidir si los métodos por los que se llevaba a cabo la colonización americana eran justos; esto es, si estaban de acuerdo con una norma superior: el Derecho Natural. La Junta de Valladolid constituye por esto mismo uno de los acontecimientos más trascendentales de los tiempos modernos: por vez primera, en los albores del moderno nacionalismo, un Emperador pone a discusión ante un tribunal superior la justicia o injusticia de una guerra que él mismo está llevando a cabo en América, sometiendo su acción a la norma de un Derecho superior, el Derecho Natural, cuyos principios, no se olvide, son por igual defendidos tanto por Sepúlveda como por Las Casas. Más aún, mientras se llevan a cabo las deliberaciones, el Emperador decide la suspensión de toda acción bélica en el Continente americano, acontecimiento éste también único en la historia. Por otra parte, la excelente documentación por ambas partes presentada y las deliberaciones en sí constituyeron una valiosísima aportación a la creación del moderno Derecho Internacional cuyo origen, hoy ya nadie lo duda, y el propio Grocio lo confiesa, se debe a la Escuela de Teólogos y Juristas del siglo XVI, de la que cada uno a su manera, tanto Sepúlveda como Las Casas, son miembros eminentes. Ambos, al hacer tributario el Derecho positivo del Derecho Natural que bebe en las fuentes del Evangelio, contribuyen a esa gran escalada en favor de los Derechos del hombre preconizada por los citados teólogos y juristas españoles del siglo XVI y que muy pronto, desgraciadamente, el frío positivismo y racionalismo interrumpirá. Sólo en nuestros días parece alborear un nuevo retorno al citado Derecho Natural con el moderno concepto de «ius cogens» superior al Derecho de los Estados, concepto preconizado por la Organización de las Naciones Unidas. Pero aún estamos muy lejos de las doctrinas en tal sentido avanzadas por un Sepúlveda o un Las Casas.

Cae, pues, por su base ese pretendido «Sepúlveda fautor de los nacionalismos modernos» y defensor de la esclavitud natural; mal podía serlo al defender como lo hace en toda su obra los principios del Derecho Natural, fundado en el evangelio, superior siempre a todo Derecho positivo.

Si bien ambas partes contendientes en la Junta de Valladolid se atribuyeron la victoria, lo cierto es que los jueces no dieron la razón a ninguna de ellas. Ahora bien, fue un hecho que la obra de Sepúlveda *Demócrates Segundo*, en la que al fin y al cabo éste pretendía defender la doctrina oficial de la Corte en materia de colonización americana, no recibió autorización de publicación. Es más, se ordenó retirar de la circulación un resumen de la misma publicado en Roma con el título de *Apología* bajo los auspicios de su gran amigo el eminente canonista Antonio Agustín.

Si atentamente se comparan las tesis defendidas por Sepúlveda y Las Casas no es tanta la oposición como los ataques verbales entre ellos parecen dar a entender. Tal oposición existe indudablemente en un *primer estadio*, al acercarse al indio para tratar de convertirlo al cristianismo. Para Las Casas tal conversión no puede hacerse sino por medios pacíficos. Sepúlveda, ya lo hemos señalado, acepta la violencia con ciertas condiciones y en casos muy graves. Ahora bien, una vez que la cristianización de los indios está en curso *(segundo estadio)* tanto para Sepúlveda como para Las Casas, ya no puede darse marcha atrás y tanto uno como el otro (Las Casas lo dice expresamente en su *Apología*) sostienen que si los indios quisieran abjurar del cristianismo, después de haberlo aceptado, se impone el recurso a la violencia para impedirlo. Es más, Las Casas no duda en solicitar con tal fin la implantación de la Inquisición en Indias. Finalmente, Las Casas, lo mismo que Sepúlveda, defiende el *monopolio* español de la cristianización de Indias de acuerdo con lo dispuesto en las *bulas alejandrinas*. La *Apología* constituyó la argumentación presentada por Sepúlveda en la Junta de Valladolid; a esta *Apología* respondió Las Casas con su monumental *Apología*. Inédita ésta hasta nuestros días, la acabamos de publicar (texto latino y nuestra traducción castellana) junto con el texto latino y la primera traducción castellana de la *Apología* de Sepúlveda (Editora Nacional, Madrid 1975).

Conservando siempre la confianza de la Corte, Sepúlveda sigue siendo hasta su muerte cronista oficial de la Corona, incluso después de la coronación de Felipe II a quien dedica uno de sus tratados políticos *De Regno*. El verano de 1554 había sufrido una larga y penosa enfermedad. Tres años después, aún tiene alientos para hacer un viaje a Yuste, penosísimo a causa del mal tiempo, para rendir honores al Emperador, allí retirado, y visitar después la parroquia de Ledesma (Salamanca) de la que tenía el título de arcipreste. Todo ello minó gravemente su ya precaria salud.

Retirado en su ciudad natal de Pozoblanco, a la que tanto cariño siempre profesó, desvelándose por el bienestar de su familia y amigos convecinos suyos, muere allí santamente a los ochenta y tres años dejando tras sí una inmensa obra de escritor polifacético arropada con claro y bellísimo lenguaje latino que le valdrá el sobrenombre de «Tito Livio español». Antes había hecho testamento legando sus libros y manuscritos griegos a la Biblioteca de la Catedral de Córdoba y había creado un mayorazgo a favor de su sobrina María (hija ésta natural de su hermano Bartolomé, por la que siempre tuvo especial predilección) y sus descendientes.

OBRAS: 1) Originales: *Historia del Cardenal Gil de Albornoz*, Bo. 1521 y 1559, Col. 1602 y Bo. 1628 (eds. latinas), To. 1566 y Bo. 1612 (eds. castellanas, trads. de Antonio Vela y Francisco Antonio Docampo respectivamente; la primera de ellas fue corregida por el propio Sepúlveda), Bo. 1590, y 1664 (eds. italianas, trads. de F. S. Castigliano y Franciscus Savarus respectivamente); *Dialogus Gonsalus de appetenda gloria*, Ro. 1523, Par. 1541, Col. 1602 y Ma. 1780; *De fato et libero arbitrio contra Luterum*, Ro. 1526, Par. 1541, Col. 1602 y Ma. 1780; *Ad Carolum V, ut bellum suscipiat in Turcas*, Bol. 1529, Col. 1620 y Ma. 1780; primera traducción castellana por A. LOSADA; *Tratados Políticos*, Ma. 1963; *De ritu nuptiarum et dispensatione*, Ro. 1531, Par. 1541, Lo. 1558, Col. 1602 y Ma. 1780; *Antapología pro Alberto Pío in Erasmum*, Ro. 1532, Par. 1541, Col. 1602 y Ma. 1780; *Democrates primus, de convenientia militaris disciplinae cum christiana religione*, Ro. 1535, Par. 1541, Col. 1602 y Ma. 1780, traducciones castellanas de A. Barba, Se. 1641, de A. LOSADA, *Tratados Políticos de Juan Ginés de Sepúlveda*, Ma. 1963; *Theophilus, de ratione dicendi testimonium in causis occultorum criminum*, Va. 1538, Par. 1541, Col. 1602 y Ma. 1780, *De correctione anni mensiumque romanorum*, Ve. 1546, Par. 1547, Col. 1602 y Ma. 1780; *Apologia pro libro de iustis belli causis*, Ro. 1550, Col. 1602 y Ma. 1780, primera traducción castellana por A. LOSADA, *Apología de Juan Ginés de Sepúlveda contra Fray Bartolomé de las Casas y de Fray Bartolomé de las Casas contra Juan Ginés de Sepúlveda*, Ma. 1975; *Epistolarum libri septem*, Sal. 1557, Col. 1602 y Ma. 1780, primera traducción castellana de la mayor parte de estas cartas, por A. LOSADA, *Epistolario de Juan Ginés de Sepúlveda*, Ma. 1966; *De Regno et Regis Officio*, Le. 1571, Col. 1602 y Ma. 1780, primera traducción castellana por A. LOSADA, *Tratados Políticos de Juan Ginés de Sepúlveda*, Ma. 1963; *De rebus gestis Caroli V. De rebus gestis Philippi II. De rebus Hispanorum gestis ad novum orbem Mexicumque*, Ma. 1780; *Summa quaestionis ad bellum barbaricum sive indicum pertinentis*: A. M. FABIÉ, *Vida y escritos de don Fray Bartolomé de las Casas*, Ma. 1879; *Proposiciones temerarias, escandalosas y heréticas que notó el Doctor Sepúlveda en el libro de la conquista de Indias que Fray Bartolomé de las Casas... hizo imprimir sin licencia en Sevilla*: A. M. FABIÉ, *Vida y escritos de don Fray Bartolomé de las Casas*, Ma. 1879; *Démocrates Segundo o de las justas causas de la guerra contra los indios*: M. MENÉNDEZ PELAYO, *Juan Ginés de Sepúlveda* en R529, 1(1892)260-369 (texto latino y traducción castellana), este mismo texto fue reeditado, precedido de un estudio de Manuel García y M. Menéndez Pelayo, México 1941; una nueva reedición crítica, en latín y en castellano, con traducción, introducción, notas e índices de Angel Losada, hecha sobre el manuscrito original del propio Sepúlveda, descubierto por el traductor y mucho más completo textualmente que el manejado por Menéndez Pelayo, se publicó en Madrid el año 1951; la misma edición recoge también un estudio del catedrático de la Universidad de Salamanca, D. Teodoro Andrés Marcos sobre la ideología del Democrates Secundus. 2) Obras filosóficas griegas traducidas al latín: *Parvi Naturales*, Bol. 1522, Par. 1532; *De ortu et interitu*, Bol. 1523, Par. 1532; *De mundo ad Alexandrum*, Bol. 1523, Par. 1532; *Meteorum libri IV*, Par. 1532; *Politica*, Par. 1548, Col. 1601 y Ma. 1775 (todas las cuatro de Aristóteles) aparecen en la última de estas obras una serie de comentarios sobre la aplicación de la doctrina de la Política de Aristóteles a la situación política del mundo contemporáneo de Sepúlveda, de gran interés histórico; *Alexandri Aphrodisiei commentaria in duodecim Aristotelis libros de Prima Philosophia*, Ro. 1527, Par. 1536, Ve. 1544 y 1561. 3) Ediciones que contienen varias obras: edición de París de 1532, con traducciones al latín de las obras de Aristóteles *Libri Meteorum quatuor, Parvi Naturales, De ortu et interitu*. Edición de París de 1541, con las obras originales *De fato contra Luterum, Gonsalus, De ritu nuptiarum, Antapología contra Erasmum, Démocrates Primus*, y *Theophilus*. Edición de Colonia de 1602, con las obras originales *De vita Albornotii y Descriptio collegii bononiensis, De regno, Epistolae, De correctione anni, Gonsalus, Democrates Primus, Apología pro libro de iustis belli causis, Ad Carolum V ut bellum suscipiat in Turcas, Theophilus, De ritu nuptiarum, De fato contra Luterum, Antapologia pro Alberto Pío contra Erasmum*. Edición de Madrid de 1780, con las obras originales *De rebus gestis Caroli V, De rebus Hispanorum gestis ad Novum Orbem Mexicumque, De rebus gestis Philippi II*. Se editan además las mismas obras que las contenidas en la edición de Colonia antes citada de 1602, con un estudio sobre la vida y obra de Sepúlveda, original de los editores.

BIBL.: A. LOSADA, *Juan Ginés de Sepúlveda a través de su epistolario y nuevos documentos*, Ma. 1949, reed. Ma. 1973; F. G. BELL AUBREY, *Juan Ginés de Sepúlveda*, Ox. 1925; J. BENEYTO, *Ginés de Sepúlveda, humanista y soldado*, Ma. 1944; E. GONSALVEZ, *El Doctor Juan Ginés de Sepúlveda. Apuntes biográficos*, Co. 1923; O. A. LOOZ-COORSWAREN, *Juan G. de Sepúlveda*: Inaugural Dissertation zu rerlangen der Doctorwürde, Göttingen 1931; F. CASTEJÓN, *Centenario de Carlos V. Ventura y desventura del cronista del Emperador*: R56, 29(1958)305-20; A. LOSADA, *Dos obras inéditas de Fray Bartolomé de Las Casas en el IV Centenario de la primera*

impresión de sus obras, 1552-1952: Cuadernos Hispanoamericanos, 36(1952)194-204; E. DE GANDÍA, *Francisco de Vitoria y el Nuevo Mundo. El problema teológico y jurídico del hombre americano y de la Independencia de América*: Biblioteca de cultura vasca, Buenos Aires 1952; A. LOSADA, *Obras inéditas de Fray Bartolomé de las Casas*: R59, 132(1953)269-333; M. GARCÍA PELAYO, *Juan Ginés de Sepúlveda y los problemas jurídicos de la conquista de América*: Tierra Firme. 2 (1935)227-45; F. FITA, *Disquisiciones americanas. Juan G. de Sepúlveda*: R59, 21(1892)370-74; J. REYMÓNDEZ DEL CAMPO, *Historia de una controversia*: R159, 18(1908)469-77; T. ANDRÉS MARCOS, *Los imperialismos de Juan Ginés de Sepúlveda en su «Democrates Alter»*, Ma. 1947; M. BATAILLON, *Erasmo y España*, México 1966; J. A. MARAVALL, *Carlos V y el pensamiento del Renacimiento*, Ma. 1960; A. LOSADA, *Fray Bartolomé de Las Casas a la luz de la moderna crítica histórica*, Ma. 1970; ID., *The Controversy between Sepúlveda and Las Casas in the Junta of Valladolid*, reprinted from *Bartolomé de las Casas in History-Toward an Understanding of the Man and His Work*, Northern Illinois 1971; L. HANKE, *All Mankind Is One XXX. A Study of the Disputation Between Bartolomé de las Casas and Juan Ginés de Sepúlveda...*, Northern Illinois 1964; A. DUFOUR, *Un scolastique espagnol face au divorce d'Henry VIII. J. G. de Sepúlveda et sont «De ritu nuptiarum et dispensatione»*: La seconda Scolastica nella formazione del diritto privato moderno, Mi. 1973; H. MECHOULAN, *L'antihumanisme de J. G. de Sepúlveda*, Par. 1974; EXCMO. AYUNTAMIENTO DE POZOBLANCO, *IV Centenario de la muerte del Doctor Juan Ginés de Sepúlveda. Ponencias de la Sesión conmemorativa*, Pozoblanco 1973 (en prensa).

A. LOSADA

SEQUEIROS Y SOTOMAYOR, Francisco, OSA (Bouzas [Pontevedra] † Nápoles 1-V-1691) obispo. Profesó en el convento de Salamanca el 28-VI-1657. Estudió la carrera en la Universidad, apareciendo matriculado en Teología (1657-1658), fecha en que defiende un acto menor: *De visione Dei*. Se graduó en la Universidad de Avila (1667). En 1671 consiguió la cátedra de Santo Tomás, y en 1683, la de Vísperas en la Universidad de Alcalá. En 1682 figura como examinador sinodal de la diócesis de Toledo, en el sínodo celebrado por el cardenal Portocarrero. Fue definidor de provincia y asistente general por las provincias de España e Indias. Carlos II le hizo su predicador y le presentó para la silla episcopal de Casani. Inocencio XI le honró con el título de defensor de la Iglesia en la bula de promoción al episcopado, por su libro contra las doctrinas del clero galicano. En el gobierno de la diócesis, se distinguió por su liberalidad para con los pobres. Fue defensor acérrimo de la inmunidad eclesiástica. Carlos II confió a su pericia graves negocios de Estado y, en muchas ocasiones, siguió su consejo para el mejor gobierno de aquellos pueblos.

OBRAS: *Contra propositiones Cleri Gallicani*, Alc. 1683; *Sermones*: Oratoria Sagrada Complutense, Alc. 1671, 84-98, 273-292; *Pareceres acerca de las doctrinas del jesuita P. Juan Barbiano*, Alc. 1674.

BIBL.: J. LANTERI, *Eremi Sacrae*, I, Ro. 1874, 61-62; M55, VII, 470-72.

A. MANRIQUE

SERNA, Pedro de la, OdeM (Sevilla 18-I-1583 † Granada 7-X-1642) teólogo. Vistió el hábito en Sevilla (1599) y allí profesó el 17-V-1600. Estudió en la Universidad de Alcalá. Por espacio de once años enseñó Artes y Teología en el convento mercedario de Sevilla del que fue regente de estudios. Se le dio el grado de presentado en Teología. En 1622 se pasó a los mercedarios descalzos y tomó el nombre de Fray Pedro de Jesús María. En los descalzos fue sucesivamente secretario provincial, provincial, definidor general, comendador de Morón. Fue gran defensor del dogma de la Inmaculada Concepción.

OBRAS: *Estatutos y Constituciones que han de guardar los esclavos de Nuestra Señora de la Merced*, Se. 1615; *Commentaria in Logicam Aristotelis*, Se. 1624; *Cielo espiritual trino y uno*, Se. 1633; *Sufficientia concionatorum, quae ex omnibus coalescit Theologiae veritatibus, quae ad fidei catholicae cognitionem et Verbi Divini praedicationem conferunt*, Lyon 1636; *Fuente de agua viva y vestido espiritual de Nuestra Señora*, Se. 1712; *Exercicios espirituales de Adviento y Canastilla del Niño Jesús*, Se. 1623; *Primera y Segunda parte del coloquio espiritual de las monjas*, Se. 1710. Otras obras véanse en GARÍ Y SIUMELL, *Biblioteca Mercedaria*.

BIBL.: O207; G. VÁZQUEZ OdeM, *Obras completas*, I, 473-476; V. MUÑOZ DELGADO OdeM, *La Obra lógica de Pedro de la Serna*, Ma. 1966; O200, VII, *Summa Mariana Mercedaria, Acta Sectionis Ordinis B. V. Mariae de Mercede*.

M. RODRÍGUEZ

SERRA, Gabriel, OCist († 1484) arzobispo, historiador. Monje del monasterio de Veruela. Abad del mismo (1449-1472). Obtuvo de Nicolás V para sí y sus sucesores la facultad de usar mitra y anillo. En 1455 asistió al Capítulo general de Císter. Capellán mayor del rey, ayo y confesor de D. Fernando el Católico. Arzobispo de Cagliari desde 1472 hasta 1476.

OBRAS: Escribió unas memorias del tiempo de su episcopado en Cerdeña.

BIBL.: ES 51, 146-47; P. BLANCO, *El Real Monasterio de Santa María de Veruela*, Palm. 1949, 107.   P. GUERIN

SERRA, Jaime, (Valencia † Roma 15-III-1517) arzobispo y cardenal. Según Bujanda, era hijo de Bartolomé Serra y Juana Borja, hermana de Calixto III. El se firmaba Jaime Serra y Cau. Parece distinto de su homónimo que sale con frecuencia en la documentación de Calixto III, porque, aunque este Jaime Serra era familiar y comensal continuo de dicho papa, nunca aparece como nepote suyo (J. Ríus Serra, *Catalanes y aragoneses en la corte de Calixto III*: R5, 3(1927) 294-95; Id., *Regesto ibérico de Calixto III*, Ba. 1948-1958, núms. 793, 2.905, 2.097). En 1472 ocupaba algún puesto en la curia romana, desde donde mantuvo estrecho contacto epistolar hasta 1475 con Lianoro de Lianori, nuncio y colector pontificio en España (J. Fernández Alonso, *Legaciones y nunciaturas*, 236, 248). Sin duda gravitaba en torno de su paisano y pariente Rodrigo de Borja.

Fernando el Católico pidió la iglesia arzobispal de Oristán (Cerdeña) para micer Jaime Serra, maestro en Teología, con retención de los beneficios que poseía, ya que la renta de la mitra de Oristán era exigua; estaba valorada en 300 ducados. La persona recomendada era docta e idónea, y había prestado, y seguía prestando, servicios al rey, no dice dónde. Para lograr mejor su deseo, buscó la influencia de los cardenales Rodrigo de Borja y Antoniotto Pallavicini (A. de la Torre, IV, 11-12, 12-II-1492). Inocencio VIII le extendió las bulas dos meses más tarde (11-IV-1492). Al mismo tiempo Jaime Serra recibió en encomienda el monasterio de San Bernardo, de Valencia, por resignación del cardenal Rodrigo de Borja (Eubel, II, 92). Por el año 1497 desempeñaba el cargo de vicario del papa y ostentaba el título honorífico de prelado doméstico. Alejandro VI pensó utilizar, en las negociaciones de paz entre las potencias de la Santa Liga y el rey de Francia, pero las negociaciones fueron aplazadas (J. Fernández Alonso, *Instrucción*, 178; L. Suárez, *Política internacional*, IV, 661).

Mediante el pago de 5.000 ducados, fue promovido al cardenalato con retención de la iglesia de Oristán; todavía ocupaba el puesto de vicario del papa (Burckardt, II, 243). Tuvo sucesivamente los títulos cardenalicios de San Vidal (1500), San Clemente (1502) y obispo de Albano en 1511 (Eubel, III, 6-7). Dos meses después de su promoción, se le confió la legación de Perusa, que conservó hasta la muerte de Alejandro VI (Eubel, II, 24, 55-56). Contribuyó a la expedición contra los turcos, imaginada por César Borja, con la

tasa mínima de 200 ducados. Esto significa que su renta anual se estimaba en 2.000 ducados. Sólo otros siete colegas suyos se hallaban en la misma situación de cardenales pobres (Burckardt, II, 227; Pastor, VI, 35). Nunca franqueó, al parecer, la barrera del subdesarrollo, pese a las apariencias contrarias.

El 23-VIII-1500 se le encomendó el monasterio de San Benito, de Gualdo, diócesis de Nocera en Italia (Eubel, III, 7). Un año después fue nombrado administrador del obispado de Linköping (Suecia), valorado en 660 florines, cesando en 1513 (Eubel, II, 178, y III, 225). En 1503 obtuvo una canonjía en Palencia (Eubel, III, 7); en 1505, el monasterio celestino de San Miguel de «Formicar», diócesis de Volterra en Italia (ib.) y en 1506, la iglesia de Elna, valorada en 1500 florines (III, 192). En el mismo año se instituyó en Roma la cofradía de Montserrat. El cardenal «Arborense» encabezó la primera lista de 89 miembros y fue el único que estampó su firma autógrafa al pie del documento, como protector de la nueva asociación (J. Fernández Alonso, *Las iglesias*, 95-96; íd., *S. Maria di Monserrato*, 12).

En carta a Fernando el Católico, le llamó la atención sobre la falta de cardenales de su partido y la necesidad de atraerse a algunos, puesto que la mayoría de los componentes del sacro colegio pertenecían al partido francés, 29-VIII-1509, (cf. Vargas-Zúñiga y Cuartero, I, 373, 1.451). Incluso el español Bernardino de Carvajal hizo el juego a la política francesa, promoviendo un intento cismático. En aquella peligrosa situación, Jaime Serra permaneció siempre al lado del papa y asistió a las diez primeras sesiones del concilio V de Letrán, a excepción de la octava. Julio II quiso premiar su lealtad, consolar su vejez y complacer a Fernando el Católico, que había solicitado para él la primera iglesia española que vacase en la curia romana. Pero, cuando el papa le dio la mitra de Burgos por muerte de fray Pascual de Ampudia, el rey se opuso so pretexto de que Julio II había extendido el nombramiento sin previa suplicación del monarca.

Jaime Serra tomó parte en el cónclave del año 1513. En el primer escrutinio, la mayor parte de los votos, 14, «recayeron en uno de los más antiguos cardenales, el español Serra, que no gozaba de muy buena reputación; pero nadie pensaba seriamente en la elección de este paisano de Alejandro VI» (Pastor, VII, 52). Nada hemos encontrado en las fuentes que empañe la reputación del cardenal Serra.

Apenas elegido León X, el colegio cardenalicio rogó al nuevo papa que pusiera su primer cuidado en alcanzar para Serra la posesión de la iglesia de Burgos, pues se hallaba tan pobre, que tenía que ser socorrido por la curia. Las gestiones del pontífice se estrellaron ante la inflexible actitud de Fernando el Católico. Por eso el cardenal «Arborense» resignó sin haber tomado posesión de la iglesia burgalesa (T. de Azcona, *La elección*, 194; J. L. Ortega, *Un reformador*, 440-443; J. Goñi Gaztambide, *España y el concilio*, 192). En compensación León X le asignó una pensión anual de 2.000 ducados, (1513-1515) junto con varios beneficios y dignidades (Eubel, III, 7), aunque no es presumible que llegara a disfrutar de todos ellos. Ciertamente entró en posesión de la iglesia de Calahorra, y esto con el beneplácito de Fernando el Católico, para la que había sino nombrado el 5-VII-1514, resignándola antes de un año con la reserva de los frutos de la misma (Eubel, III, 145; Bujanda, 41-42). Sin duda temía la muerte, que no tardó en visitarle. Enterrado provisionalmente en la capilla mayor de la iglesia de Santiago de los españoles de Roma, fue trasladado más tarde a la capilla intitulada de Santiago, la más rica y bella de la iglesia del mismo nombre, construida a sus expensas. En ella fundó una memoria de ocho misas mensuales y tres aniversarios cantados por su alma J. Fernández Alonso, *Santiago de los españoles*, 27-28, 68; íd., *S. María di Monserrato*, 19).

BIBL.: F. Bujanda, *Episcopologio calagurritano*, Log. 1944, 411-12; C. Eubel, *Hierarchia catholica*, II, 24 55-56, 104, 178, y III, 7, 145, 192, 225; A. de la Torre,' *Documentos sobre relaciones internacionales de los Reyes Católicos*, Ba. 1962, IV, 11-12; L. Suárez Fernández, *Política internacional de Isabel la Católica*, Va. 1971, 661, 196; J. Burckardt, *Liber notarum*, ed. E. Celani, II, 227, 243 (Muratori, RISS, XXXII); J. Fernández Alonso, *Legaciones y nunciatura en España*, I, 1466-1486, Ro. 1963, 236, 248; id., *Las iglesias nacionales de España en Roma*: R13, 4(1956)95-96; id., *Santiago de los españoles de Roma en el siglo XVI*: R13, 6(1958)27-28, 68; id., *Instrucción de Alejandro VI a fray Bernardo Boil como legado ante los Reyes Católicos* (enero-marzo 1948): R40', 31-32(1960) 178; id., *S. Maria di Monserrato*, Ro. 1968, 12, 19; T. de Azcona, *La elección y reforma del episcopado español en tiempo de los Reyes Católicos*, Ma. 1960, 194; J. L. Ortega, *Un reformador pretridentino: Don Pascual de Ampudia, obispo de Burgos (1496-1512)*: R13, 19(1972)440-443, 529-530; J. Goñi Gaztambide, *España y el concilio V de Letrán*: Annuarium Historiae Conciliorum, 6(1974)192, 195, 197, 202; L. Pastor, *Historia de los papas*, VI, 35, y VII, 52; A. de Vargas-Zúñiga y B. Cuartero, *Índice de la colección de D. Luis de Salazar y Castro*, Ma. 1950, I, 373, 1.451; V. Forcella, *Iscrizioni delle chiese e d'altri edifici di Roma dal secolo XI fino ai giorni nostri*, Ro. 1869-1884, 14 vols., III, 219, 526. J. Goñi

SERRA, José, OSB (Mataró [Barcelona] 11-V-1810 † Desierto de Las Palmas, Benicasim [Castellón] 8-IX-1886) obispo, fundador. Muy joven aún, viste el hábito en el monasterio de San Martín, de Santiago de Compostela. Ordenado sacerdote en vísperas de la exclaustración general y llevado de su amor a la vida religiosa, se dirigió junto con el padre Salvado, monje del mismo monasterio, a la abadía de Itala Cava, en Salerno (Italia). Llevado luego del celo del apostolado, se encaminó con su hermano de religión, a las apartadas tierras de la Australia Occidental, donde se consagraron a la evangelización de los salvajes. Allí crearon una misión-monasterio, al Norte de Perth, que ha llegado a ser una de las más célebres abadías de la Orden. Nombrado el padre Serra primer prelado de Puerto Victoria (1847) y después administrador apostólico de Perth (1849), desempeñó su cargo con gran provecho de las almas hasta que en 1859, a consecuencia de algunas dificultades y rendido por los sufrimientos y trabajos apostólicos, presentó en Roma su renuncia. Admitida dos años después, se retira a Madrid, donde se le conoce con el nombre del obispo titular de Daulia y funda, ayudado por la madre Antonia de Oviedo, la Congregación de las Oblatas del Santísimo Redentor para la regeneración de la mujer española, que ha llegado a extenderse prodigiosamente por toda España y América. Se distinguió, además, como filósofo, teólogo y apologista, publicando varias obras, reiteradamente editadas. Sus restos fueron trasladados a la iglesia de las Oblatas de Ciempozuelos (Madrid).

BIBL.: A. Pablos Villanueva, *Vida y obra del Ilmo. P. José Serra, fundador de las Oblatas del Santísimo Redentor, obispo de Daulia*, Ma. 1922; R. Salvado, *Memorias históricas sobre la Australia. Nueva edición con introducción y notas de un padre benedictino de Samos*, Ma. 1950; Th. Berengier, *La Nouvelle Nursie*, Par. 1880; R. Ríos, *Las misiones australianas de los benedictinos españoles*, Barbastro 1930; D3, 66, 986-987; *Historia general y literaria de la Congregación de San Benito de Valladolid*, ms. Arch. del monast. de Silos; M64, II, 325-387, y III, 483 y ss.; *Historia de la Orden Benedictina*, Ma. 1941, 455; M68, 30-34, 123-141; V. P. de Gamarra, *Centenario de un gran hombre. El fundador de las Oblatas del Santísimo Redentor (1810-1910)*: Boletín de Silos, 7(1910)310-317; D3, 55, 576; D. de Felipe, *La Venerable Madre Antonia de la Misericordia o la pedagogía del amor*, Ma. 1962, 219-377. T. Moral

SERRA, Juan, OP (Amer [Gerona] 10-VIII-1866 † My-Duc [Tonquín] 3-X-1941) canonista. Ingresó en la Orden de Predicadores en Ocaña, donde tomó el hábito (13-IX-1881) e hizo su profesión religiosa. Fue destinado al convento de Avila, cursando allí la Filosofía y tres años de Teología. Enviado a Filipinas, fue ordenado sacerdote en Manila (21-IX-1889) e inmediatamente se dirigió a las misiones del Tonquín, donde fue nombrado sucesivamente profesor y rector del Seminario menor. Durante nueve años ejerció el cargo de vicario provincial y tuvo destacadas actuaciones en los concilios celebrados en Indochina. Por último, fue nombrado director espiritual del seminario de My-Duc en donde falleció.

OBRAS: *Sumario del nuevo Código de la Iglesia*, Hong-Kong 1919; *Opusculum. Suntne sacerdotes seculares in statu perfectionis?*, 1932; *Schema decretorum Patribus proponendorum Concilii Indo-Sinae regionis*.

BIBL.: O25, 264. L. Galmés

SERRA, Junípero, OFM (Petra [Mallorca] 24-XI-1713 † Monterrey [California] 28-X-1784) misionero y fundador. Educado con los franciscanos de Petra y Palma de Mallorca, en esta ciudad se hizo religioso (1730), cursó Filosofía y Teología, y fue nombrado lector de la primera. Ordenado sacerdote (1737), ejerció el profesorado (1740), se doctoró en la Universidad Luliana (1742) donde fue profesor de Teología (1744) alternando las clases con la predicación, hasta que en 1749 se alistó como misionero para el Colegio de San Fernando de Méjico. En 1750 se le destinó a las misiones de Sierra Gorda, de las que fue nombrado presidente en 1751. Reintegrado a Méjico (1758), ejerció los oficios de maestro de novicios, discreto o consejero del Colegio y comisario del Santo Oficio, dedicándose sobre todo a la predicación a través de gran parte del virreinato de Nueva España. En 1767 se le nombró presidente de las misiones de la Baja California; con su colaboración se iniciaron (1769-1770) por vía marítima y terrestre varias expediciones exploradoras de la Alta o actual California norteamericana, en la que él mismo fundó personalmente las misiones de San Fernando Rey (1769), San Diego (1769), San Carlos de Monterrey o Carmelo (1770), San Antonio de Padua (1771), San Gabriel (1771) y San Luis Obispo (1772). Tras un viaje a Méjico (1772-1773), definitivo para la subsistencia y régimen ulterior de las misiones, fomentó de nuevo la exploración de la costa californiana (1774, 1775, 1779), y prosiguió la fundación de nuevos puestos misionales mientras atendía al desarrollo de los ya establecidos: San Francisco o Nuestra Señora de los Dolores (1776), San Juan de Capistrano (1776), Santa Clara (1777) y San Buenaventura (1778). La sabia distribución geográfica de las misiones, las normas de carácter espiritual-temporal por las que se rigieron, así como la eficiencia misionera y la inteligente dirección de su fundador, produjeron como resultado la cristianización y civilización de una región de América en la que entonces apenas se preveían posibilidades para ello. Por las extraordinarias virtudes de que estuvo adornado, tiene introducido en Roma el proceso de beatificación.

BIBL.: F. Palou, *Evangelista del mar Pacífico, Fray Junípero Serra*, 2.ª ed., Ma. 1944; P. Herrera Carrillo, *Fray Junípero Serra, civilizador de las Californias*, Méjico 1943; Ch. M. Piette, *Le secret de Junípero Serra*, 2 vols., Wa. 1949; G. Sabater, *Junípero Serra*, Ma. 1944; A. Casas, *Fray Junípero Serra, el apóstol de California*, Ba. 1949; M. Geiger, *Palou's Life of Fray Junípero Serra*, Wa. 1955; A. Tibesar, *Writings of Junípero Serra*, 4 vols., Wa., 1955; M. Geiger, *The Life and Times of Fray Junípero Serra*, 2 vols., Wa. 1959. P. Borges

SERRA, Pedro, (Gerona † Génova 8-X-1404) obispo y cardenal. Clérigo de la ciudad de Gerona, fue incluido en un rótulo de la universidad de Lérida, en el que se solicitan para él unos beneficios sin cura de almas en la diócesis gerundense, que le proporcionen hasta 25 libras tornesas (26-XI-1378). En 1396 fue nombrado obispo de Catania (Sicilia). El rey de Trinaclia, Martín I, le dio el cargo de canciller. Según parece, acompañó a este monarca, elevado al trono de Aragón, durante su estancia en Aviñón desde el 31-III al 12-V-1397. Benedicto XIII lo incorporó a su colegio cardenalicio en momento poco propicio para el papado (22-IX-1397). Parece que retuvo la mitra episcopal, porque siempre fue conocido por el cardenal de Catania.

El interesado cometió la indelicadeza de no escribir a su bienhechor dándole las gracias. Benedicto XIII, asombrado, decidió no transmitirle el capelo rojo. El rey de Aragón, Martín, se hizo eco de las quejas pontificias y aconsejó a Serra un poco de cortesía. Al mismo tiempo le pidió una relación lo más detallada posible de los acontecimientos protagonizados por el propio monarca en la isla de Sicilia y los ocurridos después de su partida para los estados continentales de la Corona aragonesa, a fin de poder continuar sus crónicas (29-VI-1398). El aviso del rey surtió su efecto. Benedicto XIII comunicó a sus camareros Pedro de Çagarriga y Francisco Climent, canónigos de Lérida y Barcelona, respectivamente, el envío del capelo para el obispo de Catania. Este le había escrito que venía de Sicilia a la presencia del rey por algunos negocios arduos. Aunque no era costumbre enviar las insignias cardenalicias, hacía una excepción con Pedro Serra debido al bloqueo del palacio pontificio de Aviñón (22-XI-1399).

Medio año más tarde el papa Luna estaba ansioso por conocer el paradero y destino de Serra. Unos afirmaban que regresaba a Sicilia, otros que debía permanecer en Cataluña como canciller de Aragón, al paso que Climent le había anunciado que iba a partir para Castellar. Benedicto XIII quería saber la verdad, distinguiendo bien lo cierto de lo probable; pero lo que más le preocupaba era conocer la actitud del cardenal respecto de los asuntos pontificios (22-VI-1400). Una carta del rey al obispo y cabildo despejó las incógnitas, al menos en parte. Como el monarca se proponía ir en breve a Barcelona hospedándose en el palacio mayor, les pedía que señalasen la casa del capiscol para alojamiento del cardenal de Catania, a quien necesitaba de continuo (31-I-1400). Un año más tarde el rey Martín de Aragón fundó un colegio de medicina en Barcelona. Entre los testigos figura Pedro, cardenal de Catania. El 20-XII-1401 se hallaba «in loco de Altura» al lado del rey de Aragón. Luego de la evasión de Benedicto XIII del palacio aviñonés, le acompañó en su viaje a Italia, donde contrajo la peste, que le quitó la vida.

OBRAS: Se le atribuye la composición de una *Crónica del rey Martín*. Cf. Arch. Corona Aragón, Reg. 1755, 142, y A. RUBIÓ Y LLUCH, *Estudi sobre la elaboració de la crónica de Pere el Ceremoniós:* R14, 3(1910)523.

BIBL.: L. RAPICAVOLI y G. MESSINA, *Catania sacra*, Catania 1973; J. RÍUS, *L'Estudi general de Lleida:* R81, 8(1932)215, reproducido en *Miscelánea Mons. José Ríus Serra*, San Cugat del Vallés 1965, I, 219; C. EUBEL, *Hierarchia catholica*, I, 30, 177; A. RUBIÓ Y LLUCH, *Documents per l'historia de la cultura catalana mig-eval*, Ba. 1908-21, I, 399-400, y II, 359; S. PUIG Y PUIG, *Pedro de Luna, último papa de Aviñón*, Ba. 1920, 97, 471, 475-76; F. EHRLE, *Neue Materialien zur Geschichte Peters von Luna:* R12', 7(1900)39.   J. GOÑI

SERRA, Pedro Mártir, OP (Barcelona † 10-X-1704) teólogo. Ingresó en la Orden de Predicadores en el convento de Barcelona, donde tomó el hábito e hizo su profesión religiosa (10-VI-1664). Terminados los estudios eclesiásticos fue nombrado regente de estudios en el Colegio de San Vicente y San Raimundo de Barcelona (1672) al tiempo que se le concedía la cátedra de

Teología Dogmática, en la que permaneció hasta el 1680. Fue nombrado misionero el año 1684 y elegido prior del convento de Barcelona (1695) y examinador de libros a la vez que se le concedió el magisterio en Teología.

OBRAS: *Tractatus isagogicus de Sacra Scriptura; Tractatus textualis de Sacramentis in particulari; Commentaria in libros Aristotelis*. Se conservan en la Biblioteca Universitaria de Barcelona, ms. 348.

BIBL.: O25, 265.   L. GALMÉS

SERRA BUIXO, Eudaldo, (San Ginés de Vilasar [Barcelona] 15-I-1882 † Barcelona 21-III-1967) escritor espiritual, promotor de instituciones de apostolado sacerdotal. Previos los estudios de la licenciatura de Derecho en la Universidad de Barcelona, sigue los eclesiásticos en el Seminario Conciliar de la misma ciudad (1903-1906), siendo ordenado de sacerdote el 22-VI-1906. Ya residente en la Ciudad Condal, su apostolado se orienta muy pronto hacia la renovación y dignificación de la piedad popular y de la música religiosa, de acuerdo con el *Motu proprio* de san Pío X, con la publicación, solo y en colaboración con otros sacerdotes y también seglares, de revistas, libros, folletos y hojas sueltas de carácter apologético, para la predicación, el rezo, la lectura espiritual, la meditación y, particularmente, para el culto litúrgico. En 1917 instituye la Obra Pía «Foment de Pietat Catalana» que en 1923 se establece en un noble edificio propio, de nueva planta, con residencia para los sacerdotes redactores. Asociado con el padre Ignacio Casanovas fundan la Biblioteca Balmes, de carácter público, con el fin de preparar y divulgar publicaciones de cultura religiosa superior y a la que él cede su biblioteca particular, muy rica en libros de piedad y espiritualidad. El edificio se amplía (se triplica) con otro inmueble contiguo, también construido de nuevo, con capilla, aulas y salón de actos; en el año 1940 se estableció en él otra residencia sacerdotal (12 plazas) para atender a las necesidades originadas por la guerra civil de 1936. Este nuevo edificio albergaría también la fundación «Balmesiana».

Actividades principales: Revistas mensuales: La Veu de l'Angel de la Guarda (1909-1936) para la juventud; Lo Missatger del Sagrat Corde Jesús (1917-1936), antes publicado por el Apostolado de la Oración; El Bon Pastor (1927-1936) de pastoral para el clero; lo mismo que Apostolado sacerdotal (1944-1955), continuado después por la comisión de prensa del obispado; Catalunya social (1921-1936), semanario. En 1926 publica *Missal Romà*, el primer misal completo en latín y en lengua vulgar para los fieles publicado en España (numerosas y variadas ediciones a partir de 1940). Otras fundaciones: *Obra del Sant Evangeli*, para difusión de libros de la Biblia; *Apostolat de Missions i Exercicis parroquials*, material (libros, carteles y hojas) para misiones parroquiales; *Apostolat del Bon Llibre*, para divulgación de buenas lecturas; *Obra del Culto i Auxiliars sacerdotals*, para la confección de ornamentos y objetos litúrgicos, destinados a parroquias necesitadas. Fácilmente encontró personal competente para la dirección de las varias instituciones creadas, ya entre el clero diocesano ya en el regular, particularmente entre los jesuítas. Distinguióse personalmente como director espiritual de almas piadosas, seminaristas y sacerdotes jóvenes.

OBRAS: Señalemos algunas, todas publicadas en Barcelona, muchas con ediciones en catalán y castellano, que indicamos entre paréntesis (cat., cast.): *Guia del cristià*, 1923 ss. (8 ed. cat., 13 cast.); *El primer llibre del noi cristià*, 1911 (13 cat., 13 cast.); *Pràctica dels Nou Primers Vivendres*, 1916 (4 cat., 2 cast.); *Llibre del examen*, 1918 (3 cat., 5 cast.); *Homilies evangèliques*, 1920, en col. con P. GINEBRA, 1920 (2 cat., 2 cast.); *El Tresor del Sant Rosari* 1925 (5 cat., 5 cast.); *El Pa de vida*, 1926; *El caminet de la Infància espiritual*, 1935 (2 cast.); *De las vocaciones a los diferentes es-*

tados de vida según el espíritu de san Francisco de Sales, 1953; *El estado de perfección y la perfección personal*, 1954; Publicaciones de música religiosa (varias obras de 1918 a 1928); *Instrucciones piadosas*, 3 vols. (fasc. de 16 págs.) En 1956, en su jubileo sacerdotal, la revista Analecta Sacra Tarraconensia le dedica una *Collectanea E. Serra Buixó*, de 496 págs. (36 arts., sobre hist. de la piedad: textos, devociones, varia: R5, 28(1955).

BIBL.: *Una Institución sacerdotal*, Ba. 1948; D21, II, 836-37; *Efemérides biográficas*: R5, 28(1955)3-6 (con su biografía); J. TARÍN IGLESIAS, *Medio siglo de labor apologética de M. Eudaldo Serra:*•La Vanguardia Española, 26-IV-1967, p. 61; F. BALDELLÓ, *El apostolado musical de M. E. Serra*: ibid., 8-IV-1967, p. 60. A. FÁBREGA

SERRA Y SUCARRATS, Miguel, (Olot [Gerona] 11-I-1868, Vall de Uxó [Castellón] 9-VIII-1936) obispo y mártir. Cursa los estudios eclesiásticos en el Seminario de Gerona con calificaciones brillantísimas. Ordenado sacerdote en 1892, es nombrado seguidamente catedrático de Teología Fundamental en el citado Seminario. Obtenido el grado de doctor en Derecho Canónico, es nombrado en 1893 catedrático de la misma Facultad, desempeñando simultáneamente las cátedras de Historia eclesiástica, Teología Pastoral y Liturgia. En 1896 obtiene la licenciatura en Derecho Civil por la Universidad de Barcelona. Y previa oposición, obtiene una canonjía en la metropolitana de Tarragona, siendo nombrado en 1908 catedrático de Derecho Romano, Civil y Patrio en la Universidad Pontificia Tarraconense, de cuya archidiócesis es elegido en 1914 vicario general. En 1922 es promovido al episcopado, siendo designado para la Sede de Canarias donde desarrolla una labor fecundísima durante catorce años de pontificado. El 25-V-1936, vísperas del Alzamiento Nacional, es preconizado para la Sede segobricense donde, apenas posesionado, es detenido por las hordas marxistas. Y días después padecía glorioso martirio en testimonio de Cristo.

BIBL.: A. MONTERO, *Historia de la Persecución Religiosa en España*, Ma. 1961, 386-90. L. LLORÉNS

SERRA VILARO, Juan, (Cardona [Barcelona] 23-III-1879 † Tarragona 27-X-1969) arqueólogo e historiador. Estudios eclesiásticos, en el Seminario de Solsona y en el de Vich, donde entonces trabajaba el insigne fundador de su museo, M. Gudiol, de quien tomaría su afición a la Arqueología. Se ordenó de presbítero en 1902. Ya de seminarista y, después, de sacerdote, particularmente desde 1905 al ser nombrado conservador del museo diocesano de Solsona, despliega una intensa actividad en recoger documentación de los archivos de Cardona, Solsona y Bagá como principales y en tal cantidad que la podrá aprovechar durante toda su vida para sus más destacadas obras históricas. Al mismo tiempo, autodidacta, pero con gran competencia, hace valiosas excavaciones de época prehistórica en la comarca (21 cuevas, 13 sepulcros, tres poblados ibéricos, etcétera) enriqueciendo notablemente el museo. La Junta Superior de Excavaciones y Antigüedades, que subvencionó sus trabajos, lo nombra en 1925 delegado en Tarragona, adonde le había llamado el cardenal Vidal y Barraquer, antes obispo administrador de Solsona, y que prácticamente lo tomó como su consejero de cultura. Aquí se encarga de las ya iniciadas excavaciones de la descubierta necrópolis romano-cristiana y de las del foro. En 1930 visita varias ciudades romanas en ruinas, en Argelia, Túnez y, nuevamente con más detención, las de Argelia, que le dan motivo para redactar su obra *Les ciutats de fang*. Durante la guerra de 1936-1939 se refugia en Roma, donde prepara una de sus obras históricas y traba amistad con los directivos del Pont. Instituto de Arqueología Cristiana. Vuelto a Tarragona, es nombrado canónigo en 1941 y durante sus últimos treinta años de vida prosigue intensamente sus trabajos arqueológicos e históricos que dan lugar a numerosas publicaciones, algunas con originales hipótesis científicas. Fue nombrado miembro correspondiente de la Real Academia de la Historia, de la de Buenas Letras de Barcelona, del Instituto Arqueológico Alemán, de la Pontificia Academia de Arqueología de Roma, entre otras instituciones. En 1949 el Boletín Arqueológico de Tarragona le dedica un número de homenaje con la lista de sus publicaciones. En 1969, al ir a cumplir los noventa años, se coloca su busto sobre un pedestal en la explanada del Foro de Tarragona, ya en parte reconstruido.

OBRAS: Entre sus muchos estudios señalamos los de prehistoria y excavaciones, que pueden verse descritos en Memorias de la Junta Superior de Excavaciones y Antigüedades, núms. 13(1917), 21(1918), 27(1920), 35(1921), 44(1923), 63(1924), 73(1925) y 83(1926); entre ellos, citaremos como más importantes *El vas campaniforme a Catalunya*, Solsona 1923, y *Civilitsació megalítica a Catalunya*, Reus 1927. [Excavaciones de época romana]: *Excavaciones en la necrópolis romano-cristiana de Tarragona*: Memorias, 93 (1928), 104(1928), 111(1929), 133(1955), además de otros estudios sobre dicha necrópolis: *I sepolcri della necropoli di Tarragona*: R78', 14(1937)213-80; *Sepulcros y ataúdes de la necrópolis de Tarragona*: R3, 6(1944)179-207; *La necrópolis de S. Fructuoso*, Ta. 1948. [Estudios históricos y literarios]: *Baronies de Pinós y Mataplana*, 3 vols., Ba. 1930-1947; *Historia de Cardona*, vols. I, II y IV, Ta. 1966, 1968 y 1972 (inéditos los III y V); *Les ciutats de fang al Nord d'Africa*, Ta. 1933; *El cançoner de Calic*, Ba. 1914; *Llibre del Coc de la Seu de Tarragona*, Ba. 1935; *Fructuós, Auguri y Eulogi màrtirs sants de Tarragona*, Ta. 1936; *El Rector de Vallfogona... autor del Quijote de Avellaneda*, Ta. 1940; *San Próspero y sus discípulos en Italia*, Ba. 1943; *Víctimas sacerdotales del arzobispado de Tarragona durante la persecución de 1936*, Ta. 1947; *La familia de San Bernardo Calvó en Tarragona*, Ta. 1955; *La Universidad literaria de Solsona*, Ta. 1953; *Los Señores del Portell, patria de San Ramón*, Ba. 1958. Además, importantes artículos en R5, (1928, 1929, 1931, 1932, 1935, 1936, 1955, 1956-57); R14, (1908, 1909, 1915-20); R113, (1910, 1914, 1933); R118, (1948); R154, (1939, 1940), etc.

BIBL.: D3, IV, 565; D25, IV, 276; *El M. Iltre. Sr. D. Juan Serra Vilaró*: R46, 49(1949)63-76; A. LLORÉNS, *Homenatge dels «Amics del Museu de Solsona» a l'Iltre. J. Serra i Vilaró*, Ta. 1968; Boletín Oficial Eclesiástico del Arz. de Tarragona (1969)290; B15, núms. 310134-310191. J. VIVES

SERRADA Y VILLATRE, Bernardo, OC (Madrid 20-II-1672 † Cuzco [Perú] 2-III-1733) obispo. Bautizado en la parroquia de San Martín, de Madrid, a los seis días de su nacimiento, con el nombre de Gabriel, profesó en el Carmen de la misma ciudad el 2-VII-1688, con el de Bernardo. Estudió en Alcalá de Henares donde se doctoró en Teología en 1697. Asistió, como socio de su provincia de Castilla, al Capítulo general de 1704, y con fecha de 20 de mayo del mismo año el nuevo general Angel de Cambolas le concedía el magisterio por la Orden y el voto perpetuo en los Capítulos de su provincia. Prior de Madrid en 1712, como tal asistió al Capítulo provincial de Toledo de 1715, en el que de nuevo fue elegido socio de la provincia para el Capítulo general, al que de hecho asistió en 1716. Preconizado obispo de Panamá en 1720, fue trasladado a la diócesis del Cuzco en 1725, de la que tomó posesión el 12 de febrero del año siguiente y en la que desarrolló una apreciable labor apostólica. Se distinguió por su interés en la construcción y reparación de templos, valiéndose para ello de la colaboración del también carmelita fray Miguel de los Angeles Menchaca, su arquitecto y mayordomo. Rehizo el Seminario de San Antonio Abad, el techo de cuya capilla se había desplomado por las lluvias torrenciales de 1728, y con esta ocasión hizo dorar el retablo mayor y decorar toda la capilla, una de las preciosidades cuzqueñas. Labró asimismo desde sus fundamentos la gran mole del templo del Triunfo, que se terminaría en 1732. Pero no trabajó menos en la edificación espiritual de su pueblo, visitando la diócesis por tres veces y trabajando por aliviar la ignorancia de sus fieles, defendiéndoles al mismo tiempo de los abusos de los corregidores.

OBRAS: Recientemente el padre Balbino Velasco OC ha publicado algunos memoriales del obispo Serrada, a los que nos referimos en la bibliografía. Además de estos memoriales el obispo Serrada debió de escribir e imprimir diversos sermones. Conocemos una oración fúnebre suya que predicó en las honras del Maestro carmelita fray Francisco García de Castilla, catedrático de Alcalá, y que imprimió con el título de *Días de muerte convertidos en vida*, Alcalá 1703.

BIBL.: N51, 133-135; B. VELASCO, *Defensa que hace el obispo Serrada de los clérigos del obispado del Cuzco en un informe que envió al Virrey en 1729*: R133, 19(1962)103-108; ID., *Conflicto entre el obispo del Cuzco y el provincial de los agustinos sobre la visita de doctrinas en el siglo XVIII*, ib., 229-237; ID., *Situación de las doctrinas de la diócesis del Cuzco en el primer tercio del siglo XVIII*, ib., 371-372; A. DE EGAÑA, *Historia de la Iglesia en la América Española. Desde el Descubrimiento hasta comienzos del siglo XIX*. Hemisferio Sur, Ma. 1966, 843-844, quien erróneamente le hace carmelita descalzo; R. VARGAS UGARTE, *Historia de la Iglesia en el Perú*, IV, Bu. 1962, 111 ss.   P. M. GARRIDO

SERRANO, Diego, OdeM (Chillón [Córdoba] c. 1582 † Guadix 5-X-1672) obispo. Tomó el hábito de la Merced en Granada, donde profesó el 14-X-1598. Fue graduado de maestro de número y enseñó Artes y Teología. Fue provincial de Andalucía (1631), general de la Orden (1632), obispo de Solsona (1635), y como tal asistió a dos concilios provinciales, uno en Tarragona y otro en Barcelona. En 1639 lo trasladaron al obispado de Segorbe, donde celebró un sínodo diocesano, pasando más tarde al obispado de Guadix. Fue presentado para el obispado de Tortosa y para el arzobispado de Valencia, a los que renunció.

OBRAS: *Synodum Sanctae Ecclesiae Segobricensis*, Val. 1645.

BIBL.: O207; O226; E. GÓMEZ, *Fr. Juan Falconi*, Ma. 1956.   R. SANLÉS

SERRANO, Francisco, OP (Huéneja [Granada] 4-XII-1695 † Foochow [Fukién, China] 28-X-1748) misionero, obispo electo y mártir. Iniciado en los estudios institucionales, ingresó en la Orden de Predicadores en el convento de Santa Cruz de Granada, donde hizo el noviciado y profesó el 22-V-1714. Terminados sus estudios y graduado de lector de Teología, se le encomendó la cátedra de Filosofía (Artes) en dicho convento. Pero llevado de su celo por la conversión de los infieles, se incorporó luego a la provincia misionera del Santo Rosario de Filipinas, embarcándose en Cádiz, rumbo a Filipinas, el 20-VI-1625. Obligado a detenerse en Méjico durante dos años, allí ejerció el cargo de lector de Teología. El 5-IV-1727 se embarcó de nuevo, llegando a Filipinas en julio del mismo año. Designado misionero de China, partió enseguida para la misión de Fukién, consagrándose con gran celo a la conversión de los infieles. Desencadenada la persecución a los dos años de su llegada a la misión, hubo de ejercer el apostolado con gran cautela, y con muchos sacrificios y penalidades, viéndose obligado a vivir oculto y errante de un pueblo a otro, de una casa de cristianos a otra, y a veces oculto en fosas, entre paredes y en los desvanes de las casas de los cristianos. Delatado por un cristiano apóstata, fue hecho prisionero con sus compañeros los beatos Sanz, Royo, Alcober y Díaz, el 27-VI-1746. Durante los dos años de prisión hubo de comparecer muchas veces ante los tribunales, y allí confesó, una y otra vez, su fe intrépidamente. Y después de dos años de malos tratos e innúmeros sufrimientos, esposado, con grillos en pies y manos, y confirmada su sentencia de muerte por la corte de Pekín, le dieron muerte en la misma cárcel, sofocándolo, el 28-X-1748. En la cárcel recibió el nombramiento de obispo tipasitano y coadjutor del vicario apostólico de Fukién. No pudo llegar a consagrarse por llegarle las bulas en la cárcel y haber sido ya martirizado el vicario apostólico, el beato Sanz; pero rigió el vicariato desde la cárcel durante un año 1747-1748. Fue beatificado por León XIII el 14-V-1893, juntamente con sus compañeros mártires; y su fiesta se celebra el 3 de junio.

OBRAS: *Relación de la cruel persecución que padeció nuestra Christiandad de Fogán en el año pasado de 1746*, Manila 1748 (reimpresa en Se. 1749, Val. 1750, Ba. 1750, Val. 1778, Mur. 1749 y Ma. 1958; *Diario de nuestra prisión* y numerosas *cartas*, editadas por J. M.ª GONZÁLEZ, *Misiones Dominicanas en China*, II, Ma. 1952, 97-280.

BIBL.: J. M. GONZÁLEZ, *Misiones Dominicanas en China*, II, Ma. 1952 y 1958; O41, II, 312-406, 598-99, y V, 179-93; H. OCIO, *Compendio de la reseña biográfica de los religiosos de la Provincia del Santísimo Rosario de Filipinas*, Manila 1895, 346-347; E. FERNÁNDEZ ARIAS, *El Beato Sanz y compañeros mártires*, Manila 1894; C. G. CIENFUEGOS, *Reseña histórica de la vida y martirio de los VV. Señores Sanz y Serrano y los Padres Alcober, Royo y Díaz*, Ma. 1893.   M. GZ. POLA

SERRANO, Jorge de San José, OdeM (Lisboa c. 1566 † Osuna [Sevilla] 26-X-1636) escritor espiritual. Ingresó en la Orden de la Merced Calzada en el convento de Sevilla, donde profesó (20-I-1594), habiendo sido antes paje del archiduque Alberto de Austria, cardenal virrey de Portugal. En 1594 fundó un convento en Lisboa. Vuelto a España se pasó a los recién fundados mercedarios descalzos (1604). Funda un convento descalzo en Portugal (1611), y es nombrado comendador del Viso del Marqués y de Osuna, en donde pasó los treinta últimos años de su vida.

OBRAS: *Vuelo del espíritu y escala de perfección*, Se. 1612; *El Solitario contemplativo y Guía espiritual, sacada de las sentencias de los santos*, Li. 1678; *Vida del V. Fr. Antonio de San Pedro*, ms.; *Relación de lo que ha de hacerse en tiempo de peste, y de lo ocurrido en el contagio del año 1599 en Jerez de la Frontera y en Sevilla*, ms.

BIBL.: O207; O227; A1, I, 538.   R. SANLÉS

SERRANO, Luciano, OSB (Castroceniza [Burgos] 7-I-1879 † Burgos 17-VII-1944) abad, historiador. De joven ingresa en la abadía de Silos. Se ordena de presbítero el 14-XII-1902. En Roma y en Madrid perfecciona sus estudios. Es elegido abad en 1917. Alternando con sus trabajos históricos desarrolló el padre Serrano una actividad musical. A raíz de la aparición del *Motu Proprio* de San Pío X, emprendió largos viajes por los archivos catedralicios de España en compañía del gran musicólogo, padre Casiano Rojo, a fin de estudiar los manuscritos musicales españoles. Sus conclusiones quedaron plasmadas en varias obras, intituladas *¿Qué es canto gregoriano? Música religiosa. Historia de la música en Toledo* y *Conferencias sobre el canto gregoriano*. La Real Academia de la Historia lo nombró en 1940 académico de número. Su nombre merece figurar al lado de los de Argáiz, Yepes, Berganza, Loperráez, Flórez, a quienes completó y aun aventajó, dirimiendo contiendas históricas, cimentando sus conclusiones sobre bases bien documentadas.

Como abad y superior mayor de la abadía de Silos y de otras filiales en la Argentina, Méjico, Madrid y Vitoria, se preocupó de la observancia monástica, administró recta y sabiamente lo temporal, incrementó el personal, mejoró los edificios, organizó el trabajo intelectual en el monasterio y acrecentó el tesoro artístico y literario de la abadía.

OBRAS: *Colección Diplomática de San Salvador de El Moral:* Fuentes para la Historia de Castilla, I, Va. 1906; *Cartulario del Infantado de Covarrubias.* ib., II, Va. 1907; *Becerro gótico de Cardeña.* ib., Va. 1910; *Cartulario de San Pedro de Arlanza,* Ma. 1925; *Cartulario del Monasterio de Vega,* Ma. 1927, con documentos de San Pelayo y Vega de Oviedo; *Cartulario de San Vicente de Oviedo,* Ma. 1929; *Cartulario de San Millán de la Cogolla,* Ma. 1930. En el Boletín de la Real Academia de la Historia y en el Boletín de la Comisión de Monumentos de Burgos, publica monografías con análisis de documentos afines a los cartularios citados. *El Obispado de Burgos y Castilla primitiva desde el siglo V al XIII,* 3 vols., Ma. 1935-1936. Otras muchas obras le debe la historia eclesiástica de Burgos; le sorprendió la muerte cuando ultimaba una nueva publicación sobre *El Concilio de Trento y la diócesis de Burgos.* En 1911 es nombrado becario de la Escuela Española en Roma para el estudio de Arqueología e Historia. Después de tres años de asiduo trabajo en la Ciudad Eterna, puede presentar al papa Benedicto XV *Correspondencia diplomática entre España y la Santa Sede durante el pontificado de San Pío V,* 4 vols., Ro. 1914; al año siguiente publica *Archivo de la Embajada de España cerca de la Santa Sede,* I, *Indice analítico de los documentos del siglo XVI,* Ro. 1915. *Una leyenda del Cronicón Pacense,* Ma. 1909; *La intervención de Floridablanca en la redacción del Breve para la supresión de los jesuitas, 1772-1773,* Ma. 1914; *Alfonso XI y el papa Clemente VI durante el cerco de Algeciras,* Ma. 1915; *La Liga de Lepanto entre España, Venecia y la Santa Sede,* Ma. 1918-1919; *Don Mauricio, obispo de Burgos y fundador de su catedral,* Ma. 1922; *Los conversos don Pablo de Santamaría y don Alfonso de Cartagena, obispos de Burgos, gobernantes, diplomáticos y escritores,* Ma. 1942; *Los Reyes Católicos y la ciudad de Burgos desde 1451 hasta 1492,* Ma. 1943; *Causas de la guerra entre el papa Paulo IV y Felipe II,* Ma. 1918; *El primer obispo de Méjico y la corte de Castilla,* Ma. 1920; *El papa Pío IV y dos Embajadores de Felipe II,* Ma. 1924; *El real monasterio de Santo Domingo de Silos (Burgos). Su historia y su tesoro artístico,* Bu. ¿1925?; *Ascéticos benedictinos en lengua castellana,* Va. 1925; *Los Armíldez de Toledo y el monasterio de Tórtoles,* Ma. 1933; *Fueros y privilegios del Concejo de Pancorbo (Burgos),* Ma. 1933; *El mayordomo mayor de doña Berenguela, Garci-Fernández,* Ma. 1933; *España en Lepanto,* Ba. 1935; *Don Pablo de Santa María...,* discurso de ingreso en la Ac. de la Historia el 3-XI-1940; *Primeras negociaciones de Felipe II con el papa San Pío V:* R116, 1(1940)83-124; *El canciller de Fernando III de Castilla:* R116, 1(1941)3-40; *Orígenes del señorío de Vizcaya en la época anterior al siglo XIII...,* Bi. 1941; *Una fundación medieval de la Casa de Lara. El monasterio de Palacios de Benaber,* Bu. 1941; *Primeras negociaciones de Carlos V, rey de España, con la Santa Sede (1516-1518),* Ma. 1941; *Los Reyes Católicos y la ciudad de Burgos (desde 1451 a 1492),* Ma. 1943.

BIBL.: J. G. SÁINZ DE BARANDA, *Escritores burgaleses,* Alc· 1930, 102-105; J. PÉREZ DE URBEL, *Necrología. El Reverendísimo Padre Dom Luciano Serrano:* R22, 2(1944)207-11; ID., *Necrología. El Reverendo P. Dom Luciano Serrano, Abad de Silos:* R116, 4(1944)464-66; C. GUTIÉRREZ, *Rvmo. P. Dom Luciano Serrano:* Rev. Litúrgica Argentina, 35(1944) 40-45; I. M. TORIBIOS, *El Excmo. y Rvmo. P. Dom Luciano Serrano y Pineda:* Estíbaliz, 32(1944)139-41; otros art. necrológicos pueden verse en Diario de Burgos, Gaceta del Norte, Arriba España, de 18-VII-1944, y en Ora et Labora, 9(1944); D3, 55, 596-97. T. MORAL

SERRANO, Tomás, SI (Castalla [Alicante] 7-XI-1715 † Bolonia [Italia] 1-II-1784) neohumanista. Entró en SI en 1730. Profesor de Humanidades en la Universidad de Valencia y cronista de la ciudad. Desterrado a Italia en 1767, se estableció en Ferrara, e intervino en polémicas defendiendo la literatura hispano-latina clásica (1776).
BIBL.: O189, VII, 1153-56, y X, 1826; TODA Y GÜELL, III, 342, y IV, 69; M. BATLLORI, *La cultura hispano-italiana,* Ma. 1966. M. BATLLORI

SERRANO DE SAN NICOLAS, Melchor, (Bádenas [Teruel] 26-IV-1738 † Belchite [Zaragoza] 31-XII-1800) obispo. Ingresó en el noviciado de las Escuelas Pías de Peralta de la Sal (Huesca) el 8-VII-1756. Enseñó Latini-

dad, Humanidades y Retórica en Valencia (1764-67), Daroca (1768-70) y Zaragoza (1771-72), Filosofía, en Sos del Rey Católico (1773), y Teología, en Valencia (1774-77). Rector del colegio de las Escuelas Pías de Valencia en 1778. El 15-IX-1788 fue preconizado obispo de Arcén *in partibus* y auxiliar del arzobispo valentino Fabián y Fuero, «aunque abundaban en Valencia los eclesiásticos esclarecidos en virtud, ingenio y doctrina». El 28-X-1790 fue nombrado primer rector del Real Seminario Sacerdotal y Conciliar de la Inmaculada Concepción y Santo Tomás de Villanueva que acababa de fundar el arzobispo Fabián y Fuero. Con motivo de los incidentes ocurridos en Valencia a la llegada de los emigrados franceses que huían de la revolución, tanto el obispo Serrano como el arzobispo Fabián y Fuero sufrieron persecución por parte de las autoridades militares, que les acusaron de afrancesados. Serrano fue desterrado a Daroca en 1794 y más tarde a Belchite, donde pasó los últimos años de su vida.
OBRAS: *Dissertationem de litterarum cum bonis moribus affinitate,* Val. 1770; *Dissertationem de latinitate cum romana historia, cum chronographia et geographia coniungenda,* Za. 1772; *Propositiones philosophiae,* s. l. ni a.
BIBL.: V. CÁRCEL ORTI, *El padre Melchor Serrano de San Nicolás (1738-1800), obispo auxiliar y primer rector del Seminario Diocesano de Valencia:* Analecta Calasanctiana, 17(1967)163-233; ID., *Primera época del Seminario Conciliar de Valencia (1790-1843):* R62, 43(1967)85-133; C. RABAZA, *Historia de las Escuelas Pías en España,* II, Val. 1917,212. V. CÁRCEL

SERRATOSA QUERALT, Ramón, OdeM (Lérida 4-X-1875 † Jerez de la Frontera 18-IV-1961) historiador. Ingresó en la Orden de la Merced en Lérida (1-II-1888). Cursó la Filosofía y Teología en la Universidad Gregoriana de Roma, doctorándose en ambas disciplinas. Se ordenó de presbítero el 27-IV-1898. Vuelto a España (1898) se dedica por espacio de algunos años a la enseñanza de las Humanidades y Teología. Es nombrado comendador del Olivar (Teruel) (1903), provincial de Castilla (1906), reelegido para el mismo cargo (1910), definidor general (1911), definidor provincial (1919) y provincial (1921).
El año 1912 fundó el Boletín Oficial de la Orden de la Merced, siendo su primer director. Se traslada a América (1928) con el fin de investigar en los archivos provinciales y locales mercedarios; fruto de esta investigación son los muchos manuscritos suyos que se conservan en el Archivo Provincial de Castilla.
OBRAS: *Santos de la Orden de la Merced que gozan de culto inmemorial,* Ro. 1912; *Vida de la Ven. Sor María de la Sma. Trinidad, monja profesa de la Orden de la Merced* Ro. 1912; *Noticias biográficas del Ven. P. Fr. Miguel del Pozo:* Boletín Oficial de la Orden de la Merced, 2(1913) 385 y 3(1914)409. Deja numerosos artículos publicados en **La** Merced, Estudios, Boletín Oficial de la Orden de la Merced,
BIBL.: La Merced, 18(1961)574-585; R97, 17(1961)333-335. M. RODRÍGUEZ

SERVANDO y GERMANO, († 23 de octubre durante la persecución de Diocleciano) mártires de Mérida y Cádiz. Según el *Pasionario,* estos santos oriundos de Mérida, soldados y fervorosos cristianos, habrían padecido una primera vez, como confesores, graves tormentos, dando así ejemplo de ánimo y virtud a sus hermanos. Hízolos arrestar por segunda vez el prefecto de Lusitania, de nombre Viator, quien al trasladarse a la Mauritania mandó llevarlos consigo en dura peregrinación, en la que padecieron hambre, sed, frío y tempestades hasta llegar a una finca de nombre Ursiano, del *conventus* gaditano. Aquí fueron decapitados. El cuerpo de Germano pudo ser sepultado en Mérida junto a santa Eulalia, y el de Servando, en Sevilla, en el cementerio de las santas Justa y Rufina. Buena parte de esta narración la forjaría el hagiógrafo a base de otras

Pasiones. Por los textos del Oficio (PL 86, 1232-33) y Misa (PL 85, 884-88) mozárabes más antiguos, se sabe que estos santos procedían ciertamente de Mérida y murieron en la región gaditana. Lo demás queda incierto.

BIBL.: *Act. SS.* Oct. X, 28-30; *Breviarium Goth.*: PL 86, 1229 (himno); J. VIVES, *Inscripciones cristianas de la España romana y visigoda*, Ba. 1969, 104-105; FÁBREGA, *Pasionario*, 1, 161-164 y II, 353-57; C. GARCÍA RODRÍGUEZ, *El culto de los santos en la España romana y visigoda*, Ma. 1966, 236-39.   J. VIVES

SERVET, Miguel, (Villanueva de Sijena [Huesca] 29-IX-1511 ? † Ginebra[Suiza] 27-X-1553) teólogo, médico y humanista. Fue el descubridor de la circulación menor de la sangre, y uno de los padres del *unitarianismo* moderno. Su verdadero apellido es Serveto Conesa, alias Revés, aunque también se firma Villanovano o de Vilaneuve, usando el nombre de su villa natal. Su condición de «converso» no está documentada; en cambio se sabe que su familia era de cierta nobleza. Su padre durante treinta años notario, era infanzón hermunio o de nacimiento y así se firma desde 1529. Nada se sabe de sus primeros estudios. Entre 1525 y 1526 se le encuentra al servicio de fray Juan de Quintana, antiguo abad de Montearagón (cercano a Huesca) y confesor del Emperador. En 1528 va a estudiar a la Universidad de Toulouse, y en 1530 se encuentra de nuevo al servicio de Quintana con quien asiste a la coronación del Emperador en Bolonia. En un documento de 1532 la Inquisición de Toulouse nombra a Servet a la cabeza de una lista de fugitivos. De Italia pasa a Basilea y Estrasburgo donde entra en contacto personal y polémico con Ecolampadio, Bucero y Capito. De esta fecha (1531) es su primera obra *De Trinitatis erroribus libri septem*, la cual figura con su nombre y nacionalidad *«per Michaelem Serveto, alias Revés, ab Aaragonia Hispanum»*. El impresor, aunque no consta, fue Setzer, de Haguenau (Alsacia). En 1532 en la misma editorial, publica otro libro sobre el mismo tema: *Dialogorum de Trinitate libri duo*, en el que trata de rectificar y aclarar la doctrina de la primera obra. Pero de nada le vale. Fugitivo entre católicos y protestantes, buscado por ambas inquisiciones, cambia de nombre y después de una breve estancia en París, donde tiene su primer encuentro con Calvino, se establece en Lyon con el célebre médico y humanista Champier, a quien defiende en una *Apología* contra Fuchs en 1536. En 1541, ya con el título de médico, edita la *Geografía de Tolomeo* con importantes correcciones y anotaciones. Los estudios de Medicina los hizo en París donde figura en la matrícula de 1537. A juzgar por el testimonio de Andernach en sus *Institutiones Anatomicae*, ya en esta época no era un estudiante común. En París enseña y escribe sobre Astrología, lo cual le vale otro proceso. En 1542 con el título de Doctor en Medicina firma un contrato en Lyon para editar la *Biblia de Pagnini* y unas *Glosas* sobre la misma. Desde aquí pasa a Viena del Delfinado como médico del arzobispo Palmier, antiguo amigo suyo y primado de Francia. Aquí compone su obra fundamental *Christianismi Restitutio*, en la que se contiene el célebre pasaje sobre la circulación de la sangre y por la que va a ir a la hoguera. Denunciado por Calvino a las autoridades católicas, es quemado en efigie con sus obras en Viena, y apresado luego en Ginebra, es quemado vivo por orden del propio Calvino. La impresión subrepticia de la *Christianismi Restitutio* es de enero de 1553.

La Teología de Servet ha sido incorporada desde los comienzos, tanto al anabaptismo como al unitarianismo. Aunque en su totalidad es irreductible a ningún credo particular de la *Reforma protestante*, genética y tipológicamente pertenece a ella no sólo por su claro antirromanismo, sino por su doctrina sobre la Escritura y los Sacramentos. Servet no admite más testimonio que el de la escritura entendida histórica e individualmente, y no cree en más sacramentos que en el bautismo de los adultos y en la cena. La influencia de esta Teología se dejó sentir especialmente en Polonia y Hungría (Transilvania); pero, tal vez, su más importante contribución sea la muerte, con cuya ocasión desataron importantes polémicas sobre la libertad religiosa en el campo protestante. Actualmente la persona y la doctrina de Servet están firmemente establecidas en el unitarianismo moderno. La bibliografía crítica más importante de las obras de Servet es la de Madeline E. Stanton en la obra de John F. Fulton, *Michael Servetus: Humanist and Martyr.* New York: Reichner, 1953.

BIBL.: E. M. WILBUR, *A history of Unitarianism*, Cam. Mass. 1945; J. BARÓN FERNÁNDEZ, *Miguel Servet: su vida y su obra*, Ma. 1970; P. DE AMALLO Y MANGET, *Historia Crítica de Miguel Servet*, Ma. 1888; CHOISY, *Le procès y Le bucher de M. Servet:* Rev. Chrét, 3.ª ser, 18(1904)296 ss.; N. PAULUS, *Calvin als Handlanger der päpstlichen Inquis:* Hist. Pol. Bl., 143(1909)329 ss.; A. DICHE, M. *Servet et Calvín*, 2.ª ed., Par. 1907; W. OSLER, *Michael Servetus*, Lo. 1909; M. MENÉNDEZ PELAYO, *Heterodoxos Españoles*, I, Ma. 1956, 749. La bibliografía crítica más importante de las obras de Servet es la de Madeline E. Stanton en la obra de J. F. FULTON, *Michael Servetus: Humanist and Martyr*, New York, 1953.   A. MÁRQUEZ

SERVICIO DOMESTICO Y PROTECCION DE LA JOVEN, Hijas de María Inmaculada para el. Congregación fundada en Madrid el 11-VI-1876 por la beata Vicenta María López y Vicuña. Decreto Laudatorio, 18-IV-1888. Aprobación del Instituto, 13-I-1899. Aprobación de las Constituciones, 12-IX-1904. El primitivo nombre de *Hermanas del Servicio Doméstico de la Inmaculada Concepción* se cambió por el actual el 18-V-1905.

El fin específico de la Congregación es ofrecer un hogar a las jóvenes honradas que se ven obligadas a vivir lejos de su familia por razones de trabajo o preparación para el mismo. Su campo de acción ha ido extendiéndose a medida que la joven ha visto modificarse sus ambientes y sus condiciones de trabajo. Desde Madrid, que vio nacer el Instituto, la Obra se extendió con rapidez a otras ciudades y provincias de España, y pronto ésta se vio cubierta de una vasta red de centros de protección y asistencia para las jóvenes sirvientas diseminadas por la nación. Desde aquí, siguiendo siempre las rutas de la emigración, las Hijas de María Inmaculada pusieron pie en la mayor parte de las naciones de Hispanoamérica: Argentina, Chile, Brasil, Uruguay, Méjico, Perú, Colombia, Cuba. También en otras naciones: Portugal, Francia, Italia, Inglaterra, Alemania, Estados Unidos, Marruecos y la India.

Otras actividades del Instituto son: Congregaciones Marianas, Ejercicios Espirituales, escuelas nocturnas y dominicales, ambulatorios, actividades del tiempo libre, misiones entre infieles. Estadística: ocho provincias, ocho noviciados, 81 casas, 2.152 religiosas. Casa madre: Madrid, Fuencarral, 99. Casa generalicia: Roma, Vía Cassia, 585.   M. T. DE JESÚS CANÓS

SERVIDORAS DE JESUS del Cottolengo del Padre Alegre. Congregación fundada en Barcelona en octubre de 1939 por los padres Jacinto Alegre Pujals SI, Juan Guim Molet SI y Dolores Permanyer Volart. El fin específico es el cuidado de los pobres y enfermos abandonados. Tienen seis casas en España. Por decreto de la Congregación de Religiosos de 22-V-1969 pasó de Pía unión a Congregación religiosa, cosa que se hizo el día de Cristo Rey del mismo año.

Q. ALDEA

SERVIDORI, Domingo María, (Roma c. 1724 † Madrid 1790) calígrafo. Se le conoce por el abate Servidori; perteneció al grupo de eclesiásticos que recibían sólo las Ordenes menores y que durante el siglo XVIII fueron muy numerosos en la Corte. Formaban estos clérigos, llamados comúnmente abates, una clase no demasiado prestigiosa, satirizada con frecuencia y puesta en ridículo por nuestros autores dramáticos. Solían contratarse como educadores de los hijos de familias nobles o ricas, sobre todo de niñas jóvenes, a los que enseñaban no tanto cultura general o de escuela, sino materias más especiales como música, dibujo, idiomas, etc.

Servidori había venido a Madrid en 1760, acompañando al rey Carlos III, a cuyo servicio estaba ya en Nápoles como pintor de pluma. Con buenas dotes naturales para el dibujo, y bien amaestrado en el arte de escribir por el padre Piaggi y el abate Pucci, notables calígrafos ambos, uno en la Biblioteca Vaticana y otro en la Curia pontificia, tuvo en Madrid su grupo de alumnos más o menos selectos, entre ellos al diplomático don José de Anduaga, a través del cual gozó Servidori de la protección y los favores del Conde de Floridablanca.

Su fama va unida a las disputas que durante la segunda mitad del siglo XVIII enzarzaron a los calígrafos españoles de las diferentes escuelas. Participó Servidori en la polémica, primero a través de la obra de su discípulo Anduaga *Arte de escribir por reglas y sin muestras* (Ma. 1781), inspirada, y aun escrita por él, según algunos; después, más directamente, escribiendo y publicando a su nombre las *Reflexiones sobre la verdadera arte de escribir*, contra el gran calígrafo Francisco Javier de Santiago y Palomares. Entre los autores que terciaron en la disputa está el escolapio Andrés Merino, forzadamente inclinado a Servidori, y el maestro calígrafo don Torcuato Torío de la Riva, que lo impugnó duramente, mientras defendía con entusiasmo a Palomares y a su famosísima *Arte nueva de escribir*.

OBRAS: *Reflexiones sobre la verdadera arte de escribir*, 2 vols. (texto y láminas), Ma. 1789; la obra está dedicada al conde de Floridablanca, y contiene al principio un «Indice alfabético de los profesores del arte de escribir», españoles y extranjeros; el texto va en forma de diálogo, muy pesado, entre un maestro llamado D. Anselmo (el propio Servidori) y un discípulo llamado Juan. Dice Cotarelo que «en el Museo Pedagógico de esta Corte hay una muestra de varias clases de letra, escrita por Servidori».

BIBL.: E. COTARELO Y MORI, *Diccionario de calígrafos españoles*, II, Ma. 1916, 252-58.   T. MARÍN

SERVITAS DE MARIA (Terciarias Regulares Servitas de María). Congregación fundada en Jolimont (Bélgica) el 1699, por el padre Félicien Bataille. El fin específico es la asistencia a los enfermos y ancianos. Tienen las Reglas de las Servitas adaptadas al fin de la Congregación. Se estableció en España, en Córdoba, el 30-IV-1955. Tienen dos casas en España.

D. MARRERO

SEVERINO DE SANTA TERESA. OCD (Bérriz [Vizcaya] 11-XII-1885 † Amorebieta [Vizcaya] 29-IV-1962) misionero, prefecto apostólico de Urabá (Colombia) e historiador. Ingresó en el noviciado de Larrea (Vizcaya) el 18-IV-1901 y profesó el 24-IV-1902. Se ordenó el 12-III-1910. Perfeccionó sus estudios en las Universidades de Lovaina y Viena. El 2-IX-1918 fue destinado a la misión de Urabá (Colombia). Al morir su prefecto (1926) fue puesto en su lugar por la Santa Sede. Terminó de organizar eclesiásticamente la misión, y su territorio fue entregado a la diócesis de Antioquía, retirándose Severino en 1941 al colegio de Amorebieta.

OBRAS: *Creencias, ritos, usos y costumbres de los indios caties de la Prefatura Apostólica de Urabá*, Bogotá 1924; *Corona Fúnebre del primer Prefecto Apostólico de Urabá, Mons. José Joaquín Arteaga de la Virgen del Carmen*, Bogotá 1927; *Vírgenes Conquistadoras que Santa Teresa envió a las Américas*, SSe. 1951; *La Inmaculada en la conquista y coloniaje de la América Española*, Bi. 1954; *Historia Documentada de la Iglesia en Urabá y el Darién*, 5 vols., Bogotá 1956-1957; *Santa Teresa por las Misiones*, Bi. 1959; *Ejercicios Espirituales según el espíritu y doctrina de Santa Teresa de Jesús y San Juan de la Cruz*, Bi. 1962.

BIBL.: Es muy abundante en la prensa colombiana sobre este prelado misionero, desde 1926 a 1941. En la Orden, N30, 1964, 70-77.   A. DE LA V. DEL CARMEN

SEVERO (siglo V) escritor. Obispo de Menorca (Baleares), célebre por la carta que dirigió a los obispos, clérigos y fieles de todo el orbe católico, narrando la conversión total de los judíos de Magona (Mahón), en ocasión de haber traído Paulo Orosio las reliquias del protomártir san Esteban en febrero del 417 (adoptamos la fecha defendida por el padre Gabriel Seguí en su tesis doctoral, p. 40, en lugar de 418 que desde Baronio solía ponerse comúnmente). Este «insigne monumento de la antigüedad cristiana» fue hallado por el cardenal César Baronio en la Biblioteca Vaticana e inserto íntegramente en sus famosos *Annales*, y publicado más tarde por los Maurinos y Migne.

Severo nos proporciona en su carta un cuadro vivísimo de la vida religiosa en Menorca en los últimos tiempos del Imperio Romano. Aparece claramente delineada su propia actuación pastoral, llena de doctrina bíblica y siempre celosa y prudente, durante la semana que, dejando su residencia habitual en Iamona (Ciudadela), estuvo en Magona (Mahón) trabajando en la conversión de los judíos que tenían allí supremacía. Menciona a los clérigos que le acompañaban, a los monjes, a las vírgenes; nos presenta al pueblo fiel que coopera eficazmente con su pastor en el apostolado y toma parte activa en la oración y en el canto. Son del mayor interés los datos que nos da Severo de la liturgia, el catecumenado, la situación jurídica de los judíos, y las características políticas y físicas de Menorca, todo ello dentro del más riguroso verismo, que es poderoso argumento interno de la autenticidad e historicidad de la carta, como lo son también las abundantes citas bíblicas según el grupo africano de la *Vetus Latina*, y el *cursus rythmicus* fielmente observado a lo largo de todo el documento y que excluye toda interpolación de época posterior. Sabemos por el antiguo autor de la obra sobre las reliquias de san Esteban, que la carta severiana obtuvo gran resonancia en las iglesias, sobre todo del Norte de Africa, donde, con fervor del pueblo, era leída desde el púlpito durante las funciones sagradas.

Si en otro tiempo, con endeble argumentación y escaso conocimiento de la carta de Severo, algunos autores dudaron de su autenticidad y veracidad, hoy quedan ambas plenamente vindicadas, especialmente en la tesis doctoral en Historia Eclesiástica, defendida el año 1934 en la Pontificia Universidad Gregoriana por el padre Gabriel Seguí, misionero de los Sagrados Corazones.

En el palacio episcopal de Ciudadela un sencillo monumento, con lápida y busto, perpetúa la memoria del obispo Severo, y en el Seminario diocesano se celebra anualmente el día del obispo Severo en el que el profesor de Historia, con asistencia del prelado y de los profesores y alumnos, desarrolla en lección pública alguno de los muchos temas sugeridos por la carta severiana.

OBRAS: *Epístola de Judaeis*: PL 20, 731-746, y 41, 821-832, C. BARONIO, *Annales Ecclesiastici*, Ro. 1594, 419. En PL 20 hay un error, pues se dice «Severus *Maioricensis*» por «*Minoricensis*»; *De miraculis Sancti Stephani protomartyris libri duo*: PL 41, 833-854.

BIBL.: A. ROIG, *De sacris apud Minorem Balearem antistibus, Severo potissimum, deque istius epistola exercitatio, et in eandem epistolam animadversiones*, Palm. 1787; G. SEGUÍ VIDAL, *La Carta Encíclica del Obispo Severo*, Palm. 1937.

F. MARTÍ

SEVERO († c. 602) obispo de Málaga. Las noticias que se tienen, se deben a san Isidoro. Por éste sabemos que fue compañero y amigo, en el mismo monasterio, del monje Liciniano, obispo, más tarde, de Cartagena; que, estando ya al frente de la diócesis malacitana, escribió un libro, titulado *Correctorium*, contra el obispo de Zaragoza, Vicente, cuando éste se pasó al arrianismo y se hizo rebautizar; y otro sobre la virginidad, dirigido a una hermana, con el título de *Anulus*, del que san Isidoro confiesa conocer el nombre, pero desconocer el contenido. Brilló, dice el santo, el año 580, en tiempo del emperador Mauricio durante cuyo reinado muere. El abad Tritemio, Juan de Heidenberg, hace gran elogio de Severo a quien alaba como erudito en las Sagradas Letras, notablemente docto en los saberes profanos, de agudo ingenio y de brillante elocuencia. Debió de ser nombrado obispo hacia el año 578, ya que parece escribió el *Correctorium* antes del 580, año en que los arrianos decretaron en un concilio que celebraron en Toledo, que no fueran rebautizados los católicos que pasaran a su secta, y morir hacia el año 602 en que terminó la vida del emperador Mauricio. No figura entre los obispos que asistieron a los concilios celebrados durante su pontificado en Toledo y en Sevilla, porque la tierra de Málaga estaba sometida por entonces, no a los reyes visigodos, sino a los emperadores de Bizancio. De sus escritos sólo se conserva una carta que, juntamente con Liciniano, escribió, todavía en el monasterio, al diácono Epifanio, que les había preguntado si los ángeles eran puros espíritus libres de todo cuerpo y que transcribe Flórez en el Apéndice IV del tomo 5.º de su ES.

OBRAS: *Correctorium liber I; Anulus o De virginitate ad sororem liber I; Epistolae ad diversos liber I.*

BIBL.: ES 12, 303-312, y 5, 351; San ISIDORO, *De Vir. ill.* c. 43; TRITEMIO, De Script. Eccles., Bas. 1494, c. 226; M4, I, 199; E. CUEVAS y U. DOMÍNGUEZ DEL VAL, *Patrolog. Esp.* (apénd. a la de Altaner), Ma. 1956, 34.

J. NOVO DE VEGA

SEVILLA, Archidiócesis de, (*Hispalensis*) sede metropolitana. Fue cabeza eclesiástica de la provincia bética. Actual arzobispado y capital de la provincia eclesiástica de su nombre. El vocablo *Hispalis* es prerromano, latinizado luego. Por influencia árabe el *Hispalis* latino se convirtió en el moderno Sevilla, que aparece ya bajo la forma *Sibilia* en inscripciones del siglo XII.
1. **Historia.** Sobre los orígenes de la Iglesia de Sevilla no faltan, como sobre tantas otras de la Península, las fabulosas noticias de los falsos *Cronicones*, con la cantinela de su pretendido origen apostólico a través de un supuesto primer obispo, discípulo de Santiago el Mayor, llamado San Pío. Según esas falsas fuentes, la primitiva iglesia estaría consagrada a la Santísima Virgen y sería el segundo templo que se dedicó a la Madre del Señor, viviendo aún en este mundo; el primero habría sido el de Zaragoza. Con ese pretendido origen apostólico hay que relacionar los títulos de patriarcal y de primada que algunos autores tratan de reivindicar para la sede hispalense. Lo más que puede aceptarse. y sólo como tradición, en relación con los tiempos apostólicos, es que san Geroncio, obispo de Itálica, predicó la fe cristiana y le ganó los primeros adeptos en Sevilla y su comarca.

Las primeras noticias históricas no van más allá de fines del siglo III o comienzos del IV y se refieren al martirio de las santas Justa y Rufina y a la presencia en el concilio de Elvira del obispo Sabino, sobre el cual

parece lógico discurrir que no iba a ser precisamente el primero de la serie episcopal sevillana. En fuentes de fiar se habla, al menos, de otro obispo anterior, de nombre Marcelo. Tampoco consta cuándo empezó Sevilla a ser cabeza de la provincia eclesiástica bética; parece que en el momento del concilio de Elvira no lo era, pues aunque dicha provincia, sin duda, estaba ya constituida y se correspondía, en sus límites, con la provincia civil o imperial del mismo nombre, se seguía la norma de no vincular el cargo de metropolitano a ninguna ciudad episcopal fija ni a su prelado correspondiente, sino identificarlo con el obispo —no el obispado— más antiguo. Así se explica que en las actas de Elvira el hispalense figure como uno de tantos entre los prelados de la Bética, que fue la provincia mejor representada; mientras el de Guadix firma el primero. Probablemente, como ocurrió con la mayoría de las metrópolis eclesiásticas, en la Bética tampoco coincidieron las dos capitalidades, la civil y la eclesiástica, hasta el siglo V. Como sufragáneas de Sevilla se contaban entonces *Iliberis* (Granada), *Vergi* (Berja, en Almería), *Iliturgi* (Cuevas de Lituergo, Andújar), *Astigi* (Ecija), *Corduba* (Córdoba), *Malaca* (Málaga), *Egabro* (Cabra), *Ipagro* (Aguilar de la Frontera), *Tucci* (Martos), *Italica* (Santiponce) y posiblemente *Carcere* (Carchel) y *Ursona* (Osuna). No es posible fijar con seguridad los límites geográficos de la sede hispalense ni de la provincia bética en esta primera época. Guiándonos por la división romana tradicional, podemos decir que la provincia eclesiástica llegaría por el Este hasta Almería; por el Noroeste, hasta el río Guadiana; por el Sur y Oeste, hasta el mar. Entre sus obispos es notable Evodio que, al amparo de la paz de Constantino, reconstruyó antiguas iglesias arruinadas y construyó de nuevo la de San Vicente, que pudo ser la primera catedral y estar ubicada en el mismo lugar aproximado que ocupa la moderna de hoy.

Durante los siglos V y VI la vida de la sede se vio afectada por las luchas de los pueblos bárbaros que habían invadido la Península: vándalos, suevos, visigodos. El vándalo Gunderico, por ejemplo, quiso apoderarse de los tesoros de la iglesia de San Vicente en tiempo del obispo Marciano, año 428, y el suevo Rechila desposeyó de su sede al obispo Sabino en 441. Los visigodos se instalaron en la Bética durante la primera mitad del siglo VI, y Sevilla fue testigo de sus luluchas intestinas, con participación en ellas de los bizantinos. A la postre se convirtió en escenario del terrible drama familiar desarrollado entre el rey Leovigildo y su hijo Hermenegildo. El fondo religioso, más que político, de esa lucha entre padre e hijo iba a repercutir con fuerza en la metropolitana hispalense que, con la conversión de Recaredo y bajo los pontificados de Leandro e Isidoro, pasaría a ser la sede que mayor juego diera en la Iglesia española durante el siglo VII. Los dos prelados fueron, respectivamente, alma de los concilios III y IV de Toledo, los más importantes en la historia eclesiástica de España, y Sevilla mismo reunieron otros tres concilios, aunque provinciales, importantísimos. En el orden monástico, gracias a los dos hermanos, a sus libros sobre el tema y a los monasterios que fundaron, Sevilla llegó a convertirse en uno de los focos monacales más transcendentes de la Iglesia hispano-visigoda. En el orden cultural, tanto y más que en el religioso, la iglesia de Sevilla también se pone ahora en cabeza no sólo de las de la Península sino de toda Europa. El último prelado de la época visigoda fue el tristemente famoso D. Oppas, a quien se considera cómplice en la traición que abrió a los árabes las puertas de España. En cuanto a nuevas diócesis sufragáneas de la provincia bética, aparecen en este período las de *Elepla* (Niebla), *Asidona* (Medinasidonia) y *Abdera* (Adra).

La invasión sarracena que el año 712 alcanzó ya a Sevilla y a toda la provincia bética supuso un colapso casi total de la vida eclesiástica. La mayoría de sus habitantes islamizaron, abandonando el cristianismo. La minoría que se mantuvo fiel a la fe cristiana —los mozárabes— teóricamente pudo seguir practicando su religión bajo la jurisdicción de la jerarquía eclesiástica, pero con muchas limitaciones, cuando no entre persecuciones o grandes dificultades. La falta de datos para la historia de este período de la conquista y dominación árabes es aquí, como en otras diócesis españolas, desesperante. Apenas se puede dar una idea mínima de lo que allí ocurrió, concretada a los siguientes puntos: Junto con la organización jurídica de la provincia eclesiástica se mantiene la figura del metropolitano como cabeza de la comunidad cristiana, pero en su elección y nombramiento interviene el poder civil musulmán, con las consecuencias que pueden imaginarse. Parece que hasta el año 1145 la serie de prelados hispalenses se mantuvo en sucesión de continuidad o, al menos, sin intervalos grandes; la identificación de algunos de ellos es muy difícil, pues hasta sus nombres exactos se ignoran. Son conocidos y aun famosos el metropolitano Juan que asistió al concilio de Córdoba del año 839, Recafredo que presidió la reunión de metropolitanos convocada en Córdoba por el emir musulmán para tratar de condenar a aquellos cristianos que buscaban espontáneamente el martirio, provocando incluso a los musulmanes, y Clemente que en 1145 huyó de Sevilla para escapar a la persecución de los almohades, dejando vacía la sede durante más de un siglo, hasta la conquista de la ciudad por San Fernando en 1248. Igual hicieron los sufragáneos de Medinasidonia, Niebla, Ecija y Málaga. En cuestión de culto, siguieron abiertas algunas iglesias cristianas, en el barrio de Triana especialmente, permitiéndoseles el uso moderado de campanas. Monasterios, no hay indicios de que subsistiera ninguno. La persecución cordobesa del siglo IX no alcanzó a los cristianos de Sevilla. Pero sí la de los almohades en el siglo XII, la cual, más que en derramamiento de sangre, parece que se concretó en expulsiones masivas de los mozárabes. Ortiz de Zúñiga habla del «degolladero de los cristianos», refiriéndose a un paraje extramuros de la puerta de Córdoba.

La reconquista de Sevilla por San Fernando en 1248 iba a traer como principal consecuencia la restauración de la sede metropolitana, con la inauguración de una etapa nueva y gloriosa en la historia de la archidiócesis. La importancia eclesiástica de la capital de Andalucía correría pareja, durante varios siglos, con su importancia militar y política. El primer acto de los reconquistadores puede decirse que fue la conversión de la mezquita mayor en catedral, consagrada por el obispo de Córdoba, D. Gutierre, bajo la advocación de Santa María en el misterio de la Asunción. Otras mezquitas se convirtieron en iglesias parroquiales. El total de parroquias fue de 24, que se identificaban con las collaciones de vecinos; aparecen ya organizadas en 1250, antes incluso que la catedral; he aquí sus nombres: San Salvador, San Juan Bautista, San Román, Santa Marina, Santa Catalina, San Nicolás, Santiago, San Esteban, Omnium Sanctorum, San Pedro, San Andrés, San Isidro, La Magdalena, San Ildefonso, Santa Lucía, San Marcos, San Miguel, San Gil, San Lorenzo, San Martín, San Illán o Julián, San Bartolomé, San Vicente. A ellas hay que añadir la de San Clemente, dentro de la catedral misma y, poco después, la de San Jorge o Santa Ana en el barrio de Triana. Dice Ortiz de Zúñiga que junto a cada parroquia se dispuso también un hospital. La organización de la catedral y de la propia sede se retrasó un poco más, acaso por haberse propuesto como prelado de la misma al hijo de san Fernando, D. Felipe, que no tenía recibido el orden

sacerdotal y que en 24-VI-1249 aparece nombrado por el papa como simple procurador, *procurator Ecclesiae Hispalensis*, y en 1251 como «electo» de Sevilla, en cuya situación perduró hasta 1258, en que, sin haber llegado a consagrarse, renunció. Sucedióle el célebre D. Raimundo de Losana o D. Remondo, que era obispo de Segovia e iba a ser el gran organizador de la restaurada archidiócesis. La cual, durante los dos siglos muy largos que corren hasta la Edad Moderna, tuvo una vida próspera, siempre en aumento, cuyas principales manifestaciones fueron:

El auge de la iglesia catedral, que había sido dedicada oficialmente el 11-III-1252 y organizada en todo a imitación de la de Toledo. Enseguida empezó a disfrutar de las pingües dotaciones regias, de singulares privilegios apostólicos y de cuantiosos donativos particulares. En los estatutos de 1261 se dispone ya que haya en ella 10 dignidades, 40 canónigos, 20 racioneros mayores y 20 menores. Sus edificios e instalaciones se ampliaban continuamente, llegando a contarse, a principios del siglo XV, entre capillas y altares, más de 50, destacando por su antigüedad y munificencia la capilla real, con su imagen de la Virgen de los Reyes. Del año 1401 es el acuerdo de construir una catedral nueva, la actual, cuyas colosales dimensiones riman con el dicho que se atribuye a uno de los prebendados que tomaron el acuerdo: «Hagamos una iglesia tan grande que los que la vieren acabada nos tengan por locos». En todo caso, el anhelo de los constructores fue levantar una «iglesia tal e tan nueva que no haya otra su igual». Cerca de la catedral y sobre otra mezquita, tenida por la segunda de la ciudad, se levantó la iglesia de El Salvador, constituida pronto en colegiata, con 10 beneficiados canónicos y un abad.

Pero el gran fenómeno eclesiástico de la nueva diócesis y su capital, a raíz de la conquista fernandina, será la proliferación de monasterios y conventos, que seguirán aumentando durante siglos y no decrecerán hasta la Desamortización. Todas las familias religiosas, masculinas y femeninas, aparte las Ordenes militares, tuvieron allí su representación, con edificios magníficos, espléndidamente dotados por la munificencia regia y la piedad popular: San Clemente, San Benito, San Francisco, San Pablo, San Agustín, San Isidoro del Campo, La Merced, La Trinidad, Santa María de las Dueñas, Santa María de las Cuevas, San Leandro, Santa Clara, por no citar sino algunos de los principales y más antiguos.

Los arzobispos sevillanos se caracterizan en este tiempo por una especial vinculación al rey y a los asuntos públicos de todo orden, empezando por los bélicos, sin dejar de acudir a las grandes acciones de la Reconquista, no sólo con hombres y dinero, sino también en persona. Así los vemos presentes en el sitio de Algeciras, en la toma de Gibraltar, en la batalla del Salado. Tampoco pueden marginarse de las luchas internas que, como mal endémico, empiezan pronto a desgarrar a la real familia y de las cuales fue Sevilla principal escenario. Dentro del marco eclesiástico les preocupa mucho la administración temporal de los bienes de la diócesis —la más rica de Castilla, después de Toledo—, solícitos siempre del acrecentamiento de las rentas de la *mensa episcopalis*. Otro de sus afanes lo constituye el engrandecimiento de su provincia eclesiástica, aspirando a reconstruirla según los esquemas de la época visigoda. Así, luchan sin éxito por incorporarse Córdoba, que había quedado desde su reconquista como sufragánea de Toledo; de las restantes sólo obtienen Medinasidonia que se traslada a Cádiz; y ya en el siglo XV, Málaga. En cambio, se le incorporan otras nuevas como las de Silves, Canarias, la efímera de Algeciras y posiblemente Marruecos. Los límites diocesanos propiamente dichos se fijan por el Este en la ciudad de

Ecija; por el Sur, en Puerto de Santa María; por el Norte, en San Nicolás del Puerto, y por el Oeste, en Ayamonte. Entre los prelados de esta época bajomedieval merecen citarse D. Almoravid de Carte, Nuño de Fuentes y Alonso de Egea que lelebraron sínodo, los Alvarez de Albornoz (Fernando y Pedro), Diego de Anaya, los cardenales —algunos, puros administradores— Juan de Cervantes, Pedro Riario, Pedro González de Mendoza, Rodrigo de Borja, y los dos Alonso de Fonseca, tío y sobrino, tan ambiciosos e intrigantes. Entre los acontecimientos de carácter social y religioso llaman la atención en 1391 las predicaciones antijudaicas del celoso arcediano de Ecija, Fernando Martínez, que desencadenaron el ataque a la judería sevillana y la persecución de que fueron objeto los judíos aquel año en toda la Península. Casi un siglo después, año 1481, comenzó a ejercer en Sevilla, por primera vez en España, el tribunal de la Inquisición. Y tres años antes, 1478, se había celebrado allí mismo, a la sombra de los Reyes Católicos, la Gran Asamblea del Clero, donde se estudiaron todos los problemas religiosos del reino, se aprobó la línea de conducta de los Reyes con la Iglesia y se dispuso para cada tres años la celebración de dicha Asamblea, que antes se reunía esporádicamente. El gran acontecimiento eclesiástico estuvo realzado por otros de carácter civil ocurridos al mismo tiempo, sobre todo por el nacimiento del príncipe D. Juan, cuyo bautizo se celebró con extraordinaria pompa el 9 de julio, al día siguiente de inaugurada la asamblea, con asistencia de los asambleistas y siendo bautizante el cardenal-arzobispo D. Pedro González de Mendoza.

Los últimos años de la Edad Media y los primeros de la Moderna, con todo el siglo XVI, bien pueden llamarse edad de oro de la iglesia de Sevilla. A darle categoría y esplendor contribuyeron los dos más grandes sucesos de la historia de España: el final de la Reconquista y el descubrimiento de América. A los cuales se unió una novedad importantísima de cuño netamente eclesiástico: el derecho de patronato y presentación, por parte del poder real, de candidatos para la provisión de obispados y beneficios consistoriales. Gracias a esta novedad, Sevilla vio durante los reinados de los Reyes Católicos, de Carlos V y de Felipe II sentarse en la sede de san Isidoro una legión de insignes prelados que, en su conjunto, ni antes ni después, ha tenido igual. Fue el primero de esta serie D. Diego Hurtado de Mendoza quien con sus rentas y persona colaboró eficazmente en la guerra y en la conquista de Granada. El y sus sucesores siguieron vinculados a los regios planes de proyección cristiana y española sobre el norte de Africa, considerándose la sede sevillana como una especie de metrópoli con relación a Marruecos, cuyos obispos, si no sufragáneos propiamente dichos, sí son, al menos, residentes habituales en Sevilla, hasta el extremo de ser tenidos por auxiliares de esta sede.

Pero la gran proyección eclesiástica de Sevilla hacia donde se orientó verdaderamente, de hecho y de derecho, fue hacia el Nuevo Mundo. He aquí la serie de circunstancias que convirtieron a su Iglesia en adelantada de las Iglesias hispanoamericanas: a) Encargados los Reyes de Castilla por el pontífice Alejandro VI a través de las bulas *Inter Coetera*, de 3 y 4 de mayo de 1493, de destinar a las islas recién descubiertas por Colón «varones probos, temerosos de Dios, instruidos y peritos en la enseñanza del evangelio a los infieles», delegan en Juan Rodríguez de Fonseca esta tarea. Siendo Fonseca arcediano de Sevilla, no extraña que sea en esta diócesis donde se recluten los primeros eclesiásticos que pasaron a Indias. Fue en esta ciudad donde se encargó a fray Bernat Boyl, vicario de los Mínimos en España, la jefatura de la primera expedición misionera en la que figura un fray Rodrigo Pérez,

franciscano, y un fray Jorge, mercedario, a quien Hipólito Sancho de Sopranis *(El maestro Fr. Jorge de Sevilla, Mercedario. Intento de identificación de un amigo de Colón*: R133, 1953, 291-312) y Guillermo Vázquez *(La Orden de la Merced en Hispanoamérica*, Ma. 1968, 26-31) identifican con el célebre predicador fray Jorge de Sevilla. b) La Casa de la Contratación de Sevilla, que sustituyó en sus funciones religioso-administrativas a Fonseca, tenía, además, entre sus misiones, la de velar por la educación de los indios, encomendada fundamentalmente a personas e institucionese eclesiásticas. c) Canónicamente, las primeras diócesis indianas, creadas por la bula *Illius fulciti*, de Julio II (1504) formaban una nueva provincia eclesiástica; pero al ser derogada aquella bula por la *Romanus Pontifex* de 1511, dada por el mismo papa, los tres obispados (Santo Domingo, Concepción de la Vega y Puerto Rico) que sustituyen al arzobispado de la Yaguata y a los obispados de la Maguana y Bayuna, dispone que pasen a ser «de la Provincia de Sevilla» y sufragáneos de su Iglesia; a la cual y al arzobispo de ella estuviere, se sujeten por derecho metropolitano» (B. de Tobar, *Bulario Indico*, I, Se. 1954, 56-58). d) Los primeros obispos del Nuevo Mundo, Alonso Manso, de Puerto Rico, y García de Padilla, de Santo Domingo, firman los documentos de erección de sus respectivas catedrales el año 1512 en el palacio arzobispal de Sevilla y, por lo tanto, la estructura del cabildo hispalense viene a conformar gran parte de las Iglesias americanas, porque estas primeras erecciones catedralicias se toman como modelo para las que vinieron más tarde. En algunas de ellas, por ejemplo, la de Caracas, se dice expresamente: «La segunda misa se diga a la hora de tercia de la fiesta o feria que ocurre, según el estilo de la Iglesia de Sevilla» (Tobar, *Bulario*, I, 163); en otras, como la de Guatemala, «manda se guarden las costumbres, ritos y ordenaciones de la Iglesia de Sevilla en los oficios, insignias y hábitos», y «que el oficio divino se diga según la costumbre de la Iglesia de Sevilla» (Tobar, *Bulario*, I, 220); y eso mismo lo repiten las de Lima y Cartagena de Indias. e) En algunos problemas específicos, como el de los diezmos del azúcar, la bula *Ad hoc nos*, de 16-II-1543, nombra ejecutor de las disposiciones al arcediano de Sevilla. f) En 1545 la bula *Super universas*, de Paulo III, «separa las Iglesias de Los Reyes, Cuzco, Quito, Castilla del Oro, Nicaragua y Popoyán de la jurisdicción de Sevilla, erigiendo la de Los Reyes en metropolitana» (Tobar, *Bulario*, I, 275). El mismo año las bulas de erección de los arzobispados de Méjico y Santo Domingo hacen que deje de ser provincia eclesiástica hispalense todo el Nuevo Mundo, como lo había sido durante un tercio de siglo. No obstante, la Iglesia sevillana sigue influyendo en Indias y así, cuando el 23-II-1553 fray Tomás de San Martín erige la catedral de La Plata, «estatuye y ordena que las dignidades, canónigos y racioneros de la dicha iglesia catedral usen de vestidos verdes o negros, para la celebración de las horas y del oficio divino, en los tiempos, forma y modo acostumbrados en la iglesia catedral de Sevilla (Tobar, *Bulario*, I, 315). g) En Sevilla se formó la primera intelectualidad universitaria indígena del Nuevo Mundo y se ordenaron de sacerdotes los primeros indios. Una real célula de 5-VI-1512 hacía constar: «Los frailes dominicos de ahí —Santo Domingo— dicen que ya tienen acordado, para fundar conventos en esas partes, tener en Sevilla casa do industrian niños para religiosos misioneros de Indias que lleven sabida la lengua de los indios y que sería conveniente poner quince indios niños a quienes daría lo necesario el arzobispo de Sevilla para mantenerse en dicho estudio y, ya doctrinados los primeros, enviasen otros, los cuales, tomando el hábito, harían más fruto en sus naturales». Y el cronista dominico Cruz y Moya transcribe un breve de Paulo III, según el cual, algunos de esos indios profesaron en la Orden de Santo Domingo y peregrinando a Tierra Santa fueron cautivados por los turcos y rescatados por Andrea Doria. El tal colegio es el conocido de San Telmo. Hubo también otro para niñas indígenas, pues una real célula a Sancho Matienzo, de 3-XII-1515, dice así: «mando que toméis a vuestro cargo seis indias y tres indios que Gonzalo Fernández de Oviedo trujo de la Isla Española para nos y los llevéis a la ciudad de Sevilla y las dichas seis indias las pongáis en los monasterios que son sujetos a la visitación del muy reverendo en Cristo padre arzobispo de Sevilla y las hagáis en ellos doctrinar y enseñar en las cosas de la fe y que sean visitadas y curadas» (Giménez Fernández, *Las Casas*, I, 422-423). h) Muchos son los eclesiásticos sevillanos que pasaron a Indias y sería ocioso enumerarlos, pues son tantos y tan conocidos. Como ejemplo de singular relieve baste nombrar a fray Bartolomé de las Casas y recordar cómo san Juan de Avila vino en 1526 a Sevilla para irse de misionero a Nueva España con el obispo de Tlascala. Y ya que de Indias y de eclesiásticos hablamos, no olvidemos los apoyos de toda clase que encontró Cristóbal Colón para su empresa en personas e instituciones religiosas de la diócesis de Sevilla.

Entre los prelados del siglo XVI hubo varios que llegaron a cardenales, como García de Loaysa, Gaspar de Zúñiga, Rodrigo de Castro. Famosos fueron los inquisidores generales Manrique y Valdés. Pero descuella entre todos fray Diego de Deza cuyo talento organizador, puesto al servicio de un ideal verdaderamente eclesiástico, hizo que su largo pontificado cuajara en realidades de todo orden, llenas de espléndidos frutos. Celebró concilio provincial para la reforma de las costumbres, dio estatutos al cabildo catedralicio, hizo visita pastoral, se ocupó de la conversión de los moriscos, fue celosísimo del culto y mereció ser llamado pacificador de Sevilla y padre de los pobres. Su extraordinaria talla como estudioso y hombre de letras se manifestó, dejando aparte otros campos, en la fundación del Colegio-Universidad de Santo Tomás, autorizado por bula de León X en 1516 y encomendado a los dominicos. Con él iban a ser tres las instituciones universitarias de Sevilla, pues en 1502 se había creado un Estudio General por los Reyes Católicos a instancias del municipio; y en 1505, mediante bula de Julio II, el célebre Colegio de Santa María de Jesús, fundado por el canónigo Rodrigo Fernández de Santaella. En cambio, no se logró, a pesar de las instancias de Felipe II por que se aplicaran enseguida los decretos tridentinos, la fundación en la diócesis de ningún seminario conciliar, para la formación directa y exclusiva del clero Hasta el siglo XVIII éste se siguió formando en los tres centros superiores universitarios y en otros de menor rango como los colegios de San Isidoro, San Miguel, La Inmaculada Concepción, San Hermenegildo.

A mitad del siglo XVI la Iglesia y la ciudad de Sevilla se vieron turbadas por la aparición de focos protestantes, coincidiendo precisamente con el pontificado del arzobispo Valdés que era inquisidor general y cuya fama de duro contra cualquier manifestación heterodoxa es bien conocida. La represión de los herejes o heretizantes de Sevilla culminó en los autos de fe de 1559 y 1560. Entre los eclesiásticos procesados descuellan los famosos doctores Egidio y Constantino, canónigos de la iglesia catedral, y el grupo de monjes jerónimos del monasterio de San Isidoro del Campo. En todo el negocio tuvo mucho que ver la Compañía de Jesús que se había establecido en Sevilla el año 1542.

Otras manifestaciones que revelan el vigor de la vida eclesiástica de Sevilla y su región en la segunda mitad del siglo XVI y primeras décadas del XVII, pueden ser: El entusiasmo por el misterio de la Inmaculada Concepción de María, siendo sus autoridades, eclesiásticas y civiles, las primeras en promover el proceso que llevaría a la correspondiente definición dogmática 200 años después. La organización de las hermandades o cofradías de Semana Santa, cuya celebración, sin embargo, era entonces inferior en esplendores y solemnidad a la magnífica fiesta del Corpus. La construcción de nuevos templos y la fundación de nuevas casas religiosas, en relación, muchas veces, con centros e instituciones religioso-benéficas y de caridad, que se multiplicaron prodigiosamente. En junio de 1579 tuvo lugar, con aparato y solemnidad inusitados —que Ortiz de Zúñiga describe minuciosamente— el traslado de la imagen de la Virgen de los Reyes, de la reliquia de san Leandro, del cuerpo de san Fernando y otras personas reales desde la capilla real vieja a la nueva, dentro de la recién construida catedral. El propio rey Felipe II, aunque no asistió, había trazado personalmente el plan de todo lo concerniente al traslado. Pero nada da la idea de la potencia espiritual y material de la Iglesia de Sevilla como las cifras de su clero que apuntan algunos autores —con exageración seguramente— cuando dicen que solo en la capital había por este tiempo 7.000 confesores y 15.000 sacerdotes, incluidos religiosos y frailes. Rodrigo Caro habla, refiriéndose a la catedral, de 220 capellanías servidas por 57 capellanes; pero se queda corto frente a las cifras de otros autores y escritos, según los cuales en la catedral se decían diariamente 1.000 misas, y en la capilla de los Cálices había 137 clérigos y capellanes que tenían capellanías.

Como contrapartida de todo esto, hay que poner los fallos morales de la ciudad, cuyos vicios crecían a la sombra de su opulencia económica y de su ambiente mercantil y cosmopolita. El siglo XVII, sobre todo, fue alarmante por la quiebra de las costumbres, sin excluir ninguna clase social, ni siquiera la eclesiástica. El caso del célebre caballero D. Miguel de Mañara (1627-1679) y su ruidosa conversión, después de una vida frívola y disipada, son ejemplo típico de cómo entretenía su tiempo aquella alta sociedad. De la baja, y de su vivir ocioso y pícaro al margen de toda ley, no hay que decir; basta, para comprobarlo, asomarse a la literatura de la época, empezando por Cervantes. La terrible inundación de 1626 y la gran peste de 1649 fueron tenidas por muchos como justo castigo del cielo a la general depravación de costumbres; provocando al mismo tiempo una especie de compensación o de reparación moral a través de los actos caritativos, a que aquellas dos inmensas tragedias dieron lugar. Muchas personas e instituciones religiosas, con el cabildo catedral en primer término, se hicieron acreedoras por su generoso y abnegado comportamiento a la admiración y gratitud populares. Hay, entre los prelados hispalenses del siglo XVII, nombre famosos, como los cardenales Niño de Guevara, Gaspar de Borja y Velasco, Agustín Spínola, Domingo Pimentel y el patriarca de las Indias, Diego de Guzmán.

El siglo XVIII todavía fue, al menos en las apariencias, de triunfos para la Iglesia de Sevilla. El haber tomado partido, con la ciudad, por el candidato francés, en la guerra de Sucesión, tuvo como consecuencia el que, triunfante éste, volcara sobre aquélla su interés y su generosidad. Clericalmente, la capital del Betis seguía siendo quizá la más numerosa de la Península, sobre todo en cuanto a familias religiosas se refiere; *imperium monachorum* la venían llamando muchos autores desde la segunda mitad del siglo XVII. Pero más importante que el número era su influencia, no solo religiosa sino también política y social. Puede asegurarse que, como norma corriente, todo ciudadano vivía en relación muy estrecha con alguna institución clerical y pocos eran los sucesos de algún relieve que no se movieran, en un grado u otro, dentro de la órbita eclesiástica. En plan espectacular, el acontecimiento más importante estuvo marcado por la traslación del cuerpo de san Fernando al nuevo sepulcro, en la capilla que se le dedicó dentro de la catedral. Los actos principales se celebraron el 14-V-1729 y fueron presididos por el rey Felipe V, con asistencia de la familia real.

La crisis iba a venir, dentro aún de la centuria décimoctava, como en tantas otras partes de la Iglesia española y universal, del propio estamento eclesiástico, algunos de cuyos grupos se lanzaron a teorizar sobre una serie de reformas, en pugna con las ideas y prácticas tradicionales. Eran, en grado un poco atenuado, las ideas irreligiosas y anticlericales del Enciclopedismo y la Ilustración. En Sevilla, su llama prendió con fuerza gracias al numeroso grupo de seglares y eclesiásticos que en la segunda mitad del siglo XVIII y primera del XIX se habían constituido, como consecuencia, principalmente, de la expulsión de los jesuitas y de las reformas universitarias de D. Pablo de Olavide, en núcleos selectos de ciencia y academicidad: Justino Matute, José María Roldán, Félix José Reinoso, Manuel María de Arjona, Alberto Lista, Blanco White forman el principal núcleo de clérigos que, con sus escritos, su profesorado, sus academias y cenáculos, sentaron en Sevilla cátedra de reforma y modernismo, influyendo muy responsablemente en los movimientos ideológicos que vendrían después. Entre los prelados de este siglo merecen citarse los dos cardenales Borbón (Luis Antonio Jaime y Luis María) que, prescindiendo de otros aspectos, invitan a pensar en el regalismo borbónico como nota peyorativa de la Iglesia española durante los siglos XVIII y XIX.

La historia de la archidiócesis hispalense en esta segunda centuria, la decimonónica, sigue siendo tan densa e interesante como en cualquier momento anterior. La resumiremos esquemáticamente en sus principales capítulos: 1) Guerra de la Independencia. En general, el clero, así regular como secular, se mantuvo fiel, con la nobleza y el pueblo, a la causa patriótica, oponiéndose decididamente al dominio francés. Sólo una minoría, la que hemos visto despuntar en el siglo anterior por sus ideas reformistas, puede decirse que se afrancesó. El cardenal-arzobispo Luis de Borbón huyó a Puerto de Santa María y fue elegido presidente de la Regencia de Cádiz. Ayudó mucho, económicamente, a la Junta Central. 2) Durante el bienio liberal (1812-1814) la Iglesia de Sevilla se opuso casi unánimemente a las innovaciones de las Cortes de Cádiz. El cardenal Borbón, que coqueteó con aquéllas, aprobando la Constitución y reivindicando frente a Roma los derechos de los obispos en materia matrimonial, cayó en desgracia de Pío VII y de Fernando VII, y en 1814 tuvo que renunciar. 3) La vuelta de Fernando VII fue celebrada en Sevilla con más entusiasmo, si cabe, que en otras diócesis, produciéndose una abundante literatura defensora del antiguo régimen, representado por el monarca, y anatematizadora de todo lo constitucional. Sin embargo, y como consecuencia, sin duda, de los dislocados y confusos años anteriores, la vida religiosa de la archidiócesis descendió considerablemente, acusándose, por ejemplo, en la baja de vocaciones al estado clerical. 4) La caída de Fernando VII y la nueva etapa constitucional (1820-1823) que siguió al pronunciamiento de Riego y a la sublevación de Las Cabezas de San Juan, en territorio de la propia archidiócesis, no sirvió más que para reavivar en ella las luchas doctrinales y las fuertes polémicas en torno a los proyectos de legislación anticlerical. Algunos de esos proyectos, como el de la desamortización, afectaban profundamente al mundo eclesiástico sevillano. Para poder aplicarlas con menos dificultades, recurrieron los gobernantes liberales al ardid de proponer para arzobispo de Sevilla a un furibundo constitucionalista,

Espiga y Gadea, que se había manifestado en Cádiz como acérrimo defensor de las nuevas doctrinas religioso-políticas. Pero no pasó de arzobispo electo, pues Roma vetó su consagración episcopal. En su lugar fue promovido, al amparo de la segunda restauración fernandina, el obispo de Cádiz, Francisco Javier Cienfuegos, que había sido rector de la Universidad de Sevilla, y cubriría ahora un pontificado de casi veinticinco años (1824-1847) pleno de contradicciones, que le llevaron a morir en el destierro, cuando la reina Isabel II, al comienzo de la «época moderada», le había autorizado para regresar a su sede. Entre sus logros, en el campo estrictamente pastoral, está la creación del primer Seminario conciliar de la archidiócesis, establecido el año 1831 en Sanlúcar de Barrameda. Huelga decir que los once años de su destierro en Alicante, no sirvieron en Sevilla, falta de todo poder moderador, más que para intensificar las luchas político-religiosas, reavivadas por el nuevo clima de pasión que la primera guerra carlista creó en la Iglesia y sociedad españolas. 5) Durante la segunda mitad del siglo XIX la metropolitana hispalense se honró con prelados de gran talla, como Romo y Gamboa, Tarancón y Morón, fray Ceferino González, Marcelo Spínola. En el orden político-eclesiástico los tiempos siguieron siendo de polémica y contradicción no solo en las relaciones con el poder civil sino en el seno mismo de la Iglesia. Sevilla se convirtió de algún modo en bastión del tradicionalismo eclesiástico, cuya defensa mantuvo incansable el canónigo Francisco Mateos Gago. Allí se publicaron los primeros números de la revista «La Cruz», fundada en 1852 por Carbonero y Sol, otro de los campeones, si no el primero, de la lucha que en toda España se desató con ardor y violencia para defender las esencias de la Iglesia tradicional. Entre los prelados de esos cincuenta largos años, sin dejar de ser todos muy ortodoxos en la doctrina y absolutamente fieles en lo disciplinar, hubo algunos de mayor talento contemporizador con los nuevos ambientes políticos; por ejemplo, Manuel Joaquín Tarancón y el cardenal Ceferino. En este segundo se dio el caso insólito de haber aceptado la mitra de Toledo y permanecer en la sede primada menos de un año (27-III-1885 hasta 15-I-1886) para volverse a Sevilla otra vez. Aparte posibles motivos de salud, parece que en tan sorprendente ida y vuelta pudo influir el asunto de la desmembración de la nueva diócesis de Madrid que le tocó llevar a ejecución al sabio cardenal.

Especialmente fecundo resultó el pontificado del cardenal Judas José Romo quien, con ocasión del Concordato de 1851, del cual fue entusiasta defensor, planeó y llevó a cabo una serie de interesantes reformas de carácter administrativo, con la consiguiente reorganización de la archidiócesis y la fundación, entre otras empresas, del Seminario Conciliar de San Isidoro y San Francisco Javier. Meses antes de morir tuvo la satisfacción de ver definido el dogma de la Inmaculada Concepción por el que tanto había luchado y cuyo triunfo se celebró en Sevilla como causa propia.

De todos estos pontificados y de los siguientes (siglos XIX y XX) puede afirmarse que sobreabundaron en frutos de auténtico apostolado y sincera espiritualidad, manifestándose, p. e., en una progresiva mejoría de la formación del clero, en los primeros intentos de aplicación de la doctrina social de la Iglesia según los módulos sentados por el papa León XIII, así como en la aparición de nuevas familias religiosas y pías asociaciones, dedicadas con preferencia a la educación de la niñez y de la juventud. La importancia eclesiástica de Sevilla contribuyó una vez más a convertirla en centro de grandes acontecimientos religiosos a escala nacional o internacional, como el Congreso Católico de 1892 y el Mariano Hispano-Americano de 1929.

Falta iba a hacer todo este despliegue de fuerzas del espíritu para contrarrestar la ola de descristianización que empezaba a invadir la población de la archidiócesis. Ola que, empujada por los partidos revolucionarios y progresistas, bajo inspiración de las logias masónicas y de los grupos intelectuales de la Institución Libre de Enseñanza, bien afincados en Sevilla unas y otros desde tiempo atrás, siguió hinchándose hasta reventar en los años de la segunda República. Solo las extraordinarias dotes de gobierno de un gran prelado, como fue el cardenal Ilundain, iban a ser capaces de sortear el furioso temporal que azotó a la Iglesia sevillana desde abril de 1931 hasta septiembre de 1936. Pues al producirse, el 18 de julio, el Alzamiento Nacional, parte de la vasta archidiócesis quedó, bien que por poco tiempo, bajo dominio rojo. Aun así, hizo éste presa favorita en la Iglesia, en sus personas e instituciones, llegando a 24 el número de sacerdotes diocesanos, más algunos seminaristas, que fueron asesinados en menos de un mes, y siendo incontables los daños materiales causados a iglesias y otros edificios religiosos; empalmando así con la vandálica etapa de incendios y saqueos que afectó principalmente a iglesias de la capital en mayo de 1971 y en los meses de febrero-julio de 1936.

El largo período de paz que, a partir del 1-IV-1939, dió a España la victoria de los ejércitos nacionales, repercutió en Sevilla, como en las demás diócesis españolas, muy ventajosamente desde el punto de vista apostólico y espiritual. El pontificado del cardenal Segura, glorioso en sus principios, creó a la postre una serie de problemas que se enjuiciaron de forma un tanto equívoca y que terminaron imponiéndole la Santa Sede un arzobispo coadjutor con derecho a sucesión en la persona del actual prelado, José María Bueno Monreal. Ocurrió esto en 1954 y desde entonces, aparte los avatares de la época postconciliar, que quizá se han manifestado en Sevilla con especial virulencia y cuyas consecuencias no sabemos adonde pueden llegar, el acontecimiento histórico más importante ha sido la creación de la diócesis de Huelva con un territorio —el de la provincia del mismo nombre— desmembrado en su integridad de la archidiócesis hispalense.

Santos del calendario diocesano: San Isidoro, patrón de la archidiócesis, feria III después de la Dominica in Albis; san Fulgencio ob. y mr., 16 en.; san Arcadio mr., 19 en.; san Ildefonso arzob., 23 en.; san Florencio conf., 23 feb.; san Juan de Rivera, arzob., 26 feb.; san Leandro, arzob., 27 feb.; santos León, Donato, Abundancio y Nicéforo mars., 1 mar.; beato Pedro de Zúñiga mr., 2 mar.; beato Diego de Cádiz conf., 25 mar.; san Hermenegildo rey y mr., 13 feb.; san Félix mr., 2 mayo; san Juan de Avila conf., 11 mayo; beato Juan del Prado mr., 24 mayo; san Fernando rey, 30 mayo; beato Juan Grande conf., 3 jun.; santos Pedro, Walabonso y Wistremundo mrs., 7 jun.; santos Críspulo y Restituto mrs., 10 jun.; san Laureano ob. y mr., 4 jul.; beatos Luis de Sotelo, Bartolomé y Vicente mrs., 27 jul.; santas Justa y Rufina virgs. y mrs., 17 jul.; santa Aurea virg. y mr., 19 jul.; san Teodomiro mr., 27 jul.; san Gervasio ob. y mr., 25 ag.; santos Teodoro, Amiano y Julián mrs., 4 sept.; san Rómulo mr., 5 sept.; santos Estratón, Rufino y Rufiniano mrs., 9 sept.; santos Adolfo y Juan mrs., 27 sept.; san Pedro mr., 8 oct.; santas Ursula y compañeras mrs., 21 oct.; santos Servando y Germano mrs., 23 oct.; san Florencio mr., 27 oct.; beato Francisco Díaz mr., 29 oct.; san Crispín mr., 19 nov.; santos Honorio, Eutichio y Esteban mrs., 27 nov.; santas Flora y María virgs. y mrs., 29 nov.; santos Carpóforo y Abundio mrs., 17 dic.

Concilios. Son famosos los de 590 y 619, presididos respectivamente por san Leandro y san Isidoro; los dos fueron provinciales, de la Bética. De otro, presidido por san Isidoro el año 624, se perdieron las actas ya en vida del santo. Durante la dominación árabe, es dudoso el que se atribuye al año 782. En la baja Edad Media solo es seguro el de 1352, los días 21 a 23 de mayo, siendo arzobispo D. Nuño Fuentes. En cambio, el de 1412 que recogen en sus respectivas colecciones Aguirre y Tejada, no pasó de la categoría de sínodo, convocado por el arzobispo Alonso de Egea. El de 1478, que tiene carácter nacional, se identifica con la asamblea nacional o Congregación del Clero de Castilla que convocada por los Reyes Católicos reunió en la capital andaluza a casi todos los obispos y procuradores de los cabildos de los reinos de Castilla y León. La celebración de sus cuatro sesiones plenarias correspondió a los días 8, 16 y 22 de julio y 1 de agosto. Personaje principal de la asamblea puede considerarse a fray Hernando de Talavera. Durante la Edad Moderna solo se celebró el de 1512 convocado por fray Diego de Deza, también con alcance provincial. Casi cuatrocientos años, hasta 1893, se iba a tardar en celebrar el nuevo concilio provincial convocado y presidido por el cardenal Sanz y Forés. El último de los celebrados lo fue en 1924, bajo la presidencia del arzobispo Eustaquio Ilundain, aprobado por Roma el 4-VIII-1926.

Sínodos. Consta la celebración de los siguientes: 1490, arz. Diego Hurtado de Mendoza; 1572 y 1573, arz. Cristóbal de Rojas; 1586, arz. Rodrigo de Castro; 1604, arz. Fernando Niño de Guevara; 1943, arz. Pedro Segura. Publicados los de 1573, 1586, 1504 y 1943

Monumentos histórico-artísticos. Son tantos y tan notables los que llenan la diócesis, así en la capital como en los pueblos, que no es posible siquiera enumerarlos aquí todos. El primero es, sin disputa, la catedral, uno de los monumentos religiosos más célebres del mundo. De estilo gótico tardío con complementos renancentitas, su construcción duró más de un siglo (1402-1517) y todo en ella, empezando por sus dimensiones y por la armonía arquitectónica del conjunto, es extraordinario: escultura, pintura, portadas, vidrieras, imaginería, rejas, orfebrería, órganos, retablos, capillas, etc. Está emplazada en el lugar que ocupó la antigua mezquita mayor, convertida en catedral el año 1248, a raíz de la reconquista de la ciudad. De dicha mezquita queda aún la giralda o gran torre, y el patio de los Naranjos con parte de sus muros y otros elementos. Es muy verosímil que dentro del perímetro ocupado por la mezquita y sus anejos hubiera estado edificada en la época visigoda la iglesia de San Vicente que fue la primitiva catedral. Indicios de tal hipótesis son algunos restos arqueológicos que se conservan, como la pila de mármol blanco colocada en el centro del patio de los Naranjos y cuya decoración resulta típicamente visigótica. Adosada a la catedral se levanta la gran mole de la iglesia del Sagrario, de estilo barroco, construida en el siglo XVII. De los demás templos de Sevilla, muchos están edificados sobre antiguas mezquitas, y en ellos pueden conjuntarse elementos de diferentes estilos: musulmán, gótico, mudéjar, renacimiento y barroco. En todo caso, son o fueron notables por su sentido artístico y, muchas veces, por su significación histórica, las iglesias de Santa Ana, San Andrés, Santa Catalina, San Isidoro, San Gil, San Esteban, San Julián, San Pablo o La Magdalena, San Marcos, Santa María la Blanca, San Juan de la Palma, Santa Marina, Omnium Sanctorum, San Román, San Pedro, El Salvador, San Vicente, San Bartolomé, La Misericordia, San Bernardo, Santa Cruz, San Nicolás, Santiago el Mayor, Nuestra Señora de la O, San Roque, San Clemente, San Buenaventura, La Trinidad, La Anunciación, San José, San Antonio Abad, San Juan de Dios, San Luis, San Hermenegildo, San Leandro, Santa Clara, Santa Inés, Santa Isabel, Santa Paula, etc. En casi todas dejaron su huella los grandes artistas sevillanos y es posible evocar el recuerdo de personajes o hechos famosos a través de capillas, sepulcros, inscripciones, objetos donados de orfebrería, indumentaria, etc. Muchas de las iglesias tienen relación con los pasos procesionales de la Semana Santa, que constituyen otra rica vena del arte religioso sevillano.

Pero, además de las iglesias y capillas propiamente dichas, hubo otras instituciones de carácter eclesiástico, en sus orígenes por lo menos (colegios, hospitales, etc.), cuyos edificios e instalaciones compiten con aquéllas en interés histórico-artístico. Tal es, el hospital de las Cinco Llagas o de la Sangre, la Casa profesa de los jesuitas, hoy Universidad estatal; el hospital de Venerables Sacerdotes, el de la Santa Caridad, el del Pozo Santo, el antiguo de San Juan de Dios, el de San Hermenegildo, actual asilo de San Fernando; el palacio arzobispal, el desaparecido castillo de la Inquisición. Hasta las construcciones de carácter civil, públicas o privadas, están muchas veces envueltas o tocadas de ambiente eclesial en puntos de su historia o en partes de sus edificios: el alcázar, el ayuntamiento, el palacio de San Telmo, la Casa de Contratación, luego Archivo de Indias, la Fábrica de tabacos, la llamada Casa de Pilatos, la de los Tavera que en el siglo pasado se santificó con la presencia en ella de Toribio de Velasco y su simpática institución de los Niños Toribios; la de los Pinelo, que pasó a manos del cabildo eclesiástico por donación de Jerónimo Pinelo, maestrescuela de la catedral.

Guardadas las proporciones, otro tanto que de la capital puede decirse, en aspectos de historia y de arte, de muchos pueblos de la diócesis, donde abundan los edificios de impronta religiosa, correspondientes a buena época y estilos interesantes: Jerez, Ecija, Carmona, Utrera, Lebrija, los dos Sanlúcar, Umbrete, Peñaflor, Marchena, Estepa, Lora del Río, con otros de la provincia de Huelva que fueron, hasta hace poco, de Sevilla eclesiásticamente (La Palma del Condado, Niebla, Moguer).

El riquísimo legado artístico de la Iglesia hispalense constituye el mejor testimonio de la opulencia económica de Sevilla y su tierra, así como de la entusiasta y extravertida religiosidad de sus habitantes. Todas las épocas fueron buenas y ayudaron a esas externas manifestaciones de fe y de piedad; pero resultan extraordinariamente fecundos el siglo XIII, con San Fernando y Alfonso el Sabio; el XIV, con Pedro el Cruel; y luego, los del apogeo económico-social sevillano, sobre todo el XVI. La proyección hacia fuera de esa inmensa obra artístico-religiosa de que Sevilla fue emporio, tuvo dos vías bien diferentes. Una, de signo positivo, se proyectó hacia la América española, donde la Iglesia hispalense, prescindiendo de su carácter metropolitano y jurisdiccional sobre aquellas tierras, fue imitada en muchos aspectos, sin excluir, sino todo lo contrario, su ejemplaridad en el campo artístico y monumental. La otra vía fue de signo negativo, y está representada por el espolio sistemático a que las tropas francesas, durante la guerra de la Independencia, sometieron los tesoros de arte de Sevilla y su región. Más que lo que destruyeron —con ser tanto— fue lo que se llevaron, dándose así la paradoja de que, a través del robo y la rapiña de las huestes del general Soult, Europa empezó a conocer y admirar la extraordinaria calidad de esos tesoros y, en consecuencia, las características tan preciadas como singulares del arte hispalense y andaluz.

2. Instituciones. *Cabildo metropolitano.* Consta actualmente, y en virtud de los acuerdos del Concordato de 1851, de siete dignidades, entre ellas, la de tesorero y la de capellán mayor de San Fernando y la Virgen de los Reyes; 21 canónigos, de ellos cuatro de oficio; ocho capellanes de Reyes, y 22 beneficiados. Su historia se identifica con la de la catedral; como cuerpo tuvo siempre mucha importancia y en algunas épocas decisivo peso e influencia en la vida de la ciudad; en cuestión de rentas, solo cedía al cabildo de Toledo, saliendo cada canónigo por unos 2.000 ducados anuales, cuando lo corriente en otras catedrales era no llegar a 1.000 y aun quedarse muy lejos de dicha cantidad. Sus primeros estatutos son del año 1255, y los segundos, de seis años después (29-V-61), donde se establece la existencia de 11 dignidades, 40 canónigos, y 40 racioneros o porcionarios, 20 enteros o mayores y 20 menores o medios. El grupo más notable era el de los arcedianos, que llegaron a ser seis al mismo tiempo: de Sevilla, que se llama también de la Villa, de Ecija, de Cádiz, de Niebla, de Reina, de Carmona. Al desaparecer el de Cádiz, cuando se creó dicha sede, surgió el arcedianato de Jerez. Los estamentos inferiores que bajo la autoridad del cabildo servían a la catedral en diversos oficios, eran muchos y nutridos: clérigos asistentes al coro que, por ser veinte, se llamaban veinteneros; capellanes, mozos de coro, seises o niños cantores, cetreros, músicos, cantores, contadores, oficiales, escribientes, y los últimos, para los trabajos más ínfimos, compañeros o trabajadores.

Cabildo Colegial de Jerez de la Frontera. Formado en la actualidad, como el de las otras colegiatas que sobrevivieron al concordato del 51, por un abad, dos canónigos de oficio y ocho canónigos simples. De venerable antigüedad, fue instituido con esa misma estructura o muy parecida, en 1265, cuando el rey Alfonso el Sabio fundó la iglesia colegial de Nuestro Señor San Salvador, a raíz de la conquista de la ciudad. Las armas de este rey figuraron siempre en la nave principal del templo que, primero, se estableció en el edificio mismo de la mezquita mayor, y perduró allí hasta 1695 en que empezó a construirse la fábrica actual, no terminada en su sustancia hasta 1778 que fue el año de su dedicación. Con anexos y complementos (sagrario, sacristía, biblioteca) las obras alcanzaron al año 1825. De estilo neoclásico en lo fundamental, presenta profusión de barroco en los adornos de la nave principal y en las fachadas. La participación del cabildo en la vida pública de la ciudad ha sido siempre apreciable; y en algunas épocas, de gran influencia. *Colegiata del Salvador en Sevilla.* Ya hemos dicho que sus orígenes coinciden con los primeros años de la reconquista y que se fundó sobre la segunda mezquita de la ciudad, con un abad y 10 canónigos; duró hasta el concordato del 51; hoy es parroquia. *Colegiata de Osuna.* Fue fundada por D. Juan Téllez Girón, conde de Ureña y señor de Osuna, entre 1531 y 1534; su cabildo desapareció en 1852 para convertirse en parroquia; monumentalmente, es de estilo renacimiento, con escultura y pinturas de gran calidad; dentro del conjunto tiene entidad propia el panteón de la familia Girón, a cuya capilla se llama del Sepulcro. *Colegiata de Olivares,* cuyo pueblo era cabeza de señorío de los Guzmanes, a cuya familia perteneció el valido de Felipe IV, D. Gaspar de Guzmán, el famoso conde-duque. Su padre, D. Enrique, fue el fundador de la iglesia colegial y en ella está enterrado, con otros miembros de la familia, cada uno con su correspondiente lápida inscripcional. Desapareció también a raíz del concordato del 51. Existe el edificio, arquitectónicamente de poco interés, convertido de nuevo en parroquia, pues ya lo fue antes de erigirse en colegiata. El proyecto —que lo hubo— de hacer un edificio más solemne, nunca prosperó.

Monasterios y conventos. Son incontables, aun prescindiendo de los más modernos. Muchos arrancan del tiempo mismo de la reconquista de Sevilla o muy próximos a ella. Mencionaremos algunos de los más antiguos: *San Clemente,* de monjas del Císter, ideada su fundación por san Fernando en honor del santo titular, cuya fiesta coincidió con el día de la toma de la capital. *Santo Domingo de Silos*, de monjes de San Benito; el Santo Rey lo fundó también, aunque nada queda hoy de la institución monástica ni de los sucesivos edificios; *La Trinidad*, de frailes trinitarios, de antigüedad análoga a los benedictinos y, como ellos, desaparecido. *Santa Clara*, de monjas clarisas, fundador, San Fernando; queda la comunidad, aunque no el convento primitivo. De 1295 arranca la fundación de *San Leandro*, de monjas agustinas, con edificio levantado en terrenos del que fue monasterio de las santas Justa y Rufina en la época visigótica, llamado después Prado de las Vírgenes; en 1365 cambió a su emplazamiento actual. De 1376 es el de *Santa Inés*, también de franciscanas clarisas, fundación de D.ª María Fernández Coronel. *Santa Paula*, de monjas jerónimas, es del siglo xv; lo mismo que las Cartujas *de San Jerónimo de Buenavista*, con su edificio y comunidad desaparecidos, y la de *Nuestra Señora de las Cuevas*, dedicados ahora sus edificios a usos industriales. *San Isidoro del Campo*, fue primero, siglo xiii, de monjes cistercienses; luego, siglo xv, de jerónimos; emplazado en el vecino pueblo de Santiponce, ha vuelto a manos de la restaurada Orden jerónima. *Santiago de los Caballeros o de la Espada*, fundado en 1490 como casa conventual de los caballeros de esta Orden, después de muchas vicisitudes ha venido a parar en colegio de Mercedarias calzadas. *Madre de Dios*, cuya fundación es de 1472, y el edificio de 1487; en él se hospedó varias veces Isabel la Católica, a donde viene el nombre de «Apeadero de la Reina» que se da a una parte del convento, en cuya iglesia están enterradas la mujer y dos hijas de Hernán Cortés. *Santa María de las Dueñas*, destruido en 1868, y en cuyo solar se levanta el palacio de los duques de Alba. Típica de Sevilla, por la relativa profusión que hubo de ellos, es la institución de los beaterios o emparedamientos, como se les llamaba en el siglo xvi, formados por comunidades de mujeres que se recluían en una casa particular, con portería y torno, bajo el patronato y la obediencia de algún convento de religiosos. Todavía queda el llamado de la Santísima Trinidad.

Fuera de la capital, es Jerez de la Frontera el punto donde más proliferaron las instituciones monásticas y conventuales, con cartujos (Santa María de la Defensión, año 1484, restaurada la comunidad en 1948); Dominicos, 1266; Franciscanos, 1264; Mercedarios, 1268; Carmelitas, 1587; Capuchinos, 1661; Jesuitas, 1575; Agustinos recoletos, 1526; Dominicas, 1324; Franciscanas clarisas, 1504 y 1635; Mínimas, 1524. Contando muy por alto, puede asegurarse que andaban por el medio centenar las fundaciones monásticas o conventuales que, además de Jerez, surgieron en puntos de la archidiócesis entre los siglos xiii y xvii. Las había en Ecija, Carmona, Estepa, Sanlúcar de Barrameda, Fuentes de Andalucía, Osuna, Marchena, Arcos de la Frontera, Lora del Río, Alcalá de Guadaira, Lebrija, Utrera, Sanlúcar la Mayor, El Arahal, Espartinas, Puerto de Santa María, Morón de la Frontera.

Hospitales y otras instituciones benéficas. A la sombra de la Iglesia y como un índice más de la exuberancia económica de Sevilla, sublimada por la fe, la religiosidad y el espíritu magnánimo de sus habitantes, fue surgiendo desde los tiempos de la reconquista, en el campo de la caridad, una serie incontable de instituciones que le han merecido el dictado de ciudad de la beneficencia o de los hospitales. Mas de 100 se contaban en el siglo xvi, de los cuales hizo gran reducción el arzobispo D. Rodrigo de Castro el año 1587, dejando subsistir los llamados mayores, que eran 16, y reduciendo todos los demás a dos: el del Espíritu Santo y el del Amor de Dios. Ortiz de Zúñiga hace relación detallada, en el año 1587 de sus *Anales*, de los que fueron suprimidos y de los que quedaron. Eran estos: el de

San Lázaro, tenido por el más antiguo, de fundación real; el del Rey, fundado en 1319; el de San Antón, en 1366; el de San Bernardo o de los Viejos, 1365; el de Santa Marta, 1395; el de La Misericordia o de las Bubas o de San Cosme y San Damián, 1383; el de San Hermenegildo o del Cardenal, 1453; el de los Inocentes o Casa de los Locos, 1471; el de La Misericordia o del Pozo Santo, 1476; el de la Sangre o de las Cinco Llagas, 1546; el de los Niños de la Doctrina, hacia 1450; el de Nuestra Señora de la Paz, de los hermanos de San Juan de Dios, 1543; el de los Niños Expósitos, 1558; el de los Niños Huérfanos, 1585; el de San Jorge, convertido, durante la segunda mitad del siglo xvii, en el famosísimo de La Caridad, del venerable Miguel de Mañara; el de los Mareantes de Triana, ligado a la Universidad de Mareantes. A pesar de la drástica reducción que hemos dicho, siguieron fundándose a lo largo del siglo xvii nuevos hospitales, algunos tan famosos como el de Nuestra Señora del Buen Suceso, a cargo de los siervos de los Pobres, del venerable Bernardino de Obregón; y el de Venerables Sacerdotes, en 1675, debido a la iniciativa del canónigo Justino de Neve.

Paralelas a estas instituciones prácticas, eran también innumerables las organizaciones piadosas y de caridad que ayudaban, entre otros fines, a mantener la vida y eficacia de aquéllas. Así, la Hermandad de la Anunciación de Nuestra Señora o Capilla de las Doncellas, fundada en 1621 en la catedral; la de las Benditas Animas y Señor San Onofre, cuya capilla es lo único que permanece del antiguo convento de franciscanos o «casa grande de San Francisco»; la de Jesús Nazareno; la de la Santa Caridad, la de Venerables Sacerdotes, la de Nuestra Señora del Pilar. De mayor o menor cuantía, puede decirse que todas las iglesias y conventos de Sevilla abundaban en fundaciones pías de una u otra clase, pero siempre con fines benéficos y caritativos. Era ingente la cantidad de dinero que sumaban todas estas obras pías. Ortiz de Zúñiga habla de los 500.000 ducados que suponían las fundadas por la Casa de los duques de Alcalá; de otros 500.000 que dejó Diego de Yanguas para emplear en piadosos socorros. «De otras diversas —dice— hay más de 600.000, sin los de casamientos de doncellas y redención de cautivos, que son muchas».

Ermitas y santuarios. También eran y son numerosísimas, a tono con lo que hemos dicho sobre la emotiva y extrovertida piedad de los fieles de la archidiócesis. Puede afirmarse que las había y las hay en todos los pueblos, a veces por partida doble o triple o más. En el siglo xvi, según una Relación publicada por Domínguez Ortiz, había en el arzobispado —y nos parecen pocas— hasta 38 ermitas, anejas en su mayoría a la respectiva iglesia parroquial. Entre las dignidades del cabildo figuraba desde los estatutos de 1261 el llamado prior de la villa o de los ermitas, porque, según Ortiz de Zúñiga, a su cargo estaban todas las del arzobispado, «que gobierna, y disfruta parte de sus emolumentos».

Universidades, Colegios y Seminarios. En 1502 los Reyes Católicos crearon un Estudio General, por cuya institución venían interesándose desde 1498 el cabildo municipal y el cabildo eclesiástico. Tenía cátedras de Teología, Cánones, Leyes, Medicina y Artes. En 1595, por bula de Julio II y a instancias de los Reyes Católicos se erigió el Colegio Mayor de Santa María de Jesús, fundado por el canónigo Rodrigo Fernández de Santaella, al modo del de San Clemente de Bolonia, donde había sido colegial. Podía otorgar grados de bachiller, licenciado, maestro y doctor en Lógica, Filosofía, Teología, Derecho civil y Derecho canónico. Por otra bula de Julio II se le equipara en gracias y privilegios a la Universidad de Salamanca. En 1516, mediante la correspondiente bula, fundó el arzobispo fray Diego de Deza el Colegio Mayor de Santo Tomás, encomendado a los Dominicos, con estudios de Latín, Artes y Teología. En 1549-1551 se unieron el Estudio General y el Colegio de Santa María de Jesús. Permanecieron así hasta 1769 en que la Universidad o Estudio General se trasladó al edificio de la Casa profesa de los jesuitas, mientras que el Colegio, recobrada su independencia, siguió en los locales de la Puerta de Jerez, donde se extinguió en 1836. La Universidad, sin dejar del todo la antigua Casa profesa, se ha instalado en la antigua Fábrica de Tabacos como edificio principal, pero perdido ya su carácter eclesiástico. Del Colegio de Santo Tomás que desapareció con la Desamortización, quiere ser continuación el Colegio Mayor Teológico de Santo Tomás, establecido por los dominicos en 1969.

La Universidad de la Purísima Concepción de Osuna, fue fundada en 1548 por el cuarto conde de Ureña y señor de Osuna, D. Juan Téllez Girón. Fue aprobada por el papa Paulo III y por el emperador Carlos V; contaba con 14 cátedras y estuvo ubicada en el hermoso edificio que aun se conserva, construido ad hoc. Tuvo algunos momentos de esplendor; los más famosos poetas de la escuela sevillama pasaron por sus aulas. Se cerró en 1807, se volvió a abrir en 1814, y se clausuró definitivamente en 1824. Entre los centros de estudios con rango inferior a Universidad o Estudio General hay que citar el Estudio o Colegio de la Compañía de Jesús, de gran prestigio, que mantuvo hasta la expulsión; el Colegio o Estudio de San Miguel junto a la catedral, cuyo paraje y edificios, aunque muy cambiados, se conservan hoy; tanía cátedra de Gramática que proveía el maestrescuela. En la misma iglesia mayor había cátedra de Teología y Casos de moral; en Ecija, de Casos, que la ciudad prefería hubiera sido de Gramática; en Carmona, de Gramática también; las tres eran de provisión arzobispal. Los célebres colegios del maestro Juan de Avila estaban representados en la diócesis hispalense por uno mayor en Jerez; otro, menor, en Ecija, y los tres de «doctrinos» en Sevilla y Cádiz, respectivamente.

Seminario Conciliar no lo tuvo la archidiócesis hasta el año 1831, en que el cardenal Cienfuegos lo estableció en Sanlúcar de Barrameda. El arzobispo Romo y Gamboa lo erigió definitivamente en Sevilla el 1-X-1848 bajo la advocación de san Isidoro y san Francisco Javier. El cardenal Spinola lo trasladó, a su sede actual en el palacio de San Telmo que había sido colegio-seminario de la Universidad de mareantes desde 1754 hasta 1849, ese año pasó a ser propiedad del duque de Montpensier, cuya viuda, la infanta María Luisa Fernanda de Borbón, lo cedió, el morir en 1879, para seminario de la archidiócesis. Recientemente se ha convertido en Centro de Estudios teológicos, en el que se integran una serie de colegios mayores, correspondientes a las diócesis sufragáneas de Sevilla y a algunos Institutos religiosos. El año 1958 se inauguró el Seminario menor de Nuestra Señora de Belén en el pueblo de Pilas.

Bibliotecas, Archivos y Museos. De las primeras, la principal es, sin duda, la catedralicia en que están integradas la Colombina y la Capitular propiamente dicha. Siguen la episcopal, en el palacio arzobispal; la del Seminario Conciliar o Centro de Estudios Teológicos: y la de la colegiata de Jerez, fundada sobre el fondo que le legó el obispo de Sigüenza, D. Juan Díaz Guerra, jerezano ilustre, muerto en 1801; tiene unos 3.000 volúmenes, entre ellos 60 incunables y libros raros de los siglos XVI y XVII; entre sus manuscritos hay una colección de cartas del cardenal Cisneros al canciller Diego López de Ayala, en 1515, sobre asuntos de Estado; hay también un rico monetario, procedente del mismo obispo. La Biblioteca provincial y universitaria abunda en fondos de carácter eclesiástico, así por su contenido como por su origen, procedentes en su mayoría de conventos y casas religiosas desaparecidas. Archivos eclesiásticos propiamente dichos no hay más que el catedralicio y el episcopal, los dos muy ricos y en vías de catalogación. Guardadas las proporciones, también son importantes los de las colegiatas de Osuna y Jerez, así como los de parroquias, conventos, cofradías y otras instituciones de cuño netamente eclesial. Fondos documentales muy apreciables, relacionados con asuntos de Iglesia, los hay en algunos archivos de la jurisdicción civil, como el Municipal, el de Indias, el del Instituto de Enseñanza Media de Osuna, o de particulares, como el de los duques de Alcalá en la llamada Casa de Pilatos. Museos eclesiásticos, al menos con el título de museo, puede decirse que apenas hay ninguno, como no sea el de las Cofradías de Semana Santa, instalado en el hospital de Venerables y, al parecer, de poco interés. Muy reciente es la inauguración del museo del monasterio de Santa Paula. En general las instituciones eclesiásticas suelen tener reunido y expuesto su tesoro artístico en la iglesia correspondiente o en dependencias de la misma. El principal de dichos tesoros es el de la catedral, y los hay muy valiosos entre las cofradías o hermandades de Semana Santa. Si atendemos no al origen ni a la jurisdicción sino a su contenido, casi todos los museos civiles de Sevilla, particulares o públicos, son eminentemente religiosos; y más que ninguno el Provincial de Bellas Artes, instalado en el antiguo convento de la Merced.

Boletín Eclesiástico. Empezó a publicarse el 15-III-1854, siendo arzobispo D. Judas José Romo, con periodicidad de quince días; ahora es mensual.

3. Geografía diocesana. Durante la época romana es muy difícil fijar los posibles límites de la diócesis hispalense, supuesta la existencia de otras diócesis hoy desaparecidas, algunas de las cuales incidían ciertamente en lo que fue luego y aún es hoy territorio propio de Sevilla; concretamente las de *Astigi* (Ecija), *Italica* (Santiponce), *Elepla* (Niebla) y *Ursona* (Osuna). A los límites que pudieran tener fijados estas tres como colindantes de la de *Hispalis*, habrá que añadir, también como probables limítrofes, las de *Malaca* (Málaga), *Egabro* (Cabra) e *Ipagro* (Aguilar de la Frontera). Por el Sur y el Oeste llegaría hasta el mar, siendo Cádiz y Algeciras sus puntos más avanzados. Bien es verdad que cuanto se diga sobre la extensión de cualquier diócesis en esas primeras etapas de cristianismo es un poco teórico, pues en la práctica lo normal era que el campo cristiano no alcanzara mucho más allá de los límites de la ciudad en que estaba la sede y que fuera poco a poco ampliándose no sabemos en qué proporción.

En la época visigoda la jurisdicción diocesana en cuanto a límites geográficos aparece mucho más definida, a través de la legislación conciliar; pero más que territorialmente, mediante hitos y líneas divisorias materiales, se medía la extensión y ubicación de una diócesis por las parroquias que dependían de ella. Con lo cual la averiguación de sus límites sigue siendo punto menos que imposible. Con relación a Sevilla hay una novedad que, sin duda, debió de influir en el acortamiento del perímetro diocesano hacia el sur; es la aparición en 610 de la diócesis de *Assidona* (Medinasidonia) que iba a ser el precedente de la diócesis de Cádiz.

Con la invasión árabe, allí donde la dominación musulmana fue efectiva y larga, como en Sevilla, no cabían novedades en cuestión de límites diocesanos y todo siguió igual que en la época visigoda. Fue preciso que llegara la reconquista definitiva de determinadas zonas peninsulares para que se operaran cambios en su geografía eclesiástica, los cuales en muchos casos iban a ser algo espectacular. Tal es el caso de Sevilla que, al ser incorporada —la sede y su territorio— a la España cristiana, sufrió mutaciones importantes. Primero, como provincia eclesiástica; pues aunque siguió manteniendo unos límites generales parecidos a los del período visigótico, perdió casi todas las sufragáneas de entonces; parte, porque desaparecieron, y parte, porque fueron incorporándose a otras metrópolis. Desaparecidas definitivamente quedaron las de *Italica* (Santiponce), *Elepla* (Niebla), *Astigi* (Ecija), *Egabro* (Cabra), *Tucci* (Martos) e *Ipagro* (Aguilar de la Frontera) que ya había desaparecido en la época visigoda; incorporada a otra metrópoli, la de Toledo, fue Córdoba. Todo lo cual iba a suponer que, como diócesis, Sevilla se extendiera por el oeste, hasta Ayamonte y la línea del Guadiana, limitando con la diócesis de Silves, que pasó a ser sufragánea de la hispalense; por el este, hasta Ecija que señalaba la frontera con Córdoba; y por el sur, hasta el Puerto de Santamaría, que era límite con Cádiz. Al sureste, tocaba con el reino moro de Granada y, luego, a fines del siglo xv, con la restaurada diócesis de Málaga que iba a seguir siendo sufragánea de Sevilla. Por el norte, su frontera sería con territorios de Mérida, mientras existió, Badajoz y Evora; como punto más avanzado de la diócesis en esa dirección, señalan los autores a San Nicolás del Puerto, en la parte más alta de la actual provincia de Sevilla y cerca de la de Córdoba. Como metrópoli, absorbe Sevilla durante el siglo xiv la nueva diócesis de Canarias y, acaso, la de Marruecos.

Puede decirse que desde mediados del siglo xv hasta mitad del xx, la diócesis de Sevilla no cambió en sus límites geográficos con otras diócesis. Las variantes que ha tenido como metropolitana han sido más importantes y se refieren a la incorporación de las siguientes sufragáneas: Ceuta, en el siglo xvii; Tenerife, a comienzos del xix; Badajoz y Córdoba, después de 1851 y como consecuencia del concordato correspondiente. Para Sevilla el gran cambio geográfico en muchos siglos lo ha supuesto la desmembración, el 22-X-1953, mediante la bula *Laetamur vehementer*, de Pío XII, del territorio correspondiente a la actual provincia civil de Huelva, para convertirlo en la diócesis del mismo nombre, que ha quedado como sufragánea de su antigua sede. Insistentemente se ha hablado de la posible desmembración de Jerez de la F. con el restante territorio de la provincia de Cádiz que pertenece a Sevilla como diócesis, para crear una sede nueva. Pero hasta el presente nada se ha hecho, salvo fijar en Jerez la residencia de uno de los dos obispos auxiliares del actual cardenal-arzobispo de Sevilla.

Interiormente las divisiones geográficas o territoriales de la diócesis hispalense a lo largo de su historia, han sido las típicas de otras diócesis a base de arcedianatos y arciprestazgos. Alguna novedad suponen desde el siglo xiii los prioratos. Al presente y después del concilio Vaticano II ha privado la división en zonas pastorales, que son nueve, con 94 arciprestazgos y 943 parroquias.

4. Situación actual. La diócesis comprende toda la provincia de Sevilla y parte de la de Cádiz. Tiene una extensión de 17.115,2 kilómetros cuadrados, de los cuales, 13.997,6 pertenecen a la provincia de Sevilla y 3.117,6 a la de Cádiz. La población total diocesana el 31-XII-1972 era de 1.751.252 fieles, distribuida de la siguiente manera: Sevilla capital, 565.055; Sevilla pueblos, 801.476; Jerez capital, 143.816; Jerez pueblos, 240.905. Sacerdotes diocesanos residentes en la diócesis, 507; fuera de la diócesis, 40; sacerdotes seculares extradiocesanos residentes en la diócesis, 73; sacerdotes religiosos, 470; sacerdotes, total 1.090; parroquias, 304; arciprestazgos, 25; religiosos laicos varones, 387;

religiosas de vida contemplativa, 401; religiosas de vida activa, 1.456; casas religiosas, 384, repartidas de la siguiente manera:

Religiosos: Agustinos (Sevilla). Camilos (Sevilla). Capuchinos: conventos de Santas Justa y Rufina, Divina Pastora y capilla de San José (Sevilla), convento de San Antonio (Jerez de la Frontera), convento de Nuestra Señora del Buen Viaje y de San Antonio (Sanlúcar de Barrameda). Carmelitas calzados: convento del Buen Suceso (Sevilla), convento de Nuestra Señora del Carmen (Osuna), convento del Carmen (Jerez). Carmelitas descalzos, iglesia del Santo Angel de la Guarda (Sevilla). Cartujos, cartuja de Santa María de la Defensión (Jerez). Claretianos: curia provincial, colegio Claret (Sevilla). Dominicos: parroquia de San Jacinto, colegio mayor teológico de Santo Tomás (Sevilla), convento de Santo Domingo (Jerez). Escolapios: residencia vocacional (Sevilla), colegio calasancio hispalense (Dos Hermanas). Hermanos de las Escuelas Cristianas, casa provincial, colegio Felipe Benito, colegio la Purísima (Sevilla), colegio de la Salle (Arcos de la Frontera), colegio la Salle, Sagrado Corazón de Jesús, San José (Jerez), colegio (El Puerto de Santa María), escuelas del Sagrado Corazón (Sanlúcar de Barrameda). Fossores (Jerez). Franciscanos: conventos de San Buenaventura y de San Antonio (Sevilla), convento de Nuestra Señora de Regla (Chipiona), parroquia de la Corchuela (Dos Hermanas), convento de Santa María de Loreto (Espartinas), convento-colegio de San Francisco (Estepa), convento de San Francisco (Jerez), convento de San Francisco (Lebrija), fraternidad franciscana (El Puerto de Santa María). Franciscanos menores conventuales (Sevilla). Jerónimos, monasterio de San Isidoro del Campo (Santiponce). Jesuitas: curia provincial, residencia del Sagrado Corazón, noviciado-juniorado, colegio del Inmaculado Corazón de María, parroquia de Nuestra Señora de las Veredas, statio obrera del clero del Aguila (Sevilla), parroquias Madre de Dios y San José (Jerez), colegio de San Luis Gonzaga (El Puerto de Santa María). Marianistas: colegios Nuestra Señora del Pilar y de San Juan Bautista (Jerez). Maristas: residencia provincial, colegio San Fernando (Sevilla), residencia (La Algaba), residencia (Castilleja de la Cuesta), colegio (Cazalla de la Sierra), instituto diocesano marista de Nuestra Señora de los Reyes (Sanlúcar de Barrameda), colegio Santa María la Mayor (Sanlúcar la Mayor), colegio de San Fernando (Villanueva de las Minas). Mercedarios: convento de San Gregorio (Sevilla), convento-basílica santuario de Nuestra Señora de la Merced (Jerez). Mercedarios descalzos, residencia (Marchena); Oblatos, noviciado (Sevilla), residencia (Dos Hermanas). Paules, residencia y parroquia de San Gonzalo (Sevilla), residencia (Ecija), parroquias de San Rafael y San Gabriel (Jerez). Paulinos, residencia (Sevilla). Redentoristas: parroquia y residencia (Sevilla), parroquia y residencia (Jerez). Sagrados Corazones: curia provincial, parroquia y colegio (Sevilla), parroquias de San Andrés y de San Pablo (Jerez). Salesianos: inspectoría provincial, colegio de la Santísima Trinidad, colegio mayor universitario, colegio de San Pedro, hogar de San Fernando y parroquia de San Juan Bosco (Sevilla), universidad laboral (Dos Hermanas), colegio (Alcalá de Guadaira), colegio (Carmona), escuelas profesionales y colegio (Jerez), colegio (Morón de la Frontera), colegio (Rota), noviciado y casa de ejercicios (Sanlúcar la Mayor), colegio (Utrera). San Juan de Dios: sanatorio y hospital (Sevilla), ciudad de San Juan de Dios (Alcalá de Guadaira), sanatorio (Jerez). Terciarios capuchinos: casa tutelar de menores (Alcalá de Guadaira), colegio mayor (Dos Hermanas).

Religiosas. Agustinas ermitañas: conventos de San

Leandro y de la Encarnación (Sevilla), convento de Santa María de Gracia (Sevilla). Agustinas recoletas, convento de la Santísima Trinidad (Carmona). Capuchinas: convento de Santa Rosalía (Sevilla), convento de San Miguel Arcángel (El Puerto de Santa María). Carmelitas calzadas: convento de Santa Ana (Sevilla), convento de San Pedro (Osuna), convento de la Inmaculada Concepción (Utrera). Carmelitas descalzas: convento de San José (Sevilla), convento de San José (Dos Hermanas), convento de San José (Ecija), convento de Santa Teresa (Sanlúcar de Barrameda), convento de San José (Sanlúcar la Mayor). Cistercienses, convento de San Clemente (Sevilla). Concepcionistas franciscanas: convento de Santa María del Socorro (Sevilla), convento de la Purísima Concepción (Carmona), convento de la Purísima Concepción (Ecija), convento de la Purísima Concepción (Lebrija), convento de la Purísima Concepción (Osuna), convento de la Purísima Concepción (El Puerto de Santa María). Dominicas: convento de Santa María la Real, convento de la Madre de Dios (Sevilla), convento de Nuestra Señora del Rosario (El Arahal), convento de la Madre de Dios (Carmona), convento de Santa Florentina (Ecija), convento del Espíritu Santo (Jerez), convento de Santa Catalina (Osuna), convento de la Anunciación de la Madre de Dios (Sanlúcar de Barrameda). Espíritu Santo: convento (Sevilla), convento (El Puerto de Santa María). Franciscanas clarisas: conventos de Santa Clara, de Santa Inés y de Santa María de Jesús (Sevilla), convento de Santa Clara (Alcalá de Guadaira), convento de Santa Clara (Carmona). Franciscanas de la Federación de Nuestra Señora de Regla: convento de santa Inés del Valle (Ecija), convento de Santa Clara (Estepa), convento de la Madre de Dios, convento de San José (Jerez), convento de la Purísima Concepción (Marchena), convento de Santa Clara (Morón de la Frontera), convento de Regina Coeli (Sanlúcar de Barrameda). Jerónimas: convento de Santa Paula (Sevilla), convento de Nuestra Señora de los Angeles (Constantina), convento de Santa María de la Asunción (Morón de la Frontera). Mercedarias calzadas: convento de la Asunción (Sevilla), convento de la Encarnación (Fuentes de Andalucía), convento de la Inmaculada Concepción (Lora del Río). Misioneras de la Doctrina cristiana: residencia, colegio, casa noviciado, cooperación parroquial y casa de inserción (Sevilla), colegio Nuestra Señora de los Dolores (Cazalla de la Sierra), colegio Sagrado Corazón de Jesús (Constantina), colegio del Espíritu Santo (Guadalcanal), colegio escuela-hogar (La Rinconada), patronato (Sanlúcar de Barrameda), colegio Nuestra Señora de las Mercedes (Villamartín). Dominicas del Santísimo Sacramento: curia general y colegio (Jerez), colegio de Santa Ana (Dos Hermanas). Esclavas de la Eucaristía de la Inmaculada, residencia (Jerez). Esclavas del Divino Corazón: colegios y residencias (Sevilla), colegio Cardenal Spínola (Sanlúcar la Mayor). Esclavas del Sagrado Corazón: casa provincial y residencias (Sevilla), colegio de la Santísima Trinidad (Jerez), casa Nuestra Señora de Lourdes (El Puerto de Santa María). Escolapias: colegio (Dos Hermanas). Filipenses: colegio de Santa Isabel (Sevilla), colegio de religiosas filipenses (Ecija). Formacionistas: clínica de la Inmaculada (Sevilla), guardería infantil (Coria del Río). Franciscanas de los Sagrados Corazones: centro de cancerología (Sevilla), colegio de Santa Angela (Osuna), convento-colegio de Santa Isabel y la Purificación (Marchena). Franciscanas del Pozo Santo: hospital del Santísimo Cristo de los Dolores (Sevilla), residencia de Santa Clara (Espartinas). Hermanas de la Cruz: casa generalicia, noviciado, casa de formación y residencia (Sevilla), colegio de San Diego (Las Cabezas de San Juan), colegio de San Juan de Dios (Carmona), residencia de Santiago Apóstol (Coria del Río), residencia de la Divina Pastora (Ecija), residencia de Nuestra Señora de los Angeles (Estepa), colegio de San Félix de Cantalicio (Fuentes de Andalucía), residencia Nuestra Señora del Carmen (Jerez), residencia Nuestra Señora del Perpetuo Socorro (Lebrija), convento-colegio Corazón de María (Montellano), colegio de San Francisco de Asís (Morón de la Frontera), colegio de Cristo Rey (Olivares), residencia de Santiago y Santa Teresa (Osuna), convento-colegio Sagrada Familia (Peñaflor), colegio de San Pedro de Alcántara (Sanlúcar de Barrameda), residencia el Patrocinio de San José (Umbrete), colegio de San Francisco de Asís (Utrera), colegio de Nuestra Señora de la Salud (Villamanrique), colegio del Sagrado Corazón (Villanueva de las Minas). Hermanitas de los pobres: residencia provincial y asilo de ancianos (Sevilla), asilo de ancianos (Jerez), asilo de ancianos (Osuna), asilo de ancianos (El Puerto de Santa María), asilo de ancianos (Sanlúcar de Barrameda). Hijas de la caridad: casa provincial, residencias, colegios y hospitales (Sevilla), colegio de San José y residencia de ancianos (Alcalá de Guadaira), escuelas de San José (Algodonales), hospital de San Juan de Dios (Arcos de la Frontera), hospital-asilo de ancianos (Cazalla de la Sierra), colegio de la Milagrosa (El Coronil), hogar y sanatorio de San Carlos (Chipiona), guardería, asilo de ancianos y colegio Sagrada Familia (Dos Hermanas), colegio de Nuestra Señora y hospital de San Sebastián (Ecija), guardería infantil Santa Margarita (Estepa), colegios, escuelas, residencias y hospitales (Jerez), hospital y escuela de Santa Ana (Lebrija), hospital de la Caridad y San Jerónimo (Marchena), casa de ancianos San Fernando y Santa Elisa (Montellano), hospital municipal (Morón de la Frontera), guardería infantil y club de ancianos (Peñaflor), colegio, hospital y residencia (El Puerto de Santa María), colegio de Nuestra Señora del Pilar y hospital de San Diego (Sanlúcar de Barrameda), hospital de la Resurrección (Utrera). Hijas de la Cruz, residencia (Jerez de la Frontera). Hijas de María Inmaculada: residencia (Sevilla), residencia (Jerez). Hijas de Nuestra Señora del Sagrado Corazón, colegio San Juan de Avila (Jerez). Hijas de San José: colegio y obra social de San José (Jerez), colegio y residencia (Sanlúcar de Barrameda). Hospitalarias de Jesús Nazareno: escuela de puericultura (Sevilla), jardín maternal y guardería infantil de San Luis (Montellano), hospital de Santa Isabel y colegio de Jesús Nazareno (Villamartín). Irlandesas: colegio de la Bienaventurada Virgen María (Sevilla), casa provincial y colegio (Castilleja de la Cuesta). Javerianas: institución javeriana (Sevilla), institución javeriana (Dos Hermanas). Jesuitinas, hogar Isabel la Católica y colegio Juan Nepomuceno Rojas (Sevilla). Jesús María: guardería infantil Queipo de Llano (Comas), obra social la Corchuela (Dos Hermanas), colegio de Jesús María (Jerez). Jesús, María y José, obra social (Sevilla). Mercedarias de la caridad: hospital-asilo de San Juan de Dios (Constantina), hospital y asilo (Lora del Río). Mercedarias misioneras de Barcelona, obra social (Utrera). Mercedarias del Santísimo Sacramento, asilo de ancianos (Estepa), internado y residencia (Marchena). Misioneras de la Inmaculada Concepción, colegio de San Juan de Dios (Morón de la Frontera). Nazarenas, residencia (Sevilla). Oblatas del Santísimo Redentor, colegio (Sevilla), colegio (Jerez). Rebaño de María: clínica Nuestra Señora de la Salud (Sevilla), hospital (El Arahal), colegio del Sagrado Corazón (La Puebla de Cazalla), residencia de ancianos (Ubrique). Reparadoras: convento y casa de ejercicios (Sevilla), casa de ejercicios (Dos Hermanas), residencia (Jerez). Sagrada Familia de Urgel: colegio Sagrada Familia (Sevilla), obra social la Corchuela (Dos Hermanas), colegio Sagrada Familia

(Utrera). Sagrada Familia de Villefranche, residencia «Emilia de Rodat» (Sevilla). Sagrado Corazón: colegio del Sagrado Corazón de Jesús del Valle, colegio Nuestra Señora de los Reyes, obra social de Torreblancas (Sevilla). Sagrado Corazón Regina Mundi, obra social (San Juan de Aznalfarache). Sagrados Corazones, centro de estudios monseñor Cirarda (Jerez). Salesianas; casa provincial y colegios (Sevilla), colegio Nuestra Señora de las Nieves (Arcos de la Frontera), colegio María Auxiliadora (Ecija), colegios María Auxiliadora y San Juan Bosco (Jerez), colegio de San Ramón (Rota), casa Madre Mazzarello y escuela-hogar Nuestra Señora del Pilar (Sanlúcar la Mayor), colegio el Divino Salvador (Utrera). San José de la Montaña, colegio (Sevilla). Santo Angel: casa provincial y colegio Santo Angel (Sevilla), colegio y obra social Santo Angel (Jerez). Siervas de Cristo abandonado, casa del Niño Jesús (Sevilla). Siervas del Evangelio, convento-colegio Jesús de Nazaret (La Roda de Andalucía). Siervas de Jesús, residencia (Sevilla). Siervas de María: casa provincial y residencia (Sevilla), residencia de Nuestra Señora de la Salud (Jerez). Siervas de los pobres, obra social (El Puerto de Santa María). Siervas de San José, residencia Nazaret (Sevilla). Trinitarias de Méndez Casariego, colegio (Sevilla). Trinitarias de la madre Isabel, colegio de la Santísima Trinidad (Sevilla).

Institutos seculares. Sociedad sacerdotal de la Santa Cruz y del Opus Dei; Institución teresiana; Alianza en Jesús por María; Misioneras seculares.

Ordenes terceras. Tercera orden franciscana, con ramas masculina y femenina; Tercera orden capuchina; Tercera orden carmelita.

Movimientos de laicos. Acción católica diocesana. Congregaciones marianas. Pías uniones: Empleadas de la Inmaculada Concepción, Misioneras del Redentor, Obra de la Iglesia, Obra de San Antonio de Padua, Propaganda popular católica. Asociaciones de culto: Consejo general de cofradías (Sevilla), Unión de hermandades (Jerez), Adoración nocturna española, Congregación de luz y vela. Obras de evangelización y espiritualidad: Secretariado diocesano de cursillos de cristiandad, Obra de la palabra de Dios, Movimiento de catecumenado, Legión de María, Focolares, Hijas de María. Asociaciones y movimientos de caridad: Caritas diocesanas, Hermandad de la santa caridad, Conferencias de san Vicente de Paúl, Teléfonos de la esperanza, Hogar Betania y Casa Belén, Residencia de Jesús abandonado. Asociaciones y movimientos familiares: Movimiento de equipos de matrimonios de Nuestra Señora, Club de matrimonios, Apostolado familiar AFA, Anoca-Círculo de amistad, Agrupación de novios cristianos. Asociaciones y movimientos de juventud: Delegación diocesana de escutismo (DDE), Federación católica de asociaciones de padres de alumnos y de padres de familia, Montañeros de Santa María. Asociaciones y obras de acción social: Asociación católica nacional de propagandistas (ACN de P), Acción social empresarial, Hermandades del trabajo, Obras social y apostólica «Pablo VI», Apostolado del mar.

5. **Episcopologio.**: *Marcelo*, primera mitad del siglo III. [Anónimo], en tiempos de Basílides, ob. de Astorga (c. 252-254). *Sabino I*, fines del siglo III, principios del IV, dio sepultura a las santas mártires Justa y Rufina (c. 287), y asistió al concilio de Elvira (300-306?). Sus inmediatos sucesores, que cubren el siglo IV y primera mitad del siglo V, fueron, según el catálogo contenido en el Códice Emilianense (siglo X): *Evidio, Deodato, Semproniano, Gemino, Glaucio y Marciano. Sabino II* (primera vez), antes de 441, fecha en que fue expulsado por el intruso *Epifanio* (441-461). *Sabino II* (segunda vez), 461, recuperó la sede tras veinte años de ausencia en las Galias, muriendo al poco. *Oroncio,*

c. 462 † c. 474. *Zenón*, c. 476, † c. 486, vicario del papa san Simplicio en España. *Asfalio*, c. 486. *Maximiano*, † c. 516. *Salustio*, antes de 517, † después de 519, vicario del papa Hormisdas en la Bética y la Lusitania. Hacia 522-578 gobernaron la diócesis *Crispino, Pigasio, Esteban I, Teódulo, Jacinto, Reparato y Esteban II. San Leandro*, 579, † 599. *San Isidoro*, 599, † 4-IV-636. *Honorato*, 12-V-636, † 12-XI-641, asistió al VI concilio de Toledo (638). *Antonio*, fines de 641, † fines 655, asistió al VII concilio de Toledo (646) y al VIII (653). *Fugitivo*, principios de 656, † (?), asistió al X concilio de Toledo (656). *Bracario*, (?). *Julián*, (?), † después de 681, asistió al XII concilio de Toledo (681). *Floresindo*, 682, † 688, asistió a los XIII (683), XIV (684) y XV (688) concilios de Toledo. *Félix*, después de 688, antes de 2-V-693 tr. a Toledo. *Faustino*, ob. de Braga, 693, † después de 693, asistió al XVI concilio de Toledo (693). *Gabriel*, (?). *Sisberto*, (?). *Oppas*, 710, c. 711 tr. a Toledo, hermano o tal vez hijo del rey Witiza; famoso por ser uno de los principales witizanos que traicionaron al rey Rodrigo en la Batalla de Guadalete. *Noñito,* (?). *Elías,* (?). *Theodulfo,* (?). *Aspidio*, (?). *Humeliano*, (?). *Mendulano,* (?). *David,* (?). *Julián,* mencionado en el Códice Emilianense; todos éstos vivieron antes del 850. *Teudula,* siglo IX. *Juan*, 839, † antes de 850, asistió al concilio de Córdoba. *Recafredo,* 850, (?) tr. a Córdoba, † antes de 860. *Anónimo*, 864. *Juan*, (?). *Julián*, 937. *Clemente*, c. 1144, huyó de la persecución almohade. Hacia 1145 cesan los arzobispos hasta la reconquista de Sevilla en 1248. *Felipe*, hijo del rey Fernando III el Santo, 24-VI-1249 como «procurator», pr. 1251; no se consagró; antes de 2-IV-1258 ren. *Raimundo de Losana*, ob. de Segovia, pr. después de 6-VII-1259, † 6-VIII-1286; por orden de Clemente IV (26-III-1265) predicó la Cruzada en los reinos de España y ciudades de Pisa y Génova. *Fernando Pérez*, electo de Sigüenza, pr. antes de 6-III-1286; no fue instituido por la Santa Sede; cesan noticias hasta 1289. *García Gutiérrez*, pr. 12-II-1289, † 1294. *Sancho González*, pr. antes de 3-VIII-1294, antes de 13-VII-1295 privado por Bonifacio VIII a causa de ciertas denuncias. *Gonzalo*, abad de Husillos, pr. 13-VII-1295, 26-XI-1295. *Sancho González* (segunda vez), declarado inocente de las denuncias, fue restituido 26-XI-1295, † entre el 20 de mayo y el 25-VI-1299. *Juan Amoravid*, ob. de Calahorra, pr. 9-VI-1300, † después de 5-X-1302. *Fernando Gutiérrez Tello*, pr. 7-VIII-1303, † 26-IV-1323. *Juan Sánchez*, pr. 23-XII-1323, † después de 26-XI-1348. *Nuño de Fuentes*, ob. de Astorga, pr. 28-I-1349, † 1361; celebró sínodo provincial (21 a 23-V-1352). *Alonso de Vargas* OSA, ob. de Osma, pr. 18-VI-1361, † 26-XII-1366. *Pedro Gómez Barroso*, ob. de Lisboa, pr. 3-VI-1369, 8-VI-1371 cesa al ser promovido a cardenal. *Fernando Alvarez de Albornoz*, ob. de Lisboa, pr. 9-VI-1371, † 1378. *Pedro Alvarez de Albornoz*, pr. 1379, † 1-VII-1390. *Gonzalo de Mena y Roelas*, ob. de Burgos, pr. 28-I-1394, † 21-IV-1401. *Alonso de Egea*, ob. de Avila, pr. 30-VII-1403, 20-IX-1408 nombrado patriarca de Constantinopla y siguió rigiendo con el título de administrador, † 9-VI-1417; según Zúñiga, celebró sínodo provincial el año 1412. *Diego de Anaya*, ob. de Cuenca, pr. 16-III-1418, 7-I-1431 tr. a Tarso. *Lope de Olmedo* OSH, general de la Orden, 11-III-1431 administrador apostólico, 1432 ren. *Juan de Zerezuela*, ob. de Osma, pr. 7-I-1433, 8-XI-1434 tr. a Toledo. *Diego de Anaya*, ob. de Tarso (segunda vez), 26-II-1435, † después de 26-IX-1437. *Gutierre Alvarez de Toledo*, ob. de Palencia, pr. 12-V-1439, 18-VI-1442 tr. a Toledo. *García Enríquez Osorio*, ob. de Oviedo, pr. 11-VII-1442, † en octubre de 1448. *Juan Cervantes*, card. ob. de Ostia, 7-IV-1449 administrador apostólico, † 25-XI-1453. *Alonso de Fonseca*, ob. de Avila, pr. 4-II-1454, 3-XII-1460 tr. a

Santiago de Compostela. *Alonso de Fonseca y Acebedo*, sobrino del anterior, 3-XII-1460 administrador apostólico, c. 1464 tr. a Santiago de Compostela. *Alonso de Fonseca* (segunda vez), ob. de Santiago, 1464, † principios de 1473. *Pedro Riario* OMin, card., sobrino de Sixto IV, pr. 25-VI-1473, no fue recibido por los reyes ni cabildo, † 3-I-1474. *Pedro González de Mendoza*, card., administrador apostólico de Segovia, 9-V-1474 administrador apostólico, 13-XI-1482 tr. a Toledo. *Iñigo Manrique de Lara*, ob. de Jaén, pr. 15-I-1483, † principios de 1485. *Rodrigo de Borja*, card., pr. 1485 por Inocencio VIII, no fue recibido por los reyes ni el cabildo. *Diego Hurtado de Mendoza*, ob. de Palencia, pr. 29-VIII-1485, card. 28-IX-1500 retuvo la sede, † 12-IX-1502. *Juan de Zúñiga*, maestre de Calatrava, pr. 5-V-1503, card. 19-XI-1503, † en agosto de 1504. *Diego de Deza* OP, ob. de Palencia, pr. 30-X-1504, † 9-VII-1523, celebró sínodo en 1512. *Alonso Manrique de Lara*, ob. de Córdoba, pr. 31-VIII-1523, pos. 13-V-1524, card. 22-II-1531, † 28-IX-1538; fue inquisidor general. *Juan García de Loaysa* OP, ob. de Osma, pr. 21-V-1539, pos. 11-VII-1539, card. 9-III-1539, † 22-IV-1546. *Fernando de Valdés*, ob. de Sigüenza, pr. 27-VIII-1546, pos. 29-IX-1546; fue inquisidor general y no residió, † 9-XII-1568; terminó de construir la torre de la Giralda. *Gaspar de Zúñiga y Avellaneda*, ob. de Compostela, pr. 22-VI-1569, pos. 13-X-1569, card. 14-V-1570, † 2-I-1571; no residió. *Cristóbal de Rojas*, ob. de Córdoba, pr. 18-VII1571, pos. 23-VII-1571, † 22-IX-1580; acabó la capilla real. *Rodrigo de Castro Osorio*, ob. de Cuenca, pr. 20-X-1581, pos. 15-II-1582, consejero de Felipe II, card. 14-XII-1583, † 18-IX-1600; celebró sínodo en 1582 y 1592. *Fernando Niño de Guevara*, arz. de Filipos (Macedonia), card. 8-I-1599, pr. 30-IV-1601, pos. 18-VI-1601, † 8-I-1609; celebró sínodo en 1604. *Pedro de Castro y Quiñones*, arz. de Granada, pr. 5-VII-1610, pos. 6-XII-1610, † 20-XII-1623 *Luis Fernández de Córdoba*, arz. de Compostela, pr. 11-III-1624, pos. 23-V-1624, † 26-VI-1625. *Diego Guzmán de Haro*, arz. de Tiro, pr. 15-IX-1625, card. 15-VII-1630, † 21-I-1631; fue patriarca de las Indias Occidentales. *Gaspar de Borja y Velasco*, card. desde 17-VIII-1611, pr. 19-I-1632, pos. 5-VII-1632, 16-I-1645 tr. a Toledo. *Agustín Spínola*, arz. de Compostela, pr. 16-I-1645, card. 11-I-1619, † 12-II-1649. *Domingo Pimentel* OP, ob. de Córdoba, pr. 19-VII-1649, card. 19-II-1652, 2-XII-1652 ren., † 2-XII-1653. *Pedro de Tapia*, ob. de Córdoba, pr. 23-IX-1652, † 25-VIII-1657. *Pedro de Urbina* OFM, arz. de Valencia, pr. 1-IV-1658, † 6-II-1663. *Antonio Paino*, arz. de Burgos, pr. 4-VI-1663, † 23-V-1669. *Ambrosio Ignacio Spínola y Guzmán*, arz. de Compostela, pr. 7-X-1669, † 24-V-1684. *Jaime de Palafox y Cardona*, arz. de Palermo, pr. 13-XI-1684, † 2-XII-1701. *Manuel Arias y Porres* OSH, pr. 3-IV-1702, card. 30-I-1713, † 16-XI-1717; por dos años presidente del Consejo de Castilla. *Felipe Antonio Gil de Taboada*, ob. de Osma, pr 4-III-1720, † 29-IV-1722. *Luis de Salcedo y Azcona*, arz. de Compostela, pr. 7-X-1722, † 3-V-1741. *Luis Jaime de Borbón*, pr. 19-IX-1741 como administrador apostólico, card. 19-XII-1735, 18-XII-1754 ren. *Francisco Solís Folch de Cardona*, ob. de Córdoba, pr. 17-XI-1755, card. 5-IV-1657, † 21-III-1775; en unión de Luis de Borbón, y como titular de Trajanópolis, administró la diócesis de 1749 a 1752 en que fue trasladado a Córdoba. *Francisco Javier Delgado*, ob. de Sigüenza, pr. 20-V-1776, card. patriarca de las Indias Occidentales, 1-VI-1778, † 10-XII-1781. *Alfonso Marco de Llanes*, ob. de Segovia, pr. 15-XII-1783, † 7-I-1795. *Antonio Despuig y Dameto*, arz. de Valencia, pr. 18-XII-1795, 13-I-1799 prom. al patriarcado de Antioquía, 23-III-1799 ren. *Luis de Borbón*, pr. 15-III-1799 como administrador apostólico con dispensa de la edad, card.

22-XII-1800, 29-XII-1814 se le admitió la renuncia hecha el 19-V-1814, † 19-III-1823. *Romualdo Mon y Velarde*, arz. de Tarragona, pr. 23-IX-1816, † 16-XII-1819. *Francisco Xavier Cienfuegos y Jovellanos*, ob. de Cádiz, pr. 20-XII-1824, card. 13-III-1826, † 21-VII-1847. *Judas José Romo y Gamboa*, ob. de Canarias, pr. 17-XII-1847, pos. 4-IV-1848, † 11-II-1855; celebró sínodo, reorganizó el seminario y creó el Boletín Eclesiástico. *Manuel Joaquín Tarancón y Morón*, ob. de Córdoba, pr. 25-VIII-1857, card. 15-III-1858, † 25-VIII-1862; patriarca de las Indias, intervino en la elaboración del concordato de 1851. *Luis de la Lastra y Cuesta*, arz. de Valladolid, pr. 16-III-1863, card. 16-III-1863, † 5-V-1876. *Joaquín Lluch y Garriga*, OCarm, ob. de Barcelona, pr. 22-VII-1877, card. 1882, † 23-X-1882. *Ceferino González y Díaz Tuñón* OP, ob. de Córdoba, pr. 15-III-1883, card. 10-XI-1894, 27-III-1885 tr. a Toledo, 15-I-1886 tr. de nuevo a Sevilla, 30-XII-1889 ren., † 29-XI-1894. *Benito San y Forés*, arz. de Valladolid, pr. 30-XII-1889, card. 16-I-1892, † 1-XI-1895. *Marcelo Spínola y Maestre*, ob. de Málaga, pr. 8-XI-1895, card. 11-XII-1905, † 19-I-1906. *Enrique Almaraz y Santos*, ob. de Palencia, pr. 18-IV-1907, pos. 12-X-1907, 12-XI-1920 tr. a Toledo, † 22-I-1922. *Eustaquio Ilundain y Esteban*, ob. de Orense, pr. 16-XII-1920, pos. 5-VII-1921, card. 30-III-1925, † 10-VIII-1937. *Pedro Segura y Sáenz*, arz. de Toledo, card. 19-XII-1927, pr. 14-IX-1937, † 8-IV-1957. *José María Bueno Monreal*, ob. de Vitoria, pr. 16-XI-1954 como arz. coadjutor con derecho a sucesión, pos. como residencial el 8-IV-1957, actual arzobispo.

BIBL.: G. ARGOTE DE MOLINA, *Nobleza de Andalucía*, Se. 1588; A. BALLESTEROS, *Sevilla en el siglo XIII*, Ma. 1913; J. BERMEJO, *Glorias religiosas de Sevilla o noticia histórico-descriptiva de todas las cofradías de penitencia*, Se. 1882; R. CARO, *Antiguedades y principado de la Ilustrísima ciudad de Sevilla y Chorografía de su convento jurídico, o antigua Chancillería*, Se. 1632; J. A. CEÁN BERMÚDEZ, *Descripción artística de la catedral de Sevilla*, Se. 1863; F. COLLANTES DE TERÁN, *Historia de los Establecimientos de Caridad de Sevilla*, Se. 1886; A. DOMÍNGUEZ ORTIZ, *Un informe sobre el estado de la Sede Hispalense en 1581*: R1188, 6(1953) 181-95; P. ESPINOSA DE LOS MONTEROS, *Historia, antiguedad y grandeza de la ciudad de Sevilla*, Se. 1627; ID., *Teatro de la Santa Iglesia Catedral de Sevilla*, Se. 1635; F. FITA, *Extinción del obispado de Marruecos*: R59, 16(1890)182-220; Z. GARCÍA VILLADA, *Historia Eclesiástica de España, I*, Ma. 1929; J. GUERRERO LOVILLO, *Guía de Sevilla*, Ba. 1952; J. GESTOSO Y PÉREZ, *Curiosidades antiguas sevillanas*, Se. 1885; ID., *Sevilla Monumental y Artística*, Se. 1889 y 1890; J. GONZÁLEZ Y GONZÁLEZ, *Repartimiento de Sevilla*, Ma. 1951; F. GONZÁLEZ DE LEÓN, *Noticias artística, histórica y curiosa de todos los edificios públicos, sagrados y profanos de esta muy noble y muy leal, muy heroica e invicta ciudad de Sevilla*, Se. 1887; G. GONZÁLEZ DÁVILA, *Teatro eclesiástico de las Iglesias Metropolitanas.., II*, Ma. 1645; J. GÓMEZ, *Discursos sobre la grandeza de la Iglesia Catedral de Sevilla*, ms.; M. GÓMEZ MILLÁN, *Semana Santa de Sevilla*, Se. 1923; J. GUICHOT, *Historia de la Ciudad de Sevilla*, Se. 1875-92; ID., *Historia del Excelentísimo Ayuntamiento de la M. N., M. L., M. H. e I. Ciudad de Sevilla*, Se. 1896-1903; J. HAZAÑAS Y LA RÚA, *Historia de Sevilla*, Se. 1932; J. HERNÁNDEZ DÍAZ, *Catálogo arqueológico y artístico de la provincia de Sevilla, I*, Se. 1939; J. M. JAVIERRE, *Don Marcelo de Sevilla*, Ba. 1963; H. JURETSCHKE, *Vida, obra y pensamiento de Alberto Lista*, Ma. 1951; A. LASSO DE LA VEGA, *Historia y juicio crítico de la escuela poética sevillana en los siglos XVIII y XIX*, Ma. 1876; A. LÓPEZ, *Obispos en el Africa septentrional desde el siglo XIII*, Tánger 1941; D. MANSILLA REOYO, *Iglesia Castellano-Leonesa y Curia Romana en los tiempos del rey san Fernando*, Ma. 1945; T. MARÍN, *Memoria de las obras y libros de Hernando Colón del Bachiller Juan Pérez*, Ma. 1970; J. MATUTE Y GAVIRIA, *Memorias de los obispos de Marruecos y demás auxiliares de Sevilla, o que en ella han ejercido funciones episcopales*, Se. 1886; ID., *Anales eclesiásticos y seculares de la muy noble y muy leal ciudad de Sevilla*, Se. 1887; A. MONTERO, *Historia de la persecución religiosa en*

España, Ma. 1961, 287-290; F. Morales Padrón, *Sevilla insólita*, Se. 1974; J. A. Morgado, *Historia de Sevilla*, Se. 1587, segunda edición, Se. 1887; id., *Prelados sevillanos*, Se. 1899-1904; id., *Santoral Hispalense*, Se. 1907; A. Muñoz Torrado, *La Iglesia de Sevilla en el siglo XIII*, Se. 1914; id., *Catálogo de los Arzobispos de Sevilla en los siglos XIII-XIV-XV*, Se. 1940; A. Núñez de Castro, *Vida de San Fernando*, Ma. 1944; J. Ordóñez Márquez, *La apostasía de las masas y la persecución religiosa en la provincia de Huelva (1931-1935)*, Ma. 1968; D. Ortiz de Zúñiga, *Anales eclesiásticos y seculares de la ciudad de Sevilla*, I-V, Ma. 1796; F. Pacheco, *Catálogo de los Arzobispos de Sevilla*, ms.; A. de Quintadueñas, *Santos de la Ciudad de Sevilla y fiestas que su Iglesia celebra*, Se. 1637; E. Romero de Torres, *Catálogo monumental de España. Provincia de Cádiz*, Ma. 1934; S. Rosa y López, *Los Seises de la Catedral de Sevilla*, Se. 1904; M. S. Rubio Sánchez, *El Colegio-Universidad de Osuna (Sevilla) 1548-1824*, s.l. n.a.; A. Sánchez Gordillo, *Discurso sobre no resisdr el Prelado en la Santa Iglesia de esta ciudad:* Memorial de la historia y cosas eclesiásticas de Sevilla, ms.; H. Sancho de Sopranis, *Juan Téllez-Girón y su Universidad de la Concepción de Osuna:* R116, 28(1954)382; B. Santos Olivera, *Guía ilustrada de la catedral de Sevilla*, Ma. 1930; J. Sebastián y Barandarán, *La ciudad de la Eucaristía y de la Inmaculada*, Se. 1895; M. Serrano Ortega, *Bibliografía de la catedral de Sevilla*, Se. 1902; F. de Sigüenza, *Traslación de la imagen de Nuestra Señora de los Reyes y cuerpo de San Leandro y de los cuerpos reales a la Real Capilla* (año 1579), ed. de S. Montoto, Se. 1919; F. J. Simonet, *Historia de los mozárabes en España*, Ma. 1897-1903 (Memorias de la R. Academia de la Historia, XIII); J. de la Vega y Sandoval, *Edificaciones antiguas de Sevilla*, Se. 1928; J. Velázquez y Sánchez, *Anales de Sevilla*, Se. 1872; *Biblioteca Colombina. Catálogo de sus libros impresos*, 7 vols., Se. 1888-1958; *La Iglesia de Sevilla. Guía Pastoral*, Se. 1974; *La persecución religiosa en la archidiócesis de Sevilla (1936-1938)*, Se. 1938; A. Domínguez Ortiz, *Delitos y Suplicios en la Sevilla imperial:* R28, 83(1957); J. Hernández Díaz y A. Sancho Corbacho, *Edificios religiosos y objetos de culto saqueados y destruídos por los marxistas en los pueblos de la provincia de Sevilla*, Se. 1937; V. Lleó Cañal, *Arte y espectáculo: La fiesta del Corpus en Sevilla en los siglos XVI y XVII*, Se. 1975.   IEF

SEVILLA, Feliciano de, OFMCap (Sevilla 1657 † Granada 25-III-1722) misionero popular y escritor ascético. Tomó el hábito capuchino en 1676. Fue insigne predicador y gran propagador de la devoción al misterio de la Santísima Trinidad. En 1701 abrió en Cádiz una casa para los pobres, que todavía subsiste bajo el nombre de Hospital de la Santa Caridad. Al año siguiente realizó una labor patriótica notable cuando la incursión de la flota inglesa.

OBRAS: Quedan de él varias obras impresas, de temas espirituales y predicables; son las principales: *Florida imperial corona de la gran reina de los angeles y hombres María Santísima*, Cá. 1698; *Devoción a la Santísima Virgen María en su coronación por Reina de los cielos*, Mál. s.a.; *Racional campana de fuego...* (sobre el purgatorio), Se. 1700, Cá. 1704; *El Sol increado, Dios trino y uno...*, Cá. 1702.

BIBL.: R29, 21(1924)217; N2, 572; D19, V, 125.
L. de Aspurz

SEVILLA, Isidoro de, OFMCap (Sevilla 9-V-1662 † Sevilla 7-XI-1750) predicador, mariólogo. Tomó el hábito capuchino en 1681. Fue insigne predicador y dejó fama de santidad. El año 1703 presentó por primera vez a la Virgen bajo el traje y título de Divina Pastora y fue el iniciador e incansable propagador de esta devoción que logró poner de moda en la Corte de Felipe V y entre la primera nobleza; andando el tiempo se extendería por varias naciones y sería reconocida canónicamente.

OBRAS: Dejó publicadas numerosas obras marianas y hagiográficas, entre ellas: *La Pastora coronada*, Se. 1705; *La mejor Pastora Assumpta*, Se. 1732; *Gritos del cielo*, Se. 1733.

BIBL.: R29, 21(1924)214 y 23(1925)405; J. Bautista de Ardales, *La Divina Pastora* I, Se. 1949, 3-124; N2, 880.
L. de Aspurz

SEVILLA, Mariano de, OFMCap (Sevilla 21-I-1767 † Sevilla 22-IV-1822) predicador popular, patriota y político. Ingresó en los capuchinos el 21-IX-1782. Desempeñó los cargos de superior de los conventos de Córdoba y Cádiz, procurador de misiones y ministro provincial de Andalucía. Se distinguió por su oratoria y especialmente por la parte que tomó en los sangrientos sucesos de Cádiz en 1808. Gracias a su popularidad e intervención, se pudo calmar el furor de las turbas y evitar el saqueo de la ciudad y muerte de destacadas personalidades. Formó parte de la Junta de defensa de Cádiz y posteriormente, por aclamación del pueblo, se le designó gobernador de la ciudad junto con el general Jones. Así pudo también prevenir muchos lamentables sucesos y organizar la defensa de Cádiz y juntamente los batallones de voluntarios en la guerra de la Independencia.

OBRAS: Tiene impresas varias cartas pastorales que dirigió a los religiosos y asimismo un sermón que predicó en las exequias del Bto. Diego José de Cádiz, en Málaga, 1801.

BIBL.: A. de Valencina, *Los Capuchinos de Andalucía en la guerra de la Independencia*, Se. 1910, 46-76; A. de Castro, *Cádiz en la guerra de la Independencia. Cuadro histórico*, Cád. 1862.   B. de Carrocera

SEVILLA, Salvador Joaquín de, OFMCap (Sevilla 1766 † Sevilla 13-IX-1830) predicador, historiador. Su nombre seglar fue Joaquín Carvallo Vera, de donde el sobrenombre diminutivo de Padre Verita con que se le conocía. Obtuvo el doctorado en Filosofía por la Universidad de Sevilla y en ella enseñó esta ciencia por algún tiempo. En 1790 vistió el hábito capuchino y, recibido el sacerdocio en 1792, entregóse activamente al ministerio de la predicación, alcanzando enorme popularidad.

OBRAS: Dejó manuscritas muchas obras. A él se debe la famosa *Colección del Fraile*, que consta de 1.013 volúmenes y se guarda en la biblioteca del Archivo del Servicio Histórico Militar de Madrid; se compone de documentos de la guerra de la Independencia, compilados por el P. Verita, y es fuente de información histórica de primer orden. Le puso por título *El triunfo de España*.

BIBL.: J. E. de Utrera, *El Capuchino santificado... Vida del P. Salvador Joaquín de Sevilla*, Se. 1832; J. Bautista de Ardales, *La Divina Pastora*, I, Se. 1949, 447-487.
L. de Aspurz

SIAGRIO, (siglo v) obispo. Junto con Pastor, levantó bandera contra el priscilianismo hacia el año 435.

OBRAS: Es autor de las *Reglas sobre la definición de la fe (Regulae definitionum contra haereticos prolatae:* PL 13, 639). Quiso Siagrio precisar en esta obra algunos términos que los priscilianistas empleaban confusamente al hablar de la Trinidad (Genadio, *De viris illustribus*, 65).

BIBL.: G. Morin, *Pastor et Syagrius:* Revue Bénédictine, 10(1893)385-390; P. B. Gams, *Kirchengesch. von Spanien* 2, 1, 466-67.   U. D. del Val

SICARDO, José, OSA (Madrid 1643 † Sacer [Cerdeña] 1715) obispo. Profesó en el convento de Salamanca el 27-V-1659. Hizo su carrera literaria en la Universidad. Se embarcó en Sanlúcar de Barrameda en dirección a la capital mejicana (14-VII-1668). A causa de algunas dificultades con los religiosos criollos, tuvo que trasladarse a Michoacán, donde trabajó en el ministerio, al lado del obispo, el agustino fray Francisco Sarmiento y Luna. De aquí pasó nuevamente a Méjico, donde se graduó de Maestro en Sagrada Teología, en aquella Universidad. En 1678 fue elegido prior de Oaxaca. El 30-XI-1684 volvió definitivamente a España. Se le dio el título de teólogo y examinador de la Nunciatura, y Carlos II le honró con el de predicador en 1690. Fue presentado para la mitra de Sacer (Cerdeña), siendo consagrado el 6-VIII-1702. En su viaje hacia la diócesis, tuvo la desgracia de caer en manos de algunos piratas holandeses, que le llevaron a Menorca, donde vivió algún tiempo prisionero. Luego, vivió dos años en Barcelona, cumpliendo una real orden (18-VII-1709). Finalmente pudo regresar a su diócesis, en la que actuó con gran celo, corrigiendo no pocos abusos.

OBRAS: *La flor de Cristo animada en la vara de la Cruz*, Ma. 1668; *Ecos de la expectación de María Santíssima*, Ma. 1668; *Vida y virtudes del V. Fr. Bartolomé de Jesús María*, Méjico 1683; *Memorial al Consejo de Indias*, Ma. 1683; *Memorial al Rey* (ed. Medina, Bibliot. Hispano-Americana, 1832); *Vida de la B. Rita de Cassia*, Gén. 1688; *Christiandad del Japón*, Ma. 1698; *Adicciones a la Historia de Méjico del P. Grijalva*, México 1684; *Vida y milagros de... San Nicolás de Tolentino*, Ma. 1701; *Catecismo en lengua sarda* (perdido); *Tratado moral sobre los diezmos* (ms.); *Historia del convento de S. Agustín de Salamanca* (ms.); *Informe dirigido a su Majestad sobre los abusos que debían corregirse en la ciudad de Sacer*, s. l. ni a.

BIBL.: M55, VII, 488-507; M. MERINO, *Misioneros agustinos en el extremo Oriente*, Ma. 1954, 209-212.   A. MANRIQUE

SICARDO, Juan Bautista, OSA (Madrid † Nápoles 1717) obispo, moralista. Profesó en el convento de Salamanca, el 29-I-1654. Terminada la carrera eclesiástica, explicó Artes en el convento de Toledo y Teología en el de Valladolid hasta 1668. El 14 de julio de este año se embarcó para Méjico, donde era ya conocido por sus dotes de excelente orador. Después de algunos años años en Nueva España, vuelto a la Península, fue nombrado lector de Prima de Teología del Colegio de San Agustín, de Alcalá, y Maestro en Sagrada Teología. Fue también consultor y teólogo de la Nunciatura. En viaje a Roma (1679) fue recibido por Inocencio XI con especiales muestras de benignidad, recomendando su libro sobre las disposiciones para comulgar, a la Sagrada Congregación del Concilio. De regreso a España, fue prior de los conventos de Segovia, Salamanca y Burgos. Hacia 1689 fue nombrado asistente general de España e Indias. Felipe V lo propuso para obispo de Buenos Aires (15-IV-1704). Pero no llegó a ser consagrado, por ser partidario del archiduque Carlos. Desterrado por esta causa al convento de San Pablo de los Montes hasta el 1710, se le concedió finalmente pasar a Barcelona, en donde se hallaba su hermano el arzobispo de Sacer. Muerto éste, se dirigió a Nápoles, donde murió.

OBRAS: *Sermón sobre S. Jerónimo*, México 1660; *Sobre la alternativa de los agustinos en Méjico*, Ma. 1670; *Breve resumen de la disposición... a recibir el Smo. Sacramento*, Alc. 1673; *General ruina... por el vicio de la murmuración*, Alc. 1675; *Juicio Theologico Moral... de las galas, escotados, y afeites de las mugeres*, Ma. 1677; *La verdad acrisolada*, To. 1678; *Carta Apologética*, Alc. 1678; *Sermones panegyricos*, Sa. 1678; *Juicio regular que deben observar los Prelados*, Bu. 1686; *Quaestio de stipendio missae*, Ma. 1692; *Oratio in obitu... Joseph nominis primi*, Ba. 1711. *Gemitus peccatoris ad Deum...*, Ma. 1705; *Sacrum viridarium* (perdida).

BIBL.: *Información geneológica de la familia Sicardo*, Ma. 1702; M55, VII, 507-516; M. MERINO, *Misioneros agustinos en el extremo Oriente*, Ma. 1954, 211.   A. MANRIQUE

SIDRO VILLARROIG, Juan Facundo, OSA (Castellón de la Plana 7-VIII-1748 † Rocafort 15-VI-1816) teólogo. Vistió el hábito en el convento de San Agustín, de Valencia. En 1771 se graduó de Maestro en Teología por la Universidad de Valencia. Hizo oposiciones a las cátedras de Teología de Santo Tomás, Escoto y del Maestro de las Sentencias, obteniendo esta última en propiedad (1775). En 1776 asistió al Capítulo general de Roma como definidor, y a su vuelta fue nombrado provincial de la provincia de Aragón. El cargo que

ostentaba le proporcionó una bella ocasión para hacer una excelente biblioteca en el convento de San Agustín, adquiriendo unos 12.000 volúmenes. A la biblioteca añadió un valiosísimo gabinete de Física y un numeroso y rico monetario, que adquirieron gran celebridad en aquella época. El padre Sidro fue nombrado académico de honor de la Real Academia de San Carlos (1804), y numerario por la Real Sociedad Económica. El arzobispo lo nombró examinador sinodal, y el Ayuntamiento de Valencia, su cronista.

OBRAS: *Institutiones christianae theologiae libri viginti*, Val. 1782-1788; *Ars vere philosophandi*, Mu. s. a.; *Oratio parenetica ad Senatum et Academiam Valentinam*, Val. 1785; *Plan de estudios... de la Orden de S. Agustín*, Val. 1788; *El fraile en las Cortes*, Al. 1813; *Reflexiones cristiano-políticas acerca de las nuevas Cortes*, 1814.

BIBL.: B. FERNÁNDEZ, *Juan Facundo Villarroig*: R75, 36(1895)507-510; A. PÉREZ GOYENA, *Las escuelas teológicas españolas. La escuela agustiniana*: R154, 5(1923)215-219, y R23, 16(1929)166 y 313-315; M55, VII, 515-526; M. GRABMANN, *Historia de la teología católica*, Ma. 1940, 424.   E. D. CARRETERO

SIERVAS DEL EVANGELIO, Congregación fundada en Granada, el 10-X-1945, por el obispo de Tarazona, D. Manuel Hurtado. El fin específico es el apostolado de la juventud, especialmente en las parroquias, y el cuidado de los ornamentos y objetos de culto. Tienen siete casas en España.   D. MARRERO

SIERVAS DE JESUCRISTO SACERDOTE, Instituto secular fundado en Madrid, el 8-XII-1954, por D. Juan Sánchez Hernández, Sacerdote Operario Diocesano. Aprobado como Pía Unión el 2-II-1957, obtuvo el *Nihil obstat* de la Congregación de Religiosos el 8-XII-1965, y el decreto de erección episcopal, en 2-II 1966; la erección de dicho decreto y fiesta solemne de erección en Instituto secular, el 11-IV-1966; y aprobación de los estatutos, el 31-V-1967. El fin específico es glorificar el Sacerdocio de Jesucristo y servir a los sacerdotes y aspirantes al sacerdocio, en sus personas, obras apostólicas y familiares femeninos que conviven con los sacerdotes. Tiene tres categorías de miembros: *Internas*, con vida común y votos perpetuos; *Externas*, con votos temporales; *Apostólicas*, solo voto de castidad y apostolado del sufrimiento. Cuenta con 300 miembros. Casas en España: 16 de internas; externas en todas las diócesis. Cenáculo central: Cirajas, 2, Madrid-16.   D. MARRERO

SIERVAS DE JESUS DE LA CARIDAD, Congregación fundada en Bilbao el 9-VI-1874 (fecha de la aprobación diocesana) por María Josefa Sancho de Guerra. El fin específico es el cuidado de los enfermos a domicilio y en hospitales, y el de los niños expósitos en establecimientos públicos y demás obras de beneficencia y caridad. Las cinco primeras fundadoras procedían de las *Siervas de María Ministras de los Enfermos*, de donde salieron con los debidos permisos en julio de 1871 para establecerse en Bilbao, a fines del mismo mes. En agosto de 1871 obtuvieron permiso oral del obispo para ejercer su apostolado como seglares. El 21-VI-1875 pronunciaron los votos temporales las cinco fundadoras. Abierto el noviciado en Bilbao, la Congregación se fue extendiendo rápidamente por toda España para saltar luego a Hispanoamérica. El 29-XI-1875 se acepta el hospital de Castro Urdiales (Santander). Sigue Valladolid, 14-XII-1878; Burgos, 1-VII-1879, desde donde tuvieron que atender, a petición del gobernador, a los pueblos de Matapozuelos y Pampliega duramente castigados por el cólera; Vitoria, ciudad natal de la fundadora, 1-VII-1880; León, 1-X-1880; Oviedo, febrero de 1882; Gijón, 12-VII-1882; del Cantábrico pasan al Mediterráneo; en Madrid no se establecieron hasta el 1-XII-1895. El 7-XII-1910 zarpaban de Cádiz en el vapor *León XIII*, las cinco primeras Siervas para ir a establecerse en Chile. El 31-VIII-1880 obtuvo la Congregación el *decretum laudis*, y el 31-I-1886, la aprobación definitiva del Instituto. Por Real Orden de 25-II-1881 se declaró a la Congregación comprendida en el artículo 30 del Concordato de 1851. Las primeras 16 Siervas de Jesús, reunidas en Vitoria, hicieron su profesión perpetua, el 8-V-1887. Tiene 50 casas en España.

BIBL.: E. NEBREDA, *Una heroina de caridad. La Madre María del Corazón de Jesús Sancho de Guerra*, Cor. 1951.
Q. ALDEA

SIERVAS DE MARIA. Ministras de los enfermos. Congregación fundada en Madrid, el 15-VIII-1851, por D Miguel Martínez y Sanz, párroco de Chamberí, y santa Soledad Torres Acosta El fin específico es la asistencia gratuita de los enfermos a domicilio El 15-VIII-1851 la idea del fundador se hizo realidad gracias al espíritu de entrega y sacrificio de siete aspirantes, entre las que se encontraba Soledad Torres. Cuando a principios de 1856, D. Miguel se marchó a las misiones españolas del Golfo de Guinea con un grupo de Siervas de María, nombró a la madre Soledad, superiora general de la naciente Congregación. La inexperiencia del joven sacerdote D. Francisco Morales, que sucedió a D. Miguel, puso al Instituto al borde de la supresión. Pero gracias al espíritu y energía de la fundadora, que había sido depuesta por aquél y repuesta por el siguiente director, se mantuvo en pie la Congregación.

Las constituciones fueron aprobadas por el cardenal arzobispo de Toledo, el 12-I-1867, y la Santa Sede dio el decreto de alabanza el 18-IX-1867. Obtuvo la aprobación definitiva el 23-VI-1898. En 1915 abre en Chamberí su primera Escuela de Enfermeras, que el 7-VI-1955, se convierte en la actual Escuela Oficial de Ayudantes Técnicos Sanitarios, con nuevo edificio. La Congregación ha adquirido una difusión extraordinaria en España y en el extranjero. Tiene 130 casas agrupadas en siete provincias: Madrid, Castilla, Cataluña, Andalucía, Antillas, Estados Unidos y Argentina. La mayoría de las religiosas son españolas. En España tiene unas 70 casas.

BIBL.: G. PRADO, *Madre Soledad*, Ma. 1953.   Q. ALDEA

SIERVAS DE LA PASION. Congregación fundada en Vich (Barcelona), en 1886, por la madre Teresa Gallila y Palmerola. El fin específico es la protección de la joven, asilos maternos, asistencia a enfermos y ancianos y guardería de niños. Tiene ocho casas en España.
D. MARRERO

SIERVAS DE LOS POBRES (Hijas del Sagrado Corazón de Jesús). Congregación fundada en Almería el 15-VI-1944 por la madre María Aznar Jurado. El fin específico es la asistencia a los pobres. Tienen 16 casas en España.   D. MARRERO

SIERVAS DE SAN JOSE. Congregación fundada en Salamanca el 17-I-1874 por el padre Butiñá SI, y la madre Bonifacia Rodríguez Castro. La fundadora había nacido en Salamanca el 6-VI-1837. En la iglesia de la Clerecía conoció en su juventud al padre Butiñá y le tomó por guía de su alma. El la ejercitó en el apostolado y en todas las virtudes, orientándola a la fundación de una nueva Congregación religiosa. El 7-I-1874 da el decreto de erección el entonces obispo de la diócesis, doctor Lluch y Garriga. A los tres días se reúnen y comienzan el postulantado la fundadora y sus seis primeras compañeras, entre las que se contaba su madre. El

19 de marzo del mismo año, reciben el hábito de manos de su fundador. La profesión religiosa de estas primeras Siervas de San José fue el 2-II-1876. Siguen largos años de pruebas de todas clases, pero pródigos en frutos de santidad. El 8-VIII-1905 fallece santamente en Zamora la madre Bonifacia Rodríguez Castro. Sus restos mortales fueron trasladados a la capilla de la Casa Madre, en Salamanca, el 7-III-1945. El proceso de beatificación de la madre, ha pasado a Roma en junio de 1962.

En la actualidad cuenta la Congregación con 927 religiosas, y se extiende por todos los continentes, excepto Africa. Tiene 68 casas, de ellas 27 en España. Su actividad principal son los colegios y escuelas de Magisterio. También, guarderías infantiles en barrios o localidades pobres; residencias para universitarias y oficinistas; cuatro casas de Misión en el Amazonas y Patagonia chilena, con escuelas, dispensarios, etc. Asimismo, atienden las religiosas algunos seminarios, llevando la dirección de la cocina y trabajos domésticos y enfermería. En todos los colegios de la Congregación se atiende a la enseñanza de niñas pobres, en concepto de gratuitas, pero mezcladas con las demás alumnas. Y el colegio de Zamora en que la fundadora pasó la mayor parte de su vida, está destinado totalmente a niñas muy necesitadas.

A petición del Consejo General, la Santa Sede concedió el nombre de Misioneras a las Siervas de San José, 18-I-1964.   T. SÁNCHEZ CARREÑO

SIERVOS DE MARIA (Servitas). Orden conventual fundada en Florencia (Italia) hacia 1233 por siete laicos florentinos, mercaderes pertenecientes al gremio de la lana, canonizados el 15-I-1888: Buenhijo, Buenajunta, Maneto, Amadeo, Hugo, Sosteneo y Alejo. Fue aprobada por la bula *Deo grata*, de 23-III-1256, de Alejandro IV, y confirmada por la *Dum levamus*, de 11-II-1304, de Benedicto XI. Su vida apostólica es parecida a la de las Ordenes mendicantes fundadas por los contemporáneos san Francisco de Asís y santo Domingo de Guzmán. Los orígenes de la Orden en España están por estudiar, pero consta documentalmente la existencia de la provincia española a finales del siglo xv.

Actualmente posee siete conventos de frailes (Madrid, Valencia, Denia, Plasencia, Santuario de Nuestra Señora del Puerto [Plasencia], Orense y Tuy); tres, de monjas de clausura; tres, de Siervas de María de la Congregación de Pistoya, y dos, de la de Jolimont.

BIBL.: M. ROSSI, *Manuale di Storia dei Servi di Maria,* Ro. 1956; C. BARRAQUER Y ROVIRALTA, *Las casas de religiosos en Cataluña en el primer tercio del siglo XIX*, II, Ba. 1906, y IV, Ba. 1917.   Q. ALDEA

SIGILOGRAFIA. Es la ciencia que tiene por objeto el estudio del sello diplomático, la disciplina que conoce los sellos que validan los documentos reales, eclesiásticos, de corporaciones civiles, de entidades o autoridades varias o de particulares. Se conoce también con el nombre de Esfragística, de raíz griega, dado por Hermann, en 1745, en su *Ars sphragística*; la voz sigilografía es grecolatina, viene de *sigillum*, sello, y *graphos*, describir, como muchas otras del mismo sufijo.

La Sigilografía está muy unida a la Paleografía, por cuanto ésta facilita el estudio de las leyendas sigilares y su datación; a la Diplomática, porque, como se ha dicho, el sello forma parte del documento de este carácter; a la Epigrafía, porque el tipo de letra de los sellos es paralelo al de las inscripciones que se hallan en las mismas catedrales o iglesias a cuyos prelados pertenecen aquéllos, y finalmente a la Historia del Arte, en particular a la Escultura, a la Numismática y a la Orfebrería porque unos mismos artistas abrían las matrices de los sellos, los cuños de las monedas y las obras de la Toréutica.

I. Sello es toda pieza de metal, cera, creta o tierra arcillosa, greda, lacre o cera hispánica, malta o arcilla, pez y grasa, o papel, obtenida ésta con oblea, que tiene figura propia, representativa de soberanía, autoridad o personalidad, que se une a un documento para autenticarlo o validarlo, haciendo constar la autoridad que lo emite u otorga. La Sigilografía es ciencia auxiliar de la Historia, pero también ciencia *per se*, dados su contenido, su finalidad y sus métodos. Por la técnica de su elaboración, el sello se agrupa con los productos de la Escultura, como son los camafeos y los entalles, objeto de estudio de la Glíptica, y con las medallas y monedas que lo son de la Numismática: por esto se ha dicho que la Esfragística es la hermana de la Numismática y la documentación lo comprueba al darnos nombres de abridores de cuños monetarios que al mismo tiempo esculpieron o tallaron las matrices de los sellos de los monarcas titulares de las monedas.

El sello diplomático, apuesto o adherido al documento, es una consecuencia de los sellos signatorios usados en la antigüedad, cilindros, anillos, rodillos, etc,. empleados para marcar productos o autentificar firmas, como en Egipto se usaron los escarabeos y en Asiria los cilindros. El Génesis (XLI, 42) relata el episodio del Faraón que engrandeció a José dándole *annulus*; en el libro de Daniel se cita, igualmente, el anillo *«quem obsignavit rex annulo suo et annulo optimatum suorum»* (VI, 17); y *«et signantes annulo regis abierunt»* (XIV, 13). Plinio el Joven, en su carta a Trajano, se refiere a su propio sello, cuya impronta era una *quadriga*; Sila tuvo uno que representaba a Yugurta liberado por Bocco. Cicerón en las Verrinas da noticia de la belleza del sello de una carta llegada de Agrigento; en la tercera (c. 22) escribió: *«apposuit patellam in qua sigilla erant egregia»*, y en la epístola *Ad Atticum* emplea la expresión *sub signo ponere*, como en la catilinaria tercera se lee: *«tum ostendi tabulas Lentulo et quaesivi cognoscerat ne signum»*.

Los cristianos usaron anillos con expresiones religiosas, como *vivas in Deo*, los cuales han sido hallados en las catacumbas.

Signare significaba autenticar un escrito con el *signum* o firma del otorgante; *subscribere* era firmarlo quien lo había redactado; *sigillare* era adherirle el sello; esta acción constituía la *sigillatio*, como *sigillifer* era el que la ejecutaba, quien lo sellaba, quedando el documento *sigillatum*.

En el Código teodosiano, en *De testamentis*, se distingue entre *subscriptores* y *signatores*. En la Edad Media *signator* equivalía también a *subscriptor* y *signare* a *subscribere*. *Subsignare* se decía en la adición de firma: *subsignavi*, abreviándolo *SS*. La voz *signum* se empleó generalmente para significar la cruz manuscrita que se ponía al pie de un texto; *sigillum* era el sello, de cualquier materia, apuesto o adherido al documento.

II. El sello diplomático, puede ser real, eclesiástico, particular, de personajes civiles de diversas categorías sociales o de corporaciones varias, lo cual se refleja en su impronta o composición total. Por ello la Sigilografía estudia las características históricas, heráldicas, paleográficas, artísticas, etc., del sello, utilizando una terminología propia, muy semejante a la de la Numismática; un sello tiene anverso, reverso, campo, orla, leyenda, tipo; puede tener el reverso afigurativo, o sin tipo alguno, liso; como por el mal estado de su conservación puede ser *frustro*; por su forma, circular — *sigillum rotundum* —, almendrado, ovalado, discoidal, romboidal, etc.; por su posición, pendiente, *sigillum pendens*, o *pensile*, cuando se usaba el pergamino y colgaba de él mediante unas tiras de cuero o del mismo pergamino también, o trenzas de cáñamo o de seda, según las ca-

tegorías diplomáticas; por esto se clasifican en áureos, argénteos, plúmbeos, céreos, de lacre, de papel, llamados éstos de *placa*; por su solemnidad son mayestáticos, secretos, grandes, comunes, etc., según las categorías establecidas en cada cancillería, *sigillum magnum, parvum, grossum*. Desde el siglo XV se acostumbró a proteger los sellos céreos con cajas de madera, hojadelata o envoltura de pergamino; el sello de placa se usó porque el papel no permitiría los de otra materia más pesada que él. En el sello se distingue el campo y la orla; en aquél se halla el tipo y en ésta la leyenda o inscripción que va bordeando el sello.

La Cancillería custodiaba las matrices de los sellos, ponía éstos a los documentos, percibía los derechos y tasas, para lo que tenía los funcionarios u oficiales encargados de estas operaciones, habiendo dado modelo, norma y reglamentación la Apostólica, lo que se reflejó en los episcopales, abaciales, etc., según los países y épocas.

La lectura del sello comienza, generalmente, por la parte superior derecha del tipo, donde suele haber una cruz, de brazos iguales, separando el principio y el fin de la leyenda o inscripción; en ésta las palabras suelen ir abreviadas, designándose *sigillum* solo por *S*, entre puntos y empleándose también, para separar las voces crucecitas, florones o grupos de dos puntos; sobre el campo puede haber también algunas letras o palabras abreviadas.

En las leyendas se emplea el tipo de letra de los documentos, por lo que entra en su estudio la Paleografía, pues la inscripción puede ser románica, gótica, renaciente, neoclásica, etc. El sello posee una verdadera intitulación de su autoridad o propietario, como la de carácter diplomático y la monetal y concuerdan las tres, cuando se trata de soberanos que otorgaron diplomas, los autenticaron con el sello y emitieron monedas.

El contrasello era un sello de menor tamaño, que carecía de reverso; se llamaba *contrasigillum* o *subsigillum*, teniendo la función de autenticar, a su vez el sello de cera, por lo que también se llamaba *sigillum secretum*, sello secreto, o más privado, del titular. Los sellos secretos con camafeos fueron frecuentes; los usaron D. Sancho, arzobispo electo de Toledo, y el rey de Castilla, Alfonso X el Sabio; en ellos se hallaban los camafeos unidos a la matriz del sello para obtener la unidad de relieve.

El sello que tiene la huella dactilar se llama dactilógrafo y era usado por particulares, frecuentemente en Alemania; cuando un particular no tenía sello propio usaba el de otro diciendo: *Quia vero sigillum non habeo, ad petitionem meam presens scriptum sigilli sui munimine roboravi*, en otro citado por Fuentes Isla se lee: *«Ad maiorem cautelam sigillum fratris mei domini Romerii huic carte feci apponi»*. El *subsigillo* propiamente era el que se añadía a continuación del principal; este caso se daba cuando un magistrado sellaba con el del Tribunal y después con el suyo propio.

En la descripción de los sellos, se llama derecha e izquierda a las del espectador. Tipo es la figura o emblema representados; campo el espacio interior en que resaltan las representaciones; anverso, la primera cara o principal; reverso, la opuesta; leyenda es la inscripción; intitulación, el nombre con el cargo o jerarquía del propietario, titular o autoridad que lo posee.

En las leyendas se observa el mismo tipo de letra que en los documentos manuscritos, por lo común, y más exactamente como en las monedas. En España el carácter de la letra usada más frecuentemente en los sellos, fue la monástica o francesa mayúscula capital hasta fines del siglo XIII; el tipo alemán mayúsculo en el XIV y este mismo y el minúsculo en el XV; en los siglos XVI y XVII se empleó la escritura capital romana.

El latín fue la lengua usada en los sellos reales y eclesiásticos de Occidente; en los particulares o de corporaciones alternó con los romances. La extensión de las leyendas era varia, según la antigüedad del sello, teniendo carácter religioso o moral, *sigillum veritatis*; *Deum time*; *Miserere mei Deus*; *In te, Domine, speravi*; *Diligite iustitiam qui iudicatis terram*, etc.; añadiéndose luego el nombre del titular precedido de la voz *sigillum*, en extenso o abreviada, *S*. Corresponde a los carolingios la adopción de la fórmula *Dei gratia*; los prelados la usaron añadiendo *et apostolicae sedis* o *Dei miseratione*.

Hay sellos sin leyendas, llamados anepígrafos, los cuales se clasifican, por su tipo figurativo, en ecuestres, heráldicos, o por los personajes, o ya simbólicos, de ciudades, corporaciones o gremios.

III. Los sellos eclesiásticos se subdividen en pontificios, que comprenden los de papas, antipapas y patriarcas cismáticos, ordenándose por cronología; sellos de dignidades eclesiásticas, cardenales, arzobispos, obispos; sellos de autoridades delegadas de la Iglesia, nuncios, vicarios, legados; de cabildos catedralicios; de clérigos con dignidades o cargos y clérigos particulares; de parroquias; de Ordenes religiosas; Ordenes militares; de hermandades, cofradías, asociaciones; de fundaciones, como hospitales, casas de caridad, capillas, colegios, etc., de carácter religioso; pero no deben ser considerados como tales aquellos que, ostentando tema religioso, son propios de corporaciones civiles, como sucede con los de poblaciones que tienen santos en sus sellos como titulares o patronos de las mismas, o emblemas de este carácter.

IV. La Cancillería papal empleó la bula de plomo, que dio nombre a los documentos así llamados, genéricamente, bulas; *bulla*, etimológicamente, era la burbuja o disco de plomo que se sometía a la presión de las matrices que contenían las figuras, la impronta del sello; en anverso las cabezas de san Pedro y san Pablo y la leyenda S. PA. S.PE, *Sanctus Paulus, Sanctus Petrus*, con una cruz entre ambas; en reverso el nombre del papa y su ordinal, en varias líneas, *Paschalis, PP. II*; *Innocentius PP. III*. Era característico de los Breves el sello improntado con el *annulus piscatoris* o *sigillum piscatoris*, llamado así por la escena de san Pedro en la barca, composición que se usó también para las monedas; pero el estudio de los sellos pontificios corresponde a la Diplomática de este carácter y queda fuera de este artículo que está dedicado a la Sigilografía hispana únicamente.

De la Cancillería Pontificia se conservan bulas de plomo de Adeodato o *Deus dedit* (615-619), Paulo I (757-767) con los bustos de san Pedro y san Pablo y las *S. PE, S. PA*. En el *Annulo piscatoris* de los Breves, se usaba el sello de cera roja en placa.

Los sellos reales fueron, por lo general, de forma circular, de mayor o menor módulo según la categoria del sello. La forma ovalada, de amígdala o mandorla, fue adoptada por las reinas y por los cardenales, arzobispos, obispos y otros personajes y corporaciones eclesiásticas.

Los tipos de los sellos pueden reducirse a cuatro grupos: figurativo, ecuestre, heráldico y simbólico; en el primero la efigie de la persona, bien de medio cuerpo o entero, o solamente la cabeza, bien sedente o de pie, estante, con los atributos del cetro, corona y globo, en los de reyes y soberanos. Los personajes eclesiásticos, aparecen sedentes o de pie, y en actitud de bendecir, con báculo en la izquierda o teniendo un Evangelario que apoyan en el pecho.

El empleo de sello en la Cancillería papal fue constante a partir del siglo VII. Según Virgilio Polidoro, con anterioridad a esta fecha los papas usaron sellos de cera y aún de plomo, tomando esta costumbre de los emperadores de Oriente, quienes a su vez imitaron en esto a los de Roma. Lo que aparece en los documentos es el sello llamado bula, nombre adoptado por su forma lenticular, porque *bulla* en latín significa burbuja o ampolla; el nombre se extendió más tarde al documento pontificio.

La bula o sello es sencillamente un disco de plomo, de un módulo de 25 a 30 milímetros, que lleva un agujero en el sentido diametral por el que pasan cordones de seda, de cáñamo o tiras de pergamino que la sujetan al documento; mediante dos matrices de metal duro, bronce generalmente. Se llamaban *bulae defectivae* los diplomas de los papas elegidos y no consagrados.

Se conservan muchas bulas o sellos de plomo desprendidos de sus documentos en la mayor parte de los museos y archivos de España; en el Museo Arqueológico Nacional, de Madrid, las hay de los pontífices Lucio II, Alejandro III, Inocencio III, Honorio III, Gregorio IX, Inocencio IV, Alejandro IV, Urbano IV, Gregorio X, Nicolás III, Nicolás IV, Martín IV, Bonifacio VIII, Clemente V, Juan XXII, Clemente VI, Inocencio V, Urbano V, Gregorio XI, Urbano VI, Bonifacio IX, Martín V, Eugenio IV, Nicolás V, Pío II, Paulo II, Sixto IV, Inocencio VIII, Alejandro VI, Julio II, León X, Clemente VII, Paulo III, Julio III, Pío V, Gregorio XIII, Sixto V, Clemente VIII, Paulo V, Gregorio XV, Urbano VIII, Inocencio X, Alejandro VII, Clemente X, Inocencio XI, Inocencio XII, Clemente XI, Inocencio XIII, Benedicto XIII, Clemente XII, Benedicto XIV, Clemente XIII, Clemente XIV, Pío VI, Pío VII, Pío VIII, León XIII, Gregorio XVI y Pío IX.

En los archivos eclesiásticos y civiles españoles se conservan numerosos sellos pontificios cuyo conocimiento se obtiene por los catálogos particulares de los documentos de cada archivo o los generales de sellos de uno solo o de una región o diócesis.

Es fuente necesaria para los sellos eclesiásticos españoles la *España Sagrada* del padre Enrique Flórez, que trae descripciones de los prelados, según las diócesis que estudia. Facilitan la clasificación de los sellos episcopales y monásticos, los episcopologios y abaciologios.

Se conservan letras apostólicas dotadas de una bula del papa Zacarías (741-752) dirigidas al monasterio de Montecasino, de 746. Un manuscrito del Vaticano reproduce una de Agapito I. Paulo I (757-767) hizo grabar en los sellos los bustos de san Pedro y san Pablo y la palabra, en griego, *Papas*, lo que cayó en desuso, pero luego fue restablecido por León IX (1048-1054). Las bulas, hasta León IV (847-855) tenían en el anverso el nombre del pontífice, y en el reverso su título, Papa, y con inscripción horizontal, partida en dos o tres líneas, entre cruces. Desde Benedicto III (855-858), las inscripciones fueron circulares; alrededor de una cruz, estrella o florón, usándose así en el siglo X y primera mitad del XI; Martino I (882-884) y Formoso (891-896), volvieron al tipo antiguo. La forma definitiva se fijó en el pontificado de Pascual II (1099-1118); es la que ha llegado hasta hoy: en anverso, la presentación de las cabezas de san Pablo y san Pedro separadas por una cruz, con las inscripciones SPA. SPE. — *Sanctus Paulus, Sanctus Petrus* — como se ha dicho y en el reverso el nombre del Papa, con el ordinal que le correspondía en el Pontificado: *Boni-fati, Pa-pae*, Bonifacio V (619-625), es ejemplo del tipo antiguo. *Benedicti, Pa-pe*, Benedicto III (855-858) de la inscripción circular de anverso y bipartida en reverso.

Las bulas se hicieron de plomo generalmente, pero se empleó también el latón, estaño, la plata y el oro; de este metal son notables una de León X (1513-1521) en que concede a Enrique VIII de Inglaterra el título *Defensor Fidei*, defensor de la fe; la de Clemente XI (1700-1721) elevando a Patriarcado el Arzobispado de Lisboa, y la de Clemente VII (1523-1534) de la coronación de Carlos V. Las bulas de Paulo II (1464-1471), presentan, en el anverso, imágenes sedentes de los apóstoles san Pablo y san Pedro, con las inscripciones *S. PA. S. PE.* en sentido vertical entre aquéllas, y en el reverso, el Papa en su trono, asistido de dos cardenales y rodeado de oficiales de la Curia. Las bulas llegaron hasta el pontificado de León XIII (1878-1903), pero como el sello de plomo dificultaba el envío de los documentos, este pontífice dispuso por *motu proprio* de 29-XII-1878, que solo se pusiese en los documentos más solemnes y que para los demás se usase un sello especial con las imágenes de los apóstoles san Pablo y san Pedro rodeados de la inscripción del Papa reinante, la cual se estampaba con tinta roja. Clemente IV (1265-1268) fue uno de los primeros papas que usaron el tipo del sello *sub annullo piscatoris*, pues él mismo en una carta decía: *Non scribimus tibi nec consanguineis nostris sub bulla sed sub Piscatoris sigillo quo Romanis Pontifice secretis utimur.*

Las bulas como los breves llevaron sello pendiente, de plomo; Calixto III (1455-1458) usó para los segundos el sello del pescador: *Sub annulo piscatoris*; *sub annulo nostro secreto*, sello de cera o lacre rojos, que se estampaba junto a la firma del pontífice de forma ovalada, con la figura de san Pedro, en una barquilla, tendiendo las redes o rodeado el sello en la parte superior por el nombre del papa; iba protegido por una vitela, sujeta al breve por un cordón, que circundaba el sello; también se estampó luego con tinta roja sobre la vitela o el papel del breve.

Para las cartas que se dirigían por la Secretaría de Estado del Vaticano a emperadores, reyes, príncipes y jefes de Estado, se usó el sello de la Secretaría; en los breves se usó un sello que lleva el nombre y las armas del Papa; los sobres que llevan estos documentos se cierran con el mismo sello privado.

V. Como los cardenales no tuvieron siempre la misma jerarquía eclesiástica no aparecen signos de su autoridad hasta el siglo XII, en que se les reservó la elección del Papa; de entonces data el empleo del sello por los cardenales. Los miembros del Sacro Colegio en sus tres órdenes de cardenales, diáconos, presbíteros y obispos usaron su sello propio. Los cardenales diáconos y presbíteros adoptaron la representación religiosa, del título de su iglesia, como la de Santa Cruz, de la Santísima Virgen, de San Lorenzo, etc., y en la leyenda hicieron constar su nombre, el título de cardenal y el orden a que pertenecían. Los cardenales obispos, emplearon preferentemente la personal y en la leyenda el título de obispo con el nombre de su diócesis, siendo notables por su antigüedad el de Mateo, cardenal de Albano, de principio del siglo XII.

Los sellos de cardenales españoles no van más allá del siglo XV, siendo muy notable el de Rodrigo de Borja, luego Alejandro VI (1492-1503), como legado en nuestro país; su impronta está formada por un bello retablo del Renacimiento. El del cardenal Mendoza, arzobispo de Toledo (1483) también es almendrado, de lacre, y su tipo presenta un retablo con pilastras corintias, entablamento y frontispicio plateresco y la escena de la imposición de la casulla a san Ildefonso, más la leyenda *S.Pe. de Mendoza, Card. S. Cruc. in Iherusalem Arciep. Tolet. Primat. Hispan.* Los sellos cardenalicios se redujeron de tamaño a medida que avanzaba el tiempo, tendiendo a la forma elíptica, en lugar de la almendrada; el del cardenal arzobispo de Toledo D. Gaspar de Quiroga mide 0,032 × 0,024, en un documento de 1583; los antiguos tipos góticos, que presentan retablos o figuras de frente, fueron sustituidos por escudos, siendo característico de los siglos XVI y XVII el sello heráldico.

Entre las autoridades delegadas de la Iglesia, debe citarse, además del ya mencionado de Rodrigo de Borja, el de Pedro de Luna, paborde de Valencia, cardenal diácono de Santa María «in Cosmedín», legado a España en 1390, luego papa con el nombre de Benedicto XIII, sello en cera roja, almendrado, de 63 × 42 milímetros, cuyo tipo es un altar con la Virgen sedente con el Niño y dos santos y al pie el escudo del creciente, y la leyenda *S. Petri de Luna Sce. Marie in Cosmedin Diaco (n)i Cardinal. Apostolice Sed.Legati.* Muy semejante es el de Luis de Prades, camarero del Papa, *Sigillu(m) Ludouici.Dni.Pape. Camerarii*; de 1407, quien era de la obediencia de Benedicto XIII; y también el de Juan de Torrecilla, deán de Segorbe, de cera roja, en documento de 1462: *Johannes a Torrozella... a Sede Apostolica specialiter deputatus.*

VI. Grupo especial de sellos es el de otras autoridades delegadas, como los colectores y comisarios de Cámara Apostólica y comisarios generales de Cruzada, de los que se conservan numerosos, de placa especialmente en los archivos catedralicios de España. El sello de Francisco Martorell, colector de la Cámara, de 1418, es almendrado, de cera roja y presenta un altar con san Miguel y la leyenda *S. Francisci Martorelli, Generalis Collector, Camerae Apostolicae.* Ejemplares de estos sellos en *La colección sigilográfica del Archivo de la Catedral de Valencia*, por Antonio de la Torre y del Cerro.

VII. Los sellos de arzobispos y obispos españoles tienen las mismas características que los citados; la materia de estos sellos es la cera natural; más tarde se empleó mucho la cera roja. La forma es ya circular, ya la de doble ojiva, llevando casi siempre una sola impronta, que representa al obispo, primero en busto solo y luego de pie, revestido con los ornamentos pontificales, en la mano izquierda el báculo y la derecha en actitud de bendecir. Entre los más antiguos algunos presentan al prelado sentado, pero esta representación quedó en siglos posteriores como peculiar de los arzobispos, quienes, además, ostentan el palio, signo de su dignidad; cuando el arzobispo u obispo era solo electo no llevaba en un sello báculo ni mitra, sino que se le representaba sosteniendo con ambas manos un libro.

Un sello del arzobispo de Toledo, D. Bernardo (1086-1126), de documento fechado en la era MCXLVII, año 1109, estaba sujeto por cordones seda, de color carmesí. De 1184 se conserva un sello del arzobispo toledano D. Gonzalo, en cera oscura, de una sola impronta, circular, pendiente por trencilla de lino de colores azul, blanco y rojo, en privilegio concedido por Alfonso VIII de Castilla (1158-1214) a vasallos suyos, eximiéndoles de fonsadera, facendera y pecho. El de D. Rodrigo Ximénez de Rada es típicamente de doble ojiva, del año 1210, pendiente por doble tira de cuero y en él figura el arzobispo sedente, en silla gótica, vistiendo de pontifical, con mitra baja, casulla plegada sobre los hombros, encima el palio, con la mano izquierda tiene el báculo, bendiciendo con la derecha, extendidos los dedos índice y medio y la leyenda *S. Roderici Toletani Archiep.Hispania(rum) Primat(is).*

Sello del año 1262 es el del arzobispo electo de Toledo, D. Domingo. A fines del siglo XIII comenzaron a usarse en el campo del sello, a los lados de la figura del obispo, emblemas, estrellas, cruces, flores de lis y escudos heráldicos; en el siglo XIV representaciones de asuntos religiosos dentro de hornacinas o templetes, presentándose al obispo en actitud orante en una hornacina.

Se conocen ejemplares de sellos de otros arzobispos de Toledo; de Arnaldo, obispo de Zaragoza (1210); Tello, obispo de Palencia (1214); Berenguer, de Lérida (1227); García Frontín, de Tarazona (1228); Mauricio de Burgos (1229); Pedro, arzobispo de Tarragona (1239), etc., con las características de la época. En el sello del arzobispo Gil Carrillo de Albornoz se hizo constar su cargo de canciller, en 1340: *S.Egidii.Di.gra.*

Archiep.Toletan. Yspaniar. Primat. ac. Regis. Castelle. Cancellar.

Los sellos secretos con camafeos, fueron frecuentes; los usaron Sancho, arzobispo electo de Toledo y el rey de Castilla, Alfonso X el Sabio (1252-1284) en ellos se hallan los camafeos unidos a la matriz del sello.

En Indias se usaron también sellos eclesiásticos por los arzobispos y obispos, cabildos y comunidades, clero regular y secular. También allí se subordinó la Sigilografía a la Heráldica, habiendo sellos de tipo heráldico y de no heráldico. Los obispos se titulaban *episcopus Medinacanensis, episcopus Tlaxcalensis, episcopus Yucatanensis*, etc. Sellos notables eran los de comisarios, como *Sigillum Comisarii Provinciae Novae Hispaniae*, o de iglesias, *Sanctae Metropolit.Eclesie Mexicanae*. El del cabildo de Santiago de Guatemala tiene la leyenda: *Iacobe, lux et decus Hispaniae, ora pro nobis*.

Uno de los sellos más antiguos de un arzobispo de Tarragona es el de *Asparagus*, del primer tercio del siglo XIII; tiene la fórmula *Dei gratia* el de Pedro de Albalat, en cuyo tipo figura el prelado estante, de frente; ya en 1280 se usó el sedente, por Bernardo de Olivella, quien tuvo contrasello con la leyenda *Sancta Tecla ora pro nobis* y la imagen de ésta. Los sellos de los arzobispos de Tarragona Fernando de Loazes, Gaspar Cervantes, Antonio Agustín, Juan de Vich y Juan de Moncada, como corresponde a su época, son de bello estilo renaciente; Fernando de Loazes que había sido obispo de Orihuela fundó en esta ciudad el famoso Colegio de Santo Domingo, de bellísima arquitectura; fue después arzobispo de Valencia; el del cardenal Domingo Ram es ojival y presenta en templete gótico las imágenes de san Juan y san Pablo.

Se conoce una disposición testamentaria de 1040 del obispo de Urgel, Eribal, sobre diversos anillos signatorios, *annuli sigillares*, remota referencia a sellos episcopales. Estos propiamente no se usaron, o no han aparecido, en Cataluña hasta el siglo XII; se conservan fragmentos de los de Pedro de Redorta. obispo de Vich, de 1147-1185 y de Poncio de Mulnells, obispo de Tortosa. En el sello de fray Ferrer de Abella, obispo de Barcelona, en 1338, se representa a Cristo crucificado y al obispo adorante; el primero con escudo heráldico es el de fray Bernat Oliver, de 1545; desde el siglo XVI fueron los escudos episcopales el tema del sello de los prelados. Sagarra describe sellos de los arzobispos de Tarragona y obispos de Elna, Barcelona, Gerona, Lérida, Solsona, Urgel, Vich y Tortosa. Un sello pendiente de tiras de pergamino, formado por una capa de cera cubierta de papel, fue usado ya por Jaime, obispo de Barcelona, en 1455; son notables los de Diego Hurtado de Mendoza, obispo de Palencia (1480) y Alfonso Carrillo de Albornoz, obispo de Avila (1500) y el del arzobispo de Tarragona Guillermo de Rocabertí (1315).

VIII. Los sellos de cabildos, en cera, pendían de cintas de seda blanca o de trencillas blancoamarillentas; se conservan numerosos desde el siglo XIII; eran ovalados, por lo general, con leyendas con *Sigillum Capituli* y el nombre de la iglesia: *Sedis Pacensis* o *Pacencis Ecclesie* el de Badajoz, que llevaba las armas del cabildo, Cordero, bandera y chapina; el de Santander, *Sigillum Capituli Sancti Anderi*, con las cabezas de san Celedonio y san Emeterio; el de Toledo, *Sigillum Toletani Conventus* o *Capituli toletani*, con la imagen de la Virgen María sedente, con el Niño. El de Sevilla tiene la nave del almirante Bonifaz y la imagen de la Virgen estante, con el Niño en brazos, *Sigillum Capituli Ecclesie Yspalensis*; el de Valencia *Sigillum Capituli Valentini*, con la Virgen sedente y el Niño; el deán de esta iglesia lo tenía con el mismo tipo, *Sigillum Decani Capituli Ecclesie Valentine*, en 1274. También usaban sellos los cabildos cuando la sede estaba vacante haciéndolo constar. Desde el siglo XVI los sellos capitulares fueron

de placa y luego en seco, tomando forma elíptica o circular.

La Sigilografía tiene íntima relación con la Hagiografía, la Iconografía y la Heráldica, como se ha indicado, pero también con la Geografía histórica y la eclesiástica para distinguir, por ejemplo, entre la *civitas Valentina iuxta Rhodanum sita* y la *Ecclesia valentina*, de Hispania, la de la antigua *Valentia Edetanorum*. Las palabras *curia, ecclesia, capitulum, vicaria, archiepiscopus, episcopus, abbas, praepositura* y otras muchas del vocabulario canónico entran en las leyendas sigilográficas.

IX. Entre los sellos de clérigos abundan los de tema religioso, sobre todo en las dignidades; pero también los hay con representaciones personales y muy frecuentemente con tipos heráldicos, simbólicos o de emblemas parlantes de apellidos. El deán de Burgos, Martín de Talavera, de 1241, empleó tipo religioso; el canónigo de Montearagón Ximeno Sánchez, de 1284, el personal; y García Bermúdez, arcipreste de La Vid, el heráldico. El presbítero Alfonso González de Montemayor, en 1446, empleó sello pendiente, y Francisco de Alderete, en 1586, de placa, pues los sellos particulares siguieron las características de los de dignidades y cabildos, según las épocas; el color de la cera era frecuentemente verde y su forma almendrada o redonda.

X. Se conservan sellos de oficialatos, curias y vicariatos; *Sigillum Vicariatus Ecclesie Vicensis*, colegiatas como San Félix, de Gerona; arcedianatos, canonicatos, comunidades de presbíteros, *Segell de la Comunitat de Préveres*, Tribunales de la Santa Cruzada, de la Inquisición, de seminarios, etc., habiendo sido catalogados todos los de las diócesis de Cataluña por Fernando de Sagarra; en la bibliografía particular de cada iglesia, catedral o diócesis se hallan referencias a los sellos de las mismas.

XI. Los sellos parroquiales suelen llevar como tipos el titular y el nombre de la ciudad: *Sigillum Ecclesie S.Andree civitatis Valentie*, o *Clerus Sancte Catharine*, con la imagen y atributos de ésta — la rueda —; la parrilla de San Lorenzo; el cordero de san Juan Bautista; las llaves y la mitra de san Pedro, etc. Los sellos de parroquias son, pues, muy variados por sus tipos; la inmensa mayoría de los conservados son de placa o en seco, estos últimos frecuentes desde el siglo XVIII, improntados directamente sobre el papel, práctica aún usada, mediante la matriz puesta en volante o prensa. Su estudio es del mayor interés; aunque adolecerá de las grandes pérdidas habidas por la desaparición de muchos archivos parroquiales en 1936. Modernamente el sello de placa o el en seco ha sido sustituido por el de goma o caucho, entintado mediante almohadilla; su forma sigue siendo la oval o circular.

XII. Los sellos de Ordenes monásticas eran de forma circular, según los tiempos y casos, en cera amarillenta, con la leyenda del titular del sello, *Sigillum Conventus Sancti Petri*, de Eslonza, o del nombre del monasterio, *Sigillum Conventus Montis Aragonis* o *Monasteri Populeti*, en éste con la imagen de la Virgen portante del Niño en brazos. Los monasterios representaban a sus Patronos en los sellos en diversas escenas; el de San Victorián a los monjes reunidos recibiendo la inspiración del Espíritu Santo; los hay de forma circular u ojival, indistintamente, y abundan desde el siglo XIII, Montearagón (1250), Eslonza (1276), etc. De placa los hay numerosos, del siglo XVII en Montserrat, por ejemplo.

Los priores constaban también en los sellos, *Sigillum Prioris et Conventus S.Dominici de Silos*; los abades lo tenían propio, figurando como en los episcopales la fórmula *Dei gratia* y el nombre, *Abatis Monasterii*... Se conservan de cera de Poblet, San Millán de la Cogolla y otros desde el siglo XIII; el abad mitrado revestido de pontifical bendice con la derecha bajo dosel, teniendo el báculo en la izquierda.

Se conservan sellos de benedictinos, cartujos, cistercienses, premostratenses, canónigos agustinianos, trinitarios, carmelitas calzados y descalzos, framenores dominicos, mercedarios, servitas, jerónimos, mínimos teatinos de San Cayetano, capuchinos, escolapios, agustinos recoletos, trinitarios descalzos, caracciolos, filipenses, paúles y otras Ordenes. Sobre papel figura el de Jerónimo, abad de Santa Fe (Zaragoza), del año 1474.

En los sellos de abades y clérigos el color de la cera es frecuentemente verde. El tipo en los primeros es abacial; religioso en los segundos. El abad se representa con báculo en la mano derecha y con la izquierda sostiene un Evangeliario apoyado en el pecho. Uno de los sellos de esta clase más antiguos es el de la abadesa Estefanía de Fuencaliente (1218); también lo son los de los abades de Santa María de Aguilar (1229) y los de Moreruela (1236) y Valbuena (1237).

Los conventos de religiosas los tenían, igualmente, de cera o de plomo, en la Edad Media; es notable el del convento de la Trinidad de Valencia fundado por doña María, esposa de Alfonso V; en anverso el rostro del Redentor, *vultus* o *vult*; la leyenda *S.Trinitas unus Deus*; en reverso escudo heráldico de la reina fundadora.

XIII. Las Ordenes militares usaron también su sello propio, con leyenda en latín: la de Santiago *S.Capituli Ordinis Sancti Iacobi* o *S.Conventus Milicie Sancti Iacobi*, abreviadamente, con una espada puesta en pal y la venera propia; su maestre García González de Arauzo en, 1214, tenía sello en cera amarillenta ovoide, de una sola impronta, pendiente de tira de cuero; la leyenda *S. Magistri Milicie Beati Iacobi*, abreviada, espada desnuda puesta en pal y una venera pendiente del arriaz por sus extremos, como tipo. Se conservan sellos de diferentes maestres del siglo XIII; en el XIV se empleó el romance; S. Vasco Rodrigues Maestre de la Orden de Cavalleria de Santiago. Tuvieron también sellos los comendadores mayores, como el de León, siempre con la espada puesta en pal, la venera y, según los casos, otras piezas.

El cabildo de Uclés tenía por tipo un santo sedente en actitud de bendecir y en el campo flores de lis: *S.Capituli Clericorum Uclesium*; el convento puso *Sigillum Uclensis Conventus* y también los tuvieron los comendadores y subcomendadores, el prior y el arcipreste, e igualmente los maestres y demás dignidades de Alcántara y Calatrava, con sus cruces propias. Las Ordenes del Santo Sepulcro y del Temple emplearon por tipo un sepulcro abierto, en el cual reposó el cuerpo del Salvador, con la cruz de la Orden de los Caballeros de este título, así en 1752. Se conservan sellos del cabildo de la Casa del Santo Sepulcro de Calatayud, del año 1280, con análogo tipo y la leyenda *S.Capituli. Sancti.Sepulcri.Calat(aiubi)* y otros más antiguos. La milicia del Temple tuvo sus sellos igualmente. Uno de 1241 de la Orden de San Juan de Jerusalén, de Aragón, Encomienda de Ambel y Castellanía de Amposta, se conserva en el Archivo Histórico Nacional, cuyo Catálogo describe los de las Ordenes militares.

XIV. Desde el siglo XV se protegieron los sellos con cajas de madera o de lata; en el XVI se usó el sello de placa por despacharse los documentos en papel. Un sello pendiente de tiras de pergamino, formado por una ligera capa de cera cubierta de papel, en el que se estampaban los tipos acostumbrados fue usado ya por Jaime, obispo de Barcelona, en 1455. Son notables los de Diego Hurtado de Mendoza, obispo de Palencia (1480) y Alfonso Carrillo de Albornoz, obispo de Avila (1500); el del arzobispo de Tarragona, Guillermo de Rocabertí (1315), es el más antiguo. En los sellos de abades y clérigos, el color de la cera era frecuentemente verde. El tipo en los primeros es abacial; religioso en los segun-

dos. El abad se representaba con báculo en la mano derecha y sosteniendo con la izquierda un Evangelario apoyado en el pecho.

La Sigilografía eclesiástica tiene por objeto, pues, el estudio de los sellos emanados de las jerarquías de la Iglesia, desde los de los Pontífices hasta los propios de las asociaciones religiosas, cofradías y clérigos particulares, comprendidos los de cabildos, monasterios y demás congregaciones, debiendo distinguirse entre los sellos eclesiásticos propiamente dichos y aquellos que, siendo civiles, tienen tipos religiosos, los cuales quedan fuera de este campo, por ejemplo los de las ciudades, villas y asociaciones no religiosas que presentan un santo en su anverso u otro tipo de carácter análogo, monograma o símbolo. En España fueron muy abundantes los que tienen por tipo la Virgen María, como el municipal de Brihuega, con la leyenda *Ave Maria gratia plena, Dominus tecum, benedicta Tu*; los de las Universidades, como Valencia, Cervera, Barcelona y otras; Pamplona usó tres sellos, según los barrios, en el de la Navarrería figura la Virgen con el Niño, de arte bizantino, en anverso, y en reverso una estrella y la Luna, así en el año 1236, mientras en el Burgo de San Nicolás y San Saturnino o Cernín figuraba un barco y en él un obispo, en anverso, y un castillo en reverso, en 1274 y en el Burgo de San Fermín un barco de vela, en anverso, y una muralla, Luna y estrella en reverso, así en 1303.

También se usó el tipo religioso en sellos particulares, como el de D. Pedro Fernández de Azagra, que al tipo ecuestre añadió el de la Virgen en reverso (1216); pero, como se ha indicado, no se describen aquí.

Otras muchas clases de sellos son objeto de la disciplina sigilográfica. Fernández Mourillo, en sus *Apuntes de Sigilografía*, establece la división de los sellos en civiles, eclesiásticos y particulares. La clasificación de los sellos se hace desde distintos puntos de vista, pero prevalece la que tiene por base la clase y categoría del titular del sello. Entre los civiles distingue los de personas reales, soberanos y sus consortes, príncipes e infantes; de la nobleza, títulos nobiliarios, duques, marqueses, condes, vizcondes, barones, señores, hidalgos, etcétera; de autoridades públicas; de colectividades, corporaciones de carácter público o privado, y por último, de particulares.

La clasificación de Segarra en su *Sigilografía* distingue entre sellos de laicos (Condes de Barcelona, reyes, reinas, infantes; condados de Ampurias, Pallars, Rosellón, Cerdaña, Urgel; Procuradores reales; Bailes; Diputación del General; Consulados) y de eclesiásticos (Arzobispo de Tarragona; Obispos de Barcelona, Elna, Gerona, Lérida, etc.).

Son sellos estatales, no reales, los de los Vegueres, Gobernadores, Virreyes, Generalidades, tribunales varios, Bailes, Cortes y Parlamentos.

BIBL. [Obras generales sobre sellos españoles en las que se estudian los eclesiásticos] : J. MENÉNDEZ PIDAL, *Archivo Histórico Nacional. Sección de Sigilografía. Catálogo I. Sellos españoles de la Edad Media*, Ma. 1921. Recensión de esta obra en Bol. R. Academia de Buenas Letras de Barcelona, 12(1925)105-117; F. DE SAGARRA Y DE SISCAR, *Sigillografía catalana. Inventari, descripció i estudi dels segells de Catalunya*, Ba. 1916-1932, 3 vols., III comprende los sellos eclesiásticos; ID., *Discursos leídos ante la Real Academia de Buenas Letras de Barcelona en la recepción pública del Sr. D. Fernando de Sagarra y de Siscar el día 15-III-1890*, Ba. 1890, 241-278; A. DE LA TORRE Y DEL CERRO, *La colección sigilográfica del Archivo Catedral de Valencia*: Archivo de Arte Valenciano (1915-1922) [Estudios particulares] : M. ALMAGRO BASCH, *Un curioso sello episcopal de Albarracín*: Teruel, Instituto de Estudios Turolenses, 12(1954)143-155; F. DE SAGARRA, *Antics segells dels arquebisbes de Tarragona*: R5, 5(1929)191-206; F. ARRIBAS ARRANZ, *Algunos sellos pontificios del siglo XVI*, R116, 6(1942)92-100; J. DE LAVILLE LE ROUX, *Sceaux de l'Ordre de Saint Jean de Jerusalem des langues d'Aragon et de Castille*, Par. 1896, extracto de Mémoires de la Société Nationale des Antiquaires de France, 55; J. M. Escudero de la Peña, *Sellos reales y eclesiásticos. Reinados de Don Alfonso X y Don Sancho IV:* Museo Español de Antigüedades, II, Ma. 1873, 529 y 543; B. Fuentes Isla, *La imagen de la Virgen en los sellos (Estudio de la sigilografía española de los siglos XIII, XIV y XV):* R159, 43(1922) 495-526, 44(1923)153-85 y 44(1923)320-40; S. A. García Larragueta, *Contribución a la sigilografía navarra del siglo XIII* (sellos de la Orden de San Juan y otros): R159, 60(1954)396-399, con referencias a King, *The seals of the Order of St. John of Jerusalem*, Lo. 1932; E. Girbal, *Sellos árabes de la Catedral de Gerona:* R165, I, 388; M. Gómez Moreno, *Sellos céreos salmantinos* (dos del Concejo y uno del Cabildo catedralicio, de los siglos XIV y XV): R159, 10(1904) 51-52; J. Martínez Aloy, *Los prelados de Valencia. Sigilografía*, Val. 1887; F. Mateu y Llopis, *Sello del Monasterio de la Trinidad, fundación de la Reina Doña María:* R7, (1958)226-234; Id., *Tipología religiosa diplomática, sigilográfica y monetal en la Corona de Aragón*, Ba. 1956, 385-394, donde se resumen los temas de los sellos eclesiásticos, principalmente de Cataluña y Valencia; I. M. Rodríguez, *Esfragística y blasón del Cabildo catedral de Calahorra.* R40, 19(1951)205; F. Sagarra y de Siscar, *Lo segell de San Bernat Calvó Bisbe de Vich (segle XIII),* Ba. 1893; Id., *Antics segells dels Arquebisbes de Tarragona:* R5 (1929); Marqués del Saltillo (Miguel Lasso de la Vega), *Sigilografía hispanoamericana, 1562-1625:* R186, 3(1941)99-113; S. Rivera Manescau, *Dos sellos cardenalicios del Renacimiento. El sello del Cardenal don Pedro González de Mendoza y el sello del Cardenal de Inglaterra Tomás Wolsey:* Boletín del Seminario de Estudios de Arte y Arqueología, Va. 1948, fasc. XLVI-XLVIII. J. Serra Vilaró, *Un ara romana i la imprenta sigillar del bisbe Eribald:* La Veu de Catalunya, 10-XII-1917; G. Sorgia, *I sigilli dei Minori osserbanti in Sardegna nei secoli XVII e XVIII:* Studi Storici in onore di Francesco Loddo Canepa, I, Firenze 1959, 341; E. Tormo y Monzó, *El sello del Cardenal de Valencia Don Rodrigo de Borja (Alejandro VI):* R159, 18(1908)315; J. Muñoz y Rivero, *Ensayo de Sfragística española*, I. *Importancia de este estudio. Plan de este ensayo:* R159, 9(1833)84-85; M. Fernández Mourillo, *Apuntes de Sigilografía española, o estudio de los sellos que autorizan los documentos antiguos de España, precedido de unas nociones de carácter general*, Madrid 1895; F. Naval Ayerve, *Tratado compendioso de Arqueología y Bellas Artes*, II, Sigilografía, Ma. 1920-1922, 395-403; F. de Sagarra y Siscar, *Importancia de la sigilografía como ciencia auxiliar de la historia. Memoria leída en la Real Academia de Buenas Letras de Barcelona el día 15-III-1902*, Ba. 1902; M. Bassa Armengol, *Bisbes de Lleida. La Col. lecció sigilogràfica del Museu Diocesà. de Lleida.* «Ilerda»; 30(1969-1970)35-69, 123 lám.; M. Núñez de Cepeda, *Elementos de Archivología, Paleografía y Diplomática*, Pam. 1943, 125-132, con bibliografía. «Archivum» (1964) Revue International des Archives, vol. XIV, 159-184. Section de sigillographie. Rapport du Comité International de Sigillographie, con abundante información, también el vol. de 1968, Congreso Intern. de Archivos, en Madrid; una información en R. Delort, *Introduction aux Science auxil. de l'Histoire*, 273-291. Obra general y ya clásica en Serafini, *Le monete e le bull plumbee pintifici del Medaliero Vaticano* (Roma).

SIGÜENZA-GUADALAJARA, Diócesis de, *(Seguntina)* sufragánea de Toledo. Al nombre de Sigüenza, con que la diócesis fue siempre llamada desde sus orígenes, le ha sido añadido el de Guadalajara, por bula de Juan XXIII (9-III-1959), modificando la denominación. En la lengua litúrgica eclesiástica se expresa como *Segontia-Guadalajara*, olvidada acaso la forma medieval de Guadalfaiara, de indudable origen árabe y que significa río de las piedras.

1. **Historia.** *Los orígenes.* Nos es desconocido el momento en que el cristianismo fue predicado en Sigüenza, así como también el de la erección de la diócesis. Sin embargo, partiendo de un hecho histórico de sumo valor y de primera mano, podemos remontar la institución de la diócesis por lo menos al siglo IV. Nos referimos a las actas del III Concilio toledano (589), en que firma como obispo católico Protógenes,

Segontinae Ecclesiae episcopus. Sigüenza era entonces una de las 78 ciudades importantes de España que fueron sedes episcopales y pertenecía a la provincia eclesiástica Cartaginense, cuya capital llegó a fijarse en Toledo. El hecho de que en el III concilio de Toledo firmase Protógenes como obispo católico de Sigüenza, no siendo más que ocho los obispos arrianos que entonces había y ninguno de ellos lo era de Sigüenza, nos da pie para asegurar que Sigüenza tuvo que ser sede episcopal ya anteriormente durante la dominación romana, ya que si hubiese sido erigida en la época visigoda, le habría sido impuesto un obispo arriano, no constando que durante el dominio visigodo fuese erigido obispado alguno. «Hay que retrotraer — dice Minguella — la fundación de la diócesis por lo menos al siglo IV; es decir, al tiempo que medió entre la conversión de Constantino y la irrupción de los bárbaros. Decimos por lo menos — añade — porque, de no hallarse otras diócesis en el itinerario de Toledo a Zaragoza, parece más probable que la creación de nuestra sede se verificase en tiempos más remotos».

Epoca visigoda. De la vida eclesiástica de la diócesis en este período no tenemos más datos que las suscripciones casi ininterrumpidas de sus obispos en los concilios toledanos, desde el III hasta el XVI, inclusive. En los concilios I (400) y II (527) no consignaron los obispos al firmar el nombre de sus sillas, por lo que no sabemos si Sigüenza tenía obispo entonces, lo que es probable. En el concilio provincial de Toledo del año 610 cuyo la suerte al seguntino Protógenes de presidir la asa ıblea, impedido el metropolitano toledano de hace) por tratarse allí de su propia primacía.

Dominación musulmana. Sigüenza fue ocupada por las invasoras tropas de Tarik y Muza el año 713. No por eso desapareció el cristianismo en los primeros momentos. Un siglo después, en el año 840, Sigüenza tenía como obispo a Sisemundo, como consta por la carta que san Eulogio de Córdoba escribió al obispo de Pamplona en la que dice que a su paso por Sigüenza era allí obispo el «prudentísimo varón Sisemundo». Con el tiempo fue apagándose el cristianismo en Sigüenza hasta el punto de desaparecer totalmente la jerarquía. Don Bernardo de Agén, primer obispo después de la reconquista, afirmaba haber sido el primer obispo de Sigüenza después de la antiquísima destrucción de aquella Iglesia por los sarracenos. Sigüenza en aquel intervalo pasó a ser simple aldea dependiente de Medinaceli.

Reconquista. Dice el padre Minguella que el obispo D. Bernardo de Agén fue «una de las figuras más grandes de la España reconquistada y la más colosal de la diócesis de Sigüenza». Consagrado en 1121, hizo su entrada en la por él conquistada Sigüenza el 22-I-1124, siendo rey de Castilla Alfonso VII el Emperador, del que fue capellán y, a veces, canciller. Dio comienzo a la catedral y creó el cabildo de canónigos primeramente seculares y, a partir de 1144, regulares. Organizó las parroquias de San Vicente y Santiago. Alcanzó de doña Urraca y de su hijo Alfonso VII singulares mercedes para su incipiente Iglesia, siendo la de mayor significación el señorío sobre la ciudad de Sigüenza.

Doble misión correspondió a los inmediatos sucesores de D. Bernardo: la organización de la vida religiosa en su diócesis y la colaboración que debían al rey castellano, como vasallos suyos que eran, en la empresa reconquistadora. Citamos solo los nombres de los que más sobresalieron: D. Pedro de Leucata, sobrino y sucesor de D. Bernardo, dio notable impulso a la catedral, al igual que los tres siguientes, que construyeron las iglesias de San Vicente y Santiago. El obispo D. Joscelmo acudió en 1177 a la conquista de Cuenca; el abad de Santa María de Huerta, San Martín de Finojosa, ocupó algún tiempo la sede seguntina; D. Rodrigo que elevó la nave central de la catedral, estuvo presente en la batalla de Alarcos (1195) y en la de las Navas de Tolosa (1212); D. Simón Girón de Cisneros secularizó el cabildo, al que dotó convenientemente, y levantó murallas en torno a la catedral y a la ciudad.

Las guerras civiles del reinado de Pedro I afectaron notablemente a Sigüenza, que vio a D.ª Blanca de Borbón, esposa del rey, encerrada en el castillo residencia de los obispos. En el siglo xv ilustraron esta iglesia tres prelados cardenales: Fonseca, Carrillo de Albornoz y Mella.

La época de oro para Sigüenza fue el pontificado de D. Pedro González de Mendoza, arzobispo de Toledo a la vez que obispo de Sigüenza. Provisores suyos fueron el arcediano de Almazán, D. Juan López de Medina, fundador del colegio de San Antonio de Portaceli, de Sigüenza, y D. Gonzalo Jiménez de Cisneros, más tarde cardenal y sucesor de Mendoza en Toledo. Obras de Mendoza fueron en la catedral las bóvedas central y del crucero, el magnífico coro y el púlpito de la epístola, y ante la catedral, la plaza mayor, donde mandó se celebrase el mercado. No es necesario consignar aquí que la grandeza de la España de los Reyes Católicos contó con la más decidida ayuda de los poderosos Mendoza, cuyo representante y orientador fue nuestro cardenal.

Casa de Austria. Durante los siglos xvi y xvii los obispos enriquecieron notablemente la catedral, desde su destacada posición social y política. Don Fadrique de Portugal, que fue virrey de Cataluña, elevó la torre de San Pedro a la misma altura que su pareja, la de las campanas, mejoró el palacio fortaleza y, sobre todo, construyó la capilla de Santa Librada, muestra excelente del primer plateresco español, a cuyo lado quiso enterrarse. La sacristía mayor, cuya bóveda es única en el mundo, corresponde al cardenal García de Loaysa y es obra de Covarrubias. Personajes de primera fila fueron también D. Fernando Valdés, más tarde inquisidor general; D. Fernando Niño, antiguo arzobispo de Granada y patriarca de las Indias; el célebre cardenal Pacheco, virrey de Nápoles; D. Francisco Manrique de Lara; D. Pedro Gasca, pacificador del Perú; el cardenal Espinosa, luego inquisidor general y presidente del Consejo de Su Majestad; D. fray Lorenzo de Figueroa y Córdoba...

Algo más modestos son los nombres de los obispos en los siglos xvii y siguientes: Fray Pedro González de Mendoza, antes arzobispo de Granada y Zaragoza, mandó hacer las rejas de la capilla mayor; D. Fernando de Andrade dejó el arzobispado de Burgos y vino a Sigüenza; fray Pedro de Tapia encargó la reja del coro; D. Andrés Bravo de Salamanca donó los 16 tapices que adornan la catedral y construyó el suntuoso altar barroco de Nuestra Señora La Mayor; D. Bartolomé Santos Risoba trasladó la Universidad y el convento de Jerónimos a nuevos edificios y fundó el Seminario que llevó el nombre de su patrón; fray Tomás Carbonell, confesor de Carlos II, contribuyó al establecimiento de una fábrica de bayetas y paños...

Casa de Borbón. La guerra de Sucesión a la Corona de España entre Felipe V y el Archiduque Carlos de Austria afectó a nuestra diócesis. Sigüenza siguió el partido de Felipe V, mas hubo de tolerar que el archiduque se hospedara varios días en el castillo-palacio episcopal. Notables fueron las batallas de Brihuega y Villaviciosa, que se dieron en la provincia; Guadalajara sufrió en muchos de sus conventos el furor de los soldados austriacos.

Grandes bienhechores fueron los obispos de esta época. Don José Patricio de la Cuesta erigió el Hospicio o Casa de Misericordia, donde los pobres con su trabajo en artes y oficios ganaban su sustento. Don Francisco Delgado, luego cardenal arzobispo de Sevilla, hizo las verjas del atrio y donó la gran custodia, robada en 1808 por los franceses, y el riquísimo viril desaparecido en nuestra última guerra (1936). Don Juan Díaz de la Guerra marca el momento cumbre del episcopado seguntino en los tiempos modernos. Gran emprendedor, construyó la llamada Obra del Obispo, edificó entero el pueblo de Jubera con 24 hermosas casas, la calle entera de San Roque en Sigüenza, un cuartel para tropas suizas que el Gobierno no quiso aceptar, un amplísimo parador y el Colegio de Infantes; dio comienzo a la iglesia parroquial de Santa María en Sigüenza, ultimada por Fraile; dio vida al hospicio, acogiendo a más de 400 asilados a quienes proporcionaba trabajo, y a más de 200 sacerdotes franceses perseguidos por la Revolución francesa; construyó en Gárgoles de Abajo una fábrica de papel; construyó la carretera de Sigüenza a Almadrones, que fue muy costosa, obteniendo del Gobierno la seguridad de que pasarían por Sigüenza la carretera de Aragón y Navarra, lo que en 1825 no se atendió, al desviarla por Alcolea del Pinar y Fuencaliente. De acuerdo con el cabildo, renunció al dominio de la ciudad, acaso presionado, lo que significó grave quebranto para la prosperidad de Sigüenza, cuya grandeza fue unida a la acción de sus obispos, quienes desde la Desamortización se vieron imposibilitados de atender las necesidades materiales de la ciudad y diócesis.

Grave quebranto y desolación irreparable fue para la diócesis y en especial para Guadalajara la invasión francesa. Don Pedro Inocencio Vejarano se puso al frente de la Junta Provincial constituida en Sigüenza en 1809 y contribuyó al armamento de los voluntarios que se alistaban en defensa del suelo patrio. La Universidad formó un batallón, Molina se levantó en armas, que ella misma fabricaba. Los franceses expoliaron la catedral, incendiaron la ciudad de Molina, destrozaron conventos e iglesias con sus altares. Perdióse para siempre una incalculable riqueza artística y documental.

No fue menor el daño que las leyes de Mendizábal infligieron a la Iglesia. Al ser abandonados los monasterios y conventos, sin que los nuevos y desaprensivos dueños supieran estimar su valor artístico, desaparecieron retablos sin cuento, edificios, libros, documentos, objetos del culto, ornamentos...

La historia seguntina debe a su obispo, fray Toribio Minguella, la publicación de una valiosa obra, a la que han de acudir cuantos deseen conocer el pasado glorioso de la diócesis.

Desde la segunda República hasta nuestros días. Tras la proclamación de la República y la formación del Frente Popular, la Iglesia en Sigüenza, al igual que en toda España, experimentó dura persecución que culminó en 1936 con el asesinato del obispo D. Eustaquio Nieto (26-VII-1936), de 38 sacerdotes y cinco religiosos. Al liberarse la ciudad por los nacionales, la catedral sufrió seria destrucción lo mismo que el seminario, que fue incendiado, varios conventos y parte de la ciudad. Don Luis Alonso Muñoyerro abrió al culto la catedral en julio de 1946, tras acertada restauración por Regiones Devastadas; trasladó a la catedral los restos del obispo Nieto, rehizo casi totalmente el cabildo catedralicio, puso en marcha ascendente hacia su perfección el seminario, y reparó multitud de iglesias que fueron víctimas de la revolución y de la guerra (1936-1939). Don Pablo Gúrpide inauguró el Colegio episcopal de la Sagrada Familia en la que fue Casa de Misericordia, y trasladó a Guadalajara, incorporada a la diócesis, el seminario menor. Los límites diocesanos se ajustaron en 1955 a los de la provincia civil de Guadalajara.

2. **Instituciones.** SIGÜENZA. Capital multisecular de la diócesis, desde 1959 comparte la capitalidad con Guadalajara. En ella radica la curia diocesana, sita

en el palacio episcopal, donde también se custodia el archivo diocesano, en vías de organización (expedientes matrimoniales apostólicos, desde 1623; asuntos civiles, desde 1590; criminales, fundaciones, varios., etc...). El *Boletín Eclesiástico* del obispado dio comienzo el 2-IV-1859, siendo obispo D. Francisco de Paula Benavides, y era bimensual; hoy día es mensual. Semanalmente se publica la hoja diocesana El Eco, que dio comienzo en 1933 con el título de Eco diocesano. Su publicación se vio interrumpida durante la guerra de Liberación, hasta septiembre de 1940. Tirada actual: 13.000 ejemplares.

El Cabildo. Don Bernardo de Agén organizó el culto en su incipiente catedral; primero, con sencillos clérigos y, luego, con canónigos regulares. En 1140 instituyó canónigos regulares de San Agustín, cuya regla aprobó Eugenio III en 1150. Don Simón Girón de Cisneros lo secularizó de nuevo. Componían el cabildo 93 eclesiásticos (13 dignidades, 40 canónigos, 20 racioneros y 20 medio racioneros). Durante la Edad Media, ellos elegían al obispo. Este y el cabildo escogían, a su vez, a los capitulares; ambos, conjuntamente, eran señores de la ciudad y su jurisdicción. En 1816 se redujo el número de prebendados a nueve dignidades, 24 canonjías, ocho raciones enteras y 14 medias. Por el Concordato de 1851 quedó reducido a cinco dignidades, 11 canonjías y 12 beneficios, que aún perduran.

El edificio de la catedral se comenzó a raíz de la reconquista de la ciudad del poder musulmán (1124); su conjunto arquitectónico presenta las particularidades del estilo de transición del románico al gótico, con una belleza de sobria y robusta elegancia en su interior. Destacada representación tienen allí los estilos posteriores. Mudéjar es la portada de la capilla de la Anunciación; del primer plateresco español es el altar de Santa Librada, obra de Covarrubias; renacentista, la sacristía mayor, cuya bóveda, única en el mundo, ostenta 304 cabezas humanas grabadas en piedra, y la capilla de las Reliquias; barroco, el retablo de Nuestra Señora la Mayor. La escultura sepulcral de D. Martín Vázquez de Arce, «el Doncel», es la mejor representación del gótico funerario en España. Joya pictórica de primer orden es la Anunciación, del Greco; de extraordinario valor también, las tablas góticas de San Marcos y Santa Catalina, un tríptico flamenco y las tablas de Santa Librada.

Archivo y Biblioteca Capitulares. Se hallan instalados desde 1959 en dos dependencias que dan acceso al claustro. En la primera se guardan los documentos en pergamino, en cuatro grandes archivadores de nogal (documentos pontificios: 118 bulas, un Motu proprio y 13 Breves; ídem reales, 118; y numerosos particulares); más de un centenar de manuscritos (siglo x-xviii); 64 incunables y numerosos impresos y libros de documentos. Las actas capitulares, desde 1416, si bien hay interrupciones hasta el 1500; Cuentas de fábrica desde 1498. En la segunda habitación se custodian los legajos, de muy variado contenido y valor documental histórico.

Monasterios y conventos. Don Juan López de Medina, provisor del cardenal Mendoza, canónigo de Toledo y Sigüenza con la dignidad de arcediano de Almazán, nacido en Sigüenza, fundó un monasterio de Jerónimos con el título de San Antonio de Portaceli para los religiosos de esta Orden, del que tomaron posesión en 1484. A su lado abrió un Estudio, dotando tres lectores de Teología, Cánones y Filosofía, respectivamente. Fue la base de la Universidad seguntina. *Carmelitas Descalzos:* Hízose esta fundación por testamento de Antonio Salazar y su esposa Catalina Villel hacia 1594, de cuyo convento tomaron posesión los carmelitas en 1598, en el actual convento de las Ursulinas. En 1615,

sin saberse los motivos, abandonaron el monasterio. *Franciscanos Descalzos:* A ocupar el convento anterior vinieron, primero de Aragón, y en 1623 de Castilla. Fue colegio de la Orden franciscana, donde estudiaban Teología y Filosofía. Estuvieron hasta la exclaustración en 1835. *Franciscanas de Santa Clara:* Junto a la iglesia de Santiago y haciendo uso de ellas, Francisco de Villanuño, arcediano de Soria, para sus dos hermanas y otras fundó este beaterio, aprobado por Adriano VI, en el primer cuarto del siglo xvi. Incendiado en 1936 a consecuencia de la guerra, se trasladaron a la iglesia de Nuestra Señora de los Huertos, que entonces fue restaurada. *Ursulinas Agustinas:* Desde Alhama de Aragón vinieron en 1817 a la ermita de Nuestra Señora de la Estrella, para instruir a las niñas. En 1825 se trasladaron a unas casas junto al Colegio de Infantes, y en 1867 pasaron al que fue de los franciscanos, donde siguen hoy día. La guerra civil de 1936 destruyó parte del edificio sin que haya sido reconstruido.

Hospitales. En 1197 el obispo D. Rodrigo fundó el primer hospital, que debió de ser el de *Nuestra Señora de la Estrella.* En 1445, Mateo Sánchez, chantre de Sigüenza, fundó el de San Mateo, bajo el patronato del cabildo catedral, hasta hoy duradero. Desde 1843 está regido por las hijas de la Caridad.

Hospicio o *Casa de Misericordia.* Fue fundada por el obispo D. José de la Cuesta y Velarde en 1763 para atender a los pobres, ejercitándolos en las artes y oficios que allí aprendían. Pasó al Estado, que la cedió al Ayuntamiento; éste en 1913 la utilizó para escuela de niños, dejándola hundirse. La Iglesia de nuevo la ha levantado para colegio de Enseñanza Media y Magisterio de la Iglesia.

Arca de Misericordia. Para socorrer a los pobres, fundó Antón González, maestrecuela de la catedral, en 1479 esta obra pía, que proporcionaba media libra de pan a cada pobre. En 1622 se modificó la forma de atender a los pobres.

Casa de Ancianos Desamparados. Las Hermanitas de los Ancianos Desamparados, fundadas por D. Saturnino López Novoa, nacido en Sigüenza, vinieron a ésta en 1890 y se establecieron en el palacio-castillo. En 1900 pasaron al actual edificio, junto a la ermita de San Lázaro.

Universidad y Seminario. Junto al Monasterio de San Jerónimo, edificó el mismo Juan López otro colegio para 13 clérigos pobres, titulado *Colegio Grande de San Antonio Portaceli,* erigido canónicamente por el cardenal Mendoza en 1477. Añadióle aún el fundador un hospital, que se llamó de Donados, donde habían de ser acogidos cuatro pobres sexagenarios. Dio al Colegio unas constituciones inspiradas en las del de San Clemente de Bolonia y San Bartolomé de Salamanca, donde acaso estudiara, y que fueron confirmadas por Sixto IV en 1483.

Tuvo el fundador intención de transformar el Colegio en Universidad. Lo que la muerte le impidió, llevólo a cabo el cardenal Mendoza, mentor de su eficaz colaborador Juan López, quien juntamente con Don Gonzalo Giménez de Cisneros gobernaba la diócesis seguntina en las ausencias del cardenal. Alcanzó Mendoza de Inocencio VIII por la bula *Ex injuncto nobis* para el Colegio-monasterio la facultad de conferir grados académicos (30-I-1489) en Teología y Filosofía, con lo que quedó convertido en Universidad. El papa Julio III amplió estas facultades a las cátedras de Leyes y Medicina (23-I-1552). Gozaba de la facultad de conferir todos los grados académicos, incluso el de doctor, con requisitos y rigor verdaderamente extraordinarios. La inestabilidad del suelo donde se erigió y otras razones aconsejaron bien pronto su traslado junto a la ciudad, lo que no se efectuó hasta el pontificado de D. Bartolomé Santos de Risoba, antiguo alumno de ella, quien en 1651 la trasladó a edificio nuevo por él construido, hoy día palacio episcopal, lo mismo que el convento de Jerónimos, adyacente, hoy seminario diocesano.

De entre los 625 colegiales (sin contar cinco años, cuyos alumnos se ignoran) el Colegio-Universidad tuvo un cardenal, arzobispos y obispos hasta 57; 16 padres de concilios, 10 escritores insignes, siete fundadores de colegios y hospitales, y unos 400 entre abades mitrados, canónigos y párrocos.

La Universidad siguió las vicisitudes políticas de los tiempos, lo mismo durante la guerra de Sucesión (1700-1713) que en la invasión francesa. José Bonaparte, en represalia por la oposición que halló en el «Batallón Literario de Sigüenza» formado por los estudiantes de la Universidad, la suprimió; mas Fernando VII la restableció en 1814. Más tarde Calomarde (14-X-1824) decretó la supresión de ésta y otras, llamadas menores, incorporándola como colegio a la Universidad de Alcalá. Por real orden de 1837 fue extinguido. Su documentación y bienes pasaron al Instituto de Enseñanza Media de Guadalajara, de donde fueron trasladados al Archivo Histórico Nacional de Madrid, Sección de Universidades, legajos 583 al 605 y libros 1234 al 1301.

Colegio de San Martín. A la sombra del Colegio-Universidad se crearon otros centros para enseñanza como el de San Martín, fundado en 1618 por el licenciado Juan Domínguez, racionero de la catedral. El Colejuelo, como así se le llamaba, estaba situado donde hoy está la Casa de Correos, de reciente construcción. En su frente luce como recuerdo el escudo del Colegio.

Colegio Seminario de San Bartolomé. La disposición del concilio de Trento que ordenaba que en cada diócesis se erigiera un seminario no se creyó aquí obligatoria, ya que el Colegio-Universidad y la Preceptoría de Latinidad que desde el siglo XIV funcionaba en la catedral parecían cubrir la necesidad de Seminario. Fue el obispo D. Bartolomé Santos Risoba quien dio el paso abriendo el nuevo seminario con 12 colegiales, que se ampliaron inmediatamente a 24, en una casa de la calle Nueva, llamada luego del Seminario (hoy de Román Pascual) en 1651. Un siglo después, D. Francisco Santos Bullón mejoró notablemente el edificio y en 1786 se construyó la capilla adyacente. Desde aquí pasó el Seminario al monasterio de Jerónimos en tiempos del obispo Benavides, el mismo que bajó del castillo-palacio el Colegio-Universidad. No se clausuró el Seminario de San Bartolomé, ya que en un principio sirvió para el estudio de «carrera breve» y más tarde para los teólogos, pues el de los Jerónimos lo destinó el obispo Gómez Salazar para instituto y seminario, incorporado al Instituto de Segunda Enseñanza de Guadalajara. Incendiado en 1936 y restaurado por Regiones Devastadas, hoy alberga a los seminaristas mayores; los primeros cursos se estudian en Guadalajara El antiguo Seminario de San Bartolomé ha pasado a ser Casa de Ejercicios.

Colegio de Infantes. Existiendo desde antiguo en la catedral por bula de Julio II ocho niños de coro, conocidos por el nombre de infantes, a fin de que viviesen juntos, reunióseles en 1641 en casa del contrabajo Cristóbal López. El obispo Díaz de la Guerra edificó el Colegio de San Felipe Neri, de elegante traza, según los planos del italiano Luis Bernasconi. Abandonado por los padres del Corazón de María, que lo ocuparon algún tiempo, hoy sirve a los padres Josefinos de Murialdo como Escuela Apostólica, desde 1960.

Ermitas y santuarios. Son muchos, lo mismo en la ciudad que en sus alrededores, los que se levantaron, varios de ellos desaparecidos. La más antigua ermita es la de Nuestra Señora de los Huertos, edificada por el deán Clemente López sobre antiquísima iglesia, juzgada por algunos como la iglesia madre en los tiempos visigodos. Síguele en antigüedad la de Nuestra Señora de Séñigo (siglo XII), hoy desaparecida. Han desaparecido también las de San Sebastián, San Juan, San Cristóbal, San Pedro y San Onofre. Muestran sus muros sin vida cultual las de San Roque (almacén municipal), el Humilladero y la de Santa Librada. Más alejada y de suma veneración es la de Nuestra Señora de la Salud, de Barbatona, coronada canónicamente por el nuncio de su santidad monseñor Hildebrando Antoniutti el 8-IX-1955.

IGLESIA DE GUADALAJARA. *Organización.* Hasta 1955 Guadalajara formó parte de la dilatadísima diócesis de Toledo, juntamente con los arciprestazgos de Brihuega, Pastrana y Tamajón, con un total de 2.500 kilómetros cuadrados y con solución de continuidad respecto a la metrópoli, a través de las provincias de Cuenca y Madrid.

Reconquistado del poder musulmán el suelo que vino a formar la diócesis de Toledo, fue dividido para mejor gobernarlo, en arcedianatos, y éstos, a su vez, en arciprestazgos. En el siglo XII Guadalajara, junto con Toledo, Talavera de la Reina y Madrid, fue uno de los cuatro arcedianatos. Cada arcedianato comprendía un vasto distrito. Los arcedianos gozaban de amplia jurisdicción: visitaban canónicamente las iglesias de su «partido», nombraban arciprestes, juzgaban en multitud de causas, decretaban sanciones contra clérigos y percibían cuantiosas rentas en las parroquias de su demarcación. Cada arcedianato era como una pequeña diócesis. En cambio, eran exiguas las prerrogativas de los arciprestes. Conforme a la tendencia general, en el siglo XIV comienza la decadencia de los arcedianatos. A principios del siglo XVI está ya establecida una nueva organización que, en lo sustancial, continúa hasta mediados del siglo XIX. Los antiguos arcedianatos quedaron reducidos a dignidades de la catedral. Dividióse entonces la diócesis en vicarías, unas generales (Toledo y Alcalá); otras, foráneas (Talavera, Madrid, Ciudad Real...). Guadalajara debió de pertenecer a la de Alcalá. Al segregar Madrid-Alcalá y Ciudad Real, con los restos de la antigua vicaría general de Alcalá fue creada en 1885 la vicaría foránea de Guadalajara. El cardenal fray Ceferino González suprimió el oficio de visitador y redujo las atribuciones de los vicarios. En el pontificado siguiente no se nombró ya ningún vicario. Quedaron, pues, los arciprestes como hasta hoy día. Después de la incorporación de estos territorios a la diócesis de Sigüenza por decreto de la Congregación Consistorial de 20-V-1955, han experimentado nueva demarcación arciprestal. El nombre de Guadalajara fue añadido al de Sigüenza por bula de Juan XXIII en 1959, para designar la diócesis; a la vez se otorgaba al obispo el derecho de residencia en cualquiera de ambas ciudades, Sigüenza o Guadalajara; se elevaba a la dignidad de concatedral la iglesia de Santa María, de Guadalajara, con la facultad de cumplir allí los canónigos y beneficiados que se hallaren en Guadalajara en el desempeño de los sagrados ministerios o cargos eclesiásticos, la obligación de rezar el oficio divino. El 14-VIII-1959 fue ejecutado este decreto por el nuncio monseñor Hildebrando Antoniutti, sin que hasta la fecha se haya efectuado el traslado de capitular alguno.

Parroquias: La de *Santa María*, ahora concatedral, erigida en el siglo XV, donde hubo mezquita. El edificio conserva restos de arte mudéjar. La iglesia se consagró en 1815. *Santiago*, en el antiguo convento de clarisas desde 1912. El primitivo edificio desapareció. Fue fundada en 1085. *San Nicolás*, trasladada también de su primitivo templo desaparecido, a éste que fue de los padres jesuitas. Es excelente el sepulcro de Rodrigo de Campuzano en una de sus capillas. Carlos III le concedió el título de Real. *San Ginés*, de reciente creación en el antiguo convento de Santo Domingo. Buenas muestras del arte funerario renacentista y gótico, si bien calcinadas en 1936.

Casas religiosas. Uno de los primeros monasterios cistercienses que se fundaron en España, y la más antigua comunidad de Guadalajara fue el de *Monjas de San Bernardo.* Hallábase en la margen derecha del Henares con amplia huerta. Supónese por tradición que procedían del monasterio de Santo Espíritu, de Olmedo, de donde vinieron a poco de fundarse éste. Atribúyese la fundación del de Guadalajara a Alfonso VIII o a D.ª Berenguela, su hija, en el último tercio del siglo XII o primeros del XIII. Incendiado en 1296, la iglesia quedó como ermita, transformada por el cardenal Mendoza en suntuosa iglesia, que quedó como parroquia. En la guerra de Sucesión los austriacos la destrozaron, cesando el culto. Hoy no queda nada. Las religiosas pasaron a nuevo convento creado por la infanta Isabel, Señora de Guadalajara, extramuros del otro lado del Alamín. Mediado el siglo XVI los condes de Coruña costearon el gran claustro. La invasión francesa asoló el convento que se vio abandonado desde 1808 a 1823. La exclaustración de 1835 no le afectó por contar más de 12 monjas profesas; sufrió también en la guerra civil de 1936. *Convento de San Antolín* (frailes mercedarios). Donde está el hospital provincial lo fundó en 1300 la infanta Isabel, hija de Sancho IV, para los frailes mercedarios procedentes de Santa Olalla de Barcelona, que tomaron posesión en 1306. En este convento ingresó y profesó fray Gabriel Téllez (Tirso de Molina); permaneció en él los cuatro o cinco años de religión. En 1826 fue suprimido por los superiores a consecuencia de su estado después de la invasión francesa; quedó fray Rufo Toro, comendador, como único superviviente. Decretada la exclaustración en 1835, cayó definitivamente. No ha quedado rastro de él. *Convento de Santa Clara* (franciscanas menores observantes). De escaso valor artístico, fue demolido en 1912 y en su solar se construyó el Hotel España, que conserva su fachada (1613). La iglesia pasó a ser la parroquia de Santiago. Portada clasicista del siglo XVII con la imagen de Santa Clara; el ábside, mudéjar de escaso mérito; artesonado, siglo XIV. Fue fundado por D.ª Berenguela, hija de Alfonso X; D.ª María Fernández Coronel es considerada segunda fundadora. Los reyes colmaron de mercedes este convento en los siglos XIV y XV. Sufrió muchísimo en la guerra de Sucesión y en la invasión francesa; la Desamortización de Mendizábal acabó con él. *Convento de San Francisco* (franciscanos menores observantes). En un altozano extramuros, al parecer sobre un antiguo convento de templarios, fundó D.ª Berenguela, madre de San Fernando, este cenobio en 1330 para franciscanos. Incendiado en 1394, fue reedificado por D. Diego Hurtado de Mendoza. El primer marqués de Santillana consiguió de Calixto III convertir a estos franciscanos de claustrales en observantes según deseaban. Su iglesia pasó a ser panteón de los Mendoza. La sexta duquesa del infantado construyó la cripta-panteón (1696-1728). Los franceses invasores destrozaron los altares de la iglesia, y la Desamortización de 1835 dispersó numerosas obras de arte. En 1841 se destinó a taller de ingenieros militares. Ha sido declarado monumento nacional. *Convento-Colegio de La Piedad* (franciscanas menores observantes). En él está hoy el Instituto de Enseñanza Media, y fue monasterio hasta 1835. Conserva de lo antiguo el patio y la portada plateresca, de Covarrubias. En 1524, D.ª Brianda de Mendoza obtuvo de Clemente VII un breve, autorizándole la fundación de una casa de beatas, regida por la Regla de la O. T. de San Francisco, más un colegio anejo para doncellas. Después del concilio de Trento fue transformada en convento de religiosas profesas de la Orden de San Francisco.

Convento de la Concepción (franciscanas menores observantes). Fue fundado por Pedro Gómez, de Ciudad Real, hijo de Alvar Gómez, secretario de Enrique IV, por testamento de 1529, con monjas venidas de Torrijos. Un nieto del fundador del mismo nombre edificó la iglesia en 1576. Sufrió con la invasión napoleónica, y en 1835 fue exclaustrado. En 1910 la ocuparon los padres Paúles hasta 1936 en que los rojos la destrozaron, siendo por fin derribada en 1941. *Convento de Santo Domingo de la Cruz* (Orden de Predicadores o dominicos). Fue fundado por D. Pedro Hurtado de Mendoza, adelantado de Cazorla, hermano del cardenal Mendoza, en 1502, primero en Benalaque, cerca de Alovera, próximo a Guadalajara. Tomaron posesión de él los dominicos en 1506. Por ser lugar insano, no sin dificultades, consiguieron pasar a Guadalajara en 1556 a la que hoy es parroquia de San Ginés. A ella trasladaron los ricos sepulcros de los fundadores. Sufrió con la invasión francesa y en 1835 fue suprimido y saqueado. La parroquia de San Ginés, demolida, fue a ella trasladada. En 1936 fue aún más destruido e incendiado. *Colegio de Nuestra Señora del Remedio* (colegio de doncellas y convento de monjas jerónimas). Por testamento de D. Pedro González de Mendoza, obispo de Salamanca, fue fundado este colegio, al que declaró heredero universal de sus bienes en 1574. Clemente XII y Felipe II aprobaron la fundación en 1565. Comenzó a funcionar en 1631 con 12 doncellas; años después se le añadió el convento de jerónimas, quienes prevalecieron hasta desaparecer el colegio. En 1808 sufrió con la invasión francesa. En 1835 fueron trasladadas al convento de clarisas y su convento convertido en hospital militar. En 1859 pasaron a unas casas junto a la iglesia de San Esteban, utilizada como capilla, hasta 1936, fecha de la destrucción. Pasaron al convento de Brihuega, de la misma Orden. La iglesia sirve ahora de capilla a la reciente Escuela de Magisterio. *Convento de San Antonio de Padua* (franciscanos menores descalzos). Don Antonio Arias de la Cerda testó en 1589 a favor de estos religiosos en Toledo, condicionándolo a que fundasen en Guadalajara un convento junto a la puerta de Alvar Núñez. En 1835 fue suprimido por la Desamortización. Del convento solo queda el nombre aplicado al puente y al barranco inmediato. *Colegio de las Vírgenes y Convento de Nuestra Señora de la Fuente* (carmelitas descalzas, vulgarmente llamadas Antiguas o de Arriba). En Guadalajara, donde había sido arcediano, quiso fundar el arzobispo toledano D. Pedro García de Loaysa Girón un colegio donde se educaran en clausura las niñas al cuidado de dos monjas carmelitas descalzas. Consultada el santa Teresa, dijo «no desagradarle la idea». Cont res carmelitas traídas de Madrid en 1594 comenzó el colegio para 12 alumnas, aumentadas pronto a 24. Desde su primera ubicación, trasladóse en 1606 al palacio de los condes de Priego. Le afectó la Desamortización de 1835, dando origen a la supresión del colegio. La guerra civil también repercutió en él. *Convento de Carmelitas Descalzas de San José* (llamadas vulgarmente Carmelitas de Abajo). Desde Arenas de San Pedro, donde en 1594 D.ª Magdalena de Frías había fundado un convento que seguía la Reforma de Santa Teresa, se trasladó a Guadalajara en 1615, pues se les dificultaba allí la vida. La sexta duquesa del infantado, D.ª Ana de Mendoza, les prestó decidido apoyo. Subvivió al decreto de Mendizábal. La guerra civil dio lugar a que mostraran sus religiosas las más altas virtudes heroicas, pues el 24-VIII-1936, fueron asesinadas por las hordas rojas en odio a la fe las hermanas María Pilar de San Francisco de Borja, Teresa del Niño Jesús y María Angeles de San José. *Colegio de la Santísima Trinidad* (jesuitas). Fue fundado en 1619 por Diego Lasarte y Molina y comenzó el colegio en 1631, bajo la dirección del ilustre alcarreño padre Hernando Pecha. La iglesia hoy es la parroquia de San Nicolás. Los padres asumieron la escuela de Gramática, fundada por Alcocer, chantre de Salamanca en el siglo XVI. Con la expulsión de 1767 el colegio se destinó a hospicio. *Hermanos de San Juan de Dios.* En 1631 se hicieron cargo estos hermanos del Hospital de la Misericordia, que tuvo su origen en la fundación que en 1375 hiciera María López, en lo que hasta ahora ha sido Escuela Normal. La exclaustración de Mendizábal en 1835 los suprimió, si bien el hospital persistió hasta la creación del Hospital Civil Provincial en 1837. *Convento de la Epifanía* (vulgo de los Reyes). Con bienes de Baltasar Meléndez, beneficiado de la parroquia de San Nicolás, fundóse en 1632. La Desamortización de 1835 lo suprimió. Reinando Isabel II pasó a ser convento de religiosas carmelitas. Sufrió en 1936. *Residencia de franciscanos de Nuestra Señora del Olvido.* Fundóse esta casa-residencia en 1896, a ruego de Isabel II que, desde París, lo trató con el cardenal arzobispo de Toledo, para que una comunidad de franciscanos atendiese a las necesidades espirituales de las concepcionistas franciscanas de esta ciudad, a quienes la reina tenía singular amor. Los franciscanos tomaron posesión de la nueva casa en 1899. *Religiosas Concepcionistas Descalzas.* Titular de la iglesia, la Santísima Trinidad. Fundaron este convento los carmelitas en 1621. Después de la exclaustración pasó a propiedad particular, y la iglesia se convirtió en cuartel y almacén. A petición del Ayuntamiento, la madre María de los Dolores Quiroga (sor Patrocinio), comprando el edificio, estableció en él la comunidad de religiosas de Aranjuez el 3-X-1867. *Hermanitas de los Ancianos Desamparados.* El Ayuntamiento de Guadalajara sostenía un pequeño asilo, al frente del cual estaba un empleado municipal. Se hicieron cargo de él las hermanitas en 15-IV-1894. *Hijas de la Caridad de San Vicente de Paúl. Casa de Maternidad.* En 22-VI-1854 la Junta Provincial de Beneficencia solicitó de la reina una comunidad de hijas de la Caridad para atender esta casa de niños expósitos y huérfanos desamparados, de la provincia, y en aquel mismo año cinco hermanas se hicieron cargo del establecimiento. *Hospital Provincial.* Desde 1855 el hospital provincial es atendido por estas religiosas. *Religiosas de San José de la Sagrada Familia. Colegio de Huérfanas de la Guerra:* Se creó este colegio por Real Decreto de 19-III-1876, después de la guerra carlista. Se inauguró el 23-XI-1879. Las plazas eran al principio 100; en 1900 se crearon otras 100, luego disminuidas. En 1930 subsistía.

ARCIPRESTAZGOS. Desde los más remotos tiempos de la Edad Media (siglo XII), la diócesis estuvo dividida en 10 arciprestazgos, que eran Sigüenza, Almazán, Ariza, Atienza, Ayllón, Berlanga, Caracena, Cifuentes, Medinaceli y Molina. Don Manuel Gómez-Salazar creó en 1878 ocho centros más, que fueron Baraona, Galve, Hiendelaencina, Hortezuela, Jadraque, Milmarcos, Maranchón y Tordesilos: 393 curatos o parroquias en 18 arciprestazgos. Después de los decretos consistoriales de 1955 se hizo nueva demarcación arciprestal con 24 unidades y 478 parroquias.

Alcolea del Pinar. De las 18 parroquias en él comprendidas pueden citarse las de Anguita, Bujarrabal, Estriégana y Saúca por conservar reminiscencias románicas, algunas notables, en sus iglesias parroquiales.

Atienza. Es Atienza una de las villas más representativas del Medievo, época en que conoció su más esplendoroso momento, ya que su jurisdicción se extendía a casi un tercio de lo que hoy es la provincia de Guadalajara, a ella sometida por privilegio de Alfonso VII el Emperador. Prueba de su intensa vida religiosa es que ya en 1200 tenía ocho o 10 iglesias, cada una servida por varios sacerdotes, y que a fines del siglo XIII,

había 64 sacerdotes. Las iglesias de este tiempo, todas ellas románicas, desaparecieron en gran parte, sin que de algunas apenas se sepa su emplazamiento, como las de San Pedro de Moncalvillo, San Miguel, Santiago, San Martín, San Nicolás el Alto y San Nicolás de Covarrubias; otras fueron demolidas por su mal estado para elevar en su lugar nueva edificación, como las de San Juan y San Salvador. A pesar de esto, subsisten cinco templos que conservan huellas del románico. Iglesias principales: *San Juan Bautista,* cabeza del arciprestazgo, amplia, del siglo XVI; *Santísima Trinidad,* actual parroquia, con uno de los mejores ábsides románicos de la diócesis, capilla del Cristo de los Cuatro Clavos donde se conservan las reliquias de las Santas Espinas, y capilla de la Purísima, con decoración rococó francés; *San Bartolomé,* con ábside románico cuadrado y capilla barroca del Cristo; ermita de *Nuestra Señora del Val,* con lindísima portada románica; *San Gil,* con ábside semicircular románico; *Santa María del Rey,* la más antigua e importante, en otros tiempos cabeza del arciprestazgo, con ábside y dos portadas románicas. *Convento de San Antón, de Trinitarios,* fundado, según tradición, en 1209 por el propio san Juan de Mata; según otros, hacia 1389. Tuvo anejo el hospital del mismo nombre. *Convento de Franciscanos de la Concepción,* fundado en 1266, en tiempo de los Reyes Católicos pasaron de claustrales a observantes. Quedan de su iglesia algunos ventanales del ábside, ejemplar típico del gótico inglés. *Oratorio de los Hospitalarios de Jerusalén,* consagrado a primeros del siglo XIII por el obispo D. Rodrigo, a ruegos de Alfonso, prior del hospital, y Guterio Amilli, comendador de la Orden. *Instituciones:* la más notable fue, sin duda, el *Cabildo de clérigos,* organizado ya en el siglo XII. Se conservan sus primitivas ordenanzas. Persistió hasta la desamortización. *Cofradía de la Caballada,* curiosa asociación gremial de recueros (arrieros) y mercaderes que, desde el siglo XII, aún hoy perdura. *Beneficencia e instrucción:* Ya desde el siglo XIII atendieron a enfermos y menesterosos en varios hospitales, como el de San Julián, que conserva la talla del Cristo del Perdón (siglo XVIII), el de San Antón, San Marcos y San Lázaro. En 1754 fundóse el de Santa Ana. *Cátedra de Gramática,* dotada en 1269 por el obispo de Sigüenza, D. Lope, duradera hasta más de mediado el siglo XIX. El arciprestazgo comprende 22 parroquias de muy reducida población y de iglesias de no muy subido valor artístico.

Brihuega. Alfonso VI donó esta ciudad a la Iglesia de Toledo, que la conservó hasta 1585, en que pasó a la Corona, volviendo a su señorío en 1607. Es muy notable el fuero que le otorgó D. Rodrigo Jiménez de Rada. Gran mérito artístico conserva la iglesia de Santa María (donde se da culto a la Virgen de la Peña, solemnemente coronada en 1929), así como las de San Miguel, San Juan y San Felipe (ojival). *Convento de Santa Ana,* de religiosas cistercienses. Fue fundado en 1615 por Juan de Molina y Ana Coronel de Albornoz, su esposa, de Brihuega, con religiosas procedentes del monasterio de San Joaquín y Santa Ana, de Valladolid. Su primera superiora fue una de las siete reformadoras de las religiosas bernardas, dando origen a las bernardas recoletas. Su iglesia conserva obras de arte. *Convento de San Ildefonso* de religiosas jerónimas. Fue fundado en 1564 por Beatriz de Zúñiga, María de Mendoza, Ana de Medrano y Antonia Salazar, primeras religiosas. En Brihuega se dio la batalla de este nombre, en la que sufrió grave quebranto el archiduque Carlos de Austria en 1710. El arciprestazgo comprende 27 parroquias, cuyas iglesias tienen riquezas artísticas, sobre todo las de Archilla, Balconete, Castilmimbre, Fuentes, Muduex, Tomellosa, Torija, que fue colegiata, y Trijueque.

Budia. La iglesia parroquial, del siglo XVI, interesante,

así como la ermita de Nuestra Señora del Peral, patrona de Budia. Hubo un convento de carmelitas, fundado en 1732, del que se conservan algunos restos. Por su belleza arquitectónica o por su contenido merecen citarse las iglesias de Alocén, Berninches, Cereceda, Chillarón del Rey, Yélamos de Arriba y Yélamos de Abajo. De gran devoción es el santuario de Nuestra Señora de la Esperanza, en Durón. El arciprestazgo comprende 13 parroquias.

Cifuentes. Su iglesia parroquial, de mediados del siglo XIII, encierra notable púlpito de alabastro, siglo XV, y excelentes tablas. *Convento de Nuestra Señora de Belén*, de religiosas franciscanas. Fue fundado en 1526 por D. Fernando de Silva, cuarto conde de Cifuentes y embajador ante la Santa Sede (1532-1536). A estas religiosas confió un colegio para doncellas, que adjunto levantó. El convento subsistió a las leyes desamortizadoras, pero pasando a suma pobreza. En 1936 el convento se convirtió en cuartel de las milicias marxistas, que lo saquearon, completando la destrucción la aviación, que lo bombardeó. Hoy día substiste. *Convento de San Blas*, de religiosas de Santo Domingo. Fundóla en 1347 el infante D. Manuel, hermano de Alfonso X. Sus religiosas fueron trasladadas en 1611 a Lerma por el duque de este nombre. *Convento de Padres Dominicos*. Poco después de abandonado el citado convento de San Blas, llegaron a él los dominicos, de donde pasaron a otro nuevo, edificado junto a la villa con la ayuda del obispo de Sigüenza, fray Pedro de Tapia OP, el conde de Cifuentes y otros más, acabado en 1648. Después de la exclaustración fue destinado a juzgado y cárcel del partido. *Convento de la Cruz*, de padres franciscanos. Fundación del conde de Cifuentes, D. Juan de Silva, con licencia de Inocencio VIII, fecha 2-I-1484. *Hospital del Remedio*, erigido a principios del siglo XVI, y el del *Socorro*, para viandantes. De las 20 parroquias del arciprestazgo, las más interesantes son: la de Gárgoles de Abajo, donde el obispo de Sigüenza D. Juan Díaz de la Guerra, construyó hacia 1744 una fábrica de papel que decayó con la Desamortización; y por el arte que encierran, las de Gárgoles de Arriba, Gualda, La Puerta, Viana de Mondéjar y Trillo. En Sotoca de Tajo estuvo el famoso *monasterio benedictino de Ovila*, fundado por Alfonso VIII en 1175.

Cogolludo. Alfonso VIII, que la alcanzó de los moros en 1176, la cedió en 1182 a la Orden de Calatrava, cuyo maestre le otorgó el fuero de Guadalajara. El maestre Pedro Muñoz de Godoy se la cedió a Enrique II (1378) y éste a su hija D.ª María cuando casó con Diego Hurtado de Mendoza; la heredó la duquesa de Arjona y, a la muerte de ésta, después de porfiada lucha, pasó al marqués de Santillana. Por último, de la casa de Mendoza pasó a la de Medinaceli. De su antigua importancia testifican sus dos iglesias, las ruinas de los conventos de *San Francisco* (portada gótica) y del *Carmen*, erigido éste por fray Juan de la Fuente Casal, y el palacio de los duques de Medinaceli, marqueses de Cogolludo, edificado en el siglo XVI, calificado como primera joya del Renacimiento español. De entre las 22 parroquias del arciprestazgo, merecen señalarse, bien por su construcción, bien por alguna interesante obra de arte, las iglesias de Beleña, Cerezo, Fuencemillán, Espinosa de Henares (convento de religiosas Clarisas erigido en 1899) y Arroyo de Fraguas, al pie del Alto Rey de la Majestad (1.864 metros), donde según tradición hubo convento de *Templarios*, luego canónigos regulares de San Agustín.

Checa. De reciente creación este arciprestazgo, solo tiene dignas de consideración las iglesias de Motos y de Alustante.

Galve de Sorbe. Creado este arciprestazgo en 1878 (hoy 13 parroquias) tiene muy excelentes iglesias románicas, como las de Villacadima, Campizábalos y Albendiego. Esta última fue ya en 1177 convento de *Santa Coloma*, de canónigos regulares de San Agustín; secularizado por el obispo D. García, se tituló abadía, dignidad que subsistió en la catedral de Sigüenza hasta el concordato de 1851, que la suprimió. Su iglesia es, acaso, el monumento románico más hermoso de la diócesis.

Guadalajara. Este arciprestazgo es el de mayor número de parroquias (62). muchas de las cuales encierran obras de artes dignas de consignarse. Recogemos los nombres de estas parroquias: Alovera, Azuqueca, Centenera, Chiloeches, Galápagos. El Casar de Talamanca, Horche, Marchamalo, Mohernando, Usanos y Yunquera. Del convento de Benalaque (Chiloeches) se habló al tratar de los conventos de Guadalajara, capital. *Convento de Lupiana*, de jerónimos. Fue fundado en 1370 por los caballeros Pedro y Alonso Fernández Pecha, naturales de Guadalajara, a los que se unieron ermitaños venidos de Italia que se habían establecido en el Castañar, de Toledo. Fue cabeza de la Orden Jerónima, reconocido por los 55 conventos que había en España. Felipe II le concedió el señorío sobre la villa de Lupiana. La Desamortización acabó con él. Queda para admirarse el claustro.

Hiendelaencina. La hicieron célebre sus minas de plata, descubiertas en 1844 por D. Pedro Esteban de Górriz, navarro; minas que a proporción del terreno explotado han dado el mayor rendimiento del mundo; sus fábricas de laboreo se hunden y se ciegan sus pozos y galerías. En el apogeo de sus minas llegó a tener 9.000 habitantes, reducidos en 1929 a 1.788; en 1950, a 480, y hoy, a 430. En 1850 se construyó nueva iglesia, amplia, sin mérito artístico. El arciprestazgo, creado en 1878, tiene hoy 14 parroquias, de las que destacamos las de Aldeanueva de Atienza y Bustares.

Hortezuela de Océn. Creado este arciprestazgo en 1878, comprende hoy 16 parroquias. Distinguimos las de Hortezuela y Riba de Saelices por su iglesia parroquial, y Saelices de la Sal por su ermita románica. García S. de Baranda en su *Guía de la provincia de Guadalajara* localiza junto a Saelices el lugar de Cabeza de Fuego, que parece confundido con Cabeza de Griego, junto a Uclés de la provincia de Cuenca, donde se sitúa a Segóbriga, sede episcopal visigótica. *Convento de Buenafuente*. Cerca de Olmeda de Cobeta se hallaba este convento donde, conquistada Molina en 1130, pronto hubo canónigos regulares venidos desde el monasterio de Bosque Bertaldo, en Francia, y allí estuvieron hasta 1234, quedando el convento y sus pertenencias propiedad de D. Rodrigo Jiménez de Rada, arzobispo de Toledo. De ésta pasó a la reina D.ª Berenguela, que lo dio a su hijo D. Alfonso, señor de Molina, y éste a su suegra D.ª Sancha Gómez para religiosas del Císter y bajo la visita del abad de Huerta. Hoy día subsiste su iglesia románica con portada abocinada del siglo XII.

Imón. Este arciprestazgo, de nueva creación, agrupa 20 parroquias de escaso valor artístico. Imón es famosa por sus salinas.

Jadraque. Su iglesia, siglo XVII, contiene un cuadro de Zurbarán y el Cristo de la Expiración, hermosa talla del siglo XVII. En las afueras hubo un convento de *capuchinos* fundado en 1676 por D.ª Catalina Gómez de Sandoval, que subsistió hasta la invasión francesa. El arciprestazgo, creado en 1878, cuenta hoy con 27 parroquias, de las que relacionamos como interesantes las de Cendejas de Enmedio y de la Torre, Jirueque, Villaseca y Castilblanco. En Mirabueno, la ermita de Nuestra Señora, unida en 1461 por bula de Pío II al monasterio de Ovila. En Valfermoso de las Monjas, sigue el convento de *benedictinas*, fundado por Juan Pascasio y su esposa Flamba, naturales de Atienza, en 1186. En Pinilla de Jadraque Ruy Fernández de Atienza y su familia fundaron un monasterio de *bernardas*, según escritura del 17-VI-1218, bajo la advocación de San Salvador. Allí estuvieron hasta 1576, en que pasaron a Almonacid de Zorita, población perteneciente a la Orden de Calatrava, cuyo escudo llevaban las religiosas en su hábito. En 1623 trasladáronse a Madrid a la calle de Alcalá, de donde fueron arrojadas por la revolución de 1868, pasando al de las Comendadoras de Santiago.

Maranchón. El arciprestazgo fue creado en 1878 y reúne a 12 parroquias, de escasa importancia artística.

Milmarcos. Citemos en este arciprestazgo, erigido en 1878, de sus 14 parroquias, las de Algar de Mesa y Mochales; la ermita de la Muela en Mochales y la iglesia de Tartanedo, por ser patria de la Madre María de Jesús, «el letradillo de Santa Teresa». En término de Concha estuvo el monasterio de *Santa María de Alcallech* ya en el siglo XII, de canónigos regulares.

Molina de Aragón. Conquistada la ciudad del poder de la morisma en 1129 por Alfonso I el Batallador, se constituyó en señorío con un extenso territorio que, al fin, vino a parar a manos de la Corona de Castilla. De las 11 parroquias con que contaba a mediados del siglo XIV, quedan dos actualmente, la de San Gil (1552) y la de San Martín, trasladada a San Felipe. En la segunda mitad del siglo XIII D.ª Blanca, hija del infante D. Alfonso y de D.ª Mafalda, fundó un *convento de franciscanos*. De conventuales que eran, hiciéronse en 1526 observantes. En 1613 alcanzaron la fundación que hiciera Juan de Aguilera Sarmiento y Angela de Llanes, su mujer, para un convento de religiosos. Pronto, en 1622, abandonaron Molina. *El oratorio de San Felipe Neri* fue fundado en 1680 por el venerable padre Juan Bautista de Losa y Alcázar, con bienes del vecino de Madrid, el acaudalado D. Pedro Blanco de Roda. A esta iglesia se trasladó la parroquia de San Martín. *Colegio de los padres Escolapios*. Para atender a la enseñanza se establecieron en 1867 los Escolapios en edificio nuevo levantado sobre lo que fue hospital de San Juan de Dios, junto a la parroquia de San Martín adherida al colegio. Les sucedieron los padres Agustinos, que también abandonaron la ciudad. Hoy día el colegio es Instituto-Patronato de Enseñanza Media. *Convento de Santa Clara*. Junto a la antigua parroquia de Santa María de Pero Gómez, preciosa iglesia del siglo XII, fundóse este convento por testamento de Juan Ruiz Malo, otorgado en 1535. Con cuatro religiosas traídas del convento de la Misericordia de Huete comenzó en 1581, subsistiendo hoy día. *Convento colegio de religiosas Ursulinas*. Dispersadas por la revolución francesa, las religiosas Ursulinas del convento de Olerón en Francia, se ofrecieron al obispo de Sigüenza, D. Pedro Inocencio Vejarano para establecerse en Molina. En 1807 se establecieron en el antiguo beaterio inhabitado de Santa Librada. La invasión francesa dispersó de nuevo a las religiosas, que volvieron de nuevo al convento, reconstruido totalmente por haber sido incendiado. Esta comunidad todavía persiste. *Religiosas de Santa Ana*. En 1882 se hicieron cargo del Hospital de Molina, en el edificio que fue convento de franciscanos, estas religiosas, que atendían también a la enseñanza, hasta 1962 en que se trasladaron a Guadalajara. *Santuario de Nuestra Señora de la Hoz*, patrona de Molina. En 1172 el obispo de Sigüenza, D. Joscelmo, adquirió este santuario, edificado por los años 1130 a 1150, donde luego hubo canónigos regulares de San Agustín, unido por bula de Pío II en 1461 al Monasterio de Ovila. Hoy no existe comunidad. Los jesuitas intentaron fundar un colegio para educación de los jóvenes; después de estar allí provisionalmente en una casa, salieron en 1707. También fracasó la fundación de carmelitas descalzas a fines del siglo XVIII. *Cabildo*

eclesiástico de Molina. Fundado a poco de ser reconquistada, gozó de considerables privilegios, uno de los cuales fue concedido por León X, facultándoles para celebrar la vigilia de la Inmaculada Concepción, cuyo título ya ostentaban en 1428, con maitines y misa de medianoche, gracia de que usa hasta el presente. De las 44 parroquias que forman este arciprestazgo, hacemos mención de Castellar de la Muela, Embid, Prados Redondos, Rueda de la Sierra y Terzaga por el mérito de sus Iglesias o ermitas.

Mondéjar. Por Real Cédula de 25-IX-1512 adquirieron el título de marqueses de Mondéjar los condes de Tendilla, de la Casa de los Mendoza, quienes mostraron su predilección por esta villa, reconstruyendo la iglesia parroquial en 1516 y enriqueciéndola con su munificencia. *Convento de San Francisco*. El primer marqués fundó este convento a su regreso de la embajada de Roma en 1489. Se conserva la puerta, plateresca, declarada monumento artístico nacional en 1925. Este arciprestazgo, de muy reciente creación, cuenta con siete parroquias. Destacamos Almoguera por su iglesia; y Albares por la ermita de Santa Ana, donde, según tradición, hubo monasterio de Templarios.

Pastrana. Su importancia la adquirió cuando pasó por compra, en 1542, de la Corona a D.ª Ana de la Cerda, abuela de la princesa de Eboli, cuyo esposo Rui Gómez de Silva adquirió el título de duque de Pastrana. Es un rico tesoro de arte su *Colegiata*, fundada por D. Pedro González de Mendoza, hijo del primer duque, y obispo de Sigüenza. Son dignos de visitarse la sacristía y el museo (ricos tapices). *Religiosos Franciscanos Misioneros de Filipinas. Colegio de San Pascual*. Fue primeramente convento de Carmelitas Descalzos, fundado bajo el patronato de los duques de Pastrana en 1569 con asistencia de santa Teresa. Su primer maestro de novicios fue san Juan de la Cruz. Al principio, los religiosos vivían en grutas abiertas en la roca; el convento se edificó en 1600. Con la Desamortización en 1835 el edificio quedó en el mayor abandono. En 1845 la iglesia se abrió de nuevo al culto. Ofrecido a los franciscanos de Aranjuez, lo aceptaron en 1855. En él se guarda el archivo de la provincia religiosa de san Gregorio Magno, de Filipinas, y un museo de Historia Natural, con ejemplares raros de la fauna del Extremo Oriente. *Convento de religiosas Concepcionistas Franciscanas*. Fue fundado y dotado en 7-III-1576 por Ana de Mendoza, princesa de Mélito y duquesa de Pastrana; las religiosas vinieron del convento de la Concepción, de Toledo. Todavía subsiste. Este arciprestazgo se compone de 22 parroquias. Tienen mérito artístico las de Aranzueque, Armuña de Tajuña, Fuentelaencina, Renera, Sayatón y Valdeconcha. En Albalate de Zorita se muestran los restos de un antiguo *Convento de Templarios*, que después fue ermita de Nuestra Señora del Cristo, hoy cementerio. En Almonacid de Zorita, construido en el siglo XVI, *Convento de la Concepción*, erigido en 1765, que aún existe. Estuvo ocupado, primero, por religiosas cistercienses, y más tarde, franciscanas. En Escariche hubo convento de la Purísima Concepción, fundado en 1580. Pasaron a Almonacid en 1780. En Fuentelaencina existió el *Convento de religiosas Franciscanas*, fundado en 22-XII-1599 con monjas de Alcocer y Guadalajara; con la decadencia del pueblo, se trasladaron a Pastrana. En Bolarque se alzó el famoso *Convento de carmelitas* llamado el Desierto de Bolarque, fundado el 16-VIII-1592 y que quedó bajo el patronato real. En Loranca de Tajuña la Compañía de Jesús tuvo una residencia de verano, Jesús del Monte, para el Colegio de Alcalá.

El Pobo de Dueñas. Este arciprestazgo, de reciente creación, se compone de 10 parroquias, ninguna de las cuales encierra nada notable.

Sacecorbo. Este arciprestazgo (11 parroquias) es de

nueva creación; Abánades tiene bello pórtico románico y Ocentejo, obras artísticas interesantes. En Canredondo debió de estar el convento de Grudes, siglo XII, de *Canónigos regulares*.

Sacedón. Comprende 18 parroquias. Tienen excelentes templos las de Sacedón, Millana y Escamilla. En Alcocer tenemos que destacar el convento de religiosas *Clarisas*, fundado por D.ª Mayor Guillén de Guzmán, cuya momia se conservó hasta 1936. La iglesia parroquial es arquitectónicamente la más notable de la diócesis, después de la catedral de Sigüenza. En Auñón existió un convento de *franciscanos*, fundado hacia 1578; tuvo vida precaria y sucumbió. En Córcoles está el monasterio de benedictinos de *Monsalud*, cuya fundación ha sido atribuida a Clotilde, esposa del rey visigodo Amalarico. Lo cierto parece ser fundación de Juan Trives, arcediano de Huete, en 1167. Sus gloriosas ruinas han sido declaradas monumento nacional. En Pareja, del señorío de los obispos de Cuenca, tenían éstos un palacio, que fue construido en 1787 por el obispo Solano.

Sigüenza. De las 25 parroquias, aparte de las de la ciudad, ya consignadas, subrayamos las de Carabias, Guijosa, Pelegrina y Pozancos como de algún interés.

Tamajón. Este arciprestazgo, de origen toledano, cuenta hoy 17 parroquias. Además de Tamajón, con iglesia románica, destacamos Colmenar de la Sierra y Almiruete. A una legua de Muriel hubo un monasterio que en 1186 pasó definitivamente a Ovila.

Villanueva de Alcorón. Este arciprestazgo, de nueva erección, abarca 10 parroquias, de escaso valor arqueológico, pero su demarcación encierra bellezas naturales de indescriptible encanto.

3 y 4. Geografía diocesana y situación actual. Los límites de la diócesis coinciden con los de la provincia. Ocupa una extensión de 12.190 kilómetros cuadrados. Su población es de 149.804 habitantes, según el Censo del 31-XII-1970 (B. O. de la Provincia, 7-IX-1971).

Conocemos los límites de la diócesis seguntina durante la época visigótica gracias a la llamada Hitación de Wamba, que los determina así: *Segontia teneat de Corte usque ad Furcam; de Godol usque Pinnam*. Es decir — interpreta Minguella — desde Santa María de Corte, a dos leguas de Zorita, en el terreno de Illana, a la izquierda del Tajo, hasta el Cerro de la Horca, próximo a Galve; y desde Godos, en la provincia de Teruel, arciprestazgo de Segura, hasta la Peña de Alcázar, provincia de Soria, próximo a Deza.

Posesionado de Sigüenza en 1124 D. Bernardo de Agén, enseguida trató de organizar la diócesis, aún no liberada totalmente de los musulmanes. Desde el primer momento, sin que jamás se dudara, fue incluida en la provincia eclesiástica de Toledo, de la que en todo momento fue devota sufragánea. En 1127 Alfonso VII el emperador donó a Sigüenza la ciudad de Soria, ciudad no adjudicada desde su liberación por Alfonso I el Batallador a obispado alguno y sometida a la jurisdicción de la capellanía del rey castellano, ejercida precisamente por D. Bernardo de Agén. En 1135 don García, obispo de Zaragoza, cede al seguntino Calatayud con todos sus términos a cambio de Daroca y sus términos.

Al año siguiente, en el concilio de Burgos, presidido por el cardenal Guido, legado del papa, se hizo nuevo arreglo, segregando de Sigüenza, Calatayud para Tarazona, y Soria para Osma, compensando al seguntino con los términos de Ayllón, Caracena, Berlanga y otras parroquias, cuya posesión le costó serios pleitos y disgustos. Nuevo acuerdo entre Osma y Sigüenza tuvo lugar en 1229, completado en 1268, con el traslado de las parroquias de Serón y Monteagudo a la diócesis de Osma. Desde entonces hasta 1955 la diócesis limi-

taba con Osma, Tarazona, Zaragoza, Albarracín, Cuenca, Toledo y Segovia.

Por decreto de la Sagrada Congregación Consistorial de 20-V-1955, se incorporó a la diócesis de Sigüenza el territorio de la de Toledo enmarcado en la provincia civil de Guadalajara (arciprestazgos de Guadalajara, Brihuega, Pastrana y Tamajón), así como el que la diócesis de Cuenca (arciprestazgo de Sacedón) tenía dentro de los límites de la misma provincia de Guadalajara. La misma Congregación, el 22-XI-1955, segregaba de la diócesis seguntina todo el territorio que tenía fuera de la provincia de Guadalajara situado en la de Soria (parroquias en los arciprestazgos de Almazán, Ayllón, Baraona, Berlanga de Duero, Maranchón, Medinaceli, Retortillo y Ariza) y en la de Segovia (parroquias en los arciprestazgos de Sorbe y Ayllón). De esta forma los límites de la diócesis pasaron a ser los mismos que los de la provincia civil de Guadalajara. Tiene comunes con la diócesis de Segovia, 38 kilómetros; con Osma, 130; con Tarazona, 50; con Teruel, 85; con Cuenca, 201, y con Madrid, 185, que hacen un perímetro de 689 kilómetros.

5. Episcopologio. *Protógenes*, 589, suscribe el III Conc. Toledano; 23-X-610 preside el Conc. Prov. de Toledo. *Ildisclo* o *Hildisclo*, 5-XII-633 suscribe el IV Conc. Toledano, 30-VI-636 suscribe el V, y 9-I-638 el VI. *Widerico*, 18-X-644 suscribe el VI Conc. Toledano, 16-XII-653 suscribe el VIII; 655 concurre a otro Concilio prov, en Toledo; 10-XII-656 suscribe el X Conc. Toledano. *Egica*, 7-XI-675, suscribe el XI Conc. Toledano. *Ella*, 9-I-681 suscribe el XII Conc. Toledano; 683 suscribe el XIII, y en 684 el XIV. *Gunderico*, 11-XI-688 suscribe el XV Conc. Toledano, IV-693 suscribe el XVI. *Sisemundo*, 851, según testimonio de san Eulogio al ob. de Pamplona. *Bernardo de Agén*, cons. en 1121, 22-I-1124 conquistó a los moros la ciudad y castillo de Sigüenza, comenzó la catedral, e instituyó el cabildo de canónigos regulares en sustitución de los seculares primeramente establecidos; Alfonso VII le otorga el señorío de Sigüenza, † 14-I-1152. *Pedro de Leucata*, fecha de su primer doc. 18-X-1152, † 20-V-1156. *Cerebruno*, 1156-1166 preceptor de Alfonso VII, 1170 tr. a Toledo. *Joscelmo*, 1168-1178, asistió a la toma de Cuenca en 1177. *Arderico*, 1178-1184, asistió al Conc. Later. III, 1179-1184 tr. a Palencia. *Gonzalo I*, 1184. *Martín López de la Pisuerga*, 1186, 1191 tr. a Toledo. *San Martín de Finojosa* OCist., abad de Santa María de Huerta, 1186, c. 1193 renunció, † 9-X-1221. *Lope*, 7-XII-1221, † 6-XII-1237. *Fernando I*, 1238, pos. 20-VI-1239, † 1250. *Pedro II*, pr. 20-II-1251. *Pedro Martín Xaraba*, † 2-VIII-1258. *Andrés*, 1265-1267. *Lope II Díaz de Haro*, 1269, † 2-V-1271. *Gonzalo Pérez*, 7-VII-1271. *Martín Gómez*, 20-V-1275-1277. *Gonzalo*, c. 1286. *García Martínez*, pr. 29-IX-1288. *Juan*, pr. 3-VI-1300. *Simón Girón de Cisneros*, 1301-1326, convierte el cabildo de regular en secular. *Arnaldo*, pr. 17-XI-1326, 1328. *Alfonso Pérez de Zamora* OP, pr. 23-I-1329. *Pedro*, c. 1335. *Blasco*, 1340-1341. *Gonzalo de Aguilar*, ob. de Cuenca, pr. 18-VII-1342, 14-VIII-1348 tr. a Compostela. *Pedro Gómez Barroso*, pr. 14-VIII-1348, 25-VIII-1358 tr. a Coimbra. *Juan Lucronio*, ob. de Jaén, 5-X-1358, 18-VI-1361 tr. a Burgos. *Juan*, pr. 18-VI-1361. *Juan García Manrique*, ob. de Orense, pr. 5-X-1375, 20-X-1381 tr. a Burgos. *Juan de Castromocho*, ob. de Jaén, pr. 20-X-1381, 29-X-1382 tr. a Palencia. *Lope Rodrigo de Villalobos*, pr. 29-X-1382, † 21-VI-1386. *Guillermo García Manrique*, pr. 15-VII-1388, 22-XII-1389 tr. a Oviedo. *Juan de Serrano*, ob. de Segovia, pr. 22-XII-1389, † 24-II-1402. *Juan de Illescas*, ob. de Zamora, pr. 30-VII-1403, † 13-XI-1415. *Juan González Grajal*, el. por el cabildo 6-XII-1415, † 14-XI-1416. *Alfonso de Argüello* OP, ob. de Palencia, pr. 7-VI-1417, 7-VI-1419 tr. a Zaragoza.

Pedro de Fonseca, card., en adm., 6-VI-1419, † 1422. *Alfonso Carrillo*, ob. de Osma, pr. 17-IX-1422, 10-VIII-1446 tr. a Toledo. *Gonzalo de Sta. María*, ob. de Plasencia, pr. 10-VIII-1446, † 17-XII-1448. *Fernando de Luján*, pr. 17-III-1449, † 1465. *Juan de Mella*, ob. de Zamora, pr. 20-V-1465, † 13-X-1467. *Pedro González de Mendoza*, ob. de Calahorra, pr. 30-X-1467, 13-XI-1482 tr. a Toledo. *Bernardino López de Carvajal*, card., ob. de Cartagena, pr. 20-II-1495, pos. 25-III-1495, 1519 ren. *Federico de Portugal*, ob. de Segovia, pr. 20-VI-1519, 23-II-1532 tr. a Zaragoza. *García de Loaysa OP*, card., ob. de Osma, pr. 23-II-1532, 21-V-1539 tr. a Sevilla. *Fernando de Valdés*, ob. de León, pr. 29-X-1539, pos. 17-I-1540, 27-VIII-1546 tr. a Sevilla. *Fernando Niño de Guevara*, arzob. de Granada, pr. 8-X-1546, pos. 11-XI-1546, † 16-IX-1552. *Pedro Pacheco*, ob. de Jaén, pr. 30-IV-1554, pos. 1-XI-1554, † 5-III-1560. *Francisco Manrique de Lara*, ob. de Salamanca, pr. 26-VI-1560, pos. 5-VIII-1560, † 11-XI-1560, asistió al Conc. de Trento. *Pedro de la Gasca*, ob. de Palencia, pr. 2-VI-1561, pos. 11-VIII-1561, † 20-XI-1567. *Diego de Espinosa*, card., pr. 5-VII-1568, pos. 1-IX-1568, † 5-IX-1572. *Juan Manuel*, ob. de Zamora, pr. 4-VI-1574, pos. 20-VIII-1574, 30-I-1579 renunció. *Lorenzo de Figueroa y Córdoba OP*, pr. 26-VI-1579, pos. 25-I-1580, † 20-I-1605. *Mateo de Burgos OFM*, ob. de Pamplona, pr. 16-I-1606, pos. 12-VI-1606, † 24-I-1611. *Antonio Venegas de Figueroa*, ob. de Pamplona, pr. 10-X-1611, pos. 21-II-1612, † 6-X-1614. *Sancho Dávila y Toledo*, ob. de Jaén, pr. 20-VII-1615, pos. 12-XII-1615, 11-VIII-1622 tr. a Plasencia. *Francisco de Mendoza*, 8-VII-1622, † 1-III-1623. *Pedro González de Mendoza OFM*, ob. de Zaragoza, pr. 2-X-1623, pos. 13-XII-1623, † 23-VII-1639. *Fernando de Andrade y Sotomayor*, ob. de Burgos, pr. 10-IX-1640, pos. 28-XI-1640, 20-III-1645 tr. a Compostela. *Pedro de Tapia OP*, ob. de Segovia, pr. 24-IV-1645, pos. 27-VI-1645, 23-VIII-1649 tr. a Córdoba. *Bartolomé Santos de Risoba*, ob. de León, pr. 9-XII-1649, pos. 19-III-1650, † 8-II-1657. *Antonio de Luna y Sarmiento*, ob. de Coria, pr. 9-VII-1657, pos. 18-IX-1657, † 28-VII-1661. *Andrés Bravo de Salamanca*, ob. de Cartagena, pr. 13-III-1662, pos. 30-VI-1662, † 28-VIII-1668. *Frutos Bernardo Patón de Ayala*, ob. de Coria, pr. 4-II-1669, pos. 28-V-1669, † 28-XI-1671. *Pedro de Godoy OP*. ob. de Osma, pr. 16-V-1672, pos. 22-VII-1672, † 25-I-1677. *Tomás Carbonel OP*, pr. 12-VII-1677, pos. 27-VIII-1677, † 5-IV-1692. *Juan Grande Santos de San Pedro*, ob. de Pamplona, pr. 15-X-1692, pos. 9-XII-1692, † 14-IX-1697. *Francisco Alvarez Quiñones*, arz. de Messina, pr. 15-IX-1698, pos. 17-XI-1698, † 22-IX-1710. *Francisco Rodríguez de Mendarozqueta y Zárate*, pr. 16-IV-1714, pos. 25-VI-1714, † 26-II-1722. *Juan de Herrera*, pr. 7-X-1722, pos. 22-XI-1722, † 8-VI-1726. *José García OFM*, pr. 9-XII-1726, pos. 31-I-1727, † 9-X-1749. *Francisco Díaz Santos y Bullón*, ob. de Barcelona, pr. 25-V-1750, pos. 28-VI-1750, 17-VII-1761 tr. a Burgos. *José Patricio de la Cuesta y Velarde*, ob. de Ceuta, pr. 17-VIII-1761, pos. 21-IX-1761, † 7-VI-1768. *Francisco Javier Delgado Venegas*, ob. de Canarias, pr. 19-XII-1768, pos. 11-III-1769, 20-V-1776 tr. a Sevilla. *Juan Díaz de la Guerra*, ob. de Mallorca, pr. 23-VI-1777, pos. 27-VIII-1777, † 29-IX-1800. *Pedro Inocencio Vejarano*, pr. 23-II-1801, pos. 9-V-1801, † 13-XII-1818. *Manuel Fraile García*, pr. 29-III-1819, pos. 28-V-1819, † 8-I-1837. *Joaquín Fernández Cortina*, pr. 4-X-1847, pos. 29-II-1848, † 31-V-1854. *Francisco de Paula Benavides y Navarrete*, pr. 21-XII-1857, pos. 17-III-1858, 5-VII-1875 tr. al Patriarcado de las Indias. *Manuel Gómez-Salazar y Lucio-Villegas*, pr. 17-IX-1875, pos. 26-III-1876, 28-II-1879 tr. a Málaga. *Antonio Ochoa y Arenas*, pr. 28-II-1879, pos. 23-VI-1879, † 18-II-1896. *José María Caparrós y López*, pr. 25-VI-1896, pos. 18-VIII-

1896, 8-IX-1896, † 27-I-1897. *Toribio Minguella y Arnedo OESA*, ob. de Puerto Rico, pr. 24-III-1897, pos. 10-VI-1898, 22-VIII-1916 ren. *Eustaquio Nieto y Martín*, pr. 22-VIII-1916, pos. 28-III-1917, † 27-VII-1936 sacrificado por los marxistas. *Luis Alonso Muñoyerro*, pr. 29-III-1944, pos. 15-X-1944, 12-XII-1950 tr. al arzobispado de Sión, vicario General Castrense. *Pablo Gúrpide Beope*, pr. 3-VI-1951, pos. 15-XI-1951, 19-XII-1955 tr. a Bilbao. *Lorenzo Bereciartúa Balerdi*, ob. tit. de Andela, aux. de Zaragoza, pr. 18-XII-1955, 6-VIII-1963 tr. a San Sebastián. *Laureano Castán Lacoma*, pr. 7-II-1964.

BIBL.: V. BELTRÁN DE HEREDIA, *La Facultad de Teología en la Univ. de Sigüenza:* R175, 2(1942)409-69; Bol. Ecl. del Obispado de Sigüenza; J. CATALINA GARCÍA, *Biblioteca de escritores de la prov. de Guadal. y bibliografía de la misma hasta el s. XIX*, Ma. 1899; ID., *La Alcarria en los dos primeros siglos de su reconquista*, Gua. 1887; A. DE FEDERICO, *La Catedral de Sigüenza*, Ma. 1950; ID., *Estadística de la Prov. de Guadalajara*, Ma. 1950; *Estadística del Obispado de Toledo*, To. 1930; «El Henares», núm. extr. conmemorando el VIII cent. de la reconquista de Sigüenza, Sig. 1924; A. JUDERÍAS, *Elogio y nostalgia de Sigüenza*, Ma. 1958; E. JULIÁ MARTÍNEZ, *La Univ. de Sigüenza y su fundador:* R159, 46(1925)142-54, 296-322 y 385-401; 47(1926)140-58; 48(1927)1-27 y 173-98; 49(1928)248-88 y 321-33; F. LAYNA SERRANO, *La arquitectura románica en la prov. de Guadalajara*, Ma. 1935; ID., *Castillos de Guadalajara. Descripción e hist. de los mismos*, Ma. 1933; ID., *Los conventos antiguos de Guadalajara*, Ma. 1943; ID., *Guía monumental de la prov. de Guadalajara*, Gua. 1962; ID., *Historia de Guadal. y sus Mendozas en los ss. XV y XVI*, Ma. 1942; ID., *Historia de la villa condal de Cifuentes*, Ma. 1955; ID., *Hist. de la villa de Atienza*, Ma. 1945; ID., *La Prov. de Guadalajara (descrip. fotogr. de sus comarcas)*, Ma. 1948; T. MINGUELLA ARNEDO, *Hist. de la Dióc. de Sigüenza y sus obispos*, Ma. 1910; I. MONTIEL, *Hist. de la Univ. de Sigüenza*, Maracaibo 1963; J. MORENO, *VIII Centenario de la Reconq. de Sigüenza*, Sig. 1924; *Nomenclator del Obisp. de Sigüenza*, Sig. 1958; M. PÉREZ VILLAMIL, *La Catedral de Sigüenza*, Ma. 1899; J. SÁINZ DE BARANDA y L. CORDAVIAS, *Guía arqueol. y de turismo de la prov. de Guadalajara*, Gua. 1929; G. SÁNCHEZ DONCEL, *La Catedral de Sigüenza*, Ma. 1960; J. DE SIGÜENZA, *Hist. de la Orden de S. Jerónimo*, Ma. 1907; *Sinodales del Obispado de Sigüenza*, Sig. 1948; *Supplementum Seguntinae Dioecesis Codici nonnulla Sanctorum officia continens...*, Seguntiae 1893; ES 8, 118-33; J. M. QUADRADO y V. DE LA FUENTE, *España. Sus monumentos y artes... Castilla la Nueva*, II: *Guadalajara y Cuenca*, Ba. 1886.
G. SÁNCHEZ DONCEL

SIGÜENZA, José de, OSH (Sigüenza [Guadalajara] 1544 † El Escorial 22-V-1606) historiador. Hijo natural de Asensio Martínez, clérigo sochantre de Sigüenza, y de la viuda Francisca de Espinosa. Cuando apenas contaba doce años y sabía ya Gramática, Retórica y principios de Filosofía dando muestras de singular ingenio, movido por su espíritu religioso, decidió consagrarse a Dios en el monasterio del Parral (Segovia), donde un tío suyo era monje. Dada su poca edad no fue admitido en el monasterio y volvió a Sigüenza para proseguir los estudios en aquella Universidad, en cuyos libros figura con el apellido materno Espinosa; con las Letras juntó las Artes, y con la afición a la poesía y música, quizá, el manejo de las armas y los solaces nocturnos. Contaba ya veintiún años y, algo olvidado de sus primeros propósitos, se alistó en el ejército que se disponía para levantar el cerco de Malta, a la que tenía sitiada el turco. Partió para embarcar en Valencia, pero llegó al día siguiente de haber partido la expedición. Así solía decir él que «en un solo día había estado la ventura de ser religioso». Enfermó, y este contratiempo le hizo retornar a su primer deseo de consagrarse a Dios en la milicia monástica. Emprendió la marcha a Castilla y allí, de nuevo al Parral, en donde ahora era recibido con entusiasmo por conocer aquellos monjes las buenas cualidades del candidato.

Enseguida se distinguió por su humildad y deseo de soledad, que le duró hasta la muerte. Profesó el 17-VI-1567, fiesta de la Santísima Trinidad. Bien contra su voluntad, que deseaba esconder sus talentos para no perder la soledad de la celda, fue enviado a completar sus estudios al Colegio de San Lorenzo de El Escorial, siendo uno de los primeros que entraron a poblar aquél Colegio en 1575, cuando se trasladó desde el monasterio de Parraces. Oía atento a los maestros y, a veces, les sustituía en las cátedras. Aumentó, pues, su caudal científico en Teología y Letras humanas, y se hizo admirar desde muy joven por la viveza de ingenio y la gracia persuasiva de su palabra. Subió luego al púlpito y allí ganó las voluntades y aplausos de tal manera, que después de volver al Parral, era llamado de otras partes, y aun desde El Escorial, en ocasiones cuyas circunstancias pedían predicador de nota. Ya en su casa del Parral, lo eligieron (hacia 1584) por prior, y en el cargo se mostró celosísimo de la observancia y de las letras, de manera que, como escribe su biógrafo, «a un mismo tiempo parecía el monasterio Universidad de letras y de virtudes». Aun en lo temporal aprovechó grandemente a la comunidad. La fama de su buen gobierno pronto se extendió por todas partes y le solicitaban otros monasterios para que los rigiese, pero él lo estorbó cuanto pudo por su deseo de completo retiro. Guiado por su modestia, pensó que en las regias grandezas de El Escorial podría pasar desapercibido y al cubierto de aquellos requerimientos, pues conocía la voluntad de Felipe II de que los monjes que allí iban a vivir, perseverasen sin mudanza. Sin embargo, se equivocó el humilde monje, porque precisamente en aquel monasterio le aguardaban los más altos honores y los cargos más activos. Se trasladó, pues, a El Escorial, y allí, a ruegos del rey, hizo segunda profesión, según costumbre de la Orden, el 4-V-1590. Enseguida cayeron sobre sus hombros muchas y pesadas obligaciones: cátedra de Escritura, arreglo de la biblioteca, en la que ayudó a Arias Montano, de quien fue discípulo más aventajado, idea y dirección de sus pinturas, guarda de las reliquias, viajes, predicación frecuente, la *Historia de la Orden* y las demás tareas que su misma laboriosidad y lo vario de sus aficiones suscitaron. Pero ni su reputación como gran orador y maestro, ni su santidad, ni siquiera el notorio favor de Felipe II libraron a fray José de ser denunciado al Santo Oficio de Toledo. Ciertos celos y envidias de claustro, no sin la base de algunas frases poco cautas proferidas en conversaciones y sermones, fueron motivo para tenerlo desterrado y recluido en el monasterio de la Sisla (Toledo), mientras se le instruía el proceso, en el que, por fin, fue declarado inocente en el mes de mayo de 1592. Vuelto a su monasterio, se ocupó de nuevo en la biblioteca, donde desarrolló una extraordinaria actividad. En 1594 se le encomienda la historia de la Orden, que tanto le ha inmortalizado al colocarle entre los primeros estilistas del Siglo de Oro de la literatura española. Por fin, la autoridad, alcanzada por sus méritos, el favor de Felipe II y la voluntad de los monjes de El Escorial, elevaron al padre Sigüenza al priorato de San Lorenzo, en abril de 1603. Pero otra vez su modestia y su mayor apego a los ejercicios de piedad y de las letras, le hicieron rehusar el cargo y, así, estando presidiendo un Capítulo privado en julio de 1604, presentó la renuncia. Por disposición real preside el Capítulo general de abril de 1606 y en él es nombrado por segunda vez prior, cargo que apenas pudo estrenar, pues falleció en mayo de ese mismo año.

Imposible estudiar aquí la rica y polifacética personalidad de fray José de Sigüenza, pues habría que compararle con los historiadores de la época, con los escrituristas, con los teólogos, con los prosistas y poetas del Siglo de Oro, con los críticos de arte, etcétera. Con razón decía de él Felipe II a ciertos ministros de su Corte, que lo definían unos, como sabio, y otros, como virtuoso: «Decid lo que no es Fray José y lo que no sabe, y acabaréis más presto.» En otra ocasión oyósele decir al mismo rey: «Que los que venían a ver aquella maravilla del mundo, no veían lo principal que había en ella, si no veían a fray José de Sigüenza: y que según lo que merecía, duraría su fama más que el mismo edificio, aunque tenía tantas circunstancias de perpetuidad y firmeza».

OBRAS: *Vida de San Gerónimo Doctor de la Santa Iglesia*, Ma. 1595, edic. Ma. 1629 y 1853, Lo. 1907; *Historia de la Orden de San Gerónimo*, Ma. 1600-1605: NBAE 8 y 12, Ma. 1907-1909; *Historia del Rey de los reyes*, publicada por el P. Luis Villaba: R75, 85-95(1911-1913) suplementos; *Instrucción de Maestros y escuela de novicios. Arte de perfección religiosa y monástica*, Ma. 1712, 2.ª edic. aumentada, 2 vols., Ma. 179?; *Poesías*, publicadas algunas por SANTOS (cf. Bibl.), 715-722 y CATALINA GARCÍA, XIX-XXII; *Parecer sobre la lectión del breviario de Clemente VIII sobre la venida de Santiago a España*, publicado por G. Sabau: R75, 173(1960)638-641; otras obras inéditas, en CATALINA GARCÍA (cf. Bibl.), p. XXIII-XXXV.

BIBL.: F. DE LOS SANTOS, *Quarta parte de la H. de la O. de S. Jerónimo*, Ma. 1680, 78-82, 694-722; J. CATALINA GARCÍA, *Biblioteca de escritores de la provincia de Guadalajara y bibliografía de la misma hasta el siglo XIX*, Ma. 1899, 494-503; ID.,, *Elogio del P. Fray José de Sigüenza*, introducción a la *Historia de la Orden de San Jerónimo*, I, Ma. 1907; L. VILLALBA, *El P. José de Sigüenza. Estudio crítico de su vida literaria y escritos*, primer tomo de *La Historia del Rey de los reyes, del padre José de Sigüenza*, El Escorial 1916; R. GONZÁLEZ, *El Padre Sigüenza considerado como poeta*: R75, 119(1919)89-103; J. ZARCO CUEVAS, *El proceso inquisitorial del Padre José de Sigüenza*: R155, 1(1928)38-59; J. PAJARES, *El P. Sigüenza, comentarista de Santo Tomás*: R75, 152(1936)325-343; M. GONZAGA MENGER, *Fray José de Sigüenza poeta e historiador*, México 1944; G. SABAU, *Un texto desconocido del Padre Sigüenza*: R75, 173(1960)638-641; C. BARBERÁN, *El Padre Sigüenza como crítico de arte de las pinturas del Monasterio de El Escorial*: R75, 177(1964)86-99; M. MENÉNDEZ PELAYO, *H. de las Ideas estéticas en España*, II, San. 1940, 423-424; M. DE UNAMUNO, *Andanzas y visiones españolas*, Ma. 1940, 10-11, 41-46, 173-178; G. DE ANDRÉS, *Proceso inquisitorial del padre Sigüenza*, Ma. 1975. I. DE MADRID

SIGÜENZA Y LUNA, Rodrigo de, OH (Utiel [Valencia] 1508 † Granada 20-III-1586) organizador de la institución de Hermanos fundada por san Juan de Dios en Granada. Sirvió al emperador en los tercios españoles con el grado de alférez: estuvo presente en el socorro de Viena contra los turcos (1532), en la coronación de Carlos V en Bolonia (24-II-1530) y en multitud de acciones de guerra en Hungría y otros países de Europa, por espacio de veinticinco años. Dejado el servicio de las armas, vistió el hábito de los Hermanos de Juan de Dios en el hospital de Granada (1555), y fue nombrado Hermano Mayor (1567). En la guerra de las Alpujarras (1568-1570) asistió, con otros dos hermanos, a los heridos y enfermos. Don Juan de Austria admiró su caridad y llevó consigo a varios de los hermanos a la batalla de Lepanto. La institución de Hermanos de Juan de Dios constaba a la sazón de los hospitales de Granada, Madrid, Lucena y Córdoba, pero carecían de conexión y organización regular, estando bajo la dependencia de los ordinarios del lugar, y con sujeción a la voluntad de los fundadores. A raíz de la bula *Lubricum vitae genus*, 17-XI-1568, que imponía a esta clase de instituciones piadosas el profesar una regla, Rodrigo de Sigüenza envió a Roma a los Hermanos Sebastián Arias y Pedro Soriano, del hospital de Granada, con cartas de recomendación del arzobispo Pedro Guerrero, del rey Felipe II, de D. Juan de Austria, etc., para el Santo Padre a fin de alcanzar el reconocimiento de los Hermanos como institución religiosa, a semejanza de las demás Ordenes, especificando el fin de la hospitalidad. Despachó benignamente el Santo Padre Pío V la súplica de Rodrigo de Sigüenza, extendiendo a su favor la bula *Licet ex debito*, 1-I-1571, que pone a los hermanos bajo la Regla de San Agustín, les concede vestir escapulario sobre la túnica, tener un hermano sacerdote, y facultad de pedir limosnas para el sustento de los pobres, bajo la jurisdicción de los Ordinarios del lugar. En virtud de esta bula los Hermanos comenzaron a vestir hábito propio e hicieron su profesión en manos de los respectivos obispos. Otras gracias alcanzó Rodrigo de Sigüenza, de san Pío V, Gregorio XIII y Sixto V, extensivas a todos los hospitales que se fundaren a semejanza del hospital de Juan de Dios, de Granada. Recibió, como Hermano Mayor, la profesión y obediencia de los grupos de Hermanos y hospitales dirigidos y fundados por Pedro Pecador, ermitaño de Ronda (1572) y del beato Juan Grande, en Jerez de la Frontera (1579). Aunque no vio promulgada la bula *Etsi pro debito*, 1-X-1586, de Sixto V que erige a los Hermanos en perfecta Religión con facultad de celebrar Capítulo General, elegir General y redactar Constituciones, a Rodrigo de Sigüenza se deben las diligencias para conseguirlo, considerado por la misma razón como organizador de la Orden de Hermanos Hospitalarios de Juan de Dios.

BIBL.: M96, I; N89; N86; N90.   O. MARCOS

SILVA, Alonso de, OCist (Alcázar de San Juan [Ciudad Real] ss. XVII y XVIII) abad y escritor. Monje del monasterio de la Santa Espina y abad del colegio de Salamanca, y general (1704-1707).
OBRAS: *Sermones varios*, Ma. 1697; *Discursos sobre el libro primero de los Reyes*, I, Ma. 1708, y II, Va.1712; *Tardes de Cuaresma*, Sa. 1702; *Exhortaciones Políticas y Morales sobre la Regla de S. Benito*, Sa. 1699, 1700; *Oración panegírica de S. Benito*, Sa. 1701.
BIBL.: M98, 319-321.   P. GUERIN

SILVA, Beatriz de, (Ceuta 1425 † Toledo 17-VIII-1491) beata y fundadora de la Orden de la Inmaculada Concepción o franciscanas concepcionistas. Fueron sus padres los portugueses Rui Gómez de Silva e Isabel de Meneses. A los diez años, aproximadamente, fue destinado su padre a Campo Mayor (Portugal) de alcaide de la ciudad, donde fue echando la niña los cimientos de su personalidad. En esta ciudad había convento de franciscanos que dirigían la vida espiritual de todos los suyos y bajo sus enseñanzas se acentuaron su piedad sincera y el culto a la Inmaculada y al Santísimo Sacramento. El sello de sus primeros años definirán el resto de su vida. En 1447 pasa a la Corte castellana como dama de honor de la princesa Isabel, que iba a contraer nupcias con el rey don Juan II. El recorrido fue por las ciudades de Guadalupe, Escalona, Cebreros, Avila y Madrigal de las Altas Torres hasta alcanzar Tordesillas. Su vida va floreciendo en virtudes, pero también en espléndida belleza, que atrae las miradas de los caballeros y las envidias de la reina, la cual, deseando librarse de una competidora, decidió eliminar a Beatriz. Con hábil maña, fingiendo querer mostrarle el palacio y sus secretos, llevó a la joven a un sótano y, al enseñarle un raro cofre, de un empujón la encerró en él, creyendo así que su crimen quedaría oculto. La ausencia de Beatriz sembró la inquietud entre sus familiares y amigos; y cuando éstos indagaron y preguntaron, la reina les llevó hasta el supuesto sepulcro. Al abrirlo, apareció Beatriz más bella que nunca. En su encierro se había encomendado a la Virgen y le había prometido consagrale su vida. Al parecer, la Virgen se le apareció y le sugirió la idea de una futura fundación, que daría a la Virgen mucha honra en el mundo. Por ello, poco después, abandonaba la Corte

y desandando el camino dirigióse hacia Toledo. En el trayecto se le acercaron unos mensajeros, que ella tomó por enviados de la reina para anunciarle su muerte. Pero éstos le dijeron que no tuviera miedo y que un día sería madre de muchos hijos. Al desaparecer éstos tan inesperadamente como habían venido, creyó, no sin fundamento, que eran san Francisco y san Antonio, pues vestían como sus hijos. Y así confortada continuó su camino hasta quedarse en Santo Domingo el Real como posadera, con la asistencia de dos criadas, que no quisieron abandonarla. Aquí su vida se distingue por los ejercicios de penitencia. Para evitar nuevos choques y envidias hizo promesa de velar su rostro. No obligada a vida de comunidad, la siguió puntualmente. Su «oración era continua y en ella recibió particulares favores, tanto de nuestro Señor como de la Virgen. Su devoción a la Eucaristía avívole el deseo de inmolación y junto al Hijo aprendió más y mejor el amor y culto a la Inmaculada. En agradecimiento a las religiosas, labró —con sus ahorros— ricamente claustras y el capítulo, donde están sus armas y divisa». Pero aquella vida que buscaba el retiro y alejamiento de las criaturas, irradió en todos los sentidos: sobre la ciudad, a la que llegó su caridad y beneficencia; sobre los religiosos; y más tarde sobre la propia Corte, donde la hija de la reina, la princesa Isabel, le había de visitar varias veces. Algunos creen que Isabel la Católica quiso reparar con su predilección la conducta de su madre y que por eso favoreció siempre los proyectos de Beatriz

Atraidos por sus virtudes, pasaron por Santo Domingo el Real fray Hernando de Talavera, el cardenal Mendoza y, naturalmente, la reina Isabel en la temporada que vivió en Toledo, desde fines del 1476 hasta la primavera de 1477. Los propósitos fundacionales de Beatriz fueron cuajando poco a poco en sus charlas con la reina, con los citados jerarcas y, sobre todo, con el padre Juan de Tolosa, «de quien fue ayudada en obras y consejos». Poseía la reina en la ciudad unos palacios que llaman de Galiana, e Isabel los cedió para la obra de Beatriz. Esta abandonó Santo Domingo el Real y se pasó a su nueva residencia, donde, hechas las convenientes adaptaciones, pudo inaugurar la nueva forma de vida en compañía de su sobrina Felipa y de 11 mujeres, todas de poca edad, que con ella convivían haciendo vida de perfección sin pertenecer a ningún instituto religioso. Disponían también de una capilla o antigua iglesia del siglo XI, dedicada a santa Fe, virgen y mártir de Agen (Francia). Bajo la dirección e impulso del padre Tolosa «la sierva de Dios compuso un reglamento y regla de vida y constituciones que debían observar». Todo esto ocurrió hacia 1484. A tenor de ese reglamento la nueva familia alternaba sus horas entre la oración y el trabajo. Pero le faltaba el carácter que la distinguiera y, al insistir ante el citado religioso sobre la indeclinable obligación de fundar una nueva Orden «que festejase la Concepción sin mancha de María» y no queriendo copiar las existentes, redactó una nueva regla, que remitió a Roma para su aprobación en 1488. La petición fue avalada y firmada por la reina, y la respuesta fue precisa: «La abadesa y monjas mencionadas deben traer hábito y escapulario blanco y manto de color celeste, y sobre el manto y escapulario traigan fija la imagen de la Virgen María, y se ciñan con un cordón de cáñamo, al modo de los frailes franciscanos», según decía la Bula *Inter universa*, de Inocencio VIII, de 30-IV-1489. Y todo, enmarcado en el ámbito religioso del Císter. Esta bula original va acompañada de curiosos sucesos, porque el barco naufragó, pero la bula apareció milagrosamente en Toledo en el escritorio de Beatriz. Sometida a examen, pudo verificarse que era la original. Entonces intervino el obispo de Guadix, fray García Quijada OFM, quien la recogió y examinó. A partir de entonces Quijada cuidará y atenderá a la nueva fundación por mandato del cardenal González de Mendoza. Recibida la bula tres meses después de su redacción, fue promulgada en Toledo en 16-II-1491. Al imponer la regla del Císter, aunque con estatutos propios, discutió con Isabel el problema de la sujeción al obispo propio o a la Orden franciscana. Pero ya Beatriz no había de ver la culminación de sus afanes, porque, en el mismo día de la promulgación, la Virgen María le habló clara y terminante: «Hija, de hoy en diez días has de ir conmigo, que no es nuestra voluntad que goces acá en la tierra desto que deseas». Por ello, poniéndose en manos de Dios, se preparó para vestir el hábito y disponerse a partir, confortada con la ayuda del confesor. Enfermó gravemente y antes de morir, rodeada de sus hermanas, «presentes seis franciscanos, le dieron el hábito de la Concepción y el velo», profesando en manos del obispo Quijada. Era el octavo día de san Lorenzo Mártir. En su recuerdo se celebró desde entonces una gran fiesta en ese día.

El nuevo instituto tuvo pronto serios y graves problemas. Los dominicos, recordando su estancia en Santo Domingo, querían llevarse el cuerpo, y lo mismo las compañeras de la fundadora. Entonces intervino una vez más el padre Tolosa para apaciguar los ánimos y defender los derechos de las monjas, que desde entonces empezaron a llamarse del «monasterio de la santa Concepción de Nuestra Señora». Pasados ocho días, vistieron las aspirantes el hábito y velos, conforme a la bula de Inocencio VIII. La consolidación de la obra será trabajo de sor Felipa bajo el cuidado del padre Tolosa. La nueva comunidad quedará constituida por las siguientes hermanas: Felipa de Silva, abadesa; Salvagina de Mar, Cecilia López, Eufrasia de Meneses, Elvira Páez, Magdalena de Villegas, Constancia de Padilla, Francisca de Santudde, Catalina de Hervás, María de Contreras, Teresa de Toledo, Isabel de Sosa, María de Tolosa, Juana Díaz de Toledo, Ana de Toledo y Teresa Páez

Con ocasión de la reforma de los institutos religiosos que promovió la reina Católica, recurrió ésta una vez más a Roma y consiguió otras dos bulas de Alejandro VI en favor de la nueva fundación. Por la primera obtenía para las concepcionistas que éstas recibiesen la regla de santa Clara; y por la segunda, que se fusionasen con ellas las benedictinas de San Pedro de las Dueñas, hecho que tuvo lugar en 1-XI-1494. Esto, sin embargo, fue motivo de nuevas divisiones, que sólo se superaron con la intervención del cardenal Cisneros, quien logró vencer la resistencia de parte de algunas benedictinas para aceptar lo dispuesto por Roma sobre fusión de comunidades y rentas. Esta situación se prolongó por dos años. Por fin, en 1496 se lograba la paz y, a partir de entonces, comenzaron a recibir novicias. En 1500 una nueva decisión del cardenal Cisneros hizo que los frailes de San Francisco dejasen su convento viejo y se trasladasen a San Juan de los Reyes. Entonces las concepcionistas pasaron al primero con sus rentas y pías obras. De este modo empezó a caminar sobre seguro la obra de Beatriz de Silva.

Como los prodigios se sucedieron después de su muerte y ésta gozó en todo momento de fama de santidad, pronto se inició el proceso de beatificación, que se abrió en 1636. Pero se interrumpió. En 1912 fue reanudado por el cardenal Aguirre y se dio por concluso en 29-IV-1916. Se aprobó el culto como beata el 27-VII-1926. En 1949 se iniciaron los trabajos para conseguir la canonización y en el verano de 1975 quedó todo felizmente terminado. No se ha fijado aún la fecha a causa de la muerte del cardenal ponente en septiembre de 1975. Pero se espera que la canonización tenga lugar en el próximo año de 1976.

BIBL.: P. DE ALCOCER, *Historia de la ciudad de Toledo*, To. 1554; P. DE SALAZAR, *Crónica de la provincia de Castilla*, Ma. 1612; A. DE HERRERA, *Vida de la Venerable virgen Doña Beatriz de Silva*, s.l. 1647; E. GUTIÉRREZ, *Beata Beatriz de Silva y origen de la Orden de la Purísima Concepción*, Va. 1967; *Sacra Congregatio pro causis Sanctorum (Toletana) Canonizationis Beatae Beatricis de Silva, Fundatricis monialium franciscalium a Sanctissima Conceptione (c. 1492). Positio super vita et virtutibus ex officio concinnata*, Ro. 1970.   A. ABAD

SILVA, Juan de, OFM (primera mitad s. XVI † después de 1634) canonista y misionólogo. Se distinguió primero como soldado del rey, a quien sirvió en 1565 en el cerco de Malta y, seguidamente, en la persecución de la armada turca bajo las órdenes de García de Toledo; en Flandes, con el duque de Alba, y en la Armada Invencible, con el duque de Medina Sidonia. Ya franciscano, trabajó como misionero durante más de veinte años en Nueva España y Florida, lugar este último al que fue enviado en 1595 por Felipe II en misión especial y como comisario de una expedición misionera de 12 franciscanos. El resto de su vida transcurrió en España, probablemente en Madrid.

OBRAS: Desde el convento de San Francisco el Grande dirigió a Felipe III y Felipe IV, a lo largo de los años 1619 a 1634, ocho *Memoriales*, como mínimo, referentes a la evangelización de las Tierras Australes. En ellos, todos impresos y, en conjunto, de una extensión considerable, se acredita de consumado misionólogo al exponer y reiterar uno de los planes más grandiosos conocidos hasta el presente sobre el método de evangelización pacífica, sistema preconizado por él como el único medio de obtener la perfecta cristianización de las islas del Mar del Sur. Desde el punto de vista jurídico entraña especial importancia el tercero de los memoriales elaborados en 1621, por abordarse en él la cuestión de los derechos de España a la conquista y posesión de América y la del Regio Vicariato indiano.

BIBL.: O119, 277, 291; C. KELLY, *Australia Franciscana*, I, Ma. 1963; O132, II, 220; A1, I, 779; O134, III, 134; J. M. BERISTAIN DE SOUZA, *Biblioteca Hispanoamericana Septentrional*, 3 ed., II, México, s.a., 356-59; R. STREIT, *Bibliotheca Missionum*, II, Aachen 1924, 430; M. GEIGER, *Biographical dictionary of the franciscans in Spanish Florida and Cuba, 1528-1841*, Paterson 1940; A. DE EGAÑA, *La teoría del regio vicariato español en Indias*, Ro. 1958, 99-100; R. GÓMEZ HOYOS, *La Iglesia de América en las Leyes de Indias*, Ma. 1961, 29-30.   P. BORGES

SILVA Y PACHECO, Diego de, OSB (Burgos † Astorga 1677) obispo, teólogo. Fue profesor de Teología en Irache y más tarde en Alcalá y en Salamanca, abad en Burgos y Madrid, y superior general de su Congregación en España. En 1667 fue preconizado obispo de Guadix, de donde fue trasladado a Astorga en 1675.

OBRAS: *In primam partem Sancti Thomae*, 4 vols., Ma. 1663-65; *In librum Genesis*, Ma. 1666; *In primam secundae*, Ma. 1669; *Historia de la imagen de nuestra señora de la Valbanera*, Ma. 1665. Dejó, además, manuscritos: *Curso completo de Filosofía*; *Diversas materias teológicas*, 2 vols.

BIBL.: ES, 16, 303-304; P. RODRÍGUEZ LÓPEZ, *Episc. Astur.*, III, 119-122.   A. QUINTANA

SILVERIO DE SANTA TERESA, OCD (Escóbados de Arriba [Burgos] 8-III-1878 † Mazatlán [Méjico] 10-III-1954) escritor ascético, historiador. Julián Gómez Fernández cursó sus estudios eclesiásticos, en gran parte, en el Seminario de Burgos. Tomó el hábito en Larrea (Vizcaya) el 4-VII-1895. Profesó el 5-VII-1896, con el nombre de Silverio de Santa Teresa. Se ordenó de sacerdote el 27-VII-1902. Perfeccionó sus estudios en la Universidad Gregoriana de Roma y en otras de Alemania e Inglaterra. Regresa a España en 1905 y se hace cargo de la dirección de la revista El Monte Carmelo, en la que comienza su vida de escritor que solo terminará con la muerte. A la vez ocupó los puestos de mayor responsabilidad en la Orden: provincial de Burgos (1933), definidor general (1937), vicario general (1946) y, finalmente, general (1947). Era miembro de diversas Academias y poseía numerosas condecoraciones nacionales y extranjeras.

OBRAS: *El precepto del amor*, Bu. 1913; *Biblioteca Mística Carmelitana*, 20 vols., 1915-1933; *Cántico Espiritual y Poesías de San Juan de la Cruz según el códice de Sanlúcar de Barrameda*, edición fototipográfica, Bu. 1928; *Historia del Carmen Descalzo en España, Portugal y América*, 15 vols., Bu. 1935-1951; *Vida de Don Pedro Poveda Castroverde, fundador de la Institución Teresiana*, Ma. 1942; *La Carmelita perfecta*, 3 vols., Bur. 1948.

BIBL.: *Zelo zelatus sum*, Ro. 1952; V. DE LA CRUZ, *Fray Silverio de Santa Teresa. Su vida, su obra y su gobierno*, Bu. 1962; *Al R. P. Silverio de Santa Teresa en el X Aniversario de su muerte*: R134, 72(1964)1-622.

A. DE LA V. DEL CARMEN

SIMANCAS, *(Septempublicensis)* diócesis desaparecida. El obispado de Simancas del que hablaron Flórez (ES 16, 160 y 316), Risco (ES 34, 245, 283 y 466), Rodríguez López y Sánchez Albornoz, ha de someterse a una nueva revisión, según los últimos estudios de A. Quintana. El documento, que dio base a Sánchez Albornoz para la existencia del obispado de Simancas entre los años 953 al 974, está también falsificado según Quintana. Si esto se llegara a comprobar fundadamente, sería muy difícil sostener la existencia del antiguo obispado de Simancas. La erección del obispado de Simancas debe ser sometida a nueva revisión, porque el documento de Ordoño II en que se apoya no parece ser original y es sospechoso ante las discusiones entabladas entre Astorga y Zamora en el siglo XII por esos territorios.

BIBL.: ES 16, 160, 316, y 34, 245, 283, 466; P. RODRÍGUEZ LÓPEZ, *Episcopologio asturicense*, II, Ma. 1907, 452-55; C. SÁNCHEZ ALBORNOZ, *El obispado de Simancas*: Homenaje a Menéndez Pidal, III, Ma. 1925, 325-344; A. QUINTANA, *El obispado de Astorga en los siglos IX y X*, Ast. 1968, 13-14.

D. MANSILLA

SIMANCAS, Diego de, (Córdoba † 1583) obispo y canonista. Estudió Derecho en Salamanca. Enseñó en la Universidad de Valladolid. Fue consultor de la Inquisición y obispo de Ciudad Rodrigo (1565-1569), de Badajoz (1569-1579) y de Zamora (1579-1583). Estuvo en Roma con motivo del proceso de Carranza, en el que tomó parte.

OBRAS: *Institutiones catholicae quibus tractatur quidquid ad praecavendas haereses necessarium est*, Va. 1552, Alc. 1569, Ro. 1575, publicado también en *Tractatus utriusque iuris*, VI-2, 119 ss.; *Enchiridion iudicum violatae religionis sive praxis haereseon*, Ve. 1568; 2.ª ed. Ve. 1573 (en esta edición aparece impresa también *Annotationes in Zanchini librum de hoereticis cum additamentis Camilli Campegü); De dignitate episcoporum summarium*, Ve. 1568; *De episcopis iurisperitis*, Amb. 1574; *Defensio statuti*, Amb. 1575.

BIBL.: A1, I, 316-17; J. DE REZÁBAL Y UGARTE, *Biblioteca de los escritores que han sido individuos de los seis colegios mayores...*, Ma. 1805, 343-45; J. F. VON SCHULTE, *Die Geschichte der Quellen und Literatur des canonischen Rechts von Gratian bis auf die Gegenwart*, III, Stu. 1877, Graz 1956, 718. A. GARCÍA Y GARCÍA

SIMANCAS, Pedro de, OSA (Granada † Murcia 1648) teólogo. Tomó el hábito en el convento de Granada, donde profesó. Más tarde fue catedrático de prima de Sagrada Escritura y de Teología en la Universidad de dicha ciudad. En ella obtiene el grado de maestro en Teología. Fue prior del convento de Cádiz (1631-1635) y también de los conventos de Cuenca y Murcia, y vicario provincial de la Mancha (c. 1645). Defensor entusiasta de la Inmaculada, compuso una obra voluminosa sobre Mariología de la que solo se conservan algunos opúsculos. Payo de Ribera, en su discutida obra apologética, presenta al padre Simancas como acérrimo defensor de la opinión de la existencia de un lugar literal en la Sagrada Escritura relativo a la inmunidad de pecado original de la Virgen. El empeño que puso en que fuese definido el dogma de la Inmaculada lo testimonian sus obras dirigidas a Inocencio X y a Felipe IV.

OBRAS: *Locus litteralis pro inmunitate Beatae Virginis Genitricis Dei Mariae a peccato originali et a debito illud contrahendi*, Ma. 1640; *Carta escrita a nuestro Santísimo Padre Inocencio X sobre la definición de fe del artículo de la Inmaculada Concepción de la Virgen María N. S.*, Ma. 1645.

BIBL.: P. DE RIBERA, *Explicatio apologetica nonnullarum propositionum a theologo quodam non dextere notatarum*, Goatemalae 1663, 85-95; P. ALVA Y ASTORGA, *Militiae universalis pro Immaculata Virginis Conceptione*, Lov. 1663, 1.189; M40, 855; A1, II, 268; D1, 27, 270; M39; M55, VII, 539-541; G. DÍAZ, *La escuela agustiniana desde 1520 hasta 1650*: R75, 176(1963)68; A. M. GIACOMINI, *L'Ordine Agostiniano e le devozione alla Madonna*: Sanctus Augustinus vitae spiritualis magister, II, Ro. 1956, 121.

O. UÑA

SIMBOLOS DE LA FE. La Iglesia española cuenta con una rica tradición literaria simbólica. La primera de estas obras, que marca una trayectoria en los escritos nacionales de este género, es el *Libellus fidei* o *De fide nicena tractatus*, de Gregorio de Elvira, escrito que ha de atribuírsele, no obstante las ligeras dudas de algún escritor *(Corpus Christianorum* 69, 269). Lo escribió tal vez para justificar la ortodoxia de los luciferianos (ES 55, 133-34). Le sigue san Dámaso con la *Fides* o *Tomus Damasi*, en donde con 24 anatemas condena los herejes del siglo IV; es de gran interés para la historia de los dogmas. A principios del siglo V Baquiario en su *De fide* hace una profesión de fe claramente antipriscilianista. A mediados de este mismo siglo el obispo Pastor redactó un símbolo contra los priscilianistas *Libellus in modum symboli* utilizando una fórmula que el concilio toledano del 400 había compuesto contra estos mismos herejes. El obispo Valeriano de Calahorra, contemporáneo de Prudencio, nos ha legado también una breve profesión de fe, *Fides Sancti Valeriani*. (Sobre la autenticidad del *Tomus Damasi* cf. GALTICER en Rech. Scienc. Relig., 26(1936) 385-418 y 563-78.)

Parte muy importante de los concilios de Toledo son sus símbolos o profesión de fe. La crítica de nuestros días les dedica especial atención, indicio bien claro del valor de los mismos. De los 17 concilios toledanos, cuyas actas poseemos, sólo tienen símbolo propio el I, III, IV, VI, XI y XVI. Los restantes utilizan el símbolo constantinopolitano. Nadie había negado su autenticidad, porque no hay razones para ello. C. Künstle, sin embargo, fijó el siglo V como fecha más tardía en su redacción, porque todo símbolo, según él, nace a la sombra de una herejía y precisamente para condenarla. Al no encontrar esta herejía en la España del siglo VII, concluye que los concilios de Toledo hicieron suyas estas profesiones de fe, pero su redacción fue hecha en el siglo V contra el priscilianismo (cf. *Antipriscilliana*, Frei. 1905, 58 ss.). Un principio tan general no está confirmado por la historia de los concilios; y, aplicado a los de Toledo, ciertamente es falso. En las actas de nuestros concilios no se habla ni de herejes ni de herejías, ni mucho menos de priscilianismo. El silencio en este caso, tiene un valor decisivo, porque si los Padres hubiesen querido anatematizar una determinada herejía lo hubiesen indicado. Naturalmente que sería ingenuo negar el influjo de ciertas herejías. Pero la influencia es más del arrianismo que del priscilianismo. Tuvieron su origen los símbolos toledanos en una aspiración de los Padres españoles de imitar lo que se hacía en los concilios ecuménicos: anteponer una profesión de fe, base de la samblea, de los cánones y leyes disciplinares. Este caso de los primeros concilios se convirtió luego en costumbre. Determinar por qué unos concilios repiten la fórmula tradicional constantinopolitana y por qué otros la tienen propia no es tan fácil. De las circunstancias históricas y del texto mismo del símbolo podemos conjeturar que el del primer concilio (400) se redactó contra el priscilianismo y el arrianismo (J. A. Aldama, *El símbolo toledano I*, Ro. 1934, 29-37, ed. crit.); el tercero, 589, (PL 84, 345-48) por la circunstancia especial de la conversión del pueblo visigodo; el cuarto, 633, (PL 84, 365) tal vez para condenar definitivamente el error acéfalo ya anatematizado por san Isidoro en el concilio segundo de Sevilla; el sexto, 638, (PL 84, 393-95), explicar cómo el Hijo, que se encarna solo, no rompe la inseparabilidad de personas; el undécimo, 675, (PL 84, 452-57), proponer una fórmula de fe, de tal modo redactada, que fuese clara e instructiva en sí misma; el décimosexto, 693, (PL 84, 531-36), además de un cierto carácter antimonotelita, quería recalcar el nacimiento virginal de Cristo y la necesidad de la Iglesia católica. En cuanto a su contenido todos ellos están concebidos según un esquema único inaugurado por Gregorio de Elvira en su *Libellus fidei*: una parte trinitaria, otra cristológica y una tercera escatológica. Reconocer a estos capítulos dogmáticos una superioridad incontestable sobre toda la Europa cristiana en aquella época en punto a ciencia teológica y nitidez de expresión, como hace De Ghellinck *(Littérature latine au moyen age*, 1, 54) es exacto. Los símbolos españoles no son ciertamente creaciones originales; antes y después de ellos existieron fórmulas similares. Pero en riqueza patrística no tienen rival. La fórmula vetusta que los obispos españoles han incorporado en los símbolos no es una mera reproducción o una transcripción puramente verbal. Estos Padres habían asimilado la tradición y la expresaron en fórmulas y terminología perfectas y felices. En este sentido sí que son originales. Nadie podrá ignorar la admirable seguridad teológica, la claridad y precisión con que se aquilata la doctrina, el dominio del pensamiento en el campo dogmático y el considerable conocimiento de los Padres que campea en estos símbolos. Algunos de ellos — el IV, VI, XI, XVI — no se pueden separar entre sí; forman un todo orgánico en el que uno completa al otro. Y todos ellos hablan altamente de la gran religiosidad de nuestros antepasados.

BIBL.: F. A. GONZÁLEZ, *Collectio Canonum Ecclesiae Hispanae*, Ma. 1808; A. HAHN, *Bibliothek der Symbole und Glaubensregel der Alten Kirchen*, Breslau 1897 (se encuentran todos los concilios toledanos a excepción del XVI); J. MADOZ, *Le symbole du IV concile de Tolède*: R 72', 39(1938)5-20; ID., *El símbolo del sexto concilio de Toledo (a. 638) en su centenario XIII*: R51', 19(1938)161-193; ID., *Le symbole du XI concile de Toledo. Ses sources, sa date, sa valeur*, Lo. 1938; ID., *El símbolo del concilio XVI de Toledo*, Ma. 1946; J. PÉREZ, *La cristología en los símbolos toledanos IV, VI y XI*, Ro. 1939; C. RIERA, *Doctrina de los símbolos toledanos sobre el Espíritu Santo*, Vich 1945; J. MADOZ, *La teología de la Trinidad en los símbolos toledanos*: R 175, 4(1944)457-477.   U. D. DEL VAL

SIMO VILAFRANCA, Francisco Jerónimo, (Valencia 15-XII-1578 † Valencia 25-IV-1612) venerable. Hijo de honrado matrimonio (José, llamado «el justo», carpintero, y Esperanza), se distinguió desde la niñez por la inocencia de su vida. Cursó sus estudios en la Universidad y obtuvo un modesto beneficio en la parroquia de San Andrés Apóstol de la ciudad. A su muerte, fue tal el clamor del pueblo, venerándole por santo, que los padres dominicos y el arzobispo fray Isidoro Aliaga de la misma Orden, estimaron conveniente moderar aquella devoción, lo que suscitó varios y prolongados tumultos contra dichos frailes y prelado. Terciaron en la disputa otras familias religiosas en pro de la devoción y fama del clérigo secular. La causa de beatificación tuvo desde un principio tan buenos apoyos como decididos y tenaces adversarios. Fue inútil y a la postre desgraciada la intervención de Miguel de Molinos como agente de la causa en Roma. La condenación y ruina del hereje quietista puso prácticamente fin al intento de glorificar al sacerdote valenciano, cuyo culto se había extendido por gran parte de la cristiandad, atribuyéndole grandes y numerosos milagros.

La apasionada atmósfera en que se movieron admiradores y adversarios de Simó dificultan grandemente la valoración exacta de la espiritualidad de este personaje.

El proceso valentino de beatificación se ha perdido en la pasada guerra civil. En Roma hemos hallado restos dispersos, no abundantes, pero de gran utilidad, que nos permitirán hilvanar en breve, un capítulo nuevo sobre la piedad barroca en la diócesis de Valencia, calificada por la Sede Apostólica en aquel período como *Sanctorum foecundissima parens*.

BIBL.: J. PORCAR, *Coses envengudes en Ciutat y Regne de Valencia (1589-1629)*, I, Ma. 1935; J. BAU BURGUET, *El esposo de María (el venerable Francisco Jerónimo Simó)*: Flores del Clero Secular, I, Val. 1918, 207-220; P. DUDON, *Le quiétiste espagnol Michel Molinos*, Par. 1921, 11.
          R. ROBRES

SIMON, Pedro. OFM (San Lorenzo de la Parrilla [Cuenca] 1565 † Bogotá después de 1626) misionero. Vistió el hábito en Cartagena (Murcia), vivió en el convento de San Ginés de la Jara, en 1604 se alistó como misionero para el Nuevo Reino de Granada, desde un principio enseñó Artes y Teología en el convento de Santa Fe a religiosos y seglares, en 1608 formó parte de una expedición a los indios pijaos, después se le confió la visita de Venezuela, Puerto Rico y Santo Domingo (1613); al poco tiempo de regresar a Santa Fe, tuvo que desplazarse al Norte del departamento de Antioquía, en 1623 cursó la visita canónica a la provincia franciscana de Quito, siendo elegido ese mismo año ministro de la provincia de Santa Fe.

OBRAS: Por su obra *Noticias historiales de las conquistas de tierra firme* (1623-26) figura como uno de los historiadores clásicos de Venezuela y Colombia.

BIBL.: O122; todas las ediciones de las *Noticias historiales* poseen un prólogo bio-bibliográfico.   P. BORGES

SIMPOSIO, (siglo IV) obispo de Astorga. Ocupó este cargo en los años finales del siglo IV y en los primeros del siguiente. Acérrimo partidario de Prisciliano, siguió con admirable fidelidad todos sus pasos y errores. En 380 asiste al concilio de Zaragoza y acompaña al heresiarca en su viaje a Italia. Al morir éste, en Tréveris, se constituye en el más ferviente paladín de la herejía y acude a Roma con la pretensión de que el papa le escuche. En Milán se entrevista con san Ambrosio que, en bien de la paz, llega a establecer una especie de compromiso en el que, entre otras cosas, se estableció que Dictino, hijo de Simposio, destacado ya entre los seguidores de Prisciliano, nunca sería consagrado obispo. Pero poco más tarde, ante un tumulto del pueblo astorgano, que irrumpe en la mansión episcopal, Simposio cede y consagra obispo a su hijo. En el concilio toledano del año 400, Simposio abjuró sinceramente de sus errores, muriendo algo más tarde, en fecha incierta, en el seno de la Iglesia católica.

BIBL.: ES 6, 90-112; Z. GARCÍA VILLADA, *Historia Eclesiástica de España*, I/2, Ma. 1929, 91-145; A. QUINTANA

PRIETO, *Simposio, obispo de Astorga:* Boletín del Obispado de Astorga, (1946)140-191.   A. QUINTANA

SIMPRONIANO, (siglo IV). Personaje un tanto enigmático, debía ser de alta posición (Paciano, *ep. I*, 1). Era culto y profesaba los principios del novacianismo. Su formación humanista era tan cuidada que le permitió corregir a san Paciano cuando hizo una cita inexacta de Virgilio. Vivía probablemente en las cercanías de Barcelona y sin grandes quehaceres.

OBRAS: Escribía a san Paciano para matar el ocio (san Paciano, *ep. II*, 11). Su primera carta a san Paciano era tan artificiosa que el santo le creyó montanista. A la respuesta del obispo de Barcelona replicó Simproniano con un *Tratado* acompañado de una *carta* en que atacaba la penitencia *(ep. II*, 1). De sus escritos solo conocemos los fragmentos que recogió san Paciano en la controversia.

BIBL.: L. WOHLEB, *Bischof Pacianus von Barcelona und seine Gegner der Novatianer Sympronianus:* R82', 2(1930) 25-35.   U. D. DEL VAL

SINAGOGAS ESPAÑOLAS. La sinagoga medieval, institución básica de las aljamas judías, venía a ser como el centro nervioso de la comunidad, así en lo religioso como en lo cultural y lo político. No solo llenaba el papel de sustituto provisorio del Templo de Jerusalén (de ahí que se le llamase *miqdash me'ath* o santuario en miniatura), sino que confluía, además, en ella la principal institución docente (el *bet ha-midrash* o casa de estudio) y aun la sala de reuniones civiles o judiciales y las varias fundaciones benéficas.

Su edificación empezó pronto en España y aparece documentada como en ningún otro país, sobre todo en los años que median entre finales del XII y la segunda mitad del siglo XIV. De acuerdo con el Talmud, debía ser el edificio más descollante del barrio judío; sin embargo, la Iglesia, ya desde Teodosio II, procuró, celosa, limitar su erección, y la legislación — así eclesiástica como civil — puso trabas a su fábrica, prohibiendo todo alarde de riqueza decorativa y restringiendo sus dimensiones. Así lo dispusieron, v. gr., el papa Alejandro II en 1180, Alfonso X en las Partidas, el Concilio de Zamora de 1313, la bula de Benedicto XIII, etcétera. No extrañará, pues, la habitual apariencia exterior humilde que las sinagogas revisten.

Frecuentemente radican en la parte de la judería más próxima a la muralla (no junto a la catedral como alguno ha escrito), aunque no falten ejemplos en que se yergue en sectores más céntricos de la población, y aun sabemos de casos en que la iglesia cristiana y la sinagoga aparecen contiguas «juntas como dos hermanas que nunca hablan mal una de otra» en frase de *La Verga de Judá*, de Salomón ben Verga.

En cuanto a su arquitectura no presentan un estilo uniforme o peculiar del pueblo judío, sino que suelen reflejar el arte dominante en el país y el momento en que se erigían (musulmán, románico, gótico, etc.).

Sus plantas, ajustadas al terreno, son muy variadas, ya de una nave (casi cuadrada como en Córdoba, o alargada cual El Tránsito); ya de tres y basilical, (como en Segovia y Sevilla, o no basilical como en Bembibre); ya de cinco (cual en la Blanca de Toledo). Suelen contar con galería especial para las mujeres.

En su interior son dignos de destacarse los magníficos artesonados que las techaban a menudo, el zócalo de azulejo que cubría las partes bajas de sus paredes y las ricas placas de yeso que ornamentaban éstas a estilo mudéjar. La policromía del estuco todavía es visible a trechos en Córdoba, o en El Tránsito. El pavimento de losas, ladrillo o piedra, tenía a veces losetas de azulejo y debía de alfombrarse eventualmente.

Las puertas suelen ser más bien chicas y poco ostentosas y los ventanales, en general no muy amplios, presentaban celosías de muy variadas trazas y luz tamiza-

da. Las lámparas que iluminaban el interior no han perdurado.

A veces, un banco corría a lo largo de las paredes y los asientos eran muy codiciados (v. gr., en Barcelona, Cervera, etc.). En el muro oriental destacaba el *arón* o arca de los rollos de la ley con sus coronas de preciados metales artísticamente labrados. En frente (ya en el medio, ya en el muro del Oeste, según preferencia sefardí) alzábase la *bimah* o tribuna del lector sinagogal.

He aquí una sinopsis del copioso elenco de sinagogas con que contaron las comunidades judías de España. Las agruparemos en tres categorías: 1.ª Sinagogas principales cuyos edificios subsisten más o menos íntegros. 2.ª Restos menos importantes o de autenticidad más o menos insegura. 3.ª Sinagogas sólo conocidas a través de referencias documentales o literarias.

1. Sinagogas principales subsistentes. De la rica colección de sinagogas con que contó la España del medievo quedan hoy escasos ejemplares. Los dos más notables los conserva Toledo y sobresale entre todos *Santa María la Blanca*, uno de los más sorprendentes monumentos mudéjares, «de tipo toledano neto», según Gómez Moreno,

Erigida en un terreno en declive, aparenta escasa altura. Propiamente es una basílica de cinco naves paralelas separadas por un boscaje de 32 pilares ochavados que rematan en capiteles de aspecto marmóreo, fastuosa y varia composición y llenos de originalidad, que algunos suponen inspirados en los del templo de Salomón y que a la vez recuerdan lejanamente los capiteles corintios. Sobre ellos descansan 25 grandes arcos de herradura y el todo produce una emoción extraña de exotismo, una impresión «presque féerique» de Oriente (Lambert). La planta, de forzada irregularidad, mide unos 25 a 28 metros de largo por 15 a 23 de anchura. Las naves, cubiertas por sencillos artesonados, presentan decreciente altura: 12,50 metros la central, 10 las contiguas y siete las extremas. No ofrece hoy galería femenina, aunque debió de tenerla en el lado Oeste, en el cual se abre la puerta del templo que tal vez estaría sobre el flanco Norte o el del Sur, cuando aquél se erigió hacia el año 1200. Hacia el tercer cuarto del siglo XIII recibiría en su interior una extraña decoración fastuosa, andaluza, no exenta «de elegante sobriedad». Tal decoración de yeso invade hasta las enjutas o albanegas ornadas con lindos rosetones o discos de geométrico trazo remedando celosías. Sus lacerías son de las más antiguas de España.

Son de notar los tableros decorativos de la parte central; sobre ellos campea un tablero plano (¿para inscripción?), y más arriba un friso de arquillos pentalobulados, ciegos hoy; pues el templo solo recibe luz por las ventanas de la fachada Sur y por unos óculos.

El hechizador edificio fue sinagoga hasta que en la segunda década del siglo XV se consagró al culto católico por san Vicente Ferrer. Diversos avatares lo hicieron pasar por variados usos religiosos y aun castrenses. En 1851 fue declarado monumento nacional y el 1856 restaurado por el arquitecto F. Enríquez Ferrer. Probablemente es el Templo (*hekhal*) Nuevo o Nueva Sinagoga que cita Jacob ibn Albenech en su Elegía hebrea sobre la revuelta antijudía que en el verano de 1391 padeció Toledo, y ha de identificarse con el que en los aledaños del siglo XIII edificó Yuçef Abenxuxén, almojarife de Alfonso VIII.

En el curso de los siglos ha sido víctima de varias reformas a que hemos aludido ya. De creer a Czekelius, quizá en una de ellas modificaron su techumbre y cegaron sus arquerías, aunque esto último lo rechaza Rachel Wischnitzer recientemente.

Sinagoga de El Tránsito o del príncipe Samuel ha-Leví. Es la segunda de las supervivientes de Toledo. Se edificó hacia el 1357 por el ministro-tesorero de Pedro I de Castilla, más no a modo de capilla privada, como algunos aseveran. En 1494 pasó a los caballeros calatravos; luego fue ermita dedicada a la Dormición de la Virgen y de ahí su nombre popular: El Tránsito. En el siglo XVIII la estudió concienzudamente F. Pérez Bayer y la dibujó Palomares. Monumento nacional desde 1877, en el siguiente decenio fue restaurada «un poco libremente» por Francisco Isidori y profundizó en su examen artístico Rodrigo Amador de los Ríos. Ultimamente pasó a depender del Ministerio de Educación y Ciencia, quien lo encomendó — con el Museo Sefardí creado anejo a ella — a un patronato. En esta etapa ha sido objeto de nuevos cuidados y sus muros lisos se han revestido de un tejido de damasco.

Su cuerpo es de planta rectangular, alargada, de 23 metros de longitud por 9,50 de ancho y 12 de altura. Presenta al exterior tejado a cuatro vertientes y simples muros de mampostería y ladrillo, sin otro ornato que cornisas de modillones y ventanales mudéjares con arcos de ojiva túmida, a veces insertos en arcos lobulados.

La entrada sinagogal, muy vulgar, ábrese en el extremo SO del muro Sur. Tras pobre zaguán se penetra en la única y elegante nave que rememora el Salón de Comares granadino. Como señaló Lambert, parece la gran sala de un palacio, tapizada suntuosamente por fantásticos estucos pintados en diversos colores y coronada en toda su longitud por bellísimo alfarje en alerce que diríase el casco vuelto de un navío. Ese artesonado octogonal es uno de los más hermosos que ejecutaron los célebres artistas toledanos.

Los cuatro muros de la sala coinciden en la original decoración que corona su tercio alto. Consiste esencialmente: 1.º En sencilla greca pintada, bajo la cual discurre la inscripción hebrea que arranca del muro oriental (ángulo SE.), y sigue por los restantes. 2.º Separada por estrecha faja trenzada despliégase una sucesión de lindos arquillos que recuerdan el triforio de La Blanca o la sinagoga de Córdoba, aunque con policromía más rica. Los arcos son de siete lóbulos y descansan en pareadas columnas de fuste en diversos tonos que semejan mármoles diferentes; en los muros de Norte y Sur alternan los arcos ciegos con los destinados a dar luz misteriosa y ventilación al edificio. 3.º La zona inferior inmediata luce, entre dos nuevas líneas de leyenda hebrea y otras dos de trazado arábigo, una decoración exuberante donde juegan con admirable armonía las hojas de vid y de roble, el escudo de Castilla y León con el castillo de tres torres coronadas de lises, las cóncavas veneras y los discos o clípeos convexos.

Cada pared, por otro lado, ofrece su peculiaridad cambiante: la occidental, con sus tres grandes ventanales en el centro del muro enmarcados por bello alfiz que la inscripción hebraica bordea y escudos de triple torreón en sus enjutas; la meridional, con su galería alta destinada a las mujeres hebreas, sus balconadas y rica exornación; y la del Este, la más suntuosa del templo, cubierta a todo lo ancho de su sector medio por tres magníficos paños de yeserías, destacando en la parte baja del central un nicho rectangular, a modo de ventanal, en cuyo frente se yergue una tríada de esbeltos arcos lobulados con delgadas columnillas: era el lugar de la *tebah* o arca santa de los rollos. Arriba, sobre un friso de almocárabes, la arquería superior compónese de ocho arcos lobulados similares a los de los otros muros, pero con los dos centrales abiertos a la luz del Este, simbolizando — dicen — las Tablas de la Ley.

Aún contiene el muro (además de las habituales líneas de leyenda y las que enmarcan los tres referidos paneles de arabescos con apropiadísimos textos bíblicos) sendas hermosas lápidas escudadas, en la parte inferior de los paneles laterales. Cada una contiene seis versos hebreos en que se enaltece el santuario «que edificó Samuel» ha-Leví, y sus accesorios más notables

y se invita al pueblo a acudir a aquella casa de Dios. Por fin, al pie de estos paños corren dos muy dilatadas inscripciones hebraicas (maltratadas hoy) en cuyas 24 líneas hácese ditirámbico elogio del mecenas constructor del templo y del Rey D. Pedro

Sinagoga de Córdoba. En la angosta calle central del barrio hebreo se halla esta joyita mudéjar «santuario en miniatura» acabada en 1314-1315 por Ishaq Moheb, según la inscripción hebrea que luce en su interior. A su planta casi cuadrada (6,37 × 6,95 metros), se penetra por un patinillo en cuyo lado diestro se abre la entrada al templo, que da acceso a un atrio breve desde el cual se sube al atrio de las mujeres. Aunque la sala de oración perdió el artesonado que la cubría y presenta no escasas mutilaciones en su decoración — en estilo mudéjar de la época —, produce singular encanto. En el muro oriental, a la derecha entrando, se halla un gran hueco o camarilla donde estaría el arca o armario para los rollos de la Ley. Todo el muro está ornado de primorosas yeserías: gran arco central, paneles de ataurique, cenefa epigráfica en forma de arrabá, graciosa diadema de mocárabes, elegante friso de 18 arquillos de cinco lóbulos, bella lápida conmemorativa. El muro occidental frontero muestra, en su mitad, magnífico arco lobulado sobre ménsulas de mocárabes bajo el cual se cobijaría la *bimah* del lector. Encima luce un suntuoso paño de yeserías en labor de rombos, dispuestos al modo granadino. También el lienzo Norte aparece cubierto de labor similar de ataurique en yesería, bastante bien conservada, así como las dos fajas paralelas de inscripción hebraica que pasa a otros muros y contiene adecuados versos tomados al Salterio. La riqueza de textos bíblicos en este templito — muy maltratada por las restauraciones — es extraordinaria. El muro del Sur, en que se añadió la galería femenina, ostentaba complicada combinación de atauriques, arcos, e inscripciones, pero ha padecido mucho. No hay que olvidar que esta sinagoga se trocó en 1492 en hospital de hidrófobos, pasó luego a una cofradía de zapateros y sufrió no pocas reformas hasta nuestros días. En 1885 fue declarada Monumento Nacional. Debe de ser la sucesora del templo cuya construcción en 1250 mandaba interrumpir Inocencio IV ante las quejas populares suscitadas por la *superflua altura* que, contra lo legislado, tomaba el edificio.

Sinagoga Mayor de Segovia. Hállase en lo que fue Judería antigua de ésta, contigua a la muralla. Su tipo, de extraordinaria semejanza con el de La Blanca de Toledo, es el de las mezquitas almohades; de planta basilical, pero con tres naves, divididas por dos filas de arcos de herradura y de pilares octógonos con gruesos capiteles de piñas y cintas entrelazadas. Sobre ellos corre un triforio formado por una serie de arquillos polilobulados como en La Blanca. Dátase el templo como de la segunda mitad del siglo XIII, aunque alguno lo ha creído de época musulmana. La tradición afirma que en 1410, a consecuencia de un sacrilegio seguido de un milagro, pasó a la posesión del monasterio de Párraces. Primero se le llamó *Iglesia nueva*, poco después recibe el nombre actual de Corpus Christi. En 1572 se entregó a una comunidad de franciscanas, sufriendo el edificio amplias reformas. En 1789 un incendio fortuito lo calcinó y se le sometió a drástica restauración que apenas si dejó intacta las líneas generales arquitectónicas.

Santa María la Blanca de Sevilla. Fue una de las tres mezquitas otorgadas por Alfonso X a los judíos para templo en el *Repartimiento* de 1252. Es de planta basilical con tres naves definidas por dos series de cinco columnas toscanas de rojo mármol. En el *podrom* de 1391 pasó al culto cristiano y recibió su actual gótico ingreso hacia la Puerta de la Azueyca. En el siglo XVIII experimentó una transformación más radical, que revistió el viejo cuerpo interior de la sinagoga con profusa labor de yeserías barrocas y cúpula. En el muro sinagogal de la calle de Archeros persiste la linda portadilla antigua de interesantes columnas con capitel visigótico.

2. Restos de sinagogas. Entre dichos restos menos importantes o de identificación dudosa, escogemos la veintena siguiente:

Agreda (Soria). El 27-I-1493 los Reyes Católicos cedieron la «synoga» al municipio «para hacer casa de concejo e ayuntamiento»; la tradición señala allí como antigua sinagoga un edificio de la judería, cimentado en alto bloque de roca viva y constituido por una nave de mampostería con entrepaños de ladrillo, que conserva un ábside semicircular románico con rebanco alto del siglo XII.

Avila. Los documentos citan hasta siete sinagogas abulenses. 1.ª «Sinagoga de Caldeandrín»; en 1968 hemos identificado restos de ella en edificio medieval situado al fondo e izquierda del adarve o callejuela sin salida que hay al costado diestro del oratorio de Nuestra Señora de las Nieves de la calle de los Reyes Católicos, antes Caldeandrín. 2.ª Sinagoga de la calle del Lomo, cerca de la puerta de San Vicente (cítanla docs. de 1444 y 1471); se trocó en beaterio o iglesia de Todos los Santos ¿Será la misma llamada del Yuradero? 3.ª «Sinagoga de Maçon» cerca de Santa María del Carmen. 4.ª «Sinagoga de Bed Forad» (¿Bilforado?), en barrio de Covaleda. 5.ª «Sinagoga que fiso don Samuel el Judío». 6.ª En 22-XII-1493 subastábase «da sinagoga que está cabe la puerta» de Malaventura, la remató el canónigo Francisco de Avila, así como también otra que estaba en la judería vieja. Una de estas dos pudo estar sita en la actual casa núm. 2 de la calle del Pocillo. Halperin ha intentado identificar como sinagoga edificada en 1462 y convertida en templo católico en 1521 la capilla de Mosén Rubí (!!).

Béjar (Salamanca). Hasta hoy ha conservado en los núms. 3 a 7 de la Calle del 29 de Agosto restos de la fachada sinagogal: un gran portón central en estilo mudéjar con dos hojas rectangulares y portillo en la derecha: sobrepuestas a él tres líneas de viguerías en saledizo con graciosos canecillos...

Bembibre (León). Czekelius aún conoció en 1931 la iglesia de San Pedro, en la plaza de la villa, con tres naves de diversas alturas, no basilical. Fue arrasada en 1934. Era antigua sinagoga que el cura de Bembibre trocó arbitrariamente en iglesia por ser «más rrica e más sunptuosa» que su antecesora. En 1490 el prelado Manrique obligó al párroco a que proporcionase a los judíos casa compensadora.

Besalú (Gerona). Con su *miqwah* o baño sinanogal recientemente descubierto.

Cáceres. Fue sinagoga la actual ermita del Espíritu Santo, en las afueras, bella iglesita, de tres naves en sentido transversal, separadas por dos secciones de tres arcos de herradura apuntados...; edificio mudéjar, quizá del siglo XIV; precédele un porche; la capilla absidal es de 1513.

Calatayud (Zaragoza). Un documento de 1347 de Pedro IV concedía a un hebreo «obrer de perles» poder hacer dos asientos en la sinagoga de Calatayud. Ignoramos si era la misma que Benedicto XIII permitía a Don Juce Abencabra trocar en iglesia por ser su fundador y haberse convertido. Una de las sinagogas que tuvo Calatayud parece perdurar todavía en un salón de vieja traza con cinco grandes arcos apuntados, junto a la muralla.

Coria (Cáceres). Creemos pueda ser su antigua sinagoga la casa de los Sandes Figueroa, en el núm. 4 de la calle de Julián Zugasti, antes, de la Sinagoga. Sus muros de ladrillo, sus arquerías son notables; sería del siglo XIV quizá.

Elche (Alicante). Las inscripciones griegas del templo excavado en Elche en 1905 hacen probable que se trate de una sinagoga de la época bizantina o visigoda (siglo V o VI) o quizá de la ápoca bajorromana (aproximadamente siglo IV, según Schlunk).

Gerona. Persiste notable lápida conmemorativa de la edificación de una de las sinagogas (de fines del siglo XIII o principios del XIV). En 1415 Benedicto XIII ordenó clausurar tales templos, salvo uno..., quizá el sito en la actual calle de la Forsa en terreno que antes ocupó la iglesia de San Lorenzo...

Játiva (Valencia). Un corto fragmento de yesería con inscripción hebrea apareció en las ruinas de su antigua sinagoga, luego ermita de agustinos y dedicada más tarde a las Santas Basilisa y Anastasia. Se demolió todo en 1953.

Lorca (Murcia). En el barrio de San Lázaro, judío, perduró hasta hace pocos años la ermita sucesora de antigua sinagoga, de planta de salón sencilla y cubierta mudéjar.

Lucena (Córdoba). Conserva alternados restos de su sinagoga, la casa núm 4 de la antigua calle del Mesonillo, sobre todo una sala de relieves de arcadas medievales que estudiamos en 1913.

Miranda de Ebro (Burgos). En 1962 identificamos su sinagoga en la planta baja de la casa núm. 18 de la calle de la Fuente, pegada a estribaciones del castillo. Es sala de modestas dimensiones y recios pilares cuadrangulares que sostienen cubierta de bóveda de crucería de acusadas aristas. Los Reyes Católicos el 12-VI-1493 la cedieron al concejo mirandés para ayuntamiento.

Oña (Burgos). En 1405 su abad concedía licencia a los judíos para hacer «sygnoga». La tradición señala como tal la casa primera de la derecha al comienzo de la calle Barruso.

Paredes de Nava (Palencia). Consta que su sinagoga radicaba en la antigua calle del Corpus Christi, donde se alzaba la iglesia de este nombre que en 1411 la sustituyó; y perdura algún resto en lo que fue Pósito. Sin pruebas, Halperin ha identificado la actual ermita de la Vera Cruz como sinagoga.

Sádaba (Zaragoza). Adaptó para sinagoga un mausoleo romano del siglo IV p. C., aún subsistente. Sin conocer bien los trabajos españoles sobre el edificio, Mr. Halperin ha lanzado fantástica interpretación del mismo, que cree del siglo II.

Sagunto (Valencia). Conserva huellas de su barrio judío, de la puerta que a él daba acceso y de típicos restos de la sinagoga de la calle de la Sangre Vieja, núms. 7 a 11.

Santa Coloma de Queralt (Tarragona). En el amillaramiento de 1409 consta la construcción de la sinagoga en la calle o «Carrer Major» bajo el nombre de *Scola dels jueus*. Persisten restos muy interesantes, no estudiados, en los sótanos de un edificio comercial.

Valderas (León). Su interesante sinagoga desapareció hace pocos años, quedan fotografías de ella.

3. Sinagogas conocidas por referencias. Se entiende de referencias documentales y literarias y corresponden a un centenar de poblaciones distribuidas por toda la geografía española y de algunas se conserva abundante y significativa documentación. Nos limitamos, faltos de espacio, a señalar tras el nombre de la población el número de sus sinagogas, si son más de una, agrupándolas por reinos y regiones:

ANTIGUO REINO DE CASTILLA Y LEÓN. Castilla la Vieja-León: *Avila* de 6 a 8 sinagogas; *Arévalo, Burgos* 2, *Aranda de Duero, Belorado, Briviesca, Frías, Medina de Pomar, Pancorbo, Villadiego, León, Astorga, Castro de León, Mayorga, Sahagún, Valencia de Don Juan* 2, *Logroño, Arnedo, Calahorra, Nájera, Palencia, Aguilar de Campóo, Cisneros, Frómista, Palenzuela, Salamanca* 2, *Alba, Ciudad Rodrigo, Segovia* 2, *Cuéllar,*

Soria, Berlanga, Medinaceli, Zamora 3, *Toro* 2, *Valladolid* 8 (?)

Castilla la Nueva: *Ciudad Real* 3 (?), *Almagro, Cuenca, Guadalajara* 4, *Brihuega, Pastrana, Sigüenza, Madrid, Alcalá de Henares* 2, *Buitrago y Salamanca.* Toledo fue asiento de la judería más notable de Europa con una docena de sinagogas documentadas, más cinco «bet ha-midraš», madrisas o escuelas rabínicas. Y en la provincia: *Casarrubios del Monte, Illescas, Maqueda, Ocaña, Puebla de Montalbán, Torrijos* 2.

Andalucía: *Almería, Berja, Cádiz, Jerez de la Frontera* 2, *Córdoba* 2, *Lucena, Granada* 2 (?), *Huelva, Niebla, Moguer, Sevilla* cuatro o más, *Alcalá de Guadaira, Cala, Carmona, Ecija, Santa Olalla de la Sierra.*

Extremadura: *Badajoz, Mérida, Cáceres* 2 (?), *Alcántara, Casas de Palomero, Hervás, Trujillo.*

Galicia y Asturias: *Coruña, Ares, Betanzos, Monforte de Lemos, Orense, Allariz, Ribadavia, Bayona. Oviedo.*

País Vasco: *Vitoria, La Guardia y Valmaseda.*

Reino de Navarra: *Pamplona, Estella, Funes, Tudela,* 2 ó 3, *Viana.*

Corona de Aragón. Aragón: *Huesca* 3, *Barbastro, Fraga, Jaca* 2, *Monzón, Tamarite, Teruel* 2, *Zaragoza* 4, *Calatayud* 2 (?), *Daroca, Ejea, Epila.*

Cataluña: *Barcelona* 3 (?), *Vich, Gerona* 2 (?), *Bañolas, Castellón de Ampurias, Lérida, Alcolea del Cinca, Cervera, Solsona, Tárrega* 2, *Tarragona* 2 (?), *Montblanch, Tortosa.*

Valencia: *Valencia* 4 (?), *Burriana, Chelva, Játiva, Morella, Onda.*

Islas Baleares: *Palma* 3 (?), *Inca, Mahón, Ibiza.*

Habría que consagrar unas líneas a las sinagogas clandestinas que funcionaron después de 1492, las cuales podríamos simbolizar en la sinagoga valenciana que figura en el proceso de Blanquina March, la madre de Luis Vives.

BIBL.: F. Cantera, *Sinagogas españolas*, Ma. 1955, se recoge la bibliografía más pertinente hasta ese año. Ulteriores publicaciones: L. Piles Ros, *La judería de Sagunto:* R203, 18(1958); A. Pons, *Los judíos en el reino de Mallorca,* Ma. 1956 y 1960; A. Kashtan, *Synagogue Architecture of the Medieval and Pre-Emancipation Periods,* Tel-Aviv 1961; F. Cantera Burgos, *Identificación de nuevas sinagogas en España:* R203, 22(1962); J. M. Millás, *Notas históricas sobre la judería de Vich:* R203, 22(1962); R. Wischnitzer, *The Architecture of the European Synagogue,* Philadelphia 1964; J. M. Millás, *Descubrimiento de una miqwah en... Besalú a Noticias de la judería de Valls:* R203, 25(1965)67-69 y 241-46; ID., *La judería de Montblanch:* R203, 26(1966)13-16; F. Cantera y P. Albano García, *Nuevas consideraciones sobre la judería de Valderas:* R203, 27(1967)39-67; C. Munuera, *Sobre la sinagoga de Besalú:* R203, 28(1968)69-79; Don A. Halperin, *The Ancient Synagogues of the Iberian Peninsula,* Gainesville, 1969.   F. Cantera

SINDICALISMO CRISTIANO. La historia del Sindicalismo Cristiano en España ocupa un período relativamente corto: 1919-1936. Su origen, sin embargo, se remonta a finales del siglo XIX, cuando paralelamente se forman las Centrales Sindicales que más influyeron en el Movimiento Obrero Español hasta 1936: la Unión General de Trabajadores (1888), de inspiración socialista, y la Confederación Nacional del Trabajo (1910), anarquista.

Para entender, pues, la historia del Sindicalismo Cristiano, será preciso tener presente el marco histórico en que se desarrolla. Tanto la U. G. T. como la C. N. T. ocupan el lugar preeminente en el Movimiento Obrero Español. Este estuvo siempre, en su inmensa mayoría, encuadrado en las organizaciones socialistas y anarquistas. Como enseguida vamos a explicar, el Sindicalismo Cristiano tuvo muy poca influencia en la clase trabajadora.

Históricamente el Sindicalismo Cristiano se desarrolla en tres etapas bien delimitadas: 1.ª Orígenes (1912-1919). 2.ª Consolidación (1919-1931). 3.ª Cambio de rumbo y desaparición oficial (1931-1936).

I. *Orígenes* (1912-1919). En 1912 muere el padre Vicent SI, fundador de los Círculos Católicos. A su muerte se había ya reconocido, incluso por él mismo, que los Círculos Católicos constituían una rémora para el Movimiento Obrero. Su carácter eminentemente religioso y cultural decía muy poco a la clase trabajadora, aun a la cristiana, que se encontraba envuelta en una aguda lucha obrera y sindical: éstos eran los argumentos que se aportaban en contra de los Círculos Católicos.

Los continuadores de la obra del padre Vicent vieron esto con claridad: Severino Aznar, padres Salaverri y Palau SI, Gafo y Gerad OP, A. Monedero, M. Arboleya. etc.

Los principales problemas que debían resolverse para el nuevo plan y acción sindicales se resumían de la siguiente manera: 1.º La transformación de los Círculos Católicos hacia formas sindicales adaptadas a las circunstancias del momento. 2.º La estructuración nacional de los efectivos sindicales ya existentes — dentro y fuera de los Círculos — o a punto de existir. 3.º La presentación de un programa sindical capaz de hacer frente al predominio anarquista y socialista, y a las concepciones clasistas de una gran parte del catolicismo español. 4.º La superación de la polémica sobre sindicatos «puros» y «mixtos», y el llegar a un acuerdo sobre la confesionalidad sindical.

El Círculo de Obreros Católicos de Burgos inició el movimiento hacia la unidad. En 1910 envió una circular a todos los Centros Obreros Católicos, con el título: *Confederación Nacional de Obreros Sociales: Un programa, un llamamiento, una necesidad.* Al año siguiente el padre Palau SI, fundador de la Unión Profesional de Dependientes y Empleados de Barcelona, y de Acción Social Popular, era encargado por el cardenal Aguirre de los trabajos preparatorios de la que debía llamarse Federación de los Obreros Católicos-Sociales, y que debía acomodarse a las reglas que el mismo cardenal había elaborado con la ayuda del padre Palau. Este último creía, en contra de Severino Aznar, que los Círculos Católicos debían mantenerse, pero fundándose al mismo tiempo sindicatos. Tres años más tarde, en 1915, con motivo de la inauguración de la Casa Social de Valladolid se acordaron unas nuevas *Bases de Unión,* para ser sometidas, previa aprobación del cardenal Guisasola, primado de España, al resto de los nacientes Sindicatos Católicos. La nueva entidad debería llamarse Unión General de Trabajadores Católicos de España, nombre que no prosperó por la semejanza que tenía con el del Sindicato Socialista. Dicha entidad debería ser exclusivamente para obreros, y respetar los principios de la religión, la propiedad y la familia. Sin embargo, estas bases no llegaron a ser realidad, y no se enfrentaban con el verdadero problema de construir un sindicalismo de clase.

II. *Consolidación* (1919-1931). El año 1919 es el año definitivo para la unidad sindical católica, al crearse la Confederación Nacional de Sindicatos Católicos. Del cardenal Guisasola partió la idea de reunir un Congreso organizado por el Consejo Nacional de Corporaciones Católico-Obreras para que en él se estudiase la manera de llegar a la unidad. Al Congreso asistieron 192 delegaciones de otros tantos sindicatos masculinos y 43 femeninos, representando a una totalidad de más de 60.000 trabajadores de ambos sexos. Se reconoció el Sindicato «puro» como el medio más apto para defender a la clase obrera. No debían ser «amarillos» al servicio de los patronos, acusación ésta bastante frecuente del Sindicalismo Católico. En el *Programa Doctrinal y de Acción* se precisó lo siguiente: «Rechazamos al Sindicato Unico y obligatorio, porque es instrumento de tiranía monstruosa... Defendemos la religión, y queremos que se haga cuanto contribuya a sostener y fomentar el sentimiento religioso del país, porque es indispensable la reforma moral del individuo, sin la cual es penosa y estéril toda reforma social... Respetamos la propiedad privada, usada rectamente y como función social...».

A partir de este Congreso comienza una historia jalonada de dificultades, de fracasos y éxitos, enmarcados en una inestabilidad social y política que acabaría con el desastre de 1936. La nueva central sindical católica contaba con un número muy exiguo, si se compara con los efectivos de las otras centrales. En realidad el censo sindical de 1919 no pasaba del 25 por 100 de los obreros españoles, siendo la siguiente su distribución aproximativa: Confederación Nacional del Trabajo: 700.000; Unión General de Trabajadores: 128.821; Confederación Nacional de Sindicatos Católicos: 60.000. No solo por el pequeño número de afiliados tuvo el Sindicato Católico escasa influencia, sino, sobre todo, por problemas de táctica y estrategia sindical. La *acción directa* y el apoyo de grupos políticos afines dieron a los otros sindicatos una serie de oportunidades que nunca las tuvo el Sindicato Católico.

La supresión de la C. N. T., por el Gobierno del General Primo de Rivera (1924) clarificó un poco la escena sindical. La U. G. T. colaboró con el nuevo Gobierno, y se intentó dar a la legislación laboral una orientación corporativa, con la instauración de los Comités Paritarios (1926). En éstos, a pesar de la oposición de los Sindicatos Católicos (IV Congreso Nacional, 1928) rigió el sistema de mayoría y no el proporcional. Esto contribuyó muchas veces a que los Sindicatos Socialistas dominaran en los Comités. Con todo, en las zonas donde los Sindicatos Católicos tenían una vida más pujante, como en Navarra y en el Norte de España, la representación estuvo a veces del lado de los católicos.

En 1929, la sección obrera de la Acción Católica Española, aprobó unas conclusiones en las que se recogía el pensamiento de la Jerarquía eclesiástica sobre el movimiento obrero católico. Se hizo constar que los Sindicatos Obreros Católicos pertenecían a la Acción Católica, y se estimuló a los sacerdotes para que fueran consiliarios de los mismos sindicatos. Se insistió, además, en la necesidad de la formación de dirigentes seglares, mediante la celebración de semanas de estudio sindicales, reuniones de propagandistas y círculos de estudio en todas las casas sociales de España.

El 15-V-1930 se reunió en Madrid una Asamblea General de sindicalistas católicos para celebrar el aniversario de la publicación de la encíclica *Rerum Novarum*. Con motivo de esta asamblea el padre A. Valle comentaba cómo las circunstancias habían hecho paralizar por completo las campañas de propaganda de los Sindicatos Católicos, en tanto que las otras centrales sindicales habían aumentado su acción por medio de campañas sistemáticas y continuas, desconocidas incluso por muchos católicos. Frente a los 270.000 miembros pertenecientes a la U. G. T., los Sindicatos Católicos no alcanzaban a principios de 1930 la cifra de 90.000, repartidos en 23 federaciones. La C. N. T., lograda la libertad de acción, recobró enseguida su antigua fuerza, y ya en 1931 contaba con 800.000. En 1932 la fuerza sindical de la C. N. T. y de la U. G. T., superaba el millón controlando así a la gran masa sindical española.

Antes de narrar la última etapa del sindicalismo cristiano en España, conviene que nos detengamos para considerar otras tendencias sindicales católicas, distintas de la anterior.

Desde que en 1897 se fundó el primer Sindicato Cató-

lico, el Sindicato Católico de Tipógrafos, de Madrid, se dieron diversas tendencias dentro del sindicalismo de inspiración cristiana. La principal, desde luego, es la que hemos analizado hasta ahora. Pero simultáneamente se dieron otros intentos en diversas partes de España. Nos referimos a los Sindicatos Católico-Libres, y a la Solidaridad de Trabajadores Vascos.

Los dominicos Gerard y Gafo fueron los iniciadores de los Católico-Libres. La orientación dada a este movimiento sindical fue considerada como revolucionaria: plena independencia de los elementos patronales, y absoluta libertad de los asociados en la práctica religiosa. Por su parte el padre Gafo fundó en Madrid, en 1914, el primer centro de Sindicatos Libres, aunque en años sucesivos prevaleció la idea del padre Gerard de llamarlos Católico-Libres. En 1916 se constituyó en Pamplona la Federación de Sindicatos Católico-Libres, limitándose casi toda la influencia de los nuevos sindicatos a la zona Norte de España. Años más tarde, en 1922, se acordó su disolución para dar paso a la Confederación de Sindicatos Libres del Norte de España, de tendencia todavía más independiente y aconfesional, integrándose en los Sindicatos Libres de Barcelona. En 1924 se constituyó, en plano ya nacional, la Confederación de Sindicatos Libres de España, que no siendo específicamente católica, tenía, sin embargo, una base doctrinal cristiana. En 1931 llegó a contar con más de 100.000 socios, pero con el advenimiento de la II República aquel mismo año, y la reaparición de la C. N. T., un año antes, fue perdiendo todos sus efectivos.

La Solidaridad de Trabajadores Vascos (S. T. V.), se fundó en Bilbao en 1911 con la divisa Unión Obrera y Fraternidad Vasca. Las causas que contribuyen a su rápida expansión fueron varias: su espíritu sindicalista; el estar inspirada en principios cristianos; y su tendencia nacionalista. En 1924 se había extendido por las tres provincias vascas y poseía amplias ramificaciones en Navarra. Por lo que se refiere a su confesionalidad cristiana, la S. T. V., desde un principio, decidió no tener consiliarios como los otros sindicatos católicos existentes en España en la misma época. Su acción sindical fue una de las más potentes en el País Vasco, y puede considerarse como un modelo típico de sindicato cristiano. Cuando se fundó la Confederación Internacional de Sindicatos Cristianos se afilió a ella, lo cual no fue obstáculo para que más tarde, en los años de exilio, se haya afiliado también a la Confederación de Organizaciones Sindicales Libres, manteniendo representantes en ambas Internacionales.

III. *Cambio de rumbo y desaparición oficial* (1931-1936). A partir del 14-IV-1931, fecha en que se proclama la II República, comienza la última etapa para los sindicatos católicos. Cuando aquella desembocaría en 1936 en el Frente Popular, los sindicatos católicos tendrían ya poco que hacer. La acción sindical se confundiría con la acción política. Esto se debía a que, generalmente, en las filas católicas faltaban auténticos líderes sindicales, y se quiso remediar abriendo escuelas sindicales, como en octubre de 1932, cuando la dirección de *El Debate* se propuso desarrollar un curso social para obreros.

Las Semanas Sociales que se reanudaron precisamente en 1933, después de largos años de inactividad, se ocuparon con frecuencia del problema sindical, con el fin de estimular la conciencia sindical entre los obreros cristianos. La Semana que se celebró en Zaragoza en 1934 estudió las posibilidades de una estructura corporativa cristiana a la luz de las enseñanzas pontificias de entonces, fundada en la libertad de asociación, aunque supeditada a los intereses generales de la nación.

Sin embargo, no iba a ser ésta la línea que tomarían los sindicalistas católicos durante los dos próximos años, antes de la desaparición definitiva del sindicalismo cristiano. El año 1935 se presentaba con nuevas dificultades, pero también con nuevas posibilidades y orientaciones. Las reuniones y los planes de acción siguieron su ritmo normal, pero bien pronto se llegó a la conclusión de que había de tomarse un nuevo camino, ya que las circunstancias anormales por las que se pasaban, así lo exigían. Lo ocurrido en octubre de 1934 en Asturias — la Revolución minera — fue probablemente lo que movió a los sindicalistas cristianos a su decisión de reorganización.

Para iniciar el nuevo movimiento se formó un Comité de Enlace del que surgió el Frente Nacional del Trabajo. En diciembre de 1935 se reunió en Madrid el Congreso de la Unión del Frente Nacional del Trabajo. Asistieron representaciones de sindicatos locales no federados a la Confederación Nacional: la Confederación como tal, los Libres, las Juntas Ofensivas Nacionales Sindicalistas (J. O. N. S.), fundadas recientemente en Valladolid por Onésimo Redondo, y la Federación Española de Trabajadores, también recientemente fundada en Madrid por un grupo de obreros católicos. Esta última había nacido en la lucha y se había adaptado a las circunstancias del momento. Fue el padre J. Ballesta SI, quien más impulso le dio, ayudado por varios dirigentes seglares. Con excepción de los falangistas de las J. O. N. S., se aprobó en dicho Congreso la nueva Confederación Española de Sindicatos Obreros (C. E. S. O.), a la que inmediatamente quedaron adheridos 276.389 miembros.

En el Congreso se llegó a un acuerdo general sobre el problema de la confesionalidad y nombre de la nueva Confederación. Angel Salvador, primer secretario de la C. E. S. O., anunció que ya entonces unos 4.000 sindicatos estaban a punto de constituirse. Se tenía la impresión de haberse encontrado una línea nueva de acción sindical cristiana. Los acontecimientos, sin embargo, se precipitaron en signo contrario, al estallar, a los pocos meses, la guerra civil. Con ella tanto la C. E. S. O., como la U. G. T. y la C. N. T., dejaron de existir oficialmente.

IV. JUICIO HISTÓRICO. La breve exposición que acabamos de hacer quedaría incompleta si no analizáramos sucintamente, desde el punto de vista histórico, algunos aspectos controvertidos que caracterizaron la ideología y la acción del Sindicalismo Cristiano en España.

Se ha insinuado ya que hubo desde el comienzo dificultades internas y persecuciones externas. En conjunto, se puede decir que hubo falta de una verdadera comprensión sindicalista del momento, por ausencia de dirigentes eclesiásticos y laicos, con ideas claras sobre el papel que correspondía a cada uno.

Esto se reflejó, sobre todo, en el problema de la confesionalidad de las organizaciones católicas, particularmente en los sindicatos. La jerarquía eclesiástica defendía el título de *católico*, aun en contra del parecer de dirigentes eclesiásticos y seglares. Los cardenales Aguirre, Guisasola y Reig deseaban que el nombre de *católico* apareciese en todos los sindicatos. Esta misma opinión la defendía el padre Narciso Noguer, en contra de la tendencia aconfesional del Sindicalismo Católico-Libre.

Los padres Gerard y Gafo y el canónigo asturiano M. Arboleya defendieron el sindicalismo aconfesional, tema que se abordó ampliamente en la Semana Social de Barcelona (1910). Cuando en 1935 se delineó la nueva orientación del Sindicalismo Católico en España, se estaba persuadido de que una de las causas de la poca efectividad sindical de muchos sindicatos católicos era su carácter confesional. Por eso la nueva Confederación Española de Sindicatos Obreros quedó libre del título confesional. Incluso los consiliarios que hasta entonces habían tenido gran influencia en la marcha de los sindi-

catos, se retiraron para dejar a los dirigentes seglares un campo de acción más libre. De esta manera quedaba estructurado el nuevo régimen sindical católico, que solo iba a tener unos meses de duración. Su historia concluyó en julio de 1936, cuando estalló en España la guerra civil.

BIBL.: S. AZNAR, *Impresiones de un demócrata cristiano,* Ma. 1950; R. BALCELLS, *Orientaciones católicas de la sindicación obrera,* Ba. 1918; J. N. GARCÍA-NIETO, *El sindicalismo cristiano en España. Notas sobre su origen y evolución hasta 1936,* Bi. 1960; M. LLORÉNS, *El P. Antonio Vicent SI (1837-1912). Notas sobre el desarrollo de la acción social católica en España,* Ba. 1954; S. NEVARES, *El porqué de la sindicación católica,* Ma. 1930; G. PALAU, *¿ Círculos o Sindicatos?,* Ma. 1935.

J. N. GARCÍA-NIETO

SINODO. La palabra sínodo viene del latín *synodus* y significa asamblea. Es sinónimo también de concilio. En sentido más restringido indica una Asamblea de obispos, aunque modernamente se ha reservado a estas reuniones el nombre de Concilio.

Se ha distinguido: a) *Synodus regia,* el que durante el Imperio de Constantinopla o Estado carolingio estaba integrado por obispos y personalidades políticas, era convocado por el soberano y se ocupaba de cuestiones temporales y religiosas. b) *Synodus ecclesiastica:* el que en la misma época congregaba sólo a eclesiásticos y trataba únicamente de cuestiones religiosas.

San Agustín habla de tres clases de sínodos: universal, regional y provincial. El Concilio IV de Toledo (633) canon 3, habla también del concilio «nacional». Y a partir del siglo IV se añadió el sínodo diocesano, que poco a poco se fue apropiando de manera casi exclusiva el apelativo de sínodo (cfr. Benedicto XIV, *De Synodo Diocesana,* Ro. 1748).

El sínodo diocesano es, por tanto, «la reunión del obispo con sus sacerdotes para estudiar los problemas de la vida espiritual, dar o restituir vigor a las leyes eclesiásticas, para extirpar los abusos, promover la vida cristiana, fomentar el culto divino y la práctica religiosa» (Juan XXIII, *Carta pastoral al pueblo romano sobre el Sínodo romano,* 21-II-1959: Ecclesia, (1959) 28 febrero, p. 11; cf. también CIC, can. 356-368 y Benedicto XIV, o.c.). A este sínodo se le dio también el nombre de *concilium civile,* porque reunía a todos los sacerdotes de 17 *civitas,* y aun el de *presbyterium* por idéntica razón.

Prescindimos de los aspectos jurídicos del sínodo diocesano: preparación, ceremonial, convocatoria, composición, duración, decisiones, forma de los estatus, obligatoriedad, etc.; y nos remitimos a los correspondientes estudios canónicos (cf. S. ALONSO MORÁN, *Comentarios al Código de Derecho Canónico,* I, Ma. 1963, cánones 356-68).

Historia. a) *Origen y primeras noticias.* Los sínodos diocesanos parece que tienen su origen en el antiguo *presbyterium,* que formaban durante los primeros siglos el obispo con el clero de una diócesis, con el cual vivía en comunidad (F. G. Savagnone, *Le origini del Sinodo Diocesano:* Studi Brugi, 1910). Cuando en los siglos V y VI nacieron las parroquias rurales, fue necesario o conveniente un encuentro periódico para asegurar la unidad de la disciplina, la participación subordinada de todos los clérigos en la administración diocesana, la información y control.

Es imposible precisar históricamente cuál fue el primer sínodo. Los historiadores, a excepción de algunos menos exigentes, no suelen calificar de sinodal la reunión que Pablo encuentra en Jerusalén en torno a Santiago el Menor (Hechos, 21,18-19); pero sí le dan este carácter a la asamblea del papa Siricio con distintos obispos y todo el clero de Roma en 389. Aparte de tres reuniones convocadas por S. Odoceo en 560, en Llandoff, al sur del País de Gales, un tanto oscuras, el primer ejemplo claro en Occidente, de que se tiene noticia, como encuentro sinodal obispo-clero, puede situarse en Auxerre 585. Dice en el canon 7: «Ut medio maio omnes presbyteri ad synodum in civitatem veniant et kalendis novembris omnes abbates ad concilium conveniant» (Maassen, *Concilia aevi merovingici*, p. 180). Por esa época en España hay noticia de que se convocaban a un tiempo presbíteros y abades, como prescribe el canon 1 del concilio de Huesca del 598 (F. A. GONZÁLEZ, *Collectio Canonum*, Ma. 1808, c. 663). Y algo más tarde, en el 633, el concilio IV de Toledo, en su canon 26, afirma que los síndos se deben celebrar para que los curas dieran cuenta de su administración, especialmente de los sacramentos. (F. A. GONZÁLEZ, *o.c.*, c.376).

b) *Frecuencia y evolución histórica*. La frecuencia de celebración de síndos ha variado según épocas y diócesis. Auxerre (585) y Huesca (598) prescribieron el síndo anual. El concilio XVI de Toledo (696) canon 7, manda que cada obispo se reúna con el clero de su diócesis a los seis meses del concilio provincial que está establecido cada año; el síndo tiene como objeto difundir las decisiones del concilio provincial. Pero, como hubo épocas anteriores —Nicea (325) canon 5, Calcedonia (451) canon 19, en que había que celebrar dos veces al año el concilio provincial, es presumible la doble celebración anual de síndos diocesanos (cf. G. MARTÍNEZ DÍEZ, *Del Decreto Tridentino sobre los Concilios Provinciales a las Conferencias Episcopales*: R118, 16[1963]244-63). De hecho, en Francia, por ejemplo, Teodulfo, obispo de Orleans (797) canon 4, y Gerardo, Obispo de Tours (858) canon 91, hablan de dos síndos al año, de quince días como máximo. Y el concilio de Toulouse (841) canon 9, había fijado un máximo de dos síndos anuales. Se encuentran rastros de la doble celebración hasta el siglo XIV y comienzos del XV: Copenhague (1425) y Colonia (1536). En España, Gerona que se distinguió por su notable fidelidad a la práctica sinodal, parece que durante todo el siglo XII reunió sus síndos dos veces por año con gran continuidad (cfr. *Gerona*: DHEE, II, 1016-1020).

El concilio de Trento supuso un renacimiento práctico muy notable en la realización de una norma, que era ya secular, pero que se había relegado bastante. Recuérdense los 11 síndos de san Carlos Borromeo en Milán (1560-1587), las 13 veces que congregó asamblea en su diócesis san Francisco de Sales (1604-1614), o los siete síndos que convocó en Valencia san Juan de Ribera (1568-1611), además de los dos que había celebrado en Badajoz (1562-1568).

La primera decisión general es de 1215, en el concilio IV de Letrán, canon 6, donde se establece universalmente la celebración anual de los síndos diocesanos, castigando a los obispos que no la cumplan con la privación de oficio y beneficio. *(Conc. Oec. Decret.*, Herder, 1962, 212). El concilio de Basilea (1431-1443), sesión XV, toma disposiciones para asegurar la regularidad de los síndos. Insiste en la celebración anual, deja en libertad la celebración doble, donde haya costumbre, y establece un verdadero reglamento sinodal. *(Conc. Oec. Decret.*, 449).

El concilio de Trento, sesión XXIV, cap. 2 de ref., insistió en que los síndos diocesanos «...quotannis celebrentur» *(Conc. Oec. Decret.*, 737). Este intervalo, que venía prescrito desde tan atrás y cuya práctica fue siempre un tanto utópica, intentó ampliarse en el concilio Vaticano I; la interrupción del concilio echó por tierra los planes, y la norma continuó hasta la promulgación del Código de Derecho Canónico (1917), en que se prescribe la celebración del síndo cada diez años (canon 356, & 1).

c) *Los síndos españoles*. La puesta en práctica de esta legislación en España ha sido muy variada e irregular en las distintas épocas y diócesis. Las primeras noticias precisas comprobables documentalmente, son de finales del siglo XII o comienzos del XIII. La realidad anterior hasta el siglo IV, a falta de documentos o al menos de investigación crítica, hay que barruntarla partiendo de la legislación provincial, muy clara en sus prescripciones, pero quizás más dudosa en cuanto a las realizaciones. Se celebran síndos con no demasiada frecuencia, durante los siglos XIII y XIV, como demuestran las convocatorias de los síndos del siglo XV y comienzos del XVI en que por lo regular se alude siempre a los largos tiempos que han pasado desde la última celebración. En el último lustro del siglo XV, con la prerreforma española se inicia una intensa actividad sinodal, que va en aumento hasta las vigilias mismas de la asamblea tridentina. Trento con su insistente legislación significa un resurgimiento universal de los síndos diocesanos, y por lo que a España se refiere, la continuación más intensa de una línea que arranca desde atrás y sigue vigorosa hasta mediados del siglo XVII. Un espacio de ciento cincuenta años largos que constituyen la edad de oro de los síndos diocesanos españoles; alrededor de 370 síndos tuvieron lugar en ese período; 120 aproximadamente hasta 1545, y 250, después de Trento. No todos de idéntica importancia ni repercusión diocesana, pero claramente reveladores de una extraordinaria actividad.

Luego, a partir de la segunda mitad del siglo XVII, se advierte un descenso muy acusado que, además de la negligencia o desgana de los obispos, estuvo motivado por causas numerosas; las mismas que poco a poco y antes habían empezado a dejar en el olvido los concilios provinciales: 1) la mayor centralización en el gobierno de la Iglesia, como si se recelara de concilios y síndos; 2) la fuerte oposición de los cabildos y personas exentas, unas veces directamente y otras indirectamente, poniendo todas las trabas posibles en el Consejo de Castilla; 3) el jansenismo, el regalismo y el absolutismo del poder civil, que pretendía intervenir en los síndos, hasta el punto que en Cédula Real del 10-VI-1786 se prohibe que se publiquen en España «Constituciones Sinodales», sin permiso y aprobación del Consejo de Castilla (cfr. V. DE LA FUENTE, *Historia Eclesiástica de España*, V, Ma. 1874, 414 ss.). Los obispos se cansan de tantas dificultades, desisten de los síndos y la práctica se va perdiendo.

El convenio adicional al Concordato, del 4-IV-1860, decía en su artículo 19: «El Gobierno no pondrá óbice a la celebración de los concilios diocesanos, cuando los prelados respectivos estimen conveniente convocarlos». Esta nueva ley provocó un resurgimiento sinodal; se reanudó la costumbre después de muchos años, y aun de siglos, sobre todo en alguna diócesis. Con todo, la reacción no fue total ni continuada: tras unos esfuerzos hasta 1860, siguió otra fase de apatía, que sólo en torno 1950-1960 volvería a encontrar cierta sacudida. De hecho, en poco más de un siglo (1860-1967) se han celebrado en España sólo 57 síndos, mientras que en Francia, por ejemplo, después de la promulgación del Derecho Canónico (1917) hubo tal actividad sinodal que en treinta y dos años (1919-1951) se celebraron 192 síndos (cfr. Année Canonique, 1(1952)265).

Catálogo de los síndos españoles. España no cuenta con un catálogo crítico y sistemático de sus Constituciones sinodales. Sólo algunas diócesis, como Gerona y Barcelona, han hecho estudios sobre sus síndos con carácter más crítico, y existen además algunas monografías sobre síndos concretos, zonas, épocas, etc. (véase la bibliografía particular). En Francia hace unos años por iniciativa de André Artonne, la Societé d'Histoire Ecclésiastique, emprendió la copilación de los síndos franceses que, después de varios trabajos aislados, culminó en 1963 con la publicación de A. Artonne, L. Guizard et O. Pontal, *Repertoire des statuts synodaux des Diocèses de l'Ancienne France du XIII a la fin du XVIII siècle*, Pa. 1963. En el prólogo, Gabriel Le Bras, manifiesta su esperanza de que este repertorio no sea más que el comienzo de la publicación de los sínodos inéditos. En Polonia, J. Sawicki publicó 10 volúmenes de Estatutos Sinodales. Cheney en Inglaterra y Kroon en Suecia, han realizado estudios de conjunto con gran éxito.

Para la elaboración de nuestro catálogo se han tenido en cuenta, sobre todo, los datos internos que ofrecen las ediciones impresas, aun aquellas raras de finales del siglo XV y comienzos del XVI. Se ha contado también con los trabajos especializados y monografías particulares, los episcopologios diocesanos, historias eclesiásticas y aun civiles de carácter local. A continuación ofrecemos esquemáticamente el catálogo de los sínodos españoles, indicando la diócesis, el año y el obispo que la presidió. Cuando proceda, añadimos también el año de edición del sínodo. Si se ignora el año de la celebración del sínodo, ponemos un signo de interrogación.

AGER: 1285, Abad Pedro; 1333, Hugo de Cervelló; 1339, Francisco de Monllor; 1409, Vicente Segarra; 1518, Lorenzo Pérez, ed. Barcelona 1518 (no se encuentran ejemplares); 1579, Jerónimo de Cardona; 1605, Antonio de Puigvert; 1612, Jerónimo Robres; 1623, 1629, Andrés Pujol; 1639, Francisco Broquetes; 1648, Juan Fort, ed. Barcelona 1648; 1662, Francisco Ciscar, ed. Barcelona 1665.
BIBL.: *Constitutiones Synodales veteres et novae Abbatiatus, nunc Archiepiscopatus Agerensis... die 4 septembris. Anno 1661*, Ba. 1665.

ALBARRACÍN: 1584, Gaspar de la Figuera; 1598, Pedro Jaime; 1604, fray Andrés de Balaguer, ed. Barcelona 1604; 1624, Jerónimo Bautista Lanuza; 1657, Jerónimo Salas Malo, ed. Zaragoza 1657; 1690, Miguel Jerónimo Fuenbuena, ed. Zaragoza 1690; 1735, Juan Navarro Salvador y Gilaberta (¿impreso?); 1886, Antonio Ibáñez y Galiano, ed. Teruel 1886.
BIBL.: *Sínodo diocesano... de 1604 presidida por Fray Andrés de Balaguer*, Ba. 1604; *Sínodo Diocesano... 9 abril 1690, presidiendo en ella su obispo el Muy Ilustre y Revmo. Fray Miguel Jerónimo Fuenbuena*, Za. 1690; M. JIMÉNEZ CATALÁN, *Ensayo de una tipografía zaragozana en el siglo XVII*, Za. 1929.

ALCALÁ LA REAL: ?, Pedro Gónez de Padilla, tercer abad; 1500, Valeriano Ordóñez; 1542, Juan de Avila, ed. Alcalá de Henares 1542; 1623, Pedro Moya, ed. Granada 1626.
BIBL.: D. F. M. Y T. J. M., *Abadía de Alcalá la Real. Su origen, privilegios...*, 2 vols., Co. 1803.

ALMERÍA: 1607, fray Juan de Portocarrero; 1635, Antonio González, ed. Granada 1638; 1929, fray Bernardo Martínez de Noval, ed. Almería 1930.

ASTORGA: 1456, Alvaro Pérez de Osorio; 1518, Alvaro de Osorio; 1544, Diego de Alba; 1553, Pedro de Acuña. Valladolid 1553; 1560, Diego Sarmiento; 1574, Francisco Sarmiento; 1592, Pedro Rojas, ed. Salamanca 1595; 1645, Bernardo de Atayde; 1799, Francisco Gutiérrez Vigil (reimprime las de 1592 en Salamanca 1799); 1890, Juan Bautista Grau y Vallespinos, ed. Astorga 1891.
BIBL.: *Constituciones Sinodales de la Diócesis de Astorga... ordenadas en el Sínodo... junio 1890 por el Excmo. Sr. Dr. D. Juan Bautista Grau y Vallespinos*, Ast. 1891; P. RODRÍGUEZ LÓPEZ, *Episcopologio Asturicense*, 4 vols., Ast. 1906-10.

AVILA: 1372-1378, Alfonso; 1384, Diego Roeles; ¿1441-1445, Lope Barrientos?; 1481, Alonso de Fonseca, ed. Salamanca, circa 1481; 1549, Diego de Alba,

ed. Salamanca 1556; 1617, Francisco Gamarra, ed. Madrid 1617; 1948, Santos Moro, ed. Avila 1949.
BIBL.: T. SOBRINO, *Constituciones sinodales abulenses de 1384:* R118, 15(1962)453-67.

BADAJOZ: 1255, fray Pedro Pérez; 1355, Juan García Palomeque; 1419, Juan de Morales; 1501, Alonso Manrique, ed. Badajoz 1501; 1533, 1555, Francisco Navarra; 1560, Cristóbal de Rojas, ed. Badajoz 1560 (perdido); 1565, Juan de Ribera, ed. Badajoz 1565; 1567, 1568 (?), Juan de Ribera; 1583, Diego Gómez de la Madrid; 1630, Juan Roco de Campofrío; 1647, Angel Enrique; 1671, fray Francisco Rois y Mendoza, ed. Madrid 1671.
BIBL.: J. SOLANO DE FIGUEROA Y ALTAMIRANO, *Historia Eclesiástica de la Ciudad y Obispado de Badajoz*, 7 vols., Bad. 1933; R. ROBRES, *San Juan de Ribera... un obispo según el ideal de Trento*, Ba. 1960; P. RUBIO MERINO, *San Juan de Ribera, Obispo de Badajoz:* R177, 1(1961)27-49.

BARBASTRO: 1575, Felipe Urriés, ed. Zaragoza 1575 (sin localizar aunque se da comúnmente como impreso); 1586, Miguel Cercito, ed. Zaragoza 1586 (también dado comúnmente como impreso, aunque sin encontrar); 1597, Carlos Muñoz; 1605, Juan Moriz de Salazar, ed. Zaragoza 1605; 1617, Jerónimo Bautista Lanuza; 1623, Pedro Apaolaza; 1627, Alonso de Requeséns, ed. Zaragoza 1627 (copilación con las de Lanuza y Apaolaza); 1645, Diego Chueca, ed. Zaragoza 1645; 1648, Manuel Iñigo de Escartín; 1656, Diego Antonio Francés de Urritigoiti, ed. Zaragoza 1656; 1674, Iñigo Royo, ed. Zaragoza 1674; 1681, Felipe López de Urraca; 1697, José Martínez del Villar, ed. Zaragoza 1698; 1700, Francisco Garcés de Morcillo, ed. Zaragoza 1701; 1715, Teodoro Granel, ed. Zaragoza 1715.
BIBL.: A. LAMBERT, *Barbastro:* D17, VI, 613; J. M. SÁNCHEZ, *Bibliografía aragonesa del siglo XVI*, 2 vols., Ma. 1913-14.

BARCELONA: 1241, sede vacante (presidido por el arzobispo de Tarragona Pedro Albalat); 1244, 2 marzo y noviembre, Pedro de Corts; 1255, 1277, 1280, Arnaldo de Gurb; 1289, 1290, Bernardo Peregrí; 1306, 1307, 1317 a 1319, 1323, Ponce de Gualba, que agrupa las Constituciones anteriores; 1339, 1341, 1343, Ferrer de Abella; 1345, cardenal Bernard Oliver; 1354, Miguel Ricomá; 1566 a 1570, Guillermo Cassador; 1571, sede vacante; 1572, 1574, 1575, Martín Martínez; 1584, 1586, 1592, 1597, Dimas Loris; 1600, Alfonso Coloma, ed. Barcelona 1600; 1604 a 1609, Rafael Rovirola; 1610 a 1612, Juan Moncada; 1613 a 1617, 1619, Luis Sans; 1621, 1623, 1625, 1629, 1630, 1632, Juan Sentís; 1634 a 1636, 1638, García Gil Manrique; 1661, Remón Senmenat y Lanuza; 1669, 1671, Alfonso Sotomayor, ed. Barcelona 1673; 1677, 1680, Alfonso Sotomayor; 1683, 1687, Benito de Salazar; 1693, Manuel Alba; 1699, 1715, Benito Sala; 1721, Andrés de Orbe; 1725, Bernardo Jiménez; 1735, Felipe Aguado y Requejo; 1739, Francisco de Castillo y Vintimilla; 1749, Francisco Díaz Santos 1751, Manuel López de Aguirre; 1755, Asensio Sales ¿editado?; 1860, Antonio Palau, reedita las Constituciones de Alfonso Sotomayor, Barcelona; 1890, Jaime Catalá, ed. Barcelona 1891; 1918, E. Reig y Casanova, ed. Barcelona 1919; 1929, José Miralles, no obtuvo permiso de promulgación.
BIBL.: J. SANABRE, *Los Sínodos Diocesanos de Barcelona*, Ba. 1930.

BURGOS: 1379, Domingo Arroyuelo; 1382-1393, Gonzalo Vargas; 1394-1404, Juan de Villacreces; 1411, 1412, Juan Cabeza de Vaca; 1418, 1427, Pablo de Santa María; 1443, Alonso de Cartagena; 1474, Luis de Acuña; 1498, 1500, 1503, 1511, fray Pascual de la Fuensanta, edita copilación en Basilea 1511;

1533, cardenal Iñigo López, ed. Alcalá, 1534; 1575, Francisco Pacheco, ed. Burgos 1577; 1905, Gregorio María Aguirre, ed. Burgos 1905.
BIBL.: J. ZUNZUNEGUI, *Concilios y Sínodos medievales españoles:* R118, 1(1948)127-32.

CÁDIZ: 1426-1440, Juan Gundisalvo (dos sínodos); 1591, Antonio Zapata, ed. Madrid 1594; 1882, Jaime Catalá, ed. Cádiz 1882 (con su sínodo reedita el de 1591).
BIBL.: JERÓNIMO DE LA CONCEPCIÓN, *Emporio de la orbe, Cádiz ilustrada...,* Am. 1690.

CALAHORRA: 1180, Rodrigo de Cascante; 1240, Jerónimo de Aznar; 1297, Almoravid; 1306, Rodrigo; 1324, Miguel; 1334, Juan; 1410; Diego López de Zúñiga; 1480, 1492, Pedro Aranda; 1502, Juan de Ortega; 1517, 1522, Juan Castellanos de Villalba; 1528 a 1530, 1537, 1539, Alonso de Castilla; 1542, 1543, Antonio Ramírez de Haro; 1544, Juan Yáñez; 1545, 1546, 1552, 1553 (dos sínodos en este año), Juan Bernal Díaz de Luco, que edita copilación en Lyon 1555; 1561, 1563, 1571, 1573, Juan Quiñones de Guzmán; 1601, Pedro Manso, ed. Logroño 1602; 1620, Pedro González de Castillo, ed. Madrid 1621; 1698, Pedro Lepe, ed. Madrid 1700; 1905, Gregorio María Aguirre, ed. Burgos 1905.
BIBL.: *Constituciones Sinodales del Obispado de Calahorra, ...agora nuevamente compiladas...,* Lyon 1555; M. SALOMÉ ESCOBÉS, *Episcopologio calagurritano...,* Calahorra 1909; C. GROIZARD CORONADO, *La Diócesis de Calahorra en el siglo XV,* Ma. 1913.

CARTAGENA: 1323, Juan Muñoz; 1341, 1344, Pedro Peñaranda; 1352, 1362, Alonso Vargas; 1370, Nicolás Aguilar; 1391, 1392, 1395, Fernando Pedrosa; 1406, 1409, Pablo de Santa María; 1492-1495, Bernardino Carvajal; 1578, Gómez Zapata; 1567 a 1573, Arias Gallego; 1583, Jerónimo Manrique, ed. Valladolid 1590, se reedita en 1897 en Murcia.
BIBL.: P. DÍAZ CASSOU, *Serie de los obispos de Cartagena,* Ma. 1895; J. P. TEJERA y R. DE MONCADA, *Biblioteca del murciano...,* Ma. 1922.

CIUDAD REAL: 1892, José M. Rancés, ed. Ciudad Real 1892.

CIUDAD RODRIGO: 1491, Diego Muros; 1592, Martín de Salvatierra, ed. Salamanca 1595; 1889, José Tomás de Mazarrasa, ed. Ciudad Rodrigo 1890.
BIBL.: M. HERNÁNDEZ VEGAS, *Ciudad Rodrigo. La Catedral y la Ciudad,* 2 vols., Sa. 1935.

CÓRDOBA: 1257-1274, Fernando Mesa; 1274-1292, Pascual; 1379-1397, Juan Fernández Pantoja; 1440-1455, Sancho Rojas; 1465-1476, Pedro de Córdoba; 1477-1482, Alfonso de Burgos; 1494, Iñigo Manrique de Lara; 1520, Alonso Manrique, ed. Sevilla 1521; 1559, ¿Diego Alba?; 1563, 1566 a 1570, Cristóbal de Rojas (todos ellos editados en Córdoba el mismo año de la celebración); 1662, Francisco de Alarcón, ed. Madrid 1667, reimpreso por el obispo Baltasar de Yusta y Navarro en Córdoba 1789.
BIBL.: J. GÓMEZ BRAVO, *Catálogo de los Obispos de Córdoba,* 2 vols., Co. 1788; J. M. VALDENEBRO Y CISNEROS, *La imprenta en Córdoba...,* Ma. 1900.

CORIA: 1315, Rodrigo de Padrón; 1331, Alonso Segundo; 1370, fray Gil; 1406, fray García de Castronuño; 1458, 1462, Iñigo Manrique de Lara; 1482, Juan de Ortega; 1537, Francisco Mendoza y Bobadilla, ed. Salamanca 1572 por el obispo posterior Diego Deza; 1543, Francisco Mendoza y Bobadilla; 1567, Diego Deza (edita las de Mendoza); 1594, 1595, Pedro García de Galarza; 1606, Pedro de Carvajal, ed. Salamanca 1608; 1897, Ramón Peris y Mencheta, ed. Cáceres 1897.
BIBL.: *Sínodo Diocesano de Coria, celebrado los días 21, 22, 23 de abril de 1897... Ramón Peris y Mencheta,* Ca.

1897; F. SAN PEDRO GARCÍA, *La Reforma de Trento en Coria:* R118, 10(1957)273-99.

CUENCA: 1531, Diego Ramírez de Villaescusa, ed. Cuenca 1531; 1566, fray Bernardo Fresneda, ed. Madrid 1571; 1574, Gaspar Quiroga; 1592, Juan Fernández Vadillo; 1602, Andrés Pacheco, ed. Cuenca 1603; 1626, Enrique Pimentel, ed. Cuenca 1626; 1952, Inocencio Rodríguez, ed. Madrid 1952.
BIBL.: *Sínodo Diocesano de Cuenca... por el Excmo. y Revmo. Sr. D. Inocencio Rodríguez, en 1952,* Ma. 1952; T. MUÑOZ Y SOLIVA, *Noticias de todos los Ilustrísimos Señores Obispos que han regido la Diócesis de Cuenca,* Cu. 1860.

GERONA: 1245-1254, Berenguer de Castellbisbal; 1254, 1260 y 1261, 1267 a 1274, Pedro de Castellnou; 1279, Bernardo de Vilacert; 1317, 1318, Pedro de Rocaberti; 1337-1339, 1344-1348, Arnaldo de Monrodó; 1352 a 1355, 1359 a 1360, Berenguer de Cruilles; 1365, 1367, 1368, Iñigo de Valterra; 1378, Bernardo de Pau; 1487, 1498, 1499, 1502, 1503, Berenguer de Pau; 1511, 1512, 1515, 1517, 1520 a 1526, 1530, fray Guillermo Ramón Boyl (los sínodos de Berenguer constituyen breves folios impresos, Códice T. 119 y 121 del Archivo Diocesano de Gerona, s.l.n.f.; el de 1512 de Boyl lo da como impreso A. PALAU, *Manual del Librero Hispanoamericano,* IV, 48); 1534 a 1536, 1539, 1543, Juan de Margarit; 1574, 1575, 1577, fray Benito Tocco; 1583 y 1584, 1586 a 1588, 1591 a 1597, Jaime Cassador; 1598, sede vacante; 1600, 1601, 1605, Francisco Arévalo de Zuazo, ed. copilación en Barcelona 1606; 1606 a 1610, Francisco Arévalo de Zuazo; 1611, sede vacante; 1612 a 1614, 1616 a 1619, Onofre Reart; 1620, Pedro Moncada; 1622, sede vacante; 1623, 1625, fray Francisco Sanjust; 1627, sede vacante; 1628 a 1633, García Egidio Manrique; 1634 a 1635, Gregorio Parcero; 1656, sede vacante; 1657 y 1658, Bernardo de Cardona; 1659, 1660, sede vacante; 1661 a 1664, fray José Fageda; 1665 a 1668, José Ninot; 1669 a 1673, Francisco Dou; 1674 y 1675, Alfonso de Balmaseda; 1680 a 1686, fray Severo Tomás Auther; 1687 a 1698, fray Miguel Pontich (en 1691 edita la copilación en Gerona); 1700 a 1720, Miguel Juan de Taberner y Rubí; 1721 a 1725, José de Taherner y d'Ardena; 1726, sede vacante; 1727 y 1728, Pedro Copons y de Copons; 1729 a 1744, Baltasar de Bastero y Lledó; 1745, sede vacante; 1746 a 1755, Lorenzo de Taranco y Mussaurieta; 1756, sede vacante; 1757 a 1774, Manuel Antonio de Palmero y Rallo; 1775, sede vacante; 1776 a 1794, Tomás Lorenzana y Butrón; 1797, Santiago Pérez Arenillas; 1798, sede vacante; 1799 a 1807, Juan Agapito Ramírez de Arellano; 1820 a 1824, Miguel Pérez González; 1826 a 1833, Dionisio Castaño Bermúdez; 1850 a 1854, 1857 a 1859, Florencio Lorente Montón; 1863, 1867, Constantino Bonet. (Las resoluciones desde los Sínodos de 1820 a 1867 están impresas por distintos impresores, comprenden pocas páginas en cada sínodo y forman un conjunto de 100 páginas sin numerar).
BIBL.: *Berenguer de Pau, 1503. Francisco Arévalo de Zuazo,* Ba. 1606; ES 44. Notas facilitadas personalmente por el archivero diocesano T. Noguer.

GRANADA: 1572, Pedro Guerrero, ed. Granada 1573; 1805, Juan Manuel Moscoso reimprime Constituciones de Guerrero, ed. Madrid 1805; 1952, Balbino Santos Olivera, ed. Granada 1952.

GRAN CANARIA: 1514, 1515, Fernando Arce; 1634, Cristóbal de la Cámara, ed. Madrid 1634; 1737, Pedro Manuel Dávila, ed. Madrid 1737; 1919, Angel Marquina, ed. Palma 1920; 1947, Antonio Pildáin Zapiain, ed. Las Palmas 1947.
BIBL.: J. DE VIERA Y CLAVIJO, *Noticias de la Historia de Canarias...,* 3 vols., Santa Cruz de Tenerife 1952.

GUADIX: 1554, Martín Pérez de Ayala, ed. Alcalá de Henares 1556.

HUESCA: 1253-1269, Domingo de Sola; 1273-1290, Jaime Sarroca; 1295, 1298, Ademar; 1313, Martín López de Azlor; 1318 y ? (1313-1324), Martín de Oscabio; 1325, 1328, Gastón de Moncada; 1337-1345, Bernardo Oliver; 1351, Pedro Glascario; 1364, Jimeno de Ribabellosa; 1408, Juan de Tauste; 1444, Guillermo de Siscar; 1458-1465, Guillermo Ponz de Fenollet; 1470, Antonio Espés; 1540, Martín de Gurrea; 1554, ¿1565?, Pedro Agustín; 1585, Martín de Cleriguech; 1594, Diego Monreal, ed. Huesca 1595; 1617, Juan Moriz de Salazar, ed. Huesca 1617; 1641, Esteban Esmir, ed. Huesca 1641; 1671, Bartolomé Fontcalda, ed. Huesca 1671; 1686, 1692, Pedro Gregorio de Antillón, ed. Huesca 1687; 1716, Gregorio de Padilla, ed. Huesca 1716; 1738, fray Plácido Bayles, ed. Zaragoza 1739; 1745, Antonio Sánchez Sardinero; 1945, Lino Rodrigo, ed. Huesca.
BIBL.: L. DE ZARAGOZA y R. DE HUESCA, *Teatro histórico de las Iglesias del Reino de Aragón...*, VI, Pam. 1780; J. ZUNZUNEGUI, *Concilios y Sínodos medievales españoles:* R118, 4(1951)188-199; ID., *Los Sínodos Diocesanos de Huesca celebrados durante el Pontificado de Gastón de Moncada (1324-28):* R202, 4(1957)326-53; A13, III.

JACA: 1572-1578, Pedro Frago; 1584, Pedro de Aragón; 1593, Diego Monreal, ed. Zaragoza 1593; 1594, Malaquías de Asso, ed. Zaragoza 1595; 1599, Malaquías de Asso; 1608, Tomás Cortés; 1618, Luis Díez Aux de Armendáriz, ed. Zaragoza 1622; 1627, José Palafox (lo convocó, murió antes de celebrarlo); 1633, Vicente Domec, ed. Huesca 1634; 1662, Bartolomé Fontcalda, ed. Huesca 1663; 1678, Bernardo Mateo Sánchez de Castelar (¿impreso?); 1683, Miguel Lorenzo Frías, ed. Huesca 1683; 1717-1720, Francisco Polanco (lo empezó y no pudo terminar); 1722, Miguel Estela; 1739, Juan Domingo Manzano Carvajal, ed. Zaragoza 1740; 1751, Esteban Vilanoba; 1756, 1765, Pascual López de Estaún, ed. Zaragoza 1766; 1770, Pascual López de Estaún; 1889, fray José López Mendoza; 1912, Antolín L. Peláez; 1918, Manuel de Castro, ed. Jaca 1918; 1930, Juan Villar y Sanz, ed. Pamplona 1931.
BIBL.: L. DE ZARAGOZA y R. DE HUESCA, *o.c.*, VIII; A13, III.

JAÉN: 1478, Iñigo Manrique, ed. 1478; 1492, Luis Osorio; 1511, Alonso de la Fuente, ed. s.l.n.f.; 1586, Francisco Sarmiento, ed. Baeza 1587; 1624, Baltasar Moscoso, ed. Baeza 1626; 1660, Fernando de Andrade, ed. Toledo 1660; 1787, Agustín Rubín de Ceballos reimprime en Jaén las de 1624; 1872, Antolín Monescillo; 1953, Rafael García de Castro, ed. Jaén 1953.
BIBL.: M. DE JIMENA JURADO, *Catálogo de los Obispos de las Iglesias Catedrales de Jaén...*, Ma. 1654.

IBIZA: 1929, Salvio Huix Miralpeix, ed. Ibiza 1929.

LEÓN: 1267, 1288, Martín Fernández; 1303, 1306, Gonzalo Osorio; 1318, 1319, García Ayerbe; 1426, Alonso de Cusanca; 1578, Juan de San Millán; 1580 a 1583, Francisco de Trujillo, ed. Alcalá de Henares 1591; 1604, Andrés del Coso; 1608-1613, Francisco Terrones; 1618, Juan de Llanos; 1630, Gregorio Pedrosa; 1636, 1639, 1643, 1647, Bartolomé Santos Rissoba, ed. Alcalá de Henares 1651; 1671, fray Juan de Toledo, ed. Madrid 1672; 1893, Francisco Gómez-Salazar y Lucio, ed. León 1893; 1957, Luis Almarcha, ed. León 1957.
BIBL.: J. GARCÍA TEJERINA, *Sínodos históricos legionenses:* Boletín Oficial del Obispado de León, 10(1957)320-335.

LÉRIDA: 1240, Raimundo Ciscar; 1254, Guillermo de Barberá; 1279, Guillermo de Moncada; 1294, Geraldo de Andriano; 1301, Pedro Raymundo; 1308,

Ponce de Aquilaniu; 1314, 1315, 1318, 1321, Guillermo de Agonis; 1323, Ponce de Villamur; 1368, Romeo Cescomes; 1428, Domingo Ram; 1494, 1500, Luis Juan de Milá; 1525, Jaime Conchillos; 1545, 1550, Fernando Loaces; 1557, Miguel Despuig; 1562 a 1564, 1569, 1573, Antonio Agustín; 1583, Benito Tocco; 1600, 1616, Francisco Virgili, ed. copilación en Lérida 1618; 1633, Antonio Pérez; 1636, Bernardo Caballero; 1646, Pedro Santiago, ed. Lérida, 1645; 1675, Jaime Copas; 1691, fray Miguel Jerónimo de Molina, ed. recopilación Lérida 1691; 1702, fray Francisco Solís; 1714, fray Francisco de Olasso, ed. Zaragoza 1715; 1740, Gregorio Galindo; 1761, Manuel Macías, ed. Lérida 1761; 1879, Tomás Costa y Fornaguera, reimprime en Lérida las de 1714.

LUGO: 1594, Lorenzo Asensio Otaduí; 1601, Pedro Castro; 1604, 1609, Juan García de Valdemora; 1618, Alonso López Gallo; 1630, Diego Vela, ed. Madrid 1632; 1669, Matías Moratinos, ed. Madrid 1675; 1803, Felipe Peláez, reimprime las de 1669 en Santiago; 1891, Gregorio María Aguirre, ed. Lugo 1891.
BIBL.: ES 41; M. PAZOS, *El Episcopologio Gallego, a la luz de documentos romanos*, III, Ma. 1964.

MADRID: 1909, José María Salvador y Barrera, ed. Madrid 1909; 1948, Leopoldo Eijo y Garay, ed. Madrid 1948.

MÁLAGA: 1515, Diego Martínez Ramírez de Villaescusa; 1543, Bernardo Manrique; 1572, Francisco Blanco, ed. Granada 1573; 1671, fray Alonso de Santo Tomás, ed. Sevilla 1674; 1909, Juan Muñoz de Herrera, ed. Málaga 1910.
BIBL.: C. GARCÍA DE LA LEÑA, *Conversaciones históricas malagueñas*, 4 vols., Mal. 1793.

MALLORCA: 1250, Raimundo Torrelles; 1298, Ponce Jardino; 1385, fray Pedro Cima; 1395, Luis de Prades; 1562, 1567, Diego de Arnedo; 1588, 1589, 1592, Jaime Vich y Manrique, ed. Mallorca años 1589, 1593 y 1597, respectivamente; 1611, 1619, fray Simón Bausá, ed. Mallorca años 1611 y 1620, respectivamente; 1628, Baltasar de Borja; 1636, Juan de Santander, ed. Mallorca 1636; 1659, Diego Escolano, ed. Madrid 1660; 1662, Pedro de Alagón, ed. Palma 1692; 1932, José Miralles, ed. Palma 1933; 1959, Jesús Enciso, ed. Barcelona 1960.
BIBL.: *Viage* 22.

MONDOÑEDO: 1249, Juan Sebastianes; 1324, Gonzalo; 1361, Alfonso Sánchez; 1379, Francisco I; 1397, Lope Mendoza; 1400, 1401, Alvaro de Isorna; 1429, 1437 y 1438, Pedro Enríquez de Castro; 1447, Pedro Arias; 1496, Alfonso Suárez de la Fuente; 1534, Pedro Pacheco (¿editado?); 1538, 1540, 1541, Antonio Guevara; 1585, 1586, Isidro Caja; 1606, Diego González Sarmiento; 1617, Pedro Fernández Zorrilla, ed. copilación Madrid 1618; 1620, 1621, 1624, 1627, fray Rafael Díaz de Cabrera; 1632, Francisco Villafane; 1635, Antonio Valdés; 1641, Gonzalo de Somoza; 1654, Francisco Torres de Grijalba; 1679, Sebastián Arévalo, ed. Santiago 1680; 1686, fray Gabriel Ramírez de Arellano, ed. Santiago 1686; 1889, José María de Cos y Macho, reedita las de fray Gabriel en Mondoñedo 1889; 1960, Jacinto Argaya, ed. Madrid 1960.
BIBL.: R. SANJURJO Y PARDO, *Los Obispos de Mondoñedo*, 2 vols., Lugo 1854; J. M. OCHOA MARTÍNEZ DE SORIA, *Centro de Estudios Medievales del Seminario de Vitoria en los Archivos de las Catedrales Gallegas:* R202, 7(1960) 345-68.

ORENSE: 1287, Pedro Yáñez de Novoa; 1328, Gonzalo de Novoa; 1340, Vasco Pérez de Murillo; 1363, Alfonso de Mayo; 1385, Pascual García; 1391, Diego Anaya; 1394, Pedro Díaz; 1422, Alfonso de Cusanca;

1457, Pedro de Silva; 1471-1484, Diego Fonseca; 1491, 1495, 1497, 1501, Antonio Palavicino; 1510, Pedro Isuelles, cardenal Regino; 1526, Orlando de la Rubiere; 1539, 1541, Antonio Ramírez; 1543, 1544, Francisco Manrique de Lara, ed. Orense 1544; 1578-1587, Juan de San Clemente, cinco sínodos; 1612, Sebastián de Bricianos; 1619, Pedro Ruiz de Valdivielso, ed. Madrid 1622; 1635, Luis García Rodríguez; 1659, Alfonso de S. Vitores Portillo; 1843, sede vacante, el vicario Juan Manuel Bedoya reimprime las de 1619, ed. Orense 1843; 1908, Eustaquio Ilundáin Esteban, ed. Orense 1908.
BIBL.: ES 17; M. PAZOS, *o.c.*, II; J. M. OCHOA MARTÍNEZ DE SORIA, *Centro de Estudios... en los Archivos de las Catedrales Gallegas:* R202, 7(1960)345-68.

ORIHUELA: 1569, Gregorio Gallo, ed. Murcia; 1600, José Estéfano, ed. Murcia s.f.; 1663, Acacio March de Velasco, ed. Murcia s.f.; 1967, Pablo Barrachina, ed. Murcia 1967.

OSMA: 1444, Roberto Moya; 1511, Alonso Enríquez, ed. Toledo 1513; 1538, Pedro González Manso, ed. Valladolid 1538; 1584, Sebastián Pérez, ed. Burgos 1586; 1596, 1601, Pedro de Rojas; 1607, fray Enrique Enríquez, ed. Madrid 1609; 1647, Antonio Valdés, ed. Valladolid 1647; 1638, Martín Carrillo; 1906, José María García Escudero, ed. Logroño 1907.
BIBL.: J. LOPERRÁEZ, *Descripción histórica del Obispado de Osma...*, 3 vols., Ma. 1788.

OVIEDO: 1530, Diego Acuña; 1534, Fernando Valdés; 1544, Juan Calvete; 1556, Cristóbal de Rojas, ed. Oviedo 1556 (perdido); 1586, 1588 a 1590, 1592, 1593, Diego Aponto Quiñones; 1607, Juan Alvarez de Caldas, ed. Valladolid 1608; 1698, Tomás Peluy; 1769, Agustín González Pisador, ed. Salamanca 1786; 1886, fray Ramón Martínez Vigil, ed. Oviedo 1886; 1891, fray Ramón Martínez Vigil; 1923, Juan Bautista Luis, ed. Oviedo 1926.
BIBL.: ES 39; J. L. GONZÁLEZ NOVALÍN, *Historia de la reforma tridentina en la diócesis de Oviedo:* R118, 16(1963) 323-346.

PALENCIA: 1344 a 1346, 1349, 1351, Don Vasco; 1403-1415, Sancho Rojas; 1417-1426, Rodrigo de Velasco; 1440-1461, Pedro de Castillo; 1467-1469, Gutierre de la Cueva; 1473-1486, Diego Hurtado de Mendoza; 1486-1488, fray Alonso de Burgos; 1500, Diego Deza (ed. Salamanca 1501?); 1541, Luis Cabeza de Vaca, ed. Palencia 1548; 1566, Cristóbal Fernández de Valtodano, ed. Palencia 1567; 1571, Juan de Zapata; 1582, Alvaro Mendoza, ed. Burgos 1585; 1615, Felipe Tasses; 1621, fray José González, ed. Valladolid 1624; 1678, Juan de Molino y Navarrete, ed. Madrid 1681; 1906, Enrique Almaraz y Santos, ed. Palencia 1906.
BIBL.: A9; J. SAN MARTÍN, *Sínodos Diocesanos del Obispo Don Vasco (1344-52):* R153, 2(1945)129-173.

PAMPLONA: 1216, 1218, Guillermo Santonge; 1301, Miguel Pérez; 1313, 1315, Arnalt de Puyano; 1325, 1330, 1341, 1346, 1349, 1354, Arnaldo de Barbazán; 1357, Miguel Sánchez; 1383, Bernalt de Foucault; 1388, Martín de Zalba; 1409, Lanceloto de Navarra; 1421, Sancho S. Oteiza; 1458, cardenal Basarión; 1466, Nicolás de Echávarri; 1477, Alfonso Carrillo; 1499, Antoniotto Pallavicini, ed. de Pamplona 1501 (muy importante); 1524, 1528, cardenal Cesarini; 1531, cardenal Cesarini, ed. Lyon 1532; 1544, Pedro Pacheco, ed. Pamplona 1544; 1548, Antonio Fonseca; 1551, Alvaro de Moscoso; 1556, Diego Ramírez Sedeño; 1577, Antonio de Manrique; 1586, Pedro de la Fuente; 1590, Bernardo Rojas y Sandoval, ed. Pamplona 1591; 1634, Pedro Fernández Zorrilla; 1815, Veremundo Arias; 1958, Enrique Delgado, ed. Pamplona 1958.

BIBL.: *Sínodo Diocesano... por D. Enrique Delgado,* Pam. 1958, especialmente p. 7-9 donde J. Goñi Gaztambide hace una síntesis de los sínodos pamploneses; J. GOÑI GAZTAMBIDE, *Los navarros en el Concilio de Trento...,* Pam. 1947; ID., *El Card. Besarión y su sínodo de 1459:* R13, 4(1956)251, ss.; ID., *Don Nicolás Echávarri (1462) Obispo de Pamplona:* R118, 8(1955)35-84; ID., *Los obispos de Pamplona del siglo XIII:* R152, 18(1957)70, ss.

PLASENCIA: 1412, Vicente Arias de Balboa; 1432, Gonzalo de Santa María; 1499, Gutierre Alvarez de Toledo; 1534, Gutierre Vargas de Carvajal; 1566, Pedro Ponce de León; 1582, Andrés de Noroña; 1622, Sancho Dávila y Toledo; 1655, Juan Coello de Sandoval; 1659, Luis Crespí de Borja; 1687, fray José Jiménez, ed. Madrid 1692; 1891, Pedro Casas y Souto, ed. Madrid 1892.
BIBL.: M. Notas facilitadas personalmente por el canónigo-archivero M. López Sánchez.

SANTANDER: 1891, Vicente Santiago, ed. Santander 1891.

SALAMANCA: 1410, Don Gonzalo; 1497, Diego Deza, ed. incunable; 1560, 1565, Pedro González de Mendoza; 1570, Pedro González de Mendoza, ed. Salamanca 1573; 1583, Jerónimo Manrique de Lara, ed. Salamanca 1583; 1598, Pedro Junco de Posada; 1604, Luis Fernández de Córdova, ed. Salamanca 1606; ¿1619, Francisco Hurtado de Mendoza?; ¿1626, Antonio Corrionero?; ¿1638, Cristóbal de la Cámara? (estos tres sínodos los cita solamente el historiador local Villar y Macías; no lo hace B. Dorado, ni —lo que es más significativo— los cita la copilación posterior de Pedro Carrillo); 1654, Pedro Carrillo de Acuña, ed. Salamanca 1656; 1889, Tomás Cámara y Castro, ed. Salamanca 1889.
BIBL.: B. DORADO, *Compendio histórico de la Ciudad de Salamanca...*, Sa. 1896; M. VILLAR Y MACÍAS, *Historia de Salamanca*, 3 vols., Sa. 1887.

SANTIAGO: 1229, Bernardo; 1245-1255, Juan Arias; 1289, Rodrigo González; 1309, 1310, 1313, Rodrigo Padrón; 1319, 1320, 1322, 1328, Berenguel de Landore; 1337, Juan Fernández; 1346, Pedro; 1352, Gómez Manrique; 1390, Juan García Manrique; 1401, 1415, 1416, 1431, 1435, 1436, 1439, Lope Mendoza; 1452, Rodrigo de Luna; 1511, Alonso de Fonseca; 1532, Juan Tabera; 1551, Juan Alvarez de Toledo; 1559, Gaspar de Zúñiga; 1576, Francisco Blanco, ed. Madrid 1579; 1601, Juan de San Clemente reimprime las de 1576, ed. Santiago 1601; 1604, 1605, 1607, 1609, 1610, 1611, 1613, Maximiliano de Austria (los de 1605, ed. Santiago 1605, y los de 1609 ed. Santiago 1609; 1619, 1621, Juan Beltrán de Guevara; 1629, fray José González; 1635, cardenal Agustín Spínola; 1648, Fernando de Andrade (ed. s.l.n.f.); 1735, José Yermo; 1746, Cayetano Gil Taboada, ed. Santiago 1747; 1891, José Martín Herrera, ed. Santiago 1891; 1909, José Martín Herrera, ed. Santiago 1909.
BIBL.: A. LÓPEZ FERREIRO, *Historia de la Santa A. M. Iglesia de Santiago de Compostela,* 11 vols., Sant. 1898-909; J. M. OCHOA MARTÍNEZ DE SORIA, *El Centro de Estudios Medievales... en los Archivos de las catedrales gallegas:* R202, 7(1960)345-368.

SEGORBE: 1320, 1323, Sancho Dull; 1338, Elías; 1367, Juan de Barcelona; 1417, fray Juan de Tauste; 1428, Francisco Aguilón; 1479, 1485, cardenal Bartolomé Martí; 1531, Gaspar Jofre; 1566, Juan de Muñatones; 1586, Martín de Salvatierra; 1592, Juan Bautista Pérez; 1611, Pedro Ginés Casanova, ed. Valencia 1613; 1644, fray Diego Serrano, ed. Valencia 1645; 1660, fray Francisco Gabalda; 1668, fray Anastasio Vives de Rocamora, ed. Valencia 1669.
BIBL.: *Viage,* 3; F. AGUILAR, *Noticias de Segorbe y su obispado,* 2 vols., Segorbe 1890; J. ZUNZUNEGUI, *Los sínodos diocesanos de Segorbe y Albarracín celebrados por fray Sancho Dull (1319-1356):* R202, 1(1954)147-65.

SEGOVIA: 1214-1224, Gararado; 1303, Fernando Sarracín; 1325, Pedro Cuéllar; 1370-1374, Juan Sierra; 1398-1437, Juan Vázquez de Cepeda; 1440, Lope Barrientos; 1472, Juan Arias Dávila, ed. incunable; 1478, 1480, Juan Arias Dávila; 1529, Diego Ribera, ed. Valladolid 1529; 1564, Martín Pérez de Ayala; 1566, Diego Cobarrubias; 1586, Andrés Cabrera y Bobadilla, ed. Barcelona 1587; 1596, Andrés Pacheco; 1605, Pedro Castro; 1624-1633, Melchor Moscoso; 1648, fray Sebastián Araujo, ed. Madrid 1649; 1911, Julián Miranda, ed. Segovia 1911.
BIBL.: D. COLMENARES, *Historia de la insigne ciudad de Segovia*,.., 3 vols., Seg. 1921; J. M. OCHOA Y MARTÍNEZ DE SORIA, *El Archivo Catedral de Segovia*: R202, 6(1959)328-39.

SEVILLA: 1490, Diego Hurtado de Mendoza; 1572, 1573, Cristóbal de Rojas, ed. Sevilla 1573; 1586, Rodrigo de Castro, ed. Sevilla 1591; 1604, Fernando Niño de Guevara, ed. Sevilla 1609, reimpresas Sevilla 1862-1864; 1943, cardenal Pedro Segura y Sáenz, ed. Sevilla 1943.
BIBL.: J. ALONSO MORGADO, *Prelados sevillanos o episcopologio...*, Se. 1906.

SIGÜENZA: c. 1380 Juan G.ª Manrique, 1390-1402, Juan Serrano; 1409, Juan de Illescas; 1456, Fernando Luján; 1532, cardenal García Loaysa, ed. Alcalá de Henares 1534; 1566, Pedro Gasca, mandada imprimir por su sucesor cardenal Diego de Espinosa en Alcalá de Henares 1571; 1584, fray Lorenzo de Figueroa, ed. Madrid 1585; 1589, fray Lorenzo de Figueroa, ed. Alcalá 1589; 1609, fray Mateo de Burgos, ed. en Zaragoza por el sucesor fray Pedro de Tapia en 1647; 1655, fray Bartolomé Santos de Rissoba, ed. Alcalá 1660; 1948, Luis Alonso Muñoyerro, ed. Sigüenza 1948.
BIBL.: F. T. MINGUELLA Y ARNEDO, *Historia de la Diócesis de Sigüenza y de sus obispos*, 3 vols., Ma. 1911-13.

SOLSONA: 1598, 1599, Luis Sans; 1614, Juan Alvaro; 1629, Miguel de los Santos de San Pedro; 1631, 1634, Pedro de Puigmarí; 1636-1639, Diego Serrano; 1640 a 1642, Pedro de Santiago; 1657, Francisco Roger; 1665, 1666, 1669, 1674, 1680, 1684, Luis de Pons (en su tercer sínodo se aprobaron y mandaron imprimir las constituciones de Miguel de los Santos de San Pedro [1629] y Pedro Santiago [1640 a 1642] y se editaron en Barcelona 1671); 1686, Manuel de Alba; 1694-1699, Juan de Santa María Alonso y Valeria; 1700, 1703, Guillermo de Goñalons; 1710, Francisco Dorda; 1717, Pedro Magaña; 1720, Tomás Broto; 1741, Francisco Zarceño; 1751, fray José Mezquía, reimprime las Constituciones de 1629 y 1641; 1673, Rafael Lasala; 1949, Vicente Enrique y Tarancón, ed. Tárrega 1949.
BIBL.: D. COSTA Y BOFARULL, *Memorias de la Ciudad de Solsona y su Iglesia*, Ba. 1959.

TARAZONA: 1332, Don Beltrán; 1354, Pedro Pérez Calvillo; 1392, Fernando Calvillo; 1458, obispo Bardají; 1567, Juan González de Munébrega; 1581, Juan Redín; 1593, Pedro Cerbuna.
BIBL.: J. M. SANZ ARTIBUCILLA, *Historia de la... ciudad de Tarazona*, 2 vols., Ma. 1929; ES 49.

TARRAGONA: 1335, Arnaldo de Cescomes; 1355, Sancho López de Ayerbe; 1358, 1360, 1368, 1372, Pedro de Clasquerí; 1388 a 1390, Iñigo de Valterra; 1410, Pedro de Çagarriga; 1420, Dalmacio de Mur; 1566, Fernando Loaces; 1578, 1581, Antonio Agustín (edita los propios y en copilación con el de 1566 de Loaces, ed. Tarragona 1581); 1607, Juan Vich Manrique, ed. Tarragona 1607; 1622, Juan de Moncada; 1632, Juan de Guzmán; 1655, Francisco de Rojas; 1668, Juan Manuel Espinosa; 1704, fray José Llinás, ed. Barcelona 1704.
BIBL.: *Viage* 20; J. BLANC JOAQUÍN ICART, *Arxiepiscopologi de la Santa Esglesia Metropolitana i Primada de Tarragona*, 2 vols., Ta. 1951.

TERUEL: 1579, Andrés Santos; 1588, Jaime Jimeno, ed.

Zaragoza 1588; 1612, Martín Terrer; 1627, Fernando de Valdés y Llano, ed. Zaragoza 1628; 1657, 1662, Diego Chueca; 1886, Antonio Ibáñez Galiano, ed. Teruel 1886; 1952, fray León Villuendas, ed. Zaragoza 1952.

TOLEDO: 1481, Alfonso Carrillo; 1482-1495, Pedro González de Mendoza; 1497, 1498, fray Francisco Jiménez de Cisneros, ed. Salamanca 1498; 1536, cardenal Juan Tabera, ed. Alcalá 1536; 1566, Gómez Tello Girón, ed. Toledo 1568; 1583, Gaspar de Quiroga, ed. Madrid 1583; 1601, Bernardo Rojas y Sandoval, ed. Toledo 1601; 1622, cardenal Fernando Infante, ed. Madrid 1622; 1660, cardenal Baltasar Moscoso, ed. Madrid 1660; 1682, cardenal Juan Manuel Portocarrero, ed. Madrid 1682, reimpresas en 1849; 1941, cardenal Enrique Pla y Deniel, ed. Toledo 1941.
BIBL.: C. SÁNCHEZ ALISEDA, *Precedentes toledanos de la reforma tridentina*: R171, 3(1948)457-95.

TORTOSA: 1274, 1278, Arnaldo Jordán; 1307, 1308, Pedro Betteto; 1311, 1314, Francisco de Pahilach; 1318, 1323, 1324, 1328, 1330, Berenguer Prots; 1343, Arnaldo de Lordato; 1359, Juan de Fabrol; 1378, Guillermo Torrelles; 1388, Hugo de Lupiá y Bagés; 1432 y 1433, Otón de Moncada; 1575, Juan de Izquierdo, ed. Valencia 1575; 1615, Alfonso Márquez de Prado, ed. Valencia 1616; 1621, Luis de Tena; 1637, Justino Antolínez de Burgos; 1666 y 1682, José Fageda; 1687, 1696, Severo Thomas de Auther, ed. Barcelona 1697, copilación; 1691, Manuel Ros de Medrano edita en Tortosa una copilación importante sin sínodo.
BIBL.: R. O'CALLAGAN, *Episcopologio de la Santa Iglesia de Tortosa*, Tor. 1896.

TUY: 1482, Diego Muros; 1497, Pedro Beltrán; 1528 a 1530, Diego de Avellaneda, ed. Lyon (Francia) 1531; 1543, Miguel Muñoz; 1578, Diego Torquemada; 1588, Bartolomé Molino; 1590, Bartolomé Plaza; 1604, Francisco Terrones del Caño; 1627, Pedro Herrera; 1655, fray Juan de Villamur, ed. Santiago 1665; 1761, Juan Rodríguez Castañón, ed. Santiago 1761.
BIBL.: R. RODRÍGUEZ BLANCO, *Apuntes históricos de la santa Iglesia Catedral, ciudad y diócesis de Tuy*, Sant. 1879.

URGEL: 1266, Abril y Pedro; 1276, 1286, Pedro de Urgio; 1309-1326, fray Raimundo Trebaylla; 1328, Arnaldo de Lordato; 1362, 1364, Guillermo Arnaldo de Patau; 1416, Francisco Tovía; 1542, 1545, Francisco Urriés; 1580, Ambrosio Moncada; 1610, 1616, fray Bernardo Salvá; 1622, fray Luis Díez Aux de Armendáriz; 1627, 1630, Antonio Pérez, ed. Barcelona 1632; 1635, Pablo Durán; 1651, sede vacante; 1665, 1670, Melchor Palau; 1671, Pedro Copons; 1683, Juan Bautista Desbachs; 1688, sede vacante; 1689, Olegario de Montserrat; 1696, Julián Cano; 1715, Simeón de Guinda; 1738, Jorge Curado; 1747, fray Sebastián de la Victoria, ed. Barcelona 1748; 1758, Francisco José Catalán; 1763, Francisco Fernández de Játiva; 1772, Joaquín de Santiyán Valdevieso; 1781, Juan García de Montenegro; 1786, José Boltas; 1798, Francisco Antonio de Dueña y Cisneros (edita en Cervera s.a. copilación reciente); 1818, Bernardo Francés Caballero; 1825, Bonifacio López Pulido; 1828, Simeón Guardiola.
BIBL.: *Viage* 11. Notas facilitadas personalmente por el canónigo-archivero L. Cerdá.

VALENCIA: 1255, 1258, 1261 a 1263, 1268 y 1269, 1272, fray Andrés de Albalat; 1278, 1280, Jazperto de Botonach; 1296, 1298, Raimundo Despont; 1320, Raimundo Gastón; 1349, 1351, Hugo de Fenollet; 1357, 1368, Vidal de Blanes (de quien consta además la convocatoria para otro en 1360); 1382, 1385, Jaime de Aragón (de quien constan también convocatorias para 1373, 1375, 1387); 1400, 1405, 1408, 1422, Hugo de Lupiá y Bagés (de quien consta también convocatoria para

2494 SISBERTO — SOBREVIELA

1404); 1432, Alfonso de Borja; 1548, Tomás de Villanueva, ed. Valencia 1548; 1566, Martín Pérez de Ayala, ed. Valencia 1566; 1578, 1584, 1594 (dos sínodos), Juan de Ribera, ed. Valencia 1594; 1599, Juan de Ribera, ed. Valencia 1599; 1607, Juan de Ribera; 1631 fray Isidoro Aliaga, ed. Valencia 1631; 1657, fray Pedro de Urbina, ed. Valencia 1657; 1687, fray Juan Tomás de Rocaberti, ed. Valencia 1690; 1951, Marcelino Olaechea, ed. Valencia 1952.

BIBL.: E. OLMOS Y CANALDA, *Los prelados valentinos*, Val. 1949.

VALLADOLID: 1607, Juan Bautista Acevedo, ed. Valladolid 1607; 1634, Gregorio de Pedrosa; 1885, Benito Sanz y Forés, ed. Valladolid 1886.

BIBL.: M. DE CASTRO ALONSO, *Episcopologio Vallisoletano*, Va. 1904.

VICH: 1251, 1252, Bernardo Mur; 1270, 1290, Raimundo de Anglesola; 1299, Berenguer de Bellvís; 1318, Berenguer de Guardia; 1340, Galcerán de Costa; 1348, Hugo de Fenollet; 1358, Ramón Bellera; 1581, Pedro de Aragón; 1591, Pedro Jaime, ed. Tarragona 1591; 1593, 1596, Francisco Robuster; 1609, 1610, Onofre Reart; 1618, fray Andrés de San Jerónimo; 1628, Pedro Magarola, ed. Barcelona 1628; 1636, Gaspar Gil; 1657, Francisco Crespí; 1667, 1673, Jaime Copons; 1677, 1684, Jaime Mas; 1685, Antonio Pascual, ed. Barcelona 1685; 1691, Antonio Pascual; 1710, 1714, Manuel Sanjust y Pagés; 1721, Raimundo Marimón, ed. Barcelona 1721; 1744, 1748, Manuel Muñoz edita copilación Vich 1748; 1752, fray Bartolomé Sarmiento, edita copilación Vich 1752; 1945, Juan Perelló, ed. Barcelona 1946.

BIBL.: J. L. MONCADA y L. B. NADAL, *Episcopologio de Vich*, 3 vols. Vich 1891-1904; *Viaje* 7.

VITORIA: 1885, Mariano Miguel Gómez, ed. Vitoria 1885.

ZAMORA: 1255, Suero Pérez; 1479, Juan de Meneses; 1584, Juan Ruiz de Agüero, ed. Salamanca, 1589; 1768, Antonio Jorge Galván; 1889, Tomás Belestá y Cambeses, ed. Salamanca 1889.

BIBL.: C. FERNÁNDEZ DURO, *Memorias históricas de la ciudad de Zamora*, 4 vols., Ma. 1882-83.

ZARAGOZA: 1328, 1338, Pedro López Luna; 1352, 1357, 1371, 1377, Lope Fernández Luna; 1393, García; 1417, Francisco; 1462, 1475, Juan de Aragón; 1479, 1487, 1495, Alfonso de Aragón (ed. copilación en Zaragoza 1500); 1500, 1515, Alfonso de Aragón, ed. copilación Zaragoza 1517; 1520, Juan de Aragón, ed. Zaragoza 1520; 1532, Fadrique de Portugal; 1539, Fernando de Aragón (ed. copilación en Zaragoza 1542); 1569, Andrés de Santos; 1656, fray Juan Cebrián, ed. Zaragoza 1656; 1697, Antonio Ibáñez de la Riva, ed. Zaragoza 1698; 1943, Rigoberto Doménech, ed. Zaragoza 1943.

BIBL.: J. M. OCHOA MARTÍNEZ DE SORIA, *Los Sínodos de Zaragoza bajo el Pontificado de Don Pedro López de Luna (1317-1345)*: R202, 2(1955)118-159; ID., *Los Sínodos de Zaragoza, promulgados por el Arzobispo Don Lope Fernández de Luna (1351-1382)*: R202, 2(1955)311-370.

L. FERRER

SISBERTO DE TOLEDO, (siglo VII) obispo. Sucesor inmediato de san Julián, gobernó la Iglesia toledana de 690 a 693, año en que fue depuesto por el concilio XVI de Toledo, privado de la comunión y castigado a destierro perpetuo por figurar al frente de una conspiración contra Egica para destronarle y poner en su lugar a un pariente suyo noble.

OBRAS: Se le atribuye, sin argumentos definitivos, el extenso poema titulado *Lamentum poenitentiae*: PL 83, 1255-1262; K. STRECKER, *MGH, Poet. Lat.* 4, 2, 770-83.

BIBL.: ES 5, 297-98.   U. D. DEL VALL

SISEBUTO, (siglo VII) rey, escritor. Rey en la España visigoda, de 612 a 621, amante de las letras y gran promotor de la cultura entre su pueblo. Tuvo gran amistad con san Isidoro. A Sisebuto le dedicó el santo el *De natura rerum* y de él hace grandes elogios en la *Historia de los godos*, núm. 60.

OBRAS: Han llegado a nosotros una *Vita vel passio S. Desiderii episcopi viennensis*: PL 80, 377-384; B. KRUSCH, *MGH, Scr. rer. mer. III*, 630-637; un poema, *Carmen de eclipsibus solis et lunae* o *Epistula Sisebuti regis gothorum ad Isidorum de libro rotarum*: PL 83, 1112-1114; J. FONTAINE, *Isidore de Sevilla. Traité de la nature*, Bordeaux 1960, 328-335, ed. crit; *Epistule*: PL 80, 363-78, cinco cartas, dirigidas a su hijo Teudilano, al patricio Cesáreo, a Eusebio obispo de Tarragona, a Cecilio de Mentesa y a Teodolinda y a su hijo que gobernaban a los longobardos; W. GUNDLACH, *MGH, Epist.*, III, 662-675 ed. crít.; la *Lex visigothorum* contiene los *decretos* de Sisebuto contra los judíos.

BIBL.: W. J. MCAULIFFE, *Saint Desiderius of Viena*, Wa. 1942; W. STACH, *Bemerkungen zu den Gedichten des Westenkönigs Sisebut:* Corona Quernea, Festgabe K. Strecker, Leipzig 1941, 74-96; V. RECCHIA, *Sisebuto di Toledo:* II «Carmen de Luna», Bari 1971.

U. D. DEL VALL

SISEBUTO, OSB († Cardeña 1086) santo, abad. Se le llama también Sancho en el *Poema de Mio Cid* y en la *Crónica Latina de Cardeña*. Quizá sea una derivación del latín *Sanctus*, convertida por los copistas en *Santius*. Ignoramos la fecha de su nacimiento, así como la de su ingreso en Cardeña. Por documentos de donaciones sabemos que en 1051 gobernaba ya la abadía. Su fama de santidad le alcanzó una gran influencia social. Mantuvo estrecha amistad con el héroe castellano Rodrigo Díaz de Vivar, que aparece firmando varias donaciones; con el abad de San Sebastián de Silos, santo Domingo; con el de Cardeña, san García, y con san Iñigo de Oña. Durante su abadiato, que duró treinta años, gozó la abadía de gran prosperidad espiritual y temporal. Sus restos, que yacían en la capilla del Cid construida en 1736, fueron trasladados al sobrevenir la exclaustración, a la catedral de Burgos donde se veneran en la actualidad.

BIBL.: J. DE ARÉVALO, *Historia de San Pedro de Cardeña*, s. l. ni a.; J. DE TORRES, *Historia de los abades de Cardeña*, s. l. ni a.; M71, III, 200-202; F. DE BERGANZA Y ARCE, *Antigüedades de España propugnadas con las noticias de San Pedro de Cardeña*, Ma. 1719, 358 y 383; J. ALVAREZ, *Cardeña y sus hijos*, Bu., s.a., 73-81; L. SERRANO *Becerro Gótico de Cardeña*, Va. 1910 passim., véase indice, p. 410; ID., *El Obispado de Burgos y Castilla primitiva*, Ma. 1935, 407-408; ES 27, 284.   T. MORAL

SISENANDO, († 16-VII-851) mártir de Córdoba. Nacido en Beja, fue a Córdoba para estudiar, recibió educación esmerada en la escuela de San Acisclo y fue ordenado de diácono. Se presentó espontáneamente por habérsele aparecido los mártires del mes anterior, Pedro y Walabonso. Estuvo unos días en las mazmorras, y allí escribió una carta de contestación a un amigo. Al entregarla al muchacho que había de llevarla, le rogó se marchara de prisa para que no lo atropellaran los sayones que iban a degollarlo a él. Y efectivamente, se presentaron éstos y, llevado al cadí, ante quien renovó gallardamente su confesión, sufrió el martirio, quedando abandonado su cuerpo junto al alcázar. Pocos días después lo recogieron unas piadosas mujeres y lo llevaron al monasterio de San Acisclo, donde fue enterrado respetuosamente.

BIBL.: SAN EULOGIO, *Memoriale Sanctorum*, II, c. 5.
J. VIVES

SOBREVIELA, Manuel, OFM (Epila [Zaragoza] † Lima 7-V-1803) misionero. Miembro del colegio misionero de Ocopa desde 1784, guardián del mismo desde 1787 a 1790, visitador general de sus misiones en 1797 y 1800, visitador de la provincia franciscana de las Charcas en 1801, procurador general en Lima del colegio de Ocopa en 1801, examinador sinodal del arzobispado en 1802 y prefecto de las misiones de Ocopa en 1803. En la historia de las misiones y geografía del Perú figura como uno de los más relevantes exploradores debido a los largos viajes que realizó por la cuenca de los ríos Huallaga y Ucayali.

OBRAS: *Relación*, (año 1791) y *Diarios* (de los años 1787, 1788, 1789 y los dos de 1790); tanto la primera como los segundos contienen valiosas informaciones de carácter misional y geográfico.

BIBL.: O118, VII; O. Maas, *Las Ord. relig. de Esp. y la coloniz. de América en la seg. parte del siglo XVIII*, I, Ba. 1918, 81-99.   P. Borges

SOBRINO, Gaspar, SI (Zaragoza 1586 † Lima 11-III-1656) misionero de Chile. Entró en SI en 1600. Fue a Chile en 1612 con el padre Valdivia. Enviado por éste a España en 1614 para defender su sistema de guerra defensiva, vuelve a Chile en 1616 como misionero de Araucania. Rector del colegio de Santiago en 1620. Es nombrado procurador de la provincia del Paraguay en Roma y Madrid, 1626, y vuelve a Chile con 42 jesuitas, habiendo obtenido de Gregorio XV el grado de Universidad para el colegio de Santiago. Viceprovincial de Chile 1628-1631. Provincial del Nuevo Reino de Granada 1639-1642. Rector de Lima.

BIBL.: O189, VII, 1341-42, y IX, 855; O164, I, 434-440; O180, I, 608, y II, 528.   IHSI

SOCIEDAD IBEROAMERICANA DE JOSEFOLOGIA. Semanas de Estudios Josefinos. Antes de que se fundase la Sociedad Iberoamericana de Josefología, comenzaron las Semanas de Estudios Josefinos en la ciudad de Valladolid el año 1947. Ese mismo año comienza su publicación la revista Estudios Josefinos, con las conferencias presentadas en la primera Semana de estudios. Alma de este movimiento Josefino en nuestra Patria ha sido y sigue siéndolo el padre José Antonio del Niño Jesús CD.

La segunda Semana de Estudios tuvo como tema central «Los desposorios de San José» con otros problemas afines. Estos trabajos aparecieron en el volumen V de Estudios Josefinos. Otra Semana de Estudios Josefinos se organizó en Salamanca el año 1951, en la que surgió la idea, inspirada por el director de la revista, padre José Antonio del Niño Jesús, de fundar una Sociedad Española Josefina, aceptada por los concurrentes con entusiasmo. Allí mismo se redactaron los primeros estatutos provisionales y se nombró la primera Junta hasta la celebración de la siguiente Semana de Estudios, que tuvo lugar el año 1953. En una reunión previa de la Junta se perfilaron los Estatutos y se determinó invitar a formar parte de nuestra Sociedad a prelados y estudiosos hispano-americanos, quedando así convertida en Sociedad Iberoamericana de Josefología.

La tercera Semana de Estudios, celebrada en Valladolid el año 1956, tuvo como tema central «La cooperación de San José en los misterios de la Encarnación y Redención». Estos trabajos aparecieron en el volumen XI de la revista el año 1957.

La cuarta Semana, celebrada también en Valladolid, estudió el tema «Estudio teológico comparativo entre el matrimonio y la paternidad de San José». Este interesante problema se investigó a la luz de los Santos Padres y de las enseñanzas de los Romanos Pontífices. Los numerosos trabajos presentados están recogidos en los volúmenes XII y XIII de la revista, años 1958 y 1959.

La quinta Semana, en Valladolid, trató de un problema, que en cierto tono dubitativo estaba enunciado así: «Si el patrocinio de San José implica cierta paternidad espiritual». Las ponencias leídas dieron y probaron con abundantes razones, una respuesta afirmativa, en la cual iba englobada doctrina abundante sobre la naturaleza de esta paternidad espiritual.

Para la sexta Semana, que había de coincidir con la celebración del cuarto centenario de la Reforma del Carmen, se escogió la ciudad de Avila y tuvo lugar los últimos días de agosto del año 1962. Se propuso como argumento un tema doble: 1.º «Aportación de la Reforma Teresiana a la Josefología» y 2.º «Analogías entre la Mariología y la Josefología». Esta Semana revistió una solemnidad extraordinaria por el número de asistentes a las sesiones y de adhesiones recibidas de la mayor parte de los cardenales y obispos españoles. Fruto de esta Semana ha sido el grueso volumen de la revista, XVIII (1964), de 842 páginas, titulado San José y Santa Teresa, con interesantes estudios de investigación sobre este particular y una bibliografía josefina muy completa sobre la reforma teresiana.

La séptima Semana (1964), celebrada en Santa Cruz del Valle de los Caídos, tuvo como tema principal La Josefología en la Sagrada Escritura, en la Tradición, en el Magisterio de la Iglesia y en la Liturgia. Se volvió a profundizar sobre algunos temas ya tocados en Semanas anteriores, como la paternidad de San José sobre Cristo, su matrimonio, su cooperación a la redención, su predestinación y su pertenencia al orden hipostático. Todos estos trabajos aparecieron en el volumen XIX de la revista, año 1965.

La octava Semana de Estudios Josefinos se celebró en Barcelona el año 1966, en la que se desarrollaron principalmente dos temas: El Matrimonio de San José y su virginidad. Los trabajos presentados aparecieron en «Estudios Josefinos», volúmenes 40 y 41. Años 1966 y 67.

La novena Semana tuvo lugar en Avila el 1968. Tema central fue San José en el Magisterio de la Iglesia, parte de cuyos trabajos aparecieron en la revista «Estudios José-finos», vol. 44, 1968.

Con motivo del Centenario de la proclamación de San José como Patrono de la Iglesia por Pío IX el año 1870, se celebró en Roma un «Simposio Josefino», en el que tomó parte muy activa la Sociedad Ibero-Americana de Josefología, con valiosas aportaciones y un número bastante numeroso de asistentes. Para celebrar este primer Centenario la Sociedad J. ha abierto un concurso para premiar al mejor artículo periodístico sobre San José y la mejor poesía lírica.

                S. del Páramo

SOCIEDAD MARIOLOGICA ESPAÑOLA. Asambleas de Estudios Marianos. La sociedad Mariológica Española tuvo su origen en Zaragoza el año 1940, con motivo de un congreso mariano celebrado junto al Pilar. Su fin, consta por sus primeros Estatutos, era impulsar el estudio científico de las grandezas de María en nuestra Patria. Su primer nombre fue Academia Española de Estudios Marianos, y con este título celebró, como entidad privada, su primera asamblea el año 1941. Pero sometidos sus estatutos a la aprobación de los Ministerios de Educación Nacional y Gobernación, para evitar confusiones con otras sociedades similares, que llevaban el título de Academias, se creyó oportuno cambiar el nombre por el de Sociedad Mariológica Española.

Ininterrumpidamente desde el año 1941 viene celebrando todos los años sus asambleas de estudio. Estos estudios se publican después en la revista Estudios Marianos, de fama ya internacional. Sus 25 primeros volúmenes, que se verán muy pronto enriquecidos con detallados y abundantes índices, son un verdadero arsenal de doctrina mariológica, estudiada científicamente por teólogos españoles especializados en Mariología. Será muy difícil encontrar un tema de esta materia que no haya sido estudiado a fondo en alguna de las asambleas.

En la imposibilidad de recorrer los programas de cada una de las asambleas, me contentaré con aludir a algunas por la importancia de los temas que se desarrollaron. Ya en la segunda del año 1942, se aborda, el problema de «La cooperación de María en el misterio de nuestra Redención». En densas disertaciones, que pueden verse en el volumen II de la revista, se recoge la doctrina que la Sagrada Escritura, los Santos Padres y el Magisterio de la Iglesia nos enseñan sobre el particular. En asambleas posteriores, por ejemplo, en la de 1958, se volvió sobre el mismo tema.

En la asamblea del año 1943 se estudió con detenimiento y amplitud la cuestión capital sobre los «Principios en que se apoya la Mariología». Los estudios monográficos allí presentados y que pueden verse en el volumen III de la revista, son aún hoy día de palpitante actualidad y han orientado a muchos en esta materia. A la Asunción de María se dedicó la Asamblea de 1946, volumen VI de la revista y a su maternidad espiritual la del 1947, volumen VII.

La Sociedad Mariológica ha tenido buen cuidado de estudiar con detenimiento y fruición los últimos documentos de los Papas sobre temas Marianos. Así en la Asamblea del año 1951 se desarrolló la doctrina y fundamentos de la Constitución Apostólica *Munificentissimus Deus*, en la que el papa Pío XII define la Asunción de la Virgen a los cielos, volumen XII de la revista. El año 1954 en el Congreso Internacional de Roma, en el que tomó parte muy activa nuestra Sociedad, se estudió la encíclica *Fulgens corona* y el 1956 se desarrolló el tema «La realeza de María a la luz de la Encíclica *Ad coeli Reginam*, volumen XVII de la revista.

El Congreso Eucarístico Internacional de Barcelona fue la ocasión de que en la asamblea del año 1952 se tratase el tema «La Virgen María y la Eucaristía». Los trabajos presentados muy interesantes por su novedad, pueden verse en el volumen XIII de la revista. El centenario de la muerte de san Bernardo lo celebró nuestra Sociedad señalando como tema de la asamblea del año 1953 «La Mariología de San Bernardo», volumen XIV de la revista.

El primer centenario de la definición dogmática de la Inmaculada Concepción de María brindó a la Sociedad ocasión oportuna para recoger en la Asamblea del año 1955 «La Aportación de las diversas Ordenes religiosas al estudio de este misterio». Siendo muchos y de muy diversas Ordenes los religiosos que pertenecen a la Sociedad Mariológica, se presentaron abundantes e interesantes trabajos, que pueden verse en el volumen XVI de la revista.

El Tercer Congreso Mariológico Internacional de Lourdes del año 1959, en el que la Sociedad Mariológica Española tomó parte activísima, tuvo como tema central «Las relaciones entre María y la Iglesia». Los numerosos trabajos presentados por nuestra Sociedad pueden verse en el volumen XX de la revista.

Dos asambleas, la del 1962 y 1963, se dedicaron al estudio de «María en la Sagrada Escritura y en la Tradición, volúmenes XXIII y XXIV de la revista.

Finalmente, mención muy especial merece la asamblea celebrada en Santiago de Compostela el año 1965 con motivo del año jubilar Jacobeo. Se trataba, además, de celebrar las bodas de plata de nuestra Sociedad. Se le dio por esta razón carácter internacional, invitando a mariólogos extranjeros que nos honraron con su colaboración y su presencia. El tema general escogido fue «La doctrina mariológica del Concilio Vaticano II». Tomaron parte activa con escogidas ponencias marió-

logos tan distinguidos como el padre C. Balic, el doctor Gérard Philips, el doctor R. Laurentin, D. Frénaud OSB, G. Besutti OSM, y el portugués R. Cabral SI. Como es sabido, algunos de estos mariólogos extranjeros figuraron como peritos en el concilio, por lo que sus trabajos tenían un interés particular. Está en prensa el volumen, o tal vez volúmenes en que aparecerán todos los estudios presentados en esta asamblea Internacional. Constituirá el conjunto de las ponencias una contribución muy interesante al conocimiento del capítulo VII de la Constitución *Lumen gentium* del concilio.

El año 1965 la Sociedad Mariológica Española celebró las bodas de plata de su fundación. Con este motivo inauguró la segunda etapa de su revista «Estudios Marianos», en un formato más manejable. Pero sobre todo organizó el gran Congreso Internacional Mariológico, que se celebró en Santiago de Compostela, con motivo del año jubilar. En él tomaron parte insignes Mariólogos extranjeros. Sus trabajos aparecieron en los volúmenes 27 y 28 de la Revista y su tema central versó sobre la doctrina Mariana del Vaticano II. Aparecieron el año 1966.

El 1966 se celebró la 25 Asamblea de la Sociedad en Zaragoza. Su tema fundamental era «Ejemplaridad trascendente de María sobre la Iglesia», y las conferencias se publicaron el año 1967 en el volumen 29 de la revista.

La Asamblea siguiente se celebró en Orense, donde se había organizado un Congreso Mariológico. En ella se volvió a tratar sobre la Mariología Conciliar. Los trabajos presentados se publicaron el 1968 en el volumen 30 de E. M.

Con motivo del Congreso Mariológico Mercedario celebrado en Barcelona el 1968, se tuvo allí la 27 Asamblea, que trató de «La Ciencia Mariana y el Posconcilio». Los numerosos estudios allí presentados aparecieron el año 1969 en los dos volúmenes 32 y 33 de E. M.

El 1969 se reunía en Carabanchel la 28 Asamblea Mariana para estudiar la «Espiritualidad Mariana», en sus fundamentos doctrinales y en las manifestaciones históricas y corrientes actuales. Los estudios presentados se publicaron el 1970 en los volúmenes 34 y 35 de E. M.

Finalmente, la 29 Asamblea M. tuvo lugar el año 1970 en Pozuelo de Alarcón. En ella se trató de «Las grandes corrientes de espiritualidad Mariana hasta el siglo XVI». Aparecerán los estudios presentados, en el volumen 36.

Al Congreso internacional Mariológico de Zagreb, celebrado este mismo año 1971, asistieron 14 miembros de la Sociedad Mariológica Española y tomaron parte muy activa desarrollando algunas de las ponencias. Por este motivo en dicho año no se celebró otra asamblea en España.

Desde el 1969 se viene publicando un Boletín informativo de la Sociedad Mariológica Española, Suplemento de «Estudios Marianos». En dicho Boletín se da cuenta de todos los trabajos sobre la Virgen publicados por los miembros de la Sociedad en Revistas y periódicos.

Una particularidad de estas asambleas mariológicas es la variedad de ciudades escogidas para su celebración. Han tenido lugar en Madrid, en Fátima, en Zaragoza, en Montserrat, en Valencia, en Salamanca, en Roma, en Barcelona, en Cóbreces, en Aránzazu, en Lourdes, en el Valle de los Caídos, en Pozuelo de Alarcón, en El Escorial, en Lérida, en Carabanchel Alto, en Santiago de Compostela y en Orense.

S. DEL PÁRAMO

SOCIEDAD DEL SAGRADO CORAZON DE JESUS. Congregación fundada en Francia, en 1800, por santa Magdalena Sofía Barat. Actualmente son unas 7.000 religiosas de 47 nacionalidades. De sus 200 casas, 95 están en Europa, 45 en América del Norte, 30 en América del Sur, 12 en Oceanía, 10 en Asia y 8 en África. La Casa Madre está en Roma. El impulso misionero de la Sociedad del Sagrado Corazón lo inició en 1818 la beata Filipina Duchesne. Hoy sigue en plena expansión. Desde 1962 colabora en las casas de misión un buen grupo de antiguas alumnas como Misioneras Seglares Voluntarias.

El fin específico es la glorificación del Corazón de Jesús por medio de la perfección propia y por la salvación y perfección del prójimo. Los medios son: enseñanza, ejercicios espirituales y otros tipos de acción apostólica.

La Sociedad entró en España en vida de la fundadora, que abrió tres casas. Hoy son 1.370 las religiosas españolas, de las que 180 están fuera de España, principalmente en América y en misiones (Egipto, el Congo, Corea...). En España tiene 18 colegios de segunda enseñanza reconocidos, un colegio mayor, dos residencias universitarias, dos escuelas de Magisterio, 16 escuelas populares completadas con estudios de bachillerato laboral, formación profesional o con obradores. Con ayuda de sus antiguas alumnas o sus congregantes marianas, extiende y prolonga su acción en multitud de obras apostólicas y sociales: catequesis, Acción Católica, misiones, entronizaciones, revistas; escuelas dominicales, escuelas nocturnas, colonias de verano; roperos, dispensarios, guarderías. Sus 20 casas están agrupadas en cuatro provincias o vicarías. A ellas se refieren los siguientes datos, tomados el año 1964:

La vicaría de Sarriá comprende: dos en Sarriá, la más antigua de España, fundada en 1846, y otra abierta en 1925 para Normalistas, que ha sido semillero de cerca de 1.000 celosas maestras; hoy es residencia universitaria, en gestiones para convertirse en colegio mayor. Una en Barcelona, de 1888, y otra en el suburbio del Besós, de 1963. Una en Godella (Valencia), desde 1898, con una escuela popular muy floreciente, y otra, desde 1902, en Palma de Mallorca, de gran irradiación en la isla.

La vicaría de Chamartín tiene dos casas en el mismo Chamartín: la primera, abierta en 1859, alberga desde 1860 el noviciado español y el juniorado. Fue incendiada en 1931. Al celebrarse el centenario, en 1959, se puso la primera piedra de una segunda casa que forma, desde 1960, a centenares de niñas y, como Normal de la Iglesia, a numerosos grupos de maestras. Tres casas más, en ambientes muy diferentes: la del centro de Madrid, calle del Caballero de Gracia, que ha podido ser llamada casa de todos, pues se abre sin cesar para Ejercicios, reuniones, o cursillos. La de Los Placeres, Pontevedra, de 1918, y la de Santa María de Huerta, Soria, de 1930, que une al noviciado de hermanas coadjutoras y al colegio de segunda enseñanza una escuela graduada de niñas y de niños.

La vicaría de Madrid tiene cuatro casas: la de Sevilla, de 1865, en el antiguo convento de Santa María del Valle; la de Granada, de 1905, que encierra la ermita de la Virgen de las Angustias; la casa de Las Palmas de Gran Canaria, abierta en 1903, que hubo de cerrarse en 1923 y volvió a abrirse en 1947 a instancias de las antiguas alumnas; la casa central de la provincia, está en Madrid, en el Paseo de Rosales, desde 1943, es la sucesora de la que fue fundada en 1884 en la calle de Leganitos. En 1944 unió a sus numerosas obras el colegio mayor «Sagrado Corazón», que da realidad a su divisa *Ignem veni mittere in terram*.

La vicaría de San Sebastián tiene su casa más antigua en Zaragoza, desde 1875, y está en crecimiento incesante. Hospital de sangre durante nuestra cruzada, de 1937 a 1939 pasaron por sus salas 32.000 heridos. Fruto de la cruzada fue la fundación de Pamplona, en 1939, que tuvo por núcleo, en 1937, un grupo de religiosas refugiadas. En ese ambiente caldeado de fe tradicional, la semilla se hizo árbol: colegio, escuela, noviciado de hermanas, residencia universitaria. La casa de Bilbao, de 1876, tuvo como internado, desde 1904, la de Larrauri, que pasó a Algorta en 1916. Y hoy extiende su celo a una nueva fundación en el suburbio de Recaldeberri. La de San Sebastián fue fundada en 1903 en el momento de las expulsiones de Francia. Sus Hijas de María trabajan en catequesis, dispensarios y una escuela dominical de mucho arraigo. En 1914 se formó un Patronato de niños que dio origen a un nuevo Instituto, el de las Misioneras del Sagrado Corazón.

En todas estas casas se vive el lema de la Sociedad: *Cor unum et anima una in Corde Jesu*, y las palabras que inician el reglamento de sus colegios: «Las alumnas del Sagrado Corazón forman una gran familia.»

BIBL.: F. CHARMOT, *La Sociedad del Sagrado Corazón de Jesús*, Lyon 1953; G. BERNOVILLE, *La Société du Sacré Coeur de Jesus*, Orléans 1951; C. ALCOVER, *El Sagrado Corazón, su espíritu y su obra*, Ba. 1943; *Cien años de Educación Cristiana, 1846-1946 (Las Religiosas del S. C. en España)*, Za. 1946.   M. J. FERRER

SOCIEDADES SECRETAS EN ESPAÑA. La existencia de sociedades secretas es un fenómeno histórico peculiar a todas las civilizaciones y a todos los pueblos, que también se hace presente en el solar hispano. Las mismas causas generales producen por todas partes semejantes efectos: el afán de misterio, la lucha contra los poderes constituidos, el deseo de prosperar por vías extraordinarias y de enmascarar las ayudas recibidas, cuentan entre las causas principales. En un principio surgen con un signo religioso. Gustan, de un modo u otro, de adscribirse a lo divino, de marcar la diferencia de los elegidos, frente a los impuros o, simplemente, frente a los que llevan una vida vulgar: los profanos. En ocasiones es un secreto profesional, como el que guardaran los gremios de albañiles en la Edad Media por toda Europa, lo que puede dar lugar a las sociedades secretas. Las ciencias ocultas que tanto proliferan en los tiempos medievales, pueden también adscribirse a este grupo. Y a este respecto hay que anotar que uno de los textos fundamentales de la cabalística judaica, El *Libro del Esplendor*, se refunde en España en el siglo XIII en la época en la que Toledo es uno de los más importantes focos de cultura europea, con su Escuela de traductores. Se sabe la parte decisiva de España en la lucha contra la secta de los albigenses, que añadía a su nota herética, la de iniciados en un círculo secreto.

Difícil de conocer en toda su extensión, todo parece indicar, sin embargo, que los falsos conversos de origen judío mantienen entre sí, en la España del siglo XVI, una organización secreta para burlar la vigilancia de la Inquisición en cuanto a sus prácticas religiosas y, asimismo, en cuanto a la mutua ayuda entre sus miembros.

Sin embargo, no será hasta bien entrado el siglo XVIII cuando se empiece a extender por España la más importante de las Sociedades secretas de los tiempos modernos: la Masonería. Ella dará la pauta a multitud de otras sociedades secretas, que brotan en España preferentemente en el primer tercio del siglo XIX: comuneros, carbonarios, anilleros, jovellanistas, etc.

Teniendo la Masonería su comentario aparte, nos referiremos con más detenimiento a estas otras sociedades secretas.

Comuneros. La revolución de 1820 dio el poder a los liberales, apoyados en la Masonería. A su izquierda surgió otra sociedad secreta más extremista, que venía a ser la réplica hispanizada de la masónica: los *comuneros.* Amparándose bajo el título de quienes habían combatido por primera vez contra el absolutismo regio en los tiempos modernos, adoptando una terminología nacionalista (los miembros, *comuneros*; las células, *torres*), bajo la jefatura de un Gran Castellano, estos comuneros tendrían su apogeo en los últimos tiempos del trienio liberal (1820-1823).

Carbonarios. Aunque de origen italiano, los carbonarios encontraron acogida en España. En el período de 1820 a 1823, la España de Riego ofrece un refugio a importantes representantes de estas sociedades secretas. Tal es el caso del coronel napolitano Pisa. Sin embargo, no lograron el arraigo que en Francia, donde se les ve actuar con eficacia en las revoluciones de 1830 y 1848.

Anilleros. Esta sociedad secreta, organizada por Martínez de la Rosa y el conde de Toreno, de carácter notoriamente más moderado, tenía por fin velar por la pureza de los principios constitucionales, dándose sus miembros el sobretítulo de Amigo de la Constitución. Su vida fue efímera.

Otras sociedades secretas. Son muchas las sociedades secretas de las que se tiene noticia a lo largo del siglo XIX. La hubo de tono absolutista, como la que se dio el nombre de El Angel Exterminador, que tuvo su auge bajo el reinado de Fernando VII y en particular en el período de 1814 a 1820. De signo moderado fue la sociedad Jovellanos, que florece en la España liberal durante la primera guerra civil carlista. Enemiga de ella fue la extremista que se denominaba Confederación de Regeneradores Españoles. Al mismo tipo pertenecía La Federación, de la que se conservan papeles en el Archivo de Palacio, hacia 1839. Siempre se sospechó que estas sociedades secretas tuvieron amplia participación en el desenlace de la primera guerra civil carlista, siendo conocidas las intrigas del famoso conspirador Aviraneta, el héroe de la serie de novelas históricas de Pío Baroja que titula: *Memorias de un hombre de acción*.

En 1834 Mazzini fundó en Berna una sociedad secreta internacional que tendría vastas influencias: La Joven Europa. Su rama más poderosa sería La Joven Italia, que jugaría un papel de primer orden en la liberación y en la unidad de las tierras italianas. Réplica suya española sería La Joven España, en la que destacaría un político del reinado de Isabel II, González Bravo, de amplia evolución personal desde la izquierda revolucionaria al moderantismo conservador.

Finalmente, cabría hacer referencia a las sociedades secretas del hampa, desde La Garduña del tiempo de los Reyes Católicos, hasta La Mano Negra, que se extendería en Andalucía, en los primeros tiempos de la Restauración.

Véase el art. Masonería en este mismo Diccionario.

BIBL.: M. FERNÁNDEZ ALVAREZ, *Las sociedades secretas y los orígenes de la España contemporánea*, Ma. 1961; V. DE LA FUENTE, *Historia de las sociedades secretas, antiguas y modernas, en España, y especialmente de la francmasonería*, 2 vols., Lugo 1870-71, y Ba. 1933; S. VALENTÍ, *Las sectas y las sociedades secretas a través de la Historia*, 2 vols., Ba. 1912; S. HUTIN, *Les sociétés secretes*, Pa. 1957; G. SCHUSTER, *Die geheimen Gesellschaften*, 2 vols., Berlin 1906; E. LENNHOFF, *Histoire des sociétés politiques secrètes au XIXe et au XXe siècles*, Pa. 1934.
M. FERNÁNDEZ ALVAREZ

SOLA, Daniel, SI (Mañeru [Navarra] 10-IV-1865 † Comillas [Santander] 29-II-1944) liturgista y teólogo. Ingresó en SI en 1885. A partir de 1902 fue profesor de Teología en la Universidad de Comillas. Se interesó vivamente por la Liturgia y el canto sagrado.

OBRAS: Además de varias obras teológicas, publicó un *Curso práctico de liturgia*, Va. 1919.

BIBL.: D3, Apéndice IX, 1406. IHSI

SOLANO, Francisco, OFM (Montilla [Córdoba] 6-III-1549 † Lima 14-VII-1610) santo. Alumno de los jesuitas, vistió el hábito franciscano (1569) y estudió latín en Montilla, Filosofía y Teología, en Loreto (Sevilla) en 1572; allí mismo fue ordenado sacerdote (1576) e inició el ministerio de la predicación, que continuó, juntamente con el ejercicio de la caridad, en Montilla (1580), Arrizafa (1851), donde desempeñó los cargos de vicario del convento y maestro de novicios (1583), San Francisco del Monte, en el que ejerció el oficio de guardián (1586) y La Zubia (Granada, 1587). En 1589 se alistó como misionero para el Tucumán, donde actuó de doctrinero o párroco de indios en Socotonio (1590), fue nombrado superior de la Custodia franciscana (1592), cargo al que renunció para continuar misionando (1593) en las comarcas de La Rioja, Talavera del Esteco, Salta, San Miguel de Tucumán, Santiago del Estero, Córdoba, Santa Fe y Buenos Aires. Llamado a Lima (1594), emprendió viaje hacia el Perú, predicando en el transcurso del mismo; colaboró en la fundación del convento recoleto de Nuestra Señora de los Angeles del que fue nombrado vicario (1595) y superior (1598), cargo este último al que renunció; después ejerció el secretariado de la provincia de los Doce Apóstoles (1601), pasó luego de morador y presidente al convento de Trujillo (1602), a los dos años regresó a Lima, renunció de nuevo a la guardianía de Nuestra Señora de los Angeles (1605) para, en lo sucesivo, permanecer en el convento de San Francisco de la misma ciudad de Lima entregado a la predicación. Infatigable misionero y defensor de los indios, ferviente predicador de españoles, heroicamente caritativo con los necesitados y de vida religiosa intachable, fue canonizado en 1726.

BIBL.: A. HIRAL, *Vida de S. Francisco Solano, Apóstol de América del Sur*, Buenos Aires 1945; A. DE S. C. CÓRDOBA, *San Francisco Solano*, Buenos Aires 1949; F. CABRÉ, *Semblanza de san Francisco Solano, Apóstol de la Argentina y el Perú*, Arequipa 1949; M. RODRÍGUEZ PANTOJA, *San Francisco Solano, sol de Montilla y luz del mundo*, Ma. 1949; A. RECIO, *Ensayo bibliográfico sobre San Francisco Solano*: R29, 9(1949)473-532; L. J. PLANDOLIT, *El Apóstol de América San Francisco Solano*, Ma. 1963.
P. BORGES

SOLANO DE FIGUEROA Y ALTAMIRANO, Juan, (Jaraicejo [Cáceres] 29-V-1610 † Badajoz XI-1684) historiador. Muy joven ingresó en la Compañía de Jesús, de la que salió siendo ya sacerdote. Doctor en Teología, fue comisario del Santo Oficio de la Inquisición de Llerena y arcipreste de Medellín (Badajoz). El año 1652 obtuvo la penitenciaría de Badajoz, siendo el tercer prebendado de este oficio en aquella catedral. Colaboró muy activamente con el obispo Rodríguez Valderas en la fundación del Seminario conciliar, desempeñando, entre otros cargos, el de visitador del obispado en sede vacante.

Dotado de una excelente formación humanística y adornado de singulares dotes de investigador, consagró gran parte de su vida al cultivo de la historia, que documentó sólidamente en los archivos. Fruto de muchos años de trabajo fue su obra *Historia Eclesiástica de la Ciudad y Obispado de Badajoz*, en la que dejó constancia de su gran erudición y de una labor de crítica histórica poco frecuentes para su tiempo.

OBRAS: *Historia Eclesiástica de la Ciudad y Obispado de Badajoz*, ed. del Centro de Estudios Extremeños en 7 vols., Ba. 1934; *Historia de Fregenal; Historia de la muy grande Ciudad de Mérida y su partido con la noticia de sus iglesias y santos varones en ella florecidos; Historia y Santos de Medellín...*, Ma. 1650; *Historia y Santos de la muy noble Ciudad de Trujillo; Vida de la Madre Isabel de la Cruz*, Se. 1683; *Panegíricos divinos y morales para ejercicios espirituales de las católicas almas*, Ma. 1668.

BIBL.: [ANÓNIMO], *Historia Eclesiástica de la Ciudad y Obispado de Badajoz*, continuación de la escrita por Juan Solano de Figueroa, I, Ba. 1945, 96-176; N. DÍAZ Y PÉREZ,

Diccionario biográfico, histórico, crítico, bibliográfico de Autores, Artistas y Extremeños ilustres, II, Ma. 1864, 382-383; P. RUBIO MERINO, *El Seminario Conciliar de San Atón de Badajoz*, Ma. 1964, 68-90.　　　　P. RUBIO

SOLCHAGA, Francisco de, OFMCap (Solchaga [Navarra] 4-X-1748 † Madrid 26-VIII-1823) predicador y general de la Orden. Tomó el hábito en Alcalá de Henares el 7-VII-1764 y se ordenó de sacerdote el 23-VI-1772. Fue lector o profesor de Filosofía y Teología, secretario provincial, superior de varios conventos y gobernó la provincia de Castilla, en calidad de vicario, durante los años de la guerra de Independencia. Fue asimismo nombrado predicador del rey Carlos IV y, por fin, a propuesta de Fernando VII, designado ministro general de toda la Orden por breve pontificio del 13-III-1818. Como había defendido ya con gran valentía ante las Cortes de Cádiz los derechos de las Ordenes religiosas y protestado con energía contra el abuso de la libertad y, sobre todo, de la libertad de imprenta, al dar comienzo el período constitucional, en 1820, se opuso a la reforma que se pretendía en contra de los religiosos, presentando sucesivamente tres escritos serenos, doctos y bien razonados en su defensa. Como consecuencia de todo y después de calumniarle y llenarle de insultos e improperios, fue desterrado a Francia y despojado del título de Grande de España, honor que le correspondía como general de los capuchinos. Salió de España el 14-V-1821, y fijó su residencia en Bayona; aquí permaneció hasta junio de 1823, llegando a Madrid en los primeros días de julio; pero, debido, sin duda, a los muchos sufrimientos soportados, falleció en la Corte el 26-VIII del mismo año.

OBRAS: Aparte de otras muchas cartas dirigidas a sus súbditos, merecen destacarse las siguientes: *Carta pastoral y patriótico manifiesto... que dirige a todos los religiosos de su jurisdicción*, Se. 1809; *Representación que en juicio y justicia dirige... a la sabia nación española*, Ca. 1811; *Apología regular*, La Habana 1812; *Carta pastoral que dirige a sus súbditos*, Ma. 1813; *Observación respetuosa que... ha hecho a S. M. y a las Cortes*, Ma. 1820; *Apelación del P. General de Capuchinos*, Ma. 1820; *Contestación que el General de Capuchinos ha dado a la censura de la Junta provincial*, Ma. 1820; *Encíclica pastoral que al regreso de su gloriosa patriación dirige a todos sus súbditos amados hijos*, Bil. 1823.

BIBL.: N17, 222 ss.; N10, 215; N19, 159-162; *Colección eclesiástica española comprensiva de los breves de S. S., notas del M. R. Nuncio, representaciones de los señores obispos a las Cortes, pastorales, edictos...*, X, Ma. 1824, 220-331.　　　　L. DE ASPURZ

SOLCHAGA, Tomás, SI (Querétaro [Méjico] c. 1670 † Durango [Méjico] 15-II-1719) misionero. Entró en la Compañía el año 1689. En 1715 acompañó al general Gregorio Matías de Mendiola a Nayarit; fue misionero de los Tarahumaras en Guadalupe, y luego profesor de Filosofía y Teología en Durango.

BIBL.: F. J. ALEGRE, *Historia de la Compañía de Jesús de Nueva España*, IV, Ro. 1960, 246, 283; O189, VII, 1353.
　　　　IHSI

SOLDEVILLA Y ROMERO, Juan, (Fuentelapeña [Zamora] 20-X-1843 † Zaragoza 4-VI-1923) arzobispo, cardenal. Realizó en Valladolid los estudios de segunda enseñanza. Allí mismo terminó la carrera eclesiástica; se ordenó de presbítero en 1867. Amplió sus estudios de Filosofía y Teología en los Seminarios de Toledo y Santiago, de modo que en 1868 tenía la licencia y doctorado en Teología. Desempeñó el cargo de cura económo en las iglesias de San Nicolás de Bari y de Santiago, de Valladolid. En esta situación fue nombrado canónigo de Orense y secretario del obispo (1875), y adscrito en calidad de vocal a la Junta de Beneficencia. La oración fúnebre que pronunció con motivo de la muerte de la esposa de Alfonso XII (1878) le valió el nombramiento de predicador de Su Majestad y la distinción de caballero de la Orden de Isabel la Católica. En 1883 fue también canónigo de Valladolid, y arcipreste en 1887. El 14-II-1889 fue designado para el obispado de Tarazona, gobierno que compartió con el de administrador apostólico de Tudela hasta que el 16-XII-1901 fue promovido a la sede arzobispal de Zaragoza, como sucesor del cardenal Cascajares. Hizo su entrada al año siguiente. Cuando era obispo de Tarazona fue elegido senador del Reino por aquella provincia eclesiástica. En Zaragoza impulsó las obras del templo del Pilar, consiguió que se declarase Monumento Nacional, organizó peregrinaciones, reunió un concilio provincial en el Pilar, llevó a Roma en la visita *ad limina* la corona que los españoles habían donado a la Virgen y la expuso en la Basílica vaticana. Consiguió que toda la América Hispana, por intermedio de sus prelados, ofreciera parejos homenajes a la Virgen. El mismo papa Pío X pronunció una alocución antes de bendecir las banderas de los distintos países llevadas a su presencia. Fundó el Montepío del clero, unificó el régimen de parroquias, elevó a Hacienda un informe sobre los beneficios de coadjutores de parroquias en el Reino de Aragón y otro sobre el estado mísero de los locales de enseñanza primaria.

Para el primer centenario del sitio de Zaragoza organizó una exposición hispano-francesa de arte retrospectivo. Todo Aragón le tributó un homenaje de admiración y gratitud por este feliz acontecimiento. Como senador apoyó el programa gubernamental del proyecto de riegos del Alto Aragón; sus intervenciones senatoriales fueron profundas y efectivas en los debates sobre la cuestión religiosa y sobre la Ley de Asociaciones; memorable el informe colectivo de las diócesis sufragáneas de Zaragoza, sobre las asignaciones al culto y clero; famosa su colaboración en el Congreso Eucarístico de Madrid en 1911; y célebres sus pastorales sobre *La Guerra del Riff* y *La Instrucción religiosa*, Benedicto XV lo promovió al cardenalato el 15-XII-1919.

En enero de 1923 el presidente del Gobierno (García Prieto) anunció la reforma del artículo 11 de la Constitución. Al tratar de la libertad de cultos se produjo una protesta del episcopado español y García Prieto desistió de la reforma. En el Senado había intervenido Soldevilla sobre el particular y antes con una carta protesta al presidente del Consejo sobre los sucesos de Barcelona. Fuera por eso, fuera por la ola de disturbios y terrorismo que inundaba el país, el hecho fue que mientras se dirigía a su casa en compañía de sus familiares cayó víctima de varios disparos en la tarde del día 4 de junio. El atentado quedó impune.

OBRAS: Sus *Pastorales* pueden leerse en los Boletines Eclesiásticos correspondientes a los años y sedes que regentó. Damos, además, esta recensión incompleta: *Circular sobre la Acción Católica*: La Cruz, (1906/2)198-203; *Circular sobre las peregrinaciones al Pilar*: ib., (1907/2) 360-63; *La instrucción cristiana y la proscripción del juego*: ib., (1907/1)195-226; *Sobre las elecciones municipales*: ib., (1909/1)406-408; *Comunicación al Ministro de Hacienda con motivo del proyecto de Ley sobre caducidad de créditos contra el Estado*: ib., (1909/1)239-42; *Carta al Presidente del C. de Ministros con motivo de los desórdenes de Barcelona*: ib., (1909/2)233-35; *Discurso en el Senado contra el proyecto de la Ley del Candado*: ib., (1911/1)52-56; *Con motivo del Carnaval*: ib., (1915/1)114-16; *Con motivo de la donación de una bandera española a la República Argentina*: ib., (1910/1)312-13; *Resolución contra un prospecto aparecido en la revista «Anales del Pilar»*: ib., (1911/1) 293-99.

BIBL.: D3, 57, 87-88.　　　　A. ORIVE

SOLER, Ana de Santa Sabina, CaCh (Calella [Barcelona] 31-X-1835 † Vich [Barcelona] 2-XI-1896) sierva de Dios. Crecida en una familia profundamente cristiana, ingresó a los veintiún años en el Instituto de hermanas Carmelitas de la Caridad (8-XII-1856). Terminado su noviciado en Vich, fue su primer campo de apostolado el asilo de la Gran Asociación, de Valencia, donde se distinguió por el ejercicio de las virtudes, especialmente de la caridad y celo con los pobres. Desempeñó varios cargos en la Congregación y fue elegida tercera superiora general el 26-II-1891. Siguió fielmente las huellas de sus dos predecesores en el gobierno, especialmente de santa Joaquina de Vedruna, fundadora de la Congregación, distinguiéndose por su exactitud y fidelidad en la observancia de las Constituciones, hasta el punto de ser llamada «la regla viva». Llevó a efecto varias fundaciones de escuelas y hospitales en toda España y veló con celo extraordinario por la conservación del espíritu de la santa fundadora, que ella había recibido como preciosa herencia. Fue introducida su causa en 1940 y se dio el decreto sobre los escritos el 1-XI-1955.

BIBL.: J. Pons, *Vida y virtudes de la reverendísima madre Anita Soler de Santa Sabina, tercera superiora general del Instituto de las HH. Carmelitas de la Caridad*, Ba. 1926; M. de Jesús L. de Uralde, *La regla viva* (biografía de la Rvma. Madre Ana Soler de Santa Sabina...), Ba. 1947.
D. Vives de Jesús

SOLER, Antonio, OSH (Olot [Gerona] 3-XII-1729 † El Escorial 20-XII-1783) músico. A los siete años ingresó en la escolanía de Montserrat, cuando ésta atravesaba por un período de florecimiento, y bien pudo estar allí hasta 1746. Después fue maestro de capilla de la catedral de Lérida y orientó su vida hacia el estado sacerdotal. Siendo subdiácono, tomó el hábito en El Escorial (25-IX-1752). Con su porte y proceder ejemplares, con su entrega al estudio del órgano y de la composición corroboró la fama de que venía aureolado al llegar a El Escorial. Era maestro de capilla ya en 1761 (quizá desde 1757). Desarrolló una actividad asombrosa dando muestras de una extraordinaria capacidad. Figura de singular relieve, su nombre era pronunciado con respeto por los mejores músicos de su tiempo, españoles y extranjeros. Entre su fecunda producción son célebres sus sonatas.

OBRAS: *Llave de la modulación y antigüedades de la música...*, Ma. 1762; *Satisfacción a los reparos precisos hechos por D. Antonio Roel del Río a la «Llave de la modulación»*, Ma. 1765; *Carta escrita a un amigo en que le da parte de un diálogo últimamente publicado contra su «Llave de la modulación»*, Ma. 1766; *Respuesta y dictamen... Cervera 1766*; *Sonatas, para instrumentos de tecla*, Ma. 1957.

BIBL.: *Memorias sepulcrales*, ms. Arch. Palacio Real, II, 294-296; S. Kastner, *Algunas cartas del P. Soler...*: R20, 13(1957)237 ss.; S. Rubio, *El Padre Fray Antonio Soler. Vida y obras*: Monasterio de San Lorenzo el Real, El Escorial 1964, 469-513.
J. M. Lloréns

SOLER, Pedro, OP (Bélgida [Valencia] 25-IX-1672 † Valencia) teólogo y predicador. Ingresó en el convento de Predicadores de Valencia (23-II-1687), donde hizo brillantemente sus estudios y concluyó con el título de lector. Habiéndose doctorado en Teología (30-I-1705) por la Universidad de Valencia, obtuvo poco después la cátedra de Santo Tomás (1708-1731). Fue prior del convento del Pilar y de Predicadores, de Valencia, juez ordinario del Santo Oficio en Aragón, Cataluña y Valencia, y examinador sinodal en Valencia y Segorbe. Se entregó de lleno a la predicación popular adquiriendo gran renombre.

OBRAS: *Sermones de quantos Assumtos pueden ocurrir, predicados en Valencia, Zaragoza y Barcelona*, 8 vols., ms. Bibl. Universidad de Valencia; *Oración fúnebre a la memoria de Leocadia Estopiñá*, Val. 1716; *Oración fúnebre en la memoria del P. Antonio Cloche*, Val. 1724; *Oración fúnebre en las reales exequias del Rey D. Luis I*, Val. 1724;

Oración fúnebre en las exequias de Dña. María Bernarda Villoris, Val. 1743.

BIBL.: O32, 301-306.
L. Galmés

SOLER Y BARGALLO, Felipe, (Orihuela [Alicante] 14-VII-1710 † Valencia 6-XII-1780) canonista. Se graduó en Leyes y Derecho Civil en 1731, y en 1738 se incorporó como abogado al Colegio de Madrid. Ocupó varios cargos civiles hasta el 1-II-1761, en que fue nombrado alcalde mayor de Granada, y oidor de la Audiencia de Mallorca el 8-V-1764. En 1767 fue nombrado alcalde de Casa y Corte, donde permaneció hasta 1780 en que, nombrado canónigo de la Iglesia Metropolitana de Valencia, se retiró a aquella ciudad, dondo murió.

OBRAS: *Concordia jurisdictionis ecclesiasticae et secularis*, Ma. 1753; *Practicae questiones enucleate saepius utriusque in jurisdictionibus praelio judicibus controversae, et nunc accurate discussae ad explanationem text. in cap. perniciosam 1 de Offic. Jud. Ord.*, Ma. 1753; *Genealogía correspondiente por sus cuatro líneas al Sr. D. Felipe Soler y Bargallo, Aledo, Coutiño, Paredes y Gain*, certificada, firmada y sellada por D. Ramón Zazo y Ortega, rey de armas en Madrid, con fecha 7 de mayo de 1776.

BIBL.: J. F. Von Schulte, *Die Geschichte der Quellen und Literatur des canonischen Rechts von Gratian bis auf die Gegenwart*. III, Stu. 1877, Graz 1956, 764; D1, 27, 801.
A. García y García

SOLIS, Francisco de, OdeM (Gibraltar c. 1657 † Córdoba 13-X-1716) obispo, teólogo, orador, político. Tomó el hábito en Málaga. Profesó en Sevilla el 12-IV-1674. Fue enviado después a la Universidad de Salamanca para cursar la Teología. Allí se graduó de doctor. Destacó asimismo en oratoria. Regentó con crédito la cátedra de Filosofía y varias de Teología de dicha Universidad. En 1687 era maestro en Teología, regente de estudios del colegio de la Vera Cruz y catedrático de Filosofía. De esta época son dos de sus sermones impresos. Uno predicado el 3-VII-1696 en las honras hechas por la Universidad a la reina D.ª Mariana de Austria, y otro predicado en Salamanca también, con motivo de la canonización de san Juan de Sahagún, patrono de la ciudad. Fue designado predicador de Felipe V. La Merced lo nombró provincial de Andalucía. En 1701 Felipe V lo presenta para obispo de Lérida, es preconizado 18-VIII-1701; toma posesión 18-XII-1701; hace su entrada en la diócesis en febrero de 1702. Según Gómez Bravo, visitó toda la diócesis, hasta los lugares más inaccesibles, dando muestras de un gran celo pastoral. En la difícil coyuntura de la sucesión de Carlos II, Francisco de Solís defiende a ultranza la autoridad real de Felipe V, lo que le vale la enemistad de los catalanes partidarios de la casa de Austria. Perseguido por éstos se ve obligado a huir de Lérida y residir en la Corte con el beneplácito del rey. Su palacio fue saqueado, así como sus rentas. Volvió posteriormente a algún lugar de su diócesis para realizar su labor pastoral, pero nuevamente hostigado por sus enemigos tuvo que refugiarse en Jaca. En noviembre de 1708 se encuentra en Barbuñales y escribió un opúsculo defendiendo los patronatos y beneficios personales de los secuestros y confiscaciones dictadas por la autoridad civil. Fue impreso en Huesca en 1709, pero no se conserva. Fue nombrado por Felipe V virrey interino de Aragón, y en 1708 o principios de 1709 para el obispado de Avila. Residió por algún tiempo en Madrid (1709-1711). El papa, en no muy buenas relaciones con Felipe V, desautorizó el nombramiento de Francisco de Solís como obispo de Avila, diciendo que debía volver a su diócesis de Lérida. Por fin, Felipe V lo presentó para obispo de Sigüenza, pero no llegó a posesionarse de la sede, porque antes de llegar la autorización del papa, fue presentado por el rey para el obispado de

Córdoba; el 17-I-1714 fue preconizado y el 27-III-1714 tomó posesión de la sede.

OBRAS: *Oración panegírica a la elección del Rector de Salamanca de Don Pedro Muñoz de Castilblanque...*, Sa. 1687; *Oración fúnebre en las exequias de la Reina Madre,; doña Mariana de Austria...*, Sa. 1696; *Suffragium theologicum pro licitu usu opinionis certo probabilis*, Sa. 1697, *Apologia pro quodam praedicatorum Ordinis magistro calumniis quorumdam impetito*, Sa. 1701; *Apología en defensa de su actuación en la pérdida de Lérida*, Ma. 1707; *Dictamen... sobre los abusos de la Corte Romana, por lo tocante a las regalías de S. M. Católica, y jurisdicción que reside en los obispos:* Semanario Erudito, 9(1788)206-286. Tradujo del francés al castellano las *Memorias del Serenísimo Delfín de Francia*, Ma. 1712; *De iure Judicis Monarchiae Siculanae; Factum et ius iuxta bullam Clementis XI, quae incipit Unigenitus*; al parecer estas dos no llegaron a imprimirse. Imprimió un *Informe* sobre su jurisdicción de hecho y de derecho sobre la Capilla Real. Otros doctos escritos sobre diversas materias, perecieron en el saqueo de Lérida, sin llegar a imprimirse.

BIBL.: O202, 16; ES 47, 122-27; J. Gómez Bravo, *Catálogo de los obispos de Córdoba*, III, Có. 1778, 758-63; O207, 292; O223.   G. PLACER

SOLIS, Juan Alfonso, OCarm (Salamanca † San Juan de Puerto Rico 19-IV-1641) obispo. Oriundo de los Solís de Salamanca; después de enviudar, profesó en el convento de su ciudad el 22-I-1615. Se entregó a la cura de almas. Siendo prior del convento de Avila, fue nombrado obispo de San Juan de Puerto Rico (1636). Trabajó incansablemente en la conversión de los indios; hablan los biógrafos de que administró 10.000 bautismos. Fue un verdadero padre de los pobres, a quienes ayudó con limosnas.

BIBL.: C. DE VILLERS, *Bibliotheca Carmelitana*, Aurelianis 1752, edic. de G. WESSELS Ro. 1927.   B. VELASCO

SOLIS, Rodrigo de, OSA (Sevilla † Valencia 1583) moralista y reformador. Profesó en el convento de Sevilla. Se ignora el año. En 1541 lo encontramos leyendo Artes en el convento de Haro. Pero el provincial da órdenes para que se le envíe a Salamanca, donde obtiene el Magisterio (1554). Fue prior de los conventos de Granada (1559), Córdoba (1564) y Sevilla (1566). A instancias de Felipe II, fue nombrado por breve de San Pío V reformador y vicario general de la provincia agustiniana de Aragón (13-VII-1568). Con otros 50 religiosos, que él mismo escogió de la provincia de Castilla, dio principio a su obra de reforma en el convento de Valencia (1-III-1569). No tuvo grandes dificultades en establecer la disciplina, como él mismo lo confiesa en su obra *Arte de servir a Dios*. Aunque no se precia Solís de maestro de la lengua castellana, su estilo es sobrio y correcto, de forma que «a los sabios no enfadará».

OBRAS: *Arte dada del mismo Dios para le servir perfectamente*, son dos partes en un tomo cada una, la parte II, publicada antes de la primera, Val. 1574, la I, Val. 1579; *Carta a Felipe II* (sobre la reforma de la Orden de S. Agustín): AG Simancas.

BIBL.: M55, VII; M38, I, 260-266; M29, II, 184-185; M. VILLEGAS, *Miguel Bartolomé Salón y su doctrina sobre el préstamo:* Anuario Jurídico Escurialense, 3(1962)327, 336-340.   M. VILLEGAS

SOLIS FOLCH DE CARDONA, Francisco, (Salamanca 16-II-1713 † Roma 21-III-1775) cardenal. Hijo del tercer duque de Montellano, José Solís y Gante, y de la marquesa de Castelnovo y Pons, Josefa Folch de Cardona, hermano de José, virrey de Nueva Granada (1753-1770). Debido a la influencia que su familia disfrutaba en la Corte, obtuvo el título de Barón de Santa María de Aracena y el cargo de capellán del rey. Posteriormente fue nombrado deán de la catedral de Málaga y, el 28-I-1749, obispo titular de Trajanópolis y administrador apostólico de Sevilla, juntamente con Luis de Borbón, el cardenal infante. A propuesta del rey fue trasladado a la diócesis de Córdoba, el 25-IX-1752; por fin, Benedicto XIV, también a propuesta del rey, le concedió el palio (17-XI-1755) y lo creó cardenal el 5-IV-1756, con el título de los Santos Doce Apóstoles. Tomó posesión de su iglesia el 9-VII-1769 bajo Clemente XIV.

Durante su cardenalato asistió a los consistorios en que fueron elegidos papas Clemente XIV (19-V-1769) y Pío VI (15-II-1775). A los pocos días de la elección de este último, falleció. Fue sepultado en la iglesia de su título.

BIBL.: J. GÓMEZ BRAVO, *Catálogo de los obispos de Córdoba*, II, Co. 1778, 804-812; J. ALONSO MORGADO, *Prelados sevillanos o episcopologio de la Santa Iglesia Metropolitana y Patriarcal de Sevilla*, Se. 1899-1906.   A. ORIVE

SOLIS Y GRAGERA, Alonso, (Miajadas [Cáceres] 14-IX-1716 † Badajoz 1798) obispo de Badajoz. Cursó sus estudios en la Universidad de Salamanca, siendo nombrado, muy joven aún, vicario de Jerez de los Caballeros, territorio diocesano, pero en pleitos frecuentes con los obispos de Badajoz por cuestiones jurisdiccionales. El vicario Solís y Gragera sostuvo uno de los más ruidosos, de que ha quedado constancia.

Preconizado obispo de Geras *in Augustamica* Prima el 18-VII-1757, fue consagrado en Roma por el cardenal Portocarrero el 24-VII-1757. Preconizado obispo de Badajoz el 17-II-1783, tomó posesión de la diócesis el 15-IV-1783. Hizo girar asi toda actividad en torno al problema del Seminario. Se hallaba en curso, peio abandonado, el expediente de incorporación de los estudios del Seminario a la Universidad de Salamanca. Para facilitar el logro de la meta propuesta, D. Alonso de Solís creó nuevas cátedras, implantó en el seminario el plan de estudios de la Universidad; mejoró la dotación del profesorado; redactó nuevas constituciones tomando como base las del Real Seminario de San Carlos. Finalmente, tras superar con paciencia múltiples dificultades, y la crónica lentitud de los Consejos, el obispo consiguió la real cédula de incorporación de estudios, por la que los colegiales de San Atón podían graduarse en Artes, Teología, Moral y en Derecho Civil y Canónico con el trámite previo de convalidar sus estudios del Seminario por los de la Universidad salmantina.

BIBL.: P. RUBIO MERINO, *El Seminario Conciliar de San Atón de Badajoz*, Ma. 1964, 173-195; A. DEL SOLAR Y TABOADA, *El seminario diocesano de S. Atón de Badajoz*, Bad. 1945.   P. R. MERINO

SOLIS Y RIVADENEYRA, Antonio, (Alcalá de Henares [Madrid] 18-VII-1610 † Madrid 19-IV-1686) historiador y poeta. Escasos y poco precisos son los datos que pueden sacarse, exprimiendo la inflación retórica de la barroca biografía de D. Juan de Goyeneche (1692), en la cual se basan las posteriores. Hizo sus estudios de Artes y de ambos Derechos en Alcalá y Salamanca. A los diecisiete años compuso la comedia *Amor y obligación*, inédita hasta 1930. A los veintiséis se dio al estudio de las ciencias éticas y políticas. Entró, luego, al servicio de D. Duarte Alvarez de Toledo Pimentel y Portugal, séptimo conde de Oropesa, virrey de Navarra y Valencia. En 1642 escribió la comedia *Eurídice y Orfeo*, para festejar el nacimiento de D. Manuel Joaquín, heredero que fue de D. Duarte. Felipe IV le nombró oficial de la Secretaría de Estado y de su Secretaría. Trasladó Solís esta merced a un allegado suyo, sin desagrado del monarca. La reina, D.ª Mariana — añade Goyeneche — «le repitió la merced antigua, y le hizo la de Cronista Mayor de las Indias». Salvo el error de fecha en lo de cronista, con esos títulos de secretario de Su Majestad, oficial segundo de la Secretaría de Estado de la Negociación de España y cronista mayor del Consejo de Indias aparece en un documento de 1683. Su nombramiento de cronista de Indias sucedió así: Habiendo vacado el cargo a la muerte (22-VII-1660) de León Pinelo, el Consejo propuso a tres, por este orden: Solís, J. Pellicer de Tovar y J. Durán de Torres. El rey designó a Solís, no obstante, las influencias con que contaba Pellicer y que ya había sido presentado en la anterior propuesta del Consejo del 3-VI-1658, en la que fue elegido León Pinelo. Confiesa Solís que, conforme a los deseos y ordenanzas del Consejo de Indias, pensó en continuar las *Décadas* de Herrera — que llegó en su *Historia General de las Indias*, al año 1554 —, pero abandonó presto la idea en vista de las dificultades grandes que ofrecía materia tan amplia y se decidió por el tema restringido de la Nueva España, para lo cual le asistían razones particulares, que expone en el capítulo II. Unos veinte años consumió en la elaboración de esta obra.

A los cincuenta y siete años se ordenó de sacerdote. Celebró su primera misa en la iglesia del noviciado de la Compañía; la cual era, además, su «estación ordinaria», al menos en los últimos años de su vida, cuando vivía en la calle de San Bernardo, en una casa bien soleada, aunque no le faltaban «otras piezas donde pasar sin congoja el verano». También tuvo por confesor hasta su muerte al jesuita Diego Jacinto de Tebar — que lo era de otros literatos — el cual dio (24-V-1683), por comisión del vicario de Madrid, elogiosa aprobación a su obra de la *Conquista de la Nueva España*. El teatro de Solís es todo él anterior a la fecha de su ordenación sacerdotal; ya que, después, no quiso seguir escribiendo para las tablas, hasta el punto de dejar sin terminar su comedia *Amor es arte de amar*, y y negándose — según dice Goyeneche — a «componer los Autos Sacramentales, muerto D. Pedro Calderón de la Barca, por ruegos algunos ni aun preceptos». Hace dudar de la autenticidad de esta noticia el que Solís, en carta del 11-VI-1681, se lamenta de que Calderón dejase por terminar el auto de aquel año *La divina Filotea*, en el cual trabajó estando enfermo, «pero últimamente le dejó poco más que mediado y después le acabó, o acabó con él, D. Melchor de León»; y nada añade de que hubiese sido él invitado a terminarlo. Todavía cabe, es cierto, que la invitación se le hiciese al año siguiente. Por la correspondencia con su amigo y testamentario, D. Alonso Carnero, secretario de Estado y Guerra (1580-1585), conocemos algunos detalles íntimos de su vida: en 1681, se queja de que la carestía de la vida, la baja de la moneda, «las calamidades y angustias del tiempo me han obligado a deshacerme del coche y a comerme las mulas a fuer de sitiado; que no es poco asedio el de las malas cobranzas». Para esa fecha (junio de 1681) tenía casi terminada su obra sobre la Nueva España, «mi Historia se concluye»; cuando, al fin, salió a la venta, en enero del 1685, comunica a Carnero: «el libro hasta ahora se vende despacio, y no he sido soberbio en el precio, pues solo se piden por él dos reales de a ocho, encuadernado». Solís perteneció a la Congregación de Nuestra Señora del Destierro, sita en el convento bernardo de Santa Ana, en cuya capilla fue enterrado.

OBRAS: *Comedias*, Ma. 1681. Comprende nueve comedias varias veces editadas, juntas o por separado. En BAE 47, 1-77, se reproducen cuatro de ellas: *El amor al uso, Un bobo hace ciento, El doctor Carlino, La gitanilla de Madrid*. Nicolás Antonio pondera el ingenio, la *vis comica* del teatro de Solís, y lo mismo hace Mesonero Romanos. Menéndez Pelayo precisa que su vivo y agudo ingenio se acomodaba más bien «al cortesano discreto de la comedia de costumbres, y en este género mostró cierta originalidad sutil y alambicada, como en *El amor al uso* y *Un bobo hace ciento*; pero, en cambio, no había nacido para las comedias

heroicas y mitológicas, vgr. *Las Amazonas, Eurídice y Orfeo*, en las cuales «imitaba constantemente a Calderón en sus obras de grande espectáculo». Su amigo Juan de Goyeneche publicó sus obras poéticas — entre ellas algunas loas y sainetes, que le facilitó D. Alonso Carnero —, precedidas de su biografía: *Varias poesías, sagradas y profanas...* Ma. 1692. Algunas de sus poesías líricas (traducciones de Horacio, Juvenal y Ovidio, diversos epigramas, sonetos, por lo general, satíricos) pueden verse en BAE 42, 339-46. La obra principal en prosa es *Historia de la Conquista, Población y Progresos de la América Septentrional, conocida por el nombre de la Nueva España*, Ma. 1684. Lleva una Aprobación de N. Antonio muy laudatoria y ponderada de sus cualidades de historiador y estilo. Se han hecho de ella numerosas ediciones — entre otras la de la BAE 28, 205-270 — y varias traducciones al francés, italiano, inglés y alemán, que pueden verse en Palau. De sus cartas, publicadas por G. Mayáns, *Cartas familiares*, Ma. 1773, hay reproducción en BAE 13, 571-81. Quédanos por reseñar una peregrina atribución a Solís: J. A. LLORENTE, *Observaciones críticas sobre el romance de Gil Blas de Santillana...* Ma. 1822, trata de probar que el *Gil Blas* lo desmembró Lesage de la novela *El Bachiller de Salamanca*, inédita en aquellos años, y que el autor de dicha novela fue Solís. En el cap. XX expone los motivos en que se apoya. Esta atribución — la cual él mismo confiesa que no pasa de «congetura bien fundada» — ha sido generalmente abandonada y es hoy apenas conocida. No obstante, el Director de la edición de Barcelona de 1882, que usa las iniciales J. A. R., dando por buenas las razones de Llorente, publica el *Gil Blas* a nombre de Solís.

BIBL.: J. GOYENECHE, *Vida de don Antonio de Solís y Rivadeneyra* publicada con *Varias poesías, sagradas y profanas...* Ma. 1692. Reproducida en la edición de Bruselas 1741, de la *Historia de la conquista de México*; E. SCHÄFER, *El Consejo Real y Supremo de las Indias*, II, Se. 1947, 418-19; M. MENÉNDEZ PELAYO, *Estudios sobre el teatro de Lope de Vega*, II, San. 1949, 193 y 241. Ediciones y estudios pueden consultarse en B19, 7764-74.

R. M. DE HORNEDO

SOLIS Y VALENZUELA, Bruno, OCart (Santa Fe de Bogotá [Colombia] 14-IX-1616 † Jerez de la Frontera [Cádiz] 10-X-1677) poeta y polígrafo. Fueron sus padres D. Pedro Fernández de Valenzuela — sobrino del homónimo compañero del conquistador Quesada — y D.ª Juana Vázquez de Solís. Antes de cumplir los trece años ha terminado las Humanidades en el colegio jesuítico de San Bartolomé de su ciudad natal, recibe la tonsura y órdenes menores y nos ofrece las primeras muestras de su precoz ingenio: el 13-I-1629 termina su *Thesaurus linguae latinae* y del mismo año parece ser la *Laurea critica*, la primera pieza dramática escrita en Nueva Granada por un mestizo cuyo texto conservamos. A los veintidós años es ya maestro en Artes, doctor en Teología, predicador apostólico, notario del Santo Oficio y juez asistente de los exámenes de beneficios curados. Pero toda esta asombrosa actividad en el terreno de las ciencias eclesiásticas no le impide cultivar la poesía ni escribir para el teatro con tanto éxito que se le designó con el rutilante epíteto de primer dramaturgo neogranadino. Precisamente al éxito obtenido con su *Vida de Hidalgos* se debe la construcción del santuario de Monserrate, en Bogotá, en cuya sacristía se conserva la efigie de D. Bruno, mandada pintar por su hermano Pedro. En 1639 viaja a Madrid, comisionado para el traslado de los restos mortales del arzobispo de Santa Fe de Bogotá, D. Bernardino de Almansa. Terminada su comisión, entró — cumpliendo «secretos designios» — en la cartuja de El Paular (13-IX-1639, donde profesó el 15-IX-1640. En la cartuja, su actividad literaria no cesó y se conocen hasta 30 obras debidas a su pluma, biografías y temas de espiritualidad, en prosa y en verso, si bien solo una pequeña parte mereció los honores de la impresión. Fue prior de Aniago (1656-1659). Motivos de salud aconsejaron su traslado a las cartujas andaluzas de Granada, Las Cuevas y Jerez de la Frontera, donde murió.

OBRAS: *Thesaurus linguae latinae; Laurea critica; Descriptio de Sta. Fe; Vida de Hidalgos;* otros escritos menores.

BIBL.: J. O. PUIG e I. M. GÓMEZ, *Solís y Valenzuela, Bruno de:* Escritores cartujanos españoles, Montserrat 1970,(Studia et Documenta, 19) 146-148; J. J. ARROM y J. M. RIVAS SACCONI, *La «Laurea crítica» de Fernando Fernández de Valenzuela, primera obra teatral colombiana:* Thesaurus, XIV, Bogotá 1960, 1-27; B. CUARTERO HUERTA, *El desierto prodigioso y prodigio del desierto, obra inédita del P. Bruno de Solís y Valenzuela, cartujo de El Paular:* Yermo, 1(1963) 171-191; J. CASSANI, *Admirable vida... del extático varón D. Dionysio Rickel, «el cartusiano»,* Ma. 1738, 338-340; A2, 193; R. AUSSEIL, *Notice historique sur les chartreuses d'Espagne,* II/2, Parkminster 1910, 73; J. B. BERNÍ, *Vida de la penitentísima Virgen Inés de Moncada,* Val. 1901, 109; M76, 196.
                                        I. M. GÓMEZ

SOLORZANO, Gonzalo de, (Torralba [Cuenca] † Oviedo 26-IX-1580) obispo. Lo fue de Mondoñedo el 13-I-1567, y de Oviedo, el 18-II-1570. Siendo alumno del colegio de Santiago el Menor, recibió en Salamanca el doctorado en Teología y desempeñó más tarde la cátedra de Escritura. Obtuvo la magistralía de Zamora, destacando especialmente por su formación humanística. En sus episcopados fue hombre piadoso y partidario de la reforma. Durante su estancia en Oviedo tuvo que permitir con dolor, la desamortización de la mayor parte de los bienes episcopales, impuesta por Felipe II, para ayuda de su empobrecido erario. Después de algunas vacilaciones acogió en la ciudad a los jesuitas (1578), para quienes había fundado un colegio doña Magdalena de Ulloa. Así llevó a cabo las gestiones que habían iniciado sus antecesores Cristóbal de Rojas y Juan de Ayora con san Ignacio de Loyola y san Francisco de Borja, para favorecer la reforma en Asturias. Encomendó al canónigo Alonso Marañón de Espinosa la Crónica de la Iglesia ovetense, que se publicó en tiempo del obispo Aponte de Quiñones. Obra de notable mérito, debe considerarse como el primer episcopologio de Oviedo.

BIBL.: ES39, 130; G. GONZÁLEZ DÁVILA, *Teatro Eclesiástico de la Santa Iglesia de Oviedo,* Sa. 1618.
                                        J. L. Gz. NOVALÍN

SOLORZANO PEREIRA, Juan de, (Madrid 1575 † Madrid 1655) canonista. Cursó los estudios universitarios en Salamanca, donde defendió para el doctorado su tesis sobre el parricidio publicada en 1606, regentando a continuación las cátedras de Prima de Leyes, del Código, del Digesto viejo y la de Vísperas. En 1609 fue nombrado oidor de la Audiencia de Lima con el fin específico de que se capacitase en los problemas del Nuevo Mundo, especialmente en los relacionados con la administración de justicia, con el gobierno y con la recopilación de las cédulas y ordenanzas dictadas al respecto. Satisfecho de sus servicios, el virrey Príncipe de Esquilache lo nombró gobernador de Huancavélica y visitador de las minas de azogue de esa misma provincia. Al ordenársele en 1626 su regreso a España, se le comisionó para que durante el viaje se informase secretamente de cuanto pudiese interesar para el mejor gobierno de los territorios americanos en lo referente a la administración de justicia y de la hacienda real. Ya en España, en 1627 fue nombrado fiscal del Consejo de Hacienda y Contaduría, pasando poco después (7-VI-1628) a desempeñar ese mismo cargo en el Consejo de Indias. Dos años más tarde ascendió a consejero de dicho organismo y, finalmente, en 1633, a miembro del Supremo Consejo de Castilla. Jubilado en 1644, su opinión siempre se tuvo en cuenta, tratándose de resolver problemas americanos, hasta su fallecimiento. Su contacto personal con la administración indiana, así como los elevados cargos que desempeñó en el Consejo de Indias lo capacitaron como a ninguno para redactar sus dos obras más conocidas, que son al mismo tiempo los tratados más clásicos de derecho americano.

OBRAS: *De Indiarum jure, sive de justa Indiarum Occidentalium gubernatione,* I, Ma. 1629, y II, Ma. 1639; *Política indiana,* Ma. 1647. En ellas, al mismo tiempo que el civil se estudia el derecho eclesiástico indiano. Dentro de este sector, lo más característico de Solórzano es su acentuado regalismo, llevado tan al extremo que el 20-III-1642 la Sagrada Congregación del Indice prohibió absolutamente el libro tercero del segundo tomo del *De Indiarum jure (De rebus ecclesiasticis et de regio circa eas Patronatu),* y los restantes *donec corrigantur. De crimine parricidii disputatio,* Sa. 1605; para el resto de sus obras véase A1, I, 780-81, y D3, 57, 198.

BIBL.: A. LAELIO, *Observationes ad tractatum «De Indiarum Jure» Joannis Solórzano Pereira,* Ro. 1641; ID., *Sacra Congregatio Indicis. Censura Antonii Laelii, J. U. D., et ejusdem Sacrae Congregationis consultoris, ad tractatum «De Indiarum Jure» de Solórzano Pereira ab Eminentissimis Dominis examinanda,* Ro. 1641; J. TORRE REVELO, *Ensayo biográfico sobre Juan de Solórzano Pereira,* Buenos Aires 1929; F. J. DE AYALA, *Ideas políticas de Solórzano Pereira,* Se. 1946; ID., *Ideas canónicas de Juan de Solórzano: el tratado «De Indiarum Jure» y su inclusión en el Indice:* Anuario de Estudios Americanos, IV, Se. 1947, 579-613; P. DE LETURIA, *Antonio Lelio de Fermo y la condenación del «De Indiarum Jure» de Solórzano Pereira:* R118, 1(1948)351-385 y 2(1949) 47-87; A. DE EGAÑA, *La función misionera del poder civil según Juan de Solórzano Pereira (1575-1655):* Studia Missionalia, 6(1951)69-113; M. DE MENDIBURU, *Diccionario histórico-biográfico del Perú,* VII, Lima 1887, 363-65; R. STREIT, *Bibliotheca Missionum,* I, Münster i. W. 1916, 191, 202, 217, 226, 279, 299, 338, 417, 528, 529, y II, Aachen 1924, 473; A. DE EGAÑA, *La teoría del regio vicariato español en Indias,* Ro. 1958, 106-156; R. GÓMEZ HOYOS, *La Iglesia de América en las Leyes de Indias,* Ma. 1961, 30-31.
                                        P. BORGES

SOLSONA, Diócesis de, *(Celsonensis)* sufragánea de Tarragona. Su nombre primitivo fue *Setelsis,* del que se derivaron *Setelsona, Setelisona, Celsona,* que es el nombre latino, y Solsona.

1. Historia. La creación de esta diócesis obedece a los deseos de Felipe II de erigir en la zona fronteriza nuevos baluartes o atalayas que asegurasen la unidad religiosa y política de España, amenazada por las infiltraciones de los hugonotes en el noreste de la Península. «La diócesis del obispado de Urgel, escribe a su embajador en Roma, el conde de Olivares, es tan grande y en tierra tan áspera y de frontera de herejes, que después de haberse considerado mucho el remedio que en esto se podría poner para que fuese mejor y con menos trabajo gobernada, ha parecido que ninguno sería tan a propósito como dividir dicha diócesis y erigir e instituir de nuevo una iglesia catedral del monasterio de Nuestra Señora de Solsona, como más cómoda y conveniente de todas las demás.» Clemente VIII, por bula del 1-VIII-1593, accede a los deseos del monarca creando la nueva diócesis. Los bienes de la antigua canónica regular agustiniana de Santa María de Solsona, suprimida en igual fecha del año anterior, fueron aplicados a la mesa episcopal, dotándose las cuatro dignidades y doce canonicatos de la nueva catedral, previstos en la bula, con las rentas de los prioratos agustinianos, asimismo suprimidos, de Vilabertrán y de Rocarrosa, del obispado de Gerona, de San Pedro de Clerá, del de Barcelona y de los de Gualter, benedictino, y de Cellers, de la de Urgel. Los bienes de los prioratos de Serrabona y de Castellnou, de la diócesis de Elna, fueron aplicados a la fábrica y sacristía de la catedral.

Paulo V, por bula de 1620, elevó el colegio de San Miguel y Gabriel, que regentaban los dominicos en Solsona, a la categoría de Universidad Literaria, con la facultad de conferir grados que eran válidos en Cataluña y Mallorca. Fue suprimida, como todas las demás de Cataluña, al ser unificadas, por Felipe V, en la que erigió en Cervera por decreto promulgado el 11-V-1717.

Con motivo de la guerra entre Felipe IV y Francia, la Iglesia de Solsona, ocupada por las armas francesas y recuperada por las del rey en 19-X-1655, estuvo sin obispo por espacio de trece años (1644-1657), habiendo sido nombrados fray José Laínez, agustino, y fray Juan Chaveri, por parte de Felipe IV, y D. Vicente Margarit, arcediano de Urgel, por el rey de Francia, sin que ninguno de ellos pudiera posesionarse de esta sede.

Entre los obispados suprimidos por el concordato de 1851 figuraba el de Solsona. Esta disposición no tuvo otros efectos que los de reducir la catedral a la categoría de colegiata y dejar huérfana de obispo a la diócesis, que continuó siendo gobernada por vicarios capitulares, los cuales, a la par que lograron conservar el espíritu y unidad de la diócesis de una manera admirable, fundaron el Seminario diocesano, que condujeron a un alto nivel de esplendor así en la virtud como en el campo de la ciencia. Después de múltiples y laboriosas gestiones, se logró que fuese nombrado administrador apostólico de esta diócesis el obispo de Vich, doctor José Morgades, quien la gobernó durante cuatro años, hasta que, reducidas las dificultades a una cuestión de tipo económico, abrióse una suscripción por todo el territorio diocesano para formar el capital con cuyas rentas pudiese dotarse el nuevo prelado. Rebasada ampliamente y con entusiasmo por parte de todo el pueblo de la diócesis la cuantía necesaria y depositado el capital en el Banco de España, la reina Regente firmaba, el 29-IV-1895, el decreto creando la Administración Apostólica de Solsona, con carácter independiente de la mitra de Vich, nombrándose, en 15 de julio del mismo año al doctor Ramón Riu y Cabanas para regentarla. Por bula del papa Pío XI, con fecha 5-IX-1933, se restauraba la sede episcopal de Solsona, reconocida por el Estado español con motivo del nombramiento, en 1945, del obispo de Solsona, doctor Vicente Enrique Tarancón.

Santos propios de la diócesis. Los santos que figuran en el propio diocesano son: san Ramón Nonato, patrono del obispado, y san Pedro Claver, ambos naturales de esta diócesis; san Ermengol, san Justo y san Odón, de Urgel, diócesis a la que pertenecía antiguamente la de Solsona; y santa Jacinta Mariscotti, de dudosa vinculación a este obispado.

Sínodos. Se han celebrado 29 sínodos diocesanos, desde el año 1598 al de 1949, primero y último que han sido convocados.

Monumentos artísticos. Entre los monumentos artísticos que atesora el obispado figuran: en el alto Llobregat, las iglesias de Pedret, con ábsides visigóticos y nave mozárabe, y de Obiols, visigótica, con vestigios paleocristianos, ambas recientemente restauradas, así como los templos románicos de San Jaime de Frontanyà, Sagàs y Serrateix (1125); en el Cardoner, el templo de San Vicente en el castillo de Cardona (1040), de Olius (1079), y los ábsides del templo románico de Solsona (1613) declarados monumento nacional, con la talla en piedra de la imagen de la Virgen del Claustro, obra capital de la escultura románica europea; en la Segarra, la iglesia de Santa María de Cervera, ojival; y en Bellpuig, el monumento sepulcral de Ramón III Folch de Cardona, virrey de Sicilia, obra celebérrima del escultor italiano Juan Nolano.

2. Instituciones. *Cabildo catedral,* con cinco dignidades, once canonicatos de concordato y uno de fundación particular. *Seminario:* Fracasadas todas las tentativas en orden a la erección de un Seminario diocesano, el vicario capitular, doctor Jerónimo Bellit, tuvo el honor de poder abrir el primer curso académico en octubre de 1846, en el exconvento de dominicos de Solsona. Este edificio, a instancias del mismo Bellit,

había sido eximido de la desamortización, al propio tiempo que la reina aprobaba la erección de este nuevo centro docente y le asignaba una modesta subvención. El primer rector, nombrado por Real Orden, el 23-IV-1849, fue Francisco Blanc, canónigo. A los pocos años llegó a un grado de esplendor tan floreciente que este seminario constituyó uno de los más eficaces argumentos con los que los prelados de las diócesis de la provincia metropolitana tarraconense, al ser consultados por la superioridad sobre la conveniencia de la conservación del obispado de Solsona, suprimido en 1851, la apoyaron decididamente. De entre los profesores que se distinguieron en esta época cabe destacar al de Teología, Antonio Comellas y Cluet, y al de Sagrada Escritura, Miguel Pratmans. En 1894 se construyó una ala contigua al antiguo edificio, que resultaba insuficiente. En 1896 el obispo, Ramón Riu, edificó de nueva planta y en las afueras de la ciudad el Seminario menor, que albergó asimismo, al cabo de unos años, a los alumnos de Filosofía y Teología, haciéndose notoria nuevamente la estrechez e incomodidad del edificio, a pesar de la multitud de alumnos que se aposentaban en la ciudad o en las casas de campo de sus alrededores. Durante la guerra civil de 1936 desaparecieron la biblioteca y el archivo, cuyos fondos, con casi todo el mobiliario, fueron arrojados a las llamas, destinándose el edificio sucesivamente a albergue de refugiados, casa de maternidad provincial y hospital militar. El 13-VIII-1948 el obispo, Vicente Enrique Tarancón, podía finalmente bendecir el amplio y nuevo edificio del Seminario mayor, adosado al menor previamente restaurado.

Santuarios principales. De entre los 38 santuarios marianos existentes en la diócesis tienen singular relieve los siguientes: *El Miracle,* en Riner, construido con motivo de la aparición de la Virgen Niña en el lugar de su emplazamiento el día 3-VIII-1458, previa la autorización del prelado diocesano, quien solamente la concedió después de verificar los hechos con un severo proceso informativo. Destacan por su grandiosidad y valor artístico el templo, inacabado, el retablo plateresco actualmente en la capilla del Santísimo, el grandioso y monumental retablo barroco que preside la nave principal del templo, obra genial del escultor Carlos Morató, y la «Casa Gran» o albergue de peregrinos, de piedra tallada. Modernamente se han construido un hotel y varias casas para huéspedes. Cuida del santuario una comunidad de benedictinos, priorato filial de Montserrat, instalada en un convento construido a principios de siglo por el obispo Ramón Riu. *Nuestra Señora del Claustro,* de Solsona, patrona de la ciudad. Amplia y suntuosa capilla de la catedral, inaugurada en 1727, con administración propia a cargo de la Ilustre Veinticuatrena. Es la cuarta que ha tenido la Virgen, ricamente restaurada después de su desvastación en 1936, y decorada con grandes frescos de Miguel Farré. En 1956 se efectuó la coronación canónica de la sagrada imagen, construyéndose la cámara santa o solio de la Virgen. Actualmente se está decorando con frescos de José Obiols la capilla superior o camarín. *Nuestra Señora de Lord,* en Morunys, edificado en el monte que en 989 el conde de Urgel, Ermengol II, vendió al levita Cixilano, con la iglesia de Santa María que en él estaba edificada. *Nuestra Señora de Falgars,* en La Pobla de Lillet. *Nuestra Señora de Queralt,* muy venerada en Berga y en todo el Bergadán. *Nuestra Señora de Lourdes,* en La Nou. *Pinós,* en la sierra de este nombre. *L'Aguda,* en Torà. *Santa María de Iborra* y *El Camí,* en Granyena de Cervera. Cabe destacar asimismo el notable monasterio de *San Ramón Nonato,* en Portell, construido en el territorio del que, con la capilla de San Nicolás, hizo donación el prepósito de Solsona, Geraldo Calvó, a san Pedro Nolasco en 1245.

Museo Arqueológico Diocesano. Fundado por el obispo Ramón Riu, en 1896. Prehistoria, cultura ibérica y romana y arte cristiano, desde el visigótico hasta el renacimiento. Ocupa once salas en el primer piso del palacio episcopal. Custodia asimismo los fondos manuscritos procedentes de la Canónica de san Agustín de Solsona y de los prioratos de Serrateix, La Portella, Gualter, Rocarrosa y parte de los de San Vicente de Cardona, Serrabona y Castellnou, del Rosellón.

Ordenes y congregaciones religiosas anteriores a 1900. Monasterios: benedictinos de *Serrateix:* Consta la existencia de una iglesia ya en 940, construida en honor de Santa María y de san Urbicio mártir *qui in presenti eius ecclesia requiescit.* Fue edificada por Froylan, quien se recogió en ella con algunos monjes. No obstante, debe considerarse fundador de este monasterio al conde de Cerdaña, Oliba Cabreta, quien, en el año 977, dotó largamente este cenobio, le señaló territorio *(parrochia)* en toda la sierra de Taxo, y determinó su manera de vivir según la regla de san Basilio y san Benito. El conde actuó con su hermano, el obispo Miró, y con el consentimiento del obispo de Urgel, Wisado II. El mártir san Urbicio padeció el martirio en aquellos mismos parajes en alguna incursión de los moros, *a paganis iugulatus.* El 16-VIII-1077 comenzóse a edificar la nueva y suntuosa iglesia, todavía subsistente, consagrada en 1126. El monasterio quedó extinguido en 1835. *La Portella:* Su nombre primitivo fue el de San Pedro de Frontanyà *(Sancti Petri Frontanianensis)*, por estar enclavado en el territorio del castillo de este nombre. Fue fundado en 1003 por Wifredo y Ermetruit, su esposa, hijo de Portella, de quien se derivaría el nombre que ha perdurado en la historia, y de Doda. Los hijos de san Benito se instalaron en este monasterio a raíz de su fundación. El 21-IX-1035 se congregaron en él el arzobispo de Narbona, Wifredo, san Armengol, obispo de Urgel, y Wifredo, que lo era de Carcasona, para consagrar al nuevo obispo de Barcelona, Guislaberto, dedicar el monasterio y erigir una cofradía. Todo lo actuado fue confirmado en el concilio celebrado en Narbona en 1043. En 1624 este monasterio quedó unido, en virtud de una concordia, al priorato de Sant Pau del Camp, de Barcelona. Su último abad fue Rafael de Parrella y de Vivet, fallecido en 1834, quedando extinguido el monasterio. En La Portella celebróse el curso académico 1838-1839 de la Universidad de Cervera con los profesores que se alinearon en el bando carlista. *San Lorenzo de Morunys:* Consta la existencia de un priorato de benedictinos en los siglos x y xi, filial del abadiato de Tabérnoles. *El Miracle:* El 16-VII-1899 colocóse la primera piedra del monasterio, fundado por el obispo de Solsona, Ramón Riu, junto al santuario de este nombre. Los monjes, procedentes de Montserrat, lo ocuparon el día 1-IX-1901, constituyéndose en priorato dependiente de aquel famoso abadiato. Recientemente ha sido repoblado.

Monasterios de canónigos regulares *Santa María de Solsona:* Consta la existencia del monasterio desde el siglo x. En 1037 aparece la canónica según la regla Aquisgranense, y desde el año 1090, según la de san Rufo, llamándose desde entonces *regulares.* Hasta 1409 sus prelados fueron prepósitos y desde esta fecha, por bula de Benedicto XIII, fueron elevados a la categoría de abad. Bernardo de Pampa, prepósito desde 1161 a 1195, edificó los claustros y refectorio del monasterio. Poncio de Vilaró, 1265-1302, fue promovido a la sede episcopal de Vich. Gilaberto de Cruilles, que se dice prepósito en 1287, fue enviado por el rey de Aragón, Alfonso III, como embajador suyo al rey de Inglaterra. Berenguer de Puigvert, que se dice prepósito en 1291, fue nombrado por el mismo rey, embajador y plenipotenciario suyo para el tratado de paz que se firmó en Tarascón en 1291, y ante el papa Nicolás IV, con el arzobispo de Zaragoza, Ramón de Anglesola, para ratificarlo. El

abad Lorenzo de Castellet asistió al concilio de Basilea de 1431. Esta canónica fue extinguida en 1592 y es la primera que cita, por su importancia, el papa Clemente VIII en su bula. *San Vicente de Cardona:* Fundada esta canónica en 1019 por el vizconde Bremundo, vivió según la regla de Aquisgrán hasta finales del siglo xi, adoptando en esta época la profesión regular de san Rufo. Extinguida en 1592 por la bula de Clemente VIII, fue elevada por el mismo papa a la categoría de colegiata. Existió asimismo una canónica regular de san Agustín en el monasterio de *La Pobla de Lillet.*

Otras Ordenes: *Mercedarios:* En Tárrega, desde 1227, fundados por Jaime I, extinguidos; Berga, extinguidos; Monasterio de San Ramón Nonato, edificado en los terrenos de la ermita de San Nicolás cedidos por el prepósito de Solsona a san Pedro Nolasco en 1245, abandonado el convento durante casi todo el siglo pasado, fue ocupado nuevamente por los religiosos de la Merced en los últimos años del mismo, continuando actualmente en él. *Franciscanos:* En Bellpuig, en el convento fundado por Ramón III Folch de Cardona en 1507; Cardona, en el convento de San Dídaco en 1638; Cervera, a cuyo convento enviaron muchos coristas en tiempos de la Universidad; Torá; todos, extinguidos en 1835; Berga, donde subsisten y tienen un escolasticado. *Capuchinos:* En Cervera y en Solsona, 1582, el segundo pasó al convento edificado junto a la ciudad en 1619; ambos, extinguidos en 1835, fueron visitados por san Lorenzo de Bríndisi a principios del siglo xvii. *Mínimos:* En Cervera, extinguidos. *Dominicos:* En Cervera, convento de San Pedro Mártir, y en Tárrega, ambos extinguidos; Solsona, desde 1615, donde regentaron el Colegio de San Miguel, elevado a Universidad Literaria en 1620, abandonado este convento en 1835, los religiosos pasaron nuevamente a ocuparlo en 1912, estableciendo un escolasticado y abandonándolo definitivamente en 1928. *Escolapios:* Solsona, desde 1757, extinguidos en 1835; Tárrega, donde subsisten. *Carmelitas descalzos:* Tárrega, extinguidos en el siglo xvi. *Calzados,* en la misma ciudad, donde subsisten, desde 1364. *Paúles:* Bellpuig, donde ocupan el antiguo convento de franciscanos desde 1900. *Compañía de Jesús:* Cervera, durante el período de la Universidad. Otro tanto hicieron los *Cistercienses* que trasladaron a Cervera su colegio de Poblet. *Claretianos:* Solsona, desde 1878; Cervera, desde 1887, donde ocuparon el edificio de la antigua Universidad y desde 1940, en otro inmueble, tienen el postulantado, con 45 alumnos. *Deodatas de san Agustín:* Cardona, en el siglo xii, dependientes del abad de San Vicente. *Bernardas:* Tárrega, establecidas desde 1334 en Santa María del Pedregal, extinguidas. *Clarisas:* Tárrega, siglo xvi, extinguidas. *Compañía de María* (vulgo Enseñanza): Solsona, desde 1758, donde subsisten. *Carmelitas de la Caridad* de la madre Vedruna: Solsona, desde 1829; Tárrega, desde 1827; Cardona, desde 1831; Berga, desde 1836.

Publicaciones. Boletín eclesiástico, desde 1866. Hoja Parroquial Diocesana, desde 1947. «L'Infantil», para niños, publicación del Seminario, desde 1951.

3. **Geografía Diocesana.** Delegados por la Santa Sede el arzobispo de Tarragona y el obispo de Tortosa para que, a una con el Nuncio, determinasen las parroquias que debían segregarse de los obispados de Urgel y de Vich para integrar el de Solsona, que acababa de erigirse, fueron señaladas las de los deanatos de Tárrega y de Cervera, de la dióceis de Vich, que no opuso resistencia, y 258 de la de Urgel, que se opuso, quedando reducidas a 114 después de un pleito que duró veintiocho años, acabando las disputas una bula de Gregorio XV, expedida a ruegos del monarca Felipe IV. El año 1774 se firmó una concordia con el abad de Ripoll por la que se daba término a otro pleito acerca de algunas parroquias sobre las que pretendía tener

omnímoda jurisdicción. Entre ellas, Marlés, Borredá, Aranyonet, Obiols, Gargallá, Sorba y Salou. Con ello quedaron fijados los límites diocesanos hasta el año 1957 en el que, con motivo de las nuevas circunscripciones diocesanas concordadas, se adjudicaron a Solsona las parroquias de Suria y de Balsareny, en la provincia de Barcelona, y 20 de la de Lérida, segregadas de la diócesis de Vich.

4. Situación actual. Esta diócesis tiene 3.536 kilómetros cuadrados; 135.953 fieles; 277 sacerdotes; 138 profesos de las Ordenes siguientes: Misioneros Hijos del Corazón de María, Mercedarios, Escuelas Pías, Padres Paúles, Benedictinos, Franciscanos, Carmelitas y Hermanos de las Escuelas Cristianas; 382 religiosas en conjunto, entre Ordenes y Congregaciones: Misioneras de la Caridad, Hijas del Inmaculado Corazón de María, Carmelitas de la Caridad, Terciarias Dominicas, Hermanas de la Sagrada Familia, Josefinas, Hijas de San José, Josefinas de la Caridad, Carmelitas terciarias descalzas, Hermanitas de los ancianos desamparados, Terciarias franciscanas de los Sagrados Corazones, Siervas de la Pasión, Hermanas Mercedarias, Siervas del Sagrado Corazón, Religiosas de la Natividad de Nuestra Señora, Sacramentarias, Carmelitas de la antigua observancia, Hermanas de la Caridad de san Vicente de Paúl, Hermanas Hijas de los Dolores de María Inmaculada y Carmelitas descalzas. El Seminario mayor tiene 66 alumnos, y el menor, 89. Existen en la dióceiss 214 parroquias; con dos Escuelas diocesanas profesionales del trabajo y 472 alumnos; 15 colegios para niños y y 1.745 alumnos, 28 colegios para niñas y 5.745 alumnas, un colegio mixto y 16 alumnos.

5. Episcopologio. *Luis Sans y de Códol*, pr. 11-X-1594, pos. 13-II-1595, 19-IX-1612 tr. a Barcelona. *Juan Alvarez* OCist, ob. de Bosa (Cerdeña), pr. 11-III-1613, pos. 26-VII-1613, † 19-X-1623; fundación de la Universidad literaria por los padres Dominicos. *Miguel de los Santos de San Pedro*, pr. 15-IV-1624, pos. 6-VII-1624, 13-XI-1630 tr. a Granada; publicó las primeras Constituciones sinodales. *Pedro Puigmartí y Funes* OSB, pr. 16-XII-1630, † XI-1634; celebró sínodo en 1631 y en 1634. *Diego Serrano de Sotomayor* OdeM, pr. 3-XII-1635, pos. 12-III-1636, 30-V-1639 tr. a Segorbe. *Pedro de Santiago* OSA, pr. 30-I-1640, pos. 5-IV-1640, 14-XI-1644 tr. a Lérida; celebró tres sínodos 1640-1642, publicó Constituciones sinodales. Sede vacante trece años. *Francisco Roger* OP, pr. 18-IX-1656, pos. 22-III-1657, † 18-I-1663. *Luis de Pons y de Esquerrer* OSB, pr. 11-VIII-1664, pos. 4-XI-1664, † 4-I-1685; celebró seis sínodos 1665, 1666, 1669, 1674, 1680 y 1684. *Manuel de Alba*, pr. 10-IX-1685, 24-VII-1693 tr. a Barcelona; celebró sínodo en 1686. *Gaspar Alonso de Valeria* OFM, pr. 8-II-1964, pos. 27-IV-1964, † 1-VI-1699. *Guillermo de Gonyalons* OSA, pr. 30-III-1700, pos. 31-V-1700, † 12-VIII-1708. *Francisco Dorda* OCist, pre. 19-II-1710, pos. 16-V-1710, † 3-XII-1716 (desterrado por Felipe V). *Pedro Magaña* OSB, pr. 10-V-1717, pos. 7-VIII-1617, † 9-II-1718. *Tomás Broto y Pérez*, pr. 27-V-1720, pos. 8-VIII-1720, † IV-1736. *José Esteban de Noriega* OPraem, pr. 27-I-1738, pos. 10-IV-1738, † 10-V-1739. *Francisco Zarceño y Martínez* OSST, pr. 14-XII-1739, 23-I-1746; celebró sínodo en 1740. *José de Mezquía* OdeM, 19-XI-1746, pos. 30-XI-1746, † 9-IX-1772; instaló a los padres escolapios y a las monjas de la Enseñanza. *Rafael Lasala y Locela* OSA, ob. titular de Adrameto, 15-III-1773, pos. 18-VI-1773, † 17-VI-1792. *Agustín Vázquez Varela* OCist, pr. 17-VI-1793, † 11-II-1794. *Pedro Nolasco Mora* OdeM, pr. 12-IX-1794, pos. 12-XII-1794, † 1809. *Manuel Benito Tabernero* OdeM, pr. 19-XII-1814, † 25-VII-1830; huido a Francia perseguido por los liberales que nombran a un intruso. *Juan José de Tejada* OdeM, 2-VII-1832, † 15-VI-1838. La sede se suprime en 1851, y se administra con

vicarios capitulares hasta 1891 en que se nombra un administrador apostólico (el obispo de Vich, doctor Morgades), y a partir de 1895 se crea la Administración Apostólica con carácter episcopal independiente. *Pedro M. Coma*, vic. cap. 1838-1840. *Francisco Blanch*, vic. cap. 1838-1841. *Domingo Sala Moriner*, vic. cap. 1841-1842. *Jerónimo Bellit Verneda*, vic. cap. 1842-1846. *Gil Esteve*, vic. cap. 1846-1848. *Domingo Sala*, vic. cap. 1848-1853. *Juan Palau Soler*, vic. cap. 1853-1857. *Francisco Blanch*, vic. cap. 1857-1864. *Pedro Jaime Segarra*, vic. cap. 1864-1881. *Ramón Casals*, vic. cap. 1881-1891. Administradores apostólicos: *José Morgades Gili*, 1891-1895. *Ramón Riu Cabanas*, 1895-1901. *Juan Benlloch Vivó*, 1901-1907. *Luis Amigó Ferrer*, 1907, 18-VII-1913 tr. a Segorbe, *Francisco de A. Vidal Barraquer*, ob. de Pentacomia, pr. 10-XI-1913, 7-V-1919 tr. a Tarragona). *Valentín Comellas Santamaría*, ob. tit. de Amata, pr. 18-XII-1919. *Vicente Enrique Tarancón*, pr. 25-XI-1945, 12-IV-1964 tr. a Oviedo. *José Bascuñana López*, pr. 20-V-1964, obispo actual.

BIBL.: D. Costa y Bafarull, *Memorias de la ciudad de Solsona y su Iglesia*, Ba. 1959 (obra capital); J. Serra Vilaró, *Universidad Literaria de Solsona*, Ta. 1953; *La Diócesis de Solsona*, Ba. 1904; C. Baraut, *Santa María del Miracle*, Montserrat 1962; A. Lloréns, *La Mare de Deu del Claustre de Solsona*, Solsona 1966; J. Ferrando Roig, *El santuario del Hort*, Ba. 1940; J. Santamaría Rovira, *Memories del monestir de Sant Pere de La Portella*, Solsona 1935.　　　　　　　　　　A. Lloréns

SORIA, Alfonso, OSA (Castillo de Garci-Muñoz [Cuenca] † principios del siglo XVII) escritor ascético-místico. Uno de los religiosos que pasaron con el padre Solís para reformar la provincia de Aragón (1569). De una de las interpretaciones que el padre Soria da a la Sagrada Escritura se colige que se trató con el padre Gudiel en Osuna o Sevilla. En 1572 habla también de él el mismo padre Gudiel, diciendo que se encuentra en Aragón. Este año era el padre Soria prior del convento de Valencia, gobernándolo hasta 1575. En 1579 funda el de Jérica, siendo su primer prior. En 1598 es el predicador del convento de Cuenca. No se sabe la fecha de su muerte.

OBRAS: *Historia de la Gloriosa Santa Catalina de Alexandría*, Cu. 1599; *Historia y Milicia Cristiana del Cavallero Peregrino*, Cu. 1601.

BIBL.: M55, VII, 562-564; M38, I, 386-996; M58.
　　　　　　　　　　　　　　　A. Manrique

SORIA Y VERA, Melchor de, (Jaén, ? † Ibid 1643) obispo, escritor y consejero real. Fue prior y prefecto de San Ildefonso de Jaén. Catedrático de Teología en la universidad de Baeza. El 17-VI-1602 es creado obispo titular de Troya (Helesponto) y auxiliar de Toledo durante los largos pontificados de D. Bernardo de Sandoval Rojas y D. Fernando de Austria, cardenal Infante (1602-1641). Conocido por el primero cuando era obispo de Jaén (1596-1599); elevado al episcopado, fue fiel colaborador suyo y forma parte del círculo de confidentes de Sandoval, junto con el secretario de cámara García de Huerta, su amigo. A semejanza del cardenal en Alcalá de Henares y del licenciado Huerta en La Guardia, fundó el convento de monjas de Santa Clara, conocidas por las Bernardas, en su ciudad natal. A. Ponz atribuye la arquitectura de esta iglesia al toledano Juan Bautista Monegro, que hay que aceptar con cautelas, pues Monegro había muerto en 1621. La iglesia de la fundación cuenta con un retablo mayor barroco fechado en 1634 y dos colaterales. El primero, dividido por columnas de orden corintio, presenta en la actualidad nueve cuadros y no 13 como reseña Ceán Bermúdez. De ellos seis son figuras de santos, cuatro de cuerpo entero *(San José, San Francisco, Santa*

Catalina y Santa Clara) y dos *Santas Bernardas.* El cuerpo alto del mismo retablo ostenta en el centro un *Calvario con la Virgen y San Juan,* y a los lados una *Adoración de los Pastores* y una *Sagrada Familia con Santa Ana.* Los dos grandes altares colaterales cuentan con la *Anunciación* (lado del evangelio) único firmado por Angelo Nardi y fechado en 1634 y la *Asunción* (en el de la epístola). Todo el conjunto pictórico es, sin duda, obra de Nardi, íntimamente relacionado con el círculo clerical de Sandoval, eco y secuela del grato recuerdo y gusto artístico que dejó entre los amigos y testamentarios del cardenal por su obra de las Bernardas de Alcalá. D. Melchor de Vera murió en 1643 y fue sepultado en la iglesia de su fundación.

OBRAS: *Tratado de la iustificación y conveniencia de la tassa de el pan, y de la dispensación que en ella haze S. M. con los que siembran. Dirigido al Illvstrissimo señor dean y cabildo de la Santa Iglesia de Toledo, primada de las Españas,* To. 1627, 2.ª ed. To. 1633; *Adición hecha por el Doctor Don... Obispo de Troya, del Consejo de su Majestad, al libro de la tassa que compuso por el año 1627,* To. 1633.

BIBL.: A1, 2, 125-126; B15, 22, 18; D1, 27, 892; D3, 36, 126; 37, 1097, y 57, 551; A. PONZ, *Viage de España,* 16, Ma. 1791, 194-195; J. A. CEÁN BERMÚDEZ, *Diccionario Histórico de los más ilustres profesores de las Bellas Artes en España,* Ma. 1800, III, 222 y 224; J. M. DE MORA ONTALVA, *Noticias sobre las obras de arte de la iglesia de la Guardia:* R26, 36(1963)67-68; A. E. PÉREZ SÁNCHEZ, *Borgianni, Cavarozzi y Nardi,* en *España,* Ma. 1964, 27-28 y 36, láms. 41, 42 y 43; D. ANGULO IÑÍGUEZ y A. E. PÉREZ SÁNCHEZ, *Pintura Madrileña del primer tercio del siglo XVII,* Ma. 1969, 273, 276, 284-285, láms. 225, 226, 227 y 228; *Tesoros Artísticos de España,* Ma. 1973, 341.

J. M. DE MORA

SORIANO, Pedro, OH (Bujalance [Córdoba] 1515 † Perusa [Italia] 18-VIII-1588). Primer general de los Hermanos Hospitalarios de San Juan de Dios. En 1555 vistió el hábito de hermano de San Juan de Dios en el hospital de Granada. Asistió como enfermero en la guerra de las Alpujarras (1568-1570), y en Lepanto estuvo, igualmente como enfermero, en la capitana pontificia, «y con un crucifijo en las manos curaba a los heridos y confortaba a los moribundos impávido en tan gran conflicto». Comisionado por el hermano mayor de Granada, Rodrígo de Sigüenza, alcanzó de Su Santidad Pío V la bula *Licet ex debito* (1-I-1571) aprobando el Instituto de los Hermanos de Juan de Dios. Fundó los hospitales de Nuestra Señora de la Victoria en Nápoles (1572), de San Juan Calibyta, en Roma (1581), de Perusa (1584) y Milán (1588). Erigida por S. S. Sixto V, bula *Etsi pro debito,* (1-IX-1586) en verdadera Orden religiosa la Congregación de Hermanos de Juan de Dios, con facultad de elegir general, etc., celebróse el primer Capítulo general en Roma (29 junio 1587), al cual asistieron doce vocales (de 17 hospitales), cinco de Italia y siete de España, y fue elegido general el padre Pedro Soriano. Fue corto su gobierno, pues haciendo su primera visita a los hospitales, cayó enfermo en Perusa, donde falleció el 18-VIII-1588.

BIBL.: N96; N89, I; N80; N86; N82; F. ANGRISANI, *Li fasti umili dell'Hospitalitá ilustrata nella Provincia di Napoli,* Arch. General de la Orden en Roma, ms. 1721.

O. MARCOS

SORIO, Baltasar, OP (Valencia 1457 † Tortosa [Tarragona] 27-IX-1557) teólogo e historiador. Ingresó en la Orden de Predicadores en el convento de San Onofre de Valencia (1475). Se doctoró en Teología en París. Fue nombrado maestro en Teología (1501). Fue regente de estudios en Barcelona y vicario general de la Orden para los conventos reformados de Aragón (1509-1512). Luchó contra la doctrina que hacía a san José inmacu-

lado y presente en la Eucaristía. Elegido rector para la catedral de Tortosa, regentó por espacio de más de veinticinco años aquella institución.

OBRAS: *Dominicalia quatuor; Sanctoralia tria; Quadragesimalia integra; Quadragesimalia non integra; Contra decem haereses.* Todas se conservan mss. en la Biblioteca universitaria de Valencia. *Contra septem blasphemias,* Za. 1521; *Super Psalmum XLIV homiliae decem,* Ba. 1522; *Mariale,* Tortosa 1538; *De viris illustribus Provinciae Aragoniae,* edición y estudio preliminar por J. M. de Garganta, Val. 1950.

BIBL.: O32, 306-310.

IEF

SOTO, Alonso de, (Ciudad Rodrigo [Salamanca] fines del siglo xv) canonista. Tesorero de Salamanca, vivió en Roma, dedicado al ejercicio del Derecho en la Curia Romana durante veintitrés años. Allí mismo enseñó Derecho por un período de cinco años, y en otras partes, tres años.

OBRAS: *Glossa perpetua in Regulas Cancellariae Innocentii VIII,* editada por J. CHOCKIER, *Commentaria in Regulas Cancellariae Apostolicae sive in Glossemata Alphonsi Soto, Glossatoris nuncupati,* Coloniae Agripinae 1621; existe una edic. anterior, sin lugar ni año de impresión, que ha sido reseñada por Hain, *Repertorium bibliographicum,* I, Mi. 1948, 94, 870-72; *Tractatus Iubilaei,* dedicado a Sixto IV, y que hoy no se conoce; *Tractatus camerariatus,* mencionado por el mismo Alfonso de Soto en el prólogo de la *Glossa perpetua; Tractatus de futuro Concilio,* hoy desaparecido.

BIBL.: A2, II, 350; V. DE LA FUENTE, *Historia Eclesiástica de España,* IV, Ma. 1873, 462-63; M. MENÉNDEZ PELAYO, *La ciencia española,* III, Ma. 1954, 102.

B. ALONSO

SOTO, Bernabé de, SI (Chicuantla [Méjico] 1629 † Méjico 25-IV-1698) misionero. Ingresó en SI en 1647. En 1659 pasó a las misiones tepehuanas. Trabajó en el Norte hasta 1681, año en que fue nombrado rector del colegio veracruzano. Fue provincial de 1686 a 1689.

BIBL.: F. J. ALEGRE, *Historia de la Compañía de Jesús en Nueva España* (continuada), VI, Puebla de los Angeles 1888, 49 y passim

IHSI

SOTO, Calixto, SchP (Las Hermitas [Burgos] 14-I-1812 † Getafe [Madrid] 11-I-1904) pedagogo y catequista. Versado en las lenguas clásicas. Continuador, con el padre Carlos Lasalde, de la pedagogía que Rufino Blanco llama apologética. Asiduo en el confesonario y en la visita a los hospitales. Vistió la sotana calasancia el 1-IV-1827.

OBRAS: *Manual de educación cristiana o pedagogía teórico-práctica elemental,* Ma. 1870; 2.ª ed. aumentada con un *Tratado de fisiología,* Ma. 1894; *Tesoro del cristiano,* Ma. 1876.

BIBL.: O74, 28-30; R. BLANCO SÁNCHEZ, *Bibliografía pedagógica,* Ma. 1907, 742-743.

C. VILÁ

SOTO, Domingo de, OP (Segovia 1495 † Salamanca 15-XI-1560) teólogo. Estudió Filosofía y Teología en Alcalá y París, en un ambiente nominalista. En París asistió a las lecciones de Francisco de Vitoria en el convento de Saint-Jacques, lo que determinó su conversión al tomismo. Ingresó en la Orden de Predicadores en el convento de San Pablo de Burgos (1524). Catedrático de Vísperas (1532-1549) y de Prima (1552-1560) en la Universidad de Salamanca. Fue el gran colaborador de Francisco de Vitoria en la restauración y reforma de la Teología. Reformó la Lógica, retornando al aristotelismo. Asistió al Concilio de Trento como teólogo de Carlos V (1545-1547).

OBRAS: *Summulae,* Bu. 1529, Sa. 1539; *In Dialecticam Aristotelis, Isagoge Porphyrii, Aristotelis Categoriae, De Demonstratione,* Sa. 1543; *Super octo libros Physicorum commentarii,* Sa. 1545; *Super octo libros Physicorum quaestiones*, Sa. 1545, 1574, obra en la cual, según P. Duhem, Soto se anticipó sesenta años a Galileo en formular la ley de la caída acelerada de los graves (ed. Salamanca 1547, q. 3, fol. 92v, col. 2); *Commentarium in IV Sententiarum*, Sa. 1557. Sobre cuestiones de justicia y derecho escribió su monumental obra *De iustitia et iure*, Sa. 1553.

BIBL.: V. BELTRÁN DE HEREDIA, *Domingo de Soto. Estudio biográfico documentado*, Sa. 1960; J. BRUFAU PRATS, *El pensamiento político de Domingo de Soto*, Sa. 1960; V. D. CARRO, *Domingo de Soto y su doctrina jurídica*, Sa. 1944; C. GUTIÉRREZ, *Españoles en Trento*, Va. 1951.
G. FRAILE

SOTO, Juan de, OSA (Valladolid † después de 1619) escritor ascético-místico. Era hijo de Diego de Soto, médico de la emperatriz. Esto explica que se trasladase a Madrid, donde profesó el 28-I-1582. Hizo sus estudios en Salamanca, donde le encontramos en 1586 votando en las oposiciones a la sustitución a la cátedra de Vísperas del padre Juan de Guevara. En las portadas de sus libros se denomina «Maestro y Predicador del Colegio de San Agustín de Alcalá». En la dedicatoria de su *Exposición parafrástica del Salterio* a sor Margarita de la Cruz, clarisa e hija de la emperatriz, dice el padre Soto, que a ésta le gustaba oír sus sermones. No se sabe la fecha de su muerte, ni donde tuvo lugar.

OBRAS: *Exposición paraphrástica del Psalterio de David*, Alc. 1612; *Compendio de la Suma de Toledo...*, Alc. 1613; *Alabanzas de Dios y de sus Santos*, Alc. 1615; *Margaritas preciosas de la Iglesia*, Alc. 1617; *Obligaciones de todos los estados y Oficios*, Alc. 1619; *Suma de predicadores evangélicos y doctrina espiritual para devotos cristianos*, (ms. Bibl. Angélica de Roma, 1611-1614).

BIBL.: M39; M55, VII, 574-582; M38, I, 359-363.
A. MANRIQUE

SOTO, Pedro de, OP (Alcalá de Henares [Madrid] 1496/1500 † Trento [Italia] 20-IV-1563) teólogo y confesor del emperador Carlos V. Todos los historiadores han dicho que nació en Córdoba, pero no es exacto; el propio Pedro de Soto dice en una de sus obras impresa por él mismo, que fue bautizado en Alcalá de Henares. Sospechábamos que su padre desempeñaba algún cargo oficial. Esto se ha visto confirmado al encontrarse su testamento. Su padre se llamaba Pedro Rodríguez de Soto y fue del Consejo de sus Altezas, y su madre se llamaba D.ª María de Vergara. En su testamento deja por heredero a su hermano Garci Rodríguez de Vergara, del cual sabemos que fue capitán y conquistador en el Paraguay. El 30-III-1518 recibe Pedro de Soto el hábito de dominico en el convento de Salamanca, profesa el 1-IV-1519. Soto era estudiante en la Universidad salmantina y trocó las aulas universitarias por las del convento. Desde el principio pertenece a la tendencia austera del padre Juan Hurtado que era prior y le dio el hábito. En Salamanca debió completar sus estudios eclesiásticos, pero el sacerdocio lo recibe en Toledo; en junio de 1527 reside ya en el convento de Talavera, de rigurosa observancia. Allí enseña, predica y figura como prior en 1530. Pasó a ser prior de Ocaña en 1532. En 1533 el Capítulo provincial, celebrado en Toro, le da el título de predicador general y de presentado. A primeros de 1535 figura como prior de Talavera y en 1538 vuelve a ser prior de Ocaña. En abril de 1542 está en la fundación del convento de Aranda de Duero, de rigurosa observancia, que luego será engrandecido por el célebre obispo de Osma, Acosta. En 1541 en el Capítulo de Benavente (Zamora) es propuesto para el Magisterio en Teología con el célebre Melchor Cano y se confirma el título en el Capítulo de Toledo de 1543.

La vida de Soto entra en una nueva fase, que dura desde primeros de junio de 1542 al 20-IV-1563. La primera fecha señala el comienzo de su actividad pública como confesor y consejero del emperador Carlos V.

Son años cargados de historia: el Concilio de Trento, las controversias y guerras contra los protestantes, las luchas con el rey de Francia, las Dietas Imperiales, las diferencias y las relaciones entre el Emperador y los papas... señalan momentos cumbres en la Historia de la Iglesia. Gracias a Pedro de Soto, a su santidad, a su ascendiente ante el Emperador, y a su prestigio en Roma, pudo llegarse a la celebración del Concilio de Trento, tan deseado y tantas veces diferido por la mala inteligencia entre la Corte imperial y la Curia romana. Los múltiples documentos que hemos leído, y entre ellos las cartas de los nuncios de los papas ante el emperador, prueban este hecho que los historiadores no suelen consignar. La diplomacia de Pedro de Soto consiguió que el 13-XII-1545 se abriera el concilio. Durante él, Pedro de Soto sigue trabajando en su puesto de confesor para que las tareas conciliares avancen y lleguen a los decretos que nos son conocidos. Al trasladarse el concilio a Bolonia, Soto puso toda su influencia para limar las dificultades que surgieron entre el papa y el emperador. En 1548 cesó, por renuncia suya, en el cargo de confesor, sucediéndole el no menos célebre Domingo de Soto. A pesar de esto, no deja de ser consejero del emperador hasta su muerte y son muchos los escritores que le siguen llamando el padre confesor. Por esto su influencia en Trento, en la segunda época del concilio, no cesó, aunque fuese de un modo más indirecto. En la tercera y última época del concilio el papa lo nombra teólogo suyo y con este título interviene hasta su muerte que tuvo lugar durante la celebración del mismo. Sin lugar a duda, fue Pedro de Soto el teólogo de más saber, de más ciencia teológica y de más prestigio entre todos los teólogos del papa que figuraron con este título en las distintas etapas del concilio. Pedro de Soto, fidelísimo siempre al papado y defensor insobornable de sus derechos divinos y humanos, no dudó tampoco en decir al papa lo que era necesario para la reforma de la Iglesia. En el lecho de muerte escribe y dicta su celebérrima carta al papa donde le pide la declaración del *iure divino* en la residencia de los obispos, como remedio fundamental para cortar de raíz los muchos abusos que deshonraban a la Iglesia. Soto emplaza al papa ante el tribunal de Dios; era la tesis de todos los verdaderos amantes de la reforma *in capite et in membris;* era también la tesis de los españoles que podían pedir la reforma sin temores, pues ya venía triunfando en su patria, bajo muchos aspectos, desde Isabel la Católica. La muerte de Soto en Trento fue muy sentida y a su entierro asistió casi todo el concilio, siendo sepultado en la iglesia de los dominicos de Trento, donde vivía. La actividad de Pedro de Soto se manifestó también en muchas asambleas y dietas imperiales, entre ellas la de Ausburgo, donde se promulga el célebre *Interim*, que no pocos historiadores han censurado sin leerlo y sin tener en cuenta las circunstancias políticas y religiosas. Aparte de esto, intervino también Soto con el dominico español Gabriel de Guzmán, que ejercía un cargo semejante en la Corte francesa, en la deseada Paz de Crespy entre Carlos V y Francisco I de Francia (1545); contribuyó asimismo a la alianza entre el emperador y el papa en la guerra contra los protestantes. Fue vicario general de los dominicos alemanes de la provincia de la Germania Inferior, por delegación de los maestros generales de la Orden. Trabajó activamente por restañar las heridas y destrucciones que la Orden dominicana experimentó en esta región a causa del protestantismo. Con esta idea procuró la fundación de un convento de formación dominicana en Dilinga (Dillingen), cerca de Ausburgo. Al renunciar a su cargo de confesor de Carlos V, el cardenal Otto Truchsess, que le admiraba y veneraba, lo llevó consigo para fundar la Universidad de Dilinga, sede de su arzobispado. Los historiadores de esta Universidad llaman a Soto *alter fundator*, como en realidad lo fue. Allí enseñó varios años y escribe sus *Institutiones sacerdotum* que, prologadas por el cardenal Otto, sirvieron de texto y como de obra oficial en dicho centro universitario. De allí pasó a Inglaterra, tras el matrimonio de Felipe II, llamado por el cardenal Pole, para ser profesor en la Universidad de Oxford. Vuelto a España figura de nuevo como prior del convento de Talavera. Será también vicario provincial y es uno de los defensores decididos del arzobispo de Toledo, Bartolomé Carranza. No pudo permanecer mucho tiempo en España, pues el papa lo llama, en cariñosa carta (9-V-1561), para que vaya a Roma y al concilio. En Roma le esperaba con grande alegría el papa y muchos amigos, entre ellos el cardenal Otto, que lo hospedó en su misma residencia. No es necesario añadir que en Trento era Soto consultado por las más eminentes figuras del concilio y que sus intervenciones públicas y privadas fueron siempre brillantes y eficaces. La naciente y joven Compañía de Jesús encontró en Soto, como en otros dominicos, la más fraternal ayuda en diversas partes, como lo reconoce el mismo Ignacio de Loyola.

Desde el punto de vista teológico debemos decir que Pedro de Soto es el verdadero representante del renacimiento teológico español de nuestro Siglo de Oro, que es también el Siglo de Oro de la Orden dominicana en España. Su actividad se desarrolló fuera de España, dentro y fuera del Concilio de Trento, y sus obras están impresas todas en el extranjero; pero en sus controversias con los protestantes y también con algunos católicos, se revela siempre el espíritu de aquella España del XVI. Como buen agustiniano y buen tomista dio la voz de alarma ante Ruardo Tapper en los problemas relacionados con la gracia y el libre albedrío, cruzándose entre él y el maestro de Lovaina unas célebres y amistosas cartas teológicas que han sido publicadas. En nuestro teólogo se refleja un gran sentido crítico, histórico y teológico, como en hombre formado en la España renacentista de la escuela de Salamanca.

El juicio que mereció Soto de sus contemporáneos y en la posteridad está sintetizado en los varios elogios que se le hacen. El cardenal Osio escribió: «*vix quemquam hominem haec nostra saecula tulerunt sactiorem*»; para el cardenal Otto era «varón doctísimo y piadosísimo»; san Ignacio de Loyola escribió: «*Vix alium nobimus qui tam serio Christi negocia et christianae reipublicae et tanta cum auctoritate apud Caesaream Maiestatem agere possit*»; san Pedro Canisio llama a Soto «*Confessor vere Christi confessor*»; Stapleton nos dirá de Soto: «*Venerabilis et eruditissimus vir...*»; Cristiano Lupo no duda en llamar a Soto «*Totius Ecclesiae lumen*»; Domingo Bañez le considera como «*insignis vir doctrina et santitate*». Nuestro juicio personal se sintetiza en estas palabras: Pedro de Soto no ha hecho milagros, porque no se los hemos pedido, y no está en los altares por nuestro tradicional abandono. Como teólogo debe figurar entre los grandes maestros del Siglo de Oro de España.

OBRAS: *Institutiones Christianae*, Ausburgo 1548; *Compendium Doctrinae Catholicae*, Ingolstadt 1549; *Methodus confessionis*, Dilinga 1553; *Preces Speciales*, Dilinga 1558; *Assertio Chatolicae Fidei, circa articulos Confessionis nomine Illustrissimi ducis Wirtenbergensis oblatae per Legatos eius Concilio Tridentino XXIV Januarii anni 1552*, Col. 1555; *Cartas a Tapper*, Antuerpiae 1706; *Tractatus vel Lectiones de Institutione Sacerdotum*, Dilinga 1558; *Propositiones ac annotationes in librum III Sententiarum*, ms. Bibl. Estatal de Munich, Cod. lat. 5.249; *Petri Soto annotationes in Decretum de Sacrificio Missae reformatum a deputatis:* Concilium Tridentinum, XIII, Friburgi Brigoviae, 1967, 730-735; *Parecer sobre si el uso de los afeites es pecado mortal en las mujeres:* BNMadrid, ms. 5938, 462-63; *Epistola Reverendi Vicarii (Pedro de Soto), ad Rever. Patres Provinciae Germaniae-Inferioris, et Ordina-*

tiones ad eosdem Patres Ord. Praed. Las obras publicadas fueron reeditadas varias veces.

BIBL.: V. D. CARRO, *El Maestro Fr. Pedro de Soto, O. P. (Confesor de Carlos V) y las Controversias Político-Teológicas en el Siglo XVI*, I, Sa. 1931 (Biblioteca de Teólogos Españoles, n.º 1); II, Sa. 1950 (Biblioteca de Teólogos Españoles n.º 15). Hablan de Pedro de Soto los historiadores de la Orden dominicana, ya se trate de los historiadores de la Orden en general, ya se trate de los historiadores de Salamanca editados por el P. Justo Cuervo, ya de Quétif-Echard, etc., y entre los extraños a la Orden, Nicolás Antonio y los historiadores jesuitas. V. D. CARRO

SOTO BORDES, José María, SchP (Enguera [Valencia] 18-II-1886 † Santander 28-II-1947) pedagogo. Ingresó en las Escuelas Pías en 1900. Dedicóse a la enseñanza hasta 1928. Fue prepósito provincial de las Escuelas Pías de Valencia en cuatro trienios. Licenciado en Filosofía y Letras. Muy perseguido durante la guerra civil (1936-1939). Modelo de vida pobre y mortificada.

OBRAS: Artículos diversos en R162 (1919-1923), en Mis Colonias Escolares (1929-1933) y en Piedad y Letras (1944-1947).

BIBL.: O76, O89, II, 236; C. BAU, *Escolapios víctimas de la persecución religiosa en España (1936-1939)*, IV, Sa. 1966, passim. C. VILÁ

SOTO DE ROJAS, Pedro, (Granada 10-I-1598 † Granada 4-II-1658) poeta. Según A. del Arco, en sus primeros años estudió con el famoso Juan Latino; cursó, luego, en Granada Teología y Cánones, graduándose de bachiller en Cánones a 27-IX-1610. Concurre al certamen poético de Sevilla con motivo de la beatificación de san Ignacio (1609), al tema de un soneto disputado entre otros por Góngora y Jáuregui. Poco después debió de marchar Soto de Rojas a Madrid. De su presencia en las academias de la corte y de su disputa con Vélez de Guevara en una de ellas, escribe Lope a Sessa a principios de abril de 1612. El mismo refiere que perteneció, después, a la Academia Selvage, abierta ese mismo año, 1612, con el mote de «el Ardiente». En la corte estrecha su amistad con Lope, Góngora y otros poetas, y goza de la protección de Jorge de Tovar, consejero del rey. En 1615 —se ordenaría poco antes— siendo presbítero y beneficiado de Canjáyar (Almería), solicitó una prebenda, vaca en la colegial del Salvador, del Albaicín de Granada, que le fue concedida (7-III-1616), tomando posesión de la misma el 29. Pretendió en 1616 dos canonjías más pingües —de 400 y 500 ducados, mientras que la del Salvador rentaba 150—, sin conseguirlas, permaneciendo en ésta hasta su muerte. Por asuntos del cabildo hace algunas estancias en Madrid (1617, 1620). En 1623 publica en Madrid el *Desengaño de Amor en Rimas*, dedicado al conde-duque de Olivares. Vuelve a la Corte en 1626 y consigue el nombramiento de abogado del Santo Oficio. En 1629 nueva y última estancia en Madrid. Su voluntad de quietud en Granada se robustece con la compra de terrenos y la edificación de un carmen (la casa de los mascarones), que cantará más tarde, en su *Paraíso*. Su carácter enérgico y poco flexible dio lugar a diversos encuentros y polémicas con los capitulares, sancionados alguna vez con prisión. Esto no obstante, es nombrado secretario del cabildo el 15-XII-1636. Imprime en Barcelona, 1639, su poema *Los Rayos de Faetón*. En 1645, considerando el cabildo poco compatible el cargo de secretario con el de presidente, que ejercía con frecuencia Soto de Rojas como más antiguo, en ausencia del abad, aunque reluctante tuvo que dejar de ser secretario. En Granada, 1652, publica su *Parayso cerrado para muchos...* Desde el 29-XII-1657 no asiste al cabildo por enfermo. Hace testamento el 1-II-1658; dejaba una manda de 2.000 ducados a su hermana D.ª Juana e instituía dos capellanías, ordenando que fuesen los primeros capellanes los hijos de D. Francisco Trillo y Figueroa, su albacea. Pero la venta de la hacienda no llegó para la manda de su hermana, quedando, también sin fundar las capellanías. Fue enterrado en la capilla de Santa Teresa de la colegial del Salvador.

OBRAS: Soto de Rojas es uno de los más finos representantes de la poesía barroca, poderosamente influido por Góngora. Cantor de lo pequeño, de lo diminuto, en contenida cornucopia, de las flores y frutos de la vega granadina, con el sonido de su **agua** y el halago «del olfato, **d**el gusto y de la vista», su gongorismo culmina en el *Parayso*. Poesía: *Desengaño de Amor en Rimas*, Ma. 1623, aquí reúne poesías de su mocedad, para las cuales obtuvo ya privilegio a 13-IX-1614; *Los Rayos de Faetón*, Ba. 1639, poema dividido en ocho rayos; *Parayso cerrado para muchos, jardines abiertos para pocos*, Gra. 1652. Con el *Parayso* publica además los *Fragmentos de Adonis;* la elaboración de estos fragmentos puede situarse en 1619. Por haberse publicado estos fragmentos del *Adonis* anteriormente como anónimos, han sido atribuidos a Villamediana; pero consta que son de Soto de Rojas por el testimonio del mismo en la *Carta misiva al lector*, que precede a *Los Rayos de Faetón*, y por el del licenciado B. R. Morales en la *Aprobación del Parayso* (18-VI-1651). Prosa: *Discurso sobre la poética*, leído en la Academia Selvage y editado en el *Desengaño; Discurso contra el ocio y en loor del ejercicio*, pronunciado en la Academia granadina y aparecido en el *Parayso*. Hay edición moderna preparada y prologada por A. Gallego Morell, *Obras*, Ma. 1950.

BIBL.: A. DEL ARCO, *Pedro Soto de Rojas:* R159, 20 (1909) 241-246; *Documentos sobre Pedro Soto de Rojas*, ed. de F. Rodríguez Marín: R57, 5(1918)199; A. GALLEGO Y BURÍN, *Un poeta gongorino. Don Pedro Soto de Rojas*, Gra. 1927; R. DE BALBÍN LUCAS, *La Poética de Soto de Rojas:* R185, (1944)91-100; A. GALLEGO MORELL, *Pedro Soto de Rojas*, Gra. 1948; ID., *Nuevos documentos para la biografía de Soto de Rojas:* R57, 29(1949)511-516; ID., *Partida de bautismo de S. de R.:* R57, 34(1954)282.

R. M. DE HORNEDO

SOTOMAYOR, Antonio de, OP (Vigo 31-VIII-1547 † Madrid 3-IX-1648) obispo. Profesó en San Esteban de Salamanca (28-IV-1547). Estudió en San Gregorio de Valladolid. Catedrático de Prima en Santiago de Compostela y regente de San Gregorio de Valladolid. Prior de San Esteban y provincial de España (1615-1619).Confesor de Felipe IV. Arzobispo de Damasco. Inquisidor general de España. Está sepultado en el oratorio del noviciado de San Esteban, que construyó a sus expensas.

OBRAS: *Expurgatorium librorum novorum*, Ma. 1640.

BIBL.: O27, I, 445-456, y II, 929-932; O55, II, 555; J. ESPINOSA RODRÍGUEZ, *Fray Antonio de Sotomayor y su correspondencia con Felipe IV*, Vigo 1944. G. FRAILE

SOTOMAYOR, Antonio A. Sarmiento de, OSB (San Jorge de Riva de Vea [Pontevedra] 1683 † Mondoñedo [Lugo] 18-X-1751) teólogo y obispo. Viste el hábito en la abadía de San Julián de Samos. Pasa después a cursar Teología a San Vicente de Salamanca, donde se distingue por su clara y poderosa inteligencia. En Eslonza termina sus estudios. Ocupa en años sucesivos los cargos de pasante en San Esteban de Rivas del Sil, de profesor de Filosofía en San Andrés de Espinareda y de Moral en Nuestra Señora de Montserrat de Madrid, y de abad en su monasterio de profesión. Transcurridos los cuatro años de acertado gobierno en la abadía samoseña, el Capítulo de 1721 le elige general de la Congregación. Su elevación marca un movimiento en el resurgir de los estudios dentro de la corporación religiosa. Se redactan entonces las noticias de la historia moderna de las abadías de la Congregación, que habían de servir para la continuación de los *Anales* de Mabillon. Su Majestad lo nombra teólogo para la Jun-

ta de la Inmaculada Concepción y poco después es presentado para la sede episcopal de Jaca. Consagrado en San Martín de Madrid el 5-IV-1728, su salud le impide residir en esa ciudad. El rey Felipe V lo traslada al obispado de Mondoñedo. Aquí deja grata memoria por su celo en promover el culto de Dios y atender a las necesidades de sus fieles. Edifica un gran hospital, el Palacio de Buenoire, la iglesia parroquial de Musina, la de Nuestra Señora de San Payo de los Freires y restaura otras muchas iglesias arruinadas. Restaura la catedral y aumenta su tesoro. Como buen pastor de almas, fustiga los vicios y entabla ruda batalla contra la incontinencia y la codicia entonces reinantes. Es el primer obispo de Mondoñedo que ostenta el título de vicario general castrense del Departamento, creado por Felipe V a causa del gran desarrollo que por entonces adquiere la base naval. de El Ferrol. Mantuvo algunos pleitos con el cabildo, los cuales, al decir de Flórez, terminaron amigablemente. Parecen exageradas las apreciaciones que de él hace Lauce Santos al calificarle de intransigente, terco, violento y dictador. Fue sepultado en la capilla de Nuestra Señora de los Remedios. Ocho años después, sus restos fueron trasladados al lado del evangelio en el mismo santuario.

BIBL.: M. R. PAZOS, *El episcopado gallego a la luz de los documentos romanos*, III, Ma. 1946, 435-445; P. ARIAS, *Historia del real monasterio de Samos*, Sant. 1950, 254-264; A. ARIAS LOMOZA, *Oración fúnebre a la... memoria del Ilmo. Sr. D. Fr. Antonio A. Sarmiento...*, Ma. 1752; ES 18, 277; *Relación sucinta de los sucesos principales del Real Monasterio de Samos:* BN de París, *Monasticum Hispanum* fondo español, fol. 105; Arch. de la Embajada de España cerca de la Santa Sede, leg. 254, fol. 105; *Acta Camerarii*, 29, fol. 70v, 114-115; D3 66, 972. T. MORAL

SOTOMAYOR, Pedro de, OP (Córdoba 1511 † Salamanca 21-X-1564) teólogo. Hijo de los marqueses de Pinto y Caracena. Ingresó en la Orden de Predicadores en el convento de San Pablo de Córdoba. Estudió y enseñó en San Gregorio de Valladolid. Catedrático de Vísperas (1551-1560) y de Prima (1560-1564) en Salamanca.

OBRAS: *Comentarios a la Suma* (inéditos).

BIBL.: F. EHRLE, *Los manuscritos vaticanos de los teólogos salmantinos del siglo XVI*, Ma. 1930, 81-83. G. FRAILE

SPINOLA Y MAESTRE, Marcelo, (San Fernando [Cádiz] 14-I-1835 † Sevilla 19-I-1906) venerable, cardenal y fundador de las Esclavas Concepcionistas. Estudió Derecho en las Universidades de Valencia (1849-1852) y Sevilla en la que obtuvo los grados de bachiller (19-VI-1854) y licenciado (29-VI-1856). Se ordenó de presbítero en esta última ciudad (21-V-1864) y fue nombrado capellán de la iglesia de la Merced de Sanlúcar de Barrameda (1865), de donde pasó a regir la parroquia hispalense de San Lorenzo (17-III-1871); en ambas puso a prueba sus dotes de organización en una incansable labor apostólica, que abarcó sectores hasta entonces marginados de su acción. Arcipreste de la diócesis sevillana (1877) tras las reformas de su arzobispo, fray Joaquín Lluch; canónigo de gracia de la catedral hispalense (1879), fue consagrado obispo de Milo y auxiliar de Sevilla (16-II-1881) y poco después (15-II-1881) nombrado visitador general del arzobispado. Trasladado a la silla episcopal de Coria (19-VIII-1884) y más tarde a la de Málaga (9-VI-1886), fue designado arzobispo de Sevilla (11-XI-1895).

Su abnegación, caridad y fomento de numerosas actividades le granjearon en las diversas diócesis que rigió un respeto unánime que se extendió, sobre todo en Sevilla, a los grupos anticlericales. Fue uno de los primeros prelados españoles que pusieron en marcha el programa apostólico de León XIII, como lo evidencia, entre otros ejemplos, su atención a los medios de información (fundación del Correo de Andalucía 1-II-1899) y su continuo desvelo por la cuestión social, sobre la que llegó a trazar un vertebrado programa doctrinal, a través de numerosos escritos y publicaciones. Pío X en el consistorio de 11-XII-1905 le otorgó el capelo cardenalicio, poco antes de morir. Fundó la Congregación de las Esclavas Concepcionistas del Divino Corazón (26-VII-1885) y protegió a numerosas instituciones, especialmente a los salesianos y Hermanitas de la Cruz. Se abrió el proceso romano de beatificación el 19-II-1956.

Senador del Reino en diversas legislaturas, destaca entre todas sus intervenciones el ataque a la legislación laica en materia de enseñanza que propugnaba el ministro del ramo, conde de Romanones (1901).

OBRAS: *Don Bosco y su Obra*, Ba. 1889; *Constituciones para el régimen y gobierno de las Esclavas Concepcionistas del Divino Corazón de Jesús*, Mal. 1887; *Exhortación que el Excmo. Sr. Arzobispo de Sevilla, D. Marcelo Spínola y Maestre, dirige a sus diocesanos recomendándoles la Obra por la Propagación de la Fe*, Se. 1903; *Pastorales y sermones*; *Correspondencia inédita entre el Emmo. Cardenal Spínola y la Rvdma Madre M.ª Teresa del Corazón de Jesús*, 2 vols., Ma. 1935.

BIBL.: *Vida del Emmo. y Rvdmo. Sr. Cardenal Arzobispo de Sevilla, D. Marcelo Spínola y Maestre*, Se. 1924; J. M. JAVIERRE, *Don Marcelo de Sevilla*, Ba. 1963.

J. M. CUENCA

STRAUCH Y VIDAL, Raimundo, OFM (Tarragona 7-X-1760 † Vallirana [Barcelona] 16-IV-1823) obispo y mártir. Hizo sus estudios de Gramática en Barcelona, de Retórica en Palma de Mallorca, donde tomó el hábito franciscano (4-IX-1776). Lector de Filosofía y luego de Teología, ganó una cátedra de Lulismo en la Universidad Literaria (1798), que regentó por espacio de trece años. En 1808 sirvió como capellán en un regimiento de suizos en Cataluña contra los franceses. Gran orador, polemista y escritor, luchó denodadamente contra las ideas liberales y constitucionales y en defensa del altar y del trono; esto, si por una parte le acarreó el ser encarcelado durante algún tiempo en Mallorca (28-VII-1813 a 22-V-1814), le mereció, por el contrario, el ser elevado a la sede de Vich (23-IX-1816), que gobernó hasta que, impuesto de nuevo el régimen liberal, fue arrestado en su mismo palacio (11-X-1822) y llevado preso a Barcelona. Después de cinco meses de prisión, fue asesinado vilmente en la carretera hacia Tarragona. El proceso ordinario de beatificación fue abierto en 1926; el 23-VII-1933 se comenzó canónicamente otro proceso para probar la continuación de la fama de su martirio.

OBRAS: *Respuesta interina al Ensayo de un dictamen sobre la inmunidad que escribió uno que se llama Español imparcial*, Palma 1811; *El fiscal fiscalizado*, Palma 1813 (contra sus acusadores); *Semanario Cristiano Político de Mallorca*, 4 vols., Palm. 1812-1814; *Dogmata universae veteris et recentioris philosophiae* (ms. de 814 pp.); trad. de dos obras del abate Barruel: *Historia del clero en tiempo de la revolución francesa...* Palm. 1814, nueva ed. con notas y documentos; *Memorias para servir a la historia del Jacobismo*, 4 vols., Palm. 1813-1814; diversas cartas apologéticas, folletos, etc.

BIBL.: *Catalogus ac status Causarum beatificationis Servorum Dei*: Acta Ordinis Minorum, 76(1957)147; A5, II, 418-21; P. SAURA, *Ilmo. Fr. Raymundo Strauch y Vidal, obispo de Vich 1823-1923*: R29, 20(1923)321-335.

I. VÁZQUEZ

SUAREZ o SOAREZ, Cipriano, SI (Ocaña [Toledo] 1524 † Placencia [Italia] 19-VIII-1593) profesor de oratoria. Entró en SI en 1549. Profesor de Humanidades durante siete años y de Sagrada Escritura durante veinte. Superior de los colegios de Braga y Evora.

OBRAS: *De arte rhetorica libri tres ex Aristotele, Cicerone et Quintiliano deprompti*, utilizado durante mucho tiempo como libro de texto por los jesuitas.

BIBL.: M. BATLLORI, *Gracián y el barroco*, Ro. 1958, 110-111; O189, VII, 1331; O148, 896. IHSI

SUAREZ o XUAREZ, Fernando o Hernán, SI (Granada c. 1543 † Laguio [Filipinas] 2-IX-1586) misionero en Nueva España y Filipinas. Entró en la Compañía en Alcalá, 1566, siendo licenciado en Filosofía y con cuatro cursos de Teología; emitió los votos simples en Roma y la profesión en Cádiz el 2-VII-1578, año de su partida para Nueva España, donde residió en México y Puebla, y fue misionero de los Otomíes. Fue destinado a Filipinas en 1584.

BIBL.: F. J. ALEGRE, *Historia de la Compañía de Jesús de Nueva España*, I, Ro. 1956, 632; H. DE LA COSTA, 64-67; O147, I-III. IHSI

SUAREZ, Francisco, SI (Granada 5-I-1548 † Lisboa 25-IX-1617) filósofo y teólogo. El autor más eximio de la escolástica post-tridentina. Entró en la Compañía el 16-VI-1564. Estudió Latín en el hogar paterno, con Juan Latino, y Derecho, en Salamanca, de 1562 a 1564. Tres veces le fue denegada la admisión en la Compañía por considerársele corto de talento. Estudió Filosofía en Salamanca de 1564 a 1566, al principio sin ningún resultado, para transformarse un día en el discípulo más aventajado. Después estudió Teología (1566-1570), intentando ya la sistematización de una filosofía cristiana. Explicó Filosofía en Segovia (1571-1574) siendo dos veces denunciado a los superiores por antiaristotélico. El expediente fue examinado en Roma por F. Toledo, tío suyo, que le copia la teoría del espacio absoluto, aceptada más tarde por R. Descartes (cf. Toledo, *In octo lib. phys. aus.* IV c. 5). En 1575 fue pasante de Teología en Avila y Segovia. De 1576 a 1580 explicó Teología en Valladolid. Acusado de antitomista fue llamado a Roma, donde explicó la *Summa* iniciada con la I p. en Valladolid. Los manuscritos romanos contienen comentarios a la I-II y III. Por enfermedad vino a Alcalá donde leyó *De sacramentis* y la I-II, con discusiones muy vivas con Vázquez en las cuestiones de la personalidad, de la realidad del orden jurídicomoral, de la imputación de los méritos de Cristo y el tema de la justicia de Dios y de sus perfecciones relativas y el concepto de Derecho natural. En 1590 publicó *De Verbo incarnato*, en 1592 *De mysteriis vitae Christi*, preparando al mismo tiempo las *Disputationes metaphysicae*, publicadas en 1597 como base de la filosofía cristiana. De nuevo por enfermedad se trasladó a Salamanca (1593) donde explicó *De poenitentia*, y fue varias veces denunciado a la Inquisición por el padre Enríquez. En 1599 publicó *Varia opuscula* para la controversia *de auxiliis*; uno de ellos es *De iustitia Dei* en respuesta a Vázquez. Por imposición de Felipe II se encargó de la cátedra de Teología en Coimbra (1599-1615). De 1601 a 1603 explicó *De legibus*, aunque los manuscritos están terminados en 1607. Prohibida en Roma su doctrina sobre la confesión a distancia, Suárez fue a ver a Clemente VIII y enterarse del motivo de la condenación (1604-1606). Paulo V le dio una satisfacción verbal y más tarde (1615) cambió la disciplina vigente en el Ritual. De regreso a Coimbra escribió en el camino *De Deo uno et trino*. De 1609 a 1611 explicó *De gratia* (tres vols.), y de 1613 a 1615, *De fide*. Entretanto, escribió la *Defensio fidei*, obra condenada y quemada en Londres y en París. En 1617 contrajo la última enfermedad ocupado en la defensa del colector pontificio Accoramboni contra el virrey. Paulo V le dedicó honores superiores a todos los no estrictamente canónicos, después de muerto (C. Cicognani, *Grandeza de Suárez como pensador y como religioso*: R131,9, 1948, 21).

La entrada en la Compañía orientó decisivamente la carrera científica de Suárez. Los prólogos *De anima* (1617), *Tractatus quinque* (1603), *De legibus* (1612) y *Disputationes metaphysicae* (1597) confirman la noticia de que desde 1566 pensaba en la cristianización de la Filosofía.

Problemas antropológicos principales de Suárez: *a)* La creación del mundo y del hombre por la Palabra de Dios. *b)* Dependencia esencial de la criatura y su potencia obediencial activa como instrumento divino. *c)* Producción del conocimiento humano por la acción del cognoscente y del estímulo externo. *d)* La persona como plenitud de la naturaleza racional. La comunicabilidad de la persona indirectamente (sin identificarse con otros) y capacidad de producir actos sustanciales, como la οὐσίωσις areopagítica. Problemas teológicos: *a)* El conocimiento del Padre es engendrador del Hijo como Verbo. El Espíritu Santo procede del Padre y del Hijo como amor, no como amación. *b)* Dios no tiene hábitos pero sí virtudes morales. *c)* Dios actúa moralmente en la Providencia, es decir algo, así como el hombre, cuyas decisiones internas «propiamente no son mandatos (ni impulsos) de la inteligencia sobre la voluntad» *(De praedestinatione,* I, 6, 8; *De Deo,* III, 10,7). Suárez es el primer escolástico en defender esta tesis. *d)* Las relaciones interpersonales de Dios son perfecciones relativas, no absolutas. *e)* Las gracias actuales son de orden moral, es decir, a modo de persuasión y exhortación. *f)* Los dones del Espíritu Santo se comunican al justo continuamente. *g)* La visión beatífica es producida sin objetivación intermedia, por la presencia de Dios en la mente. Problemas metafísicos, morales y sociales: *a)* Todo ser es uno, verdadero y bueno para sí y para otros, y tiene alguna causalidad. *b)* Todo acto cognoscitivo va acompañado de la objetivación de la cosa conocida, que permanece en la mente. Por la objetivación se especifican los entes cognoscitivos, volitivos y morales. *c)* La persona moral del individuo humano, la sociedad y la comunidad política resultan de actos convenientemente objetivados, que sirven de fundamento a las relaciones jurídico-religiosas, incluso a la oración que se debe fundar en títulos adecuados *(De oratione,* II 3, 9.10). *d)* Esencia y existencia se distinguen realmente. El individuo puede ser conocido directamente por la razón. *e)* El principio de individuación de toda sustancia es su entidad y principios intrínsecos de que consta. Lo mismo puede decirse de los accidentes. Pero el principio extrínseco de todo el ser del hombre predestinado, incluso en cuanto a la sustancia de su naturaleza, es efecto de la predestinación *(De praedestinatione,* III 7, 5). *f)* La idea ejemplar de la creación es la esencia de Dios, que es eficiente como lo es también toda idea ejemplar creada. Esto constituye el punto básico de la estética en Suárez. *g)* Se inspira en la Teología medieval de la Alianza bíblica, eclesial y en el pensamiento de san Ignacio, san Agustín y santo Tomás, para su concepto de la justicia de Dios, de la esencia de la Iglesia y de pueblo y de la Sociedad internacional. *h)* El fundamento filosófico de la Cristología está en que por haber nacido de María forma parte de la sociedad humana con las consecuencias jurídico sociales que de ahí se derivan aun para el orden sobrenatural. *i)* El sistema filosófico teológico de Suárez supone la acción de resultancia, distinta de las diversas clases de acción predicamental.

El suarismo es el movimiento espiritual, religioso, canónico, filosófico y jurídico determinado por las ideas de Suárez. Lo fomentaron en toda su amplitud los generales jesuitas Aquaviva y Vitelleschi, y lo favoreció Paulo V. Aquaviva le encargó la obra *De Religione* aprobada como oficial por Vitelleschi. Su sistema de la gracia fue discutido en las últimas sesiones de la controversia *De auxiliis,* sin que se opusieran dificultades de

consideración a sus ideas sobre las gracias de orden moral y la justificación intrínseca por los méritos de Cristo. Paulo V le encargó la *Defensio fidei* como visión general de las controversias contra católicos y anglicanos. En ella expuso Suárez las cuestiones fundamentales sobre la Iglesia y el Estado, el origen de la autoridad, de la actividad social del pueblo en su fase prejurídica. La base filosófica de la Teología de la Palabra y de la Alianza de Suárez es un camino medio entre el nominalismo y las categorías ónticas de Aristóteles. La realidad brota ante todo de la Palabra de Dios, y en el mundo jurídico-moral también de la palabra humana. Suárez no fundó escuela. Contra los ataques de B. Medina, D. Báñez, F. Zumel, F. Marcos, F. Enríquez, G. Vázquez y otros surgió la defensa de Suárez por C. de los Cobos, F. Bastida, T. Raynaud, L. Lossada, R. P. Descoqs, J. J. Urráburu, L. Fuetscher, J. Hellín y otros. Le impugnan L. Mahieu, J. A. Gredt, G. M. Manser, J. Delos y otros, como antitomista, ecléctico y voluntarista. Le son favorables F. Toledo, Belarmino, J. B. Bossuet, G. W. v. Leibniz, J. Balmes, M. Grabmann, R. de Scorraille, J. B. Malou, F. Stegmüller, H. Deuringer, J. I. Alcorta, H. Rommen, J. Giers, N. Ory y E. Gemmeke, que fomentan el estudio genético de Suárez. Bajo el patrocinio de la Sociedad Internacional F. S. (sede en Coimbra) se han celebrado Congresos y cursos de verano en los últimos años en Burgos sobre cuestiones morales, sociales, jurídicas y ecuménicas.

OBRAS (Año de su publicación y número del volumen en la edición Vivès de París, 1856-61). Obras filosóficas: *De anima; De opere sex dierum,* 1622, III; *Disputationes metaphysicae,* 1597, XXV, XXVI; (los Comentarios de Aristóteles se perdieron). Obras teológicas. Comentarios a la Summa: *De Verbo incarnato,* 1594, 4.ª ed. aumentada 1595, XVII, XVIII; *De mysteriis vitae Christi,* 1592, XIX; *De sacramentis, De baptismo, De confirmatione,* 1595, XX; *De Eucharistia,* 1595, XXI; *De poenitentia,* 1602, XXII; *De censuris,* 1603, XXIII; *De Deo uno et trino; De praedestinatione,* I, 1606. Sin comentario a la Summa: *De angelis,* II, 1620; *Tractatus quinque morales,* 1628, IV; *De legibus,* 1612, V, VI; *De gratia pars 1.ª,* 1620; *pars 2.ª,* 1651, VIII; *pars 3.ª,* 1619, IX; *De vera intelligentia auxilii efficacis,* 1655, X; *Varia opuscula theologica, De auxiliis, De scientia media, De libertate voluntatis divinae, Relectio de reviviscentia meritorum; De iustitia Dei,* 1599, XI; *De triplici virtute theologica,* 1621, XII; *De virtute et statu religionis* I, 1608, XIII; II, 1609, XIV; III, 1624, XV; IV, 1625, XVI; *Defensio fidei,* 1613, XXIV. Numerosos documentos y ms. de discípulos de Suárez se hallan en Roma, Dillingen, Karlsruhe, Olmütz, Schaffhausen, Pavía, Madrid, Valladolid, Granada, Lisboa, Evora, Braga, Coimbra, Salamanca. De los ms. se han editado: *Suarezii sex opera inedita* (ed. J. B. Malou, Brujas 1859); F. S. *quaestio de gratia efficaci,* ed. F. Stegmüller: *Zur Gnadenlehre des jungen Suarez,* Frei. 1933, 35-54; *De iustitia et iure,* ed. J. Giers; *Die Gerechtigkeitslehre des jungen Suarez,* Frei. 1958; *Conselhos e pareceres,* 2 vols., Coi. 1948-52; *De fide,* ed. de K. Deuringer; *De Deo* y *Epistolario Suareciano* (varios vols.); *De legibus,* I, II, III y IV: Corpus Hispanorum de pace, XI, XII, XIII y XIV, Ma. 1972-1974; *Defensio fidei: I, principatus politicus,* introduccción y edición crítica bilingüe por E. Elorduy y L. Pereña: Corpus hispanorum de pace, II, Ma. 1965; *De ecclesia,* y *De pontifice* ed. por A. Vargas-Machuca. Inéditos: *De Deo* y *Epistolario Suareciano:* Archivo Suareciano de Deusto.

BIBL.: R. DE SCORRAILLE, *François S.,* 2 vols., Par. 1912-13; E. M. RIVIÈRE, *La bibliographie des ouvrages de F. S.* Tou.-Ba. 1918; P. MÚGICA, *Bibliografía Suareciana,* Gra. 1948; E. ELORDUY, *Cartas y Mss. de S.:* R131, 38 (1962)271-330; N. ORY, *S. in Rom:* R88', 81(1959)133-162; S. CASTELLOT CUBELS, *Die Anthrologie des S.,* Frei. 1962; E. GEMMEKE, *Die Metaphysik des sittlich Guten,* Frei. 1965; *Actas del IV Centenario del nacimiento de F. Suárez,* 2 vols., Archivo Suareciano, Oña, 1948; R30, 11(1948); *Francisco Suarez en el IV centenario de su macimiento:* R102, 22(1948)147-686; R129, 20(1948); C. M. ABAD, *Ascetas y místicos españoles del siglo de oro...:* R131, 13(1948)109-

110; R154, (1948) R-147, (1948); *Datos para el proceso de Beatificación*, Gra. 1970. E. ELORDUY

SUAREZ, Manuel, OP (Herías [Asturias] 5-XI-1895 † Perpiñán [Francia] 30-VI-1954) canonista. Concluidos sus estudios de Humanidades en la Escuela Apostólica Dominicana de Corias (Asturias), tomó el hábito de la Orden en el convento de Padrón (La Coruña) (28-VIII-1913). Cursó sus estudios de Filosofía en el convento de Corias, y de Teología en el de San Esteban de Salamanca. Enviado a Roma (1922-1924) obtuvo los grados de doctor en Derecho Canónico (en el Ateneo Pontificio *Angelicum)* y de Derecho Romano (en el Instituto Pontificio Apolinar). En Corias enseñó Historia de la Filosofía y Filosofía Moral (1924-1927). En el Ateneo *Angelicum* de Roma fue profesor de Cánones (1927-1946), a la vez que decano de la Facultad (1932-1941); fue también rector magnífico (29-VI-1941 a 21-IX-1946). En el capítulo general de la Orden celebrado en Roma (21-IX-1946) fue elegido maestro general, cargo que desempeñó hasta su muerte en accidente de automóvil.

Gran canonista, fue consultor de las Sagradas Congregaciones del Concilio, de Sacramentos, de la Iglesia Oriental; miembro de la Comisión para las Causas Matrimoniales y de la Comisión de Vigilancia de los Tribunales Eclesiásticos ante la Congregación de Sacramentos; miembro de la Comisión para la constitución de los Institutos Seculares ante la Sagrada Congregación de Religiosos; consultor de la Comisión para la Sagrada Rota Romana, y juez prosinodal del Tribunal del Vicariato de Roma. Al ser elegido maestro general quedó constituido por derecho consultor de la Suprema Sagrada Congregación del Santo Oficio. También fue miembro del C. S. I. C. de Madrid.

OBRAS: *De Remotione parochorum aliisque processibus tertiae partis lib. IV Cod. Jur. Can.*, Ro. 1931; Artículos sobre Derecho Canónico en R73.

BIBL.: *Acta Capituli Provincialis Provinciae Hispaniae S. O. P. anni 1954*, Vergara 1954, 64-71; *Muerte en accidente de automóvil del Rvdmo. P. General de la Orden de Santo Domingo:* R217, 61(1954)380-403; Lumen, Ba. 53 (julio-agosto 1954), dedicado íntegro al P. Suárez. C. PALOMO

SUAREZ, Raimundo, OP (Herias [Asturias] 23-III-1883 † Sevilla 1-XII-1961) filósofo, teólogo y orador sagrado. Ingresó en la Orden Dominicana el 5-X-1889, realizando sus estudios filosófico-teológicos en el Estudio General de Almagro (Ciudad Real). Durante varios años fue profesor de Humanidades, Filosofía y Teología en los Seminarios diocesanos de Almería y Sevilla. Desde 1923 hasta el día de su muerte se encuentra asignado al convento de Sevilla, en el que fue prior durante los años 1953-1956.

En los años 1948-1951 y 1959 dicta cursos y conferencias en la Universidad Católica de Santiago de Chile, en La Habana y en Buenos Aires. Célebre en toda Andalucía por su predicación, de estilo claro, preciso y elegante. La Orden lo decoró con el título de predicador general (1948); era además académico numerario de la Academia de Buenas Letras de Sevilla y doctor *honoris causa* por la Universidad de Santiago de Chile.

OBRAS: *La Suma Teológica de Santo Tomás de Aquino en forma de catecismo*, Ba. 1921. es un resumen muy apreciable; *Artesanos y Artistas*, sobre Estética y Filosofía del Arte; *Significado de la frase «tener o no tener sentido común*, (estudio filosófico-crítico sobre los datos primarios de nuestro conocimiento): R28, 23-44(1948), 48-49(1951); Versión de la *Suma Teológica de Santo Tomás de Aquino*, I P., qq. 1-43 y 50-64, edición bilingüe de la BAC, Ma. 1947-1950, I y III.

BIBL.: O1, 49-51; O61, 159; *Resumen biográfico:* Apostolado Seglar, n. 70 (enero de 1962). L. DE GUZMÁN

SUAREZ DE ESCOBAR, Pedro, OSA (Medellín [Badajoz] † Tlayacapán [Méjico] enero de 1591) escritor místico. Muy joven se embarcó para Méjico, en cuyo convento profesó el 29-VI-1541. Estudió Artes y Teología con el padre Veracruz. Ordenado sacerdote, conocedor del idioma mejicano, se consagró al ministerio entre los indios. Prior varias veces del convento de Méjico, fue elegido provincial el 9-IX-1581. En 1583 se le facultó para optar al magisterio, grado que le fue concedido. Entre 1575-1578 había suplido también como catedrático de Escritura en la Universidad al padre Veracruz. Felipe II le propuso en 1590 para el obispado de Guadalajara (Méjico), pero murió antes de ser consagrado.

OBRAS: *Espejo divino de vida cristiana*, Ma. 1591; *Scala paradisi* (ms. perdido); *Sylva perfectionis evangelicae* (ms. perdido); *Reloj de príncipes* (ms. perdido); *Cartas a Felipe II* (Doc. inéditos del Archiv. de Indias, t. XI, 194-211).

BIBL.: M55, VII, 608-610; M38, I, 194-197. A. MANRIQUE

SUBSIDIO. Era una contribución en favor del rey que se imponía sobre las rentas de los beneficios eclesiásticos. Y en esto se distinguía del excusado que se imponía sobre los bienes decimales.

Era costumbre antigua que los papas concedieran a los reyes de la Cristiandad diversos subsidios para la guerra contra los enemigos del nombre cristiano. Y así, entre otros, Pablo III concedió, 14-XII-1534, un subsidio sobre el clero de España para el sostenimiento de 21 galeras, a razón de 6.000 ducados anuales por galera, con el fin de que éstas barriesen el Mediterráneo de corsarios turcos o musulmanes. Más tarde Pío IV concedió al rey de Portugal un subsidio de 50.000 escudos anuales por un quinquenio para el equipamiento de algunas galeras contra infieles.

Sin embargo, hay un subsidio especial que se conoce antonomásticamente con el nombre de *el subsidio* o también *el subsidio de galeras*, que llegó a constituir una institución permanente. De ésta tratamos ahora.

La primera concesión fue hecha por Pío IV al Rey Católico con la bula *Quemadmodum onustae*, 17-XII-1560, y disponía se cargase sobre los beneficios eclesiásticos de España una contribución de 300.000 ducados anuales por un quinquenio para la construcción y fletamiento de una escuadra de 50 galeras, que se llamaría Escuadra del Clero de España, que habría de llevar las insignias eclesiásticas. Esta bula, sin embargo, hubo que modificarla porque en ella se partió del falso supuesto de que la escuadra real contaba 80 galeras. Y así se expidió la nueva bula *Ad Romani Pontificis*, 2-III-1562, elevando la cifra a 420.000 ducados anuales y el de la escuadra a 60 galeras, a razón de 7.000 ducados por galera. La paga de dicha contribución había de hacerse con efecto retroactivo, contando el quinquenio a partir del 1-VIII-1560, fecha en que el papa había fijado la entrega de la cuarta parte de los frutos eclesiásticos de dos años, subsidio concedido al comienzo de su pontificado y derogado por el nuevo subsidio. Por su parte, el rey quedaba obligado a mantener a sus expensas otra escuadra de al menos 40 galeras, de modo que, juntando las dos, formasen una poderosa escuadra de 100 galeras.

La derrama sobre los eclesiásticos españoles la habían de hacer conjuntamente el nuncio y un prelado señalado por el rey y según la tasación usada en semejantes subsidios, mientras ésta no fuese modificada por acuerdo de entrambas partes. Esperaba Pío IV de Felipe II, a quien llamaba en la bula *praecipuum fidei nostrae propugnaculum*, que acelerase la creación de dicha escuadra para poder ver en vida sus efectos: la gloria de Dios, la exaltación de la fe católica, la represión de los bárbaros, la conversión de los herejes...

No se obtuvo gratis el breve, pues hubo de pagar el rey a los nepotes del papa 15.000 ducados de renta sobre vasallos en el Reino de Nápoles y 12.000 de pensiones en España, aparte de los gastos hechos por las misiones diplomáticas. En cambio, la prórroga del segundo quinquenio, concedida por Pío V, el 16-III-1566, según informaba el embajador Requeséns, no le costó al rey ni un maravedí (*Corresp. Dipl.*, I, 90, 114, 131, 149...) y comenzó a correr desde el 1-VIII-1565, que fue cuando acabó el primer quinquenio (*Corresp. Dipl.*, I, 153). Eran ejecutores de este subsidio los arzobispos de Sevilla, Santiago y Zaragoza. El tercer quinquenio se prorrogó el 31-V-1571. Gregorio XIII con el breve de 11-II-1573, *Concessit alias*, hizo incluir en su paga a los caballeros de Santiago y a los frailes de las cuatro Ordenes mendicantes y más tarde con el breve *Officii nostri*, 14-XI-1578, a todos los regulares. Por fin, por el breve *Cum alias*, 10-VI-1582, ordenó que los señores temporales que poseían diezmos o tercias, pagasen el subsidio de galeras. La cobranza se hacía generalmente dos veces por año y para su mejor exacción mediaba a veces una «concordia» o acuerdo del clero a principio de cada quinquenio. Entonces se hacía un «repartimiento» con arreglo a las entradas que tuviese cada diócesis. En él se señalaba la cuota a pagar por cada una de dichas diócesis. Esta cobranza real no coincidía ni en la cantidad ni en el tiempo con lo concedido teóricamente por las bulas pontificias. Generalmente la cantidad se rebajaba, en todo o en parte, por gracia del rey, por imposibilidad de pagar o por exención privilegiada de algunas instituciones.

Puede verse, como ejemplo, el «repartimiento» del año 1565 en este Diccionario, vol. II, art. Demografía Eclesiástica, cuadro 38, pág. 726. Allí figuran todas las diócesis de Castilla y León por orden de importancia fiscal de más a menos. Los reinos de Granada, Aragón, Valencia, y la provincia eclesiástica de Cataluña, lo mismo que Mallorca y Cerdeña figuran aparte, sin determinación de diócesis. También consta allí lo que en ese año contribuían las Ordenes militares de Santiago, Calatrava y Alcántara, y también la Orden de los dominicos en sus dos demarcaciones de Castilla y Andalucía. Estas Ordenes unas veces contribuían y otras quedaban exentas, según lo que se determinase en cada caso. También quedaban exentas las pensiones que algunos cardenales cobraban de la Corona con cargo a las diócesis de España, cuyo importe total ascendía a veces a más de 20 millones de maravedís, que convertidos en ducados superaban los 50.000 al año. Sin embargo, la cantidad correspondiente a estas exenciones no mermaban la cantidad global del subsidio acordado, que se había de acumular al resto de los contribuyentes eclesiásticos. Por eso, estos contribuyentes más gravados impugnaban resueltamente tales exenciones, para no tener que pechar con las cantidades de los exentos.

En cuanto al plazo de cobranza hay que advertir que los quinquenios teóricos se resolvían en sexenios, y la cantidad de 420.000 ducados se acoplaba a lo determinado en las Concordias hechas entre el Rey y la Congregación del Clero. Así, el primer quinquenio de 1560-1565 se había de cobrar durante el sexenio de 1563 a 1568 de la siguiente forma: los años primero, segundo y sexto, es decir, los años 1563, 1564 y 1568, se cobraría teóricamente a razón de 400.000 ducados al año en dos pagas iguales, en mayo y octubre, o sea, 150 millones de maravedís anuales; y los otros tres años de 1565, 1566, 1567, a razón de 300.000 ducados al año, también en dos pagas iguales, o sea, 112.500.000 maravedís anuales. En realidad las cantidades cobradas siempre eran menores que las presupuestadas, porque había que descontar los intereses de prestamistas y otros gastos imprevisibles. Por consiguiente,

en ninguno de estos años se alcanzó la suma de 420.000 ducados, impuestos por la bula. Pero como la bula seguía en vigor, la Corona se apoyó en ella para hacer coincidir con el tiempo la cantidad cobrada con la legislada o sea, con los 420.000 ducados anuales.

Este subsidio se fue prorrogando quinquenalmente hasta su abolición en el siglo XIX.

BIBL.: A. J. DE ANGOS Y ZANDUEZ, *Subsidii et excusati Bullae Apostolicae duodecim observationibus illustratae*, Ma. 1727; A. PÉREZ DE LARA, *Compendio de las tres Gracias*, Ma. 1610; F. GALLARDO FERNÁNDEZ, *Origen, progresos y estado de las rentas de la Corona de España*, 7 vols., Ma. 1817; J. SEMPERE, *Historia de las rentas eclesiásticas de España*, Ma. 1822; L. SERRANO, *Correspondencia diplomática entre España y la Santa Sede*, I y II, Ma. 1914; M. ULLOA, *La Hacienda real de Castilla en el reinado de Felipe II*, Ro. 1963, 389-412; I. CLOULAS, *Le «subsidio de las galeras», contribution du clergé espagnol a la guerre naval contre les infidèles de 1563 a 1574:* Melanges de la Casa de Velázquez, III (1967), Pa. 1965, 289-326.   Q. ALDEA

SUBSIDIO DE LA CUARTA (abreviadamente *cuarta*), o *subsidio de los medios frutos* (otras veces *medios frutos*, sin más, o *subsidio* a secas). Era simplemente *la cuarta parte* de las rentas o frutos eclesiásticos de un año, otorgada por los papas a los reyes españoles sobre las iglesias, monasterios, obispados y cabildos de sus reinos. El motivo o finalidad de la concesión era la defensa armada de la fe católica contra herejes e infieles. A base de los datos que poseo, la primera concesión de este subsidio data de la bula *Crudelissimas strages* del 1-IV-1523, y solo se extendía a España; en 1532 se extendió también a los dominios españoles en Italia y a las tierras nuevamente descubiertas en América, prolongándose —que me conste— la concesión hasta la del *subsidio de galeras* en 1560. En general, comprendía a todo el clero, exceptuándose tan solo determinadas corporaciones, v. gr. los Sanjuanistas y los cardenales. Por lo que he podido ver, esta clase de subsidio se otorgaba muy corrientemente, si no siempre, por bienios y para dos anualidades consecutivas; abarcando, por lo tanto, cada concesión *la cuarta parte* de los frutos de un año, más *la cuarta parte* de los del siguiente, es decir, la mitad de los frutos anuales en dos años. De ahí la razón de designar indistintamente *cuarta* o *medios frutos* a este valioso tributo. Sobre el subsidio de galeras véase el art. anterior Subsidio.

BIBL.: Todos los conceptos y noticias que preceden están tomados de la documentación (bulas, breves, cartas) original que hoy se guarda en Simancas (AGS, *Contaduría de Cruzada*, leg. 8; *Patron. Real*, sec. Cruzada y Subsidio; *Estado*, 893, 218, y 896, 67), y en Burgos (Archivo catedral, *Repartimiento de subsidio* y *Concesión... de subsidio*).
                                                        C. GUTIÉRREZ

SUÑOL, Gregorio, OSB (Barcelona 7-IX-1879 † Roma 26-X-1946) musicólogo, gregorianista. En su juventud entra en el monasterio de Montserrat (1894). Terminada la carrera eclesiástica, se consagra por entero a la musicografía y liturgia, especializándose en la estética y paleografía del canto gregoriano. Para ello se dirige a la abadía de Solesmes donde estudia, bajo la dirección de Don Mocquereau y Don Gajard. Adquirida una sólida formación científica, da principio a una gran actividad; colabora en diversas revistas, nacionales y extranjeras, de música y canto gregoriano, de modo especial en *Vida Cristiana* y *Analecta Montserratensia*. Asiste a semanas de estudios y preside congresos de Música; desde todos los ámbitos de España y principales países europeos y de la América Latina, es requerida su presencia. En 1932 es nombrado presidente de la Academia de Música Sacra de Milán y, a la muerte del padre Ferreti, en 1942, preside, hasta su muerte el Pontificio Instituto de Música Sagrada de Roma.

OBRAS: Merecen destacarse los siguientes títulos: *Método completo de canto gregoriano*, traducido a varias lenguas y adoptado en la mayoría de los seminarios nacionales y extranjeros; *Cantoral litúrgic del poble*, que tuvo gran aceptación en toda Cataluña: *Introducción a la paleografía musical gregoriana*, obra valiosa y documentada, traducida al francés, único tratado sintético de esta índole, notable por su clara exposición y sólida argumentación; *Antiphonale Missarum juxta ritum S. Ecclesiae Mediolanensis* y *Antifonario Ambrosiano*.

BIBL.: O. CUNIL, *El Rvmo P. Dom Gregorio Suñol:* Música Sacra Española, (1947)1-26; A. FRANQUESA, *75 anys de patronatge de la Mare de Déu de Montserrat, 1881-1956,* Abadía de Montserrat 1958, 177-185.   T. MORAL

SUREDA BLANES, Francisco, (Artá [Baleares] 17-I-1888 † Palma de Mallorca 25-XII-1955) filósofo y teólogo. Cursó el bachillerato en Palma, y la Filosofía y Teología, en la Gregoriana de Roma, doctorándose en ambas materias. Más tarde hizo la carrera de Derecho en Valencia. Se ordenó de sacerdote en 1912, y en 1918 ingresó en el cuerpo castrense donde desarrolló una importante labor. En 1935 fundó La Maioricensis Schola Lullistica, que dirigió hasta su muerte. Fue durante algún tiempo profesor de la Universidad de Murcia. Fueron muy celebradas sus disputas con el Dr. Lafora sobre el milagro, en el diario madrileño El Sol.

OBRAS: Son muy numerosas, así como los artículos en periódicos. Señalamos solo las más importantes: *Sobre la educación de la Mujer*, Palm. 1918 y Ma. 1922 (hay trad. francesa e italiana); *El-Araix. Huellas prehistóricas del Magreb*, Palm. 1920; *Primer libro de caladas deleitosamente fruidas en tierra de moros*, Ma. 1924; *De la revelación cristiana*, Sóller 1926; *El milagro*, Ma. 1928; *La cuestión de Osio, ob. de Córdoba y de Liberio, ob. de Roma*, Ma. 1928; *Crisis del pensamiento moderno en sus relaciones con las bases de mi fe*, Ma. 1929; *Theologumena sobre la racionabilidad de nuestra creencia*, Ba. 1930; *De com Icarus perdé les ales*, Palm. 1932; *El beato Ramón Lull*, Ma. 1934; *Bases criteriológicas del pensamiento luliano*, Palm. 1935; *Contribución al movimiento lulista en nuestra patria*: R160, 5(1944)407-456; *Trilogía del sentiment*, Inca 1947; *Temas de Occidente*, I, Palm. 1951.

BIBL.: D3, 58, 1.047-1.048; D25, IV, 325; B16, ns. 326618-325636.   L. PÉREZ MARTÍNEZ

T

TAFALLA, Pedro de, OSH (Tafalla [Navarra] 1606 † El Escorial 6-III-1660) maestro de capilla. Cuando, a sus nueve años, lo llevaban para acomodarle de tiple en la catedral de Ávila, se detuvo en El Escorial y, conocidas sus buenas cualidades, el prior hizo que se quedase en la hospedería, donde en breve aprovechó mucho en el canto, gramática y órgano. En 1623 tomó el hábito en el monasterio y fue ordenado de presbítero en 1627, siendo al poco tiempo nombrado maestro de capilla. Sin embargo, no fue el primero, como se ha creído hasta hace poco. Con su arte aprovechó también a otros monasterios de la Orden. De él dice el padre Rubio que representa «para El Escorial en el siglo XVII lo que el padre Soler en el XVIII: el maestro de los maestros, el compositor de más facundia y vuelos, el organista que lleva un ángel en cada dedo de la mano». En el archivo del monasterio existen todavía muchas de sus composiciones.

BIBL.: S. RUBIO, *La capilla de música del Monasterio de El Escorial:* R75, 163(1951)96-100.   I. DE MADRID

TAGELL, Francisco, (ante 1700, † Barcelona 19-II-1767) poeta. Ordenado de sacerdote en 1720 y ya doctor, deseoso de obtener una buena prebenda, se traslada a Roma al servicio del cardenal Colonna y en 1744 es nombrado canónigo de Barcelona. En Roma escribe un extenso poema, de 4.378 versos, sobre la muerte de Clemente XII y prolongada elección de su sucesor, Benedicto XIV. Narración desenfadada, jocosa y satírica, notable por estar escrita en catalán, lengua casi abandonada en aquel tiempo como lengua literaria. Ya antes, en 1720, había escrito otro poema parecido, de tema profano (fiestas del Carnaval). Torres Amat los elogia con palabras del padre P. Pascual que los habría leído.

OBRAS: *Poema anafòric: Descripció dels dotze festins... de Carnestoltes...,* ms. 5 Bibl. Universitaria de Barcelona; *Relación de la mort de Climent XII i de l'elecció de Benet XIV (1740),* editada por J. Mascaró, Ba. 1971.

BIBL.: A29, 612; G. SOLER, *Lo canonge Tagell considerat com a poeta.* La Tradició Catalana, II(1894)33-39; J. RUBIÓ BALAGUER, *Historia de las Literaturas hispánicas,* dir. por G. Díaz Plaja, V, 285-89; A. COMAS, *Hist. de la Literatura Catalana,* IV, Ba. 1972, 680-99 (transcribe muchas estrofas de los dos poemas de Tagell); J. MASCARÓ, en *Introducció,* pp. 9-21, de la edición recién citada.   J. VIVES

TAJON DE ZARAGOZA, (siglo VII) obispo y escritor. Pocas son las noticias sobre este obispo distinguido del último período de la España visigoda. Dos cartas de san Braulio, la 11 y la 42, y las epístolas del mismo Tajón a Eugenio de Toledo y a Quirico de Barcelona, son las únicas fuentes de información.

Nace hacia el 600. En 650 presidía un monasterio como abad, tal vez fuera de Zaragoza. A la muerte de san Braulio en 651 le sucede Tajón en la sede cesaraugustana. En calidad de obispo asiste a los concilios toledanos VIII (635) y IX (655). Hacia el 680 muere, pues el concilio XIII de Toledo (683) nombra a su sucesor en la iglesia de Zaragoza. Por la carta que él mismo escribió a Eugenio, sabemos que hizo un viaje a Roma en busca de algunos escritos de san Gregorio Magno que no encontraba en España. A este viaje hace alusión san Braulio en su carta 42. De Roma trajo las Homilías sobre Ezequiel y quizá copiase también los Diálogos y el comentario al *Cantar de los Cantares.*

OBRAS: Tajón de carácter irascible e intransigente, poseía una gran cultura profana y sagrada, manejaba bien la Escritura, conocía los Padres, no carecía de sentido crítico y tal vez fuese él quien por vez primera reunió y ordenó las cartas de san Braulio. Sabía mucha Teología, pero no dejó pruebas de originalidad, porque Tajón antes que nada era un pastor celoso que escribe para el pueblo sencillo. En este sentido escribió sus cinco libros de las Sentencias, *Sententiarum libri V* (PL 80, 731-990). Se proponía Tajón con esta obra divulgar la doctrina de San Gregorio Magno y poner sus obras al alcance de todos; pero tal vez antes que nada pretendía conducir los fieles al conocimiento de Dios. De ahí que la Teología de las *Sentencias* tenga un matiz innegable de ascética. Por dirigirse al pueblo fiel, apenas si discute, y omite problemas que quisiéramos ver dilucidados. Aunque no quiere ser un tratado completo de Teología, toca casi todos los puntos de la misma y lo hace con precisión y gran claridad. Si bien no es original, pues se limita a ordenar textos de san Gregorio y san Agustín, tiene el mérito de ser el segundo en este género de escritos que tanto imitaron los escolásticos. La obra de Tajón es más completa y ordenada que la homónima de san Isidoro. En la carta a Quirico de Barcelona, *Epistola ad Quiricum episc. Barcinonensem de libro Sententiarum* (PL 80, 727-30), nos dice Tajón que escribió esta obra durante la insurrección de Froya e incursión de los vascones. Tal vez por estos días la empezó o la estaba elaborando. La revolución de Froya se produce en 652-653. Al frente de las *Sentencias,* y como introducción a las mismas, figura una composición poética en 12 hexámetros en la que nos revela su formación literaria, *Epigramma operis subsequentis* (PL 80, 731).

Estuvo en relación con san Braulio cruzándose con él dos cartas de las que solo se conserva un fragmento de la segunda, *Epistolae ad Braulionem fragmentum* (PL 80, 685-87); en ella preguntaba al obispo de Zaragoza su opinión sobre la resurrección. Hacia el 652 escribió también a Eugenio de Toledo, *Epistola ad Eugenium episc. Toletanum* (PL 87, 413-18; MGH, *auct. ant.* 14, 287-90) dándole cuenta de su viaje a Roma en busca de obras de san Gregorio Magno. En otra carta informa a Quirico de B. sobre las circunstancias en que fueron escritas las Sentencias. Durante su estancia en Roma concibió Tajón un gran proyecto que, por la epístola a Eugenio, nos consta llevó a cabo. Escribió un extenso *manual* de contenido exegético en el que se comentan, con textos de Gregorio Magno el A. y N. Testamento, a excepción de los libros que había ya comentado el Santo. Tan extensa era la obra, que según él mismo nos dice, tuvo que dividirla en seis volúmenes, cuatro para el A. y dos para el N. Testamento. Tal vez fuese escrita antes que las *Sentencias.* Vega, por examen de crítica interna, cree haber recuperado parte de esta obra en un manuscrito de la catedral de Lérida. Aunque tímidamente, a nombre de Tajón de Zaragoza lo ha publicado en ES 56, 269-99. Son únicamente los comentarios al *Cantar de los Cantares, Parábolas de Salomón, Eclesiastés, Sabiduría* y *Eclesiástico.* Más tímidamente aún se le atribuye el *De aenigmatibus Salomonis* que venía figurando a nombre de Justo de Toledo. Ediciones: ES 31, 171-544; de aquí las tomó PL 80, 727-90.

BIBL.: A. C. Vega, *Tajón de Zaragoza. Una obra inédita:* R75, 156(1943)145-77; J. Madoz, *Tajón de Zaragoza y su viaje a Roma:* Mélanges Joseph de Ghellinck, I, (1951)345-360; P. Martínez, *El pensamiento penitencial de Tajón:* R175, 6(1946)185-222; U. Domínguez del Val, *El «De aenigmatibus Salomonis», atribuido a Justo de Toledo, ante la crítica:* R75, 173(1960)139-43.   U. D. del Val

TALAMANCO GARCIA, Juan, OdeM (Horche [Guadalajara] 5-III-1692 † Madrid 20-I-1754) arqueólogo e historiador. Hijo del escribano Juan Talamanco y de Teresa García, poco después de 1710 ingresó y profesó en Madrid. Estudió en Alcalá. Predicador y penitenciario apostólico en la Corte, maestro en Teología, cronista general de Castilla e Indias, censor de libros (t. IX de la España Sagrada), redentor en Africa (1.865 cautivos entre 1710 y 1751), etc. Fácil versificador, diestro en el dibujo, buen gusto artístico y literario. Muy dado a investigar antigüedades — monedas, piedras, estatuas, bulas, libros, etc. — y dueño de una excelente colección, proporcionó valiosos datos a los padres Flórez, Méndez y López de Rubiños.

OBRAS: *La Merced de María Coronada* (con una novela al fin), Ma. 1725, varias veces reimpresas juntas y separadas; *Las Vidas del Beato Juan Gilabert y San Juan Evangelista,* 1735, traducida la segunda, de la portuguesa del P. Francisco de Santa María; *Historia de la villa de Horche,* 1748; algunas *Relaciones* anónimas de redención de cautivos, a él atribuidas; *Pía paternal expresión* de Benedicto XIII a los 370 rescatados de Túnez, Ro. 1725, reimpresión de la versión española, publicada por el P. Alejandro Illomei junto con el texto italiano, Ba. c. 1725; existen mss. en la BN Madrid, del *Registro* del Archivo mercedario de Guadalajara con datos biográficos de Tirso de Molina y otros importantes documentos; un *Bulario y Noticias de Jerez de la Frontera,* 1742. Como cronista de Indias escribió, entre otras cosas, según Arqués, *Universidad de noticias para la conquista espiritual de las Indias* todavía hoy desconocida. Pasan de 60 los títulos de sus obras.

BIBL.: O201; J. Catalina García, *Biblioteca de escritores de la provincia de Guadalajara,* Ma. 1899 (los cuatro ídolos de la Isla Española, aquí mencionados, no pudieron traérselos a Talamanco en 1779, porque falleció en 1754); E. Cotarelo y Mori, *Comedias de Tirso de Molina:* NBAE, IV, Ma. 1906, XIII; O207; O206; O213; A. López de Rubiños, Prólogo al *Diccionario Geográfico Español,* II, al final; M. Penedo Rey, *Noviciado y profesión de Tirso de Molina, 1600?-1601:* R97, 2(1945)82-88, 537-57, B. de los Ríos, *Obras dramáticas completas de Tirso de Molina,* I, Ma. 1946, LXXXIX y ss.; M. Serrano y Sanz, *Nuevos datos biográficos de Tirso de Molina:* Revista de España, 591 y 592 (1894).   M. Penedo

TALAVERA, Gabriel de, OSH (Talavera de la Reina [Toledo] 1545 † Guadalupe [Cáceres] 14-IX-1620) historiador. Tomó el hábito en el monasterio de Guadalupe en 1565. Leyó Escritura en su monasterio. Fue prior: en Valdebusto (1595), donde construyó la suntuosa capilla de las reliquias; en Granada, donde se le debe la magnífica portada de la iglesia, y en otros monasterios. Murió siendo segunda vez prior de Guadalupe.

OBRAS: *Historia de Nuestra Señora de Guadalupe consagrada a la Soberana magestad de la Reyna de los Angeles milagrosa patrona de este santuario,* To. 1597.

BIBL.: M107, 323-329; M105, 210-212, 219-220, 428.
                  I. de Madrid

TALAVERA, Hernando de, OSH (Talavera de la Reina [Toledo] c. 1430 † Granada 14-V-1507) primer arzobispo de Granada después de la Reconquista, confesor de Isabel la Católica y el tipo ideal de obispo. Por la conjunción de datos que ofrecen las actas de la Universidad de Salamanca y su primer biógrafo, Jerónimo de Madrid, podemos señalar la segunda mitad de 1430 o principio de 1431 como fecha más probable de su nacimiento. Y en esto nos apartamos de todos los que

hasta ahora han tratado este asunto, que la fijan entre 1425-1428. También es muy verosímil que su padre se apellidase Pérez, puesto que Hernando figura en las actas de la Universidad salmantina como Hernán Pérez de Talavera, y era corriente que alguno al menos de los varones llevase el apellido paterno. Con lo cual la tesis que se basa en la carencia de apellido gentilicio para afirmar que era hijo bastardo de García Alvarez de Toledo no tiene fundamento. En cambio su origen judío, aunque no haya documentos que expresamente lo afirmen, aparece bastante seguro. El haber sido acusado por la Inquisición, él y su familia, de judaizar; el pertenecer por línea materna, según el inquisidor Lucero, a la familia judía de los Contreras (dato fácilmente compulsable); y el no haber negado fray Hernando el hecho de esta ascendencia, son indicios bastante claros de su origen judío. Esto quiere decir que al menos uno de sus abuelos maternos era judío. De su familia se sabe que tenía al menos una hermana, llamada ciertamente María Xuárez, que casó con Francisco de Herrera, de cuyo matrimonio nacieron al menos un hijo varón y dos hembras. El hijo varón se llamaba Francisco de Herrera y fue deán del cabildo granadino con su tío. Las hijas se llamaban María y Constanza. Tanto la hermana como los sobrinos vivían con él en su casa de Granada. Según su biógrafo Jerónimo de Madrid, era pariente cercano de Hernando Alvarez de Toledo, señor de Oropesa. También lo era de fray Alonso de Oropesa, General de los jerónimos (1457-1468), personaje muy influyente en el reinado de Enrique IV y que salió a la defensa de los conversos contra la actitud de las Ordenes mendicantes. Sus padres no gozaban de una posición económica desahogada, ya que para ir a estudiar a Salamanca tuvo que recibir una ayuda de Hernando Alvarez de Toledo.

A los cinco años sirvió y estudió en la iglesia de Talavera como niño de coro. «Sabido muy bien cantar, leer y escrevir, aprendió gramática». Entre su niñez en Talavera y la ida a la Universidad de Salamanca, existe un episodio que Domínguez Bordona ha sido el primero en destacar, a saber, su estancia en Barcelona para aprender caligrafía con el maestro Vicente Panyella. Hay, en efecto, un contrato, el 22-X-1442 entre este maestro y un tal Fernando de Talavera para enseñarle a éste a escribir «de litera scolastica». Y de los doce contratos que publica Madurell, el único que tiene por objeto el aprendizaje de escritura escolástica es precisamente el de Fernando de Talavera, quien, según su biógrafo, en Salamanca tuvo que dedicarse a copiar libros ajenos «de letra escolástica que hazía muy buena», porque no le bastaba el dinero que le enviaba su familia. La coincidencia de sólo el nombre no bastaría para identificarlo con fray Hernando. Pero la doble coincidencia del nombre y de la escritura escolástica nos obliga a pensar que se trata de nuestro talaverano. Es verdad que éste no tendría entonces más de doce años. Pero esto no hace cambiar el estado de la cuestión. Cómo fue allí y cuánto tiempo estuvo en Barcelona, no lo sabemos. Como tampoco sabemos cuándo comenzó sus estudios en Salamanca ni qué años cursó. Ciertamente nos dice su biógrafo que estudió Artes y Teología. Para reconstruir su carrera universitaria tenemos que recurrir a una serie de datos ciertos, sacados de dos fuentes distintas: la *Breve Suma* de su vida y las *Actas de la Universidad.* Y otros datos, no tan seguros, que se presumen del cuadro normal del universitario.

Por el *Libro de Claustros* de la Universidad consta que fue profesor de Filosofía moral al menos desde octubre de 1463 hasta el 7-VII-1466, en que renunció su cátedra a favor del bachiller Juan de León. Del mismo *Libro de Claustros* sacamos los siguientes datos interesantes. El 1-IX-1464 se aprobó en claustro de profesores que el bachiller Rodrigo de Enciso fuera nombrado sustituto de Talavera en la cátedra, para ausencias eventuales. Asiste a los claustros de 27 octubre, 14 y 29 diciembre 1464, 14 enero, 4 marzo, 1 mayo 1465. Este último día, para hacer el reglamentario juramento de las lecturas del curso siguiente. El 19-VIII-1465, Talavera «nombra sustituto de su cátedra de Filosofía moral al bachiller Juan de León que leía por él». Pero sigue ejerciendo el nuevo curso 1465-1466, ya que su nombre aparece en la reunión del claustro del 17-XII-1465 y se presume su asistencia a otros claustros anteriores, donde no se hace mención expresa de nombres. De nuevo, el 5-V-1466, según costumbre, «en la capilla de San Jerónimo, el doctor de Avila y el licenciado Talavera hicieron el juramento de las lecturas ante el rector y el administrador», lo cual quiere decir que pensaba explicar el curso siguiente, o al menos quería mantener su derecho.

La última vez que el citado *Libro* menciona su nombre, es el 5-VII-1466 en que nos informa de la renuncia por poder de su cátedra: «Gonzalo de Trujillo, escudero de don Fadrique de Estúñiga, con poder y como procurador del licenciado Fernán Pérez de Talavera, catedrático de moral, renuncia su cátedra en favor del bachiller Juan de León, porque piensa ausentarse de la ciudad. Le dan la colación de dicha cátedra, pero los doctores Martín de Avila y de Zamora, el bachiller Alonso de San Isidro y Luis de Madureira dijeron que dicha renuncia no debía ser admitida por no haber sido hecha *simpliciter*, y ser, por tanto, contra constitución. Juan de León toma posesión de la cátedra de moral.» Como se ve, hubo protestas por el modo de renunciar la cátedra, pero quedaron sin efecto, ya que en la misma reunión Juan de León tomó posesión de la cátedra. Aquí cesa la vida académica de fray Hernando. La razón de la renuncia es porque piensa ausentarse de la ciudad, es decir, de recluirse en el monasterio de Alba de Tormes. Esto aconteció cuando Talavera contaba treinta y cinco años de edad, como nos lo dice expresamente su primer biógrafo: «Siendo ya de 35 años, catedrático de Filosofía moral..., dexado todo por vano, quiso seguir el estado de la Religión, muy más perfecto y mas aparejado y provechoso para cumplir su deseo. Fue al monasterio de sant Leonardo que es cabe la villa de Alba de Tormes...». La frase, interpretada por algunos como si hubiese comenzado a ser catedrático de Filosofía a los treinta y cinco años, no admite gramaticalmente tal sentido. El participio de presente «siendo» expresa una acción simultánea con el verbo «quiso» y «fue», conforme a las leyes gramaticales latinas y castellanas. Y, por consiguiente, los treinta y cinco años los tenía, no cuando comenzó a ejercer su cátedra, sino cuando la renunció. Ahora bien, como esto fue en 1466, quiere decir que en dicho año tenía treinta y cinco años y tal vez estaba próximo a cumplir los treinta y seis. Y, por tanto, no pudo nacer antes del otoño de 1430.

Del cuadro general del universitario de aquel tiempo y de algunas indicaciones de su biografía, reconstruimos así conjeturalmente su cronología: Por San Lucas de 1445 (18 octubre), fecha del comienzo del curso escolar, o sea, a los quince años, empezaría Artes, que solía durar tres años. Hacia 1448 se graduó de bachiller en Artes. Es casi seguro que se licenció en la misma Facultad. Inmediatamente se dio al estudio de la Teología, «la cual era su recreación y deleite». «Antes que oviese veinte e cinco años fue graduado bachiller en Theología y a los treinta, licenciado», dice su primer biógrafo. Luego, en 1455 antes de cumplir los veinticinco años, se bachilleró. A continuación se ordenó de subdiácono. Y unos cinco años más tarde, en 1460, se licenció en Teología. No dice su biógrafo cuándo se ordenó de sacerdote, pero leyendo entre líneas, parece insinuar que fue después de licenciarse. Bien pudo ser

en el otoño de 1460. Durante su vida académica y especialmente después de su ordenación sacerdotal ejerció intensamente el apostolado de la predicación aun en la misma Universidad, ministerio en que se había de distinguir hasta el fin de su vida. También era muy estimado como director espiritual en la confesión. Y a él acudían muchos penitentes de lejos, sólo para confesarse. Tanto de alumno como de profesor tuvo siempre discípulos y pupilos, a los que trataba de formar a su imagen y semejanza. Y este su magisterio en el pleno sentido de la palabra también lo practicó o lo hizo practicar más adelante en el colegio que fundó en Granada para futuros sacerdotes. Debió de ser un estudiante ejemplar en todos los órdenes. «Nunca le vieron ruar por las calles, nunca mirando ventanas, nunca con vihuelas, como otros de su suerte acostumbravan haser.» Su biógrafo destaca especialmente su castidad y su vida de oración. A partir de 1460 comenzaría su alta función docente, tal vez como sustituto del célebre Pedro Martínez de Osma, su inmediato predecesor en la cátedra de Filosofía moral. Luego al conseguir Osma el 27-VI-1463 la cátedra de Prima de Teología, es muy probable que desde esa misma fecha obtuviera él por oposición la cátedra de Filosofía que había de regentar hasta su ingreso en la Orden.

Cómo surgió en él la idea de su vocación religiosa, se puede rastrear por la vida piadosa que llevaba y por sus frecuentes visitas a los monasterios de la comarca, donde se retiraba cada año diez o quince días. Sin duda que su parentesco con el General de los jerónimos le hizo frecuentar el que la Orden tenía en Alba de Tormes, que fue donde por fin ingresó el 15-VIII-1466, fiesta de la Asunción de Ntra. Señora, «a la qual este perfecto varón tenía grandíssima devoción».

La Orden de San Jerónimo era considerada entonces como «muy recogida y en fama de las mejores Ordenes y mejor regida de España». El monasterio de San Leonardo, antes premostratense, había pasado en 1441 a los jerónimos. Cumplido el año canónico de noviciado con gran provecho espiritual, se quedó allí unos años más hasta su nombramiento como prior de Nuestra Señora de Prado (Valladolid). ¿Cuándo abandonó el monasterio de San Leonardo? Siguiendo a Sigüenza, como autor en esto más seguro, se puede señalar el año 1470 como fecha de su nombramiento. Dice Sigüenza que Talavera fue prior «16 años, poco menos», antes de ir al obispado de Avila. Ahora bien, como fue preconizado obispo el 26-VIII-1485 y no tomó posesión hasta el 25-III-1486, quiere decir que fue nombrado prior hacia 1470 y siguió hasta el fin de 1485 (poco menos de dieciséis años) y, por tanto, estuvo en Alba de Tormes unos cuatro años en total.

El Prado de Valladolid fue para fray Hernando el candelero de sus virtudes apostólicas, en un momento en que la ciudad del Pisuerga albergaba con frecuencia a la Corte durante los años más decisivos de la Modernidad española. Su fama como predicador y director de almas se difundió enseguida por la ciudad. Y no tardó mucho en llegar a oídos de la reina Isabel, quien sin vacilación lo escogió como confesor suyo. Es célebre el episodio de la primera confesión de la reina con él, cuando el confesor mandó a su regia penitente ponerse de rodillas para hacer la confesión: hecho de que la reina quedó muy favorablemente impresionada. Esto tuvo que ser por 1475 ó 1476, años en que Isabel se detuvo más tiempo en Valladolid. También por estas mismas fechas comenzó a formar parte del Consejo Real. A partir de este momento fray Hernando de Talavera se convierte en uno de los hombres más influyentes de España.

Dentro de la Orden fue nombrado visitador general, lo que le obligaba a desplazarse frecuentemente de la Corte. A la reina no le gustaban estas ausencias, «porque, como su Alteza conosciese su saber, discreción, letras y santidad, no se meneaba ni hazía cosa de peso sin su consejo y parecer» *(Breve Suma)*. Esto explica su decisiva intervención en los hechos más importantes de la vida nacional: guerra de sucesión y con Portugal; concilio nacional de Sevilla (1478); Cortes de Toledo (1480); cruzada y toma de Granada (1492); y organización y puesta en marcha de la nueva archidiócesis granadina (1492-1507)... Cada uno de estos temas daría materia para un capítulo. Por la repercusión que luego tuvo en su vida, es preciso señalar su participación en la dificilísima operación decretada por las Cortes de Toledo en 1480 (a las que él asistió), conocida con el nombre de «Declaratorias». Esta operación tenía por objeto la revisión y reintegración a la Corona de las rentas indebidamente enajenadas por Enrique IV y que después de su realización supuso para el tesorero real un beneficio anual de treinta millones de maravedís. Como se deja entender, semejante medida suscitó muchos resentimientos contra Talavera y al fin de su vida, muerta ya la reina, habría de recibir las represalias, por parte de los afectados, a través de la Inquisición. En este mismo sector económico también hay que reseñar la intervención de Talavera en la búsqueda de dinero para sufragar los gastos de la guerra de sucesión, que en parte se hizo con la hipoteca de plata, joyas y objetos valiosos. Consta documentalmente que parte de la plata empeñada se hallaba depositada en el monasterio jerónimo de Montamarta (Zamora), del que era visitador. Y en cuanto a la licitud del discutido préstamo de la plata de las iglesias, en aquellos momentos angustiosos de falta de dinero, el mismo Talavera escribe a la reina que «fuí el primero que firmó que podrían prestarlo» las iglesias (15-IX-1477).

Este relieve político que obtuvo Talavera quisieron los reyes apoyarlo en una dignidad eclesiástica. Por eso lo propusieron al Papa, por medio de su agente diplomático Meléndez Valdés, para el obispado de Salamanca. Pero el diplomático logró hacer recaer sobre sí mismo la provisión de la Sede. Esto desagradó profundamente a los soberanos que jamás consintieron que Meléndez ocupara el obispado. En vista de esto, Sixto IV nombró a Talavera administrador de la diócesis salmantina (11-VIII-1483), cargo que ejerció al menos teóricamente hasta dos años después, en que fue preconizado obispo de Avila (26-VIII-1485). Fray Hernando rehuyó con sinceridad estas dignidades. Pero una vez hecho obispo de Avila, quiso ser consecuente con su obligación y pidió licencia a los reyes para ir a residir en su iglesia. Concediéronsela, pero al poco tiempo lo volvieron a llamar con insistencia, «porque como entonces andava la guerra muy resia del reino de Granada y quasi todo se hazía y regía por su mano, avía mucha necesidad de su presencia». Este dato de su biógrafo Madrid no parece ser un mero tópico hagiográfico, sino una realidad comprobada. El fue en efecto uno de los grandes promotores de la cruzada granadina —más tarde sería nombrado Comisario de la Bula de Cruzada (1492)— y hasta ser preconizado arzobispo (23-I-1493), fue nombrado administrador de la nueva diócesis de Granada. Uno de sus sueños dorados se cumplió el día 2-I-1492 al enarbolar él la cruz en la torre más alta de la Alhambra, mientras el conde de Tendilla y don Gutierre de Cárdenas, comendador mayor de León, clavaban respectivamente el pendón real y el pendón de Santiago. La Reconquista había terminado.

Otro de los hechos trascendentales en que intervino Talavera fue el del descubrimiento del Nuevo Mundo. Son muy escasas las noticias que hay sobre esto, pero suficientes para hacer sospechar que su actitud no fue tan negativa como algunos han supuesto. Según Las Casas el proyecto colombino «cometiéronlo [los reyes] principalmente al dicho prior del Prado y que él llamase las personas que le pareciese más entender de aquella materia de cosmografía...» *(Historia de las Indias*, libro I, cap. 29). Aparte de las dificultades naturales o intrínsecas del proyecto, estaban también en contra las estrecheces económicas provocadas por la guerra de Granada, que hacía imposible pensar en extrañas empresas. Sin embargo, y a los hechos nos atenemos, constan los asientos dados a Colón por orden de Talavera el 5 mayo, 3 julio, 27 agosto y 15 octubre 1487. Y más adelante, el 5-V-1492, hizo el obispo de Avila un libramiento de 2.640.000 maravedís, de los cuales un millón y medio fue para pagar a Isaaz Abraham lo que éste había prestado para la guerra de Granada, y el resto, o sea, 1.140.000 maravedís «para pagar al dicho escribano de ración [Luis de Santángel] en cuenta de otro tanto que prestó a Sus Altezas para la paga de las carabelas, que mandaron ir de armada a Indias o para pagar a Cristóbal Colón que va en dicha armada». Y además de esa cantidad se dieron a Luis Santángel «otros 17.100 maravedís por vuestro salario e paga de ellos, que son 1.157.100 maravedís». Talavera, pues, interviene eficazmente, de hecho, sirviendo de intermediario entre los Reyes y Colón en el financiamiento de la empresa americana.

A partir de la toma de Granada hasta su muerte, él y el conde de Tendilla, dos hombres totalmente compenetrados, rigieron los destinos de aquel reino. Tendilla en lo temporal y el santo arzobispo en lo espiritual. Talavera había firmado en noveno lugar las famosas Capitulaciones de Granada y sabía a qué atenerse en materia de libertad religiosa con los vencidos. Desde el punto de vista político-religioso la convivencia de dos razas y dos religiones dentro de un mismo ámbito creaba gravísimos problemas. Había que ir asimilando por procedimientos pacíficos y persuasivos a aquella población conquistada. Así lo fue haciendo Talavera hasta el año 1499. Pero el alma fogosa de Cisneros, que había ascendido a confesor de la reina y a primado de Toledo, no aguantó el método necesariamente lento del arzobispo de Granada. Y así, con consentimiento o tolerancia de los Reyes y de Talavera, se quedó Cisneros en el nuevo campo misional (1499-1500) con ánimo más generoso que acertado de convertir rápidamente aquella masa islamizada. Pero desgraciadamente las consecuencias fueron desastrosas. Es verdad que en poco tiempo grandes muchedumbres recibieron el bautismo y las mezquitas se convirtieron en iglesias. Pero la reacción fue también rápida. El 18-XII-1499 estalló la sublevación del Albaicín, que pudo haber terminado en verdadera catástrofe para los cristianos. Gracias a Tendilla y a Talavera se calmó la sedición. «El arzobispo, acepto a todos por su opinión de santidad, se presentó en medio de los sediciosos y con frases de esperanza y de amenaza aplacó el ánimo de los dirigentes» (Mártir de Anglería, carta de 1-III-1500). Sin embargo, la mano dura de Cisneros llegó hasta hacer quemar en pública plaza unos cuatro o cinco mil volúmenes sagrados, ricamente encuadernados, que poseían los moros granadinos. Sólo se salvaron los libros de Medicina, Filosofía y Crónicas. Este contraste de actitudes en cuanto a métodos misionales a Talavera una proyección más evangélica y más moderna. Y el conjunto de su difícil labor pastoral hace de él un prelado ideal: creó y organizó todas las iglesias del reino; mantuvo comunicación íntima con sus clérigos; fundó un colegio para 30 estudiantes, que era el semillero de futuros sacerdotes, y esto más de medio siglo antes de Trento; su principal ejercicio fue la predicación, y así los domingos predicaba dos veces y en Cuaresma, tres y más veces; para que el pueblo participase en el oficio divino, hizo poner las lecciones de latín en castellano y, en vez de responsos, hacía cantar al pueblo «unas coplas devotísimas correspondientes a las lecciones»; hizo buscar, de diversas partes, «sacerdotes assí religiosos como clérigos que supiesen la lengua aráviga para que los enseñasen y oyesen sus confesiones» y él mismo trató de aprender la misma lengua; en una palabra, se hizo de tal manera todo a todos que conquistó la admiración y respeto de la gente más principal de moros y cristianos.

Al fin de su vida, para acrisolar su virtud, Dios le reservó una prueba durísima en lo que más le podía doler: la Inquisición promovió contra él y sus familiares un proceso por delito de herejía. Se les acusaba de judaizar. Y en consecuencia, su hermana, su sobrino Francisco Herrera que era deán de Granada, y otras dos sobrinas fueron llevados a la cárcel de Córdoba. Esto sucedía antes del 3-I-1506, fecha en que Mártir de Anglería comunica el estupor de la noticia. El arzobispo, por razón de su dignidad eclesiástica, no podía ser juzgado por la Inquisición sin licencia expresa de la Santa Sede. Talavera acudió al Papa para que avocase a sí la causa de sus parientes. Y, en efecto, Julio II comisionó al nuncio Juan Rufo para abrir el proceso informativo con la bula *Exponi nobis*, de 30-XI-1506. Talavera y los suyos fueron absueltos, y el tristemente célebre inquisidor de Córdoba, Diego Rodríguez Lucero, fue depuesto de su cargo. No consta si fray Hernando supo la sentencia absolutoria antes de morir. A juzgar por las palabras del acta notarial levantada junto a su lecho en los últimos momentos de su vida el mismo 14 de mayo, en que suplica Talavera a los reyes, al Consejo y a todos los grandes y prelados que defendieran la honra de Dios y la suya y «no quede así abatida en grande escándalo y vituperio de nuestra santa fe católica», parece deducirse el dolor de la incertidumbre de aquella sentencia. En realidad, esta amarga prueba hizo crecer ante sus contemporáneos la fama de santidad de que gozaba. Pedro Mártir de Anglería, Jorge de Torres, maestrescuela de Granada, los hermanos Madrid, y tantos otros conocedores de las intimidades del arzobispo no dudaron en parangonarlo con los mayores santos de la Iglesia. El pueblo entero de Granada se hizo eco de ello con la manifestación masiva en sus exequias y con el deseo de poseer reliquias suyas.

Esta fama de santidad quedó confirmada por ciertos presuntos milagros, cuyas informaciones testificales, debidamente recibidas en forma de derecho, se conservan originales en la BN de Madrid, Ms. 2.878, que es el que hemos utilizado. Los milagros, debidamente probados por testigos, se aducen en prueba de la santidad de fray Hernando. No se sabe en qué paró todo este expediente hagiográfico, puesto que no tenemos noticias posteriores que arrojen la más mínima luz sobre un posible intento de proceso de beatificación. Tal vez el cambio de signo político con los vaivenes de la sucesión al trono y los reajustes impuestos por las circunstancias; tal vez también las discrepancias respecto a la Inquisición con Diego de Deza, protector de Lucero, y con Cisneros respecto a los métodos misionales con los moros; y, más tarde, la aparición del movimiento protestante con el consiguiente robustecimiento del tribunal inquisitorial, hicieron olvidar rápidamente su figura. Esto explica también el silencio historiográfico sobre el tema hasta la época actual. De todas formas, el historiador moderno que serenamente estudia a distancia de cinco siglos las fuentes documentales y narrativas de fray Hernando recibe la impresión de encontrarse con uno de los hombres más grandes de aquella centuria y con un santo de cuerpo entero. Los Bolandistas recogen su biografía.

Para completar la personalidad de Talavera es preciso aludir a su producción literaria. No fue muy abundante, pero sí muy expresiva tanto de su mentalidad como de su acción pastoral. El que de estudiante pobre de Salamanca hacía el oficio de escribano de libros para poderse pagar la pensión, más tarde con la aparición de la imprenta se valió de ella para difundir su pensamiento. A él se debió el establecimiento de la primera imprenta en Valladolid (1480) en el monasterio del Prado. Muy poco se ha conservado de sus sermones, género en que sobresalió notablemente en aquel tiempo, y que consta que compuso en castellano. El resto de su producción es de tema apologético (*Católica impugnación*) o de doctrina cristiana para el pueblo, o de temas morales. También queda alguna correspondencia. La más interesante, con Isabel la Católica.

OBRAS: *Breve e muy provechosa doctrina de lo que debe saber todo cristiano con otros tractatos muy provechosos compuestos por el arzobispo de Granada:* NBAE 16, ed. Miguel Mir, Ma. 1911, 1-103, y contiene los tratados siguientes: 1) *Breve e muy provechosa doctrina de lo que debe saber todo cristiano.* 2) *Confesional o avisación de todas las maneras en que podemos pecar contra los diez mandamientos. El cual debe cada christiano leer con atención cada vez que oviere de confesar.* 3) *Breve tractado de cómo habemos de restituir e satisfacer de todas maneras de cargo, que son seis.* 4) *Breve e muy provechoso tractado de cómo habemos de comulgar.* 5) *Breve e muy provechoso tractado contra el murmurar y decir mal de otro en su absencia, que es muy gran pecado y muy usado.* 6) *Devoto tractado de lo que representan e nos dan a entender las cerimonias de la misa.* 7) *Solazoso y provechoso tractado contra la demasía del vestir y de calzar y de comer y de beber.* 8) *Provechoso tractado de cómo debemos haber mucho cuidado de espender muy bien el tiempo y en qué lo habemos de espender para que no se pierda momento.* (De estas obras hubo una edición anterior, Gra. 1496; el manuscrito escurialense b.IV.26 contiene el texto original del tratado núm. 7). *Libro intitulado Memoria de nuestra Redempción que trata de los sacratísimos misterios de la misa,* Sa. 1573. *Sobre las ceremonias que los sacerdotes deben usar en la misa y oficios:* BN. Madrid, ms. 11.050. *Collación muy provechosa de cómo se deben renovar en las ánimas todos los fieles cristianos...,* ed. de Amador de los Ríos, Historia Crítica de la Literatura Española, VII, Ma. 1865, 544-61. *Breve tractado más devoto y sotil de loores del bienaventurado sant Juan evangelista:* Bibl. Fundación Lázaro Galdiano, ms. 332, véase referencia sobre él en R29, 30(1970)307-10. *Represiones y denuestos que Francisco Petrarca laureado compuso contra un médico rudo y parlero:* BN Madrid, ms. 9.815. *Adiciones y correcciones a la versión castellana de la «Vita Christi»,* Alcalá 1502. *Glossa sobre el Ave María,* ed. J. de Sigüenza, Historia de la Orden de San Jerónimo, II, Ma. 1909, 325-29. *Suma y breve compilación de cómo han de vivir y conversar las religiosas de Sant Bernardo que viven en los monasterios de la ciudad de Avila:* R118, 13(1960)143-74. *Escrito dirigido a la ciudad de Burgos, cuando Nuestro Señor dió la pluvia de que había mucha falta:* BN Madrid, ms. 1.104, fols. 46v-51v. *Exortación hecha a dos caballeros catalanes llamados Samenete y Marguerite...:* BN Madrid, ms. 1.104, fols. 58v-61v. *Dos discursos pronunciados siendo prior de Santa María de Prado...,* ed. por Hernando del Pulgar, Crónica de los Reyes Católicos, I, cap. 132. *Católica impugnación del herético que en el año pasado de 1480 fue divulgado en la ciudad de Sevilla,* Se. 1487, y ed. de F. Márquez en «Espirituales Españoles» 6, Ba. 1961. *Oficios de la glorificación y expectación de María, de S. José, de S. Marcos, de la toma de Granada y de la dedicación de la iglesia de esta ciudad* (citados por Suárez y Muñano). *Instrucción que ordenó el Rvdmo. Señor Don Fr. Hernando de Talavera... por do se regiesen los oficiales, oficios y otras personas de su casa,* ed. por J. Domínguez Bordona: R59, 96(1930)785-835. *Correspondencia con la Reina,* ed. D. Clemencín, Memorias de la Real Academia de la Historia, VI, Ma. 1821, 351-83, y ed. E. de Ochoa, BAE 62, 14-21. *Correspondencia con los reyes y otras personas:* CODOIN 11, 519-25; CODOIN 36, 566-67; ib. 51, 109-114; al rey, ed. por F. Márquez, Investigaciones sobre Juan Alvarez Gato, Ma. 1960, 403-404 y 412-13; al licenciado Villaescusa: BN Madrid, ms. 10.347, fols. 1-2; a los Reyes Católicos: Col. Salazar A. 11, fol. 253; al Rey: BN Madrid, ms. 18.723.

BIBL.: J. DE SIGÜENZA, *Historia de la Orden de San Jerónimo,* Ma. 1909: NBAE 12, 288-329; P. SUÁREZ Y MUÑANO,

Vida del Venerable D. Fray Hernando de Talavera, Ma. 1866; F. P. VALLADAR, *Fray Hernando de Talavera*: Bol. Centro Artístico de Granada, (1892)107-15; A. FERNÁNDEZ DE MADRID, *Vida de Fr. Hernando de Talavera, primer arzobispo de Granada*, ed., estudio y notas de F. González Olmedo, Ma. 1931; F. FERNÁNDEZ, *La España imperial. Fray Hernando de Talavera, confesor de los Reyes Católicos y primer arzobispo de Granada*, Ma. 1942; C. DEL NIÑO JESÚS, *La dirección espiritual de Isabel la Católica*: R176, 11(1952)172, 178-88, 191; G. PRADO, *Un insigne catequista y liturgista*: R127, 14(1959)323-31; T. AZCONA, *El tipo ideal de obispo en la Iglesia española antes de la rebelión luterana*: R118, 11(1958)21-64; ID., *La elección y reforma del episcopado español en tiempo de los Reyes Católicos*, Ma. 1960, 229-66; F. GONZÁLEZ HERNÁNDEZ, *Fray Hernando de Talavera, un aspecto de su personalidad*: R118, 13(1960)143-74; F. MARTÍN HERNÁNDEZ, *El colegio de S. Cecilio de Granada*, Va. 1960; F. MÁRQUEZ VILLANUEVA, *Estudio preliminar*, en la «Católica Impugnación» de Fr. Hernando de Talavera, Espirituales Españoles, Ba. 1961, 1-53; ID., *Investigaciones sobre Juan Alvarez Gato*, Ma. 1960, 105-54; J. DOMÍNGUEZ BORDONA, *Algunas precisiones sobre Fr. Fernando de Talavera*: R59, 145(1959) 209-29; T. HERRERO, *El proceso inquisitorial por delito de herejía contra Hernando de Talavera*: R19, 39(1969)671-706; *Act. SS.* Maii III, Amb. 1680, 263; B. JIMÉNEZ PATÓN, *Reforma de trajes. Doctrina de Fr. Hernando de Talavera, primer arzobispo de Granada*, Baeza 1638; N. SENTENACH, *Trajes civiles y militares en los días de los Reyes Católicos*: R63, (1904)143 ss.; A. LEÓN SALMERÓN y N. DE DIEGO, *Indumentaria española*, Ma. 1915; A. SÁNCHEZ MOGUEL, *Fray Hernando de Talavera y su intervención en las negociaciones de Colón con los Reyes Católicos*: R59, 56(1910) 154-58; A. MATILLA TASCÓN, *Declaratorias de los Reyes Católicos sobre reducción de juros y otras mercedes*, Ma. 1952, en cuya introducción aparece el papel principal que Talavera desempeñó en este litigioso asunto; J. MESEGUER FERNÁNDEZ, *Isabel la Católica y los franciscanos*: R29, 30(1970)307-10; *Documentos referentes a las relaciones con Portugal durante el reinado de los Reyes Católicos*, ed. de A. de la Torre y L. Suárez Fernández, II, Va. 1960, passim (véase índice del vol. III); M. ANDRÉS MARTÍN, *Tradición conversa y alumbramiento (1480-1487). Una veta de los alumbrados de 1525*: Studia Hieronymiana, I, Ma. 1973, 381-398; C. ROMERO DE LECEA, *Hernando de Talavera y el tránsito en España «del manuscrito al impreso»*: Studia Hieronymiana, I, Ma. 1973, 317-377.

Q. ALDEA

TAMARAL, Nicolás, SI (Sevilla c. 1687 † California [USA] 3-X-1734) misionero y mártir. Ingresó en SI hacia 1705. El padre Tamaral llegó al puerto de Loreto durante el mes de marzo de 1717. Fue destinado a la misión de la Purísima. Estuvo algún tiempo en San Miguel. A pesar de las oposiciones de los hechiceros, pudo llevar adelante una floreciente misión, ayudando a los nativos en la organización de los trabajos agrícolas y bautizando a más de 2.000 de ellos. Murió en la insurrección de California junto con otro misionero jesuita, el padre Carranco.

BIBL.: F. J. ALEGRE, *Historia de la Compañía de Jesús en Nueva España*, IV (continuada), Puebla de los Angeles 1898, 363-368, passim.   IHSI

TAMAYO, Serapio, OP (Espinosa de Cerrato [Palencia] 8-XI-1866 † Ocaña 14-VIII-1948) canonista. Tomó el hábito el 7-IX-1882 en el colegio de Ocaña, donde profesó el 8-IX-1883. Cursados allí los estudios de Filosofía, y los de Teología en Avila, y ordenado de sacerdote, fue destinado a Filipinas en 1891. Se graduó de doctor en Filosofía (1896) y Derecho Canónico (1899) en la Universidad de Santo Tomás de Manila, de la que fue luego profesor de Filosofía (1894-1899) y Cánones (1899-1938) y rector (1914-1917; 1927-1936). Fue también provincial de la de Filipinas (1917-1926) y vicario general de la Orden (1925-1926); prior del convento de Avila (1938-1940); fiscal del arzobispado de Manila muchos años, director del Libertas, de Manila (1899-1903). Siendo rector de la Universidad obtuvo del Gobierno americano el reconocimiento de cinco Facultades civiles; abrió las Facultades de Arquitectura y Química; construyó el actual Seminario central, y consiguió de la Santa Sede que las mujeres fueran admitidas en varias Facultades civiles. En su último rectorado, organizó los colegios de Matemáticas, Ingeniería de minas, Educación y Religión. Vuelto a España, murió en Ocaña con edificación de todos.

OBRAS: Colección de artículos *Sobre una reseña de Filipinas*, Manila 1906; *Legislación eclesiástica de Filipinas en la dominación española*, Manila 1906; *El amigo del párroco filipino*, Manila 1911; *Procedimientos del derecho penal canónico*, Manila 1913; *Las misiones ante el nuevo «Codex iuris canonici»*, Manila 1918; *Summarium ordinationum, privilegiorum et indultorum Provinciae Sanctissimi Rosarii Philippinarum*, Manila 1924; *Mapas de las misiones dominicanas en el Extremo Oriente*, Manila 1924; *Memorias sobre la Universidad de Santo Tomás*, Hong-Kong 1937; *Lecciones sobre el Código de Derecho Canónico*, 3 vols. inédita: Archivo de la Universidad de Santo Tomás de Manila; y varias *Circulares* durante su provincialato.

BIBL.: P. FERNÁNDEZ, *El Rev. P. Fr. Serapio Tamayo O. P.*: Unitas, 21(1948)647-659; H. M. OCIO, *Compendio de la reseña biográfica de los religiosos de la Provincia del Santísimo Rosario de Filipinas*, Manila 1895, 1195-1196; O2; A23, III, 170-171; O69, V, 382-406.   V. VICENTE

TAMAYO DE SALAZAR, Juan, (Zalamea de la Serena [Badajoz] † c. 1662) historiador. Escritor prolífero y crédulo, recogió la serie de leyendas inventadas por los propaladores de los falsos cronicones, dando a la imprenta obras como el *Martirologio*, que García Villada calificó de monstruosa. Pariente del obispo de Plasencia e inquisidor general, Diego de Arce y Reinoso, fue secretario suyo, y vicario general de la diócesis de Avila.

OBRAS: *Martyrologium Hispanum, sive Anamnesim, hoc est, commemorationem omnium Sanctorum Hispanorum per dies anni digestam et concinnatam ac notis apodicticis illustratam ad methodum Martyrologii Romani*, Lugduni 1651-1659, 6 vols.; *San Epitacio, Apóstol y Pastor de Tuy, ciudadano, Obispo y Martyr de Ambracia, oy Plasencia, su vida y martyrio*, Ma. 1646; *Defensorio Jurídico-histórico-eclesiástico en que se satisface a la duda y reparo, que se a puesto en Roma acerca de dar oficios de rezado y Misa a los Santos de la ciudad de Plasencia*, Ma. 1651; *Advertencias al Memorial de la ciudad de Jaca sobre la patria y lugar del sepulcro de Santa Eurosia*, Ma. 1651; *Ilustración a una inscripción sepulcral Católica, que se halló en la ciudad de Mérida en diez de Maio de MDCL*, Ma. 1650; *Triunfos de las armas Católicas por intercesión de María Nuestra Señora. Centones Histórico-políticos, para exemplo y antídoto de las guerras y calamidades destos siglos*, Ma. 1648, 2 vols.; *La Fabula de Eco*, Ma. 1648; *Auli Hali poetae burdigalensis civisque toletani «De Adventu in Hispanias S. Jacobi Zebedai filii, cognomento Maioris, Apostoli et Unicae Hispaniarum Tutelae, Carmen Heroicum»*, Ma. 1648 (se trata de la edición de un manuscrito que se conserva en la BN Madrid y que es una superchería histórica). Dejó manuscrita la *Relación de la villa de Villanueva de la Serena* y copió con intención de publicarla la *Historia* de Sampiro.

BIBL.: A1, 784-85; T. MUÑOZ Y ROMERO, *Diccionario bibliográfico-histórico*, Ma. 1858, 290; Z. GARCÍA VILLADA, *Historia Eclesiástica de España*, I, Ma. 1929, 12.

L. TORMO

TAPIA, Diego de, OSA (Segovia 1549 † Valladolid 1591) teólogo. Estudiaba Jurisprudencia en la Universidad de Salamanca, cuando decidió ingresar en el convento de San Agustín. Profesó el 2-II-1566. Hizo sus estudios en la Universidad, teniendo por maestro a fray Luis, de quien sería más adelante sustituto en la cátedra de Escritura (1580). En 1581 ocupó la cátedra de Vísperas de la Universidad de Osuna. Antes, entre 1579-1581, había explicado también en la Universidad de Alcalá.

OBRAS: *In Ecclesiastem*, Sa. 1891; *In Epist. II ad Thessalonicenses fragmentum expositionis*, Sa. 1581; *In Tertiam partem D. Thomae, libri duo*, Sa. 1589.

BIBL.: A. VIDAL Y DÍAZ, *Memoria histórica de la Universidad de Salamanca*, Sa. 1869, 491; M55, VII, 619-622.

E. D. CARRETERO

TAPIA, Gonzalo de, SI (León 1561 † Sinaloa [Méjico] 11-VII-1594) misionero. Ingresó en SI en Medina del Campo (1576) ya sacerdote. Llegó a Méjico en 1584. Trabajó entre los indios tarascos en Pátzcuaro. En 1591 inició su labor evangélica entre los sinaloas. Fue el primer mártir de los jesuitas en Méjico.

BIBL.: F. J. ALEGRE, *Historia de la Compañía de Jesús en Nueva España*, I, México 1841-42, passim; W. E. SHIELS, *Gonzalo de Tapia (1561-1594) founder of the First permanent Jesuit Mission in North America*, New York 1934. IHSI

TAPIA, Pedro de, OP (Villoria [Salamanca] 17-III-1582 † Sevilla 25-III-1657) teólogo y obispo. Profesó en el convento dominicano de San Esteban de Salamanca (28-II-1601). Enseñó Artes en Salamanca, y Teología en Plasencia (1618), Segovia (1620), Toledo (1622), y en la Universidad de Alcalá (1623), en la cátedra fundada por el duque de Lerma. Obispo de Segovia (1640), Sigüenza (1645), Córdoba (1649) y Sevilla (1653).

OBRAS: *Catena moralis doctrinae:* I *De actibus moralibus et eorum principiis in generali*, Se. 1654; II *De virtutibus et vitiis in specie*, Se. 1657; *Comentarios a la I y III Parte de la Suma de Santo Tomás*, inéditos.

BIBL.: O55, II, 588; A. DE LOREA, *El siervo de Dios Ilmo. y Rvdmo. Señor D. Fr. Pedro de Tapia*, Ma. 1676.

G. FRAILE

TARANCON Y MORON, Manuel Joaquín, (Covarrubias [Soria] 20-III-1782 † Sevilla 25-VIII-1862) arzobispo de Sevilla, cardenal. Pasó sus primeros años al lado de sus tíos Manuel Morón y Miguel Tarancón, arzobispo y canónigo de Valladolid respectivamente. Allí se doctoró en Derecho Civil, y en la Universidad de Osma, en Derecho Canónico. En 1807 ganó por oposición la cátedra de Instituciones Civiles en Valladolid, y en 1818 la de Jurisprudencia. En el mismo año hace oposiciones para canónigo lectoral de Toledo, Segovia y Osma, cargos a los que no pudo llegar achacándosele falta de edad. Sin embargo, el 18-X-1817 había sido nombrado rector de la Universidad por un bienio y en 1818 ocupó la plaza de canónigo lectoral de Valladolid. En 1819, por muerte del arzobispo Soto y Valcárcel, el cabildo lo eligió provisor y vicario general por unanimidad. Gobernó la diócesis, sede vacante, entre 1819 y 1824. Cubierta la diócesis, continuó después como provisor y vicario hasta 1829. Por segunda vez gobernó la diócesis, sede vacante, desde mayo 1830 a febrero del año siguiente. Propuesto en 8-VII-1834 para la dióceis de Zamora, Roma no estimó la presentación. Fue elegido, en cambio, diputado a Cortes. En varias legislaturas, incluso sus enemigos aplaudieron sus intervenciones en la Cámara, de modo especial en la discusión de los decretos de desamortización de 1837. Ejerció de vocal y luego de presidente de una comisión que se nombró para el estudio del diezmo en la isla de Cuba (1838). Miembro de la Junta consultiva del Ministerio de Justicia (1839), presidente de la Caja de Ahorros y Monte de Piedad de Valladolid en 1841; en 1843 vuelve como senador por la provincia de Valladolid. En el 1844 fue escogido como preceptor de Isabel II y de su hermana Luisa Fernanda, y un año más tarde es designado senador vitalicio. El 16-VIII-1847 fue presentado para la diócesis de Córdoba y fue preconizado por Roma a 4-X-1847. Su actividad al frente de la diócesis se vio empleada en la restauración y ornamentación de templos, en la asistencia heroica a los apestados en las varias invasiones de epidemia que azotaron el país. Por ello mereció la gran cruz de Beneficencia.

Su eficaz intervención en el estudio de las bases del concordato de 1851 le mereció ser ascendido a patriarca de las Indias. Presentado para la silla metropolitana de Sevilla, Pío IX lo promovió a cardenal el 15-III-1858. En 1861 la Academia de Ciencias Morales y Políticas lo incluyó entre sus socios de número.

OBRAS: *Lecciones elementales de Historia Universal, antigua y moderna, para uso de S. M. Isabel II y su hermana Dña. María Luisa Fernanda* (no nos consta que se imprimiera); sus *Pastorales* han de leerse en los Boletines Eclesiásticos correspondientes. Además, *Sobre los actuales conflictos con la Santa Sede:* La Cruz, (Se. 1860-1)254-58, y (Se. 1860-1)653-58.

BIBL.: D1, 38, 381-90; V. DE LA FUENTE, *Boletín del Clero español*, Ma. 1848, 16-17; D3, 59, 577; J. ALONSO MORGADO, *Prelados sevillanos, o episcopologio de la Santa Iglesia Metropolitana y Patriarcal de Sevilla*, Se. 1899-1906.

A. ORIVE

TARAVAL, Segismundo, SI (Lodi [Italia] c. 1701 † Guadalajara [Méjico] 17-IX-1763) misionero e historiador. Ingresó en SI en 1719. Estuvo en California hasta 1751. En 1758, prefecto de la Congregación del colegio de Guadalajara. En las insurrecciones californianas de 1734 estuvo a punto de morir.

OBRAS: *Historia de las misiones jesuitas en la California Baja.*

BIBL.: ALEGRE, IV, 345, 366-67 y passim; S. TARAVAL, y M. E. WILBUR, *The Indian Uprising in Lower California (1734-1737)*, Los Angeles 1931. IHSI

TARAZONA, Diócesis de, *(Tirasonensis)* sufragánea de Zaragoza.

1. **Historia.** Nombres antiguos: *Turiasonensis, Triasu* (aparece en las monedas), *Turiasu, Turiaso. Tyresona*, en época goda; *Turiasson*, en Idacio; *Tyrassonae* en los concilios, *Tirassonensis* en la curia romana y *Tarassona* en un concilio de Zaragoza.

«Fidelísima y vencedora ciudad», situada al fondo de pintoresca y fértil vega, empinada sobre ancha roca y coronada por la Zuda musulmana, fue población celtibérica, en el límite de la misma; contemporánea de Numancia y aliada, luego fue municipio romano, mansión del itinerario de Astorga a Cesaraugusta, con derecho a acuñar moneda, dependiente del convento jurídico de Zaragoza. De la dominación visigoda no hay más noticias, que las referentes a algunos de sus obispos.

Es lo más probable que Tarazona fuese tomada por los ejércitos de Muza y Tarik en el año 713, a su regreso de la conquista de Zaragoza; y el siglo siguiente, 855, volvería a ser recuperada por otro Muza, al sublevarse éste contra Mohamed de Córdoba e independizarse. No hay datos seguros de estas ocupaciones. Durante la época musulmana careció de importancia, eclipsada, sin duda, por el waliato de Tudela, pues no acuñó moneda árabe, y era considerada como plaza fuerte, con gobernador y combatientes. Su waliato dependió primero de Córdoba y después de Tudela, Zaragoza y Lérida. Se dice que por el año 912 la conquistó Sancho II de Navarra, pero no aparecen documentos que lo confirmen.

Del año 1040 a 1058 Fernando I de Castilla corrió el territorio aragonés a sangre y fuego (Tarazona por el 1059). El año 1119 Alfonso I el Batallador conquistó Tarazona, «pueblo muy fuerte, que le costó un sitio» dice Zurita. Al fallecer el citado rey de Aragón, su hijastro Alfonso VII de Castilla, invadió el territorio aragonés y Tarazona, pero por acuerdo del convenio de Carrión en 1137 fue donada la ciudad al conde de

Barcelona, Ramón Berenguer. Entre tanto el rey de Navarra, García V, se apoderó de la ciudad en 1144 y la ocupó de nuevo en 1150. En 1157 se restituyó al mismo príncipe Berenguer concertando una paz estable. En 1152 este rey donó la ciudad a D.ª Teresa, madre de D. Pedro de Atarés la donante de posesiones para construir la catedral. Posteriormente volvió a manos navarras y por fin a posesión aragonesa. Durante la furiosa guerra desencadenada entre los dos Pedros, I de Castilla y IV de Aragón, fue tomada dos veces por los castellanos, sufriendo destrozos irreparables. Llegado el siglo xv sufrió Tarazona las salpicaduras de las luchas intestinas entre primos infantes de Aragón y reyes de Castilla.

El rey aragonés Pedro III celebró Cortes en esta ciudad en 1283. Don Fernando el Católico, por dos veces, reunió Cortes en 1484 y 1495. Felipe II también dos veces. Marco de bodas y desposorios reales fue esta ciudad, con los reyes Alfonso VIII de Castilla, Jaime I de Aragón y Alfonso IV, casando los tres con tres princesas llamadas Leonor.

En los primeros siglos del cristianismo esta diócesis perteneció a la archidiócesis de Tarragona, pero desde 1318 es sufragánea de la de Zaragoza, logrando gran importancia y prestigio, pues poseía pueblos en Aragón, Navarra, Castilla y Rioja.

Tenía la ciudad el segundo asiento en las Cortes del Reino aragonés y su obispo ocupaba el segundo lugar, gozando de numerosos y especiales privilegios. A pesar de las cábalas y conjeturas hechas sobre la probable predicación de los discípulos del apóstol Santiago por estas tierras, desconocemos los orígenes de la diócesis, sin poder fijar fecha cierta de su erección, ni de los comienzos del cristianismo en ella, pero sí afirmar que es una de las más antiguas y más célebres de España; silla constante, fija y estable, en la misma ciudad, con el mismo nombre y en el mismo lugar. Hasta el siglo iv no hay noticias ciertas, pues de san Prudencio, su obispo, apenas se conoce su biografía positiva. Desde el siglo v ya tenemos nombres de obispos, pues Idacio cita, en el año 449, a León, mártir, que murió asesinado por los Bagaudas en una iglesia de Tarazona.

Durante la dominación visigoda se distinguió Tarazona por el esplendor de su silla episcopal: cinco de sus obispos asistieron a los concilios de Toledo, y alguien opina que la iglesia de La Magdalena fue tenida por su catedral. Tomada la ciudad en 713 por los musulmanes, las primitivas iglesias de La Magdalena y de San Miguel fueron utilizadas para mezquitas dentro del cinto amurallado, las cuales, reconquistada la población, donó el rey D. Alfonso I el Batallador al obispo de Tarazona, a los tres años de la ocupación en 1121.

Calatayud: Dada la gran importancia de esta ciudad, que rivaliza con la capital diocesana, es preciso dar breves notas históricas sobre ella. Sucesora de la romana *Bilbilis*, aunque edificada en distinto lugar, cerca del río Jalón, se halla enclavada en los límites orientales de la Celtiberia citada ya por su hijo M. Valerio Marcial en sus epigramas: *Nos Celtis genitos et ex Iberis...*

Diéronle el título de Augusta y de Itálica los romanos, con derecho de acuñar moneda, pues fue colonia, municipio de Roma. Tres vías romanas desembocaban en *Bilbilis* por la cuenca del Jalón, camino de Cesaraugusta; dos venían de Mérida y la otra de Astúrica.

Nada sabemos con certeza acerca de los principios del cristianismo, ni de su predicación por esta comarca, y escasas noticias nos han llegado de la época visigoda, aunque suena ya su nombre entre los siglos v y vi como mansión de viaje. Tampoco abundan las noticias de la época musulmana, aunque parte de su topónimo se atribuya al moro Ayud, pero este personaje, según escribe el Sr. Codera, no debió pasar por Aragón. Abderramán III se apoderó de Calatayud en la primera

mitad del siglo x; por fin en 1120 Alfonso I de Aragón la ocupaba el día de San Juan Bautista. La primera fecha cierta es la de 1156 al nombrar prior de su iglesia. El fuero de esta ciudad era de frontera. Alfonso I el Batallador, al reconquistarla, fundó o creó la *Comunidad de Calatayud*, asignándole varios pueblos, en lo civil, por privilegio de población. El papa Lucio III expidió una bula, creando el arcedianato, en lo eclesiástico, con los mismos pueblos señalados; por eso la bula iba escrita en el mismo pergamino del fuero. Durante el siglo xii el arcedianato tuvo gran importancia, y se regía por un vicario general que residía en Tarazona, rivalizando en pleitos y pretensiones con la metrópoli episcopal. El prior de Calatayud no tuvo la importancia del de Tudela, pues carecía de jurisdicción. El arcedianato comprendía cuatro arciprestazgos, 11 parroquias y 11 conventos, en total unos 75 lugares, en el siglo xvi, y cinco parroquias más. En iglesias y conventos superó siempre esta ciudad a la cabeza del obispado.

Santoral diocesano. 23 de abril: San Jorge, patrón de Aragón; 28 de abril: San Prudencio, patrón de la diócesis; 3 de mayo: San Raimundo de Fitero; 1 de junio: San Iñigo, abad; 5 de octubre: San Atilano, patrón de Tarazona; 3 de noviembre: San Gaudioso, obispo, patrón del seminario; 10 de noviembre: San Millán.

Sínodos. En 1332 convocado, y celebrado por el obispo D. Beltrán. Sus 36 constituciones están copiadas en el magnífico *Códice de Sínodos del Cabildo*. El de 1354 es convocado por los vicarios de Tarazona y celebrado con autorización del prelado D. Pedro Pérez Calvillo, ausente. El de 1392, celebrado en tiempo del obispo Fernando Pérez Calvillo, con su beneplácito, ausente *in remotis agentis*. El de 1458, celebrado durante el pontificado del obispo Bardají. El de 1567, convocado por D. Juan González Munébrega, pero no acudieron los clérigos de Calatayud y no se celebró. El de 1581, por el obispo Juan Redín Cruzat. Y el de 1593, convocado por D. Pedro Cerbuna que fue el último celebrado en la diócesis.

Monumentos artísticos. La catedral de Tarazona es uno de los templos más notables de Aragón, por su traza, proporciones y diversidad de estilos. Comenzada en estilo románico por los años de 1152 a 1153 y terminada en gótico francés de la mejor factura, en ella están representados todos los estilos de la Baja Edad Media, el románico, gótico, mudéjar y plateresco, unificados por el ropaje mudéjar aragonés, sobre todo en las partes altas, torres, almenas, cresterías, linternas y pináculos. Dos épocas de construcción son las fundamentales. Una, hasta el crucero, románica del siglo xii al xiii; y el resto, del xvi. La linterna es de mediados del xvi, año 1543, ajustada al modelo de la de La Seo, de Zaragoza. El claustro primitivo fue destruido por las tropas de Pedro I de Castilla. Se hizo el actual en gótico decadente, mudéjar de ladrillo, con tracerías de yeso de lo mismo. Destaca la admirable torre y el monumental pórtico, de un renacimiento tardío, en tosco gusto del xvi. En su interior impresionan las naves góticas, con pilares y arcos robustos, rosetones dorados, capillas en los contrafuertes, un buen coro de roble tallado y un púlpito de yesería.

Los abundantes y maravillosos retablos góticos del xv, platerescos y barrocos, le otorgan el título de *catedral de los retablos*.

El palacio episcopal fue la antigua Azuda musulmana, luego palacio de los reyes de Aragón, pasando por diversos propietarios hasta que en 1386 lo compró el obispo Pérez Calvillo con destino para la mitra. Interesante es, en este palacio, la sala de retratos de prelados de la diócesis; la galería gótica de 1500; y el patio plateresco, con dos galerías renacentistas. La iglesia de San Francisco es amplia, con bello crucero, costeado por D. Jaime Conchillos, obispo de Lérida; la capilla mayor lo fue por D. Pedro Quintana, secretario de Fernando el Católico; su tumba de alabastro está en el presbiterio. En la capilla de La Piedad fue consagrado obispo, en 1495, el cardenal Cisneros. La iglesia de La Magdalena muestra la gótica torre de ladrillo, mudéjar al exterior, alta y adornada de arabescos al estilo de Zaragoza, con ábside bizantino y portada gótica. La torre de San Miguel es más alta que la de La Magdalena.

Calatayud: Entre las numerosas iglesias destacan la colegiata de Santa María, levantada sobre el solar de la mezquita árabe, consagrada en 1249; es gótica con influencias renacentistas del siglo XVII y mudéjares. Tiene tres naves, cruz latina; cúpula central y un magnífico coro de nogal. El claustro es del siglo XIII al XIV. La bella torre de 60 metros de alta es de planta octogonal gótico-mudéjar del XV y renacimiento del XVI. Bellísima es la portada plateresca, construida entre 1525 y 1528. Torre y portada son monumentos nacionales. Felipe IV celebró Cortes en 1626. El obispo Cerbuna y D. Vicente de la Fuente se hallan enterrados allí. La iglesia de San Pedro de los Francos, cuya construcción primitiva, fue románica, pero la actual es de puro estilo gótico del siglo XIII, con tres amplias naves. La portada también es gótica del XV; la torre es mudéjar, tosca y cuadrada. La repisa gótica, tallada en madera del siglo XV, que sustenta el órgano, es una maravilla. En esta iglesia se celebraron Cortes en tres ocasiones.

Monasterio de Veruela: Fundado por D. Pedro de Atarés en 1146 con monjes del Císter, construido en estilo románico de transición, de gruesos pilares en la nave central; claustro gótico primitivo con reminiscencias bizantinas; sala capitular y refectorio señoriales. Sepulcros y escudos pueblan sus claustros. Fue residencia románica del poeta G. A. Bécquer y más tarde residencia de jesuitas.

Monasterio de Piedra: Fundado por Alfonso II de Aragón en 1195, con monjes de Poblet, cisterciense, hoy en ruinas, románico de transición de finales del siglo XII. El templo es ya del XIII, ojival. Tiene magnífico refectorio, cocina con cúpula. Claustro gótico del primer período y monumental escalera de dos ramales; bella torre del homenaje y fachada de la antigua hospedería. El monasterio de Fitero fue también cisterciense y de transición.

2. Instituciones. *Cabildos:* El catedralicio, con deán, 16 canónigos y 12 beneficiados; en el siglo pasado llegó a tener 20 canónigos, seis dignidades y dos arcedianos, el de Tarazona y el de Calatayud. En Calatayud hay dos cabildos, el de la colegiata de Santa María y el de los canónigos regulares del Santo Sepulcro. Otro cabildo, en Alfaro con abad no mitrado; y otro, en Borja. Había, además, uno en Tudela, que se reseña en esta capital. Aparte de estos cabildos, existían, en tiempos no remotos, cuatro parroquias en la diócesis, con cabildo de curas: la de San Andrés en la misma catedral de Tarazona, la de San Juan en Agreda, otro en Cascante y otro en Corella.

Colegiatas: Además de la iglesia catedral contaba la diócesis con cuatro colegiatas *ad honorem.* Dos de ellas en Calatayud; una en Borja, la de Santa María; y otra en Alfaro, la de San Miguel. Las de *Calatayud* fueron tres al principio: la insigne y real colegiata de Santa María la Mayor o de Mediavilla, con abad párroco; la real colegiata del Santo Sepulcro, con prior párroco, y la colegiata de Santa María de la Peña. La de *Santa María la Mayor,* fundada en lo que fue mezquita mayor, junto a la Zuda; ya existía en 1156, y fue consagrada en 1249. Don Vicente de la Fuente publicó la serie de priores, después deanes mitrados, de esta iglesia (ES 50). Esta colegiata tiene seis canónigos y seis beneficiados, con su abad.

Los principios de la colegiata del *Santo Sepulcro* fueron las donaciones de terrenos y vasallos hechas por D. Ramón Berenguer en 1141, para fundar casa matriz de la del Santo Sepulcro, en 1146. Los canónigos regulares entraron en ella en 1156. Dos torres gemelas flanquean la cúpula del templo. Hay párroco, seis canónigos y cuatro beneficiados. También publicó D. Vicente el catálogo de priores de esta iglesia en ES 50, donde cita 46 hasta 1851.

Nuestra Señora de la Peña: La tercera colegiata de Calatayud fue la de la Peña, de canónigos regulares de San Agustín. Existía ya en 1180 y 1187, como colegiata y cabildo erigida por el obispo Juan Frontín, y duró hasta el siglo XVII en que por bula del papa Urbano VIII se unió en 1629, *per confusionem,* a la de Santa María, y el cabildo se dividió en dos coros. El edificio se vendió a los clérigos menores en 1632.

Alfaro (Logroño): tuvo insigne colegiata, dedicada a San Miguel, con abad no mitrado; luego fue de real patronato a petición propia en 1749. No pudieron construir catedral.

Borja: La colegiata de Santa María fue erigida en 1449 por bula del papa Nicolás V, a pesar de la oposición del obispo Jorge Bardají, pero fue favorecida después por el papa Alejandro VI en honor de su apellido Borja.

Arcedianatos y Vicarías: Además de los cabildos citados había en la diócesis tres vicarías: la de Alfaro, la de Agreda y otra en Tudela, además del arcedianato de Calatayud, de gran prestigio y resonancia histórica. La vicaría de Agreda contaba con 16 pueblos, y su cabildo de curas era muy numeroso, unos 26 con el abad y arcipreste perpetuo en San Miguel.

Monasterios. El de *Fitero,* año 1141, fundación de monjes bernardos. San Raimundo, su abad, fue el fundador de la Orden de Calatrava. Monasterio de *Santa María de Piedra* (Zaragoza) 1195, bernardos. *Tulebras* (Navarra) 1172, monjas del Císter; sus abadesas estaban sujetas al monasterio de Veruela. *Veruela* (Zaragoza) 1125, cistercienses, varones.

Hospitales. Los de *Tarazona:* En el convento de franciscanos se instaló el antiguo hospital del Espíritu Santo. La antigua Casa de Misericordia, hoy hogar provincial Doz (hospicio), se halla en la antigua casa e iglesia de jesuitas; actualmente tiene unos 210 asilados y enfermos mentales, asistidos por 18 religiosas. *Ateca*: Tiene hospital asistido por hermanas de la caridad de Santa Ana. *Borja*: también tiene hospital, asistido por las mismas religiosas. *Calatayud*: hospital de la Misericordia, hospital de los Lunas, de los labradores, clínica del doctor Río, clínica Segur, hogar infantil (hospicio), Hermanitas de los pobres, Siervas de los pobres.

Santuarios. Nuestra Señora de la Misericordia **en** Borja; Nuestra Señora de Moncayo, propiedad del cabildo de Tarazona. En 1920 había 183 ermitas en la diócesis, de ellas unas 30 en Calatayud.

Seminarios: Hay dos en la capital de la diócesis, mayor y menor, en edificios nuevos o reformados, pero unidos; el primitivo fue fundado en noviembre de 1593 por el gran obispo D. Pedro Cerbuna, obispo entonces de Tarazona, dedicado a san Gaudioso y reducido en sus comienzos a los estudios de Humanidades. El edificio de éste fue levantado en el siglo XVII. La biblioteca del Seminario se creó por sugerencia del obispo Cerbuna y sus fondos proceden de los colegios suprimidos de jesuitas de Tarazona, Calatayud y de D. Cosme Marrodán. Su archivo conserva los documentos de la fundación del seminario.

Congregaciones religiosas. Establecidas antes de 1900. *Agreda* (Soria): Franciscanos Recoletos, en la iglesia de San Julián (antes fue priorato de San Benito), fundado en 1580; Agustinos, 1557; Franciscanas Descalzas de la Purísima Concepción, fundado por la venerable María de Agreda, 1618; Agustinas Recoletas, hacia 1675. *Alfaro* (Logroño): Franciscanos Menores Observantes, 1547; Trinitarios Descalzos, 1479; Dominicas de Nuestra Señora de la Esperanza; Franciscanas Menores Observantes de la Concepción. *Ateca*: Capuchinos, San Francisco. *Borja*: Franciscanos, c. 1365; Capuchinos, 1622; Franciscanas Concepcionistas Descalzas; Franciscanas Descalzas de Santa Clara. *Calatayud*: Antonianos de San Lázaro (siglo XIV). Convento de Agustinos Descalzos, 1606; Capuchinos en San Martín, 1600; Carmelitas Calzados, c. 1774; Carmelitas Descalzos, 1588; Clérigos Regulares Menores (Nuestra Señora de la Peña); Dominicos, c. 1254; Franciscanos Menores Observantes, c. 1230; Jesuitas, 1590; Mercedarios Calzados, 1345; Trinitarios Calzados (principios siglo XVII). Benedictinas, 1515; Carmelitas Descalzas, 1603; Dominicas de San José, 1616; Capuchinas, 1655; Franciscanas Menores Observantes, Santa Clara, c. 1239; Comendadoras del Santo Sepulcro, finales siglo XIII. *Cascante* (Navarra): Mínimos de San Francisco de Paula; Capuchinos. *Cintruénigo*: Capuchinos, 1634. *Corella*: Carmelitas Descalzos (siglo XVII); Mercedarios Calzados, c. 1647; Benedictinas, 1671; Carmelitas Descalzas de Araceli, c. 1436. *Maluenda*: Carmelitas Descalzas, 1644. *Miedes*: Franciscanas de la Purísima Concepción, 1613. *Monteagudo* (Navarra): Agustinos Recoletos Misioneros de Filipinas, 1829. *Novallas* (Zaragoza): Carmelitas Descalzos, 1654. *Tarazona*: Franciscanos, 1214 (se dice fue fundado por san Francisco, 1220); Mercedarios Calzados, c. 1235; Carmelitas Descalzos, 1680; Capuchinos, 1600; Jesuitas, c. 1594. Franciscanas Menores Observantes (Concepcionistas), 1542; Carmelitas Descalzas, de Santa Ana, 1603; Carmelitas Descalzas, de San Joaquín, 1632. *Torrijo*: Purísima Concepción.

Archivos, Bibliotecas y Museos. Tarazona tiene ricos y bien ordenados archivos. El episcopal es el más rico y de mayor interés histórico que el de la catedral. Posee un índice manuscrito de más de 2.000 documentos, anteriores al siglo XIX. Famoso es el precioso *libro chantre*, tomo muy abultado, escrito en 1382, y que reseña documentos de los siglos XII al XIV. La documentación del siglo XIX carece de índice.

Archivo de la catedral. Tiene cerca de 2.000 documentos inventariados en un volumen del siglo XVII. Reseña documentos de los siglos XII al XIV. Interesantísimos son los códices siguientes: *Códices de Sinodales* (1450), verdadera joya de la catedral; reseña cuatro concilios provinciales, los tres primeros sínodos de la diócesis y un concilio de Tortosa. Este códice tiene tanta importancia como el famoso *libro chantre* (1382) del archivo de la mitra. El *Libro de Privilegios del Cabildo* (1382) coincide con el *libro chantre*. Además son notables un breviario y un misal de Tarazona, los dos del siglo XIV. Las Actas capitulares comienzan en 1515.

Relativa importancia tienen los archivos parroquiales y los de algunos conventos, tales como el de las Concepcionistas, de Agreda; el del Seminario conciliar, documentación de la fundación.

Entre los archivos civiles destaca el Municipal, con abundancia extraordinaria de documentos, que conserva felizmente un resumen de privilegios reales desde 1144, muy interesante. El Archivo Notarial conserva más de 2.600 protocolos.

Los Archivos de Calatayud fueron numerosos y muy ricos en documentación, explorados por D. Vicente de la Fuente. El del Santo Sepulcro fue de los más ricos y el mejor conocido; éste y el de Santa María la Mayor fueron llevados al Archivo General de Alcalá de Henares, destruido por un incendio después de 1940. Fueron también interesantes los de la hermandad o cabildo de curas y algunos parroquiales, los de San Andrés y San Pedro con otros de conventos. De gran

importancia fueron los del Ayuntamiento y el de la Comunidad, a cuál más abundantes.

Biblioteca de la catedral. Posee un riquísimo caudal de obras de los siglos XV al XVI, más 200 incunables y unos 162 códices manuscritos y abundantes libros litúrgicos de extraordinaria riqueza y valor. Son notables entre tantos, dos breviarios impresos, uno en 1497 y otro en 1541. Un *Missale Tirasonense* impreso en Zaragoza, 1529.

Museos. Carece la diócesis de museos propiamente tales; únicamente en la villa de Agreda se ha abierto recientemente uno en el convento de religiosas Concepcionistas, dedicado a exponer recuerdos y publicaciones sobre la venerable Agreda.

El *Boletín Oficial del Obispado* de Tarazona se comenzó a publicar en 1852.

3. Geografía diocesana. Al ser reconquistada la ciudad y comarca de Tarazona se tuvo presente, sin duda, para fijar los límites de la diócesis, la discutida hitación de Wamba, cuyos límites recordarían los mozárabes aragoneses aproximadamente. Tres épocas señala D Vicente de la Fuente en la demarcación de esta diócesis. La primera alcanza hasta la conquista de la ciudad por el rey D. Alfonso de Aragón el Batallador, que serían los límites de la hitación de Wamba; la segunda, hasta el concilio de Burgos en 1139; la tercera, hasta la mitad del siglo XX, que ha durado ocho siglos; y añadimos la cuarta que es la más reciente, en 1950. El rey de Castilla, D. Alfonso VII el Emperador, al apoderarse de gran parte de Aragón y de Castilla en las luchas con su padrastro, el de Aragón, alteró las divisiones eclesiásticas; donó la comarca de Calatayud al obispo de Sigüenza y pretendió quitar al de Tarazona los territorios de Agreda y Alfaro, para beneficiar a Osma y Burgos.

En el concilio de Burgos de 1139 se hizo nueva demarcación (mantenida hasta hace pocos años) quitando a Tarazona el territorio de Borobia, términos de Soria, al Norte del Duero, y Garray (Numancia), pero conservando Tarazona, en Castilla, las vicarías de Alfaro y Agreda, las faldas del Moncayo, por Beratón, a la frontera aragonesa. En compensación de lo que Tarazona perdía en Castilla, se le dio todo el arcedianato de Calatayud. Los límites antiguos fueron: «De Alfaro a Fitero; de allí a Garray; de éste a Verdejo y, por Borobia y Bordalba, a las inmediaciones de Bílbilis y Pleitas; de allí a Mallén y siguiendo la línea del Ebro, por Tudela a Alfaro y Soto de Rincón, frente a la villa de Azagra» (ES 49, c. 11). Quedaba encuadrada la diócesis entre los ríos Ebro, Duero y Jalón, partida por el recodo de la diócesis de Zaragoza, por Illueca, Jarque, Aranda de Moncayo, etc., formando dos partes, una con los territorios de Agreda, Alfaro, Borja, Tarazona y Tudela, y la otra con todos los pueblos de la comunidad de Calatayud.

Los límites actuales son: Al N. con la diócesis de Pamplona; al S. con la de Sigüenza; al E. con la de Zaragoza y al O. con la de Osma-Soria, que fueron siempre sus fronteras tradicionales, agrupando pueblos pertenecientes a Aragón, Navarra, Rioja y Soria. Pero, en virtud del arreglo subsiguiente al concordato de 1953, ha perdido las parroquias que poseía en las provincias de Navarra, Logroño y Soria, quedando circunscrito su territorio a una parte de la provincia de Zaragoza.

4. Situación actual. Extensión: 4.515 kilómetros cuadrados. Número de habitantes: 116.565; en la capital: 11.248. Número de sacerdotes: 212; en la capital: 51. Seminaristas: 269. Número de parroquias: 147; Arciprestazgos: 18. Número de religiosos sacerdotes: 16; religiosas: 450. Casas de religiosos: 2; Profesos: 49. Conventos en toda la diócesis: de clausura, 12; de vida activa, 23; de varones, 2. En 1920 había 42 conventos. Actualmente existen en Tarazona: Religiosas: Siervas de María, 8; Siervas del Evangelio, en el seminario, 6. Hay 12 colegios de enseñanza en la diócesis: *Alfaro:* Hermanos de la Salle y otro de religiosas del Amor Hermoso. *Ateca:* Siervas de Jesús Sacramentado. *Borja:* Hermanas de la Caridad de Santa Ana. *Novallas:* Dominicas. *Tarazona:* Siervas del Evangelio; Colegio del Pilar de Santa Ana. *Torrijo:* Colegio de la Concepción. *Calatayud:* Colegio de Santa Ana. *Vera de Moncayo:* Hermanas de la Caridad de Santa Ana.

Hospitales, en toda la diócesis: De religiosas 8, con 2.284 camas. De huérfanos: 3 asilos con 485 asilados.

5. Episcopologio. Obispos de la época visigoda: *León,* 449, citado por el ob. Idacio, fue asesinado por los Bagaudas en una iglesia de Tarazona. *Pablo,* 516, se dice asistió al primer conc. de Tarragona. *San Gaudioso,* 527-541. *Dídimo,* 560, citado por San Braulio en la Vida de San Millán. *San Prudencio,* 572, falleció en Osma, 580. *Esteban,* 589-592, asistió al III conc. de Toledo, y al XII de Zaragoza en 592. *Floridio,* 610, firmó en el concilio de Gundemaro el decreto de su nombre. *Elpidio,* 633-638, asistió a los conc. IV y V de Toledo. *Anterio,* 683, estuvo representado en el conc. XIII de Toledo. *Nepociano,* 688-693, asistió a los conc. XV y XVI de Toledo, último obispo visigodo de Tarazona. Durante la dominación musulmana, si hubo obispos en Tarazona, desconocemos sus nombres.

Miguel, 1118-1151, asistió a la reconquista de la ciudad. *Martín de Vergua,* 1151-1169. *Berenguer,* 30-IX-1170, c. febrero de 1172 tr. a Lérida. *Juan Frontín,* agosto de 1172, en octubre de 1194 está en la sede. *García Frontín,* 1195, † 19-XII-1218, asistió a la Batalla de las Navas. *García Frontín,* 1219, residía en 2-VII-1254. Siguen en la galería de retratos del palacio episcopal de Tarazona un *Francisco,* apócrifo, y un *Pedro,* dudoso, de que no constan memorias. *García,* 1258-1263. *Alfonso,* c. 1263. *Fortunio,* 1270-1277, asistió al conc. de Tarragona. *García,* 1280-1289. *Pedro,* pr. 12-II-1289, † 1304. *Pedro,* 1305-1308. *Miguel Jiménez de Urrea,* 1309-1317, hombre de ciencia, tildado de nigromante; es notable su sepulcro en la iglesia de San Francisco de Tarazona. *Pedro Arnau de Torres,* pr. 12-VI-1317, 1321, asistió al conc. prov. de Zaragoza en 1318. *Beltrán de Cormidela,* pr. 17-XII-1324, 1342, celebró sínodo en 1332. *Sancho López de Ayerbe,* pr. 5-XII-1343, 30-X-1346 tr. a Tarragona; fue confesor del rey de Aragón. *Gaufrido* o *Jorge,* pr. 20-XI-1346, 1352. *Pedro Pérez Calvillo,* pr. 27-I-1354, † 1391, fue prelado belicoso; compró el palacio de la Azuda; se celebró sínodo en su tiempo. *Fernando Pérez Calvillo,* ob. de Vich, pr. 4-XII-1391, hermano del anterior, también belicoso; al ser nombrado cardenal (23-IX-1397) tuvo Tarazona en administración; celebró sínodo, † 1404. *Berenguer de Ribalta* pr. 21-VII-1404, † antes de marzo de 1405. *Francisco Clemente,* ob. de Mallorca, pr. 8-III-1405, 20-VI-1407 tr. a Tortosa, tuvo Tarazona en administración. *Juan de Valtierra,* pr. 17-VI-1407, † c. 16-XII-1433. *Martín Cerdán* pr. 23-III-1435, † 1443. *Jorge Bardají* pr. 27-VI-1442, † 9-IX-1463, se opuso a la erección de la colegiata de Borja. *Pedro Ferriz* 1-X-1464 † 25-IX-1478, nombrado cardenal retuvo la diócesis de Tarazona. *Andrés Martínez Ferriz,* 28-IX-1478, † 1495. *Guillén Ramón de Moncada,* ob. de Mallorca, pr. 16-III-1496, † 16-VII-1521, costeó portada Sta. M.ª de Calatayud. *Gabriel de Ortí,* pr. 11-III-1523, † 16-VIII-1535. *Hércules Gonzaga,* card., pr. 26-VI-1537, no residió; tuvo en administr. la mitra, 1546 ren. *Juan González de Munébrega,* pr. 3-XII-1546, † octubre de 1567, convocó sínodo en 1547. *Pedro Martínez de Luna,* pr. 24-X-1572, pos. marzo de 1573, † 1574. *Juan de Redín y Cruzat,* pr. 26-VI-1577, † 1584, celebró sínodo en 1581. *Pedro Cerbuna,* pr. 9-IX-1585, † 25-III-1598, fundó el seminario de Tarazo-

na y restauró la Universidad de Zaragoza; celebró sínodo en 1593. *Diego de Yepes* OSH, pr. 27-IX-1599, † 7-V-1613, biógrafo de Sta. Teresa. *Martín de Terrer,* ob. de Teruel, pr. 7-IV-1614, 22-IV-1630 tr. a Zaragoza. *Pedro de Herrera,* ob. de Tuy, pr. 2-XII-1630, † 1631. *Baltasar de Navarra y Arroytia,* pr. 6-X-1631, pos. 4-IV-1632, † 25-XII-1642. *Diego de Castejón y Fonseca,* ob. de Lugo, 23-V-1644, pos. 15-XII-1644, † 19-II-1655. *Pedro Manero* OFM, pr. 31-I-1656, pos. 13-VIII-1656, † 5-XII-1659. *Diego Escolano y Ledesma,* ob. de Mallorca, pr. 19-VII-1660, 17-III-1664 tr. a Segovia. *Miguel Escartín,* ob. de Lérida, pr. 21-VII-1664, pos. 25-X-1664, † 26-IV-1673. *Diego Antonio Francés de Urritigoyti,* ob. de Teruel, pr. 25-IX-1673, pos. 24-XI-1673, † 7-IV-1682. *Bernardo Mateo Sánchez del Castellar,* ob. de Jaca, pr. 11-I-1683, pos. 20-III-1683, † 3-XI-1700. *Blas Serrate,* pr. 21-XI-1701, pos. 5-II-1702, † 13-VII-1718, armó al clero en favor de Felipe V. *García Pardiñas Villar de Francos* OdeM, pr. 15-IV-1720, † 29-III-1741. *José Alcaraz y Belluga,* pr. 7-VIII-1741, 31-VII-1755 renunció. *Esteban Vilanova Colomer,* ob. de Jaca, pr. 4-VIII-1755, † 13-IV-1766. *José Laplana y Castellón,* pr. 26-IX-1766, † 8-V-1795, fue regalista exagerado. *Damián Martínez de Galinsoga,* ob. de Sonora, pr. 18-XII-1795, pos. 27-V-1796, † 10-VIII-1802. *Francisco Porró y Peinado,* ob. de Orleáns, pr. 17-I-1803, † 3-I-1814. *Jerónimo Castellón y Salas,* pr. 10-VII-1815, † 20-IV-1835, fue el último Inquisidor general. *Vicente Ortiz y Labastida* OP, pr. 19-I-1848, † 23-VII-1852. *Gil Esteve y Tomás,* ob. de Puerto Rico, pr. 11-III-1855, 25-IX-1857 tr. a Tortosa. *Cosme Marrodán y Rubio,* adm. apost. de Tudela, pr. 21-XII-1857, † 14-II-1888. *Juan Soldevila y Romero,* pr. 14-II-1889, 16-XII-1901 tr. a Zaragoza. *José María Salvador y Barrera,* pr. 30-IV-1902, 14-XII-1905 tr. a Madrid. *Santiago Ozcoide y Udave,* pr. 14-XII-1905, pos. VII-1907, † 10-X-1916. *Isidro Badía y Sarradell,* pr. 27-VII-1917, pos. XII-1917, † 1-X-1926. *Isidro Gomá y Tomás,* pr. 20-VI-1927, pos. 10-X-1927, 12-IV-1933 tr. a Toledo. *Nicanor Mutiloa Irurita* CSSR, ob. de Barbastro, pr. 1-V-1935, 19-XI-1946. *Manuel Hurtado y García,* ob. aux. de Granada, pr. 24-IV- 1947, pos. 12-X-1947, † 12-I-1966. *José Méndez Asensio,* pr. 22-VII-1968, 3-XII-1971 tr. Pamplona. Sede vacante, 3-XII-1971 a 13-IV-1973. *Francisco Alvarez Martínez,* pr. 13-IV-1973, actual obispo.

BIBL.: G. ARGAIZ, *Soledad laureada por san Benito y sus hijos. Teatro monástico de la santa Iglesia, ciudad y obispado de Tarazona,* VII, Ma. 1675; D. P. CASANATE, *Historia de la ciudad y santa Iglesia de Tarazona,* ms. de la R. Acad. Hist., Col. Traggia; ES 49 y 50; M. MONTERDE LÓPEZ DE ANSÓ, *Tratado sobre la Cátedra episcopal de Tarazona, erección, límites y serie de sus obispos,* ms. citado por LATASSA, II, 352; P. MANERO, *De la antigüedad de la ciudad de Tarazona, límites de su diócesis,* ms. BN Madrid, año c. 1659; P. RANZÓN, *Gloria de Tarazona en los siglos pasados,* Ma. 1708; J. SANZ ARTIBUCILLA, *Historia de la fidelísima y vencedora ciudad de Tarazona,* 2 vols., Ma. 1930, en el vol. 2 viene el episcopologio; M. A. ALEGRE DE CASANATE, *Vida y encomio de san Prudencio, obispo de Tarazona. Catálogo de sus obispos,* Za. 1626; P. ESCOLANO LEDESMA, *Discurso histórico y jurídico por la celebración y oficio de san Marcial, obispo de Tarazona,* Gra. 1670; J. A. HEBRERA, *Historia sagrada de san Gaudioso, obispo de Tarazona,* Za. 1701; B. IBÁÑEZ DE ECHÁVARRI, *Historia de san Prudencio, obispo de Tarazona,* Vi. 1734, el autor fue un descarado falsario; J. MARTÍNEZ DE MARIGORTA, *San Prudencio de Armentia y su maestro san Saturio,* Vi. 1939; J. HERNÁNDEZ y J. M. SANZ ARTIBUCILLA, *Apuntes para la Historia de Tarazona:* La Cultura Intelectual, 1(1925); J. M. SANZ ARTIBUCILLA, *El Convento de San Francisco de Tarazona,* Tarazona 1926; V. DE LA FUENTE, *Historia de la ciudad de Calatayud,* 2 vols., Calatayud 1880-81; M. MARTÍNEZ DEL VILLAR, *Tratado del patronato, antigüedades y varones de Calatayud,* Za. 1598; *Guía de Calatayud: Historia, Arte,* Calatayud 1934; M. RUBIO VERGARA, *Calatayud. Historia, Arte, Costumbres,* Calatayud 1952; J. M.

HERNÁNDEZ, *Historia de Agreda:* La Cultura Intelectual, 1 (1925); B. LADRÓN DE GUEVARA, *Historia de la ciudad de Alfaro,* Alfaro 1915; T. PÉREZ URTUBIA, *Catedral de Tarazona. Guía histórico-artística,* Tarazona 1953; J. CARRIÓN, *Reseña histórico-descriptiva del santuario de la Misericordia,* Tarazona 1932; T. MARÍN, *Inventario de la biblioteca del Cardenal Pérez Calvillo:* R82, 16(1960)115-36.

F. ZAMORA

TARDA, José, SI (Cataluña c. 1645 † Roma post 1690) misionero en Nueva España. Ingresado en la Compañía en 1666, pasó a México siendo aún estudiante; emitió su profesión el 15-VIII-1680. Fue misionero de los Tarahumanas (1674) y rector de los colegios de Pátzcuaro (1684) y Oaxaca (1687). En 1690 fue elegido procurador de su provincia en Roma.

BIBL.: F. J. ALEGRE, *Historia de la Compañía de Jesús en la Nueva España,* III, México 1842, 323, 326-28.   IHSI

TARRA, (siglo V). Monje del monasterio Cauliense. Escribió una carta a Recaredo, *Epistola ad Recaredum regem* (PL 80, 19-22, y MGH, AA. *epist.* III, 676-677), de cierto interés para el conocimiento del latín vulgar, defendiéndose de una calumnia.

BIBL.: ES 13, 404-415.   U. D. DEL VAL

TARRAGONA, Archidiócesis de, *(Tarraconensis),* la *Tarraco* romana *(Colonia Iulia Urbs Triumphalis Tarraco).*

1. Historia. Prescindiendo de la posible evangelización de Tarragona por el apóstol san Pablo, el primer monumento histórico que atestigua la cristianización de Tarragona lo constituyen las *Actas* del martirio de san Fructuoso, obispo de Tarragona, y de sus diáconos Augurio y Eulogio, martirizados en el anfiteatro tarraconense el 21-I-259. El segundo obispo tarraconense documentado es Himerio, el cual recibió del papa san Siricio, en 11-II-385, la primera decretal auténtica, en la que le recomienda comunique su contenido a los sufragáneos de la Tarraconense y a los metropolitanos de Cartagena, Bética, Lusitania y Galicia. Posteriores a Himerio son conocidos los obispos Hilario (402) y Ascanio (455). Bajo el pontificado de Juan (470-520) del que se conserva un epitafio, como asimismo de su sucesor Sergio (520-555), los visigodos invadieron la Península (475-476 ocupación de Tarragona por las fuerzas de Eurico). En el 516 se convoca un concilio tarraconense al que asisten Juan, metropolitano de Tarragona, y los obispos de Ampurias, Gerona, Tortosa, Barcelona, Coplliure, Zaragoza, Vich, Egara (Tarrasa) y Cartagena. En el 517 el papa san Hormisdas nombra a Juan de Tarragona vicario apostólico de todas las provincias de Hispania. Según la División de Wamba, se asignaron como sufragáneas de la metropolitana de Tarragona las sedes de Barcelona, Egara, Gerona, Ampurias, Vich, Urgel, Lérida, Ictosa (Mequinenza), Tortosa, Zaragoza, Huesca, Pamplona, Calahorra, Tarazona y Auca. Con Vera termina la llamada primera serie de metropolitanos de Tarragona. Bajo el pontificado de este último los árabes, en 711, invaden España, Según Serra Vilaró, el clero de Tarragona, huyendo de esta invasión, llegó a la Liguria llevando consigo las reliquias de san Fructuoso y de los santos diáconos Augurio y Eulogio, además del *Oracional tarraconense,* hoy conservado en Verona. Este grupo fugitivo iba encabezado por un obispo: san Próspero, el cual, según quiere demostrar Serra Vilaró, lo era de Tarragona, por lo que resultaría Próspero y no Vera el último obispo de la Tarragona del primer milenio.

Con la ocupación sarracena, la ciudad quedó abandonada por espacio de cuatrocientos años. Eclesiásticamente quedó sujeta a la jurisdicción del metropolitano de Narbona. Pero en 971 el papa Juan XIII, a ruegos del conde de Barcelona, Borrell, trasladó la sede metropolitana de Tarragona a Vich, desmembrando así de la narbonense la antigua provincia tarraconense (Elna, Barcelona, Gerona, Urgell y Ausona). Pero esta recreación del arzobispado catalán, autóctono e independiente, es truncada con el asesinato del arzobispo ausonense Ató, realizado, según parece, por adictos al de Narbona. Curioso es el intento del abad de Santa Cecilia de Montserrat, Cesáreo, de apoderarse del arzobispado de Tarragona. A mediados del siglo X logra que el concilio provincial galaico reunido en Santiago de Compostela (956), le nombre y consagre arzobispo de Tarragona y metropolitano de las sedes de Barcelona, Tarrasa, Gerona, Ampurias, Vich, Urgel, Lérida, Ictosa, Tortosa, Zaragoza, Huesca, Pamplona, Auca, Calahorra y Tarazona. Pero le es negada la obediencia por los obispos de Cataluña (Barcelona, Vich, Urgel y Gerona) y no es reconocido, como era de esperar, por el metropolitano de Narbona. Tampoco consigue Cesáreo que el papa ratifique aquel nombramiento, ilegal, de los obispos gallegos.

En 1089 el papa Urbano II promueve la restauración de Tarragona mediante una carta al conde de Barcelona y a todos los nobles y clérigos catalanes. Para tal fin, Berenguer Ramón II cede, al año siguiente, la ciudad y su campo —todavía bajo poder musulmán— al patrimonio de San Pedro. Urbano II, en bula fechada en Capua en 1091, nombra metropolitano de Tarragona al de Vich, Berenguer Seniofredo de Lluçá, con el encargo de restaurar la mitra tarraconense. Narbona —que se opone a este nombramiento juntamente con Toledo— pierde su jurisdicción sobre Tarragona, pero conserva el resto de las diócesis catalanas mientras no se haya llevado a cabo la completa restauración material de la ciudad de Tarragona. El obispo ausonense no consigue su propósito. Muere en enero de 1099. Después de unos años en que quedó abandonada por completo la empresa de la restauración, el papa Gelasio II nombra en 1118, arzobispo de Tarragona al obispo barcinonense Olegario. Un año antes, 1117, Ramón Berenguer III ratifica la donación de la ciudad y su campo hecha por Berenguer Ramón II, a la Iglesia. Con la restauración de Tarragona llevada a cabo por san Olegario, auxiliado éste por el príncipe normando Roberto de Aguiló, nombrado, después, por el obispo, príncipe de Tarragona, se restaura también la antigua metrópoli, de la que volvieron a depender las mitras de Barcelona, Gerona, Ausona, Urgel, Lérida, Tortosa (estas dos últimas todavía bajo el poder de los árabes), Zaragoza, Huesca, Pamplona, Auca —luego trasladada a Burgos— Calahorra y Tarazona. Egara y Ampurias no se restauran, quizá por encontrarse demasiado cercanas a las sedes de Barcelona y Gerona, respectivamente. En 25-III-1154 Anastasio IV, con el fin de aunar fuerzas para una posible coalición religiosa y vistas las desavenencias políticas existentes, estableció claramente las fronteras del arzobispado tarraconense, las cuales no eran otras que las que encerraban los dominios de Ramón Berenguer IV, por una parte como «comes» y por otra como «princeps». Además, la bula de Anastasio IV es interesante porque nombra por vez primera, individualmente, las diócesis sufragáneas de la iglesia de Tarragona después de su efectiva restauración: Gerona, Urgel, Vich, Lérida, Tortosa, Zaragoza, Huesca, Pamplona, Tarazona y Calahorra. Se señala, asimismo, que también quedarán sujetas a la sede tarraconense las que no son nombradas pero que hubieran sido sufragáneas en tiempos antiguos. La sede de Mallorca, después de su reconquista por Jaime I, pasó a ser de la jurisdicción de la Curia romana. La de Valencia, en cambio, una vez reconquistada la ciudad por el mismo monarca, fue agregada a la provincia tarraconense, a pesar de no haber pertenecido nunca a la provincia tarraconense visigótica.

La primera división de la provincia tarraconense fue

efectuada por el papa Juan XXII en 1318, al erigir la mitra de Zaragoza en metropolitana, a la que fueron dadas como sufragáneas las mitras de Huesca, Tarazona, Pamplona, Calahorra y Albarracín. Regía la mitra tarraconense un aragonés, Ximeno de Luna. Se ha señalado como principal motivo de esta desmembración la política del rey Jaime II de contentar a los aragoneses y acentuar así su autoridad sobre ellos. A finales del xv, en 1492, se separa de Tarragona —por obra y gracia de los Borja— la sede de Valencia, a la que se le dan las sufragáneas de Mallorca y Cartagena, hasta entonces sujetas a la directa jurisdicción de la Curia romana. Más tarde, se le añadirá la de Segorbe, desmembrada de Albarracín, y Orihuela. La provincia tarraconense se compone, pues, a últimos del siglo xv, por las sedes de Tarragona, Barcelona, Gerona, Lérida, Seo de Urgel, Vich y Tortosa. En 2-II-1595, Clemente VIII erige la sede de Solsona y en 30-IV-1782 Pío VI crea la de Ibiza. Ambas pasan a ser sufragáneas de la metrópoli tarraconense.

Por decreto de la Sagrada Congregación Consistorial de 6-VI-1957 se establecen los nuevos límites del arzobispado de Tarragona, ajustándolos a los límites civiles de la provincia. En 1964, la mitra de Tarragona pierde como sufragánea a la de Barcelona que pasa a ser metropolitana sin sufragáneas, por el momento.

Santoral diocesano. Los santos que figuran en el propio diocesano son: santos Fructuoso, Augurio y Eulogio (21 de enero); san Próspero (18 mayo); san Magín (19 agosto); santa Tecla, titular de la Iglesia (23 septiembre); san Pedro Armengol (3 mayo); beato Buenaventura Gran (11 septiembre) y san Bernardo Calvó (25 octubre). No hay liturgia propia distinta de la romana.

Monumentos. De la época paleocristiana se conservan notables restos en la necrópolis formada por centenares de sepulcros con mosaicos e inscripciones, descubierta en 1927 cerca del río Francolí, al construirse la Fábrica de Tabacos. Esta necrópolis, no anterior al siglo IV, se halla alrededor de una basílica dedicada a san Fructuoso y a sus dos diáconos. (El culto a los protomártires tarraconenses se extendió rápidamente por todo el orbe cristianizado. En el mismo siglo IV les eran dedicadas basílicas en Africa del Norte.) Las reliquias de san Fructuoso serían trasladadas a otra basílica, del siglo VI, construida sobre la arena del anfiteatro romano, cuyos vestigios todavía se pueden ver. Sobre esta basílica visigótica se construyó en época románica la iglesia de Santa María del Miracle, derrumbada a principios del siglo actual. A cinco kilómetros de la capital, cerca de Constantí, se hallan los restos de la villa romana de Centcelles, construida en el siglo IV sobre otra del siglo I. En una de las salas se conservan mosaicos con representaciones de escenas del Antiguo y Nuevo Testamento. Según Schlunk, que ha restaurado sin regatear esfuerzos y estudiado este monumento, se trataría del mausoleo de Constante, hijo de Constantino, muerto en 350.

El principal monumento, la catedral nueva, iniciada en 1171 —parece que ya había culto en ella en 1286— fue consagrada en 1331. Es de estilo de transición del románico al gótico: románico en casi toda la parte inferior hasta los capiteles de las columnas, y gótica en las bóvedas y parte alta de la fachada, con valioso retablo de mármol en el altar mayor del siglo xv, obra de los artistas Juan de Vallfogona y Guillermo de la Motta. Junto a ella el claustro con rica iconografía en los capiteles y una pequeña iglesia de Santa Tecla la Vella, 10 × 5 metros, románica con bóveda gótica del siglo xiv. Tal vez, bajo sus cimientos, se halle la primitiva Iglesia Madre, la catedral construida dentro del casco urbano —las basílicas de San Fructuoso se hallan extramuros—, que según Serra Vilaró estaba en uso en tiempos paleo-

cristianos y visigóticos y a finales del siglo xi volvía a servir al culto.

Detrás de la catedral, en el patio del moderno Seminario conciliar, se halla la pequeña iglesia de San Pablo, románica, edificada a mediados del siglo xiii sobre la roca en la cual, según tradición muy tardía, habría predicado el apóstol.

De entre las iglesias desaparecidas se destacan, por su historia y antigüedad, la de San Pedro de Sescelades, Santa María Magdalena o Santa María de Bell-lloc y San Miguel del Mar. De entre las que se conservan cabe recordar la de Nazaret y la de San Miguel del Pla, esta última más moderna.

En la diócesis se destacan por su valor artístico las iglesias románicas, del siglo xii, de Alcover y Espluga de Francolí (hoy abandonada), y la del siglo xii-xiii de San Ramón en el Pla de Santa María, recientemente muy bien restaurada, y las importantes ruinas del santuario de Paret Delgada, del siglo xii (La Selva del Camp). Véanse además los conjuntos monumentales, en artículos especiales, de los monasterios de Poblet, Santes Creus, Vallbona de les Monges, Escornalbou y Scala Dei (hoy completamente en ruinas). También son dignas de mención, por ser de grandes proporciones, las iglesias parroquiales de Santa María de Montblanc, gótica del siglo xiv-xv, continuada en el siglo xvi-xvii; las de San Pedro de Reus y de San Juan de Valls, del siglo xvi.

2. Instituciones. La sede de Tarragona es metropolitana y primada. Cuenta con un tribunal de apelación, cabildo metropolitano, diez hospitales (en Tarragona, Valls, Aleixar, Calafell, etc.). Tiene Seminario Mayor y Menor. Archivo Histórico Archidiocesano (junto al Palacio arzobispal) con documentación de los siglos xiii-xx. Archivo Capitular (catedral) con abundante documentación a partir del siglo xiv. Biblioteca del Seminario. Museo diocesano (catedral). Boletín Oficial Eclesiástico desde el 11-I-1865.

Cabildo Catedral de Tarragona. El cabildo tiene como antecedente la comunidad de canónigos regulares de San Agustín instituida por el arzobispo Bernardo Tort, el 30-X-1154, con el fin de cuidar el culto en la catedral. El número de los componentes de esta comunidad —que era regida por un prior claustral— fue variando a través de los años, hasta que el arzobispo Pedro de Albalat, en 1248, estableció el número de canónigos en veinticinco. Para el cuidado de las cosas temporales de la comunidad fueron creados una serie de oficios que más tarde serían transformados en lo que todavía se llama dignidades capitulares. Estos cargos-dignidades eran los siguientes: prepósito o paborde, documentado en 1169 y suprimido en 28-VI-1410; administraba los bienes de la mesa capitular y gobernaba la diócesis durante la sede vacante; Serra Vilaró supone que el prepósito era el prior instituido por Tort en 1154 a quien su sucesor, Hugo de Cervelló, le cambió de título; el último prior fue Félix Amat, desde 1804 a 1820. Arcediano mayor, cargo creado también por el arzobispo Tort, aunque en principio fue conferido a la clerecía secular; pasó a la comunidad de canónigos regulares el 1-VIII-1193. Sacrista mayor, documentado en 1158; se ocupaba de los ornamentos sagrados y de todo cuanto era necesario para el servicio del culto; se suprimió en 10-III-1768. Camarero, instituido por Bernardo Tort; proveía a los capitulares de la indumentaria necesaria; fue suprimido en 1539. Decano, era el canónigo más antiguo; en 17-II-1274 el arzobispo Bernardo de Olivella lo elevó a la dignidad canonical. Cabíscol, antiguamente precentor y modernamente chantre, dirigía el coro. Cargo documentado ya en 1177. Se suprimió junto con los cargos de sacrista y arcediano de San Lorenzo en 1768. Tesorero, creado el 13-VIII-1192. Succentor, creado el 8-VII-1197 por el arzobispo Castelltersol; enseñaba el canto gregoriano a los canónigos, iniciaba la oración de los salmos e himnos y regía el coro; fue suprimido en 4-II-1573. Hospitalario, encargado del hospital de la catedral; el primer documento sobre este cargo data de 1220, si bien el hospital fue fundado por el arzobispo Hugo de Cervelló. Fue suprimido a raíz del concordato de 1851. Enfermero, no se halla documentado hasta 1233; fue suprimido en 1851. Arcediano de San Fructuoso, conseñor de la isla de Ibiza, suprimido en 1782 al erigirse el obispado ibicenco; fue creado por Bernardo de Olivella en 1274. Arcediano de Vilaseca, creado por el mismo arzobispo en 1274; el último canónigo que ostentó esta dignidad fue elegido en 1833. Arcediano de San Lorenzo, creado por Pedro de Clasquerí en 29-I-1359 y suprimido en 1768.

Otros oficios capitulares eran: Sacrista menor o protetesorero, creado por el arzobispo Berenguer de Vilademuls en 1192; atendía las provisiones del culto y la limpieza del templo. Obrero, creado antes de 1194; administraba las rentas destinadas a la construcción de la catedral; fue suprimido en 29-I-1359. Succentor segundo, creado en 1334 para que ayudara al Succentor primero; fue suprimido junto con éste.

Las canonjías vacantes eran adjudicadas por medio de votación por los mismos canónigos. Estos intervenían, según se desprende de la bula de Celestino III de 1194, en la elección del arzobispo, constituyendo esta costumbre una de las prerrogativas más antiguas de la iglesia de Tarragona. También participaban en la consagración de los obispos sufragáneos, que no podía realizarse «sine consensu Capituli».

Junto a los canónigos, y también encargados de la liturgia catedralicia, si bien en un plano jerárquico inferior, hay que situar a los presbíteros comensales y beneficiados, cargos a los cuales iba aneja una renta. Durante los siglos XIII y XIV llegaron a fundarse 40 comensalías, abolidas todas a tenor de lo dispuesto en el concordato de 1851. Los beneficios fueron creciendo desde el siglo XIII hasta alcanzar 74 fundaciones. El concordato de 1851 limitó el número a 20. El 4-XII-1530 Clemente VII seculariza la iglesia de Tarragona. En la misma bula de secularización ordena que la nominación de las dignidades capitulares (en aquel momento eran 12) fuera hecha por turno entre los canónigos, empezando por el más anciano. Más tarde, el capítulo adoptó el mismo sistema para la provisión de las canonjías, las comensalías y los beneficios no reservados a patronos especiales. El cargo de Penitenciario, de acuerdo con el Concilio de Trento, fue creado por el cardenal Cervantes de Gaeta el 4-VIII-1572. En 1768, siguiendo el concordato de 1753, el número de canónigos simples se redujo a 20. Tres de estas canonjías fueron destinadas a oficios recientemente creados: lectoral, doctoral y magistral, los cuales se proveían mediante oposición. El concordato de 1851 estabilizó la composición del capítulo prácticamente tal como existe hoy en día, siendo las dignidades que sobrevivieron las de deán, arcipreste, arcediano, chantre, maestrescuela y tesorero. La insignia capitular es una cruz griega, llamada Tau, de plata en campo de gules. En la Edad Media se denominaba a esta cruz «senyal o creu de Santa Tecla».

Instituciones docentes. A fines del siglo XII, poco después de restaurada la ciudad, el cabildo establecía una escuela de salmodia y canto, y, a principios del siglo XIII, una de Gramática y Artes, de la que procedería la futura Universidad. El cardenal Cervantes, tan pronto nombrado obispo en 1568, decidió la fundación del Seminario conciliar a tenor de lo establecido por el concilio tridentino en sesión del 15-VII-1563, siendo así uno de los primeros Seminarios tridentinos fundados, si no el primero como defienden algunos autores. En 1577 tenía ya nuevo edificio y el 10-XII-1766 el obispo Lario y Lanzis le daba unas Ordenaciones. El mismo cardenal Cervantes creó en 1572 la Universidad, y en 15-XII-1574 el papa Gregorio XIII aprobaba la fundación y le otorgaba el privilegio de conferir grados de Teología, Filosofía y Artes. Se inauguró en 1577 y le dio unos Estatutos el arzobispo Antonio Agustín en 1580. Al ser abolidas en 1717 por Felipe V todas las Universidades de Cataluña y pasadas sus rentas a la de Cervera por él creada, la ciudad recurrió al monarca y obtuvo que continuaran los mismos estudios, pero debiendo tomar la institución el nombre de Estudio Literario sin facultad de conceder grados. A través de no pocas vicisitudes, por guerras y revueltas, continuó el Estudio hasta 1846.

El Seminario conciliar tridentino, que tuvo cátedras comunes con las de la Universidad, se trasladó en 1886 al nuevo y amplio edificio construido expresamente para él en la calle de San Pablo. Desde 1897 —por decreto de León XII de 2-VII-1897— a 1934 tuvo Universidad Pontificia con facultad de conceder grados, como otros Seminarios metropolitanos españoles. Un colegio de estudiantes pobres fue establecido el 21-VIII-1803 con un Reglamento de 1816 en el que particularmente se favoreció a no pocos aspirantes al sacerdocio. También fue de origen eclesiástico, a principios del siglo XIX, la Escuela de dibujo y de náutica.

Santuarios. Centros de gran devoción popular lo constituían las ermitas y santuarios a los cuales se acudía en romería todos los años. En cada localidad, por pequeña que fuera, se veneraba a la Virgen bajo alguna advocación, siendo algunas de las imágenes artísticamente notables y, algunas de ellas, auténticamente antiguas. Es imposible relacionar aquí cada uno de dichos santuarios o ermitas marianos, pero no podemos silenciar los principales, como son el santuario de la Serra (Montblanc), el de la Misericordia (Reus), el de Paret Delgada (La Selva del Camp), el de la Virgen del Lledó (Valls), el de la Virgen de Loreto (Bráfim), el del Remei (Alcover), del Tallat (Rocallaura) y el de la Virgen del Camí (Cambrils). Otros puntos de devoción mariana distinguidos por su historia o por su arte los hallamos en Les Borges del Camp, Ciurana, Guimerá, Montroig, Passanant, Prades, Vallmoll, Valls (Virgen de la Candela) y Vilaseca.

Dedicados al Cristo, dos descuellan por muchos motivos: el de la Purísima Sangre de Tarragona y el de Salomó. El principal santuario dedicado a un santo es el del supuesto ermitaño San Magín de la Brufaganya.

3 y 4. Geografía diocesana y situación actual. La extensión territorial actual del arzobispado tarraconense es de 2.700 kilómetros cuadrados, 230.950 fieles, 245 sacerdotes, 260 religiosos y 937 religiosas. En la diócesis hay 213 parroquias agrupadas en los 16 arciprestazgos de: Les Borges del Camp (11), Bráfim (21), Cornudella (13), Falset (6), Montblanc (22), Montbrió (9), Morell (14), Reus (16), San Martín de Maldá (11), Subcentro (7), Santa Coloma de Queralt (16), Tarragona (11), Torredembarra (11), Valls (16), El Vendrell (20) y Vinaixa (9).

Ordenes religiosas: Hasta 1835 hubo cartujos en Scala Dei. Fue la primera cartuja de la Península, fundada en 1163. En el siglo XII se establecen en Montblanc los Mercedarios y Franciscanos hasta 1835. Los franciscanos regresaron, ocupando el antiguo convento de mercedarios y fundando un colegio de primera y segunda enseñanza, hasta 1936. En el mismo Montblanc se establecen las Clarisas en 1294 hasta el presente. En el siglo XVI, los Jesuitas se establecen en Tarragona, en donde tienen Casa de Probación (27-VII-1575 hasta la extinción, y de 1875 a 1936. Con posterioridad a 1940 regresan pero solo por algunos años); los Trinitarios, de 1576 a 1835; Capuchinos, de 1589 a 1820; Agustinos, de 1592 a 1835, todos en Tarragona ciudad. Los Servitas en Vilarrodona en 1599 y después en Marsá; los

Mínimos, en Valls en 1851 hasta 1835. Los Carmelitas calzados, en Valls en 1680 hasta 1835, y los descalzos, en Tarragona en 1707. En 1683 llegan a Tarragona monjas de Nuestra Señora de la Enseñanza que fundan en 1697, y en 1686 se establece el beaterio de monjas de Santo Domingo. En la actualidad hay 15 casas de religiosos: Capuchinos, Carmelitas, Misioneros del I. C. M. vulgo Claretianos en Tarragona y Valls, Mercedarios (en Reus), Paúles (en Espluga de Francolí), Cistercienses (Poblet), Salesianos (en Arbós y Reus), Hermanos Escuelas Cristianas de la Salle (en Tarragona, Cambrils y Reus), Hermanos Hospitalarios de San Juan de Dios (en Calafell, tienen anunciado, para un próximo inmediato, el cierre de este establecimiento), Hijos de la Sagrada Familia (Noviciado, en Reus) y Jesuitas; 73 casas de religiosas: Dominicas de la Enseñanza de la Inmaculada Concepción, Cistercienses (Vallbona de les Monges), Carmelitas Descalzas (Tarragona y Reus), Carmelitas Calzadas (Valls), Clarisas (Tarragona y Montblanc), Clarisas de la Providencia (Reus), Carmelitas de la Caridad (Tarragona, Cambrils, Montbrió del Camp, Montblanc, Valls, Espluga de Francolí, Falset y Santa Coloma de Queralt). Carmelitas Misioneras Descalzas (Casa madre: Tarragona, ciudad; tienen otros conventos en Reus, Montblanc, Constantí, Les Borges del Camp, Alforja, Riera, Montroig, Vimbodí, Cerviá, Valls, Arbós y El Vendrell). Carmelitas Descalzas Misioneras (Santa Coloma de Queralt), Carmelitas Teresas de San José (Reus, Tarragona, Morell), Compañía de Santa Teresa (Tarragona), Hermanas de la Consolación (Reus, Riudoms), Dominicas de la Anunciata (Pla de Santa María, Arbeca), Dominicas de la Presentación (Reus), Hijas de la Caridad (Tarragona, Reus, Aleixar, Torredembarra y La Selva del Camp), Hermanas de la Caridad de Santa Ana (Tarragona, Vilaseca), Enseñanza de María Inmaculada (Tarragona, Reus), Hijas del Inmaculado Corazón de María (Valls), Hijas de Nuestra Señora (Enseñanza, Tarragona), Hermanitas de los Pobres (Tarragona, Reus y Valls), Religiosas de Jesús María, Mínimas (Valls), Oblatas del Santísimo Redentor, Sagrada Familia (Valls), Misioneras seculares (Tarragona, Reus, La Selva del Camp), Hijas de María Santísima del Huerto, Esclavas del Sagrado Corazón (Maldá), Hijas de San José (Falset), Instituto Hermanas de San Felipe Neri (Vilarrodona), Madres Angélicas. Institutos religiosos de educación: de varones, 8 casas con unos 7.000 alumnos. De mujeres, 48 casas, con 9.234 alumnas. Instituciones benéficas: 16 casas, con 745 asistidos.

5. Episcopologio: *San Fructuoso,* † 21-I-259. *Himerio,* antes de 385. *Hilario,* 402. *Ascanio,* 465; convocó concilio, intervino contra Silvano, obispo de Calahorra, al ser usurpados sus derechos de metropolitano al consagrar aquél obispos sin su consentimiento. *Juan,* 470; convocó conc. en 516? se conserva su epitafio, † 520. *Sergio,* 520-555; se conserva también su epitafio, en el cual se hace constar «qui sacri labentia restaurans culmina templi». *Tranquilino,* c. 560, citado en *Vita S. Victoriani* 580. *Eufemio? Artemio,* 589, † 599, convocó conc. en Zaragoza. *Asiático* 599, convocó conc. en Barcelona. *Eusebio,* asiste al conc. toledano de 610?, convoca conc. en Egara en 614, † c. 632. *Audax,* asiste en 633 al conc. de Toledo. *Selva o Silva* (?). *Protasio,* 637, † 646. *Faluax o Phaluas,* 645-668 (?). *Cipriano,* 668-688..., enterrado en la catedr. de Tarragona. *Vera,* asiste al conc. toledano XVI 693. *San Próspero,* 711 (?). *Berenguer Seniofred de Llucá,* ob. de Vich, 1091, † 11-I-1099. *San Olegario,* ob. Barcelona, 21-III-1118, † 6-III-1137. *Gregorio,* 1143 electo, † 25-III-1146; no se conoce la fecha de la toma de posesión (1144 ?). *Bernardo Tort,* 1146, † 28-VI-1163, instituyó en la Seo de Tarragona los canónigos regulares de san Agustín, murió en Inglaterra. *Hugo de Cervelló,* 14-IV-1163?, † 17-IV-1171; asesinado por el príncipe Roberto de Tarragona. *Guillermo de Torroja,* ob. de Barcelona, 1171, † 7-III-1174. *Berenguer de Vilademuls,* 21-III-1174, murió asesinado 16-II-1194. *Ramón de Castelltersol,* ob. de Vich, 17-XI-1194, † 4-XI-1198. *Ramón de Rocabertí,* III-1199, † 6-I-1215. *Aspárec de la Barca,* ob. de Pamplona, II-1215, † 3-III-1233; combatió la herejía de los valdenses; convocó conc. en 1230. *Guillermo de Montgrí,* 1234-1239, sólo electo; reconquistó la isla de Ibiza en 1235, renunció, † 1273. *Pedro de Albalat* OCist., ob. de Lérida, 1238, † 2-VII-1251; asistió al conc. de Lyon convocado por Inocencio IV; convocó ocho concilios provinc. (en 1239, 1240, 1242, 1243, 1244, 1246, 1247 y 1249). *Benito de Rocabertí,* 9-VIII-1251, † 2-V-1268 en Huesca; convocó tres conc. prov. (1253, 1256 y 1266). *Bernardo de Olivella,* ob. Tortosa, 20-III-1272, 24-V-1272, † 29-X-1287; convocó los conc. prov. de 1273, 1277 y 1282; hizo un Breviario y un Misal para uso de su archidiócesis. *Ramón Coll,* electo 1288. *Rodrigo Tello,* ob. de Segovia, 6-X-1288, † 16-XII-1308; convocó cuatro conc. prov. (1291, 1293, 1294 y 1305). *Guillermo de Rocabertí,* 12-IV-1309, † 25-II-1215; convocó los conc. prov. de 1309 y 1312. *Ximeno de Luna,* ob. Zaragoza, 26-III-1317, tr. a Toledo 1-IX-1327; convocó dos conc. prov. en 1317 y 1323. *Juan de Aragón,* arz. de Toledo, 17-VIII-1328, † 19-VIII-1334; patriarca de Alejandría y administrador perpetuo del arzobispado tarraconense; convocó los conc. de 1329, 1331 y 1334; consagró la catedral de Tarragona en 1331; recopiló todas las constituciones provinciales dictadas por sus antecesores. *Arnau Cescomes,* ob. de Lérida, 7-X-1334, † 9-IX-1346; convocó los conc. prov. de 1336, 1338, 1339 y 1341. *Sancho López de Ayerbe,* ob. de Tarazona, 30-X-1346, † 21-VIII-1357, convocó los conc. prov. de 1349, 1351, 1354 y 1357. *Pedro Clasquerí,* ob. de Mallorca-Huesca, 30-X-1357, † 10-I-1380 en Agde; patriarca de Antioquía. *Iñigo de Valterra,* ob. de Segorbe, 28-V-1380, † 17-II-1407; convocó los conc. de 1391, 1395, 1399 y 1406. *Pedro Çagarriga,* ob. Lérida, 15-VI-1407, † 31-XII-1418; asistió al concilio de Perpinyá de 1408, convocado por Benedicto XIII; compromisario de Caspe; celebró conc. en 1414. *Dalmacio de Mur,* ob. de Gerona, 17-I-1419, tr. a Zaragoza 13-IX-1431; convocó el conc. prov. de 1424. *Gonzalo de Yxart,* 18-IV-1431, † 9-XI-1433. *Domingo Ram,* ob. Lérida, 25-VIII-1434, † 26-IV-1445 en Roma, cardenal, compromisario de Caspe. *Pedro de Urrea* 4-VI-1490, † 9-IX-1490, patriarca de Alejandría; reformó y editó un Breviario para uso de la archidiócesis. *Gonzalo Fernández de Heredia,* ob. Barcelona, 14-VI-1490, † 21-XI-1511. *Alfonso de Aragón,* ob. Tortosa, 1-X-1512, † 26-VIII-1514. *Pedro Folch de Cardona,* ob. de Urgel, 8-I-1515, † 11-IV-1530; convocó los conc de 1517 y 1529. *Luis de Cardona,* ob. de Barcelona, 23-I-1531, † 12-XI-1532. *Jerónimo d'Oria,* ob. de Huesca, 8-V-1533, † 25-III-1558, cardenal; editó las Constituc. Provinc. de Tarragona e hizo imprimir el Misal, Breviario y Diurno para uso de la archidiócesis; permaneció siempre fuera de su Sede; sus oficiales convocaron cinco concs. (1543, 1554, 1555, 1555 y 1556). *Fernando de Loazes,* ob. de Tortosa, 26-IV-1560, tr. a Valencia 28-IV-1567; patriarca de Antioquía; convocó el conc. prov. de 1564. *Bartolomé Sebastián de Aroita,* ob. de Pati (Sicilia), 1-X-1567, † 14-XII-1568. *Gaspar Cervantes de Gaeta,* ob. de Salerno, 23-VII-1568, † 17-X-1575, cardenal; bajo su pontificado se introduce en la Seo tarraconense el rezo romano del oficio divino; convocó los conc. prov. de 1573 y 1574; fundó la Universidad-Estudio General de Tarragona y Seminario Tridentino. *Antonio Agustín,* ob. de Lérida, 17-XII-1575, † 31-V-1586; asistió al conc. de Trento siendo obispo de Lérida. *Juan Terés,* ob. de Tortosa, 17-III-1587, † 19-VII-1603; adoptó el ceremonial romano; convocó los conc. prov. de 1598 y 1602. *Juan Vich y Manrique,* ob. de

Mallorca, 10-V-1604, † 4-III-1611; convocó conc. prov. en 1607. *Juan de Montcada*, ob. de Barcelona, 30-VII-1612, † 3-XI-1622; convocó los conc. de 1613 y 1618. *Juan de Hoces*, 29-III-1624, † 22-V-1626. *Juan de Guzmán* OFM, ob. de Canarias, 6-X-1627; convocó el conc. de 1630; tr. a Zaragoza 6-VI-1638. *Antonio Pérez* OSB, ob. de Lérida, 28-XI-1633, † 1-V-1637; convocó el conc. prov. de 1636. *Pablo Durán*, 1641-1651; su nombramiento no fue confirmado por la Santa Sede. *Francisco de Rojas y Borja*, 8-I-1653, tr. a Avila 23-IV-1663; convocó el conc. de 1654. *Juan Emanuel y de Espinosa* OSB, ob. de Urgel, 28-XI-1663, † 12-II-1679; convocó los concs. de 1664, 1670 y 1678. *José Sanchiz* OdeM, ob. de Segorbe, 28-II-1680, † 26-III-1694; convocó los conc. de 1685 y 1691. *José Llinás* OdeM, 16-I-1695, † 15-XI-1910; convocó el conc. prov. de 1699 y el sínodo de 1704. *Isidoro Bertrán*, 13-XI-1712, † 9-X-1721 en Génova. *Miguel Juan de Taverner y Rubí*, ob. de Gerona, 16-XII-1720, † 24-III-1721. *Manuel de Samaniego y Jaca*, 1-XI-1721, tr. a Burgos 11-XI-1728; convocó los concs. de 1722 y 1727. *Pedro de Copons y Copons*, ob. de Gerona, 15-XII-1728, † 19-IV-1753; convocó cuatro concs. (1733, 1738, 1745 y 1752). *Jaime de Cortada y Bru*, ob. de Zamora, 26-IX-1753, † 27-IV-1762; convocó el conc. prov. de 1757. *Lorenzo Despuig y Cotoner*, ob. de Mallorca, 18-VII-1763, † 22-II-1764. *Juan Lario y Lancis*, ob. aux. de Zaragoza, 30-X-1764, † 6-IX-1777. *Joaquín de Santiyán y Valdivielso*, ob. de Urgel, 15-V-1779, † 5-VII-1783. *Fr. Francisco Armanyá*, ob. de Lugo, 30-V-1785, † 5-V-1803. *Romualdo Mon y Velarde*, 12-V-1804, tr. a Sevilla 23-IX-1816, † 16-XI-1816. *Antonio Bergosa y Jordán*, ob. de Antequera (América), † 18-VII-1819. *Jaime Creus y Martí*, ob. de Menorca, pr. 29-V-1820, pos. 13-XI-1823, † 13-IX-1825. *Antonio Fernando de Echánove y Zaldívar*, ob. de Leucosia, pr. 15-III-1826, pos. 29-V-1826, † 15-XI-1854. *José Domingo Costa y Borrás*, ob. de Barcelona, pos. 30-IX-1857, † 14-IV-1864. *Francisco Fleix y Soláns*, ob. de La Habana, 22-IX-1864, pos. 3-I-1865, † 27-VII-1870. *Constantino Bonet y Zanuy*, ob. de Gerona, 17-IX-1875, pos. 23-XII-1875, † 10-X-1878. *Benito Vilamitjana y Vila*, ob. de Tortosa, 28-II-1879, pos. 21-VI-1879, † 5-IX-1888. *Tomás Costa y Fornaguera*, ob. de Lérida, 27-V-1889, pos. 25-X-1889, † 9-X-1911. *Antolín López Peláez*, ob. de Jaca, 18-VII-1913, † 22-XII-1918. *Francisco de A. Vidal y Barraquer*, ob. adm. de Solsona, 7-V-1919, † 13-IX-1943 en Suiza; nombrado cardenal en 1921. *Manuel Arce Ochotorena*, ob. de Oviedo, 28-III-1944, † 16-IX-1948. *Benjamín de Arriba y Castro*, ob. de Oviedo, 22-I-1949, cardenal desde 1953, cesó por renuncia el 23-XI-1970. *José Pont y Gol*, ob. de Castellón de la Plana-Segorbe, 23-XI-1970, tomó posesión el 21-I-1971, obispo actual.

BIBL.: ES 24 y 25; *Via ge* 11 y 20; L. PONS DE ICART, *Libro de las grandezas y cosas memorables de la ciudad de Tarragona*, Le. 1572; J. F. ALBIÑANA y A. DE BOFARULL, *Tarragona monumental*, Ta. 1849; B. HERNÁNDEZ SANAHUJA, *Resumen hist. crítico de la ciudad de T.*, Ta. 1855; L. DEL ARCO, *Guía artist. y monum. de T., y su provincia*, Ta. 1906; J. M.ª RECASENS, *La ciutat de T.*, Ba. 1964; P. PERICAY, *Tarraco: Historia y mito*, Ta. 1952; F. GRAS Y ELÍAS, *Hist. de los lugares y ciudades de la prov. de T.*, Ba. 1907; P. ANDRÉS DE PALMA, *Las calles antiguas de T.*, Ta. 1958, 2 vols.; J. M. PARELLADA y J. SÁNCHEZ REAL, *Los hospitales de Tarragona*, Ta. 1959; J. VARGAS DE PONCE, *Descripción hist. de T.*, ms. según Torres Amat; R. FOGUET, *Diálogos sobre los barrios antiguos de T.*, ms. según Torres Amat; L. SERRALLACH Y MAS, *Monumentos romanos de T.*, Ba. 1886; P. DE PALOL SALELLAS, *Tarraco hispano visigoda*, Ta. 1955; J. GUDIOL, *Primeras manifestaciones de l'art. cristiá en la prov. ecles. de T.*: R5, 1(1925)301-329; ver además la bibl. del art. Arqueología; R. DE ABADAL I DE VINYALS, *Els primers comtes catalans*, Ba. 1958; J. CAPDEVILA, *Sobre la invasió àrab i reconquesta de T.*; R46, 64-65(1964-65)29-64; J. BLANCH, *Arxiepiscopologi de la santa Es-*

glesia metrop. i primada de T., transcr. i proł. de J. Icart, Ta. 1951, 2 vols.; J. SÁNCHEZ REAL, *El archiepiscopologio de Luis Pons de Icart*, Ta. 1954; S. CAPDEVILA, *La Seu de T.*: R5, 10(1934)1-192; P. KEHR, *Papsturkunden in Spanien.* I: *Katalonien*, Be. 1926, 122-206; P. MARTÍ DE BARCELONA, *Hist. de la Primacia de la Seu de T.... pel P.J. Caresmar*, Ta. 1924; J. VINCKE, *Die Errichtung des Erzbistums Saragossa*: R82, 2(1910)114-132; J. GOÑI GAZTAMBIDE, *Una bula de Juan XXII sobre la división de la Prov. de T.*: R118, 7(1954)87-92; J. SERRA VILARÓ, *Fructuós, Auguri i Eulogi mártirs sants. de T.*, Ta. 1936; ID., *San Próspero de T. y sus discípulos.* Ba. 1943; P. FRANCHI DEI CAVALIERI, *Las Actas de San Fructuoso:* R46, 59(1959)5-70; J. VIVES y J. CLAVERAS, *Oracional visigótico*, Ba. 1946; J. SERRA VILARÓ, *La familia de san Bernardo Calvó en T.*, Ta. 1955; R. D'ABADAL, *El pseudo arq. de T. Cesari i les preteses butlles de Santa Cecilia*: R146, 3(1927)316-345; M. ALCOVER, *El arz. Spárrech de T.*, Palma de M. 1929; J. JANER, *El patriarca don Juan de Aragón:* R146(1904)301-367, 5(1905)377-415; A. RISCO, *Algo sobre el infante don Juan de Aragón y por qué renunció al arz. de Toledo:* R154, 77(1926)22-31, 107-117 y 316-326; J. VINCKE, *El trasllat de l'arq. Joan d'Aragó de la seu de Toledo a la de T.*: R5, 6(1930)127-130; J. BOADA Y CAMPS, *Biografía del Illm. y Rdm. Dr. D. Pere Copons i de Copons*, Ba. 1907; J. R. CARRERAS Y BULBENA, *Persecució y trista fi del Dr. Isidor Bertran y Orteu, arq. de T. (1648-1719):* R54, 83(1924)257-261; F. CORTADELLAS SANROMÁ, *El arz. Costa y Borrás*, Ba. 1948; A. RODRÍGUEZ MAS, *El arz. urbanista (D. Joaquín De Santiyán y Valdivielso) 1779-1783*, Ta. 1950; R. SALAS y OLIVERAS, *Biografía del Excm. i Rdm. Jaume Creus Martí, arq. de T. 1760-1825*, Mataró 1961; F. TORT MITJANS, *Biografía de Francisco Armanyá Font, OSA*, Villanueva y Geltrú 1967; A. DEL ARCO Y MOLINERO, *Catálogo del Museo arqeol. de T.*, Ta. 1894; ID., *La imprenta en Tarragona*, Ma.-Ba. 1916; J. BOFARULL, *Códex catalans de la biblioteca prov. de T.*, Ba. 1905; J. SERRA VILARÓ, *Llibre del Coc de la Seu de T.*, Ba. 1935; P. BATLLE HUGUET, *Los tapices de la catedral primada de T.*, Ta. 1946; J. LÓPEZ DE TORO. *Contribución al conocimiento de la Biblioteca prov. de T.*, Ta. 1926; ANTONIO AGUSTÍN, *Constitutionum provinciae eclesiasticae Tarraconensis libri V*, Ta. 1580; J. BLASI VALLESPINOSA, *Santuaris marians de la diócesi de T.*, Reus 1933; E. FORT I COGUL, *El santuari de la Mare de Déu de Paret Delgada a la Selva del Camp de T.*, La Selva 1947; J. SERRA VILARÓ, *Sant Miquel del Pla*, Ta. 1959; ID., *Santa Tecla la Vieja*, Ta. 1960; E. FORT I COGUL, *Sant Pau a la Selva del Camp*, La Selva 1963; S. CAPDEVILA, *El temple de Sta. Maria del Miracle a T.*, Ta. 1924; ID., *El convent de Sant Doménec*, Ta. 1927; ID., *El convent de Sant Llorenç*, Ta. 1928; *Sant Miquel del Pla*, Ta. 1921; *El santuari de la Bovera*, Ta. 1929; ID., *Hist. compendiada del santuari de Sant Magí*, Montblanch 1924.

A. SOBERANAS

TARREGA, Francisco Agustín, (Valencia c. 1554-1556 † Valencia 6-II-1602) canónigo y poeta. Apenas se conocen datos biográficos de este personaje. Era doctor en Teología y muy versado en Derecho, como lo dan a entender las actas del cabildo metropolitano de Valencia, del que había sido nombrado canónigo (posterior 24-V-1584), de cuyos asuntos jurídicos se encargó en varias ocasiones, y aun de los de todo el clero valentino. Conocido por su producción literaria y mencionado con elogio por Lope de Vega en *El Laurel de Apolo* y por Cervantes en *Don Quijote de la Mancha* entre los entendidos que ganaron fama y renombre por sus comedias. Perteneció a la Academia de los Nocturnos, de Valencia, fundada en 1591 por un grupo de ingenios amantes de la erudición y de la poesía.

OBRAS: *Relación de las fiestas que el Señor Arzobispo* [San Juan de Ribera] *y su Cabildo hicieron en la Translación de la Reliquia del Glorioso S. Vicente Ferrer a la Santa Iglesia de Valencia*, Val. 1600. Sus Comedias en *Comedias de Poetas Valencianos*, Ma. 1614, algunas; las restantes, en *Norte de la Poesía Española*, Val. 1616. La relación de ellas y de otras dos que se le atribuyen, pueden verse en la relación bibliográfica.

BIBL.: A30, I, 240-241; J. PASTOR Y FUSTER, *Biblioteca Valenciana*, I Val. 1827, 310: A. ZABALA LÓPEZ, *La Navidad de los Nocturnos en 1591*, Val. 1946.
R. ROBRES

TARRES CLARET, Pedro, (Manresa 24-V-1905 †
Barcelona 31-VIII-1950). Médico, sacerdote, apóstol de
la juventud. Terminados sus estudios de Medicina en
1928, ejerció esta profesión durante once años; pero a
partir de 1932 actuó intensamente como apóstol seglar
en la «Federació de Joves Cristians», recorriendo casi
toda Cataluña como animador de la propaganda fejocista de Acción Católica. En 1936 al estallar la guerra
civil, hubo de esconderse durante algún tiempo, hasta
que en 1938 fue llamado para prestar servicio como
médico en el ejército republicano del Norte de Cataluña. En medio de los oficiales incrédulos, sin disimular
su fe, coordina su actuación humanitaria en los hospitales con el apostolado en los enfermos y escribe día a
día su precioso Diario de guerra, en el que manifiesta
su intensa vida espiritual de futuro sacerdote. Acabada
la guerra, entra en septiembre de 1939 en el Seminario
hasta su ordenación de sacerdote el 30-V-1942. Se licencia en Teología en Salamanca (1942-1943). Vuelve
a Barcelona y es requerido como director o consiliario
de varias instituciones eclesiásticas de beneficencia o
apostolado: Centros de Acción Católica femenina de
Sarriá, Obra de la Visitación, Hospital de la Magdalena, Escuela de Asistentas sociales, entre otras. Funda,
ayudado por otro médico, un sanatorio antituberculoso,
la clínica de la Merced. En ella muere santamente después de cuatro meses de grave enfermedad. En 1971
representantes de algunas de las asociaciones que lo habían tenido como consiliario piden al arzobispo de Barcelona que se inicie el proceso de beatificación.

BIBL.: J. PIJOAN, *El Dr. Tarrés, metge, fejocista i sacerdot*,
Ba. 1963; M.-A. PAPIOL I MORA, *Un gran fill de la nostra
terra. El Dr. Pere Tarrés i Claret*, Ba. 1965; R. DÍAZ I CAR-
BONELL, *Pere Tarrés testimoni d'una época*, Ba. 1973 (incluye el texto, no completo, del *Diari de Guerra*, pp. 273-514,
y fragmentos de su epistolario).   J. VIVES

TASAS DE BENEFICIOS CONSISTORIALES.
Eran ciertos derechos que había que pagar en la Curia
Romana por la provisión de los beneficios concedidos
por el papa, llamados mayores o consistoriales. Tales
eran los obispados y abadías.

Todas las gracias y beneficios eclesiásticos que se
expedían en la Curia pontificia tenían que pagar allí
unas tasas que recibían diferentes nombres según el
destinatario o la razón de su cobranza. Eran éstos los
servicios comunes y los servicios menudos *(servitia
communia* y *servitia minuta);* los derechos de consagración o de bendición; los derechos de Cancillería; los
derechos de Dataría; los derechos de las visitas *ad
limina;* los derechos de palio, etc.

Pues bien, el más importante de todos para la Historia de la Economía, es el de los *servitia communia* o
servicios comunes, porque éstos, al ser proporcionales
a los ingresos, nos ofrecen un índice o baremo aproximado de la riqueza que poseía la Iglesia en cada una de
las diócesis y abadías del mundo.

Los *servitia communia* eran los derechos que tenían
que pagar los obispos y los abades a la Cámara antes
de recibir las bulas de provisión o confirmación apostólica de un beneficio eclesiástico, es decir, del obispado
y abadía en el caso de que el beneficio alcanzase los
100 florines anuales de renta. La cuantía de estos derechos se fijó inicialmente en una tercera parte de los
ingresos anuales del beneficio. Así, por ejemplo, si una
abadía rentaba anualmente al abad 600 florines, tenía
que pagar a la Cámara por razón del *servitium commune*
la cantidad de 200 florines. De estos 200 florines, la
mitad, o sea, 100 florines, quedaban en la Cámara para
el papa, y los otros 100 florines iban a la Cámara del
colegio de cardenales a repartir por igual entre los
cardenales que hubiesen estado presentes en el momento
de la provisión. Por tanto, si en el acto de provisión

estuvieron presentes 20 cardenales, a cada uno tocaban cinco florines.

Al mismo tiempo que el beneficiario se comprometía
a pagar el *servitium commune*, tenía también que aceptar
la obligación de pagar los *servitia minuta* (que eran
cinco) a los llamados familiares y oficiales de la Curia
Romana. De estos cinco servicios correspondían
cuatro a los familiares y oficiales del papa, y uno a los
de los cardenales. Cada uno de esos cinco servicios
tenía que ser igual a la parte que tocó a cada uno de los
cardenales en el *servitium commune*. Así, en el ejemplo
antes mencionado, además de los 200 florines de servicios comunes, se habían de pagar otros 25 florines
de *servitia minuta* por ser cinco florines los que habían
tocado a cada uno de los 20 cardenales asistentes al
acto. De los 25 florines, 20 eran para los familiares y
oficiales papales, y cinco para los de los cardenales.

La determinación de la cuantía de la tasa, teóricamente equivalente al tercio de la renta anual del beneficio, no quedaba a merced de la decisión arbitraria
del beneficiado ni variaba cada año según la oscilación
de los ingresos. Se fijaba oficialmente por los colectores
pontificios en cada nación teniendo en cuenta el ingreso
medio anual del beneficio, deduciendo de él las cargas
que sobre él pesaban y dividiendo el importe neto por
tres: este cociente era la tasa del beneficio. Así se procedía como norma general. El papa, como era natural,
podía hacer condonaciones o reducciones que no implicaban el cambio de la tasa. Por ejemplo, los obispos
franceses obtuvieron del papa en el Concilio de Constanza (1418) una reducción del 50 % de la tasa en el
servitium commune, que luego se fue prorrogando inde-
finidamente. La tasa se computaba en florines de oro
de Cámara, equivalentes a florines de oro de Florencia,
hechos de oro puro y de 3,537 gramos de peso cada
moneda. El valor neto, pues, de cada beneficio fue
inicialmente igual a la tasa multiplicada por tres.

Al final presentamos un cuadro de todos los beneficios consistoriales de España, dando por separado los
obispados y las abadías. Las tasas de los obispados
en los siglos XIV y XV las tomamos de H. Hoberg,
Taxae pro communibus servitiis, Cittá del Vaticano
1939; las del siglo XVI, del manuscrito Misc. Arm. XIII,
51, del Archivo Vaticano; y las de los siglos XVII,
XVIII y XIX, de la utilísima obra *Hierarchia Catholica*,
vols. 4-7, Monasterii-Patavii, 1935-1968, corrigiendo
algunas erratas.

Ponemos el signo igual (=), cuando la tasa de un
siglo es lo mismo que la del anterior, con lo que aparecerá más clara, al contemplar el cuadro, la escasa
diferencia que se produce en la modificación de las
tasas a lo largo del tiempo y los cambios operados.

En cuanto a las tasas de las abadías damos sólo la
cifra correspondiente al siglo XVI, según el mencionado
manuscrito del Archivo Vaticano, porque no hay
prácticamente variaciones en los diversos siglos. Hay
nombres de abadías no identificables o legibles, que
dejamos sin precisar.

Cuando la erección de una diócesis es posterior al
siglo XIV, dejamos en blanco las casillas correspondientes a los siglos en que no existía dicha diócesis.

El orden que seguimos es el alfabético de diócesis tanto para éstas como para las abadías enclavadas en ellas.

Como se puede advertir a simple vista, las diferencias
entre las tasas de los diversos obispados son muy notables y arguyen una mayor o menor riqueza de la zona
donde radican. Claro está que hay que tener en cuenta
la superficie de cada obispado y el consiguiente número
de habitantes de cada uno de ellos. De todas formas sumando todas las tasas de cada una de la provincias o
zonas podríamos comprobar la correspondiente riqueza absoluta y relativa de cada una de ellas y establecer
comparaciones muy instructivas.

Como se puede observar, la evolución de las tasas a lo largo del tiempo es prácticamente nula. La tasa oficial que estaba en vigor el año 1300 se mantiene invariable en los libros de la Cámara hasta el siglo XVIII. Esto resulta un tanto extraño, y a primera vista podría buscarse la explicación en la inmutabilidad del patrón oro. Sin embargo, en realidad se introdujo, al menos en el siglo XVI (no sabemos en qué fecha), una tabla correctora, en la que se fijaba junto a la tasa oficial la cantidad real que el beneficiado tenía que desembolsar. Así resultaba que la tasa oficial no era más que un índice del pago que había que efectuar y que estaba muy por debajo de lo que en realidad se percibía en la Dataría de los ingresos del beneficio.

Entre la tasa nominal y el coste real no había más relación que una proporción progresiva inversa, conforme subía la escala de las tasas. Comenzaba aproximadamente con una relación de 1 a 6 y terminaba con una relación de 1 a 1 y 1/2. Es decir, que el que tenía menos ingresos pagaba proporcionalmente mucho más que el que disfrutaba de un beneficio más cuantioso. Cosa muy explicable en una época de estructuras aristocráticas y clasistas.

Véase al lado la tarifa, en la que la tasa nominal de la Cámara va, como hemos dicho, en florines, y los derechos que en realidad había que pagar, en escudos de oro. Aparte de esto, había que pagar la tasa de expedición que era arbitraria.

Esta desigualdad entre la tasa oficial y la real desconcertaba, entre otros, al cardenal Zapata en el siglo XVII, que nos dice: «Sobre las dignidades que se expiden en Consistorio se han cargado y cada día se añaden tantos ducados, que ya es lo menos la tasa. Y sirva de verificación que las Bulas del obispado de Pamplona, cuya tasa es de 3.500 florines, cuestan más de 7.000. Y podrá decir sobre esto su dicho el de v.m., que no acaba de lamentarse de que le costaron las suyas más de 6.000 ducados.»

Las tasas mayores que pagaban los obispados españoles en el siglo XVI, eran de 8.000 florines el de Toledo;

TARIFA DE GASTOS EN LA COLACION DE OBISPADOS

Tasa cameral (florines)	Derechos de Bulas (escudos oro)	Tasa cameral (florines)	Derechos de Bulas (escudos oro)
33,1/3	215	500	904
40	224	600	1.052
50	237	700	1.209
60	250	800	1.350
66,1/3	258	900	1.500
70	263	1.000	1.672
80	275	2.000	3.186
90	288	3.000	4.704
100	333	4.000	6.206
133,1/3	411	5.000	7.714
200	440	6.000	9.231
266,2/3	557	7.000	10.729
300	582	8.000	12.242
400	734	9.000	13.744
		10.000	15.257

5.000, los de Sevilla, Valencia y Zaragoza; 4.000, el de Santiago; 3.500, el de Pamplona; y 3.000, los de Granada, Tarragona, Cuenca, Palencia, Sigüenza y Teruel. Fuera de España había tres obispados que pagaban 12.000 florines; ocho que pagaban 10.000, y tres que pagaban 9.000. La tasa más baja correspondía a Albarracín con 50 florines; le seguían Cádiz con 250, Almería con 266 y Badajoz con 300.

Entre las abadías, las tasas más altas correspondían a los monasterios de Santas Creus, Montearagón, Parraces, Poblet y Montserrat que pagaban 1.000 florines, muy lejos, como se podrá comprobar, de las tasas pagadas por monasterios extranjeros como Cluny y St. Germain-des-Prés que pagaban 8.000 florines, o sea, tanto como el arzobispado de Toledo. Y muchos monasterios quedaban exentos por no llegar al límite de la cotización que era de 33,1/3 florines.

TASAS DE LOS OBISPADOS
(Florines)

DIÓCESIS	SIGLO XIV	SIGLO XV	SIGLO XVI	SIGLO XVII	SIGLO XVIII	SIGLO XIX
Albacete						
Albarracín			50	=	=	=
Almería			266	250	266,2/3	=
Astorga	600	=	900	=	=	=
Avila	700	=	1.433,1/3	=	=	=
Badajoz	200	=	300	=	=	=
Barbastro			650	=	=	=
Barcelona	1.000	=	=	=	=	=
Bilbao						
Burgos	2.400	=	=	=	1.800	=
Cádiz	150	250	=	=	=	=
Calahorra	1.300	=	=	=	=	=
Canarias			1.000	=	=	500
Cartagena	440	460	=	400	460	=
Ceuta			133,1/3	166,2/3	133,1/3	=
Ciudad Real						
Ciudad Rodrigo	200	=	450	=	=	=
Córdoba		500	1.000	=	1.015	=
Coria	444	464	=	=	=	464,1/3
Cuenca	500	=	3.000	=	=	=
Gerona	1.400	=	=	=	=	=
Granada			3.000	=	=	=
Guadix		350	500	=	=	=
Huelva						
Huesca	2.600	=	=	=	=	=

TASAS DE LOS OBISPADOS *(Continuación)*

DIÓCESIS	SIGLO XIV	SIGLO XV	SIGLO XVI	SIGLO XVII	SIGLO XVIII	SIGLO XIX
Ibiza						300
Jaca				650	=	=
Jaén	1.000	=	=	=	=	=
León	1.500	=	=	=	=	=
Lérida	1.500	=	=	=	=	=
Lugo	1.000	=	=	=	=	=
Madrid						
Málaga		650	1.000	2.500	=	=
Mallorca	1.200	=	=	=	=	=
Menorca					500	=
Mondoñedo	1.500	=	=	=	1.509	=
Orense	1.400	=	=	=	=	=
Orihuela			1.200	=	=	=
Osma	1.800	=	=	=	=	=
Oviedo	1.600	=	=	=	=	=
Palencia	2.000	=	3.000	=	=	=
Pamplona	3.500	=	=	=	=	2.500
Plasencia	500	=	1.800	=	=	=
Salamanca	600	=	=	=	=	=
San Sebastián						
Santa C. de Tenerife						500
Santander					700	=
Santiago	4.000	=	=	4.050	=	=
Segorbe	1.000	=	=	=	=	=
Segovia	1.320	1.330	=	1.335	=	=
Seo de Urgel	2.000	=	=	=	=	=
Sevilla	2.600	5.000	=	5.083,1/3	=	=
Sigüenza	2.600	=	3.000	=	=	=
Solsona			500	=	=	
Tarazona	1.000	=	=	=	1.033,1/3	=
Tarragona	3.000	=	3.110	3.000	=	2.700
Teruel			3.000	=	=	=
Toledo	8.000	=	8.013,1/3	8.000	8.013,1/3	=
Tortosa	2.660	=	=	=	=	=
Tudela					500	=
Tuy	650	=	690	=	696,2/3	696,1/3
Valencia	5.000	=	=	=	=	=
Valladolid			2.500	=	=	=
Vich	1.000	=	=	=	=	=
Vitoria						
Zamora	600	=	800	=	=	=
Zaragoza	5.000	=	=	=	=	=

TASAS DE ABADIAS O MONASTERIOS, POR DIÓCESIS
(EN FLORINES)

Albacete.
Albarracín: unido a Segorbe.
Almería.
Astorga:
  San Andrés de Espinareda, OSB — 60
  Santa María de Carracedo, OCist. — 80
  Santa María de Nogales, OCist. — 40
  Santa María de Villoria, OPraem. — 60
  San Martín de Castañeda, OCist. — 60
  San Pedro de Montes, OCist. — 60
Avila:
  Santa María de Burgohondo, CanReg. — 60
  Sancti Spiritus, OPraem. — 100
Badajoz.
Barbastro: véase Huesca y Jaca.
Barcelona:
  San Cugat del Vallés, OSB — 400
  San Llorens del Munt, OSB — 33,1/3
Burgos:
  Santo Domingo de Silos, OSB — 150

Santa María de Aguilar de Campóo, OCist. — 50
Santiago Civensis (?) — 166
Santa María de Obarenes, OSB — 68
Santa María la Real, OPraem. — 60
Santa María de Rioseco, OCist. — 33,1/3
San Pedro de Arlanza, OSB — 80
San Pedro de Cardeña, OSB — 60
San Salvador de Oña, OSB — 166,2/3
Cádiz.
Calahorra:
  San Millán de la Cogolla, OSB — 233,1/3
  Santa María de (ilegible) — 100
  Santa María de Nájera, OSB — 333,1/3
  Santa María de Valbanera, OSB — 100
  San Prudencio de Laturce, OCist. — 70
  Santa María de Herrera, OCist. — 122
Ceuta:
  San Juan de Longuares, CanReg. — 50
  Santa María de Sienes, OCist. — 40
  San Salvador de (Gansel?), OSB — 35
  San Salvador de Torre (en Portugal) OSB — 66,1/3

Canarias.	
Cartagena.	
Ciudad Rodrigo:	
Santa María de la Caridad, OPraem.	50
Córdoba.	
Coria.	
Cuenca:	
Santa María de Monsalud, OCist.	66,2/3
Gerona:	
San Feliú de Guixols, OSB	300
San Llorens de Munt, OSB	100
Santa María de Amer, OSB	250
Santa María de Rosas, OSB	365
Santa María de Vilabertrán, CanReg.	600
San Miguel de Fluviá, OSB	150
San Pedro de Besalú, OSB	200
San Pedro de Galligans, OSB	300
San Pedro de Camprodón, OSB	250
San Pedro de Roda, OSB	200
San Salvador de Breda, OSB	300
San Esteban de Bañolas, OSB	250
San Quirce de Colera, OSB	111
Granada.	
Guadix.	
Jaca (unida con Huesca y Barbastro):	
San Juan de la Peña, OSB	250
Montearagón, CanReg.	1.000
Jaén.	
León:	
Santos Facundo y Primitivo, OSB	600
San Isidoro, CanReg.	160
Santa María de Sandoval, OCist.	40
Santa María de Trianos, CanReg.	63,1/3
Santa María de la Vega, OCist.	43
San Pedro de Eslonza, OSB	100
S. Spolidii alias Ayderi (?), Can Reg.	200
Lérida:	
Santa María de Olaonis aut Laonis, OSB	50
Santa María de Escarp, OCist.	60
Santa María de la Vega, OCist.	33,1/3
Santa María Virgen de Lannayo sive de Lannay, OSB	33,1/3
San Victoriano, OSBlasii (sic)	400
Lugo:	
Santa María de Peñamayor, OCist.	33,1/3
San Julián de Samos, OSB	66,2/3
Santa María de Ferreira de Pallares, OSB	33,1/3
Santa María de Issunda, CanReg.	33,1/3
Santa María de Nájera, OCist (sic)	155
Santa María de Meira, OCist.	155
San Vicente de Monforte, OSB	83,1/3
Málaga.	
Mallorca:	
Santa María de Mallorca	268
Santa María la Real, OCist.	171,1/3
Mondoñedo:	
San Salvador de Lorenzana, OSB	80
Orense:	
San Clodio de Ribadavia, OCist.	100
Santa Cristina de Riba de Sil, OSB	33,1/3
Santa María de Montederramo, OCist.	53,1/3
Santa María de Osera, OCist.	235
San Salvador de Celanova, OSB	116
San Esteban de Riba de Sil, OSB	50
Osma:	
Santa María de la Vid, OPraem.	60
San Pedro de Gumiel, OCist.	100
Oviedo:	
San Juan de Corias, OSB	120
San Salvador de Cornellana, OSB	149
Santa María de las Dueñas, OSB	40

Santa María de Belmonte, OCist.	33,1/3
Santa María de Obona, OSB	50
Santa María de Valdedios, OCist.	33,1/3
San Pedro de Villanueva de Oscos, OCist.	120
San Vicente, OSB (después Santa María la Real)	66,2/3
Palencia:	
Santa Cruz de Ribas, OPraem.	63,1/3
Santa María de Benevívere, CanReg.	63,1/3
Santa María de Matallana, OCist.	60
Santa María de Palazuelos, OCist.	40
Santa María de Retuerta, OPraem.	150
Santa María de Valbuena, OCist.	66,2/3
San Zoilo de Carrión de los Condes, OSB	200
Santa María de Valladolid (colegiata)	250
San Pedro de la Espina, OCist.	33,1/3
Pamplona:	
San Salvador de Leire, OCist.	50
Santa María de Irache, OSB	100
Santa María de Iranzu, OCist.	60
Santa María de la Oliva, OCist.	66,2/3
Santa María de Fitero, OCist.	40
Plasencia.	
Salamanca.	
Santiago de Compostela:	
Agenogrii, sive de Acenogras, OCist.	40
Santiago de Menza sive Mensa, OSB	66,2/3
San Juan de Poyo, OSB	83,2/3
San Julián de Moraime, OSB	33,1/3
San Justo de Tojosoutos, OCist.	50
San Lorenzo de Carboeiro y San Pedro de Soandres, OSB	66,2/3
Santa María de Armenteira, OCist.	100
Santa María de Monfero, OCist.	63,2/3
Santa María de Moraime	50
Santa María de Nieto, OSB	40
Santa María de Sobrado, OCist.	140
Santa María de Acibeiro, OCist.	43,1/3
San Martín Pinario, OSB	100
San Payo de Antealtares, OSB	140
San Salvador de Bergondo, OSB	33,1/3
San Salvador de Cines, OSB	116,2/3
San Salvador de Lérez, OSB	40
Santo Tomás de Monte Agudo, OSB	35
Segorbe et Albarracín.	
Segovia:	
Santa María de la Granja, OCist.	33,1/3
Santa María de los Huertos, OPraem.	50
Santa María de Parazos (del Parral ?), alias del Pereal, CanReg.	333,1/3
Santa María de Sacramenia, OCist.	400
Santa María de Parasceves (Parraces?), CanReg. y OSH	1.000
Seo de Urgel:	
Santa María de Bellpuig de las Avellanas, OPraem.	43,1/3
Santa María de Gerri, OSB	100
Santa María de Serratex, OSB	150
Santa María de Solsona, CanReg.	150
San Pedro de Ager, CanReg.	400
San Pedro de la Portela, OSB	100
San Sadurní de Tabérnolas, OSB	50
San Vicente de Cardona, CanReg.	165
Sevilla:	
San Isidoro del Campo, OCist.	60
Sigüenza:	
Santa María de Calena, OSB	50
Santa María de Huerta, OCist.	222
Santa María de Ovila, OCist.	50
Santa María de Pulsano, OSB	70

Solsona.
Tarazona:

Santa María de Veruela, OCist.	400
Santa María de Piedra, OCist.	200

Tarragona:

Santas Creus, OCist.	1.000
Marmaselli sive Marinasselli, OCist.	1.000
Santa María de Poblet, OCist.	1.000

Toledo:

Santa María de Valdeiglesias, OCist.	50
Santa María de Vallisbone de Doce, OCist.	33,1/3
Orta de Faila, OCist.	30,1/3

Tortosa:

Santa María de Benifazá, OCist.	210

Tudela.
Tuy:

Santa María de Fiaes, OCist.	40
Santa María de Frenos sive Frenes, OCist.	40
Santa María de Pavença, OCist.	33,1/3
Santa María de Melón, OCist.	80
Santa María de Hoya, OCist.	100
San Salvador de Torres, OSB	50
San Félix de Fenestris, OSB	40

Valencia:

San Benito, OCist.	212
San Bernardo, OCist.	212
San Miguel, OSH	212

Vich:

San Benito de Bages, OSB	500
Santa Cecilia de Montserrat, OSB	140
San Juan de las Abadesas, CanReg.	270
Santa María de Montserrat, OSB	1.000
Santa María de Ripoll, OSB	600
Santa María de Estany, CanReg.	250

Zamora:

Santa María de Moreruela, OCist.	60
Santa María de Valparaíso, OCist.	60

Zaragoza:

Santa Fe, OCist.	244
Santa María de Areri, OCist.	66,2/3
Santa María de Rueda, OCist.	400

BIBL.: H. HOBERG, *Taxae pro communibus servitiis, ex libris obligationum, ab anno 1195 usque ad annum 1455 confectis*, Città del Vaticano 1949; *Hierarchia Catholica*, 7 vols., Monasterii-Patavii 1935-1968; *Liber Taxarum ecclesiarum et monasteriorum consistorialium:* Arch. Segr. Vaticano, Misc. Arm. XIII, vol. 51.   Q. ALDEA

TASI MASFERRER, Antonio, SchP (Barcelona 2-XII-1873 † Moyá [Barcelona] 16-I-1954) director espiritual. Profesó el 16-VIII-1891. Ordenóse sacerdote (19-XII-1896). Sacó el título de maestro nacional (1903). Fue maestro de novicios de las Escuelas Pías de Cataluña durante cuarenta y cuatro años consecutivos (1903-1947). Creó en Moyá un importante Museo Calasancio, quemado por los rojos en 1936. Fama de santidad.
OBRAS: Numerosos artículos en la revista Ave María, de Barcelona; otros en la revista El Mensajero Católico.
BIBL.: J. SOLÉ, *Francesc Sagrera, un precursor dels nous temps*, Ba. 1967; O76, 1(1955)8-13.   C. VILÁ

TAUSTE, Francisco de, OFMCap (Tauste [Zaragoza] 1626 † Santa María de los Angeles [Venezuela] 11-IV-1685) misionero y catequista. Llegó a la misión de Cumaná (Venezuela) en 1657. En 1661 tuvo que volver a España a informar al Consejo y defender la misión contra los ataques de que era objeto. Regresó en 1663. Trabajó con gran éxito en las reducciones de los indios chaimas durante cuarenta años.
OBRAS: Hacia 1679 vino nuevamente a España para imprimir su *Arte y Vocabulario de la lengua de los indios Chaymas... con la Doctrina Christiana y Catecismo en la dicha lengua*, Ma. 1680. Por su importancia lingüística tuvo una nueva edición en Leipzig 1888. El P. Tauste murió envenenado por los indios en la reducción de Santa María de los Angeles el año 1685. Dejó manuscrita una *Relación de la misión de Cumaná*, que luego se publicó.
BIBL.: N12, III, 719, 727; A13, III, 245; R. STREIT, *Bibliotheca Missionum*, II, 726; N14, 310-325; R94, 2 (1945)545-547; B. DE CARROCERA, *Los primeros historiadores de las misiones capuchinas en Venezuela*, Caracas 1964, 165-254.   L. DE ASPURZ

TAVERA o PARDO DE TAVERA, Juan, (Toro [Zamora] 16-V-1472 † Valladolid 1-VIII-1545) cardenal arzobispo de Toledo. Estudió con el maestro Gumiel en Salamanca, donde consiguió la licenciatura en Decretos en 1505, siendo rector de la Universidad. Inició pronto la carrera de honores eclesiásticos y civiles, merced a la protección de su tío fray Diego de Deza, arzobispo de Sevilla, quien lo nombró canónigo (1505) y luego chantre (1506) de la catedral hispalense, oidor del Consejo Supremo de la Inquisición (1506), provisor y vicario general de la archidiócesis (1507). Posteriormente fue visitador real de la Chancillería de Valladolid (1513-1514). Siendo aún subdiácono fue nombrado obispo de Ciudad Rodrigo (14-VII-1514 a 1523), de donde fue trasladado a la diócesis de Osma (31-XII-1523 a 1524), ocupando sucesivamente las sedes metropolitanas de Santiago de Compostela (8-VI-1524-1534) y de Toledo (27-IV-1534-1545).
Por inclinación personal era más bien un obispo áulico. Pero también es verdad que los hábitos políticos de la época y las exigencias de Carlos V le impusieron graves deberes con respecto al gobierno del reino, por lo que no tuvo tiempo de atender pastoralmente a sus diócesis, implicado como estuvo casi siempre en los asuntos temporales. Apenas residió en Compostela y poco en Toledo. Ya en 1523 se hizo cargo de la presidencia de la Real Chancillería de Valladolid y un año después el Emperador lo nombró presidente del Consejo Real, función que desempeñó durante quince años. Presidió las Cortes de Toledo (1525), Valladolid (1527), Segovia (1532) y Madrid (1534). Durante las numerosas y largas ausencias de Carlos V, a quien era muy afecto, hubo de intervenir activamente en los negocios políticos. Fue gobernador de Castilla de 1539 a 1541.
Siendo arzobispo de Santiago fue creado cardenal (22-II-1531) por Clemente VII con el título de San Juan *ante Portam Latinam*. Celebró un sínodo en Toledo en 1536, cuyas Constituciones están impresas. Nombró para el Adelantamiento de Cazorla, perteneciente a la dignidad arzobispal, a D. Diego de los Cobos, marqués de Camarasa, lo cual dio origen a un larguísimo y costosísimo pleito, que duró hasta principios del siglo XVII. En su tiempo se trasladó la Capilla de Reyes Nuevos al lugar que ahora ocupa, demoliendo la anterior, que estorbaba. A él se deben, entre otras obras de la catedral, la construcción y adorno de la capilla de San Juan Bautista debajo de la torre, en que trabajó el arquitecto Covarrubias. En la ciudad edificó el Hospital de Afuera o Tavera o de San Juan Bautista, comenzado en 1541, al que dejó por heredero universal en su testamento. Allí está enterrado bajo la cúpula de la Iglesia en un magnífico sepulcro labrado por Alonso de Berruguete.
BIBL.: B. ORTIZ, *Itinerarium Adriani VI P. M. ab Hispania*, To. 1548; P. SALAZAR DE MENDOZA, *Crónica de don Juan Tavera, Arçobispo de Toledo*, To. 1603; A. LÓPEZ FERREIRO, *Historia de la Santa A. M. Iglesia de Santiago de Compostela*, VIII, Sant. 1906, 83-94.   R. GONZÁLVEZ

TAVIRA Y ALMAZAN, Antonio, (Iznatoraf [Jaén] 30-IX-1737 † Salamanca 7-I-1807) obispo. Hijo de Andrés Vicente Tavira y de Agueda Muñoz Almazán. Fue muy aficionado a los clásicos desde su juventud, pues, como nos dice uno de sus biógrafos, «...con las Geórgicas de Virgilio en la mano, injertaban padre e hijo los árboles de sus huertas». Los años 1752-1760 los pasó en el Seminario de San Fulgencio, de Murcia. Marcha a Baeza y recibe el grado de bachiller en Artes y Filosofía en aquella Universidad el 3-IX-1761 y, el 10 del mismo mes y año, el de bachiller en Teología. En este mismo año se hicieron las pruebas para su ingreso como caballero de la Orden de Santiago (AHN, Ordenes Militares, exp. 10818).

En los primeros meses de 1763 viene a Salamanca e ingresa en el Colegio Militar del Rey. Se licencia en aquella Universidad en la Facultad de Teología el 5-VI-1767, y recibe el doctorado el 21-XII-1764. Estudia también griego, árabe, hebreo, siríaco y caldeo. Es nombrado profesor de Retórica en 1768, y explica una cátedra cursatoria de Artes. Nombrado catedrático de Víspera en 1771, no llegó a desempeñarla.

Los años de su estancia en la Universidad de Salamanca fueron muy importantes para su formación, en la que influyeron, de una forma decisiva, unos cuantos amigos de valor extraordinario, como el P. Bernardo Agustín de Zamora, carmelita y profesor de la Universidad, con quien Tavira trabajó para modernizar los estudios filosóficos; don Felipe Bertrán, obispo de Salamanca, Francisco Pérez Bayer, alma de la reforma de los colegios universitarios, el P. Vázquez, José Climent, obispo de Barcelona, Juan Pablo Forner y Juan Meléndez Valdés. Varios de ellos estaban influenciados por las tendencias jansenistas. El 27-X-1772 es nombrado capellán de honor de S. M., y pocos días después predicador de la Casa real de Castilla. En 1773 es nombrado supernumerario de la Real Academia de la Lengua, y el 21-XI-1773 es elegido académico numerario. Fue un orador de cualidades extraordinarias. La «Gaceta de Madrid» de 20-II-1807 dice que «es el perfecto orador cristiano, comparable a los más célebres de la antigüedad eclesiástica»; y Jovellanos decía de él, que era «nuestro Bossuet». Consta que todos los años predicaba la cuaresma a los reyes, y Carlos III le propuso la publicación de sus sermones, pero Tavira no aceptó. Durante el trienio de 1788-1781 ejerció el cargo de prior del convento real de Uclés. Nombrado obispo de Canarias por bula de 11-IV-1791, visitó todos los pueblos de las Islas, reformó el Seminario, fundó su biblioteca, y se preocupó de la formación del clero. Algunos de sus colaboradores, entre otros Antonio María de Lugo, a quien nombró rector del Seminario, no estuvieron libres de las ideas jansenistas. El 30-VIII-1796 toma posesión del obispado de Burgo de Osma. En las actas capitulares se encuentran muchas cartas de Tavira referentes al gobierno de la diócesis.

Para su biografía es importante el *Informe... sobre agravio a la jurisdicción ordinaria de Granada por el Tribunal de la Inquisición*, que envió a Jovellanos el 2-III-1798 (ms. 20.168, fol. 182-217, de la BN Madrid), y que fue motivado por haber mandado cerrar el inquisidor un confesonario del convento de las religiosas de San Pablo, de Granada, sometido a la jurisdicción del arzobispo. En este documento Tavira denunciaba los abusos cometidos por la Inquisición al entrometerse en la jurisdicción episcopal, y exponía la necesidad de delimitar los poderes del Santo Oficio.

Este documento tiene especial importancia en la vida de Tavira, no obstante la nimiedad del asunto, porque: a) Carlos IV, movido por este *Informe*, encargó a Jovellanos que escribiera la «*Exposición al rey sobre lo que era el Tribunal del Santo Oficio*» (BAE, 87, 333-334), que está basada en el *Informe* de Tavira; b) sirvió para estrechar los lazos de amistad entre éste y Jovellanos, amistad que ocasionó el traslado de Tavira a Salamanca, y c) porque esta *Exposición* fue una de las causas de la caída de Jovellanos como ministro de Justicia.

Queda vacante la diócesis de Salamanca, de la que se posesiona Tavira en octubre de 1798. Cuando Jovellanos le comunica el nombramiento, le dice: «que había necesidad de mejorar los estudios de Salamanca, y que va a esta diócesis para que pueda más fácilmente desempeñar las órdenes que recibirá en asunto de tanta importancia» (A. Muriel, *Historia de Carlos IV*, 61). Tavira no pudo hacer nada por la Universidad, porque a los tres meses de tomar posesión de la nueva diócesis, Jovellanos, como hemos dicho, dejó de ser ministro.

Estando ya Tavira en Salamanca, otro asunto, el de las dispensas matrimoniales, le proporcionó muy serios disgustos, que debieron influir en su carácter por las proporciones que tomó este incidente.

El ministro Urquijo, el 5-IX-1799, somete a la aprobación de Carlos IV un decreto disponiendo «...que los arzobispos y obispos usen de toda la plenitud de sus facultades, conforme a la antigua disciplina de la Iglesia, para las dispensas matrimoniales, y demás que les competen...».

Muchos obispos no dieron contestación al decreto, creyendo que iba contra las prerrogativas de la Santa Sede, otros dieron contestaciones ambiguas. La del obispo Tavira, en cambio, fue tajante, pues publicó un edicto en el que decía que haría uso de dispensar los impedimentos matrimoniales, 14-IX-1799 (Llorente, *Colección diplomática*, 73-75). Este edicto causó enorme impresión en España y Francia, y fue denunciado a la Inquisición. El asunto se agravó porque, al subir Pío VII al pontificado, en bula de 3-X-1800, sin condenar la decisión de Carlos IV en su decreto de 5-IX-1799 sobre las dispensas matrimoniales, se queja de que ciertos obispos habían concedido las dispensas y que, además, en el púlpito habían predicado contra la Curia. Decía también que las dispensas concedidas tenían que ser confirmadas en los casos más graves, que algunos prelados tenían que hacer demostración de su ortodoxia en la fe, y se hacían severas censuras contra aquellos que, bajo pretexto de erudición e ilustración, aprobaban nuevas doctrinas.

Parece que en esta bula se hacía un retrato de la actitud del obispo Tavira, y lo cierto fue que se le incoó expediente ante el Santo Oficio, aunque llegó a archivarse por no encontrar en sus escritos ninguna proposición que mereciera ser calificada de herética.

Siendo obispo de Salamanca se le encarga la reunión de los diversos hospitales de la ciudad. y redacta las *Constituciones del hospital general de la Santísima Trinidad y sus agregados de la ciudad de Salamanca*, que fue aprobado por S. M. el 23-I-1807, y que fue impreso en Salamanca.

En las actas capitulares que se conservan en el archivo de la catedral, se guardan cartas y actuaciones de este prelado sobre reforma del plan beneficial, reforma del método en los concursos de las parroquias, sobre cabildo de la Real Capilla de San Marcos.

Un retrato al óleo suyo se conserva en la sala de investigadores del archivo catedralicio de Salamanca.

Dos acusaciones se han lanzado contra el obispo don Antonio Tavira: la de ser jansenista y la de ser afrancesado. De todo lo dicho se desprende que ciertas actitudes adoptadas por él merecieron el aplauso de los simpatizantes del jansenismo; y es cierto que sus tertulias de Salamanca estaban integradas por esos mismos simpatizantes del jansenismo, y que muchos de sus amigos, muy influyentes, eran jansenistas declarados. Que él no lo fue, lo demuestra el hecho de que la Inquisición suspendiera el proceso contra él, según hemos dicho anteriormente.

Algo parecido podríamos decir respecto a la acusación de afrancesado. Es verdad que en carta del 11-V-1801, Tavira se preocupó personalmente de buscar alojamiento para algunos generales del ejército francés y que en una pastoral de 1801, con ocasión de una reyerta entre un soldado español y otro francés en la Plaza del Corrillo, seguida de un gran tumulto, recomienda a los salmantinos que traten cortés y cristianamente a los soldados franceses. Es cierto, además, que el obispo Tavira, que dominaba el francés y que era buen conocedor de la historia y literatura francesas, tenía sus tertulias con los generales franceses, a quienes convidaba a comer en su palacio, como nos dice el general Thiebault en sus *Memorias*... Si todo esto no podía ser muy bien visto por el pueblo, tampoco son argumentos definitivos para acusarle de afrancesado, sino más bien que fue simpatizante de lo francés. Y no olvidemos que el obispo Tavira murió el 7-I-1807, más de un año antes de nuestro famoso dos de Mayo.

OBRAS: El obispo Tavira no fue amigo de publicar sus escritos. Muchas de sus cartas y pastorales se encuentran en los archivos de las catedrales de Canarias, Burgo de Osma y Salamanca; algunas de ellas se imprimieron.

BIBL.: J. Saugnieux, *Un prélat eclairé: Don Antonio Tavira y Almazán (1737-1807)*, Université de Toulouse 1970; J. Saugnieux et G. Demerson, *Sur le coryphée, du Jansenisme «Don Antonio Tavira y Almazán»*: R28', 70(1968)159-178; A. Muriel, *Historia de Carlos IV*: BAE 64 y 65; E. Appolis, *Les jansenistes espagnols*, Bordeaux 1966; J. A. Vicente Bajo, *Episcopologio Salmantino*, Sa. 1901.　　　　　　F. Marcos

TAXAQUET, Miguel Tomás, (Mallorca † 9-VII-1578) obispo y canonista. Estudió ambos Derechos en Lérida y Bolonia. En esta última ciudad oyó al famoso maestro Mario Socino, cuya memoria evoca en la obra que citamos más abajo en quinto lugar. En su calidad de canonista, asistió al concilio de Trento. Tuvo una parte muy importante en sugerir a Gregorio XIII la idea de la *editio romana* del *Corpus Iuris Canonici* y en la realización de este proyecto. Formó parte de la comisión nombrada para este efecto (véase el artículo Derecho Canónico). También aparece como miembro de la sagrada Penitenciaría. Finalmente, fue preconizado obispo de Lérida el 8-XI-1577, sucediendo a su ilustre contemporáneo y amigo Antonio Agustín.

OBRAS: *Lactantii Firmiani opera*, Amb. 1570; *Disputationes quaedam ecclesiasticae: Brevis christianae ac catholicae fidei defensio et Iudaeorum, Mahumetanorum ac haereticorum oppugnatio; De ratione habendi concilia provincialia ac dioecesana ac de hiis quae in ipsis praecipue sunt tractanda; cui adiungitur Isidori ordo de celebrando concilio; De variis collegiis ad utilitatem publicam constituendis*, Ro. 1565; *De tota iuris civilis ratione*, Ro. 1565; *De iuris civilis discendi via et modo*, Ro. 1565; *Expositio Bullae quae in die Cenae Domini legi solet; Casus in iure reservatis Romano Pontifici et episcopis et similia; De universali episcopatu et reservationibus ac de annatis disputationes; Explanationes 1.1 de iustitia et iure et 1. Diem functo de officio assessoris in Digestis; Topicorum M. T. Ciceronis explanatio, cum praefatione de usu inventionis; Ioannae Calefatae Maioricensis vita, et quaedam notata de quibusdam sui saeculi foeminis pie viventibus*. Salvo la primera, cuarta, quinta y sexta, las demás obras permanecen ms.

BIBL.: A. Agustín, *De emendatione Gratiani dialogorum libri duo*, Par. 1672, 26-66-238; A1, II, 147-48; A. Theiner, *Disquisitiones criticae in praecipuas canonum et decretalium collectiones seu Sylloges Gallandianae dissertationum et vetustis canonum collectionibus continuatio*, Ro. 1836, appendix prima, 3 ss; A37, III, 731; E. Friedberg, *Corpus Iuris Canonici*, I, Leipzig 1879, Graz 1955, LXXVI-LXXXVIII; J. Beneyto Pérez, *Indice y balance del decretismo español*: Studia Gratiana, 2(1954)557; B. Font, *Contribución a la biografía de los obispos Francisco y Miguel Thomas de Taxaquet*: R61, 79(1963)216-223.
　　　　　　A. García y García

TEATINAS DE LA INMACULADA CONCEPCION. Congregación fundada en Nápoles con aprobación de la Santa Sede de 23-I-1623, por la venerable madre Ursula Benicasa. El fin específico es la enseñanza y la asistencia a los enfermos. El 7-X-1948 se unió a ellas la Congregación de Hijas de Nuestra Señora de la Providencia, fundada en Felanitx (Mallorca) el 27-XII-1891 por sor María de la Providencia Escalas. Tienen 14 casas en España.　　　　　　D. Marrero

TEATINOS (Clérigos Regulares, CR). La primera Orden de Clérigos Regulares, fundada el 14-IX-1524 en la basílica vaticana por san Cayetano de Thiene, el arzobispo Juan Pedro Carafa (más tarde Paulo IV), Bonifacio dei Colli y Pablo Consiglieri, rehuyó durante casi un siglo la fundación de casas fuera de Italia. España fue la primera que logró una fundación teatina extraitaliana.

En 1622 llegaba a España el napolitano padre Plácido Frangipane-Mirto (siempre conocido aquí como padre Mirto), en calidad de confesor y teólogo del plenipotenciario del rey de Polonia, Adán Makowski. Le acompañaba el padre Crescencio Vivo, también napolitano.

Excelente orador y buen teólogo, el padre Mirto se hizo estimar del rey Felipe IV, quien lo nombró su predicador. Gracias a él, los teatinos llegaron a establecerse en la iglesia del hospital de los italianos de Madrid en 1629, y a él se debe la fundación del convento de Nuestra Señora del Favor, en la misma ciudad, con la iglesia que será, más adelante, la parroquia de San Cayetano y San Millán, en la calle de Embajadores, desde la que irradió la devoción a san Cayetano, todavía hoy viva en la Villa y Corte.

El mismo padre Mirto, ayudado por el padre De Bellis, inició en 1630 la fundación de la casa de Santa Isabel, de Zaragoza. En 1632 abrió la casa e iglesia de Barcelona, dedicada a la Expectación de Nuestra Señora y San Matías, situada en la plaza de Santa Ana, y establecía, el mismo año, el colegio de Alcalá de Henares.

El venerable padre Jerónimo de Abarrátegui y Figueroa fundó, en 1683, el colegio de Salamanca, que fue destruido por los franceses en la Guerra de la Independencia; y el 24-XI-1721 el padre José Guío abría una casa en Palma de Mallorca.

En los siglos XVII y XVIII la Orden se distinguió en España por el esplendor de la liturgia desplegado en sus iglesias monumentales y por la santidad y el saber de sus hombres. La casa de Austria fue muy afecta a los teatinos y especialmente devota de san Cayetano.

Dispersada y extenuada la Orden a causa de las guerras napoleónicas y la desamortización, fue España la que ofreció a san Pío X los hombres que dieron nuevo vigor y empuje a la obra de san Cayetano.

Actualmente los teatinos poseen casas en Madrid, Barcelona, Salamanca, Palma de Mallorca y Navarra. Estas casas han abastecido de padres las fundaciones de Estados Unidos, Méjico y Argentina, y tienen a su cargo las misiones de Burundi (antiguo Congo Belga), en Africa Central.

La rama femenina — teatinas de la Inmaculada — posee en España multitud de casas, en las que las Hermanas (fundadas en Italia por la venerable Ursula Benincasa) se dedican a todas las formas del apostolado según el espíritu de la regla teatina.

BIBL.: D3, 59, 1149; F. Andreu-Maimó, *Los teatinos en Mallorca*: R63', 1(1945)18-47; J. Prohens, *Los teatinos en Mallorca*: R63', 4(1948)121-171; G. Llompart, *La estatua de san Cayetano del Museo de Arte de Cataluña*: R63', 7(1951)90-93; J. Silos, *Historiarum Clericorum Regularium libri*, Ro.-Palermo 1650-1666, III, 228, 301, 338, 476 (para Madrid), 67-69, 142 (para Zaragoza), y 70 (Barcelona, Salamanca y Alcalá); F. X. de Garma y Salcedo, *Theatro universal de España*, II, Ma. 1738, 403-408; P. A. Rullán, *Semblanza de la Orden de Clérigos Regulares*, Palm. 1945, 27-28; A. Veny-Ballester,

San Cayetano de Thiene, Patriarca de los Clérigos Regulares,
Ba. 1950, 705-706; F. ANDREU, *I Teatini*, Ro. 1956, 589.
A. OLIVER

TEATRO RELIGIOSO. Decía Boileau que el misterio de fe resulta «demasiado augusto para ser representado en la obra de arte». Para nosotros, el misterio lo constituye el hábito sobrenatural que alimentó el alma española y consiguientemente un arte. No es objeto de nuestro intento este hecho, pero sí señalar esta dimensión de nuestro teatro como consecuencia de un origen social, que como la más sacramental de las manifestaciones artísticas encarnó la vida de un pueblo radicalmente religioso. Ya es tópico decir que el espectador español hasta la crisis del XVIII fue el participante y protagonista que sentía correr su vida sobre las tablas. También los críticos suelen subrayar la preponderancia que en la literatura española tiene lo comunicado sobre lo leído. De ahí, la profusión del romance y el teatro sobre la novela. Se comprende la preocupación del teatro: que los Autos Sacramentales fuesen actos cultuales, que los dramas religiosos, comedias y aun los dramas trágicos fuesen «cantos de fiesta y alegría y cuadros de júbilo para la liberación» (Vossler).

El personaje del patio de butaca se sentía igualmente liberado con el mártir que con el mítico converso, con el hacedor de justicia, que con el gracioso de sentido realista, porque el teatro, del mismo modo que otras manifestaciones hispánicas, ancló sus candilejas en la zona infinita de lo ideal, punto típico en las culturas de término como la nuestra. Este sentido de comunión social elimina toda problemática individual que caiga al margen del ser común; esto es, el «honor»: nuestro teatro resulta así más nacional que universal. Son fuerzas vivas tan determinadas las que se agitan en la escena y sobre todo tan personalizadas que adquieren un sabor localista y de agudo fervor personal. Se explica también que se desconozca la tragedia de lo impersonal aplastante, a lo más, en los dramas trágicos; se diluyen las responsabilidades, en que los hechos, salvando la libertad humana, son fruto de una responsabilidad compartida más allá de los horizontes personales. «Triste ironía de la vida en la que cada uno debe desarrollar su individualidad en un mundo en el que lo individual en cuanto puramente individual no puede subsistir» (Parker). Pero esta tragedia no pasa de lo anecdótico del momento fugaz salvado y recogido por un providencialismo trascendente. El español, como hombre de término carece de zonas templadas; se anticipa en el espacio infinito de lo eterno; lo sobrenatural más que prolongación es punto de partida; la realidad cambia de perspectiva y todo un mundo fantástico a lo Greco envuelve una sociedad intangible para un espíritu positivista.

Como perfecta encarnación de la vida de un pueblo, el arte español no es academicista ni hecho para el museo, y su teatro respiró el aire libre hasta que pasó al salón, donde se asfixió. Con el nuevo romanticismo decimonónico renació un teatro popular de jadeante permanencia. Más tarde solo Lorca, Casona y Pemán se tomaron en serio la realidad popular del teatro español.

El teatro medieval: no presenta diferencias especiales respecto al resto de Europa. Los motivos litúrgicos llegaron a formas escénicas a base sobre todo de responsorios dialogados, introitos, etc... en las celebraciones de carácter dramático más apto, como Navidad y la Pasión. Sobre la escenificación y la música recayeron en un principio los caracteres teatrales de estos misterios, siendo muy débil su contenido medular verbal, razón que apunta M. Pelayo para justificar la pobreza de piezas conservadas.

Alfonso X habla en las Partidas (P. I, VI, XXXIV)

de dos tipos de teatro: el sacro «para orar et non facer escarnios» en el que pueden intervenir los clérigos, y uno profano en el que no pueden actuar «porque facen muchas villanías o desaposturas». El Códice Gerundense de 1380 habla de representaciones en la catedral de Gerona. *El Misterio de Elche* puede ser un ejemplo de ellas. Anterior al siglo XV sólo se conserva una pieza castellana: El *Auto de los Reyes Magos* (XII-XIII) que por lo logrado dentro de su rudeza, acusa ya piezas anteriores.

En el siglo XV aparece el Grupo de escarnios que, sin abandonar un motivo sacro, resultan ya muy profanizadas. Así, *El Bistebó* en Cataluña y la *Fiesta del Obispillo* en Sevilla.

Hay que destacar a mediados del siglo XV también los autos de **Gómez Manrique**: *Representación del Nacimiento de Nuestro Señor* y *Lamentaciones fechas para Semana Santa.*

De principios del siglo XV se conserva en El Escorial una *Danza de la Muerte* tan europea y ya con motivos muy hispánicos como el rabí y el alfaquí que invocan a Elohim y Alá. Luego, la *Colección de autos, farsas y coloquios del siglo XVI* (Biblioteca Nacional) que contiene 96 piezas, tres de ellas en prosa. Suelen dividirse en historiales y alegóricos. Estos últimos ya prefiguran el auto sacramental. Todos ellos se desarrollan en un tipismo medieval, pero con acentos nuevos muy castizos; así, los apóstoles «torean» al demonio, se encuentran gitanos en Egipto y se vislumbran los «pasos» de la pasión. Las farsas sacramentales inician también los grandes temas de los autos calderonianos: Pecado-Redención-Eucaristía.

El Renacimiento español, fuera de algún intento de imitación clasicista, sobre todo en las tragedias que resultaron muy poco felices, sigue rumbos marcadamente nacionales.

El problema religioso en las piezas profanas estaba en la difícil conjunción de un cristianismo más o menos medieval y una marea paganizante cada vez más extendida. Es muy significativo en este aspecto **Juan de la Encina**; en sus autos el villancico cobra especial relieve dramático. En los mismos autos **Gil Vicente** introduce la mitología pagana como elemento narrativo en que la simbología cobra ya especial relieve, por ejemplo en *Moralidade dos Cuatro tempos.*

Lucas Fernández en un *Auto de la Pasión* reviste la escena del patetismo de la imaginería castellana.

Todos estos primitivos con **Torres Naharro**, el teórico de la mera escena, no logran más que refrescar la tradición medieval con aires nuevos. Será **Juan de la Cueva** el verdadero padre del teatro nacional aunque extrañamente no se encuentre el tema religioso en su obra.

Los grandes nombres del teatro del Siglo de Oro, tan numerosos, no han de impedirnos citar siquiera otros muchos autores dramáticos en los que, por la mayor parte, concurre la circunstancia personal de que fueron clérigos. Así, en el siglo XVI, Díaz Tanco de Fregenal, Hurtado de Toledo, Francisco Tárrega, fray Jerónimo Bermúdez (dominico), Luis de Miranda, Suárez de Robles.

Además, tanto Navarro como Rojas *(Viaje entretenido)* citan con el título de Licenciados (entonces equivalente a sacerdote por lo que he podido deducir de multitud de ejemplos) a Cepeda, Martín Chacón (familiar del Santo Oficio), Pedro Díaz, Juan de Grajales, Lucas Justiniano, Juan de Ochoa, el doctor Vaca (fines del siglo XVI, comienzos del XVII).

Aquí cabe hacer mención del teatro universitario, aunque por regla general estaba escrito en latín por su carácter de ejercicio escolar a imitación de Plauto y Terencio. Derivado de él, florece en la segunda mitad del siglo XVI el teatro jesuítico, en latín (Acebedo, Acosta, Garcés, López, Méndez, Venegas) y en romance (Cabredo, Cirigondo), comúnmente de tema bíblico.

Lope de Vega. Es «la organización poética más admirable que en el mundo ha existido» (Grillparzer). Si la obra de Calderón es la escenificación de un cerebro de fantasía ilimitada, la de Lope es la proyección de una vida del pueblo, con mentalidad del hombre de la calle, arrebatada por insuperables vuelos poéticos. Es más popular que aristocrático, vividor de la plaza y desconocedor de la artesanía de laboratorio. Alimentado por la religiosidad de una moza de cántaro refleja la fresca sensación de una vida intuitivamente sentida. Es flexible, espontáneo, radical como el que lo vive todo con un gran entusiasmo por lo definitivo. Su problemática es más estética que moral, más vitalista que filosófica; prosiguiendo sus diferencias con Calderón, es más sentimental que cerebral, más lírico que pensador, de un tacto abierto a toda la dimensión humana sin olvidar su estrecha vinculación a la sociedad tan determinada de su tiempo.

Sus caídas y misticismos son exaltados y un equilibrio humano-divino resulta a veces antitético, v. gr., la ciencia estorba en la búsqueda religiosa. Lope es el calor de la vida hecho poesía. En definitiva «se podría decir que niega todo lo exclusivo y excluye todo lo realmente negativo pues va directamente a apoderarse de la vida de una manera total» (Vossler).

Los autos sacramentales de Lope acusan un carácter histórico muy acentuado, gran belleza escénica, juegos sicológicos marcadamente líricos pero todavía carentes de simbolismo y grandezas ideológicas. Resultan agradables por su forma lograda, por la amable unión de lo humano y divino aunque les falte garra teológica. Como en Valdivielso, se alimentan de su propia poesía. El drama religioso no es el fuerte de Lope. Abusa con ingenuidad de la comedia de santos. Sólo un genio poético puede salvar la monotonía del bandolero converso, de la adúltera arrepentida, del ermitaño desengañado... *La fianza satisfecha*, prefreudiana según Valbuena Prat, es más original en este género.

Resultan más frescas sus comedias bíblicas. La técnica lopesca, de carácter novelesco, rompe con todas las unidades, para proyectar teatralmente una vida lineal con todas sus peripecias, desde el principio hasta el fin, sobre todo en las vidas de santos. Diríamos que en Lope destaca más la religiosidad de su teatro que su teatro religioso.

Su coetáneo, Josef de Valdivielso, se asemeja a Lope en lo popular de sus autos, en los que «interesa más el tono de piedad sencilla y tierna que el aparato dogmático y alegórico» (Valbuena). Sin embargo, con Valdivielso la alegoría experimenta un positivo avance, que se agudiza en **Mira de Amescua**, figura destacada en el llamado ciclo lopista. Amescua introduce los llamados Autos de circunstancias, motivados por algún suceso especial: bodas de príncipes, canonización de santos, etc., etc. Está más cerca de Calderón que de Lope. Pero lo sobresaliente de Amescua es su drama teológico *El esclavo del demonio* que con *El condenado por desconfiado*, de Tirso, son lo mejor del género. Es un precedente en el tema, aunque superior en la realización, del *Mágico prodigioso*, de Calderón. El tema es el tan traído pacto con el diablo dentro de una prolijidad dramática y recursos escénicos de mayor envergadura que los demás ensayos. El libre albedrío, a pesar de la atmósfera fatalista de los primeros actos, queda marcadamente claro al final. También sigue a Lope en el balbuceo y radicalidad religiosas; así la ciencia resulta una tentación diabólica.

El tema de la Fortuna bifronte, con el tan español del Desengaño, y el cristiano de la Providencia —que nutre sus raíces en Boecio y en la lírica del xv— alcanza en la edad de oro frecuente escenificación, en las comedias tituladas: *Próspera y adversa fortuna de don Alvaro de Luna*, de Mira de Amescua (antes atribuida a Tirso); *de Ruy López de Avalos*, de Salucio del Poyo; *del Caballero del Espíritu Santo*, de Juan Grajal; *de Don Duarte Pacheco*, de Jacinto Cordeiro; y llega a su perfecta cristianización, luego con Calderón, en el auto, *No hay más fortuna que Dios*.

Tirso de Molina, el mercedario enigmático, rompiendo el cerco estructural de su tiempo, se asoma al alma humana con un tacto candente y de rasgos universales. Su obra no es la genial trabazón de una concepción calderoniana ni un chaparrón poético a lo Lope; es más bien un impresionante desfile de la comedia humana desnuda y sin etiquetas, sin dejar por eso de moverse en una arena determinada.

Prescindiendo de la discutida hipótesis de años turbulentos y consiguiente conversión, tuvo tiempo de contemplar desde su celda y en el confesonario la agitada vida de los hombres en la lucha diaria del cielo y la tierra, acumulando sobre todo conocimientos de sicología femenina.

Su agustinismo es patente: es obra de salvados y condenados de extremos incendiados. La gracia no frustra, se acomoda, «bandolero lo dejó pero bandolero santo». También hay que salvar ese «hilo delgado y poco estudiado hasta ahora de platonismo auténtico» (Vossler) con que enhebra sus personajes, que se elevan platónicamente del amor sensual al más encendido espiritual; como si de la represión o limitada vivencia terrenal saltase insaciable brotase la espiritualidad fecunda hasta la exaltación mística. Tirso es un gran precursor de Claudel.

La condenación y la muerte son fruto de la autosuficiencia, del cerrarse a esta prolongación del hombre a la gracia. Paulo y Don Juan son hombres atenazados por el cerco estrecho de sí mismos hasta el final. Tirso no se dejó arrebatar por los cambios bruscos y facilones, conocía muy bien al hombre que también se prolonga muchas veces hacia el nihilismo del burlador. Pero Tirso conocía toda la actitud positiva y creadora del hombre; Enrico en *El condenado por desconfiado*, sabe labrarse con la gracia su propia salvación; por eso opta por la tesis molinista.

Como antes hicimos con respecto a los autores de segunda o tercera fila del siglo XVI, citemos aquí, antes de entrar en Calderón, otra pléyade de autores, que, juntamente con los temas profanos, cultivan —más o menos— los religiosos, en especial las comedias de vidas de Santos: Pérez de Montalbán, Vélez de Guevara, Belmonte, Guillén de Castro, Monroy, Enríquez Gómez, Sánchez Requejo, Godínez, Jiménez Enciso, Cubillo de Aragón, Maluenda, Coello, Manuel Antonio de Vargas, fray Alonso Remón.

Calderón de la Barca. El teatro de Calderón es la escenificación conceptualizada de la vida de la sociedad de su tiempo. Sin dejar de ser popular resulta, muy de escuela, cerebralizado y carece de la frescura del contacto lopesco. Prescindiendo de la expresión y el hecho minucioso, se eleva a lo sustancial religando lo fugitivo y accidental a las categorías de género teatral. Sus piezas suelen ser bloques ideológicos, sus personajes, actitudes o ideas encauzadas; más que dialogar, razonan y demuestran. Es lógico entonces que el yo intransferible se disuelva en el principio abstracto, que la actitud convencida amordace muchos de sus personajes, que la espontaneidad y la evolución natural de la personalidad salten ante los bruscos artificios y convencionales cambios a que se ven sometidos. Sin embargo, cuando acierta en la encarnación de sus principios en la personalización de sus actitudes o ideas, logra piezas cumbres. Respondiéndole la caracterización y la vibración dramática, la claridad de su visión humano-divina es arrolladora, la duda sólo es recurso o medio de desprendimiento de la realidad ficticia; la diferenciación es transitoria y los condenados desaparecen; todo muy explicable en un espíritu y sociedad arrebatados por lo sublime.

Calderón se nutre de los viveros senequistas y escolásticos: sentido negativo de la vida, preparación para la definitiva, que se apoya en el grandioso andamiaje del tomismo suareciano. Una vez que el hombre está enraizado en lo interno se basta a sí mismo y la vigilia y el sueño son lo mismo en el caminar hacia la otra ribera con el parapeto de las obras buenas. Pero el camino que paradójicamente le tocó recorrer al senequista Calderón, fue el barroco de la contrarreforma. Cristo el personaje triunfal de sus obras es el centro de atracción de todo lo creado: el paganismo es un acercamiento a la verdad; la ciencia ya no es tentación como en Lope y Tirso sino senda segura; el pecado lleva el germen de conversión. La obra de Calderón carece de sombras. La purificación es el secreto del milagro de luz calderoniana, purificación de lo engañoso, de lo superficial, aparente y pasajero. También en los dramas trágicos el «honor» queda purificado, aunque de un modo convencional, de lo que habría que culpar más bien a la sociedad de su tiempo. Nos explicamos la catarsis de liberación que el pueblo experimentaría con esta coronación sublime de luz.

En el drama religioso Calderón, impetuoso en una primera época *(La devoción a la Cruz)*, más equilibrado en una segunda *(El príncipe constante)* llega a cumbres parejas de Shakespeare y Esquilo. También los defectos típicamente calderonianos se agudizan en este género.

Sin duda la cumbre calderoniana la constituyen los Autos Sacramentales «únicos dramas verdaderamente simbólicos de la literatura universal» (Pfandl). En ellos el símbolo aborrece lo anecdótico y la Teología a la acción dramática. «Celebrándose» estos misterios el día de Corpus, generalmente tenían que girar en torno a la Eucaristía, eje que fue desplazándose hasta centrarse en la Redención o, más bien, en Cristo, personaje central de este Pórtico de la Gloria del teatro. La antropología, el mundo de la naturaleza, el Antiguo y el Nuevo Testamento, la Historia, el Cielo y la Tierra son las piedras vivas cinceladas por su luz esplendorosa. Sólo un corazón caliente, no basta un cerebro todopoderoso, fue capaz de dar vida a esta mole de ideas graníticas sobrepasando la frialdad escolástica y la monotonía casi inherente. Los Autos Sacramentales de Calderón por la grandiosidad de su escenografía, montaje y música, constituyen como un ballet de altísimo pensamiento teológico.

Del ciclo calderoniano destacan los Autos de **Rojas** por su fina e idealista alegoría y el aspecto moralizante de todas sus obras. **Moreto** en sus comedias de santos consigue una línea estética más lograda sin llegar a la fuerza de Calderón.

En la época de Calderón se siguen cultivando, además de los autos sacramentales, la comedia religiosa, sobre todo la de vidas de Santos. Con frecuencia son varios los que escriben en una misma comedia. Recordemos a Cáncer, Diamante, Arce, Villaviciosa, Zabaleta, Matos Fragoso, Avellaneda, Lanini, Rosete Niño, González de Bustos, León Marchante, Zárate, Martínez de Meneses, Hoz y Mota, Bances Candamo; los jesuitas Céspedes, Calleja, Fomperosa, Escobar y Mendoza, Salas, Scoto; y otros religiosos, como fray Antonio Fajardo y Acebedo, fray Pablo Coutiño y la proteica poetisa sor Juana Inés de la Cruz.

El discutidísimo siglo XVIII, tan rico en otros aspectos, es pobrísimo en teatro. Solo podemos destacar dentro de la tendencia tradicionalista los sainetes de **Ramón de la Cruz** y algún que otro drama religioso de **Cañizares** y de **Zamora** como *Judas Iscariote*, basado en los evangelios apócrifos. En realidad sólo supieron caer en los defectos de la era calderoniana. Consignamos a Añorbe, Cantón de Salazar. Entre los jesuitas expulsos algunos cultivan la tragedia clásica: Eximeno, Martí, Gallisá, Salazar e Iturriaga (quien traduce, además, a Metastasio) y Masdeu que escribe en italiano.

La tendencia clasicista se hizo cada vez más fuerte originando las polémicas teatrales que desembocaron en la supresión de los Autos Sacramentales por real cédula de Carlos III, en 1765, bajo la dictadura de Aranda. La causa neoclasicista fue ardientemente defendida por el mediocre autor **José Clavijo**, que dedes un periódico, *El Pensador*, alegó razones literarias para la supresión de los Autos, que «no pudiendo llamarse poema épico ni lírico tampoco pueden tener el nombre de problemas dramáticos, faltándoles para todo esto los requisitos que han dictado la razón y el buen gusto y que han enseñado los maestros del arte...» Y razones morales: «¿Quién que no tenga ideas muy bajas de la Religión podrá sugerir que unas gentes tan profanas representen las personas de la Santísima Trinidad?» Pero la causa fue más profunda: los Autos, fruto de otra sociedad, no encajaban en la mentalidad nueva. Con el cultismo el pueblo español quedó dividido más agudamente; a la nobleza de espíritu asequible a todos había sustituido la aristocracia del «esprit», monopolio de los medios utilitarios. Entonces España quedó invertebrada.

En esta tendencia clasicista nada apreciable hay que destacar desde el aspecto religioso en el teatro de **Moratín**.

El Romanticismo «volvió» a España, como dice M. Pelayo. Pero ¡qué distinto! La dimensión religiosa ya no es el substrato fundamental que constituyó los carriles firmes para un despliegue infinito del hombre como en el romanticismo clásico, sino que fue una vivencia más, barajable por un amplio abanico de posibilidades, al fin y al cabo, rematado por la nada.

«El hombre romántico ha invocado el auxilio de Dios y ha renegado del cielo; ha cantado el éxtasis de las bienaventuranzas y saludado a la reina de los ángeles y ha lanzado gemidos de desesperación infernal llamando en su socorro la muerte y la nada» (Pastor Díaz).

Tampoco se puede hablar de tragedia romántica; el sino y la nada entran en las categorías absolutistas de la perfección vital; su misma preceptiva rehusa distinguir géneros, sólo cabe el drama que es lucha, posibilidad de vivencias. Por este camino van **Hartzenbusch**, el **Duque de Rivas** y **Gutiérrez**.

El *Don Juan*, de **Zorrilla** no es más religioso que el de Tirso, a pesar de su conversión final; es más romántico por la variedad de sus situaciones y los resortes de ambientación que violenta hasta la misma ortodoxia cristiana en esa decisión y salvación «post mortem». También hasta allá se prolonga románticamente el abanico de posibilidades.

Del teatro postromántico hemos de destacar ya en pleno siglo XX a **Marquina** y **Pemán** por revigorizar la comedia de santos. Pemán dentro de un convencionalismo social muy discutido ha dado un gran sabor popular a un teatro de gran vena poética. *Las Divinas Palabras* de **Valle Inclán** surten efecto gracias al imán sacro en un ambiente ignorante y supersticioso. Desgraciadamente los Autos de **Miguel Hernández** no encontraron eco a pesar de su explosión poética tan popular. Es interesante destacar los dramas de fondo bíblico de **Jacinto Grau**; aunque carecen de sentido religioso, crean un humanismo de gran vigor dramático.

En el teatro de **Casona** —tan evasionista— laten motivos tan típicamente hispánicos como Dios, muerte, amor... en que la preocupación estética haya posiblemente malgastado toda la rica vivencia que llevan dentro.

BIBL.: A. F. SCHACK, *Historia de la literatura y del arte dramático en España*, trad. por E. de Mier, Ma. 1885-87, 5 vols.; A. SCHAEFFER, *Geschichte des spanischen national-dramas*, Leipzig, Brockhaus, 1900, 2 vols. [Sobre el Siglo de Oro]; M. MENÉNDEZ PELAYO, *Obras*, Madrid, 1949, XXIX-XXXIV; A. FARINELLI, *Divagaciones hispánicas*, Ba. 1936; L. PFANDL, *Historia de la literatura nacional española en la Edad de Oro*, Ba. 1933; J. FITZMAURICE-KELLY, *Historia de la literatura española*, Ma. 1926; K. VOSSLER, *Escritores y poetas de España*, Ma. 1944; J. HURTADO y A. GONZÁLEZ PALENCIA, *Historia de la literatura española*, 3.ª ed. Ma. 1932; A. VALBUENA PRAT, *Historia del teatro español*, Ba. 1956; ID., *El sentido católico en la literatura española*, Za. 1940; ID., *Historia de la Literatura española*, 6.ª ed. Ba. 1960; *Historia general de las literaturas hispánicas*, publicada bajo la dirección de G. Díaz-Plaja, Ba. 1949 (en publicación); E. DÍEZ ECHARRI y J. M. ROCA FRANQUESA, *Historia de la literatura española e hispano-americana*, Ma. 1960 (abundante bibliografía); J. SIMÓN DÍAZ, *Manual de bibliografía de la literatura española*, Ba. 1963. E. MARTINO

TEJADA PAEZ, Agustín de, (Antequera [Málaga] 2 VIII-1567. † Ibid. 7-IX-1635) poeta. Educado en Antequera por el humanista Juan de Mora, perteneció desde muy joven al círculo de poetas antequeranos formado en torno a Barahona de Soto. En 1586 se graduó de bachiller en Artes, en Granada. Su ms. *Discursos históricos de Antequera* lleva la fecha de 1587; en él se incluye la fábula de *Vertumno* y la *Historia de la Peña de los enamorados*, en verso (inédita). De 1586 a 1589 cursó Teología en Osuna: en el curso 1592-1593 se hizo bachiller en Granada y licenciado a 5-IV-1594. Por este tiempo se ordenaría de sacerdote: en un documento de 12-VIII-1594 se dice que el racionero Tejada había predicado dos sermones latinos en la Universidad de Granada. Conservó esta ración hasta el final de sus días; pero consta, además, por su testamento (5-IX-1635) que era capellán y patrono de la capellanía fundada por Juan García de Alarcón. No obstante ser racionero de Granada, residía casi siempre en Antequera. En Granada concurría Tejada a la Academia poética, que se reunía en casa de D. Pedro de Granada Benegas; allí leyó en 1595 su canción *A la venida de los siete varones apostólicos*. Ese año, 1595, debió de doctorarse, pues en la *Epístola* de Cristóbal de Mesa a Barahona, escrita en 1595, se le llama doctor. Lope le alaba en su edición de las *Rimas* de 1602, y figura en las *Flores de poetas ilustres* (1605).

OBRAS: Aparte de las inéditas citadas en la biografía, en el códice de la biblioteca de Campomanes, *Poética silva*, descrito por Gallardo en el número 1.051 de su *Ensayo*, I, aparecen muchas composiciones de Tejada Páez, varias de ellas reproducidas por Gallardo (col. 1063-64, 1069-75, 1077-83 y 1087-91). Algunas figuran en el t. 42 de la BAE. Rodríguez Marín dice que «con las poesías que yo he juntado se podría hacer un lindo volumen»; las hay sacras, heroicas, morales, festivas, con diversidad de temas: el poema de *El aire*, la *Canción a los Reyes Católicos*, otra *A la constancia*, liras de *El sabio*, etcétera. Su formación humanística se manifiesta en sus imitaciones de Virgilio y Horacio y en traducciones ocasionales de Ovidio y Virgilio, como puede verse en la *Bibliografía hispano-latina clásica*, de Menéndez Pelayo; a su juicio «el Dr. Agustín de Tejada Páez fue uno de los más valientes poetas de la escuela, notable por el número y altisonancia, con frecuencia excesivo, de sus versos».

BIBL.: F. RODRÍGUEZ MARÍN, *Luis Barahona de Soto*, Ma. 1903, passim, cf. su nombre en el Indice onomástico; ID., *Pedro de Espinosa*, Ma. 1907, 62-64; A25, 70-76; M. MENÉNDEZ PELAYO, *Bibliografía hispano-latina clásica*, V, San. 1951, 203-206; VI, 333-34; VII, 281-83; VIII, 298-300; IX, 162-63. R. M. DE HORNEDO

TELDE, Diócesis de, *(Teldensis)* desaparecida. Fue la primera del archipiélago canario. Fundada por Clemente VI, con carácter misional, en 1351, bajo el nombre de «Obispado de la Fortuna», se prolongó hasta la última década del mismo siglo. La creación de la diócesis de Rubicón, en Lanzarote, en 1404, implicó la extinción tácita del obispado de Telde.

Historia. *Antecedentes.* Las relaciones entre el Mediterráneo y el Atlántico durante la Edad Media fueron muy intensas. Un siglo antes que Gil Eanes pasara el Cabo Bojador (1434), mallorquines y catalanes surcaron las aguas del Océano y llegaron hasta la desembocadura del Senegal. La prioridad de Aragón sobre Castilla en la exploración del Atlántico, bajo el experto timonaje de pilotos baleáricos, ha sido demostrada por los estudios citados en la bibliografía adjunta. Aunque es probable que la expedición genovesa de 1291, dirigida por los hermanos Vivaldi, tocase algunas de las islas que jalonaban el «Mar Tenebroso», el primer viaje a las Canarias, del que existen datos ciertos, fue el realizado en 1312 por el genovés Lancerotto Marocello, quien se estableció varios años en la isla más orien·al del archipiélago, Lanzarote, bautizada con su propio nombre en el portulano del mallorquín Angelino Dulcert, que es el que recoge el viaje con fecha más antigua, 1339, ubicando frente a la costa africana dicha isla y la de Fuerteventura.

El viaje de Lancerotto determinó, posiblemente, la primera expedición portuguesa al archipiélago canario, que tuvo lugar en 1341, dirigida por el italiano Nicolosso da Recco. Las expediciones de genoveses y lusitanos despertaron el interés de los mallorquines, quienes poseedores de escuelas náuticas y cartográficas de primer orden, se impusieron y monopolizaron la exploración y dominio de las islas atlánticas en el segundo tercio del siglo XIV. Los primeros contactos tuvieron fines meramente comerciales: encontrar nuevos mercados para su tráfico y fuentes de riqueza para su porvenir. A estos móviles respondieron las dos expediciones, de carácter privado, que salieron de Palma de Mallorca en 1342, con rumbo a las Islas de la Fortuna, capitaneadas por Francisco de Valers y Domingo de Gual. Aunque no se conocen pruebas documentales directas del arribo de los mallorquines a Canarias, sí existen otros valiosos testimonios de los estrechos contactos entre ambos archipiélagos, y de la existencia en Mallorca, en 1351, de 12 aborígenes grancanarios, que poseían cultura y formación cristiana suficientes como para ser apóstoles de sus coterráneos.

Los tratos comerciales dieron comienzo derivaron hacia una acción misional de grandes vuelos. La curia pontificia fue la primera en preocuparse por la evangelización de las islas atlánticas. El pontífice Clemente VI, en virtud de los derechos que según la teoría de los juristas medievales poseía el Papado sobre tierras de infieles, erigió el *Principado de la Fortuna*, de efímera vida, otorgando su soberanía a un miembro de la casa real de Castilla, el conde de Clermont y almirante de Francia, D. Luis de la Cerda o de España. El hecho de que éste residiese en Aviñón como embajador de Felipe VI de Francia cuando se le confirió el Principado, hace suponer a los investigadores que la iniciativa partió del pontífice, a fin de actuar la preocupación misionera de la Iglesia con una nueva presencia en el mundo desconocido que surgía en el Atlántico. La bula *Tuae devotionis sinceritas*, leída en Aviñón el 15-XI-1344, con motivo de la coronación del nuevo Príncipe de la Fortuna, además de concederle la plena jurisdicción temporal y derechos de patronato sobre las islas atlánticas, le imponía la obligación de predicar el Evangelio entre los infieles, y le autorizaba para fundar iglesias y monasterios que en su día constituirían un obispado.

Don Luis de España prestó vasallaje al papa el 28 de noviembre del mismo año, por nacer el reino como feudatario de la Santa Sede a la que debería pagar un censo anual. Los días 11 y 23 del siguiente mes de diciembre, la cancillería pontificia expidió bulas a todos los monarcas cristianos de Occidente, invitándolos a prestar los auxilios materiales indispensables para realizar la Cruzada evangelizadora encomendada al nuevo soberano, D. Luis de la Cerda.

Los reyes de Castilla y Portugal, Alfonso XI y Alfonso IV, pusieron reparos a los proyectos del pontífice, por considerar que lesionaban los derechos que Castilla tenía sobre Mauritania y sus dependencias, y la prioridad del viaje lusitano a las Canarias en 1341, dirigido por pilotos genoveses y florentinos. Don Luis de la Cerda, por su parte, estableció contactos frecuentes con Pedro IV de Aragón, para obtener la colaboración deseada; pero lo lento de las negociaciones o, quizás, otras causas ignoradas, hicieron languidecer los planes de cruzada, que se extinguieron con el fallecimiento del Príncipe de la Fortuna en junio de 1348.

Creación del obispado. El fracaso del proyecto pontificio con la desaparición del *Principado de la Fortuna* no fue obstáculo para que en los mismos años se gestase en Mallorca otra empresa misional menos brillante pero más efectiva, dirigida únicamente a la evangelización de las Canarias, y nacida del espíritu apostólico de los ermitaños baleares, fuertemente marcados por la influencia luliana. Con este fin se organizaron cofradías de seglares para obtener medios con los que sufragar los gastos del viaje y el sostenimiento de la futura misión. Asumieron la responsabilidad material de la empresa los mercaderes mallorquines Juan Doria y Jaime Segarra, quienes solicitaron de Clemente VI gracias espirituales para los participantes y colaboradores, entre los que se contaban 12 indígenas canarios, ya cristianos, que habían sido capturados en las expediciones precedentes. El pontífice, por la bula *Dum diligenter* del 15-V-1351, concedió cuanto se le pedía y, vivamente interesado en el proyecto que hacía rehacer la gesta misionera del suyo, recientemente fracasado, con fecha 7 de noviembre expidió la bula *Coelestis rex regum*, mediante la cual erigía en diócesis las Islas Afortunadas, y nombraba primer obispo a fray *Bernardo*, de la Orden de Monte Carmelo, autorizándolo para titular la sede con la denominación de la urbe indígena que escogiera por residencia, a la que debería dar la categoría de *ciudad*, y edificar en ella la catedral del obispado. La nueva diócesis quedaba bajo la dependencia directa de la Santa Sede, como se confirma en la bula *Inter caetera* de Urbano V: «*Romanae Ecclesiae immediate subiectis*», por lo que la denominación que definiría con exactitud su carácter, sería la de *Obispado misional*. Acerca de la persona de fray Bernardo se conocen únicamente los datos consignados en la citada bula de erección: fraile carmelita, doctor en Sagradas Escrituras y de laudable virtud. Debió de ser consagrado obispo por el cardenal Bertrando de Pouget antes de que terminase el año 1351.

La expedición mallorquina quedó ultimada en mayo de 1352 y, capitaneada por Arnaldo Roger, debió arribar a las Canarias, pues aunque no existen pruebas documentales de la llegada, los hechos posteriores la presuponen. La posibilidad de que el nuevo obispo tomase parte en la expedición es más problemática, ya que nunca se menciona su nombre. Su presencia en Aviñón en marzo de 1353, concediendo indulgencias, junto con otros prelados, a la abadía austriaca de Melk, según consta documentalmente, hace pensar que su estancia en Gran Canaria, si es que viajó hasta allí, no fue superior a un semestre. Un año después exactamente aparece de nuevo en Valencia, actuando como testigo en la jura del infante D. Juan, heredero de Pedro IV. Mediante la bula *Romani Pontificis* del 27-VI-1354, el papa Inocencio VI lo promovió al obispado de Santa Giusta, en Cerdeña, sede que debió de ocupar

muy poco tiempo, pues en julio siguiente el mismo Inocencio VI le nombraba un sucesor.

Respecto a la provisión del *Obispado de la Fortuna* después del traslado de fray Bernardo existen distintas hipótesis, que parten de la posibilidad de que existiera un segundo obispo *Bernardo* durante los años 1354 a 1361, período que, en otro caso, correspondería a una larga vacante, ya que la bula de Inocencio VI, fechada en Aviñón el 2-III-1361, denominada también *Coelestis rex regum*, designa a fray *Bartolomé* ¿Ferrer? OP, sucesor de fray Bernardo, obispo de la Fortuna. Cuando el pontífice efectuó el nombramiento de fray Bartolomé no se había designado aún el lugar donde debía establecerse la sede episcopal, por lo que el estado de evangelización de las islas en 1361 sería muy similar al de la década precedente. La designación de Telde como capital del obispado tuvo lugar más tarde, aunque en la curia pontificia se utilizó la denominación con efectos retroactivos a partir de 1369, con relación a los obispos anteriores a este año. El episcopado de fray Bartolomé fue muy breve, pues en la bula de nombramiento de su sucesor, fray Bonanat Tarín, se dice que falleció en Aviñón en vida de Inocencio VI, por lo que debió de acaecer antes del 12-IX-1362, fecha de la muerte del pontífice. Parece que hay que admitir que estos primeros obispos no residieron en su sede, limitándose a visitar la misión cuando les fue posible, y a dirigir desde Mallorca la tarea espiritual de los auténticos misioneros, organizándoles también los subsidios y ayudas materiales.

Desde 1362 a 1369 estuvo de nuevo vacante la sede episcopal de Telde. La causa pudo ser la decadencia misma de la misión, o la paralización temporal de la evangelización emprendida, hasta que el celo apostólico se propagó de Mallorca a Cataluña. En Barcelona y Tortosa radicaron auténticas escuelas de apostolado, bajo la protección de sus obispos Guillén de Torrelles y el infante Jaime de Aragón. El nuevo auge misionero tuvo sus principales exponentes en la bula *Inter Caetera*, expedida por Urbano V en Montefiascone el 2-VII-1369, en la que se designaba obispo de Telde al fraile franciscano Bonanat Tarín, y en la organización de una nueva expedición a Canarias, compuesta por religiosos y seglares, y patrocinada por los ciudadanos catalanes Bertrand de Marmando y Pedro de Estrada, quienes solicitaron para la empresa el apoyo espiritual del pontífice. Urbano V, mediante la bula *Ad hoc semper*, dada en Viterbo el 31-VIII-1369, accedió a lo solicitado para la expedición, encomendando a los misioneros la cura pastoral de los habitantes de las islas, excepto la administración de los sacramentos de la confirmación y del orden, reservados al obispo. El largo período de tiempo que fray Bonanat Tarín gobernó la diócesis de Telde, explica, en parte, las dudas suscitadas por sus viajes o ausencias de la sede, ya que figura repetidamente en documentos de la diócesis de Mallorca hasta 1348, ejerciendo funciones episcopales por delegación del prelado balear.

Por la bula de Clemente VII *Apostolatus officium* del 31-I-1392, se sabe que fray Bonanat falleció hacia el año 1390 en el desempeño de su cargo como obispo de Telde, sucediéndole de inmediato fray *Jaime Olzina*. OP, de acuerdo con el propósito del pontífice de reducir al mínimo el período de sede vacante. La premura de Clemente VII en proveer la diócesis parece indicar el deseo de que no se extinguiese su labor apostólica, porque carecería de sentido si se tratase de un obispado inoperante. La partida de fray Olzina para Canarias debió de efectuarse durante el año de su preconización o en el siguiente, aunque pudo reducirse a un breve contacto, pues el asalto pirático de la expedición vasco-andaluza de 1393 determinó la ruina total de la misión y el martirio de los apóstoles, cuyo relato ha sido conservado en el «*Testamento de los trece frailes*» que en 1403 descubrió el conquistador francés Gadifer de la Salle en la región de Telde. La causa del martirio fue la desconfianza de los indígenas hacia los religiosos por sus contactos con el extranjero. A partir de aquel suceso los cristianos de Telde tuvieron que vivir ocultos. Del obispado quedó únicamente el prelado, que con seguridad debió refugiarse en Mallorca. Su muerte, sobrevenida en fecha no determinada, puso fin a la primera diócesis canaria, primera también de las que vería florecer el Atlántico después que surcaron sus aguas los navíos españoles con afanes de conquista y de apostolado.

Episcopologio. *Fray Bernardo* OCarm., pr. 7-XI-1351, tr. a Santa Giusta de Cerdeña el 27-VI-1354. *Fray Bartolomé* OP, pr. 2-III-1361, † septiembre 1362? *Fray Bonanat Tarín* OFM, pr. 2-VII-1369, † 1390? *Fray Jaime Olzina* OP, pr. 31-I-1392, † (?).

BIBL.: J. Alvarez Delgado, *El Rubicón de Lanzarote:* Anuario de Estudios Atlánticos, 3(1957)493-561; id., *Primera conquista y cristianización de la Gomera:* Anuario de Estudios Atlánticos, 6(1960)445-492; id., *Episodio de Avendaño, aurora histórica de Lanzarote,* La Laguna 1957; B. Bonnet y Reveron, *Las Canarias y la conquista francononormanda. Juan de Bethencourt:* La Laguna 1944; id., *Las expediciones a las Canarias en el siglo XIV,* Ma. 1946; id., *Las Canarias y el primer libro de Geografía medieval escrito por un fraile español en 1350:* R184, 67(1944); id., *El testamento de los trece hermanos:* R184, 7(1941) 288-305; J. M. Carriazo, *El capítulo de Canarias en la Crónica de Juan II,* La Laguna 1946; N. Coll Juliá, *D. Juan Cid, obispo de Rubicón (1441-1459):* Anuario de Estudios Atlánticos, 2(1956)165-194; D. V. Darias y Padrón, *Historia de la religión en Canarias,* Santa Cruz de Tenerife 1957; G. Frutuoso, *Las Islas Canarias: Saudades da terra,* La Laguna 1964; A. de la Hoz, *De Rubicón a Telde:* R184, 27(1961)140-142; D. Inchaurre, *Noticias de los Provinciales Franciscanos de Canarias:* La Laguna 1966; M. Mitjá, *Abandó de les illes Canaries per Joan I D'Aragó:* Anuario de Estudios Atlánticos, 8(1962)325-353; A. Rumeu de Armas, *El obispado de Telde,* Ma. 1967; id., *La exploración del Atlántico por mallorquines y catalanes en el siglo XIV:* Anuario de Estudios Atlánticos, 10 (1964)163-178; E. Serra Rafols, *Le Canarien,* La Laguna 1965; id., *El redescubrimiento de las Islas Canarias en el siglo XIV:* R184, 27(1961)219-234; id., *La missió de R. Lull e els Missioners Mallorquins del segle XIV:* Studia Monográphica et Recensiones, 11(1954)169-175; id., *Los Mallorquines en Canarias:* R184, 54-55(1941)195-209; L. Suárez Fernández, *La cuestión de derechos castellanos a la conquista de Canarias y el concilio de Basilea:* Anuario de Estudios Atlánticos, 9(1963)11-21; J. Viera y Clavijo, *Noticias de la Historia general de las Islas Canarias,* Santa Cruz de Tenerife 1967; J. Vicens, *Comienzos de las misiones cristianas en las islas Canarias:* R118, 12(1959)193-207; J. Wolfeld, *Quiénes fueron los primeros conquistadores y obispos de Canarias:* Revista de Investigación y Progreso, (1931)130 y ss.; J. Zunzunegui Aramburu, *El segundo obispo de las islas Canarias, 1361-1362:* R13, 9(1961)413-416.   M. F. Núñez

TELM, Luis, OCart (Lérida 15-VIII-1548 † Cazalla de la Sierra [Sevilla] 15-VIII-1598) autor ascético. Doctorado en ambos Derechos, recibió el hábito monástico el 31-X-1568 en la cartuja de *Scala Dei.* Celebró su primera misa el 18-X-1572. Después de pruebas, favores celestiales en intensa vida del espíritu, es elegido prior de *Scala Dei* (1586-1587), en cuyo cargo dio a conocer sus aptitudes más que regulares, por lo cual ya en 1587 se le encomienda la fundación de la cartuja de *Scala Coeli,* en Evora (Portugal). Tal impulso dio a los trabajos de construcción, que al año siguiente pudo la nueva casa ser incorporada a la Orden. Debido a su falta de salud, pidió el relevo en 1591, que no le fue concedido hasta el año siguiente. En 1594 nuevamente se le encomendó la fundación de la cartuja de Lisboa *(Valle de la Misericordia).* Afianzada la fundación, obtuvo licencia de regresar a su casa de profesión con el encargo de visitar las casas de la provincia cartujana de Castilla.

OBRAS: *De la oración mental* (cuyo original portugués no llegó a publicarse); *Opuscula varia, mystica praesertim eloquentia exuberantia; Sermones.*

BIBL.: L. le Vasseur, *Ludovicus Telm: Ephemerides Ordinis cartusiensis,* III, Monstrolii 1890-1893, 77-87; V. M. Doreau, *Les Ephémérides de l'Ordre des Chartreux d'après les documents,* II, Montreuil 1897-1900, 229-235; M82, 164-178; M76; J. I. Valentí, *San Bruno y la Orden de los Cartujos,* Val. 1899, 109; Anónimo, *Esboço singello sobre a Origem dos Cartuxos em Portugal,* en velógrafo, Aula Dei, 1908, 12-14, 26.   I. M. Gómez

TELLEZ, Gabriel, OdeM (Madrid 1571? † Almazán [Soria] 12-III-1648) comediógrafo. De su tierra y de su familia nada sabemos en concreto; lo mismo se diga de sus primeros estudios. Solo interpretando testimonios de coetáneos, se presume que estudió primeras letras en Madrid, y estudios universitarios en Alcalá. Más seguros estamos ya de que ingresó en la Orden de la Merced en el convento que ésta tenía en Madrid, cuando el jovenzuelo contaba unos dieciséis años. Pronto se fue al noviciado de Guadalajara; tomó el hábito a comienzos de 1600. Fue su maestro el padre Manuel Calderón, y emitió la profesión el 21-I-1601, ante el comendador Baltasar Gómez. Le vemos luego en Toledo, por 1604, al lado del clásico Alonso Remón, de quien pudo aprender piedad, letras y dominio teatral. Otro máximo ingenio, Lope de Vega, le esperaba en Toledo, para depurar su forma y su técnica poéticas. De aquellos contactos salió vigoroso Tirso de Molina. Sigue estudiando, y tiene de maestro al famoso catedrático de Salamanca, Pedro Merino. En Toledo comenzó Tirso la producción dramática, con el auto sacramental *El Colmenero divino,* estrenado en 1607. Cuando recibe la orden de embarcar para América, los oficiales de embarque de Sevilla lo describen como: «predicador y lector, de edad de 33 años, frente elevada, barbinegro». Ocho frailes le acompañaron; su destino fue la isla de Santo Domingo y la finalidad, ejercer su cargo de lector en el colegio de los Mercedarios. Es el año 1616, y pasará dos escasos en La Española, para volverse a España.

Para estas fechas Tirso había escrito, estrenado, pero no publicado, alguna de sus grandes comedias, por ejemplo, *La gallega Mari-Hernández, El vergonzoso en Palacio,* la trilogía de *La Santa Juana,* y *Don Gil de las calzas verdes* que se estrenó el verano de 1616 en el Mesón de la Fruta, de Toledo. La farsa iba cobrando cuerpo en su vida, y el trato de comediantes, compañías, escenarios y representaciones, no era precisamente un ejercicio espiritual; pero tampoco era toda su vida; Gabriel Téllez es buen fraile, estudia, enseña, confiesa, predica y tiene crédito, pues le dan cargos. En el estío de 1618 figura como definidor de Guadalajara en el Capítulo general. Su espíritu de sacerdote mercedario, que se había gozado en extender por América la devoción a la Concepción Inmaculada de María, escribe ahora *Doña Beatriz de Silva* como homenaje al *motu proprio* de Paulo V — Roma, 21-I-1619 —, prohibiendo las doctrinas contra dicha devoción. En *La Villana de Vallecas,* escrita por 1620, alude Tirso a otra comedia concepcionista de Lope, su maestro de siempre, y al que ahora comunica en Madrid. Sin embargo, el mercedario anda ahora por las imprentas con su ensayo nuevo *Los cigarrales de Toledo,* que verán la luz en 1621, y en el que simultanea prosa y verso, e incluye el célebre cuento *Los tres maridos burlados.* En el mismo año viaja a Zaragoza, como componente del Capítulo general, que allí tuvo lugar el 13-V-1621, y en el que salió electo general de la Merced su amigo fray Gaspar Prieto.

La vida de Gabriel Téllez en Madrid es intensa: compone teatro, le encargan censuras de libros, colabora en Justas de Fiestas, como las de san Isidro; predica, pasa horas en el confesonario, cumple exactamente su orden monacal. Y sufre. Malos vientos soplaron para Tirso; y no precisamente de Falconi, que vivía pared en medio, y era un santo. La Junta de Reformación sancionó al poeta por escribir comedias profanas y pide al rey Felipe IV que lo destine a un remoto convento. Y Tirso sale para Sevilla en 1625. La borrasca le arranca un propósito: no volverá a escribir para el teatro. Sin embargo, a los dos años, 1627, imprime en Sevilla su primera colección de 12 comedias, que resulta nueva y comercial, por lo que editores y mercaderes de libros son los mejores pregoneros del egregio dramaturgo. En la primavera de 1626 Téllez está en Guadalajara, como miembro del Capítulo provincial de la Merced, y quizá para no contravenir a la Junta de Reformación, envían a Téllez a Trujillo, de Extremadura, con el cargo de comendador. A la ida, o la vuelta, pasa por Salamanca. Dentro de la Orden los frailes lo estiman, lo aúpan, le dan grados y honores; mientras no se interpongan Salmerón. Las teorías estéticas de Tirso están al lado del Fénix, y, como él, lucha contra los culteranistas; si bien, culterano es en *Los cigarrales*. Acude a las academias literarias de la Corte, toma parte en las fiestas a su fundador san Pedro Nolasco y publica el *Acto de contrición* (1630). Con las primeras canas, Tirso deja el teatro activo, de creación. Sigue cuidando la edición de sus comedias; en Tortosa sale la *Tercera parte*, con 12 (1634); y al año siguiente surge en Madrid la *Quarta parte*, con otras tantas, y la *Quinta parte* aparece el 1636, también en Madrid; pero hay en su persona, y en su producción, un cambio de estilo, que muestra a las claras la decisión del hombre. El comediógrafo se convierte en cronista y en hagiógrafo. Es la época del *Deleytar aprovechando* (1635), de *La vida de Santa María de Cervellón*, de la *Genealogía de la casa de Sástago*, y, sobre todo, de la *Historia General de la Merced* (1639). Antes hemos aludido a la amistad de Tirso con fray Alonso Remón; pues bien, muerto éste en 1632, le heredó en sus trabajos históricos, en el cargo de cronista general de la Merced y, más tarde, en 1636, en el título de Maestro en Teología. Por ello se obligó, acaso demasiado tarde, a estudiar, investigar, revolver archivos, salir de la facilidad de su imaginación, a la pesadez del dato. La *Historia* es muy importante como memoria de los años vividos por el autor; pero, en lo demás, nada nuevo. Inédita está en la Real Academia de la Historia. Con ella en las alforjas, anduvo de la Corte a Guadalajara, Toledo, de nuevo a Madrid, y de aquí, en 1640, a su destierro de Cuenca. En 1645 lo nombran comendador de Soria, y en febrero de 1648 desaparece calladamente, en Almazán, acompañado de los sufragios de sus frailes. Creador genial. Entre las 300 ó 400 comedias que escribió, las hay bíblicas, legendarias, hagiográficas, de carácter, de intriga, villanescas, palacianas, de fantasía y novelescas. La pintura de sus mujeres es inimitable, e insuperable su estilo alado, natural y de gracejo. Su puesto en España, después de Lope de Vega; en el mundo, después de Shakespeare. Es el clásico más representado en España, en el siglo XVII, después de Calderón. En el siglo XIX se opera una rehabilitación de su personalidad literaria; y es en el actual cuando se estudia intensamente, a partir de la labor constante de Blanca de los Ríos, de la edición de comedias tirsianas de Emilio Cotarelo y Mori y de los trabajos aparecidos en la revista mercedaria *Estudios*.

OBRAS: O213; E. HARTZENBUSCH, *Comedias escogidas: BAE*, Ma. 1848 y 1944; E. COTARELO Y MORI, *Tirso de Molina: Investigaciones biobibliográficas*, Ma. 1893, y

1906-1907 la edición de Comedias, en NBAE, con sus estudios preliminares; N. DEL PRADO, *El condenado por desconfiado. Estudio crítico, teológico*, Vergara 1907; B. DE LOS RÍOS, *Del Siglo de Oro*, Ma. 1910, y luego su continua labor tirsista, para finalizar con la edición de *Obras dramáticas completas*, 3 vols., Ma. 1946, 1952, 1958 (póstumo); R97 a partir del primer número, enero, 1945, suele publicar trabajos sobre Tirso, en especial el número monográfico de 1949, dedicado al III Centenario de Fr. Gabriel Téllez, vol. de 934 páginas; *Historia General de la Merced*, ed. de G. Placer López, Ma. 1974.

BIBL.: G. PLACER LÓPEZ, *Los lacayos de las comedias de Tirso de Molina*, Ma. 1946, 64; J. ALVAREZ Y BAENA, *Hijos ilustres de Madrid*, II, Ma. 1790, 267; C. DE LA BARRERA, *Catálogo del teatro español*, Ma. 1860; E. W. HESSE, *Catálogo bibliográfico de Tirso de Molina (1648-1948)*: R97, 5(1949)781-889 y núms. ss.; G. DE BÉVOTTE, *La légende de Don Juan. Son evolution dans la litterature des origines au romantisme*, Par. 1906; *Bibliography of «La prudencia en la mujer»*: R52, 1(1933)271; A. LÓPEZ, *El cancionero popular en el teatro de Tirso de Molina*, Ma. 1958; E. GIJÓN ZAPATA, *El humor en Tirso de Molina*, Ma. 1959; J. SANZ Y DÍAZ, *Tirso de Molina. Estudio y antología*, Ma. 1964.
                                                      G. PLACER

TELLEZ GIRON, Juan de, SI (Capula [Méjico] 1691 † Chiapa [ibid.] 24-XII-1737) misionero. Ingresó en SI en 1708. Trabajó con los españoles de la capital y con los indios del Nayarit.

BIBL.: F. J. ALEGRE, *Historia de la Compañía de Jesús en Nueva España*, IV (continuada), Puebla de los Angeles 1888-89, 287.   IHSI

TELLO, Tomás, SI (Almagro [Ciudad Real] 1720 † Caborca [Méjico] 21 ó 22-XI-1751) misionero y mártir. Ingresó en SI en 1735. Fue muerto por los indígenas.

BIBL.: F. J. ALEGRE, *Historia de la Compañía de Jesús en Nueva España*, IV (continuada), Puebla de los Angeles 1888-89, 430.   IHSI

TELLO GIRON, Gome, (Toro † 1569) gobernador sustituto del arzobispado de Toledo. Sobrino del arzobispo de Sevilla, fray Diego de Deza; cursó sus estudios en Salamanca; arcediano de Málaga en 1560, se destacó fundamentalmente como gobernador del arzobispado de Toledo durante el proceso seguido al arzobispo Bartolomé Carranza, convocando un sínodo, cuyas Constituciones fueron publicadas en 1568.

BIBL.: D8 (art. «Toro»); J. REZÁBAL, *Biblioteca de los escritores que han sido individuos de los seis Colegios mayores*, Ma. 1805.   M. RODRÍGUEZ CARRAJO.

TELLO LASSO DE LA VEGA, Diego, OdeM (Málaga 15-I-1686 † Murcia 9-VIII-1763) escritor ascético, historiador. El padre Lasso de la Vega después de haber estudiado Filosofía con los padres Jesuitas, entró en la Orden de la Merced en el convento de Granada (15-VII-1705). Cursó Teología en Sevilla, donde enseñó esta misma disciplina por espacio de algunos años. La Orden le honró con el título de Maestro en Teología. En 1719 pasa a Roma como secretario general de Italia y allí es nombrado consultor de la Sagrada Congregación de Ritos y de la del Indice y calificador del Santo Oficio. Benedicto XIV lo tuvo en grande aprecio y los escritos del mercedario sirvieron mucho al papa para su obra *De beatificatione et canonizatione Sanctorum*.

OBRAS: *Instrucciones ascéticas a Theóphila para el conocimiento práctico de Dios*, Mu. 1760; *Vida, Milagros y Martirio del gloriosíssimo Arzobispo de Sevilla San Laureano*, Ro. 1722; *San Laureano, Obispo metropolitano de Sevilla, y Mártir*, Parte primera, Se. 1758; *San Laureano, Obispo metropolitano de Sevilla, y mártir*, Parte segunda, Se. 1760 Tiene algunas otras obras,

BIBL.: O207; J. M. Delgado Varela, *¿Fue el P. Diego Tello anticoncepcionista?: La Inmaculada y La Merced*, II, Ro. 1955, 225-279. M. Rodríguez Carrajo

TELLO DE SILES, Juan, SI (Pachuca [Méjico] 1667 † Puebla [Ibid.] 19-IV-1737) operario apostólico. Ingresó en SI en 1687. Sobresalió por su dedicación a los pobres. Durante treinta y nueve años cuidó de los indios, en la capilla de San Miguel. Murió por atender a los apestados.

BIBL.: F. J. Alegre, *Historia de la Compañía de Jesús en Nueva España*, IV (continuada), Puebla de los Angeles, 1888-89, 383; M. Ansaldo, *Breve noticia de la religiosa vida y heroyca muerte del P. Juan Tello de Siles...*, México 1743; R. Streit, *Bibliotheca missionum*, 1916-19, 39, III, 131-132. IHSI

TENERIFE o SAN CRISTOBAL DE LA LAGUNA, Diócesis de, *(Nivariensis)* sufragánea del arzob. de Sevilla. Plinio llamó *Nivaria* a la isla de Tenerife, de donde deriva su denominación latina. Creada por Pío VII en 1818, fue suprimida por disposición del concordato de 1851. Restaurada por Pío IX en 1877, comprende la extensión y límites de la provincia civil donde está enclavada.

1. **Historia.** La creación de la diócesis nivariense fue exigida por la mayor atención espiritual que necesitaban las islas occidentales del archipiélago canario desde finales del siglo XVIII, debido al rápido crecimiento demográfico que experimentaban, y a la lejanía y dificultad de comunicaciones en Gran Canaria, sede del obispado insular.

El primer intento de dotar a Tenerife de una colegiata partió del obispo de Canarias, monseñor Antonio Tavira y Almazán, quien en 1795 quiso fusionar, con este fin, los beneficios de las parroquias de la *Concepción* y de los *Remedios*, únicas que existían en la ciudad de San Cristóbal de La Laguna, capital de la isla; pero ciertas rivalidades de orden interno entre ambas parroquias hicieron fracasar el proyecto.

Posteriormente las Cortes de Cádiz constituyeron el punto de partida de la nueva estructuración político-administrativa y religiosa del archipiélago canario. Los representantes tinerfeños en las mismas, entre los que destacaron D. Antonio José Ruiz de Padrón y D. Santiago Key y Muñoz, presentaron la propuesta de la creación de un nuevo obispado en las islas, que dio como resultado la instrucción de un expediente que pasó a informe del Consejo de Castilla. Pese a la abierta oposición de los cabildos catedral y secular de Gran Canaria, el papa Pío VII otorgó la bula de erección de la diócesis nivariense el 1-II-1818, haciéndola sufragánea de Sevilla y señalando como sede episcopal la parroquia de Nuestra Señora de los Remedios, de la ciudad de La Laguna. El rey D. Fernando VII expidió una real orden auxiliatoria, con fecha 27-VIII-1819, confirmando la creación de la diócesis y dotando del culto y clero de su catedral, que estaba formado por seis dignidades, 14 canónigos, 10 racioneros y ocho medios racioneros. La extensión territorial concedida al obispado comprendía las islas de Tenerife, La Palma, La Gomera y El Hierro. El comisionado apostólico y regio para realizar la desmembración del obispado de Canarias y erigir el de Tenerife fue monseñor Vicente Román y Linares, obispo de Danzara, *in partibus*, quien ostentó el cargo de obispo auxiliar de Tenerife hasta efectuar la división, que tuvo lugar el 21-XII-1819. El 27 del mismo mes el cabildo catedral eligió como vicario capitular al deán D. Pedro Bencomo Rodríguez, que gobernó la diócesis, salvo un intervalo de meses, hasta la llegada del primer prelado nivariense, monseñor Luis Folgueras y Sión, en julio de 1825. Transcurridos veintitrés años de no fácil gobierno, debido a las circunstancias políticas por las que atravesaba la nación,

monseñor Folgueras fue trasladado a Granada en 1848, quedando vacante la sede tinerfeña.

En agosto de 1859 se ejecutó la disposición del artículo 5.º del concordato de 1851, en virtud del cual la diócesis nivariense quedaba suprimida, pasando su administración apostólica al obispo de Canarias; fueron administradores apostólicos de Tenerife en este período monseñor Joaquín Lluch y Garriga (1858-1868) y monseñor José María Urquinaona y Bidot (1868-1878). Durante los años de su administración apostólica monseñor Lluch solicitó de la Santa Sede que la Virgen de Candelaria, patrona del archipiélago canario, lo fuese también canónicamente de las dos diócesis que lo constituían. Pío IX accedió a la petición, mediante una bula expedida el 12-XII-1867. Actualmente lo es sólo de la diócesis de Tenerife porque el obispo de Canarias, monseñor Angel Marquina Corrales (1913-1922) obtuvo de la Santa Sede que fuese declarada patrona de la diócesis grancanaria Nuestra Señora del Pino.

La reanudación de las relaciones diplomáticas entre España y el Vaticano en los primeros años de la Restauración borbónica exigieron la modificación de algunas disposiciones del concordato de 1851, afectando una de ellas a la diócesis de Tenerife, que fue restablecida mediante real decreto concordado, el 27-II-1877. Simultáneamente fue designado para ocuparla el obispo de Claudiópolis, *in partibus*, y administrador apostólico de Ceuta, monseñor Joaquín Infante y Macías, quien tomó posesión en junio del mismo año. Tras la renuncia de monseñor Infante en 1882, ocupó la sede nivariense monseñor Jacinto María Cervera y Cervera durante tres años. El período de sede vacante se prolongó hasta 1888 año de la preconización para Tenerife de monseñor Ramón Torrijos y Gómez, que gobernó la diócesis hasta su traslado a Badajoz en mayo de 1894; fue designado para sucederle en el obispado insular monseñor Nicolás Rey Redondo, que falleció siendo obispo de la diócesis en 1917. Su sucesor, monseñor Gabriel Llompart y Jaume fue trasladado a Gerona en diciembre de 1922. La vacante terminó con la preconización de monseñor Albino González y Menéndez-Reigada, en diciembre de 1924. El gobierno de este insigne prelado, largo y fecundo, se prolongó hasta su traslado a Córdoba en 1946.

La sede nivariense fue provista por primera vez en un prelado tinerfeño al ser preconizado para ocuparla monseñor Domingo Pérez Cáceres, a quien se debe la construcción del santuario de Nuestra Señora de Candelaria, patrona del archipiélago. A la muerte de monseñor Pérez Cáceres, en agosto de 1961, fue designado para sucederle en febrero del siguiente año, el prelado actual, monseñor Luis Franco Cascón, de la Congregación del Santísimo Redentor.

El religioso franciscano Juan de Jesús, que falleció en 1867 en olor de santidad en el convento de San Diego del Monte de La Laguna, era natural de Icod (Tenerife), así como la religiosa clarisa de La Laguna, sor Armelinda de la Cruz, que gozó de gran fama de santidad. También era natural de Icod el hermano Antonio de Santa María, martirizado en San Sebastián de la Gomera en 1571, cuando los ingleses invadieron la isla. Son venerados además como «siervos de Dios, la religiosa dominica María de Jesús, del convento de Santa Catalina de La Laguna, y la seglar María Justa, del Sauzal (Tenerife), que edificó a sus coterráneos por la austeridad y penitencia de su vida, falleció en los últimos años del siglo XVII. La isla de La Gomera cuenta entre sus hijos notables por su santidad a D. José Torres Padilla, canónigo de la catedral hispalense, y consultor pontificio en el Vaticano I. Fue fundador de la congregación sevillana de las Hermanas de la Cruz.

Monumentos artísticos. Los más notables están relacionados directamente con las historia de las islas; fueron en su origen ermitas edificadas como ex-votos de victorias, y fundaciones conventuales de los religiosos franciscanos y dominicos que acompañaron a los conquistadores. Los edificios primitivos han sido reedificados o ampliados, con lo que han perdido su primera fisonomía. La iglesia de Nuestra Señora de la Concepción, de Valverde, en la isla del Hierro, la primera conquistada de las cuatro que forman la diócesis, se cree que fue mandada edificar por Juan de Bethencourt, hacia el año 1405, al mismo tiempo que se levantaba en Fuerteventura la de Santa María de Betancuria. Aunque la iglesia primitiva parece ser que estuvo situada en la llamada cueva de La Pólvora, el edificio que se conserva actualmente data del siglo XVIII. La escala que Colón hizo en Canarias al emprender su primer viaje al Nuevo Mundo ha dejado un recuerdo histórico en la iglesia de la Asunción, de San Sebastián de La Gomera, fundada durante el gobierno de D. Guillén de Peraza (1442-1452), y visitada por el obispo de Rubicón, monseñor Diego de Muros (1496-1507), que le concedió la categoría de parroquia. El edificio actual es una mezcla de gótico y barroco canario del siglo XVIII. También la aparición de la imagen de Nuestra Señora de Guadalupe, patrona de la isla de La Gomera, y la edificación de su ermita en la marisma, tuvo lugar en estos mismos años.

El nombre del Adelantado Alonso Fernández de Lugo, conquistador de Tenerife y La Palma, va unido al origen de sus principales monumentos artísticos. La ermita que se levantó en honor de la Santa Cruz, conmemorando la primera victoria lograda en Tenerife (1-V-1494), fue el origen de la actual parroquia de Nuestra Señora de la Concepción, que tomó este título en 1638. El edificio primitivo ha sido reedificado y ampliado en los siglos XVII y XVIII. También la iglesia de Nuestra Señora de la Concepción, de San Cristóbal de La Laguna, fue mandada construir por el conquistador, después de rendir la isla en el Realejo Alto, en 1497. Fue declarada monumento nacional histórico-artístico en 1948. La iglesia de Nuestra Señora de la Victoria de Acentejo recuerda asimismo la victoria de Fernández de Lugo sobre el mencey Acaymo en el valle de Acentejo (Tenerife). La ermita primitiva fue transformada en parroquia el año 1536, empezando simultáneamente la construcción del nuevo templo, que fue ampliado en el siglo XVII. Actualmente conserva uno de los mejores artesonados de Tenerife. La incorporación definitiva de la isla a la Corona de Castilla tuvo lugar después que Alonso Fernández de Lugo negoció la rendición con el mencey Bencomo en Los Realejos, el 25 de julio de 1496, lugar en el que empezaron la edificación de una iglesia en honor de Santiago, en cuyo recinto, según la tradición, fueron bautizados los menceyes. El edificio que se conserva actualmente, muy transformado por las sucesivas ampliaciones, es sede parroquial desde 1515.

Finalmente en la isla de La Palma están las parroquias de San Miguel de Tazacorte, erigida en el lugar donde desembarcó Alonso Fernández de Lugo en septiembre de 1492 para conquistar la isla, y en la que celebró su última misa el beato Ignacio de Acevedo; y la del Salvador, de Santa Cruz de La Palma, mandada edificar también por Fernández de Lugo en el lugar de Tedote, el primer año de la conquista. Fue bendecida por el obispo de Rubicón, monseñor Diego de Muros el 1500. La Virgen de las Nieves, patrona de la isla, se venera en la iglesia parroquial de su nombre, que tuvo su origen en la ermita bendecida bajo esta advocación por el obispo de Marruecos, don Sancho Trujillo, en 1552.

2. Instituciones. *Cabildo catedral.* Constituido al ser erigida la diócesis, fue dotado por real cédula auxiliatoria en agosto de 1819. Consta actualmente de cinco dignidades, cuatro canónigos de oficio, siete canónigos simples, y 12 beneficiados. Existe dentro de su iglesia la parroquia de Nuestra Señora de los Remedios, creada en 1515 por el obispo de Canarias, monseñor Fernando de Arce. Su edificio fue designado para sede episcopal cuando fue erigida la diócesis en 1819, encargándose el cabildo catedral de la cura de almas de la parroquia de origen. En 1822 pasó a ser desempeñada la parroquialidad, con el título de Sagrario de la catedral, en la iglesia que había pertenecido a los padres agustinos, antes de la exclaustración, en la misma ciudad de La Laguna, hasta que en 1943, por decreto del obispo fray Albino González, fue restablecida en la catedral la primitiva parroquia de Nuestra Señora de los Remedios. El edificio actual, mandado construir por monseñor Nicolás Rey Redondo al ser declarado en ruinas en 1897 el que existía, conserva la fachada de estilo neoclásico, mandada hacer por el vicario capitular don Pedro Bencomo durante los años de su gobierno eclesiástico. El nuevo templo catedralicio fue consagrado en septiembre de 1913; entre sus obras de arte destacan el coro bajo, de estilo neoclásico de severas líneas; el retablo barroco de la capilla de los Remedios, con tablas flamencas del siglo XVI correspondientes a la predela del retablo mayor de la iglesia primitiva, y el púlpito de mármol italiano, procedente de Génova, obra de Pascual Bocchiardo, que es la obra de mayor valor artístico de la catedral.

Como edificio eclesiástico en la capital de la diócesis merece destacarse también el palacio episcopal, antigua residencia de los condes del Valle de Salazar, adquirido por monseñor Torrijos y Gómez para residencia de los prelados de la diócesis, y donde están instaladas actualmente también las oficinas de la curia diocesana.

Universidad de San Fernando de La Laguna. El pontífice Clemente IX autorizó a los padres agustinos de La Laguna, mediante la bula *Pastoralis oficii* del 5-V-1701, para que otorgasen los grados de bachiller, licenciado y doctor en Filosofía y Teología a los alumnos que frecuentasen sus aulas, instaladas en el convento del Espíritu Santo de dicha ciudad. Aunque la bula fue confirmada por Felipe V en 1742, fue suprimida toda la institución docente por Fernando VI en 1747. No obstante, en la última década del siglo, el papa Pío VI, mediante un Breve fechado el 25-V-1792, creaba la Universidad de San Fernando, para estudios de Teología, Cánones y Leyes, que subsistió hasta 1845.

Contemporáneamente los diputados de Tenerife en las Cortes de Cádiz, juntamente con la propuesta de erección del obispado así como la de la Audiencia y la capitalidad del archipiélago, habían presentado la de fundar una Universidad, petición ésta última que fue concedida mediante real cédula de Fernando VII el 1-XI-1816, instalándose en el antiguo colegio de los jesuitas de La Laguna. Los vaivenes políticos impidieron la estabilización del Centro Universitario, que fue cerrado y abierto por dos veces consecutivas. A partir de abril de 1913 se iniciaron de forma estable las Facultades de Filosofía y Letras y Derecho, y posteriormente las de Farmacia y Medicina. En septiembre de 1927 se completó con la de Ciencias Químicas, quedando establecida definitivamente, aunque con carácter estatal, la Universidad de San Fernando de La Laguna.

Seminario diocesano. El primer Seminario de la diócesis lo fundó monseñor Folgueras y Sión en octubre de 1832, utilizando para ello la casa-colegio de la Compañía de Jesús en La Laguna. Serias dificultades, sobre todo de orden económico, contribuyeron a su cierre en julio de 1834. El establecimiento definitivo del Seminario lo efectuó monseñor Infante y Macías en septiembre de 1877, al restablecerse la diócesis. Fue ocupado con este fin el antiguo convento de los padres dominicos, que servía también de residencia episcopal. Aunque el obispo Rey Redondo mejoró considerablemente el Seminario, lo inadecuado y ruinoso del edificio ha exigido la construcción de otro, inaugurado por el actual prelado al comenzar el curso académico 1974-1975.

Fundaciones benéficas. Los centros benéficos de la diócesis se reducen a los asilos que rigen las Hermanitas de los Ancianos Desamparados en varias ciudades de las islas, y a la clínica infantil de San Juan de Dios, en La Cuesta (La Laguna), a cargo de dicha Orden Hospitalaria. Sin embargo, la mayor parte de los centros benéficos estatales o dependientes de entidades públicas o privadas están regidos por comunidades religiosas, en los que realizan su labor docente o sanitaria.

Santuarios. Puede considerarse de importancia diocesana el santuario de la Virgen de Candelaria, patrona de todo el archipiélago canario. Su aparición, fechada hacia 1392, se la relaciona con las expediciones misioneras que dieron origen al obispado de Telde, aunque Bonnet y Reverón opina que la imagen es una talla de mediados del siglo xv. Venerada primitivamente en la cueva de San Blas, fue encomendado su culto a los padres dominicos, en la segunda década del siglo xvi, en un templo construido por el adelantado D. Pedro de Lugo. El santuario actual se debe al celo y devoción de monseñor Domingo Pérez Cáceres (1947-1961), en cuyo recinto está sepultado.

Muy conocidos también son los santuarios tinerfeños del Cristo de La Laguna y del Cristo de Tacoronte. El primero corresponde a la primera fundación franciscana en la isla, concedida por Alonso Fernández de Lugo a los religiosos que le acompañaron en la conquista. El convento recibió el nombre de San Miguel de las Victorias, pero el pueblo lo cambió por el de San Francisco. El edificio actual es la reconstrucción del primitivo destruido por un incendio en 1810. En él se venera la imagen del llamado Cristo de La Laguna, talla gótica del siglo xv, de escuela sevillana al parecer, traída según la tradición por Alonso Fernández de Lugo en 1520. El santuario del Cristo de Tacoronte es un convento de agustinos del siglo xvii, fundado por el regidor D. Tomás Pereyra de Castro Ayala. La imagen del Cristo de los Dolores que en él se venera, obra de Domingo Rioja, fue traída por el mismo D. Tomás Pereyra en 1662.

Archivos, bibliotecas y museos. El archivo diocesano, parcialmente catalogado, posee documentos desde el siglo xvi. También la mayoría de las parroquias conservan sus archivos desde la fundación. La catedral cuenta con una buena biblioteca teológica. Las que pertenecieron a la Universidad agustina y a los conventos extinguidos forman hoy los ricos fondos de la biblioteca universitaria estatal. No existe museo diocesano, conservando cada parroquia su propio tesoro artístico, muy notable en algunas iglesias de Tenerife y de La Palma, abundando especialmente en los de La Laguna la plata repujada de procedencia americana.

Boletín eclesiástico del obispado. Comenzó a publicarse en 1877, y hoy se publica también un suplemento doctrinal con el nombre de *Pregón.*

3. Geografía diocesana. Los límites de la diócesis han permanecido invariables desde su erección y restablecimiento definitivo, y coinciden con los de la provincia civil donde está enclavada, que comprende las islas de Tenerife, La Palma, La Gomera y El Hierro. Constituyen la parte occidental del archipiélago canario, situado en la zona del trópico de Cáncer, a 115 kilómetros de la costa africana y a unos 1.150 kilómetros al SO. de Gibraltar, entre los 27° y 30° de latitud norte y los 13° y 19° de longitud oeste. La extensión total de la diócesis es de 3.439 kilómetros cuadra-

dos (Tenerife; 2.057,7 kilómetros cuadrados; La Palma, 726 kilómetros cuadrados; La Gomera, 379 kilómetros cuadrados; El Hierro, 277 kilómetros cuadrados).

4. Situación actual. Los datos estadísticos de la diócesis de Tenerife de 1974 son los siguientes: número de fieles, 669.812; parroquias, 233; coadjutorías, 40; arciprestazgos, 12; sacerdotes del clero secular, 200; seminaristas, 188; religiosos, 135 con 17 casas; religiosas, 652, con 52 casas; colegios religiosos, 51, con 19.800 alumnos; escuela universitaria, una con 122 alumnos; hospicios y asilos, 23 con 1.315 niños y ancianos.

Las casas religiosas de varones que existen actualmente en la diócesis están todas en la isla de Tenerife. En *Santa Cruz:* carmelitas descalzos, parroquia de Santo Domingo de Guzmán; dominicos, parroquia de Santa Bárbara; escolapios, colegio de Madre de Dios; franciscanos, convento de San Pedro de Alcántara; Hermanos de las Escuelas Cristianas, colegio de San Ildefonso; Hermanos de San Juan de Dios, clínica infantil; jesuitas, parroquia de Nuestra Señora de la Concepción; claretianos, parroquia del Pilar; pasionistas, parroquia de los Remedios, y salesianos, colegio San Juan Bosco. En *San Cristóbal de La Laguna:* franciscanos, convento de San Miguel de las Victorias; Hermanos de las Escuelas Cristianas, colegio Nava-La Salle; paúles, hospital de los Dolores. *Orotava:* paúles, colegio Apostólico; salesianos, colegio de San Isidro. *Puerto de la Cruz:* agustinos, colegio de San Agustín. *Candelaria:* dominicos, santuario de Nuestra Señora de Candelaria.

Las comunidades religiosas femeninas de clausura son cuatro. *San Cristóbal de La Laguna:* dominicas, convento de Santa Catalina de Sena; clarisas, monasterio de Santa Clara. *Garachico* (Tenerife): concepcionistas franciscanas, convento de la Inmaculada Concepción. *Breña Alta* (La Palma): cistercienses, monasterio de la Santísima Trinidad.

Las restantes casas religiosas pertenecen a comunidades de vida activa o mixta. En la isla de Tenerife existen fundaciones en *Santa Cruz:* agustinas de la Asunción, colegio; Amantes de Jesús, clínica; carmelitas descalzas misioneras, clínica; filipensas, colegio; misioneras claretianas, parroquia; nazarenas, secretariado de catequesis; mercedarias de la Caridad, sanatorio antituberculoso; Hermanitas de los Ancianos Desamparados, asilo; Hijas de la Caridad, hospitales, residencia, sanatorio psiquiátrico y jardín de infancia; Hijas de María Auxiliadora, colegio y escuela universitaria; Hijas de María Inmaculada, colegio; Pureza de María Santísima, colegio; Siervas de María, enfermos; y Terciarias capuchinas de la Sagrada Familia, clínica. En *San Cristóbal de La Laguna:* Amantes de Jesús, clínica; dominicas de la Sagrada Familia, colegios y un colegio mayor; franciscanas del Buen Consejo, colegio; y atender al seminario; Hermanas Hospitalarias del Sagrado Corazón, colegio; Hermanitas de los Ancianos Desamparados, asilo; Hijas de la Caridad, hospital; misioneras Hijas de la Sagrada Familia, residencia; Oblatas del Santísimo Redentor, hogar-taller e internado; Pureza de María Santísima, colegio, y Siervas de María, enfermos. *Granadilla de Abona:* agustinas de la Asunción, colegio. *Icod:* franciscanas del Buen Consejo, colegio. *Güimar:* misioneras Hijas de la Sagrada Familia, colegio. *Orotava:* Hermanas de la Cruz, enfermos; Hijas de la Caridad, colegio y hospital. *Puerto de la Cruz:* Amantes de Jesús, hospital y Pureza de María Santísima, colegio. *Realejos:* misioneras Hijas de la Sagrada Familia, colegio. La isla de La Paloma cuenta con las siguientes comunidades: *Santa Cruz de La Palma:* dominicas de la Sagrada Familia, colegio; Hijas de la Caridad, hospital y residencia sanitaria; y Hermanas de la Cruz, enfermos. *Los Llanos de*

Arnade (La Palma): misioneras Hijas de la Sagrada Familia, colegio.

5. Episcopologio. *Luis Folgueras y Sión*, pr. 27-IX-1824, pos. 12-VII-1825, 17-I-1848 tr. a Granada. Obispos de Canarias y administradores apostólicos de Tenerife: *Joaquín Lluch y Garriga*, 1859-1868; *José María Urquinaona y Vidot*, 1868-1877. Restablecido el obispado: *Ildefonso Infante y Macías*, pr. 20-III-1877, pos. 6-VI-1877, 1882 renuncia. *Jacinto María Cervera y Cervera*, pr. 16-IV-1882, pos. 21-VI-1882, 21-VII-1885 renuncia. *Ramón Torrijos y Gómez*, pos 8-X-1888, 21-V-1894 tr. a Badajoz. *Nicolás Rey Redondo*, pr. 21-V-1894, pos. 7-X-1894, † 5-IX-1917. *Gabriel Llompart y Jaume*, pr. 17-V-1918, pos. 22-X-1918, 27-XII-1922 tr. a Gerona. *Albino González y Menéndez-Reigada*, pr. 18-XII-1924, pos. 10-VIII-1925, 18-II-1946 tr. a Córdoba. *Domingo Pérez Cáceres*, pr. 28-IV-1947, † 1-VIII-1961. *Luis Franco Cascón*, pr. 19-II-1962, pos. 3-V-1962, es el actual obispo.

BIBL.: L. Afonso Pérez, *Esquema de geografía física de las Islas Canarias*, La Laguna 1953; J. Alvarez Delgado, *Primera conquista y evangelización de La Gomera*, Ma.-Las Palmas 1960; J. Blanco Montesdeoca, *Breve noticia histórica de las Islas Canarias*, Las Palmas 1958; B. Bonnet y Reverón, *Las Canarias y la conquista franco-normanda de Juan de Bethencourt*, La Laguna de Tenerife 1944; S. F. Bonnet, *Tacoronte y sus templos*, Las Palmas 1944; G. Camacho y Pérez-Galdós, *La iglesia de Santiago del Realejo Alto*, Las Palmas 1950; A. Cioranescu, *Colón y Canarias*, La Laguna 1959; *Crónica de la consagración episcopal del Excmo. y Rvdmo. Sr. D. Domingo Pérez Cáceres, VIII obispo de Tenerife*, Santa Cruz de Tenerife 1948; D. V. Darias y Padrón, J. Rodríguez Moure y L. Benítez Inglott, *Historia de la religión en Canarias*, Santa Cruz de Tenerife 1957; D. V. Darias y Padrón, *Noticias generales históricas sobre la isla del Hierro*, La Laguna 1929; *Diario de las Sesiones de Cortes, 1821* XII, 345 y ss.; 1813, XXII, 474 y ss.; 18171, 14, 151 y ss.; XXIV, 297; G. Frutuoso, *Las Islas Canarias*, La Laguna de Tenerife 1964; L. A. Guerra y Peña, *Memorias (Tenerife en la segunda mitad del siglo XVIII 1760-1791)*, Las Palmas, «Museo Canario», 1951-1959; M. Guimerá Peraza, *El pleito insular. La capitalidad de Canarias (1808-1839)*: Anuario de Estudios Atlánticos, 13(1967)365-445; ID., *Los diputados doceañistas canarios*: «Enciclopedia Canaria», Aula de Cultura, Santa Cruz de Tenerife 1967; J. Hernández Perera, *La parroquia de la Concepción de la Orotava*, La Laguna 1943; ID., *Orfebrería de Canarias*, Ma. 1955; ID., *Esculturas genovesas en Tenerife*, Ma.-Las Palmas 1961; ID., *Cincuentenario de la catedral de La Laguna. Exposición de Arte Sacro. Catálogo*, La Laguna 1963; F. D. Inchaurbe, *Noticias sobre los Provinciales Franciscanos de Canarias*, Instituto de Estudios Canarios, San Cristóbal de La Laguna de Tenerife 1966; F. M. León, *Apuntes para la continuación de las noticias históricas de las Islas Canarias desde 1776 a 1868*: Biblioteca de Autores Canarios, Aula de Cultura, IV, Santa Cruz de Tenerife 1966; G. Martínez Marcos, *Algunas obras publicadas por el dominico asturiano, fray Albino González Menéndez-Reigada durante su episcopado en la diócesis de Nivaria (Tenerife)*: R52, 14(1960)425; D. Martínez de la Peña, *Las cubiertas de estilo portugués en Tenerife*, Ma. 1955; M. Marrero Rodríguez, *La esclavitud en Tenerife a raíz de la conquista*, Instituto de Estudios Canarios, La Laguna de Tenerife 1966; S. Padrón Acosta, *El escultor canario D. Fernando Estévez*, Santa Cruz de Tenerife 1943; J. Rodríguez Moure, *Historia de... Nuestra Señora de Candelaria*, Santa Cruz de Tenerife 1913; ID., *Datos históricos del templo catedral de Tenerife*, La Laguna 1914; ID., *Historia de la Parroquia Matriz de Nuestra Señora de la Concepción de la Ciudad de La Laguna*, La Laguna 1925; ID., *Guía histórica de La Laguna*, La Laguna 1935; L. Rosa Olivera, *El Santísimo Cristo de La Laguna y su culto*: Revista de Historia Canaria, 19(1953)309-310; ID., *El Adelantado D. Alonso de Lugo*, La Laguna 1949; A. Rumeu de Armas, *Piraterías y ataques navales contra las islas Canarias*, Ma. 1948-1950; M. Tarquis y A. Vizcaya, *Documentos para la Historia del arte en las islas Canarias*: Instituto de Estudios Canarios, Santa Cruz de Tenerife 1959; J. Trujillo Cabrera, *Guía de la Diócesis de Tenerife*, Santa Cruz de Tenerife, 1965; J. Viera y Clavijo, *Noticias de la Historia General de las Islas Canarias*, Ma. 1772, Santa Cruz de Tenerife 1952; J. D. Woeeld, *Quiénes fueron los primeros conquistadores y obispos de Canarias*: Revista de Investigación y Progreso, 9(1931)130 ss. M. F. Núñez

TENORIO, Pedro, (Toledo † Ibid. 28-V-1399) arzobispo de Toledo. Hijo de Diego Alfonso Tenorio, oriundo de Galicia, y de Juana Duc, de Talavera. Arcediano de Calatrava en el cabildo de Toledo, seguidor de la bandería de Enrique de Trastamara, se vio obligado por el rey D. Pedro a marchar a Francia en compañía de sus hermanos Mendo y Juan. Pasó después a Perusa, donde fue alumno del insigne decretalista, Baldo Degli Ubaldi. Habiéndose doctorado en Decretos explicó posteriormente Leyes en Roma.

Después de la derrota de Nájera los hermanos Tenorio que habían vuelto a Castilla fueron ajusticiados por orden de Pedro I, salvándose únicamente Pedro, merced a la valiosa intercesión del cardenal legado, Guido de Bolonia. En el séquito del cardenal, al que prestaba excelentes servicios por sus conocimientos canónicos, pasó a Portugal y fue nombrado obispo de Coimbra en 1371. El 13-I-1377 Gregorio XI lo nombraba arzobispo de Toledo.

Aunque fue un prelado embebido en los asuntos políticos de su época, no descuidó sus deberes pastorales. Vivía rodeado de un consejo de sabios eclesiásticos, algunos de ellos obispos sufragáneos; visitaba personalmente su diócesis; celebró sínodo en Alcalá de Henares en 1379, promulgando unas Constituciones que habían de servir de norma para la reforma del clero. Desplegó gran actividad como constructor, según testimonian el claustro de la catedral de Toledo, la capilla de San Blas, en la misma catedral, destinada para su enterramiento; el puente de Puente del Arzobispo (Toledo). Villafranca del Arzobispo (Jaén) en el Adelantamiento de Cazorla a él debe su título de villa. Ejerció una notable autoridad como señor de las vastas posesiones de la mitra toledana.

Coincide su pontificado en Toledo con el comienzo del Cisma de Occidente. En la decisión como cabeza de la Iglesia de Castilla por una u otra obediencia demostró gran prudencia, manifestada en el citado sínodo de 1379, en la reunión episcopal de Illescas, en el concilio de Toledo, habidos el mismo año, así como en la reunión de Medina del Campo; hasta que en el concilio palentino de 1388, celebrado bajo la presidencia del cardenal Pedro de Luna, se aceptó la obediencia de Clemente VII.

En el aspecto militar dirigió contra Portugal la batalla de Trancoso, donde fue derrotado, y estuvo encargado de los preparativos de la guerra de Granada, que no llegó a declararse. Ante la inesperada muerte de Enrique II (1379), tuvo que desplegar todas sus dotes de político, sobre todo durante la minoría de Juan I, en cuyo reinado gozó de gran ascendiente.

Las fundaciones piadosas de los hospitales de Santa Catalina, de Talavera y Puente del Arzobispo, manifiestan su religiosidad. Construyó edificios en Alcalá y Santorcaz, reedificó el castillo de San Servando en Toledo, y el de Almonacid de Toledo. La biblioteca de la catedral de Toledo fue dotada por él de una rica librería y recibió copiosa donación de códices, que a él habían pertenecido.

El 4-XI-1398 en Alcalá de Henares dictó su amplio y detallado testamento y falleció el domingo de Pentecostés del año siguiente. Está sepultado en la capilla de San Blas del claustro de la catedral de Toledo.

BIBL.: Es muy de lamentar que tan insigne personaje no tenga una biografía moderna, ya que la de Narbona necesita revisión y complemento. Pueden consultarse J. B. Pérez, 95-101; E. Narbona, *Vida y hechos de Don Pedro Tenorio, arzobispo de Toledo*, Ma. 1624; L. Suárez

FERNÁNDEZ, *Don Pedro Tenorio, arzobispo de Toledo (1375-1399):* Estudios dedicados a Menéndez Pidal, IV, Ma. 1953, 601 y ss. J. F. RIVERA

TEODOMIRO, (c. 800 † Santiago de Compostela 20-X-847) obispo de Santiago. Las primeras noticias de su vida empiezan con el descubrimiento del sepulcro del apóstol Santiago, acontecimiento que centra y eclipsa los demás hechos de aquel período histórico; es innegable que entonces comienza esta tradición. El fue quien, secundando los rumores populares que apoyaba el prestigio del anacoreta Pelayo de que algo misterioso ocurría en la parroquia de Solobio, encuentra pruebas claras de que aquellos restos son los de Santiago.

Se lo comunicó con gran rapidez al rey. Parece que la fecha más probable es el 25-VII-813, según Huerta; y esto porque su inmediato antecesor, Quendulfos, murió el 812, y Carlomagno, que tenía noticia de ello, murió en el 814. El celo unido del rey y de Teodomiro emprendió la construcción de una iglesia, y más tarde de otras dos; en el término de treinta años, el lugar llamado *Campus Stellae* se convirtió en un gran campamento amurallado.

Este precioso hallazgo fue providencial para la lucha contra los moros. La basílica, empezada por Alfonso el Casto (814), destruida por Almanzor, continuada por Diego Peláez (1074), fue culminada por Diego Gelmírez (1100-1139).

Tiene gran importancia el descubrimiento de la lauda de Teodomiro en las excavaciones que se están llevando a cabo en la catedral de Santiago a la altura de la primitiva fábrica de Alfonso; la inscripción traducida al castellano, dice así: «En este sepulcro descansa el siervo de Dios, Teodomiro, obispo de la sede Iriense.» A 0,80 centímetros se encuentra la fosa donde se depositaron sus restos, que hace centro de una pequeña capilla adosada al muro.

BIBL.: ES 19-20; F. J. DE LA HUERTA, *Anales de Galicia,* II, Sant. 1736, A. LÓPEZ FERREIRO, *Historia de la iglesia...,* II, Sant. 1906; M. CHAMOSO LAMAS, *Excavaciones arqueológicas de la catedral de Santiago:* R77, 2(1957); V. DE LA FUENTE, *Historia Eclesiástica de España,* III, Ma. 1873, 119-121. J. DE MIGUEL

TEODULFO DE ORLEANS, (siglo VIII † c. 821) obispo y escritor. De origen ciertamente español, nace en la segunda mitad del siglo VIII. Miembro de la Corte carolingia, adonde había huido impulsado por los sarracenos, Carlomagno le nombró obispo de Orleáns (antes del 798) y poco después abad de Fleury, aunque esta última dignidad tal vez la adquiriese por elección de los monjes. En uno y otro caso no es posible dar fechas exactas. A pesar de sus relaciones con la corte, no fue obispo áulico, sino el pastor celoso entregado a sus funciones pastorales, según se desprende de las noticias y lectura de sus obras. No hay datos para asegurar que fuese monje, aunque se ocupó con empeño de la vida religiosa y de la reforma de las abadías que presidía. Se esmeró en la formación del clero y dotó de escuelas a gran parte de los pueblos de su diócesis. Amigo de Alcuino, nos cuenta éste (MGH, *epist.* IV, 241) que intervino en el caso de Félix de Urgel y el Adopcionismo, pero desconocemos su postura en las reuniones sinodales celebradas con este fin. Teólogo erudito y uno de los grandes obispos de los días de Carlomagno, intervino muy activamente en el problema del *Filioque,* siendo, junto con el abad Smaragdo, encargado de la preparación del concilio de Aquisgrán en 809. En uno de sus poemas nos cuenta Teodulfo cómo en 798 él y el obispo de Lyón, Leidrado, fueron comisionados para hacer una visita pastoral a Provenza y Septimania. Al contrario de otros clérigos de sus días,

Teodulfo no se mezcló en política, pero exaltó la misión providencial de Carlomagno y contribuyó, junto con otros, a su coronación en el 800. En Orleáns recibió a Ludovico Pío con gran solemnidad prometiéndole lealtad, según sus poemas. Al venir el papa Esteban IV a Reims para coronarlo, entre los designados para acompañarle figura Teodulfo; el obispo de Roma le concedió el *pallium.* A pesar de su apoliticismo fue acusado de tomar parte en la revolución de Bernardo, rey de Italia, contra el emperador. Fue desterrado con otros consejeros de Carlomagno y encarcelado en un monasterio de Angers y después en Le Mans. De su inocencia puso por testigo al papa. Con gran finura espiritual no quiso comprar su libertad a costa de cualquier bajeza (PL 104, 337-40). Remplazado en su sede episcopal por Jonás (818), probablemente murió en el destierro.

OBRAS: Obispo eminentemente pastoralista, se conservan de él dos colecciones: *Capitula* (PL 105, 191-208) y *Capitulare* (PL 105, 207-224), dirigidas ambas a los sacerdotes de su diócesis; contienen orientaciones, preceptos y consejos a los mismos; son de gran interés para el conocimiento de la legislación religiosa y organización diocesana y parroquial de la época. La *Interpretatio missae* es una explicación de la misma desde el prefacio hasta el *Agnus Dei* inclusive, con una buena formulación teológica; la publicó Ch. Cuissard (cf. Bibliografía). Fragmentos de dos *sermones* (PL 105, 275-282). Como teólogo nos legó *De Spiritu Sancto* (PL 105, 239-276) en donde con gran erudición patrística demuestra cómo el Espíritu Santo procede no solo del Padre sino también del *Hijo;* lo compuso en 809 a petición de Carlomagno para justificar la inclusión del *Filioque* en el símbolo de Nicea. Asimismo, como respuesta a una encuesta de Carlomagno, redactó en 812 *De ordine baptismi* (PL 105, 223-240), explicación detallada del rito bautismal. Utilizando códices, sobre todo españoles, intentó una nueva edición de la Vulgata, pero con poco suceso y poca difusión (PL 105, 326). Como poeta se conservan los *Theodulfi Carmina* (E. Dümmler, MGH, *poet.* I, 437-579; PL 105, 283-308), en seis libros, con unos 4.600 versos, elegante lenguaje e influenciado por Prudencio, Virgilio y Ovidio. Los *Carmina* del obispo español son un documento de primer orden para conocer su persona, su cultura clásica y su sensibilidad poética, así como ciertos aspectos de la corte de Carlomagno. Escribe con originalidad, de temas variados, desde la lucha de pájaros en la región tolosana hasta el *Gloria laus* de la liturgia del domingo de Ramos. Es el gran poeta de sus días.

BIBL.: L. P. A. BAUNARD, *Théodulfe, évêque d'Orléans et abbé de Fleury...,* Orleans 1860; CH. CUISSARD, *Théodulfe, évêque d'Orléans, sa vie et ses œuvres,* Orléans 1892; L. DELISLE, *Les bibles de Théodulfe:* Bibliot. de l'Ecole de Chartes, 40(1879)73-137; E. POWER, *Corrections from the Hebrew in the Theodulfian Mss. of the Vulgata:* Biblica, 5(1924)233-58; Z. GARCÍA VILLADA, *Historia eclesiástica de España,* III, Ma. 1936, 399-400; H. LIEBESCHÜTZ, *Theodulf of Orleans and the Problem of the Carolingian Renaissance;* G. FRITZ SAXL, *Memorial Essays,*¡Lo. 1957, 77-92; D. CHALLER, *Philol. Untersuchungen zu den Gedichten Theod. von Orleans:* Deutsches Archiv für Erforschung des Mittelalters, 18(1962)13-91. U. D. DEL VAL

TERCIARIAS CAPUCHINAS de la Madre del Divino Pastor. Congregación fundada en Ripoll (Barcelona) el 27-V-1850 por las jóvenes Remedios Palos, Isabel Jubal y Marta Suñol. Sus anhelos de dedicar su vida a la formación de las niñas y jóvenes, en el apostolado de la enseñanza, fueron unificados, orientados y cristalizados por el reverendo padre José Tous OFMCap, que exclaustrado por 'la persecución religiosa de aquellos años, vivía en Barcelona, consagrado especialmente a la dirección de almas. De este sacerdote se sirvió Dios para dar al Instituto un sello auténticamente franciscano y singularmente mariano. A su muerte, en febrero de 1871, la religiosas, llamadas vulgarmente de la Divina Pastora, se habían extendido por España.

Al año siguiente la comunidad y casa de Madrid se separaban para dar origen a la nueva Congregación de Terciarias Franciscanas de la Madre del Divino Pastor (16-I-1872). El primitivo árbol prosiguió su obra. Se extendió con nuevas fundaciones por España y América, ampliando al mismo tiempo sus formas de apostolado: misiones, enfermos, residencias, etc. Sus constituciones recibieron la aprobación definitiva, el 1-II-1909. Tienen en España 16 casas.

BIBL.: E. Ros, *Historia del Instituto de Religiosas de la Madre del Divino Pastor*, Ba. 1952.　　D. Marrero

TERCIARIAS CAPUCHINAS de la Sagrada Familia. Congregación de religiosas que profesan la Regla de la Tercera Orden Franciscana. Fue fundada en 1885 por el padre Luis Amigó Ferrer OFMCap, más tarde obispo de Segorbe; recibió la aprobación pontificia en 1902. En la actualidad tiene dos provincias en España y otras dos en Colombia, y está extendida en muchos otros países. Sus actividades peculiares son: la reeducación de niñas y jóvenes, asistencia a enfermos, y misiones entre infieles. Tienen 42 casas en España.

BIBL.: N2, 333 ss.　　L. DE ASPURZ

TERCIARIAS CARMELITAS del Sagrado Corazón de Jesús. Congregación fundada en Málaga el 13-V-1924, por la madre Asunción Soler Gimeno. El fin específico es cuidado de los pobres, asistencia a los enfermos, educación de niñas, servicio en seminarios y casas de retiro de sacerdotes. Tienen 36 casas.　　D. Marrero

TERCIARIAS CARMELITAS Teresas de San José. Congregación fundada en Barcelona, el 22-II-1878, por la madre Teresa de San José (D.ª Teresa Toda Juncosa, viuda de Guasch) y su hija, la madre Teresa del Inmaculado Corazón de María (Teresa Guasch y Toda). El 10-IV-1911, obtuvo de la Santa Sede el *decretum laudis* y, juntamente, la aprobación definitiva, siendo pontífice san Pío X. Además de los internados para niñas huérfanas y pobres, que fue el ministerio más querido de las madres fundadoras, el Instituto abrió colegios de todos los grados para niñas de cualquier posición social; tiene residencias para jóvenes y señoras; ejerce la catequesis en sus colegios y fuera de ellos y, finalmente, presta servicios en seminarios y similares. Tiene casas en España, Francia, Roma, República Dominicana, Colombia y Chile. Prepara una casa-misión en el Congo. Actualmente cuenta con 262 profesas, 21 novicias, 8 postulantes y un centenar de alumnas en los colegios aspirantados. Está afiliada a la Orden del Carmen Descalzo. Presentadas las Constituciones, algo reformadas y adaptadas al Derecho Canónico ante la Santa Sede, obtuvieron la aprobación definitiva el 6-III-1957.　　D. Marrero

TERCIARIAS FRANCISCANAS Misioneras de la Madre del Divino Pastor. Conocidas también con el nombre de Franciscanas de la Divina Pastora. Congregación fundada por la sierva de Dios, María Ana Mogas Fontcuberta, en Madrid el 16-I-1872, al separarse de las Terciarias Capuchinas del mismo nombre. Están dedicadas a la enseñanza, a las misiones y al apostolado de la caridad con enfermos. La Congregación recibió el *decretum laudis* el 22-IX-1894; la aprobación temporal de las constituciones el 11-VII-1896, y la aprobación definitiva por León XIII, el 8-VIII-1899. Se hizo la agregación a la Orden franciscana el 19-VI-1906. Ha adquirido una rápida extensión por España, Hispanoamérica, Portugal y sus provincias africanas. Tiene en la actualidad 87 casas divididas en seis provincias, tres de ellas en España con 62 casas.　　Q. ALDEA

TERCIARIAS FRANCISCANAS de la Purísima. Congregación fundada en Murcia, el 5-XI-1879 por la madre Francisca Paula de Jesús Gil Cano y el padre Manuel Malo. El fin específico es la enseñanza a las niñas y la asistencia a ancianos y enfermos. Obtuvo la aprobación definitiva de la Santa Sede el 6-VI-1901. Tiene en España 20 casas.　　D. Marrero

TERCIARIAS FRANCISCANAS del Rebaño de María. Congregación fundada en Cádiz por el padre Francisco de Asís Medina y la madre Encarnación Carrasco Tenorio. Surgió como una asociación de señoras que atendiese en escuelas a niñas pobres contra la labor protestante. Conseguido su objetivo primero, se pensó en formar comunidad y llevar hábito religioso. Las constituciones de esta Congregación fueron aprobadas por el obispo Calvo y Valero (3-II-1891). En la actualidad el número de religiosas pasa del centenar y sus 16 casas están esparcidas por Andalucía, Badajoz y Galicia. Su labor apostólica se extiende a la educación de niñas pobres y huérfanas, y al cuidado de enfermos y ancianos en hospitales y asilos.

BIBL.: M. P. Varo Ramos, *Breve Biografía de Sor María de la Encarnación Carrasco Tenorio*, Cad. 1956.
　　P. Antón Solé

TERCIARIAS FRANCISCANAS de los Sagrados Corazones de Jesús y María. Congregación fundada en Antequera (Málaga), el 8-V-1884, por la sierva de Dios, madre Carmen del Niño Jesús González Ramos. El fin específico es la enseñanza y la asistencia a los enfermos. Tiene 26 casas en España.

BIBL.: N2, 172, 1674.　　D. Marrero

TERCIARIOS CAPUCHINOS de Nuestra Señora de los Dolores. Congregación de votos simples fundada en Masamagrell (Valencia) el 12-IV-1889 por el capuchino padre Luis Amigó y Ferrer, fallecido en olor de santidad, siendo obispo de Segorbe, el 1-X-1934. El fin especial del Instituto es la educación correccional, moralización y enseñanza de artes y oficios a los acogidos en las escuelas de reforma o reeducación y demás establecimientos similares, tanto públicos como privados. La Congregación obtuvo la aprobación de la Santa Sede el 19-IX-1902. Está regida por un superior general — elegido para un período de seis años, prorrogables otros seis — al que asisten en su gobierno cuatro consejeros.

Al año siguiente de fundado el Instituto, se hacía cargo de la Escuela de Reforma de Santa Rita, en Carabanchel Bajo (Madrid); y en 1920, al promulgarse la ley de Tribunales Tutelares en España (1918), la Congregación se hacía cargo del primer centro de reeducación de nuestra patria: la Casa del Salvador, de Amurrio; y sucesivamente pasa a regir los más importantes de España, a medida que se van creando. En 1926 se extiende a Italia, y en 1928 a América, estableciéndose en Colombia y, sucesivamente, en la República Argentina, Venezuela, Panamá, Nicaragua y Santo Domingo. En 1962 el Instituto funda en Alemania.

Los laboratorios psicotécnicos de la Congregación han esparcido la fama del Instituto por el mundo. Y a este conocimiento han contribuido con eficacia las revistas «Surgam», en España, y «Alborada», en América, así como el Centro de Estudios Psicopedagógicos de la Casa del Salvador, de Amurrio, que ha publicado, entre otras, las siguientes obras: *Observación psicológica y reeducación de menores*, del padre Vicente Cabanes,

TC; *Método de Exploración mental*, del padre Jesús Ramos, actual superior general del Instituto (cuarta edición); *Tests psicométricos y proyectivos* (segunda edición); *Tests* sueltos, para la venta.

Entre los personajes ilustres del Instituto, cabe destacar al fundador, padre Luis Amigó (1854-1934), apóstol de la juventud extraviada; al padre José María de Sedaví (1855-1928), brazo derecho del fundador, que no aceptó un obispado para afirmar más al Instituto, que estaba en sus comienzos; al padre Vicente Cabanes, eminente psicólogo, pese a su temprana muerte, a sus veintiocho años de edad, asesinado por los rojos en 1936 por no querer apostatar de la fe.

Faceta muy importante del Instituto la constituye la organización de cursillos de especialización psicopedagógica, bien en los organizados anualmente por el Consejo Superior de Protección de Menores, bien en los de Congregaciones religiosas o de entidades dependientes del Ministerio de Educación y Ciencia. Con motivo del 75 aniversario de la fundación del Instituto, se decretó el año jubilar 1964-1965, y en él se celebraron actos muy importantes para la vida de la Congregación. Se publicó, además, durante el año, un número extraordinario de la revista Surgam que recoge todas las actividades de la Congregación, los escritos del padre fundador, y una obra que recoge los métodos psicopedagógicos de los Terciarios Capuchinos.

La Congregación está dividida en cuatro provincias: dos en España, que tienen, respectivamente, agregadas las naciones americanas de Argentina y Santo Domingo; una, en Colombia; otra, en Italia, y una quasiprovincia en Venezuela.

BIBL.: T. ROCA, *Historia de la Congregación de religiosos terciarios capuchinos de Nuestra Señora de los Dolores*, I *(1889-1910)*, Ma. 1968 (seguirán otros cuatro tomos); N2, 339. T. ROCA

TERCIAS REALES. Era un ingreso o tributo que percibía la Corona, consistente en «los dos novenos de todos los frutos, rentas y otras cosas que en nuestros reinos se diezman», según se expresa la pragmática de Felipe II de 30-III-1565. Se llamaban tercias por la razón siguiente. Los diezmos inicialmente se distribuían en tres lotes: uno, 33,33 %, para los servidores de la iglesia (párrocos o beneficiados de cualquier género); el segundo, 33,33 %, para la fábrica o reparación del templo, y el tercero, 33,33 %, para el obispo. Son, pues, tres tercios iguales, o, dicho de otra manera, nueve novenos en total y tres novenos cada tercio. Esto era más o menos general en toda la Iglesia Católica.

En España, durante el siglo XIII el Papa concede al monarca español, como subsidio de cruzada, la tercera parte de los diezmos correspondientes a los servidores, o sea, el 11,11 % del total, y la de la fábrica, otro 11,11 % (no la del tercio correspondiente al obispo), lo cual suponía dos novenos del total, o sea, el 22,22 %. Esto fue lo que con el tiempo se hizo definitivo, y constituyó las llamadas *tercias reales: tercias*, por ser la tercera parte de dos de los tercios de los diezmos; *reales*, por consignarse al rey. En la práctica diezmal los casuístas explicaban el modo concreto de la recaudación, de esta manera: «de cada nueve fanegas, se sacan dos para S. M., y de cada nueve celemines, dos; de manera que sea la cosa que fuere la que se diezma, y de cualquier género, de cada nueve tocan dos a S. M.» Por lo que hemos dicho, el concepto y realidad de las *tercias* o *tertia decimarum*, referente al culto y fábrica de las iglesias, eran más antiguos en la terminología canónica que su concesión al rey. Consta, en efecto, de usurpaciones de las tercias hechas por D. Alvaro Núñez de Lara, durante la minoría de Enrique I de Castilla, de que tuvo que retractarse y prometer no reincidir, en Soria, 15-II-1216. Esta institución de las tercias reales

no tuvieron siempre la misma configuración jurídica de la *Nueva Recopilación* ni en cuanto a la cantidad ni en cuanto al tercio de donde se deducía el subsidio real. A veces solo entraba en juego el tercio de la fábrica, no el de los servidores de la iglesia.

La primera concesión pontificia de que hay constancia documental es la hecha por Honorio III a Rodrigo Jiménez de Rada, arzobispo de Toledo, en tiempos del rey san Fernando, el 16-III-1219. A la petición del arzobispo contesta el papa concediéndole, por un trienio, la mitad de las tercias (o sea el uno y medio del diezmo) para ayudar a los cruzados que militaban bajo su mando en la guerra contra los moros, «precaviendo que, si para la reparación de la fábrica de alguna iglesia conociéreis que es tal la necesidad que la otra mitad no es suficiente para repararla, no le cercenéis nada de las mencionadas tercias». Tal vez con esto se creyó facultado Fernando III para utilizar las tercias de su Reino, cosa que reprobó el papa Gregorio IX al arzobispo Don Rodrigo y demás obispos de Castilla en bula de 14-II-1228. En la misma fecha dirigió otra bula al mismo arzobispo contra los laicos que usurpaban las tercias de Madrid para emplearlas en la fortificación de las villas y en otros usos profanos. La primera concesión pontificia de las tercias directamente al rey es la hecha por Inocencio IV, el 15-IV-1247, para contribuir a los gastos de la conquista de Sevilla. Desde entonces esta concesión, generalmente trienal, se va renovando periódicamente en Castilla. Así consta que lo hizo Clemente IV, en 1265; Gregorio X, en 1275, y Bonifacio VIII en 1302. La concesión de «las dos partes de las tercias de los diezmos» (los dos novenos) consta que se hacía al menos desde el reinado de Fernando IV (1295-1310), ya que Clemente V en la bula de 2-XI-1312 afirma haberle concedido dichos dos novenos por un trienio y manda que, pasado ese plazo, no se cobren, sin permiso de la Santa Sede. En el siglo XIV y XV las concesiones debieron de hacerse vitalicias por vida del rey, teniendo que renovarse con cada reinado.

Fue Alejandro VI quien, por fin, las concedió a perpetuidad con la bula *Dum indefessae*, de 13-II-1494, a los Reyes Católicos, como premio a la heroica gesta del reino de Granada, que desde siglos atrás había sido la meta anhelada para cuya conquista se otorgaban las tercias. Sólo que lo que antes se concedía para la conquista, ahora se concedió para la defensa de dicho reino y para otras nuevas empresas, puesto que «intentáis con el favor de Dios pelear en adelante contra otros infieles por la gloria y exaltación de la fe de Cristo y de su santo nombre». Sin duda que el papa español apuntaba a la nueva aventura americana, que acababa de asombrar al mundo.

Teniendo a la vista todas estas bulas pontificias, se comprende las rotundas expresiones de Felipe II en la ley 1, tit. 21, libro 9 de la Recopilación, que dice: «Por cuanto las tercias, que son los dos novenos de todos los frutos, rentas y otras cosas que en nuestros Reinos se diezman, son nuestras y de la nuestra Corona y patrimonio real y pertenecen a nos por concesiones y gracias apostólicas, justos, legítimos y derechos títulos...». En adelante abundan las cédulas y reales órdenes, determinando el modo de cobranza y la aplicación de estos ingresos.

No sería difícil hacer un cálculo aproximado de lo que en concepto de tercias ingresaba cada año en la Hacienda real, puesto que consta lo que se recaudaba anualmente por razón del diezmo. Era, sin embargo, una cantidad variable, ya que oscilaba, como los diezmos, según la abundancia o carestía de las cosechas y de otros bienes diezmales. En el siglo XVII se calculaban las tercias en 2.100.000 ducados, que otros documentos hacen subir a 3 millones. Un millón de ducados son 11 millones de reales. Según una Memoria presentada al rey en 1800 por Miguel Cayetano Soler, el producto de las tercias ascendía a 15 millones de reales de vellón, cantidad que proporcionalmente queda muy por debajo de la anterior y que, por tanto, no parece coherente.

La ola desamortizadora, al arrastrar la institución multisecular del diezmo, llevó consigo a la vez la de las tercias reales. Y el mismo día en que por decreto de las Cortes se extinguían todos los monasterios, conventos, colegios, congregaciones y demás casas de religiosos de ambos sexos, 29-VII-1837, se daba el decreto de supresión del diezmo.

BIBL.: D. Mansilla, *Iglesia castellano-leonesa y Curia Romana en los tiempos del rey San Fernando*, Ma. 1945, 56-58; F. Gallardo Fernández, *Origen, progresos y estado de las rentas de la Corona de España*, III, Ma. 1832, 33-146, lo mejor y más documentado que hay sobre el tema, con edición de las bulas pontificias; F. Fita, *Patrología latina*: R59, 39(1901)524-30, donde se edita la retractación y promesa del conde D. Alvaro Núñez de Lara de no volver a usurpar las tercias reales; Q. Aldea, *La economía de las iglesias locales en la Edad Media y Moderna*: R118, 26(1973)27-68.   Q. Aldea

TERESA, OCist (Coimbra 1175 † Lorbão [Portugal] 17-VI-1250) reina de León. Fue hija primogénita de Sancho I de Portugal y de D.ª Dulce de Aragón. En 15-II-1191 se desposó con Alfonso IX de León. Como el matrimonio lo contrajeron sin la debida dispensa del impedimento de consanguinidad en segundo grado, fue disuelto por Celestino III en 1194. Hastiada de un mundo que así traiciona aún a aquellas personas constituidas en el culmen del honor, se retiró a su patria, entregándose de lleno a la vida espiritual. Reformó el monasterio de Santa María de Lorbaón, llevando a él religiosas del Císter, entre las cuales pasaba la mayor parte del día, ya que no podía seguir de lleno la vida religiosa por impedírselo la educación y crianza de sus hijos. Cuando sus hijas Sancha y Dulce fueron declaradas herederas de León por su padre Alfonso IX, contra los derechos de Fernando III de Castilla, hubo un amago de guerra civil, pero allí estaban dos madres sin par, dos santas de cuerpo entero, D.ª Berenguela, madre de San Fernando y nuestra Teresa, antigua reina de León, quienes reunieron una conferencia de alto nivel —como diríamos hoy— renunciando nuestra santa los derechos de sus hijas en favor de su sobrino Fernando, no sin antes asegurar una justa compensación para ellas. Gracias a esta generosa renuncia, se impidió la guerra y se logró la ansiada unión de Castilla y León. Rotas las cadenas que la ligaban al mundo, se entregó, definitivamente a observar la vida monástica en su monasterio. En él llevó una vida de austeridad y perfección que servía de modelo a todas las religiosas, hasta que la sorprendió una muerte dichosa. A fines del siglo XVII de Portugal a la Santa Sede un largo proceso solicitando la extensión del culto inmemorial que se venía tributando a las tres hermanas Teresa, Sancha y Mafalda, a todo el reino lusitano.

BIBL.: M93, III, 357; F44, I, 61; E. Flórez, *Reinas católicas*, I, Ma. 1761, 327; J. Zurita, *Anales*, lib. II, c.42; J. Alvarez, *Reina y santa*, Bu. 1954; D. Yáñez, *Influencia de la Orden Cist. en el desarrollo del reino portugués*: Hidalguía, (1973)697-699.   D. Yáñez

TERESA DEL CORAZON DE JESUS, Celia Méndez y Delgado, (Fuentes de Andalucía [Sevilla] 11-II-1844 † Sevilla 2-VI-1908) sierva de Dios y fundadora con el cardenal D. Marcelo Spínola y Maestre, de las Esclavas del Divino Corazón de Jesús y de la Virgen Inmaculada, llamadas comúnmente Esclavas Concepcionistas.

Casada a los dieciocho años con el marqués de la Puebla de Obando, quedó viuda a los veintiocho años (16-VIII-1874). Buscando consuelo, leyó *La introducción*

a la vida devota de san Francisco de Sales, que le despertó el deseo de tener un director espiritual. Este fue el párroco de San Lorenzo de Sevilla, D. Marcelo Spínola, quien la ayudaría a realizar sus nobles deseos de trabajar por la niñez desvalida. Comenzó asociándose a un asilo de huérfanas donde enseñaba el catecismo. Luego fundó ella un asilo de huérfanas en Puente Genil (Córdoba). Vuelta a Sevilla, traba estrecha amistad con Rosario Spínola, hermana de D. Marcelo, que con el tiempo había de ser la sucesora de la madre Teresa, como superiora general de las Concepcionistas.

Nombrado D. Marcelo obispo de Coria, y después de repetidas consultas, se fue ella a establecer en Coria, adonde llegó el 14-VI-1885. Ya había madurado el plan de fundar una Congregación religiosa que, en efecto, nació el 26-VII-1885. Trasladado a Málaga D. Marcelo, allí le siguió la Congregación no sin antes superar los ataques de la calumnia. Por eso, estuvieron antes las fundadoras una temporada en Puente Genil. Hicieron su primera profesión en Málaga el 17-VI-1887, y el 24-XII-1888, la profesión perpetua. A los dos años de ser nombrado D. Marcelo arzobispo de Sevilla, la Congregación de Esclavas, que había crecido notablemente, se establece en Sevilla y allí se traslada con la fundadora el noviciado el 7-I-1899. El 14-VIII-1902 es elegida superiora general en el primer Capítulo general. A los dos años de la muerte de D. Marcelo (19-I-1906) muere ella santamente en Sevilla. Y el 28-II-1945 se incoa allí el proceso diocesano de beatificación.

BIBL.: *Biografía del Emmo. y Rvdmo. Sr. Cardenal don Marcelo Spínola y Maestre*, Se. 1905; *Correspondencia inédita entre el Emmo. Cardenal Spínola y la R. M. María Teresa del Corazón de Jesús*, 2 vols., Ma. 1935; *Vida de la Madre M.ª Teresa del Corazón de Jesús, fundadora de la Congregación de las Esclavas Concepcionistas del Divino Corazón de Jesús* (por una religiosa de la misma Congregación) Se. 1925; P. Cantero y Cuadrado, *Del mundo elegante a la celda del claustro. Datos biográficos de la M. María Teresa del Corazón de Jesús* Ma. 1945; J. M. Javierre, *Don Marcelo de Sevilla*, Ba. 1963.   Q. Aldea

TERESA DE JESUS, OCD (Avila 28-III-1515 † Alba de Tormes 4-X-1582) santa, reformadora y doctora de la Iglesia. Hija de Alonso Sánchez de Cepeda, casado en segundas nupcias con D.ª Beatriz de Ahumada. Alonso era oriundo de Toledo, hijo del converso Juan Sánchez de Toledo y de Inés de Cepeda. Juan judaizó y fue sentenciado por la Inquisición. Decidió entonces trasladar su negocio de paños a Avila, donde volvió a prosperar y casó a sus hijos con familias hidalgas. Su hijo Alonso casó con Beatriz de Ahumada, joven de quince años, en 1509. La boda se celebró en Gotarrendura, donde tenían casa señorial los padres de Beatriz. Tuvieron 10 hijos en su matrimonio, y del primero tenía Alonso otros dos. La infancia de Teresa transcurrió rodeada de cariño y de piedad. Ella era entre sus hermanos «la más querida». Bien dotada de cuerpo y alma, se destacó por su equilibrio e inteligencia. En su mocedad se bandeó entre los halagos mundanos. Su madre murió a los treinta y tres años. Su padre, previendo los peligros, la llevó al colegio de Santa María de Gracia. Allí volvió a rehacer su primitiva piedad y a sentir su vocación. «Tuvo en su mocedad fama de muy hermosa y hasta la última edad mostraba serlo» (María de San José, L. Recr. 8). En su fisonomía interior era una eufórica extrovertida y reflexiva, entrañable y óptima conversadora, adaptable a cualquier género de personas o de circunstancias sin perder su acusada personalidad, habilísima en el manejo de la pluma, de la aguja y de todas las labores femeninas. Intrépida y calculadora a la vez, dio muestras de su arrojo cuando a los siete años persuadió a su hermanito Rodrigo irse los dos a «tierra de moros» para que los descabezasen por Cristo. Fueron detenidos en el camino. Dióse entonces a la oración, limosnas y penitencias con el mismo ardor. Y así se mostró siempre en los vaivenes de su vida. Cuando sus hermanos mayores partían para las Indias de América, ella ingresó en las Carmelitas de la Encarnación de Avila, a pesar de la oposición de su padre, el 2-XI-1535.

Poco después de su profesión enfermó de gravedad y, desahuciada, llevóla su padre a una curandera de Becedas, en el otoño de 1538. De paso detúvose en Hortigosa, donde moraba su tío Pedro de Cepeda, en vísperas de retirarse a un convento, y le dio el *Tercer Abecedario* de fray Francisco de Osuna. Fue un libro providencial. «No sabía cómo proceder en oración ni como recogerme, dice, y ansí holguéme mucho con él y determiné a seguir aquel camino con todas mis fuerzas.» Las curas fueron en la primavera, a base de purgas violentas que la dejaron deshidratada y encogida como un ovillo. Su padre la tornó a Avila en julio del 1539. El 15 de agosto entró en coma. Creyeron estaba muerta y así la echaron cera a los ojos y la amortajaron con una sábana blanca. Mas su padre se oponía a que la enterrasen. Casi cuatro días duró el colapso. Luego quedó paralítica. En la Pascua de 1540 se inició leve mejoría. Tres años después no podía aún andar. La curación completa fue atribuida a san José. Siguióse luego una época de enfriamiento espiritual, aunque no dejaba sus horas de oración. Sus dificultades eran de no saber sujetar la imaginación a lo que deseaba pensar. En este forcejeo pasó dieciocho años y en ellos gozó de favores místicos de tipo pasajero, por asirse tanto a sus razones. Subsistía en ella una enorme voluntad y amor estimativo, que concluyó con su conversión ante una imagen de Cristo «tan devota, que en mirándola toda se turbó de verla tal». En su alma comenzó a desanillarse el «yo» apresado en una ideología egocéntrica. Tenía treinta y nueve años. Sentía al vivo dentro de sí a Dios. Pero aquella riqueza interior contrastaba con la rigidez que la ascética de entonces imponía y su conducta fue juzgada de frívola, y sus favores místicos, de engaño diabólico. Los amigos la recomendaron a un joven jesuita, Diego de Cetina. Hizo con él los Ejercicios espirituales y siguió considerando la Humanidad de Cristo. En 1555 pasó por Avila san Francisco de Borja, a quien ella se confió y él la confirmó en su modo de oración. Se puso luego bajo la dirección de otro jesuita, Juan de Prádanos, suave y comprensivo. Bajo su dirección, en la Pascua de 1557, llegó al «desposorio espiritual», cuando Dios le dijo: «Ya no quiero que tengas conversación con hombres, sino con ángeles.» Crecieron las mercedes divinas. Aumentó también la desconfianza de los amigos, y comenzó otra serie de pruebas, que llegaron a tenerla por ilusa y obligáronla a «dar higas» al Cristo que se le aparecía. Era una espantosa tortura moral, que Dios por otro lado compensaba con mayores gracias, entre ellas la transverberación, cuyos efectos íntimos la despegaban más de todos los juicios del mundo. Del 17 al 25-VIII-1560 estuvo en Avila san Pedro de Alcántara. Ella le abrió su conciencia y él le aseguró que no había cosa más clara ser de Dios después de la Escritura que la verdad de su alma. Desde entonces se le fueron rindiendo los recelosos. Ella tuvo, poco después, una visión del infierno y, en consecuencia, hizo el voto de lo más perfecto. Una tarde de septiembre de 1560 se reunieron en su celda unas sobrinas y amigas y trataron de hacer otro convento chico donde, siendo pocas, pudiesen vivir otra vida más perfecta. Temerosa ella, la confirmaron en su propósito el confesor, el provincial y los consejeros. Mas cuando el proyecto llegó al conocimiento del pueblo y de las monjas de su convento, hubo un gran alboroto. El confesor se retrajo, el provincial se desdijo

y los consejeros soslayaron su responsabilidad. Seis meses más tarde, siendo rector de la Compañía el padre Gaspar de Salazar, el confesor, que se movía a las órdenes de éste, volvió a dar licencia para que D.ª Teresa negociara la fundación. Hizo venir de Alba a sus hermanos, como si tratasen de hacerse una casa para ellos. Y con unas dotes adelantadas y una limosna que de América le envió su hermano Lorenzo, inició las obras. Pero el día de Navidad de 1560 recibió orden de ir a Toledo a consolar a D.ª Luisa de la Cerda, cuyo marido, Antonio Ares Pardo, acababa de morir. Allí estuvo seis meses, y en ellos recibió la visita de san Pedro de Alcántara y de una beata carmelita, María de Jesús Yepes, que proyectaba una fundación semejante a la suya. Allí también escribió el libro de su *Vida* por orden del dominico fray García de Toledo. Determinó, entonces, fundar «en pobreza», no a base de la renta que al principio había pensado.

A últimos de junio regresó a Avila, al tiempo que llegaba también el rescripto de Roma (de 7-II-1562) para fundar bajo la obediencia del obispo. Intentó que la nueva fundación fuese aceptada por la Orden, sin conseguirlo. Pudo luego, a duras penas, convencer al obispo de Avila, D. Alvaro de Mendoza, valiéndose de san Pedro de Alcántara. Por fin el convento se inauguró el lunes 24-VIII-1562, día de san Bartolomé. La ciudad entera se conmovió. Procuraron deshacer lo hecho. La fundadora fue llamada con urgencia a su convento de la Encarnación a dar cuentas. Quedaron solas las cuatro novicias. Los regidores fueron a conminarlas que dejasen el convento. Y ellas se negaron rotundamente e hicieron frente a sus amenazas. El domingo día 30 se celebró una «junta grande» de toda la ciudad para determinar la anulación del nuevo convento. Se levantó entre la concurrencia solo un joven dominico, Domingo Báñez, y detuvo la conminación. Luego se entabló pleito. Se alargó mucho. Y al fin ganaron las pobres monjitas de San José. Antes de finalizar el año 1562 ya pudo ella volver a la nueva fundación con licencia de su provincial. Se siguieron cinco años tranquilos. En ellos escribió el *Camino de Perfección* por primera vez. Volvió a escribir el libro de su *Vida* y, finalmente, otro librito, *Meditaciones sobre los Cantares*. En abril de 1567 llegaba inesperadamente el general de la Orden, fray Juan Bautista Rubeo de Ravena, a visitar los conventos de la Orden. Santa Teresa lo invitó a ver el nuevo de San José, temerosa de que lo mirase mal. Pero solo vio mal que no estuviese bajo su obediencia. Quedó conmovido, viendo en él un retrato de los principios de la Orden y ordenándole que fundase cuantos pudiese, con amplias patentes y conminaciones para que nadie se lo pudiese estorbar. Dióle dos patentes de 27 de abril y 16-V-1567 (vid. BAC, Efren de la Madre de Dios y O. Steggink, *Obras Completas de Santa Teresa de Jesús*, III, 189, 835-836). Le dio también licencia para fundar dos casas de frailes contemplativos o descalzos. Desde entonces comenzó su actividad fundacional.

El 15-VIII-1567 fundaba en Medina y comprometía a dos frailes carmelitas para comenzar la descalcez masculina, san Juan de la Cruz y Antonio de Heredia. Fundó luego en Malagón (1-IV-1568), y Valladolid (15-VIII-1568), y en 28-XI-1568 se fundó en Duruelo el primer convento de frailes descalzos. En 1569 fundó en Toledo (14 de mayo) y antes de concluirlo fue llamada a Pastrana por la princesa de Eboli. Pasó por Madrid, halló dos ermitaños del Tardón y los indujo a ser descalzos, y así fundó en Pastrana uno de monjas (23-VI-1569) y otro de frailes (9-VII-1569). Al año siguiente fundó en Salamanca (1-XI-1570), y el 25-I-1571 en Alba de Tormes. Se cerró así su primera etapa fundacional, porque el visitador apostólico, fray Pedro Fernández, la nombró priora de la Encarnación, haciendo frente a la brava resistencia de las monjas. En poco tiempo renovó aquella comunidad, trajo de confesor a san Juan de la Cruz, y el 18-XI-1572, al comulgar de sus manos, recibió la soberana merced del matrimonio espiritual. A primeros de 1573 hubo de salir, por ruegos de la duquesa de Alba, que lo pidió al rey, y luego volvió a salir para asentar la fundación de Salamanca (julio de 1573). Allí, el 25 de agosto, comenzaba a escribir, por orden del padre Jerónimo de Ripalda, el libro de las *Fundaciones*, que iría continuando sucesivamente hasta la última, poco antes de su muerte.

El 19 de marzo fundaba en Segovia, adonde trasladaba las monjas de Pastrana, que por las impertinencias de la princesa de Eboli, quiso saliesen de sus dominios. El 24-II-1575 fundaba en la villa de Beas, sin pensar que era de Andalucía, incurriendo así en el enojo del general. Agravóse éste cuando el padre Gracián, que era a la sazón visitador apostólico de Andalucía, la ordenó fuese a fundar en la ciudad de Sevilla (29-V-1575). Desde allí envió a fundar en la villa de Caravaca a Ana de San Alberto, en su nombre (1-I-1576). Entre tanto se había celebrado Capítulo general en Piacenza (mayo de 1575) y allí se tomaron medidas contra los descalzos y la madre Teresa, ordenando a ésta se recluyese en uno de sus conventos, «a manera de cárcel», y fue enviado un vicario general, fray Jerónimo Tostado, para que sojuzgase a todos los descalzos, de grado o por fuerza, más con ésta. El 4-VI-1575 salió de Sevilla y el 26 llegó a Toledo. Estaba deshecha de nervios, aunque su cabeza no perdía un momento la serenidad. Mientras fuera estallaba el conflicto que ponía en trance mortal a su reforma, ella, en su «cárcel», recibía la visita del padre Gracián y escribía los libros más serenos que trazara jamás su pluma: *Visita de descalzas*, parte de las *Fundaciones*, el *Vejamen*, rebosante de agudeza y buen humor, y su obra maestra *Las Moradas del castillo interior*. El contraste chillón de la paz divina que orea estos escritos y el ambiente belicoso que la envolvía, así como su salud quebrantada, con unos ruidos y desvanecimientos de cabeza que la tenían como fuera de sí, parece el milagro de una personalidad intocable en su interior, apenas afectada por el contorno de un cuerpo torturado. *Las Moradas* hubo de interrumpirlas a la muerte del nuncio Ormaneto (18-VI-1577) para concluirlas en Avila cinco meses más tarde (29-XI-1577). El nuevo nuncio, Felipe Sega, vino predispuesto contra la descalcez, y los «del paño» se crecieron. San Juan de la Cruz fue encarcelado y torturado en Toledo, y se fugó para no morir exhausto. Los principales descalzos fueron confinados. Las monjas de la Encarnación, que dieron su voto a la santa, excomulgadas, y el padre Gracián, visitador apostólico, vejado por el nuncio y obligado a entregar el breve de su oficio. Al fin pasó la tormenta, intervino el rey y cedió el nuncio. El 1 de abril se nombró vicario general de los descalzos a fray Angel de Salazar, mientras se negociaba en Roma la separación y autonomía de los descalzos. La santa comenzó a recorrer caminos y levantar nuevas fundaciones. El 25-II-1580 fundaba en Villanueva de la Jara, donde la requerían nueve beatas. Mientras tanto, el 22 de junio se despachaba en Roma el breve *Pia consideratione* para la separación de los descalzos. La santa fundó en Palencia (29-XII-1580). El 3-III-1581 se celebraba en Alcalá el Capítulo de la separación, en que fue nombrado primer superior de la reforma el padre Jerónimo Gracián. La fundadora prosiguió fundando en Soria (3-VI-1581) y en Burgos (19-IV-1582) mientras encargaba a Ana de Jesús la de Granada (20-I-1582) acompañada de san Juan de la Cruz, y ella volvía hacia Avila, con intención de fundar en Madrid cuando el rey regresase de Lisboa. Pero en Medina el vicario provincial,

Antonio de Jesús, la mandó torcer el rumbo y dirigirse a Alba de Tormes, por complacer a la joven duquesa, que iba a dar a luz. La santa llegaba a Alba el 20 a las seis de la tarde. El día 1 de octubre supo y anunció que se moría. El día 3 recibió los sacramentos y protestó emocionada que «moría hija de la Iglesia». El 4 lo pasó sin habla. Y a las nueve de la noche, transformándose su rostro, expiró con gran suavidad y derramándose luego por todo el convento un olor inequívoco con otras señales de un gran acontecimiento. Su cadáver fue enterrado precipitadamente antes del mediodía siguiente, por que no lo robasen. Paulo V la declaró beata el 24-IV-1614, y en 1617 las Cortes españolas la proclamaron Patrona de España. En 1622 fue canonizada por Gregorio XV, junto con los santos Ignacio de Loyola, Francisco Javier, Isidro Labrador y Felipe de Neri. Con el breve *Lumen Hispaniae* del 18-IX-1965, Pablo VI la ha declarado Patrona de los escritores católicos españoles. El mismo Pontífice la declaró Doctora de la Iglesia Universal el 27 de septiembre de 1970, honor que por primera vez se concedía a una mujer. El estilo de sus escritos es inconfundible, inimitable. Todos los estilistas españoles se han quedado asombrados ante él. Fray Luis de León admiraba su «elegancia desafeitada», y en nuestros días, D. Ramón Menéndez Pidal ha declarado que «la austera espontaneidad de la santa es hondamente artística». En ella tiene nuestro lenguaje un vigor hoy perdido y una concisión superior a cualquiera otra lengua europea. En su autobiografía ostenta una sutileza introspectiva como si analizase con el microscopio un objeto cualquiera. En sus libros didácticos mantiene la síntesis coloreada de graciosas evasiones. En los legales es clara, exacta y previsora. En los descriptivos, sobria, pero vivaz, segura, como si construyese frases lapidarias, y tan veloz a la vez, que los testigos dicen escribía tan de prisa como un pendolista de oficio, y tan segura que en sus autógrafos corren veintenas de páginas sin una sola errata. Y lo más hermoso de su estilo es que refleja, sin deformarlos, los sentimientos nobles y purísimos de su corazón.

OBRAS: Las ediciones de las diferentes obras de Sta. Teresa, completas, fragmentadas y en ramilletes, pasan de 1.200. Las «príncipes», o primeras de cada libro, son *Camino de perfección*, Evora 1583; *Obras: Vida. Camino de perfección. Moradas del Castillo interior. Exclamaciones, Cuentas de conciencia*, Sa. 1588; *Libro de las Fundaciones*, Bru. 1610; *Meditaciones sobre los Cantares (Conceptos del amor de Dios)*, Bru. 1611; *Visita de Descalzas (Modo de visitar los conventos)*, Ma. 1613; *Constituciones completas*, ed. Jerónimo de S. José, Ma. 1637; *Epistolario*, vols. I y II, Za. 1658, y III, y IV, Ma. 1771; *Obras de Sta. Teresa*, ed. última, completa y definitiva, BAC, Ma. 1967.

BIBL.: E. de la Madre de Dios y O. Steggink, *Tiempo y Vida de santa Teresa*, BAC, Ma. 1966; J. de Avila, *Vida de santa Teresa de Jesús*, Ma. 1881; F. de Rivera, *La vida de la madre Teresa de Jesús, fundadora de las descalças...*, Sa. 1590; D. de Yepes, *Vida, virtudes y milagros de la bienaventurada virgen Teresa de Jesús*, Za. 1606; J. Gracián, *Peregrinación de Anastasio*, Bu. 1905; ID., *Scholias y adiciones al libro de la vida de la madre Theresa de Jesús:* R134, o8(1960); M. de S. José, *Libro de recreaciones*, Bu. 1913; N57, I; A. de S. Joaquín, *Año teresiano*, 12 vols., Ma. 1738-1769; J. Vandermoere, *Acta sanctae Theresiae virginis*, Bruxellis 1845; M. Mir, *Santa Teresa de Jesús, su vida, su espíritu, sus fundaciones*, 2 vols., Ma. 1912; S. de Santa Teresa, *Procesos de beatificación y canonización de santa Teresa de Jesús*, 3 vols., Bu. 1934-1935; B. M. a S. Cruce, *Regesta Johannis Baptistae Rubei*, Ro. 1931; R176, 85-90 (1962-1964); R44', 13(1962); R33', 10(1963); G. di S.ª Maria Maddalena, *La mistica teresiana*, Firenze 1935; ID., *Santa Teresa di Gesù, maestra di vita spirituale*, Milano 1935; M.ª Eugène de l'E. J., *Je veux voir Dieu. Je suis fille de l'Eglise*, 2 vols., Tarascon 1957; M. Lepée, *Ste. Thérèse mystique*, Par. 1951; L. Oechslin, *L'intuition mystique de Ste. Thérèse*, Par. 1946; A. Morel

FATIO, *Une lettre retrouvée de Sainte Thérèse:* R28', 24(1922)163-4; E. ESPERT, *Para el epistolario de Santa Teresa:* R154, 155(1957)388-97; H. CURZON, *Bibliographie térèsianne, Ouvrages français et étrangers sur Saint Thérèse et sur ses œuvres. Bibliografie critique,* Par. 1902, 67; J. L. VALENTI, *Estudio crítico bibliográfico sobre las obras de Santa T. de J.,* Reus 1916, 38.

E. DE LA MADRE DE DIOS

TERESA DE JESUS MARIA, OCD (Toledo 1-X-1592 † Cuerva [Toledo] 9-I-1641) mística. María de Pineda, niña precoz en todos los sentidos, se consagró a Dios en el Carmelo de Cuerva el 2-II-1601 con el nombre de Teresa de Jesús María, profesando el 13-V-1609. No obstante sus grandes enfermedades, en la comunidad desempeñó todos los oficios perfectamente. Fue dos veces priora, en 1626 y en 1633. La profundidad de sus conocimientos místicos, su experiencia y el estilo clásico y elegante han hecho de la monja de Cuerva una de las escritoras místicas más notables del siglo XVII, si no la primera.

OBRAS: *Autobiografía,* Ma. 1921; *Comentarios sobre algunos pasajes de la Sagrada Escritura,* Ma. 1921; *Explicación a lo místico de los Trenos de Jeremías,* Ma. 1921; *Segundos comentarios sobre pasajes de la Sagrada Escritura,* Ma. 1921. Estas obras fueron editadas por primera vez en el lugar y año citados por D. Manuel Serrano y Sanz en la Biblioteca Renacimiento.

BIBL.: *Autobiografía,* Ma. 1921; A. DE SANTA TERESA, *Reforma de los Descalzos de Nuestra Señora del Carmen de la Primitiva Observancia,* VII, Ma. 1739, lib. LIII; M. SERRANO Y SANZ, *Apuntes para una biblioteca de escritoras españolas,* I, Ma. 1903, 602-608; N69, IX, 909-945.

A. DE LA V. DEL CARMEN

TERESIANAS (Compañía de Santa Teresa de Jesús, STJ). Congregación fundada por D. Enrique de Ossó en Tarragona el 23-VI-1876.

El origen de la Compañía de Santa Teresa de Jesús fue sencillo y providencial. Doña Magdalena Mallol, profesora de Tarragona, conoció a D. Enrique con motivo de haberse fundado la Archicofradía Teresiana (Congregación de Hijas de María Inmaculada y de Santa Teresa) en esta ciudad. Y a él acudió para que le proporcionara algunas jóvenes responsables que le ayudaran en su labor docente. A cambio de la ayuda se comprometió a capacitarlas para sacar el título oficial de Magisterio. De la misma Archicofradía salió el grupito que fue con D.ª Magdalena a trabajar en la escuela. Pasó tiempo y la señora no cumplía lo prometido. Las jóvenes aspirantes a maestras, desilusionadas, expusieron su situación a D. Enrique.

En la vigilia de un domingo de Pasión, preocupado por aquellas jóvenes de las que se había hecho responsable y por los niños de la catequesis con los que aquella tarde había cantado y rezado a san José, D. Enrique oraba. Era la madrugada del 2-IV-1876. Y a esas horas recibió la inspiración de fundar la Compañía. De momento fue concebida como una Agrupación de Profesoras Católicas Seglares. Tendrían por modelo a santa Teresa de Jesús y educarían cristianamente a la mujer sin descuidar ningún aspecto de su formación humana. Inmediatamente escribió el plan de la Obra y lo presentó a su director espiritual y al obispo de Tortosa, D. Benito Vilamitjana y Vila, quienes lo aprobaron, como también más tarde el arzobispo de Tarragona, D. Constantino Bonet.

Don Enrique reunió al grupo de maestras de D.ª Magdalena y a algunas jóvenes más de la Archicofradía en un piso alquilado en Tarragona y les dirigió él mismo unos ejercicios espirituales. Al terminarlos, les expuso el plan de su Obra. Algunas de ellas lo aceptaron y así quedó fundada la Compañía de Santa Teresa de Jesús, el 23-VI-1876. fiesta del Corazón de Jesús. Estas jóvenes pasaron un año en oración, silencio y estu-

dio en el piso de Tarragona. Don Enrique las dirigía espiritualmente y alentaba para seguir adelante en una empresa que, de momento, no parecía más que una locura. Hubo una pequeña crisis. Salieron las que causaban malestar y quedaron ocho que pasaron a ser definitivamente las fundadoras. A partir de entonces la Compañía empezó a funcionar normalmente como Instituto religioso aunque sin apariencias de tal. En 1878, después de haber conseguido los títulos oficiales de Magisterio, fundaron el primer colegio en Vilallonga (Tarragona). En 1879, previa consulta y aprobación del prelado de Tortosa, las ocho fundadoras hicieron los votos por un año en la antiquísima capilla de San Pablo de Tarragona, en donde es tradición predicó el apóstol. El 23-VI-1879, D. Enrique entregó a las hermanas la primera parte de las Constituciones. Eran una recopilación y ordenación de lo que habían practicado durante los tres años anteriores. Las escribió en la parroquia de Figuerola (Tarragona) en unos días de oración y silencio. Antes se asesoró de prelados eminentes y religiosos experimentados. Antes de terminar el año del primer noviciado de la Compañía, hizo la comunidad fundadora los ejercicios ignacianos de treinta días.

A los seis años de haberse fundado la Compañía, en 1882, dio al Instituto la segunda parte de las Constituciones. Para entonces eran ya más de 40 teresianas, casi todas con títulos oficiales y habían abierto 12 colegios en donde se educaban más de 1.000 niñas. El 22-IX-1888 León XIII otorgó al Instituto el *decretum laudis.* La Compañía se había extendido ya por tres continentes y estaba empezada la construcción de la casa generalicia y de estudios superiores para las religiosas en Barcelona, obra del arquitecto D. Antonio Gaudí. Por Real Orden de 1-V-1893 fue aprobada oficialmente como Instituto Religioso Docente.

Además del fundador, a quien la Compañía debe su ser, tiene especial relieve dentro del Instituto, la madre Saturnina Jassá y Fontcuberta que encarnó de una manera peculiar el ideal teresiano. Perteneció al grupo de las ocho fundadoras. Espíritu grande. Ejerció dos veces el cargo de superiora general, llegó a fundar 40 casas. Extendió la Compañía por toda América. Fundó en 1911 la revista pedagógica Jesús Maestro, publicación muy alabada y premiada en varios congresos. Cooperó a la fundación de las Religiosas de la Cruz, en Méjico. Murió durante la última guerra española en el noviciado de Tortosa convertido en hospital rojo. Se ha empezado recientemente el proceso de su beatificación.

La idea primera de la Compañía como Instituto secular no pudo subsistir. Significaba un avance no admitido aún por la mentalidad de aquel tiempo y se convirtió en verdadera institución religiosa. Así aprobó definitivamente la Santa Sede sus constituciones el 18-XII-1908. Siguiendo las indicaciones del fundador, que en 1882 les marcó un ambicioso plan de estudios «provisional», se preparan según sus aptitudes y sacan títulos oficiales que les permiten ejercer la enseñanza en todos sus grados en diferentes países. La editorial STJ, dirigida por las religiosas, además de continuar la publicación periódica de la revista Jesús Maestro, edita textos para la enseñanza, siguiendo la voluntad del fundador que, en 1879, escribió el primero de una colección ininterrumpida. Publica también obras de divulgación, espirituales y amenas, colecciones de estampas y propaganda católica.

La Compañía de Santa Teresa de Jesús procura la formación religiosa de las alumnas con espíritu eclesial teresiano. El cuarto de hora de oración, preciosa herencia del padre fundador, inicia a las jóvenes en el contacto fecundo con Dios. Procura que tanto la vida de las religiosas como la de las alumnas lleve el sello de la sencillez, espontaneidad y alegría teresianas. Con la pedagogía teresiana se intenta dirigir a la juventud por razón, amor y religión. A todos los ambientes sociales se llega con estas mismas armas.

Gobierna el Instituto una superiora general que, asistida por cuatro consultoras, reside en Roma. Una prefecta general de estudios dirige la actividad didáctica de todo el Instituto. Está dividido actualmente en siete provincias y dos viceprovincias. Cada provincia tiene su aspirantado, noviciado y casa de estudios. Hay una sola casa de Tercera Probación junto a la sede generalicia en Roma. La Compañía de Santa Teresa de Jesús ejerce su apostolado específico en 74 centros de enseñanza primaria, en 52 de media, 15 escuelas de magisterio, 8 de comercio, 2 centros universitarios y 12 residencias universitarias. Tiene 6 casas de misión viva en Angola con 2 escuelas de magisterio para las indígenas en Bela Vista y Vouga, además de los dispensarios, maternidad, catequesis. Realiza una fecunda labor social a través de 107 catequesis y otros centros de diversas actividades, como dispensarios, guarderías, escuelas nocturnas y dominicales, suburbios, etc. En España hay 2 provincias y 27 casas.

Actúa en 16 países: Italia, Francia, Portugal, España, Argelia, Paraguay, Uruguay, Brasil, Colombia, Venezuela, Méjico, Nicaragua, Estados Unidos, Argentina, Chile y Angola. Las 7 casas de Cuba están incautadas por el gobierno castrista.

BIBL.: Revista «Santa Teresa de Jesús», 24 vols.; M. GONZÁLEZ, *Don Enrique de Ossó o la fuerza del Sacerdocio*, Ba. 1953; J. B. ALTÉS ALABART, *Enrique de Ossó y Cervelló, Pbro. Apuntes biográficos*, Ba. 1926; ID., *Bodas de Oro de la Compañía de Santa Teresa*, Ba. 1926; ID., *Album de las Bodas de Diamante de la Compañía de Santa Teresa*, Ba. 1951; ID., *Un Noviciado de la Compañía de Santa Teresa*, Ba. 1953; ID., *Plan de Estudios y Normas para nuestras Educadoras*, Ba. 1947; V. TENA, *Inmolación. La M. Saturnina Jassá y Fontcuberta*, Za. 1947; T. DE LA CRUZ, *Rosas y espinas. La M. Teresa de Jesús Blanch*, Ba. 1949; ID., *Siguiendo la Estrella*, Ba. 1944; ID., *Rayito de Sol. Vida de la M. Hortensia Caballero* (por STJ), Ba. 1949.

D. MARRERO

TERRENA, Guido de, OC (Perpignan [Francia] c. 1270 † Avignon [Ibid.] 21-VIII-1342) teólogo, canonista y obispo. También llamado Guido de Perpignan, estudió en la Universidad de París y alcanzó el grado de Maestro en Teología con anterioridad a 1313; fue uno de los más destacados discípulos de Godofredo de Fontaines *(de Fontibus)*. Es muy poco lo que sabemos acerca de su magisterio en la Universidad parisiense, pudiendo señalarse con certeza entre sus alumnos a Juan Baconthorp y, probablemente, a Siberto de Beka, también carmelitas. Intervino en esa época en las controversias sobre las opiniones de Juan Quidort sobre la Eucaristía. El tiempo de su enseñanza es verosímil se extendiese hasta 1316. En cuanto al título de Maestro del Sacro Palacio que algunos autores le dan, parece más exacto afirmar que enseñó Teología en el estudio que la Orden tenía tradicionalmente en la ciudad donde se encontraba la curia papal. Conforme a la costumbre en vigor entre los escolásticos medievales se le designó con los títulos de *doctor breviloquus* y *doctor mellifluus*. Guido de Terrena ha de ser tenido como uno de los más ilustres teólogos carmelitas de su tiempo. Dentro de la Orden desempeñó los cargos de provincial de la Provenza y superior general; fue elegido en el Capítulo general de 1318. Durante el tiempo de su generalato Guido visitó diversos conventos en Bélgica y Alemania.

El 15-IV-1321 fue promovido por Juan XXII al obispado de Mallorca. Gozando del aprecio y favor reales desempeñó diversas legaciones ante la Corte pontificia de Avignon (1321-1325) por comisión regia. De su episcopado en Mallorca destaca una gran preocu-

pación por la dignidad del culto (disposiciones acerca del traje coral de los capitulares, traslado de la iglesia de Santa Fe, creación de nuevos beneficios) y una actividad intensa en cuanto a las manifestaciones de herejía. En 27-VI-1332, Guido fue trasladado a la sede episcopal de Elna (Perpignan.) Más cercano a la Corte pontificia, creció entonces su influencia en Avignon. Celebró sínodos en los años 1335, 1337, 1338, 1339 y 1340. Demostró también gran interés por la continuación de las obras de la catedral, iniciadas en tiempo de su antecesor en Elna y sucesor en Mallorca, Berengario Batlle.

Interés especial reviste su intervención como teólogo e inquisidor respecto a algunos brotes de herejía, principalmente contra los begardos que proliferaron bastante en el sur de Francia y en Cataluña en el siglo XIV. Antes de su elevación al episcopado, siendo maestro en París, emitió su voto acerca de tres errores de los «espirituales» que se opusieron a la constitución *Quorundam* de Juan XXII. Siendo general de su Orden, le fue encomendado el examen de 60 proposiciones erróneas que el obispo de Ostia, Nicolás, había señalado en la *Postilla in Apocalysim*, de Pedro Olier. En ese mismo tiempo recibió de Juan XXII el encargo de examinar y señalar, junto con Pedro de Palude, los errores contenidos en un escrito anónimo compuesto en catalán. Ya obispo de Mallorca, el mismo papa le pidió su dictamen sobre los errores de Marsilio de Padua y Juan de Janduno. También por comisión pontificia procedió contra Pedro Sartor, Bartolomé Peregrino y Bartolomé Laurencio. El proceso más célebre, y que le produjo no pocos sinsabores, fue el de Bernardo Fuster. Trasladado a Elna, su actividad contra la herejía fue, si cabe, aún mayor, al menos durante el pontificado de Juan XXII, llegando sus atribuciones incluso fuera de los límites del reino mallorquín.

OBRAS: Los escritos de Guido de Terrena alcanzaron un número considerable, si bien no todos aquellos de los que se tienen noticias se conservan actualmente. De ellos cabe destacar los teológicos y en la ciencia del Derecho Canónico su obra, de especial interés, *Commentarium in Decretum Gratiani*, todavía hoy no estudiada suficientemente. Los enumeramos según la clasificación establecida por B. M. Xiberta, quien da abundantes noticias sobre los manuscritos actualmente conocidos, así como de las escasas ediciones que de algunos de ellos se hicieron. *Commentaria in IV libros Sententiarum; IV Quodlibeta; XIII Quaestiones disputatae; Quaestiones; Super libros De anima; In libros Metaphysicorum; In libros Physicorum; Quaestiones super libros Ethicorum; Super libros Politicorum; De concordia evangeliorum*, también denominada *Quatuor in unum; Expositio super tria cantica: Magnificat, Benedictus et Nunc dimittis; Commentarium super Decretum Gratiani*, titulada otras veces *Expositorium Decretorum, Correctorium Decreti, Apparatus in Decretum; Reprobatio operis catolonici; De perfectione vitae; Defensio tractatus de perfectione vitae; Confutatio errorum quorundam magistrorum; Utrum invocantes daemones sint haeretici; Utrum principalis articulus fidei nostrae, scilicet quod ponit Trinitatem in unitate essentiae, possit probari contra iudaeos per scripturas receptas ab eis; Summa de haeresibus et earum confutationibus; Constituciones sinodales de Elna*, editadas por J. SÁENZ DE AGUIRRE, *Collectio Maxima Conciliorum*, Ro. 1755, 271-279; J. J. E. GRACIA, *Tres cuestiones inéditas de G. T. sobre las trascendentale*: R5, 45(1972). 87-129.

BIBL.: G. DE LAGARDE, *La naissance de l'esprit laïque au declin du moyen age*, V, Louvain-Paris 1963; A2, II, 158-160; P. FOURNIER, *Gui Terré (Guido Terreni) théologien*: Histoire Litteraire de la France, 36, 1927, 432-473; I. MELSEN, *Guido Terreni (1260?-1342) iurista*, Ro. 1939; J. M. POU, *Visionarios, beguinos y fraticelos catalanes*, Vich 1930: A37, 230: B. M. XIBERTA, *De Magistro Guidone Terreni, Priore Generali Ordinis Nostri, Episcopo Maioricensi et Elnensi*: Analecta Ordinis Carmelitarum, 5(1923)113-206; ID., *De doctrinis theologicis Magistri Guidonis Terreni*: ib., 5(1923) 233-276; ID., *La*

metafísica i la psicologia del Mestre Guiu de Terré, Camer-lita, Bisbe de Mallorca i d'Elna: Annuari de la Societat Catalana de Filosofía, I, Ba. 1923, 165-212; ID., *El tomisme del Doctor Breviloc Guiu Terré:* Miscel-lánia Tomista en commemoració del sisé centenari de la canonització de Sant Tomás d'Aquino, Ba. 1924, 81-96; ID., *Guidonis Terreni quaestio de magisterio infallibili Romani Pontificis,* Münster 1926; ID., *Idees juridiques del Mestre Guiu Terrena:* Miscel-lánia Patxot, Ba. 1931, 171-195; ID., *Guiu Terrena, Carmelita de Perpinyá,* Ba. 1932; J. BENEYTO PÉREZ, *Los orígenes de la ciencia política en España,* Ma. 1949, 78, 87 y 99; ID., *Indice y balance del decretismo español:* Studia Gratiana, 2(1954)549; T. y J. CARRERAS ARTAU, *Historia de la filosofía española. Filosofía cristiana de los siglos XIII al XV,* II, Ma. 1943, 485-487; F. MONTSALVAJE FOSSAS, *El obispado de Elna,* I, Olot 1911, 222-232; A. VAN HOVE, *Prolegomena ad Codicem Iuris Canonici,* Mechliniae-Romae 1945, 346-484; J. M. VIDAL, *Bullaire de l'Inqui-sition française au XIVᵉ siècle et jusqu'a la fin du grand Schisme,* Par. 1913, 185-188, 197-98, y 200-203; *Viage* 21, 180.
B. ALONSO

TERREROS Y PANDO, Esteban de, SI (Trucios [Vizcaya] 12-VII-1712 † Forlí [Italia] 3-I-1782) filó-logo. Entró en SI (provincia de Toledo) el 10-VI-1727. Profesor de Matemáticas, Filosofía y Teología en Mur-cia y Madrid.

OBRAS: *Diccionario castellano,* 4 vols., Ma. 1786-93.

BIBL.: O189, VII, 1934-35; A. PÉREZ GOYENA, *Un sabio filólogo vizcaíno:* R154, 94(1931)5-19, 124-135.
M. BATLLORI

TERUEL-ALBARRACIN, Diócesis de, *(Terulensis et Albarracinensis)* sufragánea de Zaragoza.

El nombre de la diócesis, desde sus orígenes, es *Terulensis.* Desde el momento de la erección de la catedral, el año 1577, aparece siempre, en las bulas y documentos oficiales eclesiásticos, el nombre latino de la ciudad cambiado en *Terulium* en lugar del his-tórico *Turolium.* La razón del cambio pudo ser la excesiva semejanza con el de otras diócesis, v. g. *Turo-nensis.*

1. Historia. Teruel, desde la conquista por Alfonso II de Aragón el mes de octubre de 1171, constituía un arcedianato dependiente de la diócesis de Zaragoza. Un arcediano, en nombre del obispo de Zaragoza, ejercía la jurisdicción eclesiástica. Gozaba de muchas atribu-ciones y relativa independencia de Zaragoza, dada la gran distancia de la capitalidad diocesana.

Dos tentativas previas hizo Teruel por llegar a ser obispado. A principios del siglo XIV, por iniciativa del rey Jaime II de Aragón que lo propuso al papa Juan XII el 22-XI-1317, y la realizada por Pedro IV de Aragón el año 1347. Ninguna dio resultado. El año 1423 su iglesia principal tenía ya el título de colegiata con su correspondiente Capítulo, integrado por 10 canónigos y varios beneficiados.

Las disposiciones conciliares de Trento, aceptadas en el concilio provincial de Zaragoza celebrado el año 1556, que propugnaba una mejor organización eclesiástica, y el deseo de Felipe II de dividir las dió-cesis territorialmente muy extensas, encontraron co-yuntura favorable en el fallecimiento del arzobispo de Zaragoza, D. Hernando de Aragón, el 29-I-1577. La circunstancia de sede vacante en Zaragoza fue aprove-chada por Felipe II para presentar en Roma el proyecto de erección del obispado de Teruel. Razones para la erección existían. De orden geográfico: la gran exten-sión de la diócesis de Zaragoza y la situación de Teruel, en un extremo de la misma y mal comunicada, con un distrito — a base del cual había de formarse la nueva diócesis — que contaba con unos 70 pueblos y lugares. De orden pastoral: la existencia de una numerosa pobla-ción morisca y el habitual abandono por parte de la sede zaragozana, dada la gran distancia, que se refle-

jaba en la vida relajada de los clérigos. Tenía Teruel, además, iglesia colegiata, y en la ciudad existían, desde finales del siglo XII, nueve parroquias. Todos estos eran los motivos alegados por Felipe II. La tramitación en Roma del proyecto fue rápida. La bula de Gregorio XIII desmembrando de Zaragoza el distrito de Teruel y constituyéndolo en obispado se despachó el 30-VII-1577. No se expidió hasta el 15-VI-1578. Durante el intervalo, la administración de la nueva diócesis fue encomendada al arzobispo de Zaragoza, D. Bernardo de Fresneda, que fallecía el 21-XII-1577. El 4-VII-1578 es nombrado obispo de Teruel D. Andrés Santos.

Erigida la nueva diócesis, quedaban pendientes deta-lles personales, territoriales y económicos. La bula de erección era imprecisa en cuanto a fijación de límites y rentas. Por breve del 16-I-1579, Gregorio XIII manda al nuncio en Madrid, monseñor Sega, diligencie la eje-cución de los mismos. Sucede un período de ocho años en continuo forcejeo de intereses entre ambas diócesis y el Consejo de Aragón. Sixto V, por bula del 5-X-1587, pone fin a la discusión confirmando la erección del obispado de Teruel y puntualizando los diversos aspec-tos. Ochenta pueblos, detalladamente numerados en el documento, pasaban a integrar la nueva diócesis. Casi todos pertenecían a la antigua comunidad de Teruel. La limitación de la nueva diócesis venía in-fluida más por razones históricas y políticas que geográ-ficas. Se señala igualmente en la bula la composición del cabildo y la asignación de rentas y frutos. La bula de Sixto V marca el inicio de la plena normalidad para el obispado de Teruel, dentro de la provincia eclesiástica de Zaragoza.

Diócesis de poca densidad de población, exclusiva-mente rural, y alejada de los centros culturales y polí-ticos del país, tuvo una existencia tranquila en sus dos primeros siglos. Solo los acontecimientos del siglo XIX y XX han tenido eco en la vida diocesana. En el año 1809 la obligada huida del obispo Alvarez de Palma, durante la guerra de la Independencia, originó en el gobierno interno de la diócesis graves problemas: dos gobernadores eclesiásticos simultáneos, anulación del concurso a curatos del año 1812, detención de algunos eclesiásticos. La guerra significó también la ocupación de casi todos los bienes y casas de los religiosos, su demolición parcial — total en el caso del convento e iglesia de Capuchinos — y opresión económica del clero.

En el 1832 la diócesis, a la muerte del obispo José Asensio de Ocón y Toledo el 2 de diciembre, queda en condición de sede vacante durante catorce años, hasta el 17-XII-1847. Entre tanto, las leyes antirreligiosas de los años 1835-1837 consumaron la extinción definitiva en Teruel de las Ordenes religiosas de varones: capuchi-nos, carmelitas, dominicos y trinitarios, que apenas habían salido de la precaria situación originada por la ocupación francesa. El concordato de 1851 unió la circunscripción de Albarracín a la de Teruel. Dos diócesis unidas en su gobierno en la única persona del obispo de Teruel. Sin embargo, solo en el año 1876 se hizo efectiva. Al ser nombrado obispo D. Francisco de Paula Moreno se le confió habitualmente, y a sus sucesores, la administración apostólica de Albarracín. Efecto también del concordato fue la supresión de las colegiatas de Mora de Rubielos y de Rubielos de Mora que habían sido erigidas en los años 1456 y 1598 res-pectivamente. La guerra civil de los años 1936-1939 no transcurrió sin dejar profunda huella en la diócesis turolense. Una valoración cuantitativa de las conse-cuencias de esta última va reflejada en las siguientes cifras: 44 víctimas en el clero, 9 iglesias destruidas totalmente y 115 parcialmente, el obispo asesinado y el seminario totalmente destruido. Comparativamente con la de 1833-1840, para el futuro de la diócesis, tuvo consecuencias menos trascendentales. Veintiséis años después, superadas las graves situaciones derivadas de la guerra, la diócesis incorporó a su jurisdicción 139 parroquias, agrupadas en 7 arciprestazgos, como resultado de la reorganización eclesiástica de Aragón realizada por la Sagrada Congregación Consistorial mediante decreto del 2-IX-1955.

La sede turolense ha sido regentada por 41 obispos, incluido el actual.

Santos: 25 marzo, san Emigdio, obispo y mártir; feria III después de la Dominica siguiente a la Ascensión, santa Emerenciana, virgen y mártir, patrona principal de la ciudad y de la diócesis; 23 abril, san Jorge, mártir, patrón principal de Aragón; 3 septiembre, beatos Juan de Perusa y Pedro de Saxoferrato, mártires, patronos secundarios; 24 septiembre, Virgen de la Merced. Antiguo Reino de Aragón: 12 octubre, Virgen del Pilar; 16 octubre, Dedicación iglesia catedral; 22 octubre, Dedicación propia iglesia; 29 octubre, beato Joaquín Royo OP, mártir, oriundo de esta diócesis.

Sínodos. Ocho son los sínodos que ha celebrado la Iglesia de Teruel. Las constituciones permiten captar el palpitar de la vida diocesana en estos casi cuatrocientos años de existencia. Se celebró el primer sínodo el año 1579. Sus constituciones no se imprimieron. Fue convocado por el primer obispo, D. Andrés Santos. Los restantes se celebraron en los años siguientes: 1588, 1612, 1627, 1657, 1662, 1886, 1952. Fueron convocados por los siguientes obispos, respectivamente: Jaime Ximeno Llobera, Martín Terrer, Fernando de Valdés y Llano, Diego Chueca (quinto y sexto), Antonio Ibáñez Galiano y fray León Villuendas Polo.

MONUMENTOS. Catedral: torre mudéjar, año 1257; el templo terminado en 1335; artesonado, de principios del siglo XIV; retablo mayor, Gabriel Yoli, año 1536; custodia, barroca, año 1742. Iglesia de San Pedro: torre mudéjar, de finales del siglo XIII, con interior gótico siglo XIV. Iglesia de San Martín: torre mudéjar, año 1315. Iglesia del Salvador: torre mudéjar, siglo XIV. San Francisco: iglesia gótica, años 1391 al 1402. Mora de Rubielos: excolegiata, gótico, finales siglo XIV; torre y claustro del siglo XVII. Rubielos de Mora: excolegiata, renacentista, años 1604 al 1620; destaca la torre con tres cuerpos cuadrados y remate octogonal. San Martín del Río: iglesia parroquial, gótico, siglo XVI; torre mudéjar. Montalbán: iglesia gótica, siglo XIV, decoración mudéjar. Muniesa: torre mudéjar, octogonal.

2. Instituciones: *Cabildo.* En Teruel, antes de ser constituida la diócesis, existía una iglesia, Santa María de Media Villa, que siempre gozó de preeminencia. El año 1423 fue elevada a la dignidad de colegiata. Desde entonces tuvo cuatro dignidades: deán, chantre, tesorero y sacristán, 10 canónigos y varios beneficiados. Con la erección de la diócesis y su consiguiente elevación a la categoría de catedral, el 30-VII-1577, el Capítulo conoció tres nuevas dignidades: arcediano, arcipreste y vicario. La bula de Sixto V, de 5-X-1587, confirmando la erección, suprime la vicaría — a la que iba aneja la cura de almas — y señala seis dignidades, 12 canonjías y 12 beneficios. Por la misma se conceden al cabildo de Teruel todos los privilegios que eran comunes a las restantes catedrales de Aragón. La composición del cabildo se mantuvo así hasta el concordato del año 1851. En él fueron suprimidas las dignidades de tesorero y sacristán. Desde entonces componen el cabildo catedral cinco dignidades: deán, arcipreste, arcediano, chantre y maestrescuela; cuatro canonjías de oficio y siete simples.

Capítulo General Eclesiástico de Teruel. Aparece este Capítulo mucho antes de ser erigida la diócesis. Importante en la historia eclesiástica local porque él totalizó la labor pastoral de los siglos XII al XVI inclusive. El Capítulo se institucionaliza en el siglo XII, en el pontificado de Alejandro III; pero su origen histórico está en la concesión del papa Urbano II el año 1095 al rey aragonés, Pedro I, de los diezmos y primicias de todas las tierras reconquistadas y la propiedad de las iglesias que encontrase en ellas con el único gravamen, como condición, de sostener el culto y sus ministros. La concesión incluía las iglesias que se edificasen de nuevo y se hacía extensiva a los sucesores de Pedro I. En octubre de 1171 es reconquistada Teruel. Los conquistadores edificaron nueve iglesias parroquiales en la ciudad y concedieron a sus clérigos los diezmos y primicias. El 26-I-1176 el papa Alejandro III dirige una bula al Capítulo de Teruel, mandándole que preste obediencia al obispo de Zaragoza. Los bienes del Capítulo formaban un fondo común que se fraccionaba en las raciones necesarias para la sustentación de los clérigos. De ahí el nombre vulgar de racioneros. El año 1257 D. Arnaldo, obispo de Zaragoza, fija en unos estatutos las condiciones para el ingreso en el Capítulo. Condición indispensable de los clérigos para entrar a formar parte era ser nacidos dentro de los muros de la ciudad. Requisito que todavía hoy es exigido. El Capítulo está presidido por un prior, elegido cada año. El año 1577, al ser erigida la diócesis, la iglesia de San Esteban deja de ser patrimonial y también Santa María de Media Villa elevada a la dignidad de catedral. El año 1841 el Gobierno se apropió todos los bienes del Capítulo que fueron vendidos. El concordato de 1851 preveía una indemnización que, para el Capítulo, no se hizo efectiva hasta 1893 y que constituye hoy su base económica. Como resultado del mismo concordato, tres de sus iglesias pasaron a la diócesis como parroquias: Santiago, San Andrés y San Miguel. Continuaron como patrimoniales: San Juan, El Salvador, San Pedro y San Martín, con cuatro racioneros en cada una. Actualmente, destruida la iglesia de San Juan durante la guerra civil y transferida la de El Salvador a la diócesis para parroquial, quedan dos iglesias del Capítulo: San Pedro y San Martín. Los racioneros actuales son tres, los únicos que permite el fondo económico de la histórica institución. A mediados del siglo XVIII llegó a sustentar 140 clérigos.

Conventos. Convento de *San Raimundo* (dominicos). Fundado el 1-VI-1605. A petición de la ciudad y del obispo Diego Chueca (1647-1672) fue transformado en colegio de Gramática, Artes y Teología, el 2-IV-1669. Fue reducido otra vez a convento el año 1694. El 22-XII-1809 los franceses acuartelaron en él sus tropas con la consiguiente dispersión de los religiosos. Volvieron a reanudar la vida conventual el 11-VI-1814. Con la desamortización de 1835 se produce la dispersión definitiva. El inmueble, desde 1847 sirvió para diversos fines oficiales. El año 1937 fue totalmente destruido. Estaba enclavado en la actual plaza del general Varela. Convento de *La Trinidad* (trinitarios). Fundado en 1742, extinguido en 1835. Convento de *Capuchinos.* Fundado a mitad del siglo XVI, ocupaba parte del actual paseo del Generalísimo; destruido totalmente durante la guerra de la Independencia, la diócesis les concedió entonces el viejo y anterior seminario de Villa Vieja el año 1814; allí estuvieron hasta la secularización de 1835. Convento de *Mercedarios.* El titular era El Salvador. Construido en el siglo XII, extramuros; adosado a la iglesia de la Merced, hoy parroquia. El convento desaparece el año 1913. Convento de *Carmelitas descalzos.* Fundado a mitad del siglo XVII, se extingue el año 1809; actual cuartel de la Guardia Civil. Convento de *Franciscanos.* La fundación empieza en 1220 con los frailes menores de San Juan de Perusa y San Pedro de Saxoferrato, junto a una ermita en construcción dedicada a san Bartolomé. El convento y la iglesia son de 1392. La iglesia ha mantenido su integridad, pero no así el convento. Derruido a mitad del siglo XIX, fue reconstruido sobre la misma planta e inaugurado en 1903. Desde 1952 está establecido en el convento el teologado de la provincia franciscana. Convento de *San Francisco* (franciscanos) en Mora de Rubielos. Fundado por el señor de la villa, Jorge Fernández de Heredia, el año 1614. Fortaleza durante la guerra civil (1833-1840), fue destruido el año 1839. Convento de *San Vicente Ferrer y Santa Lucía* (dominicos) en Montalbán. Fundado el día 23-II-1522. Confiscados sus bienes, se dispersaron los religiosos el día 23-II-1811. Les fue devuelto el día 10-VI-1814. La desamortización de 1835 puso fin a la estancia dominicana en Montalbán. El actual cementerio está ubicado en el lugar que ocupó el convento. Convento de *Carmelitas Calzados* en Rubielos de Mora. Construido a mitad del siglo XVII, y convertido hoy en fábrica, subsistió hasta el año 1835. Convento de *Mercedarios* en Estercuel. Fundación de la iglesia y convento primitivos en el siglo XIII. La actual obra fue realizada por fray Juan Cebrián, comendador que fue del convento, arzobispo de Zaragoza y virrey de Aragón (1585-1678). Actualmente es noviciado de la Orden para la provincia de Aragón.

Seminario. Se crea en Teruel el primer seminario en edificio ya existente, contiguo a la ermita de Nuestra Señora de Villa Vieja. Allí recibieron la formación sacerdotal las primeras promociones diocesanas de sacerdotes turolenses. Pudo cumplir su función durante un siglo, pero, faltándole las condiciones mínimas necesarias, fue clausurado en los comienzos del siglo XVIII. En septiembre de 1731 pudo reanudar su vida académica. Lo hizo posible el obispo Analso de Miranda y Ponce de León que reconstruyó el edificio con aportación de sus propios bienes. Con la expulsión de los jesuitas por Carlos III en 1767, el Colegio de la Dolorosa que la Compañía de Jesús tenía en Teruel, fundado por el obispo Pérez Prado el año 1752, pasa a disposición del obispado por cédula real de 25-VIII-1769. El obispo Rodríguez Chico lo destinó para ser Seminario, dándole el primer reglamento. Constituían la dotación del nuevo Seminario las fundaciones pías del suprimido Colegio y una tasa sinodal establecida sobre los diezmos de toda la diócesis. El Seminario lleva el título de Seminario Conciliar Real de la Purísima Concepción y Santo Toribio Alfonso de Mogrovejo. Aquí empieza propiamente el primer Seminario de Teruel *ad instar concilii*. Según términos del decreto de erección, el nuevo Seminario debía acoger también a los seminaristas de la diócesis de Albarracín. Situado en lugar muy estratégico, el edificio fue fortaleza francesa durante la invasión. Los desperfectos ocasionados exigieron una restauración finalizado el año 1815. Durante la guerra civil de los siete años, 1833-1840, sirvió de cuartel general. Como consecuencia, con carácter provisional, se instaló en el palacio episcopal. Los trastornos políticos de esta segunda mitad del siglo impidieron su normal funcionamiento. En septiembre de 1877 el obispo Francisco Paula Moreno lo restituyó a su labor formadora. La última prueba, la de 1936-1939, no la resistió. Fue totalmente destruido. Terminada la guerra civil, el Seminario menor quedó instalado en el viejo colegio de las Escuelas Pías, de Albarracín, durante los años 1941 al 1952. Durante ese período, los alumnos de Filosofía y Teología cursaron estudios en diversos Seminarios. El 1-XI-1952 un Seminario totalmente nuevo, construido en idéntico lugar que el anterior, inauguró otra etapa en la formación del clero turolense. Por el decreto *Coesaraugustae et aliarum*, día 2-IX-1955, pasó a la diócesis de Teruel el edificio que la archidiócesis de Zaragoza destinaba a Seminario menor desde 1938 en la villa de Alcorisa. Desde entonces ha cumplido la misma función para la diócesis de Teruel hasta octubre de 1968. En esta fecha, un Seminario menor, dotado de modernas instalaciones pedagógicas, ha sido inaugurado en la ciudad de Teruel.

Hospital de Nuestra Señora de la Asunción. Primitivamente fue Casa de San Lázaro para acoger a los leprosos peregrinos de Levante hacia Santiago. Transformado en hospital por Magdalena Cañada, que obtuvo de Alfonso IV, el 16-III-1433, derecho privativo familiar sobre la institución. En calidad de heredero, Mariano Martín Filliol, clérigo, lo vendió a la ciudad el día 2-X-1555. Con vida precaria por escasez de fondos del municipio y sostenido de hecho, desde el día 14-VIII-1742, por el obispo Pérez Prado, la ciudad hizo cesión del Patronato del hospital a favor de la mitra episcopal el día 2-X-1752, confirmada por Real Provisión de Fernando VI, 26-III-1752. Lo dotó con bienes personales y rentas eclesiásticas, hizo las debidas ampliaciones y constituyó una junta de gobierno. Fue destruido en la guerra civil de 1936. Ocupaba parte de la actual plaza del general Varela.

Casa de la Misericordia. Obra de D. Félix Rico (obispo de Teruel, 1795-1799), obtenida autorización real, expedida en Aranjuez el día 3-IV-1796. Instalación provisional en el antiguo primer Seminario de Villa Vieja que, habilitado, acogió a los primeros mendigos y expósitos. El día 9-II-1798 empezó la construcción del nuevo edificio donde sigue en la actualidad bajo el nombre de Hogar comandante Aguado. Desde el año 1847 pasó a depender de los organismos provinciales. Acoge a niños y niñas huérfanos de la provincia.

Ordenes y Congregaciones religiosas establecidas antes de 1900. *Congregación de la Misión* (paules). Se establecieron en Teruel el 19-X-1867. El obispo Francisco de Paula Jiménez y Muñoz les entregó el que fue Seminario de Villa Vieja hasta 1769 y ex convento de capuchinos hasta 1835, extramuros de la ciudad. Desde 1946 ocupan nuevo edificio en el nuevo ensanche de Teruel. *Franciscanas Clarisas*, de Teruel. El primitivo convento estuvo situado en los llanos llamados de Santa Catalina. La reina D.ª Leonor de Sicilia, esposa de Pedro IV de Aragón, les donó un palacio propiedad de los reyes en el centro de la ciudad el día 29-V-1367. En él se instalaron en 1369. El convento conservó el título antiguo de Santa Catalina. Destruido en la guerra civil, ha sido reparado. La actual comunidad la componen 18 religiosas profesas y cuatro novicias que pertenecen a la Federación. *Carmelitas Descalzas*, de Teruel. Convento de San José y de Santa Teresa de Jesús. Construido con una donación de D. Agustín Abengoechea, ministro de la antigua Audiencia de Zaragoza, y la aportación del obispo de Teruel, Diego Chueca, el 24-VI-1660. Actualmente hay 21 religiosas profesas. *Franciscanas Clarisas*, de Báguena. Monasterio fundado el año 1611. Las religiosas fundadoras procedían del monasterio de Jerusalén, de Zaragoza. Actualmente la comunidad la componen 26 religiosas profesas y una novicia. *Concepcionistas Franciscanas*, de Calamocha. Convento fundado en 1690. Actualmente cuenta con 18 religiosas profesas. *Concepcionistas Franciscanas*, de Cuevas de Cañar. La fundación se debe a D. Domingo Bellido, natural de Cuevas de Cañar, comisario del Santo Oficio de la Inquisición. El 6-VI-1678 llegaron las primeras religiosas procedentes del convento de San Francisco de Montesanto, de Villarluengo. Las religiosas actuales son siete. *Agustinas Ermitañas*, de Mirambel. La fundación del convento data del 15-IV-1564. Hay 15 religiosas profesas. *Agustinas Ermitañas*, de Rubielos de Mora. Fundación del año 1625. Actualmente hay 14 religiosas. *Hijas de la Caridad de San Vicente de Paúl*, en Teruel, desde 1864 en que entran al servicio del hospital. En Alcorisa, desde 21-XI-1895, en que se encargan del colegio de la

Purísima y San Enrique, fundado por el barón de La Linde. *Hermanitas de los ancianos desamparados.* En Teruel desde 23-IX-1883, al cuidado de los ancianos en el asilo fundado por el obispo Antonio Ibáñez Galiano. En Rubielos de Mora, desde 1890 al cuidado del asilo de ancianos fundado por D.ª Josefa Villanueva. *Terciarias de San Francisco de Asís y de la Inmaculada Concepción.* En Teruel fundaron colegio el año 1898. Ha tenido tres locales distintos. De 1898 a 1905, el edificio contiguo al palacio episcopal; de 1905 a 1935, el nuevo colegio construido por su protector Comes y Vidal, obispo de Teruel, en la plaza de San Juan. Desaparecido por exigencias de la urbanización, ocupan nuevo edificio en la plaza de Goya. *Hermanas de la Caridad de Santa Ana.* En Cantavieja, fundado por D. Francisco J. Colomer y D.ª Agustina Zurita en el hospital de la Asunción el mes de agosto de 1896; las religiosas atienden al hospital y a la enseñanza primaria de los niños. En Iglesuela del Cid, fundación hecha por D.ª Carmen Daudén Loras el día 22-VIII-1896, dedicadas a enseñanza primaria.

Archivos. El de la *catedral.* La iglesia de Santa María de Media Villa, antes de ser colegiata y catedral, crea su archivo en el siglo XIII. De la época anterior a su elevación a la categoría de colegiata conserva 346 pergaminos. De su época como colegiata, 222. A lo largo de los años ha sufrido pérdidas, pero no de importancia. Está instalado en la antigua sala capitular con mobiliario capaz para albergar los varios centenares de legajos y la colección de pergaminos. Existe catálogo de los pergaminos y documentos insertos en ellos. El del *Capítulo General Eclesiástico:* Contiene los documentos más antiguos referidos a Teruel. Empieza el año 1095 y llega hasta el 1905. Está instalado en una dependencia de la sacristía de la iglesia de San Martín. El local no reúne condiciones de acceso y comodidad para el estudio. Cuando las iglesias del Capítulo fueron transferidas a la diócesis, se constituyó un fondo documental único con los documentos del Capítulo General, excepto los libros parroquiales de las siete iglesias que están en las tres actuales parroquias. Existe catálogo que registra como primer documento una bula de Urbano II datada el 16-IV-1095, y una bula de Pío X del 14-XII-1905 como último documento.

El Boletín Eclesiástico de la diócesis de Teruel comenzó a publicarse el jueves 15-IX-1859, siendo obispo de Teruel D. Francisco Landeira y Sevilla. El título completo con que apareció fue el de *Boletín eclesiástico científico y literario del Obispado de Teruel.* Empezó a publicarse el 15 y el 30 de cada mes. El primer número tiene ocho hojas de texto. El Boletín — que no existió nunca en la diócesis de Albarracín — será también el de las dos diócesis, unidas en la única persona del obispo de Teruel y administrador apostólico de Albarracín.

3. **Geografía diocesana:** La diócesis de Teruel forma el vértice meridional del Reino de Aragón. El criterio que presidió la delimitación de la diócesis en el momento fundacional fue, más que el geográfico, el histórico y político. Así queda explicada la exclusión de los límites diocesanos de zonas que, por afinidad geográfica, tendría que haber formado parte de la jurisdicción eclesiástica turolense desde el principio. Los contornos originarios de la diócesis tienen gran coincidencia con los de la histórica Comunidad de Teruel que pasó, casi íntegra, a formar la nueva diócesis. La extensión en kilómetros cuadrados era de 5.120, todos enclavados al Sur de la provincia actual, menos la franja más occidental que constituía el territorio de la diócesis de Albarracín. Exceptuando algunas, las parroquias no distaban más de 65 kilómetros de la capital diocesana. Limitaba la diócesis al N., NO. y NE. con la archidiócesis de Zarago-

za, pero sus pueblos pertenecían a la administración civil de Teruel. Al SO. con la diócesis de Albarracín, al S. con la de Valencia y al SE. con la de Segorbe-Castellón. El día 2-IX-1955 por decreto de la S. C. Consistorial *Coesaraugustae et aliarum* la diócesis recibió una ampliación territorial de 3.627 kilómetros cuadrados. La ampliación operó un cambio en los límites diocesanos que solo afectó al NO., donde empezó a confinar con la diócesis de Sigüenza-Guadalajara, y al N. con la archidiócesis y provincia de Zaragoza. Pero el NE., aunque civilmente de Teruel, sigue dependiendo eclesiásticamente de Zaragoza y, por tanto, limitando la diócesis turolense, en ese extremo oriental, con la archidiócesis de Zaragoza. El resto de los límites diocesanos ha permanecido inalterable. La distancia con la sede episcopal se ha aumentado. Son bastantes las parroquias que distan entre 100 y 175 kilómetros. Extensos macizos montañosos en todo el territorio diocesano, complicada orografía y extraordinaria altitud, comprendida entre los 800 y 2.020 metros, son los ragos geográficos más acusados.

4. **Situación actual.** La diócesis tiene actualmente 8.767 kilómetros cuadrados de extensión (incluyendo los 1.940 kilómetros cuadrados de Albarracín, suman en total 10.707 kilómetros cuadrados) enclavados todos en los límites de la provincia civil del mismo nombre. Esta incluye también en su demarcación y administración tres pueblos pertenecientes a la diócesis de Segorbe-Castellón, y 42 en régimen de dependencia eclesiástica de la archidiócesis de Zaragoza.

Factores económico-sociales han originado una creciente emigración, no compensada, que se traduce en descenso de población. En la actualidad, 132.291 fieles integran las diócesis (en enero de 1959, 172.675) distribuidos en 252 parroquias. Media de población parroquial, 525. El número de sacerdotes diocesanos es 282, de los cuales 225 atienden las actividades diocesanas y 57 realizan su trabajo fuera de la diócesis: Hispanoamérica, apostolado castrense, Universidades, ausentes por diversas causas. Los religiosos sacerdotes son 41; pertenecen: 11 a la Orden franciscana, 3 a la Orden de la Merced, 13 a la Congregación de la Misión y 6 a la Congregación Religiosa de Terciarios Capuchinos de Nuestra Señora de los Dolores. Los religiosos no sacerdotes son 38 profesos y 9 no profesos, miembros de las Ordenes y Congregaciones antes citadas. Existen en la diócesis 9 comunidades de religiosas de vida contemplativa con un total de 165 religiosas profesas y 5 novicias, distribuidas de la siguiente forma: 21 carmelitas descalzas en Teruel; 18 franciscanas clarisas en Teruel y 26 en Báguena, más 5 novicias en este último; 15 agustinas ermitañas en Mirambel y 14 en Rubielos de Mora; 19 franciscanas capuchinas en Gea de Albarracín; 18 concepcionistas franciscanas en Calamocha y 7 en Cuevas de Cañar; 27 de la Orden de Santo Domingo en Albarracín. Existen 20 comunidades de vida activa con 157 religiosas profesas y 9 novicias, dedicadas a tareas de enseñanza y beneficencia: Hermanas de la Caridad de Santa Ana, Hermanitas de Ancianos Desamparados, Hijas de la Caridad de San Vicente de Paúl, Terciarias Franciscanas de la Inmaculada Concepción, Siervas de Jesús de la Caridad, Terciarias Capuchinas de la Sagrada Familia, Terciarias Carmelitas del Sagrado Corazón, Terciarias Franciscanas Misioneras de la Madre del Divino Pastor. Institutos seculares: Institución Teresiana, en Teruel y Alfambra.

La diócesis de Teruel tiene en el Seminario mayor 93 seminaristas y 230 en el Seminario menor. La Orden Franciscana de Frailes Menores, 60 alumnos teólogos. Los sacerdotes de la Congregación de la Misión, un aspirantado, con 70 aspirantes. Los padres Terciarios Capuchinos, 120 en el seminario menor de la Congregación. La Orden de la Merced, 5 novicios en Nuestra Señora del Olivar, en Estercuel. Los Hermanos de las Escuelas Cristianas, en Monreal del Campo, 104 en el aspirantado de la Congregación.

Centros de Enseñanza de la Iglesia: colegio de San José, de los Hermanos de las Escuelas Cristianas, con 780 alumnos en Teruel. Colegio Nuestra Señora del Pilar, con 260 alumnas en Teruel. Colegio Purísima, en Alfambra, con 80 alumnas, los dos regidos por la Institución Teresiana. Colegio de las Terciarias Franciscanas de la Inmaculada Concepción, en Teruel, con 210 alumnas. Colegio del Sagrado Corazón, con 150 alumnas. Primera enseñanza: número de escuelas de la Iglesia, 45, con 1.814 alumnos. Enseñanza media y profesional: 1.250 alumnos en total.

5. Episcopologio. *Andrés Santos Quintana,* pr. 4-VII-1578, 27-IV-1579 tr. a Zaragoza; celebró primer sínodo diocesano. *Jaime Ximeno de Lobera,* pr. 12-IV-1580, † 12-XII-1594; celebró el segundo sínodo, virrey de Aragón de 1592 a 1593. *Martín Terrer de Valenzuela,* ob. de Albarracín, pr. 21-VI-1596, 7-IV-1614 tr. a Tarazona; celebró el tercer sínodo diocesano. *Tomás Cortés de Sangüesa,* ob. de Jaca, pr. 27-VIII-1614, † 9-XII-1624. *Fernando de Valdés y Llano,* pr. 9-VII-1625, pos. 28-XI-1625, 18-VII-1633 tr. a Granada; celebró el cuarto sínodo diocesano. *Pedro Apaolaza Ramírez,* ob. de Albarracín, pr. 8-VIII-1633, pos. 1633, 8-I-1635 tr. a Zaragoza. *Juan Cebrián y Pedro,* ob. de Albarracín, pr. 9-VII-1635, pos. 6-X-1635, 18-IV-1644 tr. a Zaragoza. *Domingo Abad y Huerta,* pr. 13-VII-1644, pos. 19-IX-1644, † 8-II-1647. *Diego Chueca,* ob. de Barbastro, pr. 6-V-1647, pos. 5-IX-1647, † 18-VI-1672; fundó el convento de Carmelitas Descalzas, y celebró los sínodos quinto y sexto. *Diego Antonio Francés de Urrutigoyti y Lerma,* ob. de Barbastro, pr. 30-I-1673, 25-IX-1673 tr. a Tarazona. *Andrés Aznar y Naves,* ob. de Jaca, pr. 16-IV-1674, pos. 26-X-1674, † 7-V-1682. *Jerónimo Zolivera,* ob. de Trajanópolis, pr. 11-I-1683, pos. 24-VI-1683, † 28-III-1700. *Lamberto Manuel López,* pr. 14-III-1701, pos. 4-IV-1702, † 7-IV-1717; fue adm. apost. de Albarracín por ausencia del titular fray Juan Navarro, inquisidor de Aragón, marqués del Risco. *Pedro Felipe Analso de Miranda y Ponce de León,* pr. 16-IX-1720, pos. 8-X-1720, † 30-XI-1729; construyó el seminario sacerdotal de Villa Vieja. *Francisco Pérez de Prado y Cuesta,* pr. 11-VIII-1732, pos. 7-XI-1732, † 9-VII-1755; fundó el colegio de la Compañía de Jesús en Teruel, inquisidor general desde 1746, residió en Madrid y gobernó la diócesis por medio de vicarios. *Francisco Javier Pérez de Baroja y Muro,* pr. 17-XI-1755, pos. 30-I-1756, † 29-III-1757; celebró misión general. *Francisco José Rodríguez Chico,* pr. 26-IX-1757, pos. 27-XI-1757, † 21-III-1780; inauguró seminario y le dio su primer reglamento. *Roque Martín Merino,* pr. 11-XII-1780, pos. 13-II-1781, † 6-XI-1794. *Félix Rico,* pr. 1-VI-1795, pos. 10-VII-1795, † 31-V-1799; fundó la Casa de Misericordia. *Francisco Javier Lizana y Beamont,* ob. de Thaumaco (Tesalia), pr. 11-VIII-1800, 24-V-1802 tr. a Méjico. *Blas Joaquín Alvarez de Palma,* ob. de Albarracín, pr. 20-XII-1802, pos. 24-II-1803, 19-XII-1814 tr. a Granada. *Felipe Montoya y Díez,* pr. 10-VII-1815, pos. 28-X-1815, † 12-III-1825. *Jacinto Rodríguez Rico,* pr. 19-XII-1825, pos. 2-III-1826, 21-VI-1827 tr. a Cuenca. *Diego Martínez Carlón y Teruel,* pr. 25-VI-1827, pos. 15-XI-1827, 24-II-1832 tr. a Jaén. *José Asensio de Ocón y Toledo,* ob. de Palencia, pr. 24-II-1832, pos. 13-VII-1832, † 2-XII-1833. *Antonio Lao y Cuevas,* pr. 17-XII-1847, pos. 3-IV-1848, 7-VI-1849 tr. a Guadix. *Jaime José Soler y Roquer,* pr. 20-V-1850, pos. 22-X-1850, † 21-III-1851. *Francisco Landeira y Sevilla,* pr. 18-III-1852, pos. 8-XII-1852, 22-VII-1861

tr. a Murcia; funda el Boletín Ecles. de la diócesis. *Francisco de Paula Jiménez Muñoz,* pr. 23-XII-1861, pos. 1-V-1862, † 3-VI-1869; concedió el antiguo seminario de Villa Vieja a los Paúles; en la revolución del 68 estuvo preso. *Victoriano Guisasola Rodríguez,* pr. 16-I-1874, pos. 14-II-1875, 29-VIII-1876 tr. al obispado priorato de las Ordenes Militares que se creó entonces en Ciudad Real. *Francisco de Paula Moreno y Andreu,* pr. 29-IX-1876, pos. 16-XII-1876, † 11-VI-1880; adm. apostólico de Albarracín; a partir de su episcopado, la diócesis de Albarracín se confió habitualmente al ob. de Teruel. *Antonio Ibáñez y Galiano,* pr. 16-XII-1880, pos. 29-III-1881, † 21-VII-1890; fundó Asilo de Ancianos Desamparados, creó Círculo de Obreros Católicos, celebró el séptimo sínodo. *Maximiano Fernández del Rincón y Sotodávila,* pos. 20-IX-1891, 21-V-1894 tr. a Guadix. *Antonio Estalella y Sivilla,* pos. 15-IX-1894, † 22-IV-1896; instituyó la Hermandad de Socorros y Sufragios mutuos del Clero. *Juan Comes y Vidal,* pos. 12-X-1896, 30-XI-1905 ren. *Juan Antón de la Fuente,* pr. 14-XII-1905, pos. 19-XII-1906, 31-XII-1934 ren., † 21-I-1936. *Anselmo Polanco y Fontecha,* pos. 25-IX-1935, † 7-II-1939; asesinado por los marxistas; abierto su proceso de beatificación el 11-VIII-1958. *León Villuendas Polo,* pr. 29-III-1944, pos. 22-X-1944, 1-I-1968 ren., conservando la sede; restauró la catedral y templos diocesanos; construyó el seminario; celebró el octavo sínodo, † 6-XII-1968. *Juan Ricote Alonso,* pr. 23-I-1965, pos. 28-II-1965, ob. coadjutor sede plena, con derecho a sucesión; 6-XII-1968 ob. residencial, † 8-X-72. *Damián Iguacen Borau,* ob. admin. apost. de Barbastro, pr. 23-IX-1974, pos. 19-X-1974, actual obispo.

Véase en Apéndice art. Albarracin.

BIBL.: M. BURRIEL RODRIGO, *La erección de la Diócesis de Teruel:* R212, 1(1949)75-90; D. MANSILLA, *La reorganización eclesiástica española del siglo XVI. Aragón-Cataluña:* R13, 4(1959)180-190; A. LÓPEZ POLO, *El Capítulo de Racioneros de Teruel:* R212, 25(1961); C. TOMÁS LAGUÍA: *La Iglesia de Teruel en la guerra de la Independencia:* R212, 21(1959)135-221; M. EIXARCH, *Los Obispos de Teruel. Apuntes biográficos,* Te. 1893; J. CARUANA, *Historia de la Provincia de Teruel,* Te. 1956; S. SEBASTIÁN, *Guía artística de Teruel y su Provincia,* Ba. 1959; L. AMORÓS PAYÁ, *Los santos mártires franciscanos Bto. Juan de Perusa y Pedro de Saxoferrato en la Historia de Teruel:* R212, 15 (1956)7-142; M. GARCÍA MIRALLES, *La Orden de Predicadores en la Provincia de Teruel,* Te. 1964.   P. HERNÁNDEZ

TERUEL, Antonio de, OFMCap (Teruel 1603 † Murcia 17-II-1665) misionero, lingüista. Abrazó la vida capuchina en 1621. Trabajó como misionero en el Congo (1647-1657). Notable lingüista, escribió numerosos tratados en la lengua indígena.

OBRAS: Su obra principal es el *Vocabulario in 4 lingue, cioé italiano, latino, spagnolo e del Congo.* Casi todos sus manuscritos se hallan en el Archivo de la Congr. de Propaganda Fide.

BIBL.: G. A. CAVAZZI, *Istorica descrizione dei tre regni Congo, Matamba et Angola,* Bo. 1687; B. DE CARROCERA, *Los capuchinos españoles en el Congo y el primer diccionario congolés,* Ma. 1945; ID., *Dos relaciones inéditas sobre la misión capuchina del Congo:* R39', 16-17(1946)102, 111-122; N21, 48.   L. DE ASPURZ

TERUEL, Basilio de, OFMCap (Teruel 1603 †Valencia 14-IX-1682) historiador. Entró en la Orden capuchina en 1621.

OBRAS: Publicó varias obras, entre las que sobresalen: *Collectanea sacra celebriorum actuum et rituum,* Val. 1651; *Ejercicio y modo breve para ayudar a bien morir,* Val. 1669; *Suma o compendio sobre la Regla de los Frayles Menores,* Val. 1679.

BIBL.: N25, 14 de sept.; A13, III, 249; D17, VI, 1159; N21, 72-77.   L. DE ASPURZ

TEUDULA. Probablemente metropolita de Sevilla de fines del siglo VIII.

OBRAS: Escribió un *Tratado* cristológico contra Elipando, cuya sentencia final aduce Alvaro de Córdoba, *epist.* 4, 27.

BIBL.: J. MADOZ, *Epistolario de Alvaro de Córdoba*, Ma. 1947, 139.   M. DÍAZ Y DÍAZ

THIO, Jaime, OP († Barcelona 1662) teólogo. Ingresó en la Orden de Predicadores en el convento de Barcelona, donde hizo su profesión el 10-XI-1618. Estudió el primer curso de Filosofía en su convento y fue asignado al colegio de San Miguel de Solsona para completarla y estudiar Teología. En 1628 ocupa la cátedra de Filosofía en el mismo colegio. En 1639 era profesor en el convento de Barcelona, ostentando ya en este tiempo el título de presentado en Teología. Durante este año fue socio del prior José Bramó en la visita que éste practicó a los conventos de Castellón de Ampurias, Perelada, Gerona y Perpignan. Elegido prior del convento de Vich, tomó posesión del cargo el 8-VIII-1644, y permaneció en él un año. En 1649 fue elegido prior del convento de Barcelona, y ya antes, en 1645, se le había otorgado el título de Maestro en Teología.

OBRAS: *Commentaria in tractatus de Scientia Dei et de Trinitate D. Thomae:* Bibl. Universitaria de Barcelona, ms. 1544.

BIBL.: O25, 273.   L. GALMÉS

TIEDRA, Jerónimo, OP (Salamanca 1546 † Charcas [Perú]?) arzobispo y predicador real. Ingresó en el convento de San Esteban de Salamanca, donde profesó el 22-I-1567. Fue profesor de Teología en los conventos de Salamanca, Toledo y Toro; prior del de Salamanca. En 1600 Felipe III lo nombró su predicador y en el 1616 lo propuso para arzobispo de Charcas [Perú], donde murió en fecha desconocida.

BIBL.: O27, I, 470-78, y II, 781-783, 821-822.
                                                    C. PALOMO

TIERRA SANTA. El inmenso influjo religioso, diplomático y económico que España viene ejerciendo desde hace siglos en Tierra Santa, dio vida a algunas instituciones que todavía existen y que constituyen uno de los capítulos más interesantes de la diplomacia española.

Real Patronato de los Santos Lugares. Concedido por Clemente VI (1342) a D. Roberto d'Anjou y D.ª Sancha de Mallorca, reyes de Nápoles, en premio de sus gestiones ante el sultán de Egipto en favor de la permanencia de los religiosos franciscanos en los santuarios del Cenáculo y del Santo Sepulcro, pasó con la sucesión del reino de Nápoles a los reyes de Aragón (1344) y de éstos a los reyes de España, después de unidas las coronas de Aragón y Castilla en los Reyes Católicos.

En virtud de este privilegio se vinieron haciendo tradicionalmente en la Custodia de Tierra Santa ciertas funciones, preces y sufragios por España y sus reyes; por su parte, éstos se sintieron siempre en la obligación — que cumplieron fielmente — de salvaguardar, mediante convenios políticos, negociaciones diplomáticas y tratados militares, los derechos de los franciscanos de la Custodia, y de ayudarlos económicamente. Bajo este último aspecto, los Reyes Católicos iniciaron en 1489 la constitución de un fondo económico a favor de Palestina mediante la entrega anual de 2.000 ducados de oro, compromiso que, muchas veces engrosado en cuanto a la cuantía, aceptaron los monarcas sucesivos, independientemente de otras importantes aportaciones ocasionales con que solían favorecer los santuarios. Con dinero exclusivo de España se construyeron las casas de Damasco, Ramle, Jafa, San Juan en Montana (Ain-Karen) y Constantinopla, cuya propiedad y patronato conserva todavía nuestra nación, amén del derecho de tener allí siempre superior español. En los santuarios de Belén, Santo Sepulcro y Nazaret el superiorato se alterna entre italianos, franceses y españoles.

Obra Pía de los Santos Lugares. Así se denominó la institución creada por Felipe IV (1660) con objeto de administrar el capital acumulado por las entregas anuales de los monarcas españoles en favor de Tierra Santa, los intereses de las mismas — que en 1660 ascendían a 679.763 reales de vellón — y las diversas donaciones de los fieles. Este organismo estaba regido por el comisario general de Tierra Santa, residente en Madrid, bajo la alta dirección del rey; Carlos III lo vinculó más estrechamente a la Corona y la segunda República española lo despojó (1932) de todo carácter religioso. En la actualidad, desde 1940, constituye un Patronato autónomo dentro del Ministerio de Asuntos Exteriores con el cometido de velar por los intereses de España en Tierra Santa y el de administrar el reducido capital que quedó de las muchas incautaciones estatales del siglo XIX.

Comisaría de Tierra Santa. Instituida en todos los países católicos, tuvo su origen en España (1583). Aquí el comisario general, con sede en San Francisco el Grande de Madrid, era el encargado, primeramente como representante de la Orden Franciscana, y luego como primera autoridad de la Obra Pía, de recaudar — valiéndose en gran parte de vicecomisarios distribuidos por todo lo ancho de la nación e incluso por la América Española — conservar y enviar los fondos económicos a Tierra Santa; extinguida la Comisaría general en 1835, continúa en la actualidad, pero un tanto modificada. Existen actualmente en España un delegado general de Tierra Santa en Madrid y ocho comisarios, uno por cada provincia franciscana.

Procura general de Tierra Santa. Instituido en 1622 y confirmado por la bula *In supremo* (1746) de Benedicto XIV, funciona en Tierra Santa el procurador general que es siempre español, y cuyo nombramiento requiere el beneplácito del Gobierno español; en el sello de su oficio figuran, además, las armas de España. Ocupa el segundo lugar después del custodio en el Consejo Supremo de Tierra Santa y es el administrador único de las cosas temporales pertenecientes a la Custodia; con él deben entenderse directamente, según la bula benedictina, los comisarios de Tierra Santa extendidos por todo el mundo. Además del procurador en el Consejo de gobierno de la Custodia entra de derecho otro vocal español, con el nombre de discreto. Todo ello, si por una parte es prueba de lo mucho que España hizo por la Custodia a través de los siglos, demuestra por otra parte el grande influjo que ha tenido en los destinos de los Santos Lugares.

BIBL.: S. EIJÁN, *España en Tierra Santa*, Ba. 1910; ID., *Relaciones mutuas de España y T. S. a través de los siglos*, Sant. 1912; ID., *Documentos relativos a la Obra Pía de los Santos Lugares*, Sant. 1939; ID., *Hispanidad de T. S.*, Ma. 1943; ID., *El Real Patronato de los Santos Lugares en la historia de T. S.* 2 vols., Ma. 1945, obra básica; A. ARCE, *Expediciones de España a Jerusalén (1673-1842) y la real Cédula de Carlos III sobre los santos Lugares en su ambiente internacional*, Ma. 1958.   I. VÁZQUEZ

TIGRIDIA, (Burgos fines siglo X † Oña [Burgos] post 1023) abadesa y santa. Hija del conde Sancho de Castilla y de su mujer Urraca, fue la primera abadesa del monasterio de San Salvador de Oña. Era monasterio dúplice y por eso, en la carta de fundación, que lleva la fecha de 1011, decía el fundador: «Elegimos a nuestra hija Tigridia para presidir y regir a los siervos de Dios y a todas las religiosas.» Y más abajo añadía: «Para que tengas, oh hija, el cuidado de los siervos y las siervas de Dios.» «Gobernó — dice en su *Crónica General* fray Antonio de Yepes — Santa Tigridia con prudencia, valor y muestras de muchas virtudes su convento, y murió dichosamente en el Señor al cabo de algunos años que había sido abadesa, y en este convento ha sido tenida siempre por santa. Estuvo al principio enterrada en la capilla que llaman del Crucifijo; después la trasladaron a la de San Iñigo, donde está mejor acomodada en un arca, aunque de madera, muy rica.» Su culto está bien atestiguado. Se la celebraba el 22 de noviembre. Es probable que el nombre de Tigridia sea una derivación del nombre femenino germánico Sigrid, si tenemos en cuenta que en su familia todos llevan nombres góticos.

BIBL.: M71, II, 426, y III, 8, 165; ES 27, 129, 167, 168 y 176; M4, II, 407, 422; M72, III, 344-45; F1, I, 12, 29, 40, 42 (el nombre de Tigridia aparece en diplomas de 1011, 1014, 1016, 1017 y 1023). J. PÉREZ DE URBEL

TINEO, Blas, OdeM (Cangas de Narcea [Asturias] c. 1580 † Granada 1654) obispo y escritor. Ingresó en la Orden el 1601 en Madrid. Fue Maestro en Teología, comendador de varios conventos, secretario general y, finalmente, provincial de Castilla (1626). El papa lo nombró obispo auxiliar de Granada, consagrándose en Madrid (4-I-1637). También fue nombrado abad de Santa Fe y deán de Málaga.

OBRAS: *Sermón de San José*, Ma. 1629; *Alabanzas de San José.*

BIBL.: O207; O231. R. SANLÉS

TOBIA, diócesis desaparecida de dudosa existencia. Hacia el año 922 encontramos un obispo llamado Teudorico (cf. J. M. Lacarra, *Textos navarros del códice de Roda*, pág. 263) a quien se le ha hecho obispo de Tobía en la región montañosa de San Millán de la Cogolla, regada por el Najerilla. El único texto aducido por Ubieto *(Las diócesis navarro-aragonesas durante los siglos IX-X:* Pirineos 10, 1954, 190) no es argumento suficiente para sostener una tesis a favor de la diócesis de Tobía. Bien podría tratarse de un obispo que se encontraba allí de una forma incidental y pasajera, como era frecuente en aquel tiempo. Casos similares encontramos en Castilla, como son los obispos residentes en Muñó (cf. L. Serrano, *El obispado de Burgos y Castilla primitiva*, I, 136-155), pero que de alguna manera reemplazaban o representaban el antiguo obispado de Oca, que no estaba restaurado. Caso de existir el obispado de Tobía, duró muy poco tiempo, puesto que en adelante no figura en esta región más obispado que Nájera-Calahorra.

BIBL.: A. UBIETO ARTETA, *Las diócesis navarro-aragonesas durante los siglos IX y X:* R150, 10(1954)179-199; J. M. LACARRA, *Textos navarros del códice de Roda:* R104, 1(1945)193-284. D. MANSILLA

TODA Y JUNCOSA, Teresa, (Riudecañas [Tarragona] 19-VIII-1826 † Barcelona 30-VII-1898) cofundadora de las Carmelitas Teresas de San José. A los veinte años contrajo matrimonio con Antonio Guasch, honrado comerciante de su pueblo. Solo tuvieron una hija, Teresa Guasch, porque Antonio se enroló en el movimiento carlista y, después de poner a salvo a su mujer e hija en Tarragona, se marchó a la guerra donde murió. En su viudez se dedicó al cuidado de la infancia desamparada. De aquí nació la idea de fundar una Congregación religiosa. El canónigo Dr. Caixal, más tarde obispo de Urgel, y el padre Agustín Verdura OCD, exclaustrado por la revolución, fueron sus directores espirituales. La idea se realizó, y vistieron el hábito en Barcelona (22-II-1878). En 1883 el vicario capitular, sede vacante, D. Ignacio Palá y Martí,

aprueba provisionalmente las reglas y constituciones, y el nombramiento de Teresa Toda para superiora general del Instituto y de su hija Teresa Guasch para maestra de novicias. D. MARRERO

TOLEDO, Archidiócesis de, *(Toletana)*, metropolitana y primada de España.

1. Historia. La falta de un estudio documentado sobre la historia de Toledo y su diócesis impide que se puedan sintetizar los datos fundamentales que delinean la silueta de esta parcela eclesiástica. Desde el siglo XIII ya se camina por terreno desconocido en el que únicamente afloran hechos trascendentales o desgajados, incluidos en obras de carácter general, sin que a veces se advierta la conexión interna en el desarrollo de la evolución diocesana. Intentaremos agrupar tales datos en los apartados siguientes: a) Orígenes y primeras noticias del cristianismo en Toledo. b) Período visigótico. c) Dominación árabe. d) Siglos de la Reconquista. e) Edad moderna. f) Edad contemporánea.

a) *Orígenes y primeras noticias del cristianismo en Toledo.* La situación geográfica de Toledo, enclavada en el mismo corazón de las provincias hispanas, regada por un río caudaloso, que casi circunvala el promontorio donde la ciudad se asienta y la constituye en lugar estratégicamente seguro, *urbs parva, sed loco bene munita*, la confluencia de varias calzadas romanas, fueron razones que aconsejaron a los romanos la erección en esta ciudad celtibérica de la cabeza de un *conventus* jurídico dentro de la Cartaginense, en la zona occidental de la Carpetania. El grado progresivo de romanización de Toledo queda todavía patente por la importancia de los restos de edificaciones públicas llegados hasta nuestros tiempos (acueducto, puentes, circo, teatro, calzadas, etcétera).

La penetración del cristianismo en ella hubo de ser tardía. Hasta comienzos del siglo IV se carece de noticias. Pero ya en el Concilio de Elvira (300) suscribe el obispo de Toledo, *Melanctius*. De esta misma época data el martirio de santa Leocadia bajo Diocleciano (305?), si bien la *Passio* se redactó en el siglo VII.

A partir del citado *Melanctius* (que juzgamos el verdadero nombre del erróneamente transcrito *Pelagius*) comienza la lista episcopal toledana según el ms. d. I. 1. fol. 360, de la Biblioteca de El Escorial. En el 400 se congrega en Toledo un concilio para condenar la herejía prisciliana; y otro, según parece, en el 447.

b) *Período visigótico (siglos VI-VII).* La importancia jerárquica de Toledo aumenta. Iglesia metropolitana de la comarca carpetana primero y, después, de toda la provincia cartaginense, incluye bajo su jurisdicción 20 sufragáneas, a saber, en el litoral mediterráneo: *Segobriga* (Segorbe), *Valentia* (Valencia), *Diania* (Denia), *Setabis* (Játiva), *Illici* (Elche), *Bigastro* (Cehegín), *Urci* (cerca de Torre de Villaricos). Fronterizas a la Bética: *Acci* (Guadix), *Mentesa* (La Guardia, Jaén), *Beatia:* (Baeza, Jaén), *Castulo* (Cazlona), *Oretum* (Granátula, Ciudad Real). Vecina a la Lusitania: *Segobia* (Segovia). Limítrofes con la Tarraconense: *Palentia* (Palencia), *Oxuma* (Osma), *Segontia* (Sigüenza). En el interior: *Compluto* (Alcalá de Henares), *Arcavica* (Cabeza de Griego?, Sacedón, en Cuenca), *Valeria* (en Cuenca?), *Basti* (Baza, en Granada).

En el siglo VII el encumbramiento eclesiástico de Toledo es manifiesto, ya que desde los tiempos de Leovigildo (572-586) se ha convertido en la *urbs regia*, la *civitas regalis* de los monarcas visigodos. En ella tiene lugar la unidad católica nacional, ocurrida bajo Recaredo (586-601), en el concilio III (589) por la abjuración del arrianismo del pueblo visigodo. A lo largo de la séptima centuria se congregan en Toledo 15 concilios más, famosos por las profesiones de fe en ellos formuladas y por las normas disciplinares que allí se acuerdan. El episcopologio se ennoblece con los nombres de los metropolitanos Eugenio (646-657), Ildefonso (657-667) y Julián (680-690), quienes gozan de máxima autoridad en el orden eclesiástico y civil de la nación, a la vez que son preclaros escritores de la época.

A partir del concilio XII (681) con unánime beneplácito de todo el episcopado nacional, se le reconoce al metropolitano de Toledo particular intervención en la elección y consagración de todos los prelados españoles, dándose origen con ello a la futura primacía eclesiástica del Reino.

c) *Durante la dominación árabe (siglos VIII-XI)*. La imprevista derrota del ejército visigodo (711) y la rápida ocupación de la Península por los invasores árabes, que eligieron a Córdoba como capital, hizo que la situación política de Toledo cambiase. Las iglesias de Toledo fueron expoliadas de sus muchas riquezas y la cristiandad disminuyó notablemente, dadas las grandes ventajas que obtenían quienes abrazaban el mahometismo. El primer siglo de la conquista es un hervidero de tendencias heterodoxas, que alcanzaron su máximo exponente con las doctrinas heréticas del arzobispo de Toledo, Elipando (754-808?), fautor del adopcionismo cristológico.

Aunque los cristianos, acogidos a la tolerancia otorgada por el Corán a «las gentes del libro», pudieron conservar su religión en privado, su situación fue la de vencidos, recibiendo el nombre de *mozárabes* (derivado directamente del árabe *mustarib*), y siendo Toledo el principal foco de la mozarabía. A pesar de la pactada tolerancia religiosa, el templo basilical fue incautado por los invasores, quienes lo convirtieron en mezquita, conservando los cristianos algunos otros templos como las parroquias de Santa Justa y Santa Eulalia y, sobre todos, el de Santa María de *Alfizén* (la de Abajo), utilizada, según parece, para basílica episcopal durante el tiempo de la ocupación árabe. La jerarquía católica continuó a lo largo de todo el tiempo árabe. Hasta el siglo X conocemos los nombres de los prelados que se sucedieron en la sede; en los años anteriores a la reconquista cristiana del territorio administraba la sede el metropolitano Pascual.

De los siglos mozárabes han llegado hasta nosotros la casi totalidad de libros litúrgicos del primitivo rito hispano (que toma el nombre de *liturgia mozárabe*) y un buen lote de manuscritos sobre materias diversas.

El absolutismo malikita de Abd-ar-Rahman I (756-788) hizo que persiguiera las reliquias y lugares venerados por los mozárabes, provocando en Toledo la huida de comunidades religiosas, que emigraron hacia las regiones septentrionales llevando consigo los más valiosos recuerdos y restos cristianos que todavía conservaban.

d) *Durante la Reconquista (siglos XI-XV)*. La conquista de Toledo (25-V-1085) por Alfonso VI (1065-1109) tuvo singular resonancia tanto en la cristiandad como en el mundo islámico. Hasta el siglo XIII los pobladores cristianos del territorio diocesano serán los mozárabes reincorporados y los castellanos y francos llegados con el ejército vencedor. Se devuelve al culto católico la basílica catedralicia (18-XII-1086) y se elige arzobispo al cluniacense Bernardo (1086-1124), que introduce en Toledo un equipo de clérigos franceses, que después irá colocando al frente de muchas iglesias castellanas. Ellos serán los encargados de imponer en Castilla las reformadoras ideas gregorianas.

Toledo recupera su pasada grandeza y dignidad eclesiástica, concediéndose al arzobispo de ella por Urbano II (15-X-1088) el privilegio de la primacía eclesiástica sobre todos los obispos de las Españas; privilegio insistentemente confirmado por todos los papas del siglo XII. Metropolitano de la antigua carta-ginense, el arzobispo de Toledo ejerce su jurisdicción teóricamente sobre las mismas diócesis que tuvo en la época visigótica a medida que se fueran reconquistando, pero en realidad las 20 sufragáneas anteriores se reducirían a Palencia, Segovia, Osma, Sigüenza, Albarracín-Segorbe, Cuenca, Jaén y Córdoba, no sin grandes pleitos con los metropolitanos de Tarragona por la pertenencia de Valencia y Albarracín-Segorbe.

Hasta la batalla de las Navas de Tolosa (1212), en Toledo se vive un clima de guerra y reconquista. La parte meridional de la diócesis estaba por conquistar. Hay que restaurar los cuadros pastorales y la vida religiosa; imponer el rito romano que sustituyera al abolido mozárabe; convivir con árabes y judíos; asegurar la organización diocesana y el patrimonio eclesiástico. Misiones todas que progresivamente se logran en el decurso de estos penosos años.

El cabildo catedralicio existe ya a principios del siglo XII. Los diversos cargos capitulares están documentados por esta época. La diócesis se parcela en distritos arcedianales: Toledo, Talavera, Madrid, Alcalá, Guadalajara, Calatrava, Capilla y Alcaraz. Los arcedianatos se integran con los arciprestazgos, de los cuales solo conocemos algunos. Sin datos para poder pronunciarse sobre la supervivencia monástica mozárabe, desde los primeros años de la Reconquista aparecen en Toledo varias fundaciones de Ordenes religiosas tanto de varones como de mujeres. Parece que hasta el 1140 hubo una comunidad cluniacense en la catedral; benedictinos reformados de San Víctor de Marsella, en el monasterio toledano de San Servando, hasta el 1113. Después, se instaló en el edificio una comunidad de canónigos regulares, quienes también existían en la basílica de Santa Leocadia (ambos en Toledo), en San Vicente de la Sierra (Sierra de San Vicente) y probablemente en la iglesia de Santos Justo y Pastor (Alcalá). Quizá fuera cluniacense el monasterio de Santa María de Batres (Madrid). Cistercienses hubo en San Martín de Valdeiglesias (provincia de Madrid) desde mediados del siglo XII y en Buenaval (hoy diócesis de Sigüenza); sospechamos que fue cisterciense el monasterio de Santa María de Melque (provincia de Toledo).

Monasterios femeninos de la primera época fueron: San Clemente de Toledo y el de Santo Domingo de Silos. Ambos, persistentes en la actualidad, fueron primeramente cluniacenses, lo mismo que el de San Pedro de Alfícén (Toledo). También fue cisterciense el de Santo Domingo, en Talavera de la Reina. Los premostratenses tuvieron su monasterio de Santa Colomba, en Toledo, desde el 1152.

La Reconquista, estabilizada durante varios años al sur de Toledo, hizo que el zócalo meridional de la provincia fuera ocupado por las Ordenes militares. Los templarios se instalaron desde 1147 en Calatrava, localidad que luego abandonaron, sin que se pueda precisar dónde tuvieron su residencia o residencias, aunque se sabe que vivieron en Toledo y en el castillo de Puebla de Montalbán (Toledo), según se afirma. Los caballeros de San Juan de Jerusalén se establecen en Consuegra (Toledo). En cuanto a las Ordenes españolas, la de Calatrava nació en Toledo y tuvieron su gran convento primero en Calatrava (Ciudad Real), trasladándose a Salvatierra a finales del siglo XII. La Orden de Santiago, cuya casa central en Castilla fue Uclés (Cuenca), tuvo varias casas y pingües posesiones en territorio toledano, así como también hospitales de la Merced en Toledo y Talavera. La de Alcántara está muy poco documentada en la diócesis en sus comienzos. Los singulares privilegios de que gozaban estas congregaciones militares y lo dilatado de su campo de acción motivó múltiples litigios con el arzobispo de Toledo.

La Orden de la Santísima Trinidad para la redención

de cautivos contó en Toledo con dos fundaciones: una, propia de los trinitarios, y la otra, el hospital de Santa María, fundación del cabildo catedralicio. Una y otra establecidas durante la estancia en Toledo de san Juan de Mata. Las Ordenes Mendicantes (franciscanos y dominicos) existieron en Toledo, según se afirma, desde 1230. La proliferación posterior de nuevas Ordenes, tanto en la rama masculina como la femenina, encuentran siempre en Toledo durante este período y el siguiente benévola acogida y medios de subsistencia.

Los arzobispos de Toledo, cancilleres mayores de Castilla desde 1206, alcanzan notable influencia política y social, pues sus posesiones y rentas eran extraordinarias. En muchos lugares ejercían señorío temporal, sobre todo en la comarca constituida por el Adelantamiento de Cazorla (Jaén). Sus fortalezas y castillos fueron muy numerosos llegando a decir Marineo Sículo: *Huius Ecclesiae antistes in Hispania secundus a rege, non dignitate solum et auctoritate, verum etiam populis, vectigalibus et potentia (Hisp. Illust.*, I, 308). Su colaboración en la obra de la Reconquista fue valiosa, distinguiéndose entre otros, los arzobispos Martín de Pisuerga, Jiménez de Rada y Gil de Albornoz. Muchos de ellos fueron príncipes de Castilla y Aragón.

En el orden intelectual merece subrayarse el papel desempeñado por relevantes clérigos toledanos en el movimiento de traducciones del árabe al latín realizadas desde mediados del siglo XII hasta mediados del XIII. Los nombres de Domingo Gundisalvo, Juan Hispano, el canónigo Marcos, etc., han dejado una estela cultural imborrable. Clérigos toledanos fueron también Juan Ruiz, arcipreste de Hita (Guadalajara), autor del *Libro del Buen Amor*, y Juan Martínez de Toledo, arcipreste de Talavera, autor de *El Corbacho*.

e) *Edad Moderna (siglos XVI-XVIII)*. Como herencia de los siglos precedentes la iglesia de Toledo comprendía un vastísimo territorio. La circunscripción diocesana comprendía: Por Oriente, desde la sierra del Guadarrama hasta el obispado de Jaén; por el Mediodía limitada con la parte septentrional de los obispados de Jaén y Córdoba; por el Oeste, desde Peñalsordo y Capilla, en Badajoz, hasta unirse en el Norte con las estribaciones meridionales de la sierra del Guadarrama por encima de Buitrago. Es decir, estaban incluidas en su interior no solo la actual diócesis de Toledo, sino las de Madrid-Alcalá y Ciudad Real y parte de las provincias de Guadalajara, Albacete, Jaén, Badajoz, Cáceres y aun parte de la de Granada,

La desmesurada extensión del territorio, que suponía una renta de 80.000 ducados, incluía más de 20 villas y fortalezas propias del señorío arzobispal, las cuales proporcionaban 2.000 hombres de armas y una nutrida plantilla de administradores de justicia, notarios y escribanos. La dotación eclesiástica sumaba un total de 209 entre dignidades, canonjías y beneficios simples, más 1.754 beneficios, repartidos en 20 arciprestazgos. Este poderoso Estado eclesiástico constituía un motivo de honda preocupación para la Corona. Desde fines del siglo XV se pensó seriamente en hacer una desmembración, y León X creó las diócesis de Toledo, Alcalá y Talavera. Pero la reacción fue tan fuerte, que el papa hubo de anular la bula de desmembración (23-VII-1518).

La conquista de Orán, realizada por el cardenal Cisneros (1509), extendió la jurisdicción eclesiástica de Toledo a aquella plaza africana. En el Adelantamiento de Cazorla, la jurisdicción señorial del arzobispo sufrió notables mermas por la subrepticia obtención del título de adelantado conseguido con carácter hereditario por D. Francisco de Cobos, dando lugar a un pleito que duró desde el 1535 al 1609.

En el período arzobispal del cardenal Silíceo (1546-1557) se estableció, no sin gran polémica en la diócesis,

el Estatuto de Limpieza de Sangre a fin de reducir los peligros atribuidos a los cristianos nuevos, impidiéndoles el nombramiento de dignidades eclesiásticas.

El escandaloso secuestro del Santo Niño de la Guardia que, según se decía, había sido raptado a su madre ciega un Viernes Santo en Toledo por algunos fanáticos judíos y, llevado a La Guardia, fue allí crucificado, dio lugar a un largo proceso contra los judíos, ya en tiempos del cardenal Mendoza, creándose en Toledo un Tribunal de la Inquisición y ejerciendo el cargo de inquisidor general el citado cardenal Cisneros desde el 1507. Dentro de la actuación del Santo Oficio merece citarse el tristemente célebre proceso del arzobispo de Toledo, fray Bartolomé de Carranza, acusado de tendencias y doctrinas luteranas; después de haber pasado muchos años en las cárceles de la Inquisición en España, habiendo sido avocada su causa a la Inquisición Romana, fue absuelto y murió a los pocos días.

Para la aplicación en España de los decretos del Concilio de Trento se celebraron en Toledo dos concilios provinciales: el primero, en 1565, presidido por el obispo de Córdoba, dada la obligada ausencia del arzobispo Carranza, y el segundo, en 1582, bajo el pontificado del cardenal Gaspar de Quiroga; en él se produjo la disputa sobre la asistencia a las sesiones del embajador del rey, marqués de Velada.

Los 19 arzobispos que desde fray Francisco Jiménez de Cisneros, a principios del siglo XVI, hasta el cardenal Lorenzana, a fines del siglo XVIII, rigieron la sede toledana, fueron activas y con frecuencia ejemplares personalidades de la vida nacional, como puede verse en las respectivas biografías de cada uno. La Iglesia de Toledo continúa en todo su esplendor, a pesar de la creciente decadencia nacional imperante desde los tiempos de Felipe III.

La introducción de la dinastía borbónica en el trono español, afanosamente trabajada por el cardenal Portocarrero, y los sangrientos acontecimientos de la Guerra de Sucesión, tuvieron sus repercusiones en la vida diocesana. El citado arzobispo Portocarrero alistó y mantuvo a sus expensas seis escuadrones que lucharon por Felipe V; las tropas del archiduque ocuparon Madrid y cometieron numerosos atropellos y profanaciones en los templos y personas religiosas. Instalada definitivamente la familia Borbón en España, el regalismo de los ministros sucesivos ocasionó frecuentes dificultades a varios arzobispos toledanos, entre los cuales se debe citar el motivado al ejemplar arzobispo D. Francisco Valero con ocasión de la publicación de la bula. Las medidas desamortizadoras de Orry y Campomanes afectaron seriamente a la diócesis de Toledo, donde también produjo notable contrariedad el nombramiento de administrador del arzobispado y el cardenalato otorgado a favor del hijo de Felipe V, niño de diez años, D. Luis de Borbón, dignidades eclesiásticas a las que renunció en 1754, para volver al estado secular y contraer matrimonio.

Trasladada la Corte a Madrid desde los tiempos de Felipe II, Toledo perdió categoría ciudadana, predominando el elemento clerical, muy influyente por su número y por la potencia económica de que disfrutaba. También habíanse creado sobre las existentes gran número de casas religiosas; de ellas, 20 eran comunidades femeninas, y 16 de varones, con una suma total de más de 1.000 personas, sin contar las casas erigidas en el territorio diocesano que no podemos enumerar por falta de datos, pero como índice puede servirnos el hecho de que en la actual provincia de Toledo existían 61 comunidades, a las que deben añadirse la de las poblaciones incluidas en la diócesis: Madrid, Alcalá, Guadalajara, Ciudad Real, Talavera, etc.

La expulsión de la Compañía de Jesús de España, decretada por Carlos III (1767) alcanzó en la diócesis a varias casas establecidas en ella, entre las que merecen citarse por su importancia las de Toledo, Madrid y Talavera, defendiendo ante el papa lo injusto de la expulsión el cardenal Fernández de Córdoba. Valiente fue también la actitud del cardenal Lorenzana ante las tendencias regalistas sobre matrimonios, urgidas por los ministros de Carlos IV y también muy meritoria la caritativa acogida que dispensó el citado arzobispo en la diócesis a gran número de sacerdotes franceses, escapados de Francia en aquellos angustiosos tiempos de la Revolución.

Como datos de la actividad cultural desarrollada en la diócesis durante este período, baste citar la erección de la Universidad de Alcalá y la edición de la colosal Políglota Complutense, la restauración del rito mozárabe y la dedicación de una capilla dedicada a él en la catedral de Toledo, la fundación del Colegio-Universidad de Santa Catalina en Toledo, obras todas del cardenal Cisneros, completadas siglos después por el cardenal Lorenzana, último gran mecenas del episcopologio toledano, que reeditó los libros rituales mozárabes, costeó la edición de las obras de los *Padres Toledanos*, dio sede digna a la Universidad toledana, fundó el Hospital de Dementes y se cuidó de los niños abandonados.

f) *Edad contemporánea (siglos XIX-XX)*. Durante los primeros veintitrés años del siglo XIX la diócesis estuvo regida por el arzobispo-cardenal D. Luis de Borbón, que fue presidente del Consejo de Regencia desde el 1813 hasta el regreso de Fernando VII. Al producirse la traicionera invasión francesa, Toledo fue la primera ciudad que se levantó contra el invasor (21-IV-1808). Al constituirse la Junta Provincial bajo la presidencia del cardenal Borbón, de los 47 miembros de que se componía, 17 eran clérigos, quienes al jurar el acatamiento a la Junta Central en Aranjuez (7-X-1808) se comprometían entre otras cosas, a la defensa, «conservación y aumento de nuestra Santa Religión...» Ante la amenaza de la llegada de Napoleón, el cardenal con algunos clérigos parte para Sevilla, haciendo delegación de sus facultades para el gobierno de la diócesis en el cabildo catedralicio: en Madrid queda el obispo auxiliar; un vicario, en Alcalá; otro vicario, en Talavera y, en Toledo, otro obispo auxiliar. Como gobernadores nombrados por el cabildo, los canónigos Pardo y Frera. También fueron canónigos de Toledo el ayo y consejero de Fernando VII, Juan Escóiquiz, y el tristemente famoso, Juan Antonio Llorente, inspirador de José Bonaparte. Sin embargo, tanto en la ciudad como en la provincia se forman bandos de patriotas y de afrancesados, aun entre los clérigos.

En las varias ocupaciones de la ciudad por los franceses algunos conventos utilizados como cuarteles fueron pasto de las llamas o destruidos, como el de agustinos y Carmen Calzado o el de la Merced. Las medidas dadas por José I sobre las Ordenes religiosas comienzan a ejecutarse en Toledo el 20-IX-1809 y las iglesias son expoliadas de sus alhajas y ropas preciosas.

Los balanceos políticos hasta la muerte de Fernando VII causaron en Toledo como en todo el ámbito nacional muchas amarguras a la Iglesia, y la matanza de los frailes no afectó directamente al clero regular de la ciudad, pero sí se cebó particularmente con los regulares de Madrid.

Posteriormente, las medidas desamortizadoras, iniciadas por el Gobierno del conde de Toreno, en 1820, y continuadas por Mendizábal en 1835 y 1837 fueron un rudo golpe para la población de los religiosos en la diócesis, cuya total extinción — la de los varones — se conseguía y para el inmenso patrimonio de la Iglesia secular. Estamos suficientemente informados, en lo que se refiere a Toledo y su provincia, sobre los resultados de la desamortización, que importó sobre los bienes de la catedral y las parroquias una suma superior a los 17 millones de pesetas y una cantidad calculada en casi 15 millones de las propiedades de los religiosos, vendidas, enriqueciendo a los compradores menos escrupulosos y de mayor potencia económica, sin contar la enorme desaparición de objetos de arte y piezas de valor como eran las contenidas en 113 cajas, en las que se almacenaron las alhajas procedentes de las parroquias de Toledo y su provincia, fundidas para hacer moneda.

Los graves conflictos surgidos en las relaciones con la Santa Sede determinaron la suspensión de los nombramientos eclesiásticos menores y mayores como la vacante arzobispal producida a la muerte del cardenal Inguanzo en 1836 que no se cubrió hasta once años después (1847) con el nombramiento del cardenal Bonel y Orbe (1847-1857), habiendo designado, posteriormente, el Gobierno como arzobispo de Toledo al antiguo obispo de Mallorca, D. Pedro González Vallejo, cuya autoridad no fue reconocida por 43 párrocos diocesanos, quienes por esta causa fueron encarcelados.

Mientras tanto se produce en Talavera de la Reina, en 1833, el primer chispazo de la contienda sobre la sucesión de Fernando VII. El pretendiente D. Carlos, representante de la tradición monárquica y religiosa, vio incrementado el número de sus seguidores por gran número de clérigos y frailes, quienes, dado el adverso resultado de la contienda, hubieron de padecer gran número de persecuciones y vejámenes, aunque los principales teatros de la lucha estuvieron lejos del área diocesana.

En virtud del Concordato del 1851 se designó al arzobispo de Toledo como comisario general de Cruzada y se habilitó al Seminario de Toledo como uno de los cuatro centrales para conferir grados mayores en Teología y Cánones. Se trazaron las líneas para las divisiones de las diócesis, que, por lo que a la diócesis toledana se refiere, significó la segregación y creación de la diócesis de Ciudad Real, en 1877, y la de Madrid-Alcalá, en 1885.

Durante la primera República, en 1869, el Estado se incautó de todos los fondos documentales y librarios de la catedral de Toledo, incluidas estanterías y cuadros; la suma de lo incautado ascendió a 9.159 documentos y legajos de documentación, 978 volúmenes impresos y 2.523 manuscritos. Verificada la restauración alfonsina, se realizó la devolución de lo incautado, a excepción de 38 volúmenes impresos, 224 manuscritos, 272 legajos y documentos y 111 objetos de arte, que fueron a engrosar *provisionalmente* los fondos estatales, donde en la actualidad continúan.

El Colegio de Santa Catalina, elevado posteriormente por León X a Universidad, sirvió algún tiempo para la formación del clero diocesano, pero en el siglo XVIII ambas instituciones se separaron y ambas llevaron una vida lánguida. En 1835 el cardenal Inguanzo inició la construcción de un edificio destinado a Seminario; la muerte del cardenal paralizó las obras que fueron reanudadas y terminadas en los años del cardenal Payá y, aunque un incendio destruyó parte del edificio, pudo ser inaugurado en 1889. Mientras tanto, desde el 1847, se habilitó para Seminario el que había sido convento de carmelitas descalzos, donde continuó hasta la inauguración del nuevo edificio. León XIII lo elevó a Universidad Pontificia, abolida por Pío XI en 1931.

La configuración metropolitana de la archidiócesis de Toledo, a partir del Concordato de 1851 enmarcaba las sufragáneas Coria, Cuenca, Plasencia, Sigüenza, más las dos de nueva creación, Ciudad Real y Madrid, hasta que ésta fue elevada a arzobispado por Pablo VI.

Ya en el siglo actual, se suceden al frente de la diócesis

los arzobispos cardenales: Ciriaco María Sancha, fray Gregorio María Aguirre, Victoriano Guisasola, Enrique Almaraz, Enrique Reig Casanova, Pedro Segura Sáenz, Isidro Gomá, Enrique Pla y Deniel, Vicente Enrique Tarancón, y Marcelo González Martín, que actualmente rige la diócesis.

Desde los tiempos del cardenal Reig (1923-1927) el arzobispo de Toledo fue el presidente de la Acción Católica Española. En el 1930 se celebró en Toledo, bajo la presidencia del cardenal Segura, un concilio provincial. En 1931, a poco de proclamarse la II República Española (14-IV-1931), el citado cardenal hubo de salir de España ante los vejámenes de que era objeto por parte de los representantes del nuevo régimen político; posteriormente, a fines del 1931, renunció a la sede toledana.

Un estado de agitación social y política, marcadamente antirreligioso, se apoderó de la nación desde 1931 a 1936. La Iglesia de Toledo, como todas las de España, sufrió en su propia carne innúmeras vejaciones e injusticias que fueron solamente el anticipo de la gran tragedia surgida en 1936-1939. Al producirse la guerra civil (18-VII-1936) entre los dos bandos contendientes, republicano-marxista y patriótico-religioso, la casi totalidad del territorio diocesano quedó dentro de la zona marxista. En ella se desató la más feroz persecución contra todo lo que tuviera significado religioso. La suma total de los sacerdotes víctimas de la persecución ascendió a 281, que era el 53,12 por 100 de la dotación total de la diócesis. Los edificios religiosos fueron saqueados y en gran parte destruidos. La paulatina reconquista del territorio y la terminación de la guerra civil (1-IV-1939) con la victoria de las fuerzas antimarxistas, acaudilladas por el general Francisco Franco, inició un período de reconstrucción y reparación de los inmensos daños sufridos. El arzobispo cardenal Gomá, que se había visto precisado a residir en Pamplona durante la contienda, y el obispo auxiliar doctor Modrego, con notables ayudas del Estado y del pueblo, dieron comienzo a esta ingente labor de reparación, que prosiguió y culminó durante el pontificado del cardenal Pla y Deniel. Lentamente, con el aumento de las vocaciones sacerdotales y con la ayuda de sacerdotes extradiocesanos, se logró rellenar las enormes vacantes dejadas en las filas sacerdotales.

A partir de esta fecha, debido a la desmembración de los enclaves territoriales, se han desgajado de Toledo las parroquias que poseía en la provincia de Guadalajara, Jaén, Granada y Albacete, pero se han introducido las zonas, que pertenecientes a Toledo, formaban parte de las diócesis de Avila y Cuenca.

Santos del propio diocesano. Siguiendo el orden del calendario, son los siguientes: *Enero:* 19, san Juan de Ribera, c. p.; 23, san Ildefonso; 24, Descensión de la Santísima Virgen; 28, san Julián, obispo de Cuenca, c. p.; *febrero:* 6, santa Dorotea, v.; 9, san Reinoldo, m.; 12, translación de san Eugenio; 13, san Tirso, m.; 15, santa Aldegunda, v. y m.; 18, san Eladio, m.; *marzo:* 8, san Julián de Toledo, c. p.; 11, san Eulogio, m.; 15, san Raimundo de Fitero, c.; *abril:* 4, san Isidoro, c. p.; 9, santa Casilda, v.; 26, translación de santa Leocadia; *mayo:* 10, beato Juan de Avila, c.; 11, la Corona de Espinas de N. S. J.; *junio:* 1, María, medianera de todas las gracias; *julio:* 12, santa Marciana, v.; *agosto:* 9, santos Justo y Pastor, ms.; 11, san Germán, c. p.; 26, translación de san Ildefonso; *septiembre:* 1, santos Vicente y Leto; 3, santa Eufemia, v. y m.; 4, santa Rosalía, v.; 5, santa Obdulia, v.; 6, Nuestra Señora de Guadalupe; 9, santa María de la Cabeza; 19, beato Alfonso de Orozco, c.; 22, santo Tomás de Villanueva; 25, santo Niño de La Guardia, m.; 26, santos Mauricio y comps., ms.; *octubre:* 5, san Atilano, c. p.; 16, san Alejandro, m.; 21, santa Ursula y

comps., v. y m.; 25, dedicación de la Santa Iglesia Catedral; 26, santos Vicente, Sabina y Cristeta, ms.; 30, Triunfo de la santa Cruz; *noviembre:* 5, Fiesta de las reliquias; 13, san Eugenio III, c. p.; 15, san Eugenio I, m.; 16, san Diego de Alcalá, c.; 27, translación del cuerpo de san Eugenio; *diciembre:* 9, santa Leocadia, v. y m.; 18, Expectación del parto; 30, translación del apóstol Santiago.

La liturgia mozárabe. Aunque la antigua liturgia hispana o visigótica fue abolida por Gregorio VII, sin embargo, en Toledo no quedó totalmente suprimida, permaneciendo durante los siglos subsiguientes algunas parroquias donde se continuaban los usos antiguos. El cardenal Jiménez de Cisneros, arzobispo de Toledo, obtuvo de la Santa Sede facultad para restaurar la pasada liturgia hispana tanto en la capilla catedralicia del Corpus Christi como en las parroquias mozárabes. Aunque en éstas actualmente se celebra la santa Misa y demás actos del culto según el rito romano, en la citada capilla del Corpus Christi tanto el Oficio divino como la santa Misa se celebran según el rito antiguo, llamado mozárabe, existiendo un cuerpo de capellanes y beneficiados expresamente designados para el ejercicio de este culto.

Sínodos y concilios. Desde el año 400 existen noticias y actas de los celebrados en esta diócesis, siendo su relación la siguiente: 400, I de Toledo, nacional; 527, II de Toledo, provincial; 589, III de Toledo, nacional, abjuración del arrianismo por los visigodos; 633, IV de Toledo, nacional; 636, V de Toledo, nacional; 638, VI de Toledo, nacional; 646, VII de Toledo, nacional; 653, VIII de Toledo, nacional; 655, IX de Toledo, nacional; 656, X de Toledo, nacional; 675, XI de Toledo, provincial; 681, XII de Toledo, nacional; 683, XIII de Toledo, nacional; 684, XIV de Toledo, provincial; 688, XV de Toledo, nacional; 693, XVI de Toledo, nacional; 694, XVII de Toledo, nacional; 702 (?), XVIII de Toledo, nacional (?), no se conservan actas.

Monumentos artísticos. Con la denominación general de monumentos queremos recoger sumariamente no solo los edificios religiosos, sino las manifestaciones plásticas del arte al servicio de la Iglesia y en los que aflora la idea cristiana.

Epoca romana. Existen varios sarcófagos con escenas sacras, procedentes de Layos y Erustes. En Toledo se encuentra otro, embutido en la parte alta de la Puerta del Sol. Posiblemente deben datarse en los siglos IV-V.

Epoca visigótica. Aunque los textos literarios sobre edificios religiosos son abundantes, ninguno de ellos se ha conservado, con excepción de las ruinas de *San Pedro de la Mata,* en término de Casalgordo. Múltiples fragmentos decorativos se encuentran aprovechados o embutidos en edificios actuales. En el Museo Arqueológico Nacional y en el Provincial de Toledo se hallan recogidas piezas sueltas, pertenecientes a edificios del culto (columnas, hornacinas, cimacios, capiteles). Merecen especial mención la columna con inscripción de la devolución al culto católico de la primitiva basílica catedralicia en el 586; el fragmento epigráfico del Credo, en el Museo Provincial, y la peculiar columna con escenas bíblicas de la iglesia de San Salvador, de Toledo.

Elocuente testimonio de la orfebrería visigoda es el conjunto de piezas (cruces, pectorales, coronas votivas) encontradas en Guadamur en 1851 y conocido con el nombre del *Tesoro de Guarrazar.* Parcialmente estuvo en el Museo de Cluny, de París, y en la Armería Real, de Madrid. Actualmente se puede admirar en el Museo Arqueológico Nacional.

Dominación árabe. De estos siglos nada se ha conservado. Solamente se discute, como edificio mozárabe, la iglesia de *Santa María de Melque,* en término de

San Martín de Montalbán. Tanto la traza como el interior de la antigua iglesia acusan una época postvisigoda.

Siglos de la Reconquista. Tanto en Toledo como en la diócesis se carece de arquitectura románica. Sin embargo, fue en esta zona donde nació el llamado estilo mudéjar por la fusión de los estilos cristianos con las técnicas árabes. Desde fines del siglo XII hasta el XV, existen edificios mudéjares, tanto en Toledo como en la diócesis. En Toledo se pueden enumerar las iglesias de San Román, San Miguel, Santo Tomé, entre otras muchas; en la provincia, las torres de Erustes, Mesegar, Illescas, el imafronte de Santiago en Talavera de la Reina.

Si la arquitectura románica no tiene presencia en la zona toledana, sí está magníficamente representada la escultura y orfebrería. Maravillosas piezas son las imágenes, chapadas de plata, de *Santa María de Toledo* y de la *Virgen del Sagrario*, ambas en la catedral de Toledo, la *arqueta de San Eugenio*, el báculo y otras piezas de orfebrería, también en la catedral y múltiples imágenes en todo el ámbito diocesano.

El *estilo gótico* (siglos XIII-XVI) está ampliamente representado. Ya en 1226 se comenzó la catedral de Toledo, en la que durante los siglos XIII-XV se acumuló lo más significativo de las manifestaciones artísticas en arquitectura, escultura y orfebrería. También es gótica la colegiata de Talavera de la Reina y, de época posterior, la magnífica iglesia parroquial de Yepes. La mayoría de los templos, no levantados en los últimos tiempos, a poco que se arañe en sus elementos arquitectónicos, descubren, aunque enmascarados con reformas posteriores, su anterior estructura gótica.

En imaginería y orfebrería son muchas las piezas conservadas, correspondientes a la época ojival, cuyo catálogo no podemos realizar aquí. Baste señalar la monumental custodia de Arfe, en la catedral, posiblemente la «joya más rica de toda la Cristiandad», la Cruz procesional del arzobispo Carrillo y el colosal retablo del altar mayor, en la catedral, sin que nos detengamos a mencionar los cientos de imágenes, cálices, relicarios, cruces parroquiales, diseminados por toda la diócesis y las muchas piezas destruidas durante la pasada persecución.

Las modalidades *plateresca* y *renacimiento* cuentan con magníficos ejemplares. Las portadas del Tesoro catedralicio y del convento de San Clemente, de Toledo, la fachada de la colegiata de Torrijos. Como testimonios del renacimiento, el hospital del cardenal Tavera, el sepulcro del cardenal Mendoza o el del obispo Carrillo, de Avila, y también en la catedral el coro, donde resalta la obra de Alonso Berruguete, la herreriana capilla de la Virgen del Sagrario, la fachada de la iglesia de Almorox y otras muchas iglesias diocesanas.

El *barroco* se hace ostensible en la iglesia de San Ildefonso, de los padres jesuitas de Toledo, en la iglesia de Orgaz y en la ermita de la Soledad de Puebla de Montalbán. Enmarcamientos churriguerescos presentan miles de altares y retablos, distribuidos por toda el área diocesana; entre ellos destaca el *Transparente* de la catedral, conjunto arquitectónico-escultórico que constituye una de las más famosas obras de Narciso Tomé.

A partir del siglo XVII comenzaron a edificarse en la diócesis muchos templos, difícilmente catalogables dentro de cualquiera de los estilos conocidos. Suelen ser locales espaciosos, de tres naves, con cúpula, techumbre de grandes vigas visibles desde el interior, cierre interno de madera y soportes de pilastras o columnas. Las naves laterales suelen estar cubiertas con bóvedas de cañón. Más que un estilo, estos grandes edificios de ladrillo representan unos módulos de construir vistosos, utilitarios y no muy caros, cuya traza ha sido adoptada también para gran parte de los templos edificados en los últimos tiempos por el Instituto de Colonización.

2. Instituciones. El *cabildo catedralicio* es la única corporación capitular existente en la diócesis desde su restauración en 1086. Actualmente se compone de 8 dignidades, 20 canónigos y 24 beneficiados. Dentro del templo catedralicio existen la *Real Capilla de Reyes Nuevos* y la *Muy Ilustre Capilla mozárabe*. Según el decreto orgánico de 1852, son 12 los capellanes y están equiparados a canónigos de sufragánea; por el Concordato de 1851 la nómina de la Capilla mozárabe está compuesta por 8 capellanes, los párrocos de las 2 parroquias mozárabes subsistentes y 3 beneficiados.

Seminario. En Toledo existe el Seminario mayor metropolitano de San Ildefonso; el edificio fue inaugurado en 1889, si bien la fundación data de fines del siglo XVI, habiendo sido Universidad Pontificia hasta el 1931. También existe Seminario menor en Toledo, el de Santo Tomás de Villanueva, creado en 1926 en el edificio del antiguo colegio de Santa Catalina y que desde 1898 había sido colegio de Vocaciones Eclesiásticas de San José. El número global de alumnos oscilaba alrededor de los 500.

Archivos, bibliotecas y museos eclesiásticos. Los archivos más importantes son: el *diocesano*, muy abundante en fondos documentales, provenientes de los diversos estamentos diocesanos, iniciado desde el siglo XVI; el *capitular*, de riquísima y abundante documentación desde finales del siglo XI, sobre todo por lo que se refiere a la historia de la catedral, y el del *Cabildo de párrocos de Toledo*, con documentación desde el siglo XVI.

La *Biblioteca capitular* es la única existente, descontando la del Seminario, quemada en 1936 y ampliamente incrementada en 1966. La Biblioteca capitular se ha ido formando en el decurso de nueve siglos por las aportaciones que lleva consigo la exigencia del culto solemne y de la vida de una institución canónica como es el cabildo, de suma importancia en la historia de España. Es una de las más ricas bibliotecas eclesiásticas, pues sus fondos están integrados por unos 3.000 manuscritos y unos 2.000 libros impresos. Sin duda alguna, la peculiar importancia de la biblioteca es la de sus códices. Aparte de la importante colección de manuscritos mozárabes (siglos IX-XI), es digno de consideración el incremento logrado por las notables aportaciones de los arzobispos Tenorio, Mendoza, Cisneros, Lorenzana. Entre sus manuscritos se encuentran muy estimables textos correspondientes a los traductores toledanos de los siglos XII y XIII, gran cantidad de obras jurídicas y canónicas medievales y multitud de códices litúrgicos. Dentro de los fondos de la Biblioteca capitular se deben contar los 224 códices, trasladados provisionalmente a la Biblioteca Nacional de Madrid en el siglo pasado.

No existe propiamente *Museo Diocesano*. Sin embargo y no con carácter exclusivo, la catedral de Toledo encierra un conjunto admirable y único de objetos artísticos e históricos, habiéndose recogido y convenientemente instalado los más representativos en el llamado *Tesoro catedralicio*. En el *Museo Provincial*, instalado en el hospital de Santa Cruz, existe una buena colección de piezas de gran valor artístico, exhibida hasta hace unos cuantos años en la iglesia toledana de San Vicente; el conjunto está formado por objetos procedentes de las parroquias de Toledo.

El *Boletín Oficial Eclesiástico* comenzó a publicarse en 1848, bajo el pontificado del cardenal Orbe.

Monasterios y congregaciones religiosas establecidas antes de 1900. *Ajofrín:* Religiosas Dominicas, convento fundado en 1611. *Alcaraz* (Albacete): Religiosas Franciscanas, en 1486. *El Bonillo* (Albacete): Comunidad de Terciarias Carmelitas, en 1899. *Casarrubios del Monte:* Bernardas Cistercienses, en 1634. *Consuegra:* Franciscanos, en 1867; Religiosas Carmelitas, en 1599. *Cuerva:* Carmelitas Descalzas, en 1585. *Escalona:* Concepcionistas Franciscanas, en 1510. *Fuensalida:* Religiosas Franciscanas, en 1534. *Illescas:* Concepcionistas Franciscanas, en 1515. *Madridejos:* Clarisas, en 1655. *Mora:* Terciarias de la Inmaculada, en 1892. *Ocaña:* Dominicos; Carmelitas Descalzas de San José, en 1595; Religiosas Dominicas, en 1575; y Religiosas Franciscanas, en 1515. *Puebla de Alcocer* (Badajoz): Concepcionistas Franciscanas, en 1586. *Puebla de Montalbán:* Franciscanos, en 1870; Religiosas Concepcionistas, en 1522. *Siruela* (Badajoz): Religiosas Franciscanas Clarisas, desde 1567. *Talavera de la Reina:* Religiosas Agustinas, siglo XVI; Religiosas Bernardas Recoletas, siglo XVII; Religiosas Carmelitas, siglo XVI; Cistercienses de San Benito, siglo XII; Concepcionistas Franciscanas, siglo XVI; Hijas de la Compañía de María, en 1899. *Toledo:* Compañía de Jesús, en el siglo XVI; Carmelitas Descalzos, siglo XVI; Agustinas Concepcionistas Gaitanas, en 1451; Agustinas de Santa Ursula, en 1360; Benitas Recoletas de la Purísima Concepción, en 1487; Cistercienses de San Clemente, en el siglo XII; Capuchinas de la Inmaculada Concepción, en 1632; Carmelitas Descalzas de San José, en 1569; Cistercienses de Santo Domingo el Antiguo, en el siglo XII; Clarisas de Santa Isabel de los Reyes, en 1477; Comendadoras de Santiago, en 1504; Real Convento de la Concepción Francisca, en 1484; Dominicas de Santo Domingo el Real, en 1364; Dominicas de la Madre de Dios, en 1483; Dominicas de Jesús y María, en 1601; Franciscanas de San Juan de la Penitencia, en 1514, destruido en 1936; Franciscanas de San Antonio, en el siglo XVI; Franciscanas de Santa Clara, en 1373; Jerónimas de la Reina, en 1370; Hijas de la Caridad de San Vicente de Paúl (rama española); desde 1861 cuidan de la asistencia en los establecimientos de la Beneficencia; la rama francesa, en 1887; Hermanitas de los Pobres, en 1885; Religiosas de la Inmaculada Concepción de la Sagrada Familia (vulgo Ursulinas), en 1879. *Torrijos:* Concepcionistas Franciscanas, en 1496. *Villarrobledo* (Albacete): Bernardas de la Purísima Concepción, en 1597; Carmelitas Descalzas, en 1654, y Franciscanas de Santa Clara, en 1614; *Yepes:* Carmelitas Descalzas de San José y San Ildefonso, en 1606.

3 y 4. Geografía diocesana y situación actual. Desde la reconquista, teóricamente, el territorio diocesano comprendía desde los límites con el de Segovia por el Norte y los de Jaén por el Sur, quedando incluido dentro de su demarcación el correspondiente a las actuales diócesis de Madrid-Alcalá y Ciudad Real. Erigidas éstas en el siglo XIX a costa de la de Toledo, todavía hasta la nueva demarcación eclesiástica de los años 1954 y 1955, la diócesis comprendía 26.809,7 kilómetros cuadrados y 654.765 habitantes, con un total de 364 parroquias, distribuidos de la forma siguiente: Toledo, 12.585,6 kilómetros cuadrados, 378.468 habitantes, 171 parroquias; Guadalajara, 2.508,8 kilómetros cuadrados, 92.031 habitantes, 113 parroquias; Albacete, 5.105,9 kilómetros cuadrados, 72.566 habitantes, 30 parroquias; Badajoz, 2.748,3 kilómetros cuadrados, 29.929 habitantes, 19 parroquias; Cáceres, 1.413,2 kilómetros cuadrados, 17.822 habitantes, 12 parroquias; Jaén, 1.334,5 kilómetros cuadrados, 41.241 habitantes, 11 parroquias; Granada, 1.121,4 kilómetros cuadrados, 22.328 habitantes, 7 parroquias; Avila, 380 habitantes, 1 parroquia.

Con posterioridad a las nuevas demarcaciones diocesanas, el estado actual es así: Toledo, 15.346 kilómetros cuadrados, 526.760 habitantes, 210 parroquias; Albacete, 5.105,9 kilómetros cuadrados, 90.637 habitantes,

32 parroquias; Badajoz, 2.748,3 kilómetros cuadrados, 49.969 habitantes, 20 parroquias; Cáceres, 1.413,2 kilómetros cuadrados, 21.968 habitantes, 12 parroquias. Son, pues, en total 274 parroquias, con 689.334 habitantes sobre 24.613,4 kilómetros cuadrados (1965).

Para el estado actual de la diócesis, en orden a la organización se encuentran abundantes datos en el folleto *Veinte años de pontificado,* que comprende desde el 1942 a 1962.

5. Episcopologio. El catálogo episcopal comienza a fines del siglo III. *San Eugenio*, discípulo de San Dionisio Areopagita, del siglo I, es apócrifo, como desdoblamiento hagiográfico de Eugenio II (III), que pontificó del 646 al 657. Siglo III: *Melanctius* (= Pelagius?). Siglo IV: *Patrunus; Turibius; Quintus; Vincentius; Paulatus; Natalis;* y *Audentius.* Siglo V: *Asturius,* c. 400, el noveno ob. según Ildefonso); *Isicius; Martinus; Castinus; Campeius; Sintitius; Praumatus; Petrus.* Siglo VI y posteriores: *Celsus,* c. 520. *Montanus,* 552, † c. 531. *Julianus. Bacauda. Petrus II. Euphemius,* 587. *Exuperius. Adelphius,* 597. *Conantius. Aurasius,* c. 603-615. *Helladius,* 615-633. *Justus,* 633-636. *Eugenius I* (II), 636-646. *S. Eugenius II* (III), 646, † 13-XI-657. *S. Ildefonsus,* 657, † 23-I-667. *Quiricus,* 667-680. *Julianus,* 680, † 6-III-690. *Sisibertus,* 680, † 2-V-693. *Félix,* ob. de Sevilla, 2-V-694, † c. 700. *Guntericus,* c. 700-710. *Sinderedus,* 711. *Urbanus. Sunieredus* (?). *Concordius* (?). *Cixila,* 745-754. *Elipandus,* 754, † c. 800. *Gumersindus,* c. 828. *Wistremirus,* c. 850. *Eulogius,* 11-III-850, no tomó posesión. *Bonitus,* 859, † c. 892. *Joannes,* 892-896? *Obaidallah ben Casim* (?). *Paschalis,* 1058-c. 1080. *Bernardo de Cluny,* cons. 6-XII-1806, † 6-IV-1124. *Raimundo,* ob. de Osma, 1125, † 20-VIII-1152. *Juan,* ob. Segovia, 1152, † 29-IX-1166. *Cerebruno,* ob. Sigüenza, 1167, † 12-V-1180. *Pedro de Cardona,* 1180, † 26-VI-1182. *Gonzalo Pérez,* 1182, † 30-VIII-1191. *Martín López de Pisuerga,* ob. Sigüenza, 1192, † 28-VIII-1208. *Rodrigo Ximénez de Rada* OCist, ob. de Osma, pr. 27-II-1209, † 10-VI-1247. *Juan de Medina Pomar,* pr. 20-II-1248, † 23-VII-1248. *Gutierre,* ob. de Córdoba, pr. 6-II-1249, † 9-VIII-1250. *Sancho I,* pr. 11-III-1251, † 27-X-1261. *Domingo Pascual,* pr. 2-III-1262, † 2-VI-1262. *Sancho,* pr. 21-VIII-1266, † 21-X-1275. *Fernando Rodríguez de Covarrubias,* 1276, 1280 ren. *Gonzalo García Gudiel* (Rodríguez Inojosa), ob. de Burgos, pr. 3-V-1280, 4-XII-1298, tr. a Albano. *Gonzalo Díaz Palomeque,* ob. de Cuenca, pr. 16-I-1299, † 2-XI-1310. *Gutierre Gómez,* 13-III-1311, † 1319. *Juan de Aragón,* pr. 14-XI-1319, 17-VIII-1328 tr. a Tarragona como Administrador. *Jimeno de Luna,* arz. de Tarragona, pr. 17-VIII-1328, † 16-XI-1338. *Gil de Albornoz,* pr. 13-V-1338, 1350 ren. *Gonzalo de Aguilar,* ob. de Santiago, pr. 4-I-1351, 1353 expulsado. *Blas Fernández de Toledo,* ob. de Palencia, pr. 17-VI-1353, † 7-III-1362. *Gómez Manrique,* ob. de Santiago, pr. 2-V-1362, † 19-XII-1375. *Pedro Tenorio,* ob. de Coimbra, pr. 13-I-1377, † 28-I-1399. *Pedro de Luna,* pr. 30-VII-1403, † 19-IX-1414. *Sancho de Rojas,* ob. de Palencia, pr. 26-VI-1415, † 24-X-1422. *Juan Martínez de Contreras,* pr. 2-VII-1423, † 16-IX-1434. *Juan de Cerezuela,* arz. de Sevilla, pr. 8-XI-1434, † 3-II-1442. *Gutierre Alvarez de Toledo,* arz. de Sevilla, pr. 18-VI-1442, † 4-III-1446. *Alfonso de Acuña Carrillo,* ob. de Sigüenza, pr. 10-VIII-1446, † 1-VII-1482. *Pedro González de Mendoza,* pr. 13-XI-1482, † 11-I-1495. *Francisco Jiménez de Cisneros* OFM, pr. 20-II-1495, † 8-XI-1517. *Guillermo de Croy,* pr. 31-XII-1517, † 6-I-1521. *Alfonso de Fonseca,* arz. de Santiago, pr. 31-XII-1523, † 4-II-1534. *Juan de Tavera,* arz. de Santiago, pr. 27-IV-1534, † 1-VIII-1545. *Juan Martínez Silíceo,* ob. de Cartagena, pr. 8-I-1546, † 31-V-1557. *Bartolomé Carranza de Miranda* OP, pr. 10-XII-1557, † 2-V-1576. *Gaspar de*

Quiroga, ob. de Cuenca, pr. 6-IX-1577, † 12-XI-1594. *Alberto de Austria*, ob. de Filipos (Macedonia), pr. 7-XII-1594, 9-VII-1598 ren. *García de Loaysa Girón*, pr. 8-VII-1598, † 22-II-1599. *Bernardo Sandoval Rojas*, card., ob. de Jaén, pr. 19-IV-1599, † 7-XII-1618. *Fernando de Austria*, card., pr. I-III-1620, † 9-XI-1641. *Gaspar de Borja y Velasco*, card., ob. Sevilla, pr. 16-I-1645, † 28-XII-1645. *Baltasar Moscoso y Sandoval*, card., ob. de Jaén, pr. 28-V-1646, † 17-IX-1665. *Pascual de Aragón*, card., pr. 1-II-1666, † XI-1677. *Luis Manuel Fernández de Portocarrero*, pr. 20-XII-1677, † 14-IX-1709. *Francisco Valero y Losa*, ob. Badajoz, pr. 18-III-1715, † 23-IV-1720. *Diego de Astorga y Céspedes*, ob. Barcelona, pr. 22-VII-1720, † 9-II-1734. *Luis de Borbón*, pr. 10-IX-1735, card. 19-XII-1735, 18-XII-1754 renunció. *Luis Fernández de Córdoba*, pr. 4-VIII-1755, † 26-III-1771. *Francisco Antonio de Lorenzana*, ob. de Méjico, pr. 27-I-1772, card. 30-III-1789, 15-XII-1800 renunció, † 17-IV-1804, inquisidor general. *Luis de Borbón*, card. arz. de Sevilla, pr. 22-XII-1800, † 19-III-1823. *Pedro de Inguanzo y Rivero*, ob. Zamora, pr. 27-IX-1824, † 30-I-1836. *Juan José Bonel y Orbe*, ob. Granada, pr. 4-X-1847, † 11-II-1857. *Cirilo Alameda y Brea*, card., ob. Burgos, pr. 3-VIII-1857, † 30-VI-1872. *Juan Ignacio Moreno y Maisanove*, arz. de Valladolid, pr. 5-VII-1875, † 28-VIII-1884. *Ceferino González OP*, ob. Sevilla, pr. 27-III-1885, 15-I-1886 tr. a Sevilla. *Miguel Payá y Rico*, ob. Santiago, pr. 7-VI-1886, † 24-XII-1891. *Antonio Monescillo y Viso*, ob. Valencia, pr. 11-VII-1892, † 11-VIII-1897. *Ciriaco María Sancha y Hervás*, ob. Valencia, pr. 24-III-1898, † 25-II-1909. *Gregorio María Aguirre y García OFM*, ob. Burgos, pr. 29-XI-1909, † 9-X-1913. *Victoriano Guisasola y Menéndez*, ob. Valencia, pr. 1-I-1914, † 3-IX-1920. *Enrique Almaraz y Santos*, pr. 12-XI-1920, † 23-I-1922. *Enrique Reig y Casanova*, ob. Barcelona, pr. 11-XII-1922, † 25-VIII-1927. *Pedro Segura y Sáenz*, ob. Burgos, pr. 19-XII-1927, 1931 expulsado, 14-IX-1937 tr. a Sevilla. *Isidro Gomá y Tomás*, ob. Tarazona, pr. 12-IV-1933, † 22-VIII-1940. *Enrique Pla y Deniel*, ob. Salamanca, 31-X-1941, † 5-VII-1968. *Vicente Enrique Tarancón*, ob. de Oviedo, pr. 30-I-1969, 3-XII-1971 tr. a Madrid. *Marcelo González Martín*, arz. de Barcelona, pr. 3-XII-1971, actual arzobispo.

Nota. Desde D. Pedro González de Mendoza (1482-1495) salvo raras excepciones, todos los prelados toledanos han formado parte del Colegio cardenalicio, dignidad considerada como aneja a esta Sede Primada de España.

BIBL.: Al no existir una historia eclesiástica de Toledo y de su diócesis, resulta tarea muy comprometida reconstruir la bibliografía eclesiástica toledana, ya que está íntimamente trabada con la historia política de la nación y con la de la provincia. Sin pretender elaborar un catálogo exhaustivo, sino más bien orientador, remitimos a las obras generales de Historia de España (A. BALLESTEROS BERETTA, R. MENÉNDEZ PIDAL, etc.) en cuyas páginas y bibliografía se encuentran múltiples noticias sobre la Iglesia de Toledo, así como también a las Historias Eclesiásticas de España (FLÓREZ, particularmente vol. V y VI; VILLANUEVA, LA FUENTE, GARCÍA VILLADA, etc.). Particularmente se recogen muchos datos en: P. ALCOCER, *Historia o descripción de la imperial ciudad de Toledo*, To. 1554; F. PISA, *Descripción histórica de Toledo*, To. 1605; A. MARTÍN GAMERO, *Historia de la ciudad de Toledo, sus claros varones y monumentos*, To. 1862; S. R. PARRO, *Toledo en la mano*, To. 1890; CONDE DE CEDILLO, *Toledo, Guía artístico-práctica*, To. 1890. [Sobre la provincia]: *Reino de Toledo. Relaciones de los pueblos de España ordenadas por Felipe II*, y III, Ma. 1963; CONDE DE CEDILLO, *Catálogo monumental de la provincia de Toledo*, To. 1959; F. JIMÉNEZ DE GREGORIO, *Los pueblos de la provincia de Toledo hasta finalizar el siglo XVIII*, To. 1962 ss.; L. MORENO NIETO, *La provincia de Toledo*, To. 1960. [Como estudios de épocas particulares]: A. REY PASTOR,

El circo romano de Toledo, To. 1932; J. A. DE ALDAMA, *El símbolo del Concilio I de Toledo*, Ro. 1934; J. F. RIVERA RECIO, *San Eugenio de Toledo y su culto*, To. 1963; ID., *Auténtica personalidad de San Eugenio de Toledo*: R13, 12 (1964)11-84. [Para la época visigótica]: J. F. RIVERA RECIO, *Encumbramiento de la sede toledana durante la dominación visigótica*: R118, 8(1955)1-32; ID., *San Julián, arzobispo de Toledo (s. VII). Epoca y personalidad*, Ba. 1944; J. FERNÁNDEZ ALONSO, *La cura pastoral en la España romano-visigoda*, Ro. 1955; J. MADOZ, *Le Symbole du XIe Concile de Tolède*, Louvain 1938; ID., *La teología de la Trinidad en los Símbolos toledanos*: R175, 4(1944)457-477; ID., *El Símbolo del Concilio XVI de Toledo*, Ma. 1946; E. MAGNIN, *L'Eglise wisighotique au VIIe siècle*, Par. 1912; A. MICHEL, *Conciles de Tolède*: D20, XV, c. 1176-1208; J. MORENO CASADO, *Los Concilios nacionales visigodos, iniciación de una política concordataria*: R66(1946); J. PÉREZ, *La Cristología de los Símbolos toledanos IV, VI y XI*, Ro. 1939; C. RIERA, *Doctrina de los Símbolos toledanos sobre el Espíritu Santo*, Vich 1955; S. GONZÁLEZ RIVAS, *La penitencia en la primitiva Iglesia española*, Sa. 1950; F. J. SIMONET, *El Concilio III de Toledo, base de la unidad y civilización española*, Ma. 1890. [Para la historia posterior]: F. J. SIMONET, *Historia de lo, mozárabes de España*, Ma. 1897-1903; I. DE LAS CAGICAS *Los mozárabes*, Ma. 1947-1948; ID., *Los mudéjares*, Ma. 1949-1950; J. F. RIVERA RECIO, *La Catedral de Toledo, museo de historia*. To. 1950 ss.; ID., *La Iglesia de Toledo en el siglo XII*, Ro. 1966; A. GONZÁLEZ PALENCIA, *Los mozárabes toledanos de los siglos XII y XIII*, Ma. 1928 ss.; G. TÉLLEZ GONZÁLEZ. *La Iglesia toledana*, To. 1953; J. F. RIVERA RECIO, *El Adelantamiento de Cazorla. Historia general*, To. 1948; E. BENITO RUANO, *Toledo en el s. XV*, Ma. 1961; CONDE DE CEDILLO, *Toledo en el siglo XVI*, Ma. 1901; F. JIMÉNEZ DE GREGORIO, *Toledo en la guerra por la independencia de 1808*, To. 1953; A. SIERRA CORELLA, *El archivo del Cabildo de Párrocos de Toledo*: R159, 49(1928) 97-114; J. PORRES MARTÍN-CLETO, *La desamortización en Toledo*, To. 1966; F. RAMÍREZ DE ARELLANO, *Las parroquias de Toledo*, To. 1921; J. F. RIVERA RECIO, *La primera República y los fondos documentales y bibliográficos de la catedral de Toledo*. To. 1959 ss.; ID., *La persecución religiosa en la diócesis de Toledo, 1936-1939*, To. 1948; A. GRANADOS GARCÍA, *Veinte años de pontificado* (Card. Pla y Deniel), To. 1962; L. MORENO NIETO, *El primado de España*, To. 1967.

Véase también la eventual bibliografía de cada uno de los arzobispos que han ocupado la sede toledana.

J. F. RIVERA

TOLEDO, Diego de, (siglo XV-XVI) prior de la Orden de San Juan de Jerusalén en Castilla. No se puede precisar el lugar ni la fecha de su nacimiento. Trasladó las religiosas de esta Orden del pueblo de Fuentelapeña a la ciudad de Zamora el año 1521 y redactó las constituciones por las que han venido rigiéndose; igualmente estableció en Zamora en la torre de Santa María de la Horta el archivo general de la referida Orden, que se encuentra actualmente en el Archivo Histórico Nacional.

BIBL.: C. FERNÁNDEZ DURO, *Memorias Históricas de la ciudad de Zamora*, II, Ma. 1882. E. FERNÁNDEZ PRIETO

TOLEDO, Gutierre de, (Toledo † Oviedo c. 1389) obispo. Se le conoce también por García Gutiérrez. Su familia, de noble linaje mozárabe, estaba vinculada desde antiguo al gobierno de la ciudad y a los reyes Alfonso XI y Pedro I, quien hizo ejecutar en 1360 a Gutier Fernández, tío de este prelado. Recibió en Salamanca sólida formación jurídica. Carece de base la noticia, transmitida por Risco, según la cual habría recibido en París el grado de doctor en Teología. Nombrado obispo de Oviedo (27-IV-1377), fue de los más insignes que tuvo la diócesis. Mantuvo sus obispalías libres de la intromisión de los laicos, y extendió su jurisdicción a nuevos lugares. Apoyó a Juan I en la contienda con su hermano Alfonso que se había refugiado en sus señoríos de Gijón y Noreña. Vencido éste, las Cortes de Segovia (1383) entregaron a D. Gutierre de Toledo el condado de Noreña, que permaneció anejo a la sede ovetense hasta 1951. Su actividad pastoral fue muy intensa: residió y visitó la diócesis, reunió sínodos y reformó el cabildo y los monasterios. Las *Constituciones* que compuso para este fin se conservan en el archivo catedralicio de Oviedo, enriquecidas con una síntesis doctrinal, especie de catecismo del que habrían de servirse los predicadores. El *Libro Becerro* y la *Regla Colorada*, existentes en el mismo archivo, son un indicio de su actividad diplomática; compiló y amplió los privilegios de su obispado. En su tiempo se comenzó la catedral gótica a base de los diezmos y otros impuestos con que gravó a sus diocesanos. Por su parte la dotó ricamente con libros, alhajas y rentas. Fundó en Salamanca el colegio de Pan y Carbón (1386), el más antiguo de la Universidad. En tiempo del cisma prestó obediencia a los papas de Aviñón.

BIBL.: ES 39, 6; F10.   J. L. GLEZ. NOVALÍN

TOLEDO, Francisco de, († Siena 4-X-1555) diplomático. No debe confundírsele con su homónimo y contemporáneo, el célebre virrey del Perú (1515-1582), si bien ambos entroncaran con la linajuda casa de los Alvarez de Toledo, aunque por ramas distintas.

Ni el año, ni el lugar de su nacimiento he podido precisarlos. Solo en general podría decir que nació en tierras de Salamanca, pues pertenecía a esa diócesis; posiblemente por haber nacido en alguna de las villas o posesiones salmantinas de su linajuda familia. Era primo de D.ª Leonor de Toledo, esposa de Cosme I de Médicis, y sobrino del cardenal Alvarez de Toledo. Si fue hijo de los señores Bohoyo, no he podido, hasta el momento, comprobarlo. Consta, en cambio, que era clérigo, y que llegó a obtener diversos beneficios y prebendas. Fue canónigo-arcediano de Lara en la catedral de Burgos (1540-1543), quizá también en la de Avila, y prior de Roncesvalles (septiembre de 1546), si bien no profesó, ni residió siquiera entre los canónigos regulares agustinos de aquel monasterio. Poseyó el priorato hasta 1554, esto es, hasta su nombramiento para archimandrita de Mesina, dignidad que mantuvo hasta su muerte.

Más que todos esos cargos, en los que no consta hiciera residencia, le ocuparon los oficios en la Corte. Muy pronto entró al servicio del Emperador, a quien acompañó en diversos viajes por Italia y Alemania. No se sabe con qué motivo, quizá en servicio de su tío el cardenal Alvarez de Toledo, pasó algún tiempo en Roma, pues consta que ya para febrero de 1546 había adquirido buenos conocimientos de las cosas de la curia, como «antiguo cortesano — decía él mismo — y servidor de Su Santidad».

En diciembre de 1545 lo nombró el Emperador para sustituir en Trento a Diego Hurtado de Mendoza, enfermo, representante suyo ante el concilio. Toledo presentó algunas excusas, pero, no admitiéndolas el Emperador, hubo de emprender el viaje, llegando a su destino el 15-III-1546. Unos meses más tarde salía para Florencia. El Emperador le había encomendado gestionar allí con los duques, sus parientes, un empréstito para la guerra de Alemania. En enero de 1547 llevó a Roma un encargo parecido. Mientras tanto, se acordó en Trento el traslado del concilio. Inmediatamente regresó allá Toledo (2-3 de abril) pero inútilmente: el traslado era ya un hecho.

Meses adelante fue llamado a la Corte por el Emperador, y no parece volviera de nuevo a Trento hasta reanudarse allí (29-IV-1551) las sesiones del concilio bajo Julio III: había sido nombrado embajador por Carlos V, el primero de los tres que debían representarle ante los Padres. Su tarea en esta movida etapa no se redujo simplemente a tutelar los intereses de su amo, sino a secundar puntual y decididamente sus consignas, las cuales, sin dejar de lado la continuación doctrinal del concilio, iban dirigidas a cubrir dos objetivos principales: la reforma, y el acercamiento y captación de los protestantes. Para ello le sería preciso adoptar una política sutil y elástica, a la par que inteligente y firme, ya que no solo había de tropezar con las impaciencias e insatisfacción de los reformistas imperiales, sino con la incomprensión y recelos de los curialistas y el legado, viéndose obligado, por tanto, el embajador a realizar prodigios de habilidad y diplomacia. Por otra parte, sus esfuerzos para la recuperación de los *desviados* no fueron menos laboriosos, llegando a extremos verdaderamente sorprendentes e insospechados de magnanimidad y deferencia, reconocidos por los mismos disidentes.

Suspendido por segunda vez el concilio (28-IV-1552), Toledo debió de dirigirse a Florencia. Allí aparece, al menos, los dos años siguientes, gestionando diversos asuntos políticos españoles, concretamente lo relativo a Sena. Cuando luego esta ciudad en 1555 volvió a ser controlada por los hispano-imperiales, Toledo fue nombrado allí gobernador, entrando a ocupar el cargo poco antes de su muerte.

BIBL.: M. FERRANDIS, *El conc. de Trento*, I, Va. 1928, 60 ss.; *Concilium Tridentinum*, X, 114 ss. (noticias sobre Toledo); XI, XIX y ss., passim: noticias y despachos. Para los despachos publicados, LE VASSOR, *Lettres et Mémoires*, 76 ss., vid. R16, 1(1963)179 ss.; G. BUSCHBELL, *Francisco de Toledo und seine Tätigk. in... Trient*: R53', 52(1932)366-88; C. GUTIÉRREZ, *Españoles en Trento*, Va. 1951, 440-45.
                                                     C. GUTIÉRREZ

TOLEDO, Francisco de, SI (Córdoba c. 1534 † Roma 16-IX-1596) cardenal, filósofo, teólogo y escriturista. Según los datos que figuran en el libro de admisiones del Colegio de la Compañía de Jesús de Salamanca, Francisco de Toledo debió de nacer el año 1534 en Córdoba, hijo de Alfonso de Toledo y de Isabel de Herrera. El padre, de ascendencia hebrea, era juez escribano y, según este documento «tiene lo que ha menester». Francisco tenía siete hermanas —tres de ellas monjas— y un hermano. De su infancia poco más se sabe. Estudió Artes en Zaragoza (no en Valencia como dicen Astrain y Hurter). En el curso 1556-1557 aparece en el libro de matrículas de la Universidad de Salamanca, donde oyó lecciones del célebre Domingo Soto. El curso siguiente figura como profesor de Artes, ocupación que simultaneó sin duda con el estudio de la Teología. Se dice que como discípulo llamó la atención de su maestro Soto, quien dijo de él «que era prodigio», y como maestro, tal vez por su juventud, llamó la atención de todos como «una de las cosas raras que en Salamanca había». Al final de aquel curso, el 3-VI-1558, entró en la Compañía de Jesús. Consta que era ya sacerdote. Hizo unos meses de noviciado en Simancas, pero pronto Laínez, general de la Compañía, informado por san Francisco de Borja de su talento, lo reclamó para enseñar en el Colegio Romano.

El 24-V-1559 llegó a Roma y aquel mismo verano comenzó a enseñar Metafísica. El curso 1559-1560 enseña, ya como ordinario, Dialéctica y Lógica y, los dos cursos siguientes, Física y Metafísica. Fruto de estos años son sus comentarios a Aristóteles. Los superiores de la Compañía procuraron que estas lecciones de Toledo, claras y ordenadas, se editaran lo antes posible para que los estudiantes jesuitas pudieran servirse de ellas y así «ahorrarse la fatiga de escribir». Se trataba de introducir en las aulas de la Compañía una revolución pedagógica: dejar el dictado, imponiendo un texto. Así pues, estas obras de Toledo han de contarse entre los primeros textos académicos. El curso 1562-1563 Toledo comienza a explicar Teología. Persevera en esta ocupación hasta 1569. Durante estos siete cursos, Toledo comentó toda la Suma de santo Tomás. Contrariamente a lo sucedido con las lecciones filosóficas, estos comentarios teológicos, que se conservan autógrafos, no verían la luz pública hasta el siglo pasado, en que los editó el padre Paria. En este tiempo Toledo dirigió también los ejercicios prácticos de moral o «casos de conciencia». Fueron editados poco después de su muerte bajo el título de *Instructio sacerdotum*.

En 1569 Toledo deja definitivamente la cátedra: san Pío V lo nombraba teólogo de la Sagrada Penitenciaría y de la Inquisición y predicador del Sacro Palacio. Después lo nombró también consultor del Santo Oficio y de casi todas las Congregaciones Romanas. Gregorio XIII, sucesor de Pío V, decía que no había asunto importante en Roma que no se sometiera a la consulta de Toledo. Toledo conservó durante toda su vida la confianza de los sucesivos papas a cuyo servicio estuvo. Desempeñó con dedicación perseverante sus funciones de predicador del Sacro Palacio durante veinticuatro años. Cardenales y papas lo escucharon con asiduidad y el cardenal Federico Borromeo decía que sus sermones nunca se oían con tedio. Una larga serie de ellos se conservan manuscritos en distintas bibliotecas de Roma y también en París y Salamanca. En 1570 Toledo fue llamado a intervenir en el famoso proceso contra el arzobispo Carranza. No está claro hasta qué punto Toledo le fue favorable. Zúñiga, embajador en Roma, en sus informes en Madrid acusa a Toledo de ser favorable al reo y desconfía de la ortodoxia de su criterio, ya que Toledo es de origen judío.

En 1571 Toledo recibió la misión de acompañar al cardenal Commendone, legado pontificio, a Polonia, Alemania y Austria. En diciembre de este año lo localizamos en Viena. Los jesuitas germanos acuden a su consejo para resolver la angustiosa situación que creaba en Alemania la opinión, admitida personalmente por Pío V, que autorizaba percibir el 5 % de interés en los préstamos. En Alemania escandalizaba a los católicos esta medida que se oponía a la doctrina tradicional, según la cual todo interés era inmoral. Toledo proporcionó la información de que disponía para iluminar la nueva situación económica creada por el incremento de la industria y el comercio. El asunto debían tratarlo más a fondo los jesuitas en Roma, en junio de 1573, durante su Congregación general. Toledo, ya regresado de su misión, presidió la comisión encargada de estudiar este problema. En 1580 Gregorio XIII confió a Toledo otra importante misión: como legado pontificio debía ir a Lovaina para obtener la sumisión de Miguel Bayo. Los errores de éste habían sido condenados ya en 1567 por la bula *Ex omnibus afflictionibus* de Pío V. Bayo había aceptado la bula bien que protestando en una apología dirigida a Pío V, de que las doctrinas de sus escritos no correspondían exactamente a las condenadas por la bula, ni podían ser condenadas, ya que eran doctrina de los Santos Padres. Así, pues, Bayo, pese a su sincera voluntad de unión con Roma, no había renunciado a sus puntos de vista y no tardó en manifestarlo públicamente. En Lovaina se renovó el malestar. El bayanismo recobraba adeptos. Felipe II y la Universidad reclamaban la intervención del papa mediante un legado. Gregorio XIII escogió a Toledo. En un breve a Bayo, que Toledo debía entregarle, el papa ponderaba la «excelente doctrina, probidad, integridad piedad y virtud» de su legado y exhortaba a Bayo a recibirlo y escucharlo como si fuera él mismo. Toledo llegó a Lovaina el 16 de marzo. Sobre el terreno se informó del estado de las cosas y empezó su gestión entrevistándose privadamente con el propio Bayo. Este le manifestó su extrañeza de que la bula condenara proposiciones que eran de Santos Padres y aun de la Escritura. Citó como ejemplo ésta: «Las obras de los infieles son pecado», apoyándola en San Pablo: «Todo lo que no procede de la fe es pecado.» Bayo entraba de lleno en su problemática. En efecto, la raíz de sus errores estaba en la convicción de que la naturaleza humana necesitaba esencialmente el estado sobrenatural de la fe y la gracia, y sin ellas no podía actuar rectamente. Así, pues, el hombre, privado por el pecado original del estado sobrenatural, obraba necesariamente siempre mal, mientras no recuperase la fe y la gracia. Toledo le hizo ver que esta opinión era irreconciliable con los concilios (v. gr. con las definiciones de Trento contra Lutero). Y como exegeta le explicó el sentido de la cita de san Pablo. En ulteriores entrevistas persuadió a Bayo de que la intención de Pío V y la actual de Gregorio XIII coincidían en condenar las proposiciones de la bula, cuyo genuino sentir le constaba a él como consultor de la Inquisición. Bayo se mostró dispuesto a aceptar públicamente la bula y a condenar públicamente las proposiciones allí condenadas. Esta medida pareció necesaria al claustro de profesores de Teología, para desengañar a los partidarios de Bayo. El acto tuvo lugar el 21 de marzo ante la Facultad en pleno. La alegría de la Universidad fue grande. Toledo permaneció unos días más en Lovaina recibiendo a los bayanos, aclarando sus dificultades y dando satisfacción a todos. Salió de la ciudad el 25 de marzo y a mitad de mayo estaba de vuelta en Roma. Gregorio XIII aplicó a la misión de Toledo el dicho de César: *Veni, vidi, vici*. Pero el bayanismo debía colear aún muchos años.

Otro de los servicios importantes de Toledo al papado fue su colaboración en la preparación de las Biblias sixtina y clementina. Gregorio XIII lo nombró miembro de una comisión constituida para proseguir los trabajos de revisión crítica del texto griego de los LXX, emprendida años antes por Sirleto. La comisión, creada en 1578, terminó su cometido en 1586, ya bajo Sixto V. Este quiso ahora acelerar la edición crítica de la Vulgata latina. Una nueva comisión trabajó dos años, pero el fogoso Sixto V, impacientado por la lentitud del trabajo, hizo que la comisión le entregase los materiales y se puso él mismo a terminar la obra. En 1589 tenía ya lista «su biblia», y enseguida la mandó imprimir. Poquísimos habían sido los exegetas consultados: entre ellos Toledo. Pero éste se quejaba de que el papa luego hacía lo que le parecía. La labor de la comisión quedaba así malparada. Los atropellos del texto eran considerables y con universal escándalo Sixto V quería imponer su versión como la única válida. Muerto Sixto V lo que se imponía era la revisión de «su biblia». Gregorio XIV nombró una comisión de cardenales asistidos por expertos, entre ellos Toledo. Tras este breve pontificado y el más breve aún de Inocencio IX, Clemente VIII confió el trabajo casi exclusivamente a Toledo. Fue él quien fijó el nuevo texto y lo enriqueció con notas. El 28-VIII-1592 la revisión quedaba lista. Y el mismo año se daba a la imprenta esta Vulgata Clementina, o, por mejor decir, toletana.

El 17-IX-1593 Clemente VIII otorgó a Toledo la púrpura cardenalicia con el título de Santa María Transpontina. Toledo era el primer cardenal de la Compañía de Jesús. Fue entonces cuando Toledo jugó un papel decisivo en la reconciliación de Enrique IV con la Iglesia y su consiguiente afianzamiento en el trono de Francia. Sus gestiones fueron cautas y frenaron las precipitaciones de los negociadores de Enrique, con quienes parlamentaba repetidamente en nombre del papa. Pero sus esfuerzos iban dirigidos claramente a la reconciliación. Sobre los aspectos teológicos y canónicos de la absolución del rey, Toledo escribió un valioso tratado. Ossat, representante de Enrique en las negociaciones, escribía tras el éxito de éstas que, después de Dios y el papa, Enrique debía su absolución a los esfuerzos de Toledo.

Todas estas actividades no impidieron a Toledo proseguir su labor de escritor. En 1588 publicaba su más famoso tratado: el comentario al evangelio de San Juan. Además escribió otro *ad Romanos* y otro, incompleto, al evangelio de Lucas. En la obra exegética de Toledo hay que distinguir los comentarios y las notas. Los comentarios son la interpretación del texto revelado. Aquí se muestra Toledo atinadísimo y muchas de sus interpretaciones conservan aún hoy su valor. Las notas tienen un valor más circunstancial: recogen las distintas interpretaciones o aplicaciones que hacen del texto los Santos Padres, discute dificultades que el texto suscita, saca aplicaciones morales o pastorales. Toledo murió en Roma. A petición suya fue sepultado en Santa María la Mayor, como perenne testimonio de su devoción mariana.

OBRAS: *Introductio in Dialecticam Aristotelis*, Ro. 1561; *In universam Aristotelis logicam*, Ro. 1572; *In octo libros de physica auscultatione*, Ve. 1573; *In tres libros Aristotelis de Anima*, Ve. 1574; *In duos libros Aristotelis de generatione et curruptione*, Ve. 1575; *In Ioannis evangelium commentarii*, Ro. 1588; *De instructione sacerdotum*, Lyon 1599; *In XII capita Evangelii secundum Lucam*, Ro. 1600; *In epistolam ad Romanos*, Ro. 1602; *In Summam S. Thomae enarratio*, Ro. 1869.

BIBL.: O189, VIII, 64-82; O153, III-IV; L. Pastor, *Historia de los Papas*, 19-24, Ba. 1935-41; Parias, *Francisci Toleti in Summam S. Thomae*, introducción; D20, 15, 1223-25, *En el cuarto centenario del nacimiento de F. Toledo*: R102, 13(1934)90-108; L. Gómez-Hellín, *Toledo lector de Filosofía y Teología en el Colegio Romano*: R30, 3(1940)1-18; R. Galdós, *Méritos escriturísticos del Cardenal F. de Toledo*: R30, 3(1940)19-33; M. Roca, *Documentos inéditos en torno a Miguel Bayo*: R13, 1(1953)303-476.   P. Súñer

TOLEDO, Pedro de, (siglo VIII) compositor y escritor. Diácono toledano, compositor musical y erudito escriturista.

OBRAS: Hacia el 750 escribió un *Tratado sobre la pascua contra los usos erróneos de Sevilla*, que no se conserva; parece haber sido compilado hábilmente de diversos escritores eclesiásticos.

BIBL.: *Crónica mozárabe*, a. 754, § 133.
   M. Díaz y Díaz

TOLOSA, Juan de, OSA (Salamanca o Alava † post 1600) venerable y escritor ascético-místico. No están de acuerdo los historiadores sobre la patria del padre Tolosa. Mientras que Herrera le asigna la ciudad de Salamanca, el padre Vidal afirma ser de un lugar llamado Betolaza (Alava), nombre que debió de cambiar después por el de Tolosa. De todas formas, profesó en el convento de Salamanca el 14-XI-1554. El padre Tolosa fue uno de los religiosos que, en tiempo del venerable Rodrigo de Solís, pasaron a la provincia de Aragón para reformarla. En 1580 aparece como prior del convento de Huesca, en cuya Universidad figura como bachiller en Teología (1581). No consta que fuese catedrático de Teología, como afirma el padre Jordán. No obstante, por la documentación universitaria, sabemos que lo fue de Sagrada Escritura (1600), aunque no se pueda determinar el tiempo que la desempeñó. Siendo prior de Zaragoza en 1589, recibe la profesión de un hermano de los Argensola.

OBRAS: *Aranjuez del alma*, Za. 1598; la edición de Zaragoza se publicó posteriormente en Medina con notables variantes bajo el título *Discursos predicables a modo de diálogos*, Medina del Campo 1589; *Indulgencias de la correa de San Agustín*, s. l. 1581.

BIBL.: M55, 651-655; M38, I, 285-294.   A. Manrique

TOLOSA, Nicolás de, OFMCap (Tolosa [Guipúzcoa] 5-XII-1883 † Sarriá [Barcelona] 13-VI-1923) músico y compositor. Hizo sus estudios de bachillerato en el colegio de Lecároz; vistió el hábito capuchino el 15-II-1901 y se ordenó de sacerdote el 21-X-1906. De salud precaria, su vida transcurrió con la mayor sencillez; afable y comprensivo, fue muy constante en su trabajo. Se interesó mucho por la reforma litúrgica, entonces en sus inicios, como lo prueban sus artículos en las revistas Estudios Franciscanos, Boletín de Nuestra Señora de Pompeya y Vida Sobrenatural. Fue excelente compositor de música religiosa; sus obras, de carácter popular, se orientaron hacia el más puro estilo popular catalán.

OBRAS: Las composiciones más destacadas fueron: *Respice, Beate Pater noster Francisce*, a 3 v. i. y acompañamiento de armonio, Ba. s. a.; *Salve Regina*, a 2 v. i. y órgano, Ba. 1922; *Goigs a llaor de St. Llorens del Munt*, Ba. 1918; *Trisagi de la Stma. Trinitat*, a 4 v. mixtas y acompañamiento de armonio, Ba. s. a.; *Ave María*, 2 v. i., Ba. s. a.; *Himne del Stmss. Sagrament*, a 4 v. i. solas, Ba. s. a.; *Villancicos de las madres que tienen a sus hijos en brazos*, Ba. s.a.; *Cuatro cánticos a la Stma. Virgen*, a una voz y acompañamiento de armonio, Ba. s. a.; *L'hostal de la Peira*, armonizado a cinco voces mixtas, Ba. s. a.; *Al Stmss. Nom de Jesús*, a 3 v. i. con acompañamiento de armonio.

BIBL.: Catalunya Franciscana, 1(1923)154-55; R106, 30(1921)115-118; B. de Rubí, *Necrologi dels Frares Menors Caputxins de la Provincia de la Mare de Déu de Montserrat de Calanunya i Baleares (1578-1944)*, Ba. 1945, 165.
   B. de Carrocera

TOMAS DE AQUINO, OCD (Sevilla 1712 † Cádiz 1779) humanista, filósofo y orador. Pedro Caro Serrato, hechos sus estudios en las Universidades de Sevilla y Salamanca, ingresó en la Orden en el noviciado de Córdoba, donde profesó el 24-III-1730 con el nombre de Tomás de Aquino. Gran humanista, dominaba perfectamente el griego, latín, francés e italiano. Explicó Humanidades y Filosofía en la provincia andaluza. De 1742 a 1748 fue secretario de la procura general en Roma de la Congregación española. Vuelto a su provincia, se entregó de lleno a sus estudios humanístico-filosóficos y de predicación, en la que también fue sobresaliente, tanto en español como en italiano.

OBRAS: *Sermón sobre Santa Teresa de Jesús en latín elegante*, Cád. 1758; *Sermones varios*, Cád. 1759; *Oración fúnebre en las exequias de Fernando VI*, Se. 1759; *Sermón de la Asunción de Nuestra Señora*, Co. 1762. Inéditos: *Panegíricos y Sermones*; *Cursus Filosophiae Scholasticae*, 4 vols.; *Conferencias Morales*, 2 vols., todos estos ms. están en el Archiv. Carm. Desc. de Cádiz.

BIBL.: N69, XII, 541-544; véase también ms. 333-121, Bibliot. Universidad de Sevilla.
   A. de la V. del Carmen

TOMAS DE JESUS, OCD (Baeza [Jaén] 1564 † Roma 24-V-1627) polígrafo, misionólogo, místico, historiador. Díaz Sánchez Dávila, cursados sus estudios de Humanidades y Artes en la Universidad de Baeza, de Teología y Jurisprudencia en la de Salamanca, tomó el hábito en el noviciado de Valladolid; allí profesó el 5-IV-1587 con el nombre de Tomás de Jesús. Explicó esas especialidades en los colegios de la Orden, siendo además el cerebro de la restauración de la vida eremítica en la Reforma Teresiana con sus famosos *Santos Desiertos*. Fue prior de Zaragoza en 1594, provincial de Castilla la Vieja en 1597 y definidor general en 1600. Pasó a continuación a Italia y es consultor de la Santa Sede en asuntos importantes de la Iglesia, sobre todo en la erección de la Congregación de *Propaganda Fide*. Organiza las misiones católicas y él mismo desde los Países Bajos, de donde es provincial, dirige las de herejes en Inglaterra, etc. En el Capítulo general de Loano (Italia) de 1623 se le nombra definidor general. Y como su salud se hallase muy quebrantada, se retira al convento de Santa María de la

Scala, donde trabaja hasta su muerte en los grandes ideales eclesiales, que fueron el ideal de su vida.

OBRAS: Son numerosas las de este insigne polígrafo, notemos las más principales: *Stimulus missionum sive de Propaganda a religiosis per universum orbem Fide*, Ro. 1610; *De procuranda salute omnium gentium*, Amb. 1613; *Práctica de viva fe*, Bru. 1613; *Método para examinar y discernir el espiritual aprovechamiento del alma*, Bru. 1620; *De contemplatione divina*, Amb. 1620; *De oratione divina*, Amb. 1623; etc. Todas las obras conocidas del padre Tomás fueron editadas en tres gruesos volúmenes en folio en Col. 1684.

BIBL.: T. DE JESÚS, *Il P. Tommaso di Gesu e la sua attività missionaria all'innizio del secolo XVII*, Ro. 1936; J. DE JESÚS CRUCIFICADO, *El P. Tomás de Jesús, escritor místico*, Ro. 1951; S. DE LA SAGRADA FAMILIA, *Contenido doctrinal de la «Primera Parte del Camino Espiritual de Oración y Contemplación», obra inédita y fundamental del P. Tomás de Jesús*, OCD, Ro. 1951; N60, IV, lib. XVII, cap. 36-43; N54, II, lib. II, cap. 45-48; N69, VIII, 570-604.

A. DE LA V. DEL CARMEN

TOMAS DE LA VIRGEN, OSST (Villanueva de los Infantes [Ciudad Real] 21-I-1587 † Madrid 7-X-1647) venerable. Por parte de padre estaba emparentado con santo Tomás de Villanueva. Pasada su infancia en la práctica de todas las virtudes, en especial de la caridad, tomó el hábito en su pueblo natal el 29-IV-1606, cambiando su nombre de pila, Rodrigo, por el de Tomás de la Virgen. Al día siguiente partió hacia el noviciado de Madrid siendo la admiración del mismo beato Juan Bautista de la Concepción, por su estrecho silencio y alto conocimiento místico que Dios le daba. Hecha su profesión el 1-V-1607, en el mes de junio fue enviado a la fundación de Córdoba.

Tuvo gravísimas dolencias que sufrió por espacio de cuarenta años. Con vistas a su mejoría hiciéronle entonces conventual de Villanueva de los Infantes, después de La Solana, de donde fue varias veces a Cuenca para recibir las órdenes y allí, parece, se ordenó también en 1611. A finales de este mismo año se encontraba en Alcalá y desde principios de 1612 en Madrid. El 1-X-1613 le fue forzoso encerrarse en la celda de donde no saldrá en vida. Treinta y cuatro años sin levantarse de la cama, excepto algunos días para decir misa en la misma celda.

Las continuas calenturas, las asquerosas y verminosas llagas, el incandescente hierro aplicado con frecuencia a su carne y otras mil penalidades, no fueron parte para alterar en lo más mínimo su heroica paciencia. Pronto la fama de su santidad trascendió fuera del convento. Y no tuvo ociosos los admirables dones de profecía, conocimiento de interiores, ciencia infusa, consejo y milagros, que Dios le concedió.

Por su habitación pasaban príncipes eclesiásticos y seglares, religiosos de todas las Ordenes y personas de todos los estados para consultarle en sus dudas, ponerse bien con Dios y encomendarse a sus oraciones. El nuncio Monti concedióle tener altar y oratorio en su propia celda donde oyese y, cuando pudiera, celebrase la santa Misa y algunos días se quedase con el Santísimo Sacramento expuesto de la mañana a la noche, gracia que le confirmó el papa Urbano VIII, quien además le mandó un crucifijo de marfil en cruz de ébano con muchas indulgencias para él y plenaria para quien muriese con él en las manos. Este pontífice recomendó al nuncio Fachinetti que no decidiera ningún asunto de importancia sin antes haberlo consultado con el venerable Tomás.

Dada su gran influencia en las esferas palatinas, los superiores emplearon sus oficios para el feliz éxito de empresas que se presentaban harto difíciles: En 1626 obtuvo del duque de Lerma una plaza que éste había construido junto al convento de Madrid para correr

toros. Apoyó con sus cartas las fundaciones en el Reino de Aragón. Intervino decididamente en el cambio del convento de Salamanca a otro lugar.

Recibía muchas cartas de altos personajes, dictando generalmente él sus respuestas a los enfermeros. Entre sus corresponsales está la reina Isabel de Borbón (que tenía un retrato del padre Tomás en su cuarto), los validos duque de Lerma y conde-duque de Olivares, cardenales, obispos y muchos títulos de España. En el proceso hecho en 1659 declararon 144 testigos. Pío VII lo declaró venerable el 22-IX-1805.

BIBL.: F. DE SAN BERNARDO, *Vida del prodigioso Job destos siglos, el venerable Padre Fr. Tomás de la Virgen*, Ma. 1678, 1726, 1747; N115, III, 385-616; E. DEL STMO. SACRAMENTO, *Vida del venerable P. Fr. Tomás de la Virgen...*, Ma. 1717, 1897; J. M. MARTÍNEZ VAL y M. PEÑALOSA, *Un epistolario inédito del reinado de Felipe IV, Correspondencia del venerable Fray Tomás de la Virgen*, Ciu. 1960. B. PORRES

TORIBIO, († Astorga c. 480) santo. Célebre obispo de Astorga, inadecuadamente llamado de Liébana, que ocupó este obispado en los años centrales de la quinta centuria. Después de haber peregrinado a Tierra Santa, donde fue ordenado de sacerdote y nombrado custodio de los Santos Lugares, volvió a su tierra con insignes reliquias, entre las que destaca el brazo izquierdo de la verdadera Cruz, que hoy se custodia en Santo Toribio de Liébana (Santander). A su paso por Roma, conoció y trató a san León Magno, con el que le unió ya siempre una estrecha amistad. Poco después de volver a Astorga, su patria, fue nombrado obispo, no sin oposición de una parte del clero, resabiado de errores priscilianistas. Toribio procedió enérgicamente contra ellos; desenmascaró sus yerros y abrió un proceso, para el que buscó asesoramiento en los prelados gallegos Idacio y Ceponio. Escribió dos libros, en los que exponía los errores de los herejes y los envió a Roma, mereciendo la aprobación de san León, quien le comisionó para que tratase de reunir un concilio general de España, que deliberase sobre aquel asunto. En su tiempo Teodorico destruyó la ciudad de Astorga y lo llevó cautivo a las Galias. Pero, una vez recobrada su libertad, fue el principal artífice de la reconstrucción de la ciudad. Lleno de merecimientos, murió en fecha incierta, comúnmente fijada en el año 480. Ha sido canonizado y se le tributan cultos de Patrono de la diócesis.

BIBL.: ES 16, 99-108; P. RODRÍGUEZ LÓPEZ, *Episc. Astur.*, I, Ast. 1906, 114-138; L. ALONSO LUENGO, *Santo Toribio de Astorga*, Ma. 1939. A. QUINTANA

TORIBIOS, Isaac, OSB (Santoyo [Palencia] 11-IV-1897 † Silos [Burgos] 17-XI-1961) humanista y poeta. Ingresa en el monasterio de Silos y emite sus votos religiosos el 7-X-1915. El 24-IX-1924 se ordena de sacerdote. Durante veinte años enseña Gramática, Latín e inicia en el arte poético y en la lengua griega a los niños del colegio monástico. Más tarde dicta cursos de Filosofía y mantiene relaciones con el célebre gramático y filósofo don Felipe Robles Dégano. En 1942 es elegido prior del monasterio de Santa María de Estíbaliz, junto a Vitoria, y en 1944, al morir el padre Serrano, es abad de Silos.

OBRAS: *El Papa Rey*, To. 1930 (poesía premiada con el primer premio en el certamen nacional, 12 de febrero); *Corona marial*, Vitoria 1941; *Diálogo misionero*, Vitoria 1943. Inéditos: *El himnario romano*; *Colección de poesías latinas y griegas* (1922-1950); *Cancionero de la Virgen del Mercado*, 1937; *La iglesia antigua de San Sebastián de Silos*, en 50 cuartillas holandesas con planos y alzados; *Estudios sobre ejercicios espirituales*, 200 págs. Además tiene innumerables artículos: De himnología litúrgica, en Liturgia (1946-1960), Revista Litúrgica Argentina (1937-1938), Enciclopedia Espasa (t. 37), Revista Eclesiástica

(t. 53-54); de mariología, en Estrella del mar (1931-1934), Estíbaliz (1942-1944); y de arte, arqueología y literatura, en Boletín de Silos (1916-1917), Boletín de la Sociedad Española de Excursiones (1925), Palestra latina (1934), etcétera.

BIBL.: T. MORAL, El Rvdmo. Padre Don Isaac María Toribios, Abad de Silos (1897-1961): R216, 109(1962)41-43; Exmo. y Rvdmo. Padre Don Isaac María Toribios Ramos, Abad de Santo Domingo de Silos y Fundador de Leyre: Leyre, 3(1962); G. PRADO, Ha muerto el Abad de Silos, Rvdmo. P. Dom Isaac María Toribios: Ora et Labora, 1(1963) entero; C. M. LÓPEZ, Excmo. y Rvdmo. P. Isaac María Toribios, Abad de Silos (1897-1961), Pam. 1964.
T. MORAL

TORO, Alfonso de, († 1387) obispo. En 1370 fue trasladado por Urbano V desde la diócesis de Frimino (Italia), aunque él era español, como acredita su apellido, a la de Astorga. Su pontificado en esta diócesis se desarrolla normalmente hasta el año 1382 en que, como consecuencia del reconocimiento efectuado por parte del monarca castellano del pontífice de Aviñón, se vio sorprendido por la elección y consagración de otro obispo, don Juan de Mayorga. Desde entonces hubo dos obispos en Astorga, partidario cada uno de ellos de un papa distinto. Las menciones de Alfonso de Toro siguen, lo mismo que las de su rival, hasta el año 1387.

BIBL.: ES 16, 262-263; P. RODRÍGUEZ LÓPEZ, Episc. Astur., II, Ast. 1906, 339-341.
A. QUINTANA

TORO, Bernardo de, (Sevilla 1570 † Roma 12-XI-1643) orador sagrado. De familia noble, se ordenó antes de cumplir los veinticuatro años. En poco tiempo logró gran fama como orador sagrado. Fue muy devoto del misterio de la Inmaculada Concepción, saliendo por las calles de Sevilla en compañía del canónigo don Mateo Vázquez de Leca y del franciscano Francisco de Santiago, cantando coplas en alabanza de dicho misterio. Fue el primero que puso música a la célebre redondilla Todo el mundo en general. Pasó a Roma comisionado por el cabildo sevillano para suplicar en la Santa Sede la definición dogmática de la Inmaculada y la canonización del rey Fernando III. Falleció cuando era administrador del hospital de Santiago de los Españoles, de Roma, dando ejemplo de excelsas virtudes sacerdotales.

BIBL.: F. ARANA DE VALFLORA, Hijos de Sevilla ilustres en santidad..., Se. 1791, 69-73.
F. AGUILAR

TORO, Gabriel de, OFM (Toro siglo XVI) orador. Residió largos años en el convento de San Francisco de Salamanca, del que fue superior; allí se encontraba el 14-XI-1543 cuando se casó Felipe II con la princesa portuguesa D.ª María Manuela; continuaba en la ciudad en agosto de 1545 predicando en la catedral las Obsequias de nuestra Señora. Entre los años 1545-1550, formó parte de una junta de teólogos presidida por D. Antonio de Fonseca, obispo de Pamplona, en la que se trató de buscar una solución económica al problema de los pobres y viudas, principal preocupación del padre Toro. Vuelve a gobernar su provincia por segunda vez durante los años 1548-1552; en este segundo mandato envía una misión de 12 religiosos a América el año 1548. Nombrado visitador de la provincia de Castilla, preside el Capítulo de Escalona el 26-VIII-1549. Visitó Portugal en varias ocasiones invitado por los reyes lusitanos, de los que, en sentir de algunos autores, fue confesor y predicador. Carlos V le designó visitador de Las Huelgas de Burgos, y del Consejo Real de Castilla; parece ser que en 1586 había ya fallecido.

OBRAS: Tesoro de misericordia divina y humana, sobre el cuidado que tuvieron los antiguos, gentiles, hebreos y christianos, de los necesitados, Sa. 1536; Obsequias de nuestra Señora, Sa. 1548.

BIBL.: O140, 97; O135, I, 314; O132, II, 5; O104, I, 47-58, 69, 87; O128. Crónica de la provincia franciscana de Santiago. 1214-1614, introducción, rectificaciones y notas por Manuel de Castro, Madrid 1971, 119, 120, 134, 213, 217, 308.
M. DE CASTRO

TORQUEMADA, Juan de, OP (Valladolid 1388 † Roma 29-IX-1468) cardenal y teólogo. Ingresó en la Orden en el convento de San Pablo de Valladolid y estudió en Salamanca. En 1417 el provincial de Castilla, Luis de Valladolid, confesor del rey D. Juan II, lo llevó consigo al concilio de Constanza. Se licenció en Teología en París (25-III-1424) y el año siguiente recibió el grado de doctor. Fue prior de los conventos de Valladolid y de Toledo. Eugenio IV lo nombró maestro del Sacro Palacio (1431). Asistió como teólogo pontificio al concilio de Basilea (1432). Su defensa de la autoridad del papa sobre el concilio le valió de Eugenio IV el calificativo de Defensor fidei. En el concilio de Ferrara-Florencia (1438-1443) desplegó gran actividad para la unión de las Iglesias orientales, influyendo grandemente en Bessarión. Fue creado cardenal de San Sixto en 1439, y nombrado sucesivamente obispo de Palestrina, Sabina, Cádiz, Orense y León. Favoreció la reforma de la Iglesia y de su Orden en Italia y España. Fue gran protector de las Artes. Contribuyó a la construcción de la iglesia de San Pablo de Valladolid y a la restauración del convento de la Minerva en Roma. Llevó maestros alemanes que introdujeron la imprenta en Italia. Tuvo algunas diferencias doctrinales con Alfonso de Madrigal, el Tostado (Siena 1453) y con Rodrigo Sánchez de Arévalo, contra el que defendió la potestad imperial en su Opusculum ad honorem Romani Imperii et dominorum romanorum (1467).

OBRAS: Escribió más de 40 obras, de las que se imprimieron 27. Las principales son: Commentaria in decretum Gratiani, 6 vols., Lyón 1516; Flores sententiarum Divi Thomae Aquinatis de auctoritate Summi Pontificis collecti in concilio Bassiliensi anno 1437 jussu cardinalis Juliani Cesarini, Lyón 1496; Summa de Ecclesia (terminada en 1453), Col. 1480, Lyón 1496; Tractatus notabilis de potestate Papae et concilii generalis auctoritate, Col. 1480; Tractatus contra principales errores perfidi Mahumetis et Turcarum sive Saracenorum, Par. 1465; De veritate Conceptionis B. Virginis, Ro. 1547; Due discorsi di Giovanni da Torquemada OP a Norimberga e Magonza contro il conciliarismo en G. Hofmann, Papato, conciliarismo, patriarcato: Miscellanea Historiae Pontificiae, 2(1940) 10-30; Apparatus super decretum Florentinum unionis graecorum: Conc. Florentinum. Documenta et Scriptores 2/1, ed. M. Candal, Ro. 1942; Oratio Synodalis de Primatu: Conc. Florentinum. Documenta, et Scriptores 4/2, ed. M. Candal, Ro. 1954; Tractatus contra madianitas et ismaelitas, en defensa de los judíos conversos, ed. N. López Martínez y V. Proaño Gil, Bu. 1957; Symbolum pro informatione manichaeorum (el bogomilismo en Bosnia), ed. N. López Martínez y V. Proaño Gil, Bu. 1958.

BIBL.: A2; O55, I, 837-843; O67, III, 395-441; ST. LEDERER, Der spanische Cardinal Johann von Torquemada, sein Leben und seine Schriften, Frei. 1879; T. GARRASTACHU, Los manuscritos del cardenal Torquemada en la Biblioteca Vaticana: R73, 41(1930)188-217, 291-322; V. BELTRÁN DE HEREDIA, Colección de documentos inéditos para ilustrar la vida del cardenal Juan de Torquemada: R15', 7(1937) 210-45; A. PÉREZ GOYENA, La primera Summa de Ecclesia: R102, 2(1923)252-69.
G. FRAILE

TORQUEMADA, Tomás de, OP (Valladolid 1420 † Avila 16-IX-1498) inquisidor general. Sobrino del anterior. Ingresó en la Orden en el convento de San Pablo de Valladolid y residió en el de Piedrahita. Fue prior de Santa Cruz de Segovia y confesor y consejero de los Reyes Católicos, inquisidor general de Castilla (1478) y de los Estados de la Corona de Aragón (1483). Sus propósitos fueron ante todo salvar la unidad religiosa de España puesta en peligro por los falsos conversos del judaísmo. Su actuación ha sido muy discutida, pero también desfigurada y, para comprenderla, es preciso situarla dentro de las circunstancias y de la ideología de su tiempo. Las cifras de condenados que le atribuye el historiador Llorente son manifiestamente exageradas y contradictorias.

OBRAS: Sus diversas *Instrucciones* fueron recogidas y publicadas por el cardenal Manrique en *Compilación de las Instrucciones del Oficio de la Santa Inquisición*, Ma. 1576.

BIBL.: O55, I, 892-93; C. CIENFUEGOS, *Breve reseña histórica del Real convento de Santo Tomás de Ávila*, Ma. 1895; E. SCHAEFER, *Beiträge zur Geschichte des span. Protestantismus und der Inquisition im 16 Jahrhundert*, 3 vols., Gutersloh 1902; B. LLORCA, *La Inquisición en España*, Ba. 1954; E. LUCKA, *Torquemada und die spanische Inquisition*, Leipzig 1926; M. JOUVE, *Torquemada Grand Inquisiteur de l'Espagne*, Par. 1934; N. LÓPEZ MARTÍNEZ, *Los judaizantes castellanos y la Inquisición en tiempos de Isabel la Católica*, Bu. 1954.   G. FRAILE

TORRAS Y BAGES, José, (Les Cabanyes, Penedés [Barcelona] 12-IX-1846 † Vich [Barcelona] 7-II-1916) obispo, polígrafo y venerable. Fue discípulo de Coll y Vehí (catedrático de Literatura en el instituto de Barcelona) y luego (1863-1865), del filólogo Manuel Milá y Fontanals, del helenista Antonio Bergnes de las Casas y del filósofo Xavier Llorens y Barba, en la Facultad de Filosofía y Letras de la Universidad, donde se graduó de bachiller. Doctor en ambos Derechos por la misma Universidad de Barcelona (1869), cursó Teología en los Seminarios de Barcelona y Vich, y en 1871 fue ordenado sacerdote en Gerona. Continuó estudiando en privado la Teología (durante la primera República se refugió en el Rosellón) hasta graduarse de bachiller en el Seminario de Barcelona, y de licenciado en el de Valencia (1876). En 1874 emprendió con su amigo Collell su primer viaje a Roma.

En el período 1875-1899 residió en Barcelona como sacerdote y publicista. En *La Veu del Montserrat*, periódico de Vich dirigido por Collell, publicó entre 1887 y 1888 una serie de artículos sobre el espíritu cristiano, el respeto que merece la lengua catalana, valores sociales, religiosos y morales de Cataluña, el sentimiento de patria, la cultura, los peligros de la revolución, la masonería y el liberalismo, armonía entre tradición y renovación: todos estos ensayos constituyen la primera parte de su obra *La tradició catalana*, Ba. 1892. En la segunda examina la concreción de estos valores tradicionales en aquellos personajes o corrientes culturales de Cataluña que él cree más representativos: san Ramón de Penyafort y Jaime I, Ramón Llull, san Vicente Ferrer, Francesc Eiximenis, Ausiàs March, J. L. Vives, la escuela jurídica catalana desde la Edad Media hasta el siglo XVII, la escuela de Finestres en torno a José Finestres, de la cual ve brotar los grandes hombres de la Cataluña ochocentista, sobre todo Jaime Balmes. Torras y Bages identifica la tradición catalana con la corriente que representa la sensatez *(el seny)*, dejando a un lado la otra corriente, la del arrebato *(la rauxa)*, que siempre ha coexistido con aquélla. *La tradició catalana* es una historia de la cultura cristiana de Cataluña desde un punto de vista ideológico.

Por aquellos mismos años, caracterizados en toda España por las luchas clericales ante la actitud conciliadora de León XIII con la monarquía liberal recién restaurada, Torras y Bages adoptó una postura de alta serenidad: en su opúsculo sobre *El clero en la vida social moderna*, Ba. 1888, recomendaba la serenidad, la unión de los ánimos, la sumisión al papa y a los prelados. A ese mismo período, en el que vivió en íntimo contacto con los intelectuales y con los jóvenes de Barcelona, corresponden sus conferencias y ensayos sobre estética: *La poesía de la vida*, 1892, *La fruïció artística*, 1894, su discurso de ingreso en la Real Academia de Bellas Artes sobre *La belleza en la vida social*, 1896.

Para Torras y Bages la belleza y el arte tienen una trascendencia humana, social y religiosa; por eso continuó tratando esos temas aun después de su consagración episcopal: *Llei de l'art*, 1905, y su discurso en el I Congreso de arte cristiano, *Ofici espiritual de l'art*, 1913.

A pesar de su decidida oposición a las intromisiones del Estado en la vida de la Iglesia, manifestada sobre todo en su discurso de ingreso en la Real Academia de Buenas Letras sobre *En Rocabertí y en Bossuet*, donde subrayaba el contraste entre el antirregalismo de aquel arzobispo de Valencia y el filogalicanismo del obispo de Meaux (1898), al año siguiente fue designado obispo de Vich, a presentación del gobierno Silvela. Como prelado siguió la misma línea en sus grandes pastorales castellanas de temas político-religiosas: *Alegato en defensa de la libertad de la vida religiosa*, 1902; *Los excesos del Estado*, 1906; *Dios y el César*, 1910 con ocasión de la ruptura de relaciones diplomáticas de España con la Santa Sede durante el gobierno de Canalejas, *El hombre mutilado por la escuela neutra*, 1910; *El estadismo y la libertad religiosa*, 1913.

En *La tradició catalana*, Torras y Bages había deshecho la aparente antinomia entre regionalismo social y universalidad católica. Este último punto será el tema de otra serie de pastorales castellanas: *Actualidad perenne del pontificado*, 1903, después de la elección de Pío X; *Nuestra unidad y nuestra universalidad*, 1910, en el centenario de Balmes; *El internacionalismo papal*, 1915, sobre el llamamiento a la paz lanzado por Benedicto XV después de su elección.

Aunque el castellano de Torras y Bages es más correcto que su catalán, son las pastorales en esta última lengua las que contienen toda su ideología como obispo y como pensador religioso, desde la primera, *De la ciutat de Déu i l'evangeli de la pau*, 1899, hasta la última, firmada en su lecho de muerte el 27-I-1916, *La ciència del patir*.

Su continua defensa de la Iglesia le valió dos breves laudatorios de dos papas de mentalidad político-religiosa tan diversa como Pío X (1-V-1911) y Benedicto XV (25-XI-1915). Su santa muerte fue sentida como la del más alto obispo de Cataluña y la de uno de los más insignes prelados españoles de la época de la Restauración. Los procesos de Vich y Barcelona en vistas a su beatificación se introdujeron respectivamente el 1 de octubre y el 14-XI-1931, y se concluyeron en octubre de 1934; ambos fueron presentados a la Sagrada Congregación de Ritos el 14-XI-1934. El de Vich fue abierto canónicamente en Roma en 1954, y el de Barcelona, en 1958. La aprobación de sus escritos por la citada Congregación, votada el 2-IV-1963, fue firmada por el papa Juan XXIII en la audiencia del 22 del mismo mes.

OBRAS: *Obras escogidas del Ilmo. Sr. Dr. T. y B.*, 4 vols., Ba. 1913-1914; *Obras completas* (edición definitiva), 24 vols., Ba. 1935-1954; *Obres completes*, Ba. 1948.

BIBL.: J. SOLÁ MORETA, *Obres completes*, I-IV, Ba. 1935; A. GRIERA, *El Dr. J. T. i B. bisbe de Vic*, Sant Cugat del V. 1966; J. BENET, *El Dr. J. T. i B. en el marc del seu temps*, Ba. 1968; J. COLLELL, *Dulcis amicitia*, Vich 1916; *El episcopado español ante la obra apostólica del Dr. T. y B.*, Vilafranca del Panadés 1948; J. CASANOVAS, *Ejemplaridad del siervo de Dios Dr. T. y B.*, Ba. 1958 (ed. catalana de 1952); ID., *La causa de beatificación del Dr. J. T. i B.*, Ba. 1934; R. RUCABADO, *El siervo de Dios Ilmo. Dr. J. T. y B.*, Ba. 1958; M. BRUGAROLA, *Sociología del Dr. T. y B.*, Ba. 1947; A. BADÍA Y GABARRI, *La doctrina estética del ob. T. y B.*: R185, 5(1947)135-64; E. JUNYENT, *El sepulcro del ob. Dr. J. T. y B.*: R39, 2(1955)3-7; R. D'ABADAL, *La societat catalana i l'obra del bisbe T. i B.*, Ba. 1948.
                                                M. BATLLORI

TORRE, Antonio de la, OPraem (siglo XVII). Fue prefecto de la Orden Premonstratense en España y fundador del monasterio de San Joaquín de Madrid, en la actual plaza de Cristino Martos. Fue abad de este monasterio en el trienio de 1642-1645, aunque N. Antonio le hace abad perpetuo de este monasterio, cosa que es imposible. Debió de morir en esta casa.

OBRAS: *Tratado de las fundaciones de los monasterios de nuestra Orden.*

BIBL.: A1, I, 165.; M109, III, 271.   E. CORREDERA

TORRE, Manuel de, OdeM (Alcalá de Henares c. 1635 † Lanciano [Nápoles] 1694) arzobispo. Hizo sus estudios en la Universidad de Alcalá pasando luego a la de Salamanca, donde se doctoró en Teología y obtuvo varias cátedras. Rector del colegio mercedario de Alcalá, fue uno de los mejores oradores de su tiempo. En 1687 fue preconizado arzobispo de Lanciano y se consagró en Roma el 24-VIII-1688. Falleció con gran fama de santidad hasta el punto de que su cadáver estuvo expuesto durante tres días para satisfacer la devoción de los fieles.

OBRAS: Muchos *panegíricos* y *sermones*, impresos todos en Alc. Otros fueron incluidos en la *Quaresma Complutense*, Alc. 1674.

BIBL.: O232, 558-560; UGHELLI, *Italia Sacra*, IV, Ve. 1719, col. 794; O207.   R. SANLÉS

TORRE Y ORUMBELLA, José de la, (Orihuela [Alicante] c. 1643 † Ibid. 1712) obispo y canonista. Se graduó en Cánones por la Universidad de Valencia. Fue canónigo doctoral y profesor de Cánones en Orihuela. Vicario general de la diócesis de Valencia y canónigo doctoral de esta ciudad en 1671. Felipe V lo presentó para ocupar la sede de su ciudad natal y el papa Clemente XI lo preconizó el 3-X-1701.

OBRAS: *Disertación histórico-jurídica sobre el derecho de inducir procesiones y otros actos eclesiásticos*, Ma. 1680; *Discurso de la Gracia del Excusado, sobre los abusos que se experimentan en el Arrendamiento y Administración de las Casas mayores Dezmeras del arzobispado de Valencia*, Val. 1695; *Memorial al Rey N. Señor, por el arzobispo de Valencia, canónigos y cabildo de aquella santa iglesia sobre los perjuicios que se siguen a los Tercios Reales y a las Dézimas de concederse manutención a los juicios e possesorios, de firmas de Derecho sin citación del Procurador Patrimonial, y síndico del arzobispo y Cabildo*, Val. 1697.

BIBL.: A1, I, 821; A37, 764.   A. GARCÍA Y GARCÍA

TORRECILLA, Martín de, OFMCap (Torrecilla [Valladolid] c. 1635 † Madrid 27-XII-1709) filósofo, teólogo, polígrafo. Vistió el hábito en 1650. Fue lector, ministro provincial de Castilla y definidor general; teólogo notable y calificador de la Inquisición. Fecundísimo escritor y hombre de singular erudición, dejó publicadas muchísimas obras filosóficas, morales, históricas y polémicas. De lenguaje castizo, ha sido puesto por la Real Academia de la Lengua en el Catálogo de Autoridades de la Lengua.

OBRAS: He aquí las más importantes: *Quaestiones in utramque aristotelicam Logicam*, Ma. 1668; *Quaestiones in octo libros Aristotelis physicos...*, Ma. 1669; *Quaestiones in quinque libros aristotelicos...de ortu et interitu...,de anima*, Ma. 1671; *Apologema, espejo y excelencias de la seráfica Religión de Menores Capuchinos*, Tu. 1673, bajo el seudónimo de *D. Fermín Rattariazi*, y con nombre del autor, Ma. 1701; *Examen de la potestad y jurisdicción de los Obispos*, Ma. 1693, 2.ª ed.: *Consultas, alegatos, apologías*, 6 vols., Ma. 1694-1705; *Propugnaculum Orthodoxae Fidei*, Ma. 1698; *Enciclopedia Canónica, Civil, Moral, Regular y Ortodoxa*, 2 vols., Ma. s. a.; *Regla de la Orden Tercera elucidada*, Ma. 1672; *Consultas y exposición de las proposiciones condenadas por... Inocencio XI y Alejandro VII*, 2.ª ed., Ma. 1684, 1701; *Ventilabro formal, legal, apologético y seráfico*, Ma. 1685, 1691, 1696.

BIBL.: A36, IV, 966; D20, X, 210; N17, I, 261-265; N10, 320; N9, I, 408-414; N2, 1065 s.   L. DE ASPURZ

TORRELOSNEGROS, Simón de, OFMCap (Torrelosnegros [Teruel] 28-X-1746 † Misión de Cumaná [Venezuela] c. 1790) misionero. Es, sin género de duda, uno de los religiosos más esclarecidos de la misión de Cumaná, encomendada a los capuchinos aragoneses. Llegó a ésta en 1770 y desplegó su actividad al frente de varias poblaciones que le fueron encomendadas, como San Juan de Cotúa, Santa Ana de Sopocuar, Maturín y otras. Fue nombrado examinador sinodal y en 1780 elegido prefecto de la misión. En este cargo defendió en contra del gobernador los derechos de los misioneros y fomentó eficazmente el establecimiento y aumento de las poblaciones; hizo construir en éstas cementerios adecuados para el enterramiento de los indios, que antes se hacía en las iglesias, lo que resultaba antihigiénico y peligroso. Los superiores de la Orden, el propio gobernador de Cumaná y el oidor de Santo Domingo, don Luis de Chaves y Mendoza, alaban sobremanera su amor a los naturales y ponderan las inmensas fatigas y trabajos por él sufridos en las entradas a los montes y ríos para sacarlos y reducirlos a población. Tuvo, por otra parte, el mérito de haber organizado entre los indios el cultivo del algodón, poniendo en los pueblos telares y maestros que les enseñasen su manejo para hacer las telas de sus vestidos. De él se conserva una extensa relación de la misión de Cumaná, que se ha publicado varias veces.

BIBL.: F. DE RIONEGRO, *Misiones de los PP. Capuchinos. Documentos*, Po. 1929, 168-203; BALTASAR DE LODARES, *Los Franciscanos Capuchinos en Venezuela*, II, Caracas 1930, 107-140; B. DE CARROCERA, *La ciudad de Maturín data de 1760*: R133, 15(1958); ID., *Más datos sobre Maturín*: R133, 18(1961)251-73; ID., *Misión de los Capuchinos en Cumaná*, III, Caracas 1968.   B. DE CARROCERA

TORRES, Alfonso, SI (Zurgena [Almería] 27-IX-1879 † Granada 29-IX-1946) predicador y escritor espiritual. Ingresó en SI en 1908, siendo ya canónigo de Cádiz. Desde 1912 hasta 1932 residió casi siempre en Madrid, donde se hizo famoso por sus lecciones sacras. Estuvo en Roma (1932-1937) y en Sevilla (1937-1944).

OBRAS: *Apuntes de Ejercicios*, Cád. 1942; *Lecciones sacras*, 4 vols., Cád. 1943-45.

BIBL.: C. MONTOTO DE SEDAS, *Un orador ascético: el P. A. Torres S. I.*, Cad. 1954; Q. PÉREZ, *La predicación del P. A. Torres*: R154, 136(1947)61-72.   IHSI

TORRES, Bartolomé, (Revilla Vallegera [Burgos] 1512 † Las Palmas 1-II-1568) teólogo y obispo. Su apellido en los libros académicos de Alcalá, Salamanca y Sigüenza aparece transcrito de forma variada: Torres, de Torres, de la Torre; dato a tener en cuenta para la identificación personal de este autor. Estudió Artes en Alcalá, según creemos, adquiriendo el grado de bachiller en 1533 y el de licenciado en 1534, aunque en algunos registros se dice que pertenecía a la diócesis de Palencia, siendo así que su pueblo natal era de la diócesis de Burgos. En 1535 pasó a Salamanca, donde había estado en 1527, y donde cursó Teología, teniendo como maestro a F. de Vitoria. Desde 1541 aparece como alumno del Colegio del Salvador de Oviedo. En 1542-1543 desempeñó la cátedra cursatoria de Artes en la Universidad Salmantina, y desde 1543 hasta 1547 explicó en la cursatoria de Escoto. En la cursatoria de Artes tuvo como alumno destacado a Domingo Báñez, cuyos ejercicios de bachilleramiento y licenciatura en Teología presidirá más tarde, en la Universidad de Sigüenza (1565).

En 1547 Torres ganó la canonjía magistral de Sigüenza, a la que estaba unida una cátedra de Teología de aquella Universidad, según los convenios y contratos entre el Colegio-Universidad de San Antonio de Porta

Coeli y el cabildo de la catedral. Comenzó su labor docente como catedrático de Vísperas. Así se le designa en algunas actas de colación de grados antes de 1550. El 6-IV-1548 completó en Sigüenza sus grados en Artes. En 1550 pasó a ocupar la cátedra de Prima, en la que ya antes había sustituido durante algunos meses al Dr. Rosero, regentándola hasta 1566. Durante este período B. Torres fue sin duda la figura más destacada del claustro de Teología de la Universidad de Sigüenza; y podemos decir que es el teólogo más relevante de la historia de esta Universidad. El presidió regularmente los ejercicios de bachilleramiento y licenciatura en Teología. Intervino también como examinador en la colación de grados de licenciatura en la facultad de Medicina; fue presidente de muchos actos académicos de la facultad de Artes. De sus años de catedrático en Sigüenza datan sus comentarios teológicos, que detallaremos más adelante, algunos de los cuales se han perdido.

Durante su estancia en Sigüenza Torres desarrolló otras actividades complementarias, aparte de su labor académica. Como canónigo magistral estaba encargado de predicar los sermones de oficio en la catedral. Predicó también en Alcalá y en otras ciudades. Una prueba a favor de su prestigio moral e intelectual es el hecho de que Felipe II lo eligiera como miembro de la Junta llamada «Consejo de conciencia», que le acompañó a Inglaterra con motivo de sus desposorios con María Tudor y que estaba integrada por altas personalidades del mundo eclesiástico: Juan de Salazar, fray Alonso de Castro, fray Bartolomé de Miranda, fray Bernardo de Fresneda, y el doctor Gorrionero, canónigo de Zamora. Torres permaneció solamente unos meses en Londres, desde julio de 1554 hasta principios de 1555, en que regresó inesperadamente a España.

Una faceta importante en la vida de Torres fue la amistad que tuvo con san Ignacio de Loyola, con san Francisco de Borja y otros de los primeros y más destacados jesuitas, como el padre Araoz, F. de Villanueva, etcétera. Mantuvo correspondencia epistolar con el fundador de la Compañía y con el santo Duque de Gandía, así como con otros jesuitas. Practicó en Alcalá y en Oñate los ejercicios ignacianos (1550 y 1551) de los que fue un decidido apóstol y propagandista. Una de las pruebas más fehacientes de su afecto y amor a la Compañía —aparte de lo que revela su epistolario— son las tres Apologías que escribió en defensa de los Ejercicios de san Ignacio, en enero y marzo de 1554.

El 31-I-1556 Felipe II presentó a Torres para obispo de Canarias. Tuvo cierto reparo para aceptar tal dignidad, como lo manifiesta él en varias cartas dirigidas a Diego de Espinosa y a san Francisco de Borja. Pero al fin lo admitió. Su consagración episcopal se difirió algunos meses. Antes del 10-VIII-1566 ya había recibido las bulas pontificias. Tomó posesión de su sede por procurador. El día 3-X-1566 dejaba vacante su cátedra de prima de Teología en Sigüenza. Para su consagración episcopal pidió prestados a la catedral de Sigüenza el sagrario y algunos otros utensilios, a causa de su pobreza y de la falta de recursos económicos. Su traslado a Canarias se difirió casi un año; en parte porque quería asistir al concilio provincial que se proyectaba celebrar en la ciudad de Sevilla (1566), como consta de su epistolario; en parte también por los preparativos de la edición de su obra teológica, que vio la luz en 1567; y finalmente, porque tardó algún tiempo en encontrar algunos colaboradores jesuitas, a quienes quiso llevar consigo para la evangelización de las Islas. Su traslado a Canarias desde Sanlúcar tuvo lugar el día de la Ascensión, 7-III-1567. Llevó consigo cuatro jesuitas: los padres Diego López y Lorenzo Gómez y los hermanos coadjutores Luis Ruiz y Alonso Jiménez, quienes desempeñaron una importante labor apostólica y recibieron el testamento del obispo. Torres vivió poco tiempo, después de su llegada a su sede episcopal. Se sintió enfermo, aquejado de muerte, durante una misión apostólica en la Isla de Lanzarote. Fue trasladado a Canarias y vino a morir al arribar al puerto de La Luz. Como teólogo, B. Torres ocupa sin duda un lugar destacado en la historia de nuestra Teología, si bien no ha sido posible valorar aún suficientemente su personalidad teológica, por permanecer inédita la mayor parte de sus comentarios. Es un teólogo renacentista, buen conocedor del ambiente de su tiempo, y de las teorías de los maestros de la Edad Media. Como discípulo de Vitoria en Salamanca creemos que introdujo en Sigüenza la explicación de la Teología, siguiendo la Suma de Santo Tomás, en vez del Maestro de las Sentencias. Los comentarios que conocemos siguen el desarrollo del pensamiento del Angélico. Y sabemos que fueron dictados en el aula.

OBRAS: [Impresas]. Solo conocemos una obra publicada por B. Torres, aunque sabemos que tuvo propósito de dar a luz otros comentarios teológicos. La obra lleva por título: Commentaria in decem et septem quaestiones primae partis Sancti Thomae. Es un comentario a las cuestiones acerca del misterio trinitario, desde la 27 hasta la 44. Vio la luz en Alcalá en 1567, en la imprenta de Andrés Angulo. En 1583 se hizo una reedición también en Alcalá, a cargo de Juan Gutiérrez, a quien se concedió la licencia real para la reimpresión. Algunos historiadores hablan de una tercera edición, hecha en Venecia en 1588.

En 1919 fueron publicadas las tres Apologias que Torres escribió en defensa de los Ejercicios de san Ignacio y de la Compañía de Jesús (cf. MHSI, Monumenta Ignatiana) Series secunda, Exercitia, Matriti 1919, 653-664, 665-670, 678-684).

En 1951 el padre Camilo María Abad publicó un tratadito de B. Torres, que lleva por título: Resolución de un tratado... en que se tiene la manera que han de tener los príncipes en las provisiones de los obispados, dignidades, curados, y otros oficios y cosas: R131, 16(1951)229-372.

En estos últimos años han sido publicadas algunas cartas interesantes de B. Torres, cuyos textos pueden verse en mi estudio, que citaré en la bibliografía, y en el del padre Camilo M.ª Abad. Tengo recogido en material y redactada en su mayor parte la biografía de este gran teólogo y obispo, que espero verá la luz en fecha no lejana.

[Manuscritas]. Es más abundante y —me atrevería a decir— más importante también la producción filosófico-teológica de Torres, manuscrita e inédita todavía, procedente de sus años de catedrático en Sigüenza y en Salamanca. No conocemos el texto de todos sus comentarios escritos, aunque sí sus títulos y su temática. Los textos conocidos son los siguientes: a) [Secunda pars divi Thomae] dictata a doctissimo Domino Doctore Bartolomaeo de Torres... in Academia Seguntina cathedrae theologiae primario moderatore (1-2, qq. 1-89: Archivo del Colegio del Patriarca, Valencia, ms. 1575. La obra fue copiada por un alumno de Torres. Parece la más antigua, y fue dictada probablemente en el curso 1547-1548, el primero que Torres explicó en Sigüenza. Se remite él a esta obra al final de la q. 14 del Comentario a la tercera parte de la Suma, que reseñamos a continuación y que data de 1549. b) Lectura Doctoris Bartolomaei de Torres,... Super tertiam partem Divi Thomae (qq. 1-25: Archivo Capitular de Palencia, ms. SP., 46-5-14. c). Tertia Pars Sancti Thomae, a celeberrimo Doctore Bartholomaeo de Torres in Universitate Seguntina interpretata, anno 1558 (qq. 1-55: British Museum, de Londres, ms. Add. 28.712. Es texto distinto y más amplio que el anterior. Queda por resolver el problema de si pertenece a Torres todo el comentario, o solamente hasta la cuestión 27.

[Manuscritos perdidos]. Por diversos conductos sabemos que B. Torres escribió otros comentarios teológico-filosóficos, a los que él mismo alude en más de una ocasión en los textos conservados. Son estos escritos: Comentarios a las cuestiones 1-26 de la Primera parte de la Suma Teológica; Comentarios a las cuestiones 4-4 siguientes de la misma parte de la Suma: Opúscula de Metaphysicis; Comentarios a la 2-2 de la Suma Teológica. Desconocemos el paradero de estos textos, aunque conocemos algunas pistas que esperamos nos lleven a resultados positivos.

BIBL.: Cito solamente la más importante y específica: A. TEMIÑO-SÁIZ, *Bartolomé Torres, teólogo. Contribución al estudio del renacimiento teológico español del siglo XVI*: R175, 1(1940-1941)55-137; V. BELTRÁN DE HEREDIA, *La Facultad de Teología en la Universidad de Sigüenza*: R175, 2(1942)409-469 (datos biográficos sobre Torres, 437-441, 455); C.-M.ª ABAD, *Dos inéditos del siglo XVI sobre provisión de beneficios eclesiásticos y oficios de justicia. El primero de Fray Francisco de Vitoria; el segundo, del Dr. B. Torres*: R131, 16(1951)287-305, 329-372; E. LLAMAS-MARTÍNEZ, *Cinco cartas inéditas del teólogo Bartolomé Torres (1512-1568). Contribución al conocimiento de su biografía*: R175, 30(1970)69-79. Las historias generales de la Universidad de Sigüenza, como la de Juliá y Martínez y la de I. Montiel, al igual que las historias de la diócesis seguntina —como la de Minguella y Arnedo— y las de Canarias —como la de Viera y Clavijo— contienen muchas referencias a Torres y dan noticia de no pocos datos relativos a este teólogo. E. LLAMAS

TORRES, Cosme de, SI (Valencia o Cataluña c. 1510 † Shiki [Japón] 2-X-1570) misionero. Ordenado sacerdote, enseñó Gramática en Valencia y Mallorca. Partió a Nueva España en 1538, y de allí, en 1542, a Filipinas y Nueva Guinea con la armada de Ruy López de Villalobos. Fue recibido en la Compañía de Jesús en Goa por san Francisco Javier (1548), a quien acompañó al Japón, junto con el hermano coadjutor Juan Fernández, y allí misionó toda su vida.

BIBL.: F. MATEOS, *Compañeros españoles de san Francisco Javier*: R133, 9(1952)277-364; O188, III, 631-652; O189, VIII, 112; P. CHAUNU, *Une grande puissance économique et financière. Les débuts de la Compagnie de Jésus au Japon (1547-1583)*: Annales, 5(1950)198-212. IHSI

TORRES, Francisco, SI (Herrera de Pisuerga [Palencia] c. 1509 † Roma 21-XI-1584) teólogo y polígrafo. De los más fecundos escritores de su siglo. Hizo sus estudios filosóficos en Alcalá, en donde se bachilleró el 8-VI-1533 ocupando el puesto 31 entre 105 compañeros, obtuvo la licenciatura el 14-X-1534 con el puesto octavo entre 26, y el grado de Maestro el 8-XI-1534. Tres años más tarde aparece todavía en Alcalá examinando a «artistas» licenciandos. Posiblemente desempeñaba alguna «regencia», o cursaba, cuando menos, estudios teológicos, si bien no consta en los registros que recibiera en Teología grados por la Complutense. Allí debió de estudiar también el griego, que dominaba a maravilla y aun lo escribía.

A principios de 1540 aparece en Roma al amparo literario del cardenal Salviatis. Nada extraño que nueve años más tarde comenzaran ya a salir impresos los primeros frutos de su trabajo. En 1555 debía de estar encargado de una cátedra de Sagrada Escritura en la Sapienza. Al año siguiente, ordenado ya de sacerdote, interviene como teólogo en una comisión pontificia de reforma. Por ese mismo tiempo aparece en íntimas relaciones de amistad y literarias con Seripando, y pocos años después con Hosio, uno de los presidentes —al igual que Seripando— del concilio tridentino en su tercer período. A través de Hosio, si ya no directamente, debió de llegar a la estima que hacía de él Canisio. En 1558 opinaba el santo que debían llevárselo a Alemania, y aun la Corte misma tomarlo a su servicio. De hecho, por marzo de 1559 el emperador, a instancias de Canisio, acordó llamar a su Corte a Torres, para valerse de él como teólogo. El proyecto, sin embargo, no llegó a cuajar en hechos, probablemente por recusación del propio Torres.

Pero lo que no logró o no verificó el piadoso don Fernando, lo hizo en otra forma el papa. En efecto, reanudado en Trento por segunda vez el concilio tridentino, Pío IV nombró a Torres teólogo pontificio en aquel sínodo. En las actas conciliares del 15-VII-1562 se le cita por primera vez con ese título, pero había intervenido ya otras veces, y hacía más de diez meses, desde el 5-X-1561, que se hallaba en Trento, habiendo sido uno de los primeros en acudir a la ciudad alpina. Dado el cargo que ostentaba, en ella debió de permanecer también, sin interrupciones que sepamos, hasta el final de la asamblea. Sus intervenciones fueron muchas. Aparte la que tuvo sobre el uso de la Eucaristía, merecen destacarse sus discursos sobre el sacrificio de la misa, sobre el Orden y sobre la obligación de residencia. Esta —opinaba él— no solo era de derecho divino, sino que para urgirla eficazmente debía decretarse la excomunión, a base de un antiguo canon de las *Constit. Apostol.*, contra los obispos irresidentes.

Pero estos solos discursos no dan toda la medida de su influjo, ya que, según diversos informadores, su eficacia se ejercía también privadamente, esto es, aparte sus escritos, por medio de la actividad que desplegaba al margen de las actuaciones públicas o a través del legado Hosio. No que siempre sus opiniones se impusieran, pero sí se hacía sentir su autoridad en los más arduos problemas conciliares, aun en los que se rechazaba su dictamen.

Terminado ya el concilio, con cuyo motivo unos mismos afanes le llevaron a estrechar aún más los vínculos de amistad y las buenas relaciones con los jesuitas, ingresó en la Compañía (6-I-1567), emitiendo en ella (24-II-1569), por raro privilegio, la profesión de cuatro votos muy poco después de emitidos los del bienio. A partir de entonces la fecunda actividad publicitaria, que desde hacía cuatro lustros había venido desplegando, siguió a ritmo creciente todavía otros quince años, hasta rendirle, al fin, la muerte precisamente el día de la Presentación de Nuestra Señora cuya supresión litúrgica había él impedido.

OBRAS: Pocos escritores de su siglo habrán superado a Torres, prescindiendo de la calidad, en el número de publicaciones. Siempre, pero más entonces, fue tenida esa tarea por eficacísimo e irremplazable apostolado. Así debía de reputarla él mismo, por las muestras que ha dejado en sus escritos. De ahí su incansable afán en no dar paz a la pluma. Dejando a un lado los inéditos, cerca de 70 números (entre versiones, tratados originales y ediciones de obras extrañas) forman el elenco bibliográfico de las obras estampadas que compuso o que hizo salir de las prensas; todas en latín o en griego y en defensa de la fe católica. Ese carácter polémico, explicable por la época y las circunstancias ambientales en que le tocó vivir, lo convierte a veces en apologista, que no siempre, en aras de su celo, acierta a dar a su obra aquella mesura, aquella calidad y firmeza críticas que le hubieran puesto al abrigo de toda animadversión, de toda mordiente réplica de sus adversarios protestantes.

Toda su producción impresa puede dividirse en: a) *escritos originales;* b) *versiones* de antiguos escritores eclesiásticos; c) *ediciones de obras ajenas.*

La especificación de cada obra, véase en la bibliografía que se sigue. Sin embargo, son de especial interés: *De residentia pastorum*, Flo. 1551, muy leído en el concilio de Trento, y *Antapologéticus*, Flo. 1552.

BIBL.: C. GUTIÉRREZ, *Españoles en Trento*, Va. 1951, 442-73; A23, III, 208-223. C. GUTIÉRREZ

TORRES, Gaspar de, OdeM (Cazorla [Jaén] 1510 † Sevilla 1584) obispo. Entra en la Orden en 1525. Hay que distinguirlo de su hermano, también mercedario, llamado Baltasar de Torres. Hace su carrera en la Universidad de Salamanca. En 1541 ocupa la cátedra de Lógica. Es nombrado comendador de la Vera Cruz, de Salamanca. En 1559 es elegido provincial de Castilla. Durante su provincialato se hicieron varias redenciones en Argel. Se crearon las nuevas provincias de Lima, Cuzco, Chile y Guatemala. Codificó las *Constituciones* de la Orden conforme a las reformas del concilio tridentino. En 1570 es nombrado viceescolástico de la Universidad de Salamanca y a él se le debe la redacción de sus nuevos estatutos. En 1570 es consagrado obispo. Primero como auxiliar de Sevilla; más tarde para la diócesis de Canarias, pero renunció. Su cadáver descansa en la iglesia mercedaria de la Asunción de Sevilla.

OBRAS: *Estatutos de la Universidad de Salamanca*, Sa. 1561; *Regula et Constitutio B. M V. de Mercede*, Sa. 1565; *De Mysterio et Cultu Sanctae Crucis*, Sa. 1565; *Comentario a las Constituciones de la Orden*, Sa. 1565.

BIBL.: G. VÁZQUEZ NÚÑEZ, *El P. Fr. Gaspar de Torres*, Ma. 1919; O223, II; O207; A1, I, 534.　　　G. ALONSO

TORRES, Tomás de, OP (Madrid siglo XVI † Chuquisaca [Bolivia] 1630) obispo. Tomó el hábito de la Orden en el convento de Atocha de Madrid. Estudió en Alcalá, y en San Gregorio, de Valladolid. Enseñó en Lovaina (1606), donde tuvo por discípulo a Juan de Santo Tomás, y en Halle. Regresó a España (1614) y fue nombrado obispo de Asunción (Paraguay) en 1620, y en 1626, de Tucumán.

OBRAS: Se conservan manuscritos varios *Comentarios* a la *Suma* de Santo Tomás.

BIBL.: O55, II, 468-469.　　　G. FRAILE

TORRES, Vicente de, OFM (Estremera [Madrid] 1715 † Arenas de San Pedro [Avila] IX-1778) Constructor. Vistió el hábito franciscano de la familia alcantarina en 23-XII-1733 y profesó al año en Arenas. A partir de su iniciación de vida religiosa cabe el sepulcro de Pedro de Alcántara, su trabajo y anhelos tendrán un objetivo: hacer glorioso su sepulcro, aprovechando la devoción de la comarca arenense, aristocracia española, y su irradiación en el campo de las Misiones, adonde llegaban los religiosos que se formaron bajo la inspiración del ilustre hijo de Alcántara. Tras la canonización solemne de aquél en 28-IV-1669, los alcantarinos españoles no han cesado de fomentar la devoción y en aquel mismo año la villa de Arenas acordó llamarse de San Pedro. En 1683 en la primitiva capilla del santo se inauguró un camarín para exposición de los ricos exvotos de los fieles españoles. Y en 1730 la diócesis abulense obtuvo la facultad de celebrar el Oficio divino y la Misa del santo. Años después, en 1752, se colocó en el Vaticano la magnífica estatua que labrara Francisco Vergara. Todo ello era signo de la veneración de que gozaba en la Iglesia universal y todo inducía a hacer algo digno del «penitente del Pedroso», que vino a buscar su descanso cabe las estribaciones de Gredos. La Provincia de San José que fundara Pedro de Alcántara y que guardaba sus reliquias soñaba con levantar un monumento para perpetuar su memoria, empresa que asustaba a los superiores. Es entonces cuando salta a la luz la actuación de nuestro «hermanito», quien logra interesar a los superiores y religiosos en general y luego, a través del obispo Eleta, de quien era sobrino, al rey Carlos III y a la aristocracia. Bajo la égida del Monarca se dan los primeros pasos, empezando por la demolición de la primitiva capilla el 10-VII-1757 y por la colocación de la primera piedra. Fue autor de los planos Ventura Rodríguez, arquitecto de Su Majestad, como reza el acta, y agente de la obra nuestro fray Vicente Estremera. Este logró de Carlos III una subvención de 215.000 reales de vellón, aparte de otros beneficios para el culto. Los religiosos destacados por España, Méjico y Guatemala consiguen hasta seis millones, que sumarán el costo total de las obras. Entre los que se dedicaron a la recolección de limosnas conocemos los nombres de los padres Pedro Esteban, Pedro Bernardo y Francisco Antonio del Moral, que recorrieron las tierras de Ultramar. Pero la contrata de obreros, para los que levantó una casa al pie de la misma obra,

el acarreo de materiales, selección de los mismos, correspondencia con obispos, arquitecto y maestros y obreros especializados, colectores de limosnas, pago de jornales, todo discurre bajo la mirada atenta y vigilante de fray Vicente. Su diario lo recoge todo día a día y su atención y cuidado se extiende a todo, porque buscó los mejores materiales: piedra granítica para los muros, mármoles para su revestimiento interior, bronces para las columnas, capiteles y estatuas. Así en 1772 tenía ya colocadas las bases de las columnas y todo el zócalo de la capilla. Al finalizar el 1775 aparece colocado el pavimento, faltando tan sólo los cuadros de los altares colaterales y los capiteles de las columnas, que se terminaron meses después. Duró la obra diez años y su conjunto es una copia fiel, aunque más rica, de la Capilla Real del Palacio de Oriente de Madrid. La inauguración tuvo lugar en 1776, presidida por el obispo de Salamanca, D. José Zorrilla, a quien acompañaron el obispo auxiliar de Toledo, el secretario del Patriarca de las Indias y muchas otras personalidades eclesiásticas y civiles. Además hicieron coincidir esta fiesta con la traslación última de las reliquias del santo, que fueron colocadas en magnífica urna, trabajo y diseño de Salvador Carmona, costeada por el duque de Medinaceli en 1771.

La capilla es de figura circular, toda ella revestida de mármoles, traídos de diversas partes: el negro con vetas blancas, llamado de San Pablo, de los Montes de Toledo. Este fue empleado en las columnas; el de las pilastras, algo más claro, del Real de San Vicente; el verde, de Granada; el amarillo, de Cuenca; el morado de Tortosa, y el empleado para el basamento, de Montesclaros. Dieciocho soberbias pilastras, también de mármol, de orden corintio, con basas de bronce y capiteles de yeso, sostienen una bien ejecutada cornisa, sobre la que se eleva airoso cupulino. Cuatro columnas en el presbiterio y otras cuatro a la entrada y dos en cada uno de los altares colaterales, realzan su belleza y suntuosidad. Seis puertas, además de la principal, que fueron del antiguo Palacio del Buen Retiro, de Madrid, facilitan el acceso al interior.

Nuestro agente de obras no sólo hubo de cuidarse del ritmo de las mismas y que todo se hiciera en conformidad con los planos de Ventura Rodríguez, sino que también hubo de atender al arreglo de calzadas, puentes y caminos de los alrededores para facilitar el transporte de los materiales, que en carretas lentas de bueyes afluyeron a Arenas. Esta actividad gastó sus energías y acabó con su vida allí donde puso mente, voluntad y corazón. Localizado recientemente su *Diario de Obras*, las últimas páginas fueron ya escritas por el sucesor en el cargo, fray Juan de Carrascosa. Su muerte, ocurrida en septiembre de 1778, mereció del obispo de Avila, en carta al guardián de Arenas, desde Bonilla y con fecha 18 del mismo, el siguiente comentario y elogio: «A la verdad, como esa provincia perdió un hijo que supo granjearse mucho honor, yo perdí un amigo al que siempre estimé...»

BIBL.: I. ALMAZÁN, *Apuntes históricos del santuario de San Pedro de Alcántara de Arenas de San Pedro*, Ma. 1930, 5-13; Archivo de San Pedro de Alcántara en Arenas de San Pedro: *Indice de Documentos por el P. Juan Esteban Muñoz*, 1973, 52-54; IB., *Apéndice documental*, 95 (donde se registra toda la documentación referente a las obras); IB., *Libros de profesiones, de Arenas de San Pedro*, libro IV (acta de la profesión de Fr. Vicente de Estremera); V. DE TORRES, *Sucesos ocurridos durante la obra de la capilla de San Pedro de Alcántara*, ms. en el archivo dioc. de Avila.
　　　A. ABAD

TORRES ACOSTA, Soledad, (Madrid 2-XII-1826 † Madrid 11-X-1887) santa y fundadora de las siervas de María, ministras de los enfermos. Se llamaba Manuela Bibiana, nombre que cambió por el de Soledad al vestir el hábito. Se dirigía espiritualmente con D. Miguel Martínez y Sanz, párroco de Chamberí, quien tuvo la idea de fundar la Congregación de Siervas de María para la asistencia de enfermos a domicilio. El 15-VIII-1851 la idea se hizo realidad con siete aspirantes, entre las que se encontraba Manuela Bibiana. Cuando a principios de 1856 D. Miguel se marchó a las misiones españolas del Golfo de Guinea con algunas Siervas de María, nombró a la madre Soledad superiora de la Congregación. Multiplicando ella su actividad, formaba a las novicias, se ocupaba en los quehaceres más humildes, fundaba nuevas casas de la Congregación, enviaba sus hijas a Ultramar. Pero tuvo que superar pruebas muy amargas. El sucesor de D. Miguel, el joven sacerdote D. Francisco Morales, falto de madurez y discreción, depuso de superiora general a la madre Soledad y, el 13-XI-1856, marchó destinada como superiora local a la casa de Getafe (Madrid). La Congregación estuvo entonces al borde de la supresión. El nuevo director, D. Gabino Sánchez, hizo venir inmediatamente de Getafe a la madre Soledad (enero de 1857), que logró con su ayuda rehacer el cuarteado Instituto. La ayuda, tanto del ministro de la Gobernación, marqués de la Vega de Armijo, como de la reina, salvan la situación económica. La Junta de Beneficencia de Madrid, con ocasión de la ejemplar abnegación de las Siervas de María durante el cólera que invadió el pueblo de Fuenlabrada, pidió a la madre Soledad que se encargase de las Casas de Socorro del primer distrito. Peticiones semejantes se fueron multiplicando dentro y fuera de Madrid. Las Constituciones fueron aprobadas por el cardenal arzobispo de Toledo, el 12-I-1867. Roma da el decreto de alabanza el 18-IX-1867.

El 8-X-1879 recibe la madre Soledad otro rudo golpe: es destituida de nuevo como general por orden del arzobispo de Toledo. Pero es elegida unánimemente por los votos de las religiosas en el mismo acto.

Un viaje a Roma le aumenta su amor a la Iglesia. El padre V. Balaguer SI la presentó, junto con el grupo de siervas que la acompañaban, a León XIII, que impuso sus manos sobre la cabeza de la fundadora. El 1-II-1879 marchó a Lucena (Córdoba) a encargarse del hospital. Luego, a Granada, donde también quedó establecido el Instituto. El 2-VII-1881 estaba en Barcelona. Después, San Sebastián, Navarra... También Valencia acogió con agrado a la madre Soledad. Y así el resto de España.

Agotada con tantos trabajos, no pudo superar una pulmonía, y descansó con la muerte de los santos en la casa madre de Chamberí, donde se guardan sus restos. Fue beatificada el 5-II-1950 y canonizada el 25-I-1970.

BIBL.: G. PRADO, *Madre Soledad*, Ma. 1953. Q. ALDEA

TORRES AMAT, Félix, (Sallent [Barcelona] 6-VIII-1772 † Madrid 29-XII-1847) obispo de Astorga, escritor. Bajo estos dos aspectos, a veces contradictorios, ha de ser considerada esta notable personalidad. Hijo de J. Torres Cererols y Teresa de Amat y Pont, la hermana de Félix Amat. En su villa natal estudió rudimentos de latín con el eclesiástico Silvestre Riera, latinista, y a los doce años (1784) fue enviado a Alcalá con su hermano mayor Juan, aprendiendo griego, hebreo (dos cursos), francés e italiano. Pasó a Tarragona bajo la protección de su poderoso tío Félix Amat, magistral, y hace en el Estudio literario, que dependía de la Universidad de Cervera, tres cursos de Filosofía, un año *De Locis*, de Melchor Cano, y tres de Teología escolástica, obteniendo el grado de doctor en Teología por Cervera en 1794. En 1796, ordenado de presbítero, es nombrado profesor de Filosofía y después de Teología y, cosa nueva en seminarios españoles, enseñó Matemáticas. Fue elegido rector o director del Semina-

rio por el sabio arzobispo Armañá. Nombrado, en 1805, su tío Félix, abad del sitio real de San Ildefonso, el rey le otorga una canongía de la colegiata. En Madrid hace amistad con un inglés, mister Cheap, protestante, quien, según se ha dicho, púsole quizá en comunicación con sociedades bíblicas inglesas. Extinguida la colegiata de San Ildefonso, trasladóse Torres Amat a Madrid y durante dos años ejerció la cátedra de Retórica, Filosofía y Matemáticas. Después de la ocupación francesa al regresar Fernando VII, en 1817 logra la canongía de «sacrista» de Barcelona. Retirado o refugiado el obispo barcelonés Sitjar, a quien la Santa Sede no admitió la renuncia, se propuso a Torres Amat para obispo de Barcelona, pero hubo de contentarse con que se le nombrara vicario general, ya que seguía siendo obispo Sitjar. Considerado por el Nuncio como simpatizante o declarado regalista-jansenista, por querer defender las obras de su tío puestas en el *Índice*, se retiró a San Jerónimo de la Murtra y, entre acusaciones por una parte y defensa hábil suya, se le preconizó obispo de Astorga, siendo consagrado en San Felipe Neri, de Barcelona, el 1-V-1835 y nombrándole el papa Gregorio XVI prelado doméstico y asistente al trono. En 1837 fue elegido senador del Reino y en 1839 formó parte de la Comisión para examinar la conveniencia de las relaciones del Estado con Roma. Murió en Madrid siendo sepultado en la iglesia de Monserrat, de la Corona de Aragón. Durante su pontificado en Astorga arregló el seminario, estableciéndolo en el bellísimo edificio de Santo Toribio, obra del obispo Gutiérrez Vigil (1791-1805). Si por lo dicho aparece ya muy relevante la personalidad de Torres Amat, lo es mucho más como escritor, como autor de las *Memorias... de escritores catalanes* y de una versión castellana de la Biblia, cuya total o parcial originalidad ha dado lugar a muchas y no satisfactoriamente resueltas cuestiones.

Es cierto que a fines del siglo XVIII, cuando era tan combatida en España la Compañía de Jesús, un jesuita, el padre Petisco, hizo una traducción castellana de la Biblia, hoy perdida. En 1807 era entregada esta versión, supuesta del padre Petisco, a la censura para que la examinara una comisión en la que figuraban entre otros Villanueva, capellán de S. M., el padre Merino OSA, J. Bueno OSB; el mercedario V. R. Palomeque, Torres Amat y su tío Félix Amat, inquisidor general. Con censura adversa fue abandonada y Carlos IV encargó una traducción castellana a Torres Amat, quien aunque aprovecharía sin duda, como ya indica Villanueva, los materiales de Petisco, no podemos saber si, como pretende mostrar el padre J. M. March, «La traducción... es sustancialmente la del padre Petisco»; es decir, un plagio. Se sabe que Torres Amat trabajó unos quince años en redactar su versión, aparecida por partes, y que compuso un *Índice cronológico de las cosas más notables de la Santa Biblia*, en 17 tomos. Otra acusación en la Gaceta de Madrid es el comunicado, firmado por un «Amigo de la Verdad» desde Lisboa, de que la primera edición se hizo a expensas de protestantes ingleses, algunos refugiados españoles, que, y esto es admisible, adquirieron 300 ejemplares. Se han publicado innumerables ediciones, de partes o de toda la Biblia y últimamente algunas a nombre de Petisco-Torres Amat, dando por inconcusa la tesis del padre March. Hay que reprocharle en verdad a Torres Amat el que no mencione para nada la obra de Petisco.

Su otra obra principal son las también discutidas *Memorias*. Confiesa él en la introducción que la idea partió de su hermano Ignacio que, como bibliotecario y después deán de Gerona, reunió más de un millar de noticias de autores catalanes, en parte perdidas al huír de la Gerona sitiada, parte aprovechadas en las *Memorias* y se sabe que Torres Amat visitó varias bibliotecas de España en busca de otros centenares de noticias. «Piedra fundamental de la Bibliografía catalana», según Vilar y Costa y «aún no superada» cuando hacía su elogio Menéndez Pelayo en 1908. Varias sociedades científicas nacionales y extranjeras le honraron como miembro correspondiente o numerario: Real Academia de Buenas Letras de Barcelona; la de la Historia, de Madrid, que le encargó la *Vida*, de Félix Amat; la Geográfica, de París; la de Antigüedades, del Norte. Su retrato figura en la Galería de Catalanes Ilustres del Ayuntamiento de Barcelona, ahora expuesta en la Real Academia de Buenas Letras.

Su tío, que tanto le protegió, fue la causa de los graves disgustos que tuvo en los últimos años de su vida, al publicar varias obras marcadamente regalistas-jansenistas puestas en el *Indice* (véase art. Amat, Félix). El sobrino inficionado de regalismo, como tantas personalidades de la época, quiso defenderlas en una *Pastoral*, que fue igualmente prohibida y una *Apología de las Observaciones pacíficas*, del obispo de Palmira. Por esto fue severamente juzgado por Balmes, que como Menéndez Pelayo le reprochan el no haber querido retractarse nunca a pesar de unas patéticas declaraciones ya casi moribundo.

OBRAS: *Arte de vivir en paz...*, Ba. 1821; *La felicidad de la vida cristiana meditada en ocho días...*, Ba. 1832; *Vida del Excmo. Sr. D. Félix Amat...*, Ma. 1835; *Apéndice a la Vida del Excmo...*, Ma. 1838; *Memorias para ayudar a formar un Diccionario crítico de escritores catalanes...*, Ba. 1836; *La Sagrada Biblia nuevamente traducida de la Vulgata latina al español aclarado el sentido*, 9 vols., Ma. 1823-1825, tuvo numerosas ediciones de parte o de toda la obra acompañadas de notas de diversos autores, Páramo, Ogara, Díaz Monar, A. Torío, Ballester, etc., para las cuales puede consultarse B15, XXIII, 416-417; *Ventajas del buen cristiano sobre todos los demás hombres*, Astorga 1839; *Apología católica... de las «Observaciones pacíficas del arzobispo de Palmira*, Ma. 1843 (puestas en el *Indice); Memorias sobre algunas antigüedades poco conocidas... de Egara*, Ba. 1890; *Disertación sobre una lápida de Tarragona*, s. l. n. a.; *Indice cronológico de las cosas más notables de la Sagrada Biblia*, 17 vols., Méjico 1835 (según nota de A. Comas); *Salmos de David traducidos de la Vulgata latina al español*, Ba. 1829.

BIBL.: J. M. BEDOYA, *Al Ilmo. Sr. D. Félix Torres Amat en el día de su consagración...*, Ma. 1834 (oda en versos latinos con traducción libre castellana y esbozo biográfico); J. BALMES, *Consideraciones sobre la Apología católica a las «Observaciones pacíficas»...*: Obras completas, IX, Ba. 1925, 309-399; M. TORRES TORRÉNS, *Elogio histórico del Exc. e Il. Sr. D. Félix Torres Amat...*, Ba. 1850 (esbozo biográfico con muchas noticias, de tono apologético); M. MENÉNDEZ PELAYO, *Historia de los Heterodoxos españoles*, VI, Sant. 1948, 138; A36, V, 971; J. BARRERA, *Els Torres Amat y la Biblioteca episcopal de Ba.*, Ba. 1922, 70-91 (estudio muy provechoso para algunos aspectos de los Torres Amat); J. VILAR COSTA, *Les «Memorias» de Torres Amat, pedra fonamental de la Bibliografía catalana:* La Revista 22(1936)125-129; J. VIVES, *La Historia eclesiástica:* R54, 25(1963)349-350; F. SOLDEVILA, *Un segle de vida catalana*, Ba. 1960, 310-314 y 399-401; A. COMAS, *Història de la Literatura catalana* IV, Ba. 1964, 141-143; A7, 688-693; D1, 257-267; D25, IV, 368; P. RODRÍGUEZ LÓPEZ, *Episcopologio Asturicense*, Ast. 1908, 256; M. RODRÍGUEZ DÍEZ, *Hist. de la muy noble... ciudad de Astorga*, 2.ª ed., Ast. 1909, 362.
                                                                    J. VIVES

TORRES AMAT, Ignacio, (Sabadell [Barcelona] 12-III-1768 † Sallent [Barcelona] 26-V-1811) bibliotecario, deán de Gerona. Estudios con gran brillantez en el Seminario de Barcelona; ordenado presbítero, ejerce de cura poco tiempo en el Prat (Barcelona) y es elegido profesor de Filosofía y bibliotecario de la biblioteca episcopal, que del Seminario de Montalegre había pasado al convento de Belén de los jesuitas expulsos

(véase art. Amat, Félix); enriqueció esa biblioteca fundada por el obispo Sitjar y su tío, con colección de periódicos y folletos, políticos, teatrales, etc. Fue page y secretario del obispo Eustaquio de Azara hasta ser nombrado deán de Gerona en 1807. Huyó con gran peligro ante el asedio y captura por las tropas napoleónicas. Se ofreció entonces para administrador de los hospitales como auxiliar de su hermano Valentín, entonces canónigo de San Juan de las Abadesas. Enfermo, se retiró a la casa de Sallent donde murió. Fue nombrado numerario de la Real Academia de Buenas Letras de Barcelona, en la cual leyó varias comunicaciones. Propuso un plan para los estudios de Filosofía y Teología y sobre el modo de reunir las Cortes en España. Idea suya fue la de un diccionario de autores catalanes para el que reunió un millar de nombres, material perdido en parte al huir de Gerona. La continuó y acabó su hermano Félix Torres Amat *(Memorias)*, quien recuerda en su publicación la ayuda recibida. Acompañó a su tío Félix Amat para la visita canónica a la colegiata de Roncesvalles. Queda en el Seminario buena parte de material, reunido en 60 legajos, aunque unos 200 manuscritos pasaron a su pariente Torres Argullol, en Perafita.

OBRAS: Se guardan inéditas, según Barrera: *¿Qué autores o documentos catalanes existen que pueden servir de modelo para arreglar la ortografía catalana?; Catálogo de los impresores catalanes del siglo XV*. Publicada: *Thomam puerum in Monte Casino...*, Ba. 1782; y una traducción de la *Ecclesiae Jesuchristi summarium historicum* de su tío Félix Amat: *Diseño de la Iglesia militante...*, Ma. 1835.

BIBL.: A29, 605-607; A7, 693-694; D25, 369; J. BARRERA, *Els Torres Amat y la Biblioteca episcopal de Ba.*, Ba. 1922, 57-60; F. SOLDEVILA, *Un segle de Vida catalana*, Ba. 1964, 402.
                                                                    J. VIVES

TORRES BOLLO, Diego de, SI (Villalpando [Zamora] c. 1551 † Plata [hoy Sucre, Bolivia] 8-X-1638) misionero en el Paraguay. Entró en SI en 1572. Pasó al Perú en 1580; superior de varias misiones; rector de Cuzco y Quito; primer viceprovincial del Nuevo Reino de Granada. Fue enviado a Roma como procurador en 1600. Primer provincial del Paraguay (1607-1614).

BIBL.: O189, VIII, 132-134; O153, V, 823; C. MORNER, 254: O180, I, 610; O149, II; R. VARGAS UGARTE, *El P. Diego de Torres Bollo y el cardenal Federico Borromeo. Correspondencia inédita:* Boletín del Instituto de Investigaciones Históricas, 17(Buenos Aires 1933-1934)59-82.   IHSI

TORRES RUBIO, Diego de, SI (Alcázar de San Juan [Ciudad Real] 1548 † Chuquisaca [hoy Sucre, Bolivia] 13-IV-1637) misionero del Perú. Ingresó en SI el 12-I-1572 y pasó al Perú en 1579. En 1587 se le concedió la profesión. Intervino en la composición del *Confessionario* en quichúa y aimará ordenado por el concilio provincial de Lima (Sevilla 1583) y escribió la *Gramática y vocabulario* de esas lenguas (Roma 1583) y el *Arte de la lengua aymará* (Lima 1616) y *Arte de la lengua quichua* (Ib. 1619). Fue rector de los colegios de Potosí (1588), La Paz (1591) y Cuzco (1588). Por treinta años enseñó la lengua aimará en Chuquisaca.

BIBL.: O189, VIII, 135-36, y XII, 1290; P. RIVET y G. DE CRÉQUI-MONTFORT, *Bibliographie des langues aymará et kiuča*, I-IV, Par. 1951-56, cf. IV, 852.   IHSI

TORRES MARTINEZ BRAVO, José, (Madrid 1665 † Ibid. 1738) músico. Desde 1697 hasta 1724 fue organista de la Real Capilla de Madrid, y más tarde director de la misma hasta su muerte. Durante toda su vida trabajó para salvaguardar la tradición española en la música sagrada. Con el fin de lograr sus deseos fundó la Imprenta de Música en Madrid. Se mostró partidario decidido de las nuevas corrientes del arte musical. A este fin protegió a jóvenes estudiosos para que se trasladasen a Italia en orden a su formación musical.

OBRAS: Las más importantes impresas son: *Missarum liber*, Ma. 1703, dedicado a Felipe V; *Reglas de acompañar en órgano, clavicordio y harpa con solo saber cantar la parte o un baxo en canto figurado*, Ma. 1702.

BIBL.: H. ESLAVA, *Lira Saxa Hispana*, V, Ma. 1852.

J. M. LLORÉNS

TORRES NAHARRO, Bartolomé de, (Torre de Miguel Sesmero [Badajoz] † Sevilla? c. 1530) dramaturgo y lírico. Las pocas noticias ciertas que sobre él se conocen se contienen en los preliminares de la *Propaladia:* el privilegio por diez años de León X y la carta del humanista *Mesinierus I. Barberius Aurelianensis* (Mesinier J. Barbier de Orleans?) a su maestro, el conocido humanista y tipógrafo *Badius Ascensis* (J. Bade de Asc). Según *Mesinierus*, su patria fue Badajoz; Torre, su pueblo, y Naharro, el apellido familiar *(ex patria Pacensis, ex oppido de la Torre, gente Naharro)*. Se ignoran sus estudios. Es probable que cursase algunos años en la Universidad de Salamanca, frecuentada siempre por los extremeños. La circunstancia de no aparecer ningún título universitario antepuesto al nombre, ni en la portada de las diversas ediciones de la *Propaladia*, hechas en vida del autor, ni en la de otras obras sueltas, hace suponer que no obtuvo ningún grado. Estudiaría lenguas clásicas, conforme a las alabanzas que le tributa *Mesinierus* como humanista y poeta: que, si fue el primero en escribir sus comedias en lengua vulgar, no se debió a que no pudiese hacerlo en latín, sino por ser aquella más grata a los príncipes de hoy día. Es muy verosímil que algún tiempo fuese soldado (tal vez, bajo el mando del duque de Nájera, en la guerra de Granada) a juzgar por el conocimiento que muestra de su vida en *La soldadesca*, citada por él como ejemplo de comedia «a noticia»; la cual «se entiende de cosa nota y vista en realidad de verdad».

Refiere *Mesinierus* que, en un naufragio, acaso cuando se dirigía a Italia, cayó cautivo de piratas agarenos. Pagado el rescate, vino a Roma. Como León X le llama simplemente *«clericus pacensis dioecesis»*, cabe deducir de esto y de que ni en este documento ni en otro lugar aparece junto a su nombre cargo alguno eclesiástico, ni haya, tampoco, en sus obras alusión a su sacerdocio, que sólo recibiese las órdenes menores. Su ordenación pudo ser, con más probabilidad, en Roma; J. Gillet sugiere la posibilidad de que viniese ya ordenado de España. Gozó en Roma de la protección del turbulento y fastuoso cardenal de Santa Cruz, don Bernardino de Carvajal. Su *Comedia Tinellaria*, él dedicada, fue recitada ante León X y el cardenal Julio de Médicis, futuro Clemente VII. Durante su estancia en Roma, publicó no pocas composiciones *(plura edidit)* ; de varias existe edición suelta s. l. ni a. (algunas aparecen en el *Registrum* de F. Colón); diversas de ellas, por ser fechables, acreditan su permanencia en Roma entre 1513 y 1516. Como no prosperasen sus pretensiones —según sugiere fundadamente Menéndez Pelayo— marchó a Nápoles. Puede ser, también, que le animase al cambio el mismo general pontificio Fabricio Colonna en cuyo servicio se encontraba Torres Naharro en 1516, por estar casada su hija Victoria con don Fernando Dávalos, marqués de Pescara, al cual dedica su *Propalladia*, en Nápoles 1517.

Vuelto a España, quizás se encontrase ya en Sevilla en 1520, año de la primera edición de la *Propalladia* en dicha ciudad, pues en ella se incluye la *Comedia Aquilana*, que no figura en la de 1517. La segunda de Sevilla, es de 1526 y añade la *Calamita*. Todavía aparece el nombre de Torres Naharro en Sevilla, entre los poetas concurrentes a la justa en loor de N.ª S.ª, promovida por el obispo de Scalas, don Baltasar del Río. Esta justa se

celebraría hacia 1530, puesto que las siguientes se tuvieron en años seguidos: 1531, 1532 y 1533. El no aparecer ya su nombre en la de 1531, y sí el de otros muchos poetas de la anterior, hace pensar que habría muerto. Por estas razones coloca Menéndez Pelayo su muerte entre 1530 y 1531. Sin embargo, Gillet se inclina a adelantarla a 1520.

OBRAS: Las reunió en la *Propalladia (prima res Palladis)*, Nápoles 1517, reeditada varias veces en el siglo XVI, aunque no tantas como aparece en las bibliografías. Rodríguez Moñino ha discernido hasta siete ediciones supuestas durante el XVI y publicadas en: Sevilla —además de las citadas de 1520 y 1526—, las de 1534 y 1545; Nápoles 1524; Toledo 1535; Amberes s. a.; y Madrid 1573. Modernas: los vols. IX y X de «Libros de Antaño», Madrid 1880 (Cañete) y 1900, con el notable prólogo de Menéndez Pelayo; la facsimilar de la *princeps*, Madrid 1936 y la tan cuidada de J. E. Gillet, en tres vols., Bryn Mawr, Pennsylvania 1943, 1946 y 1951. Hay también ediciones sueltas de algunas comedias, antiguas y modernas, sobre todo, de la *Himenea*. En la *Propalladia*, aparte de las composiciones líricas, se contienen las comedias *Serafina, Trofea, Soldadesca, Tinellaria, Himenea, Jacinta, Aquilana* y *Calamita*. Como poeta lírico Torres Naharro se mantiene en la línea tradicional de los cancioneros del siglo XV. Su valor principal está en la sátira, v. gr. *Concilio de los galanes y cortesanas de Roma convocado por Cupido*; no sobresale de lo vulgar en las religiosas y amatorias; de mayor interés son los romances; y, en lo histórico, el *Psalmo* a la victoria de los españoles contra los venecianos en la batalla de la Motta (1513) y, sobre todo, su *Retracto* a la muerte del duque de Nájera († 1-II-1515). Pese a su estancia en Italia, cultivó, constantemente, los versos cortos —sólo tres sonetos en italiano— con gran dominio métrico, si bien la gloria de la defensa de los metros españoles se la llevó su discípulo Castillejo. Su importancia capital está en el teatro: «B. de Torres Naharro inferior a otros contemporáneos suyos en dotes poéticas, había nacido hombre de teatro, y en esta parte aventaja a todos» (Menéndez Pelayo). Más deudor de Plauto que de los italianos, Torres Naharro, que sigue tan sólo la tradición de J. del Encina en su *Diálogo del Nacimiento*, viene a ser el iniciador del teatro moderno, adelantándose, en la teoría y aun en la realización, a la dramaturgia europea de su tiempo. Según Gillet, representa, con Gil Vicente y Sánchez de Badajoz, un primer intento de creación de la comedia española a comienzos del XVI así como Lope, al final del siglo, es quien le dio la forma definitiva. Si se advierte un hiato entre ambos, esto se debe, en opinión de Gillet, a la falta de seguidores suficientemente dotados, más que, como se ha indicado a veces, a la inclusión de la *Propalladia* en el *Index* de 1559; ya que, como observa Menéndez Pelayo, el eclipse duró solamente trece años: hasta la edición, levemente enmendada, de 1573. En cuanto al posible influjo luterano o erasmista en su sátira eclesiástica, escribe atinadamente Bataillon: «Menéndez Pelayo lo observó muy justamente *(Heterodoxos y Propalladia)*: no hay nada en Gil Vicente tan atrevido como lo que puede leerse en la *Propalladia* de Torres Naharro contra los jubileos, la «cruzada», los frailes, los cardenales y el papa. Y las piezas reunidas en la *Propalladia* a principios de 1517 se escribieron en Roma entre 1513 y 1516, en una época en que el nombre de Lutero era profundamente ignorado, y en que el de Erasmo no salía todavía del mundo de los humanistas. Ahora bien, descartado Gil Vicente, en vano se busca en el teatro español de la época de Carlos V, una corriente erasmista claramente caracterizada» *(Erasmo en España*, México 1966, 213).

BIBL.: M. MENÉNDEZ PELAYO, *Estudios y discursos de crítica histórica y literaria*, II, San. 1941, 269-377; M. ROMERA NAVARRO, *Estudio de la «Comedia Himenea» de Torres Naharro*: The Romanic Review, 12(1921)50-73; P. MAZZEI, *Contributo allo studio delle fonti italiane del teatro di Juan del Enzina e Torres Naharro*, Lucca, 1922, 124 ss.; A. LENZ, *Torres Naharro et Plaute*: Revue Hispanique, 57 (1923)99-107; R. L. GRISMER, *The Influence of Plautus in Spain before Lope de Vega*, Hispanic Institute, Nueva York, 1944, 142-165; A. RODRÍGUEZ-MOÑINO, *El teatro de Torres Naharro (1517-1936) (Indicaciones bibliográficas)*: R180, 24 (1937)37-82; J. E. GILLET, *Torres Naharro and the spanish drama of the sixteenth century*: Estudios Eruditos «in memoriam» de Adolfo Bonilla San Martín (1875-1926) II,

Ma. 1930, 437-468; ID., *The Date of Torres Naharro's Death*: R52', 4(1936)41-46; ID., *Torres Naharro and the Drama of Reinaissance*, Philadelphia 1961; trascrito y completado por Otis H. Green; es el vol. IV de la edición de J. E. Gillet de *Propalladia and other works of Bartolomé de Torres Naharro*, Bryn Mawr, Pennsylvania 1943, 1946 y 1951; J. L. ALBORG, *Historia de la Literatura Española*, I, Ma. 1970, 669-684. R. M. DE HORNEDO

TORRES VILLARROEL, Diego de, (Salamanca 1698 † Ibid. 19-VI-1770) literato pluriforme. Con una beca de Retórica, travieso y mal estudiante, estudia en el Trilingüe de 1708 a 1713. Su vida novelesca, apicarada, se continúa en Portugal. Vuelto a la casa paterna, en 1715 se ordena de subdiácono y gana algunos beneficios. Se da al estudio de las Matemáticas. Desde 1721 empieza a publicar sus *Almanaques* con el seudónimo de *El gran Piscator de Salamanca*. Va a Madrid en 1723. En fecha desconocida se gradúa de bachiller en Artes en Avila, título necesario y suficiente para opositar a la cátedra salmantina de Matemáticas, que gana en 1726. A 18-II-1732 sale licenciado y maestro en Artes por Salamanca. En 1743 imprime su *Vida*, de la que se hacen cinco ediciones en un año. En 1745, a los treinta de su primera ordenación, recibe las órdenes del diaconado y sacerdocio. Por concesión real se jubila en 1751, contra el parecer del claustro universitario, que en los años siguientes se opone a la fundación de una Academia de Matemáticas, pretendida por Torres Villarroel. Desempeña diversas comisiones de la Universidad; es elegido primicerio para el curso 1764-1765. Desde su jubilación vive desahogadamente en el palacio de Monterrey, con el producto de sus libros y la administración de los estados del duque de Alba, del conde de Miranda y del marqués de Coquilla.

OBRAS: El Dr. Torres Villarroel pertenece como Feijóo a los «reformadores». Insiste en sus escritos en la decadencia científica española, exagerándola a juicio del P. Pérez Goyena. Estrafalario y verboso, sus obras (biográficas, novelescas, de astronomía, de matemáticas y medicina, cómicas y líricas) son producto de lecturas de autodidacto sin orden ni sosiego. En su estilo guarda semejanza con Quevedo, aunque su prosa, y mucho más su poesía, quedan a gran distancia del modelo, en profundidad y densidad. Su obra puede verse reunida en *Obras*, Sa. 1752, 14 vols., y en la edición de la Viuda de Ibarra, Ma. 1794-1799, 15 vols. Para el detalle de títulos y variedad de ediciones, cf. A. PALAU, *Manual del librero hispano-americano*, VII, Ba. 1927, 57-59. De las más representativas, aparte de sus *Pronósticos*, aparecidos con muy diversos títulos, son *Vida exemplar, virtudes heroicas... de la Venerable Madre Gregoria Francisca de Santa Teresa*, Sa. 1738; *Vida, ascendencia, nacimiento, crianza y aventuras del Dr. Don Diego de Torres Villarroel*, Val. 1745; *Sueños morales, visiones y visitas de Torres con Don Francisco de Quevedo por Madrid*, Sa. 1751; *El ermitaño y Torres*, Ma. 1752; *Poesías*: BAE, 61, Ma. 1869, 49-86.

BIBL.: A. GARCÍA BOIZA, *Don Diego de Torres Villarroel*, Ma. 1949, resume y amplía, en esta obra, anteriores estudios de 1911 y 1918; F. DE ONÍS, *Torres Villarroel, Vida*, Ma. 1912, (Clásicos Castellanos, VII, Introducción); A. PÉREZ GOYENA, *Estudios recientes sobre el Dr. Torres Villarroel*: R154, 35(1913)194-211; B20, números 9761-76. R. M. DE HORNEDO

TORRIJOS LACRUZ, Ignacio, SchP (Madrid 28-XII-1866 † Madrid septiembre de 1955) periodista. Ingresó en la Orden el 16-VII-1881 y, más tarde, fue director de Revista Calasancia (1913-1919) y colaborador de la misma. Hizo célebre entre los senadores, el seudónimo de Diógenes con que firmaba sus comentarios de actualidad. Buen predicador. Peritísimo en materias físico-naturales. Protector de jóvenes desamparadas. Comendador de la Orden Civil de Alfonso X el Sabio.

OBRAS: Numerosos artículos en Revista Calasancia (años 1913-1917) algunos van con los seudónimos La-

cruz, Inocente y Diógenes, cf. los índices de Revista Calasancia y también O89, 244.

BIBL.: O76, 6(1956)182-184. C. VILÁ

TORTOSA, Diócesis de, *(Dertusensis)* sufragánea de Tarragona.

1. Historia. Llamada *Hibera o Ibera* en la época ibérica y romana, seguramente pronto fue cristianizada; pero es legendario el supuesto discípulo de los Apóstoles san Rufo, primer obispo de ella. En 540 aparece documentado *Asellus* como prelado asistente al concilio de Barcelona, con sucesores conocidos hasta la invasión musulmana. Continuaría la serie, con interrupciones, en los siglos VIII-XII, siendo conocido uno en 1058. Reconquistada la ciudad en 1148 por Berenguer IV, el arzobispo de Tarragona restableció el obispado llamando al abad de San Rufo (Francia) como obispo en 1151. Después de la reconquista quedaron en la comarca no pocos moros y una colonia de judíos. Para la conversión de éstos intervino eficazmente san Vicente Ferrer en la célebre disputa de Tortosa de 1413-1414.

En la ciudad costera de Amposta, a 15 kilómetros de Tortosa, hubo la poderosa Castellanía de este nombre, de la Orden de San Juan de Jerusalén, desde 1157 a 1524, de la que dependían todas las casas de la Orden, en Cataluña, Aragón y Valencia hasta 1319, en que se separaron las de Cataluña.

Santos propios de la diócesis. Hay las fiestas siguientes: beato Francisco Gil de Federich (22 de enero); beato Pedro Sanz (26 de mayo); primer sábado de septiembre, Nuestra Señora de la Cinta; Santa Córdula (22 de octubre); San Crescente (25 de noviembre), y san Rufo (27 de noviembre). Muy venerada una reliquia de santa Cándida. La antiquísima devoción a Nuestra Señora de la Cinta, arranca de una preciosa reliquia, de la que hace primera mención en 1347, que supone una tradición haber sido entregada a un sacerdote por la Virgen María en tiempo del obispo Poncio de Mulnells (1165-1193). A partir del siglo XVII se acostumbraba a llevarla a las reinas de España embarazadas.

Monumentos. La catedral, comenzada en 1347, de estilo gótico sobre la anterior románica, de la que quedan algunos restos, no terminada hasta el siglo XVIII, de tres naves, altar del siglo XIV y coro del siglo XVII, obra del escultor Cristóbal de Salamanca. Fachada monumental de estilo greco-romano. Dedicada a la Virgen de las Estrellas. Suntuosa capilla de Nuestra Señora de la Cinta (1672-1722); claustro del siglo XIII; palacio episcopal del siglo XIV.

Notable edificio el del Colegio de San Luis, instituido en 1544 para la educación de la juventud morisca: portada y patio.

Importante el archivo-biblioteca de la catedral por el gran número de manuscritos medievales.

En Morella, iglesia de Santa María, gótica, entre 1265 y 1330. En Peñíscola, el castillo-palacio, con la iglesia de los Caballeros del Temple, más tarde basílica del papa Luna. En San Mateo, iglesia parroquial románica y gótica con una torre del siglo XIII.

2. Instituciones. *Ordenes religiosas.* Después de la reconquista, en 1148, se establecieron varias Ordenes: Trinitarios descalzos, en 1213, convento de San Blas, del que se conserva la iglesia. Mercedarios, en 1230, en Nuestra Señora de las Mercedes, la iglesia es hoy escuela. Franciscanos, en 1346, convento en el arrabal de Jesús, antes en la ermita de San Bernabé. Dominicos, en 1365, convento del Rosario. Carmelitas descalzos, convento destruido en 1642; Jesuitas, colegio que pasó a Seminario. Capuchinos, casa destruida por los franceses, reconstruida en 1833 y abandonada en 1835.

Religiosos en la actualidad. En la ciudad: una casa de Operarios Diocesanos. Fuera de la ciudad: Franciscanos, colegio de Alcalá de Chisvert. Hermanos de la Doctrina cristiana, colegio en Benicarló. Escolapios, colegio y aspirantado en Morella. Jesuitas, Observatorio Astronómico en Roquetas.

Religiosas. En la ciudad, 12 casas. Clarisas. Sanjuanistas. Carmelitas descalzas misioneras, clínica. Carmelitas de Santa Teresa. Religiosas de La Consolación, un colegio y una clínica. Hermanitas de los Pobres, asilo. Religiosas del Inmaculado Corazón de María, servicio del Seminario. Siervas de Jesús, visita enfermos. Teresianas, colegio. Oblatas del Santísimo Redentor, asilo. Salesianas, colegio noviciado.

Fuera de la ciudad hay 48 casas, 11 de clausura y 37 sin ella, pertenecientes a 23 Instituciones (9 Ordenes y 14 institutos), en 19 localidades: Monjas agustinas, en San Mateo. Dominicas, en Forcall. Franciscanas Concepcionistas, en Benicarló. Mínimas, en Mora de Ebro. Trinitarias, en Cálig y en San Jaime de Enveja. Carmelitas misioneras terciarias descalzas en Alcalá de Chisvert, Amposta, Palma de Ebro y San Carlos de la Rápita. Carmelitas Teresas de San José, en Mora de Ebro. Hermanas de Nuestra Señora de la Consolación, colegios en Benicarló, Flix, Morella, Roquetas y San Mateo. Hermanas de la Caridad de Santa Ana, en Forcall. Hijas de Nuestra Señora del Sagrado Corazón, en Tivisa. Religiosas de la Doctrina cristiana, en Alcanar.

3. **Situación actual.** Habitantes: 407.175, de los cuales 52.177 en la ciudad. Extensión: 8.200 kilómetros; 123 parroquias distribuidas en 10 arciprestazgos: Amposta, 12 parroquias; Forcall, 8; Gandesa, 9; Mora de Ebro, 15; Morella, 16; Roquetas, 13; San Mateo, 8; Tivisa, 19; Tortosa, 11, y Vinaroz, 12. Hasta 1960 tuvo, además, el de Lucena con 12 parroquias.

Clero diocesano: 282 sacerdotes seculares, de los cuales 75 son religiosos. *Religiosos:* 130 profesos en 17 casas. *Religiosas:* 780 profesas en 89 casas. Instituciones de educación masculinas: 13 casas con 1.200 alumnos. Femeninas: 32 casas con 1.900 alumnas. *Instituciones benéficas:* 25 casas con 1.500 asistidos.

4. **Episcopologio.** *Rufo,* supuesto discípulo de san Pablo. *Exuperancio, Cronicros, Lirioso, Heros,* debidos a los falsos Cronicones. *Asellus,* primer ob. documentado, asistió al conc. de Barcelona, 540. *Maurilio* o *Maurelio,* en conc. de Lérida, 546. *Julián,* en conc. Toledo III, 589. Ob. de nombre desconocido en 614-615. *Juan,* en conc. IV (633) y V (638) de Toledo. *Afrila* o *Aprila,* en conc. VIII Toledo (653). *Cecilio,* en conc. XIII (683) y XV (688) de Toledo. *Imbolato,* en conc. XVI Toledo (694), último de la época visigoda. *Paterno,* en consagración de la catedral de Barcelona 1058. *Berengario. Gaufredo de Avignon,* consagrado en Tarragona 5-VIII-1151, adoptó para sus canónigos la Regla de San Rufo de Avignon, de donde fue abad, † 28-V-1165. *Ponce de Mulnells,* 1165, † 27-VIII-1193. *Gombal de Santa Oliva,* 1194, † 23-I-1213. *Ponce de Torrella,* 22-III-1213, † 29-VIII-1254, asistió a los conc. de Lérida de 1221 y Tarragona de 1230. *Bernardo de Olivella,* 1254, 24-V-1272 tr. a Tarragona, † 29-X-1287. *Arnal de Jardin,* 1273, † 20-VII-1306, convocó sínodo en 1273 y 1274 y fue coadjutor de la dióc. de Mallorca en ayuda de su hermano. *Dalmacio de Monte Olivo (Montoliu),* 1306, † 29-VIII-1306. *Pedro de Betteto,* 1306-1307, † 8-V-310, convocó sínodos en 1307 y 1308. *Francisco de Paholach (Paholaco),* 1310, † 17-X-1316, convocó sínodos en 14-XI-1311 y 1314. *Berenguer de Prats,* pr. 27-X-1316, † 19-II-1340, celebra siete sínodos de 1323 a 1330. *Arnaldo de Lordat (Lordaco),* ob. de Urgel, 3-X-1341, † 3-V-1346, sínodo en 29-IV-1343. *Bernat Oliver* OSA, ob. de Barcelona, pr. 26-VI-1346, † 14-VII-1348, comenzó la actual catedral. *Jaime Cyon,* ob. de Lérida, pr. 13-IX-1348,

† 18-X-1351. *Esteban d'Omale,* ob. de Elna, pr. 15-II-1352, † en Roma 1356. *Juan Fabra,* ob. de Le Puy (Francia), pr. 27-II-1357, 10-I-1362 tr. a Carcasona. *Jaime de Aragón,* pr. 10-I-1362 (a la edad de 21 años), 13-VI-1369 tr. a Valencia. *Guillermo de Torrelles,* ob. de Barcelona, 14-III-1369, † 16-II-1379, convocó sínodo en 1378. *Hugo de Lupiá y Bages,* pr. 26-III-1379, 28-XI-1397 tr. a Valencia. *Pedro de Luna,* 28-XI-1397 como adm. apost., 30-VII-1406 tr. a Toledo. *Luis de Prades,* ob. de Mallorca, pr. 17-VIII-1403, 20-VI-1407 tr. a Mallorca. *Francisco Clemente Pérez Capera,* ob. de Mallorca, pr. 20-VI-1407, 31-V-1410 tr. a Barcelona. *Pedro de Luna,* 26-II-1410 hasta 1414, como administrador. *Carlos de Ugello,* 30-VIII-1413 por el antipapa Juan XXIII, pero no obtuvo el obispado. *Otón de Moncada,* pr. 18-XII-1415, creado card. por el antipapa Félix V, 13-I-1434 tr. a Tarragona (sin efecto), † 20-II-1473, convocó sínodo de 1429 y asiste al conc. de Basilea. *Alonso de Aragón,* pr. 31-VII-1475 (a los 20 años de edad), 1-X-1512 tr. a Tarragona. *Juan de Enguerra* OP., ob. de Lérida, 1-X-1512, † 1513. *Luis Mercador* OCart, pr. 20-V-1513, † VI-1516. *Adriano de Utrecht,* 18-VIII-1516, card. en 1517, nombrado papa 26-I-1522. *Guillermo Enchifort (Enkewort),* card., 11-III-1523 como admin., † 19-VII-1534. *Antonio de Calcena* OFM, 20-VI-1537, † c. 1539. *Jerónimo de Requeséns,* ob. de Elna (Francia), pr. 5-V-1542, † 21-XI-1548. Sede vacante cinco años. *Fernando de Loazes,* ob. de Lérida, pr. 28-IV-1553, 26-IV-1560 tr. a Tarragona. *Martín de Córdoba y Mendoza* OP, pr. 17-VII-1560, 26-VIII-1574 tr. a Plasencia. *Juan de Izquierdo* OP, pr. 7-VI-1574, † 31-IX-1585, convocó sínodo en 1575. *Juan de Terés,* ob. de Elna, pr. 14-IV-1586, 17-III-1587 tr. a Tarragona. *Juan Bautista de Cardona,* ob. de Vich, pr. 18-III-1587, † 30-XII-1589. *Gaspar Punter,* pr. 6-XII-1589, † 13-V-1600, consagró la catedral en 1597. *Pedro Manrique* OSA, 12-II-1601, 8-IV-1611 tr. a Zaragoza. *Isidro Aliaga* OP, pr. 25-VIII-1611, 23-VII-1612 tr. a Valencia. *Alfonso Márquez de Prado,* pr. 14-V-1612, 18-VII-1616 tr. a Cartagena; tuvo sínodo en 1615, publicado en Valencia 1616. *Luis de Tena,* pr. 3-VIII-1616, † 26-IX-1622. *Agustín Spínola,* card. pr. 5-III-1623, 16-X-1626 tr. a Granada. *Justino Antolínez de Burgos,* pr. 7-VII-1627, † 9-VII-1637. Sede vacante cuatro años. *Juan Bautista de Campana* OFM, pr. 16-VII-1640, 6-X-1653 tr. a Pozzuoli. *Gregorio Parcero* OSB, ob. de Gerona, pr. 29-XI-1655, † 1663 de más de 100 años de edad. *José Fageda* OSH, ob. de Gerona, pr. 21-VII-1664, † antes del 2-VI-1685. *Severo Tomás Auther* OP, ob. de Gerona, pr. 18-III-1686, † 24-XII-1700; tuvo sínodo en 1687. *Silvestre García Escalona,* pr. 6-II-1702, 13-VI-1714 tr. a Salamanca. *Juan Miguélez de Mendaña,* pr. 17-IX-1714, † post 4-VIII-1719. *Bartolomé Camacho y Madueño Ossorio,* pr. 4-III-1720, † 1-IV-1757. *Francisco Borrull,* pr. 26-IX-1757, † 5-VIII-1758. *Luis García Manero,* pr. 19-XI-1759, 26-XI-1764 tr. a Zaragoza. *Bernardo Velarde Velarde,* pr. 22-IV-1765, 1-III-1779 tr. a Zaragoza. *Pedro Cortés y Larraz,* ob. de Guatemala, 13-XII-1779, 23-VII-1786 renunció, † 7-VII-1787. *Victoriano López Gonzalo,* ob. de Puebla de los Angeles, pr. 24-VII-1786, 14-XII-1789 tr. a Cartagena. *Antonio José Salinas Moreno* OFM, pr. 29-III-1790, † 11-VI-1814. *Manuel Ros de Medrano,* pr. 19-XII-1814, pos. 13-III-1815, † 23-IX-1821. *Víctor Damián Sáez,* pr. 3-V-1824, pos. 5-VIII-1824, † 3-II-1839; convirtió el colegio de San Luis en Seminario. *Damián Gordo Sáez,* pr. 26-IX-1848, † 24-XII-1854, formó la biblioteca del Seminario. *Gil Esteve y Tomás,* ob. de Tarazona, pr. 25-IX-1857, † 19-VIII-1858, fundó la Catequística. *Miguel José Pratmans y Llambés,* pr. 26-IX-1859, pos. 8-I-1860, † 1-I-1861. *Benito Vilamitjana,* pr. 19-V-1861, 26-II-1879 tr. a Tarragona; asistió al conc. Vaticano en

1869, † 3-IX-1888. *Francisco Aznar y Pueyo*, pr. 28-II-1889, pos. 13-VII-1879, † 29-VI-1893. *Pedro Rocamora y García*, ob. de Orihuela, pr. 28-II-1894, pos. 10-IX-1894, † en Castellón 19-I-1925. *Félix Bilbao Ugarriza*, ob. tit. de Zarai, adm. apost., 14-XII-1925, † 18-XI-1943. *Manuel Moll y Salord*, ob. aux., 5-VI-1936, residencial el 18-XI-1943, 5-X-1968 renunció. *Ricardo María Carles y Gordó*, pr. 8-VI-1969, obispo actual.

BIBL.: C. Despuig, *Colloquis de la insigne ciutat de Tortosa*, ms. de 1557, publ. por. F. Fita, Ba. 1877; F. Martorell de Luna, *Hist. de la Antigua Hibera*, Tortosa 1626; A. Cortés, *Historia de Tortosa:* ms. en la Ac. de la Historia, del a. 1717; R. O' Callaghan, *Episcopologio de la santa Iglesia de Tortosa*, Tortosa 1928; id., *Los conventos de Tortosa y las ermitas de su término*, Tortosa 1910; id., *Historia de la Santa Cinta*, Tortosa 1892; id., *Los antiguos lectores dominicos del Seminario conciliar de Tortosa*, Tortosa 1897; J. Matamoros, *La catedral de Tortosa*, Tortosa 1932; F. Mestre Noet, *El palacio episcopal de Tortosa*, Tortosa 1900; *La Universidad Pontificia y Real de Tortosa:* R59, 45(1904)5-11; ES 42; *Viage 5;* F. Carreras Candi, *Geografia General de Catalunya*, Ta. 1908 y ss., 686-727; P. Kehr, *Papsturkunden in Spanien.* I, 216-221; D. Fernández Domingo, *Anales e Historia de Tortosa*, Ba. 1867; E. Bayerri, *Historia de Tortosa y su comarca;* V, *Orígenes y vicisitudes del Cristianismo*, Tortosa 1948, VI, *Dominación visigótica*, Ibid. 1954; VII, *Tortosa cristiana y libre*, Ibid. 1960; VIII, *La civilización tortosinacatalana*, Ibid. 1960; M. Macip, *Episcopologio de la santa Iglesia de Tortosa*, ms. 1645; E. Bayerri Bertomeu, *Los códices medievales de la catedral de Tortosa*, Ba. 1962.
J. Vives

TOSCANO, Sebastián, OSA (Oporto [Portugal] 1515 † Peñafirme [Portugal] 1583) teólogo. Estudió Derecho Civil en Salamanca (1531) y profesó en el convento agustiniano de la misma ciudad (18-II-1533). Vuelto a su patria (c. 1538), acompañó al entonces general Seripando a Italia (1541). Lector en los Estudios Generales agustinianos de Bolonia (1542), desempeñó el cargo de regente de estudios en Nápoles (1543-1544). Maestro en Teología (1545) ejerció en su patria las funciones de provincial (1572-1574 y 1578-1580) y de prior del convento de Peñafirme (1581-1583). Con la traducción del libro de las *Confesiones* de san Agustín prestó un gran servicio a la mística española a través, sobre todo, de santa Teresa, en cuya psicología y evolución religiosa influyó poderosamente. En 1568 se imprimió su obra clásica *Mystica Theologia*, que es todo un tratado sistemático y de excelente contenido espiritual, más bien ascético. Es una de las grandes figuras de la literatura espiritual portuguesa.

OBRAS: *Las «Confesiones» de sant Augustin*, Sa. 1554, Anvers 1555, Col. 1556, Anvers 1556, Sa. 1579; *Commentaria in Ionam Prophetam*, Venetiis 1573; *Mystica Theologia na qual se mostra o verdadeiro caminho para subir ao çeo, conforme a todos os estados da vida humana*, Li. 1568.
BIBL.: M48, 136v.; G. de Illescas, *Historia Pontifical y Catholica*, Sa. 1569, parte primera, f. 327; M30, II, 392-94; T. Herrera, *Historia del Convento de San Agustín de Salamanca*, Ma. 1652, 263, 367-369; M55, VII, 690-696; M38, 1231; M29, II, 167-9; M. Martins, *A «Mística Theologia» de Frei Sebastião Toscano:* R20', 32(1956) 401-429; A. de Jesús Marqués, *Os «Reimões» do Porto e Riba-Douro no século XVI:* Boletín Internacional de Bibliografía Luso-Brasileira, 3(Lisboa 1962)284-326; id., *Frei Sebastião Toscano na conjuntura religiosa da sua época:* R68', 7(1963)405-438; id., *Frater Sebastianus Toscanus OSA, Spiritualis doctrinae auctor Lusitanus saeculi XVI:* R115, 16(1965)5-31; G. Díaz, *La escuela agustiniana desde 1520 hasta 1650:* R75, 176(1963)227.
G. Díaz

TOVAR, Bernardino, (Toledo c. 1490 † c. 1545) procesado por alumbrado y luterano. Era hermano uterino de Juan, Francisco e Isabel de Vergara, todos fervientes erasmistas. Estaba dotado de una fuerte personalidad mal controlada. De carácter sentimental y enamoradizo, las «beatas» desempeñaron un importante papel en su vida y acarrearon su ruina. Comenzó sus estudios en Alcalá. Su hermano Juan de Vergara en carta a Alfonso de Segura (14-I-1512), aludiendo al apretado programa de trabajo de la Universidad de Alcalá, dice: *Huius rei testis erit locupletissimus meus Tovar, qui accademiae huius olim alumnus, eius instituta et mores probe novit.* Vergara envió a su amigo Segura un opúsculo en que describía la Universidad complutense como conjunto arquitectónico y centro de estudios. En caso de duda, Tovar le daría explicaciones: *Qua in re non neglexeris operam Tovaris mei, qui haec omnia probe doctus admonebit aliquando verbo, quae in libello forte aut confusiora aut breviora deprehenderis.* Tovar estaba en la Universidad de Salamanca desde el año 1510. Alfonso Segura, que cursaba Derecho, lo llama *«contubernalis et studiorum comes».*

En Salamanca se dejó hechizar por la beata Francisca Hernández, maestra erótica de los alumbrados (c. 1518). Por ella abandonó su estudio y su hábito. Juan de Vergara le reprendió aquella liviandad y le retiró su ayuda económica. Tiempo perdido. En 1519 Francisca Hernández fue citada ante el tribunal del Santo Oficio de Valladolid. Le acompañó en su viaje Bernardino Tovar junto con Antonio de Medrano y Diego de Villarreal. Mientras se incoaba su proceso, la beata quedó detenida en casa de D. Bernardino Velázquez, el cual extendió su hospitalidad a los tres «devotos». A pesar de que las relaciones entre Francisca Hernández y Antonio de Medrano se parecían mucho a un concubinato, los inquisidores dejaron en libertad a la beata sin imponerle penitencia alguna. Se limitaron a prohibir a Medrano, Tovar y Villarreal la comunicación directa con ella. Pero tan pronto como Francisca fijó su residencia en casa de Pedro de Cazalla, de Valladolid, los tres enamorados alquilaron una habitación enfrente de la de su amiga, de modo que ella pudiera darles la bendición todos los días de ventana a ventana. Medrano no se contentaba con bendiciones a distancia. Hubo también frecuentes visitas de los tres devotos a casa de Cazalla. Un día que estaban almorzando el obispo fray Juan de Cazalla, Tovar, Villarreal y Cueto, en compañía de Francisca, en casa del licenciado Bernardino, Medrano se acerca a la puerta de la sala y dice al obispo: «Hágamela comer vuestra reverendísima a mi hija». Esto da ocasión a ciertos sarcasmos sobre las censuras y excomuniones eclesiásticas. Quien lleva la voz cantante es Tovar. Vergara, a su paso por Valladolid camino de Flandes, trabajó por dejarlo apartado de Francisca, ofreciéndole uno de los dos beneficios que poseía, con tal de que residiese en él. Medió en esta gestión D. Francisco de Mendoza, más tarde obispo de Zamora, quien paseándose por el claustro de San Benito, de Valladolid, «burlando le preguntó si le iba bien de amores con ella, aunque por otras palabras más del palacio, e al fin no se pudo por entonces acabar con él que mudase de propósito», según refiere el Dr. Vergara. Tovar y Francisca no se vieron ni se hablaron más, desde fines de 1520 o principios de 1521. Cuando transcurridos más de dos años, Vergara regresó de Flandes, encontró a su hermano instalado en una aldea próxima a Valladolid, autorizando y obedeciendo a la beata. Presentándose ante él, le tornó a importunar que se dejase de aquellas vanidades y se estableciese con él en Alcalá. «El lo aceptó, porque iba ya conociendo la burla». Quiso, sin embargo, que Vergara hiciese primero algún comedimiento con ella y con Medrano por vía de cortesía, para que no quedasen descontentos. Vergara les habló dos o tres veces y como aquella negociación les hizo poca gracia, sin cuidarse de más cumplidos, consiguió que Tovar se trasladase a Alcalá de Henares. Ella quedó diciendo que ya el diablo se había llevado uno de la compañía (9-X-1522). «Ido ya Tovar a Alcalá, yo —cuenta Vergara— por cumplir con él, porque por vía de buena crianza no quisiera él quedar mal con la compañía que había tenido, visité a esta mujer públicamente dos o tres veces... por el mes de abril o mayo del dicho año de XXIII, e nunca más la vi ni hablé, ni ella a mí». Estas repetidas gestiones revelan la violencia que tuvo que hacerse Tovar para separarse de su ídolo. En realidad la ruptura no fue brusca. Por espacio de unos dos años continuó enviando sus saludos y sus cartas a la beata, y envidiando la suerte de los que iban a verla. Por fin le escribió una larga carta «reprendiéndole muy atrevidamente sus cosas». En adelante procuró apartarle los devotos. La clientela de la beata quedó reducida a un grupo de franciscanos, entre los cuales se distinguió el predicador fray Francisco Ortiz, el cual se entusiasmó tanto por Francisca Hernández, que la llamaba su «nueva Susana». La beata explica el cambio que se operó en Tovar el año 1524 como reacción a la actitud adoptada por ella de no recibir las cartas de su antiguo admirador. Y es que, sin duda, se enteró de que la vida de Tovar había encontrado otro polo magnético: María Cazalla, la cual ejercía, desde Guadalajara, una fuerte atracción sobre los clérigos erasmizantes de Alcalá, sin menoscabo de la castidad. Bernardino Tovar le mandaba teólogos que estaban de vacaciones para que ella les diese lecciones de libertad cristiana.

A partir del año 1525 el bachiller Tovar ocupa un puesto central en la revolución erasmiana. A principios del verano de dicho año el clérigo «vizcaíno» Juan López de Celain inspiró al almirante de Castilla, D. Fadrique Enríquez, el utópico proyecto de evangelizar sus estados de Medina de Ríoseco como primera fase de la reformación de la verdadera cristiandad. Enseguida comenzó a reclutar 12 apóstoles. El bachiller Bernardino Tovar había de ser el principal de ellos. El fue el primero que recibió una invitación oficial de parte del almirante, pero no hizo caso alguno de ella, teniendo a Juan López de Celain por hombre de poco juicio. Sin embargo, aunque no quiso participar directamente en la empresa, puso al maestro Castillo en contacto con su promotor. Algún tiempo después «todavía se esperaba que Tovar había de venir a ser el dios de ellos», pero a la postre la empresa se deshizo como bola de nieve.

En Alcalá, Tovar residía en casa de su hermano Juan de Vergara, habitualmente ausente, cuidaba de su biblioteca y procuraba enriquecerla con las últimas novedades nacionales y extranjeras. No parece que fuera nunca profesor de griego, como pretende Longhurst. Con sus actividades de tipo espiritual más que intelectual, la casa de los Vergara se convirtió en «una especie de academia de humanismo evangélico más libre que la universidad» y Tovar llegó a ser el «alma del grupo erasmizante de Alcalá», «el más atrevido erasmista del grupo de Alcalá», según expresiones de M. Bataillon. Allí conoció personalmente al benedictino Alonso Ruiz de Virués. Allí se hizo su amigo y discípulo el maestro Miona, clérigo portugués, confesor de Iñigo de Loyola. Al lado de Miona aparece un cierto Torres, vicerrector del Colegio Trilingüe, igualmente discípulo de Tovar y todavía más amigo de él que Miona. Tanto uno como otro entrarán más tarde en la Compañía de Jesús. Si hemos de prestar crédito a Diego Hernández, peripatético lascivo, bufón y estrafalario, el número de secuaces heréticos de Bernardino Tovar ascendía a 28 y entre ellos se encontraban personajes como Juan de Valdés, el Dr. Vergara, Isabel de Vergara, Miguel de Eguía y Alonso Valdés (27-V-1532). Al año siguiente presentó una lista de unos 70 herejes o sospechosos, que formaban la *cohors sive factio lutheranorum*. En ella figura con el número cinco «el bachiller Tovar, finísimo luterano endiosado» (5-VI-1533).

Hacia 1525 el guardián de Alcalá ataca a Erasmo. Probablemente es Tovar quien recurre a su amigo Virués para contrarrestar el golpe. Virués escribe una carta muy hábil que pasa de mano en mano, hasta que por fin llega a ser impresa; Luis Vives se encarga de verterla al latín para que pueda saborearla Erasmo. Virués, valiéndose de sus relaciones con Tovar, estimó conveniente saludar a Erasmo en nombre de Vergara y de sus hermanos, al enviarle reservadamente un ejemplar de sus *Collationes ad Erasmum*. El humanista holandés creyó descubrir de por medio la sombra de Vergara y quiso saber quién era aquel ulmetano, cuyo libro le había irritado (29-III-1526: Allen, VI, 297-98). La pregunta cogió desprevenido al Dr. Vergara, que no conocía al misterioso personaje ni de oídas. Consultó a sus amigos de la corte y a los ausentes, pero sólo su hermano Tovar le solucionó el enigma. Vergara se apresuró a ponerse en contacto con el monje benedictino. Confiesa su sorpresa al ver que Erasmo le echa la culpa de que Virués haya escrito un libro contra él. Ni siquiera había oído su nombre. Tovar le ha dicho quién es y que le vio una vez en Alcalá, pero que no ha leído las *Collationes*, fuera del prólogo y de la conclusión, donde Virués saludaba a Erasmo de parte de los tres hermanos Vergara. Virués podía haber omitido esto que había puesto sin saberlo ellos, ya que Erasmo ha sospechado que ellos le habían animado a escribir contra él y que todo estaba hecho de común acuerdo. Convenía que tranquilizara a Erasmo y le diera a entender que aborrecía las disputas (31-VII-1526: Allen, VI, 495-496). Virués se disculpó como pudo. Dice de Tovar que es *vir certe pro suo quodam mentis ingenuo candore et morum haut vulgari probitate singularis amicitie necesitudine mihi devinctus*. Tovar posee un ejemplar de las *Collationes ad Erasmum*. Con la presente facilita a Vergara copia de la carta que acaba de escribir a Erasmo declarándose enemigo de disputas y calumnias (9-X-1526: Allen, VI, 499-501). Vergara dejó correr el tiempo antes de contestar a Erasmo y entonces el tema principal de su carta giró en torno a las juntas de Valladolid. Le expuso las noticias que había adquirido sobre las *Collationes* y su autor, y aprovechó la ocasión para trazar el elogio de la Universidad de Alcalá y hacer la presentación de sus hermanos Francisco Vergara y Bernardino Tovar. El primero enseñaba el griego con mucha aceptación. *Agit simul Bernardinus Tovaris... vir doctus et imprimis pius, qui mecum etiam charitate tui certat. Is semper tuis legendis usque adeo pertinaciter incumbit, tuendis invigilat, ut id sibi muneris videatur peculiariter delegisse* (24-IV-1527: Allen, VII, 42). Erasmo reconoció cuánto debía a Tovar; pero no le escribió nunca directamente, limitándose a enviarle saludos (2-IX-1527: Allen, VII, 168).

Bernardino Tovar, «alma de la conspiración iluminista entre 1525 y 1530», «infatigable propagandista del culto en espíritu entre los letrados de Alcalá y Guadalajara», en frases de Bataillon, se ha vuelto sospechoso a los ojos de la Inquisición. El 2-XII-1529 «el bachiller Bernardino de Tovar, clérigo, vecino de Alcalá», preguntado si tiene las obras de Ecolampadio, discípulo de Lutero, dijo que no las tiene, pero que sabe que están en la librería del Dr. Vergara, su hermano; que ha leído muy poco de ellas y que están en su posada. Cuatro días después denunció las intimidades eróticas de Medrano con Francisca Hernández. La beata se vengó acusando a Tovar de alumbrado, erasmista y luterano, y presentándolo como un hombre engreído, muy pagado de sí mismo, terco en sus opiniones y dotado de una rara habilidad persuasiva. Sin embargo, llegó a reconocer que era el único devoto que la trataba con reverencia y acatamiento.

Formuló su primera acusación el 27-VII-1530. Tovar

no rezaba el oficio divino y celebraba misa sin recitar el breviario; consideraba innecesaria la oración vocal; bastaba la mental; tampoco juzgaba necesario confesar los malos pensamientos. «Tenía por buenas cosas las de Lutero o las más dellas... y traía consigo unos cuadernillos de ellas». Daba la razón a Lutero sobre la inanidad de las indulgencias y exclamaba entre risas y burlas: «¡que me hagan a mí creer que en dando el sonido del real, luego salga un ánima de purgatorio!». «Preguntada cuánto tiempo estuvo Tovar en sus opiniones, dijo que desde que la empezó a conocer hasta que le dejó de hablar, que sería por espacio de tres años poco más o menos». La beata no se dio cuenta de la incongruencia de suponer a Tovar familiarizado con las ideas religiosas de Lutero ya en el año 1518.

En el mismo día los inquisidores de Toledo, para refrescar la memoria de Francisca leyeron en su presencia el edicto del año 1525 contra los alumbrados. Ella, cogiendo la ocasión al vuelo, atribuyó a Tovar una serie de proposiciones del mismo. Así testificó haber oído decir muchas veces a Tovar, que más perfectamente venía Dios en el ánima del hombre que estaba en la hostia (prop. 4); que Tovar llamaba lloraduellos a los que lloraban sus pecados, mofando de ellos y diciendo que Dios no quería nada de aquello, sino una buena voluntad (7); que sostenía que la confesión no era de derecho divino (8); que quien ama a Dios, es Dios (9); que los actos externos de la oración no hacen al caso ni son menester y que hacerlos era imperfección; que le importaba poco decir misa o no, rezar o no rezar (13); que la excomunión no ligaba (27); que Tovar y Vergara se mofaban de las indulgencias, como tiene declarado (28). Añadió que los dos hermanos poseían ciertas obras de Lutero; concretamente Tovar tenía un libro llamado *Ramón*. Además Tovar dudaba de la existencia del purgatorio y había persuadido a algunas personas que no rezasen. Por la tarde completó sus acusaciones: Tovar enseñaba que no estuviesen tan atados a estas cosas exteriores, hechas para los imperfectos; a Dios lo mismo le da que coma uno carne o pescado. La beata tenía a Bernardino Tovar por hombre que favorecía la mayoría de las cosas de Lutero, por alumbrado y por hombre aparejado para hacer daño donde le dieren crédito sobre estas cosas.

El 16-VIII-1530 Francisca Hernández pidió audiencia al inquisidor para añadir nuevos cargos: Bernardino Tovar decía que las ceremonias de la misa eran superfluas; bastaba la consagración, que se podía hacer sentado; las demás ceremonias eran frailescas. Tovar y Vergara solían repetir que había en el mundo dos santas superfluas, de las que Dios se servía poco: la santa Inquisición y la santa Cruzada.

A consecuencia de las anteriores declaraciones, Tovar fue detenido por la Inquisición de Toledo en septiembre de 1530. Fue la señal de la desbandada entre los erasmistas de Alcalá. Los que no salieron del país, fueron encerrados en las cárceles inquisitoriales. Por desgracia, el proceso instruido contra Tovar, se ha perdido. Su falta puede ser suplida en cierta medida con otros procesos, sobre todo, con el de su hermano Juan de Vergara. El momento era particularmente grave. Su amigo Juan López de Celain acababa de ser ejecutado en Granada por luterano más que por alumbrado (24-VII-1530). ¿Correría la misma suerte Tovar? El Dr. Vergara se propuso evitar esta desgracia a toda costa. Pronto se enteró secretamente de la detención de su hermano y de las declaraciones de Francisca Hernández. Luego se le suministró la lista de los testigos que habían depuesto contra Tovar. Uno de ellos, el bachiller Francisco Gutiérrez, lo tiene al corriente de su declaración y le avisa cuando a fines de noviembre es llamado de nuevo a testificar.

El Dr. Vergara, con una audacia inaudita pone en juego todos los recursos de que dispone. A primeros de octubre de 1530 habló al licenciado Mexía, «agraviándome mucho de la prisión del dicho Tovar, e a la verdad con harta pena e alteración, porque era aquélla la primera herida que había recibido en la honra e teníala muy fresca. Asimesmo el arzobispo [de Toledo], mi señor, creyendo hacerme merced en ello, habló largo al dicho señor licenciado... sobre la materia, e segund después supe, algo ásperamente». Después obtuvo cartas de recomendación del arzobispo de Toledo, Alonso de Fonseca, para la Suprema, los inquisidores de Toledo, el fiscal y el notario del tribunal. Sugería a su hermano lo que debía responder. Deshacía la probanza con tachas de los testigos. Recusaba a ciertos magistrados de la Inquisición de Toledo y hasta llegó a aconsejar a Tovar la recusación de un miembro de la Suprema. Pero lo más grave del caso era que no respetaba las reglas del juego. Por medio del soborno se enteraba de todos los secretos y mantenía durante dos años una correspondencia clandestina con su cliente. Los inquisidores de Toledo y hasta los miembros de la Suprema se hallaban desconcertados. Pero no anticipemos los acontecimientos. La beata no ha terminado de arrojar su bilis.

El 22-IX-1530 volvió a la carga testificando haber oído decir a Miguel de Eguía unos cuatro años antes, que no había purgatorio y que también ponía en duda la existencia del infierno; que Miguel de Eguía conversaba mucho con Tovar y hasta se confesaba con él y que cree que Tovar le pegó aquella opinión. Eguía loaba mucho a Juan López de Celaín, a Diego López de Husillo y a Tovar, clérigos, y que les oyó decir «que querían hacer doce apóstoles e andar a convertir el mundo en aquello que ellos estaban, e decir cómo todo lo demás eran supersticiones e burlas».

Dos días después precisó que a Villafaña no le habló ella más que una vez, cuando le trajo una carta de Tovar, que se lo enviaba muy encomendado diciendo que era una santa persona e hombre de gran marco, y «que le haría la mayor merced del mundo en que le viese e comunicase, porque era un hombre en quien imprimiría todo lo que quisiese para doctrinar a otras personas». Por el maestro Juan del Castillo, de Alcalá, que le llevó una carta de Tovar, Francisca se enteró del proyecto de hacer 12 apóstoles para irse allá con Lutero «e de cómo había de ser el principal dellos Tovar». Luego Miguel de Eguía le expuso el mismo proyecto de reclutar los doce apóstoles «e venía de arte que podía convertir a todo el mundo, e que le dixo que le había dicho Tovar, que no curase de estudiar, sino que se diera prisa a hacer los dichos apóstoles». La beata da su propia versión del proyecto de los 12 apóstoles con un matiz luterano para agravar la situación de Tovar.

Francisca agregó que Tovar le envió también un bachiller Olivares, clérigo, vecino de Pastrana; otro de Toledo, llamado Fernando de Santo Domingo, y el licenciado Cristóbal de Gumiel. «Como todos estos le tenían por maestro..., que se los encomendaba e que los viese y comunicase, porque tenía aparejo para imprimir en ellos lo que quisiese». A la pregunta si alguno de ellos compartía las opiniones de los alumbrados, dijo que Santo Domingo era alumbrado y discípulo de Tovar, aunque luego cambió de ideas y se apartó de él. Y que sabe que Tovar puede hacer mucho daño en sus amigos, porque tiene habilidad para imprimir lo que quiere. Esto le consta por las cartas, muy dañosas, que Tovar y su hermana Isabel escribían a numerosos clérigos.

Las anteriores testificaciones fueron enviadas a la Suprema, la cual mandó una lista de preguntas que debían hacerle para aclarar ciertos puntos. Esto dio como resultado tres nuevas comparecencias de Francisca Hernández en el espacio de pocos días. El 12-X-

1530 puntualizó que Tovar decía que no era necesario confesar todos los pensamientos malos, consentidos y sin consentir, y aun enseñaba que no era necesaria la confesión, que bastaba la contrición, porque la confesión no era de derecho divino. En todo el tiempo que la trató, sólo supo que se confesó una vez antes de ordenarse de misa; después de la ordenación sacerdotal, aunque celebraba misa en su posada, nunca supo que se confesase. Respecto de las indulgencias, que no aprovechaban, según Tovar, ella sabía de cierto que Tovar ponía el defecto en el poder del papa y no en las personas. Le oyó decir muchas veces, que después que un hombre había recibido el sacramento, se le podía adorar ni más ni menos que la custodia donde está la hostia. La excomunión es apartar a uno de Dios y nadie tiene tal poder. Tovar sostenía estas opiniones hacía nueve o diez años cuando estaba en compañía de la beata. Posteriormente le escribió cartas sobre la misma materia con las personas que ha declarado y con otras que no se acuerda.

Tovar enviaba algunos clérigos a la beata que celebraban misa sin rezar, porque les había enseñado a prescindir tranquilamente del rezo. Entre ellos estaban Hernando Mohedano en Valladolid; un Francisco Díaz, hijo del doctor Olmedilla, de la misma ciudad, y Francisco Díaz, a quien quiso llevar a Alcalá. Miguel de Eguía loaba mucho por alumbrados entre otros a Tovar, «que decía él que era el capitán, que le tenían en más que a todos». Al día siguiente Francisca precisó que Tovar y su hermana Isabel escribieron cartas de alumbramientos al maestro Juan del Castillo, a Diego López muchas veces, a Alonso Pérez del Bivero en Valladolid. a Diego Villarreal pocas veces; cree que también a Fernando de Santo Domingo y sabe que también al licenciado Miguel de Ortiz en Toledo y a Cristóbal de Gumiel. Ignora el contenido de estas cartas, pero las cartas que Tovar escribió a Diego López, Bivero y Francisco Díaz eran de opiniones de alumbrados; la beata las leyó.

Cuatro días más tarde (17-X-1530), preguntada si el Dr. Vergara y Tovar le decían aquellos errores para atraerla a su opinión o platicando con otros, «dixo que todo lo que de ellos tiene dicho, se lo decían para atraerla» y que si ella hubiera abrazado sus ideas, la adorarían; pero, como las contradecía, se malquistaron. No conservaba carta alguna porque, en leyéndolas, las quemaba como diabólicas. Se confesó sacramentalmente algunas veces con Tovar y en la confesión éste le decía que no tenía necesidad de confesarse, que le bastaba con la contrición. Sólo recurría a él cuando le faltaba su confesor. En cuanto se enteró de sus errores, dejó de confesarse con él. Aquí la beata se contradice porque antes ha dicho que Tovar estuvo en sus opiniones desde que la empezó a conocer por el año 1518.

La Suprema no quedó satisfecha con las respuestas y destacó a uno de sus miembros, el licenciado Hernando Niño, para interrogarla personalmente. El 2-XII-1530 Niño y otros dos inquisidores de Toledo le preguntan en qué tiempo le escribió Tovar con Gaspar de Villafaña y con otros diciéndole que la beata le haría muy gran merced en verlos y comunicarlos, porque eran personas que tenían aparejo para imprimir en ellos todo lo que ella quisiese, y que declare qué doctrina era la que Tovar quería que imprimiese la beata, dijo que hace unos cinco o seis años le escribió con Villafaña y casi al mismo tiempo, con las otras personas, «y que lo que esta declarante entendió de las dichas cartas era que las dichas personas, con quien las escribió, imprimiesen en esta declarante sus opiniones de ello». (Nuevamente se contradice, cosa que advierten los jueces). Si Tovar le enviaba personas para que las adoctrinase, luego ella debía compartir las opiniones de Tovar. Ahora ella rectifica y dice que han escrito

mal, porque Tovar se las enviaba para que la enseñasen ellas, como quiera que Tovar no se osaba declarar en sus cartas, limitándose a decir que tenían buen marco, porque si más se declarara, ella no las oyera y las echara con el diablo, y que Tovar le escribió por indirectas, según lo que entendía de sus cartas.

Luego queda solo el licenciado Niño y se fija en la pregunta 10. La beata reconoce que Tovar era el único que tenía con ella acatamiento y reverencia, aunque superficial y fingido. Tovar era tan presuntuoso, que bastaba para decir cualquier cosa ante esta confesante, aunque fuera 10 veces más que ella. A la 12 pregunta, dijo que ella recomendaba a algunas personas que no tratasen con Tovar sin decirles la causa. A fray Francisco Ortiz le dijo la primera vez que lo vio (fines de 1523), que se apartase de la comunicación con Tovar y aun le parece que le dijo que a Tovar se le habían pegado algunas cosas del Dr. Vergara. Sólo a él le dijo esto. Preguntada qué quiso decir con la frase que Tovar había tirado la piedra y escondido la mano, declaró que «el dicho Tovar, con las personas que tenían amistad con esta confesante, les decía que no tenía otro bien ni otra madre, sino a esta confesante, y ansí lo escribió a D.ª María Brochera, vecina de Salamanca, e después, porque esta confesante no quiso recibir ni leer algunas cartas que el dicho Tovar le enviaba por medio de dicho Diego López, clérigo, que residía entonces en Valladolid, el dicho Tovar se enojó y escribió a esta confesante, que ya que esta confesante no quería leer sus cartas, que las hiciese leer a un criado suyo y le escribiese siquiera un renglón e no le hiciese estar así perdido». (Nueva contradicción: la beata tuvo que haber leído al menos esta carta). «E porque esta confesante no quería leer sus cartas ni recibirlas, como tiene dicho, el dicho Tovar se enojó e hizo sacar la acusación que a esta confesante había puesto en Valladolid... y después todos cuantos han acusado a esta confesante, ha sido por causa del dicho Tovar».

Dos días después añadió que no vio cosa que le pareciese de cristiano en Tovar ni en Diego López ni en Juan López. Sin embargo, conversaba con Tovar, porque cuando ella despedía a alguno, las otras personas de la «colonia» lo tenían por condenado y perdido, y por no darles ocasión de juzgar a nadie, continuaba la comunicación. A la 15 pregunta dijo que no guarda odio ni rencor a nadie, «porque, aunque sabe que los dichos Diego López e Tovar decían mal desta declarante, no por eso los ha querido ni quiere mal». Aquí acaba la primera serie de declaraciones de Francisca Hernández.

Dejemos a un lado las testificaciones de su criada María Ramírez, que repite como un papagayo las afirmaciones de su dueña. Fray Francisco Ortiz, igualmente aleccionado por la beata, dice el 10-X-1530 que hace unos seis años Francisca le avisó que no comunicase con Tovar, de lo cual se espantó mucho, porque Tovar le había hablado muy bien de ella y aun enviado a Fernando de Santo Domingo, clérigo de Toledo, para que la comunicase para bien de su alma y después supo este testigo por la beata cómo a Tovar se le habían pegado los errores de su hermano Vergara sobre las bulas y la oración vocal. Como se ve, Ortiz apoya la primera versión de la declaración de Francisca; es decir, que Tovar envió varias personas para ser instruidas por ella. La beata no tuvo oportunidad de informar a Ortiz de su nueva explicación de los hechos. Preguntado si ha platicado otras veces con Vergara y Tovar, dijo que con el primero habló otra vez en Burgos y que con Tovar, dos o tres veces en Alcalá, cuando le dijo que lo tenía por muy dichoso porque iba a Valladolid y que plugiese a Dios que él pudiera ir y le dio carta para ella, una carta escrita con mucho acatamiento y crédito.

Todavía en Medina del Campo, Francisca Hernández prestó nuevas declaraciones ante la Suprema, pero ya no lanzó nuevas acusaciones; al contrario, rectificó algunos detalles. Otro testigo, Hernando de Lunar, presbítero de San Martín de Valdeiglesias y secretario del cabildo toledano, refiere (28-X-1530) que paseándose un día con Tovar por los viñedos de su parroquia, se asombró al oír decir a su compañero, que el rezo de las horas del oficio divino fue inventado para los clérigos pícaros y que antiguamente los sacerdotes no rezaban, sino que se dedicaban al estudio de la Escritura. Luego un clérigo que deja de rezar ¿no peca?, pregunta el cura. ¡Pues mira qué duda!, contesta Tovar, y le cita la enseñanza de Erasmo recogida en Flandes por Vergara.

Vergara, al encargarse de la defensa de su hermano, comenzó por exigirle que le manifestase si en verdad había errado en alguno de los extremos de que era acusado. En caso afirmativo, le convenía confesarse culpable y pedir penitencia. De lo contrario, que lo escribiese a su letrado. Tovar le contestó que se maravillaba de tales preguntas, pues sabía quién era y le juró que jamás le había pasado por el pensamiento tales cosas. Vergara rogó a Tovar que no le escribiese tantas cartas clandestinas, porque no tenía tiempo de contestarlas y podía descubrirse el secreto de su procedimiento. Tovar le contestó que no tenía otro consuelo en la cárcel, sino cuando escribía a sus hermanos y sabía de ellos. Si se llegase a descubrir, la pena consistiría en que no les dejarían escribir más, como sucede con los que llevan armas, que no les imponen otras castigo que el quitárselas. Los temores de Vergara se realizaron, Al cabo de unos dos años fue interceptada la primera carta (11-IV-1533) de Vergara y después, otras cinco. El 23-IV-1533 es registrada la celda de Tovar sin que él esté presente. Son examinados cuidadosamente sus libros: un Nuevo Testamento en griego, una Cornucopia, un Alciato, un Séneca y un comentario sobre Santo Tomás. Descubren colgados de la pared un cestillo de plumas y una lima. La sanción no consiste en la interrupción de la correspondencia, sino en algo mucho más grave: el 23-VI-1533 Vergara es detenido. A las primeras preguntas, se hizo el desentendido; pero, al comprobar que sus últimas cartas habían sido interceptadas, lo confesó todo y se justificó alegando la opinión de muchos teólogos, sobre todo del cardenal Cayetano. Estaba convencido de no haber pecado venialmente en ello por tratarse de cosas secretas. Su defensa personal se confunde con la de su hermano. «Consta de la Francisca Hernández ser hipócrita y engañadora; consta ser capital enemiga de mi hermano, a quien ella atribuye la ocasión de todo su mal; consta que el principio de su desavinimiento con él procedió de mí; consta que las indirectas del tiempo y lugar y otras muchas la condenan en todo lo que contra el dicho Tovar dixo». Francisca Hernández no merece crédito, porque es persona criminosa, perjura, hipócrita, falsa e simuladora. «Lo otro, porque es y ha sido enemiga capital del bachiller Tovar, mi hermano, desde que se apartó de su afición y le comenzó a reprehender en ausencia sus cosas en tiempo que ella estaba en toda su autoridad y desde allí la comenzó a perder, según que todo lo tocante a esta enemistad está articulado en el dicho proceso de Tovar y debe constar ya probado... Lo otro porque la dicha Francisca Hernández ha sido y es asimismo, mi enemiga capital, e la causa de la enemistad con el dicho Tovar procedió principalmente de mí, porque yo le saqué a él de su obediencia y subjeción», según consta por el interrogatorio de tachas del referido proceso de Tovar. Después la beata fue traída presa a esta cárcel, donde permaneció cerca de dos años sin denunciar cosa alguna. «E pasado el dicho tiempo, parecer ser... que ella sería aquí preguntada... que dixese lo que de Tovar sabía como de persona a quien algunos ponían nombre de alumbrado, e seríanle declaradas particularmente las proposiciones que tenían los alumbrados para que viese si sabía algo de aquello. Ella no vido mejor día por su casa y aquí, accepta occasione, todo aquello así como iba por el cartapel adelante proposición por proposición, así lo iba todo denunciando sin respecto de tiempo ni lugar ni otra circunstancia, según que claramente se colige de la respuesta del dicho Tovar». Vergara descubrió la coincidencia perfecta de Francisca y de su criada en sus testificaciones, hechas muchos años después de haber visto a Tovar, salvo que en llegando donde uno de los testigos decía que Tovar tenía libros de Lutero, como éstos no se podían esconder, mudó libros en cuadernillos y dijo que Tovar tenía cuadernillos de Lutero, como cosa que se podía traer secretamente en el seno, no habiendo en todo el reino en aquel momento ni una letra de Lutero. Luego quiso vengarse de Vergara aplicándole las mismas opiniones de Lutero, salvo en lo de la confesión.

Este artículo, a juicio de Vergara, no merece crédito. Primero, porque es único, salvo en lo de su criada. «Lo otro, porque no habiendo visto esta mujer al bachiller Tovar, mi hermano, desde el año de veinte, depuso primero contra él las mesmas palabras, diciendo haberle oído a él tener y aprobar todas las opiniones de Lutero, constando como consta que en el tiempo que ella pudo oír hablar al dicho Tovar, no había ni podía haber en España noticia particular de las opiniones de Lutero ni libro de sus errores, porque a la sazón comenzada la secta en Alemania e solamente en España se sonaba una fama general de un hereje que en Alemania se levantaba». Los compañeros de Tovar, que vivían en estrechísima sociedad, nunca le vieron letra de Lutero ni le oyeron palabra de él, como está alegado en el proceso de Tovar. Vergara y Tovar no se habían visto desde hacía muchos años para que de su comunicación pudiera resultar una conformidad de palabras tan grande como les atribuye Francisca Hernández en tanto número de proposiciones. Porque desde el año 1510 hasta el 1520 sólo se vieron un día o dos del año 1516 en que Tovar, siendo estudiante lego, pasó de camino por Alcalá y le habló en el colegio de San Ildefonso. Entonces «aún no era Lutero en el mundo ni de su nombre había memoria».

La beata y Tovar estuvieron juntos unos tres años y desde fines de 1520 o principios de 1521 no se vieron ni hablaron más. «En aquel tiempo ninguna memoria había de alumbrados ni de alumbramientos ni se sabía de tales proposiciones, máxime con tanta conformidad al cartapel que mucho después se ordenó [1525], y máxime no habiendo entrado el dicho Tovar en este reino de Toledo donde dicen que se hallaron estos alumbramientos, con diez años antes, salvo una vez o dos de camino el año de XV o de XVI siendo estudiante lego. Ni tampoco a la dicha sazón podía haber en España libros de Lutero, a lo menos de los hechos después de hereje, ni menos de sus secuaces, pues escribieron mucho después de él».

Vergara rechazó la deposición de fray Francisco Ortiz como inspirada en el odio de la beata a Tovar, «juntamente con miedo y recelo grandísimo que le apartaba los devotos, como de hecho se los apartaba». En cuanto a la deposición de Hernando de Lunar, era absurda, ya que en ninguno de los estudios de Erasmo se hallaba nada parecido a los comentarios que se le atribuían. Por su parte Tovar dio explicaciones sobre la adquisición de libros extranjeros, incluido el de Ecolampadio, para la biblioteca de su hermano. Vergara le preguntó si ciertas palabras dudosas las había proferido con espíritu erasmiano o con espíritu luterano. *Tamen multum refert si va la cosa a fuer de Erasmo o a fuer de perro luterano, quod Deus avertat.*

El proceso contra Bernardino Tovar quedó paralizado durante mucho tiempo. Entre tanto Luis Vives comunicó la triste noticia a Erasmo: «Estamos pasando por tiempos difíciles, en que no se puede ni hablar ni callar sin peligro. En España han sido encarcelados Vergara y su hermano Tovar, como también otros hombres doctos. En Inglaterra los obispos de Rochester y de Londres, y Tomás Moro. Ruego al cielo le dé una vejez tranquila» (10-V-1534: Allen, X, 383-84).

Por fin, alguien se movió, tal vez Juan Vergara, para apresurar el desenlace. El 1-X-1541 el Consejo escribió a la Inquisición de Toledo: «Ya sabéis cómo ha mucho tiempo que en ese santo Oficio pende la causa del bachiller Tovar, y porque es justo que sin más dilación se determine mediante justicia, encargámoos que se prosiga su proceso y se hagan con él las diligencias que convernán fasta lo concluir». Al parecer, Tovar debió abjurar *de vehementi*, pagar una multa y sufrir una penitencia más o menos prolongada.

BIBL.: J. E. LONGHURST, *Alumbrados, erasmistas y luteranos en el proceso de Juan de Vergara:* R40', fasc. 27 (1958)99-163, 28(1958)102-165, 29-30(1959)266-92, 31-32 (1960)322-56, 35-36(1962)337-53 y 37-38(1963)356-71; M. BATAILLON, *Erasmo y España. Estudios sobre la historia espiritual del siglo XVI*, México 1966, 2.ª ed. esp.; A. SELKE DE SÁNCHEZ, *El caso del bachiller Antonio de Medrano, iluminado epicúreo del siglo XVI:* R28', 58(1956)393-420; ID., *Vida y muerte de Juan López de Celain, alumbrado vizcaíno:* R28', 62(1960)136-162; J. E. LONGHURST, *The Alumbrados of Toledo: Juan del Castillo and the Lucenas:* Archiv für Reformationsgeschichte, 45(1954)233-253; M. SERRANO Y SANZ, *Juan de Vergara y la Inquisición de Toledo:* R159, 5(1901)896-912; 6(1902)29-42, 466-86; ID., *Francisca Hernández y el bachiller Antonio de Medrano. Sus procesos por la Inquisición (1519-1532)*; R59, 41(1902) 105-138; B. LLORCA, *Sobre el espíritu de los alumbrados Francisca Hernández y fray Francisco Ortiz, O. F. M. Contribución al estudio de los alumbrados del siglo XVI:* R102, 12(1933)383-404; ID., *La Inquisición española y los alumbrados (1509-1667) según las actas de Madrid y de otros archivos*, M. 1936; E. BÖHMER, *Francisca Hernández und Frai Francisco Ortiz. Anfänge reformatorischer Bewegungen in Spanien unter Kaiser Karl V*, Leipzig 1965; P. S. ALLEN y H. M. ALLEN, *Opus epistolarum Desiderii Erasmi Roterodami*, VI-XII, Ox. 1926-58 (cf. índice); L. MARINEO SÍCULO, *Epistolarum familiarium libri XVII*, Va. 1514.   J. GOÑI

TRAGGIA, Joaquín, SchP (Zaragoza 1748 † d. 1813) historiador, polemista, humanista, crítico. Realizó sus estudios medios y superiores en las Escuelas Pías de Barbastro y de Daroca. El arzobispo de Manila, Basilio Sancho SchP, lo llevó consigo a Manila en 1767. Se doctora allí en Teología. Despliega gran actividad apostólica. En 1771 publica su *Arte* en tagalo para facilitar a los indios el aprendizaje del castellano. Regresado a España, practica la docencia escolapia en Valencia, Zaragoza y Madrid. Es inconstante de carácter y acaba por abandonar la Orden. Desde aquel momento vive solo para el estudio: domina las materias literarias y lingüísticas, filosóficas y teológicas, científicas y matemáticas. Escribe muchísimo, aunque no todo se publica. Es miembro de la Academia de la Historia. Su nombre se registra por la Academia de la Lengua en el Catálogo de Autoridades.

OBRAS: *Arte de la lengua castellana en la lengua tagalo*, Manila 1771; *Panegyricus D. Thomae Aquinatis, theologorum Principi dictus*, Val. 1775; *Orationes latinae*, Za. 1783; *Retórica filosófica*, Za. 1782; *Memoria sobre la thima o árnica que se cría en Formigal en el nacimiento del Gállego*, Za. 1786; *Aparato de la Historia Eclesiástica de Aragón*, Ma. 1791-1792; *Memoria para ilustrar el reinado y hechos de D. Ramiro el Monje:* Memorias de la R. Academia de la Historia, III. Inéditas: *Memoria y antigüedad del reino pirenaico; Memorias y otros escritos de Historia Natural; Ensayo de una nueva lengua, cuya gramática se podrá aprender en pocas horas combinando sus voces con la pronuncia-*

ción de las diversas naciones; Ensayo de una escritura universal para comunicarse mutuamente sus ideas los de diversos idiomas, por medio de pocos signos de concepción; Filosofía Moral de M. Cochet (traducida al castellano y aumentada); *Colección de poesías latinas y castellanas; Examen histórico-crítico sobre el estado monástico*, y otros varios, cf. O83, 498-499.

BIBL.: O90, II, 263-65 y 422-3; O83, 300-303, 498-99; D3, 63, 560-561.   C. VILÁ

TRAPENSES. Véase *Cistercienses Reformados* en el art. Cistercienses.

TREJO Y PANIAGUA, Antonio de, OFM (Plasencia 1579 † Cartagena 13-XII-1635) obispo, teólogo y diplomático. Hijo de Antonio de Trejo Monroy y de Francisca de Sande Paniagua, condes de Oliva, estudió en la Universidad de Salamanca, y en el convento de San Francisco de esta ciudad, perteneciente a la provincia de Santiago, tomó el hábito franciscano. En 1599 era lector de Artes en San Francisco, de León, distinguiéndose de tal manera en el cuidado de los apestados, víctimas de la epidemia que este año asoló la ciudad, que los leoneses pidieron fuera nombrado su obispo; de aquí pasó a enseñar Artes en Zamora; regresó nuevamente a León, donde en 1609 era lector de Teología y guardián del convento al mismo tiempo. Este mismo año es nombrado secretario general de la Orden, y el 28-IV-1610, comisario general de Indias, con residencia en la Corte, cargo que desempeñó hasta el 7-XII-1613 en que es elegido vicario general de la Orden. En vísperas de terminar su mandato, fue presentado por Felipe III para el obispado de Cartagena, presentación que confirmó Paulo V el 9-VII-1618; fue consagrado el 16-IX-1618 en las Descalzas Reales de Madrid con asistencia de toda la Corte. Entró en su diócesis el 15 de octubre, pero la abandonó el 22 de noviembre para dirigirse a Roma con el cargo de embajador extraordinario del rey de España. Allí debía recabar del papa la declaración dogmática del misterio de la Inmaculada Concepción. Si la legación no tuvo éxito hay que atribuirlo a la actitud intransigente de Paulo V, enemigo de toda declaración dogmática, a las vacilaciones de Felipe III y a las divisiones originadas en el seno de la Junta de la Inmaculada de Madrid; pero los estudios por él presentados en aquella ocasión sirvieron de base para futuros tanteos. El 19-V-1620 regresa Trejo a su obispado de Cartagena, y durante los catorce años que sobrevivió trabajó incansablemente por extender en su diócesis el dogma inmaculista. El 28-V-1623 celebra sínodo en el que se acordó hacer el solemne juramento inmaculista, declarando a la Inmaculada patrona de la catedral, de la ciudad y del Reino de Cartagena el 28-XI-1624.

OBRAS: *Relación de una carta que... escribió a la cofradía de la Inmaculada Concepción*, Se. 1616; *De definienda controversia Immaculatae Conceptionis B. V. Mariae, orationes XII*, son 12 memoriales que se encuentran en L. WADDING, *Legatio Philippi III et IV catholicorum regum hispaniarum*, Lov. 1624.

BIBL.: P. DÍAZ CASSOU, *Serie de los obispos de Cartagena*, Ma. 1895, 118-24; L. PÉREZ, *Informe del R. P. A. de T. al Presidente del Consejo de Indias:* R29, 13(1920)104-16; J. POU Y MARTÍ, *Embajadas de Felipe III a Roma pidiendo la definición de la Inmaculada Concepción de María:* R29, 35(1932)72-88, 424-34, 482-525, y 36(1933)4-48; L. ARROYO, *Comisarios generales de Indias:* R29, 12(1952)151-57; C. SACO ALARCÓN, *Culto a la Inmaculada en la provincia de Santiago:* Liceo Franciscano, 7(1954)194-96, 216-23; M. RODRÍGUEZ MOLINERO, *Fr. A. de T. y el movimiento inmaculista en la diócesis de Cartagena:* R29, 15(1955) 1057-71; M. DE CASTRO, *El analista Lucas Wadding, OFM (1588-1657) y sus relaciones con la Península Ibérica:* R200, 5(1958)107-62; *Crónica de la provincia franciscana de Santiago, 1214-1614*. Introducción, rectificaciones y notas, por Manuel de Castro, OFM, Madrid 1971, 108, 300, 323, 366.   M. DE CASTRO

TREPTES o **TREPTETIS**, († 4 de mayo, persecución de Diocleciano) virgen y mártir de Ecija. La fecha del 4 de mayo la indica el calendario de Carmona, el documento más antiguo. El de Córdoba *(Treptecis)* la atribuye a *Astigi* (Ecija) como a Crispín. Los calendarios mozárabes 5 y 7 escriben mal: *Trepetis*. Hay que desechar la sugerencia de Férotin de que pudo ser confusión de *Torpes*. Conocemos un epitafio visigótico (a. 466?) de una *Tr(e)ptes, famula Christi*, precisamente de la región astigitana. Cabría sospechar fuera la misma persona, pero no es lo más razonable.

BIBL.: M. FÉROTIN, *Le Liber Ordinum*, 463-64; J. VIVES, *Inscripciones Cristianas*, n. 333b; ID., *Santoral visigodo...*, R5, 14(1941)46; C. GARCÍA RODRÍGUEZ, *El culto de los santos...*, 240-41.   J. VIVES

TRIBUNAL DEL «BREVE». Tribunal apostólico concedido a Cataluña ya de tiempo antiguo, que entendía en los llamados delitos atroces, cometidos por eclesiásticos, refrendado, entre otras concesiones, por una bula de Gregorio XIII, de 3-IX-1572, a Felipe II. El delegado permanente de este tribunal era el obispo de Gerona, quien tenía un subdelegado en Barcelona y unos consultores para la calificación de los delitos: el decano y dos oidores de la Real Audiencia. Según una ordenanza de 1754, el subdelegado no podía proceder a acto alguno sin que primero fuera declarada la atrocidad del crimen.

BIBL.: A. BOFARULL BROCÁ, *Historia crítica y eclesiástica de Cataluña*, IX, Ba. 1878, 299-302; J. VIVES, *Inmunidad eclesiástica en la época borbónica: Homenaje a J. Vincke*, II, Ma. 1962-63, 609.   J. VIVES

TRIGOSO DE CALATAYUD, Pedro, OFMCap (Calatayud 21-VI-1533 † Nápoles 20-VII-1593) filósofo y teólogo. Cursó sus estudios en las Universidades de Salamanca y Alcalá. A los veintitrés años de edad ingresó en la Compañía de Jesús, y completó sus estudios bajo la dirección del padre Laínez. Ocupóse, primero, en la enseñanza y, luego, en la predicación y el confesonario. En 1570 fue enviado por san Francisco de Borja a Amberes con el fin de fundar en esta ciudad una casa de la Compañía; permaneció al frente de la nueva fundación hasta 1577, en que regresó a España. En 1580 hizo un viaje a Italia y, hallándose en el santuario de Loreto, sintió un fuerte impulso sobrenatural a abrazar una vida de retiro y austeridad. Con el beneplácito apostólico tomó el hábito de los capuchinos en la provincia de Las Marcas.

Muy pronto llamó la atención por su profunda vida espiritual, su amor a la pobreza, sencillez y obediencia, no menos que por su sólida formación teológica y sus dotes para el apostolado. Recorrió predicando las ciudades más importantes de la región picena: Jesi, Ascoli, Ancona. En esta última dejó fundado un orfanato que luego adquirió gran importancia. Con el cambio de vida experimentó al mismo tiempo una transformación en sus formas mentales. Estudió apasionadamente a san Buenaventura y quedó prendado de sus concepciones filosóficas y teológicas. En 1584 fue designado por los superiores generales lector del Estudio General que la Orden había abierto en Bolonia. Su fama como teólogo bonaventuriano extendióse rápidamente, hasta el punto de que Sixto V le encargó el informe para la declaración de san Buenaventura como Doctor de la Iglesia. En 1589 pasó a Nápoles, donde continuó su labor científica y sus iniciativas de apostolado; entre éstas merece especial mención el Real Reclusorio, especie de orfanato o preventorio para hijas de españoles. En junio de 1593 intervino

como vocal en el Capítulo general de la Orden celebrado en Roma.

OBRAS: El padre Trigoso fue el primero que se lanzó a la difícil empresa de sistematizar la teología de san Buenaventura, persuadido como estaba de que, si no tenía más seguidores, se debía a la falta de una *Summa*. De hecho, la Reforma capuchina, al organizar sus estudios, había mostrado marcada predilección por el método bonaventuriano, a pesar de que sus teólogos habían recibido formación escotista. Concibió una grandiosa síntesis que, sobre el esquema del comentario al *Libro de las Sentencias*, ofreciese una teología completa de inspiración bonaventuriana. El plan general de la obra constaba de cuatro partes, que comprenderían ocho tomos. Pero le sobrevino la muerte cuando había dado a la imprenta el tomo primero, que trataba de la unidad y perfección de Dios; el segundo *De Deo Trino*, lo dejó preparado, pero no llegó a imprimirse. He aquí el título del tomo publicado: *Commentaria in IV libros Sententiarum Divi Bonaventurae, seu Summa Theologica Seraphici Doctoris in quattuor tomos distributa*, Ro. 1593; reimpr. Lyón 1616. Su discípulo, Miguel de Nápoles, completó la obra, dividiéndola en siete volúmenes, pero murió también sin verla publicada. Escribió, además, diversas obras de predicación, que en su mayor parte quedaron manuscritas; vio la luz pública: *Summa sive Seminarium rerum praedicabilium...*, Par. 1612.

BIBL.: A36, III, 147; D20, 15, 1543; M27, 154; M. DE POBLADURA, *El P. Pedro Trigoso promotor de los estudios buenaventurianos:* R39', 5(1935)45-67, 370-417; M14, 365-374; M2, 1346.   L. DE ASPURZ

TRIGUEROS, Cándido María, (Orgaz [Toledo] 1736 † c. 1800) literato. Ordenado de presbítero, tuvo un beneficio en Carmona (Sevilla) y vivió largas temporadas en Sevilla, donde lo protegió Olavide. Usó los seudónimos Juan Nepomuceno González de León, Don Saturio de Iguren y Crispín Caramillo. Escribió comedias y poemas que fueron desastres; cansado de fracasos entró en el repertorio de Lope y refundió y adaptó varias obras suyas, alcanzando con ello mucho éxito; compuso también algunas.

OBRAS: *El poeta filósofo, o poesías filosóficas en verso pentámetro*, Se. 1774-78, 7 fascículos conteniendo varios poemas; *Los Menestrales*, Ma. 1784; *San Felipe Neri y La Riada*, Se. 1784; *Historia pastoral, comenzada por Miguel de Cervantes Saavedra, abreviada después y continuada y últimamente concluida por C. M. T.*, 4 vols., Ma. 1798; *Mis pasatiempos, almacén de fruslerías agradables*, 2 vols., Ma. 1804; *Teatro Español Burlesco, o Quixote de los Teatros por el Maestro Crispín Caramillo, cum Notis variorum*, Ma. 1802.

BIBL.: A26, VI, 61-108; J. P. FORNER, *Suplemento al artículo «T», comprehendido en el Tomo VI del «Ensayo de una Biblioteca...»*, Sa. 1790, 67; N. ALONSO CORTÉS, *Un Renovador:* Revista Castellana, 5(1919)129-33.
                                                          A. TORRES

TRILLA, Simón, OCist (Castellserá [Lérida] c. 1552 † Poblet [Tarragona] 10-V-1623) abad. Fue el último de los abades perpetuos de Poblet antes de la exclaustración, de 1603 a 1623. De familia modesta de labradores, profesó como monje el 1570, y ejerció diversos cargos administrativos, así como los de síndico del convento y camarero del abad Oliver de Boteller (1583-1598), quien le tuvo por el más digno y capaz de sus monjes para acceder al abadiato. Ya abad, ocupó ininterrumpidamente el cargo de vicario general del abad de Císter para todos los reinos de la Península de 1604 a 1617. Para defender sobre todo la paternidad de Poblet sobre sus fundaciones y la perpetuidad de los abadiatos, encabezó la resistencia de su casa a la erección de la Congregación cisterciense de la Corona de Aragón, que tuvo lugar por Breve de Paulo V de 19-IV-1616. Recurrió Poblet a Roma, y el pleito se alargó hasta llegar a solución adversa por Breve de Gregorio XV de 20-IV-1623, que llega al monasterio cuando ya el abad había muerto, tras haber luchado denodadamente contra superiores fuerzas e influencias, como nuevo Héctor, nombre que le da su lauda sepulcral.

BIBL.: A. MASOLIVER, *Fra Simó Trilla (1552-1623), abat de Poblet:* Scriptorium Populeti, 3(1970)441-491; J. FINESTRES, *Historia de el Real Monasterio de Poblet,* IV, Cervera 1756, 185 y 230-270; A. MASOLIVER, *Origen y primeros años (1616-1634) de la Congregación cisterciense de la Corona de Aragón. Síntesis histórica y documentos:* Scriptorium Populeti, 8(1973)53-115.   A. MASOLIVER

TRINIDAD DEL PURISIMO CORAZON DE MARIA, (Monachil [Granada] 28-I-1879 † Ibid. 15-IV-1949) fundadora de las Esclavas de la Santísima Eucaristía y de la Madre de Dios. Su nombre civil era Mercedes Carreras Hitos. Deseosa de extender la adoración al Santísimo Sacramento, funda la Congregación en Granada, el 11-IV-1925. Obtiene la aprobación definitiva de sus constituciones el 10-I-1949 y muere santamente el Viernes Santo de ese mismo año.

                                        D. MARRERO

TRINITARIAS DEL BEATERIO (Religiosas del Beaterio de la Santísima Trinidad). Congregación fundada en Sevilla, en 1719, por la venerable madre Isabel de la Santísima Trinidad. El fin específico es la enseñanza y el cuidado de las niñas huérfanas. Tiene una casa en España.   D. MARRERO

TRINITARIAS DESCALZAS. Congregación fundada el 6-I-1886 en Valencia, por don Juan B. de la Concepción Calvo y Tomás, y las madres María de Jesús, Juana B. de la Concepción, Felisa de San Juan de Mata y Trinidad de San Bernardo. El fin propio es la educación cristiana de las niñas y la asistencia a los enfermos. Obtuvo la aprobación pontificia el 17-XII-1890. Tiene 25 casas.   D. MARRERO

TRINITARIAS, Hermanas. Congregación fundada en Madrid el 2-II-1885 por el canónigo don Francisco de Asís Méndez y Casariego y la madre Mariana Allsop. El fin específico es la preservación y regeneración de las jóvenes abandonadas.

Obtuvo la aprobación pontificia el 11-IV-1901. En 1925 se abrió casa en Méjico; en 1930 en Buenos Aires; en 1961 en Montevideo, y en 1963 en Italia. En España tiene 14 casas.

BIBL.: T. ROJO, *El buscador de perlas,* Ma. 1935.
                                        D. MARRERO

TRINITARIAS TERCIARIAS (Terciarias de la Orden de la Santísima Trinidad). Congregación fundada en Felanitx (Mallorca), el 15-IX-1809, por Isabel Suñer, Buenaventura Veny y el padre Miguel Ferrer. El fin específico es la enseñanza, la asistencia a los enfermos y otras obras de apostolado. Tiene 10 casas en España.   D. MARRERO

TRINITARIOS. I. *Calzados.* La Orden de la Santísima Trinidad Redención de Cautivos, fundada en Ciervofrío (Francia) por los santos Juan de Mata y Félix de Valois, obtuvo su aprobación pontificia de Inocencio III el 17-XII-1198. El mismo san Juan de Mata estableció las primeras casas en España: Avingaña 1201, Lérida 1204, Anglesola 1204, Piera 1205, Toledo 1206, Segovia 1207, Burgos 1207 y otras que menciona la bula inocenciana de 18-VI-1209. Poco tiempo después, en 1221, vemos ya la Orden dividida en provincias, que en España son al principio dos: Castilla y Aragón, comprendiendo aquélla también Portugal, hasta 1312, y Andalucía, que forma provincia aparte desde 1570. A fines de este siglo XVI contaba Castilla 20 conventos, Aragón 31 y Andalucía 18, siendo cuatro

solamente los fundados después hasta la exclaustración de 1835.

Introducido en el mismo siglo XIII el abuso de asistir al Capítulo general, particularmente al electivo, las solas cuatro provincias del Norte de Francia, las demás se hallaban un tanto independientes del ministro general, siempre francés, por lo que éste solía nombrar vicarios o comisarios generales, v. gr., para el Sur de Francia y para España; y desde el último cuarto del siglo XVI se vio forzado a proveerse de una delegación apostólica para visitar las provincias de España. Esto fue causa también de un pequeño cisma en los años 1688-1704, con un general francés y otro español, éste para la Península Ibérica e Italia.

Los oficios de ministro provincial y conventual, vitalicios en un principio, son trienales en Castilla desde 1497, y en Aragón desde 1567. Los provinciales solían ser a un mismo tiempo, hasta el siglo XVI, ministros locales de algún convento principal, como Burgos, Toledo, Sevilla, Valencia.

La Orden, como es notorio, fue fundada principalmente para redimir los cautivos cristianos caídos en poder de los moros, obra que se realizó en España hasta el año 1769. Podemos calcular prudentemente, tirándonos más bien por lo bajo, en unos 100.000 los cautivos redimidos por los trinitarios, y fue la provincia de Castilla la que más se distinguió en esta obra redentora, primero en la misma España y, después, en la parte septentrional de Africa. Entre los rescatados merece especial mención Miguel de Cervantes Saavedra, libertado por el padre Juan Gil por el precio de 500 escudos de oro.

La regla propia, aprobada por Inocencio III, prescribe, además de la redención, el ejercicio de la caridad para con los enfermos, peregrinos y viandantes, por lo que al lado de cada convento solía levantarse un hospital. Estos desaparecen en España durante el siglo XVI; pero, en su lugar, los tres insignes mártires, padres Bernardo de Monroy, Juan de Aguila y Juan de Palacios, establecieron en 1612 los cinco hospitales de Argel, restaurados y bien dotados en 1662 por el también mártir, terciario trinitario, Pedro de la Concepción. Y en 1720 funda otro en Túnez el padre Francisco Jiménez. En ellos se prestaban la asistencia sanitaria y los servicios religiosos a los cautivos cristianos; fueron buen enlace para llevar a feliz término las redenciones, tanto de los trinitarios como de los mercedarios; y muchos religiosos sucumbieron, mártires de la caridad, en tiempo de peste, singularmente en 1740 y 1785. Según testimonio autorizado, millares de renegados, protestantes y judíos abjuraron de sus errores y abrazaron la fe católica a la vista de tales heroísmos de amor hacia el hermano enfermo.

No obstante constituir su objeto peculiar la práctica de las obras de misericordia, la vida científica se desarrolló pujante en la Orden a partir especialmente del año 1429, en que se establece el colegio de Valladolid con muy sabios estatutos. Desde el siglo XVI en adelante nunca faltaron en nuestras principales Universidades, como Salamanca, Alcalá, Valladolid y otras, insignes catedráticos trinitarios. Fueron innumerables los trinitarios españoles que ocuparon puestos en el Tribunal de la Inquisición, los teólogos y examinadores de la Nunciatura, examinadores y jueces de concurso en los tribunales diocesanos, y predicadores de la Real Capilla, y no pocos obispos y arzobispos. Publicaron numerosísimas obras, particularmente sobre temas de las ciencias eclesiásticas, aunque también se quedaron otras muchas manuscritas por no disponer de recursos para la impresión.

Desde los mismos orígenes organizó la Orden sus cofradías de la Santísima Trinidad, o de la Redención; y, al desear muchos fieles una mayor perfección y comunión de bienes espirituales, se afiliaron a ella en calidad de donados o «beatas», surgiendo así una verdadera Orden tercera, si bien su organización es relativamente moderna (siglo XVIII).

Los trinitarios calzados se extinguieron al morir en Roma su último general, el zamorano padre Antonio Martín Bienes, 28-I-1894.

Trinitarios calzados fueron los beatos Simón de Rojas y Marcos Criado; los ilustres arzobispos Juan de Almoguera y Diego Morcillo de Auñón, éste además dos veces virrey del Perú; tres grandes predicadores del siglo XVII: Hortensio Félix Paravicino y Arteaga, Manuel Guerra y Ribera, y Martín Ibáñez de Villanueva, obispo después; y el historiador José Manuel Miñana, continuador de Mariana.

II. *Descalzos*. Todas las instituciones humanas cambian con el correr del tiempo, y la Orden trinitaria no fue una excepción. Ciertamente que en España a fines del siglo XVI se encontraba más floreciente que en la vecina Francia (donde surgen los reformados en 1578 y los descalzos en 1620) por los estudios, por los religiosos dignatarios e incluso por la regular observancia; pero distaba no poco del fervor primitivo. La recia personalidad del beato Juan Bautista de la Concepción logró implantar una estricta observancia de la regla primitiva, impetrando al efecto de Clemente VIII el breve de reforma (1599), y añadiendo la austeridad de las sandalias y el cuarto voto de no pretender dignidades. El mismo fue elegido primer provincial en 1605, y a su muerte tenía la descalcez 17 conventos, divididos al año siguiente (1614) en dos provincias, a la vez que se nombraba un vicario general. En 1631 concedió Urbano VIII tener propio ministro general, por lo que alcanzó así la plena autonomía respecto de los calzados. Una tercera provincia fue creada en 1659. La provincia de la Inmaculada o de Castilla la Vieja llegó a contar 12 conventos; la del Espíritu Santo o Castilla la Nueva, 11, y la de la Transfiguración o Andalucía, 10.

Por primera vez ejecutaron su instituto de redimir cautivos el año 1625, y en 24 redenciones que realizaron las tres provincias, siempre unidas, dieron libertad a más de 4.700 cautivos en el norte de Africa.

En 1733 dividióse la descalcez en las dos familias intra y extra-hispana, denominadas, respectivamente, del Santísimo Redentor y de la Madre del Redentor. El primer sexenio debía elegirse como ministro general un religioso de la familia intra-hispana, y para la extra-hispana se nombraría un comisario general de entre sus miembros, cambiando la suerte en el segundo sexenio, y así alternativamente. En 1783 se llegó a una total división de las dos familias, con distintos generales. Tras la exclaustración de 1835 solamente quedó abierto, de los españoles, el convento de San Carlino en Roma, que había sido fundado en 1609, y del que vino la restauración a España a partir del año 1879. En 1900 se hizo la unión de las dos familias. Hoy cuenta la Orden con dos provincias en España, llamadas del Espíritu Santo (Sur) y de la Inmaculada (Norte), dependiendo de la primera las casas de Argentina, Chile y Perú. En mayo de 1961 fueron suprimidos en Cuba por el gobierno de Fidel Castro los colegios de Cárdenas y La Habana, de la provincia del Norte. Ambas provincias rigen en Madagascar la diócesis de Tsiroanomandidy, cuyo primer obispo es monseñor Angel Martínez.

Entre los descalzos que vivieron en los primeros cincuenta años hubo verdaderos gigantes de la santidad, cuyas biografías leemos en la primera parte de la *Crónica*. De ellos alcanzaron el honor de los altares san Miguel de los Santos, fue beatificado el reformador, tiene declaradas las virtudes en grado heroico el venerable Tomás de la Virgen, y se hicieron los procesos del padre Juan de San José. En el presente siglo han muerto en olor de santidad los siervos de Dios, padre Domingo del Santísimo Sacramento y el padre Félix de la Virgen. Entre los religiosos más insignes por su ciencia, citaremos al padre Leandro del Santísimo Sacramento († 1663), moralista de fama europea, y al sabio obispo de Guadix, Miguel de San José, autor de la *Bibliographia critica sacra et prophana* (1740-1742).

III. *Religiosas*. Fundado en 1201, como se ha dicho, el convento de Avingaña (Serós, Lérida), en 1236 fue cedido por el ministro general Nicolás a D.ª Costanza, hija de Pedro II de Aragón y esposa de Ramón Guillermo de Moncada, para que lo convirtiese en convento de religiosas. La vida de la nueva comunidad no comenzó hasta 1250. No sin razón, pues, es llamada esta Costanza la fundadora de las religiosas trinitarias Hasta el siglo XVI no se conocen más conventos. A principios de este siglo surgen otros en nuestra Península (donde únicamente ha tenido vida esta segunda Orden, no reputándose como tales las trinitarias hospitalarias de algunos conventos mixtos ingleses, franceses e italianos), siendo el primero el de Villoruela en 1510. Algunos conventos fueron una natural evolución de antiguos «beaterios», como Alcalá la Real (1560) y Burgos (1586). En 1623 el número de religiosas ascendía a 400.

En el primer decenio del siglo XVII nacen en Madrid las trinitarias descalzas, y el año 1680 comienzan las reformadas o recoletas por obra de la venerable Angela María de la Concepción. Estas tres ramas, de calzadas, descalzas y recoletas, son de clausura.

Tenemos después las Congregaciones más modernas de vida activa, que al ejercicio de las obras de misericordia en los hospitales, orfanatos y clínicas, han unido la alta misión de educar cristianamente a la juventud, y que al rescate de los esclavos han sustituido el no menos noble rescate de las almas del error y del vicio.

En España tenemos las siguientes: terciarias trinitarias de Sevilla (1720), las de Mallorca (1809), las de Madrid (1885), trinitarias oblatas de Valencia (1885), y las trinitarias josefinas de Plasencia (1886). Los vínculos de unión que estas Congregaciones tienen con la Orden son de naturaleza espiritual e ideal.

BIBL.: N119; N120; N114; N118; N116; N122; N127; N126; N121; N117; N123; N115; D. LÓPEZ, *Historia de la Provincia de Andalucía* (inédita, dos redacciones: 1684 y 1715); A. ROMANO DI STA. TERESA, *Le affiliazioni dell'Ordine Trinitario*, Isola del Liri 1948.   B. PORRES

TRONCOSO Y SAEZ, Juan, OSST (Madrid † ib. 13-IX-1873) predicador. Tomó el hábito (14-I-1827) y profesó (12-III-1828) en Madrid, apellidándose de la Santísima Trinidad. Estudió Teología en Alcázar de San Juan y fue lector de Filosofía en Roma. En 1836 quedó exclaustrado. Se dedicó con mucho fruto a la predicación, y aun hoy es conocido por sus sermonarios.

OBRAS: *Biblioteca completa de oratoria sagrada*, segunda ed., 12 vols., Ma. 1865-90; *Novísima Biblioteca de predicadores*, segunda ed., 11 vols., Ma. 1862-63; *Glorias y triunfos de la Iglesia en España*, tercera ed., 4 vols., Ma. 1862-64. Hay otras ediciones posteriores de estas obras.

BIBL.: N116, II, 430-431.   B. PORRES

TRUETA, Antonio, OPraem (San Vicente dels Horts [Barcelona] 1709 † Santa María de Bellpuig de las Avellanas [Lérida] 1774) abad. Ingresó en la Orden en el monasterio de Santa María de Bellpuig de las Avellanas donde vistió el hábito a los veinticuatro años. Fue abad de este monasterio durante cuatro trienios que comenzaron respectivamente en 1745, 1751, 1760 y 1772, interrumpiendo la muerte su último mandato. El monasterio, caso único que hemos hallado, le dedicó, según las *Memorias*, una buena lápida sepulcral, que, por cierto, se ha encontrado soterrada, en las últimas excavaciones que se han llevado a cabo en la iglesia conventual, en 1964.

BIBL.: *Memorias del Monasterio* (de Bellpuig de las Avellanas), IX, fols. 129-144; J. N... ms. archivo Rectoría Vilanova del Sal; J. CARESMAR, *Anales*...: bibliot. HH. Maristas (Las Avellanas), ms. 216; ID. *De rebus*, 265 ss.

E. CORREDERA

TRULLENCH, Juan, (Villarreal [Castellón] † Valencia 1645) canonista. Fue doctor en Filosofía, rector de la parroquia de San Esteban, y profesor del real Seminario del *Corpus Christi* de Valencia.

OBRAS: *Opus morale*, Val. 1640; *De obligatione assistendi et canendi in choro*...,Val. 1633; *Expositio Bullae Cruciatae*..., Ba. 1637; *Praxis sacramentorum*, Val. 1646; *De iure parochi sive parochiali et vicario perpetuo et temporali*, Val. 1647.

BIBL.: A1, I, 627-28; A37, III, 743-744; D1, 29, 474-75.

A. GARCÍA Y GARCÍA

TUCCI. Diócesis desaparecida *(Tuccitanus, Tucitanensis)*, en la actual Martos (Jaén). Esta diócesis estubo ya representada en el concilio de Elvira por el obispo *Camerino*, seguido seguramente por varios desconocidos hasta el obispo *Velato* en el concilio de Toledo III, 589, y en el de Sevilla de 590; *Agapio* en el de Gundemaro, 610, mencionado además por el rey Sisebuto en 612; *Fidencio*, en el concilio de Sevilla, 619, y representado en el de Toledo IV, 633, por el presbítero Centauro; *Guda*, en el de Toledo VI, 638; *Vicente*, en el de Toledo VIII, 653, firma antes de 33 obispos; *Sisebado*, en los de Toledo XII, 681, XIII, 683, XV, 688 y XVI, 693. Bajo la dominación musulmana Sansón en su *Apologeticum* (ES 11, 392-96) cita en 842 la sede Tuccitana que usurpó Hostegesis, y en una inscripción de tiempo incierto consta el nombre de un obispo, *Cipriano* (Cepriano).

BIBL.: ES 12, 346-428; M. GÓMEZ MORENO, *Antigüedades cristianas de Martos*: Misceláneas (Ma. 1949); A. CABEZÓN MARTÍN, *Epigrafía Tuccitana*: R25, 37(1964)106-155; E. HÜNER, 109; J. VIVES, *Inscripciones* 354. J. VIVES

TUDELA, Diócesis de, *(Tudelensis)* administración apostólica de la archidiócesis de Pamplona; hasta 1956 lo había sido de Tarazona. Independiente de 1784 a 1844; unida a Tarazona por el concordato de 1851).

1. Historia. El primitivo origen de la ciudad es incierto; no hay pruebas suficientes de que fuese población romana, a pesar de los hallazgos de medallas y restos de calzada romana. Los geógrafos clásicos, entre ellos Plinio, no la mencionan; pero sí la elogia el escritor de Bilbilis, M. Valerio Marcial, «por su amenidad y comodidades». Hasta la dominación musulmana no aparecen datos históricos; sometida por los conquistadores árabes de Zaragoza en el año 713, se tiene por cierta su caída en manos de Yusuf el 716, y treinta años después, 747, aparece citada en la *División de ciudades* del mismo Yusuf, como una de las principales de la Cora de Zaragoza. El historiador árabe Rasis hace repetidos elogios de la ciudad, de su puente y de su asombroso comercio. Ciertamente, por entonces, Tudela brillaba por su esplendor, laboriosidad y riqueza; era casi toda musulmana, en pacífica convivencia de judíos, árabes y cristianos. Abundaban las mezquitas, sinagogas e iglesias cristianas toleradas, en su barrio mozárabe. Tudela fue cabeza de puente contra cristianos, avanzadilla y atalaya contra Burgos y Navarra. Se dice fue fundada, en los primeros años del siglo IX, por Amrus, auxiliar de Alhaquem, emir de Córdoba, ligada, por tanto, a la frontera árabe-cristiana. Tuvo reyes propios o walíes dependientes de Zaragoza o de Córdoba, como lo demostró F. Codera en su libro

Reino árabe de Tudela según las monedas: R59, 5(1884) 354-61. En el año 1035, el walí de Tudela auxilió al rey Ramiro I de Aragón, cuando entró por Navarra y cayó sobre Tafalla. En 1045 la recuperó García de Navarra, pero al año siguiente estaba en poder del emir de Zaragoza.

El año 1114, cercada la ciudad por el normando Rotrón, conde de Alperche, que vino a España en auxilio de Alfonso I que sitiaba Zaragoza, cayó mediante un ardid: *et capta fuit Tutela ab rege Alfonso et cum auxilio Comitis de Pentica*, pero no la fortaleza que resistió hasta 1119. Alfonso el Batallador hizo capitulaciones en 1119 con sus moradores, respetando oficios, mezquitas y costumbres. El mismo rey dio en feudo Tudela a Rotrón, quien lo pasó después a su sobrina Margarita, casada con García Ramírez, rey de Navarra. En 1117 les dio el fuero de Sobrarbe. Siguieron los moros en el recinto de la ciudad hasta bien entrado el siglo XVI, con su mezquita y sus costumbres.

La mezquita mayor de Tudela fue convertida en iglesia de Santa María en 1121, dependiente de Tarazona, y en aquel mismo año el rey donó las mezquitas y sus diezmos al cabildo de Tudela, pues ya estaba erigida la Iglesia con su prior y cabildo. No es posible escribir la historia eclesiástica de Tudela sin referirnos a la de Tarazona, por su afinidad de iglesias y su interdependencia a través de los siglos. A finales del siglo XII esta Iglesia era casi exenta de la de Tarazona, su matriz, pues en 1128 se titulaba ya *Iglesia Real* y en 1238 se secularizó su cabildo. Los que atendían el culto primeramente en la iglesia de Santa María de Tudela fueron canónigos regulares de San Agustín, pues consta que existían ya desde 1121, al tiempo de la conquista. Después hubo abades, luego priores y deanes mitrados, terminando en el siglo XIX por cuatro obispos. El prior de Tudela tenía jurisdicción sobre un coto redondo de 14 pueblos (Alfonso I les dio 11) y con solamente ellos se pretendió fundar una diócesis. Por el año 1366 tenía de población 960 fuegos, 203 judíos, 79 moros, 10 parroquias y 66 clérigos.

Al separarse de Navarra el Reino de Aragón surgió el antagonismo y las desavenencias entre Tarazona, la capital diocesana, y Tudela, fomentadas por los reyes navarros, que apoyaban a los deanes de Tudela en sus pretensiones contra los obispos de Tarazona. Así pues, en 1259, a petición del rey Teobaldo II de Navarra, expedía una bula el papa Alejandro IV, concediendo uso de mitra y anillo a los deanes de Tudela.

Monumentos. La catedral fue levantada sobre restos de la mezquita mayor que se convirtió en iglesia de Santa María en 1121 y su construcción se hizo de 1119 a 1147. Magnífico ejemplar de transición románico-ojival de los siglos XII al XIII (1194-1234), de planta cisterciense, cruz latina, tres naves y crucero. Notabilísima es la fachada principal de ocho archivoltas. En 1125 ya estaba construido el pórtico. El altar mayor fue consagrado en 1204 por el arzobispo de Tarragona. La iglesia de La Magdalena es del siglo XIII al XIV, mozárabe; las otras iglesias son ya barrocas. Es notable también el palacio episcopal y el del marqués de San Adrián, renacentista. En la catedral hay un sepulcro-mausoleo del canciller de Navarra.

2. Instituciones. *El obispado:* Ya en tiempo del rey Felipe II, había pretendido la ciudad de Tudela la catedralidad de su iglesia. El obispo de Tarazona don Pedro Cerbuna aprobó sus deseos, pero el papa Clemente VIII no accedió, porque el ayuntamiento de Tarazona y el cabildo se opusieron a tal pretensión. Dos siglos después, por bula del papa Pío VI, 27-III-1783, se creaba el obispado de Tudela, suprimiendo el deanato; firmaba el expediente el conde de Campomanes. La Iglesia estaba dedicada a Santa María la Blanca. Efímera fue la duración de esta nueva diócesis, pues erigida en 1783, apenas duró sesenta y un años, quedando suprimida y reducida a colegiata por el concordato de 1851.

El *cabildo* catedralicio estaba formado entonces por 3 dignidades, 16 canónigos y 5 racioneros.

Hospitales. Nuestra Señora de Gracia, magnífico hospital viejo del siglo XVI (1549). Real Casa de Misericordia, 1771. Hospitalillo de Niños Huérfanos, 1602. Hospital Municipal, 1961.

Seminario. Fue fundado en 1825 por el último obispo de la diócesis, don Ramón M.ª Azpeitia, dedicado a santa Ana, e instalado primeramente en el edificio que fue de jesuitas y agregado a la Universidad de Zaragoza. En 1838 se cerró por dificultades económicas y por discusiones sobre las rentas y propiedad del edificio. En 1846 fue restablecido en el antiguo convento de carmelitas descalzos.

Congregaciones religiosas de varones: Franciscanos, 1214-1836. Mercedarios Calzados, 1326-1382. Dominicos (Hospital), 1556. Jesuitas, 1561. Carmelitas Calzados, 1591. Carmelitas Descalzos, 1597. Capuchinos, 1613. Monasterio de San Marcial, 1269, fundado por Teobaldo II, era de premonstratenses, en 1304 fue cedido a Tudela. *De mujeres:* Benedictinas, 1149. Clarisas, 1234. Dominicas, 1621. Hijas de María de la Enseñanza, 1687. Capuchinas, 1726.

Archivos. Ricos y bien conservados los tenía esta ciudad, además de poseer índices y copiadores de documentos, que redactó a finales del siglo XVII el doctoral Conejares.

Los archivos de la colegiata y del ayuntamiento son muy interesantes, con documentos de los siglos XI al XII, algunos de ellos bilingües en árabe-latín y hebreo-latín. El de la colegial lo exploró el Sr. Yanguas y Miranda. En 1944 publicó un buen catálogo de los archivos eclesiásticos don Francisco Fuentes. En el archivo del ayuntamiento existe una interesante colección sigilográfica. El deanato tenía dos breviarios, uno manuscrito, guardado en el archivo de la colegiata, y otro impreso en 1554.

3. Geografía y situación actual. Situada la capital a orillas del Ebro sobre el río Queiles, fertilizando ambos ríos su extensa y feraz vega, al Sur de la provincia de Navarra. Es la segunda ciudad en importancia y en habitantes. Confina al Norte con la diócesis de Pamplona; al Este con el enclave de la diócesis de Zaragoza en la de Tarazona y al Sur y Oeste con la de Tarazona, su antigua matriz.

Extensión: 200 kilómetros cuadrados. Número de fieles. 17.125. Sacerdotes, 49. Seminaristas, 153. Parroquias, 9. Arciprestazgos, 1. Casas de religiosos, 5. De religiosas, 9. Iglesias, 14. Escuelas, 31. *Colegios:* Hermanos del Sagrado Corazón, Capuchinos, Filipenses, Jesuitas, Compañía de María y de la Enseñanza.

4. Episcopologio. *Francisco Ramón de Larumbe,* pr. 25-IV-1784, pos. 20-VIII-1784, † 1-IX-1796. *Simón de Casaviella y López,* pr. 27-VII-1797, pos. 5-XI-1797, † 30-III-1816. *Juan Ramón Santos de Larumbe,* pr. 14-IV-1817, pos. 19-VII-1817, † 3-X-1818. *Ramón María Azpeitia Sáenz de Santa María,* pr. 29-III-1819, pos. 17-IX-1819, † 31-VI-1844, fundó el Seminario conciliar. Suprimida la diócesis por el concordato de 1851, se encomendó su administración apostólica en 1858 al entonces obispo de Tarazona, *Cosme Marrodán y Rubio,* y luego a sus sucesores hasta el 1-I-1956 en que pasó a la administración del arzobispo de Pamplona.

BIBL.: ES 50 (listas de abades y priores de la colegiata de Tudela, años 1121-1234; de deanes, 1238-1757; de obispos, 1784-1844); V. DÍAZ BRAVO, *Memorias históricas de Tudela:* R152, 14(1953)99-124; J. SADORNIL, *Apuntes históricos religiosos de Tudela,* s. l., 1885; J. YANGUAS Y MIRANDA, *Diccionario histórico político de Tudela,* Za. 1823; J. M. DE NAVASCUÉS, *Tudela. Sus monumentos románicos,* Za. 1918;

M. C. PUIG ARBOLEA, *Reseña histórica del Convento de Religiosas de la Compañía de María y Enseñanza,* s. l., 1876.
F. ZAMORA

TUEROS Y HUERTA, Felipe de los, (Valle de Trucios [Vizcaya] 16-III-1675 † Granada 12-IX-1751) arzobispo. Estudió Filosofía y Teología en Salamanca y Valladolid, aplicándose particularmente a la jurisprudencia. De cura párroco de San Juan (Madrid) sirvió a la Nunciatura en calidad de auditor y nuncio; fue preconizado obispo de Guadix el 3-II-1721, y el 20-I-1734 arzobispo de Granada.

BIBL.: J. VELÁZQUEZ DE ECHEVARRÍA, *Paseo XXVIII Episcopolio granatense,* Gra. 1768. M. CASARES

TURIEL SANTIAGO, Agustín, SchP (Alcañices [Zamora] 28-VIII-1905 † Madrid 22-I-1966) hombre de gobierno. Licenciado en Ciencias Exactas por la Universidad de Madrid, las enseñó en la Casa de Estudios de Irache (Navarra), cuyo rectorado regentó (1943-1949) haciendo sentir su influencia científica y propagando métodos modernos, sanas orientaciones para la cultura, el magisterio y el apostolado. Rigió la provincia de Escuelas Pías de Castilla durante un sexenio; delegado general de la Orden Escolapia en España (1952-1962); miembro del Consejo Nacional de Educación, del Consejo Superior de Enseñanza de la Iglesia, primer presidente de la Federación de Religiosos de Enseñanza. Fue primer vocal de la CONFER. Descolló en la enseñanza de las matemáticas. Rector varios años de la Casa de Escritores de la Orden en Madrid. Impulsó los estudios de diversas congregaciones religiosas femeninas realizando en 1963, por encargo de la Santa Sede, a través de la FERE una visita de inspección de varias de ellas para informar sobre sus planes de estudios. Murió siendo provincial de Castilla. Predicador más profundo que brillante.

OBRAS: Varios textos de *Matemáticas* en la colección Textos E. P. que dirigió varios años; *Prólogo* al número extraordinario de Revista Calasancia, Ma. 1957; *Presentación* de Suplemento de Revista Calasancia, 1959, 1; *Prefacio* a la tesis doctoral de Claudio Vilá Palá, *Fuentes inmediatas de la Pedagogía Calasancia; Aspectos jurídicos de la Inspección Diocesana en los Centros de la Iglesia:* Educadores, 3(1961)315-324.

BIBL.: O76, XI, 614-619; Revista de Enseñanza Media, 164(1966)895-896. C. VILÁ

TURMEDA, Anselmo, (Palma de Mallorca c. 1352 † Túnez 1423) escritor religioso, cristiano y musulmán, autor de obras muy divulgadas, en mallorquín y árabe. Franciscano, estudió en Lérida y Bolonia. Se traslada a Túnez y se hace musulmán, en fecha anterior a 1393. El soberano Abulabbás Ahmed le da el cargo de traductor en la aduana, de donde le viene su nombre árabe Abdallah Al-Tarchumán (el truchimán). Su hijo el sultán Abu Faris Abdelaziz le ascendió a alcaide de la aduana de Túnez y le confió otros importantes cargos en los asuntos financieros del reino. Anselmo Turmeda empieza, desde 1393, la publicación de diversas obras, en prosa y en verso, en su lengua natal mallorquina, que se difundirán luego en Europa. Hay datos sobre intervenciones suyas en la política de Mallorca y del reino de Aragón, con poemas y profecías bastante oscuras. Tampoco aparecen del todo claras las causas que le pudieron llevar a convertirse al Islam, aunque él exponga su conversión en su última obra conocida, en árabe, que es una autobiografía, una crónica de los soberanos tunecinos a los que sirvió y una virulenta polémica anticristiana, redactada en 1420. Murió en Túnez, donde aún se conserva su tumba o cúpula, a la entrada del zoco de los Guarnicioneros. Escritor más popular que original, en catalán tuvo una amplia difusión, que contribuyó a extender la leyenda de su martirio en Túnez, una vez que hubiera renegado del Islam, al final de su vida. Su obra árabe, que fue probablemente retocada en el ambiente de los moriscos del siglo XVII refugiados en Túnez, es sobre todo una polémica anticristiana, típica y ágil, también muy difundida hasta nuestros días. Turmeda constituye un caso raro de doble éxito literario en árabe y en una lengua europea, así como de veneración religiosa entre musulmanes y cristianos.

OBRAS: *Libre de bons amonestaments* (1936), poemas morales a imitación del librillo italiano «La Dottrina dello Schiavo di Bari», ha tenido múltiples ediciones en los siglos XVII y XVIII y, modernamente, por M. Olivar, Ba. 1927 y J. Perelló, Palm. 1971; *Cobles de la divisió del Regne de Mallorques*, ed. E. K. Aguiló, en Museo Balear, Palm. 1885, y M. Olivar en su *Anselm Turmeda. Obres menors*, Ba. 1927; *Profecies* (entre 1404 y 1406), editadas en sus diversas versiones por J. Bordoy y Torrens, en Revista Iberoamericana de Ciencias Eclesiásticas, Ma. 1901; por R. de Alós, en R71 bis, (1911); por A. Raimondi, en Archivio Storico per la Sicilia Orientale, Siracusa 1914, y por P. Bohigas, en R113, Ba. 1916, y en R68 (1921); *Libre de Tres*, que le atribuye N. d'Olwer en R113 (1914); *Disputa de l'Ase contra Frare Anselm Turmeda sobre la natura e noblesa dels animals*, obra perdida en su original y en sus traducciones castellana y alemana, editada en su traducción francesa por R. Foulché-Delbosch, en Revue Hispanique, Burdeos 1911, y luego traducida al catalán por M. Olivar, Ba. 1928, y reconstrucción catalana por L. Destany, Ba. 1922; *Tuhfat al-arib fi radd ala ahl alsalib* (Regalo del letrado para refutar a los partidarios de la Cruz), ediciones populares árabes en El Cairo 1873, 1895 y 1904, edición crítica y traducción castellana por M. de Epalza, Ro. 1971, traducciones turcas en Estanbul 1874 y 1886, traducción francesa por J. Spiro en Par. 1885 y 1886, y parcial en Revue Tunisienne, (Túnez 1906), y traducción catalana por M. de Epalza e I. Riera, Palm. 1973.

BIBL.: A. BERBRUGGER, *Abdallah Teurdjeuman, renégat à Tunis*: Revue Africaine (Argel), 5(1861)261-275; J. M. MIRET I SANS, *Vie de Fray Anselmo Turmeda*: R71bis', 24 (1911)261-296; M. ASÍN PALACIOS, *El original árabe de la Disputa del Asno contra Fr. Anselmo Turmeda*: R180, 1 (1914)1-51, reeditado, en *Huellas del Islam*, Ma. 1941, y en *Obras Escogidas*, Ma.-Gra. 1948; A. CALVET, *Fray Anselmo Turmeda, heterodoxo español*, Ba. 1914; L. MASSIGNON, *Examen du Présent de l'homme lettré d'Abdallah Ibn al-Tarjuman (exAnselme de Turmeda)*, Ismailia 1817, ms.; M. DE EPALZA, *L'auteur de la «Tuhfat al-arib», Abdallah al-Tarjuman (Anselm Turmeda)*: Ibla (Túnez), 28(1965)261-290; ID., *La Tuhfa, autobiografía y polémica islámica contra el Cristianismo, por Abdallah al-Taryuman (fray Anselmo Turmeda)*, Ro. 1971; J. SAMSÓ, *Turmediana*: I, *Trasfondo cultural islámico en la obra catalana de Anselmo Turmeda*, y II, *En torno a la Tuhfa y al Libre de bons amonestaments*: R54, 34(1971-1972)55 ss.; E. DE K. AGUILÓ, *Fr. Anselmo Turmeda, Apuntes biográficos*, Palm. 1885; M. DE EPALZA, *Nuevas aportaciones a la biografía de A. Turmeda*: R5, 38(1965)97-158; D25, IV, 392-394.

M. DE EPALZA

TURRADO MORENO, Angel, OFMCap (Pinilla de la Valdería [León] 24-XII-1903 † Madrid 16-XI-1961) obispo titular de Assó y primer vicario apostólico de Machiques.Vistió el hábito en Bilbao el 18-VIII-1921, tomando el nombre de Gaspar de Pinilla. Marchó a la misión del Caroní en junio de 1931; allí continuó hasta mediados de 1944, estando al frente de varias parroquias e internados indígenas; fue preconizado obispo titular de Assó y primer vicario apostólico de la recién creada misión de Machiques (Venezuela) el 4-IX-1944, siendo consagrado en Maracaibo el 17-XII-1944. Con miras a conocer personalmente su territorio misional y para organizar mejor el apostolado, recorre ranchería por ranchería, lo que realiza año tras año, dándose así cuenta de las necesidades de sus feligreses y administrando el sacramento de la confirmación. Funda asimismo los centros misionales de Guana y Guarero, en la parte de la Guajira; aquí establece un internado de niños indígenas; para cuidar de ellos lleva las religiosas misioneras de María Inmaculada. Estas mismas

quedan al cuidado de otro colegio en la residencia misional de Casigua, en la parte de Perijá. En ésta funda el centro misional de Los Angeles del Tukuko, en plena selva y con miras a la reducción de los bravos indios motilones; pone asimismo allí un internado de niños que encomienda a las religiosas españolas de Santa Ana. A éstas las lleva a la capital del vicariato, Machiques, para dirigir un colegio de segunda enseñanza. Levanta una hermosa residencia en Machiques y, al lado, la magnífica iglesia catedral. Pero, lleno de achaques y enfermedades, presentó la dimisión de su cargo en 1954, retirándose a Madrid. Aquí pasó el resto de sus días dedicado al apostolado de la predicación y confesonario, siendo para todos edificante ejemplo de caridad, de humildad, de trabajo y de paciencia.

OBRAS: Fue asiduo colaborador de la revista Venezuela Misionera, de Caracas, publicando en ella interesantes artículos y cuentos de los indios guaraúnos. Fruto también de sus observaciones personales fueron los dos libros: *Etnografía de los indios guaraúnos*, Caracas 1945, y *Cómo son los indios guajiros*, Caracas 1950.

BIBL.: Boletín Oficial de los Frailes Menores Capuchinos de Castilla, 14(1961)211-212.   B. DE CARROCERA

TUSEREDO, (mediados del siglo VIII). Personaje totalmente desconocido excepto por el hecho de haber sido corresponsal de Ascárico. A una carta de éste contesta (PL 99, 1234-1240) con otra muy sistemáticamente ordenada en 11 puntos en que resuelve problemas planteados por Ascárico en torno a los cuerpos gloriosos y a la Asunción de María, a base de la Sagrada Escritura, Gregorio Magno e Isidoro; se excusa de no poder aducir más autoridades por falta de libros. Las citas son casi todas de segunda mano, pero el conjunto es importante. Su epitafio consta de nueve hexámetros escrito por Ascárico.

BIBL.: E. P. COLBERT, *The Martyrs of Córdoba*, Wa. 1962, 54 s.; J. VIVES, *Inscripciones Cristianas de la España Romana y Visigoda*, Ba. 1969, 87.   M. DÍAZ Y DÍAZ

TUY-VIGO, Diócesis de, *(Tudensis)* sufragánea de Santiago de Compostela.

1. Historia. La leyenda cifra el antiguo y curioso origen de Tuy en Diómedes, hijo de Tideo y rey de Etolia. Así lo indican Florián de Ocampo *(Crónica General de España* I, 211) y Juan de Mariana *(Historia de España* I, 47 ss.).

Francisco Manuel de la Huerta y Vega *(Anales de Galicia* I, 1) niega la venida de los griegos y la declara fundada por antiguos españoles, aunque admite después el origen griego de algunas poblaciones gallegas: *Hellenes Amphilochi, Gravii, Tude, Lais, Casiterides*.

Hacia el 728 a. C., entre las olimpíadas 12 y 13, entran en España los cartagineses. Desde el 214 al 150 a. C. continuas guerras entre cartagineses y romanos dieron a éstos la victoria. La conquista de Galicia la llevó a cabo el general Décimo Junio Bruto hacia el 138 a. C. De hecho, Tuy no fue conquistada hasta tiempo de Julio César, que la tomó hacia el año 58. Quedó agregada a la España Citerior o Tarraconense. Permaneció sujeta al imperio romano por lo menos hasta el 469. No consta cuándo, más adelante, quedó sometida a los suevos.

En lo que a vida eclesiástica se refiere, no hay modo de certificar la tradición de que Santiago dejó como obispo a san Epitacio. Con motivo de la invasión de los bárbaros, en el Aloya se formó la capilla de San Julián del Monte.

Hacia el 550 el rey Charrarico y su corte se convierten a la fe católica (estamos en período arriano) por obra, principalmente, de san Martín Bracarense. Gracias a la paz resultante pudo ser reconstruida la ciudad de Tuy. El año 572 se reunió el II concilio de Braga en el que firma, como sufragáneo de Lugo, el obispo Neufila. Hacia el 585 Leovigildo se anexiona Galicia, implanta el arrianismo, destierra a Neufila y lo sustituye por el arriano Gardingo, que se convertirá en el concilio III de Toledo. En los concilios de Toledo IV y VI se menciona a Anastasio; Adimiro es citado en el VII; el clérigo Victorino, representante del obispo Beato, en el VIII. Genetivo toma parte en el concilio de Braga, como sufragáneo de esa diócesis, y también en el XII de Toledo. Opas y Adelfio toman parte en el XIII y XV de Toledo, respectivamente.

Hacia el 698 Egica estableció en Tuy a su hijo Witiza para restaurar el antiguo reino. Desde aquí (su residencia estuvo probablemente en el actual Pazos de Reis) en la decrepitud de su padre, fue el señor efectivo de todos sus dominios hasta que se trasladó a Toledo el 17-XI-702 por muerte de aquél, donde encontró su propia muerte en el año 711. Se conservan monedas de Witiza y Sisebuto acuñadas en Tuy.

Los moros entran en Tuy, por primera vez, hacia el año 716. Los habitantes suben de nuevo al Monte Aloya, su ciudad refugio. Tras algunos pactos con los mahometanos tornan a bajar al pueblo, aunque los obispos, por un tiempo, tuvieron que residir en Iria, donde tenían asignada una parroquia para su mantenimiento. Existe un hiato histórico en la sucesión episcopal y es Diego de Tuy, que asiste al concilio de Oviedo, el primer obispo conocido de este tiempo.

Alfonso I expulsa a los moros hacia el 740. Casi un siglo después, con Alfonso II, volvieron a entrar los moros de Córdoba, mandados por Alhabber, y derrotados por el rey Casto en la batalla de Anceo, hacia el 820. Ordoño I (850-866) comenzó la restauración de Tuy por el año 860, aunque tales trabajos no permitieron que los obispos de Tuy regresaran de Iria hasta el año 950, después de ciento cincuenta años de sede vacante.

A principios del siglo x, con motivo de frecuentes invasiones normandas y sarracenas, Naustio se retira a vivir al monasterio de San Cristóbal de Labruxe, ya en territorio portugués. Entre una considerable serie de invasiones destacan: una hacia el año 970, por cuya causa el obispo Viliulfo tuvo que retirarse al monasterio de San Esteban de Ribas del Sil, diócesis de Orense, desde donde gobernaba su Iglesia; otra, en 997, por Almanzor, según testimonio de Ambrosio de Morales: le hizo retroceder Vermudo II. A principios del siglo XI otra invasión normanda se lleva prisionero al obispo Alfonso I, dejando la ciudad «desierta, viuda, enlutada» hasta el 1021, 6 de enero, en que consta documento de dotación a la iglesia de Tuy por D.ª Urraca.

Por causa de esta última destrucción la ciudad se desplazó un tanto y se llamó por algún tiempo Buenaventura, nombre que, incluso contemporáneamente, no prosperó (es el actual arrabal de San Bartolomé). Allí residió el núcleo más importante de población hasta que Fernando II de León la trasladó al sitio que hoy ocupa.

De la diócesis se ocupaba Suero Bermúdez (c. 1022) obispo de Dumio. Alfonso V la anexionó a Santiago hasta que D. García y D.ª Urraca tomaron por su cuenta la restauración de Tuy, desmembrándola de Santiago en 1069; pusieron como obispo a D. Jorge y al año siguiente le conceden a él y a la Iglesia de Tuy el Coto de Villán de Moros, en la comarca de Valencia del Miño, comienzo del Señorío. Doña Urraca, hermana de D. García, y otra Urraca, hija del rey Fernando I el Magno, lo engrosaron considerablemente, dotando de pingües rentas al obispo y a la nueva iglesia-catedral — San Bartolomé — llevando a los monjes de San Benito para cuidar el cueto, dando origen al monasterio de aquella Orden. En el 1095 el conde D. Ramón y su esposa D.ª Urraca conceden considerables terrenos al Señorío, incluso de tipo feudal, justicia propia, etc. Todo ello es confirmado por Alfonso VI y VII. Incluso Alfonso I de Portugal, con ocasión de apoderarse de la ciudad de Tuy, ratifica estos privilegios a su obispo Juan I. Tampoco afectan al Señorío las guerras entre Sancho I de Portugal y Fernando II de León (1186), ni la división entre los partidarios de D. Fernando el Santo y D.ª Sancha y D.ª Dulce por muerte de D. Alfonso IX de León. En este reinado (1240) se sublevan contra el obispo y cabildo de Tuy la justicia y el regimiento. El obispo Lucas se querella al rey Fernando que sujetó a los sublevados, quedando el obispo sucesor, Gil Pérez de Cerveyra, más afincado en su Señorío. Cosa que aumentó al ponerse el obispo Juan de Castro de parte del rey castellano, D. Enrique II, contra Fernando de Portugal, al morir el rey D. Pedro.

A la muerte de Gregorio XI, 27-III-1378, tiene lugar el Cisma de Occidente. España obedeció a Clemente VII, papa de Aviñón, y Portugal a Urbano VI, papa de Roma. Tuy se extiende a ambos territorios de modo que la parte superior del Miño reconocía a Aviñón y la inferior a Roma. Por ello se reunieron los segundos en Valença (1381) y eligieron un vicario que les gobernase independientemente de Tuy. Así siguieron las cosas hasta 1423 en que Martín V amenaza con todo género de penas a quienes no se sometan a Tuy. Es entonces, por instancias de Portugal, cuando, en 1441, quedó desmembrado el territorio portugués correspondiente y anexionado a Ceuta, hasta 1512 en que lo es a Braga. Es en este período cuando tienen lugar todos los sínodos de la diócesis de Tuy.

Sínodos: 1482, bajo el obispo Diego de Muros; 1497, bajo el ob. Pedro Beltrán, en Vigo; 1526, bajo el ob. Diego de Avellaneda, en Tuy; 1527, 1528, 1529, 1530, bajo el mismo Diego de Avellaneda, en Tuy; 1578, bajo el ob. Diego Torquemada; 1588, bajo el ob. Bartolomé Molino; c. 1590, bajo el ob. Bartolomé Plaza; 1603, bajo el ob. Tersores del Caño; 1627, bajo el ob. Pedro de Herrera; 1665, bajo el ob. Juan de Villamor, cuyas Constituciones rigen hasta hoy, y fueron reimpresas por el ob. Rodríguez Castañón en 1761.

En 1640 los portugueses se rebelan contra Felipe IV, con las consiguientes repercusiones en la diócesis. En 1642 saquean Creciente y Salvatierra, hasta que el marqués de Viana los vence repetidas veces, y, a pesar de todo, en 1668 es reconocido el rey de Portugal. Tuy sufre repetidas invasiones de piratas ingleses: En 1702, 1719, 1800. En la guerra de la Independencia, adopta una beligerante actitud antinapoleónica participando en ella obispo y cabildo.

Santos del propio diocesano. Figuran san Pelayo, 26 de junio, y san Pedro González Telmo (popular san Telmo), con lecciones y misa propia, según decreto de 13-XII-1741; su fiesta se celebra el 14 de abril.

Monumentos. La catedral, dedicada a la Asunción, comenzada el siglo XI, al estilo de Compostela, con posterior influjo ojival y, en la actualidad, muy restaurada; con portada a Occidente, del siglo XIV y románica al N. Planta de Cruz latina, con brazos muy cortos y cuatro naves laterales. Interesante la capilla de San Telmo construida por el obispo Diego de Torquemada (primera parte gótica, segunda parte barroca).

Hay un gran número de iglesias románicas: Castrelos, Bembibre, Corujo, Sonas, Pesegueiro, Tomiño, Parada de Miñor, Antigua Colegiata de Creciente, entre las más importantes.

Finalmente, interesa hacer constar la importancia artística de las iglesias de San Bartolomé, siglos IX-X; San Francisco, neoclásico, San Pedro Telmo siglo XVIII, barroco portugués, y Santo Domingo, siglo XIV, fachada neoclásica y claustro adornado de bajorrelieves, todas ellas en Tuy. En Vigo, la colegiata de Santa

María, bendecida el 13-III-1836 y hoy concatedral; también la colegiata de Bayona (1278).

Desde el 9-III-1959 la diócesis tiene doble capitalidad: Tuy-Vigo, por la constitución *Quemadmodum impiger* de Juan XXIII; en la misma bula se concede a Santa María, de Vigo, la dignidad de concatedral. El decreto de ejecución es del 14-VIII-1959.

2. Instituciones. Del *cabildo* no tenemos noticias especiales hasta el año 1138, 28 de febrero, en que D. Pelayo Meléndez introdujo en él la Regla de San Agustín. Al cardenal obispo de Tuy, D. Juan, le llamó la atención el crecido número que había de canónigos, 35, y obtuvo de Eugenio IV (1-VI-1435) una bula, merced a la cual quedaron reducidos a 25 y, más tarde, 1444, a 23. Actualmente siguen regidos por las normas del concordato de 1851.

Se hace difícil distinguir entre los monumentos artísticos y los monasterios y santuarios. La sociología de la diócesis, sus avatares de ciudad fronteriza y su antigüedad reducen el arte a la defensa y a la religión.

Monasterios. Quedan aún los monasterios de las Benedictinas de La Guardia, fundado por la familia Sotomayor en 1561; Dominicas de Bayona, fundado en 1547 por D. Sebastián Varela, párroco de aquella colegiata; Justinianas de Villavieja (Redondela), fundado hacia 1554 y recientemente extinguido; Franciscanas de la Concepción (Concepcionistas) de Tuy, también de 1508.

Hospitales. Dependieron de la mitra varios hospitales que han pasado a la jurisdicción civil o ya no existen: hay noticias de un hospital en Redondela ya en 1502, otro en Bayona; otro en Tuy, construido por el obispo Rodríguez Castañón, y consta la existencia de otro hospital de pobres, del que se tiene la última noticia el 26-XI-1426, y, por último, D. Juan G. Benito (1812) fundó una casa de piedad para niños expósitos en la calle de Santo Domingo, de Tuy.

Seminario. En lo que a Seminarios se refiere, D. Diego de Avellaneda, en el sínodo que tuvo lugar los días 18, 19 y 20 de agosto de 1528, fundó uno de latinidad. Más tarde, D. Lucas Galán proyecta el Seminario conciliar, pone los cimientos el obispo García Benito el 22-IV-1825 en el lugar que ocupaban las casas y palacio del marqués de Mos, por concesión del Ministerio de Gracia y Justicia. La obra comenzada no prosperó y D. Francisco García Melgar abrió el Seminario en el antiguo convento de San Francisco el 1-X-1850. Aquí sigue el Seminario menor que cuenta, además, con una biblioteca de gran fondo antiguo. El Seminario mayor es de nueva construcción, obra del actual obispo, en Vigo, y comenzó sus clases el 15-X-1959.

El *Boletín Oficial* del obispado comienza en 1859.

Ordenes religiosas. Hay noticias, cuyo rastro la mayoría de las veces se pierde, de una larga proliferación de familias religiosas que se establecieron a lo largo y a lo ancho de la diócesis: En 1070, en la escritura de restauración de la diócesis de Tuy por D.ª Urraca, cita cuatro monasterios nobles: Elvenos, en el término de Santa María de Ladrones; Veiga de Limia, a orillas del Sorga; San Pelayo de Paderni, junto al Caldabo, cerca de Braga, y el de Pallatini. Hacia 1100 era importante el monasterio benedictino de San Bartolomé de Rebordanes; a finales del siglo XIV ya no había monjes. También había benedictinos en San Salvador de Barrantes, en el arciprestazgo de Telva, y en San Miguel de Pesegueiro, parte de cuya iglesia se conserva. A ocho kilómetros de Tuy estuvo el célebre monasterio benedictino de Salceda, reducido en la actualidad a una ermita dedicada a la Virgen. El 1-VI-1435 Eugenio IV unió a la mesa capitular el monasterio cluniacense de San Salvador de Budiño, que ya existía en 1092. En 1130 había benedictinos en Lourez y Baliñas;

también en Caus. Merecen especial mención el monasterio de Santa María de Oya, cisterciense, que ya existía en 1130, y el de San Bernardo de Melón, cerca de Ribadavia, fundado por el emperador Alfonso VII en 1142. Los dominicos tuvieron una fundación en la Puerta del Rastrillo en 1272 y los padres menores de San Francisco, en la Corredera, 1684.

3. Geografía diocesana, La geografía de la diócesis, hasta el cisma de Valença, abarcaba territorios del norte de Portugal hasta el río Limia, aproximadamente, sin que sea posible fijar límites concretos. A partir de entonces no ha habido más reducciones que la última (1955) que retrajo los límites por el Este, desde el río Avia hasta los de la provincia de Orense. El decreto de esta reducción es de 1476-1954, el de ejecución del 17-X-1954 y de la Nunciatura del 7-III-1955: la diócesis de Orense recibe 15 parroquias de su propio territorio que pertenecían a Tuy.

4. Situación actual. En la actualidad, la diócesis de Tuy limita al Oeste con el Atlántico, al Este con la provincia de Orense, al Sur con Portugal y al Norte con el río Verdugo y la ría de Vigo. Tiene una extensión de 1.767 kilómetros cuadrados, 337.900 fieles, de los cuales 100 no constan oficialmente como católicos; 279 sacerdotes diocesanos y 92 religiosos, 180 seminaristas, 550 religiosas y 690 religiosos de las siguientes Congregaciones: Franciscanos en Puenteáreas, Ramallosa, Vigo; en Tortoreos, el noviciado de los padres del Espíritu Santo; Jesuitas en Vigo, residencia y colegio; Salesianos en Vigo, dos colegios; Hermanos Maristas, una escuela de Magisterio en Tuy y un colegio en Vigo; Capuchinos, Carmelitas descalzos, residencia en Vigo; Redentoristas, en Vigo, residencia; Claretianos, en Vigo, residencia; Hospitalarios de San Juan de Dios, en Vigo, hogar clínica de San Rafael; Somascos, en La Guardia, colegio; Hermanos de los Enfermos Pobres, en Vigo.

Las religiosas tienen las siguientes fundaciones: en *Bayona*, las Dominicas, convento, y las Franciscanas Hospitalarias, hospital de Sancti Spiritus; en *Bouzas*, las Oblatas del Santísimo Redentor y las Religiosas del Amor de Dios, colegio; en *La Guardia*, las Benedictinas, convento, y las Carmelitas de la Caridad, colegio de San José; en *El Rosal*, el monasterio de las Carmelitas descalzas; en *Mondariz*, las Religiosas discípulas de Jesús Maestro, asilo; en *Panjón*, las Hijas de la Caridad de San Vicente de Paúl, colegio y orfanato; en *Puenteáreas*, las Terciarias Franciscanas de la Madre del Divino Pastor, colegio de la Inmaculada; en *Ramallosa*, las Religiosas Franciscanas Hospitalarias, colegio Nuestra Señora del Carmen, y las Religiosas Carmelitas descalzas; en *Tameiga*, las Hermanas Mercedarias de la Caridad, sanatorio; en *Teis*, las Salesas de la Visitación, las Religiosas Siervas de San José, colegio, las Religiosas Discípulas del Divino Maestro, colegio; en *Tortoreos*, las Terciarias Franciscanas de la Madre del Divino Pastor, colegio de la Merced; en *Tuy*, convento de Franciscanas, noviciado de las Doroteas, asilo de las Hermanitas de los ancianos desamparados, casa diocesana de ejercicios de las Franciscanas Hospitalarias y el colegio de las Hijas de la Caridad; en *Vigo*, los colegios de las Terciarias Franciscanas de la Madre del Divino Pastor, Religiosas de San José de Cluny, Religiosas de la Compañía de María, Carmelitas de la Caridad, la Institución Teresiana, Hijas de Jesús, Calasancias, Amor de Dios y la Pía Unión de Nuestra Señora de la Guía; además, las casas religiosas de las Siervas de Jesús, Trinitarias, Terciarias Capuchinas de la Sagrada Familia, sanatorio, Hermanitas de los Ancianos, asilo, Hijas de la Caridad, Casa de Caridad, Casa del Pescador, Cocina económica, Asilo del Niño Jesús y Hospital Municipal, Damas apostólicas del Sagrado Corazón de Jesús y

Religiosas Trinitarias Descalzas del Calvario Eucarístico.

La diócesis está dividida en dos vicariatos (Tuy y Vigo) y 15 arciprestazgos (Entienza, Creciente, San Miguel de Fragoso, Santa Cristina de Fragoso, La Guardia, La Louriña, Puenteáreas, Montes, Miñor, Salvatierra, Redondela, Ribadetea, San Martín, Sotomayor y Tebra) con un total de 251 parroquias.

5. Episcopologio. *San Epitacio*, s. i; no lo admite Flórez, lo admiten Avila Lacueva y Risco. *Ceponio*, c. 450. *Coto, Iderico, Timoteo, Malioso;* uno de ellos es obispo de Tuy, según las noticias que tenemos del concilio I de Braga, c. 561. *Anila*, c. 568-576. *Neufila*, c. 576-p. 589. *Gardingo*, 585-c. 600; arriano convertido en el concilio III de Toledo. *Anastasio*, c. 628-643. *Adimiro*, c. 643-650. *Beato*, c. 653-656. *Genetivo*, c. 665-681. *Oppas*, c. 682-683; ¿Don Oppas, hermano de Witiza, el traidor?. *Adelfio*, c. 686-700. Destrucción del episcopado por la invasión árabe. La diócesis *plurimis annis vidua atque lugubris remansit* (Script. ann. 1071). Hasta el año 915 los obispos de Tuy residían en la diócesis del Apóstol: Iria.

Diego de Tuy, c. 882-900. *Branderico*, 912-914 en que, parece ser, renunció; aún vivía en 933. *Hermoygio*, 915-942; parece ser que renunció en 926; había sido llevado a Córdoba, como prisionero, después de la batalla de Junquera (c. 921), juntamente con el obispo de Salamanca Dulcidio; poco después es rescatado. *Naustio*, c. 962-932. *Overo*, c. 932-936. *Vimara*, a. 937, 948 en que, probablemente, renunció. *Baltario*, c. 948-951. *Viliulfo*, c. 952, 1003; hacia 970 se retiró a vivir con los monjes de Ribas del Sil, a causa de una incursión de los normandos; desde allí sigue gobernando la diócesis. *Pelagio*, princ. del s. XI. *Alfonso*, primer cuarto del s. XI. Los normandos entran varias veces en territorio tudense; una de ellas Alfonso es, probablemente, llevado como prisionero. La sede está vacante desde c. 1022-1071. De 1022 a 1024 está agregada a Dumio, cuyo obispo era Suero Bermúdez. De 1024 a 1071 a Santiago, cuyos obispos administraban la diócesis de Tuy: *Vistruario*, 1024-post 1032. *Cresconio*, 1048, † c. 1066. *Gudesteo*, c. 1067-1069.

Jorge, 1069-1072. *Aderico*, 1072, † post 1098; con este obispo da comienzo el señorío de Tuy. *Alfonso*, c. 1099, † post 4-II-1130. *Pelayo Menéndez*, c. 30-VII-1130, † 1156. *Isidoro*, 1156, † c. 14-XII-1166. *Juan*, 1168-1173. *Beltrán*, a. 1174, † 13-IV-1187. *Pedro*, 1188, † c. 13-I-1205. *Suero*, 1206, † c. 23-III-1215. *Juan Pérez*, 1215, † c. 12-IV-1217. *Esteban Egea*, 1217 dic. de 1239; cons. la catedral. *Lucas de Tuy*, 1239 finales 1249; autor del insigne «Chronicon Hispaniae». *Gil Pérez de Cerveira*, pr. 31-III-1254, † 21-V-1274. *Nuño Pérez*, 21-V-1274 a VI-1276. *Fernando Arias*, 1276-I-1285. *Juan Fernández de Sotomayor*, marzo de 1276, † 14-VI-1323. *Bernardo Guido* OP, pr. 26-VIII-1323, 20-VII-1324 tr. a Lodève (Galia Narbonense). *Simón* OFM, ob. de Badajoz, pr. 20-VII-1324, pos. 23-IX-1324, † VIII-1326. *Rodrigo Ibáñez*, ob. de Lugo, pr. 3-IX-1326, † 1-III-1335. *García Prego*, pr. 10-III-1336, † c. VI-1348. *Gómez*, pr. 18-VIII-1348, 8-VI-1351 tr. a Compostela. *Juan de Castro*, pr. 8-VI-1351, † p. 1383. *Diego de Anaya y Maldonado*, pr. 20-VII-1384, 28-VI-1390 tr. a Orense. *Juan Ramírez de Guzmán*, pr. 28-VI-1390, 28-I-1394 tr. a Calahorra. *Juan García Manrique*, arz. de Compostela, pr. 28-I-1394, en admin., † 25-III-1416. *Juan Fernández de Sotomayor*, pr. 13-IX-1406, † 15-XI-1423 *Diego Rapado*, pr. 16-II-1424, no tomó pos. de la dióc., 20-VII-1425 tr. a Orense. *Rodrigo de Torres*, pr. 20-VII-1425, † 1-II-1425. *Pedro*, pr. 2-XII-1429, † 1437. *García Martínez de Baamonde*, pr. 26-VIII-1437, 6-IV-1440 tr. a Lugo. *Luis Pimentel*, pr. 6-IV-1440, † finales 1467; luchas con D. Alvaro Páez de Sotomayor. *Rodrigo de Vergara*, pr. 30-X-1467, 6-X-1469 tr. a

León. *Pedro de Parazes*, pr. 6-X-1469, 15-VI-1472 tr. a Cádiz. *Diego de Muros* OdeM, pr. 15-VI-1472, 1-VI-1487 tr. a Ciudad Rodrigo; sostuvo curiosas y furiosas luchas con el conde de Camiña, Pedro Madruga. *Pedro Beltrán*, ob. de Ciudad Rodrigo, pr. 1-VI-1487, † princ. 1505. *Juan de Sepúlveda*, pr. 27-VI-1505; no tomó pos., 14-VII-1514 tr. a Malta. *Martín Zurbano de Azpeitia*, pr. 14-VII-1514, † X-1516. *Luis Martiano*, pr. 4-II-1517, † 15-VII-1521. *Pedro Sarmiento*, pr. 4-III-1523, 26-X-1524 tr. a Badajoz. *Pedro González Manso*, ob. de Guadix, pr. 26-X-1524, 3-VII-1525 tr. a Badajoz. *Diego de Avellaneda*, pr. 3-VII-1525, pos. 1526, † 1537. *Sebastián Ramírez de Fuenleal*, ob. de Sto. Domingo (Antillas) pr. 29-VII-1538, pos. 15-XI-1538, 29-X-1539 tr. a León. *Miguel Muñoz*, pr. 28-I-1540, pos. 21-IV-1540, 12-IV-1547 tr. a Cuenca; puso en su diócesis los fundamentos de un seminario; para ello tuvo un sínodo que comenzó el 6-IV-1543. *Juan de Sanmillán*, pr. 1-VI-1547, pos. 22-VIII-1547, 28-VII-1564 tr. a León; asiste al Conc. de Trento. *Diego de Torquemada*, pr. 28-VII-1564, † 26-XII-1582; sufre dura persecución bajo Felipe II; asiste al conc. provincial que celebra en Salamanca (IX-1565-IV-1566) el arzob. de Compostela para propulsar y poner en práctica los decretos de Trento; en 1578 celebró un sínodo diocesano. *Bartolomé Molina*, pr. 4-V-1583, † 30-I-1589. *Bartolomé de la Plaza*, pr. 14-VIII-1589, pos. 17-X-1589, 18-X-1596 tr. a Valladolid; primer obispo de Valladolid. *Francisco de Tolosa* OFM, pr. 8-I-1597, pos. VII-1597, † 9-IX-1600; uno de los hijos más ilustres que tuvo la provincia de Cantabria; definidor general de la Orden (1579) y más tarde general (1587); en este cargo fundó varios colegios y universidades; tuvo un enorme interés por la cultura. *Francisco Terrones del Caño*, pr. 11-V-1601, pos. VIII-1601, 3-III-1608 tr. a León; celebró un sínodo; fue el gran predicador de su tiempo. *Prudencio de Sandoval* OSB, pr. 10-III-1608, pos. 25-VII-1608, 27-II-1612 tr. a Pamplona; prior mayor de Nájera y procurador general de los Benedictinos; buen historiador. *Juan García de Valdemora*, ob. de Lugo, pr. 16-VII-1612, pos. X-1612, † 15-VIII-1620; gran interés por la cultura; funda el Colegio de Tuy en Alcalá. *Juan de Peralta* OSH, pr. 7-VI-1621, pos. 12-VIII-1621, 13-VI-1622 tr. a Zamora. *Pedro de Herrera* OP, ob. de Canarias, pr. 17-VI-1622, pos. 28-IX-1622, 2-XII-1630 tr. a Tarazona; gran profesor de Salamanca, sucesor de Báñez y decidido inmaculista; celebró sínodo el 19-IV-1627. *Pedro de Moya y Arjona*, pr. 10-II-1631, pos. 26-VIII-1631, † 14-X-1631 sin entrar en Tuy. *Diego de Vela*, ob. de Lugo, pr. 2-VIII-1632, pos. 29-XI-1632, † 17-V-1635. *Diego de Arce y Reinoso*, pr. 1-X-1635, pos. 1-I-1636, 22-III-1638 tr. a Avila. *Diego de Rueda Rico*, pr. 7-II-1639, pos. V-1639, † 8-XII-1639. *Antonio Guzmán Cornejo*, pr. 8-X-1640, pos. 10-V-1641, † 29-VIII-1642. *Diego Martínez Zarzosa*, pr. 13-VII-1643, pos. 1-X-1644, 1-III-1649 tr. a Cartagena. *Juan López de Vega*, pr. 10-V-1649, pos. 26-VIII-1649, 18-IX-1656 tr. a León. *Miguel Ferrer*, pr. 12-III-1657, pos. 31-VIII-1657, † 23-III-1659. *Juan de Villamar* OFM, pr. 10-XI-1659, pos. 13-III-1660, † 23-I-1666; importante sínodo en 1665. *Antonio del Campo Angulo y Velasco*, pr. 7-VI-1666, pos. 9-IX-1666, 3-VI-1669 tr. a Coria. *Bernardino León de la Rocha*, pr. 15-VII-1669, pos. 20-IX-1669, 25-IX-1673 tr. a Coria. *Simón García Pedrejón* OFM, pr. 12-III-1674, pos. 17-V-1674, 20-IV-1682 tr. a Oviedo. *Alfonso Galaz Torrero*, pr. 25-V-1682, pos. 6-VIII-1682, † 14-III-1688. *Anselmo Gómez de la Torre* OSB, pr. 7-XI-1689, pos. 28-II-1690; renuncia el 12-III-1721, † 4-II-1722 en el convento de Celanova (Orense). *Fernando Ignacio de Arango y Queipo*, pr. 16-X-1720, pos. 14-III-1720, † 17-III-1745. *José Larumbe y Malli*, pr. 23-VIII-1745, pos. 26-VIII-1745, † 1-IX-1751. *José Manuel Rodríguez Castañón*, ob. tit. de Uthina, pr. 20-III-1752, pos. 25-V-1752, † 12-VII-1769. *Antonio Fernández Tovar*, pr. 12-III-1770, pos. 13-VI-1770; muere en camino hacia Vigo en el Monasterio de S. Bernardo de Junquera de Espaldañedo el 20-VIII-1770. *Lucas Ramírez Galán* OFM, ob. de Sta. Fe (Bogotá) pr. 12-XII-1770, pos. 20-III-1771, † 19-III-1774; poderosa personalidad literaria y teológica; se dedicó a la erección de un seminario, aunque le impidió ultimarlo su prematura muerte. *Domingo Ramón Fernández Angulo*, pr. 13-III-1775, pos. 30-V-1775, † 2-X-1796. *Juan García Benito*, pr. 24-VII-1797, pos. 26-IX-1797, † 12-IX-1825; fue preconizado arzob. de Compostela el 26-X-1822; renunció porque le fue negado el regio «Exequatur»; murió como obispo de Tuy. *Francisco Casarrubios y Melgar* OCist, ob. de Ceuta, pr. 19-XII-1825, pos. 28-II-1826, † 28-I-1855; el seminario debe a este prelado su definitivo establecimiento (1-X-1850) en el Convento de S. Francisco de Asís. *Telmo Maceira*, ob. de Mondoñedo, pr. 28-IX-1855, pos. 14-II-1856, † 9-VIII-1864. *Ramón García y Antón*, pr. 27-III-1865, pos. 30-VIII-1865, † 7-IV-1876; participa en todas las sesiones del Vaticano I. *Juan María Valero Nacarino*, pr. 26-VI-1876, pos. 27-XI-1876, 27-III-1882 tr. a Cuenca. *Fernando Hué Gutiérrez*, pr. 27-III-1882, pos. 4-VIII-1882, † 15-III-1894. *Valeariano Menéndez Conde*, pr. 18-V-1894, pos. 25-IX-1894, 4-XI-1914 tr. a Valencia; magnífica colección de Pastorales. *Leopoldo Eijo y Garay*, pr. 28-V-1914, pos. 8-XI-1914, 9-VII-1917 tr. a Vitoria. *Manuel Lago González*, ob. de Osma, pr. 4-V-1917, pos. 15-VIII-1917, I-IV-1924 tr. a Santiago. *Manuel Vidal y Boullón*, pr. 27-X-1923, pos. 1-IV-1924, † 26-I-1929. *Antonio García y García*, pr. 5-II-1930, pos. 16-VII-1930, 10-II-1938 tr. a Valladolid; admin. apost. de 4-II-1938 a 15-X-1944. *José López Ortiz* OSA, pr. 10-VII-1944, pos. 15-X-1944, 21-II-1969 tr. a arzobispado de Grado y Vicario General castrense. *José Delicado Baeza*. pr. 8-VIII-1969, 21-IV-1975 tr. a Valladodid.

BIBL.: J. Avila Lacueva, *Historia civil y eclesiástica de la ciudad de Tuy y su obispado*, 4 tomos mss.; concluido de escribir a principios de 1852. Inapreciable trabajo al que siempre hay que ir para cualquier dato sobre Tuy; además de estos cuatro tomos manuscritos, hay material correspondiente a los tres siguientes que no escribió Avila Lacueva y que tenía planeados; el material fue ordenado por el archivero Juan Menéndez Santela; ES 22 y 23, sirve de base, corregido en parte por Galindo; P. Galindo Romeo, *Tuy en la Baja Edad Media*, Ma. 1950, obra imprescindible para el período que estudia; P. Sandoval, *De la Iglesia y de los obispos de Tuy*, Braga 1610; R. Rodríguez Blanco, *Apuntes históricos de Tuy*, Sant. 1879, demasiado lugar a la imaginación; [Anónimo], *Antigüedades de Tuy*, Tuy 1908; Codoin, XXII, 119-21; M. R. Pazos, *Episcopologio Gallego*, II, Ma. 1946, bueno; M. R. García Alvarez, *Dermógio, suposto bispo de Tuy desde 915 a 925*: Guimarães, 64 (1954), punto histórico discutido; J. Pérez de Urbel, *Historia del Condado de Castilla*, I, Ma. 1945, 31; id., *Sampiro, su crónica y la monarquía leonesa en el siglo X*, Ma. 1952, 381-386, nota 38; M70; A. López Ferreiro, *Historia de la santa A. M. Iglesia de Santiago de Compostela*, II, Santiago 1899; E. Sáez Sánchez, *Los ascendientes de S. Rosendo*, Ma. 1948; id., *Notas sobre el obispo Froarengo*: R68', 3(1947); id., *Notas y documentos sobre Sancho Ordóñez, rey de Galicia*: Cuad. Hist. España, 11(1949); F. Fita y A. Fernández Guerra, *Recuerdos de un viaje a Santiago de Galicia*, Ma. 1880; R. Rodrigo Blanes, *Apuntes históricos de la S. I. C., ciudad y antigua diócesis de Tuy*, Tuy 1879; M. Pérez Villamil, *El señorío temporal de los obispos en España en la Edad Media*: R59, 68(1916)361-91; Vasco Aponte, *Blasones, casas y familias de los primordiales solares de Galicia*, ms., copia en la Catedral de Sevilla; A. Fernández Casanova, *Iglesias medioevales de Tuy*: R63, 12(1907); J. Fernández de la Granja, *La ciudad de Tuy la fundó Diómedes de Etolia*: Galicia Diplomática, 2(1883); M. Murguía, *Galicia en España y sus monumentos*, Ba. 1888, 757-826; A. Noya Picón, *Tuy. Apuntes históricos sobre esta antigua ciudad*: Galicia Diplomática, 1(1882), y 2(1883); Borges de Figueiredo, *Monumentos epigráphicos de Tuy*: Revista de Archeologia e Historia, 1(1887); J. Filgueira Vicente, *Materiales para la Carta arqueológica de la Provincia de Pontevedra*, Po. 1953; P. David, *Etudes historiques sur la Galice et le Portugal du VI au XII siècle*, Co. 1947.

M. Ramos

U

UBACH, **Buenaventura**, OSB (Barcelona 2-IV-1879 † Montserrat 19-II-1960) escriturista. Recibió su primera instrucción en el colegio de jesuitas de Barcelona. A los doce años ingresa en el colegio de misioneros de Ultramar, establecido por monseñor Salvado en Montserrat y en 1895 hace su profesión. Durante su carrera eclesiástica manifiesta gran inclinación por los estudios bíblicos y las lenguas orientales y mantiene correspondencia epistolar con los más célebres escrituristas tanto nacionales como extranjeros. Ordenado sacerdote el 20-IX-1902, ocupa la cátedra de Sagrada Escritura y Lengua hebrea por espacio de cuatro años en el monasterio. Se traslada después a Jerusalén donde recibe en el Instituto Bíblico, por espacio de cuatro años, las lecciones de los eminentes profesores Lagrange, Lavignac y Abel de Vicente. Realiza además importantes excursiones por Tierra Santa. Desde 1913 a 1923 enseña Lenguas orientales en el Colegio benedictino internacional de San Anselmo de Roma.

OBRAS: Redacta la famosa gramática hebrea *Legisne Toram*, que tanto renombre le ha conquistado dentro del mundo científico eclesiástico. De nuevo en Oriente, obtiene la autorización para celebrar en lengua siríaca, perfecciona sus conocimientos bíblicos, adquiere todo el material necesario para el museo bíblico de Montserrat y da comienzo a la traducción y comentario de la *Biblia*, que fue calificada de verdadera novedad científica. Publica cinco volúmenes de esta colección La Biblia de Montserrat: *El génesi* (1926), *Josué-Jutges-Rut* (1953), *Samuel* (1952), *Reis* (1957), y *Paralipomens* (1957), y tres volúmenes de *Ilustración de los libros del Pentateuco* (1929, 1934, 1954). Dejó, además, *El Sinaí, Cartas* sobre sus viajes por Tierra Santa y numerosos artículos aparecidos en R192 (1910-1925); R100 (1945-47) y R102 (1959).

BIBL.: R. Díaz, *Dom Buenaventura Ubach:* Miscelánea Bíblica B. Ubach, Montserrat 1953, 1-14; ID., *Dom Buenaventura Ubach:* R102, 138(1961) 417-419; ID., *Dom Buenaventura Ubach*, Ba. 1962, y Montserrat 1965; V. S. Costa, *La Biblia de Montserrat:* R73, 59(1940)286-291; G. M. Voste, *Nella Comisione «De re biblica»:* L'Osservatore Romano, 5-6, agosto 1940; P. Vanutelli, *La Biblia Spagnola dei Benedittini di Montserrato:* L' Observatore Romano, 22 de junio de 1942; L. Arnaldich, *Los estudios bíblicos en España desde 1900 hasta 1955:* R200, 2(1955)426 ss., y 706 ss.; D25, IV, 397-98.   T. Moral

UBIERNA, **Santos**, OP (Huérmeces [Burgos] 1-XI-1907 † Saigón [Viétnam] 15-IV-1955) misionero y obispo. Profesó en la Orden en Avila el 3·VIII-1924, y allí cursó sus estudios de Filosofía y un año de Teología, que prosiguió luego en Rosaryville (Louisiana, Estados Unidos) y Ottawa (Canadá), donde se ordenó sacerdote el 19-XII-1930. Destinado a las misiones del Tonkín en 1932, después del aprendizaje de la lengua, fue profesor del seminario regional de Nam-Dinh. Electo y consagrado vicario apostólico de Thai-Binh (21-IX-1942), hubo de soportar grandes sufrimientos en el ejercicio de su cargo pastoral, ocasionados principalmente por la guerra y la sublevación del clero indígena, que al fin logró someter a su obediencia. Expulsado luego por los comunistas, siguió ejerciendo su oficio pastoral entre los que huyeron de la dominación comunista al Viet Nam del Sur. Tantos sufrimientos aceleraron su muerte, en Saigón, fuera de su vicariato, pero rodeado de sus fieles.

BIBL.: O2, año 1956, 73-76; G. Arnáiz, *Continuación del Compendio de la reseña biográfica del P. Ocio, desde 1895 a nuestros días (1952)*, ms. 721 del Archivo OP de Manila; H. Aragón, *Monseñor Ubierna, Obispo de Thai-Binh:* Ultramar, 38(1955)4-8.   J. J. Uncilla

UBRIQUE, **Sebastián de**, OFMCap (Ubrique [Cádiz] 7-I-1886 † Sevilla 14-X-1956) escritor. Tomó el hábito el 20-I-1901 y recibió la ordenación sacerdotal el 19-IX-1908. Este mismo año fue encargado de la dirección de la revista El Adalid Seráfico. Fue luego varias veces definidor provincial y asimismo superior del convento de Sevilla. Dedicó su actividad a la predicación y ministerio del confesonario, pero sobre todo al apostolado de la pluma. Fue religioso muy activo, ejemplar, observante y piadoso.

OBRAS: Durante los cuarenta y ocho años que dirigió El Adalid publicó numerosos trabajos y artículos de todas clases: polémicos, históricos, científicos, recreativos, novelísticos, etc., y también poesías, dejando de escribir obligado solo por la ceguera y la parálisis. Colaboró también en la revista científica Collectanea Franciscana, de Roma. Dio a la prensa *Vida del Beato Diego José de Cádiz*, 2 vols., Se. 1926; *Historia de la villa de Ubrique*, Se. 1944; *Redín* (novela), segunda ed., Se. 1955. Dejó otras manuscritas.

BIBL.: El Adalid Seráfico, (1956)197 y 212-13.
                    B. de Carrocera

UCEDA Y GUERRERO, **Pedro de**, OSA (Toledo 1523 † 1586) teólogo. Profesó en el convento de San Agustín, de Salamanca (8-VII-1544). Recibió los grados de licenciado y doctor por la Universidad de Sigüenza. En 1571 fue nombrado rector del colegio de Alcalá, regentando al mismo tiempo la cátedra de Teología en la Universidad durante muchos años. En Alcalá el padre Uceda comenzó la publicación de las *Conciones* de santo Tomás de Villanueva, obra que no pudo llevar a cabo por sus múltiples ocupaciones y trabajos. El 23-I-1579 tomó posesión de la cátedra de Biblia en Salamanca, que explicaría hasta su muerte. Fue prior de los conventos de Toledo, Salamanca y visitador general. Como profesor de Teología y Biblia dejó varias obras hasta el presente inéditas.

OBRAS: *Sylva lectionum super Apocalypsim*, ms. Bibl. Vat. Ottob.; *In primam partem S. Thomae qq. 1-2*, ibid.; *De sensibus Sacrae Scripturae*, ibid.; *De qualitate confes-*

sionis, ibid.; *Utrum gratia et peccatum immediate opponantur*, entre los papeles de Fr. Luis de León.

BIBL.: G. DE SANTIAGO VELA, *El P. Maestro Fr. Pedro de Uceda*: R75, 106(1916)26-42; M55, VIII, 18-29; F. EHRLE, *Los mss. vaticanos de los teólogos salmantinos del s. XVI*, Ma. 1930, 121-123; D. GUTIÉRREZ, *Del origen y carácter de la escuela teológica hispano-agustiniana de los s. XVI y XVII*: R75, 153(1941)242 y 250; U. DOMÍNGUEZ, *Carácter de la Teología según la escuela agustiniana*: R75, 163 (1951)242-245; E. DOMÍNGUEZ CARRETERO, *La escuela teológica agustiniana de Salamanca*: R75, 169(1956)655.
E. D. CARRETERO

UGARTE, Juan de, SI (Tegucigalpa [Honduras] c. 1663 † California 28-XII-1730) misionero. Ingresó en SI en 1679. Destacó por su celo y su rara habilidad en resolver asuntos difíciles. Hizo voto de permanecer en California, renunciando al rectorado del Colegio de San Gregorio (Méjico).

BIBL.: F. J. ALEGRE, *Historia de la Compañía de Jesús en Nueva España*, IV, Puebla de los Angeles 1888, 345 y passim; P. M. DUNNE, *Black Robes in Lower California*, Berkeley-Los Angeles 1952.   IHSI

UGARTE, Pedro de, OH (Málaga 1513 † Ronda 12-V-1581) ermitaño. Contrajo matrimonio y era corregidor de la ciudad cuando conoció a Pedro Pecador, el ermitaño de Ronda, que bajó a fundar un hospital. Enviudado, colocó a sus hijos y se hizo ermitaño con Pedro Pecador. Fundó el hospital de Ronda y se ordenó sacerdote a los sesenta y cuatro años de edad, alternando la soledad con la asistencia a los pobres y enfermos. Siguieron el ejemplo del padre dos de los hijos, Ignacio y Fernando. Aprobados los Hermanos de Juan de Dios por san Pío V, enero de 1572, se unió a ellos con Pedro Pecador, vistió el hábito e hizo la profesión. Murió en su ermita del desierto. Fue favorecido del Señor con algunos carismas y prodigios.

BIBL.: N96, II.   O. MARCOS

ULATE, Miguel de, OdeM (Madrid † Ibid. 1721) escritor ascético. Vistió el hábito y profesó en Madrid (29-VI-1659). Cursó la carrera sacerdotal en la Universidad de Salamanca (1662-1667) y obtuvo el título de maestro de número en Teología. Fue comendador de los conventos de Cuenca, Huete, Guadalajara, Segovia y rector de Salamanca (1690). Excelente latinista tuvo por discípulo al mercedario Interián de Ayala, cofundador de la Academia de la Lengua Española.

OBRAS: *Speculum Christi patientis*, Ma. 1702; *Diagoge ferventissimi redemptoris divi Petri Nolasco*, Ma. 1702; *Vita divi Petri Armengaudi invicti apud barbaros Lybiae martyris*, Ma. 1710; *Vita divi Petri Paschasii de Valentia*, Ma. 1709; *Quatuor hominis aetates*, Ma. 1717; *Variorum lemmatum liber unus*, Ma. 1717; escribió otras muchas obras que se pueden ver en *Biblioteca Mercedaria* del P. Garí.

BIBL.: O207; G. PLACER, *Una vida de San Ramón*: La Merced, segunda época, 3(1946)123-124.   R. SANLÉS

ULLOA, Juan de, SI (Madrid 20-VI-1639 † Roma 1721/25) teólogo. Entró en la Compañía el 27-XI-1672. Después de enseñar Filosofía en Alcalá, y Escritura y Teología en Madrid, pasó al Colegio Romano. Aunque publicó varias obras filosóficas y escriturísticas, es conocido sobre todo, por las especulaciones de su *Theologia scholastica* (Augsburg-Graz 1719, 5 vols.).

BIBL.: A36, II, 650-55; O189, VIII, 340-43.   IHSI

ULLOA, Magdalena de, (Toro [Zamora] julio de 1525 † Valladolid 11-VI-1598) educadora de D. Juan de Austria. Casó con Luis Quijada, señor de Villagarcía. Fundadora del noviciado SI de Villagarcía (1572-1580) y de los colegios de Oviedo (1578) y de Santander (1594); del hospital de Villagarcía (1585); de San Felipe de la Penitencia en Valladolid (1573-1597). Hija espiritual del padre Baltasar Alvarez y del padre Luis de la Puente. Llamada la «limosnera de Dios».

BIBL.: J. DE VILLAFAÑE, *La limosnera de Dios*, Sa. 1723; C. M. ABAD, *Doña Magdalena de Ulloa: La educadora de Don Juan de Austria y la fundadora del Colegio de la Compañía de Jesús de Villagarcía de Campos*, Comillas 1959.   C. M. ABAD

UNAMUNO, Luis María, OSA (Abadiano [Vizcaya] 8-IX-1873 † Madrid 2-X-1943) micólogo. Profesó en el convento de Valladolid el 28-VIII-1891. Enviado a Filipinas, allí residió por algún tiempo, pero hubo de huir a Macao, a causa de la guerra con los Estados Unidos. En 1899 volvió a la patria, continuando la carrera de Ciencias Naturales, en las que obtuvo el grado de doctor en 1906. Bajo la dirección del sabio micólogo, profesor del Museo Nacional de Ciencias Naturales de Madrid, señor González Fragoso, se especializó en los estudios de Patología vegetal y Micología. Estudió los hongos microscópicos parásitos y saprófitos en Asturias, Vizcaya, Burgos, Cuenca, León, etc., enriqueciendo a la ciencia con más de 80 especies desconocidas. La micoflora española le debe igualmente el descubrimiento de varios géneros y más de 200 especies, además de numerosas matrices y formas nuevas. Organizó el laboratorio y herbario micológicos del Museo de Ciencias Naturales, instalados en el Jardín Botánico de Madrid. Fue director de dichos laboratorio y herbario, y miembro de la Real Academia de Ciencias Exactas, Físicas y Naturales. Pertenecía a diferentes sociedades científicas; entre otras, a la *Société Mycologique de France*, *Société Linéene de Lyon*, etc. El padre Unamuno anduvo por las cárceles rojas durante la guerra de 1936; pero logró escapar del fusilamiento. Fue un científico sistemático, bionómico y práctico, que contribuyó enormemente al adelanto de la ciencia española.

OBRAS: *Contribución al estudio de la Flora Micológica de la Provincia de Oviedo*, Ma. 1920; *Algunos datos nuevos para el estudio de la flora micológica de la provincia de Oviedo*: Real. Soc. Esp. de Hist. Natural, (1921); *Nuevos datos para el estudio de la micoflora del oriente de Asturias*: Asoc. Esp. para el Prog. de las Ciencias, (1923); *Datos para el estudio de los hongos microscópicos de los alrededores de Santander*: ibid., (1925); *Contribución al estudio de los hongos microscópicos de la provincia de Vizcaya*: ibid., (1927); *Datos para el estudio de la flora micológica de los alrededores de Santa María de la Vid (Burgos)*: Real Soc. Esp. de Hist. Natural, 28(1928); ID. *Alrededores de Uclés*: ibid., *Nuevos datos para el estudio de los hongos parásitos y saprofitos de los alrededores de Durango*: ibid., 29(1929), etc. Son innumerables los artículos en este sentido; por eso remitimos al P. La Pinta: R23, 52(1958)89-94, en que nos da la lista completa. No obstante, citemos aquí sus dos obras fundamentales: *Enumeración y contribución geográfica de los esferopsidales de la Península Ibérica e Islas Baleares. Familia esferoidáceos*, Ma. 1933; *Enumeración y distribución geográfica de los ascomicetos de la Península Ibérica e Islas Baleares*, Ma. 1941.

BIBL.: M55, VIII, 31-33; G. DE SANTIAGO VELA, *Recepción en la Real Academia de Ciencias*: R75, 155(1943)401; M. J. URRIES, *Nota Necrológica: El Rdo. P. Luis María Unamuno*: Bol. de la Real Soc. Esp. de Hist. Natural, (1943); M. DE LA PINTA, *El Rdo. P. Luis María Unamuno (1873-1943)*: R23, 52(1958)83-94.   A. MANRIQUE

UNCILLA, Fermín, OSA (Durango [Vizcaya] 23-VII-1852 † El Escorial 10-XII-1904) historiador. Profesó en La Vid (Burgos) el 20-VII-1874. Después de una brillante carrera, fue ordenado sacerdote en 1878. Trasladado a El Escorial, explicó allí Teología e Historia Eclesiástica. En 1889 le encargaron los superiores la dirección de la Real Biblioteca de El Escorial, donde trabajó en unión de otros religiosos, en la formación de los ficheros. Nombrado rector de la Universidad de María Cristina, el 27-XII-1897 recibió el título de maestro en Teología. En 1899 se doctoró en Derecho Canónico por la Universidad Pontificia de Valladolid. Fue el gran historiador de fray Andrés de Urdaneta.

OBRAS: *Vida de S. Agustín...*, Ma. 1887; *Compendio de Historia Eclesiástica de España*, Ma. 1892; *Urdaneta y la conquista de Filipinas*, SSe. 1907; y una serie de artículos en R75, 22-63(1890-1904).

BIBL.: C. MUIÑOS SÁENZ, *El P. Uncilla*: R75, 65(1904) 658-670; M57, 295-299; M55, VIII, 53-55; D. PÉREZ DE ARRILUCEA, *Elogio del P. Fermín Uncilla*: R23, 47(1953) 145-160.
A. MANRIQUE

UNIVERSIDAD. Este término se deriva del latín *universitas*, que significa corporación, comunidad, colegio *(corpus, societas, collegium)* o gremio de individuos unidos entre sí para la defensa y promoción de sus propios intereses. Tales corporaciones tenían un reconocimiento práctico por parte de la autoridad pública. La asociación, pues, de los individuos de una misma profesión, arte u oficio formaban una universidad. Y en este sentido era frecuentemente el vocablo en los siglos XVI y XVII, por ejemplo, la universidad de curas párrocos de determinada diócesis o ciudad, la universidad de mareantes u hombres de mar de Sevilla.

Con sentido más estricto pasó a significar la agremiación o corporación de los maestros docentes a nivel superior, o de los alumnos, o de entrambos a la vez; y así se decía *universitas magistrorum, universitas scholarium* o *universitas magistrorum et scholarium*. Y lo mismo que en las demás artes y oficios la corporación establecía unas normas para el ingreso en ella con el fin de evitar la competencia y el ejercicio ilícito de dicha profesión, también en el campo del saber se introdujo la norma de que la *universitas magistrorum* se reservase el derecho de admisión de nuevos candidatos mediante unas pruebas o exámenes. Superados felizmente dichos exámenes, se otorgaba al candidato la *licentia* o *facultas ubique docendi*, o sea, la licencia o facultad de enseñar aquella disciplina en cualquier parte del mundo. De la palabra *licentia* nació la de licenciatura, y de la de *facultas*, la de Facultad o disciplina académica. El centro donde se impartían las disciplinas académicas en la Edad Media se llamaba *Studium Generale*, que era un lugar abierto a todos los estudiantes del mundo.

Cómo surgieron las primeras universidades en Europa, nos lo explica de una manera sintética D'Irsay: «Las universidades tuvieron una causa *material*: el incremento magnífico del saber humano en el curso del siglo XII, que ponía a disposición de los espíritus un fondo súbitamente acumulado de conocimientos de toda especie; y también una *causa formal*: el desarrollo del movimiento corporativo y la rápida aglomeración de hombres animados de las mismas ambiciones y aspirando al mismo fin. Estas dos causas se produjeron al mismo tiempo, y en el momento en que se añadía una *causa eficiente*, suceso fortuito, contingencia variable, resultaba formada una universidad. Esta tenía también una *causa final*: el atractivo de las grandes carreras indispensables a la sociedad, y en último término, una aspiración sublime a servir a Dios y a la Iglesia, cumpliendo los deberes que ellos exigían a los que quisiesen ser útiles a la sociedad.» Se discute cuándo nacieron las primeras universidades. En todo caso hay que contar entre las primeras a Salerno, Bolonia, París, Montpellier, Orleáns y Oxford, que se remontan al siglo XII.

Por lo que se refiere a España, trataremos aquí del tema de la Universidad en su sentido estricto, según el siguiente sumario: 1) *Antecedentes*. 2) *Primeras Universidades, siglos XIII-XV*. 3) *Evolución y régimen interior hasta el siglo XVI*. 4) *Renacimiento y decadencia, siglos XVI y XVII*. 5) *Reformismo y supresiones, siglos XVIII y XIX*. 6) *La Universidad contemporánea*. En artículos propios siguen luego las Universidades Españolas y las Universidades Hispánicas, con la historia de cada una de ellas.

1. Antecedentes. De la Universidad española se ha dicho, a veces, que tuvo su origen en la Universidad de París. Y ello, en verdad, no es cierto. En España teníamos una larga tradición escolástica y aquí, como ocurre en todas las naciones europeas, nuestra Universidad nos viene como consecuencia natural de los Estudios y de las viejas Escuelas medievales. Sigamos un poco su desarrollo.

El centro de enseñanza más antiguo, que la más rigurosa crítica ha encontrado en España, ha sido el de Huesca en el siglo I antes de la era cristiana. Lo atestigua Plutarco en su biografía de Sertorio: «Mas lo que principalmente cautivó su voluntad (la de los naturales) fue la disposición que tomó con los jóvenes; porque reuniendo en Huesca, ciudad grande y populosa, a los hijos de los más ilustres y principales de entre aquellas gentes, y poniéndoles maestros de todas las ciencias y profesiones, griegas y romanas, en realidad los tomaba en rehenes; pero en la apariencia los instruía para que en llegando a la edad varonil participasen del gobierno y de la magistratura.» Poco duraron estos incipientes estudios, solamente seis años, y con suerte bastante triste para los estudiantes, ya que el mismo Sertorio, mudando de parecer «en parte asesinó y vendió a muchos de aquellos hijos de españoles que se habían educado en Huesca».

No tenemos otras noticias de Estudios organizados en España sino hasta la era visigótica cuando, en tiempos de Amalarico, se da comienzo en las iglesias a una especie de seminarios reconocidos por el Concilio toledano II, de 527, y el IV, de 633. San Isidoro de Sevilla dirige su propia Escuela en dicha ciudad, y otras parecidas existieron en Mérida, Dumio, Toledo y Zaragoza.

Con la invasión árabe estas Escuelas pierden gran parte de su prestigio, aunque siguen llevando una vida más o menos floreciente en el mismo territorio ocupado por los musulmanes, como en Sevilla, Toledo, Granada y Mérida. Para la parte cristiana, tenemos la noticia que nos da el Concilio de Coyanza, de 1050, donde se manda a los obispos que cada uno tenga en su residencia un monasterio o seminario de clérigos; seis años más tarde un concilio compostelano manda a los abades que tengan en sus iglesias las escuelas de disciplina tradicional que permitieran a los obispos presentar para la ordenación a clérigos bien preparados.

Tal vez sean los árabes los primeros entre los que se pueda señalar la enseñanza como obligación oficial. Entre los siglos VIII y XII, los Estudios y las Escuelas — «madrisas» — árabes y mozárabes en España son innumerables. Entre los árabes, lo mismo que entre los cristianos, la escuela aparece unida a la mezquita. «Gentes del libro», como a sí mismos se llaman, toman a éste — el Corán — como principio de toda su enseñanza y para ello instauran tanto escuelas de lectura y escritura para los niños, como de gramática, la «Nahu» auxiliar del conocimiento del Corán, y de teología o ciencia fundamental «Ilm», así como las de derecho escrito y consuetudinario, fundado en prescripciones coránicas o en dichos y hechos atribuidos a Mahoma, «Xara y Zemma». Los estudiantes, después de pasar algún tiempo en las citadas escuelas, recibían el diploma «ichazats», especie de título profesional.

Escuelas árabes famosas fueron las de Córdoba, fundadas a finales del siglo VIII por Hixau-el-Radhi. En la misma ciudad estableció Almanzor una academia de humanidades, en la que únicamente tenían puesto los hombres doctos. Las hubo, asimismo, en Toledo y, a la caída del califato, había «madrisas» en Sevilla, Badajoz, Zaragoza, Valencia, Murcia y Almería. En todas ellas adquiere gran importancia el estudio de la medicina, como lo avalan nombres tan conocidos como los de Averroes, Aventoar, Avicena y Albucasis, que dirigen escuelas propias en varias de las ciudades citadas.

Nuestra Universidad tradicional seguiría, sin embargo, los estudios que ya desde el siglo XI se iban extendiendo por la España cristiana. Y de ellos diríamos que, casi insensiblemente, iría tomando sus primeros elementos y hasta su estructuración primera.

En uno de los párrafos anteriores ya hemos recordado cómo el Concilio de Coyanza se refería, el año 1050, a las escuelas catedralicias. Célebre es la de «Ansa», en Vich, en cierta manera internacional, ya que a ella concurren ingenios de Europa, como el famoso monje Gerberto, que más tarde sería papa con el nombre de Silvestre II. En Santiago las encontramos ya a fines del siglo XI y en ellas estudia el famoso arzobispo Gelmírez, *eruditus litteris in ecclesia beati Jacobi.* Durante el siglo siguiente el uso de tales escuelas se hace más numeroso. Entre las primeras referencias vemos, p. e., que en 1112 había maestros, «magister», en Santiago, y escuelas en Mondoñedo; en 1133 otros clérigos se firman asimismo «maestros» de la Escuela catedralicia de León y, concretamente en 1190, vemos la primera firma del que más tarde sería el *maestrescuela: Rudericus Pelagii Magister Scholarum.* Maestrescuelas había también en Salamanca por el 1134; Astorga, en 1154; Toledo, en 1172; Segovia, en 1190; Urgel, en 1163; Calatayud, en 1242; y lo mismo en Palencia, como veremos enseguida.

De todas ellas, es la de León la que nos ha dejado más vestigios de lo que en el futuro sería el ordenamiento de la Universidad. En la primera mitad del siglo XII, en una reforma de la iglesia hecha por mandato apostólico y con intervención del maestrescuela, se establece que haya 12 clérigos de coro que sirvan a los oficios. Ello dio lugar a la creación de 12 prebendas llamadas de *bachilleres,* que duraron todavía hasta el siglo XVI. Asimismo, en la bula se establece que el maestrescuela tenga el sello, como *cancelario* que es de la iglesia. La bula es de 1224; y, en otra de 1241, salen de nuevo los maestrescuelas, por donde vemos que, mientras están floreciendo los Estudios en Palencia y en Salamanca, no los descuidaban tampoco en León.

El maestrescuela fue adquiriendo cada vez más importancia. De esta manera lo describe una ley de Partida en el siglo XIII y es probable que se recogiera en ella la experiencia de los dos siglos anteriores: «E a su oficio pertenesce de estar adelante *cuando se probasen* los escolares en las cibdades donde son los Estudios, si son tan letrados que merezcan ser otorgados por maestros de gramática o lógica, e de *algunos de los otros saberes,* e aquellos que entendiere que los merescen, puédeles otorgar que lean así como maestros. E esta misma dignidad llaman, en algunas iglesias, *canciller.*» Basta por sí solo el texto para ver de dónde viene el origen de nuestras Universidades; concretamente, de las escuelas de la Iglesia, agrupadas en los claustros catedralicios, donde hay «maestros», estudios de gramática y de lógica y «de otros saberes», un moderador de los mismos, maestrescuela o canciller, y se dan «grados».

En estos Estudios se enseñaba Canto, Gramática, Retórica, Teología y Sagrada Escritura. Cuando los cánones de los concilios lateranense III (a. 1179) y IV (a. 1215) establecen que en todas las catedrales y en las iglesias mayores, que pudieran contar con medios para ello, hubiera un maestro *idoneus* para enseñar a los clérigos la gramática y las otras ciencias eclesiásticas, además de otro profesor que enseñara Moral y Sagrada Escritura y «lo referente a la cura de almas», es claro indicio de que estas materias se venían enseñando en no pocas de ellas. Todos ellos dependían del cabildo: canciller o cancelario quiere decir archivero o guardasellos y se daba ese nombre a los maestrescuelas, ya que éstos eran generalmente los secretarios del cabildo, como ahora suelen ser los doctorales. El nombre de canciller se deriva, asimismo, de los canceles o rejas con que solían estar guardados los archivos. La ley de Partida no habla de estos cargos con relación a las Universidades o Estudios Generales, sino con relación a las iglesias. En estas palabras vemos el origen de las Universidades, de sus cancelarios y de la reunión de maestros cabe los claustros de la catedral, por donde esa reunión tomaría desde entonces el nombre de «claustro».

2. Primeras Universidades, siglos XIII-XV. En Palencia había también Estudios antes de llegar a ser Universidad. Estaban en los claustros de la catedral y tenían sus propios maestrescuelas. No servían solamente para los dependientes de la catedral, sino también para los ordenados y para otros sacerdotes. A ellos concurre santo Domingo de Guzmán y el célebre san Pedro Telmo.

Don Tello Téllez, fundador de la Universidad, no hizo sino acomodar o mejorar los estudios, que ya existían. Entra el obispo en la ciudad en 1208, siendo confirmado cuatro años más tarde, en 1212. En este año asiste con el rey de Castilla, Alfonso VIII, a la batalla de Las Navas de Tolosa. Y con ayuda del mismo monarca da comienzo, por el 1208, a los Estudios Generales o Universidad de Palencia. De Alfonso VIII dice el historiador D. Rodrigo Jiménez de Rada que «puso en Palencia maestros de todas las facultades». Muere el rey en 1214, dejando algunos beneficios para el Estudio recién fundado.

Poca vida tuvo, sin embargo, esta primera Universidad, que queda desvalida a la muerte del monarca. El mismo D. Rodrigo, que concluye de escribir su historia en 1243, dice que aún había estudios en Palencia, pero pocos. Unos años antes, en 1228, el concilio de Valladolid trata de reanimarlos: «Item, porque queremos tornar en su estado al estudio de Palencia, otorgamos que todos aquellos que fueren hi maestros et leieren de cualquier sciencia, et de todos aquellos que oieren hi Teología, que hayan bien et entregamiento sus beneficios por cinco años, ansi como si sirviesen a sus iglesias.»

Por estas palabras vemos que los Estudios eran en su mayor parte eclesiásticos. No se designan rentas fijas, y el profesorado era clerical, como se infiere por la donación de beneficios, «como si sirviesen a sus iglesias».

A veces se ha dicho que propiamente lo que se hizo en Palencia no fue una verdadera Universidad, sino un Estudio General más ampliado. Los obispos de la ciudad, sin embargo, no lo entendieron así. El segundo sucesor de Tello Téllez, D. Fernando, al ver la postración en que había caído la fundación, una vez que ya había empezado la de Salamanca llevándose maestros y estudiantes, acude al papa Urbano IV para rehabilitarlo en lo posible. El papa le contesta con una bula en 1263, donde, a la vez que le anima a proseguir la obra, la denomina Estudio General, lo mismo que a las Escuelas de París, no haciendo distinción entre Universidad y Estudio General, concediéndole además los mismos privilegios que a la parisiense. Corrobora esta idea lo que nos dice la *Crónica General de España* atribuida al rey Sabio: «Este rey — Alfonso VIII, nos dice —, envió por todas las tierras por maestros de todas las artes e hizo escuelas en Palencia muy buenas e muy ricas e dábalas cumpridamente a los maestros, porque los que quisieran aprender no lo dejaren por mengua de maestros.» Su sentido de «universalidad» quedaba con ello asegurado.

Sin embargo, a pesar de tales esfuerzos, la Universidad palentina fue apagándose insensiblemente. Había sido de fundación episcopal y ahora le sucedía otra, de carácter real, más potente y arrolladora: la de Salamanca, fundada por Alfonso IX de León en 1215. Pasarían unos años y, en 1260, ahora con carácter municipal, nacería una nueva, la de Valladolid, debida a una resolución del concejo de la ciudad.

Damos a continuación algunas noticias de carácter general que atañen a las dichas Universidades, consideradas como las primeras de Castilla:

En las leyes de las *Partidas* se habla de los «Estudios Generales y particulares». Siguiendo su definición, el Estudio General — nuestras Universidades — «debe ser establecido por mandato del papa o del emperador o del rey». No era, pues, de mera concesión pontificia, aunque luego todos fueran pidiendo la aprobación del romano pontífice. Estudio particular es «cuando lo hace el perlado o el Concejo y la concurrencia es escasa, enseñando un maestro a pocos escolares en una villa». Así debió de ser en un principio el de Valladolid, pasando enseguida a ser Universidad.

La Universidad sería, como la retrata el tít. XXXI, partida 2.ª, que lleva por título «De los Estudios en que se aprenden los saberes, e de los maestros e de los escolares», «un ayuntamiento de maestros e de escolares, que es fecho en algún lugar con voluntad e entendimiento de aprender los saberes. E son dos maneras dél. La una es a quien dicen Estudio General, en que hay maestros de las Artes, assi como de Gramática e de la Lógica, e de Retórica, e de la Aritmética, e de la Geometría, e de la Astrología. E otrosí en que hay Maestros de Decretos e Señores de Leyes».

Como puede apreciarse, en esta relación de materias vienen indicados los famosos *Trivium* y *Quadrivium*, tan clásicos en las escuelas medievales. Solo falta la Música, de que había cátedra en Salamanca, y falta a su vez la Teología, que no sería enseñada como facultad en nuestras Universidades hasta más tarde.

Las *Partidas* se entretienen luego en enumerar otras circunstancias, que debían adornar tanto a los lugares donde se establecieran las Universidades como a los maestros y escolares de las mismas. «De buen ayre e de fermosas salidas debe ser la villa do quisieren establecer el Estudio, porque los maestros que muestren los saberes, e los escolares que los aprenden, vivan sanos en él, e puedan folgar, e recibir placer en la tarde cuando se levantaren cansados del estudio» (ley 2.ª).

De los maestrescuelas ya vimos cómo hablaban en la ley 7.ª del tít. VI, partida 1.ª. Asimismo, habla de los maestros: si no hubiere copia de ellos para todas las ciencias, los ha de haber al menos de Gramática, Lógica, Retórica, Leyes y Decretos. Su salario lo ha de fijar el rey, teniendo en cuenta la importancia de la asignatura y los méritos de cada uno (ley 3.ª del tít. XXXI). Por su parte, los maestros «deben enseñar bien, y lealmente hacer la explicación de un libro o texto determinado». A no ser por enfermedad, no pueden mandar nunca sustitutos a las clases.

Sabios son los consejos que aquí se dan a los estudiantes: «que no levanten bandos nin peleas con los homes de los lugares do fueren los escolares, ni entre sí mismos. E que se guarden en todas guisas que no fagan deshonra ni tuerto a ninguno. E defenderles que non anden de noche, mas que finquen sosegados en sus posadas, e que punen de estudiar, e de aprender, e de fazer vida honesta e buena. Ca los Estudios para esto fueron establecidos, e non para andar de noche nin de día armados, trabajándose de pelear, e de fazer otra locura, o maldad, a daño de sí e estorbo de los logares do viven. E si contra estos fiziessen, entonce el nuestro juez debe castigar e enderezar, de manera que se quiten de mal e fagan bien». (Ley 6.ª, tít. XXXI, partida 2.ª)

Estas últimas palabras nos están indicando una con-

cesión que los reyes dieron desde el principio a las Universidades, de gran importancia en la vida escolar española, que fue el llamado Fuero Académico.

El Fuero Académico fue dado primero a la de Salamanca por el rey san Fernando y su hijo D. Alfonso lo elevó a derecho general universitario en la ley 7.ª del título final de la partida 2.ª: «Cuáles jueces deben juzgar a los escolares.» El estatuto decía de esta manera: «E mando que haya escuelas en Salamanca, e mando que todos aquellos que hy quisieren venir a leer que vengan seguramente, e yo recibo en mi comienda e en mio defendimiento a los maestros e a los escolares que hy vinieren... e quiero e mando que aquellas costumbres e aquellos fueros que hovieron los escolares en Salamanca en tiempo de mio padre, quando estableció hy las escuelas también en casas como en las otras cosas, que essas costumbres e essos fueros hayan... Otrosí mando que los escolares vivan en paz e cuerdamiento de guisa que no fagan tuerto nin demás a los de la villa. Y si hay riña o pelea entre escolares y los de la villa se sometan a un tribunal mixto: eclesiástico y civil...» El documento es de 1242 y hoy se conserva, en marco dorado, en la capilla de la Universidad. Lo mismo haría luego para la de Lérida su fundador, el rey D. Jaime II de Aragón, en 1300.

El rey Sabio determina, asimismo, en la ley 6.ª, tít. XXXI, partida 2.ª: «El Rector debe castigar é apremiar a los escolares que no levanten bandos nin peleas... Los maestros que muestran las ciencias en los Estudios pueden judgar sus escolares en las demandas que ovieren unos con otros, o en las otras cosas que los hombres les fiziesen, que no fuesen sobre pleito de sangre, e no les deven demandar ni traer a juicio delante de otro alcalde sin su placer de ellos. Pero, si se les quieren demandar delante de su maestro, es su escogencia e de responder a ella, o delante del obispo del lugar o delante del juez del fuero, cual más quisiere.» El título de la ley lo dice ya sobradamente: «Cómo los maestros e los escolares pueden fazer ayuntamiento e hermandad entre sí, e escoger uno que les castigue.»

El Fuero Universitario no alcanzaba, pues, más que a los casos ordinarios, ya que expresamente se advierte que éstos «no fuesen sobre pleito de sangre», o sea, que no comprometieran jamás el orden público. Derivación de ese fuero académico fueron innumerables privilegios, exenciones, libertades y franquicias, como exención de peajes, impuestos, recargo sobre libros y pergaminos, etc., de que gozaban tanto los maestros como los escolares.

Con el fuero también hablan las *Partidas*, aunque no directamente, de la matrícula. Con ella se inscribían en los registros de la Universidad para enseñar o ser enseñado, tenían opción al fuero y quedaban sometidos al rector. A éste lo nombran entre todos: «Otro sí pueden establecer de sí mismos un mayoral sobre todos, que se llama en latín "rector" del Estudio, al cual obedezcan en las cosas convenibles, e guisadas, e derechas. E el rector debe castigar...» (idem.) La matrícula había de renovarse todos los años, negándose a los ingratos, a los díscolos, a los desaplicados con reiteración, a los condenados por la justicia del rey y a los incursos en herejías.

En cuanto a los grados a recibir en las Universidades, algo nos habla también el código de las *Partidas*. Hemos visto cómo aparece la palabra «licencia» como germen del título de «licenciado». La de «bachiller» la hemos encontrado, a su vez, en la iglesia de León. Cuando se trata de demosttar la suficiencia en los estudios ante los «Mayorales» se dice en las *Partidas* «que han de podérseles otorgar licencia para esto». Y en las mismas — 2.ª, ley 9.ª, tít. XXXI — se indica cómo se había de conferir el título de licencia para poder enseñar: «desque hoviesse bien aprendido»; «debe venir ante los Mayorales»; «deben catar en poridad»; «debe dar licciones de los libros de aquella sciencia en que quiere comenzar»; «e si responde bien a las cuestiones preguntadas»; «tomando jura del que demuestre bién e lealmente o su sciencia»; «débele después otorgar publicamente honrra para ser maestro», apuntándose en todas estas frases la práctica que luego se haría general: estudios durante un tiempo determinado, súplica al claustro, expediente, lecciones públicas para demostrar aptitud, saber responder a los argumentos que se le hagan, juramento de no haber sobornado a los jueces y solemnidad de la investidura pública.

El título de *doctor* llegaría más tarde, a principios del siglo XIV.

En todas estas ideas está compendiada la que pudiéramos llamar primera ley general de instrucción pública de España relativa a Universidades, promulgada por las *Partidas* del rey Sabio. Ello indica que las primeras Universidades, aunque llevaran cierto corte eclesiástico, no eran ni mucho menos clericales, sino debidas, más bien, a favor real. Años más tarde así lo significaría un buen conocedor del derecho universitario, el jesuita padre Mendo en su obra *De iure academico:* «La erección y la fundación de las Universidades, dice, es política y corresponde a los Príncipes seculares, quienes tienen derecho a erigirlas en sus reinos, aún sin la autoridad Pontificia; y sin la facultad de los dichos Príncipes, no pueden ser nunca erigidas.»

En lo que se refiere a nuevas fundaciones, todavía dentro del siglo XIII, Alfonso X el Sabio crea en Sevilla unas Escuelas generales para la enseñanza del latín y del árabe, que si bien no llegaron a ser Universidad, merecieron del papa Alejandro IV, en 1260, el título de *Studium generale litterarium.* Algunos, con todo, la consideran como Universidad desde 1243.

Con el siglo siguiente empiezan las Universidades del reino de Aragón: la de Lérida, en 1300, establecida por D. Jaime II de Aragón, y la de Huesca, en 1354, por D. Pedro IV. En ellas se establecieron estudios de Derecho civil y canónico, Artes, Medicina y Filosofía. Y en la de Huesca, hecho que no sucedía en la de Lérida, se establece ya la enseñanza de la Teología, que pronto iba a extenderse a las restantes Universidades españolas.

Durante el siglo XV se establecen, asimismo, la de Valencia, por influencias de san Vicente Ferrer, en 1411; la de Gerona, por Alfonso V, en 1446; la de Barcelona, por el mismo monarca, en 1450; la de Zaragoza, confirmada por el papa Sixto IV, en 1474; la de Sigüenza, en 1477, por D. Juan López de Medina, que fue primero colegio y pasó luego a Universidad, aunque de poca importancia, ya que solo podía conceder grados a los frailes de su Orden dominicana; la de Luchente, en Valencia, en 1423, y la de Mallorca, en fin, que, como herencia de los Estudios Lulianos del siglo XIII, fue confirmada como Universidad por D. Fernando el Católico, en 1483.

3. **Evolución y régimen interior hasta el siglo XVI.** Un hecho de gran importancia ocurre en nuestras Universidades a lo largo de estos dos siglos, y fue la implantación, primero de los Estudios de Teología, y poco a poco la confirmación pontificia de ésta en todas las Universidades.

Algo tardío aparece entre nosotros el establecimiento de esta Facultad, que años hacía venía funcionando tanto en París como en otras Universidades europeas. Para explicar este fenómeno, habría que recurrir a diversas razones de tipo tanto nacional como internacional: quizá los españoles, *en un primer momento*, se preocuparon demasiado del Derecho; las guerras intestinas de otra parte, la falta de cuadros de profesores, la misma desunión interna y, sobre todo, la oposición de la curia papal de Aviñón hicieron que se fuera alargando este privilegio.

Cuál fuera la oposición de los papas para no hacer de menos a la Universidad de París, nos lo manifiestan las cuatro negativas que sabemos se dieron a las Universidades de Valladolid, Perpiñán y Lisboa, y las más significativas dadas a los reyes de Aragón para su Estudio de Lérida. Esta es la causa, nos indica La Fuente, por lo que la Teología estuviera reducida en España, casi hasta principios del siglo XV, a los claustros de las catedrales y a los conventos.

Ya desde 1315, a decir de Rashdall *(The Universities of Europe in the Middle Ages*, II, 301-8), se enseñaba Teología en la Universidad de Salamanca y en 1355 tenemos noticia del franciscano fray Diego de Lobo como profesor de prima. Sin embargo, la Facultad no se establece sino hasta los tiempos en que Pedro de Luna viene a la ciudad como legado de Clemente VII y en 1380, al reformar y acrecentar el Estudio, deja establecidas y dotadas tres clases de esa Facultad: la de prima, tercia y vísperas.

En Valladolid, cuando el papa Clemente VI aprueba la Universidad en 1346, excluye expresamente el estudio de la Teología. Por el 1404 Enrique III establece una cátedra de la misma, según vemos por el *Libro de Becerro,* compuesto por fray Vicente de Figueroa (Alcocer, *Historia de la Universidad...*, I, 13) y el papa Martín V la confirma como Facultad y con derecho pontificio en 1418.

En Lérida, ya indicamos las dificultades que se fueron presentando. Pedro IV el Ceremonioso la pide en 1377 al papa Gregorio XI y le es denegada. Lo mismo hace Juan I en 1389 y nueve años más tarde Martín I el Humano. Por fin llega la licencia bajo el pontificado de Martín V en 1430. A continuación la Facultad se va concediendo a las restantes Universidades: a la de Barcelona, en 1450; a la de Palma, en 1483, y a la de Sigüenza, en 1489. De la de Huesca se duda si tuvo o no aprobación pontificia aquella primera, que iba aneja a la fundación de la Universidad. De hecho, cuando ésta fue restaurada por el papa Paulo II en 1464, venía incluida entre las demás Facultades la de Teología (Del Arco, *Memorias...*, I, 4 ss.).

Mientras tanto, las Universidades, a pesar de la primera decadencia en que se encuentran en los años calamitosos de finales del XIV y bastante del XV, van adquiriendo cada vez más sus propias estructuras. Gozan ya de autonomía económica, administrativa y jurídica. Se gobiernan por un rector, nombrado directamente por los estudiantes o, indirectamente, por los consiliarios y asistido por los definidores. Gozaban del fuero en lo civil, especial y propio, y tenían obligación de redactar sus propios estatutos. Según éstos, la jerarquía académica se denominaba de esta manera: rector, doctores, maestros, licenciados, bachilleres, estudiantes, y oficiales y empleados. La primera Facultad era la de Derecho, aunque pronto se le impone la de Teología. Seguían las de Artes o Filosofía y la de Medicina.

Entre los cargos universitarios disminuye la importancia del antiguo maestrescuela, con lo que se pierde la primera herencia catedralicia o eclesiástica, adquiriendo cada vez más prestigio el cancelario, o canciller, que de ordinario es el obispo o arzobispo de la ciudad. Dentro del sentido democrático en que van creciendo las Universidades adquieren también gran relieve los conservadores, consiliarios, el primicerio, decano, completando la lista de cargos los estacionarios y bedeles.

El rector era elegido cada año el 11 de noviembre, fiesta de San Martín. Este día se daban a conocer a su vez los nombres de los consiliarios. El primicerio presidía el «claustro» de doctores. Y los consiliarios, meros estudiantes, eran elegidos dos por cada turno o nación, de los que había cuatro en Salamanca, viniendo a ser por ello mismo ocho consiliarios. Estos habían de ser clérigos o tonsurados, mayores de veinticinco años y sobresalientes en los estudios. El cargo de decano solo existía en la Facultad de Teología. El preparaba los asuntos que habían de ser tratados por el «claustro». Los profesores o maestros ingresaban por oposición y eran votados por los doctores y por los estudiantes. Estas votaciones dieron origen a veces a graves escándalos. Conocidísimo es el caso de las oposiciones hechas por Nebrija en 1513 a la cátedra de Gramática en Salamanca, donde su magnífica obra estaba precisamente de texto. Sin embargo, los estudiantes eligieron a un inepto de pocos años.

El curso duraba cerca de once meses, empezando el 18 de octubre, fiesta de San Lucas, y terminando el 8 de septiembre, conmemoración de Nuestra Señora. Como textos utilizaban: *Graciano*, las *Decretales*, las *Clementinas*, las *Extravagantes* y la *Legislación Justiniánea*, el *Fuero Juzgo* y las *Siete Partidas*, los de Derecho. Los de Arte o Filosofía, las *Súmulas logicales* de Pedro Hispano, los *Predicables* de Porfirio, los *Predicamentos*, el *Organon* y otros tratados de Aristóteles. Los de Medicina eran los clásicos de esta materia. Y los de Teología, en fin, primero, las *Sentencias* de Pedro Lombardo, y luego, la *Suma Teológica* de Santo Tomás, la *Biblia* y los textos de otros autores, representativos de las distintas escuelas: Escoto, Gabriel o Marsilio, Durando. Durante todo el siglo xv solamente se lee en las cátedras de prima y de vísperas al maestro de *las Sentencias*. Cisneros, en Alcalá, da ancha acogida al escotismo y pone una cátedra de *Nominales*, que pronto había de aceptar, asimismo, Salamanca.

Como resumen de todo este período, repitamos las palabras acertadas del historiador La Fuente: «Hemos visto nacer las Universidades de Castilla por la voluntad y buenos deseos de monarcas generosos; a la sombra y al amparo de la Iglesia, con pobre y precaria vida, y arrastrando hasta principios del s. xv una existencia mezquina. Muere la de Palencia por falta de rentas; la de Salamanca corre el mismo riesgo durante el s. xiv, y la de Valladolid apenas da muestras de existencia por largo tiempo, ni apenas deja vestigios de su enseñanza. Casi la misma suerte corren las de la Corona de Aragón. Allí el municipio tiene más vida que en Castilla, lucha briosamente con el feudalismo, y suele estar, por lo común, al lado de la Corona... Los reyes allí dan privilegios, pero no recursos como en Castilla; y aun esos privilegios, en su mayor parte exclusivos, producen algunas veces más daño que provecho. En una y otra Corona la enseñanza es ya un título de nobleza y, sobre todo, se enaltece la carrera de Derecho...

También favorece la Iglesia a las Universidades de Aragón; pero allí el municipio no deja la institución en manos de la Iglesia enteramente, como sucede en Castilla. Las Universidades de este país, regias en su origen, pierden su carácter durante el s. xv y quedan convertidas en apostólicas. Ya no otorga los Estatutos el Rey, como los había otorgado Alfonso el Sabio; los Estatutos los da el papa, Martín V, sin intervención ninguna del monarca de Castilla. Las cátedras no las crea ni las modifica ya el rey, como las había establecido y dotado Alfonso el Sabio con las palabras *mando e tengo por bien*. Lejos de eso, la Universidad misma, viendo, a mediados del s. xv, incompleta la enseñanza de Derecho Canónico por carecer de cátedras de Clementinas, acude al papa Eugenio IV, en 1440, para que le conceda establecer una cátedra de aquella enseñanza.

Mas ¿qué había de suceder con reyes tan flojos como Juan II de Castilla y Enrique IV el Impotente? Desaparecen los conservadores regios y comienzan a prevalecer los cancelarios y maestrescuelas, a los que veremos avasalladores y prepotentes en siglos posteriores.

La Teología, relegada a los claustros de las catedrales hasta el s. xiii, empieza a desaparecer de éstos, y es acogida en los claustros de los mendicantes, que la cultivan con éxito, y los cabildos mismos se ven precisados a tomar frailes mendicantes que les enseñen en las cátedras de sus iglesias. Desde entonces, el maestrescuela queda relegado a ser un mero titular y, cuanto más, inspector de la escuela; pues ya es un maestro de escuela que no enseña en su escuela.»

4. **Renacimiento y decadencia, siglos XVI y XVII.** Numerosas son las Universidades que van a aparecer en España durante todo el siglo xvi y que vienen a coincidir con el esplendor de nuestro Renacimiento humanista y literario de la primera mitad del siglo y con la preponderancia de la Teología durante todo su recorrido.

Abre la marcha la de Alcalá, fundada por el cardenal Cisneros en 1508. En 1520 el papa León X eleva a categoría de Universidad el Estudio de Santa Catalina que había fundado en la ciudad imperial D. Francisco Alvarez de Toledo en 1485. Siguen las de Lucena en 1533 y Sahagún en 1534, aprobada ésta por Clemente VII. En Andalucía, el santo maestro Juan de Avila logra dejar establecida una Universidad clerical en Baeza, en 1538, confirmada como tal por el papa Paulo III dos años más tarde. Fue esta Universidad célebre durante unos años, llegando a tener más de 3.000 alumnos, pero, desgraciadamente, se desacreditó pronto. La de Granada es creación real de Carlos V, quien encomienda en 1526 al arzobispo D. Pedro de Alva su formación y la redacción de sus constituciones. El papa Clemente VII la aprueba con bulas de 1531. En 1542, D. Rodrigo Mercado funda otra en Oñate; la de Santiago queda erigida en 1544; la de Gandía, por san Francisco de Borja, en 1546; la de Osuna, de D. Juan Téllez Girón, en 1548; la de Avila, por el inquisidor Torquemada, en 1550; la de Orihuela, por el obispo Francisco Loazes, en 1555; en 1553, la de Almagro; la de Burgo de Osma en 1554, obra de su prelado D. Pedro Alvarez de Acosta, y en fin, la de Oviedo, debida al inquisidor Valdés, en 1557.

Durante el reinado de Felipe II, Francisco de Córdoba establece la de Estella en 1565; en 1572 se funda la de Córdoba y en el mismo año el arzobispo D. Gaspar de Cervantes instituye la de Tarragona, en el seminario, fundado por él hacía poco tiempo; en 1561, la de Gerona, y la de Vich, en 1599.

Indudablemente, las que adquirieron mayor importancia y prestigio fueron las de Salamanca y Alcalá. Esta se convierte en el primer centro humanista de España, haciéndose célebre anto por sus obras —sobresaliendo entre todas la famosa *Políglota*— como por sus maestros. Salamanca llega a competir en importancia con las de París y Bolonia. Se enseñaban allí todas las ramas del saber jurídico, la Teología y la Medicina. Los profesores llegaron a ser más de 50 y de ellos 30 eran, en 1569, de Matemáticas. En 1551 la matrícula de alumnos alcanzó la cifra de 5.856, subiendo a 7.832 en el curso 1556-1557. Por sus aulas pasaron los mayores ingenios de la época: Vitoria, que da a conocer en ella, por primera vez, su famoso *Derecho de Gentes*, Melchor Cano, Soto, fray Luis de León, etc. El estudio de la Teología adquirió entonces el máximo prestigio y una buena prueba serían tanto los teólogos como los padres, que defenderían y expondrían la fe católica en el concilio de Trento.

Ornamentaban a estas escuelas sus célebres Colegios tanto mayores como menores, de que hacemos referencia en otro artículo, las fiestas escolásticas, la concesión pomposa de los grados después de pasar por las temibles pruebas, ya fuera en la capilla de Santa Bárbara en Salamanca o en la «Alfonsina» de Alcalá. Los reyes las protegen y, ya desde los Reyes Católicos, hicieron visitar por su cuenta las Universidades para remedio de abusos y acondicionarlas mejor. Importantes fueron, p. e. las que hacen a Salamanca D. Diego Ramírez de Villaescusa en 1512, y D. Diego de Covarruvias, obispo de Ciudad Rodrigo, en 1550, llevando esta última una nueva redacción de las constituciones. Por este medio se reforman, ya a finales de siglo, las de Alcalá, Huesca, Lérida, Santiago y Valencia.

Felipe II dispuso que los estudios cursados en una Universidad fueran válidos en otra; dio normas nuevas para los exámenes; limitó el fuero de los estudiantes y prohibió, en 1550, que los naturales de España fueran a estudiar a las Universidades extranjeras. Medida ésta que ha sido siempre largamente discutida, pero que en su tiempo venía a solucionar el grave problema de la herejía, de que estaban infestadas la mayoría de las Universidades europeas.

La decadencia de las Universidades, desgastadas quizá de tanto esfuerzo anterior, fue rápida y lastimosa a partir del siglo XVII. Aún se van fundando algunas nuevas, v. gr., la de Irache, continuación de la de Sahagún, en 1605; la de Oviedo y el colegio-universidad de Pamplona en 1608; la de Solsona en 1617 y a finales del siglo, en 1697, la renovada de Mallorca.

Pero la decadencia se hacía notar demasiado a las claras. Una de sus primeras causas la encontramos en el método, que hasta entonces se seguía, de provisión de cátedras. Los abusos de parte de los estudiantes eran palpables y Felipe IV hubo de disponer, al fin, que las cátedras de Salamanca, Alcalá y Valladolid se proveyeran por el Consejo.

A los catedráticos, que adquirían el cargo «comprándole», se unía el sistema de enseñanza, que a todas luces iba envejeciendo. La sana teología del siglo anterior iba siendo ahora sustituida por una serie de cuestiones engorrosas, que respondían a los diversos partidos y escuelas. Los claustros de las Universidades estaban divididos entre carrancistas, canistas, agustinianos, defensores de la ciencia media, tomistas, escotistas, etcétera. Las disputas morales de probabilistas, probabilioristas y tucioristas iban creando mentalidades enfermizas, nada preparadas para un adelanto en la sana ciencia y en la investigación. Las ciencias positivas caen en el mayor desprecio, por considerárselas como altamente peligrosas; Felipe IV llega a prohibir la impresión de libros; quedan sin cubrir numerosas cátedras, los catedráticos andan mal pagados y las matrículas de los alumnos decaen de modo sorprendente.

Ello va unido a una lamentable relajación de la disciplina que se nota en la Universidad, promovida, muchas veces, por los colegios universitarios. Estos llegan a infatuarse de tal manera que quieren estar por encima del claustro y de toda la Universidad. Se arrogan títulos y privilegios, aun los de conceder grados por su cuenta, y convierten los claustros universitarios en verdaderos campos de batalla entre colegiales, manteístas, capigorristas, etc. Se cometen desafueros en Salamanca, en 1621, pandillajes en Alcalá por este mismo tiempo y en 1650 pleitos en casi todas las Universidades con patronos y obispos. El caso llega a tanto en Alcalá que ya en 1623 la Universidad, para librarse de la intemperancia de los colegiales de San Ildefonso, pensó trasladar su sede a Madrid, idea a que volvería más tarde en el siglo XVIII. En 1666 tiene lugar la reforma de Medrano para esta Universidad, pero de poco sirvió en lo relativo a la disciplina, ya que ésta fue empeorando con los años.

A pesar de ello, aún brillaron en el país buenas figuras en las cátedras universitarias de este tiempo. Recordemos a Ramos del Manzano, González Téllez, el cardenal Aguirre, los Salmanticenses, los Complutenses, Mendo, Solórzano, Caramuel, etc. Una seria reforma se iba haciendo cada vez más necesaria, reforma que se intentaría a través de todo el siglo siguiente.

5. Reformismo y supresiones, siglos XVIII y XIX.

Si deficiente era la marcha de las Universidades mayores, era mucho peor la de las llamadas menores: Almagro, Avila, Sigüenza, Osma, Baeza, Oñate, etc. Faltaban profesores y faltaban alumnos; la enseñanza era pobre y se multiplicaban desmesuradamente los grados, de modo que las mayores hubieron de protestar con toda energía. En Sigüenza quedó en suspenso la vida universitaria durante la Guerra de Sucesión y más tarde seguiría un penoso camino de despojos y supresiones. A la de Avila se le retiraría, en 1787, la facultad de conferir grados, quedando suprimida en 1807. Igual suerte corre unos años antes, en 1751, la de Osma. La de Baeza conoce una tal decadencia que sus grados casi no eran reconocidos por nadie, extinguiéndose en 1809. A la de Almagro se le retira también la licencia de dar grados en 1787. Las de Cataluña (Lérida, Solsona, Tortosa, Tarragona, Gerona y Vich) quedaron incorporadas en 1717 a la naciente Universidad de Cervera.

De estas menores conservaron, sin embargo, gran renombre la de Lérida, hasta su supresión; la de Toledo, la de Gandía hasta la supresión de los padres de la Compañía que la regían; las de Osuna, sobre todo en el Renacimiento, y Oñate y la de Orihuela, que a principios del siglo XVIII contaba todavía con 24 cátedras, un claustro de más de 100 doctores y cerca de 500 alumnos. También fueron suprimidas en 1807, aunque algunas de ellas repuestas, como veremos más tarde, para desaparecer definitivamente en breve.

Un remedio a todo ello se quiso poner con la venida de los Borbones. Buena voluntad no les faltó, pero no pocas veces pecaron de la «moda francesa», que tan mal encajaba con lo tradicional, democrático y esencialmente español. Con Felipe V se hace lo posible por remediar los abusos en materia de provisión de cátedras, de oposiciones falseadas, del sistema de «catedreros», etc. Guiado del afrancesado D. Melchor de Macanaz, pretende reformar, asimismo, los estudios de Teología con la publicación de un decreto en 1713, que llevaba este título bien significativo: «Sobre los malos estudios de Teología.» Como era de esperar, los claustros lo recibieron con muy poco agrado y el disgusto por tales intervenciones reales se hizo cada vez más significativo.

La Universidad se defendía ahora contra dos peligros, uno interior que le venía de antes, de parte de los colegios mayores, que tratan por todos los medios de imponérsele; y otro, nuevo, de la intromisión de la corte en sus asuntos internos. En Salamanca y en Alcalá seguían las violencias entre Universidad y colegios, entre los claustros de profesores y los colegiales. Estos se irían haciendo tan odiosos que años más tarde la Universidad se aliará con los regalistas de Madrid para lograr su achicamiento y hasta su extinción. De la otra parte, por real decreto de Felipe V se suprimieron, de golpe, las Universidades de Cataluña, creándose, al mismo tiempo, la de Cervera en 1717, a la que aquéllas quedaron incorporadas. Contaba la nueva Universidad con las Facultades de Teología, Filosofía, Cánones y Leyes, concediéndosele las mismas garantías que a las de Salamanca y Alcalá. Durante el primer siglo llegaría a contar con más de 2.000 alumnos.

Las reformas, que se proponen en estos años, eran ciertamente beneficiosas, pero hicieron ir desapareciendo el carácter nacional que tenían las antiguas instituciones, sustituyéndolo por otro afrancesado, un tanto amanerado. Muchas de ellas quedaron a veces en el papel, como le ocurrió a la interesante «Representación», que dirigió el marqués de la Ensenada a Fernando VI en 1748. Allí se ponía de manifiesto, otra vez, la falta de disciplina académica, los abusos de las matrículas, el poco amor al estudio y, en general, el mal funcionamiento del mecanismo universitario. Se señalaban remedios, pero éstos tampoco llegaron por entonces.

Durante el reinado de Carlos III las ideas reformadoras cobran más incremento. Sin embargo, obrarían demasiado los intereses personales y de partido, más que el interés por la enseñanza. Toda la reforma giró sobre los goznes de la secularización y de la centralización. Predominaba el espíritu revolucionario, iluminista, demoledor de todo lo antiguo, sin darse cuenta de que lo promovido entonces se hundiría más tarde en sus propias ruinas. Se abre el camino con la expulsión de la Compañía de Jesús, a la que sigue la ruina de los colegios universitarios. Se deprime la Filosofía peripatética y aristotélica y con ellas decae la Teología dando paso a la preponderancia del Derecho Civil. Las nuevas academias, que se abren en este tiempo, las sociedades económicas y las fundaciones de amigos del país, los colegios de abogados sucedieron a los claustros, a los que no solo no se consulta, sino que se les mira con desdén.

Entretanto los ministros de Carlos III iban formando en Madrid la Universidad nueva, que mata la autonomía universitaria con su sentido centralista, restringiendo la libertad científica y pedagógica. Las viejas Universidades se van eclipsando poco a poco: las tres mayores de Castilla pierden prestigio; las de Toledo y Sigüenza están casi desiertas, medio muertas las de Avila, Oñate, Irache y otras menores, como ya hemos visto. Solo la de Zaragoza tiene una momentánea importancia y se renuevan un poco las de Sevilla y Santiago.

Con fecha de 11-III-1769 sale la primera disposición de carácter legal de Campomanes y Moñino, creando el cargo de director de Universidades, con el que se anulaba prácticamente la autoridad del rector. En 1770 aparecen, a su vez, los censores regios de las mismas con facultad para intervenir en todos los asuntos. Todos los cargos de la Universidad pasan ya del Estado. Se da a conocer un nuevo Plan de Aranda en 1771 que, retocado por Campomanes, se aprueba al año siguiente. En este año, en virtud de una pragmática, se reforma el fuero académico y, ya en el reinado de Carlos IV, se proyecta una Universidad de Artes y Ciencias en Madrid en 1780.

Mientras tanto siguen las discusiones entre las mismas Universidades moribundas: luchas entre colegiales y manteístas, entre teólogos escolásticos y derechistas, la Filosofía y la Lógica se separan de la Teología, etc. A ruegos de la misma Universidad de Salamanca publica un nuevo plan de estudios el ministro Caballero, inspirado también por Godoy, en 1807, que tenía ciertas ventajas como la creación de cátedras de Derecho Público y de Economía Política, pero que no dejaban de expresar sus ideas regalistas y jansenistas.

En este mismo año quedaban suprimidas, por real decreto de 5 de julio, todas las Universidades menores: Toledo, Osma, Oñate, Orihuela, Avila, Irache, Baeza, Osuna, Almagro, Gandía y Sigüenza, siendo unida esta última a la de Valladolid.

Con la Guerra de la Independencia queda en suspenso durante algunos años la enseñanza. Las Cortes de Cádiz de 1812 tratan de nuevo del problema de la enseñanza, inventando reformas y decretando al año siguiente un nuevo plan de estudios en el que, entre otras cosas, queda sancionada la libertad de enseñanza, plan de estudios que se conocerá con el nombre de *el de 1813*.

Con la restauración se abren de nuevo algunas de las menores: de Orihuela, Sigüenza, Oñate y Osuna en 1814. Fueron al fin suprimidas, respectivamente, después de variadas y curiosas peripecias, en 1824, 1836,

1820 y 1840. La de Oñate, trasladada en su supresión a Vitoria, tuvo aún unos años de vida, de 1869 a 1873, bajo el dominio carlista, pero sin otro reconocimiento alguno. La de Cervera es trasladada en 1821 a Barcelona, vuelve de nuevo en 1823 para serlo definitivamente en 1836. Y la de Alcalá, también después de manejos y algaradas, es trasladada al fin a Madrid en 1836, llegando hasta ser vendido el edificio de la Universidad — el de Cisneros — en 60.000 reales, en 1846.

Planes y más planes se suceden en este período, según iban alcanzando el poder los diversos partidos, absolutistas o liberales. Fernando VII deroga el plan de 1813 y vuelve a poner en vigor las disposiciones dadas en tiempos de Carlos III. En 1821 un nuevo plan repetirá lo caído de 1813, para caer, asimismo, en 1824. Le sigue uno intermedio entre los de 1807 y 1821, dado en 1836.

En las Cortes de Cádiz se había redactado un plan de ley general de Instrucción Pública, obra especialmente de Quintana, por el que la Península quedaba dividida en distritos universitarios. En Madrid habría una Universidad Central, donde se darían todas las Facultades, y en provincias, Universidades mayores para los estudios facultativos y Universidades menores para los de segunda enseñanza. Se suprimía la autonomía universitaria y se copiaba el plan napoleónico de las Universidades dirigidas y costeadas por el Estado, quedando en todo supeditadas a éste. En 1821 entra en vigor el *Reglamento General de Instrucción Pública* y por estos años se crea la Facultad de Farmacia y, cátedras de Zoología, Mineralogía, Botánica y Agricultura. Con Fernando VII la Dirección General de Estudios se llamó Inspección General de Instrucción Pública, se publica en 1825 un *Reglamento General de Escuelas*, y se abre el Conservatorio de Artes (1825) y el de Música (1830) de Madrid.

En 1831 se suprimen, al fin, los cancelarios de las Universidades y poco más tarde empiezan a funcionar los primeros institutos de segunda enseñanza en Guadalajara y San Sebastián.

El «arreglo» de 1836 llevó consigo la refundición en una, de las Facultades de Leyes y Cánones, la supresión de la Dirección General de Estudios, sustituyéndola por un Consejo de Instrucción Pública y una «Sección» en el Ministerio de la Gobernación; ya que lo legislado anteriormente no se había cumplido, esta Sección y Consejo prepararon un nuevo auténtico «Plan general de enseñanza», inspirado por D. Pedro Pidal, aunque atribuido exageradamente a Gil y Zárate, que fue implantado por real decreto de 17-IX-1845, «día, dice La Fuente, que puede considerarse como fecha de la muerte de las antiguas Universidades y fin de su independencia».

Con esta última medida se cerraba un período turbulento y triste de la Universidad española. Toda la estructuración antigua había quedado sepultada. Gil y Zárate habla en su obra *De la Instrucción Pública en España*, salida en estos días, de la secularización de las Universidades. Y tenía razón, por cierto. Lo confirmaría el real decreto de 21-V-1852, dado por el Ministerio de Gracia y Justicia, de acuerdo en ello con la autoridad eclesiástica, por el que se suprimía la Facultad de Teología de todas las Universidades. Una nueva época, laica y liberal para nuestra enseñanza universitaria, empezaba.

6. La Universidad contemporánea. Con la extinción de las Universidades menores y traspaso de otras, quedaban en España, a mediados del siglo XIX, las siguientes: Central de Madrid, Salamanca, Barcelona, Santiago, Oviedo, Zaragoza, Valencia, Valladolid, Sevilla y Granada.

En 1857, debida a Claudio Moyano, salió la *Ley General de Instrucción Pública*, que reglamentaría desde entonces a hoy toda la enseñanza española. En lo relativo a la universitaria se establecían seis Facultades: Teología, Filosofía y Letras, Derecho, Ciencias, Medicina y Farmacia. La Teología había sido repuesta por el Gobierno revolucionario de 1854, a disgusto de los mismos prelados, pero la volvería a suprimir definitivamente la revolución de 1868, quedando recluida desde entonces en las Universidades pontificias de Burgos, Comillas, Salamanca, Granada, Santiago, Tarragona, Toledo, Valencia, Sevilla, Zaragoza y Valladolid, reconocidas como tales por el papa León XIII en 1896 y 1897.

Unicamente en la Central funcionaban las seis Facultades. Al frente de cada Universidad había un rector, un vicerrector y un consejo formado por el claustro de profesores, estando cada Facultad presidida por un decano. La enseñanza se dividía en oficial y libre. Para alcanzar la licenciatura bastaba aprobar los cursos determinados para cada Facultad. El doctorado lo conseguían los licenciados redactando una *Memoria*, que luego había de defender ante un tribunal. El «Plan de Moyano», que acababa de golpe con todos los anteriores, siguió siendo después la base para las reformas posteriores. En 1900 se crea el Ministerio de Instrucción Pública y con él España se distribuía en 11 distritos universitarios: los de las diez Universidades citadas, además de una nueva, la de Murcia. Las Facultades quedaron en cinco: Filosofía y Letras, con tres secciones: filosofía, letras e historia; Ciencias, con cuatro secciones: exactas, físicas, químicas y naturales; Derecho, Medicina y Farmacia. Los estudios de Filosofía y Letras comprendían cinco cursos; otros cinco la de Farmacia; cuatro la de Ciencias, y seis las de Derecho y Medicina.

Por reales decretos de 1930 se aprobó un *Estatuto general de enseñanza universitaria*, se establecieron los Patronatos universitarios, y dieron notables modificaciones al plan de enseñanza universitaria, referente a títulos, planes de estudios, días de curso —del 1 de octubre al 31 de mayo —, escolaridad, matrículas, medios de docencia, colegios que había que establecer, fundaciones de becas, publicación de *Memorias*, oposición a cátedras, etc., o sea, todo, o casi todo, de lo que está todavía vigente en nuestras Universidades. Con ello acaba la fase histórica de estos centros, que tanta gloria y prestigio dieron a nuestra patria.

La reciente Ley General de Educación, de 1970, y la proliferación de nuevos Centros universitarios han venido a abrir para la Universidad española una etapa nueva, sobre cuyos posibles resultados es demasiado pronto para pronunciarse. Pero sean estos los que fueren, el interés eclesiástico de la nueva Universidad estatal —que es el que podría interesar en este Diccionario— puede decirse que es nulo, ya que no le queda con ella a la parte eclesiástica más relación que la derivada de la enseñanza de la Religión en todos los Centros superiores, donde todavía —no sabemos hasta cuándo— tiene carácter oficial y obligatorio. Pero, por una serie de razones que no son del caso, dicha enseñanza, que nunca fue un éxito, constituye actualmente un lamentable fracaso, más por causa de la Iglesia y de la crisis interna que padece, que por culpa del Estado.

BIBL.: C. AJO Y SAINZ DE ZÚÑIGA, *Historia de las Universidades hispánicas. Orígenes y desarrollo desde su aparición hasta nuestros días*, 4 vols., Ma.-Avila 1957-1963; A. BALLESTEROS Y BERETTA, *Historia de España y su influencia en la Historia Universal*, 11 vols., Ba. 1918-1936; A. BONILLA Y SAN MARTÍN, *La vida corporativa de los estudiantes españoles...*, Ma. 1914; H. DENIFLE, *Die Universitäten des Mittelalters bis 1400*, Berlín 1885; A. GIL Y ZÁRATE, *De la instrucción pública en España*, 3 vols., Ma. 1885; *Guía histórica de las Universidades, Colegios, Academias y demás cuerpos literarios de España y América...*, Ma. 1786; E. HERRERA ORIA, *Historia de la educación española desde el Renacimiento*, Ma. 1941; S. D'IRSAY, *Histoire des Universités françaises et étrangères des origines à nos jours*, 2 vols., Par. 1933-1935; V. DE LA FUENTE, *Historia de las Universidades, Colegios y demás establecimientos de enseñanza en España*, 4 vols., Ma. 1884-1889; F. MARTÍN HERNÁNDEZ, *La formación clerical en los Colegios Universitarios Españoles (1371-1563)*, Vitoria 1960; H. RASHDALL, *The Universities of Europe in the Middle Ages*, 3 vols., Oxford 1936; G. REYNIER, *La vie universitaire dans l'ancienne Espagne*, Par.-Tou. 1902; F. C. SAINZ DE ROBLES, *Esquema de una historia de las Universidades españolas*, Ma. 1944. Se trata, como puede verse, de la bibliografía más general. La particular sobre cada una de las Universidades españolas, acompaña a las voces que, figuran en el artículo siguiente.

F. MARTÍN

UNIVERSIDADES ESPAÑOLAS. Como complemento y ampliación del anterior, sobre la institución universitaria en general y su desarrollo en España, damos el presente artículo, de carácter más concreto, en relación con cada uno de los Centros universitarios propiamente dichos que existen o han existido en nuestra patria, cualquiera que sean o hayan sido sus características. Así, por ejemplo, no se hace distinción entre las llamadas Universidades mayores y menores, como no sea en la extensión, más corta o más larga, de las correspondientes noticias históricas, que son, y ello es lógico, más abundosas e interesantes en las primeras. Aspiramos a que la serie de los Centros que historiamos sea lo más completa posible, y los disponemos por el orden alfabético de las localidades en que estuvieron o están emplazados, destacándolas en letra negrita.

Alcalá o Complutense. 1) *El nombre y el lugar*. Los romanos lo llamaron *Complutum;* y este mismo fue su nombre bajo los godos hasta el siglo VIII, en que lo invadieron los musulmanes. Los árabes lo llamaron «Guad Alkalá» y «Alkalá Nahar». Y, por eso, cuando los castellanos la reconquistaron, vino a ser «Alcalá de Henares».

Alcalá se halla situada a 31 kilómetros al Este de Madrid, en una risueña vega a orillas del Henares, limitada por elevados cerros. La ley de las «Partidas» y la práctica romana exigían que la ciudad universitaria fuera saludable y bien abastecida; y, aunque Cisneros omitió en sus preces esta circunstancia, Alejandro VI la expresó, al hacer constar que concedía la Universidad a Alcalá, «en la que hay abundancia de víveres y salubridad de ambiente». De hecho, Cisneros había saneado la población, arreglando varias calles y reconstruido los soportales antes de 1498. Al parecer, aún conserva la calle Mayor algún soportal romano.

En las Cortes de Alcalá de 1348 el rey Alfonso XI promulga las *Siete Partidas* en su famoso *Ordenamiento*. Y en 1571 Arnaldo Guillermo de Brocar acabó de imprimir la celebérrima *Biblia Políglota Complutense*. Allí, en la parroquia de Santa María se muestra la partida de nacimiento de Miguel de Cervantes Saavedra en el libro I, folio 192.

No existe hoy Universidad. La ciudad, estudiosa y concurrida, que llegó a tener 38 iglesias, 21 conventos y 27 colegios, aunque conserva esos edificios, ha destinado bastantes de ellos a otros fines. El traslado de la Universidad de Alcalá a Madrid dio origen a la Universidad Central, que desde 1941 se llamó Universidad de Madrid, a secas; y desde 1960 se llama Universidad Complutense.

2) *Los Estudios Generales*. Alcalá tuvo Estudios Generales antes de la Universidad cisneriana, como los tenían otros lugares de España. Lo que eran estos Estudios Generales lo declaran las *Siete Partidas* del Rey Sabio (partida II, tít. 31, ley 18). «Estudios..., en que ha maestros de Artes. Así como de gramática, et de lógica, et de retórica [el *trivium*]; et de aritmética, et de geometría, et de música, et de astronomía [el *cuatri*-

vium]. Et este Estudio debe ser establecido por mandado de Papa, o de Emperador, o de Rey.»

Fue D. Gonzalo Gudiel, arzobispo de Toledo, el que alcanzó en 1293 de Sancho el Bravo la facultad para erigirlos. Pero, hubieran comenzado o no a funcionar, fue el arzobispo de Toledo, D. Alfonso Carrillo y Acuña, quien, reinando Juan II, consiguió de Pío II, en 17-VII-1459, fundar o dotar tres cátedras de Gramática y Artes en estos Estudios, y las confió, con todas sus Facultades, al guardián del convento de San Diego.

Estos son los elementos que Cisneros incorporó a su Universidad, aportando por su cuenta todo lo demás. Antes había Estudios, pero no había Facultades. Y solo cuando hubo Universidad pudieron presentar los que cursaban en ella, sus diplomas de bachilleres, licenciados y doctores en las varias Facultades estrictamente universitarias. Y el edificio de la Universidad hubo de levantarlo de nueva planta a sus expensas el cardenal franciscano, porque el de los Estudios anteriores debió de ser, caso de que lo tuvieran propio, sin importancia.

3) *La bula fundacional de la Universidad.* La consiguió Cisneros en 13-IV-1499, del papa Alejandro VI. Que Cisneros la pidiera para Alcalá, se explica, porque esa ciudad era señorío de la mitra toledana, a la que fray Francisco había sido elevado en 1495, y en Alcalá poseía el arzobispo, desde 1209, un rico palacio, construido por el arzobispo D. Rodrigo Ximénez de Rada, palacio que fueron mejorando sus sucesores, en el que sobresale el riquísimo salón mudéjar de los concilios, que se hizo de 1422 a 1434.

En un principio, la Universidad había de ser un centro destinado a dar cultura al clero de la diócesis, y a los que, teniendo vocación eclesiástica, carecían de medios de fortuna; por lo cual comenzó pensándose solamente en disciplinas propias y exclusivamente clericales: Artes y Filosofía, Teología, elementos de Derecho Canónico y Lenguas clásicas y orientales acomodadas al conocimiento de la Biblia y de los Santos Padres. De ahí que en la bula de Alejandro VI se concede el poder graduar en Teología, Derecho Canónico, Artes y Filosofía. El grado en Letras clásicas y en Sagradas Escrituras, en esa época, ni se concebía. Respecto del Derecho Civil, Cisneros, en las Constituciones, decía: *Juris Civilis peritia in hoc gimnasio non esto*, determinación tomada quizá por no perjudicar a las Unversidades de Valladolid y Salamanca, fundadas en 1237 y 1220 respectivamente, y «porque se ejerciten y den más al estudio de la Teulogía e Artes y de las otras ciencias», según declaró la reina D.ª Juana en 12-II-1512.

Pero pronto, al comenzar el primer año escolar, cuando se promulgaron las primeras Constituciones, acaso por el vigor con que empujaba el éxito o la necesidad, hubo de escribir Cisneros en el capítulo 49: «... el arte médica... es en gran manera provechoso y necesario; ... por lo tanto... haya dos cátedras de Medicina». Pero debió suscitarse la duda de si, aunque establecida en la Universidad la Medicina desde el primer curso, era o no estudio universitario propio para graduandos, no habiéndose citado la Medicina en la bula de Alejandro VI. Por lo cual se pidió una bula especial a León X, otorgada el 5-IX-1514; la cual es, según Alonso Muñoyerro, la auténtica bula de fundación de la Facultad de Medicina de Alcalá.

Mucho más tarde, por Provisión real de 1672, contra la clara decisión del cardenal Cisneros, y sin los debidos requisitos eclesiásticos, se estableció la Facultad de Derecho civil.

4) *Carácter renacentista.* El historiador Aguado Bleye dice que «los dos grandes tipos de las Universidades españolas, en los siglos XVI y XVII, son: Salamanca, que encarna la tradición; y Alcalá, el espíritu del Renacimiento».

En efecto: la Universidad complutense surgió a principios del siglo XVI, en el período de mayor esplendor de nuestra enseñanza, con particularidades que la distinguen como renovadora y renacentista, frente a otras que continuaron por la trillada vía de la escolástica hasta que renació con el bello resurgir del «neoescolasticismo». Este carácter «humanista» queda bien marcado en Alcalá con dos hechos fundamentales: el estudio de las lenguas sabias, que cuajó en el colegio trilingüe — latín, griego y lenguas orientales — y, la publicación de la políglota en estos idiomas — hebreo, caldeo, latín y griego —, en la que colaboraron los maestros agregados a la Universidad.

5) *El edificio principal y otros relacionados con él.* El edificio de la Universidad y demás construcciones colegiales fue lo primero que hubo que preparar. La prisa hizo que la Universidad se construyese con materiales pobres del país, porque Cisneros estaba seguro de que «sus hijos, agradecidos, lo enmendarían». Este humilde edificio — de ladrillo, madera y yeso —, que dirigió el arquitecto alcalaíno Pedro Gumiel, quedó terminado en 1508.

Mas, como previó Cisneros, fue reedificada en 1543 por Rodrigo Gil de Ontañón, con piedra blanca y dorada de Tamajón. Su fachada es mezcla de plateresco y clásico, con columnas y relieves de figuras, escudos y medallones. La parte central es muy rica en labores; y se corona con un gran escudo imperial, orlado con las columnas de Hércules y dos reyes de armas. Dentro hay tres patios grandes: el primero, de tres plantas, lo cercan 96 columnas dóricas y jónicas, y un medallón en el centro superior de cada lado; el segundo quedó sin terminar y tiene 32 columnas; el tercero, que llaman del trilingüe, lo forman 36 columnas jónicas. Hay, además, otros 13 patios menores.

El patio primero forma el claustro principal, con su correspondiente en la planta baja. Al principio era amplio, pero modesto; más modesto que el actual de 1670, construido por José Sopena. En torno a él estaban las aulas en las que se leía Teología, Cánones, Medicina y Filosofía moral y natural; y en uno de sus lados, el refectorio. Del claustro se pasaba a otros patios menores, uno de los cuales era el tercero, construido en 1551 por Pedro de la Cotera, en el que se leían Súmulas y Lógica, y donde se daban las enseñanzas de las Letras; por lo cual se llamó el del colegio trilingüe. Aquí se hallaba también el teatro, o sea, el paraninfo, del que se conserva el rico artesonado y el suntuoso balconaje de la parte superior con labores platerescas. Y, finalmente, daba salida a la calle de Roma por la bochornosa puerta de los carros, por donde se escurrían los fracasados en el doctorado.

La capilla de San Ildefonso se halla al Oeste de la fachada, y es de gran interés universitario: en ella se promulgaron las Constituciones el 22-I-1510; en ella se publicaban las calificaciones de los graduados; allí fueron enterrados el gran humanista Nebrija, el famoso médico de Felipe II, Francisco Vallés, y el cardenal Cisneros, que tuvo su sepulcro mientras duró la Universidad, hasta que fue en 1851 trasladado a la magistral.

La iglesia magistral de Santiuste, es decir, de los Santos Justo y Pastor, estuvo relacionada con la Universidad: porque su abad era el canciller perpetuamente; porque entre sus canónigos solía elegirse el visitador anual, y porque en ella habían de presentarse los graduados antes de la licenciatura o del doctorado. Había sido restaurada o fundada por Cisneros entre 1497 y 1501, como reducción bellísima de la catedral de Toledo.

6) *Colegio de San Ildefonso, la librería y la cárcel.* El Colegio de San Ildefonso era el núcleo central y vivificador de la Universidad, el único colegio mayor

complutense. Su sede estaba en el mismo edificio de la Universidad. En él se instalaban 33 colegiales y 12 capellanes, que tenían en este Colegio sus aposentos, y también sus despachos cuando eran designados para el gobierno de la Universidad, que solamente a ellos incumbía.

La librería o biblioteca se hallaba al lado de la casa rectoral. Tenía 23 plúteos. Y era de tal riqueza que «ni la Universidad de Salamanca, ni tampoco ninguna otra de España, ni aun la mayor parte de las de Europa, podían rivalizar con la de Alcalá», según dice Lafuente en su *Historia de las Universidades*. Se regulaba por normas fijadas en las Constituciones. Para facilitar el acceso a ella existía la orden de que estuviera abierta para todos cuatro horas al día. Y para protegerla, se gravaba con la excomunión al que sin licencia sacara un solo libro. Un bibliotecario afirmaba que los colegiales se pasaban en ella los tres últimos meses del curso. Allí firmó alguna de sus obras el gran Cardillo de Villalpando. Se conservan varios catálogos de diversas épocas que prueban la generosidad con que fue dotada; aunque a fines del siglo XVI hubo quejas pidiendo nuevos aumentos. Pero parece que eran ganas de lamentarse y meras exigencias; porque en 1621 las obras manuscritas e impresas sumaban 1.347. De ellas eran de filosofía unas 250.

La cárcel, si cárcel eran unos cuartos del colegio ni más sombríos ni más húmedos que los restantes, no debió usarse demasiado. Cisneros no la estableció: señalaba sanciones leves; y, para los obstinados, la expulsión. Solo, más tarde, se consideró necesario recluir a algunos en una especie de cuartos oscuros. Porque el gobierno universitario, que gozaba de su propio fuero, se concebía con carácter exclusivamente paternal.

7) *Los Colegios menores y el hospital*. Según las Constituciones de los colegios de pobres, promulgadas en 23-III-1513, éstos debían ser 18. En 12 de ellos debían de morar 12 escolares: en total 144. Y, en los otros seis, 60 gramáticos y 12 griegos: que hacían 72. Con lo que, sumados los 144 anteriores a estos 72, resultaba un número de 216 colegiales, sostenidos gratuitamente con becas fundacionales, los cuales formaban el núcleo, básico y estable, de la masa estudiantil. Pero resultó que las construcciones que Cisneros mandó edificar eran tan capaces que los 216 colegiales menores se replegaron a vivir en siete colegios.

Estos siete colegios eran: 1.º el de la Madre de Dios, para los teólogos; 2.º, el de San Pedro y San Pablo, para los franciscanos, y formaba parte del edificio universitario principal; 3.º, el de Santa Catalina, para filósofos; 4.º, el de Santa Balbina, para lógicos y sumulistas; 5.º, el de San Eugenio, para gramáticos y griegos; 6.º, el de San Isidoro, también para gramáticos y griegos; 7.º, el de San Lucas, para escolares pobres enfermos. Todos estos edificios debieron situarse juntos, dando origen a la que todavía hoy se llama «calle de los colegios».

El hospital de estudiantes merece particularísima atención. Es el llamado por Cisneros de San Lucas. El primer edificio que se levantó con este fin, pareció conveniente destinarlo a los teólogos. Y, luego, Cisneros ya no lo pudo ejecutar. Por eso, el verdadero fundador del hospital resultó ser Juan de Angulo, que donó para este fin unas casas grandes. Entonces, la Universidad lo acondicionó con sus propios bienes, y con otra donación del doctor Valladares.

8) *Las Constituciones*. Eran las mismas que las del Colegio mayor de San Ildefonso. De las varias ediciones que conocemos, dos de ellas nos han conservado la firma autógrafa de Cisneros. Son los códices 1.085 y 674 del Archivo Histórico Nacional. Entre ambos ejemplares existen gravísimas discrepancias.

El códice 1.085 se descubrió a mediados del siglo XIX. Y parece fue el que se promulgó el 22-I-1510, con extraordinaria solemnidad. El códice 674 fue recibido y jurado, aunque no tan solemnemente, por el rector y colegiales ante Pedro Loranca, en 17-X-1517. Parece indudable que el 1.085 es el texto primitivo. Por lo cual se les llama «Constituciones Antiguas». Su forma dispositiva, como más primitiva, es mucho más sencilla.

Las del códice 674, se llaman «nuevas» o «modernas». Y han tenido valor en la marcha de la Universidad. Ni se limitan a ser una «nueva redacción», como opinó A. de la Torre. Introducen modificaciones sustanciales. Son, como dice muy bien Alonso Muñoyerro, la «primera reforma» que sufrió la fundación. Y añade, además, como ilustre jurista: «las Constituciones nuevas (las del códice 674) abrogaron las antiguas (las del códice 1.085), por ser aquellas una ordenación integral y, en muchos puntos, contraria». Podríamos decir que el texto 674 fue redactado por la práctica y la necesidad; y fue el legítimo regulador de la experiencia vivida. Este códice 674 comienza consignando la fecha de 22-I-1510 y la forma de la promulgación de las constituciones antiguas del códice 1.085, como dando a entender que se trata del mismo texto fundacional, que, sin embargo, reforma y modifica; y esto es lo que ha ocasionado el confusionismo posterior.

9) *Inauguración y apertura*. Hay que distinguir entre la inauguración del colegio y Universidad, y el comienzo del primer curso universitario.

La inauguración ciertamente tuvo lugar el 26-VII-1508, como lo atestigua Alvar Gómez de Castro, que debió de tratar a los contemporáneos de esta fecha. Y refieren los anales complutenses que ese día bendijo el arzobispo los mantos y becas que recibieron de su mano los colegiales. Y ese día de Santa Ana fue el primero en que se pobló el colegio de colegiales.

La apertura o comienzo del curso es fecha discutida. La mayoría de los autores aceptan esta conclusión de De la Torre: R159, 20 y 21 (1909). La conclusión es: aunque los más de los historiadores consideran el curso 1508-1509 como el primero, debe creerse que no se formalizó el estudio hasta el de 1509-1510. Y lo mismo opina respecto de la Facultad de Medicina quien mejor la conoce, que es D. Luis Alonso Muñoyerro. Sería el día de San Lucas cuando, por costumbre inveterada en Salamanca y otras Universidades, solía comenzar el curso, el primer día formal de la puesta en marcha de los distintos estudios. Siendo así, la apertura fue el 18-X-1509.

10) *Facultades establecidas*. Las Facultades autorizadas por la constitución eran: Artes y Filosofía, Teología, Letras, Cánones y Medicina. Las que principalmente interesaban eran la Teología y la Filosofía. Al principio sin poder de conferir grados.

El apelativo técnico de la Facultad de Filosofía era *Facultas Artium et Philosophiae*. La cual abarcaba, al entrar el siglo XVI, las Súmulas el primer año; la Lógica, el segundo; la Física, el tercero, y la Metafísica, el cuarto. La Etica estaba ligada a estudios más elevados y completaba la Teología. El tercer curso se llamaba indiferentemente Física o Filosofía. Y el cuarto, Filosofía y Metafísica. Y los dos primeros serían Artes. Todas estas materias formaban una sola Facultad. De modo que los que comenzaban siendo regentes o discípulos de artes o súmulas, continuaban siendo maestros y graduados de física y metafísica.

La Facultad de Teología tenía las características comunes a todas las Facultades similares en las demás Universidades, particularmente en la de París, de la que se decía que Alcalá era la imitadora. Sus aulas eran las más importantes del edificio principal, y sus alumnos, los más escogidos.

De la Facultad de Letras, que formaba el colegio trilingüe, sabemos que fue creada para el estudio de las tres lenguas: hebrea, griega y latina; y que Felipe II favoreció mucho este colegio. Al principio se permitió ser colegiales a los no graduados ni conocedores de otras Facultades. San Ignacio conoció allí a Laínez y Salmerón que cursaban en el trilingüe. Se dijo que no hubo gran lucimiento en esta primera época. En el período de mayor esplendor cursaban lenguas frecuentemente, como preparación para cátedras, los ya graduados de doctores y maestros. La Real Provisión de 1640 dispuso que hubiera 14 licenciados en Artes y seis bachilleres en Cánones; pero, de los de Artes, cuatro habían de estudiar griego exclusivamente, para que después estudien Medicina. Al cabo de tres años estos escolares debían sufrir examen y, si aprobaban, podían continuar otros cinco años.

La Facultad de Medicina ha sido muy bien estudiada por L. Alonso Muñoyerro bajo múltiples aspectos. Demuestra que las cátedras fundadas por el cardenal fueron cuatro, servidas por dos catedráticos, que explicaban por turnos bienales el *Canon* de Avicena, y el *Arte* de Hipócrates y Galeno; materias que constituían lo principal de la materia médica entonces conocida. No mediado el siglo XVI, se dividieron las cátedras en principales o de prima, y secundarias o de vísperas. En 1531 aparecen tres catedráticos. Y en 1565 se consagran definitivamente cuatro catedráticos a esta Facultad. Respecto de la Anatomía, ya en 1534 los escolares pidieron que el doctor Reynoso «lea... notomía», y en 1559 ya se ordenaba dar para disecciones los cuerpos de ajusticiados y muertos en los hospitales de Alcalá. La cátedra de Cirugía fue provista, por primera vez, en 1594.

De los estudios de Cánones y de Derecho Civil, de los que apenas se ha escrito, es muy poco lo que sabemos.

11) *Autoridades y regentes.* Los mandos, según las constituciones, estaban constituidos por el rector de San Ildefonso y vicerrectores de los colegios menores, más los consiliarios y visitadores de cátedras; y, en lo docente, por los profesores o catedráticos, llamados también regentes o maestros.

El rector debía ser uno de los colegiales del Colegio mayor. Era nombrado la víspera del día de San Lucas por los colegiales del Colegio de San Ildefonso. Desde entonces, su jurisdicción procedía directamente de la Santa Sede, y no del rey, ni del arzobispo de Toledo. Su autoridad la regulaban las Constituciones; y la moderaban los consiliarios del Colegio mayor y los representantes de las Facultades, elegidos, cada año, por el propio rector, el cual designaba a tres de cada disciplina.

El rector venía a ser la suprema autoridad del poder ejecutivo y judicial para los estudiantes; porque era «su Ordinario y Juez propio; ya que... están completamente exentos de toda otra y cualquier jurisdicción». Esta exención de toda otra autoridad lo que, por constituir o parecer un privilegio, se ha solido llamar el «fuero universitario»; el cual se había concedido en favor del Estudio, y como adaptación del fuero eclesiástico, a aquellos estudiantes en su mayoría clérigos, tutelados por el rector, que sancionaba, como en un tribunal de menores, las faltas estudiantiles, corrigiéndolos como padre. Por eso cuando, alguna vez, el disturbio incontenible invadía los claustros, y los bandos sacaron las espadas, a nadie extrañó que, aun pegando fuego a las puertas atrancadas, penetraran el corregidor y la ronda, para apaciguar el tumulto.

Los visitadores de cátedras, tan provechosos para urgir a maestros y discípulos el progreso en los estudios, eran una institución exigida por las constituciones. El rector y los consiliarios, no bien elegidos cada año,

debían asignar dos de entre ellos que ejercieran este oficio, a partir de los treinta días de la provisión de las regencias. Debían informarse sobre la asistencia de los alumnos; sobre el fiel cumplimiento de los catedráticos y, si lo incumplían, multarlos y aun desposeerlos; y de si había satisfacción en los discípulos.

Los regentes o catedráticos eran también elegidos, en un principio, por los estudiantes y, generalmente, por los de la respectiva Facultad. Aunque hubo tiempos en que votaban todos los estudiantes, como en las elecciones de 17-X-1594 para regentes de Súmulas, en las cuales votaron lógicos, físicos, médicos y teólogos. En Alcalá, advierte el padre Getino, cada estudiante disponía de un voto, y no de tantos como años cursados. A mediados del siglo XVII, por la Real Providencia de 11-XII-1641, después de un período de vicisitudes y vacilaciones, quedó, por fin, contra el constante parecer del claustro universitario, abolido definitivamente el derecho de los estudiantes a elegir sus catedráticos.

A la elección precedía siempre la oposición en el teatro, y asistían el rector, los consiliarios, los regentes y los alumnos. Y no deja de admirar el acierto de esas elecciones, pues rara vez resultaron fallidas. Era que los escolares electores sabían muy bien que los catedráticos, que los formaban en la ciencia, no habían de ser sus examinadores. Por eso preferían y elegían a quien les ofrecía mayores garantías de prepararlos debidamente para el momento peligroso.

En las votaciones, y con relación a la eficacia de la elección, el rector y sus consiliarios constituían una como mesa electoral, que cuidaba la observancia de la ley, escrutaba los votos y amparaba al elegido.

El soborno en las votaciones fue preocupación constante de los legisladores. Cisneros condenaba a sobornantes y sobornados incluso a la expulsión de la Universidad. Felipe II aplicó a Alcalá la ley, vigente en Salamanca y otras Universidades, de destierro «de su tierra por... dos años». Y, en 1615, el rector imponía a unos y otros la pena de excomunión *latae sententiae;* y, a los sobornados, además, la pérdida de los grados y el destierro.

Comenzar a citar nombres de catedráticos eminentes en cada Facultad es absolutamente imposible: el gran filósofo, restaurador del aristotelismo, Gaspar Cardillo de Villalpando y el protomédico de Felipe II, Francisco Vallés de Covarrubias, El Divino, quizá sean los más destacados. Otros nombres, que aquí no cabrían, aparecen en las obras especializadas.

12) *Los estudiantes.* Antes de matricularse habían de prometer obediencia al rector, conforme a las constituciones, y ayuda en los asuntos de la Universidad, durante todo el tiempo de su vida. Con esto, y pagados cortísimos derechos, podían matricularse.

Sin duda hubo desde 1509-1510 libros de matrícula que ya no aparecen. Y que los hubo es seguro, porque estaba expresamente preceptuado en las Constituciones, y porque quedan varios del siglo XVI. Las matrículas comenzaban el 19 de octubre y seguían hasta marzo, es decir, los seis primeros meses del curso. En esos libros consta, aunque no siempre, quién era el rector y los consiliarios, y quién el regente o catedrático.

No bastaba la matrícula para conseguir aprobar los cursos. Aunque no se tenían exámenes anuales, si no es en los colegios menores de gramáticos para seleccionar los becados, para conseguir los grados era necesario demostrar la escolaridad, es decir, la asistencia. Para lo cual se llevaba cuidadosamente la nota de las faltas en los «Libros de Provança de Cursos». El examen tenía que autorizarse por testimonio firmado del decano. Pero, antes, durante los cursos, los estudiantes tenían que someterse a pruebas especiales, como «responsiones», «alfonsina», etc.

El tribunal lo formaban graduados con el título de doctor. Ninguno de los cuales podía ser a la vez regente en la Universidad. Con lo cual quedaba magistralmente segregada la función examinadora de la docente. A este examen llevaban los alumnos una papeleta, como las actuales de examen, en la que sus maestros certificaban su asistencia y aprovechamiento.

Es evidente, sin necesidad de advertirlo, que nadie podía aspirar a ningún grado superior sin haber sido antes graduado en el inmediato inferior. El grado lo confería no el tribunal, sino el regente. Y, según la constitución, los grados mayores, desde la licenciatura, los debía otorgar solo el canciller. Pero León X, en 1514, autorizó que pudiera concederlo cualquier doctor o maestro. Y el uso hizo que fuera el regente quien lo confiriera.

La carta de bachiller la extendía el secretario. Luego, un año más tarde, se obtenía la licenciatura. Pero esta licenciatura ¿qué es lo que concedía? Según las Constituciones, la «licencia para el magisterio», el poder ser maestro, la potestad de enseñar. Sin embargo, más tarde, a fines del siglo XVI, se dice claramente que con la licenciatura se da a los bachilleres licencia para «ascender al grado de maestro». El grado supremo era el doctorado, que iba, desde 1617, precedido del voto de defender la Inmaculada Concepción, y acompañado de requisitos, pagos de derechos y ceremonias, entre las que destacaba la solemne imposición del birrete, en el teatro o paraninfo de la Universidad.

Lo más selecto de la juventud castellana de nuestro siglo de oro pasaba por estas aulas: santo Tomás de Villanueva, san Ignacio de Loyola, san Juan de Avila. Allí estudiaron también el perseguido Bartolomé Carranza, el hereje Agustín Cazalla. Y allí dieron sus primeros brotes las agudezas de Vázquez, las acrobacias mentales de Quevedo, la fluidez literaria de Nieremberg, el pacifismo de Lagasca, la refinada diplomacia de Próspero Doria y de Ascanio Colona. La lista de colegiales y alumnos sería interminable.

13) *Visitadores reales y reformas de la constitución.* «En Castilla, dice D. Vicente de Lafuente, la Iglesia funda y los Reyes confirman» las fundaciones. Así sucedió con la Universidad Complutense: los papas, movidos por Cisneros, expidieron la bula fundacional, y el cardenal Cisneros aprobó las Constituciones y aplicó bienes de la Iglesia para su sostenimiento. Los reyes fueron designados patronos y protectores y aceptaron gustosos el serlo. Este título lo alegaron los Austrias y los estimulaba a velar con cariño y celo por su sostenimiento. Al principio, respetaron los reyes los derechos docentes de la Iglesia y; sin excederse en sus atribuciones, sumisos a la decisión definitiva de los papas, mandaron visitadores, con amplias facultades, para que conocieran e informaran al Consejo Real, y por su medio al rey, acerca del estado de los estudios y de la disciplina, de los bienes y gastos de la Universidad, de las entradas de los catedráticos y del bienestar de los colegiales. Los reyes facultaban también a los visitadores a decidir y legislar lo que estimaran más conveniente.

Cuatro fueron los visitadores que nombró Carlos V. El primero, Francisco Ruiz, llegó en 1525, de acuerdo con Roma, provisto de una bula de Clemente VII, con poder de visitar, reformar, añadir y enmendar las constituciones. Los siguientes fueron: Francisco de Navarra, en 1535; Juan Quiñones, en 1544, y Gaspar de Zúñiga, en 1555.

Felipe II designó, en 1566, al canónigo de Sevilla, Juan de Obando, que realizó una visita fructuosísima y una reforma profunda y duradera. Ya desde el comienzo de su reinado, este rey dio muestra de su sumisión al papado, cuando, al aprobar un acuerdo, algo innovador, prevenía que, si se estima necesario, «se

pida la confirmación pontificia». La reforma de Obando fue tan estable que los tres siguientes visitadores: Gómez Zapata, obispo de Cartagena, nombrado por Felipe II en 1577; y, los designados por Felipe III, Pedro Portocarrero, en 1602, y Diego Fernández de Alarcón, en 1614, a quien sustituyó, por muerte, el licenciado Tapia, hicieron muy poco más que urgir y completar la reforma del canónigo hispalense.

En el siglo XVIII es cuando se estableció el regalismo abusivo y absorbente, característico del espíritu centralista de los Borbones. Entonces, según el padre Vélez, se produjo el absolutismo con independencia total del soberano pontífice y de los derechos docentes de la Iglesia; y se alentaron e impusieron los excesos desmedidos del poder civil.

Y estas intromisiones del Estado, dirigido por enciclopedistas y descreídos, junto con las miserias consecuentes a nuestros desastres bélicos, exteriores e interiores, acarrearon la devaluación de los bienes fundacionales; y, con esto, la reducción de los salarios de los catedráticos, que buscaron en otras partes su sustento, y la dispersión de los colegiales becados, cuyas dotaciones vieron las becas reducidas a limosnas. Los edificios, arruinados por el tiempo, e imposibles ya de restaurar por la falta de recursos, hubieron de abandonarse. No sabemos que el Estado invasor tratara seriamente de reparar tantos desastres. Así, en el comienzo del siglo XIX, se hizo necesario el cierre de la gloriosa Universidad complutense.

BIBL.: L. ALONSO MUÑOYERRO, *La Facultad de Medicina de la Universidad de Alcalá de Henares*, Ma. 1945; J. URRIZA, *La Preclara Facultad de Artes y Filosofía de la Universidad de Alcalá de Henares, en el Siglo de Oro (1509-1621)*, Ma. 1942; M. MARTÍN ESPERANZA, *Estado de la Universidad de Alcalá, desde su fundación*, ed. por J. MELGARES Y MARÍN: R159, 8(1903)58-62, 228-30 y 300-306; J. MARTÍN LESACA, *Apología Escolástica en defensa de la Universidad de Alcalá*: BN de Madrid, libro 1.082; A. DE LA TORRE, *La Universidad de Alcalá. Datos para su Historia*: R159, 21(1909)48-71, 261-85 y 405-33; ID., *Los Colegios de Alcalá*: R196, 3(1943)123-34. También interesan muchos los historiadores de la ciudad de Alcalá y del cardenal Cisneros citados por URRIZA, nota 15 del capítulo I, número 1, especialmente A. GÓMEZ DE CASTRO, *De Rebus Gestis a Francisco Ximenio Cisnerio, Archiepiscopo Toletano*, Alc. 1569; así como casi todas las historias generales citadas anteriormente en la Bibl. del Art. Universidad, y en M. MENÉNDEZ Y PELAYO, *Ciencia Española*, 2 vols., San. 1953. J. URRIZA

Almagro (Ciudad Real). Precaria y reducida fue la vida de esta Universidad, que se identifica con los Estudios que los dominicos tenían en su convento de Nuestra Señora del Rosario de la ciudad. Deben éstos su fundación al clavero de Calatrava, D. Fernando de Córdoba y al testamento que hizo en 1536; refrendada la fundación en 1550 y 1552 por bulas de Julio III, gozó también de expresa autorización real otorgada por Carlos I. Había en ellos cátedras de Artes, Teología y Cánones, sin que sus grados fueran admitidos como tales por las demás Universidades. Solamente, en 1724, por influencia de uno de los profesores de Alcalá, Gauna y Sosa, que había estudiado antes en sus aulas, empezaron a tener validez nacional; lo que dura pocos años, ya que fue privada de este privilegio en 1787. Es suprimida, al fin, en 1807.

BIBL.: A. JAVIERRE MUR, *La Universidad de Almagro*: R159, 68(1960)605-639. IEF

Avila. También en Avila hubo Estudios superiores de Leyes y Artes desde finales del siglo XV, sin que por ello tuvieran éstos el rango de Universidad. Fueron establecidos por D. Francisco Alvarez de Toledo en 1490 en el colegio de Santa Catalina, a los que se unen más tarde los de Filosofía y Teología que establecieron a su vez los dominicos en el colegio de Santo Tomás, en 1504. Carlos I concede a ambos Estudios los mismos fueros de la Universidad de Salamanca, que fueron confirmados por los papas León X y Paulo III.

Pasarían todavía años hasta que estos Estudios tuvieran el rango de universitarios, que les fue concedido, con derecho pontificio, por el nuncio J. Poggio en 1550, y aprobados más tarde por el papa Gregorio XIII el 4-IV-1576. Inocencio X aprueba sus estatutos en 1645, a la vez que le añade el privilegio de dar grados en Artes, Leyes y Medicina.

Siempre fue bien vista esta Universidad por los monarcas, a pesar de que a veces se opusiera a sus pretensiones el mismo Consejo de Castilla. Los grados que en ella se conferían se incorporaban, nada menos, que a Salamanca, y Carlos II llega a mandar que sus grados se pudiesen incorporar en la Universidad de Lima, como los de Salamanca, Alcalá, Valladolid y Bolonia.

A pesar de ello, la vida de este centro fue bastante apagada. Los dominicos enseñaban Teología y las otras cátedras estaban en manos de clérigos, abogados y médicos de la ciudad. Los alumnos fueron siempre escasísimos y así fue sobreviviendo con grandes dificultades hasta que en 1787 se le retira la facultad de dar grados, y es suprimida en 1807.

BIBL.: C. AJO, *Historia de las Universidades Hispánicas*, II, Av. 1958, 103-106, y III, Ma. 1959, 334-342; ID., *Origen y desarrollo de la que fue célebre Universidad de Avila*: R98, 1(1954)5-55.   IEF

Baeza (Jaén). La primera fundación de este centro de estudios, como simple colegio, se debe al doctor Rodrigo López en 1538, quien, en unión con su hermano D. Pedro, «residentes en corte romana», lo mandaron establecer con sus rentas en la ciudad. Al año siguiente, D. Rodrigo nombra a Juan de Avila, «maestro en sagrada teología, residente en Granada», y al clérigo Francisco Delgadillo, como subadministradores, procuradores y gestores con plenísimas facultades en todo lo que al colegio se refiriese.

En 1540 el papa Paulo III, a ruegos del fundador, deja en manos del maestro Avila y de Diego de Sevilla toda la administración y patronazgo del mismo, y lo que antes no había pasado de ser un centro de enseñanza primaria con algunos estudios de religión, obtiene en 1542 la facultad de enseñar «libre y lícitamente» los libros de Virgilio, Ovidio, Terencio y otras Humanidades que quisieren, así como la de conferir grados. Enseguida el maestro hace venir de Granada hombres de ciencia y de virtud, como Bernardino de Carleval y Diego Pérez de Valdivia, para regir las primeras cátedras, empezando de este modo la Universidad, con Constituciones propias, y que pronto habría de tener un renombre capaz de rivalizar con la misma de Salamanca. Ocurría esto por el 1564.

S. Juan de Avila, con la idea de crear una Universidad abierta únicamente a los aspirantes al sacerdocio, establece tan solo las cátedras de Artes y de Teología, no queriendo que se enseñara en ellas otras ciencias humanas, como Leyes, Medicina y Cánones. Su cátedra de «positivo» resulta sorprendentemente nueva, como hicieron los jesuitas en la suya de Gandía, ya que entonces no era todavía frecuente la distinción entre lo positivo y lo escolástico. Lo positivo quería decir entonces un estudio más directo de la Biblia y de los Santos Padres con una orientación más práctica y pastoral.

Con la ayuda que le presta Felipe II, se amplían más tarde los Estudios, en modo que la nueva Universidad llegó a tener más de 3.000 alumnos entre los años 1560 y 1590. El ocaso viene pronto y esta vez de manera precipitada. Ya durante el siglo XVII nadie hacía cuenta de los grados que se ganaban en Baeza ni eran aceptados para optar a ciertas dignidades eclesiásticas, como ocurría con los alcanzados en Osuna, Avila, Almagro y otras Universidades menores. Hubo intentos de rehabilitarla en 1776, con intervención del Consejo de Castilla, pero todo queda en meros proyectos. Al fin, y a consecuencia de la Guerra de la Independencia, es suprimida en 1809.

BIBL.: J. DE AVILA, *Obras completas*. I, Ma. 1970; F. ESCOLANO, *Documentos y noticias de la antigua Universidad de Baeza*: R116, 5(1945)38-71; B. JIMÉNEZ PATÓN, *Historia de la ciudad y reino de Jaén*, Jaén 1628; F. ESCOLANO, *Documentos y noticias de la antigua Universidad de Baeza*: R116, (1945)7138-5.   IEF

Barcelona. La Universidad de Barcelona no obtuvo privilegio real ni reconocimiento pontificio hasta 1450, y aun después de esta fecha no alcanzó verdadera vigencia hasta muy entrado el siglo XVI. Desde el 1300 el Estudio General de la Corona de Aragón funcionó en la ciudad de Lérida, la cual, por privilegio real, había de ser la única donde se diesen enseñanzas de Filosofía, Derecho y Medicina. Sin embargo, en 1350 el rey Pedro el Ceremonioso quebrantó aquel monopolio al establecer un Estudio General en Perpiñán, capital del Rosellón, y en 1354 otro en Huesca.

Barcelona, la ciudad más importante de la Corona de Aragón, estaba regida por una magistratura, el *Consejo de Ciento*, dotada de tanta autoridad y de privilegios tan exclusivos que se consideraba facultada para organizar independientemente los estudios superiores. Por este motivo la historia de la Universidad de Barcelona ha de comenzar con el examen de sus precedentes. Teniéndolos a la vista, asistiremos a una estructuración progresiva de los estudios en Barcelona, a base de las escuelas creadas primero por la catedral y después por la ciudad. Al margen de ellas se constata una intensa proliferación de escuelas particulares que tendían a agruparse y a constituir las que, con el título de *Escoles Majors*, acabaron por convertirse en una auténtica Facultad de Artes, bajo la autoridad de la ciudad y del chantre o *maestre de l'accent* de la catedral.

Ya es sabido que las fundaciones universitarias medievales tendían a organizar y dar cohesión a iniciativas anteriores surgidas por la presión de las circunstancias. En la corona de Aragón, diez años antes de la fundación del Estudio de Lérida, las Cortes habían tenido que reglamentar la actuación de médicos y abogados. En 1289 dispusieron que ningún jurista ni ningún médico o cirujano pudiese ejercer sin someterse antes a previo examen ante un tribunal formado por los magistrados de la administración y por otros juristas o médicos en ejercicio. Es posible que estos técnicos estuvieran en posesión de algún grado universitario adquirido en estudios del extranjero, o bien que por su larga práctica gozasen ya de cierta autoridad magistral. De todos modos la constitución de 1289 demuestra el propósito de controlar el ejercicio de dos profesiones indispensables para la vida social y el cuidado de la salud pública.

Consta documentalmente que en Barcelona, en 1301, funcionaban escuelas particulares de Gramática dirigidas por un maestro que se titulaba *pedagogus*. Tales escuelas serían numerosas, puesto que veinte años después la ciudad prohibía que los profesores y estudiantes cabalgaran en grupo durante el carnaval. Paralelamente a aquellas escuelas privadas había las de la catedral, de antigua tradición conciliar. Tales escuelas la catedral las arrendaba a un maestro, y ya en 1344 en forma que no parece que se tratara de ninguna innovación. Tal era la variedad de enseñanzas profesadas en Barcelona, sin que en ella existiese Universidad propiamente dicha, que en 1346 el Consejo de Ciento se negó a que fuese publicado en la ciudad un anuncio de los cursos dados en el Estudio

General de Lérida por considerarlo innecesario. Desde tiempo inmemorial, decían, se habían enseñado en Barcelona la Gramática y la Lógica, y muchas veces el Derecho Canónico y Civil, la Medicina y la Filosofía. Es verdad que, fuera de los estudios de Artes (gramática y lógica), las otras disciplinas solo habían sido objeto de lecciones esporádicas, pero los *consellers* juzgaban que ellas bastaban a sus conciudadanos y que no les era necesario acudir a otros estudios. En esto se ve claramente cuál era el pensamiento de la oligarquía que gobernaba la ciudad de Barcelona, constituida principalmente por mercaderes, menestrales y la burguesía enriquecida. Aquellas familias, aunque procuraban que sus hijos tuviesen maestro de gramática, dejaban las profesiones liberales y los estudios eclesiásticos para los segundones que no eran siempre llamados a ejercer cargos en la administración urbana.

La catedral tenía otras ambiciones. En 1366, por iniciativa del obispo, estableció una cátedra de Teología de cuyos profesores conocemos la serie hasta muy entrado el siglo XV. Solían ser frailes dominicos, los cuales tenían un Estudio General en su convento de Barcelona desde finales del siglo XIII. Por su parte, la ciudad, en 1371, contrató a un maestro para que durante tres años enseñara Gramática, Lógica y otras ciencias. Es muy probable que contratos semejantes hubiesen sido formalizados en otras ocasiones. Por tanto, no era mera jactancia la afirmación de los *consellers*, antes aludida, de que hacía tiempo que tenían organizado un embrión de Facultad de Artes; pero también por las mismas fechas se menciona en los documentos la escuela de Artes de la catedral. Bajo la protección real se daban igualmente cursos públicos de Teología en la capilla palatina, y sabemos que la concurrencia era a veces tan numerosa, que los *consellers* se interesaron para que los superiores de los conventos permitieran dar tales lecciones fuera de su recinto y en el lugar y hora que aquéllos eligieran. Estos cursos eran a veces profesados en la lengua del pueblo y no en latín. Por lo que respecta a los médicos, los que querían ser admitidos al ejercicio en Barcelona, se examinaban ante los magistrados y recibían de ellos una autorización que en la práctica equivalía a un grado universitario.

Vista la actividad docente que se daba en Barcelona y la manera cómo se controlaban por sus autoridades los servicios de los facultativos que velaban por la salud pública, no sorprende que cuando en 1377 se intentó trasladar a ella la Universidad de Lérida, no solo los *consellers* se mostraron fríos ante la iniciativa, sino que el rey escribió al papa para que no lo consintiera. Años después, sin embargo, y reinando en Aragón el rey D. Martín, sin pedir éste la opinión de los *consellers*, solicitó del papa, en 1398, que concediera un Estudio General a Barcelona. Rápidamente rechazaron los *consellers* la inicitiva del rey, por lo cual éste la modificó y se contentó con pedir al Pontífice, en 1401, la fundación de un Estudio de Artes y Medicina en Barcelona con iguales privilegios que el de Montpellier. Sin esperar la respuesta papal, se organizó el Estudio bajo la real autoridad. Los médicos más importantes de la ciudad fueron encargados de las cátedras y les fueron concedidos anualmente dos cadáveres por lo menos de ajusticiados para el estudio de la anatomía humana. No faltaron dificultades nacidas de rivalidades personales, pero el Estudio ya no vio interrumpida su labor y sus *consellers* intervenían en ella y se aseguraban de que se dieran no solo lecciones de Medicina, sino también de Filosofía y de Astrología. En 1408, obtenida por el rey una bula del papa para fundar un nuevo Estudio General en sus reinos, volvió a ofrecerlo a Barcelona. La negativa fue tajante. En el reinado de Fernando de Antequera (1412-1416) y en los primeros años de su sucesor Alfonso V de Aragón, la organiza-

ción de los Estudios barceloneses no sufrió modificaciones esenciales. Funcionaban las escuelas de la catedral, las llamadas escuelas mayores de la ciudad y el Estudio de Medicina y Artes establecido por el rey Martín, y a su alrededor sabemos que existían numerosas escuelas particulares además de las lecciones que algunos maestros daban a los hijos de las familias pudientes en sus respectivos domicilios. Llama la atención el número relativamente grande de maestros en Artes, originarios de países del mediodía de Francia, que ganaban su vida en Barcelona dando lecciones privadas y públicas. Del año 1431 es la primera ordenación que conocemos del régimen de las escuelas mayores, llamadas también generales, de Gramática y Artes de la ciudad, y en 1438 vuelve a surgir con mayor empeño el propósito de los *consellers* de agrupar en una sola las diversas instituciones de enseñanza existentes en Barcelona instalándolas en un mismo edificio. Por lo visto los imperativos culturales habían ido creando, como por generación espontánea, un germen de Facultad de Artes con independencia de la política universitaria de los reyes. Faltaba solo que una circunstancia tuviera fuerza bastante para vencer los temores que abrigaban los magistrados barceloneses de ver dentro de sus muros una institución universitaria que pudiese zafarse de su tutela. Tal circunstancia la produjo la crisis económica que a mediados del siglo XV se hizo sentir en la ciudad. Alguien recordó las ventajas que solía reportar a las poblaciones el albergar un Estudio General y organizar ferias anuales que atrajesen a los mercaderes forasteros. Fueron, pues, razones de orden económico las que se sobrepusieron a las resistencias que hasta entonces habían esterilizado las tentativas en favor de la aceptación de un Estudio universitario. En junio de 1450 Barcelona pidió al rey Alfonso su creación, y el 5 de septiembre el monarca le concedió desde Nápoles el privilegio de fundar un Estudio General de Teología, Derecho, Filosofía, Artes y Medicina, y pidió al Papa la autorización debida. Expidióla Nicolás V y el 30 de octubre, concediendo a la nueva institución las mismas prerrogativas que a la Universidad de Toulouse. Tal privilegio lo consideró la Universidad de Lérida como lesivo para sus derechos, y movilizando la gran influencia en Roma del cardenal Antonio Cerdá, logró que el papa, en noviembre del mismo año de 1450, dejara sin efecto, por el momento, la concesión anterior y se reservara para más adelante su resolución definitiva. El rey se enteró del cambio de actitud del papa e intentó disuadirle, pero en vano. Este cambio tan radical de Nicolás V, aunque publicado en 1952, ha sido ignorado por muchos historiadores y por ello se ha censurado la incomprensible inercia de la ciudad de Barcelona al no poner inmediatamente en práctica la concesión del Estudio General. La verdad es que los *consellers* no ignoraban su invalidación, aunque por razones tácticas la ocultaron, y concentraron su interés en las escuelas mayores de la ciudad y en el Estudio de Medicina fundado por el rey Martín. No olvidaron, sin embargo, la concesión del 1450, para la cual solicitaron en 1487 una confirmación del Rey Católico. Este, el año siguiente, dispuso, a instancias del canciller del Estudio de Medicina, que las escuelas de la ciudad funcionaran sometidas a la autoridad del expresado canciller. Protestó la ciudad haciendo valer el privilegio del rey Alfonso, pero sin éxito por el momento. Por fin en 1504 pactó la ciudad con los médicos y aceptó en parte las normas del rey Católico, pero logrando asegurar su autoridad en el régimen del Estudio. Bien se dio cuenta Lérida de que su rival volvía a estar en pie y todavía logró en 1510 que el rey Fernando revocara su privilegio a Barcelona del 1488. Ya era tarde. En 1507 y 1508 Barcelona publicaba sus ordenaciones sobre el *Estudi General* y la ciudad se sentía tan segura de que la institución había arraigado, que en 1533 pidió y obtuvo la confirmación del emperador Carlos I. Tres años después Barcelona empezaba la construcción de un edificio para la nueva Universidad. Al principio, sin embargo, solo albergaba las escuelas de Artes de la ciudad, la cual, de acuerdo con la catedral, controlaba la nueva organización. Las enseñanzas de Medicina parece que se daban en el hospital. En 1559 el Consejo de Ciento dictó una nueva ordenación, que ya se publicó impresa, según la cual el *Estudi General* tenía Facultad de Artes, de Filosofía, Teología, Medicina y ambos Derechos. En realidad, pues, aquel año empezó a tener vigencia la fundación del rey Alfonso V de Aragón, sin contar propiamente con privilegio pontificio y por decisión no del monarca, sino del Consejo de Ciento. La antigua Facultad de Medicina no se resignó fácilmente a ingresar en el *Estudi General*, pero, en 1565, ambas Universidades, la de la ciudad y la de Medicina, se fusionaron bajo un solo canciller y bajo la autoridad de los *consellers*. Escudados éstos en el privilegio del rey Alfonso, ordenaban las enseñanzas y dotaban las cátedras. El canciller era el obispo. Había un consejo de 24 miembros, con un estudiante por cada Facultad desde 1629, cuatro consiliarios y un rector nombrado por los *consellers*. El siglo XVI fue el más brillante de la historia del *Estudi General* o Universidad de Barcelona. En la nómina de sus profesores aparecen los nombres más ilustres de la cultura catalana del segundo renacimiento. En el siglo XVII la competencia del seminario, y de algunos colegios de Ordenes religiosas, especialmente de los regidos por los jesuitas, le hizo perder, en algunos aspectos, su categoría predominante. Al terminar en 1714 la Guerra de Sucesión española con la caída de Barcelona, que defendió hasta el último instante la causa de Carlos de Austria, los nuevos organismos del Gobierno de Cataluña decretaron el traslado provisional a Cervera, en la provincia de Lérida, de las Facultades mayores universitarias, con excepción de la de Medicina y del Colegio de Farmacéuticos, los cuales siguieron en Barcelona, lo mismo que las enseñanzas de gramática que daban los jesuitas. En mayo de 1717 el rey Felipe V decretó la extinción de la Universidad de Barcelona, lo mismo que de las otras que existían en Cataluña, y creó en su lugar la real pontificia Universidad de Cervera.

Una nueva Universidad, de fundación real, heredaba las rentas y continuaba las enseñanzas, con excepción de las de Medicina, de la que a través de los años y de contradictorias circunstancias se había ido fraguando en Barcelona al calor de las exigencias de la vida cultural de la capital de Cataluña. Carecía de carta fundacional. En realidad se la había dado el rey Martín en 1401 al crear el *generale studium artis auxiliaris et egregie medicine*, pero en 1450 el rey Alfonso la concedió, aunque durante mucho tiempo solo sobre el papel. La convalidación pontificia no llegó a tener dos meses de validez. Caso curioso el de una Universidad que nace, arraiga y se legitima a través de heterogéneas y dispersas iniciativas. Se considera que la fecha del privilegio de 1450 es la fundacional. En realidad fue tal vez el rey Martín quien en 1401 creó un verdadero punto de partida y un eje de permanencia al fundar el Estudio de Medicina, que incluía también las Artes, en Barcelona.

BIBL.: J. BALARI I JOVANY: *Historia de la Universidad Literaria de Barcelona*, 1897; A. DE LA TORRE, *Reseña histórica y Guía descriptiva de la Universidad*, Ba. 1939; ID., *Documentos para la historia de la Universidad de Barcelona*: I, *Preliminares (1289-1451)*, Introd., notas y coment. de J. Rubió Balaguer, Ba. 1971; J. GAYA MASSOT, *Por qué se retardó la fundación de la Universidad de Barcelona*: R5, 25(1952)165-73; J. SANABRE, *Alfonso V y la Universidad de Barcelona*: Estudios sobre Alfonso el Magnánimo, Ba.

1960; J. VIVES, *La protección particular de los Estudios en la Barcelona del siglo XV*: R147, 15(1959)285-292.

J. RUBIÓ

Burgo de Osma. En Osma establece un colegio expresamente para 13 colegiales diocesanos, en 1550, su obispo, el portugués D. Pedro Alvarez de Acosta. Le dio el título de Santa Catalina Mártir y en él se enseñaban Ciencias y Artes, con rentas y oficios de Universidad, aunque como tal no empezara a funcionar hasta cuatro años más tarde, cuando se le añaden las Facultades de Cánones, Leyes y Teología. Fue aprobada por bula de Julio III en 1555 y por reales cédulas de Felipe II, concediendo a los alumnos los mismos honores y privilegios que a los de las demás Universidades de España. En 1769 fue suprimida con otras varias. En 1778 se abre de nuevo gracias a las gestiones del obispo Eleta. Se volvió a clausurar en 1808, y a abrirse en 1814. Hubo nuevo cierre en 1837, y nueva apertura en 1839. Fue definitivamente suprimida por Real Orden de 1841. Se conserva el edificio, adaptado para Instituto.

BIBL.: J. LOPERRÁEZ CORVALÁN, *Descripción histórica del obispado de Osma*, I, Ma. 1788; C. AJO, *Historia de las Universidades hispánicas*, III, Ma. 1959, 320-321.   IEF

Cervera. En 1700 existían en Cataluña las Universidades de Lérida, Barcelona, Gerona, Tarragona, Vich y Tortosa, además de otros Centros superiores con facultad de dar títulos. A las dificultades surgidas en Barcelona en 1701-1702 entre la Universidad y el Colegio SI de Cordelles, siguió la franca actitud de la Universidad, con el Consejo de la ciudad y con la Generalidad de Cataluña, en favor del archiduque Carlos de Austria. Antes de acabarse la guerra, el 25-VII-1713, el municipio de Cervera, uno de los pocos filipistas en toda Cataluña, pidió a Felipe V el traslado de la Universidad de Lérida a Cervera, y que solo allí se pudiesen enseñar Leyes, Cánones y Medicina.

Poco después de la rendición de Barcelona (11-IX-1714), la Real Junta Superior de Justicia y Gobierno de Cataluña, creada por el duque de Berwick, determina que las Facultades de Filosofía, Cánones y Leyes de la Universidad de Barcelona pasen a Cervera (23-X-1714). En noviembre T'Serclaes resuelve que se queden en Barcelona el rector de la Universidad, la Facultad de Medicina y el Colegio de Humanidades, de Cordelles. En 1715 comienzan en serio las gestiones, informadas por José Patiño, para crear en Cervera una Universidad única para toda Cataluña, en la que se acumulasen las rentas de las demás Universidades. La real cédula de fundación fue firmada por Felipe V en Segovia el 11-V-1717, y entra en la línea de su política para con Cataluña centrada en el Decreto de Nueva Planta.

La Universidad de Cervera ya había comenzado a funcionar el 7-I-1715 en el convento de los padres mínimos, antes de la real cédula citada, que fue completada con otra de El Pardo, 17-VIII-1717. Según esa fundación real, se creaban en la Universidad de Cervera cuatro cátedras de latín y griego, una de retórica, tres de filosofía tomista y tres de filosofía suarista (según el método de Alcalá), siete de teología (dos de teología tomista, dos de suarista, una de escotista, una de Sagrada Escritura y hebreo y una de moral), ocho de cánones, nueve de derecho civil, seis de medicina y una de matemáticas. El carácter centralista de la nueva institución se manifestaba claramente en la determinación de que las cátedras habían de cubrirse por nombramiento regio, a presentación del capitán general de Cataluña; tal sistema fue sustituido por el de libre oposición, en los estatutos dados a la Universidad por Felipe V el 4-VI-1726. En los años anteriores el rey había firmado una serie de reales cédulas regulando los grados, las rentas, la imprenta, etc. Patrona de la

Universidad fue la Inmaculada. Faltaba una bula para que la Universidad fuese, además de real, pontificia. En 1726 el canciller Miguel Gonser fue a Roma para alcanzarla de Benedicto XIII, pero fue su sucesor Clemente XII quien la otorgó el 4-XII-1730; con esta bula, *Imperscrutabilis*, se adjudicaban además a Cervera las rentas de las prebendas y colegios de Lérida.

La primera autoridad de la Universidad era no el rector, sino el canciller, nombrado por el rey (aun después de los nuevos estatutos de 1725, aprobados el año siguiente por Felipe V). Había, además, en la Corte, un protector, que con frecuencia mediatizaba el gobierno del canciller; por eso tal cargo tuvo que suprimirse más adelante. El canciller tenía cuatro consejeros, que representaban los intereses de los catalanes, castellanos y extranjeros. Los nuevos estatutos de Fernando VI (24-V-1749) no modificaron sustancialmente ese sistema de gobierno, fuera de la supresión del protector.

El primer canciller fue D. Francisco de Queralt; el primer rector, D. Domingo Nuix; el primer protector, D. Luis Curiel y Tejada, del Consejo de Castilla. Aunque las clases habían comenzado antes, el primer claustro de la Universidad se celebró el 12-XII-1717. La primera piedra del nuevo edificio (de planta y alzado clásicos, con fachada y ornamentación de un barroco moderado) se puso en 1718; en 1729 ya se daban clases en las aulas de la planta baja; la inauguración solemne del grandioso ateneo tuvo lugar en 1740. Pero en 1755 Fernando VI aún había de otorgar 3.000 libras anuales, a partir del 1-I-1756, para la continuación del edificio, el cual quedó prácticamente ultimado en 1762.

Durante los tres primeros Borbones ejercieron el cargo de canciller, sucesivamente, D. Francisco de Queralt, desde 1717 hasta 1728, en que fue nombrado obispo de Avila; Miguel Gonser, jubilado como catedrático en 1741 y muerto en 1743; D. Manuel de Alòs y Rius, desde 1743 hasta su muerte (1752), y D. Blas Quintana († 1762). Los años de Alòs y Quintana constituyen la época de mayor esplendor, cuando al escolasticismo tradicional (que prevaleció en los primeros lustros y estuvo representado por los profesores Bernardo Rivera, Juan Lleonart, Sebastián Pier, Juan Serratosa, dominicos; Miguel Conill y Pedro Ferrussola, jesuitas; Juan Papió, franciscano) sucedió una renovación general de impronta neohumanista, crítica y científica, que se centró en la figura de José Finestres, profesor de Derecho romano, pero además latinista y helenista, arqueólogo y crítico. Como jurista, superó a sus precursores Antonio Vega y de Copons y José Martínez Pons (luego, miembro del Consejo de Castilla); a través de su hermano Jaime, rector un tiempo del colegio cisterciense de Cervera e historiador de Poblet, extendió a este monasterio la afición a los estudios históricos; y por medio de su otro hermano Daniel, abad del monasterio de Bellpuig de les Avellanes, influyó en la escuela premostratense de los padres Caresmar, Pasqual y Martí, iniciadores del medievalismo crítico en Cataluña. Su amistad con D. Gregorio Mayans y Siscar (ambos exalumnos del colegio de Cordelles) puso en íntima relación la Universidad de Cervera con la cultura valenciana, en pleno remozamiento. En José Finestres los jesuitas hallaron un apoyo y un estímulo para implantar en Cervera la corriente neohumanista, el eclecticismo filosófico exigido por el adelantamiento de las ciencias, y los estudios críticos (tres características de la cultura de la Compañía de Jesús en toda Europa durante el siglo XVIII); hay que recordar, sobre todo, a los profesores de humanidades padres Blas Larraz, Bartolomé Pou y Luciano Gallissà, y a los de filosofía Tomás Cerdà, Mateo Aymerich y José Pons. Un remozamiento parecido se dio también en la escuela escotista (padre Pedro Font, franciscano,

y doctor Magín Anglerill) y entre los juristas (los hermanos Ignacio y Ramón-Lázaro de Dou y de Bassols, discípulos predilectos de Finestres).

La expulsión de los jesuitas en 1767 y la muerte de José Finestres en 1777 señalan el momento del declive, cuando aún no se había llegado a la plena madurez: baste recordar que, a pesar del reglamento dado para la biblioteca en 1731, faltaban los libros esenciales para todo progreso científico, y que la imprenta Ibarra, de Cervera, no alcanzó nunca la categoría de la establecida en Madrid por la misma familia zaragozana. Como era una Universidad creada artificial y artificiosamente, la ausencia de los jesuitas se notó en ella de un modo particular: a los pocos días, Mayans sugería a Finestres que era el momento de trasladarla a Barcelona, tanto más que Fernando VI había ido dando concesiones de tipo universitario al convento dominico y a la Universidad de Tarragona, y al colegio de la Compañía en Barcelona. En la capital de Cataluña funcionaba desde 1762 el colegio de cirugía médica, y en su favor Carlos III, el 15-XII-1768, suprimió las cátedras de cirugía y anatomía de Cervera (para nombrar en 1770 un nuevo catedrático trienal de anatomía). Por todo ello la reforma universitaria de 1771, que en otras Universidades tuvo sus efectos beneficiosos, en Cervera no consiguió evitar su rápida decadencia, que fue acentuándose a pesar de los esfuerzos de los cancilleres D. Francisco Fuertes y Piquer (1762-89), D. Mariano Ambrosio Escudero (1789-1804) y D. Ramón Lázaro de Dou (1804-31), curioso personaje de transición que fue diputado y presidente en las Cortes de Cádiz.

En 1772 se intentó atraer más alumnos con la creación del seminario de los ochenta. En 1784 se remozó el plan de estudios de la Facultad de Medicina (al ejemplo de la de Montpellier), y por allí pasaron algunos médicos de clara fama, como Gimbernat, Vidal y Salvà. Pero lo más característico fue, por un lado, la perduración de la escuela tomista en las Facultades de Filosofía y Teología y, por otro, el avance de las doctrinas regalistas y filojansenistas; alumnos de Cervera fueron: el agustino Francisco Armanyà (obispo de Lugo y arzobispo de Tarragona), el servita padre Bonfilio Piquer y el obispo de Astorga, Félix Torres Amat; en contraste con estos regalistas, también salió de Cervera el arzobispo Coll y Prats, de Caracas, cuyas veleidades en favor de la independencia de Venezuela reflejan más bien un origen tomista (por aquellos mismos años, otro cerveriense, el benedictino D. Benito M. de Moxó y de Francolí, arzobispo de Charcas, se enfrentaba con los independentistas del Río de la Plata).

En 1807 se aplicó también a Cervera, como a las demás Universidades de España, el nuevo plan preparado por el gobierno de Godoy y promulgado por su sucesor J. Caballero; en 1818 se volvió al plan de 1771, y en 1820 al de 1807, que fue cambiado en 1824. Entre tanto los forcejeos de Barcelona por el traslado de la Universidad de Cervera a la capital de Cataluña se repitieron en 1816. Durante las algaradas liberales de 1820, el canciller Dou hubo de refugiarse en Tárrega. En 1821 se suprimen las Universidades de Cervera y Alcalá, por anacrónicas, y en 1822 se inauguran las clases en el salón de Ciento de Barcelona; pero el año siguiente el Gobierno absolutista de Fernando VII restablece la Universidad de Cervera. En 1831 Gregorio XVI suprimió el cargo de canciller. El régimen liberal de la minoría de Isabel II había de acabar con una Universidad que había sido la obra del absolutismo de Felipe V: en 1835 se instituyen cátedras de oratoria y jurisprudencia en el exconvento teatino de Barcelona, pero al año siguiente se las declara sometidas a Cervera. El 21-XII-1836 se dio la Real Orden del traslado definitivo de la Universidad de Cervera a Barcelona, pero aquélla siguió funcionando algunos años; el último claustro universitario se reunió en Cervera el 1-IX-1842.

Durante estos últimos decenios Cervera cuenta más por sus alumnos que por sus profesores, si bien el padre Francisco Xarrié OP algo signifique en la restauración de la filosofía tomista. De aquellas aulas sacaron una seria, aunque algo rígida, formación teológica una serie de obispos del reinado de Isabel II (Buenaventura Codina, de Canarias; Antonio Palau, de Vich y Barcelona; Jaime Soler, de Teruel; Gil Esteve, de Puerto Rico, Tarazona y Tortosa; Miguel Pratmans, de Tortosa; Tomás Sivilla, de Gerona), algunos de los cuales, como el de Urgel, D. José Caixal, será figura importante en el concilio Vaticano I; mientras Félix Torres Amat, de Astorga, será el último representante del filojansenismo de Cervera. De la Facultad de Derecho salieron Francisco Permanyer, Narciso Monturiol y el general Prim. Y en la misma Universidad cursaron sus estudios los primeros representantes — por reacción — de la cultura romántica catalana: los filósofos Jaime Balmes y Ramón Martí d'Eixalà, los historiadores Próspero y Manuel de Bofarull, los eruditos José de Vega y de Sentmenat y Juan Corminas; el poeta Manuel de Cabanyes, el helenista Jacinto Díaz y Sicart, el filólogo Manuel Milà y Fontanals, y los apologistas seglares del grupo de Balmes, José Ferrer y Subirana y Joaquín Roca y Cornet.

BIBL.: *Leges publicae scientiarum Academiae Cervariae in Cathalonia a Philippo V rege catholico institutae, a Clemente XII pontifice maximo auctoritate apostolica confirmatae et privilegiis auctae*, Ro. 1731; *Estatutos y privilegios apostólicos y reales de la Universidad y Estudio General de Cervera*, Cervera 1750; *Reales cédulas de Su Magestad, provisiones y órdenes del Real y Supremo Consejo dirigidas a la Universidad de Cervera*, 2 vols., Cervera 1772-84; I. Casanovas, *Documents per la història cultural de Catalunya en el segle XVIII*, II-III, Ba. 1933-34 (Biblioteca histórica de la Biblioteca Balmes, ser. II, vols. VIII-IX); I. Casanovas y M. Batllori, *Documents...*, IV, ib. 1967; el vol. V en preparación; P. Mateu y Llopis, *Conceptos españoles sobre biblioteconomía en el siglo XVIII*: R44, 12(1955)54-56 (reglamento de 1731); E. Arderiu, *Relación de obras impresas en Cervera*: Bulleti del Centre excursionista de Lleyda, 4(1911); F. Gómez Gabernet, *Catálogo de la Exposición de conclusiones académicas de la Universidad de Cervera impresas en la ciudad (siglos XVIII-XIX)*, Lé. 1943; ID., *II Exposición del libro cervariense. Avance del Catálogo de gramática, retórica y poética de la Universidad de Cervera*, Lé. 1944; ID., *III Exposición... Tres siglos de imprenta en Cervera*, Lé. 1945; L. Hernández Palmés, F. Razquin Fabregat y J. A. Tarragó Pleyán, *V Exposición... Bibliografía de ciencias médicas en la antigua Universidad de Cervera*, Lé. 1947; M. Niubó de Febrer y F. Gómez Gabernet, *XV Exposición... libros y folletos de tema jurídico*, Lé. 1956; M. Rubio y Borrás, *Historia de la Real y Pontificia Universidad de Cervera*, Ba. 1915; F. Vila Bartrolí, *Reseña histórica, científica y literaria de la Universidad de Cervera*, Ba. 1923; I. Casanovas, *Documents...*, I, Ba. 1932; Biblioteca Histórica..., ser. II, vol. VII); L. Gallisà, *De vita et scriptis Josephi Finestres et a Monsalvo*, Cervera 1802 (trad. catalana en Casanovas, *Documents...*, I, 253-459); F. Clascar, *Estudi sobre la filosofia a Catalunya en el segle XVIII*, Ba. 1918; I. Casanovas, *Balmes: la seva vida, el seu temps, les seves obres*, I, Ba. 1932, 103-294 (Biblioteca Histórica... ser. II, vol. IV); F. Soldevilla, *Barcelona sense Universitat, i la restauració de la Universitat de Barcelona*, Ba. 1938; M. Batllori, *Balmes i Casanovas: estudis biogràfics i doctrinals*, Ba. 1959 (Biblioteca Histórica..., ser. III, vol. IV); F. Solsona Climent, *El archivo de la Universidad de Cervera*: R44, 6(1949)66-74; J. Torras i Bages, *La tradició catalana (1892)*, Obres completes, VII, Ba. 1935, 253-294.

M. Batllori

Comillas. Fundada intencionadamente como Universidad en Comillas (Santander), el primer paso fue la erección del Seminario pontificio, el 16-XII-1890, con la bula *Sempiternam dominici gregis*, abierto a todas las diócesis de España y de sus antiguas posesiones. Las letras apostólicas *Seminarium Sancti Antonii Patavini*, de 7-VII-1891, completaban el breve anterior. El régimen, disciplina y administración de la institución está a cargo de la Compañía de Jesús. El primer curso se abrió con 54 alumnos, a primeros de enero de 1892. El Seminario pontificio fue elevado a categoría de Universidad pontificia por Pío X, con el decreto *Praeclaris honoris argumentis*, 29-III-1904, y se crearon canónicamente en ellas, según el modelo de la Universidad Gregoriana de Roma, las Facultades de Teología, Filosofía y Derecho Canónico. Esto implicaba la implantación «del mismo método de estudios que venía practicándose desde hacía siglos en aquella célebre Universidad romana para que los que fuesen promovidos en Comillas, a los grados académicos, gozasen de los mismos derechos y privilegios que los que los consiguen en aquella Universidad Católica». Un signo de la vitalidad de este nuevo Centro de Estudios Superiores es el considerable número de graduados que han salido de las aulas comillesas. Solo de 1904 a 1931, a poco de cumplir las bodas de plata de la creación de las Facultades, habían salido ya de la Facultad de Filosofía, 504 licenciados y 320 doctores; de Derecho Canónico, 257 licenciados y 164 doctores; y de Teología, 443 licenciados y 296 doctores..

La construcción del primer edificio comenzó en 1883 y terminó en 1891, a expensas de los marqueses de Comillas, padre e hijo, sucesivamente, D. Antonio López y López, primer marqués, y D. Claudio López Bru († 1898), cuyo proceso de canonización está en curso. La idea nació del padre Tomás Gómez Carral SI († 1898). El proyecto de construcción fue de Jerónimo Martorell, perfeccionado por Luis Domenech, arquitectos catalanes. Trabajaron como artistas Eduardo Lloréns y Cristóbal Cascante. El segundo pabellón se construyó de 1909 a 1912 por el arquitecto bilbaíno José María Basterra y fue inaugurado el curso 1912-1913. Finalmente, gracias al dinamismo del rector magnífico, padre Francisco Javier Baeza SI, se levantó el tercer pabellón, inaugurado el curso 1949.

La vida de la Universidad sufrió un duro golpe con la segunda República Española. El decreto de Albornoz (23-I-1932) disolviendo la Compañía de Jesús en España obligó al claustro de profesores a dispersarse el 2-II-1932. La dirección oficial del centro se confió a sacerdotes seculares, antiguos alumnos del mismo. Fue nombrado rector D. Aniceto de Castro Albarrán, magistral de Salamanca, quien por sus frecuentes ausencias era sustituido, con el cargo de vicerrector, por D. Baltasar Mayorga, canónigo de Tarazona y profesor de Derecho Canónico de 1924 a 1930. Algunos de los antiguos profesores tuvieron que exiliarse. Otros, se alojaban en la villa y daban sus clases en la Universidad. El 2-VII-1933 se presentó el ministro de Instrucción Pública, Francisco Barnés, con el propósito de convertir parte del edificio en colonia veraniega. Pero la habilidad diplomática del vicerrector esquivó el peligro.

El Movimiento Nacional de 18-VII-1936 sorprendió a los habitantes de la Universidad completamente desprevenidos. Afortunadamente la mayoría de los alumnos estaban ya en sus casas. De todas maneras, todavía vivían allí 210 personas. El 12 de agosto fueron todos apresados por orden del Frente Popular. Parte fueron recluidos en el barco-prisión «Alfonso Pérez», parte, en el convento de salesianos de la calle de Viñas, en Santander. Sin embargo, el 25 de agosto ya estaban todos en libertad bajo fianza. A pesar de esto, comenzaron pronto los martirios. Los primeros fueron los jesuitas José Ruiz Goyo, Gregorio Ruiz y Nicolás Serrano. Probablemente fueron arrojados vivos a la bahía. A estos siguieron otros profesores y alumnos, entre los que hay que destacar al citado vicerrector, D. Baltasar Mayorga, que fue fusilado juntamente con su hermano, el padre Marcial Mayorga SI, el 14-X-1936. Otro grupo de profesores estuvo en la cárcel del Dueso hasta la liberación.

Durante la ocupación roja de Santander, se organizaron las clases de la Universidad en el colegio del Apóstol Santiago, de Mondariz (Pontevedra), aun durante el curso 1936-1937. El curso siguiente pudo tenerse de nuevo en Comillas, ya liberado, y se consiguió recobrar la biblioteca, que había sido robada.

Desde el punto de vista académico, el 13-XII-1935, fueron aprobados por la Santa Sede los nuevos estatutos de la Universidad, adaptados a la constitución *Deus scientiarum Dominus* de 24-V-1931, en cuya virtud fue la única Universidad Pontificia en España que continuó existiendo al desaparecer las demás por no cumplir los requisitos legales.

Con ocasión del 50 aniversario de su inauguración, Pío XII confirmó con las letras apostólicas de 5-V-1942 todos los derechos y privilegios apostólicos.

Para responder a las exigencias nuevas de la Iglesia y de la sociedad española en la formación de sacerdotes y preparación de seglares en las disciplinas eclesiásticas, por iniciativa de la Santa Sede, a través del entonces nuncio de España, monseñor Antoniutti, se traslada a Madrid la Facultad de Derecho Canónico, el curso 1960-1961, y se comienza a gestionar el traslado de las otras Facultades, aprobado por carta del prefecto de la Congregación de Estudios al nuncio en España, 1-VII-1961.

El curso 1961-1962 se establece en Madrid el doctorado en teología, al que en 1963 se añaden los cursos complementarios para obtener la licenciatura. En 1966 se abren los cursos complementarios para la obtención de los grados de licenciatura y doctorado en filosofía. El curso 1967-1968 se traslada toda la Facultad de Teología, coincidiendo con la celebración del 75 aniversario de la Institución. Por cartas del prefecto de la Congregación de Estudios, al general de la Compañía de Jesús, 26-VII y 10-X-1967, se reitera la aprobación del traslado y se urge la culminación de la obra comenzada.

Hasta tanto que se construyen los edificios de la nueva sede universitaria, las clases se han ido dando provisionalmente; primero, en Areneros, en las aulas del ICAI, luego, desde 1964, en edificio propio, en la avenida de la Moncloa, 4. En el curso 1967-1968 las clases de la Facultad de Teología se han tenido en el colegio mayor de las Asuncionistas (Viña, 3), sede del Instituto de Teología para religiosas, denominado *Regina Virginum*, y agregado por decreto de la Congregación de Religiosos a la Universidad de Comillas.

En el curso 1968-1969 se lleva a cabo el traslado de la Facultad de Filosofía y se reestructura el plan de estudios, tanto de Teología (siete cursos) como de Filosofía (cinco cursos). La nueva sede está en Madrid-34.

Aparte de otras publicaciones, dirige la Universidad tres revistas: *Sal Terrae*, fundada en 1912, mensual y con orientación pastoral; *Miscelánea Comillas*, revista semestral de investigación histórica de ciencias eclesiásticas, fundada en 1942 con ocasión de las bodas de oro de la Universidad; y *Humanidades*, revista semestral de literatura, fundada en 1949. Organo de los antiguos alumnos es *Unión fraternal*, que en 1968 llega a los 59 tomos y en ella se puede recoger la mentalidad del clero español a lo largo de esos años.

RECTORES DESDE LA FUNDACIÓN. 1) DEL SEMINARIO PONTIFICIO: *Tomás Gómez Carral*, 2-I-(?)1892, 8-XII-1893. *Salustiano Carrera*, 8-XII-1893, 6-I-1898. *Modesto Fernández*, 6-I-1898, 12-II-1901. *Sergio Ugarteburu*, 12-II-1901, 29-III-1904.

2) DE LA UNIVERSIDAD: *Sergio Ugarteburu*, 29-III-1904, 24-VIII-1905. *Fernando Ansoleaga*, 24-VIII-1905, 18-XII-1908. *Manuel Arín*, Vicerrector, 19-XII-1908, 15-VIII-1910, Rector 15-VIII-1910, 18-IX-1916. *Pedro Bianchi*, 18-IX-1916, 8-IX-1918. *Fernando Gutiérrez del Olmo*, 8-IX-1918, 25-VIII-1920. *Camilo García*, 25-VIII-1920, 8-IX-1924. *Tomás Fernández*, 8-IX-1924, 20-VIII-1926. *Isacio Morán*, 20-VIII-1926, 3-IX,1929. *Dalmacio Valbuena*, 3-IX-1929, 2-II-1932. *Tomás Fernández*, 2-II (?)-1932, 12-X-1937. Oficialmente ante el Gobierno de la República fue Rector D. Aniceto de Castro Albarrán y Vicerrector D. Baltasar Mayorga, † 14-X-1936, asesinado por los rojos. *José Escudero*, 12-X-1937, 15-VIII-1940. *Joaquín Salaverri*, 15-VIII-1940, 15-VIII-1943. *Francisco Javier Baeza*, 15-VIII-1943, 24-IX-1949. *Pablo Pardo*, 24-IX-1949, 15-VIII-1954. *David Fernández Nogueras*, 15-VIII-1954, 8-IX-1958. *José Escudero*, 8-IX-1958, † 15-VI-1960. *Apolinar Morán*, 8-IX-1960, 8-IX-1966. *Jesús Solano*, 8-IX-1966, 27-IV-1969. *Francisco Belda*, 27-IV-1969.

BIBL.: C. M. ABAD, *El Seminario Pontificio de Comillas. Historia de su fundación y primeros años (1881-1925)*, Ma. 1928; N. GONZÁLEZ CAMINERO, *La Pontificia Universidad de Comillas. Semblanza histórica*, Comillas 1942; C. MARÍN, R. P. Tomás Gómez Carral, Ma. 1943; D. DOMÍNGUEZ, *Tributo de sangre a Dios y a la patria*, Comillas 1942; R. M. HORNEDO, *Algunos datos y consideraciones sobre el edificio del Seminario de Comillas*: R131, 47-48 (1967)163-202.   Q. ALDEA

Deusto. Nombre con que se designó desde su inauguración (1886) el colegio de Estudios Superiores que, bajo el patrocinio de los Sagrados Corazones, abrieron los jesuitas en el poblado de Deusto (actualmente incluido en el ayuntamiento de Bilbao) a lo largo del antiguo camino de sirga de la ría bilbaína.

Su origen académico está en los cursos universitarios que inició en La Guardia (Pontevedra) el padre Tomás Gómez Carral SI (1878); la decisión de pasarlos a Bilbao la tomó el padre general de la Compañía de Jesús, Pedro Beckx (1881). Adquirió los terrenos y construyó el inmueble un grupo de bilbaínos, presididos por la excelentísima señora viuda de Epalza, que formaron la sociedad anónima «La Enseñanza Católica» (1883). Trazó los planos el marqués de Cubas y se puso la primera piedra el 13-VI-1883. Tras un bienio provisional en Valladolid (1884-1886) abrió sus aulas al público en septiembre de 1886. Fue su primer superior el padre Luis Martín, más tarde general de la Compañía de Jesús, y su primer rector, el padre Tomás Ipiña.

Su plan de estudios (debido especialmente al padre José María García Ocaña SI), aunque sometido a los planteamientos generales exigidos por la ley, tuvo peculiaridades que lo hicieron típico. Los estudiantes de Deusto (a ser posible internos) deberían hacer dos carreras: Filosofía y Derecho; podían hacerlas enteras o en parte: cada estudiante — asesorado por sus profesores — debería formarse su propio plan. Paralelamente se estableció la carrera de Ciencias, que, durante mucho tiempo, no pasó del bienio preparatorio para el ingreso a las carreras técnicas. Era propósito de Deusto desentenderse de las pruebas oficiales (que cada alumno rendiría en la Universidad que le agradara) en espera de obtener la autonomía académica. La invitación de Salamanca, que se ofreció a considerarlos como alumnos oficiales, les inclinó a incorporarse en esa Universidad, de la que más tarde pasaron a Valladoli d. La Facultad de Filosofía no sobrevivió mucho tiempo a la crisis producida por la división en secciones (plan García Alix de 1900); más tarde desapareció la Facultad de Ciencias (1946). Ambas Facultades resurgirían más tarde: Filosofía (1962), Ciencias (1963).

Desde 1916 contó Deusto con lo que se ha llamado

Universidad Comercial, que precedió en treinta años a la primera Facultad de Ciencias Económicas abierta por el Estado. La Universidad Comercial tiene por base económica la fundación vizcaína Aguirre, formada por los bienes de los hermanos Pedro y Domingo de Aguirre y por organizador académico al padre Luis Chalbau.

En la reforma universitaria del general Primo de Rivera, Deusto adquirió por primera vez *status* oficial, *status* efímero que no llegó a tener vigencia efectiva (1928-1930). La República clausuró la Universidad: siguió funcionando de precario en edificios particulares y en el edificio de la Comercial.

La Universidad de Deusto abrió de nuevo sus aulas en 1940, centrándose en Derecho y Economía. En 1953 quedó liquidada la Enseñanza Católica (entidad fundadora) y en 1954 se estableció el patronato de la Universidad de Deusto.

Al cumplir en 1962 su 75 aniversario, la Universidad de Deusto pudo festejar entre sus antiguos alumnos a cuatro ministros del Gobierno, además del presidente de las Cortes, y del representante de España ante las Naciones Unidas.

En agosto de 1963 quedó erigida canónicamente como Universidad de la Iglesia (decreto *Incorruptae);* en septiembre del mismo año fueron reconocidos efectos civiles a sus estudios de Derecho y Filosofía y Letras. En 1964 se erigió canónicamente su Facultad de Ciencias.

Los estudiantes de Deusto no han sido muchos en número, pero han procedido de toda España. Espigando — entre los ya difuntos — algunos nombres ilustres, recordamos al historiador Antonio Ballesteros Beretta; al filósofo José Ortega y Gasset; al primer ministro de Economía en España, conde de los Andes; al primer representante de España ante las Naciones Unidas, José Félix de Lequerica; al organizador del movimiento de los propagandistas, Angel Ayala Alarcó, SI.

Entre los profesores, Julio Cejador, Gonzalo Coloma, Venancio de Minteguiada, Nemesio Güenechea, Luis Izaga, Joaquín Azpiazu, Sisinio Nevares.

No sería completa la enumeración sin el nombre del hermano portero Francisco Gárate y Aranguren SI, que lo fue durante cuarenta y un años, cuya causa de beatificación está en curso desde 1939.

BIBL.: L. Frías, *La Provincia de Castilla de la Compañía de Jesús (1863-1915),* Bi. 1915; C. Saenz de Santa María, SI., *Historia de la Universidad de Deusto (1886-1961),* Bi. 1962.   C. Sáenz de Santa María

El Escorial. El día 23-IV-1563 se colocó la primera piedra de San Lorenzo el Real, de El Escorial, por mandato del rey Felipe II. Veintiún años más tarde, el 13-IX-1584, terminaba su rúbrica el rey Prudente, colocando la última piedra de este monasterio.

El Escorial es una réplica del catolicismo español al protestantismo centroeuropeo, el filial empeño de un hijo reverente ante el codicilo paterno y la decisión respetuosa del rey ante los cánones tridentinos. Y respondiendo a estos tres fines El Escorial se convierte en un templo, un panteón y un seminario-universidad.

La historia de este centro de Estudios Superiores consta de dos épocas perfectamente delimitadas. La primera es la época jerónima y la segunda es la agustiniana.

1. El 15-VII-1563, la sesión del concilio, aprueba la creación de los seminarios, para la formación de los futuros sacerdotes, dependientes directamente de los obispos y superiores religiosos. El rey Felipe II establece en El Escorial un seminario menor el 22-IV-1567, y la bula de confirmación dada por Pío V es enviada el 17 de diciembre del mismo año. Se creó e inauguró el día 19-X-1567, y como El Escorial estaba en plena construcción, se estableció provisionalmente en Santa María la Real de Parraces, donde permanece hasta el 25-IX-1575, en cuya fecha se traslada definitivamente a El Escorial.

Sobre esta base, el 31-X-1587, los estudios de El Escorial son elevados a categoría universitaria, con plenos derechos, por el breve de Sixto V, *Dum suaves,* por el que los alumnos de Artes y Teología pueden recibir los grados y títulos universitarios, y concede al Colegio de San Lorenzo el Real todos los privilegios, prerrogativas y honores concedidos a los colegios universitarios de Salamanca y Alcalá.

Recibe la exención canónica universal, mediante una serie de bulas de los papas: san Pío V, 17-IX-1566; Gregorio XIII, 13-VIII-1573, 23-IV-1575, 25 y 30-VII-1578; Sixto V, 1-II-1585 y 27 de abril del mismo año. Finalmente, Sixto V, por la bula *Ut concessiones,* de 18-X-1586, declaró este real monasterio exento de la jurisdicción diocesana y concede al prior *Omnimodam etiam in spiritualibus quasi episcopalem et ordinariam potestatem,* y queda constituido con rango de prelatura *nullius dioecesis.*

Con sus altibajos naturales llegan estos Estudios al siglo xix, y todo termina el día 1-XI-1837, fecha en la que abandonan El Escorial los monjes, en cumplimiento de la ley española de 29-VII-1837.

2. En el año 1851, el Gobierno español ofrece el monasterio de El Escorial a los padres agustinos. Pero, ante la oferta, condicionada a ceder el colegio de Valladolid, propio, al Estado, a cambio de recibir El Escorial en usufructo, el provincial de los agustinos, fray Marcos Antón, rechaza la oferta con la disculpa de «no estar preparados» para hacerse cargo de El Escorial.

Se ensayan varias formas de dar vida al monasterio. Sucesivamente se ofrece El Escorial a varias instituciones religiosas. Algunas de ellas llegaron a ocuparlo algún tiempo. Pero las condiciones puestas por el Gobierno hacían fracasar todos los intentos.

Definitivamente una nueva oferta se hace a los agustinos, y en mejores condiciones, en 1885, por el rey Alfonso XII, aconsejado por el cardenal y nuncio en España, Rampolla. Este influye en el obispo auxiliar de Madrid-Toledo, padre Cámara, agustino, para que la Orden se hiciese cargo del monasterio.

En este mismo año entran los agustinos en El Escorial. Y en esta fecha se restaura el seminario y el colegio, que desde entonces lleva el título de Alfonso XII.

Los Estudios Superiores se organizan de nuevo en el año 1892, firmándose un acuerdo el 20 de diciembre entre la intendencia real y la Orden agustiniana, por el que se cede a la Orden la parte del inmueble denominada la Compaña, para instalar en sus locales el Real Colegio de Estudios Superiores María Cristina. Nombre que toma en honor de la reina regente, gran entusiasta de la creación de este colegio de estudios superiores. Firman el contrato el intendente D. Luis Moreno y Gil de Borja, por una parte, y el comisario general de la Orden agustiniana para España, fray Manuel Díez González, por la otra parte.

La primera decisión del claustro de profesores de este real colegio está firmada en el mes de octubre de 1893.

Los estudios universitarios cursados en El Escorial, a partir de la creación de este centro de estudios superiores, son de carácter privado, al no admitirse más enseñanza en España que la oficial, ni más títulos universitarios que los de las Universidades del Estado, pero los alumnos gozan de carácter oficial, tanto en sus estudios como en sus pruebas finales en la Universidad de Madrid, a la que fue incorporado El Escorial.

En cuanto a su denominación, desde el primer momento se ha conocido este centro con el nombre de Universidad, tanto por los documentos oficiales como por la denominación privada.

Los estudios cursados en El Escorial son los siguientes: Facultades de Derecho y Filosofía, el preparatorio para el ingreso en la Academia General Militar, enseñanza preferida por la reina regente. Las tres ramas del saber se establecen en El Escorial desde el día de su apertura. Pero, además, hay una cláusula en el contrato institucional que faculta y aconseja la ampliación progresiva de Facultades universitarias, según las posibilidades lo vayan permitiendo. Posteriormente, se añadirán las Escuelas Especiales de ingenieros industriales y agrónomos. Ultimamente se añade la Facultad de Ciencias Políticas, Económicas y Comerciales, sección económica, por orden ministerial de 29-X-1959.

La República Española de 1931 expulsa a los agustinos de la Universidad y del colegio de El Escorial y a partir de este momento, 23-IX-1933, la Universidad de El Escorial se refugia, con carácter privado, en Madrid, número 23 de la calle Princesa, bajo el título «Residencia Católica de Estudiantes», donde continúa sus clases, regida por el religioso ejemplar, padre Felipe Fernández. En 1936, la gran mayoría de sus profesores encuentran el martirio en dicha residencia universitaria.

Terminada la guerra civil española, se abren nuevamente las aulas universitarias escurialenses. En 1945 se comienza a enseñar Derecho. En 1959, como ya hemos dicho, se incorpora a la Universidad la Facultad de Económicas.

Entre sus múltiples publicaciones sobresale la publicación periódica *Anuario Jurídico Escurialense*. Tiene otras dos revistas. Una de ellas es la revista estudiantil más antigua, *Nueva etapa*. Nació en 1893. La otra, de creación más moderna, es la revista hablada *Avance*. Sus publicaciones están encuadradas dentro de la Biblioteca, La Ciudad de Dios, en su sección Pax Iuris.

BIBL.: B. DÍFERNAN, *Historia del Real Colegio de Estudios Superiores, Universidad María Crsitina*, El Escorial 1960; J. URQUIOLA, *Crónica:* Anuario Jurídico Escurialense, I, 1960; B. DÍFERNAN, *Efemérides:* Anuario Jurídico Escurialense, II, III, IV, 1961, 1962, 1963. B. DÍFERNAN

Estella (Navarra). En la Edad Media surgieron Estudios, de carácter local en Pamplona, Estella, Olite y Sangüesa. En 1335 Benedicto XII decretó el traslado del Estudio, de Estella a Salamanca «propter propinquitatem Studii Tolosani». Debió de renacer en el siglo XVI, pues se habla de haber sido fundada, hacia 1565, por D. Alfonso de Córdoba y Velasco, conde de Alcaudete y virrey de Navarra.

BIBL.: J. GOÑI, *Historia del Estudio de Estella:* R152, 25(1964)9-47. IEF

Gandía (Valencia). De grande duración y de bastante importancia fue esta Universidad, que se debe a munificencia del cuarto duque de Gandía, el futuro san Francisco de Borja, quien, siendo todavía seglar, la instala en la ciudad valenciana el 14-IX-1546. Le concede bula de fundación el papa Paulo III y al entrar el duque en la reciente Compañía, se ocupan de ella desde entonces los padres de la misma. Se enseñaba en ella Latinidad, Artes liberales y Teología, equiparándose sus grados a los recibidos en otras Universidades de renombre, como París, Salamanca, Alcalá y Valencia. Las cátedras, que al principio fueron ocho, subieron, desde 1569, a 18: tres de Gramática, tres de Filosofía, tres de Cánones, cuatro de Medicina y cinco de Teología. Sus profesores eran preferentemente jesuitas, ayudados

por canónigos de la colegiata. Con la extinción de aquéllos en 1767, el cabildo se hace cargo de la Universidad, cerrándose en 1772. Abierta de nuevo fue suprimida definitivamente en 1809.

BIBL.: V. DE LA FUENTE, *Historia de las Universidades, Colegios y demás establecimientos de enseñanza en España*, II, Ma. 1885, 178; M. VICIANA, *Descripción de la ciudad de Gandía, noticia de su fundación. Universidad y Cologio de Jesuitas.* IEF

Gerona. De escasa importancia es esta Universidad, que, sin embargo, tiene una vieja tradición, pues se tiene como fundada por Alfonso V de Aragón en 1446. Su vida sigue luego lánguida hasta que es restaurada en 1583 por interés del Concejo y con la ayuda que le presta Felipe II. Como las restantes Universidades de Cataluña, fue incorporada a la nueva de Cervera en 1717. Volvió a abrirse en 1870, y a clausurarse definitivamente en 1874.

BIBL.: C. AJO, *Historia de las Universidades Hispánicas*, III, Ma. 1959, 236-242; T. B. TORROELLA, *L'Estudi general o Universitat literaria de Girona*, Ge. 1909. IEF

Granada. Una real cédula del emperador Carlos V, de 7-XI-1526, creaba un «Colegio de Lógica e Filosofía e Teología e Cánones», con 12 colegiales y un rector y, junto a él, otro colegio para 100 niños de moriscos, nuevamente convertidos del reino de Granada, que llevó el nombre de San Miguel. Esta doble fundación procuraba atender a las necesidades docentes de una población con fisonomía muy peculiar, pues la mayoría era de moriscos convertidos, solo aparentemente, al cristianismo.

La decisión imperial aceptaba así una de las propuestas que le había confiado la junta de obispos y letrados, reunida en la capilla real y presidida por el arzobispo de Sevilla, D. Alonso Manrique, para estudiar la situación interna del reino granadino.

Creado el nuevo colegio, se encomendó al arzobispo de Granada, Ramírez de Alba (1526-1530), la redacción de las Constituciones para que las aprobase el papa y erigiese la Universidad de Estudio General. Por una real cédula de 7-XII-1526 se le asignaban 110.000 maravedises para soldada de los maestros que en él habían de enseñar, en tanto vacasen las cuatro prebendas de la catedral o capilla real, a quienes se confiaba la enseñanza en las cátedras creadas: Lógica, Filosofía, Teología, Cánones, Gramática y Casos de conciencia (Archivo de la catedral de Granada, 1-9-22). En 1538 volvió el Consejo de Castilla a confirmar el desempeño de las cátedras por las dignidades del cabildo catedral (ibí., II, 295).

Clemente VII, el 14-VI-1531, expidió la bula y carta ejecutorial para la erección de la Universidad y otorgamiento de grados al «modo que se hayan acostumbrado a conferir y conceder en la Universidad de Bolonia, en la de París, en la de Salamanca y en otras Universidades de Estudios Generales». Recibida la bula cuando ya era arzobispo de Granada D. Gaspar de Avalos (1530-1541), celebró éste el primer acto universitario en el que se incorporaron al naciente Estudio los maestros Juan Clemente, Miguel de la Gasca y Francisco Ortiz, que lo eran por la Universidad de Alcalá. Seguidamente se concedieron los grados a los discípulos ya examinados del maestro Clemente, tras un discurso latino. Conforme a las Constituciones de la Universidad de Salamanca fue desenvolviéndose la novel corporación en tanto iba redactando las suyas propias, bajo las autoridades docentes designadas por el arzobispado: Don José de Torres, rector; el licenciado Miguel de Muñoz, capellán mayor y oidor, más ocho consiliarios y dos diputados universitarios. Se trabajaba más asiduamente en la redacción de las Constituciones por los claustrales doctor Mexía, médico; doctor Ortiz, provisor y jurista; y por el doctor Ortega y el maestro Mota, artistas, y en el de 3-IV-1533 se pudo jurar ya la constitución *De juribus non remittendis*. Hay testimonios de las primeras oposiciones a cátedras de Cánones e Hipócrates en octubre de 1537 y de que era decano de Medicina Gracián Megía, y de Artes, D. Juan Deroca. El desempeño de cátedras por las dignidades de la catedral y capilla real fue regulada por la real cédula de 13-VII-1538, y las Constituciones definitivas fueron aprobadas por el claustro que presidió el arzobispo Niño de Guevara el 6-V-1542.

Bastante minuciosas, recogen muchos aspectos y prácticas de las Universidades de Salamanca y Alcalá, y de los primeros años de la de Granada. Está gobernada por el rector, un estudiante noble o una dignidad del cabildo catedral o del de la capilla real, con un pequeño consejo de seis miembros, representantes de las diversas Facultades y del Colegio Real, fundamento de la Universidad granadina. Doce diputados, sorteados entre 24 candidatos, representantes de las diversas regiones españolas, completaban los estamentos directivos. La Universidad celebraba tres fiestas religiosas oficiales los días de San Lucas, Santa Catalina y San Nicolás, con lecciones o sermones de universitarios.

Según costumbre de la época, todas las Facultades — Artes, Teología, Medicina y Cánones — concedían tres grados académicos: bachiller, licenciado y doctor. La de Teología completaba con sus enseñanzas la formación espiritual que recibían los futuros sacerdotes en el Colegio eclesiástico de San Cecilio, ya en formación.

El aspirante a alumno de Teología debía haber cursado Artes, antes de seguir las cuatro materias teológicas. Al final de ellos había de cumplir la primera tentativa, contestando a las argumentaciones que le hacían su comentario de un texto teológico los bachilleres y licenciados asistentes. Superada esta prueba, quedaba el estudiante hecho bachiller, mas debe seguir sus trabajos en la Facultad. Desde el día de San Lucas leerá al *Maestro de las Sentencias*, libro I. Un tercer acto académico, con debate, versará sobre el comienzo del libro II del mismo texto, y el cuarto, sobre otras materias del libro III, teniendo por contradictores a doctores y bachilleres en Teología. La prueba final versaba sobre el IV y último libro de las *Sentencias*, el cual había de explicar durante todas las lecciones de año y medio. Quince días más tarde comenzaba a hacerlo de un libro del Antiguo Testamento y de otro del Nuevo, después de disertar previamente sobre las Sagradas Escrituras. Una tentativa final sobre los cuatro libros de las *Sentencias* pondría fin a sus estudios de bachillerato.

El período de licenciatura tiene una estructura muy similar. Durante dos años había de asistir el alumno a todos los actos teológicos. Cuatro más importantes jalonan este período. El primero, llamado *quodlibetos* por responder a los que le formulen los maestros asistentes. El segundo, *parva ordinaria*, sobre *materia subtili;* el tercero, *magna ordinaria*, de materia moral positiva y casos de conciencia. La última prueba, llamada *sorbónica* en París y *alfonsina* en Alcalá, se denominaba en la novel Universidad granadina *carolina*, en recuerdo del imperial fundador, y la materia sobre que versaba había de ser *alta et difficilis*. El ejercicio duraba todo el día, ocupado en lecturas, comentarios y respuestas del graduado a sus objetantes. La práctica de la predicación, sermones latinos ante toda la Universidad, completaban los estudios de licenciatura.

Las pruebas de capacidad para obtener el título de licenciado en Teología solo se verificaban cada dos años y presuponían la comprobación de los estudios cursados, del legítimo nacimiento del licenciado, de la posesión de órdenes sagradas y de su conducta moral y honesta. Cumplidas estas condiciones y sorteado

el orden de actuación de los examinados, se forman grupos de cinco bachilleres para contestar a los argumentadores en las disputaciones parvas y magnas que duran de San Juan a Santiago. La víspera de la Natividad de la Virgen, el 7 de septiembre, cinco maestros en la Facultad examinarán, en días sucesivos, sobre materias teológicas hasta el 10 de octubre en que concluirá la prueba con el vejamen por el propio tribunal.

El doctorado en Teología había de solicitarse quince días después de terminada la licenciatura. Las dos o tres tardes anteriores al doctorado los aspirantes contestan al tema planteado. Después de comentar el texto propuesto, *de materia gravi et magnifica*, sufre el aspirante el vejamen jocoso de un claustral y escucha la *commendationem seriosam de virtutibus* de labios del presidente. Esta solemnidad se celebraba en el aula grande, al mismo tiempo que el gran concurso de asistentes rodeaba, en el patio de la Universidad, el tablado desde el cual se leía el vejado.

Entre los primeros profesores se contaron pronto el maestro Ortiz, doctor en Teología; el ya citado maestro Clemente, de larga experiencia docente, y Juan de la Mota, bachiller en Artes por Alcalá, ya maestro de Gramática en la cátedra citada que mantenía el cabildo catedral. En la de Teología y desde fines de 1532 profesó la regia personalidad de D. Martín Pérez de Ayala. Bachiller por Alcalá, debió ser llamado por el claustro granadino en 1532, y seis años después se licenció (31-IV-1533) y doctoró (5-V-1533) en Teología, que siguió explicando hasta que fue nombrado obispo de Guadix. Había trabajado en el estudio de las fuentes del conocimiento religioso, y dejó un libro *De ecclesiasticis traditionibus*, impreso en Granada en 1540.

La atención prestada por los arzobispos a la Universidad se había acentuado en el pontificado de D. Gaspar de Avalos (1530-1541), obispo de Guadix desde 1526 hasta 1528 y buen conocedor por tanto de la singular fisonomía espiritual del reino de Granada. Con gran amplitud de visión la relacionaba con la política mediterránea de Castilla. En su correspondencia, inédita, se traduce la preocupación dominante sobre el futuro religioso de Africa. El instrumento de la penetración española en aquellas tierras islámicas era para el arzobispo la naciente Universidad granadina, no en vano acogida a un expresivo lema fundacional *Ad fugandas infidelium tenebras haec domus litterarum fundata est*. Avalos concibe a la Universidad granadina entregada a la formación de un cuerpo docente donde se modelen clérigos doctos y virtuosos que puedan emprender la conversión de la población morisca y la de las tierras africanas, dominio natural de Castilla. El sentido testamentario de la reina Isabel sobre la misión evangelizadora y mediterránea de la política española, compartido por el presidente Tavera y por D. Francisco de los Cobos, era profesado también por Avalos. Son constantes sus peticiones de ayuda al rey para la Universidad «de donde ha de salir la lumbre de nuestra fé catolica a toda Africa cuando diere Dios gracia a V. M. para conquistalla y convertilla» (fols. 76 y 238). El arzobispo consume sus rentas en la naciente Universidad y sus esfuerzos en lograr la regularidad de sus cursos. Cuando escribe a Felipe II sobre las necesidades del reino, insiste en que «lo primero la Universidad» (fol. 70) y para asegurar el porvenir de sus graduados pide y logra que las prebendas de la iglesia de Granada, sean siempre para alumnos de su Universidad. Sus demandas van dirigidas al secretario Cobos, o llevadas hasta Roma por su mensajero el canónigo Utiel (fol. 84).

No muchos años después, su sucesor en la sede granadina, D. Pedro Guerrero Loroño (1546-1576), emulaba su atención y celo por la Universidad, recordando su condición de universitario, discípulo y maestro de Alcalá, Sigüenza y Salamanca. La atención de Guerrero fue constante, pues el aumento del alumnado exigía el de los cursos y profesores que lo atendiesen. A mediados de siglo se percibía escasez de profesorado de Humanidades, a pesar de que éstas estaban representadas en diversas cátedras de la ciudad y de que la de Latinidad del cabildo catedral estaba ocupada por la extraña y docta personalidad del negro Juan Latino, que por estos años veía multiplicarse el número de sus discípulos en un heterogéneo alumnado de graves colegiales del Real, acólitos de la iglesia mayor, clérigos poco doctos en lengua latina y morisquillos del colegio de San Miguel. Por entonces se confiaba en poder dotar nuevos cursos de Derecho Civil, Medicina y Lenguas, que parecían muy necesarios.

También la ciudad ayudaba a las nacientes enseñanzas y después de los informes del corregidor y de acuerdo con el doctor Mexía, dotó las cátedras de prima de Leyes con 30.000 maravedís; la de vísperas, con 20.000; las dos de Código, con 30.000, y las dos de Instituta, con 20.000 maravedís. Estimulado con esta ayuda, el claustro acordó añadir 12.000 maravedís para las cátedras ya existentes y crear una segunda de Teología (claustro 1-X-1546).

Después de negociar con el concejo se decidió que las nuevas cátedras se proveyesen por elección con intervención del corregidor. En la prosperidad corporativa y en la eficacia de los estudios participó decisivamente D. Pedro Vázquez, el más valioso rector que la Universidad tuvo en estos siglos. Apenas posesionado, se crearon dos nuevos cursos de Medicina, y uno de Cánones, y otro de Teología, que se proveyeron poco después. Desde entonces también se estableció una prueba de ingreso, con ejercicio de Gramática que había de juzgar el ya citado maestro Mota. Mediado el siglo, disminuyó el número de alumnos de Medicina y en cambio se creó un nuevo curso de Teología por haber estudiantes para él.

La distribución de cátedras y cursos sufre cambios frecuentes a causa de las posibilidades de profesores y de las oscilaciones del alumnado. Así en 1552 se aumentan cátedras de Leyes y Medicina y, dos años después, dos de Decreto y una de Instituta, sin duda porque desde 1549 parece advertirse una mayor abundancia de recursos y de alumnos en todas las cátedras. La ciudad parece no cumplir regularmente su compromiso de pagar al antes recordado maestro de la cátedra de Gramática, y las reclamaciones y litigios planteados por el rector, logran la real cédula de 10-IV-1552 por la que la reina D.ª Juana dispone que el cabildo de Granada pague anualmente 30.000 maravedís a la Universidad para las cátedras de Artes.

Estas respondían, además, a un fermento cultural entrañado en la ciudad que no había tenido Medievo cristiano. La corte de los Reyes Católicos y la nobleza que la acompañaban habían sido los mecenas de Pedro Mártir de Anglería, de Hernán Núñez de Guzmán y de Nicolás Clénart. La estancia en Granada de la corte imperial en los días nupciales del César e Isabel de Portugal habían atraído embajadores como Navagero, Selviati y el nuncio Castiglione, doctrinario de cortesías. Paralelamente, otros maestros enseñan la latinidad desde los albores del siglo XVI. El bachiller Gonzalo Hernández tenía un Estudio de latín hacia 1514, y en 1528 se registra ya otra enseñanza similar a cargo del arzobispo. El cabildo catedral venía manteniendo la cátedra que desde 1532 ocupaba el maestro Mota, a quien sucedió, en 1556, la extraña figura del negro Juan Latino, protegido del duque de Sesa, cuyos libros de versos latinos saldrían de las mismas prensas que imprimían el comentario a las *CCC* de Juan de Mena, por Hernán Núñez de Guzmán, y el *Virgilio* comentado por Nebrija (1545).

Con ocasión de su viaje a Toledo, en abril de 1560, el arzobispo presenta al rey una extensa relación de las necesidades de la Universidad: exención de sus maestros de la justicia ordinaria, aumento de las dotaciones para cátedras, cumplimiento de la residencia para los prebendados de la catedral y de la capilla real que tenían carga de cátedras, resolución del pleito con la ciudad sobre las de Gramática y extensión a los obispados de Málaga, Guadix y Almería de la preferencia concedida a los licenciados de la Universidad para las prebendas de la iglesia de Granada. Independientemente de esta gestión, que volvió a llevar personalmente a cabo el rector Pedro Vázquez, se resolvió, en octubre de 1563, crear una cátedra de Teología, otra de Digesto y dos de Medicina.

A la vuelta de Pedro Guerrero, recibió éste a D. Pedro Vaca de Castro, que había de hacer la visita real de la Universidad en 1564. Antes de terminarla, le sustituyó como visitador el licenciado Hernando de Chaves en 5-VII-1567 (real cédula del 13-X-1566) y un año más tarde, el 17-III-1568, terminaba la visita el presidente del Consejo Real. Las resoluciones que para la vida de la Universidad pudieran derivarse de ella, quedaron aplazadas por la rebelión de los moriscos, que paralizó el reino granadino (1568-1571).

Apenas transcurridos estos años, el claustro solicitó del rey, el 29-VIII-1571, que proveyese sobre las peticiones y mejoras que parecían derivarse de las visitas de Vaca de Castro y de Chaves. Se recordaba la utilidad de la Universidad, única existente al sur del Tajo, y se pedía remedio para las frecuentes ausencias de los capitulares, la falta de rentas, que podrían aumentarse con algunas de los hospitales, y la conveniencia de asignar dos canonjías de la catedral y dos capellanías de la real, para licenciados de la Universidad. Una real cédula del año 1572 concedió esta última petición, así como otra de 1577 recomendaba una vez más el cumplimiento de las obligaciones docentes de los prebendados.

Las dificultades económicas persistían y para aliviarlas el arzobispo Martínez de Salvatierra estableció un donativo anual de 200 ducados, con lo que se restablecieron, el 3-III-1580, algunas cátedras menores, como las de Digesto, Código, Instituta, una de Teología y tres de Artes, que se habían suprimido. El prelado aconsejó al claustro que las provisiones de profesorado se hiciesen como en Salamanca por votos de los estudiantes y aun la Universidad comisionó algunos claustrales para que preparasen la reforma de las Constituciones con este fin. Mas los maestros de la Universidad no eran partidarios de tal sistema, que empezaba a ofrecer graves inconvenientes en la misma Salamanca, y, en consecuencia, el claustro se reservó, en su reunión del 10-II-1580, el derecho de no aplicar aquel procedimiento. El mismo cuerpo fija las convocatorias, ejercicios y, muy ceñidamente, las precauciones para la prueba de sufragio estudiantil en las ocasiones en que se decidiese seguir este procedimiento. Se trata de un verdadero reglamento de provisión de cátedras.

La vida de la Universidad no presenta alteraciones de importancia en los últimos decenios del siglo. Sin desaparecer las dificultades económicas, el número de alumnos se mantiene o aumenta y entre ellos vienen a graduarse en la Universidad los del colegio de la Compañía de Jesús, establecido en Granada desde 1554. Por estos finales de siglo la Compañía deseaba tomar a su cargo las cátedras de Retórica y Gramática que mantenía la ciudad. Entonces se creó una cátedra de Sexto para que los estudiantes canonistas pudiesen completar sus estudios.

Fútiles e interminables cuestiones de etiqueta con autoridades de la ciudad matizan estos años universitarios granadinos, mientras se van implantando medidas ordenadoras ocasionadas por la visita de Chaves. Pedagógicamente se vacila en el método didáctico, pues se fijan las materias y títulos que los maestros habían de explicar cada curso, y en 22-I-1592, el claustro prohíbe a los alumnos que tomen apuntes de las lecciones. Era la cuestión tan discutida en la docencia universitaria de la época. Se había abusado del dictado pausado en las Universidades del siglo XIV, sobre textos a veces ajenos al profesor. Permitido después en las clases de Artes, era menos frecuente en las de Filosofía. En Teología, en el XVI, se dictaba el texto literal de la lección, pero los grandes maestros, como Vitoria, implantaron en Salamanca y Alcalá un recitado muy lento de la explicación, no leída, para que pudiesen retenerla los discípulos más diligentes. Algunos maestros dictaban durante media hora y explicaban el texto durante el resto de la clase. El claustro granadino volvió de su acuerdo, establecido también en Salamanca en 1561, autorizando la toma de notas en algunas clases.

Vaca de Castro (1590-1609) puso especial celo en regularizar la vida de la Universidad, asistiendo a muchos actos, vigilando la regularidad de la enseñanza y logrando el aumento y aplicación de los alumnos (fol. 266).

En el primer decenio del siglo XVII se acentuó la crisis del profesorado en Medicina, teniendo que suspenderse las clases, al mismo tiempo que se recrudecían las diferencias entre el claustro y el arzobispo Vaca de Castro, pues no tenía éste por conveniente la reserva de cátedras para los graduados granadinos. A primeros de marzo de 1605, el rey envía un nuevo visitador de su Consejo, el licenciado Pedro de Tapia, cuyo informe determinó, sin duda, la real cédula de 24 de septiembre siguiente, en la que prohibió graduar a los religiosos que no tuviesen probados sus cursos. Más importante es la decisión de que las cátedras se provean por oposición y no por designación del arzobispo ni votos de estudiantes. Otros artículos atañían a las citas para los claustros, cédula del maestro de Gramática para los exámenes posteriores, jurisdicción del rector sobre los estudiantes y cumplimiento por los prebendados de su obligación de leer las cátedras. Los cargos que se hacen a la Universidad se refieren a cuestiones económicas, benignidad en las licenciaturas, reuniones de claustros y secreto de las elecciones rectorales (claustro 1-X-1605). Las dificultades para cubrir las cátedras de Medicina se resolvieron dotando el arzobispo dos de dicha Facultad, que fueron convocadas a oposición el 2-III-1607, y provistas en los doctores Soria y Rojas Calderón. En 23-XII-1594 una comisión de colegiales del Real modificó algunos extremos de la reforma llevada a cabo por Chaves.

La creciente importancia del colegio de los jesuitas hizo más frecuentes y no siempre fáciles sus relaciones con la Universidad. El 28-VIII-1609 se llegó a una concordia entre ambas corporaciones sobre el horario de sus respectivas clases de Teología; quedaron fijadas así: prima de Teología, de 6 a 7 en verano y de 7 a 8 en invierno; Derecho positivo, de 7 a 8 en verano y de 8 a 9 en invierno; vísperas de Teología, de 4 a 5 en verano y de 3 a 4 en invierno. Las clases del colegio de la Compañía se suspenderían los días en que la Universidad tuviese actos solemnes, y aquélla se comprometió a no conceder grados a sus alumnos. Se crea una nueva cátedra de Filosofía magna, obligatoria para los alumnos de todas las Facultades, incluida Medicina; se dotaron dos cátedras de Teología y Decretales. El sucesor de Vaca de Castro, fray Pedro González de Mendoza (1610-1615), continuó ejerciendo la protección arzobispal sobre la Universidad, aunque con recelo del claustro, celoso de su independencia. Así ocurrió cuando el arzobispo nombró al doctor Juan Crespo

de Marmolejo, secretario de la Universidad, en que los incidentes alcanzaron términos de violencia con motivo de algunos vejámenes (claustro de 7-VIII-1610).

La devoción a la Inmaculada en los medios universitarios, expresada ya en 1496 en las de París, Oxford y Cambridge, se manifestó igualmente en las españolas, mientras fuera de ellas se dividían las opiniones, según las Ordenes religiosas, en disputa sobre su valor dogmático. Tales, las de Sevilla en 1613, que tuvieron eco popular. Felipe III había pedido al papa el nombramiento de una junta que estudiase la conveniencia de una declaración sobre el apasionante tema teológico; mas Roma prefirió entonces el *statu quo*. En 1616, Felipe III insiste en su demanda, y en Granada la cofradía de sacerdotes de la parroquia de San Pedro pide al arzobispo Vaca de Castro el establecimiento del voto y juramento del dogma de la Concepción Inmaculada. Poco antes, el 14-VII-1615, el Colegio Real de Granada, consustancial con la Universidad misma, solicitaba del papa una declaración explícita sobre lo que convenía enseñar de ello (R. Academia de la Historia, papeles de jesuitas, 72-57).

En la petición se recordaba la reciente aparición de pasquines en Córdoba y Sevilla contra el culto del pretendido dogma, y el colegio en su petición recordaba la celebración de la fiesta de la Inmaculada en la iglesia griega, en el siglo IX, y la confirmación del culto de la Concepción por Alejandro VI, Julio II y León X, cuando ya era habitual en los conventos y en la práctica de las solemnidades universitarias.

El 25-XI-1618 la Universidad hacía voto en la iglesia de San Pablo, ante el arzobispo D. Felipe de Tassis (1616-1620), de defender con su sangre la pía devoción de la pura y limpia Concepción de Nuestra Señora. Lo mismo hicieron el cabildo catedral y el corregidor con el concejo de la ciudad. Se anticipaban así a la pragmática del 24-I-1664, que vino a establecer el juramento de la Concepción Inmaculada antes de los grados en las Universidades de Salamanca. Alcalá y Valladolid, precepto extendido en 1779 a todas las demás.

En 1619 la visita del oidor Juan Chumacero de Sotomayor trató de corregir costumbres claustrales, administrativas y estudiantiles y, un año después, por la real cédula de 31-X-1620, se volvió a intentar el cumplimiento de sus obligaciones por los prebendados, actuando así sobre la Universidad, como sobre una dependencia directa del poder real. Poco después se debatía una vez más la conveniencia para la enseñanza de la reserva de cátedras a los graduados granadinos. La incorporación del doctor Crespo de Marmolejo, tan censurada por el claustro, vino a ser fecunda, pues, en 5-III-1626, hizo una importante donación de 7.000 ducados para que con su renta se pagasen ocho cátedras de Moral y Casos de conciencia (64 ducados), de Decreto (40 ducados), Esforzado (36 ducados), Códigos (32 ducados), Instituta (24 ducados), prima y vísperas de Medicina (50 y 40 ducados) y Cirugía (32 ducados). Se preceptuó que en la cátedra de Moral se siguiese la doctrina tomística, se prefiriesen para desempeñarla a religiosos dominicos y que todos se proveyesen por el claustro. Asimismo, Crespo de Marmolejo legaba 500 ducados de capital para dotar los gastos de la fiesta de Santo Tomás, tradicional en la Universidad, que la celebraba en el convento de Santa Cruz la Real, de padres dominicos, predicando un doctor del claustro. El ejemplo de este donante fue seguido por el decano de Leyes, D. Agustín de Valencia, que en su testamento, de 2-III-1627, dejó por heredera de sus bienes a la Universidad, que venía obligada a dotar con 70 ducados anuales la cátedra de Aforismos, y a crear otras tres nuevas de Digesto, Código e Instituta.

Este mismo año se acentuaba en el claustro la oposición a los jesuitas como un eco de las corrientes europeas coetáneas.

Los años que van a seguir irán acusando, en la vida de la Universidad granadina, el eco de la evolución que las ideas políticas y filosóficas presentaban en toda Europa. La causa ocasional que hizo patente la oposición de las Universidades a la labor docente de los jesuitas fue el proyecto del Conde-Duque de Olivares para fundar en Madrid unos Estudios Generales confiados a aquéllos.

Simultáneamente, éstos habían abierto en Lovaina un nuevo colegio. La Universidad de aquella ciudad se opuso ante la Infanta Gobernadora y para tratar el asunto en la propia Corte española enviaron, en 1624, a Cornelio Jansenio. Ya en Madrid, elevó un memorial al rey y consiguió ciertas adhesiones de eclesiásticos notorios, como fray Iñigo de Brizuela, obispo de Segovia, conocido antiinmaculista. En un viaje posterior, febrero de 1627, habló en Alcalá en demanda de apoyo para su oposición a la docencia de la Compañía de Jesús y, días después, lo hizo en Salamanca y Valladolid, Universidades más amenazadas por la despoblación escolar que se preveía ante la proyectada fundación madrileña. Pero su acción personal no se limitó a las gestiones que le había confiado la Universidad lovaniense, sino que propagó sus doctrinas antijesuíticas, extendidas por Europa en la gran disputa sobre la gracia y la voluntad humana para la salvación.

A petición de Jansenio la Universidad de Sevilla había pedido a la de Granada, el 29-III-1627, que apoyase las gestiones que venía haciendo el lovaniense en España para combatir a la Compañía y sus doctrinas teológicas (MONTELLS, 196). Ahora su propósito concreto era que se prohibiese a la Compañía la concesión de grados universitarios para privarla así de discípulos. El claustro se unió a este propósito pidiendo la revocación de las bulas que protegían los derechos docentes de los jesuitas. Hubiera deseado enviar algún maestro para tratar estas cuestiones con sus colegas, pero la falta de recursos lo hacía imposible (Archivo universitario de Salamanca, 5-II-73). Se unía, pues, el claustro granadino a sus temores sobre la pérdida de alumnos originada por los nuevos colegios de los jesuitas, especialmente en Artes y Teología.

Por entonces la Universidad llegó a un acuerdo sobre la provisión de cátedras con el arzobispo D. Agustín Spínola (1627-1630). El claustro haría los ejercicios y el arzobispo elegiría en la terna resultante. La visita del oidor D. Gregorio López Madera (real cédula de 29-X-1630) se encaminó a restablecer el cumplimiento de las fundaciones Crespo de Marmolejo y decano Valencia, la disciplina de los alumnos y el régimen económico de la Universidad. No obstante las dificultades originadas por la competencia entre el claustro y los arzobispos, el 13-VIII-1633 se formalizó un cuadro de enseñanzas que alcanza la categoría de un plan orgánico de estudios. Las cátedras que se determinaron fueron: 1.ª) Cátedra de prima de *Leyes*: cuatro cursos. 2.ª) De *Código*: primer año, *De pactis*; segundo, *Ad senatum consultum*; tercero, *Ad leges Falcidii*; cuarto, *De edenda*. 3.ª) De *Instituta*: primer año, *De testamentis*; segundo, *De obligationibus*. 4.ª) De *Decreto*. 5.ª) *Moral*. 6.ª) Prima de *Medicina*: primer año, *De Avicenna*, lib. I; segundo, *Sententiarum eiusdem*; tercero, *lib. IV Sententiarum*; cuarto, *lib. I Sententiarum*. 7.ª) Vísperas de *Medicina*; primer año, *De differentiis morborum*; segundo, *De causis morborum*; tercero, *De differentiis symptomatum*; cuarto, *De causis symptomatum*. 8.ª) *Aforismos de Hipócrates*, por Guido: primer año, *De tumoribus praeter naturam*; segundo, *De vulneribus*; tercero, *De ulceribus*; cuarto, *De dislocationibus et fracturis*.

Con el legado de D. Luis de la Cueva se creó

una cátedra de Esfera, que se convocó a oposición.

La real cédula de 29-VII-1636, como resultado de la visita del oidor Fernando del Pueyo Arafiel, estableció que no se pudiese aprobar ningún curso sin haber sido oído y escrito sus lecciones la mayor parte del año, con lo que se procuraba excitar a catedráticos y alumnos a la asistencia a clase. El 18 de octubre de 1637 se inició la protección escolar a los aspirantes a graduados, dispensando los derechos de licenciatura cuando probasen su pobreza y no rebasasen la proporción del 20 por 100 de los matriculados. En 27-VI-1655 el arzobispo Argaiz (1646-1667) aumenta en 500 reales la dotación de la cátedra de Teología Moral y, dos años después, Luis de la Cueva dota la de Astrología.

El claustro de 28-II-1681 señaló la muceta blanca para los doctores en Teología; verde, para los canonistas; carmesí, para los legistas; azul, para los artistas, y amarillo, para los médicos.

La Guerra de Sucesión (1701-1713) abre un paréntesis de empobrecimiento y pausa en la vida universitaria, que empieza a restablecerse con la petición de informes sobre el estado de la enseñanza hecha por el abad de Vivanco en nombre del Consejo de Castilla, en diciembre de 1713.

En junio de 1700 se había recibido una propuesta de la Universidad de Sevilla para evitar que se introdujesen en las Universidades «doctrinas modernas, cartesianas, paracélsicas y de otros holandeses e ingleses, cuyo fin parece ser pervertir la célebre de Aristóteles». Consideró el claustro la gravedad de la cuestión, pero aplazó su decisión hasta conocer la opinión de las Universidades de Alcalá y Salamanca.

De otra parte, el Colegio Eclesiástico pleitea con el Real para que los cursos seguidos en aquél sean válidos para graduarse en la Universidad. Accedió ésta, considerando la paridad de la licencia que disfrutaba el Sacromonte. Posteriormente la Santa Sede confirmó este beneficio.

Desde mediados de siglo se comprueba el aumento de alumnos, aunque parece haber decaído las enseñanzas de Medicina. Las de Humanidades fueron más atendidas, restableciéndose el uso de la lengua latina, y su prueba antes de comenzar los estudios universitarios (real cédula del Consejo de 13-X-1753).

La atención de los ministros de Fernando VI a las Universidades inicia la acción unificadora sobre todas las españolas, aunque las reformas docentes sean tímidas y limitadas. El reinado de Carlos III (1759-1788) marca una época en la historia universitaria española. Así, el 14-III-1769, se crean los directores de las Universidades, instrumento de la centralización de la enseñanza universitaria para las reformas que se proyectaban, mientras los censores regios, creados al año siguiente, habían de vigilar las doctrinas que se explicasen en cada cátedra, con arreglo a la política del monarca reformador, respecto a las regalías de S. M., concordatos y constituciones del reino, decretos reales y bulas sobre la Inmaculada Concepción, condenación del tiranicidio e, incluso, pureza de la latinidad de los textos. Aunque los directores de las Universidades no pasaron de ser un cargo burocrático, el plan aprobado el 22-VIII-1769 para la Universidad de Sevilla, anticipaba los principios que iban a inspirar la reforma de las Universidades. Las tradiciones locales no dieron paso a un plan definitivo y unánime, pero cada una de ellas implantó reformas importantes y, a veces, acertadas.

La expulsión de los jesuitas en 1767 provocó el aumento de alumnos y conjuntamente un vacío de profesores y escuelas, que obligó a desdoblar ciertas cátedras, confiándolas a sustitutos.

Una orden del Consejo establecía el juramento de los claustrales de no enseñar la doctrina del concilio de Constanza sobre el regicidio. La política del nuevo monarca empezó a dejarse sentir con la consulta de 26-IX-1767 sobre provisión de cátedras. El claustro se mostró partidario del sistema de oposición, porque los opositores «no solo deben hacer ver que saben magistralmente sino también que saben enseñar», y propone los ejercicios oportunos con toda minuciosidad. Completó su informe con la relación de cátedras que creía necesarias: tres, de Gramática; una, de Lengua; tres, de Filosofía; una, de Matemáticas; dos, de Teología; una, de Escritura; seis, de Leyes y Cánones, y tres, de Medicina.

Era un reajuste de las que por creaciones sucesivas de diferente origen y dotación se habían ido estableciendo y que en aquel momento eran: Prima de Teología y prima de Cánones vísperas de Teología y vísperas de Cánones, y la de Escritura, todas mal dotadas y poco concurridas. El segundo grupo lo constituían la de Esfera, con un titular enfermo, y la de Aforismos, muy favorecida de los estudiantes. Por falta de dotación no se daban las de Sexto, Clementinas, y la de Digesto antiguo, y funcionaban regularmente los tres cursos de Filosofía, con sendos profesores, y la de Gramática. Las fundadas por Crespo de Marmolejo se daban con regularidad por sus profesores.

El 28-VIII-1768 una cédula del secretario del Consejo ordenaba suprimir en todas las Universidades las cátedras de doctrina jesuítica y sus libros de texto.

A la vista de la atención que los ministros de Fernando VI y Carlos III prestaban a la situación de las Universidades, la de Granada encargó al granadino D. Pedro Pérez Valiente, del Consejo Real, que gestionase nuevos locales para los Estudios y un aumento de dotaciones para todas sus necesidades. La real cédula de 30-IX-1768 ordenaba la entrega a la Universidad del colegio de San Pablo, de la Compañía de Jesús, lo que se llevó a cabo el 11-II-1769. Se le entregó también la biblioteca del colegio, muy rica en materias filosóficas y teológicas y se dispusieron reformas para facilitar la instalación de la Universidad. El Colegio de Santa Cruz se acomodó en lo que fue casa de la comunidad, y en la de legos, el de San Miguel. Santa Catalina fue a ocupar, años después, la parte llamada de padres graves. El traslado solemne de la Universidad a los nuevos edificios se celebró el 4-IV-1768, y las clases comenzaron en el viejo colegio de San Pablo el 1-X-1769.

La reforma docente comenzó por la de los planes particulares de cada Universidad en 1771, no sin vencer inicialmente la resistencia de algunos claustros, como los de Salamanca y Alcalá. Granada y Valencia lo enviaron transigentemente en 1776. Los cursos dados en colegios, conventos y seminarios particulares fueron declarados inválidos para los grados académicos por real cédula de 3-IV-1771, y otra de 27 de julio regulaba los gastos de la Universidad. Simultáneamente se declararon suspendidas, en su facultad de otorgar grados académicos, las Universidades de Irache, Ávila y Almagro.

Tres años después, la pragmática de 10-II-1779 dispuso la entrega a la Universidad de «todos los bienes que con gravamen de enseñanza perteneciesen al colegio de regulares extinguidos». Las gestiones de Pérez Valiente continuaban facilitando la reorganización de las enseñanzas de la Universidad y su instalación en los nuevos locales. Se entregaron a la misma los bienes procedentes de las fundaciones Fonseca, Castillo Sánchez, Alcocer y Avilés, se reedificaron varias aulas, y en 1780 se construyó la nueva biblioteca, donde se recogieron los ricos fondos bibliográficos del colegio de San Pablo.

El 7 de octubre se elevó al rey un extenso informe sobre los nuevos planes de estudios, donde pesa todavía la inercia de los métodos anteriores y no dejan de advertirse las dificultades reales y de adaptaciones que se presentaban. Cinco años después, el 27-XI-1781, se enviaron al Consejo los planes de estudio de las diversas Facultades formados por los respectivos comisarios. Se lamentan de la falta de medios para lograr el funcionamiento de todas las cátedras. En las tres que forman el curso teológico se sigue la doctrina de santo Tomás «con las menos sutilezas y metáforas que posible fuera». En Teología exegética o de Escritura se explicarían las principales dificultades del Antiguo y del Nuevo Testamento y lo principal de la Historia de la Iglesia. La Universidad esperaba que si el arzobispo exigiese a todos los ordenados residentes en Granada que presentasen certificados de cursar en la cátedra de Teología Moral, estaría ésta muy concurrida. El 13-VII-1789 se propone por la Universidad una nueva ordenación de las pruebas de licenciatura.

Si las noticias sobre la Revolución francesa frenaron en muchos aspectos la política liberal de los ministros de Carlos IV, no interrumpieron la creación de diversos centros de estudios técnicos, de jardines botánicos y academias. En 1786 parece que las cátedras en funcionamiento eran: cinco de Teología, cuatro de Cánones, seis de Leyes, cuatro de Medicina, cuatro de Artes y cinco de Humanidades. La Facultad de Derecho Canónico informó contra la separación de los estudios de Derecho Civil y Eclesiástico, y en enero de 1802 se regularon los de Medicina. El año anterior la Facultad de Teología había redactado un informe sobre el estado de su enseñanza. Una junta recibió el encargo de preparar un plan de estudios de carácter nacional, que se promulgó el 6-VI-1807 y cuya base fue el ya vigente en la Universidad de Salamanca. La de Granada propuso otro muy detallado para las Facultades de Gramática y Lenguas, Filosofía, Leyes, Cánones y Teología, aprobado por el rey en 13-XI-1807. A la Teología se asignaban cuatro cátedras de instituciones; una a la Moral, una a Escritura y una a la Religión. En 13-XII-1813 se propuso al Consejo la reforma de los estudios de Filosofía, en un informe suscrito por Francisco Martínez de la Rosa, catedrático de aquella disciplina en la Universidad. En las Cortes de Cádiz (1812-1813) se preparó un proyecto de reforma universitaria en el que trabajaron Vargas, Ponce, Clemencín y M. José Quintana, entre otros diputados. Después de la vuelta de Fernando VII, otra junta creada en 1-II-1815 no llegó a proponer reforma alguna y las Universidades siguieron sujetas al plan de 1807 y en algunos extremos al de 1771. En 1818 fue suspendido el primero. El cambio político del año 1820 condujo al plan de estudios de 29-VI-1821, apenas vigente al instaurarse el gobierno absolutista de Fernando VII, que condujo al publicado el 14-X-1824 y que estuvo en vigor hasta el año 1845. La bula de 29-III-1831 suprimió el cargo de canciller de las Universidades. El secretario de Gracia y Justicia designó a D. Tadeo Ignacio Gil visitador de la Universidad en 1832, y en junio de aquel año se dictó la Real Orden que aprobaba la realización de obras importantes en el edificio recién ocupado por la Universidad; que se estableciese el horario previsto por el visitador; que los estudiantes llevasen el traje académico correspondiente; que en los estudios de Teología se siguiesen los textos tomísticos; y otras medidas relativas a la disciplina de los colegios.

El proyecto de plan del año 1836 sufrió las dilaciones impuestas por las Cortes, corriendo igual suerte el presentado a las mismas en 1841, que solo llegó a publicarse en 1845.

Después del concordato con la Santa Sede llevado a cabo por Bravo Murillo, el real decreto de 21-V-1852 suprimió las Facultades de Teología en las Universidades y, aunque restablecidas en 1854, las abolió definitivamente el ministro Ruiz Zorrilla, el año 1868.

BIBL.: A. ANTOLÍNEZ, *Historia Eclesiástica de Granada*, ms. Biblioteca Universitaria de Granada; F. BERMÚDEZ DE PEDRAZA, *Historia Eclesiástica de Granada*, Gra. 1638; F. MARTÍN HERNÁNDEZ, *El Colegio de San Cecilio de Granada*, Va. 1960; ID., *La formación clerical en los Colegios Universitarios españoles (1371-1563)*, Vi. 1961; F. RAMÍREZ DE LUQUE, *Historia de los Hechos y Escritos del Clero Secular en Defensa y Honor de la Concepción Inmaculada*, Ma. 1776, 35 y 166; V. DE LA FUENTE, *Historia de las Universidades*, II, Ma. 1892; M. AJO, *Historia de las Universidades hispánicas*, II, Av. 1958, 78-84; A. MARÍN OCETE, *El Negro Juan Latino*, Gra. 1924; ID. *Documentos históricos de la Universidad de Granada*: R8, 2(1926); ID., *El arzobispo don Pedro Guerrero y la política conciliar española en el siglo XVI*, 2 vols., Ma. 1965; F. MONTELLS Y NADAL, *Historia de la Universidad de Granada*, Gra 1870; E. OROZCO DÍAZ, *Resumen histórico de la Universidad de Granada hasta la rebelión de los moriscos: Homenaje a Carlos V de la Universidad de Granada*, Gra. 1958, 563-593; N. SANTIBÁÑEZ, *Historia de la provincia de Andalucía de la Compañía de Jesús*, ms. Biblioteca de la Universidad de Granada; *Constitutiones Regalis Collegii Granatensis ab Invictissimo Imperatore Maximo Carolo V Constructi*, Gra. 1572; E. LAPRESA MOLINA, *La Bula fundacional de la Universidad de Granada*, Gra. 1932. V. BELTRÁN DE HEREDIA, *La fiesta de Santo Tomás en las Universidades de Andalucía:* R73, 29(1924)223; ID., *La Teología en nuestras Universidades:* R5, 14(1941)3-29; M. ANDRÉS, *Las Facultades de Teología españolas hasta 1575;* R13, 2(1954)171-178; A. PÉREZ GOYENA, *Jansenio en España:* R154, 56 (1920)172-188; ID., *Consecuencias de la venida de Jansenio a España:* R154, 57(1920)318-333; ID. *Las Facultades de Teología en las Universidades españolas*, R154, 83(1928) 327; ID., *Las escuelas teológicas españolas:* R154, 65(1923) 57; F. DE MADRID, *Vida de fray Hernando de Talavera*, ed. de F. G. Olmedo, Madrid 1931; M. MENÉNDEZ Y PELAYO, *Historia de los Heterodoxos*, VI, 1928; *Epistolario de Don Gaspar de Avalos, arzobispo de Granada*, BN Madrid, ms. 19.419; J. SIMÓN DÍAZ, *Historia del Colegio Imperial de Madrid*, Ma. 1952.   A. MARÍN

Huesca. La Universidad de Huesca nace a medio siglo de distancia de la de Lérida, de la que sería en adelante competidora, en contradicción con lo que Jaime II había determinado en favor de ésta en el acta de fundación de 1300. La establece el 12-III-1354 el rey Pedro IV con privilegio firmado en Alcañiz, en el que le concede los mismos privilegios de que gozaban los Estudios de Tolosa, Montpellier y Lérida. Paulo II confirmará más tarde tales privilegios, a petición de Juan II de Aragón que contribuyó a su sostenimiento, junto con el Consejo de la Ciudad y el obispo Antonio de Espés.

Durante un tiempo pudo desarrollarse a expensas de la de Lérida, que ya principiaba a decaer, dándose en Huesca un cuadro completo de estudios: Teología, Derecho Civil y Canónico, Medicina, Filosofía, y demás Ciencias y Artes. La oposición entre ambos centros había de ser desde entonces notable, en modo que ni una ni otra se reconocían entre sí los grados y títulos dados por las respectivas Facultades. Huesca, a su vez, se opone a la fundación de las de Zaragoza y Jaca, pero pronto entra ella misma en decadencia, a pesar del flamante Colegio Imperial de Santiago, que le fue agregado en 1535 para estudiantes de Derecho y de Teología. En el siglo XVII la Escuela de Gramática fue confiada a los jesuitas. La Universidad contribuyó mucho a la fundación de Estudios de Filosofía y Teología en los conventos de la ciudad, y de los siguientes colegios mayores: el Imperial de Santiago, ya citado, fundado en 1532; Universitario, de la Merced, en 1578; Real, de San Vicente, en 1587; de San Bernardo o del Cister, en 1617; Real, de Santa Orosia, en 1634. Fue suprimida con las reformas del siglo XIX.

BIBL.: R. DEL ARCO, *Memoria de la Universidad de Huesca*, 2 vols., Za. 1912-1916; A. DURÁN GUDIOL, *Notas para la Universidad de Huesca en el siglo XVI:* R118, 21(1968) 87-154; M. MENÉNDEZ DE LA PUENTE, *Historia de la Facultad de Medicina de la Universidad de Huesca*, Za. 1966; J. A. MARTÍNEZ BARA, *Archivo histórico de Huesca*, Ma. 1952; C. AJO, *Historia de las Universidades hispánicas*, III, Ma. 1959, 222-236.   IEF

Irache (Navarra). Los principios de esta Universidad los hemos de buscar en Sahagún, donde tenían los benedictinos, ya desde 1534, una especie de Universidad o Estudios para su Orden, que en 1605 trasladan a Irache, a tres kilómetros de Estella, que desde 1544 ya era colegio de la orden benedictina. Llevóse a cabo el traslado a ruegos del mismo rey Felipe II y con aprobación del papa Paulo V. Luego se le fueron concediendo nuevos privilegios y se fueron aumentando sus cátedras, pudiendo conceder grados en Teología, Artes, Derecho civil, Derecho canónico y Medicina, aun cuando no existían estas tres Facultades. Todo, en plan restringido que alcanzaba solo a los benedictinos. Queda suprimida en 1807, se restaura en 1814 y desaparece, al fin, en 1824.

BIBL.: J. GOÑI, *Orígenes de la Universidad benedictina de Irache:* R206bis, 2(1960)309-344; J. IBARRA, *Historia del Monasterio y de la Universidad literaria de Irache*, Pam. 1939.   IEF

La Laguna (Tenerife). El distrito universitario de La Laguna, creado en 1927, hizo realidad los deseos del pueblo canario, expresados durante siglos, de que en el archipiélago existiesen las mismas posibilidades culturales que en las restantes provincias españolas; deseos que tuvieron su origen y sus primeros logros en la labor que la Iglesia realizó en las islas desde los tiempos de la conquista. Dominicos y agustinos, a partir del siglo XVI, rivalizaron en el fomento de los estudios superiores, alcanzando metas progresivas que no lograron su pleno desarrollo a causa de inexplicables rivalidades. Las primeras cátedras de Filosofía y Gramática latina datan de 1532, desempeñadas con carácter público por los dominicos en el convento de La Concepción, de La Laguna; sostenida la segunda por el Cabildo insular de Tenerife y autorizada por cédula real de 19-II-1533. Casi un siglo después, en septiembre de 1612, fueron ampliados los estudios con la creación de una cátedra de Teología.

La Orden de ermitaños de San Agustín, también establecida en las islas, gozaba de gran prestigio científico. Formaba parte de la provincia agustina de Andalucía y sus miembros se graduaban, de ordinario, en los importantes colegios de Sevilla y Baeza. Habiéndose constituido en provincia independiente, en 1653, los conventos agustinos de Canarias, se le confirió el Patronato de la misma a D. Tomás de Nava Grimón, primer marqués de Villanueva del Prado, quien fomentó con sus dádivas el desarrollo y la labor de la Orden en Canarias, secundado por su hijo y sucesor en el Patronato, D. Alonso de Nava. Este apoyó eficazmente con su valimiento los deseos de los agustinos, de obtener para sus estudios en las islas validez oficial. El auge de los agustinos hizo disminuir el número de estudiantes que asistían a las cátedras de los dominicos, quienes en 1663 elevaron su centro a la categoría de Colegio Doméstico de Santo Tomás, dotado de seis cátedras y gozando de todos los privilegios que esta clase de centros tenía en la Orden; además, los estudios de Teología que en él se cursaban, obtenían validez académica en las Universidades dominicanas de Avila, La Habana y Orihuela. Por esta razón, la casi totalidad del clero canario graduado, desde finales del siglo XVII hasta mediados del siglo XVIII, procede de la Universidad de Avila.

Universidad de San Agustín. El Breve de Clemente XI

Pastoralis officii, expedido el 5-VI-1701, facultó a los padres agustinos de La Laguna para conferir grados mayores en Filosofía y Teología escolástica y moral. Junto a este logro surgió una actividad prodigiosa para poner dificultades a su ejecución. El «pase regio» al documento pontificio hubo de tardar, en este caso, cuarenta y dos años, durante los cuales, las páginas de su expediente registraron, una vez más, la triste historia de las limitaciones humanas. Las primeras dilaciones fueron motivadas por no haberse recibido en el Consejo de la Cámara de Castilla los informes que en 1703 se habían pedido al obispo, al capitán general y a la Real Audiencia de Canarias. Los informes tenían como finalidad, no sólo conceder el «pase» al Breve pontificio, sino conocer la conveniencia de crear en las islas una Universidad completa, donde pudieran cursarse Cánones, Leyes y Medicina, por lo que se solicitaba también el parecer de las otras Ordenes religiosas establecidas en el archipiélago. Una nueva petición del Consejo de Castilla en 1706 obtuvo el mismo silencio como respuesta, hecho que se repitió en 1714. Los impedimentos en las dos últimas ocasiones provinieron de los mismos agustinos, que solicitaron, incluso, suspender los trámites del expediente, temiendo la influencia desfavorable del informe de los dominicos. A las dificultades existentes se unió el acuerdo tomado en el sínodo diocesano, celebrado en Canarias en 1735, por el que se proyectaba establecer una Universidad en Las Palmas, para la que servirían de base las canonjías de oficio de la iglesia catedral y el personal de los conventos de dicha capital. La solicitud, presentada por el obispo de Canarias, monseñor Dávila y Cárdenas, fue unida al expediente del pleito de dominicos y agustinos, pidiéndose nuevos informes por parte del Consejo de Castilla. Los agustinos no se opusieron, en esta ocasión, a que se continuase el pleito, confiados en la influencia que ejercía en la Corte el cardenal Molina, agustino, que había ocupado la presidencia del Consejo de Castilla en 1733. En efecto, el cardenal Molina consiguió que se prescindiera del trámite de los informes, y que con fecha 7-X-1742 se diera el «pase regio», con la condición de «por ahora», al Breve de Clemente XI. La limitación impuesta fue causa de nuevos trámites y obstáculos, hasta que se obtuvo, finalmente, la real cédula del 4-VIII-1743, concediendo el «pase» definitivo. Entre tanto, las dificultades que había presentado la obtención del «pase» al Breve de Clemente XI, habían llevado a los agustinos a solicitar una nueva autorización pontificia, que les fue concedida por Benedicto XIV mediante la bula *Aeternae Sapientiae consilio*, del 27-III-1744, en la que, ampliando el contenido del documento anterior, extendía el privilegio a la creación de una Universidad de Estudios generales, estos es, capaz de conferir grados mayores en Derecho canónico y civil, Medicina, Matemáticas y Letras. La bula obtuvo el «pase» por R. D. fechado en Aranjuez el 8-VI-1744.

El nuevo centro docente, bajo el título de «Universidad de San Agustín», se instaló en el convento del Espíritu Santo de La Laguna. La inauguración oficial tuvo lugar el 25-X-1744, dando comienzo las clases el día 7-XI-1744. Las cátedras de Filosofía y Teología quedaron a cargo de los padres agustinos, y las de Cánones, Leyes y Medicina fueron desempeñadas por graduados residentes en las Islas. A estas enseñanzas se unió la cátedra de Gramática latina que sostenía desde 1532 el Cabildo Insular de Tenerife. La vida del centro universitario fue breve, porque una nueva revisión del expediente, solicitada por los dominicos, mediante la gestión en la Corte del padre fray José Wading, tuvo como resultado la R. C. del 4-XII-1747, en la que Fernando VI ordenaba la supresión de la Universidad de San Agustín, y disponía la erección de un Seminario Conciliar en Las Palmas de Gran Canaria. El historiador J. Rodríguez Moure, citando a Viera y Clavijo, escribe: «Fue cosa triste el ver que sujetos que se preciaban de amantes de las letras, se empeñasen con saña de analfabetos en matar la institución que podía haber ilustrado a su propia patria».

Universidad de San Fernando. La Universidad de San Fernando siguió un proceso de gestación análogo a la de San Agustín, por el ambiente de discordia y rivalidades que lo acompañó. Tuvo su origen en la R. O. del 6-I-1786, por la que se disponía, como medida general, el establecimiento de un Colegio-Seminario para nobles, en las capitales de provincia, señalando a La Laguna para el de Canarias. La Real Sociedad Económica de Gran Canaria y el cabildo catedral de Las Palmas aprovecharon esta circunstancia para solicitar que en el Seminario Conciliar, erigido en 1777, de acuerdo con lo dispuesto por Fernando VI, se establecieran cátedras de Leyes, Cánones, Medicina y Matemáticas, agregadas a la Universidad de Sevilla, como primer paso para que Las Palmas se convirtiesen en un futuro, en la capital universitaria del archipiélago. Nuevamente en 1790, el Ayuntamiento de Las Palmas presentó la misma petición, aunque ampliándola a los estudios de Cirugía y Náutica, y solicitando que el Seminario diocesano fuese erigido en Universidad. Simultáneamente el cabildo de La Laguna, habiendo conocido los trámites que se hacían desde Canarias, solicitó para La Laguna el privilegio de convertirse en ciudad universitaria, que por antigüedad o tradición creía poseer.

Los informes enviados por el obispo de Canarias, a petición del Gobierno, evidenciaron la necesidad de la creación de la Universidad de Canarias, proponiendo, incluso, los medios para su dotación; pero se abstuvo de hacer indicación alguna sobre la isla o ciudad donde debería erigirse. La circunstancia de ser tinerfeño el ministro de Gracia y Justicia, D. Antonio Porlier, contribuyó, sin dudas, a que Carlos IV expidiese un R. D., con fecha 11-III-1792, estableciendo en La Laguna, capital de Tenerife en aquellos años, la Universidad Literaria de San Fernando. El Breve *Ad futuram rei memoriam*, dado por Pío VI el 25-V-1792, solicitado por el Gobierno español, autorizaba la supresión de dos canonjías de la catedral canaria, destinando sus rentas a sostener, en parte, el nuevo centro universitario. Concedido el «pase regio» al Breve pontificio en 1793, se confirieron a monseñor Tavira y Almazán facultades para redactar los Estatutos y el Plan de Estudios que habían de regir en la Universidad; pero habiendo recibido el obispo la comunicación de traslado a la diócesis de Osma, redujo su actuación a decretar extinguidas las dos canonjías y a donar, por escritura pública, en abril de 1796, un fondo de 147 volúmenes, destinado a la fundación de la biblioteca del centro docente recién creado. Pese al decreto dado por Carlos IV, nuevas gestiones de los Organismos de Gran Canaria, que recurrieron a la influencia de Godoy, retardaron su ejecución, por lo que el rey tuvo que dictar dos nuevas resoluciones, en marzo y abril de 1793, en el mismo sentido de la primera.

La repercusión en España de la Revolución francesa, y los acontecimientos históricos siguientes, paralizaron por completo el establecimiento de la Universidad, cuestión que volvió a plantearse en las Cortes de Cádiz, por medio de los diputados tinerfeños, D. Santiago Key y Muñoz, D. Fernando Llarena y D. Antonio Ruiz y Padrón. El acostumbrado trámite de petición de informes, y las rivalidades sin término, por las que no cesaron de presentarse nuevas instancias y obstáculos, determinaron a Fernando VII a poner el asunto en manos de su confesor D. Cristóbal Bencomo, lo que tuvo como resultado la expedición del R. D. de

18-IX-1816, con el que se ponía fin a la contienda, mediante confirmación del decreto de Carlos IV, de marzo de 1792, el nombramiento de Protector de la Universidad canaria a favor del infante D. Carlos, y de dos comisionados regios para disponer su establecimiento, siendo designados para dichos cargos D. Pedro Bencomo y Rodríguez, canónigo de la catedral de Las Palmas, y D. Alonso de Nava, VI marqués de Villanueva del Prado.

Instalada la Universidad en el edificio que había pertenecido a la Compañía de Jesús, en La Laguna, fue inaugurada oficialmente en enero de 1817; se abrieron Facultades de Teología, Cánones, Leyes y Filosofía, aunque hubo dificultades para establecer esta última, por no encontrarse en las Islas ninguna persona con la titulación necesaria para desempeñar la cátedra. El cabildo de Tenerife unió de nuevo a la Universidad la cátedra de Gramática latina que sostenía desde su fundación en 1532, cediendo el derecho de proveerla mediante concurso oposición. Durante el trienio constitucional el claustro universitario atravesó un período de tensiones, dirigidas, en último término, a dar por terminada la gestión de los comisionados regios. Hecho positivo de estos años fue el traslado de la Universidad al convento de los agustinos recoletos de la misma ciudad, imponiéndose el claustro la obligación de instalar y sostener un colegio de primera enseñanza en el edificio de los jesuitas que quedaba vacío.

La restauración del Régimen absoluto puso, de nuevo, el gobierno de la Universidad en manos de los comisionados regios; pero éstos, a la vista de las irregularidades tanto disciplinarias como administrativas existentes, determinaron ponerlas en conocimiento del infante protector, decretando asimismo con fecha 2-XI-1823 el cierre de la Universidad, hasta que no se recibiera la respuesta de D. Carlos. Ante el prolongado silencio del infante y la publicación del Plan de Estudios y arreglo general de Universidades, de octubre de 1824, los comisionados regios se decidieron a exponer directamente al rey la situación en que se encontraban los estudios superiores en Canarias, y a la que el protector real no había dado solución. Habiendo interesado también en el asunto al obispo electo de Tenerife, monseñor Folgueras y Sión, éste consiguió que D. Carlos respondiera en enero de 1825, comunicando el nombramiento del nuevo obispo como vicerreal patrono, para que en unión de los comisionados regios restablecieran la Universidad; lo que tuvo lugar el 4-XI-1825.

Con motivo de la disposición dictada por la Inspección General de Instrucción Pública, en julio de 1826, se creó en Canarias la junta de purificación de catedráticos y escolares, constituida por el obispo diocesano, el regente de la real jurisdicción y el rector interino o propietario cuando lo hubiere. En la misma orden se daba por terminada la misión de los comisionados regios y se disponía que el gobierno y orden de la Universidad dependiesen del rector y del claustro, así como la provisión de cátedras, sin perjuicio del patronato del infante D. Carlos. No obstante, en atención a la labor que había realizado para el establecimiento y consolidación del centro, el mismo claustro universitario eligió como rector a D. Pedro Bencomo. Transcurridos dos años, la Inspección General de Instrucción Pública ordenó al obispo que realizara una visita de inspección en la Universidad, «por los vicios de administración que padecía, y por el corto número de estudiantes que tenían algunas cátedras...», sobrepasando el resultado del informe de la misma todas las previsiones y temores, ya que fue decretada la supresión de la Universidad por R. O. del 28-XII-1829, incluyendo la cláusula de que se entregaran al obispo las rentas del establecimiento, para erigir con ellas el Seminario de la recién creada diócesis tinerfeña. Supresión confirmada por la R. C.

del 27-VIII-1830, al conocer el Gobierno la decisión del claustro de continuar las clases correspondientes al último curso de cada Facultad.

Posteriormente, a instancias de los Ayuntamientos de las principales ciudades de Tenerife, con fecha 27-I-1834 la reina gobernadora autorizó el restablecimiento de la Universidad de San Fernando, nombrando nuevos comisionados regios al efecto. La apertura tuvo lugar en mayo del mismo año, prolongándose la gestión de los comisionados hasta julio de 1835. La siguiente década conoció el declinar definitivo de la Universidad canaria de San Fernando, que fue extinguida por la R. O. del 17-IX-1845, que redujo a diez el número de las Universidades españolas. José Rodríguez Moure señala como causa principal de la supresión de la de Tenerife el agotamiento económico, producido por el descenso que experimentaron en aquellos años las rentas eclesiásticas, que era la naturaleza de las que atendían, casi en su totalidad, al sostenimiento de la Universidad canaria, hasta el punto de que en 1845 el claustro era insolvente y deudor. La fundación del Instituto de Canarias, dispuesto por el Plan de Estudios de 1845, heredó de la extinguida Universidad, no sólo las vicisitudes sino el edificio, las instalaciones y las escasas rentas, constituyéndose en el primer centro docente del archipiélago, hasta que en 1868 renacieron los deseos de restablecer la Universidad, alcanzándose únicamente la creación de una Escuela Libre de Derecho, inaugurada el 17-I-1869 y clausurada, como todos los centros similares, en junio de 1875.

El resurgimiento de la Universidad. A partir de la visita de Alfonso XIII a Canarias, se renovaron los deseos de restablecer la Universidad de San Fernando, distinguiéndose por su interés en las múltiples gestiones que se realizaron con este fin, el director del Instituto, D. Adolfo Cabrera Pinto. Dichas gestiones tuvieron como primer fruto el R. D. de 11-IV-1913, por el que se creó una Sección Universitaria, aneja al Instituto, aunque limitada al primer curso de la Facultad de Filosofía y Letras y al Preparatorio de Derecho. Con fecha 7-VIII-1913 se publicó una R. O. aclaratoria, disponiendo que cuando hubiera consignación para ello en los presupuestos del Estado, se completarían los estudios de la Licenciatura en Derecho. También se ordenaba que la sección universitaria recién creada se denominase Universidad de San Fernando. Las cátedras fueron desempeñadas, en principio, por profesores del Instituto, siendo elevada una instancia al Ministerio, en octubre de 1913, por varios doctores y licenciados en Derecho, residentes en las Islas, ofreciéndose para desempeñar gratuitamente las materias correspondientes a la Facultad de Derecho, en tanto no hubiese consignación en los Presupuestos del Estado. La solicitud no obtuvo respuesta favorable.

El año 1916 se efectuó el traslado de la Sección universitaria al edificio que cedió el director del Instituto con este fin, al ser ampliados los estudios con los dos primeros años de Derecho. No obstante, el Ministerio de Instrucción Pública denegó la petición que presentó el Cabildo de Tenerife, en el mismo año, de que se completaran los estudios de Derecho, para lo que ofrecía una importante ayuda económica. El Ministerio estimaba que acceder a lo solicitado implicaba la creación de una Universidad más, y optó, como más conveniente, por ampliar los cursos preparatorios de otras Facultades. De esta forma se crearon los de Medicina y Farmacia en 1917, aunque en años sucesivos fueron autorizados los cursos 3.º (1919), 4.º (1920) y 5.º (1921) de la Facultad de Derecho. Completada de esta forma la Sección Universitaria, quedaba por constituirse, con carácter oficial, el cuerpo docente, iniciándose, a partir de 1921, el nombramiento de profesores numerarios, a los que se les dio entrada en el escalafón de catedráticos del reino por R. O. del 24-VIII-1922, aunque al siguiente año, por una nueva R. O. se les obligó a la residencia forzosa de dos años, con el fin de evitar el éxodo que había comenzado, por medio de excedencias y concursos de traslado, extendiéndose, como compensación, en 1926, al sector docente, el disfrute de las gratificaciones que por residencia percibían los restantes funcionarios estatales.

El distrito universitario de Canarias. La necesidad de la creación de un Distrito universitario nació del alejamiento de la capitalidad del Distrito hispalense, y de la significación social y docente que iba adquiriendo el archipiélago canario. La visita del ministro de Gracia y Justicia, D. Galo Ponte Escartín, en febrero de 1927, tuvo su complemento en el R. D. del 21-IX-1925, por el que se creaba la Universidad de La Laguna, constituyéndose así el 12 Distrito universitario español, integrado por las Facultades de Derecho y Ciencias Químicas y el curso Preparatorio de Filosofía y Letras. A partir de la creación del Distrito, la Universidad canaria ha ido creciendo en autonomía, prestigio y actividad investigadora, al par que ha ido ampliando el número de sus Facultades y alumnos. Los datos estadísticos del curso 1974-75 nos presentan una matrícula total de 5.575 alumnos, pertenecientes a las Facultades de Filosofía y Letras, Derecho, Ciencias, Medicina y Farmacia; contando además con escuelas universitarias de Arquitectura, Ingeniería Industrial, Técnica Agrícola, Profesorado de E. G. B. y Ciencias Empresariales, con secciones en Tenerife y Las Palmas de Gran Canaria en las que cursan estudios otros 4.560 alumnos. El afán de superación de las provincias insulares de Canarias tiene un claro exponente en los logros consignados, y siempre abiertos a nuevas metas.

BIBL.: E. DARIAS MONTESINO, *Ojeada histórica sobre la cultura en las Islas Canarias,* Santa Cruz de Tenerife, 1934; D. V. DARIAS PADRÓN, *Breve resumen de la Historia de Canarias,* La Laguna 1934; J. ESCOBEDO GONZÁLEZ ALBERU, *La Universidad de Canarias. Apuntes para su historia desde su primera fundación en 1701 hasta el presente,* Ma. 1928; J. N. LÓPEZ DE VERGARA, *Oración inaugural, que el día 1 de noviembre de 1844 pronunció en la Universidad Literaria de San Fernando de las Canarias,* La Laguna 1845; A. MILLARES TORRES, *Historia General de las Islas Canarias,* La Habana 1945; J. RODRÍGUEZ MOURE, *Historia de las Universidades Canarias,* Tenerife 1933; J. M. SMITH AGREDA, *En torno a la Facultad de Medicina. Lección inaugural del curso 1972-1973,* La Laguna, Tenerife 1972; J. VIERA Y CLAVIJO, *Noticias de la Historia General de las Islas Canarias,* Santa Cruz de Tenerife 1952.

M. F. NÚÑEZ

Lérida. Fue fundada por Jaime II de Aragón, mediante privilegio dado en Zaragoza el 1-IX-1300, después de un período preparatorio que motivó la bula de Bonifacio VIII de 1-IV-1297, concediéndole las gracias y prerrogativas del Estudio de Tolosa. Según los Estatutos, promulgados el 28-IX-1300, los estudiantes de Lérida disfrutarían también de las mismas inmunidades y privilegios de la Universidad de Bolonia: derecho a residir en un barrio propio, *els limits del Studi,* donde ni el veguer podría registrar sus casas, a no ser que el delito fuese criminoso; no tenían obligación de concurrir a las cabalgatas reales y se castigaba a cuantos les provocaban o molestaban; podían elegir como juez al obispo, al veguer o al rector y estaban exentos de impuestos; el rector se elegía entre los estudiantes de Leyes y Cánones, quedando excluidos, incluso de ostentar tal oficio, los naturales de Lérida; el cargo de rector era anual y se turnaba entre catalanes y aragoneses, y con valencianos a partir del siglo XV; los graduados debían examinarse ante el rector, confiriéndoles el título el canciller, oficio de nombramiento real y vitalicio que siempre habría de recaer en un canónigo de la

catedral de Lérida. A finales del siglo XVI el oficio de canciller fue sustituido por el de maestrescuela.

Con el tiempo, los Estatutos fundacionales sufren modificaciones. Marca un hito el privilegio de 17-II-1327 dado por Alfonso IV, rico en detalles para conocer la vida estudiantil. Después vino la reforma de Martín I, de 12-III-1399, y la de D.ª María de Aragón, esposa de Alfonso V, de 25-IX-1432, base para un nuevo intento de reforma en 1447 por parte del obispo García Aznárez de Añón. Fueron también importantes las reformas de los obispos Francisco Virgili, de 20-VII-1575, y la de Miguel Escartín, aprobada por Felipe IV el 12-V-1662.

Desde el principio se organizaron en el Estudio cuatro Facultades: Derecho, Medicina, Filosofía y Artes. En ningún otro lugar del reino podían enseñarse estas disciplinas. La Facultad de Derecho dio carácter a la Universidad de Lérida. Comprendía las dos grandes ramas tradicionales: Derecho Canónico y Civil. Había lecciones de prima (cátedra solemne), de tercia, de sexta y de vísperas. Para ser admitidos al grado de doctor, los licenciados leían tres años seguidos y públicamente en el Estudio mayor. Los bachilleres, en su acceso a la licenciatura, presentaban seis conclusiones, tres de una misma materia y tres de distinta. Si ingresase un escolar extranjero, presentaba un documento probativo de haberse examinado de los cursos anteriores en otros Estudios. La Facultad de Medicina, que se inició con un lector, a partir del privilegio mentado de 1432, tuvo dos maestros con una hora de lectura cada uno. Es muy conocido el privilegio concedido por Juan I, de 3-VI-1391, otorgando a la Facultad de Medicina autorización de practicar la autopsia sobre el cadáver de un ajusticiado.

Al principio no había estudios teológicos en la Universidad. Todavía en 1429 funcionaban unas *Scoles de Taulegia* en la catedral. Coetáneamente se daban lecciones de teología popular, *la lectura de l'alba,* en la iglesia parroquial de San Juan a cargo de un lector. Los dominicos tenían un colegio de Teología vinculado en su origen con San Vicente Ferrer. La enseñanza de la Teología en la Universidad parte del privilegio de Pedro IV, de 8-IV-1382, a petición del abad del monasterio de Poblet. Pero los papas del cisma no la autorizaron, cuando Benedicto XIII, por razones políticas, la otorgó a Salamanca. No fue posible establecerla hasta 1430. En la reforma de 1447 constan dos maestros de Teología, uno de ellos debía enseñar Sagrada Escritura. La cátedra de Teología fue mejorada por el obispo Jaime Conchillos, dotándola de un capital de 1.000 ducados de oro, y renta de 150 libras anuales. Hubo una patente rivalidad entre dominicos y franciscanos para hacerse con esta Facultad y, contra lo que se ha venido diciendo, fueron estos últimos quienes acabaron ejerciendo en sus aulas una hegemonía eficiente, como ha probado el padre Sanahuja. La Facultad de Artes en 1432 tenía tres cátedras: Gramática, Lógica y Filosofía natural.

Al calor del Estudio General surgieron algunos colegios: el de la Asunta, fundado por Domingo Pons, arcediano de Barcelona, según escritura dada en Aviñón el 7-IX-1376, para estudiantes clérigos; el de la Concepción, que con el mismo carácter formativo instituyó el obispo Miguel Despuig (1556-1559); los colegios de San Bernardo (para monjes del Císter); de la Cartoixa (cartujos); de benitos claustrales; y el de la Compañía de Jesús. Los jesuitas desde 1605 tuvieron a su cargo la enseñanza de Humanidades y Gramática, desterrando el Terencio e introduciendo a Cicerón. En 1623 sostenían un enojoso pleito con el municipio por causa de la enseñanza de la Gramática.

El pago de los salarios y el sostenimiento de las escuelas corría a cargo de la ciudad. También contribuía la Iglesia, pues el obispo Pedro de Rey, el 8-VIII-1301, estableció a favor del Estudio un impuesto sobre los beneficios de la diócesis. En los estatutos antiguos aparece el bancaje o cuota por el uso de los bancos en clase, y la colecta, honorarios que cobraban los profesores a sus alumnos. Otro impuesto fue *la liura del Studi*, aparecido en 1319 y consistía en percibir un sueldo por cada 28 del vino que entraba en Lérida. Clemente VII (1378-1394) concedió a la Universidad los legados inciertos del obispado, y la pahería o gobierno municipal estableció otro impuesto de un dinero sobre la libra de carne. Con estos ingresos y otros procedentes de diversos legados, las rentas del Estudio a finales del siglo XVII sumaban un total de 1.879 libras más 600 escudos.

También competía a la pahería la provisión de cátedras y su dotación. Los paheres contrataban anualmente los maestros que habían de leer desde la fiesta de San Lucas (18 de octubre) hasta la San Juan (24 de junio). La elección y contrata de catedráticos en 1447 hacíanla una junta de nueve personas en nombre del obispo, de la pahería y del Estudio. Los lectores de prima (hora doctoral) percibían 150 florines oro; los de tercia, 80, y los de sexta, 60. Los maestros de Teología cobraban: 80 florines el de prima, y 50 el de vísperas, mientras que los de Medicina recibían 80 florines, y el de Gramática, 150. A partir de la reforma de 1575 la provisión de catedráticos será por oposición y las cátedras de Teología, Leyes y Medicina se otorgarán a perpetuidad.

La reforma del ob. Antonio Agustín, 1575, señala en las aulas de Lérida una marcada influencia de la Universidad de Salamanca, como antes la ejercieron Bolonia, Montpellier y París con respecto a los estudios de Derecho, Medicina y Teología. En el Estudio ilerdense destacaron figuras señeras, como Alfonso de Borja (Calixto III), que en 1423 era vicecanciller de la Universidad; Manuel de Montsuar, deán y canciller (1451-1491); el cardenal Remolins, de una familia de profesores insignes, entre ellos Gisperto de Remolins (1468-1500). La época del Renacimiento marca la decadencia del Estudio de Lérida con la aparición de otros centros universitarios en Perpiñán, Huesca, Barcelona, Zaragoza y Valencia. Sin embargo, el episcopado de Antonio Agustín abre un brillante período, que no cesará hasta las guerras del reinado de Felipe IV, con personalidades como Onofre Cerveró, Jerónimo Pujadas, Francisco Molí, Miguel Ferrer. Miguel de Cortiada y Juan Bautista Canet.

Luego vinieron los años de postración. Fueron en vano los esfuerzos renovadores de los obispos Miguel Escartín (1640-1648) y de Jerónimo de Molina (1682-1698). Entonces no era sino una Universidad poco más que municipal, pues hasta habían nacido Estudios en Solsona, Seo de Urgel, Vich, Gerona y Tortosa. El sitio de 1707 fue mortal para las antiguas escuelas, que se vieron convertidas en cuarteles y almacenes.

Felipe V quiso reunir en Cervera todas las Universidades de Cataluña. La de Lérida cesó con el decreto de 11 de mayo y la real cédula de 9-X-1717. Al decir de Gaya Massot fue un símbolo que el último rector, doctor José Voltas, se ausentase de Lérida con las mazas y demás insignias perseguido por el comisario regio D. Francisco de Haro y Agüero.

BIBL.: *Libre de les Ordinacions Antigues del Studi General de Leyda*, archivo capitular de Lérida, caj. 151 (carpeta doc. Univ. Lérida y Cervera); *Reformatio Studii Generalis Ilerdensis facta per Revdum. dominum Garciam Aznares, Episcopum Ilerdensis*, ibid., leg. 7152; R. GRAS, *La Pahería de Lérida*, Lé. 1911, 122-47; J. B. ALTISENT, *Alfonso de Borja en Lérida*, Lé. 1924; E. SERRA RÁFOLS, *Una Universidad medieval. El Estudio General de Lérida*, Ma. 1931; R. GAYA MASSOT, *Apostillas monográficas al Colegio de Domingo Pons:* R120, 4(1945)7-17; ID., *Comentarios al período preparatorio de la fundación del Estudio General de Lérida:* R120, 12(1949)59-72; ID., *Los valencianos en el Estudio General de Lérida:* R7, 3(1950)5-58; ID., *Cancilleres y Rectores del Estudio General de Lérida*, Lé. 1951; ID., *Las rentas del Estudio General de Lérida:* R5, 25(1954)293-338; ID., *Los jesuitas en la Universidad de Lérida*, Lé. 1954; ID., *Provisión de cátedras en el Estudio General de Lérida:* R5, 30(1958)233; ID., *Influencia de la Universidad de Salamanca en la de Lérida:* R5, 31(1959) 101-24; J. RIUS, *L'Estudi General de Lleida en 1396:* R113, 18(1933)160-74, 20(1935)118-41; P. SANAHUJA, *La Universidad de Lérida y los Franciscanos:* R29, (1947)167-242; J. LLADONOSA, *La zona universitaria de Lérida:* Misc. Estudio General de Lérida, II, 11-68; ES 47, 245-54; *Viage* 16, 26-49; H. DENIFLE, *Die Entstehung der Universitaeten des Mittelalters bis 1400*, Be. 1885; A. RUBIÓ, *Documents per l'Història de la Cultura Catalana Mig-Eval*, II, Ba. 1921, LIX-LXIX y otras.   J. LLADONOSA

Lucena (Córdoba). Poco sabemos de esta Universidad, de la que solamente podemos decir que existía en esta población desde 1533.

BIBL.: V. DE LA FUENTE, *o.c.*, II, Ma. 1885, 162.   IEF

Luchente (Valencia). Más que de Universidad, se trataba también aquí de un centro de Estudios superiores para la Orden de los dominicos, para cuyo convento de la ciudad consiguió bulas de concesión de grados del papa Sixto IV, en 1423, el hijo del fundador del referido convento, Nicolás de Próxita. Siempre quedó reducida a los frailes de la Orden, sin interés en otro sentido.

BIBL.: V. DE LA FUENTE, *o.c.*, II, Ma. 1885, 162.   IEF

Mallorca, Real y Pontificia Universidad Luliana de. Según tradición conservada por los historiadores baleares, después que Raimundo Lulio hubo fundado el colegio de lenguas orientales en Miramar y el de Randa, hacia el año 1280 estableció en la ciudad de Mallorca una escuela de su doctrina en un pequeño edificio adyacente a la capilla de Nuestra Señora de Montesión, en donde antes hubo una sinagoga. Esta escuela se vio incrementada por la fundación de dos cátedras. Una, debida a una dama catalana, D.ª Beatriz de Pinós, en 1478, y la otra fundada por D.ª Inés Pax de Quint, en 1481. Antes de estas fechas había venido a Mallorca el ya renombrado lulista Pedro Juan Llobet, quien explicó primero en Randa y después en la capital (1453-1460); años más tarde vino otro catalán, Pedro Daguí, también lulista, quien enseñó también en Randa y en la ciudad (1481-1500); se puede decir que Daguí fue el fundador del Estudio General, concedido por Fernando el Católico en 30-VIII-1483; por él se concedió facultad al reino para erigir y fundar Universidad y Estudio General de todas las Artes y Ciencias. Pero tal designio no pudo verse logrado hasta pasados más de dos siglos, por dos causas: una, por la oposición de las Ordenes religiosas, principalmente de los dominicos, y la otra, por la escasez de recursos para su sostenimiento. Esta síntesis histórica puede dividirse en dos períodos: el primero, corresponde al Estudio General, 1483-1692, y el segundo, a la Universidad propiamente dicha, 1693-1829.

Fundado el Estudio en el edículo de Montesión, se hubo de trasladar en el año 1561, año en que vinieron a Mallorca los jesuitas y los jurados les cedieron la casa y oratorio de Montesión para fundar un colegio. El Estudio se trasladó a una casa del barrio de la Almudayna, en donde permaneció hasta el año 1770, año en que volvió a Montesión, que les cedió Carlos III; permaneció en este edificio hasta el año 1816.

Durante este primer período, a las dos cátedras originarias se añadieron paulatinamente otras; en 1534 y 1568, se fundaron dos de Filosofía luliana; en 1575, una de Teología escolástica y la de Sagrada Escritura, que no llegó a funcionar por falta de alumnos; las de Cirugía, Anatomía, Patología y Fisiología; en 1620 y 1626, una de Teología tomista, una de Cánones y otra de Leyes. Durante este primer período los estudiantes mallorquines habían de pasar a la Península para graduarse en alguna Universidad cercana, como la de Lérida, Valencia o Gandía; los jurados no cesaban de gestionar la consecución del refrendo pontificio para tener facultad de graduar, lo que consiguieron por bula de Clemente X (17-IV-1673). Veinte años después se consiguió por completo el funcionamiento como Universidad pontificia por medio de dos personajes, el arzobispo-obispo Alagón y D. Miguel Juan Descallar, quien hizo un viaje a Madrid para conseguirla.

El Sr. Alagón mandó la publicación de las Constituciones, que habían de ser iguales a las de la Universidad de Lérida y fueron impresas por Guasp en 1697. Acerca de ellas, ya entonces, se hizo el siguiente comentario: «que puesto que cada provincia tiene particular genio y sentir, se tomaron providencias a semejanza de la de Lérida, y porque entre mallorquines y catalanes, mayormente con los de Barcelona hay cierta fraternidad y conformación de genios». Entonces se pudieron organizar los cuatro claustros: Teología, Cánones y Leyes, Medicina y Filosofía. En total hubo 30 cátedras, distribuidas en la siguiente forma: de Teología y Filosofía lulianas, cuatro de cada una; de Teología y Filosofía escotista, dos de cada una; de Teología y Filosofía tomista, dos de cada una; una de Teología Moral, una de Instituta, dos de Cánones, dos de Leyes, seis de Medicina, una de Retórica y una de Gramática. En cada una de estas Facultades había agregados y auxiliares. El jefe nato de la Universidad era su cancilller, que había de ser siempre el prelado de la diócesis; el más distinguido de todos fue el predicho Sr. Alagón. El rector era de nombramiento de los jurados; había de ser mayor de treinta años, dignidad de la catedral y doctor en alguna Facultad. Fueron rectores notables D. Ramón Sureda, D. Agustín Antich de Llorach, D. Francisco Ferrer de Sant Jordi y D. Antonio Nicolás Lobo. Otros cargos había, como en las demás Universidades. Se conferían tres grados: bachiller, licenciado y doctor en cada Facultad; la más concurrida fue la de Filosofía, seguía la de Teología; menos concurridas eran las de Cánones y Leyes y la de Medicina. Se daba la circunstancia de que antes de verificar los ejercicios de grado, el escolar era examinado privadamente por dos catedráticos y dos colegiales; se hacía así para evitar la humillación del estudiante si no era aprobado. La Universidad de Mallorca nunca tuvo abundancia de medios y esto causó el retraso de su implantación; las primeras subvenciones las recibió de particulares, que fueron la de Pinós y la de Pax; a éstas hay que añadir la del rico mercader G. Riera, el cual en su testamento decía: «por quanto en este Reyno falta universidad y cátedras de Teología y los estudiantes habían de pasar los peligros del mar y con mucha costa, fundaba una cátedra de Artes y de Filosofía y otra de Teología». De las treinta cátedras que hubo, diez carecían de dotación, siete eran costeadas por particulares y trece por la ciudad; las dotaciones de las cátedras de particulares eran de 40 a 80 libras; no tanto las sostenidas por la ciudad que eran de 10 a 13 libras anuales; hay que añadir a estos emolumentos lo que percibían por derechos de matrícula, examen y de colación de grados. Cada año, el 25 de enero se celebraba la fiesta de la conversión del beato Raimundo Lulio, su patrono; al día siguiente se celebraba una misa en sufragio de los fallecidos. Fueron catedráticos esclarecidos los jesuitas padres Custurer, Juan Antonio Ferrando, Antonio Raymundo Pasqual, fray Junípero Serra, observante, D. Buenaventura Serra, D. Bernardo Nadal, luego obispo, y otros.

BIBL.: J. Lladó y Ferragut, *El Archivo de la Real y Pontificia Universidad Literaria y Estudio General Luliano de Mallorca*, Palm. 1946 (este archivo se conserva en el Instituto de Enseñanza Media de Palma); A. R. Pasqual, *Descubrimiento de la aguja náutica... con un apéndice de la enseñanza pública... en Mallorca*, Ma. 1789, 151-204 y 244-284; J. Dameto, V. Mut y G. Alemany, *Historia General... de Mallorca*, II, Palm. 1840, 1059-1062, y III, Palm. 1841, 448-457. P. Piferrer y J. M. Quadrado, *España, sus monumentos...*, 2ª ed., Ba. 1888, 308-309; R. Ballester Castell, *Bosquejo histórico sobre el desarrollo de la instrucción pública en Mallorca*, Palm. 1904; J. Pomar y Fuster, *Ensayo histórico sobre el desarrollo de la instrucción pública en Mallorca*, Palm. 1904; P. Blanco Trías, *Historia del Colegio de Montesión*, Palm. 1948, 21-25.   J. Lladó

Monforte de Lemos (Lugo). En 1595, el cardenal Rodrigo de Castro establecía en esta ciudad, bajo el patronato del duque de Alba, un colegio de estudios, que queda incorporado a la Universidad de Santiago. Contaba con algunas cátedras, dadas por oposición, de Ciencias y de Filosofía, con lo que, aunque a veces se arrogara el título de Universidad, casi ni se la puede contar entre ellas, por no haber dejado de ser un mero colegio.

BIBL.: A. Cotarelo, *El cardenal don Rodrigo de Castro y su fundación de Monforte de Lemos*, Ma. 1945.   IEF

Murcia. Tras la reconquista del reino de Murcia procuró Alfonso X mantener el alto grado cultural que existía en la capital. Reconociendo la valía de Muhammad ibn Ahmed ibn Albubequer al-Ricotí, creó una madraza para que enseñara a moros, judíos y cristianos Gramática, Lógica, Aritmética, Música y Medicina. Este Estudio murciano, levantado sobre la base de la tradicional cultura árabe, receptáculo de otras culturas, se completaría con la aportación cristiana. Junto al sabio musulmán intervendría fray Pedro Gallego, primer obispo de Cartagena, que tradujo del árabe al latín el *Liber de animalibus*, *De regitiva domus*, *Summa Astronomica*, y participaría también en la redacción de las Partidas. Igualmente hay que destacar a la Orden de predicadores; en el capítulo de la Orden celebrado en Toledo en 1250 se acordó, a solicitud de San Raimundo de Peñafort, enviar ocho frailes catalanes a la Escuela de Artes y Teología que la Orden tenía en Murcia; uno de ellos fue el padre Ramón Martí, quien publicaría sus *Vocabulista in arabico*, *Pugio Fidei* y *Capistrum Judaeorum*, redactados, en parte o aprovechando materiales recogidos en Murcia en el Estudio de su Orden, en abierto contacto con el saber oriental. La posterior castellanización del reino murciano, su forzado aislamiento y la poca población que sostuvo en los siglos medievales, producirían la decadencia de la Escuela de los dominicos. Esta, más las enseñanzas de Teología en el convento de la Orden de San Francisco, tanto a seglares como a religiosos, y dos maestros de Gramática que sostenía el municipio, serían las fuentes fundamentales de la cultura murciana en la Edad Media.

En el siglo XVI el arzobispo D. Rodrigo de Loazes creaba un colegio en el convento que la Orden de predicadores tenía en Orihuela, todavía dentro de la diócesis de Cartagena. Julio III, en su bula de erección (26-IX-1552), concedía el derecho de expedir grados de bachiller, licenciado y doctor en Artes y Teología. Pío V, el 4-VIII-1569, lo elevó a Universidad para clérigos y seglares, que confirmó Clemente VIII el 20-III-1592. El municipio dotó cátedras de Derecho civil y canónico, Medicina y Artes, con efectos oficiales desde 1634. Felipe IV, el 30-XI-1646, la declaró Universidad regia y aprobada sus estatutos el 6-III-1655. Universidad que tendría vida oficial con el nombre de Nuestra Señora del Socorro hasta 1807. Restablecida en 1815 sin las Facultades de Medicina y Leyes, fue suprimida definitivamente en 1824. El 19-VIII-1592 creaba el obispo D. Sancho Dávila el Colegio-seminario de San Fulgencio en Murcia, aprobado por Paulo V el 7-I-1614, con estudios de Gramática, Retórica, Teología y Moral. El obispo Belluga añadió cátedras de Derecho civil y canónico, que tendrían efectividad en 1745, y fundaría el Colegio de San Leandro para infantes de coro y el Seminario de teólogos de San Isidoro, aprobado por Clemente XII el 24-I-1733. Logró el obispo Rubín de Celis la aprobación del Consejo de Castilla el 19-VIII-1777, merced a la influencia del conde de Floridablanca, que había sido profesor en sus aulas. La real cédula de 22-VII-1783 otorgaba el privilegio de poder conceder colación de grados menores en las Facultades de Artes, Teología, Leyes y Cánones, con incorporación a las Universidades de Orihuela o Granada. En 1806 se suprimieron las cátedras de Leyes y Cánones. En 1593, el doctor Juan de Cifuentes instituía, por su testamento, el que habría de ser colegio de Nuestra Señora de la Anunciata, encomendando su dirección a la Compañía de Jesús. Colegio-seminario en que se formaron eclesiásticos y seglares y altamente elogiado por el padre Bartolomé Alcázar, formado en sus aulas. El 30-X-1753 Fernando VI hizo colegio real este seminario, cuya vida fecunda acabaría poco después con la expulsión de los jesuitas. Por otra parte, los estudios propios del convento de San Francisco se incrementaron con la fundación instituida por testamento de D. Francisco Ruiz de Alarcón el 22-X-1619. Hasta 1710 no se celebró la inauguración del Colegio de la Purísima con cátedras de Teología, Filosofía y Humanidades; desarrollando sus actividades en el período 1710-1835.

La enseñanza pasó entonces a los Institutos de Segunda enseñanza, y Murcia lo tuvo ya en 1837. En 1840 la junta de gobierno de la provincia decidió la creación de una Universidad libre, asignándole los bienes del suprimido Instituto. El Boletín Oficial de 10-X-1840 publicaba su plantilla, que constaba de tres años de Filosofía y Ciencias auxiliares, cuatro de Leyes y cinco de Medicina. Fue suprimida por decreto de 15-V-1841. Con la revolución de 1868 se renovaron los intentos. El decreto de 14-I-1869, del Ministerio de Fomento, autorizaba la creación de la Universidad, que fue inaugurada por el propio ministro en 14-XI-1869. Desapareció a los cuatro años, falta de apoyo estatal y ayuda económica. Definitivamente y por Real Orden de 23-III-1915 se creaba la Universidad oficial, con carácter autónomo en su aspecto económico; los profesores interinos eran sustituidos por catedráticos por oposición en el curso 1919-20. La Real Orden de 5-VII-1920 suprimía su autonomía, sujetándola al régimen general de las demás Universidades. En 1926 su rector, D. José Loustau, creaba el colegio mayor Cardenal Belluga, primero que se inauguraba en España, con lectores extranjeros de alemán, inglés y francés. Auge ininterrumpido de su Facultad de Derecho y preparatorios de Filosofía y Letras, Ciencias y Medicina, hasta que el real decreto de 4-II-1929 ordenaba su supresión, que no tendría efecto por la caída de la Dictadura. En 18-X-1935 se trasladaba a su actual y espléndido edificio. En el curso 1940-41 se crearon las secciones de Química y de Filosofía, en las Facultades de Ciencias, Filosofía y Letras, reconocidas en el decreto de 7-VII-1944. Se instauró después la sección de Filología clásica, que sería sustituida por la de Filología románica y, en 1954, se sustituyó también la de Filosofía por la sección de Historia. En 1942-43 se fundaron los Institutos de Investigaciones Biológicas y de Entomología. Actualmente, la Universidad consta de las Facultades de Derecho, Ciencias (sección de Química) y Filosofía y Letras (secciones de Filología románica e Historia); mantiene 12 seminarios con bibliotecas especializadas; cátedra «Saavedra Fajardo» de estudios murcianos; curso para extranjeros en el mes de abril, inaugurados en 1954, y amplios y adecuados edificios para sus tres Facultades y colegio mayor Cardenal Belluga, en su recinto universitario, así como los de Ruiz de Alda, del SEU, y femenino, Sagrado Corazón, de hermanas carmelitas.

BIBL.: J. TORRES FONTES, El obispado de Cartagena en el siglo XIII: R116, 13(1953)339-401 y 515-580; J. GARCÍA SORIANO, El Colegio de Predicadores y la Universidad de Orihuela, Mu. 1918; F. JIMÉNEZ DE GREGORIO, El Colegio-Seminario de S. Fulgencio: R12, (1949-50)139-218; J. LOUSTAU, La Universidad de Murcia y el organismo social universitario: R12, (1922).   J. TORRES FONTES

Navarra. En el año 1952 fundó el Opus Dei, en la ciudad de Pamplona, un Centro de estudios universitarios denominado Estudio General de Navarra. Iniciado por el primer curso de la Facultad de Derecho, fue desarrollando progresivamente las enseñanzas de Medicina, con una escuela aneja de enfermeras, en 1954, de Filosofía y Letras, que se inició con la sección de Historia en 1955, Periodismo (1958), Ciencias (1959) e Ingeniería Industrial — con sede en la ciudad de San Sebastián — (1960). Además de estos estudios civiles, fue erigida, en 1959, una Facultad de Derecho Canónico, que tenía como nota característica la de crearse en estrecha relación con la Facultad Civil de Derecho; esta circunstancia ha permitido orientar también las enseñanzas hacia los futuros abogados civiles, que obtienen así, si lo desean, un especial conocimiento del Derecho de la Iglesia dentro de su formación jurídica. En 1958 se incorporaba a la Universidad el Instituto de Estudios Superiores de la Empresa, que funcionaba ya con anterioridad en Barcelona y que continuó radicado en esta ciudad.

A partir de esta fecha y dado el notable incremento del alumnado procedente de otros países, interesados, en muchos casos, por estudios y títulos académicos que desbordan los tradicionalmente impartidos en las Universidades españolas, van creándose en Pamplona Institutos y Escuelas orientados a una amplísima gama de enseñanzas que atraen, también desde el primer momento, a un alto número de estudiantes españoles. Así, se establece en 1960 el Instituto de Artes Liberales; en 1961, el de Idiomas Modernos; en 1963, el de Ciencias Sociales y el de Secretariado y Administración, así como los cursos de Etnología y Lengua vasca. En 1965 se crea el Instituto de Ciencias de la Educación; en 1966, el Instituto de Lengua y Cultura españolas para extranjeros. En 1964, quedó incorporado a la Universidad de Navarra un Instituto Internacional de Pedagogía, con sede en Roma y Castelgandolfo.

Al mismo tiempo, continuó su ritmo el desarrollo de las enseñanzas iniciadas en la Universidad desde sus comienzos. Así, la Facultad de Filosofía y Letras fue ampliada con una nueva sección, la de Filosofía, en 1964, y con la sección de Filología románica en 1965; la Facultad de Ciencias contó, desde 1964, con la sección de Biológicas y, desde 1965 con la de Física; ésta con sede en San Sebastián. En 1964 se crean, asimismo, la Escuela Técnica Superior de Arquitectura y la Facultad de Farmacia, y en 1967 el Instituto Teológico.

El Estudio General de Navarra, mientras así se desarrollaba, fue erigido, agosto de 1960, por la Santa Sede, mediante el decreto Erudiendae, en Universidad Católica, con lo cual se convirtió en la primera Universidad no estatal de España. En aplicación del concordato vigente, y ante el hecho concreto de la nueva Universidad, el Estado español estipuló con la Santa Sede el convenio de 5-IV-1962, sobre las condiciones referentes a la validez de los estudios cursados en Universidades de la Iglesia. Y los decretos de 8 de septiembre del mismo año reconocían, en aplicación del convenio, la validez a efectos civiles de los estudios de las Facultades de Derecho, Medicina, Filosofía y Letras, Periodismo e Ingeniería y de la Escuela de Enfermeras — así como, posteriormente, de Arquitectura y Farmacia, al crearse estas enseñanzas — de la Universidad de Navarra. En febrero de 1964, continuando la ampliación de la Universidad, la Santa Sede erigió en ella 27 nuevas Facultades, Secciones e Institutos, de los que ya ha quedado indicado cuáles han ido progresivamente comenzando sus tareas docentes.

La Universidad posee un ambiente auténticamente secular y universitario, tanto por el carácter civil de casi la totalidad de sus enseñanzas como por su cuerpo docente, formado en su inmensa mayoría por profesores laicos. Entre el alumnado figura un crecido número de estudiantes procedentes de Latino-América y de los países africanos y asiáticos, a los que la Universidad presta una atención especial.

La Universidad de Navarra se rige por los planes de estudios vigentes en España, pero procura incorporar las mejores tradiciones pedagógicas de otros países. Así, el sistema tutorial encuentra gran aplicación. Además de las materias obligatorias del «Curriculum», se establecen cursos de libre elección y son frecuentes durante el año académico las conferencias, los seminarios y las reuniones de estudio y discusión. Dada su proyección hacia los ambientes internacionales, la Universidad procura especialmente mantener continuos intercambios y relaciones científicas con las Universidades españolas y extranjeras. A la tarea de formación contribuyen los colegios mayores y las residencias de estudiantes. Aunque tanto los profesores como los alumnos son católicos en su mayoría, no se hace discriminación por este motivo.

Bajo la alta dirección del gran canciller, excelentísimo y reverendísimo Sr. D. José María Escrivá de Balaguer, fundador y presidente general del Opus Dei, dirige la Universidad la junta de gobierno, constituida por el rector magnífico, tres vicerrectores, el director de estudios, el secretario general, el administrador general, el interventor general y los decanos y directores de las diversas Facultades y Escuelas. Primer rector del Estudio General de Navarra lo fue, desde su fundación, el profesor D. Ismael Sánchez Bella, hasta el 2-II-1960, fecha en que fue nombrado, para sucederle en el rectorado, el profesor José María Albareda, secretario general desde su fundación del Consejo Superior de Investigaciones Científicas y académico pontificio. El profesor Albareda falleció el 28-III-1966, y el 17-VI-1966 fue nombrado rector el profesor Francisco Ponz Piedrafita, que forma parte de la Conferencia Permanente de Rectores y Vicecancilleres de las Universidades europeas. A su vez, cada una de las Facultades está gobernada por una junta nombrada por el decano, el vicedecano, el secretario y los profesores ordinarios. En estas juntas toman parte representantes de los alumnos.

La Universidad publica en la actualidad las revistas *Ius Canonicum, Revista de Medicina, Nuestro Tiempo, Anuario Filosófico y Scripta Theologica*, y varias colecciones de libros: la colección jurídica, la canónica, la de historia medieval, la de historia moderna, la filosófica y los cuadernos de periodismo. Cuenta con tres bibliotecas: biblioteca de humanidades, de ciencias geográficas y sociales y biblioteca de ciencias. El fondo bibliográfico, en continuo incremento, alcanza actualmente la cifra aproximada de 300.000 volúmenes.

La Universidad organiza cursos internacionales de verano de lengua y cultura españolas, de periodismo, de cuestiones de actualidad y de otras diversas especialidades científicas, clínicas y técnicas. Mantiene un programa de becas particularmente dirigido a los extranjeros y concede de un 30 a un 40 por 100 de matrículas gratuitas; los alumnos españoles se benefician también del régimen estatal de Protección Escolar. Su base financiera procede principalmente de la Asociación Civil «Amigos de la Universidad de Navarra», cuyos presidentes lo han sido, sucesivamente, el profesor de la Universidad de Madrid, especialista de fama mundial en patología médica, doctor D. Carlos Jiménez Díaz, y el también profesor de la misma Universidad y presidente del Tribunal Supremo de Justicia, doctor D. José Castán Tobeñas; se cuenta, asimismo, con el apoyo de las Diputaciones provinciales de Navarra y Guipúzcoa y de los municipios de Pamplona y San Sebastián.

Desde 1960 se trabaja activamente en el «campus» universitario, donde — además de varios colegios mayores — se alzan la biblioteca de humanidades y el edificio central, en el que se alojan las diversas Facultades, excepto las de Medicina, Farmacia y Ciencias, que ocupan edificios expresamente construidos en el recinto del hospital civil. El «campus» está situado en una zona particularmente apta para este fin, junto a la ciudad de Pamplona, y en él se continuará en los años próximos la sucesiva construcción de los edificios que el progresivo desarrollo de la Universidad requiera.

A. DE LA HERA

Oñate (Guipúzcoa). De las Universidades menores es esta de Oñate la que tiene más años de duración y una de la de más variada historia contemporánea. La funda, primero, como colegio de Sancti Spiritus, don Rodrigo de Mercado y Zuazola, obispo de Avila y Mallorca, virrey de Navarra, arzob. de Santiago de Cuba, natural de la villa de Oñate, en el año 1542. Dos años antes había obtenido para tal fin una bula de Paulo III, y sus testamentarios le dan Constituciones en 1551, por las que se establecían en este Centro las cátedras de Filosofía, Teología, Leyes y Cánones. Muy pronto, sin embargo, la escasez de sus rentas hizo que se mermara su prestigio, decayendo de tal manera, que en el siglo XVII hubo épocas en que solo contaba el Colegio-Universidad con dos o tres colegiales mal retribuidos. Su vida lánguida se estira durante el siglo siguiente con solo cuatro cátedras: dos de Cánones y dos de Leyes.

Con el siglo XIX comienza una vida azarosa de supresiones y de aperturas. Es suprimida en 1807 por decreto de Carlos IV, se restablece en 1814, vuelve a suprimirse en 1822, volviendo al año siguiente a abrir sus puertas. En 1840 es trasladada a Vitoria, «con motivo de la resistencia de las provincias a fijar la consignación de sus repartos». Nueva clausura en 1842, tiene otra vez nueva vida durante el período carlista, 1869-1873 en que, por concesión de Pío IX, se titula Real y Pontificia Universidad; el rey Carlos VII asistió personalmente a su inauguración. Pero al terminar la contienda se cierra de nuevo para ser abierta después, aunque solamente como Universidad municipal, de 1896 a 1902. El edificio se convirtió en cuartel hasta 1884; luego fue seminario de los Canónigos Regulares de Letrán (lateranenses); actualmente es Instituto de Enseñanza Media.

BIBL.: D3, 39, 1338-39; J. LIZARRALDE, *Historia de la Universidad de Sancti-Spiritus de Oñate*, Tolosa 1930; J. IBARRA MURILLO, *Historia del monasterio y de la Universidad literaria de Oñate*, Pam. 1939. IEF

Orihuela (Alicante). Famosa fue, asimismo, esta Universidad que se identifica con el colegio de dominicos de dicha ciudad. Aún en los tiempos de decadencia de las menores, siglo XVIII, mantuvo su renombre. En principio, el arzobispo de Valencia y patriarca de Antioquía, D. Fernando de Loazes, había establecido en Orihuela un colegio de dominicos (1552-55), que él erige luego en Universidad con los mismo privilegios que Salamanca, Valladolid y Lérida. Fue llamado Colegio Patriarcal de Predicadores con los títulos de ilustre, real y pontificio, con facultad para conferir los grados mayores en Humanidades, Artes y Teología por concesión de san Pío V en julio de 1568.

En 1646 la Corona concede al Ayuntamiento de la ciudad que costee las cátedras de Medicina, de Leyes y de Cánones, y al cabildo para que haga lo mismo con las de Sagrada Escritura y Concilio. Con ello aumenta el prestigio del centro, en modo que a principios del siglo XVIII contaba con 24 cátedras y con cerca de 500 alumnos. Como otras menores, fue suprimida, sin embargo, en 1807, restablecida en 1814, desapareciendo, al fin, en 1824. El edificio, que conserva sus tres magníficos claustros, es actualmente colegio de Enseñanza Media, de los padres jesuitas.

BIBL.: J. GARCÍA SORIANO, *El Colegio de Predicadores de Orihuela y de su insigne Universidad*, Orihuela 1918; J. LÓPEZ MAYMÓN, *Biografía de D. Fernando de Loaces*, Mu. 1922; A. GISBERT COLOMBO, *Historia de Orihuela*, 3 vols., Orihuela 1901-1903.   IEF

Osuna (Sevilla). Funda esta Universidad D. Juan Téllez de Girón, cuarto conde de Ureña y señor de Osuna, bajo la advocación de la Purísima Concepción, en memoria de su madre, la condesa. En la escritura de fundación, de 1548, se dice: «Y por cuanto por ser nueva Universidad, conviene ordenar que haya en ella desde luego copia de estudiantes..., digo que el Colegio será bien que dé ración a treinta y seis estudiantes que sean pobres, mancebos de habilidad, los doce gramáticos y los doce artistas y los doce teólogos...» Tanto Carlos I como el papa Paulo III aprueban la fundación, siendo redactadas sus constituciones en 1549, por las que quedaban establecidas 14 cátedras: de Latinidad, Clínica, Lógica, Matemáticas, Física, Lugares teológicos y Sagrada Escritura.

Fue famosa esta Universidad en la época del segundo renacimiento, ya que los más famosos poetas de la escuela sevillana pasaron por sus aulas. Quedó cerrada en 1807. Se abre de nuevo en 1814, dejando de funcionar definitivamente en 1820. Se conserva el edificio, con hermoso patio, dedicado a Instituto de Enseñanza Media.

BIBL.: D3, 40, 984; M. MERRY Y COLÓN, *Del origen, fundación, privilegios y excelencia de la Universidad de Osuna*, Ma. 1868; V. BELTRÁN DE HEREDIA, *La Facultad de Teología en la Universidad de Osuna*: R73, 49(1934) 145-173; F. RODRÍGUEZ MARÍN, *Cervantes y la Universidad de Osuna*, 2 vols., Ma. 1899; H. SANCHO DE SOPRANIS, *D. Juan Tellez-Girón y su Universidad de la Concepción de Osuna*: R116, 28(1954)382; M. S. RUBIO SÁNCHEZ, *El Colegio-Universidad de Osuna (Sevilla) 1548-1824*, s. l. n. a. resumen de tesis doctoral, presentada en la Fac. de Filosofía y Letras de la Universidad de Sevilla, año 1971).   IEF

Oviedo. Incendiada en la revolución de octubre de 1934, desapareció su archivo, siendo muy escasas las fuentes de que hoy disponemos para conocer su historia.

Los letrados ovetenses anteriores a su fundación se formaron en la escuela catedralicia, y en las de los monasterios de San Vicente, San Francisco y Santo Domingo, aparte de los que estudiaban en los siguientes colegios establecidos en Salamanca: el de *Pan y Carbón* (de fines del siglo XIV); otro establecido a fines del siglo XV por un abad de Tuñón; el denominado de San Salvador de Oviedo, y el de San Pelayo.

Fundada la Universidad de Oviedo por el codicilo otorgado en el año 1566 por el arzobispo de Sevilla D. Fernando de Valdés Salas, fue autorizada su erección por bula del papa Gregorio XIII, de 15-X-1574. Antes había fundado en Oviedo aquel prelado el

Colegio de San Gregorio, llamado también *de los Pardos* por el color de su beca colegial; y en 1595, el canónigo ovetense D. Pedro Suárez instituyó el de San Pedro, llamado *de los Verdes* por análoga razón, para 12 colegiales que terminasen sus estudios en la Universidad. Ofrecida a los jesuitas por los testamentarios del fundador su dirección y la del colegio de doncellas, estudiaron éstos el encargo, pero pronto desistieron, ante la oposición de gran parte del clero, autoridades y personas letradas de la ciudad. En cambio, fundaron en 1578 el Colegio de San Matías.

La exagerada lentitud de las gestiones para el establecimiento de la Universidad, debida en parte a las maniobras interesadas de D. Fernando de Valdés Osorio, sobrino del fundador, fueron causa del retraso de su reconocimiento oficial hasta el día 18-V-1604, en el que el rey D. Felipe III confirmó la bula de Gregorio XIII, aprobando sus estatutos cinco años después.

Se trató también de la institución de las cátedras, previos informes, solicitados por los consejeros testamentarios, del obispo, deán y cabildo, ayuntamiento, junta general del Principado y varias personas, fijándose luego edictos, invitando a su provisión, en Salamanca, Valladolid y Alcalá.

Al fin, el 21-IX-1608, se realizó con gran pompa la apertura de la Universidad, dirigida por su rector interino D. Alfonso Marañón Espinosa, pero con sus rentas disminuidas (31.987 reales) y en momentos en que la Universidad española había comenzado a decaer.

Según el título III de los estatutos ya referidos, existían en ella cuatro Facultades: Artes, Leyes, Cánones y Teología. En la primera había tres cátedras con 15.000 maravedís anuales de salario cada una, otra de Matemáticas con 18.750, y otra de canto con 6.000. En la de Leyes: una de prima con 56.750, la de vísperas con 36.500, la de Digesto Viejo con 18.750, la de Código con igual salario y la de Instituta con 10.000. En la de Teología: la de prima con 50.000, vísperas con 30.000, Biblia con 20.000 y Teología escolástica con 10.000. Se especifican en el título IV de los estatutos los horarios de invierno y verano, y las partes correspondientes a cada una de las materias que se habían de explicar.

Estos estatutos fueron reformados por el Consejo del 22-IX-1707 con la supresión de las cátedras de Digesto Viejo y de Código, el ajuste de los horarios necesario para poder simultanear los estudios de Leyes y Cánones, y algunas otras modificaciones.

Dotada muy pobremente la fundación ovetense, le fue otorgada en 1736 una pensión de medio real sobre cada fanega de la sal que se consumía en Asturias y se crearon las cátedras llamadas de regencia o elementales, de provisión cuatrienal y dotadas con 1.500 reales cada una, leyéndose la Instituta de Justiniano en la Facultad de Leyes, y el Derecho Canónico y las Instituciones teológicas, en las de Cánones y Teología. Los demás salarios variaban entre los 1.000 y los 3.000 reales. Pero en la de Artes, solo la dotación de la de Matemáticas — con 1.000 reales — superaba la de 804 que correspondía a cada una de las de Súmulas, Lógica y Filosofía, bajando la de Canto a 301.

De positivos resultados fueron las *Academias*, establecidas como complementos de las respectivas Facultades, y en las que los estudiantes bajo una adecuada dirección se ejercitaban en las sustentaciones de tesis y argumentos en diferentes actos preparados *ad hoc*, sobresaliendo la de Leyes, formada por el doctor D. Luis Armiñán, y las de Teología y Filosofía. También las había en los conventos, y desde 1756 una de *Escolástica* en el de San Francisco, más otras análogas en el Colegio de San Matías, asistiendo indistintamente seglares y conventuales a unas y otras Academias. La de Leyes tuvo especial interés para la práctica forense en Oviedo, importante después que en 1717 se instituyó la Real Audiencia.

Fruto de las reformas de la Instrucción Pública impulsadas por los ministros de Carlos III, fue el *Plan de Estudios* de la Universidad de Oviedo, impreso en esta ciudad el año 1777. En él se disponía que la Universidad ejerciese la superintendencia de las enseñanzas de Gramática en todo el Principado, y que la de Latinidad se diese por el padre Iriarte, declarándose obligatoria la enseñanza de la Retórica en todos los Estudios. En la Facultad de Artes se darían las enseñanzas con las tres cátedras existentes, explicándose desde la Dialéctica hasta la Filosofía moral, según los cursos, y turnándose los catedráticos de manera que los alumnos recibiesen siempre las explicaciones de los mismos. En la de Teología se reconoce la necesidad de seis o siete cursos, y se declara la insuficiencia de los cinco que en ella existían, señalándose también los capitulares de la iglesia catedral que habían de desempeñarlos.

En 1786, y con el apoyo del obispo D. Agustín González Pisador, se estableció la enseñanza de la Medicina, con dos cátedras, enseñanza que desapareció en los primeros años del siglo XIX.

La Universidad de Oviedo contaba con buena biblioteca, desde que a fines del siglo XVIII la creó el brigadier D. Lorenzo Solís, con una dotación de 20.000 escudos. Al mismo tiempo, su caudal se enriquecía con los fondos procedentes del colegio de la Compañía de Jesús, por entonces suprimida. Hasta el incendio del año 1934 recordamos que había en ella más de 100 incunables, una notable Biblia manuscrita en vitela, de fines del siglo XIII o comienzos del XIV, y otros manuscritos; cuatro ejemplares de la Biblia políglota complutense, y numerosas obras teológicas procedentes de los monasterios asturianos desamortizados, más otras muchas adquiridas posteriormente por donación o por compra.

La reforma universitaria del año 1807 apenas pudo ser implantada ante el conocimiento de la invasión napoleónica, y no fue restablecida la enseñanza en las aulas ovetenses hasta el año 1812. En los años posteriores, la Universidad de Oviedo fue distinguida como uno de los focos del liberalismo español.

Entre las personalidades que como catedráticos sobresalieron, mencionaremos al deán Asiego que batalló tenazmente por su establecimiento; a su primer rector, arriba nombrado, y al reverendo padre Jerónimo Feijoo. Entre los alumnos: a D. Juan Pérez Villamil, regente del Reino (1812) y ministro; D. Alvaro Florez Estrada, economista; D. José Queipo de Llano, conde de Toreno, al cardenal D. Pedro Inguanzo y Rivero, a D. Pedro José Pidal y D. José Posada Herrera.

Suprimidas las Facultades de Teología en las Universidades el año 1868, su historia en relación con la de la Iglesia española tiene mucho menos interés, por lo que finalizamos aquí las líneas dedicadas a la de Oviedo.

BIBL.: *Plan de Estudios de la Universidad de Oviedo...*, Ov. 1777; F. CANELLA SECADES, *Historia de la Universidad de Oviedo*, Ov. 1903 (publica en el Apéndice III los Estatutos del año 1609); A. VIÑAYO GONZÁLEZ, *El Colegio Asturiano de Pan y Carbón:* R52, 20(1953)500-522; J. L. GONZÁLEZ NOVALÍN, *El Colegio de San Matías:* ibid., 13 (1963)207-236; Noticias y datos interesantes sobre la Universidad se encuentran en la colección de actas capitulares (archivo catedral) y en la de actos de la Junta General del Principado (archivo de la Diputación Provincial).
J. URÍA

Pamplona. Precaria es la vida de esta Universidad, que nace también a la sombra del Colegio del Rosario, que los dominicos tenían en la ciudad. Se enseñaba en ella Filosofía y Teología y sus Constituciones fueron aprobadas tanto por el papa Urbano VIII en 1628 como por el rey Felipe IV en 1630.

Pronto le llega la decadencia y ya en 1725 sus estudios estaban incorporados a la Universidad de Zaragoza y más tarde, desde 1770, a la de Alcalá.

BIBL.: J. SALVADOR Y CONDE, *La Universidad de Pamplona*, Ma. 1949.   IEF

Sahagún (León). En Sahagún, ya desde el reinado de Alfonso VI, habían venido existiendo Estudios de cierta importancia bajo los claustros del monasterio benedictino de la villa. En el siglo XVI uno de sus abades los quiere convertir en Universidad y obtiene para ello, en 1534, bulas del papa Clemente VII, con las que conseguía equipararlos a los de Salamanca y Alcalá. La Universidad se instala, pero es escasa la concurrencia y hasta el profesorado. Así estira su vida hasta 1596 cuando, por consejo del mismo Felipe II, los monjes la trasladan a Irache (Navarra).

BIBL.: V. DE LA FUENTE, *o.c.*, II, Ma. 1885, 164.   IEF

Salamanca. La Universidad de Salamanca surge con el renacer cultural de los reinos de Castilla y León, que iba adquiriendo su cauce a la par que se agrandaba y consolidaba la reconquista. Brotes culturales, por solo citar los más sobresalientes, fueron la Escuela palentina y su Universidad, la Escuela de Compostela y la Escuela capitular de Salamanca. Esta última se convertirá en la célebre Universidad del mismo nombre, y las otras ayudarán mediante la formación de personal y, sobre todo, por la creación de inquietudes, para el logro de dicha Universidad.

A fines del siglo XI fue repoblada Salamanca y el año 1102 restaurada la sede episcopal. Su primer obispo, D. Jerónimo, el del Cid, vecino de Valencia, organizó una Escuela capitular. En 1134, al ser nombrado obispo de Salamanca D. Berengario, aparece por primera vez el cargo de maestrescuela. El profesorado de esta Escuela no fue solo español, con preferencia de Santiago de Compostela, sino también de reinos lejanos; así vemos figurar en 1161 y 1180 a los maestros ingleses Guillermo y Rondolfo Richart.

Esta Escuela serviría de base para la creación del Estudio General erigido por Alfonso IX en fecha imprecisa, que podemos anticipar a 1226, año en que se establecieron en Salamanca los dominicos, cuyas primeras fundaciones fueron todas encaminadas con preferencia a los centros de estudios.

Fernando III el Santo, por carta del 6-IV-1243, confirmó el Estudio General fundado por su padre, y nombró, por jueces del mismo, al obispo de Salamanca, al prior de los dominicos, al guardián de los descalzos y a otros.

Alfonso X el Sabio, desde los primeros años de su reinado, organizó el Estudio y le dio el nombre de Universidad, que dejó trazado en sus Partidas, para cuya redacción contó con profesores de Salamanca. Por real cédula (Toledo, 8-V-1254) fijó dotaciones a varios maestros y al bibliotecario a expensas de su tesoro. Es de notar en esta cédula que aparece un «maestro de órgano», grado que no se daba en ningún otro centro de entonces.

Este mismo monarca obtuvo del papa Alejandro IV la bula de confirmación del Estudio (6-IV-1255), y otras dos en que le concede *sigillum commune* (15-VII-1255) y validez universal a los grados — excepto para París y Bolonia — otorgados por Salamanca en cualquier Facultad (22-IX-1255).

Bonifacio VIII mandó a la Universidad — sujeta a su jurisdicción — se leyese el libro VI de las Decretales y concedió a la reina D.ª María de Molina las tercias de las fábricas de las iglesias por tres años en favor de la Universidad, perdonándole las antes tomadas sin permiso de Roma. Clemente V prohibió seguir tomando dichas tercias.

Al desaparecer esta base económica, fue necesaria la actividad y energía del obispo de Salamanca D. Pedro OP, para conseguir de Clemente V bula (14-X-1313) en que concediese a favor de la Universidad las tercias de los diezmos del obispado de Salamanca. Estas tercias fueron posteriormente ampliadas por los reyes de España, con nuevas tercias sobre bienes exentos y reales.

Juan XXII, por bula del 2-XII-1333, confirma los privilegios de Alejandro IV y concede al maestrescuela los poderes de canciller, que eran representar al papa en la Universidad y regir la colación de grados. A Benedicto XIII, el papa Luna, debe la Universidad un gran impulso, pudiendo decirse que fue uno de los fundadores o uno de los que orientó la Universidad hacia su auténtico sentido y esplendor. Siendo cardenal, a instancias de Juan I, visitó y reformó la Universidad, fundando la Facultad de Teología, que tanta gloria había de rendir a las letras en España y en el extranjero. Elegido papa, siguió favoreciéndola, como no lo ha hecho ningún otro pontífice, reorganizó los estudios teológicos, incorporando en 1416 a la Universidad los que había en las casas de religiosos y ordenándolos con gran acierto; lo que fue confirmado por Martín V en 1422. El papa Luna significó mucho para la Universidad de Salamanca y por eso ésta le tuvo siempre en gran estima y le guardó fidelidad en los años turbulentos del cisma.

A fines del siglo XV la Universidad estaba constituida por las Facultades de Decretos (Derecho Canónico), con tres cátedras; Leyes (Derecho Civil), con dos cátedras; Teología, con dos cátedras. A éstas se deben añadir otras Facultades con menos preponderancia: Medicina, Filosofía, Humanidades, Música y Farmacia. Las cátedras fueron aumentando en número con varias fundaciones privadas.

Entre todas las Facultades comenzó a adquirir cierta preponderancia la de Teología, llegando a irradiar su influencia en ambos Derechos. Esto llegó a tal extremo que los propios alumnos de Derecho acudían a las explicaciones de Teología, prefiriendo, en ciertos casos, éstas a las de Derecho, como ocurrió con las explicaciones de Domingo de Soto OP *(De iustitia et iure)*, por lo que algunos profesores de Derecho se quejaban de que sus alumnos dejaban desiertas sus clases, y pedían se hiciera explicar a Soto a la hora de prima, de lo que se le había dispensado por enfermedad, con finalidad de que no coincidiesen las clases.

El gobierno de la Universidad lo constituían un rector y un maestrescuela; el primero, de origen civil; el segundo, eclesiástico. El maestrescuela era nombrado por el cabildo. Benedicto XIII, por bula del 26-VII-1411, estableció que fuese doctor en Derecho Canónico o Civil o maestro en Teología. Su función era representar al papa en la Universidad. El rector fue creado por Alfonso X el Sabio, con la misión de imponer paz y velar por la obediencia de la ley. Este, junto con los escolares, nombraban los catedráticos mediante votación solemne.

El siglo XVI fue para la Universidad de Salamanca el siglo de su esplendor. Esto fue debido a tres grandes hombres que, simultáneamente, fueron innovadores en sus respectivas especialidades: Juan Martínez Silíceo, en los estudios filosóficos y clásicos; Martín Azpilcueta (el doctor Navarro), en Derecho Canónico, y Francisco de Vitoria OP, en Teología, aventajando éste a los otros y debiéndose a él el que la Universidad de Salamanca ocupase en el siglo XVI rango especial entre las Universidades. No cabe duda que uno de los grandes éxitos de Vitoria fue el introducir en la enseñanza la Suma de Santo Tomás en sustitución de las Sentencias de Pedro Lombardo. También en este siglo alcanzó la Universidad el mayor número de estudiantes. El curso 1566-67 registró el considerable de 7.832 en matrículas.

Los colegios en esta Universidad, sobre todo en el siglo XVI y XVII, tuvieron un papel muy preponderante. Contaba con un número considerable, divididos en mayores y menores. Los menores fueron muy numerosos. Los mayores cuatro: San Bartolomé, fundado por D. Diego de Anaya Maldonado, obispo que fue de Salamanca y arzobispo de Sevilla; el de Santiago el Zebedeo, o de Cuenca, fundado en 1500 por D. Diego Ramírez, obispo de Cuenca; el de San Salvador, o de Oviedo, fundado en 1517 por D. Diego Muros, obispo de Oviedo, y el de Santiago Apóstol, o de Fonseca, fundado en 1521 por D. Alonso de Fonseca y Acebedo, arzobispo primero de Santiago y, después, de Toledo. A éstos hay que añadir los de las Órdenes religiosas, incluidas las militares.

Entre estos últimos descolló en grado sumo el de San Esteban, de los dominicos, fundado en 1226. Se identificó de tal forma con la escuela, que colaboró, ya en sus comienzos, estrechamente para resolver diversos problemas, sobre todo económicos y docentes. De esta colaboración surgió la Facultad de Teología erigida a fines del siglo XIV por Pedro de Luna (Benedicto XIII). Los dominicos siguieron siempre al lado de la Universidad consagrándole sus mejores hombres, según lo atestiguan las series de sus catedráticos de prima, de víspera, etc. Incluso, en aquellos primeros años del siglo XV en que los franciscanos, agustinos y otros abandonaron la escuela por pretensiones de reforma y de más estricta observancia, los dominicos siguieron en la escuela aportando su concurso. De los dominicos salieron los grandes maestros de Salamanca; bastará citar a Vitoria y Domingo de Soto; los teólogos para Constanza y Trento, como Juan de Torquemada, Pedro y Domingo de Soto, Cano, etc., y confesores de reyes, como Deza, los dos Sotos, Chaves. Ni que decir tiene que los escritos de los teólogos dominicos de San Esteban fueron uno de los medios más eficaces para la aureola, bien merecida, de las aulas salmantinas.

A Salamanca acudieron, en el siglo XVI, un considerable número de portugueses, y de Salamanca salieron para la Universidad de Coimbra varios profesores, como el doctor Navarro, Martín de Ledesma OP y otros. Pero las letras de Salamanca no quedaron solo en la Península. Su influjo se dejó sentir en toda Europa y en América. Maestros formados en Salamanca enseñaron en otras Universidades, como Pedro de Soto, en Dilinga y Oxford. La mayoría de los nuevos centros de estudio, sobre todo los americanos, tomaban por modelo las aulas salmantinas. Esta expansión fue debida, en gran parte, a tres hechos: al favoritismo de Carlos V, que tomaba de Salamanca los maestros para las academias imperiales; al concilio de Trento, donde triunfaron las letras salmantinas en calidad y número (aportó 66 teólogos y canonistas de talla), y a la naciente Compañía de Jesús, que no solo tomó su método de estudios de Salamanca, sino también sus primeros maestros.

La influencia de la Universidad de Salamanca llegó a tal grado que los reyes no se movían sin antes consultar sus problemas a Salamanca. Así vemos que Isabel la Católica mandó a Colón a Salamanca, donde discutió sus planes con fray Diego de Deza, quien siempre lo protegió y del que dirá Colón que fue «causa que Sus Altezas hobiesen las Indias y que yo quedase en Castilla, que ya estaba de camino para fuera». En las controversias de Indias el rey encomendó la causa a la Universidad de Salamanca y a la de Alcalá, siendo en Salamanca donde más se discutió y de donde salió la auténtica y cristiana solución del problema. Por ello, todos los grandes maestros explicaron el problema con detención, de cuyas lecciones salieron las famosas Relecciones *de indis* que han llegado hasta nosotros.

Con Carlos V adquirió la Universidad rango imperial. Veló por la conservación de sus fueros y se esforzó porque crecieran sus prerrogativas. Mandó delegados para que, de acuerdo con los claustrales, redactasen sus estatutos, los cuales se hicieron en 1538. Nuevos estatutos se harían más tarde en 1561.

Felipe II dispuso que en los grados de doctor hubiese corrida de toros y que los estudiantes sin distinción usasen sotanas, lo mismo clérigos que seglares. También por real cédula (Valladolid, 3-VIII-1592) estableció en Salamanca a los seminaristas irlandeses, al serles prohibida su formación eclesiástica en Irlanda, naciendo así el colegio de nobles irlandeses, establecido en el colegio mayor de Santiago Apóstol, o de Fonseca.

En la segunda mitad del siglo XVII se deja sentir más claramente la decadencia de la Universidad, motivada, entre otras razones por la creación de nuevas Universidades. Los monarcas siguen, no obstante, favoreciéndola.

En el siglo XVIII continuó la decadencia. Sin embargo, Carlos III encargó a Campomanes y a otros doctos varones, el proyecto de un plan de estudios y de nuevos estatutos, y con arreglo a él se formó el de 1771, produciendo buen resultado, a la vez que devolvía a la Universidad el prestigio que tuvo y que fue perdiendo poco a poco durante la decadencia de España. Más tarde se establecieron las cátedras de Astronomía, de Matemática pura, de Física y Química, a la vez que se normalizó el estudio de la Medicina.

El siglo XIX significa para la Universidad de Salamanca, como para las demás Universidades españolas, la gran decadencia. En la primera mitad de él se sucedieron leyes tras leyes y planes tras planes hasta la célebre de Moyano de 1857. Esta reducía la Universidad a tres Facultades: Teología, Derecho y Filosofía y Letras, pudiendo dar el grado de licenciado las dos primeras y de bachiller la última. En 1868 será suprimida la Teología. El Ayuntamiento y la Diputación, en este mismo año, crearon la Escuela Municipal de Medicina, que el rey Amadeo I de Saboya, a petición del rector de la Universidad, declaró oficial el 14-X-1872.

Los hombres ilustres, profesores o alumnos, de la Universidad de Salamanca han sido tantos y tan sobresalientes, que resulta imposible pretender dar aquí un elenco completo. Basta recordar algunos de los más salientes, como Vitoria, Nebrija, el doctor Navarro, el Tostado, fray Luis de León, Medina, Soto, Suárez..., para darse cuenta de que Salamanca gozó de la primacía de las letras españolas.

BIBL.: J. CUERVO, *Historiadores del Convento de San Esteban de Salamanca*, 3 vols., Sa. 1914-15; V. BELTRÁN DE HEREDIA, *Bulario de la Universidad de Salamanca*, 3 vols., 1966-67; ID., *El Convento de San Esteban en sus relaciones con la Iglesia y su Universidad de Salamanca durante los siglos XIII, XIV y XV*: R73, 84(1957)95-116; ID., *Los orígenes de la Universidad de Salamanca*, Sa. 1953; F. EHRLE, *Los manuscritos vaticanos de los teólogos salmantinos del siglo XVI*, Ma. 1930; E. ESPERABÉ DE ARTEAGA, *Historia pragmática de la Universidad de Salamanca*, 2 vols., Sa. 1914-17; A. RIESCO TERRERO, *Proyección histórico-social de la Universidad de Salamanca a través de sus Colegios (siglos XV-XVI)*, Sa. 1970; M. VILLAR Y MACÍAS, *Historia de Salamanca*, 3 vols., Sa. 1887; L. SALA BALUST, *Constituciones, Estatutos y Ceremonias de los Antiguos Colegios Seculares de la Universidad de Salamanca*, 4 vols., Ma. 1962-1966
C. PALOMO

Salamanca. Universidad Pontificia. A raíz de la Revolución francesa, las ciencias eclesiásticas caminaban a la deriva. Los gobiernos revolucionarios de España, siguiendo la tendencia general de laicización del Estado, destierran de la Universidad española de principios del siglo XIX las Facultades típicamente eclesiásticas: Teología, Derecho Canónico, etc. Estos estudios quedaron confinados a los Seminarios Pontificios, constituidos por la Santa Sede en Facultades exclusivamente eclesiásticas. La progresiva decadencia y desprestigio de tales centros obligó a Pío XI a suprimirlos, con la Constitución Apostólica *Deus scientiarum Dominus*, 24-V-1931, quedando en España únicamente la Universidad Pontificia de Comillas.

El 25-II-1940, Pío XII, accediendo a la petición del entonces obispo de Salamanca, después primado de España, cardenal Enrique Pla y Deniel, en representación del episcopado español y con la munificencia del Jefe del Estado, dignóse restaurar la Universidad Pontificia de Salamanca. Con la erección de las Facultades de Teología y Derecho Canónico, Salamanca aspiraba a continuar la antigua tradición de los estudios eclesiásticos salmantinos y se constituía de nuevo, espiritual y culturalmente, en centro de enlace con las gloriosas Facultades de los siglos XV y XVI. Cinco años más tarde (23-XI-1945), siendo gran canciller el Dr. Barbado Viejo, fue creada la Facultad de Filosofía, a la que posteriormente se agregaron las secciones de Letras clásicas en 1949, y de Pedagogía en 1963. Por decreto de 7-IX-1963, el Estado español reconoció efectos civiles a los estudios cursados y aprobados en las secciones de Filosofía y Pedagogía de la Facultad de Filosofía y Letras. En el XXV aniversario de su restauración (1965) se añade una nueva sección dentro de la Facultad de Filosofía: la de Ciencias Sociales, Instituto León XIII, con sede en Madrid. Poco después, la Sagrada Congregación para la Enseñanza Católica por decreto dado el 18-IV-1965, ha elevado a la categoría de Facultad y añadido a la de Teología en calidad de sección de la misma, el Instituto Pontificio de Ciencias religiosas *San Pío X*. La misma S. Congregación, con fecha 2-I-1967, erigió el Instituto Superior del Profesorado para la formación y titulación de profesores de religión, de Enseñanza Media.

Recientemente (1965-1967) quedaron agregados oficialmente y en calidad de filiales o dependientes de la Facultad de Teología: el Instituto Superior de Pastoral, con sede en Madrid, el Instituto Teológico Santa Catalina, el Centro Ecuménico Juan XXIII, el Centro Oriental Inés Luna Terrero, el Instituto de Historia de la Teología, y los Seminarios diocesanos de León, Zaragoza y Valencia. De la Facultad de Filosofía y Letras en su sección de Filosofía y Pedagogía dependen: la Escuela Superior de Psicología, la Escuela Superior de Expertos para la formación de adultos (ESFA) y la Escuela Universitaria de Pedagogía Religiosa. La Escuela de Práctica Canónica y el Instituto San Raimundo de Peñafort dependen de la Facultad de Derecho Canónico.

Hasta el presente ocuparon el cargo de gran canciller D. Enrique Pla y Deniel, D. Francisco Barbado Viejo, D. Mauro Rubio Repullés, D. Maximino Romero de Lema. Fueron rectores: D. José Artero Pérez (1940-1944), D. Lorenzo Miguélez (1944-1948), D. Gregorio Alastruey (1948-1952), D. Lorenzo Turrado (1952-1964), D. Luis Sala Balust (1964-1965), D. Tomás García Barberena (1965-1971), R. P. Fernando Sebastián, actual rector. El claustro de profesores está integrado por destacados miembros del clero secular y regular. En 1967-1968, el número de alumnos matriculados alcanzó la cifra total de 1.640.

La Universidad se rige por Estatutos propios, aprobados por la Sagrada Congregación de Seminarios y Universidades en 1958. En la actualidad se están elaborando nuevos Estatutos en conformidad con las *Normae quaedam* y las últimas disposiciones de la Sagrada Congregación para la enseñanza católica.

Corresponde al rector magnífico, bajo el control del

episcopado español (Comisión episcopal) y del gran canciller, la alta dirección de la misma, ayudado por un vicerrector, decanos, secretarios y Comisión o Consejo de Universidad.

Bajo los auspicios y alta dirección de la Universidad se publican las siguientes colecciones y revistas: Biblioteca de Autores Cristianos (BAC), Espirituales Españoles, Salmanticensis, Helmántica, Incunable, Diálogo ecumenista, Propaganda Popular Católica (PPC), Sinite, Revista Española de Derecho Canónico.

BIBL.: *Memorias de la U. Pontificia de Salamanca (años 1940-1970)*, Sa. 1940-1970, *Calendarios académicos (años 1941-1971)*, Sa. 1941-1971; *Universidad Pontificia de Salamanca. Sus primeros veinticinco años (1940-1965)*, Sa. 1967; *La P. Universidad eclesiástica de Salamanca en su primer trienio. Introducción histórica*, Sa. 1943; *Boletines de información de la U. P. de Salamanca*, Sa. 1959-1964; *Boletines eclesiásticos de la diócesis de Salamanca*, Sa. 1941-1971.
A. RIESCO

Santiago de Compostela. I. FUNDACIÓN Y PRIMEROS AÑOS. El proceso de fundación se desarrolla en todo el primer tercio del siglo XVI.

Hubo en la ciudad, a lo largo de la Edad Media, escuelas episcopales y monásticas. Pero, a fines del siglo XV, el nivel cultural era precario. Fue entonces (1495), cuando el notario Lope Gómez de Marzoa fundó un colegio para estudiantes pobres en el convento de San Pelayo Antealtares, que acababan de dejar libre los benedictinos. Cuatro años más tarde, por reunirse en San Pelayo todas las monjas benedictinas de Galicia, la obra de Marzoa quedó eclipsada. Pero éste salvó la situación, asociándose a dos ilustres eclesiásticos compostelanos, de igual nombre ambos: Diego de Muros. Uno de ellos era ya obispo de Canarias. El otro, deán del cabildo santiagués, y llegaría a ser, con el tiempo, obispo de Mondoñedo y de Oviedo, y fundador del colegio mayor del Salvador, en Salamanca.

Unidos los tres en idéntica inquietud cultural, crearon en 1501 el llamado *Estudio Viejo*, dotándolo económicamente con sus propias fortunas. Según la escritura fundacional, lo habían hecho «movidos por servicio de Dios e bien e utilidad de la república e de los clérigos e de los estudiantes pobres de este arzobispado e de todo el reino de Galicia».

Una bula de Julio II en 1504 daba confirmación oficial al Estudio lo equiparaba y en teoría a las demás Universidades, por los privilegios que le otorgaba. En la práctica, sin embargo, se mantuvo dentro de unos límites modestos, con una cátedra de Gramática que regentó desde 1506 hasta 1542 el bachiller en Artes Pedro de Vitoria (un clérigo venido de Salamanca), y otra, de Cánones, creada por nueva bula de Julio II en 1506, y asignada a un canónigo de la catedral, que se llamó lectoral de Decreto.

Muerto Marzoa, y ausentes de la ciudad los dos Diego de Muros, la preocupación educacional la heredó el nuevo arzobispo de Compostela, D. Alonso Fonseca y Acevedo, hombre típico del Renacimiento, «gran prelado y valerosísimo caballero, y de grandes y elevados pensamientos», según expresión de López de Haro.

Al mismo tiempo que fundaba en Salamanca el célebre colegio mayor del Arzobispo o de Santiago Zebedeo, planeaba para Santiago una ambiciosa empresa intelectual, que completase y perfeccionase la incipiente trayectoria del Estudio viejo. La idea cuajó en la creación efectiva de un Colegio-Universidad, siguiendo la reciente inspiración de Cisneros en Alcalá de Henares. En esta ciudad residía habitualmente Fonseca desde 1524, fecha en que fue trasladado de la sede de Santiago a la de Toledo.

La bula por la que Clemente VII accede a los deseos de Fonseca e instituye el Colegio-Universidad compostelanos, bajo la advocación de Santiago Alfeo, lleva la fecha de 15-III-1526. La bula capacita a la nueva fundación para incorporar el Estudio viejo; para establecer Facultades de Teología, Artes, ambos Derechos y otras ciencias; para otorgar grados académicos, aunque únicamente a los colegiales; para elaborar constituciones; y para disfrutar de las prerrogativas y privilegios de las demás Universidades. La obra es respaldada económicamente por el mismo Fonseca, con la renta de muchos beneficios eclesiásticos propios, y con las del antiguo hospital, que había conseguido para este fin.

No pudo el arzobispo ver terminada su Universidad, pues le atajó la muerte en 1534. Tres años antes, en su testamento, expresa claramente el fin que le había movido a esta fundación: «Por quanto Nos ovimos erigido... un Colegio e Universidad donde los moradores e naturales del dicho Reyno, especialmente de la dicha ciudad y arzobispado de Santiago, pudiesen estudiar, aprender e ser enseñados en Gramática y otras facultades para ser bien instruídos en los sacramentos, oficio divino e otras cosas que convienen y se requieren para ser buenos clérigos e para la administración de los santos sacramentos de la Santa Madre Iglesia...»

Por voluntad del fundador, en el mismo testamento, eran patronos vitalicios de la Universidad el arzobispo de Santiago y el conde de Monterrey (a cuya familia pertenecía Fonseca), y a ellos incumbía, juntamente con los testamentarios que designa, la preparación y redacción de las constituciones universitarias.

Desde que en 1532, Juan de Alava, hizo los planos para el edificio, casi todo el empeño se pone en ir construyendo éste. En 1544 estaba ya prácticamente terminado, según el gusto del toledanismo plateresco, con un claustro armónico y altamente expresivo, en torno al cual tenía amplio cobijo toda la obra universitaria. La vida académica se inaugura en la nueva sede poco después de 1550, y prácticamente se reducía a la vieja clase de Gramática y, tal vez, a la de Decreto, en medio de una innegable languidez.

Fue entonces cuando interviene uno de los patronos, el arzobispo compostelano, cardenal Alvarez de Toledo, que encarga en Roma a San Ignacio y a los jesuitas la dirección y orientación de la incipiente Universidad. Se realizaron gestiones interesantes durante tres años, terminando por fracasar, debido en gran parte a la actitud vacilante del otro patrono, conde de Monterrey. Con esto, se llega a la fecha crucial de 1555.

II. EVOLUCIÓN DE LA VIDA UNIVERSITARIA. Hay tres grandes momentos peculiares, hasta el reinado de Carlos III. Después, la Universidad sigue, ordinariamente, el ritmo común de todas las españolas.

1) Visita del doctor Andrés Cuesta (1555). Sin que estén del todo claras las causas de su venida, el doctor Cuesta, canónigo y catedrático de Alcalá (y futuro obispo de León), llegó a Santiago con plenos poderes reales para inspeccionar la marcha de la Universidad y tomar las medidas convenientes.

La visita, en sí misma, era ya una injerencia del todo ajena a la mente del fundador. Pero mucho más lo fueron las decisiones revolucionarias que Cuesta tomo en estos puntos sustanciales: separación institucional del Colegio y la Universidad, haciendo depender aquél de ésta; nombramiento de un visitador real, periódicamente; patronazgo del rey en la práctica, quedando los dos patronos fundacionales más bien como honoríficos; elaboración de constituciones, sin la intervención y aprobación de las personas que Fonseca había designado.

Sin embargo, tras la visita de Cuesta, la Universidad cobra el impulso y recibe la organización que estaba necesitando. El gobierno universitario quedaba en manos del claustro, presidido por el rector, que había de ser canónigo de Santiago y elegido al comenzar cada curso. Cuesta organizó, asimismo, las diversas Facultades y cátedras, según se puede colegir de las constituciones aprobadas por Felipe II en 1588 (e impresas por vez primera en 1602), que recogen fundamentalmente el plan trazado por el visitador complutense. Sin duda, tuvo presente éste el mismo esquema de Alcalá, dando la primacía a las Facultades de Teología y Artes, que conducían en modo más directo a la formación clerical. La línea general de los estudios quedó establecida así:

Teología: dos cátedras de oposición, cuadrienales. Tras el concilio de Trento, se añade una de Escritura que explica el canónigo correspondiente y depende del arzobispo. Cánones: dos cátedras de oposición, cuadrienales, más la que tenía desde el principio el lectoral de Decreto, con dependencia del cabildo. Artes: tres cátedras, trienales. Gramática: tres cátedras, trienales. Desde 1648 se encargan de ellas los jesuitas y las regentan en su colegio, por concordia con la Universidad. Aprovechando las rentas que dejaban libres las clases de Gramática, la Universidad logra en el mismo año de 1648 el viejo deseo de fundar la Facultad de Leyes, con dos cátedras, y la de Medicina, con otras dos.

A este cuadro de la enseñanza oficial (que sufrió ligeras variaciones con el correr de los años), hay que añadir otras cátedras fundadas por instituciones particulares, que eran normalmente las Ordenes religiosas. Benedictinos, dominicos, franciscanos y jesuitas, explicaron de este modo sus lecciones de Teología o Artes en la Universidad, contribuyendo al esplendor y vida de la misma, y ejercitando una útil competencia. Además, muchos de estos religiosos regentaron en todo tiempo las cátedras oficiales, ganadas por oposición y subvencionadas por la Universidad. Benedictinos y dominicos fueron los grandes maestros que tuvo siempre la Facultad de Teología.

En 1565, Pío V completa los privilegios de la Universidad, concediéndole la colación de grados a toda clase de universitarios, y no solo a los colegiales.

2) Reforma de Fernando VI (1751). El rey comisionó para ella al canónigo maestrescuela y rector de la Universidad, D. Diego Juan de Ulloa. El nuevo plan viene a poner orden en el cúmulo de enmiendas e innovaciones que se habían ido añadiendo a los primitivos estatutos universitarios. Por otro lado, refleja el auge que había alcanzado la Universidad y tiende a ponerla a la altura de las primeras del reino, recogiendo las corrientes de introducir y valorar debidamente las enseñanzas de las nuevas ciencias positivas, frente al dominio preponderante de la Teología y Filosofía.

Se crean cinco cátedras (Matemáticas, Anatomía y Cirugía, Sexto de Decretales, Código y una segunda de Instituta), y se regula el sueldo de todas, oscilando entre 2.000 y 700 reales al mes. El rector sigue siendo un canónigo compostelano, pero su nombramiento es ahora trienal y pasa a depender — lo mismo que el de los demás catedráticos — del Consejo Real, a propuesta del claustro. El cargo de visitador real se confiere al arzobispo de Santiago.

3) Plan de Campomanes (1772). Se hace esta reforma previo informe del claustro universitario. Significa una culminación de lo que había hecho Fernando VI, y es, sin duda, la más profunda transformación desde las primeras Constituciones. Varias cátedras son reajustadas, y se crean otras nuevas, hasta llegar al número de 38; es decir, el doble de las existentes. El plan de estudios dentro de cada Facultad queda reorganizado ampliamente, dedicándose ocho cursos a Teología; cinco, a Cánones; ocho, a Leyes; cinco, a Medicina, y cuatro,

a Cirugía, que aparece temporalmente con personalidad propia. La de Artes o Filosofía sigue con tres cursos, y retornan a la Universidad las clases de Gramática, por haber sido expulsados los jesuitas. Se hace también una exigente revisión en lo tocante a estudios previos para ingresar en las diversas Facultades.

Posteriormente, en 1777, la Universidad consigue la vieja aspiración de que las cátedras sean vitalicias y no temporales.

En el reparto de las temporalidades que habían dejado los jesuitas, la Universidad salió altamente fevorecida. Se le concedió, ante todo, en 1769, el colegio y la iglesia que aquéllos habían dejado, con lo cual pudo resolverse el acuciante problema de albergar el número creciente de cátedras y de alumnos. Pasaban éstos de 500 por esta época. Al mismo tiempo, la Universidad logró separarse localmente del colegio mayor, con el cual tenía continuos roces y fricciones. Derribado el antiguo colegio de la Compañía, construyó en su solar un magnífico edificio que, en el siglo siguiente, se aumentó con una nueva planta.

De este tiempo es también el gran impulso que recibió la biblioteca universitaria, al incorporar los libros de los seis colegios jesuíticos de Galicia. La diligente adquisición de otros fondos por parte de la Universidad, los legados del patriarca de las Indias, D. José Ventura de Figueroa, del escultor Felipe de Castro y otros varios, y la incorporación de las bibliotecas de conventos suprimidos en 1835, fueron formando posteriormente la excelente biblioteca universitaria que existe en la actualidad.

III. LOS COLEGIOS UNIVERSITARIOS. Al margen de algún colegio secundario (como el de San Patricio para irlandeses), fueron tres los colegios importantes, ligados estrechamente a la vida de la Universidad:

1. Santiago Alfeo. Vulgarmente conocido por «Fonseca», nació a una vida independiente en 1555, cuando el visitador Cuesta desmembró la institución Colegio-Universidad, que había planeado el arzobispo fundador. Estaba concebido como un colegio estrictamente sacerdotal, según el pensamiento genuino de Fonseca. La constitución II prescribe que «el que entrare de colegial, tenga propósito de ser clérigo si no lo fuere, porque para este fin y por esta causa se constituyen las prebendas de este colegio».

Tenían acceso a él los estudiantes pobres de Teología, naturales del reino de Galicia, no menores de dieciocho años ni mayores de veinticinco. Vestían loba de buriel con beca de color grana. El colegio se regía por un sistema de autogobierno, en el que los colegiales elegían cada año, el 25 de julio, al rector, dos consiliarios y un secretario. Al día siguiente, se elegían otros cargos secundarios. Los colegiales hacían una verdadera vida de comunidad.

El rector del colegio formaba parte del claustro de la Universidad. A éste correspondía el examen y la admisión de nuevos candidatos en el colegio, hasta el año 1649 en que los colegiales lograron hacer la provisión de becas con absoluta independencia. Al principio fueron éstas 11 para colegiales y dos para capellanes. En 1588 se añadieron otras siete para colegiales, resultando 20 en total, todos teólogos. A fines del siglo XVI se conceden cuatro para canonistas y, en 1675, dos de teólogos se aplican a estudiantes de Leyes.

La vida económica estaba controlada por el claustro universitario, aunque en una primera etapa el colegio administraba sus rentas con cierta independencia. Desde 1751 se incorporan a las de la Universidad, que acude con 40.000 reales al año a las necesidades del colegio. El título de colegio mayor se lo otorgó, oficialmente, Felipe V en 1731. Fue definitivamente clausurado en 1840, después de una última etapa agitada y decadente, precedida de una historia positiva y, en muchas ocasiones, brillante.

2. San Jerónimo. Igual que el anterior, fue ideado por Fonseca y organizado por el visitador Cuesta, que le dio sus primeros estatutos. Estaba destinado a estudiantes de Artes y era la sede, al mismo tiempo, de esta Facultad universitaria.

En teoría, había 24 becas para otros tantos colegiales pobres, naturales de Galicia y menores de veinte años. Vestían un manto de buriel, sin más distintivos.

Se gobernaba por un vicerrector, nombrado por la Universidad y dependiente de ésta directamente. El oficio recaía no en un colegial, sino en persona madura, que solía ser uno de los regentes o catedráticos de Artes, que vivían también en el colegio. Económicamente, siguió las mismas vicisitudes que el de Santiago Alfeo.

Hasta mediados del siglo XVII estuvo instalado en el hospital viejo, el mismo lugar donde Fonseca había iniciado sus ensayos educacionales antes de conseguir la bula de Clemente VII. En 1659, abandonó el inhóspito caserón y se trasladó a un edificio amplio y nuevo, vecino al que ocupaba la Universidad y el colegio mayor para teólogos. Dejó de existir en 1840.

3. San Clemente. Fundación del arzobispo compostelano D. Juan de Sanclemente, uno de los prelados que más a fondo sintió la idea universitaria.

Comienza su vida en 1630, con unas Constituciones hechas por el arcediano Pedro Sanz del Castillo, secretario y biógrafo del fundador. Era para «pasantes», es decir, para alumnos que habían obtenido ya el título de bachilleres en Teología, Cánones o Leyes. Las plazas eran 18, pero la mengua de la dotación fue causa de que apenas se alcanzase nunca su número.

El distintivo de los colegiales era la beca azul, y fueron muy ruidosas algunas de sus relaciones con la Universidad y con el colegio mayor de Fonseca. En 1809 terminó su carrera, conservándose íntegro el espléndido edificio que le sirvió de asiento.

BIBL.: S. CABEZA DE LEÓN y E. FERNÁNDEZ VILLAMIL, *Historia de la Universidad de Santiago de Compostela,* 3 vols., Sant. 1945; M. BANDÍN HERMO, *Los arzobispos y la Universidad de Santiago,* Sant. 1928; P. PEDRET, *Las cátedras de la Universidad de Santiago hasta el plan de estudios del 27-I-1772:* R84, 2(1944-45)237-245; V. BELTRÁN DE HEREDIA, *La Facultad de Teología en la Universidad de Santiago:* R73, 39(1929)145-173; 289-306; A. FRAGUAS FRAGUAS, *Historia del Colegio de Fonseca,* Sant. 1956; ID., *Los colegiales de Fonseca,* Sant. 1958; M. OVILLO Y OTERO, *Hijos ilustres de la Universidad de Santiago,* Sant. 1880. R. RIVERA

Sevilla. Todavía no existe una obra definitiva que contenga toda la historia más de cuatro veces centenaria de la Universidad hispalense. Sí hay monografías aisladas de gran mérito: Hazañas, Martín Villa, Muro Orejón, pero comprenden tan solo, aunque bien estudiados, períodos parciales de la vida universitaria. El archivo de la secular institución docente es completo y nos brinda y acucia a realizar esta historia total.

Conviene distinguir en principio entre la Universidad y el colegio mayor de Santa María de Jesús, que luego estarán unidos durante dos siglos, para recobrar de nuevo su independencia a partir de 1771.

La Universidad en Sevilla se crea por una real provisión de los Reyes Católicos, D. Fernando y D.ª Isabel, expedida en la ciudad del Betis el 22-II-1502 (de la que hay sobrecarta en Valladolid el 24-IX-1513), a instancias del Ayuntamiento de la ciudad. Los monarcas acceden a la petición del municipio — que remonta sus posibles antecedentes al 20-VI-1498 por el acuerdo conjunto de los cabildos secular y eclesiástico sevillanos — y fundan un Estudio General, con cátedras de Teología, Cánones, Leyes, Medicina y otras Artes liberales, otorgando los grados de bachiller, licenciado, maestro y doctor, con las preeminencias, libertades y prerrogativas de que gozan los graduados de los otros Estudios Generales del reino. Debían redactar sus correspondientes Constituciones. Por otra provisión dada también en Valladolid el 24-IX-1513, se autoriza a echar sisa por un año para la dotación de los estudios.

El colegio mayor de Santa María de Jesús nace, según el modelo del de Bolonia fundado por el cardenal Gil de Albornoz, merced a las instancias, esfuerzos y dotación económica de su fundador Rodrigo Fernández de Santaella, antiguo bolonio, maestro en Artes y Teología, canónigo de la catedral sevillana y arcediano de Reina. Conozco tres cartas de los Reyes Católicos, dadas en Sevilla a 20-III-1500, instando al papa para que acceda a la creación del colegio de maese Rodrigo. Este consigue dos bulas de Julio II, la primera, de 12-VII-1505, aprobando la constitución del colegio para estudiantes pobres y clérigos, con un rector y cierto número de colegiales, capilla, y atribuciones para otorgar grados de bachiller, licenciado, maestro y doctor, en Lógica, Filosofía, Teología y Derecho Civil y Canónico, y dotado con los beneficios eclesiásticos renunciados por el fundador. Y la segunda, de 16-VI-1508, en la que el papa autoriza el estudio de la Medicina y le concede todos los privilegios y gracias de la Universidad de Salamanca.

El colegio de Santa María de Jesús, así quiso llamarle maese Rodrigo, tiene sus propias Constituciones, que se desarrollan en 86 capítulos. De ellas hay tres ediciones sevillanas, en 1584, 1636 y 1701. Maese Rodrigo vio bendecir la capilla (1506) y falleció el 20-I-1509 (había nacido el 15-XII-1444) antes de terminarse la construcción del colegio, realizada según los planos de Antón Ruiz, cantero, y de ingresar los primeros colegiales (1518), haciéndolo heredero de sus bienes por sus disposiciones testamentarias de 1508 y 1509. Este capital fundacional fue incrementado en el transcurso del tiempo por distintas aportaciones, entre las que merece citarse la del luego cardenal Belluga.

La fundación del colegio mayor de Santo Tomás por el arzobispo fray Diego de Deza, por bula de 22-XI-1516, con estudios de Latín, Artes y Teología, y encomendado a la Orden de Santo Domingo, dio lugar a una serie de continuadas disensiones con el de Santa María de Jesús, e indujo a los de maese Rodrigo a instar y conseguir del Ayuntamiento de Sevilla (1549-1551) la unión de la Universidad concedida al Concejo por los Reyes Católicos en 1502 con el colegio mayor de Santa María de Jesús, quedando como patrono el municipio hispalense.

El folleto titulado *Libro que contiene todo lo que toca y pertenece a la real Universidad, Estudio general de esta... ciudad de Sevilla, sita en el colegio mayor de Santa María de Jesús...* año 1695, recoge la doble fundación regia (1502) y pontificia (1505-1508). También, la real provisión de Felipe IV, dirigida al rector, doctores, maestros, diputados, consiliarios y claustro universitario (1621), en que confirma sus privilegios y estatutos y la real cédula de Carlos II de 1694, nombrando juez conservador de la Universidad.

En el preámbulo de la disposición filipina (1621) se traza un cuadro sombrío de la vida docente sevillana en los comienzos del siglo XVII — banderías, costumbres estragadas, mala administración y quiebra económica — comprobado por la visita extraordinaria verificada a la Universidad en 1605, con su lógica consecuencia de unos nuevos Estatutos, confirmados por el Consejo Real de Castilla y aprobados por Felipe IV, los cuales se ponen en vigor en 1621, por el rector doctor Álvarez Serrano. Constan de 21 títulos, divididos en parágrafos, donde tras considerar anexionada la Universidad y el colegio de maese Rodrigo, se tratan de las autoridades y cargos docentes; de la provisión y vacantes de las cátedras; del ceremonial;

del ingreso, exámenes y grados de bachiller, licenciado, maestro y doctor en las cinco Facultades de Teología, Cánones, Leyes, Medicina y Artes, con 16 cátedras, a saber: prima de Teología, Sagrada Escritura, vísperas de Teología y Durando (Facultad de Teología); prima de Cánones, Decreto, vísperas de Cánones, Digesto, Código e Instituta (Facultad de Cánones y Leyes); prima de Medicina, vísperas de Medicina y Método médico (Facultad de Medicina), y Súmulas, Lógica y Filosofía (Facultad de Artes). Gran parte de estas enseñanzas fueron creadas por las Constituciones del colegio de Santa María de Jesús: en 1561 se fundó la de vísperas de Teología; en 1562, las de Decreto, Código y Filosofía; en 1569, la de Disgesto; en 1584, la de Sagrada Escritura; en 1591, la de Durando, y en 1621, la de Método médico. A los catedráticos se les retribuye anualmente con 6.000, 8.000 ó 10.000 maravedís, aparte de las conocidas propinas académicas.

El asistente de Sevilla D. Pablo de Olavide, limeño de origen, intenta a mediados del siglo XVIII la reforma de los estudios universitarios, adaptándolos a las nuevas corrientes de la época. Su informe del 12-II-1768, propone cinco Facultades: Teología, Filosofía unida a Física, Jurisprudencia, Medicina y Matemáticas, con libros de textos que representan una auténtica renovación en las disciplinas científicas. Estos textos eran: del padre Fortunato Abrixia o de Briscia, los de Lógica, Física y Metafísica, donde refleja las ideas de Wolfio, Malpighi, Boherave y Leibniz; de Heinecio y Newton, Vinnio, el Derecho Natural y de Gentes, Historia del Derecho Civil de los romanos y la Instituta; de Lanceloto, la Instituta Canónica; de Duhamel, la Teología y los prolegómenos y notas a la Biblia; y de Melchor Cano, de Locis Theologicis. Las autoridades serían el rector, tres consiliarios, fiscal y secretario. Mas esta reforma no tuvo efectividad y siguieron los antiguos Estatutos.

Unidas permanecieron la Universidad y el colegio de maese Rodrigo, hasta que las gestiones conjuntas del cardenal arzobispo hispalense D. Francisco de Solís Folch de Cardona, el citado D. Pablo de Olavide y el regente de la Audiencia sevillana consiguen la real cédula de Carlos III de 22-VIII-1769, que ordena el traslado de la Universidad al edificio de la casa profesa de la Compañía de Jesús, el cual se realiza el 31-XII-1771, siendo rector el doctor Manuel de Céspedes. La Universidad premió con el doctorado al arzobispo Solís. En este edificio todavía, en parte, permanece, aunque las Facultades de Filosofía y Letras, Derecho y Ciencias han pasado a la antigua Real Fábrica de Tabacos, y la de Medicina, a locales situados junto al Hospital general.

El colegio de Santa María de Jesús, ya independiente, continuó en su local de la Puerta de Jerez, hasta su extinción de 1836.

La Universidad se incorporó al nuevo plan de estudios de 1807; también al de 1823, que agrega las enseñanzas de Química e Historia Natural, y al de 1845, con modernizadas enseñanzas clásicas y experimentales.

Enriquece su biblioteca con los fondos de la pública de San Acasio y con los libros procedentes de las librerías de los extinguidos regulares, como anteriormente había hecho con los de los padres jesuitas.

Participación muy activa tuvo la Universidad en la defensa de las teorías inmaculadistas y colaboró con alborozo en las fiestas solemnes que Sevilla consagró a los privilegios de María Inmaculada.

Mención especial merecen las fiestas con motivo de los grados de doctor; su curioso ceremonial, discursos y elogios de los doctorados, que con todo pormenor señalan los cronistas sevillanos y se publican especialmente en los burlescos «vexámenes». En 1796 se conceden los doctorados en Cánones, Leyes y Filosofía al príncipe D. Luis de Parma, yerno de Carlos IV,

y. además de éstos, el de Teología al arzobispo de Sevilla D. Antonio Despuig. En el siglo XIX a D. Manuel de la Cortina. En estos últimos años fueron doctores «honoris causa» D. Joaquín Benjumea Burín, D. José Ibáñez Martín y von Karmann.

Ya me he referido a las disputas entre el colegio de maese Rodrigo con el de Santo Tomás. También existieron el colegio catedralicio de San Miguel, el de los jesuitas, el de San Hermenegildo, el de las «becas coloradas», y el de los irlandeses o de San Gregorio. Todas las Ordenes religiosas tuvieron sus casas-colegios.

La Universidad conserva unos cuadros con la relación de sus rectores a partir de 1771, son: Céspedes, Ceballos y Ruiz de Vargas, García de Castro, Carvajal, Salinas, Alvarez Santullano, Vargas Machuca, Prieto López, Vargas y Fernández del Pozo, Maestre y Tous, Cienfuegos, Rodríguez Romero, Key, Outón García, Cerero e Ibáñez, Pérez Seoane, Ruiz Merrón, Pérez Seoane y Rivero, Martín Villa, Machado Núñez, Castro y Fernández, Alcalá y Urbina, Santos de Castro, Bedmar, Laraña y Fernández, Alcaide y Molina, Mudarra, Morís y Fernández Vallín, Laraña Ramírez, Andrade Navarrete, Hazañas y la Rúa, Miura Olmedo, Pagés y Belloc, Collantes, Candau, Lupiáñez, Carande, Royo, del Campo, Candil, Mota Salado, García Oviedo, Manzano y Hernández Díaz (1963).

Catedráticos y doctores en Teología: anteriores a 1675: Hurtado, Avila, Escalante, Padilla, Reina, Quirós, Cervantes, Lepe, Ayllón, Pérez Marín, Arias Montano, los cardenales Silíceo, Spínola, Belluga y Moncada, Salcedo Azcona, Solís y Folch, y el arzobispo Despuig; en 1675, Antonio Flores León y Martín de Sañartu; y en 1739, fray Isidoro de Neve; posteriormente, Pedro Manuel Prieto, Antonio de Vargas, Nicolás Maestre, Diego José Márquez, José Alvarez Santullano, fray Francisco Javier González y fray Miguel Miras.

En Cánones y también en Jurisprudencia: antes de 1675, Cervantes, Mogollón, Saavedra, Rioja, Abaunza, Altamirano, Ojeda, Gómez Liñán, Guerra, Escobar del Corro, Medina Rico y Ramos Obregón; en 1675, Bartolomé de la Serna; en 1739, Díez de Florencia, Ulloa Sanabria, Fernández Santillán, Heredia, Torres Licht y Vera; y posteriormente, González de Carvajal y Pedro Inguanzo, luego arzobispo de Toledo.

Y en Filosofía, el citado González Carvajal y José Isidoro Morales.

La ley de Ordenación Universitaria (1943) convalidó en Sevilla las Facultades de Filosofía y Letras, Derecho, Ciencias, Medicina (con otra en Cádiz, de antigua tradición) y Veterinaria (Córdoba). La primera tiene dos secciones: de Historia y de Historia de América, cuyos respectivos planes de estudio se reglamentan por los decretos de 1944 y 1945. En los cursos comunes de ambas se estudian Fundamentos de Filosofía e Historia de los Sistemas Filosóficos, y en la de Historia de América, la asignatura de Historia de la Iglesia y de las Instituciones canónicas hispanoamericanas.

El plan actual de la Facultad de Derecho tiene las disciplinas de Derecho Canónico y Filosofía del Derecho. En su biblioteca conserva valiosos libros de jus canonicum.

En 1961 se creó la cátedra San Isidoro, de Teología y Filosofía de carácter especial y apta para los estudios del doctorado en la Facultad de Letras.

Todos los universitarios cursan anualmente enseñanzas de religión bajo la forma de cursillos monográficos explicados por sacerdotes nombrados por la jerarquía.

BIBL.: AHN: Consejos, leg. 5478, exp. 3; Estatutos de la Universidad de Sevilla, Se. 1634; G. SÁNCHEZ CUESTA, Momentos estelares de la Medicina sevillana, Se. 1967;

J. DE VARGAS PONCE, *Breve noticia de la fundación, progresos... del Colegio Mayor de Santa María de Jesús*, ms.: Real Academia de la Historia; J. HAZAÑAS Y LARUA, *Maese Rodrigo (1444-1509)*, Se. 1909; ID., *Historia de Sevilla*, Se. 1932; P. DE OLAVIDE, *Plan de Estudios para la Universidad de Sevilla*, Ba. 1969; F. AGUILAR PIÑAL, *La Universidad de Sevilla en el siglo XVIII*, Se. 1969; ID., *Sobre la primera cátedra de Química en Sevilla: R11*, 26(1963) 155-171; V. DE LA FUENTE, *Historia de las Universidades, Colegios y demás establecimiento de enseñanza en España*, II, Ma. 1885, 93-101 y 467-471, III, Ma. 1887, 282-286, y IV, Ma. 1887, 60-62; *Universidad Literaria de Sevilla...*, Se. 1888.   A. MURO

Sigüenza (Guadalajara). La célebre Universidad de Sigüenza tiene su origen en uno de los primeros colegios de tipo sacerdotal que se crearon en España un siglo antes de aparecer en la Iglesia el decreto *Pro Seminariis* del concilio tridentino. Su fundación se debe al piadoso Juan López de Medina, arcediano de Almazán y canónigo de Toledo, gran amigo de Cisneros y protegido del cardenal Mendoza. Lo hace por el año 1476, uniéndolo al convento de jerónimos y a un hospital, que pocos años antes estableciera él mismo, y que estaban situados fuera de la ciudad, dándole el nombre de San Antonio de Portacoeli. Mendoza aprueba la fundación en 1477 y más tarde lo mismo el papa Sixto IV en 1493, pero siempre como una casa de estudios meramente sacerdotal para 13 colegiales. El fundador muere en 1489 y pronto los colegiales obtienen nuevas bulas de Inocencio VIII, por las que se concedían al Colegio todas las prerrogativas de Universidad, con la facultad de conferir grados académicos en Teología y Filosofía. Más adelante, en 1501, se extendería la enseñanza a las Facultades de Leyes y de Medicina. Desde el principio los colegiales de Sigüenza quisieron dar a su Colegio-Universidad el título de mayor, pero ante la protesta de los otros colegios mayores hubieron de contentarse con el de «Grande», como así se le vino llamando durante siglos. Asimismo, quisieron mudar de local, ya que el primero estaba bastante alejado, pero no pudieron llevarlo a cabo sino hasta el siglo XVIII, ante la decidida oposición que siempre encontraron en los jerónimos.

Privada ya de su carácter meramente sacerdotal, la Universidad rivalizó durante tiempo con la misma de Alcalá, que tan cerca tenía. Durante la Guerra de Sucesión quedó en suspenso la vida universitaria en Sigüenza, y en 1771 fue ya despojada de la cátedra de Leyes. En 1808 la Universidad cierra sus puertas, para abrirlas de nuevo con Fernando VII, pero Calomarde la reduce al papel de mero colegio, agregado a la de Alcalá, siendo clausurada definitivamente en 1837. Se conserva el edificio, convertido en palacio episcopal. Los bienes y la documentación pasaron al Instituto de Enseñanza Media de Guadalajara. Los documentos se conservan hoy en el Archivo Histórico Nacional. A la sombra de la Universidad florecieron algunos colegios, como el de San Martín, fundado en 1618 por el licenciado y racionero de la catedral Juan Martínez, y el llamado Colejuelo, que existía donde se levanta hoy la casa de correos.
BIBL.: V. BELTRÁN DE HEREDIA, *La Facultad de Teología en la Universidad de Sigüenza: R175*, 2(1942)409-469; E. JULIÁ MARTÍNEZ, *La Universidad de Sigüenza y su fundador*, Ma. 1928; I. MONTIEL, *Historia de la Universidad de Sigüenza*, Maracaibo 1963; J. DE LA FUENTE, *Reseña histórica del Colegio de San Antonio de Portacoeli, con algunas noticias de su fundador*, Ma. 1876; F. MARTÍN HERNÁNDEZ, *La formación clerical en los Colegios Universitarios españoles (1371-1563)*, Vi. 1961, XXXI-XXXIII.   IEF

Solsona (Lérida). Paulo V, por bula de 1670, elevó el Colegio de San Miguel y San Gabriel, fundado por el obispo fray Juan Alvaro y regentado por los domi-

nicos, a la categoría de Universidad, con facultad de conferir grados, válidos solo para Cataluña y Mallorca. Parece llevó vida relativamente próspera hasta que en 1717 es absorbida, junto con las otras de Cataluña, por la Universidad general de Cervera.
BIBL.: J. SERRA VILARÓ, *Universidad Literaria de Solsona*, Ta. 1953; C. AJO, *o.c.*, III, Ma. 1959, 67-71.   IEF

Tarragona. Fue establecida esta Uuiversidad por el cardenal D. Gaspar de Cervantes en 1572, incorporando a ella el Seminario tridentino, que pocos años antes fundara, y la Escuela de Gramática, que venía funcionando en la ciudad desde el siglo XIII. En 1574 el papa Gregorio XIII aprobaba la fundación con privilegio de conferir grados en Filosofía, Teología y Artes. Fue inaugurada en 1577 y le dio Estatutos en 1580 el arzobispo Antonio Agustín. Sin embargo, su vida fue poco vigorosa, hasta que, abolida por Felipe V, se incorporó con que sentar a la de Cervera. Ante el recurso de la ciudad accedió el rey a que continuara en Tarragona un Estudio literario, sin facultad de conferir grados.
BIBL.: A. DEL ARCO Y MOLINERO, *La antigua Universidad de Tarragona: apuntes y documentos para su historia*, Ta. 1920; C. AJO, *o.c.*, III, Ma. 1959, 321-328; S. CAPDEVILA, *Les Antiques Institucions Escolars de la Tarragona restaurada: R113*, 12(1927)68-162; 13(1928)13-22.   IEF

Toledo. La Universidad de Toledo tiene también sus principios en un primer colegio sacerdotal, que instaurara en la ciudad imperial el «venerable dotor D. Francisco Alvarez, maestrescuela et canónico de la dicha nuestra santa Iglesia», como lo llama su amigo Cisneros en un poder que le concede para que, en su nombre, tome posesión del arzobispado toledano. Sucedía esto en 1485 y en este mismo año obtenía la bula *Etsi Nos* del papa Inocencio VIII, por la que se aprobaba la fundación de una casa para formación de jóvenes y clérigos pobres, «donde podían residir hasta 12 colegiales y un retor, recogidos desde jóvenes para dedicarse a la clerecía». Durante más de cuarenta años residen estos jóvenes en un local cerca de la iglesia de San Andrés hasta que se trasladan a las casas, cuyos solares coinciden hoy con los solares del Seminario mayor. En 1520 el propio fundador obtiene de León X la facultad de dar grados, lo que confirma al poco tiempo el mismo Carlos I. Se dan nuevas Constituciones, aprobadas por el Emperador, obra del canónigo López de Ayala, y con ello empieza propiamente la vida de la Universidad, que contaría entre sus alumnos hombres de ingenio y de sabiduría, como Alvar Gómez de Castro, primer biógrafo de Cisneros, Antonio de Covarrubias y Leiva, Andrés Escoto, Andrés Laguna, Fox Morcillo, Melchor Cano, etc.

En 1799 se separa la Universidad del colegio, que es destruido en la Guerra de la Independencia, uniéndose más tarde al Seminario de la diócesis. La Universidad sigue en sus funciones hasta fines del siglo XIX, en que desaparece. Posteriormente fue Universidad pontificia hasta 1932.
BIBL.: V. BELTRÁN DE HEREDIA, *La Facultad de Teología en la Universidad de Toledo: R175*, 3(1943)201-247; A. MARTÍN GAMERO, *Historia de la Ciudad de Toledo, sus claros varones y documentos*, To. 1862.   IEF

Tortosa (Tarragona). Pocas noticias, y las más de ellas dudosas, tenemos acerca de esta Universidad. Ni el mismo padre Villanueva dice nada de ella en su *Viage literario*, a pesar de que parece estuvo enclavada en un convento de su Orden. Según Ortí, historiador de la Universidad de Valencia, la instituye el dominico fray Baltasar Soria, consiguiendo la licencia fundacional de Carlos I por el año 1553, si bien Gil y Zárate asegura que no tuvo privilegio hasta 1645, en que se lo concedió

Felipe IV. Por el 1714 está casi sin vida, logrando estirarla hasta que tres años más tarde es incorporada a la nueva de Cervera.

BIBL.: B. OLIVER, *Los Colegios reales y la Universidad Pontificia y Real de Tortosa:* R59, 45(1904)5-11; C. AJO, *o.c.,* III, Ma. 1959, 54-58.   IEF

Valencia. Una vez conquistada Valencia, Jaime I quiso erigir en la ciudad un Estudio público. Para ello solicitó y obtuvo del papa Inocencio IV, un rescripto apostólico (Lyón, 15-VII-1245), en virtud del cual todos los eclesiásticos que actuaran como docentes en el citado Estudio, lucrarían las rentas y emolumentos de sus beneficios. Tales rentas y emolumentos serían considerados como gratificaciones por los servicios prestados a la enseñanza. Pero el intento del Conquistador era prematuro y tardaría más de dos siglos en convertirse en realidad con la creación del *Studi General.*

Con la consolidación del reino de Valencia, aparecieron diversas Escuelas, privadas y públicas. Entre las primeras, cabe destacar la de Teología, fundada en 1345, en la catedral, por el obispo D. Raimundo Gastón. El obispado de la ciudad y el capítulo de canónigos de la misma contribuyeron con 24 libras anuales para su sostenimiento. A principios del siglo XV, san Vicente Ferrer ejerció toda su influencia para que la ciudad y el cabildo catedralicio reuniesen en una casa común las Escuelas públicas de Gramática y Lógica —tenemos noticia de su existencia en 1374 por un litigio entre el obispado y el concejo municipal de la ciudad— y las de Artes y Medicina, con la de Teología del cabildo catedralicio.

Las mentadas Escuelas se fusionaron en una casa de la calle del Mesón de la Nave, inmueble que fue comprado a su propietario, D. Pedro Vilaragud. El 5-I-1411 se establecieron sus Constituciones: las Escuelas comprendían un total de 12 cátedras. En 1424 la ciudad asignó 100 florines de oro al maestro Guillem Venecia para que leyese y explicase en ellas los poetas latinos. Seis años después, Alfonso V el Magnánimo concedió privilegios de nobleza a todos los valencianos que se graduaran en Leyes. En 1427, éstos comenzaron a alternar, con aragoneses y catalanes, en el rectorado de la Universidad de Lérida, la más antigua de la corona de Aragón, fundada en 1300 por Jaime II.

El 16-X-1492, los *prohomens del quitament* consienten en que sean adquiridas *unes cases-scola bones e sufficients per obs de fer hun Studi general in la present ciutat de Valencia.* Efectivamente, el 1 de abril del año siguiente fueron compradas, para ello, las casas de Isabel Saranyo, con dos huertos contiguos, situadas en la parroquia de San Andrés. El precio pagado fue de 15.000 sueldos.

Con fecha 30-IV-1499 se establecieron las Constituciones del *Studi General* de Valencia y a los pocos días fue bendecido el edificio. Para que el *Studi* fuera considerado como Universidad solo le faltaba el reconocimiento por parte del papa y del rey. La bula de Alejandro VI, fechada en Roma el 23-I-1500, es el documento propiamente fundacional de la Universidad de Valencia. El 16-II-1502 Fernando el Católico expidió, desde Sevilla, el privilegio real de confirmación.

En virtud de los estatutos fundacionales, el cargo de canciller de la Universidad quedaba vinculado al arzobispado de Valencia (la ciudad ascendió a la categoría de sede metropolitana en el pontificado de Inocencio VIII, por bula de 9-VII-1492). En el caso de sede vacante, el cabildo catedralicio nombraría un canciller interino. Por su cargo, el canciller podía conferir toda clase de grados: magisterio, licenciatura, doctorado. Podían obtener la regencia de las cátedras todas aquellas personas, laicas o eclesiásticas, que hubiesen obtenido los grados correspondientes.

El gobierno de la Universidad estaba a cargo del «claustro mayor», integrado por el canciller, el rector y los jurados de Valencia, junto con algunos canónigos y hombres de letras. En 1585 el papa Sixto V ensanchó el «claustro mayor»: en adelante formarían parte del mismo, además, todos aquellos que tenían voto en la elección de los catedráticos, es decir, el racional, el síndico y los abogados de la ciudad. Contra lo ordenado por el «claustro mayor» solo cabía recurso ante la Audiencia Real. Periódicamente se reunía el claustro de catedráticos, para responder a determinadas consultas, enterarse de las órdenes comunicadas por la superioridad y adoptar medidas referentes al orden interno de las enseñanzas.

En los primeros tiempos, el cargo de rector era desempeñado por un catedrático, pero a ello se opuso la ciudad, alegando ciertos inconvenientes. Consultado el papa Sixto V, ordenó —bula de 3-XI-1585— que el rectorado recayese en un canónigo de la iglesia metropolitana, y que su mandato durase tres años. En los actos universitarios, el rector ocupaba la presidencia, excepto cuando se conferían grados, ya que esto constituía un privilegio del canciller y de la ciudad, según los casos.

En un principio hubo cátedras de Derecho Civil, Derecho Canónico, Medicina, Cirugía, Poesía y Artes, Oratoria, Teología, Sagrada Escritura, Filosofía Natural, Lógica, Doctrina mayor, Doctrina menor y Partes.

De momento no se asignaron recursos económicos fijos al *Studi General* de Valencia. Por bula de Pío IV de 14-VII-1564 se creó la llamada «renta de Orihuela» —500 ducados anuales para la Universidad, procedentes del diezmo del obispado de Orihuela—, ratificada en 1566 por Felipe II. Esta renta, que desapareció con la Desamortización eclesiástica (1835), era distribuida entre las cátedras existentes por la «Junta de la renta de Orihuela». De mayor cuantía era la llamada «Renta de la Prepositura de Febrero», oficialmente reconocida a la Universidad por Sixto V en 1585. En la catedral de Valencia existían 12 prebendas, llamadas pavordías o preposituras, cuyos poseedores tenían la obligación de recaudar y distribuir —cada uno durante un mes al año— las rentas de la iglesia. De su supresión en 1553, por los pleitos que se sucedían entre los canónigos, quedó exceptuada la llamada «pavordía de febrero», vinculada a la casa ducal de Gandía. Su último poseedor fue D. Tomás de Borja, quien renunció a parte de sus rentas en beneficio de la Universidad de Valencia. Por la mentada bula de Sixto V, 9-XI-1585, fue suprimida la pavordía de febrero y sus rentas incorporadas al *Studi General.* Con ellas se crearon 18 pavordías —seis para cada una, de las tres Facultades de Teología, Cánones y Leyes— lo que permitió aumentar el cuadro de las enseñanzas. Los pleitos entre los canónigos y la disminución de las rentas motivada por la expulsión de los moriscos, aconsejaron la reducción de las pavordías. En efecto, en 1648, Inocencio X dispuso que solo quedaran 10. La Desamortización eclesiástica obligó a la Universidad a suplir, con sus propios fondos, las rentas hasta entonces usufructuadas por las pavordías. Por el concordato de 1851, quedaron suprimidas las pavordías y sus titulares nombrados canónigos.

La Universidad poseía, además, diversas pensiones de censales, por los préstamos que hacía con sus fondos sobrantes. Con fecha 20-III-1787, el primer ministro, conde de Floridablanca, regularizó los ingresos de la Universidad, que se nutrirían de una aportación fija de la ciudad —8.000 pesos anuales— más diversas cantidades, procedentes, principalmente, de las colaciones de grados y de la mitra, cuando estuviera vacante. La situación de prosperidad terminó bruscamente con la Guerra de la Independencia. Por real decreto de 17-IX-1845, siendo ministro de Instrucción Pública D. Antonio Gil y Zárate, se consumó la obra de centralización iniciada en el siglo XVIII y todas las Universidades pasaron a depender del Estado.

Muchos profesores y alumnos de la Universidad de Valencia alcanzaron justo renombre. Es obligado mencionar, en primer lugar, a Juan Luis Vives. Un proverbio del siglo XVI decía que el teólogo había de ser de Alcalá, el canonista de Salamanca y el médico de Valencia. Para citar solo unos nombres, recordemos, entre los médicos, a Vicente Gilabert y Andrés Piquer; entre los matemáticos, al padre Tomás Tosca; entre los botánicos, a José Antonio Cavanilles, y entre los humanistas, a Gregorio Mayans y Siscar, y Francisco Pérez Bayer. Entre los rectores, destaca Vicente Blasco García, quien ocupó el cargo entre 1784 y 1813. El plan de estudios presentado por Blasco en 1770, en cumplimiento de una orden de Carlos III, fue considerado como el más perfecto entre todos los que llegaron al Consejo de Castilla. Por lo que se refiere a los cancilleres, recordemos a san Juan de Ribera, quien, a partir de 1568, reformó la Universidad de Valencia, para adecuarla a las directrices de la Contrarreforma.

Consta que en la segunda mitad del siglo XVIII la Universidad de Valencia era de las más concurridas de España. Hacia 1780, sus alumnos rebasaban ampliamente el millar: en 1786 eran 1.174, distribuidos así: 459 de Artes, 221 de Leyes, 209 de Medicina y Cirugía, 205 de Teología y 80 de Cánones. La matrícula aumentó considerablemente a comienzos del siglo XIX. En el curso 1807-1808 se matricularon, en total, 2.001 alumnos; las cifras mayores corresponden a las siguientes materias: Medicina, 414; Instituciones teológicas, 219; Matemáticas, 209; Botánica, 203; Lógica y Metafísica, 199. La matrícula desciende unos años después: en el curso 1815-1816 se matricularon 799 alumnos, correspondiendo las cifras mayores a las siguientes disciplinas: Medicina, 202; Matemáticas, 93; Lógica y Metafísica, 68; Ciencias eclesiásticas, 57.

En general, predominaron las relaciones cordiales de la Universidad con los colegios y conventos de los predicadores, agustinos, escolapios y trinitarios, así como con el Colegio-Seminario del Patriarca, fundado por san Juan de Ribera — en la línea de los ideales trentinos referentes a la erección de seminarios diocesanos —, bajo la invocación del Corpus Christi. Párrafo aparte merecen las relaciones con los jesuitas, Colegio de San Pablo, fundado en 1544. Tras una larga etapa de discordias que estallaron ya en 1568, al comenzar el arzobispado y la cancillería en la Universidad de san Juan de Ribera — favorable a la Compañía —, a mediados del siglo XVIII, en virtud de una resolución del «claustro mayor» pasaron al Colegio de San Pablo las enseñanzas universitarias de Gramática. La Universidad se hizo de nuevo cargo de las mismas con la expulsión de los jesuitas (1767).

Durante el reinado de Carlos III, la Universidad de Valencia acusó las luchas ideológicas de la época entre el equipo ilustrado, representado sobre todo por el polígrafo Gregorio Mayans y Siscar, y el tomismo tradicionalista. La pugna entre ambos constituye un reflejo interesante de la problemática general de la cultura española durante la segunda mitad del siglo XVIII.

BIBL.: A. PALANCA, Guía bibliográfica de la Universidad de Valencia, Ma. 1958; F. ORTÍ FIGUEROLA, Memorias históricas de la fundación y progresos de la insigne Universidad de Valencia, Ma. 1730; A. GIL Y ZÁRATE, De la Instrucción Pública en España, Ma. 1855; M. VELASCO SANTOS, Reseña histórica de la Universidad de Valencia, Val. 1868; V. VIVES Y LIERN, Las Casas de los Estudios en Valencia. Informe acerca del sitio en que éstas se hallaban emplazadas, Val. 1902; F. VILANOVA PIZCUETA, Historia de la Universidad Literaria de Valencia, Val. 1903; C. RIBA GARCÍA, La Universidad valentina en los años de la Guerra de la Independencia (1807-1815). Datos y documentos para su Historia, Val. 1910; J. TEIXIDOR, San Vicente Ferrer, promotor y causa principal del Antiguo Estudio General de Valencia, Ma. 1945; R. ROBRES LLUCH, San Juan de Ribera, Ba. 1960; R. GRAU, El reformismo del siglo XVIII en la Universidad de Valencia, tesis de Licenciatura en la Facultad de Filosofía y Letras de la misma Universidad, Val. 1962. Como fuentes más interesantes para la historia de esta Universidad, merecen citarse las series Studi general y Manuals de Consells, del archivo municipal de Valencia: en la primera —custodiada en armario aparte en el mentado centro— se resumen prácticamente las vicisitudes históricas de la universidad durante la época del patronato; en la segunda se contienen, dispersos, numerosísimos datos referentes a las relaciones con el municipio. También ofrecen interés el Archivo de la Universidad y el del Colegio del Corpus Christi. La Biblioteca universitaria conserva numerosos manuscritos e impresos referentes a la universidad, inventariados en la guía bibliográfica de Palanca que encabeza esta Bibliografía. J. REGLÁ

Valladolid. Es una de las más antiguas de España, cuyo origen no ha podido ser aclarado a consecuencia de la falta de documentación. Por ello, haciendo omisión de los primitivos Estudios de gramática que pudieron iniciarse tan pronto como fue fundada la iglesia mayor colegial de la población, es preciso considerar las circunstancias concurrentes en relación con el nacimiento de otras dos Universidades, la de Palencia y la de Salamanca, y pensar en la posibilidad e improbabilidad de que en un mismo reino, Castilla y León unidos, en una misma época, se creasen dos Universidades tan cercanas entre sí.

Ello nos permite admitir otra posibilidad. La aparición de uno y otro centro de enseñanza en momentos en que los respectivos territorios pertenecían a Coronas distintas, circunstancia que se da entre el fallecimiento de Alfonso VII (1157) y la proclamación de Fernando III como rey de León en 1230, cuando ya lo era de Castilla desde 1217. En este período de setenta y tres años, pudieron aparecer dos Universidades, una en el reino de Castilla, la de Palencia; otra, en el reino de León, la de Salamanca. Mientras ésta subsiste y prospera seguidamente y llega a alcanzar la confirmación pontificia el 6-IV-1255, aquélla desaparece pronto, sin que pueda documentarse hoy su extinción o su traslado a Valladolid, hecho este último que el padre Vicente Velázquez de Figueroa OP, autor del arreglo del archivo de la Universidad vallisoletana en el siglo XVIII y del Libro Becerro de la misma, consigna en el prólogo de éste diciendo que nuestra Universidad fue «trasladada por el santo rey D. Fernando desde la ciudad de Palencia en el año de mil doscientos treinta y siete», noticia que, metódicamente, se ha desconocido o silenciado.

No ofrece duda que el Estudio existente a la sazón, como de fundación real, tenía carácter general y así lo reconoció Sancho IV cuando, al crear otro en Alcalá de Henares, en 1293, lo hizo con «todas aquellas franquezas» que poseía el vallisoletano, sin que puedan discutirse hoy las razones que tuvo el rey para tomar tal determinación. Sancho IV conocía perfectamente, de hecho y de derecho, las condiciones de funcionamiento del Estudio de Valladolid mucho mejor que los hombres de nuestro siglo, carentes de aquel conocimiento y de otras ilustraciones sobre el hecho, por lo cual ha de concederse mayor crédito a las determinaciones de Sancho IV que a las hipótesis mejor construidas que hoy puedan establecerse.

Ahora bien, aunque Valladolid tuviese Estudio general ab antiquo, existía notoria diferencia entre los que no poseían y los que sí disfrutaban la confirmación pontificia, y ésta se obtuvo, a petición de Alfonso XI, del papa Clemente VI por bula datada el 31-VII-1346, que autorizaba las enseñanzas de todas las Facultades, excepto la de Teología.

No puede ocultarse que en la bula de referencia se le llama al de Valladolid *Studium Particulare*, pero recuérdese también que para los pontífices confirmadores o instauradores de la categoría de *Studium Generale* todos los no creados por ellos eran particulares, aunque éstos fuesen ya considerados generales por los reyes, sus verdaderos fundadores. Así, pues, fijamos con distinción estas dos fechas: 1237, establecimiento en Valladolid de una Universidad real; y 1346, confirmación pontificia de la anterior.

A partir de la segunda de dichas fechas, son frecuentes las noticias de la Universidad vallisoletana, aunque casi limitadas a las mercedes de varias clases que sucesivamente recibió de reyes y pontífices, escasa documentación conservada ya en el siglo XVIII y menguada aún más, en 1939, en el incendio sufrido por la Universidad.

Las cátedras que desde antiguo existieron en ella y se mantenían en el momento de su confirmación pontificia fueron siete: dos de Cánones, una de prima y otra de vísperas; dos de Leyes, también de prima y vísperas; una de Decreto, otra de Lógica y otra de Gramática. A principios del siglo XV, Enrique III por carta real dada en León el 9-VI-1404, a pesar de la expresa prohibición de Clemente VI en su bula citada, creó y dotó una cátedra de Teología y otras dos de Filosofía y Física (Medicina), respectivamente, siendo sus primeros titulares fray Alfonso de Bustillo OP, con 2.500 maravedís de renta anual; Pedro Núñez, bachiller en Decretos, con 1.000, y el maestro Domingo, con 1.500.

En 1416 Juan II de Castilla, bajo la tutela de su madre D.ª Catalina de Lancáster, envió sus embajadores al concilio de Constanza. Entre ellos figuraba un dominico, hijo del convento de San Pablo, de Valladolid, y natural de esta villa, fray Luis de Valladolid. Terminado el concilio y con él el cisma, y nombrado papa Martín V, desde el momento de su nombramiento expide diversas letras apostólicas para Castilla y su rey, y para la Universidad de Valladolid, entre las cuales, una bula dada en Génova el 8-VII-1418, por la cual crea en ella la Facultad de Teología con estudios y ejercicios al estilo de la Universidad de París, nombrando decano al maestro en Teología por esta última, fray Luis de Valladolid, aquel embajador de Juan II, a quien, sin duda, como a Castilla y a su rey, en la Universidad de Valladolid, premiaba su actuación favorable en el concilio de Constanza.

Desde entonces hasta el siglo XIX funcionaban en Valladolid las Facultades de Teología, Cánones, Leyes, Medicina y Artes. A las cátedras antes mencionadas fueron agregándose otras de fundación posterior a lo largo de los siglos XV a XVIII, hasta un total de 44, predominando las de Teología con cátedras propias y a cargo de los religiosos dominicos, franciscanos, jesuitas y clérigos menores.

La Universidad ordenó su vida mediante los correspondientes estatutos. Unos, primitivos, mencionados en ocasiones, pero que no se conservan. Los primeros conocidos, denominados «antiguos» en latín, debieron redactarse por el claustro entre 1517 y 1523. Estos mismos, corregidos y aumentados, fueron aprobados por carta real, firmada por el príncipe Felipe, gobernador de los reinos, en Valladolid el 27-II-1545, y juntamente con las modificaciones introducidas en ocasión de las visitas de inspección, fueron el cuerpo legal (impreso en Valladolid, en 1651, por Bartolomé Portolés), por el cual se ha regido durante toda la Edad Moderna.

En 1770, el Consejo de Castilla mandó a la Universidad que en término de cuarenta días formase un nuevo plan de estudios, teniendo en cuenta las cátedras existentes en aquel momento, y así lo efectuó. A él agregó algunas modificaciones el fiscal del alto organismo D. Pedro Rodríguez Campomanes, y de este modo, con otros arreglos complementarios, fue aprobado por una provisión del Consejo dada en Madrid el 27-VI-1771, implantándose en el curso 1771-1772. En él figuran los estudios de gramática o previos a los superiores, y los de las cinco Facultades mencionadas: Artes y Filosofía con cursos preparatorios para las restantes; Medicina, con seis cursos; Leyes, con cinco; Cánones, con tres; y Teología, con seis.

Nuevos planes de estudio, ahora ya de carácter nacional, se promulgaron a principios y mediados del siglo XIX, siendo de gran trascendencia y repercusión la reforma del ministro, antiguo catedrático y rector de Valladolid, D. Claudio Moyano y Samaniego, en 1857, que estableció 10 Universidades estatales, una de ellas la de Valladolid, con jurisdicción en un distrito comprensivo de las provincias de Alava, Burgos, Guipúzcoa, Palencia, Santander, Vizcaya y la propia de Valladolid, límites que conserva en la actualidad. En ella podían cursarse los estudios de Filosofía y Letras y de Ciencias hasta el grado de bachiller, los de Derecho y Medicina hasta el de licenciado.

Las dos primeras Facultades fueron suprimidas en julio de 1867, restablecidas de nuevo a principios del curso 1868-69, continuando algunos años más acogidas a la ley de libertad de enseñanza, subvencionadas por Ayuntamiento y Diputación provincial hasta 1874, en que una y otra quedaron reducidas a las enseñanzas del primer curso, que según los planes vigentes eran preparatorios a las Facultades de Derecho y Medicina, respectivamente. Reaparecieron, sí, pero ya en el siglo actual. En 1917, Filosofía y Letras, en su sección de Historia; en 1923 y 1941, en dos etapas, Ciencias, en su sección de Químicas.

En la Universidad de Valladolid tuvo repercusión especial la creación del colegio mayor de Santa Cruz, fundado por el gran cardenal de España D. Pedro González de Mendoza en un edificio construido de nueva planta con tal fin, en el cual todavía hoy puede admirarse la primera muestra española de la arquitectura renaciente italiana en la traza de Lorenzo Vázquez de Segovia, bien que modificada en 1765 por una reforma que dirigió Ventura Rodríguez.

Una bula pontificia de Sixto IV (Roma, 29-V-1479) autorizó la creación. Unas capitulaciones con la Universidad (20-IX-1483) reconocían importantes privilegios académicos a los futuros colegiales de Santa Cruz. Otro convenio con el concejo de Valladolid (29-IX-1483) concedió al colegio y a sus colegiales extraordinarias franquicias en la introducción de mantenimientos, utilización de pastos concejiles para el ganado y exención de la justicia secular en beneficio de la rectoral.

El primer núcleo de colegiales estuvo integrado por estudiantes salmantinos: seis teólogos, nueve canonistas, tres médicos y dos capellanes formaban la primera promoción que inició la vida colegial el 24-II-1484, bajo el rectorado del bachiller canonista Juan de Marquina. El número uno de la lista de colegiales, considerado como el primero de ellos, fue Diego de Muros, maestro de Artes y bachiller en Teología, quien durante su etapa de colegial alcanzó la licenciatura en esta Facultad de la Universidad de Valladolid.

Los numerosos colegiales de Santa Cruz nutrieron las aulas vallisoletanas como alumnos, muchos de ellos actuaron después como profesores e incluso algunos fueron rectores de la propia Universidad.

Los catedráticos que fueron de Valladolid y los alumnos que estudiaron en sus aulas contribuyeron a la fama de su Universidad. Recojamos el elogio del teólogo salmanticense padre Andrés Mendo, que a mediados del siglo XVII confesaba desconfiar de «poder

2650 UNIVERSIDADES

reducir a breves períodos las alabanzas competentes a un Estudio de tanta reputación y tan fecundo en varones sabios». Destaquemos la figura venerada de su alumno el beato Simón de Rojas, y anotemos que de sus aulas de Teología salieron insignes varones que ocuparon 98 obispados, 26 arzobispados, cuatro generalatos de Ordenes religiosas y cuatro cardenalatos; que entre sus catedráticos de uno y otro Derecho figuran el cardenal D. Gaspar de Quiroga, arzobispo de Toledo (no incluido en los antes mencionados); el doctor Diego Escudero, del Consejo Real y redactor de la *Recopilación;* el mercedario fray Serafín de Freitas, y los ministros decimonónicos D. Lorenzo Arrazola y D. Claudio Moyano; y que catedráticos de Medicina fueron los famosos Dionisio Daza Chacón, Luis de Mercado, Miguel Polanco y Gaspar Ramírez de Sobremonte, médicos de cámara, entre otros, de los soberanos españoles de la casa de Austria, desde Felipe I a Carlos II.

No menos conocidos son algunos de sus alumnos, como el asceta P. Luis de la Puente, el caudillo argentino Manuel Belgrano, que aquí obtuvo su título de Leyes; los literatos del romanticismo José de Larra Mariano (Fígaro) y José Zorrilla; políticos que llegaron al cargo de ministros, como D. Pedro Ceballos, que lo fue de Fernando VII; D. Antonio Ompanera y Cos, en la menor edad de Isabel II; D. Florencio García Goyena, en 1847; D. Agustín Esteban Collantes, en 1853; D. José Muro López-Salgado, en 1873; D. Germán Gamazo, en 1883 y 1892. Y como remate digno de esta breve reseña, el gran polígrafo D. Marcelino Menéndez Pelayo, licenciado en Filosofía y Letras con premio extraordinario por la Universidad de Valladolid el año 1874.

Como notas singulares que demuestran el espíritu del claustro universitario a través de los tiempos, citaremos el solemne voto concepcionista que, pública y solemnemente, formuló la Universidad el 15-XII-1618, en la iglesia catedral de la ciudad, voto que fue preceptivo en los grados de licenciados, doctores y maestros a partir de entonces, y el informe pedido a la real Chancillería, el 24-V-1824, sobre la situación de la Universidad, el cual fue pasado a consulta del Consejo Real por Real Orden de 24 de agosto siguiente. En la parte expositiva de ésta y en el parecei del Consejo resalta el patriotismo del cuerpo docente de aquélla, que «había dado durante la invasión francesa un testimonio, que tal vez sería singular en su clase, de la buena doctrina que se había enseñado en ella, no habiendo ninguno de sus catedráticos admitido destino ni tomado parte en favor del usurpador», actitud que se compagina en un todo con la del cuerpo estudiantil, cuyo temerario valor se puso de manifiesto en la batalla de Cabezón, de 1808.

BIBL.: R. DE FLORANES, *Origen de los Estudios de Castilla, especialmente los de Valladolid, Palencia y Salamanca...,* 1793; CODOIN, XX, 51-278; C. VALVERDE, *Introducción* a los *Anales Universitarios. Historia de la Universidad de Valladolid,* I, Va. 1918, pgs. VII-XVI; M. ALCOCER MARTÍNEZ, *Anales Universitarios. Historia de la Universidad de Valladolid,* 7 vols., Va. 1918-1931; J. SAN MARTÍN, *La antigua Universidad de Palencia,* Ma. 1942; N. ALONSO CORTÉS, *Miscelánea vallisoletana,* 2 vols., Va. 1955; F. ARRIBAS ARRANZ, *El Colegio Mayor de Santa Cruz de Valladolid en sus primeros años,* Va. 1961: Santa Cruz 16(1964)5-14; ID., *Laverde en la Universidad de Valladolid:* R47, 36(1961)187-193; ID., *Universidad de Valladolid. Relaciones y justificantes de méritos y servicios de catedráticos, profesores y opositores a cátedras. Catálogo,* Va. 1963; ID., *Un «humilde erudito» del siglo XVIII. Don Rafael de Floranes y Encinas* (discurso de apertura del curso 1966-67), Va. 1967; V. BELTRÁN DE HEREDIA, *Bulario de la Universidad de Salamanca. Introducción.* Sal. 1966; E. NIÑO, *Universidad de Valladolid. Historia de la Facultad de Ciencias,* Va. 1967. En el Archivo

universitario se encuentran mss. los *Libros de claustros,* desde 1529; los de *Matrícula,* desde 1567; los de *Pruebas de curso,* desde 1608; los de *Grados,* desde 1563; *Cédulas, Cartas y Provisiones Reales,* desde 1347; *Expedientes de oposiciones a cátedras, de grados, etc.* En el vol. II de la *Historia* de Alcocer, recién citada, se publican muchas bulas y privilegios reales, desde 1347 a 1817; y en el vol. I, el *Libro de Becerro de esta R. Universidad de Valladolid,* de V. Velázquez de Figueroa.   F. ARRIBAS

Vich (Barcelona). El padre Villanueva tampoco menciona esta Universidad en su *Viage literario.* Las pocas noticias que tenemos de ella las debemos a Gil y Zárate, quien nos dice: «No se sabe cuándo se fundó; pero es cierto que hasta el año 1599 no se autorizó para conferir grados y aun entonces fue limitado el privilegio a solo Filosofía y Artes, concediéndoselo el rey Felipe III en las Cortes que celebró aquel año. Hasta principios del siglo XVIII no le fue otorgada la facultad de poder conferir los grados de Teología y demás carreras, debiéndola al rey Felipe V, en las Cortes que celebró en Barcelona a 14 de marzo de 1702.» A pesar de esta distinción del rey borbónico, quedaría, como las demás de Cataluña, incorporada a la de Cervera en 1717.
BIBL.: C. AJO, *o. c.,* V. Ma. 1966, 481-484.   IEF

Zaragoza. La primera Universidad del reino de Aragón se estableció en Huesca, el año 1354, por privilegio de Pedro IV, y con carácter exclusivo dentro del reino. La de Zaragoza es mucho más tardía y su fundación fue lenta y trabajosa. Etapas sucesivas fueron dos bulas de Sixto IV (1474, 1476), un privilegio de Carlos I (1542) y la dotación establecida por el deán de la catedral, D. Pedro Cerbuna (1583).

Se basó en un viejo Estudio particular para las disciplinas de Artes, cuya dirección tenía un maestro mayor, prebenda del cabildo y de provisión alternativa entre éste y el arzobispo; los honorarios de los maestros parece que eran abonados por la ciudad. En este Estudio cursó san Pedro de Arbués en 1456.

A petición del príncipe heredero D. Fernando, hecha en nombre propio y del cabildo y jurados de Zaragoza, el papa Sixto IV (19-XI-1474) lo erigía en Estudio General, pero tan solo en lo referente a la Facultad de Artes, con los mismos privilegios que los de Lérida y París; Pedro de Cabra, que era maestro mayor y rector perpetuo, fue a la vez designado canciller. Para salvar las diferencias que pronto surgieron entre éste y el cabildo, el mismo papa dispuso dos años más tarde (1-XII-1476) que el canciller del Estudio fuese siempre el arzobispo de Zaragoza, y que Pedro de Cabra así como los sucesivos maestre mayor y rector, quedaran con el título de vicecanciller del estudio. Muy poco después, Juan II ordenaba se diera cumplimiento a las expresadas bulas de erección del Estudio (25-I-1477) y este mismo año se redactaban sus estatutos, en los que intervino el rector Pedro de Cabra, y en nombre del cabildo, Pedro de Arbués. Su texto nos es desconocido.

Pese a que el concejo instituyó una cátedra de Teología, que se encomendó al franciscano fray Bernardino Tienda (1503?) y que el papa León X, en 1516, prohibía que ni monasterios, ni colegios, ni particulares pudieran enseñar las materias que se cursaban en el Estudio, el hecho es que éste llevaba una vida lánguida. Tratando de vitalizarlo, una comisión de la ciudad de Zaragoza se dirigió a Carlos I, con ocasión de estar éste celebrando Cortes generales en Monzón, y obtuvo de él un privilegio de erección del Estudio General con todas las Facultades: Teología, Derecho Canónico y Civil, Medicina, Filosofía, Artes y «todas las demás Facultades y ciencias aprobadas» (10-IX-1542); se otorgaban a la nueva Universidad todos los privilegios que la Santa Sede o los reyes hubieran concedido a cualquiera

Universidad, y daba de antemano su aprobación a los estatutos que se hicieran. Hasta 1554 no se logró de la Santa Sede la erección pontificia de la Universidad, al igual que las de Salamanca, Valladolid, Lérida y otras del reino; los graduados lo serían por el rector y el valor de sus grados idénticos a los de Salamanca, Lérida o cualquier otro; antes de que fuese publicada la bula de erección por Julio III (6-VIII-1554), falleció el papa, y su sucesor, Paulo IV, se apresuró a hacerla suya por breve expedido el 26-V-1555.

Pero ni los privilegios reales ni los pontificios se habían cuidado de algo fundamental para que la Universidad pudiera funcionar dignamente: el dotarla de rentas adecuadas. En este orden fue decisiva la actuación de D. Pedro Cerbuna, vicario general, sede vacante, por muerte de D. Hernando de Aragón, arzobispo de Zaragoza, quien el 3-IX-1582 puso a disposición de la ciudad los medios para reparar los edificios de la Universidad vieja y fundar cátedras. Mientras se hacían las obras, el mismo Cerbuna redactó los estatutos, ordenó sus estudios, buscó catedráticos, pero sin anunciar que ponía en obra los privilegios reales y pontificios que tenía la ciudad, con objeto de no suscitar contrariedades.

El 20-V-1583 fueron aprobados los estatutos por la ciudad, nombrándose primer rector y vicecanciller al arcediano D. Juan Marco, y canciller, al arzobispo, haciéndose el día 24 solemne inauguración de la Escuela. Pese a las reclamaciones de Huesca y a las indecisiones de Felipe II, la Universidad de Zaragoza se afirma rápidamente. A ello contribuyó la diplomática intervención de fray Jerónimo Xavierre, prior del convento de Predicadores y luego cardenal. En 1584 tenía cátedras de Teología, Cánones, Leyes, Medicina, Artes y Gramática, con gran número de alumnos.

La doctrina tomista venía leyéndose, con gran detrimento de otras opiniones, desde que fray Jerónimo Xavierre inauguró la cátedra de la Facultad de Teología (1583). No obstante, cuando en 1654 el obispo de Teruel, D. Diego Checa, quiso dotar tres cátedras de Artes y dos de Teología para la opinión tomista, encontró fuerte oposición en todos — autoridades y parte del claustro —, que temían una excesiva preponderancia de los dominicos en la Universidad y el monopolio de la doctrina tomista. El rey impuso perpetuo silencio sobre la cuestión y la fundación fracasó (1656).

En 1684 las tres cátedras de Artes se distribuían entre tomistas, suaristas y una tercera «indiferente». En 1691 los franciscanos, que ya tenían una cátedra supernumeraria en la Facultad de Teología según el doctor Escoto, quieren que la cátedra indiferente se concrete en la doctrina escotista. Esto daría lugar a un ruidoso pleito con incidentes graves, como el incendio de la casa del rector; pero al fin la doctrina escotista fue explicada en la Universidad, y así lo reconocería más tarde Felipe V (1721).

Acopladas las tres doctrinas, aún surgió algún otro incidente sobre el acceso de las diferentes Ordenes religiosas a las cátedras universitarias. Los carmelitas, que cursaban intra claustra la doctrina de Bacon, quieren que se les permita opositar a cátedras, a pesar de no cursar en su carrera eclesiástica ninguna de las tres doctrinas aceptadas por la Universidad. Frente a la oposición de los dominicos y agustinos — o sea, tomistas y suaristas — que predominaban en la enseñanza, en 1756 se les autorizó a opositar a las cátedras de Artes de la escuela escotista. A mediados de ese siglo la Universidad aparecía indiferente a las doctrinas del doctor Angélico.

Las otras Ordenes religiosas no tenían una intervención directa en la enseñanza universitaria. Los jesuitas tenían desde 1609 un concierto con la ciudad para leer en exclusiva letras humanas y gramática, lo que hacían en los propios locales de la Compañía, edificados a costa de la ciudad. Con los escolapios pleitearon desde 1740, en que éstos pretendieron abrir aulas para estas enseñanzas, considerándolo como obligación propia de su instituto. Al ser expulsados los jesuitas en 1767, se hizo cargo la Universidad de organizar estas enseñanzas elementales.

Los colegios tuvieron poca importancia en la Universidad de Zaragoza. En el siglo XVIII eran 12 de religiosos, y seis de seglares.

Entre los profesores o rectores de la Universidad, algunos de los cuales habían sido antiguos alumnos, figuran: el helenista Pedro Juan Núñez, Pedro Simón Abril, Juan Sobrarias, Juan Verzosa, fray Pedro Malón de Chaide, fray Jerónimo Xavierre, Juan Briz Martínez, Ramón de Pignatelli. Entre los alumnos, Lupercio L. de Argensola, Diego de Espés prior del Pilar e historiador; Pedro Apaolaza, arzobispo de Zaragoza; Juan Francisco Andrés, cronista de Aragón; Blas Antonio Nassarre, Manuel de Roda, Félix Latassa, Ignacio Jordán de Asso, Francisco Tadeo Calomarde, etcétera.

Se dice, con notoria exageración, que al año de reorganizarse la Universidad por Cerbuna (1584), ésta contaba con 2.000 alumnos. Sabemos que desde 1646 a 1700 hay una tendencia al aumento, llegando en ocasiones a rebasar los 1.000 alumnos, para descender, con oscilaciones, hasta el 1746, en que se inicia un ascenso que llega en 1782 a los 2.051, manteniéndose la cifra media de 1.500 hasta finalizar el siglo. En el curso 1850-51 los alumnos eran 818, de los cuales 66 estudiaban Teología.

Durante el segundo asedio de Zaragoza en la Guerra de Independencia, fue volado el edificio de la Universidad (18-II-1809). En la primera mitad del siglo XIX la Universidad atraviesa una vida lánguida por falta de recursos; en ella repercuten los sucesos políticos del momento, y los diversos planes de estudios van centralizando cada vez más la enseñanza superior en toda España. En 1832 es suprimido en toda España el cargo de canciller, que en Zaragoza venía ejerciendo desde su fundación el arzobispo, si bien con carácter honorífico. En 1845 un nuevo plan de enseñanza reducía a tres sus Facultades: Filosofía y Letras, Derecho y Teología, suprimiéndose la de Medicina. La de Teología será suprimida en 1868.

BIBL.: D. FRAYLLA, Lucidario de la Univ. y Est. Gen. de la Ciudad de Zarazoga, ms. año 1603; G. BORAO, Historia de la Univ. de Zaragoza, Za. s.a.; M. JIMÉNEZ CATALÁN y J. SINUÉS URBIOLA, Historia de la R. y P. Univ. de Zaragoza, 3 vols., Za. 1922-27; M. JIMÉNEZ CATALÁN, Memorias para la historia de la Univ. de Zaragoza. Reseña bio-bibliográfica de todos los grados mayores en las cinco Facultades, desde 1583 a 1845, Za. 1925; F. SOLANO, Carlos V y la Univ. de Zaragoza: Carlos V (1500-1558), Homenaje de la Univ. de Granada, Gra. 1958, 545-61; M. TOMEO LACRUE, Biografía científica de la Univer. de Zaragoza, Za. 1962. En el Archivo universitario, bastante completo, se conservan el Lib. de Gestis, desde 1671 a 1845; y el Lib. de Matrícula, desde 1646.

J. M. LACARRA

UNIVERSIDADES HISPANICAS. En las Indias españolas funcionaron gran número de centros universitarios al igual que en la Península Ibérica. Estas instituciones de enseñanza superior desempeñaron un papel de primera magnitud en el trasvase cultural de la Europa cristiana al Nuevo Mundo, siendo piezas clave de la hispanización y cristianización de aquellos vastos territorios. Su vitalidad dependió estrechamente de la que alcanzaron las ciudades indianas, participando de su mismo destino, grandeza y decadencia. Las más importantes fueron las de Lima y Méjico en cuya organización y esplendor se refleja el de las Universidades que principalmente florecían en el mundo cristiano al tiempo de su fundación. La tendencia iniciada en el siglo XVI de fundar Universidades en los conventos tuvo gran auge en Indias, pues resultaban mucho más baratas y cumplían las necesidades más imperiosas del momento, que eran las sociales, administrativas, judiciales y eclesiásticas, sobre todo estas últimas durante los primeros tiempos, tal como lo declaran los documentos fundacionales. La gloria de toda esta constelación universitaria corresponde principalmente a la Iglesia, que actuó por medio del desprendimiento de sus prelados y de la abnegación de los religiosos, contribuyendo poderosamente el Estado a la consolidación y engrandecimiento de estas instituciones.

Su implantación y apertura no fue tarea fácil ni rápida. El proceso ordinario para conseguir de S. M. la erección puede compendiarse en los trámites siguientes, que absorbían a veces varios años: los interesados y promotores, generalmente algún prelado, comunidad religiosa, cabildo secular y hasta los propios conquistadores, enviaban a la Corte sus procuradores, bien provistos de cartas de recomendación, razones e informaciones. El rey pasaba al Consejo de Indias el examen de la súplica y se iniciaba el expediente. Este pedía informes, sobre todo de carácter económico, para cerciorarse de si el lugar se aproximaba al deseado por Alfonso el Sabio en sus *Partidas* y si había rentas suficientes para sostener con decoro los estudios. Contentando estos informes al rey, éste solicitaba de la Santa Sede la erección canónica del Estudio o Universidad por medio de su embajador. A la concesión del pontífice seguía el pase regio, y la ejecución del documento en el lugar a donde venía destinado.

En tales trámites se pasaban varios años y ello dio lugar a polémicas apasionadas, que llegan hasta nuestros días, recabando varias Universidades hispánicas la primacía fundacional o funcional, negando a instituciones docentes similares con facultad de otorgar grados académicos su carácter universitario, todo lo cual es muestra del aprecio por la enseñanza superior allí impartida. Las dilaciones obedecieron, a menudo, no solo a dificultades económicas, sino a que las supremas autoridades de la Iglesia y del Estado quisieron asegurar a la enseñanza impartida en Indias una altura similar a la alcanzada en Europa. Así, cuando se le puso pleito al Dr. Ordóñez de Valdés, que había ganado por oposición la canongía doctoral de Cuenca, porque su doctorado era de Lima, Carlos II lo zanjó declarando que «deben ser admitidos los grados de los de Lima y Méjico para las prebendas de oposición de las Iglesias de España, y que los naturales de aquellos reinos deben gozar de los mismos honores y prerrogativas que los nacidos en Castilla, como siempre se ha practicado, sin controversia, habiendo obtenido todo género de puestos y dignidades». La monarquía española no fue partidaria de difundir solamente la cultura inferior o la media como hicieron otras naciones europeas en sus posesiones ultramarinas. Es más, las autoridades en el Nuevo Mundo consideraron a los indios capaces de adquirir los mismos conocimientos superiores que atesoraba el Viejo Mundo, tal como lo había demostrado el colegio de los naturales de Santa Cruz de Tlatelolco. De ahí, que el virrey Antonio de Mendoza pidiese con insistencia que se fundase en Méjico «una Universidad de todas las ciencias, donde los naturales y los hijos de los españoles fuesen instruidos en las cosas de nuestra Santa Fe Católica y en las demás Facultades», y que el obispo fray Tomás de San Martín solicitase para su diócesis de La Plata (Charcas) «un Estudio General donde se críen y sean doctrinados los hijos de los principales de aquel reino y otras personas, y cobren habilidad y salgan predicadores de nuestra Santa

Fe». Solo en el siglo XVIII se encuentran disposiciones con visos racistas, como la dada el 27-IX-1752 prohibiendo a la Universidad de Lima que admitiese mestizos, zambos, mulatos y cuarterones.

El lib. I, tit. 22, de la *Recopilación de Leyes de Indias* trata «de las Universidades y Estudios generales y particulares», entendiendo por Universidad y Estudio la misma institución. Las generales eran de tipo oficial. Estaban sometidas al Real Patrono. La Corona intervenía en su gobierno. Sus rentas provenían principalmente de la Real hacienda o de fondos particulares secularizados y puestos bajo el arbitrio del monarca. Tenían una organización similar y gozaban de todos los privilegios de las Universidades mayores de España, que se ajustaban generalmente a los de Salamanca. Entre sus privilegios más importantes figuraba el de la exclusiva de los grados académicos, de modo que los cursos realizados fuera de su recinto sin su autorización no tenían validez académica. Al tiempo de publicarse la *Recopilación* solo eran Estudios Generales las Universidades de Méjico y Lima que, situadas en las capitales de los virreinatos, ejercieron una especie de jurisdicción y asesoría respecto a los demás centros de estudio en cuanto a cursos, colación de grados e incorporaciones. En el siglo XVIII aparecieron algunas Universidades, como la de Caracas, que, según Abel Salazar, podrían incluirse en este grupo.

Respecto a las Universidades particulares, la ley 2, tit. 22, lib. I permite «que se ganen cursos y den grados en ellas por el tiempo que ha parecido conveniente», y dice el rey que para ello «hemos impetrado de la Santa Sede Apostólica breves y bulas, y les hemos concedido algunos privilegios y preeminencias». Tenían carácter subsidiario, limitadas en el tiempo (generalmente por diez años) y en el espacio (a más de 200 millas de las generales), pero en virtud de las necesidades fueron levantándose estas restricciones, convirtiéndose en perpetuas y erigiéndose dentro del área prohibida. Su esencia consistía en el privilegio de graduar, otorgado a los estudios privados de alguna comunidad religiosa. Hubo entre ellas variedades notables, unas fueron públicas y otras privadas o cuasiprivadas, accidentales y permanentes, con todas las Facultades o con solo algunas. La *Recopilación* considera de este tipo, a las de Santo Domingo, Santa Fe de Bogotá, Guatemala, Santiago de Chile y Manila; pero hubo muchas más. A veces se les denomina menores por tener menos privilegios que las generales, pero con el tiempo algunas lograron la equiparación.

Fenómeno propio de estos Estudios particulares o Universidades menores es el de coexistir varios en una misma ciudad. Esta característica fue consecuencia de una serie de gestiones que hizo el rey para satisfacer justamente a dominicos y jesuitas en sus aspiraciones académicas. En el segundo lustro del siglo XVII pugnaban ambas Ordenes por convertir en Universidad los estudios que impartían en sus respectivos conventos de Bogotá. Hallándose perplejo el rey, los jesuitas rebajaron su petición de Universidad a la de mera Facultad de conferir grados y el monarca acordó concedérsela a ellos y a los dominicos, para lo cual solicitó los oportunos breves del papa. El 11-III-1619 Paulo V concedía a dominicos y jesuitas por el breve *Carissimi in Christo* la facultad de graduar en los colegios situados a más de 200 millas de alguna Universidad pública, durante diez años, no valiendo estos grados fuera de las Indias y siendo indispensables cinco años de estudio. Gregorio XV amplió ese breve, concediendo a la Compañía de Jesús por el *In supereminenti* de 8-VII-1621, que sus grados tuviesen valor universal. Este breve obtuvo el pase regio el 12-XI-1621 y se dio orden a los prelados de Indias para que lo ejecutaran el 2-II-1622, pues a ellos les correspondía conferir los grados. Esta concesión se la limitó Urbano VIII, equiparando los jesuitas a los dominicos en el plano inferior, es decir, no concediendo validez universal a los grados, por medio del breve *Alias felicis* de 7-I-1627; pero por un nuevo *In supereminenti* de 29-III-1634 Urbano VIII actualizó el de su predecesor Gregorio XV, mas ya sin limitación de tiempo, de manera perpetua. Con estos breves los monarcas pudieron disponer de la vida universitaria indiana, contentando las necesidades de sus súbditos sin apenas erogaciones de la Hacienda Real porque dominicos y jesuitas tenían convento y colegios en casi todas las partes de Indias. Estas Universidades tuvieron que recurrir a la Santa Sede para establecer la cátedra o facultad de Cánones o cuando quisieron independizarse de los conventos o gozar mayores privilegios.

Los modelos imitados por las Universidades indianas fueron Salamanca, Alcalá y Valladolid principalmente. En las universidades-convento de los jesuitas los primeros modelos fueron Gandía y Osuna, y los posteriores se adaptaron al patrón establecido en las Constituciones de Córdoba del Tucumán; las dominicanas de este tipo imitaron sus Universidades de Avila y Pamplona. Las completas constaban de las mismas Facultades que las europeas, teniendo además cátedras de lengua indígena cuyo conocimiento era obligatorio a todo el que desempeñaba la cura de almas entre indios. La provisión de cátedras se hacía, excepto en el caso de los catedráticos regulares en sus Universidades, por oposición. Los grados eran los acostumbrados de bachiller, licenciado, maestro y doctor. A la sombra de estas Universidades surgieron gran número de colegios para alumnos becarios, hijos de caciques, huérfanos de conquistadores o funcionarios, etcétera.

En el siglo XVI aparecieron seis (Santo Domingo, Lima, Méjico, Santiago de la Paz, Tomista de Bogotá y San Fulgencio de Quito); en el XVII, 15 (Nuestra Señora del Rosario de Chile, Javeriana de Bogotá, Córdoba del Tucumán, San Javier de Charcas, San Miguel de Chile, San Gregorio de Quito, San Ignacio del Cuzco, San Ignacio de Manila, Santo Tomás de Manila, Mérida del Yucatán, San Carlos de Guatemala, San Cristóbal de Huamanga, Santo Tomás de Quito, San Nicolás de Bogotá y San Antonio del Cuzco); en el XVIII, 9 (San Jerónimo de La Habana, Caracas, San Felipe de Chile, Buenos Aires, Popayán, Panamá, Concepción, Asunción y Guadalajara), por último, en el XIX, 2 (Mérida de Venezuela y León de Nicaragua), quedando en trámites la Universidad de Oaxaca, en Méjico, y la de Mompox, en Colombia. El siglo XVII es el gran momento de las Universidades conventuales.

Lo que pudiéramos llamar problemas de fondo en estas Universidades conventuales, dejando aparte los derivados del espíritu de escuela que eran los mismos de toda la cristiandad, radicaban en que las Ordenes religiosas eminentemente universitarias (dominicos y jesuitas principalmente) pedían a los organismos gubernamentales, o insinuaban a los particulares, la necesidad de dotar unos colegios donde impartir las enseñanzas superiores a todo el mundo. De este modo se aseguraba indirectamente la formación universitaria de sus propios miembros, que siempre fue costosa, el sustento de sus profesores, e incluso la erección de casas y templos propios de la Orden promotora. Las primeras Facultades eran las de Artes y Teología por medio de las cuales se preparó un clero secular competente que, en muchas diócesis, pronto entró en colisión con los regulares porque éstos detentaban las parroquias que de derecho les creían corresponder. De esta pugna los seculares pasaron a pretender el gobierno de las Universidades conventuales, bien para obtener

puestos dotados o para alcanzar prestigio social. A las mitras les resolvieron estas instituciones la inmediata formación de un clero nativo, pero a su vez retrasaron la aparición de los Seminarios conciliares y en algunos casos obstaculizaron o impidieron la aparición de instituciones como el Seminario de San Clemente que en Manila quiso fundar Sidotti para la evangelización de Asia. De ahí, que en algunos casos hubo obispo que se negó a dar grados a quienes después no podía dar de comer. No faltó prelado que se opuso a ellas por querer que fuesen universales.

La oposición a la Facultad de Leyes hizo retrasar éstas. Hubo protestas por considerar que en Indias sobraban los abogados, ya que para vivir ellos encizañaban con pleitos a los demás. A pesar de ello aparecieron las cátedras de ambos Derechos en estas Universidades conventuales y con ellas los elementos civiles formaron parte de sus claustros acelerando el proceso de su secularización.

Damos a continuación una noticia histórica de cada una de las Universidades hispánicas, clasificándolas por orden alfabético según el nombre de las ciudades donde se establecieron, considerando que fueron Universidades todas aquellas instituciones que tuvieron facultad de otorgar y otorgaron grados académicos.

BIBL.: C. AJO Y SÁINZ DE ZÚÑIGA, *Historia de las Universidades Hispánicas*, 8 vols., Ma. 1957-1972; A. M. RODRÍGUEZ CRUZ, *Historia de las Universidades Hispanoamericanas*, 2 vols., Bogotá 1973; R. BARÓN CASTRO, *La universidad en las Indias españolas:* ECA (San Salvador), 11 (1956); G. AGUIRRE BELTRÁN, *La universidad latinoamericana*, Xalapa 1961; C. BAYLE, *Universidades americanas en los tiempos españoles:* R154, 145(1952)143-220; J. T. LANNING, *Academic Culture in the Spanish Colonies*, Lo. 1940; A. P. WHITAKER, *La historia intelectual de Hispanoamérica en el siglo XVIII:* Rev. Historia de América, 40(1955) 553-573; J. TUDELA DE LA ORDEN, *El legado de España en América*, Ma. 1954; J. ABEL SALAZAR, *Los estudios eclesiásticos superiores en el Nuevo Reino de Granada (1563-1810)*, Ma. 1946; A. ABADIE-AICARDI, *La tradición institucional salmantina de la Universidad de México en la tradición universitaria occidental (1551-1821):* Jarbuch für Geschichte von Staat, Col. 1975; ID., *El canónigo Juan González, rector universitario y ermitaño*, R133, 87(1972) 279-328.
L. TORMO

Asunción (Paraguay). En 1598 Hernando Arias de Saavedra o Hernandarias, gobernador del Paraguay, hizo las primeras gestiones para la fundación universitaria en Asunción. Los franciscanos, dominicos, mercedarios y jesuitas de Asunción enseñaban en sus colegios Gramática, Latinidad, Filosofía y Teología. El 1-I-1715 el cabildo de Asunción se dirige al rey para que acceda a la fundación de una casa de estudios o convictorio de carácter universitario, con cátedras de Filosofía, Teología escolástica, Moral y Gramática. En sesión del cabildo de 16-X-1716 fue nombrado rector el presbítero doctor Blas Severino, se asignó sueldo a los catedráticos de Teología, Filosofía y Gramática, y el cabildo se comprometió a continuar la construcción del edificio para el colegio. Debió de tener vida efímera, porque en 1750 tanto el cabildo secular como el eclesiástico se vuelven a preocupar por la fundación de un convictorio que estuviese en manos de la Compañía. Los vecinos de Asunción solicitaron la fundación de una Universidad conforme a la de Córdoba, en cuanto a privilegios y estatutos y bajo la dirección de los jesuitas. En 1757 hay gran entusiasmo del pueblo y se hace nueva colecta en pro de la realización universitaria. Continúan las gestiones por parte del cabildo y la petición de informes por parte del rey. La expulsión de los jesuitas abre nuevas perspectivas de fundación, con base en sus bienes. El rey autoriza la erección de un seminario, el 23-VIII-1776, asignándole dotación. Los dominicos que se hicieron cargo del colegio de los jesuitas expulsos, habían pedido con anterioridad a Clemente XII facultad para conferir grados y obtenido un Breve, fechado el 28-VIII-1733, con facultad para tener cátedras a nivel universitario y otorgar grados de bachiller, licenciado y doctor durante ocho años. El provincial de la Orden en el Paraguay envió testimonio del mismo al gobernador Agustín Fernando de Pinedo para que le diera el pase. En 1778 los dominicos ya tenían establecidas cátedras de Latinidad, Filosofía y Teología y solicitaron la erección universitaria sin límite de tiempo. Pero la real cédula del 6-VI-1779 solo les autorizó para que mientras tanto otorgasen grados por ocho años, en virtud del Breve de Clemente XII.

En el acta de instalación del colegio-seminario, fechada en Asunción el 29-VII-1782, se establecen los cargos de rector, médicos, barberos y cinco cátedras: Artes, Teología escolástica, Moral, Cánones y Gramática. Pero se consideraba insuficiente el seminario para impartir la enseñanza superior. En 1788 el gobernador Joaquín de Alós informa al rey del éxito obtenido en la suscripción pública, haciendo hincapié para que realizara la fundación puesto que ya había medios suficientes, amplio local y catedráticos preparados. El rey ordenó se pusiera pronto en ejecución su mandato; pero ahora el proyecto tropezó con la voluntad del virrey, que omitió su cumplimiento porque le interesaba establecer la Universidad en Buenos Aires. Por el momento se estableció otra institución de estudios superiores precursora, el Real Seminario Conciliar de San Carlos, autorizado el 23-VIII-1776 por Carlos III a petición del obispo y cabildo de Asunción, y sostenido en parte con base en los bienes de la Compañía expulsa. El 12-IV-1783 fue inaugurado con cátedras de Teología, Artes o Filosofía, Gramática y Latinidad. En él se formaron figuras muy notables. El 19-III-1808 el gobernador Bernardo de Velasco intentó convencer una vez más al rey sobre la necesidad de erigir Universidad, pero todo fracasó por la emulación de Buenos Aires, en lucha por su propia Universidad. En 1889, ya en plena época republicana, se fundó la Universidad Nacional. Antes tuvo el Paraguay estudios superiores en los colegios-seminarios y, luego, en la Academia Literaria, creada en 1841, en el Seminario Metropolitano fundado en 1880 y en la Escuela de Derecho erigida en 1882.

BIBL.: C. CENTURIÓN, *Historia de la cultura paraguaya*, Asunción 1961; E. CARDOZO, *Historia de la cultura paraguaya*, Asunción 1966; M. DOMÍNGUEZ, *Las escuelas en el Paraguay*, Asunción 1897; G. FURLONG, *Antecedentes de la Universidad de la Asunción*: Pulso, 7(1951); F. MÁRQUEZ MIRANDA, *Tentativas desconocidas de creación de Universidades en la época colonial*, Buenos Aires 1938; O. MASSARE, *La instrucción pública en la época colonial*, Asunción 1968; P. PASTELLS, *Historia de la Compañía de Jesús en la provincia del Paraguay*, 9 vols., Ma. 1912-1949; F. SEVILLANO, *Intentos de creación de una Universidad en el Paraguay*: Boletín de Educación Paraguaya, 13(1957).

S. WOYSKI

Bogotá (Colombia). Fundada esta ciudad con el nombre de Santa Fe en la sabana de Bogotá por el licenciado Gonzalo Jiménez de Quesada, tuvo, desde sus primeros tiempos, una vocación y destino marcados por las actividades de la inteligencia. Tres fueron las Universidades privadas que en ella desplegaron su actividad docente y, además, contó con un avanzado proyecto para la creación de una Universidad pública a raíz de la expulsión de los jesuitas, producto tal vez de una extraña mezcla de emulación y problema de conciencia, en el que puso especial empeño el fiscal Francisco Antonio Moreno y Escandón.

Regia y Pontificia Universidad de Santo Tomás. En 1571 inauguraron los dominicos cátedras de estudios eclesiásticos en su convento del Rosario. Deseando convertirlos en universitarios, el padre Juan Méndez lo solicitó del rey y éste pidió informe a la Audiencia bogotana en 10-XI-1573; mientras se seguían estos trámites el padre Francisco Carvajal hizo una súplica semejante al papa, obteniendo de Gregorio XIII la bula *Romanus Pontifex*, de 13-VI-1580, que facultaba la erección de una Universidad con rector, lectores y facultades según las costumbres de la Orden, con autorización para poder explicar todas las disciplinas de cualquier facultad, pudiendo los alumnos ganar curso y recibir los grados académicos acostumbrados, gozando todos los privilegios de los que se graduaban en las Universidades españolas. En los trámites para obtener el pase regio de esta bula, el Consejo de Indias consideró el 14-XII-1584 que las facultades otorgadas se debían restringir a la enseñanza del latín, griego y las facultades de Artes y Teología, pudiendo otorgar grados solamente a los religiosos. Los dominicos se sometieron a esta decisión real organizando las cátedras a ese tenor; pero no dejaron de insistir hasta lograr el *exequatur* de todas las facultades y privilegios de la bula. La Audiencia informó favorablemente en 6-IV-1595, pero la Universidad no se inauguró por entonces. En 1608 la Orden de Santo Domingo aceptó la donación de Gaspar Núñez y fundó el Colegio de Santo Tomás al que le cedió los privilegios de la *Romanus pontifex*, pero el rey permitió la erección del Colegio solo para pobres y huérfanos conforme al deseo del fundador, sin que se hiciese en él Universidad. Organizado este Colegio, se obtiene de Paulo V la bula *Cathedram militantis Ecclesiae* de 4-IX-1612, autorizando el traslado de la Universidad, del convento del Rosario al Colegio de Santo Tomás, pero el Consejo no le dio el pase regio. Llegado a Bogotá en 1625 el breve *Charissimi in Christo*, se redactan los estatutos de la Universidad que son aprobados por el presidente de la Audiencia, Juan de Borja, el 1-IV-1626; con lo cual quienes hubiesen estudiado cinco años en el Colegio de Santo Tomás podían alcanzar grados válidos en las Indias. El 20-III-1630 obtuvo el pase regio la *Cathedra militantis* de 1612, y el día de Santo Domingo de 1639, se inauguraba solemnemente esta Universidad con las prerrogativas concedidas por Gregorio XIII en 1580. Considerándose Universidad pública, impugnó los grados concedidos por los jesuitas, enzarzándose en una serie de viejos e infecundos pleitos a los que puso fin el rey al obtener de Clemente XI el breve *In apostolicae dignitatis*, de 23-VI-1704, y disponer por R. C. de 25-XI-1704 que ambas Ordenes religiosas «corran gozando recíprocamente la una de los privilegios de la otra sin diferencia alguna». A partir de este momento creció pujante hasta convertirse en ejemplar de los demás Estudios de la Orden. Después de la expulsión de los jesuitas fue la única que otorgó grados. En 9-V-1768 propuso la Junta de temporalidades la erección de una Universidad pública «con prerrogativas de Mayor, bajo las mismas reglas que se crearon las Universidades de Lima y Méjico, respecto a concurrir, si no mayores, iguales fundamentos» y que se suprimiera la de Santo Tomás. Llegado el proyecto al Consejo de Indias exigió una nueva deliberación de la Junta que volvió a reiterar el proyecto a pesar de la oposición del arzobispo Camacho. La Junta declaró inválidos los cursos, permitiendo solamente a la Universidad graduar a los colegiales mayores del Rosario y San Bartolomé (22-IX-1774). En 1779 la Junta reconoció que la reforma no había alcanzado los efectos esperados y, tras las gestiones del padre Jacinto Antonio de Buenaventura, la Universidad tomista quedó a salvo con la

R. C. de 27-X-1798 que le devolvió sus privilegios. Continuó hasta 1861 en que la suprimió el gobierno de Tomás Cipriano de Mosquera y ha vuelto a abrir sus aulas el 7-III-1965 bajo el provincialato del padre Jordán Verona.

Universidad Javeriana. Tomó como base el Colegio Máximo de la compañía de Jesús, fundado en 1604. En 1605 los jesuitas se encargaron de la dirección del Colegio-seminario de San Bartolomé, comenzando las gestiones para fundar una Universidad. En 1606 el padre Diego de Torres expuso al rey la conveniencia de que en los obispados de Bogotá y Quito la Compañía otorgase grados académicos. Gaspar Núñez prometió hacerles la oportuna dotación, pero murió antes de realizar su propósito y sus albaceas declararon en 3-V-1608 que su legado era para la fundación de escuelas de pobres y huérfanos cuyas cátedras de Artes y Teología las desempeñara la Orden de los Predicadores. En 1616 recurrieron al rey para que impetrase de la Santa Sede facultad de conferir grados a los que hubiesen estudiado en sus colegios y se obtuvo de Gregorio XV el breve *In supereminenti* de 8-VIII-1621 base de las Universidades jesuitas en Indias; obtenido el pase regio el 2-II-1622, fue presentado ante las autoridades del Nuevo Reino de Granada el 13-VII-1623 y, de inmediato, comenzó a funcionar esta Universidad. El arzobispo Arias de Ugarte, entusiasmado por el éxito, pidió al rey que levantase la cláusula «por diez años» y se perpetuase la fundación. Impugnada por los dominicos, son las autoridades civiles quienes desde el comienzo del conflicto (30-VII-1623) pretenden que ambas Órdenes tengan iguales facultades hasta que se funde la Universidad pública, criterio ecuánime que solo se logra imponer en 1704, pero que sirve de modelo para resolver pendencias semejantes surgidas en varias ciudades más. La Javeriana se rigió en principio por unas constituciones aprobadas por la Audiencia en la fecha de la presentación del breve *In supereminenti.* Hacia 1635 se redactó la *Fórmula de graduar los estudiantes que cursaren en el Colegio de la Compañía de Jesús de Santa Fe,* la cual, a manera de constituciones, constaba de 34 estatutos muy semejantes en su plan a los de la Universidad de Córdoba del Tucumán. Sus estatutos fueron aprobados el 8-VII-1710. Constan de 38 párrafos, disponiendo que, como legislación complementaria, se utilizasen las constituciones de las Universidades de Lima y Salamanca. Además, rigió en ella la *Ratio studiorum* de la Compañía. El rey no ejerció sino un patronato parcial, siendo su gobierno bastante autónomo; estaba sometida a la suprema autoridad del propósito general y Congregaciones generales de la compañía; en cuestiones de menor importancia, pero que excediesen la competencia ordinaria del rector, resolvía el provincial. Se acentuó la ingerencia civil al crearse las cátedras de Cánones y Leyes (25-XI-1704). Hasta 1706 todos sus catedráticos habían sido jesuitas, pero a partir de este año las cátedras jurídicas fueron regentadas comúnmente por seglares, condición que puso el rey cuando permitió estas enseñanzas. En esta Universidad se explicaron todas las facultades, excepto Medicina, que solo se enseñó ocasionalmente. Ninguno de los que se graduaban de licenciado o doctor en Teología podía contraer matrimonio, bajo pena de 2.000 pesos. Formó grandes personalidades que sobresalieron en Letras, Ciencias y cargos de gobierno eclesiásticos o civiles; a juzgar por la producción de obras científicas conservadas, la vida de la Universidad de San Francisco Javier fue constantemente fecunda hasta su desaparición en 1767. La Santa Sede la restableció en 1937.

Universidad de San Nicolás de Bari. Fue fundada a impulso de la Orden de San Agustín. La erigió canónicamente el breve *Ex injuncto* de Inocencio XII, otorgado el 24-IV-1694 a solicitud de fray Bernardo de Quirós; concede a los agustinos que hubiesen hecho los estudios, y después de riguroso examen, recibir los grados académicos como estaba concedido a los agustinos de Lima y Quito. El Capítulo provincial lo aceptó el 23-VI-1695 e inauguraron la Universidad antes de recibir el pase regio, que lo obtuvo el 22-VI-1703. Sus constituciones fueron aprobadas el 12-IX-1708. En 1739 se trasladó a edificio propio teniendo colegiales formales o universitarios y oyentes. Cultivó con esmero las enseñanzas y teorías de los maestros agustinos. A los treinta años de funcionar con excelentes frutos el visitador fray Juan Bautista González ordenó clausurarla, alegando que no habían suficientes rentas para su sostenimiento, lo cual se cumplió el 1-VII-1775.

BIBL.: J. ABEL SALAZAR, *Los estudios eclesiásticos superiores en el Nuevo Reino de Granada,* Ma. 1946; J. M. ARÉVALO, *La Universidad Tomista de Santafé de Bogotá:* Universidad de Santo Tomás (Bogotá), 1 y 4 (1968-1971); A. E. ARIZA, *El primer Estudio público en Santafé de Bogotá:* Universidad de Santo Tomás (Bogotá), 4 (1971); V. BELTRÁN DE HEREDIA, *Universidades dominicanas en la América española.* Universidad de Santa Fe...: R73, 84 (1957) 337-363; G. HERNÁNDEZ ALBA, *Documentos para la historia de la educación en Colombia,* 2 vols., Bogotá 1969-1973; ID., *Panorama de la Universidad en la Colonia,* Bogotá 1937; ID., *Crónica del muy ilustre Colegio Mayor de Ntra. Sra. del Rosario,* 2 vols., Bogotá 1928-1940; A. MESANZA, *El convento deminicano de Nuestra Señora del Rosario en Santa Fe y su Universidad Tomística,* Chiquinquirá 1938; G. PORRAS TROCONIS, *Historia de la cultura en el Nuevo Reino de Granada,* Se. 1952; F. QUECEDO, *Manuscritos teológico-filosóficos coloniales santafereños:* Ecclesiástica Xaveriana (Bogotá), 2 (1952); D. RESTREPO, *El Colegio de San Bartolomé,* Bogotá 1928; ID., *La antigua Universidad Javeriana:* Revista Javeriana (Bogotá), 9 (1938); J. M. RIVAS SACCONI, *El latín en Colombia: bosquejo histórico del humanismo colombiano,* Bogotá 1949; A. RODRÍGUEZ CRUZ, *Historia de las Universidades Hispanoamericanas,* 2 vols., Bogotá 1973. L. TORMO

Buenos Aires (Argentina). Los estudios superiores se impartieron durante los dos primeros tercios del siglo XVIII en los conventos de Santo Domingo, San Francisco y la Merced, y en el Colegio Grande de la Compañía de Jesús, donde se enseñaba Latinidad, Filosofía y Teología. En 1731 los jesuitas establecen cátedra de Filosofía y se guían por las prácticas de su Universidad de Córdoba del Tucumán, donde se examinaban para grados sus alumnos. El gobernador Pedro de Ceballos insiste en su carta del 25-XI-1762 en la fundación de la Universidad y sugiere se adopten las mismas Constituciones de Córdoba. Fracasa esto por la expulsión de los jesuitas. El 5-XII-1771, el cabildo eclesiástico propone al nuevo gobernador, D. Juan José Vértiz, la fundación de un colegio convictorio y universidad pública, la Real Pública Universidad de San Carlos. El gobernador lo considera útil y necesario, aunque reconoce la falta de medios para su realización. Vértiz elabora un proyecto de organización y plan de estudios. El Consejo de Indias en real orden del 9-I-1772, dirigida al gobernador, manda que la junta de temporalidades se ocupe de ayudar al plan que el obispo había propuesto para el seminario. En acuerdo del 28-II-1772 la junta decide sancionar el establecimiento de las escuelas de primeras letras y Gramática. Quedaban así instalados los llamados estudios reales de San Carlos, en el edificio del Colegio Grande que había sido de la Compañía. El gobernador Vértiz prosigue en la organización de los estudios, nombrando primero al cancelario y al primer catedrático de Filosofía. En 1773 crea la segunda cátedra de Filosofía y, en 1776, las de Teología, prima, vísperas y Moral. En 1784 la de Moral se convierte en una de Cánones y el estudio de la Moral se integra en el de la Filosofía.

Por real cédula del 31-XII-1779, considerada fundacional, el rey decide realizar la erección universitaria y pide más informes sobre dotación de cátedras, edificio y rentas aplicadas de las temporalidades. La morosidad en el envío de los informes solicitados a la Corte fue una de las causas del fracaso del proyecto universitario que llegó a paralizarse totalmente en el período hispánico.

El 3-XI-1783 se estableció en el edificio del antiguo Colegio Máximo de los jesuitas el convictorio carolino con los Reales Estudios de San Carlos. Este convictorio fue el precursor inmediato de la Universidad. Se otorgaron cátedras por oposición y el virrey Vértiz nombró los dirigentes y promulgó las Constituciones el 9 de diciembre. Se consideraban como estudios públicos de Buenos Aires, y ya para 1792 se defendían tesis serias al estilo de las Universidades. Contaban con las cátedras de Gramática, Retórica, Filosofía, Teología y Cánones. Después de la supresión del convictorio carolino, se acentúa la decadencia de los Estudios Reales. En 1818 se extinguen, transformándose en el Colegio de la Unión del Sur. En las aulas de San Carlos se formaron casi todos los próceres de Argentina. La Universidad de Buenos Aires fue erigida ya en la etapa republicana por edicto del gobernador y capitán general de la provincia de Buenos Aires, D. Martín Rodríguez, de 9-VIII-1821.

BIBL.: J. M. GUTIÉRREZ, *Noticias históricas sobre el origen y desarrollo de la enseñanza pública superior en Buenos Aires*, Buenos Aires 1868; J. PROBST, *La enseñanza durante la época colonial (1771-1810)*, Buenos Aires 1924; A. ESTÉVEZ, *La Universidad de Buenos Aires en la educación de la República Argentina. Documentos para su historia:* Universidad de Buenos Aires, n° 1, 17-40; 2, 205-223 y 3-4, 79-106; F. FURLONG, *Los jesuitas y la cultura rioplatense*, Buenos Aires 1946; A. M. RODRÍGUEZ CRUZ, *Historia de las Universidades Hispanoamericanas*, 2 vols., Bogotá 1973.

S. WOYSKI

Caracas (Venezuela). *Universidad Real y Pontificia de Santiago de León de Caracas.* Tuvo como base el seminario de Santa Rosa de Lima, de Caracas, erigido por fray Antonio González de Acuña, en edicto firmado el 9-X-1673. La inauguración del colegio-seminario se realizó durante el gobierno del obispo D. Diego de Baños y Sotomayor. Tanto él como su sucesor, el obispo fray Francisco del Rincón, hicieron gestiones ante el rey para elevar el seminario a la categoría universitaria. Pero solo bajo el pontificado de D. Juan José Escalona y Calatayud, el seminario adquirió la licencia para graduar. La real cédula de erección fue concedida el 22-XII-1721, quedando erigido el seminario en universidad real, conforme a la de Santo Domingo. El 19-VIII-1722 otorgó Inocencio XIII el primer breve de confirmación pontificia, que hubo de renovar el 18-XII-1722, por llevar la grave equivocación de haber confundido a Caracas con Charcas. El papa autoriza la incorporación en la Universidad de los prelados, canónigos de la catedral, rector del colegio y profesores del mismo, con los grados que hubieran obtenido en otras Universidades. A todos los miembros universitarios concede los privilegios, inmunidades, exenciones y gracias que gozan los de la Universidad de Santo Domingo. En febrero de 1723 se dio pase en el consejo de Indias al anterior documento pontificio. El 9-VIII-1725 el obispo Escalona y Calatayud puso en ejecución el breve y la real cédula para la erección universitaria.

Las constituciones son ricas en contenido salmantino, a veces reproducen la legislación de Salamanca literalmente. Fueron aprobadas por real cédula del 8-V-1727. En este mismo año se hizo la primera y única edición de ellas en la Imprenta Real de Madrid. Constan de XXIX títulos sin numeración de párrafos.

Resultan ser las más ordenadas y elaboradas de entre las que rigieron en las Universidades hispanoamericanas de ayer. El día 11-VIII-1725 se efectuó la solemne inauguración de la Universidad Real y Pontificia de Caracas. La organización del cancelario fue conforme a la legislación salmantina. Este cargo no figura en las constituciones por no haber sido creada hasta entonces la maestrescolía en la catedral caraqueña. A las cátedras con que se inició la Universidad, fundadas en su etapa de colegio-seminario (prima de Teología, vísperas de Teología, casos de conciencia o Moral práctica, prima de Cánones, Instituta, Artes o Filosofía, Retórica, Gramática y Música o canto llano) se añadieron más tarde las de Sagrada Escritura, Filosofía, Medicina, Física Experimental y Derecho Real. En 1824 se creó la cátedra de Derecho Público y de Gentes.

En real cédula del 4-X-1784 la corona resolvió una de las más ruidosas controversias universitarias y separó el rectorado de la Universidad del rectorado del seminario, reglamentándolos. En este mismo documento urge el rey la elaboración de nuevas constituciones. Aquí empieza el largo proceso de la reforma constitucional programada finalmente en 1815 —en plena guerra de independencia—, y aprobada en 1817 con carácter temporal. Estas reformas tuvieron muy poca vigencia: se extinguieron, junto con la antigua capitanía general de Venezuela, con el nacimiento de la República. La Universidad, desde que fue fundada, realizó una excelente labor en la formación de juventudes. En 1826 perdió su carácter y títulos de real y pontificia y comenzó a llamarse Universidad Central de Venezuela. Su primer edificio estaba situado en el centro de la ciudad, junto al palacio arzobispal, inmediato a la catedral y plaza mayor, donde funcionó hasta 1857, en que se trasladó al del antiguo convento de San Francisco.

En 1827 fue reorganizada bajo la dirección de Simón Bolívar. Cambió de rumbo y comenzó su período republicano con nueva organización y total reforma de estatutos, promulgados el 24 de junio.

BIBL.: R. ARCILA, *Historia de la medicina en Venezuela*, Caracas 1961; B. BRUNICELLI, *Historia de la facultad médica de Caracas*, Caracas 1957; A. GRISANTI, *La instrucción pública en Venezuela*, Ba. 1933; H. CUENCA, *La universidad colonial*, Caracas 1967; R. DOMÍNGUEZ, *Galería universitaria*, Caracas 1935; T. FEBRES CORDERO, *Tres siglos de imprenta y cultura venezolana (1500-1800)*, Caracas 1958; H. GARCÍA CHUECOS, *Estudios de historia colonial venezolana*, 2 vols., Caracas 1937-1938; I. LEAL, *Historia de la Universidad de Caracas*, Caracas 1963; J. MÉNDEZ Y MENDOZA, *Historia de la Universidad Central de Venezuela*, Caracas 1911; N. NAVARRO, *Anales eclesiásticos venezolanos*, Caracas 1951; C. PARRA LEÓN, *La instrucción en Caracas, 1567-1725*, Caracas 1932; ID., *Filosofía universitaria venezolana, 1788-1821*, Caracas 1934.

S. WOYSKI Y L. TORMO

Concepción (Chile). Fray Antonio de San Miguel de Avendaño, franciscano, primer obispo de Concepción, comenzó las gestiones informando al rey de las necesidades espirituales y culturales de la diócesis incipiente. Esta petición motivó dos reales cédulas, fechadas en Madrid el 26-I-1568, en las que el rey pide informes al presidente de la audiencia en Concepción. Con ese intento se logró la fundación del seminario, del que el obispo fue el primer profesor. En el siglo XVII surge de nuevo el proyecto. El obispo de Concepción, fray Dionisio Cimbrón, pide al rey el 29-IV-1667 la fundación de un curso de Artes y cátedras de Teología escolástica y Moral. El informe del fiscal de la audiencia de Lima fue desfavorable y el proyecto fracasó. En el siglo XVIII (1715) el obispo D. Juan de Nicolalde estableció el Seminario de San José, bajo la dirección de la Compañía, con enseñanza de Gramática y Artes. En carta de 1721 pidió aprobación, y fue concedida al año siguiente. A partir de entonces se añade la Teología al cuadro de su enseñanza, se compra edificio y se establecen becas. Comienza sus funciones en 1724. La Compañía otorgaba grados a sus alumnos en virtud de sus privilegios generales. Se consideraba el seminario como estudio público con enseñanza de Filosofía y Teología, que celebraba con gran aprovechamiento conclusiones y demás actos públicos anuales. Con la expulsión de los jesuitas es notorio el eclipse de la labor del Seminario, que desaparece prácticamente en 1810, para ser restaurado y reorganizado en 1855 por el obispo D. José Hipólito Salas. La actual Universidad de Concepción comenzó sus tareas en 1919, en prolongación histórica y docente del antiguo Seminario y convictorio de San José.

BIBL.: J. Toribio Medina, *La instrucción pública en Chile desde sus orígenes hasta la fundación de la Universidad de San Felipe*, 2 vols., Santiago de Chile 1905; R. Muñoz Clave, *El seminario de Concepción durante la colonia y la revolución*, Santiago 1915; C. Silva Cotapos, *Don fray Antonio de San Miguel, primer obispo de la Imperial*, Santiago de Chile 1914; A. M. Rodríguez Cruz, *Historia de las Universidades Hispanoamericanas*, 2 vols., Bogotá 1973.
S. Woyski

Córdoba del Tucumán (Argentina). Fue erigida en virtud de los privilegios generales concedidos a los jesuitas. La historia antigua de la Universidad de Córdoba se divide en varios períodos: fundación (1613-1614), período jesuita (1614-1767), franciscano (1767-1807), del clero secular (1808-1820) y el de la Universidad provincial, época de la secularización (1820-1855). A raíz de la expulsión de los jesuitas, la Universidad pasó a manos de los franciscanos, en contra de las instrucciones del conde de Aranda, presidente del Consejo de Indias, que había dispuesto que el clero secular se encargara de ella. Se desarrolló entonces una contienda entre los franciscanos y los eclesiásticos seculares que concluyó con la real cédula de 1800, en favor de estos últimos. En 1820 la Universidad perdió su carácter eclesiástico y quedó secularizada y sometida a la jurisdicción de la provincia. En 1856 fue nacionalizada.

Base de la Universidad de Córdoba fue el Colegio Máximo de la Compañía de Jesús, fundado por el entonces obispo de Tucumán, fray Fernando de Trejo y Sanabria, el cual es considerado como fundador de la Universidad. El 13-VI-1613 firmó la escritura de fundación. El colegio comenzó a funcionar en 1614, rigiéndose por la *Ratio studiorum* de la compañía. En 1623 fueron otorgados los primeros grados de bachiller en Artes por el obispo Julián de Cortázar, en la ciudad de Talavera de Madrid o Nuevo Esteco. Por real cédula del 1-IV-1664 el rey ordenó que los grados se dieran en Córdoba. Recién erigida la Universidad, el provincial padre Pedro de Oñate le otorgó ordenaciones propias para su régimen. Constan de 27 puntos o constituciones. Las facultades serían Artes y Teología, y santo Tomás el autor preferido para la enseñanza. En 1630 el provincial Vázquez Trujillo introdujo algunas modificaciones en lo relativo a grados, y en 1651 el provincial Juan Pastor se detuvo en legislar sobre los cargos de secretario o notario y bedel. Las constituciones más importantes del período jesuita fueron las del provincial padre Andrés de Rada, que se inspiran claramente en las que el padre Frías de Herrán dio en 1624 a la Universidad de Charcas. Ambas constituciones están fundamentadas en las de Lima. Las constituciones del padre Rada, leídas en 1664, son más elaboradas y más completas. Constan de 17 títulos con un total de 92 constituciones con numeración continuada. El rey aprobó las constitu-

ciones del padre Rada por real cédula del 13-II-1680, con las reformas hechas por el rector y claustro, con la condición de arreglarlas según las de la Ciudad de Los Reyes. Posteriormente se realizaron varias reformas e innovaciones (en 1668, 1669, 1676, 1678, 1680, 1686, 1691, 1699, 1713, 1741, 1756, 1757, 1767).

En el período franciscano fueron reformadas las constituciones en 1784 por el obispo fray José Antonio de San Alberto, carmelita descalzo, en su calidad de visitador de la Universidad. Suprimió de las constituciones todo aquello que tenía que ver con el gobierno de los padres de la Compañía, añadió algunas constituciones necesarias, adaptando otras a los tiempos modernos. Son más amplias y completas que las anteriores. 143 constituciones en total, más una «última», distribuidas en 15 títulos. Estas reformas no llegaron a obtener la aprobación real ni se pusieron en práctica. El hecho más importante del período franciscano fue la creación de la facultad de Derecho. Una real cédula fechada en San Ildefonso el 20-IX-1795 aprueba la fundación de las dos cátedras de Derecho Civil y la de Derecho Canónico.

La real cédula del 1-XII-1800 entrega la Universidad al clero secular y la vuelve a erigir con nueva organización y título de Real Universidad de San Carlos y de Nuestra Señora de Montserrat. Recibe los privilegios de las demás universidades de España e Indias. Fueron fundadas las siguientes cátedras: dos de Latinidad, tres de Filosofía, dos de Leyes, dos de Cánones, tres de Teología Escolástica y una de Teología Moral. El alma de la vida universitaria durante el período del clero secular fue el deán Gregorio Funes. El plan de estudios que realizó fue para obedecer las normas de la real cédula de 1800. El 11-I-1802 Funes fue elegido rector. Con un nuevo método se propone lograr la más sólida instrucción a base de las cátedras que pudieran ser dotadas con los fondos universitarios. El 15-II-1802 propuso al gobernador y capitán general del virreinato, Santiago Liniers, un memorial con una serie de puntos de reforma, aprobado por aquél el día 26. Con respecto a la Facultad de Artes, las innovaciones principales consistieron en reducir a un solo curso el estudio de la Lógica y de la Metafísica que antes abarcaban dos, y en la introducción del estudio de la Teología Moral y el «De locis theologicis», cátedra especial. En cuanto a jurisprudencia el nuevo plan propone dos cátedras de Leyes (Instituta y Derecho Real), y una de Cánones. El estudio del Derecho Canónico se hace obligatorio en la Facultad de Leyes. El plan de Funes comenzó a regir inmediatamente para todos los alumnos y estuvo vigente desde 1808 hasta 1815, en que ya comenzó a regir el plan definitivo, elaborado por el mismo Funes por encargo de la Universidad. Se añade al estudio del Latín el de la Gramática Castellana. Al curso de Física se le hace preceder de otro de Aritmética y Geometría, y el curso de Filosofía Moral fue unido a la enseñanza de la constitución del estado. En la Facultad de Teología redujo a cuatro los cursos, en los que se estudiarían las siguientes asignaturas: en el primero, Escolástica; en el segundo, Dogmática; en el tercero, Antigüedades y Disciplina Eclesiástica, y en el cuarto, Moral. Esta etapa del clero secular produjo también un proyecto constitucional de Saráchaga y Bedoya. Durante mucho tiempo la Universidad se rigió por las constituciones limeñas, según lo había dispuesto el rey en 1800. En 1856 la Universidad de Córdoba fue nacionalizada. En 1879 las antiguas constituciones fueron definitivamente sustituidas por los Estatutos de la Universidad Nacional.

BIBL.: A. Argañaraz, *Rectificaciones críticas acerca de la reciente historia de la Universidad de Córdoba del Tucumán*, Buenos Aires 1883; L. Aznar, *La Universidad de*

Córdoba bajo la dirección de los regulares: Boletín de la Universidad Nacional de La Plata, 6(1934)261-303; Z. Bustos, *Anales de la Universidad de Córdoba*, 3 vols., Córdoba 1901-1910; P. Cabrera, *Trejo y su obra:* Revista de la Universidad de Córdoba, 1(1920); A. Cocca Aldo, *Los primeros estudios jurídicos en la Universidad de Córdoba*, Buenos Aires 1950; J. R. del Franco, *Establecimiento y progreso de los primeros estudios superiores en Córdoba, 1609-1879*, Córdoba 1946; G. Furlong, *Biobibliografía del deán Funes*, Córdoba 1939; id., *Nacimiento y desarrollo de la filosofía en el Río de la Plata (1536-1810)*, Buenos Aires 1952; J. M. Garro, *Bosquejo histórico de la Universidad de Córdoba*, Buenos Aires 1882; A. I. Gómez Ferreira, *En defensa del obispo Trejo: la leyenda en la fundación de la Universidad de Córdoba*, Buenos Aires 1944; J. Gracía, *Los jesuitas en Córdoba*, Buenos Aires 1940; P. Grenon, *El fundador de la Universidad de Córdoba*, Buenos Aires 1943; J. M. Liqueno, *Fray Fernando de Trejo y Sanabria, fundador de la Universidad de Córdoba*, 2 vols., Córdoba 1916-1917; C. A. Luque Colombres, *El primer plan de estudios de la Real Universidad de San Carlos de Córdoba, 1808-1815*, Córdoba 1945; E. Martínez Paz, *La enseñanza del derecho en la Universidad de Córdoba*, Córdoba 1913; R. Orgaz, *La filosofía en la Universidad de Córdoba a fines del siglo XVIII*, Córdoba 1942; B. Oro, *El ilustrísimo don Fernando Trejo y Sanabria y la Universidad de Córdoba*, Córdoba 1948; A. Pueyrredón, *Algunos aspectos de la enseñanza en la Universidad de Córdoba durante la regencia franciscana*, Córdoba 1953; A. Rodríguez del Busto, *Fray Hernando de Trejo no fue fundador del colegio ni Universidad de Córdoba*, 2 vols., Ma. 1919-1920; A. M. Rodríguez Cruz, *Historia de las Universidades Hispanoamericanas*, 2 vols., Bogotá 1973. S. Woyski y L. Tormo

Cuzco (Perú). En 1601, con motivo de la llegada del visitador real, Juan Fernández de Recalde, el procurador de la ciudad, solicitó se llevase a cabo una información sobre la necesidad que había en ella de Estudios Generales. Uno de los testigos, el padre Alvarez de Paz, afirmó «que el temple de Lima es muy enfermo para cosas de estudios y así el común de los estudiantes de aquella universidad estudian poco tiempo y con flojedad, y los que quieren apretarse a estudiar como en las universidades de España, o enferman gravemente o se mueren, como lo sabe por larga experiencia, pero este temple del Cuzco es muy sano para estudios y podrán, así los lectores que leyeren como los estudiantes que estudiaren, darse a las letras con tantas veras e intención como en las universidades de Europa». La petición, sin embargo, no prosperó por entonces, pero con el tiempo esta capital imperial de los incas tuvo durante el período español dos centros universitarios.

Universidad de San Ignacio de Loyola. El 17-X-1622 se presentó ante el cabildo secular el padre Alonso Messía Venegas SI, rector del Colegio del Cuzco, exhibiendo el breve *In supereminenti* que lo convertía en Universidad y, el 6-II-1623, se ordenó el paseo público del estandarte universitario. La Universidad de San Marcos se opuso a esta fundación y obtuvo el decreto de 7-IX-1624, restringiendo la aplicación de la *In supereminenti* a Santiago de Chile, Manila y Bogotá, hasta que el padre Cristóbal García Yáñez SI obtuvo su revocación el 2-III-1630. Este momentáneo receso no impidió que el obispo, Lorenzo Pérez de Grado, pidiese al rey, el 7-IV-1625, para los estudiantes de su Seminario alcanzar grados académicos al igual que los discípulos de los jesuitas. El 29-I-1648 se expidió un decreto para que la Universidad reanudase su actividad docente, pero no se concedía la ampliación pedida por la mitra, y la concesión de grados quedaba limitada a los estudiantes del Colegio jesuítico de San Bernardo, lo cual dio lugar a una nueva interrupción de los estudios. Serenado el ambiente, prosiguió su curso la colación de grados académicos hasta IV-1652, en que se produjo otra suspensión. Hacia 1653 funcionaba con unos sesenta alumnos de Cuzco, Arequipa y Huamanga. A raíz de la expulsión, esta Institución pasó al clero secular como colegio sin categoría universitaria.

Universidad de San Antonio. Su origen fue el Seminario fundado en 1598. Los obispos del Cuzco, que por el breve *In supereminenti* otorgaban los grados académicos a los colegiales de los jesuitas, pidieron poderlos conceder a sus seminaristas; a lo cual se opuso la Universidad de San Ignacio. Así se evitó la rivalidad académica por algunos años; pero se ganó la animadversión de los antonianos que no cejaron, buscando primero graduarse en el convento de Santo Domingo y obteniendo, después, de Inocencio XII, por mediación del rey Carlos II, el breve *Aeternae Sapientiae* de 1-III-1692 en que se concedía a los prelados cuzqueños o, en sede vacante, al vicario capitular otorgar todos los grados en Arte y Teología a los estudiantes del Colegio-Seminario de San Antonio, hasta que se erigiera Universidad pública en la ciudad. El 1-VI-1692 obtenía el pase regio el breve ereccional. Al llegar al Cuzco la Compañía alegó contra él sus derechos; mas el virrey zanjó el pleito a favor del Seminario en 9-VII-1696, ordenando usasen el breve y aprobando el nombramiento de los catedráticos, que fueron frailes dominicos. En 5-XI-1696 principió la colación de grados. El obispo Mollinedo promulgó sus primeras constituciones, el 10-IX-1699. Constaban de 39 capítulos con un preámbulo que explica su finalidad. Por una provisión de 27-IX-1713 el virrey Ladrón de Guevara concedía a los colegiales, en nombre del rey, el poder llevar sobre las insignias de la beca una corona real. A fines del siglo XVIII tenía tres cátedras de Teología: prima, vísperas y nona; prima de Leyes, Lógica, Física y Metafísica; preceptoría de latinidad, y estaba en trámites la prima de Cánones. Fue constante su rivalidad con la de San Ignacio, bien por motivo de su anterior oposición, como por discrepancias de escuela y diferente estamento social de sus alumnos. Pleiteó con la Audiencia que en 27-X-1798 suprimió la colación de grados en Cánones, Leyes y Medicina. Una real cédula de 13-I-1803 al obispo resolvió el pleito a su favor, confirmando todos sus privilegios. La Universidad Nacional del Cuzco es hoy su continuadora.

BIBL.: R. Vargas Ugarte, *Historia del Colegio y Universidad de San Ignacio de Loyola de la ciudad del Cuzco*, Lima 1948; D. Valcárcel, *Libro de oposiciones de la Universidad de San Antonio del Cuzco*, Lima 1953; J. G. Paz-Soldán, *Anales universitarios del Perú*, 2 vols., Lima 1862; id., *Anales del Cuzco (1600-1750)*, Lima 1901; A. Rodríguez Cruz, *Historia de las Universidades Hispanoamericanas*, 2 vols., Bogotá 1973. L. Tormo y S. Woyski

Guadalajara (Méjico). El iniciador de la fundación universitaria fue el obispo fray Felipe Galindo y Chávez OP. Después de fundar el seminario conciliar pidió al rey en 1700 la erección de otra casa de estudios, de tipo universitario. Siguen las gestiones por parte del licenciado Matías Angel de la Mota Padilla, historiador de la Nueva Galicia (1750) y por parte del cabildo municipal (1762). El obstáculo económico se eliminó con la dotación generosa del obispo fray Antonio Alcalde. Después de casi un siglo de lucha por la fundación universitaria, Carlos IV otorgó la real cédula fundacional el 18-IX-1791, concediendo a la Universidad para sus funciones el Colegio de Santo Tomás, que había pertenecido a los jesuitas. El obispo y el gobernador de la intendencia nombraron como rector perpetuo al Dr. José María Gómez y Villaseñor, canónigo magistral, y como cancelario al maestrescuela catedralicio, Dr. Manuel Esteban Gutiérrez de Hermosillo. Se estableció una cátedra de Cánones y otra de Leyes, una de Medicina y otra de Cirugía. Se trasladaron a la Universidad las cátedras de Teología del seminario.

El 3-XI-1792 se realizó la inauguración pública. Después de los festejos de apertura comenzaron las tareas y se formó el claustro universitario con egresados de otras Universidades que incorporaron sus grados. Las primeras oposiciones después de la apertura se realizaron en agosto de 1793. Mientras la Universidad no tuvo constituciones propias, se rigió por las de Salamanca, con adaptaciones y modificaciones especiales para su funcionamiento. El 23-VII-1800 estaban listas las constituciones. Fueron aprobadas definitivamente por real cédula del 20-XII-1815 y puestas en vigor por la de 5-X-1816. Se basan en las de Salamanca y constan de 27 títulos. El rector era elegido por los miembros del claustro y duraba dos años en sus funciones, pudiendo ser reelegido. Los consiliarios eran los consejeros del rector, en número de ocho, elegidos también cada dos años, de entre los doctores. El cancelario era el maestrescuela catedralicio y le correspondía presidir y conferir los grados mayores ya incorporados o conferidos por la Universidad. El claustro estaba integrado por doctores y maestros de todas las facultades. Los catedráticos obtenían sus cátedras por oposición, excepto los religiosos. Para el ingreso en la Universidad los escolares debían probar los estudios de Retórica y Filosofía. Las Facultades eran Teología, Cánones, Derecho, Medicina y Filosofía. En cuanto a los grados, otorgaban el menor de bachiller y los mayores de licenciado y doctor o maestro, sometidos a requisitos y exámenes. A raíz de la independencia, la Universidad juró el plan de Iguala el 14 de junio de 1821 y cambió su título de Real por el de Universidad Literaria y las armas españolas por las nacionales. El 17 de enero del mismo año se promulgó el decreto de extinción de la Universidad. Sigue en sus funciones durante ese año hasta la aprobación del nuevo plan y creación del Instituto de Ciencias por ley de 20-III-1826, inaugurado en el edificio universitario el 14-II-1827. La reapertura de la Universidad tuvo lugar el 1-IX-1830. En esta segunda etapa de la historia universitaria fueron reformadas las constituciones, puestas en vigor con el nuevo plan de estudios el 30-IV-1835. Con el plan de estudios del 19-XII-1854 quedó incorporada a la Universidad de Méjico. Al tomar el poder el partido liberal suprimió por segunda vez la institución en decreto del 15-IX-1855, pero el partido conservador, al asumir de nuevo el gobierno, la restableció en 1860. Por fin, nuevamente el partido liberal en el poder la clausuró por tercera y definitiva vez el 2 de diciembre de 1860.

En los pocos años de su existencia cumplió una labor fecunda. Fue la cuna de la imprenta y por lo mismo de la difusión de la cultura en Guadalajara y en el estado de Jalisco.

BIBL.: J. B. IGUÍNIZ, *La antigua Universidad de Guadalajara*, Méjico 1959; ID., *Catálogo biobibliográfico de los doctores, licenciados y maestros de la antigua Universidad de Guadalajara*, Méjico 1963; J. CORNEJO, *Documentos referentes a la fundación, extinción y restablecimiento de la Universidad de Guadalajara*, Guadalajara 1942; A. M. RODRÍGUEZ CRUZ, *Historia de las Universidades Hispanoamericanas*, 2 vols., Bogotá 1973. S. WOYSKI

Guatemala. El primer obispo de Guatemala, Francisco Marroquín dirige al rey reiteradas y numerosas súplicas de universidad para Guatemala, siendo la primera fechada el 15-I-1545. El 9-III-1562 firma con los dominicos un concierto para la fundación de un colegio de estudios mayores. El 5-IV-1563 hace testamento en favor de la fundación colegial. Sus cláusulas fundamentales son: donación perpetua del Va-

lle de Xocotenango y sus frutos, para hacer el edificio con sus rentas que luego quedarían para el beneficio del mismo colegio; nombra patronos del colegio al prior de Santo Domingo y al deán de la catedral y a los que sucedieren en sus cargos; en él se habrían de leer «Artes y Teología y otras ciencias». Hacia 1570 ya se daban lecciones de Gramática en el Colegio de Santo Tomás. Las clases en el convento de Santo Domingo seguían su marcha, establecidas allí casi desde los primeros años de la llegada de los religiosos. Explicaban Artes y Teología, especialmente con el fin de formar a los propios frailes, pero admitían a los extraños que querían asistir. En virtud del acuerdo del 7-IX-1620, los patronos de la institución, el entonces prior del convento de Santo Domingo, fray Agustín Montes, y el deán Ruiz del Corral, deciden inaugurarla definitivamente. Por auto de 1-X-1620, el presidente de la real audiencia y gobernador de Guatemala, conde de la Gomera, autoriza la fundación y el 20-X-1620 se efectúa la solemne apertura del Colegio de Santo Tomás. El 1-IX-1622 nueva súplica al rey para la erección universitaria o la licencia para que el colegio pueda otorgar grados. A partir de entonces comienzan los litigios entre dominicos y jesuitas por el monopolio de la enseñanza universitaria. Los dominicos consiguen que el breve de privilegios generales de Paulo V, del 11-III-1619, según el cual podían graduar durante un decenio en los colegios distantes 200 millas de las Universidades, sea extensivo a Guatemala. Así lo concede el rey por real cédula del 1-X-1624. Se inician nuevos pleitos entre jesuitas y el convento de Santo Domingo, por la prerrogativa universitaria de otorgar grados. La real audiencia falló en favor de los dominicos reconociendo su privilegio y acatando la real cédula que le dio vigencia en Guatemala. En febrero de 1626 recibieron los jesuitas nueva real cédula del 21-VI-1625 autorizando la validez del breve de Gregorio XV en Guatemala. Así fueron instituidas las dos Universidades conventuales de dominicos y jesuitas.

Don Pedro Crespo Suárez, correo mayor, regidor y alguacil del santo oficio de Guatemala, con su legado de 40.000 tostones para dotación de cátedras, resuelve en 1646 el problema económico del Colegio de Santo Tomás. En las 20 capitulaciones concertadas entre el donante y los patronos del Colegio, el 14-I-1646, hay un diseño de organización por el que debía regirse el naciente organismo universitario. El modelo sería la Universidad de Salamanca y las de Alcalá y Valladolid. Establece como cátedras dos de Teología, prima y vísperas, prima de Leyes, prima de Cánones y prima de Medicina, dotadas con su aportación. El Colegio de Santo Tomás dejó de existir cuando la real cédula del 31-I-1676 lo trocó en la Real Universidad de San Carlos.

Universidad de San Carlos. En Guatemala existieron las siguientes instituciones que le precedieron: el Colegio de Santo Tomás, que entró en funciones en 1620 y luego en 1669, por haber cesado en 1631, para ser transformado en colegio mayor de becarios; el convento-colegio de Santo Domingo, que comenzó a graduar en 1625, y el Colegio de San Lucas de los jesuitas con sus dos épocas (1622-1626 y 1640-1676). Solamente las dos últimas instituciones tuvieron carácter verdaderamente universitario, por el privilegio de concesión de grados, y ambas se extinguieron a raíz de la fundación de la Universidad de San Carlos, que tomó como base el antiguo Colegio de Santo Tomás. El 30-XII-1646 preguntaba el rey al virrey de Nueva España sobre si acarrearía algún perjuicio al virreinato la fundación de una Universidad en Guatemala. La real audiencia de Méjico contestó el 16-IX-1649 de modo favorable a la fundación. También es notable el informe y opinión de la Universidad de Méjico acerca de la fundación de la de Guatemala, en claustro del 4-XI-1656. Se enviaron nuevos informes con el mismo fin. Especialmente importante fue el enviado por el obispo Payo de Ribera, el 17-X-1659. Vencidas todas las oposiciones y resistencias de la corte, el 31-I-1676 se expide la real cédula erectora.

Fueron bienhechores insignes de la Universidad de San Carlos: el obispo Francisco Marroquín, Crespo Suárez, Sancho de Barahona y su esposa Isabel de Loayza, que dejaron renta de 100 ducados para la fundación de una cátedra; la orden de predicadores; los dos cabildos, eclesiástico y civil; la real audiencia, la ciudad de Guatemala y el obispo fray Payo de Ribera. Como complemento de la real cédula erectora llegó otra adjunta, de la misma fecha, dirigida también al presidente y oidores de la real audiencia, en la que se dan normas para la puesta en marcha de la Universidad. El 4-XI-1676 se realizó la primera junta universitaria, celebrada por los miembros del consejo provisional, con el fin de poner en ejecución todo lo ordenado por el rey en las reales cédulas de fundación. El primer juez-superintendente, con jurisdicción de rector, fue el oidor Juan Bautista de Urquiola y Elorriaga, elegido en la tercera junta, celebrada el 17-VIII-1677. En esta junta también se dio a la Universidad el título de San Carlos en memoria y gratitud al rey Carlos II que la erigió. El primer encargo que le hizo la junta a Urquiola fue el de elaborar los estatutos. Sin embargo, éste nunca se ocupó de ello. La falta de constituciones propias fue causa de desorden inicial: los primeros desaciertos en la provisión de cátedras, la inasistencia estudiantil de los primeros años, las rivalidades y disputas por cuestiones de preeminencias, etc. El 2-XI-1677 aparecieron los primeros edictos convocatorios a oposiciones y el 5-XI-1677 fueron puestos en la ciudad de Méjico. El 22-IX-1678 se iniciaron las oposiciones. El rey, por real cédula del 19-IX-1678, aprueba lo realizado en cuanto al nombre y obra material de la Universidad, pero declara nulas las oposiciones por arbitrariedad en el proceso y ordena se realicen de nuevo, previa elaboración de las constituciones. El 2-XII-1680 la junta acordó la apertura de clases para el 7-I-1681, y que los catedráticos tomaran posesión de sus cátedras interinamente, según lo dispuesto por el rey en la real cédula del 6-VI-1680. El 8-I-1681 comenzaron las clases de Teología, Lengua cakchiquel, Instituta y Filosofía. El 28-III-1681 fue nombrado juez superintendente el oidor licenciado Francisco de Sarassa y Arce, alcalde de la corte y del consejo del rey. El fue el verdadero fundador ideológico de la Universidad. Antes del mes de su nombramiento ya había elaborado las constituciones, aprobadas por real cédula del 9-VI-1686. Se inspiró en las que el obispo Palafox compuso para la Universidad de Méjico y en la legislación salmantina. Constan de 347 constituciones repartidas en títulos. La gran mayoría coinciden aun literalmente con las de Méjico. En 1686 la corte envió a la Universidad de Guatemala 10 reales cédulas fechadas en Buen Retiro el 9-VI-1686, llenas de confirmaciones y privilegios que cimentaron la organización universitaria. Entre lo dispuesto estuvo la creación de una cátedra de Teología escotista, la aprobación de las constituciones elaboradas por Sarassa y Arce, el nombramiento del mismo para la administración de los bienes universitarios, la designación del primer rector en la persona del Dr. José de Baños y Sotomayor y el nombramiento del mismo como catedrático en propiedad de prima de Teología. Las oposiciones a cátedras se realizaron en la corte. Fueron otorgadas, la de Cánones a Pedro de Ozaeta, la de Leyes a Bartolomé de Amezqueta y la de Medicina a Miguel Fernández. Llegaron a Guatemala a mediados de 1687 y sus respectivos cargos fueron confirmados por reales cédulas del 3-IX-1686 y del 29-IV-1687. En cuanto a las otras cátedras, el rey dispuso que se proveyeran en Guatemala conforme a las constituciones recién aprobadas. También en 1686 se inició la estructuración de los principales organismos universitarios: claustro pleno, de consiliarios y de diputados. El 10-I-1687 fue la solemne toma de posesión de la nueva jerarquía universitaria: rector, consiliarios, diputados y cancelario. Quedaba así la Universidad organizada jurídicamente.

El 18-VI-1687 fue expedido por Inocencio XI el breve *Ex suprema militantis Ecclesiae*, confirmatorio de la fundación. El papa otorga todos los privilegios concedidos a las Universidades de Méjico y Lima. En real cédula del 4-V-1699 el rey hace hincapié en la observancia de las constituciones. La labor de la Universidad de San Carlos de Guatemala ha sido muy fecunda. Hay que destacar aquí las experiencias médicas de transfusión de sangre, la fundación de cátedras de idiomas indígenas y de economía.

BIBL.: R. CASTAÑEDA PAGANINI, *Historia de la Real y Pontificia Universidad de San Carlos de Guatemala: época colonial*, Guatemala 1947; F. A. FUENTES Y GUZMÁN, *Historia de Guatemala o Recordación Florida*, 2 vols., Ma. 1882; F. JIMÉNEZ, *Historia de la provincia de San Vicente de Chiapa y Guatemala de la orden de predicadores*, 3 vols., Guatemala 1929-1931; J. T. LANNING, *The University in the Kingdom of Guatemala*, New York 1955; C. MARTÍNEZ DURÁN, *Las ciencias médicas en Guatemala: origen y evolución*, Guatemala 1941; J. MATA GAVIDIA, *Panorama filosófico de la Universidad de San Carlos de Guatemala*, Guatemala 1948; ID., *Temas de filosofía moderna sustentados en 1785 en la Universidad de San Carlos de Guatemala*, Guatemala 1949; ID., *Fundación de la Universidad de Guatemala, 1548-1688*, Guatemala 1954; J. RODRÍGUEZ CABAL, *Universidad de Guatemala: su origen-fundación-organización*, Guatemala 1953; C. SÁENZ DE SANTA MARÍA, *La cátedra de filosofía en la Universidad de San Carlos de Guatemala*, Guatemala 1942; ID., *La Universidad de San Carlos: Antropología e Historia de Guatemala*, 1(1948)63-70. S. WOYSKI

Huamanga (Perú). La tercera ciudad peruana en el siglo XVI, después de Lima y Cuzco, estuvo enviando sus estudiantes a esas ciudades, hasta que en el siglo XVII pudo contar con su centro de enseñanza superior. Lo erigió el obispo de la diócesis, Cristóbal de Castilla y Zamora, el 3-VI-1677 al fundar un colegio-seminario de tipo tridentino. Lo dotó primeramente con cuatro cátedras: Gramática, Artes y dos de Teología (prima y vísperas). Les dió de renta sus propios bienes y redactó sus primeras constituciones. La real cédula de 31-XII-1680 confirmó y aprobó la fundación de la Universidad bajo el título de San Cristóbal. Recomendó que los grados se otorgasen conforme a las normas y estilo de las demás Universidades. Le concedió todas las prerrogativas y privilegios de las Universidades en España e Indias. Fruto de las gestiones del embajador Haro y Guzmán ante el papa fue el breve *In supremo*, de 20-XII-1682, expedido por Inocencio XI, confirmando y aprobando la nueva institución, concediéndole todos los privilegios de las demás Universidades, particularmente los de Lima. Su puesta en marcha fue lenta y dificultosa. La Universidad de Lima se opuso a que se concediese el pase regio; pero el 10-X-1703 se obtuvo un decreto virreinal autorizando su funcionamiento. Hacia 1792 seguían funcionando las cátedras de Teología y Artes, pero no había rentas para más. Por decreto gubernamental de 14-XI-1825 se incorporó la Universidad con sus rentas al Colegio-Seminario del mismo nombre, constituyendo una sola institución, denominada Colegio-Seminario y Universidad de San Cristóbal.

BIBL.: J. G. PAZ-SOLDÁN, *Anales universitarios del Perú*,

2 vols., Lima 1862; J. H. UNANUE, *Guía política, eclesiástica y militar del virreinato del Perú para el año de 1796*, reeditada por D. RUBIO, *La Universidad de San Marcos de Lima durante la dominación española*, Ma. 1933; R. VARGAS UGARTE, *Historia de la Iglesia en el Perú (1511-1900)*, 5 vols., Lima-Burgos 1959-1960; A. RODRÍGUEZ CRUZ, *Historia de las Universidades Hispanoamericanas*, 2 vols., Bogotá 1973.
A. MARTÍN y S. WOYSKI

La Habana (Cuba). *Universidad de San Jerónimo.* Nace en el convento de San Juan de Letrán de la orden de los predicadores. El estudio conventual de los dominicos constituye la base y el precedente de la fundación universitaria. En el siglo XVII comienzan las gestiones en pro de la erección y se prolongan hasta principios del XVIII. El 12-IX-1721 Inocencio XIII concede el breve *Aeternae Sapientiae* que erige la Universidad de La Habana con los mismos privilegios de la de Santo Domingo. El breve fue presentado por los dominicos al consejo de Indias en 1722, para el pase regio, el cual fue otorgado el 27 de abril del mismo. Durante más de seis años estuvo sin ejecutar debido a la desfavorable intervención del entonces obispo de La Habana, fray Jerónimo Valdés. La inauguración pública tuvo lugar el 5-I-1728, en el convento dominicano de San Juan de Letrán. Los primeros nombramientos académicos: el regente primario fray Tomás Linares fue nombrado rector y cancelario por el prior padre presentado fray José Poveda, fray Francisco Martínez era lector de prima, fray José Lucas Arancibia de vísperas, fray Martín del Rosario y Oquendo de artes, y fray Juan de Palma, maestro de estudiantes. Las lecciones comenzaron el 17-I-1728. El primer incorporado en la Universidad fue su primer rector, quien a continuación recibía las incorporaciones de los maestros fray Juan de Salcedo y fray Francisco de Sotolongo, los tres dominicos y doctores en Teología por la Universidad de Santo Domingo. La real cédula de confirmación fue concedida a la Universidad de La Habana en Madrid el 28-IX-1728. Felipe V confirma en ella la fundación de las cátedras de Cánones, Leyes, Medicina y Matemáticas, además de las de Gramática, Teología y Filosofía, que ya funcionaban en el convento. La Universidad de Santo Domingo debe ser modelo de la habanera.

A mediados de 1730 se desencadena una campaña de oposición a los dominicos para arrebatarles el gobierno universitario, promovida por el Dr. Francisco Teneza, protomédico, y el cura D. Diego Rubí de Zelis, a los que se unieron los enemigos de los religiosos que querían ver la Universidad en manos de seculares. El 22-XII-1732, después de numerosas sesiones de pleno, quedó terminada la obra de las constituciones que iban a regir la vida académica, conforme a lo dispuesto en los documentos fundacionales e inspirándose en las constituciones de la Universidad de Alcalá y costumbres de la de Santo Domingo. Constan de 24 títulos con parágrafos de numeración independiente, más las fórmulas finales de protestación de fe, juramentos, colación de grados e incorporaciones.

Con motivo de los problemas de jurisdicción surgidos entre las autoridades académicas y civiles, el rey concedió al rector, en cédula del 5-XI-1741, la misma jurisdicción sobre los miembros universitarios otorgada a los rectores de Lima y Méjico, y conforme a lo recogido ya en las leyes de Indias. La real cédula del 27-IX-1746 concedía al rector las mismas facultades otorgadas al rector de Alcalá y maestrescuela de Salamanca, en cuanto a jurisdicción en las causas criminales y civiles y atribuciones en lo relativo a provisión de cátedras. Otra real cédula de la misma fecha, dirigida al gobernador, prohibía toda intromisión del gobierno en los asuntos universitarios, de

modo que se dejaba al rector en libertad en el ejercicio de su jurisdicción. A mediados del siglo XVIII la Universidad de La Habana alcanza su gran florecimiento. En 1751 tenía 20 cátedras, contaba con crecido número de doctores y maestros en todas las Facultades.

Fracasan los intentos de reforma por parte de los rectores Juan Francisco Chacón y José Ignacio Calderón y Berchi. En 1820 comienza la etapa decadente y en 1840 la actividad académica de la Universidad de La Habana se ve reducida a la mínima expresión. Una real orden del 24-VIII-1842 aprobó los nuevos estatutos y reglamento propuestos por el gobernador y capitán general de Cuba, D. Jerónimo Valdés. Con la nueva reforma quedaba secularizada, perdiendo su carácter pontificio y convirtiéndose en la Real Universidad de La Habana. Además del nombre de Real Universidad dado por la junta superior de estudios, también se llamó Real Universidad Literaria.

Por real decreto de 15-VII-1863 se estableció nuevo plan de estudios que abarcaba la reforma de toda la enseñanza, que para la Universidad fue nuevamente modificado por la llamada reforma al plan de estudios de 1863, según decreto del 10-X-1871. A partir de esta fecha hasta la independencia, las reformas del plan de estudios universitario se realizan junto con los cambios del plan para la instrucción pública en general. Durante la etapa provisional de la ocupación estadounidense de 1899 a 1902 la Universidad de La Habana se reorganiza, y se continúan los cambios en el plan de estudios. Pierde su carácter de Universidad real y es cuando se traslada, a principios de mayo de 1902, a la colina que hoy ocupan sus edificios.

La institución inicia entonces su tercera etapa, la republicana.

BIBL.: A. BACHILLER Y MORALES, *Apuntes para la historia de las letras y de la instrucción pública en la isla de Cuba*, 3 vols., La Habana 1936-1937; R. COWLEY, *Breves noticias sobre la enseñanza de la medicina en la Real y Pontificia Universidad del Máximo Doctor S. Jerónimo*, La Habana 1876; J. M. DIHIGO Y MESTRE, *Bibliografía de la Universidad de La Habana*, La Habana 1936; ID., *Real y Pontificia Universidad de La Habana. Documentos relativos a su historia:* Revista de la Facultad de Letras y Ciencias (La Habana), 3-4(1930)175-393; L. F. LEROY Y GÁLVEZ, *Intervención del obispo Valdés en la fundación de la Universidad de la Habana:* Universidad de La Habana, 148-150(1961)93-118; ID., *La Universidad de La Habana: síntesis histórica*, La Habana 1960; A. M. RODRÍGUEZ CRUZ, *Historia de las Universidades Hispanoamericanas*, 2 vols., Bogotá 1973.
S. WOYSKI

La Plata (Bolivia). Esta ciudad recibió tan fuerte impacto de su Universidad que hasta hoy aparece con un sello académico que la distingue de entre las poblaciones bolivianas que la han superado política, económica y demográficamente. Tuvo cinco nombres: uno de ellos, *Argentina*, fue tan erudito y efímero que apenas se le recuerda; otro, *Charcas*, desapareció con su Real Audiencia al implantarse la República en 1825; este de *La Plata* se conserva para designar el arzobispado; ha quedado también el de *Chuquisaca* para denominar todo el Departamento; finalmente, el actual de *Sucre* le fue asignado por ley de 12-VII-1839. Fundada por entre los años 1538-1539, su vida ciudadana se inquieta de inmediato por la guerra civil que ensangrienta el Perú. No bien consolidada la paz, se erige su territorio en diócesis independiente y con la catedral surge también la Universidad, igual que junto a los templos brota en América la escuela.

Primera Universidad concedida. Estaba en España el fundador de la Universidad limense, fray Tomás de San Martín, cuando fue elegido para obispo de La Plata. De inmediato pide al rey «que él quiere hacer y fundar en su obispado, a su costa, un Estudio General donde se críen y sean doctrinados los hijos de los principales de aquel reino y otras personas, y cobren habilidad y salgan predicadores de nuestra santa fe católica». Carlos V se lo concede, el 11-VII-1552, con todos los privilegios del Estudio de Salamanca, menos el de la jurisdicción. La muerte del prelado ocurrida a fines de marzo de 1554 en el convento del Rosario de Lima impidió su inmediata realización. Un largo período de sede vacante imposibilitó por entonces su fundación a pesar de haberla vuelto a pedir su sucesor en la mitra, Alonso Ramírez de Vergara, en 28-II-1602, insistir en su erección la Audiencia de Charcas, el 28-II-1613, alegando contar con el edificio y la biblioteca del chantre Felipe de Molina y pedir informes el rey a la Universidad de Lima.

Universidad de San Francisco Javier. Hubo de ser el camino conventual quien proporcionó a La Plata su ansiada Universidad. Tenía en esta ciudad la Compañía de Jesús casa de estudios cuando el virrey, príncipe de Esquilache, autorizó a los jesuitas la fundación del Real Colegio de San Juan Bautista (22-II-1621) con los privilegios de los de San Felipe y San Martín, de Lima, y el de San Bernardo, del Cuzco. Al recibirse el breve *In supereminenti* con el pase regio de 2-II-1622, el provincial Juan de Frías Herrán encargó al rector del colegio de La Plata para que procediera a la fundación universitaria, previa consulta de ambos cabildos y después de haber dado cuenta a la Audiencia. El rector Luis de Santillán obtuvo del cabildo civil su cooperación para la construcción del edificio. El 18-X-1623 el padre Reyman comenzó el curso de Artes. Llegado el padre Frías de visita general, se hizo la erección solemne el 27-III-1624, otorgando patente de fundación de la Universidad con el título de San Francisco Javier. También le otorgó sus constituciones que fueron sancionadas en abril de 1624 y dispuso que tuviese como constituciones complementarias las de la Universidad de Lima. El arzobispo Fernando Arias de Ugarte aprobó y confirmó en 1627 todo lo realizado por la Universidad. Distintos visitadores de la Compañía de Jesús reformaron o ampliaron su reglamentación: Bartolomé de Recalde, en 1631; Andrés de Rada, en 1640; Diego de Eguiluz (25-VI-1645), y Hernando Cavero, en 1674. El arzobispo Castilla y Zamora fundó en 13-X-1681 tres cátedras de Leyes con su correspondiente dotación, que fueron confirmadas por el rey el 9-VII-1684, las cuales tuvieron vigencia hasta 1750 en que se agotaron los fondos.

La expulsión de los jesuitas conmovió la vida literaria en la capital de los Charcas. A los cuatro o cinco años la Universidad llegó a la más completa desorganización; se despoblaron las aulas y se confirieron grados sin que se hiciesen cursos. En 9-II-1771 se reunió el arzobispo Argandoña con el claustro para atajar los males y, el 10-II-1772, la Audiencia aceptaba la reforma universitaria concretada en la fundación de 13 cátedras: dos de Cánones, dos de Leyes, cuatro de Teología, dos de Artes, dos de Gramática. Como los profesores jesuitas no cobraban sueldo, sus substitutos abandonaron las cátedras por falta de retribución, quedando apenas la de Filosofía con un profesor en el Seminario y otro en el Colegio de San Juan, y la de Latín con la renta de la cátedra de lengua indígena. A esto se añadió el hecho de que con la expulsión se había extinguido la facultad de conceder grados, ya que los jesuitas los otorgaban en virtud de sus privilegios, todo lo cual obligó a una nueva restructuración y para elaborarla el arzobispo Argandoña se reunió con el claustro en 9-II-1772. De allí salió el memorial del Dr. Mendoza insistiendo en la enseñanza universitaria a los indios, y el informe del fiscal Acevedo. El nuevo plan, aceptado por la real Audiencia en 10-II-1772, establecía 13 cátedras: dos de Cánones, dos de

Leyes, cuatro de Teología, dos de Artes, dos de Gramática y una de Medicina; se dotaban con parte de las rentas de los jesuitas administradas por las juntas de temporalidades, los novenos reales de los diezmos de Charcas y La Paz que se daban a la Universidad de Lima y la asignación de la cátedra de lengua indígena que se suprimía; y por último se adoptaban las constituciones de la Universidad de San Marcos hasta tener las propias de la restaurada institución. En 1776 se instaló en la Universidad la Real Academia Carolina, que vino a dar un poderoso impulso a los estudios jurídicos y que adoptó por patrona a Nuestra Señora de la Nieva. Como premio a la ciudad de La Plata por su fidelidad durante la sublevación de los indios catari concedió el rey a su Universidad en 15-II-1785 todos los honores y prerrogativas de la de Salamanca. Por último, en 1791 el rector Juan José de Segovia hizo las nuevas constituciones que fueron puestas en vigor el 8-XI-1791.

BIBL.: V. ABECIA, *Historia de Chuquisaca*, Charcas 1939; L. PAZ, *La Universidad Mayor Real y Pontificia de San Francisco Xavier de la capital de los Charcas: apuntes para su historia*, Sucre 1914; A. WUST, *La Universidad de San Francisco Xavier, cuna espiritual de la independencia americana:* Rev. Latinoamericana (México), año 1958; A. RODRÍGUEZ CRUZ, *Historia de las Universidades Hispanoamericanas*, 2 vols., Bogotá 1973.
L. TORMO

León (Nicaragua). Su base fue el Seminario conciliar de San Ramón o colegio tridentino, fundado el 15-XII-1670 en la ciudad de León, gracias a los esfuerzos del obispo fray Andrés de las Navas y Quevedo. El presbítero Rafael Agustín Ayestas, considerado como fundador de la Universidad, hizo gestiones en la Corte para que se concediera al Seminario licencia de otorgar grados menores. El 18-VIII-1806 fue expedido por Carlos IV el real decreto que autorizaba al Seminario para conferir grados mayores y menores. Colaboró eficazmente en la fundación el presbítero Tomás Ruiz, prócer de la independencia de Nicaragua. La Universidad de León fue creada por decreto de las Cortes generales y extraordinarias de Cádiz, del 10-I-1812. Otro decreto, del 19-VIII-1813, reglamentó la institución. Según este decreto debían observarse en la Universidad de León las Constituciones de la Real y Pontificia Universidad de San Carlos de Guatemala. El 24-VIII-1816 se efectuó la solemne instalación de la Universidad en la sala capitular, presidiendo el obispo de la diócesis de Nicaragua y Costa Rica, Dr. fray Nicolás García y Jerez, cuyas gestiones habían logrado esta meta. Como titular fue señalado San Ramón Nonato. Las primeras cátedras establecidas, con carácter universitario, fueron las de Latín, Teología moral, Gramática, Teología dogmática, Derecho civil y canónico y Filosofía. Al proclamarse la independencia de Centroamérica en 1821, la actividad universitaria tuvo una breve interrupción, continuando luego las tareas, aunque luchando con las dificultades económicas durante etapa tan difícil. Así se mantuvo hasta 1869, en que fue clausurada y confiscados sus bienes por el gobierno. Reanudó sus tareas en 1888, siendo presidente D. Evaristo Carazo, cuyo período presidencial, aunque corto, fue el más fecundo culturalmente para la República. En 1947 la antigua Universidad de León fue declarada Universidad Nacional.

BIBL.: J. E. ARELLANO, *El padre-indio Dr. Tomás Ruiz fundador de la Universidad y prócer de Nicaragua*, León de Nicaragua 1972; *Guía orgánica de la Universidad Nacional de Nicaragua*, León de Nicaragua 1959; *Universidad Nacional de Nicaragua:* Universidades (Buenos Aires), n.os 9-10 (1962); A. RODRÍGUEZ CRUZ, *Historia de las Universidades Hispanoamericanas*, 2 vols., Bogotá 1973.
S. WOYSKI

Lima (Perú). El 18-I-1535 Francisco Pizarro, a pesar de su analfabetismo, demostró gran aprecio a la cultura al señalar en la ciudad de Lima, que acababa de fundar, un lugar preeminente donde erigir su Universidad. Las guerras civiles retrasaron su fundación, pero ya en 1-VII-1548 el Capítulo provincial de los dominicos determinó crear en el convento del Rosario de la Ciudad de los Reyes (Lima) un estudio general, basándose en sus facultades papales. Poco después de ser derrotado Gonzalo Pizarro en Xaquixaguana, el cabildo limense, en su sesión del 23-I-1550, envió a España como procuradores para obtener la Universidad al capitán Jerónimo de Aliaga y a fray Tomás de San Martín OP, primer provincial de su orden en el Perú, quien acompañado de Pedro de la Gasca presentó al emperador Carlos V en Alemania un proyecto, solicitando los mismos privilegios que gozaba la Universidad salmantina.

Por real provisión de Carlos V y de la reina gobernadora dada en Valladolid el 12-V-1551 se erigió la Universidad, emplazándola temporalmente en el monasterio dominicano de Lima, donde residió hasta 1574 en que se trasladó al edificio adquirido de los agustinos, junto a San Marcelo. Tenía los mismos privilegios que Salamanca, menos la jurisdicción y la exención de tributos a los graduados. La primera le fue otorgada de modo provisional a su rector en 25-V-1580 por el virrey Toledo y fue definitiva al confirmarla el monarca en 19-IV-1589; la exención tributaria la concedió también Felipe II (31-XII-1588) en vista de los buenos frutos que daba la institución.

Recibida la cédula fundacional, fue obedecida el 2-I-1553 y desde aquel año parece que comenzó a funcionar. Su primer rector fue el prior del convento, fray Juan Bautista de la Roca OP. Los dominicos le asignaron 350 pesos y como eran insuficientes, los primeros maestros no recibieron retribución alguna. Tuvo cátedras de Gramática, Retórica, Artes y Teología. Y como en Méjico, también aquí la economía condicionó totalmente la expansión universitaria, si bien Lima tropezó aún con mayores dificultades, hasta el punto de que todavía el 5-III-1582 podía escribir el virrey a Felipe II: «lo que está labrado de las escuelas no fue fundación formada, como es justo que sean las escuelas, sino unas casillas..., y habiendo de ir adelante, no puede haber buena traza ni orden». Los 350 pesos asignados por los dominicos eran insuficientes a todas luces. Y tampoco podían sacarle de aquel estado de languidez los 400 con que la dotaba en 1557 el virrey, marqués de Cañete.

Por su parte, el arzobispo Loaysa quería sacar la Universidad de los claustros dominicanos y asentarla a la sombra de la catedral. Así lo pidió repetidamente al rey Felipe II en cartas del 2-VIII-1564 y 1-III-1566. Los informes del gobernador Pedro García Castro impidieron por algún tiempo que la Universidad saliera de los claustros del Rosario. Esta tendencia a sacar la Universidad del círculo dominicano recibió su impulso definitivo cuando el virrey Francisco de Toledo se decidió a darle no ya un carácter eclesiástico no regular, como quería el arzobispo, sino civil y gubernativo. El año 1571 se inicia la segunda etapa de la Universidad. En ese año Pío V concede bula confirmatoria de todos los privilegios (Exponi nobis, 25-VII-1571). El nombre clave de este segundo período académico es el de Francisco de Toledo. En cédula de Felipe II (30-XII-1571) se aprobaba la transmisión del rectorado de la Universidad de manos regulares a manos seglares. El rector no seguiría siendo automáticamente el prior de los dominicos, sino el designado por el claustro de doctores. En mayo de 1571 era elegido el primer rector seglar, Pedro Fernández de Valenzuela, y, con el traslado al local que habían ocupado los agustinos a su llegada, se desvinculaba definitivamente del primer centro universitario radicado en el convento dominicano, aunque en 1577 el claustro concediera al prior del Rosario, en agradecimiento por su intervención en la fundación del «Alma Mater», el privilegio de ocupar el primer puesto a la derecha del rector. Desde ese año data el nombre que ha conservado de Universidad de San Marcos. A las Facultades de Filosofía y Teología se añadieron en ese año ambos Derechos —civil y canónico— y Medicina. Consciente de su autonomía y autosuficiencia cultural, la Universidad limeña se opuso siempre al nacimiento de otros centros similares.

La Universidad de San Marcos, al igual que la mejicana, se caracterizó por la universalidad de sus enseñanzas dentro del saber de su época. Allí se cursaban Artes en tres años, Teología en cuatro, Derecho canónico en cinco, civil en cinco, Medicina en tres. Entre las cátedras figuraba también una de «Lengua general de indios», que perduró hasta el 29-III-1784, en que fue sustituida por una de Filosofía moral. Las primeras Constituciones (1571) que rigieron en la Universidad se deben a su primer rector seglar, Pedro Fernández de Valenzuela, y a los doctores Andrés de Zúñiga, Gaspar de Meneses, Sánchez Renedo y Francisco Franco. Estas Constituciones sintieron sobre sí la actuación repetida de los diversos rectores y virreyes (1578, 1581, 1584...). Los papas la distinguieron también con sus concesiones, como al igual que los monarcas españoles que fueron aumentando progresivamente la asignación económica. Con todo, su marcha académica no fue siempre una recta ascendente. Su visitador en 1758, el arzobispo Barroeta, destaca la anárquica indisciplina que reinaba no sólo entre el alumnado, sino también entre el mismo profesorado: «sobre no haber estudiantes que cursen, menos hay quienes en ellas enseñen».

La Universidad de San Marcos de Lima, la única Universidad pleno iure sudamericana, vio operarse un cambio lento en su seno. Las cátedras, regentadas en su mayoría por clérigos en sus comienzos, pasaron poco a poco a manos seglares. Y de sus aulas salieron hombres que dieron días de gloria a la Iglesia, a las Ciencias, a las Letras y a las Artes peruanas.

BIBL.: C. AJO Y SÁINZ DE ZÚÑIGA, Historia de las Universidades Hispánicas, 3 vols., Ma. 1957-59; L. A. EGUIGUREN, Historia de la Universidad en el siglo XVI, 2 vols., Lima 1951; D. RUBIO, La Universidad de San Marcos de Lima durante la colonización española, Ma. 1933; R. VARGAS UGARTE, Historia de la Iglesia en el Perú, 2 vols., Lima 1953, y Burgos 1959.   A. MARTÍN

Manila (Filipinas). La capital del archipiélago filipino tuvo dos centros universitarios que otorgaron grados, al principio a tenor de los conocidos breves de Paulo V, Gregorio XV y Urbano VIII. Fueron los colegios de San José y de Santo Tomás, regentados por jesuitas y dominicos respectivamente, en pugna entre sí como en otras ciudades hispanoamericanas, y sin dejar por ello de impartir sus enseñanzas, más que momentáneamente, ni de otorgar grados. El primero fue el que suministró los alumnos a la Universidad o Estudios de San Ignacio y el segundo el que se convirtió posteriormente en la Real y Pontificia Universidad de Santo Tomás.

Universidad de San Ignacio. El 8-VII-1598, informado Felipe II que los estudiantes de Filipinas no se podían graduar, pidió más datos para conceder su autorización en orden a que alcanzaran grados. El obispo de Cebú, fray Pedro de Agurto, le respondió, el 7-VII-1601, que debía dar a los jesuitas de Manila la facultad de conceder grados, porque ya Su Santidad se la había concedido en otras partes, como en Evora y en Gandía. Pero el arzobispo electo, fray Miguel de Benavides, se opuso a la fundación jesuítica por estimar que la futura Universidad manilense debía ser común a todos los religiosos y clérigos. Ante ello el rey desestimó el proyecto.

El 28-II-1610 los jesuitas fundan con parte de la herencia del capitán Esteban Rodríguez de Figueroa un nuevo Colegio-Seminario, llamado de San José. En 1611 tenía 25 estudiantes de Artes, y en 24-VI-1612 el arzobispo Vázquez de Mercado insiste ante el rey para que autorice la concesión de grados. Esto se obtiene por la real cédula de 5-IX-1620, pero el arzobispo a quien los breves pontificios encargaba la graduación, se niega a efectuarla. No obstante, los libros de matrícula y grados se abren en 1624 y en el último se encuentran las «pruebas de cursos de la Academia fundada con autoridad pontificia y regia en el Colegio de San Ignacio de la Compañía de Jesús de Manila y y se hallan asentados en dicho libro los colegiales del Real Colegio de San José y los estudiantes capistas» desde 1-VII-1755 hasta 3-VII-1767. Tras un ruidoso pleito sobre el color de las becas, el 23-XII-1647 se declaró la precedencia en los actos oficiales «a favor del Colegio de San José y Estudios de San Ignacio contra el Colegio y Estudios de Santo Tomás». Según el padre Pastells, «en 12-V-1653 se expidió nueva real ejecutoria para que pudiesen los padres de la Compañía, como Claustro de Universidad Pública Pontificia y Real, graduar a sus alumnos en los Colegios de San Ignacio y de San José con facultad de poner título real en todos sus actos y despachos». El terremoto de 1665 destruyó gran parte de las casas, que eran el patrimonio del Colegio de San José, viéndose éste obligado a solicitar la ayuda estatal que le fue concedida en 1665 y, mientras tanto, reducir las 20 becas dotadas a ocho. Felipe V admitió este Colegio bajo su Real Patronato *ad honorem* el 8-V-1722. Posiblemente por estas fechas la Universidad queda radicada de modo definitivo en el Colegio de San Ignacio porque las cátedras de jurisprudencia que el rey mandó instituir en Manila el año 1714 recayeron en él por la real cédula de 23-X-1733 que disponía hubiese en esta Universidad y en la de Santo Tomás Facultad de Derecho, debiendo regentar la cátedra de Cánones un religioso sin salario, que en ésta fue el polígrafo Pedro Murillo Velarde, y en la de Santo Tomás, el padre Arechederra que después fue obispo de Nueva Segovia, y la de Instituta, un civil con 400 pesos de sueldo. Por el breve *Militantis* Clemente XII confirmó, el 6-XII-1735, las dos cátedras que Felipe V había añadido «en el Colegio de San Ignacio». Tuvo también cátedra de Matemáticas en el siglo XVIII.

Fue patrona de esta Universidad la Purísima Concepción y el claustro señalaba predicador anualmente para su fiesta. Existió una primera «Instrucción y fórmula en el dar grados de bachiller, licenciado, maestro y doctor», sacada de los estudios de la Universidad de Méjico. El padre Tavernier presentó unas Constituciones que fueron aprobadas por el oidor Pedro Calderón Henríquez, autorizando su publicación en 12-X-1741. De ella salieron «muchos y doctos sujetos» que mantuvieron por más de un siglo el lustre de la catedral manileña, reluciendo, según el deán Cortés de Arredondo, en el «Asiático, y aun en el Americano, y hasta el Europeo Hemisferio». Solamente entre los que fueron obispos, pasaron por sus aulas: José Cabral, Felipe de Molina y Figueroa y Domingo de Valencia, que regentaron la mitra de Nueva Cáceres; Rodrigo de la Cueva Girón, Francisco Pizarro de Orellana y Jerónimo de Herrera, en la de la Nueva Segovia; José de Endaya, arzobispo de Méjico, y Protasio Cabezas, prelado de Cebú.

BIBL.: AHN: Sección de Clero, fondo Jesuitas, lib. 414 leg. 891, 892 y 893; F. COLIN, *Labor evangélica*, 3 vols. Ba. 1904; P. CHIRINO, *Relación de las Islas Filipinas*, Ma nila 1890; J. DELGADO, *Historia General*, Manila 1892; E. BAZACO, *Disputed questions on Philippine Historical Pedagogy*, Manila 1941; A. SANTAMARÍA, *Reseña de la fundación y desarrollo de las Facultades de Derecho Canónico y Civil desde 1734 hasta nuestros días*, Manila 1934; G. REPETTI, *Los Comienzos de la Enseñanza de los PP. Jesuitas en Filipinas:* Misiones Católicas en Extremo Oriente, Manila 1937, 254-257; N. P. CUSHNER, *Philippine jesuits in exile*, Ro. 1964; L. A. CULLUM, *San José Seminary (1788-1915):* Philippine Studies, 13(1965)433-460; H. DE LA COSTA, *The Jesuits in the Philippines 1581-1768*, Harvard 1961; F. J. HERNÁEZ, *Colección de bulas*, Bru. 1879; P. TORRES Y LANZAS y P. PASTELLS, *Catálogo de documentos relativos a las Islas Filipinas*, 9 vols., Ba. 1925-1934; F. BENÍTEZ, *Reseña Histórica del Real Colegio de San José*, Manila 1883; P. MURILLO VELARDE, *Cursus Iuris Canonici, hispani et indici*, Ma. 1791; ID., *Historia de la Provincia de Philipinas de la Compañía de Jesús*, Manila 1749.
L. TORMO

Universidad de Santo Tomás. Llegados a Manila los primeros dominicos españoles el 25-VII-1587, el mismo día de su instalación, 4 de agosto, tuvieron en la iglesia catedral unas Conclusiones de Teología, que presidió el mismo obispo de Manila. Al año siguiente inauguraban en el convento de Santo Domingo escuelas de enseñanza elemental y media, y estudios superiores de Teología, y algunos más tarde, en 1598, también de Artes. Al mismo tiempo daban cursos y conferencias de Teología para el clero de Manila en la iglesia catedral. Pero comprendieron luego que no bastaba esta labor docente, y concibieron la idea de fundar un colegio de enseñanza superior, independiente del convento, donde se estudiara Gramática, Artes y Teología, y pudieran formarse convenientemente en él los ministros del Señor que habían de evangelizar aquellos reinos, e incluso también los laicos. A su fundación contribuyó eficaz y muy especialmente, además del interés, diligencia y esfuerzos de los dominicos españoles, el arzobispo de Manila, fray Miguel de Benavides, dominico también y antiguo lector de Teología del convento de Manila, que alentó la idea, planeó con ellos la fundación y legó a este fin su biblioteca y una suma de 1.500 pesos, que constituirían los primeros fondos, a los que seguirían otras generosas aportaciones de insignes bienhechores.

El acta o escritura de fundación data del 28-IV-1611. La extendieron y firmaron ante el escribano real, Juan Illán, los padres Baltasar Fort, provincial de los dominicos, Francisco Minayo, prior del convento de Santo Domingo, y Bernardo Navarro, testamentario del arzobispo Benavides. Se fundó con el título de *Colegio de Nuestra Señora del Rosario*, que luego se cambió por el de *Colegio de Santo Tomás* de Manila (1617). El Colegio fue aceptado canónicamente por la provincia dominicana del Santísimo Rosario en el Capítulo provincial de 1612, como «propiedad de esta nuestra Provincia»; y su fundación fue luego aprobada por las respectivas autoridades eclesiásticas y civiles: el administrador apostólico de Manila (15-VII-1619), el gobernador y capitán general de Filipinas (27-VII-1619) y el rey Felipe IV (R. C. de 27-XI-1623). La facultad de conferir los grados académicos —bachiller, licenciado, doctor y maestro en Artes y Teología— la adquirió el Colegio en virtud del breve pontificio *Charissimi in Christo* de Pablo V (11-III-1619), por el que concedía dicho privilegio por diez años a todos los colegios formados de la Orden de Predicadores en las Indias Occidentales, que luego limitó el rey a las provincias de Chile, Nueva Granada y Filipinas (14-V y 6-IX-1624). Dicho privilegio fue luego confirmado y renovado por otros diez años expresamente en favor de dicho Colegio por el papa Urbano VIII con el Breve *Alias a felicis* del 27-IX-1629 y, más tarde, de nuevo por el rey el 9-XI-1639.

Pero este privilegio, por ser temporal y limitado, no satisfacía la necesidad permanente de tal institución ni las aspiraciones de la Orden dominicana. Era necesario obtenerlo de modo estable y permanente y elevar el Colegio al rango y categoría de Universidad. A instancias del Colegio y de los dominicos españoles de Filipinas, Felipe IV accedía a sus deseos y aspiraciones y recababa reiteradamente (29-XI-1639 y 20-XII-1644) de la Santa Sede la erección del Colegio en Universidad, «para que el dicho Colegio sea Universidad con las mismas cualidades y perpetuidad que la de Avila, Santiago de Pamplona, Lima y Méjico, por no haber en aquellas Islas y Provincia, Universidad de esta calidad». Accediendo benignamente a estas súplicas del rey, el papa Inocencio X expidió el breve *In supereminenti*, con fecha 20-XI-1645, erigiendo el Colegio en Universidad con los mismos honores, derechos y privilegios de que gozaban otras similares en España y América, otorgándole la facultad de conferir los grados académicos y de promulgar estatutos propios por los que se haya de regir, y confiándola al cuidado, régimen y administración de la Orden. A partir de su erección en Universidad, los reyes y los papas le prodigaron honores y privilegios. Inocencio XI le concede el título y grado de Universidad de estudios generales, confiriéndole la facultad de erigir nuevas Facultades de Cánones, Derecho Civil y Medicina (Breve *Inscrutabili*, 7-VIII-1681); el rey Carlos II le concede el privilegio de Regio Patronato (17-V-1680); Carlos III la honra con el título de *Real* (7-III-1785); León XIII le otorga el de *pontificia* (*Quae mari sinico*, 1-IX-1902) y, finalmente, Pío XII la declara *Universidad Católica de Filipinas* (30-IV-1947).

Los primeros estudios del Colegio de Santo Tomás estaban regidos por unos estatutos compuestos especialmente para dicho Colegio y aprobados por el Capítulo provincial de 1619. Venían a ser los mismos que regían y se observaban en los colegios formales de España, con ligeras modificaciones. Pero al recibir en 1625 el breve *Charissimi in Christo* de Pablo V (11-III-1619) y la cédula real de Felipe IV (6-IX-1624), que autorizaban a conferir los grados académicos, la Universidad quiso reglamentar convenientemente sus estudios a fin de que fueran estrictamente académicos. A este fin pidió a la Universidad de Méjico copia certificada de sus estatutos, y conforme a ellos se redactaron unos nuevos estatutos, obra del padre Domingo González, durante su primer rectorado (1627-1629).

Pero el breve de Inocencio X *In supereminenti* (20-XI-1645), por el que se erigía el Colegio en Universidad, autorizaba al maestro general de la Orden a hacer y promulgar, por sí mismo o por el rector, estatutos propios, con facultad de poder luego modificarlos según fuese necesario. El maestro general delegó esta facultad en el provincial y rector, y éstos fueron revisando posteriormente los estatutos, modificando y añadiendo nuevos títulos según las exigencias de los tiempos y la erección de nuevas cátedras y Facultades; pero manteniendo la conformidad fundamental con los de la Universidad de Méjico, que les habían servido de modelo. Las principales revisiones fueron las de los rectores Martín Real de la Cruz (1648), a raíz de la erección en Universidad; Francisco Sánchez (1663-1665); Tomás Canduela (1734), y, sobre todo, la que hizo el padre Juan Amador (1785) por comisión de la Universidad y a tenor de una disposición de Carlos III (7-XII-1781), que mandaba se preparasen nuevos estatutos. Estos estatutos del padre Amador, revisados a su vez posteriormente a medida que iban creándose nuevas cátedras y facultades, siguieron vigiendo prácticamente hasta la entrada en vigor (1936) de los estatutos elaborados a tenor de la Cons-

titución apostólica *Deus scientiarum Dominus*, de 1931. Los diversos *Planes generales* y *Reglamentos de estudios de enseñanza media y superior para Filipinas* que se prepararon en la segunda mitad del siglo XIX, acomodados a los planes de estudios de la Península, no llegaron a adquirir valor permanente, y algunos ni siquiera se pusieron en práctica. La Universidad, sin embargo, supo aprovechar lo que en ellos había de positivo, sobre todo su orientación hacia nuevos campos de extensión cultural universitaria: Medicina, Farmacia, Ciencias y Letras. Estos estatutos determinaban y regulaban la función rectora y la labor docente de la Universidad: oficios y atributos del personal rector y académico, facultades existentes, materias de las diferentes cátedras de cada facultad, requisitos para la obtención de grados, actos y debates públicos de los graduandos, exámenes y colación de grados, provisión de cátedras, celebración de claustros, etc.

Aunque fundado el Colegio-Universidad en 1611, no comenzaron los cursos hasta 1619, y ya desde sus comienzos se enseñaba «Gramática, Retórica, Lógica, Filosofía y Teología escolástica y moral», y se conferían los grados académicos en Artes, es decir, en Filosofía, y en Teología. La Filosofía comprendía tres cursos: el de Lógica, al que se añadía elementos de Aritmética, Algebra y Geometría; Física, que incluía Física general y elementos de Mecánica, Hidrostática e Hidráulica, Instituciones de Física particular, Elementos de Cosmogonía, Astronomía, Geografía y Optica, y Metafísica, que abarcaba la Ontología, Cosmología, Teología natural y Etica. La Teología comprendía cuatro cursos de *Suma teológica* de Santo Tomás y otro de Sagrada Escritura y Teología moral. Durante todo el siglo XVII no hubo más que estas dos Facultades. La Universidad, sin embargo, había hecho gestiones para erigir otras dos Facultades, las de Medicina y Derecho, y obtuvo para ello la autorización del papa Inocencio XI, por su breve *Inscrutabili* del 7-VIII-1681, y el beneplácito del rey Carlos II (22-XI-1682). Pero la Real Audiencia de Manila no lo creyó viable y así, el proyecto quedó en suspenso, no obstante los buenos deseos del pontífice, del rey y de la Universidad, y la evidente necesidad por «las graves inconveniencias que podrán seguirse, de estar sus vecinos casi indefensos y epidemias que padecen en esa región sin alivio por falta de médicos para su curación, careciendo de maestros que enseñen las Facultades de Jurisprudencia y Medicina» (Carlos II). Ya en el siglo XVIII, en 1734, se erigían dos nuevas cátedras o Facultades, las de Derecho canónico y civil (romano), que había de completarse un siglo más tarde con la cátedra de Derecho español, que comprendía el Derecho civil y criminal, con sus respectivos procedimientos (1835). Todavía en el siglo XVIII, la Universidad intenta e insiste en la creación de nuevas cátedras y Facultades: de Medicina, Matemáticas, Sagrada Escritura, e incluye su programación en los estatutos de 1785. Pero sin que pudiera ver realizados sus deseos hasta la segunda mitad del siglo XIX.

Y es precisamente en esta época turbulenta, última del dominio español en Filipinas, cuando la Universidad logra ver cumplidos sus deseos de ampliación del campo de la enseñanza universitaria, con la creación de nuevas Facultades y Escuelas Superiores. Los nuevos planes de estudios programados para Filipina, en conformidad con los que regían en la Península, fueron los que abrieron paso a la creación de las nuevas Facultades, que la Universidad venía pidiendo insistentemente durante siglo y medio. Sucesivamente fueron creándose las Facultades de Medicina y Cirugía (1871), Farmacia (1872), Filosofía y Letras (1896) y Ciencias físico-matemáticas y naturales (1896), y las Escuelas Especiales de Obstetricia (1879) y de Practicantes médicos y farmacéuticos (1880). En esta segunda mitad del siglo XIX adquiere la Universidad el índice mayor de crecimiento y desarrollo durante la dominación española en Filipinas, y con este auge e impulso nuevo, paralizado sólo durante los dos años de la insurrección filipina (1898-1899), emprende la Universidad la última etapa de su historia, más espléndida y brillante, y de más amplia influencia.

Al iniciarse el siglo XX, la Universidad hubo de afrontar dos problemas importantes y vitales. La erección de las nuevas Facultades y cátedras había acrecentado notablemente el número de estudiantes y los antiguos locales sitos en el intramuro, resultaban ya insuficientes; había que pensar en ampliarlos. Se optó por la construcción de nueva planta de un conjunto de edificios, que se han ido multiplicando hasta convertirse en una ciudad universitaria (15 pabellones). Por otra parte, la nueva situación creada en Filipinas con la dominación norteamericana tuvo sus repercusiones en el sistema educacional. Y la Universidad hubo de afrontar el problema de la adaptación de sus estudios a las exigencias del sistema educacional norteamericano impuesto en Filipinas, si quería sobrevivir y ver reconocida su enseñanza y los grados académicos. También aquí logró coronar sus esfuerzos con el éxito, viendo cómo las autoridades americanas y filipinas fueron reconociendo sus estudios en las distintas Facultades y los grados conferidos por la Universidad; y cómo esta adaptación llegaba incluso hasta dar la enseñanza en inglés, en lugar de hacerlo en español, como se venía haciendo hasta entonces (1926), modernizó la enseñanza y posibilitó un rápido crecimiento de Facultades, Colegios y Escuelas Especiales, abriendo así las puertas a un mayor número de estudiantes, que ha ido creciendo de año en año hasta alcanzar la cifra de 31.000 estudiantes y más de mil profesores en 1968. Durante este período y bajo el régimen y sistema educacional norteamericano se han creado la Facultad de Ingeniería (1907) y los Colegios de Artes liberales (1922), Educación (1926), Arquitectura y Bellas Artes (1930), Comercio (1933), Diplomacia (1937), y las Escuelas de graduados (1938), Normal de maestros (1940), enfermeras (1946), Conservatorio de Música (1946)... Además, se han creado, en el seno de varias Facultades, Institutos especiales y centros de investigación; se ha dotado de moderno instrumental científico y de laboratorios especializados —renovando los ya existentes— a las diversas Facultades o Departamentos que así lo requieren: Ciencias físico-químicas, bioquímicas, biológicas, psicológicas, médicas, físico-matemáticas, mecánicas, electrónicas, etc., y se han ido completando y perfeccionando los Museos de Ciencias Naturales y de Arte: Museo de Historia Natural, Jardín Botánico, Museo de Arte, especialmente de Arte Filipino.

En un principio toda la enseñanza corría a cargo de los religiosos dominicos, casi todos muy versados en las materias respectivas, que habían cursado e incluso enseñado en Universidades españolas o de América. Los seglares comenzaron a enseñar en la Universidad al ser creadas las cátedras de Derecho romano (1733) y de Derecho civil español (1835), y continuaron luego incorporándose en número cada vez mayor al ir incrementándose las Facultades civiles en la segunda mitad del siglo XIX y en el siglo XX. De los 1.205 profesores con que cuenta la Universidad en el curso 1967-1968, 1.154 son profesores seglares, y sólo 51 religiosos, profesores la mayor parte en las Facultades eclesiásticas (Teología, Filosofía y Derecho canónico), y algunos en otras Facultades (Filosofía y Letras, Ciencias, Farmacia, Derecho civil, Educación).

Los primeros alumnos, generalmente clérigos, eran hijos de españoles; pero bien pronto fueron admitidos naturales o mestizos y laicos, que llegaron a ser mayoría cuando se erigieron las Facultades civiles: Derecho, Medicina, Farmacia, Letras, etc. Pocos al principio, su número comenzó a aumentar rápidamente cuando llegaron las facultades de conferir grados, y sobre todo cuando se erigieron las Facultades civiles. El índice mayor de crecimiento del número de estudiantes corresponde a la posguerra (1945 y siguientes). He aquí algunos datos estadísticos: 567 alumnos en 1782; 718, en 1809; 715 (1861), 1.890 (1892), 896 (1911), 1.555 (1927: nueva Universidad), 3.017 (1930), 4.884 (1940), 9.812 (1947), 16.329 (1950), 20.889 (1955), 25.453 (1960), 29.303 (1965), 31.094 (1967-68).

La Universidad nunca dependió del erario público o real. Su desenvolvimiento económico hubo de basarse en las generosas donaciones fundacionales y su administración, y en la escasa aportación de las matrículas y del ministerio pastoral de los religiosos profesores. Eso hizo que la Universidad no gozase de una posición económica desahogada hasta la segunda mitad del siglo XIX. El incremento de la matrícula a fines del XIX y principios del XX, hizo posible la empresa de construir de nueva planta un nuevo complejo universitario, que comenzó a levantarse en 1922, y ha continuado ampliándose hasta llegar a contar hoy con 15 pabellones, que constituyen una verdadera ciudad universitaria; ampliar las Facultades, colegios y cátedras; dotarla de todos los adelantos de la ciencia y la técnica modernas en materia de educación, y proveerla de un selecto claustro de profesores, que hacen de ella la más completa y competente Universidad de Manila, no obstante contar algunas de las otras con abundante subvención del Gobierno.

La Universidad de Santo Tomás de Manila, no sólo ha sido la primera, y por varios siglos la única, Universidad del Oriente, sino que ha sido el baluarte de la civilización y del cristianismo en el Extremo Oriente. En ella adquirían sólida formación filosófica y teológica los ministros de la fe; a ella acudían a consultar sus dudas los misioneros de Filipinas, Indochina, Japón y China y en ella encontraban sabia y acertada solución. Sus teólogos y canonistas eran los consultores natos del episcopado y del gobierno de las Islas. Algunos de ellos renunciaron a sus cátedras y se adentraron en las misiones vivas de Indochina, China y Japón, y allí derramaron su sangre por la fe, como los beatos Domingo Henares (1838), Díaz Sanjurjo (1857) y Melchor García Sampedro (1858), y los venerables Jacinto Esquivel (1633), Domingo Erquicia (1633) y Antonio González (1637), que había sido incluso rector de la Universidad. Otros fueron promovidos a la dignidad episcopal en Filipinas, en las misiones o en España, como los Aduarte, Felipe Pardo, Juan de Arechederra, Domingo Collantes, Gainza, Nozaleda, Calderón, Navarrete, Martínez Vigil, Cueto, etc.; otros fueron célebres teólogos, filósofos, canonistas, como el cardenal Zeferino González, Norberto del Prado, Marín Solá, José Noval, Juan Illa. En su imprenta, heredera de la primera imprenta xilográfica filipina, se imprimió gran parte de la producción literaria, teológica, jurídica y catequética de Filipinas, y se imprimen hoy numerosas obras y más de veinte revistas científicas y culturales, órganos de las diversas Facultades de la Universidad. En sus aulas se formó la mayor parte de la intelectualidad filipina hasta el fin de la dominación española, y gran parte también después. Sus graduados han ocupado y siguen ocupando puestos destacados en las letras, en la magistratura, en el comercio e incluso en el Gobierno, contando entre sus alumnos cuatro presidentes de la República de Filipinas: Quezón, Osmeña, Laurel y Macapagal, y numerosos magistrados y senadores.

La Universidad cuenta en la actualidad con ocho

Facultades: tres eclesiásticas (Teología, Filosofía y Derecho Canónico) y cinco civiles (Filosofía y Letras, Derecho Civil, Medicina, Farmacia, Ingeniería) y ocho Colegios y Escuelas Superiores (Educación, Ciencias, Comercio, Arquitectura y Bellas Artes, Enfermeras, Normal de Maestros, Conservatorio de Música, y Escuela de Graduados), dos hospitales, Museo de Ciencias Naturales y Jardín Botánico, laboratorios modernos en todas las Facultades de Ciencias experimentales, un claustro de más de 1.200 profesores, y un alumnado de más de 30.000 estudiantes. Edita 22 revistas científicas, culturales y religiosas, que son órganos de las diversas Facultades y Colegios.

BIBL.: *Fundación del Colegio y erección de la Universidad de Santo Tomás de Manila*, Manila 1814; *Estatutos de la Real y Pontificia Universidad de Santo Tomás de Manila*, Manila 1859; *Fundación del Colegio de Santo Tomás de Manila*, Manila 1887; *Documentos oficiales relativos al Colegio y Universidad de Santo Tomás de Manila*, Manila 1888; *Algunos documentos relativos a la Universidad de Manila*, Manila 1888; *Acta Capitulorum Provincialium Provinciae Stmi. Rosarii Philippinarum OP ab anno 1588*, 3 vols., Manila 1874, 1877 y 1888; *Pontificia et regalis Universitas S. Thomae de Manila. Statuta*, Romae 1936; A. SANTAMARÍA, *Documentos históricos de la Universidad de Santo Tomás de Manila*, Manila 1937; *El Tricentenario de la Universidad de Santo Tomás de Manila*, Manila 1912; *Los dominicos en el Extremo Oriente*, Ba. 1916, 56-76; Boletín General de la Real y Pontificia Universidad de Santo Tomás, años 1918 y ss.; *University of Santo Tomas General Bulletin 1961-1962*, Manila 1961; *U. S. T. Announcements 1968-1969*, Manila 1968; *U. S. T. 350th Anniversary. Golden Book*, Manila 1961; M. ARELLANO, *Influencia de la Universidad de Santo Tomás de Manila en la civilización filipina*, Manila 1923; M. ARTIGAS, *Reseña histórica de la Real y Pontificia Universidad de Sto. Tomás de Manila*, Manila 1911; J. P. BANTUG, *Fechas memorables en la historia de la Universidad de Sto. Tomás 1611-1924*: Unitas, 13(1934-1935)145-153 y 248-284; E. BAZACO, *History of Education in the Philippines*, Manila 1939; *Nota histórica sobre las facultades eclesiásticas de la Universidad de Santo Tomás. Fundación del Seminario. Estatutos vigentes*: Boletín Eclesiástico de Filipinas, 14(1936)485-493; *La primera Universidad de Oriente. Breve reseña documentada de la Real y Pontificia Universidad de Santo Tomás*, Manila 1941; M. FERNÁNDEZ, *La Universidad de Santo Tomás de Manila*: Il VII Centenario di S. Domenico, Bologna 1921-23, 357-360; P. FERNÁNDEZ, *Breve reseña de la Universidad de Santo Tomás*: Boletín Eclesiástico de Filipinas, 35(1961)327-335 y 412-426; M. GRAU DE SANTAMARÍA, *Historia del Colegio de Educación de la Universidad de Santo Tomás*: Unitas, 24(1951)107-113; F. J. HERNÁEZ, *Colección de Bulas, Breves y otros documentos relativos a la Iglesia de América y Filipinas*, Bruselas 1879; E. B. RODRÍGUEZ, *Santo Tomás University's Contribution to philippine culture*: Unitas, 14(1935-36)24-32; L. RODRÍGUEZ, *Chronicle of philippine Pharmacy during the spanish period*, Manila 1955; J. SÁNCHEZ, *Sinopsis histórica documentada de la Universidad de Santo Tomás de Manila*, Manila 1928; A. SANTAMARÍA, *Estudios históricos de la Universidad de Santo Tomás de Manila*, Manila 1938; *Reseña de la fundación y desarrollo de las Facultades de Derecho Canónico y Civil desde 1734 hasta nuestros días*, Manila 1934; *Los grados en la Universidad de Santo Tomás antes de 1631*: Unitas, 13(1934-35)577-590. Las fuentes manuscritas para la historia de la Universidad se encuentran en el Archivo de la Universidad: *Libro de asiento de grados; Libro nuevo de asiento de colegiales; Diligencias para grados; Informaciones de los colegiales; Registro de edictos, títulos...; Estatutos de la Pontificia y Regia Universidad de S. Thomás de Manila*, 1734; *Nuevos estatutos de la Real y Pontificia Universidad de Santo Thomás de Manila*, formados por Juan Amador OP, Manila 1785; y en el Archivo de la Provincia: *Libro de Consejos de Provincia*.
M. GZ. POLA

Méjico. *Universidad Real y Pontificia.* Fundada el 21-IX-1551 por una real cédula concedida por Carlos V y firmada por el príncipe Felipe, se inaugura oficialmente el 25-I-1553. Según la dicha cédula, le son concedidas a la Universidad todos los privilegios de que goza la salmantina, excepto algunos. La equiparación total tendría lugar años más tarde mediante cédula concedida el 17-X-1562 y promulgada el 13-IV-1563. Sus comienzos no estuvieron exentos de dificultades. A la escasez de alumnos —poco más de un centenar al principio— había que añadir la deficiencia y provisionalidad de los locales donde se impartían las enseñanzas. Los monarcas españoles tuvieron especial interés por el desarrollo cultural de aquellas tierras, hacía poco incorporadas a la Corona. De ahí las numerosas cédulas «de particulares mercedes», que con tanta liberalidad conceden a la Universidad mejicana. De ahí también las continuas peticiones a los papas, como las de Carlos V, que «impetró bulas a su Santidad para su confirmación, que por el año de 1555 concedió S. S. Paulo IV». Lo mismo hizo Clemente VIII, a petición de Felipe II, el 7-V-1596, concediendo bula confirmatoria de todas las concedidas a la de Salamanca.

La necesidad de «centros donde los naturales e los hijos de los españoles fuesen instruídos en las cosas de la santa fe católica y en las demás facultades» era vivamente sentida por toda la población de Nueva España y especialmente por sus autoridades civiles y religiosas, entre las que cabe destacar a Hernán Cortés, a D. Antonio de Mendoza, primer virrey, y a su primer obispo, fray Juan de Zumárraga, que mueren sin poder asistir al nacimiento de la Universidad por la que tanto habían trabajado.

El clima cultural en el que veía la luz la nueva Universidad estaba suficientemente preparado. A ello habían contribuido notablemente los colegios, conventos y estudios fundados por los franciscanos, dominicos y agustinos, así como la Escuela de Estudios Superiores creada por el virrey Antonio de Mendoza. Entre los colegios más destacados figuran los de Xochimilco, Tulacingo, Cholula, Puebla (dos), Tlaltelolco (para sólo indios), Oaxaca, Yangüitlán y Coyoacán, a los que hay que añadir el convento de Santo Domingo de Méjico. A muchos de estos colegios podían asistir alumnos externos, criollos y españoles.

Su inauguración el 25-I-1553, día de la conversión de San Pablo, nombrado tal vez entonces patrono de la Universidad, estuvo presidida por el virrey, D. Luis de Velasco, siendo nombrado rector el oidor D. Antonio Rodríguez de Quesada, aunque su primer rector efectivo fue el deán D. Juan de Negrete. La nueva Universidad anduvo errante hasta su asentamiento definitivo en 1594. Las exigencias de local, al aumentar el número de cátedras y alumnos, la obligaron a cambiar de domicilio hasta cuatro veces. En 1618 se inauguraba la capilla universitaria y en 1631 se daban por concluidas las obras. El patio estaba limitado por 28 columnas, múltiplo de siete, que simbolizaban las siete artes del *trivium* y del *cuatrivium*. A cada una de este grupo correspondía un aula general. La primera era de Teología, con sus cátedras de Sagrada Escritura y Escolástica; a otro grupo de siete columnas correspondían la de prima de Cánones, de Decretales y prima de Leyes; otro lado estaba dedicado a lo que hoy denominamos salón de actos o paraninfo; por último, el cuarto grupo de columnas abarcaba el aula general en la que se leían Artes, Retórica y Gramática. En esta Universidad se formó la juventud mejicana durante más de tres siglos, hasta su demolición en 1910. La apertura académica tuvo lugar el 3-VI-1553, con una brillante oración latina del humanista Francisco Cervantes de Salazar, profesor de Retórica. En días sucesivos fueron presentándose los demás maestros universitarios. Las enseñanzas impartidas eran en un principio Teología, Filosofía y Derecho, a las que pronto hay que añadir Medicina. Universitarios auténticos, unos de París, otros de Salamanca, Alcalá y Valencia, le dieron desde su comienzo lo más rico de su ingenio, y a los nombres de los próceres catedráticos se vinculan los de otros maestros luminosos, de la talla de los dominicos fray Pedro de la Peña, fray Bartolomé de Ledesma y fray Martín de Perea, que daban realce a la gran figura de fray Alonso de la Veracruz, que había sido discípulo de Vitoria, fundó la primera biblioteca que tuvo la Nueva España, publicó el primer texto que en América sirvió a los alumnos universitarios y enseñó con pruebas de la más acendrada erudición, a Aristóteles y Santo Tomás. Uno de sus rectores fue el Dr. Diego García de Palacios, que escribió en el Nuevo Mundo el primer tratado de náutica y en una carta de relación al rey sobre su visita a la ciudad de Copán, dejaría el primer testimonio escrito sobre aquella metrópoli maya. A otro oidor, Alonso de Zorita, que en las indagaciones sobre economía mejicana es de consulta imprescindible, se le incorporaría como doctor en Leyes. Las cátedras podían ser temporales o perpetuas; de este último tipo eran las dos de Teología, las dos de Cánones y la de prima de Gramática. Las demás vacaban cada cuatro años, excepto las de Arte que lo eran cada tres. Se ganaban por oposición pública, decidida por el voto de los alumnos. Con el tiempo, las de Leyes y Medicina fueron declaradas también en propiedad. No eran desdeñables los sueldos de los catedráticos en el siglo XVI: fluctuaban entre los 165 pesos que al año recibía el de Arte y los 413 percibidos por el de Gramática.

Como todas las Universidades de su tiempo, la de Méjico llevaba un marcado tono eclesiástico. Y no sólo por el crecido número de religiosos y sacerdotes que integraban su claustro, sino también por el elevado porcentaje del medio de donde procedían sus alumnos. Todavía no se habían impuesto en ultramar los seminarios de mentalidad tridentina, con lo que la mayor parte de los futuros sacerdotes se veían obligados a cursar sus estudios en las Universidades. Por eso, la orden de Felipe II del 18-IX-1580, en la que determinaba se establecieran en las Universidades de Lima y Méjico cátedras de lengua indígena, al mismo tiempo que encargaba por otro documento a las autoridades eclesiásticas que no ordenasen de presbítero a quien desconociera la lengua de los nativos. La formación específicamente religiosa dejaba bastante que desear, limitándose la Universidad a la formación científica y académica. Ya hemos dicho que en sus comienzos apenas sobrepasaba el centenar el número de alumnos: en 1636 los matriculados eran 109 en Retórica, 187 en Artes, 42 en Teología, 65 en Cánones, 10 en Leyes, y 14 en Medicina. La Universidad llegó a ser el centro más distinguido de la vida intelectual de Méjico por su universalidad. En 1775 habían salido de sus aulas 29.882 bachilleres y 1.162 doctores y maestros, adelantados de la vida religiosa, cultural, social y política del país. Cabalgatas, mascaradas y toros se convertían con excesiva frecuencia en algo más que esparcimiento marginal. A eso aludía el Dr. Sancho Sánchez de Muñón, gran conocedor de la situación universitaria, en carta al presidente del Consejo de Indias del 28-X-1575: «Lo que yo puedo certificar a V. S. ilustrísima es que tiene mucha necesidad de ser esta Universidad reformada, porque sin falta se va perdiendo cada día.» Sólo más adelante, mediado ya el siglo XVII, se podrá escribir con verdad, refiriéndose a la Universidad: «ha recogido sazonados frutos de ingenios y habilidades para cátedras..., obispados, togas..., aventajados y eruditos letrados, abogados..., políticos y cortesanos». La designación anual del rector tampoco era la medida más favorable para una labor constante en la organización sistemática

universitaria. Además, no había unos estatutos definitivos que encauzaran la acción. Los primeros estatutos los redactó el virrey con la Audiencia, sin ajustarse a los de Salamanca. Más tarde los corrigió, con autoridad regia, D. Pedro Farfán y se publicaron el 17-VI-1580. Refundidos nuevamente, siendo visitador el arzobispo mejicano D. Pedro Moya de Contreras, fueron por fin compilados definitivamente en 1646 por el obispo D. Juan de Palafox y Mendoza.

BIBL.: G. AJO Y C. SÁINZ DE ZÚÑIGA, Historia de las Universidades hispánicas. Orígenes y desarrollo desde su aparición hasta nuestros días, 3 vols., Ma. 1957-1959; R. BARÓN CASTRO, La Universidad de las Indias Españolas: ECA (San Salvador), año 1956; M. CUEVAS, Historia de la Iglesia en México, 5 vols., El Paso 1928; J. JIMÉNEZ RUEDA, Historia de la cultura en México. El virreinato, Méjico 1950; J. TATE LANNING, Reales cédulas de la Real y Pontificia Universidad de México de 1551 a 1816, México 1946; L. LOPETEGUI Y F. ZUBILLAGA, Historia de la Iglesia en la América Española. México. América Central. Antillas, Ma. 1965; S. MÉNDEZ ARCEO, La Real y Pontificia Universidad de México. Antecedentes, tramitación y despacho de las reales cédulas de erección, México 1952; C. B. PLAZA Y JAÉN, Crónica de la Real y Pontificia Universidad de México, México 1931.
A. MARTÍN

Mérida (Venezuela). El Seminario de San Buenaventura de Mérida fue el origen de la Universidad de los Andes. El primer obispo de la diócesis meridense, fray Juan Ramos de Lora, decidió el 29-III-1785 dedicar temporalmente el convento de los franciscanos para la formación de los jóvenes con vocación para el estado eclesiástico, y suplicó al rey la erección del colegio-seminario tridentino. La real cédula de erección del seminario, con la anexión de algunos bienes que fueron de los jesuitas, fue expedida el 9-VI-1787. En otra real cédula del 20-III-1789 el rey aprobó la institución con el título de San Buenaventura, afiliado a la Universidad de Caracas, para lo relativo a colación de grados y la construcción del edificio. La erección canónica y la instalación de clases la realizó el día 8-XI-1790 el secretario Mateo José Más y Rubí, con poder del obispo.

Al deán, licenciado Francisco Javier de Yrastorza, se le considera como precursor de la fundación universitaria porque, según documento del 9-I-1800, dio el primer paso para la transformación del Real Colegio-Seminario de San Buenaventura en Real y Pontificia Universidad. Como gobernador del obispado ordena se envíe representación al rey para que se sirva expedir real cédula de erección, se solicite la confirmación pontificia y se formen las constituciones. El cabildo también envía informes al rey suplicándole la erección universitaria. El gobernador D. Fernando Miyares, en su informe a Carlos IV, de 18-III-1800, se muestra más inclinado a que la fundación se realice en Maracaibo por ser capital de provincia y tener mayores necesidades. Y así se inician las rivalidades entre Mérida y Maracaibo en este aspecto. El claustro de la Universidad Real y Pontificia de Caracas se opone al proyecto en sesión del pleno de 12-III-1802, alegando falta de bases y preparación suficientes de Mérida y su Seminario.

El nuevo gobernador del obispado, el canónigo magistral D. Juan Marimón y Enríquez, se preocupó también grandemente por la fundación. Con la llegada a Mérida de Santiago Hernández Milanés, cuarto obispo de la diócesis, el Colegio-Seminario toma nuevo impulso y logra la licencia para otorgar grados. En carta del 14-V-1803 informa al rey del estado del Colegio-Seminario y, el 21 siguiente, insiste sobre la creación universitaria. El prelado logró que Carlos IV expidiera real cédula, el 18-VI-1806, por la que concedía al Colegio-Seminario Conciliar de San Buenaventura la facultad de otorgar grados mayores y menores en Filosofía, Teología y Derecho Canónico, y lo afiliaba a la Real y Pontificia Universidad de Santafé, en cuanto a los demás grados como lo estaba ya a la de Caracas. Esto equivalía a la erección universitaria y éste era el intento del rey: dar a sus grados la misma categoría que a los otorgados en las Universidades de Caracas y Santafé, a las que está vinculado el Seminario por filiación.

El obispo Hernández Milanés comunicó en carta pastoral de 9-X-1807 la gracia de la fundación universitaria otorgada al Colegio-Seminario. El 8-IV-1808 lo puso en conocimiento del Ayuntamiento de Mérida, el cual decretó publicarlo solemnemente por bando. El 4 de diciembre del mismo año otorgó los primeros grados de doctor.

La junta superior de gobierno, defensora de los derechos de Fernando VII, concedió oficialmente al Colegio-Seminario nombre de Universidad por resolución del 21-IX-1810. En el acta de esta fecha, la Junta superior gubernativa de Mérida amplió la concesión de otorgar grados al Colegio-Seminario, al que titula Real Universidad de San Buenaventura de Mérida de los Caballeros. Le autoriza para otorgar grados mayores y menores en todas las Facultades. Le concede todos los privilegios de la Universidad de Caracas por cuyas Constituciones había de regirse hasta la elaboración de las propias. Aumenta sus cátedras con otra de Filosofía, Anatomía, Matemáticas, Historia eclesiástica, Concilios, Lugares teológicos y Sagrada Escritura. Queda como rector nato el obispo y como rector y vicerrector los mismos del Colegio-Seminario. Confían al obispo la elaboración de las nuevas Constituciones que debía entregar a la Junta para su aprobación. El 23-IX-1810 fue la toma de posesión del rector, Dr. Buenaventura Arias.

Durante la guerra de independencia, el terremoto de 1812 y la ocupación realista de Mérida en 1812 y 1814, fueron desfavorables para la marcha regular del Colegio-Seminario, que llegó hasta ser trasladado a Maracaibo, junto con la catedral y convento de clarisas, por real cédula de 3-VII-1813. Otra, del 2 de agosto, cambiaba el nombre del Seminario por el de Colegio Real de San Fernando. El Seminario comenzó a funcionar en Maracaibo desde el 13-VII-1813. El obispo electo y gobernador de la diócesis de Maracaibo, Rafael Lasso de la Vega, y un grupo de eclesiásticos destacados, elaboraron estatutos y constituciones, con fecha del 29-XI-1815, que le dieron nueva vida y organización. El cargo de rector durará tres años y, lo mismo, el de vicerrector. Crean el cargo de capellán. El mayordomo sería también el encargado de los gastos ordinarios y extraordinarios. El concepto de Universidad va adquiriendo mayor fuerza. Legislan sobre cátedras, su provisión y dotación de sus profesores: dos cátedras de Teología, prima y vísperas; dos de Derecho, canónico y civil; una, por lo menos, de Filosofía; una de Latinidad; una de Mayores o otra de Menores; una de Canto y Cómputos eclesiásticos; una de Sagrada Escritura, y otra de Medicina. Todas otorgadas por oposición, pero no a perpetuidad. Dejan al claustro universitario el uniformar el método de estudios. Más tarde, estas constituciones fueron aprobadas por el rey, en cédula del 5-II-1818, que también otorgó al Seminario el título de real, por la fidelidad de Maracaibo a la monarquía. El 8-I-1816 fue instalado solemnemente el Seminario.

Al consolidarse la independencia, un decreto de 29-XII-1821 del Congreso General de Colombia, reunido en la Villa del Rosario de Cúcuta, restituyó la catedral y el Seminario a Mérida. Más tarde, cuando Venezuela se separa de la Unión colombiana, el Colegio-Seminario reorganiza su carácter universitario y da pleno desarrollo a su facultad de otorgar grados.

Entonces resurge definitivamente la Universidad de Mérida de Venezuela, que se separa oficialmente del Seminario.

BIBL.: E. CHALBAUD CARDONA, *Historia de la Universidad de los Andes*, Mérida 1966; H. GARCÍA CHUECOS, *Estudios de historia colonial venezolana*, 2 vols., Caracas 1937-1938; ID., *El real Colegio Seminario de San Buenaventura de Mérida*, Caracas 1963; O. GÓMEZ PARENTE, *Ilustrísimo padre Fray Juan Ramos de Lora, fundador de la Universidad de Los Andes*, Caracas 1974; I. LEAL, *Documentos para la historia de la educación en Venezuela*, Caracas 1968; J. N. P. MONSANT, *Resumen histórico de la Universidad de Los Andes*, Mérida 1951; A. R. SILVA, *El Seminario y la Universidad de San Buenaventura de Mérida:* Boletín de la Academia Nacional de Historia (Caracas), 69(1935); A. SPINETTI, *Apuntes para la historia de la Universidad de Los Andes*, Mérida 1950. S. WOYSKI

Mérida de Yucatán (Méjico). Desde 1624 los jesuitas confirieron grados en su Colegio de San Francisco Xavier, en virtud de sus privilegios generales. Por real cédula del 6-V-1778, Carlos III erigió la Universidad en el Seminario tridentino de Mérida de Yucatán, y dispuso la elaboración de estatutos conforme a los de la Universidad de Méjico. Los dirigentes de Mérida en seguida se preocuparon en procurar la dotación y edificio. El 28-II-1791 informan al Consejo de todo lo realizado y remiten los estatutos. Según el testimonio de Becerra López, esta Universidad dejó caducar sus derechos y no llegó a funcionar por problemas de orden económico. En 1824 fue fundada en el Seminario de Mérida la Universidad Literaria a la que se considera continuadora de la de San Javier. Funcionó hasta 1867 en que fue sustituida por el Colegio Civil Universitario, de duración efímera. En 1867 fue fundado el Instituto Literario que hizo las veces de Universidad hasta 1869 en que pasó a ser Escuela Preparatoria y se fundaron las Escuelas Especiales del Estado. En 1922 fue fundada la Universidad Nacional del Sureste, actual Universidad de Yucatán.

BIBL.: C. R. MENÉNDEZ, *La obra educativa de los jesuitas en Yucatán y Campeche durante la dominación española (1618-1767)*, Mérida 1933; R. RUZ MENÉNDEZ, *Aportaciones para el estudio de la historia del Instituto Literario de Yucatán*, Mérida del Yucatán 1967; R. MENÉNDEZ DE LA PEÑA, *La instrucción pública en los tiempos coloniales. Los jesuitas:* Organo de la Liga de Acción Social (Mérida), 6-7(1913). S. WOYSKI

Panamá. *Universidad de San Francisco Javier.* En 1715 los jesuitas de la provincia de Quito fundaron un colegio en Panamá, que dotado por el canónigo Luna fue el origen de la Universidad de San Javier. Por real cédula de 3-VI-1749 se le autorizó para conferir grados. Tuvo tres cátedras: Filosofía, Teología escolástica y Teología Moral. También se enseñó Gramática. Con la expulsión de la Compañía decayeron los estudios y se extinguieron en 1781. La actual Universidad panameña data de 1935 y se considera heredera de la de San Francisco Javier.

BIBL.: O. MÉNDEZ PEREIRA, *Historia de la instrucción pública en Panamá*, Panamá 1916; ID., *La Universidad Americana y la Universidad Bolivariana de Panamá*, Panamá 1925; R. MIRÓ, *De la vida intelectual en la colonia panameña*, Panamá 1945. S. WOYSKI

Popayán, en el Nuevo Reino de Granada (Colombia) El Colegio-Seminario de San Francisco de Popayán tuvo como base la fundación jesuítica, autorizada por el rey en 12-III-1633. Se considera su fundador al obispo de la diócesis, fray Francisco de la Serna y Rinaga, quien redactó las constituciones, inspiradas en las del Colegio jesuítico de San Luis, de Quito, y en las del Colegio de San Bartolomé, de Santafé. En real cédula del 25-IV-1643, Felipe IV aprueba la fundación y las constituciones. El Colegio-Seminario comienza a funcionar este mismo año de 1643. Su primer rector fue el padre Bartolomé Vázquez Polo. En los primeros años se enseñó sólo la Gramática. En 1744 los jesuitas establecen en el Colegio la Academia de San José y comienzan a conferir grados. A partir de esta fecha el Colegio-Seminario de Popayán tuvo carácter universitario. Desde el año 1774 tenía cátedras de Filosofía, Teología escolástica y Moral. El año siguiente el obispo Figueredo pide a la Congregación del concilio y al Consejo de Indias la creación de cátedras de estudios mayores, persiguiendo la fundación universitaria. Solicita también de Roma facultad para establecer todas las Facultades y conferir todos los grados.

A raíz de la expulsión de la compañía en 1767 se eclipsa la actividad de la Academia de San José. En 1769 el rey ordenó su restablecimiento bajo la dirección de los dominicos, en la que permanecieron poco tiempo. En 1778 tuvo lugar la reapertura con el nombre de Colegio Real y Seminario y con nueva provisión de cátedras. Se hace nueva súplica de erección universitaria en 1788, por el rector, presbítero Juan Mariano Grijalva, bajo cuya dirección florece de nuevo el Seminario y llega a su mayor apogeo en el período hispánico. Se introducen cursos de Cánones y de Historia eclesiástica y ritos, a pesar de que una real cédula de 9-II-1790 no accede a la solicitud. En real cédula del 9-II-1794 se autoriza a los alumnos del Colegio-Seminario para ser admitidos e incorporados en las Universidades de Quito y Santafé, pero sólo en Artes y Teología, y si han hecho en el Colegio-Seminario los cursos completos de estas Facultades. En la última etapa del período hispánico sufrió cambios notables en su estructura y organización, con dirección mixta, la del obispo (como seminario) y la del virrey o gobernador (como colegio). A principios del XIX sus estudios eran los más florecientes del virreinato. La Filosofía moderna se enseñó por primera vez en sus aulas por D. José Félix de Restrepo. En el Colegio-Seminario de Popayán se formaron figuras notables de la época de la dominación española, tanto religiosos como sacerdotes seculares y seglares.

La Universidad fue formalmente erigida en Popayán por decreto del general Francisco de Paula Santander, vicepresidente de la República, el 24-IV-1827. En decreto del día 6-X-1827 Bolívar dotó la Universidad y estableció su plan de estudios. Fue Instalada con solemnidad el 11 de noviembre del mismo año, en la capilla del antiguo convento de la Orden de predicadores. Desde 1884 se llama Universidad del Cauca y es heredera y continuadora del antiguo Colegio-Seminario de San Francisco.

BIBL.: A. ARAGÓN, *La Universidad del Cauca*, Popayán 1925; ID., *Fastos payanenses, 1536-1936*, 2 vols., Bogotá 1939-1941; J. M. PACHECO, *Los jesuitas en Colombia*, 2 vols., Bogotá 1959-1962; P. VARGAS SÁEZ, *Historia del Real Colegio Seminario de S. Francisco de Asís de Popayán*, Bogotá 1945.
S. WOYSKI

Quito (Ecuador). Desde 1570 la ciudad de Quito comenzó a preocuparse por tener Universidad. La solicitó el obispo fray Pedro de la Peña en 15-II-1570. La volvió a pedir el cabildo en 31-VIII-1576, alegando la comodidad, aparejo y necesidad que había en toda la provincia. Intercedió también el dominico Bedón ante el rey, ponderando las cualidades excelentes de Quito para una fundación universitaria. El obispo fray Luis López de Solís reiteró la petición con parecidas razones y aunque todas estas demandas no resultaron de inmediato fructuosas, llegó a tener la capital de los quitus, durante el período español, cuatro Universidades.

Universidad de San Fulgencio. Establecidos los agustinos en 1573, tras varias gestiones en Roma obtuvieron el breve de Sixto V, *Intelligente, quam Domino grati*, de 20-VIII-1586, creando en el convento de San Agustín una Universidad con derecho a conferir grados en cualquier Facultad, a religiosos y seglares, mientras el rey no dispusiera otra cosa. Debido a penuria de medios y a dificultades para obtener el pase regio, el general de la orden no dio el permiso de ejecución hasta 1602, limitándolo a los propios frailes del convento. Con motivo del Capítulo de 20-XII-1603, redactaron los estatutos e inauguraron la Universidad con las Facultades de Artes y Teología, dando también cabida a elementos extraños a la Orden, tanto religiosos como seglares. En 1621, al dar el pase al breve, lo limitó el rey hasta que en Quito se hiciese el Estudio General y con el sometimiento de los estudiantes a la jurisdicción real. Desde 1708 otorgó también grados en Cánones y Leyes. El visitador, fray Joaquín Izerta, suprimió en 5-X-1775 la concesión de grados fuera de la Orden y, por último, Carlos III la extinguió el 25-VIII-1786. De sus aulas salieron hombres de valer, como Alvaro Cevallos Bohórquez.

Universidad de San Gregorio Magno. Tuvo como base el Seminario de San Luis fundado por el obispo fray Luis López de Solís y confirmado por el rey el 20-V-1592. De su dirección se encargaron los jesuitas y al recibirse el breve de Gregorio XV *In supereminenti*, lo convirtieron en Universidad, el 15-IX-1622, con el título de San Gregorio Magno, elaboraron sus constituciones y nombraron rector al mismo del Seminario. Puesta en duda la licitud de esta fundación por existir en Quito previamente Universidad, se obtuvo el breve *Alias felicis*, de 1-IX-1693, por el que Inocencio XII concedió a los Seminarios de la Compañía, de Santafé y Quito, poder conferir grados en Artes, Teología y Cánones, los cuales tenían la misma categoría, según otro breve, que los alcanzados en las Universidades públicas, con facultad para oposita a cualquier beneficio. Por R. C. de 19-VIII-1696, se le reconocieron estas facultades, concediéndole los honores de Colegio Mayor. Los dominicos se opusieron al privilegio jesuítico para graduar, continuando el largo pleito que tanto aquí como en Bogotá resolvió el rey en 1703, imponiendo la paz al igualar las facultades y privilegios de ambas comunidades en materias académicas. En pleno florecimiento fue extinguida por Carlos III el 9-VII-1769. De sus aulas salieron insignes personalidades como Ignacio de Aybar y Eslava, Marcos de Alcocer, Antonio Ramón Moncada, Jacinto Basilio Morán de Buitrón, Joaquín Ayllón, Juan de Velasco, Ignacio de Escandón y Eugenio Santa Cruz y Espejo.

Universidad de San Fernando. En 1676 los dominicos enviaron a España y Roma para solicitar la fundación de un colegio a fray Ignacio Quesada. Este obtuvo la R. C. de 23-III-1680 para que el virrey y el obispo se ocupasen de su organización. La provincia dominicana de Santa Catalina Mártir elaboró sus constituciones a base de las de sus colegios en España y en el Nuevo Reino de Granada. Por el breve *Pastoralis officii*, de 23-VII-1681, Inocencio XI dio facultad para que se concediesen grados el aun sin la erección real, que se autorizó el 10-III-1683 para seglares bajo el título de San Fernando. Llegados ambos documentos a Quito, surgió el pleito con los jesuitas. Una bula de Inocencio XI de 11-IV-1685 concedió a esta Universidad y a la Tomista de Bogotá los mismos privilegios que la de Santo Tomás de Manila. Por breve de 12-VI-1688, se aprobó la dotación que a su favor hicieron los dominicos y, el 28-VI-1688, tuvo lugar la inauguración de este Colegio-Universidad. En el acto de apertura fueron admitidos 21 colegiales a los que el obispo impuso becas, bonetes y guantes. Un breve de Alejandro VIII, fechado en Roma el 7-XI-1690, vino a confirmar y a consolidar todos los privilegios otorgados a la nueva institución. Hacia 1691 funcionaban las cátedras de prima y vísperas de Teología, Moral, Artes, y dos de Gramática. Estaban dotadas tres de Derecho canónico y se trataba de la dotación de tres de Leyes o Derecho civil. Se gestionaba ante el Consejo de Indias la erección de éstas de ambos derechos, la de Medicina, Retórica, dos más de Artes, Sagrada Escritura y Lengua indígena, y se tramitaba también la fundación de una serie de becas para los descendientes pobres de los primeros pobladores y conquistadores. Las constituciones del Real Colegio de San Fernando fueron aprobadas por real cédula del 21-XII-1694. Constan de 20 títulos subdivididos en ciento tres parágrafos o disposiciones. Los jesuitas se ganaron la voluntad real obteniendo una cédula, fechada el 19-VIII-1696 en la que se concedía al Colegio de San Luis de la Compañía de Quito los honores de Colegio Mayor y la facultad de otorgar grados. A principios del siglo XVIII cesa el pleito entre la Compañía y los dominicos y florecen ambas instituciones hasta la expulsión de los jesuitas, que clausuró el Colegio-Seminario de San Luis o Universidad de San Gregorio Magno.

Universidad de Santo Tomás. Una real cédula del 18-X-1768 mandó que se ejecutara en Indias la del 12-VIII-1768, que ordenaba la extinción de las cátedras de la escuela jesuítica con prohibición de utilizar sus autores en la enseñanza. Una vez desaparecida la Universidad de San Gregorio, en virtud del capítulo 28 de la real cédula de 9-VII-1769, la Junta de temporalidades se encargó de formar una nueva Universidad pública con los elementos de la clausurada. El 23-VIII-1776 la Junta determinó el traslado de la Universidad de los dominicos al edificio del Colegio-Seminario de San Luis, declarándola como la única oficial en la Audiencia de Quito. El rey aprobó esta decisión en cédula del 4-IV-1786, en la que dispuso que la Universidad se reorganizara conforme a las constumbres de las de Lima y Méjico, alternando en el rectorado eclesiásticos y laicos. Los catedráticos de prima de Cánones y Leyes se encargaron de la elaboración de las nuevas constituciones que estuvieron listas este mismo año de 1786. Incluyen las disposiciones de la real cédula anterior y establecen la forma de elección del rector (cada dos años, el 2 de octubre, por el que anteriormente había ejercido el cargo, el maestrescuela, el prior de los dominicos, el rector del Colegio de San Fernando, los catedráticos, dos colegiales de cada colegio mayor y cuatro doctores de los más antiguos, elegidos por el rector, consiliarios y prior de los minicos). Figura la dotación de cátedras y el plan de estudios. En carta del 17-II-1791, el obispo de Quito, José Pérez de Calama, se queja al rey de la decadencia de los estudios y organización. El presidente de la Audiencia, Luis Muñoz de Guzmán, le encargó la elaboración de un nuevo plan de estudios, que realizó el prelado con una orientación progresista. La primera parte de su plan salió a luz el 29-IX-1791, y la segunda, a manera de apéndice, el 2-X-1791. La real cédula del 20-VI-1800 reguló las atribuciones de la Junta de temporalidades, cabildo eclesiástico y orden de predicadores con respecto a la Universidad de Santo Tomás creada de nuevo, con carácter público y cimentada en las anteriores. Los dominicos, que tenían que ceder sus derechos universitarios al fundarse Universidad pública e independiente, accedieron a ello; pero trataron de obtener ciertas ventajas en la nueva fundación, a las que se sentían acreedores. Entre otras prerrogativas, los dominicos regentarían en propiedad las cátedras de Gramática, Filosofía y Teo-

logía de la nueva fundación. El Colegio de San Fernando permaneció como tal bajo la dirección dominicana, pero sin facultad de otorgar grados. La Universidad tomasina de Quito continuó en sus funciones con regularidad hasta 1822. Hoy la Nacional es su heredera.

BIBL.: V. BELTRÁN DE HEREDIA, *La Universidad de Santo Tomás de Quito:* R73, 93(1925)179-203; F. GONZÁLEZ SUÁREZ, *Historia General de la República del Ecuador,* 4 vols., Quito 1890-1893; J. JIJÓN Y CAAMAÑO, *Disertación acerca del establecimiento de la Universidad de Santo Tomás y del Real Colegio de San Fernando:* Boletín de la Academia Nacional de Historia (Quito), 12-14(1923); J. JOUANEN, *Historia de la Compañía de Jesús en la antigua provincia de Quito, 1570-1774,* 2 vols., Quito 1941-1943; P. MERCADO, *Historia de la provincia del Nuevo Reino y Quito de la Compañía de Jesús,* 4 vols., Bogotá 1957; G. MONCAYO DE MONJE, *La Universidad de Quito: su trayectoria en tres siglos,* Quito 1944; V. PAREDES BORJA, *La Universidad Central del Ecuador, su pasado y su presente,* Quito 1952; A. PÉREZ GUERRERO, *La Universidad y la Patria,* Quito 1957; F. J. SALGADO, *Universidad Central del Ecuador,* Quito 1958; J. M. VARGAS, *La cultura de Quito colonial,* Quito 1941; ID., *Historia de la provincia de Santa Catalina Virgen y Mártir de Quito de la Orden de Predicadores,* Quito 1942; ID., *Historia de la cultura ecuatoriana,* Quito 1965; J. VELASCO, *Historia moderna del Reino de Quito,* Quito 1941.
L. TORMO Y S. WOYSKI

Santiago de Chile. Como otras ciudades hispanoamericanas, la capital del Reino de Chile tuvo dos Universidades temporales que se refundieron finalmente en una definitiva. Las dos primeras, erigidas en virtud de los privilegios generales alcanzados por dominicos y jesuitas para otorgar grados académicos en sus respectivos colegios, tuvieron un carácter fundamentalmente eclesiástico, mientras que en la última hubo un predominio del elemento civil.

Universidad de Nuestra Señora del Rosario. Las primeras gestiones de fundación las llevaron a cabo los dominicos, por medio de su procurador fray Cristóbal Núñez. En 1589 solicitan del rey erección de Universidad en el convento dominicano, con todos los privilegios concedidos a la Universidad de Lima. Fruto de esta gestión fue la real cédula del 1-III-1589, dirigida por Felipe II al gobernador de Chile, en que le pregunta sobre la utilidad de la fundación universitaria que pretendían los dominicos. El 20-III-1602, el obispo de Santiago de Chile, fray Juan Pérez de Espinosa, suplica al rey por la fundación universitaria. El Capítulo conventual congregado en Santiago el 15-IX-1609 nombró procurador de la provincia dominicana de San Lorenzo, que comprendía los territorios de Chile, Tucumán y Río de la Plata, a fray Hernando Mexía, el cual presentó una instancia en la Real Audiencia, informando que la real cédula en que el rey pedía informes sobre la conveniencia de la fundación universitaria, aún estaba pendiente de respuesta. La real audiencia decidió el 1-X-1610 hacer la información requerida por el rey, y sus informes fueron favorables. El dictamen del fiscal del Consejo de Indias también estuvo a favor. El 11-III-1619 Paulo V concede su breve de privilegios generales, que facultaba a los dominicos para graduar en sus conventos distantes 200 millas de Universidades públicas. Los dominicos pidieron su ejecución al vicario general de la diócesis, que accedió a ello, previo consentimiento de la Real Audiencia, por auto del 19-VIII-1622, facultando al provincial para usar del breve en la concesión de grados.

La Universidad comenzó a funcionar con las Facultades de Artes y Teología y tres profesores, uno de Artes y dos de Teología, prima y vísperas. Reunidos en consejo, presididos por el provincial, elaboraron las leyes sobre los requisitos para los grados. En 1623 comenzaron a conferir los grados, no sin oposición por parte de la Compañía de Jesús. No se preocupaban de renovar el privilegio general que era de carácter temporal. Una vez que tuvieron conocimiento del cuerpo legislativo (después de la publicación de la Recopilación de Indias, en 1680), en 1682 nombraron procurador a fray N. de Montoya para que en Roma gestionara la renovación del privilegio de graduar. Montoya solicitó no la renovación del antiguo privilegio, sino la fundación de una Universidad. Inocencio XI otorgó el breve *Exponi nobis*, fechado el 28 VII-1685, por el que concedía al provincial, y en su ausencia al prior, la licencia de conferir grados en Artes y Teología, previos los cursos y un «riguroso examen». El privilegio lo otorgaba sólo por quince años. Ante nueva súplica del general de la Orden, que quería el privilegio sin limitación de tiempo, el papa concedió nuevo breve, *Emanarunt*, del 30-IX-1685, en todo conforme a lo solicitado. El Consejo de Indias le concedió el pase regio, pero los grados no se podían conferir pública ni solemnemente, sino claustralmente. La Real Audiencia de Santiago autorizó su ejecución. En 1699 se reanudan los pleitos con los jesuitas, iniciados por éstos a raíz de haber otorgado la Universidad dominicana el grado de doctor a un expulso de la Compañía. Después de un largo litigio la Real Audiencia falló en favor de los dominicos. Un decreto de la misma Audiencia, del 11-V-1701, declaró no haber razón para retenerles el breve pontificio que les autorizó para graduar y, así, se les autorizó para seguir haciendo uso de él. Esta Universidad dejó de existir, como también la jesuítica de Chile, al ser fundada la Universidad Real de San Felipe.

Universidad de San Miguel. La Universidad jesuítica de Chile se erigió, con el nombre de San Miguel, en virtud de los privilegios generales de la Compañía de Jesús otorgados por Gregorio XVI, por el breve *In supereminenti*, del 8-VII-1621, que recibió el pase regio en real cédula del 2-II-1622. Los jesuitas pidieron enseguida en la Audiencia de Chile su ejecución. Tomaron posesión e iniciaron las clases de Artes sigilosamente por temor a la oposición de los dominicos, que ya tenían su institución universitaria en funcionamiento. Entre 1623 y 1627 hicieron los nombramientos académicos de cancelario, rector, secretario, y matricularon a los estudiantes de Artes y Teología. El breve *In supereminenti* de Urbano VIII, de 29-III-1634, confirmó el de Gregorio XV, el cual también fue pasado por el Consejo, cuya certificación es del 30-III-1639. La fundación tuvo muchos encuentros con los dominicos por motivos del privilegio de graduar o universitario. El pleito entre ambas comunidades no se solucionó hasta principios del siglo XVIII.

En cuanto a régimen y plan de estudios, siguió el mismo estilo de las demás fundaciones jesuíticas, las de Córdoba, Charcas, Santafé, etc., que, en general, se inspiraban en la *ratio studiorum* y parte cuarta de las Constituciones de la Compañía. También utilizó el método o plan docente que estableció el padre Diego de Torres SJ, al trasladar los estudios de la Compañía desde Córdoba a Santiago de Chile. Por él se ordenó a los profesores que siguieran en sus explicaciones a los autores jesuitas, principalmente al padre Suárez, y también a los padres Gabriel Vázquez, Antonio Rubio (cuyos trabajos estaban inspirados en la doctrina aristotélica), Manuel Alvarez, Cerdá y Zamora. Entre los libros escritos por los estudiantes de la Universidad de San Miguel para el uso de sus discípulos destaca la obra del jesuita padre Miguel de Viñas, *Philosophia scholastica*, impresa en Génova en 1709. Esta Universidad se extinguió a raíz de la erección de la Real de San Felipe, en 1738, pues su existencia

fue condicional hasta la fundación de la Universidad oficial o pública.

Universidad de San Felipe. Los primeros intentos de fundación de Universidad oficial o pública datan de los principios del siglo XVII. Fray Antonio de San Miguel, obispo de la Imperial, y fray Juan Pérez de Espinosa, obispo de Santiago, fueron autores de este proyecto. A principios del siglo XVIII las autoridades eclesiásticas y civiles chilenas volvieron a gestionar el problema de la erección de la Universidad. El 2-XII-1713, durante la sesión en el cabildo de Santiago, se acordó pedir al rey la erección de la Universidad, constituirla bajo el real patronato y darle el título de la Universidad de San Felipe, en memoria de Felipe V. El 17-III-1720, Felipe V dirige la real cédula al obispo y Real Audiencia, indagando sobre las condiciones económicas de la fundación. Siguieron menudeando los informes a la Corte; pero eran allí acumulados y quedaban sin respuesta. Al fin, el 28-VII-1738, el rey firma la real cédula de fundación. El 16-I-1747, el presidente del cabildo decreta el nombramiento del primer rector en la persona de D. Tomás de Azúa Iturgoyen, quien toma públicamente posesión de cargo el 11 de marzo del mismo año. El 19-V-1756 se nombró el primer cuerpo provisional de catedráticos, en espera de la elección definitiva según las constituciones. El 10 de junio, Manuel de Amat, nuevo presidente de la Real Audiencia, tomó posesión de las casas de la Universidad en ceremonia solemne con asistencia del claustro pleno, Real Audiencia, cabildo, comunidades religiosas y la nobleza. El 5 de agosto del mismo año tuvo lugar la toma de posesión de las cátedras de Teología, prima de Leyes, prima de Cánones, las Sentencias, Decreto, Instituta, Lengua, y prima de Medicina. En la misma época se trató de impedir ante el rey que los alumnos de la Compañía pudieran ganar cursos en sus colegios para graduarse, ya que ello iba en perjuicio de los derechos y florecimiento de la Universidad. Este asunto dio origen a un largo pleito entre ambas partes que, al fin, fue resuelto en favor de la Universidad. La solemne apertura de clases se efectuó durante el rectorado del Dr. Tula Bazán, el 7-I-1758. El tercer rector, D. José Valeriano de Ahumada, contribuyó grandemente al desarrollo de la Universidad. Dictó una serie de medidas encaminadas a obligar a profesores y alumnos al cumplimiento de sus respectivos deberes, inspirándose en las constituciones limeñas, las cuales rigieron la vida académica de la antigua Universidad chilena. En 1761 se iniciaron los primeros trámites para la elaboración de constituciones propias. Se trataba de modificar las constituciones de Lima, adaptándolas a la Universidad chilena. En los rectorados sucesivos, de José Antonio Martínez de Aldunate, José de Ureta y Mena, Gregorio de Tapia y Zegarra, se realizaron varios acuerdos para la elaboración de constituciones y normas reglamentarias. Durante el rectorado de D. Manuel José de Salamanca la comisión de doctores encargada concluyó la composición de las constituciones; así lo informó el mismo rector al claustro en la reunión celebrada el 22-III-1770, y se dispuso el modo de conseguir fondos para imprimirlas, previa confirmación del rey. En real cédula del 24-X-1768 el rey había aprobado la fundación de la cátedra de Santo Tomás, de Escoto y segunda de Artes. Las modernas constituciones limeñas de 1771 influyeron en la vida y organización de la Universidad de San Felipe, de Chile. La forma que se había de guardar en la votación de cátedras era conforme a las nuevas constituciones de Lima. Continúa el proceso de elaboración de constituciones. En 1788 el fiscal dictaminó que convendría suprimir algunas por superfluas, corregir otras ajustándolas al método adecuado de los estudios, y suprimir algunas expresiones impropias. Aún en el rectorado de D. Antonio Zañartu (1790-1791) se trabajaba en su elaboración. Nunca llegaron a ser aprobadas. Por acuerdo del claustro de 23-VII-1790 fue suprimido el dictado en las aulas, como en las Universidades europeas. Hacia 1798 va creciendo su fama y empieza a notarse en ella una gran afluencia estudiantil de los países circunvecinos (Argentina, principalmente). D. José Antonio Errázuriz, el penúltimo rector del siglo XVIII, en carta del 9-II-1798, suplica al rey se digne conceder a la Universidad chilena los mismos privilegios de Salamanca. Subraya sus rápidos progresos y su fidelidad a la monarquía. Las constituciones se encuentran aún en fase de reelaboración y aprobación. Están completamente calcadas en las limeñas, edición de 1735. Constan de 13 capítulos, divididos en constituciones. Por decreto de la Junta del gobierno revolucionario, el 2-VIII-1813, la Universidad fue incorporada al Instituto Nacional. Luego, durante la reconquista, un decreto del gobierno, del 17-XII-1814, suprimió el Instituto Nacional, encargando al obispo electo la reapertura de la Universidad. Durante la República fue extinguida la Universidad de San Felipe, por decreto del Gobierno, de 17-IV-1839.

Continuó funcionando, sin embargo, y otorgando títulos, entre ellos el de bachiller en Cánones y Leyes a Andrés Bello, el 15-XII-1836, hasta el 26-VII-1843. El 19 de noviembre del mismo año se dictó la ley que creaba la Universidad de Chile, a la cual se incorporaron los doctores que habían formado parte de la antigua de San Felipe, y la organización universitaria fue transformada y renovada.

BIBL.: H. L. AMUNATEGUI, *La Universidad de San Felipe:* La Revista de Santiago, 3(1873)161-175, 241-253, 337-353, 361-376, 527-537, y 575-592; O. FONTECILLA, *La Universidad y la cultura*, Santiago de Chile 1932; A. FUENZALIDA, *La evolución social de Chile, 1541-1810*, Santiago de Chile 1906; R. GHILIAZZA, *Historia de la provincia dominicana de Chile*, Concepción 1898; M. GÓNGORA, *Notas para la historia de la educación universitaria colonial en Chile:* Anuario de Estudios Americanos (Sevilla), 6(1949)161-230; A. OVALLE, *Histórica relación del Reyno de Chile*, Ro. 1616; P. PASTELLS, *Historia de la Compañía de Jesús en la provincia del Paraguay*, 9 vols., Ma. 1912-1949; J. TORIBIO MEDINA, *Historia de la Real Universidad de San Felipe de Santiago de Chile*, 2 vols., Santiago de Chile 1928; A. M. RODRÍGUEZ CRUZ, *Historia de las Universidades Hispanoamericanas*, 2 vols., Bogotá 1973.

L. TORMO y S. WOYSKI

Santo Domingo. La isla de Santo Domingo, primer asentamiento de la España ultramarina, es también la sede de los primeros centros de cultura europea en el Nuevo Mundo. Allí discurrió la actividad del primer lingüista y etnógrafo de América, fray Ramón Pané, maestro de los indios; se fundaron los primeros colegios de Gramática, donde los hijos de los caciques aprendieron latín, algunos de los cuales marcharon como becarios a España, cursando estudios superiores en Sevilla; se fundó la primera institución que otorgó grados académicos e, incluso, con el tiempo llegaron a funcionar dos centros universitarios, a pesar de su exigua población y de su estado precario, hecho bien significativo, pues la formación de intelectuales en Indias, concretamente de teólogos, fue una de las grandes miras de España que captó Cristóbal Colón y plasmó en su testamento.

Pontificia Universidad de Santo Tomás de Aquino. En 1518 el Capítulo general OP aprobó la erección de un Estudio en el convento de la Española, que después era elevado a la categoría de Estudio General. Allí descollaron los dominicos Antonio de Montesinos, Pedro de Córdoba, Bernardo de Santo Domingo, Domingo de Betanzos y Tomás de Berlanga, todos ellos formados en Salamanca, quienes para hacer

más efectiva su labor docente pidieron al papa la prerrogativa de conferir grados. Paulo III por la bula *In apostolatus culmine* (28-X-1538), les concedió la fundación de una Universidad, al estilo de Alcalá de Henares, al frente de la cual hubiese un rector; que a sus alumnos los doctores y maestros de la Facultad respectiva pudiesen promoverlos a los grados, y en su defecto el rector o el obispo; que gozasen los privilegios de los de Alcalá y Salamanca, y que pudiesen hacer estatutos y reformarlos. El modelo alcalaíno, suplicado y concedido, respondía al de un Colegio-Universidad en el que el rector del colegio lo era de la Universidad, fórmula autocrática que se generalizó en América bajo el aspecto de convento-universidad, donde predominaron los estudios teológicos y canónicos, fuente de primer orden para el establecimiento definitivo de la Iglesia en Indias.

Comenzó a funcionar en 1539 teniendo las Facultades tradicionales, de las que, al decaer la ciudad con la conquista del Perú, se suprimió alguna. En 1570 el fiscal de la Audiencia quiso anular los grados concedidos porque su bula fundacional carecía de la correspondiente real cédula de ejecución; parece que se pudo salvar el obstáculo porque en 1618 constaba en documentos oficiales como Universidad real y pontificia, probablemente por hallarse refundida momentáneamente con la de Santiago de la Paz. El arzobispo Francisco de la Cueva Maldonado informó de ella favorablemente en 1663, mientras que su sucesor en la mitra, Fernández Navarrete, la acusó de ligereza en el conferir grados, de lo que se defendieron los dominicos probando que, salvo rara vez y por motivos de pobreza, los otorgaron en sesión pública y solemne. En el siglo XVIII adquirió la denominación de Santo Tomás y entró en el período más tormentoso de su historia, pues al hacerse cargo los jesuitas de la otra Universidad exigieron a los dominicos los títulos para graduar, que no pudieron presentar estos por haber desaparecido en 1586 con el incendio de la ciudad por el pirata Drake. Los alegatos de ambas comunidades llegaron al Consejo de Indias que resolvió, el 20-III-1708, autorizar temporalmente a los dos contendientes la concesión de grados, hasta que el rey, en 26-V-1747, resolvió que funcionasen en Santo Domingo dos Universidades al igual que en Quito, Bogotá y Manila. En 1757 su rector la tituló «primada», pero el Consejo prohibió tal denominación (2-VIII-1758). Las Constituciones más liberales de su rival le quitaron la mayoría de los alumnos, que sólo volvieron a su seno al ser expulsados los jesuitas.

Cuando se crearon las Universidades de Caracas y La Habana los documentos fundacionales la tomaron por modelo y ambas instituciones recurrieron a ella para que les facilitase sus estatutos. No pudo ofrecérselos porque posiblemente se regía por la reglamentación general de estudios de su Orden y las prácticas de la de Alcalá introducidas como costumbre. Sus primeros estatutos conocidos son los aprobados el 26-III-1754. Tienen 15 títulos, según los cuales el rector era elegido anualmente con alternativa entre los religiosos del convento y demás doctores de la Universidad; no se admitía su reelección como en Alcalá, a cuya Universidad se seguía también en los planes de estudio de las cátedras de Cánones, Leyes, Medicina y Matemáticas. La alternancia motivó un ruidoso pleito durante el rectorado del Dr. Nicolás Antonio de Valenzuela, cura de la catedral, que acusó a los frailes, en 9-VIII-1777, de monopolizar el gobierno universitario, de irregularidades en el proceder y de causar la indisciplina reinante. En 1779 se pidió que los alumnos fueran eximidos del servicio militar, pero se rechazó la petición debido a la situación conflictiva en que se encontraba la isla. A fines del siglo XVIII contaba con 50 doctores y 200 estudiantes. Poco después se vinieron a cerrar sus aulas a raíz del tratado de Basilea, que entregó La Española a los franceses y como consecuencia del exilio voluntario de los dominicos y el forzoso retiro de las autoridades españolas. Su último rector, Agustín Madrigal Cordero, reimprimió las Constituciones en 1801 bajo el dominio francés. No se sabe la fecha precisa de este primer eclipse, al que siguieron otros varios, pero conocemos que renació en 1815, 1843, 1852, 1859, 1860, 1870, 1887, 1900 y, definitivamente, en 1914. De sus aulas salieron personalidades ilustres, como fray Tomás de Linares, fray José Ignacio de Poveda y los doctores Francisco Martínez de Porras y José Mijares de Solorzano, primeros rectores de las Universidades de La Habana y Caracas.

Real Universidad de Santiago de la Paz. Por real cédula de 22-IV-1513 se le compraron al bachiller Hernando Suárez 20 Gramáticas para que enseñase latín a los indios de la Española. En 1514 se contesta al obispo de Concepción que para tener el Estudio pedido se valiese del maestrescuela. El obispo Sebastián Ramírez de Fuenleal pidió, el 1-III-1529, un Estudio General, para la enseñanza de la fe cristiana a los naturales e instrucción de los hijos de conquistadores, en la ciudad de Santo Domingo, ofreciendo las rentas de dos casas. Concedido por la emperatriz se dio el primer paso para la fundación el 26-XI-1530, ocupando el local que después tuvo esta Universidad de tipo catedralicio. Un rico hacendero, Hernando Gorjón, legó sus bienes para la fundación de dos cátedras, que el emperador aceptó en 31-V-1540, comprometiéndose a solicitar al papa concediese al colegio los privilegios del Estudio de Salamanca. Por real cédula de 23-II-1558 se erigió oficialmente esta Universidad con los mismos privilegios de las salmantinas y las mismas excepciones de la de Santo Tomás. Felipe II aplicó los bienes de Gorjón para pagar a los catedráticos, enviando en 1559 para que explicase Teología a fray Juan de Bustamante, y Sagrada Escritura a fray Ambrosio Merino, ambos dominicos. La administración de estas cátedras quedó en manos de la mitra a partir de 1561. El rey encargó su visita a Juan de Valdivia (1569) y a Rodrigo Ribero (1583), quien otorgó los estatutos para su administración y régimen interno, disponiendo que se titulara Universidad de Santiago de la Paz, conforme a la voluntad de Gorjón. Sus 78 disposiciones son de tipo colegial, muy originales y algunas curiosas, como la de dotar anualmente a dos doncellas casaderas y la de cantar una misa el día de San Cristóbal por el alma de Colón. Su único patrón era el rey y en su nombre el presidente de la Audiencia. Caso de pasar a la Compañía de Jesús, ésta debía cumplir lo preceptuado en los estatutos, ejerciendo los padres nombrados por el rector los cargos de capellanes y preceptores. Al fundarse el Seminario conciliar (1-II-1603), se fusionó con él, destacando como profesor Juan Bautista Maroto, correligionario del arzobispo fray Pedro Oviedo OSB. En 1627 el presidente de la audiencia se apoderó de su administración a pesar de la excomunión mayor. Pasado el pleito al Consejo de Indias fue fallado a favor de la Iglesia (2-III-1629). En 1703 obtuvieron los jesuitas el traspaso de este Colegio-Seminario-Universidad de Gorjón al suyo. Un breve de Benedicto XIV, de 14-IX-1748, confirmó la erección real de esta restaurada Universidad que funcionó con cierto esplendor en manos de los jesuitas hasta la expulsión de Carlos III.

BIBL.: V. BELTRÁN DE HEREDIA, *La autenticidad de la bula «In apostolatus culmine»*, Ciudad Trujillo 1955; R. BENAWAY BROWN, *La primera Universidad de las Américas:* Anuario Univ. Santo Domingo, 14(1949); B. BRUNI, *La bula in apostolatus culmine*, Ciudad Trujillo 1944; *Bula de Paulo III y expediente de búsqueda en el Vaticano:* Anales Univ. Santo Domingo, 5(1941); M. CANAL GÓMEZ, *El convento de Santo Domingo en la isla y ciudad de este nombre*, Roma 1934; A. CUESTA MENDOZA, *Anotaciones a «Universidades» del P. Utrera:* Anuario Univ. Santo Domingo, 4(1940); P. HENRÍQUEZ UREÑA, *La cultura y las letras coloniales en Santo Domingo*, Buenos Aires 1936; D. DE LA MAZA, *Memorial*, Ciudad Trujillo 1954; F. DE NOLASCO, *Existencias y vicisitudes del colegio Gorjón*, Ciudad Trujillo 1947; L. PADILLA, *Síntesis histórica de las Universidades de Santo Tomás de Aquino y de Santiago de la Paz*, Ciudad Trujillo 1952; A. REGALADO, *Informe del Rector*, Ciudad Trujillo 1940; A. RODRÍGUEZ CRUZ, *La bula «In apostolatus culmine»:* R186, 91-92(1963)13-28; ID., *La Universidad de Santo Domingo:* Noticias Culturales, Bogotá 1970; E. RODRÍGUEZ DEMORIZI, *Los estatutos de la Universidad de Santo Domingo:* Anuario Univ. Santo Domingo, 1(1937); ID., *Cronología de la Real y Pontificia Universidad de Santo Domingo*, Santo Domingo 1970; J. F. SÁNCHEZ, *La Universidad de Santo Domingo*, Ciudad Trujillo 1955; C. SÁNCHEZ Y SÁNCHEZ, *Por los fueros de las dos Universidades de La Española:* Anales Univ. Santo Domingo, 14(1949); C. DE UTRERA, *Universidades de Santiago de la Paz y de Santo Tomás de Aquino*, Santo Domingo 1932; ID., *«In apostolatus culmine», bula mítica*, Ciudad Trujillo 1938.
L. TORMO

URBANO LANASPA, Luis, OP (Zaragoza 3-VI-1882 † Valencia 21-VIII-1936) maestro en Teología, predicador general y escritor. Estudió Humanidades en Zaragoza con los Escolapios. Ingresó en la Orden de Predicadores en Padrón (Coruña), donde hizo su profesión religiosa (30-X-1899). Estudió Filosofía en Corias (Asturias), y Teología, en Salamanca, donde comenzó los estudios de Ciencias Físicas en la Universidad, que concluyó en Madrid con el título de doctor. En Salamanca adquirió el título de lector en Teología y fue nombrado secretario de la revista recién fundada La Ciencia Tomista. Destinado a Asturias se dedicó de lleno a las obras científico-sociales hasta el año 1913, en que fue asignado al convento de Valencia. Dióse al ministerio de la predicación y llegó a ser considerado como uno de los mejores oradores sagrados de su época. Acompañó al cardenal Benlloch en su embajada a varias repúblicas americanas de lengua española. Fundó la revista de literatura y arte Rosas y Espinas (1915), el Colegio universitario San Vicente Ferrer, el colegio-asilo de San Joaquín, y la policlínica de San Vicente Ferrer. Fue también director de Revista Contemporánea y de la Biblioteca de Tomistas españoles. En 1925 se le otorgó el título de predicador general y poco después el de maestro en Teología. Fue nombrado miembro del claustro de doctores del Seminario y examinador del arzobispado, a la vez que era profesor del Estudio General dominicano en Valencia. Supo compaginar acertadamente su labor de enseñanza y escritor, con la predicación y el ministerio pastoral. Durante la guerra civil española, se refugió en casa de unos amigos (23-VII-1936) hasta que fue detenido y fusilado.

OBRAS: *La sabiduría del Sr. Azcárate en cueros*, Ma. 1907; *Primer ensayo estadístico de las Cofradías y Asociaciones del Rosario*, Vergara 1910; *Elogio fúnebre del Cardenal Xavierre*, Za. 1916; *Misión altísima del Comercio, orientada por la tradición y la fe*, Val. 1916; *La Arquitectura de Dios y la del hombre*, Ma. 1917; *El fundamento de la vida notarial*, Val. 1917; *Sto. Domingo y el Dante*, Ma. 1921; *Crónica oficial del V Centenario de la muerte de San Vicente Ferrer*, Val. 1919; *Analogías predilectas de Santa Teresa*, Val. s. a.; *Los prodigios de Limpias*, Val. 1920; *La paz, ideal perenne de la Iglesia y de España*, Ma. 1929; *La Libertad, el milagro y el espiritualismo*, conferencias predicadas en San Ginés, Ma. 1927, 1928 y 1929; *Einstein y Santo Tomás*, Val. 1927; *Oración fúnebre de Cervantes*, Ma. 1930; *Religión y Patria, incienso de España*, Ma. 1930 y 1932; *Panegírico de Santo Tomás de Aquino*, Ba. 1930.

A estas publicaciones hay que añadir las memorias presentadas al Congreso Intern. Mariano de Zaragoza, *La devoción mariana más teológica y más popular y Confederación de las Revistas marianas*, publicadas en las actas de mismo. *La prueba del movimiento y la existencia de Dios*, memoria presentada al Congreso Apologético de Vich 1910: R73, enero (1917); *Lo que hacen los dominicos*, serie de artículos: El Santísimo Rosario (1909-1910); *Poesía de la fe*: Ateneo (Madrid), junio (1911); *L'Oeuvre de Menéndez Pelayo*: Revue Thomiste, septiembre-octubre (1912); *Un thomiste contemporain. Alexandre Pidal*: Revue Thomiste, septiembre-diciembre (1914). A ello hay que añadir los artículos publicados en Rosas y Espinas, y en Contemporánea.

BIBL.: O33, 297-309; O35, 63.   L. GALMÉS

URBINA, Ignacio de, OSH (Burgos 31-VII-1632 † Santa Fé de Bogotá [Colombia] 9-IV-1703) arzobispo. Fue hijo de Juan de Urbina, escribano de número de Burgos. Recibió el bautismo en la parroquia de San Nicolás el 5 de agosto. Siendo aún muchacho ingresó en el monasterio de San Juan de Ortega (Burgos). De 1654 a 1663 estudió en el colegio de Salamanca; a continuación (1663-1673) aparece como lector de Prima de Artes y Teología en el mismo colegio de Nuestra Señora de Guadalupe. Posteriormente estuvo de prior en los monasterios de Frex del Val (Burgos) y San Juan de Ortega (Burgos) y fue rector de los colegios de Sigüenza y Avila. Desempeñó también los cargos de definidor general, visitador general de Castilla y calificador del Santo Oficio. El 26-IV-1684 era elegido prior del monasterio de San Bartolomé de Lupiana y general de la Orden, cargo que desempeñó hasta el 13-V-1687. Gobernó la Orden Jerónima en momentos difíciles. Durante su tiempo (1686) se resolvió con sentencia de Roma la separación de los cargos de general de la Orden y de prior de San Bartolomé y el traslado de la residencia de aquél al colegio de Avila, cuestiones que habían sido muy discutidas y que se venían pleiteando desde mucho tiempo atrás. A mediados de 1689 fue nombrado por el rey para la mitra de Santa Fé (Colombia); las bulas le fueron despachadas el 7-XI-1689 y el 14 del mismo mes le concedió el palio; las ejecutoriales llevaban fecha 23-I-1690. Inmediatamente se puso en camino; llegó a Cartagena y el 14 de mayo, día de Pentecostés, recibió de manos del obispo D. Miguel Antonio Benavides y Piédrola la consagración episcopal y la investidura del palio. Desde Honda envió el 29 de agosto poderes al doctor Pedro Moreau de Montaña, vicario capitular, para que en su nombre tomara posesión del arzobispado ya que se encontraba «achacoso e impedido para proseguir el viaje». El 11 de noviembre tomó posesión el procurador y el 25 entró el prelado en Santa Fé. Sus actuaciones como prelado en esta diócesis pueden verse en Restrepo. El rey resolvió, a petición del mismo Urbina, trasladarlo a la sede de Tlaxala o Puebla de los Angeles, en Méjico, y fue nombrado virrey del Reino de Méjico el 14-V-1700. Las bulas para Puebla fueron expedidas el 18-IV-1701. Pero la salud del prelado estaba muy quebrantada, de modo que no pudo ir a su nuevo destino.

BIBL.: J. RESTREPO POSADA, *Arquidiócesis de Bogotá. Datos biográficos de sus prelados*, I, Bogotá 1961, 118-128; M104, 10-16, 37.   I. DE MADRID

URCI, Diócesis antigua *(Urcensis, Urcitana)*, cuyo primer obispo, Indalecio, fue uno de los llamados Varones apostólicos; en la Bética, al parecer en El Chuche, frente al actual Pechina, a ocho kilómetros de Almería. El primer obispo bien documentado fue *Cantonius*, presente en el concilio de Elvira y posteriormente otros varios asisten a los concilios del período visigótico. Después de la invasión musulmana, a lo menos hasta el siglo XI, parece subsistir la sede de Urci. Hacen mención de ella el códice de Oviedo del año 780, el mozárabe del siglo IX, el Albeldense y Emilianense del si-

glo X, la relación arábiga de 1050, la leonesa y la del *Liber Fidei* de Toledo. La Crónica del moro Razi, en la parte atribuida al clérigo Gil Pérez, del siglo XIII, habla de *Begiana* (Pechina) como uno de los obispados, que se adjudicaron a la metrópoli de Toledo en la división de Constantino, seguida por los árabes para organizar administrativamente los territorios conquistados en España.

En el gobierno de los primeros emires de Córdoba, frente a Urci ibérica y romana, ya en decadencia, aparece la ciudad árabe de Bayyana (Pechina), musulmana y mozárabe, que ostenta sobre una de sus puertas una hornacina con una imagen de la Santísima Virgen y guarda hasta el siglo XI los restos venerables de san Indalecio.

A partir del siglo X a Bayyana le arrebata la capitalidad de la Cora la nueva ciudad de al-Maryya. Al parecer, la sede episcopal siguió radicada en Bayyana, aunque en Almería debe haber una población mozárabe, radicada en algún arrabal, según se deduce del topónimo al-Mudaina, que según Ibn Jarima aún se conservaba en el siglo XIV, referido a un cerro inmediato a la alcazaba de Jairan, y formada por los cristianos procedentes de los pueblos inmediatos de Río Almería, Urci y Alhama, arruinados en las guerras intestinas de los siglos anteriores.

Poco antes, el 862, un obispo de Urci, Genesio, asiste al concilio de Córdoba, que juzga al abad Sansón. En 1084, reinando en Navarra D. Sancho, en Almería al-Mutassim, y siendo abad de San Juan de la Peña D. Sancho, «mudaron el cuerpo de san Indalecio de la ciudad de los moros, que avie nombre Urcitana», según los Anales Toledanos, día 28 de marzo, jueves de la Cena (ES 23, 382).

Sobre el 1125 los almorávides debieron acabar con la sede de san Indalecio en Pechina, pues desarraigaron de esta provincia a los mozárabes por este tiempo, en represalia por la incursión de Alfonso el Batallador.

EPISCOPOLOGIO. Primer obispo, *Indalecio*, de época indeterminada. *Cantonio*, en conc. de Elvira, con un presbítero Januario. *Marcelo*, en conc. de Toledo IV (633), V (636), y representado por el diácono Daniel en VIII (653), IX (655) y X (656). Posiblemente hubo dos obispos de nombre Marcelo; el segundo asistió a los conc. VIII-X de Toledo. *Palmacio*, en conc. Toledo XI (675), XII (681), XIII (683), XIV (684). *Avito*, en conc. Tol. XV (688) y XVI (693). *Genesio*, en conc. de Córdoba de 862.

BIBL.: ES 8, 212-30. Véase el art. Almería.   J. VIVES

URDANETA, Andrés de, OSA (Villafranca de Oria [Guipúzcoa] 1508 † Méjico 3-VI-1568) misionero. En 1525 toma parte, primero como soldado y después como capitán, en la expedición de Loaisa a Filipinas. El 6-X-1526 está en Mindanao, y el 4 de noviembre, en Tidore y Ternate. Abandona el Maluco en febrero de 1535 y se dirige a la India portuguesa siguiendo el viaje por Banda, Java y Malaca. Zarpa de este puerto el 15-XI-1535, arribando a Cochín a mediados de diciembre. Deja Cochín el 12-I-1536 con dirección a Lisboa, donde llega el 26-VI-1536. De Lisboa, por consejo del embajador de España, sale inmediatamente para Valladolid a dar cuenta de sus empresas al emperador Carlos V. Ausente éste, informa verbalmente al Consejo de Indias, haciéndolo más tarde por escrito a la persona del Emperador. En 1538 sale para Nueva España con Pedro de Alvarado. Está en Santo Domingo, de la Isla Española, en 1539. Desde este año a 1552 desempeña cargos importantes en Méjico, como los de corregidor de los pueblos de Avalos. No participa en la armada que dirige Villalobos y que parte de Méjico el 1-XI-1542. Toma el hábito de la Orden de San Agustín en 1552, y profesa el 20-III-1553. Designado por real cédula del 24-IX-1559, de Felipe II, dirige la expedición mandada por Legazpi, que deja el puerto de Natividad el 21-XI-1564; arriban a Cebú (Filipinas), 27-IV-1565. El 1 de junio del mismo año, en compañía del padre Andrés de Aguirre OSA, sale para Méjico en busca de la ruta de tornaviaje. Llega al puerto de Natividad el 1-X-1565. Es recibido por Felipe II con todo género de consideraciones, aunque Urdaneta rehúsa la retribución; regresa inmediatamente a Méjico.

OBRAS: *Cuatro Relaciones de sus viajes* (véase en Bibl.).

BIBL.: M. MITCHELL, *Friar Andres of Urdaneta*, Lo. 1964; I. RODRÍGUEZ, *Historia de la Provincia agustiniana del Stmo. Nombre de Jesús de Filipinas*, I, Manila 1965, 3-22 y otras.
A. ESPADA

URIARTE, Eustoquio de, OSA (Durango [Vizcaya] 2-XI-1865 † Motrico [Guipúzcoa] 17-IX-1900) músico. Profesó en el convento de Valladolid el 15-XII-1879. Estaba dotado de un fervor entusiasta y de un delicadísimo sentimiento por la música, a la que dedicó toda su vida. Desde joven cultivó la crítica musical. Sus escritos sobre temas musicales son notables en este sentido. Con el fin de perfeccionar su gusto artístico, fue primero a Solesmes (Francia) y luego a la abadía de Silos. La estancia en estos lugares despertó en él tal entusiasmo por el canto gregoriano, que se convirtió en el apóstol de su restauración en España. El padre Otaño afirma de él que «fue el providencial profeta en orientación musical religiosa». Su Tratado teórico-práctico sobre el canto gregoriano fue la primera obra en su género aparecida en España (1891).

OBRAS: *Estética y crítica musical*, en ella aparece la biografía de nuestro autor por el padre L. Villalba, Ba. 1904; *Manual de canto gregoriano según la verdadera tradición*, Ma. 1896; *Restauración del canto gregoriano*, traduc. del francés, Va. 1889; *Orígenes e influencia del romanticismo en la música*, Lugo 1892; *Tratado teórico-práctico del canto gregoriano según la verdadera tradición*, Ma. 1890. A estas obras hay que añadir un gran número de artículos sobre estos mismos temas publicados en la revista La Ciudad de Dios, 9-63(1885-1900).

BIBL.: V. MENÉNDEZ, *El P. Eustoquio Uriarte en Mallorca*: R75, 53(1900)397-400; ID., *Nota necrológica*: R75, 53(1900) 160; L. VILLALBA, *El P. Uriarte*: R75, 65(1904)101-112, 198-210, 277-286; M55, VIII, 41-45; T. ALONSO TURIENZO, *La Ciudad de Dios. Indices*, El Escorial 1961, 311-313; A. LLORDÉN. *Biobibliografía agustiniana Escurialense: La Comunidad agustiniana en el Monasterio de El Escorial*, El Escorial 1964, 626-632; N. OTAÑO, *La música religiosa en España (1850-1903)*: El Pueblo Vasco, San Sebastián 7 octubre 1928, reproducido en R23, 31(1929)475-478.
A. MANRIQUE

URIARTE, José Eugenio, SI (Bilbao 6-IX-1842 † Orduña [Vizcaya] 20-IX-1909) bibliógrafo. Ingresó en SI en 1857. Tras la dispersión de 1869, enseña hebreo en Poyanne (Francia). Desde 1880 se dedicó por entero a estudios bibliográficos, residiendo en Loyola, Madrid y Valladolid.

OBRAS: *Catálogo razonado de obras anónimas y seudónimas de autores de la Compañía de Jesús*, 5 vols., Ma. 1904-16; *Biblioteca de escritores de la Compañía de Jesús en la Asistencia de España desde 1540 hasta 1773*, continuada por M. Lecina, 2 vols. (solo A-F), Ma. 1925-1930.

BIBL.: A. PÉREZ GOYENA, *Un bibliófilo insigne*: R154, 25 (1909)368-73.
IHSI

URIARTE, Manuel, SI (Zurbano [Alava] 14-IX-1720 † Ibid. 1801) misionero e historiador. Entró en SI en 1737 (provincia de Andalucía). Fue a Quito en 1742. En 1750 pasó a las misiones de Mainas. Deportado a Italia en 1767, vivió en Faenza y Bolonia. Regresó a España en 1798.

OBRAS: *Diario* (ed. C. Bayle), 2 vols., Ma. 1952.

BIBL.: O189, VIII, 348-349; C. BAYLE, *Un misionero y misionólogo desconocido*: R133, 6(1949)455-496.
IHSI

URIZ Y LABAYRU, Pedro Cirilo, (Olite [Navarra] 8-VII-1799 † Pamplona 7-VIII-1870) obispo. Tras el estudio del latín en su ciudad natal, cursó Filosofía y Teología en el Seminario Conciliar de Pamplona y Derecho en la Universidad de Huesca. Aquí, en 1824, obtuvo los grados de bachiller en Teología y doctor en ambos Derechos, y recibió la ordenación sacerdotal. Entonces su tío J. J. Uriz y Lasaga, obispo de Pamplona, le regaló gran parte de su biblioteca particular: 103 obras de derecho e historia, y posteriormente algunas más. Durante diez años desempeñó la cátedra de Decretales y Derecho Canónico de la Universidad oscense. Mediante brillantes oposiciones fue nombrado canónigo doctoral de Tarazona (1833). Su valentía en defender los derechos de la Iglesia y su negativa a reconocer como vicario capitular al obispo intruso propuesto por el Gobierno liberal, le valieron tres meses de confinamiento en Jaca (1836). No por eso cambió de actitud, viéndose obligado a emigrar a Francia hasta el año 1840. Promovido a la sede episcopal de Lérida (20-V-1850), se reveló un excelente pastor de almas. Los ocho primeros volúmenes del «Boletín eclesiástico del obispado de Lérida», que él fundó (1853), contienen innumerables cartas pastorales, circulares y edictos. Esta labor docente, con un matiz más polemista, adquirió un relieve nacional durante su episcopado en Pamplona, al que fue trasladado el 24-XII-1861, si bien el Gobierno le retuvo las bulas varios meses para dar tiempo a la erección de la diócesis de Vitoria (28-IV-1862).

La nueva diócesis se creó a expensas de la de Pamplona, que perdió la mayor parte de Guipúzcoa, quedando reducida a unas 247.000 personas, de las cuales unas 20.000 vivían en la capital navarra. Todos los monasterios masculinos estaban suprimidos, aunque, con la tolerancia de las autoridades, unos pocos religiosos se habían instalado en el extinguido convento franciscano de Olite, convertido en casa de venerables y de misioneros. El último canónigo de Roncesvalles falleció en 1858. Subsistían 14 monasterios femeninos de una ejemplar observancia, uno de ellos consagrado a la enseñanza de las niñas, junto con otros cinco colegios dirigidos por las HH. de la Caridad. El clero, casi suficiente numéricamente, estaba a la altura de su misión pastoral, gracias al creciente florecimiento del Seminario Conciliar, que contaba con más de 700 alumnos. Entre los religiosos exclaustrados que constituían un *tertium genus* —ni frailes ni clérigos seculares— se encontraban muy pocos dispuestos a trabajar en las misiones parroquiales y en otras tareas diocesanas. El pueblo de Dios mostraba una vitalidad pujante. Sobre esta plataforma, sin grandes problemas internos, se desarrolló la actividad pastoral del nuevo obispo.

En el mismo día de su entrada pública en la diócesis (5-V-1862) dirigió a su clero una apremiante exhortación al cumplimiento de sus deberes. Unos días después previno a sus diocesanos contra la liviandad e irreligión que, al socaire de la libertad de imprenta, se infiltraban corrosivamente en novelas, folletos, periódicos, libros de texto, lecciones públicas y discursos. Un mes más tarde pidió a todos que auxiliasen económicamente a Pío IX; él le ofreció mensualmente 500 reales de vellón. Sus pastorales y exposiciones al Gobierno se sucedían sin cesar, tocando los temas más palpitantes de actualidad: la libertad de enseñanza y de imprenta, la propaganda anticatólica, el Syllabus, la soberanía temporal del pontificado, el reconocimiento del reino de Italia, la civilización moderna, el papa. Su energía en defender la doctrina y los derechos de la Iglesia le granjearon los insultos y las calumnias de los periódicos progresistas. Es célebre, sobre todo, la polémica que sostuvo en 1865 con J. Aguirre, antiguo ministro de Gracia y Justicia. La revolución de 1868 motivó sus más bellas pastorales y sus representaciones más enérgicas contra la libertad de cultos, la incautación de las bibliotecas, archivos y obras de arte de la Iglesia, la enseñanza en las escuelas públicas y la supresión de las monjas. Con frecuencia se anticipaba a sus colegas en saltar a la palestra.

Pero el Sr. Uriz no sólo fue un maestro de doctrina y un polemista vigoroso, sino también un hombre de gobierno eficaz y práctico. Fundó el «Boletín Oficial del Obispado de Pamplona» (10-5-1862). Publicó anualmente la estadística del personal de su diócesis. Perfeccionó y sancionó con su autoridad los primeros estatutos del cabildo catedralicio de Pamplona (1866), que por exigencia del Gobierno había sido secularizado. Merced a sus desvelos, se restauró el cabildo de Roncesvalles (1866), pero los nuevos canónigos renunciaron o se negaron a llevar vida de comunidad según lo previsto en el concordato de 1851, escudándose en la inadaptación del edificio, sin dormitorio, refectorio, etc. Abierto al progreso científico, dotó el Seminario Conciliar de gabinetes de física y ciencias naturales, y mejoró así el plan de estudios como los métodos didácticos. Dio a luz unas nuevas constituciones para el personal de las parroquias (1864). Dejó terminado el arreglo parroquial, pero no fue promulgado. Reimprimió el tratado de pastoral de su tío. Apoyó el restablecimiento de la vida regular y tuvo la satisfacción de presidir la erección en Marcilla de un colegio de agustinos recoletos como casa de formación para los misioneros de Filipinas (1865). La restauración de los conventos de carmelitas descalzos de Pamplona y Villafranca con finalidades misioneras, aprobada por el Gobierno, quedó sin efecto a causa de la revolución de 1868, la cual decretó la supresión de la mitad de los monasterios femeninos, pero el obispo logró que la ley no fuera aplicada en su diócesis. Gestionó el restablecimiento legal de la casa-misión de Olite, cosechando sólo buenas palabras. Fomentó la literatura religiosa, las misiones populares y el apostolado juvenil. Introdujo el catecismo del padre Claret e hizo una nueva edición corregida y aumentada del catecismo del padre Astete, que ha estado en vigor hasta nuestros días.

A pesar de una reciente enfermedad, asistió en 1867 a las fiestas que se celebraron en Roma con motivo del centenario del martirio de San Pedro y San Pablo. «Su fe más que su fuerza le llevó a Roma.» En recompensa, el papa le concedió el título de prelado asistente al solio pontificio y le computó el viaje por dos visitas *ad limina*. Tomó parte en el concilio Vaticano I, sin subir nunca al ambón del aula conciliar. «Pero en las reuniones de los obispos, sabido era cuánto caso se hacía de la opinión del venerable de Pamplona. Todos apreciaban la seguridad de su doctrina y la entereza con que, sin pararse en miras humanas, formulaba sus dictámenes.» Apenas regresó de Roma, falleció repentinamente de un derrame cerebral, siendo enterrado en el panteón de la Barbazana de la catedral de Pamplona. Su testamento fue «edificante y digno de un obispo».

BIBL.: M. Mercader, *Nota biográfica de S. E. I.*: Boletín Oficial eclesiástico del obispado de Pamplona, 4(1870)205-215; M. Arigita, *D. Pedro Cirilo Uriz y Labayru*: La Avalancha, 5(1899)170-172, 178-180, 187-189, y 201-203; J. M. Cuenca, *El pontificado pamplonés de D. Pedro Cirilo Uriz y Labayru (1862-1870)*: R118, 22(1969)129-285.
J. Goñi

URIZ Y LASAGA, Joaquín Javier, (Sada[Navarra] 25-V-1747 † Pamplona 17-IX-1829) obispo y escritor pastoral. Estudió Cánones y Leyes en Huesca, y se graduó de Bachiller en Leyes en Irache (1767); ejerció algún tiempo la abogacía, pero luego se ordenó de sacerdote, siendo elegido canónigo (17-I-1777) y arcediano de la tabla (1789) de Pamplona. Desempeñó con acierto los cargos de visitador (1783) y prior de Roncesvalles (1803-1815). A pesar de que algunos lo juzgaban poco equilibrado y amigo de intromisiones en asuntos ajenos, fue agraciado con la mitra de Pamplona (13-IV-1815). Desde el día de su entrada (7-XI-1815) trabajó infatigablemente en beneficio de su diócesis. Escribió numerosas pastorales, entre las que sobresale la titulada *Prevenciones para el ejercicio de la cura práctica espiritual* (Pamplona 1827 y 1868), que es un verdadero tratado de pastoral. Aunque se pronunció a favor de la Constitución de Cádiz (1820-1822) obedeciendo tal vez consignas del nuncio, fue desterrado a Burgos (agosto de 1822); pero, a media jornada, una partida de voluntarios realistas lo salvó y condujo hasta territorio francés, donde permaneció hasta la entrada de los Cien Mil Hijos de San Luis.

El rasgo distintivo de su personalidad fue su inagotable caridad. Construyó a sus expensas y dotó espléndidamente la Inclusa o Casa de maternidad y de niños expósitos, de Pamplona; restauró y dotó el Seminario conciliar y el episcopal, y entregó elevadas cantidades de dinero a Roncesvalles, a la catedral de Pamplona, a las casas de beneficencia de Pamplona y a los pobres de los lugares más apartados. Murió casi repentinamente de un ataque de apoplejía, siendo enterrado en la Barbazana de Pamplona.

OBRAS: Además de sus numerosas circulares, edictos y pastorales, compuso una obra en dos volúmenes: *Causas prácticas de la muerte de los niños expósitos en sus primeros años, remedio en su origen de un tan grave mal y modo de formarlos útiles a la Religión y al Estado con notable aumento de la población, fuerzas y riqueza de España*, Pam. 1801.
BIBL.: T. de Amatriain, *Oración fúnebre*, Pam. 1829; J. Ibarra, *Historia de Roncesvalles*, Pam. 1936, 836-840; A. Pérez Goyena, *Ensayo de bibliografía navarra*, VI, Bu. 1953, 747-748; J. Goñi Gaztambide, *Joaquín Javier de Uriz, el obispo de la caridad (1815-1829)*: R152, 28(1967) 353-440.
J. Goñi

UROSA, Froilán de, OCist (Carabanchel Bajo [Madrid] 1584 † Santa María de Huerta [Soria] 17-IV-1648) abad y escritor ascético. Hijo de Antonio de Urosa y de Juana de Urosa. Su nombre civil era Ambrosio. Se retrasó un poco su entrada en religión, por preferir sus padres que fuese sacerdote secular, pero en Alcalá seguía en plena vocación y así marchó con permiso de sus padres a Santa María de Huerta, donde tomó el hábito el 7-III-1606. Estudió cuatro años en Alcalá con muestras de buen ingenio y gran afición a la mística. Su fuerte, pues, fué la ascética, la observancia de la Regla y la vida contemplativa. El primer cargo monástico que le cupo fue, que sepamos, el de prior de Palazuelos (Valladolid). Aquí residía el general, que era además *ipso facto* abad del monasterio. Durante el trienio 1626-1629 fue general fray Angel Manrique, hijo también de Huerta, y quiso confiar este cargo a fray Froilán, cuyas cualidades sin duda tenía bien conocidas. Al final de este trienio y para el siguiente (mayo de 1629 a mayo de 1632) fue elegido fray Froilán abad de su propio monasterio de Huerta. En tres años no podía hacer grandes cosas, pero no fue escaso mérito haber socorrido diariamente a 500 pobres durante el hambre general del año 1630, sin perjuicio de hacer una escalera monumental entre ambos claustros, que conservó su nombre, y enriquecer con retablos los arcos de la sacristía. En 1632 y a propuesta de Manrique salió Urosa visitador. En el Capítulo intermedio de junio de 1633 se le dio el encargo de redactar una *Instrucción* para la formación de los novicios de la Congregación. Rápida debió de ser la ejecución, puesto que presentó el texto al Capítulo celebrado el 1-XI-1633, que lo aprobó, encomió y mandó se imprimiese y sirviese de pauta en todos los monasterios.

En 1635, al cesar en el oficio de visitador, fue elegido definidor. El 2-I-1638 hubo elección de general (por fallecimiento de fray Miguel Belcán), pero Manrique y Urosa delegaron en fray Alfonso Pérez y estuvieron ausentes. Después de tres años de descanso fray Froilán fue elegido segunda vez abad de Huerta en 1641. Su última prelacía fue el trienio de abad del colegio de Salamanca (1644-1647). Luego logró exonerarse y retirarse a Santa María de Huerta.

OBRAS: Su reputación fue tal, que nunca se quiso introducir enmienda alguna en sus dos obras clásicas, la *Instrucción de novicios*, Alc. 1635, y el *Tratado de la oración mental*, 1.ª ed., Val. 1642; la segunda es complemento de la primera. Se conocen por lo menos seis ediciones desde 1633 ó 1634; la primera edición trae la primera fecha en la portada, y la segunda, al final; la segunda, hecha por fray Miguel de Fuentes, monje de Huerta y más tarde obispo de Lugo (Salamanca 1679); las restantes, en Valladolid (la cuarta, 1713; la quinta, 1752; la sexta, 1782). Fuentes la hizo preceder de un resumen biográfico compuesto por él. Unas veces se publicaban ambas obras aparte, y otras, juntas. Se le atribuye también una *Summa Moral* que quedó inédita.

BIBL.: M. FUENTES, segunda edición de la *Instrucción de Novicios* del mismo Urosa, Sa. 1679; A1, II, 501; M98, 353-354; D. YÁÑEZ, *El Venerable P. Fray Froilán de Urosa:* R74, 3(1951)62-66.

P. GUERIN

URQUINAONA Y BIDOT, José María, (Cádiz 4-IX-1814 † Barcelona 31-III-1883) obispo. Seminarista desde 1825, ordenado de presbítero en 1837, canónigo de Guadix y después de Cádiz, se distingue como predicador que mereció una carta laudatoria de Pío IX por tres sermones sobre la encíclica *Quanta cura* y el *Syllabus*. Preconizado obispo de Canarias, 22-VI-1868, desarrolla una extraordinaria actuación pastoral visitando casi todas las iglesias y santuarios de las siete Islas. La visita incluía: la del cementerio de cada parroquia, la de pobres enfermos graves y sermón en la iglesia, habiendo predicado más de 1.300 sermones durante los diez años de pontificado y confirmado a 80.000 personas. En la sesión del 28-I-1870 del concilio Vaticano I tuvo un discurso sobre *De vita et honestate clericorum*. Trasladado a la sede de Barcelona el 15-VII-1878, continúa aquí su intensa labor pastoral que le granjea el afecto y veneración del pueblo, que le hizo un recibimiento triunfal cuando regresaba de Madrid en donde, como senador, se había opuesto con eficacia a la adopción de unos aranceles que podían perjudicar gravísimamente a su pueblo trabajador. Promovió la coronación canónica de la Virgen de Montserrat, declarándola patrona de Cataluña con misa y oficio propio de primera clase. Amargaron su pontificado las disensiones entre católicos conservadores e integristas que trató de reconciliar. Mereció ser sepultado en la basílica de la Merced y que el municipio diera su nombre a una de las plazas más céntricas de la ciudad.

BIBL.: J. M. MANRIQUE, *Recuerdos Gaditanos*, Cá. 1884; F. CASTELLANO Y MEDRANO, *Apuntes biográficos del Excmo... J. M. Urquinaona*, Ba. 1883. Cf. Bol. Ecl. de Barcelona, 20 (1878)241-46, y 25(1883)119-54; D11, 765-766.

J. VIVES

URRABURU, Juan José, SI (Ceánuri [Vizcaya] 23-V-1844 † Burgos 11-VIII-1904) filósofo. Ingresó en el noviciado de la Compañía en Loyola el 3-V-1860, donde también cursó Letras Humanas. Emitió allí los votos religiosos y recibió tonsura y órdenes menores el 4-V-1862 y el 3-VII-1863. Cursó Filosofía en León de 1863 a 1866. Enseñó Letras en Loyola de 1866 a 1868 y también, desterrada la Compañía de Jesús de España, en Saint Acheul (Francia) en 1868. Cursó estudios teológicos en St. Beunon (Inglaterra) de 1869 a 1871. Ese año los continuó en el Seminario de Salaman-

ca hasta 1873. Manifiesta que destacó en los estudios el hecho de que se le confiase un acto público de Teología. De 1873 a 1874 dedicó un curso a espiritualidad *(Tercera Probación)* en Larbey (Francia). Fue nombrado catedrático de Lógica (que encerraba con este nombre Introducción a la Filosofía, Lógica Menor y Lógica Mayor o Criteriología) y Metafísica que empezó a profesar en Poyanne de 1874 a 1876. Tras un breve intervalo de profesor de Teología Dogmática, de 1876 a 1878, fue llamado por el padre general para la enseñanza de Filosofía en la Pontificia Universidad Gregoriana (Roma), durante nueve años, de 1878 a 1887, a pesar de la grave enfermedad que le aquejó en 1880. De 1887 a 1902 fue rector de Valladolid, del Colegio Máximo de Oña (Burgos) y del Seminario Central de Salamanca. En este período escribió los ocho volúmenes de sus *Instituciones*. En noviembre de 1902 dejó el rectorado y se retiró a Burgos donde murió dos años después.

Se comprende cuál es el sentido de la producción filosófica del padre Urráburu mirándola como un hito en la reelaboración de la Filosofía dentro del movimiento favorecido por la encíclica *Aeterni Patris* de León XIII en 1879.

Apreciando el mérito de la obra de Urráburu en su conjunto, diremos que es autor más analítico que sintético; no es muy profundo en sus concepciones; ni original (exceptuados algunos puntos, como en su explicación del instinto de los animales). Pero desempeñó un papel importante en su momento como eslabón que continuó el renacimiento de la restauración escolástica posterior a 1879, y brindó a todos en sus obras un conjunto documental que, hasta como material de consulta, conserva hoy día indudable valor.

OBRAS: *Institutiones philosophicae*, 8 vols., Va. 1890-1900; *Compendium philosophiae scholasticae*, 5 vols., Ma. 1905; *El principio vital y el materialismo ante la ciencia y la filosofía:* R154, 8(1904)313-26; 9(1904)180-91, 325-41; 10(1904)219-31; 11(1905)54-66; *El verdadero puesto de la filosofía entre las demás ciencias:* R154, 1(1901)57-60, 137-52.

BIBL.: C. EGUÍA RUIZ, *A propósito del centenario natal del P. Urráburu. El religioso y el filósofo:* R102, 19(1945) 45-59 (el autor se inspira en *Apuntaciones* manuscritas inéditas de J. M. IBERO, *La filosofía del P. Urráburu);* A. NADAL, *La psicología del P. Urráburu:* R154, 14(1906) 314-30; J. ESPÍ, *Un nuevo libro de filosofía:* R154, 4(1902) 51-57; A. PÉREZ GOYENA, *La Semana Católica,* Sa. 8-XII-1902.

J. ROIG

URRACA, Pedro, OdeM (Jadraque [Guadalajara] 1583 † Lima 7-VIII-1657) venerable, misionero. Marchó a Quito reclamado por un hermano suyo franciscano. Movido por una señal prodigiosa de la Virgen, vistió el hábito de la Merced, profesando en 1605. Por obediencia se ordenó de sacerdote y fue destinado a los conventos de Lima y de Trujillo (Perú) donde doctrinó a indios y a negros. El príncipe de Esquilache lo trajo consigo a España en 1621, siendo destinado al convento de Madrid donde lo trataron muchas personas de la nobleza y la misma reina D.ª Isabel. En 1628 volvió de nuevo a Lima como ayudante del vicario general de la Orden para fomentar la observancia regular. Su vida fue el asombro de todos en todas las virtudes, pero de una manera especial en su penitencia: durante treinta años llevó cosida al cuerpo una coraza de hierro, llegando la carne a cubrir los eslabones. Falleció con fama de gran santo y su causa de beatificación está introducida en Roma. Su sepulcro en la Merced, de Lima, es frecuentadísimo por toda clase de gentes y se le atribuyen innumerables milagros.

OBRAS: Escribió varios opúsculos, siendo el más conocido: *Modos suaves y fuertes para andar el alma amorosamente importunando a Dios*, Lima 1616; reimpreso después muchas veces.

BIBL.: F. COLOMBO, *El Job de la Ley de Gracia retratado en la admirable vida del siervo de Dios venerable Fr. Pedro Urraca*, Ma. 1674: O232, 511-515. R. SANLÉS

URRIES, Carlos de, (Huesca † Roma 8-X-1420) cardenal. El 3-II-1386 el rey de Aragón recomienda al cabildo de la catedral de Huesca a Carlos de Urriés, estudiante de derecho canónico, hijo del mayordomo y conceller Pere Jordán de Urriés (Rubió y Lluch, II, p. CX). Esta es la mención más antigua que hemos encontrado. Entre el personal a servicio de Benedicto XIII durante su estancia en Perpiñán en mayo de 1407 figura Carlos de Urriés (Milián, 770). Benedicto XIII le otorgó el capelo el 22-IX-1408 con el título de cardenal diácono de San Jorge in Velabro (Eubel, I, 30). Se estrenó en su oficio leyendo el evangelio en la misa de apertura del concilio de Perpiñán, 15-XI-1408 (Ehrle, 396). En 1409 compuso un tratado para responder a dos preguntas de Benedicto XIII: si Pedro de Luna era un papa indudable o dudoso; si las circunstancias de la Iglesia justificaban la reunión de un concilio como el de Pisa. Se conocen dos ejemplares de esta obra inédita (Valois, IV, 149), escrita a satisfacción del papa.

Asistió a la lectura del testamento de Benedicto XIII en Peñíscola, 31-X-1412 (Puig, 539) y acompañó al papa Luna a las visitas de Morella, 15-VIII-1414 (Finke, I, 86), y unos meses más tarde, a su entrada solemne en Valencia, 14-XII-1414 (Finke, IV, 650). Benedicto XIII le permitió disfrutar de la dignidad de sacrista de la catedral oscense, a pesar del estatuto de esta iglesia que prohibía la obtención de dignidades a quienes no fuesen canónigos de la misma, 25-VI-1415 (Durán Gudiol, 393). En el mismo día Benedicto XIII, en presencia de los cardenales Urriés y Carrillo, protestó de que no se le hubiesen facilitado salvoconductos para ir a Villafranca de Niza (Finke, III, 435-436).

Tras el edicto de sustracción de obediencia, 6-I-1416, el rey de Aragón se esforzó vanamente por atraerse a Carlos de Urriés. El cardenal de San Jorge permaneció al lado de su papa dos años justos (Finke, III, 395) y a partir de mediados del mismo año, con permiso expreso de Alfonso V, 18-VII-1416 (Finke, III, 578). El 3-V-1416 los tres cardenales, Urriés, Carrillo y Fonseca, respondieron a D. Alfonso V, que no podían apartarse de Benedicto XIII, porque era el papa legítimo, vicario de Cristo y cabeza de la Iglesia. La carta, larga y hermosa, demuestra un profundo conocimiento de la teología y de los santos padres (Finke, III, 568-75). Con la misma firmeza rechazaron la intimación de la embajada castellana de acudir al concilio de Constanza, 15-XII-1416 (Finke, III, 580-81), pero su seguridad estaba derrumbándose. El 8-II-1417 los tres cardenales y algunos prelados reiteraron la protesta que habían formulado otras veces a Benedicto XIII: que abdique y envíe una delegación al concilio para efectuar la renuncia y disculparse de la tardanza; la ha rechazado; ellos se lavan las manos y se declaran inocentes de lo que suceda (Finke, III, 583). El papa les respondió un mes más tarde (III, 589-96). Los tres cardenales le replicaron inmediatamente insistiendo en la necesidad de abdicar para poner fin al cisma y reafirmándose en su postura (III, 597-606). En vano esperaron la respuesta. El 26-XII-1417 los tres cardenales, secundados por una serie de obispos y abades catalanoaragoneses, le suplicaron nuevamente que renunciase sin tardanza y ordenase que los cardenales eligiesen papa a Martín V, escogido recientemente por los cardenales y el concilio. Esta súplica tenía el aire de un ultimatum. En caso de rechazo, se reservaban su libertad de acción (III, 607-09). Consecuentemente le

abandonaron el 5-I-1418. Benedicto XIII los trató de hijos degenerados y los declaró incursos en infamia y otras penas, a las que siguió un mes más tarde la deposición (III, 609-11); pero Martín V, ante quien se postraron en Florencia, los repuso en sus dignidades y beneficios, llevando su condescendencia hasta dejarse elegir por ellos, 1-VIII-1418 (Valois, IV, 438). Carlos de Urriés sobrevivió al cambio de obediencia algo más de dos años (Eubel, I, 30).

OBRAS: Tratado sobre la legitimidad de Benedicto XIII y la ilegalidad del concilio de Pisa: BN París, ms. latín 1450, fol. 50-55; Papeles de Suarès, Bibl. Barberini, ms. XXXVIII 36.

BIBL.: No existe biografía alguna. Damos a continuación el título entero de los trabajos utilizados: A. RUBIÓ Y LLUCH, *Documents per l'historia de la cultura catalana mig-eval*, Ba. 1921, II, p. CX; H. FINKE, *Acta Concilii Constanciensis*, Münster 1896-1928, 4 vols. (cf. índice); S. PUIG Y PUIG, *Pedro de Luna, último papa de Aviñón*, Ba. 1920, 539; M. MILIÁN BOIX, *El fondo «Instrumenta Miscellanea» del Archivo Vaticano*: R13, 15(1967)770; F. EHRLE, *Aus den Acten des After-concils von Perpignan 1408*: R12', 5(1889)396; N. VALOIS, *La France et le Grand Schisme d'Occident*, Par. 1896-1902, 4 vols. (cf. índice); A. DURÁN GUDIOL, *La documentación pontificia del Archivo Catedral de Huesca hasta el año 1417*: R13, 7(1959) 393; C. EUBEL, *Hierarchia catholica*, I, 30. J. GOÑI

URSULINAS DE JESUS. Congregación fundada en Vendée (Francia) en 1802, por el venerable padre Louis Maria Baudouin. Sus religiosas se dedican a la educación de la juventud, cuidado de enfermos, misiones y obras sociales. Su espiritualidad es la de la escuela de Berulle.

Se introdujo la Congregación en España en 1897. Actualmente cuenta con cerca de 300 religiosas que trabajan en cinco colegios de enseñanza media, tres escuelas primarias, una clínica, colegio apostólico, noviciado, juniorado. Desde 1954 trabajan también en Santiago de Chile y el Camerún. Actualmente tienen siete casas en España. D. MARRERO

URUGUAY. I. Generalidades. 1. *Marco geográfico.* Esta república hispanoamericana, cuyo territorio depende eclesiásticamente de su capital Montevideo, está limitada al Oeste por el río Uruguay que la separa de Argentina, al Noreste por Brasil, al Sureste y Sur por el Océano Atlántico y el amplio estuario del Río de la Plata. Es una inmensa llanura ligeramente ondulada que encierra un amplio sistema fluvial. Tiene un clima excelente y cuenta con un total de 186.926 kilómetros cuadrados, dedicados principalmente a la ganadería.

2. *Etnología.* Dos grupos indígenas ocupaban el Uruguay: el tape y el charrúa, ambos hoy desaparecidos. El primero pertenecía a la familia tupí-guaraní y se extendía por la costa desde cerca de Montevideo hasta el alto Uruguay penetrando en algunos puntos hacia el interior. El segundo, que también se le puede denominar chaná o güenoa, ocupaba ambas márgenes del río Uruguay, llegando hasta el Paraná, el Atlántico y el Río de la Plata, cuya orilla septentrional poblaba.

Entre sus tribus estaban los yaros, bohanes y las subtribus de los manchados, martidanes, guayantiranes y negueguianes.

3. *Conquista y colonización.* Descubiertas sus costas por los portugueses fueron luego recorridas por las expediciones de Juan Díaz de Solís, Magallanes, Caboto, Diego García de Moguer y Cristóbal Jacques quedando en ellas náufragos y desertores. Capitaneando éstos a los indios de la región de Santa Catalina (hoy Brasil) llegaron hasta la Sierra de la Plata tras cruzar el Chaco, siendo muerto su capitán, Alejo García, al iniciar el retorno. En 1607 Hernandarias de

Saavedra partiendo de Santa Fe recorrió de parte a parte el territorio uruguayo planeando su colonización. En una segunda expedición logró someter a los charrúa con quienes firmó un tratado de paz que tuvo vigor hasta 1750. Establecidos los portugueses en la Colonia del Sacramento (1680) fueron repetidas veces desalojados de ellas por las armas y la recuperaron por la diplomacia. En 1726 el gobernador Zavala fundó Montevideo con familias bonaerenses. En 1750 se permutó Sacramento por las siete reducciones jesuitas del Ibicuí, lo que provocó la indignación de los indios cuya resistencia fue aplastada en Caaybaté por tropas conjuntas españolas y portuguesas, pero los lusitanos no entregaron la Colonia y hubo de ser ocupada militarmente. Esta pasó definitivamente a manos españolas en el Tratado de San Ildefonso (1777).

4. *Evangelización.* Las primeras noticias del Evangelio en este país posiblemente llegaron por vía indígena a través de sus vecinos, los indios de Mbiasa que habían comenzado a recibir el bautismo por mano de los franciscanos Bernardo de Armenta y Alonso de Lebrón el año 1538. La acción de estos misioneros había sido preparada por los náufragos y desterrados que deambularon por las costas uruguayas y sus vecinas de Patos y Santa Catalina. La fe de los indios neófitos, sobre todo viejos, los convirtió en verdaderos apóstoles, esparciéndola en un radio de unos 480 kilómetros. Fue este primitivo cristianismo, de tipo nómada, sin aparatosidades externas, donde frailes y seglares españoles llevan una vida con características predominantemente indígenas; no provocó choques culturales pero tampoco pudo evitar la rapacidad de los esclavistas que acabaron con él en el plazo de un cuarto de siglo.

En el siglo XVII penetraron por la región septentrional los jesuitas fundando las reducciones del Uruguay que hoy se hallan en territorio brasileño. Este conocido sistema elevó culturalmente a los indios, les hizo abandonar su vida nómada, adquirir una envidiable posición económica, llegando incluso a permitir la defensa de sus derechos y libertad con armas de fuego en la mano, autorizadas por el rey y proporcionadas por la Compañía de Jesús. Tan boyante situación provocó una serie de tensiones internas y externas que logró sofocar la milicia guaraní, defensora de la frontera y que en repetidas ocasiones logró tomar la Colonia del Sacramento. El beato Roque González de Santa Cruz SI, es considerado el primer apóstol de esa región en donde se erigieron las misiones de los Apóstoles y San Carlos. Veinte años después de su muerte en testimonio de la fe (16-XI-1618) las reducciones que había fundado estaban florecientes.

El último y más imperfecto establecimiento de la Iglesia en tierra uruguaya se dio en las zonas marginales del Río de la Plata, donde la encomienda primero y luego la reducción o pueblo de indios tenía la carga del servicio personal; zona de luchas coloniales y, sin embargo, paradójicamente, aquí se hicieron los pueblos cristianos que han permanecido fieles hasta hoy: Santo Domingo de Soriano, el más antiguo del Uruguay, Víboras y el Espinillo.

II. **Las diócesis.** 1. *Montevideo (Montisvidei).* Durante el siglo XVIII fue Montevideo casi la única parroquia existente en el Uruguay. Fueron las circunstancias derivadas de la guerra de la independencia las que motivaron la creación de una circunscripción eclesiástica especial. Su primer gobernador eclesiástico fue Pedro Antonio de Portegueda, le sucedió Dámaso Larrañaga que dependió fugazmente de Río de Janeiro. El enviado especial de la Santa Sede, monseñor Muzzi, reguló la situación en 25-I-1825 dando atribuciones de vicario apostólico a Larrañaga. El 19-X-1829 Pío VIII nombró vicario apostólico de Montevideo con carácter episcopal a Pedro Alcántara Jiménez, de-

signación que hubo de ser revocada por Gregorio XVI debido a que se ejecutó bajo influencia brasileña y contra la violenta oposición de España. Reconocida la independencia, se reafirmó el vicariato de Larrañaga, respaldado por Muzzi y recomendado por Medrano, obispo de Buenos Aires, y el nuevo gobierno uruguayo. La situación de independencia quedó asegurada, pero las circunstancias no permitieron la erección de la diócesis hasta más adelante (1856), convirtiéndose en sede metropolitana el año 1897. Son sufragáneas suyas en la actualidad las diócesis de: Salto, Melo, Florida, San José de Mayo, Minas, Tacuarembó, Mercedes, Canelones y Maldonado-Punta del Este.

BIBL.: D. REGULES, *Uruguay*, en: R. PATEE, *El catolicismo contemporáneo en Hispanoamérica*, Buenos Aires, s. f.; P. DE LETURIA, *Relaciones entre la Santa Sede e Hispanoamérica*, Ro-Caracas 1959; A. ZUN FELDE, *Proceso histórico del Uruguay*, Montevideo 1963; A. YBOT LEÓN, *La Iglesia y los eclesiásticos en la empresa de Indias*, 2 vols., Ba. 1954-1962; A. PORTO, *Historia das Missões Orientais do Uruguai*, Porto Alegre 1954; J. E. PIVEL DEVOTO, *Uruguay Independiente*, Ba. 1949; L. PERICOT, *América Indígena*, Ba. 1962; J. M. RUBIO, *Exploración y Conquista del Río de la Plata*, Ba. 1953.
L. TORMO

USERA Y ALARCON, Jerónimo Mariano, (Madrid 15-IX-1810 † La Habana 17-V-1891) fundador de las Hermanas del Amor de Dios. Hijo de D. Marcelo Fulgencio Usera y de su mujer D.ª Bernarda Antonia de Alarcón, aficionado desde niño a los estudios y a piadosas devociones, sintió pronto la vocación que le llamó a ingresar en la Orden del Císter en el monasterio de Osera (Orense) el 4-III-1825. Cursó Filosofía en el colegio de Meira con sobresaliente, y los cuatro cursos de Teología y uno de Sagrada Escritura, en los colegios de Alcalá, Villanueva de los Arcos y San Martín de Castañeda. En este último, continuó después con los estudios de Historia General de la Iglesia y de la de los concilios; ordenado de presbítero en Uclés, el 20-IX-1834, pasó de nuevo a Sanabria, en donde se distinguió como predicador en el convento de San Martín de Castañeda; allí le cogió la desamortización de 1837. Exclaustrado por la ley de Mendizábal, quedó como cura económo de Pedralba (Zamora), 13-VII-1837 a 5-IV-1840. De 1841 a 1844 obtuvo la cátedra de Griego en la Universidad Central. Pero el mundo de las misiones le atraía. El 18-VII-1845 se embarcó para Fernando Poo. Fue el primer misionero español de la Isla. Pero el clima pronto minó su salud y puso en peligro su vida. En 1848 lo nombró la reina, en virtud del Patronato, racionero de la catedral de Santiago de Cuba, de donde fue después penitenciario y gobernador eclesiástico hasta la llegada del nuevo arzobispo, san Antonio María Claret (15-II-1851).

Cuando el padre Usera se vio responsable de la archidiócesis, se dedicó con todo empeño a estudiar sus problemas. Uno de los más acuciantes era el seminario. Rápidamente concibió un plan de reforma que estaba más en armonía con los adelantos de los tiempos y necesidades de los eclesiásticos, y ofrecía más beneficios a los alumnos que no eran seminaristas. El 27-VII-1849, presenta el proyecto al gobernador político y militar de la plaza. En los dos años que gobernó la archidiócesis escribió varias circulares e hizo muchas visitas a todas las parroquias, pues se encontraba un tanto abandonada por la larga ausencia del prelado. Fundó la Obra de la Enseñanza Cristiana, reorganizó la Cofradía del Apóstol San Pedro, de presbíteros seculares, dio vida y esplendor a la Cofradía de la Virgen del Cobre, Patrona de Cuba, haciendo de su Santuario el centro de la piedad mariana de la archidiócesis. El 3-VI-1851, viene a la Península comisionado por el prelado y cabildo con una delicada misión ante la reina: la de promover la dotación del Culto y Clero, misión que llevó a feliz término. En ese ínterin obtuvo el doctorado en Teología en la Universidad Central (20-IX-1852). No volvió a Cuba. Fue luego nombrado deán de Puerto Rico, del que tomó posesión el 3-III-1854. Recorrió la Isla y se dio cuenta de que para llevar a cabo su evangelización lo más urgente era la educación de los niños en un centro de enseñanza. Aprovechando la jubilosa noticia del natalicio del Príncipe de Asturias, D. Alfonso XII, reunió a las damas de la ciudad y les propuso la fundación de un colegio de niñas pobres y así se fundó la Casa de Caridad y Oficios de San Ildefonso y Asociación de Damas (1857). La reina aprobó esta obra por R. O. de 28-XI-1860. Se trata de una auténtica escuela profesional, en donde sin distinción de razas ni clases se enseña a los niños pobres. En el año 1859 el mismo atiende a 900 negros apestados y leprosos que fueron capturados en alta mar y llegaron a la Isla. El 6-IV-1863 fue nombrado deán de La Habana. Estando en Puerto Rico llegó a la convicción de que era necesario llenar de maestras católicas las Antillas. Este fue el origen de las Hermanas del Amor de Dios. En La Habana, comenzó su labor apostólica con el mismo ímpetu que en sus otras residencias antillanas. Preside fiestas de fin de curso, reparte premios a las alumnas de los colegios. Oficia en el triduo de los beatos Pedro Canisio y Juan Berchmans. En la misma iglesia de Belén predica el panegírico de san Ignacio de Loyola, colabora en algunas ediciones como en la de *La Cruz aligerada* de Pinamonti, es administrador del Hospital de San Felipe y Santiago. El 12-IV-1867 presenta las bases para remediar las necesidades del agro e intenta fundar una congregación religiosa masculina de Maestros que llevarían por nombre los Hermanos de la doctrina cristiana. Hay que elevar el nivel de la vida rural cubana, dijo el padre Usera, lo mismo que monseñor Montini dijo, con ocasión de estarse celebrando en Nantes la Semana Social de Francia. Su fundación masculina fue rechazada por el Gobierno con diversos pretextos, y buscó otro: la creación en La Habana de la Sociedad Protectora de los Niños de Cuba y en 1883 se extendió también a Puerto Rico. Funda en La Habana la Academia de Tipógrafas y Encuadernadoras (5-IV-1891). Vuelto a España se pone en contacto con el obispo de Zamora, D. Bernardo Conde y Corral, que era primo de un cuñado suyo, quien le designó para ello la ciudad de Toro en su diócesis. La fundación se realizó el 27-IV-1864 y una vez consolidada, el 29 de noviembre de aquel año, partió para la isla de Cuba, en donde falleció a los ochenta y un años. Sus restos fueron trasladados desde La Habana a España en el mes de abril de 1925 y, con motivo de la celebración del centenario de la fundación de estas religiosas, fueron llevados a la nueva iglesia levantada en la casa-madre de Toro (27-VI-1965). Fue condecorado con la Gran Cruz de Isabel la Católica el 18-VII-1865.

Esta Congregación hoy día de las más florecientes en obras misioneras y de enseñanza se encuentra extendida no solamente por España y Portugal y casi todos los países hispanoamericanos, sino también por las provincias portuguesas de Africa, Estados Unidos, Italia, Francia, Bélgica, Alemania.

OBRAS: *Memoria de la Isla de Fernando Poo*, Ma. 1848; *Demostración de la verdad de la Religión cristiana, católica, romana*, Ma. 1843.

BIBL.: F. ROMERO LÓPEZ, *Misioneras por Amor de Dios*, Zam. 1953; P. DE ZAMAYÓN, *Destellos de caridad. Perfil biográfico del P. Jerónimo Usera y Alarcón*, Bu. 1966; F. ROMERO LÓPEZ, *El P. Jerónimo Usera y sus religiosas del Amor de Dios*, Zam. 1956; D. YÁÑEZ, *El Siervo de Dios D. Jerónimo Mariano Usera y Alarcón:* R74, 4(1952)130-7; 173-80, 212-22.
E. FERNÁNDEZ-PRIETO

USOZ Y RIO, Luis, (Chuquisaca [Bolivia] 13-XI-1805 † Madrid 17-VIII-1865) erudito. Fueron sus padres el doctor Agustín de Usoz y Mori, magistrado y miembro del Consejo de S. M. en el Perú, y D.ª Antonia del Rosario del Río y Arnedo. Bachiller en Derecho Civil por la Universidad de Alcalá, en 1828, estudió también en la Universidad de Valladolid en la cual fue regente de la cátedra de Hebreo en 1828. El mismo año obtuvo una beca real para el Colegio de San Clemente de los Españoles en Bolonia, donde se doctoró en 1833. Permaneció en Italia hasta 1835. A su regreso a España colaboró en periódicos literarios: El Español, El Observador literario, El Artista. Entre sus amigos, y a menudo colaboradores, figuran Serafín Estébanez Calderón, Agustín Durán, Bartolomé José Gallardo y Pascual de Gayangos. En 1836 conoció a George Borrow, enviado de la «British and Foreign Bible Society», de Londres (cf. *The Bible in Spain*, London 1842, trad. por Manuel Azaña, Madrid, s.a.). Usoz colaboró desinteresadamente con Borrow en la edición y difusión del Nuevo Testamento en castellano, vascuence y caló, convencido de que sólo la lectura de la Biblia podía salvar al pueblo en España. Casado en 1838 con D.ª María Sandalia de Aceval y Aratia, viuda de Angulo, emprendió con ella el mismo año un largo viaje por Italia hasta 1840. En la primavera de este año se trasladó a Londres con el deseo de conocer al cuáquero inglés Jeremiah H. Wiffen que había publicado una traducción de las obras de Garcilaso de la Vega. Por él quería enterarse mejor de la «Sociedad religiosa de los Amigos». Tiempo atrás se había sentido profundamente cautivado por las creencias de «los Amigos» al adquirir por azar la traducción castellana hecha por el sevillano Félix Antonio de Alvarado de la *Apología de la verdadera Theologia Christiana...*, London 1710. Pero cuando Usoz llegó a Londres, hacía dos años que había fallecido Jeremiah H. Wiffen. Fue presentado entonces a su hermano Benjamín B. Wiffen. Ambos eran de una familia cuáquera de varias generaciones. Benjamín Wiffen se había retirado hacía poco de los negocios por motivos de salud, para llevar una vida más retirada y poder cultivar sus aficiones literarias. Como Usoz, también necesitaba hallar una ocupación que llenara y diera sentido a su vida. Al conocerse, iniciaron pronto una amistad entrañable y fecunda que iba a durar veinticinco años, hasta la muerte de Usoz. Usoz realizó un segundo viaje a Londres, en 1841, cuando publicó allí el famoso *Cancionero de Obras de Burlas provocantes a Risa*, según el ms. único del siglo XVI en el British Museum. Este viaje de 1841 consolidó su amistad con Wiffen, con quien se entrevistó nuevamente en Sevilla en 1842. Entonces concertaron en firme el plan de buscar, coleccionar y publicar las obras de los heterodoxos españoles de los siglos XVI y XVII. La búsqueda de los libros, materiales y datos complementarios y, al mismo tiempo, la publicación semiclandestina de los 20 volúmenes de la serie «Reformistas Antiguos Españoles» absorbió prácticamente todo el tiempo y una porción considerable de la fortuna de Usoz. De la copiosísima correspondencia que sostuvieron los dos amigos, se conservan más de 669 cartas de Usoz, junto con la biblioteca de Wiffen, en Wadham College, Oxford. La biblioteca particular de Usoz, de un valor incalculable, fue legada a la Biblioteca Nacional de Madrid (fondo Usoz). El volumen primero de la serie «Reformistas Antiguos Españoles» salió en 1847, el último en 1865. Todos, menos uno, fueron costeados enteramente por Usoz, sin ayuda alguna del extranjero. Pagó a sus colaboradores y copistas y cuidó personalmente de las ediciones a las que añadió a menudo apéndices documentales de gran valor e introducciones muchas veces extensas en una prosa vigorosa y castiza y a menudo elocuente. Más que alardes de erudición eran desahogos de un alma en que desbordaba un patriotismo acendrado, un amor apasionado por la libertad y una profunda y sincera religiosidad. Moldeó sus ideas por las de Juan de Valdés cuyas obras, por él conocidas, editó con un cuidado sin par y ayudó a Wiffen y a Edward Boehmer, los primeros de la serie ilustre de valdesianos que va desde Fermín Caballero, Menéndez y Pelayo, Benedetto Croce, José F. Montesinos, Marcel Bataillon, Edmondo Cione, etc. Tímido y retraído, especialmente en sus últimos años, y de un individualismo feroz, que se refleja en su ortografía peculiar, tenía el don de la amistad con los que compartían sus ideales: Wiffen y Fernando Brunet, íntimo y devoto colaborador, desde San Sebastián. Luis Usoz merece un lugar destacado entre los grandes eruditos del siglo XIX, pródigo en ellos, y el reconocimiento por su obra de reinvindicación de un grupo de escritores que merecen ocupar un lugar distinguido en la historia del pensamiento y de la vida religiosa en España, en el Siglo de Oro. He aquí la lista de autores editados por él. Serie «Reformistas antiguos españoles»: Texeda, *Carrascón*, SSe. 1847; Pérez, *Epístola consolatoria*, Lo. 1848; Pérez, *Imagen del Anticristo*, SSe. 1849; Valdés, *Dos diálogos*, Ma. 1850; Montes, *Artes de la Inquisición*, SSe. 1851; Valera, *Dos tratados*, Ma. 1851; Pérez, *Breve tratado*, SSe. 1852; Valera, *Tratado para confirmar...*, SSe. 1854; Valdés, *Ciento diez consideraciones*, SSe. 1855; Valdés, *Dos epístolas*, Ma. 1856; Enzinas, *Dos informaciones*, SSe. 1857; Montano, *Inquisitiones Hispaniae*, Ma. 1857; Valera, *Institución religiosa*, Ma. 1858; Valdés, *Alfabeto cristiano*, Lo. 1860; Valdés, *Ciento diez consideraciones*, SSe. 1862; Valdés, *Ciento diez consideraciones*, Lo. 1863; Pérez, *Breve sumario*, Ma. 1862; Constantino, *Suma de doctrina*, Ma. 1863; Enzinas, *Historia de la muerte...*, 1865. Fuera de serie: Valdés, *Diálogo de la Lengua*, Ma. 1860; Calderón, *Cervantes vindicado*, Ma. 1855; Calderón, *Autobiografía*, Ma. 1955; Usoz, *Isaías*, traducción, Ma. 1863.

BIBL.: A. CÁNOVAS DEL CASTILLO, *El Solitario y su tiempo. Biografía de don Serafín Estébanez Calderón...*, 2 vols., Ma. 1883; *Heterodoxos*, V, San. 1948, 319-320; E. BOEHMER, *Bibliotheca Wiffeniana. Spanish Reformers of two centuries from 1520...*, I, Strasburg-London 1874, passim; W. J. KNAPP, *Life, writings and correspondence of George Borrow*, I, New York-London 1899, passim; R. JOHNSON, *Notas para una biografía de Luis de Usoz y Río: una correspondencia literaria entre el canónigo Riego y B. B. Wiffen*, y D. RICART, *Notas para una biografía de Luis Usoz y Río*, ambos estudios publicados en Studia Albornotiana, XIII, Real Colegio de España (Bolonia) 1973.   D. RICART

UTRERA, Cipriano de, OFMCap (Utrera [Sevilla] 10-I-1886 † Antequera [Málaga] 23-I-1958) historiador. Tomó el hábito en la provincia de Andalucía el 7-IX-1901. Pasó en 1910 de misionero a la República Dominicana, donde ejerció el apostolado y juntamente el magisterio. Destacó más que todo por sus investigaciones y estudios acerca de la historia de la expresada República. Al fallecer era jefe de la comisión investigadora dominicana en los archivos de España, y el gobierno de Santo Domingo mandó embalsamar su cuerpo para ser enterrado allí. Además, el gobierno español le condecoró, en atención a sus méritos, con la Encomienda de Isabel la Católica. Fue asimismo miembro de la Academia Dominicana de la Historia, correspondiente de la Real Academia de la Historia de Madrid, de las de Venezuela, Colombia, Cuba, Nicaragua y otras.

OBRAS: Son numerosos sus trabajos, unos impresos y otros mecanografiados o manuscritos; entre los primeros se cuentan: *¿Dónde nació Colón?*, Santo Domingo 1925; *Santo Domingo: Dilucidaciones históricas*, Santo Domingo 1929; *La Inmaculada Concepción*, Ciudad Trujillo 1946; *Nuestra Señora de las Mercedes*, Ciudad Trujillo 1932; *Episcopologio Dominicopolitano*, Ciudad Trujillo 1956; *Don Rodrigo Bastidas*, Santo Domingo 1930; *La moneda provincial de la Isla Española*, Ciudad Trujillo 1951.

BIBL.: El Adalid Seráfico, 1958, febrero.
                           B. DE CARROCERA

V

VACA DE CASTRO Y QUIÑONES, Pedro, (Roa [Burgos] 14-V-1534 † Sevilla 2-XII-1623) arzobispo. Hijo de Cristóbal de Castro Cabeza de Vaca (caballero comendador de Palomas, de la Orden de Santiago, señor de Siete Iglesias, del Consejo del Emperador, gobernador y capitán general del Perú y del Cuzco) y de Magdalena de Quiñones y Osorio, entroncados con las casas de Luna, Benavente y Astorga. Estudió Letras griegas y latinas (1550) y Derecho, del que se graduó en Salamanca (1559). Fue arcediano de Saldaña, oidor y presidente de las Reales Chancillerías de Valladolid y Granada. Siendo presidente de la de Valladolid fue preconizado arzobispo de Granada (6-XII-1589). Consagrado en el monasterio de La Mejorada, junto a la villa de Olmedo, recibe el palio en Jaén de manos de su maestro D. Francisco de Sarmiento, obispo, y toma posesión el 30-VI-1590. Consigue quitar de la iglesia catedral los sambenitos de moriscos, apóstatas y judíos (22-V-1594); hace parroquia la ermita de Nuestra Señora de las Angustias, patrona de Granada (1603); es autor y promotor del descubrimiento de las reliquias del Sacromonte (1-XI-1594) y funda la insigne y magistral abadía del Sacromonte, formada por 20 canónigos, destinados al culto de las santas reliquias (20-XI-1609), así como el Colegio de Juristas y Teólogos de la misma. Bautiza a 40 mujeres y niños mahometanos, venidos de Berbería, en la iglesia del Sacromonte (19-III-1607). Es preconizado arzobispo de Sevilla el 5-VII-1610; allí celebró un concilio provincial. Desde esta ciudad prosigue las obras de la abadía del Sacromonte en cuya capilla reposan sus restos, junto a los de sus padres, traídos a Granada (1-I-1624).

BIBL.: F. Bermúdez de Pedraza, *Historia Eclesiástica de Granada*, Gra. 1638; Z. Royo Campos, *Albores del Sacromonte*, Gra. 1958; ID., *D. Pedro de Castro, Caudillo del Concepcionismo en España*, Gra. 1954; ID., *Devoción eucarística del Sacromonte*, Gra. 1957; ID., *Reliquias martiriales del Sacromonte*, Gra. 1959; ID., *Abades del Sacromonte*, Gra. 1962; ID., *El Colegio del Sacromonte y la Universidad de Granada*, Gra. 1952; J. Velázquez de Echevarría, *Episcopologio granatense, Paseo XXXV*, Gra. 1768.
M. Casares

VACAS, Félix, OP (Villafrea [León] 21-II-1913 † Manila 19-I-1962) mariólogo. Profesó en la Orden de Predicadores el 7-IX-1930 en Avila. Cursó los estudios de Filosofía en Avila, y los de Teología, en Manila y Hong-Kong, donde se ordenó de sacerdote el 26-V-1938. Trasladado a Manila, se doctoró en Teología en la Universidad de Santo Tomás (1940) y en ella fue luego catedrático (1940-1962) y decano (1948-1962) de la Facultad de Teología, archivero y cronista de la Universidad. Mariólogo renombrado, fue siempre ejemplar en su vida religiosa y muy diligente en el cumplimiento de sus obligaciones. Murió prematuramente de cáncer cerebral.

OBRAS: *El mérito de María en la obra de la Redención*, Manila 1940; *Las postrimerías de la Virgen a la luz del Angélico Doctor*, Manila 1954; *La maternidad de María*, Manila 1952; *El bautismo anglipayano*, Manila 1958; *La Asunción de la Santísima Virgen:* Unitas, 23(1950)727-46; *Lista de documentos inéditos sobre el P. Marín Solá*, inédita, en Archivo OP de la Universidad de Sto. Tomás de Manila; y numerosos artículos sobre cuestiones mariológicas, litúrgicas y devociones cristianas, en Unitas (1940-62) y Boletín Eclesiástico de Filipinas (1939-62).

BIBL.: O2, (1964)78-79.
V. Vicente

VAEZ, Francisco, SI (Segovia c. 1542 † Méjico 14-X-1619) misionero. Ingresó en SI en 1566. Pasó a Méjico en 1576. Fue provincial en 1597-1600 y viceprovincial en 1614.

BIBL.: F. J. Alegre, *Historia de la Compañía de Jesús en Nueva España*, II, México 1841, passim.
IHSI

VAISSEAU, Jean, SI (Tournai [Bélgica] 1583 † Loreto [Argentina] 1623) misionero y músico. Después de cursar estudios de Literatura, Artes y Teología, fue ordenado sacerdote en París hacia 1607. Entró en SI en 1612. Se embarcó en 1616 en Lisboa para Buenos Aires. Trabajó en las Reducciones guaraníes, enseñando a los indios el canto y la música. Murió en una epidemia de peste.

BIBL.: O163; G. Furlong, *Músicos argentinos durante la dominación hispánica*, Buenos Aires 1945, 58-60.
IHSI

VAL, Domingo del, (Zaragoza 1243 † 1250) santo supuesto. Dice la leyenda que era hijo del notario Sancho del Val y de su mujer Isabel Sancho. Pronto lo enviaron sus padres a la catedral con ánimo de que con el tiempo fuera sacerdote. En la misma escuela de la catedral escuchaba las lecciones después de haber ayudado a misa y cantado en el coro las alabanzas de Dios y de la Virgen. A la edad de siete años fue raptado por un judío, cuando volvía a su casa, que lo llevó a casa de un rabino donde fue torturado y muerto. Su cuerpo fue encontrado milagrosamente en el Ebro y su culto se extendió rápidamente por Aragón y pasó en 1722 a Méjico. Su fiesta se celebra el 31 de agosto. No figura en el Martirologio Romano. Solo es histórico el culto a este santo. Se le representa vestido de monaguillo, con los brazos y las piernas extendidos y clavados en la pared y la cabeza coronada de espinas. Sus restos reposan en una capilla de la catedral de Zaragoza, que primitivamente fueron dos: una, del Cuerpo de Cristo, y otra, del Espíritu Santo. Al agrandarla para dedicarla al santo se le erigió también en la misma capilla un altar para responder a la devoción de los fieles que celebraban en su honor muchas misas. El cuerpo, excepto la cabeza que se conserva con las reliquias de la sacristía mayor, se colocó en la pared, en una urna de alabastro. La víspera de la fiesta del santo es expuesto a la veneración de los fieles en dicha capilla sobre una mesa pequeña. El cardenal Francisco Barberini, nepote de Urbano VIII y su legado en España, concedió, en

1626, indulgencia plenaria, en vista de la verdad de su martirio, culto y veneración, a todo el que habiendo confesado y comulgado visitase la capilla de santo Dominguito del Val, donde está su cuerpo. Existe también una cofradía que lleva el nombre de este santo.

BIBL.: C. BARONIUS, *Annales*, 1250, XVIII; H. BLANCAS, *Aragonensium rerum commentarii*, Za. 1588, 169-70; ID., *Secuuntur Genealogicae tabulae...*; A. SCHOTT, *Hispaniae illustratae...*, III, Fra. 1606, 657-58; A. DE USTÁRROZ, *Historia de Santo Dominguito del Val*, Za. 1643; P. DORMER, *Disertación del martirio de santo D. del Val*, Za. 1698; J. TAMAYO DE SALAZAR, *Mart. Hisp.*, IV, 629-30; *Act. SS.* Aug. VI, Venecia 1753, 777-83; L. DE ZARAGOZA, *Teatro religioso de la Iglesia del reyno de Aragón*, II, Pam. 1782, 245; *Bibliotheca Sanctorum*, IV, 740; P. KIECKENS, *L'Enfant de choeur martyr S. Dominguito del Val et son culte*, Bru. 1895; D17, XIV, 627; D. CABEZAS, *Santo Dominguito*, Ba. 1907.   F. RONCERO

VAL, Honorato del, OSA (Monzón de Campos [Palencia] 20-XII-1859 † El Escorial 6-IV-1910) teólogo. Profesó en Valladolid el 27-X-1876. Fue enviado a Roma, donde obtuvo el título de doctor en Sagrada Teología (1883). El 7-XII-1897 el padre general le concedió el título de maestro por la Orden. Dedicó toda su vida de profesor en El Escorial al cultivo de las ciencias eclesiásticas. Regente de estudios (1907-1910), mereció una carta de puño y letra de san Pío X, al publicar su famosa obra *Sacra Theologia Dogmatica*. De los teólogos agustinos de principios del siglo XX es el padre Honorato la primera figura, digno de formar en las filas de los mejores teólogos de su época.

OBRAS: *El Cardenal Sepiacci (datos biográficos)*, Ma. 1892; *Sermón en el aniversario de la conquista de Palma*, Palm. 1896; *Sacra Theologia Dogmatica recentioribus accademiarum moribus accommodata*, Matriti 1906-1908; *Meditaciones Eucarísticas*, ed. P. F. Rubio, Av. 1960. Publicó además unos 20 artículos sobre Teología y Biblia en R75, 25-72(1891-1907).

BIBL.: Z. GONZÁLEZ, *Carta al M. R. P. H. del Val*: R75, 25(1891)503-504; Pío X, *Carta al P. Honorato del Val*: R75, 79(1909)441-442; L. VILLALBA, *El P. Honorato del Val*: R75, 82(1910)277-288, 355-370; A. RENEDO, *Escritores Palentinos*, III, El Escorial 1926, 224-233; M55, VIII, 50-53; U. DOMÍNGUEZ, *Carácter de la Teología según la escuela agustiniana de los siglos XIII-XX*, El Escorial 1952, 87-90; G. DÍAZ, *El P. Honorato del Val frente al racionalismo y modernismo*: R75, 172(1959)683-697; T. PRIETO, *Puntos para definir el carácter de la Teología del P. Honorato del Val en relación con S. Agustín*: R75, 172(1959)666-682; L. CILLERUELO, *Homenaje al P. Honorato del Val*: R23, 54(1960)139-142.   A. MANRIQUE

VALCACER, Isidro, OdeM (Santiago de Compostela 1563 † Madrid 1632) filósofo y teólogo. Ingresó en la Orden en 1584. Estudió en Burgos y Salamanca, siendo protegido por el gran teólogo Francisco Zumel. El historiador Salmerón dice de él que «vino a ser hombre consumado en la Filosofía y Teología». Ganó y explicó la cátedra de *Súmulas*, en Valladolid, desde el 15-I-1594. Desempeña una procuraduría en Roma desde 1600, y es elegido prelado de los conventos de Madrid, Toledo, Valladolid y Conjo. En 26-I-1606 lo nombraron redentor, aspiración máxima de todo mercedario.

OBRAS: Sobre ello escribió un *Memorial*. También escribió un estudio teológico, *De imperio et de monarchia Christi*, que se ha perdido.

BIBL.: O232; G. PLACER, *Biografía del R. P. Maestro Fray Isidro Valcacer*, Ma. 1957, 1-149; O213, 643; O226, 424-425; A1, I, 828.   G. PLACER

VALDEPEÑAS, Rodrigo de, OCart (Valdepeñas [Ciudad Real] 10-V-1505 † Jerez de la Frontera 7-IX-1560) poeta e historiador. Profesó en la cartuja de El Paular y desempeñó el cargo de prior en esta casa

desde 1536 a 1545, en cuyo tiempo exornó el claustro grande de esta cartuja con versos de pie quebrado colocados alfabéticamente sobre las puertas de las celdas numeradas con letras. Se conserva la colección inédita, aunque han desaparecido del claustro en la restauración. De 1545 a 1552 es prior de la cartuja de Granada, de reciente creación, y de cuyos primeros años D. Rodrigo nos ha legado la historia en su *Libro del principio, fundación y prosecución de la cartuja de Granada*, manuscrito conservado en el Archivo Histórico Nacional. Alrededor del año 1545 y continuando el género literario ensayado en el claustro de El Paular, Valdepeñas escribe la *Glossa devota y christiana a las Coplas* de Jorge Manrique que tanto éxito tuvieron, como lo demuestran la veintena de ediciones conocidas. Fue también prior de Las Cuevas (1552-1556). En 1556 se le exonera del priorato de Las Cuevas, cargo que simultaneó con el de visitador de la provincia de Castilla, y se le ordena reintegrarse a la casa de profesión. Pero en 1558 es nombrado prior de Cazalla, cargo que retiene hasta que, en 1560, solo tres meses antes de su muerte, es elegido prior de Jerez de la Frontera.

OBRAS: *Libro del principio, fundación y prosecución de la cartuja de Granada*, ms. en el Archivo Histórico Nacional; *Glosa a las coplas de Jorge Manrique*, Ma. 1779.

BIBL.: J. O. PUIG e I. M. GÓMEZ, *Valdepeñas, Rodrigo de: Escritores cartujanos españoles*, Montserrat 1970 *(Studia et Documenta* 19, 156-157); J. I. VALENTÍ, *San Bruno y la Orden de los Cartujos*, Val. 1899, 114; M. ESTEVE GUERRERO, *Notas extraídas del Protocolo primitivo y de la fundación de la Cartuja jerezana*, Jerez 1934, 6; M74, segunda parte, 74-80; B. CUARTERO HUERTA, *Historia de la cartuja de... Las Cuevas... y de su filial de Cazalla de la Sierra*, Ma. 1950-1954, 407 ss y 424-430; N. E. SÁNCHEZ ARCE, *Las glosas a las «Coplas» de Jorge Manrique*, Ma. 1956, 38-46.   I. M. GÓMEZ

VALDERRAMA, Pedro de, OSA (Sevilla 1550 † Ibid. 25-IX-1611) predicador y escritor ascético. Profesó en el convento de esta ciudad el 27-VIII-1569. Hizo sus estudios en Salamanca, donde obtuvo el grado de maestro en Sagrada Teología. Construyó diversas iglesias en Málaga, Sevilla y Granada. Fue un gran predicador, de lo cual es testigo la ciudad de Zaragoza, la Corte de España de entonces y el padre general que, visitando este convento en 1588 y oyéndolo predicar, se llevó uno de sus sermones para mostrárselo al Sumo Pontífice. Predicó en la beatificación de Ignacio de Loyola (a. 1610). Fue dos veces prior del convento de Sevilla, años 1598 y 1611, y provincial de Andalucía (1598-1601).

OBRAS: *Exercicios espirituales para todos los días de Cuaresma*, Se. 1602; *Discursos Evangélicos*, II, ms. BN Madrid, año 1602; *Exercicios espirituales para todas las festividades de los Santos*, 3 vols., Ba. 1603-1607; *Exercicios espirituales para los tres domingos de Septuagésima, Sexagésima y Quinquagésima*, Ba. 1608; *Sermón... en las honras de D. Diego López de Haro*, Ba. 1599; *Sermón... en la Beatificación de S. Ignacio, Fundador de la Compañía*, Se. 1610; *Sermón... de la Concepción de N. Señora*, Se. 1609; *Teatro de las Religiones*, Se. 1612. Se le atribuye también la obra, cuyo original español se ha perdido, pero existe una edic. en traducción francesa: *Histoire generale du monde*, por S. de la Richadier, Par. 1619.

BIBL.: B. DEL MORAL, *Catálogo de escritores agustinos españoles*: R75, 24(1891)530-535; M38, I, 396-401; M55, VIII, 55-68.   A. MANRIQUE

VALDES, Fernando de, (Salas [Asturias] 1483 † Madrid 9-XII-1568) inquisidor general. Ingresó en el colegio de San Bartolomé, de Salamanca el 27-VI-1512, y fue su rector en 1515. Licenciado en Cánones, pasó al servicio de Cisneros en 1517 y colaboró en la redacción de las *Constituciones Nuevas* de la Universidad complutense. En 1520 pasó a Flandes con el canónigo

Juan de Vergara para informar al cardenal Croy sobre el estado de la Iglesia de Toledo. Allí lo conoció Carlos V, de donde arranca su carrera política. En 1523 el Emperador lo mandó como visitador a Navarra; se ocupó de reducir a la obediencia de Castilla a muchos partidarios del destronado príncipe de Viana y realizó un serio control en la cámara de comptos. Resultado de su visita fueron las ordenanzas que el emperador publicó en 1525. Entró después en la Inquisición general y asistió como consejero a la Congregación de Valladolid del 1527. El 14-II-1528 tomó posesión del deanazgo de Oviedo, que conservó hasta el 17-VIII-1533. Fue preconizado obispo de Elna el 24-V-1529 y trasladado a Orense el 12-I-1530. En 1532 fue nombrado obispo de Oviedo donde celebró un sínodo diocesano en 1533, visitó la diócesis en 1535 y mandó imprimir el *Breviario sec. cons. Eccae. Oveten.* en 1536. El 30-V-1539 fue trasladado a León y el 29-X-1539 fue preconizado obispo de Sigüenza; tomó posesión el 17-I-1540. Visitó la diócesis cuatro veces. El 27-VIII-1546 fue preconizado arzobispo de Sevilla y tomó posesión el 29-IX-1546. Gobernó la diócesis por medio de buenos vicarios (Arévalo 1546, Cervantes de Gaete 1551 y Ovando 1556), y residió él, durante los años 1549-1550. Dio constituciones diocesanas en 1550 e hizo imprimir un breviario (1554) y un misal (1558) *sec. consuet. Ecclesie Hispalensis.* Habitualmente residía en la Corte, desempeñando los principales cargos del reino: presidente de la Chancillería de Valladolid (1535), presidente del Consejo Real (1539), desde donde colaboró eficazmente en la guerra contra Francia del 1542. El 20-I-1547 fue nombrado inquisidor general, distinguiéndose en la represión de los focos protestantes de Valladolid y de Sevilla. Su episodio más destacado, como inquisidor, fue la prisión del arzobispo Carranza (1559) que lo recusó como juez en su proceso. La recusación fue admitida al año siguiente y en 1565 Diego de Espinosa fue nombrado inquisidor-coadjutor. Desde entonces, Valdés, quebrantado en su salud, influyó poco en la cosa pública de España. Después de su muerte adquirieron gran importancia las fundaciones que había ordenado en vida: colegio de San Gregorio, de Oviedo (1534), San Pelayo, de Salamanca (1556), Universidad de Oviedo (1566), que no comenzó a funcionar hasta el 1608, etc.

OBRAS: A pesar de su carácter oficial, suelen citarse como obras suyas, las siguientes: *Censura generalis contra errores quibus recentes heretici sacram scripturam asperserunt;* es un decreto de la Inquisición general con un prólogo de Valdés. *Cathalogus librorum qui prohibentur mandato illmi. et rvdmi. D. D.,* 1559; y las *Instrucciones para el tribunal de la inquisición,* 1561.

BIBL.: L. VALDÉS, *Memorias del arzobispo don Fernando de Valdés,* ms. 11457 de la BN Madrid; R53, 35(1958) número monográfico; J. L. GONZÁLEZ NOVALÍN, *Don Fernando de Valdés. Historiografía y documentación romana:* R13, 10(1962)355-387; ID., *Ventura y desgracia de don Fernando de Valdés:* R13, 11(1963)91-126; ID., *El Inquisidor General Fernando de Valdés (1483-1568),* 2 vols., Ov. 1968-1971; J. I. TELLECHEA, *Fray Bartolomé Carranza, I, Recusación del Inquisidor General, Valdés,* Ma. 1962; *Simposio «Valdés Salas»,* Universidad de Oviedo 1968.
J. L. GLEZ. NOVALÍN

VALDES, Francisco, OSA (Pola de Laviana [Asturias] 11-III-1851 † Busot [Alicante] 22-I-1913) obispo. Profesó en el convento de Valladolid el 11-VIII-1867. Años después, fue enviado a Filipinas, donde se hizo cargo de la cátedra de Derecho Canónico en Manila (13-VI-1876). Ejerció el ministerio en los pueblos de Santa Isabel (1877), Paombón (1878), Bigaá (1882) y Bulacán (1884). En 1885 regresó a España como director del colegio de Alfonso XII de El Escorial. En 1893 fue nombrado rector de la Universidad de María Cristina, de la que fue cofundador. En 1896 volvió de nuevo a Filipinas; allí supo hacer frente a la insurrección tagala en el curato de Bulacán, y defender a la Iglesia y a España con gran peligro de su vida. En 1898 fue elegido obispo de Puerto Rico, sede que no llegó a regir por ser preconizado obispo de Jaca; entró solemnemente el 22-III-1900. A la muerte del padre Cámara, fue trasladado a la diócesis de Salamanca. Su Majestad Alfonso XIII le había concedido la Gran Cruz de Isabel la Católica (1903).

OBRAS: *Causas del atraso y decadencia de la enseñanza en España,* Ma. 1889; *La Resurrección de Cristo y la nuestra,* Jaca 1900; *La sociedad civil y la familia a la luz de la fe,* Sa. 1905; *Varias cartas Pastorales,* 1901-1903.

BIBL.: *Un nuevo Prelado de Jaca:* R75, 51(1900)481-483; *Nota necrológica:* R75, 92(1913)407-408; M55, VIII, 69-71; M. MERINO, *Agustinos evangelizadores de Filipinas,* Ma. 1965, 34-35.
A. MANRIQUE

VALDES, Juan de, (Cuenca c. 1505 † Nápoles [Italia] agosto de 1541) teólogo, literato, comentarista de la Sagrada Escritura. Hijo del regidor de la ciudad de Cuenca y hermano del secretario del emperador Carlos V, Alfonso. Nieto da una nueva posible fecha de nacimiento, retrasándola hasta 1509-1510. Es de origen converso por parte de padre y, sobre todo, por parte de madre, de la que un hermano fue quemado como judaizante por la Inquisición. Este dato se debe a Miguel Martínez Millán, quien publicó una serie de artículos sobre la familia Valdés. La primera vez que aparece su nombre documentalmente, es en el proceso de Pedro Ruiz de Alcaraz. Según este documento, Valdés, todavía «mochacho», servía, juntamente con Alcaraz, en la corte del marqués de Villena, en Escalona (Toledo) en 1523. Por esta y otras referencias inquisitoriales, sabemos de sus relaciones con los alumbrados. En 1527 se encuentra en la Universidad de Alcalá, y en 1531, en Roma, en la corte pontificia de Clemente VII, al servicio del Emperador. Su nombre no consta en los registros universitarios; lo que sabemos de sus estudios es por testimonios de Erasmo *(audio te deditum liberalibus disciplinis,* le escribe en 1528) y de los erasmistas Juan de Vergara y María de Cazalla. De su estancia en Roma, apenas se sabe nada. Un salvoconducto del papa (1532) lo describe como «*camerarium nostrum et cesareae maiestatis secretarium*». A la muerte de Clemente VII, Valdés se establece en Nápoles donde ejerce diversos cargos públicos, mientras se dedica a su labor religiosa de escritor y director de un grupo selecto de personas influyentes. Los detalles de la época napolitana provienen en su mayor parte del proceso de Carnesecchi, condenado a la hoguera por su valdesianismo en 1567.

A pesar de los procesos inquisitoriales, de los que solo tenemos vagas noticias, y de que varios de los más importantes discípulos de Valdés terminaron en la herejía, aún sigue hoy la controversia sobre el carácter y ortodoxia de su doctrina. Dos obras recientes e igualmente importantes tratan de reivindicarlo en el campo católico y protestante respectivamente. Domingo de Santa Teresa (Roma 1957) considera la doctrina valdesiana dentro de las corrientes espirituales de su tiempo y trata de justificarla como católica. En el extremo opuesto se halla la tesis del profesor Nieto Sanjuán (Princeton, Estados Unidos, 1968) aún inédita. Este último defiende con abundante documentación y detenido análisis que la obra de Valdés, aunque distinta del calvinismo y del luteranismo, coincide con ellos en puntos fundamentales. Cione y Ricart defienden su encuadramiento, con ciertas reservas, en el ala izquierda de la Reforma y concretamente entre los «familistas» con los que sin duda tiene importantes afinidades. A medida que avanza la investigación, el valdesianismo aparece cada vez más claramente como una teología del iluminismo castellano defendido por el grupo de Toledo que condena la Inquisición en su edicto de 1525 (véase art. Alumbrados). La influencia de Valdés en España y en el resto de Europa es considerable. A ella dedica su obra Domingo Ricart. Esta se extiende en direcciones tan opuestas como el catolicismo reformador de Carranza y el antitrinitarismo de Ochino y en regiones tan diversas como Inglaterra y Polonia. El aspecto catequético de la obra de Valdés ha sido notablemente descuidado. Nieto llama la atención sobre este hecho, así como sobre el tema de su posible ordenación sacerdotal, sabiéndose que disfrutó de dos beneficios, uno en la iglesia de San Clemente de Cuenca, y otro en la de San Clemente de Cartagena.

OBRAS: Solo una de sus obras, el *Diálogo de doctrina cristiana*, Alc. 1529, se publicó en vida del autor. Las demás obras, incluyendo entre ellas la única de carácter literario, *Diálogo de la lengua*, c. 1535, circularon en forma manuscrita antes de ser publicadas después de su muerte. Algunas no han visto la luz pública hasta nuestros días. El texto castellano de las dos más importantes, *Alfabeto cristiano*, 1536, y *Ciento diez consideraciones divinas* s. f. no se conoce. Las primeras ediciones son italianas: 1545 y 1550 respectivamente. Aparte de estas obras doctrinales, Valdés escribió comentarios a diversos libros de la Sagrada Escritura; probablemente a todo el Nuevo Testamento. Se conservan el *Comentario a los Salmos*, c. 1537, a la *Epístola a los Romanos*, c. 1538-39, y *I Corintios*, c. 1538-39, y al *Evangelio de San Mateo*, c. 1539. Finalmente, un *Catecismo para niños*, puesto en el *Indice* de 1549, *Cinco trataditos* y dos *Colecciones de cartas*, publicadas recientemente: las primeras dirigidas al cardenal Gonzaga (1535-37), y las segundas, al secretario Cobos (1539-40).

BIBL.: La bibliografía más completa es la de E. CIONE, *Juan de Valdés. La sua vita e il suo pensiero religioso*, Na. 1963. Para los aspectos doctrinales, D. DE SANTA TERESA, *Juan de Valdés, 1498?-1541. Su pensamiento religioso y las corrientes espirituales de su tiempo*, Ro. 1957; D. RICART, *Juan de Valdés y el pensamiento religioso europeo en los siglos XVI y XVII*, México 1958; J. NIETO SANJUÁN, *Juan de Valdés and the origins of the Spanish and Italian Reformation*, Gi. 1970; ID., *Juan de Valdés on Catechetical Instruction: The Dialogue on Christian Doctrine and the Christian Instruction for children*: Bibliothèque d'Humanisme et Renaissance, 36(1974)253-278; ID., *Was Juan de Valdés an Ordained Priest?*: Bibliothèque d'Humanisme et Renaissance, 32(1970)603-606; M. MARTÍNEZ MILLÁN, *La familia Valdés en Cuenca: Así se escribe la historia*: Diario de Cuenca, del 4 al 15 de agosto de 1973. A. MÁRQUEZ

VALDIVIA, Luis de, SI (Granada 1561 † Valladolid 5-XI-1642) defensor de los indios araucanos. Entró en SI en 1581. Desde 1589 fue profesor en Lima y misionero en Juli. En 1593 fue a Chile con el padre Piñas. Rector del colegio de Santiago. Regresó a Lima en 1602. Volvió a Chile 1605-1606 como misionero de los araucanos. Para defender su libertad, propugnó la guerra puramente defensiva y la suspensión del servicio personal. Con el mismo fin fue a Madrid en 1609. Allí lo quisieron nombrar obispo de la Imperial (Concepción), pero le bastó el depender directamente del general y tener jurisdicción delegada del obispo de Santiago para Araucania. Regresa al Perú en 1611 y vuelve a Chile en 1612. El martirio de los jesuitas Aranda (primo suyo), Vecchi y Montalbán, aumenta las prevenciones del gobierno español de Chile contra él. En 1619 sale de Chile; en 1620 llega a España y es destinado al colegio de Valladolid. Autor de varias publicaciones catequéticas y lingüísticas.

BIBL.: O189, VIII, 377-382; IX, 896-897; X, 1831; O164, I, passim; O153, IV, 691-731, y V, 625-641; F. MÁRQUEZ MIRANDA, *Los textos millcayac del P. Luis de Valdivia*, La Plata 1942; J. A. DE RAMÓN, *El pensamiento político-social del padre Luis de Valdivia*: Boletín de la Academia Chilena de Historia, 28(1961)85-106. IHSI

VALDIVIELSO, José de, (Toledo c. 1560 † Madrid 12-VI-1638) poeta, dramaturgo. No se ha investigado apenas nada sobre la vida de este piadoso eclesiástico y poeta célebre. Desconocemos sus estudios, aunque universalmente es conocido por el maestro Josef de Valdivielso. Se ignora la fecha, aun aproximada, de su ordenación sacerdotal. Fue párroco de Santorcaz (Madrid). En 1597 debía de ser ya capellán mozárabe de la catedral de Toledo; pues en ese año, con motivo de un traslado de reliquias para la nueva capilla de San José en Guadalupe, concurrió a esta fiesta con su amigo A. Lobo, maestro de capilla y con otros «combeneficiados» y músicos. En esta ocasión tuvo su primer origen el poema de San José, en cuyo canto XXIV se describe la fiesta inaugural de la capilla. Para el 11-XI-1602 —fecha de la aprobación del maestro Alonso de Villegas, capellán mozárabe igualmente — tenía Valdivielso terminado su largo poema josefino, cuya primera edición en Toledo es de 1604. No es este poema su primera obra. Dice en el prólogo del poema que otras anteriores habían «parecido bien». Se refiere, sin duda, a obras dramáticas. Algunos de sus autos —cuya cronología no se conoce — se habrían representado en las fiestas del *Corpus*, tan solemnes en Toledo. Desde luego, Valdivielso estaba relacionado con los autores (directores) de compañías. A 22-X-1605 bautizó a Angela, hija de Riquelme, siendo compadre Lope. Para Nicolás de los Ríos, otro autor de comedias, era Valdivielso el hombre de confianza, por eso le otorga poder (18 y 30-VI-1604) para recibir la dote de su futura esposa. En ese año figura como capellán del arzobispo de Toledo, D. Bernardo de Sandoval y Rojas, que entró en la diócesis a 19-IV-1599; es fácil que en 1604 llevase ya algún tiempo con él. En el testamento (22-IV-1618) le deja Sandoval a su capellán 50 ducados anuales de por vida. Continúa Valdivielso de capellán con su sucesor, el cardenal infante D. Fernando de Austria.

Sin embargo, su residencia en Toledo, al menos desde 1612, debía de entreverarse con largas estancias en Madrid; así parece deducirse del poder — dado en Madrid, 10-VI-1612 — a Cristóbal de Loarte, vecino de Toledo, para imprimir en su nombre la *Primera parte del Romancero espiritual*. También en los años siguientes se le encargan por los señores del Consejo y por los sucesivos vicarios generales de Madrid frecuentes aprobaciones de libros, fechadas todas en Madrid; lo que confirma sus estancias en la Corte. Aquí estrechó su amistad con Lope de Vega, empezada en Toledo en 1604; igualmente el habérsele encargado las aprobaciones de la segunda parte del *Quijote* y la del *Persiles* muestra su trato con Cervantes en sus últimos años; lo mismo se diga de otros ingenios, Rojas, Calderón, Pérez de Montalbán, etc. Valdivielso aparece asiduamente en las justas y certámenes de estos años y perteneció a la Academia de Madrid. Aquí imprime en 1616 su poema el *Sagrario de Toledo* y su última obra, *Elogios al Smo. Sacramento...*, 1630. No es, con todo, extraño que cuando en 1622 publica un tomo de 12 autos y dos comedias, lo haga en Toledo, por estar su teatro, como hemos visto, tan vinculado con la imperial ciudad. En 1629 depone eruditamente a favor de los pintores en el pleito de éstos con el fiscal de Su Majestad sobre la exención del arte de la pintura. Sella en 1635 su amistad con Lope asistiéndole a bien morir. Sigue ocupándose, no obstante su edad, en la censura de libros: a 22-IX-1637 aprueba el *Segundo tomo de las Comedias*, del trastornado Pérez de Montalbán, y el 4 de noviembre el *Para algunos*, de Matías de los Reyes, todavía con ecos del *Para todos*. Había hecho testamento a 27-IV-1636, siendo testamentario el librero Alonso Pérez, padre de Montalbán. En el mismo mandaba que se le enterrase en la parroquia de San Sebastián; y así se cumplió dos años después, aunque al morir habitaba en la de San Justo, en casas propias en la calle del Mesón de Paredes.

OBRAS: Valdivielso es el poeta del siglo XVII más plenamente dedicado a lo sagrado; la totalidad de su obra es religiosa, distinguiéndose por su sentido bíblico y su profunda piedad. Nos ha dejado obras notables, tanto en la lírica y épica como en la dramática. Su poema *Vida, excelencias y muerte del glorioso Patriarca... San Josef...* To. 1604, por sus galas descriptivas, su conceptualismo y lo dilatado y recargado de la composición, es ejemplo insigne de la poesía barroca; alcanzó no pocas ediciones en el siglo XVII, aunque el cómputo de las toledanas sea oscuro; en el XIX se reeditó en la BAE 29, Ma. 1864, 137-244. *Sagrario de Toledo. Poema heroyco...* Ma. 1616; es un canto al Sagrario de Toledo, octava maravilla, y al arzobispo Sandoval, que termina y costea la obra y encarga a Valdivielso el poema. Su auténtica vena popular y su tierna piedad resplandece en su *Primera parte del Romancero espiritual...* To. 1612. Las repetidas impresiones aparecidas en el s. XVII muestran cómo sintonizaba con el pueblo su lírica. Es con Lope de Vega quien da mayor impulso a la estructura del auto sacramental, preludiando con su variada temática la complejidad y esplendor de Calderón. Su teatro lo forman el tomo de *Doce actos y dos comedias divinas,* To. 1622 y algunas otras piezas, registradas por La Barrera, ya sueltas, ya en colecciones de varios. Del XIX, una selección en BAE 58, Ma. 1884, 202-269. Recordemos algunos títulos: *El Hospital de los locos; El villano en su rincón; La Serrana de Plasencia; Psiques y Cupido; El hijo pródigo.* Se conserva ms. el *Auto de la Descensión de N.ª S.ª a dar la casulla a San Ildefonso,* representado en la tarde del 30-X-1616 en la solemne fiesta de la inauguración de la capilla de N.ª S.ª del Sagrario con asistencia de los reyes. Esa tarde se representó, además, otro auto de Valdivielso — perdido — de *La milagrosa aparición de la Imagen Santa del Sagrario, después de aver estado escondida.* Entre los poetas salmistas españoles ocupa un lugar preeminente por su *Exposición parafrástica del Psalterio y de los Cánticos del Breviario,* Ma. 1623. La última obra publicada es *Elogios al Santísimo Sacramento, a la Cruz santísima y a la Purísima Virgen María N.ª S.ª,* Ma. 1630. Hay otra faceta de Valdivielso atendida por J. SIMÓN DÍAZ, *Textos dispersos de clásicos españoles* en Revista de Literatura 1961, 125-168, 407-436: la del poeta circunstancial; en este punto «es el único escritor de los Siglos de Oro que puede competir en prodigalidad con Lope de Vega respecto a escritos publicados en obras de otros autores, bien por censuras o elogios de los preliminares, bien por piezas remitidas a justas y certámenes». Entre estas aprobaciones de Valdivielso se encuentran las de libros muy conocidos de los más célebres autores de la época: Cervantes, Lope, Calderón, los Argensola, Polo de Medina, Bocángel, Salas Barbadillo, Pérez de Montalbán, etc.; sobresale por su longitud e importancia la *Censura panegírica* de la *Fama póstuma.* Estos breves trozos, juntamente con su *Dicho y deposición* en el *Memorial informatorio por los Pintores...* Ma. 1629, constituyen la prosa conocida de Valdivielso.

BIBL.: C. A. DE LA BARRERA, *Catálogo del Teatro Antiguo Español,* Ma. 1860, 412-15; C. PÉREZ PASTOR, *La imprenta en Toledo,* Ma. 1887, núms. 452, 460, 462, 467, 474, 475, 479, 483, 499, 503, 508, 514, 529; ID., *Bibliografía madrileña,* II, Ma. 1906, 173, 280, 324, 340, 355, 373, 396, 404, 409, 429, 439, 461, 478, 550, y III, Ma. 1907, 71, 86, 181, 195, 204, 251, 267, 289, 488, 489; L. ROUANET, *Un «auto» inédito de Valdivielso:* Homenaje a Menéndez y Pelayo, I, Ma. 1899, 57-62; F. DE SAN ROMÁN, *Lope de Vega, los cómicos toledanos y el poeta sastre,* Ma. 1935, XXI, XXXV, LXXIX, 176, 177 y 179; B. W. WARDROPPER, «*Honor*» *in the Sacramental plays of Valdivielso and Lope de Vega:* Modern Language Notes, 66(1951)81-88.

R. M. DE HORNEDO

VALENCIA, Archidiócesis de, *(Valentina)* metropolitana. Algunos historiadores opinan que el emplazamiento geográfico de la Ibérica Tyris, mencionada en el periplo de Rufo Festo Avieno, debe situarse en el área de la Valencia actual, junto al Turia. Textos de Diodoro de Sicilia y Apiano se toman en tal sentido. Otros, aquilatando con mayor rigor crítico los mismos elementos literarios, concluyen que la identificación de ambas ciudades es solo una opinión que no rebasa la simple conjetura. Es de notar que Avieno señala en la misma obra otra ciudad Tyriche (verso 498) y otro río Tyrius (verso 595). Existen varios Turias en la toponimia de Italia. El nombre pertenece al substrato indoeuropeo y significa *fuente.* Falta una exploración sistemática del subsuelo de Valencia. Los restos ibéricos que se conocen, escasos y muy fragmentarios, no permiten insinuar, por ahora, la existencia de un poblado indígena de aquel período.

1. Historia. Valencia es ciudad fundada por los romanos. Se atribuye la fundación a *Junius Brutus Consul in Hispania,* hacia el año 138 antes de Jesucristo, interpretando un pasaje de Tito Livio. Si en esto no hallamos al presente más luz, es en cambio indudable que al estallar la guerra entre Sertorio y Pompeyo Magno, Valencia siguió la causa del primero, siendo conquistada y destruida el año 71 antes de Jesucristo, como el vencedor lo notificaba al Senado de Roma y lo consigna Marco Tulio Cicerón en uno de sus discursos. Pomponio Mela, en el siglo I de nuestra era, la parangona en importancia con «la antigua Sagunto», y Plinio el Viejo, que estuvo como intendente en España y murió el año 79, escribe que Valencia era una colonia romana que distaba 3.000 pasos del mar. Por Valencia pasaba la Vía Augusta en tiempo del emperador Adriano y en el Itinerario de Antonino Pío figura Valencia distante de Sagunto 16.000 pasos, correspondientes a los 25 kilómetros de la actual carretera. A través de la epigrafía, no muy escasa, se puede rastrear la organización y costumbres de esta colonia romana, que en los primeros años del siglo III gozaba del derecho itálico. Entre los geógrafos antiguos que describen la región valenciana, además de los indicados, se hallan Tolomeo y Estrabón.

La comunidad cristiana. En torno al año 304, sufrió el martirio en esta localidad el diácono san Vicente, durante la persecución de Daciano, el cual lo había mandado apresar en Zaragoza con su obispo san Valero. El culto a las reliquias del santo diácono, y la basílica que le fue dedicada en Valencia al llegar la paz constantiniana, son testimonios que autorizan a remontar el origen de su cristiandad a fechas muy cercanas a la fundación de esta colonia romana. Se conservan algunos restos de la primitiva catedral. Son de factura romano-visigoda. Fue reconstruida alrededor del año 534 por el obispo Justiniano, según una lápida de aquel tiempo, estudiada por el padre Fita. Se conocen, además, otros restos paleocristianos aparecidos en la ciudad y en la región cuya cronología es muy incierta.

Algunas efemérides señalan la importancia que tuvo Valencia durante la monarquía visigoda: el año 546 se celebró en esta ciudad un concilio al que asistieron seis obispos y un arcediano, sufragáneos, según parece, de Cartagena; san Hermenegildo estuvo prisionero en Valencia el 548; también hubo seguidores de Arrio con su obispo, Ubiligisclo, que abjuró con el monarca Recaredo en el tercer concilio de Toledo (589), aunque subsistía el obispo católico de Valencia, Celsino, y ambos suscribieron las actas de aquella trascendental asamblea.

En las capitulaciones de Teodomiro con los árabes (715), Valencia aparece entre las siete beneficiarias de la alianza. Totalmente subyugada por los musulmanes, el grupo cristiano conserva sus obispos, cuyos nombres desconocemos. La existencia de los mozárabes valencianos está suficientemente comprobada, lo mismo en su vida civil que religiosa, a lo largo de toda la dominación musulmana. La sede perdura hasta los tiempos de El Cid y logra empalmar con la reconquista definitiva. El 779 llega a su término el último vestigio de la monarquía visigoda. Siete años más tarde, aparece en Córdoba el valí de Valencia. Este valiato duró hasta el 1023. El geógrafo árabe Edrisi, que vivió a mediados del siglo XII, llama a la capital levantina Medina-Valencia y desde antiguo la apellidaron los musulmanes *El Ramillete Perfumado del Andalus*. Al acentuarse la decadencia de los árabes, Fernando I de Castilla pone sitio a Valencia en 1064, sin ganarla; Alfonso VI media en la cuestión sucesoria del rey independiente; en 1094 era conquistada por El Cid. La mezquita mayor fue trocada en iglesia catedral y otras mezquitas en parroquias. Muerto El Cid, fue abandonada en mayo de 1102 por Alfonso VI.

El Reino de Valencia en la Corona de Aragón. Jaime I de Aragón ganaba definitivamente para la cristiandad la ciudad de Valencia el 9-X-1238. Tres fueron las etapas principales en la conquista del Reino: de 1232 a 1235, el norte (casi toda la actual provincia de Castellón); de 1236 a 1238, el centro (la actual provincia de Valencia, su capital y hasta el río Júcar); de 1239 a 1245, el sur (el antiguo Reino de Denia, hasta los límites comprendidos en los tratados con Castilla). Para el gobierno, otorgó el Conquistador costumbres y privilegios en 1240. Más adelante (1261), juraba los fueros y quedaban establecidas las Cortes Generales. Pero este Reino nunca tendría absoluta independencia, siendo incorporado a la Corona de Aragón.

La Iglesia valentina desde la Edad Media hasta nuestros días. A raíz de la conquista, en 1238 y 1241, el monarca dotó la catedral, 12 parroquias y las demás iglesias, cumpliendo el voto que hiciera en las Cortes de Monzón (1236), al iniciar la cruzada, para lo cual el papa Gregorio IX había otorgado la correspondiente bula, urgiendo además la campaña por todos los medios a su alcance. El obispo y cabildo partieron entre sí, por mitad, en 1240, las rentas asignadas por el rey a la Iglesia. El cabildo se componía, en un principio, de 15 canónigos; en 1279, se elevó hasta 20; en 1400, a 25, y actualmente son 26 según el concordato de 1851. Hasta el 1369, tuvo este cabildo la facultad de elegir obispo. Intentó, sin resultado, recuperar esta prerrogativa en 1520. El obispo Arnaldo de Peralta fundó, en 1247, 12 prebendas, llamadas pabordias, cuyo número se aumentó posteriormente, para la administración de los bienes capitulares. En un principio, los canónigos eran pabordes; pero esto no ocurrió siempre. Las familias más ilustres de Valencia y no pocos cardenales de fuera, obtuvieron estas preposituras, cuyas rentas eran pingües. Entre los más famosos se han de contar: Pedro Roger (más adelante Gregorio XI), el cardenal Gil de Albornoz, el cardenal Pedro de Luna (futuro Benedicto XIII), Amadeo di Saluzzo y Pedro Serra en el período que corre entre 1320 y 1404. Otra institución notable fue la *Almoyna*, fundada por el obispo Raimundo Despont el 23-VII-1303, el cual dejó rentas suficientes para el mantenimiento diario de 30 pobres. La *Almoyna* radicaba en la catedral y eran sus administradores los canónigos, sirviéndose de cuatro beneficiados. Durante el gran Cisma de Occidente, fue Valencia uno de los bastiones más firmes de la causa aviñonesa, a la que se adhirió dentro del primer año del pontificado de Clemente VII. Su sucesor, Benedicto XIII, fue canónigo de Valencia, como también Gil Sánchez Muñoz (Clemente VIII), que renunció sus pretendidos derechos a la tiara y reconoció a Martín V, poniendo fin al cisma. San Vicente Ferrer y su hermano Bonifacio, prior de la cartuja de Portacoeli, fueron también defensores de los papas de Aviñón, de palabra y por escrito, con sendos tratados.

Valencia participa en la política peninsular de la Corona de Aragón (guerras con Castilla) y en la expansión por el Mediterráneo (Sicilia, Córcega, Cerdeña, Nápoles, expedición a Oriente). Durante la Edad Media, ganó inmensa fama Arnau de Vilanova, nacido en El Grao de Valencia (1238-1305), médico de reyes (Pedro III, Alfonso III, Jaime II, Federico III de Sicilia) y también de papas (Bonifacio VIII, Clemente V). Fue Valencia uno de los focos más importantes del humanismo español, por sus relaciones con la corte italiana de Alfonso V el Magnánimo (III de Valencia). Con esta ocasión, estuvo abierta a las demás corrientes humanistas y renacentistas de Italia. No es pura coincidencia la aparición de la Biblia en romance valenciano por Bonifacio Ferrer (Valencia 1478), la *Biblia italiana volgarizzata per Niccolo de Malermi* (Venecia 1487) y el *Psalteri trelladat en romanç per Johan Royç de Corella* (Venecia 1490). En el desarrollo y feliz cultivo de la lengua valenciana, hay que recordar a los poetas Ausias March (1397-1459), émulo de Petrarca y guía de la poesía peninsular hispana, así coetánea como posterior; a los autores de *Les obres e trobes en lahors de la sacratíssima Verge Maria*, primer libro que se conoce impreso en España (Valencia 1474); a Bernat Fenollar y Pere Martineç, autores de la *Istoria de la Passió* (Valencia 1493) y al satírico Jaume Roig, con su *Llibre de les dones o Spill* (Valencia 1531). En la prosa, brilla sor Isabel de Villena, aunque el título de su obra sea latino, *Vita Christi* (Valencia 1497). Abundando en el sentido religioso y biblicista, Jaume Pereç (Jacobus Pérez de Valencia), obispo auxiliar de Rodrigo de Borja en esta sede, publicó un importante comentario *In psalmos* (Valencia 1484). Talla de buen teólogo y no desconocedor de las corrientes filosóficas humanistas, Pedro García († 1505), familiar de Rodrigo de Borja y luego obispo de Barcelona, escribe un libro refutando las doctrinas erróneas del famoso Juan Pico de la Mirándola y dedica la obra a Inocencio VIII (Roma 1489). La novela caballeresca tiene sus cultivadores en Johanot Martorell y Johan de Galba, autores del *Libre del valeros e strenu cavaller Tirant lo Blanc* (Valencia 1490). La pintura medieval tuvo en el Reino valenciano una floración intensa y muy estimable. Desde el renacimiento al barroco campean Juan de Juanes (padre e hijo), José Ribera y el catalán Francisco Ribalta. La parte que tuvo Valencia en la cultura del renacimiento en Italia, puede verse en el estudio de Benedetto Croce. Distinguido poeta latino, aunque de resonancias locales, fue Juan Bautista Agnes (Agnesius, 1480-1553) con su monumental obra inédita *Panthalia*. En cambio, Juan Luis Vives (1492-1540) forma con Erasmo y Budé el más noble y poderoso triunvirato de los humanistas europeos.

Durante el régimen foral, el Reino de Valencia fue gobernado por virreyes, primera autoridad político-administrativa, que como representante del monarca, poseía la plena jurisdicción. Esta institución ha sido estudiada recientemente, estableciendo el catálogo y cronología de todos ellos, entre los cuales descollaron por su nombradía un santo (el patriarca de Antioquía y arzobispo de Valencia, san Juan de Ribera, muerto en 1611) y dos reinas (D.ª María de Castilla, esposa de Alfonso el Magnánimo, y D.ª Germana de Foix, viuda del rey Católico, fallecidas en 1458 y 1536 respectivamente). La corte virreinal de los duques de Calabria (1526-1550) desplegó una magnificencia famosa. A la misma altura se mostró el virrey Francisco de Moncada, marqués de Aytona (1580-1595). Fueron también virreyes los arzobispos de Valencia Pedro de Urbina (1650-1652), Juan Tomás de Rocaberti (1678-1679) y el obispo de Cartagena, Luis Belluga y Moncada (1707).

Quizá el mayor acontecimiento en la historia política de Valencia (más que las guerras de la Unión, año 1348, y la de la Germanía, año 1520), se ha de estimar la expulsión de los moriscos (que comenzó por el puerto de Valencia, en octubre de 1609), para lo cual se presentaron razones de seguridad nacional y de intolerancia religiosa. Con el advenimiento de los Habsburgo a la monarquía española, la Corona de Aragón queda eclipsada por Castilla, entre otras causas, por la notable superioridad de ésta en extensión geográfica y número de habitantes (Castilla 378.000 kilómetros cuadrados y siete millones de habitantes, contra 100.000 kilómetros cuadrados y 1.200.000 habitantes de la Corona de Aragón, a mediados del siglo XVI). La decadencia del Reino valenciano se acentúa con los Austrias y su personalidad queda absorbida en el conjunto nacional cuando el Borbón Felipe V, tras de la Guerra de Sucesión (1701-1714), declaraba abolidos los fueros, por decreto de 29-VI-1707. Durante la Ilustración, el nombre de Valencia anda ligado a la fama europea del erudito y crítico Gregorio Mayáns y Siscar (1699-1781), de Antonio de Ulloa (1716-1795) y de Jorge Juan y Santacilla (1713-1773), matemáticos e historiadores; del botánico Antonio José Cavanilles (1745-1804); de Joaquín Lorenzo Villanueva (1769-1824), autor del *Viage literario a las Iglesias de España*, y de algunos más.

En la persecución religiosa que se desencadenó durante la guerra civil (1936-1939), fueron inmolados 330 sacerdotes con cargo en la diócesis. Se ha introducido la causa de beatificación de 37, como primera diligencia para honrar a cuantos la Santa Iglesia otorgue el reconocimiento del martirio. Las Ordenes religiosas dieron también su tributo de sangre. Una estadística del año 1940 cataloga como mártires a unos 140 que residían en el ámbito de esta diócesis: Capuchinos (15 padres, 2 coristas y 9 legos); Escolapios (28 padres y 9 hermanos); Franciscanos (24 padres y 20 legos); Jesuitas (14 padres y 10 hermanos); Salesianos, 8.

Santos del propio diocesano. A partir de 1972, de acuerdo con las normas últimas para la revisión del Calendario, se observa el siguiente, hasta su revisión definitiva. *Enero:* 14, San Juan de Ribera, obispo (Fiesta); 21, Beata Josefa María de Santa Inés, virgen (Memoria libre); Santa Inés, virgen y mártir (Memoria libre); 22, San Vicente, diácono y mártir, patrón principal de la archidiócesis (Solemnidad); 29, San Valero, obispo (Memoria). *Abril:* 18, Beato Andrés Hibernón, religioso (Memoria libre); Feria II después del domingo II de Pascua: San Vicente Ferrer, presbítero, patrón principal del territorio de Valencia (Solemnidad). *Mayo:* 8, B. V. María, Medianera de todas las gracias (Memoria). Sábado antes del domingo II de mayo: B. V. María, Madre de los Desamparados, patrona principal de la ciudad y región valenciana (Solemnidad); 17, San Pascual Bailón, religioso (Memoria). *Junio:* 15, Santa María Micaela del Santísimo Sacramento, virgen (Memoria). *Julio:* 1, Preciosísima Sangre de N. S. Jesucristo (Fiesta). En vez de esta fecha, según los lugares, esta fiesta se trasladará al día en que se celebre con cierta solemnidad un misterio de la Pasión del Señor (Santísimo Cristo, Ecce Homo, Sangre, etc.), de no estar tradicionalmente asignada a otra celebración litúrgica, v. gr., Transfiguración del Señor, Dedicación de la archibasílica del Salvador, etcétera; 14, Beato Gaspar de Bono, presbítero (Memoria libre); 23, Santos Bernardo, religioso, y María y Gracia, mártires (Memoria); 28, Santa Catalina Thomás, virgen (Memoria). *Agosto:* 19, San Luis, obispo; en la S. I. Catedral (Memoria); 26, Beata Josefa Jornet Ibars, virgen (Memoria libre); 30, Beatos Juan de Perusa, presbítero, y Pedro de Saxoferrato, religioso, mártires (Memoria libre). *Septiembre:* 1, B. V. María de los Angeles del Puig (Fiesta); 3, San Francisco de Borja, presbítero (Memoria); 8, San Luis Bertrán, presbítero (Memoria); 9, Dedicación de la S. I. Catedral; en la catedral (Solemnidad); fuera de la catedral (Fiesta); 10, Santo Tomás de Villanueva, obispo (Fiesta). *Noviembre:* 7, Beato Jacinto Castañeda, presbítero y mártir (Memoria libre); 16, en las iglesias consagradas excepto la catedral: Dedicación de la propia iglesia (Solemnidad). *Diciembre:* 5, San Mauro, mártir (Memoria); 6, San Pedro Pascual, obispo y mártir (Memoria); 23, Beato Nicolás Factor, presbítero (Memoria libre).

Concilios y sínodos. Seis obispos y un arcediano se reúnen en Valencia en 546 (4 diciembre) y suscriben las actas, sin expresar sus sedes respectivas. También el Concilio Provincial Tarraconense de 1240 (8 mayo), se celebró en Valencia. El primer Concilio Provincial Valentino fue convocado por César Borja para el año 1495 (1 julio), pero de su celebración no consta. Se celebraron los de Alfonso de Aragón, año 1517 (1 agosto); Martín Pérez de Ayala, año 1565 (11 noviembre) y Antolín Monescillo, año 1889 (8 septiembre). En cuanto a los sínodos, el padre García Villada afirma que hubo uno en el año 524. Constan las convocatorias hechas por Vidal de Blanes en 1360, Jaime de Aragón en 1373 (31 mayo), 1375 (7 mayo), 1387 (2 mayo). Se celebraron los de Andrés de Albalat, 1256 (23 abril), 1258 (22 octubre), 1261 (21 octubre), 1262 (24 octubre), 1263 (23 octubre), otro entre 1264 y 1267, 1268 (24 octubre), 1269 (23 octubre), 1273 (24 octubre); Jazperto de Botonach, 1278 (26 octubre), 1280 (22 octubre); Raimundo Despont, 1296 (18 septiembre), 1298 (21 octubre); Raimundo Gastón, 1320 (8 abril); Hugo de Fenollet, 1349 (perdido), 1351 (21 octubre); Vidal de Blanes, 1357 (12 junio), 1368 (21 octubre); Jaime de Aragón, 1382 (25 junio), 1385 (10 julio), 1387 (30 marzo); Hugo de Lupia, 1400 (21 octubre), 1404 (13 abril), 1405 (7 mayo), 1408 (1 mayo), 1420 (3 diciembre), 1422 (19 abril); Alfonso de Borja, 1432 (2 febrero); Santo Tomás de Villanueva, 1548 (12 junio); Martín Pérez de Ayala, 1566 (25 abril); san Juan de Ribera, 1578 (19 octubre), 1584 (16 septiembre), 1590 (20 mayo), 1590 (25 octubre), 1594 (- mayo), 1599 (- mayo), 1607 (datación desconocida); fray Isidoro de Aliaga, 1631 (16 febrero); fray Pedro de Urbina, 1657 (22 abril); fray Tomás de Rocaberti, 1687 (22 junio); Marcelino Olaechea y Loizaga, 1951 (25 noviembre).

Monumentos principales El obispo fray Andrés de Albalat puso la primera piedra *de la basílica catedral*, el 22-VI-1262. Se principió el hermoso cimborrio gótico en 1404. La llamada torre del Miguelete, grandiosa y noble, de forma octogonal y estilo gótico catalán, se comenzó en 1381; estaba terminada en 1424 (65 metros sobre el nivel del mar). La portada principal es barroca (1703-1713); la de los Apóstoles, gótica; la del Palau, románica con influencias de arte mudéjar. *Basílica de Nuestra Señora de los Desamparados* (1652-1657) en la que se venera la imagen de la patrona, escultura del siglo XV. *Museo Paleontológico*, antiguo Almudín (siglo XIII, reconstruido en 1517). *Iglesia de San Juan del Hospital*, antigua parroquia (siglo XIII). *Parroquia de Santo Tomás Apóstol* (1725-1736). *Iglesia de Santa Catalina*, con linda y original torre barroca, aunque el edificio es gótico (reconstruida hacia el 1300 y repristinada en gótico actualmente). *Palacio del Marqués de Dos Aguas* (reedificado en 1700 con espléndida fachada barroca en piedra alabastrina). *Real Colegio y Seminario de Corpus Christi* con su Capilla (1586-1604), llamado vulgarmente Colegio del Patriarca. *La Lonja*, soberbio edificio gótico (1483-1498). *El Palacio de la Diputación* del antiguo Reino, edificio gótico renacentista (siglos XV-XX). *La Torre del Portal de Serranos* (1391-1398). *Las Torres del Portal de Cuarte* (1441-1460). *Convento de la Santísima Trinidad* (1446), del cual se dirá más adelante. Es digna de verse en la fachada principal de la *Parroquia de San Martín* el famoso caballito con el santo y el pobre, inestimable joya de arte flamenco (siglo XV). Muestra las huellas de la devastación e incendio que sufrió en 1936, la iglesia de *Santos Juanes* (siglo XIV).

2. Instituciones. *Cabildos.* La iglesia de *Nuestra Señora de la Asunción* de Játiva fue elevada a colegial por Benedicto XIII, según la bula dada en Peñíscola, a 9-XII-1413, concediéndole 15 canonicatos, tres de ellos dignidades (deán, sacrista, chantre). Játiva antes de la invasión del 711 era diócesis y sus prelados suscriben las actas de los concilios de Toledo en los siglos VI y VII. Desde mediados del siglo XIV (con Pedro IV de Aragón y II de Valencia), hasta fines del siglo XVIII (reinado de Felipe V), ha intentado muchas veces, aunque en vano, que fuera restaurada su cátedra episcopal. Alegaba entonces, como títulos de gloria, el haber dado a la Santa Iglesia dos papas (Calixto III y Alejandro VI), nueve cardenales, nueve obispos, tres Maestres de Montesa y un Gran Maestre de Rodas. Durante el pontificado de san Juan de Ribera obtuvo la iglesia de Játiva un breve del papa Gregorio XIII para tener en aquel distrito un vicario general con plena jurisdicción, lo cual se cumplió bajo ciertas condiciones en 1591. Duró esta gracia poco tiempo y quedó reducida a un oficial foráneo para algunos casos, según antes ya tenía esta iglesia. Por el concordato de 1851, fue suprimida esta colegiata y reducida a iglesia parroquial mayor. San Pío X le restituyó la dignidad de colegiata honoraria el 16-III-1909 y fue canónicamente inaugurada el 5 de mayo del mismo año. La iglesia de *Santa María de Gandía* ascendió a colegiata por bula del papa Alejandro VI en 26-X-1499, otorgándole dos dignidades, 12 canónigos, cuatro vicarios para la cura de almas y 10 beneficiados. Quedó extinguida por el concordato de 1851. La restableció san Pío X el 22-IV-1907, como de patronato particular. Se proveyeron por vez primera las piezas eclesiásticas en 1912. La iglesia parroquial de San Bartolomé Apóstol de Valencia fue elevada a colegiata honoraria y patriarcal por san Pío X, a través de varios documentos (11-XII-1903, 24-V-1908, 9-V-1910) e inaugurada con solemne pontifical por el arzobispo de Valencia y luego cardenal, Victoriano Guisasola y Méndez, el 29-V-1909. Su clero precede al de todas las parroquias de la ciudad. Consta de párroco prior, un coadjutor, 12 canónigos y un capellán sochantre.

Ordenes y Congregaciones religiosas establecidas en la diócesis desde su reconquista hasta principios de este siglo. 1) En la capital valenciana: *Agustinos* (San Agustín, 1281). *Calatravos* (antes de 1240); *Carmelitas Calzados* (La Transfiguración, 1281), para cuya fundación otorgó privilegio el rey Pedro III de Aragón. En 1292 estaban fabricados el convento y su iglesia. Puede considerarse esta casa como la cuna de la devoción al Sagrado Corazón de Jesús en Valencia, pues, a tal objeto, se celebró en el convento una justa poética en el año 1456 a la cual concurrieron varios ingenios. También se introdujo, merced a aquella comunidad, la devoción a san Roque, fundando cofradía en 1490, con autorización del obispo Rodrigo de Borja (futuro Alejandro VI). A raíz de la Desamortización, el convento sirvió de Museo Provincial, hasta hace pocos años; la iglesia fue convertida en parroquia y así continúa en la actualidad. *Cistercienses* (San Vicente de la Roqueta, 1255), en el lugar tradicional del sepulcro de san Vicente Mártir. En parte, está ocupado por las religiosas de Santa Tecla. *Dominicos* (Santo Domingo, 1238). Hallándose el rey D. Jaime I de Aragón en el castillo del Puig, para la conquista de Valencia, otorgó a los dominicos documento de donación, a 24-IV-1237, para fundar convento cuando se ganase la ciudad. Entró el ejército cristiano el 9-X-1238 y al siguiente año ya se fundó el convento de Santo Domingo. El Conquistador puso la primera piedra. Pertenecieron a esta comunidad san Vicente Ferrer, san Luis Bertrán y otros personajes célebres en santidad y letras. Este convento, bello ejemplar de arquitectura gótica, lo perdieron para siempre los dominicos a raíz de la exclaustración. Está ocupado por el parque y la capitanía general. El claustro ha sido recientemente restaurado. *Franciscanos* (San Francisco, 1238). En las mismas circunstancias y año que a los dominicos, prometió el rey Conquistador a los frailes menores que les daría lugar para fundar en Valencia su convento. Para la erección les otorgó privilegio en 1239. En 1805 fueron desposeídos violentamente de su huerto los frailes franciscanos para ser convertido en plaza pública. También fue derribado el gran convento que había servido de cuartel desde los tiempos inmediatos a la exclaustración. El municipio adquirió el solar para vía pública en 1896. *Mercedarios* (Nuestra Señora de la Merced, 1238). Había profetizado san Pedro Nolasco al rey D. Jaime la conquista de Valencia y hallándose este monarca en la empresa, le hizo donación de terreno, en 1238, para fundar casa de la Orden en la ciudad. Tuvo este convento por primer titular a santo Domingo. El convento ha desaparecido, y el solar, edificado; el recuerdo persevera en la plaza de su nombre. *Santiago de Uclés* (iglesia y casa de Santiago de Uclés, 1239). Esta Orden militar, cuyos caballeros sirvieron en la conquista de Valencia, ya recibieron donaciones del monarca en 1235, con vistas a futuros triunfos. Conquistada Valencia, en el reparto de casas hecho el 9-IV-1239, se les dio sitio, donde fundaron. La iglesia y casa se comenzaron a derribar en 1765 y se reedificó la iglesia dos años más tarde. *San Juan del Hospital* (iglesia de su nombre y casa, 1238). A esta Orden Hospitalaria tuvieron gran devoción así el rey Conquistador como sus sucesores. En esta iglesia fue enterrada la emperatriz de Grecia, D.ª Constanza, hija del emperador Federico de Constantinopla, la cual había otorgado testamento en 1306, mandando que se fundasen dos beneficios en esta iglesia. *Templarios* (torre, palacio y convento, 1238). Su torre, la más alta de la ciudad, la dio el rey D. Jaime a esta Orden militar y en torno a ella edificaron su iglesia y convento. Al ser extinguidos los templarios en 1311, pasaron sus bienes a la Orden de Montesa. *Trinitarios* (monasterio de la Santísima Trinidad, 1256). Bajo ciertas condiciones, el obispo de Valencia, fray Andrés de Albalat y su cabildo, concedieron licencia a los religiosos trinitarios para tener oratorio y mantenerse en el gobierno del Hospital de San Guillem. Alcanzó gran celebridad en los primeros años del siglo XV; mas, por ciertos escándalos que se perpetraban en dicho convento, fueron expulsados de él en 1444 y se dio la posesión a las religiosas de Santa Clara.

Agustinas (San Julián, ya en 1298). *Cistercienses* (La Zaydía o Nuestra Señora de Gratia Dei, 1265). Fundóle D.ª Teresa Gil de Vidaure, mujer que fue del rey D. Jaime el Conquistador. Enfermó esta reina de lepra y murió con fama de santa en 1278. Fue enterrada en este monasterio, aunque no fue monja como se ha dicho. Fue madre de los infantes D. Jaime y D. Pedro. *Clarisas* (Santa Isabel de Hungría, fundado en fecha incierta, pero existente ya en 1255). Se llamó también de Santa Clara, hasta que Clemente VII suprimió estas invocaciones dándole el de la Purísima Concepción, en 1534. Abandonado por las religiosas en 1836, cuando la exclaustración y reducción de conventos. *Dominicas* (Santa María Magdalena, 1240). Al fundarse el convento, eran agustinas. El papa Honorio IV, por bula de 25-VIII-1286, las puso bajo la jurisdicción de los dominicos, que habían sido sus directores espirituales y les habían inculcado las constituciones de la Orden dominicana. *Mujeres de la Penitencia* (Santa María Magdalena, para mujeres erradas, 1239). Fundada esta casa por un conde para castigo y penitencia de su mujer, estaba sujeta dicha casa al obispo de Valencia. En 1416 fue agregada al convento de monjas dominicas de Santa María Magdalena.

Hasta 1835, en que fueron suprimidos muchos conventos, se fundaron, además de los dichos, los siguientes: *Agustinos Observantes* (El Socorro, 1500). Lo fundó el venerable padre fray Juan Exarch, natural de Valencia, aprovechando una iglesia desierta y casa, llamada de Santa Celestina. Cuando, previas todas las licencias y al cabo de un año, todo parecía ir bien, los frailes del convento de San Agustín de la ciudad les movieron muchas dificultades, por ser el nuevo convento de observantes, y ellos, claustrales. Se quemó en 1808 y fue derribado, salvándose la iglesia. Este convento era muy conocido por la devoción a la Virgen del Socorro. Santo Tomás de Villanueva, san Juan de Ribera y los arzobispos de Valencia, se aposentaban en él la víspera de su entrada solemne en la ciudad. *Agustinos Calzados* (San Agustín, 1281). La fábrica del convento e iglesia constituían un valioso ejemplar de estilo gótico. El convento ha servido de correccional (derribado), y la iglesia convertida en parroquia desde 1902, tomando el título de Santa Catalina y de San Agustín. Se está terminando de repristinar en gótico. (San Nicolás de Tolentino y después San Fulgencio obispo, 1596.) Sirvió esta casa para estudiantes religiosos del convento de San Agustín. Levantaron una bella iglesia en 1694 y la terminaron en 1697. *Agustinos Descalzos* (Santa Mónica, 1603). El patriarca y arzobispo de Valencia, san Juan de Ribera, les dio en 1604 un crucifijo que se veneró con el título de Santo Cristo de la Fe. Comenzaron a levantar iglesia nueva en 1662 y fue concluída en 1691. La iglesia es actualmente parroquia con el título de El Salvador y Santa Mónica desde 1902. *Capuchinos* (La Preciosísima Sangre, 1596). Por la poderosa mediación del patriarca y arzobispo san Juan de Ribera llegaron estos religiosos a la diócesis. Les edificó a sus propias costas este convento y otros 10 más. Se puso la primera piedra en 1598. *Carmelitas Descalzos* (San Felipe Apóstol, 1589). Deseando el patriarca y arzobispo san Juan de Ribera promover la reforma carmelitana, les favoreció para que se estableciesen en Valencia, lo que se hizo, no sin grandes contradicciones y alborotos. Cambiaron de sitio y levantaron casa e iglesia nuevas en 1614. *Cartujos.* Por donación del mercader de Valencia, Jaime Perfeta, se estableció en 1442 una cartuja con título de La Anunciada de Porta-Coeli, en la partida de Marchalenes, en la huerta de Valencia. Por su proximidad al núcleo urbano, renunciaron los cartujos a esta casa, tres años después. *Clérigos misionistas* (colegio de San Pío V, 1683). Lo instituyó el arzobispo de esta diócesis fray Juan Tomás de Rocaberti para Clérigos Misionistas, quienes lo habitaron en 1693; dos años más tarde pasó a los Padres Clérigos Menores de San Francisco Caracciolo. Ha sido Hospital Militar y al presente sirve de Museo Provincial. *Clérigos Regulares de las Escuelas Pías* (Escuelas Pías, 1737). *Clérigos Regulares Ministros de los Enfermos* (iglesia de San Carlos, 1781); esta iglesia estaba abierta al culto en 1922. *Compañía de Jesús* (casa profesa e iglesia, 1579). En 1595 el patriarca san Juan de Ribera puso la primera piedra. La iglesia fue demolida por la junta revolucionaria que se estableció en Valencia en 1868; estaba cerrada desde 1835, cuando fueron suprimidas las comunidades religiosas. El solar de la demolida iglesia fue vendido. Reconstruida en 1884 a 1886, sobre el antiguo solar, se le dio por titular al Sagrado Corazón de Jesús. (Colegio de San Pablo, 1544). Se debe su fundación al padre Jerónimo Doménech, natural de Valencia y canónigo de su catedral. Ingresó en la Compañía en 1540 y doce años más tarde, con licencia de Paulo III y de san Ignacio de Loyola, dotó con bienes propios, un colegio bajo la advocación de San Pablo Apóstol. Lo puso en marcha en 1544 el padre Araoz. A partir de 1644, se llamó indistintamente Seminario de San Ignacio de Loyola y Escuelas de la Compañía de Jesús. Con la expulsión de los jesuitas decretada por Carlos III en 1767, se denominó este colegio Real Seminario de Nobles educandos de Valencia. Fernando VII lo entregó de nuevo, en 1815, a la Compañía. Suprimidas las comunidades religiosas en 1835, se vieron obligados los jesuitas a abandonar su famosa escuela. Hoy es Instituto de Segunda Enseñanza. *Franciscanos descalzos* (San Juan de la Ribera, 1572). Les favoreció para fundar en Valencia el arzobispo y patriarca san Juan de Ribera, como en efecto lo hicieron, el 18 de marzo de aquel año. *Jerónimos* (San Miguel de los Reyes, 1545). Los padres cistercienses del monasterio de Valldigna (provincia de Valencia) fundaron este monasterio con el título de San Bernardo de la Huerta y lo tuvieron en pacífica posesión hasta 1545. El duque de Calabria, D. Fernando de Aragón, virrey de Valencia, para cumplir la última voluntad de su mujer, la reina D.ª Germana, antes viuda del rey Católico, alcanzó del papa Paulo III que extinguiese la comunidad cisterciense en dicho monasterio y lo consignase a los padres jerónimos. La bula de concesión a éstos lleva fecha de 1-XI-1545. Al siguiente año se realizaba la fundación con el nombre de San Miguel y de los Santos Reyes. Duraron las obras hasta 1644 y responden al estilo renacimiento. La biblioteca donada por el duque de Calabria se conserva en parte en la Universidad de Valencia. Después de la Desamortización sirvió para asilo de mendicidad en 1856 y para presidio de mujeres en 1859. Hasta hace muy poco ha sido penitenciaría. *Mínimos* (San Sebastián 1536). La infanta D.ª Julia, hija del último rey de Nápoles, muy devota de esta Orden, la favoreció para fundar en Valencia. Obtuvo de Paulo III facultad para que los frailes jerónimos vendiesen a estos religiosos una casa y huerta. La concesión pontificia lleva fecha 10-I-1536. La iglesia fue consagrada en 1547; otra nueva, en 1726. El convento ha desaparecido y la iglesia es parroquia con el mismo título. *Trinitarios* (Nuestra Señora de la Soledad, 1657). Era de descalzos. Fueron derribados convento e iglesia y los solares han sido edificados.

Agustinas Canonesas (San Cristóbal, 1409). El antiguo convento se fundó aprovechando la iglesia de San Cristóbal, antes sinagoga, asaltada por los cristianos en 1391. El patriarca y arzobispo san Juan de Ribera aplicó la reforma en este convento en 1574. De él salieron algunas monjas para dar comienzo a la fundación de un nuevo instituto, las Agustinas Descalzas, obra del mismo san Juan de Ribera. El antiguo convento fue derribado por los revolucionarios en 1868. En 1899 se trasladaron al actual edificio (La Esperanza, 1509; fundado por Baltasar de Gallach, lo habitaron monjas procedentes del convento de San Julián de la misma Orden. *Agustinas Ermitañas* (San José y Santa Tecla, 1538). Ocuparon el convento de San José, que luego se llamó de La Corona, el cual abandonaron en 1556 para instalarse en la iglesia de Santa Tecla. En esta casa permanecieron hasta la revolución de 1868, la cual arrasó por completo el edificio. Hallaron albergue las religiosas en el convento de Santa Catalina de Sena y más adelante adquirieron el edificio de San Vicente de la Roqueta, lugar venerable por haber contenido el sepulcro de san Vicente Mártir, y allí continúan. (San Gregorio, 1600); la antigua casa para mujeres arrepentidas fundada por mediación del hermano carmelita, fray Francisco del Niño Jesús, fue derribada en 1913. El actual convento es nuevo. *Agustinas Descalzas de San Juan de Ribera* (Santa Ursula, 1570). Monasterio reformado por este santo, el cual con facultades recibidas del papa san Pío V, abolió, suprimió y extinguió la primitiva fundación de mujeres arrepentidas, carmelitas. Se llamaron monjas descalzas de San Agustín. Dejaron con esto la antigua denominación que era Virgen de la Misericordia y quedaron privadas de la exención, admitiendo la autoridad del ordinario. *Agustinas Calzadas* (La Presentación de la Virgen, 1643). Este convento fue derribado en 1918 y el solar edificado. La comunidad se trasladó al nuevo convento. *Capuchinas* (Santa Clara, 1609). Lo fundó san Juan de Ribera. Este convento se trasladó en 1696. Ha desaparecido, y el solar, edificado. Subsiste el nuevo, al cual se trasladaron en 1913. *Carmelitas* (Encarnación del Verbo, 1503). Habíase fundado el año anterior bajo el título de la Inmaculada Concepción de la Virgen. Pero las religiosas del monasterio de Santa Isabel y Santa Clara alegaron privilegio de su cofradía de la Inmaculada Concepción, por lo cual, las carmelitas trocaron la advocación del suyo por el de la Encarnación. Fue su fundador Pedro Ramón Dalmau. (San Joaquín y Santa Ana, 1586); el beaterio fundado por sor Isabel Sanchís en 1564 pasó a ser convento de religiosas carmelitas en el pontificado del patriarca san Juan de Ribera, manteniéndose la primitiva denominación. *Carmelitas Reformadas de Santa Teresa* (San José y Santa Teresa, 1588). Se mudaron a otro convento en 1609. *Carmelitas Descalzas* (Corpus Christi, 1681). Fundado por el sacerdote Juan Bautista Fos. Se trasladó la comunidad al que hoy ocupa, en 30-IV-1693. *Clarisas* (Santísima Trinidad, 1445). La reina D.ª María, esposa de Alfonso V el Magnánimo, obtuvo del papa licencia para desalojar a los trinitarios de su convento de la capital e instalar una comunidad de franciscanas. Las obras de adaptación se iniciaron en 1446. Este edificio es el más valioso ejemplar de estilo gótico que se conserva en Valencia. La iglesia está recubierta de talla churrigueresca. Guarda el sepulcro de la reina fundadora D.ª María. Fue su primera abadesa sor Isabel de Villena (hija del famoso D. Enrique de Villena) y autora de una deliciosa *Vita Christi*. Asimismo profesó en esta casa una hija del rey Católico, cuya sepultura se conserva. En otro tiempo fue este santuario uno de los más venerados, donde acudían la ciudad y los fieles en tiempo de calamidades. Se conserva en buen estado y prosigue la vida de comunidad. (Jerusalén, 1496); se debe la fundación a D. Luis de Cabanillas, gobernador de Valencia, el cual obtuvo autorización de Alejandro VI. Se puso este convento bajo la advocación de la Virgen del Espasmo. La primera comunidad se constituyó con seis monjas del monasterio de clarisas de Gandía. (Nuestra Señora de los Angeles, 1661); el arzobispo de Valencia Martín López de Hontiveros lo fundó para clarisas descalzas con tal que fuesen pobres y del arzobispado. *Dominicas* (Santa Catalina de Sena, 1491). Unas beatas de la Tercera Orden de Santo Domingo, deseando vivir como monjas de la misma Orden, suplicaron esta gracia al vicario general de la Provincia de Aragón de conventos reformados, el cual obtuvo licencias del rey Fernando el Católico y de Inocencio VIII, por mediación del cardenal vicecanciller Rodrigo de Borja, administrador de la mitra de Valencia. La primitiva iglesia se comenzó en 1525, concluyéndose en 1543. Fue sustituida por la actual. (Nuestra Señora de Belén, 1665); un clérigo valenciano tonsurado, Jacinto Sans, lo fundó, levantando el convento en menos de dos años. Entraron las primeras monjas el 5-VII-1667. *Salesas* (convento de la Visitación, 1879). Habitaron en un principio un caserón de donde pasaron poco después al nuevo monasterio y colegio de educandas. Dieron comienzo las obras en 1882, y en 1884 quedaba instalada la comunidad en su nuevo convento. Al año siguiente, se puso la primera piedra de la iglesia, la que se terminó en 1901. *Siervas de María* (Nuestra Señora del Pie de la Cruz, 1597). Las religiosas del convento de Santa Ana del Pie de la Cruz de Sagunto pidieron al nuncio apostólico que les permitiese instalarse en Valencia, ya que el dicho convento de Sagunto estaba expuesto a las invasiones de los moros corsarios

por distar del mar menos de una legua. Fueron autorizadas a suprimir el monasterio y aplicar el edificio a usos profanos.

Hasta fin del siglo XIX: *Camilos* (1893). *Capuchinos* (1889), con iglesia y convento nuevos. *Carmelitas Descalzos* (casa colegio, 1884), con iglesia y convento nuevo; el colegio se bendijo en 1886. *Compañía de Jesús* (1880), con residencia nueva e iglesia reconstruida. *Dominicos* (1892), que han construido iglesia (la primera que se ha dedicado en Valencia a san Vicente Ferrer, bendecida en 1907) y convento. *Franciscanos Observantes* (1892), con convento nuevo y la iglesia de San Lorenzo, antigua parroquia hasta fin de siglo. *Hermanos de la Orden Hospitalaria de San Juan de Dios* (hacia 1886). En 1888, inauguraron el asilo de inválidos; en 1913, la iglesia. Los *Maristas, Redentoristas y Salesianos* abrieron sus casas en fecha que desconocemos.

Al ejecutarse el decreto de exclaustración, fueron respetadas, bajo ciertas condiciones, las comunidades de mujeres. Por eso quedaron a salvo de la destrucción la mayor parte de los conventos entonces existentes. Las comunidades que volvieron o se mudaron por diversas circunstancias, no hallaron grandes dificultades. Propiamente hablando, la única Orden religiosa que de nuevo se funda en la diócesis, es la de las Terciarias Capuchinas de la Sagrada Familia, institución nacida en Valencia en 1886 y con aprobación pontificia recibida en 1902. Estas religiosas son de clausura disciplinar, como también las siguientes, cuya fecha de fundación no siempre hemos podido averiguar: *Damas Catequistas. Esclavas de María Inmaculada. Hermanas Carmelitas de la Caridad* (1881). *Hermanas de la Caridad de San Vicente de Paúl:* Hospital Provincial y Manicomio (1817), Colegio de Niños Huérfanos de San Vicente Ferrer (1848), Escuela del Hospital (1863), Asilo del Marqués de Campo (1863), Casa de Beneficencia (1873), Asilo de San Juan Bautista (1873), Escuela de Párvulos de D. Juan Montañés (1877), Asilo de San Eugenio (1885), Hospital de Santa Ana, Asilo del Niño Jesús, Penal de San Miguel de los Reyes, Cárcel Modelo. *Hermanas de la Caridad de Santa Ana* (1893). *Hermanas de la Compañía de Santa Teresa. Hermanas de la Esperanza. Hermanas Terciarias de la Merced* (1886). *Hermanas Terciarias Dominicas. Hermanas Terciarias Franciscanas. Hermanas Trinitarias Descalzas* (1880). *Hermanitas de los Ancianos Desamparados* (casa madre, noviciado y asilo, 1874). *Madres de los Desamparados* (1893). *Operarias Doctrineras de Nuestra Señora de los Dolores. Religiosas Adoratrices Esclavas del Santísimo Sacramento* (1858). *Religiosas de Jesús y María* (1873). *Religiosas de la Sagrada Familia de Bordeaux* (1850). *Religiosas de María Inmaculada* (1884). *Religiosas de María Reparadora* (1886). *Religiosas Hijas de María, Escolapias* (1877). *Religiosas Oblatas del Santísimo Redentor* (1877). *Salesianas de San Juan Bosco. Siervas de María* (1870).

Ordenes y Congregaciones religiosas establecidas en la diócesis desde su reconquista hasta principios de este siglo. 2) En los pueblos: *Agustinos Calzados,* en Alcira (San Agustín, 1274), Alcoy (San Agustín, 1290), Carcagente (Nuestra Señora de Aguas Vivas, 1239), Játiva (San Sebastián, 1255). *Bernardos,* en Simat de Valldigna (Nuestra Señora de Valldigna, 1297). *Franciscanos Observantes,* en Játiva (Las llagas de San Francisco, 1294). *Franciscanos Descalzos,* en Liria (San Francisco, 1294). *Orden de la Cartuja,* en Náquera (Nuestra Señora de Porta-Coeli, 1272). *Orden de Nuestra Señora de la Merced,* en El Puig (Santa María, 1240), Játiva (San Miguel, 1245). *Trinitarios,* en Játiva (La Trinidad, 1259), Sagunto (Nuestra Señora del Remedio, 1275). *Clarisas,* en Játiva (Santa Clara, 1297).

Hasta 1835, en que fueron suprimidos por la autoridad civil muchos conventos, se fundaron, además de los dichos, los siguientes: *Agustinos Calzados*, en Cullera (La Sangre de Cristo, 1612), Paiporta (San Joaquín y Santa Ana, 1595), Rocafort (San Sebastián, 1434), Villajoyosa (San Pedro Apóstol, 1667). *Bernardos*, en Montesa (Nuestra Señora de Montesa, 1317). *Carmelitas calzados*, en Beniparrell (Santa Bárbara, 1560), Játiva (San Julián, 1570). *Carmelitas Descalzos*, en Enguera (San José, 1650). *Frailes Menores Observantes*, en Alcira (Santa Bárbara, 1538), Alfara del Patriarca (San Diego, 1599), Agres (Nuestra Señora del Castillo, 1578), Chiva (San Luis Obispo, 1612), Gata (Jesús Pobre, 1653), Gilet (Sancti Spiritus, 1402), Mogente (San Antonio, 1663), Onteniente (San Antonio, 1573), Oliva (Nuestra Señora del Rebollet, 1448), Sueca (Nuestra Señora de Sales, 1657), Jijona (Nuestra Señora del Orito, 1592). *Frailes Menores Recoletos*, en Alcoy (San Francisco, 1566), Altea (San Pedro, 1600), Benisa (San Francisco, 1612), Cocentaina (San Sebastián, 1560), Denia (San Antonio, 1500), Puzol (La Transfiguración, 1384). *Frailes Menores Descalzos*, en Alcudia de Carlet (Santa Bárbara, 1600), Benigánim (San Antonio, 1576), Bocairente (San Bernardino, 1567), Carcagente (San Antonio, 1609), Gandía (San José, 1588), Liria (San Francisco, 1574), Onteniente (San Francisco, 1611), Onil (San Buenaventura, 1666), Pego (San Antonio, 1664), Játiva (San Onofre, 1576), Torrente (Nuestra Señora del Monte Sión, 1596). *Capuchinos*, en Alcira (La Encarnación, 1602), Alberique (Nuestra Señora de los Angeles, 1699), Albaida (La Purísima Concepción, 1598), Biar (San Miguel, 1720), Ollería (Los Santos de la Piedra, 1601), Játiva (San Antonio, 1607). *Jerónimos*, en Alcira (Nuestra Señora de la Murta, 1401), Gandía (San Jerónimo, 1375). *Mínimos*, en Alacuás (San Francisco de Paula, 1536), Castalla (San Sebastián, 1586), Jávea (Nuestra Señora de la Victoria, 1616), Ondara (La Concepción, 1611), Puebla del Duc (San Cosme y San Damián, 1603). *Nuestra Señora de la Merced*, en Sollana (La Concepción, 1603). *Siervos de María*, en Cuart de Poblet (Santo Sepulcro, 1602). *Trinitarios*, en Alcira (San Bernardo, 1558), Liria (Nuestra Señora del Remedio, 1590.)

Agustinas Calzadas, en Alcira (Santa Lucía, 1536), Alcoy (Santo Sepulcro, 1597), Bocairente (Nuestra Señora de los Dolores, 1556), Denia (Nuestra Señora del Orito, 1604), Jávea (San Felipe Neri, 1663), Ollería (San Joaquín y Santa Ana, 1611). *Agustinas Descalzas*, en Benigánim (La Concepción, 1611). *Bernardas*, en Játiva (Nuestra Señora del Santo Monte, 1308). *Capuchinas*, en Alcira (Santa Clara, 1670). *Carmelitas de la Antigua Observancia*, en Onteniente (La Sangre de Cristo, 1574). *Clarisas Observantes*, en Jijona (Santa Ana, 1607). *Clarisas Recoletas*, en Cocentaina (Nuestra Señora del Milagro, 1635), Gandía (Santa Clara, 1462), Oliva (La Encarnación, 1600). *Siervas de María*, en Sagunto (Santa Ana y Nuestra Señora del Pie de la Cruz, 1580).

Después de 1835 y hasta fin de siglo, se reinstalaron o se fundaron de nuevo las siguientes: *Capuchinos*, en Jijona y Masamagrell (1881), Ollería (1886). *Capuchinos Terciarios de Nuestra Señora de los Dolores*, en Godella y Torrente (1889). *Clérigos Regulares de las Escuelas Pías*, en Alcira (1892), Algemesí, Godella. *Frailes Menores Descalzos*, en Benigánim (1890), Pego (1892). *Frailes Menores Observantes*, en Agres (1891), Biar (1891), Gilet (1878), Onteniente (1887). *Frailes Menores Recoletos*, en Benisa (1888), Cocentaina (1876). *Hermanos Maristas de la Enseñanza*, en Alcoy, Algemesí. *Hospitalarios de San Juan de Dios*, en Cabañal. *Jesuitas*, en Alacuás y Gandía (1893).

Algunos de los conventos femeninos no quedaron comprendidos en el decreto de exclaustración. Se fundaron de nuevo algunos de clausura papal: *Agustinas Justinianas*, en Onil (1890). *Capuchinas*, en Agullent (1889), *Clarisas*, en Canals, Cocentaina (1864).

Tomaron poderoso incremento los institutos de religiosas de clausura disciplinar. Se establecieron los siguientes: *Benedictinas de la Enseñanza*, en Carcagente (1875). *Concepcionistas de la Sagrada Familia*, en Benisa, Buñol, Burjasot, Jávea. *Esclavas de María Inmaculada*, en Burjasot, Manises, Sedaví. *Esclavas del Sagrado Corazón de Jesús*, en Alcoy, Benirredrá. *Hermanas Carmelitas de la Caridad*, en Alcoy (Hospital, 1858, Beneficencia, 1861), Benejama (1878), Cullera (1878), Denia (1889), Gandía, Oliva, Pedreguer. *Hermanas de la Doctrina Cristiana*, en Alcudia de Carlet (1886), Alginet (1891), Carlet (1885), Chirivella, Guadasuar, Mislata (1891), Ondara, Sollana, Tabernes de Valldigna, Turís (1889). *Hermanas de la Pureza de María*, en Agullent, Alcácer, Onteniente. *Hermanas Terciarias Capuchinas*, en Benaguacil (1880), Benifairó de los Valles, Carcagente, Masamagrell (1885), Ollería, Paterna. *Hermanas Terciarias Dominicas de la Anunciata*, en Cañamelar, Játiva, Sagunto (1894), Villanueva de Castellón. *Hermanas Terciarias de la Merced*, en Denia (1882), Enguera (1886). *Hermanas Terciarias Franciscanas*, en Alcira, Alquería de la Condesa, Ayelo de Malferit, Cabañal, Canals, Carcagente, Enova, Gandía, Ibi, Moncada, Muro, Planes, Pedralva, Pego (1890), Torrente, Villanueva del Grao, Villar del Arzobispo. *Hermanitas de los Ancianos Desamparados*, en Alborache (1891), Alcira (1883), Alcoy (1878), Benigánim, Bocairente, Cocentaina (1880), Jalón, Játiva (1879), Jijona, Liria (1890), Masarrochos, Oliva (1876), Puzol, Sueca (1888). *Hijas de Cristo Rey*, en Benifayó de Espioca. *Hijas de la Caridad de San Vicente de Paúl*, en Albaida (1877), Alberique (1877), Alboraya, Alcira (1876), Alcoy (1883), Benicalap, Benigánim (1889), Bétera (1888), Carcagente, Cuart de Poblet, Cullera (Hospital, 1870, Beneficencia, 1878), Chiva, Játiva (Hospital y Beneficencia, 1825), Manises, Mogente (1894), Montesa (1891), Onteniente (1870), Sueca (Hospital, 1876, Asilo). *Madres de Desamparados*, en Cheste. *Oblatas del Santísimo Redentor*, en Alacuás (1878), Godella (1882). *Operarias del Divino Maestro*, en Benimámet. *Religiosas del Sagrado Corazón de Jesús*, en Godella. *Religiosas de la Caridad de Santa Ana*, en Algemesí, Liria. *Religiosas de la Compañía de Santa Teresa de Jesús*, en Enguera (1885). *Religiosas Hijas de María, Escolapias*, en Alcira. *Religiosas Propagadoras de la Visitación, Salesas*, en Liria. *Salesas del Sagrado Corazón de Jesús*, en Altea, Benisa, Callosa de Ensarriá, Villajoyosa, Jávea. *Siervas de María Ministras de los Enfermos*, en Alcoy (1889). *Trinitarias Descalzas*, en Benimámet, Biar, Castellar, Cocentaina (1888), Estivella, Godella, Jijona, Picasent (1882), Ribarroja (1882), Vallada. *Ursulinas*, en Gandía.

Hospitales. En el siglo XIII, se fundaron seis: *San Vicente Mártir*, por Jaime I el Conquistador, con carácter general, antes de 1245; subsistía en 1526. *San Lázaro*, para leprosos; fundado antes de 1254; subsistía en 1512. *San Guillem*, fundado antes de 1256; subsistió hasta 1544, en manos de los trinitarios calzados; lo fundó Guillem Escrivá, uno de los caballeros que tomaron parte en la conquista de Valencia, con los bienes legados por su hijo del mismo nombre, ambos muy devotos de san Guillermo, duque de Aquitania, canonizado por Inocencio III en 1202. *San Antonio*, fundado por los Canónigos Regulares de San Agustín, antes de 1276, subsistía en 1767. *Roncesvalles*. De la casa hospitalaria de Santa María de Roncesvalles sirvieron algunos religiosos al ejército cristiano en la conquista de Valencia. En pago de sus servicios recibieron la iglesia de Santa Cruz de Roteros, donde probablemente fundaron hospital de su Orden, antes de 1234, puesto que en torno a estas fechas ya recibe donaciones. *Hospital de la Reina o de Santa Lucía*, lo fundó la reina de Aragón D.ª Constanza, esposa de D. Pedro III, a fines del siglo XIII. Falleció esta reina en 1301, siendo monja de Santa Clara en Barcelona. Para esta fundación destinada a enfermos, huérfanos y expósitos, había dejado exiguas rentas. Fue mejorado y ampliado por un ciudadano rico de Valencia, Pedro Conca, que falleció en 1377. Como los jurados de la ciudad eran los patronos de esta institución, la favorecieron y vino a ser como hospital general.

En el siglo XIV, se juntaron cinco: *En Clapers*, llamado así por ser su fundador Bernardo den Clapers, quizá hijo de Martín den Clapers que vino desde Montpellier a la conquista de Valencia. La fábrica de este hospital era tan noble que no repararon en albergarse y dormir en sus aposentos durante una noche, el rey D. Juan I y su esposa D.ª Violante, en 1392. Fundado en 1311, fue unido al Hospital General en 1512. *Santa María o dels Beguíns*, fundado por Ramón Guillem Catalá en 1334. Quiso que se denominase Hospital de Santa María, encargando su administración a los jurados de la ciudad y mandando que en él pudiesen tener habitación permanente los llamados Hombres de Penitencia o Terciarios Franciscanos de hábito patente. Parece que el fin principal era atender a dichos terciarios llamados también ermitaños; subsistía en 1444. *Hospital de Pobres Sacerdotes Enfermos*, fundado por la Cofradía de Nuestra Señora de la Seo, se instituyó para el fir que indica su nombre. Autorizó la fundación y le dio constituciones el obispo Hugo de Fenollet. Con autorización de la ciudad, la Cofradía fabricó casa con su iglesia y hospital en 1389. Actualmente sirve de Convictorio Sacerdotal. *En Conill*, fundado en 1397 por Francisco Conill, boticario de Valencia. Se llamó también de *Menaguerra*, por haber sido de este nombre su administrador, un sobrino y albacea del fundador. *En Bou*, llamado así, por haber sido su fundador Pedro Bou en 1399. Su destino era atender a los enfermos pescadores pobres.

En el siglo XV fundó la ciudad el *Hospital de Inocentes y Locos*. El origen se debe al celo apostólico del beato fray Juan Gilabert, mercedario, natural de Valencia. En un sermón, predicado por este padre en la catedral de Valencia, el primer domingo de Cuaresma de 1409, puso de manifiesto la urgente necesidad de atender al socorro de los dementes que vagaban por las calles, sin ningún amparo. El Consejo de la ciudad prestó todo su apoyo y aquel mismo año, con privilegio del rey D. Martín, dieron comienzo las obras. Benedicto XIII le otorgó, en 1410, inmunidades y prerrogativas eclesiásticas. Este hospital y su capilla, con el título de los Inocentes, y su cementerio, con la invocación de Santa Cruz del Monte Calvario, sirvieron solo para curar a los dementes hasta el año 1482, en que se comenzó la fábrica del Hospital General, mancomunando ambos establecimientos. Las obras, que iban con gran lentitud, adquirieron en 1512 gran impulso, porque, en virtud de sentencia arbitral, se resolvió suprimir todos los hospitales particulares de Valencia, a excepción del de San Lázaro. La sentencia fue aprobada por el ordinario diocesano y por León X en 1514, precediendo además licencia del rey D. Fernando el Católico en 1512. En la actualidad, se halla en el nuevo edificio, inaugurado en 1962.

Santuarios. Su número es corto. Consignaremos los de la ciudad y los de la diócesis juntamente, siguiendo la cronología. Cinco son los lugares que la piedad valenciana venera tradicionalmente en la capital, relativos al diácono *san Vicente Mártir:* En la plaza de la Almoina — frente a la catedral, área más que probable del foro y de la basílica romana — se conserva una cripta o sótano, tal vez la cárcel, en la que fueron puestos san Vicente y san Valero obispo, antes del proceso. Desde esta cárcel común fueron trasladados a otra para el juicio. Este calabozo y el tribunal se hallaban en lo que, con el tiempo, fue convento de Santa Tecla. Otro pequeño santuario, *El Pohuet*, se sitúa en las inmediaciones de dicho convento. En el lugar donde Daciano mandó arrojar el cadáver del mártir y en un alto de roca, se construyó una ermita. Este lugar se llamó y se llama todavía *La Roqueta*. El lugar con mayores visos de certeza para el caso es la iglesia erigida sobre el sepulcro del santo, *Iglesia de La Roqueta*, la cual se remonta, con bastante probabilidad, a los tiempos del emperador Constantino. Otros dos santuarios notables: la *Casa natalicia* de San Vicente Ferrer y la de San Luis Bertrán.

A corta distancia de la ciudad, se halla el *Monasterio de Santa María del Puig*, en el lugar de su nombre. Su historia está ligada a la conquista de la capital por el rey D. Jaime, el cual la dio a los mercedarios, si bien con anterioridad, en el siglo XII, los monarcas de Aragón confiaban en ofrecerla a los monjes de Poblet. Tiene iglesia gótica del siglo XIV. En ella recibió culto una imagen de la titular, valioso relieve de piedra de influjo bizantino.

La misma antigüedad hay que reconocer a la *Iglesia del Santísimo Cristo del Salvador* — en 1239 ya estaba consagrada al «Santo Salvador» — con escultura de la época, muy estimada por la devoción popular en la capital.

Liria, ciudad ducal, es famosa, entre otros motivos, por el *Beaterio de San Miguel*, donde se veneraba una escultura del titular, obra del siglo XV, desaparecida durante la guerra civil y religiosa del año 1936. Este lugar, situado en un montecillo contiguo, sigue siendo objeto de peregrinaciones.

A todos los mencionados santuarios excede en popularidad la *Real Basílica de Nuestra Señora de los Desamparados*, cuya titular ha sido declarada patrona de toda la región valenciana, por bula de Juan XXIII, a 10-III-1961. La imagen y su cofradía son del siglo XV, en cuyo tiempo se veneraba en el Hospital de Inocentes y Locos. En el siglo XVI, tuvo capilla en la catedral. La actual basílica se edificó en 1652. Se proyecta otra grandiosa.

Universidades. A la feliz mediación de san Vicente Ferrer, en 1410, se debe la terminación del viejo pleito entre los jurados de Valencia, por una parte, y el obispo y cabildo por otra, a propósito de la jurisdicción sobre las Escuelas. Con esta concordia que se llevó a cabo en 1412, quedó establecido y regulado el Estudio de la ciudad en local propio. Sobre estos antecedentes, nacería el Estudio General de 1493, elevado al rango de Universidad por Alejandro VI, con su bula de 23-I-1500. El 16-II-1502, Fernando el Católico, otorgaba la confirmación regia. Algo tardíamente aparecieron los colegios universitarios. Fue el primero el de *La Presentación*, fundado por santo Tomás de Villanueva, en 1550, para unos 10 estudiantes pobres, que pretendieran solamente el estado clerical. El de *La Asunción* se debió a la piedad de Angela Almenar, por su testamento de 2-IV-1552. Mosén Pedro Rodríguez de la Vega fundó el de *La Purificación de Nuestra Señora* el 17-III-1572. Característica especial ofrece el *Real Colegio y Seminario de Corpus Christi*, planeado por el patriarca de Antioquía y arzobispo de Valencia, san Juan de Ribera, con el fin de cumplir el decreto que el concilio de Trento promulgó sobre la erección de Seminarios. Fue fundado este colegio el 30-V-1592. Los Colegios de *Montesa* y de *Los Santos Reyes* nacieron en 1635 y 1643 respectivamente. Perduran tan solo los que fundaron santo Tomás de V. y san Juan de Ribera, con el mismo carácter eclesiástico.

En la ciudad de Gandía fundó san Francisco de Borja un Colegio y Universidad, que aprobó Paulo III, con bula del 4-XI-1547. Fue confirmada por el emperador Carlos V. A esta Universidad concedió Felipe V iguales privilegios que los que gozan las Universidades de París, Salamanca y Huesca, concediendo grados, con la obligación para el que los obtenía, de defender el misterio de la Inmaculada Concepción. Se inauguraron ambos establecimientos el 1-V-1549. Fue extinguida esta Universidad por real decreto del 11-VIII-1772.

Seminarios. Los colegios de Santo Tomás de Villanueva y San Juan de Ribera nacieron con el carácter de Seminarios, aunque sus alumnos acudieran a la Universidad, adonde también iban, por entonces, los demás aspirantes al estado clerical. También el arzobispo Tomás de Rocaberti erigió otro colegio en 1683 para jóvenes que hubieran cursado ya tres años de Teología. Pero lo hubo de entregar a los Clérigos Menores de San Francisco Caracciolo, a requerimiento de la reina D.ª Mariana de Austria, en 29-VI-1695. Estos lo poseyeron hasta la exclaustración de 1835. Después se ha destinado a diversos usos. Su antiguo nombre era el de *Colegio de San Pío V.* Actualmente es Museo Provincial. El arzobispo Andrés Mayoral, a quien se debe la fundación de las Escuelas Pías en Valencia, fundó en dicho centro un colegio eclesiástico llamado *Andresiano* e impuso personalmente la beca a los seminaristas en 1763.

Todos estos logros, más o menos cristalizados y de vida desigual, así como otros intentos por parte de jesuitas y oratorianos, no satisfacían completamente el mandato tridentino a causa de sus limitaciones. La expulsión de los jesuitas dio ocasión a que el arzobispo Francisco Fabián y Fuero adquiriese la posesión de la casa de aquéllos en la ciudad, en la calle de la Purísima. En ella instaló el Seminario, inaugurándolo, el 4-XI-1790, con el título de Seminario Sacerdotal Conciliar de la Purísima Concepción y Santo Tomás de Villanueva. Asimismo le dio constituciones por las que se rigió largo tiempo, y el papa Pío VI le asignaba una renta anual de 10.000 libras sobre los tercios de las rentas del arzobispado. Con la ocupación de Valencia por los franceses, quedó cerrado este Seminario. Se reorganizó su personal en 1815. En el siguiente, quedó restablecida la Compañía de Jesús y les fue devuelto el edificio del Seminario, instalándose éste en el colegio de San Pablo, de los mismos padres jesuitas. Esta situación, que debió ser precaria, quedó resuelta al adquirir la mitra la casa del conde del Real en la plaza del mismo nombre. Se inauguró la nueva sede, de manera definitiva, el 29-I-1829, aunque, con las alteraciones de la época, fue disuelta de nuevo la Compañía y el Seminario volvió a ocupar la Casa Profesa, la cual tornó a dejar, con la pacificación, adquiriendo de nuevo la casa anterior del conde del Real. Los colegiales, sustentados a expensas del Seminario o de becas fundadas, o mediante pensión, tenían clases en él, y asistían a las mayores de la Universidad Literaria de Valencia. En 1848, al cesar la enseñanza de la Facultad de Teología en las Universidades, el gobernador eclesiástico, sede vacante, Luis de la Lastra, estableció en el Seminario todas las asignaturas de la carrera. El 21-V-1852, fue autorizado este Seminario para conferir grados en Teología y Derecho Canónico. Más tarde, fue declarado Central. El cardenal Antolín Monescillo y Viso agregó y unió al Seminario una casa contigua al mismo, donada por un bienhechor. Lo llamó *Seminario de Estudiantes Pobres,* admitiendo hasta 70 de ellos, a quienes proporcionaba gratis albergue y sustento. Se inauguró el 10-X-1890. Por decreto de la Sagrada Congregación de Seminarios, el 26-XI-1896, fue erigida en el Seminario la Universidad Pontificia e inaugurada por el cardenal Sancha, el 20-X-1897. El cardenal Guisasola reorganizó el Seminario y Universidad en 1906, la cual perduró hasta 1931. El actual y nuevo Seminario Metropolitano se halla en Moncada. Comenzaron a habitarlo los colegiales en el curso de 1948-1949. Está en curso la Facultad de Teología integrada en la P. Universidad de Salamanca.

El Concilio Provincial Valentino de 1889 ordenaba que en cada diócesis se estableciese, lo antes posible, un colegio, donde los hijos de familias pobres o menos acomodadas pudieran, abonando una módica pensión, morar en calidad de internos y seguir su vocación apartados del mundo. Esta casa ya existía en Valencia desde 1884, cuando el Seminario contaba con unos 1.000 alumnos externos además del internado. En 1891, el cardenal Antolín Monescillo y Viso agregó aquella institución, titulada *Colegio de San José de Vocaciones eclesiásticas,* al Seminario, como auxiliar o subsidiario de éste, convirtiéndolo en instituto diocesano, pero respetando lo concerniente al orden económico y administrativo. Los alumnos asistirían a las clases del Seminario y observarían el reglamento que les señalaba el prelado. Se ordenaba la debida separación entre los alumnos de Teología y los de Gramática y Filosofía. Bajo la dirección de los Operarios Diocesanos, fue creciendo el número de seminaristas. En el primer curso se reunieron 40, llegando a albergar hasta 300. En 1911, habían salido de este colegio, más de 300 sacerdotes. La pensión mensual por alumno era de 25 pesetas. En 1934, se le declaró *Seminario Menor.* Fue extinguido en 1947, cuando se preparaba el traslado del Seminario Metropolitano a su nueva casa de Moncada.

Archivos eclesiásticos. Sufrieron lamentable destrucción, en su mayor parte, en el período de guerra civil y religiosa de 1936-1939. Subsisten los siguientes en el estado que se indica. No se reseñan los de las parroquias fundadas después del año 1939; tampoco las que solo conservan documentación del siglo XIX.

1. *Archivos no parroquiales. El de la catedral.* Dividido en dos secciones: *a)* Papeles (en serie única de libros y legajos) con un total de 6.042 volúmenes perfectamente catalogados y de fácil consulta. En el asalto e incendio de la catedral de 1936, fueron destruidos 694 legajos. Contiene diversas series homogéneas, muy completas. Aunque la documentación se refiere principalmente a las actividades del cabildo metropolitano, comprende también algunos fondos de procedencias diversas. Son notables las secciones siguientes: Constituciones de la catedral, Protocolos Notariales, Actas Capitulares, Fábrica, etc., que abarcan todo el proceso respectivo desde mediados del siglo XIII a nuestros días. *b)* Pergaminos, con un total de 9.221, desde el siglo XII hasta el presente. Existe catálogo, con numerosos índices, impreso en 1961. *Curia metropolitana.* Era el segundo en importancia, pero fue destruido en 1936, siendo convertido en pasta de papel por los revolucionarios. Se han podido recuperar poquísimos elementos. *Real Colegio y Seminario de Corpus Christi* (Colegio del Patriarca). Guarda íntegro el archivo particular de la casa desde sus orígenes (1586), los cuales se pueden seguir a través del «Libro de la Fundación», con el más escrupuloso detalle; los libros de «Prima Mensis» y de «Visitas anuales»; documentos personales del fundador san Juan de Ribera; cartas autógrafas de fray Luis de Granada, administración, etc., de fácil consulta y catalogación. Tiene en depósito intransferible un archivo de protocolos notariales con más de 28.000 volúmenes desde el siglo XIII al XIX, fuente riquísima para la historia local.

2. *Archivos parroquiales en la capital:* El de *San Pedro,* en la catedral; se conserva como sección especial en el archivo cetadralicio. Notable la serie de libros de defunciones de 1585 a 1805. *San Esteban.* Completos los libros, desde las fechas que se indican: defunciones, desde 1489; bautismos, desde 1530; matrimonios, desde 1536; confirmaciones, desde 1570. Además, «Determinaciones del Clero de St. Esteve», desde 1504 a 1893; «Clausules en favor de la Obrería», 1466. *La Asunción de Nuestra Señora* (Benimaclet). Se hallan completos a partir de 1595, salvo pequeñas lagunas,

los libros de defunciones, bautismos, matrimonios, confirmaciones. Desde el siglo XVII, libros del cumplimiento pascual y racional. *San Juan Bautista* (Manises). Parcialmente destruido. Se conservan: defunciones del año 1579; bautismos, desde 1562; confirmaciones, desde 1571. *San Miguel Arcángel* (Burjasot). Los libros de defunciones, bautismos, matrimonios, datan de 1738; el de confirmaciones de 1739; fábrica, desde 1620. *Nuestra Señora de la Misericordia* (Campanar). Excepto los tomos II, III y V del *Quinque Libri* se conservan los libros de defunciones, bautismos, matrimonios y confirmaciones desde el año 1584.

3. *Archivos parroquiales en los pueblos:* El de *Adsubia*. Desde 1736 está completa la serie de libros de defunciones, bautismos, matrimonios, confirmaciones. *Adzaneta de Albaida*. Completa la serie de libros de defunciones, bautismos, matrimonios, confirmaciones, fábrica, desde 1583. *Agres*. Completos los libros de defunciones desde 1623; bautismos, desde 1564; matrimonios, desde esta misma fecha; confirmaciones, desde 1575; fábrica, desde 1766; visitas pastorales, desde 1670. *Agullent*. Archivo incompleto. Las partidas más antiguas de defunciones, bautismos, matrimonios, confirmaciones, datan de 1622. Tiene colección de pergaminos. *Alacuás*. Archivo incompleto. Las partidas más antiguas que conserva de defunciones, bautismos, matrimonios, confirmaciones, datan de 1773. *Albaida*. Archivo incompleto. Posee la serie completa de libros de defunciones, desde el año 1623; bautismos, desde esta misma fecha; matrimonios, desde 1564. *Alboraya*. Tiene la serie completa de libros de defunciones, bautismos, matrimonios, confirmaciones, desde 1596; fábrica, desde 1586. *Alcácer*. Archivo incompleto. La partida más antigua de bautismos data de 1773. *Alcalalí*. Posee la serie completa de libros de defunciones, bautismos, matrimonios, confirmaciones, desde 1624. *Alcántara del Júcar*. Guarda completa la serie de libros de defunciones, bautismos, matrimonios, desde 1739. *Alcocer de Planes*. Conserva la serie completa de los libros de defunciones, bautismos, matrimonios, confirmaciones, desde 1668; los de fábrica, desde 1784. *Alcublas*. Está completa la serie de libros de defunciones, bautismos, matrimonios, desde 1591; confirmaciones, desde 1640. *Alcudia de Carlet*. Archivo incompleto. La partida más antigua que conserva es del libro de defunciones, año 1798. *Alcudia de Cocentaina*. La partida más antigua de defunciones es de 1578; bautismos, del año 1561; matrimonios, de 1578; confirmaciones, de 1646. Está completa la serie de libros de defunciones, bautismos, matrimonios, desde el año 1764. *Aldaya*. Conserva la serie completa de libros de defunciones, bautismos, matrimonios, desde 1536. *Alfafara*. Está completa la serie de libros de defunciones desde el año 1623; bautismos, desde 1625; matrimonios, desde 1623; confirmaciones, desde 1632; fábrica, desde 1623. *Alfara de Algimia*. Conserva la serie completa de libros de defunciones, bautismos, matrimonios, desde 1760. *Algar del Palancia*. Posee completa la serie de libros de defunciones, bautismos, matrimonios, desde 1610. *Algemesí*. Parroquia de San Jaime Apóstol. Archivo incompleto. Las partidas más antiguas que se conservan son: del libro de defunciones, año 1558; de bautismos, 1537; de matrimonios, 1564; de confirmaciones, 1633. *Algimia de Alfara*. Archivo incompleto. Las partidas más antiguas que conserva son: de los libros de bautismos y de matrimonios, año 1590. *Aljorf*. Está completa la serie de libros de defunciones, bautismos, matrimonios, desde 1792; de confirmaciones, desde 1797. *Almácera*. Conserva la serie completa de libros de defunciones, bautismos, matrimonios, desde 1663. *Almudaina*. Guarda la serie completa de libros de defunciones, bautismos, matrimonios, desde 1619; de confirmaciones, desde 1620. *Alquería de la Condesa.*

Conserva completa la serie de libros de defunciones y bautismos desde 1733; de matrimonios, desde 1734; de fábrica, desde 1622. *Aras de Alpuente*. Conserva la serie completa de los libros de defunciones, bautismos, matrimonios, confirmaciones, desde 1750. *Ayacor*. Conserva la serie completa de libros de defunciones, bautismos, matrimonios, desde 1682; de confirmaciones, desde 1686. *Ayora*. Parroquia de la Asunción de Nuestra Señora. Tiene completa la serie de libros de defunciones, desde 1779; de bautismos, desde 1550; de matrimonios, desde 1565; de confirmaciones, desde 1641. *Barcheta*. Conserva la serie completa de los libros de defunciones, desde 1644; de bautismos y matrimonios, desde 1613; de confirmaciones, desde 1644. *Bellreguart*. Archivo incompleto. Las partidas más antiguas que contiene son de los libros de defunciones, bautismos, matrimonios, del año 1634; de confirmaciones, del año 1683. *Benavites*. Guarda completa la serie de libros de defunciones, desde 1661; de bautismos, desde 1667; de matrimonios, desde 1625; de confirmaciones, desde 1721. Además, un manuscrito de la Cofradía del Rosario que data del año 1698. Un escrito de la fundación de dicha cofradía por los dominicos del convento de Almenara. *Benejama*. Está completa la serie de los libros de defunciones, bautismos, matrimonios, confirmaciones, desde 1774. *Bentalí*. Guarda completa la serie de libros de defunciones, bautismos, matrimonios, confirmaciones, fábrica, desde 1627. Posee algunos libros manuscritos del año 1578, y de visitas pastorales del año 1867. *Beniarjó*. Archivo incompleto. Tan solo conserva, muy deteriorado, el primero de los *Quinque Libri* correspondiente al año 1580. *Beniarrés*. Conserva la serie completa de los libros de defunciones, bautismos, matrimonios, desde 1654; de confirmaciones, desde 1737; de visitas pastorales, desde 1684; de fábrica, desde 1784. *Beniatjar*. Conserva la serie completa de los libros de defunciones, bautismos, matrimonios, desde 1686; de fábrica, desde 1795. *Benicolet*. Guarda la serie completa de los libros de defunciones, bautismos, matrimonios, fábrica, desde 1712. *Benichembla*. Está completa la serie de los libros de defunciones, desde 1784; de bautismos y matrimonios, desde 1783. *Benilloba*. Conserva la serie completa de libros de defunciones, bautismos, matrimonios, confirmaciones, fábrica, desde 1580. *Benimarfull*. Archivo incompleto. Tiene completa la serie de libros de defunciones, desde 1657; de bautismos, desde 1791. *Benimodo*. Archivo incompleto. Se conservan partidas de defunciones, bautismos, matrimonios, confirmaciones, desde 1610. *Benipeixcar*. Está completa la serie de libros de defunciones desde 1738; de bautismos, desde 1798; de matrimonios, desde 1738. *Benirrama*. Tiene completa la serie de libros de defunciones, desde 1627; de bautismos y matrimonios, desde 1611. *Benirredrá*. Está completa la serie de los *Quinque Libri* desde [¿ 1535 ?], hasta 1626. *Benisa*. Guarda la serie completa de libros de defunciones, bautismos, matrimonios, confirmaciones, desde 1593. *Benisanó*. Archivo incompleto; tiene completa la serie de libros de defunciones y bautismos, desde el año 1798. *Benisivá*. Conserva completa la serie de libros de defunciones, bautismos, matrimonios, confirmaciones, desde 1627. Posee varios libros desde 1687; otros, de 1578, muy deteriorados. *Benitachell*. Está completa la serie de libros de defunciones, bautismos, matrimonios, desde 1786; de confirmaciones, desde 1772. *Bétera*. Destruido este archivo en su casi totalidad, se salvaron los índices de defunciones, desde 1620; de bautismos, desde 1723; de matrimonios, desde 1608; *Bicorp*. Archivo incompleto. La más antigua partida del libro de defunciones data de 1659; la de bautismos, de 1612; de matrimonios, de 1623. *Bocairente*. Archivo incompleto. Las partidas más antiguas que se conservan de los libros de defunciones y matrimonios son del año 1725; de confirmaciones, del año 1726. *Bonrepós.* Guarda completa la serie de libros de defunciones, bautismos, matrimonios, confirmaciones, desde 1582. *Borbotó.* Está completa la serie de libros de defunciones y matrimonios desde 1629; de bautismos, desde 1623. *Bugarra.* Está completa la serie de libros de defunciones, bautismos, matrimonios, desde 1785. *Buñol.* Guarda la serie completa de libros de defunciones, bautismos, matrimonios, confirmaciones, fábrica, desde 1610. *Campell.* Archivo incompleto. Las partidas más antiguas de defunciones, bautismos, matrimonios, datan de 1610. *Carcagente.* Parroquia de la Asunción: las partidas más antiguas que se conservan de defunciones, bautismos, matrimonios, son del año 1634; de confirmaciones, del año 1645. Parroquia de San Bartolomé Apóstol; archivo incompleto; las partidas más antiguas de defunciones, bautismos, datan del año 1671; las de matrimonios, del año 1715. *Cárcer.* Conserva la serie completa de libros de defunciones, bautismos, matrimonios, desde el año 1625. *Carlet.* Archivo incompleto. Las partidas más antiguas de defunciones, bautismos, matrimonios, confirmaciones, datan del año 1604. *Casinos.* Está completa la serie de libros de defunciones, bautismos, matrimonios, desde 1788; los de confirmaciones, desde 1792. *Castell de Castells.* Archivo incompleto. La partida más antigua de bautismos data del año 1620. *Cerdá.* Conserva la serie completa de libros de defunciones, bautismos, matrimonios, desde 1735; la de confirmaciones, desde 1745. *Cetla de Núñez.* Guarda completa la serie de libros de defunciones, bautismos, matrimonios, desde 1778. *Cocentaina.* Parroquia de la Asunción: La partida más antigua de defunciones que se conserva, data del año 1604; de bautismos, del año 1559; de matrimonios, del año 1565. Conserva la serie completa de libros de defunciones, bautismos, matrimonios, desde 1746; la de confirmaciones, desde 1761; guarda la bula de agregación de la Cofradía del Santísimo a la Minerva de Roma y un códice de la Sagrada Biblia, siglo XIV al XV, donación de Benedicto XIII a Cocentaina. Parroquia de El Salvador: tiene completa la serie de libros de defunciones, bautismos, matrimonios, desde 1541; de confirmaciones, desde 1570; una carta de Felipe III, en 1609, sobre expulsión de los moriscos. *Cofrentes.* Está completa la serie de libros de defunciones, bautismos, matrimonios, desde 1600. *Cotes.* Está completa la serie de libros de defunciones, bautismos, matrimonios, desde 1714. *Chelva.* Guarda completa la serie de libros de defunciones, bautismos, matrimonios, desde 1551. *Chulilla.* Tiene la serie completa de libros de defunciones, desde 1612; de bautismos, desde 1611; de matrimonios, desde 1613; de confirmaciones, desde 1777. Guarda además un pergamino de la agregación de la Cofradía del Santísimo a la Minerva de Roma, por el papa Paulo V; la Carta Puebla; un libro de asuntos parroquiales del siglo XVIII. *Daimuz.* Está completa la serie de libros de defunciones, bautismos, matrimonios, desde 1783. *Denia.* Parroquia de la Asunción de Nuestra Señora. Conserva completa la serie de libros de defunciones, desde 1622; de bautismos y matrimonios, desde 1594; de confirmaciones, desde 1597. *Domeño.* Tiene completa la serie de libros parroquiales de defunciones, bautismos, matrimonios, confirmaciones, desde 1592. *Enguera.* Guarda la serie completa de libros de defunciones, bautismos, matrimonios, confirmaciones, desde 1400; los de fábrica, desde 1612. *Enova.* Tiene completa la serie de libros de defunciones, bautismos, matrimonios, desde 1621; los de confirmaciones, desde 1741; fábrica, desde 1626. *Estivella.* Tiene completa la serie de libros de defunciones, bautismos, matrimonios, confirmaciones, fábrica, desde 1619. *Fortaleny.* Tiene completa la serie de libros de defunciones, desde 1681; de bautismos y matrimonios, desde 1683; de confirmaciones, desde

1689. *Gabarda.* Está completa la serie de libros de defunciones, bautismos, matrimonios, confirmaciones, desde 1666. *Gandía.* Parroquia de la Asunción de Nuestra Señora: las partidas más antiguas que conserva datan: defunciones, del año 1632; bautismos, del año 1540; matrimonios, del año 1580; confirmaciones, del año 1633. Parroquia de San José: existe un *Quinque Libri* de los años 1744 al 1781; 1793. *Gayanes.* Tiene completa la serie de libros de defunciones, bautismos, matrimonios, confirmaciones, desde 1631; de fábrica, desde 1735. *Gorga.* Archivo incompleto. Las partidas más antiguas de bautismos y matrimonios, datan de 1796. *Guadasuar.* Archivo incompleto. Las partidas más antiguas de bautismos y matrimonios que conserva, datan del año 1590; las de confirmaciones, de 1597. *Higueruelas.* Están completos los libros de defunciones, bautismos, matrimonios, desde 1798. *Jalón.* Las partidas más antiguas que conserva son: de defunciones, año 1621; de bautismos y confirmaciones, año 1620; de matrimonios, año 1623. *Játiva.* Parroquia de la Asunción de Nuestra Señora: tiene completa la serie de libros de defunciones, matrimonios, confirmaciones, desde 1632; de bautismos, desde 1599. Parroquia de los Santos Juanes: tiene completa la serie de libros de defunciones, bautismos, matrimonios, confirmaciones, desde 1609. Parroquia de San Pedro Apóstol: conserva la serie completa de libros de defunciones, bautismos, matrimonios, desde 1775. Parroquia de Santa Tecla: tiene completa la serie de libros de defunciones, bautismos, matrimonios, confirmaciones, desde 1775. *Lorcha.* Está completa la serie de libros de defunciones, desde el año 1760; bautismos, desde el año 1750; matrimonios, desde el año 1776. *Losa del Obispo.* Tiene completa la serie de libros de defunciones, bautismos, matrimonios, confirmaciones, desde 1756. *Luchente.* Las partidas más antiguas de defunciones, bautismos, matrimonios, datan de 1624; de confirmaciones, del año 1644. Archivo incompleto. *Llombay.* Tiene completa la serie de libros de defunciones, bautismos, matrimonios, desde 1620; de confirmaciones, desde 1619. *Manuel.* Tiene completa la serie de libros de defunciones, bautismos, matrimonios, desde 1620; de fábrica, desde 1611. *Masalavés.* Conserva la serie completa de libros de defunciones, bautismos, matrimonios, desde 1732; la de confirmaciones, desde 1742. *Masamagrell.* Archivo incompleto. Las partidas más antiguas que conserva de los libros de defunciones, bautismos, matrimonios, confirmaciones, datan de 1705. *Meliana.* Está completa la serie de libros de defunciones, desde 1561; de bautismos, desde 1557; de matrimonios y confirmaciones, desde 1575; de fábrica, desde 1635. *Millares.* Tiene completa la serie de libros de defunciones y bautismos, desde 1744; la de matrimonios, desde 1745. Posee un documento de la visita pastoral del año 1664 y otro del año 1740. *Millena.* Archivo incompleto. Las partidas más antiguas que conserva de defunciones, bautismos, matrimonios, datan de 1732. *Mogente.* Archivo incompleto. Las partidas más antiguas que conserva datan del año 1744; las de bautismos, matrimonios, confirmaciones, del año 1567. Algunos pergaminos del tiempo de Sixto V, autenticando reliquias existentes en esta parroquia. *Moncada.* Parroquia de San Jaime. Archivo incompleto. Las partidas más antiguas que se conservan de bautismos y matrimonios, datan de 1771; las de confirmaciones, de 1787. *Montaverner.* Tiene la serie completa de libros de defunciones, bautismos, matrimonios, desde 1625. *Montichelvo.* La partida más antigua de defunciones y matrimonios, datan de 1584; la de bautismos, de 1598. Está completa la serie de libros de defunciones, bautismos, matrimonios, desde 1603. *Montroy.* Archivo incompleto. Las partidas más antiguas que se conservan de defunciones y bautismos, datan de 1753; las de matrimonios, de 1754; las de confirmaciones, de 1759.

Murla. Tiene completa la serie de libros de defunciones, desde 1686; de bautismos, desde 1577; de matrimonios y confirmaciones, desde 1620. *Náquera*. Está completa la serie de libros de defunciones, desde 1621 a 1891; de bautismos, desde 1620 a 1891; de matrimonios, desde 1624 a 1891. *Oliva*. La Asunción de Nuestra Señora: archivo incompleto, contiene la serie de defunciones y matrimonios desde el año 1624; de confirmaciones, desde el año 1633. Parroquia de San Roque: tiene completa la serie de libros de defunciones, bautismos, matrimonios y fábrica, desde 1606; de confirmaciones, desde 1654; conserva *Apuntes históricos* referentes a la fundación de la parroquia. *Ondara*. Tiene completa la serie de libros de defunciones, matrimonios, desde 1624; de bautismos, desde 1623; de confirmaciones, desde 1654. *Onteniente*. La Asunción de Nuestra Señora. Archivo incompleto. Contiene la serie completa de bautismos, desde 1616. De matrimonios, desde 1660. *Orba*. Conserva la serie completa de libros de defunciones, bautismos, matrimonios, desde 1628; de confirmaciones, desde 1650. *Palma de Gandía*. Tiene completa la serie de libros de defunciones, desde 1620; de bautismos, desde 1524; de matrimonios, desde 1568; de fábrica, desde 1760. La partida más antigua de confirmaciones, data del año 1620. *Palomar*. Tiene completa la serie de libros de defunciones, desde 1627; de bautismos, desde 1584; de matrimonios, desde 1622; de confirmaciones, desde 1627; de fábrica, desde 1687. *Parcent*. Las partidas más antiguas que se conservan de defunciones, datan de 1665; de bautismos, de 1630; de matrimonios, de 1631; de confirmaciones, de 1633; está completa la serie de libros de defunciones, bautismos, matrimonios, confirmaciones, desde 1744. Posee un libro de la Cofradía del Rosario del año 1687. *Patró*. Guarda la serie completa de libros de defunciones, desde 1664; de bautismos, desde 1626; de matrimonios, desde 1664; de confirmaciones, desde 1687. *Pedralva*. Tiene la serie completa de libros de defunciones, bautismos, matrimonios, desde 1575; de fábrica, desde 1700. *Pedreguer*. Guarda la serie completa de libros de defunciones, bautismos, matrimonios, confirmaciones, desde 1655. *Pego*. La Asunción de Nuestra Señora. Posee completa la serie de libros de defunciones, desde 1626; de bautismos y matrimonios, desde 1612; de confirmaciones, desde 1620. *Penáguila*. Guarda completa la serie de libros de defunciones, desde 1769; de bautismos, desde 1575; de matrimonios, desde 1586; de confirmaciones, desde 1587. *Petrés*. Archivo incompleto. La partida más antigua de defunciones, es de 1620; de bautismos, de 1619; de matrimonios, de 1620; de confirmaciones, de 1619. *Pinet*. Archivo incompleto. Las partidas más antiguas de defunciones y bautismos que se conservan, datan del año 1799. *Planes*. Tiene completa la serie de libros de defunciones, bautismos, matrimonios, desde 1623. *Poliñá del Júcar*. Conserva la serie completa de libros de defunciones, bautismos, matrimonios, confirmaciones, desde 1597. *Potríes*. Archivo incompleto. Guarda la serie de libros de defunciones y matrimonios, desde 1754; de bautismos, desde 1753; de confirmaciones, desde 1658. Completos a partir de las fechas indicadas. *Puebla del Duc*. Tiene completa la serie de libros de defunciones, bautismos, matrimonios, desde 1794. *Puebla de Farnals*. Archivo incompleto. Las partidas más antiguas de defunciones, matrimonios, confirmaciones, datan de 1779. *Puebla Larga*. Archivo incompleto. Las partidas más antiguas de defunciones, bautismos, matrimonios, datan de 1750. *Puebla de San Miguel*. Tiene completa la serie de libros de defunciones, desde 1662; de matrimonios, desde 1652; de bautismos y confirmaciones, desde 1656. *Ráfol de Almunia*. Guarda completa la serie de libros de defunciones y de matrimonios desde 1716; la de bautismos, desde 1715; la de confirmaciones, desde 1733. *Real de Gandía*. Posee

completa la serie de libros de defunciones, bautismos, matrimonios, desde 1611. *Requena*. Parroquia de San Nicolás: archivo incompleto; la más antigua partida de matrimonios, data de 1564; tiene completa la serie de bautismos, desde 1665. Parroquia del Salvador: archivo incompleto; la partida más antigua que se conserva es de bautismos y data del año 1690. *Rotglá-Corberá*. Guarda completa la serie de libros de defunciones, bautismos, matrimonios, desde 1707; la de confirmaciones, desde 1733. *Rótova*. Posee completa la serie de libros de defunciones, bautismos, matrimonios, confirmaciones, desde 1620. Tiene además unas informaciones para la beatificación del venerable Miguel López de Grez, cura de esta parroquia. Comienzan las informaciones el 28-IX-1618 y terminan el 4-II-1619. *Salem*. Tiene completa la serie de libros de defunciones, desde 1623; de bautismos, desde 1574; de matrimonios, desde 1625; de confirmaciones, desde 1797. *San Juan de Enova*. Posee completa la serie de libros de defunciones, bautismos, matrimonios, desde 1747; de confirmaciones, desde 1757; de fábrica, desde 1734. Conserva una visita pastoral del año 1758. *Sellent*. Tiene completa la serie de libros de defunciones y matrimonios, desde 1620; la de bautismos, desde 1618. *Serra*. Guarda completa la serie de libros de defunciones, desde 1620; bautismos, desde 1619; matrimonios, desde 1623. *Siete Aguas*. Las partidas más antiguas de defunciones, bautismos, matrimonios que se conservan, datan del año 1771; las de confirmaciones, del año 1793. *Silla*. Tiene completa la serie de libros de defunciones, bautismos, matrimonios, desde el año 1750; de confirmaciones, desde 1757. Posee libros de visita pastoral del tiempo de san Juan de Ribera. *Tabernes Blanques*. Conserva la serie completa de libros de defunciones, desde 1635; de bautismos y matrimonios, desde 1631; de confirmaciones, desde 1635. *Tabernes de Valldigna*. Parroquia de San Pedro Apóstol. Las partidas más antiguas de defunciones, bautismos, matrimonios que se conservan, datan del año 1717. *Teresa de Cofrentes*. Las partidas más antiguas que conserva de defunciones, datan de 1630; de bautismos, matrimonios, confirmaciones, de 1621. *Terrateig*. Está completa la serie de libros de defunciones, bautismos, matrimonios, desde 1627; la de confirmaciones, desde 1689. *Teulada*. Está completa la serie de libros de defunciones, desde 1620; la de bautismos y matrimonios, desde 1614; de confirmaciones, desde 1620. *Titaguas*. Las partidas más antiguas que conserva de defunciones, datan de 1540; de bautismos y matrimonios, de 1547; de confirmaciones, de 1596. *Torrente*. La Asunción de Nuestra Señora. Está completa la serie de libros de defunciones, desde 1569; de bautismos, desde 1568; de matrimonios, desde 1630; de confirmaciones, desde 1568; de fábrica, desde 1633; libro racionero del año 1600. Carta Puebla del rey D. Jaime. Pergaminos del siglo XVI y posteriores. *Torre de Lloris*. Archivo incompleto. Las partidas más antiguas que se conservan de defunciones, bautismos, matrimonios, confirmaciones, datan de 1686; de fábrica, está completa desde el año 1758. *Tosalnou*. Guarda completa la serie de libros de defunciones, bautismos, matrimonios, confirmaciones, desde 1687. *Tous*. La partida más antigua que se conserva es de bautismos y data de 1780. *Turís*. Guarda completa la serie de libros de defunciones, desde 1565; la de bautismos y matrimonios, desde 1564; la de confirmaciones, desde 1593; la de fábrica, desde 1564. *Vallada*. Las partidas más antiguas que se conservan de defunciones, datan del año 1738; de bautismos, de 1535; de matrimonios, de 1564; de confirmaciones, de 1793. *Vall de Alcalá*. Tiene completa la serie de libros de defunciones, bautismos, matrimonios, fábrica, desde 1624. *Vall de Ebo*. Tiene completa la serie de libros de defunciones, bautismos, matrimonios, desde 1623. *Villalonga*. Posee completa la serie de libros de defunciones, desde 1631; la de bautismos y matrimonios, desde 1640; la de confirmaciones, desde 1633; *Villar del Arzobispo.* Conserva completa la serie de libros de defunciones, bautismos, matrimonios, desde 1603; la de confirmaciones, desde 1646. *Yátova.* Tiene completa la serie de libros de defunciomes, desde 1635; la de bautismos y matrimonios, desde 1612; la de confirmaciones, desde 1619; la de fábrica, desde 1792. *Zarra.* Tiene completa la serie de libros de defunciones, bautismos, matrimonios, desde el año 1744.

Bibliotecas eclesiásticas. La biblioteca del *Cabildo Metropolitano,* se halla instalada ésta en las mismas dependencias del archivo. Consta de 2.308 volúmenes, catalogados en las siguientes secciones: *a)* Manuscritos: 392 volúmenes de los siglos XII al XX, con un fondo predominante medieval. *b)* Incunables: 120 volúmenes. *c)* Raros: 170 volúmenes. *d)* Corrientes: 1.626 volúmenes. *Real Colegio y Seminario de Corpus Christi:* Conserva la biblioteca del fundador san Juan de Ribera, catalogada en serie única de manuscritos, incunables, raros y corrientes, hasta la primera mitad del siglo XVIII, con un total de 2.651 volúmenes. La de los colegiales está compuesta de varios fondos recibidos por donación o depósito y una parte de adquisiciones recientes. Contiene unos 10.000 volúmenes aproximadamente. Rica esta parte en manuscritos de la Edad Moderna, especialmente del siglo XVIII. *Seminario Metropolitano:* Guarda más de 20.000 volúmenes. Predominan los fondos anticuados. Está en plan de grandes y modernas adquisiciones.

Museos eclesiásticos. El del *Cabildo Metropolitano:* Además de las joyas que se hallan en los altares y retablo del altar mayor, se ha montado una exposición permanente del tesoro y un museo de nueva planta. Tiene un fondo de primitivos, dos Goyas de la mejor época; dos portapaces de oro, obra de Benvenuto Cellini. Espléndida y monumental custodia y carroza procesional para la festividad del Corpus. Mide toda ella más de cuatro metros de altura y más de dos en su anchura. Se han empleado más de 600 kilogramos de plata. La integran 20.000 piezas. Ha sido construida por artistas de la ciudad desde el año 1942 a 1955. *Museo Diocesano:* Desde mediados del siglo XVIII, los prelados valentinos mostraron notable preocupación por conservar en local apropiado las obras de arte sacro que no estuvieran al servicio del culto. Los arzobispos Andrés Mayoral Alonso de Mella (1737-1769), Francisco Fabián y Fuero (1773-1794) reunieron preciosa colección de arte que fue instalada en la biblioteca arzobispal. Todo se perdió en el incendio de 1812, cuando la invasión francesa. El cardenal Enrique Reig y Casanova (1920-1923) fue el segundo fundador del Museo Diocesano, también destruido en la revolución de 1936. Ultimamente, el Excmo. y Rvdmo. Sr. D. Marcelino Olaechea, lo ha vuelto a reorganizar. Se inauguró el 10-III-1959. Actualmente se ha integrado en el Museo de la catedral. *Real Colegio y Seminario de Corpus Christi:* Propiamente hablando, toda la casa es un museo, pues se conserva, por fortuna, en la misma disposición que la dejara su fundador san Juan de Ribera, sin alteración en su fábrica. Con algunas piezas que decoraban el salón rectoral y otros legados modernos, se ha instalado un museo, el más notable de la ciudad. Fue inaugurado en 1954. Guarda tapices flamencos, orfebrería del siglo XVI, pinturas de los más renombrados maestros, etc.

Publicaciones diocesanas. El arzobispo Mariano Barrio y Fernández fundó el *Boletín Oficial del Arzobispado* el 26-I-1861; apareció el primer número, el jueves, 3 de octubre del mismo año. El Instituto Diocesano Valentino «Roque Chabás», erigido por D. Marcelino Olaechea, el 1-IX-1959, ha publicado los siguientes volúmenes: José Climent Barber, *Cancionero Diocesano,* Val. 1960; Ramón Robres Lluch, *San Juan de Ribera,* Ba. 1960; Antonio Beltrán, *El Santo Cáliz,* Val. 1960; *Rubricae Breviarii et Missalis Romani,* edición bilingüe, con versión castellana, de D. José García Grau, Val. 1960; Guillermo Hijarrubia Lodares, *El Códice Panthalia del Venerable Juan Bautista Agnesio,* Val. 1960; José Zahonero Vivó, *Crónica del XVII Centenario de la llegada a España del Santo Cáliz,* Val. 1961; Joannis Ludovici Vives, *Exercitationes linguae latinae, edidit ac notulis ex optimis commentariis instruxit doctor Raymundus Robres Lluch,* dos volúmenes, el segundo con la versión castellana, Val. 1963. El Seminario Mayor publica «Anales del Seminario Metropolitano de Valencia», revista fundada en 1961; lleva publicados trece volúmenes. La Delegación Diocesana de Información y Estadística ha publicado un grueso y estimable volumen «Guía de la Iglesia en la Diócesis de Valencia», Val. 1963. La Comisión Diocesana de Sagrada Liturgia, ha lanzado varios folletos, bajo el epígrafe «Plebs Sancta» y en la sección «Agape» un estudio del que son autores Vicente Castell y José Almiñana, *La nueva edición típica del Misal Romano. Estudio, rúbricas, textos,* Val. 1963. Sin estar incluidos en serie alguna, han aparecido también otros volúmenes de carácter diocesano: José Zahonero Vivó, *Sacerdotes Mártires. Archidiócesis Valentina (1936-1939),* Alcoy 1951. [Carlos Piles], *Rituale Valentinum,* Val. 1961. Se publica semanalmente la hoja parroquial diocesana *Aleluya.*

3. **Geografía diocesana.** Dentro de la actual demarcación, existieron los obispados de Valencia, Játiva y Denia. Los obispos de Valencia y Játiva suscriben los concilios de Toledo a partir del III (a. 589); los de Denia, a partir del V (a. 635). Quizá en algún tiempo, fue Valencia sufragánea de Cartagena, pero a fines del siglo VI pertenecía a Toledo. Al ser liberada la diócesis por Jaime el Conquistador (a. 1238), Toledo y Tarragona pretendieron la sufraganeidad de Valencia, originándose largo pleito *(Ordinatio Ecclesiae Valentinae),* que resolvió la Santa Sede, alrededor de 1240, en favor de Tarragona, vistas las circunstancias de la conquista y porque así lo había prometido el monarca, al planear la cruzada. Los límites asignados por éste a la diócesis eran: desde Almenara hasta Biar o más allá, hasta donde se extendiera la conquista (a. 1241). Siete años más tarde (12-II-1248), se originó un pleito entre los obispos de Segorbe y Valencia, a propósito de las parroquias del río Mijares. En 1277, quedaron para Valencia unas 20 de aquéllas, las cuales volvieron a la jurisdicción de Segorbe el día 6-VI-1957. El papa Inocencio VIII erigió la diócesis de Valencia en metropolitana (9-VII-1492), dándole por sufragáneas a Mallorca y Cartagena. Fue su primer arzobispo el cardenal y vicecanciller de la Curia Romana, Rodrigo de Borja, el cual se llamó, en aquel mismo año, papa Alejandro VI. Más adelante, Valencia perdió Cartagena y conservó Mallorca, recibiendo además Orihuela (14-VII-1564), Segorbe (21-VII-1577), Menorca (16-III-1851), Ibiza (19-VII-1927), Albacete (2-XI-1949). El territorio de esta metropolitana, limitaba, hasta 1957, con los obispados de Orihuela, Cartagena, Cuenca, Segorbe, Tortosa, Zaragoza y Teruel. Modificados los límites del arzobispado, en aquel año, renunció a los arciprestazgos de Villahermosa del Río, Jijona, Villajoyosa y Callosa de Ensarriá, adquiriendo los de Ayora, Requena, Ademuz, Alpuente y Chelva. Los actuales límites diocesanos comprenden toda la provincia civil de Valencia y cinco arciprestazgos en la de Alicante: Alcoy, Benisa, Cocentaina, Denia y Pego.

4. **Situación actual.** Extensión territorial en kilómetros cuadrados, 12.308,78, de los cuales, 220,89 pertenecen a las parroquias de Valencia-capital. Número total de fieles, 1.585.582, de hecho; y de derecho,

1.593.041. A Valencia-capital le corresponden 569.863 por derecho; de hecho tiene 574.240. Sacerdotes seculares diocesanos, 903; extradiocesanos, 48. Religiosos con cargos parroquiales o diocesanos, 133. Religiosos residentes en la diócesis: varones, de vida contemplativa, 29; de vida activa, 1.402. Religiosas: de vida contemplativa, 870; de vida activa, 4.211. Los datos anteriores, como los siguientes, corresponden a 1963.

Los institutos religiosos, según la estadística diocesana de 1963, se hallan distribuidos de la siguiente manera, en la capital y en la diócesis: Religiosos. Carmelitas Descalzos (capital: sac. 15, legos 5, seminaristas 15). Carmelitas de la Antigua Observancia (capital: sac. 2, legos 1). Clérigos Regulares de las Escuelas Pías (capital: sac. 32, legos 9, aspirantes 44; pueblos: sac. 15, legos 11, seminaristas 30). Clérigos Regulares Ministros de los Enfermos (capital: sac. 4, legos 1). Compañía de Jesús (capital: sac. 44, legos 19; pueblos: sac. 52, legos 11). Marianistas (capital: sac. 4, legos 32). Congregación de la Misión (capital: sac. 7, legos 1; pueblos: sac. 6). Congregación de la Santísima Cruz y Pasión de Nuestro Señor Jesucristo (capital: sac. 4, legos 3). Frailes Menores (capital: sac. 14, legos 4; pueblos: sac. 55, legos 25, seminaristas 6, novicios 25). Frailes Menores Capuchinos (capital: sac. 7, legos 4; pueblos: sac. 14, legos 7, postulantes 3). Frailes Menores Conventuales (pueblos: sac. 5, legos 2). Hermanos de las Escuelas Cristianas (capital: hermanos 8; pueblos: hermanos 10). Hermanos Eremitas de San Agustín (capital: sac. 18, legos 4). Hermanos Maristas de la Enseñanza (capital: hermanos 28; pueblos: hermanos 10). Hijos de la Sagrada Familia (capital: sac. 5, seminaristas 50). Misioneros de los Sagrados Corazones de Jesús y de María (capital: sac. 5, legos 1). Misioneros Hijos del Inmaculado Corazón de María (capital: sac. 3, legos 1; pueblos: sac. 8, legos 3, novicios 3). Orden de Nuestra Señora de la Merced (capital: sac. 5, legos 2; pueblos: sac. 6, legos 4, novicios 32). Orden de la Cartuja (pueblos: sac. 12, legos 13, novicios 4). Orden de Predicadores (capital: sac. 40, legos 6, teólogos 37; pueblos: sac. 3, legos 1). Orden Hospitalaria de San Juan de Dios (capital: hermanos 12). Pía Sociedad de San Francisco de Sales (capital: sac. 32, legos 4, trienales 4; pueblos: sac. 11, legos 4, novicios 49, seminaristas 1). Sacerdotes del Sagrado Corazón de Jesús (capital: sac. 5, legos 3); Siervos de María (capital: sac. 3; pueblos: sac. 5). Terciarios Capuchinos de Nuestra Señora de los Dolores (capital: sac. 2, legos 6, seminaristas 1; pueblos: sac. 11, legos 23, seminaristas 15). Hay religiosas de clausura papal: Agustinas Canonesas de San Agustín (capital: 20). Agustinas Descalzas de la Purísima Concepción y San José (pueblos: 11). Agustinas Descalzas de San Juan de Ribera (capital: 17; pueblos: 63; novicias 1, postulantes 1); Agustinas Ermitañas (pueblos: 16; novicias 1). Agustinas Ermitañas de San Gregorio (capital: 24). Agustinas Ermitañas de San José y Santa Tecla (capital: 15). Agustinas Recoletas de San Agustín (pueblos: 6). Agustinas Recoletas de la Presentación de Nuestra Señora (capital: 15, novicias 2). Capuchinas (capital: 16, novicias 3; pueblos:14). Carmelitas de la Antigua Observancia (capital: 23, novicias 1; pueblos: 39, novicias 2). Carmelitas Descalzas (capital: 19; pueblos: 59; novicias 3, postulantes 1). Carmelitas Descalzas de Corpus Christi (capital: 19). Carmelitas Descalzas de San José y Santa Teresa (capital: 18). Cistercienses (pueblos: 11, novicias 1). Cistercienses de la Estrecha Observancia (capital: 31, novicias 1). Dominicas (capital: 27; pueblos: 25). Dominicas de Nuestra Señora de la Consolación (pueblos: 18, novicias 2, postulantes 1). Dominicas de la Segunda Orden (capital: 63, novicias 5, postulantes 2). Franciscanas Clarisas (capital: 20, novicias 1; pueblos: 129, postulantes 2). Franciscanas Clarisas de la Puridad y

San Jaime (capital: 27, novicias 1, postulantes 1). Franciscanas Clarisas Recoletas (capital: 20, postulantes 1). Franciscanas de la Visitación (pueblos: 22). Orden de Santa Clara (capital: 13, novicias 1, postulantes 1). Siervas de María (capital: 15; pueblos: 20). De clausura disciplinar: Adoratrices Esclavas del Santísimo y de la Caridad (capital: 23). Agustinas del Amparo (capital: 5). Carmelitas de la Caridad (capital: 79; pueblos: 45). Carmelitas Misioneras Terciarias Descalzas (capital: 6, aspirantes 12). Compañía de Santa Teresa de Jesús (capital: 57). Cooperadoras de Betania (capital: 5; pueblos: 47). Damas Apostólicas del Sagrado Corazón de Jesús (capital: 7). Damas Catequistas (capital: 17). Dominicas de la Anunciata (capital: 41; pueblos: 48). Dominicas de la Enseñanza, de María Inmaculada (capital: 6). Esclavas de María Inmaculada Protectoras de Obreras (capital: 37). Esclavas del Sagrado Corazón de Jesús (capital: 63; pueblos: 93). Franciscanas de Nuestra Señora del Buen Consejo (capital: 8). Franciscanas Misioneras de la Natividad de Nuestra Señora (capital: 14). Hermanas Carmelitas de la Caridad (pueblos: 103). Hermanas del Sagrado Corazón de Jesús y de los Santos Angeles (capital: 14). Hermanas de la Bienaventurada Virgen María del Monte Carmelo (pueblos: 4). Hermanas de la Bienaventurada Virgen María del Monte Carmelo de la Tercera Orden de Carmelitas (pueblos: 4). Hermanas de la Caridad de Nuestra Señora de la Consolación (pueblos: 17). Hermanas de la Caridad de San Vicente de Paúl, fundación mallorquina (pueblos: 9). Hermanas de la Caridad de Santa Ana (capital: 124; pueblos: 86, novicias 13). Hermanas de la Cruz, de Sevilla (pueblos: 8). Hermanas de la Doctrina Cristiana (capital: 109; pueblos: 62, novicias 25, postulantes 23). Hermanas de San Francisco Javier (capital: 13). Hermanas de San José de Gerona (capital: 10). Hermanas de la Virgen del Carmen Terciarias (capital: 9). Hermanas de la Virgen María del Monte Carmelo (pueblos: 6). Hermanas Marías Nazarenas (capital: 6). Hermanas Mercedarias de la Caridad (pueblos: 41). Hermanas Salesianas del Sacratísimo Corazón de Jesús (pueblos: 14). Hermanitas de la Asunción (capital: 13). Hermanitas de los Ancianos Desamparados (capital: 109, novicias 67, postulantes 47; pueblos: 163). Hermanitas de San José de Montgay-Lyón (pueblos: 62). Hijas de Cristo Rey (pueblos: 14). Hijas de María Auxiliadora (capital: 36). Hijas de María Inmaculada (capital: 18). Hijas de María Inmaculada para el Servicio Doméstico y Protección de la Joven (capital: 36). Hijas de la Caridad de San Vicente de Paúl (capital: 328, novicias 43; pueblos: 267, novicias 30). Hijas de la Inmaculada Concepción, de Buenos Aires (pueblos: 12, novicias 4). Hijas de María Auxiliadora (pueblos: 18). Hijas de la Unión Apostólica (pueblos: 4). Hospitalarias del Sagrado Corazón de Jesús (capital: 35). Instituto de María Reparadora (capital: 41). Instituto de la Visitación de Nuestra Señora y San Miguel Arcángel (pueblos: 16, novicias 1). Instituto de las Hijas del Corazón de María (capital: 23, novicias 8, postulantes 2). Madres de Desamparados de San José de la Montaña (capital: 40, novicias 45, postulantes 6; pueblos: 11, novicias 6). Mercedarias de la Caridad (capital: 11). Misioneras de Cristo Jesús (capital: 11). Oblatas del Santísimo Redentor (capital: 6; pueblos: 30). Operarias del Divino Maestro (capital: 32, novicias 4). Operarias Doctrineras de Nuestra Señora de los Dolores (capital: 8; pueblos: 49, novicias 12, postulantes 7). Pía Sociedad de Hijas de San Pablo (capital: 8). Religiosas de Enseñanza de María Inmaculada (pueblos: 58, novicias 14, hermanas 2, postulantes 3). Religiosas de la Caridad de Nuestra Señora de la Consolación (capital: 23). Religiosas de la Pureza de María Santísima (capital: 31; pueblos: 15). Religiosas de la Sagrada Familia de Bordeaux (capital: 102; pueblos:

14). Religiosas de las Escuelas Pías (capital: 39; pueblos: 23, prepostulantes 40). Religiosas de Jesús-María (capital: 40, hermanas auxiliares 17). Servidoras de Jesús en los Enfermos Pobres (capital: 9). Siervas de Jesús de la Caridad (capital: 37). Siervas de María «Mantellate» (capital: 6; pueblos: 10). Siervas de María Ministras de Enfermos (capital: 35; pueblos: 19). Siervas de la Pasión (capital: 9). Sociedad del Sagrado Corazón (pueblos: 53). Teatinas de la Inmaculada Concepción (capital: 5). Terciarias Capuchinas de la Sagrada Familia (capital: 15; pueblos: 109, novicias 11, postulantes 3). Terciarias Carmelitas del Sagrado Corazón de Jesús (capital: 3). Terciarias Franciscanas de la Purísima (pueblos: 7). Terciarias Franciscanas del Buen Consejo (pueblos: 6). Terciarias de San Francisco de Asís y de la Inmaculada Concepción (capital: 76, novicias 9; pueblos: 162, novicias 23). Trinitarias Descalzas (capital: 87; pueblos: 62).

Seminaristas: Año 1963: alumnos de Teología, 152; de Filosofía, 122; de Humanidades, 524. Total, 798 (Seminario Mayor, 274; Seminario Menor, 524). Actualmente centro de Estudios Eclesiásticos: (filósofos y teólogos, 204.)

Parroquias: Valencia-capital, 110; Valencia-pueblos, 325; en la provincia de Alicante, 83. Total, 518. Cuasiparroquias: Valencia-capital, 1; Valencia-pueblos, 8. En la provincia de Alicante, 9. Total, 18.

Colegios de la Iglesia con el número de sus alumnos. Masculinos: Clérigos Regulares de las Escuelas Pías (capital: 2.069; pueblos: 1.609). Congregación de la Misión (pueblos: 2.450). Compañía de Jesús (capital: 1.989; pueblos: 200). Compañía de María (capital: 1.267). Frailes Menores (capital: 50; pueblos: 1.045). Hermanos de las Escuelas Cristianas (capital: 810; pueblos: 756). Hermanos Eremitas de San Agustín (capital: 1.150). Hermanos Maristas de la Enseñanza (capital: 1.070; pueblos: 625). Hijos de la Sagrada Familia (capital: 600). Misioneros de los Sagrados Corazones de Jesús y de María (capital: 415). Misioneros Hijos del Inmaculado Corazón de María (capital: 330; pueblos: 263). Orden de los Frailes Menores Conventuales (pueblos: 309). Orden de Predicadores (capital: 675). Pía Sociedad de San Francisco de Sales (capital: 1.019; pueblos: 594). Sacerdotes del Sagrado Corazón de Jesús (capital: 320). Terciarios Capuchinos (pueblos: 745).

Femeninos: Adoratrices Esclavas del Santísimo y de la Caridad (capital: 330). Carmelitas de la Caridad (capital: 1.082; pueblos: 1.038). Compañía de Santa Teresa de Jesús (capital: 241). Cooperadoras de Betania (pueblos: 150). Dominicas de la Anunciata (capital: 748; pueblos: 876). Esclavas de María Inmaculada Protectoras de Obreras (capital: 219). Esclavas del Sagrado Corazón de Jesús (capital: 510; pueblos: 634). Hermanas Carmelitas de la Caridad (pueblos: 1.726). Hermanas de la Bienaventurada Virgen María del Monte Carmelo (pueblos: 100). Hermanas de la Bienaventurada Virgen María del Monte Carmelo de la Tercera Orden de Carmelitas (pueblos: 30). Hermanas de San Francisco Javier (capital: 400). Hermanas de la Caridad de Santa Ana (capital: 1.314; pueblos: 2.327). Hermanas de la Caridad de Nuestra Señora de la Consolación (pueblos: 192). Hermanas de la Caridad de San Vicente de Paúl, fundación mallorquina (pueblos: 240). Hermanas de la Cruz, de Sevilla (pueblos: 130). Hermanas de la Doctrina Cristiana (capital: 605; pueblos: 1.724). Hermanitas de San José de Montgay-Lyón (pueblos: 190). Hermanas de la Virgen María del Monte Carmelo (pueblos: 80). Hermanas Mercedarias de la Caridad (pueblos: 120). Hermanas Salesianas del Sagrado Corazón de Jesús (pueblos: 63). Hijas de Cristo Rey (pueblos: 283). Hijas de la Sagrada Familia de Bordeaux (pueblos: 416). Hijas de María Auxiliadora (pueblos: 517). Hijas de María Inmaculada (capital: 389). Hijas de María Inmaculada para el Servicio Doméstico y Protección de la Joven (capital: 299). Hijas de la Caridad de San Vicente de Paúl (capital: 3.550; pueblos: 7.257). Hijas de la Inmaculada Concepción, de Buenos Aires (pueblos: 247). Hijas de María Auxiliadora (pueblos: 800). Hijas de la Unión Apostólica (pueblos: 112). Instituto de María Reparadora (capital: 78). Instituto de Obreras de la Cruz (pueblos: 810). Madres de Desamparados de San José de la Montaña (capital: 610; pueblos: 289). Operarias del Divino Maestro (pueblos: 551). Operarias Doctrineras de Nuestra Señora de los Dolores (pueblos: 450). Religiosas de Jesús-María (capital: 704). Religiosas de la Enseñanza de María Inmaculada (pueblos: 1.504). Religiosas de la Pureza de María Santísima (capital: 776; pueblos: 185). Religiosas de la Sagrada Familia de Bordeaux (capital: 1.025). Religiosas de las Escuelas Pías (capital: 1.114; pueblos: 492). Siervas de María «Mantellate» (capital: 80; pueblos: 151). Sociedad del Sagrado Corazón (pueblos: 672). Teatinas de la Inmaculada Concepción (capital: 100). Terciarias Capuchinas de la Sagrada Familia (capital: 184; pueblos: 924). Terciarias Carmelitas del Sagrado Corazón de Jesús (capital: 120). Terciarias de San Francisco de Asís y de la Inmaculada Concepción (capital: 1.012; pueblos: 1.865). Terciarias Franciscanas de la Purísima (pueblos: 103). Terciarias Franciscanas del Buen Consejo (pueblos: 106). Trinitarias Descalzas (capital: 487; pueblos: 821).

Centros de la Iglesia de Enseñanza Media Libre. En la capital: Cristo Rey, 110 alumnos; Esclavas de María, 52; Escolanía de Nuestra Señora de los Desamparados, 19; Jesús, José y María, 40; Madres Adoratrices, 64; María Auxiliadora, 125; Misericordia, 50; Pureza de María, 148; La Purísima, 12; Los Sagrados Corazones, 88; San Juan Bautista, masculinos, 20, y femeninos, 17.

En los pueblos: Alberique (La Milagrosa, 17 alumnos); Alcira (Santos Patronos, 26); Alcoy (La Salle, 290); Alcoy (San Vicente, Salesianos, 298); Alcoy (San Vicente de Paúl, 189); Alfara del Patriarca (Inmaculada Concepción, 24); Algemesí (Fundación Josefa Ahuir, 92); Algemesí (San José de Calasanz, 59); Algemesí (Santa Ana, 63); Benicalap (Nuestra Señora del Carmen, 55); Benifayó (Cristo Rey, 17); Benigánim (La Milagrosa, 6); Benimaclet (Corazón de María, 70); Buñol (Inmaculada Concepción, 37); Canals (San Juan Bosco, 11); Casinos (Parroquial, 16); Catarroja (Nuestra Señora de los Desamparados, 40); Cullera (La Concepción, 24); Cullera (San Lorenzo, 17); Chelva (San Antonio, 34); Denia (Sagrado Corazón de Jesús, 22); Denia (San Juan Bautista, 90); Fuente Robles (Santiago Apóstol...); Godella (San Bartolomé, 49); Játiva (Corazón de María, 72); Játiva (Nuestra Señora de la Seo, 75); Masanasa (San José y San Andrés, 8); Mislata (Sagrado Corazón de Jesús, 10); Mogente (San Juan Bautista, 7); Oliva (Nuestra Señora del Rebollet, 63); Pego (San Antonio, 35); Puerto de Sagunto (Inmaculada Concepción, 100); Ribarroja del Turia (Parroquial, 37); Sagunto (San Vicente Ferrer, 40); Simat de Valldigna (San Juan de Ribera, 33); Sueca (La Encarnación, 8); Sueca (María Auxiliadora, 58); Torrente (Nuestra Señora de Monte Sión, 33); Villamarchante (Parroquial, 22).

5. **Episcopologio.** [Van en versalita los obispos falsos]. SAN EUGENIO, discípulo legendario del Apóstol Santiago, el cual predicó en Valencia, antes que en Castilla y Zaragoza; convocó concilio el a. 60 en Peñíscola. SAN ELPIDIANO, mártir, 73; según la tradición lo puso el Apóstol San Pedro. VICENTE, por el año 100. SAN VITORIO, † 105. SAN VICTORINO?. PEDRO, sucedió a San Victorino mártir el a. 106. TÉRTULO, sucedió a Pedro en 119. JAIME, sucedió a Tértulo, 166.

TERENCIO, 197. FELICIANO, 225. ESTERIO, 250. EULOGIA-
NO, 298. SAN LOPE O LUPO, 325. MARCELO, 330. LOPE II,
366. JUAN, 400. FORTUNATO, asistió al sínodo quinto romano, que mandó convocar el papa Símaco el a. 411.
FÉLIX, 429. SAN PAMAQUIO, natural de Roma, obispo
de Valencia en el a. 456. SAN PASTOR, murió mártir el
a. 465. JUSTINIANO, 482. LOPE III, 482. RUFINIANO, murió en Valencia, 510. Justiniano, c. 531-546. JUSTINIANO;
LICINIANO, 587. Celsino, 589; asistió al III conc. de
Toledo; suscribe las actas. Ubiligisclo, arriano, abjuró
en el III conc. de Toledo; suscribe las actas. Marino,
610. PROTASIO, 635. Musitacio o Mustacio, 633; vive
hacia 646; suscribe el IV conc. toledano. Aniano, 646;
vive en 646 y 652; suscribe el VII conc. toledano. Félix,
suscribe el VIII conc. toledano. Suinterico, suscribe el
XI conc. toledano. Hospital, suscribe el XII conc. toledano. ALTEMIRO, 683 ó 685. Sármata, suscribe el XIII
conc. toledano. Uvitisclo, suscribe el XVI conc. toledano. GINESIO, 694. LOPE O LUPO IV, 713, invasión árabe.
FÉLIX, 756. SAN PANTALEÓN, hallóse en el VII conc. ecuménico, II Niceno, a. 770. MARCELO, 796. FÉLIX, 814.
JUAN, estuvo en el conc. toledano de 858. FROILANO,
886. EGAS, 909. EGAS II, 916. Durante la dominación
árabe, un obispo mozárabe, Teodovildo, fallece en Bari
el a. 1104; otro obispo mozárabe, cuyo nombre se desconoce, en 1090-1092, a quien los árabes llamaban Alat Al-
marian y Cahoc. Jerónimo de Perigord OSB, 1092-1102
tr. a Salamanca. Valencia es reconquistada en 1238 por
el rey D. Jaime. San Pedro Nolasco, nombrado por el rey
D. Jaime, no quiso aceptar. Berenguer de Castellbisbal, electo, pero no consagrado. Ferrer de Pallarés,
22-VII-1240, † 30-IV-1243, cautivo por los sarracenos,
lo degollaron. Arnaldo de Peralta, 1243, 1248 tr. a Zaragoza. Andrés de Albalat OP, 4-XII-1248, † 24-III-1276,
celebró sínodos 1256, 1258, 1261, 1262, 1263, 1268,
1269, 1273; puso la primera piedra de la catedral en
1262; falleció en Viterbo. Jazperto de Botonach, 29-IV-
1276, † 3-IV-1288, celebró sínodos 1278 y 1280. Raimundo Despont OP, pr. 15-I-1291, † 13-XI-1312; celebró
sínodos 1296, 1298; asistió al conc. de Vienne 1311-
1312. Raimundo Gastón, 16-XI-1312, † 19-VI-1348;
celebró sínodo en 1320. Hugo de Fenollet, ob. de Vich,
pr. 3-XII-1348, † 1356; celebró sínodos 1349 y 1351.
Vidal de Blanes, pr. 5-XII-1356, † 1369; celebró sínodos
1357 y 1368. Jaime de Aragón, ob. de Tortosa, pr. 5-III-
1369, † 1396, cardenal; celebró sínodos 1382 y 1385.
Hugo de Lupia y Bagés, ob. de Tortosa, pr. 28-XI-1397,
† 1-IV-1427; celebró seis sínodos 1400 a 1422. Alonso de
Borja, 20-VIII-1429, † 6-VIII-1458, cardenal en 1444
papa con el nombre de Calixto III en 1455; retiene la
sede valentina; celebró sínodo en 1432. Rodrigo de
Borja, 30-VI-1458; 9-VII-1492, papa con el nombre
de Alejandro VI. César de Borja, ob. de Pamplona, 31-VIII-1492 como administrador; fue hijo de
Alejandro VI; tenía en administr. las sedes de Pamplona, Nantes, Elna; creado cardenal el 20-IX-1493;
renunció. Juan de Borja y Lanzol, 6-IX-1499, y 22-
VI-1500. Pedro Luis de Borja y Lanzol, 29-VII-1500
como administrador, † 4-X-1511. Alfonso de Aragón,
ob. Zaragoza, pr. 23-I-1512 como administr. perpetuo, † 24-II-1520; celebró conc. provincial en 1517.
Erardo de la Marca, ob. de Lieja, 19-III-1520 en administración, † 27-II-1538. Jorge de Austria, 29-XI-
1538, 23-II-1541 tr. a Lieja. Sto. Tomás de Villanueva
OSA, pr. 10-X-1544, † 8-IX-1555; celebró sínodo en
1548; funda el Colegio de la Presentación para eclesiásticos. Francisco de Navarra, ob. de Badajoz, 4-V-
1556, † 4-IV-1563; asistió al conc. de Trento. Acisclo
Moya y Contreras, ob. de Vich, 1-III-1564, † 3-V-
1564; asistió al concilio de Trento; no llegó a entrar
en la sede. Martín Pérez de Ayala, ob. de Segovia
6-IX-1564, † 5-VIII-1566; celebró conc. provincial en
1565 y sínodo diocesano en 1566; asistió al conc. de

Trento. Fernando de Loaces OP, arz. de Tarragona,
28-IV-1567, † 28-II-1568, patriarca de Antioquía. San
Juan de Ribera, ob. Badajoz y patriarca de Antioquía,
3-XII-1568, † 6-I-1611; celebró sínodos 1578, 1584,
1590 (dos), 1594, 1599, 1607; funda el Colegio-Seminario de Corpus Christi. Pedro de Castro y Nero, ob. de Segovia, 12-IX-1611, † 27-IX-1611, no llegó a entrar.
Isidoro Aliaga OP, ob. de Tortosa, 26-III-1612, † 2-I-
1648; celebró sínodo en 1631. Pedro de Urbina OFM,
ob. de Coria, 28-VI-1649, 1-IV-1658 tr. a Sevilla; celebró
sínodo en 1657. Martín López de Hontiveros, ob. de Calahorra, 30-IX-1658, † 5-IX-1666. Ambrosio Ignacio
Spínola y Guzmán, ob. de Oviedo, 7-III-1667, 9-IV-
1668 tr. a Santiago; no llegó a entrar. Luis Alfonso de
los Cameros, ob. de Monreale (Sicilia), 14-V-1668,
† 26-VII-1676. Juan Tomás de Rocabertí OP, 8-II-
1677, † 12-VI-1699; celebró sínodo en 1687. Antonio
Folch de Cardona OFM, 3-II-1700, † 1-VII-1724. Andrés de Orbe y Larreategui, ob. Barcelona, 18-IV-
1725, 26-I-1738 renunció, † 4-VIII-1740. Andrés Mayoral, ob. de Ceuta, 27-I-1738, † 6-X-1769; funda
la biblioteca arzobispal. Tomás de Azpuru, 12-III-
1770, † 7-VII-1772, no entró. Francisco Fabián y Fuero,
ob. de Puebla de los Angeles, 13-IX-1773, 28-V-1795
renunció; funda el Seminario. Antonio Despuig y Dameto, ob. de Orihuela, pr. 1-VI-1795, 18-XII-1795
tr. a Sevilla. Juan Francisco Jiménez del Río, ob. de Segovia, 18-XII-1795, † 1-IV-1800. Joaquín Company y
Soler OFM, ob. de Zaragoza, 11-VII-1800, † 3-II-1813.
Veremundo Arias Teixeiro OSB, ob. de Pamplona,
9-XII-1814, † 15-II-1824. Simón López García, Oratoriano, ob. de Orihuela, 27-IX-1824, † 3-IX-1831. Joaquín López Sicilia, ob. de Burgos, 24-II-1832, † 24-VIII-
1838. Vaca la Sede durante diez años. Pablo García
Abella, Oratoriano, ob. de Calahorra, pr. 17-I-1848, † 6-
VIII-1860. Mariano Barrio y Fernández, ob. de Murcia
18-III-1861, † 1876; asistió al conc. Vaticano I. Antolín
Monescillo y Viso, ob. de Jaén, 22-VI-1877, 11-VII-1892
tr. a Toledo; celebró concilio prov. en 1889. Ciriaco
María Sancha y Hervás, ob. de Madrid, 11-VII-1892,
24-III-1898 tr. a Toledo. Sebastián Herrero y Espinosa
de los Monteros, Oratoriano, ob. de Córdoba, 24-III-
1898, † 9-XII-1903. Victoriano Guisasola y Menéndez,
ob. de Madrid, 14-XII-1905, 1-I-1914 tr. a Toledo. Valeriano Menéndez Conde, ob. de Tuy, 28-V-1914, † 3-
III-1916. José Salvador y Barrera, ob. de Madrid-Alcalá,
pr. 7-XII-1916, † 4-IX-1919. Enrique Reig y Casanova,
ob. de Barcelona, pr. 22-IV-1920, 14-XII-1922 tr. a Toledo. Prudencio Melo y Alcalde, ob. de Madrid, 14-XII-
1923, † 31-X-1945. Marcelino Olaechea y Loizaga, ob.
de Pamplona, 17-II-1946, 18-XI-1966 renunció. José
María García Lahiguera, 3-VII-1969 obispo actual.

BIBL.: Crònica de Jaume I, 9 vols., Ba. 1926-1929; BERNAT
DESCLOT, Crònica, 2 vols., Ba. 1949-1951; Fori Regni
Valentiae, 2 vols., Val. 1547-1548; Libre de Antiquitats,
edic. J. Sanchis Sivera, Val. 1926; J. PORCAR, Coses even-
gudes en la Ciutat y Regne de Valencia (1589-1629), 2 vols.,
Ma. 1934; Libre de Memories de diversos sucesos e fets
memorables e de coses senyalades de la Ciutat y Regne de
Valencia (1308-1644), 2 vols., edic. S. Carreres Zacarés,
Val. 1935 R. CHABÁS. Episcopologio valentino, 2 vols.,
Val. 1909; J. SANCHIS SIVERA, La diócesis valentina, 2 vols.,
Val. 1920; ID., Nomenclátor geográfico-eclesiástico de
los pueblos de la diócesis de Valencia, Val. 1922; ID., Para la
historia del derecho eclesiástico valentino: R5, 10(1934)123-
150; A. BARBERÁ SENTAMÁNS, El derecho canónico valentino,
comparado con el general de la Iglesia, Val. 1922; E.
OLMOS CANALDA, Los prelados valentinos, Val. 1949;
Viage, 1, Ma. 1803; II, Ma. 1804; IV, Ma. 1806; ES 8,
134-195, y 51, 368; Z. GARCÍA VILLADA, Historia Eclesiástica de España, I, Ma. 1929, 173, 176-179, 319; II, Ma. 1932,
20, 39, 237-238; J. VIVES, Inscripciones de la España romana
y visigoda, Ba. 1942, 279; V. DE LA FUENTE, Historia
Eclesiástica de España, I, Ma. 1873, 133-137; II, 138-139,
191-192; III, 210-215; IV, 258-261, 293-294, 301-304, 345-

348, 389-390; R. Robres Lluch, *Catálogo y nuevas notas sobre las rectorías que fueron de moriscos en el arzobispado de Valencia y su repoblación (1527-1663)*: R43, 10(1962) 143-191; J. Reglá, *Estudios sobre los moriscos*, Val. 1964; Abd Al-Wáhid Al-Marrácusi, *Libro de lo admirable en el resumen de las noticias de Occidente*, Tetuán 1955, edic. Ambrosio Huici de Miranda, 303; J. María Font, *La reconquista y repoblación de Levante: La reconquista y repoblación del país* (conferencias de curso celebradas en Jaca, agosto de 1947), Za. 1951, 90-91; J. Sáenz de Aguirre, *Collectio Maxima Conciliorum omnium Hispaniae*, III, Ro. 1694, 497-498; D. Emeis, *Peter IV., Johan I. und Martin von Aragon und ihre Kardinäle*, Münster 1961, 155-167; M. García Miralles, *La personalidad de Gil Sánchez Muñoz y la solución del Cisma de Occidente*, Teruel 1954; G. Hijarrubia Lodares, *Antigüedad de la creencia asuncionista en Valencia*: Boletín Oficial del Arzobispado de Valencia, 53(1948)300-303; ID., *Los tiempos del pontificado de Santo Tomás de Villanueva vistos por un poeta latino del siglo XVI*, Val. 1959; ID., *El códice Panthalia del Venerable Juan Bta. Agnesio*, Val. 1960; J. Mateu Ibars, *Los virreyes de Valencia. Fuentes para su estudio*, Val. 1963; J. Zahonero Vivó, *Sacerdotes Mártires. Archidiócesis Valentina (1936-1939)*, Alcoy 1951; Almanaque del diario de Valencia «Las Provincias». Val. 1940, 355-361, 447-470, 481-485, 569-570, 579-589, 605-608; J. Sanchís Sivera, *La catedral de Valencia*, Val. 1909; C. Sarthou Carreres, *Geografía del Reino de Valencia*, II, Val. 1924, 382, 393; J. Teixidor, *Antigüedades de Valencia*, II, Val. 1895; R. Robres Lluch, *San Juan de Ribera*, Ba. 1960, 122-194, 260-305. F. Mateu y Llopis, *Notas sobre los archivos eclesiásticos y de protocolos del reino de Valencia*: R159, 62(1956)699-737; *Guía de la Iglesia en la diócesis de Valencia*, Val. 1963, 189-644; E. Olmos Canalda, *Códices de la catedral de Valencia*, Val. 1943; ID., *Incunables de la catedral de Valencia*, Val. 1951; A. de León, *Historia y descripción de la custodia procesional de la catedral de Valencia*, Val. 1956; R. Robres y V. Castell, *Catálogo artístico ilustrado del R. Colegio y Seminario de Corpus Christi de Valencia*, Val. 1951; V. Cárcel Ortí, *Guía del Museo del Patriarca*, Val. 1962; D. Mansilla Reoyo, *La reorganización eclesiástica española del siglo XVI. Aragón-Cataluña*, Ro. 1956, 130, 176-177; R. I. Burns, *Un monasterio hospital del siglo XIII: San Vicente de Valencia*: R18, 4(1967)75-108; ID., *The crusader Kingdom of Valencia*, 2 vols., Cambridge (USA) 1967; A. Maestre Sanchis, *Ilustración y reforma de la iglesia. Renacimiento político-religioso de Don Gregorio Mayáns y Siscar (1699-1781)*: R10, 12(1966).
R. Robres

VALENCIA, Alonso de, (Zamora 1315 † Zamora 1365). Hijo de Alonso de Valencia y Juana de Castro; su padre era hijo a su vez del infante D. Juan y nieto del rey Alfonso X, mientras que su madre era nieta del rey Sancho IV y de María Alfonso de Meneses.

Alonso de Valencia fue hermano gemelo de Fernando de Valencia, el que hubo larga sucesión en Zamora, y este Alonso fue preconizado obispo de Zamora el 23-III-1355 en cuya mitra continuó hasta el año de su fallecimiento. Hizo fundación de una capilla en la catedral para su enterramiento y para los sucesores en el linaje de su hermano Fernando, dedicada a san Bernardo y san Ildefonso, y en la que está esculpido el escudo de armas de este linaje.

BIBL.: C. Fernández Duro, *Memorias históricas de la Ciudad de Zamora y su diócesis*. I, Ma. 1882, 565; M. Zataraín, *Apuntes para la historia eclesiástica de Zamora*, Za. 1898.
E. Fdez. Prieto

VALENCIA, Angel de, OFMCap (Valencia 1594 † Valencia 24-IV-1673) misionero. Vistió el hábito en 1615. Formó parte de la primera expedición de capuchinos al Congo en 1645. Al año siguiente fue a Roma con una embajada del rey del Congo. Nombrado en 1648 prefecto de la misión del Benin, en la misma costa africana, embarcóse con una expedición en 1651. Fracasada esta misión, regresó a la patria en 1654.

OBRAS: Es conocido, sobre todo, por su *Relación* de la misión del Congo, publicada en 1646.

BIBL.: J. A. Cavazzi, *Istorica descrizione dei tre regni Congo, Matamba et Angola*, Bo. 1687; R. da Cesinale, *Storia delle Missioni dei Cappuccini*, III, Ro. 1873; C. da Terzorio, *Le Missioni dei Minori Cappuccini*, X, Ro. 1938.
L. de Aspurz

VALENCIA, Antonio de, OFMCap (Valencia 11-IV-1850 † Nazaret [Colombia] 25-X-1919) misionero y gramático. Vistió el hábito en 1880. En 1886 marchó a la misión de Carolinas y Palaos (Oceanía) donde trabajó sin descanso. Fue superior de la casa central de Manila. Habiendo enfermado, tuvo que regresar a España; pero en 1899 era nombrado superior regular de la misión de indios en la Guajira (Colombia), donde desarrolló una gran actividad misionera hasta su muerte.

OBRAS: Publicó su *Primer ensayo de gramática de la lengua de Yap, con un pequeño diccionario...* Manila 1888.

BIBL.: E. de Valencia, *Historia de la Misión Guajira, Sierra Nevada y Motilones*, Val. 1924; N21, 50.
L. de Aspurz

VALENCIA, Eugenio de, OFMCap (Valencia 3-II-1870 † Valencia 26-I-1956) historiador. Vistió el hábito en el convento de Ollería el 24-VI-1888. Desempeñó el cargo de superior local de varios conventos y desde 1904 hasta su muerte fue cronista y archivero de la provincia de Valencia, a la que pertenecía. Se distinguió ya desde muy joven por su apostólico celo y fervoroso entusiasmo en la predicación de misiones populares; fue asimismo vicepostulador de la causa de beatificación del P. Francisco de Orihuela, capuchino y obispo de Santa Marta (Colombia).

OBRAS: Publicó numerosos artículos históricos particularmente en la revista Florecillas de San Francisco, al igual que en la de Corpus Christi, de Valencia, y España Misionera. Además imprimió las siguientes obras: *Historia de la Misión Guajira, Sierra Nevada y Motilones (Colombia) a cargo de los PP. Capuchinos*, Val. 1924; *Fisonomía y espíritu de San Francisco de Asís*, Ba. 1927; *Historia de la vida del Siervo de Dios Ilmo. y Rvdmo. P. Francisco de Orihuela, Obispo dimisionario de Santa Marta y titular de Equino*, Val. 1932, 1947; *Necrologio seráfico de la provincia de la Preciosísima Sangre de Cristo de Valencia*, Totana 1934, Val. 1947; *El virginal esposo de la Madre de Dios o glorias de San José*, Ma. 1941.

BIBL.: N21, 130-136.
B. de Carrocera

VALENCIA, Juan de, OFMCap (siglo XVI) teólogo. No existen datos biográficos. En 1562 intervino como teólogo en el concilio de Trento y disertó sobre la doctrina del santo sacrificio de la Misa. Debió de pertenecer a alguna provincia capuchina de Italia.

BIBL.: R39', 3(1933)572-574; L'Italia Francescana, 19 (1944)59; N2, 854.
L. de Aspurz

VALENCIA, Justiniano, OH (Marañón [Navarra] 5-IX-1889 † Carabanchel Alto [Madrid] 15-II-1941) médico odontólogo con título; fue muchos años enfermero del sanatorio de Ciempozuelos y superior de Palencia y San Baudilio de Llobregat (1931-1940). Debido a su prudencia, la comunidad de San Baudilio, después de ser detenida, en los sucesos de 1936, logró embarcar y pasar a Francia.

OBRAS: Laborioso y de entendimiento despejado, compuso varias obras para la formación de los religiosos: *Vademécum Médico-Quirúrgico*, Ma. 1921; *Nociones de Anatomofisiología*, Ma. 1924; *Instrucciones sobre asistencia a enfermos mentales*.

BIBL.: La Caridad, 1(1941)121-27.
O. Marcos

VALENCIA, Martín de, OFM (Valencia de Don Juan [León] † Amecameca [Méjico] 21-III-1534) misionero. Provincial de la provincia de San Gabriel y superior de la primera expedición de franciscanos a

Méjico en 1524. Estuvo revestido de facultades pontificias extraordinarias, fue primer superior de la Custodia del Santo Evangelio en 1527, reelegido en 1530 y posteriormente guardián de Tlaxcala. Falleció con fama de santidad y se le considera como padre de la Iglesia mejicana.

BIBL.: R29, 26(1926)50-78; S. ESCALANTE PLANCARTE, *Fray Martín de Valencia*, Méjico 1945; J. MENDIETA, *Hist. Ecl. Indiana*, IV, Méjico 1945, 13-50; O138, III, 392-424; O131, 37-64; E. GUTIÉRREZ, *Los doce apóstoles de Méjico*, Ma. 1961, 45-67, 169-178.   P. BORGES

VALENCIA, Mauro de, OFMCap (Valencia 1595 † Valencia 24-I-1637) predicador. Ingresó en la Orden capuchina en 1610. Fue lector de Filosofía y Teología, calificador de la Suprema Inquisición (1628) y predicador del rey (1626).

OBRAS: Tuvo la *oración fúnebre* en la capilla real *por la muerte de la reina doña Margarita de Austria*, Ma. 1626. Dejó publicados varios volúmenes de *sermones*.

BIBL.: N2, 1083; N21, 316-318.   L. DE ASPURZ

VALENCINA, Ambrosio de, OFMCap (Valencina [Sevilla] 5-XII-1859 † Sevilla 24-V-1914) escritor ascético. Vistió el hábito en 1879. Ordenado sacerdote, acompañó en 1886 al padre Joaquín de Llavaneras, comisario general de los capuchinos de España, en su viaje a las islas Carolinas. Fue director de la revista El Mensajero Seráfico y, más tarde, fundador de El Adalid Seráfico. Gobernó la provincia capuchina de Andalucía por espacio de trece años. Fue notable orador sagrado y escritor fecundo.

OBRAS: Varias de sus obras ascéticas han alcanzado numerosas ediciones, como *Cartas a Teófila sobre la vida espiritual; Soliloquios; Cartas a sor Margarita; Flores del Claustro; El Director Perfecto y el Dirigido Santo.* Escribió, además, varias obras históricas y literarias.

BIBL.: N3, 30(1914)343; Italia Francescana, 15(1940) 224-234.   L. DE ASPURZ

VALENCINA, Diego de, OFMCap (Valencina [Sevilla] 14-II-1862 † Sevilla 14-IV-1950) historiador y escritor. El 20-VIII-1881 vistió el hábito en Masamagrell; fue bastantes veces superior local de los conventos de Andalucía, también definidor y ministro provincial. Se distinguió como fecundo escritor, sobre todo en torno a la personalidad y obras de Fernán Caballero. Era miembro de la Academia Sevillana de Buenas Letras y de la de Bellas Artes, correspondiente de la Real Academia de la Lengua y por muchos años presidente de la Comisión de Monumentos de Sevilla; igualmente fue vicepostulador de la causa de canonización del beato Diego José de Cádiz.

OBRAS: *Cartas de conciencia del Bto. Diego J. de Cádiz al P. Alcober*, Se. 1904; *Cartas interesantes del Bto. Diego J. de Cádiz al P. Francisco de Asís González*, Ma. 1909; *Cartas familiares de Fernán Caballero*, Ma. 1907; *Cartas de Fernán Caballero y varios opúsculos y folletos*, Ma. 1919; *Cartas familiares del Bto. Diego J. de Cádiz al P. Eusebio de Sevilla*, Se. 1943; *Historia documentada de la saeta y campanilleros*, Se. 1947.

BIBL.: El Adalid Seráfico, 1950, febrero; N3(1951)64.   B. DE CARROCERA

VALENTIN DE LA ASUNCION, OCD (Echevarria [Vizcaya] 2-XI-1862 † Santiago de Cuba 26-II-1948) teólogo, arzobispo de Santiago y primado de Cuba. El joven Manuel Zubizarreta tomó el hábito en el noviciado de Larrea (Vizcaya) el 11-VIII-1879 y profesó el 12-VIII-1880 con el nombre de Valentín de la Asunción. Se ordenó de presbítero el 20-XII-1886. Explicó Teología y Derecho en el colegio teológico de la provincia de Navarra. Fue provincial de la misma en

1900 y 1912. San Pío X lo nombró obispo de Camagüey (Cuba) en 1914. Después fue elegido administrador apostólico de Cienfuegos (1916) y obispo de esta diócesis en 1922; administrador apostólico de la archidiócesis de Santiago (1924) y arzobispo de la misma (1925) y a la vez primado de Cuba.

OBRAS: *Theologia Dogmatico-Scholastica ad mentem S. Thomae Aquinatis*, 4 vols., Bi. 1925; *Medulla Theologiae Dogmaticae*, Bi. 1935; *Cartas Pastorales* en los Boletines Oficiales de las diócesis por él gobernadas.

BIBL.: N69, XV, 771-778.   A. DE LA VIRGEN DEL CARMEN

VALENZUELA VELAZQUEZ, Juan Bautista, (Cuenca 24-VI-1574 † Salamanca 2-II-1645) jurista. Doctor en leyes a los diecisiete años de edad por la antigua Universidad de Sigüenza. Defendió la causa del papa contra la República de Venecia en 1606, mereciendo que por sus escritos el papa lo llamara «el gran defensor de la Iglesia». Ejerció muy importantes cargos civiles hasta el 24-III-1642 en que fue nombrado obispo de Salamanca.

OBRAS: *Defensio Justitiae et justificationis Monitorii emissi et promulgati per S. S. N. D. Paulum Papam Quintum, XVII die mensis Aprilis anno Domini*, Val. 1607; *Consiliorum sive responsorum juris*, Ná. 1618 y 1634, Ma. 1653, Lyón 1671; *De status ac belli ratione servanda cum Belgis, sive Inferioris Germaniae provinciis aliisque a legitimo suorum principum dominio et obedientia rebellantibus*, Ná. 1620; *Discurso en comprobación de la santidad de vida y milagros del glorioso S. Julián, segundo obispo de Cuenca*, Cu. 1611.

BIBL.: A1, 654-55; D1, 29, 913-915.   A. GARCÍA Y GARCÍA

VALERA, Blas, SI (Chachapoyas [Perú] c. 1545 † España 1597-98) misionero e historiador. Nacido de madre india, entró en la Compañía el 29-XI-1568. Misionero en Huarochiri, en 1573 hizo la profesión de tres votos y fue ordenado sacerdote en Cuzco, de donde fue enviado a Juli y a Potosí. Por alguna irregularidad que se le achacaba, y que él siempre negó, Aquaviva ordenó en 1588 que se le enviase a España, adonde llegó solo en en 1595, después de demorarse en Quito y en Cartagena. La fecha y el lugar (Valladolid ?, Málaga ?) de su muerte son inciertas. Ya en el Perú comenzó a escribir una historia de su patria, de los incas y de la conquista española; aunque el texto íntegro se nos ha perdido, se leen párrafos enteros y extractos de esa obra en los escritos del Inca Garcilado, *Comentarios reales* (Li. 1608-9) e *Historia general del Perú* (Cór. 1617). Cuanto al tiempo, parece que fue el primer historiador peruano.

BIBL.: O149, I-V; P. RIVET ET G. DE CRÉQUI-MONFORT, *Bibliographie des langues aymará et kičua*, IV, Par. 1951, 883; J. DURAND, *Blas Valera y el jesuita anónimo*: Est. Americanos, 109-10(Se. 1961)73-94; O193, I, Bu. 1963, 386-88, 435.   IHSI

VALERIA, Diócesis de, (*Valeriensis*) obispado visigodo. Ciudad romana de la Celtiberia (provincia de Cuenca), anterior al año 589. Con la invasión musulmana cesan las noticias sobre esta sede, pero la registran todas las recensiones de los *Nomina Sedium* y la División de Wamba. Alfonso VIII trasladó a Cuenca la antigua Valeriense junto con Ergávica, ya desaparecidas. El papa Lucio III confirmó la unificación de ambas sedes. Obispos: *Juan*, presente en conc. III de Toledo (598); firma antes de 29 obispos. *Magnencio*, presente en el sínodo de Gundemaro (610). *Eusebio*, presente en el conc. IV de Toledo (633) y en el V (636). *Tagoncio*, en conc. de Tol. VII (646) y VIII (653). *Esteban*, en conc. de Tol. IX (655) y X (656). *Gaudencio*, en conc. Tol. XI (675) y XII (681); representado por el abad Vicente en conc. de Tol. (683) por encontrarse aquél gravemente enfermo y haber recibido la penitencia que le invalidaba para continuar el cargo, por lo que en él recibió autorización de ser reconciliado y continuar en su ministerio; asiste después al conc. de Tol. XIV (683) y al XV (693).

BIBL.: ES 8, 202-7: I. ERRANDONEA, *Diccionario del Mundo Clásico*, II, 1684.   J. VIVES

VALERIANO DE CALAHORRA, (princ. siglo v) obispo calagurritano. A él se refiere Prudencio en el himno XI del *Pristephanon*.

OBRAS: Escribió una profesión de fe, *Fides S. Valeriani*: PLS 1, 1045.

BIBL.: G. MORÍN, *La fides S. Valeriani du ms. Paris lat. 2076. Notes d'ancienne littérature chrétienne*: Revue Bénédictine, 15(1898)102-3; J. MADOZ, *Valeriano obispo calagurritano, escritor del siglo V*: R118, 3(1950)131-37.   U. D. DEL VAL

VALERIO DEL BIERZO, (Astorga c. 630 † c. 695) santo y escritor. Lo que sobre él sabemos se debe a tres de sus opúsculos autobiográficos: *Ordo quaerimoniae..., Replicatio..., Quod de superioribus...* Procedía de la provincia de Astorga. Su juventud fue licenciosa, tal vez solo frívola. Transformado por la gracia, corre al monasterio de Compludo. Al no encontrar lo que buscaba se refugia en otro monasterio en los límites de Castro Pedroso, lugar crudo, áspero, apartado de todo consorcio humano, pero adecuado para la vida de oración. Aquí se entregó a una austera penitencia. Su santidad atrajo a las familias que en el tiempo bueno ponían en sus manos la educación de los hijos y con limosnas socorrían sus necesidades. Destruyó en esta región los altares destinados a los sacrificios y ritos de culto pagano y escribió libros para sus discípulos. Tal vez la veneración del pueblo hacia el santo atrajo sobre él la envidia y persecución del sacerdote Flaíno, que regía la iglesia junto a la cual vivía Valerio. Cristianos fidelísimos lo sacan de este peligro y lo conducen a la finca de Ebronanto, pero Ricimiro, dueño de la finca, después de algún tiempo decide destruir la capilla y celda de Valerio para edificar otra mejor, prometiéndole ordenarlo de sacerdote para cuidar de la misma. Pero muere Ricimiro y los herederos ordenan, no a Valerio, sino a un cierto Justo uno de los más furiosos perseguidores del asceta. Se refugia entonces en el monasterio Rufianense (San Pedro de los Montes), fundado algunos años antes por san Fructuoso. También aquí continúa la persecución en primer lugar por parte de los monjes y por su propio obispo Isidoro. Su lucha con los monjes fue tan ruidosa que intervinieron los obispos y el rey, reconociendo su inocencia. El obispo de Astorga, bajo pretexto de honrarlo, quiso llevarlo a uno de los concilios de Toledo para maquinar su ruina, pero descubierto el fraude no se llevó a efecto. Unos veintiocho años estuvo Valerio en San Pedro de los Montes y otros veinte había pasado anteriormente en severos ejercicios de ascética.

Su carácter duro lo lleva a abrazar en la vida ascética lo más riguroso y lo imponía a los demás. Su anacoretismo no era bien visto por la autoridad religiosa. Esto explica en parte las enemistades y persecuciones. Poseía cierta cultura y por eso escribió en prosa y verso. Por estos escritos, de cierto interés para la filología, conocemos en parte la condición moral de los monasterios de su época. Aunque no organizó ni fundó monasterios, contribuyó grandemente a la propagación del monacato en la región norte de la Península.

OBRAS: *Epistola beatissimae Egeriae laude* (PL 87, 421-426); *Dicta ad beatum Donadeum* (PL 87, 431-433); *De Bonello monacho* (PL 87, 433-435); *De celesti revelatione* (PL 87, 435-436); *De genere monachorum* (PL 87, 437); *De vana saeculi sapientia*, (PL 87, 425-431); *Epitameron propriae necessitudinis* (M. C. DÍAZ, *Anecdota Wisigothica*, I,

Sa. 1958, 105-106); *Ordo querimoniae praefatio discriminis* (PL 87, 439-447); *Epitameron proprium praefati discriminis* (DÍAZ, 106-107); *Replicatio sermonum a prima conversione* (PL 87, 447-455); *Quod de superioribus querimoniis residuum sequitur)*: PL 87, 455-457); *Epitameron propriae orationis* (DÍAZ, 14); *Conversio deprecationis ad sanctos apostolos,* (DÍAZ, 114-115); *Caput opusculorum quinquagenis numeris psalmorum* (DÍAZ,115-116); *De primo quinquageno numero psalmorum* (ed. BRUYNE: Revue Bénédictine, 32, 1920, 10); *Epitameron de quibusdam admonitionibus vel rogationibus* (DÍAZ, 107-113); *Epitameron de libri huius exordio* (DÍAZ, 103); *Epitameron consummationis libri huius* DÍAZ), 104). Ediciones: R. FERNÁNDEZ POUSA, *San Valerio. Obras*, Ma. 1942, aunque con alarde de ed. crit., en realidad no lo es, pero es la única obra que contiene todas las obras de Valerio auténticas y supuestas, lo que es de un gran valor; C. M. AHERNE, *Valerio of Bierzo, an ascetic of the late visigothi period*, Wa. 1949, ed. de las obras de carácter autobiográfico.

BIBL.: I. ARENILLAS, *La autobiografía de S. Valerio...*: R19, 11(1934)468-478; E. BERMEJO, *San Valerio. Un asceta español del siglo VII*: R65 (1940); J. FERNÁNDEZ, *Sobre la autobiografía de S. Valerio y su ascetismo*: R118, 2(1949) 259-284; M. C. DÍAZ, *La compilación hagiográfica de Valerio*: R118, 4(1951)3-25; A. ROBLES SIERRA, *San Valerio del Bierzo y su corriente de espiritualidad monástica*: R211, 9(1965)7-52.   U. D. DEL VAL

VALERO Y LOSA, Francisco, (Villanueva de la Jara [Cuenca] 1664 † 23-IV-1720) arzobispo de Toledo. Presbítero de la diócesis de Cuenca, era párroco en propiedad de su pueblo natal y sus anejos, cuando prestó un notable servicio a la causa de Felipe V en la Guerra de Sucesión, lo que le valió el ascenso inmediato en la carrera eclesiástica. En efecto, en 1706, año crítico para la causa borbónica, Villanueva de la Jara hostilizó a los austriacos, por haber cometido saqueos y desmanes, mientras que aclamó como libertador al ejército borbónico, cuya tropa y caballería se encontraron suficientemente abastecidos, merced a la diligencia del párroco.

En premio a sus sentimientos dinásticos, Valero es promovido a la diócesis de Badajoz(7-XI-1707) y posteriormente, por presentación de Felipe V, (19-II-1715,) es nombrado arzobispo de Toledo (18-III-1715), de la que toma posesión el 7-V-1715.

Su nombre va unido muy especialmente a la publicación de una importante carta pastoral sobre la ignorancia religiosa, que fue muy difundida y leída en todo el siglo XVIII en numerosas ediciones y, si hemos de creer a Lorenzana, mereció los honores de la traducción. El cardenal Córdoba dispuso que un ejemplar de dicha carta estuviese en todas las parroquias de la diócesis. En ella Valero se revela como un hombre lleno de inquietudes pastorales; son muy atinadas, por ejemplo, sus observaciones sobre la predicación. El mismo predicaba todas las fiestas en la catedral. Su pontificado toledano solo duró cinco años. Sucedió al cardenal Portocarrero después de una sede vacante de seis años. Es el último arzobispo de Toledo que no tuvo la dignidad cardenalicia.

OBRAS: *Carta pastoral del ilustrísimo y reverendísimo Señor don Francisco Valero y Lossa*, s. l. ni a.; en la edición de Lorenzana, Ma. 1791, hay una exhortación preliminar con una breve biografía del arzobispo Valero.

BIBL.: A. J. MURILLO VELARDE, *El Summo Sacerdote y Sancto Onías, copiado en el illmo. y revdmo. Señor don Francisco Valero y Lossa. Oración fúnebre panegírica*, To. 1720.   R. GONZÁLVEZ

VALPUESTA, Diócesis de, *(Vallis composita, Vallis posita)* diócesis desaparecida. La diócesis de Valpuesta, situada en la parte nordeste de la provincia de Burgos fue creación de la reconquista, ya que no figura en ninguna de las listas o catálogos de sedes medievales. La iniciativa se debió al obispo Juan, quien procedió de acuerdo con el rey Alfonso II el Casto (792-842), según consta por el documento fundacional del 21-XII-804.

No consta si la nueva diócesis era continuación de la antigua Oca o de Calahorra dominadas entonces por los árabes, o se trataba más bien de una nueva creación. La necesidad de atender pastoralmente a una población situada en la cuenca alta del Ebro desde Miranda y Sobrón al valle de Manzanedo obligó a pensar en un obispado que duró desde el año 804 hasta el 1807, en que se incorporó definitivamente a Oca, Burgos. Para el episcopologio véase la voz «Burgos, diócesis de».

BIBL.: ES 26, 84-125; BARRAU-DIHIGO, *Chartes de l'Eglise de Valpuesta du IX au X siècle:* Revue Hispanique, (1900) 274-391; Z. GARCÍA VILLADA, *Valpuesta. Una diócesis desaparecida:* R82, 5(1935)190-218; ID., *Hist. Ecles. de España,* III, Ma. 1936, 253-57; J. SÁINZ DE BARANDA, *Valpuesta, estudio histórico diplomático,* Alcalá de Henares 1935; L. SERRANO, *El obispado de Burgos y Castilla primitiva,* I, Ma. 1935, 80 ss.; G. ARGAIZ, *Soledad Laureada,* VI, Ma. 1675, 606-659.   D. MANSILLA

VALTANAS Y MEXIA, Domingo, véase BALTANÁS en el Suplemento.

VALVERDE, Fernando, OSA (Lima, último tercio siglo XVI † ibid. post 1657) literato y místico. Sus primeros maestros fueron los jesuitas en cuyo colegio entró de novicio. No sabemos por qué se pasó a la Orden de San Agustín. Profesó el 7-III-1614 en el convento de Lima. Desempeñó el cargo de lector por muchos años. Calificador del Santo Oficio, notabilísimo profesor del colegio de San Ildefonso, incorporado a la Universidad de San Marcos. Fue prior del convento de Cuzco, de Nuestra Señora de Guía y definidor de provincia. Propuesto para obispo de Trujillo por el virrey del Perú en 1647, no quiso aceptar. Es uno de los buenos y clásicos místicos del siglo XVII. Fundó un monumento a la Eucaristía, en donde hacía continuamente oración ante el Sacramento. Mandó hacer una copia del Santo Cristo de Burgos, al que tenía gran devoción, colocándolo en la iglesia del monasterio.

OBRAS: *Vida de Jesucristo, Nuestro Señor, Dios y Hombre, Maestro y Redentor del mundo,* Lima 1657; *Santuario de Nuestra Señora de Copacabana,* Lima 1641; *Sermón,* Lima 1649; *Relación de las exequias... al Rey... D. Philipo tercero,* ms. British Museum; *Relación de las fiestas de Lima,* Lima 1662; *Epigramma pro Inmaculata Virginis Mariae Conceptione,* Lima 1615; *De ineffabili Trinitatis individuae mysterio,* ms. Bibl. Royale de Bruxelles.

BIBL.: C. F. NESPRAL, *El P. Fernando Valverde. Bosquejo biográfico:* R23, 7(1917)109-111; C. BRAVO MORÁN, *El P. Fernando Valverde como literato:* R23, 7(1917)366-371; M55, VIII, 75-84; M38, 209-214; A. ZUMKELLER, *Manuskripte von Werken der Autoren des Augustiner-Eremitenordens in mitteleuropäischen Bibliotheken,* Würzburg 1966, 481.   A. MANRIQUE

VALLADOLID, Archidiócesis de, *(Vallisoletana)* metropolitana. No es la antigua *Pincia* romana, como recogen Gams y Eubel de algunos documentos vaticanos. Está en la región de los vacceos, pero no se identifica con ciudad alguna de las allí conocidas y citadas. Es posterior a la Reconquista. Su nombre antiguo es *Vallisoletum.*

1. Historia. Su historia religiosa y civil comienza con el señorío del conde Ansúrez, verdadero fundador de la villa, 1075. En 1080 está fundada la abadía de Valladolid, con el carácter benedictino-cluniacense de la Castilla de Alfonso VI y monjes de Carrión. Su primer abad es Don Salto. Confirma el documento de donación Don Bernardo, arzobispo de Toledo. En 1095 tiene lugar la dedicación de su iglesia colegial, el primi-

tivo templo románico. Su título es Santa María la Mayor. Sujeta al obispo de Palencia en un principio, no dudamos ya de la realidad posterior de su exención. Sus abades son de provisión pontificia. La importancia de esta abadía ya desde el siglo XIII es correlativa al progreso e importancia de la villa de Valladolid en Castilla. Su abad, no regular ya, don Juan Domínguez, es canciller en funciones de Fernando III el Santo y construye la nueva iglesia, de mayor capacidad, de estilo cisterciense languedociano, engastada en los elementos románicos de la primitiva del conde Ansúrez. La villa de Valladolid y su colegiata exenta son, en el siglo XV, de un alto relieve en lo político y en lo eclesiástico.

En los siglos XII al XV es sede de concilios nacionales y provinciales. Reseñamos siete: el 1.º, de 1124; el 2.º, de 1137, del cardenal Guido, que niega Fita; el 3.º, de 1143, del mismo cardenal Guido, que Fita identifica con el anterior; el 4.º, de 1155, del cardenal Jacinto, ciertamente nacional; el 5.º, de 1228, del cardenal Juan Alegría; el 6.º, de 1322, del cardenal Guillermo; el 7.º, de 1403, sobre el cisma de Occidente.

De los 45 abades, desde 1080 a 1595 en que es erigida en obispado la colegiata, debemos mencionar a D. Juan Domínguez, el dicho canciller de Fernando III; al infante don Felipe, hijo del mismo Fernando III; a don Sancho, hijo del rey Jaime I de Aragón; a D. Martín Alonso, hijo bastardo de Alfonso X el Sabio; a D. Alonso de Fonseca, después obispo de Avila y arzobispo de Sevilla; a D. Alonso de Madrigal, el Tostado; al cardenal fray Juan de Torquemada; al cardenal Mendoza; a D. Fernando Enríquez, hijo del Almirante de Castilla.

A lo largo del siglo XVI, desde el Emperador, Valladolid es asiento de la Corte y capital de la España unificada. Desde ella el Consejo de Indias, por comisión de la Santa Sede en las bulas alejandrinas, organiza las misiones católicas del Nuevo Mundo y del Extremo Oriente en Filipinas.

Erección del Obispado. En 1500 los Reyes Católicos solicitan, y el papa Alejandro VI concede, la elevación de la abadía a obispado, bajo un solo obispo denominado de Valladolid y de Palencia. La confirma Julio II, 26-XI-1503. Pero no es ejecutada la bula de erección. La insistencia de Julio II en 28-III-1508 desemboca en un cambio de parecer, III-1509; y León X (bula original en el Archivo Capitular; registro desaparecido en el Vaticano) revoca las bulas anteriores y suspende la erección. A lo largo del siglo XVI era natural un replanteamiento de la erección de este obispado. Tres causas importantes lo hacían necesario e inaplazable: la importancia que había alcanzado Valladolid como ciudad en la región castellana, la circunstancia de estar en ella de asiento la Corte del Emperador y después la de Felipe II, y finalmente la preponderancia jurisdiccional y privilegiaria de la abadía de la ciudad que, principalmente después de Trento, creaba un permanente conflicto de jurisdicción con su obispado de Palencia. El obispo de Palencia y expresidente del Perú, el vallisoletano La Gasca, replanteó la erección de Valladolid como un solo obispado con Palencia. Tentativa llamada al fracaso que se consumó en 1578. Lo mismo para este período como para el siguiente, que abre la decisión de Felipe II, hay una documentación histórica de subido interés en Simancas *(Patr. Ecles.* leg. 151), inédita, que necesita ser completada con las del Archivo Vaticano. *(Nunz. di Spagna,* del de la *Embajada Española* en Roma), y el Capitular de Valladolid.

Había complicado la cuestión y hecho más necesaria la erección, la situación jurisdiccional y privilegiaria de la colegiata de Medina del Campo con su obispado de Salamanca. Desde 1592 Felipe II tiene avanzada en Roma una solicitud y gestión apremiante para llevar a término la erección, armonizando los intereses de Palencia y Salamanca, con los del nuevo obispado de Valladolid. Quedaba abandonado un proyecto de los Reyes Católicos de erigir a Valladolid en arzobispado con las sufragáneas de Burgos, Palencia, León, Oviedo y Astorga, como se dice en las Alegaciones *in iure* para la erección (Copia en Simancas, 1.c.). Sería un obispado con territorio diocesano muy restringido, para reducir el conflicto de intereses.

Clemente VIII realiza la erección en Consistorio secreto de 25-IX-1595 y expide la bula *Pro excellenti* de la misma fecha. Se integran en la nueva catedral de Valladolid su abadía colegial, de la diócesis de Palencia, y la de Medina del Campo, de la de Salamanca, con la misma advocación de la Asunción que tenía la de Valladolid; y asimismo, el arcedianato de Tordesillas. Un reducido territorio de 90 parroquias, al sur y oeste de la ciudad. Civilmente, en el mismo año, Felipe II daba a la villa de Valladolid el título de ciudad.

Durante el siglo XVI se proyecta y comienza el edificio de la nueva iglesia catedral; fracasado el primer proyecto de Gil de Ontañón, en tiempo del Emperador, se realiza el de Juan de Herrera, que da comienzo en tiempo de Felipe II, posteriormente al de El Escorial, y que en el siglo XVIII se abre al culto con sólo un tercio de su fábrica. Como efecto del Concordato de 1851 entre la Santa Sede y la Corona de España, es erigida Valladolid en metropolitana, por bula de Pío IX, 4-VII-1857.

Liturgia y santoral diocesano. A mediados del siglo XVI, D. Pedro Lagasca, obispo de Palencia, restaurador de la parroquia de La Magdalena, de Valladolid, fundó en esta parroquia capilla de rito mozárabe con 12 capellanes, al modo de la de Toledo. Parece que su desaparición coincide con la Desamortización del siglo pasado; desapareció entonces el uso del rito.

Santos con oficio propio en la archidiócesis, aprobados por la Sagr. Congr. de Ritos, 3-XI-1966, y decretados por el arzobispo el 10-IV-1967, son: san Francisco de san Miguel, san Leandro, san Miguel de los Santos, santo Toribio de Mogrovejo, san Juan de Avila, san Pedro Regalado, patrono principal de la archidiócesis; san Juan Bautista de la Salle, san Isidro Labrador, san Roberto Belarmino, san Fernando, rey de España; Santiago Apóstol, la Virgen del Pilar, santa Teresa de Jesús; la Dedicación de la catedral. Sólo en la ciudad, Nuestra Señora de San Lorenzo (8 sept.). Sólo en la catedral, la Invención de la Virgen del Sagrario (13 marzo).

Concilios y Sínodos. Desde la erección en obispado, son: el *Synodus Vallisoletana prima*, en la catedral, 11 al 13-VI-1606; el Sínodo 2.°, 10-VIII-1886; primer Concilio Provincial, 1887; Sínodo 3.°, 1889, aún en vigor; vigente asimismo, el segundo Concilio Provincial, 1931.

Monumentos artísticos. Valladolid es ciudad monumental. En la representación románica de los pueblos, está la iglesia parroquial de Wamba; en la mudéjar, santa Clara de Tordesillas, la parroquia de san Cebrián de Mazote y la capilla de san Andrés en la iglesia de Arbás de Mayorga. El mudéjar de la ciudad, en las bóvedas de la capilla de san Llorente, restaurada en 1961, de los restos de la colegiata gótica en la catedral. El románico de la ciudad, en la torre vieja de la misma colegiata, año 1110; contemporánea y poco posterior, la parroquia de La Antigua en su torre y claustro. El cisterciense de transición, en la portada interior del claustro gótico de la misma colegiata en la catedral. El gótico renaciente, en el Colegio de Santa Cruz, del cardenal Mendoza. El gótico florido de finales del XV, en la fachada de la iglesia de San Pablo, primer cuerpo. El gótico florido renaciente, estilo isabelino, en el Colegio de San Gregorio, de fray Alonso de Burgos. A partir del Emperador, siglo XVI, la catedral nueva, de Juan de Herrera, posterior al Escorial, inicia el carácter renaciente herreriano que predomina en la ciudad, al cual pertenecen las iglesias penitenciales de Las Angustias, 1597, y de La Cruz; iglesia del Colegio de San

Ignacio, hoy parroquia de San Miguel, y fachada de la iglesia del Colegio de San Agustín; el que se difunde por la provincia, con sus monumentos representativos en Santa Cruz, de Medina de Ríoseco, 1602, y colegiata de San Luis, de Villagarcía de Campos, 1572.

Sin embargo, es superior en extensión la riqueza escultórica de la ciudad y provincia. Con restos del desmantelamiento de monasterios después de la exclaustración, se creó en 1932 el Museo Nacional de Escultura Moderna policromada, instalado en el edificio del Colegio de San Gregorio. Toda es escultura religiosa, casi toda de la Escuela castellana. Los talleres de Valladolid del siglo XVI y XVII, llenaron de encargos de primera calidad las iglesias parroquiales, monasterios a iglesias penitenciales. Un exponente de selección, las procesiones de Semana Santa. Es de reciente instalación el Museo catedralicio y diocesano, de escultura medieval castellana, en dependencias restauradas de la derruída colegiata, en la catedral. Próximo a abrirse, anejo al nacional de San Gregorio, el de la restaurada iglesia penitencial de La Pasión, propiedad del Municipio.

En Valladolid está la Universidad, que procede del primitivo Estudio General de Palencia, siglo XII. Universidad pontificia hasta la secularización, contó con Facultades de ambos Derechos, Artes, Teología y Medicina. Hoy tiene las Facultades de Derecho, Filosofía y Letras (Secciones de Historia y de Filología Moderna), Medicina, Ciencias (Secciones Químicas y de Físicas). Alumnos destacados, en el siglo XVI, el venerable Luis de La Puente SI y santo Toribio de Mogrovejo. Anejo a la Universidad, el Colegio de Santa Cruz, de postgraduados, fundación del cardenal Mendoza en 1495; edificio de transición, de Lorenzo Vázquez.

2. Instituciones De las monásticas dice Antolín de Burgos al terminar su reseña de monasterios de la ciudad de Valladolid: «En ella no ha habido Religión que no tuviese casa.» *Monasterios y conventos masculinos*: San Francisco; fundación primera, 1210 en Río de Olma, junto a la ciudad; 1260, la definitiva casa en la plaza del mercado. San Pablo, 1286. La Merced Calzada, finales del siglo XIV; reedificación, siglo XV. San Benito el Real, bula de Clemente VII, Aviñón 28-XII 1389; acta de fundación, 27-IX-1390; monasterio base de la reforma en Castilla y en Aragón a finales del siglo XV. San Agustín, 1407. San Agustín, colegio de estudios teológicos, 1576. Nuestra Señora de Prado, Jerónimos, 1440. San Gregorio, colegio mayor de estudios, adjunto al monasterio de San Pablo; Inocencio VIII, 15-XII-1467, 9-IX-1488, 3-V-1495; fundación 14-V-1496; fundador, fray Alonso de Burgos OP, obispo de Palencia; padres dominicos. Trinitarios Calzados, principios del siglo XIV. Trinitarios Descalzos, 1606. Orden de los Mínimos, 1544. Compañía de Jesús, colegio de San Antonio, 1543; es el colegio de San Ignacio, fundación de san Francisco de Borja; posteriormente colegio de San Ambrosio, en la parroquia de San Esteban, de estudios superiores; hoy Santuario Nacional del Sagrado Corazón de Jesús, del arzobispado. El Carmen Calzado, 1551. Carmen Descalzo, 1581. Basilianos, 1585, y definitivo en 1602. Colegio de clérigos ingleses, 1590. Recoletos de San Agustín, 1595. Monasterio-colegio de estudios superiores, Agustinos filipinos, 1603. Franciscanos Descalzos de San Diego, principios del siglo XVII. Mercedarios Calzados, 1610. Capuchinos, 1631, junto a Nuestra Señora de la Laura. Religiosos Clérigos Menores (de Pedro Barrueco) 1603. Premostratenses, 1628. Templarios; en lo que fue después Huelgas Reales, de doña María de Molina.

Monasterios y conventos femeninos: Huelgas Reales; bernardas, fundación y sepultura de la reina María de Molina. Santa Clara, 1247. Bernardas de San Quirce, siglo XIV. Santa Isabel, 1472. Bernardas, monasterio de

Belén, siglo XVI; su iglesia, de 1612. La Concepción, de la Beata Beatriz de Silva, 1521. Descalzas Franciscanas, 1550. Carmelitas Descalzas; fundación de Santa Teresa, 1569. Franciscanas de Jesús María, 1585. Dominicas: Santa Catalina, 1488; San Felipe de la Penitencia, 1530; Madre de Dios, 1550; Corpus Christi, 1545; Porta Coeli, 1598, y 1614 con don Rodrigo Calderón; Nuestra Señora de la Laura, 1606. Agustinas de Sancti Spiritus, 1530. Comendadoras de Santiago, 1489. Monjas de la fundación Daza, 1586. Monjas de la Santísima Trinidad, 1634. Santa Brígida, 1637. Existió el Beaterio de las Emparedadas, finales del siglo XI, fundación de doña Eylo, esposa del conde Ansúrez. El Colegio de Huérfanas Nobles (de Diego Valentín Díaz), 1622. En la provincia, del grupo cisterciense, desaparecido en la exclaustración del siglo XIX, que corresponde a la introducción del Císter en España, y teniendo como fundadores a los descendientes más inmediatos del conde Ansúrez, citamos: Valbuena de Duero, 1143; La Santa Espina, 1147; La Armedilla, 1147; Matallana, 1173; Palazuelos (como cisterciense), 1213; Retuerta, premostratense, 1145. Valbuena y La Espina, modernamente restaurados en sus fábricas primitivas; el segundo, en toda la superposición de estilos. Valbuena ha pasado a propiedad del arzobispado en 1966. Cercano a la capital, junto a Laguna de Duero, existió el convento del Abrojo, o Recolección franciscana, de fundación de san Pedro Regalado, patrono de la ciudad de Valladolid. De allí Carlos V sacó a fray Juan de Zumárraga para arzobispo de Méjico. Cerca de Olmedo es particularmente histórico el monasterio jerónimo de La Mejorada, después convento dominicano. Y es particularmente importante la cadena monasterial de Medina del Campo, Medina de Ríoseco y Olmedo en el centro de Castilla, y toda la zona hoy vallisoletana de la antigua influencia cluniacense de Sahagún, ribera del Cea, desde Mayorga a Melgar de Arriba.

De los monasterios de monjas anteriores a 1900, permanecieron todos. De los monasterios y conventos de varones antes de esa fecha, desaparecieron todos, a excepción de los dominicos de San Pablo y Agustinos Filipinos. Pero volvieron a fundar nuevas casas, más modestas, las mismas Ordenes, a excepción de los Benedictinos, Trinitarios, Mercedarios, Basilianos, Mínimos; y en la provincia, los citados monasterios cistercienses y premostratenses, y los franciscanos de la Recolección del Abrojo. Estos no han reaparecido.

Hospitales. El de Esgueva, siglo XI, fundación del conde Ansúrez en su palacio; desaparecido en 1966. El de La Resurrección, medieval, reconstruído por Carlos V; se refunden en él el de Los Santos y el de Canseco en 1553. San Bartolomé, 1555. Desamparados. San Antonio Abad. El Hospital General, se funda en 1616 refundiendo en él todos los hospitales medievales, a excepción de los citados. San Juan de Letrán, ancianos, 1550. Inocentes (Orates) siglo XVI, administrado por el cabildo catedralicio. San José, para niños expósitos. La Misericordia, para enseñanza de niños; y la Cofradía para enterrar a los pobres, de la que fueron miembros los Reyes Católicos. Hospital de convalecientes, 1579.

Seminario. En el siglo XII existió un seminario de clérigos en dependencias de la colegiata, dotado por el conde Ansúrez. A fines del siglo XVI se fundó el Seminario Mayor conciliar tridentino. Después de la secularización, y con motivo de la Instrucción de la Sagrada Congregación de Estudios de 30-VI-1896, fue elevado a Universidad Pontificia el 13-X-1897, con las Facultades de Teología, Filosofía y Derecho Canónico, hasta la Constitución *Deus Scientiarum* de 24-V-1931. A fines del siglo XIX el arzobispo cardenal Sanz y Forés lo dotó de un edificio amplio para ambos Seminarios, Mayor y Menor. Recientemente el arzobispo García Goldáraz ha construido dos edificios independientes para Seminario Mayor y Menor en una misma finca, en la ribera del Pisuerga.

Archivos y Bibliotecas. El archivo nacional de Simancas; el de la antigua Chancillería; el provincial, en dependencias de la Universidad; el de la catedral, medieval desde el siglo XI y moderno, en instalación moderna; el de la curia diocesana y, en proyecto, el diocesano con los fondos de todas las parroquias de la diócesis, en dependencias de la catedral.

La biblioteca Universitaria; la del antiguo Colegio de Santa Cruz; la del Colegio de estudios eclesiásticos superiores de los padres Agustinos Filipinos; la del Seminario diocesano; la de la catedral. No quedan en la ciudad fondos bibliográficos medievales, sino algunos procedentes de adquisición del Colegio de Santa Cruz. Estas bibliotecas se han enriquecido de las antiguas de monasterios, principalmente de la de San Benito.

Instituto de Historia Eclesiástica. Existe desde 1965 el Instituto «Isabel la Católica» de Historia eclesiástica, de investigación histórica, anejo a la cátedra del Seminario diocesano.

Ha publicado ya ocho volúmenes de documentos, y dos monografías. Publica una revista de divulgación histórica, Reina Católica. Cuenta con un selecto equipo de investigadores por toda España. Fue incorporado al Patronato Menéndez Pelayo, C. S. I. C., por acuerdo de éste, de 28-II-1966, y resolución del Comité Ejecutivo del mismo Consejo de 26-V-1966.

El *Boletín Oficial* del Arzobispado, comenzó a publicarse el 5-VI-1858.

3. **Geografía diocesana.** La primera geografía diocesana es en extremo reducida, desde la erección del obispado en 1595 hasta la nueva circunscripción de 1954. Las dificultades apuntadas de la erección exigieron un obispado de proporciones geográficas minúsculas, con noventa parroquias, de las cuales 16 correspondían a la capital. La misma línea geográfica está determinada por las dificultades de la desmembración del obispado de Palencia; y se toma el territorio, de los obispados de Salamanca y Zamora. Y así, al norte de la capital, ya el primer pueblo y parroquia, Cabezón de Pisuerga, ha pertenecido hasta 1954 a la diócesis de Palencia. La línea está determinada por los arciprestazgos de Tudela de Duero, Medina del Campo, Nava del Rey y Tordesillas, para ceñirse a la capital por Simancas y Villanubla.

4. **Situación actual.** Después del decreto consistorial de 17-X-1954, el territorio de la archidiócesis de Valladolid, coincide con el de la provincia, menos Roales de Campos, enclave de provincia que queda en la diócesis de León. Es, pues, un territorio de 8.172,08 kilómetros cuadrados, con 362.000 habitantes, distribuidos en 20 arciprestazgos con 288 parroquias; 447 sacerdotes; 401 seminaristas. En cuanto a los religiosos, enumerando genéricamente, hay en la actualidad: Ordenes Religiosas de varones, 18; Congregaciones Religiosas de varones, 21; Institutos seculares, 4. Pías Uniones, 2. De mujeres: Ordenes Religiosas, 34; Congregaciones Religiosas de derecho pontificio, 47; de derecho diocesano, 9; de Instituciones de Caridad, 14 casas. En los últimos diez años, hasta 1967, se han creado en la capital nueve parroquias más; dos de ellas regentadas por religiosos.

En fechas posteriores a la exclaustración, comienza a poblarse la ciudad de Congregaciones Religiosas dedicadas a la enseñanza, así de mujeres como de varones; y, entre estas últimas, tienen representación y colegios de enseñanza las Congregaciones laicales. Para la formación universitaria, se han fundado en los últimos veinticinco años dos Colegios Mayores (Institución Teresiana y Compañía de María) y cuatro residencias universitarias femeninas. La Acción Católica ha fundado, para universitarios, el Colegio Mayor San Juan Evangelista. De seglares con asesoría religiosa, tres Colegios Mayores: Santa Cruz, de la Universidad; Reyes Católicos, para universitarios; Santa María del Castillo, para universitarias. La Universidad civil cuenta con un asesor religioso y cuatro profesores de Religión. Los cuatro institutos de Enseñanza Media cuentan con dos profesores de Religión y un director espiritual cada uno de ellos. El arzobispado ha creado dos Institutos Filiales; la Compañía de Jesús, uno. Todos los hospitales e instituciones de beneficencia del Estado, de la Provincia o del Municipio, están en manos de Congregaciones religiosas de mujeres en lo asistencial; y asimismo la Obra de Protección de Menores, del Ministerio de Justicia, tiene su internado de niñas a cargo de las Hijas de la Caridad; el de niños, a cargo de sacerdotes diocesanos. Además de la oficial del Estado, existen dos Escuelas de Magisterio de la Iglesia. Hay en la ciudad Escuela técnica de grado medio de Ingenieros Técnicos, con asesoría religiosa y profesor de Religión; Escuela de Maestría Industrial, igualmente asistida. Dos Escuelas de Maestría Industrial privadas; una de la Iglesia, la de Cristo Rey, de los padres Jesuitas, con internado, y la denominada «Onésimo Redondo», solamente para externos. Asimismo la Escuela de Comercio, con enseñanza y asesoría religiosas.

Se puede concluir que la Iglesia en el arzobispado tiene una presencia de perfecta solidez y eficacia en la enseñanza, lo mismo en los centros propios y de las Ordenes Religiosas, que en los centros privados y en la enseñanza oficial del Estado, primaria, media y superior. A esto se añade un elemento de orden práctico digno de ser reseñado aquí: la familia, señaladamente cristiana y activa en este arzobispado, más señaladamente aún en la capital.

5. Episcopologio: Erigido el obispado en 25-IX-1595, es nombrado su primer ob. en el Consistorio de 18-XII-1596 *D. Bartolomé de la Plaza*, ob. de Tuy, † 11-X-1600. *Juan Bautista Acevedo*, pr. 30-IV-1601, 28-IV-1606 ren. † 8-VI-1608. *Juan Vigil de Quiñones*, pr. 13-VIII-1607, 25-X-1616 tr. Segovia. *Francisco Sobrino*, pr. 5-IX-1616, † 12-I-1618. *Juan Fernández de Valdivieso*, 22-X-1618, † antes de mayo 1619 sin tomar posesión. *Enrique Pimentel*, pr. 29-VII-1619, 13-II-1623 tr. Cuenca. *Alfonso López Gallo*, ob. de Lugo, pr. 29-V-1624, 5-VII-1627 tr. Avila. *Juan Torres Osorio*, ob. de Oviedo, pr. 19-VII-1627, † 24-IX-1632. *Gregorio de Pedrosa*, ob. de León, 31-I-1633, 1645 ren.; celebró sínodo 22-X-1634. *Juan Merinero* OFM, pr. 18-II-1647, † 24-IX-1663. *Francisco de Seijas y Losada*, pr. 23-VI-1664, 30-VI-1670 tr. Salamanca. *Jacinto de Boada y Montenegro*, pr. 22-XII-1670, † antes del 13-V-1671 sin tomar posesión. *Gabriel de la Calle y Heredia*, pr. 1-VII-1671, 1682 ren., † 17-IX-1684. *Diego de la Cueva y Aldana*, pr. 24-V-1683, † 28-VII-1707. *Andrés de Orueta y Barasorda*, 3-X-1708, † 16-III-1716. *José de Talavera Gómez de Eugenio* OSHier. pr. 2-IX-1716, † 5-XI-1727. *Julián Domínguez Toledo*, pr. 10-V-1728, † 2-VI-1743. *Martín Delgado Cenarro y La Piedra*, pr. 23-IX-1743, † 21-XII-1753. *Isidoro Cossío y Bustamante*, pr. 16-IX-1754, pos. 10-XI-1754, 26-II-1768 ren., † 11-IV-1774. *Manuel Rubín de Celis*, pr. 14-III-1768, pos. 1-V-1768, 15-III-1773 tr. a Cartagena. *Antonio Joaquín de Soria*, pr. 13-IX-1773, pos. 12-XI-1773, † 29-X-1784. *Manuel Joaquín Morón*, pr. 26-IX-1785, pos. 15-XI-1785, † 27-II-1801. *Juan Antonio Pérez Hernández de Larrea*, pr. 29-III-1802, pos. 30-V-1802, † 21-IV-1803. *Vicente José Soto y Valcarce*, pr. 26-IX-1803, pos. 16-XI-1803, † 16-II-1819. *Juan Baltasar Toledano*, pr. 18-VII-1824, pos. 18-IX-1824, † 27-III-1830. *José Antonio Rivadeneira*, pr. 28-II-1831, pos. 31-V-1831, † 26-VI-1856. *Luis de la Lastra y Cuesta*, ob. de Oviedo, primer arz. de Valladolid, pr. 3-VIII-1857, pos. 21-IX-1857, 16-III-1863 tr. a Sevilla. *Juan Ignacio Moreno*, pr. 1-X-1863, pos. 10-I-

1864, 5-VII-1875 tr. a Toledo (cardenal 13-III-1868). *Fernando Blanco y Lorenzo* OP, pr. 17-IX-1875, pos. 28-XII-1875, † 6-VI-1881. *Benito Sanz y Forés*, ob. de Oviedo, pr. 18-XI-1881, pos. 31-III-1882, 30-XII-1889 tr. a Sevilla. *Mariano Miquel Gómez*, ob. de Vitoria, pr. 30-XII-1889, pos. 25-III-1890, † 14-IX-1890. *Antonio María Cascajares y Azara*, ob. de Calahorra, pr. 17-XII-1891, pos. 7-IV-1892, 18-IV-1901 tr. a Zaragoza (cardenal 29-XI-1895). *José María de Cos y Macho*, ob. de Madrid-Alcalá, pr. 18-II-1901, pos. 24-IV-1901, † 17-XII-1919 (creado cardenal 28-XI-1911). *Remigio Gandásegui y Gorrochátegui*, ob. de Segovia pr. 22-IV-1920, pos. 20-X-1920, † 16-V-1937, celebra II Concilio prov. metrop. *Antonio García y García*, adm. apost. de Compostela, pr. 5-II-1938, pos. y entr. 8-IV-1938, † 14-V-1953. *José García Goldáraz*, ob. de Orihuela, pr. 25-VIII-1953, pos. 15-XI-1953, asiste al Conc. Vat. II, 2-VII-1970 ren. *Félix Romero Menjíbar*, ob. de Jaén, pr. 2-VII-1970, pos. 12-IX-1970, † 21-IX-1974. *José Delicado Baeza*, ob. de Tuy-Vigo, pr. 21-IV-1975, pos. 7-VI-1975, actual obispo.

BIBL.: J. ANTOLÍNEZ DE BURGOS, *Historia de la muy noble y leal ciudad de Valladolid*, siglo XVII, ms. de la Biblioteca del Colegio de Sta. Cruz de Valladolid; edic. crítica de J. Ortega Rubio, Va. 1887, sobre sus cuatro copias manuscritas; N. ALONSO CORTÉS, *Historia de Valladolid en un curioso manuscrito*: R55, 15(1936); M. MAÑUECO VILLALOBOS y J. ZURITA NIETO, *Documentos de la Iglesia Colegial de Santa María la Mayor, hoy Metropolitana, de Valladolid*: I, siglos XI y XII, Va. 1917; II, siglo XIII, Va. 1920; III, siglo XIII, Va. 1920; IV, siglo XIV, Va, 1922; M. SANGRADOR Y VÍTORES, *Historia de Valladolid desde su más remota antigüedad hasta la muerte de Fernando VII*, 2 vols., Va. 1854; M. CANESI ACEBEDO, *Historia secular y eclesiástica de la muy antigua, coronada, muy ilustre, muy noble, rica y muy leal ciudad de Valladolid*, ms. en seis tomos, Archivo de la Diput. de Vizcaya, Bilbao; F. FITA, *El Concilio Nacional de Valladolid en 1143. Discusión crítica*: R59, 60(1912)536-46, y 61(1912)166-74; ID., *Primera legación del cardenal Jacinto en España. Bulas inéditas de Anastasio IV. Nuevas luces sobre el Concilio Nacional de Valladolid, 1155, y otros datos inéditos*: R59, 14(1889)530-54, y 24(1894)449-74; ID., *Nueva obra histórica de Valladolid*: R59, 45(1904) 354; ID., *Historia de Valladolid. Breve inédito de Alejandro II*: R59, 45(1904)364; R. FLORANES, *Disertación histórica sobre los concilios de Valladolid justificada con los documentos que quedan de su historia*, ms. en la Bibl. de la Real Acad. de la Hist., Colección de Floranes, t. XVII; *Disertaciones sobre la historia de Valladolid*, ms. ibid., t. IX; M. CASTRO ALONSO, *Episcopologio vallisoletano*, Va. 1904, crítica de esta obra por el P. Fita: R59, 45(1904)354-58; D. MANSILLA, *Erección del obispado de Valladolid*, en *La reorganización eclesiástica española del siglo XVI*, párrafo IV: R13, 5(1957)9-261; F. ANTÓN, *Monasterios medievales de la provincia de Valladolid*, Va. 1942; G. ARRIAGA, *Historia del Colegio de San Gregorio de Valladolid*, ms. siglo XVII, en la Bibl. de la Diputación de Valladolid, ed. de M. María Hoyos, I, Va. 1928, y II, Va. 1930; G. M. COLOMBÁS y M. M. GOST, *Estudios sobre el primer siglo de San Benito de Valladolid*: Scripta et documenta (Montserrat), 3(1954); G. M. COLOMBÁS, *Un reformador benedictino en tiempo de los Reyes Católicos: García Giménez de Cisneros*, Montserrat 1955; J. MARTÍ Y MONSÓ, *Estudios histórico-artísticos relativos principalmente a Valladolid*, Va. 1901; E. GARCÍA CHICO, *Catálogo Monumental de la provincia de Valladolid*, ed. de la Diputación de Valladolid: I, Va. 1960; II, 1959; III, 1961; IV, 1964; F. CHUECA GOITIA, *La Catedral de Valladolid*, Ma. 1947; J. M. QUADRADO, *España, sus monumentos y artes, su naturaleza e historia: Valladolid, Palencia y Zamora*, Ba. 1885.　　　V. RODRÍGUEZ VALENCIA

VALLADOLID, Luis de, OP (Valladolid † c. 1436) teólogo. Ingresó en la Orden en el convento de San Pablo, de Valladolid. Cursó sus estudios de Teología hacia 1403, un curso en Valladolid, otro en Toulouse y el tercero en París. Leyó Teología en París hacia los años 1412-1416. Fue confesor de Juan II de Castilla. En 1417 es enviado como embajador al concilio de Constanza, interviniendo eficazmente en la discusión sobre las herejías de Juan de Huss y en la solución del Cisma, haciendo patente la separación de Castilla del antipapa Luna. Trabajó ante Martín V para crear en la Universidad de Valladolid la Facultad de Teología, obteniendo bula el 8-VI-1418 en la que lo nombra primer catedrático de Teología y decano de la Facultad. Fue prior del convento de San Pablo, de Valladolid, y primer prior vitalicio, por privilegio pontificio, del convento fundado por Juan II en Tordesillas (1433). En el Capítulo provincial de Sevilla de 1419 fue electo provincial. Figura con el título de maestro en Teología.

OBRAS: *Tabula quorumdam Doctorum Ordinis Praedicatorum*, ms. BN París, de Victor I, cód. 616, ed. de M. Canal. BIBL.: M. ALCOCER Y MARTÍNEZ, *Historia de la Universidad de Valladolid*, VI, Va. 1918-31, 150-51; V. BELTRÁN DE HEREDIA, *Historia de la Reforma de la Provincia de España (1450-1550)*, Ro. 1939, 22-24; ID., *Orígenes y desenvolvimiento del «Stemma liliatum» en las Provincias dominicanas de España e Hispanoamérica:* R15, 35(1965) 70-72; J. GOÑI GAZTAMBIDE, *Los españoles en el concilio de Constanza. Notas biográficas*, Ma. 1966, 191-194.

C. PALOMO

VALLADOLID, Pedro de, OSH (Valladolid † Guadalupe [Cáceres] 1441) siervo de Dios. A los quince años ingresó en el monasterio de Guadalupe. Es conocido con el nombre de fray Pedro de las Cabañuelas. Dadas sus buenas cualidades estuvo empleado en casi todos los oficios de la casa, distinguiéndose especialmente en el de maestro de novicios. Fue prior ocho años, hasta su muerte. Austero, de gran caridad para con los pobres y mucha prudencia en el gobierno. Sus muchas ocupaciones no le impedían su vida de unión con Dios, de quien fue muy favorecido, incluso con milagros. Entre las muchas pruebas que padeció, es célebre su duda sobre la Eucaristía, que luego inmortalizó Zurbarán en uno de sus famosos cuadros de aquella sacristía.

BIBL.: D. DE ECIJA, *Libro del Monasterio de Guadalupe*, Cá. 1953, 210-225; M108, I, 418-426; C. G. VILLACAMPA, *Grandezas de Guadalupe*, Ma. 1924, 402-412; M105, núm. 119-120, 127-131; F. DE SAN JOSÉ, *H. Universal... de Ntra. Sra. de Guadalupe*, Ma. 1743, 266-275. I. DE MADRID

VALLADOLID, Sebastián de, OCist († 1544) obispo. Monje del monasterio de Osera y abad del mismo. Por encargo de los monjes entró en relaciones con el general reformador para agregar la casa a la Congregación de Castilla. Después acudió a Roma, donde lo nombraron obispo de Hipona y lo consagraron. Quiso el general desposeerle de la abadía, pero fue repuesto en 1531 por influencia de la emperatriz. En 1541 lo llevaron preso, aunque por poco tiempo. Cuidó mucho de los intereses del monasterio.

BIBL.: M93, IV, 623, 626; T. DE PERALTA, *Fundación de Osera*, Ma. 1677, 250-280. P. GUERIN

VALLBONA o ANGLESOLA, Ramón de, (Anglesola [Lérida] † Vallbona [Barcelona] 9-IV-1176) anacoreta. Lego, fundador de varios eremitorios y de las primeras comunidades cenobíticas de Colobres, Vallbona, Sórboles y Santa María del Montsant. Hablan de él varios documentos de 1157, 1169 y 1175. El padre Pasqual transcribió el texto de una *De vita et miraculis beati Raymundi*, citada por Torres Amat, que da noticia de las vicisitudes extraordinarias de su vida anteriores a 1153. Sus restos mortales trasladados desde el primer eremitorio a la iglesia mayor de Vallbona en 1665, fueron objeto de culto.

BIBL.: J. PASQUAL, *Monumenta Cathaloniae*, ms. IX, 727-32; F. BERGADÁ, *Notes biogràfiques del noble penitent Ramon de Valbona:* Segarra, 1(1925)6 ss.; *Viage* 20, 262; A29, 719; J. LLADONOSA, *El Montsant i els ermitans:* R4, 10 (1962)339-46. J. J. PIQUER

VALLE, Fidel del, OFMCap (Valle [Salamanca] c. 1700 † Salamanca? c. 1762) misionero popular. Se distinguió por su actividad apostólica a mediados del siglo XVIII. Fue calificador del Santo Oficio, examinador sinodal de Toledo y Salamanca, pero sobresalió sobre todo como predicador de misiones populares y se le concedió el título de misionero apostólico; recorrió en ese apostolado numerosos pueblos de Castilla y León. Su oratoria fue sencilla, fervorosa y entusiasta.

OBRAS: Fruto de su celo por las almas fueron las varias obras que publicó, entre otras: *Epinicio evangélico, ascético y predicable*, 3 vols., Sa. 1755-1757; *Arpón místico, saetas del corazón, utilísima a toda clase de personas para despertar de las culpas*, 4.ª ed., Sa. 1758; *Sobre el cómplice y el ayuno*, Sa. 1759, Mu. 1761.

BIBL.: N10, 172. B. DE CARROCERA

VALLE, Juan del, SI (Vitoria c. 1574 † Méjico 18-XI-1616) misionero. Ingresó en SI en 1591. Partió para Méjico en 1594. Evangelizó a los indios xiximes y otros pueblos del Estado de Durango. Murió violentamente a manos de los tepehuanes.

BIBL.: F. J. ALEGRE, *Historia de la Compañía de Jesús en Nueva España*, II, México 1841, passim. IHSI

VALLE, Raimundo del, OP (Grazalema [Cádiz] 1613 † Moyang [China] 23-XII-1683) misionero. Ingresó en la Orden en el convento de San Pedro Mártir, de Ronda (Málaga); pasó después a estudiar al convento de Santa Cruz, de Granada, donde fue profesor de Filosofía. Partió de España para Filipinas en 1642; llegó a Manila a mediados de 1643. Aquí ejerció el cargo de vicario del Parián, parroquia de chinos (1647). Más tarde fue misionero en las Islas Babuyanes, y Pangasinán (1650-1655). En 1655 partió para China, y estudió el mandarín y el dialecto de Fogán, «y en ambas lenguas y en la china fue ministro cabal». Misionó luego en Kinghoa y Langki, en la provincia de Chekiang (1657-1663), volvió en 1663 a la provincia de Fukien y fue nombrado vicario provincial y visitador de la misión. Misionero celosísimo de la salvación de las almas, su labor misionera fue constante, abnegada, sin temor a los peligros ni a la muerte, máxime durante la persecución general de 1664 a 1671; Dios bendijo copiosamente su labor con frecuentes conversiones e incluso con milagros. Sus compañeros de misión y biógrafos nos hablan de una vida interior muy intensa, pródiga en gracias especiales, «sequedades terribles de espíritu, coloquios con Cristo, don de lágrimas, arrobamientos, consuelos dulcísimos del Señor, todo fuera del orden natural y ordinario de la vida cristiana».

OBRAS: *De anima hominis*, en caracteres chinos, 3 vols., Fogán 1672; *De corpore animato tractatus*, en chino, 2 vols., Fogán 1672; *Apología contra Yang Kuang-sien*, en chino, 2 vols.; *Relación de su vida interior*, escrita por mandato de sus superiores; y otros *Tratados* en lengua china.

BIBL.: F. VARO, *Vida del V. P. Fr. Raimundo del Valle*, Fogán 1685: Archivo OP de Manila, ms. en 48, 333-383; O53, I, 450-454; O62, 313-357; O41, I, 511-524, 643-644.

J. M.ª GONZÁLEZ

VALLE, Ramón, SchP (Villanueva de Mena [Burgos] 1801 † Madrid 20-III-1891) latinista y orador. Pasó su infancia en Madrid. Ingresó en la Escuela Pía el 16-I-1820. Vivió siempre en el colegio de San Antón, donde fue profesor de unos 50 ministros de la Corona. Maestro de juniores, luego provincial de Castilla en 1852, fue luego ascendido al vicariato general en 1863; rehusó aceptar más tarde el generalato de la Orden que le proponía Pío IX.

OBRAS: *Gramática castellana del P. Agustín Díaz, corregida y aumentada*, Ma. 1829; *Elementos de gramática castellana*, Ma. 1845; *Cartilla de silabeo*, Ma. 1854, tuvo muchas ediciones; *Colección de autores latinos, anotada para uso de las Escuelas Pías*, Ma. 1853-1854; *Temas graduados para la versión hispano-latina*, Ma. 1861, y otras más.

BIBL.: P. Díaz, *El Rmo. P. Ramón Valle*: R162, 40(1891) 367-385, 41(1891)467-474, y 42(1891)553-567; O90, IV, 249 ss, 414 ss, 503-522; T. Viñas, *Index biobibliographicus*, I, Ro. 1908, 354-357; D3, 66, 1080.   C. Vilá

VALLE DE LA CERDA, José, OSB (Madrid, c. 1600, † Zafra 12-VII-1644) obispo, teólogo. Hijo de D. Luis Valle de la Cerda y de D.ª Luisa Alvarado. El padre, entre otros empleos, tuvo el de secretario de la Cifra de Su Majestad. Pedro, hermano de José, casó con D.ª Cecilia de Villanueva; y Teresa, hermana de Pedro y José, trataba de casarse con D. Jerónimo de Villanueva, brazo derecho del duque de Lerma, aunque luego optó por hacerse benedictina. Con esto queda asociado La Cerda a acontecimientos religioso-políticos muy sonados y de gran trascendencia. El personalmente demostró una vocación religiosa muy cabal. Fue estudiante en Alcalá de Henares, donde sintió dicha vocación. Ya en 1618 tomó el hábito en San Martín, de Madrid. Pronto también debieron enviarle a Salamanca, donde obtuvo las cátedras de Santo Tomás, Durando y Prima. En 1633 era abad del colegio de San Vicente, de su Orden en Salamanca. Muy joven era cuando lo presentó el rey Felipe IV para el obispado de Almería en 1635. Méritos indudablemente los tenía, mas a esto se añadiría, sin duda, su parentesco con los hombres clave de la política. Las bulas se despacharon en 6-XI-1637 y tomó posesión a principios de 1638. Ya era mucho ser obispo a esa edad, pero pronto sucedió que entró en Almería la flota derrotada del duque de Nájera y fray José socorrió tan generosamente a estos marinos que se le recompensó con el nombramiento de obispo de Badajoz. El deán tomó posesión en su nombre en 5-VII-1641. Villanueva escribe al cabildo que *ninguna cosa me ha podido causar mayor alborozo que el ir a esa iglesia el Sr. Obispo, porque le amo y estimo a su persona*. Entró en 6-X-1641. Poco tiempo tuvo para tratar de ordenar esta diócesis tan vejada por los males de la guerra. Según otros autores falleció el 22-X-1644 en Zafra durante la visita pastoral. Dícese también que proyectaba ir por entonces a Madrid para defender a D. Jerónimo de Villanueva. Probablemente había sido él quien defendió a su hermana, procesada por la Inquisición de Toledo. Aparte de estos sucesos públicos, La Cerda, que era hombre intelectual, publicó en Almería y en Lyon, de Francia, varias obras suyas de gran estimación.

OBRAS: *De Maria et Verbo Incarnato*, Alm. 1640; *In Sacram Iudith Historiam*, 2 vols., Alm. 1641, y Lyon 1651; *Maria Effigies*, Lyon 1651.

BIBL.: M60, I y V; A1, I, 803; P. de Ciria, *Vidas de Santas del Orden de San Benito*, II, Gra, 1686, 509; M. Ziegelbauer, *Historia rei litterariae Ordinis Sancti Benedicti*, IV, Augsburg 1757, 29, 179; D3, 66, 1081; D1, 29, 969-70.   P. Guerin

VALLE RUIZ, Restituto del, OSA (Carrión de los Condes [Palencia] 10-VI-1865 † El Escorial 17-XII-1930) literato. Estudió en el colegio de los jesuitas de su ciudad natal. Profesó en el colegio agustiniano de Valladolid el 16-X-1881. Fue discípulo del padre Cámara, contribuyendo como pocos al desarrollo de la crítica literaria en España. Doctorado en Filosofía y Letras por la Universidad de Zaragoza (1894), pasó a formar parte del equipo de la Real Biblioteca de El Escorial. Profundo conocedor de la literatura y de la estética, Menéndez Pelayo habla con gran elogio del poeta palentino. Sus estudios literarios sobre Costa y Llovera, Raimundo Lulio, Campoamor, Bécquer, Núñez de Arce, Zorrilla, rabí Dom Sem Tob, etc., forman una verdadera antología de modelos de crítica. En 1904, con motivo del IV Centenario de Isabel la Católica fue presidente de los Juegos Florales en Medina del Campo. Es autor del tan conocido y popular himno eucarístico *Cantemos al Amor de los amores*.

OBRAS: *Estudios literarios*, Ba. 1903; *El P. Conrado Muiños*, El Escorial 1916; *Mirando al cielo. Composiciones poéticas*, Ma. 1914; *Mis canciones. Obras poéticas*, Ba. 1908; *Alma y corazón. Poesías*, El Escorial 1918; *A Cristo Jesús. Himno oficial del XXII Congreso Eucarístico Internacional, celebrado en Madrid:* Actas del Congreso, I. Ma. 1912, 187. Además, unos 50 trabajos en la revista La Ciudad de Dios, en su mayoría de crítica literaria entre los años 1885-1928.

BIBL.: F. García, *Crítica literaria:* R155, 9(1930)94-108; M55, VIII, 86-93; G. de Santiago Vela, *Nota Necrológica:* R155, 13(1931)149-150; T. Alonso, *La Ciudad de Dios. Indices*, El Escorial 1961, 314-318; A. Llordén, *Biobibliografía agustiniana Escurialense:* La Comunidad agustiniana en El Monasterio de El Escorial, El Escorial 1964, 640-647.   A. Manrique

VALLGORNERA, Tomás de, OP (Gerona 1595 † Zaragoza 15-IX-1675) escritor ascético. Ingresó en el convento de Gerona (1611), donde, después de su profesión religiosa, estudió Artes, Filosofía y Teología. Fue lector en la Universidad de Perpiñán por espacio de cinco años. Recibió el Magisterio en Teología (14-V-1634), después de muchos años de enseñar Teología en la Universidad de Gerona. Fue prior de su convento de Gerona (1632-1635). Después se le encargó el rectorado del colegio mayor de Teología de Tortosa (1635-1637). Siguieron unos años de vida retirada durante los cuales se dedicó al estudio y a preparar las obras que después publicó. Fue nombrado examinador de libros (1665-1670). También había sido algún tiempo vicario general de la Orden para Cataluña (1641-1644). En 1674 fue elegido provincial de Aragón.

OBRAS: *Mystica Theologia Divi Thomae*, Ba. 1622; *De Rosario beatae Mariae Virginis*, Ba. 1622.

BIBL.: O25, 279-281; J. M. Coll, *Documento referente al Maestro Juan T. de Vallgornera:* R9, 12(1958)353-356; P. Bres Carreras, *El Mestre Tomás de Vallgornera:* R106, 34(1924)391-412.   L. Galmés

VALLS, Francisco, (Barcelona 1665 † Barcelona 2-II-1747) músico. Fue discípulo de Miguel Rosquellas, maestro de capilla de la parroquia de Santa María del Mar, de dicha ciudad. En 1688 ejerció el magisterio de capilla en la catedral de Gerona, en 1690 en la parroquia de Santa María de Mataró, y desde 1696 en la catedral de Barcelona. Dotado de un talento preclaro y de una sensibilidad artística muy acusada, se dedicó a la composición siguiendo la escuela de los polifonistas españoles Morales y Guerrero. Era sacerdote.

OBRAS: Compuso una misa sobre el hexacordo *ut re mi fa sol la* de Guido d'Arezzo, titulada *Scala Aretina*. Esta misa dio motivo a una apasionada polémica en la que intervinieron la mayor parte de los músicos de aquella época. En el *miserere nobis* del *Agnus Dei* la voz del tiple segundo entraba sin preparación alguna, formando un intervalo de novena con el tenor, y de segunda, con el contralto. Joaquín Martínez, organista de la catedral de Palencia, atacó duramente al maestro barcelonés, con varios folletos, a los que replicó Valls con otros tantos escritos. Publicó, además, un interesante tratado de composición musical, *Mapa armónico*. Compuso piezas muy notables para la Academia de Buenas Letras, de la que fue miembro desde el año 1700.

BIBL.: F. Pedrell, *Los músicos españoles antiguos y modernos en sus libros*, Ba. 1888, 96-103; *Catàlech de la Biblioteca Musical de la Diputació de Barcelona*, 1(1908)61. R. Mitjana, *La musique en Espagne:* Encyclopédie de la Musique de A. J. Lavignac y L. de la Laurencie, IV, 2131.   J. M. Lloréns

VAN SUERCK, Justo, SI (Amberes [Bélgica] 2-I-1600 † Santa Fe [Argentina] 21-IV-1666) misionero. Entró en SI (provincia Flandrobelga) en 1616. Fue ordenado sacerdote en Lovaina en 1627 y pasó a la provincia del Paraguay en 1627. Misionó a los guaraníes y a los ibianquis en la Reducción de San Miguel, y después a los itatines en la de Encarnación. Inició la evangelización de los chiraguanos del Chaco.

BIBL.: O163, 14; G. FURLONG, *Justo Van Suerck y su Carta sobre Buenos Aires (1629)*, Buenos Aires 1963.

IHSI

VARAIZ, Francisco, SI (Onteniente [Valencia] c. 1581 † Tunja [Colombia] 5-I-1658) misionero. Entró en SI en 1597. Llegó a Bogotá en 1607. Misionero popular en el Nuevo Reino de Granada y en el Reino de Quito, predicó especialmente a indios y negros. Rector de Bogotá 1653-1655.

BIBL.: O189, VIII, 460; O180, I, 347-350, 611.　　IHSI

VARGAS, Antonio de, (Sevilla 1746 † Sevilla 25-IX-1801) orador sagrado. Apóstol del Corazón de Jesús. Recibió en 1770 el grado de doctor en Teología por la Universidad de Sevilla, de la cual llegó a ser rector en 1790. Fue cura párroco de la Magdalena, capellán real y canónigo en su ciudad natal. Exaltado debelador de las ideas progresistas de la época, mantuvo diversas polémicas con otros escritores. Defendió el culto de las sagradas imágenes, en especial del Corazón de Jesús.

OBRAS: *Reflexiones cristianas sobre la devoción de las vírgenes o culto de las sagradas imágenes y sufragio de las benditas ánimas,* Se. 1785; *Disertación apologética de la devoción y culto del Sagrado Corazón de Jesús,* Málaga 1791; *El triunfo de la Religión y de la Iglesia sobre todos sus enemigos,* Se. 1800; *El imitador de Cristo. Oración fúnebre... por el alma de Fr. Diego José de Cádiz,* Se. 1801.

BIBL.: A16, III, 60-61.　　　　　　　F. AGUILAR

VARGAS, Bernardo de, OdeM (Sevilla c. 1554 † Roma post 1632) procurador general y cronista. En Sevilla, su ciudad natal, recibió el hábito de manos del provincial Pedro Carrillo (1569-1572) y profesó después. Ya maestro en Artes, Filosofía y Teología, pasó a Italia en 1598, donde se prohijó, y ejerció los cargos de procurador general, vicario general de Italia, y comendador de Roma, Cagliari, Mesina y Palermo. Empleaba su tiempo libre en la investigación histórica: archivos de Roma, de Palermo, Mesina y otros. En 1632, cargado de años y achaques, seguía escribiendo. Falleció en Roma. La Historia de Tirso de Molina depende, en gran parte, de Vargas. Explorador incansable y afortunado, salvó muchos documentos, pero no alcanzó a publicar cuanto había recogido.

OBRAS: *Chronica Ordinis de Mercede,* 2 vols. en folio, Palermo 1618 y 1622, escrita por mandato del general Francisco de Ribera (1615-1618), es la primera completa; compuso además dos tratados sobre la peste de Sicilia, 1626; tres, sobre S. Pedro Nolasco, 1629; un *Compendio de las Constituciones,* 1622; una regla para las Terciarias Mercedarias, 1630; biografías de Fr. Juan Bernal, Ná. 1602, traducida al italiano por Fr. Ambrosio Raymondo; de Esteban de Muniera, obispo de Cefalú, Palermo 1632 (en latín); con las semblanzas de Fr. Alonso Gómez de Encinas y Fr. Juan Pérez de Rojas.

BIBL.: O204; O207; O213; A16; O217; O227, I, 35; P. DE SAN CECILIO, *Anales de la Orden de Descalzos de Nuestra Señora de la Merced,* Ba. 1669, primera parte, 3 y 5; B. DE VARGAS, *La crónica de la vida de Fr. Esteban de Muniera* contiene muchos e importantes datos biográficos: O230, I, 534, y II, 63; O232, I.　　M. PENEDO

VARGAS, Crisóstomo, OCist (Valladolid † Astorga [León] 14-V-1728) obispo y teólogo. Monje del monasterio de Montesión. Abad del colegio de Alcalá,

general de la Orden (1717-1721), y luego obispo de Astorga (1723-1728)

OBRAS: Ya siendo general publicó una especie de *Carta Pastoral;* siendo obispo, su dictamen sobre la obra *Defensorio de la religiosidad de los Caballeros de las Ordenes Militares.* Sus tratados teológicos, aunque manuscritos, andaban en manos de los estudiantes de Alcalá y Salamanca.

BIBL.: ES 16, 307; M98, 339-340.　　　　P. GUERIN

VARGAS, Martín de, OCist (Jerez de la Frontera [Cádiz] c. 1380 † San Martín de Valdeiglesias [Madrid] 2-VI-1446) abad reformador, fundador de la Congregación de San Bernardo o de Castilla. Es muy poco lo que se sabe de su juventud, solo que se encaminó a Roma, donde entró en la Orden de San Jerónimo. Tanto destacó en el campo de las letras, que Martín V lo nombró predicador y confesor suyo. Hacia 1420 regresó a España y no sabemos qué motivos le indujeron a cambiar de Orden. Ingresó en el monasterio cisterciense de Piedra. Eran tiempos en que la disciplina monástica se hallaba completamente relajada y, a poco de entrar, concibió el proyecto de restituirla a su primera pureza. Comunicados sus planes con un grupo de monjes que se hallaban animados del mismo espíritu reformista, en compañía de uno de ellos, Miguel de Cuenca, se dirigió a Roma para exponer al pontífice sus planes de reforma. Permanecieron por espacio de un año en el monasterio de Santa Cecilia entregados a la oración y a la penitencia, mientras la Santa Sede obtenía de España los informes necesarios. Al fin, Martín V accedió a sus deseos y por medio de su bula *Pia supplicum vota,* de 24-X-1427, le autorizaba la fundación de dos eremitorios en los cuales se pudiera observar la Regla de San Benito con toda rigidez. He aquí los puntos más destacados de la mencionada bula; *a)* Los compañeros de Martín de Vargas podían pasar a dichos eremitorios, aunque se opusiera a ello el abad de Piedra. *b)* Tanto él como sus monjes gozarían de todos los privilegios y gracias concedidas a la Orden cisterciense. *c)* No debían estar sometidos a ninguna otra autoridad, excepto la del abad de Poblet, casa madre del monasterio de Piedra. *d)* Todos cuantos monjes de los distintos monasterios quisiesen incorporarse a los dos eremitorios, lo podían hacer, aunque se opusiese a ello el propio superior, pudiendo gozar de los mismos privilegios que gozaban en sus monasterios. *e)* Fray Martín de Vargas quedaba constituido superior de ambos eremitorios, y a su fallecimiento podían los monjes elegir otro entre ellos por un quinquenio, sometiendo la elección a la aprobación del abad de Poblet. *f)* Los monjes de los eremitarios podían elegir un prior trienal que los gobernase, cuya confirmación quedaba supeditada al reformador, nombre con que era reconocido el general. *g)* Por último, se fulminan amenazas contra todos aquellos que intentaran impedir la marcha de la reforma.

Regresaron a España en el mes de junio de 1426, y en los últimos meses del mismo año se hallaban en Toledo dando los primeros pasos para realizar la primera fundación, el monasterio de Montesión. Se colocó la primera piedra el 21-I-1427. Tanto el lugar como el nombre fueron elegidos por Martín de Vargas. Dícese que todo el día anduvieron buscando sitio adecuado en los alrededores de Toledo y a última hora de la tarde llegaron a un paraje ameno de la margen izquierda del Tajo, al lado de una ermita de la Santísima Virgen que dominaba la vega de San Román. Al verlo, exclamó Martín de Vargas: «*Haec requies mea in saeculum saeculi, hic habitabo quoniam elegi eam.*» Adquirido el lugar por el tesorero de la catedral, D. Ildefonso Martínez, se iniciaron las obras en la fecha indicada. El nombre de Montesión respondía a la ilusión de que desde allí

— como desde una nueva Jerusalén — irradiara una nueva ley que alumbrara los destinos de la Orden. Al poco tiempo se incorporaron los demás monjes procedentes de Piedra. En 1430 Martín de Vargas, cediendo a las instancias de Juan II de Castilla y de D. Gutierre, obispo de Palencia, tomó posesión de la abadía de Valbuena, convirtiéndola en la segunda fundación o eremitorio para lo que estaba facultado. El abad de este monasterio Fernando de Benavente o de Santa Colomba, había sido depuesto y arrojado del monasterio juntamente con gran parte de los monjes por orden del rey, a causa de los desórdenes reinantes entre ellos, pero recurrió al Capítulo general de Císter, y éste, pese a que Martín de Vargas había conseguido legalizar todos sus pasos ante Eugenio IV, comenzó una dura campaña contra el reformador español. Al principio mantuvo una cierta posición de reserva, pues declararse abiertamente contra la reforma de Martín de Vargas hubiera sido declararse contra la voluntad de los pontífices. Más tarde, cuando en 1434 se permitía al reformador incorporar otros seis monasterios, arreció la contrariedad, estableciéndose una dura polémica entre los padres de la Orden y nuestro reformador. En 1438, Felipe de Loos, procurador general de la Orden en Roma, elevó su voz contra Vargas, acusándolo de haber conculcado los estatutos de la Orden y de haberse apartado totalmente de sus leyes. El Capítulo general lanzó contra él los mayores anatemas, mas nada consiguió apartarle de sus propósitos, pues se sentía protegido y amparado por Eugenio IV que, día a día, multiplicaba sus privilegios en favor de la nueva observancia española. Hubo un ligero respiro durante varios años, pero el rescoldo de la aversión hacia Martín de Vargas permanecía latente y se buscaba la oportunidad de acabar con su obra. Fue en 1445 cuando se fulminó contra él una nueva excomunión y se encomendó al abad de La Espina que ordenase su detención y le metiese en la cárcel, recurriendo, si fuese preciso, al brazo secular. Así se hizo: las huestes del conde de Haro metieron preso al reformador, sucumbiendo gloriosamente en defensa de su obra, bien en la misma cárcel, según algunos, bien a poco de salir, en el monasterio de Valdeiglesias.

Martín de Vargas, a quien se ha censurado injustamente, sobre todo por los historiadores extranjeros, puede ser contado entre los grandes reformadores del monacato y, si bien es cierto su obra no estaba conforme a las tradiciones del Císter, antes bien, se oponía a algunos puntos básicos de la misma, sin embargo, fueron las circunstancias anormales y apremiantes las que le impulsaron a romper viejos moldes y sustituirlos por otros nuevos llenos de sabiduría y acierto. Gracias a él, el Císter español llegaría a una prosperidad jamás conocida, pues la Congregación de Castilla es la gloria más legítima de la Orden, tanto por la cantidad de personajes célebres como por sus grandes obras benéficas en todos los campos de la cultura. A pesar de tantas excomuniones llovidas sobre él, la Orden le ha contado siempre en el número de los «venerables», y no podía ser menos, pues la gran obra realizada solo podía llevarla a cabo un hombre lleno de Dios y de virtudes heroicas.

BIBL.: P. ALCOCER, *Hystoria de la Imperial Cibdad de Toledo*, To. 1554; L. DE ESTRADA, *Exordio de la Reforma de Montesión*, libr. ms. del AHN, sign. 16.621; M94; M70, VII; M97, I; M93, IV; *Tumbo viejo de Montesión*, ms. 14.691 del AHN; L. HERRERA, *Martín de Vargas, fundador de la Congregación de Castilla*, tesis inédita en la biblioteca de San Isidro de Dueñas; M86, IV; B. DE LA PEÑA, *Tratado del origen de la Sgda. Orden del Cister y Riformación...* ms. 855 de la BN Madrid; D. YÁÑEZ, *Martín de Vargas*, en prensa (reivindicación de un gran reformador español); B. MENDOZA, *Synopsis monasteriorum Congregationis Hispaniae*, ms. de la bibl. de San Isidro de Dueñas; M89, 6 abril; J. FINESTRES, *Historia de Poblet*, libro II, t. II, apénd., dis. VI; A. LOBERA, *Historia de las grandezas... de la Iglesia de León...*, Va. 1596; B. DE CARTES, *Historia de Monsalud*, Alc. 1721; S. LENSEN, *Hagiologium cisterciense*, Tilburg 1949; E. WILLEMS, *Esquisse historique de l'Ordre de Citeaux*, Par. 1957; C. CHALEMOT, *Series Sanctorum... Ordinis Cist.*, Par. 1670, 6 abril; A. MIRREO, *Originum monasticarum*, lib. V, c. IV; M96; C. HENRÍQUEZ, *Fasciculus Sanctorum Ord. Cist.*, Col. 1631; C. DE VISCH, *Bibliotheca Scriptorum Ordinis Cisterciensis*, Col. 1656; P. GARCÍA SAN JUAN, *Santoral español, glorias de la Iglesia de España*, Ma. 1851, I; C. BOCK, *Les codifications du droit cistercien:* Collect. Ordinis Cist. Reformat. 11(1949); D. I. P. BARRETO, *Hombres ilustres de la ciudad de Jerez de la Frontera*, Jerez 1875; D1, 29, 1047-1048.
D. YÁÑEZ

VARGAS MESSIA, Francisco de, (Zagra? [Granada] 1500 † Toledo c. abril 1566) canonista y embajador. No ha de confundirse con el célebre tesorero de ese nombre que sirvió a los Reyes Católicos, ni con varios otros homónimos que se encuentran en España por ese mismo tiempo. En los documentos de la época se le da corrientemente el título de licenciado. Sin embargo, en sus despachos desde Trento a partir de 1550 se suscribe casi indefectiblemente, por no decir que siempre, «doctor Vargas». Este mismo título le atribuyen también por esos mismos años el obispo D. Antonio de Granvela y el embajador Toledo. Esto no obstante, se desconoce exactamente cuándo recibió ese título y en qué Universidad o en qué materias llegó a doctorarse. Que el campo de su profesión fuera el Derecho, no parece pueda dudarse, pues él mismo se califica de canonista; y de hecho, tanto en Leyes como en Cánones — quizá más en esto último — se muestra versadísimo. Por otra parte, conocía a fondo la Teología, como aparece por sus escritos.

Que hiciera los estudios académicos en España, parece asimismo incuestionable; pero queda por averiguar en qué colegio o Universidad hubo de cursarlos. Para Rezábal resulta tan notorio haber sido colegial mayor en Alcalá, que no debe ponerse en duda, ya que también Alventós lo incluye entre los colegiales de San Ildefonso. Pero mientras no se aduzcan pruebas más directas, el enigma, para mí, sigue indescifrable.

Se desconocen igualmente otros datos de su vida hasta 1545 en que lo encontramos de fiscal del Consejo de Castilla, Cuándo recibió ese grado, no me es fácil precisarlo. Solo puedo asegurar que, a partir del 27-V-1545 en que salió de Valladolid rumbo a Trento, se le dio en la fiscalía un sustituto para mientras estuviese en el concilio.

Por ese tiempo ya debía de estar casado, pues en 1558 profesó en los dominicos de Salamanca fray Bartolomé de Vargas, hijo suyo, que hubo de nacer, por tanto, unos quince años antes. Por otra parte, fray Bartolomé nació en Granada y su padre desde 1545 hasta 1564 no estuvo presente en la Península: nuevo indicio de que su matrimonio debió de tener lugar antes de 1545, como he dicho.

Su presencia en Trento se documenta ya a fines de junio de ese año. Su cargo en el concilio no fue el de embajador, como erróneamente se ha supuesto, sino el de solicitador, especie de agregado o ministro consejero, que ejerció conjuntamente con otros dos juristas, el doctor Quintana y el doctor Velasco. De hecho, por noviembre de 1546 el Emperador encomendó a estos tres doctores sus negocios conciliares en ausencia del sustituto de embajador D. Francisco de Toledo. Conforme a esto, se opusieron primeramente a una traslación del concilio y, verificada ésta (11-III-1547), por agosto de aquel año Vargas y Velasco, siguiendo órdenes secretas, se dirigieron a Florencia. A mediados del mes siguiente pasaron a Bolonia, luego a Mantua, de donde regresaron a Florencia a principios de noviembre. Dos meses más tarde (16-I-1548) protestaron en nombre del Emperador por el traslado del concilio.

Hecho esto, a mediados del siguiente marzo, Vargas regresó a Trento, y allí permaneció hasta reanudarse, tres años más tarde, el interrumpido concilio tridentino. Dos días antes de la reapertura tuvo ante el legado un discurso de bienvenida (29-IV-1551); claro signo del influjo que había de ejercer durante toda aquella etapa. Oficialmente no desempeñó tampoco entonces la embajada ante el concilio, pero los embajadores consultaban con él todos los asuntos importantes. Su experiencia y capacitación le permitían, por otra parte, alternar con los prelados; a ello le inducían, por lo demás, un cierto espíritu fiscalizador, propio de su profesión, y un cuasi instinto maniobrero. De ese modo, bien puede decirse que no surgían problemas ni se presentaban temas al concilio en los que por oficio o por propia decisión no interviniera nuestro jurista.

Suspendido nuevamente el sínodo (28-IV-1552), Vargas fue nombrado embajador imperial en Venecia. Sin duda, por ese mismo motivo le exoneraron del cargo de fiscal (23 de mayo), que no podría ya ejercer ni había ejercido, de hecho, desde hacía siete años. La rivalidad con Francia, por cuestiones de precedencia, obligó a Felipe II, en septiembre de 1558, a sacarle de Venecia. Por encargo del mismo rey se fue entonces a Roma (principios de noviembre) para gestionar allí negocios de la Inquisición, y disponer a favor de D. Fernando el «negocio del Imperio». En febrero del siguiente año se dirigió a su vez a Flandes, y en agosto, seis meses más tarde, fue nombrado embajador en Viena. La muerte inesperada del que había sido destinado a la Santa Sede movió al Rey Católico a enviar a Vargas para sucederle, dada la amistad y estima que le profesaba Paulo IV. Murió entretanto el papa, y Vargas, anheloso de asistir con tiempo a la elección del sucesor, aceleró su viaje, llegando a la Ciudad Eterna el 25 de septiembre. La larga gestación del cónclave le permitió influir no poco en los manejos electoreros, así como, elegido Pío IV, influenció notablemente la convocatoria y celebración de la tercera etapa conciliar de Trento, si bien no asistió a ella. Por múltiples razones su opinión era autorizadísima, y sus despachos — a veces tratados, más que cartas — venían a ser cuasi consignas, sobre todo a favor de la continuación — incuestionable para España —, o en contra de la cláusula *proponentibus Legatis*, tan predilecta de los legados.

Pero la irascibilidad y versatilidad del papa, y la acuciante tenacidad del embajador en sostener derechos o privilegios de su soberano — con apremio en ocasiones y no leves discrepancias en materia de concilio — contrastaban demasiado fuertemente para no producirse encuentros. Estos, por otra parte, cada día más frecuentes a pesar de haber momentos en que desaparecían las desavenencias o se trocaban en euforia, resultaban a veces violentos. Con ello la posición de Vargas se hizo insostenible. Pidió, pues, ser relevado, accediendo no tan fácilmente el rey, y dilatando cuanto pudo el envío de sustituto. Al fin, el 12-X-1563 el dimisionario embajador pudo salir de Roma, llegando el 1 de diciembre a Génova, donde se le dispensó un cariñoso recibimiento. A principios de 1564 estaba ya en Barcelona, y hacia el otoño de aquel año se retiró, en cumplimiento de un propósito ya viejo, al monasterio de la Sisla, cerca de Toledo, con el fin de transcurrir allí, apartado de negocios, los últimos días de su vida. Ni aun entonces pudo lograrlo del todo, pues el rey le siguió pidiendo parecer sobre asuntos públicos o de Estado; prueba irrefragable de la estima que le profesaba.

Esa estima la compartían, por lo demás, no pocos de sus contemporáneos: desde los cardenales Granvela y de la Cueva, la duquesa-gobernadora Margarita de Parma, el secretario Gonzalo Pérez, el obispo Quadra y Pedro Aretino, que deseaban verle honrado con la púrpura, hasta el propio Paulo IV que se la ofreció espontáneamente y se la hubiera conferido de no impedírselo la muerte. A ellos prodríamos agregar el emperador Fernando, los embajadores Requessens, Zúñiga y Toledo, el gran Antonio Agustín, el padre Diego Laynez, con otros varios entre los más insignes prelados tridentinos, seguidos de los humanistas Páez de Castro, Onofre Panvinio, Paulo Manucio, y tantos — no excluido Pío IV — que le prodigaron a porfía sus encomios. Por mi parte, aun habida cuenta de sus limitaciones y defectos, no dudaría en reputarle por una de las más relevantes personalidades de su siglo.

OBRAS: *De episcoporum iurisdictione et Pontificis Maximi auctoritate responsum*, Ro. 1563; reedic. de esta obra en *Tractatuum illustr. iurisconsultorum*, 13 (I), ff. 113-126, y en *Biblioth. Max. Pontificia*, 11, 519-66, de Rocaberti. Memoriales o tratados sobre reforma general (1545), ed. en *Reformata Reformanda* (Homenaje a H. Jedin), I, Münster 1965, 531-76. También sobre la dirección del Concilio (1551), ed. en R16', 2(1964)211-50, y sobre reforma y la pragmática española (1552): ed. en R73, 13(1922), 178-82. Cartas: muchas han visto la luz en CODOIN, 9, 109-315; en TEJADA, *Colección de cánones...*, IV, 560-680; en DÖLLINGER, *Beiträge*, 1, 265-543; en J. L. VILLANUEVA, *Vida literaria*, II, Lo. 1825, 416-62 (extractos); en M. FERRANDIS, *El Conc. de Trento*, 2 vols., Va. 1928-30 (passim); y en R73, 11, 101 ss. Sobre las vertidas al francés por M. de Le Vassor e incluidas en sus *Lettres et Mémoires... touchant le conc. de Trente*, Am. 1720, véase C. GUTIÉRREZ en R16', 1(1963)179ss. Para obras inéditas, véase C. Gutiérrez, *Españoles en Trento*, 490-93.

BIBL.: C. GUTIÉRREZ, *Españoles en Trento*, Va. 1951, 478-93 (biobibliografía); ID., *Memorial de F. de V. sobre reforma* (1545); *Reformata Reformanda* (Festgabe H. Jedin), I, Münster 1965, 531-76; ID., *Nueva docum. trident. (1551-52)*: R16', 1(1963)179-240; 2(1964)211-50; G. CONSTANT, *Rapport...*: Nouvelles archives des miss. scient. et littér. 18(1909-10)359-85 (apreciac. inaceptables, y ciertas inexactit.); D22, X, 614-615; A24, 401-405 (incompl. e inexacto).
C. GUTIÉRREZ

VARGAS DE TOLEDO, Alfonso, OSA (Toledo 1307 † Sevilla 26-XII-1366) teólogo y obispo. La diversidad de formas que adopta su apellido ha dado lugar a dudas y errores sobre su persona. El padre Herrera habla de otro Alfonso de Toledo, arzobispo de Sevilla también, cuya existencia no se ha comprobado.

Nuestro Alfonso profesó en el convento de su ciudad natal, aunque ignoramos la fecha, por no ser consignada por los biógrafos. Dado su talento, fue enviado por los superiores a la Universidad de París, donde obtuvo cátedras de Filosofía y Teología. En 1345 comentó en aquella Universidad el Libro de las Sentencias de Pedro Lombardo. En los años 1348-1350 residió en Mompellier (Francia), donde por comisión pontificia había de conferir el magisterio al padre Clemente, vicario de la provincia de Francia. Inocencio VI, que residía en Aviñón, lo hizo obispo de Badajoz (23-II-1353). Pero él fue a Italia, al lado del cardenal Gil de Albornoz, que gobernaba los Estados Pontificios en nombre del papa. Tuvo gran parte en la entrega de Faenza y otras plazas, en cuyos sitios desplegó gran actividad. Vacante el obispado de Osma, fue nombrado para aquella diócesis el 25-X-1354. No obstante, continuó en Italia sin tomar personalmente posesión de su diócesis. Al quedar nuevamente vacante el arzobispado de Sevilla, el cardenal Albornoz, en premio a los merecimientos de nuestro obispo, le dio la sede metropolitana (19-V-1361). Tomó posesión el 13-X-1362. Establecido en su diócesis, se distinguió como gran hombre de gobierno. Entre sus numerosas actividades, dos parecieron obsesionarle: la conversión de los mahometanos, numerosos en su jurisdicción, y el alivio de los innumerables necesitados a él encomendados. Fue sepultado en la capilla de Santiago el Mayor de la catedral. Se le erigió un mausoleo de alabastro con la estatua yacente. Hoy solo queda una lápida adosada al muro.

OBRAS: *Quaestiones in tres Aristotelis libros de Anima*, Flo. 1477; *Super primum Sententiarum*, Pa. 1445; *Liber de potentiis animae*, ms.; *Lecturae in secundum, tertium et quartum Sententiarum*, ms. en Bibl. Angelica.

BIBL.: M55, VII, 643-650; U. Domínguez del Val, *Carácter de la Teología según la escuela agustiniana de los siglos XIII-XX*, El Escorial 1952, 36-41; J. Kürzinger, *Alfonsus Vargas von Toledo und seine theologische Einleitungslehre*, Münster 1930; D. Trapp, *Augustinian Theology of the 14th Century:* R19', 6(1956)213 y ss.; A. Zumkeller, *Manuskripte von Werken der Autoren des Augustiner-Eremitenordens, in mitteleuropäischen Bibliotheken*, Würzburg 1966, 52-53, 566-567. F. Fernández, *La prueba anselmiana de la existencia de Dios vista por A. Vargas de Toledo:* R75, 174(1961)281-308.   A. Manrique

VARO, Francisco, OP (Sevilla 4-X-1627 † Moyang [China] 31-I-1687) misionero, sinólogo y obispo preconizado de China. Ingresó en la Orden de Predicadores en el convento de San Pablo, de Sevilla, el 8-X-1643. En 1646 partió para Filipinas, continuando sus estudios en Méjico, donde se ordenó de sacerdote (1648). Llegó a Manila en julio de 1648. Destinado a las misiones de China, estudió en Manila el chino y en 1849 salió para China. Allí perfeccionó su estudio del chino, de la lengua mandarina y del dialecto de Fogán y los caracteres chinos, llegando a poseerlos con tal perfección que era la admiración de los mismos chinos. Su obra misionera fue admirable. «En opinión de cuantos le trataron, era él el más célebre e insigne misionero que se ha conocido en este Imperio.» Padeció muchas persecuciones y trabajos. En 1669 fue desterrado a Cantón, y no pudo volver a la misión hasta 1675. Escribió obras inmortales, para lo cual tuvo que leer «cuantos libros hay en aquella nación, especialmente los tocantes a religión y culto». Trabajó incansable en la salvación de las almas hasta la muerte. El 27 de enero, cuatro días antes de su muerte, era electo obispo Lidinense y vicario apostólico de Yunan, Kuang-tung y Kuangsi, en China.

OBRAS: *Tsung-tu tsiao hsu* (devocionario); *Shiang-kiao chung tu king* (explicación de los mandamientos), impreso 1668; *Chu-kiao ming ching* (apología de la religión), Fogán 1719; *Vocabulario de la lengua mandarina*, en portugués, 1670; *Relación verídica y manifiesto de la verdad del hecho de dos Informes que se hicieron a la Silla Apostólica, uno por parte de los Religiosos Predicadores y otro por los Padres de la Compañía*, ms. 1665; *Manifiesto y declaración de la verdad de algunas cosas que se dicen en dos Tratados muy copiosos que hicieron los PP. Diego Fabro y Francisco Brancato SJ*, ms. 1671; *Tratado en que se ponen los fundamentos que los religiosos OP tienen para prohibir a sus cristianos algunas ceremonias que los gentiles hacen en veneración de su maestro Confucio y de sus progenitores difuntos*, ms. 1680, archivo OP de Manila, t. 57; *Gramática española-china*, 1700; *Facilis et perspicua methodus ad linguam mandarinam addiscendam*, ms. 1682; *Pai-ke wen-ta* (diálogo en chino y latín); *Tratado della legge di Dio in cinese*. Y otros muchos escritos que menciona O41, 640-643.

BIBL.: J. M. González, *Semblanzas misioneras. El P. Francisco Varo*, Ma. 1955; A. Natal, *Apologie des dominicains missionnaires de Chine*, Col. 1700; O62, 463-470; O55, II, 715; J. Peguero, *Compendio historial de la Provincia del Santísimo Rosario de Filipinas*, ms. archivo OP Manila; J. Fonseca, *Historia de los Padres Dominicos en las Islas Filipinas*, III, Ma. 1870-71, 262 ss.; O69, I, 238-255; O41, I, 614-619, 461-520, 640-643.

J. M. González

VARONES APOSTOLICOS. Son llamados así los fundadores de siete iglesias episcopales de la Bética, según unas *Actas* escritas hacia el siglo VIII: Torcuato, de Acci (Guadix); Tesifonte, de Bergium (Berja); Esicio, de Carcer (Carcesa); Indalecio, de Urci (Almería); Segundo, de Abula (Abla); Eufrasio, de Iliturgi (Andújar), y Cecilio, de Illiberis (Elvira). Según dichas *Actas* habrían sido enviados desde Roma por los apóstoles (Pedro y Pablo) a España. Llegaron en grupo al territorio de Acci en donde fueron recibidos hostilmente por el pueblo pagano, debiendo huir perseguidos por éste y ocurriendo entonces un gran milagro, que cambió rápidamente la situación, pues se hundió el puente en el momento que lo cruzaban los perseguidores. Seguidamente una matrona de nombre Luparia, a instancias de dichos santos, hizo construir una basílica. Entonces ellos se repartieron por la región fundando las sedes mencionadas y evangelizando el país. A su muerte se les dedicaría un monumento sepulcral en Guadix, junto al cual florecía todos los años milagrosamente un olivo el día de su fiesta (1 de mayo). Fueron, pues, confesores, no mártires. Su culto se extendió extraordinariamente a partir del siglo IX por toda la Península y aun fuera de ella. Los celebran o conmemoran ampliamente los martirologios de Lyón, Adón, Usuardo, los libros litúrgicos hispanos, y particularmente los calendarios, en sendos oficios, pero conservados en códices posteriores al siglo VIII. Todos dependen ciertamente de las *Actas*. Estas son del todo legendarias, según indican las incongruencias históricas de que adolecen, pero pueden contener un fondo histórico. Posible y aun probablemente estos santos personajes serían obispos de los primeros siglos, aunque de tiempo indeterminado, los primeros de algunas o todas las sedes que se les atribuyen y por esto pueden ser tenidos como símbolos de los auténticos varones apostólicos, desconocidos por nosotros.

BIBL.: ES 3, 144-49, 380-384, 395-96; P. Gams, *Kirchengeschichte*, I, 76-80; F. X. Simonet, *Hist. de los mozárabes*, 159-61; Z. García Villada, *Hist. Ecles. de España*, I,/1.ª 159-61; *Martirologium romanum*, Bru. 1940, 189-90; J. Vives, *La «Vita Torquati et Sociorum»:* R5, 20(1947) 223-30; id., *Las Actas de los Varones apostólicos*, Miscellanea liturgica in hon. L. C. Mohlberg, Ro. 1948, 33-45; id., *Las Vitae sanctorum del Cerratense:* R5, 20(1947) 157-76; L. Vázquez de Parga...*Peregrinaciones a Santiago*, I, Ma. 1948, 179-200; A. C. Vega, *La venida de San Pablo a España y los Varones apostólicos:* R59, 154(1964)25-78; J. Vives, *Tradición y leyenda en la Hagiografía hispánica:* R118, 18(1965)495-508; C. García Rodríguez, *El Culto de los Santos en la España romana*, Ma. 1966, 347-51; *Bibliotheca Sanctorum*, XII, 944-962.   J. Vives

VAZQUEZ, Dionisio, OSA (Toledo 3-VI-1479 † Toledo 1-VII-1539) orador, escriturista. Profesó en el convento de Toledo el 5-VI-1500. Terminó sus estudios teológicos en Roma, donde mereció elogios del papa León X, por su elocuencia. Vuelto a España, predicó con frecuencia ante la Corte española, primero ante Fernando el Católico y luego ante Carlos V, de quienes fue el predicador oficial. El beato Alfonso de Orozco decía de él: «que tenía toda la flor de Alcalá por oyentes, maestros y doctores en Teología y que su doctrina andaba por toda España». En 1527 defendió la doctrina de Erasmo, de quien era un gran admirador, ante una asamblea de religiosos presidida por el arzobispo de Sevilla. Desde 1532 hasta su muerte fue profesor de Sagrada Escritura en la Universidad de Alcalá. El padre Vázquez dio principio a la renovación de la oratoria sagrada, vivificándola con la doctrina de la Sagrada Escritura y de los Santos Padres. Pero no solo eso: fue el precursor del florecimiento ascético místico que sigue a su muerte, al que legó una influencia de espiritualidad mística.

OBRAS: *Oratio habita Romae in apostolica sacri palatii*

capella..., Ro. 1513; *De unitate et simplicitate personae Christi in duabus naturis*, Ro. 1518; *Lectura sobre S. Juan*, ms. perdido; *Commentarium super Johannem ad litteram*, ms.; *Sermones varios*, edic. en F. G. OLMEDO, *Fr. Dionisio Vázquez, Sermones*, Ma. 1956.

BIBL.: B. DEL MORAL, *Catálogo bio-bibliográfico de los religiosos agustinos de la Provincia del Santísimo Nombre de Jesús de las Islas Filipinas*: R75, 25(1891)448-450; M55, VIII, 103-106; M29, II, 156-58.   A. MANRIQUE

VAZQUEZ, Francisco Javier, OSA (Cajamarca [Perú] 3-XII-1703 † Roma 2-II-1785) general de la Orden y polemista. A los diecinueve años ingresa en el noviciado agustiniano de Lima. Obtiene el grado de lector (1733) en el Colegio universitario de San Ildefonso, en cuyas aulas ejerce el profesorado hasta 1736. En esta fecha es enviado a España como procurador de su provincia ante la Corte de Madrid. Aquí reedita las obras de Gaspar de Villarroel OSA (1738); vierte al castellano los escritos espirituales del padre Chiesa, OSA (1742) y publica una apología del cardenal agustino E. Noris (1748), cuyas principales obras habían sido introducidas en el *Indice Expurgatorio* español (1747) por ocultas intrigas de escuela. Nombrado asistente en 1751, pasa a Roma, donde apenas llegado, Benedicto XIV, lo asciende a procurador y vicario general. En 1753 es elegido para el gobierno supremo y vitalicio de la Orden, siendo así él primer americano que ocupa el cargo de general de una Orden o Congregación religiosa, a la vez que el primer español al frente de la de San Agustín.

Como superior mayor, muestra gran celo por el incremento de los estudios y la observancia. Promueve con éxito las causas de canonización y beatificación. Se desvela por la buena marcha de las provincias de la Orden, por sus conventos e iglesias, destacando su solicitud por el de San Agustín de Roma, la basílica del Buen Consejo en Genazzano (Italia), y el Seminario para las misiones de Filipinas en Valladolid. Adquiere la valiosa biblioteca del cardenal Passionei para incorporarla a la Angélica de Roma, que reorganiza, embellece y vuelve a abrir al público.

Pero lo que, en frase suya, llegó a constituir su mayor placer, fue la propagación de la doctrina agustiniana. La defensa de su escuela, abusiva y tenazmente tildada de jansenismo, es la causa por la que, poco a poco, se va distanciando de los jesuitas, hasta convertirse en uno de sus más decididos adversarios. Nada más sensible para él como la nota de herejía, que además de herirle en lo más íntimo, echaba por tierra lo que creía ser la base para un próspero futuro de su Orden. Vista la inutilidad de la actitud moderada de los primeros años de su gobierno, se ve obligado a adoptar una táctica más eficaz, aunque no tan recta como la precedente. A partir de 1765 entabla relaciones con personas de muy distinto signo, como los embajadores de España en Roma, Azara y Moñino, y en particular con D. Manuel de Roda, ministro de Carlos III, todos ellos dispuestos a terminar con la Compañía, cuya desaparición Vázquez llega a juzgarla necesaria para el bien y tranquilidad de la Iglesia.

Aunque son censurables algunos de los medios utilizados en su reacción, no obstante le corresponde el mérito de haberse gastado durante los treinta y dos años de su generalato luchando contra todo lo que de alguna manera podía menoscabar la herencia doctrinal recibida de sus mayores. Nada tiene, pues, de extraño el que la muerte le sorprendiera en la mesa de estudio, absorto en la lectura de las obras de san Agustín.

OBRAS: Entre sus escritos destaca la obra *Emin. Card. Norisius vindex sui ipsius*, Mantuae 1748; también fueron impresas muchas de sus *encíclicas y circulares*. Un abundante *epistolario* ms. en el Arch. General OSA (Roma), cods. Cc. 85-91. Parte de sus criticadas *cartas* a Roda, en la Bibl. Univ. de la Facultad de Derecho (Madrid), ms. 243-244.

BIBL.: M55, VIII, 108-123; F. CASTÁN, *Elogio fúnebre del Rmo. Vázquez*, Lima 1786; V. BUSA, *In funere R. P. M. Franc. Xav. Vasquez*, Firmi 1786; M. F. MIGUÉLEZ, *Jansenismo y regalismo en España*, Va. 1895; E. APPOLIS, *Le «tiers parti» catholique au XVIIIᵉ siècle*, Par. 1960.
                                                              F. ROJO

VAZQUEZ o VASQUEZ, Gabriel, SI (Villaescusa de Haro [Cuenca] 18-VI-1549 † Alcalá de Henares 30-IX-1604) teólogo. Entró en la Compañía de Jesús el 10-IV-1569 en Alcalá. Después del noviciado en Alcalá, Toledo y Sigüenza, 1569-1571, cursó Teología en Alcalá (parte en el Colegio y parte en la Universidad) y en Toledo, 1571-1575. Al mismo tiempo en 1572 enseñó Filosofía aristotélica. Tuvo dos actos públicos; el segundo en Toledo el 2-X-1575. Dominó el griego y el hebreo. Explicó Moral en Ocaña, 1575-1577, y Teología en Madrid, 1577-1579. En 1580-1583 explicó Teología en Alcalá a los jesuitas, y de 1583-1585 a no jesuitas. El 30-VII-1585 fue llamado a Roma para sustituir a Suárez. Por mala salud no pudo ocupar la cátedra de Teología hasta 1586. Dificultades de convivencia con extranjeros le hicieron pedir su regreso a España. Vuelto a Alcalá, en 1591, no recuperó su cátedra ocupada por Suárez hasta 1593.

Dentro del marco general de la escolástica, se caracterizó por sus controversias orales y escritas entre 1591 y 1599 con Suárez, trasladado en 1593 a Salamanca y en 1597 a Coimbra. Vázquez expone a Aquaviva sus diferencias con Suárez y otros jesuitas, como Toledo y Belarmino, en carta de 22-IV-1593. Suárez, contra Vázquez en 12-II-1600. Vázquez resume las opiniones impugnadas de Suárez en 32 proposiciones. Varias de ellas denuncian las opiniones suarecianas sobre la necesidad de la *benigna acceptatio* de la contrición, sobre la no imputación del pecado, la *nova applicatio iustitiae Christi* para la justificación, la doctrina sobre justicia conmutativa en Dios y la tesis de que Cristo *est servus Dei vere et proprie, retenta conditione servili*. En el cuerpo de la carta se defiende contra Toledo y otros, que le atribuyen la sentencia de que la contrición *natura sua, sine gratia habituali*, hace al hombre santo y basta para perdonar los pecados. Dice a Aquaviva que la Universidad de Alcalá suscribe su doctrina, y que la apoyará la Orden de Santo Domingo. Clemente VIII condenó estas doctrinas y Vázquez hubo de retractarse para poder enseñar. Por su parte, Suárez impugna a Vázquez por enseñar: que el *cum aequali auxilio praeveniente non posse unum converti et non alium;* que no es de fe ser Dios incomprensible; y «el poner en la voluntad de Dios un modo de querer tan natural, que no le dexa (para así decirlo) moralidad alguna». Otro punto de discrepancia es la ley natural, que para Vázquez no es precipiente, como para Suárez. La raíz de las divergencias entre ambos sistemas se halla en no admitir Vázquez nociones filosóficas ajenas a Aristóteles, en especial la realidad del orden moral y el concepto de persona. Más tarde en 1602, Vázquez fue encarcelado por la Inquisición mes y medio por enseñar no ser de fe que Clemente VIII fuera sucesor de Pedro. Báñez denunció esta doctrina a Roma. En la predestinación Vázquez defiende la opinión del *post praevisa merita*.

Por su gran conocimiento de san Agustín, se le llamó el Agustín español. Por su erudición y talento figura con Suárez al frente de los teólogos jesuitas; es notable por la fuerza de su argumentación, por la universalidad de conocimientos filosóficos, teológicos, morales y bíblicos, por la seguridad de juicio y la fidelidad a la tradición, especialmente al Doctor Angélico.

OBRAS: *Commentariorum et disputationum in 1ᵃᵐ p. S. Thomae*, Alc. 1598, I, qq. 1-26; II, qq. 27-55; *In I-IIᵃᵉ.*,

I, Alc. 1604, qq. 1-89; II. Alc. 1605, qq. 90-114; *In III*, I, Alc. 1609, qq. 1-26; II, 1611, qq. 27-31, et qq. 70-71; III, Alc. 1613, qq. 73-83; IV, Alc. 1615, qq. 84-93, con suplemento (no terminado): *De matrimonio et sponsalibus* y *De excommunicatione*; a estos ocho tomos hay que añadir: *Paraphrasis et compendiosa explicatio ad nonnullas Pauli epistolas*, Alc. 1612; y *Opuscula moralia*, Alc. 1617, que contiene: *De eleemosyna, de scandalo, de restitutione, de pignoribus et hypothecis, de testamentis, de beneficiis, de redditibus ecclesiasticis. De cultu adorationis*, Alc. 1594, incluido en *Comment. in III^am p.*, I, disp. 80, 89, 93-103. El Ldo. Francisco Murcia de la Llama publicó: *Patris Gabrielis Vázquez SI, disputationes methaphysicae ex variis locis suorum operum*, Ma. 1617. Manuscritos: *Discurso sobre las fuerzas* (defensa del poder pontificio); *Apologia pro iurisdictione ecclesiastica adv. magistratus saeculares; Censura* de dos proposiciones de Antonio Garcés; *Censura* de 17 proposiciones; *Disertación* sobre 20 proposiciones de Molina; *Disertación* sobre 15 proposiciones de San Agustín; *Memorial* de la Prov. de Toledo sobre la cuestión *De auxiliis* (24-XI-1594); *De correctione fraterna;* sobre el Sumo Pontífice y el Concilio; *Cartas* a Aquaviva, Hojeda y Miguel Vázquez; *Tractatus de voto, de iuramento, de ludo; in I^am., p.*, qq. 8-23: Cod. 374, Univ. Greg. 13; cf. L. PEREÑA, *Importantes documentos inéditos de Gabriel Vázquez:* R175, 16(1956)193-214.

BIBL.: D20, XV, 2601-10; D22, X, 645-47.

E. ELORDUY

VAZQUEZ, Pedro, OP (Verín [Orense] 1591 † Socobata hoy Hokonadara [Japón] 25-VIII-1624) beato, misionero y mártir. Ingresó en la Orden en el convento de Nuestra Señora de Atocha, de Madrid, donde profesó el 30-IV-1609. Cursó sus estudios de Filosofía en el convento de Santa Cruz, de Segovia, y los de Teología, en el de Santo Tomás, de Avila. Deseando ir a las misiones del Extremo Oriente, se incorporó a la provincia misionera del Santo Rosario de Filipinas en 1613, y llegó a Filipinas en abril de 1615. Destinado primeramente a las misiones de Cagayán, rigió las cristiandades de Camalaniugan, Fotol y Masi, hasta el mes de julio de 1621, en que se le concedió ir a misionar en el Japón, tal como venía pidiendo insistentemente. Llegado a Nagasaki y aprendida la lengua, se dedicó con todo celo a confirmar en la fe y alentar a los cristianos, tan cruelmente perseguidos. Y sin miedo a los peligros, predicaba, visitaba y acudía a administrar los sacramentos a cuantos podía, yendo de cristiandad en cristiandad y de casa en casa, casi siempre de noche, ocultándose de día a causa de la persecución. Descubierto, finalmente, y llevado preso, por Pascua de 1634, a Nagasaki, fue luego trasladado a la cárcel de Omura, donde sufrió los rigores de la terrible prisión, hasta llegar varias veces a las puertas mismas de la muerte. Finalmente, después de casi año y medio, fue conducido a Socobata, donde fue martirizado, quemado vivo a fuego lento. Fue beatificado por Pío IX el 7-VII-1867. Su fiesta se celebra el 10 de septiembre.

BIBL.: D. ADUARTE, *Historia de la Provincia del Santo Rosario de la Orden de Predicadores en Filipinas, Japón y China*, 3.ª edic., II, Ma. 1964, 226-241; O53, I, 219-225; H. OCIO, *Compendio de la Reseña biográfica de los religiosos de la Provincia del Santísimo Rosario de Filipinas*, Manila 1895, 95-96; J. M. MORÁN, *Relación de ciento diez Santos de la Orden de Predicadores y de San Juan de Colonia*, Ma. 1867; O30, 89-95. M. GONZÁLEZ POLA

VAZQUEZ, Pedro, OSA (Torquemada [Palencia] 7-VI-1873 † Madrid 2-X-1909) arqueólogo. Profesó en Valladolid el 19-XI-1889. Fue ordenado sacerdote en El Escorial, en septiembre de 1896. Fue arqueólogo, y notable crítico de arte, lo cual le abrió las puertas como individuo correspondiente de la Real Academia de Bellas Artes de San Fernando y miembro de la Comisión de Monumentos de Vizcaya. A él se deben mil venerables vestigios del arte cristiano en Vizcaya.

Como se dijo en el Boletín de la Sociedad Española de Excursiones la conocerse su muerte, «contribuyó eficazmente a formar la historia del trabajo español».

OBRAS: *La exposición de Bellas Artes y el arte moderno:* R75, 55-56(1901); *Monumentos artísticos de Vizcaya* (son ocho iglesias de Vizcaya): R63, 16(1908); *El Valle de Mena. Monumentos cristianos:* R63, 17(1909); y otra serie de artículos en el Boletín de la Comisión de monumentos de Vizcaya, 1-2(1909-1910).

BIBL.: M57, 330-332; M55, VIII, 125; A. LLORDÉN, *Biobibliografía agustiniana Escurialense:* La Comunidad agustiniana en el Monasterio de El Escorial, El Escorial 1964, 648-650. A. MANRIQUE

VAZQUEZ DE ESPINOSA, Antonio, OCarm. (Castilleja de la Cuesta [Sevilla] c. 1570 † Madrid c. 1630) escritor. Tomó el hábito entre los carmelitas de la antigua observancia de Andalucía. Ordenado sacerdote, enseñó Teología durante seis años. Por espacio de catorce peregrinó por diversos países de América. En sus escritos nos ha dejado una descripción admirable del Nuevo Mundo correspondiente al primer tercio del siglo XVII.

OBRAS: *Confesonario general luz y guía del cielo para poderse confesar. Circunstancias para los tratos y contratos de las Indias del Perú y Nueva España. Sumario de las indulgencias*, Ma. 1623 (estos títulos forman un solo volumen); *Viaje y navegación del año de 1622 que hizo la flota de Nueva España y Honduras*, Málaga 1623; *Compendio y descripción de las Indias Occidentales*, Wa. 1948 (fue publicada primeramente en versión inglesa, Wa. 1942); nueva ed. en BAE, 231, con Estudio preliminar de B. Velasco).

BIBL.: B. Velasco, *El P. Antonio Vázquez de Espinosa en América:* R133, 15(1958)169-217. B. VELASCO

VAZQUEZ DE MELLA Y FANJUL, Juan, (Cangas de Onís [Asturias] 8-VI-1861 † Madrid 26-II-1928), orador y apologista. Su padre era de San Filgueira de Boimorto (La Coruña) y su madre asturiana. Cuando contaba solo diez años quedó huérfano de padre y su madre conoció días difíciles. A la edad de dieciséis años, se trasladó, en compañía de su madre, a Boimorto donde residían unas parientas suyas paternas. En Valdediós (Villaviciosa) cursó la segunda enseñanza. En octubre de 1877 se matriculó en Derecho en la Universidad de Santiago de Compostela, pero hubiera preferido la carrera de Filosofía y Letras de haber existido allí dicha facultad. No fue un alumno aventajado a juzgar por las calificaciones que llevó, tanto en la segunda enseñanza como en la Universidad. Leía mucho. En la ciudad de Santiago moldeó su carácter en el fervor religioso, en la vida moral y en la austeridad. Siendo estudiante aún, había dado conferencias en el Ateneo y en la Academia Católica de Santiago, y había escrito varios artículos para *El Pensamiento Galaico*, del que más tarde sería director. Por sus campañas en este periódico y en la revista madrileña *Restauración*, el marqués de Cerralbo le ofreció un puesto en la redacción del diario madrileño *El Correo Español*. Llegó a poseer una amplia cultura en Teología, Filosofía, Derecho, Historia, Artes, etc. Mella tenía espíritu de filósofo, aunque no dejó publicado ningún escrito filosófico propiamente tal, pero la orientación filosófica campea en todos sus escritos. Su filosofía era eminentemente tradicionalista, siendo sus filósofos preferidos Santo Tomás, Suárez y Balmes. Sus conocimientos teológicos los dejó plasmados en *Filosofía de la Eucaristía*, libro que el Episcopado español presentó al Congreso Eucarístico de Chicago, mereciendo altos elogios, principalmente de las delegaciones de habla hispana. Diego de Tortosa llega a decir de Mella que, con su muerte, perdió la Iglesia el apologista más excelso que en el decurso de los siglos ha propagado y defendido y glorificado la religión católica. Otros autores coinciden en que durante cerca de medio siglo fue Mella el campeón de la fe y de las tradiciones hispanas y el último gran apologista católico del siglo XIX. Descolló también en la oratoria hasta el punto de llamársele «el grandilocuente» y el «verbo de la Tradición». Recorría los teatros en olor de multitud. Hubo meses en los que pronunció 120 discursos. Desde 1893 a 1919, exceptuando sólo el quinquenio que va de 1900 a 1905, tuvo representación parlamentaria en diversas legislaturas e intervino en debates de importancia. Representó sucesivamente los distritos de Navarra: Aoiz, Estella, nuevamente Aoiz, Pamplona y Oviedo. Militó siempre en las banderas del tradicionalismo, aun cuando en alguna ocasión trataron de enrolarlo en otros credos políticos. Las ambiciones políticas no le sedujeron. Rechazó algunas carteras ministeriales que le ofrecieron. También rehusó la jefatura del partido carlista que D. Carlos de Borbón le ofreció. Fue un defensor acérrimo del regionalismo. Durante la guerra europea del 14 rompió con el partido carlista que acaudillaba D. Jaime de Borbón, y el 11-VIII-1918 funda en el Casino de Archanda un nuevo Partido Tradicionalista y el periódico El Pensamiento Español, que viene a ser el órgano oficial de dicho partido.

OBRAS: Propaganda Carlista. Viaje del Excmo. Sr. Marqués de Cerralbo por Guipúzcoa y Navarra, Ma. 1891; Discurso pronunciado en el Teatro Principal de Vich el día 10 de mayo de 1903, Có. 1903; Documento parlamentario. Discurso pronunciado en el Congreso el día 19 de noviembre de 1905 sobre el regionalismo y la suspensión de garantías constitucionales en Barcelona, Ma. 1905; La cuestión religiosa en España. Discurso pronunciado en el Congreso de los Diputados los días 12 y 13 de noviembre de 1906, Ma. 1906; Contra el proyecto de Asociaciones, Ma. 1907; Examen del Nuevo Derecho a la ignorancia religiosa, Unión de Damas Españolas, Ma. 1913; El Ideal de España. Los tres dogmas nacionales, discurso pronunciado en el Teatro de la Zarzuela de Madrid el día 31 de mayo de 1915, Ma. 1915; La transformación de la mujer por el cristianismo y la transformación de la Sociedad por la mujer cristiana, discurso pronunciado el día 25 de mayo de 1920, en Primera Asamblea de «La Acción Católica de la mujer», Ma. 1922; El Cardenal Mercier y su célebre pastoral, Ma. y Ba. 1916; Filosofía de la Eucaristía, Ba. 1928; Discursos Parlamentarios, 3 vols., Ma. 1928; Obras Completas, 30 vols. Junta del Homenaje a Mella, Ma. y Ba: I al VI, 1931; VII al XVI, 1932; XVII al XXI, 1933; XXII al XXV, 1934; XXVI al XXVII, 1935; XXVIII, 1942; XXIX, 1945; XXX, 1947.

BIBL.: M. RODRÍGUEZ CARRAJO, Vázquez de Mella: sobre su vida y obra: R97, 29(1973); R. GARCÍA Y GARCÍA DE CASTRO, Vázquez de Mella. Sus ideas. Su persona, Gra. 1940; L. AGUIRRE PRADO, Vázquez de Mella, 2.ª ed., Ma. 1959.
M. RODRÍGUEZ CARRAJO

VAZQUEZ DE MENCHACA, Fernando, (Valladolid 1512 † Sevilla 12-VIII-1569) jurista. Vástago de ilustre familia vallisoletana, uno de cuyos miembros, D. Rodrigo Vázquez de Arce, hermano de nuestro Fernando, llegó a ser presidente del Consejo de Castilla. Siendo vallisoletano de nacimiento, nada tiene de extraño que en su ciudad natal empezara los estudios a académicos. De hecho, ya en 1540 cursaba leyes en aquella Universidad. De allí pasó a Salamanca, en donde por julio de 1544 se graduó de bachiller en leyes. Cuatro años más tarde, 30-I-1548, ingresaba de colegial allí mismo en el Mayor del Arzobispo, y al año siguiente se licenciaba en leyes nemine prorsus discrepante. Para entonces ya había recibido también la tonsura. Si bien su epitafio sepulcral le califica de iuris utriusque doctor, no debió de llegar a doctorarse, toda vez que el grado mayor que se le asigna, años adelante, en documentos de la época es el de licenciado. El curso 1550-1551 fue rector de su colegio.

Salido del colegio, desempeñó altos cargos en la magistratura, tales como alcalde de la cuadra (¿alcalde del crimen?) en Sevilla, oidor de la Contaduría Mayor, oidor de la Chancillería vallisoletana, y miembro del Consejo de Hacienda. Ni el orden ni la fecha de esos cargos puedo de momento precisarlos. Solo en general cabría decir que antes de su salida para Trento había desempeñado algunos de ellos. El de la Contaduría desde luego, ya que escribiendo al rey desde ésta en septiembre de 1563, se le recordaba que Menchaca, por haber ido al concilio, había cesado en su cargo. En cambio, en 1564 él mismo se llamaba todavía miembro o consejero, senator, del Consejo de Hacienda. Por ese mismo tiempo se suscribía también «arzediano del Bierzo», en la diócesis de Astorga.

Su llegada a Trento debió de ser ya a principios de 1562, coincidiendo casi con la reapertura del concilio. Asistía oficialmente como canonista del rey católico. Esa fue, sin duda, la razón de no haber disertado nunca en el concilio. Sin embargo, consta de su actuación como jurista. Efectivamente, en la introducción a sus Controversias él mismo refiere cómo elevó a los legados una exposición razonada, abogando por que el orden de los oradores para hablar en el concilio no debía atender a otras preferencias que a la antigüedad en la promoción al doctorado. Ampliadas luego y completadas por él esas razones, las incluye en esa misma introducción a sus Controversias. Es lo único concreto que conocemos de sus actuaciones conciliares. Pero es claro que su acción en Trento no se circunscribiría a solo eso. Ya en octubre de 1562, escribiendo al cardenal Borromeo su emisario secreto en el concilio, le informaba que Menchaca, según había podido entenderse, tenía preparado un largo memorial sobre reforma para tratarlo con el embajador tan pronto como éste llegase. Sería inadmisible pensar que formase esto una excepción y que Menchaca no actuase en otras ocasiones.

Desde Trento, terminado ya el concilio, debió de ir a Venecia, pues en 1564 reeditó allí varias de sus obras. Un año después, lo encontramos en España, donde oposító a la doctoralía de Sevilla. Tomada posesión de esa prebenda, 27-X-1567, en ella permaneció hasta su muerte.

Fue una de las grandes figuras de internacionalistas de la escuela jurídica española. Sus ideas sobre la libertad de los mares le hacen acreedor al título de fundador del derecho internacional de navegación marítima, medio siglo antes que Grocio, que tomó de él no pocas de las ideas que luego a su vez le han dado tan preclaro nombre entre los juristas. Fue también un innovador en materia de propiedad, el primero en sistematizar sobre la expropiación forzosa, una doctrina que hoy ningún jurista sabría poner en duda.

OBRAS: De successionum creatione, Sa. 1559, Ve. 1564, etc.; De successionum progressu... cum novis... authoris annotationibus..., Ve. 1564; (es claro, como indica el título, que debió de haber alguna otra ed. anterior a ésta, sin duda en Salamanca); De successionum resolutione... cum novis... authoris annotationibus..., Ve. 1564: (también de este tratado debió de haber alguna ed. anterior, quizá en Salamanca; Controversiarum.. libri tres, Ba. 1563, Ve. 1564, Va. 1932, texto incompleto en latín y castellano, con solos los dos primeros libros, en 4 vols).

BIBL.: C. GUTIÉRREZ, Españoles en Trento, Va. 1951, 358-70; A24, 406-408; C. BARCIA TRELLES, Vázquez de Menchaca, Ba. 1940.
C. GUTIÉRREZ

VAZQUEZ DE MIRANDA, Alonso, OdeM (Zamora 1592 † Madrid 13-II-1661) diplomático y escritor. De Zamora pasó a Salamanca, en donde se graduó en Derecho, 1609-1612. Hizo amistad con Rojas Villandrando y escribió un soneto, 1611, para su obra El buen Repúblico. Ingresa en la Orden de la Merced en 1612 y profesa en el colegio de la Vera Cruz, 1613. Sigue estudiando Teología en la Universidad. Enseña

Artes en Segovia, y luego Teología en Alcalá de Henares, 1625. Para entonces ya había escrito su gran obra *San Ildefonso defendido*, pues fue aprobada en 1623, y otra, *La disputa de Numancia*, que nunca vio la luz. Como secretario del general fray Gaspar Prieto, asistió a las Cortes de Monzón (1626). Secretario de la provincia de Castilla, 1626, y comendador de Burgos, 1629. El rey Felipe IV lo ocupó en su servicio, y empezó una carrera intensa de política y diplomacia. En 1630 pasó a Italia con el duque de Feria. En 1633 se le nombra predicador de Su Majestad. Recorrió las Cortes de Europa en defensa de los derechos de España, y en Mónaco asistió a la muerte del duque de Feria, 11-I-1634. Declara en el proceso del venerable fray Juan Falconi, 1641. El rey le concede plaza en el Consejo de Indias, 1642. En sus escritos refuta los falsos cronicones.

OBRAS: *San Ildefonso defendido y declarado. Cuatro libros en defensa de sus reliquias, y doctrina...* Alc. 1625; *De Rege Gustavo Adolpho, deque ejus Sueciae Regno, aliisque bellum Germaniae pertinentibus*, Ma. 1633; *Justificación de las armas de España*, Ma. 1635; *Respuesta al manifiesto de Francia*, Ma. 1635; *Tratado Theologico, Juridico, Canónico. En que se funda ser posible, lícita, y conveniente la gracia... que los sacerdotes puedan celebrar tres misas en... la conmemoración de todos los difuntos...*, Ma. 1659.

BIBL.: O226, 519-527; O207, 314-318; O223.

G. PLACER

VAZQUEZ NUÑEZ, Guillermo, OdeM (Mellid [Coruña] 10-I-1884 † Madrid 1936) historiador. Ingresó en la Orden de la Merced en el convento de Poyo (1896), donde cursó sus estudios de Filosofía y Teología. Se matricula (1908) en la Facultad de Filosofía y Letras en la Universidad de Madrid, donde se licencia y doctora con premio extraordinario. En 1912 es nombrado regente de estudios del convento de Poyo, y se dedica por espacio de algunos años a la enseñanza. Fue provincial de Castilla (1914), diputado al Capítulo general (1919), maestro de estudiantes (1920), maestro de novicios (1921), comendador de Poyo (1922) y director de la revista La Merced (1927). Fue correspondiente de la Academia Gallega. Sucumbió víctima de la Revolución española del 1936.

OBRAS: *Actas del Capítulo general de 1317*, Ro. 1930; *El P. Francisco Zumel, general de la Merced y catedrático de Salamanca*, Ma. 1920; *Biografía del Maestro Fr. Gaspar de Torres*, Ma. 1927; *D. Diego de Muros, obispo de Tuy y de Ciudad Rodrigo*, Ma. 1919; *Manual de Historia de la Orden de Nuestra Señora de la Merced*, To. 1931; *Origen de las misiones mercedarias en el Continente americano*, Ro. 1930; *La conquista de los Indios americanos por los primeros misioneros*, Ro. 1931; *Mercedarios ilustres*, artículos recopilados por R. Sanlés, Ma. 1966. Se conservan muchos artículos suyos en la revista La Merced y en el Boletín de la Orden de Nuestra Señora de la Merced.

BIBL.: J. B. G. CASTRO, *M. R. P. Guillermo Vázquez Núñez*: La Merced, 2.ª época, 2(1945)12-14. En este mismo número aparecen juicios críticos acerca de su persona, de A. González-Palencia, F. J. Sánchez Cantón, G. Díaz López, C. M. del Rivero.

R. SANLÉS

VAZQUEZ VARELA, Agustín, OCist (Novalúa [Lugo] primera mitad del siglo XVIII, † Solsona [Lérida] 11-II-1794) liturgista, diplomático, abad de Poblet y obispo. Ingresó en el monasterio de Monfero donde brilló por sus virtudes e ingenio privilegiado. Después de una carrera brillante en los colegios de la Orden, se le nombró abad de San Pedro, de Gumiel, Palazuelos y Santa Ana, de Madrid. Posteriormente fue electo también de San Martín de Castañeda, pero no llegó a tomar posesión del cargo. La Congregación de Castilla lo nombró procurador en Roma, y en 1775 fue elevado al cargo de reformador general de la misma; después fue definidor durante varios trienios y por fin

Carlos III lo propuso —y fue aceptado por la Santa Sede— para abad de Poblet, de donde fue promovido al obispado de Solsona. Se distinguió «por su vasta erudición en todo género de buenas letras, particularmente en la diplomacia y en el conocimiento de las antigüedades, privilegios y venerables usos de la Orden».

OBRAS: *Oraciones en las solemnes exequias de la Serenísima Señora doña María Amalia de Saxonia*, Alc. 1783; *Ilustración apologética al Breviario, Misal y Ritual Cisterciense de la Congregación de S. Bernardo de los Reynos de Castilla...*, Ma. 1783; *Deffinitiones Congregationis Cisterciensis Coronae Aragonum editae, seu reformator anno Dni. 1626 in Capitulo provinciali apud Monasterium B. Mariae de Rota celebrato. Nunc denuo in lucem editae... de mandato Perillustris ac Rmi. DD. Augustini Vazquez Varela*, Va. 1790.

BIBL.: M98, 341-343; M94, 84 y 86; A. CRUCEIRO, *Historia de Puentedeume*, Sant. 1944, 97; J. GUITERT Y FONTSERÉ, *Historia de Poblet* (continuación de la de Finestres), VI, Ba. 1929, 41, 54-56.

D. YÁÑEZ

VECCHI, Horacio, SI (Siena [Italia] 27-X-1577 † Elicura [Chile] 14-XII-1612) misionero. Cursó Derecho en la Universidad de Siena. Entró en SI en 1597. En 1604 pasó al Perú, donde terminó sus estudios. En 1607 fue a Chile y en 1608 comenzó a misionar en Araucania.

BIBL.: O164, I, 259-275; J. M. BLANCO, *Historia documentada de la vida y gloriosa...* Buenos Aires 1937.

IHSI

VEDRUNA DE MAS, Joaquina de, (Barcelona 16-IV-1783 † Barcelona 28-VIII-1854) santa, fundadora de las Hermanas Carmelitas de la Caridad. Aunque su primer ideal fue consagrarse a Dios en el claustro creyendo cumplir la voluntad de Dios, obedeció a sus padres y contrajo matrimonio con D. Teodoro de Mas (1799), joven notario que tampoco había podido realizar su vocación religiosa. Ambos esposos hicieron de su hogar un ejemplo de familia cristiana y santa Joaquina se dio con tanta generosidad a sus nuevos deberes que llegó a ser modelo acabado de esposa y de madre (tuvo nueve hijos). Libre del vínculo matrimonial, juzgó ser el momento oportuno de realizar sus ideales entrando en un convento de clausura, pero el apóstol capuchino, Esteban de Olot, encontrado de un modo providencial, le manifestó que era voluntad de Dios fundase un instituto dedicado a la enseñanza y beneficencia. La fundación de dicho instituto tuvo lugar en Vich el 26-II-1826, con la aprobación del obispo Corcuera, y bajo la advocación de Nuestra Señora del Carmen. Las hijas de la madre Vedruna empezaron a ejercer enseguida su apostolado en los hospitales y casas de caridad, y fueron las primeras maestras religiosas con que contó la Iglesia española. Nota peculiar de su elevado espíritu fue la contemplación trinitaria a lo largo de toda su vida, vivida con gozo hasta el éxtasis y participada a sus hijas a través del Trisagio, de la Doxología y de la alusión frecuente a la Santísima Trinidad. La personalidad de Joaquina de Vedruna está determinada por su maternidad. El clima de hogar en que se desarrolló su vida, junto a las intuiciones maternales aprendidas en su diaria experiencia, dejaron en su carácter un impacto de amor, de comprensión, de naturalidad, de sencillez, que transmite a sus hijas como la más eficaz pedagogía. Pedagogía basada en la entusiasta valoración del educando y en la amistosa relación con él. Por esto concibió su instituto como una gran familia en la que todos los hermanos tienen el mismo trato y se diferencian solo por la ocupación que desempeñan y, adelantándose más de un siglo a las directrices del Vaticano II, quiso que las Carmelitas de la Caridad «fuesen una sola clase de hermanas, aunque dedicadas a distintos ministerios» *(Const.,* número 5). Beatificada el 19-V-1940, fue canonizada el 12-IV-1959.

OBRAS: *Epistolari familiar de Santa Joaquima de Mas i de Vedruna:* R5, 37(1964)139-230, y 38(1965)317-331; M. de Pobladura y A. M.ª Alonso Fernández, *Santa Joaquina de Vedruna, Epistolario,* Ed. crítica, Vi. 1969. *Pensamientos,* entresacados de los escritos de la Santa Madre, Ma. 1958; *Adiciones,* conjunto de reglas añadidas al texto primitivo, inédita.

BIBL.: *Sumario del Proceso Informativo o Diocesano (1909-1912) y del Apostólico (1920-1923) para la causa de beatificación y canonización:* Arch. Dioc. de Vich; *Novissima positio super virtutibus...,* Ro. 1934; *Repositio ac novissimae animadversiones...,* Ro.1 934; B. Sanz y Forés, *Vida de la madre J. de V. de M. fundadora del Instituto de Religiosas C. de la C.,* corrección de la ed. de 1892, 2.ª ed., Vich 1930; J. Nonell, *Vida y virtudes de la ven. M.J. de V. de M. fundadora del Instituto de las HH. C. de la C.,* Manresa 1906; I. de Pamplona, *Vida y obra de la insigne educadora S. J. de V. de M.,* 5.ª ed., Ma. 1959; Darbois, *La vie de la ven. J. de V. de M. fondatrice de L'Institut des C. de la C.,* Nimes 1937; Federici, *La B. G. de V. Vedova de Mas fondatrice delle C. della C.,* con prólogo de María Sticco, Ro. 1940; D. Vives, *La B. M. J. de V. de M. educadora,* Ba. 1955; C. Serna, *Espiritualidad de S. J. de V. de M.,* Ba. 1960, A. M. Alonso, *J. de V. Vida y obra de una santa del XIX español,* próximo a publicarse; E. Itúrbide, *Del matrimonio a la gloria del Bernini,* Pam. 1959.
D. Vives de Jesús

VEGA, Andrés de, OFM (Segovia 1498 † Salamanca c. 13-IX-1549) teólogo. Discípulo de Vitoria, cursó la Teología en la Universidad de Salamanca, en la que se licenció (18-XII-1535) y se doctoró (18-XI-1537). De 1532 a 1538 regentó la cátedra de Santo Tomás y, tal vez, la de Escoto y fue auxiliar de Vitoria en la cátedra de Prima (1536-1537), siendo suyas las qq. 148-70 del *comentario* de Vitoria a la *Secunda Secundae.* Ingresó en la Orden franciscana (23-III-1538), continuando dedicado a la enseñanza. Fue consultado por el Emperador sobre la administración del bautismo a los indios (1-VII-1541). Enviado a Trento por el príncipe D. Felipe como uno de los teólogos del cardenal Pacheco, asistió a toda la primera etapa, interviniendo en las discusiones sobre la *Vulgata* y, sobre todo, en la ses. VI sobre la justificación y la certeza del estado de gracia; gozó en estas cuestiones de grandísima autoridad por el *Opusculum* que acababa de publicar. Hoy día no se le tiene, sin embargo, como autor de la primera fórmula del decreto de la justificación. Predicó públicamente en la catedral el 23-II-46. Trasladado el concilio a Bolonia, él se retiró a Venecia para tratar de la publicación de su magno comentario de la justificación. Regresó a España probablemente a principios de 1549.

OBRAS: *Opusculum de iustificatione, gratia et meritis,* Ve. 1546; *Tridentini Decreti de iustificatione expositio et defensio libris XV distincta,* Ve. 1548; *Expositio in Regulam S. Francisci,* ms. (desaparecido); además, las qq. 148-70 de los *Comentarios* de Vitoria a la *II-II de S. Tomás,* editadas por Beltrán de Heredia; otras obras mss. que no se conocen.

BIBL.: *Al Mtro. Salmantino... Fr. Andrés de Vega en el IV Centenario de su muerte (1549-1949):* núm. especial de Liceo Francisc., 2(1949)75-191; I. Vázquez, *Fr. A. de V. y la teología positiva:* ibid., 4(1951)131-48; G. Rossi, *L'opinione di Andrea Vega sulla necessità della fede per la giustificazione,* Ro. 1942; C. da Arienzo, *La dottrina sul merito e sulla grazia in Andrea de Vega col relativo influsso nel Decreto Tridentino della giustificazione:* R39', 20(1950) 189-218; J. Olazarán, *Escritos de la controversia Soto-Catarino-Vega:* R102, 39(1964)93-131. I. Vázquez

VEGA, Feliciano de, (Lima † Acapulco [Méjico] 1640) obispo y canonista. Enseñó Derecho en Lima y ejerció varios cargos civiles y eclesiásticos. Fue preconizado obispo de Popayán 10-II-1631, de la Paz 5-IX-

1633, y arzobispo de Méjico 13-IX-1638. Murió antes de tomar posesión de su nuevo cargo. Su gran pericia judicial queda de manifiesto por el hecho de que unos 4.000 procesos juzgados por él, apenas fueron reformados en ulterior instancia.

OBRAS: *Relectiones canonicae in secundum decretalium librum,* Lima 1633, abarca esta obra tan solo al tít. *De iudiciis* (X 2.1) y *De foro competenti* (X 2.2); *Constituciones synodales del obispado de la ciudad de Nuestra Señora de la Paz en el Perú,* Lima 1639.

BIBL.: A1, I, 365; D1, 29, 1136-37; A37, III, 745.
A. García y García

VEGA, Juan de la, OSST († Toledo 20-VII-1579) predicador. Profesó en Toledo el año 1540. Estudió Teología en Salamanca, graduándose de Maestro. Tres años estuvo en el convento de Nuestra Señora de Tejeda e hizo varias visitas al de Fuensanta. Descubrió en una de ellas a la penitente Catalina de Cardona († 11-V-1577). En 15-VIII-1563 era ministro de Valladolid, y dos años lo fue de Toledo (1573-septiembre de 1575). Siendo provincial (1567-1570) se separó la provincia de Andalucía de la de Castilla. Gran orador de fama nacional, Felipe II lo nombró su predicador; uno de los copistas que tomaban nota de sus sermones, fue el beato Simón de Rojas, que nos ha dejado dos volúmenes de dichos sermones y que, ya de once años, no se perdía un solo sermón del padre Vega en Valladolid. Por su defensa de la no manifestación del cómplice en la confesión, le escribieron elogiosamente la Universidad de Salamanca y Melchor Cano.

BIBL.: N127, II, 598-614; N116, II, 443-455.
B. Porres

VEGA, Pedro de la, OSH (provincia de Burgos finales siglo xv † Zaragoza 19-IX-1541) historiador. De trece años lo llevaron a Guadalupe a estudiar Gramática y luego pasó al monasterio de Nuestra Señora del Prado (Valladolid) donde profesó. Por sus grandes virtudes e ingenio fue enviado al colegio de Sigüenza donde aventajó a todos sus condiscípulos. Teniendo la Orden necesidad de imprimir los breviarios y misales, pareció que solo fray Pedro de la Vega podría desempeñar bien el cometido por sus conocimientos de historia, ceremonias eclesiásticas, vidas de santos y por su buen gusto latino. Pasó a Zaragoza, donde estaba el mejor impresor de España, Jorge Coci, y profesó de nuevo en el monasterio de Santa Engracia (18-X-1515) donde sobresalió en el confesonario y el púlpito. Poco después fue vicario, y en 1522, prior. Acabado el trienio, gobernó el monasterio de Villaviciosa. Al volver a Santa Engracia en 1528 fue elegido de nuevo prior durante tres trienios, hasta que en 1537 fue elegido general de la Orden. Terminado el generalato (1540) fue prior por quinta vez en su monasterio.

OBRAS: *Flos sanctorum,* Za. 1525, Se. 1583; *Traducción de Tito Livio, Declaración del decálogo,* Za. 1529; *Dei Genitricis semperque Virginis Mariae vita...,* Za. 1534; *Chronicorum fratrum Hieronymitani Ordinis,* Alc. 1539; *Crónica de la vida, milagros y muerte de S. Jerónimo, monjes que instituyó y vida de Santa Paula,* Alc. 1539.

BIBL.: M108, II, 342-343; L. B. Martón, *Origen... del... Santuario de las Santas Masas, hoy Real Mon. de Santa Engracia de Zaragoza,* Za. 1737, 516-520; E. de la Madre de Dios, *Tiempo y vida de Santa Teresa,* en las *Obras Completas* de Santa Teresa de Jesús, I, BAC, Ma. 1951, 242-244. I. de Madrid

VEGA, Pedro de la, OSA (Coimbra † post 1621) escritor ascético. Hijo de un famoso catedrático de Medicina en la Universidad de Coimbra, T. Rodríguez de Veiga. Profesó en el convento de Salamanca el 8-VII-1575. Fue conventual en Valladolid y luego en

Coimbra. Leyó en las Universidades de ambas ciudades sobre los Salmos penitenciales, acerca de los cuales escribió una obra muy notable. Fue maestro por la Orden; y maestro también de la lengua por sus delicados giros.

OBRAS: *Declaración de los siete Salmos Penitenciales*, 3 vols., Ma. 1602-1603; *Libro historial*, ms.; *Carta al Cardenal Sirleto*, ms. en la Vaticana.

BIBL.: M38, I, 371-386; M55, VIII, 130-133; M29, II, 205-206.   A. MANRIQUE

VEGA, María del Pilar, OCist (San Cosme de Liñares [Lugo] 4-I-1896 † Benavente [Zamora] 15-IX-1944) mística. Criada en un ambiente profundamente cristiano, ingresó en el monasterio del Salvador, de Benavente, el 14-I-1913. Cinco años antes habían hecho el ingreso en el mismo dos de sus hermanas, Amable y Teresa. El 26-VII-1913 recibió el hábito cisterciense y tres años más tarde hizo la profesión solemne. Su salud era endeble. Desde los primeros años de religiosa sufrió trastornos gástricos que le impedían tomar casi alimento; cuando se iba reponiendo algún tanto, apareció en 1933 un foco de infección pulmonar que le obligó a separarse de la comunidad y a llevar una vida de absoluto reposo entre la celda y la huerta. Cuanto más avanzada la enfermedad, más se acentuaba la incomunicación con las hermanas por prescripción facultativa. Esto amargó en sumo grado el corazón de nuestra religiosa, quien pidió al Señor la curación de aquel mal para no verse privada de la compañía de sus hermanas. Dios la escuchó, y curada pudo reanudar su vida de comunidad. Pero el Señor la quería como víctima y permitió se la declarase un tumor en el vientre que la torturaría de manera cruel hasta el momento de su muerte. En medio de sus padecimientos físicos rebosaba de paz y alegría. Sus revelaciones y favores están conmoviendo a innumerables devotos que cada día por su medio vuelven a Dios.

BIBL.: G. PUERTO, *Madre Pilar Vega, Cisterciense, Dulce víctima de amor*, Ma. 1956; R. LARRINOA, *Madre Pilar Vega, religiosa del Monasterio del Salvador*: R74, 12(1960) 186-195.   D. YÁÑEZ

VEGA CARPIO, Lope Félix de, (Madrid 6-XII-1562 † Madrid 28-VIII-1635) poeta y dramaturgo. Nace en Madrid, un día de San Lope —cuya fecha se discute—, próximamente al año de establecerse en la Corte su padre, el bordador Felices de Vega, natural de Vega de Carriedo (Santander), en la calle Mayor junto a la puerta de Guadalajara. De descender de la montaña se ufanaría con frecuencia. Fue bautizado en San Miguel de los Octoes (6-XII-1562). En Sevilla, junto a su tío el inquisidor D. Miguel del Carpio, aprendió de niño «las primeras letras latinas», probablemente con el poeta Vicente Espinel, a quien llama su maestro, que le enseñó a «escribir en dos lenguas». Muy pronto empezó a vivir al servicio de algún noble; de muchacho fue paje de D. Jerónimo Manrique, inquisidor y amigo de Carpio, más tarde obispo de Cartagena y de Avila. A él dice deberle «las pocas letras» que tiene, y a D. Jerónimo —grande amigo de los jesuitas— se debería seguramente el ingreso en sus Escuelas de Madrid, donde en dos años —si hemos de creer a Montalbán— «se hizo dueño de la Gramática y de la Retórica». Aunque dice que se bachilleró en Alcalá —estudiaría Artes— hay que ponerlo en duda, ya que ni se ha encontrado su nombre en los Libros de Matrícula y de Grados, ni vuelve a hacer alusión a tal título en ninguna otra parte. Es probable que la ocasión, si no la causa, de dejar sus estudios de Alcalá fuese la muerte de su padre, enterrado el 17-VIII-1578. Continúa los interrumpidos estudios en Salamanca, donde fue «condiscípulo del doctor Pichardo el año que ganó la cátedra el doctor Vera». Estos datos nos colocan en el curso 1580-1581, como escribí rectificando la fecha posterior dada por A. Huarte. Más que a los Cánones debió de darse a la vida alegre: «estudiante de amor en sus riberas/(las del Tormes)/más que de sus escuelas celebradas», confiesa en el *Laurel de Apolo*. En 1583 se enrola en la armada, que zarpó de Lisboa el 23 de junio a someter la isla Terceira, y tornó victoriosa a Cádiz el 15-IX-1583. Cuando Lope llegase a Madrid ya no encontraría con vida a su madre († 22-IX-1583). Entre 1583 y 1587 completa sus imperfectos estudios, con unas lecciones de matemáticas y astronomía en la Academia Real de Madrid. Vuelve a servir, ahora al marqués de las Navas, no se sabe desde cuándo; con él estaba en diciembre de 1587.

Su agudo temperamento erótico le llevó, sin duda, en su juventud a pasar de una mujer en otra: «en mis mocedades nunca se me dio nada querer, porque sabía que estaba en mi mano olvidar». Sin embargo, de su época de soltero sólo ha quedado un nombre, una mujer que le absorbe desde 1583 a 1587: Elena Osorio, la *Filis* de tantos romances y la que comparte con Lope *(Fernando)* el protagonismo de *La Dorotea*. Estaba casada con el cómico Cristóbal Calderón y era hija de Jerónimo Velázquez, autor de comedias a quien Lope daba a representar las suyas. Tras una borrascosa etapa final, las relaciones terminaron violentamente: Lope fue detenido el 29-XII-1587 en el Corral de la Cruz y procesado como autor de unos libelos injuriosos contra la familia Velázquez. Salió condenado (agravada la pena en revisión) a ocho años de destierro de la Corte, a cinco leguas de ella y dos del Reino.

Intimada la sentencia (7-II-1588), Lope rapta a D.ª Isabel de Urbina, con la que llevaría corto tiempo de relaciones. Nuevo proceso (perdido), que se detendría al concertarse el matrimonio. Isabel, a los veinte años se casó por poder el 10-V-1588, supliendo la forzosa ausencia del novio su cuñado Luis de Rosicler. Mientras tanto, Lope se alista en la «Invencible». El 29-V-1588 salió de Lisboa en el galeón San Juan. Después del desastre arribaron a Irlanda y hacia el mes de octubre llegó a La Coruña. Durante aquellos meses de navegación escribió la primera redacción de su poema *La hermosura de Angélica*. En los primeros meses de 1589 Isabel y Lope se establecen en Valencia; aquí se velaron en la parroquia de San Esteban a 10-VII-1589. En la misma iglesia recibió el bautismo (10-XI-1589) su hija Teodora, el primer hijo de Lope del que hay noticia. Terminados los dos años de destierro del reino, vuelve a Castilla; elige Toledo para su residencia, alquila una casa en la calle de la Sierpe (19-VII-1590), y entra a servir al caballero toledano D. Francisco de Rivera, más tarde marqués de Malpica (documento de 1-VIII-1590, que rectifica la fecha, 1597, admitida antes). Pero en el verano de 1591 aparece ya documentada su presencia junto al duque de Alba, su cuarto señor. Aunque, siguiendo a Montalbán y a Pacheco, suele decirse que fue su secretario, el oficio que desempeñó (1591-1595) fue el de gentilhombre de cámara; desplegando, además, intensa actividad literaria: su obra principal, aparte de las comedias, fue *La Arcadia*. En Alba de Tormes viven hasta la muerte de Isabel, ocurrida a consecuencia del parto de su hija Teodora, nacida el día de San Teodoro (9-XI-1594). Las tres hijas que tuvo de Isabel murieron muy niñas. La segunda, entre las dos Teodoras, fue Antonia, nacida también en Alba. Desaparecida Isabel —*Belisa* en la poesía—, Lope hace almoneda de sus bienes y de los de su mujer en la primavera de 1595; liquida cuentas con el duque; gestiona el perdón de los Velázquez que piden se le indulte (8-III-1595), y suplica al rey se le conceda volver a Madrid, perdonándole los dos años que le quedan de destierro de la Corte. Por las fechas de sus comedias consta de su estancia en Madrid en los años 1596 y 1597; y, aunque se ignora el de su ingreso al servicio del marqués de Sarria, se sabe por la portada de *La Arcadia* que era su secretario en 1598. De este año es su segundo matrimonio con D.ª Juana de Guardo (25-IV-1598), hija de un abastecedor de carne y pescado de la villa. Circunstancia que motivó las sátiras de sus émulos en particular de Góngora.

En su primer matrimonio parece que Lope observó relativamente bien la fidelidad conyugal. De viudo, se conoce la existencia de otro proceso (también perdido) por público amancebamiento con D.ª Antonia Trillo de Armenta, viuda de Puche. Mas a los pocos meses de su boda con D.ª Juana —si no fue antes como piensa María Goyri— aparece en escena *Camila Lucinda*, la hermosa comedianta Micaela de Luján; diez años dura el idilio con ella. Durante la primavera de 1599 acompaña a su señor (el quinto), futuro conde de Lemos, en el séquito regio, con motivo del doble enlace austríaco de Felipe III e Isabel Clara Eugenia con los archiduques Margarita y Alberto. Fruto de su incontinencia en estos meses valencianos fue un hijo, Fernando Pellicer, más tarde franciscano con el nombre de fray Vicente. En el verano estaba de vuelta en Madrid, donde se bautiza Jacinta (26-VII-1599) hija suya y de la olvidada D.ª Juana. En 1600 deja el servicio del marqués de Sarriá. Los años siguientes tan pronto le hallamos en Madrid como en Toledo seguramente en función de Micaela. Entre 1602 y 1604 pasa largas temporadas con *Lucinda* en Andalucía, principalmente en Sevilla honrado por Arguijo y su tertulia y zaherido por los poetas de la llamada Academia de Ochoa, entre ellos Cervantes. Los elogios a la belleza de *Camila Lucinda* se multiplican en las *Rimas* y en *La hermosura de Angélica*. Un suceso vino a favorecer a los amantes: Diego Díaz, marido de Micaela, que marchó de Sevilla al Perú, murió en Cartagena de Indias; en su testamento (10-VI-1603) dejaba por herederos a sus hijos. Siete aparecen como legítimos; el último Félix, bautizado en Sevilla, 19-X-1603. Este y el anterior, Juan, que nacería hacia 1601, eran hijos de Lope, según Cotarelo. Rodríguez Marín y María Goyri opinan que lo eran también Angela, Jacinta y Mariana; es decir, todos menos las dos primeras. En el primer tercio de 1604, se imprime en Sevilla *El Peregrino en su Patria*; en esta novela publicó una inapreciable lista de sus comedias —219 títulos, aunque declara haber escrito 230 hasta aquella fecha—, con lo cual ponía en claro que no eran suyas otras muchas, que circulaban como tales por fraude de directores de compañías y de editores, que las imprimían. Hacia mediados de 1604 dejan vis dos Sevilla; Micaela alquila una casa en Toledo (28-VII-1604) y Lope tiene la desfachatez de trasladar la suya de Madrid a Toledo a una casa «al callejón del barrio de San Jiuste», alquilada el 10-VIII-1604. En 1605 nace Marcela, hija de Micaela, bautizada como «de padres desconocidos» (8-V-1605) y el 28-III-1606 se bautiza Carlos Félix, hijo de D.ª Juana. Esta escandalosa duplicidad de hogares en Toledo se prolonga lo más hasta comienzos de 1607, ya que el 7-II-1607 se celebra en Madrid el bautizo de Lope Félix, registrado descaradamente como hijo de Micaela y de Lope, actuando de madrina la famosa comedianta Jerónima de Burgos. Lope y D.ª Juana siguen viviendo en Toledo. Como en ese año, 1607, empieza a actuar como secretario de Sessa, a quien conociera dos años antes, por esta causa —y también por Micaela— serían frecuentes los viajes a Madrid; para ella y para sus cinco hijos (habían muerto ya Jacinta y Félix) sería la casa de la calle de Fúcar, alquilada por Lope el 22-X-1607. Sin embargo, poco después se pierde el rastro de *Lucinda*. Teniendo en cuenta que, según Amezúa,

hacia 1608 la amistad de Lope con Jerónima de Burgos deriva a trato sexual, cabe unir este hecho —aunque no lo hagan los biógrafos— con el término de sus relaciones con Micaela. Como quiera que fuese, los amores con Jerónima, venal y licenciosa, no podían ser duraderos, dado el temperamento celoso y absorbente de Lope.

De hecho así fue. A una etapa de desenfreno suceden unos años de sosiego y reflexión; lo que los biógrafos suelen denominar su primera crisis religiosa. Lope busca la paz interior y la respetabilidad externa en su vida: desde 1609 es familiar del Santo Oficio y pertenece a la Congregación del Santísimo Sacramento del Caballero de Gracia; el 21-I-1610 ingresa en el Oratorio del Olivar; en la Cuaresma de 1610 «acude a unos ejercicios espirituales», así se lo escribe a Sessa desde Toledo el 30 de abril. El cambio de costumbres iniciado en Toledo se consolida con el traslado definitivo a Madrid, compra una casa (7-IX-1610) en la calle de Francos, conservada felizmente hasta hoy; del 26-IX-1611 data su ingreso en la Orden Tercera de San Francisco y del 14-II-1613 es el privilegio de oratorio, signo de la creciente piedad doméstica. Encontramos asimismo un índice de su religiosidad en algunos escritos de estos años: *Pastores de Belén* (1611), «prosa y versos divinos a la traza de *La Arcadia*», dedicados a su hijo Carlos Félix, «será bien que cuando halleis Arcadias de pastores humanos, sepais que estos divinos escribieron mis desengaños y aquellos mis ignorancias»; y, sobre todo sus *Cuatro soliloquios de Lope de Vega Carpio; llanto y lágrimas que hizo arrodillado delante de un crucifijo* (1612). Lope es feliz en su casilla, con su jardín «más breve que cometa», sus flores, sus libros. Mas, lo pequeño, si propio, es grande: *Parva propia, magna/Magna aliena, parva* se lee todavía en el dintel. Vive entregado a su trabajo y al cariño de su mujer y de su hijo Carlillos, goza de la protección y amistad del duque, y aparte del teatro, donde triunfa como «monarca», interviene en la vida literaria de la Corte, más movida por estas fechas (1611-1612) con las Academias del conde de Saldaña y la *Selvaje*. Pronto, sin embargo, se desvaneció aquella felicidad doméstica: En 1612, en fecha no precisada, murió Carlitos. En marzo de ese año «malparió» un hijo D.ª Juana; su salud por este tiempo es frágil. El marido, infiel tantos años, atiende ahora con amor a la paciente esposa enferma, «de quien ya la vejez me ha hecho galán». Un nuevo alumbramiento el de su hija Feliciana (4-VIII-1613) —que hubo de recibir al nacer el agua de socorro— puso en peligro la vida de la madre, que falleció nueve días después (13-VIII-1613).

En estas circunstancias del mayor desengaño y soledad, es cuando Lope decide hacerse sacerdote. La idea no era nueva en él, ya en marzo de 1612, en vida de D.ª Juana escribía a Sessa que sentía «mucha envidia» del nuevo estado (el sacerdocio) de su gran amigo el contador Barrionuevo. Como no se ha hallado la documentación de sus órdenes, hay que atenerse a las cartas a Sessa y a las deducciones de D. Casimiro Morcillo, *Lope de Vega, sacerdote*, Ma. 1934. El 15-III-1614, desde Toledo comunica que el obispo de Troya le había dado el subdiaconado; y a mediados de abril escribe que ya «es clérigo de Evangelio». El titular de Troya que le ordenó de ambas órdenes debió de ser el obispo auxiliar del cardenal D. Bernardo de Sandoval. El presbiterado pensó al principio que se lo confiriese el Nuncio en Madrid —y esta opinión sigue Amezúa— mas de las cartas parece deducirse que fuese el cardenal quien le ordenó de sacerdote, el 24 de mayo, Témporas de la Trinidad. También hubo cambio en la primera misa: en vez de decirla en su oratorio el día del *Corpus*, como escribió primero, la celebró en el Carmen Descalzo, de Madrid, probablemente dentro de la octava. Por fin, el 16 de junio —después de un año de demora— se celebraron las ceremonias litúrgicas del bautizo de Feliciana. No se sabe con quién se aconsejó —caso de que pidiera consejo— para tomar la grave resolución de hacerse sacerdote. Por estas fechas con quienes tuvo mayor trato fue con los carmelitas; suelen consignar como confesor suyo a fray Martín de San Cirilo, a quien dirigió sus *Rimas sacras*, Ma. 1614. En todo caso, con un temperamento erótico tan agudo como el suyo y una tan extensa e intensa experiencia amorosa ante paso tan trascendental, eran necesarias mayores garantías sobre su perseverancia: un arrepentimiento más hondo y, sobre todo, un apartamiento más decidido del peligroso trato con la gente de la farándula. Bien pronto demostraron los hechos el desacierto de su elección. Desde los días de su ordenación no cesan las murmuraciones sobre su conducta imprudente con cómicas frívolas y mujeres malfamadas, tanto que en sus cartas a Sessa se ve obligado a defenderse a la continua, hasta el extremo de exclamar en la del 9-VI-1615: «plega a Dios, señor, que si después de mi hábito he conocido mujer deshonestamente, que el mismo que tomo en mis indignas manos me quite la vida sin confesión antes que esta llegue a manos de Vexª». Ante juramento tan solemne, pienso con Amezúa, que no puede dudarse de su veracidad. No pasarán, sin embargo, muchos meses y ya no podrá repetir su afirmación. Por el tiempo del juramento ya andaba Lope en peligrosos galanteos con una farandulera, Lucía de Salcedo, apellidada *La Loca*. Amezúa ha esclarecido con detallada precisión este lamentable episodio (primavera-verano, 1616), que no puedo determinarme a resumir. Del mismo se deduce que, en vez de un arrepentimiento sincero de su primera caída de sacerdote que le llevase a buscar a Dios huyendo de las ocasiones, lo que despierta en él aquella desatinada aventura es vergüenza, despecho, satisfacción por haber terminado con *La Loca*, nada que demuestre un sentimiento sobrenatural del pecado. Por eso, siguiendo un consejo —repetido muchas veces en su correspondencia con el duque y practicado por él en su plural vida amorosa— lo que hace es buscar el consuelo (humano, muy humano) en otra mujer; y lo halla pleno, total. El último, grande y trágico amor de Lope había ya comenzado aquel otoño de 1616. En 1876 se apresuraba F. A. Barbieri, bajo seudónimo, a revelar estos *Ultimos amores de Lope de Vega*, adelantándose a La Barrera, cuya *Nueva Biografía*, Ma. 1890, se hallaba detenida por el jurado que le otorgaba el premio, por miedo a que redundase en descrédito del Fénix. Cumpliéronse los temores, la *Nueva Biografía*, terminó con la imagen de un Lope virtuoso, heredada de Montalbán, vigente hasta aquella fecha. Así lo hace constar Menéndez Pidal, abogando por una futura biografía más justa, *Lope de Vega. El Arte Nuevo y la Nueva Biografía*: R180, 22(1935). Azorín *(Lope en silueta*, 1935) y, sobre todo, R. Gómez de la Serna, *Lope viviente*, Buenos Aires 1944, marca un extremo con una interpretación demasiado benévola de su conducta moral. Para hallar la verdad nadie mejor que González Amezúa, el concienzudo editor y comentarista de sus cartas, piedra de escándalo, en particular en este punto. Resumiré brevemente: D.ª Marta de Nevares Santoyo *(Amarilis)* —casada en 1604 con Roque Hernández, hombre zafio, dedicado a los negocios— vivía en la vecindad de Lope desde 1608; desde entonces la conocía, aunque no había intimado con ella. En 1616 contaba unos veinticinco años, era hermosa, atractiva, inteligente, cautivaba con el canto y la conversación. Muy pronto aquel amor platónico del principio se convirtió en fuego, «más parece de Plutón que de Platón, porque todo el infierno se conjura contra mi imaginación». Los amantes vivieron humanamente felices —no sin angustias de conciencia— unos dos años; el 12-VIII-

1617 nacía Antonia Clara, en su bautizo (26 de agosto) fue padrino, en sustitución de Sessa, su hijo el conde de Cabra. El marido, ignorante o paciente, alternaba con Lope y el duque en aparente amistad, hasta que hacia fines de 1618, comenzó a asediarla económicamente: no la entregaba dinero alguno, dispone de sus bienes, vende la casa en que vivían, que era de ella, e intenta quitarle la hija. Doña Marta se refugia en un convento, donde queda depositada, y entabla pleito de divorcio, que al parecer gana en el Vicariato de Madrid. De pronto termina aquel calvario con la muerte inesperada de Roque, en abril-mayo de 1620. Marta se queda a vivir con su madre en la calle de Cantarranas, próxima a la de Francos. Fijémonos ahora en algunos hechos y dichos de sus cartas, que no suelen citarse. Doña Marta, en la segunda mitad de 1618, tuvo un fracaso; luego, vino la estancia en el convento; Lope, a la fuerza, se va habituando a una prolongada continencia: «¡Ay de quien tanto tiempo ha que hizo Carnestolendas y que, aunque no quiera, se ha de confesar y arrepentirse! Mas Dios lo merece todo; que quien no fuera El, no pudiera vencer tales imposibles. El lo sabe pagar»; y en otra posterior, califica sus amores como platónicos; con *Amarilis* hace «más oficio de padre que de galán». A estas disposiciones de Lope hay que añadir otras aún mejores de doña Marta, impelida por eficaces remordimientos, nacidos de su profunda fe cristiana, avivada, sin duda, en los meses de reclusión conventual. El resultado fue, como concluye Amezúa, que, desde 1621, D.ª Marta fue «la amiga confidente y buena, pero nada más». Años más tarde, por la primavera de 1628, llega para ambos la gran expiación, una grave enfermedad de la vista, que la deja ciega; poco después (agosto de 1618) ingresa D.ª Marta en la Orden Tercera de San Francisco. Pero «mucho antes de la enfermedad de *Amarilis* se echa de ver de una manera ostensible que Lope muda radicalmente de vida, y la consagra a Dios, si no por entero, en gran parte». De esta «segunda crisis religiosa» hay indicios varios como en la primera: Lope — que desde 1616 era Fiscal de la Cámara Apostólica en el arzobispado de Toledo— es nombrado por el Nuncio protonotario apostólico, 1621; el 12-II-1622 entra Marcela en las trinitarias. En la epístola a Herrera Maldonado describe, emocionado, la toma de hábito de su hija; el 29-VI-1625 es su ingreso en la Congregación de sacerdotes de San Pedro de los naturales; en 1627-1628 Urbano VIII le concede el título de doctor en Teología por la Sapientia, y le nombra caballero de San Juan (desde entonces usará el Frey). En carta a Sessa (2-VIII-1628) escribe que está haciendo el noviciado de su hábito. Por estos años testimonian su fervor religioso los *Triunfos divinos*, Ma. 1625; los *Soliloquios amorosos de un alma a Dios*, Ma. 1926 —añade ahora otros tres a los cuatro de 1612— publicados en 1626 bajo el anagrama de Gabriel Padecopeo, pero escritos mucho antes «con tanta devoción y lágrimas»; su primer testamento, ológrafo, manifestación expresiva en grado sumo de sus sentimientos profundamente cristianos y devotos; del año siguiente es el poema *La Corona trágica*, Ma. 1627, dedicado a Urbano VIII, por éste le concedió el papa los honores antedichos. En cuanto al saber teológico de Lope que acredite el título, puede verse M. Yurramendi, *Lope de Vega y la Teología*, Ma. 1935. Donde refuta unas proposiciones de Vossler y de A. Castro, que, a su parecer de ellos, pondrían alguna mácula en su ortodoxia. Aduce cantidad de textos de su teatro en los que aparece su cultura teológica (no restringida a uno o dos tratados, sino tal que abarca todo el dogma católico), y escolástica sin que manifiesta adhesión a alguna Escuela en particular, contra los que le adscriben a la franciscana; su franciscanismo habrá de entenderse en lo sentimental y poético. Hacia 1630, una nueva prueba, a la ceguera se añade ahora la locura de D.ª Marta. De ella consta únicamente por la *Egloga Amarilis*, por lo cual algún biógrafo piensa que no se trata de algo real, sino simbólico. Antes de morir († 7-IV-1632) recobró la razón pero no la vista. «Recibió los santos Sacramentos; no testó; enterróla Alonso Pérez, librero.» Lope guarda las apariencias poniendo el entierro a nombre de un amigo íntimo.

Podría dar la impresión de que ocupados en su vida amorosa hemos olvidado la literaria, cuando, en realidad, ambas fluyen íntimamente unidas durante toda su existencia. Pero, en particular, esta etapa de sus amores con D.ª Marta coincide con otra igualmente intensa de su vida artística, no tanto en su producción —que, en el teatro y fuera de él, viene a ser como otras de su vida, siempre fecunda—, cuanto en sus relaciones con otros literatos. Es la época de las luchas literarias, de las *filias* y las *fobias* en torno al Fénix y de las reacciones de éste, en las que se cumple aquella extremosidad suya en la amistad, como escribe a Sessa en 1617, y que es toda una definición de su carácter: «Yo nací en dos extremos, que son amar y aborrecer; no he tenido medio jamás.» Lope mantiene durante estos años un doble frente de lucha: contra los preceptistas aristotélicos en defensa de su teatro el uno, y contra los culteranos el otro. Del primero se ha ocupado erudita y extensamente J. de Entrambasaguas, *Una guerra literaria del Siglo de Oro*, Ma. 1932, centrando la lucha en torno a dos libros: la *Spongia*, s.l. 1617 y la *Expostulatio Spongiae*, s.l., 1618, contestación de los amigos del Fénix: Valdivielso, López de Aguilar, Tamayo de Vargas, Mariner, Tribaldos de Toledo, el padre Mariana, los condes de Lemos y de Salinas, etc. Detrás de Torres Rámila, autor irrelevante de la *Spongia*, se ocultaban los enemigos: Suárez de Figueroa, Villegas, Martir Rizo, Rey de Artieda, etc., y el principal, Cervantes, aunque más disimulado y menos cruel que Góngora, la cabeza directora del otro frente, el de los cultos. Las vicisitudes de esta lucha —que se inicia ya hacia 1585— entre los dos colosos de la lírica barroca pueden seguirse en Orozco Díaz, *Lope y Góngora frente a frente*, Ma. 1973. El aliado más poderoso contra Góngora —no inferior al cordobés en fuerza satírica— lo tuvo Lope en Quevedo, amigo siempre fiel. En el primer frente el triunfo completo fue de Lope y su escuela, en el segundo hay que reconocer que la victoria estuvo del lado de Góngora hasta el extremo de conseguir que sus dos rivales gongorizasen repetidas veces. A esta lista de nombres del mundo de las letras conviene añadir los de otros amigos, que por su intimidad merecieron que Lope consignase sus nombres en el testamento de 1627, dejándoles sendos recuerdos: Juan de Piña, Alonso Pérez, su hijo el doctor Pérez de Montalbán, fray Hortensio Paravicino, el doctor Francisco de Quintana, el licenciado Billena y cerrando la lista el duque de Sessa. Estos nombres y mandas no aparecen en el último testamento (26-VIII-1635), quizás porque la gravedad del enfermo obligó a reducir el texto del primero; sólo permanece Sessa a quien nombra albacea. Examinar lo que el duque significó en la vida de Lope los veintiocho años que le sirvió de secretario, llevaría demasiado espacio. La figura de Sessa ha sido juzgada con severidad por los biógrafos del Fénix, pero nunca con tanta como en la reciente obra del doctor C. Rico-Abello, *Lope de Vega (Flaquezas y dolencias)*, Ma. 1973. Sessa fue un psicópata intersexual y Lope un engreído, resentido, irascible, desatinado, abúlico y lascivo, dócil instrumento del psicópata duque. Y, aunque al final del libro dice: «No creemos que Lope fuera homosexual», ha lanzado antes la especie y tratado de probarla con argumentos, que no convencen, como tampoco son convincentes los que acumula sobre Sessa con malé-

volas interpretaciones. Su diagnóstico psiquiátrico de Lope es el de un «temperamento cicloide con hiperestesia psicosexual o psicosis afectiva con delirio sexual». Ya H. R. Romero Flores, *Estudio psicológico sobre Lope de Vega*, Ma. 1936, había dicho que Lope debía ser juzgado con «un criterio teratológico» y que su complejo de pasiones desbocadas, religiosidad persistente a través de ellas y exacerbada rijosidad induce a incluirlo «en la esfera de lo psicopático». Sin embargo, creo que tenía razón Amezúa cuando advertía sobre la peligrosidad de tales estudios, «donde los mismos psiquiatras, aun los más famosos, exageran y desbarran», y concluía que no era preciso «acudir a la neurología para explicarnos aquel temperamento de amador constante y vehementísimo, aquella naturaleza radicalmente erótica, que durante tantos años dominará sus sentidos y potencias con señorío omnímodo».

En 1630 publica el *Laurel de Apolo*, de interés literario histórico-estético. En este poema ensalza, por amigos, a poetas de escaso nombre, mientras son preteridos o friamente elogiados otros muy conocidos. A mediados o final de ese año, Lope disgustado con el público de los corrales por «dos historias que le di bien escritas y mal escuchadas» tuvo el propósito de dejar el teatro y pide a Sessa que le nombre su capellán con «algún moderado salario», que le permita dejar de ser como hasta entonces poeta *de pane lucrando*. Esto parece momento oportuno para hablar de su situación económica. Según Montalbán, Lope «fue el poeta más rico y más pobre de nuestros tiempos». Enumera sus ingresos, la partida mayor procede del teatro: «le valieron las comedias, contadas a quinientos reales, ochenta mil ducados; los autos seis mil»; los libros —lo dice el hijo de un librero— nada más que 1.600; a esto añade 7.000 de las dotes de ambos matrimonios y 10.000 de dádivas de señores y particulares, «que hacen más de cien mil ducados». Estas cuentas, sin duda exageradas, son el dinero percibido a lo largo de su vida por estos diversos capítulos, desigualmente repartido un año u otro. A esto hay que sumar las prebendas eclesiásticas después de su sacerdocio: Un beneficio en el pueblo de Alcoba (Córdoba) de patronato de duque; una capellanía en la capilla de San Segundo, de Avila, fundada por D. Jerónimo Manrique, que se le concedió en 1624 (había opositado a ella sin obtenerla en 1615) y una de la Mesa Arzobispal de Santiago de Compostela, que disfrutaba en 1624 y montaba 250 ducados. El total de lo que percibía por estos conceptos era una renta de 800 ducados al año, según declaración suya del 14-III-1629. Con esta pensión ayudada con el moderado salario que le asignase el duque, esperaba «pasar esto poco que me puede quedar de vida». Sin embargo, este justo deseo de contar con un sueldo fijo no prosperó en 1630 como tampoco se le había cumplido, cuando aspiró repetidas veces al cargo de cronista del Reino, como lo fueron otros poetas contemporáneos: los Argensola y Rioja —de este punto me ocupé en mi artículo, *Lope historiador*: R119, 14(1962). El Fénix no gozó de la protección real, tal vez porque su señor no alcanzó el favor ni de Lerma ni de Olivares. Añade Montalbán que «fue también el más pobre, porque fue tan liberal, que casi se pasaba a pródigo». Así vivió, gastando liberalmente con otros los «bienes de fortuna, que —como dice en su testamento de 1627— por mi natural inclinación he tenido en poco», en limosnas y prodigalidades en alajar su casilla, y, sobre todo, en el mantenimiento de sus mujeres y sus hijos, legítimos e ilegítimos. Después de viudo —quizá por haber muerto Micaela— se llevó a su casa a Marcela y Lope, los cuales con Feliciana, la hija legítima que le quedaba, y Antonia Clara después, más Lorenza Sánchez, la criada que cuidaba de ellos, eran cinco bocas; añádase la casa de la arruinada y ciega *Amarilis*.

Al final de su vida se fue quedando solo: Marcela entró monja; Feliciana, se casó con Luis de Usategui el 18-XIII-1633; Lope, después de luchar como alférez valientemente contra holandeses y turcos, siguiendo su espíritu inquieto y aventurero se embarcó en una expedición a la isla antillana, Margarita, en busca de perlas, y no se volvió a saber de él; su única compañía —en lo que puede serlo una joven, casi una niña, de un viejo— era su hija Clara Antonia. Mas un día, por el otoño de 1634, Antoñica, que acababa de cumplir los diecisiete años, seducida por D. Cristóbal Tenorio, abandonó, con la complicidad de la vieja Lorenza, la casa paterna, dejando al desventurado Lope sumido en la más profunda tristeza, en absoluta soledad. Lope rimó la huída de la ingrata en la égloga *Filis*.

El resto de sus días vivió «casi rendido a una continua pasión melancólica». Montalbán, que con su padre el librero Alonso Pérez, procuró aliviar aquella melancolía que le consumía, describe detalladamente su última y rápida enfermedad. El 25 de agosto, asistiendo a unas conclusiones de medicina en el seminario de los escoceses, le dio un repentino desmayo; le llevaron al cuarto de su amigo D. Sebastián Francisco de Medrano, que vivía en el seminario, y luego en una silla le trajeron a su casa. El 26 hizo testamento dejando por heredera universal a su hija Feliciana y por albacea con Sessa a su yerno. En la noche del 26 al 27 recibió el viático y la extremaunción y rodeado de Feliciana y de numerosos amigos, con actos de humilde arrepentimiento e invocando a la Virgen de Atocha, murió el 27. El entierro, concurridísimo, a petición de Marcela pasó por las trinitarias; fue enterrado por disposición de Sessa —conforme al testamento— en la iglesia de San Sebastián; los restos, que por imperdonable descuido del duque y de sus herederos no fueron trasladados a tiempo a sepultura propia, se han perdido. Se tuvieron tres solemnes honras con elogiosas oraciones fúnebres. A estos elogios hay que añadir los recogidos por Pérez de Montalbán en la *Fama Póstuma*. Con la exaltación mítica de estos escritos *post mortem* concuerda la inmensa fama popular de que gozó en vida; un reflejo de ella es la fórmula paródica, que corrió ms. mandada recoger por la Inquisición: «Creo en Lope de Vega todopoderoso, poeta del cielo y de la tierra.» De lo que Lope significa en nuestra literatura podemos repetir con Schack que su influjo en la dirección del gusto de los españoles fue tal que «hemos de denominar sin escrúpulos a Lope de Vega fundador del teatro español». Buscando ahora el sitio que le corresponde en las corrientes artísticas de la época vemos que, así como Góngora se encuentra entre el manierismo y el barroco participando de entrambos, para Dámaso Alonso es *Lope de Vega símbolo del Barroco*. Y Entrambasaguas, que en sus diversos estudios del Fénix señala repetidas veces su barroquismo, le considera *Símbolo del temperamento estético español*. Quizá sea su exacerbado españolismo la causa de que fuera de España no haya logrado la plena universalidad de Cervantes.

La sobreabundancia típica del barroco, en su concepto específico y genérico, se muestra en este poeta, símbolo de la época y de la raza, no sólo en la amplitud oceánica de su obra, sino en la riqueza asombrosa de su léxico. C. Fernández, autor de *Vocabulario de Cervantes* y encargado por la Real Academia Española de compilar el de Lope, anticipa que contiene 9.000 palabras más que el de Cervantes. «El día que se forme el diccionario de Lope de Vega —escribió A. Castro— causará maravilla ver adónde llega la facultad receptiva de un solo hombre.»

OBRAS: Dramáticas. Lo que llama más la atención de su teatro, sin que esto conlleve menos aprecio de la calidad poética, es el caudal copiosísimo, único. En sus últimos años da Lope varias veces la cifra de 1.500 fábulas.

Rennert piensa que exagera, y lo razona, calculando las conocidas en unas 470. Morley y Bruerton dan un resultado de 426 y opinan que el total de las escritas, cuando mucho, sería 800 comedias y unos 50 autos. Por su parte, Cotarelo, teniendo en cuenta las pérdidas tan considerables de nuestro teatro clásico, se inclina por la veracidad de las 1.500; y Menéndez Pidal hace esta observación comparativa: «De Lope se han perdido un 69 por ciento; de las 600 de Hardy han desaparecido hasta el 95 por 100, casi la totalidad; de las 220 de Heywood se han perdido también el 90 por 100.» Desde 1604 fueron apareciendo impresas hasta ocho partes de comedias del Fénix. En 1617 Lope decide publicar él la nueve, por lo adulterado que resultaba el texto de las anteriores «que es imposible llamarlas mías»; así hasta 1625 salen 20 partes con un total de 240. Desgraciadamente en 1625 prohíbe el Consejo real imprimir comedias; la prohibición duró diez años. Con esto se perdió la ocasión de que Lope nos diera impresas otras 150 ó 200 comedias más. Cuando en 1635, año de su muerte, se levanta la prohibición, Lope prepara todavía otras dos partes, que salieron póstumas. Otras comedias suyas se publicaron en las partes llamadas extravagantes y en colecciones con otros autores. De estos textos del siglo XVII y de algunas comedias sueltas, impresas o ms., formó Hartzenbusch cuatro tomos de comedias de la BAE (XXIV, XXXIV, XLI y LII) e incluyó varios autos en el LVIII. La Academia Española encomendó a Menéndez Pelayo la edición del teatro de Lope en 1890. De 1892 a 1902 se publicaron 12 tomos con introducciones inapreciables. Muerto D. Marcelino, salieron —sin prólogos— otros dos tomos, y de 1916 a 1930 E. Cotarelo Mori dio a luz 13 más con breves introducciones; tres de los cuales fueron preparados, respectivamente, por J. García Soriano, A. González Palencia y F. Ruiz Morcuende. Los tomos en folio, debidos a Menéndez Pelayo, por su difícil adquisición han sido impresos de nuevo en la continuación de la BAE, dirigida por C. Pérez Bustamante. Han sido principalmente extranjeros (J. R. Chorley, H. A. Rennert, S. G. Morley y C. Bruerton) quienes han realizado la delicada labor de catalogar las piezas auténticas. Mas a esta tan útil ordenación alfabética, para lograr formarse una idea global del vastísimo repertorio de su teatro, es preciso añadir una clasificación. Menéndez Pelayo, utilizando con independencia la de W. Hennings, aparecida el año anterior, 1891, nos dio la suya, la cual, aunque perfectible, como su autor declara desde un principio, sigue siendo utilizada. Distingue el teatro sacro y el profano. En el sacro, las piezas cortas, los autos sacramentales y del Nacimiento, los coloquios, con sus loas y entremeses, sean o no de temas: *a)*, las comedias bíblicas; *b)*, las de vidas de Santos; *c)*, las de leyendas piadosas. «Lope resulta mucho más original, mucho más creador en el drama profano que en el sacro, y más en el historial que en el alegórico.» En el teatro profano: *d)*, comedias mitológicas y de historia clásica; *e)*, de historia extranjera; *f)*, de historia patria; este es el apartado más importante al que debe su teatro su fuerza radical y su vitalidad poderosa; *g)*, comedias novelescas unas, pastoriles, otras; *h)* caballerescas, tomadas de los libros de caballerías en prosa o en verso; *j)*, sacadas otras de los novelistas italianos (Boccaccio, Bandello, Cinthio); *k)*, de costumbres, y *l)*, de enredo. «Si la manifestación épico-dramática es la más alta del genio de Lope, no cabe duda que la más apacible, simpática y graciosa, así como la más pulcra y elegante bajo el aspecto técnico y, por tanto, la que ha envejecido menos» es esta de las comedias de costumbres e intriga. Sí, «Lope es, sin duda, de todos los poetas dramáticos del mundo el que mayor número de argumentos y combinaciones ha inventado... ha reunido en sus obras todo un mundo poético, dándonos el trasunto más vario de la tragedia y de la comedia humanas, y si no el más intenso y profundo, el más extenso, el más bizarro de que literatura alguna puede gloriarse». De poca utilidad sería dar aquí una lista —necesariamente muy incompleta— de títulos de comedias correspondientes a los diversos apartados. Más útil sería resumir la certera visión de conjunto, que da K. Vossler en el cap. XIX «Visión dramática del mundo en Lope» de *Lope de Vega y su tiempo*, Ma. 1933. Naturalmente, junto a los muchos juicios elogiosos no faltan algunos adversos, vgr., Hebbel, Morel Fatio, Azorín censuran la ligereza y superficialidad de sus comedias; también se repite con frecuencia el reproche de que no tiene una obra que pueda llamarse perfecta; mas, aunque podrían señalarse algunas cuasiperfectas —no se olvide la rapidez con que las compuso—, creo un deber de justicia añadir —recordando con Farinelli, Menéndez Pidal y Guillermo de Torre a Grillparzer— que apenas tiene ninguna donde no se halle una escena comparable a las mejores de Shakespeare; y concluir que si Lope «no es el poeta más grande, es el temperamento más poético de la Edad Moderna».

Poesía lírica. Imposible calcular la riquísima vena lírica derramada pródigamente, en sus libros en prosa (La Arcadia, Pastores de Belén, El Peregrino, La Dorotea), en su poesía épica así narrativa como didáctica, en su vastísimo teatro. En su poesía cabría distinguir la lírica popular, en metros cortos españoles, de los cuales hizo singular estima: «y soy tan de veras español, que por ser en nuestro idioma natural este género, no me puedo persuadir que no sea digno de toda estimación». Recordemos entre otras, las letras para cantar, especialmente en sus comedias, los villancicos, las letrillas y, sobre todo, sus romances, los primeros en las Flores (1589-1597) y en el Romancero General, Ma. 1600 y 1604, continuados después durante toda su vida en especial en La Dorotea. La lírica culta, las composiciones en metro italiano, reunidas con las tradicionales, sus canciones, églogas, epístolas, en las Rimas, Se. 1602, Rimas sacras, Ma. 1614, Justas poéticas, Ma. 1620 y 1622, Triunfos divinos, Ma. 1625, Rimas humanas y divinas, Ma 1634 y en la colección póstuma La Vega del Parnaso, Ma. 1637; o publicadas con otros poemas (La hermosura de Angélica, Se. 1604, La Filomena, Ma. 1621, La Circe, Ma. 1624). En esta sección de poesía culta, destacan sus numerosos sonetos, varios de ellos entre los mejores de nuestra lírica. En la sátira, si no llegó al dominio de Góngora, Quevedo o Villamediana, dejó no pocas muestras de su ingenio. Sobre la lírica de Lope, en sí y en sus relaciones con el gongorismo, han escrito modernamente, Entrambasaguas, D. Alonso, G. de Torre, etc., y sobre todo J. F. Montesinos: «Lope —resume— es el poeta castellano que con más eficacia rima sus emociones del momento..., poeta cortesano, cultivó artificios gratos a un siglo que vivía en continuo ademán literario... Fue todo su siglo y una anticipación de los siglos venideros.»

Poesía narrativa. En los poemas épicos, pensó Lope que había de basarse su prestigio de poeta, por eso cultivó la poesía épica con esmero en todos sus aspectos. Los más principales son sus poemas caballerescos: La hermosura de Angélica, 1602, inspirada en Orlando furioso, y el principal Jerusalén Conquistada, Ma. 1609, imitación de Torcuato Tasso, del cual dice Entrambasaguas —su editor y comentarista—: «De todas las obras de Lope de Vega es seguramente la Jerusalén Conquistada aquella que, habiendo sido más famosa entre sus coetáneos, menos se conoce hoy por los lectores del Fénix.» Poemas históricos: La Dragontea, Val. 1598, contra el corsario Drake, la Corona trágica, Ma. 1627 sobre la vida y muerte de María Estuardo; El Isidro, Ma. 1599, al que llamó «Poema Castellano» por el metro (quintillas), con el cual «nos enseña —escribe Pacheco— que son los versos castellanos, de que se contiene, capaces de tratar toda heroica materia». Dentro de la narrativa, con predominio descriptivo: Las Fiestas de Denia, Val. 1599, Descripción de la Abadía, s. l. 1604, finca del duque de Alba, Descripción de la Tapada, Ma. 1621, parque del duque de Braganza, La Virgen de la Almudena, Ma. 1623 y La mañana de San Juan en Madrid, Ma. 1629. Poemas mitológicos: La Filomena, 1621, La Circe, Ma. 1624 y otros dos más breves: La Andrómeda, Ma. 1621, y La rosa blanca, Ma. 1624. Pueden incluirse entre sus poemas narrativos con carácter didáctico: el Arte nuevo de hacer comedias, Ma. 1609, Isagoge a los Reales Estudios de la Compañía de Jesús, Ma. 1629, y Laurel de Apolo, Ma. 1630. Finalmente, de épica burlesca, el delicioso poema La Gatomaquia, Ma. 1634.

Obras en prosa. Por ser tan ingente su producción poética —un total de 21.300.000 versos, según el cálculo de Fitzmaurice Kelly y de 900 versos al día, según Menéndez Pidal—, su prosa queda un tanto oscurecida, cuando por sí sola sería bastante para dar nombre y categoría a otro escritor. Su prosa la constituyen principalmente novelas, las cuales Lope, al igual que las comedias, tenía por de menos valer. Pastoriles: La Arcadia, Ma. 1598, de fondo histórico, en la que los sucesos autobiográficos son de difícil identificación. En ella intervienen Anfriso (Alba) y Belardo (Lope) y Pastores de Belén, 1612, novela pastoril «a lo divino», donde se muestra Lope como en su teatro inestimable poeta del Nacimiento. La novela de aventuras El Peregrino en su Patria, Se. 1604, en la que la acción, cambiando continuamente de escenario, está tratada al modo de una comedia de intriga. Incitado por Marta de Nevares a competir con Cervantes en sus Novelas ejemplares, escribió sus Novelas a Marcia Leonarda, Ma. 1621-1624 (Las fortunas de Diana, 1621; La desdicha por la honra, 1624; La prudente venganza, 1624; Guzmán el Bravo, 1624); al final de esta última anunciaba una quinta: El pastor de Galatea, que no llegó a publicar. Pero su gran novela es La Dorotea, Ma. 1632, «Acción en prosa» como La Celestina, obra, en parte, de su juventud, maravillosamente refundida en su vejez, de inapreciable valor autobiográfico y literario. Por ella ocupa el Fénix no solo el primer puesto, con gran ventaja, entre los imitadores de Rojas, sino también un puesto de honor entre los más importantes prosistas de la literatura española. Y, como una muestra de que él, si quería, también sabía escribir «prosa historial», el Triunfo de la fe en los Reinos del Japón por los años 1614 y 1615, Ma. 1618, cuyas fuentes estudió con cuidado en 1962. Finalmente, del Lope místico los Cuatro soliloquios, 1612, con otros tres más, en 1626.

BIBL.: Dada la copiosísima bibliografía existente sobre Lope de Vega, parece lo más acertado reducirla a las obras generales, que de ella se ocupan; en las cuales se encuentra cuanto puede interesar para el conocimiento y documentación de su vida, de sus obras y de los estudios sobre las mismas. Se añaden las biografías más importantes: J. SIMÓN DÍAZ y J. DE JOSÉ PRADES, Ensayo de una Bibliografía de obras y artículos sobre la vida y escritos de Lope de Vega Carpio, Ma. 1955; ID., Lope de Vega: nuevos estudios, Ma. 1961; J. H. PARKER and A. M. FOX, Lope de Vega Studies, 1937-1962. A critical Survey and Annotated Bibliography, Toronto 1964; R. L. GRISMER, Bibliography of Lope de Vega, 2 vols., Minnesota 1965; W. T. MC'CREADY, Bibliografía temática de estudios sobre el teatro español antiguo, Toronto 1966; W. L. FICHTER, The Present State of Lope de Vega Studies: R116, 20 (1973)327-352; C. A. DE LA BARRERA, Nueva Biografía, Ma. 1890; H. A. RENNERT y A. CASTRO, Vida de Lope de Vega (1562-1635), Ma. 1919, sobre todo la 2.ª edic., Sa. 1969, con las notas adicionales de F. Lázaro Carreter, que la ponen al día; K. VOSSLER, Lope de Vega y su tiempo, Ma. [1933]; J. DE ENTRAMBASAGUAS, Vida de Lope de Vega, Ba. 1936; ID., Vivir y crear de Lope de Vega, Ma. 1946; L. ASTRANA MARÍN, Vida azarosa de Lope de Vega, Ba. 1935, 2.ª ed. Ba. 1941; A. FLORES, Lope de Vega, versión del inglés por G. de Torre. Ma. 1936; V. ZAMORA, Lope de Vega, Ma.; F. A. DE ICAZA, Lope de Vega. Sus amores y sus odios. Lope secretario de amores. Los hijos de Lope. El alma de Lope, Seg. 1926; A. GONZÁLEZ AMEZÚA, Lope de Vega en sus cartas, I, Ma. 1935 y II, Ma. 1940; H. R. ROMERO FLORES, Estudio psicológico sobre Lope de Vega, Ma. 1936; C. RICO-ABELLO, Lope de Vega (Flaquezas y dolencias), Ma. 1973.   R. M. DE HORNEDO

VELA, María, OCist (Cardeñosa [Avila] 1561 † Avila 24-IX-1617) venerable. Sus padres se llamaron Diego Alvarez de Cueto y Ana Aguirre y la educaron en el temor de Dios. Al frisar en los quince años sintió la llamada de Dios al claustro, ingresando en el monasterio de Santa Ana, de Avila. Las grandes penitencias a que se sometió desde los primeros días, más son para admirar que para imitar. Padeció sequedades de espíritu, incomprensiones de parte de los hombres, persecuciones del enemigo, y tuvo mucho que sufrir aun de algunos de sus confesores, uno de ellos el padre Julián Dávila, confesor y compañero en sus fundaciones, de Santa Teresa, quien calificó a nuestra religiosa de ilusa y engañada, refiriéndose a las locuciones que de continuo recibía en la oración. Dios permitió esta obcecación de los hombres, incluso virtuosos, para aquilatar sus méritos. Al fallecer con fama de santa a los cincuenta y seis años, fue inhumada junto al altar de Nuestra Señora de Sonsoles, permaneciendo allí hasta que fueron trasladados sus restos a un nicho elevado entre los dos coros del monasterio donde persevera hoy con su correspondiente inscripción laudatoria. La celda donde murió está convertida en oratorio, y en él se hallan expuestos los manuscritos que escribió por mandato de sus confesores.

BIBL.: M. G. Vaquero, *Vida de doña María Vela, monja en Santa Ana de Avila,* Ma. 1674; id., *La Mujer fuerte,* Ma. 1618; S. Lessen, *Hagiologium cisterciense,* II, Tilburg 1949, 183-184; F. Hernández, *El convento de Santa Ana de Avila:* R74, 11(1959)143-149; O. González, *Doña María Vela y Cueto, Autobiografía y libro de las Mercedes,* Avila 1961; Párroco de Cardeñosa, *La Mujer fuerte, Venerable sierva de Dios doña María Vela y Cueto,* Avila 1917; A. Manrique, *Apología del Maestro... por el libro de La Mujer fuerte, doña María Vela, respondiendo a las dudas que se le han puesto en él y en la vida y espíritu de la Santa,* Ma. 1774.   D. Yáñez

VELASCO, Jerónimo de, (Haro [Logroño] † Oviedo 16-VIII-1566) obispo y teólogo. De la noble familia del condestable de Castilla, fue preconizado obispo de Oviedo el 4-V-1556. Estudió Artes en Alcalá (1526-1529), siendo colegial de San Ildefonso; obtuvo en 1534 la cátedra de Santo Tomás, en competencia con Prado, de quien había sido discípulo. En 1538 fue promovido a la magistralía de Burgos. Siendo obispo de Oviedo, asistió al concilio de Trento, destacándose entre los partidarios de Pedro Guerrero y siendo nombrado miembro de la comisión del Indice. Su precaria salud le impidió tomar parte en algunas sesiones y le obligó a regresar a España el 5-IX-1562. Trabajó para imponer en la diócesis la reforma tridentina y asistió al concilio provincial de Salamanca (1565). Fundó en Oviedo el hospital de Santiago (1566) y dejó a la catedral su biblioteca, rica en obras filosóficas y teológicas de su tiempo.

BIBL.: ES 39, 125; C. Gutiérrez, *Españoles en Trento,* Va. 1951, 569.   J. L. Gz. Novalín

VELASCO, Juan de, SI (Riobamba [Ecuador] 6-I-1727 † Verona 1819) historiador. Entró en SI en 1744. Deportado a Italia en 1767, residió en Faenza.

OBRAS: *Historia del reino de Quito,* 3 vols., Quito 1841-44, y 2 vols., ed. Tobar-Espinola, Ibid., 1961; *Historia moderna del reino de Quito y crónica de la provincia de la C. de J. del mismo reino,* ed. R. Reyes, Ibid., s. a.; *Colección de poesías varias,* 5 vols. ms., Archivo Nac. de Quito.

BIBL.: G. Cevallos García, *El P. Juan de Velasco y el paso de la crónica a la historia:* Revista del Núcleo de Azuay, 6(1954)9-62; I. J. Barrera, *Historiografía del Ecuador,* México 1956, 29-42; J. Rumazo González, *La Historia de Quito del P. Juan de Velasco:* Boletín de la Academia Nacional de la Historia, Quito 36(1956)237-254; O154.
M. Batllori

VELASCO, Juan Bautista, SI (Oaxaca [Méjico] c. 1564 † Sinaloa [Ibid.] 29-VII-1613) misionero. Ingresó en SI en 1581. Trabajó durante veinte años entre los indios de Sinaloa.

OBRAS: Compuso una *Gramática* y un *Vocabulario* de la lengua cahita y mediotague.

BIBL.: F. J. Alegre, *Historia de la Compañía de Jesús en Nueva España,* III, México 1841-42.   IHSI

VELASCO, Lázaro de, (Granada † Ibid. 1585) arquitecto. Por la traducción que compuso de los 10 libros de Arquitectura, en que enumera a su padre Jacobo Florentino, el Indaco, entre los grandes arquitectos de la época, sabemos que fue hijo de éste y de Juana Velasco. Siguió la carrera eclesiástica y obtuvo el grado de licenciado, por el que siempre fue conocido, siendo además beneficiado de la parroquia de San Andrés de Granada y mayordomo del arzobispo Pedro Guerrero. Entre 1550 y 1565 preparó la primera traducción al castellano de la celebérrima obra de Vitrubio, atribuida

luego falsamente a Miguel de Urrea. A la muerte de Asensio de Maeda en 1576, Lázaro de Velasco fue designado, por el cabildo, maestro mayor de las obras de la catedral de Granada. Durante su breve permanencia en este cargo continuó las obras del segundo cuerpo de la torre, conforme a la mente de su tracista, Diego de Siloe, de quien se considera discípulo. Por este mismo tiempo rehizo, junto con el hermano Martín de Baseta SI, los planos de la iglesia del colegio de San Pablo, de jesuitas de Granada, hoy iglesia de los Santos Justo y Pastor. Ya antes, en 1573, había realizado la traza para el retablo de la iglesia de San Jerónimo, de cuya ejecución se encargó el pintor Juan de Aragón, y que luego, con modificaciones de Pedro de Orea, ensambló Pedro de Navas. Finalmente, escribió y minió con hermosos grutescos, siguiendo el estilo de su padre y el de Machuca, diversos libros corales para la catedral granadina; entre ellos un oficio de la Concepción y otro de la Exaltación de la Santa Cruz; este último, en 1575.

BIBL.: J. A. Ceán Bermúdez, *Diccionario de los más ilustres profesores de las Bellas Artes en España,* V, Ma. 1800, 150; F. J. Sánchez Cantón, *Fuentes literarias para la Historia del Arte español,* I, Ma. 1923, 180-221; M. Gómez-Moreno, *Guía de Granada,* Gra. 1892; id., *Sobre el Renacimiento en Castilla,* II (en la Capilla Real de Granada): R24, 1(1925)273.   A. R. G. de Ceballos

VELASCO, Maximino, OP (Casorvida [Asturias] 7-VIII-1851 † Bac-ninh [China] 9-VII-1925) misionero y obispo. Ingresó en la Orden en el convento de Ocaña el 8-XII-1863, y allí cursó los estudios de Filosofía y Teología. Siendo aún diácono, partió en 1875 para Filipinas, donde se ordenó de sacerdote el 13-VI-1875; salió al poco tiempo (16-VIII-1875) para las misiones del Tonkín, a las que había sido destinado. En ellas se le encomendó el cuidado pastoral de varios distritos misionales, la dirección del colegio de Literatura sino-anamita de Ké-mot, el de Latín de Nam-am y el de Moral de Ke-roi. Dividido el vicariato oriental, fue destinado al recién creado vicariato septentrional, y cuidó de los distritos de Dao-ngan y Bac-ninh, desempeñando al propio tiempo los cargos de provicario provincial y provicario apostólico (1886-1890) hasta el 5-I-1890 en que fue elegido y consagrado obispo coadjutor del obispo Colomer con derecho a sucesión, al que en efecto sucedió como vicario apostólico después de su muerte, el 7-II-1902. A su iniciativa y generosas aportaciones y alientos se deben numerosas obras que contribuyeron grandemente a la elevación del estado de la misión: construcción de la nueva catedral de Bac-ninh, construcción del nuevo Seminario para la formación del clero indígena, construcción de nuevas y hermosas iglesias en las diversas cristiandades, de colegios para la educación de los niños annamitas y europeos, hospitales. Hombre pacífico, supo mediar entre súbditos y autoridades en momentos difíciles, protegiendo las vidas e intereses de cristianos e infieles, indígenas o europeos, incluso a veces con gran peligro de la vida, mereciendo por ello no solo la pública estima y veneración, sino ser condecorado por el gobierno francés con la medalla de la Legión de Honor, y por el emperador del Annam con la medalla del Dragón.

OBRAS: *Relación misional de la misión del Tungkin septentrional:* El Correo Sino Annamita, 28(1894)411-433; *Los franceses y los dominicos españoles en el Tungkin:* El Santísimo Rosario, 17(1902)615-620; y varias *Relaciones misionales,* inéditas en el Archivo OP de Manila, ms. 646.

BIBL.: *El Ilmo. Sr. Maximino Velasco OP:* El Santísimo Rosario, 8(1893)530-535; T. Gordaliza, *Bodas de plata episcopales de Mons. M. Velasco, Vic. Apost. de Tonkin:* El Correo Sino Annamita, 41(1916)377-382; id., *El Ilmo. y Rvmo. Sr. D. Fr. Maximino Velasco OP:* Misiones Dominicanas, 8(1925)319-320; H. M. Ocio, *Compendio de la reseña biográfica de los religiosos de la Provincia del Santísimo Rosario de Filipinas*, Manila 1895, 1063-1065; O39, 699-725.

M. MARINA

VELASCO, Pedro de, OH (Guardahortuna [Granada] 1512 † Granada 20-V-1567) siervo de Dios. Impulsado por la pasión de venganza de cierto agravio, dio muerte alevosa a Pedro de Aragón, hermano de Antón Martín, quien llevó la causa hasta conseguir de la Chancillería la pena de horca para el asesino. San Juan de Dios los reconcilió y consiguió que Antón Martín perdonara a Pedro de Velasco y lo librara de la horca. Reconocido éste al favor de Dios, siguiendo el ejemplo de Antón Martín, pidió al santo le admitiera en el hospital, reparando su delito con obras de penitencia y mucha caridad con los pobres.

BIBL.: A. GOUVEA, *Vida y muerte del bendito P. Juan de Dios, fund. de la Ord. de la Hospitalidad...* Ma. 1624; N96; N86.

O. MARCOS

VELASQUEZ, Juan Antonio, SI (Madrid 1585 † Ibid. 6-XI-1669) teólogo. Ingresó en SI (provinvia de Castilla) en 1602. Fue rector de Monforte, Segovia, Medina, Valladolid, y también provincial. Felipe IV lo nombró consultor de la Comisión para defensa de la Inmaculada.

OBRAS: *In Epistolam... ad Philippenses Commentarii*. Lyón 1628; *In Psalmum C... commentarii*, Ibid., 1636; *Maria immaculate concepta*, Ibid., 1654; *De augustissimo Eucharistiae mysterio*, Ibid., 1658; *De Maria advocata nostra*, Ma. 1668.

BIBL.: J. M. DELGADO, *Doctrina eucarístico-mariana del P. J. A. Velásquez, SI (†1669)*: R111, 13(1953)247-262; O189, VIII, 542.

IHSI

VELAZQUEZ, Alonso, (Tudela de Duero [Valladolid] 1533 † Talavera de la Reina [Toledo] 14-I-1587) arzobispo. Ingresó en el colegio de San Ildefonso de Alcalá (5-VI-1545) donde se graduó de maestro en Artes y Teología (1552). En 1554 aparece como catedrático de Durando. También ocupó en esta Universidad las cátedras de Filosofía Moral y la de Prima de Escoto. En Valladolid se hizo cargo de la magistralía (1566) y fue rector, catedrático de Vísperas y, de Teología, en la Universidad. De aquí pasó a ser magistral de la catedral de Toledo. Nombrado obispo de Osma (13-VI-1578), su consagración tuvo lugar en el monasterio de Arrepentidas de Madrid (septiembre de 1578). Asistió al concilio provincial de Toledo. Fue confesor de santa Teresa, quien lo elogia en su libro de las Fundaciones; colaboró en la fundación del convento de carmelitas de Palencia. A petición de Felipe II fue preconizado arzobispo de Santiago (9-III-1583).

Le corresponde parte muy importante en la fundación de la Hermandad de la Misericordia que creó en Santiago al comienzo de su pontificado para socorro de pobres, enfermos y encarcelados. A su muerte fue sepultado en su pueblo natal.

OBRAS: *Constituciones Sinodales de Osma*, 1581; *Tratado contra la bárbara costumbre de correr los toros* (se duda si llegó a imprimirse).

BIBL.: SANTA TERESA, *Libro de las fundaciones*, BAC, II, Ma. 1954, 844-849; A. LÓPEZ FERREIRO, *Historia de la Iglesia de Santiago*, VIII, 1907, 288-300; M. R. PAZOS, *Episcopado Gallego*, I, Ma. 1946, 69-99.

A. SÁEZ

VELAZQUEZ, Diego de, OCist (La Bureba [Burgos] c. 1130 † San Pedro de Gumiel [Burgos] 1196) confundador de Calatrava. Según algunos historiadores descendía de la casa de Ayala, una de las más importantes de Castilla. Se educó en compañía del rey D. Sancho III; sirvió luego en la corte de Alfonso VII, mostrándose en la guerra valeroso capitán. Después de unos años de servir al rey fielmente, dio un viraje radical a su vida, ingresando en el Císter, concreta-

mente en el monasterio de Fitero (Navarra), gobernado a la sazón por san Raimundo. Llevaba pocos años en el claustro, cuando el abad, debiendo realizar un viaje a Toledo, tomó consigo a fray Diego y se encaminaron ambos hacia la ciudad imperial, para entrevistarse con el rey. Se hallaba éste no poco perplejo ante la actitud de los caballeros templarios que rehusaban defender Calatrava en ocasión en que se cernía sobre ella un ataque inminente de los moros. Tampoco los grandes y ambiciosos personajes que seguían la corte quisieron encargarse de la defensa, a pesar de las espléndidas promesas del rey. Entonces fue cuando fray Diego Velázquez logró persuadir a su abad de que tomara sobre sí la defensa de la plaza. Algún historiador apunta que se tomó en tono festivo tal resolución. Humanamente tenía razón, era una aventura superior a los medios con que podían disponer dos monjes, pero ignoraban los prodigios de la gracia, que fray Diego Velázquez era un héroe, y que el abad Raimundo era un santo. Pronto surgió un ejército alentado por la palabra fogosa de Raimundo y organizado por el antiguo capitán Velázquez, quedando constituida así la Orden de Calatrava, que nunca hubiera existido si san Raimundo no tiene a su lado un patriota que le arrastra a encargarse de la epopeya.

Después de organizada la resistencia de la plaza y haber tomado parte en las lides guerreras de los primeros años, se eclipsa por completo la figura de Velázquez, de tal suerte que apenas se sabe más de él hasta sus postreros instantes en que aparece de nuevo viviendo en el Císter. No es cierto lo que dice un autor moderno, de que abandonara Calatrava después de la muerte de san Raimundo. Allí permaneció desempeñando el cargo de prior, hasta 1187, fecha en que parece se retiró al monasterio cisterciense de San Pedro de Gumiel, del cual no fue abad como quieren algunos, sino que vivió y murió de simple monje, falleciendo santamente en dicho monasterio en 1196, a poco de conocer el humillante desastre de Alarcos. Sus restos descansaron hasta el presente siglo en un mausoleo distinguido en el referido monasterio, y al desaparecer éste estuvieron en manos particulares y por fin fueron arrojados a la fosa común en el cementerio de Aranda de Duero.

BIBL.: R. JIMÉNEZ DE RADA, *De Rebus Hispaniae*, lib. VII, c. XII ss; J. MORET, *Anales del Reino de Navarra*, III, Tolosa 1890, 367; R. MUÑIZ, *Médula histórica cisterciense*, IV, Va. 1787, 13 ss.; N140, 4; M93, año 1196; M96, 217; N153; N130, 81; M. R. ZAPATER, *Císter Militante*, Za. 1662, 161; D. YÁÑEZ, *Fr. Diego Velázquez, forjador de Calatrava*: R118, 20(1967)257-281.

D. YÁÑEZ

VELAZQUEZ DE LARA, María Antonia, OSA (Guadalajara 1667 † Medina del Campo 31-X-1736) venerable. Hija de una ilustre familia de Guadalajara, se trasladó, hacia 1678, a Medina del Campo, en compañía de un hermano suyo. Con vocación decidida para el estado religioso, pidió entrar en el convento de agustinas de esta villa. Profesó el 7-XI-1701. En 1713 es elegida priora del convento, lo cual fue decisivo por la influencia que ejerció en el restablecimiento de una auténtica vida común. Gobernó la comunidad durante dieciocho años. El recuerdo de esta vida ejemplar pervive aún en esta comunidad de agustinas.

OBRAS: Escribió por mandato del P. Calatayud, su confesor, su *Vida*, que está inédita en el convento de Medina.

BIBL.: J. REVUELTA, *Relación histórica del convento e iglesia de las Madres Agustinas de Medina del Campo*: R23, 33(1930)31-46; M55, VIII, 145; M29, II, 218.

A. MANRIQUE

VELEZ, Rafael de, OFMCap (Vélez-Málaga [Málaga] 15-X-1777 † Santiago de Compostela 3-VIII-

1850) arzobispo. Llamado en el siglo Manuel José Benito Anguita y Téllez, ingresó en los capuchinos de Sevilla el 22-IX-1792 y fue ordenado sacerdote en 1802. Lector de Artes y de Teología en el convento de Cádiz, desempeñó estas cátedras por muchos años hasta que fue nombrado custodio general de los capuchinos de Andalucía. El 14-IV-1817 fue preconizado obispo de Ceuta y consagrado en Madrid el 13-VII-1817 por el arzobispo de Toledo, cardenal Luis María de Borbón. Durante el trienio liberal fue expulsado de su diócesis y confinado en Córdoba, donde sufrió vejaciones y malos tratos, pues se le consideraba desafecto a la causa constitucional. El 12-VII-1824 fue trasladado al arzobispado de Burgos, y el 24-XII-1824, al de Santiago de Compostela. Estas promociones fueron recomendadas por el nuncio Giustiniani, que veía en Vélez uno de los prelados más adictos a la Santa Sede. Su actitud intransigente frente a las reformas que los gobiernos liberales trataron de introducir después de morir Fernando VII le acarrearon nuevas persecuciones. En 1835 fue procesado y deportado a Mahón, junto con su secretario de cámara. A través del padre Alcaráz (Fermín Sánchez Arteseros) tuvo constantemente informado al papa de su destierro y de la situación de su diócesis. En 1844 pudo regresar a Santiago y, un año más tarde, Gregorio XVI le nombró administrador apostólico de las diócesis vacantes de Badajoz, Mondoñedo y Oviedo. Fundó en 1829 el Seminario conciliar de Santiago.

OBRAS: *Preservativo contra la irreligión*, Cad. 1812; *Apología del Altar y del Trono*, Ma. 1818; *Apéndices a las apologías del Altar y del Trono*, Ma. 1825. Otros escritos impresos, en especial, cartas pastorales se conservan en Archivo Secreto Vaticano, SS 249(1821-22)429, fasc. 6. Editó el periódico «El Sol de Cádiz», que vio la luz un año escaso, desde 29-IX-1812 a 16-IX-1813.

BIBL.: J. COUSELO BOUZAS, *Fray Rafael de Vélez y el Seminario de Santiago*, Sant. 1927; M. R. PAZOS, *El episcopado gallego*, Ma. 1946, I, 392; P. B. GAMS, *Kirchengeschichte von Spanien*, Regensburg 1872, III-2, 439-440; J. HERRERO, *Los orígenes del pensamiento reaccionario español*, Ma. 1971, 294-316; S. PORTELA PAZOS, *Decanologio de la S. A. M. Iglesia catedral de Santiago de Compostela*, Sant. 1944, 427-441; V. CÁRCEL ORTI, *Política eclesiástica española (1830-1840)*, tesis doctoral, Universidad Gregoriana de Roma a. 1973.   V. CÁRCEL ORTÍ

VENEGAS, Melchor, SI (Santiago de Chile 8-II-1571 † Ibid. 19-VI-1641) misionero. Entró en SI en 1601, en Lima. Volvió a Chile en 1607. Primer apóstol de Chiloé, desde 1608, fuera de los dos períodos en que fue rector del colegio de Concepción (1623-1630).
BIBL.: O193; O146, I, 458-466.   IHSI

VENEZUELA. I. Generalidades. 1. *Marco geográfico*. El suelo venezolano es de configuración variada. En la zona costera de la península de la Guajira muere la Sierra de Perijá, una de las estribaciones de los Andes; la otra, Sierra de Mérida, es prolongación de la Cordillera Central colombiana y alcanza alturas de 5.000 metros. Hacia el Norte de ella está la zona montañosa de Coro, con alturas de 1.000 y 1.500 metros. Sigue en dirección Este la cadena costera que va desde el Aroa hasta la península de Paria. Al Sur se extienden los llanos del Orinoco que comprenden unos 300.000 kilómetros cuadrados, bañados por las aguas de este río o sus afluentes, sobre todo el Apure. Al Sudeste se alza el altiplano de la Guayana con el Cerro Roraima, 2.600 metros, cubierto de vegetación subtropical.

2. *Etnología*. En tierras hoy venezolanas se hallaban, a principio del siglo XVI, pueblos de cultura amazónica divididos en tres grupos: aruacos, caribe y tupíguaraníes, menos agricultores que los andinos y muy dados a la pesca por la movilidad que les facilitaba los enlaces fluviales. La célula base era la familia con fuerte autoridad paterna, pero de carácter poligámico. En algunas de sus tribus parece que entre sus ideas religiosas no se halla la del Dios creador, aunque sí la del héroe civilizador. Su culto giraba en torno a los espíritus librados de la carne humana por la muerte y a los espíritus dueños de la caza y la pesca. Las fiestas más importantes de carácter sagrado estaban relacionadas con el cultivo de la mandioca, eran ejecutadas por las mujeres, pues solo ellas podían transmitir a la tierra la fecundidad. Durante las noches del tiempo de sementera los hombres ejecutaban danzas fantásticas.

3. *Colonización-evangelización*. Por entre los años 1498-1518 dio comienzo la incorporación de los habitantes de Venezuela al cristianismo. Américo Vespucio al referirse a la provincia de Paria, visitada en su primera navegación, hizo constar que en todas partes pusieron muchas pilas bautismales en que espontáneamente recibieron el santo bautismo muchísimas personas. El 6-VIII-1498 Colón se entrevista con los aborígenes venezolanos recibiendo «ambas partes gran pena porque no se entendían». El almirante en su carta a los reyes narra el modo empleado para tomar posesión de lo descubierto, «en todas las tierras a donde los navíos de vuestras Altezas van, y en todo cabo, mando plantar una alta cruz». Y esto mismo fueron haciendo las distintas expediciones que durante los primeros tiempos recorrieron las costas venezolanas, tales como Alonso de Ojeda, Vicente Yáñez Pinzón, Diego de Lepe, Cristóbal Guerra y Rodrigo Bastidas.

El establecimiento de la Iglesia de Venezuela, íntimamente vinculado con su colonización, comenzó al igual que ésta en tres direcciones: Orinoco, con un primer siglo de fracasos; Margarita, Cubagua y Cumaná, por el oriente; y Coro y El Tocuyo, por occidente. Otras dos corrientes, principalmente pobladora la primera, y misionera la segunda, penetraron procedentes de Colombia: una por los Andes hasta Mérida y Trujillo; la otra por los llanos del Casanare y Meta hasta el Orinoco.

El descubrimiento de las zonas perlíferas en Cubagua dio lugar al asentamiento de la primera comunidad cristiana en Venezuela, pero, asimismo, a que se produjese una situación injusta respecto a los indios, a quienes se les sometió al trabajo forzoso de extraer perlas. Y así se dieron dos hechos simultáneos y contrarios: manifestaciones esclavistas exigiendo mano de obra gratuita, y creación de misiones con prohibición de permanecer en ellas seglares para evitar desmanes. Tal experiencia evangelizadora tuvo lugar en las costas de Cumaná y Chirivichí. En contraste con este intento de Iglesia indígena-misionera-regular, el núcleo occidental presentará unas características más diocesanas, seculares e hispano-mestizas. Juan de Ampués recibió de la Audiencia dominicana el encargo de fundar una ciudad-refugio que sirviera a la mutua comprensión de blancos e indios. Este es el origen de la ciudad de Coro una vez que el cacique Manauré consintió ser feudatario del monarca español.

Ambas corrientes, tras el lapso no muy afortunado de la gobernación por los banqueros alemanes, confluyeron en el centro del país, cuando el mestizo Francisco Fajardo fundó el Hato de San Francisco (1559) y, ocho años después, Diego de Losada dio por asentada la ciudad de Caracas, la cual asumiría el papel principal de la Iglesia en Venezuela durante más de dos siglos. Arrebató a Coro la sede gubernamental en 1578 y la episcopal en 1636; poseyó Colegio-Seminario desde 1592; Universidad, desde 1721, y Real Audiencia, desde 1786.

II. Las diócesis. 1. *Coro (Corensis)*, después *Caracas (Caracensis* vel *S. Jacobi in Venezuela)*. Carlos V obtuvo de Clemente VII, el 21-VII-1531, la erección de la primera diócesis venezolana, dándole por sede la ciudad de Coro que estaba entonces gobernada por los agentes de los comerciantes Welzer y Alfinger a quienes el padre Montesinos OP había tratado de mantener a raya. Fue su primer obispo Rodrigo de Bastidas, hijo del descubridor del mismo nombre, que hizo la erección de la catedral en Medina del Campo a 4-VI-1532. Tras el fallecimiento de Jorge Saillier (Spira) hubo de encargarse también del gobierno civil (1539). Esta unión de lo militar con lo eclesiástico tuvo grandes inconvenientes, que acabaron al ser trasladado Bastidas a la sede de Puerto Rico (1542). Le sucedió el obispo Ballesteros, pero su paso por la diócesis no registró nada singular. El primer sínodo, del cual no queda ningún documento, fue convocado por el obispo Agreda: asistieron dos sacerdotes, dos dominicos, dos franciscanos y un sacristán (1570?). La sede hubo de presenciar el veloz paso de sus pastores. En cuanto a la documentación de los primeros obispos no queda ni rastro, debido a los frecuentes asaltos de los piratas ingleses e insurrecciones indígenas. El segundo sínodo (1609) determinó la erección del Seminario según el concilio tridentino, pero la muerte del prelado que lo impulsaba impidió su ejecución. Durante el obispado del dominico Bohorques se trasladó la catedral de Coro a Caracas (residencia habitual de los prelados anteriores) y, aunque el cabildo se negó al traslado (1613), hubo de ceder pasados unos años (1636). Felipe IV reconocía el emplazamiento de la sede en Caracas el 20-VI-1637. Fue el benedictino Tovar el primer obispo de Caracas. Pronto demostró su celo caritativo durante el terremoto que destruyó Caracas (1641). Al año siguiente defendió a sus diocesanos, luchando directamente contra los ingleses, pues el gobernador, para darles una batida marítima, había embarcado con todos los hombres útiles, con lo cual la ciudad y su puerto habían quedado indefensos. No obstante su celo, el carácter fuerte del prelado provocó desavenencias con las autoridades civiles hasta tal extremo que éstas pidieron al rey alejara de la sede al padre Tovar. Fue entonces nombrado obispo de Chiapas. La figura intelectual del siguiente obispo, Alfonso Briceño, apenas dejó huella de su paso por Caracas. Le sucedió el dominico González Acuña que aprovechó los nueve años de pontificado en bien material y espiritual de la ciudad y diócesis: fortificó Caracas, hizo construir los soportales de la plaza mayor, instaló cuatro fuentes de agua potable, procuró incrementar el nivel de formación de su clero y para ello dotó al Seminario de todo lo necesario. Siguieron dieciséis años de prelatura de Diego Baños y Sotomayor, modelo de labor apostólica, orientada por el tercer sínodo diocesano (1687), de tan sabia legislación que sus conclusiones han perdurado hasta el siglo XX. En el campo misional cabe destacar el capítulo dedicado a educación: «la palabra de Dios ha de ser oída de todos con libertad y se han de mover a su conversión los que la oyen, sin violencia ni coacción» por lo cual el misionero irá «sin gente armada en poca ni en mucha cantidad». El Consejo de Indias, al examinar el texto sinodal, se limitó a subrayar los derechos del Patronato Real. De los obispos dieciochistas sucesores de Baños merecen especial mención dos: Juan de Escalona, que consiguió elevar el Seminario diocesano a Universidad (1725), y Diego Madroñedo, que luchó contra la creciente paganización de Caracas. Durante su pontificado asistió al nacimiento de banderías políticas: «voluntarios blancos» (Simón Bolívar fue uno de sus afiliados) y los «blancos isleños», que contaron con Sebastián Miranda, padre del general. Cuando tuvo lugar la expulsión de los jesuitas, el obispo, afecto a ellos, pero de acentuado borbonismo, se inhibió en el asunto.

En 1804 la sede era elevada a metropolitana, independiente de la de Santo Domingo. La agitación inde-pendentista sorprendió al segundo arzobispo Narciso Coll y Prat, recién llegado a Caracas (31-VII-1810). Su intervención en los avatares políticos del momento ha sido muy discutida, pero lo cierto es que ante todo actuó como verdadero pastor de almas. No obstante, sus cartas de aliento a insurrectos y realistas le ganaron la desconfianza de unos y el desprecio de otros. Bolívar pretendió del prelado una aprobación total de la autonomía, mientras que Boves y la Corona le exigían la más ciega sumisión al antiguo régimen. Al fin fue llamado a Madrid (1816) a rendir cuentas de su conducta. Como no pudiese probarse ningún delito político contra la monarquía, al fin fue designado obispo de Palencia (1822), aunque falleció a los pocos meses.

EPISCOPOLOGIO. Rodrigo de Bastida, pr. 21-VI-1531, 6-VII-1541 tr. a Puerto Rico. *Miguel Ballesteros*, pr. 22-VIII-1546, † antes de VI-1556. *Juan de Simancas*, pr. 12-VI-1556, † antes de entrar. *Pedro de Agreda* OP, pr. 27-VI-1561, † 13-V-1579. *Juan Manzanillo* OP, pr. 23-III-1583, pos. 8-I-1584, † 1-I-1592. *Pedro Mártir Palomino* OP, pr. 1-VII-1594, † antes de recibir las bulas 22-II-1596. *Domingo de Salinas* OP, pr. 10-XI-1597, pos. 10-III-1599, † 10-VI-1600. *Pedro de Oña* OdeM, pr. 27-VIII-1601, no tomó pos., 27-VI-1605 tr. a Gaeta (Nápoles). *Antonio de Alcega* OFM, pr. 12-XII-1605, † 13-V-1610. *Juan Bohorques* OP, pr. 17-VII-1611, pos. 12-I-1613, traslada la sede de Coro a Caracas 10-VI-1613, 13-XI-1617 tr. a Oaxaca. *Gonzalo Angulo* OFM, pr. 20-XI-1617, † 17-V-1633. *Juan López Angurto de la Mata*, ob. de Puerto Rico, pr. 20-XI-1634, reside en Coro mientras los capitulares residen en Caracas, pos. 18-III-1636, Felipe IV manda erigir la catedral en Caracas 20-VII-1637, † 24-XII-1637. *Mauro de Tovar* OSB, pr, 3-X-1639, 16-XII-1652 tr. a Chiapa. *Alfonso Briceño*, ob. de Nicaragua, pr. 18-VIII-1653, pos 14-VI-1661, † 2-XII-1668. *Antonio González de Acuña* OP, pr. 17-XI-1670, pos. 13-IX-1673, † 22-II-1682 en Trujillo. *Diego Baños y Sotomayor*, ob. de Santa Marta, pr. 15-II-1683, pos. 12-VIII-1684, † 15-V-1706. *Francisco Rincón*, arz. de Sto. Domingo, pr. 26-II-1714, pos. 25-XII-1714, 5 X-1716 tr. a Sta. Fe de Bogotá. *Juan José de Escalona y Calatayud*, pr. 15-III-1717, pos. XII-1719, funda la Universidad 11-VIII-1725, 15-XI-1728 tr. a Michoacán. *José Félix Valverde*, pr. 15-XI-1728, pos. 12-X-1731, 24-XI-1738 tr. a Michoacán, pero no aceptó, † 23-II-1741. *Juan García Abadiano*, pos. 30-III-1743, † 6-V-1747. *Manuel Jiménez Bretón*, pr. 16-IX-1748, † 30-III-1749. *Manuel Machado y Luna*, pr. 22-IX-1749, † 29-I-1752. *Francisco Julián*, ob. de Puerto Rico, pr. 25-IX-1752, pos. 11-II-1753, † 6-VIII-1755. *Diego Díaz Madroñero*, pr. 24-III-1756, † 3-II-1769. *Mariano Martí*, ob. de Puerto Rico, pr. 29-I-1770, pos. 1-VI-1770, † 20-II-1792. *Juan Antonio de la Virgen María* OCD, pr. 24-IX-1792, 14-VIII-1798 tr. a Almería (España). *Francisco de Ibarra*, ob. de Guayana, pr. 14-XII-1798, pos. 2-III-1800, elevada la sede a metropolitana 24-XI-1803, † 19-IX-1807. *Narciso Coll y Prat*, pr. 11-I-1808, pos. 31-VII-1810; movimiento independentista; 23-IV-1822 tr. a Palencia.

2. *Mérida (Emeritensis in Venezuela.)* El papa Pío VI creaba el 16-II-1778 la sede de Mérida de Maracaibo, desmembrando su territorio del obispado de Caracas y del arzobispado de Santa Fe. Tuvo en el franciscano Juan Ramos de Lora un excelente pastor que no olvidó reglamentar todos los detalles de la vida religiosa e incluso civil de la ciudad según el espíritu marcado por el sínodo de Caracas de 1688. Erigió el Seminario en 1790, nueve días antes de su muerte. El siguiente obispo donó a la reciente institución su biblioteca de 30.000 volúmenes. Afortunada institución atendida también por el cuarto obispo emeritense Santiago Hernández Milanés. Frente a la agitación independentista denunció la raíz anticlerical que él descu-

brió provenía del «irreligioso, atheísta» general Miranda. Pero el prelado comprendió la vertiente justa de la independencia y, a pesar de su borbonismo, juró el acta de independencia (21-IX-1810). Más adelante justificará este paso por cuanto el mismo Fernando VII había jurado la Constitución de Cádiz (1812) y porque «el juramento es conveniente, útil y necesario a la tranquilidad del Estado y de la Iglesia». De forma parecida actuó Rafael Lasso, el sucesor de Hernández Milanés todavía presentado por la Corona, quien primero persiguió a los independentistas y luego los aceptó (1820) explicando sus razones en el escrito *Conducta del obispo de Mérida desde la transformación de Maracaibo en 1821*. Lasso, bien relacionado con Bolívar, sirvió de enlace entre la Santa Sede y el nuevo gobierno. Concluía así el primer período de la nueva diócesis, bien dirigida en conjunto por sus prelados.

EPISCOPOLOGIO. Juan Ramos de Lora OFM, pr. 23-XI-1782, pos. 16-III-1786, † 10-XI-1790; erigió el Seminario. *Manuel Cándido de Torrijos* OP, pr. 19-XII-1791, † 20-XI-1794. *Antonio Espinosa* OP, pr. 18-XII-1795, † 23-IX-1800 sin tomar posesión. *Santiago Hernández Milanés*, pr. 5-VII-1801, pos. 25-IX-1802, † 26-III-1812. *Rafael Lasso de la Vega*, pr. 8-III-1816, 15-XII-1828 tr. a Quito; trasladó la sede, el Seminario y la catedral a Maracaibo.

3. *Guayana*, hoy *Ciudad Bolívar (Guayanensis, Civitatis Bolivarensis)*. Este territorio perteneció a la diócesis de Puerto Rico, como anejo ultramarino, hasta el 20-V-1790 en que Pío VI erigió, sufragánea de Santo Domingo, la diócesis de Santo Tomás de la Guayana. Pasó a ser sufragánea de Caracas en 1805 al ser ésta erigida en metropolitana. Su evangelización comenzó por las islas de Cubagua y Margarita al establecerse en ellas los españoles durante la segunda década del siglo XVI. Al mismo tiempo (1513-1522), en la región de Cumaná, dominicos y franciscanos, solos con los indígenas, fundan sus conventos y realizan el primer experimento misional en tierras continentales americanas. Presiones externas y tensiones internas impidieron su continuidad. Padecieron el martirio en 1515 fray Francisco de Córdoba y fray Juan Garcés, dominicos, y en 1522 fray Dionisio, lego franciscano, y su ejemplo sirvió de antecedente a la gran conquista espiritual que tuvo lugar en la segunda mitad del siglo XVII.

EPISCOPOLOGIO. Francisco de Ibarra, pr. 19-XII-1791, 14-XII-1798 tr. a Caracas, marchó 11-VIII-1799. *José Mohedano*, pr. 11-VIII-1800, † 17-X-1804. Sede vacante. *Mariano Fernández Fortique*, pr. 12-VII-1841, † 11-XI-1866.

III. Las Misiones. 1. *Misiones capuchinas*. El iniciador de la evangelización misionera venezolana es el extraordinario capuchino fray Francisco de Pamplona (1597-1651). Militar hasta los cuarenta años, había estado en las Indias en 1627, luchando contra franceses, ingleses e italianos y, ya religioso, fue organizador de la misión del Congo (1645) y por fin de la de Darién (1647). A su muerte los enemigos de la Orden capuchina denunciaron al Consejo de Indias a los religiosos y éstos hubieron de abandonar Tierra Firme (1651). Al cabo de tres años pudieron volver después de haber gestionado el caso en Madrid. En 1662 una real cédula les facultaba para extender su acción por cinco zonas: a) *Llanos de Caracas*, en donde fundaron 13 poblados. b) *Alto Orinoco y Río Negro*: después de retirarse los franciscanos en 1637 había quedado abandonada aquella zona; en ella los capuchinos lograron fundar a partir de 1662 y hasta 1755 seis Reducciones. Todo se perdió en 1772 por obra del capitán militar de la región, que encarceló a los religiosos, porque el gobernador de Caracas le había ordenado les entregase la dirección de dos poblados fundados por él. El Consejo de Indias determinó no proseguir la obra misionera en el Ori-

noco. c) *Guayana:* zona difícil, tanto por los caribes como por los holandeses e ingleses, fue evangelizada por un sacerdote mártir en 1560, por varios franciscanos en 1591, por el jesuita Dionisio Misland en 1663 y por otros jesuitas en 1670. En 1686 se establecen los capuchinos. En 1739 dirigían ocho pueblos con 2.324 indios que aumentaron a 30 pueblos y 21.246 indios en 1816. Tanto esfuerzo quedó truncado en 1817 cuando las fuerzas independentistas asesinaron a 14 capuchinos en el convento-cárcel de Caruache y dispersaron a los restantes. d) *Trinidad:* en 1682 la Audiencia de Bogotá confió la misión a los capuchinos que ya contaban con cinco poblados. En 1699 fueron martirizados tres religiosos y más adelante los españoles encomenderos consiguen expulsarlos, resentidos ante la defensa que de los indígenas hacían los religiosos. e) *Maracaibo:* el Consejo de Indias encomendó en 1693 esta misión a los capuchinos como respuesta a una comisión de indios otomacos de Riochacha. Fueron tres religiosos, pero uno de ellos murió asesinado (1694) y los otros dos murieron de fiebres. Nuevos religiosos sustituyeron a los primeros, aunque en 1721 el obispo de Santa Marta les denegó el permiso de residencia. A pesar de este contratiempo, siguió adelante la obra pastoral de los frailes que en 1746 habían ya fundado cinco pueblos y en 1749 dividieron el territorio en dos prefecturas: Goajira-Santa Marta y Maracaibo-Grita, cuidando de la primera la provincia de Valencia y de la segunda la de Navarra y Cantabria. Por dificultades económicas abandonaron la zona (1768) que atendió el obispo de Caracas, pero de nuevo los frailes la cultivaron en 1790. A comienzos del siglo XIX los capuchinos dirigían 107 poblados en Los Llanos de Caracas, 43 en Cumaná, 34 en Guayana, 26 en Maracaibo y 19 en el Orinoco.

2. *Misiones franciscanas*. En 1656 llegaron a Cumaná 22 religiosos como consecuencia de las gestiones iniciadas en 1650 por el soldado Juan Urpín. Tomaron como centro Barcelona y fundaron un nuevo poblado, Concepción del Piritú. A fin de siglo los resultados eran los siguientes: 24.221 fieles repartidos en 17 pueblos y atendidos por 86 franciscanos (1701). En 1730 exploraron la región de Mamo cuyos indígenas resultaron adversos al establecimiento de los religiosos (martirio del obispo Gervasio Labrid en 1733). Por el convenio de Santo Tomás de Guayana (20-III-1734) entre capuchinos, jesuitas y franciscanos se asignó a éstos la zona de Guayana del Orinoco en donde, a pesar de la resistencia de los indios, habían logrado fundar 10 Reducciones en 1750. También se ocuparon de la evangelización de la zona del Urcare, de modo que hacia 1779 habían encuadrado a 200.000 indígenas en torno al poblado de San Juan de Capistrano.

3. *Misiones jesuíticas*. La primera expedición data de 1614, seguida de otras en 1621, 1629 y 1646, esta última a petición del gobernador de la Guayana, Martín de Mendoza. En 1661 los misioneros de Colombia fueron internándose hasta Barinas y desde la Guayana francesa penetraban los jesuitas Misland y Monteverde por el Orinoco. Descubrió el último una vía de comunicación más rápida que la habitual Bogotá-Magdalena-Cartagena, que facilitó la organización de la expedición del padre Ellauri en 1664. Le acompañaba el joven jesuita Vergara, quien en 1668 dirigía otra expedición, infructuosa. Peor fin tuvo la expedición de 1684, pues los indios asesinaron a los tres misioneros que la integraban. Parecida suerte corrió en 1691 el italiano Vicente Loberzo. Tantos esfuerzos lograron al fin la fundación del poblado de San Francisco de Regis, de Guanapalo (1695). Ya se ve que «ni por su duración ni por su amplitud puede compararse la labor misionera de los jesuitas en Venezuela con la que realizaron otras Ordenes religiosas, sobre todo, los padres capuchinos y franciscanos». Una de las figuras jesuíticas de la misión

venezolana fue José Gumilla (nacido en Cárcer) embarcado para las Indias en 1705 y fundador en 1715 de la misión entre los betoyes. De 1738 a 1743 estuvo en España para informar sobre el estado de su misión y tuvo ocasión de publicar en Madrid *El Orinoco Ilustrado* (1741), manual de metodología misionera. Otra figura del mundo venezolano es el padre Manuel Román, descubridor de la trata portuguesa de esclavos por el Orinoco y Amazonas, gracias al enlace de Casiquiare y Río Negro. Sus datos sobre el tráfico portugués por dominios españoles sirvieron en la confección del tratado hispano-luso de límites. En 1767 el gobernador Manuel Centurión se encargó de ejecutar la expulsión de los jesuitas. Fue el fin de las misiones. Humboldt escribió: «el ganado de los jesuitas ha desaparecido enteramente desde el año 1795, quedando sólo en el día, como testigos de la antigua cultura de estas comarcas y de la industriosa actividad de los misioneros, algunos troncos de naranjos y tamarindos aislados en las sabanas y rodeados de árboles silvestres».

BIBL.: N. E. NAVARRO, *Anales Eclesiásticos Venezolanos*, Caracas 1951; J. M. GROOT, *Historia Eclesiástica de Nueva Granada*, Bogotá 1889-1893; G. FIGUERAS, *Documentos para la Historia de la Iglesia Colonial en Venezuela*, 2 vols., Caracas 1965; R. PATTE, *El catolicismo contemporáneo en Hispanoamérica*, Buenos Aires 1951; I. ALONSO, *La Iglesia en Venezuela y Ecuador*, Ma. 1962; NECTARIO MARÍA, *Venezuela Mariana*, Monteuil 1930; P. LETURIA, *Relaciones entre la Santa Sede e Hispanoamérica*, 3 vols., Roma-Caracas 1960; A. YBOT LEÓN, *La Iglesia y los eclesiásticos españoles en la empresa de Indias*, 2 vols., Ba.-Ma. 1953-1963; A. EGAÑA, *Historia de la Iglesia en la América Española*, Ma. 1966; L. TORMO, *Historia de la Iglesia en América*, Ma. 1963; M. WATERS, *Telón de fondo de la Iglesia Colonial en Venezuela*, Caracas 1951. J. M. BENÍTEZ

VERA, Jacinto de, (Lanzarote [Canarias] 6-VII-1813 † Montevideo 6-V-1881) obispo misionero. Proceden sus padres de Tinajo, y nació durante el viaje de sus padres a Indias. Actuó en política y, cansado de ella, cursó los estudios eclesiásticos. Fue párroco en Guadalupe (Uruguay), obispo titular de Megara y vicario apostólico de Montevideo, en donde fue el primer obispo al ser creada la diócesis en 15-VII-1878. Orador y prosista, desarrolló una intensa vida apostólica.

OBRAS: Circulares, pastorales, discursos y sermones.

BIBL.: B. FERNÁNDEZ Y MEDINA, *Antología uruguaya*, Montevideo 1894. S. JIMÉNEZ

VERA, Juan, (Alcira [Valencia] 26-XII-1453 † Roma 4-V-1507) arzobispo y cardenal. Desde su infancia se dedicó al estudio, saliendo doctísimo en ambos derechos. Rodrigo de Borja (futuro Alejandro VI) lo escogió por preceptor de su hijo César. El 27-XI-1497 comparecieron ante el gobernador general de Valencia el procurador del duque de Gandía, junto con Juan de Vera y otros tres íntimos de la familia Borja, para notificarle la muerte de Juan, primer duque de Gandía (Bellonci, 489).

Fernando el Católico se quejó al cardenal de Valencia de la escandalosa conducta de su vicario general, micer Juan de Vera. Teniendo presa en su poder una doncella, llamada la Tolosana, «la requirió que, si se echaba con él, daría la sentencia por su parte y en su favor», en el pleito que ella llevaba con el hijo del señor de Betera, que pretendía ser su esposo. El monarca aseguraba constarle del hecho «por información verdadera». Y, como no estaba dispuesto a tolerar que un hombre como aquél desempeñase el cargo de vicario general, reclamó la destitución y el fulminante castigo de Juan de Vera (22-VI-1497). Luego resultó que la damisela se había inventado aquella historieta para verse libre del secuestro y divorciarse de su esposo. Fernando el Católico no tuvo inconveniente en rectificar. Escribió

a su embajador en Roma, que Juan de Vera era «persona de muy buena fama» y no era razonable que sus cartas le perjudicasen por las habladurías incontroladas de una mujer. Por tanto, debía explicar la verdad al papa y al cardenal de Valencia, a fin de que Vera no perdiese su buena reputación, 20-III-1498 (A. de la Torre, *Documentos*, V, 486; VI, 59).

No la perdió, en efecto, y Juan de Vera se trasladó a Roma, donde en poco tiempo ascendió a la dignidad de arzobispo de Salerno (10-VII-1500) y cardenal (28-IX-1500). Alejandro VI comunicó a Federico, rey de Sicilia, que por consejo del duque César Borja, acababa de nombrar arzobispo de Salerno a Juan Vera, protonotario, antiguo familiar del propio papa y preceptor en otro tiempo del duque de Valence. Le rogaba por tanto que le diese posesión de dicha iglesia (10-VII-1500). En vista del silencio, el papa le dirigió una segunda exhortación, que corrió la misma suerte de la anterior. El pontífice, estupefacto, le escribió por tercera vez que no obstaculizara ni dilatase más la toma de posesión o al menos le manifestase su determinación para saber a qué atenerse (11-X-1500). La dignidad de cardenal costó a Vera 4.000 ducados. Era el más pobre de los doce nuevos cardenales (Burckardt, *Liber notarum*, II, 243). Alejandro VI creó tres legados a latere con miras a la cruzada antiturca (5-X-1500). El cardenal de Salerno, que todavía no había recibido el título de Santa Balbina, fue escogido para persuadir a los reyes de Francia, Inglaterra, Portugal y España. El mismo tuvo que cooperar a la supuesta empresa antiturca con 300 ducados en concepto de décima. Todavía continuaba perteneciendo al grupo de los cardenales pobres, pero procuró salir de aquella situación. En 1501 le fue confiado el gobierno de la Marca de Ancona y, si hemos de creer a su epitafio sepulcral, su gestión mereció el aplauso de sus administrados (Eubel, II, 56, núm. 644; M. Risco, ES 36, 102). Fernando el Católico quiso que él y el embajador español en Roma gestionasen a favor del cardenal de Salerno la concesión de la reserva de una ración en la seo de Zaragoza o en el Pilar, o la chantría de esta última iglesia; pero el beneficio o dignidad estaba destinado para el bachiller Martín de Sisamón, capellán de la capilla real. «Al cardenal podréis decir que se lo agradeceré mucho», 12, III-1502 (De la Torre, VI, 304).

«Se me asegura —refería el embajador veneciano el 21-VIII-1503— que el domingo, 11 cardenales se conjuraron en presencia de César para elevar a toda costa al pontificado al cardenal Juan de Vera o en otro caso provocar un cisma». El poder del duque no llegaba a tanto (Pastor, VI, 128), ni es de suponer que Juan de Vera se prestase a aquel peligroso juego, condenado de antemano al fracaso.

En 1503-1504 recibió un canonicato en la iglesia de Burgos. El 7-VIII-1504 fue nombrado prior de la colegial de San Pedro de Fraga (Lérida) y párroco de Badieles (Zaragoza), y el 4-V-1505 obispo de León, como sucesor de su amigo Francisco des Prats, muerto en Roma, de quien había sido ejecutor testamentario. Este nombramiento se lo otorgó espontáneamente Julio II, a espaldas de Fernando el Católico, movido por el deseo de hacer valer su derecho a la provisión de las vacantes en la curia; pero el interesado rehusó aceptar por miedo a incurrir en la indignación del rey, el cual tenía su propio candidato, Diego Ramírez de Guzmán, obispo de Catania, y medios más expeditivos para imponer su pretendido derecho de patronato. De hecho Fernando el Católico mandó secuestrar las rentas de la iglesia de Salerno, el monasterio de Valdigna y de los demás beneficios del cardenal de Vera, como si éste se hubiese procurado la mitra leonesa. Sin embargo, el monarca español lo pensó mejor y escribió a su embajador en Roma, que estaba dispuesto a entregar la posesión de la iglesia de León al cardenal de Salerno, si éste se encargase de sus negocios en la curia. Concretamente quería que procurase la revocación de las comisiones dadas contra la Inquisición y la concesión de la décima y de la cruzada para la guerra de los infieles. Los grandes le habían suplicado que no diese jamás lugar a que se quebrantase el patronato real y lo tenían por cosa muy grave y de mucho perjuicio para sus reinos; pero por esta vez estaba dispuesto a hacer una excepción. En aquel momento el rey no contaba con ningún cardenal en la corte de Roma que leal y verdaderamente procurase sus negocios ni ayudase al embajador, y esperaba que el cardenal de Salerno fuese un fiel servidor suyo, 14-IV-1506 (Rodríguez Villa, 443-45).

Camino de La Coruña, donde habían desembarcado sus hijos Felipe el Hermoso y Juana la Loca, el monarca español comunicó a su embajador haber despachado sus ejecutoriales para que el cardenal de Salerno tomase posesión de la iglesia leonesa. Otro correo, que iría presto, le llevaría cartas de cómo se había tomado la posesión. Esto no era más que el comienzo. El rey pensaba acrecentarle en otras cosas. Por su parte, Juan de Vera debía resignar el arzobispado de Salerno en favor del cardenal Colonna en cuanto recibiese la nueva de la toma de posesión de León, «e trabajad que a los dichos dos cardenales los tenga yo muy ciertos para mi servicio y negocios», 9-VI-1506 (Rodríguez Villa, 449).

Esa nueva no llegó nunca, sino la contraria. Felipe el Hermoso dio cartas para secuestrar de nuevo los frutos de León y para que no se entregase la posesión. Fernando el Católico aconsejaba que desde Roma se apretase con censuras para que su yerno no impidiera la posesión, 23-VII-1506 (ib., 453-54). Ni el entredicho ni la excomunión arreglaron nada. Juan de Vera falleció en pleno conflicto sin haber entrado en posesión de su diócesis (T. de Azcona, *Elección y reforma*, 176-179), por más que diga el P. Risco (ES 36, 101) que existen testimonios documentales en el Archivo Capitular de León de que la provisión fue obedecida por el cabildo. Risco no conoce a fondo el conflicto.

Juan de Vera contaba en el momento de su fallecimiento cincuenta y tres años, cinco meses y nueve días. Según el epitafio, grabado en su sepulcro de mármol en la iglesia de San Agustín, de Roma, además de gobernar con gran acierto la Marca de Ancona, restableció la paz en dos sedes vacantes, a saber, en la de Alejandro VI y en la de Pío III (Risco, 102).

BIBL.: M. RISCO, ES 36, Ma. 1787, 100-102; EUBEL, II, 24, 227, 55 núm. 631; 56 núm. 644; III, 7, 221; T. DE AZCONA, *La elección y reforma del episcopado español en tiempo de los Reyes Católicos*, Ma. 1960, 176-79; A. DE LA TORRE, *Documentos sobre relaciones internacionales de los Reyes Católicos*, Ba. 1965-66, V, 486; VI, 59, 304; A. RODRÍGUEZ VILLA, *D. Francisco de Rojas, embajador de los Reyes Católicos:* R59, 28(1896)443-45, 449, 453-54; J. BURCKARDT, *Liber notarum*, ed. E. Celani, II, 243 (MURATORI, Rerum italicarum scriptores, XXXII); A. DE VARGAS-ZÚÑIGA, B. CUARTERO, *Indice de la colección de don Luis de Salazar y Castro*, Ma. 1950, I, 341, núm. 1.329; PASTOR, *Historia de los Papas*, VI, 35, 37, 128; M. BELLONCI, *Lucrecia Borja, su vida y su época*, Ba. 1948, 489; A. BORRÁS, *Cartes d'Alexandre VI conservades a l'arxiu del Palau de Barcelona:* R5, 46(1973)316-17 y 319-20.
J. GOÑI

VERA, Martín de la, OSH (Garganta la Olla [Cáceres] mediados siglo XVI † Avila 1637) escritor ascético. Tomó el hábito en el mon. de El Escorial, 26-X-1584. Fue enviado al colegio donde estudió la Escolástica, Lenguas Griega y Hebrea, Matemáticas y todo género de bellas letras. Quedó de pasante en el colegio y luego fue vicario de Benavente (Zamora) donde además regentó la cátedra de Artes. Posterior-

mente vicario de Párraces y prior de Carmona, Tendilla y Espeja sucesivamente. Prior de San Lorenzo (1621-1627), gobernó con mucha aceptación de todos, en especial de Felipe IV, pero no salió del cargo muy airoso por la entereza con que se opuso a ciertas pretensiones de su valido el conde-duque de Olivares. De 1634 a 1636 fue elegido general. Vuelto a San Lorenzo, hubo de aceptar a la fuerza el priorato de Avila que se le concedió para desterrarle de su casa con tan honorífico paliativo. Fue uno de los monjes de San Lorenzo de más conocimientos y de los más ponderados.

OBRAS: *Instrucción de eclesiásticos...*, Ma. 1630; *Ordinario y Ceremonial según las costumbres y ritos de la Orden de N. P. S. Gerónimo*, Ma. 1636; *Exegesis, seu explicatio theoricarum Planetarum...*, inédito.

BIBL.: M107, 103, 117, 129-130, 754-756.
I. DE MADRID

VERA, Román María de, OFMCap (Vera [Navarra] 9-VIII-1878 † Fuenterrabía [Guipúzcoa] 26-XI-1959) misionero y escritor. Ingresó en la Orden en 1896 y recibió el sacerdocio en 1901. El mismo año fue destinado como misionero a Filipinas, donde desplegó un apostolado activísimo y se acreditó de excepcional lingüista. En 1908 regresó a España y en 1915 nuevamente fue como misionero, ahora a la isla de Guam, recién confiada a los capuchinos navarros. Fue verdadero apóstol de los nativos de esta isla durante los veintiséis años que trabajó en ella; es inconmensurable la labor lingüística y pastoral allí desplegada. En 1941 tuvo que salir de Guam y se quedó nueve años en Filipinas. Por fin, anciano y enfermo, regresó a España en 1950. Además de las lenguas clásicas, dominó cinco lenguas europeas, cuatro filipinas, el chamorro y, en cierto grado, el japonés.

OBRAS: Dejó incontables y valiosas publicaciones en chamorro y en dialectos filipinos.

BIBL.: N16, 510-592; N4, 15(1960)48-53; R88, 20(1960) 308 ss.
L. DE ASPURZ

VERA CRUZ, Alonso de la, OSA (Caspueñas [Guadalajara] 1504 † Méjico junio de 1584) teólogo. Su nombre fue Alonso Gutiérrez, pero al profesar en Méjico en la Orden de San Agustín, cambió su apellido por el de Vera Cruz. Estudió Gramática y Retórica en Alcalá de Henares y fue a Salamanca, donde se graduó en Teología, discípulo de Francisco de Vitoria. En 1535 se trasladó a Nueva España en compañía de fray Francisco de la Cruz y de otros religiosos, y en la ciudad de Veracruz vistió el hábito agustino. Pronto comenzaron sus actividades en la Orden, pues en 1570, al fundarse el convento de Tiripitío (Michoacán) se le destinó a él como lector de Artes y de Teología, y también para que aprendiera la lengua tarasca. Cuatro veces tuvo el cargo de provincial. En 1553, después de renunciar al obispado de León de Nicaragua, lo hallamos de catedrático de Prima, de Teología escolástica, en la recién fundada Universidad Real y Pontificia de Méjico. Por entonces compuso las obras de que luego trataremos, con el propósito de guiar a los estudiantes en el estudio de una disciplina, que de suyo difícil, se había complicado con el abuso de «aquellos silogismos caudatos, aquellas oposiciones impenetrables y otras mil cosas de este jaez, que antes ocupan y agobian el entendimiento, que le pulen, aguzan y adornan», según declara él mismo en la dedicatoria de su *Recognitio Summularum*.

Entre 1562 y 1573 residió en España, donde por sus gestiones lograron las Ordenes religiosas que Pío V derogase, en lo tocante a las Indias, la disposición del Concilio de Trento que sujetaba a sus individuos, cuando ejercían la cura de almas, a la jurisdicción inmediata de los Ordinarios. Tras de rehusar los obispados de Michoacán y de Puebla, regresó Vera Cruz a Méjico. Fue visitador provincial de América y Filipinas. Fundó a poco (1575), ya provincial por cuarta vez, el Colegio de San Pablo, redactó sus constituciones, puso en él una notable colección de libros así como globos, mapas e instrumentos científicos, traídos de España, y se consagró de lleno a la enseñanza y a la resolución de las innumerables consultas que de todas partes se le hacían. Algunos historiadores lo consideran como el fundador de la Universidad de Méjico. Falleció en el Instituto por él fundado.

OBRAS: Buena parte de la producción de Vera Cruz quedó inédita. De las obras que publicó, se estiman como principales las siguientes: *Recognitio Summularum*, México 1554, Sa. 1562, Sa. 1573; *Dialectica resolutio cum textu Aritotelis*, México 1554, y luego ed. en 1562 y 1573; *Speculum coniugiorum*, México 1556, Sa. 1562, Alc. 1572; el libro se divide en tres partes: en la primera se trata del matrimonio en general y de todos sus impedimentos, dirimentes o no; en la segunda, se comprende lo que especialmente toca a los infieles que se han de convertir; y en la tercera, se habla del divorcio. Añadió Vera Cruz un *Appendix*, Ma. 1571, que junto con el *Speculum* se reeditó en Milán 1559, «*ex officina quondam pacifici Pontii*». *Physica speculatio*, Méjico 1557, Sa. 1562 y 1573. *The unpublished writings of Alonso de la Vera Cruz*, O.S.A. The original text with English translation edited by *Ernest J. Burrus*, S. J. Rome-St Louis University: I, *Spanish writings: Sermons, Counsels, Letters and Reports*, Ro. 1968; II, *Defense of the Indians: their rights*, Latin text and English translation, Ro. 1968; III, *Defense of the Indians: their rights*, Ro. 1968; IV (próximo a aparecer); V, *Spanisch Writings: Letters and Report*, Ro. 1972.

BIBL: M55; A. MILLARES CARLO, *Sobre el Speculum Coniugiorum de Fray Alonso de la Vera Cruz*: Filosofía y Letras, 8(1944)69-74; A. BOLAÑO E ISLA, *Contribución al estudio bibliográfico de Fray Alonso de la Vera Cruz*, México 1947, con prólogo de A. Millares Carlo; O. ROBLES, *Filósofos mexicanos del siglo XVI. Contribución a la historia de la filosofía en México*, México 1950; P. BLANCO SOTO, *El primer libro de filosofía impreso en el Nuevo Mundo*: Studien zur Geschichte der Philosophie, 60 (1913)365-391; B. JUNQUERA, *El maestro Fr. Alonso de la Veracruz*: R23, 43(1935); J. BLETHEN. *The educational activities of Fray Alonso de la Vera Cruz in Sixteenth Century México*: The Americas, 5(1948)31-47; J. GARCÍA ICAZBALCETA, *Obras*, II, 1897, 415-419.   A. MILLARES

VERBO DIVINO, Misioneros del, (SDV: *Societas Verbi Divini*, vulgarmente Verbitas). Pérdidas de personal misionero en la Guerra Mundial de 1939-1945 (599 sacerdotes y hermanos), la confiscación de muchas casas de formación tras el telón de acero (Alemania, Polonia, Hungría y Checoslovaquia), el aumento continuo de personal que exigen los numerosos puestos de trabajo que la Congregación tiene en 51 diócesis hispano-americanas, y la situación privilegiada vocacional de España movieron al general de la Congregación del Verbo Divino a fundar en este país. Así se fundó en 1945 el primer colegio misionero, en Estella de Navarra. Siguieron luego otras fundaciones: 1949, en Coreses (Zamora); 1957, el Instituto Profesional de Hermanos Misioneros SVD en Estella; 1957, la Editorial del Verbo Divino también en Estella, con propios talleres, dedicada especialmente a la difusión de la palabra de Dios y Liturgia; 1960, en Dueñas (Palencia), y 1961, el Seminario mayor de la Congregación para novicios, filósofos y teólogos españoles. La Congregación del Verbo Divino fue fundada por el sacerdote alemán y siervo de Dios, padre Arnoldo Janssen (1837-1909), en Steyl (Holanda) en 1875. Debido a la política de represión que el canciller Bismark ejercía sobre los católicos alemanes, era imposible fundar casas religiosas en Alemania. Del mismo tronco de la Congregación del Verbo Divino nacieron dos ramas nuevas: Las *Siervas del Espíritu Santo* (SSpS) y las *Siervas del Espíritu Santo de la Perpetua Adoración*, misioneras de vida activa las primeras y de vida contemplativa, las segundas. El fin específico del Instituto es la propagación de la fe en los países paganos y la conservación de la misma en países de escaso clero. Según el catálogo SVD de 1971 los miembros de la rama masculina son 5.100 miembros. De ellos están en España: 41 sacerdotes, 12 hermanos, 40 clérigos, 500 alumnos. Las Siervas del Espíritu Santo cuentan con 4.260 profesas, y las Siervas del Espíritu Santo de Perpetua Adoración, con 286 profesas. En Ponferrada (León) existe una fundación de las Siervas del Espíritu Santo.   R. BOSSLER

VERDAGUER, Jacinto, (Folgaroles [Barcelona] 25-V-1845 † Vallvidrera [Barcelona] 10-VI-1902) poeta. De 1855 a 1870 cursa en el Seminario de Vich desde la Gramática a los Cánones. En 1865 es premiado en los Juegos Florales de Barcelona. Se ordena de sacerdote el 24-IX-1870. Tres años de coadjutor en Vinyoles (1871-1873). Una anemia cerebral le obliga a dejar la parroquia. Logra vencerla gracias al descanso que le proporciona el embarcar en la Trasatlántica como capellán en diciembre de 1874. En estas rutas marítimas termina su poema *L'Atlàntida*. A 25-XI-1876 se queda en Barcelona como capellán del marqués de Comillas (D. Antonio), cargo que, con el de limosnero, ejerce hasta 1893. Luego, el último decenio de la vida de mosén Cinto, es el de su vía dolorosa de triste memoria, de la que sale indemne, sin duda, su fama en lo moral, pero no su prudencia, por la conjunción de la debilidad de voluntad con la ofuscación mental. Difícil resulta resumir en breves líneas el caso Verdaguer, todavía no del todo esclarecido, pese a la copiosa bibliografía sobre el mismo, sin que falten interpretaciones varias, cuya base documental aparece pronto insuficiente para quien haya manejado los documentos publicados. Verdaguer, por impulso propio y del padre Palau, se entrega a la práctica de exorcismos, mostrando inconcebible credulidad a las *revelaciones* de estos exorcizados, en particular a las de Amparo Durán, de cuyo padre moribundo había recibido Verdaguer la súplica de velar por su familia. Persistiendo en estas prácticas, a pesar de los esfuerzos hechos para apartarle de ellas, y habiendo incurrido por su candidez en graves imprudencias, el obispo de Barcelona y el marqués de Comillas (D. Claudio) pidieron, en 1893, al obispo de Vich que lo sacase de Barcelona, dando comienzo con esto su vía dolorosa, que puede resumirse en estos actos: *a*) 1893: Apartamiento de Verdaguer de la Casa-López. Retiro en el Santuario de la Gleba. Sigue, con todo, faltando a las órdenes recibidas del obispo, atendiendo a los Durán y contrayendo deudas por esta causa. *b*) 1895: Ida a Madrid — quebrantando su confinamiento en la Gleba — con D.ª Deseada, viuda de Durán, y su hija Amparo, en la idea de ser atendidos por Comillas. A la vuelta, Verdaguer se queda en Barcelona con la familia Durán. El doctor Morgades, obispo de Vich, le requiere que vuelva a la Gleba. Rebeldía de Verdaguer. Intentos fracasados de reducirle a través de personas amigas. Admoniciones canónicas. Suspensión *a divinis*. Campaña de Verdaguer en la prensa izquierdista (reunida en el folleto *En defensa propia*). *c*) en el otoño de 1897, por mediación de los padres agustinos, Blanco y Miguélez, trata Verdaguer de arreglar su situación. El 30-XI-1897 muere D.ª Deseada. Por fin, merced a las intervenciones del arzobispo-obispo de Madrid, Cos, y del padre Cámara, obispo de Salamanca, mediante una imperfecta retractación de Verdaguer, el doctor Morgades le dio el permiso de celebrar y el *exeat* para la diócesis de Barcelona, cuyo obispo accedió a recibirle. El 13-II-1898 celebra misa Verdaguer asistido por el padre Miguélez, en el oratorio del Espíritu Santo con un lucido concurso de literatos. Se le concede en Barcelona un beneficio en la iglesia de

Belén, y vive con grandes estrecheces estos últimos años de su vida, por seguir gravando sobre él el peso de la familia Durán. Lejos quedaba el año 1884, cuando Silvela, siendo ministro de Gracia y Justicia, le ofreció una canonjía en Barcelona; a la cual renunció tenazmente, sin que valiesen las instancias del ministro y de sus amigos, diciendo: me basta con ser poeta y mossén; aunque, en realidad, económica y socialmente con la canonjía su situación hubiese sido diferente. Tenía razón, le bastaba.

El prestigio y popularidad de Verdaguer como poeta, laureado una y otra vez en los «Jochs Florals», fueron extraordinarios. Sus obras, en especial la *Passió*, los *Idilis*, la *Llegenda* y las *Cansons de Montserrat*, y, sobre todo, su oda *A Barcelona* y sus grandes poemas, *L'Atlàntida* y el *Canigó*, se editan repetidas veces, durante su vida, algunas con gran lujo. En su poesía se da un hondo sentimiento peninsular junto con una elevada religiosidad, inserta en la más neta raíz popular y regional. «Gracias al autor de *L'Atlàntida* — escribe Menéndez Pelayo — nada tiene que envidiar España a los Tennyson, Longfellow, Carducci, Mistral y demás grandes poetas de otras tierras» y tal maravilla ha querido Dios que «se escribiese en una lengua *española* y por un sacerdote católico, modesto y piadosísimo como pocos». Años más tarde, la lectura atenta del *Canigó* le confirma en su conceptuación de Verdaguer como el poeta de mayores dotes nativas de cuantos hoy viven en tierra de España. Dice Azorín: «En castellano ha sido escrita —por Cervantes— la obra más universal de nuestra Literatura, en catalán, modernamente, se ha visto —en Verdaguer, en Maragall— la más fina, la más profunda, la más delicada poesía lírica de toda España» *(Vistazo a España:* Obras completas, IX, Ma. 1948, 1317).

OBRAS: Aparte de sus composiciones juveniles, como *Lo plor de la tórtora* y *La batalla de Lepant* de 1873, ese mismo año se publica la *Passió de Nostre Senyor Jesuchrist*, Ba. 1873, reimpresa muchas veces, 10.ª ed. Ba. 1909. A estos años (1871-73) corresponde, también, buena parte de sus *Idilis*. Verdaguer había presentado a los Jochs Florals de 1868 un primer esbozo de *L'Atlàntida*, con el título de *L'Espanya naixent;* no tuvo éxito. Nueve años después, triunfa clamorosamente el poema en los J. F. en 1877. La primera edición es un aparte de dichos Juegos, 1877; se vuelve a editar, Ba. 1878, con la traducción de M. de Palau. «Superior en condiciones descriptivas a todos los poetas catalanes, castellanos y portugueses que yo conozco, ha usado y abusado de sus brillantes facultades en esta parte. El abuso está en la falta de sobriedad y en cierta tendencia a equivocar lo desmesurado, resonante y grandioso con lo sublime. Aquello es una cascada, un Niágara, un torrente desatado de poesía» escribía MENÉNDEZ PELAYO en *El Fénix*, el 17-III-1879. La desbordante descripción de la naturaleza deja algo en segundo término a lo humano. «El hombre está como absorbido por las grandezas y catástrofes naturales, y ni Hespérides ni Hércules interesan como debieran.» A su juicio, «este es el único o principal defecto», y puesto a elegir entre las muchas bellezas del poema, D. Marcelino opta por «el *coro divino de las islas griegas*, donde el señor Verdaguer, conteniendo su inagotable fecundidad descriptiva, ha mostrado que también sabe, cuando quiere, llegar a la pureza helénica e inspirarse en los himnos de Calímaco». Es de advertir que tanto de Calímaco como de otros autores griegos le había suministrado D. Marcelino a Verdaguer «preciosas noticias» *(Carta* de Verdaguer, 25-I-1879). De *L'Atlàntida* hay traducción en verso castellano de F. Díaz-Carmona, Ma. 1884, y varias traducciones francesas entre 1883 y 90; también alemana, italiana, provenzal y portuguesa. *Idilis y cants mistichs*, Ba. 1879, con prólogo de Milá y Fontanals; ese mismo año sale la traducción en verso castellano de J. M.ª Carulla, Ma. 1879, y más tarde la de F. Badenes y Dalmau, Ba. 1908. De estos *Idilios y Cantos místicos*, dice Menéndez Pelayo, en nota final de su discurso sobre la *Poesía mística en España*, que es una «colección superior, en mi concepto, a su tan celebrado poema *La Atlàntida*». *Llegenda de Montserrat*, Vich 1880; *Cansons de Montserrat*,

Vich 1880; *Càntich al desposori de D. Claudi López y Doña María Gayón*, Ba. 1881; *Salteri franciscá*, Vich 1882. De la oda *A Barcelona* — premiada en los J. F. 1882 — costeó el Ayuntamiento barcelonés una edición, Ba. 1883, de 100.000 ejemplares y se suceden las ediciones. *La mort de Balmes*, Ba. 1885. Después de algunos años de preparación, debido a la falta de tiempo de Verdaguer para entregarse al mester poético, publica, al fin, su leyenda pirenaica de los tiempos de la Reconquista, que titula *Canigó*, Ba. 1886, con la versión de J. Nogués Taulet. En carta del 25-I-1886, le escribe Menéndez Pelayo: «*Canigó* me parece un poema más *humano*, y por lo mismo más interesante que la *Atlàntida*, aunque siempre en las obras largas de usted, la parte descriptiva y la parte lírica, vencen con mucho a la parte dramática y novelesca. Sin embargo, repito, que *Canigó*, aun en este aspecto, interesa y señala una nueva y fecunda dirección en el talento de usted... trozos hay en *Canigó* que igualan o superan a los más celebrados de Víctor Hugo, con quien tiene usted un remoto aire de familia, en aquello, se entiende, en que Víctor Hugo es digno de alabanza.» Este juicio fue publicado con la versión del conde de Cedillo, Ma. 1886. Hay traducción francesa de Tolrá de Bordas, Par. 1889. *Excursions y viatges*, Ba. 1887. *Lo somni de Sant Joan. Llegenda del Sagrat Cor de Jesús*, Ba. 1888; lleva la traducción castellana de Verdaguer; la trasladó en verso castellano Muñoz y Pavón, Jerez 1889, y se tradujo al alemán, checo y portugués. *Goigs de Sant Pere Claver*, Ba. 1888. *Dietari d'un pelegrí a Terra Santa*, Ba. hacia 1889. *Jesús Infant, Nazareth, Betlem*, Ba. 1890. *Veus del Bon Pastor*, Ba. 1894: *Sant Francesch*, Ba. 1895; este poema fue traducido por Badenes y Dalmau. *En defensa propia*, Ba. 1895. *Flors del Calvari*, Ba. 1896. *Santa Eularia* (poemet), Ba. 1899. *Ayres del Montseny*, Ba. 1901. Salieron póstumas: *Al cel*, Ba. 1903; *Eucarístiques* — texto catalán y francés —, Ba. 1904; *Rondalles*, Ba. 1905. Entre 1905 y 1908 se publicaron las *Obras completas*, 7 vols., Ba. 1905-1908; otras ediciones de las mismas en Ba. 1930 y 1949.

BIBL.: R. TURRÓ, *Verdaguer vindicato*, Ba. 1903; J. GÜELL, *Vida íntima de Mosén Jacinto Verdaguer*, Ba. 1911; V. SERRA I BOLDÚ, *Biografía de Mossèn Jacinto Verdaguer*, Ba. 1924; CONDE DE GÜELL, *El poeta Verdaguer:* Apuntes y recuerdos, Ba. 1927, II, 159-172; J. COLLELL, *Carteig històric:* Gazeta de Vich, 1929; M. D'ESPLUGUES, *La tragedia de Mossèn Verdaguer*, Ba. 1930; A. PÉREZ OLAGUER, *El canónigo Collell*, Ba. 1933; M. MENÉNDEZ PELAYO, *Estudios y discursos de crítica histórica y literaria*, V, San. 1942, 189-94; *Cartas de Verdaguer a Menéndez Pelayo:* R47, 29(1953) 82-93; *Miscel·lània Verdaguer*, Pa. 1946; J. MOLES, *Mossèn Cinto*, México 1947; M. MONJAS, *Mossèn Jacinto Verdaguer*, Ma. 1952; S. JUAN ARBÓ, *Verdaguer. El poeta, el sacerdot...*, Ba. 1952; M. QUERA, *En el centenario de la muerte de Verdaguer:* R154, 147(1953)504-21; 148(1953)51-70; J. PAVÓN, *El drama de Mosén Jacinto*, Ba. 1954. J. MOLES, *Mossen Verdaguer*, Ba. 1971. Bibliografía abundante sobre su obra puede verse en los libros de J. MIRACLE, *Verdaguer amb la lira y el calze*, Ba. 1952, 347-359, y PAVÓN, *El drama...*, 87-95; B. DE RUBÍ, *La última hora de la tragedia. Hacia una revisión del caso Verdaguer*, Ba. 1958; F. SOLDEVILA, *Un segle de vida catalana*, Ba. 1961, 876-882; *Epistolari de M. Costa y Llobera amb Ramón Rico Campanar*, Palm. 1975, 91-92 (severo juicio de la *Atlàntida*); D25, 433-442.   R. M. DE HORNEDO

VERDUGO Y ALBITURRIA, Manuel, (Las Palmas de Gran Canaria 22-VIII-1749 † ibid. 27-IX-1816) obispo. Cursó estudios en las Universidades de Alcalá de Henares y Valladolid. A los diecinueve años recibió la borla en la Universidad de Valencia, de donde pasó a la Corte para explicar Cánones, Liturgia, Historia Eclesiástica y Concilios en la Real Academia de Madrid. En 1779 fue nombrado racionero de la catedral de Canarias. Con anterioridad había sido examinador sinodal y visitador de la diócesis de Jaén. En 1781 se le nombró canónigo doctoral de la catedral de Canarias, pasando luego a las dignidades de tesorero y arcediano de Canarias, visitador general, gobernador eclesiástico, provisor y vicario general de Canarias. Por su clara inteligencia y profundo saber se le nombró ministro del Tribunal de la Rota. El rey Carlos IV lo presentó para el obispado de Canarias, por vacante de su antecesor el obispo Tavira.

OBRAS: Decretos, cartas pastorales, exhortos, circulares y sermones.

BIBL.: D. V. Darias y Padrón, *Historia de las religiones en Canarias*, Santa Cruz de Tenerife 1957; J. A. Alvarez Rixo, *Cuadro histórico de las Islas Canarias 1808-1812*, Gabinete Literario, 1955; P. Morales, *Hace un siglo*, Las Palmas 1909; A. Millares Torres, *Biografía de canarios célebres*, Las Palmas 1874; J. Batllori Lorenzo, *El obispo Verdugo*, Las Palmas 1916; A. Millares Carlo, *Bio-bibliografía de escritores naturales de las Islas Canarias de los siglos XVI, XVII y XVIII*, Ma. 1932.

S. Jiménez

VEREMUNDO, OSB (Villatuerta o Garellano [Navarra] c. 1020 † Irache [Navarra] c. 1093) santo. Está todavía en litigio la polémica entablada entre las dos poblaciones de Villatuerta y Garellano, próximas al monasterio, que se disputan el lugar de su nacimiento. De niño entró en el monasterio de Irache. La primera escritura en que figura ya como abad del monasterio data del 1056 *(Becerro de Irache*, escr. 4011: Archivo General de Navarra). No se sabe con certeza cuánto duró su régimen abacial. Algunos creen que se prolongó hasta 1092. Sucedió, según se cree, en el gobierno del monasterio al abad Munio, tío suyo. Posiblemente se desarrolló su gobierno en etapas sucesivas, ya que, viviendo él, figuran otros nombres que se dicen abad de Irache *(Becerro de Irache*, escr. 12). Bajo su dirección, el monasterio adquirió gran prosperidad espiritual y material y fue objeto de numerosas donaciones por parte de los monarcas y reyes — de modo especial Sancho Garcés y Sancho Ramírez — quienes lo tomaron por su guía y consejero. Su culto se extendió pronto por Navarra. No existen, sin embargo, fuentes que apoyen la imagen popular del santo. El *Cartulario* para nada alude a los milagros. Sus restos, encerrados en una urna de plata, desaparecida en la guerra de la Independencia, han sufrido diversas traslaciones. Varios pueblos de Navarra poseen reliquias de san Veremundo, pero la mayor parte de ellas se conservan en Villatuerta y Garellano.

BIBL.: *Act. SS.*, Martii I, 794-98; A. Pérez Goyena, *La santidad en Navarra*, Pam. 1947, 18-22; J. Ibarra, *Historia del monasterio benedictino y Universidad literaria de Irache*, Pam. 1939, 57-63, 81-84, 534-536, 544-546; J. Iturralde y Suit, *Los grandes monasterios de Navarra*, Pam. 1916, 139-143; M. de Soto Sandoval, *Vida del glorioso San Veremundo*, Pam. 1764; M71, II, 10-32; T. Salazar, *Martyrologium Hispanum*, Lyón 1632, 133-135; S. Iribarren, *Apuntes sobre la historia antigua de Estella*, Se. 1912, 33-64; ID., *Leyenda de Oro*, I, Ba. 1896, 553-556; M64, I, 95-99; *Glorias navarras*, *Traslación de 1926. Homenaje a un navarro esclarecido: San Veremundo*, Pam. 1926; J. Heredia, *Vidas de Santos de la Orden de San Benito*, II, Ma. 1685, 53-63; G. Bucelino, *Menologium Benedictinum*, Feldkirch 1655, 179-180; D1, II, 522-526; J. Moret, *Anales del Reyno de Navarra*, Tolosa 1794, 2440; J. Mabillon, *Acta Sanctorum OSB*, VI 2.ª, Pa. 1668, 766-767; ES 33, 253-254; D3, 67, 1480-1481; C. Clavería, *Relieves del genio vasco*, Pam. 1962, 133-134; *Bibl. Sanctorum*, XII, 1030; C. M. López, *La aventura de los Santos*, Pam. 1969, 13-14; P. R. González, *San Veremundo*, Pam. 1970.

T. Moral

VERGARA, Diego, OPraem (1530 † Monzón [Palencia] 31-VIII-1601) reformador e historiador. Vistió el hábito en Retuerta (Burgos) en 1552. En 1567 pasó a Roma como delegado de la Congregación española, y consiguió no fuera suprimida la Orden sino que se reformara. Al año siguiente logró otro breve pontificio favorable, y dirigió a Felipe II un *memorándum* con seis acusaciones contra los jerónimos por su mala actuación en sus visitas a los premonstratenses. Fue nombrado secretario del Capítulo de Retuerta, principal de

la reforma, siendo el brazo derecho en este asunto del nuncio Ormaneto.

Fue elegido segundo general de la reforma en España durante el trienio 1576-1579. Fue abad de Retuerta, 1565-1568; de Aguilar de Campoo, 1573-1576; de Ibeas de Juarros (Burgos), 1579-1582; de San Pelayo de Cerrato (Palencia), 1585-1588, y de Santa Cruz de Monzón (Palencia), 1598-1600. Murió en olor de santidad.

OBRAS: *Historia de la Religión cándida de canónigos reglares premonstratenses, sobre la reforma que de ella hizo, y extinzión que de ella quiso hazer la Magestad de Phelipe II rey de las Españas*: Biblioteca de la Universidad de Valladolid, ms. 336; *Historia de lo sucedido en la Religión cándida premonstratense, en tiempo de la Católica Magestad de el gran monarca Phelipe II*, 2 vols., 1568-1593; otras noticias en los libros 18 y 20 del arch. de La Vid. *Vita B. Norberti; Cartularios de Retuerta, Ibeas de Juarros, San Pelayo de Cerrato, Aguilar de Campoo*, de los que había sido abad; *Instituciones y colaciones de Casiano y Reglas de San Pacomio, Serapión, Macario egipcio, Macario el Alejandrino y Pafnucio, traducidas al castellano*: todos ellos en Bibl. de la R. Acad. de la Historia y AHN.

BIBL.: M109, 216, 231, 234, 241, 282, 304; N. Backmund, *Los abades de la Congregación premonstratense en España*: R118, 11(1958)427-48; D1, 30, 60-61.

E. Corredera

VERGARA, Hipólito de, (Osuna? [Sevilla] siglo XVI † post 1629) dramaturgo. Se desconocen todavía el lugar y fecha de su nacimiento y muerte. En 1624 estrenó en Sevilla su comedia *La Virgen de los Reyes*, representada por el autor de comedias Francisco de Avendaño, y en 1629 publicó en Osuna el libro *Del Santo Rey D. Fernando y de la Santísima Virgen de los Reyes*, al fin del cual añadió la comedia. En época anterior a 1623 había desempeñado el cargo de depositario general y receptor de penas de cámara de Sevilla. Diego Ortiz de Zúñiga lo nombra dos veces en sus *Anales*, IV, Ma. 1795, 295-96 y 318, por su celo en promover la causa de canonización de Fernando III, y también Justino Matute y Gaviria en *Adiciones y correcciones a los «Hijos de Sevilla» de Fermín Arana de Valflora*, Se. 1886, 63. Lope de Vega lo alaba en el libro decimonono de *La Jerusalén conquistada* (1609); Andrés de Claramonte lo llama «gallardo y prudentísimo sevillano» en su *Letanía moral* (1613), y Cervantes le dedica dos tercetos en el capítulo segundo de *El viaje del Parnaso* (1614). De estos elogios se deduce que la reputación de Vergara, como poeta, estaba ya cimentada a principios del siglo XVII, sin que de su producción poética haya llegado a nosotros otra muestra que la citada comedia *La Virgen de los Reyes*.

Un extraño silencio ha rodeado la persona de este autor por parte de los historiadores y críticos sevillanos de su tiempo, debido sin duda al hecho de no haber nacido ni en Sevilla ni en su provincia, como afirma él mismo en el prólogo de su libro. Nicolás Antonio lo mencionó brevemente en la *Bibliotheca Hispana Nova*, I, 611, donde apunta que tal vez fuera sevillano; pero cita inexactamente el título y la fecha de publicación del libro de Vergara de donde se deduce que no lo vio. Mesonero Romanos se lamentaba de que «de otros, como de Vergara... ninguna noticia existe de ellos ni de sus obras» (BAE 43, XXXVIII).

Tanto la comedia como el libro están íntimamente relacionados con el tema de la canonización de Fernando III. La dedicación de Vergara a esta causa arranca de una promesa, hecha junto con su mujer D.ª Juana de la Puente, al obtener un hijo por intercesión del santo Rey. Cuando en 1622 el auto sacramental que Lope de Vega escribió sobre la Virgen de los Reyes para ser representado el día del *Corpus* fue rechazado por el cabildo de Sevilla por contener errores acerca del origen de la imagen de la Virgen de los Reyes, Vergara fue invitado a suplir esta falta con una comedia en la que se hiciera «notoria al mundo la tradición de su milagroso santuario». Vergara interpretó esta repulsa al auto de Lope de Vega como un llamamiento de parte de la Virgen para urgir la canonización del rey Fernando y en la comedia enlaza el origen de la imagen con la persona y actividad conquistadora de Fernando hasta la toma de Sevilla en 1248. Firmemente persuadido de haber sido escogido como instrumento para lograr la canonización, Vergara estrenó la comedia durante la estancia de Felipe IV en Sevilla a principios de 1624, al cual dedicó también una loa. Cuatro años más tarde, mientras se desarrollaba en Sevilla el proceso ordinario en vistas a la canonización, Vergara escribió el libro *Del Santo Rey D. Fernando y de la Santísima Virgen de los Reyes*, publicado en Osuna en 1629. El libro está dividido en siete discursos dedicados a la familia real y altos dignatarios. El discurso séptimo, dedicado a D. Diego de Guzmán, arzobispo patriarca de Sevilla, es un fragmento biográfico de gran valor, pues en él Vergara explica la repulsa al auto sacramental de Lope de Vega, las circunstancias en las que escribió y terminó la comedia y las razones que tuvo para componer el libro. La persona de Vergara y su comedia *La Virgen de los Reyes* han cobrado actualidad por ser precisamente esta comedia la que Tirso de Molina publicó bajo su nombre en la *Segunda parte de las comedias del Maestro Tirso de Molina*, Ma. 1635, con el título de *La Reina de los Reyes*. En el prólogo ya advirtió, aunque sin nombrarlas, que solo cuatro de las doce comedias que publicaba eran suyas y que las restantes eran hijas de ilustres padres que las habían echado a sus puertas. Los críticos han llegado a establecer, con sólido fundamento, cuáles son las cuatro de Tirso, pero nada se sabía con seguridad acerca de los autores de las otras ocho. En 1946 el académico sevillano D. Santiago Montoto llamaba la atención sobre el libro de Vergara en un artículo publicado en Archivo Hispalense titulado *Una comedia de Tirso que no es de Tirso*. Esta tesis ha sido recogida y probada por nosotros en nuestro libro recién publicado *Hipólito de Vergara, autor de la Reina de los Reyes, de Tirso de Molina*, que creemos supone un avance en el esclarecimiento bibliográfico de la tan discutida *Segunda parte* de las comedias del mercedario.

OBRAS: *La Virgen de los Reyes*, Se. 1624; *Del Santo Rey D. Fernando y de la Santísima Virgen de los Reyes*, Osuna 1629.

BIBL.: L. Iscla Rovira, *Hipólito de Vergara autor de la «Reina de los Reyes» de Tirso de Molina*, Ma. 1975; J. Matute y Gaviria, *Adiciones y correcciones a los «Hijos de Sevilla», de D. Fermín Arana de Valflora*, Se. 1886; D. Ortiz de Zúñiga, *Anales eclesiásticos y seculares de la muy noble y muy leal ciudad de Sevilla*, 5 vols., Ma. 1795; S. Montoto de Sedas, «Una comedia de Tirso que no es de Tirso»: R28, 8(1946)99-107; D. Papebrochius, *Acta vitae S. Ferdinandi, Regis Castellae et Legionis, eius nominis tertii*, Antuerpiae 1684; H. de Vergara, *Del Santo Rey D. Fernando y de la Santísima Virgen de los Reyes*, Osuna 1629.   L. Iscla

VERGARA, Juan de, (Toledo 4-IX-1492 † Toledo 20-II-1557) teólogo, humanista, jefe del erasmismo español. Su personalidad excepcional ha deslumbrado a cuantos se han acercado a ella. Parece que era de ascendencia judía, al menos por el lado materno. Desde niño aprendió las letras griegas y latinas. Muchos autores, como Menéndez Pelayo, lo suponen catedrático de Alcalá y maestro de Santo Tomás de Villanueva. Nicolás Antonio afirma que regentaba la cátedra de Filosofía ya por el año 1502, es decir, cuando Vergara sólo contaría diez años de edad. Pero se trata de una errata de imprenta, que ha despistado a no pocos historiadores, incluso recientes. La carta, en que se apoya Nicolás Antonio, lleva la fecha del 24-I-1512 y de ella se desprende claramente que Vergara estaba dedicado a los estudios filosóficos, no que enseñase la Filosofía. En ella le anuncia el envío de una epístola suya, mejor dicho, de un volumen entero sobre la Universidad de Alcalá como centro de estudios, precedido de una descripción del edificio de la misma. Pero quedó inédito y actualmente se desconoce su paradero. En el otoño de 1508, un grupo de 31 estudiantes de Artes, entre ellos Juan de Vergara, que habían acudido a Alcalá antes de ponerse allí en marcha los estudios, pidieron al maestro Miguel Pardo que les leyese las Súmulas, de lo contrario irían a Salamanca a cursar otras ciencias.

El 15-XI-1511 recibió cierta cantidad, firmándose «Ioannes de Vergara», sin título académico alguno. Residía entonces en el Colegio Mayor de San Ildefonso, de Alcalá. Había ingresado en él como familiar o sirviente el 12-IV-1509 y se salió el 3-I-1512. Pero nuevamente volvió a él por orden de Cisneros el 10-III-1514, esta vez en concepto de colegial. Tampoco ahora regentó cátedra alguna, ni la de Artes, como pretenden algunos, ni la de Traslación de Aristóteles del griego al latín, como quieren otros. Esta cátedra no existió nunca en la Universidad complutense.

Su ocupación en el Colegio de San Ildefonso consistió, primero, en traducir parte de la Biblia y, luego, varios libros de Aristóteles. Vergara pertenece al equipo de colaboradores de la monumental Políglota de Alcalá, seleccionado por el cardenal Cisneros. De un poema suyo latino de 39 versos en honor de Cisneros, editado en el tomo V de la Biblia Complutense, parece deducirse que Vergara trabajó en la corrección del texto del Nuevo Textamento. Era entonces maestro en Artes (10-I-1514). De su colaboración en la revisión del Antiguo Testamento tenemos noticias más precisas, facilitadas en distintas ocasiones por el propio interesado. El hizo la traducción interlineal del texto griego de los Proverbios, de la Sabiduría, del Eclesiástico, del Eclesiastés, de Job y de otros Libros.

Por encargo de Cisneros, trasladó también la mayor parte de la Filosofía de Aristóteles, concretamente la Física, el tratado *De anima* y la Metafísica, tarea difícil, que le exigió tres borradores antes de atinar con una versión satisfactoria, según declaró confidencialmente a su amigo Alvar Gómez, el cual heredó el manuscrito y ordenó en su testamento se entregase «a la librería de la santa iglesia de Toledo para que allí se guardase, como obra de un beneficiado suyo, tan excelente varón en todo género de doctrina», incluso escriturística. El mismo Alvar Gómez habla en su testamento de unos comentarios sobre las epístolas de San Pablo, que tenía en su biblioteca privada, «los cuales se anotaron con la conversación del Doctor Vergara». El Aristóteles grecolatino, que proyectaba el cardenal Cisneros para contrarrestar el pernicioso influjo del nominalismo, quedó inconcluso a causa de la muerte de su promotor. Al menos, desde principios del año 1515 se hallaba trabajando en esta versión, con un salario de 80 florines anuales, equivalente al sueldo medio de un catedrático alcalaíno. Su nombre figura en las nóminas del Colegio de San Ildefonso hasta los primeros meses del año 1517. El no era el único que vivía en el Colegio percibiendo salario por un trabajo ajeno al mismo. Demetrio de Creta y Alonso de Zamora se hallaban en la misma situación. El primero era retribuido por entender «en la obra del cardenal». Y el segundo, por trabajar «en el correctorio del cardenal». Tal vez en este tiempo fue cuando copió a mano el libro de Arquímedes en griego y el *Enchiridion*, de Epicteto, también en griego, utilizando, en el primer caso, un ejemplar de Demetrio Ducas Cretense y, en el segundo, un ejemplar del comendador Hernán Núñez.

Ambos manuscritos, de letra del Doctor Vergara, fueron a parar a manos de Alvar Gómez.

Vergara aprovechó su estancia en el Colegio para doctorarse en Teología. No hay motivos para juzgarle maestro de Santo Tomás de Villanueva, que era bachiller el 7-VIII-1508, cuando Vergara aún no había cumplido los dieciseis años ni había ingresado en el Colegio como familiar. Nos parece igualmente inverosímil la afirmación de su biógrafo fray Juan de Muñatones, obispo de Segorbe (1556-1571), de que había en sus sermones predicaba públicamente las virtudes de su compañero de Colegio, Tomás de Villanueva, «con suma admiración de los oyentes como si hablara de un santo ya canonizado». Que Vergara fuese entonces uno de los hombres más insignes en púlpito que ha tenido la Universidad de Alcalá, Muñatones es el único en asegurarlo.

En 1516-1517, sin duda, apenas doctorado en Teología, entró al servicio del cardenal Cisneros en calidad de secretario. Comienza entonces una nueva etapa en su vida. Deja a un lado los libros y se entrega al torbellino de la acción, poniéndose en contacto con los hombres más representativos del mundo político y cultural, y moviéndose dentro de horizontes europeos. El cardenal le concede una canonjía en Alcalá, que retendrá hasta su muerte. Pero no se contenta con ella. En fechas que no podemos precisar, llega a ser también canónigo de Toledo, arcipreste de Santa Olalla, párroco de Torrelaguna, beneficiado de los lugares de Novés, Tortuero y su anejo La Puebla, y cura de Camarma de Esteruelas y de su anejo Villaviciosa, todos en la diócesis toledana.

De su actividad como secretario de Cisneros sólo conocemos dos detalles. Enterado el cardenal de que se habían presentado en su Consejo ciertas bulas de renuncia del beneficio curado de Pinto en favor de fray Bernardino Flores OSA, maestro en Teología, mandó que no se le diese la posesión «e a mí —declaró más tarde Vergara— me mandó detener muchos días las bulas y escribir al papa una carta muy recia en reprehensión de aquella provisión, la cual yo escribí, y en este tiempo el padre diz que andaba huído de miedo del cardenal». Con esta carta latina y otras posteriores arrebató la palma a Italia. En este tiempo conoció más de cerca a Cisneros y atesoró una serie de datos y documentos que, andando el tiempo, constituirán la base esencial de su biografía.

El 26-VI-1518 era secretario del cardenal Guillermo Croy, arzobispo de Toledo, y poseía un beneficio curado en Torrelaguna. En la primavera de 1520 emprendió el camino de Flandes. A su paso por Valladolid procuró apartar a su hermano uterino Bernardino de Tovar de su afición a la beata Francisca Hernández, que lo tenía embaucado. A tal fin le ofreció uno de los dos beneficios que poseía (no indica cuáles), con tal de que residiese en él. Anteriormente, cuando Tovar dejó por ella en Salamanca sus estudios y su traje clerical, Vergara le escribió afeándole aquella liviandad y desde entonces le retiró su ayuda económica. Todo resultó inútil. Vergara hubo de continuar su viaje desconsolado.

A fines de julio de 1520 desembarcó en Brujas. Allí le esperaba con ansiedad Erasmo, inquieto por conocer las *Annotaciones contra Erasmum Roterodamum, in defensionem translationis Novi Testamenti*, Alcalá 1520, de Diego López de Zúñiga, que Vergara había prometido llevarle. Grande fue su decepción al enterarse de que, con las prisas de la partida, Vergara se había olvidado de meterlas en su maleta. Erasmo quedó algún tanto excéptico ante esta explicación, sospechando que Vergara tenía consigo el libro y que no quería entregárselo. Se quejó también de que Zúñiga hubiera escogido como blanco de sus ataques la primera edición del

Nuevo Testamento, no la segunda, menos defectuosa. Vergara le juró que la segunda edición no había llegado aún a España y se permitió tejer el elogio de Zúñiga. Entonces Erasmo quiso saber si el libro de Zúñiga era tan virulento como el de Lee. Vergara le respondió que no carecía de cierta libertad dentro de su relativa moderación, «siendo el autor de lengua tan suelta, que a pocos perdonaba». Una segunda entrevista, celebrada pocos días después, no disipó totalmente los recelos. El 2-VIII-1520 escribía Erasmo a Juan Lang: «España tiene un nuevo Lee. Un tal Zúñiga ha publicado un libro bastante virulento, según tengo entendido, contra Lefèvre d'Etaples y contra mí. El difunto cardenal de Toledo había prohibido su publicación. A su muerte, ha vomitado su veneno. Todavía no he visto la obra. Tienen buen cuidado de que no caiga en mis manos» (Allen, IV, ep. 1128).

Aunque el nombre de Erasmo debía de ser familiar a Vergara desde sus tiempos de Alcalá, es ahora, al parecer, cuando descubre en toda su dimensión la figura del rey de los humanistas europeos. El toledano se brinda como mediador entre Zúñiga y Erasmo, exhortando al primero a la moderación y haciéndole comprender la talla del adversario a quien ha provocado (Allen, IV, 623-25, 10-X-1521). Pero los encendidos elogios tributados por Vergara a Erasmo, sólo sirvieron para aumentar el ardor combativo de Zúñiga que, de lo único que se lamentaba, era de no haber sido el primero en «echar garrocha a ese toro tan bravo». Para él, Erasmo era casi tan peligroso como Lutero. Pronto lo pondría al descubierto por medio de tres libros que traía entre manos (Allen, IV, 625-28, 9-I-1522). Vergara informó a Erasmo de estos sentimientos de Zúñiga. Sus exhortaciones a la moderación no había producido resultado alguno.

Mientras Zúñiga afilaba sus armas, asomaba en el horizonte un nuevo contradictor de Erasmo, mucho más respetuoso y comedido: Sancho Carranza de Miranda, profesor de Alcalá, como aquél. Su primer ataque, *Opúsculo contra algunas anotaciones de Erasmo*, llevaba una dedicatoria a Juan de Vergara. En él su autor invitaba al humanista holandés a explicarse mejor sobre algunos puntos «para tapar la boca a los murmuradores». Según Vergara, que se encargó de ponerlo en manos de Erasmo, no estaba inspirado en el odio, sino en el deseo de esclarecer la verdad.

Así resultaba que el humanista toledano aparecía como amigo de los adversarios de Erasmo. El sabio de Rotterdam no podría menos de formarse una opinión desfavorable de aquel intermediario, que se constituía en defensor de sus contradictores. Por eso Vergara estimó necesario hacer su propia apología. Él se pintó a sí mismo como entusiasta de las buenas letras y, en consecuencia, también de Erasmo. Entregado desde su infancia por voluntad ajena al áspero estudio de la escolástica, tan pronto como sintió el llamamiento de las musas, se propuso conciliar la Filosofía y la Teología con el Humanismo, siguiendo las huellas de Erasmo. El humanista holandés debía despreciar los ladridos de aquellos envidiosos que estaban al acecho de una simple errata de imprenta para lanzarla a los cuatro vientos. Zúñiga y Carranza no pertenecían a este gremio. En caso de que Erasmo replicase a Carranza, convenía que lo hiciese con moderación. En cuanto saliese a luz algún parto de Zúñiga, se lo enviaría a Basilea. Pero lo que por encima de todo interesaba a Vergara, es que Erasmo no dudara de su entera lealtad ni de su deseo de prestarle todo el apoyo que le fuese posible (Allen, V, ep. 1277, 24-IV-1522). La respuesta de Erasmo le llenó de satisfacción. Su carta le había encantado: erudita, elegante y benévola. Seguir su consejo era lo más seguro. No abrigaba la intención de discutir con cada uno de sus adversarios. «Créeme, Vergara, de ti he concebido las mayores esperanzas... Hasta ahora no te había conocido. No sospechaba que estabas tan familiarizado con las musas de ambas literaturas» (Allen, V, ep. 1312, 2-IX-1522).

Entretanto Vergara no había olvidado el objeto principal de su viaje, que consistía en poner al corriente al nuevo arzobispo de Toledo, Guillermo Croy, de los negocios de su diócesis y brindarle sus servicios como secretario. El archivo arzobispal de Toledo conserva algunas notas autógrafas suyas de las actas y de la correspondencia de Croy. Acompañando a su señor, asistió a la dieta de Worms (1521) y fue testigo de la curiosidad que despertaba la figura de Lutero. «Yendo todo el mundo a verle especialmente los españoles, nunca este declarante quiso dar un paso por le ver», dirá más tarde. La corte imperial estaba llena de libros de Lutero; Vergara se abstuvo de comprar ni uno solo. La doctrina del reformador alemán, aun sin haberla estudiado a fondo, le repugnaba. «Pudiendo a los principios, antes que se vedasen los libros de Lutero, tenerlos e leerlos por ser como es doctor teólogo y ser de su profesión leer buenos libros e malos de su facultad, nunca los procuró ni los quiso haber».

En esto murió su patrón Guillermo Croy (6-I-1521), dejándole a deber 1.000 florines de su salario. Carlos V ordenó al gobernador del arzobispado de Toledo que, hasta nuevo aviso, continuase pagando al doctor Vergara su sueldo de secretario y le abonase los atrasos (30-IV-1521 y 13-II-1522). Desde la muerte del cardenal de Croy, Vergara quedó adscrito como capellán a la corte de Carlos V, con el cual regresó a España en 1522. Tras una rápida escapada a su patria chica para saludar a su familia, se restituyó a la corte. En Valladolid encontró a su hermano Tovar instalado en una aldea próxima a la ciudad, ya que no le estaba permitido residir junto a Francisca Hernández. Esta vez Vergara logró convencerle que se dejase de aquellas vanidades y se estableciese con él en Alcalá. Ella quedó diciendo que el diablo se había llevado a uno de su compañía. La separación no significaba una ruptura total. Desde Alcalá, Tovar envió saludos a la beata con algunos sacerdotes amigos o discípulos suyos, y el propio Vergara la visitó en Valladolid para dejar en buen lugar a su hermano ante el círculo de admiradores de Francisca Hernández (IV o V-1523). Pero Tovar se fue apartando cada vez más de ella y acabó por escribir una larga carta «reprehendiéndole muy atrevidamente sus cosas».

Durante su estancia en la corte, la Universidad de Alcalá le ofreció la cátedra de Retórica, vacante por la muerte de Nebrija. Vergara declinó el honor, pero propuso el nombre de Luis Vives y se encargó de transmitirle la oferta de la Universidad. Al mismo tiempo aprovechó la ocasión para enviar un saludo a Erasmo. En dos años el clima de España había cambiado completamente con relación al humanista holandés. «Asombra cuánto lo admiran todos los españoles, doctos e indoctos, eclesiásticos y seglares». Desde Brujas le había dirigido un manojo de cartas y un libro de Carranza para Erasmo. Desde Bretaña, otro fascículo de cartas y un libro de Zúñiga, también para Erasmo. No dudaba que todo habría llegado al destinatario (Allen, VI, 494, 6-IX-1522). Vives no aceptó la cátedra de Retórica. Antes de recibir un ofrecimiento tan halagador, Luis Vives, al editar la *Civitas Dei*, de San Agustín (IX-1522), ensalzó el conocimiento del griego y el sano juicio del Dr. Juan de Vergara (lib. XIII, 24 p. 411), y poco después, lo introdujo como interlocutor principal en un diálogo, *Veritas fucata, sive de licentia poetica, quantum poetis liceat a veritate abscedere*, Lovaina, I-1523.

La Universidad complutense confió también a Vergara la misión de defender sus derechos a la herencia de Cisneros, que le disputaba la Corona (13-II-1523).

Poco después Vergara escribió a Zúñiga para exponerle el efecto contraproducente de su ataque contra Erasmo, contenido en su libro *Blasphemiae*. Muchos en Bélgica decían que su autor, cegado por el odio, se había pasado de rosca. Vergara se sintió incapaz de defenderlo. Convenía que ajustaran la paz o al menos una tregua. Bastaba ya de bilis. Había llegado la hora de la caridad cristiana (Allen, IV, 631, 7-V-1523).

En el otoño de 1523 Vergara se refugió en Alcalá en busca de un poco de reposo. Allí pasó el invierno tranquilamente. Pero pronto se vio asediado por las invitaciones del nuevo arzobispo de Toledo, Alonso de Fonseca que, siguiendo el ejemplo de sus dos inmediatos antecesores, quería tomarlo como secretario. Vergara se resistió durante cuatro meses. Al fin se dejó atrapar y partió para Burgos el 10-III-1524, acompañando a su nuevo señor en sus desplazamientos con la corte y sin la corte. Fonseca se sentía feliz de tener en su casa a un émulo de Bembo y Sadoleto. No así el interesado, cuyas abrumadoras ocupaciones no le dejaban tiempo para seguir la evolución espiritual de España ni enterarse del edicto de 1525 contra los alumbrados de Toledo. Su actividad literaria se reduce a una serie de cartas, eso sí, de una importancia capital para la historia del erasmismo español.

Tras cuatro años de silencio, Erasmo le escribe preguntando quién es Alfonso Ruiz de Virués. No sin esfuerzo, Vergara logra averiguarlo y se lo comunica a su corresponsal. Luego le informa ampliamente de las juntas que acababan de celebrarse en Valladolid en torno a la ortodoxia de Erasmo. Es el relato más completo de estos acontecimientos (Allen, VII, ep. 1814, 24-IV-1527). Por su parte, Erasmo le tributa los mayores elogios y recibe de Valdés el consejo de que no se fatigue escribiendo a todos sus amigos españoles. Bastan unas breves líneas de cumplido, si escribe largamente a uno solo de ellos: Valdés, Virués, Coronel o Juan de Vergara. Erasmo acabará por no escribir a ninguno, salvo en contadas ocasiones. El aire se va enrareciendo en España. El *Diálogo de la doctrina cristiana*, de Juan de Valdés es denunciado como sospechoso y Vergara interviene ante los teólogos alcalaínos para que se muestren benévolos en su censura. En el mismo año 1529 el grupo de erasmizantes se dispersa y pierde fuerza. Juan de Vergara aparece en Toledo.

Un año después la Inquisición comienza a recoger secretamente testimonios contra él. Estamos en la fase subterránea de un proceso, que es de la máxima importancia en la destrucción del erasmismo español por la Inquisición, pero todavía la Suprema no permite que se le eche el guante. Por fin, los inquisidores de Toledo descubren que Vergara ha estado clandestinamente durante dos años en correspondencia epistolar con su hermano Bernardino Tovar, que gime en las cárceles inquisitoriales. Las cartas estaban escritas con jugo de naranja y se leían colocando el papel sobre una llama. El 23-VI-1533 es detenido, acusado de sobornar al Santo Oficio y, lo que era mucho más grave, de ser luterano, alumbrado y erasmista. La acusación es desdoblada en 22 puntos.

En su defensa, hecha con desenfado, demostró ser un teólogo bien curtido. Vergara tenía nociones precisas sobre la indulgencia de difuntos, el poder del papa, la confesión, el valor de las declaraciones de la Sorbona *(non transeunt montes vel mare)*, la historia de los concilios, el valor de la oración, la causalidad de los sacramentos, etc. Recogemos aquellos pasajes que lo pintan de pies a cabeza. Después de recusar a sus denunciantes, que eran indignos de crédito y obraban por venganza, dijo al primer punto, «que nunca ha sido ni es luterano, ni le han parecido bien los errores ni doctrina de Lutero, ni tampoco se ha dado a leerla ni saberla particularmente». Sus pruebas fueron contundentes. Al reproche de que, «como enseñador y domatizador de los dichos errores de Lutero e alumbrados, trabajó mucho en doctrinar e imponer en ellos a cierta persona», replicó «que es muy gran falsedad, porque este declarante nunca se puso en domatizar a nadie buena doctrina ni mala, ni ha tenido ese trato ni conversación con personas tales, antes ha sido hombre ocupado en negocios y siempre destraído de letras y doctrinas después que salió del Estudio».

En cuanto a la acusación de alumbrado, su forma de vida no se parecía absolutamente nada. «Mis hombros siempre los he traído en su lugar sin subirlos a las orejas. En mi boca antes par Dios y aun más adelante que bendito sea Dios de lo que me pesa. Mi vestir antes algo curioso que beguino. La conversación e pasatiempos a lo común de todos sin esquividad ni singularidad ninguna. En las pláticas ni santerías ni devociones, antes (al parecer de algunos) un poquillo de murmuración. Pues destas vanidades de mujercillas, no creo que haya habido más capital enemigo en el mundo ni más sospechoso de sus cosas que yo. Verdaderamente creo que no habrá en el reino hombre que me conozca, que no juzgue que decir al doctor Vergara alumbrado, es llamar al negro Juan blanco.»

En lo referente al punto 14, se confesó amigo y aficionado de Erasmo, «como lo son cuantos príncipes señalados, así eclesiásticos como seglares, hay en la Cristiandad, e no cree este declarante que el dicho Erasmo sea segundo Lutero». En carta escrita a los jueces el 29-IV-1534 desarrolla mejor esta idea: «Dice, señores, el fiscal... lo primero, que yo soy muy amigo de Erasmo, y que nos habemos escrito cartas él y yo. Digo, señores, que si este es crimen, común crimen es de muchos, que a Erasmo precian y estiman por su doctrina, y reciben dél cartas y se las escriben con mucha benivolencia. Y entre ellos veo al papa y al emperador... y a los más príncipes de la Cristiandad eclesiásticos y seglares. Las cartas que él me ha escrito, impresas están las más dellas a vueltas de las otras suyas en su volumen de epístolas [alude al *Opus epistolarum Erasmi* de 1529], por ellas se puede entender lo que las mías le decían, y por el mesmo volumen de epístolas parecerá cuánta copia de gente católica de toda suerte de hombres le escribe en el mundo, y cuánto estiman grandes personas recebir una letra suya. Mucho quisiera yo que, como el fiscal dice esto, presentara juntamente las cartas que dice, porque por ellas, así por las escritas en mi nombre, como por las escritas en nombre del arzobispo, mi señor (las cuales están asimismo impresas en aquel volumen) pudiera constar claramente cómo todas son dignas de mucha comendación y loor, porque en ellas, demás de las palabras generales de benevolencia, que se acostumbran en epístolas familiares, todo lo demás era exhortarle a moderación y templanza, y a escrebir contra Lutero». Añade que no tomó parte alguna en la junta de Valladolid y que achacarle a él la suspensión de una congregación, presidida por el inquisidor general Manrique, arzobispo de Sevilla, era atribuirle demasiado poder. Podría haber agregado que su erasmismo era más bien de carácter literario y filológico que religioso.

Dieron su voto en el proceso los doctores Ubago y Medina, compañeros del reo en el Colegio de San Ildefonso. Juan de Medina, canónigo y catedrático de Alcalá, se opuso a que se le aplicara el tormento, pedido por el Dr. Diego Rodríguez; al contrario, había que templar la justicia con la misericordia; «y atentas las cualidades deste reo, que demás de sacerdote y letrado y persona de mucha reputación y honra, es canónigo desta santa iglesia de Toledo»; teniendo en cuenta la debilidad de las pruebas presentadas contra él «y visto lo que en esta cárcel ha padecido tanto tiempo su persona y su honra, y lo mucho que ha per-

dido de su renta, que por las sospechas que contra él resultan, abjure *de vehementi*», esté encerrado en un monasterio al menos medio año y pague 1.000 ducados. Luego verbalmente añadió que pagase otros 500 ducados y estuviese otro medio año en un monasterio (12-XI-1534).

Por lo que toca a los padecimientos experimentados en las cárceles del Santo Oficio, el propio Vergara se quejó a los inquisidores, «porque padece tanto cada día mi salud en este peladero... que no lo puedo tolerar ni tengo cabeza para llevarlo adelante».

Blas Ortiz, canónigo y vicario general de Toledo, se adhirió al doble dictamen de Medina; pero en el último minuto cambió de opinión y dijo que, en atención a que habían transcurrido catorce meses desde que expresó su parecer, se le debía disminuir la pena en compensación por la larga cárcel que había padecido. Su voto era que Vergara no saliese al cadalso, sino que abjurase en una iglesia de Toledo y pagase 2.000 ducados en lugar de 1.500.

Este voto no fue tenido en cuenta. La sentencia no menciona los problemas de crítica textual y de transmisión de la Sagrada Escritura. Vergara fue condenado, no como hereje, sino como sospechoso de herejía, perjuro, reo de soborno e impedidor del Santo Oficio. Debía subir el cadalso con una vela en la mano, abjurar *de vehementi*, permanecer encerrado en un monasterio durante un año y pagar 1.500 ducados de multa para los gastos extraordinarios de la causa. La sentencia fue leída en alta e inteligible voz el 21-XII-1535 en la plaza de Zocodover, de Toledo, estando presentes encima de otro cadalso, el Dr. Juan de Vergara y otros muchos oscuros penitenciados.

El 6-I-1536 entró en el monasterio de San Agustín de la misma ciudad. No podía hablar con nadie, salvo con el prior, subprior o vicario, ni salir de su celda ni siquiera para oír misa. En las fiestas asistiría a misa en el coro de los frailes. Más tarde se le permitió celebrar misa en su habitación cuando quisiere y andar por todo el monasterio. A instancias del cabildo, el inquisidor general dispuso (21-III-1536) que, a partir de la víspera de San Juan Bautista, cumpliese la penitencia en los aposentos del claustro de la catedral, pudiendo entrar en el coro y estar en las Horas sin salir de la iglesia. A los cuatro días fue encarcelado de nuevo en la prisión del Santo Oficio por haber asistido a una sesión del cabildo. Vergara obró de buena fe. Mientras se consulta el caso con el inquisidor general, lo vuelve a su aposento del claustro y le ordenan que sólo salga de él para ir al coro a los oficios divinos sin divertirse a otra parte alguna. El cardenal de Sevilla dio la razón a los inquisidores, pero se debía disimular con él (28-VII-1536). Posteriormente se le permitió tomar parte en las procesiones que se celebrasen dentro de la iglesia, pero no andar para su recreación por todo el claustro alto. Su reclusión terminó el 27-II-1537. «Vergara no perdió su reputación y continuó el resto de sus años venerado por los toledanos, que veían en él uno de los hombres más ilustres que tuvieron su cuna en la ciudad de los concilios». Así opina Serrano y Sanz. La verdad es que su carrera quedó truncada y su salud resentida.

Sin embargo aun sacó arrestos para arremeter enérgicamente contra el anticatólico *Estatuto de limpieza de sangre*, del arzobispo de Toledo, Juan Martínez Silíceo (1546-1557), que excluía a los cristianos nuevos de las dignidades eclesiásticas de la iglesia primada.

El cronista Florián de Ocampo comenzó una *Adición a los claros varones de Hernando del Pulgar*, que, al ser nombrado cronista oficial, se hallaba en el siguiente estado: «*Título I: De fray Hernando de Talavera, primer arzobispo de Granada*; está hecho. *Título II: De don fray Pascual, obispo de Burgos*, hecho. *Título III: De don fray Francisco Ximénez de Cisneros, arzobispo*

Mendozas — relatives had opposed the statutes.

de Toledo, cardenal, comenzado». No pudiendo terminarla de momento, se la envió a su condiscípulo Juan de Vergara, rogándole que la revisara. «La minuta de las personas envío también a Vm. para que me escriba su parecer si son dignas o no, porque lo tendré yo por gloria y precepto de lo que haya de hacer adelante, si tuviese tiempo».

El duque del Infantado le planteó ocho cuestiones de carácter histórico. El Dr. Vergara las estudió detenidamente. Sus respuestas forman un opúsculo *Tratado de las ocho cuestiones del templo,* Toledo 1552, que le valió por parte de Menéndez Pelayo el título de «padre de la crítica histórica». Añade el polígrafo santanderino, que este libro «fue para su tiempo una solemne lección de crítica histórica, donde muele y tritura las ficciones de Anio Viterbiense». La influencia de este tratado en la obra *De locis theologicis,* la confiesa el mismo Melchor Cano por lo que toca al libro XI: «Atque eas omnes sigillatim Joannes Vergara, canonicus Toletanus, vir graecae ac latinae linguae peritissimus in libello octo quaestionum hispanice edito accuratius refutavit, cuius nos opera et diligentia multum hoc loco adjuti sumus». Pero tal influjo se extiende también a otros libros, como lo ha demostrado el religioso agustino José Sanz y Sanz publicando a dos columnas textos paralelos de ambos autores.

Fue, además, «poeta de tan severa y clásica inspiración como lo acreditan algunos epigramas suyos, que andan con los *Idilios,* de Alvar Gómez» (Menéndez Pelayo).

Para el libro de Memorias de la catedral de Toledo compuso un Memorial en castellano sobre la vida, virtudes y penitencias del cardenal Cisneros, en el que declara que su autor «fue primero su colegial del Colegio de San Ildefonso, y después su secretario, y uno de los que seguían sus disputas, y al presente es canónigo indigno de su iglesia».

Su paisano Alvar Gómez de Castro, acuciado por el deseo de escribir la vida de Francisco Ximénez de Cisneros, acudió a Bernardino de Alcaraz, maestrescuela de Toledo. Este le puso en contacto con el Dr. Juan de Vergara. Después de varias conversaciones, Alvar logró inducir a Vergara, aunque estaba atormentado por la vejez y por enfermedades atrocísimas, a ilustrar la vida de Cisneros. En el primer ardor escribió los orígenes y primeros años del cardenal tan bellamente, que en pocas páginas aclaró no pocos extremos sólo conocidos de muy contadas personas. Luego, en los tres años que todavía vivió, se enfrió aquel primer impulso debido al recrudecimiento de sus enfermedades. A su muerte, Alvar se hizo cargo de este Memorial latino y de los demás documentos reunidos por Vergara. La enfermedad le impidió llevar a cabo otros dos proyectos: ilustrar el libro del Eclesiástico con algunos escolios y terminar la traducción de la novela bizantina de Heliodoro *Historia etiópica de Teágenes y Cariclea,* comenzada por su hermano Francisco de Vergara; Juan llegó a solicitar en la corte un privilegio para la impresión, pero al fin la obra quedó inédita en la biblioteca del duque del Infantado.

Bernardino de Alcaraz, maestrescuela de la Iglesia primada y sobrino del fundador de la universidad de Toledo, en su testamento encargó a Juan de Vergara y a otros dos personajes, que anexionasen algunos beneficios a las cátedras de la nueva universidad (5-III-1556). No se sabe si lo hizo. Vergara estaba más para arreglar sus cosas que las ajenas. El 16-II-1557 redactó su último testamento de inspiración netamente católica. No quiere que se gaste nada en lutos de parientes o criados. Prefiere que en su lugar se distribuyan 1.000 maravedís a los pobres. Manda que se celebren 1.000 misas por su alma y otras 200 por los colegiales y capellanes del Colegio principal de San Ildefonso, donde fue colegial, a pesar de que ya cumplió con su obligación.

Al refectorio de la iglesia de Toledo deja 10.000 maravedís en satisfacción de lo que él ha ganado defectuosamente. Quiere que se le diga el oficio de difuntos en la iglesia colegial de Santos Justo y Pastor de Alcalá, «donde soy canónigo». Dispone que se repartan determinadas cantidades de limosna en varios pueblos donde poseyó beneficios y que se conserven siempre las 100 fanegas de trigo que tiene depositadas en Camarma de Esteruelas, donde fue cura, para socorro de los pobres de dicho lugar y de su anejo Villaviciosa. Deja a su hermana Isabel el goce vitalicio de 50.000 maravedís de renta de juro, con la condición de que cuando ella muera, reviertan al grueso de la herencia.

A su primo Alonso de Cortona le asigna 50.000 maravedís de los frutos que se le debieren, al tiempo de su fallecimiento, del beneficio de Tortuero y La Puebla, que se lo deja, y una docena de libros griegos o latinos a elección del interesado. Su hermana Isabel podrá tomar otra docena de libros latinos o de romance para su lectura, y no para darlos ni para otro efecto; los restantes serán vendidos. Declara que obtuvo bulas nombrando a su sobrino Juan de la Cerda coadjutor con derecho a sucesión de su canonjía de Toledo, y parece que también cedió en su favor un beneficio en Torrelaguna para después de sus días.

Aparte de algunas otras mandas, deja por heredero universal de todos sus bienes muebles y raíces al hospital de locos y dementes de la Visitación de Nuestra Señora, que fundó en Toledo el nuncio Francisco Ortiz, canónigo de la iglesia primada, y quiere que se inviertan en aumento de su comida y en un mejor cuidado de su enfermedad, de suerte que se curen. Por último, dispone que en dicho hospital se diga una misa diaria por él y sus allegados, y un aniversario en la catedral toledana.

Evidentemente, su casa era suntuosa, adornada con muebles y valiosos objetos de lujo. Entre ellos figuraban un retrato de Erasmo, un retrato del propio Dr. Juan de Vergara y una piedra negra guarnecida de oro alrededor y en medio una figura de Cristo de oro.

El inventario de sus bienes guarda silencio sobre los libros y manuscritos del Dr. Vergara. Sus papeles, al menos en parte, pasaron a manos del humanista Alvar Gómez de Castro. Este, en su testamento, legó a la Biblioteca Capitular de Toledo la versión de Aristóteles, hecha por Vergara, y «un libro de mano de cosas del Dr. Vergara y cartas de Erasmo y otros» a reserva de que este libro fuera examinado por uno de sus ejecutores testamentarios. Esta *Miscelánea* pasó sucesivamente a poder de D. Luis de Castilla y del conde-duque de Olivares. Parte de ella, la más importante, se conserva actualmente en el ms. 17460 de la Biblioteca Nacional de Madrid. El paradero del resto se desconoce. Afortunadamente, antes de que desapareciera, un erudito español del siglo XVIII sacó una copia. Una parte de esta copia se encuentra en el ms. 18675 de la Biblioteca Nacional de Madrid, otra en la colección Heine, de Munich; el resto, no ha sido aún localizado. «Existe, pues, una doble esperanza de reencontrar el conjunto perdido» (Bataillon). Este es el problema más importante con que se enfrenta en la actualidad la historia del erasmismo español.

OBRAS: [*De Accademia Complutensi commentarii*], 1512, paradero desconocido; Corrección del N. T., 1514; Versión interlineal del griego al latín de los Proverbios, Sabiduría, Eclesiástico, Eclesiastés, Job y otros libros, impresa en la Biblia de Alcalá; Traducción del griego al latín de la Física, De Anima y Metafísica de Aristóteles, 1515-1517, ms. autógrafo en la Biblioteca Catedral de Toledo, sign. 96-30; *Súplica del cabildo de Toledo a Paulo III sobre el subsidio eclesiástico, redactada en latín por el Dr. Vergara (19-XI-1539):* Pamplona, Bibl. Catedral, ms. 108, ff. 9v-19v; *Carta del cabildo de Toledo al príncipe sobre la junta para lo del subsidio, redactada en castellano por el Dr. Verga-*

ra: ib., ff. 5r-6r; *Representación original que con otros capitulares dio [Juan de Vergara] al Consejo de Castilla,* ms. 675 de la Bibl. Nac., Madrid. [*Memorial castellano sobre la vida, virtudes y penitencias del cardenal Cisneros*]; paradero desconocido; Libro de dotaciones y memorias, de la Biblioteca Catedral de Toledo; *Respuesta de Joan de Bergara a una duda, si la potestad que dio Cristo a los Apóstoles fue igual a todos,* ms. desaparecido; *Tratado de las ocho questiones del templo, propuestas por el Illmo. Señor Duque del Infantadgo: respondidas por el Doctor Vergara, canónigo de Toledo,* Toledo 1552, reimpreso por Cerdá y Rico, *Clarorum hispanorum opuscula selecta et rariora,* Ma. 1781, 94 págs.; *Memorial latino sobre la vida del cardenal Cisneros,* c. 1549, paradero desconocido; *Inscriptiones et epigrammata J. Vergarae:* los publica Alvar Gómez de Castro junto con algunos epigramas latinos propios y ajenos en su opúsculo *Edyllia aliquot sive poematia,* Lyon 1558, 77 págs.; Epistolario: la colección epistolar de Vergara ha llegado parcialmente a nosotros en forma de originales (Bibl. Nac., Madrid, ms. 17460) y de copias (ms. 18675 de la Bibl. Nac., Madrid y colección Heine, de Munich). Muchas de sus cartas se hallan dispersas en las obras de L. Marineo Sículo, Erasmo, Vives, Fermín Caballero, Allen, Duquesa de Alba, Menéndez Pelayo, Longhurst, etc. Urge reconstruir su epistolario, o mejor, sus obras completas.

BIBL.: M. Bataillon, *Erasmo y España, Estudios sobre la historia espiritual del siglo XVI,* Méjico 1966, 2.ª ed. española; J. Urriza, *La preclara facultad de Artes y de Filosofía de la universidad de Alcalá de Henares en el siglo de Oro, 1509-1621,* Ma. 1942; A. de la Torre, *La universidad de Alcalá, Datos para su historia, Cátedras y catedráticos desde la inauguración del colegio de San Ildefonso hasta San Lucas, de 1519:* R159, 21(1909)280-83, 419; J. Rezábal y Ugarte, *Biblioteca de los escritores que han sido individuos de los seis colegios mayores,* Ma. 1805, 419-24; J. Beumer, *Erasmus der Europäer. Die Beziehungen des Rotterodamers zu den Humanisten seiner Zeit unter den verschiedenen Nationen Europas,* Werl in Westf. 1969; Al, I, 792-94; A. Schottus, *Hispaniae Bibliotheca,* Fra. 1608, 552-55; P. de Quintanilla, *Archivo complutense,* Palermo 1652, 51-53, 72-73; P. S. Allen y H. M. Allen, *Opus epistolarum Desiderii Erasmi Roterodami,* Ox. 1922-58, t. IV-XII (cf. índice del vol. XII); A. Bonilla y San Martín, *Clarorum hispaniensium epistolae:* R71bis', 8(1901)181-308; M. Serrano y Sanz, *Juan de Vergara y la Inquisición de Toledo:* R159, 5(1901)896-912; 6(1902)29-42, 466-86; J. E. Longhurst, *Alumbrados, erasmistas y luteranos en el proceso de Juan de Vergara:* R40', fasc. 27(1958)99-163; 28(1958) 102-165; 29-30(1959)266-92; 31-32(1960)322-56; 35-36(1962) 337-53; 37-38(1963)356-71; M. Menéndez Pelayo, *Historia de los heterodoxos españoles,* San. 1947, III, 77-78; id., *Bibliografía hispano-latina clásica,* San. 1950, III, 262-64 (tomos 37 y 46 de la Ed. nacional de las obras completas); M. de la Pinta Llorente, *El erasmismo del doctor Juan de Vergara y otras interpretaciones,* Ma. 1945; id., *Una testificación del erasmista Alonso Virués contra el Dr. Juan de Vergara:* R75, 153(1941)345-55; id., *El humanista toledano Juan de Vergara* (notas para su segundo proceso): R75, 154(1942)365-73; id., *Aspectos históricos del sentimiento religioso en España, Ortodoxia y heterodoxia,* Ma. 1961, 145-175 (testamento de J. de V.); M. Bataillon, *Les sources espagnoles de l'«Opus epistolarum Erasmi»:* R28', 31(1929)181-203; F. de B. San Román, *El testamento del humanista Alvar Gómez:* R57, 15(1928)543-66; A. Bonilla y San Martín, *Luis Vives y la filosofía del Renacimiento,* 3 vols., Ma. 1929; J. Sanz y Sanz, *Melchor Cano: Cuestiones fundamentales de crítica histórica sobre su vida y escritos,* Monachil 1959; A. Gómez de Castro, *De rebus gestis a Francisco Ximenio Cisnerio,* Alc. 1569, prefacio f. 4; 38, 224v; L. Marineo Sículo, *Epistolarum familiarium libri XVII,* Va. 1514; A. García Matamoros, *Apología «Pro adserenda hispanorum eruditione»,* ed. y trad. de J. López de Toro, Ma. 1953, 215; F. Caballero, *Alonso y Juan de Valdés,* Ma. 1875; Duquesa de Berwick y de Alba, *Documentos escogidos del Archivo de la Casa de Alba,* Ma. 1891, 239-40; M. Salon, *Libro de la vida y milagros de Santo Tomás de Villanueva,* Ma. 1906, 46-47; P. Jobit, *El obispo de los pobres, Santo Tomás de Villanueva (1486-1555),* Av. 1965; C. Pérez Pastor, *La imprenta en Toledo,* Ma. 1887, 105, núm. 263; V. Beltrán de Heredia, *La facultad de Teología en la universidad de Toledo: Miscelánea Beltrán de Heredia,* Sal. 1973, IV, 323; id., *Cartu-*

lario de la universidad de Salamanca, III, Sa. 1971, 482-83, 526 y 555; V, Sa. 1972, 331-32, 342-43, 348-49, 363, 372, 375-76, 426-27, 430-33 y 443; J. Muñoz Sendino, *Juan de Vergara y la cultura de su tiempo,* en preparación.

J. Goñi

VERGARA, Sebastián, OSB (Arroya [Orense] † Silos [Burgos] 6-IV-1748) historiador. A los diecisiete años ingresa en el monasterio de Silos. Ocupa después importantes cargos en la Congregación de San Benito de Valladolid, entre ellos abad de Silos y dos veces de San Martín de Madrid.

OBRAS: *Vida y milagros de el Thaumaturgo español Moysés segundo... Sto. Domingo Manso,* Ma. 1736, libro en el que resume lo dicho por autores que anteriormente se habían ocupado del santo y lo completa con el relato de la traslación de las reliquias a su nueva capilla en 1733. Intercala, además, en la obra, la vida del santo por el monje Grimaldo, según el manuscrito original, la de Gonzalo de Berceo, compuesta en versos castellanos, y el relato de los milagros de Pero Marín. Se le atribuye también la noticia sobre Silos remitida en 1727 a los benedictinos de San Germán de París, para los *Anales* de Mabillon, conservada actualmente en la Biblioteca Nacional de París, Fonds espagnols, 321 y ss.

BIBL.: *Informe de limpieza de sangre:* Archivo de Silos, ms. 114, 2; M. Férotin, *Histoire de l'Abbaye de Silos,* Par. 1897, 24-246; D3, 66, 930-987; C. Gutiérrez, *Vida y milagros de Santo Domingo de Silos,* 2.ª ed., Ma. 1951, prólogo; J. del Alamo, *Vida histórico-crítica del taumaturgo español Santo Domingo de Silos,* Ma. 1953, 33-34.

T. Moral

VIANA, Gaspar de, OFMCap (Viana [Navarra] † 1676) predicador y escritor ascético. Vistió el hábito en 1635. Fue escritor notable de obras ascéticas.

OBRAS: *Luz clarísima que desengaña, mueve, guía y aficiona las almas que aspiran a la perfección...,* Ma. 1661, 2.ª ed. Ma. 1672; *Luz práctica del mejor camino del cielo y de la perfección cristiana,* 2 vols., Ma. 1665 y 1667; *El sol de nuestra España, el Abulense, en discursos morales, políticos y espirituales. Lamentaciones cristianas...,* 2 vols., Ma. 1670 y 1675. Esta última obra es material de predicación.

BIBL.: N17, I, 231; N10, 228; N9, 322-338.

L. de Aspurz

VIANCHA, Guigo de, (siglo xv). Comendador de las casas de San Antonio de Cervera y Barcelona, de la Orden Hospitalaria de Canónigos Regulares de San Agustín. Actuó como enviado de los conselleres de Barcelona y de los diputados del General de Cataluña, para la obtención del rescate de los mensajeros barceloneses cautivos en Génova, como consecuencia del desastre naval de la Isla de Ponza, entre la armada de Alfonso el Magnánimo y la de los genoveses (1436).

BIBL.: J. M. Madurell Marimón, *Mensajeros barceloneses en la Corte de Nápoles de Alfonso V de Aragón, 1435-1458,* Ba. 1963, 23, 137, 140, 171, 172, 175.

J. M. Madurell

VIBALDO, Martín Alfonso, (Toledo c. 1544 † 1605) canonista. Fue colegial de San Clemente de Bolonia, donde estudió Teología y Derecho. Enseñó Teología en Bolonia. Fue canónigo regular de la Congregación de San Salvador.

OBRAS: *Candelabrum aureum Ecclesiae Sanctae Dei in quo de septem sacramentis, censuris et irregularitatibus praecipue agitur,* Bo. 1588, Brixia 1590, Ba. 1596, Ve. 1602, etc.; *Explanatio in tres Sixti V... constitutiones: de clericis male promotis, contra procurantes abortum, de habitu et tonsura; Baculus sacerdotalis,* Col. 1600, Ve. s. a.; *Bellum legale inter leges et consuetudines; Zelus Christi contra iudaeos, saracenos et infideles,* Ve. 1592.

BIBL.: A1, II, 90.

A. García y García

VICARIATO CASTRENSE. Llamado en otras naciones Ordinariato Militar, es una diócesis de carácter personal que se ocupa de la asistencia religiosa a las Fuerzas Armadas. La importancia trascendental de esta institución (más que tricentenaria en España), ha quedado consignada en la Constitución *Christus Dominus* del Vaticano II que dice: «Como se debe especial solicitud al cuidado espiritual de los soldados por las peculiares condiciones de su vida, eríjase en cada nación, según se pudiere, un Vicariato Castrense. Tanto el Vicario como los capellanes se consagrarán fervorosamente a esta difícil obra en unánime cooperación con los obispos diocesanos» (Ch. D., n. 43). Su historia, su organización actual y su episcopologio serán objeto del presente estudio.

1. **Historia.** El servicio religioso castrense en España, es tan antiguo como el Ejército. Su historia medieval recoge la presencia del sacerdote que asistía religiosamente a las tropas; pero eran tropas afectas al territorio, movilizadas con propósitos de conquista, para una empresa determinada, disolviéndose después. Por tanto, su asistencia religiosa era circunstancial. Cuando los ejércitos se hacen permanentes, surge el soldado profesional, habitualmente separado de su diócesis. Es entonces cuando el sacerdote se verá incorporado de una manera definitiva a la milicia. Los soldados de los famosos «tercios», serán los primeros con los que el capellán convivirá día y noche.

Sin embargo, el sacerdote castrense de este tiempo no tenia atribuciones fijas, ni gozaba de privilegios en beneficio de sus tropas. Dependía en todo de su propio ordinario, y su acción ministerial estaba sometida al del lugar en donde su unidad militar acampaba. Existía, pues, una asistencia religiosa en los Ejércitos; pero no una jurisdicción castrense organizada. La situación era precaria y los conflictos menudeaban con evidente perjuicio para las almas. Los litigios de carácter canónico, principalmente los matrimoniales, dada la gran movilidad de aquellas tropas, se hacían interminables. Era urgente crear una jurisdicción especial acomodada a la constitución especial de la milicia.

Etapa 1644-1736. El papa Inocencio X, a instancias de Felipe IV, dio el Breve *Cum sicut Maiestatis tuae*, Breve fundacional, 26-IX-1644, por el que se creaba una jurisdicción especial para el servicio religioso de las tropas. Recaía en un grupo de capellanes (capellanes mayores) que recibían sus facultades eclesiásticas —las determinadas en el Breve— del mismo sumo pontífice, sin limitación de territorios, ni adscripción a diócesis determinada, y con facultad de delegarlas a otros sacerdotes a quienes el rey confiase destinos de campaña. Afectaba el privilegio a «cuantos viven y se hallan en los ejércitos de operaciones y separados de sus propias diócesis». Las facultades se concedían de modo permanente «mientras hubiera guerra y la Santa Sede no retirase la gracia otorgada».

Ya era mucho. Pero la exención concedida por el Breve era muy incompleta y, sobre todo, limitada al tiempo de guerra. Por otra parte, carecía de unidad. De aquí las graves dificultades prácticas para el mejor funcionamiento de aquel incipiente Vicariato Castrense. Algunas se fueron resolviendo con los respectivos edictos del Vicario D. Carlos de Borja y Centellas, 20-IV-1705 y 27-I-1716, ya patriarca de las Indias. Se creaba un Vicariato *único* para todos los Ejércitos, 20-IV-1705, y se ordenaba que «los militares, en los casos pertenecientes al fuero eclesiástico, acudieran a los jueces de la Vicaría General de los Ejércitos».

Etapa 1736-1762. Después de 20 años de suspensión, se inició otra etapa con el Breve *Quoniam in exercitibus*, 4-II-1736, del papa Clemente XII, dirigido al rey Felipe V. Como innovaciones fundamentales, contiene la institución del capellán mayor, al que confiere el papa todas las facultades mencionadas en el Breve, con derecho de subdelegación en otros sacerdotes «ejemplares e idóneos». Estas facultades, notablemente ampliadas, se hacen extensivas al tiempo de paz y tendrán una duración de siete años. Al unificarse todas ellas en la persona del capellán mayor, los capellanes de la Armada se incorporaron al único Vicariato existente. La aplicación del Breve encontró fuerte oposición en los ordinarios diocesanos, tanto que hasta 1741 no se dio a conocer de una manera oficial, fecha en que se proveyó el cargo en la persona de D. Francisco del Castillo y Vintimilla, obispo de Barcelona, 10-II-1741 a 15-IX-1749, a quien sucedió D. Francisco Díaz Santos Bullón, 27-XII-1749 a 4-II-1750, con el cual cesa otra vez la jurisdicción.

Etapa 1762-1933. La profunda reorganización del Ejército y la Marina que llevó a cabo Carlos III, llegó también al Vicariato. Solicitó de la Sede Apostólica un nuevo Breve por el que se delegasen todas las facultades jurisdiccionales de una manera directa al patriarca de las Indias. Acogió benignamente esta súplica el papa Clemente XIII en su Breve *Quoniam in exercitibus*, 10-III-1762. En su parte dispositiva transcribía casi literalmente el de Clemente XII; pero, en conformidad con la petición del Rey, unía el Vicariato con el Patriarcado en la persona del cardenal D. Buenaventura de Córdoba y Spínola de la Cerda, 11-V-1762 a 6-V-1777, «actual Patriarca de las Indias... y al que por tiempo lo fuere, el cual ahora y en adelante deberá ser Capellán Mayor o Vicario de los Exércitos del referido Rey Carlos». A partir de esta fecha, todos los de la misma dignidad ostentarán el título de Patriarca unido al de Vicario General Castrense. Así, ininterrumpidamente, hasta 1933. Ya antes, en 1931, la República restringió primero el servicio religioso castrense y después, por ley de 30-VII-1932, lo suprimió definitivamente.

Renovado el Breve cada siete años, es digno de especial mención el *Compertum est nobis* de Pío VII, 12-VI-1807, en el que se establecen normas para determinar los límites de la jurisdicción castrense, finalizando así una larga serie de conflictos repetidos. Es el mismo que posteriormente se ha venido prorrogando con las modificaciones exigidas por las circunstancias. Al instaurarse en España la primera República, el Ministerio de Pi y Margall suprimió el Vicariato y sus dependencias, 21-VI-1873. Pero la supresión duró muy poco. Los regimientos empeñados en las guerras carlistas pidieron con insistencia la presencia de sus capellanes, y éstos, a su vez, rogaron al ministro de la Guerra que les permitiese continuar prestando sus servicios desinteresadamente. Y el decreto, muy pronto, quedó sin efecto. El último Breve renovado fue el de Pío XI, 1-I-1926. Expiró en 1933 y no se renovó, porque la segunda República había disuelto el Cuerpo Eclesiástico Castrense. Durante esta etapa se sucedieron 23 Vicarios Castrenses. Citemos como nombres más conocidos a Fray Ceferino González, 18-IX-1885 a 1-IV-1886, y a D. Jaime Cardona y Tur, 1-XII-1892 a 3-I-1923.

Las características de esta jurisdicción eran las siguientes: se trataba de una jurisdicción *ordinaria*, a tenor del canon 197 del actual Código de Derecho Canónico, aunque *vicaria*, como ejercida en nombre y por autoridad del Romano Pontífice, del cual el vicario castrense sería como el vicario general; era una jurisdicción *personal*, ejercida solamente en los aforados del Vicariato a tenor de los Breves, independientemente del territorio en que aquellos se encontraran; era *exempta* o *privativa*, por estar fundada en privilegios pontificios que separaban de la potestad de los obispos diocesanos determinadas cosas y personas, cuyo gobierno y administración quedaban encomendadas a un delegado del papa, el vicario general castrense; finalmente, se trataba de una jurisdicción verdaderamente *episcopal*, en su triple función legislativa, judicial y ejecutiva, tanto en el fuero interno como en el externo, estando regulada la actuación ministerial y apostólica de los capellanes por sendos reglamentos orgánicos, distintos para el Ejército y la Armada, atendidas sus peculiares características.

Etapa 1936-1950. Al advenir el Movimiento Nacional, además de los capellanes de los suprimidos Cuerpos Eclesiásticos, acudieron otros muchos sacerdotes a prestar su sagrado ministerio en las Fuerzas Armadas. Creada en Burgos la Secretaría de Guerra, se trató de organizar este servicio religioso, para lo cual dictó algunas disposiciones en diciembre de 1936. Fue el cardenal Gomá, arzobispo de Toledo y primado de España, quien elevó escrito a la Santa Sede exponiendo la necesidad del servicio religioso para las Fuerzas Armadas en guerra. Como contestación, recibió el encargo de «proveer temporalmente hasta nueva disposición de la Santa Sede... a la asistencia religiosa de los militares de Tierra, Mar y Aire mediante la constitución de un organismo que responda a las actuales circunstancias y dependiente de V. E.» Un decreto de 6-V-1937 dio cauce legal a esta delegación pontificia. Y para que todos los capellanes conocieran sus obligaciones y derechos, se publicó un reglamento provisional, para el régimen interno del clero castrense.

Terminada la guerra, se reorganizó el servicio religioso castrense. Por ley de 12-VII-1940 se restablecía el Cuerpo Eclesiástico del Ejército que había disuelto la República. El 22-VIII-1940 moría el cardenal Gomá y la Santa Sede otorgaba al administrador apostólico de aquella archidiócesis, hasta entonces Provicario Castrense, Dr. Modrego Casaus, «las facultades de que gozaba el cardenal acerca del clero castrense». Un decreto de 24-VI-1941 establecía las provisiones de personal del Cuerpo Eclesiástico de la Armada, que quedaba organizado por la ley de 31-XII-1945. Otra ley del mismo año creaba el Cuerpo Eclesiástico del Aire. Una orden circular de 25-VIII-1942 publicaba con carácter provisional el reglamento del Cuerpo Eclesiástico del Ejército. Dos decretos, 23-V-1947 y 10-I-1947, publicaban, también con carácter provisional, los de Marina y Aire. Finalmente, el 5-VIII-1950, se firmaba en Roma el Convenio sobre asistencia religiosa de las Fuerzas Armadas y Jurisdicción Castrense; con su puesta en vigor el año 1951, comenzó la etapa actual.

2. Organización actual. El 1-III-1951 se hacía cargo de la jurisdicción eclesiástica castrense D. Luis Alonso Muñoyerro, el cual iniciaba así la etapa actual del Vicariato. Pío XII asignó al vicario castrense el título de arzobispo de Sión que tradicionalmente habían ostentado varios vicarios desde 1892, en este caso, elevado a la dignidad arzobispal. En el Concilio Vaticano II los orientales expresaron su deseo de que las diócesis titulares de Oriente no fuesen detentadas por prelados occidentales. Por lo cual la bula de nombramiento de 20-II-1969, dada en favor del actual vicario general Fray José López Ortiz, la traslada «a la sede titular de Grado creada para el Vicario general castrense de las Fuerzas Armadas Españolas». El arzobispo de Grado, «que por tiempo lo sea, no es meramente titular, sino con jurisdicción ordinaria vicaria que va aneja al cargo de vicario castrense por el derecho concordado» (c. 197).

Actualmente componen el Cuerpo Eclesiástico de las Fuerzas Armadas, el vicario general, los tenientes vicarios y los capellanes castrenses. El vicario general es designado conforme a las normas generales del nombramiento de obispos en España. Tiene *potestad jurisdiccional* pública de regir súbditos de la Iglesia, que desciende del poder supremo del sumo pontífice. Esta potestad es del *fuero externo e interno*, pues es

verdadero prelado en sentido propio (C. 110); *voluntaria* o *extrajudicial* tanto *legislativa*, para dar disposiciones, instrucciones y preceptos generales o particulares ordenados al bien de las almas y al régimen eclesiástico castrense, como *administrativa* o *gubernativa*: puede ejercer, sobre sus capellanes y sobre los demás súbditos en cosas militares, aquellas funciones que tienen los obispos sobre su clero o cosas diocesanas. Tiene también potestad *vindicativa*: puede imponer penas canónicas por vía administrativa, no solo a los capellanes, sino también a todos sus aforados, a tenor de los sagrados cánones (Convenio, art. 6). No tiene potestad judicial o contenciosa, «salvo los derechos que en materia penal competen al Vicario General Castrense... Las causas criminales o contenciosas..., serán examinadas y decididas por el Tribunal de la Rota de la Nunciatura Apostólica en España» (Norma aclaratoria tercera).

Los *tenientes vicarios* son capellanes que hacen las veces del vicario general en las Regiones Militares, Departamentos Marítimos y Zonas Aéreas. Podemos decir que se trata de una institución típicamente española. La instrucción de la Sagrada Congregación Consistorial no los menciona; ni se usa el término en los demás Vicariatos Castrenses modernos. No debe confundirse su figura con la de los tres capellanes que con el nombre de provicario, director de asistencia religiosa, e inspector del Cuerpo, existen respectivamente en los Ministerios del Ejército, Marina y Aire. Actualmente, los tenientes vicarios son delegados del vicario general castrense. Así lo establecen los reglamentos de los tres Cuerpos Eclesiásticos, y de una manera clara la Sagrada Congregación de Sacramentos que concede «facultad de subdelegar habitualmente a los tenientes vicarios contra lo dispuesto en el canon 1.096, para que cada uno en su circunscripción pueda asistir a los matrimonios de los aforados castrenses... quedándoles prohibido que puedan subdelegar» (Rescripto 2-XII-1972). El nombramiento eclesiástico de estos delegados corresponde al vicario castrense. Se requiere grado mayor en Teología o Cánones e idoneidad canónica.

Vacante el Vicariato, «el Teniente Vicario de los Cuerpos Eclesiásticos Castrenses que, ejerciendo funciones de gobierno en los Ministerios o en el territorio de la 1.ª Región Militar, tenga mayor categoría y sea el más antiguo en la misma, asumirá las facultades del vicario general castrense, con las limitaciones pertinentes por no hallarse adornado con la dignidad episcopal» (Norma 1.ª pontificia).

Los *capellanes castrenses* son los encargados inmediatos de la cura de almas de los militares. Pueden ser profesionales o militares y civiles. Los primeros se subdividen en dos categorías: profesionales de oposición y movilizados, los civiles son los no militarizados, nombrados por el vicario general castrense de acuerdo con los obispos diocesanos y superiores religiosos. El ingreso en el Cuerpo Eclesiástico se hace mediante oposición. Pueden concurrir los presbíteros españoles debidamente autorizados por sus respectivos ordinarios y que cumplan las condiciones exigidas por la convocatoria. Los movilizados serán llamados a ejercer sus funciones de sagrado ministerio por un tiempo no superior a la duración del servicio militar normal.

Las *características* de la actual jurisdicción castrense española, unas son generales y otras particulares. Entre las primeras figuran las siguientes: se trata de una *jurisdicción canónica*. Solo una breve referencia hace el Código de Derecho Canónico sobre la asistencia religiosa de los militares. El canon 451, párrafo 3.º establece: «tocante a los capellanes militares sean mayores o menores, hay que atenerse a las peculiares disposiciones de la Santa Sede»; de aquí que sean los

Concordatos, o los Convenios particulares entre la Santa Sede y los Estados, con los documentos constitutivos de cada Vicariato Castrense, las fuentes principales de donde dimana la concreción de la naturaleza jurídica y la competencia de la jurisdicción castrense. Pero, aunque las fuentes sean distintas, la regulación ha de proceder necesariamente de la Iglesia. *Jurisdicción convenida:* surge, en efecto, en virtud del Convenio de 5-VIII-1950, celebrado entre la Santa Sede y el Gobierno Español. Como ya indicamos en la historia de esta jurisdicción, ha sido tradicional la concesión de la misma a través de Breves pontificios que se renovaban cada siete años. *Jurisdicción concordada:* El actual Convenio ha quedado incorporado al Concordato vigente, el cual, en su art. 32, núm. 1, dice: «la asistencia a las Fuerzas Armadas seguirá regulada conforme al Acuerdo del 5 de agosto de 1950.» Por primera vez, nos encontramos con una jurisdicción castrense que es materia concordada y perpetua de suyo, como el mismo Concordato. *Nutrida por los prelados diocesanos:* así se expresa el Concordato en su art. 32, núm. 2: «los Ordinarios diocesanos, conscientes de la necesidad de asegurar una adecuada asistencia espiritual a todos los que prestan servicio bajo las armas, considerarán como parte de su deber pastoral proveer al Vicariato Castrense de un número suficiente de sacerdotes celosos y bien preparados, para cumplir dignamente su importante y delicada misión.» Esta disposición parece lógica teniendo en cuenta que el Vicariato Castrense no tiene clero propio, ni posibilidad de formarlo, pues solo se admite el domicilio o «cuasi domicilio» diocesano y parroquial no castrense. En otra naciones también pueden ser capellanes profesionales los religiosos de Ordenes y Congregaciones. En España han quedado excluidos.

Entre las *características específicas* figuran las siguientes: se trata de una potestad *ordinaria:* según el canon 197, en cuanto que por el mismo derecho va aneja al oficio y que el capellán adquiere, por analogía con los párrocos locales (c. 461), desde el momento mismo en que haya tomado posesión, mediante la presentación al jefe de su Unidad de destino después de ser oficialmente nombrado; *jurisdicción personal:* solamente sobre los súbditos consignados en el decreto de erección del Vicariato; *jurisdicción no exclusiva,* sino cumulativa, con los ordinarios y párrocos locales. Este carácter cumulativo implica que los ordinarios y párrocos locales conservan enteramente su jurisdicción sobre todo el personal militar que se encuentre dentro de los límites del territorio de su competencia; *preferente:* para eliminar o al menos reducir los conflictos, se determina que la jurisdicción castrense sea preferente en los lugares militares, es decir, subordina el ejercicio de la potestad cumulativa del ordinario y párroco local a la del Vicario Castrense y capellanes, aconsejando que, en caso de duda, se alíen los esfuerzos apostólicos y que las acciones y funciones sean desempeñadas con la concordia debida, sobre todo fuera de los lugares militares»; la jurisdicción es *especial,* en cuanto hay en ella detalles que escapan del concepto común de la jurisdicción personal; porque los súbditos del Vicariato que son los determinados en el decreto de su constitución están en continuo movimiento y no son en una gran mayoría permanentemente tales, sino fluctuantes, ni son exclusivos del Vicariato Castrense. Siendo ordinaria y personal, no importa una exención local, y ni los lugares así dichos militares son exentos, ni el Vicariato tiene un clero estrictamente propio, en cuanto que los capellanes militares no pierden su propia diócesis. *Vicaria:* se ejerce por el Vicario Castrense, no en nombre propio, como el obispo diocesano, sino haciendo las veces de Romano Pontífice.

Súbditos de la jurisdicción eclesiástica castrense son: 1.º Los capellanes castrenses, hasta que por retiro u otras causas dejen de pertenecer al número de capellanes afectos a la asistencia religiosa en la Fuerzas Armadas. 2.º Los militares en servicio activo. Los soldados y los marineros están en esta situación desde su incorporación hasta su licenciamiento. Los jefes, oficiales y suboficiales se consideran en activo mientras no sean retirados por las causas que señalan las leyes. Los generales y almirantes no se retiran nunca. 3.º Los alumnos de las Academias y Escuelas Militares, los miembros de la Guardia Civil y la Policía Armada. 4.º Las familias de los militares y de los Guardias Civiles y de los Policías Armados, a saber las esposas e hijos menores o mayores, cuando vivan en su compañía. 5.º Por razón del lugar: los fieles (hombres o mujeres, seglares o religiosos) que: a) están en lugares reservados a los militares (cuarteles, aeropuertos, arsenales militares, residencia de las jefaturas militares, academias o escuelas militares, hospitales, tribunales, cárceles, campamentos); b) que presten establemente servicio al Ejército (empleados, obreros); c) que residan habitualmente o por cualquier concepto en dichos lugares militares.

En cuanto a las *facultades* del vicario general y de los capellanes, «el Vicario General Castrense... podrá solicitar de la Santa Sede la concesión y sucesiva renovación de las facultades, gracias y privilegios que estime conveniente» (Convenio, art. 5.º). El catálogo de las concedidas al Vicario español, por rescripto de la Congregación de los Obispos, para un quinquenio, lleva fecha de 2-XII-1972.

3. Vicarios Generales Castrenses. Desde que se constituyó el Vicariato *único* han ocupado el cargo los siguientes Vicarios Generales Castrenses: *Carlos de Borja y Centelles-Ponce de León,* 20-IV-1705 a 27-I-1716; (cesa la jurisdicción de 27-I-1716 a 10-II-1741); *Francisco del Castillo y Vintinilla,* 10-II-1741 a 15-IX-1749; *Francisco Díaz Santos Bullón,* 27-XII-1749 a 4-II-1750; (cesa la jurisdicción de 4-II-1750 a 11-V-1762); *Buenaventura de Córdoba Spínola de la Cerda,* 11-V-1762 a 6-V-1777; *Francisco Javier Delgado y Venegas,* 26-VIII-1777 a 11-VII-1781; *Cayetano de Adsor y Pares,* 31-XII-1781 a 12-VII-1782; *Manuel Ventura de Figueroa y Barreiro,* 9-IX-1782 a 3-IV-1783; *Antonio Senmanat y de Cartella,* 7-VIII-1783 a 7-IV-1806; *Ramón José Rebollar Oribarri,* 13-IV-1806 a 22-III-1808; *Pedro de Silva y Sarmiento,* 23-III-1808 a 8-XI-1808; *Miguel Oliván y Pólez,* 8-XI-1808 a 9-XII-1813; *Pedro Chaves de la Rosa,* 9-XII-1813 a 17-V-1814; *Francisco Antonio Cebrián y Valda,* 17-V-1814 a 10-II-1820; *Antonio Allué y Sesé,* 15-VIII-1820 a 25-IV-1842 (destituido por el Gobierno; como delegados suyos: Manuel Fraile García, 17-III-1834 a 8-I-1837; Pedro José Fonte, 10-II-1837 a 11-VI-1839 y Juan José Bonel y Orbe, 23-VII-1839 a 18-III-1848); *Antonio de Posada y Rubín de Celis,* 18-III-1848 a 22-XI-1851; *Tomás Iglesias y Bárcones,* 7-I-1852 a 8-V-1874 (durante su mandato actuaron: José Pulido y Espinosa, cismático, 26-XII-1870 a 24-III-1872; Pedro Reales y Fuentes, 24-III-1872 a 4-VI-1874; y Francisco de Paula Méndez, 9-VI-1874 a 7-II-1875); *Juan de la Cruz Ignacio Moreno Maisonave,* 7-II-1875 a 7-VI-1875; *Francisco de Paula Benavides y Navarrete,* 7-VI-1875 a 21-VII-1881; *José Moreno Monzón,* 2-VIII-1881 a 18-IX-1885; *Ceferino González y Díaz Tuñón,* 18-IX-1885 a 1-IV-1886; *Miguel Payá y Rico,* 25-VIII-1886 a 24-XII-1892; *Valeriano Menéndez Conde,* 8-II-1892 a 3-I-1923; *Jaime Cardona y Tur,* 1-XII-1892 a 3-I-1923; *Julián de Diego y García de Alcolea,* 11-V-1923 a 16-XII-1925; *Francisco Muñoz Izquierdo,* 16-XII-1925 a 29-XII-1928; *Ramón Pérez Rodríguez,* 4-I-1929 a 21-VII-1932; (el 30-VII-1932 fue disuelto el Cuerpo Eclesiástico del Ejército; el 2 de agosto del mismo año el de Marina, y el 10-III-1933 cesó la jurisdicción castrense); *Isidro Gomá y Tomás* (delegado pontificio), 28-II-1936 a 23-VIII-1940; *Gregorio Modrego y Casaus*, 23-VIII-1940 a 1-III-1951; *Luis Alonso Muñoyerro*, 1-III-1951 a 23-IX-1968; *José López Ortiz*, 20-II-1969, actual Vicario Castrense. De estos prelados, 10 fueron cardenales, 18 ostentaron el título de Patriarca de las Indias Occidentales, desde que el Breve de Clemente XIII, 10-III-1762, unió título y cargo en una sola persona. Algunos ejercieron también el cargo de capellán mayor de palacio. En este caso, naturalmente, se trata de dos jurisdicciones distintas, las dos exentas e independientes entre sí: una, la castrense, ejercida sobre los súbditos que los Breves jurisdiccionales asignaban como tales; otra, la palatina, que recaía sobre aquellas personas que se concretaban en las bulas pontificias. Otros simultanearon el cargo con una diócesis territorial. El cardenal Gomá, por citar un caso reciente, fue delegado pontificio siendo arzobispo de Toledo.

BIBL.: *Archivo General de Simancas*, Estado (Armadas y Galeras): Leg. 439-460; Estado (Flandes): Leg. 589, 609, 3.880, 3.889; Estado (Roma): Leg. 3.008, 3.009, 3.010, 3.011, 3.159 y 3.160; Estado (Nápoles): Leg. 1.027, 1.104, 3.308, 3.315; Estado (Sicilia): Leg. 34, 35, 1.136, 1.143, 1.159, 1.166. 1.557. 1.563, 1.892, 1.896; Estado (Milán): Leg. 1.896; Secretaría de Guerra I (Guerra Moderna): Leg. 5.363 a 5.368; Secretaría de Guerra II (Guerra Moderna): Leg. 6.525 y 6.526; Secretaría de Guerra III (Suplemento): Leg. 542; Secretaría de Marina: Leg. 195 a 204. *Archivo General Militar*, (Segovia), Sección 1.ª: Expedientes Personales y Sección 5.ª (Clero Castrense y Vicariato General Castrense). *Archivo del Palacio Nacional*, Leg. 41 (Patriarcado de Indias): Leg. 338 (Bulas Breves), Leg. 339; Leg. 1.141 (Capilla Real-Vicariato Castrense). *Archivo Histórico Militar*, Leg. 27 (Colección Conde de Cronard). *Archivo Diocesano de Barcelona*, Leg. de Vicariato Castrense (año 1739-1750); Libros y Expedientes de matrimonios militares. *Archivo del Ministerio de Asuntos Exteriores*: Leg. 1 a 1.125; 2.652 (Santa Sede): Reglamentos: Ejército: 1.804, 1.853, 1.854, 1.879, 1.889, 1.937, 1.942; Marina: 1.856, 1869, 1.877, 1.878, 1.881 y 1.947; Aire. 1.947. *Concordato entre la Santa Sede y el Gobierno Español 27-VIII-1953:* AAS, 45(1954)625 ss; *Instrucción de «Vicaris Castrensibus»*, 23-IV-1951: B. O. de la Jurisdicción Eclesiástica Castrense, 170(1951)198-201, y AAS, 11(1951)10; *Normas pontificias aclaratorias para aplicación del convenio sobre asistencia religiosa del Ejército Español, 25-I-1954:* B. O. de la J. E. C., 200(1954)40,42, y comentadas en: L. ALONSO MUÑOYERRO, *La Jurisdicción Eclesiástica Castrense en España*, Ma. 1954; *Reglamentos provisionales del Cuerpo Eclesiástico del Ejército*, 1942, *del Cuerpo Eclesiástico de la Armada*, 1947 y del *Cuerpo Eclesiástico del Aire*, 1947, en L. ALONSO MUÑOYERRO, O. C., 82-116; *Instrucción para el régimen interno de la Jurisdicción Eclesiástica Castrense:* B. O. de la J. E. C., 204(1954)146-168; *Normas y programas para ingresar en los Cuerpos Eclesiásticos del Ejército, de la Armada y del Aire*, dadas por el Excmo. Sr. Fray José López Ortiz: B. O. de la J. E. C., 387(1969)373-408; *Instrucción y disposiciones sobre la Parroquia Castrense*, del Excmo. Sr. Fray José López Ortiz: B. O. de la J. E. C., 402(1971)61-76. J. ALMIRANTE. *Bibliografía Militar de España*, Ma. 1876; *Bosquejo de la Historia Militar de España*, Ma. 1923, 4 vols.; L. ALONSO MUÑOYERRO, *La Jurisdicción Eclesiástica Castrense de España*, Ma. 1954; A. BACARDÍ, *Diccionario de Legislación Militar*, 4 vols., Ba. 1884-1886; J. BENÍTEZ Y MONTERO, *Tratados Militares*, Ma. 1679; E. CASTAÑEDA DELGADO, *La Ley de 13 de noviembre de 1957, relativa a los matrimonios militares:* R171, 13(1958)637-674; C. CLONARD, *Historia orgánica de las armas de Infantería y Caballería españolas*, Ma. 1851-1859, 16 vols.; F. COLÓN DE LARREATEGUI, *Juzgados militares de España y sus Indias*, Ma. 1817; S. COLLAZOS Y MANIAGUA, *Por la dignidad de la Vicaría General de los Ejércitos de S. M. en pleito con la dignidad Arzobispal de Toledo*, Ma. s. a.; J. COBARRUBIAS, *Máximas sobre recursos de fuerza*, Ma. 1829; A. CUENCA Y ARGÜELLO, *Ordenanzas eclesiásticas militares de la Armada Real del Mar Océano*, s. l. ni a.; E. DÍEZ MUÑIZ, *El matrimonio de militares en España a la luz de nuevos documentos inéditos:* Revista de Historia Militar, (1969)56-87;

M. EGUILUZ, *Milicia, discurso y regla militar*, Amberes 1525; C. FERNÁNDEZ DURO, *Disposiciones náuticas*, Ma. 1876; M. GARCÍA CASTRO, *Origen, desarrollo y vicisitudes de la Jurisdicción Eclesiástica Castrense:* R171, 5(1950)601-622; S. GERARDO SUÁREZ, *Jurisdicción Eclesiástica y Capellanías Castrenses*, Caracas 1972; J. P. MORALES Y ALONSO, *Tratado de Derecho eclesiástico general y particular de España*, Ma. 1892, 4 vols.; J. A. PORTUGUÉS, *Colección general de las Ordenanzas Militares*, Ma. 1764. F. A. PUGLIESE, *Storia e legislazione sulla cura pastorale alle Forze Armate* Tu. 1956; J. B. ROXO, *Porphyrico teológico, moral y militar*, Mesina 1713; F. RUIZ GARCÍA, *Jurisdicción Eclesiástica Militar. Nuevos documentos:* Revista Ejército, (1967)72-73; *Patriarcado de Indias y Vicariato General Castrense:* R171, 23(1967)499; F. V. SALA Y ABARCA, *Después de Dios la primera obligación y glosa de Ordenes Militares*, Na. 1681; J. TOVAR PATRÓN, *Los primeros súbditos de la Jurisdicción Castrense Española*, Bi. 1964; J. VILLAPLANA JOVÉ, *Legislación eclesiástica militar, civil, penal*, Villanueva y Geltrú 1916; P. ZAYDIN Y LABRID, *Colección de Breves y Rescriptos pontificios de la Jurisdicción eclesiástica castrense de España*, 2 vols. Ma. 1925-1928.

P. CASTAÑEDA Y E. DÍEZ

VICARIATO REGIO DE INDIAS. 1). *Bulas constitutivas.* La teoría del Vicariato Regio, según la cual el rey español sería vicario del papa en sus antiguas colonias ultramarinas aun para la vida espiritual de aquella Iglesia, arranca de la bula *Inter caetera* de Alejandro VI, dada en Roma a 3-V-1493: en ella asigna al rey la misión de «destinar» misioneros a las Indias, *destinare debeatis.* Esta bula venía a presentarse en un ambiente ya hecho a la idea de la colaboración activa de los poderes laicos en la vida de la Iglesia, por delegación del pontífice romano: Eugenio IV, *Etsi suscepti cura*, 1442, facultó al maestre de la portuguesa Orden de Cristo para que los misioneros escogidos por él pudieran ejercer facultades ministeriales, aun sacramentales, en territorios carentes de obispos, sin otro otorgamiento de poderes. Nicolás V, *Romanus pontifex*, 1455, encomendó al rey lusitano construir templos, enviar misioneros y que éstos, sin más, pudieran administrar los sacramentos. El citado Alejandro VI, *Eximiae devotionis*, 1493, extendió al rey español todos los privilegios, gracias y facultades concedidos al monarca portugués. Este complejo documental pontificio creó un ambiente ideológico: los monarcas podían ser investidos de facultades espirituales dentro del gobierno interno de la Iglesia. Con este criterio se leyó la frase *destinare debeatis* de la citada bula alejandrina, la primera de las indianas. Además, desde los días primeros de la intervención española en sus nuevos dominios, la Corona, en los reinados de Fernando V, Carlos V y Felipe II, había ejercido actos jurídicos en el gobierno eclesiástico: unos, de Patronato ordinario; otros, extraordinarios superpatronales, como la demarcación de las nuevas diócesis, contando siempre con la delegación papal en cada caso. Ellos, sin embargo, se ve por la historia de sus súplicas a Roma que no tuvieron conciencia de ser vicarios pontificios para actuar en lo estrictamente espiritual sacramental.

2). *El Vicariato en los canonistas.* En 1523 Adriano VI, bula *Omnimoda*, reglamentó la situación de los misioneros enviados por el rey, conjugando los tres poderes que podían intervenir en su apostolado. La misión canónica la daba el papa a los misioneros, elegidos por los superiores regulares y aprobados por el rey. A base de esta constitución se procedió en Indias mientras no se erigieron las primeras diócesis, o en los lugares a donde no llegaba la intervención episcopal. Al crearse las sedes indianas, saltó la duda de si aún perduraban las concesiones adrianas, o si había sido anulada la *Omnimoda* por el concilio tridentino, que sometía la acción pastoral de los regulares a los obispos diocesanos. Este problema se presentó más vivamente primero en Méjico. En 1524 llegaba fray Martín de

Valencia con otros 12 franciscanos, y en virtud de dicha bula y de las cédulas regias que garantizaban sus personas, llevaba formada la conciencia de ser delegado del papa. Con esta idea convocó la Junta apostólica de dicho año, con la intervención de 18 ó 19 misioneros de su Orden, más cinco sacerdotes diocesanos y tres o cuatro seglares letrados. No habiendo autoridad superior a quien dirigirse, la Junta determinó muchos puntos eclesiásticos que en una Iglesia formada serían de la incumbencia episcopal o conciliar.

En 1526 arribaban los dominicos a aquellas tierras centroamericanas, y entre ambas Ordenes se convino en alternar el ejercicio de las amplias facultades omnimodales. Pero en 1528 llegaba fray Juan de Zumárraga, aún sin consagrarse, ya electo obispo. Los regulares le entregaron los poderes que venían ejerciendo como al jerarca nato del territorio. Y así inmediatamente Zumárraga comenzó el ejercicio de su jurisdicción episcopal.

Paulatinamente, al desarrollarse la jerarquía ordinaria episcopal, con ánimo de aclarar la situación, los regulares acudieron a Clemente VII, quien desde Bolonia, 8-III-1533, les renovó las antecedentes facultades pontificias; y en el mismo sentido se pronunciaba Paulo III el 15-II-1535.

Por su parte, los obispos centroamericanos, reunidos con ocasión de la consagración de los de Oaxaca y Guatemala, exponían al Emperador su estado de inferioridad respecto de los regulares en cuanto a facultades ministeriales, suplicando pidiese al papa plenaria autoridad y poder para cada obispo en su diócesis, y la constitución de un delegado pontificio que, residente en Méjico, pudiera inmediatamente atender a los obispos. Contentóse el César avisando a su virrey que cuidase que los regulares no abusaran de sus licencias ministeriales.

En 1539 se juntaban los mismos obispos formando la «Junta eclesiástica de México»: los tres, Zumárraga, de México, D. Juan López de Zárate, de Oaxaca, y D. Vasco de Quiroga comunicaron el 25 de abril de dicho año a los religiosos que por un breve de Clemente VII los obispos estaban facultados «para todos los casos del papa y los privilegios de las Ordenes mendicantes, aunque tuvieran mayores gracias que los obispos». Prácticamente, los obispos convalidaban todas las determinaciones pretéritas de los regulares y para lo futuro éstos quedaban sometidos al control episcopal.

Los regulares, que hasta la fecha habían sido casi exclusivamente las fuerzas únicas creadoras y motoras de la implantación y primera expansión de la Iglesia, dieron entonces un paso señero en la historia de la idea vicarial: con la tesis de que las concesiones pontificias se habían dirigido a los reyes de España, apelaron al monarca. Consiguientemente se formaron dos frentes en la contienda: obispos y clero secular, por una parte, y por la otra, rey y regulares. Entre ambos polos se desenvolverá toda la temática vicarialista. El 30-III-1557 Felipe II respondía: «... no hagáis novedad alguna... y guardéis sobre ello a las dichas Ordenes... sus privilegios y exenciones». Desde Roma también, Paulo IV confirmaba a la rama franciscana todo su cuerpo de facultades, y al año siguiente a los dominicos. Pronto los intérpretes regulares vieron en estos documentos pontificios una «canonización» de las cédulas regias, con lo cual éstas adquirían el valor de cánones papales.

En este ambiente se produjo la primera obra teorética acerca de la tesis vicarialista: era su autor *Juan Focher* († 1572), aquitanense, doctor en leyes por París, quien en 1532 llegó a Méjico ya franciscano. Jurista de profesión, fue el oráculo de los eclesiásticos mejicanos, especialmente en las intrincadas cuestiones matrimoniales de la naciente cristiandad, mientras ejercía el profesorado en los colegios franciscanos, como en Tlaltelolco y en su cátedra de *Decreto* de la Universidad. A su muerte legaba su obra póstuma *Itinerarium catholicum*, donde, a nuestro propósito, expone el siguiente temario: en *teoría* puede el papa comisionar o a un clérigo o a un seglar para que haga sus veces en cuanto a la misión de misioneros; los así enviados gozan de idénticas facultades que los enviados inmediata y personalmente por el propio papa; en la *práctica* eso ha concedido Alejandro VI a los Reyes Católicos. Posteriormente, c. 1559, en el escrito *Commentarium* a las referidas concesiones de Paulo IV, Focher asienta el principio de que el papa confirma, además de las concesiones papales precedentes, «los privilegios, estatutos, y ordenaciones de los emperadores y reyes a los frailes... mandando que se interpreten favorablemente». Por tanto, al confirmar lo antecedente, para el futuro el papa faculta al rey para dar estatutos a la Iglesia indiana, cuya ejecución se encomienda a los regulares; así el monarca se vería investido del poder legífero, con valor idéntico en sus decisiones a las pontificias, y cuya interpretación ha de hacerse en sentido favorable a los mendicantes. El rey, pues, sería vicario del papa en enviar misioneros y en legislar en el campo eclesiástico indiano.

Esta temática, con sus variantes, será explanada, siempre en sentido ampliativo, por otros tratadistas, y entre ellos especialmente por el agustino *Alonso de la Veracruz* (1504-1584). Educado en Alcalá y Salamanca, entró en la Orden en Veracruz (Méjico), fue lector de Artes, Teología y Sagrada Escritura, cuatro veces provincial, gobernador del obispado de Michoacán, y después de renunciar a tres mitras, murió santamente en Méjico en junio del 1584. Inteligencia polivalente, condensó su doctrina sobre el vicarialismo regio en su obra *Speculum coniugiorum* y en su *Appendix* al mismo y, finalmente, en su *Declaratio privilegii Clementinae, religiosi, de privilegiis*. Por los mismos años que Focher, aunque la obra de éste se publicó antes, el agustino teoriza partiendo de la tesis inconcusa de que el papa es prelado universal e inmediato aun de los infieles, que son cristianos potencialmente; luego, el pontífice puede encomendar la misión de evangelizarlos al rey, como de hecho lo ha hecho Alejandro VI con su *Inter caetera*. Y matiza su idea: esta misión corresponde a los reyes *principalmente* y a los obispos *subsidiariamente*, en cuanto les fuera concedido por la real comisión de los mismos reyes. En la práctica, los regulares, enviados por el rey, pueden ejercer el ministerio sacerdotal sin licencia de los obispos locales, y aun contra su voluntad; de idéntica forma, levantar templos y desenvolver todo su dinamismo en orden a la evangelización; y como ésta es necesaria aun después de constituido el episcopado indiano, persiste todo el cuerpo de facultades mientras persista la razón final de las concesiones. Veracruz, ya vemos, precisa más los conceptos teóricos y desciende fuertemente a la práctica; es un teórico que no cede ante sus consecuencias.

Estos dos autores han formado ya toda la teoría; sus sucesores, los franciscanos Jerónimo de Mendieta, Manuel Rodríguez, Luis Miranda, Juan de Silva y el dominico Antonio Remesal, añaden nuevas aclaraciones, extienden la teoría a otros medios europeos y cortesanos, y avanzan en un sentido cada vez más regalista.

Siguiendo este proceso, es natural que el vicarialismo teórico entre en el círculo de los regios consejeros de Indias en la primera mitad del siglo XVII. De entre ellos, ya seglares, por su fuerza constructora, amplitud conceptual, personificación de la mentalidad regalista contemporánea, es el primero *Juan de Solórzano Pereira* (1575-1654). Natural de Madrid, estudiante primero y después catedrático en la Universidad de Salamanca, encargado por Felipe III de la composición de una obra sobre legislación y gobierno de Indias, se trasladó a Lima como oidor de su Real Audiencia, para mejor concentrarse en aquel mundo ultramarino (1609). Por su condición de encargado de diversas misiones oficiales y, adquirida una amplia experiencia de la problemática indiana, compuso su gran obra *De Indiarum Jure*. Desde 1627 de regreso en España, entre 1629-1630 salían al público sus dos tomos en folio, a los que sigue en 1647 su *Política indiana*, en castellano, reducción de su obra anterior.

El patriarca intelectual de los juristas indianos, católico franco y regalista habsbúrgico íntegro, más amplio en su tratado sobre el Patronato indiano, respecto del vicarialismo, aunque más breve, es muy preciso. Su ideario procede con claridad y precisión arquitectónica admirables: en los laicos no hay defecto de capacidad para entender sobre personas y causas eclesiásticas y espirituales; así los monarcas de Francia, Sicilia y Nápoles y los de España han actuado en el gobierno de la Iglesia en forma diversa por concesiones pontificias. Los reyes hispanos de hecho han sido vicarios papales fuera de las Indias: tal sucedió en su Monarquía Sícula, donde fueron legados *a latere* por concesión de Urbano II, con facultades para aceptar las apelaciones contra los mismos Ordinarios eclesiásticos. Nuestros reyes son efectivamente vicarios del papa en sus Indias: por mandato y comisión de Alejandro VI, como lo han interpretado los autores que hemos indicado. Este vicariato otorga los siguientes derechos-obligaciones: entender válidamente y legítimamente en todo lo relativo a la vida de la Iglesia indiana, así en deputar misioneros, examinar las causas criminales de los clérigos y castigarlos aun con extrañamiento de las Indias; erección de conventos con las iglesias anejas; dar el pase regio a los visitadores, comisarios y vicarios regulares, aun cuando se trate del foro interior de las Ordenes; ordenar que los cabildos, *sede vacante*, entreguen la jurisdicción eclesiástica a los obispos, aun solamente electos por el rey y presentados al papa, aunque no hubieran recibido las bulas pontificias; asignar pueblos a los regulares para que *ipso facto* ejerzan el ministerio sacerdotal.

En todo este complejo, Solórzano acude tanto a su doctrina del Patronato como al vicariato para legitimar sus afirmaciones, más al primero por su máxima amplitud, lo cual hace menos necesario invocar el vicariato. Respecto de este segundo extremo, el autor, consciente de tratarse de un punto delicado por su intrínseca espiritualidad, se preocupa de parapetarse tras una larga serie de citas de autores clérigos, aunque discrepando de los mismos en los puntos concernientes a la exención de éstos del poder civil.

Otra nota importante adquiere ya la idea vicarial en este punto de su trayectoria: para Solórzano el Patronato es regalía de la Corona, una vez concedido por la Santa Sede; del vicariato nada dice expresamente, pero su raciocinio es igualmente válido para éste. Este es un detalle que marca ya en el curso de la idea vicarialista un desvío hacia lo secular, antirromano.

Por ello nada de extrañar que Roma no tardara en interesarse por la obra de Solórzano: fue el siglo XVII el siglo de las fricciones entre Roma y Madrid, clima de regalismo. Cuando el fiscal de la Cámara Apostólica en Madrid y consultor de la Congregación del Indice, Antonio Lelio, se encargó de la censura de Solórzano, tras un análisis minucioso, pide sea el primer tomo *De Indiarum* expurgado, y el segundo, del todo prohibido. En consecuencia, el decreto de la dicha Congregación fechado el 20-III-1642 determinaba que «el libro tercero del tomo II se prohíba del todo y absolutamente; los demás libros tanto del I como del II tomo, hasta que se corrigiesen». Como en los dominios españoles

no se cursó el referido decreto, la obra de Solórzano siguió su curso, ganando nuevos adictos.

Mientras tanto, la nueva Congregación de Propaganda Fide, adonde llegaron delaciones de regulares de las mismas Indias, contra la idea vicarial, viendo en ella un exponente de las prácticas políticas que temían los miembros de la mencionada Congregación se desarrollaran en las misiones indianas con merma de la dirección eclesiástica de las mismas, en 1644 reprobaba la tesis vicarialista.

Ya en esta época diose un fenómeno nuevo en la vida administrativa de la Iglesia indiana: ya más organizada ésta, los obispos tendían a entregar las parroquias al clero diocesano, en lo cual les favorecía la Corona. En este ambiente, los obispos comenzaron a prohijar la tesis vicarialista y, por la misma razón contraria, los regulares empezaron a impugnarla. Así hallamos que obispos como el agustino Gaspar de Villarroel, de Santiago de Chile y Charcas, la defienden y proceden según ella.

Así se llega a los Borbones del siglo XVIII: en medio de un clima general de mayor laicismo, el vicarialismo pasa a los centros oficiales del gobierno regio, donde la primera concesión alejandrina adquiere el carácter de regalía inherente a la Corona. Antonio Josef Alvarez de Abreu, en su *Víctima legal*, siguiendo el proceso lógico de Solórzano, concluye que, efectivamente, los reyes españoles son vicarios pontificios.

Hacia 1755, Antonio Joaquín de Ribadeneira, tras defender el dominio territorial que en las Indias tenían los reyes por concesión de Alejandro VI, con todo el conjunto de privilegios de tipo patronal, cuyo ejercicio ha sido últimamente aprobado por Benedicto XIV, asienta el principio vicarialista, apoyándose principalmente en la actitud de benevolencia que adoptó Roma respecto de España durante este pontificado.

En los días de Carlos III, se trató de formar un *Nuevo Código de las Leyes de las Indias;* discutido este punto en varias sesiones, fue formulada la siguiente expresión que encabezaba la ley primera: «La delegación de la Silla Apostólica se tenga por una de las más preeminentes regalías.» Y así hubiera pasado a un cuerpo jurídico la tesis, si se hubiese publicado este código carolino; los sucesos posteriores lo impidieron.

Pero la idea flotaba en los círculos gubernamentales, y de ellos la recogió Isabel II en su real orden del 15-III-1856 dirigida al gobernador de Puerto Rico, con ocasión de las diferencias suscitadas entre el cabildo portorriqueño en la elección de un vicario capitular, con desconocimiento de los derechos regios; ante esta anormalidad su Majestad, en virtud de los privilegios que le corresponden por concesión especialmente de Alejandro VI y de Julio II, «como está declarado por varias reales cédulas y, particularmente, por la de 14-VII-1765, dirigida a la Real Audiencia de la Isla Española, asiste a los reyes de España la distinguida cualidad de vicarios y delegados de la Silla Apostólica», afirma su derecho de intervención en los asuntos debatidos entre aquellos eclesiásticos.

Esta sería, en el ocaso del poder español en todo su antiguo mundo indiano, la última proclamación de la tesis vicarialista, ideada primero, y después desarrollada, entre los ambientes regulares del Méjico del siglo XVI.

BIBL.: A. J. ALVAREZ DE ABREU, *Víctima legal*, Ma. 1729; A. DE EGAÑA, *La teoría del Regio Vicariato español en Indias*, Ro. 1958; J. FOCHER, *Itinerarium catholicum proficiscentium ad infideles convertendos*, Hispali 1574; J. BAPTISTA, *Advertencias para confesores de los naturales*, México 1601; J. LECLER, *Au XVIème siècle: Patronat ou Vicariat Royal?*: Etudes, 235 (1938) 109-128; P. DE LETURIA, *El Regio Vicariato de Indias y los comienzos de la Congregación de Propaganda [Fide]. Relaciones entre la Santa Sede e Hispanoamérica*, I, Ro. 1959; L. MIRANDA,

Directorium sive manuale Praelatorum regularium, Salmanticae 1615; M. RODRÍGUEZ, *Quaestiones regulares*, Hispali 1574; J. SILVA, *Advertencias importantes acerca del buen gobierno y administración de las Indias*, Ma. 1631; J. SOLÓRZANO PEREIRA, *De Indiarum iure*, Lugduni 1672; A. DE LA VERACRUZ, *Speculum coniugiorum*, Milani 1959; G. DE VILLARROEL, *Gobierno eclesiástico pacífico*, Ma. 1738. A. ENNIS, *Fray Alonso de la Vera Cruz OSA. A Study of his life and his contribution to the religions and intelectual affairs of early Mexico*, Louvain 1957; M. GIMÉNEZ FERNÁNDEZ, *Las bulas alejandrinas de 1493 referentes a las Indias*, Se. 1944; F. J. HERNÁEZ, *Colección de bulas*, Bru. 1879; M. JORDAO-PAIVA-MANSO, *Bullarium Patronatus Portugalliae*, Olisipone 1868-76; D. MURIEL, *Fasti Novi Orbis*, Venetiis 1776; J. TEJADA Y RAMIRO, *Colección de cánones*, Ma. 1859; D. SARSFIELD, *Relaciones del Estado con la Iglesia en la antigua América española*, Buenos Aires 1871; P. TORRES, *La bula Omnimoda de Adriano VI*, Ma. 1948.   A. DE EGAÑA

VICENT, Antonio, SI (Valencia 2-X-1837 † Valencia 9-VII-1912) sociólogo. Severino Aznar lo llama «patriarca del catolicismo social de España». Estudió Derecho y Letras en Madrid. Fue pasante de Aparisi y Guijarro, en Valencia. A los veintiún años entró en la Compañía de Jesús. Ya en la Compañía hizo la carrera de Ciencias, en Sevilla.

Entregado durante algunos años, al estudio primero, y a la enseñanza después, de la Biología, en el colegio de San José de Valencia, pronto la Sociología lo llevó a dedicarse totalmente a este apostolado.

Se preparó en Lovaina para una acción social eficaz en España. Como profesor de Sociología actuó en la creación de movimientos católico-sociales. Publicó varios libros; uno de los más difundidos fue el comentario a la Rerum Novarum: *Socialismo y Anarquismo*. Fue el propagandista de la encíclica y, apoyado y secundado por el cardenal Sancha, arzobispo de Valencia, el marqués de Comillas y otros, preparó la gran peregrinación obrera española a Roma, para dar gracias a León XIII por el transcendental documento.

Creó el primer Círculo de Obreros, en 1864, en Manresa; a lo largo de su vida, fundó centenares de ellos, por toda España. León XIII, en la audiencia con ocasión de la peregrinación aludida, le mandó que continuase de por vida en esa actividad de los Círculos Obreros. Creó el movimiento de Asociación Obrera y de Acción Agraria Católicas, recorriendo España en una campaña de catorce años. Inició a los católicos en las instituciones de cooperación, mutualismo y crédito con artículos, conferencias y folletos. Concibió el pensamiento del *Volksverein* español, y de la Hermandad Nacional de Propagandistas Sociales. Fundó el Consejo Nacional de la Acción Social Católica Española. Estimuló la creación de cátedras de Sociología, la formación de propagandistas sociales, la formación del clero para la acción social. Apoyado en la jerarquía, fundó las Semanas Sociales Españolas. «La obra colosal del padre Vicent, en el orden social, no ha sido superada por nadie en España» (Aznar).

OBRAS: *Socialismo y Anarquismo*, Val. 1893; *Manual de las Escuelas de Reforma Social*, Val. 1896; *Cooperativismo católico*, Val. 1906; *Las parábolas Sociales*: Semana Social de Santiago, 1909; *La agremiación dentro y fuera de los Círculos de Obreros*, Ma. 1905; *El problema agrario resuelto por los sindicatos agrícolas*, Za. 1906.

BIBL.: F. DEL VALLE, *El P. Antonio Vicent y la Acción Social Católica Española*, Biblioteca Fomento Social, Ma. 1957; M. LLORENS, *El P. Antonio Vicent SI*, Ba. 1954; S. AZNAR, *El Catolicismo en España. Nuestro primer Curso social*: Colección Religión y Cultura, Za. 1906; ID., *El P. Antonio Vicent*: R154, 123(1941)269-278; L. TOVÍAS, *El P. Antonio Vicent*: Revista Social, (1912); S. MINGUIJÓN, *El P. Antonio Vicent*: La Paz Social, (1908).
                                                     F. DEL VALLE

VICENTE, (Huesca † Valencia, finales del siglo III)

santo y mártir. Según el *himno V* del *Perist.* de Prudencio y la *Passio*, que concuerda sustancialmente con él, antigua, y algo retórica, Vicente, de noble familia, fue hijo de Euticio, hijo de Agreso cónsul, y de Enola, natural de Huesca. Desde niño se dedicó a los estudios bajo la dirección del obispo de Zaragoza, Valero, que le ordenó de diácono y, por ser él tardo de palabra, le encomendó particularmente la predicación.

Llegado a Zaragoza Daciano, préside sacrílego, hizo detener al obispo y a su diácono, llevándolos cargados de cadenas en forzada peregrinación llena de penalidades a Valencia, adonde él se dirigía. Al presentarse ante él para juzgarlos, quedó admirado de su fortaleza, a pesar del agotador viaje. Dirigiéndose a Valero, le reprocha porque bajo capa de religión intriga contra los emperadores, y a Vicente, noble y joven, le invita a seguir sus consejos. Este, a ruegos del obispo, se encarga de contestar y dice que es inútil intente hacerlos renegar, que son cristianos, servidores del verdadero y único Dios, que no temen sus amenazas ni suplicios, antes bien, aceptarán gozosos la muerte. Fuera de sí Daciano, manda que el obispo sea relegado al destierro y al rebelde diácono le preparen crueles suplicios: que lo sujeten al potro, descoyunten sus miembros, desgarren a fondo su cuerpo. Todo inútil, Vicente responde mostrándose agradecido por haber visto así cumplidos de la mejor manera sus deseos. Se enfurece el juez, viéndose así burlado, contra los verdugos que renuevan los tormentos ante la inmutabilidad de Vicente. Le aplican el fuego y lo extienden sobre barras de hierro ardientes hasta que todo él queda hecho una llaga sin que por esto se doblegue su ánimo de seguir confesando a Cristo ante el desconcierto del tirano, quien ordena entonces lo encierren en lóbrega mazmorra, recubierto todo el suelo de punzantes vasijas rotas, que le sirvan de lecho.

Llegada la noche, ya dormidos los carceleros, se llena de fulgente luz el tenebroso antro y se reblandecen como flores las punzantes vasijas rotas. Enterado de ello por los carceleros, Daciano, que se siente vencido, manda que lo pongan en blando lecho para que recobre fuerzas y pueda ser atormentado de nuevo. Los guardianes convertidos ante aquel milagro permiten que acudan los fieles cristianos a auxiliar al mártir y es entonces, cuando colocado sobre blanda cama, entrega el santo su alma a Dios.

Nuevo prodigio: el tirano dispone que su cadáver, metido dentro de un saco y cosido, sea llevado por el soldado Eumonio mar adentro en un barquichuelo y echado al fondo atado a una gran piedra; mas todo el envoltorio empujado por Dios navega veloz hacia la costa y en la playa queda escondido recubierto de arena, hasta que lo descubren los cristianos y, pasada la persecución, pueden rendirle los honores del culto allí en un altar y trasladarlo más tarde a una digna basílica.

Esta maravillosa narración, verídica en sus rasgos fundamentales, divulgada muy pronto por todo el Occidente, hizo de nuestro Vicente uno de los mártires más celebrados. Numerosos los testimonios de los siglos V-VII que lo recuerdan y ensalzan: Paulino de Nola; Agustín, que le dedica al menos cinco sermones (nn. 274-277); el calendario de Polemio Silvio, el Cartaginense y el de Carmona; dos sermones del siglo VI, quizá de Justiniano obispo de Valencia, que le dedica además unos versos al restaurar su basílica; León Magno, Venancio Fortunato, Gregorio de Tours y, naturalmente, los libros y calendarios mozárabes, comenzando por el Oracional con 27 oraciones. Añádanse las basílicas que lo tuvieron por titular en esta época, tres en España, dos en Francia, o que se enriquecieron con reliquias suyas en el nuestro y en otros países. Es el único mártir hispano de la antigüedad que tiene oficio y misa en el breviario y misal romano universal. Su fiesta se celebra el 22 de enero.

BIBL.: A. DE WAAL, *Zum Kult des hl. Vinzens von Zaragoza:* R81', 21(1907)135-38; E. HURAULT, *Saint Vincent martyr patron des vignerons*, Chalons-sur-Marne 1910; P.P., *Une invention de reliques des SS. Valère, Vincent et Eulalie dans le Peloponèse:* R3', 30(1911)296-306; P. FRANCHI DE' CAVALIERI, *Note hagiografiche*, VIII, Ro. 1935, 117-118; L. LEGER, *Saint Vincent de Saragosse*, Par. 1927; M. DE MAILLÉ, *Vincent d'Agen et Vincent de Saragosse*, Par. 1949; B. DE GAIFFIER, *Sub Daciano preside:* R3', 72(1954)378-426; ID., *Sermons latins en honneur de saint Vincent anterieurs au Xᵉ siècle*, R3', 67(1949)267-286; A. DURÁN GUDIOL, *Los Santos altoaragoneses:* R35, 18(1954)11-29; A. FÁBREGA GRAU, *Pasionario hispánico*, I, Ma.-Ba. 1953, 92-107, II, ibid., 187-195; *Año Cristiano* (BAC, 182), Ma. 1959, 156-160; C. GARCÍA RODRÍGUEZ, *El Culto de los santos en la España romana y visigoda*, Ma. 1966, 257-278.
J. VIVES

VICENTE, (c. 583 † León 11-III-630) abad del monasterio de San Claudio, de León. Murió a la edad de 47 años en la fecha señalada, según la inscripción en verso de su sepulcro, en contradicción con la *Passio* (BHL 8677) que lo hace mártir bajo el reinado del suevo Ricilano (mitad del s. VI). Morales, Yepes, Aguirre y el P. Risco, entre otros, han querido coordinar diversamente y sin acuerdo los datos de ambos documentos aceptando todos el supuesto martirio y creyendo equivocada la data del epitafio. Pero es seguro y fidedigno el texto de la inscripción, un gran elogio del abad que habría descubierto las reliquias de unos santos. Seguramente una mala interpretación del verso *martiris exempla signat, cuod membra sacrata* haría creer pronto que Vicente había sido mártir y venerado como tal, y así entre las reliquias de la famosa arca santa de Oviedo (s. IX) figuran las de *sancti Vincenti martiris adque abbatis*. Por esto el autor anónimo de la *Passio*, de valor histórico nulo, puso el martirio no en 630, con reyes ya católicos, sino en la época sueva bajo el rey Ricilano que habría sacrificado a Vicente por su predicación contra el arrianismo. Añadió que también fueron sacrificados pocos días después el prior del monasterio, Ramiro, y doce monjes que no quisieron huir, como lo hicieron otros.

El nombre de Vicente mártir no consta en el calendario litúrgico de León ni en ninguno de los otros mozárabes, señal de que la *Passio* es muy tardía. Pero sí en el *Martyrologium Romanum* del 11 de septiembre, que lo toma del *Flos Sanctorum*, de Villegas.

BIBL.: *Acta SS.*, Mart. II, 62-63 y Nov. III, 743; ES 34, 360-73 y 417-20; *Martyrologium romanum*, ed. DELEHAYE, Bru. 1940, 391-92; M4, I, 514-15; *Bibl. Sanctorum*, XII, 1186-87.
J. VIVES

VICENTE, (siglo IX) escritor probablemente cordobés y contemporáneo de Alvaro de Córdoba, de quien éste cita *(Ep.* 1,13) un texto de carácter litúrgico y a quien llama eruditísimo *(Ep.* 4,29).

BIBL.: J. MADOZ, *Epistolario de Alvaro de Córdoba*, Ma. 1947, 97.
M. DÍAZ Y DÍAZ

VICENTE DE HUESCA, (c. 526 † 576) obispo. Muy joven ingresó en el monasterio de San Victoriano de Asán (Huesca). En 551 era ya diácono. La consagración episcopal para la sede de Huesca suele colocarse en 557. Le alcanzaron los aciagos días de la persecución de Leovigildo.

OBRAS: Han llegado a nosotros sus dos *Testamentos*. En el primero, hecho cuando aún era diácono, renuncia a la herencia paterna a favor del monasterio de Asán. En el segundo, probablemente con data del 576, deja heredera de sus bienes a la iglesia catedral.

BIBL.: F. FITA, *Patrología Visigótica:* R59, 49(1906) 148-166
U. D. DEL VAL

VICENTE, SABINA y CRISTETA, († Avila, finales del siglo III) santos y mártires. Los tres eran hermanos. Según la *Pasión*, Daciano el perseguidor, después de recorrer España desde Gerona dejando una estela de sangre, llegó a Elbora (Talavera), en donde sus esbirros le presentaron al adolescente Vicente que habían encontrado en una iglesia. Interrogado, confiesa que es cristiano y adora a un solo Dios. Resiste a los consejos y amenazas del préside, quien ordena lo lleven a sacrificar ante la estatua de Júpiter y, si no lo hace, lo atormenten y hagan morir. Por el camino sobreviene un prodigio: la roca bajo los pies del santo se reblandece quedando en ella marcadas sus huellas. Admirados los guardias, lo devuelven a su casa, donde sus hermanas Sabina y Cristeta le piden que huya con ellas para que no queden desamparadas, si le matan. Así lo hacen, pero son fácilmente capturados y, al llegar a Avila, cruelmente martirizados, dejando sus cuerpos insepultos. Otro fantástico prodigio: un monstruo en figura de serpiente los custodia y se enrosca en el cuerpo de un judío que quiso acercarse a ellos. Se salva el infeliz al invocar a Cristo con intención de bautizarse y hacer construir una basílica. La narración es del todo ficticia. Aunque los documentos hagiográficos y litúrgicos a partir del siglo X se inspiran todos en ella, parece debe admitirse la historicidad de los santos, es decir, su martirio. El *Himno* litúrgico (PL 86, 1235) se cree que es anterior a la invasión musulmana. El Sacramentario les dedica una misa y los celebra el martirologio de Floro. En el siglo XII los restos de estos santos fueron trasladados a Arlanza por el abad García.

BIBL.: *Acta SS*, Oct. XII, 358-63; ES 14, 33-35; M. FÉROTIN, *Le Liber mozarabicus*, Par. 1912, 505; ID., *Hist. de l'abbaye de Silos*, Par. 1897, 57-58; A. FÁBREGA, *Pasionario hispánico* I, Ma.-Ba. 1953, 165-67, y II, 358-63; C. GARCÍA RODRÍGUEZ, *El Culto de los santos en la España romana y visigoda*, Ma. 1966, 281-284.
J. VIVES

VICTORIA, Tomás Luis de, (Avila c. 1548 † Madrid 27-VIII-1611) músico. Todavía joven pasó a Roma; allí estuvo al servicio musical del Colegio Germánico, regentado por los jesuitas. Frecuentando las clases del Colegio Romano, se puso en contacto con Palestrina, profesor de Música en aquella institución, en cuyo cargo le sucedió el año 1573. Durante 1569 y 1570 actuó de organista en la iglesia de los aragoneses, catalanes y valencianos en Roma, llamada por su titular Nuestra Señora de Montserrat. Cinco años más tarde fue ordenado sacerdote. De 1578 a 1585 vivió en comunidad con los capellanes de San Girolamo della Carità y en compañía de san Felipe Neri. Siguen unos viajes a su patria hasta 1596 en que se establece definitivamente en Madrid como capellán de la emperatriz D.ª María, que vivía retirada juntamente con su hija en las Descalzas Reales.

La obra de Victoria es la más colosal de la polifonía religiosa española. Al principio imitaba excesivamente a su maestro Palestrina, luego se diferenció a fondo. Victoria es un místico como lo fueron santa Teresa y san Juan de la Cruz; y por tanto la estética de su música se ordena hacia la expresión dramática y el misticismo religioso.

OBRAS: Rasgos conmovedores de su apasionado temperamento los ha dejado en las páginas de todas sus obras que sobrepasan el número de 180. Las más interpretadas son los incomparables *Officium Hebdomadae Sanctae* y el *Officium Defunctorum*, sus expresivos motetes *Jesu, dulcis memoria, Ave María, O magnum Mysterium* y las misas *O quam gloriosum* y *Missa pro victoria* de estilo concertante. Toma siempre los temas del repertorio gregoriano o de su libre invención, jamás parodia cantos profanos contrariamente a la moda de la época. En su música se encuentran tipismos de la escuela nacional española de los cuales quiso hacer ostentación como el intervalo ascendente de cuarta disminuida, tan característico de los organistas del siglo XVII y el intervalo de segunda aumentada, tan típico de algunas canciones españolas.

BIBL.: F. PEDRELL, *Thomae Ludovici Victoria, Abulensis, Opera Omnia*, III, Leipzig 1913; ID., *Tomás Luis de Victoria abulense*, Val. 1918; H. COLLET, *Le Mysticisme Musical Espagnol au XVIme siècle*, Par. 1915; ID., *Tomás Luis de Victoria*, Par. 1914; R. MITJANA, *Estudios sobre algunos músicos españoles del siglo XVI*, Ma. 1918; ID., *La Musique en Espagne:* Encyclopédie de Lavignac y La Laurencie, IV, Par. 1920; R. CASIMIRI, *Il Vittoria. Nuovi documenti per una biografía sincera di Tomás Luis de Victoria:* Note d'Archivio per la Storia Musicale, 11(1934)2, es el mejor estudio publicado acerca de Victoria en el aspecto biográfico; BURNEY, *A general History of Music*, II-III, Lo. 1789; H. ESLAVA, *Lira Sacro-Hispana*, Ma. 1850; D3, 68, 622-628; *Die Musik in Geschichte und Gegenwart*, 120-121, Kassel 1966, col. 1586.

J. M. LLORÉNS

VICH, Diócesis de, *(Vicensis)* sufragánea de Tarragona. Antiguamente fue denominada *Ausonensis* porque se extendió en el primitivo territorio habitado por los ausonenses. Tal denominación perduró hasta mediados del siglo XIII cuando empezó a prevalecer la de *Vicense* que permanece fija a partir del siglo siguiente.

1. **Historia.** Su origen cabe buscarlo en los siglos de intensa propagación del cristianismo, a través de la ciudad capital del territorio, la primitiva Ausa, que, completamente romanizada desde el siglo II, debió de constituirse en centro de irradiación hacia las villas rurales del llano y de la montaña. Denominada Ausona durante el período visigodo, sus obispos aparecen registrados en los fastos eclesiásticos desde el año 516 por su presencia o por la de sus delegados en los concilios provinciales, como asimismo en los de Toledo a partir del tercero. Es probable que la diócesis subsistiera después de la avalancha árabe que en el año 714 se internó hacia el otro lado de los Pirineos. Debilitada, empero, bajo el nuevo dominio quedó abandonada y sin organización eclesiástica a raíz del fracaso de la expedición de Carlomagno del año 785 que provocó el éxodo de las personas más representativas y, sobre todo, después de la revuelta de Aizón contra los francos en 826 que arrastró el territorio a la desolación y ruina. La ciudad de Ausona fue destruida entonces como la mayoría de villas rurales y casi todos los habitantes tuvieron que emigrar. La repoblación inicióse medio siglo más tarde, promovida por el conde Vifredo el Velloso, al reducir el enclave existente entre los condados de Urgel, Gerona y Barcelona a fin de establecer en el río Llobregat la línea fronteriza con los árabes. Inmediatamente se restableció la diócesis, bajo la tutela metropolitana de Narbona, al restaurarse la sede en el arrabal de la parte baja de la ciudad destruida, que tomó entonces el nombre de Vich. Con el restablecimiento cobraron nueva vida los anteriores núcleos de población, villas y lugares en los que se restauraron los edificios de las iglesias o se edificaron si habían sido totalmente destruidas. Un siglo más tarde fue tal el prestigio alcanzado por la diócesis que, a ruegos de Borrell, conde de Barcelona, a fin de sustraer sus dominios de la dependencia francesa aun en la espiritual, obtuvo del papa Juan XIII en 971 que fuera elevada a rango de metropolitana, obteniendo el palio arzobispal para el obispo Attón que la rigió. El intento no prosperó a causa de la inmediata muerte de éste y por la oposición de Narbona, cuyo metropolitano se apresuró a consagrar un obispo que le fuera fiel. Ello provocó en tiempos sucesivos un estado de lucha interna que condujo al nombramiento de un intruso, Guadaldo, zanjada solo por decisión pontificia en el sínodo de Roma de 998.

La extensión de la diócesis había quedado establecida por bula de Benedicto VII del año 978 al señalar sus límites desde los montes de Surroca en las laderas de los Pirineos, bajando hasta los confines con la diócesis de Gerona, por el otro lado del Cabrerés y de la Guillería hasta el Montseny, y luego tocando los extremos de la diócesis de Barcelona por el Congost hasta comprender la montaña de Montserrat, mientras por la parte occidental se extendía *usque in Hispaniam*, en tierras sujetas a los árabes por el lado de la Segarra, cerrándose más al Norte en contacto con la diócesis de Urgel al otro lado del Llussanés y del Ripollés en el límite con el condado de Cerdaña. Comprendía así los antiguos territorios de Ausona y Manresa, con una proyección en cuña entre los condados de Barcelona por un lado, y los de Cerdaña y Urgel por otro, en dirección hacia Lérida, cuña que fue ampliándose a medida que adelantó la reconquista durante el siglo XI en un país encastillado por la larga permanencia fronteriza. Esta fue la labor de expansión realizada por uno de los obispos más insignes, el famoso Oliba, reformador y estructurador que renovó gran parte de los edificios de las iglesias con la aparición del estilo netamente románico. Continuada aquélla por sus sucesores, culminó con el obispo Berenguer Seniofredo de Llussá, a quien Urbano II encomendó la empresa de la recuperación de Tarragona, nombrándole en 1091 arzobispo de la metrópoli definitivamente segregada de la sujeción a Narbona, tal como había perdurado desde los inicios de la reconquista carolingia. Aun cuando no se llegó al restablecimiento total de la diócesis de Tarragona, con este obispo se consolidó la extensión territorial de la diócesis de Vich, que comprendía las comarcas de La Segarra hasta las cercanías de Lérida.

En el régimen interior, y a raíz de la reforma gregoriana, la organización parroquial quedó establecida alrededor de las canónicas diseminadas en los puntos de mayor importancia en los que se centraron los clérigos según la regla de San Agustín. Desde esta época se vino manteniendo fijo hasta los tiempos modernos el cuadro de las parroquias existentes, las que, aunque más numerosas en principio, se redujeron más tarde a causa de la despoblación rural motivada por las pestes del siglo XIV, perdiendo categoría varias iglesias, relegadas a la función de sufragáneas. El incremento de población que se acentuó desde el siglo XVII con el desarrollo de las manufacturas de artesanía, hizo prosperar la formación de multitud de pueblos que se desvelaban del régimen hasta entonces rural, originándose un nuevo empuje en la sustitución de los edificios de las iglesias que en tales casos quedaron resueltos según el gusto barroco de la época. La aparición posterior de los centros industriales de las cuencas de los ríos Ter y Llobregat, desde mediados del siglo pasado, al fomentar aumentos y desplazamientos de población, motivaron asimismo la aparición de nuevas entidades religiosas, compensando las que más recientemente se están abandonando con la despoblación de la montaña.

La diócesis de Vich, enclavada como intermedia entre las restantes de Cataluña, mantuvo siempre un carácter de profunda religiosidad que fue fomento continuado de vocaciones, no solo para llenar las necesidades del servicio parroquial y aumentar los contingentes de las varias colegiatas y residencias de beneficios y capellanías, sino especialmente durante el siglo pasado para proveer a las diócesis vecinas y aun suministrar gran número de misioneros a América. Ello explica que también se mantuvieran florecientes los monasterios que arraigaron en su territorio y que las Ordenes religiosas adquirieran notable incremento en sus casas y conventos establecidos en los centros más importantes. Si san Ignacio de Loyola compuso su libro de los Ejercicios Espirituales retirado en la Santa Cueva de Manresa, no fue menor la renovación del espíritu religioso, promovido durante el siglo XIX por san Antonio María

Claret, fundador de la Congregación de los Hijos del Inmaculado Corazón de María, por santa Joaquina de Vedruna, fundadora de las Carmelitas de la Caridad, por el padre Francisco Coll, fundador de las Dominicas de la Anunciata, y por otros establecimientos de Congregaciones respirando el aire de renovación introducido por el obispo Corcuera, en el que aletearon el genio filosófico del doctor Jaime Balmes y el poético de Jacinto Verdaguer.

Santos propios de la diócesis. Entre los que figuran como propios en el santoral diocesano, son peculiares los siguientes: Santos mártires Luciano y Marciano, 26 de octubre, cuyas reliquias fueron halladas en 1050 en la primitiva iglesia de San Saturnino de Vich, venerados como patronos de la misma ciudad de Vich. San Justo, 28 de mayo, cuyas reliquias, veneradas en la catedral, desaparecieron en 1936. San Miguel de los Santos, 5 de julio, trinitario nacido en Vich en 1591 y muerto en Valladolid en 1625. San Bernardo Calvó, obispo de Vich, 25 de octubre, cuyo cuerpo se venera en la catedral. San Antonio María Claret, 24 de octubre, cuyo cuerpo se venera en su santuario de Vich. Santa Joaquina de Vedruna, 22 de mayo, cuyo cuerpo se venera en la casa matriz de las Hermanas Carmelitas de la Caridad, de Vich. El beato Pedro Almató, dominico mártir, 3 de noviembre.

Monumentos artísticos. Entre los más importantes predominan las iglesias erigidas en período románico, de una nave, o con crucero y tres ábsides: el Brull, consagrada en 1062; Riudeperes, 1050; Sescorts, 1068; Tavérnoles y Sabassona, 1069; Vilalleons, 1083; Granollers, 1088; Sassorba y Seranls, 1091; Terrasola, 1093; Santo Tomás de Riudeperes, 1095. De la catedral, consagrada en 1038, queda la cripta y el campanario. Emergen especialmente las grandes construcciones monásticas: Ripoll, 1032, con su portada y claustro del siglo XII. Casserres, 1039; Estany, 1123, con su gracioso claustro; Llussá, con claustro del siglo XII; San Juan de las Abadesas, 1150; San Benito de Bages, iglesia y claustro del siglo XII. Apenas se dan construcciones del período gótico: Manresa, siglo XIV; claustros de Vich, siglo XIV. En cambio, abundan las construcciones desde el siglo XVII que culminan en la catedral de Vich (1778-1803), modernamente decorada por José María Sert.

2. Instituciones. *Cabildo.* Según el módulo de la regla de Aquisgrán aparece la canónica de Vich al consagrarse la catedral en 888 con el restablecimiento de la diócesis. Fue redotada por el obispo Guadamiro en 957 y por el obispo Berenguer Seniofredo de Llussá hacia 1080 al sujetarla a una reforma que no prosperó hasta más tarde. En estos tiempos formaron parte de ella algunos laicos con carácter de levitas por razón de tener encomendados bienes territoriales pertenecientes a la Iglesia. En 1175 se crearon las *pabordías*, o comisión de 12 capitulares administradores de los bienes temporales, uno para cada mes, a fin de subvenir a la *mensa* común. Su función perduró hasta el siglo XVI. Ya, desde mucho antes, en 1245, cuando se confeccionaron unos estatutos que suponen la disgregación de la vida común, el número de canónigos se había fijado en 20. A las primitivas dignidades de arcediano, capiscol y sacrista, se añadió la de arcipreste y, más tarde, la de deán en 1596. A últimos del siglo XVI aparecen el lectoral y, luego, el penitenciario y el magistral. Desde el concordato de 1851 quedó establecido el cabildo en la forma actual, con 16 capitulares y 12 beneficiados, número al que se redujo el personal que antes de la Desamortización había pasado de 80 residentes.

Monasterios. No queda en la actualidad ninguno de los que fueron ornamento de la diócesis, pertenecientes a la regla de San Benito: el de Ripoll fundado en 880, el de Santa Cecilia de Montserrat en 945, el de San Benito de Bages en 950, el de San Pedro de Camprodón en 952, el de San Pedro de Casserres en 1006; el priorato de Montserrat en 1023, erigido en abadía en 1409 y el de monjas de San Juan de las Abadesas en 885, suprimidas en 1017. Este pasó a ser canónica agustiniana hasta 1592, fecha en que también quedaron suprimidas las demás que habían sido fundadas desde últimos del siglo XI: Santa María del Estany, Llussá, Manlleu, Santo Tomás de Riudeperes, San Lorenzo del Munt, Manresa, Calaf y Arquells, quedando como simples colegiatas.

Congregaciones religiosas. Los Carmelitas calzados se establecieron en Manresa 1300, Camprodón 1352, y Vich 1406. Los franciscanos en Vich 1225, Santo Tomás de Riudeperes 1571, Calaf 1696, y Sampedor 1689. Los dominicos en Manresa 1318, en Vich 1574. Los mercedarios en Vich 1235. Los agustinos en Igualada 1393. Los capuchinos en Manresa 1582, Vich 1607, Igualada 1609. Los mínimos de San Francisco de Paula en Manresa 1638. Los carmelitas descalzos en Vich 1642. Los trinitarios descalzos en Vich 1636. Los jesuitas en Manresa 1602, Vich 1621 y San Guim. Los escolapios en Moyá 1683, e Igualada. Los padres del Oratorio en Vich 1725. Suprimidos la mayoría de estos conventos en 1835, solo subsisten los de franciscanos en Vich, capuchinos en Manresa e Igualada, jesuitas en la Santa Cueva de Manresa, escolapios en Moyá e Igualada y los padres del Oratorio en Vich. En 1849 fue fundada por san Antonio María Claret la Congregación de Hijos del Inmaculado Corazón de María que tiene su casa matriz en Vich y otra en Sallent. De establecimiento más reciente son los camilos en Riudeperes 1901, los Hijos de la Sagrada Familia en Vilatorta, y los salesianos en Ripoll. Los hermanos de las Escuelas Cristianas en Manresa, Manlleu, Calaf, Voltregá, Sampedor y Sesgayoles; los hermanos maristas en Vich e Igualada; los hospitalarios de San Juan de Dios en Manresa, y los misioneros para enfermos pobres en Alpens. En total, comprenden 5 noviciados, 13 colegios, 3 casas de ejercicios y 1 sanatorio, en un conjunto de 22 casas.

Excepto el monasterio de monjas de San Juan de las Abadesas, fundado en 885, que perduró hasta 1017, las comunidades de religiosas no aparecen hasta el siglo XIII. Siguen la regla de San Agustín y se establecen en Santa Margarita Sescorts, Santa Magdalena de Conangle, Santa María Savall, San Cristóbal de Manresa, Santa María de Valldaura en Manresa y Santa Lucía de Rajadell, subsistiendo hasta el siglo XV. Del siglo XIV son los monasterios de clarisas de Manresa en 1322 y de Vich 1383, transformados respectivamente en 1602 y en 1595, en los actuales de dominicas. Fundaciones posteriores fueron la de capuchinas en Manresa 1603, la de carmelitas descalzas en Vich 1637, la de carmelitas calzadas en Vich 1683 y la de beatas dominicas en Vich 1692, todos subsistentes. Es en el siglo XIX cuando las Congregaciones de religiosas adquieren un nuevo impulso, especialmente por los Institutos que se fundaron en Vich: el de carmelitas de la Caridad 1826, las hermanas Felipo-Nerias 1850, las dominicas de la Anunciata 1856, las perpetuas adoratrices 1856, las josefinas de la Caridad y las siervas mínimas del Sagrado Corazón de Jesús 1891. La mayoría de estos Institutos tienen varias casas en los pueblos de la diócesis, y algunos de ellos se han desarrollado con magnitud extraordinaria. En estos últimos decenios han sido varias las instituciones religiosas que han establecido sus casas en la diócesis, de manera que en la actualidad, entre las antiguas y las modernas, las familias religiosas de mujeres cuentan con 106 casas. Entre ellas se cuentan: 56 colegios, 12 hospitales, 5 clínicas, 3 casas de caridad, 3 asilos, 5 casas cuna, 2 guarderías, 15 para vela de enfermos, 5 casas de ejercicios, 8 residencias para señoras y señoritas, y 7 noviciados.

Archivos, bibliotecas y museos. En Vich se hallan reunidos: el *Archivo Capitular*, con rico fondo de manuscritos y abundantes series documentales a partir del año 885; el *Archivo de la Curia Fumada*, de fondos notariales eclesiásticos, cuyos manuales tienen principio en 1230; el *Archivo de la Mensa Episcopal* y el *Archivo de la Veguería de Vich*, que se inicia en 1300. Manresa, Igualada, Manlleu y San Juan de las Abadesas cuentan con buenos fondos referentes a las primitivas colegiatas. En cambio, quedan en estado muy depauperado la inmensa mayoría de archivos parroquiales que en gran parte desaparecieron en las destrucciones de 1936. La biblioteca episcopal de Vich, formada a últimos del siglo XVIII, abarca un número superior a los 30.000 volúmenes. La del Seminario alcanzó un número de 9.000. En Vich es célebre por su nombradía el *Museo Arqueológico-Artístico Episcopal* especializado en artes del medievo. En Ripoll, bajo un patronato parroquial, existe un *Museo* folklórico de costumbres pirenaicas y de las primitivas industrias de armas de la villa. En Moyá se está organizando un museo local.

El *Boletín Oficial Eclesiástico* viene publicándose desde el año 1855. En 1956 se inició la publicación de la revista *Casal*, portavoz de las actividades de Acción Católica Diocesana, y desde 1960 se edita la *Hoja Diocesana* semanal.

3. Geografía. Al consolidarse la archidiócesis de Tarragona en el siglo XII, se reintegraron a ella algunas parroquias que, perteneciendo a su territorio, habían sido anteriormente reconquistadas y adjudicadas a la diócesis de Vich. Esta quedó estructurada en grandes distritos que tomaron el nombre de deanatos durante el siglo XIII, formados por los de Osona, Llussanés, Ripoll, Moyá, Bages, Segarra y Urgel. Durante el siglo XIV se modificaron, quedando los del Oficialato, Manresa y Bages, Segarra, Igualada, Ripoll, Cervera y Tárrega. Con motivo de la erección de la diócesis de Solsona en 1593, estos dos últimos deanatos pasaron a formar parte de ella, segregándose de Vich, por sentencia de los ejecutores de la bula papal pronunciada en Tarragona a 23-XII-1597. Con las parroquias que aún quedaron en el territorio del primero de aquellos deanatos, se formó el deanato de Vilanova de San Antolín que, en 1634, se refundió con el de Queralt, creado en el propio año. Así, los deanatos permanecieron refundidos en los siguientes: Oficialato, Manresa, Prats de Rey y Segarra, Ripoll y Abadesas, y Queralt. Semejante decisión se mantuvo hasta el arreglo parroquial de 1868, que, al suprimir los deanatos, instituyó el oficialato y 10 arciprestazgos cuyo número ha sido aumentado hasta 19 en 1945 por razones de mayor eficacia pastoral. En 1874 fueron segregadas de la diócesis el monasterio de Montserrat y las parroquias de Monistrol y Marganell, que pasaron a la de Barcelona. En el reajuste decretado en 1957 con el fin de acomodar las diócesis a las provincias, se adjudicaron a Tarragona las nueve parroquias que recaían en su provincia correspondientes al arciprestazgo de Queralt, y a Solsona las 20 que por aquel lado se hallaban dentro de la provincia de Lérida, mientras se pasaron también a Solsona las parroquias de Balsareny y Suria que están dentro de la provincia de Barcelona. Solo se adjudicaron a la de Vich seis parroquias del Vallés y dos de la comarca del Anoia segregadas de la de Barcelona y las seis del valle de Camprodón segregadas de Gerona, mientras de Solsona se recibió la rural de Palmerola.

4. Situación actual. La diócesis tiene una extensión territorial de 3.367 kilómetros cuadrados y comprende unos 250.000 habitantes. Está dividida en 19 arciprestazgos, 232 parroquias y 19 filiales. Los edificios dedicados al culto se remontan a unos 862 entre iglesias, capillas y santuarios. El número de sacerdotes es de 448 y el de seminaristas 297. Las familias religiosas de varones cuentan con 22 casas, y las de mujeres, 106.

5. Episcopologio. *Cinidio*, 516-517. *Aquilino*, 589-599. *Teodoro*, 610. *Esteban*, 615-633. *Domnino*, 638. *Guerico*, 643-653. *Wisefredo*, 683-693. Restablecimiento de la diócesis: *Godmaro*, 886, † 19-VI-c. 899. *Idalcario*, 902, † VI-914. *Jorge*, 17-VI-914, † 20-X-947. *Radulfo?*, 948, según Villanueva. *Wadamiro*, ante 949, † 14-VI-957, reorganizó la vida canónica. *Attón*, 26-IX-957, † 22-VIII-971, intentó restablecer la metropolitana de Tarragona, educador de Gerberto (Silvestre II). *Frugífero*, 11-XII-972, † 18-VIII-992. *Arnulfo*, II-993, † 1-VIII-1010, abad de San Felix de Gerona, muerto en la guerra contra Córdoba. *Borrell*, VIII-1010, † 24-II-1017. *Oliba*, IX-1017, † 20-X-1046, abad de Ripoll y abad de Cuixá, celebró sínodo en 1038. *Guillermo de Balsareny*, 1046, † 2-VII-1075, asiste al concilio ausonense de 1068. *Berenguer Seniofredo de Llusá*, c. 1078, † ante V-1099, como arz. de Tarragona. *Guillermo Berenguer*, V-1099, † 1101. *Arnaldo de Malla*, 1102, † 1109, abad de Amer, formó código de sinodales. *Ramón Gaufredo*, X-1109, † 26-XI-1146, asistió al concilio de Narbona y Clermont. *Pedro de Redorta*, 8-VII-1147, † 4-IX-1185, asistió conc. III Letrán. *Ramón Xedmar de Castelltersol*, 1186, 17-XI-1194 tr. a Tarragona. *Guillermo de Tavertel*, IV-1195, † VIII-1233, renunció. San *Bernardo Calvó* OCist, 10-X-1233, † 26-X-1243. *Bernardo de Mur*, 8-XII-1243, † 11-XI-1264. *Ramón de Anglesola*, pos. IV-1265, † 13-I-1298. *Berenguer de Bellvís*, 24-II-1298, † 24-XI-1301. *Poncio de Vilaró*, 11-II-1302, † 5-VII-1306. *Ramón de Anglesola*, 6-VIII-1306. *Berenguer de Guardia*, 19-IX-1306, † 16-X-1328. *Galcerán Sacosta*, pr. 16-XI-1328, † 5-IV-1345. *Miguel de Ricomá*, pr. 11-IV-1345, 24-VII-1346 tr. a Barcelona. *Hugo de Fonollet*, pr. 24-VII-1346, 3-XII-1348 tr. a Valencia. *Lope Fernández de Luna*, pr. 3-XII-1348, 28-IX-1351 tr. a Zaragoza. *Ramón de Bellera* OSB, pr. 30-IV-1352, † 10-VI-1377. *García Fernández de Heredia*, pr. 3-VIII-1377, 7-X-1383 tr. a Zaragoza. *Fernando Pérez Calvillo*, pr. 7-X-1383, 4-XII-1391 tr. a Tarazona. *Juan de Baufés*, ob. de Dax (Francia), pr. 4-XII-1391, 9-IX-1393 tr. a Huesca. *Francisco Riquer y Bastero* OFM, ob. de Huesca, pr. 9-IX-1393, 1400 tr. a Segorbe. *Diego de Heredia*, ob. de Segorbe, pr. 4-VI-1400, † 1410. *Alfonso de Tous*, ob. de Elna, pr. 23-V-1410, † 3-II-1421. *Martín de Torres*, pr. 4-VII-1421, † II-1423. *Miguel de Navés*, pr. 19-II-1423, † 1423. *Jorge de Ornós*, pr. 4-VI-1423, cesa 1445. *Jaime Francisco Folch de Cardona y de Aragón*, pr. 28-V-1445, 15-X-1459 tr. a Gerona. *Cosme de Montserrat*, pr. 19-X-1459, † 29-VII-1473. *Guillermo Ramón de Moncada*, pr. 30-X-1473, pos. 15-IV-1474, 12-II-1493 tr. a Mallorca. *Juan de Peralta*, pr. 27-III-1493, pos. 8-VI-1493, † 19-XI-1504. *Juan de Enguera* OP, pr. 19-XII-1505, pos. 14-IV-1506, 9-XII-1510 tr. a Lérida. *Juan de Tormo*, pr. 9-XII-1510, pos. 1-VI-1511, † 1-I-1553. *Acisclo Moya de Contreras*, pr. 6-VII-1554, pos. 23-IX-1554, 27-II-1564 tr. a Valencia. *Benito de Tocco* OSB, pr. 6-IX-1564, pos. 31-X-1564, 20-XI-1572 tr. a Gerona. *Juan V. Beltrán de Guevara*, ob. de Mazzara, pr. 9-I-1573, pos. 29-IV-1573, † 5-XII-1573. *Bernardo de Jossa y de Cardona* OSB, pr. 15-X-1574, pos. 6-XII-1574, † 21-IX-1575. *Pedro de Aragón*, pr. 14-I-1577, pos. 1-III-1577, 27-V-1584 tr. a Jaca. *Juan Bautista de Cardona*, pr. 4-VII-1584, pos. 3-XI-1584, 11-V-1587 tr. a Tortosa. *Pedro Jaime*, pr. 7-VIII-1587, pos. 6-XI-1587, 10-III-1597 tr. a Albarracín. *Juan Vila*, pr. 27-II-1597, pos. 16-VII-1597, † 24-IX-1597. *Francisco Robuster y Sala*, ob. de Elna, pr. 5-V-1598, pos. 7-X-1598, † 27-I-1607. *Onofre Reart*, ob. de Elna, pr. 3-III-1608, 30-I-1612 tr. a Gerona. *Antonio Gallart y Traginer*, ob. de Elna, 19-III-1612, † 16-XII-1613. *Andrés de San Jerónimo*

OSHier, pr. 27-VIII-1614, pos. 17-XI-1614, † 28-IX-1625. *Pedro de Magarola y Fontanet*, ob. de Elna, pr. 22-III-1627, 12-VI-1634 tr. a Lérida. *Gaspar Gil*, pr. 20-XI-1634, † 25-VIII-1638. *Alfonso de Requeséns*, ob. de Basbastro, pr. 2-V-1639, pero había muerto ya en Zaragoza el 8-IV-1639. *Ramón de Sentmenat y de Lanuza*, pr. 20-I-1640, 6-XII-1655 tr. a Barcelona. *Francisco Crespí de Valldaura* OP, pr. 25-XI-1655, pos. 6-III-1656, † 30-V-1662. *Braulio Sunyer*, pr. 5-I-1663, 25-XII-1664 tr. a Lérida. *Jaime de Copons*, pr. 12-I-1665, 18-XII-1673 tr. a Lérida. *Jaime Mas*, pr. 10-IX-1674, pos. XII-1674, † 4-III-1684. *Antonio Pascual*, pr. 15-I-1685, pos. 21-III-1685, † 25-VII-1704. *Manuel de Sentjust y de Pagés*, pr. 19-II-1710, pos. 1-IV-1710, † 18-I-1720. *Ramón de Marimón y Corbera*, pr. 16-XII-1720, pos. 8-III-1721, † 16-I-1744. *Manuel Muñoz y Guil*, pr. 13-VII-1744, pos. 5-IX-1744, † 30-IX-1751. *Bartolomé Sarmentero* OFM, pr. 17-VII-1752, pos. 26-IX-1752, † 6-XII-1775. *Antonio Manuel de Artalejo* OdeM, pr. 17-II-1777, pos. 8-VI-1777, † 18-VI-1782. *Francisco de Veyán y Mola*, pr. 15-XII-1783, pos. 21-II-1784, † 30-XII-1815. *Raimundo Strauch y Vidal* OFM, 12-XII-1816, † asesinado 16-IV-1823. *Pablo Jesús de Corcuera y de Caserta*, pr. 20-XII-1825, † 3-VII-1835. *Luciano Casadevall y Durán*, pr. 3-VII-1848, pos. 20-X-1848, † 11-III-1852. *Antonio Palau y Termens*, pr. 22-XII-1853, 25-IX-1857 tr. a Barcelona. *Juan José de Castanyer y Ribas*, pr. 21-XII-1857, † 18-V-1865. *Antonio Luis Jordá y Soler*, 8-I-1866, † 22-VI-1872. *Pedro Colomer y Mestres*, pr. 17-IX-1875, † 6-VI-1881. *José Morgades Gili*, 27-III-1882, 19-VI-1899 tr. a Barcelona. *José Torras y Bages*, pr. 19-VI-1899, † 7-II-1916. *Francisco Muñoz Izquierdo*, pr. 5-V-1916, 10-V-1926 promovido a patriarca de las Indias Orientales, † 19-IX-1926. *Juan Perelló y Pou*, pr. 20-VI-1927, pos. 28-VII-1929, † 27-VIII-1955. *Ramón Masnou y Boixeda*, ob. tit. de Cecirí, aux. de Vich, pr. 17-VIII-1952, pos. 2-XII-1955, actual obispo.

BIBL.: J. GUIU Y CADADESÚS, *Guía descriptiva del Obispado de Vich*, Vich 1898; J. SANFELIU, *Guía parroquial del bisbat de Vich*, Manresa 1906; F. CARRERAS CANDI, *Geografía General de Catalunya... Barcelona*, Ba. 1913; R. VINYETA, *Guies monogràfiques*: [*Bellmunt*, 1949; *Puigsacalm*, 1951; *Els Munts*, 1953; *Les Gorgues*, 1956]; J. CASTELLS y J. TERÉS, *Guilleries*, s. i. 1945; G. DE REPARAZ, *La Plana de Vich*, Ba. 1928; J. IGLÉSIES, *Assaig sobre l'extensió de la Comarca d'Igualada*, s. l. 1938; J. L. DE MONCADA y LUIS B. NADAL, *Episcopologio de Vich*, 3 vols, Vich 1891-1904; ES 28, 1774; *Viage 6-8*; J. SALARICH, *Vich, su historia y sus mon...*, Vich 1854; P. KHER, *Die ältesten Papsturkunden in Spanien*, Be. 1926; ID., *Papsturkunden in Spanien*, Be. 1926; R. D'ABADAL, *Catalunya Carolíngia*, Ba. 1926-55; J. PUIG I CADAFALCH, *L'Arquitectura romànica a Catalunya*, 3 vols., Ba. 1909-1918; J. GUDIOL RICART, *Guías artísticas de España. Provincia de Barcelona*, Ba. 1954; E. JUNYENT, *Catalogne Romane*, 2 vols., Ba. 1960-1961; L. MONREAL Y TEJADA, *La Catedral de Vich y las pinturas murales de Sert*, Vich 1948; E. JUNYENT, *La Catedral de Vich y la decoración de Sert*, Vich 1945; J. PELLICER, *Santa María del Monasterio de Ripoll*, Mataró 1888; J. GUDIOL, *Iconografía de la portalada de Ripoll*, Ba. 1909; P. PARASOLS, *San Juan de las Abadesas*, Vich 1894; F. SOLÁ, *El monestir de Sant Benet de Bages*, Manresa 1955; J. SARRET ARBÓS, *Historia religiosa de Manresa*, Manresa 1924; J. SEGURA, *Historia de Igualada*, 2 vols., Ba. 1907; A. AMENÓS, *Rectorologio de Santa María de Igualada*, Ba. 1949; D. TORRENT GARRIGA, *Manlleu, croquis para su historia*, Ba. 1893; F. SOLÁ MORETA, *Historia de Torelló*, 2 vols., Ba. 1947-48; A. DE PALMA, *Historia de San Feliu de Codinas*, Ba. 1946; A. PLADEVALL, *Mil anys de la parròquia de Sant Hilari de Vidrá*, Ba. 1960; C. BARRAQUER, *Las Casas de Religiosos en Cataluña*, 2 vols., Ba. 1906; ID., *Los Religiosos en Cataluña*, 4 vols., Ba. 1915-17; J. GUDIOL, *Les monedes episcopals vigatanes*, Vich 1896; ID., *Sant Pau de Narbona y lo bisbat de Vich*: Memorias de la R. Academia de Buenas Letras, 8(1905); ID., *Catàleg dels manuscrits del Museu Episcopal de Vich*, Ba. 1934; E. JUNYENT, *Cartulari d'Oliba, comte, abat i bisbe*, en publicación; P. A. CODORNIU, *Vida del ilustrísimo y venerable Sr. D. Raymundo Ma-*

rimón y Corbera, Ba. 1763; P. ONUPHRIO PRATDESABA, *De vita et virtutibus V. Raymundi Marimonii vicensis in Ausetanis episcopi*, Ferrara 1785; *Crónica de las solemnidades celebradas con motivo del Centenario del sacrificio del Ilmo. Fray Raymundo Strauch*, Ba. 1926; M. GENIS, *El obispo Casadevall*, Vich 1896; J. LLADÓ y M. SERRA ESTURÍ, *Biografía del Ilm. Josep Torras y Bages*, Vich 1916; *El Episcopado español ante la obra apostólica del Dr. Torras y Bages*, Ba. 1947; L. G. ALONSO GETINO, *El P. Coll y su obra*, Vich 1945. Para noticias de san Bernardo Calvó, Torras y Bages, el abad Oliba, etc., véanse los artículos correspondientes en este Diccionario. E. JUNYENT

VICH, Guillén Ramón de, (Valencia † Veroli [Italia]) obispo y cardenal. De simple protonotario apostólico pasó a cardenal como premio a los méritos contraídos por su hermano Jerónimo de Vich durante su larga embajada en Roma (1-VII-1517). Se le adjudicó el título de San Marcelo (13-XI-1525). Recibió en encomienda el obispado de Cefalú en Sicilia (22-X-1518), que resignó algún tiempo antes de morir en favor de Francisco de Aragón. Fue nombrado obispo coadjutor con derecho a sucesión para el anciano Martín García, obispo de Barcelona (24-I-1519). El 16-II-1521 el embajador español en Roma comunicaba a Carlos V, entre otras noticias, la concesión del obispado de Barcelona al cardenal de Vich. Tomó posesión de dicha sede como obispo residencial el 20-III-1521. Tuvo en encomienda el monasterio de Bellpuig de las Avellanas, de la orden premonstratense, que resignó en fray Cipriano Benet OP.

Dispuso que los canónigos de Barcelona se colocasen en los actos públicos por orden de antigüedad. Es la única noticia de su actividad en la ciudad condal, consignada por sus biógrafos. No hay que maravillarse de que no dejase más huellas, ya que la mayor parte de su pontificado residió en Roma.

El 12-VIII-1520 Carlos V escribió al conde de Monteleón, virrey de Sicilia, sobre provisión del obispado de Cefalú a favor del cardenal de Vich. En una carta, sin fecha, el emperador anuncia al cardenal de Vich el envío de D. Juan Manuel como embajador ante el papa. El le informará, en nombre del rey, de varios asuntos. Le ruega que lo acoja bien, le preste siempre crédito y obre en todo de acuerdo con él. Juan Manuel llegó a Roma el 11-IV-1520. En dos ocasiones el cardenal de Vich tuvo que justificarse de los ataques que se le habían dirigido, sin duda relacionados con su comportamiento en los cónclaves en que salieron elegidos Adriano VI y Clemente VII. Prometió complacer al emperador en la provisión de los primeros beneficios que vacasen en la diócesis de Barcelona a favor de Alonso de Soria. Al mismo tiempo comunicó al emperador la elección de Clemente VII, el cual escribió a Carlos V en recomendación del cardenal de Vich (1-I-1524). Por su parte, el cardenal dio una carta de creencia ante el emperador a favor del comendador Rodrigo de Mayorga (8-III-1524). Carlos V le escribió en recomendación del maestro Polo, encargado de dirigir en Venecia la impresión de las obras completas del Tostado.

El 30-VII-1525 el duque de Sessa, embajador español en Roma, puso en conocimiento de Carlos V la reciente defunción del cardenal de Vich. Su cuerpo fue inhumado en la iglesia de Santa Cruz en Jerusalén. Los consejeros de Barcelona pidieron al emperador un obispo que, además de ser hábil e idóneo, residiera personalmente.

BIBL.: J. VILLANUEVA, *Viage literario a las iglesias de España*, Ma. 1851, 18, 52-55; M. AYMERICH, *Nomina et acta episcoporum Barcinonensium*, Ba. 1760, 401; F. TARAFFA, *De vitis pontificum ecclesiae Barchinonensis (412-1546)*, ms. del Archivo Catedral de Barcelona fols. 86-87; C. EUBEL, *Hierarchia catholica*, III, 17, 129, 163; PASTOR, *Historia de los Papas*, VII, 194, y IX, 6, 13; J. BADA,

Situació religiosa de Barcelona en el segle XVI, Ba. 1970, 9, 65, 66; A. DE VARGAS-ZÚÑIGA y B. CUARTERO, *Indice de la colección de don Luis de Salazar y Castro*, Ma. 1949-1950, II, 140, núm. 2.288; apéndice B, 467, núm. 24 y 157, 151, núm. 2.350; III, 49-50, 103, 269, 146, 271 y 370; *Un registro de cancillería de Carlos V*, ed. L. Núñez Contreras, Ma. 1965, 161, 351, XLVI; V. DE BELTRÁN HEREDIA, *Cartulatio de la universidad de Salamanca*, II, Sa. 1970, 648; M. DE FORONDA Y AGUILERA, *Estancias y viajes del emperador Carlos V*, Ma. 1914, 177.   J. GOÑI

VIDAL, Francisco, OP (Albaida [Valencia] 4-IV-1666 † Valencia 19-XII-1749) predicador e historiador. Ingresó en la Orden en 1687. Se distinguió como maestro de novicios, predicador popular y escritor.

OBRAS: *Vida de San Vicente*, Val. 1735. *Vida de San Luis Bertrán*, Val. 1743. *Sacro Diario dominicano, en el que se contienen las vidas de los Santos, Beatos y Venerables de la Orden de Predicadores*, Val. 1747.

BIBL.: C. FUENTES, *Escritores dominicos del Reino de Valencia*, Val. 1930, 341-349.   L. GALMÉS

VIDAL, José, SI (Méjico c. 1630 † Ibid. 2-VI-1702) misionero y predicador. Ingresó en SI en 1645. Enseñó Filosofía y Teología en los colegios de la capital y fue varias veces rector de los mismos. Predicó misiones en Guanajuato, Celaya, Puebla, Méjico.

BIBL.: F. J. ALEGRE, *Historia de la Compañía de Jesús en Nueva España*, IV (continuada), Puebla de los Angeles 1889, passim; J. M. BERISTAIN, *Bibliotheca...*, México 1816, 3310.   IHSI

VIDAL, Manuel, OSA (Madrid 1697 † Salamanca 1765) historiador. Hizo sus primeros estudios en el Colegio Imperial de los jesuitas de Madrid. Estudió Artes con el padre Feijoo que era profesor en el Colegio de D.ª María de Aragón, de los agustinos de Madrid. Allí concibió el proyecto de hacerse agustino. Profesó en el convento de Toledo, probablemente, puesto que allí fue enviado a hacer el noviciado. Estudió Teología en la Universidad de Salamanca, donde fue catedrático de Biblia. Fue provincial de la provincia de Castilla y cinco veces prior de Salamanca. Durante su tercer priorato (1744) tuvo lugar el incendio del famoso convento de agustinos, quemándose la Biblioteca de manuscritos y el archivo del convento. Trabajó con entusiasmo en la edición del tomo V de las *Conciones* de santo Tomás de Villanueva, que se publicó en 1764. Fue un gran historiador.

OBRAS: *Agustinos de Salamanca. Historia del convento de S. Agustín*, 2 vols., Sa. 1751-1758; *Sumaria, verídica relación del incendio del convento de S. Agustín*, Sa. 1744; *Oración Panegírica*, Sa. 1738; *Breve índice de la Historia del Convento de Salamanca*, s. l. n. a.; *Memoria de los libros de la Universidad de Salamanca*, ms. en la Univers. de Salamanca; *Vidas de los Venerables S. Juan de Sahagún, Orozco, Bobadilla y otros de su Orden*: ms. BNMadrid.

BIBL.: M55, 188-193; E. DOMÍNGUEZ CARRETERO, *La escuela teológica agustiniana de Salamanca*: R75, 169 (1956)680-681.   E. D. CARRETERO

VIDAL Y BARRAQUER, Francisco, (Cambrils [Tarragona] 3-X-1868 † Friburgo [Suiza] 13-IX-1943) cardenal. Nacido en el seno de una acaudalada familia de propietarios rurales, de hábitos y creencias tradicionales, Vidal y Barraquer ingresó, tras haber cursado la carrera de Derecho en la Universidad de Barcelona y ejercitado por algún tiempo sus conocimientos profesionales, en el Seminario de la misma ciudad, del que pasó con posterioridad al Pontificio tarraconense. Ordenado sacerdote (septiembre de 1899), su primitiva idea de consagrarse al apostolado misional se vio frustrada ante los deseos y consejos de su tío, el canónigo tarraconense D. Benito Vidal, que le instó a desplegar sus dotes sacerdotales en su sede natal. Sus cualidades organizadoras y su amplio bagaje jurídico le granjearon desde el primer momento la confianza y estima del arzobispo Costa y Fornaguera, iniciando con ello una fulgurante carrera eclesiástica que tuvo en los siguientes nombramientos sus jalones principales: fiscal sustituto del Tribunal Eclesiástico Metropolitano de Tarragona (1900); fiscal eclesiástico con carácter efectivo (1909), canónigo por oposición de la catedral de Tarragona (1907); provisor y vicario general, auditor de testamentos y causas pías y juez metropolitano (todo ello en 1909); arcipreste (1910); ejerció también los cargos de consiliario del Patronato Obrero, vocal de la Comisión Diocesana para el Fomento de la Acción Católica Social, presidente del Consejo de Vigilancia contra el Modernismo, etc., etc. Al morir el arzobispo Costa y Fornaguera se le eligió como vicario capitular (1911). Hombre de confianza del nuevo arzobispo como lo había sido del anterior, prontamente debió abandonarle por su preconización (1913) como obispo titular de Pentacomia y administrador apostólico de Solsona. Su gobierno en esta diócesis encontraría en el desarrollo y robustecimiento de la acción pastoral y en el fomento del nivel intelectual del clero sus notas dominantes (creación de la Biblioteca histórico-diocesana, fundación del Museo prehistórico, etc.). Después de haber negado su consentimiento para ocupar la sede gaditana (1917), reemplazó en la tarraconense a su antiguo protector D. Antolín López Peláez (1919). Dos años más tarde Benedicto XV le otorgó la púrpura cardenalicia con el título de cardenal de Santa Sabina, en el consistorio de 7-III-1921. Al igual que en su gobierno de la diócesis celsonense, pondría al servicio de la tarraconense sus dotes de organización, tendentes sobre todo a crear cauces pastorales adecuados a las necesidades del momento. Su preocupación por las actividades culturales y artísticas se evidenció con la creación del Archivo Histórico Diocesano, de la Biblioteca «Antonio Agustín», el enriquecimiento del Museo diocesano, etc.; actividades que le valieron el nombramiento de miembro correspondiente de la Real Academia de la Historia (1920). Dada la intensidad de las corrientes regionalistas y de signo opuesto en la Cataluña y en la España de su tiempo, su actuación fue objeto de numerosas controversias, tanto durante el período de la Dictadura de Primo de Rivera, de la que se mostró muy adicto en sus inicios como en días posteriores. Consciente, sin embargo, del escisionismo inherente a toda formulación política de orden temporal, la meta más tenazmente perseguida de su pontificado fue la de marginar a su clero y a su propia persona de las luchas de la época. Siguiendo la trayectoria legada por obispos catalanes precedentes — Torras y Bages, Morgades, etc. —, creyó siempre que una de las claves del éxito de la acción evangelizadora de la Iglesia se hallaba en servirse para sus fines de las culturas regionales, con un sentido exclusivamente santificador y no disensionista o temporal. Su elevación de miras a este respecto viene ejemplificada por la introducción del uso de la lengua castellana en la predicación y en la catequesis (1925). De esta forma, la gestión llevada a cabo por el nuncio Tedeschini (1927) en el estamento eclesiástico catalán para la propagación en los actos de cultos del idioma castellano careció de objeto en el ámbito de la diócesis tarraconense. Al advenimiento de la II República, y tras el extrañamiento del cardenal Segura que hizo de él la cabeza de la jerarquía, Vidal y Barraquer, por instigación de la Santa Sede, aglutinó la opinión del episcopado, recomendando a los fieles, por medio de una pastoral colectiva, la aceptación del nuevo régimen, del que realizaba, sin embargo, una áspera crítica de su legislación en materia religiosa. Respetuoso con el poder, mantuvo cordiales relaciones con los gobernantes de la «Generalitat» catalana, especialmente con su primer presidente, al que visitó en su lecho de muerte (marzo de 1933). Angustiado por el presente del país, dedicó la mayor parte de sus energías en los años que precedieron a la guerra de 1936 al incremento de la Acción Católica, en la que veía la plataforma más adecuada para la potencialización del sentimiento religioso. En los primeros días de la guerra civil, atravesó grandes peligros, viéndose obligado a refugiarse en el monasterio de Poblet en compañía de su obispo auxiliar. Allí fue vigilado por las autoridades republicanas. Aún no ha podido aclararse documental y científicamente si su posterior traslado a Barcelona y su marcha a Italia en un barco de esta nacionalidad se debió a las reclamaciones e iniciativas de la Santa Sede, expuestas a través del cónsul de aquel país en la Ciudad Condal, o bien al deseo de algunos prohombres de la «Generalitat», como Ventura Gassol, Soler y Pla, Luis Companys, etc. Ya en Italia, se negó a firmar la pastoral colectiva del episcopado español (septiembre de 1937), al tiempo que desplegaba una gran actividad para socorrer a los beligerantes. A la terminación de la lucha, el Gobierno español ejerció presión para que dimitiera de su sede, a lo que opuso una resuelta negativa. Su existencia en los años de la Segunda Guerra Mundial transcurrió, en la mayor parte del tiempo, en diversas localidades de Suiza, en donde contó con el apoyo material del potentado catalán Patxot. Una vez fallecido, se celebraron en todas las iglesias catedrales y colegiatas de España solemnes honras fúnebres por orden del Jefe del Estado.

BIBL.: R. MUNTANYOLA, *Vidal i Barraquer, cardenal de la pau*, Ba. 1970, traducido y adaptado al castellano por V. M. ARBELOA con el título *Vidal y Barraquer, cardenal de la paz*, Ba. 1971; M. BATLLORI y V. M. ARBELOA, *Iglesia y Estado en España (1931-1936)*: Archivo Vidal y Barraquer, 2 vols., Montserrat 1971; A. PADILLA BOLÍVAR, *Vida y obra del cardenal Vidal y Barraquer*, tesis inédita.

J. M. CUENCA

VIDAL Y TONANCIO, (siglo v) monjes. Por ellos conocemos la existencia del nestorianismo en España y comprendemos mejor la condenación de esta herejía en los concilios III y IV de Toledo. Aunque precisan bien el dogma católico antinestoriano, buscan una orientación doctrinal en el primado de Cartago, Capreolo, a quien dirigen una *carta* un tanto alarmados. La respuesta del obispo cartaginés es una ratificación de la doctrina de los dos monjes.

OBRAS: *Epistola Vitalis et Tonantii*: PL 53, 847-849.

BIBL.: A. C. VEGA, *Vidal y Tonancio o un caso de nestorianismo en España*: R75, 153(1936)412-420.

U. D. DEL VAL

VIERA, Diego, (Alcalá de los Gazules [Cádiz] 6-V-1726 † Ibid. 25-XII-1800) fundador. Beneficiado en la parroquia de su nacimiento y dueño de algunos bienes, obtuvo aprobación verbal del obispo de la diócesis (20-VI-1780) para proceder a la fundación de un beaterio de mujeres o instituto de vida común que se dedicaría a hospital de mujeres, enseñanza de niñas y párvulos, y otras obras de caridad. El Instituto se llamó de Jesús, María y José y se fundó en Alcalá de los Gazules en 1788. Las constituciones tuvieron una primera aprobación en 1793 y las confirmó luego la Santa Sede. Hoy el Instituto tiene varias casas. Viera cedió también su propia casa y vivió pobremente de capellán del Instituto que fundó. Después de heroico trabajo en la epidemia de fiebre amarilla que asoló por entonces la comarca, le sobrevino el contagio, falleciendo con fama de santidad.

OBRAS: *Constituciones del Instituto de Jesús, María y José*, 1793.

BIBL.: *Centenario del beaterio de Jesús, María y José*, Le. 1888; *Crónica de las fiestas... del fundador*, Chiclana de la Frontera 1928; J. M. LEÓN Y DOMÍNGUEZ, *Recuerdos Gaditanos*, Cad. 1897.

F. TOSCANO

VIERA Y CLAVIJO, José, (Los Realejos [Tenerife] 28-XII-1731 † Las Palmas de Gran Canaria 21-II-1813) historiador. Cursó la carrera eclesiástica brillantemente. Ordenado sacerdote por el obispo de Canarias fray Valentín de Morán, ejerció el sacerdocio en su diócesis. Destacó por su gran amor a los estudios y en particular a los temas clásicos. Fue predicador sobresaliente. Viajó por España, Francia, Italia, Alemania, Austria y Bélgica. En Madrid estuvo al servicio del marqués de Santa Cruz y fue preceptor de su hijo, el marqués del Viso. Por entero entregado a la investigación, destacó extraordinariamente en las ciencias históricas y naturales, al igual que en la Filosofía y Teología. Siguiendo la afición de la época, siglo XVIII, formó parte de notables y afamadas tertulias literarias, tanto en Canarias como en Madrid. La producción histórica, científica, literaria y poética fue muy fecunda. De ahí que se le tenga por un excepcional talento enciclopédico y eximio polígrafo, de resonancia nacional.

Fue dignidad de arcediano de Fuerteventura, en la catedral de Canarias, académico correspondiente de la Real de la Historia, miembro distinguido de la Real Sociedad Económica de Amigos del País y de otras muchas entidades científicas y culturales, en las que ganó preciadas recompensas. Estuvo considerado como uno de los mejores escritores del reinado de Carlos III.

Escribió sermones, loas, coloquios, poesías, tragedias, comedias, compendios, memorias, informes, elogios, discursos, cartas eruditas, cartas familiares, diarios, autobiografías, poemas morales, poemas didácticos, oraciones fúnebres, catálogos diversos, tratados, representaciones teatrales, etc., que en conjunto suman 163, todas ellas de alta calidad.

OBRAS: Entre sus obras merecen destacarse por la gran fama que le han dado, las siguientes: *Diccionario de Historia Natural de las Islas Canarias*, I, Santa Cruz de Tenerife, 1799; II, Las Palmas de G. Canaria 1866; *Historia general de las Islas Canarias*, 4 vols., Santa Cruz de Tenerife 1833, reed. en 1950 y 1951; *Noticias históricas de las Islas Canarias*, Santa Cruz de Tenerife 1858; *El Jardín de las Hespérides; La rendición de Granada, Fray Gerundio*, etc. La mayor parte de numerosos escritos no editados se encuentran en la Bibl. Prov. de La Laguna (Tenerife); Arch. de la R. Sdad. Econ. de Amigos del País, de Las Palmas de G. Canaria; Arch. de la catedral de Santa Ana (Canarias); Bibl. de la Sociedad «El Museo Canario» de Las Palmas de G. Canaria; Arch. del Marqués de Acialcázar, en Las Palmas de G. Canaria, etc.

BIBL.: *Antología de don José de Viera y Clavijo*: Rev. de Canarias, 1(1879); J. RODRÍGUEZ MOURE, *Juicio crítico del historiador de Canarias don José de Viera y Clavijo*, Santa Cruz de T. 1913; J. BATLLORI y LORENZO, *D. José de Viera y Clavijo*, Las Palmas de G. C. 1931; B. BONNET REVERÓN, *Viera y Clavijo y sus cartas familiares*: La Prensa (Sta. Cruz de T.), 27-XII-1931; P. MORALES, *Hace un siglo*, Las Palmas de G. C. 1909; J. A. ALVAREZ RIXO, *Cuadro histórico de las Islas Canarias*, Las Palmas 1955; A. MILLARES CARLO, *Bio-bibliografía de escritores naturales de las Islas Canarias*, Ma. 1932. En la obra *Historia General de las Islas Canarias*, ed. 1950, hay varios estudios monográficos.

S. JIMÉNEZ

VIGILA, (siglo x) escriba del monasterio de San Martín de Albelda, en la Rioja. En 974 copió, con ricos materiales provenientes de Cataluña y del Sur mozárabe, el precioso códice Vigilano (Escorial d. I. 2), al que antepuso numerosas composiciones telacrósticas en que hace gala de sus conocimientos métricos, aunque su expresión sea poco hábil y a menudo enrevesada.

OBRAS: Escribió otro poema dedicado a un abad Montano, ed. D. DE BRUYNE, en R70' bis, 36(1924)16-18; y se le atribuye con fundamento la *Vida de Salvo de Albelda*, ed. Ch. H. Bishko, en R83', 23(1948)575-576, así como el conjunto historiográfico denominado *Cronicón Albeldense*, aunque esto sin base, ed. ES 13, 433-463.

BIBL.: C. SÁNCHEZ ALBORNOZ, *El autor de la Crónica llamada de Albelda*: R28', 50(1948)292-304.

M. DÍAZ Y DÍAZ

VILA, Antonio, SI (Santpedor [Barcelona] 25-VIII-1747 † Ferrara [Italia] 1820) helenista. Entró en SI el año 1763. Desterrado a Italia en 1767, fue catedrático de elocuencia y de antigüedades grecorromanas en la Universidad de Ferrara, y autor de varias obras sobre esa materia.

BIBL.: O189, VIII, 753-754; XII, 1242; E. TODA Y GÜELL, *Bibliografía Espanyola d'Italia dels origens de la imprempta fins a l'any 1900*, IV, Ba. 1930, 303-305; M. BATLLORI, *La cultura hispano-italiana, de los jesuitas expulsos*, Ma. 1966.

M. BATLLORI

VILANOVA, Arnaldo de, (dióc. de Lérida 1238 † Génova 6-IX-1311) médico y teólogo. No ha sido posible hasta ahora fijar la fecha y lugar exactos de su nacimiento. Lo más probable es que fuese en Cataluña. En su juventud aprendió el árabe y estudió con los dominicos Latín y Humanidades. En Montpellier hizo estudios de Teología y posteriormente, por los años de 1260, de Medicina, en la que se graduó de maestro. Recibió la tonsura, pero no llegó al sacerdocio, aunque ostentó el título de clérigo de Valencia. Se casó en Montpellier con Agnes Blasi, hija de un comerciante. Si hemos de creer al *Breviarium practicae*, supuesta obra de Arnaldo de Vilanova, también estudió Medicina en Nápoles con Juan Casamiciola. El 1276 se instala en Valencia, donde aprende la Medicina de los maestros árabes. Esta será la que practique durante toda su vida. En 1281 es llamado a Barcelona como médico real por Pedro III, que le asigna una renta anual de 2.000 sueldos barceloneses. Allí traduce del árabe al latín varias obras de Medicina. Asiste en 1285 al rey de Aragón en su última enfermedad. Al año siguiente regresa a Valencia, donde comienza a manifestar preocupaciones religiosas que ocuparán buena parte de su vida y escritos. Probablemente antes de 1291 se encuentra de nuevo en Montpellier, regentando con gran crédito una cátedra de Medicina en la que permaneció muchos años. Su estancia como catedrático en Montpellier se verá interrumpida por frecuentes viajes. En 1293 se encuentra en Cataluña como médico y consejero de Jaime II, de cuyo aprecio y ayuda gozó durante muchos años. En 1299 va a París como enviado de este rey ante Felipe IV de Francia para solucionar unos problemas fronterizos. Allí da a conocer su tratado sobre la *Venida del Anticristo*, que tenía redactado ya en 1288. Con este motivo es encarcelado el 18-XII-1299. Se le pone en libertad bajo fianza al día siguiente. Nuevamente viaja a Barcelona y Valencia, probablemente para asistir a la reina en su segundo parto. A primeros de mayo 1301 va a la Corte Pontificia. Es reprendido, aunque absuelto, por Bonifacio VIII, con lo cual se cierra el proceso entablado contra él en París. Cura al papa de unos cólicos renales y se gana su aprecio. Reacciona violentamente contra los ataques que lanzan a su doctrina los dominicos de Gerona. Se queja ante el obispado y dirige fuertes diatribas contra los citados religiosos. En 1304 se ve obligado a retirarse con su familia de Montpellier a Marsella a causa de una persecución organizada contra ellos. Allí se ve atacado de nuevo por los dominicos. Como siempre, protesta ante el obispo e incluso ante el papa de las acusaciones que se le hacen. No para ahí, sino que llega a urgir a este último que ponga en práctica la reforma disciplinar de la Iglesia por él propugnada. En Perusa atiende a Benedicto XI en la enfermedad que lo llevó a la muerte. Durante el cónclave para elegir nuevo papa es arrestado por protestar ante la retención de sus escritos hecha por Benedicto XI. Es puesto en libertad y marcha a Sicilia, donde traba amistad con el rey Federico III que se suma a los ideales de Arnaldo. En 1305 visita al nuevo papa, Clemente V, del que pretende lograr una aprobación de sus obras teológicas. El papa soslaya este asunto, pero lo recibe como médico y amigo. El resto de sus días se le ve más empeñado en su actividad político-religiosa que en la médica, prestando incondicional apoyo a la secta franciscana espiritual, dirigida por el abad Joaquín de Fiore, con la que ya hacía años había tomado contacto. Este grupo pretendía la instauración de una nueva era bajo el reinado del Espíritu Santo, mediante una radical reforma de la vida de la Iglesia, sobre todo en el estamento del clero regular. No pocos cardenales, algún rey y otras personas se unieron a la idea gracias al prestigio de Arnaldo. Este acabó sus días enemistado con su incondicional protector, Jaime II, por una interpretación, dentro de su doctrina escatológica, de ciertos sueños del rey, que creó problemas a éste ante la jerarquía y el papa. En esta circunstancia Federico III permaneció fiel a Arnaldo y a su doctrina, por lo que lo llamó junto a sí. Dentro de la Medicina, Arnaldo de Vilanova es una de las personalidades más relevantes de todo el Occidente cristiano medieval. Después de su muerte (6-XI-1316) fueron condenadas, por una asamblea de eclesiásticos reunida en Tarragona, 14 proposiciones sacadas de sus escritos y ordenada la destrucción de 13 de sus opúsculos teológicos. Así se explica que en el Renacimiento estos escritos fuesen prácticamente desconocidos.

OBRAS: Todavía está por hacer un estudio crítico definitivo de las obras de Arnaldo de Vilanova. Aquí no haremos sino reseñar las más importantes y nos remitimos para un elenco más completo al excelente trabajo de Juan Antonio Paniagua, *Estudios y notas sobre Arnau de Vilanova*, Ma. CSIC, 1963.

Escritos médicos: *Libellus de arte cognoscendi venena*, Pad. 1473; trad. del *Libellus de viribus cordis*, de Avicena, Pad. 1476; *Antidotarium*, Val. 1495; *Speculum Medicinae*, Leipzig 1495; *Breviarium practicae*, de muy dudosa autenticidad, Mi. 1483; *Liber de vinis*, Par.-Leipzig, fin. s. XV; *Regimen sanitatis* (compuesta para Jaime II), logró cinco tiradas en Lovaina antes de 1480; *Scrinium Medicinae*, colección de aforismos, 1509. Estos escritos alcanzaron muchas ediciones tanto individualmente como agrupados en ediciones generales.

Escritos teológicos. Son muy numerosos y en su mayoría breves: *Tractatus de tempore adventus Antichristi*, esta obra la tenía ya redactada en 1288 y la difundió en Par. en 1299; *Tractatus de cymbalis Ecclesiae*, enviada en 1301 a las personas más completo al excelente de la Iglesia); *Interpretatio de visionibus et somnis*, escrito en 1308 para el rey Federico III de Sicilia; *Allocutio super Tetragrammaton*, doce cartas dirigidas en 1305 a destacadas figuras políticas y eclesiásticas.

BIBL.: B. HAURÉAU, *Histoire littéraire de la France* (v. Arnaud de Villeneuve), XXVIII, Par. 1881, 26-126; M. FINKE, *Aus den Tagen Bonifaz VIII. Funde und Forschungen*, Münster 1902, 191-226 y CXVII-CCXXII; P. DIEPGEN, *Arnald von Vilanova als Politiker und Laientheologe*, Be. 1909; M. MENÉNDEZ PELAYO, *Arnaldo de Vilanova, médico catalán del s. XIII. Ensayo histórico, seguido de tres opúsculos de Arnaldo y de una colección de documentos relativos a su persona*, Ma. 1879, incluida en *Historia de los Heterodoxos españoles*, II, 247-92, y VII, 232-322, de la edición *Obras completas de M. Pelayo*, Ma.-San. 1947-48, XXXVI y XLI; R. CHABÁ, *A. de Vilanova y sus yerros teológicos*: Homenaje a M. Pelayo, II, Ma. 1899, 367 y ss.; J. M. POU Y MARTÍ, *Visionarios beguinos y fraticelos catalanes (siglos XIII-XIV)*, Vich 1930; J. A. PANIAGUA, *Estudios y notas sobre Arnau de Vilanova*, CSIC, Ma. 1963, contiene abundante bibliografía en notas a pie de página; J. CARRERAS ARTAU y M. BATLLORI, *Els nostres clasics*, 2 vols.; Ba. 1947, M. NEUBÜRGER, *Geschichte der Medizin*, II, Stu. 1906, 388-403; P. DIEPGEN, *Studien zu Arnald von Vilanova*: Archiv f. Gesch. der Medizin, 3, 5 y 6, Leipzig 1909-13; R. D'ALÓS MONER, *Collecció de documents rela-*

tius a Arnau de Vilanova: R113, 3(1909)47, 140, 331, 447 y 541; 4(1910)110, 496, y 6(1912)90-103; R. Chabás y F. Fita *Testamento de Arnaldo de Vilanova:* R59, 28(1896)86-92.

F. J. Ruiz

VILANOVA, Pacífico de, OFMCap (Vilanova de Belpuig [Lérida] 31-X-1913 † Sarriá [Barcelona] 4-II-1958) escritor, organizador de los estudios y restaurador de los capuchinos de Cataluña. Se llamó en el mundo José Sanfeliú y Bernis. Ingresó en la Orden el 1-XI-1928 y se ordenó el 6-VI-1936. Completó sus estudios en Roma logrando la licenciatura en Teología. Posteriormente fue profesor de la misma ciencia. Siendo provincial de Cataluña por seis años, contribuyó sobremanera a la restauración de esta provincia. Se distinguió, además, por sus investigaciones históricas y creó la Biblioteca Hispano-Capuchina, donde recogió la producción literaria de más de 2.000 volúmenes, de escritores capuchinos de España y Sudamérica.

OBRAS: Fue colaborador de El Apostolado Franciscano y Estudios Franciscanos y publicó *Estadística de la Província de Frares Menors Caputxins de Catalunya,* Ba. 1944; *La senda illuminada. Instrucció pastoral sobre la Tercera Ordre,* Ba. 1951; *Reglament del Collegi de filosofia i teologia de la Província dels Frares Menores Caputxins de Catalunya,* Ba. 1944; *Capuchinos catalanes en Centro-América y México,* 2 vols., Ba. 1947; *Capuchinos catalanes en el sur de Colombia,* 2 vols., Ba. 1947.

BIBL.: N3, 75(1959)41; R106, 59(1958)271-87; El apostolado Franciscano, 49(1958)55-57.   B. de Carrocera

VILARIÑO UGARTE, Remigio, SI (Guernica [Vizcaya] 1-X-1865 † Bilbao 16-IV-1939) publicista, director de la revista *El Mensajero del Corazón de Jesús.* Entró en la Compañía de Jesús el 14-VIII-1880, sin haber cumplido aún los quince años. Después de sus estudios de Humanidades y Filosofía fue profesor de Retórica en Loyola, Valladolid y Burgos, transitoriamente, antes de ser sacerdote. En 1896 fue ordenado de sacerdote. En 1898-1902, profesor de Retórica en Burgos, de los estudiantes de la Compañía de Jesús. En 1902 comenzó a dirigir la revista *Mensajero,* que había de constituir su tarea de vida, y desde donde irradió su acción apostólica principalmente con los escritos. En 1903, durante un solo año, dirigió la Congregación de Luises, de Bilbao, año marcado con la memorable peregrinación al santuario de Begoña de los congregantes y católicos vizcaínos, el 11 de octubre, que subió por las calzadas de Begoña a pesar de la furiosa oposición agresiva de las izquierdas revolucionarias. En dicha peregrinación cayó asesinado de dos tiros Marcos Marañón, jardinero de la Universidad de Deusto, que iba entre los peregrinos. Vilariño escribe uno de sus primeros artículos con el significativo título: *La toma del Santuario de Begoña por los católicos bilbaínos* (nov. 1903). Coincide la labor de Vilariño con un período muy interesante de la vida católica española, que abarca todo el principio de siglo hasta el comienzo de la guerra mundial de 1939. Su muerte acontece quince días después de concluir la guerra de España, y mes y medio más tarde de la elección de Pío XII. Como un símbolo, Pío XII pronuncia su famosa alocución a España en el fin de la guerra, el 16 de abril, el mismo día que muere casi inesperadamente el P. Vilariño. Infatigable trabajador de la pluma deja una copiosa obra escrita en folletos, revistas y libros, cuya lista principal puede verse en el libro del homenaje de 1930 (véase Bibl.), p. 127-142. En dicho año, nueve antes de su muerte, calcula esta obra en 11.058 el número de páginas escritas en el Mensajero por Vilariño. La hoja mensual por él fundada, titulada *Rayos de Sol* (cuatro sencillas y pequeñas páginas), alcanza en dicho año la tirada totalizada de 41 millones largos de ejemplares. Los folletos y opúsculos varios alcanzan ya

una tirada total de 8 millones y medio de ejemplares, con 80 títulos diversos. Los libros escritos son ya 14, alguno hasta con 7 volúmenes, totalizando sus libros 795.804 ejemplares en dicha fecha. Fundó además las revistas mensuales, que él mismo dirige «De Broma y de Veras» (1911) «Sal Terrae» para sacerdotes (1912), «Hosanna» para niños de la Cruzada Eucarística (1924), y poco más adelante «Hechos y Dichos» (1934) en forma apologética. Las tres últimas perviven en nuestros días, aunque no todas ya localizadas en Bilbao («Sal Terrae», en Santander; «Hechos y Dichos», en Zaragoza. Colabora en la fundación de la revista «Manresa», en 1925. Pero sin duda la principal revista de Vilariño es el «Mensajero del Corazón de Jesús». Con estilo ágil, colorista, ameno, popular, supo escribir tantas páginas incansablemente, durante 39 años, pues ya empezó a escribir antes de ser director. Las «Intenciones» del Apostolado de la Oración, siempre las escribió él mismo. No hubo en estos años problema católico en España, tan agitada política y religiosamente, que no se reflejara con certera orientación en la pluma de Vilariño. Por ello esta revista es una buena fuente para seguir los problemas religiosos de España en esta época. Destacan también las secciones de *Telefonemas,* o casos resueltos de consultas; *Directorio de ideas* y, en general, todo lo relativo al Corazón de Jesús, cuyo apóstol incansable fue siempre. Sus dos últimos artículos fueron, sobre el nuevo Papa Pío XII (abril 1939) y sobre la imitación de las virtudes del Corazón de Jesús (mayo 1939, *Intención* para junio). Entre sus libros destacan notablemente la *Vida de N. S. Jesucristo,* que alcanzaba en 1930 seis ediciones con 68.000 ejemplares; los *Puntos de Catecismo,* en tres vol., tres ediciones aquel año con 16.000 ejemplares; el devocionario *El Caballero Cristiano,* con ocho edic. y 83.979 ej.; y el *Devocionario popular,* de solo 64 páginas, pero con la fabulosa tirada hasta entonces de 2.846.237 ejemplares. Para valorar todas las cifras dadas, adviértase que son anteriores a 1930 en España. En la obra citada del homenaje se estudian estos aspectos de Vilariño: cuentista (escribió cuentos deliciosos como *Las carcajadas de unas reinetas*), educador, polemista, orientador social, viajero (estuvo en Estados Unidos y otros países con ocasión de Congresos, en Tierra Santa, etcétera), publicista, apóstol. En este último aspecto debe señalarse su intervención en múltiples actos religiosos de España, y su labor en Bilbao, entonces por su menor volumen mucho más sensible. Dirigió varias obras apostólicas, confesó habitualmente en una parroquia, fundó el Barrio de la Cruz para familias modestas, que después llevó su nombre. Fue objeto de un homenaje en 1930 con ocasión de sus bodas de oro como religioso. Con ocasión del aniversario de su muerte, la Diputación lo proclamó hijo preclaro de Vizcaya, y colocó una lápida en Guernica, donde había nacido. El Ayuntamiento lo nombró hijo adoptivo de Bilbao. Más tarde le ha sido erigida una estatua en los jardines que se hallan a la entrada del puente del Generalísimo. La figura de Vilariño queda como un notable ejemplo de sentido de orientación social, de dirección de ideas, de intervención eficaz en los problemas suscitados. Su apostolado se ejerció en todos los campos posibles para él, la palabra, la pluma y la radio con sus radio-conferencias sobre problemas candentes. Recordemos también el *Calendario del C. de J.,* de tan amplia difusión en España. La proyección nacional del P. Vilariño queda explícita en este juicio de la Enciclopedia *Espasa,* en vida todavía del P. Vilariño: «Vilariño es un escritor eminentemente práctico, que ha sabido unir a la solidez la amenidad, a la fluidez una elegancia sin afeites ni afectaciones, y sobre todo una unción y persuasión que llega siempre al alma del lector.») Y es calificado de escritor «fecundo, ameno y sólido» (*Espasa,* t. 68).

Utilizó a veces diversas firmas compuestas de siglas de su apellido: Revilla, Erreviesejota, R. V. Ugarte...

Por la relación que tiene con Vilariño es conveniente mencionar aquí la revista «El Mensajero del Corazón de Jesús», de tanto influjo en España desde 1866, fecha de su fundación. Fue introducida en España en dicho año por el canónigo de Barcelona Dr. José Morgades y Gil, un año más tarde de su fundación primera en Francia por el P. Enrique Ramière. Cuando el Dr. Morgades fue elevado al episcopado de Vich (1833), transmitió la revista a los jesuitas de Bilbao, que la prosiguieron hasta hoy. («Mensajero», 1883, junio, 2.ª serie; cf. «Mensajero», febr. 1901, en la muerte de Mons. Morgades, obispo de Barcelona). Su tirada fue creciendo sucesivamente, alcanzando finalmente la cifra de 125.000 ejemplares. En ella, aparte como se ha dicho de poderse seguir los problemas de España religiosa y de la Iglesia, se hallan firmas notables, de las cuales la más destacada en el campo literario es la del P. Luis Coloma, que publicó aquí sus más famosas obras, como *Pequeñeces*. En el campo específico de la devoción al Corazón de Jesús en España fue esta revista el instrumento más eficaz para su difusión y crecimiento. El Apostolado de la Oración encontró en ella hasta ahora, en que tal actuación parece haberse marginado, la revista oficial necesaria para la enorme difusión de la obra. Tuvo antes de Vilariño como director al P. Julio Alarcón (SAJ), y después al P. José Julio Martínez (MAR), cuya obra *El Drama de Jesús*, vida popular de Jesús, traducida a varias lenguas, sobrepasa los 600.000 ejs.

OBRAS: Indicamos los libros más importantes y la fecha de la primera edición, el número de ediciones y ejemplares es de 1930: *El Caballero Cristiano*, Bi. 1915, 8 ediciones, 83.979 ejs.; *Caminos de vida*, 7 vols., Bi. 1925, 9.000 ejs.; *Cartas de Otro Mundo*, Bi. 1909-25, 24.000 ejs.; *Cuentos de Fillín*, Bi. 1915-28, 19.000 ejs.; *Curiosidades*, 4 vols., Bi. 1903-905, 19.000 ejs.; *Devocionario popular*, Bi. 1911, 19 ediciones, 2.846. 237 ejs.; *Devocionario para Religiosos*, Bi. 1922, 3 ediciones, 14.145 ejs.; *Historia de la Pasión de N. S. Jesucristo*, Bi. 1911, 3 ediciones, 29.500 ejs.; *Intenciones del Apostolado de la Oración*, 5 vols., Bi. 1901-906, 15.500 ejs.; *Los Caminos de Jesucristo*, 2.ª ed., Bi. 1933; *Puntos de Catecismo*, 3 vols., Bi. 1915, 3 ediciones, 16.000 ejs., en 1966, ed. 13.ª; *Radiocuentos*, Bi. 1926, 13.000 ejs.; *Telefonemas*, 2 vols., Bi. 1908, 3 edic., 33.000 ejs.; *Vida de Nuestro Señor Jesucristo*, Bi. 1908, 6 edis., 68.000 ejs., en 1958, ed. 13.ª; *Puntos de meditación*, 25 edis., 556.000 ejs.

BIBL.: *Homenaje al R. P. Remigio Vilariño Ugarte SJ en el cincuentenario de su entrada en la Compañía de Jesús (1880-1930)*, Bi. 1930; D3, 68, 1232; *El P. Vilariño ha muerto*: El Mensajero..., (1939)423-29; *Amigos de Jesucristo. El P. Remigio Vilariño*: El Mensajero..., (1939)883-87; *En honor de nuestro P. Vilariño*; El Mensajero..., (1940) 428-29.
J. M. IGARTUA

VILLACASTIN, Antonio de, OSH (Villacastín [Segovia] c. 1512 † El Escorial 4-III-1603) obrero mayor de El Escorial. Antón Moreno, que así se llamaba antes de ser monje, huérfano aún muy joven, quedó bajo la tutela de un tío suyo y aprendió a leer y escribir un poco, hasta que, considerando que ya se podría valer por sí mismo, salió de la casa de su tío y llegó a Toledo, donde durmió la primera noche al raso en la plaza de Zocodover. Se ajustó al día siguiente con un maestro asentador de ladrillos y azulejos, y allí, humilde y sin aspiraciones, vivió algunos años hasta que teniendo unos veintisiete pidió su ingreso como monje corista en el monasterio jerónimo de la Sisla (Toledo), donde ya era conocido por algunos trabajos allí realizados. Era esto en marzo de 1539. Dio siempre muestras de grandes virtudes y aprovechó con su oficio en su monasterio, en el de las monjas jerónimas de San Pablo (Toledo) y en el de La Luz (Huelva), para pasar por fin al monasterio de Yuste a preparar el aposento de Car-

los V. De vuelta a su casa, por orden de Felipe II y de sus superiores, se trasladó en julio de 1562 al monasterio de El Escorial que comenzaba entonces a construirse, para que se hiciera cargo, como obrero mayor, de aquellas obras. De él dijo su primer biógrafo, fray Juan de San Jerónimo, que «de toda la dicha Orden no se halló otro más experimentado en cosas de edificar que él, y de sus partes y calidades no se hallará otro tal entre seculares y frailes de toda España para este menester». Desempeñó un papel brillante al lado de Juan Bautista de Toledo y Juan de Herrera, prevaleciendo muchas veces su parecer sobre los demás, como cuando, deseando Felipe II aumentar la capacidad del monasterio, que había sido calculado para 50 monjes, aconsejó que sin mudar la planta se levantase en alto otro tanto más. Son bellísimos los elogios que le dedicó el padre Sigüenza, que lo tuvo de súbdito y con quien trató mucho, tanto al presentarle como alma de aquel edificio, como cuando describe su ejemplar vida. Otro de sus biógrafos, Quevedo, no sale de su asombro al ver «todas las contratas de aquel tiempo redactadas, puestas las condiciones y firmadas por fray Antonio, al considerar que este hombre cuidaba de los peones, era el sobrestante general, revisaba lo que se hacía, preparaba lo que había que hacer, y tenía tiempo para hallarse también en el coro, en la iglesia, en los actos de la comunidad; casi no se concibe ni cómo tenía tiempo material, ni cómo no sucumbió a tanta fatiga». Por fin, el 4-III-1603 tuvo que llorar aquella comunidad la muerte del observante, sencillo e inteligente fray Antonio de Villacastín, que descansaba de sus trabajos en la paz del Señor.

OBRAS: *Memorias de la fundación de S. Lorenzo el Real: Documentos para la Historia del Monasterio de S. Lorenzo el Real de El Escorial*, ed. por J. Zarco Cuevas, I, Ma. 1916.

BIBL.: J. DE SAN JERÓNIMO, *Libro de Memorias deste monesterio de Sant Lorencio el Real*: Codoin, VII, Ma. 1845; M108, II, y III, 676-82; M107, 692-693; J. QUEVEDO, *H. del R. M. de S. Lorenzo*, Ma. 1854, primera parte y capítulo II de la segunda; A. PORTABALES, *Fr. Antonio de Villacastín, símbolo y ejemplo de aparejadores y ayudantes de ingeniería*, Ma. 1944.
I. DE MADRID

VILLACORTA, Francisco, OSA (Guardo [Palencia] febrero de 1770 † Valladolid 24-X-1844) misionero. Profesa en el convento agustiniano de Valladolid, 24-IV-1789, donde cursó la carrera eclesiástica. El 20-VI-1795 arribó a Filipinas. Misionó primero en Leyte. En 1804 es nombrado subprior de Manila y examinador sinodal. En 1808, procurador general. En 1810, prior de Manila; en 1814, definidor y prior de Guadalupe. En 1818, comisario procurador en las Cortes de Madrid y Roma. Asistente general desde el 14-II-1826 hasta 1834, en que fue nombrado vicario general de los agustinos de España. Llegó a convertirse en consejero del Gobierno, que acudía a él con los más delicados problemas sobre Oriente.

OBRAS: *Dos Exposiciones dirigidas a S. M.*, Ma. 1820; *Máximas de gobierno monárquico*, Ma. 1824; *Papeles interesantes a los regulares de Filipinas*, Ma. 1826; *Exposición a S. M., acerca de las Misiones agustinianas en Filipinas*, Va. s. a.; *Vocabulario de la lengua tagala*, Va. 1831; *Relación de los progresos de las misiones en Filipinas*, Va. 1831; *Administración espiritual de los agustinos en Filipinas*, Va. 1838; *Directorio espiritual para religiosas*, Va. 1838; *El cristiano celoso de sus verdaderos intereses*, Va. 1839.

BIBL.: M55, VIII, 198-211; M46, III, 390-391, passim.
A. ESPADA

VILLACRECES, Pedro de, OFM († Peñafiel 10-X-1422) reformador franciscano. Descendiente de noble familia, fueron sus hermanos D. Alvaro Díaz de Villacreces y D. Juan de Villacreces, obispo de Calahorra y Burgos. Por consejo y con la ayuda económica de su hermano Juan, estudió en las Universidades de Toulouse, París y Salamanca en la que obtuvo el título de bachiller en Teología, como se desprende del breve *Viri sacrae religionis*, dado en Aviñón el 16-II-1396. En virtud de la bula *Sacrae religionis*, Aviñón 11-XI-1395, Villacreces, que pertenecía a la provincia de Castilla, queda autorizado para retirarse a San Pedro de Arlanza (Burgos), con el propósito de entregarse a una vida de mayor perfección; fundó a continuación el eremitorio de Santa María de la Salceda practicando una norma de vida muy austera, pero lo abandonó hacia 1404, pues este mismo año se trasladó a La Aguilera donde admitió personas mayores y formó una escuela de niños, algunos de los cuales pasaron después a engrosar las filas de sus seguidores, con todos los cuales dio estabilidad a la nueva fundación. De esta manera pudo fundar un nuevo eremitorio en Composto, cuya localidad desconocemos hoy con exactitud. Siguió a éstos el eremitorio del Abrojo levantado en terrenos que le cedió su hermano Alvaro el 5-II-1415. De las cuatro fundaciones, solamente las de La Aguilera y el Abrojo consiguieron subsistir. Pero los observantes, veladores de la integridad de la Orden, consiguieron el breve *Sincerae devotionis affectus*, Peñíscola, 5-VI-1417, autorizándoles a que el eremitorio de La Aguilera a la muerte de Villacreces pasara a la Observancia. Para prevenir el peligro que se cernía sobre la recién creada reforma, se dirigió Villacreces al concilio de Constanza en compañía de fray Lope de Salazar y Salinas, consiguiendo de Martín V tres breves, fechados en Constanza el 27-IV-1418, con los que sus propósitos quedaban asegurados. De regreso a España, pasó con su compañero por las Cortes de Castilla, Aragón y Francia. Falleció al poco tiempo, cuando se dirigía al Capítulo provincial que había de celebrarse en Peñafiel.

BIBL.: L. DE SALAZAR Y SALINAS, *Satisfacciones y responsiones:* R29, 17(1957)775-896; F. DE LEJARZA y A. URIBE, *Fr. Pedro de Villacreces:* ibid., 299-334; ID., *¿Cuándo y dónde comenzó Villacreces su reforma?:* R29, 20(1960) 79-94. M. DE CASTRO

VILLAFAÑE, Diego León, SI (Tucumán [Argent.] 22-IV-1741 † Ibid. 22-III-1830). Entró en SI en 1763, y fue desterrado a Italia en 1767. Vuelto a Sudamérica como prefecto apostólico de Araucania, apenas pudo actuar a causa de las guerras de independencia. Amigo de Belgrano, procuró encauzar cristianamente la política argentina.

OBRAS: *Esposizione scolastico-dogmatica del primo e massimo precetto della carità verso Dio*, Ro. 1792; *Oda a la victoria de Tucumán*.

BIBL.: G. FURLONG, *Diego León Villafañe y su «Batalla de Tucumán» (1812)*, Buenos Aires 1962; ID., *Diego León Villafañe y sus cartas referentes a la revolución argentina:* Boletín de Academia Nacional de Historia, 37 (1960) 87-212; P. DE LETURIA y M. BATLLORI, *La primera misión pontificia a Hispanoamérica 1823-1825. Relación oficial de mons. Giovani Muzi*, Città del Vaticano 1963, 271-279 y 583-594 (Studi e Testi, 229); O189, VIII, 764; M. BATLLORI, *La cultura hispano-italiana de los jesuitas expulsos*, Ma. 1966. M. BATLLORI

VILLAGOMEZ DE VIVANCO, Pedro, (Villaverde de Campo [León] † Lima 1671) obispo y canonista. Estudió en Salamanca. Fue juez del Santo Oficio, obispo de Arequipa (2-VIII-1632) y arzobispo de Lima (16-VII-1640).

OBRAS: *Iuris allegatio pro edicto contra laicos comis habitum clericalem deturpantes*, Ma. 1650; *Información sobre la moderada procuración que piden los visitadores de los idólatras*, Lima 1650; *Constituciones sinodales del Obispado de Arequipa*; *Discurso sobre nombrar o remover los colectores de las Iglesias, sin dependencia del Patronato Real*; *Carta pastoral de exhortación e instrucción contra las idolatrías del Arçobispado de Lima*, Lima 1649.

BIBL.: A1, II, 248; J. DE REZABAL Y UGARTE, *Biblioteca de los escritores que han sido individuos de los seis colegios mayores...*, Ma. 1805, 431-33; D1, XXX, 274-75.
A. GARCÍA Y GARCÍA

VILLALBA, Francisco de, OSH (Villalba de Lampreana [Zamora] † El Escorial 1575) predicador real. Profesó en el monasterio de Montamarta (Zamora). Amplió estudios en el colegio de Sigüenza, donde fue discípulo de Pedro Guerrero. Al ser éste nombrado arzobispo de Granada, lo llevó consigo para adoctrinar a los moriscos, y después a Trento, como teólogo, durante la segunda convocatoria, en donde tuvo dos intervenciones en 1551. Predicador de Carlos V durante su estancia en Yuste, y luego de Felipe II.

BIBL.: M108, II, 150-162; C. GUTIÉRREZ, *Españoles en Trento*, Va. 1951, 495-497. I. DE MADRID

VILLALBA, Luis, OSA (Valladolid 22-IX-1872 † Madrid 8-I-1921) músico, literato. Profesó en el convento de su ciudad natal el 23-IX-1899. Muy pronto se acreditó por su gran talento para la música, siendo elegido maestro de capilla del Real Monasterio de El Escorial (1898-1916). Desempeñó, a la vez, el cargo de director de la Ciudad de Dios y de la revista musical Santa Cecilia. Hizo también la carrera de Filosofía y Letras, en la que alcanzó el grado de doctor. La Academia de Bellas Artes de San Fernando le honró con el título de correspondiente. Era organista de la parroquia de San Sebastián de Madrid. Le sorprendió la muerte, cuando tomaba parte en las oposiciones a la cátedra de Estética e Historia de la música en el Real Conservatorio de Madrid.

OBRAS: *Educación artística*, Ma. 1899; *Lo bello y lo artístico*, Ma. 1903; *Cuentos de Navidad*, Ma. 1912; *Los agustinos y la Eucaristía*, Ma. 1911; *Ultimos músicos españoles del s. XIX*, Ma. 1914; *Páginas selectas de literatura castellana*, Ma. 1916; *El Primer congreso nacional de música sagrada*, Ma. 1907; *Conferencia de la música española*, Ma. s. a.; *Repertorio de los Organistas. Composiciones para órgano*, Ma. s. a.; *Antología de organistas clásicos*, s. l. n. a. [1914]; *Diez canciones españolas de los s. XV y XVI*, Ma. s. a.; *La música en solfa. Casos y cosas del arte y de los artistas*, Ma. 1915; *Enrique Granados. Semblanza y biografía*, Ma. 1916. Tiene además unos 60 artículos sobre música y literatura, publicados en R75, 40-106(1896-1916), así como alrededor de 80 composiciones musicales originales.

BIBL.: M55, VIII, 215-225; A. TURIENZO, *La Ciudad de Dios. Indices*, El Escorial 1961, 324-328; A. LLORDÉN, *Biobibliografía Agustiniana Escurialense:* La Comunidad Agustiniana en el Monasterio de El Escorial, El Escorial 1964, 667-678. A. MANRIQUE

VILLALPANDO, Francisco de, (siglo xv) artífice. Por el apellido, se le supone natural de Villalpando (Zamora); fue escultor y arquitecto en el reinado de los Reyes Católicos, pero las obras que le hicieron memorable fueron las rejerías y púlpitos de forja de la catedral primada de Toledo y de algunas otras que le son atribuidas con más o menos fundamento.

BIBL.: C. FERNÁNDEZ DURO, *Colección Bibliográfica y Biográfica de la provincia de Zamora*, Ma. 1881.
E. FZ. PRIETO

VILLALPANDO, Francisco de, OFMCap (Villalpando [Zamora] 1740 † Madrid 1797) filósofo y orador sagrado. Su nombre de pila fue Fernando Soto. Vistió el hábito capuchino en Salamanca el 9-IV-1758; recibió la ordenación sacerdotal en diciembre de 1763. En 1767 comienza la docencia en los Estudios internos de la Orden, enseñando Filosofía y en 1775 emprendió la composición de un curso filosófico con un criterio revolucionario; contaba para ello con la anuencia de los superiores provinciales y con el estímulo del padre general Erhard de Radkesburg.

OBRAS: Efectivamente, ya en 1777 se imprimía el primer tomo con este título: *Philosophia ad usum scholae... in meliorem concinnioremque forman redacta, antiquis obsoletisque opinionibus libera, ac recentiorum inventis, tum pro ratione efformanda, tum pro rerum naturalium cognitione adipiscenda, aucta et locupletata*, Matriti 1777; los otros dos tomos aparecieron también en Madrid al siguiente año, junto con un *Tractatus praeliminaris. Mathematicarum disciplinarum elementa*, que debía servir para que los alumnos comprendieran la nueva *Física*, a la que está dedicado casi todo el tomo segundo.

En el prólogo del primero el autor muestra un desdén hiriente contra la manera tradicional de explicar la Filosofía en las escuelas españolas, y daba de mano al aristotelismo, como inadecuado para hermanar la Filosofía con la ciencia nueva, no disimulando tampoco su aversión a la Escolástica.

La obra del P. Villalpando apareció en ocasión en que el Consejo de Castilla se ocupaba en satisfacer los clamores por una reforma del estudio de la Filosofía en las Universidades y Seminarios. No obstante el concurso anunciado en 1769 para la elaboración de un nuevo texto, éste no llegaba. Por eso, al aparecer el del P. Villalpando, el Consejo dio un decreto, 3-XI-1779, por el que mandaba adoptar dicho texto en los colegios de los capuchinos, al igual que en las Universidades y Seminarios donde no se explicase la Filosofía por Jacquier y las Matemáticas por Musshenbroeck. Tal decreto fue acatado por unas Universidades, mientras que otras se mostraron reacias. Se aceptó en cambio en los colegios de los capuchinos, menos en la provincia de Castilla, donde los profesores o lectores dieron su opinión contraria. Poco después, en 1780, la obra era delatada a la Inquisición. Tras no pocas luchas y pareceres encontrados, aquel alto Tribunal le ordenó, en 1795, corregir algunas afirmaciones, lo que el P. Villalpando no pudo efectuar antes de su muerte. De todos modos tenía ya preparados los cuatro tomos de su obra, con oportunas correcciones, para hacer una segunda impresión.

El P. Villalpando se distinguió asimismo como excelente predicador. También en esto quiso contribuir a la reforma del púlpito, en aquellos años en que reinaba entre los oradores sagrados el gusto conceptista y gerundiano. Podemos afirmar que en esto fue muy afortunado. Los siete tomos que publicó de sermones, explicaciones catequísticas, etc., revelan en él una oratoria sencilla, práctica y adaptada a la capacidad de los oyentes; están impresos el mismo año y llevan también el mismo título general: *Ensayo de oraciones sagradas sobre los varios géneros que comprende la elocuencia del púlpito*, Ma. 1787.

Finalmente, dio a la imprenta, traducida del italiano, *Vida del Beato Bernardo de Ofida, religioso lego de la Orden de Capuchinos*, Ma. 1795.

BIBL.: M. MENÉNDEZ PELAYO, *La ciencia española*, III, Ma. 1880, 200; M17, I, 224-28; B. DE CARROCERA, *Un capítulo de la historia de la filosofía en España: la obra filosófica del P. Francisco de Villalpando, texto oficial en las Universidades españolas*: R106, 49(1948)56-78 y 379-89; M8.
L. DE ASPURZ

VILLALPANDO, Juan Bautista, SI (Córdoba 1552 † Roma 1608) escriturista, matemático y tratadista de arquitectura. Ingresó en la Compañía de Jesús en 1575. Estudió Matemáticas y Arquitectura en la Academia pública que dirigía en Madrid el insigne Juan de Herrera, de quien se profesaba admirador y discípulo. Ya jesuita, fue puesto bajo la tutela del padre Jerónimo Prado, célebre escriturista y, como él, aficionado a la arquitectura, para que le ayudara en la elaboración de un amplio comentario al profeta Ezequiel. En razón de sus conocimientos, Villalpando se ocupó principalmente de los capítulos relativos a la forma y dimensiones del antiguo templo de Jerusalén. En 1592 marcharon juntos a Roma, donde tres años después fallecía el padre Prado sin haber concluido más que los primeros veintiséis capítulos de la proyectada explanación. Con ellos se formó el primer tomo de la obra que apareció en 1596. De los otros dos volúmenes se ocupó ya solo el padre Víllalpando, quien los publicó el año 1603 en lujosa edición, verdadero alarde de tipografía que había costeado el rey Felipe II. El primero de ellos se ocupa de una detalladísima reconstrucción de la ciudad y templo de Jerusalén y va ilustrado con numerosos croquis, plantas y alzados, dibujados por el autor; el otro trata de los vasos y utensilios del templo, reconstruidos también y dibujados por el jesuita. La obra causó sensación en Europa, colocando a Villalpando entre los mejores teóricos de arquitectura de su época, gracias a la asombrosa erudición demostrada en campos tan dispares como la teología, las matemáticas, la perspectiva, la óptica, la ingeniería, la numismática y la música. Por eso no es extraño que la citasen con admiración otros preceptistas como Perrault, Wren, Caramuel, Fischer von Erlach y el mismo Newton. Villalpando defendía ingeniosamente que la arquitectura del templo jerosolimitano, inspirado por Dios, coincidía paso por paso con los principios del clasicismo vitrubiano, lo que equivalía a la deificación de la arquitectura pagana resucitada por el Renacimiento humanista. Poco después de dar cima a su empresa, falleció en Roma. Añadamos que, antes de abandonar España, Villalpando había construido algunos domicilios e iglesias de la Compañía de Jesús en Andalucía, dejando también bastantes planos y proyectos.

OBRAS: *Apparatus Urbis ac Templi Hierosolymitani pars I et II Ioannis Batistae Villalpando cordubensis, e Societate Iesu, collato studio cum H. Prado, ex eadem Societate*, Romae 1603.

BIBL.: R. C. TAYLOR, *El Padre Villalpando y sus ideas estéticas:* Anales y Boletín de la Real Academia de BB. AA. de San Fernando, (1951-52)411-473; ID., *Hermetism and mystical architecture in the Society of Jesus:* en el vol. *Baroque Art. The Jesuit Contribution*, Nueva York 1972, 63-97; A. RODRÍGUEZ CEBALLOS, *Juan de Herrera y los jesuitas. Villalpando, Ruiz y Tolosa:* R17', 35(1966)285-321.
A. R. G. DE CEBALLOS

VILLALTA, Cristóbal, SI (Granada c. 1578 † Puebla [Méjico] 1623) misionero. Ingresó en SI c. 1592. En 1602 pasó a Méjico donde se ordenó sacerdote. Desde 1604 misionó la región de Sinaloa. Murió cuando se trasladaba a Guatemala con el cargo de rector del colegio.

BIBL.: F. J. ALEGRE, *Historia de la Compañía de Jesús en Nueva España*, II, México 1841, passim; O155, 595.
IHSI

VILLANOVA DE JESUS MARIA, Lucas, ORSA (Zaragoza 8-X-1722 † Cavite [Filipinas] 4-X-1792). Profesó como hermano de obediencia en el convento de su ciudad natal y llegó a Filipinas en 1755. En su necrología se lee: «Era escultor de profesión y por su aplicación salió un célebre arquitecto e hizo con admiración de todos el estribo último del puente que mira a la calle del Rosario, del Río grande (el puente «España», sobre el río Pasig, en Manila). Fue nombrado Cabo de las Reales Obras por el Gobernador D. Manuel de Arandía, y desempeñó su empleo con gran honor. Fue de genio amable; pacífico, caritativo, y repugnaba hablasen mal de los indios; fue asimismo muy observante de las leyes de nuestra Religión. Hizo la presa de «Casundit» en la hacienda de Imus, la obra más sólida que se halla en las Islas». Así se escribía a raíz de su muerte. Le fue encomendado levantar el plano de los edificios que habían de formar la Alcaicería de San Fernando en Binondo para sostener el comercio con los chinos.

BIBL.: J. DE LA CONCEPCIÓN, *Historia General de Filipinas*, XIII, Sampalos 1792; V. MARÍN Y MORALES, *Ensayo de una síntesis de los trabajos realizados por las Corporaciones Religiosas Españolas en Filipinas*, 2 vols., Manila 1902; G. OCHOA, *Historia General de la Orden de*

Agustinos Recoletos, VIII, Za. 1928; F. SÁDABA, *Catálogo de los Religiosos Agustinos Recoletos de la Provincia de San Nicolás de Tolentino de Filipinas*, Ma. 1906.

M. CARCELLER

VILLANUEVA, Francisco de, SI (Villanueva de la Sierra [Cáceres] 1509 † Alcalá 6-V-1557) propagador de los jesuitas en España, experto en Ejercicios espirituales ignacianos. Siendo sacristán del pueblo extremeño de El Losar, fue enviado a Roma por su párroco para diligenciar un pleito de éste. No tenía más letras que el mero leer y escribir. En Roma conoció a los jesuitas y hasta hizo Ejercicios con el padre Salmerón. Terminado satisfactoriamente el pleito de su párroco, fue admitido en la Compañía, en 1541, por el mismo Ignacio de Loyola, quien desde el primer momento supo descubrir los tesoros de sensatez y voluntad constante de aquel hombre indocto. Dos meses después de su ingreso fue enviado por Ignacio al colegio de jesuitas que en Coimbra trataba de fundar Juan III de Portugal. En el viaje a Portugal enfermó de manera que se le cambió el destino por los aires más propicios de Alcalá de Henares en cuyos estudios habría de cursar la carrera eclesiástica desde la más ínfima latinidad. A poco de su llegada, se le juntó un joven llamado Pedro Sevillano al que dio los Ejercicios y admitió como miembro de la incipiente Orden. Era el comienzo de la comunidad de Alcalá. En 1545 llegó Fabro de visita a Alcalá y, tras conferir el negocio con Villanueva, se determinó la fundación del colegio de Alcalá. Para engrosar la comunidad se enviaron a los hermanos teólogos Maximiliano Capella, flamenco de nación, y Manuel López, portugués. Más tarde vino de Valladolid, ya jesuita, el bachiller Juan de Valderrábano. En el otoño de 1546 llegaron a Alcalá, desde Roma, el doctor Miguel de Torres y el padre Cristóblal de Mendoza. El enorme ascendiente que al hermano Villanueva daba su conocimiento de las cosas espirituales le granjeó la amistad de hombres importantes que pasaban a ser bienhechores de la Compañía. Uno de éstos fue el doctor Ramírez de Vergara. Con 1.000 ducados del doctor Vergara se compró una casa cerca de la puerta de Guadalajara donde más tarde se construiría de nueva planta el definitivo colegio. Ante la imposibilidad de llevar a feliz término los estudios sacerdotales, por las muchas y variadas ocupaciones, dispuso Ignacio que se ordenara de sacerdote y, en efecto, recibió el presbiterado en la fiesta de la Asunción de 1550. Dos años tardó todavía en celebrar su primera misa hasta que la insistencia de Loyola venció los humildes reparos del ya sacerdote que subió al altar en Pentecostés de 1552. El colegio de Alcalá, durante el superiorato de Villanueva fue un vivero de jesuitas insignes. En 1547 entró el padre Pedro de Tablares. En 1548 entró el doctor Diego del Castillo, muy versado *in utroque iure*. En 1550 se admitió a Diego Carrillo, futuro provincial de Castilla. Del mismo año es el ingreso del padre Martín Gutiérrez, notable por su devoción mariana. Por esos años entró muy joven Gil González Dávila, calificado por Astrain como «el hombre más importante que tuvo la Compañía en España» durante treinta años de cargos de gobierno. Jerónimo Ripalda, el catequista, y el gran predicador Miguel Gobierno formaban también en la comunidad complutense de Villanueva. Este tuvo que afrontar peligrosos embates contra la Compañía, como el ocasionado por los escándalos del sacerdote Barrasa, que se hacía pasar por jesuita, o los ataques del doctor de las Casas. La más dura contrariedad vino del arzobispo de Toledo, Silíceo, quien tras de dar un edicto de suspensión de los jesuitas hubo de escuchar de labios de Villanueva la intimación de las Bulas pontificias aprobatorias de la Compañía. En febrero de 1554 colaboró con Nadal en la promulgación de las Constituciones de la Compañía en Alcalá. En septiembre de 1553 fue a Córdoba para la fundación del colegio que tanto propiciaba la marquesa de Priego, madre del jesuita padre Antonio de Córdoba. Allí se ganó la confianza de D. Juan de Córdoba, pariente de los anteriores, deán de aquella catedral, señor de las villas de Rute y Zambra, a quien hizo bienhechor del colegio y sacó de un público amancebamiento. Vuelto a Alcalá, de nuevo fue requerido para fundar en Cuenca donde conquistó la voluntad de otro benefactor, Pedro del Pozo. El *hermano* Villanueva, que con tal adjetivo alcanzó celebridad, era considerado por Ignacio de Loyola como uno de los más expertos en dar los Ejercicios.

BIBL.: O153, I, 707; O171, 218. IHSI

VILLANUEVA, Jaime, OP (Játiva [Valencia] 1765 † Londres 1824) historiador. Era hermano de Joaquín Lorenzo. Ingresó en la Orden en Játiva. Siendo lector de Teología recibió el encargo del rey de sacar copia de códices y manuscritos litúrgicos de las iglesias de España para una historia de ritos y ceremonias eclesiásticas antiguas. Con este motivo recorrió las iglesias de gran parte de España. Pidió la secularización (1824) para dedicarse exclusivamente a sus estudios y, abolido el Gobierno Constitucional, huyó con sus hermanos a Londres.

OBRAS: *Colección de escrituras antiguas, con testamentos, fundaciones y consagraciones de iglesias y monasterios, bulas pontificias, cartas pueblas, cesiones, permutas, etc. Colección miscelánea de opúsculos inéditos, cartas de hombres célebres, cronicones, etc.* (mss.); *Viage literario a las iglesias de España*, Ma. 1803 a 1806 y Val. 1821, los cinco primeros tomos se publicaron a nombre de su hermano Joaquín Lorenzo que gozaba de mayor celebridad literaria y aportó algunas notas de pie de página, así como las introducciones a dichos tomos; *Sermón en las exequias de la Reina de España Doña Isabel de Braganza*, Val. 1819.

BIBL.: C. FUENTES, *Escritores dominicos del Reino de Valencia*, Val. 1930, 352-357. L. GALMÉS

VILLANUEVA, Joaquín Lorenzo, (Játiva [Valencia] 10-VIII-1757 † Dublín 25-III-1837) teólogo, historiador, literato, diputado en las Cortes de Cádiz y en el Trienio Constitucional, embajador español ante la Santa Sede. Era hermano de Jaime. Estudió Humanidades y Filosofía en Valencia, fue su maestro Juan Bautista Muñoz. En 1777 se hace maestro en Artes y más tarde doctor en Teología. Oposita a la canonjía magistral de Orihuela que fue concedida a Leonardo Soler, pasando Villanueva a la cátedra de Filosofía del Seminario de Orihuela. En 1780 por diferencias ideológicas se traslada a Madrid. Se presenta a una canonjía de la iglesia de San Isidro y no consiguiéndola, el obispo de Salamanca le encarga la cátedra de Teología en el Seminario de San Carlos, de Salamanca. Nuevamente vuelve a la Corte y trabaja en el Santo Oficio como calificador teológico gozando de la protección de los diversos inquisidores generales. Se le concede la canonjía de la penitenciaria de la Real Capilla de la Encarnacion y el rectorado de los Reales Hospitales y, en 1795, Carlos IV lo nombra su capellán de honor y predicador. Es elegido miembro de la Real Academia de Historia. En 1807 se le concede el título de Caballero pensionado de la Real Orden de Carlos III y, en 1808, entra en la Real Academia de la Lengua ocupando el cargo de bibliotecario. Villanueva huye de Madrid ante la entrada de los franceses. En 1809 la Junta Central le concede la canonjía de la penitenciaria de la catedral de Cuenca y, pocos meses más tarde, la misma Junta le llama para formar parte de la Comisión Eclesiástica que debía preparar las próximas Cortes de Cádiz. Elegido diputado por su provincia de Valencia, participa en las Cortes de Cádiz, siendo miembro importante en la Comisión Eclesiástica de las Cortes. Al retorno de Fernando VII de Francia en 1814, es procesado como liberal y confinado en 1815 en el convento de La Salceda. En 1820, a raíz del pronunciamiento de Riego sale de su reclusión y es nuevamente elegido diputado por Valencia y miembro de la Comisión Eclesiástica de las Cortes. En agosto de 1822 es nombrado embajador español ante la Santa Sede. Sale del territorio español en dirección a Roma, pero es detenido en los límites de los Estados Pontificios, porque la Santa Sede no lo considera persona grata. Esta situación provoca la expulsión del nuncio en España. Vuelve a España y debe dirigirse a Sevilla, donde se encuentra el Gobierno Constitucional, pues las tropas francesas del duque de Angulema han invadido la Península. A finales de 1823 junto con otros liberales emigra a Londres. Dirige en el exilio la revista *Ocios de Emigrados Españoles* y para vivir se dedica a traducir obras inglesas. En 1830 se traslada a Dublín donde muere en 1837.

La historiografía actual mantiene con pocos cambios el retrato que de Villanueva hizo Menéndez Pelayo en sus *Heterodoxos*: «Villanueva jansenizó siempre, pero no fue liberal hasta las Cortes de Cádiz; su estigma son jansenismo y liberalismo, acompañados de desmedida ambición. Villanueva brujuleaba una mitra y su actuación siempre merecerá condena; muchas veces hemos de volver a encontrarle, y nunca para bien.» Sin embargo, su jansenismo debe ser matizado cuidadosamente. En su época fácilmente se colocaba esta etiqueta a quien escribiese cierto tipo de obras. Hasta las Cortes de Cádiz, Villanueva escribe ciertamente obras cuyo fin era mentalizar la praxis de la vida religiosa en un sentido profundamente tradicional, así, v. gr. *Año Cristiano*, obra muy alabada por Menéndez Pelayo; *De la obligación de celebrar el Santo Sacrificio de la Misa con circunspección y pausa; De la lección de la Sagrada Escritura en lenguas vulgares,* asimismo muy aplaudida por Menéndez Pelayo. Villanueva critica la vida religiosa de su época, tachándola muchas veces de superchería. Reclama una catarsis verdadera y las Cortes de Cádiz y el Trienio Constitucional le ofrecen amplio campo de acción para llevar adelante sus ideas. Protesta y no sin razón de los desmedidos privilegios de una Iglesia inmersa en lo temporal que se resiste a dejarlos. El Régimen liberal apoya con otras intenciones las ideas de Villanueva y mutuamente se ayudan. Los dictámenes y discursos de Villanueva en las Cortes de Cádiz en nada se apartan de la verdadera ortodoxia. Sin embargo, sus escritos públicos contra el Filósofo Rancio y el padre Puigserver, *El Jansenismo y Las Fuentes Angélicas,* en defensa de las medidas adoptadas por las Cortes dejan entrever a un Villanueva tenaz defensor de las regalías de la Corona española. En el Trienio Constitucional, la oposición de la reacción, tanto absolutista de Fernando VII, como ortodoxa de la Curia Romana, agrían extremamente la acción de Villanueva. Sus proposiciones y dictámenes de Cortes continuamente son denunciados por el nuncio. Su obra *Cartas de D. Roque Leal,* contra la «representación» del arzobispo de Valencia a las Cortes, merece la condena del Santo Oficio, igual que su opúsculo *Cuestión importante* en defensa de sus compañeros Muñoz Torrero y Espiga, elegidos por el Gobierno para los obispados de Guadix y Sevilla y no aceptados por Roma. Finalmente Roma lo condena definitivamente al no aceptar su nombramiento de embajador español ante la Santa Sede y no dejarle cruzar los límites de los Estados Pontificios.

OBRAS: *Poema de San Próspero contra los ingratos,* Ma. 1783, traducción en verso castellano; *Oficio de la Semana Santa,* Ma. 1786; *De la obligación de decir la misa con circunspección y pausa,* Ma. 1788; *De la reverencia con que se debe asistir a la Misa,* Ma. 1791; *De la lección de la Sagrada Escritura en lenguas vulgares,* Val. 1791; *Año Cristiano de España,* 19 vols., Ma. 1791-1829; *Catecismo del Estado según los principios de la Religión,* Ma. 1793; *Cartas eclesiásticas al Dr. D. Guillermo Díaz Luceredi en defensa de las leyes,* Ma. 1794; *Carta de un Presbítero español sobre la carta del ciudadano Gregoire de Blois al Sr. Arzobispo de Burgos, Inquisidor General de España,* Ma. 1798; *El Kempis de los literatos,* Ma. 1807; *El Jansenismo,* Cad. 1811; *Las Angélicas Fuentes o el Tomista en las Cortes,* Cad. 1811; *Mi viaje a las Cortes,* Ma. 1860; *Apuntes sobre el arresto de los Vocales de Cortes ejecutado en mayo de 1814, escritos en la Cárcel de la Corona por el diputado Villanueva, uno de los presos,* Ma. 1820; *Nuevos apuntes sobre las cartas del Sr. Alcalá Galiano,* Ma. 1821; *Observaciones sobre el Códice Vernáculo sobre la Apología del Altar y del Trono que escribió el Sr. Fray Rafael Vélez,* Val. 1820; *Cartas de D. Roque Leal a un amigo suyo sobre la representación del Arzobispo de Valencia a las Cortes,* Ma. 1820-21; *Cuestión importante: los diputados de nuestras Cortes ¿son inviolables respecto de la Curia Romana?,* Ma. 1821; *Mi despedida de la Curia Romana,* Ba. 1823; *Vida Literaria de D. Joaquín Lorenzo Villanueva,* Lo. 1825 (autobiografía); *Catecismo de moral,* Lo. 1826; *Catecismo de los Literatos,* Lo. 1826; *Juicio de la obra del Sr. Arzobispo Deprat intitulada concordato de Méjico con Roma por el Doctor Joaquín Lorenzo Villanueva,* Lo. 1827; *Recomendación de la lectura de la Biblia en lengua vulgar,* Lo. 1827; *Carta a un amigo sobre la autoridad, objeto y efecto del Cristianismo,* Lo. 1829, traducción de la obra de Gurney; *Don Termópilo o Defensa del prospecto del Doctor Puig-Blanch,* por Perico de los Palotes, Lo. 1829; *Ensayos sobre las pruebas, doctrinas y operación práctica del Protestantismo,* Lo. 1830, traducción de la obra de Gurney; *Ibernia Phoenica, seu phoenicum in Ibernia incolatus ex ejus priscarum coloniarum nominibus et earum idolatrico cultu demonstratio,* Dublín 1831; *Poesías escogidas,* Dublín 1833; *S. Patricii, Synodi, canones, opuscula et scriptorum quae supersunt fragmenta; Juicio de los opúsculos gramáticosatíricas de Dn. Antonio Puigblanch,* Dublín 1836.

A su nombre figuran los cinco primeros tomos del *Viage literario a las Iglesias de España,* obra que compuso su hermano Jaime sin más aportación de Joaquín Lorenzo que algunas anotaciones en dichos cinco tomos.

BIBL.: J. L. VILLANUEVA, *Vida Literaria de Don Joaquín Lorenzo Villanueva,* Lo. 1825 (es su autobiografía); B. ARRILLAGA, *Observaciones sobre la obra del Dr. D. Joaquín Lorenzo Villanueva intitulada: juicio de la obra del Sr. Arzobispo de Pradt sobre el concordato de Méjico,* Gua. 1828; *Heterodoxos,* Ma. 1956, 151; M. ARTOLA, *Memorias de tiempos de Fernando VII:* BAE, 98, estudio preliminar; J. S. LABOA GALLEGO, *Doctrina canónica del Dr. Villanueva,* Vi. 1957; I. VILLAPADIERNA, *El jansenismo español y las Cortes de Cádiz:* Analecta Gregoriana, 71(1954); E. APPOLIS, *Les Jansenistes Espagnols,* Burdeos 1966; V. LLORENS, *Liberales y Románticos,* Ma. 1968; I. LASA IRAOLA, *Las confesiones de Joaquín Lorenzo Villanueva (1815):* R202, 17(1970), 18(1971), 19(1971); ID., *El proceso de los liberales:* R116, 115(1970); ID., *El proceso de Joaquín Lorenzo Villanueva:* Cuadernos de Historia, 7(1970); JAVIER HERRERO, *Los orígenes del pensamiento reaccionario español,* Ma. 1971; G. DÍAZ LUZEREDI, *Descuidos del doctor D. Joaquín Lorenzo de Villanueva,* Pam. 1793. I. LASA

VILLANUEVA, Tomás de, OSA (Fuellana [Toledo] 1486 † Valencia 8-IX-1555) santo, arzobispo. Tomás García es conocido con el sobrenombre de Villanueva, porque su familia vivía en Villanueva de los Infantes. Nacido de padres piadosos y caritativos, heredó, sobre todo de su madre, un entrañable amor a los necesitados («padre de los pobres»). La mejor pincelada sobre sus primeros años la da un testigo en el proceso de beatificación. Dice: «... en su niñez y tiernos años fue siempre inclinado al ejercicio de la limosna y la caridad, en tanto extremo que se vio muchas veces, yendo como niño a la escuela, dar a los pobrecitos la merienda que llevaba en su cestica y quedarse sin comerlo, por dárselo» (Archivo Vaticano, Riti, ms. 3632, f. 242).

Contaba quince años (1502) cuando sus padres lo mandan a la Universidad de Alcalá. Se consagra al estudio de la Gramática, Retórica y demás ciencias humanísticas. Posteriormente (1508) comienza los estudios de Artes, y adquiere el título de bachiller pocos meses después de ingresar en el Colegio Mayor de San Ildefonso. En diciembre de 1509 obtiene el título de maestro en Artes. Acto seguido dedica tres años a los estudios teológicos, tiempo insuficiente para conseguir título académico alguno. Interrumpe los estudios de Teología para regentar la cátedra de Artes (1512-1516), cosa que hace con aplauso de alumnos y profesores. Domingo de Soto y Fernando de Encinas asistieron, entre otros, a las lecciones del maestro Tomás. Estos quince años de permanencia en Alcalá imprimirán una profunda huella en su espíritu, de tal modo que en las más diversas actividades de su vida religiosa reflejará siempre su formación humanística.

De Alcalá pasa a Salamanca (1516), no para regentar una cátedra en la Universidad, aun cuando había sido invitado a ello, sino para abrazar la vida religiosa en la Orden de San Agustín. Viste el hábito agustiniano el 21-XI-1516, y profesa un año después, el 25-XI-1517. Poco tarda en ver coronadas sus ilusiones, y recibe la ordenación sacerdotal en Navidad de 1518. Consagra todo este tiempo a la práctica de las virtudes religiosas: oración continua, silencio, caridad fraterna y estudio. Poco tardan los superiores en descubrir sus cualidades de mando y, por lo mismo, a los tres años de su profesión, es ya prior del convento de Salamanca (1519-1521). En 1520 es nombrado presidente del Capítulo de Castilla. Los cargos en la Orden se suceden de un modo ininterrumpido: prior interino de Salamanca (1520); reelegido prior del mismo convento (1523-1525); visitador de la provincia de Castilla (1525-1527); provincial de Andalucía (1527-1529), fue por entonces cuando renunció al arzobispado de Granada (1527-1528); prior de Burgos (1531-1534); prior provincial de Castilla (1534-1537); prior de Burgos (1537-1541); prior de Valladolid (1541-1544). En 1543 es nombrado asimismo revisor de las Constituciones de la Orden.

Su labor como superior y reformador de la Orden es una de las obras maestras del santo. No le faltaron sinsabores, porque la provincia pasaba por un período de reformas muy propenso a desencadenar incomprensiones, egoísmos personales o colectivos y rebeldías. Su biógrafo Salón pone de relieve las cualidades de fray Tomás como superior, al decirnos que «... puso en ellos [en los conventos donde fue superior] la observancia de la religión en su punto. De manera que confesasen los padres graves de Castilla, y lo he oído yo en otras ocasiones a muchos de ellos, deberse al padre fray Tomás y al santo celo y cuidado con que lo procuró, mucha parte de la observancia de aquella provincia y el haberse conservado con ella...» (M. SALÓN, Vida de Santo Tomás de Villanueva, El Escorial 1925, 67-68).

Las actividades de fray Tomás no se limitan, sin embargo, al mundo interno de la Orden Agustiniana. Carlos V siente tal predilección por él, que lo considera como uno de los hombres claves en la reforma de sus reinos. Lo nombra su predicador y consejero. Quedando vacante la sede de Valencia (1544), el Emperador lo presenta como arzobispo de aquella ciudad. Ignoramos los móviles de tal elección: ¿error providencial del secretario?; ¿voluntad explícita de Carlos V? No lo sabemos. Lo cierto es que con ello el Emperador vio su «conciencia descargada», mientras los súbditos consideraron la elección como muy acertada.

La situación espiritual de Valencia era deplorable: más de un siglo sin obispo residencial, multitud de clérigos amancebados, moriscos inquietos. Tal era el lastre moral y social de la diócesis. El santo no se desanima por todo ello. Antes al contrario, dirige todos sus esfuerzos a la recristianización de Valencia. ¿Cómo? Procurando, ante todo, formar un clero ca-

paz de dar con su vida un auténtico testimonio de santidad. Para ello, adelantándose a Trento, funda el Colegio Mayor-Seminario de la Presentación (1550). Su consigna para el clero es la siguiente: espíritu de pobreza, castidad íntegra y obediencia al obispo, para de este modo poder realizar con él una auténtica pastoral de equipo. Para poner en práctica su plan no se conforma con convocar un sínodo (1548), sino que visita todas las parroquias, actuando, con mano enérgica y suave a la vez, contra los rebeldes y contumaces.

Entre las numerosas obras pastorales realizadas por el santo, cabe enumerar dos por su importancia y trascendencia: la asistencia caritativa y social a los menesterosos, y la evangelización de los moriscos, sirviéndose para ello tanto del buen ejemplo como de las instituciones sociales. Sus contemporáneos atestiguarán en los procesos que, gracias a los méritos de este santo arzobispo, la Iglesia de Valencia pasó de «un gran abandono» a «muy buen estado».

Tomás de Villanueva no sólo fue el obispo celoso y activo que consagró su vida al cuidado de su grey. Sus conocimientos tanto humanísticos como teológicos lo convirtieron en una de las personas más respetadas de su tiempo. No obstante, Tomás jamás se especializó en especulaciones teológicas de tipo teórico. Las circunstancias de la vida le obligaron a compaginar sus conocimientos bíblicos, patrísticos y teológicos con una actividad casi de carácter misionero. Todo ello contribuyó a que plasmara en sus escritos una doctrina pastoral con raigambre tan profundamente teológica, que sin duda puede muy bien servir aún como modelo a muchos estudios actuales de pastoral. La obra del santo puede sintetizarse en estos tres aspectos: realización del obispo ideal, reforma de la predicación y creación de una profunda doctrina de teología pastoral.

Está sepultado en la iglesia de la Virgen del Socorro, de Valencia. Fue beatificado por Paulo V, el 7-X-1618, y canonizado por Alejandro VII, el 1-XI-1658. Su fiesta se celebró primero el 18 de septiembre, pero luego se trasladó al 22 del mismo mes.

OBRAS: Conciones... nunc primum in lucem editae..., Compluti 1572; Sacrarum Concionum... per F. Antonium de Witte, Augustinianum Bruxellensem, vols. I-IV, Bruxellis 1685-1703, esta edición añade algunos sermones, pero omite 16 de los publicados en la edición complutense de 1572; Divi Thomae a Villanova... Opera omnia, cura ac studio sumptibusque PP. Augustinianorum, Manilae 1881-1897, esta es la edición más completa de cuantas disponemos hasta la fecha. Entre conciones nuevas, sermones castellanos y fragmentos supera en unos 200 a los escritos presentados en las ediciones anteriores.

BIBL.: Act. SS., sept. III, 206, y V, 799-992; M. SALÓN, Libro de los grandes y singularísimos exemplos que dexó de si... don Fr. Thomás de Villanueva... por... fray Miguel Salón..., Val. 1588; F. DE QUEVEDO, Epítome a la Historia de la vida ejemplar y gloriosa del bienaventurado fray Tomás de Villanueva, Ma. 1620; T. HERRERA, Historia del convento de San Agustín de Salamanca, Ma. 1652; J. V. ORTÍ, Vida, virtudes, milagros y festivos cultos de Santo Tomás de Villanueva..., Val. 1731; J. DE MUÑATONES, De vita et rebus gestis ab... fratre Thoma a Villanova: E. ESTEBAN, Conciones y fragmentos inéditos de Sto. Tomás de Villanueva: Revista Agustiniana, 11(1886)205-211; 12(1886)5-14; ID., Variantes de las Conciones de Sto. Tomás de Villanueva: ibid., 12(1886)101-103; T. CÁMARA, Manuscritos y cartas inéditas: ibid., 1(1881)42-52, 132-136, 168-175; 2(1881)263-266, 402-407, 519-523; 3(1882)215-218, 401-403, 515-518, 607-611; ID., Dos opúsculos castellanos inéditos de Sto. Tomás de Villanueva: R75, 24(1891)516-570; T. RODRÍGUEZ, Estudio sobre los escritos de Santo Tomás de Villanueva..., Sa. 1896; V. MATURANA, Vida de Santo Tomás de Villanueva..., Santiago de Chile 1908; G. DE SANTIAGO VELA, Santo Tomás de Villanueva y la Compañía de Jesús: Archivo Histórico Hispano Agustiniano 10(1918)195-212; I. MONASTERIO, Místicos Agustinos Españoles. Santo Tomás de Villanueva: R93, 1(1925)31-44;

M55, VIII, 254-283; V. Escrivá, *Tomás de Villanueva, Arzobispo del Imperio...*, Val. 1941; V. Capánaga, *Santo Tomás de Villanueva. Semblanza biográfica*, Ma. 1942; V. R. Llido, *El Colegio Mayor de S. Tomás de Villanueva*, Val. 1944; E. Olmos Canalda, *Los Prelados Valentinos*, Ma. 1949; H. Jedin, *Il tipo ideale di Vescovo secondo la Riforma Cattolica*, Brescia 1950; D. Gutiérrez, *Nuevos escritos de Sto. Tomás de Villanueva:* R75, 162(1950)61-89; S. Gutiérrez, *La mariología de S. Tomás de Villanueva y sus principios fundamentales:* R111, 17(1956)477-499; I. Rodríguez, *La personalidad intelectual de S. Tomás de Villanueva:* R155, 3(1958)525-563; A. Turrado, *La teología de la caridad en Sto. Tomás de Villanueva, Maestro de espiritualidad agustiniana:* R75, 171(1958)599-645; B. Rano, *Notas críticas sobre los 57 primeros años de S. Tomás de Villanueva:* R75, 171(1958)646-718; V. S. Iranzo, *Las Sinodales de S. Tomás de Villanueva exponente de la reforma pretridentina en Valencia:* R7, 20(1959)53-110; A. Turrado, *El ideal monástico agustiniano en Sto. Tomás de Villanueva:* R158, 1(1960)107-146, y 345-359; 2(1961)253-269; 3(1962)5-21, y 265-285; P. Jobit, *L'evêque des pauvres Saint Thomas de Villeneuve*, Par. 1961; G. Gutiérrez, *La vida espiritual en los escritos de Sto. Tomás de Villanueva:* R158, 1(1960)24-34; 2(1961)411-426; 4(1963)197-220; D. Gutiérrez, *Fray Luis de Alarcón († p. 1554) y la provincia agustiniana de España en el siglo XVI:* Analecta Agustiniana, 24(1961)30-90; I. Aramburu, *La Provinvia de Castilla o de España en los años 1505-1525:* R23, 57(1963)289-326; A. Turrado, *Espiritualidad agustiniana y vida de perfección. El ideal monástico agustiniano de Sto. Tomás de Villanueva*, Ma. 1966; D. Gutiérrez, *Santo Tomás de Villanueva visto por sus contemporáneos:* R75, 171(1958)525-563; L. Alvarez, *Santo Tomás de Villanueva y el Concilio de Trento:* R75, 171(1958)599-645; S. Folgado, *Función de la Virgen en la economía de la salvación según Santo Tomás de Villanueva:* R175, 20(1960)361-390; J. M. Bujanda, *Tratado del amor de Dios de Santo Tomás de Villanueva:* R75, 183(1970)38-39; N. González, *Tomás de Villanueva, predicador:* R75, 184(1971)5-35, y 189-213.   A. Iturbe

VILLARROEL, Gaspar de, OSA (Quito [Ecuador] c. 1587 † Charcas [Bolivia] 15-VII-1669) obispo. Ingresa en la Orden en Lima el 6-X-1608; se graduó en la Universidad de San Marcos; profesor en el convento agustiniano en la Universidad agustiniana de San Ildefonso desde c. 1616, y luego en la de San Marcos. En 1622 definidor y vicario provincial en Lima, y después, de 1623-1624 en el Cuzco. Hacia 1630 viene a España como procurador. En Madrid compuso varias obras. Es hecho obispo de Santiago de Chile el 20-IV-1637 y trasladado a Arequipa el 11-XII-1651; y más tarde, arzobispo de La Plata o Charcas en Bolivia, el 27-I-1659.

OBRAS: *Comentarios... de Cuaresma*, 3 vols., Li.-Ma. y Se., 1631-1634; *Iudices, commentariis litteralibus... illustrati*, Ma. 1636; *Govierno eclesiástico pacífico*, 2 vols. Ma. 1656, su obra maestra; *Historias sagradas y eclesiásticas*, 3 vols., Ma. 1660; y varias otras menores, como sermones, etc., casi todas ellas impresas.

BIB.: M55, VIII, 303-314; A. J. González Zumárraga *Problemas del Patronato Indiano a través del «Govierno Ecclesiástico Pacífico» de Fr. Gaspar de Villarroel*, Vi. 1961 (Vitoriensia 12).   C. Alonso

VILLAVICENCIO, Lorenzo de, OSA (Jerez de la Frontera [Cádiz] † Madrid febrero de 1583) teólogo y diplomático. Profesa en el convento agustiniano de Jerez (1539). Se entrega con gran empeño al estudio del griego y hebreo como propedéutica para sus ideales de reforma de los estudios desde el punto de vista bíblico. Se destacó en el estudio de la Escritura y en la Teología. Felipe II encontró en Villavicencio un buen consejero, por su talento y conocimientos culturales, para resolver con su doctrina los problemas planteados en los países agitados por la reforma protestante. Los informes remitidos a Felipe II sobre la situación histórica de Centroeuropa son una colección de extraordinario valor para el conocimiento exacto del momento

ideológico y político, y de la intervención del Gobierno de Felipe II en tales países. Se gradúa de doctor en Teología en la Universidad de Lovaina (1558) y es más tarde prior del convento de dicha ciudad. Es nombrado expresamente por el general como reformador de los estudios eclesiásticos. Asimismo es señalado como compañero del provincial para llevar a cabo la reforma en la agitada provincia de Colonia. Refuta las proposiciones de Witssi (1564). La Universidad de Lovaina acepta tal refutación y condena las proposiciones. Igualmente purga de las muchas herejías que contenían las *Tablas* de Espangenderg; y trabaja denodadamente desde una sólida base teológica por la causa católica. Desempeña el cargo de vicario general de los Países Bajos. Vuelve a España, donde es recibido personalmente y galardonado por Felipe II. Este lo nombra su predicador en 1567, del que se hace acompañar en todos sus asuntos. Formó parte de la junta que decidió la separación de carmelitas calzados y descalzos, en tiempos de santa Teresa. En sus escritos, por su decidido matiz bíblico, quisieron ver algunos la influencia protestante, por lo que fueron enviados a Roma, donde son examinados, 1575. Su aprobación y elogio es transmitido personalmente por el general, Tadeo Perusino a Villavicencio. Desde San Felipe el Real, residencia de sus últimos años, escribe una carta a fray Luis de León sobre las divisiones surgidas en la Orden (1575).

Por dos caminos es digno de todo elogio el trabajo de Villavicencio en pro de la Iglesia en una hora muy difícil. En el terreno de lo concreto por su habilidad diplomática, como lo prueba su intensa correspondencia con el rey. Y, sobre todo, en el terreno intelectual. Una alta consideración merece su afán reformador de los estudios y, de modo especial, la orientación bíblica que dio a la Teología. La personalidad de Villavicencio hace de él un paladín de la reforma católica en su más genuino sentido.

OBRAS: *Tabulae compendiosae in evangelia et epistolas quae dominicis festisque diebus populo in Ecclesia proponi solent*, Lovanii 1563; *De Oeconomia sacra circa pauperum curam a Christo instituta*, Antverpiae 1564; *De formandis sacris concionibus seu de interpretatione Scripturarum populari*, Antverpiae 1565; *De recte formando Theologiae studio*, Antverpiae 1565, esta obra ha sido editada, juntamente con la anterior, en Amb. 1565, luego en Col. 1575, ambas ediciones incorrectas y defectuosas; la última se edita en Ma. 1768, con un amplio prólogo, sobre el original del autor por el P. E. Flórez; *Phrases Scripturae sacrae omnibus qui sacras scripturas in publicis scholis profitentur*, Antverpiae 1571; *Commentaria in quatuor Evangelistas; Commentaria in omnes Divi Pauli Epistolas; Alabanzas de lo que se sirve Dios en cantarlas en el coro y comunidad, y de los órganos y música del coro; Tratado de los mártires de estos tiempos que padecieron en Francia y en Flandes*. La colección de *Informes y Cartas*, conservada en el Archivo Nacional de Simancas, referente a asuntos de Flandes, sobrepasa el centenar. Puede verse, como las últimas obras que citamos, en los primeros números de la bibliografía siguiente.

BIBL.: N. Tombeur, *Provincia Belgica Ord. FF. Eremitarum S. P. N. Augustini olim dicta Coloniensis et Inferioris Germaniae*, Lovanii 1727, 47 ss.; M40, 946; E. Flórez, *Introducción a la tercera edición De recte formando Theologiae studio libri VI*, Matriti 1778; L. Hervás y Panduro, *Historia de la vida del hombre*, IV, Ma. 1789-1799, 275 y 293; A1, II, 10; M33, II, 327-29; B. J. Gallardo, *Ensayo de una Biblioteca Española de libros raros y curiosos*, I, Ma. 1863, 885; IV, Ma. 1889, 1063; E. Reusens, *Documents relatifsà l'histoirede l'Université de Louvain 1425-1797*, V, Lov. 1889-1891, 266-344; M. Martínez Añíbarro, *Intento de un Diccionario biográfico y bibliográfico de autores de la provincia de Burgos*, Ma. 1889, 536; J. Zarco Cuevas, *Catálogo de los mss. castellanos de la R. Biblioteca de El Escorial*, I, Ma. 1924; 94-95; R. G. García de Castro, *El Maestro Fray Lorenzo de Villavicencio:* R173, 4(1929)217-232; M55, VIII, 315-336; D. Gutiérrez, *Del origen y carácter de la escuela teológica hispano-agustiniana de los siglos XVI y XVII:* R75, 153(1941)253-254; M49, 249; G. Díaz, *La escuela agustiniana desde 1520 hasta 1650:* R75, 176(1963)66; S. Folgado Flórez, *Fray Lorenzo de Villavicencio y los estudios teológicos:* R75, 176(1963) 333-344; *Lexikon für Theologie und Kirche,* X, Frei. 1938, 794. — O. Uña

VILLAVICIOSA, José de, (Sigüenza [Guadalajara] 1-IV-1589 † Cuenca 28-X-1658) poeta. Descendía por línea paterna del pueblo de Cardenete (Cuenca) y disfrutó de un pingüe mayorazgo, fundado en Cuenca por Francisco de Villaviciosa, clérigo, primo hermano de su abuelo. De 1602-1603 estudia en la Universidad de Sigüenza y continúa en Alcalá los cursos de Artes. Debió de interrumpir sus estudios para hacerse cargo, por estar su padre, Bartolomé, achacoso, del pleito que éste seguía en la sucesión del mayorazgo. En 1608 vivía ya en Cuenca, su segunda patria. Por estos años prosiguió sus estudios en Alcalá, «oyendo Cánones y Leyes». Todavía en 1615 debía de carecer de título universitario, pues en su edición de ese año de *La Mosquea* se dice simplemente: «compuesta por Joseph de Villaviciosa, vecino de la ciudad de Cuenca». Tan solo se sabe que en 1622 era licenciado en Leyes; quizá se licenciara antes de 1619, año en que figura como secretario y visitador, con el obispo D. Andrés Pacheco; lo que supone que era ya sacerdote. Al ser nombrado Pacheco inquisidor general, 1622, promovió a Villaviciosa a relator de la Inquisición. A 7-X-1629 se le concedió una media ración en la catedral de Burgos. Con todo, no deja Cuenca, y a 16-IX-1630 compra el señorío de la villa de Reillo, situado a unas cinco leguas de Cuenca. Obtuvo nombramiento regio de arcediano del Alcor, dignidad del cabildo de Palencia, a 3-IV-1634; en este documento aparece con el título de doctor. Tardó algo en tomar posesión, puesto que a 12-X-1635 no habían llegado todavía las bulas pontificias. Tampoco reside en Palencia. El 17-VIII-1638 fue promovido a inquisidor del Reino de Murcia, y el 10-III-1641, designado para una canonjía de Cuenca; de la cual, debido al retraso de las bulas, tomó posesión por poder el 4-IX-1643. Por presiones del cabildo conquense ante el inquisidor general, 13 y 15-II-1644 y seguramente por gusto suyo, vuelve a Cuenca, presentándose al cabildo el 12-V-1644, renunciando el 26 de junio a su cargo de inquisidor de Murcia. Sigue, no obstante, de relator, y en fecha no averiguada, es nombrado inquisidor de Cuenca. El 4-VII-1648 presentó sus bulas para el arcedianato de Moya, resignando su canonjía en su sobrino Bartolomé de Villaviciosa. Hizo testamento a 25-XI-1652; por él agrega muchos de sus bienes, que eran cuantiosos —entre otros la villa de Reillo—, al mayorazgo; dejaba por herederos a sus sobrinos, aunque añade algunas cortapisas en su codicilo del 22-X-1658. Fue sepultado, siguiendo su disposición testamentaria, en la iglesia de Reillo, con una inscripción colocada y compuesta por él años antes *in situ.*

OBRAS: No se conoce otra, fuera de *La Mosquea...* Cuenca 1615, reeditada en el s. xix en la BAE 17, 571-624; obra de juventud en la que sigue, declarándolo, el poema macarrónico, la *Moschea,* de Folengo, si bien no tan de cerca como opina J. P. W. Crawford, que la tiene por una mera traducción. González Palencia juzga exagerado este juicio mostrando otras fuentes seguidas en el poema y los elementos de propia inventiva. Concluye así su estudio: «Si hubiera prescindido un poco de la Mitología y, sobre todo, si hubiera acortado los dos últimos cantos, alargamiento que se debió a su empeño de imitar a Virgilio, *La Mosquea* de Villaviciosa hubiera sido todavía mucho más leída. Aun así es uno de los mejores poemas burlescos españoles (después de la *Gatomaquia* de Lope) y resiste con ventaja la comparación con los poemas serios, en los cuales no logró éxito franco ningún poeta español.»

BIBL.: J. P. W. Crawford, *Teofilo Folengo's «Moschea»* and José de Villaviciosa's «La Mosquea»: Publications of the Modern Language Association of America, Baltimore, 27(1912)76-97; A. González Palencia, *Historias y Leyendas,* Ma. 1942, 483-627, publicado en R57, (1926) 405-432, 630-651, y (1927)17-61, 181-195, con el título, *José de Villaviciosa y «La Mosquea».* R. M. Hornedo

VILLEGAS, Alonso de, (Toledo 1534 † Toledo? c. 1603) novelista y hagiógrafo. Apenas se conocen de él otros datos, que los dispersos en las portadas y colofones de sus libros, puntualmente reproducidos por Pérez Pastor. De éstos el más reiteradamente confirmado es el año de nacimiento por su asiduidad en consignar los que contaba al escribirlos. En los Diccionarios suele estar registrado por Villegas Selvago. Sin embargo, es seguramente un aditamento circunstancial, usado por Villegas en 1554, tomado de la *Comedia Selvagia,* de igual modo que Juan Rodríguez, ese mismo año, añadió al Rodríguez *Florián,* por su *Comedia Florinea.* Prueba de ello es, también, que Selvago no vuelve a aparecer en ninguno de sus libros posteriores. En la *Selvagia* hace Villegas profesión de estudiante. Mas no dice en qué. Es fácil que sus primeros estudios los hiciese Villegas con el famoso humanista Alejo de Vanegas. Seguiría, después, estudios universitarios en Toledo; pues por el tiempo en que Villegas hace profesión de estudiante, consta por documento del 9-VII-1552, que se procuraba mejorar la dotación de las cátedras del Colegio de Santa Catalina, que gozaba ya de antes categoría de Universidad, «para que se rigiesen por señalados y eminentes letrados». Pero todavía en 1554 no había conseguido Villegas título alguno, ya que de poseerlo lo hubiese ostentado, como lo hicieron sus coetáneos y colegas en componer *Celestinas,* los bachilleres Sebastián Fernández y Juan Rodríguez, autores de la *Tragedia Policiana* y de la *Comedia Florinea.* Nada se sabe de su vida en muchos años. En ella, ficción y realidad no parece que fuesen juntos. Mientras la *Comedia* termina felizmente con la boda de Selvago e Isabela, no hay indicios de que Alonso de Villegas llegara a casarse con Isabel de Barrionuevo, en cuyo servicio compuso la *Comedia Selvagia.* Ya fuese que prosiguiera entonces sus estudios, ya que los ampliara más tarde con los de Teología, lo cierto es que, cuando en 1578 —veinticuatro años después de la publicación de la *Comedia Selvagia*— imprime la Primera Parte del *Flos Sanctorum,* se declara: licenciado, sacerdote, teólogo, predicador y capellán de la capilla de los mozárabes de la catedral primada. Como, por lo menos desde 1588 se le llama siempre Maestro, es señal de que sacó este título entre 1578 y 1588; éste es, seguramente, como el licenciado, por la Universidad de Toledo, donde al parecer pasó toda su vida. También, a partir de 1588, aparece como beneficiado de San Marcos. Algunos bibliógrafos (N. Antonio y J. M. Sánchez) dicen que fue párroco. Se ignoran las fechas de sus grados, así como las de toma de posesión de la capellanía y del beneficio. Es significativo que, no habiendo sido incluida en el *Index* la *Comedia Selvagia,* lo fuese la Tercera Parte del *Flos Sanctorum.* Esto se explica, además de por el mayor rigor de los inquisidores en materia doctrinal, por una menor apreciación moral, porque la *Selvagia* es una de las *Celestinas* menos desenvueltas en su lenguaje y menos escandalosas en sus lances» (Menéndez Pelayo). Otras imitaciones: *Resurrección de Celestina,* las comedias *Tesorina, Tidea, Jacinta, Josefina, Orfea, Eufrosina, Ulisipo* fueron con el tiempo entrando en los *Indices,* no así la *Selvagia.* Sin embargo, su conciencia fue más allá que los inquisidores. Sabemos por Tamayo de Vargas que Villegas «después mayor y aplicado a cosas sagradas solamente, procuró recoger con gran diligencia» los ejemplares que pudo. Lo cual —aunque sean varios los conocidos— justifica la inclusión de la *Comedia Selvagia* entre los «libros raros y curiosos».

En el colofón de la Sexta Parte, *Vitoria y Triunfo de Iesu Christo*, Ma. 1603, nos dice que terminó este libro el 1-III-1600. De ese mismo año es su traducción del *Via Vitae* del cartujo Florencio Harleman, que quedó ms. No hay noticias ulteriores. Se desconoce la fecha de su muerte. Se dedujo que había sido posterior a la beatificación de Teresa de Jesús (1614) por aparecer en la lista de predicadores que festejaron a la nueva Beata en diversas iglesias —reproducida por Pérez Pastor— el Dr. Alonso de Villegas en la catedral de Toledo. Pero el dato está equivocado: quien predicó en esa ocasión no fue el maestro Alonso de Villegas, sino el Dr. Alvaro de Villegas y Ocampo, natural de Madrid, magistral de la Primada desde el 4-XII-1603, y figura principal de su cabildo por el año 1620, en que fue gobernador y coadministrador del arzobispado, en la minoría del cardenal-infante don Fernando. Habiendo, pues, cesado sus publicaciones en 1603, aun cuando el cese pudiera deberse a otras causas, cabe pensar que fuese la muerte la que pusiese término a sus libros y a su vida alrededor de esta fecha. De ser cierta la noticia, dada por N. Antonio, de que Alonso de Villegas fue párroco —aunque es extraño de haberlo sido aparezca solo como licenciado— el dato de que, en el libro *Breve Suma y Relación del modo del Rezo y Missa del Oficio santo Gótico Mozárabe...*, To. 1603, figure como cura propio de la iglesia parroquial mozárabe de San Marcos su autor, el maestro Eugenio de Robles (capellán como Villegas de la capilla mozárabe de la catedral) podría ser un indicio de que hacia 1603 ocurriría su muerte, si comenzó a serlo ese año.

OBRAS: *Comedia llamada Selvagia...*, Toledo 1554. Ya en ella «manifiesta las excelentes dotes que habían de darle muy señalado lugar entre los prosistas del mejor tiempo de nuestra lengua»; señala, además, Menéndez Pelayo lo que debe Villegas a Rojas, a Feliciano de Silva y a Sancho Muñón. *Flos Sanctorum Nuevo y Historia General de la vida y hechos de Iesu Christo... y de todos los Sanctos de que reza y haze fiesta la Iglesia Catholica, conforme al Breviario Romano...*, Toledo 1578. Con el título de *Flos Sanctorum* se venían publicando desde el s. XV traducciones y ampliaciones de la *Legenda aurea*, Villegas para el suyo se sirve, según Menéndez Pelayo, de las obras de Lipomano y Surio. Habría que determinar lo que debe Villegas al franciscano Fr. Martín de Lilio, el cual publica en Alcalá 1566 su *Flos Sanctorum*, reimpreso en 1572, en cuyo colofón muestra el mismo cuidado y casi con idénticas palabras que Villegas: «Corregido y enmendado de muchas cosas apócriphas y otras sospechosas en la fe y añadidas muchas historias de nuevo». El éxito de esta *Primera parte* fue grande. En vida del autor se conocen varias ediciones (Zaragoza 1580, Toledo 1583 y 1591 con adiciones y correcciones, Madrid 1594). Debieron de salir además algunas otras, porque Villegas se queja en la *Segunda Parte* de que la *Primera* «se ha impresso diversas veces sin orden mío, y que las impressiones salen con muchos errores; algunos de los quales son pretendidos de industria por personas que siguiendo sus particulares pareceres dizen otro de lo que yo digo y tengo bien averiguado». De la *Segunda Parte* la edición conocida es de Toledo 1589 (otra corregida de 1595); mas, como nota Pérez Pastor, en vista de las fechas del privilegio, aprobaciones y licencias, tuvo que haber una primera, en 1583 o 1584. En esta Parte, trata de la *Vida de la Virgen y de los Santos* anteriores a la venida de Cristo. En 1583 el platero Pedro Angel grabó el retrato de Villegas de edad de 49 años. De Pedro Angel son también los grabados que ilustran todos los tomos del *Flos Sanctorum*. Determinó Villegas que todas las *Partes* llevasen el retrato «que es como firma mía» y «donde no se hallare este mismo y no otro contrahecho por él, que no se tenga por mía». La *Tercera Parte* es de Toledo 1588 (otras dos corregidas de 1589 y 1595); esta edición es la mandada expurgar por los inquisidores. Es de advertir que, anteriormente, en el *Indice* de Valdés de 1559, había sido incluido un *Flos Sanctorum*, impreso en Zaragoza 1558, del cual no se conoce ningún ejemplar. También en el *Index* de Lisboa

1581, se prohibe otro *Flos*, impreso por Germán Galharde (impresor francés), acaso sean dos impresiones del mismo libro. En el caso de Villegas no se trata de una prohibición como en éstos, sino de una corrección y ligera. En la *Tercera Parte* había agregado Villegas a las vidas de Santos canonizados una *Addición* de «vidas de varones ilustres, los quales, aunque no están canonizados, piadosamente se cree de ellos que gozan de Dios». Por carta de los inquisidores de Toledo, 12-VI-1589, se sabe que la Suprema mandó recoger el libro y que se ordena borrar de él principalmente lo relativo a María Ajofrín (o Iofrin), la célebre monja portuguesa de las llagas, Sor María de la Visitación. Se deduce también de la carta que, enterado Villegas a tiempo de lo que sucedía en la Suprema, se dio prisa a hacer otra impresión, la de 1589, suprimiendo el pasaje de la monja de Portugal. En vista de esto los inquisidores toledanos preguntan si bastará ésta o deberán hacerse además otras leves correcciones, como «lo tocante a las llagas de San Francisco y otras cosas a este propósito». No se conoce el tenor de la respuesta de Madrid; es probable que coincidiese con lo dispuesto más tarde en el *Index* de Sandoval de 1612, en el cual se prohibe la «*Addición* no se corrigiendo» y la única enmienda prescrita es la ordenada sobre la vida de María Iofrin.

La *Quarta* y última *Parte* no sale en Toledo como las anteriores, sino en Madrid 1589 por Pedro Madrigal, que obtiene el privilegio. Es un tomo de sermones *De tempore* y de los Santos principales. En 1592, imprimió Luis Sánchez en Madrid la *Vida de San Isidro Labrador*, que viene a ser la misma incluida en el *Flos Sanctorum*. Palau cita una edición de la *Quarta Parte* de Cuenca 1592 y otra de Pedro Madrigal de 1593. Existen ejemplares que reproducen la portada de Madrid 1593 y el colofón de Cuenca, alguno con el más mal trascrito. Estas anomalías tipográficas son diversamente interpretadas por Pérez Pastor y Palau. La duda bibliográfica subsiste por falta de datos. «Cuéntase como *quinta parte* del *Flos Sanctorum*, aunque en rigor no lo sea, el *Fructus Sanctorum*, del cual sólo conocemos la edición de Cuenca 1594. Es, sin disputa, la más rara de todas las obras de Alonso de Villegas, y la más útil para el estudio de las leyendas y tradiciones piadosas. Contiene una selva numerosa de ejemplos morales a la manera del *Prado Espiritual* de Santoro y otras colecciones análogas para uso de los predicadores y edificación de los fieles» (Menéndez Pelayo). De 1595, en Toledo, es la *Vida de San Thyrso*, a propósito de la cual cae Villegas «incautamente como tantos otros en las redes del gran falsario Román de la Higuera». Como *sexta parte de sus obras* publica Luis Sánchez, Ma. 1603, *Vitoria y Triunfo de Iesu Christo... trata* exclusivamente de la vida de Cristo «conforme a como la refieren sus Evangelistas y declaran diversos doctores».

Aunque falta un estudio bibliográfico completo de las obras de Alonso de Villegas, es patente que su *Flos Sanctorum* resistió mal la competencia del tan difundido del P. Ribadeneyra, cuya Primera Parte es de 1599. Diversas Partes del *Flos Sanctorum* se traducen al italiano y se imprimen repetidas veces, sobre todo en Venecia (1600, 1603, 1615, 1616, 1717, 1733). Registra, además Palau una versión del italiano al inglés de 1630.

Entre sus obras incluye N. Antonio, por distracción, *Favores de la Virgen Santísima a sus devotos y Soliloquios divinos*, que son del jesuita Bernardino de Villegas, repetidamente impresas en el s. XVII. Dejó manuscrita una traducción al español del cartujo Florencio Harleman, sacada de la latina que publicó T. V. Zegero con el título *Via Vitae*. Añade Tamayo de Vargas, en la *Junta de Libros*, que «ha leído de su mano un *libro de cuentos varios*». Opina Menéndez Pelayo por a sus escrúpulos quizá nimios se debió que quedasen inéditos estos *cuentos*, «que serían apreciables de fijo, dadas las condiciones narrativas que el autor mostró en diversa materia».

BIBL.: A1, I, 54-55; *Comedia llamada Selvagia*, colección de libros españoles raros y curiosos, V, Ma. 1873, advertencia preliminar I-XII; C. PÉREZ PASTOR, *La imprenta en Toledo*, Ma. 1887, ns. 275, 356, 363, 386, 390, 391, 402, 412, 417 y 466; ID., *Bibliografía madrileña*, I, Ma. 1891, ns. 318, 398, 423, 424 y 460; II, Ma. 1906, ns. 858 y 1.369; J. M. SÁNCHEZ, *Bibliografía Aragonesa del siglo XVI*, II, Ma. 1914, ns. 577, 641 y 770; M. MENÉNDEZ PELAYO, *Orígenes de la novela*, IV, San. 1943, 147-164.

R. M. DE HORNEDO

VILLEGAS, Sebastián Vicente, (Sevilla c. 1600) liturgista. Vivió en su ciudad natal en la primera mitad del siglo XVII. Fue maestro de ceremonias de la catedral hispalense. Sus obras ofrecen un gran interés por las curiosas noticias que recoge acerca de la liturgia de la Iglesia sevillana, anotando las diferencias con el ritual romano.

OBRAS: *Suma de todo lo que contiene el arte de canto llano, con muchos importantes avisos, así para saber bien cantar como para regir bien el coro y para componer el canto llano,* Se. 1604; *Preheminencias de la dignidad del Sr. Deán de la Santa Iglesia Patriarchal de Sevilla,* ms. 1618; *Orden del tañido de las campanas y oficio de campanero de esta Santa Metropolitana y Patriarcal Iglesia de Sevilla,* ms. 1633; *Ceremonial de esta Santa Patriarca y Metropolitana Iglesia Catedral de Sevilla,* ms. 1647.

BIBL.: F. Méndez Bejarano, *Diccionario de escritores... naturales de Sevilla,* III, Se. 1925, 117-118.

F. Aguilar

VILLENA, Isabel de, (Valencia? 1430 † Valencia 2-VII-1490) escritora ascética. Hija natural de D. Enrique de Villena y Vega, el Sabio, tío del rey D. Juan II de Castilla. Huérfana de padre antes de los cuatro años y de madre, según se cree, la reina D.ª María de Castilla, mujer de Alfonso V de Aragón, prima hermana de Isabel, la educó en su corte valenciana. Tomó el hábito en el real convento de clarisas franciscanas de la Santísima Trinidad de Valencia (28-II-1445), en el cual profesó (25-III-1446) y fue abadesa (26-III-1463) hasta su muerte. Su nombre propio era el de Leonor Manuel, que trocó por el de Isabel al entrar en religión. Famosa por su vida espiritual, no lo fue menos por su amor a las letras. Debió de reunir en su convento una buena biblioteca. Sin duda por esto, micer Jaime Exarch, canónigo, pavorde, y vicario general del cardenal Rodrigo de Borja en Valencia, legó su librería a la madre Villena. Bernat Fenollar y Pere Martines le dedicaron *Lo Passi en cobles* (1493), y Miguel Pérez, la traducción valenciana del Kempis, *Menyspreu del mon* (1491). Isabel de Villena pidió al venerable Jaime Pérez, obispo auxiliar de Rodrigo de Borja en Valencia, que escribiera una explicación del *Magnificat,* lo que hizo en 1485 con una carta dedicatoria.

OBRAS: *Vita Christi,* Val. 1497, 1513, 1527, y Ba. 1916. Se le atribuyen varios tratados y sermones y otra célebre obra mística *Speculum animae,* hoy perdidos. Agustín Sales todavía vio el *Speculum* en 1761 en el mismo monasterio.

BIBL.: A. Sales, *Historia del Real Monasterio de la Stma. Trinidad, religiosas de Santa Clara, de la Regular Observancia, fuera los muros de Valencia, sacada de los originales de su archivo...,* Val. 1761; E. Cotarelo y Mori, *Don Enrique de Villena,* Ma. 1896.

R. Robres

VILLOSLADA, Sebastián, OSB (Villoslada [Segovia] 1537 † Madrid 7-XII-1597) venerable. De joven cursó estudios en las Universidades de Zaragoza y Alcalá y se graduó en Artes y Teología. Abandonó después la vida universitaria y profesó en la abadía de Valvanera (Logroño) en 1562. Pasa por varios monasterios ejercitando los cargos de predicador en Santa María del Mercado, Santa María la Real de Nájera, de prior en Valladolid, y de abad en el Poyo, Bierzo y San Martín de Madrid. En la Corte fue confesor y director espiritual de Felipe II y de toda la familia real. Funda el célebre hospital de Nuestra Señora de la Buena Dicha y la cofradía de la Caridad entre la burguesía de la parroquia abacial y sus anejas de San Ildefonso y San Marcos de Madrid. Para ambos redactó constituciones y reglamentos. Antes, en 1588, suscitó un fuerte movimiento de reforma en la observancia monástica de la Congregación. Con este fin se retiró al eremitorio de San Millán de Suso con algunos otros monjes, en donde, dice su biógrafo, entabló una vida tan espiritual y tan nueva, como si entonces diera principio a la vida religiosa. La nueva reforma establecida en Suso, denominada «de monjes recoletos», fue reciamente combatida. Solo a modo de ensayo fueron aprobados por el Capítulo general de la Congregación, celebrado en 1588, los casos implantados en la ermita de Suso permitiendo ser observadas en Nuestra Señora de Obarenes, San Juan del Poyo y San Claudio de León. A pesar del empeño del padre Villoslada en extenderla por toda la Orden, la vida recoleta, casi eremítica, de estos monjes duró poco tiempo. El rigor, los ayunos extenuados, la disciplina, pobreza y clausura ocasionaron la supresión casi total de la misma en todos los monasterios por el Capítulo general de 1609. En San Claudio de León, sin embargo, debió de perdurar más tiempo. En 1729 nos dicen las actas de los Capítulos, que se designó a San Pedro de Villanueva para que los monjes con espíritu se recogieran «para conformarse con las austeridades de más rigurosa observancia» (Archivo de Silos, Actas, III, fol. 42, 52). También el espíritu de Recolección penetró en Portugal. En los monasterios de San Benito de Lisboa, San Martín de Libaez, en el arzobispado de Braga, y en el monasterio de San Tirso, no se comía carne y se guardaba toda la rigidez en la austeridad que exige el cumplimiento literal de la Regla. El mismo padre Villoslada fue elegido visitador de los monasterios de la Congregación de Portugal, cargo al que renunció, así como al obispado de Palencia. Hizo después vida eremítica en Montserrat, y fue considerado como varón de grandes virtudes. Es uno de los pocos venerables de la Congregación vallisoletana.

BIBL.: P. de la Asunción, *Clarísimo espejo... Vida prodijiosa del venerable Padre fr. Sebastián Villoslada,* Va. 1746; A. Barmiero, *Vida del P. Fr. Sebastián Villoslada, Arch. Congr. Valladolid* (cf. A1, I, 103); [Anónimo], *Vida...y milagros del dicho bendito padre fray Sebastián Villoslada,* 24 noviembre 1619: Arch. de la Congr. de Valladolid, XIII, 315; M71, II, 307; *Actas de la Congregación de Valladolid,* III, fol. 108, 1625; S. de Vergara, *Vida y milagros de Santo Domingo de Silos,* Ma. 1736; M. Ferotin, *Histoire de l'Abbaye de Silos,* Par. 1897, 205; D3, 68, 1622; A. Urcey, *Historia de Valvanera,* Log. 1932, 362-368.

T. Moral

VILLOTA Y URROZ, Gerardo, (Santoña [Santander] 3-X-1839 † Burgos 22-XI-1906) canónigo. De noble familia montañesa, estudió Humanidades en Ampuero (Santander), Filosofía, en Burgos, y Teología, en Corbán (Santander), Valladolid y Toledo. Después de ejercer cargos pastorales y docentes en Santander, fue secretario-canciller del obispo de León, al que acompañó en el mismo cargo en Burgos al ser promovido al arzobispado. Fue nombrado canónigo de Burgos el 15-X-1884. Trabajó incansable por despertar y avivar el espíritu misionero, dando un extraordinario impulso a la Obra de la Propagación de la Fe. De amplísima cultura, viajó por el extranjero madurando posibles cauces para una ambiciosa acción misionera de la Iglesia española. Fundó y dirigió hasta su muerte el Colegio Eclesiástico de Ultramar y Propaganda Fide (1899), que inicialmente enviaba sacerdotes a la América española y que luego, por voluntad de Benedicto XV, se convertiría en el actual Seminario Español de Misiones Extranjeras. Dedicó su virtud admirable, su ciencia y sus caudales plenamente a dicha obra.

OBRAS: *Colegio eclesiástico para la propagación de la fe,* Bu. 1905; muchas colaboraciones en revistas misionales; traducción de varias obras biográficas, sociales y de devoción del francés, italiano y alemán, a las que complementaba desde el punto de vista español.

BIBL.: C. Ruiz Izquierdo, *Temple de apóstol, fundador Villota,* Bu. 1947.

N. López Martínez

VINCENTIUS HISPANUS, (siglo XIII) obispo y canonista. Oriundo de la Península Ibérica, se ignora el lugar y fecha de su nacimiento. Llegó como estudiante a Bolonia hacia el año 1200. De 1210 a 1215 desempeñaba el cargo de profesor en la Universidad de Bolonia. Por estas fechas era ya clérigo. Probablemente tuvo como profesor en Derecho Canónico a Silvestre, posiblemente a Lorenzo Hispano y a Juan Galense. En Derecho Civil fue discípulo de Azzón, y no de Accursio, como se ha venido diciendo frecuentemente. Como profesor, enseñó ciertamente Derecho Canónico. No consta que enseñara el Derecho Civil, aunque demuestra conocerlo bien. En uno de los manuscritos se añade a sus siglas los calificativos de *bonus* e *hilaris*. Entre los discípulos de Vicente, nos son conocidos Bernardo de Parma y Sinibaldus Fliscus, después papa, con el nombre de Inocencio IV. Poco después de 1220 abandona Bolonia, para ejercer la dignidad de obispo en la Península Ibérica. Pero se controvertía si fue obispo de Zaragoza o de Idanha (Portugal). En el primer caso, tendríamos que añadir que fue monje cisterciense de Veruela (Zaragoza). En el segundo, habría que indentificarlo con un agente del rey de Portugal. Y esto último viene confirmado por las más recientes investigaciones.

OBRAS: Todas son manuscritas. *Glosas al Decreto* de Graciano, que no parece llegaran a constituir un verdadero *apparatus; Apparatus a las Compilaciones I y III Antiguas*, en los que trabajó de modo simultáneo entre 1210 y 1215; *Glosas* a la *Compilación II Antigua*, que no debieron llegar a constituir un *apparatus* formal y tampoco hay indicio alguno de que glosara la *Compilación IV Antigua; Apparatus* a las constituciones del Concilio IV Lateranense de 1215, del que se conservan dos recensiones, ambas anteriores a 1220; *Casus* a la *Compilación III Antigua*, que solo se extienden a algunos títulos aislados; *Casus* a las *Decretales* de Gregorio IX; *Apparatus* o *Lectura a las Decretales* de Gregorio IX, que compuso verosímilmente en varias etapas; *Glosas* a los *arbores consanguinitatis et affinitatis*, compuestas poco después del Concilio IV Lateranense de 1215; *Summula* o *Quaestiones de exceptionibus; De discordia testium et de consonantia et qualiter debeant recipi et repelli*. La atribución a Vincentius de las dos obras anteriores requiere todavía ulterior estudio. El *apparatus* a la *Comp. III* y al Concilio IV Lateranense junto con las glosas a los árboles de consanguinidad y afinidad se editarán próximamente en la serie *Monumenta Iuris Canonici* del Institute of Research and Study in Medieval Canon Law. A través de sus escritos y magisterio, Vicente ejerció un gran influjo entre sus contemporáneos, y se considera actualmente como uno de los canonistas más importantes del período clásico de la canonística medieval.

BIBL.: J. F. von Schulte, *Literaturgeschichte der Compilationes Antiquae besonders der drei ersten Jahrh*: Sitzungsberichte der Akademie der Wissenschaften Philosophisch-Historische Klasse, 66, Wien 1871, 51-156; A37, I, 191-193; F. Gillmann, *Gibt es einem Dekretalisten Laborans?:* R11', 105(1925)99-107; id., *Die Ablasslehre des Vincentius Hispanus:* R11', 106(1926)179-83; id., *Der Kommentar des Vincentius Hispanus zu den Kanonen des vierten Lateran Konzils:* R11', 109(1929)223-74; id., *Wo was Vincentius Hispanus Bischof?:* R11', 113(1933)99-107; id., *Zur kanonistischen Schuldlehre in der Zeit von Gratian bis zu den Dekretalen Gregors IX:* R11', 117(1937)327-62; St. Kuttner, *Kanonistische Schuldlehre*, Città del Vaticano 1935, cf. índice; id., *Repertorium der Kanonistik*, Città del Vaticano 1937, cf. índice; id., *Bernardus Compostellanus Antiquus. A Study in the Glossators of the Canon Law:* Traditio, 1(1943)289-91; id., *Notes on the Manuscripts:* Traditio, 17(1961)537-41, cf. también Traditio, 13(1957)467-68, y 16(1960)633; W. Ullmann, *Medieval Papalism*, London 1949, cf. índice; S. Mochi-Onory, *Fonti canonistiche sull'idea moderna dello Stato*, Mi. 1951, cf. índice; G. Post, «*Blessed Lady Spain*». *Vincentius and Spanish National Imperialism in the Thirteenth Czntury:* R83', 29(1954)198-209; G. Fransen, *Manuscrits canoniques conservés en Espagne (III):* R72', 51(1956)940-41; A. García y García, *El Concilio IV de Letrán y sus comentarios:* Traditio, 14(1958)490-93; id., *Los comentarios de los canonistas a las constituciones del Concilio IV de*

Letrán: Bibliothèque de la Revue d'Histoire Ecclésiastique, XXXIII, Lov. 1959, 152-54; id., *Vincent of Spain:* The New Catholic Encyclopedia; J. Ochoa y Sanz, *Problemas biográficos de Vincentius Hispanus:* Bibliothèque de la Revue d'Histoire Ecclésiastique, 33, Louvain, 1959, 162-175; id., *Vincentius Hispanus*, Ro.-Ma. 1960; A. Mingues de Sousa Costa, *Mestre Silvestre e Mestre Vicente. juristas da contenda entre D. Alfonso II e suas Irmãs:* R56', 8(1962)87-136; 9(1963)249-311; R. Weigand, *Die bedingte Eheschliessung im kanonistischen Recht*, München 1963, cf. índice; A. van Hove, *Prolegomena ad Codicem Iuris Canonici*, Malinas-Ro. 1945, cf. índice. St. Kuttner, *Notes on manuscripts:* Traditio, 17(1961)537-541; id., *Emendationes et notae variae;* ib., 22(1966)471-74.
A. García y García

VIÑAS SALA, Tomás, SchP (Mataró [Barcelona] 3·XII-1864 † Barcelona 20-II-1929) humanista, crítico. Prepósito general de las Escuelas Pías. Fue traductor de la *Atlántida* de Mosén Jacinto Verdaguer al latín; archivero general de la Orden, cuyas provincias recorrió varias veces; poeta de corte horaciano y habilísimo versificador latino y no menos diestro en traducir al latín las inspiradas poesías de los más famosos poetas patrios. Miembro de la Arcadia Romana con el nombre de *Aristómenes Lirneo;* socio de la Academia Tiberiana; académico de la de Leonardo de Vinci de Ciencias, Letras y Bellas Artes, de Nápoles; gran cordón de la Academia Internacional de Letras y Ciencias, de Nápoles; socio de la Academia Alejandrina de Italia, etc. La preocupación de su generalato fue la restauración de las provincias escolapias de Centroeuropa, devastadas por la guerra. Renunció al cargo en 1923 y se retiró a Barcelona. Promovió la implantación en todos los colegios de los Turnos Eucarísticos; promovió la devoción a San José de Calasanz, con las fiestas centenarias (1917) de la fundación de la Orden.

OBRAS: *Index biobibliographicus scriptorum Scholarum Piarum*, I, Ro. 1908; II, Ro. 1909; III, Ro. 1911; IV, quedó manuscrito; *Inventarium Chronologicum Magni Tabularii Religionis Scholarum Piarum*, pars prima, Ro. 1912; *Pietas et Litterae*, tripticum calasanctianum, Ro. 1912; *Carminum libri quatuor*, Ba. 1924; *Versiones latinas de poesías hispanas*, con prólogo de D. Juan Hurtado y J. de la Serna, Ba. 1927; *Samuel, Samuel (progymnastica ascetica)*, Ba. 1928; *Atlantis Poema Hyacinti Verdaguer pbri. quod latine vertit Thomas Viñas a S. Aloisio SchP, edición políglota de L'Atlántida*, Ba. 1929, obra póstuma; *Philobiblion*, de Ricardo de Bury, traducido directamente del latín, Ma. 1927; y muchas otras que pueden verse en el folleto *Homenaje al Rdmo. P. Tomás Viñas, escolapio (1864-1964)*, 49-50.

BIBL.: J. Hurtado, *El R. P. Tomás Viñas de S. Luis, de las Escuelas Pías, y sus poesias latinas, versiones latinas de poesías hispanas*, 1927, XXVI-XLVII; A. Huertas; *Un libro de interés mundial. Las versiones latinas de poesías hispanas, del P. Tomás Viñas:* R162(1927)472-76; D3, 69, 186; S. Salitjes, *Un gran humanista mataronés, el Rdmo. P. Tomás Viñas Sala, escolapio*, Mataró 1953; *En homenaje al Revdmo. P. Tomás Viñas, escolapio (1864-1964)*, Sa. 1964; C. Bau, *Historia de las Escuelas Pías en Cataluña*, Ba. 1951, 493-502; L. Picanyol, *Rerum latinarum scriptores ex Ordine Sch.P.*, Ro. 1956, 140, 189, 199, 204, 211.
C. Vilá

VIRILA (Tiermas [Zaragoza] c. 870 † Leyre [Navarra] c. 950) abad, santo. No es una creación legendaria del Medievo. Es un personaje real, perfectamente situado en el tiempo y el espacio. Fue abad del monasterio de San Salvador de Leyre, y su culto como confesor, continuado y público. Figura con el título de abad de Leyre en un documento del año 928. Su culto está atestiguado a partir de 1011. Sus reliquias, después de la exclaustración, fueron depositadas en su mayor parte en la catedral de Pamplona. Otras fueron objeto de piadoso culto en la histórica villa de Tiermas hasta 1964 en que volvieron, junto con una imagen del santo, al viejo cenobio legerense. La poética leyenda del monje y del pájaro, extendida por tierras de Ordoño II, contada por Alfonso X y divulgada por Jacobo de Voragine, tiene en Leyre el punto más remoto y posiblemente el originario de ella. El monasterio de Leyre posee los testimonios más antiguos del apólogo, en piedra, no en letra (siglos XI y XII). La intervención de san Virila en Samos, como restaurador del monasterio, es más que dudosa. Falta una prueba decisiva. Seguramente se trata de dos abades Virilas contemporáneos, pero a los que no cabe identificar.

BIBL.: *Act. SS.*, Oct. I, 195; J. RUIZ DE OYAGA, *San Virila, abad de Leyre:* R152, 60(1955)307-319; J. GÁRATE, *El monje del largo sueño:* R152, 14(1953)401-405; C. MARÍA LÓPEZ, *La exclaustración de 1820 en Leyre y las reliquias de san Virila:* R152, 84(1961)233-240; J. ITURRALDE Y SUIT, *La leyenda de san Virila de Leyre:* R50, (1917)129-135; ID., *Oras completas*, III, Pam. 1916, 195-213; M60, 12, 274-275; M71, 94-98; *Arch. Gen. de Navarra*, n.º 213; *Libro becerro menor de Leyre*, fols. 32, 110, 122, 127, 132, 169, 193; M. ARIGITA, *Manuscrito inédito de San Salvador de Leyre (1794):* La Avalancha, 14(1906)41; P. DE SANDOVAL, *Catálogo de los obispos que ha tenido la Santa Iglesia de Pamplona*, Pam. 1614, fol. 18; *Bibliotheca Sanctorum*, XII, 1209-13; F. MARTÍN DE LA CRUZ, *San Virila*, Pam. 1972.
T. MORAL

VIRUES, Alonso Ruiz de, OSB (Olmedo [Valladolid] c. 1480 † Canarias 1545) obispo, humanista, teólogo. Se hace monje en San Juan de Burgos. Enseña Sagrada Escritura, primero en este monasterio, y después en San Benito, de Valladolid, y en San Vicente, de Salamanca. En 1520 empieza a regir este monasterio en calidad de prior y en 1532 como abad de San Zoilo, de Carrión. Muere siendo obispo de Canarias. Hombre dotado de gran caudal de ingenio, erudito en las lenguas latina, griega y hebrea, notable escritor y uno de los oradores más eminentes de España, fue nombrado predicador de Carlos V. Su erasmismo le ocasionó ser delatado a la Inquisición española, y a fines de 1534 fue preso en Valladolid. Solo la intervención de Carlos V logró trasladarlo secretamente de la cárcel inquisitorial al monasterio de San Benito, de Valladolid, donde los inquisidores lo pusieron en rigurosa custodia. En 1538 se dio por fin sentencia definitiva y Virués abjuró *de levi*. Fue absuelto *ad cautelam* y se le impuso como penitencia la reclusión en un monasterio y la suspensión de predicar durante dos años. Atribuye Virués estas persecuciones y trabajos a la envidia de sus émulos. De hecho su erasmismo no fue incondicional ni ciego. Vio los excesos de la crítica del maestro y los señaló al gran humanista, pidiéndole una retractación, que no obtuvo. Hasta su muerte permaneció fiel a la *Philosophia Christi*.

OBRAS: Como entusiasta de Erasmo de Rotterdam, escribió en 1525 una apología de este humanista, dirigida al guardián de los franciscanos de Alcalá de Henares. Hacia 1526 tomó su defensa en Burgos contra el dominico Pedro de Vitoria. Tradujo algunos de sus *Coloquios* y explicó públicamente en el púlpito su *Enchiridion militis Christiani*. Participó en las famosas juntas de teólogos reunidos en Valladolid en 1527, defendiendo al gran humanista contra las acusaciones de los adversarios, si bien impugnándole por su falta de respeto para con San Jerónimo y por algún otro punto. El primer documento, interesantísimo para la historia del erasmismo español, contiene grandes elogios de Erasmo y de sus obras, aunque no deja de expresar en él prudentes reservas. Uno de los pasajes más interesantes es aquel en que intenta aplicar, si no justificar, las críticas y pullas que Erasmo dedica con bastante frecuencia a los religiosos y en el que nuestro benedictino da a todos sus colegas una magistral lección de verdadera religión, de caridad y de catolicismo. Los once coloquios erasmianos — cuidadosamente escogidos, retocados y con adiciones que comunican una buena dosis de seriedad y ortodoxia de lenguaje — persiguen un fin espiritual y edificante. Descarta con acierto los puramente pedagógicos y los que contienen ideas peligrosas. Los publicados abarcan todas las condiciones sociales y toda la vida del hombre. En los aditamentos, al igual que Erasmo, reprueba las ceremonias o prácticas de carácter religioso desprovistas de espíritu, en las que el vulgo ponía toda su confianza. En él la condenación de las prácticas supersticiosas es terminante, pero al mismo tiempo pone Virués fuera de discusión, de la manera más explícita, los sacramentos y los ritos consagrados por el uso universal de la Iglesia y que encierran un auténtico sentimiento religioso. Trabajó por poner en manos de todos los fieles el Santo Evangelio en lengua vulgar. Compuso varias obras de controversias teológicas, como *Philippicae disputationes viginti adversus Lutherana dogmata per Philippum Melanchtonem*, Amb. 1541; *De genuina fide contra Lutherum*, perdida; *De matrimonio regis Angliae*, Salmanticae 1530.

BIBL.: A. GINER, *Alonso Ruiz de Virués en la controversia postridentina con los protestantes. Su doctrina sobre la justificación:* Analecta Calasancia, 11(1904)119-201; A. PÉREZ GOYENA, *La Literatura teológica entre los benedictinos españoles:* R154, 49(1917)167-174; M. BATAILLON, *Erasme et L'Espagne*, Par. 1937, 238-240 y 519-520; G. M. COLOMBÁS, *Corrientes espirituales en la España del siglo XVI. Estudios monográficos*, Ba. 1955; V. BELTRÁN DE HEREDIA, *Documentos inéditos acerca del proceso del erasmista Alonso de Virués:* R47, 17(1955)255-257; E. ASENSIO, *El erasmismo y las corrientes espirituales afines:* R180, 36(1952)41-42; A. BONILLA Y SAN MARTÍN, *Erasmo en España:* R71bis; 17(1907)444; M70, VI, 90; VII, 342; B15, VII, 210; B. J. GALLARDO, *Ensayo de una biblioteca de libros raros y curiosos*, IV, Ma. 1889, 1076; Nueva Biblioteca de autores españoles, 29, Ma. 1915, 209; D3, 66, 942; *El becerro del Monasterio de San Juan de Burgos*, Bu. 1950; M. DE LA PINTA LLORENTE, *Una testificación del erasmista Alonso de Virués contra el doctor Juan de Vergara:* R75, 153 (1941)351 y ss.; G. M. COLOMBÁS, *Un benedictino erasmista: Alonso Ruiz de Virués:* Yermo, 3(1965)1-37. T. MORAL

VISCARDO, Juan Pablo, SI (Majes [Arequipa] 26-VI-1748 † Londres 1798) precursor de la independencia hispanoamericana. Entró en la Compañía de Jesús en 1761. Desterrado a Italia en 1767, salió de la Compañía y se estableció en Massacarrara. La guerra hispano-inglesa y las sublevaciones del Perú y Nuevo Reino le movieron a pedir la ayuda de Inglaterra a través del consulado de Liorna y de la legación británica de Florencia (1781), y luego directamente en Londres (1782). Pero la paz de Versalles hizo inútiles sus esfuerzos. De nuevo en Massacarrara, intentó resolver una serie de pleitos familiares a través de la corte de Madrid. En 1792 volvió a Londres.

OBRAS: Por obra de F. Miranda apareció póstuma su *Lettre aux espagnols américains*, Philadelphia [Londres] 1799; trad. española, Ibid. 1801.

BIBL.: M. BATLLORI, *El abate Viscardo*, Caracas 1953; ID., *La cultura hispano-italiana*, Ma. 1966; R. VARGAS UGARTE, *La carta a los españoles americanos de don Juan Pablo Viscardo y Guzmán*, Lima 1962. M. BATLLORI

VISITACION DE NUESTRA SEÑORA, Obra de la. Congregación fundada en Barcelona a iniciativa de D. José María de Alós y de Dou, con un grupo de señoras consagradas al ejercicio público de la caridad. El 23-III-1923 el obispo de la diócesis, Ramón Guillameh, aprobó la Obra. Obtuvo la aprobación de Roma, como organismo de derecho diocesano, el 2-II-1954; y su erección como tal en la diócesis, el 12 de noviembre del mismo año. Sus fines fundamentales son: visita, socorro y asistencia gratuita a los enfermos pobres en sus domicilios; sostenimiento de residencias para convalecientes y preparar su incorporación a la vida social; buscar la santificación de las señoras, que como religiosas, agregadas, visitadoras, socias y protectoras, forman las diversas ramas de la obra.

Su estructura está formada por un grupo central regido por una junta directiva y por grupos parroquiales bajo la presidencia del párroco y de una delegada del grupo central. Las casas de convalecencia dependen directamente del grupo central. Una circular, «Amaos», es portavoz oficial y medio propagandístico del ideario de la Obra y vínculo de los diversos organismos.

Actualmente está establecida en 48 parroquias de Barcelona y tiene las siguientes casas de convalecencia: Casal de la Visitación, en Ametlla del Vallés; Casal de San José Oriol, en Rubí; Casal del Sagrado Corazón, en Tarrasa, y Casal de Nuestra Señora de Montserrat, en la Colonia Güell. J. BONET

VISQUIO, Jerónimo, OSB (Perigueux [Francia] † Salamanca 30-VI-1120) obispo, monje francés de Cluny. Acompañó al arzobispo D. Bernardo cuando éste vino a hacerse cargo de la sede primada. Don Bernardo lo hace canónigo. Acompaña a El Cid y éste lo nombra obispo de Valencia. Por el 1096 acepta el obispado de Salamanca, a propuesta del rey Alfonso VI. Es confirmada su elección por el papa Pascual II, en 1100. Ayuda a los condes de Borgoña a repoblar la ciudad. En su tiempo se inician los trabajos de la catedral vieja salmantina, a la que el obispo dona el célebre Cristo de las Batallas.

BIBL.: B. DORADO, *Compendio histórico de la ciudad de Salamanca*, Sa. 1776, 93 ss; G. GONZÁLEZ DÁVILA, *Historia de las antigüedades de Salamanca*, Sa. 1606, 80 ss; J. VICENTE BAJO, *Episcopologio salmantino desde la antigüedad hasta nuestros días*, Sa. 1901, 21 ss. F. MARTÍN

VITORES, (Cerezo de Riotirón [Burgos] s. x) santo. Según los Bolandistas, probablemente se trata de un desdoblamiento del mártir san Víctor de Cesarea, en la Mauritania, cuya fiesta se celebra, como la de san Vitores de Cerezo, el 26 de agosto. La similitud —dicen— de los dos nombres, Cesarea y Cerezo, y un hipotético traslado de reliquias de san Víctor desde la ciudad africana al pueblo castellano, en tiempos de la invasión árabe, podrían explicar este desdoblamiento.

En todo caso, la posible biografía de san Vitores se presenta llena de elementos legendarios que se relacionan con el supuesto sitio de Almanzor a la villa de Cerezo y el martirio a manos de los sitiadores, rodeado todo de prodigios extraordinarios: misteriosa enfermedad de Almanzor que es curado por Vitores, clavos que se doblan al querer crucificar al santo, el cual, una vez decapitado, va con la cabeza en la mano a hacer levantar el cerco de Cerezo. Hechos prodigiosos semejantes se encuentran en las *Passiones* de otros mártires de la época musulmana. Pero hay otra serie de datos, más reales y concretos, que no pueden dejar de valorarse: la existencia en Cerezo mismo de la iglesia de Santa María de Villalba, de la que se tiene a san Vitores por cura y beneficiado; el lugar de Quintanilla de las Dueñas, aldea de Cerezo, en que se supone fue martirizado; la ermita dedicada a su nombre en el sitio llamado Valle de Cubillas, entre Cerezo y Fresno, edificada sobre la gruta que sirvió de sepulcro al cuerpo del mártir; el convento de dominicos —luego de franciscanos y hoy desaparecido— fundado hacia 1460 por el condestable de Castilla junto a la ermita, y a cuya iglesia se trasladaron las reliquias de san Vitores en 1466; circunstancia ésta, del traslado a una nueva iglesia, que influyó, sin duda, en que a la iglesia primitiva, la de la ermita, se llamara San Vitores el Viejo. Una y otra, la de la ermita y la del convento, pertenecían eclesiásticamente a la jurisdicción del pueblo de Fresno, cuya iglesia de San Andrés y sus beneficiados se hicieron cargo de todo al faltar los frailes.

El presunto mártir fue poco o nada conocido ni celebrado antes de 1460, que parece fue el año en que Andrés Gutiérrez Cerezo o Andrés Ceresano (cuyo nombre coincide con el de un abad de Oña al que se refiere Flórez y que por ese tiempo escribió un *Arte de Gramática*), redactó, por encargo del obispo Acuña,

de Burgos, una breve biografía de san Vitores llena de elementos fantásticos; la versión castellana de dicha obra fue recogida en el *Flos Sanctorum* de Carrasco, publicado en Alcalá el año 1567. De ella arranca no solo el culto y la devoción al santo y su popularidad en tierras de Burgos, sino también la abundantísima bibliografía que hasta el presente se le viene dedicando, y de la cual una buena parte fue ya recogida por Flórez. Prescindiendo de martirologios y breviarios, posteriores todos a la obra del Ceresano y que, al no dar éste fechas en su biografía, ponen la fiesta de san Vitores el mismo día que la de san Víctor de Cesarea, 26 de agosto, pararon su atención en el mártir de Cerezo no solo historiadores y cronistas como Garibay y Morales, sino también eruditos como Vaseo y Clenardo, pero, sobre todo, y es natural, hagiógrafos, desde los crédulos y falsarios como Tamayo y el Cronicón de Luitprando hasta los modernos y críticos bolandistas, aludiendo a los cuales hemos empezado este artículo.

Pero más que esa bibliografía tiene interés en relación con el discutido san Vitores, una curiosa institución surgida precisamente en torno a su sepulcro y a su nombre: la Venerable Congregación de eclesiásticos, fundada en la diócesis de Burgos a la honra y veneración del glorioso san Vitores. Lo fue en 1716, el día 1 de junio, reunidos los fundadores en Quintanilla de las Dueñas «y en el mismo sitio —dice el preámbulo de sus Constituciones— en que consiguió nuestro feliz anacoreta gran rector y mártir nuestro patrón san Vitores el triunfo de su martirio, como lugar el más propio para conferir y tratar las cosas pertenecientes a la mayor gloria de Dios y exaltación de nuestro patrón». Constan dichas Constituciones de siete capítulos que tratan del lugar y día en que se han de juntar los congregantes, de la función eclesiástica que se ha de hacer anualmente, de la elección y oficio del abad, prior y comisarios, de la admisión de los congregantes y sus obligaciones, del orden que los congregantes deben observar en los asientos así en los divinos oficios como en las demás funciones y juntas, de las penas y multas que se han de imponer a quienes contraviniesen los estatutos.

Es muy interesante el estilo de estas Constituciones; como ejemplo, reproducimos el texto de sus dos capítulos iniciales: «Lo primero, estatuimos y ordenamos: que en atención a que los huesos del Glorioso mártir nuestro Patrón, se veneran en su sepulcro en el Convento de Nuestro Padre San Francisco, con la advocación de San Vitores, concurran y asistan a dicho Convento todos los congregantes en el día lunes de la infraoctava de la Natividad de Nuestra Señora de cada un año, por haberse hecho en el mismo día la traslación del cuerpo de Nuestro Santo Patrón a su nueva Iglesia en el año de mil setecientos quince. Y si acaeciere, como puede suceder, que en dicho día ocurra la festividad de la exaltación de la Cruz, se hará la congregación el día martes inmediato, para que los eclesiásticos no hagan falta en sus Iglesias y Parroquias; y para evitar el que no haya embarazo ni se impida en algún tiempo esta santa devoción, por los Guardianes de dicho Convento se ha de pedir licencia al Reverendo Padre Ministro Provincial, y su definitorio de la Provincia de Burgos, en cuyo distrito está situado el dicho Convento para que se permita la Junta y celebración de Divinos oficios a mayor culto y veneración del Santo y el uso del refectorio sin incomodar a la Comunidad Religiosa.

Lo segundo, que así juntos en el día mencionado se celebre Misa Solemne con Ministros en la Iglesia de dicho Convento con Sermón que se predicará en loor y gloria del Excelso Mártir San Vitores, y antes de la misa se hará procesión con el Santo por fuera del Convento, asistiendo a todo ello los congregantes con sobrepellices y hábitos muy decentes, llevando cada cual su hacha encendida con la compostura y modestia correspondiente a la seriedad y religiosidad del acto y su estado eclesiástico, absteniéndose de hablar los unos con los otros, y de otra cualquiera acción que sea disonante, sobre cuya observancia tendrán gran cuidado los oficiales de la congregación para que se multe y corrija a los transgresores de ello, sin permitir que durante el oficio salga alguno a decir misa, sino que todos asistan a él, a excepción de los que se ocuparen en el confesonario, que a estos se les tendrá por presentes, y la misa se ha de aplicar por los hermanos congregantes vivos y difuntos y por cuenta de la dicha congregación se han de poner las velas necesarias para el altar y ciriales y cuatro hachas que ardan en sus mecheros delante de la Imagen del glorioso Santo, y se ha de pagar la limosna que parezca conveniente al predicador por su trabajo, y el nombramiento y elección de predicador la ha de hacer privadamente el señor abad en quien le parezca apropósito».

La Congregación sigue llevando una vida relativamente próspera y celebrando anualmente la fiesta de su patrono en la ermita-santuario.

BIBL.: Es 26, 410, y 27, 734; *Acta SS.*, Augusti V, 835-838; *Bibliotheca Sanctorum*, XII, 1255, donde puede verse la bibliografía más reciente, como los artículos de L. Huidobro y T. Izarra en el Boletín de la Comisión de Monumentos de Burgos; *Capítulos de regla de la venerable Congregación de nuestro patrón el inclito mártir San Vitores*, año de 1913, Santo Domingo de la Calzada, Imprenta de Hermenegildo Ortega. T. MARÍN

VITORIA, Eduardo, SI (Alcoy [Alicante] 25-VIII-1864 † Barcelona 22-IX-1958) químico. Comenzó la carrera de Ingeniero de Caminos, que abandonó al ingresar en la Compañía de Jesús (provincia de Aragón) en 1887. Estudió Ciencias fisicoquímicas en Barcelona y Valencia. En 1904 se doctoró en Ciencias químicas por la Universidad de Lovaina. Al volver a España, fundó el Laboratorio Químico del Ebro (Roquetas, Tortosa), 1905. A instancias de los estudiantes que le pedían practicar en sus laboratorios, fundó el Instituto Químico de Sarriá, Barcelona, 1916.

OBRAS: *Manual de química moderna*, Ba. 1910; *Química del carbono*, Ba. 1927.

BIBL.: E. SAZ, *Novedades de Química:* R154, 134(1946) 308-11; ID., *Sobre el viaje científico del P. Eduardo Vitoria a la Argentina:* R154, 70(1924)426-44; I. PUIG, *Eduardo Vitoria SI:* Ibérica, 2.ª época, 28(1958)271-74. IHSI

VITORIA, Diócesis de, *(Victoriensis)* sufragánea de Burgos.

1. **Historia.** La diócesis de Vitoria fue erigida por Pío IX, el 8-IX-1861 mediante la bula *In celsissima*, en cumplimiento del Concordato entre la Santa Sede y el Gobierno de Su Majestad Isabel II, ratificado el 5-XI-1851, por el que se constituían, además, las sedes de Ciudad Real (1876) y Madrid (1885). La bula *In celsissima* fue ejecutada el 28-IV-1862, fiesta de san Prudencio, patrono de Alava, por el obispo de Palencia, D. Gerónimo Fernández, subdelegado, al efecto, del nuncio de Su Santidad, monseñor Lorenzo Basili. Al día siguiente, entraba en la diócesis su primer obispo, D. Diego Mariano Alguacil, y el 18 de junio del mismo año se constituía el cabildo catedral.

La nueva diócesis, según la precitada bula, se extendía por entero y exclusivamente a las provincias civiles de Alava, Guipúzcoa y Vizcaya, con una población total de unos 203.816 habitantes, y un territorio aproximado de 266 leguas cuadradas. Quedaban, por tanto, estas provincias exentas de la jurisdicción ordinaria del arzobispo de Burgos, y de los obispos de Pamplona, Santander y, especialmente, del obispo de Calahorra

al que en su mayor parte habían estado sometidas. Se elevaba a sede episcopal la ciudad de Vitoria, y su iglesia de Santa María, antigua colegiata, a catedral, cuyo templo recibió los honores de la consagración el 1-XI-1863, y el aniversario de esta solemnidad se asignó, para lo sucesivo, al 29 de abril todos los años. Por decreto de 21-V-1863 se dignó Su Santidad declarar copatronos de la diócesis a san Prudencio de Armentia y a san Ignacio de Loyola, patronos respectivos de Alava, y de Guipúzcoa y Vizcaya, además del Patronato de la Asunción.

Así venían a cumplirse las promesas atribuidas, sobre la creación de la diócesis de Vitoria, al cardenal Adriano de Utrecht, quien, durante su estancia en Vitoria (1522) supo la noticia de su elevación al sumo pontificado; y al rey José Bonaparte a su paso por esta ciudad cuando la Guerra de la Independencia (1808-1813). Pero lo que no puede dudarse es que Alava veía recuperar, dentro de sus confines, su obispado propio al erigirse la nueva sede victoriense.

Consta del obispado de Alava, con episcopologio independiente, entre los siglos IX al XI, con sede en Armentia, a tres kilómetros al sur de Vitoria, cuando en los avatares de la invasión árabe, y tomada Calahorra, los cristianos se repliegan a las montañas del norte peninsular. El obispado de Alava o Armentia se extiende por el oeste guipuzcoano y por Alava y Vizcaya, si bien la zona occidental de estas dos comarcas se incorporó al obispado de Valpuesta, sede sucesora de Oca en el siglo IX durante la Reconquista. Suprimidas las sedes de Armentia y Valpuesta, absorbidas respectivamente por Calahorra y Burgos, fueron célebres sus arcedianatos y colegiatas. La colegiata de Armentia, a petición de los Reyes Católicos, fue trasladada a la iglesia de Santa María de Vitoria (1496) durante el pontificado de Alejandro VI.

Santos propios. Asunción de la Santísima Virgen, 15 de agosto. Copatronos: san Prudencio, obispo, y san Ignacio de Loyola, 28 de abril y 31 de julio, respectivamente. San Martín de la Ascensión, mártir, nacido en la diócesis, 5 de febrero. Dedicación de la catedral, 29 de abril. Beato Valentín Berrio Ochoa, obispo y mártir, nacido en Elorrio (Vizcaya), sufrió el martirio en Tonkín (China). El triunfo de la Santa Cruz, 21 de julio. Beato Tomás del Espíritu Santo, nacido en Vitoria, murió mártir en el Japón, 12 de septiembre. Fiesta de la Virgen de Begoña, 8 de octubre. Santa Teresa de Jesús, 15 de octubre. Nuestra Señora de Estíbaliz, patrona de Alava, 12 de septiembre.

Sínodo. El de 1885 es el único celebrado en la diócesis y lo fue bajo el pontificado de su tercer obispo, Mariano Miguel Gómez, en la capilla mayor de la iglesia catedral, en los días 26, 27 y 28-VIII-1885. Estuvo precedido de Ejercicios Espirituales, y con tal asistencia de sacerdotes que fue imposible celebrar las sesiones en el Seminario, pues llegaron a 502, según la relación de sinodales. Los decretos y constituciones sinodales fueron publicados (Imp. de C. Egaña, Vitoria) el mismo año, y constan de 49 títulos en tres sesiones, adjuntándose formularios ministeriales, etc. Encabeza el documento una *carta pastoral* del prelado, y termina con el decreto y fórmula de consagración de la diócesis al Corazón de Jesús.

Monumentos. Pertenecen al estilo románico, con tendencia más o menos ojival, los templos alaveses de la llanada de Vitoria y de la montaña en sus cuatro puntos cardinales. Incluso en la Rioja Alavesa, en donde el renacimiento y barroco dominan la construcción y decoración, se ven elementos románicos, como el murallón lombardo de Santa María de los Reyes, de Laguardia, y una de las portadas de San Juan, de la misma villa riojana. Acusa el románico mayor pureza y antigüedad, sin aquellas tendencias tan abiertas, y se computan de los siglos XII y XIII la basílica de Estíbaliz, San Juan, de Marquínez, Santa María, de Tuesta, San Andrés, de Armentia, y otros,que, en estos y en otros lugares, pudieron ser precedidos de monumentos latino-bizantinos en el siglo X. Los vestigios bizantinos son claros en esta última basílica, pese a las transformaciones sufridas, especialmente en el XVIII. El estilo gótico se destaca en Vitoria, Salvatierra, Laguardia, etc. Las portadas de las iglesias de Santa María y San Pedro, de Vitoria, siglos XIV-XV, y Santa María, de Laguardia, siglo XIV, en el conjunto monumental han merecido la categoría de monumentos nacionales. Vitoria se gloría de haber construido en este siglo una nueva catedral, en la que el gótico florido, en un esfuerzo por subsistir, nos deja, como en legado, las exquisiteces de aquel estilo. Colocada la primera piedra en 1907, interrumpidas las obras en 1913, continuadas en 1946, se terminan en 1968. A la vez, se ha consolidado, estos siglos, la catedral antigua, premiándose con la aparición en ella de dos tímpanos del XIV, más en la cabecera del templo curiosos elementos de románico alavés retardado. La estatuaria de estos siglos es cuantiosa, sobre todo de imágenes de Nuestra Señora, desde las más antiguas y hieráticas de Nuestra Señora de la Encina hasta la Santa María de Vitoria, del XIV, más iluminada por la gracia del gótico. El renacimiento y barroco coinciden con la mayor pujanza económica de los siglos XVI y XVII, así en la arquitectura como en portadas, retablos, torres, etc. Del neoclásico es de lo que menos se ve en la llanada, en el trazado de retablos. Fisac y Carvajal han dejado dos buenos ejemplares de templo de tipo funcional y social en las iglesias parroquiales de la Coronación y de Nuestra Señora de los Angeles. La diócesis tiene en depósito en la Casa de Alava, de la Diputación, un magnífico Museo de pintura, escultura y otras artes. La catedral vieja tiene varios *Descendimientos*, uno de ellos de Gaspar Crayer (1582-1669); la nueva, además de las vidrieras, la colección de relieves de alabastro, de Monjo; la iglesia de San Miguel, las tallas de G. Hernández, etc.

2. **Instituciones.** *Cabildo catedral.* Fue establecido el 18-VI-1862. *Seminario.* El obispo Herrero, segundo de la diócesis anunciaba en 21-VI-1880 la inauguración del primer Seminario conciliar, que fue edificado junto a la catedral, sobre los solares del primitivo hospital de Santa Ana o Santa María. Ampliado en 1895 y en otras ocasiones, llegó a hacerse totalmente insuficiente para albergar a los seminaristas de las tres provincias y procurar su desarrollo intelectual y físico. Fue el obispo Fernández de Piérola quien llegó incluso a comprar abundantes terrernos en las cercanías de la ciudad; pero el empeño no cuajó hasta el pontificado de fray Zacarías Martínez quien, previo el legado de D.ª Elvira Zulueta Gamiz de Augustín, de cerca de tres millones de pesetas, puso manos a la obra, que continuó y terminó su sucesor Múgica Urrestarazu, uniéndose generosamente de las limosnas de los fieles hasta alcanzar otros dos millones y medio de pesetas. Los terrenos miden unas 14 hectáreas, y la superficie edificada, sumando la de los patios interiores, hace un total de 183.000 metros cuadrados. El autor de la edificación, de marcada tendencia gótica, fue monseñor Pedro Asúa, antiguo alumno, sacerdote y mártir de Cristo en 1936. El desarrollo científico y apostólico de los seminaristas no quedó atrás ante la grandeza material de la edificación, sino que se expandió en multitud de afanes, logros, prestigioso profesorado, mediante su espléndida biblioteca, academias, aulas y asociaciones misionales, y numerosas publicaciones como Lumen, Surge, Victoriensia, Scriptorium Victoriense y otras. De este modo el grado científico del Seminario ha sido coronado por la Santa Sede creando por decreto de 6-I-1967 la Facultad Teológica del Norte de España con doble sede en Vitoria y Burgos, regida

por un Consejo que presiden como canciller y vicecanciller, respectivamente, el arzobispo de Burgos y el obispo de Vitoria. Vitoria contaba en 1968 con 500 seminaristas diocesanos. El *Boletín Oficial del Obispado* empezó a publicarse el 7-VI-1862 con tirada semanal.

No es posible silenciar en esta recensión la labor realizada en este siglo por las preceptorías y seminarios menores como el de Andoain en Guipúzcoa (obispo Melo), Gordejuela y Castillo Elejabeitia en Vizcaya, y seminario mayor de verano de Saturrarán en Guipúzcoa (obispo Eijo Garay); y, en la actualidad, el seminario menor de Vitoria (obispo Bueno Monreal). Estos centros no pueden menos de evocarnos la gran tradición de preceptorías de latín y cátedras de moral que hubo en pasados siglos para los aspirantes al sacerdocio en las tres provincias, antes de agregarse al Seminario de Logroño y a otros, sin descontar la ayuda humanística de la Universidad de Oñate o las clases de la Real Sociedad Vascongada de Amigos del País. Pero lo que merece recordarse por su aportación seminarística fue, a fines del XVI en Vitoria, el Real Colegio Seminario de San Prudencio para Humanidades, con su doble en Salamanca para estudios mayores; y fue notable el Seminario eclesiástico de Aguirre, en Vitoria (1850-1918), fundación de patronato, tan fecunda en planteles de sacerdotes.

Misiones Extranjeras. Destaca en la historia de la diócesis de Vitoria haber solicitado, la primera, entre todas las del mundo, la encomienda de una tierra de misión para encargarse de ella, corporativamente, como tal diócesis. El obispo Ballester Nieto había expuesto a Su Santidad Pío XII este pensamiento en la audiencia celebrada el 30-X-1947, y el papa, acogiendo emocionado los deseos misionales de algunos sacerdotes de la diócesis, rogó al entonces prelado que se encargasen de la provincia de Los Ríos, en El Ecuador. Por bula de 1948, se erigió este Vicariato, encomendándolo a la diócesis de Vitoria, y en 1951 por la bula *Qui digni sunt*, se elevó a prefectura *nullius*. Desde entonces, no han dejado de salir para esa misión, aumentada luego con el territorio de El Oro, sacerdotes, religiosas y seglares, haciendo de aquellos territorios, cristiandades florecientes. Actualmente, las tres diócesis vascongadas, con distinta administración, pero con esfuerzo unido, cooperan con su oración y sus aportaciones económicas, sobre todo en el *Día de la Misión de Los Ríos* (19 de marzo), que ahora se ha extendido a otra misión de nuestra diócesis en Africa. Estas realizaciones supusieron una preparación remota, que podemos concretar en los puntos siguientes: creación y desarrollo en la diócesis, de la Obra de la Propagación de la Fe, a raíz de las encíclicas misionales de León XIII *Sancta Dei civitas*, y de Benedicto XV *Maximum illud*; el discurso de monseñor Sagarmínaga en el curso académico 1919-1920, que urge la formación del Seminario con vistas al problema misional, y la cooperación personal del sacerdote en la empresa; se crea la Asociación Misional de Seminaristas, la Unión Misional del Clero, la Confederación Misional de Seminaristas de habla española, y en 1922 el Secretariado Diocesano de Misiones; menudean las Asambleas Misionales del Clero, señaladamente la de 1927 en el Seminario de verano de Saturrarán (Guipúzcoa), donde 200 sacerdotes pidieron al prelado una misión de vanguardia en la Iglesia. A nivel del clero, está el pueblo fiel: las colectas del DOMUND y DOMINF sitúan a la actual diócesis de Vitoria en los primeros puestos entre las diócesis españolas. En Vitoria están la sede nacional de la Obra Pontificia de la Santa Infancia, de la Confederación Nacional de Estudiantes de España, y de la Asociación Misionera seglar, la cual tiene en esta ciudad su casa de formación para los numerosos seglares de uno y otro sexo, que va destacando a la evangelización.

Escuelas profesionales. Desde el año 1941 funcionan las escuelas diocesanas de formación profesional; primero con el título de Escuela de Aprendices en las Escuelas de la calle de Arana, y ahora en amplios edificios con el nombre de Escuelas Profesionales Diocesanas, confiriendo los grados reconocidos de oficialía y maestría industrial, con las aportaciones económicas de los industriales y de la Caja Municipal de Ahorros. Tienen una amplia residencia, y cuenta la diócesis con un Instituto del Hogar y de Formación Profesional de la Mujer, en otros edificios. Además de las Escuelas Profesionales, dirigidas por el clero secular titulado, tienen gran desarrollo en Vitoria las Escuelas Profesionales Jesús Obrero, dirigidas por los jesuitas, patrocinadas por la Caja Provincial de Ahorros, sobre el antiguo edificio, hoy cuadruplicado, del antiguo Patronato (1903) de los salesianos. Expiden los títulos de oficialía y maestría industrial. Cuentan con estudios nocturnos para adultos, de formación profesional intensiva, y construyen un Colegio Menor-Residencia. Entre ambas Escuelas, Diocesanas y de Jesús Obrero, la matrícula total no baja de 1.500 alumnos.

Ordenes y Congregaciones religiosas antes de 1900. La más extendida en la actual provincia de Alava y diócesis de Vitoria fue la Orden benedictina, como puede deducirse del cartulario de San Millán de la Cogolla y de la Crónica de Yepes, cuando exponen el señorío espiritual y temporal de San Millán, Santa María de Nájera, etc. Que hubo en cada lugar destacamentos poco numerosos de monjes, y que contribuyeron a la vida espiritual y profesional agraria de los contornos monasteriales, se admite con facilidad: Añes, Bolibar, Mañarrieta, Oro, Urrechu, Langreiz de Nanclares y otros, como el de Estíbaliz, hoy también monasterio benedictino y santuario de la patrona de Alava. Se habla de la Orden del Císter en Santa María del Yermo (Llodio), y es cierta la existencia de religiosos de la Orden de Malta hasta el siglo pasado en Santa María de Iruña (Trespuentes). Hubo en el siglo xv jerónimos en los monasterios de Santa María de los Angeles de Toloño y de Santa Catalina de Badaya, en las sierras de estos nombres, a los que sucedieron en Badaya los agustinos recoletos hasta la desamortización, o poco antes. Aparte éstos, son más numerosos en Alava, y han pervivido hasta el siglo pasado, los conventos de San Francisco, como fueron los de Piédrola, Labastida y, en la ciudad, los de la Concepción y San Francisco. El convento de San Francisco se atribuye al propio patriarca de Asís a su paso por Vitoria (1214) con otros compañeros, camino de Compostela; y desde luego esta casa, a través de los siglos, ha sido vivero de grandes misioneros, algunos mártires, como fray Pascual de Vitoria, o fundadores de ciudades en California como fray Fermín de Lasuen, injustamente oscurecido por los biógrafos catalanes de fray Junípero Serra. Hubo en este convento un colegio de la Anunciata para jóvenes de la ciudad; fue el atrio del convento, sala de Juntas Generales de la Provincia y sede de importantes acontecimientos políticos de la historia de Alava, y en él se guardó el Archivo de Juntas. Hubo en él algún capítulo general de la Orden y varios provinciales. El mismo elogio de santidad, ciencia, apostolado, e influencia en la tierra de Alava, así como por su tesoro artístico, mereció el Real convento de dominicos de Vitoria, cuyo archivo, así como el de San Francisco, no se conservó después de la Desamortización y huida o destierro de los religiosos exclaustrados. Fue fundado sobre una casa fuerte del rey de Navarra, Sancho el Fuerte (1194-1234), y también se atribuye su fundación a santo Domingo de Guzmán. Desde el siglo xvi presidía sus devociones una imagen gótica traída de Flandes, titulada del Rosario, como en San Francisco había presidido sus afanes una imagen románica de Nuestra Señora de los Remedios. De Santo Domingo procedieron los misioneros de Extremo Oriente, beato Tomás de Zumárraga y venerable Jacinto Esquibel. Ambos conventos han sido derribados lamentablemente en el primer cuarto de siglo y aun más tarde. Actualmente los dominicos tienen en Vitoria la parroquia de Nuestra Señora de los Angeles.

De casas de religiosas destacan por su antigüedad: la de bernardas cistercienses, de Santa María de Barría, y la de dominicas, de San Juan de Quejana. Hay varios instrumentos que convencen de la existencia de Santa María de Barría en la primera mitad del siglo xiii. La abadesa, como señora del territorio circundante en varios pueblos, nombraba alcalde ordinario de los mismos. Se dice filiación de Las Huelgas de Burgos, de donde se recibían las licencias ministeriales, y también, que el territorio era *nullius dioecesis*. El día de san Bernardo, todos los años acuden todavía muchos peregrinos a acompañar a las religiosas que, ahora se trasladarán a Oyón (Alava). El monasterio de Quejana es fundación (1368-1375) de los padres del canciller y cronista de Castilla, D. Pedro Pérez de Ayala, el cual está enterrado, no así su esposa D.ª Leonor de Guzmán frente al altar de la capilla-torre contigua.

3. Geografía diocesana. La diócesis de Vitoria fue desmembrada por la bula *Quo commodius* de Pío XII, 2-XI-1949, ejecutada por decreto del nuncio apostólico, Cayetano Cicognani, el día 1-VII-1950. Por ese documento, se separan de la diócesis de Vitoria las provincias civiles de Vizcaya y Guipúzcoa, y se constituyen las diócesis de Bilbao y San Sebastián, pero permanecen, no obstante, en la diócesis de Vitoria hasta la toma de posesión de sus respectivos primeros obispos, el de San Sebastián, monseñor Font Andreu, el 3-IX-1950; y el de Bilbao, monseñor Morcillo González, el día 8-IX-1950. Sin llegar a los cien años de vida, la diócesis de Vitoria había llegado a una plenitud y madurez tal de vida religiosa y de población fiel, que fructificaba en dos nuevas diócesis. Los motivos del mayor servicio de las necesidades espirituales y el más acertado, por más cercano, gobierno de las diócesis que inspiraba a la bula *In celsissima* para separar de la diócesis de Calahorra y de otras, a las provincias vascongadas, presiden también, desde sus comienzos, la determinación de la bula *Quo commodius*, recogiendo (dice el documento) las preces de los obispos Carmelo Ballester Nieto, de Vitoria; José Eguino Trecu, de Santander; y Fidel García Martínez, de Calahorra y La Calzada, en favor de la erección de dos diócesis. Estas, según la bula, fueron la diócesis de Flavióbriga, constituida por la provincia civil de Vizcaya, menos el territorio de Orduña, que continúa perteneciendo a la diócesis de Vitoria, y agregando a la nueva diócesis el territorio de Villaverde de Trucios, que se segrega de la diócesis de Santander. La diócesis de Vizcaya constará de 211 parroquias; se le asigna por patrono a san Ignacio de Loyola; por capital, la villa de Bilbao, y por catedral, el templo de Santiago el Mayor. La otra nueva diócesis, que se llamará de San Sebastián en España, estará integrada por la provincia civil de Guipúzcoa, que tendrá por sede, la ciudad de San Sebastián, y por catedral, la iglesia del Buen Pastor; por patrono, a san Ignacio de Loyola, y constará de 150 parroquias. La diócesis de Vitoria queda reducida a la provincia civil de Alava, más el territorio del condado de Treviño (Burgos), que se segrega de la diócesis de Calahorra, y el territorio de Orduña, enclavado de Vizcaya en Alava. Con la ciudad de Vitoria por capital; su patrono seguirá siendo san Prudencio de Armentia; y estará integrada por 400 parroquias.

4. Situación actual. La diócesis de Vitoria limita al Norte con Vizcaya y Guipúzcoa, al Este con Navarra, al Sur con Logroño, y al Oeste con Burgos. El número de almas es de 170.158, y su extensión total de 3.283 kilómetros cuadrados, pertenecientes a la provincia de Alava y a los enclaves de Orduña (Vizcaya), y Treviño y La Puebla (Burgos) con un total de 412 parroquias y 73 anejas. De las parroquias, 20 están ubicadas en la capital; de ellas 15 son de reciente creación. La Iglesia responde así al crecimiento anormal del número de habitantes, por efecto, principalmente, de una inmigración masiva a la capital. Entre 1950-1960, Vitoria crece en 21.495 habitantes, lo cual supone un 41,17 por 100 de aumento, equivalente al de los cincuenta años anteriores. La diócesis se divide en 18 arciprestazgos, y residen en ella 388 sacerdotes diocesanos, y fuera de ella, en España en distntos servicios de diversas diócesis, 70 sacerdotes diocesanos, 10 de ellos, castrenses, y fuera de España, 80, especialmente en las misiones de Los Ríos y El Oro, de El Ecuador, y en la misión de Angola.

Religiosos. Según la Guía Diocesana de 1966, hay en la diócesis 382 religiosos, de ellos 82 sacerdotes, y son: En *Vitoria:* Jesuitas, residencia, escuelas profesionales, Facultad de Filosofía y Letras e Instituto de idiomas. Marianistas, colegio en la ciudad y grupo escolar en el extrarradio. Clérigos de San Viator, residencia provincial, colegio y sastrería eclesiástica. Hermanos Fosores de la Misericordia, cementerio de Santa Isabel. Hermanos del Sagrado Corazón de Jesús, colegio. Carmelitas, ministerio pastoral y filosofado. Escolapios. En *Amurrio:* Misioneros de la Sagrada Familia, colegio apostólico. Terciarios capuchinos de Nuestra Señora de los Dolores, centro de estudios psico-pedagógicos y establecimiento de observación y reeducación de menores. *Arceniega:* Maristas, casa de formación y juniorado. *Estíbaliz:* benedictinos de la Congregación de Subiaco; *Llodio:* Hermanos de las Escuelas Cristianas, colegio de Patronato. *Murguía:* Paúles, seminario vicenciano de cinco primeros cursos. *Nanclares de Oca:* Hermanos de la Instrucción Cristiana, noviciado y colegio apostólico. *Orduña:* Padres Josefinos de Murialdo. *Salvatierra:* Misioneros Hijos del Inmaculado Corazón de María, noviciado. *Villanañe:* Pasionistas, noviciado. *Zuazo de Cuartango:* Salesianos, seminario menor salesiano.

Religiosas. Las dedicadas a la vida contemplativa, o de apostolado activo en sus varias formas, pasan de 700 en la capital y de 500 en el resto de la diócesis, y se distribuyen así: *Vitoria:* Carmelitas descalzas, vida contemplativa; Carmelitas descalzas misioneras, residencia sanitaria del S. O. E.; Carmelitas de la Caridad, dos colegios; Hermanas de la Caridad de Santa Ana, seminario diocesano, fundación Molinuevo, prisión provincial, y clínica 18 de Julio; Ursulinas de Jesús, colegio; Hijas de María Inmaculada (marianistas), al servicio del colegio de Santa María; Hermanas de la Presentación de María, colegio; Cooperadoras de Betania, residencia sacerdotal; Mercedarias de la Caridad, residencia femenina; Hermanitas de los pobres, asilo de ancianos; Hijas de la Caridad, hospital general de Santiago, hospital de Santiago, policlínica de La Previsora, Santo Hospicio, obras parroquiales de San Pablo, residencia provincial de las Nieves; Hijas de María Inmaculada para el Servicio Doméstico y protección general de la joven, residencia y colegio; Reparadoras, convento y prepostulantado; Siervas de Jesús de la Caridad, asistencia a enfermos a domicilio y hospitales y clínicas; Mercedarias misioneras de Bérriz, colegio; Misioneras del Divino Maestro, colegio-grupo escolar; Salesas, vida contemplativa; Oblatas del Santísimo Redentor, reeducación de la juventud; Dominicas, vida contemplativa; Franciscanas clarisas, vida contemplativa, dos conventos; Brígidas, vida contemplativa; Religiosas de Nazareth, colegio francés; Religiosas de la Providencia, escuela y dispensario; Escolapias, colegio,

tienen noviciado en Vitoria; Ursulinas; Carmelitas de la Caridad; Oblatas; Hermanas de la Presentación. En los pueblos de *Abechuco:* hijas de la Inmaculada Concepción, guardería, escuela y dispensario. *Alegría:* franciscanas clarisas. *Amurrio:* hermanas de la Virgen Niña, colegio. *Araya:* misioneras de Cristo Jesús, convento. *Arceniega:* canonesas regulares lateranenses de San Agustín, vida contemplativa; misioneras del Sagrado Corazón de Jesús (de Hiltrup). *Barría:* cistercienses de San Bernardo, vida contemplativa. *Betoño:* carmelitas descalzas, vida contemplativa. *Laguardia:* mercedarias de la Caridad, preventorio infantil. *Leza:* mercedarias de la Caridad, sanatorio antituberculoso. *Llodio:* hijas de la Caridad, colegio y escuelas, hospital, asilo y escuela maternal. *Menagaray:* esclavas del Amor Misericordioso, internado de niñas subnormales. *Murguía,* carmelitas descalzas, vida contemplativa; hijas de la Caridad, colegio y asilo. *Nanclares de Oca.* Instituto de Nuestra Señora de la Compasión, al servicio del colegio-noviciado de Hermanos de la Instrucción Cristiana. *Orduña:* carmelitas descalzas, franciscanas clarisas; hijas de la Caridad, hospital y escuelas; Orden de la Compañía de María Nuestra Señora, colegio. *Quejana:* dominicas, vida contemplativa. *Salinas de Añana:* comendadoras de San Juan de Arce, vida contemplativa. *Salvatierra:* carmelitas descalzas, franciscanas clarisas; hermanas de la Providencia, colegio, obra parroquial, enfermos. *Orduña:* Orden de la Compañía de María Nuestra Señora. *Cucho* (Treviño): religiosas terciarias franciscanas de la Purísima,

Institutos seculares. En Vitoria: Alianza en Jesús por María con casa de formación; misioneras seculares, con casa de formación y casa diocesana de Ejercicios. La diócesis dispone en la ciudad de Vitoria de una casa diocesana de Ejercicios, abierta todo el año a numerosas tandas; y en verano, para tandas de sacerdotes; también una casa sacerdotal San Pío X, centro de estudio y de actividades apostólicas, y de una residencia sacerdotal. Hay en la diócesis tres editoriales que son: Esest, instalada en el Seminario Diocesano; Editorial Social Católica, propiedad del obispado; Montepío Diocesano, imprenta y librería propia de esta entidad del clero.

Otros movimientos apostólicos. Hay un secretariado para el desarrollo espiritual de la diócesis de Vitoria, además de los secretariados de Apostolado Rural, de Apostolado Social, Catequístico, Misional, de Comunicación Social, de Información y Estadística, de Apostolado Litúrgico, etc. Las mujeres de A. C. E. trabajan como grupo destacado, y cuenta con una red de Centros de Formación Familiar; se siguen con interés los trabajos de la H. O. A. C., y los Cursillos de Cristiandad tienen más de un centenar de ultreyas. Cáritas diocesana sobresale con gran cooperación de los fieles por su obra promocional de cooperativas y cursillos profesionales intensivos para adultos, además de los fines asistenciales que también tipifican su labor social.

5. Episcopologio. *Diego Mariano Alguacil Rodríguez,* ob. de Badajoz, pr. 23-XII-1861, pos. 28-IV-1862, 18-XII-1876 tr. a Cartagena, † 10-I-1884. *Sebastián Herrero Espinosa de los Monteros,* ob. de Cuenca, pr. 18-XII-1876, pos. 9-II-1877, 30-VIII-1880 ren. *Mariano Miguel Gómez,* ob. de Segorbe, pr. 16-XII-1880, pos. 25-III-1881, 3-II-1890 tr. a Valladolid. *Ramón Fernández de Piérola López de Luzuriaga,* ob. de Avila, pr. 30-XII-1889, pos. 27-III-1890, † 25-I-1904. *José Cadena y Eleta,* ob. de Segovia, pr. 14-XI-1904, pos. 21-II-1905, 18-VII-1913 tr. a Burgos. *Prudencio Melo y Alcalde,* ob. tit. de Olimpia, aux. de Toledo, pr. 18-VII-1913, pos. 27-XI-1913, 22-III-1917 tr. a Madrid. *Leopoldo Eijo y Garay,* ob. de Tuy, pr. 22-III-1917, pos. 16-VII-1917, 14-XII-1922 tr. a Madrid. *Zacarías Martínez Núñez* OSA, ob. de Huesca, pr. 14-XII-1922, pos. 29-VI-1923, 16-III-1928 tr. a Santiago de Compostela. *Mateo Múgica Urrestarazu*, ob. de Pamplona, pr. 16-III-1928, pos. 17-VI-1928, 1937 ren. *Javier Lauzurica Torralba*, ob. aux. de Valencia, pr. 14-IX-1937 como administr., 10-VI-1943 tr. a Palencia. *Carmelo Ballester Nieto* CM, ob. de León, pr. 10-VI-1943, pos. 7-IX-1943, 11-X-1948 tr. a Santiago de C.; sepultado en la catedral de Vitoria. *José María Bueno Monreal*, ob. de Jaca, pr. 13-V-1950, pos. 7-IX-1950, 16-XI-1954 tr. a Sevilla como arzob. tit. de Pisidia y coadjutor con derecho a sucesión del card. Pedro Segura y adm. apost. de Vitoria. *Francisco Peralta Ballabriga*, pr. 10-I-1955, pos. 31-III-1955, actual obispo.

BIBL.: A. E. DE MAÑARICÚA, D. MANSILLA Y J. PÉREZ ALHAMA, *Obispados en Alava, Guipúzcoa y Vizcaya hasta la creación de la diócesis de Vitoria*, obra muy documentada del centenario de la diócesis, en tres partes, Vi. 1964; M. FERNÁNDEZ DE NAVARRETE Y MANTELI, *Reseña histórica del antiguo obispado alavense y de las diligencias practicadas para su restauración o formación de la Sede Vascongada*, Vi. 1863; J. J. DE LANDÁZURI, *Historia Eclesiástica de la Provincia de Alava*, Vi. 1928; S. DE ISPIZUA, *Biblioteca de Historia Vasca. La supresión del Obispado de Alava y sus derivaciones en la historia del País Vasco*, Ma. 1919; ID., *Antiguo obispado de Alava*, II, Ma. 1920; M. DÍAZ DE ARCAYA, *Armentia, su obispado y su basílica de San Andrés*, Vi. 1901; A. UBIETO ARTETA, *Episcopologio de Alava:* R118, 6(1953)37-51; J. CANTERA ORIVE, *Un obispo alavés del siglo XI*, Vi. 1953; A. E. DE MAÑARICÚA, *Las nuevas diócesis de Bilbao y San Sebastián y sus antecedentes históricos*, Sa. 1951; E. SERDÁN, *Rincones de la Historia de Alava. Landázuri y Floranes*, Vi. 1919; F. PERALTA BALLABRIGA, *El primer centenario de la diócesis*, carta pastoral; R. DUOCASTELLA, J. LORCA Y S. MISSER, *Sociología y Pastoral de una diócesis*, Vi. 1965; J. M. GARAY DEL CAMPO, *Laguardia y la Rioja Alavesa. Estudio socio-económico pastoral*, Vi. 1964; A. GARCÍA DE AMÉZAGA, *Vitoria. Aportación al estudio de su geografía urbana*, Za. 1961; E. SERDÁN, *Rincones de la historia vitoriana. La catedral nueva y la vieja catedral*, Vi. 1914; J. MZ. DE MARIGORTA, *Catedral de Santa María de Vitoria*, Vi. 1964; J. CANTERA ORIVE, *El pórtico y la portada de la Catedral de Vitoria*, Vi. 1951; J. APRAIZ y J. LUQUE, *Memorias anuales de las obras de la nueva catedral*, 1907-1913, Ma. 1908; G. LÓPEZ DE GUEREÑU, *Alava, solar de arte y de fe. Templos de la diócesis de Vitoria*, Vi. 1962; C. DE CASTRO, *Catálogo Monumental de España. Provincia de Alava*, Ma. 1915; E. ENCISO VIANA y J. CANTERA ORIVE, *Catálogo Monumental de la Diócesis de Vitoria. Rioja Alavesa*, I, Vi. 1967; R. DE PINEDO, *Historia del Santuario de Santa María de Estíbaliz*, Ma. 1940; M. NÚÑEZ DE CEPEDA, *Hospitales Vitorianos*, El Escorial 1931; E. SERDÁN, *El libro de la ciudad*, II, Vi. 1925; *Catálogo Arte Diócesis:* ob. cit., tom. III.; J. MZ. DE MARIGORTA, *Catágolo Archivos Colegiatas Armentia y Vitoria y catedral.*   J. MZ. DE MARIGORTA

VITORIA, Francisco de, OP (Burgos 1492-1493 † Salamanca 12-VIII-1546) teólogo y padre del Derecho Internacional. Varios cronistas antiguos lo hacían nacer en Vitoria (Alava), pero desde que en 1927 Gonzalo Díez de la Lastra descubrió en el archivo municipal de Burgos el manuscrito autógrafo de la *Historia del convento de San Pablo*, de esta ciudad, obra de Gonzalo de Arriaga OP, serio cronista del siglo XVII, la opinión tradicional empezó a ser abandonada. Nuevos documentos hallados posteriormente han venido a demostrar de manera indudable que F. de Vitoria nació en Burgos, siendo su padre Pedro de Vitoria, del linaje de los Arcayas, de Vitoria, y su madre Catalina de Compludo, de distinguida familia burgalesa, emparentada con otras de sangre judía. Discutíase igualmente sobre el año de su nacimiento, estando unos por el 1483 y otros por el 1486, hasta que se hallaron en Valladolid las actas judiciales de un pleito, con fecha de 15-IX-1533, en que el testigo fray Francisco de Vitoria, maestro de Teología en Salamanca, declara ser «de edad de cuarenta años poco más o menos»; según eso, debió de nacer en 1493, o más probablemente, a fines de 1492.

Las dificultades que a tal fecha se oponen, no son insolubles.

En septiembre de 1506 figura en Burgos, ocupando el último lugar entre los ya profesos de aquel convento. Aparece todavía allí en mayo de 1507, mas no figura en septiembte del mismo año. ¿Ausentóse de Burgos? ¿Dirigióse ya entonces a París? Muy probablemente en la Universidad parisiense empezó Vitoria sus cursos de Filosofía en 1509. ¿Qué hizo en los tres años precedentes? Sin duda, adiestrarse en las Letras latinas y griegas, pues dice Luis Vives de él en carta a Erasmo: «*bonas litteras attigit feliciter iam inde a puero*», y consta que más adelante podía leer a Aristóteles en griego. Esquemáticamente podemos trazar así la cronología de su vida: 1492 nace en la ciudad de Burgos, de familia «de honrado porte»; 1505 toma el hábito de Santo Domingo en la misma ciudad; 1506 profesa en el convento burgalés de San Pablo y estudia letras humanas; 1509-1513 cursa Filosofía en París. Juan de Celaya, valenciano, de tendencia nominalista, es su maestro en el colegio de Coqueret, y P. Crockaert OP, en el convento de Saint Jacques. En 1512 edita Vitoria la *Secunda secundae* de santo Tomás dedicada a su maestro Crockaert; es el primer escrito vitoriano. En 1513-1516 cursa la Teología (quizá desde la primavera de 1513), siendo sus maestros Pedro Crockaert, de Bruselas, antiguo discípulo de Juan Mair *(Maior)* y Juan Feynier *(Fenarius)* futuro general de la Orden; 1516-1517 lee en su convento las *Sentencias* de P. Lombardo *(baccalaureus sententiarius)* por disposición del Capítulo general y conforme a los estatutos universitarios; 1517-1521 asiste a los actos académicos y actúa en la predicación y disputas escolásticas de la Universidad *(Parva Ordinaria, Magna Ordinaria, Sorbonica)*, después de lo cual pudo titularse *Baccalaureus formatus*, y al mismo tiempo enseña Teología en su convento; 1521 dirige la ¨npresión de tres grandes obras: *Sermones dominicales*, ꞏn dos volúmenes de Pedro de Covarrubias OP; *Summa aurea*, en cuatro volúmenes de san Antonino de Florencia; *Dictionarium seu Repertorium morale*, en tres volúmenes del benedictino Pedro Bersuire *(Berschorius*, siglo XIV) con prólogos y dedicatorias latinas del propio Vitoria. El 24-III-1522 obtiene la licenciatura en Teología (6.° puesto entre 36, el 5.° le correspondió a Juan de Celaya), y después de pasar los actos de *Vesperias* y *Aulica*, recibe el bonete de doctor en el palacio episcopal (27 de junio); 1522?-1523? hace un viaje a Flandes, al que alude varias veces en sus escritos, y allí interviene en disputas teológicas y responde a consultas morales; 1523-1526 enseña Teología en San Gregorio de Valladolid; 1526-1545 (1546) regenta en Salamanca la cátedra de *Prima*, la más importante de España. En 1545, invitado al concilio de Trento por el papa y por el emperador, no puede asistir por la enfermedad de gota que padecía. En 1546, el 12 de agosto, «púsose el sol de Salamanca y de toda España en su muerte» (G. de Arriaga).

Más que autor de escritos teológicos, Vitoria fue profesor insuperable y maestro de teólogos. En vida escribió poco y no publicó nada, fuera de los prólogos arriba mencionados. Las *Relectiones theologicae*, Lyón 1557, su obra principal, que le ha inmortalizado, se publicó por vez primera once años después de la muerte de su autor. Con extractos de las lecciones del maestro, se publicó poco después *Summa sacramentorum Ecclesiae*, Va. 1560, arreglada por Tomás de Chaves OP y un catecismo titulado *Confesonario útil y provechoso, compuesto por F. Francisco de Victoria, catedrático de teología en Salamanca*, Medina del Campo 1569. Prescindiendo de algunas cartas y dictámenes morales, debemos recordar sus *Lecturas* o explicaciones de clase, que se conservan en apuntes o *reportata* de sus discípulos y que han sido en buena parte publicadas por

V. Beltrán de Heredia. Sobre los manuscritos, véase el mismo Beltrán y F. Ehrle.

Como profesor, Vitoria no tenía rival. Su discípulo Melchor Cano, que tantas cosas aprendió de él, le apellida *summum theologiae praeceptorem*, dado a España por singular beneficio de Dios y causa de que aquí floreciese la Teología más que en otras naciones. Lo mismo afirma Bartolomé de Medina. Y de Domingo Báñez son estas palabras: *insignis magister, scholasticam doctrinam viva voce, velut alter Socrates, suis lectionibus in cathedra sacrae theologiae huius Salmanticensis Academiae primaria in methodum perspicuam et eruditione plenam, ad intelligentiam divi Thomae reduxit atque illustravit* (*In 2am.2ae.*, q. 1, a. 7). Fray Alonso Fernández escribe: «Era el padre, maestro no solo en la substancia de la doctrina, sino en el modo de enseñarla, maestro de los mayores maestros; porque su estilo era breve, agudo, resoluto y elegante. Nunca sacaba las materias de su lugar propio» (*Hist. de S. Esteban de Salamanca*, II, 16).

¿Cuáles fueron las normas a que ajustó su labor docente? Podemos condensarlas en cuatro puntos: 1) Desterró el barbarismo de los viejos escolásticos, en la forma y en el fondo, buscando una exposición sencilla, con claridad y método, con sobriedad casi elegante, y eliminando las sutilezas dialécticas, las cuestiones inútiles o absurdas, las disputas «de lana caprina», para estudiar en cambio los grandes problemas y las cuestiones de candente actualidad; así, en forma casi humanística, discutió en sus *Relectiones* el derecho de España a la conquista de América y las condiciones de la guerra justa, los límites del poder pontificio y del imperial, los abusos simoniacos en materia de beneficios, el carácter sacramental del matrimonio cristiano y la validez del casamiento del rey inglés con Catalina de Aragón. 2) En vez de sacar su doctrina y sus citas de compendios, sumas, florilegios y de autores de segunda mano, o, como decía Erasmo, *e qualibuscunque lacunis*, acudió a las fuentes, *ex ipsis fontibus*: de la Sagrada Escritura, los concilios, los Santos Padres, los documentos pontificios, lo cual daba autenticidad y seguridad a su doctrina; método proclamado y expuesto sistemáticamente por M. Cano en *De locis theologicis*. 3) Sustituyó los *Sententiarum libri IV* de P. Lombardo, texto general en todas las Universidades de la Edad Media, por la *Summa Theologiae* de santo Tomás, obra mucho más ordenada y profunda. Aunque la adopción de la *Suma* como base de las lecciones se había introducido antes en otras partes, no cabe duda que la práctica de Vitoria contribuyó a generalizarla, preparando así el triunfo del tomismo; pero debe notarse que el tomismo de Vitoria es más abierto y libre que el que después se impuso en Salamanca, y no vacila en apartarse del Angélico, cuando las razones de éste no le convencen. 4) Otra costumbre del maestro, aprendida en París, fue el dictar las lecciones, o pronunciarlas lentamente, de modo que pudieran los alumnos copiar con exactitud las explicaciones del profesor, al menos en sus partes sustanciales. La utilidad de esta práctica se puede discutir, pero la verdad es que, gracias a ello, gozamos hoy de las lecturas de Vitoria en los apuntes de algunos discípulos, y también es cierto que, a pesar de todo, el catedrático de Salamanca dejó fama de ser un nuevo Sócrates, fascinación de sus oyentes.

Resumiendo, podemos decir que F. de Vitoria regeneró la Teología, humanizándola, infundiéndole un sano espíritu humanístico, de vuelta a las fuentes y eliminación del lenguaje oscuro y espinoso que usaban los escolásticos de la decadencia. ¿Puede decirse verdadero humanista? En sentido pleno, responderíamos que no, a pesar de los elogios que le tributaron sus amigos flamencos J. Vasée y N. Cleynaerts. No es in-correcto, generalmente, su latín, pero tampoco ciceroniano. Sentido literario no le faltaba, mas no tuvo vagar para cultivarlo con primor. Cuatro versos latinos que escribió en su juventud son bárbaramente alambicados; sin duda, él mismo los despreciaría después. Admiró sinceramente a Erasmo y más de una vez en París defendió su causa; años adelante, en las juntas teológicas de Valladolid (1527) censuró algunas tesis del Roterodamo, salvando la ortodoxia subjetiva del autor.

Admirador de Cayetano, sonríe irónicamente ante sus nebulosos metafísiqueos. Vitoria no fue un gran teólogo especulativo. Más que las cuestiones metafísicas, le atraían las morales y jurídicas, como lo demuestran todas sus *Relectiones* y los argumentos de sus lecciones, en las cuales explicó toda la *Suma* tomista, pero elaboró más cuidadosamente la *Secunda secundae*, o sea, la parte que trata sobre las virtudes.

Las *Relectiones theologicae* no tienen unidad de tema; eran lecciones solemnes o conferencias, que una vez al año solían dar los catedráticos en propiedad ante la Universidad entera. Vitoria, en los veinte años de su magisterio salmantino, dio 15 relecciones, de las que solo conservamos 13:

1. *De potestate civili* (1528). 2. *De homicidio, sive de fortitudine* (1530). 3. *De matrimonio* (1531). 4. *De potestate Ecclesiae prior* (1532). 5. *De potestate Ecclesiae posterior* (1533). 6. *De potestate papae et concilii* (1534). 7. *De augmento charitatis* (1535). 8. *De eo ad quod tenetur veniens ad usum rationis* (1535). 9. *De simonia* (1537). 10. *De temperantia* (1537). 11. *De indis* (1539). 12. *De iure belli* (1539). 13. *De magia* (1540). En las ediciones impresas suelen ordenarse lógicamente y según la importancia del argumento.

La fama de Vitoria llegó pronto a las más altas esferas. «En materias morales — escribía G. de Arriaga — fue el oráculo consultado y buscado de todo el mundo. Teólogos, juristas, caballeros, plebeyos, tratantes, confesores de reyes, colgados todos de su resolución, descolgábanse de Italia, Francia, Alemania. Pasaban el mar los de Indias; emprendían navegaciones largas; esperaban las consultas, como quien espera la luz del camino seguro, dudoso en sendas contrarias. Si los indios nuevamente conquistados despertaron dificultades en los reyes, acuden como oráculo al maestro Vitoria, de quien oyen resolución sin lisonja. Si turba la Iglesia Enrique VIII, rey de Inglaterra, repudiando a su legítima mujer y reina D.ª Catalina, consulta el papa — oráculo de la Iglesia — al maestro Vitoria, oráculo particular... Nunca respondía de repente, sabiendo tanto, cautelándose de sí y mejorando las noticias con nuevos estudios. Respondía al pobre, como al rico y poderoso... Enfermo, daba audiencia a las consultas y las resolvía a veces por escrito y a veces en voz... Aconsejaba cautela en responder a consultas morales... Consultóle una vez, entre otras, el maestro fray Bartolomé Carranza de Miranda, regente del colegio de San Gregorio y después arzobispo de Toledo, en materias intrincadas de Indias y usureros, y respondióle que no fuese fácil de responder, sino que se detuviese hasta penetrar la calidad del negocio y e lánimo del consultante... No solo en lo escolástico y moral tuvo extremada resolución, sino también en las materias de policía, gobierno, razón de Estado y guerras... El condestable de Castilla, D. Iñigo de Velasco, gobernador de los reinos de Castilla por el emperador Carlos V... escribió de su mano al maestro, dándole cuenta de las nuevas que tenía del ejército y de las diligencias con que el emperador solicitaba suplicando al papa celebrase concilio general para condenar las herejías luteranas y otras de aquellos tiempos, y el maestro le respondió que la segura condenación y conveniente concilio fuera acabar con los herejes, entrando el emperador en Alemania por una parte, y por otra el rey de Francia, Francisco, pues se apellidaba Cristianísimo.»

F. de Vitoria, partiendo de la Teología, resolvió los grandes problemas jurídico-morales que se planteaban en aquel momento histórico. Hoy todo el mundo lo aclama «Padre del Derecho Internacional», título que antes se atribuía a Hugo Grotius. Para Vitoria, todo el género humano *(totus orbis)* con su diversidad de razas, lenguas, religiones, culturas, constituye una gran comunidad universal o república humana, con leyes internacionales de las que nadie puede eximirse. El Derecho de gentes tiene por base el Derecho natural, aunque no se identifica con él. No obstante la interdependencia y solidaridad de los Estados, cada uno conserva su propia soberanía. Sobre el derecho de intervención, de conquista, de comercio, de evangelización, etc., véase *Relectio de indis* y *De iure belli*. Vitoria niega el poder universal del emperador en todo el mundo; niega la potestad directa del pontífice en las cosas temporales; solo cuando se relacionan con lo espiritual puede intervenir en ellas. Aunque muchos papas abusaron de su absoluto poder espiritual, éste no puede coartarse por el conciliarismo democrático. Con graves palabras reclama la reforma moral y disciplinar de la Iglesia de su tiempo. Los obispos españoles de Trento fueron sus fieles portavoces.

OBRAS: *Relecciones teológicas*, BAC, ed. crít. con trad. española y doctísimas introducciones de T. Urdánoz, Ma. 1960; *Comentarios a la Secunda Secundae de Santo Tomás*, ed. de V. Beltrán de Heredia, cinco vols., Sa. 1932-1935; *Colección de dictámenes inéditos*, publ. por Beltrán de Heredia: R73, 43(1931)27-50 y 169-180.

BIBL.: F. EHRLE, *Los manuscritos vaticanos de los teólogos salmantinos*, Ma. 1930; V. BELTRÁN DE HEREDIA, *Los manuscritos del Maestro Fray Francisco de Vitoria*, Ma. 1928; L. G. ALONSO GETINO, *El Maestro Fr. Francisco de Vitoria, su vida, su doctrina e influencia*, Ma. 1930; V. BELTRÁN DE HEREDIA, *Francisco de Vitoria*, Ba.-Ma. 1939; B. DE SAN JOSÉ, *El dominico P. Mtro. Fray Francisco de Vitoria y Compludo*, Bu. 1946; R. C. GONZÁLEZ, *Francisco de Vitoria. Estudio bibliográfico*, Buenos Aires 1946; M. DE LOS HOYOS, *El historiador P. Arriaga y la patria del Maestro Vitoria*: R73, 61(1941)66-82; V. BELTRÁN DE HEREDIA, *¿En qué año nació Francisco de Vitoria?*: R73, 64(1943) 46-64; ID., *Final de la discusión acerca de la patria del Maestro Vitoria. La prueba documental que faltaba*: R73, 80 (1953)275-287; R. G. VILLOSLADA, *La Universidad de París durante los estudios de F. de Vitoria*, Ro. 1938; ID., *Erasmo y Vitoria*: R154, 132(1935)19-38, 340-350 y 506-519; M. MENÉNDEZ PELAYO, *Algunas consideraciones sobre F. de V. y los orígenes del Derecho de gentes* (contestación al discurso de E. Hinojosa): Ensayos de crítica literaria, Ma. 1918, 223-241; P. DE LETURIA, *Maior y Vitoria ante la conquista de América*: R102, 11(1932)44-83; J. DE JESÚS MARÍA, *¿Francisco de Vitoria, conciliarista?*: R44', 1(1947) 103-148; F. STEGMÜLLER, *Francisco de Vitoria y la doctrina de la gracia en la escuela salmantina*, Ba. 1934; M. SOLANA, *Los grandes escolásticos españoles de los siglos XVI y XVII*, Ma. 1928, 11-26; M. OEFFLING, *Glaubenszustimmung und Glaubenbegründung nach F. de V.*, München 1937; G. ANDREOLLI, *La soprannaturalità oggetiva dell'atto della carità secondo F. de V.*, Trento 1939; G. CIACON, *La seconda scolastica*, Mi. 1943, 163-213; J. DE BLIC, *Vie morale et connaissance de Dieu d'après F. de Vitoria*: R76', 33(1931) 581-610; E. NYS, *Les origines du droit international*, Bru.-Par. 1894; ID., *Le droit des gens et les anciens jurisconsultes espagnols*, Bru. 1914; J. BROWN SCOTT, *The spanish origin of international Law*, Wa. 1928; ID., *Francisco de Vitoria and his Law of Nations*, Ox.-Lo. 1934; C. BARCIA TRELLES, *F. de Vitoria fundador del Derecho internacional moderno*, Va. 1928; N. PFEIFFER, *Doctrina iuris internationalis iuxta Franciscum de Vitoria*: Xenia Thomistica, III, Ro. 1925, 391-421; H. MUÑOZ, *Vitoria and the conquest of America*, Manila 1938; H. BEUVE-MÉRY, *La theorie des pouvoirs publics d'après François de Vitoria et les rapports avec le droit contemporain*, Par. 1928; E. NASZALYI, *Doctrina Francisci de Vitoria de Statu*, Ro. 1937; V. D. CARRO, *La teología y los teólogos-juristas españoles ante la conquista de América*, Ma. 1944; A. TRUYOL SERRA, *Los principios del derecho pú-*

blico en *F. de Vitoria*, Ma. 1946; T. URDÁNOZ, *Vitoria y la concepción democrática del poder público*: R73, 73(1947) 234-285; D. IPARRAGUIRRE, *Francisco de Vitoria. Una teoría del valor económico*, Bi. 1957; J. I. TELLECHEA, *F. de Vitoria y la Reforma católica*: R171, 12(1957)3-48.

R. GARCÍA VILLOSLADA

VITORIA, Sebastián de, OSH (Azpeitia [Guipúzcoa] diciembre de 1682 † Guisona [Lérida] 2-X-1756) obispo. Hijo de Francisco Ignacio Sorrarain Emparan y de Catalina Azcue, fue bautizado el 1-I-1683. Desde pequeño estuvo en el seminario de El Escorial donde aprendió Gramática, Retórica y Canto llano. A los dieciséis años pidió el hábito en el monasterio y después pasó al colegio donde al final llegó a regentar alguna cátedra. Jubilado por sus muchos achaques, ya en el monasterio, se dedicó a la Historia. Desempeñó los cargos de diputado del Capítulo privado, definidor general, visitador de Castilla, prior de Benavente y de San Lorenzo. En 1747 fue nombrado obispo de Urgel y mereció el nombre de «el limosnero».

OBRAS: *Monacato Geronimiano...*, Ma. 1738; *Pastoral al clero de Urgel*, 1748; *Constitutiones synodales dioecesis Urgellensis*, Ba. 1748; *Carta pastoral sobre la oración*, 1750.
BIBL.: M104, libro V, fol. 1515-1536, y libro XI, 161-162.

I. DE MADRID

VIVERO, Gonzalo de, († Salamanca 29-I-1480) obispo. Hijo de Gonzalo López Baamonde y de Mayor Vivero, noble familia de Galicia. Fue deán de Lugo y sucedió a don Sancho de Castillo, en la sede salmantina para la que fue nombrado por el papa Nicolás V en el año 1447, gobernando esta diócesis hasta el año 1480. En el archivo de la catedral de Salamanca se conservan bastantes documentos, que nos hablan de pleitos entre el obispo y cabildo sobre rentas, en el que se menciona al maestrescuela Alfonso de Madridgal, 12-VIII-1448, provisiones de canonicatos, 22-II-1451, y sobre la jurisdicción de la Valdobla. Una concordia con el cabildo sobre este famoso arciprestazgo, fue confirmada por Nicolás V en 7-XI-1453. El 10-V-1451 convocó sínodo (ms. 2292, fol. 127-154, de la Bibl. Univ. de Salamanca). Consiguió bula de Sixto IV, 24-III-1472, por la que se conceden ciertos préstamos para reparar la catedral, que amenazaba ruina. Por mandato de Juan II se encastilló en la *torre mocha* de la catedral por el año 1456, para retener mayor dominio sobre la ciudad, y en ella fueron encarcelados varios prebendados. Merced a los favores que Enrique IV recibió de la ciudad y del obispo Vivero, concedió el 27-VIII-1467 una feria franca, que aún se conserva, y que es la más importante de la ciudad. En el documento hace especial mención de los favores recibidos del obispo don Gonzalo.

Conoció los tiempos más enconados de los tristemente famosos «Bandos salmantinos», durante los cuales la ciudad vivió en constante lucha y alarma. Intervino activamente en su pacificación, como lo demuestran los *Libros de Claustro de la Universidad*, 21-II-1474. En estos *Libros* puede comprobarse las constantes y amistosas relaciones que mantuvo con la Universidad. Esta le concede en 1467 un préstamo de 25.000 maravedís, bajo fianza, y en 1469 pide el préstamo de unos libros de la biblioteca para copiarlos para su librería. Estos préstamos de dinero y de libros se los hizo la Universidad varias veces. La Universidad acude a don Gonzalo en varios de sus conflictos con el cabildo, evitando un inminente pleito por el posible perjuicio que la edificación de la nueva Biblioteca pudiera ocasionar a la catedral y a los palacios episcopales, 19-II-1476; y, cuando el rey pide ayuda para la guerra de Cantalapiedra, 26-3-1476, la Universidad acude al obispo Vivero, y éste envió «gente suya» juntamente con la de la Universidad.

Al final de su vida tuvo lugar el famoso proceso del catedrático de Prima de Teología y racionero de la catedral, Pedro de Osma, que fue condenado en Alcalá el 23-V-1479. La primera vez que se trata este asunto en el Claustro del Estudio, 6-IV-1479, se acuerda que primeramente se consulte al obispo don Gonzalo de Vivero en su palacio, para que se pueda contestar mejor al arzobispo Carrillo.

Otorgó testamento el 27-I-1480, y falleció el 29 del mismo mes y año. Este testamento se conserva en el Archivo de la Catedral de Salamanca (Caj. 20, leg. 1, núm. 30: Catal. núm. 1.034), y es de gran interés para conocer la personalidad de este obispo, quien poseyó una riquísima biblioteca, que donó a la catedral, y objetos de arte de extraordinario valor.

Está enterrado en el presbiterio de la catedral vieja, al lado del Evangelio, con figura yacente.

BIBL.: F. Marcos Rodríguez, *Catálogo de documentos del Archivo catedralicio de Salamanca*, Sa. 1962; ID., *Extracto de los Libros de Claustro de la Universidad de Salamanca*, León 1964; ID., *Algunos datos biográficos y testamento del maestro Pedro Martínes de Osma:* R200, 2(1965)691-706; ID., *La antigua Biblioteca de la catedral de Salamanca:* R118, 14(1961)281-319; F. Cantera Burgos, *Notas para la historia de la astronomía en la España medieval:* Revista de la Academia de Ciencias Exactas, (1931)391-396, donde se publica gran parte del testamento de don Gonzalo de Vivero; D1, 30, 397.   F. Marcos

VIVES, Juan Luis, (Valencia 6-III-1492 † Brujas [Países Bajos] 6-V-1540) humanista, pedagogo, escritor ascético y apologista de la fe y de la paz. Hijo de padres judíos, recibe la enseñanza superior, primero en la recién creada universidad de Valencia; más tarde, de 1508 a 1512, cursa Artes y Filosofía en París. En 1512 aparece en Brujas, donde algún tiempo después fijará su residencia definitiva, alternando con períodos más o menos largos de estancia en París, Lovaina, Oxford, Londres, Malinas, Amberes y Breda. Su primera tarea literaria comienza en París en 1514 con el opúsculo *Christi Iesu Triumphus. Virginis Dei-Parentis Ovatio.* Es el alfa de sus publicaciones. La omega será su magna obra póstuma *De Veritate Fidei Christianae*, publicada por su amigo Francisco Cranevelt, en Basilea 1543. Consta de cinco libros: el primero está dedicado a Dios y al hombre; el segundo, a Jesucristo; el tercero, a la fe cristiana contra los judíos; el cuarto, contra los mahometanos; el quinto, a la excelencia de la doctrina y la fe de Cristo. Entre esta alfa y omega, Vives fue dejando un caudal ingente de obras. Son más de 50 títulos, sobre las más diversas materias, profanas y religiosas, algunas de ellas con una larga lista de ediciones. Ellas nos revelan la personalidad polifacética de su autor. De 1517 a 1521, Vives reside habitualmente en Lovaina como preceptor del joven Guillermo Croy, primero obispo de Cambrai y poco después cardenal arzobispo de Toledo, a la temprana edad de diecinueve años. Varios otros jóvenes de la aristocracia europea solicitan igualmente la tutoría de Vives. Su nombre comienza a cotizarse alto en las esferas científicas. Erasmo es uno de los más entusiastas panegiristas del joven humanista español. A ruego suyo, da cima, tras un trabajo ímprobo, a la edición comentada de las *Confesiones de San Agustín*, publicada en Basilea en 1522 (cf. Migne, PL 47, col. 439 ss.). En Lovaina es solicitado para dar lecciones en su universidad. Allí traba amistades valiosas, entre otras, con el entonces decano de Teología, Bayens, más tarde papa con el nombre de Adriano VI. A este romano pontífice dirige Vives en 1522 un extenso memorial *De Europae statu ac tumultibus*, solicitando su atención y su acción en pro de la paz y concordia entre los príncipes cristianos. Con la muerte trágica del cardenal Croy, Vives recibió un duro golpe. El porvenir de su vida se truncó, pero como su fama estaba bien arraigada, brotó poco después con nuevo empuje. Contaba con la amistad de los más notables humanistas de su tiempo: Budeo, Tomás Moro, Juan de Vergara, además de Erasmo. En julio de 1522 muere en Alcalá el maestro Antonio Nebrija. La joven universidad de Cisneros, conocedora de lo que significaba Vives en aquel entonces, le ofrece la cátedra vacante. La incorporación del humanista español al resurgir potente de los estudios en aquel centro de cultura superior, contribuiría sin duda a incrementar su prestigio. No se conoce la contestación de Vives. Hay motivo para pensar que su viaje a Inglaterra en 1523 obedecía al deseo de reintegrarse a España, posiblemente, llevado del deseo de aceptar la cátedra de Alcalá. La guerra entre Carlos V y Francisco I hacía peligroso el paso a España por los Pirineos. La realidad, sin embargo fue distinta. En otoño de dicho año de 1523 encontramos a Vives en Oxford profesando dos cursos: uno de Humanidades y otro de Derecho. Tomás Moro le había ganado para Inglaterra, y en Inglaterra actuará, salvo breves intervalos, hasta 1528, en contacto directo con la familia real. En 1527 se suscita la cuestión del divorcio de Enrique VIII y Catalina de Aragón. Vives se opone a los proyectos del rey y, después de unas semanas de arresto, vuelve a Brujas en desgracia. Allí le espera con los brazos abiertos su dulce esposa, Margarita Valdaura, con quien se había casado en una escapada de Inglaterra en mayo de 1524. Algo más tarde, en 1526, publicó, a instancias de las autoridades de Brujas, un tratado de singular trascendencia, regulando el espinoso problema del remedio de los pobres. Se titula *De subventione pauperum*. De la época de Vives en Inglaterra, las dos obras más principales fueron: *De institutione feminae christianae*, Lov. 1523 y su *Introductio ad Sapientiam*, Brujas 1524. Viene ahora, de 1528 a 1539, la época más fecunda de Vives en su calidad de escritor. Destacan como obras de mayor fuste las siguientes: *De officio mariti*, Brujas 1528; *De concordia et discordia in humano genere*, Brujas 1529; *De disciplinis*, Brujas 1531; *Exercitationes animi in Deum*, Brujas 1535; *De anima et vita*, Brujas 1538 y la muy conocida *Linguae Latinae Exercitatio*, Brujas 1538. En 1529 se declara en Brujas una gravísima epidemia. Con ese motivo Vives se traslada a Lille y a París, y, para excitar la piedad de los fieles, compone su *Sacrum Diurnum de Sudore Domini nostri Iesu Christi* y un sermón y una meditación a tono con las circunstancias del momento. En 1528 es tradición que recibió en Brujas la visita de San Ignacio de Loyola (M. Bataillon, R28', 30[1928]184-186). Más importancia tiene la visita que le hizo en 1537, también en Brujas, tanto a la ida como a la vuelta de Inglaterra, Rodulfo Gwalther, discípulo predilecto de Zwinglio, por la actitud antirreformista que adoptó valientemente el humanista español al final de sus días (Paul Boesch, *Rudolph Gwalters. Reise nach England im Jahr 1537*, cf. Zwingliana VIII, 438-471). Los años 1537 y 1538 pasa largas temporadas en Breda en el palacio de Enrique de Nassau, requerido por su esposa D.ª Mencía de Mendoza, marquesa de Ceñete, como institutor y asesor de la misma en la adquisición de libros y objetos de arte. Es probable que ensayara con ella sus *Diálogos Latinos*, que en esa época publica, dedicados al príncipe Felipe, futuro rey de España. Se agrava su enfermedad de la gota, que desde algunos años antes le venía atormentando. Se traslada a Brujas. Da la última mano a su obra apologética *De Veritate Fidei christianae*, que aparecerá en Basilea tres años después de su muerte con dedicatoria de Francisco Cranevelt a Paulo III. Con esta obra conquistó Vives el título de apologista de la fe. Su muerte constituyó un día de duelo general en toda la ciudad. El municipio costeó sus funerales. Su cuerpo descansó en un sepulcro de la iglesia de San Domiciano hasta la demolición de esta iglesia. La gloria de su nombre la proclamaba al mundo entero el inspirado epitafio esculpido ante su tumba: «varón esclarecido en todos los ornamentos de las virtudes y del saber en cualquier linaje de disciplinas, como lo acreditan los gloriosos monumentos literarios que nos dejó».

OBRAS: [Teológicas]. *Iesu Christi triumphus et Mariae parentis eius ovatio*, Par. 1514; *Meaitationes in septem Psalmos poenitentiales*, Lov. 1518; *In XXII libros De Civitate Dei Commentaria*, Bas. 1522; *Sacrum Diurnum de Sudore Domini nostri Iesu Christi*, Brujas 1529; *Concio de sudore nostro et Christi*, Brujas 1529; *Meditatio de Passione Christi in psalmum XXXVI*, Brujas 1529; *Preces et meditationes*, Brujas 1535; *De Veritate Fidei Christianae*, Bas. 1543. [Filológicas]: *Disquisiciones varias sobre Aristóteles, Cicerón, Isócrates, Quintiliano, Salustio, Suetonio y Virgilio;* ed. del *Poeticon Astronomicon de Hyginio*, Par. 1514; *Exercitatio linguae latinae*, Bas. 1538. [Filosóficas]: *De initiis, sectis et laudibus philosophiae*, Lov. 1518; *In pseudodialecticos*, Lov. 1519; *Introductio ad Sapientiam*, Lov. 1524; *De disciplinis*, Brujas 1531; *De ratione dicendi*, Brujas 1532; *De anima et vita*, Bas. 1538. [Pedagógico-sociales]: *Institutio feminae christianae*, Amb. 1523; *Satelitium animae*, Lov. 1524; *De officio mariti*, Brujas 1528. [Pedagógicas]: *De ratione studii puerilis*, Lov. 1523; *De conscribendis epistolis*, Par. 1536. [Político-sociales]: *De Europae statu ac tumultibus*, Lov. 1522; *De subventione pauperum*, Brujas 1526; *De Europae dissidiis et bello turcico*, Brujas 1526; *De concordia et discordia in humano genere*, Brujas 1529; *De pacificatione*, Brujas 1529; *De communione rerum ad Germanos inferiores*, Brujas 1535. [Ediciones]: *Opera Omnia*, 2 vols., Bas. 1555; 8 vols., Val. 1782-1790, con reimpresión en Inglaterra en 1964; *Obras Completas*, trad. española de Lorenzo Riber, Ma. 1947-1948; *Epistolarum... Farrago*, Amb. 1556; *Epistolarum D. Erasmi... libri XXXI et P. Melancthonis libri IV, quibus adiiciuntur T. Mori et Lud. Vivis epistolae*, Lo. 1642; *Litterae virorum eruditorum ad Franciscum Craneveldium 1522-28*, Lov. 1928.

BIBL.: M. BATAILLON, *J. L. V. reformateur de la bienfaisance:* Bibliothèque d'Humanisme et Renaissance, 14(1952) 141-158; M. BATAILLON, *Erasmo y España*, México-Buenos Aires 1950; A. BONILLA Y SAN MARTÍN, *L. V. y la Filosofía del Renacimiento*, Ma. 1903; J. M. CASTÁN VÁZQUEZ, *La enseñanza del derecho según L. V.:* Homenaje a N. Pérez Serrano, I, Ma. 1959, 62-81; J. CORTS GRAU, *La dignidad humana en J. L. V.:* Arch. Derecho Público, 3(1950)73-89; J. CARRERAS ARTAU, *Louis Vives, philosophe de l'humanisme:* Apports historiques à la philolophie chrètienne de l'Occident, Lov. 1962; H. DE VOCHT, *Luis Vives:* Biographie Nationale, 26, Bru. 1936, 789-900, buena bibliografía; ID., *Vives and his Visits to England. Rodrigo Manrique's Letter to Vives:* Monumenta Humanistica Lovaniensia, II, Lov. 1934; J. ESTELRICH, *Vives*, Par. 1941; J. GORDON, *Juan Luis Vives. Su época y su filosofía*, Ma. 1945; P. GRAF, *L. V. como apologista*, trad. de J. M. Millás Vallicrosa, Ma. 1943; J. B. GOMIS, *Ascética y mística de J. L. V.:* R176, 5(1946)141-158; ID., *Criterio social de L. V.*, Ma. 1946; R. GONZÁLEZ MÚRQUIZ, *Vindicación de L. V., primer reformador de la filosofía en la Edad Moderna*, Va. 1839; R. GÜNTER, *Inwieweit hat L. Vives die Ideen Bacons vorbereitet*, Leipzig 1913; K. A. LANGE, *Luis Vives*, trad. de Menéndez Pelayo, Ma. 1894, y Buenos Aires 1944; J. KRAUS, *Menschenbild und Menschenbildung bei J. L. V.*, Mun. 1956; G. MARAÑÓN, *L. V., un español fuera de España*, Ma. 1942; C. E. MC CULLY, *J. L. V. ant the Problem of Evil in his Time*, Michigan (USA) 1969; F. MATEU LLOPIS, *Catálogo de la Exposición bibliográfica... ae L. V.*, Ba. 1940; B. MONSEGÚ, *La doctrina cristológica de J. L. V.:* R106, 55(1954)429-458; B. MONSEGÚ, *Los fundamentos filosóficos del humanismo de J. L. V.*, Ma. 1954; A. J. NAMÈCHE, *Mémoire sur la vie et les écrits de J. L. V.*, Bru. 1841; C. NOREÑA, *J. L. V.*, ed. Martinus Nijhoff, La Haya 1970, con bibliografía muy abundante y actualizada sobre el humanista valenciano, 309-321; B. PADE, *Die Affektenlehre des J. L. V.*, Münster, 1894; M. PINTA LLORENTE y M. PALACIO, *Proceso de Inquisición contra la familia judía de J. L. V.* I, *Proceso contra Blanca March, madre del Humanista*, Ma. 1964; M. PUIGDOLLERS, *La Filosofía española de L. V.*, Ba. 1940; A. M. SALAZAR, *Iconografía de J. L. V.*

durante los siglos XVI, XVII y XVIII: R59, 133(1953) 304-441; M. SANCIPRIANO, *Il pensiero psicologico e morale de G. L. V.*, Flo. 1957; J. K. STEPPE, *Les relations de Mencía de Mendoza avec J. L. V.:* Scrinium Erasmianum, II, Lei. 1969, 485-506; F. DE URMENETA, *La doctrina psicológica y pedagógica de L. V.*, Ba. 1949; F. DE URMENETA, *San Agustín ante su comentarista L. V.:* R38, 7(1962)203-223 y 8(1963)519-533; R. VILLOSLADA, *Luis Vives y Erasmo. Cotejo de dos almas:* R119, 5(1953)35-57 y 10(1955)159-177; C. VASOLI, *J. L. V. e un programma umanistico di reforma della logica*, Flo. 1961; F. WATSON, *J. L. V.: a scholar of the Renascence*, Lo. 1920; F. WATSON, *Les relations de J. L. V. amb els Anglesos i amb l'Inglaterra*, Ba. 1918. J. JIMÉNEZ DELGADO

VIVES ARGEMI, Juan María, SchP (Mataró [Barcelona] 18-XI-1876 † Barcelona 29-VII-1952) hombre de gobierno. Enseñó en Cracovia (Polonia) y Cornigliano (Génova). Rector del colegio de Nuestra Señora. Director de la revista Academia Calasancia. Rector del colegio de San Antón, destruido en la Semana Trágica. Cinco veces prepósito provincial de las Escuelas Pías de Cataluña. Abrió los colegios de Sitges y Granollers, la Víbora (Cuba), una casa y un noviciado en Méjico y otra en Los Angeles (California).

BIBL.: *Ephemerides Calasanctianae*, n.º 5, Ro. 1955, 154-160; O80, 579-597. C. VILÁ

VIVES Y MARJA, Juan Bautista, (Valencia 3-V-1545 † Roma 23-II-1632) fundador del Colegio Pontificio de Propaganda Fide. La familia valenciana de los Vives es oriunda de Perpiñán, en el Rosellón. En 1406, Francisco Vives abandona aquella ciudad, con ocasión de los bandos, y marcha al reino de Valencia. Estuvo al servicio del rey Juan I, de quien recibió señalados favores por haberle ayudado en la guerra, y se estableció en la villa de Teulada, cerca del marquesado de Denia. Tuvo siete hijos varones y siete hijas. Un nieto suyo, Bernardo Vives, fue el padre de Juan Bautista Vives y Marjá, y tuvo un hermano, micer Esteban, que fue del Consejo de Su Majestad. A esta misma familia perteneció el insigne humanista Juan Luis Vives († 1540), aunque no es fácil señalar el grado de parentesco entre ambos personajes. Tienen rasgos comunes. Los dos dejarían en su juventud la patria, quién sabe si por el mismo incómodo sentimiento de índole familiar: la Inquisición había marcado con afrentosa huella el hogar paterno de Juan Luis Vives. Juan Bautista marchó a Roma para cursar Leyes. Su vida ofrece varias facetas notables: curial, político y, sobre todo, propulsor de las misiones. En 1584, es ya ciertamente doctor en ambos Derechos. Los jurados de Valencia lo consideran personaje influyente en la Corte romana. Le piden que alcance del papa la conmutación de cierta cantidad destinada al hospital de los beguines, que no tenía aplicación, en beneficio del Colegio de Niños de San Vicente Ferrer. En 1594, le volvieron a escribir dichos jurados para que obtuviese otra gracia más amplia: aplicar las rentas del hospital de los beguines al ya referido Colegio de Niños de San Vicente. El breve no fue concedido, y los jurados renuevan la petición por carta «al doctor Joan Batiste Vives, subdiácono apostolich etc. en Roma», fechada en 1-VIII-1598, suplicando además que la dicha casa de los niños de San Vicente sea agregada canónicamente a la casa de los huérfanos de Roma. Es significativa una cláusula de la misiva: «Pregam quant encaridament podem a v. m. que pose tota la diligencia, solicitud y cuidado que acostuma en les coses que aquesta ciutat li acomana.» Cuando el dulce humanista, desde brumosas tierras, escribió sus tratados *De subventione pauperum* y *Exercitaciones linguae latinae* (los famosos Diálogos), no tuvo a menos profesar en letras de molde su amor a la lejana Valencia. También el curial romano confesaría con los hechos idéntica nostalgia. En 1586, las tumbas de los papas Calixto III y Alejandro VI fueron destruidas por la maquinaria empleada en trasladar el obelisco desde el lado Este de la basílica vaticana para adornar la plaza de San Pedro, y quedó poco de estos monumentos fúnebres. Juan Bautista Vives tuvo cuidado de que los restos de los papas valencianos fuesen exhumados y sepultados en otro lugar de la basílica, en una sola tumba de mármol. En breve se inicia para Vives el camino de más altos honores. A sus cuarenta años todavía es simple clérigo. Sixto V lo nombra en 1589 camarero secreto participante y escritor de letras apostólicas. Gregorio XIV le distingue, en 1590, con el cargo de crucífero apostólico, para lo cual hubo de transigir en ser promovido por lo menos al subdiaconado. Después de recibir esta ordenación, abre, en 1591, una escuela de neófitos en su domicilio de la Piazza del Popolo, influido al parecer por los proyectos de un organismo pontificio de misiones, cuya idea inicial se debió al papa san Pío V que había instituido dos Congregaciones de cardenales para promover la conversión de herejes e infieles. Se hallaba por entonces en Roma el profesor de Lovaina Juan Vendeville y ofreció al pontífice un memorial y proyecto de asociación que se ocuparía en la redención de cautivos cristianos y en la conversión de los griegos y maronitas. Es claro el influjo de Vendeville a este respecto sobre Gregorio XIII y algo se hizo. Sixto V nombró a Vendeville obispo de Tournai y éste proponía en 1589 la fundación de seminarios, donde las Ordenes religiosas se preparasen para las misiones. En realidad, la falta de atención al problema de las misiones fue una laguna del concilio de Trento, si bien esta deficiencia se dejó sentir pronto como gravísima e ineludible. Otro favorecedor de semejantes proyectos fue el español Jerónimo Gracián, primer provincial de la reforma de santa Teresa, el cual llega a Roma en 1595 y traba amistad con Vives, conociendo su colegio y sus esfuerzos por catequizar un grupo heterogéneo de infieles en el corazón de Roma. Pero, he aquí que en 1598 una tragedia ensombrece y corta la actividad de aquella casa. Uno de los neófitos fue asesinado durante la noche en la misma casa de Vives, por lo que recayeron sospechas sobre él, siendo procesado judicialmente y privado de libertad, aunque se reconoció su inocencia al cabo de un año. Recibe el nombramiento de protonotario apostólico en 1604. De nuevo lo vemos ocupado en procurar sepultura a los restos de los papas Borja en 1605 y, finalmente, en 1610, pues al ser demolido el sepulcro erigido por monseñor Vives, éste alcanzó de Paulo V que fueran definitivamente trasladados a la iglesia española de Santa María de Montserrat (Roma). Puede ser verdad lo que desde allí escribe el célebre dominico Tomás de Maluenda, el 3-IV-1610, a su hermano en religión Antonio Martínez: «Aquí están Vives, Candel... y otros mil, años ha, con excesivos gastos y no tienen nada.» Pero la economía de Vives debió de mejorar a partir de 1607 notablemente, puesto que con fecha 14 de julio fue nombrado arcediano de Alcira, en la catedral de Valencia, a pesar de residir en Roma, donde además era agente de la Inquisición española, cargo que le autorizaba a lucrar las distribuciones manuales en su catedral, en virtud del breve pontificio expedido en 1612. Hasta 1609 no se decide a recibir el sacerdocio. Su colegio de neófitos está funcionando de nuevo desde 1603, pero fracasa su proyecto de transformarlo en una Congregación religiosa de Clérigos Regulares Misioneros (1606-1610), con la ayuda de san Juan Leonardi. Mas no se desalienta y ofrece al general de los teatinos, Vicente Filiberti (1621-1627), el palacio del difunto cardenal Ferratini, adquirido por compra, después de laboriosas gestiones, desde el 13-XII-1613 hasta 1625. Estaba situado en la Piazza di Santa Trinità dei Monti, en la actualidad Piazza di Spagna. Deseaba erigir, bajo

la dirección de los teatinos, un «colegio de apostólicos sacerdotes seculares, provenientes de cualquier nación y gente, a fin de que el Sumo Pontífice existente *pro tempore* los enviase por toda la redondez de la tierra a defender y propagar la fe católica». El ya dicho fray Jerónimo Gracián de la Madre de Dios, carmelita, dirigiéndose a Juana de Corpus Christi, fundadora del monasterio de Corpus Christi de Madrid, a la que dedica sus obras en 1616, incluye una, titulada: *Zelo de la propagación de la Fee, en que se contiene una exhortación, para ir a predicar la fee catholica a las tierras de idólatras, infieles y hereges.* El prólogo va dirigido «Al muy ilustre y reverendíssimo señor, Monseñor Iuan Bautista Vives, protonotario participante, referendario de entrambas Signaturas, y arcediano de Alzira, en la Santa Iglesia de Valencia.» Y en el folio 281 vuelto dice Gracián: «Me he movido a tornar a sacar a luz esta exhortación, y imprimilla en esta ciudad (Madrid)... y dedicársela a V. S. Reverendísima, porque por las cartas que ha escrito al Ilmo. Marqués de Gaudalest, embaxador por Su Magestad en estos Estados de Flandes, veo el mucho zelo que Nuestro Señor le ha comunicado para estas conversiones; y que estando en el estado y oficio que está, puede ayudar mucho, solicitándolas con Su Santidad, y con los Ilustrísimos Cardenales de propaganda fide.» Buen testimonio el de Gracián, mas aunque habla de Propaganda Fide, la Congregación de este nombre sería fundada por Gregorio XV seis años más tarde (6-I-1622), compuesta de 13 cardenales, dos prelados — Vives sería uno de ellos — y un secretario.

Tenaz en su fervorosa idea, Vives ofrece a Urbano VIII y a sus sucesores el palacio Ferratini (instrumento notarial, 1-VI-1626), dotándolo de rentas suficientes para 12 alumnos: «No lo deseo, dice, para comodidad de mi persona..., sino para acrecentamiento de este colegio que voy fundando de clérigos...» La Congregación encargaba a Vives (14-VII-1626) la redacción del reglamento y de los estatutos del colegio. Finalmente, Urbano VIII, aceptando la donación y las condiciones señaladas por el donante, erigió canónicamente por su bula *Inmortalis Dei Filius* (1-VIII-1627) el Colegio Pontificio de Propaganda Fide o Urbano (el pontífice le daba su propio nombre), bajo el patronato de los santos apóstoles Pedro y Pablo, y la dependencia directa de la Santa Sede, confiando el cuidado de la institución a tres canónigos de las patriarcales basílicas romanas. Se le dotaba de escuelas para conferir el doctorado en Filosofía y en Teología. No se limitaron las ambiciones misioneras de Vives a la creación de este colegio-seminario — coronación perfecta de la Congregación de Propaganda Fide — sino que se esforzó por instituir una escuela de lenguas para religiosos misioneros, a cargo de los premonstratenses, aprovechando una parte del convento capuchino de San Buenaventura. Sin embargo, aunque la Congregación de Propaganda examinó el proyecto (sesión del 12-XII-1628), no halló posibilidad por entonces de madurarlo, pues el papa había destinado el edificio de los capuchinos para otros fines. Como consecuencia, los premonstratenses no se sintieron con ánimos para aceptar el plan de monseñor Vives. Idea suya fue también la creación de una tasa obligatoria de un 10 por 100 sobre todos los legados donaciones y mandas pías (febrero de 1628) con el fin de incrementar la ayuda económica a las misiones, a través de la Congregación de Propaganda Fide. A los ochenta y cinco años otorga su testamento en Roma, el 5-II-1630. En él deja 3.000 escudos al hospital de Montserrat en Roma. Y acordándose de su patria, lega a la iglesia metropolitana de Valencia los frutos aún pendientes del arcedianato de Alcira. El resto de sus bienes lo destina al Colegio de Propaganda Fide establecido por él y fundado en su propia casa, según reza una inscripción laudatoria en mármol, en la iglesia española de Montserrat en Roma. También se menciona otro plan sugerido por Vives a la Congregación de Propaganda Fide: el de la creación de otra Congregación similar *pro tuenda fide*, compuesta de 24 teólogos; pero no fue aceptado dicho plan, puesto que su finalidad era objeto de las atribuciones de la Congregación del Santo Oficio. De la prudencia de este noble valenciano en resolver los asuntos se valieron el rey de España Felipe III, los príncipes Alberto e Isabel de Bélgica, de los que era agente diplomático, y el rey del Congo, Alvaro II, en cuyo nombre y en calidad de embajador de aquel país ante la Curia Romana, prestó el juramento de fidelidad a Paulo V, tras el fallecimiento del primer embajador congolés, en 1608, Antonio Nigrita. Pío XI, en el tercer centenario de la fundación del Colegio de Propaganda, en 1927, tuvo palabras de recuerdo para el «bueno y generoso Vives de Valencia».

BIBL.: V. Pascual y Beltrán, *Játiva biográfica*, II, Val. 1931, 210-220; N. Kowalsky, *Vives, Juan Bautista:* Encl. Catt., XII, 1566-1568; id., *Vend[e]ville, Jean:* ibid., 1181; P. Borgna, *Collegio Urbano di Propaganda Fide:* ibid., III, 1962; M. Olaechea y Loizaga, *Circular sobre el centenario de Juan Bautista Vives:* Boletín del Arzobispado de Valencia, 52(1947)225-27; *Histoire Universelle des Missions Catholiques...* Delacroix, II, Par. 1957, 115-119. Fuentes. *a)* Manuscritas: Archivo Catedral, Valencia, leg. 26:28; Biblioteca Catedral, mss. 389, fol. 376, y 372, fol. 69. *b)* Impresas: *Obras del Padre Maestro Fray Gracián de la Madre de Dios*, Ma. 1616, 280-281; *Bullarium Romanum*, ed. taur., XIII, 574-81.

R. Robres

VIVES Y TUTO, José Calasanz, OFMCap (Llavaneras [Barcelona] 15-II-1854 † Monteporzio Catone [Italia] 7-IX-1913) cardenal y teólogo. Nació de humildes padres. Cuando contaba seis años, su familia se trasladó a Mataró, donde el niño tuvo que probar las angustias de la miseria y de la orfandad. Fue educado en el colegio de los escolapios y cursó latín en calidad de fámulo, alternando los servicios de la casa con el estudio, a pesar de lo cual en los tres años obtuvo la calificación de *meritissimus*. En 1868 solicitó la admisión en las Escuelas Pías, pero le fue negada. Mas providencialmente llegó aquel mismo año de Guatemala, donde los capuchinos españoles exclaustrados trataban de restaurar la vida regular, el padre Segismundo de Mataró, maestro de novicios, con el fin de buscar vocaciones entre los jóvenes de Cataluña. Al punto se alistó nuestro José, que contaba quince años, juntamente con su hermano Joaquín, dos mayor que él, si bien éste tuvo que aplazar el viaje hasta cerrar los ojos a la madre enferma en un asilo y colocar a sus dos hermanas. Embarcóse en compañía de otros 20 jóvenes con el citado padre Segismundo; llegaron felizmente a Guatemala y el 11-VII-1869 les era impuesto el hábito capuchino; José Vives llamóse desde aquel día fray José Calasanz de Llavaneras.

Terminado el año de noviciado, los jóvenes iniciaron sus estudios con los medios limitados que se deja suponer; pero en junio de 1872 la comunidad capuchina fue violentamente expulsada de Guatemala por el Gobierno; sus 40 componentes pasaron a California, después a Estados Unidos. Aquí se hicieron tres grupos que tomaron rumbos diferentes; fray José, con la mayoría de los estudiantes, que no interrumpieron las lecciones en tantos viajes por tierra y por mar, vino a la provincia capuchina de Toulouse (octubre de 1872). En el convento central de la misma terminó el estudio de la Filosofía, y al año siguiente el grupo de estudiantes fue enviado a Fontenay-le-Compte para comenzar Teología y Sagrada Escritura; pero fray José, aquejado desde su estancia en Guatemala de una grave dolencia nerviosa, que le producía agudas crisis convulsivas, vióse obligado a interrumpir los estudios.

Entre tanto los capuchinos españoles, llamados por el presidente García Moreno, se habían establecido en el Ecuador. Fray José y sus compañeros pidieron ser destinados a esta República y, en efecto, recibida la obediencia del ministro general, hicieron la travesía en junio de 1875. Llegaron al Ecuador cuando acababa de morir asesinado García Moreno, suceso que puso en peligro la permanencia de los capuchinos en sus recién fundados conventos. La enfermedad nerviosa de nuestro joven estudiante se recrudeció, y tuvo que volver a Europa en octubre de 1876, atormentado en el cuerpo y en el alma. Llegado nuevamente a Francia, residió en el convento de Perpiñán, donde fue completando sus estudios. El 26-V-1877 pudo recibir el sacerdocio, previa obtención de dispensa por el impedimento de su enfermedad. Desde aquella fecha vióse libre de las crisis nerviosas hasta el final de su vida, en que nuevamente reaparecería el mal para proporcionarle la suprema purificación.

El mismo año de su ordenación sacerdotal era nombrado director de la Escuela Seráfica o aspirantado de Perpiñán y superior del mismo convento. En 1880 decretábase en Francia la supresión de las Ordenes religiosas; el aspirantado tuvo que ser cerrado y el padre Calasanz vio allanado su convento por la policía. En enero de 1881 pasaba la frontera con sus alumnos y organizaba la Escuela Seráfica en Igualada. Para esta fecha la restauración de la Orden capuchina en España estaba legalmente en marcha.

En 1884 fue a Roma para negociar la abolición del comisariato nacional de los capuchinos españoles, poniendo fin a la escisión que regía desde la bula *Inter graviores* (1804). Desde esta fecha comienza la actividad del padre Calasanz en la curia generalicia y su progresiva notoriedad en las Congregaciones romanas. El año 1884 señala el comienzo de la renovación de la Orden capuchina por obra del nuevo general de la misma, padre Bernardo de Andermatt, quien conoció luego la valía del capuchino catalán y lo retuvo junto a sí como consejero insustituible. Su influencia en las iniciativas de aquellos años y en los criterios que presidieron la reorganización fue muy profunda.

En 1887 era nombrado por León XIII consultor del Santo Oficio; en 1889, de la Congregación para los ritos orientales; en 1893, de la de Propaganda Fide; en 1894, de la del Concilio, y en 1895, de la de Negocios Eclesiásticos Extraordinarios. Era, además, examinador del clero de Roma y, temporalmente, profesor de Teología Moral en el Apolinare. En 1896 formó parte de la comisión encargada de estudiar la cuestión de la validez de las ordenaciones anglicanas. Poco después fue encargado de preparar el informe para la declaración de doctor de la Iglesia, de Beda el Venerable. En 1899 fue como delegado papal al Tesino (Suiza) para restablecer la paz turbada entre los católicos, misión que desempeñó con pleno éxito. Pero el mérito más saliente del padre Calasanz lo constituye la organización y realización del Concilio Plenario Latino-Americano (28-V al 9-VII-1899), reunido en Roma por León XIII; trabajó tan a satisfacción del papa y de los obispos reunidos, que terminó presidiéndolo como cardenal.

En efecto, el 19-VI-1899 recibía el nombramiento de miembro del Sacro Colegio. Contaba cuarenta y cinco años de edad. Desde entonces su vida es una pura consagración a la sede de Pedro en la persona de León XIII primero, y luego en la de Pío X. Al poco tiempo era nombrado miembro de las Congregaciones romanas del Santo Oficio, de Obispos y Regulares, de Propaganda Fide, del Indice, de Ritos y de Negocios Eclesiásticos Extraordinarios, así como de la Comisión para la unión de las Iglesias Orientales, la de Estudios

Bíblicos y la Preservación de la Fe en Roma. León XIII quiso tenerle junto a su lecho de muerte. Pero quien supo descubrir en el cardenal Vives un colaborador a su medida fue el santo Pío X; había entre estas dos almas gemelas una especie de comunión de ideales de santidad, de miras sobre la vida de la Iglesia, de sentido sobrenatural de los acontecimientos. Se sabe que intervino directamente en la preparación del decreto *Lamentabili* y de la encíclica *Pascendi* contra el modernismo. Fue el primer prefecto y organizador de la nueva Congregación de Religiosos, creada en 1908. Trabajó intensamente en la buena formación del clero, sobre todo en el Colegio Pío Latino-Americano y en el Colegio Español, en cuyo edificio fijó su residencia; estimuló y orientó, como protector de la *Alliance des Grands Séminaires*, el reclutamiento sacerdotal en Francia. Intervino activamente en la preparación del Código de Derecho Canónico. Y apenas hubo problema político o social, que en aquellos años se ventilaran en el Vaticano, en que él no interviniera.

A su muerte, ocurrida el 7-IX-1913 en Monte Porzio adonde se retiró para ponerse en cura de sus crisis nerviosas y de las torturas de conciencia con que Dios probó sus últimos días, la prensa de todo el mundo hizo comentarios muy elogiosos. *The Tablet*, de Londres, afirmó: «Este príncipe de la Iglesia ha sido durante diez años el más activo y fiel instrumento de Pío X.»

OBRAS: A sus veintitrés años el padre José Calasanz mostraba una madurez fuera de lo corriente. Su talento poderoso, su extraordinaria retentiva, su laboriosidad y capacidad de trabajo, a despecho de sus sufrimientos corporales, le permitieron adquirir una formación que sorprende, sobre todo teniendo en cuenta los azares de aquellos años. En el Ecuador se dio al aprendizaje de la lengua quechua y preparó un diccionario de la misma, además de otros varios trabajos históricos; al terminar sus estudios teológicos hallóse ya en condiciones de preparar una serie de manuales de las ciencias eclesiásticas que muy pronto verían la luz pública: *Compendium Theologiae Moralis*, Ba. 1881, tuvo nueve ediciones en doce años en España y en el extranjero; *Compendium Theologiae Dogmaticae*, Ba. 1882, cuatro ediciones; *Compendium Iuris Canonici*, Ba. 1882, cuatro ediciones; *Compendium Hermeneuticae, Sacrae*, Ba. 1883, tres ediciones; *Compendium Theologiae Ascetico-Mysticae*, Ba. 1886, tres ediciones. La producción científica de este trabajador indomable continuaría a ritmo acelerado, aun siendo cardenal, hasta alcanzar más de 100 títulos: tratados, biografías, colecciones de documentos, florilegios patrísticos..., y siempre con una marcada intención de edificación y de apostolado. Había en la base de su personalidad polifacética, una piedad profunda y tiernísima en su aspecto mariano.

BIBL.: A. M. DE BARCELONA, *El Cardenal Vives y Tutó*, Ba. 1916, ed. reducida 1951; R106, (1913), núm. extraord. dedicado al card. Vives; serie de estudios monográficos en R106, 12(1914)39-44; 56(1955)5-42, 161-178, 179-214, 321-346; 57(1956)113-130, 161-182, 229-248; 60(1959) 247-266, 367-410; N2, 1829 y ss. L. DE ASPURZ

VOTO DE SANTIAGO. Era una oblación o tributo que se pagaba a la iglesia de Santiago de Compostela, en honor del Apóstol, consistente en una medida de trigo (una fanega, media fanega u otra medida menor) por cada pareja de bueyes, vacas o de cualquier ganado de labor. De esa oblación un tercio era para el cabildo, otro para la fábrica de la iglesia y otro para el hospital de Santiago.

El origen de votos o donaciones hechas a Santiago, se remonta hasta el descubrimiento de su sepulcro, en tiempo de Alfonso II (792-842). El alcance de estas donaciones por parte de la iglesia de Santiago parece que quedaba reducido al uso de ciertos derechos: 1) régimen y señorío del territorio donado; 2) derecho a percibir los tributos reales y personales debidos al fisco regio. Así, en 885, 886, 893 y 895 Alfonso III dona diversas

iglesias, villas y tierras. Desde el siglo X en adelante las donaciones se multiplican sin cesar. Pero el *Voto* por antonomasia es el concedido por el supuesto diploma o privilegio de Ramiro I, fechado en Calahorra el 25 de mayo de la era 872 (año 834), con ocasión de la también supuesta batalla de Clavijo. Según él, los reyes cristianos de España tenían que pagar a los árabes un tributo anual de 100 doncellas de las más hermosas, 50 de la nobleza y 50 del pueblo. Ramiro I (842-850) no quiso tolerar por más tiempo esta ignominia y, convocando en León a los obispos, abades y grandes del reino, organizó una campaña contra el moro. Pero el rey cristiano fue derrotado junto a Albelda. Huyó Ramiro con el resto de su ejército a un collado próximo, llamado Clavijo, y allí, durante el sueño, se le apareció Santiago Apóstol incitándole a luchar y prometiéndole con su ayuda la victoria. Al día siguiente se trabó la batalla de Clavijo. Aparecióse, en efecto, el Apóstol sobre un caballo blanco y el ejército moro fue deshecho. Por esta insigne victoria estableció el rey el *Voto de Santiago*.

Este célebre diploma es tenido hoy por apócrifo, falsificado en el siglo XII, tal vez, según M. Gómez Moreno, por el canónigo compostelano Pedro Marcio. El falsario parece que tomó como base de su redacción algunos elementos reales de Ramiro II (931-950), que por la victoria de Simancas (939) se obligó ciertamente con voto a pagar un censo a la iglesia del Apóstol. La copia más antigua que se conserva de dicho diploma es del siglo XIII. El legendario tributo de las 100 doncellas y la batalla de Clavijo, «una extraña falsificación histórica posterior al año 1100» (Sánchez Albornoz), son elementos constitutivos de la mentalidad medieval en el arte y en la literatura.

A pesar de la falsedad del diploma, se utilizó como título para la exacción del tributo en algunas regiones de España. La primera vez que se confirma oficialmente el diploma es en 1341 por Alfonso XI. No se pagó nunca en Navarra, Aragón, Valencia, Cataluña ni en algunas provincias de Castilla. Del diploma de los Reyes Católicos que extienden el voto a Granada (1492) se deduce que hasta entonces solo se pagaba dentro del reino de León. Un largo pleito hubo entre la iglesia de Santiago y los concejos, villas y lugares de los arzobispados de Toledo y Burgos y de los obispados de Palencia, Sigüenza, Osma y Calahorra (unos 3.000 pueblos), y, llevado en última instancia al Consejo Real, falló éste en 1628 en contra de la iglesia de Santiago, descargando a aquéllos definitivamente de la obligación del voto que jamás habían hecho efectiva. Con esto se puso al descubierto lo deleznable del diploma de Ramiro I. Para los reinos de León y de Granada, en cambio, se nombraron sendos jueces protectores del voto, elegidos uno entre los oidores de la Cancillería de Valladolid y otro entre los de la de Granada. Su competencia se extendía a todo lo tocante a la ejecución y observancia de los privilegios y ejecutorias del voto. Esta jurisdicción privilegiada fue creada por Felipe III en 1615 y suprimida en las Cortes de Cádiz en 1812. El duque de Arcos calculaba en seis millones de reales lo que montaba el grano recogido en 1770. Este cálculo, sin embargo, está hecho a base de datos poco seguros. Se puede hacer una comprobación cierta utilizando el Catastro de Ensenada que entre otras cosas recoge el valor de las rentas que cada pueblo pagaba por el voto. He aquí lo que, según este Catastro, pagaba cada provincia en reales de vellón: Avila, 40.000; Córdoba, 54.218; Extremadura, 151.811; Galicia, 554.311; Granada, 461.767; León y Asturias, 102.959; Madrid (sin la villa), 1.588; Ciudad Real (La Mancha), 70.799; Murcia, 93.013; Salamanca, 98.331; Segovia, 79.804; Toledo (Voto de Santiago y Santa Ana), 8.050; Toro, 11.156; Zamora, 47.889. Total: 1.775.696 reales de vellón. No consta que pagasen: Burgos, Cuenca, Guadalajara, Jaén, Madrid (villa), Palencia, Sevilla, Soria y Valladolid.

BIBL.: A. DE MORALES, *Declaración con certidumbre por averiguación de historia en el punto de si hizo el voto y dio privilegio a la Santa Iglesia de Santiago el Rey D. Ramiro el I o el II:* Sem. Erudito, vol. 14, 171-204; ES 19, 73, 220, 310 y 329; DUQUE DE ARCOS, *Representación contra el pretendido Voto de Santiago que hace al Rey Nuestro Señor D. Carlos el Duque de Arcos,* Ma. 1771; J. A. DEL CAMINO, *Nueva demostración sobre la falsedad del privilegio del Rey Ramiro I:* Memorias de la R. Academia de la Historia, IV, Ma. 1805; A. LÓPEZ FERREIRO, *Historia de la Santa A. M. Iglesia de Santiago de Compostela,* II, Sant. 1899, 71-146; Z. GARCÍA VILLADA, *Historia Eclesiástica de España,* III, Ma. 1936, 203-15; C. SÁNCHEZ ALBORNOZ, *España, un enigma histórico,* I, Buenos Aires 1956, 268; ID., *La auténtica batalla de Clavijo:* Cuad. de Hist. de España, 9(1948)94-139 ;*Diario de las discusiones y actas de las Cortes,* XII, Cád. 1812, 135-37, y XV, 143, 349, 361-87, 391-416, 419-36; *Colección de decretos y órdenes que han expedido las Cortes generales y extraordinarias,* III, Cád. s. a., 127; CONDE DE TORENO, *Historia del levantamiento, guerra y revolución de España,* V, Ma. 1837, 172-74; A. MATILLA TASCÓN, *La única contribución y el Catastro de la Ensenada,* Ma. 1947; J. CANTERA ORIVE, *La batalla de Clavijo y aparición en ella del apóstol Santiago,* Vitoria 1944, 117 y ss. Sobre la historia de la polémica véase J. F. DE MASDEU, *Historia Crítica de España y de la Cultura Española,* XVI, Ma. 1796, 1-173 y XVIII, Ma. 1797, 381-462; A. C. FLORIANO, *Diplomática española del período astur,* I, Ov. 1951, 222-235; C. SÁNCHEZ ALBORNOZ. *El culto de Santiago no deriva del mito dioscórido:* Cuadernos de Historia de España, 28(1958)29, nota 81.

Q. ALDEA

VOTO (Odón), FELIX, MARCELO y BENITO, cuatro santos ermitaños, probablemente del siglo VIII que vivieron a la sombra de cuatro ermitas, minúsculas iglesias, dedicadas a los santos Juan Bautista, Julián y Basilisa, Esteban y Pedro, en el valle de Atarés, Alto Aragón (Huesca). Tres narraciones del todo legendarias de monjes pinatenses les tejen una vida fabulosa como un himno litúrgico. Su fiesta es el 29 de mayo.

BIBL.: *Acta SS,* Maii VII, 57-61; ES 30, 300-304 y 400-421; A. DURÁN GUDIOL, *Los santos altoaragoneses,* Hu. 1957, 56-63.

J. VIVES

W

WIFREDO, (primera mitad s. XI) monje de Ripoll en tiempos del abad Oliba. Opuso un curioso texto introductorio a la compilación conservada en el códice Barcelona, Arch. Cor. Aragón, Ripoll 152, a continuación de las Homilías de Gregorio Magno.

BIBL.: R. Beer, *Die Handschriften d. Klosters S. Maria Ripoll*, I, Wi. 1907, 91.   M. Díaz y Díaz

WITESINDO, († 855) mártir de Córdoba. Varón ya entrado en años, procedente de Cabra, que a causa de una persecución había apostatado, a lo menos externamente. Requerido después a tomar parte en el culto mahometano, negó que él fuera reo de sacrilegio y confesó que por debilidad de la carne o inducción del diablo había cedido. Al momento de hacer tal confesión, indignados los perseguidores muslines lo sacrificaron en día indeterminado.

BIBL.: San Eulogio, *Memoriale Sanctorum*, III, c. 14: PL 115, 705 y ss.; E. Colbert, *The martyrs of Cordoba*, Wa. 1962, 261-62.   J. Vives

X

XARRIE, Francisco, OP (Barcelona 21-XII-1792 † Barcelona 12-IX-1866) teólogo y predicador. Estudió Latín y Humanidades en el Seminario conciliar de Barcelona. Ingresó en la Orden en Barcelona, 21-X-1807, donde hizo sus votos religiosos, 24-XII-1808. Durante la invasión francesa estuvo refugiado en Manresa, Vich y Palma de Mallorca. Vuelto al convento en 1814, continuó sus estudios hasta celebrar su primera misa, 9-III-1819, con el título ya de lector en Teología. Distinguióse como predicador. En 1825 le fue concedida la cátedra de Filosofía en la Universidad de Cervera y posteriormente obtuvo la de Teología que regentó hasta la dispersión (1825-1834). Durante la exclaustración marchó a Italia, y en la Minerva de Roma obtuvo el título de maestro en Teología. Vuelto a Barcelona fundó en compañía del padre Puig el Colegio de Santo Tomás. Por encargo del provincial de Filipinas compuso en compañía del padre Puig la obra teológica que fue adoptada como texto en muchos seminarios y Universidades.

OBRAS: *Institutiones theologicae*, Ba. 1832-1834; *Opusculum in quo plurimi errores refelluntur nostris temporibus grassantes*, Ba. 1866; *Relación de las exequias en sufragio de D. Antonio Coll*, Vich 1823; *Sermón panegírico al Santo Angel de la Guarda*, Ba. 1824; *El verdadero ilustrador de las gentes, sol de la Iglesia y ángel de las Escuelas, Santo Tomás de Aquino*, Cervera 1832.

BIBL.: A. COLLELL, *Escritores dominicos del Principado de Cataluña*, Ba. 1965, 293-295. L. GALMÉS

XAVIERRE, Jerónimo, OP (Zaragoza 1546 † Valladolid 2-IX-1608) consejero de Estado y cardenal. A los dieciséis años ingresó en la Orden en Zaragoza donde hizo sus estudios. Fue lector en la Orden y catedrático de Prima en la Universidad de Zaragoza (1586-1600). Provincial de la provincia de Aragón (1600-1601), fue elegido maestro general de la Orden (12-VI-1601-1607). Paulo V lo nombró cardenal (1607). Durante su generalato promovió en gran manera la observancia regular, defendió el rito propio dominicano de los intentos de unificación con el rito romano e impulsó la redacción de una Historia General de la Orden, hecha con el máximo rigor científico e histórico. Destacó como gran orador sagrado y fue nombrado predicador de Su Majestad, primero de Felipe II y, después, de Felipe III. Este mismo rey lo nombró su confesor, consejero de Estado y visitador de todos los monasterios y abadías del Patronato Real en Aragón.

BIBL.: C. FUENTES, *Escritores dominicos del Reino de Aragón*, Za. 1932, 83; MORTIER, *Histoire des Maîtres Generaux de l'Ordre des Frères Prêcheurs*, VI, Par. 1914, 52. L. GALMÉS

XIBERTA Y ROQUETA, Bartolomé, OCarm (Santa Coloma de Farnés [Gerona] 1897 † Tarrasa [Barcelona] 1967) teólogo. Profesó en la Orden del Carmen en 1913, ordenándose de sacerdote en Roma, en 1919. Maestro en Teología por la Universidad Gregoriana, pasó la mayor parte de su vida en Roma como profesor de la misma en el Colegio Internacional de San Alberto, de su Orden. Miembro de la Academia Romana de Santo Tomás, consultor de la S. Congregación de Sacramentos, examinador del clero romano, miembro correspondiente de la Real Academia de Letras de Barcelona, del Instituto de Estudios catalanes y de la Sociedad Catalana de Filosofía, miembro fundador de la Escuela Luliana de Mallorca y de la Sociedad Española de Teología, en cuyas semanas solía intervenir asiduamente. Formó parte de la Comisión preparatoria del Concilio Vaticano II y fue nombrado perito conciliar. Personalidad destacadísima en su Orden, en la que desempeñó numerosos y altos cargos, como el de Comisario General de Cataluña y el de Asistente General, ya en 1931-1937, y de nuevo desde 1947 hasta el momento de caer gravemente enfermo en 1964, muriendo en Tarrasa (Barcelona) tres años después.

OBRAS: Xiberta fue el descubridor y revalorizador de los grandes maestros carmelitas medievales con sus valiosas obras *De scriptoribus scholasticis s. XIV ex Ordine Carmelitarum*, Lov. 1931, y *Guiu Terrena, carmelita de Perpinyà*, Ba. 1932, muy elogiadas, entre otros, por el card. Ehrle y por Grabmann y que le merecieron un puesto destacado entre los mejores medievalistas. Digna de atención es también en este sentido su obra *De visione S. Simonis Stock*, Ro. 1950, estudio histórico exhaustivo de la tradición medieval que se halla a la base de la devoción mariana del Escapulario del Carmen. Como teólogo, faceta a la que, sin duda, debe su mayor prestigio, Xiberta tiene en su haber el haber sido el primero en nuestro tiempo en poner de relieve el aspecto eclesial del perdón de los pecados en el sacramento de la penitencia con su famosa y discutida tesis *Clavis Ecclesiae*, Ro. 1922, que, al ser aceptada, entre otros, por Poschmann y Rahner, ha llegado a hacerse común y ha encontrado eco en la Constitución Conciliar sobre la Iglesia (cf. L. G., 11). No encontraron, en cambio, la misma adhesión sus tesis cristológicas propuestas en sus obras *Tractatus de Verbo Incarnato*, 2 vols., Ma. 1954, y *El Yo de Jesucristo*, Ba. 1954, no obstante la novedad e interés de las mismas. Las dificultades para su aceptación hay que buscarla, en último término, en su concepción de la Teología que había expuesto con anterioridad en *Introductio in Sacram Theologiam*, Ma. 1949 y Ba. 1964. La edición de textos cristológicos en su *Enchiridion de Verbo Incarnato*, Ma. 1957 encontró, por el contrario, una aceptación unánime. Interesante también su modo de concebir la revelación, que expone en su opúsculo *La tradición y su problemática actual*, Ba. 1964, tan en línea, bajo diversos aspectos, con la Constitución Conciliar *Dei Verbum*. Xiberta dejó escritas otras numerosas obras, así como varios centenares de artículos en las más diversas revistas. Su elenco, casi completo, puede verse en J. RIBERA, *Bibliographia scriptorum A. R. P. Bartholomaei Xiberta, O. Carm.:* Carmelus, 9(1962)160-196.

BIBL.: Además del trabajo citado en último lugar, puede verse Analecta Ordinis Carmelitarum, 26(1967)159-164; R. M. López Melús, *El P. Xiberta*, Villarreal 1962; J. Miquel i Micaya, *El meu P. Xiberta*, Ba. 1968; *Miscellània Bartomeu M. Xiberta*, Ba. 1973.   P. M. Garrido

XIMENEZ DE GAZOLAZ, Pedro, (Gazólaz [Navarra] † 1268) obispo de Pamplona. Nombrado obispo de Pamplona en 1242, defendió intrépidamente la libertad de la Iglesia contra los atropellos y usurpaciones de Teobaldo I, rey de Navarra, fundó el monasterio femenino de San Pedro de Ribas, introdujo la fiesta de la Santa Espina, sostuvo a los monjes blancos contra los negros en Leire, e intentó restablecer los derechos episcopales en toda su integridad enfrentándose con los monasterios más poderosos.

BIBL.: J. Goñi Gaztambide, *Los obispos de Pamplona del siglo XIII:* R152, 18(1957)95-135.   J. Goñi

Y

YABEN Y YABEN, Hilario, (Villanueva de Araquil [Navarra] 14-I-1876 † Sigüenza 24-XI-1945) polígrafo. Estudió tres cursos de Gramática latina, tres de Filosofía y cuatro de Teología en el Seminario de Pamplona (1886-1896), 5.° y 6.° de Teología en el colegio de Estudios Superiores de Calatrava (Salamanca 1896-1898) y 1.° de Instituciones Canónicas de nuevo en Pamplona. A la edad de veinticuatro años, siendo simple diácono, ganó por oposición la lectoralía de Sigüenza (1899), ciudad donde residió habitualmente el resto de su vida, llegando a ser arcediano y vicario capitular sede vacante. Dirigió el periódico El Henares, de Sigüenza, y colaboró en varios periódicos y revistas. Entre sus compañeros era tenido por una cabeza excepcionalmente privilegiada.

OBRAS: *Juicio crítico de las obras de Jovellanos en lo referente a las Ciencias Morales y Políticas,* Ma. 1913, premiada por la R. Ac. de Ciencias Morales y Políticas; *Exposición crítica del llamado intervencionismo del Estado,* Ma. 1914; *Los contratos matrimoniales en Navarra y su influencia en la estabilidad de la familia,* Ma. 1916, premiada por dicha Academia; *Función económica y social de los trust,* Ma. 1920; *Defensa de las rogativas perpetuas y demás cargas piadosas,* Sigüenza 1926; *¿Monarquía o república?,* Ma. 1931; *El problema religioso en España,* Sigüenza 1931; *Osio, obispo de Córdoba,* Ba. 1945; *Catálogo del Archivo Catedralicio de Sigüenza,* Pam. s. a.

BIBL.: Archivo Diocesano de Pamplona, *Expediente de órdenes*; J. IBARRA, *Biografías de los ilustres navarros del siglo XIX y parte del XX,* Pam. 1953, 416-417; M. IRIBARREN, *Escritores navaros de ayer y de hoy,* Pam. 1970, 205.
J. GOÑI

YAÑEZ DE FIGUEROA, Fernando, OSH (Cáceres siglo XIV † Guadalupe [Cáceres] 25-IX-1412) cofundador de la Orden de San Jerónimo. Fueron sus padres el noble caballero Juan Fernández de Sotomayor y María Yáñez de Figueroa. Estuvo en la Corte de Alfonso XI y de Pedro el Cruel; pero los desmanes de este último le impulsaron a abandonar la Corte y tomar el estado eclesiástico. Alcanzó una canonjía en Toledo y allí mismo fue capellán mayor de reyes. Los pasos que dio hasta hacerse ermitaño y después cofundador, con fray Pedro Fernández Pecha, de la Orden de San Jerónimo, pueden verse en la biografía de este último. En 1374 le vemos prior de San Bartolomé de Lupiana, monasterio que rigió con gran acierto y ejemplo de virtudes hasta que en 1389 salió con 31 monjes de aquella comunidad a poblar el insigne santuario de Nuestra Señora de Guadalupe (Cáceres), que entonces se entregaba a la Orden jerónima y se erigía en monasterio. Es muchísimo lo que aquel célebre templo mariano debe a los desvelos y trabajos del padre Yáñez, tanto en el edificio material como en el espiritual, según puede verse en cualquiera de las historias de aquel monasterio. Fue devotísimo de la Santísima Virgen, a la que con-sideró desde el primer momento como Reina y Señora de la casa y a la que acudía en todas sus necesidades con aquella confianza que le hacía decir: «Ea, Señora, veamos quién ha de vencer, vos a traer y yo a gastar.» Siempre dio ejemplo de grandes virtudes, principalmente de humildad: renunció al arzobispado de Toledo que le ofreció Enrique IV; de caridad: atendió con gran esmero a cuantos pobres y peregrinos allí acudían; y de paciencia y prudencia, como lo demostró en los distintos lances en que le puso la Providencia. La fama de sus virtudes traspasó los límites de la clausura monacal y fue estimado por todos como verdadero santo. Cuando falleció tenía todavía el gobierno de aquel monasterio.

BIBL.: A. D. DE ECIJA, *Libro del Monasterio de Guadalupe,* Ca. 1953, 99-109, 171-184 y passim; M108, I, 10-16, 19-23, 43-49, 83-95, y 167-183; F. DE SAN JOSÉ, *Historia Universal... de Ntra. Sra. de Guadalupe,* Ma. 1743, 225.
I. DE MADRID

YCARDO MARTI, Enrique, MI (Gandía [Valencia] 6-X-1886 † Valencia 15-II-1957) orador y escritor. A los doce años ingresó en la Orden de los Camilos. Emitió los votos el 2-II-1904. En septiembre del mismo año lo trasladan para cursar estudios a Roermond (Holanda). Regresa a Vich y se ordena sacerdote el 6-VI-1909. Muy versado en Medicina, consagra su vida a la Orden y a los enfermos. Fue repetidas veces superior; cuatro, provincial de España; definidor y árbitro general. Los pobres fueron su obsesión y en la peste del 1918, al morir en Marines (Valencia) uno de sus religiosos, mártir de la caridad, él, como superior, lo sustituyó en el campo heroico. Orador felicísimo y de palabra de fuego, recorre todo el reino de Valencia. En enero de 1926 funda la revista Salus Infirmorum, para el apostolado de los enfermos. En 1936 sufre los efectos de la persecución.

OBRAS: Como escritor consagró su nombre en los amenísimos artículos publicados en Salus Infirmorum y en la Vida de S. Camilo, publicada en 1914.

BIBL.: Analecta Camilliana, (1957)891; y diversos mss. en los archivos de la Congregación en Roma, Vich y Valencia.
R. ARRANZ

YEPES, Antonio de, OSB (Valladolid 1554 † Valladolid 30-X-1618) historiador. Fueron sus padres Francisco de Yepes y Ana de Torres. No es mucho lo que sabemos de la vida de fray Antonio de Yepes, ni son abundantes las fuentes de información que han llegado hasta nosotros. Según el libro Dietario de San Benito, de Valladolid, fray Antonio de Cantabrana, que fue amanuense y auxiliar del padre Yepes en los últimos años, había reunido unos apuntamientos relativos al padre Yepes con el propósito de escribir su vida. La vida no se escribió nunca y los mismos apuntamientos del padre Cantabrana se han perdido, así como el libro Dietario donde figuraban estos datos. Nos queda, sin embargo, una breve noticia biográfica escrita en Valladolid a principios del siglo XVIII, con ayuda del Dietario y otros documentos que entonces se conservaban todavía. En ella debió inspirarse el autor anónimo que a fines del siglo escribió la historia de los *Varones memorables de la Congregación de San Benito en Hespaña*. Estos dos escritos forman nuestra documentación principal para el conocimiento de la personalidad del ilustre vallisoletano. Hay que añadir las alusiones que se hacen a él y a su obra en las Actas de los Capítulos Generales de la Congregación de Valladolid, que se encuentran manuscritas en el Archivo Abacial de Santo Domingo de Silos.

Recibió el hábito el 19-I-1570 en el monasterio de San Benito, de Valladolid. Hizo los estudios fuera de su monasterio, tal vez en Salamanca, aunque la Teología la cursó en Carrión, bajo la dirección del maestro Alvaro de Salazar. Predicador en el monasterio de San Zoilo, de Carrión, el año 1583 es lector de Artes del Colegio de Frómista, y acabado este curso lo nombraron lector de Teología de San Pedro de Eslonza, y de aquí pasó a ser lector de Teología moral de San Benito, de Valladolid. Figura como predicador mayor de Santa María la Real, de Nájera, donde conoció a fray Prudencio de Sandoval. En estos años de enseñanza pudo el padre Yepes completar su formación eclesiástica y humanística. A los treinta y nueve años empieza a figurar en los altos puestos de la Congregación. En 1589 es nombrado abad de San Vicente, de Oviedo, donde permanecerá seis años.

Este tiempo pasado en Asturias entre viejos monumentos y archivos de gran riqueza, despiertan en él la vocación de historiador, y no contribuyó poco a ello el trato con el licenciado D. Alonso Marañón y Espinosa, arcediano de Tineo, que por entonces revolvía los pergaminos de la iglesia ovetense. En 1595 los superiores le eximen de todo cargo administrativo y lo envían al Colegio de San Vicente, de Salamanca, como auxiliar de la obra que el padre Castañiza había acometido allí unos años antes. Con esto queda definida la orientación de su vida. Desde el año 1598 al 1601, es abad de San Vicente, de Salamanca. Muerto el padre Castañiza, recibe fray Antonio el encargo de proseguir una obra que apenas estaba comenzada, es decir, escribir la Crónica de la Orden. Desde 1601 a 1607 se ve libre de toda otra preocupación. Poco es lo que sabemos de él en esos años, empleados en una investigación silenciosa. En 1607 estaban ya terminados los tres primeros tomos de la Crónica. Sin embargo, había que superar las dificultades que la publicación de una obra tan voluminosa suponía. El Capítulo General de 1607 decide su publicación. Durante el Capítulo, encuentra el padre Yepes a fray Manuel Anglés, monje de Silos, que acababa de ser nombrado abad de Santa María de Irache, cerca de Estella, en cuyo colegio había una excelente imprenta que pone a disposición del padre Yepes, el cual aceptó encantado, a pesar de que la impresión de un libro en Navarra significaba un aumento de complicaciones burocráticas. En Irache se comenzará a imprimir la obra y recibirá el autor el título codiciado de maestro. El abad de San Vicente, de Salamanca, encargado de su censura, encuentra en ella un estilo erudito y a la vez lleno de unción, una puntualidad grande en las noticias, un rigor exquisito en averiguar la verdad, una admirable diligencia en sacarla de las tinieblas del pasado a costa de un trabajo ejemplar y un juicio grave y atinado.

El primer tomo aparecía, finalmente, en los últimos meses de 1609 con el siguiente título: *Crónica General de la Orden de San Benito, Patriarca de Religiosos,*

Tomo I, Centuria I. Era un grueso volumen en gran tamaño, de 454 folios, más otros 70 de apéndices y de índices. Se abre con una «Dedicatoria a todos los religiosos que guardan la Regla de San Benito y viven en Congregaciones o en Abadías particulares». Viene después un «Prólogo al lector», en que pondera la magnitud de la empresa que ha acometido. El ha concebido un proyecto universal, en el cual se describan las vicisitudes de todos los monasterios y se cuenten las hazañas de todos los santos de la Orden. Son mil ciento veintiocho años de historia, llena de sucesos impresionantes, de nombres gloriosos y de grandezas divinas y humanas. En cuanto al método, el padre Yepes quiere ser más científico que el padre Castañiza y menos técnico y a la vez más amplio que el padre Sandoval. Los censores de aquel tiempo hablan de su estilo suave, de su acertado juicio, su grande erudición, su rara comprensión de todo género de historias y de su singular modestia y gravedad. Hay en su obra cuanto se debe buscar en una historia cuando se la ve seguir las normas clásicas, como maestra de la vida y testigo de la verdad: buen criterio, amplia información, fino olfato para descubrir el error, mirada atenta en el uso de las primeras fuentes y una noble preocupación primera de la verdad. Sus mejores guías son las bulas de los papas, las actas de los concilios, los diplomas reales y los documentos particulares.

En julio de 1609 se ponía a la venta el segundo tomo y el 30 de abril del año siguiente el tercero.

En el capítulo de 1610 fue elegido abad de San Benito, de Valladolid. Esto hizo que el cuarto tomo no saliera a la luz hasta el año 1613. En el capítulo de este año consigue verse libre del cargo de abad, aunque todavía fue nombrado definidor mayor y primer juez de agravios, ocupaciones que no le impidieron continuar la obra. En la primavera de 1614 estaba terminado el tomo quinto, que salía a la luz en el otoño del año siguiente y en la imprenta de Francisco Fernández de Córdoba, en Valladolid, donde ya había sido publicado el tomo anterior. El sexto iba tan adelantado, que el padre General daba ya la licencia de impresión el 5-VIII-1916, aunque no apareció hasta bien entrado el año siguiente. Pocos días después se reunían los abades en capítulo general y el padre Yepes sería designado una vez más abad de Valladolid. Gobernó esta segunda vez desde mayo de 1917 a octubre de 1618. A pesar de ello, el 4-III-1618 daba ya su informe del séptimo tomo el censor de la orden fray Plácido de Reinosa. Poco después cayó enfermo el autor. Consumido por la fiebre, murió en octubre de aquel año. De sus papeles se hizo cargo un monje de Valladolid, el padre Jerónimo Martón, que fue nombrado para sucederle en la abadía y que era acaso el ayudante que se le había dado en el capítulo de 1613. El tomo séptimo no sería publicado hasta el año 1621. Los benedictinos españoles orgullosos de poseer una obra semejante, se esforzaron en buscar la persona capaz de terminarla. Se encomendó la misión al padre Martón, quien publicó el séptimo tomo al que solamente tuvo que añadir una dedicatoria al padre general y un prólogo. Al morir el padre Yepes se crea el cargo vitalicio de cronista general, con los honores y exenciones correspondientes, y con la misión de continuar la obra comenzada. Ostentaron el título de cronista, el padre Martín Martínez, fray Diego Ponce de León, y en 1653 el padre Cantabrana, quien en 1657 tenía ya preparado el octavo tomo de la obra. Pero sea que las cosas no respondieron, sea que se considerase que la continuación no se adaptaba a la parte publicada, el hecho es que este tomo no se llegó a imprimir. Hasta hace poco se conservaba manuscrito en Samos. El P. Cantabrana murió cuando estaba a punto de terminar el tomo noveno, cuyo paradero se ignora, poco después de 1660. Desde este momento se pierde la idea de continuar la crónica.

De la repercusión internacional de la obra es buen indicio la multitud de traducciones y adaptaciones que de ella se hicieron en distintos países.

OBRAS: *Historia General de la Orden de San Benito*, Irache 1609-10, Va. 1613, 1615, 1617 y 1621. Es la única obra que hoy nos queda del autor. En su monasterio de Valladolid dejó montones de notas y apuntes manuscritos que formaban más de 320 cuadernos y entre ellos figuraban unos *Escolios o declaraciones de las escrituras dificultosas*. Nicolás Antonio asegura que redactó también un *Catálogo de los que han escrito en la Orden de San Benito sobre la Inmaculada Concepción*. También un *Itinerario*, sobre los archivos registrados de las iglesias y monasterios visitados antes de empezar el trabajo.

BIBL.: D1, 30, 870-72; A1, I, 168; M71; J. PÉREZ, *Dissertationes Ecclesiasticae*, Sa. 1688; B. J. GALLARDO, *Ensayo de una Biblioteca Española de libros raros y curiosos* IV, Ma. 1889, 1.087-1.092; G. ARGAIZ, *Perla de Cataluña*, Ma. 1675; M. ZIEGELBAUER, *Historia litteraria benedictina*, I, 408; II, 492-494; IV, 181, 328 y 403.

J. PÉREZ DE URBEL

YEPES, Diego de, OSH (Yepes [Toledo] 1529 † Tarazona (Zaragoza) 20-V-1613) obispo. Fueron sus padres Alonso de Yepes y María González de la Casas. Por parte de su padre emparentó con san Juan de la Cruz. De pequeño estudió Gramática y, cumplidos los veintiún años, se determinó a ingresar en la Orden de San Jerónimo por su especial dedicación a las alabanzas divinas, a que era muy aficionado. Lo hizo en el monasterio de La Sisla (Toledo) el 29-IX-1550, y de allí pasó, dado su claro ingenio y disposición para los estudios, al colegio de Sigüenza. Terminados los estudios fue vicario de su casa por dos trienios y mucho tiempo maestro de novicios. Posteriormente estuvo de prior en Santa Ana de Tendilla (Jaén), Benavente (Zamora), La Sisla, Yuste, San Jerónimo el Real (Madrid) 1583-1590, San Jerónimo de Cotalba (Valencia) y San Lorenzo de El Escorial 1591-1594. En todas partes sentó opinión de santo, sabio y prudente, si bien habría que poner alguna reserva, pues de él dice el padre Sigüenza, con la ironía que a veces le caracteriza, que en El Escorial hizo «poco provecho el trienio de su priorato en lo espiritual y temporal, y en pago salió confesor del rey y después obispo de Tarazona; plegue a Dios no se diga por él receperunt mercedem suam». Más benigno es Santos en sus juicios, aunque nos habla de «sus prendas cortesanas», que es lo que precisamente debió merecer el dictamen de Sigüenza. En su mismo monasterio de La Sisla sufrió cierta persecución, que tuvo como consecuencia su destierro al de San Miguel del Monte y, a pesar de que otros le instigaban a que se aprovechara de su valimiento ante el rey y Corte, nunca lo hizo, sino aprovechó esta oportunidad de ejercitar la virtud de que dio buena prueba en esta ocasión. Camino de su destierro, tuvo ocasión de relacionarse con santa Teresa de Jesús, quien se dice lo consoló con estas palabras: «Vaya, padre, con mucho gusto y resignación a su obediencia, y crea que le traerá Dios de donde va con mucha honra», como así fue. Fue este encuentro el 16-VIII-1581. De este primer encuentro con la santa se originó el trato frecuente que tuvo con ella, llegando a ser durante algún tiempo su confesor. También Felipe II lo nombró su confesor, y lo fue hasta el fallecimiento del rey. Al año siguiente de haber regresado el padre Yepes a El Escorial, fue preconizado obispo de Tarazona, el 27-IX-1599. Secundando la devoción que había tenido a santa Teresa, a quien atribuyó la obtención de algunos favores durante

su vida, fundó un monasterio de carmelitas en Tarazona y las atendió con todo esmero y generosidad. Lo mismo hizo con su monasterio de La Sisla, del que no se olvidó a pesar del comportamiento que tuvieron con él, y les envió algunas reliquias que tenía de la madre Teresa y otras ayudas. Siendo obispo, tuvo que intervenir en la expulsión de los moriscos, de los cuales quedaron solo unos pocos en Torrellas, por no vivir el resto como buenos cristianos, sino como moros. Ya anciano, tuvo necesidad de un coadjutor, que lo fue fray Gabriel de Santa María, de su mismo monasterio.

OBRAS: *Historia particular de la persecución de Inglaterra y de los mártires más insignes que en ella ha habido desde el año del Señor 1570*, Ma. 1579; *Relación de la vida y de los libros de la Madre Teresa de Jesús*, año 1587: BN Madrid, ms. 12.763; *Vida, virtudes y milagros de la Bienaventurada Virgen, Teresa de Jesús...*, Za. 1606, otras ediciones en Li. 1614 y 1616, Ma. 1615, 1776, 1785 y 1797, Par. 1847, Val. 1876, Ba. 1887 y Buenos Aires 1946; fue también vertida a otras lenguas; *Cartas* dirigidas a la superiora del convento de San Alberto de Calatayud, ms., AHN; *Tratado sobre la muerte de Felipe II*, ms.

BIBL.: M107, 44, 58-59, 71 y 338-350; J. M. SANZ ARTIBUCILLA, *Historia de la... ciudad de Tarazona*, II, Ma. 1930, 207-222.

I. DE MADRID

YLLA, Juan, OP (Molló [Gerona] 7-I-1877 † Manila 19-V-1956) canonista. Profesó en el convento de Ocaña el 16-I-1893. Cursó los estudios de Filosofía en Ocaña (1893-1896) y los de Teología en Avila (1897-1901), donde se ordenó de sacerdote el 10-XI-1901. Destinado a las Islas Filipinas, después de enseñar algunos años en el Colegio de San Juan de Letrán, de Manila, pasó a la Universidad de Santo Tomás, donde se graduó de doctor en Derecho Civil (2-IV-1911) y Canónico (26-VI-1915). Allí enseñó Derecho Civil y Canónico hasta su muerte. Desempeñó los cargos de vicario general de la provincia (1916-1917), vicerrector de la Universidad (1917-1921), rector de San Juan de Letrán (1921-1923), prior de Santo Tomás de Avila (1923-1925), vicerrector de la Universidad (1929-1930), rector de Letrán (1930-1933) y, finalmente, rector del Seminario interdiocesano de Manila (1933-1956). Ha sido el padre Ylla uno de los sacerdotes que más gloria han dado a la Iglesia en Filipinas en los últimos tiempos. Varón sacrificado, paciente, estudioso y tenaz, se abrió paso por su saber canónico, su laboriosidad, su amor a la Iglesia y especialmente por haber formado una pléyade de sacerdotes filipinos, que recuerdan con veneración su nombre.

OBRAS: *Derecho matrimonial*, Manila 1918; *Manual de párrocos*, nueva edición acomodada al nuevo Código, Manila 1919; *El amigo del párroco filipino* del P. S. Tamayo, nueva edición, acomodada al nuevo Código, Manila 1921; *The part of the State in regard to subsidiary compensation*, Manila 1930; *Salvaguardia social*, Manila 1932; *El matrimonio según la legislación civil de Filipinas*, Manila 1933; *Constitutio «Quae mari sinico»*, Manila 1938; *Commentarium in facultates quinquenales pro Insulis Philippinis*, Manila 1938; *Marriage according to the Phillippine Civil Code*, Manila 1938; *Indultos y privilegios de Filipinas*, Manila 1940; *Facultades decenales*, Manila 1940; *Cuestiones eclesiásticas*, 3 vols., Manila 1940, 1949 y 1955, y numerosos artículos canónicos en las revistas Ciencia Tomista (1924-28), Angelicum (1928) y sobre todo Unitas (1929-56) y Boletín Eclesiástico de Filipinas (1923-1956).

BIBL.: *Documentos personales y apuntes autobiográficos*, inéditos: Archivo OP de Manila; C. ALMARIO, *In memoriam R. P. Juan Ylla OP*: Boletín Eclesiástico de Felipinas, 30(1956)428-432; H. M.ª OCIO, *Compendio de la reseña biográfica de los religiosos de la Provincia del Santísimo Rosario de Filipinas*, Manila 1895, 1264; O2, 1960, 62-64; O69, VI, 179-90; O25, 297-99.

P. FERNÁNDEZ

Z

ZACARIAS DE SANTA TERESA, OCD (Abadiano [Vizcaya] 5-XI-1887 † Alwaye [India] 23-V-1957) misionero, filósofo e historiador. Zacarías Salterain y Vizcarra cursó Humanidades en el colegio de los jesuitas de Durango. Ingresó en el noviciado de Larrea y profesó el 12-IX-1904 con el nombre de Zacarías de Santa Teresa. Perfeccionó sus estudios en Roma, donde se ordenó de sacerdote el 14-VII-1912. Enseguida pasó a la misión del Malabar y fue destinado al Seminario interdiocesano de Puthempaly-Alwaye. En él explicó Teología Dogmática (1918) e Historia de la Filosofía y Filosofía del Hinduismo, llegando a ser verdadera autoridad en la materia. De 1913 a 1934 fue prefecto de los filósofos; de 1934 a 1944, director espiritual de todo el seminario; en 1945, vicerrector. Desde 1955 hasta su muerte, inauguró el nuevo seminario filosófico, el padre Zacarías estuvo encargado del mismo. Rara es la asamblea cultural o religiosa importante de la India en que el padre Zacarías no haya tomado parte activa.

OBRAS: *Religio-Philosophic History of India*, Ernakulam 1921; *A short illustrated History of the Ancient World*, Ernakulam 1923; *A Study on Hinduism*, Ernakulam 1931; *Is there a God? Religio Philosophical*, Ernakulam s. a.; *Christianity vindicated*, Trichinopoly s. a.; *Ethology, Character and Good Manners*, 2.ª ed. Alwaye 1953; *Christianity and Indian Mentality*, Alwaye 1952; *Studies on Hinduism*, 5 vols., Alwaye 1945; además numerosos artículos en revistas de la India y fuera.

BIBL.: Muy abundante en la prensa del Malabar e India. En la Orden, Boletín Oficial de la Prov. de Navarra, (mayojunio 1957)145-147; *Las Misiones de los Carmelitas Descalzos en Malabar (India), III Centenario (1656-1956)*; Vitoria s. a., 75-78.   A. DE LA V. DEL CARMEN

ZAFRA, Juan de, SI (Jerez de los Caballeros [Badajoz] † Islas Canarias 15-VI-1570) beato, mártir. Estaba en Cuenca cuando fue aceptado para la misión del Brasil, que presidía el beato Ignacio de Acevedo. Ingresó como coadjutor en la Compañía de Jesús, en Evora el 8-II-1570. Fue arrojado vivo al mar por calvinistas holandeses que atacaron la expedición en que viajaba a Brasil. Gregorio XV aprobó su culto. Pío IX lo restituyó el 11-V-1854. Su fiesta se celebra el 15 de junio juntamente con la de sus compañeros de martirio.

BIBL.: S. LEITE, *A grande expedição missionária dos mártires do Brasil:* Studia, 7(Li. 1961)26.   F. J. RUIZ

ZALBA, Martín de, (Pamplona c. 1337 † Salon [Francia] 27-X-1403) obispo de Pamplona y cardenal. Se graduó de doctor en Decretos en Aviñón y adquirió un inmenso prestigio como profesor. Fue deán de Tudela, vicario general de Dax, canciller de Navarra, referendario pontificio y obispo de Pamplona, 16-XII-1377. A pesar de su amistad personal con Urbano VI, pronto

chocó con él y se convirtió en uno de los adversarios más decididos de la validez de su elección.

Clemente VII le encomendó la misión de reformar la diócesis, invistiéndole de plenos poderes, incluso sobre los monasterios exentos, pero Zalba dedicó más atención a los problemas del Estado que a los de la Iglesia. Tomó parte activa en la asamblea de Medina del Campo, 1380-1381, pero no pudo apartar a Carlos II el Malo de su calculada indiferencia en materia de Cisma. Obtuvo una resonante victoria sobre el monasterio de Montearagón en un pleito secular sobre jurisdicción en 13 importantes iglesias navarras y logró de Clemente VII para su diócesis la exención del metropolitano. Celebró, al parecer, un sínodo diocesano y desempeñó importantes embajadas.

A petición de Carlos III el Noble, Clemente VII le concedió el capelo cardenalicio (1390). Zalba era considerado entonces como *unus de notabilioribus prelatis totius Ecclesie ac inter ceteros doctores iuris canonici universi orbis de maioribus*, según la *Vita prima Clementis VII*. Era el primer navarro elevado a tan alta dignidad. El cardenal Pedro de Luna, futuro Benedicto XIII, pronunció su panegírico en la imposición del birrete. Zalba redactó la cédula que juraron los cardenales en el cónclave de 1394.

Con la elección de Benedicto XIII se inicia el momento más culminante en la vida de Zalba. El cardenal de Pamplona se convierte pronto en una de las figuras claves en la historia del Cisma de Occidente. Mientras los demás cardenales abandonan al papa Luna, el de Pamplona permanece a su lado hasta en los momentos más críticos, siendo su defensor intrépido y su consejero inseparable. A partir de su valiente actitud frente a los tres duques, se convirtió en una especie de secretario de Estado del papa de Aviñón y «verdadera alma de la política eclesiástica de Benedicto XIII» (Ehrle). El dirigía la diplomacia, redactaba las instrucciones de los embajadores y glosaba las cartas que recibía el papa. Su archivo particular sobre el Cisma llegó a ser la colección documental más copiosa y fascinante de la Baja Edad Media. Durante el cerco del palacio pontificio de Aviñón, su casa fue saqueada y él mismo fue detenido a traición por el capitán Boucicaut, que lo encerró en un lóbrego calabozo. Medio año más tarde obtuvo la libertad mediante el pago de un grueso rescate. Expulsado de Aviñón, 1401, organizó la evasión de Benedicto XIII, 12-V-1403 y murió poco después en Salon, cerca de Narbona. Fue enterrado en el monasterio cartujano de Bonpas, al que hizo muchas donaciones en vida y en muerte. Contaba sesenta y seis años de edad.

Compuso un comentario científico al *Corpus Iuris Canonici*, fruto de su enseñanza universitaria, cuyo paradero se desconoce, y numerosos escritos ocasionales y polémicos en torno al Cisma, publicados en gran parte por Ehrle. Su archivo particular pasó a manos de Benedicto XIII. Consta en la actualidad de 35 volúmenes y se conserva en el Archivo Vaticano. En 1394 inició la reconstrucción de la catedral de Pamplona, hundida unos años antes. Levantó a sus expensas la capilla de San Martín y las dos columnas frente al coro hacia el altar mayor.

BIBL.: J. Goñi Gaztambide, *Los obispos de Pamplona del siglo XIV. El cardenal Martín de Zalba:* R152, 23(1962) 309-400.   J. Goñi

ZALBA, Miguel de, (Pamplona c. 1374 † Mónaco [Italia] 24-VIII-1406) obispo y cardenal. Hijo de un hermano del cardenal Martín de Zalba, parecía predestinado a seguir las huellas de su tío. En 1386 era ya bachiller en Decretos. En el rótulo presentado por la universidad de Aviñón a Benedicto XIII en 1394, Miguel de Zalba figura entre los bachilleres del séptimo año, provisto de varios beneficios y ansioso de otros más. El 16-X-1403 obtuvo el grado de licenciado y el 6 de diciembre del mismo año el de doctor en Leyes por la universidad de Bolonia, titulándose en adelante doctor en ambos derechos.

Hallábase consagrado a la enseñanza de su especialidad en la universidad de Aviñón, cuando el 9-V-1404 Benedicto XIII le confirió el capelo cardenalicio, asignándole la iglesia titular de San Jorge in Velabro. A fin de que pudiera soportar decorosamente los gastos inherentes a tan alta dignidad, el papa Luna puso en sus manos todo el lote beneficial que su tío había dejado vacante en Navarra, encabezado por la mitra iruñesa (22-V-1406) y aun añadió otros beneficios nuevos. El neo-electo frisaba en los treinta años y era doctísimo. Abandonando la cátedra, entró a formar parte del séquito personal de Benedicto XIII, siendo uno de los cardenales más adictos a su causa y más fieles a su persona.

Gobernó la diócesis por medio de dos vicarios generales. En su tiempo Carlos III el Noble trató de erigir la ciudad de Pamplona en metrópoli con tres obispados sufragáneos de nueva creación: Irache, Tudela y Roncesvalles. La nueva provincia eclesiástica se desprendería de los territorios de Guipúzcoa y Valdonsella (Aragón), dependientes de Pamplona, y a su vez asumiría las iglesias de navarra sometidas a los obispos de Calahorra, Bayona, Tarazona y Zaragoza. Benedicto XIII se mostró dispuesto, en principio, a complacer al monarca y mandó abrir un expediente informativo; pero, debido al Cisma de Occidente, no se pudo, por entonces, ejecutar el proyecto. A causa de su relajación, Benedicto XIII suprimió los monasterios de religiosas cistercienses de Estella (c. 1402) y Marcilla (1405). Las relaciones entre la corona y la mitra se desarrollaron en un clima de armonía.

Entretanto el cardenal Miguel de Zalba acompañaba al papa Luna en su viaje a Italia, donde sucumbió víctima de la peste, sin haber dado la medida de sí mismo, ni como cardenal ni como obispo. Su cuerpo fue transportado a Niza y sepultado en la iglesia de los franciscanos. Posteriormente sus restos fueron depositados al lado de su tío en la cartuja de Bonpas (Francia).

BIBL.: J. Goñi Gaztambide, *Los obispos de Pamplona del siglo XV y los navarros en los concilios de Constanza y Basilea:* R104, 7(1962)358-367; V. Beltrán de Heredia, *Bulario de la universidad de Salamanca,* I, Sa. 1966, 602, núm. 380; F. Idoate, *Catálogo del Archivo General de Navarra,* Pam. 1970, 435-36, núm. 1.079.   J. Goñi

ZAMEZA, José, SI (Munguía [Vizcaya] 11-I-1886 † Roma 1-IV-1957) misionólogo. Ingresó en SI en 1903. Fue profesor de Patrología (1919-1921) y de Historia Eclesiástica en Oña (1921-1922); redactor (1922-1924) y director (1924-1930) de El siglo de las misiones; pri-

mer decano de la Facultad de Misionología en la Pontificia Universidad Gregoriana (1932-1957).

OBRAS: *Amemus Ecclesiam,* Bu. 1946; *La Roma pagana y el cristianismo,* Ro. 1940.

BIBL.: *Iosephus Zameza (1886-1957) eiusque scripta. Pontificia Universitas Gregoriana. Liber annualis. Anno 1958,* Ro. 1958, 109-118; G. Van Bulck, *Autour du problème missionnaire. Etudes de missiologie de 1932 à 1957,* VIII, Romae, Pont. Univ. Gregoriana, 1960, 76-82.
                                                         IHSI

ZAMORA, Diócesis de, (*Zamorensis*) sufragánea de Valladolid. En la Edad Media se llamaba también *Numantia* y *Numantina.*

1. Historia. Son varios los historiadores que atribuyen erróneamente a la diócesis de Zamora un origen apostólico y entre ellos vemos, en el libro de Rodrigo Méndez Silva *Población General de España,* Madrid 1675, que en su capítulo XV dice: «Predicóle la fe de Cristo San Exiquio, discípulo del Apóstol Santiago, corriendo el año 66.» Otros afirman que el mismo Apóstol hizo la predicación el año 37 o mencionan la tradición de la visita de san Pablo. Otra leyenda menciona a santa Dominica y a san Próculo como los primeros mártires de Zamora, víctimas de la persecución de Nerón. Pero, en realidad, hasta comenzar el siglo X, en que aparece el obispo san Atilano, son muy confusas las noticias de la diócesis. En los concilios visigodos no se menciona a Zamora. En el siglo X sufre la invasión mahometana, llevada a cabo por los califas Abderramán III en 939, en que se libró la batalla de «El foso de Zamora», y Al-Hakem en 963. Tras los ataques de 981 y 984, la plaza de Zamora entre junio y agosto del 986 cae bajo la dominación árabe y en ella se instala una guarnición musulmana. Posteriormente es devuelta, mediante un pacto, a Bermudo II. Pero hasta 1121 no se restablece la sede. Por entonces se suscitó un largo pleito entre los arzobispos de Braga y de Toledo, sobre la jurisdicción que cada uno invocaba, como metropolitano, sobre el obispado de Zamora. El primero alegaba ser territorio situado al norte del Duero, algún tiempo agregado a Astorga. Y el segundo pretendía fundamentar su pretensión en la consagración que había hecho del obispo de Salamanca, Gerónimo, que ejercía funciones pontificales en Zamora; litigio que resolvió en 1120 el papa Calixto II declarando al prelado de Zamora exento de cualquier metropolitano; más tarde, en el pontificado de Eugenio III, insistió en su reclamación el arzobispo de Braga, obteniendo éste letras pontificias en favor de su pretensión que confirmaron los pontífices Adriano IV y Alejandro III. El arzobispo de Santiago, que tenía en su metrópoli al de Salamanca, reclamó posteriormente sus derechos sobre Zamora, ya que ambas habían pertenecido a los metropolitanos de Mérida, de los que eran sus sucesores los compostelanos, dictándose resolución a favor de estos últimos por Inocencio III.

Desde finales del siglo XI hasta los comienzos del XIII tomó un enorme impulso la construcción de templos en esta diócesis y son numerosos los que se alzaron en la capital en estilo románico, de los que aún subsisten una veintena en diverso estado de conservación. Alfonso VII fue uno de los mayores propulsores de estas iglesias; y a él se debe la iniciación en 1151 de las obras de la catedral con su singular cúpula bizantina, consagrada en 1174, así como el restablecimiento definitivo e ininterrumpido de la diócesis por bula del papa Calixto II. En estos tiempos también se establecieron los enclaves, con jurisdicción exenta, de las Ordenes Militares.

Destacaremos algunos de los hechos más significativos de la historia de la diócesis. El año 1158, tuvo lugar el prodigio de salvarse la Sagrada Forma del incendio del templo de Santa María la Nueva, ocasionado en el *motín de la trucha*, que fue un alzamiento del populacho contra los nobles que se habían refugiado en ese templo (E. FERNÁNDEZ-PRIETO, *Nobleza de Zamora*, 155-160, 274-79).

El obispo D. Martín en 1216 entró con gente armada en la villa de Belver de los Montes y expulsó de ella a los monjes benedictinos que dependían del monasterio de Sahagún. Fernando III el Santo, que había nacido en 1201 en el monte de Valparaíso, a cuatro leguas de Zamora en dirección a Salamanca, engrandeció con muchos privilegios el monasterio que allí se fundó. En el siglo XIII, san Francisco de Asís y santo Domingo de Guzmán visitaron Zamora, e hicieron varias fundaciones. El obispo D. Suero, canciller mayor del Reino de León, obtuvo del monarca para patrimonio de la mitra el señorío de la villa y castillo de Fermoselle; el 26-V-1260, durante el pontificado de este prelado, se descubrió en la iglesia de San Pedro de Zamora el cuerpo de san Ildefonso, arzobispo que fue de Toledo, en donde lo habían depositado a causa de la invasión agarena. Este obispo, en 1266, dictó unas constituciones para el gobierno de su Iglesia y todo el obispado de Zamora; enemigo de los dominicos, prohibió la predicación de éstos en toda su diócesis y ordenó a los párrocos que impidieran en sus iglesias el que celebraran misa los dominicos, y en cuanto a las religiosas dominicas dueñas, puso a varias en prisión; llegadas las quejas a Roma, el papa Honorio IV, en 1285, expidió el breve *Moleste ferimus* para corregir este estado de cosas.

En el concilio ecuménico de Florencia de 1439 el obispo de Zamora natural de esta ciudad, D. Juan de Mella, fue uno de los miembros de la comisión que redactó el documento para la unión, entonces lograda por un tiempo efímero, de las Iglesias Católica y Ortodoxa.

Desde Juan de Mella hasta la mitad del siglo XVI, se sucede una serie de obispos que fueron figuras notables en la historia de su tiempo. Sobresalió especialmente el toresano fray Diego de Deza, confesor de los Reyes Católicos, decidido protector de Colón, que decía «que, después de Dios, debía a fray Diego de Deza el descubrimiento de las Indias».

En 1466 la villa de Villalpando y su Tierra, hicieron voto solemne en defensa del misterio de la Inmaculada, la primera población de España en hacer semejante voto. El obispo Diego Meléndez Valdés, que era mayordomo mayor del papa Alejandro VI, empleó todas sus rentas para enriquecer la catedral de Zamora con la maravillosa sillería del coro y primorosas rejas de éste y de la capilla mayor, así como la grandiosa nave de la iglesia de San Pedro y San Ildefonso de la misma ciudad, que fue elevada al rango de arciprestal por bula del papa Julio II en 1506; previamente, en 1496, se colocaron en este templo con la mayor solemnidad los restos de san Ildefonso en una capilla que fue protegida por fortísima reja y cerrada por seis claveros, por miedo a que dichos restos fuesen robados por los de Toledo que los reclamaban. Por la misma razón se negaron los custodios de la catedral a mostrárselos al cardenal Cisneros, cuando éste fue a las Cortes de Toro de 1505 y pretendió llegarse a Zamora para verlos. Esta situación de tensión y desconfianza duró hasta muy entrado el siglo XVIII. Para la custodia del santo cuerpo y del de san Atilano se creó en Zamora la famosa cofradía de *Caballeros de San Ildefonso*, compuesta por miembros de la más alta nobleza española, hermandad que subsistió hasta casi mediar el siglo XIX. Fue restablecida en 1967, mitigando el rigor en las admisiones. Estas reliquias fueron veneradas por varios monarcas desde Juan II a Alfonso XIII.

Es famosa la historia del singular obispo D. Antonio de Acuña, que secundó la causa de los comuneros y murió ahorcado en Simancas.

La conmemoración de la Semana Santa, que desde muy antiguo tiene un profundo arraigo procesional en Zamora y en donde, junto a las prácticas piadosas, existían a veces abusos censurables, dio motivo para que el rey Felipe II, en dos cartas fechadas en marzo de 1575 se dirigiera al obispo de Zamora para poner remedios a tales excesos. Durante el siglo XVII y primera mitad del XVIII, tuvieron lugar varios pleitos entre el obispo y el cabildo catedral, de éste con el Concejo y de la nobleza contra todos ellos, en defensa cada uno de sus respectivas prerrogativas y privilegios.

Existía en algunas parroquias de la capital la primitiva costumbre de aplicar el bautismo por inmersión, contra lo establecido en el ritual romano, por lo que el obispo D. Fernando Manuel y Megía decretó, en la visita pastoral que hizo a las parroquias de San Ildefonso y de San Claudio de Olivares en noviembre de 1695, su prohibición, ordenando se hiciera por ablución conforme a la disciplina vigente.

En 1712 proyectó el obispo D. Francisco Zapata hacer la fundación de una casa de ejercitantes, de la Compañía de Jesús, en Zamora, a lo cual se opuso rotundamente el cabildo fundándose en un privilegio apostólico de 1261, que requería el asentimiento previo del cabildo para la fundación de nuevas casas religiosas. Esto dio ocasión a que los canónigos manifestasen una vez más su oposición contra los conventos de dominicos, franciscanos y jerónimos, y contra algunos de los miembros de la Corporación municipal, que, en principio, había simpatizado con la fundación. La cosa llegó a tanto que, por los incidentes que hubo, el Consejo de Castilla decretó el destierro de cuatro regidores y del secretario del Ayuntamiento. El litigio quedó zanjado posteriormente por resolución de la Congregación de Religiosos en noviembre de 1719 en favor de los deseos del prelado y de los jesuitas, prosiguiéndose las obras del seminario de ejercitantes que finalizaron en 1721. Expulsados los jesuitas en 1767, se instaló en este edificio, desde el curso de 1797, el Seminario conciliar de San Atilano.

En 1762, durante el pontificado del arzobispo-obispo D. Isidro Alfonso Cabanillas, se terminaron las obras del actual palacio episcopal.

Durante la ocupación francesa las tropas napoleónicas proyectaron posesionarse de la catedral para acuartelamiento, por lo que el cabildo se vio obligado, desde el 18-II-1812 al 2-IX-1813, a hacer sus funciones y servicio de coro en la iglesia arciprestal de San Ildefonso.

Llegados los tiempos de la desamortización, el entonces obispo de Zamora, Pedro Inguanzo, escribió sus famosas 15 cartas en 1820 sobre *El dominio sagrado de la Iglesia en sus bienes temporales*, que son, según Menéndez y Pelayo (*Heterodoxos*, III, 600) juntamente con el folleto de Balmes, lo mejor que se ha escrito en castellano por los defensores de la propiedad eclesiástica. Con ocasión de la desamortización, en Zamora no se produjo derramamiento de sangre o matanzas de frailes como en otras provincias, pero las medidas desamortizadoras fueron funestas para el arte y la cultura, al desaparecer bellísimos monasterios con sus obras artísticas y la enseñanza que en ellos se daba; además los bienes eclesiásticos fueron adquiridos a precios irrisorios por los adictos al Gobierno, de donde surgió una nueva burguesía que comenzó a regir la política de la provincia.

Por el concordato de 1851 pasó esta diócesis a depender del metropolitano de Valladolid y se redujo en muchos miembros el cabildo catedralicio, a la vez que se suprimía el de la colegiata de Toro, sustituyéndolo por un reducido número de beneficiados-capellanes.

El día 27-IV-1864, por el padre Jerónimo de Usera, religioso exclaustrado del monasterio de San Martín de Castañeda, y a la sazón deán de la catedral de La Habana, se fundó en Toro la Congregación de Hermanas del Amor de Dios, que tiene por fin la cristiana educación e instrucción de la mujer; el 20-IV-1942, el papa Pío XII se dignó aprobar las Constituciones y el Instituto, cuya casa generalicia radica en Zamora.

Con ocasión de la Revolución de 1868 fueron expulsadas las religiosas de clausura que aun quedaban en sus conventos, derribándose algunos y destinando otros a usos profanos.

En el concilio Vaticano I, el obispo de Zamora, D. Bernardo Conde y Corral pronunció, el 14-V-1870, un célebre discurso en favor de la infalibilidad del Romano Pontífice.

Ya en el último cuarto del siglo XIX los protestantes ejercieron propaganda en este territorio diocesano, tomando algún arraigo en los pueblos de Villalube y Villaescusa, en el último de los cuales subsisten con capilla y cementerio propios; también en Benavente, que entonces pertenecía a la diócesis de Oviedo, y en Castrogonzalo, perteneciente a la de Astorga, y hoy pertenecientes ambos a Zamora.

El año 1894 fue aprobado, por real cédula auxiliatoria, el arreglo parroquial que comenzó a regir el 1 de enero del siguiente año. Durante el pontificado de D. Manuel Arce Ochotorena (1929-1938) se crearon las diversas ramas de Acción Católica, dando con ello a los seglares una parte más activa en las tareas de apostolado. En 1952 se estableció el Seminario menor en la Fundación Villachica, de la ciudad de Toro.

SANTOS PROPIOS: *Santa Teresa de Jesús*, patrona de la provincia eclesiástica de Valladolid; *san Atilano*, obispo patrono de la diócesis de Zamora, y *san Ildefonso*, arzobispo, patrono de la ciudad de Zamora. Los tres santos tienen fiesta propia en el misal y breviario diocesano, y también, hasta la reforma litúrgica de Pío XII, tenían conmemoración con octava.

SÍNODOS. En el siglo XIII, sin poderse precisar el año, tuvo lugar un sínodo en Toro, convocado por el obispo D. Suero Pérez de Velasco. El de 1473 fue convocado por el obispo D. Juan de Meneses; se ignoran los acuerdos en el mismo tomados. El de 1586, por el obispo D. Juan Ruiz de Agüero, referente a la disciplina de los clérigos. El de 1768, por el obispo D. Antonio Jorge Galván, en el que se aprobaron unas constituciones sinodales con 33 artículos. El de 1889 fue convocado por el obispo D. Tomás Belestá y Cambeses y asistieron 131 sacerdotes; la primera sesión de las cuatro que celebró, tuvo lugar el 29 de julio de aquel año y en ellas, además de publicarse los decretos del concilio provincial de Valladolid que le precedió, se promulgaron las constituciones sinodales que forman el Código por el que se ha venido rigiendo, si bien con el transcurso de los años han quedado anticuadas, cuando no contrarias al Código de Derecho Canónico. *Sínodo compostelano*. Durante los días 21, 22 y 23 de febrero de 1612 tuvo lugar en la iglesia parroquial de Santiago del Burgo, de Zamora, entonces de la jurisdicción compostelana, un sínodo de los sacerdotes de las vicarías o arciprestazgos de Alba y de Aliste que le pertenecían, presidido por el príncipe D. Maximiliano de Austria, arzobispo de Santiago.

CONCILIOS. El provincial de Toro de 1310, presidido por el arzobispo de Santiago, cuya segunda sesión se celebró en Zamora al siguiente año; los provinciales de Zamora, de 1313 y 1413.

MONUMENTOS ARTÍSTICOS. *a)* Epoca visigoda. *San Pedro de la Nave* (junto a Campillo). Distante 20 kilómetros de Zamora, construida sobre finales del siglo VII, se alza en planta de cruz griega, distribuida en tres naves. Al construirse el pantano del Esla, hubo de ser trasladada, piedra a piedra, a su actual emplazamiento.

b) Epoca del románico. *Zamora*: Iglesia de *Santiago el Viejo*. Vinculada por la tradición con el acontecimiento referido en los romances, de que en esta pequeña iglesia fue armado caballero El Cid Campeador. Construida en las afueras de la ciudad, tiene una sencilla puerta de acceso; en su interior se admiran interesantísimos y complicados capiteles; puede datarse de finales del siglo XI. *San Claudio de Olivares*. Próximo al anterior, construido en la primera mitad del siglo XII, *Santo Tomé*. De los comienzos del siglo XII, fue de tres naves, y conserva solamente íntegra la cabecera con tres ábsides rectangulares, según la tradición visigoda conservada en la provincia en muchos otros templos románicos. *San Cipriano*. De principios del siglo XII; posiblemente sustituyó a otro templo más antiguo, como lo denotan los adornos puestos al azar en su muro sur. *Santa María la Nueva*. Lo primitivo de este templo data de la primera mitad del siglo XII, que es la parte correspondiente al ábside ultrasemicircular. En esta iglesia se conserva el archivo de los nobles de la ciudad, cerrado con puerta y rejas de hierro con tres llaves. *Catedral*. Es quizá el único caso de catedral española en la que el mismo obispo, D. Esteban, que puso la primera piedra el año 1151, la consagró, completamente terminada, en 1174; consta de tres naves distribuidas en cuatro tramos; la mayor, cubierta con bóvedas de ojivas, la del crucero, con bóvedas de cañón, y las laterales, con bóvedas de arista; su construcción refleja la unidad de dirección por un solo arquitecto que conocía bien los grandes templos románicos de Francia y se inspiró también en otros de Oriente Medio y Sicilia, con arcos algo peraltados y ligeramente en herradura; sobre el centro del crucero se alza sobre pechinas la singularísima cúpula, cuyos precedentes están en el arte bizantino. Es notabilísima también la fachada sur con la portada de la misma, llamada «puerta del obispo». Esta catedral tiene a sus pies una enorme torre. El claustro y la portada norte, así como la sacristía, son de estilo renacimiento. *San Ildefonso*. Esta iglesia es arciprestal por bula del papa Julio II de 1506, por custodiarse en ella los cuerpos de san Ildefonso, arzobispo de Toledo, patrono de la ciudad, y san Atilano, obispo de Zamora y patrono de la diócesis. Se conservan importantes y notables trozos de su fábrica románica construida al comenzar la segunda mitad del siglo XII. *Santiago del Burgo*. De la segunda mitad del siglo XII, alzado en el centro de la ciudad; hasta finales del siglo XIX pertenecía a la jurisdicción del arzobispo de Santiago de Compostela. *Santa María de la Horta*. Construida en la segunda mitad del siglo XII en una sola nave; a sus pies se alzó una torre, que en su parte baja forma un portal de acceso, y en el primer piso, en un amplio compartimento, estuvo el Archivo General de la Orden de San Juan de Jerusalén, cuyas cajonerías allí se conservan, ya que este templo fue durante casi cuatro siglos la casa matriz de la referida Orden en los reinos de Castilla y Portugal. *Santa María Magdalena*. Es de finales del siglo XII y perteneció también a la jurisdicción de la Orden de San Juan. *San Vicente Mártir*. Igualmente de finales del siglo XII, pero solo conserva la bonita y airosa torre y la portada de poniente muy deteriorada; el resto es del siglo XVII. *San Juan de Puerta Nueva*. Igualmente se alzó al finalizar el siglo XII. Tiene una maravillosa portada y bonito rosetón en la fachada sur y un gran ventanal gótico de escuela francesa al poniente; el interior fue reconstruido casi totalmente en el siglo XVI. *Espíritu Santo*. Construida en 1212 según una inscripción, es un pequeño templo de gran sencillez, sin capiteles ni portadas adornadas, pero de una armonía y proporciones admirables. *Santo Sepulcro*. Semejante en todo a la anterior. *San Esteban*. De la segunda mitad del siglo XII.

Toro: Colegiata de *Santa María la Mayor*. En cuanto

a su planta y alzado guarda gran analogía con la catedral de Zamora, que indudablemente le sirvió de modelo, por lo que se comenzaría casi al final del siglo XII, pero se tardó muchos más años en coronar la obra (1165-1240).

Benavente: Iglesia de *Santa María del Azoque.* Comenzada sobre 1180. Las cubiertas del crucero son de ojivas del siglo XIII, las de las naves son de crucería del siglo XVI. *San Juan del Mercado.* Perteneció desde su fundación, en 1182, a la Orden de San Juan de Jerusalén, y es muy semejante a la anterior.

Fermoselle: Iglesia de *Santa María.* Afines siglo XII.

Granja de Moreruela: Monasterio de *Moreruela.* Este monasterio, fundado el año 1143, fue el primero de la Orden del Císter en España; su construcción se hizo conforme se establecía en las reglas de los cistercienses, superando a otros en grandiosidad y belleza. Hoy solo es ruinas.

c) Estilo mudéjar. *Toro:* Iglesia de *San Lorenzo el Real.* Data de finales del siglo XII. *Santa María de la Vega.* Está situada, como su sobrenombre indica, a un kilómetro de la población; fue construida por los caballeros sanjuanistas el año 1208. *Santo Sepulcro.* De finales del siglo XII. Fue casa matriz de esta Orden en Castilla, León y Portugal, pasando después a la de San Juan; conserva de lo primitivo los muros norte y poniente y los ábsides laterales. *San Salvador.* Figuraba a finales del siglo XII, como perteneciente a la Orden del Temple. *San Pedro del Olmo,* de finales del siglo XII. Las dos últimas están en ruinas.

Villalpando: Iglesia de *Santa María de la Antigua.* Construida en los finales del siglo XII, hoy en ruinas.

d) Estilo gótico. *La Hiniesta:* Iglesia de *Santa María.* El pueblo está situado a siete kilómetros de Zamora, fue mandada levantar por Sancho IV, a finales del siglo XII. *Toro:* Iglesia de *San Julián de los Caballeros.* Es obra de mediados del siglo XVI, dirigida por Rodrigo Gil de Hontañón.

e) Epoca del renacimiento. *Zamora:* Iglesia de *San Andrés.* Concluida 1571. Extraordinario es el sepulcro con la estatua orante de D. Antonio de Sotelo, labrado todo en alabastro de Cogolludo en 1598 por Pompeyo Leoni. *Villamor de los Escuderos:* Iglesia parroquial. Fue dirigida su construcción por Gil de Hontañón y terminada en 1550. *Fuentelapeña:* Iglesia parroquial. Concluida en 1618, de grandes proporciones, 43 × 22,10 metros.

2. Instituciones. CABILDOS. *Cabildo catedral:* El cabildo catedralicio de Zamora gozó, desde los tiempos de la Reconquista, de grandes prerrogativas. Alfonso VII el Emperador, por cuya iniciativa se fundó el templo actual en su planta y alzado románico, otorgó un privilegio, fechado precisamente en Zamora el 6-III-1157, por el que se hacían extensivos a los canónigos de Zamora los privilegios que ya gozaban los de León, Palencia y Santiago de Compostela; en 1239 se aprobaron unas constituciones para el gobierno de la Iglesia de Zamora y el 13-XII-1384 se completó una compilación de los privilegios de la catedral. Las prerrogativas y privilegios fueron aumentando en el transcurso de los tiempos, y así, en los comienzos del siglo XVII obtuvo un rescripto pontificio por el que se le reconocía ser una corporación con «Estatutos de limpieza de sangre en los cuatro costados para todos sus capitulares», y para mantener todas sus prerrogativas sostuvo largos y ruidosos pleitos con la Corporación municipal y aun con sus propios obispos. En 1818 ganó el cabildo una real carta ejecutoria en el pleito iniciado en 1795 que le habían promovido los obispos de la diócesis, sobre el derecho de proveer el propio cabildo las dignidades, canonjías y raciones que vacaran en los cuatro meses ordinarios, ya que las vacantes producidas en los ocho meses apostólicos las proveería la Santa Sede. En este pleito se hace mención de otros pleitos anteriores a partir del año 1539, todos ellos sobre el mismo asunto. También surgieron litigios por pretender los obispos hacer variación en el traje coral o visitar la sacristía; y con el Ayuntamiento y con la nobleza de la ciudad por cuestiones de protocolo y precedencia.

El cabildo catedral ejercía jurisdicción eclesiástica, así como civil y criminal en varias villas y lugares enclavados en el obispado de Zamora, que llevan por ello el apelativo de «camerales», y tenía para ellas su alcalde mayor, cargo que estaba unido generalmente al de pertiguero, que fallaba los asuntos en audiencia pública en el pórtico de la catedral, gozaba de gran distinción y disfrutaba por ello de pingües rentas. Las villas camerales fueron: Santa Clara de Avedillo, desde 1193; San Román de los Infantes; Moraleja de Sayago y Sanzoles, y los lugares camerales eran: Bamba del Vino desde 1122, La Hiniesta desde 1295 y Cabañas de Sayago. Independientemente de los pueblos llamados camerales el cabildo tenía el señorío de las siguientes dehesas: Valverde, Aldea-Rodrigo y las Chanas, en el término de Zamora; la de San Mamés, en el de Carrascal desde 1150; parte de la de Corporales, en Bermillo de Sayago; y los despoblados de San Martín de Bambón desde 1198, en el de Bamba del Vino; y el de Ojuelo en el de Cazurra, así como varias aceñas y numerosas heredades.

El pertiguero al servicio del cabildo gozaba del disfrute de una casa en la Plaza Mayor, que servía para que desde ella los miembros del cabildo vieran las procesiones y actos públicos; y cuando las corridas de toros eran en la Plaza del Mercado, tenían un tablado reservado.

Es curiosa la obligación impuesta a cada uno de los canónigos de tener su mula y, para que pudieran mantenerla, de los fondos y rentas capitulares se les daba la ración de cebada, que no percibían los que carecían de esta caballería; y era de estatuto que a la recepción y entrada en la ciudad de los nuevos obispos salieran los canónigos a recibirlos cabalgando en sus mulas, ceremonia que fue abolida en 1624.

Al comenzar el siglo XVII, este cabildo se componía de nueve dignidades que eran: deán, chantre, arcediano de Zamora, arcediano de Toro, tesorero, maestrescuela, prior, arcediano de Fuentesaúco y abad del Espíritu Santo, más 24 canónigos, comprendidos los cuatro de oficio y el reservado al Santo Oficio, si bien a mediados del siglo XV habían sido 30 canónigos además de las dignidades. Sin formar parte del cabildo, pero como auxiliares del mismo, había también 12 racioneros, 27 capellanes, un apuntador de coro y el secretario que podía ser seglar, más los salmistas, el pertiguero, los sacristanes, el silenciario, el perrero, el guarda de la iglesia y el campanero, más los niños seises, que sumaban aproximadamente unas 80 personas al servicio de la catedral. La plantilla actual la constituyen: cinco dignidades, 11 canónigos, comprendidos los cuatro de oficio; como no integrantes propiamente del cabildo y auxiliares de éste, hay 12 beneficiados, dos salmistas, el pertiguero, el guarda, el campanero y los niños de coro, es decir unas 38 personas. El traje coral consiste en roquete y manto negro, sobre éste una muceta de terciopelo también negra, tocados de bonete con borlas moradas o rojas (cuya forma ha ido cambiando con los tiempos), zapatos con hebilla plateada y calcetines morados; en las solemnidades el manto era de larga cola.

Cabildo Colegial de Toro: La iglesia de Santa María la Mayor, de Toro, fue construida para abadía con jurisdicción en determinado territorio, pero en el reinado de Juan II, en 1449, ya era colegiata, que Paulo III elevó al rango de insigne por bula del año 1539. Este cabildo constaba de la dignidad de abad, 10 canónigos, y además como complemento disponía de seis racioneros y diez capellanes. El Concordato de 1851 suprimió esta colegiata, reduciéndola a parroquia de categoría especial con su abad-párroco, un coadjutor y cinco beneficiados. La implantación de la segunda República, la escasez de clero y falta de dotación entonces acabó con este rango.

Corporaciones de clérigos. Existieron otras corporaciones, hoy desaparecidas, en las iglesias de San Pedro y San Ildefonso y Santa María la Nueva, en Zamora.

RELIGIOSOS. *Agustinos calzados, de Carbajales de Alba.* Se desconoce la fecha de su fundación, se extinguió en 1835 desapareciendo pocos años después todo el edificio. *Agustinos calzados, de Toro.* Existía ya en 1541; en 1569 pasaron a ocupar la iglesia de San Pelayo y sus dependencias; desaparecido, todo el edificio se dedicó a usos profanos. *Benedictinos, de Belver de los Montes.* Fue fundado en 1042 como dependiente del de Sahagún, teniendo grandes conflictos con los obispos de Zamora. *Benedictinos, de San Román de la Hornija.* Fundado por el rey godo Chindasvinto sobre el año 646. Desapareció hace varios siglos y en su mismo emplazamiento se alza la iglesia parroquial que aprovechó algunos materiales. *Benedictinos, de Zamora.* Su primer emplazamiento fue en la calle que se llama Cortinas de San Miguel, y a mediados del siglo XV se trasladó al paraje en donde se alza el Estadio, ya que la comunidad fue disuelta en 1835, trasladándose la famosa reliquia de la Cruz de Carne a la catedral y poco después fue totalmente derribado el convento.

Bernardos, de Moreruela. Tiene su origen en el famoso monasterio de Tábara en el siglo VIII, trasladado después a Moreruela de Tábara en el que florecieron san Froilán y san Atilano, que fueron después obispos respectivamente de León y Zamora. Sus monjes fueron exclaustrados en 1835. *Bernardos, de Valparaíso.* Fue fundado por escritura de privilegio de Alfonso VII el convento y alberguería de Peleas de Arriba, donando a su abad y comunidad la villa de El Cubo y el despoblado de El Cubeto el 4-X-1137. Más tarde, por el rey Fernando III el Santo, se dio un nuevo privilegio y autorización para trasladarse al sitio contiguo llamado Valparaíso, en donde había tenido lugar su nacimiento; tuvo gran importancia e interés monumental; desalojado en 1835, apenas quedan los cimientos de su emplazamiento. *Canónigos regulares de San Antonio Abad, en Toro.* Se ignora la fecha de su fundación; existía la comunidad al mediar el siglo XVIII, declarada su extinción, nada se conserva de este convento. *Capuchinos, de Toro.* Este convento se fundó en virtud de bula de san Pío V de 1619, contiguo a la que fue ermita de San Roque, quedando terminado en 1642; expulsados cuando la Desamortización, en el edificio está instalada la comunidad de padres mercedarios. *Carmelitas descalzos, de Toro.* Su fundación se hizo en 1589 contigua a la parroquia de San Julián; en 1608 se trasladó a otro nuevo edificio próximo al actual paseo de El Espolón; a su iglesia fueron traídos desde Roma los restos del cardenal-obispo de Albano, D. Pedro de Deza, el que en su testamento engrandeció con dotaciones a este convento, del que nada existe en la actualidad. *Dominicos, de Benavente.* Se fundó por expresa disposición del obispo de Oviedo en 1277; subsistió hasta la Desamortización, desapareciendo totalmente. *Dominicos, de Toro.* Fue fundado este convento por la reina D.ª María de Molina, que mandó construir un palacio anejo el año 1285; tuvo gran importancia por la cátedra de Teología que en él había, y expulsados sus religiosos en 1835, todo el conjunto de edificios fue derribado, de los que apenas quedan algunas ruinas. *Dominicos, de Zamora.* Se debió su fundación a santo Domingo de Guzmán, en 1219, en terrenos cedidos por su tía se-

gunda D.ª María de Guzmán, contiguo al cementerio de los judíos; la planta de su iglesia era de una gran nave central y los laterales de capillas, con crucero, como todos los más importantes templos de la Orden de Santo Domingo; sufrió grandes desperfectos durante la guerra de la Independencia, por lo que la comunidad se vio obligada a trasladarse a las proximidades de la iglesia de San Ildefonso. Expulsada en 1835, nada queda de sus conventos. *Escolapios, de Toro.* Estuvieron a cargo del colegio de segunda enseñanza fundado por Real Orden de 12-IV-1859, inaugurándose el 1-IX-1870; de su centro de enseñanza se han hecho recientemente cargo los padres Mercedarios Descalzos. *Franciscanos, de Alcañices.* Se ignora la fecha de su fundación; el convento fue reedificado en 1542 por el primer marqués de Alcañices y declarado extinguido en 1835; su iglesia está habilitada al culto. *Franciscanos descalzos, de Aldea del Palo (San Miguel de la Rivera).* San Pedro de Alcántara lo fundó y residió en él durante algún tiempo a partir de 1538, utilizando para ello un abandonado convento de benedictinos; desalojado en la Desamortización, fue totalmente derribado. *Franciscanos, de Benavente.* Fue fundado el año 1270; tuvo un magnífico edificio en cuya iglesia estaba el panteón de los condes-duques de Benavente; expulsados los religiosos, solamente quedan algunas ruinas del convento. *Franciscanos descalzos, de Castroverde de Campos.* Fundado en los comienzos del siglo XVII; después de la exclaustración el convento quedó casi convertido en ruinas y solamente continuó en pie la iglesia; a instancias de los vecinos de este pueblo, en 1896 se restauró el convento, volviendo a éste la comunidad; muy recientemente, tras de su ampliación, ha sido convertido en Colegio-Seráfico en donde se enseñan los primeros años de Humanidades. *Franciscanos, de Fermoselle.* Fundado en 1730, fue suprimido en 1836; su iglesia continúa abierta al culto como santuario de la Virgen de la Bandera, y el convento, sin interés artístico, está en ruinas. *Franciscanos, de Toro.* Consta su existencia en 1270; destruido por un incendio en el siglo XV, fue reconstruido en 1463; declarada su extinción en 1836, nada existe de sus edificios, y en lo que fue su huerta se alza el Seminario menor diocesano. *Franciscanos descalzos, de Toro.* Construido en 1616, próximo a la puerta de la Corredera, subsistió en él su comunidad hasta 1836, y poco tiempo después fue derribado. *Franciscanos, de Villaescusa.* Fue fundado en el siglo XVII y extinguido en 1835, y prácticamente nada se conserva del mismo. *Franciscanos, de Villalpando.* Fundado el año 1283, desapareció con la Desamortización y nada resta de su edificación. *Franciscanos descalzos, de Villanueva de Campeán.* Construido en los comienzos del siglo XVII, extinguido en la Desamortización; se conserva la fachada de su iglesia con cierta influencia azteca y las ruinas de su claustro. *Franciscanos, de Zamora.* Se debe su fundación a san Francisco en un paraje en donde más tarde se fundó el convento de San Benito; en 1260 se comenzaron las obras de otro magnífico en estilo gótico en el que subsistió la comunidad hasta la Desamortización, situado en la izquierda del Duero, del que se conserva en ruinas el ábside de la capilla mayor y la sacristía destinada a usos profanos. *Franciscanos descalzos, de Zamora.* Estuvo primeramente en las proximidades del arrabal del Espíritu Santo; en 1672 se trasladó la comunidad a las afueras de la puerta de Santa Clara y finalmente, en 1824, comenzaron otro en la que hoy se llama Plaza de Fernández Duro; finalizadas las obras, fueron expulsados con la Desamortización; el edificio ha desaparecido del todo. *Jerónimos, de Benavente.* Fue fundado en 1524; nada existe de este convento. *Jerónimos, de Zamora.* Su primitiva fundación tuvo lugar, junto al pueblo de Montamarta, por fray

Hernando de Valencia en el siglo XIV; en 1534 se trasladó a las inmediaciones de Zamora en la margen izquierda del río Duero, en donde fue levantado su suntuoso monasterio, de estilo plateresco y renacimiento, del que apenas quedan más que los cimientos; en su emplazamiento se alza una factoría industrial. *Jesuitas, de Toro.* Tuvo lugar su fundación el año 1645, por D.ª Inés de Guzmán; fue extinguido en 1759 y no se conserva nada de su construcción. *Jesuitas, de Zamora.* El proyecto de su fundación motivó grandes debates y divisiones en la ciudad; las obras de la casa quedaron finalizadas el año 1721, aprovechando para iglesia la parroquia de San Andrés; los religiosos fueron expulsados en 1767; en su edificio se instaló, años más tarde, el Seminario conciliar. *Mercedarios descalzos, de Toro.* Existía ya en 1569 y después se trasladó junto a la iglesia de Santo Tomás Apóstol, del que fueron expulsados en la Desamortización. En 1886 se restableció la comunidad en el que había sido convento de capuchinos en dicha ciudad, y en él quedó fijada la residencia del general de esta Orden y el colegio-seminario de la misma para España. *Trinitarios, de Zamora.* Este convento e iglesia fueron inaugurados el año 1681; subsistió hasta la expulsión de los religiosos en 1836; su iglesia fue destinada para templo parroquial de San Torcuato y el convento sirvió sucesivamente para comandancia de Ingenieros, Gobierno Militar y, en la actualidad, cuartel de la Guardia Civil.

RELIGIOSAS. *Benedictinas, de Zamora.* Es el convento de religiosas del que se tienen noticias más antiguas en Zamora, ya que en el siglo XII estaba situado próximo a la catedral e inmediato a la puerta de Santa Columba, sin poderse precisar el lugar, y en el siglo XV ya no existía. En 1961 se ha establecido un nuevo convento de benedictinas procedentes de los de Sahagún y Grajal de Campos. *Bernardas, de Benavente.* Fundadas en los finales del siglo XII por los monjes de Moreruela, en el pueblo de Santa Colomba, y por ello lleva el sobrenombre «de las monjas»; en 1590 se trasladaron dentro de muros a Benavente, en donde subsiste la comunidad. *Canónigas de Santa Sofía, de Toro.* Fue fundado a principios del siglo XIV, muy alejado de la ciudad, pero muy pocos años después, por deseo de la reina D.ª María de Molina, en 1316 se trasladó al actual convento en el que subsiste esta comunidad. *Carmelitas, de Toro.* Establecido en 1619, subsiste en la actualidad. *Carmelitas, de Zamora.* Fue vivo deseo de santa Teresa de Jesús el hacer esta fundación, sin que llegara a lograrlo, y tras el transcurso de casi cuatro siglos se llevó a efecto, instalándose provisionalmente en 1953 en el edificio y capilla que en tiempos pertenecía a la Cofradía de Los Ciento, y en 1956 se trasladó al convento propio de nueva planta en las inmediaciones del paraje denominado Las Llamas. *Clarisas, de Benavente.* Fundado en 1271, continúa en la vida regular de la comunidad. *Clarisas, de Fuentesaúco.* Tuvo lugar su fundación el año 1271; suprimido en 1835, subsiste la iglesia abierta al culto. *Clarisas, de Toro.* Lo fundó la infanta D.ª Berenguela, hija de Alfonso X el Sabio, sobre el año 1289, y en él yace sepultada; continúa esta comunidad. *Clarisas, de Villalobos.* Tuvo su origen en el siglo XIII y subsiste con su comunidad. *Clarisas, de Villalpando.* Data su fundación de finales del siglo XIII; su iglesia fue reconstruida en el siglo XVIII; continúa en el mismo su Comunidad. *Clarisas, de Zamora.* Fundado por discípulas de santa Clara en la ribera del Duero, cerca del arrabal de Olivares, y allí continuaron hasta el año 1592 en que se finalizó la construcción de un nuevo convento en la calle que lleva su nombre; vendido voluntariamente por la comunidad como solares al instalarse ésta en otro en 1951, contiguo a la Universidad Laboral. *Comendadoras de San Juan de Jerusalén.* Existía de antiguo este convento en el pueblo de Fuentelapeña, y a instancias del gran prior, frey Diego de Toledo, en 1521 se trasladó a Zamora, levantando un gran edificio con su iglesia junto a la del priorato de La Horta, del que fue expulsada esta comunidad en 1836; sobrevivían cinco religiosas en 1876, que compraron un viejo caserón inmediato a la catedral en el que, tras varias obras y algunas adquisiciones contiguas, continúa en él la vida de comunidad. *Concepcionistas, de Toro.* Se fundó en 1547, en un antiguo beaterio; fue suprimido en 1835; se conserva su iglesia contigua al colegio de enseñanza media de los mercedarios. *Concepcionistas, de Zamora* (franciscanas). Fue construido en sus principios junto a las llamadas aceñas de Gijón, y debido a la generosidad del obispo de Córdoba fray Alfonso de Salizanes, se edificó un nuevo convento en 1675; expulsada de éste la comunidad en 1837, la iglesia subsiste habilitada al culto, pero el convento se destinó primeramente a Academia Militar de Cadetes y después a Instituto de Segunda Enseñanza, y actualmente reconstruido, a Casa de la Cultura; la comunidad se restableció, algunos años después de ser despojada del convento, en un humildísimo edificio en la Rua de los Notarios. *Descalzas del Corpus Christi* (franciscanas). Lo fundó D.ª Ana Osorio de Rivera por testamento que otorgó el año 1589 y se habilitó el convento en 1597, siendo su primera abadesa D.ª Ana de Borja, nieta de san Francisco de Borja; en él se venera la devotísima imagen de Nuestra Señora del Tránsito, y continúa en él la comunidad. *Dominicas Dueñas, de Zamora.* La primitiva iglesia de beatas «Señoras Dueñas» fue consagrada por el obispo D. Segundo Segúndez en 1238, las que se transformaron en Dueñas monjas dominicas en virtud de la facultad concedida por el papa Alejandro IV en 1258, y en 1540 se trasladó esta comunidad al convento que en la actualidad sigue ocupando en el arrabal de Cabañales. *Dominicas de Santa Catalina, de Toro.* Fundado en 1563; carecían de iglesia, sirviéndose de la parroquia de Santa Catalina, destruida por un incendio, y la comunidad desapareció con la primera Desamortización. *Dominicas de Sancti Spiritu, de Benavente.* Debió su fundación a la infanta D.ª Leonor de Castilla en 1393; por el corto número de religiosas se suprimió sobre 1950. *Dominicas de Sancti Spiritu, de Toro.* Se fundó por D.ª Teresa Gil en el testamento que otorgó en 1307; en él está sepultada, juntamente con la reina D.ª Beatriz, mujer de Juan I, y la infanta D.ª Leonor de Castilla; continúa en él la comunidad. *Dominicas de San Pablo, de Zamora.* Se fundó por D. Alonso de Mera en 1551 en la calle de San Pablo, anexionándose la iglesia de San Pablo, que se levantó también de nueva planta; expulsada la comunidad en 1868, se instaló después en el edificio que fue de la Cofradía de Los Ciento, y extinguido por rescripto pontificio en 1934, sus religiosas fueron agregadas a las Dominicas Dueñas. *Dominicas de Santiago, de Zamora.* Fundado primeramente en la calle de Carniceros en el siglo XVI; al mediar la siguiente centuria se trasladó la comunidad a la calle de Santa Clara, construyendo un edificio contiguo a la iglesia de Santiago del Burgo, que les servía para sus cultos; en 1837 esta comunidad se refundió con las dominicas de San Pablo. *Franciscanas de San Bernabé, de Zamora.* Se debió su fundación al obispo de Ciudad Rodrigo, D. Valeriano Ordóñez de Villaquirán, en los comienzos del siglo XVI; fue suprimido en 1837, desapareciendo todo el edificio. *Marinas, de Zamora* (franciscanas). En 1489 se suprimió la parroquia de Santa Marina, agregándose la iglesia al convento construido junto a ella; se reconstruyó en el mismo lugar en el siglo XVIII, quedando terminada la iglesia en 1799. Exclaustrada la comunidad en 1868, se destinó el convento para Delegación de Hacienda, y la iglesia siguió algunos años habilitada al culto; en la actualidad está instalado en ella el Museo Provincial. La comunidad, al finalizar el siglo XIX, compró la casa-palacio del marqués de Villagodio, y construyó una iglesia contigua en terrenos que ocupó el convento de Santa Marta. *Martas, de Zamora* (franciscanas). Fue fundado en el siglo XVI por Antón Gómez de Robles, y suprimido en 1816; en el edificio estuvieron alojados los padres dominicos hasta la Desamortización; fue derribado posteriormente. *Mercedarias, de Toro.* Se fundó en 1648 en el palacio del conde de Villalonso, cedido a este fin, y en él continúa esta comunidad. *Paulas, de Zamora* (franciscanas). Se hizo esta fundación, al mediar el siglo XVI, por D. Cristóbal de Valencia; en el año 1597 se instaló en el palacio que les concedió D.ª Guiomar Pimentel, frente a la iglesia de San Andrés; fue suprimido en 1768, desapareciendo también todo el edificio.

HOSPITALES. En *Zamora,* hatta hace muy pocos años, había dos antiguos hospitales, uno de ellos para mujeres, fundado en 1526 por el comendador de la Orden de Santiago, D. Alonso de Sotelo; y el otro, de hombres y mujeres, fundación de los hermanos Isidro y Pedro Morán Pereira en testamentos que otorgaron en 1602 y 1629, en cuya última fecha debieron de comenzar las obras, que no finalizaron hasta 1662. El primero de ellos fue derruido recientemente; y en el segundo se piensa construir el grandioso edificio proyectado por Gómez de Mora. Ambos han sido sustituidos por un nuevo Hospital Provincial. En siglos anteriores existía también el *Hospital de Convalecientes,* no lejos del de Sotelo; el de *San Juan de Acre,* próximo a la iglesia de la Horta; y los de los *Caballeros de San Ildefonso* y de la *Candelaria,* estos tres últimos para pobres; y el de peregrinos de *Nuestra Señora del Caño.*

En *Toro,* de los 12 hospitales que tenía en 1504, 10 de ellos se refundieron en 1616 en uno solo llamado de *Nuestra Señora de las Angustias,* que con importantes reformas es actualmente Hospital-Asilo provincial. Exceptuado de aquella agregación quedó el *Hospital de la Cruz* o *del Obispo,* fundado en 1522 por D. Juan Rodríguez de Fonseca, obispo de Burgos. Hasta su clausura en el presente siglo era del patronato de los duques de Alba.

En *Benavente* el más antiguo es el *Hospital de San Juan,* que se fundó en 1482 totalmente reconstruido, es actualmente Hospital Comarcal; pero como más notable por su construcción sobresale el Hospital de la Piedad, fundado para pobres transeúntes por los condes de Benavente en 1518. El más moderno fue el *Hospital de San José,* que debe su fundación a D. José Vergara en 1685, para los convalecientes que salieran del Hospital de San Juan; hoy está clausurado.

En Fermoselle, Fuentesaúco, Fuentelapeña y Villalpando existieron, hasta comienzos del presente siglo, hospitales para pobres enfermos de sus vecindades.

SANTUARIOS. En el territorio de la diócesis de Zamora no hay santuarios famosos, y los existentes están limitados a un ámbito de atracción comarcal con ocasión de romerías y fiestas titulares. Entre los más visitados son el del *Santo Cristo de Morales,* a tres kilómetros de Zamora, en el que se celebra su fiesta el día 9 de mayo; el santuario de *Gracia,* en el centro de la comarca de Sayago, fundado en los comienzos de la segunda mitad del siglo XV por D. Gonzalo de Valencia, chantre que fue de la catedral de Zamora; su fiesta tiene lugar el día 9 de septiembre. En las parroquias de los pueblos de la *Hiniesta* y *Bamba del Vino* se veneran sendas imágenes marianas, patronas respectivamente de las Tierras del Pan y del Vino, en honor de las cuales se hace gran fiesta el segundo día de Pascua de Pentecostés. En *Villarrín de Campos* se venera el famoso Cristo

de este nombre, al que acuden en romería varios pueblos de su contorno en diversas fechas.

En la misma capital está la iglesia arciprestal de San Ildefonso con las reliquias del cuerpo de este santo y las de san Atilano; y la iglesia del *Tránsito* posee una singular imagen de la Virgen yacente, sobre cuyo origen existe una ingenua leyenda; su fiesta, el 15 de agosto.

SEMINARIOS. *Seminario Conciliar de San Atilano.* Por reales cédulas de 1716 y 1717 se autorizó la fundación en Zamora de un seminario de ejercitantes del clero secular a cargo de los jesuitas, que se habían instalado provisionalmente en el Hospital y capilla de la Cofradía de la Candelaria, fundación que fue confirmada por bula del papa Clemente XI, el 4-VI-1718, a cuyo fin la Compañía de Jesús construyó un edificio de nueva planta contiguo a la iglesia de San Andrés, cuyas obras se acabaron en 1721, y estuvo cumpliendo su cometido de formación sacerdotal hasta el año 1767. En 1769 se intentó destinar el edificio a seminario conciliar, si bien por ciertas dificultades no pudo realizarse entonces este deseo. En 1782 el Consejo de Castilla preguntó al Ayuntamiento de Zamora con qué cantidad de los fondos de propios podría ayudar a este fin. La Corporación respondió que, estimando conveniente la creación del seminario, contribuiría con las cantidades que anualmente, de tiempo inmemorial, se daban al convento de Santo Domingo y con los emolumentos de los preceptores de Gramática en la escuela pública. Otro nuevo intento en 1791, y nuevas dilaciones impidieron alcanzar este objetivo, que por fin se logró durante el episcopado de Ramón Falcón. Se inauguró en el curso de 1797, como consta en una inscripción sobre la puerta principal. *Seminario Menor de San Luis y San Victoriano.* Al desdoblarse las disciplinas escolares en dos seminarios, y ante el aumento de vocaciones eclesiásticas después de la Guerra de Liberación, el entonces obispo D. Jaime Font amplió el edificio, incluyendo dentro del mismo los seminarios mayor y menor. Pero el creciente número de aspirantes al sacerdocio superó toda la capacidad y para resolverlo quedó en el edificio antiguo solamente el seminario mayor, y se instaló en Toro el seminario menor, en la «Fundación Villachica», en edificio construido pocos años antes. Fue inaugurado el 12-X-1952 Hoy el Seminario mayor como tal está clausurado y agregado al de Salamanca. *Colegio-Noviciado de Mercedarios Descalzos.* Se estableció en Toro en 1886 y en él se cursan todos los estudios de Humanidades, Filosofía y Teología. Es el único en España de esta Orden. *Colegio del Verbo Divino.* Establecido en Coreses en 1943; los estudios que en él se cursan equivalen a los de seminario menor.

ARCHIVOS, BIBLIOTECAS Y MUSEOS. *Archivos.* Los más notables son el catedralicio, con documentos que datan del siglo XI, y el diocesano, muy interesante, si bien pendiente de que se termine su clasificación. Los archivos parroquiales de toda la diócesis, en general, se conservan en buen estado y algunos alcanzan a la primera mitad del siglo XVI. *Bibliotecas.* La del seminario mayor y la del palacio episcopal. *Museos.* El catedralicio, con riquísima colección de tapices, grandiosa custodia procesional, altar de plata, pinturas y esculturas valiosísimas y documentos de excepcional interés. El de la Semana Santa en Zamora, en el que están permanentemente expuestos al público todos los grupos procesionales de Semana Santa, modelos de túnicas de sus cofradías y los atributos y emblemas de éstas.

Boletín eclesiástico de esta diócesis. La fecha inicial de su publicación fue el mes de julio de 1855, saliendo de la imprenta de la Viuda de Iglesias; actualmente es una publicación mensual en tamaño cuarto.

Radio Popular de Benavente. Comenzó como medio de radiodifusión de la Iglesia en 1960, para cuyo servicio se trasladó a la capital como *Radio Popular de Zamora*.

3. Geografía diocesana. En la División de Wamba (siglo XII) aparecen los límites de la diócesis de Zamora en la siguiente forma: *Neumantia quam nostrates goti postea vocaverunt Cemoram tencat de Pena Gosendi* [Peñausende] *usque ad Tormen* [Tormes] *super illos balneos de Valle de Rege* [Baños de Ledesma] *usque Dorium* [Duero]; *de Villale* [Villalar] *usque Oter de Fumos* [Tordehumos] *secus Rivulum siccum* [Rioseco] *usque Breto* [Bretó de la Ribera]; *de Tavara* [Tábara] *usque Dorium*. En esa misma división, con respecto a los límites de la diócesis de Astorga, se marcan entre otros límites «Breto y Tavara».

Al restablecerse definitivamente el obispado en el siglo XII, quedaron comprendidas en el mismo las tierras que desde remotos siglos se llaman del Pan, del Vino, de Sayago y una pequeña porción de la Tierra de Campos situada al Norte de Toro, cuyo conjunto geográfico coincide en líneas generales con la ya señalada en los viejos límites descritos anteriormente. En el mes de febrero de 1185 se hizo una concordia entre los obispos de Salamanca y de Zamora, por la que delimitaban detalladamente las respectivas jurisdicciones. También es evidente que uno de los viejos límites en donde comienza el obispado de Astorga es la dehesa de «Misleo», sita a unos 30 kilómetros de Zamora en la carretera de Madrid a Vigo.

La antigua delimitación de la diócesis de Zamora siguió sin alteraciones hasta el último cuarto del siglo XIX; y así, en 1875, se expidieron las bulas *Quos diversa* y *Quo gravius*, en virtud de las cuales, y por lo que respecta a Zamora, se incorporaron a esta diócesis las parroquias que dentro de ella tenían enclavadas las Ordenes de San Juan de Jerusalén y de Santiago respectivamente. Habían pertenecido a la primera Orden los pueblos del valle del Guareña, por privilegio de la reina D.ª Urraca en el año 1116, así como los de Riego del Camino, Peleas de Abajo y Fuentespreadas (éste con anterioridad perteneció a la Orden del Santo Sepulcro, según concordia de 1256 entre el obispo y el prior de dicha Orden), como igualmente le correspondían algunas parroquias en Zamora y Toro. A la Orden de Santiago pertenecieron todos los pueblos que dependían de la desaparecida villa de Castrotorafe, así como los de Villalba de la Lampreana y Peñausende. Más tarde, en 1888, se incorporaron a esta diócesis unas 50 parroquias que integraban los arciprestazgos de Alba y de Aliste, que habían sido hasta entonces de la archidiócesis compostelana, así como la parroquia de Santiago del Burgo en la capital, que en múltiples ocasiones visitó por delegación el obispo de Zamora.

Hasta la reciente modificación de sus límites en 1955, la diócesis zamorana tenía una superficie territorial de 6.841 kilómetros cuadrados, con una población de unos 200.000 habitantes; dentro de esa jurisdicción tenía 15 pueblos en la provincia de Valladolid, y cuatro parroquias con varios anejos, en la de Salamanca, con múltiples dehesas, y a la vez la diócesis salmantina tenía dos pueblos en tierras de Zamora. Pero el Norte de Zamora estaba distribuido entre las diócesis de León, Oviedo y Astorga, y a esta última continúan perteneciendo los pueblos comprendidos en el Noroeste de la provincia.

4. Situación actual. Al realizarse la rectificación de sus límites por el decreto consistorial de 17-X-1954, publicado el 5-VIII-1955, se han ajustado perfectamente en el Este y Sur a los establecidos con las provincias civiles de Valladolid y Salamanca, y en compensación del territorio diocesano que en éstas se le ha desmembrado, se le ha agregado el que en la provincia de Zamora tenían las diócesis de León y Oviedo, que eran al Norte del partido judicial de Villalpando y al Este del de Be-

navente, comprendiendo esta ciudad con sus tres parroquias, incluyendo todos los pueblos situados a la izquierda de los ríos Esla y Orbigo, hasta alcanzar los límites con la provincia de León, quedando comprendidos también en estos confines algunos otros que fueron de la diócesis de Astorga.

La extensión superficial actual de la diócesis de Zamora es de 6.984 kilómetros cuadrados y tiene 235.084 fieles. (De otras confesiones conviven en su territorio 4 ortodoxos y unos 450 protestantes.) Está dividida en 17 arciprestazgos y 271 parroquias, distribuidos en la siguiente forma: Alba, con 15 parroquias; Alcañices, 19; Aliste, 15; Benavente, 11; Carbajales, 15; Castronuevo y el Pan, 19; Fermoselle, 13; Fresno, 19; Fuentesaúco, 13; Toro, 17; Valdegema, 16; Villafáfila, 12; Villalpando, 12; Villalobos, 7; Villardiegua, 21; El Vino, 16, y Zamora, 30.

La asistencia espiritual es atendida por 365 sacerdotes diocesanos, 31 religiosos misioneros del Inmaculado Corazón de María, 9 padres franciscanos, 32 salesianos, 48 mercedarios, 15 del Verbo Divino y 7 de San Pedro ad Vincula.

En cuanto a religiosas de *clausura*, hay 139 clarisas, 39 carmelitas, 38 dominicas, 35 benedictinas, 34 canónigas premostratenses de Santa Sofía, 29 bernardas, 22 terciarias franciscanas de Santa Marina, 21 franciscanas del Corpus Christi, 17 mercedarias descalzas, 12 concepcionistas y 12 comendadoras de San Juan de Jerusalén. Total 398 religiosas de clausura. Religiosas de *no clausura* son 201 del Amor de Dios, 150 hijas de la Caridad de San Vicente de Paúl, 35 siervas de San José, 17 siervas de María, 15 hermanitas de los Pobres, 12 hermanitas de los Ancianos Desamparados, 11 adoratrices, 8 salesianas, 8 misioneras cruzadas de la Iglesia y 8 dominicas de la Caridad. Total 465.

Seminaristas, 347. Colegios masculinos de *religiosos* 5, uno de ellos el del Verbo Divino, equivalente a seminario menor; en él se cursa Latín y Humanidades para los aspirantes a religiosos de esta Congregación; otro de ellos, la Universidad Laboral de Zamora dirigida por salesianos, y los tres restantes, de enseñanza media, con 2.517 alumnos en total. Colegios femeninos de *religiosas* 12, de los cuales cinco están dedicados a la enseñanza media con un total de 4.453 colegialas. En este número se comprenden también los niños del Hospicio Provincial y los párvulos varones a cargo de religiosas. Los datos son de 1964.

5. Episcopologio. *San Atilano*, c. 8-VI-900, c. 919. *Juan* (?). *Dulcidio* (?), c. 953. *Domingo*, 954-968. *Juan*, 970, 984. *Salomón*, 985, c. 989. Después de él desapareció la Sede hasta el siglo XII. *Bernardo de Perigord*, 1121, 1149, «primus episcopus de modernis». *Esteban*, c. 1150, 1174, coloca en 1151 la primera piedra de la catedral que consagra el 15-IX-1174. *Guillermo*, 1175, 1180. *Martín Arias*, c. 1191. *Martín Rodríguez*, c. 1217, 24-XI-1238 tr. a León. *Pedro*, c. 1239, 1254. *Suero Pérez*, 18-X-1255, 1286, celebró sínodo en Toro y durante su pontificado se descubrió en Zamora el sepulcro de san Ildefonso. *Alfonso*, 1293. *Pedro*, c. 1300. *Gonzalo Rodríguez*, pr. 12-II-1303, 1310. *Diego*, ob. de Lamego, pr. 14-V-1311. *Rodrigo*, 1326, 1335. *Pedro*, 1341, 1343. *Alfonso Fernández de Valencia*, pr. 23-III-1355. *Martín*, pr. 21-VII-1363. *Alvaro*, pr. 27-IV-1377. *Fernando* (?). *Alfonso*, 28-I-1383. *Alfonso de Córdoba* (¿es el mismo?), 20-III-1386, 17-III-1395 tr. a Avila. *Juan*, ob. de Orense, 17-III-1395, 30-VII-1403 tr. a Sigüenza. *Alfonso de Illescas*, 30-VII-1403, 23-II-1413 tr. a Burgos. *Diego Gómez de Fuensalida*, 23-II-1413, 22-XII-1424 tr. a Avila. *Pedro*, pr. 19-III-1425, 1438. *Juan de Mella*, ob. de León, pr. 6-IV-1440, 20-V-1465 tr. a Sigüenza. *Rodrigo Sánchez de Arévalo*, ob. de Oviedo, 1467, 30-X-1467 tr. a Calahorra. *Juan Carvajal*, pr. 30-X-1467 como adm. apost., renunció. *Juan de Meneses*, 1468, † XII-

1493, celebró sínodo 1473. *Diego de Deza* OP, pr. 14-IV-1494, 23-VI-1494 tr. a Salamanca. *Diego Meléndez de Valdés*, ob. de Astorga, pr. 23-VI-1494, † 27-XII-1506. *Antonio de Acuña*, pr. 4-I-1507, † 23-III-1526. *Francisco de Mendoza*, ob. de Oviedo, pr. 3-IV-1527, 18-I-1534 tr. a Palencia. *Pedro Manuel*, ob. de León, pr. 17-VI-1534, 9-IV-1546 tr. a Santiago. *Antonio del Aguila*, ob. de Guadix, pr. 9-IV-1546, † 1560. *Alvaro de Moscoso*, ob. de Pamplona, pr. 2-VI-1561, † 1564. *Juan Manuel*, pr. 19-I-1565, 4-VI-1574 tr. a Sigüenza. *Rodrigo de Castro*, 30-VIII-1574, 13-VI-1578 tr. a Cuenca. *Diego de Simancas*, ob. de Badajoz, pr. 13-VI-1578, † 16-X-1583. *Juan Ruiz de Agüero*, pr. 19-III-1584, † 24-V-1595, celebró sínodo 1586. *Fernando Suárez de Figueroa*, ob. de Canarias, pr. 26-III-1597, † 3-VIII-1608. *Pedro Ponce de León* OP, ob. de Ciudad Rodrigo, pr. 29-III-1610, 1615 renunció. *Juan Zapata Osorio*, pr. 16-XI-1615, † 13-VI-1621. *Juan de Peralta* OSH, ob. de Tuy, pr. 13-VI-1622, 29-I-1624 tr. a Zaragoza. *Plácido de Tosantos* OSB, ob. de Guadix, pr. 12-II-1624, † 1624, tuvo tres meses de residencia. *Juan Roco Campofrío*, pr. 17-III-1625, 5-VII-1627 tr. a Badajoz. *Juan Pérez de la Serna*, ob. de Méjico, pr. 19-VII-1627 ,† 8-VIII-1631. *Diego de Zúñiga y Sotomayor*, ob. de Orense, pr. 9-I-1634, † 1637. *Juan de la Torre Ayala*, ob. de Ciudad Rodrigo, pr. 13-VI-1638, murió antes de hacer su entrada. *Juan Coello de Ribera y Sandoval*, pr. 11-IV-1639, 11-XII-1652 tr. a Plasencia. *Antonio Payno*, ob. de Orense, pr. 18-VIII-1653, 25-II-1658 tr. a Burgos. *Alfonso de Liaño y Buelna*, pr. 18-III-1658, † antes de X-1658, no tomó posesión. *Alfonso San Vitores de la Portilla* OSB, ob. de Orense, pr. 27-I-1659, † 14-VII-1660. *Diego García de Trasmiera*, pr. 6-XII-1660, † I-1661 sin ser consagrado. *Pedro Gálvez*, pr. 8-VIII-1661, † 18-VIII-1662. *Lorenzo de Sotomayor*, pr. 4-VI-1663, † 28-VIII-1666. *Antonio Castañón*, ob. de Ciudad Rodrigo, pr. 7-III-1667, † 27-I-1668. *Dionisio Pérez de Escobosa*, ob. de Modoñedo, pr. 9-VII-1668, † 1-III-1671. *Juan Astorga de Castillo*, pr. 1-VII-1671, † 4-I-1679. *Alfonso de Balmaseda* OSA, ob. de Gerona, pr. 4-IX-1679, † 13-IX-1684. *Antonio de Vergara* OP, ob. de Cagliari, pr. 1-X-1685, † 7-I-1693. *Fernando Manuel de Mesia*, pr. 5-X-1693, 15-I-1703 tr. a Burgos. *Francisco Zapata Vera y Morales*, ob. de Dara, pr. 23-IV-1703, † 14-I-1720, fundó el seminario de Ejercitantes regido por jesuitas. *José Gabriel Zapata*, pr. 3-VII-1720, † 3-I-1727. *Jacinto de Arana y Cuesta*, pr. 26-I-1728, † 23-II-1739. *Cayetano Benítez de Lugo* OP, pr. 22-VI-1739, † 4-IX-1739, no hizo su entrada. *Onésimo de Salamanca y Zaldívar*, pr. 14-XII-1739, 20-III-1752 tr. a Granada. *Jaime de Cortada y Bru*, pr. 24-IV-1752, 26-IX-1753 tr. a Tarragona. *José Gómez*, pr. 10-XII-1753, † 14-X-1754, no hizo su entrada. *Isidro Alonso Cavanillas*, ob. de Anazarbo, pr. 12-V-1755, † 9-XI-1766, reconstruyó el palacio episcopal. *Antonio Jorge y Galván*, pr. 27-IV-1767, 29-I-1776 tr. a Granada, convocó sínodo (1768) y creó el archivo de la curia. *Manuel Ferrer y Figueredo*, ob. de Edessa, pr. 23-VI-1777, 14-II-1785 tr. a Málaga. *Angel Molinos* OP, pr. 19-XII-1785, † 8-VIII-1786. *Antonio Piñuela Alonso*, pr. 23-IV-1787, † 23-VIII-1793. *Ramón Falcón y Salcedo*, ob. de Thaumacus, pr. 21-II-1794, 28-III-1803 tr. a Cuenca, erigió Seminario Conc. en el colegio de los jesuitas expulsos. *Joaquín Carrillo Mayoral*, pr. 22-III-1804, † 12-II-1810. *Pedro Inguanzo*, pr. 26-IX-1814, 27-IX-1824 tr. a Toledo. *Tomás de la Iglesia y España* OP, pr. 20-XII-1824, † 20-V-1834. Hasta 1848 la sede estuvo vacante; fue elegido Joaquín Tarancón, sin la aprobación de Roma, como gobernador eclesiástico. *Miguel José Irigoyen*, pr. 15-IV-1848, 20-V-1850 tr. a Calahorra. *Rafael Manso*, ob. de Mallorca, pr. 15-V-1851, † 28-XII-1862. *Bernardo Conde y Corral*, ob. de Plasencia, pr. 16-III-1863, † 31-III-1880. *Tomás Belesta y Cambeses*, pr. 16-XII-1880, pos. 25-III-1887,

† 6-IV-1892, convocó sínodo en 1889. *Luis Felipe Ortiz y Gutiérrez*, pr. 14-V-1893, † 11-II-1914. *Antonio Alvaro Ballano*, pr. 25-XI-1914, † 31-XII-1927. *Manuel Arce y Ochotorena*, pr. 23-VI-1929, 22-II-1938 tr. a Oviedo, continuando como administr. apost. hasta 1-IV-1944. *Jaime Font y Andreu*, pr. 22-X-1944, 17-V-1950 tr. a San Sebastián. *Eduardo Martínez González*, pr. 16-IX-1950, pos. 18-III-1951, 31-I-1970, renunció; instaló el Seminario menor en Toro. *Ramón Buxarrais Ventura*, 3-X-1971, 13-IV-1973 tr. a Málaga; actualmente hay sede vacante.

BIBL.: M. Zatarain Fernández, *Apuntes de historia eclesiástica de Zamora y su diócesis*, Zam. 1898; U. Alvarez Martínez, *Historia general, civil y eclesiástica de la provincia de Zamora*, Zam. 1889; C. Fernández Duro, *Memorias históricas de la ciudad de Zamora, su provincia y obispado*, Ma. 1883; V. Picatoste, *Descripción e historia política eclesiástica y monumental de España. Provincia de Zamora*, Ma. 1869; I. Calvo Madroño, *Descripción geográfica, histórica y estadística de la provincia de Zamora*, Ma. 1914; T. Garnacho, *Noticia de algunas antigüedades de la ciudad de Zamora y su provincia*, Zam. 1878; E. Fernández-Prieto, *Nobleza de Zamora*, Ma. 1953; A. Gómez de la Torre, *Corografía de la provincia de Toro*, Ma. 1802; G. Calvo Alaguero, *Historia de la ciudad de Toro*, Va. 1909; J. Ledo del Pozo, *Historia de la villa de Benavente*, Zam. 1853; M. C. Pescador del Hoyo, *El Santo Rey Fernando III y su Tierra de Zamora*, Zam. 1953; A. Vázquez de Miranda, *San Ildefonso defendido*, Ma. 1625; ID., *Copias de las Actas de Visita a los Cuerpos Santos de San Ildefonso y San Atilano*, Zam. 1877; ES 4, 239, y 14, 326-38; J. M. Quadrado, *Valladolid, Palencia y Zamora*, Ma. 1875 533-671; M. Trincado, *Compendio histórico de los Soberanos de Europa*, Ma. 1769, 351; A. Rojas Villandrado, *El Buen Repúblico*, Sa. 1611, cap. XII y XIII; G. González Dávila, *Theatro...*, II, Ma. 1630, 381 y ss.; R. Méndez Silva, *Población general de España*, Ma. 1675, cap. XV; L. Padilla, *Catálogo de Santos españoles*, Ma. 1538, fols. 30-33; A. de Castro, *Historia de los protestantes españoles*, Cad. 1851; F. Fita, *Bernardo de Perigord, arcediano de Toledo y obispo de Zamora. Bulas inéditas de Honorio III (15-III-1219) y Nicolás IV (18-VIII-1291)*: R59, 14(1889)456-66; M. Gómez Moreno, *Catálogo Monumental de la Provincia de Zamora*, Ma. 1927; V. Velasco, *Guía turística de la provincia de Zamora*, Zam. 1961; *Guías artísticas de España. Zamora y su provincia*, Ba. 1958; *Zamora, Museo Románico*, Zam. 1929; R. Luelmo Alonso, *La Catedral de Zamora*, Zam. 1956; F. Antón, *Estudio sobre el Coro de la Catedral de Zamora*, Zam. 1904; A. Gómez y B. Chillón, *Los tapices de la Catedral de Zamora*, Zam. 1925; F. Antón, *El arte románico zamorano, monumentos primitivos*, Zam. 1927; E. Fernández-Prieto, *Apuntes históricos del Convento de Sta. María la Real de las Dueñas de Zamora*, Zam. 1954; J. Pérez, *Guía del Viajero en Zamora*, Zam. 1895; F. Casas Ruiz del Arbol, *La Colegiata de Toro*, SSe. 1950; ID., *Monumentos nacionales de Toro*, Zam. 1950; ID., *El Real Monasterio de Sancti Spiritus de Toro*, Zam. 1950; A. Lozano Parreño, *Compendio histórico, cronológico y geográfico sobre el número de dignidades, canónigos, racioneros y beneficiados de todas las Iglesias de España*, Ma. 1756; F. Garma Salcedo, *Theatro Universal de España*, II, Ma. 1738; J. López, *Tercera parte de la Historia General de Santo Domingo y de su Orden de Predicadores*, Va. 1613, 145, 237, 302, 311, 318 y 334; J. Domínguez, *Crónica Seráfica*, Sant. 1750, 3, 6, 15, 20, 131, 146, 158, 166, 342 y 562; M70, V, fols. 200, 206, 207 y 213, y VII, fols. 234, 282 y 331; M108, III, Ma. 1605; B. Castro, *Diccionario histórico portátil de las Ordenes religiosas y militares y de las Congregaciones regulares y seculares*: Gacetas de Madrid de 29-VII, y 14-X-1835 y 21-II-1836; F. Olmedo, *La provincia de Zamora, guía geográfica e histórica*, Zam. 1905; F. Gómez Carabias, *Guía de las poblaciones y parroquias de la diócesis de Zamora y vicaría de Alba y Aliste*, Zam. 1884; A. Alvarez de Sotomayor, *Cartilla geográfica de la provincia de Zamora*, Zam. 1852; *Mapa de la diócesis de Zamora*, Zam. 1917; F. Coello, *Mapa de la provincia de Zamora*, Ma. 1863; L. Vázquez de Parga, *La División de Wamba*, Ma. 1943; D. Mansilla, *Disputas diocesanas*: R13, 3(1955)91-113.

E. Fz. Prieto

ZAMORA, Agustín de, OFMCap (Zamora 1612 † c. 1680) escritor ascético-místico. Vistió el hábito en 1627. Fue lector de Teología.

OBRAS: *La margarita preciosa del corazón humano, sus excelencias y las finezas de Dios nuestro Señor para con él,* Ma. 1678; *Devoción muy provechosa con el Espíritu Santo,* Ma. 1678. En la primera trata de la devoción al Sdo. Corazón de Jesús, siendo uno de los primeros escritores que de ella se han ocupado en el siglo XVII en nuestra patria; y en la segunda hace resaltar la importancia de la devoción a la Tercera Persona de la Stma. Trinidad, siendo asimismo uno de los poquísimos que en castellano escribieron en dicho siglo sobre el Espíritu Santo.

BIBL.: N17, 175 ss.; N10, 1; V. DE PERALTA, *El Padre Agustín de Zamora:* R106, 20(1918)352-62.

L. DE ASPURZ

ZAMORA, Alfonso de, (Zamora † Roma 5-VIII-1445) canónigo que fue de las catedrales de Zamora y de Segovia y, después, chantre del papa Eugenio IV. Fue enterrado en la iglesia de San Eustaquio, de Roma.

BIBL.: C. FERNÁNDEZ DURO, *Colección Bibliográfica y Biográfica de la provincia de Zamora,* Ma. 1881.

E. FZ. PRIETO

ZAMORA, Alfonso de, (Zamora, último tercio siglo XV † 1531) hebraísta. De familia hebrea que, al convertirse en 1506, tomó como nombre el del santo patrono y como apellido la denominación de la ciudad que le vio nacer; por encargo del cardenal Cisneros fue uno de los 10 sabios a los que encomendó preparar y compulsar los trabajos para la impresión de la Biblia Políglota Complutense.

OBRAS: *Introductiones Artis Grammaticae Hebraicae,* Compluti 1515; *Artis Grammaticae Hebraicae Introductiones* (reducción de la anterior), Compluti 1526. Manuscritas: *Vocabularium Hebraicum atque Chaldaicum veteris Testamenti; Epistola, quam misit e regno Hispaniae ad Hebraeos qui sunt in Urbe Romana ad reprehendendum eos in sua pertinacia; Trenos de Jeremías; Profecías de Daniel en doce capítulos; Profecías de Isaías.*

BIBL.: C. FERNÁNDEZ DURO, *Colección Bibliográfica y Biográfica de Zamora,* Ma. 1881; A1, I, 56-57; D3, 4, 614.

E. FZ. PRIETO

ZAMORA, Basilio de, OFMCap (Zamora c. 1607 † Nápoles [Italia] 9-VIII-1696) predicador y escritor ascético. Vistió el hábito capuchino en 1636. Fue lector o profesor de Filosofía y Teología, superior provincial de Castilla, calificador del Supremo Consejo de la Inquisición y asimismo predicador del rey. Un escritor contemporáneo le llama «autor tan conocido por sus letras y erudición... no inferior a ningún otro en noticias históricas, en las morales y teológicas». Pasó a Nápoles como consejero y confesor del duque de Medinaceli, y allí le sorprendió la muerte. Fue visitador general de la provincia de Andalucía.

OBRAS: Aunque compuso varias obras, quedaron todas manuscritas; las principales son: *Cosmografía o descripción del mundo,* 581 pp., escrito muy erudito y curioso (Bibl. Prov. de Toledo); *Manual de advertencias y devotas aspiraciones muy provechosas para el artículo de la muerte; Cristiano recuerdo para moverse el alma a contrición de sus culpas,* ambas mss. (Bibl. Prov. de Nápoles).

BIBL.: D17, VII, 1163; N10, 200; N9, 200, 345-46.

L. DE ASPURZ

ZAMORA, Bernardo A. de, OCarm (Ledesma [Salamanca] 20-VIII-1730 † Salamanca 29-XI-1785) helenista. En 1762 lo encontramos en Salamanca como lector de Teología. En el mismo año obtuvo el bachillerato en Artes. En 1764 obtuvo por oposición la cátedra de Griego en la Universidad. Licenciado y maestro en Artes en 1765. Se entregó con ejemplar dedicación al estudio y enseñanza del griego.

OBRAS: *Gramática griega filosófica según el sistema del Brocense con las principales reglas en verso castellano,* Ma. 1771; esta obra fue muy apreciada en su tiempo y por orden del Consejo figuró como texto en Salamanca, Alcalá, Valladolid y en los Reales Estudios de la Corte.

BIBL.: G. ESPINO GUTIÉRREZ, *Contribución al estudio de la vida y obras del humanista R. P. Mtro. Bernardo A. de Zamora, OCarm.,* Sa. 1921.

B. VELASCO

ZAMORA, Juan de, OFMCap (Zamora 1721 † c. 1787) escritor ascético, predicador. Tomó el hábito el 17-IX-1743. Fue lector de Filosofía y Teología y superior de varios conventos; también, examinador sinodal de Toledo; se distinguió por su celo en la reforma y renovación de la observancia regular, al igual que por su ardorosa predicación de misiones populares; se le dio el honroso título de Misionero Apostólico. Su nombre va unido al del seminario o colegio de misioneros de Toro, del que fue organizador y primer director, logrando hacer de él un gran centro de predicación, del que salieron numerosos y excelentes misioneros que contribuyeron notablemente a la reforma del púlpito en la segunda mitad del siglo XVIII. Fue muy estimado del arzobispo de Toledo y de los ministros de Carlos III, que le ayudaron y apoyaron en sus planes de reforma.

OBRAS: *Sermón panegírico de San José,* Sa. 1779; *El eclesiástico perfecto,* Ma. 1781, 1782, 1799, obra magistral en que expone con gran profundidad la verdadera doctrina de la vocación sacerdotal y sus obligaciones anejas.

BIBL.: N10, 196; M. DE POBLADURA, *Seminarios de misiones y conventos de perfecta vida común:* Collectanea Franciscana, 32(1962)15 ss.

B. DE CARROCERA

ZAMORA, Lorenzo de, OCist (Ocaña [Toledo] c. 1567 † Alcalá [Madrid] 1614) abad, escriturista. Monje de Santa María de Huerta, donde recibió el hábito de manos de fray Luis de Estrada en 1581. Por influencia de fray Pedro de Lorca, general de la Congregación, se le concedieron los privilegios propios de los definidores. Se le eligió abad de su monasterio y se le permitió graduarse en Teología en la Universidad de Sigüenza. Gobernó acertadamente la abadía. Pese a los favores recibidos de Lorca, Huerta figura en primer lugar en la lista de las comunidades que se opusieron a la drástica medida del general respecto a la supresión de los procuradores. En cuanto a las dotes intelectuales de Zamora, parece haber sido su fuerte la intuición. De ahí su afición a la poesía y a la Sagrada Escritura. Sabemos que en 1598 era lector de Teología en el monasterio de Palazuelos, y en 1601 y 1603 lo era de Sagrada Escritura en el colegio de San Bernardo, de Alcalá. En 1608 fue elegido visitador de la Congregación; pero, antes de concluir el trienio, Felipe III le encargó en 1610 visitar, junto con fray Juan Alvaro, abad de Veruela, los monasterios de Cataluña. En julio y agosto, respectivamente, fueron rechazados cortésmente en Poblet y Santes Creus. En 1611, provistos ya de la autorización del sumo pontífice, visitaron con diligencia y prudencia ambos monasterios. Los mandatos oficiales de la visita en Poblet se limitaron al fomento del culto de san Bernardo de Alcira y del venerable Pedro Marginet. Esta visita le costó a Zamora la mitra de Huerta, ya que, elegido por segunda vez, no pudo llegar a tiempo para la confirmación. Se le ofreció la cátedra de Sagrada Escritura de la Universidad de Alcalá. Rehusó por sentirse ya enteramente sin fuerzas, aun cuando debía frisar en los cincuenta años de edad. Fue enterrado en la iglesia del colegio de San Bernardo, al lado de fray Pedro de Lorca y con un sencillo, pero expresivo epitafio.

OBRAS: Aunque Muñiz afirme *(Biblioteca Cisterciense Española,* 361) que la *Monarquía Mística* se editó en Madrid en 1594, creemos que es un error, puesto que el permiso del rey no lo obtuvo hasta 1598 y se editó la segunda parte en Alcalá en 1601 y 1603, y la primera en Madrid en 1604; consta la obra entera de siete partes, editadas en tan diversos lugares como Alcalá, Madrid, Valencia, Barcelona, Lisboa. En 1629 se publicó una traducción latina de la tercera parte (alabanzas de la Virgen) y otra al italiano de la séptima (armas de la Iglesia) en 1619; esta parte fue publicada también en francés el mismo año que el original (Par. 1609); otras obras impresas de Zamora son sus *Discursos de Cuaresma*, Val. 1604; un *Santoral* de tres tomos, Ba. 1610, Ma. 1612, Ve. (en italiano) 1615 y 1621; *La Huida a Egipto*, Alc. 1609, 1614, Ve. 1613; *Saguntina*, Alc. 1587.

BIBL.: M93, IV, 672, 675, 677, 678, 680, 681; A1, II, 11 y 12; M98, 360-62; L. FERRANDO, *Actuación de L. de Zamora en los monasterios del Cister en Cataluña:* R74, 14(1962) 317-21.   P. GUERIN

ZAMORA, Munio de, OP (Zamora 1237 † Roma 19-II-1300) maestro general. Tomó el hábito en 1257, probablemente en Zamora. En 1281, en el Capítulo provincial de Estella, es electo provincial de la provincia de España, y el 12-V-1285 elegido general de la Orden en Bolonia. Este mismo año publicó la Regla para los Terciarios de ambos sexos, la cual fue aprobada por bula de Honorio IV el 28-I-1286. Por intrigas políticas — al ser Munio íntimo de Sancho IV de Castilla — y por manifestarse defensor del Aquinatense, fue duramente perseguido e invitado repetidas veces por el papa Nicolás IV a renunciar al generalato. Ante la negativa de Munio, el papa envía bula (13-VIII-1291) aí Capítulo general que la Orden celebraba en Palencia, ordenando la deposición. Este mismo año es propuesto para el arzobispado de Santiago y renuncia. El 7-III-1294, ante la insistencia y lágrimas de Sancho IV, acepta el obispado de Palencia. El 11-VII-1296 Bonifacio VIII lo llama a Roma y lo depone. Muere santamente y sus restos descansan en la basílica de Santa Sabina. Sus contemporáneos al hablar de Munio nos dicen que no era intelectual, pero que se hacía amar comúnmente por los frailes, y que era hombre de gran autoridad y prudencia y de noble y llana condición.

BIBL.: O23, I parte, lib. 3, cap. 50, 595-97; O52, II, 171-293; O54, 60-65.   C. PALOMO

ZAMORENSIS, Martinus, (siglo XIII) canonista. Perteneciente a la escuela de Bolonia. Tal vez haya que identificarle con *Martinus Roderici*, archidiácono de León, después obispo de Zamora (1217) y, finalmente, obispo de León (1238-1242).

OBRAS: *Glosas al Decreto de Graciano; Glosas a la Compilatio I Antiqua; Notabilia* a la misma *Compilatio IV Antiqua.* Los tres primeros escritos consisten en simples glosas, sin llegar a constituir un verdadero *apparatus.* El apelativo *Zamorensis* fue localizado por Franz Gillmann en varias glosas.

BIBL.: ES 35, 307-308; F. GILLMANN, *Der Codex Halensis Ye, 52 Glossenbruchstück zur Compilatio I:* R11', 108(1928) 527; ID., *Der Laurentius Hispanus Apparat zur Compilatio III auf der staatlichen Bibliothek zu Bamberg,* Mainz 1935, 20; ID., *Zur Inventarisierung der kanonistischen Handschriften aus der Zeit von Gratian bis Gregor IX,* Mainz 1938, 75 y 81-82; ID., *Petrus Brito und Martinus Zamorensis, Glossatoren der Compilatio I:* R11', 120(1940) 60-64; ST. KUTTNER, *Repertorium der Kanonistik,* Città del Vaticano 1937, 11, 53, 414; ID., *Bernardus Compostellanus Antiquus. A Study in the Glossators of the Canon Law:* Traditio, 1(1943)335; M. BOHÁCEK, *Literatura středovekých právnich škol v rukopisech kapitulni knihovni olomoucké* (Literatura de las escuelas medievales de derecho en los manuscritos de la Biblioteca del Cabildo de Olomuc), Praga 1960, 76; A. VAN HOVE, *Prolegomena ad Codicem Iuris Canonici,* Malinas-Roma 1945, 447, 3.
                                    A. GARCÍA Y GARCÍA

ZAPATA, Antonio, (Madrid 8-X-1550 † Madrid 27-IV-1635) obispo, cardenal e inquisidor general.

Primogénito del conde de Barajas, se bautizó en la parroquia del Salvador, de Madrid. Ingresó en el colegio de San Bartolomé, de Salamanca (16-X-1579), del que salió con el grado de licenciado en Cánones. Su renuncia a los derechos de primogenitura en favor de su hermano impresionó a Felipe II, que lo encaminó a los puestos más altos de la Iglesia española. Comenzó con cargos humildes: inquisidor y racionero de Cuenca, de donde pasó a inquisidor y canónigo de Toledo. En marzo de 1587 el Rey Prudente tomó la iniciativa para hacerlo obispo de Cádiz, diócesis de pocas parroquias y sin grandes problemas. La respuesta de los asesores del monarca resultó favorable. Sólo García de Loaysa objetó la juventud e inmadurez de D. Antonio. En cambio fray Diego de Chaves aprobó sin reservas la idea de su regio penitente. El secretario real, Mateo Vázquez, se sumó al dictamen del confesor. D. Antonio Zapata —dijo— «en Cuenca hizo muy bien el oficio de inquisidor y en Toledo hace lo mismo. Lo que García de Loaysa apunta, de alguna consideración es, aunque de derecho bastan treinta años para ser uno obispo. El conde [de Barajas] le ha deseado ver del Consejo de la Inquisición y, como se ha dilatado, me apuntó que tendría por mucha merced servirse vuestra Majestad de D. Antonio en el Consejo Real. Díjele el inconveniente de padre e hijo en el mismo tribunal, y respondióme con los ejemplos de hermanos que fueron los Birviescas y el obispo Covarrubias y su hermano. Si D. Antonio, sin esperar más tiempo, ha de ser obispo, muy bien podría comenzar por Cádiz». Felipe II escribió al margen: «Visto lo que aquí decís y lo que también ha dicho fray Diego de Chaves, me resuelvo en nombrar para Cádiz a D. Antonio Zapata». Sixto V prestó su consentimiento el 17-VIII-1587. Recibió la consagración en Madrid de manos del cardenal Gaspar de Quiroga, arzobispo de Toledo.

En su corto pontificado gaditano desplegó fecundas iniciativas, propias de un obispo postridentino. Liquidó los pleitos movidos al cabildo por su antecesor. Fundó un colegio de 30 plazas para el servicio de la catedral bajo la advocación de San Bartolomé, en memoria del colegio salmantino en que se había formado, cuya vida y costumbres pretendió imitar en un principio (1589). En 1592 envió a la Sagrada Congregación del Concilio, para su confirmación, el expediente de erección, a fin de que nunca se pudiera dudar de su validez. La Congregación declaró que ésta se había ajustado a los decretos tridentinos. Dos años después le dio el primer reglamento, que fue impreso por su sucesor en 1601 y reimpreso con varias adiciones cuarenta años más tarde. Construyó el convento de religiosas de la Candelaria. Celebró sínodo diocesano, en el que se aprobaron unas Constituciones que estuvieron en vigor muchos años. Fue gobernador político y militar de Cádiz y edificó a su costa una muralla frente a la bahía de más de 3.500 metros de longitud. Pese a sus buenos deseos, no realizó la visita *ad limina*, debido a la oposición de Felipe II. La Iglesia de Cádiz, agradecida a su bienhechor, dotó un aniversario perpetuo por él y otro por su padre.

La noticia de su acertado gobierno llegó hasta Pamplona. Cuando fue promovido a la sede de San Fermín (13-V-1596), el cabildo, loco de contento, le instó vivamente a que viniese cuanto antes y no prestase crédito a las siniestras informaciones de su antecesor D. Bernardo de Rojas y Sandoval, enemigo de los canónigos (27-V-1596). Zapata hizo caso de la segunda parte del ruego, pero no de la primera, ya que, aunque tomó posesión por procurador cuatro meses más tarde, no entró personalmente en su iglesia hasta el 13-III-1597. En Pamplona dejó un recuerdo más grato que en Cádiz. Vivió en paz con su cabildo y se volcó en favor de su iglesia. Ya el 27-V-1597 destinó 620 ducados para el culto divino de la catedral: de ellos se invertirían 380 en aumentar el salario de los músicos de capilla y 240 en el sustento de los monacillos, cuyo número fue duplicado. En 1598 mandó tallar y dorar, a sus expensas, el grandioso retablo mayor de la catedral, obra del escultor Domingo de Vidarte, actualmente en la parroquia de San Miguel de Pamplona. En el mismo año trató de comprar el edificio del Estudio municipal, sito en la rua chica de la población de San Nicolás, para erigir en él un Seminario análogo al de Cádiz. Un año después (1599) levantó la sacristía mayor de la catedral, ornamentada en el siglo XVIII en estilo rococó. Mandó labrar el artístico templete o trono de plata en que se exponía el Santísimo y se colocaba la imagen de nuestra Señora en determinadas ocasiones, de unas 30 arrobas de peso y «de insignes hechuras», fabricado en Amberes; «y no teniendo año, como le tienen las demás obras..., se cree la hizo estando de virrey de Nápoles» (1620-1622). En la actualidad, colocado en una carroza, se emplea en la procesión del Corpus. También costeó unas andas de plata para las procesiones. Todas estas obras llevan grabado el escudo de armas del obispo Zapata.

Pero el rasgo que más impresionó a sus contemporáneos fue su actitud durante la peste que se abatió sobre la ciudad de Pamplona el 14-IX-1599. El cabildo catedral, viendo que la epidemia no cesaba, antes avanzaba y cada día hacía mayores estragos, y que a causa de ella se habían suspendido las audiencias de los tribunales y que todo el reino estaba retirado, absorto y despavorido, autorizó a sus miembros para ausentarse de la ciudad y adoptó otras medidas, aunque no se guardó ninguna. En aquel momento D. Antonio Zapata se hallaba de visita pastoral en San Sebastián. Declarado el contagio, se dio aviso al prelado para que no viniese a la ciudad, cuando otros huían de ella, y tomase la resolución de continuar la visita por otras partes sanas del obispado. Pero el aviso produjo efecto muy contrario en el santo celo del pastor. Sin dilación regresó a Pamplona como buen pastor a cuidar, consolar y socorrer a sus amadas ovejas. Es de suponer el contento que causaría en el pueblo tal resolución y la presencia de su padre y prelado que, como otro San Carlos Borromeo, administró los santos sacramentos personalmente a los contagiados. Más tarde el cabildo, en carta al rey, le expuso que la ciudad vivía gracias al valor y caridad de D. Antonio Zapata, «porque si en estos trabajos por ella han pasado, no tanto de peste cuanto de hambre, él no la hubiera socorrido con tan largas limosnas, como ha dado, y diligencias sumas, espirituales y temporales, que sin temer peligro ninguno de su persona ni gasto de su hacienda, ha puesto para el remedio dellos, sin duda se hubiera de todo punto destruido con evidente peligro de no quedar en todo este reino cosa sana».

Según el *Libro de la peste, 1599*, que se conserva en el Archivo Municipal de Pamplona, el prelado «visitó los hospitales y gente menesterosa acudiendo a las enfermerías de los apestados y dando limosnas con larga mano, y ordenó a los vicarios y curas de las cuatro parroquias repartieran ración de pan y dinero..., que si no fuera por esta limosna, que duró todo el tiempo de la peste, hubieran muerto más de seis mil personas de hambre, porque la limosna que por el señor obispo se les daba, era en suficiente cantidad para sustentarse».

El 17-X-1599 el Ayuntamiento, por indicación del prelado, imploró la misericordia divina por intercesión de los santos Fermín, Sebastián y Roque, prometiendo en manos del obispo que en adelante no se comería carne en las vigilias de San Fermín y San Sebastián; que a san Roque se le construiría una ermita, a la cual se dirigiría anualmente en procesión el día de su fiesta con la solemnidad acostumbrada en semejantes votos; y que se colocaría la imagen de San Sebastián en el retablo de San Gregorio de la catedral. Poco después D. Antonio Zapata organizó otra función de rogativas en la capilla de San Nicasio de la iglesia parroquial de San Fermín (13-IX-1599). A las dos semanas desapareció la peste.

«No es fácil —comenta el historiador Fermín de Lubián— que la Santa Iglesia de Pamplona cuente otro señor prelado más insigne bienhechor que al Sr. Zapata, así por las cosas que ejecutó en el corto tiempo de su prelacía en el obispado, como porque mantuvo una grande unión y paz con el cabildo, sin seguir al Sr. D. Bernardo, su antecesor, en los litigios, como porque, mientras vivió, fue protector declarado de la Iglesia y de todos sus capitulares.»

Pamplona era considerada como una sede de ascenso. El 11-IX-1600 D. Antonio Zapata fue promovido a la sede metropolitana de Burgos. Todo el reino de Navarra y particularmente el cabildo y la ciudad de Pamplona quedaron desconsolados, viéndose privados de un prelado de tan señalados méritos. El cabildo, en la citada carta al rey, tributó los más vivos elogios al obispo que les dejaba y pidió al monarca el envío de un prelado del mismo temple.

En Burgos puso el acento en la formación del clero, ya que el que había, dejaba mucho que desear en punto a instrucción y costumbres. Pareciéndole que nadie como los jesuitas podrían remediar este mal, decidió fundar un Estudio General de latinidad en el colegio de San Nicolás y confiarlo a la Compañía. El nuevo centro, dotado de cuatro cátedras de Gramática, fue erigido el 21-VII-1601. En él habían de recibir enseñanza gratuita los seminaristas y todos los demás estudiantes que concurriesen a la ciudad de Burgos. A instancias suyas, el cabildo accedió a que la cátedra ya existente de latinidad, dependiente de la Corporación Capitular, se incorporase al Estudio General, pero luego se volvió atrás. Por lo que toca al colegio de San Nicolás, lo arrancó del poder del Ayuntamiento, que se había adueñado de él, y restituyó al prelado su administración y gobierno, así como el nombramiento de colegiales, reservando a la ciudad la presentación de seis u ocho de ellos. En los nuevos estatutos que él redactó de acuerdo con el cabildo, dispuso que en adelante el rector fuese un canónigo.

Estas medidas en pro de la formación sacerdotal habrían resultado más eficaces, si su promotor hubiera permanecido más tiempo al frente de la iglesia burgalesa. Antes de partir, mandó labrar el coro y el trascoro, gastando grandes sumas. Realizó la visita *ad limina*, subrayando en su relación del estado de la archidiócesis los defectos del clero y del pueblo, la pobreza de los beneficios y su repercusión en la vida del clero.

El 9-VI-1604 fue elevado al cardenalato y absuelto del vínculo que le ligaba a la iglesia de Burgos. La birreta le fue entregada en Lerma. Felipe III lo envió a Roma en calidad de protector de los españoles. Como había gastado sin medida en las tres sedes episcopales, pidió al papa que le concediera los frutos de la iglesia burgalesa desde su promoción al cardenalato hasta el nombramiento de su sucesor (9-IV al 20-X-1604). El fiscal de la Nunciatura española, que transmite estos deseos, alude a otras pretensiones del cardenal Zapata. Ignoramos el resultado de sus peticiones que, a buen seguro, sería negativo, al menos si dependía de la Dataría y si ésta era como la pintaría bien pronto D. Antonio Zapata.

El 4-III-1605 escribió desde Valladolid al cabildo de Burgos justificando su proceder en lo tocante a la cátedra de Gramática. Tres meses más tarde el papa le impuso el capelo rojo en un consistorio público (2-VI-1605) y le asignó el título de San Mateo in Merulana, del que pasó sucesivamente a los de Santa Cruz de Jerusalén (5-VI-1606) y Santa Balbina (17-X-1616).

La secretaría de Estado del papa comenzó pronto a hablar, en su correspondencia con la nunciatura española, de las intrigas, ineptitud, ligereza e imprudencia del cardenal Zapata. El 14-IX-1606 le comunicaba que la promoción de cardenales había sido bien recibida excepción hecha del cardenal Zapata, quien se había dolido de la preterición de los españoles. Pero al día siguiente le avisó que el cardenal se había arrepentido de haber escrito contra la promoción de cardenales y que había dado explicaciones al papa. También sentó mal en la curia su actitud en el asunto de Venecia.

Pero si la secretaría tenía quejas del cardenal Zapata, el tratamiento que recibían los españoles en Roma le movió a redactar un memorial sobre los abusos de la Dataría, que envió con el mayor secreto al duque de Lerma, valido de Felipe III. «Por ser materias odiosísimas a toda la Corte romana, no me he fiado de persona viviente, ni aun de criado mío, que lo escriba.» Poco familiarizado con la historia de la Iglesia y de visión unilateral, cree que el centralismo comenzó con Bonifacio VIII en 1295 y que Sixto IV «dio forma al tribunal que llaman Rota». Algunos reinos, como Francia y Alemania, no admitieron las nuevas imposiciones. «Sola España... no tuvo quien la defendiese y recibió sobre sí toda esta carga; y a ella asestan millares de invenciones de sacar dinero que, desde el dicho tiempo hasta hoy, van descubriendo los sutilísimos ingenios romanescos, tratándonos peor que a indios... Hoy día son treinta y cinco reservas las que haya, que comprenden casi cuantas pueden ofrecerse de vacantes y así los ordinarios, que eran dueños de todo, tienen ya tan poco, que es nada». Con ellas premian a hombres indignos, la mayor parte bastardos y hombres que han salido o echado de las religiones. «Para sacar una gran suma de dineros, se pasan cuantas coadjutorías se piden... Ahora es tiempo de jubileo para las gracias que pagan composición en Dataría: todas cuantas se piden, se conceden sin más causa que el pedirla y pagarla... Lo que pasa en la concesión de dispensas matrimoniales es increíble. De la manera que en casa de un mercader tienen precio las sedas conforme al género de que son, así en Dataría hay un arancel: en tercero sin causa, tantos ducados; con causa, tantos; si hubo cópula, tantos. Y de esta forma están señalados para todo género de grados, de suerte que no hay más que pedir y pagar.» Con la misma dureza se explaya sobre las resignaciones, medias anatas, pensiones, testas de ferro, pleitos, etc. «Las bulas del obispado de Pamplona, cuya tasa es de 3.500 florines, cuestan más de 7.000 ducados... Ningún año habrá que no salgan de este reino 600.000 ducados para Roma... Para que los españoles sean bien recibidos y acariciados, los principales oficios de la Dataría son franceses.» Sugiere diversos remedios, de los cuales le parece el más eficaz una enérgica intervención del embajador y del protector de España (14-IX-1607).

No menos implacable se muestra en denunciar los desórdenes de los frailes españoles que caían por Roma. En carta al secretario Andrés de Prada le dice que «de los perdidos que acuden a Roma, ha visto cuanta disolución hay en algunos monasterios de monjas destos reinos... Que la perdición de los frailes es de grande compasión... Que desde España van más apóstatas en un año que del resto del mundo en muchos, y más frailes hay en Ginebra y en los exércitos en hábito de soldados de lo que se puede creer. Que también van frailes de Indias con grandes quexas de los vicarios, y todo el mundo está lleno de males. Que en Bolonia está un colegio de españoles, de que él es protector, y está perdido y no le hay remedio, que entre seis u ocho gastan nueve mil ducados de rentas». Una junta, a la que debemos el anterior resumen, estudió la carta y propuso soluciones (16-XI-1607).

En 1611 desempeñó la embajada de Roma en ausencia del titular Francisco de Castro. Por entonces trabajó con denuedo en favor del Estatuto de limpieza, establecido por el cardenal Silíceo en la iglesia de Toledo. Algunos pedían una declaración de la Rota desaprobándolo, pero el cardenal Zapata opuso argumentos tan convincentes, que una congregación de cardenales determinó su observancia con el mayor rigor. Sobre este asunto escribió a la Corte Española cartas muy notables. El cabildo toledano, en agradecimiento, mandó fundar un aniversario perpetuo por el cardenal Zapata y sus padres (12-XII-1612).

Después de haber desempeñado en Roma el cargo de inquisidor regresó a España en 1617, trayendo consigo el cuerpo de San Francisco de Borja, que fue colocado en la casa profesa de los jesuitas de Madrid, fundada por el duque de Lerma. En la candente cuestión de la Inmaculada Concepción coincidió con el parecer del Nuncio y del confesor del rey, de que no se molestase más al papa con nuevas peticiones. En 1618, año en que «hubo en el cuarto del príncipe revolución y mudanza de llaves y criados», el cardenal Zapata fue nombrado consejero de Estado. La secretaría de Estado del papa aconsejó al nuncio que mantuviese buenas relaciones con él. Su estrella comenzaba a brillar en la política española al mismo tiempo que la del conde-duque de Olivares.

En 1620 fue enviado como virrey a Nápoles. Poco después de la toma de posesión (16-XII-1620) se trasladó a Roma para asistir al cónclave, contribuyendo eficazmente a la elección del cardenal Alejandro Ludovisi (Gregorio XV). Sin pérdida de tiempo se reincorporó a su puesto. El nuevo virrey se hizo popularísimo. Daba audiencias a todo el mundo a cualquier hora, sin mediación de porteros, y andaba por la ciudad sin escolta. Pero luego sobrevino una carestía general agravada por el mal tiempo que impedía el normal abastecimiento de la ciudad, y por la supresión de una moneda de baja ley, llamada zanetes, sin sustituirla suficientemente por otra buena. De carácter fácil e indulgente, el populacho le perdió el respeto y le apedreó tres veces. Fue preciso hacer un escarmiento. Comprendiendo su incapacidad, pidió el relevo. A la noticia de la próxima llegada de su sucesor, el duque de Alba, embarcó secretamente para España el 22-XII-1622.

No estuvo tan desafortunado en otros tres asuntos: 1) La sucesión al Estado de Pomblin, confinante con el de Toscana. Mientras se ventilaba la causa en el tribunal imperial de Alemania, el rey de España mandó al cardenal Zapata que pusiese a buen recaudo la plaza de Pomblin y el fuerte de Portologon. 2) Habiendo arribado al puerto de Nápoles las galeras pontificias, se refugió en ellas un asesino que huyó de una pendencia. El cardenal lo sacó por la fuerza de las galeras para proceder a su castigo. Quejóse de ello el papa por medio de su Nuncio en Madrid y cuando se iba a tomar una resolución, el nuncio en Nápoles amenazó al virrey de parte del papa con la excomunión, si se procedía a hacer justicia en sus galeras. El rey expresó su disgusto al pontífice y ordenó a Zapata que defendiese la jurisdicción real y la autoridad del cargo por todos los medios a su alcance sin perder un punto, en caso de que el papa intentase pasar adelante. El proceder del cardenal mereció la aprobación de la Corte española, si bien se le notificó que podía haber gastado más entereza en sus cartas al papa y al cardenal nepote. 3) Intervino más enérgicamente en la sucesión del ducado de Monteleón, oponiéndose por la fuerza al duque de Nochera, que no tenía derecho alguno.

Vuelto a España, se encargó, por orden de Felipe IV, de la administración del arzobispado de Toledo en nombre del Cardenal Infante D. Fernando (1625), al que dedicó su *Discurso* sobre la obligación de los prelados de proveer los beneficios eclesiásticos en personas que se ordenen, residan y cumplan las cargas anejas. En el fondo, el *Discurso* envolvía una crítica del Cardenal Infante, que tenía de todo menos de arzobispo. Tan pronto como llegó a la Corte, el cardenal Zapata se inscribió en la Congregación de San Pedro de sacerdotes naturales de Madrid.

Nombrado Inquisidor general de España por Urbano VIII (30-I-1627), revocó todas las licencias de leer libros prohibidos por estimar que eran demasiado numerosas. Valiéndose de un breve pontificio, extendido a instancias suyas (17-VIII-1627), ordenó la entrega de todas las licencias y de todos los libros prohibidos en el plazo de treinta días (21-II-1628). Después hizo en Palermo (1628) para Sicilia, una nueva edición actualizada del *Index prohibitorius et expurgatorius* del cardenal Bernardo de Sandoval y Rojas (este cardenal había invertido el orden de sus apellidos para halagar al valido de Felipe III) del año 1612. Por último, para remediar los inconvenientes de la lectura de libros heréticos o sospechosos, mandó confeccionar un nuevo Indice de libros prohibidos y expurgados, en que no sólo se registrasen muchos libros nuevos que cada día pululaban, sino también algunos de los antiguos que habían pasado desapercibidos. «Y si de los prohibidos, por ser de autores condenados, algunos pareciesen poder ser de alguna utilidad, se expurgasen y permitiesen.» Colaboraron en la empresa sabios de la Corte y de las Universidades españolas más calificadas, pero el peso principal recayó en el licenciado Sebastián de Huerta y en el jesuita Juan de Pineda. El cardenal Zapata parece satisfecho de que su Indice sea el más completo de los que hasta entonces se habían publicado, con un aumento de 2.500 autores, permisiones, recogniciones y expurgaciones sobre los anteriores Indices. La obra fue impresa en Sevilla en 1632. Ella se mantiene en la línea de cierta apertura, iniciada treinta años antes por su antecesor Bernardo de Sandoval y Rojas. Entre los escritores sometidos a expurgación se encuentra Cervantes, del que se dice: «Miguel de Cervantes Saavedra, *Segunda parte de don Quijote*, cap. 36, al medio, bórrese: las obras de caridad que se hacen tibia y floxamente no tienen mérito ni valen nada». El mismo año de la publicación del Indice renunció el cargo de Inquisidor general, pero retuvo el de consejero de Estado y se hizo el amigo y confidente de César Monti, nuncio pontificio (1630-1634), olfateador de todos los secretos. También pertenecían al Consejo de Estado el duque de Alba y el marqués de Gelves, «los tres del partido de la oposición contra el duque» de Olivares. El buen sentido no le abandonó hasta el fin, como lo mostró en la consulta relativa al gravísimo problema del traslado de los tribunales de Barcelona a Perpiñán. El cardenal Zapata, el conde de Castrillo, el duque de Villahermosa y el regente Vico declararon «que ni aun por vía de amenaza ni torcedor se platicase ni se hablase de trasladar de Barcelona a Perpiñán los tribunales, por ser muy dura sanción contra Barcelona y contra toda la provincia», inadecuada en aquellos momentos (26-XII-1634).

Esta fue su última intervención en asuntos de Estado. Poco después renunció a todos sus cargos, retirándose a Barajas, donde le acometió una grave enfermedad, que le trabó la lengua. Lleváronle a Madrid y allí falleció a los ochenta y cuatro años de edad. Recibió sepultura en la iglesia del convento de los franciscanos descalzos de Barajas, fundado por su padre.

OBRAS: *Constituciones y Reglas del Colegio Seminario de San Bartolomé de la ciudad de Cádiz (1594)*, M. 1601; *Constituciones synodales del obispado de Cádiz*, Ma. 1594; *Estatutos del colegio de San Nicolás de Burgos* (1604); *Memorial al rey sobre abusos de la Dataría* (14-IX-1607), ed. Q. ALDEA, *Iglesia y Estado en la España del siglo XVII*,

Comillas 1961, 219-233; *Index librorum prohibitorum et expurgatorum Illmi. ac. Rmi. D. D. Bernardi de Sandoval et Roxas... denuo cum appendicibus usque hodie in lucem editis, typis mandatus ab... D. Antonio Zapata...*, Panormi, 1628; *Un discurso de la obligación en conciencia y justicia*, que los prelados tienen de proveer las dignidades y beneficios eclesiásticos en personas que puedan y quieran y tengan intención y propósito de residir y perseverar en ellos y ordenarse y cumplir con las demás cargas y obligaciones anexas a tales prebendas (se ignora el año de impresión); *Novus index librorum prohibitorum et expurgatorum*, Se. 1632.

BIBL.: A1, I, 169; D1, XXX, 949-50; F. RUIZ DE VERGARA y J. DE ROXAS Y CONTRERAS, *Historia del Colegio viejo de San Bartolomé, de Salamanca*, I, Ma. 1766, 415-25; *Hierarchia catholica*, III, 200 y 268, IV, 7 y 123; CODOIN, 23, 408-17; J. DE LA CONCEPCIÓN, *Emporio del orbe. Cádiz ilustrada*, Am. 1689; V. BELTRÁN DE HEREDIA, *Cartulario de la Universidad de Salamanca*, Sa. 1971, 609-610 y 613; M. FERNÁNDEZ CONDE, *España y los Seminarios Tridentinos*, Ma. 1948, 60-61 y 79-80; F. MARTÍN HERNÁNDEZ, *Los Seminarios españoles. Historia y pedagogía*, I, *(1563-1700)*, Sa. 1964, 39; R. ROBRES y V. CASTELL, *La visita «ad limina» durante el pontificado de Sixto V (1585-1590)*: R13, 7(1959) 202, 208-210; M. ARIGITA, *Don Antonio Zapata:* La Avalancha, 3(1897)320-22; L. HERNÁNDEZ ASCUNCE, *El templete del Corpus del cardenal Zapata:* Diario de Navarra, 9-VI-1955; P. DE SANDOVAL, *Catálogo de los obispos de Pamplona*, Pam. 1614, 139; F. DE LUBIÁN, *Relación de la Santa Iglesia de Pamplona de la provincia burgense*, ed. J. Goñi Gaztambide, Pam. 1955, 98-101; G. FERNÁNDEZ PÉREZ, *Historia de la iglesia y obispos de Pamplona*, Ma. 1820, III, 53-56; M. MARTÍNEZ SANZ, *Episcopologio de Burgos*, Bu. 1875, 186; G. GONZÁLEZ DÁVILA, *Theatro de la iglesia de Burgos*, Ma. 1647, 92; D. MANSILLA, *El Seminario conciliar de San Jerónimo de Burgos:* R118, 7(1954)32-35; Q. ALDEA, *obra cit.*, 39, 121-122 y 217; J. OLARRA y M. L. DE LARRAMENDI, *Correspondencia entre la Nunciatura de España y la Santa Sede durante el reinado de Felipe III (1598-1621):* R13, 9(1961)495-816, 10(1962)451-730, 11 (1963)367-666, 12(1964)323-607, 13(1965)395-697, 14(1966) 499-673 (años 1602-1621); A. DOMÍNGUEZ ORTIZ, *La sociedad española en el siglo XVII*. II, *El estamento eclesiástico*, Ma. 1970, 254; PASTOR, *Historia de los papas*, XXVII, 60-68; F. H. REUSCH, *Der Index der verbotenen Bücher*, Bonn 1885, II/1, 42 y 49; A. CASTRO, *Cervantes y la Inquisición:* Modern Philology, 27(1930)427-433; incluido en *Semblanzas y estudios españoles*, Princenton N. J. [Madrid, Insula] 1956; *Archivo General de Simancas. Catálogo V Patronato Real*, ed. A. Prieto Cantero, Va. 1949, II, núms. 5.089, 5.829 y 5.846; *Archivo General de Simancas. Catálogo XIV. «Inventario razonado de los papeles de Estado de la negociación de Roma»*, Va. 1936, 113 y 117; E. ZUDAIRE, *El conde-duque y Cataluña*, Ma. 1964, 106.

J. GOÑI

ZAPATA DE CARDENAS, Luis, OFM (Llerena c. 1510 † Bogotá 24-I-1590) misionero, arzobispo. De familia noble, maestre de campo en Alemania y Flandes, caballero de Alcántara, vistió el hábito franciscano en Hornachos (Badajoz) a la edad de más de cuarenta años. Después de ejercer el superiorato en varios conventos de su provincia de San Miguel, en 1560 fue nombrado comisario general del Perú, adonde se dirigió en 1561 con una expedición misionera de 51 franciscanos. En 1566, a raíz de su regreso a España, y de su elevación al provincialato, fue presentado para la sede episcopal de Cartagena de Indias; se mantuvo tres años al frente de la provincia y antes de abandonar España para tomar posesión de su diócesis, en 1570, fue trasladado a la sede arzobispal de Santa Fe, de la que tomó posesión en 1573. Al igual que anteriormente en su calidad de comisario general y ministro provincial, como arzobispo se distinguió también por su celo de la disciplina eclesiástica, construyó la catedral, edificó un colegio para la formación de los jóvenes y demostró viva preocupación por el bien espiritual y temporal de los indios para cuya enseñanza redactó, además, un amplio *Catecismo* o sistema de educación civil y cristiana.

OBRAS: *Catecismo* (1576).

BIBL.: O108, 168-69, 316-343; O133, 32-35; J. M. GROOT, *Historia eclesiástica y civil de Nueva Granada*, 3.ª ed., I, Bogotá 1953, 285-86, 289-292, 733-745; O99, 39-54.

P. BORGES

ZAPATER, Miguel, OCist (Ejea de los Caballeros [Zaragoza] c. 1628) historiador. Entró en 1645 en el monasterio de Valparaíso. En 1661 se trasladó al de Rueda. Fue lector de Teología en el colegio de Salamanca.

OBRAS: *Cister Militante* (Ordenes Militares), Za. 1662; *Vida de S. Benito*, Za. 1663; *Anales de Aragón (1521-1528)*, Za. 1663; dejó manuscrita la *Historia y fundación de todos los monasterios de la Congregación de Aragón*.

BIBL.: M98, 362-64.

P. GUERIN

ZAPORITO, Bartolomé, (Cádiz 15-VII-1696 † Génova 14-IV-1767) arzobispo. Estudió Filosofía en el colegio de la Compañía de Jesús de Cádiz, y Teología, en el de San Hermenegildo de Sevilla. Fue además colegial del Sacromonte de Granada (1712-1714), donde se graduó de licenciado. Familiar del cardenal Belluga, se graduó de doctor en Teología, Cánones y Leyes en la *Sapiencia* de Roma; más tarde fue examinador sinodal, maestro de cámara, teólogo y confesor del mencionado cardenal en su diócesis de Murcia. Benedicto XIII lo nombró protonotario apostólico, teólogo de la Iglesia Romana en el sínodo Lateranense de 1725 y promotor de la Misión Urbana. De coadjutor de la silla de Génova en 1730, fue preconizado arzobispo de la misma sede el 2-XII-1743.

Caritativo y celoso, se esmeró por aliviar los estragos de la guerra con los austriacos, socorriendo a sus diocesanos y reparando las parroquias arruinadas. Entre sus obras se destaca la erección del Seminario genovés con sus siete cátedras y sus Reglas y estatutos.

OBRAS: *Via ad sacram poenitentiariam aperta*, Gén. 1767; *Reglas y estatutos para el Seminario de Clérigos de la ciudad de Génova*, Gén. 1749; *Colección de notificaciones, edictos e instrucciones pastorales*, 3 vols. en 4.º, Ro. 1754.

BIBL.: N. CAMBIASO, *Memorias para la Biografía y la Bibliografía de la Isla de Cádiz*, I, Ma. 1829-30, 71-75; III, ms., 186-189; *Compendio delle Storie di Genova dall'anno 1750*, II, 122, 192, 227 y 233.

P. ANTÓN SOLÉ

ZAPPA, Juan Bautista, SI (Milán 31-XII-1651 † Jalmolonga [Méjico] 13-II-1694) misionero. Ingresó en SI c. 1667. Pasó a Nueva España, donde sobresalió como predicador extraordinario, dotado de gran facilidad para las lenguas indígenas. Se le atribuyeron muchos prodigios.

BIBL.: F. J. ALEGRE, IV, 109 y passim; STREIT, *Bibliotheca missionum*, III, 175-176, núm. 622; M. VENEGAS, *Vida y virtudes del V. P. Juan Bautista Zappa*, México 1754.

IHSI

ZARAGOZA, Diócesis de, *(Caesaraugustana)* metropolitana. En latín *Caesaraugusta*, en recuerdo de la primitiva colonia romana y, posteriormente, del *regnum Caesaraugustanum* establecido en el siglo XII sobre la taifa musulmana de Saraqusta.

1. Historia. Según tradición arraigada y secular, la iglesia de Zaragoza es apostólica y la más antigua de la Península; pues venido Santiago a predicar el evangelio a España, en Zaragoza se le apareció la Virgen, que aún vivía, encargándole la construcción de un templo en su honor. La falta desoladora de documentos de los cuatro primeros siglos, las dudas críticas sobre la autenticidad de los conocidos anteriores al siglo VII, dificultan la comprobación de esta tradición; el relato de la milagrosa aparición de la Virgen consta por vez primera en un manuscrito de finales del siglo XIII, y las fuentes arqueológicas — salvada la indudable antigüedad del fuste sobre el que se venera una talla del siglo XIV — dificultan rastrear la cronología efectiva de esta tradición inmemorial, que por lo demás ha suscitado en los devotos gracias y milagros estupendos, comprobados jurídicamente. Sin bases fidedignas de la predicación en Zaragoza de los santos Atanasio y Teodoro en el siglo I, tenidos por supuestos primeros obispos de esta sede, la cristiandad zaragozana aparece citada por vez primera en un texto de san Cipriano, a quien ha escrito Félix — probablemente su prelado —, defensor de la ortodoxia en la segunda mitad del siglo III. Las violentas persecuciones de Diocleciano tuvieron eco efectivo en aquella cristiandad (martirio de santa Engracia y 18 compañeros). A principios del siglo IV también figura en el concilio de Elvira el obispo zaragozano Valerio; y desde esta fecha la historia diocesana se reduce a una lista muy fragmentaria de prelados, cuyos nombres se encuentran citados en suscripciones conciliares.

Un momento excepcional de la diócesis cesaraugustana lo protagoniza en la primera mitad del siglo VII, bajo la dominación visigoda, una familia eclesiástica, la de los hermanos Juan, Braulio y Frunimiano, los dos primeros sucesivamente obispos de aquella diócesis. Braulio, primero arcediano, estuvo en relación con los hombres más importantes de su tiempo, y en Zaragoza mantuvo en unidad fecunda al clero.

Las circunstancias políticas de la Marca Superior durante el dominio musulmán, y en especial, de la cora de Saraqusta, permitió la subsistencia de una mozarabía activa, con sus prelados, interrumpida al parecer durante el siglo X; a mitad del siglo XI se reanudan las noticias sobre prelados de la mozarabía zaragozana, que al fin se libera de musulmanes en 18-XII-1118, tras la conquista de Zaragoza por Alfonso I de Aragón. La situación estratégica de esta ciudad, la restauración de la diócesis merced a la ocupación rápida de los valles afluentes del Ebro en su margen derecha, la inexistencia de una antigua ciudad en las tierras ibéricas reconquistadas, hicieron de Zaragoza, además de cabecera diocesana, una capital para el reino de Aragón. La diócesis restaurada, vivirá desde los primeros momentos en intensa relación con Roma: ya Gelasio II, días antes de la ocupación, comunica el nombramiento del futuro prelado, el francés Pedro de Librane, y los primeros pasos de la iglesia zaragozana se apoyan en eclesiásticos francos (arzobispo de Auch, abades de La Grasse, Lavedan, St. Martin de Leez, etc.). Roma ayudará a perfilar los límites diocesanos olvidados durante la época musulmana; se van definiendo los territorios en donde el prelado zaragozano puede exigir sus *iura episcopalia* en sucesivas delimitaciones con los prelados de Pamplona, Tarazona, Sigüenza y Tortosa. Mandatos y rescriptos pontificios aclaran hoy día una historia compleja de reclamaciones, iglesias rurales en litigio, conflictos del prelado con su cabildo, reacio a someterse a la norma agustiniana, etc. Vale la pena subrayar algún conflicto jurisdiccional llegado hasta nuestros días, como el enclave de la iglesia de Santa Engracia, jurisdicción oscense en la misma ciudad de Zaragoza, la elevación de la sede a arzobispado en 1318, las vinculaciones políticas de la Iglesia zaragozana dimanadas de la capitalidad del reino aragonés, la particular asociación de la sede con los soberanos en la época del rey Fernando II el Católico (prelacías de Alonso, Juan y Fernando de Aragón), los arduos conflictos entre las dos iglesias zaragozanas de La Seo y Santa María la Mayor hasta su unión en 1675, la decadencia social y política de la ciudad y con ella de la diócesis, culminada en la guerra de la Independencia, el despertar de la devoción a la advocación mariana del Pilar y su vinculación con la Hispanidad, de trascendencia ecuménica.

La diócesis, dependiente de la metropolitana de Tarragona, cobró personalidad propia en 1318, al erigirla Juan XXII en arzobispado; y con las alternativas de la geografía diocesana circundante recibió la configuración actual en 1956.

Santos propios. Destacan en el calendario zaragozano, tal como ya estaba constituido en el siglo XIV, las siguientes festividades relacionadas con la diócesis: san Vicente mártir (22 de enero); san Valero obispo (29 de enero); *Inventio corporis beatae Engratiae* (13 de marzo); san Braulio, obispo (18 de marzo); los 18 mártires zaragozanos (16 de abril); *Inventio corporis beati Braulii episcopi* (19 de julio); *Dedicatio sancte sedis ecclesie Cesaraugustanae* (12 de octubre); *Translatio sancti Valerii episcopi et confessoris* (20 de octubre); *Passio innumerabilium martyrum Cesaraugustanorum* (3 de noviembre). El patrón de la diócesis es san Valero.

La liturgia hispana, de la época visigoda y mozárabe, subsistente en la mozarabía zaragozana, fue abolida desde la conquista de la ciudad y restauración diocesana de 1118.

Sínodos y concilios. Los concilios zaragozanos conocidos son: el I (año 380) interesante para la polémica priscilianista; el II (año 592), con disposiciones sobre el arrianismo; el III (año 691) relativo a varios asuntos de disciplina; el IV (año 1058) reunido por Paterno, obispo de los mozárabes zaragozanos; el V (año 1318) en realidad el primero provincial, a raíz de la elevación de la diócesis a metropolitana (con sus sufragáneas de Huesca, Tarazona, Calahorra, Pamplona y Segorbe); el VI (año 1342), segundo provincial, cuyas constituciones permanecen inéditas; el VII (año 1352) y VIII (año 1355), convocados por Lope Fernández de Luna quien también reunió cuatro sínodos diocesanos; el IX (año 1429) convocado por Dalmao de Mur. Siguieron cinco sínodos convocados por D. Juan de Aragón, y otro concilio provincial bajo D. Hernando de Aragón (años 1565-1566). Posteriormente se celebraron nuevos concilios zaragozanos: en 1614 (bajo el arzobispo Manrique), cuyas constituciones están inéditas, y en 1625 se celebró el más reciente. La nómina de sínodos diocesanos no está establecida definitivamente.

Monumentos artísticos. Los monumentos artísticos más notables son: de estilo románico, el ábside de La Seo de Zaragoza y la iglesia del Salvador de Ejea de los Caballeros; de estilo mudéjar, la iglesia de Tauste, las torres de Utebo y Villamayor, las iglesias zaragozanas de San Pablo, la Magdalena, San Miguel y San Gil, la capilla de los Luna de La Seo zaragozana; de estilo cisterciense, el monasterio de Rueda de Ebro y la colegiata de Caspe; de estilo gótico, la catedral de La Seo, la colegiata de Daroca y la iglesia de San Valero en esta ciudad, así como pinturas de la misma; de estilo renacentista, Santa Engracia de Zaragoza, los retablos de La Seo, Pilar, San Pablo, San Miguel y la Magdalena de Zaragoza, iglesias de Tauste, Daroca y Lanaja; de estilo barroco, las iglesias zaragozanas de Santa Isabel, San Ildefonso, San Carlos, San Felipe, Portillo, Mantería y Fecetas, la iglesia de Cariñena y la cartuja de Aula Dei; de estilo neoclásico, la iglesia de Torrero en Zaragoza. Nota especial merecen: los tesoros de orfebrería religiosa de Caspe, Burgo de Ebro, Cariñena, La Almunia, Daroca, Castejón de Monegros y varios de Zaragoza; así como los de artes textiles, tanto en ornamentos (La Seo, Pilar, San Pablo y San Carlos de Zaragoza, Daroca) como en tapices (zaragozanos de San Pablo, Pilar, La Seo).

2. Instituciones. *Cabildos.* El cabildo zaragozano aparece constituido hacia 1121 por Pedro de Librane y formado por canónigos *pauperes ex diversis regionibus*, tal vez premostratenses de la primera época, igual que los primeros canónigos agrupados en Santa María la Mayor; éstos, reglamentados definitivamente por el obispo Bernardo; ya en 1122 figuran en documentos los primeros cargos capitulares (sacristán, arcediano, capiscol, capellán); se trata de cabildos sometidos al obispo, del que perciben diezmos y lezdas, y cuyo consenso es necesario tener para la designación de nuevos capitulares. En 1160 Alejandro III impuso la regularidad de los cabildos zaragozanos; diez años después en La Seo se creaban las 12 pabostrías para la mejor administración de la *mensa*. Los cabildos zaragozanos fueron secularizados por Clemente VIII y en 1675 Clemente X fundió ambos en uno solo, con residencia alternativa del deán en La Seo y en el Pilar cada seis meses, y cambio de iglesia por partes iguales de los capitulares cada año. El cabildo de La Seo tiene tratamiento de excelencia y sus capitulares eran capellanes de honor del rey de España. Pío XI en 1922 concedió el uso de mitra a los canónigos dignidades de la catedral en el día del Pilar (12 de octubre) a condición de que el ordinario oficie de pontifical, y solo dentro de tal ceremonia. El cabildo metropolitano actualmente se compone de 7 dignidades, 24 cánonigos, 14 beneficiados de La Seo, otros tantos del Pilar, y 6 de patronato.

Religiosos. Los monasterios y conventos de la diócesis reducida a sus actuales límites, anteriores al siglo XIX, son unos 75; están representadas la mayoría de las Congregaciones religiosas: Agonizantes de San Valero, en Zaragoza; agustinas calzadas de Santa Mónica, en Zaragoza; agustinos calzados (Belchite, Caspe, Samper de Calanda y Zaragoza); agustinos descalzos (Alagón, Zaragoza, Zuera); bernardas (Trasobares y Santa Lucía, ambos del siglo XIV); bernardos (Santa Fe de Cadrete, Nuestra Señora de Rueda, Santa Susana de Zaragoza, todos del siglo XIII); capuchinas (Zaragoza, Caspe), capuchinos (Daroca, Zaragoza); carmelitas calzadas (La Encarnación de Zaragoza de 1615); carmelitas calzados (La Concepción y San José en Zaragoza, desde el siglo XIV, y en Alcañiz, el Carmen, desde 1524); carmelitas descalzos del Desierto de Calanda; Colegio de las Vírgenes de Zaragoza del siglo XV; las dos cartujas, de Aula Dei y de Nuestra Señora de la Concepción, del siglo XIV; las comendadoras canonesas del Santo Sepulcro de Zaragoza, de 1276; la Escuela Pía de Zaragoza, Alcañiz y Daroca, desde 1729; dominicas (Alcañiz y Daroca del siglo XVI, en Zaragoza el convento de Santa Inés desde 1300, y los de Santa Fe y Santa Rosa, al menos del siglo XV); dominicos en Zaragoza desde 1219, más los colegios de San Vicente Ferrer y San Ildefonso del siglo XV, y los de Alcañiz y Caspe del siglo XVI; numerosas casas de franciscanas menores observantes (Alagón, Cariñena, Gelsa, Tauste, Valdealgorfa y Zaragoza: en esta ciudad sobresalen Santa Catalina, de 1224, y Jerusalem, del siglo XV); las casas de franciscanos en Alcañiz, Cariñena, Daroca, Ejea, Monlora y Zaragoza; jerónimos en Zaragoza (Santa Engracia, siglo XIV); jesuitas, en Alagón y Zaragoza; mercedarios calzados, en Daroca; mínimos, en Fuentes de Ebro y Zaragoza; teatinos, en Santa Isabel de Zaragoza; trinitarios en Daroca y Zaragoza.

Seminario. Cuenta la diócesis con los Seminarios de San Valero y San Braulio en Zaragoza; así como los menores de Alcorisa y Belchite; y destinados a otros menesteres, los antiguos de San Carlos Borromeo, y San Francisco de Paula.

Archivos, Bibliotecas y Museos. Los archivos eclesiásticos principales son: el diocesano, con registros de actos comunes del vicariato desde 1346, que conserva además restos del antiguo hospitalario de San Juan de Jerusalén; los catedralicios de La Seo y el Pilar, con documentación desde el siglo XII; algunos parroquiales en Zaragoza; el archivo de la colegiata de Daroca con documentación desde el siglo XII; y hay en general buenas colecciones de libros parroquiales, algunos de fines del siglo xv. Los fondos documentales monásticos en su mayor parte se hallan en el Archivo Histórico Nacional de Madrid. Los museos más importantes son los de la capital (catedralicio de orfebrería y de tapices, el del Seminario de San Carlos) y los de Daroca,

El *Boletín Oficial* del arzobispado se edita desde 1860; y en la actualidad son unas 24 las revistas y publicaciones eclesiásticas. Las más divulgadas *El Pilar* y *Doce de octubre*, además de los boletines parroquiales.

3. **Geografía diocesana.** La actual diócesis es una mínima parte de la constituida en el siglo xii tras la conquista de Zaragoza por Alfonso I; numerosos litigios con las diócesis limítrofes determinaron unos límites no siempre de acuerdo con la geografía y mucho menos con las demarcaciones civiles: una parte importante del norte y occidente de la provincia de Zaragoza pertenece de antiguo a otras diócesis y, en cambio, se adentra en importantes zonas de Teruel. A fines del siglo xix, la diócesis comprendía 15 arciprestazgos, algunos de ellos anexionados hoy a otras diócesis (Aliaga, Calamocha, Castellote, Segura); y un arreglo parroquial de 1902, del arzobispo Soldevila, reagrupó en 16 arciprestazgos coincidentes con los partidos judiciales las 367 parroquias existentes. En 1966 el arzobispo Cantero procedió a un nuevo arreglo en el que destaca la creación de cinco arciprestazgos para la ciudad de Zaragoza; los de los pueblos son 17, algunos de mínima extensión territorial, como el de Casetas (30 kilómetros cuadrados) frente a otros muy extensos como el de Caspe (1.247 kilómetros cuadrados).

4. **Situación actual.** Tiene una extensión superficial de 13.106 kilómetros cuadrados, y se estiman en unos 560.000 los habitantes. La capital cuenta con 52 parroquias, y el resto de la diócesis, con 200; los santuarios o capillas se calculan en 476, y los sacerdotes diocesanos residentes en la diócesis, en unos 810. Los religiosos en unos 410 y las religiosas en unas 1.610. Las casas de religiosos y religiosas han proliferado mucho en los últimos sesenta años, especialmente las dedicadas a la enseñanza. Entre las fundaciones de este siglo en la diócesis señálanse: la de agustinos recoletos (1907) para misioneros de Ultramar; carmelitas calzados (1934); restauración de dominicos (1942 con el colegio mayor Xavierre); franciscanos menores (desde 1939); paúles de la misión (desde 1924); misioneros del Corazón de María (desde 1941); salesianos (desde 1940); terciarios capuchinos (desde 1921); maristas (desde 1903); marianistas (desde 1947); Sagrado Corazón (desde 1904); Escuelas Cristianas (desde 1916); dominicas (desde 1949); esclavas del Corazón de María (1945); franciscanas de la Inmaculada (1910); hijas de San José (1942); Jesús María (1930); mercedarias de la Caridad (1945); misioneras concepcionistas (1930); también se han extendido las Congregaciones de enseñanza a los pueblos de la diócesis: así, las Hermanas de la Caridad de Santa Ana (Azuara, Gallur, Muniesa, Torrevelilla, Zuera); y las de San Vicente de Paúl (Alcorisa, Sobradiel, Valderrobres).

Algunos institutos seculares también se han difundido: Sacerdotes Operarios, Institución Teresiana, Milicia de Cristo, Opus Dei, Operarias Parroquiales, Siervas de Jesucristo sacerdote, etc. etc. No existen estadísticas precisas sobre el número de niños y niñas a que se extiende esta acción docente y benéfica de las instituciones religiosas.

Existen numerosas asociaciones piadosas: destacan por su antigüedad y tradición las Conferencias de San Vicente de Paúl, instituidas en 1861 en la parroquia de San Miguel; la Adoración Nocturna fundada en 1879; la Corte de honor a la Virgen del Pilar, que data de 1922 y su homóloga, los Caballeros de Nuestra Señora del Pilar, instituida en 1928. Desde el siglo xix se han

instituido organizaciones católicas de signo social: así, el Patronato de jóvenes obreros y comerciantes que data de 1882; las escuelas católicas, la más antigua, de 1910; la casa de Jesús Obrero desde 1945, y las escuelas del magisterio de la Iglesia desde 1948. La Acción Católica cuenta con numerosas obras marginales de turismo, intercambio juvenil, centros de formación, un colegio mayor universitario femenino, viviendas, grupos parroquiales, etc. Existe también una junta de peregrinaciones al Pilar, y algunas salas cinematográficas católicas. Cuenta también con su emisora local de radio popular.

5. **Episcopologio.** *San Atanasio*, 39-59. *San Teodoro* c. 66, supuestos discípulos de Santiago Apóstol. *Epícteto*, c. 105. *Félix*, c. 256, defensor de la ortodoxia frente a Basílides y Marcial. *Valero*, c. 277. *Valero*, 290-315 y su coadjutor Vicente mártir, trasladados por orden imperial a Valencia. *Valero*, 324, asistente al conc. de Elvira. *Clemente*, 326, asiste al conc. de Arlés. *Casto*, 343, asiste al conc. de Sárdica. *Valero*, 380, convocó el conc. zaragozano I, contra el priscilianismo. *Pedro, Simplicio, Valeriano, Lucio, Isidoro* (invención de los falsos cronicones). *Vicente*, 516, asiste al conc. de Tarragona. *Juan*, 540-546, asiste al conc. de Barcelona y al prov. de Lérida. *Vicente*, coetáneo de Leovigildo, apostató y se hizo arriano. *Simplicio*, 589-592, asiste al conc. toledano III y convocó el zaragozano II. *Ciriaco* (invención de la crónica de Taberna). *Máximo*, 592-619, autor de una crónica y participante en el conc. zaragozano II. *Juan*, 620-631, escribe sobre la celebración de la Pascua. *San Braulio*, 631-651, edifica la basílica de Santas Masas; su sepulcro se halló en Santa María la Mayor de Zaragoza en el siglo xii. *Tajón*, 651-664, escritor. *Valderedo*, 683-701, asiste a varios conc. toledanos y convocó el zaragozano III. *Bencio* (invención de la crónica de Taberna), de principios del siglo viii. *Senior*, 839-863, citado por San Eulogio. *Heleca*, 864-902. Queda vacante la sede un siglo. *Paterno*, 1040-1077, agregó Santa Engracia al obispado de Jaca y reunió el conc. zaragozano IV. *Julián*, 1077-1110. *Vicente*, 1111. *Pedro*, 1112. *Bernardo*, 1113. *Pedro de Librane*, 1116-1128, restaurador de la sede y residente en Santa María la Mayor hasta la purificación de la mezquita. *Esteban*, 1128-1130. *García Guerra de Majones*, 1130-1137, obtuvo el cuarto del monedaje de la ceca zaragozana. *Guillermo*, 1137, dirimió con Huesca la jurisdicción de San Gil y Santas Masas. *Bernardo*, 1138-1152, instituye canónigos en ambas catedrales zaragozanas. *Pedro Tarroja*, 1152-1184, logra de Adriano IV la delimitación de la diócesis y de Alejandro III, la regularidad de los canónigos de La Seo. *Ramón de Castellazuelo*, 1185-1199, favoreció los estudios de los canónigos. *Rodrigo de Rocabertí*, 1200. *Ramón de Castrocol*, 1201, † 1216, protector de la Orden del Temple. *Sancho de Ahones*, 1216, † 1236, reorganizador de las rentas canonicales. *Bernardo de Monteagudo*, 1236, † 8-III-1239. *Vicente de Aragón*, 1240, † 1244, pariente del rey de Aragón, arregló diferencias con Huesca. *Rodrigo de Ahones*, 1244, † 2-II-1248, antiguo canónigo de Santa María la Mayor. *Arnaldo de Peralta*, ob. de Valencia, 1248, † VII-1271, en su tiempo fue martirizado Domingo de Val; delimitó la diócesis con Segorbe. *Sancho de Peralta*, 1271-1272, zaragozano, reglamentó las testamentarías de los obispos. *Pedro Garcés de Januas*, 1272-1280. *Fortún de Bergua*, 1282, 1289, depuesto; tras nueve años de sede vacante falsificó las bulas de su consagración. *Hugo de Mataplana*, pr. 14-V-1289, † 1296. *Jimeno de Luna*, pr. 5-VII-1296, 26-III-1317 tr. a Tarragona, primer obispo asistente a Cortes de Aragón en 1301. *Pedro López de Luna*, pr. 26-III-1317, † 22-II-1345; desde 14-VI-1318 arzob. de Zaragoza, por disposición de Juan XXII; convocó el conc. zaragozano V. *Pedro de*

Jugie OSB, pr. 2-III-1345, 10-I-1347 tr. a Narbona; reunió el conc. zaragozano VI. *Guillermo de Aigrefeuille*, pr. 19-I-1347, 10-XII-1350, cardenal de Santa María de Trastevere. *Lope Fernández de Luna*, ob. de Vich, pr. 28-IX-1351, c. 1380 tr. a Jerusalén; presidió el conc. zaragozano VII y el VIII, además de otros sínodos. *García Fernández de Heredia*, ob. de Vich, pr. 13-X-1383, † 1-VIII-1411, realizó la primera visita diocesana conocida y conservada, inventor de los restos de los mártires zaragozanos, y asesinado por Pedro de Luna. *Francisco Clemente Pérez*, ob. de Barcelona, pr. 13-XI-1415, 7-VI-1419 tr. a Jerusalén; llegó a patriarca de Jerusalén. *Alonso de Argüello* OP, ob. de Sigüenza, pr. 7-VI-1419, † II-1429. *Francisco Clemente Pérez*, patriarca de Jerusalén, pr. 21-XI-1429, † 1430. *Dalmau de Mur*, arzob. de Tarragona, pr. 18-IV-1431, † 12-IX-1456; gran mecenas de las Bellas Artes y virrey de Cataluña, reunió el conc. zaragozano IX; se conserva su visita diocesana. *Juan de Aragón*, pr. 20-VI-1458, † 19-XI-1475, presidió cinco sínodos diocesanos. *Ausias de Puggio*, cardenal de Monreale, pr. 15-XII-1475, renunció a cardenal de Monreale, † a. 1478. *Alonso de Aragón*, pr. 14-VIII-1478, † 24-II-1520. *Juan de Aragón*, pr. 28-III-1520, † 25-XI-1530, construyó una gran capilla. *Fadrique de Portugal*, ob. de Sigüenza, pr. 23-II-1532, † 15-I-1539, antes virrey de Cataluña. *Fernando de Aragón*, pr. 21-V-1539, † 29-I-1577, hermano de Juan, su antecesor, promotor de la Lonja de Zaragoza y la capilla de San Bernardo de La Seo, y del convento de Aula Dei; reunió el conc. zaragozano X; quedan registros de su visita diocesana. *Bernardo Alvarado de Fresneda*, ob. de Córdoba, pr. 14-X-1577, † 1578, confesor de Felipe II. *Andrés Santos*, ob. de Teruel, pr. 27-IV-1578, † 13-XI-1585; reunió sínodo para aplicar los cánones tridentinos. *Andrés de Bobadilla*, ob. de Segovia, pr. 13-X-1586, † 25-VIII-1592. *Alonso de Gregorio*, ob. de Albarracín, pr. 10-III-1593, † 27-X-1593, se conserva su visita diocesana. *Tomás de Borja*, ob. de Málaga, pr. 30-IV-1603. † 7-IX-1610; logró de Clemente VIII la secularización del cabildo de La Seo; se conserva su visita diocesana. *Pedro Manrique*, ob. de Tortosa, pr. 8-IV-1611, † 7-VI-1615, gran predicador, reunió el conc. zaragozano XI en 1614. *Pedro González de Mendoza*, arzob. de Granada, pr. 8-II-1616, 2-IV-1623 tr. a Sigüenza; celebró el conc. zaragozano XII. *Juan Martínez de Peralta*, ob. de Zamora, pr. 29-I-1624, † 5-X-1629; celebró sínodo diocesano en 1625, y falleció al iniciar nueva visita pastoral. *Martín Terrer*, ob. de Tarazona, pr. 22-IV-1630, † 28-XI-1631, fundó la casa de clérigos regulares de San Cayetano. *Juan Guzmán*, arzob. de Tarragona, pr. 6-VI-1633, † 1-III-1634. *Pedro Apaolaza Ramírez*, ob. de Teruel, pr. 8-I-1635, † 21-VI-1643; visitó la diócesis, favoreció los estudios universitarios. *Juan Cebrián* OdeM, ob. de Teruel, pr. 18-IV-1644, † 27-XII-1662, general de los mercedarios; se conserva su visita diocesana. *Francisco Gamboa* OSA, ob. de Coria, pr. 2-VII-1663, † 22-V-1674, en su tiempo se adelantó el pleito de las catedrales, y tras su muerte, en 1675 Clemente X promulgó la bula de unión de ambos cabildos. *Diego de Castrillo*, ob. de Cádiz, pr. 16-XI-1676, † 9-VI-1686, puso en 1681 la primera piedra de la nueva fábrica del Pilar. *Antonio Ibáñez de la Riva*, ob. de Ceuta, pr. 28-IV-1687, † 3-IX-1710, fundó el Montepío de Zaragoza, ocupó muchos altos puestos políticos, promulgó en 1697 constituciones sinodales que estuvieron vigentes hasta nuestros días. Se conserva la visita a la diócesis. *Manuel Pérez de Araciel*, ob. de León, pr. 13-VI-1714, † 27-IX-1726, celoso administrador y guardián de la moral y piedad del clero; se conserva su visita diocesana. *Tomás Crespo Agüero*, ob. de Ceuta, pr. 17-III-1727, † 3-III-1742. *Francisco Añoa Busto*, ob. de Pamplona, pr. 24-IX-1742, † 22-II-1764, se conserva su visita diocesana. *Luis García Ma-*

ñero, ob. de Tortosa, pr. 26-XI-1764, † 20-VII-1767, apaciguó el motín zaragozano del pan en 1766. *Juan Sáenz de Buruaga*, ob. de Lugo, pr. 25-I-1768, † 14-V-1777, regaló coronas para la imagen de la Virgen del Pilar y el Niño, entregadas a Francia tras la capitulación de 1809; se conserva su visita diocesana. *Bernardo Velarde*, ob. de Tortosa, pr. 1-III-1779, † 12-VI-1782. *Agustín de Lezo Palomeque*, ob. de Pamplona, pr. 15-XII-1783, † 18-II-1796, se conserva su visita a la diócesis. *Joaquín Company* OFM, pr. 18-XII-1797, 11-VIII-1800 tr. a Valencia. *Ramón José de Arce*, ob. de Burgos, pr. 20-VII-1801, 15-VII-1816 renunció, † 16-II-1844. *Manuel Vicente Martínez*. ob. de Astorga, pr. 22-VII-1816, † 9-II-1823. *Bernardo Francés Caballero*, ob. de Urgel, pr. 27-IX-1824, † 15-XII-1843, en 1835 huyó a Burdeos. *Manuel María Gómez de las Rivas*, ob. de Jaca, pr. 17-XII-1857, † 17-VI-1858. *Manuel García Gil*, ob. de Badajoz, pr. 23-XII-1858, † 28-IV-1881, teólogo en el Vaticano I, cardenal; celebró sínodo y visita diocesana. *Francisco de Paula Benavides Navarrete*, pr. 13-V-1881, † 31-III-1895, cardenal y patriarca de las Indias. *Vicente Alda Sancho*, ob. de Huesca, pr. 2-XII-1895, † 16-II-1901. *Antonio María Cascajares y Azara*, pr. 18-IV-1901, † 27-VII-1901 sin tomar posesión. *Juan Soldevilla Romero*, ob. de Tarazona, 16-XII-1902, † 4-VI-1923, cardenal, asesinado por un anarquista. *Rigoberto Doménech Valls*, ob. de Mallorca. pr. 18-XII-1924, † 30-V-1955. *Casimiro Morcillo González*, ob. de Bilbao, pr. 21-IX-1955, 27-III-1964 tr. a Madrid. *Pedro Cantero Cuadrado*, ob. de Huelva, pr. 26-IX-1964, actual arzobispo.

BIBL.: D. DE ESPÉS, *Historia eclesiástica de la ciudad de Zaragoza... hasta el año de 1575*, manuscrita, hay varios ejemplares en la Biblioteca Nacional de Madrid y en los archivos capitulares de Zaragoza, bien documentada y digna de edición; H. DE ARAGÓN, *Catálogo de los obispos de Zaragoza*, ms. inédito; [Anónimo], *Obispos de Aragón y Zaragoza*, ms. 1397 BNMadrid; L. DÍEZ DE AUX, *Catálogo de los obispos y arzobispos de Zaragoza y su estado histórico y cronológico*, Za. 1593 (datos útiles); M. CARRILLO, *Cathalogus antistitum Caesaraugustanorum... usque ad ann. 1611*, Cagliari 1611; ID., *Historia del glorioso san Valero obispo de la ciudad de Zaragoza*, Za. 1615; ID., *Fundación milagrosa de la capilla angélica y apostólica de la madre de Dios del Pilar y excelencias de la inmortal ciudad de Zaragoza*, 2 vols., Ba. 1616 (obra concienzuda); L. LÓPEZ, *Tropheos y antigüedades de la imperial ciudad de Zaragoza y general historia suya desde su fundación...*, Ba. 1639; I. PROAÑO, *Libro de noticias de obispos y arzobispos de Zaragoza desde san Atanasio hasta el año 1687*, manuscrita; G. DE ARGAIZ, *La soledad laureada por san Benito...*, Ma. 1675 (interesa el tomo II desde el folio 199 vuelto); L. B. MARTON, *Origen y antigüedades del subterráneo y celebérrimo santuario de santa María de las Santas Masas...*, Za. 1737 (valiosos datos documentales); J. ESTRADA ANDRÉS, *Epocas de la historia moderna: idea general de España y de la ciudad de Zaragoza*, Za. 1747; ES 30 y 31; L. DE ZARAGOZA, *Teatro histórico de las iglesias del reino de Aragón*, vols. 1-4, Pam. 1780-85; J. BERNAL SORIANO, *Tradiciones histórico-religiosas de todos los pueblos del arzobispado de Zaragoza*, Za. 1880 (interesante para tradiciones locales y reseña de santuarios); P. KEHR, *Papsturkunden in Spanien*. II, *Navarra und Aragón*, Be. 1928 (además de editar bulas anteriores a 1198, reseñas interesantes de archivos aragoneses debidas a P. GALINDO ROMEO); J. GAVIRA, *Episcopologios de sedes navarroaragonesas*, Ma. 1929 (muy elemental y deficiente); P. KEHR, *El papado y los reinos de Navarra y Aragón hasta mediados [del siglo XII*, traducción de Estudios Edad Media de la Cor. de Aragón, Za. 1946; J RÍUS, *Rationes decimarum Hispaniae (1279-1280)*, II, *Navarra y Aragón*, Ba. 1947 (valioso para la geografía diocesana, con rectificación en algunos topónimos); F. TORRALBA SORIANO, *Guía artística de Aragón*, Za. 1960 (orientación inicial); *Anuario del arzobispado de Zaragoza*, Za. 1951; P. CANTERO, *Decreto de erección y reajuste de arciprestazgos en la archidiócesis de Zaragoza*, Za. 1966.　　A. CANELLAS

ZARAGOZA, Lamberto de, OFMCap (Zaragoza 5-XI-1711 † Zaragoza 17-XII-1785) historiador. Entró en la Orden en 1728. Desempeñó los cargos de lector de Filosofía y Teología, y otros de gobierno, en su provincia religiosa. Fue nombrado teólogo del nuncio en España. Hombre de amplia formación y de gran laboriosidad, al mismo tiempo que predicador notable, dejó escritas excelentes obras de Filosofía, Teología. Oratoria Sagrada, Biografía e Historia Eclesiástica.

OBRAS: La que mayor renombre le ha dado es *Teatro histórico de las Iglesias de Aragón,* 4 vols., Pam. 1780-1785; el tomo V lo dejó manuscrito y fue publicado en 1790 por su continuador el P. Ramón de Huesca. Publicó también: *Magnalia et mirabilia S. P. Francisci,* Za. 1752; *Institutio philosophica ad theologica studia accommodata,* 3 vols., Za. 1773, obra en que se muestra antiescolástico y abiertamente partidario de Descartes.

BIBL.: HURTER, *Nomenclator litterarius,* V, 432; LATASSA-GÓMEZ, *Biblioteca de escritores aragoneses,* III, 419-422; N14, 379-385; N20, 312; N8, II, 379-85. L. DE ASPURZ

ZARAGOZA Y VILANOVA, José. Véase en el art. Ciencia Española.

ZARATE, Hernando de, OSA (Madrid? † 1597) teólogo y místico. Profesó en el convento de agustinos de Córdoba (30-III-1552). Maestro por la Universidad de Osuna, regentó la cátedra de Vísperas de esta Universidad (1568). En 1583 fue nombrado prior del convento de Córdoba. El duque de Osuna lo hizo su confesor y hacia el año 1590 lo nombró visitador y reformador de la Universidad. El padre Zárate es un escritor clásico de la lengua castellana y como tal viene figurando en las historias de la literatura española.

OBRAS: Su obra *Discursos de la paciencia cristiana,* tuvo en vida dos ediciones: una, dedicada al duque de Osuna, Alc. 1592, y otra, Alc. 1597, dedicada al marqués de Priego; está editada igualmente en BAE, XXVII, 418-684.

BIBL.: M38, I, 266-79; M55, VIII, 358-61; M29, II, 186-87. E. D. CARRETERO

ZARCO CUEVAS, Julián, OSA (Cuenca 27-VII-1887 † Paracuellos de Jarama 30-XI-1936) historiador. Profesó en El Escorial el 8-I-1905 y en el mismo monasterio se ordenó de sacerdote el 15-VIII-1911. La Real Academia de la Historia le concedió el Premio al Talento (2-III-1928), por su obra *Relaciones de pueblos de Cuenca.* El 27-XII-1929 la misma Real Academia lo nombraba académico de número. Elegido bibliotecario de la Real Biblioteca de El Escorial (24-VIII-1930), llegó a ser un gran especialista en Historia, máxime en lo referente a El Escorial y Felipe II. Su nombre rebasó las fronteras de España, siendo consultado por las mayores eminencias de la investigación histórica. En noviembre de 1935 fue nombrado correspondiente de la Spanish Society de Nueva York. El 21-IV-1936 fue comisionado por la Junta Oficial de Archivos y Bibliotecas para revisar e impulsar la nueva organización que se llevaba a cabo en el archivo catedralicio de Cuenca. Historiador de primera categoría, sobresalió también como crítico del arte escurialense, publicando algunos valiosos trabajos en la Revista de Arte Español. Asiduo colaborador de las revistas La Ciudad de Dios, Boletín de la Real Academia de la Historia, del Archivo agustiniano y de la Revista de Estudios Bíblicos.

OBRAS: *España y la comunión frecuente y diaria en los s. XVI y XVII,* Ma. 1912; *Documentos para la Historia de San Lorenzo El Real de El Escorial,* 4 vols. Ma. 1912-1924; *Oración fúnebre de Felipe II,* Ma. 1917; *Escritores agustinos de El Escorial,* Ma. 1917; *Antonio Pérez,* Ma. 1919; *Libro intitulado Coloquios de la verdad,* Se. 1922; *El Monasterio de S. Lorenzo de El Escorial y la casita del Príncipe,*

Ma. 1922; *Catálogo de los Manuscritos castellanos de la Real Biblioteca de El Escorial,* 3 vols., Ma. 1924-1929; *Relaciones de pueblos del Obispado de Cuenca,* Cu. 1927; *Ideales y normas de gobierno de Felipe II,* El Escorial 1927; *Bibliografía de Fr. Luis de León,* Málaga 1929; *La escuela poética salmantino-agustiniana a fines del s. XVI,* El Escorial 1930; *Los jerónimos de S. Lorenzo de El Escorial,* El Escorial 1930; *Inventario de las alhajas, pinturas y objetos de valor y curiosidad donados por Felipe II al Monasterio de El Escorial,* Ma. 1930; *Pintores españoles en S. Lorenzo el Real de El Escorial (1566-1613),* Ma. 1931; *Pintores italianos en S. Lorenzo de El Escorial (1566-1613),* Ma. 1932; *La pintura escurialense,* El Escorial 1932; *Catálogo de Manuscritos catalanes, valencianos, gallegos, portugueses de la Biblioteca de El Escorial,* Ma. 1932; *Un cancionero bilingüe ms. de la Biblioteca de El Escorial,* El Escorial 1933; *Cuadros reunidos por Carlos IV...,* El Escorial 1934; *El licenciado Miguel Caja de Leruela y las causas de la decadencia de España,* El Escorial 1934; *El nuevo códice visigótico de la Real Academia de la Historia,* Ma. 1935; *Estudios sobre Lorenzo Hervás y Panduro (1735-1809). Vida y escritos,* Ma. 1936.

BIBL.: M55, VIII, 361-67; T. ALONSO TURIENZO: R75, Indices (1960) 329-32; A. LLORDÉN, *Biobibliografía agustiniana escurialense: La Comunidad agustiniana en el Real Monasterio de El Escorial,* El Escorial 1964, 680-692. A. MANRIQUE

ZEBALLOS, Jerónimo de, (Escalona [Toledo] 1560) canonista. Estudió Derecho en Valladolid y Salamanca, revelándose muy pronto como una notabilidad en todas las ramas jurídicas. A los veintiún años enseñaba Derecho en el colegio de Avila, fundado por el obispo Alvarez Mendoza. De este colegio abulense pasó como profesor al de San Bartolomé de Salamanca, y desde aquí, al poco tiempo, se trasladó a Toledo en donde contrajo matrimonio y en actividad privada se entregó a la tarea por la que sentía irresistible vocación: escribir sobre temas jurídicos concernientes tanto a las materias civiles como a las canónicas.

OBRAS: *Speculum aureum opinionum communium contra communes,* Ve. 1601, Fra. 1611, Sa. 1613, Amb. 1623 y Col. 1664; comprende esta obra cuatro tomos de los cuales el I y II contienen los cinco tratados siguientes: 1.º *De ultimis voluntatibus,* 2.º *De contractibus,* 3.º *De delictis,* 4.º *Quaestiones canonicae,* 5.º *Ad judiciorum ordinem spectantes,* To. 1599 y 1600; el III incluye *Miscellanea, Utriusque Juris quaestiones y Additiones ad priorum partium questiones,* Ro. 1609; el tomo IV contiene *Un discurso de las razones y fundamentos que tiene el Rey de España y sus consejeros para conocer por vía de fuerza en las causas eclesiásticas y entre personas eclesiásticas. Tractatus de cognitione per viam violentiae in causis ecclesiasticis et inter personas ecclesiasticas,* Sa. 1613, Amb. 1618 y 1643, Col. 1620; en este mismo volumen se incluyen, a más de varias *Quaestiones canonicas,* el trabajo *Utrum Judex Ecclesiasticus in causis et delictis, in quibus de jure potest contra laicos procedere, possit propria autoritate eos capere et in proprias carceres mittere, non implorato auxilio brachii saecularis.* Citemos, en fin, *Arte real para el buen gobierno de los Príncipes y Reyes y de sus vasallos,* To. 1623.

BIBL.: A1, I, 609-10. P. G. BARRIUSO

ZEGRI Y MORENO, Juan Nepomuceno, (Granada 11-X-1831 † Málaga 17-III-1905) siervo de Dios y fundador de las Hermanas Mercedarias de la Caridad. Terminada su carrera eclesiástica en Granada, fue ordenado de sacerdote el 2-VI-1855. Fue párroco de Huétor-Santillán (1859) y Loja (1865), en Granada. Después, en Málaga, visitador y vicario general (1869) y visitador de religiosas. En junio de 1861 se licenció en Derecho Civil y Canónico, y el 28-VI-1861 fue nombrado abogado de los Tribunales de la Nación. El 15-XII-1864 se licenció en Filosofía y Letras.

De Málaga fue nombrado canónigo el 5-II-1873 y por R. O. de 9-IV-1886, lo nombró la reina su predicador supernumerario, y por otra R. O. de 4-V-1887, su capellán de honor. El 16-III-1878 fundó en Málaga la

Congregación de Mercedarias de la Caridad para atender a enfermos, ancianos y niños. Se abrió el proceso diocesano de beatificación en Málaga, el 5-VII-1958, y se clausuró el 7-VI-1962. El 7-VII-1962, se introdujo la causa en Roma. D. MARRERO

ZELADA, Francisco Javier, (Roma 27-VIII-1717 † 19-XII-1801) cardenal. Recibió la ordenación sacerdotal el 23-X-1740. Fue preconizado arzobispo titular de Petra el 22-XII-1766. Recibió de Clemente XIII la consagración episcopal en Roma el 28-XII-1766. Creado cardenal con el título de San Martín *in Montibus,* 26-IV-1773. Trasladado al título de Santa Práxedes el 17-VI-1793.

Aunque nacido fuera de España, era de origen español. Nicolás de Azara en una carta a Godoy (Florencia 12-IV-1798) le aplica la expresión: «naturalizado español». Fue un gran cultivador y protector de las ciencias en la Italia del siglo XVIII, donde ejerció un verdadero mecenazgo. Tuvo una numerosa y selecta biblioteca, un museo de antigüedades, una colección de medallas y monedas y un notable laboratorio de física. Su palacio se vio frecuentado por numerosos hombres de ciencia. Al cardenal Zelada se debe el observatorio astronómico del Colegio Romano. Con la muerte del cardenal Albani fue nombrado para sustituirle como bibliotecario vaticano (1779). Bajo su impulso e iniciativa la Biblioteca Vaticana mejoró notablemente.

Apoyó la causa de la extinción de la Compañía de Jesús, por lo cual fue generosamente recompensado por Carlos III con varios beneficios en Sevilla y Córdoba y con 8.000 escudos. Poco después, sin duda por la misma razón, recibió el capelo cardenalicio. Los colegios de la extinguida Compañía de Jesús quedaron a su cargo. En el cónclave que eligió papa a Pío VI, dada la oposición entre los dos partidos del colegio cardenalicio, se acordó nombrar como mediador a Zelada, relacionado con los dos grupos y bien acepto a ambos. Propuso éste que cada partido presentase tres *papabili,* de entre los cuales saldría el nuevo papa. Por dos veces fracasó esta medida. A causa de esta actuación fue atacado por los enemigos de Pío VI en el folleto *Il Conclave dell'anno 1774.* El sacerdote florentino Gaetano Sertor, autor del mismo, fue desterrado, y el folleto, prohibido, secuestrado y quemado. De 1789 a 1796 fue secretario de Estado de Pío VI, sucediendo al cardenal Boncompagni. En 1796 el cardenal Zelada renunció a todos sus cargos, dado su precario estado de salud. Durante el destierro decretado por los franceses contra Pío VI, éstos prohibieron al cardenal Zelada permanecer junto al papa por creerlo complicado en su conducta. A su vez el cardenal fue desterrado. A pesar de su postración, todavía asistió en Venecia al cónclave que eligió papa a Pío VII (1800). Fue enterrado, por voluntad propia, en la iglesia de San Martín de los Montes (Roma).

OBRAS: Se conoce una obra suya titulada: *De nummis aliquot aeris uncialibus epistola,* Ro. 1778. En ella trata de explicar las variaciones de valor que experimentó el *as* durante y después de la primera guerra púnica. Incluye también un catálogo de todas las monedas por él coleccionadas.

BIBL.: D1, 30, 980-82; R. OLAECHEA, *Las relaciones hispano-romanas en la segunda mitad del siglo XVIII,* 2 vols., Za. 1965; VIZCONDE DE RICHEMONT, *L'abbé de Salamon. Correspondence secrète avec le cardinal Zelada,* Par. 1898; L. PASTOR, *Historia de los Papas,* 38; G. MORONI, *Dizionario di erudizione storico-ecclesiastica,* cf. índice alfabético, vol. VI. F. J. RUIZ

ZENGOTITA BENGOA, Juan Bautista, OdeM (Bérriz 13-IX-1731 † San Juan de Puerto Rico 1-XI-1802) obispo. Ingresó en la Orden en Burceña (1748).

Estudió Filosofía en Toledo, y Teología en Alcalá. Fue regente de estudios y comendador de la Merced de Segovia. Pasó a Méjico como secretario del visitador, padre Estanislao Falero (1773) y, fallecido éste (1782), hizo él de visitador en los conventos de Santo Domingo y Cuba. Regresado a España, fue consagrado obispo de Puerto Rico (8-XI-1795). En marzo del año siguiente llegaba a su diócesis. Del 19 de abril al 1 de mayo de 1797 la ciudad de San Juan fue sitiada por el almirante inglés Harvey; destacó el obispo por su celo y patriotismo. Hizo la visita canónica de la diócesis, de la que existe relación detallada enviada al rey. Trazó los planos para reedificar la catedral.

OBRAS: *Pequeña apología del Ilmo. Sr. Zengotita-Bengoa, dirigida a Su Magestad sobre hechos falsos de que dió cuenta el Gobernador D. Ramón de Castro,* reproducida en *Los Obispos de la Orden de la Merced en América,* del padre Pedro N. Pérez, Santiago de Chile 1927, 523-527; *Testimonio de la Visita Pastoral practicada por el Ilustrísimo Sr. Zengotita-Bengoa en 20 de Septiembre de 1799,* reproducida por el padre N. Pérez, en la o. c., 528-550; *Elogio de San Ignacio de Loyola,* Ma. 1760.

BIBL.: *Noticias Biográficas de Fray Juan Bautista de Zengotita-Bengoa,* Bi. 1884, citado por el padre N. Pérez como «folleto escaso, redactado utilizando los documentos auténticos conservados por la familia del Sr. Obispo»; P. N. PÉREZ, *Los Obispos de la Orden de la Merced en América,* Santiago de Chile 1927, 518-551. A. PÉREZ

ZENON, (siglo V) obispo. Nombrado vicario apostólico para España por el papa Simplicio (468-483) que le dirigió la carta *Plurimorum* (ep. 21), así como su sucesor Félix III (483-492) la carta *Filius noster* (ep. 5). Flórez y demás editores de estas epístolas creen que este Zenón era obispo de Sevilla, porque la primera epístola de Simplicio va encabezada en los manuscritos así: ... *ad Zenonem Spalensem episcopum;* pero Thiel hace notar que este encabezamiento se debe a Isidoro Mercator, por lo que no es claro que *Spalensem* estuviera en el original, como no está en la ep. de Félix. Sabemos de cierto que el año 483, el de las dos epístolas, había en Mérida un obispo de nombre Zenón, cuyo elogio se hace en la inscripción del puente emeritense. No puede caber duda de que a éste fueron dirigidas las epístolas papales.

BIBL.: ES 9, 139-41 y 344-45; THIEL, *Epist. Rom. Pontificum genuinae,* Braunsberg 1858, 9, 213-242; J. VIVES, *La Inscripción del puente de Mérida:* R164, 13(1939)1-7. J. VIVES

ZIMBRON o CIMBRON, Dionisio, OCist (Citruénigo [Navarra] 1597 † Chile 19-IX-1661). Ingresó a los veintitrés años en el monasterio de Osera, siendo ya bachiller en Cánones y Leyes. Al finalizar el noviciado, completó su formación científica, dedicándose a los estudios teológicos hasta graduarse de maestro. Fue maestro de estudiantes en el colegio de Meira. En 1632 desempeñó el cargo de prior en Osera por espacio de un trienio, prestando a la comunidad grandes servicios; fue comisionado por ella para intervenir en un litigio que se tramitaba ante la Real Chancillería de Valladolid, en el que obtuvo un resultado favorable. En 1635 los mismos monjes le elevaron a la dignidad abacial, hasta 1638 en que pasó a ser secretario particular del general fray Martín Gutiérrez por otro trienio, pasado el cual volvió a regir la abadía de Osera; se distinguió esta vez por su gran caridad con los pobres en unos años de mucha carestía y por su acendrado patriotismo, proporcionando a costa de los monjes dos compañías de soldados para la defensa de Tuy y otras plazas. En 1644 salió electo general de la Congregación y, al fin del trienio, abad de Santa Ana, de Madrid. Al finalizar el trienio se retiró a su amada celda de Osera donde esperaba pasar el resto de sus días en completo recogimiento. Pero en 1652 le sorprendió el nombramiento de obispo, para regentar la diócesis de Concepción, en Chile. Allí pasó el resto de su vida. Dispuso en su testamento ser trasladado en su día a Osera, cosa que no se cumplió, a pesar de haber pagado el importe de los gastos del traslado.

BIBL.: T. DE PERALTA, *Fundación, antigüedad... del Monasterio Osera*, II, Ma. 1677, caps. 34 y 36; AHN, Códice 15-B, fol. 51-52; M94, 65; B. MENDOZA, *Synospis monasteriorum*, ms. 72-73.   D. YÁÑEZ

ZOILO (Zoellus), mártir de Córdoba, muerto un 27 de junio en la persecución de Diocleciano. Prudencio en himno IV del Perist. encomia el nombre de este santo junto con los de las «tres coronas» (Fausto, Jenaro y Marcial). Fue, pues, un mártir histórico que tuvo culto muy pronto. El Sacramentario le dedica una misa sin que nos revele algo nuevo fuera del hecho del glorioso martirio. Una *Passio* muy tardía señala un interrogatorio *de communi* ante el juez y los varios tormentos infligidos al santo. Los calendarios mozárabes indican su fiesta el 27 de junio, y el de Córdoba muestra que su sepulcro estuvo primeramente en las afueras de la ciudad, en el barrio de Cis, y que más tarde fue trasladado al barrio de los bordadores *(in Vico Tireceorum)* celebrándose también esta traslación el 24 de noviembre. Dicha traslación, según una narración del Pasionario, de dudoso valor histórico, habría tenido lugar en tiempo de Sisebuto (612-621) después de la invención de su sepulcro por un obispo Agapio. El martirologio Jeronimiano (siglo VI) lo menciona en forma confusa, lo que dio lugar a que el de Lyon le asignara equivocadamente 19 compañeros de martirio, que vanamente pretende identificar Flórez. San Eulogio recuerda varias veces la basílica del *Vicus Tireceorum*, ya que en ella fueron sepultados varios de sus compañeros mártires del siglo IX y él mismo. Su amigo el obispo Widesindo, de Pamplona, le había pedido reliquias de Zoilo. En el siglo XI se hizo la traslación de ellas a Carrión de los Condes, en donde se le dedicó el célebre monasterio y basílica.

BIBL.: PRUDENCIO, *Peristephanon*, IV, 19-20; ES 10, 491-493; *Liber sacramentorum*, c. 573-77; B. DE GAIFFIER, *L'inventio et traslatio de S. Zoile de Cordoue:* Analecta Bollandiana, 56(1938)364-668; A. FÁBREGA, *Pasionario Hispánico*, II, Ma.-Ba. 1955, 378-81; *Martyrologium Hieronymianum*, 338; J. VIVES, *Las «Vitas sanctorum»:* R5, 21(1948)157-173.   J. VIVES

ZORITA DE JESUS MARIA, Miguel, ORSA (Madrid 28-IX-1725 † 10-V-1813) escritor ascético. Hizo los votos religiosos el 1-I-1743. Era muy aplicado, de mucha memoria, gran inteligencia y aptitud suma para todo. Estudiaba Teología en el colegio de los recoletos de Salamanca, cuando «puso y compuso en puntos de música» la secuencia de la misa de San Agustín, aprobada por el maestro de capilla y luego catedrático de la Universidad salmantina, D. Juan de Arabués. Luego se propagó por diversas casas religiosas. Fue opositor a las cátedras de la Orden, pero tuvo que desistir por falta de oído. Entre otros cargos tuvo los de definidor general y cronista. Dedicóse continuamente al ejercicio del púlpito, predicando repetidas veces a los Consejos y Tribunales y en beatificaciones y canonizaciones. Mantuvo correspondencia epistolar con el conocido historiador Juan Francisco Masdéu, cuyo trabajo y mérito apreciaba mucho. Fue académico correspondiente de la Real Academia de la Historia.

OBRAS: *El perfecto hombre de bien*, Ma. 1761, oración panegírica de San Dámaso en su Real Congregación de naturales de Madrid; *El glorioso esclavo*, Ma. 1766, oración panegírica del beato Simón de Rojas, en la fiesta de su beatificación, que celebró la Congregación del Caballero de Gracia en 28 de septiembre de 1766; *La mujer fuerte*, Ma. 1780, oración panegírica de Santa Orosia, patrona de las montañas de Jaca; *Septenario y devoto ejercicio en consideración y reverencia de Jesucristo S. N. pendiente de la Cruz, en el lance durísimo de su desamparo; con una suficiente noticia de su admirable y prodigiosa Efigie, venerada en el Convento de PP. Recoletos Agustinos Descalzos de esta Corte*, Ma. 1767; *Epicedion in funere honorabilis adm. R. P. Fr. Henrici Florez, Augustiniani, in florescente mense Maio functi, super illa Sapientiae verba «Flores mei fructus honoris et honestatis»* (es una elegía con su traducción rítmica castellana) impresa en la obra de Francisco Méndez, *Noticias sobre la vida, escritos y viajes del Rmo. P. Mtro. Enrique Flórez*, Ma. 1780; se imprimieron también algunos sonetos, y el Boletín de la Prov. de San Nicolás publicó un suplemento en 1961 con sus interesantes *Cartas útiles*. De sus obras ms. se conocen: *Bullarium Recollectorum Fratrum Excalceatorum Ordinis Eremitarum S. P. N. Augustini Congregationis Hispaniae et Indiarum, ex authenticis documentis collectum, ordinatum, et scholiis illustratum*; *«Aurora» Petri de Riga, sive Petrus Riga, Ecclesiae Remensis presbyter, in Pentateuchum atque alios sacros libros praecipue historicos utriusque Testamenti, omnes illorum sensus litterales seu allegoricos versibus exponens, Opus ab auctore plus sexcentis abhinc annis scriptum, a pluribus laudatum et desideratum sed hucusque (quod sciamus) nondum ex integro in lucem editum, cum scholiis et additionibus*; *Vida de la Venerable Madre Isabel de la Madre de Dios, Agustina Recoleta, fundadora de los Conventos de la Serradilla y Calzada de Oropesa*, 3 vols.; *Origen y etimología de la Lengua Castellana por el Dr. Francisco del Rosal, médico, natural de Córdoba*, escrita por los años 1600, puesta en claro del original e ilustrada con varias notas; *Las notas del Ilustrísimo Caramuel sobre el arte de comedias de Lope de Vega, traducidas del Latín al Castellano y adicionadas con varias reflexiones;* Varios opúsculos en prosa y en verso, en tres tomos en folio, entre ellos: *Lectura y explicación de veinte monedas de cobre halladas el año 1766 en la huerta del Convento de Recoletos de Maqueda*, dieciocho eran romanas y una hebrea, y las entregó a la Real Academia de la Historia.

BIBL.: J. A. ALVAREZ DE BAENA, *Hijos de Madrid, ilustres...*, IV, Ma. 1791; G. OCHOA, *Historia General de la Orden de Agustinos Recoletos*, VIII, Za. 1928; M. CARCELLER, *Historia General de la Orden de Recoletos de San Agustín*, X, Ma. 1962.   M. CARCELLER

ZORRILLA, José, (Valladolid 21-II-1817 † Madrid 23-I-1893) poeta y dramaturgo. Descendía por línea paterna de Torquemada (Palencia) y por la materna, de Quintanilla Somuñó (Burgos). Su padre, José Zorrilla Caballero, fue abogado, relator de la Chancillería de Valladolid, superintendente general de policía, alcalde de casa y corte en Madrid. Fue funcionario recto y probo, absolutista entusiasta.

Su hijo, José Zorrilla Moral, a los nueve años fue alumno interno del Real Seminario de Nobles de Madrid, regido por jesuitas, desde el 10-VII-1827 hasta el mes de junio de 1833. Allí aprendió, entre otras cosas, a componer en verso. La primera composición la escribió a los catorce años, «Oda a las fuentes del Prado», para recitarla su autor en una sesión literaria del Colegio el día 25-IX-1831; la segunda, «El triunfo de la Filosofía» la compuso y recitó al curso siguiente. En este centro, además de cursar con buen aprovechamiento seis años de estudios humanísticos, se ilustró su fe religiosa y cobró hondas raíces su personal devoción a la Virgen.

En el curso 1833-34 estudia Leyes en la Universidad de Toledo con poco fruto; los dos siguientes, prosiguió sus estudios en la Universidad de Valladolid con parecidos resultados. La vida bohemia del poeta romántico le atraía irresistiblemente. En 1836, al acabar el curso, contando diecinueve años, se escapó de la casa paterna en Torquemada y comenzó a vivir vida independiente en Madrid. Con ocasión del entierro de Larra recitó Zorrilla ante su tumba una composición original que le abrió las puertas de la fama. Comenzó a colaborar en varios diarios de Madrid y publicó algunos tomos de poesías. Contrajo matrimonio a los veintidós años con una viuda de más edad que él con la que no pudo congeniar. La abandonó, marchando primero a Francia y después a Méjico, donde fue director del Teatro Nacional por favor del emperador Maximiliano. A la muerte de su esposa, regresó a España en 1866, donde contrajo segundo matrimonio con D.ª Juana Pacheco.

Zorrilla vivió siempre angustiado por apuros económicos; malvendió los derechos de propiedad del Tenorio y se ayudó dando recitales en los teatros, de sus poesías, en lo que era un acabado maestro. Vivió algún tiempo en Roma gracias a una pensión a cargo de los Lugares Píos de España. Leyó su discurso en verso de entrada en la Academia Española en 1882 y fue solemnemente coronado en Granada en 1889. Zorrilla es el gran poeta nacional del romanticismo. Explotó con gran habilidad la inagotable cantera de las tradiciones y leyendas patrias, a las que dio una vida y un interés extraordinario su poderosa imaginación y su dominio del lenguaje y de la métrica. Todo lo que falta de intimismo personal a las poesías de Zorrilla les sobra de musicalidad y forma brillante y fácil.

Zorrilla, de vida agitada, irregular y errabunda, es con todo un poeta cristiano: «Cristiano y español, con fe y sin miedo, canto mi religión, mi patria canto». Y en sus «Recuerdos del tiempo viejo» escribe: «He hecho leer mis poesías religiosas a la generación que degolló a los frailes, vendió sus conventos y quitó las campanas de las iglesias». Y en una carta al conde de Guaqui: «Mis libros rebosan fe en Dios y de todas sus hojas se exhalan aromas de incienso e himnos de glorificación al Creador.»

Como poeta lírico comenzó a publicar desde 1837, con prólogo de N. Pastor Díaz, composiciones líricas y algunas narrativas. Las más conocidas son: Toledo, El reloj, La tarde de otoño, La dueña de la negra toca, Vigilia, Misterio, Gloria y orgullo, A la luna, Ira de Dios, El amor y el agua, La torre de Fuensaldaña, La margen del arroyo, Las hojas secas, La flor de los recuerdos, La siesta, María, y otras muchas.

El género más logrado de Zorrilla son las leyendas: La sorpresa de Zahara, Boabdil el Chico, A buen juez mejor testigo, Para verdades el tiempo y para justicia Dios, Las dos rosas, El capitán Montoya, El escultor y el duque, Cantos del trovador, La princesa doña Luz, Margarita la Tornera, la leyenda preferida de Zorrilla, cuyo argumento oyó contar cuando era alumno en el Real Seminario de Nobles al padre Eduardo Rodríguez Carasa, director espiritual de los alumnos, en una de las instrucciones de los sábados.

Como autor dramático compuso: La mejor razón, la espada; El puñal del godo, El zapatero y el rey, Traidor, inconfeso y mártir, y otras. Don Juan Tenorio, a pesar de sus conocidos defectos, es la obra más apreciada del teatro de Zorrilla. El pueblo español admira al héroe de Zorrilla por representar al tipo más característico de la nacionalidad española.

Escribió una obra autobiográfica: Recuerdos del tiempo viejo, narración muy interesante de los principales acontecimientos de su vida.

OBRAS: *Recuerdos del tiempo viejo*, I, Ba. 1880, II y III, Ma. 1882; *La leyenda del Cid*, Ba. 1882; *Obras dramáticas y líricas*, 4 vols., Ma. 1895; *Granada, poema oriental*, 2 vols., Ma. 1895; *Leyendas*, 2 vols., Ma. 1901; *Galería dramática. Obras completas*, 4 vols., Ma. 1905; *Ultimos versos inéditos y no coleccionados*, Ma. 1908; *Sancho García*, Ma. 1917.

BIBL.: N. PASTOR DÍAZ, *Crítica de las poesías de Zorrilla*: Semanario Pintoresco Español, Ma. 1839, 69; ID., *Zorrilla, poeta católico*: Ilustración Católica, 1889, 197; ID., *Obras poéticas de Zorrilla*, III, prólogo; A20, IV; A. LISTA,

Ensayos literarios y críticos, II, Se. 1844; A. FERRER DEL RÍO, *Galería de literatura española*, Ma. 1846; E. GIL CARRASCO, *Poesías de don José Zorrilla. Obras en prosa*, II, Ma. 1883; M. DE LA REVILLA, *El tipo legendario de don Juan Tenorio y sus manifestaciones en la moderna literatura*, Ma. 1883; ID., *José Zorrilla, primera serie*, Bu. 1884; B. DE TANNENBERG, *La poesie castillane contemporaine. Espagne et Amerique*, Par. 1889; A. DE VALBUENA, *José Zorrilla. Estudio crítico-biográfico*, Ma. 1889; I. FERNÁNDEZ FLÓREZ, *José Zorrilla*: España Moderna, 34(1891)23, y La Ilustración Española y Americana, 30-I-1893 (número dedicado a Zorrilla); A. PALACIO VALDÉS, *Semblanzas literarias. José Zorrilla*: Obras completas, IX, Ma. 1896-1943; A. FARINELLI, *Don Giovanni, note critiche*: Giornale storico della litteratura italiana, 27, 319 y ss.; F. HALE GARDINER, *A spanish poet-laureate: José Zorrilla*: Poet-Lore, II, nueva serie, 1898, 506 ss.; E. ALCALÁ GALIANO Y VALENCIA, *Necrología del poeta Zorrilla*, Ma. 1903; R. DEL VALLE RUIZ, *Zorrilla. Estudios literarios*, Ma. 1903; C. DE RODA, *Margarita la Tornera*: La Lectura, 1(1909)36 ss. y 303 ss.; E. PARDO BAZÁN, *Zorrilla*: La Lectura, 1(1909)1 ss. y 133 ss.; G. GENDARME DE BEVOTTE, *La legende de don Juan*, II, Par. 1911, 38 ss.; E. RAMÍREZ ANGEL, *Biografía anecdótica de José Zorrilla*, Ma. 1917; C. EGUÍA RUIZ, *Un poeta patriótico, don José Zorrilla. Al correr un centenario*: R154, 49(1917)61-79, 320-338; G. T. NORTHUP, *El estudiante de Salamanca and other selections from Espronceda*, Ginn and Co. 1919, XL ss.; M. ARTIGAS, *Genus irritabile vatum (tres cartas inéditas)*: Boletín de la Biblioteca Menéndez Pelayo (1919); L. ALAS CLARÍN, *El teatro de Zorrilla. Sala de retratos*. El Convivio, San José de Costa Rica 1920; N. A. CORTÉS, *En torno a Zorrilla. Anotaciones literarias*, Va. 1921; ID., *Vuelta a Zorrilla. Miscelánea vallisoletana*, 4.ª serie, Va. 1926; ID., *Zorrilla, su vida y sus obras*, Va. 1943; D. IBÁÑEZ, *Zorrilla, poeta épico*: R75, 129(1922)16-31, 81-94 y 321-336; T. FITZ GERALD, *Notes on sources of Zorrilla's Hispania*: The american association of Teachers of spanish, 5(1922); J. FRANCOS RODRÍGUEZ, *La coronación de Zorrilla. Días de la Regencia. Recuerdos de lo que fue*, Ma. 1922; ID., *La caída del Tenorio. El Teatro en España*, Ma. s.f.; B. ARRY KEMP, *The Love-Rogue*, New York 1923, 221 ss.; G. MARAÑÓN, *Notas para la biología de don Juan*: R194, 3(1924)38 ss.; L. FERNÁNDEZ, *Zorrilla y el Real Seminario de Nobles*, Va. 1945; ID., *Zorrilla se educó con los jesuitas*: Valor y Fe, (1945)4-5; ID., *Unos versos inéditos de Zorrilla*: Bol. Real Academia de Buenas Artes; 20(1947)13; ID., *Zorrilla y Castelar. El porqué de una ausencia*: Valor y Fe, 31(1948)7-8; ID., *Los veraneos de Zorrilla de 1886 a 1888*: R55, 21(1948)203-212; E. PIÑEYRO, *El romanticismo en España. José Zorrilla*, Par. s.a.

L. FERNÁNDEZ

ZUBELDIA INDA, Néstor, (Estella [Navarra] 8-IX-1878 † Pamplona 27-II-1963) filósofo y sociólogo. Tras nueve años de estudios en el Seminario de Pamplona (1889-1898) se trasladó al de Zaragoza, donde se licenció en Teología y Derecho. Siendo minorista, destacó en un concurso a parroquias (1901). Fue profesor de Filosofía y secretario de estudios del Seminario de Pamplona (1905-1922), canónigo archivero (1914-1955) y rector del Seminario (1922-1924); en este último cargo realizó una gran labor, levantando el Seminario de su postración espiritual y disciplinar. En este tiempo, ansioso de perfección espiritual, se dejó ganar por la obra de los «Sacerdotes Niños», fundada en la diócesis por una monja americana, sor Soledad de la Torre (cf. *Libro de las Casitas*, Pamplona 1921), pero este movimiento de infancia espiritual fue condenado por el Santo Oficio el 20-II-1924 y 1-VI-1925 (cf. Bol. Oficial Ecles. del Obispado de Pamplona, 1925, 328) y D. Néstor se sometió sin restricciones. En 1931, en tiempos de la República, fundó la Academia de San Miguel, de carácter filosófico y teológico. Luego (1950) instituyó la Solidaridad Cristiana de Familias (S. C. F.), de la que fue presidente hasta su muerte, con el fin de que las familias se ayuden mutuamente. Don Néstor, dotado de una inteligencia privilegiada, escribió toneladas de papel, que en su mayor parte permanecen inéditas.

OBRAS: *La S. I. Catedral de Pamplona. Descripción de la misma y relación de sus valores artísticos e históricos,* Pam. 1930; *La sensibilidad y la razón.* Estudio analítico y solución de los problemas del conocimiento, Pam. 1935; *De la generación de los vivientes:* R181, 1(1942)325-344; *Vida escondida con Cristo en Dios,* instrucciones y rutas, Pam. 1942; *A la luz de la teoría hilemorfista:* R181, 5(1946) 293-305; *Las almas de los muertos,* Pam. 1947; *Sobre justicia social. El supremo derecho de la necesidad.* Su eficaz defensa en la institución Solidaridad Cristiana de Familias, Pam. 1950; *Constituciones de la Solidaridad Cristiana de Familias,* Pam. 1950; *Nuevas rutas de ordenación social,* el solidarismo democrático, fórmula única de justicia social y de paz, Pam. 1951; *Los católicos y la justicia social,* urgencias de la actualidad, Pam. 1954. Inéditas: *Los arcanos de ultratumba; Análisis metafísico acerca de las causas profundas del ser natural; Orientaciones y optimismos: el porvenir del Cristianismo y de la humanidad a la luz del Apocalipsis y de profecías del A. y N. Testamento; La vida sacerdotal sublime y fecunda: instrucciones y recomendaciones a párrocos y confesores; Demostración cumplida de la existencia de Dios, cómo se explican los males del mundo con un Dios próvido, omnipotente y bueno; Por los abismos del corazón, mis cuentos esmaltados con grandes verdades; El libro del cristiano, instrucciones completas y práctica de la vida cristiana; Sistematización de la doctrina social de los santos doctores de la Iglesia; La divinidad de Cristo y de la Iglesia Católica; Las parábolas de nuestro divino maestro Jesús.*

BIBL.: I. Z. M. (= Martín Zubeldía Inda), *El M. I. Sr D. Néstor Zubeldía. Notas biográficas y sucesos sorprendentes,* Pam. 1965. J. Goñi

ZUBIETA, Ramón, OP (Arguedas [Navarra] 13-VIII-1864 † Huacho [Perú] 19-XI-1921) misionero y obispo. Vistió el hábito de dominico en el colegio de Ocaña el 6-XII-1881, y allí hizo la profesión religiosa (17-XII-1882) y cursó sus estudios de Filosofía y Teología. En 1888, siendo aún diácono, fue destinado a Filipinas, donde terminó los estudios de Teología y se ordenó de sacerdote el 16-III-1889. Misionó durante once años en la provincia de Nueva Vizcaya. Allí le sorprendió la insurrección filipina; y como los demás misioneros, fue hecho prisionero por los katipuneros y sometido a mil vejámenes: insultos, tormentos, simulacros de fusilamiento, hambre y sed, etc., durante dos años, hasta que en 1900 les dieron libertad y regresaron a Manila. Creada la Prefectura de Urubamba y Madre de Dios en el Perú (5-II-1900) y confiada a la Provincia del Santísimo Rosario de Filipinas, fue nombrado el padre Zubieta prefecto apostólico de la nueva misión (27-IX-1901). Con los padres José Palacio y Francisco Cuesta, también de la provincia de Filipinas, partió para la misión, adonde llegó al 21-II-1902. Pronto se internaron en la selva y tomaron contacto con los salvajes del Urubamba: machiguengas, huarayos, etc. La obra de monseñor Zubieta y sus compañeros fue gigantesca. Se multiplicaron los misioneros y centros de misión, se levantaron capillas, escuelas, centros sanitarios... En 1913 es elevada la misión a Vicariato Apostólico, y monseñor Zubieta es nombrado primer vicario apostólico. En 1920 funda la Congregación de Misioneras Dominicas del Santísimo Rosario, que tan eficaz ayuda han prestado a las misiones del Urubamba y Madre de Dios. En 1919 fundó también las revistas Misiones Dominicanas del Perú, como medio de información de la labor misionera.

BIBL.: J. Palacio, *El R. P. Fr. Ramón Zubieta OP.:* R73, 7(1913)535-537; G. Toldos, *Reseña biográfica del Ilmo. Sr. D. Fr. Ramón Zubieta OP,* Manila 1924; S. Sarasola, *Monseñor Zubieta:* El Santísimo Rosario, 37 (1922)38-43; W. Fernández Moro, *El Padre Zubieta,* Ma. 1954; H. M. Ocio, *Compendio de la reseña biográfica de los religiosos de la Provincia del Santísimo Rosario de Filipinas,* Manila 1895, 1180-1181; Misiones Dominicanas del Perú (número extraordinario), Lima 1964. H. Muñoz

ZUECO DE SAN JOAQUIN, Ramón, ORSA (Tarazona [Zaragoza] 31-VIII-1828 † Cagayán de Oro [Filipinas] 12-II-1889) misionero. Hizo la profesión religiosa el 21-IX-1847. Terminados los estudios eclesiásticos obtuvo el título de lector y después de explicar dos años la Folosofía, pasó a Filipinas. Ejerció la cura de almas en varias parroquias con verdadero celo apostólico. La Orden también lo nombró para algunos oficios. Tomó parte activa en la expedición del general Malcampo a Joló en 1876 al frente de 400 voluntarios visayas, por lo que el ayuntamiento de Manila le nombró hijo adoptivo de la ciudad y el Gobierno español Comendador de la Orden de Carlos III y le condecoró con la medalla de Joló.

OBRAS: *Método del Dr. Ollendorff para aprender a leer, hablar y escribir un idioma cualquiera adaptado al bisaya,* Manila 1871; *Gramática Bisaya-Española,* adaptada al sistema de Ollendorff, Manila 1878; *Sermones dogmático-morales predicados en su parroquia de Cagayán de Oro,* Manila 1886. Tiene varias traducciones al visaya: los tres opúsculos del hoy San Antonio María Claret, *Avisos saludables para los niños; Avisos muy útiles para las casadas; y Avisos saludables a las doncellas,* Manila 1873; *La Biblia de la infancia,* de don Felipe Antonio Macías, 2 vols., Manila 1873; algunas novelas.

BIBL.: M55, VIII; F. Sádaba, *Catálogo de los Religiosos Agustinos Recoletos de la Provincia de San Nicolás de Tolentino de Filipinas,* Ma. 1906; L. Ruiz, *Sinopsis histórica de la Provincia de San Nicolás de Tolentino de las Islas Filipinas de la Orden de Agustinos Recoletos.* II, Manila 1925. M. Carceller

ZUMARRAGA (del Espíritu Santo), Tomás de, OP (Vitoria 10-III-1577 † Socobata [Japón] 12-IX-1622) misionero y mártir. Hijo del convento de Santo Domingo de Vitoria, tomó allí mismo el hábito y profesó el 19-I-1594. Fue escogido para colegial de San Gregorio de Valladolid. Aún continuaba en aquella casa, cuando el 25-IV-1601 la abandonó para ir a las Islas Filipinas. Destinado por la obediencia para fundador de la misión de Japón, no es fácil decir los trabajos que padeció y frutos que reportó de su apostólico ministerio. Hallábase en Nangasaki el 22-VII-1618, cuando preso por los enemigos de la fe, amarrado fuertemente, fue conducido a la cárcel que habían improvisado en Suzuta, aldea próxima a la fortaleza de Cuxima. Los trabajos que allí padecieron durante cinco años, unidos al hambre y rigores de las estaciones, son inenarrables. Fue quemado a fuego lento en Socobata, lugar como una legua de distancia de la ciudad de Omura. Fue beatificado solemnemente por Pío IX el 7-VII-1867.

BIBL.: H. M. Ocio, *Compendio de la Reseña Biográfica de los Religiosos de la Provincia del Santísimo Rosario,* Manila 1895, 43-44. J. M. González

ZUMARRAGA, Juan de, OFM (Durango [Vizcaya] 1468 † México 3-VI-1548) arzobispo e inquisidor. Fue superior local, definidor y provincial en España, represor de brujas en el País Vasco, obispo de Méjico desde 1528, consagrado en 1533 tras su justificación en España contra las calumnias de la Primera Audiencia de Méjico, nombrado arzobispo en 1548. Desde 1536 a 1543 ejerció el cargo de inquisidor apostólico, llevando a cabo la realización de 183 causas. Fomentó y subvencionó las célebres escuelas y colegios franciscanos para indios, las escuelas para niñas indígenas y las destinadas para hijos de españoles. Fue cofundador del Colegio franciscano de Santiago de Tlaltelolco (1536) y proyectó la fundación de una Universidad (1537). Estableció la primera imprenta de América (1539). Durante su episcopado se celebraron las Juntas eclesiásticas de 1539, 1544 y 1546. En sus casas episcopales formó la primera biblioteca del Nuevo Mundo.

OBRAS: Además de varias cartas y de colaborar en la elaboración de otras obras, personalmente escribió: *Doctrina breve para la enseñanza de los indios*, 1543; *Doctrina breve muy provechosa*, 1543; *Doctrina cristiana cierta y verdadera*, 1546; *Regla cristiana*, 1547.

BIBL.: J. García Icazbalceta, *Biografía de Don Fray Juan de Zumárraga*, 2.ª ed., Ma. 1929; J. Ruiz de Larrinaga, *Don Fray Juan de Zumárraga*, Bi. 1948; F. de J. Chauvet, *Fray Juan de Zumárraga*, México 1948; ID., *Fray Juan de Zumárraga y la educación en México*, México 1950; The Americas, 5 (Washington 1948-49) 261-341; *Anales de la Prov. del Santo Evangelio*, 7, México 1950, julio-septiembre; A. M. Carreño, *Don Fray Juan de Zumárraga, teólogo y editor, humanista e inquisidor*, México 1950; R29, 9, Madrid 1959, 5-71; R. Greenleaf, *Zumárraga and the Mexican Inquisition*, Wa. 1961; J. Mendieta, *Hist. ecl. indiana*, IV, México 1945, 77-87; J. Torquemada, *Monarquía indiana*, III, México 1944, 447-459; R. Zulaica Gárate, *La imprenta y los franciscanos en México en el siglo XVI*, México 1939, 15-16. *Biblioteca Colombina, Catálogo de sus libros impresos*, VII, 275, donde se recoge un raro ejemplar de una carta o llamamiento misional de fray Juan de Zumárraga, escrita antes de 1536, encuadernada en un vol. con otra, de iguales tonos misionales, del obispo calagurritano J. Bernal Díaz de Luco (cf. T. Marín, *El obispo Juan Bernal Díaz de Luco y sus escritos ascético-pastorales: Corrientes Espirituales en la España del Siglo XVI* (trabajos del II Congr. de Espiritualidad), Ba. 1963, 475; C. Bayle, *El IV Centenario de Don Fray Juan de Zumárraga*: R133, 5(1948)209-269.   P. Borges

ZUMEL, Francisco, OdeM (Palencia 1540 ó 1541 † Salamanca 9-IV-1607) teólogo. Ingresa en el convento de Salamanca, donde profesa el 1-XII-1556. En 1561-1562 comienza sus estudios en la Universidad de aquella ciudad, ordenándose de sacerdote por el año 1562. Oposita, junto con fray Luis de León, y gana la cátedra de Artes de la Universidad salmantina (2-XII-1570). Explica, sucesivamente, Física, Lógica, Metafísica y Filosofía Moral, cátedra ésta que ganó en 1580. El 20-I-1582 preside un acto de Teología que sería el primer encuentro que daría lugar a la famosa controversia *De auxiliis*. Fue decano de la Universidad de Salamanca.

Dentro de su Orden tuvo puestos relevantes: rector del colegio de Alcalá y juez conservador de aquella Universidad a los veintisiete años; rector del colegio de la Vera Cruz, de Salamanca; provincial de Castilla y Portugal y de las islas del Mar Océano (1585); definidor provincial (1588); comendador de Salamanca (1591); en el Capítulo general de Calatayud (1593), Felipe II, en una carta, lo propone para general, y el mismo rey lo nombró visitador de los Colegios Mayores del reino. Tomó parte activa y principalísima en la nueva codificación de las Constituciones de la Merced que se conocen con el nombre de zumelianas. Silvestre Saavedra le llama «el príncipe de la escuela tomista».

OBRAS: *In primam partem, et primam secundae sancti Thomae*, 4 vols., Sa. 1590 (2.ª ed.); *De initio et fundatione Ordinis B. M. V. de Mercede*, Sa. 1588; *Regula et Constitutiones Fratrum Sacri Ordinis B. M. de Mercede, Redemptionis Captivorum*, Sa. 1588; *Defensio iustificationis et processus censurarum et mandatorum D. N. Pauli V contra iniusta decreta Senatus Venatorum*, Sa. 1606; *De vitis Patrum et Magistrorum Generalium Ordinis Redemptionum beatae Mariae de Mercede, brevis historia*, Sa. 1588; *Opuscula, Libros III*, Sa. 1608. Obras inéditas: *Censura circa librum de Concordia patris Ludovici Molinae* (Bibl. Vatic.); *Opúsculo acerca de la autoridad del romano Pontífice*, que escribió por mandato de Paulo V; *Nun sit de fide divina Clementem VIII nunc viventem esse verum Papam succesorem Petri; Tertia defensio gravissima*.

BIBL.: G. Vázquez Núñez, *El Padre Francisco Zumel*, Ma. 1920; O230, II, 55-73; O207; D. Acquaro, *Concepto y trascendencia del sobrenatural en Zumel*, Ma. 1962; G. Blanco Sahagú, *Lo sobrenatural, la gracia y la fe en Francisco Zumel*, Ma. 1964; V. Muñoz, *El influjo del entendimiento sobre la voluntad según Francisco Zumel*, Ro. 1950; O228, 134-138; O226, 346-54; O229, vol. 26;

A. Pérez Goyena, *Los grandes teólogos mercedarios*: R154, 54(1919)29-41; V. Muñoz, *Zumel y el molinismo. Informe del P. Francisco Zumel, mercedario, sobre las doctrinas del P. Luis de Molina SI, presentado en Julio de 1595*: R97, 9(1953)543-578; ID., *Conocer es amar, según Zumel*, Ro. 1950; V. Beltrán de Heredia, *Notas sobre historia de la teología salmantina*: R73, 89(1962)303-313. En la revista Estudios han aparecido numerosos artículos sobre la doctrina de Zumel; los números principales son: 11 (1955)219-241, 12(1956)361-400, 13(1957)633-648, 13(1957) 465-504, 17(1960)144-148, 17(1961)229-248.

F. Gómez Camacho

ZUNZUNEGUI ARAMBURU, José, (Tolosa [Guipúzcoa] 4-VIII-1911 † Tolosa 9-VIII-1974) historiador. Terminada la carrera sacerdotal en el Seminario diocesano de Vitoria (1920-1933), frecuentó las aulas de las Facultades de Historia de la Iglesia y de Misionología en la Universidad Gregoriana de Roma (1933-1936). Más tarde (1940) defendió con brillantez su tesis doctoral en Historia Eclesiástica sobre «Navarra y el Cisma de Occidente». Entretanto se ordenó de sacerdote en Roma (17-III-1934) y comenzó a colaborar en revistas. A su regreso fue nombrado profesor de Historia eclesiástica y de Misionología en el Seminario de Vitoria. Allí desarrolló su actividad docente, extendida también durante muchos años a la Historia de las Religiones y a la Metodología, hasta su última enfermedad (octubre de 1973). Su gran aspiración consistió en elevar el nivel intelectual del clero diocesano y en abrirle nuevos horizontes. Hombre reposado, tenaz y emprendedor, puso en marcha múltiples iniciativas, que cambiaron la faz de la diócesis e hicieron del Seminario de Vitoria uno de los mejores de España. En 1942 lanzó la colección de monografías científicas *Victoriensia*, inaugurándola con su tesis doctoral. Actualmente la serie ha llegado al número 32. Con el fin de promover las publicaciones de sus compañeros de profesorado, fundó en 1945 la Editorial del Seminario, luego convertida en Editorial ESET. Más tarde creó Gráficas ESET con la misma finalidad (1956).

Organizó en el seminario de Vitoria un *Centro de Estudios Medievales*, destinado al estudio y edición crítica de los sínodos diocesanos y de los concilios provinciales medievales de la Iglesia española. Por medio de varias campañas fotográficas llegó a reunir un copioso material, utilizado sólo en parte en algunos artículos de revistas escritos por él o por sus discípulos. La esperada edición crítica de todos los sínodos y concilios provinciales de la Edad Media española no ha visto la luz todavía. Fundó dos revistas: *Lumen*, de alta divulgación (1952) y *Scriptorium Victoriense*, de investigación (1954), caso insólito en la historia de los Seminarios españoles. Por espacio de treinta y seis años volcó sus afanes en la biblioteca del Seminario, convirtiéndola en una de las bibliotecas eclesiásticas más ricas de España. Su *Catálogo*, publicado por él en 1952, quedó pronto desbordado por nuevas adquisiciones, que hicieron necesaria la ampliación de los locales de la misma, realizada un año más tarde.

La biblioteca, las revistas, la serie *Victoriensia* y las publicaciones de los profesores apuntaban a un objetivo muy alto, casi inaccesible entonces: la erección de una Facultad de Teología en el Seminario. Ya en 1944 acariciaba este sueño. Como etapa previa, organizó en 1956 la Escuela Superior de Estudios Teológicos. Desde entonces intensificó sus gestiones que, tras quince años de tenaz esfuerzo, cristalizaron en la Facultad de Teología del Norte de España, con dos sedes: Burgos y Vitoria (1967). Fue el primer decano de la sede de Vitoria por espacio de dos trienios. En previsión de los cuantiosos dispendios que había de exigir la nueva Facultad, compró el bosque de Añi, de 170 hectáreas, en término de Lizarza (Guipúzcoa) cerca de Tolosa, que visitaba todos los domingos. Don José, como se le llamaba cariñosamente, tuvo otro grán mérito: despertó el espíritu misional en el clero y seglares de su diócesis y le preparó un campo adecuado donde desahogarse. Rompiendo viejos moldes, logró en 1948 que la Santa Sede encomendara a la diócesis de Vitoria un territorio misionero. En un principio su iniciativa fue mirada con recelo. La praxis de la Iglesia no iba por ese camino. Por fin, fue acogida favorablemente y extendida a otras diócesis. En 1952 creó el grupo misionero «Máximo Guisasola» para promover y encauzar vocaciones misioneras. En 1968 surgió, por iniciativa suya, el centro «Angel Sagarmínaga» de investigación sobre las religiones no cristianas, con biblioteca y cátedra propias. «Fue pionero en el campo de la Historia de las Religiones en España.» Empezó por publicar el primer *Manual* y terminó creando la mejor biblioteca especializada sobre la materia (Tellechea). Este hombre organizador, de imaginación creadora, carecía de dotes de mando. «Era tímido. No sabía decir que no. A veces, ante peticiones de los alumnos o de otras personas, hacía concesiones que luego nos creaban dificultades... Fue siempre fuerte y tenaz para conquistar. Pero débil para resistir. No le importó nunca ceder, incluso mucho, en cuestiones que él no consideraba fundamentales» (Larrea). En la fase final de su vida, como rector del Seminario (1970-1973), este defecto creció, tal vez a consecuencia de su enfermedad, oculta todavía. Su gestión al frente del Seminario provocó fuertes tensiones en la diócesis, que se aumentaron al ser removido a petición propia.

Su rendimiento como investigador de la Historia de la Iglesia fue de gran calidad, aunque no tan copioso como cabía esperar de él, de no haber llevado adelante tantas empresas a la vez. El instituto «Enrique Flórez», de Historia eclesiástica, del Consejo Superior de Investigaciones Científicas, lo contó durante varios años entre sus colaboradores numerarios y por el año 1943 estuvo a punto de ser nombrado director de la institución «Príncipe de Viana» de la excelentísima Diputación Foral de Navarra. Desde su fundación (1950), perteneció al Centro Español de Estudios Eclesiásticos, anejo a la Iglesia Nacional de España en Roma. Su órgano de expresión, la revista Anthologica Annua, acogió 10 de sus colaboraciones, fruto de sus búsquedas en el Archivo Vaticano. En lugar de proseguir sus investigaciones sobre el Gran Cisma de Occidente, centró su atención en el papado aviñonés, especialmente en el pontificado de Inocencio VI. En sus visitas anuales al Archivo Vaticano, transcribió toda la documentación emanada de la cancillería de Inocencio VI relativa a España. En 1970 editó las bulas y cartas secretas de dicho papa, y, al morir, dejó preparadas para la imprenta las súplicas en dos volúmenes.

OBRAS: *Las iglesias de Vizcaya y Alava a principios del siglo XIII*: Idearium, 2(1935)457-82; *El cardenal de Pamplona, Martín de Zalba*: R152, 1/2(1940-1941)86-94; *Los orígenes de las Misiones en las Islas Canarias*: R175, 1(1940-1941)361-408; *El Reino de Navarra y su Obispado de Pamplona en la primera época del Cisma de Occidente*: Pontificado de Clemente VII de Aviñón (1378-1394), SSe. 1942; *La legación en España del cardenal Pedro de Luna (1379-1390)*: Miscellanea Historiae Pontificiae, 7(1943)85-117; *El matrimonio de la infanta Juana con el duque de Bretaña*: R152, 4(1943)51-68; *Correspondencia inédita del P. Enrique Flórez*: R118, 1(1948)13-19; *Concilios y Sínodos españoles medievales*: ib., 127-132; *Pío IX y la revolución de 1848*: R22, 13(1949)93-110; *Concilios y sínodos españoles medievales*: R118, 4(1951)187-192; *En torno al concilio de Calcedonia*: Lumen, 1(1952)6-16; *Catálogo de la biblioteca del Seminario de Vitoria*, Vi. 1952; *Manual de Historia de las Religiones*, Vi. 1953 y 1964; *Los sínodos de Segorbe y Albarracín celebrados por fray Sancho Dull (1319-1336)*: R202, 1(1954)147-165; *Para la historia del concilio de Valladolid de 1322*: ib.,

345-49; *Para la historia del concilio Provincial Tarraconense de 1357*: ib., 5(1958)339-43; *Los sínodos diocesanos de Huesca celebrados durante el pontificado de Gastón de Moncada (1324-1338)*: ib., 4(1957)326-53; *La Cámara Apostólica y el Reino de Castilla durante el pontificado de Inocencio VI (1352-1362)*: R13, 1(1953)155-84; *Las cuentas de las galeras enviadas por Juan I de Castilla en favor de Clemente VII de Aviñón*: ib., 5(1957)595-652; *La misión del obispo de Senez al Reino de Castilla (1354-1355)*: ib., 8(1960)11-42; *El segundo obispo de las Islas Canarias*: ib., 9(1961)403-16; *Un episodio de la recolección de la décima otorgada al infante D. Pedro de Castilla (1317)*: R202, 8(1961)170-173; *El infante D. Fadrique, maestre de la Orden de Santiago (1342-1358)*: R13, 11 (1963)47-54; *La legación del cardenal Guillermo de la Jugie a Castilla y Aragón (1355-1358)*: ib., 12(1964)129-156; *La percepción de los espolios del obispo de Tortosa don Jaime de Cyon (1348-1351)*: ib., 13(1965)361-90; *Las cuentas de los colectores apostólicos en Castilla durante el pontificado de Inocencio VI*: ib., 14(1966)441-62; *Acerca del matrimonio de D. Fernando de Castro y doña Juana de Castilla*: ib., 15(1967)483-87; *Para la historia de la diócesis de Segorbe-Albarracín en la primera mitad del siglo XIV*: ib., 16(1968)11-24; *Bulas y cartas secretas de Inocencio VI (1352-1362)*, Ro. 1970; *Registro de Súplicas de Inocencio VI*, 2 vols. (en prensa); *Manual de Historia de la Iglesia. Edad Contemporánea* (desde la Paz de Westfalia hasta nuestros días), fascículo I: Desde la Paz de Westfalia hasta la Paz de Utrecht (1648-1713), Vi. s. a.
BIBL.: *Don José Zunzunegui, testigo y ejemplo sacerdotal*: R210, 33(1975)49-218 (número extraordinario); J. FERNÁNDEZ ALONSO, *El Centro Español de Estudios Eclesiásticos (1950-1975)*, Ro. 1975, 16, 19-28 y 220-222; *Homenaje a don José Zunzunegui* (en prensa).   J. GOÑI

ZUÑIGA, Juan de, (Béjar [Salamanca] c. 1492 † Guadalupe 26-VII-1504) arzobispo y cardenal. Fueron sus padres Alvaro de Zúñiga y Leonor de Pimentel, duques de Béjar. Según las crónicas de la Orden de predicadores y ciertas historias antiguas, siendo niño murió de una aguda enfermedad, pero resucitó unas horas después por intercesión de san Vicente Ferrer, a quien invocó su madre prometiendo fundar en su honor un convento. Pronto mostró aptitudes para el estudio y el manejo de las armas. Sus padres le prepararon ocasión para que las cultivase.

Depuesto el maestre de Alcántara fray Gómez de Cáceres y Solís por sus delitos, fue elegido en su lugar fray Alonso de Monroy (19-X-1472), partidario de Enrique IV y, después, de los Reyes Católicos. La duquesa de Arévalo vio aquí una oportunidad para colocar a su hijo Juan de Zúñiga, niño de unos diez años. Y, con licencia de Enrique IV, pidió al papa que reservase aquella dignidad, cuando quedase vacante, para su hijo (a todo esto el maestre depuesto no aceptó la destitución y se resistía con las armas). Gobernaba la Iglesia Sixto IV, a quien los duques de Arévalo habían agasajado espléndidamente cuando, siendo general, visitó los conventos españoles de su orden franciscana. Ahora, «en reconocimiento de la amistad antigua, le enviaron grandes regalos», que no resultaron estériles. El pontífice asintió a los deseos de los duques por su bula del 20-II-1473 y concedió al nuevo maestre dispensa de edad.

Por entonces murió el maestre depuesto. Alonso de Monroy se hizo elegir nuevamente (28-V-1473). Llevaba todas las de ganar. Contaba con los Reyes Católicos, las Constituciones de la orden y la razón, pero tuvo la desgracia de estar preso en el momento en que el duque de Arévalo intimó la bula de Sixto IV en calidad de administrador en nombre de su hijo, menor de edad. Este tomó el hábito y la dignidad de maestre el 23-I-1475 (no en 1473). Fue el último maestre de Alcántara.

Los duques de Arévalo seguían en este momento la voz del rey de Portugal; pero, por mediación de su hijo Pedro, fiel servidor de los Reyes Católicos, obtuvieron el perdón. Fernando e Isabel dejaron de favorecer a Monroy pareciéndoles que se le podía dar otra satisfacción. Sixto IV expidió nuevas bulas en favor de su protegido y en contra de Monroy, que no se resignaba a perder su dignidad. La posición de Zúñiga se afianzó a raíz de la paz entre Portugal y España (1479), gracias al favor cada vez más acentuado de los Reyes Católicos. Después de disfrutar de su dignidad durante cerca de veinte años, renunció a ella mediante una laboriosa capitulación con los Reyes Católicos, que a todo trance querían incorporar todas las Ordenes militares a su Corona. En ella se reservó para sí durante su vida la administración y las rentas del partido de La Serena. El dependería en adelante inmediatamente del papa y recibiría un millón de renta por el partido de Alcántara. La capitulación preveía que el maestre podría recibir las sagradas órdenes y disfrutar de dignidades eclesiásticas, es decir, llegar a ser lo que realmente fue. Asimismo se contaba de antemano con obtener dispensa de la simonía contraída con esta capitulación, firmada el 20-XI-1494 (Arch. Vaticano, Reg. Vat. 869, f. 170).

Entonces levantó un monasterio de su orden en Villanueva de La Serena y allí se dedicó al estudio bajo la dirección del maestro Antonio de Nebrija, que le enseñó latín y le dedicó su *Diccionario latino-español* (1492); de frey Gutierre de Trejo, caballero de Alcántara, que le enseñó Derecho; de fray Domingo OP, que le enseñó Teología; de Abasurto, astrólogo judío, que le enseñó la esfera, y del maestro Solórzano, que le enseñó música. Al mismo tiempo se apasionaba por la caza.

Como estaba previsto, comenzó a poseer beneficios eclesiásticos. Poseyó una prebenda en la catedral de Burgos. Los Reyes Católicos, deseando gozar libremente del territorio que el maestre dimisionario se había reservado, le dieron la dignidad arzobispal de Sevilla, que aceptó en octubre de 1502. Las bulas se despacharon en Roma el 5-V-1503. Unos meses más tarde Julio II le concedió el capelo cardenalicio a instancias de los monarcas españoles (29-XI-1503). Tomó posesión de la sede hispalense por procurador el 18-I-1504. Al cabo de un mes se le envió el capelo (24-II-1504).

Tal vez quiso tener junto a sí a su maestro Nebrija. Lo cierto es que Nebrija renunció a la cátedra que regentaba en Salamanca y que la Universidad le formó expediente. Entonces la intervención de su protector le libró del peligro que le amenazaba. El 3-III-1504 entró en el claustro universitario un hijo del maestro Antonio Nebrija y presentó una carta del cardenal arzobispo de Sevilla rogando no procediesen contra el maestro por haber dejado la cátedra, porque el propio Nebrija quería darles personalmente su descargo, para lo cual necesitaba un plazo. En atención al cardenal, acordaron esperarle hasta la fiesta de San Juan, en junio, y contestar al arzobispo en este sentido.

Hizo su entrada solemne en la iglesia de Sevilla a mediados del mes de junio de 1504. Pero, habiendo salido el 17 de julio del mismo año para la Corte pasando por Extremadura, le sorprendió la muerte nueve días más tarde en la granja de Mirabel del monasterio de Guadalupe, donde iba a tener novenas. La enfermedad fue tan rápida, que expiró en el plazo de veinticuatro horas. Su cuerpo, depositado provisionalmente en la capilla de Santa Catalina del referido monasterio, fue trasladado en 1533 a la capilla mayor del convento de San Vicente Ferrer OP, de Plasencia, fundado por su madre. Julio II expresó su pesar por la muerte del cardenal el 17-VIII-1504, dato que basta por sí solo para desechar el 14 del mismo mes como fecha de su muerte, que le asignan algunos historiadores.

BIBL.: Alonso de Torres y Tapia, *Crónica de la Orden de Alcántara*, Ma. 1763, 458-571; A. Morgado, *Prelados sevillanos*, Se. 1906, 393-96; T. de Azcona, *La elección*

y reforma del episcopado español en tiempo de los Reyes Católicos, Ma. 1960, 283; id., *Isabel la Católica, Estudio crítico de su vida y reinado*, Ma. 1964, 728; A. de Vargas-Zúñiga y B. Cuartero, *Indice de la colección de don Luis de Salazar y Castro*, Ma. 1949, 13, núm. 37; L. Serrano, *Los Reyes Católicos y la ciudad de Burgos*, Ma. 1943, 284; F. G. Olmedo, *Nebrija en Salamanca*, Ma. 1944, 115, 126; C. Eubel, *Hierarchia catholica*, II, 165, y III, 10; Pastor, *Historia de los Papas*, VI, 155; J. Burckardt, *Liber notarum*, II, 414, ed. E. Celani (Muratori, RISS, XXXII).
J. Goñi

ZUÑIGA Y AVELLANEDA, Gaspar de, (Osma † Jaén 3-I-1571) arzobispo. Fue hijo del tercer conde de Miranda. Estudió Teología en Salamanca bajo la dirección de Francisco de Vitoria, donde ocupó la cátedra correspondiente a dicha disciplina (1547-1550). Su ciencia, virtud y santidad le hicieron merecedor de las más altas dignidades eclesiásticas, como la de abad de Castro en la diócesis de Burgos, y abad de San Isidoro, de León. Por insinuación de Domingo Soto fue nombrado (27-VI-1550) obispo de Segovia. Su entrada solemne en la ciudad tuvo lugar el 24-IX-1550. Asistió al concilio de Trento, participando solamente en las dos últimas sesiones del último período conciliar; tuvo dos intervenciones (25-I-1551 y 28-IV-1552); fue nombrado (14-I-1551) miembro de la comisión de redacción de los cánones sobre la misa y sacramento del orden. Presentado para arzobispo de Santiago (18-VII-1558), fue preconizado (4-X-1558, tomó posesión de la sede el 11-II-1559. Con el fin de aceptar solemnemente los decretos conciliares, convocó (1565) el primer concilio provincial compostelano en Salamanca. No asistió a la última convocatoria del concilio por tener que residir en la corte para ser juez en la causa de Carranza. En 1566 regresó a palacio. Presentado para la sede de Sevilla (21-V-1569) recibió el nombramiento el 22-VI-1569; tomó posesión el 13 de octubre del mismo año, por mandatario. No llegó a entrar personalmente en Sevilla. Sus méritos contraídos como jerarca de la Iglesia, le lograron de Pío V (17-V-1570) el nombramiento de cardenal presbítero con el título de Santa Bárbara.

BIBL.: F. López Ferreiro, *Historia de la Iglesia de Santiago*, VIII, 221-237; M. R. Pazos, *Episcopologio Gallego*, Ma. 1946, I, 19-34; C. Gutiérrez, *Españoles en Trento*, Va. 1951, 531-537.
A. Sáez

ZUÑIGA, Diego, OSA (Salamanca 1536 † Toledo? 1598) teólogo. Tomó el hábito agustiniano y profesó en Salamanca hacia 1551, y en la Universidad salmantina cursó la Filosofía en los años 1552-1555. Los estudios teológicos los realizó en Alcalá de 1555 a 1558. Residió primero en Valladolid y Madrigal. Por los años 1568 y siguientes se relaciona por carta con el papa san Pío V e intenta, por todos los medios, llegar hasta Roma y exponer y discutir sus teorías con los más grandes teólogos de la Iglesia en presencia del Romano Pontífice. En 1573 es nombrado maestro en Teología y pasa a desempeñar la cátedra de Sagrada Escritura a la Universidad de Osuna hasta 1579. Intervino varias veces en los Capítulos provinciales, consiguiendo el oficio de definidor. Después se retiró al convento de los agustinos de Toledo para dedicarse al estudio y a la publicación. Intervino en el proceso inquisitorial contra fray Luis de León.

OBRAS: *De Vera Religione*, Sa. 1577; *In Zachariam Prophetam Commentaria*, Sa. 1577; *In Job Commentaria*, To. 1584 y Ro. 1591; *Philosophiae prima pars*, To. 1597; *De optimo genere tradendae totius philosophiae et S. Scripturae explicandae*, Va. 1961 (publicada por I. Arámburu). Al decir de los cronistas dejó otras obras manuscritas cuyo paradero se desconoce.

BIBL.: M55; I. Arámburu, *Diego de Zúñiga. Biografía y nuevos escritos*: R23, 54(1961)51-103, 329-384.
I. Arámburu

ZUÑIGA, Pedro de, OSA (Sevilla segunda mitad del siglo XVI † Japón 19-VIII-1622) mártir, beato. Profesó en el convento de Sevilla el 24-X-1604. Sintiendo especial vocación por las misiones, pasó a Filipinas (1610), donde ejerció por algún tiempo el ministerio en los pueblos de Porac y Sesmoan. En 1618 pasó al Japón, donde después de estudiar la lengua, se consagró a los cristianos de aquellas tierras. A causa de la persecución, tuvo que volver a Manila. El 30-VI-1620 se dispuso con otros compañeros a entrar de nuevo en el Japón, en una fragata de mercaderes japoneses. Llevados por las borrascas, tuvieron que arribar a Isla Hermosa, donde cayeron cautivos, primero, de los ingleses y, luego, de los holandeses. Estos los reconocieron como sacerdotes católicos, llevándoles ante el emperador. Después de dos años de cárcel y de padecimientos, fueron quemados vivos.

BIBL.: H. BECERRA, *Vida y martirio del Santo Fr. Pedro de Zúñiga,* Cá. 1620; J. SICARDO, *Cristiandad del Japón y dilatada persecución que padeció,* Ma. 1698, 164-219; J. JIMÉNEZ, *Mártires agustinos del Japón: Vida y martirio de los beatos Fr. Fernando de S. José, Fr. Pedro de Zúñiga...* Va. 1867; C. DÍAZ, *Conquistas de las Islas Filipinas,* II, Va. 1890, 136-224; M55, VIII, 384-385; M. MERINO, *Misioneros agustinos en el extremo Oriente,* Ma. 1954, 261-264; M. MERINO, *Agustinos evangelizadores de Filipinas 1565-1965,* Ma. 1965, p. 356.   A. MANRIQUE

ZURAIRE, Esteban de, SI (Vizcaya? † Islas Canarias 15-VI-1570) beato, mártir. Bordador de oficio, ocupaba el puesto de ropero en el colegio de Palencia de la Compañía de Jesús, cuando Azevedo lo llevó destinado al Brasil. Fue arrojado vivo al mar por los calvinistas holandeses que atacaron la expedición en que viajaba. Gregorio XV permitió su culto. Pío IX lo restituyó el 11-V-1854. Su fiesta se celebra el 15 de junio.

BIBL.: S. LEITE, *A grande expedição missionária dos mártires do Brasil:* Studia, 7(1961)26.   F. J. RUIZ

LAUS DEO